전면개정 제11판

행 정 법

김 철 용 저

고시계사

금년 설날 나흘을 앞두고
타계한 아내에게 드린다

제11판 머리말

출판사의 요청으로 제11판을 출간합니다.

지난 1년 동안 법령의 제정·개정에 유의하였습니다. 「행정기본법」의 규정도 반영하였습니다. 「행정기본법」의 시행이 저자의 기본적 입장 즉, 행정법의 도그마틱은 항상 헌법원리에 의하여 반추되어야 하고, 행정실체법은 행정절차법에 우월하는 것이 아니며, 행정의 투명성·공정성·신뢰성·적절성을 바탕으로 하는 공동체 구성원의 참가·협동의 법관계론이 법치행정원리의 구성부분을 이루어야 한다는 기본 생각에 변화를 가져오는 것이 아닙니다. 「행정기본법」외에도 「지방자치법」의 전면 개정 및 지난해에 제정·개정된 법령도 반영하였습니다. 헌법재판소 결정, 법원의 판결도 빠뜨리지 아니하려고 노력하였습니다. 국제법·헌법·그 밖의 사회과학의 저서·논문과 행정법의 저서와 논문을 읽고 중요하다고 생각하는 논제는 이 책에서 다루려고 최선을 다하였습니다. 그 결과 책 내용의 부분 부분이 보완된 곳이 적지 않습니다.

다만 아쉬운 점은 특별행정법(박영사)의 간행이 예상보다 늦어져 개별 행정법규를 바탕으로 한 참조영역(Referenzgebiten)의 성과를 충분히 피드백(feedback)하지 못한 점입니다. 위 특별행정법은 그 책의 서술이 참조영역이론을 바탕으로 하고 있을 뿐만 아니라 각 참조영역을 전문가가 집필하고 있다는 점이 그 특징입니다.

이 책의 잘못된 점에 대하여는 독자들의 기탄 없는 지적을 부탁드립니다.

제11판에도 여러분들의 도움이 있었습니다. 특히 최광률 전 헌법재판소 재판관과 이계수 교수에게 감사를 드립니다. 또한 교정을 맡아준 전병주 편집국장에게도 감사를 드립니다.

2022년 2월
작은 서재에서
金 鐵 容

제10판 머리말 ———————————————————

저자는 부끄럽게도 졸저 제10판을 또 내놓았습니다. 제9판 머리말에서 "기회가 부여된다면"이라는 여운을 남기고는 있었습니다만, 제9판이 마지막 머리말이라고 생각하고 딸이 저자 몰래 찍은 사진을 같이 올렸습니다.

제9판이 출간된 이후 신체적으로는 노쇠현상으로 쇠약해졌지만, 정신적으로는 글을 쓸 수 있었습니다. 그래서 하루 조금씩 행정법의 기초에 대한 생각을 메모로 남길 수 있었습니다. 출판사 鄭相薰 사장님은 저자가 글을 쓰는 것이 가능할 때까지 책을 출간하자는 것입니다. 지난해 가을부터 제10판을 생각하기 시작하면서 제1편에서 제6편까지만 개고하고 제7편 이후는 전문가들에게 맡기는 것이 좋겠다는 생각으로 제외하기로 하고 원고를 쓰기 시작하였습니다. 그런데 금년 1월에 들어오면서 출판사가 조사한 결과 독자들이 제외하기로 한 제7편 내지 제9편을 같이 포함시켜 달라는 요청이 많다는 것입니다. 숙고 끝에 종전대로 남겨놓기로 하였습니다.

훌륭한 저서가 많음에도 불구하고, 굳이 제10판을 집필하게 한 것은 두 가지 바람이 있었습니다. 첫째 바람은 저자의 다른 생각이 조금이라도 우리나라 행정법론의 발전에 기여가 되었으면 하는 것입니다. 둘째 바람은 독자들의 행정법론에 대한 체계적인 이해에 조금이나마 도움이 되었으면 하는 것입니다. 이것은 그간 독자들 중 몇 분이 출판사를 통하여 질문한 것이 그 계기가 되었습니다.

법령과 판례는 2021년 1월 말을 기준으로 하고 있습니다.

제10판을 출간할 수 있었던 것은 여러분의 도움이 있었기 때문입니다. 특히 崔光律 전 헌법재판소 재판관님, 金明植 교수님, 그리고 저자에게 이메일을 주신 독자님들께 깊이 감사를 드립니다.

2021년 2월
저자의 작은 서재에서
金 鐵 容

제9판 머리말

제9판은 한국의 현행 실정법을 바탕으로 행정법의 도그마틱을 구축하려는 노력으로 입법·이론·판결례·결정례의 변화를 추적하면서 제8판에 손질을 한 것입니다. 독일의 실정법을 바탕으로 한 독일 행정법의 도그마틱은 2020년 1월 10일에 출간된 Eberhard Schmidt-Assmann 저, 金鉉峻 역, 「행정법 도그마틱」(법문사)을 참고하시기 바랍니다.

도그마틱은 일반적으로 기대를 안정(安定)하게 하는 것, 복잡성을 덜고 줄여서 적게하는 것, 결론을 받아 넣어 남는 것(Akzeptanz der Ergebnisse), 합리성을 담보하는 것(Rationaliäts vorsprochen) 등이라고 하지만, 구체적인 문제에 결론의 타당성을 반드시 담보한다고 단정하기 어렵습니다. 결론이 타당한가의 여부는 사회상황이나 정치적 상황에 의하여 변동될 수 있기 때문입니다. 여기에 도그마틱의 어려움이 있습니다.

이 책에서는 우리 실정법에 충실하려고 노력하였습니다. 실정법에 충실하지 아니한 도그마틱은 정당성의 요청(Legitimationsgebot)에 반하기 때문입니다. 필자는 이 책을 저술하면서 우리 실정법에 충실하면서 도그마틱의 기능에 부합하고자 노력하였습니다. 그러나 자신할 수 없습니다. 필자가 천학비재(淺學菲才)하기 때문입니다. 기회가 부여된다면 더욱 노력할 생각입니다. 최선을 다하였지만, 부적절한 표현도 있을 것이고 오자 탈자도 있을 것이며 잘못된 부분도 있을는지 모르겠습니다. 이것도 기회가 부여되면 고치겠습니다. 독자의 지적을 부탁드립니다.

보다 공부를 깊이 하려는 분은 주를 주목하여 주시기 바랍니다. 주에는 참고문헌도 있습니다만, 공부를 처음 시작하는 분에게는 어려운 이론, 아직 우리나라에서는 일반적으로 받아드려지고 있지 아니하나 선진국에서는 점차 유력해지고 있는 견해나 주장, 본문의 내용을 보충하는 설명 등이 있습니다.

제9판이 출간될 수 있었던 것은 金明植 학장님, 李桂洙 교수님의 헌신적인 노력이 있었습니다. 이 자리를 빌려 두분께 감사를 드립니다.

2020년 1월 10일
저자의 작은 서재에서
金 鐵 容

제8판 머리말 ———————————————————————————

　제8판은 한국의 현행 실정법을 바탕으로 행정법의 도그마틱을 구축하려는 노력의 일환으로 지난 한 해 동안의 입법·이론·판결례·결정례(2019년 1월 1일까지의 법원공보와 2018년 12월 20일까지의 헌법재판소 공보)의 변화를 추적하면서 제7판에 손질을 한 것입니다.

　제8판에서는 행정법관계의 내부관계·외부관계, 권리·권한의 관계 등을 명확하려고 하였고, 책을 읽으면서 독일 행정법 도그마틱 흐름을 감지할 수 있도록 주를 달려고 하였습니다. 비재(非才)인지라 책을 더 어렵게 만들지는 아니 하였는지 걱정이 됩니다.

　Andreas Voßkuhle 독일 헌법재판소 소장과 독일 Freiburg 대학교수인 Thomas Wischmeyer 두 사람이 Peter Häberle 교수의 팔순을 기념하여 공동으로 집필한 논문같은 헌사의 맨 마지막 27쪽에 "Wenn man ein Stück optimistischer ist als die Wiklichkelt dem Beobachter zu sein scheint, kann man diese Wirklichkeit besser machen als sie ist."(관찰자에게는 존재하는 것으로 생각되는 현실보다는 일보 낙관적인 경우에 그 현실을 현상보다는 더 좋게 할 수가 있다)이란 글로 끝을 맺고 있습니다.

　글의 취지와 내용은 다르지만 위의 글의 형태를 빌려 "법학자들에게는 존재하는 것으로 생각하는 천편일률의 법해석 및 판결례·결정례 현실보다는 변화하는 사회를 예의 주시하면서 한발 앞서 진취적인 법해석을 시도할 때에 그 현실을 현상보다는 더 좋게 할 수가 있다"는 글로 끝을 맺겠습니다.

　제8판을 위하여 도움을 주신 중앙대학교 법학전문대학원 李鍾永 교수님과 충북대학교 법학전문대학원 崔善雄 교수님께 감사를 드립니다.

2019년 1월
저자의 작은 서재에서
金 鐵 容

제7판 머리말

   필자는 한국의 실정법을 바탕으로 한국 행정법의 도그마틱 구축이라는 목표 아래 행정법 교과서를 집필하여 왔습니다. 여기 상재하는 제7판도 그 과정의 일부로서 지난 한 해 동안의 입법·이론·판례의 변화에 터잡아 제6판에 손질을 한 것입니다. 그러면서 적절하지 아니하였던 용어의 사용이나 표현을 고치려고 노력하였습니다.

   책의 집필이 다 그렇겠습니다만, 정확한 교과서를 집필한다는 것이 참으로 어렵다는 것을 실감하고 있습니다. 집필에 최선을 다하지만 다시 검토하여 보면 적절한 기술이 아닌 것이 있을 수 있기 때문입니다. 그 뿐만 아닙니다. 교정을 열심히 보았음에도 불구하고 이따금 오자와 탈자를 발견하게 됩니다. 그럴 때에는 독자들에게 죄송스러운 마음 그지 없었습니다. 독자들의 기탄없는 지적을 부탁드립니다.

   어려운 사정에도 좋은 책을 출간하려고 노력하시는 고시계사 鄭相薰 사장님과 편집국 직원 여러분께 감사를 드립니다.

2018년 1월

金 鐵 容

제6판 머리말

제6판을 상재(上梓)하게 된 것을 기쁘게 생각합니다.

완벽하지 못한 도그마틱을 읽어주시는 분이 있다는 것에 필자는 무거운 책임감을 느낍니다. 지난해에 우리나라에서 나온 저서와 논문은 입수할 수 있는 한 입수해서 읽었습니다. 또한 외국의 저서의 논문도 읽어보려고 노력했습니다. 그 결과를 제6판에 반영했습니다.

더불어 2016년 말을 기준으로 법령과 판례도 손질하였습니다.

필자가 제6판에서 특별히 주력하였던 부분은 다음과 같습니다.

첫째로 우리 실정법을 바탕으로 하는 행정법의 도그마틱의 구성을 보다 철저히 하려고 노력하였습니다.

둘째로 필자의 입장을 보다 분명히 하려고 노력하였습니다.

지금까지의 취소소송의 제기를 서술하면서 '처분사유의 추가·변경' 이라고 했던 부분을 '처분이유의 추가·변경'으로 제목을 바꾸었습니다.

셋째로 2017년 1월에 출간된 필자 편저의 『행정절차와 행정소송』에서 서술된 글을 가능한 반영하려고 노력하였습니다.

지난 일년 동안에도 중앙대학교 법학전문대학원 李鍾永 원장님, 건국대학교 李桂洙 교수님이 조언을 주셨습니다. 이 기회에 조언을 주신 분들과 오늘날과 같은 어려운 출판 사정에도 뜻을 굽히지 않으신 고시계사 鄭相薰 사장님께 감사를 드립니다.

2017년 2월

金 鐵 容

제5판 머리말

한국 행정법의 완벽한 체계의 도그마틱 구축은 필자의 능력으로는 어렵습니다. 다만 필자는 그와 같은 완벽한 도그마틱에 가까이 가려는 노력을 지속하고 있을 따름입니다. 이번 상재한 제5판은 이러한 노력의 일부입니다.

제5판에서 크게 달라진 것은 두 가지입니다. 첫째는 공법상 특별권력관계론의 대폭적인 축소입니다. 둘째는 행정구제법에서 행정쟁송을 손해·손실 전보 보다 앞 세웠습니다. 공법상 특별권력관계론은 필자가 金道昶 선생님 지도로 1963년 서울대학교 대학원에 제출했던 법학석사학위논문 "공법상 특별권력관계와 기본적 인권"에서 당시 서독의 특별권력관계 부정론을 소재로 특별권력관계 부정론을 전개하였던 필자의 첫 논문대상이었습니다. 필자의 법학석사학위논문은 헌법과 행정법의 관계론에 바탕을 두고 변화된 헌법에 부합되지 아니하는 행정법 도그마틱의 '부수어 열기'(Aufbruch)라는 발상에서 집필되었습니다. 그러나 곧 과거의 실정제도에 바탕을 둔 실제(Praxis)와의 충돌에 부닥칩니다. 실제라는 현실의 저항은 끈질기게 계속되었습니다. 그 간 겨울이 지나면 눈 녹듯이 공법상 특별권력관계론의 행정법 도그마틱의 실익은 거의 사라졌습니다. 제5판에서는 과감히 공법상 특별관계론을 축소하기로 한 것입니다. 행정구제법론에서 필자는 행정소송을 제1차 권리구제제도, 행정상 손해배상을 제2차 권리구제제도로 설명하여 왔습니다. 그러면서도 행정상 손해배상을 먼저 다루고 행정소송을 그 뒤 다루었습니다. 이것을 제5판에서는 바로잡았습니다.

이번 개정판에서도 부분적으로는 많은 손질을 했습니다. 법령은 2016년 1월 1일 기준으로 하였습니다. 학설과 판례도 2016년 1월 1일까지 간행된 논문집과 판례집을 바탕으로 하였습니다. 그러나 모두를 삭여서 담지는 못하였습니다. 기회가 부여된다면 계속 손질하겠습니다.

지난 일년 동안에도 崔光律 전 헌법판소 재판관님, 서울고등법원 安哲相 부장판사님, 중앙대학교 법학전문대학원 李鍾永 교수님 등이 조언 또는 조력을 주셨습니다. 이 기회에 조언을 주신 분들과 오늘날과 같은 어려운 출판사정에도 뜻을 펴고 계시는 고시계사 鄭相薰 사장님께 감사를 드립니다.

2016년 1월

金 鐵 容

제4판 머리말

2014년도에도 행정법령이 새로이 제정되거나 개정되었습니다. 행정법령에 변동이 있으면, 행정법령에 바탕을 두고 형성되는 행정법의 도그마틱(Dogmatik)에도 영향을 주게 됩니다. 이번에 상재(上梓)된 제4판도 이에 맞추어 손실한 것입니다.

지난해 10월 24일 한국공법학회가 마련한 "공법학 원로와의 대화—김철용 교수"를 주제로 한 학습대회가 있었습니다. 저자와의 대담에는 "한국 행정법학의 통설을 알려면 선생님의 저서를 보라는 이야기가 있는데 어떻게 생각하시냐"의 질문이 있었습니다. 필자는 한국 행정법령을 전제로 하여 우리 판례를 의식하지 않고 한국 행정법학의 도그마틱 형성을 위하여 노력하면서 글을 쓰고 있기 때문일 것이라고 대답한 것으로 기억납니다. 부분적으로 저자의 도그마틱은 우리 판례와 일치하고 있지 않는 부분이 있습니다. 따라서 저자의 도그마틱은 통설도 있고, 통설을 만들어가는 과정 중에 있는 견해도 있습니다.

이번 개정판에도 부분적으로 많은 손질을 했습니다. 그러나 아직도 미진한 부분이 적지 않습니다. 기회가 부여된다면 계속 미진한 부분을 보완해 나갈 생각입니다.

이번 개정판에도 여러분들의 도움이 있었습니다. 특히 崔光律 전 헌법재판소 재판관과 安哲相 대법원 법원도서관장의 도움이 컸습니다. 이 기회에 조언을 주신 분들과 고시계사의 鄭相薰 사장님, 全炳周 편집국장님께 감사를 드립니다.

2015년 1월

金 鐵 容

제3판 머리말

　전면개정 제3판은 제2판과의 차이점은 제2판에 비해서 민주국가원리의 적용에 관심을 둔 점입니다. 지금까지의 행정법론이 법치국가원리에 지나치게 치중했던 것이 아닌가의 반성에서입니다.

　전면개정 제3판의 또 하나의 차이점은 헌법이 보장하고 있는 사인이 행정과정에서 공정한 취급을 받을 절차적 권리를 구체화 한「행정절차법」의 제정으로 실질적 법치국가원리가 절차적으로 진화되고 있는 흐름을 두드러지게 나타나도록 한 점이다.

　이번 개정판에도 고시계사의 鄭相薰 사장님, 全炳周 편집국장님, 閔智英 팀장님의 도움을 받았습니다. 이 분들께 감사를 드립니다.

2014년 1월

金 鐵 容

제2판 머리말

전면개정 제2판은 전면개정 초판에서 시도하였던 개별 행정작용법론의 일반행정법론에의 흡수 중 미진하였던 부분을 보강하면서 2012년도 있었던 법령의 개정과 학설·판례의 진전을 충실하게 반영하려고 노력한 결과물입니다.

2012년도의 행정법론의 가장 큰 이슈는 행정소송법의 개정이었습니다. 2012년 5월 24일에 있었던 법무부 주체 행정소송법 개정 공청회에서 발표된 행정소송법 개정 시안의 핵심은 의무이행소송·예방적 금지소송의 도입, 원고적격 확대, 집행정지 요건의 완화, 가처분제도 마련, 화해권고결정제도의 신설, 소의 변경과 이송 허용 범위의 확대 등입니다. 이번 제2판에서는 이들 시안의 핵심들을 다루지는 아니하였습니다. 그러나 행정법을 공부하는 사람들로서는 지속적으로 관심을 가져야 할 문제들입니다.

이번 개정판의 출간에도 安哲相 서울행정법원 수석부장판사의 도움을 받았습니다.
편집과 디자인에는 全炳周 편집국장, 郭炳熙 기획실장, 閔智英 디자인팀장의 도움을 받았습니다.
이 분들께 감사를 드립니다.

2013년 1월

金 鐵 容

머리말

 이 책은 2011년도에 출간된 행정법에 약간의 새로운 내용을 첨가하면서 내용을 보다 간결·단출하게 하려고 애쓴 개정판입니다. 전면개정판으로 이름을 붙인 것은 책의 체계에 손질을 했기 때문입니다.

 2011년까지 저자가 저술했던 행정법은 모두 8편으로 구성되어 있었습니다. 제1편 행정법통론, 제2편 행정의 행위형식론, 제3편 행정의 흐름, 제4편 행정구제법, 제5편 행정조직법, 제6편 지방자치법, 제7편 공무원법, 제8편 행정작용법이었습니다. 제8편 행정작용법은 앞 부분의 일반 행정작용법에서 이미 설명되어 있는 법리를 보완하여 개별 행정작용법을 그 특성에 맞추어 보다 상세히 설명하기 위한 것이었습니다. 이러한 발상의 연원은 과거 행정법론의 일반적 구성이었던 행정법총론과 행정법각론의 구별에 기인한 것이었습니다. 행정법각론은 다른 법분야의 각론과 비교할 때 그 양이 대단히 방대하다는 것이 특징입니다. 그 양은 정확하게 말하기는 어렵지만 행정법총론의 수 십배가 될 것입니다. 이 방대한 양을 모두 행정작용법에 담기는 어렵습니다. 그래서 저자는 개별 행정작용을 한정하여 그 개별 행정작용법의 특색을 간략하게 요약하고, 행정의 행위형식론, 행정의 흐름, 행정구제법의 설명에서 해당 개별 행정작용법과 관련하여 일반 행정작용법에서 충분히 서술하지 못하였던 부분을 보완하는 선에서 제8편을 매워왔습니다.

 한정된 분량으로 서술하다 보니 개별 행정작용법에 대한 충분한 설명이 되지 못 하였을 뿐만 아니라 일반 행정작용법의 설명이 되풀이 중복되어 분량만 늘어나 독자들에게 부담만 되었습니다. 오히려 개별 행정작용법에서 다루었던 설명을 일반 행정작용법에서 흡수하여 보다 내용을 풍부하게 해주는 것이 독자들에게 도움이 되겠다는 생각을 했습니다. 개별 행정작용법의 설명을 하지 아니하는 것이 제8편의 불충분하고 지나치게 간결한 서술이 앞으로 있을 독자들의 개별 행정작용법의 정확한 이해에 장애가 될 수 있는 위험성을 배제할 수도 있겠다는 생각도 했습니다. 그래서 전면개정판에서 제8편의 내용을 대부분 삭제하고 공용부담법만 남기기로 했습니다.

 이와 같이 책을 개편하면서 2012년 1월 1일을 기준으로 하여 법령과 판례도 손질을 했습니다.

 책의 가치는 그 알맹이에 있을 것입니다. 저자로서는 알맹이의 충실을 기하려고 최선을 다하였습니다만, 아직 그다지 충실하지 않는 것 같습니다. 미진한 부분이 한두 곳이 아닐 것입니다. 기회가 주어진다면 더 충실하고 보다 단출한 책이 되도록 노력해 볼 생각입니다.

 전면개정판의 출간에도 여러분들의 도움이 있었습니다. 崔光律 전 헌법재판소 재판관, 崔松和 서울대학교 법학전문대학원 명예교수, 安哲相 서울행정법원 수석부장판사의 변함없는 도움을 받았습니다. 특히 지금과 같이 어려운 출판 사정에도 출간을 맡아준 鄭相薰 사장을 비롯하여 全炳周 편집국장, 閔智英 디자인 팀장이 큰 도움을 주었습니다. 이 분들에게 감사를 드립니다.

2012년 1월

金 鐵 容

Contents

Contents

Contents

Contents

Contents

제5편 행정구제법론

Contents

Contents

Contents

Contents

제8편　공무원법론

제9편　공물법론과 공용부담법론

Contents

색　인

◆참고문헌◆

康慶善·李桂洙, 행정법 Ⅰ, 한국방송통신대학교 출판부, 2009.

姜求哲, 講義 行政法 Ⅰ, 螢雪出版社, 1999.

姜儀中, 行政法講義, 敎學硏究士, 2000.

姜知恩, 프랑스 행정법상 분리가능행위, 景仁文化社, 2017.

강현호, 행정법총론, 博英社, 2005.

강현호, 행정법각론, 博英社, 2005.

桂禧悅, 憲法學(上), 博英社, 1996.

桂禧悅, 憲法學(中), 博英社, 2000.

高翔龍, 民法總則, 法文社, 2002.

郭潤直, 民法總則, 博英社, 1999.

郭潤直, 物權法, 博英社, 1999.

丘秉朔, 註釋 地方自治法, 博英社, 1991.

權寧星, 憲法學原論, 法文社, 2009.

權五乘, 經濟法, 法文社, 2002.

權五乘, 自由競爭과 公正去來, 法文社, 2002.

金基杓, 新行政審判法論, 한국법제연구원, 2003.

金南辰, 行政法Ⅰ, 法文社, 2002.

金南辰, 行政法Ⅱ, 法文社, 2001.

金南辰, 行政法의 基本問題, 法文社, 1994.

金南辰·金連泰, 行政法Ⅰ, 法文社, 2007.

金南辰·金連泰, 行政法Ⅱ, 法文社, 2007.

金南撤, 행정법강론, 박영사, 2014.

金道昶, 一般行政法(上), 靑雲社, 1993.

金道昶, 一般行政法(下), 靑雲社, 1993.

金東熙, 行政法Ⅰ, 博英社, 2010.

金東熙, 行政法Ⅱ, 博英社, 2010.

金東熙, 행정법요론, 博英社, 2010.

金明植, 행정조직법, 법우사, 2014.

金明植, 국가와 공직, 법우사, 2019.

金性洙, 行政法Ⅰ, 法文社, 2000.

金性洙, 個別行政法, 法文社, 2001.

金連泰, 行政法事例演習, 弘文社, 2006.

金容燮·辛奉起·金光洙·李熙貞, 판례교재 행정법, 법문사, 2011.

金容燮·李昃九·李光洙, 행정조사의 사법적 통제방안 연구, 博英社, 2016.

金裕盛, 韓國社會保障法論, 法文社, 2002.

金裕煥, 행정법과 규제정책, 삼원사, 2012.

金裕煥, 행정법관례강의, 율곡출판사, 2014.

金裕煥, 현대 행정법강의, 法文社, 2019.

金裕煥, 현대행정법, 博英社, 2021

金伊烈, 最新行政法學, 進明出版社, 1986.

金重權, 行政法, 法文社, 2019.

金重權, 行政法基本硏究Ⅰ·Ⅱ·Ⅲ, 法文社, 2008·2009·2010.

김종보, 건축행정법, 도서출판 학우, 2005.

金鍾甫, 건축법의 理解, fides 도서출판, 2018.

金哲洙, 學說判例憲法學(上)(下), 博英社, 2008.

金哲洙, 憲法學原論, 博英社, 2008.

金鐵容, 鑑定評價및補償法論, 汎論社, 1990.

金鐵容, 註釋 地方自治法, 韓國司法行政學會, 1997.

金鐵容·崔光律, 註釋 行政訴訟法, 博英社, 2004.

金鐵容, 行政法 Ⅰ, 博英社, 2010.

金鐵容, 行政法 Ⅱ, 博英社, 2010.

金鐵容, 행정절차와 행정소송, 피앤씨미디어, 2017.

金香基, 行政法槪論, 三英社, 1999.

金鉉峻, 행정법관계에서의 사인의 권리와 의무, 法文社, 2013.

金弘大, 地方自治立法論, 博英社, 2001.

金弘大, 土地公槪念法制, 稅經社, 1990.

盧降熙, 韓國의 地方自治 回顧와 展望, 綠苑出版社, 1987.

柳明建, 實務行政訴訟法, 博英社, 2001.

朴均省, 行政救濟法, 博英社, 2002.

朴均省, 行政法論(上), 博英社, 2010.

朴均省, 行政法論(下), 博英社, 2008.

박균성·김재광, 경찰행정법, 博英社, 2010.

박균성·함태성, 환경법, 博英社, 2004.

朴松圭, 行政審判法, 한국법제연구원, 1998.

朴鈗炘, 最新行政法講義(上), 博英社, 2004.

朴鈗炘, 最新行政法講義(下), 博英社, 2004.

朴鈗炘·鄭亨根, 最新行政法講義(上), 博英社, 2009.

朴鈗炘·鄭亨根, 最新行政法講義(下), 博英社, 2009.

朴正勳, 행정법의 체계와 방법론(행정법연구 1), 博英社, 2009.

朴正勳, 행정소송의 구조와 기능, 博英社, 2006.

朴正勳, 行政訴訟의 構造와 機能(行政法研究 2), 博英社, 2005.

朴在胤, 행정법의 이론과 실무-행정구제법, 진원사, 2016.

朴種局, 新行政法論, 法志社, 1999.

邊成完·宣正源·金容贊, 주민소송, 博英社, 2006.

卞在玉, 行政法講義(Ⅰ), 博英社, 1991.

서울행정법원 실무연구회, 행정소송의 이론과 실무, 사법발전재단, 2013.

徐元宇, 不動産公法, 博英社, 1985.

徐元宇, 轉換期의 行政法理論, 博英社, 1985.

徐元宇, 現代行政法論(上,) 博英社, 1985.

徐元宇·吳世卓 共譯(鹽野宏 著), 日本行政法, 法文社, 1985.

徐元宇·李康爀, 公法學演習, 法志社, 1985.

徐廷範, 경찰행정법, 세창출판사, 2020.

徐廷範·金連泰·李起椿, 경찰행정법, 세창출판사, 2018.

서정범박상희, 행정법총론, 세창출판사, 2017.

석종현·송동수, 일반행정법(상), 삼영사, 2009.

석종현·송동수, 일반행정법(하), 삼영사, 2009.

成樂寅, 憲法學, 法文社, 2007.

선정원, 행정법의 작용형식, 경인문화사, 2019.

선정원, 행정법의 개혁, 경인문화사, 2020.

蘇淳茂, 租稅訴訟, 영화조세통람사, 2010.

蘇淳茂·尹智炫, 조세소송, (주)영화조세통람, 2016.

辛奉起, 행정법의 주요관례, 大明出版社, 2006.

梁 建, 憲法講義, 法文社, 2009.

吳峻根, 行政節次法, 三知院, 1998.

劉尙炫, 韓國行政法(上), 桓仁出版社, 2002.

劉尙炫, 韓國行政法(下), 桓仁出版社, 2000.

柳至泰, 行政法新論, 新英社, 2005.

柳至泰, 行政法의 理解, 法文社, 2005.

柳至泰·朴鍾秀, 行政法新論, 博英社, 2011.

柳海雄, 신수용보상법론, 부연사, 2009.

俞珍式, 행정조직법의 이론과 실제, 전북대학교출판문화원, 2020.

柳海雄, 토지법제론, 부연사, 2009.

尹世昌, 行政法(上), 博英社, 1983.

尹世昌, 行政法(下), 博英社, 1985.

尹世昌·李虎乘, 行政法(上), 博英社, 1993.

尹良洙, 行政法概論, 제주대학교출판부, 2009.

李光潤, 신행정법론, 法文社, 2007.

李光潤, 行政法理論, 성균관대학교 출판부, 2000.

李光潤, 일반행정법, 法文社, 2012.

李光潤·金玟昊·康鉉浩, 行政作用法論, 法文社, 2002.

李光潤·金玟昊, 行政法講義Ⅰ, 法文社, 1999.

李琦雨, 地方自治行政法, 法文社, 1991.

이기우·하승수, 지방자치법, 대영문화사, 2007.

李鳴九, 新稿 行政法論, 大明出版社, 1997.

李尙圭, 新行政法論(上), 法文社, 1997.

李尙圭, 新行政法論(下), 法文社, 1996.

李尙圭, 行政爭訟法論, 法文社, 1997.

李相哲, 國防行政法論, 도서출판 봉명, 2008.

李石善, 判例行政訴訟法, 韓國司法行政學會, 1996.

李時潤, 新民事訴訟法, 博英社, 2009.

李源, 주해 행정심판법, 예손, 2020.

李元雨, 經濟規制法論, 弘文社, 2010.

李在祥, 刑法總論, 博英社, 2002.

李昌熙, 稅法講義, 博英社, 2006.

李漢基, 國際法講義(新訂版), 博英社, 1997.

任 雄, 刑法總論, 法文社, 2002.

任勝淳, 租稅法, 博英社, 2010.

장태주, 行政法概論, 현암사, 2005.

再版資料 제87집, 經濟法의 諸問題, 법원도서관, 2000.

全光錫, 韓國社會保障法論, 法文社, 1999.

全光錫, 한국헌법, 집현재, 2016.

鄭南哲, 行政救濟의 基本原理, 法文社, 2013.

鄭南哲, 現代行政의 作用形式, 法文社, 2016.

鄭南哲, 行政法의 特殊問題, 法文社, 2018.

鄭南哲, 한국행정법론, 法文社, 2021.

鄭在晃, 憲法裁判論, 博英社, 2001.

鄭宗燮, 憲法訴訟法, 博英社, 2008.

鄭宗燮, 憲法學原論, 博英社, 2008.

鄭夏重, 行政法總論, 法文社, 2005.

鄭夏重, 行政法各論, 法文社, 2005.

鄭夏重, 行政法槪論, 法文社, 2009.

鄭夏重, 行政法의 理論과 實際, 法文社, 2012.

鄭夏重, 行政法事例硏究, 成玟社, 1999.

鄭亨根, 행정법, 피앤씨미디어, 2014.

趙淵弘, 韓國行政法原論(上), 螢雪出版社, 2000.

조홍식, 환경법원론, 박영사, 2019.

千柄泰, 行政法總論, 三英社, 1998.

千柄泰, 行政救濟法, 三英社, 2000.

崔燉鎬, 都市및住居環境整備法, 博英社, 2005.

崔善雄, 행정소송의 원리, 진원사, 2007.

崔善雄, 재량과 행정쟁송, 博英社, 2021.

崔松和, 公益論, 서울대학교출판부, 2002.

崔松和, 法治行政과 公益, 博英社, 2002.

崔靈圭, 행정법총론, 경남대학교출판부, 2011.

崔靈圭, 경찰행정법, 法英社, 2007.

崔祐溶, 지방자치법의 주요쟁점, 동방문화사, 2014.

崔正一, 행정법의 정석(행정법Ⅰ), 博英社, 2009.

崔正一, 행정법의 정석(행정법Ⅱ), 博英社, 2009.

河明鎬, 행정쟁송법, 博英社, 2015.

하명호, 한국과 일본에서 행정소송법제의 형성과 발전, 경인문화사, 2018.

韓堅愚, 現代行政法Ⅰ, 인터벡, 2000.

韓堅愚, 現代行政法Ⅱ, 연세대학교출판부, 2000.

韓泰淵·鄭熙彩, 行政法學(上), 法文社, 2000.

韓國行政判例硏究會, 行政判例硏究 Ⅰ·Ⅱ·Ⅲ·Ⅳ·Ⅴ·Ⅵ(서울대학교출판부, 1996~2001)·Ⅶ·Ⅷ·Ⅸ·Ⅹ·ⅩⅠ·ⅩⅡ·ⅩⅢ·ⅩⅣ·ⅩⅣ-2·ⅩⅤ-1·ⅩⅤ-2·ⅩⅥ-1·ⅩⅥ-2·ⅩⅦ-1·ⅩⅦ-2·ⅩⅧ-1·ⅩⅧ-2·ⅩⅨ-1·ⅩⅨ-2·ⅩⅩ-1·ⅩⅩ-2·ⅩⅪ-1·ⅩⅪ-2·ⅩⅫ-1·ⅩⅫ-2 제1권 제2권·ⅩⅩⅢ-1·ⅩⅩⅢ-2·ⅩⅩⅣ-1·ⅩⅩⅣ-2·ⅩⅩⅤ-1·ⅩⅩⅤ-2·ⅩⅩⅥ-1(博英社, 2002·2003·2004·2004·2006·2007·2008·2009·2010·2011·2012·2013·2014·2015·2016·2017·2018·2019·2020·2021).

韓國行政判例研究會, 行政判例評選, 博英社, 2016.

許 營, 韓國憲法論, 博英社, 2009.

洪性邦, 憲法 II, 玄岩社, 2000.

洪井善, 行政法原論(上), 博英社, 2009.

洪井善, 行政法原論(下), 博英社, 2008.

洪井善, 地方自治法學, 法英社, 2000.

洪井善, 경찰행정법, 博英社, 2007.

洪準亨, 행정법, 法文社, 2017.

洪準亨, 判例行政法, 斗聖社, 2007.

洪準亨, 行政法總論, 한울아카데미, 2001.

洪準亨, 行政救濟法, 한울아카데미, 2001.

洪準亨, 행정구제법, 오래, 2012.

洪準亨, 環境法, 博英社, 2005.

◆ 약 어 ◆

광주고법 : 광주고등법원
광주지법 : 광주지방법원
국 행 심 : 국무총리행정심판위원회
대구지법 : 대구지방법원
대　　법 : 대법원
대전고법 : 대전고등법원
서울지법 : 서울중앙지방법원
수원지법 : 수원지방법원
울산지법 : 울산지방법원
중 행 심 : 중앙행정심판위원회
헌　　재 : 헌법재판소

제1편 통 론

제 1 장 행정법의 의의

제 1 절 종래의 통설적 견해

종래의 통설적 견해에 의하면 행정법학의 대상이 되는 행정법[1]을 "행정을 규율하는 국내공법"으로 정의한다[2]. 이를 해명하기 위하여는 행정이란 무엇인가, 규율이란 무엇인가, 공법이란 무엇인가, 국내법이란 무엇인가가 규명되어야 한다.

Ⅰ. 행   정

1. 행정의 개념과 분류

(1) 행정의 의의

첫째로 규명하여야 할 것은 행정이란 무엇인가이다. 이 문제에 대한 해답을 찾기 위하여 권력분립론에서 출발하는 것이 일반적이다.

국가가 국가로서 존재하는 이상 설사 고대국가라 하더라도 일정한 통치조직하에 국민에 대한 지배는 있었다. 그 속에는 우리가 말하는 행정도 있었고, 입법이나 사법(司法)도 있었겠지만, 하나의 뭉텅이를 이루고 있었을 것이다. 이들 입법·사법·행정의 권력이 자각적으로 구별된 것은 근대국가 성립 이후였다. 근대국가에서는 존 로크(John Locke)나 몽테스키외(Montesquieu)사상의 영향을 받아 국가권력을 입법권·행정권·사법권으로 나누어 그 각각의 권력을 별개의 국가기관으로 하여금 담당케 하여 상호의 감시와 견제를 통하여 권력의 남용을 방지하고 국민의 권리·이익을 보호하려는 통치조직원리가 확립되어 헌법에 이 원리가 채택되었다. 그러나 이 권력분립론이 의미하는 바는 국가에 따라 또한 시대에 따라 한결같지 않다. 우리나라 「헌법」도 그 제40조에서 "입법권은 국회에 속한다," 제66조 제4항에서 "행정권은 대통령을 수반으로 하는 정부에 속한다," 제101조 제1항에서 "사법권은 법관으로 구성된 법원에 속한다"라고 규정하여 권력분립제도를 취하고 있다.[3] 만일 국가활동이 어느 기관에 속하는가에 의하여 분류한다면 위 헌법

---

1) 독일에서는 행정법을 일반행정법(Allgemeines Verwaltungsrecht)과 특별행정법(Besonderes Verwaltungsrecht)으로 나누는 것이 일반적이다.

2) 행정법학은 '행정'에 관한 법만을 대상으로 하는 것이 아니라 공공의 제도 전체를 포괄하는 법학이론체계여야 한다는 견해로는 金鍾甫 「행정법학의 개념과 그 외연(外延)—제도중심의 공법학방법론을 위한 시론(試論)—」, 행정법연구(행정법이론실무학회) 제21호, 1쪽 이하가 있다.

3) 헌법재판소는 고위공직자범죄수사처 설치 및 운영에 관한 법률위헌확인(2021. 1. 28. 2020헌마264·681(병합) 결정)사건에서 고위공직자범죄수사처 설치 및 운영에 관한 법률(공수처법) 제3조 제1항 및 제24조 제1항의 권력분립원칙 위반에 관한 법정의견과 반대의견 속에서 다음과 같은 내용을 개진하고 있다. 먼저 법정의견은 다음과 같다. 즉, 오늘날 고전적 의미의 3권 분립은 그 의미가 약화되고 통치권을 행사하는 여러 권한과 기능들의 실질

제40조, 제66조 제4항, 제101조 제1항으로 입법·행정·사법이 무엇인지 알 수 있다(이 경우 형식적 의미의 입법, 형식적 의미의 행정, 형식적 의미의 사법(司法)이라 한다). 그러나 국가활동을 그 성질에 의하여 분류하는 경우에는 일반적·추상적인 법을 정하는 국가활동을 입법(실질적 의미의 입법이라 한다), 법을 적용하여 구체적인 분쟁을 해결하는 국가활동을 사법(실질적 의미의 사법이라 한다)이라고 하는데 대하여는 거의 견해가 일치되어 있다. 이에 대하여 행정 즉 실질적 의미의 행정이 무엇인가에 관하여는 견해가 대립된다.

1) 실질적 의미의 행정

실질적 의미의 행정은 행정의 본래의 성질을 밝히려는 것이다. 그러나 이 실질적 의미의 행정도 다시 크게 적극적으로 개념 규정하려는 견해와 소극적으로 개념 규정하려는 견해, 두 가지로 나뉜다.

(카) **적 극 설**　　　이 설은 국가활동 중에서 행정을 적극적으로 정의하여 행정에 대하여 무엇인가 독자적인 성격을 부여하려는 견해이다. 오토 마이어(O. Mayer)에 의하여 대표되는

적인 분산과 상호간의 조화를 도모하는 이른바 기능적 권력분립이 중요한 의미를 갖게 되었다(헌재 2014. 1. 28. 2012헌바216 참조). 기능적 권력분립론은 몽테스키외적인 고전적 권력분립 이념을 존중하면서 국가권력 또는 국가기능의 단순한 기계적·획일적 분리보다는 실질적인 기능적 권력통제에 중점을 둔 이론이라 할 수 있다. 기능적 권력분립의 구체적인 내용은 주장하는 학자마다 다르고, 구체적인 입법형태 역시 다양하다. 위헌법률심판, 헌법소원심판, 탄핵심판 등과 같은 헌법재판제도와 지방자치제도, 직업공무원제도, 다원적 민주주의에서의 사회단체를 통한 권력분립 등도 현대 자유민주국가에서 권력분립에 기여하는 제도들로 주창되고 있다. 그러나 앞서 본 바와 같이 권력분립원칙은 구체적인 헌법질서와 분리하여 파악될 수 없는 것이고, 권력분립원칙의 구체적 내용은 헌법으로부터 나온다. 권력분립원칙이 헌법규범으로 정립되고 헌법현실에 적용되는 모습은 나라마다 다르다. 기능적 권력분립론에서 주장하는 제도들도 헌법에 규정됨으로써 비로소 헌법규범적 의미가 있는 것이다. 그런데 우리 헌법은 정부조직과 관련하여 대통령이 행정부의 수반이고(제66조 제4항), 국무총리가 대통령의 명을 받아 행정각부를 통할하며(제86조 제2항), 행정각부의 설치·조직과 직무범위는 법률로 정한다(제96조)라고만 규정하고 있을 뿐 행정부 내부 조직 간의 권한 배분에 대하여는 아무런 언급이 없다. 그렇다면 행정부 내의 법률상 기관에 불과한 수사처와 다른 수사기관 사이에 권한 배분의 문제가 발생한다 하더라도 이를 헌법상의 권력분립원칙의 문제로 볼 수는 없고, 입법정책의 문제일 뿐이다. 다음에 반대의견은 반대의견을 개진하면서 기능적 권력분립에 대하여 다음과 같은 언급을 하고 있다. 즉, 권력분립의 원칙은 국가권력의 분리와 합리적 제약을 통하여 권력의 남용을 방지하고, 이로써 국민의 자유와 권리를 보장하려는 것으로(헌재 1994. 4. 28. 89헌마221 참조), 국가권력의 기계적 분립과 엄격한 절연을 의미하는 것이 아니라, 권력 상호 간의 견제와 균형을 통한 국가권력의 통제를 의미하는 것이다. 오늘날 현대 민주국가에서의 정치적 상황은 ① 정당국가의 발달에 따른 집권 정당에 의한 입법권과 행정권의 통합 현상, ② 국가의 국민에 대한 적극적 생존배려 및 급부 기능이 확대됨에 따른 행정국가 현상, ③ 다원적 민주주의 발전에 따른 각종 시민·사회단체의 출현과 정치적 영향력의 확대 현상 등과 같이 근본적으로 변화하고 있다. 이에 따라 국가권력을 입법, 행정, 사법으로 나누어 상호 견제와 균형을 이루게 함으로써 국민의 기본권을 보장하려는 고전적 권력분립의 원칙 못지않게, 권력을 행사하는 국가기관 사이에 권한과 기능의 실질적 분산과 상호 간의 조화를 도모하는 기능적 권력분립의 원칙이 중요한 헌법상 원리로 자리 잡게 되었다. 오늘날 이러한 기능적 권력분립원칙은 '행정과 의회를 장악한 집권당인 여당과 반대당인 야당 사이의 견제와 균형', '국가기관 내부 조직 사이의 협력과 통제', '중앙정부와 지방자치단체 간의 수직적 권력분할', '헌법재판제도에 의한 권력통제' 등의 형태로 구현되고 있다. 헌법재판소도 "현대사회에서 고전적 의미의 3권 분립은 그 의미가 약화되고 통치권을 행사하는 여러 권한과 기능들의 실질적인 분산과 상호 간의 조화를 도모하는 이른바 기능적 권력분립이 중요한 의미를 갖게 되었는데, 지방자치제도는 중앙정부와 지방자치단체 간에 권력을 기능적으로 나누어 가짐으로써 오늘날 민주주의 헌법이 통치기구의 구성원리로 보편적으로 받아들이고 있는 권력분립의 실현에도 기여한다."고 판시하여 기능적 권력분립원칙의 헌법적 중요성을 인정하고 있다(헌재 2014. 1. 28. 2012헌바216 참조).

행정을 국가목적 또는 공익목적의 실현작용으로 정의하는 이른바 국가목적실현설, 포르스트호프(E. Forsthoff)에 의하여 대표되는 공익목적의 실현뿐만 아니라 그 공익의 실현 결과를 기준으로 정의하는 결과실현설(양태설)은 모두 이에 속한다. 우리나라에서 적극설에 동조하는 이들은 "행정은 법 아래서 법의 기속을 받으면서 일체의 국가목적(공공의 이익)을 현실적·구체적으로 실현하기 위하여 통일적으로 수행되는 계속적 형성활동"이라 정의하여 결과실현설의 입장에 서 있는 것이 지배적이다.

이 설의 최대의 문제점은 이 설에 의한 행정의 정의로는, 행정이 현실의 정치적·경제적·사회적 제문제를 능동적·창의적으로 그 해결을 모색해야 하기 때문에, 나날이 그 외연을 넓혀가는 복잡·다양한 행정의 내용을 모두 포괄할 수 없다는 데에 있다.

㈏ **소극설**　　이 설은 국가활동 중에서 실질적인 입법과 사법을 제외한 모든 국가활동을 행정이라고 정의하는 견해이다. 공제설(控除說)이라고도 한다.

이 설은 원래 군주의 권력 중 입법권과 사법권이 분리되고 나머지가 군주의 직접지배로 남게 된 권력분립제도의 연혁에 부합되고, 복잡·다양한 행정의 내용을 모두 포괄할 수 있다는 장점이 있으나, 행정의 중요한 역할을 부각시키지 못하는 단점이 있다.

㈐ **검토**　　위의 양 설 중 우리나라의 종래 통설은 적극설이었다. 실질적 의미의 행정을 규명함에 있어서는 논리학적 관점에서나 헌법적 가치를 적극적으로 실현해야 하는 행정의 실천성이라는 관점에서 보면 적극설 쪽에 커다란 장점이 있는 것을 부인할 수 없다. 그러나 적극설에 서는 한 나날이 그 외연을 넓혀가는 행정의 정확한 정의는 불가능하다. "행정은 기술될 수 있으나 정의될 수 없다"(sie sich zwar beschreiben, aber nicht definieren läßt)는 포르스트호프(E. Forsthoff)의 말은[1] 이를 두고 한 말일 것이다. 그래서 최근 우리나라 학설은 소극설로 기울고 있다.[2] 종래의 통설은 행정의 의의를 논하면서 국가활동만을 전제로 하였다. 그러나 아직도 행정이라 하면 국가활동이 중심이 되고 있기는 하지만, 반드시 국가활동에 한정되지 아니함은 주의를 필요로 한다. 행정주체가 다양화되고 공사협동론이 전개됨에 따라 공동체의 공동이익을 관리하는 활동이 행정이 된다.

참고로 독일 교과서에서 들고 있는 행정의 징표로는 ① 사회형성활동(Sozialgestaltung), ② 공익실현활동(am öffentlichen Interesse orientiert), ③ 적극적·미래지향적 형성활동(aktive in die Zukunft gerichtete Gestaltung), ④ 구체적 조치(konkrete Maßnahmen) 등을 드는 학자가 있다.[3]

---

1) E. Forsthoff, Lehrbuch des Verwaltungsrechts, Band. 1, 10. Aufl., 1973, S. 1.
2) 朴正勳, 「행정법의 체계와 방법론」, 9쪽 참조. 행정의 개념에 관하여 소극설을 취하는 경우 헌법 제66조 제4항에 규정된 행정권에 속하는 권한이 확대된다.
3) H. Maurer/C. Waldhoff, Allgemeines Verwaltungsrecht, 19. Aufl., S. 4ff.

㉠ 행정은 사회형성활동이다.　　　행정의 대상은 사회적 공동생활이다. 따라서 행정은 공동체와 공동체에 속하는 인간의 사건을 다룬다.

㉡ 행정은 공익실현활동이다.　　　행정은 공익실현을 그 본질로 한다.[1] 여기서 말하는 공익은 시대와 더불어 변천·발전되어 온 다의적 개념이며, 그 개념과 내용을 밝히는 것은 쉽지 않다.[2] 영미법과 대륙법에 차이가 있으나, 종래 대륙법에서는 국가를, 영리를 목적으로 하는 사기업과 달리, 흔히 공동체 전체의 이익으로 정의되는 공익을 추구하는 조직으로 보았다. 절대주의에 의한 국가권력의 중앙집권을 경험한 대륙의 법제도에서는 무엇이 공익인가의 최종적인 결정권한은 국가에 귀속되어 있었다. 즉 국가가 공공성 담보를 독점하고 있었다. 그러나 오늘날에 있어서는 국가가 독점하여 온 공공성 담보 체계는 붕괴되고, 무엇이 공익인가를 결정·실현하는 체계 자체가 국민·주민의 참가 등에 의하여 다원화되고 상대화되고 있다. 그리하여 공익의 개념이 실체적 개념(예: 국가의 공동(共同)의 이익)에서 절차적 개념으로 이행되는 추세에 있다. 요컨대, 공익은 행정법의 모든 영역에서 문제가 되지만, 결코 선험적으로 존재하는 것이 아니라 입법(예: 법률에서 직접 공익을 요건으로 정함)·행정(예: 행정행위의 재량요건)·사법(예: 처분취소소송)의 흐름 속에서 표출되는 다양한 이익들이 형량·조정됨으로써 정립하게 된다.[3] 따라서 공익은 사익과 단절되어 있는 것이 아니라 사익 상호의 관계성에도 충분히 배려하여 조정하는 객관법으로 이해한다. 그러므로 공익은 통일적인 개념이 아니다. 공익이 반드시 어느 하나의 국가기관에 의하여 형성되는 것이 아니라 혹은 중첩적으로 혹은 경합적으로 여러 조직 단위에 의하여 형성되기 때문이다.[4] 공익은 일반행정법에서 중요한 문제이긴 하지만, 구체적으로는 특별행정법(참조영역)[5]별로 다루어야 할 문제가 된다.

---

1) 종래의 전통적 견해에 의하면 공익은 사익(私益)에 대비되는 개념이다. 그러나 오늘날에는 이와 같은 전통적인 대립적·도식적 대비는 부정된다.

2) 헌재 2010. 12. 28. 2008헌바157, 2009헌바88(병합) 결정은 전기통신기본법 제47조 제1항의 위헌소원사건에서 전기통신기본법 제47조 제1항의 요건으로 규정된 공익이라는 의미가 불명확하고 추상적이라는 이유로 전기통신기본법 제47조 제1항을 위헌이라고 하였다. 공익에 관한 문헌으로 崔松和, 공익론 — 공법적 탐구 — 외에 崔松和,「공익의 법문제화」; 朴均省,「프랑스 행정법상 공익개념」; 金裕煥,「영미에서의 공익개념과 공익의 법문제화 — 행정법의 변화와 대응 —」; 李元雨,「경제규제와 공익」; 金度均,「법원리로서의 공익 — 자유공화주의 공익관의 시각에서 —」(이상 법학(서울대학교 법학연구소), 제47권 제3호); 金光洙,「글로벌 시대의 공익론」, 행정법연구(행정법이론실무학회), 제19호, 99쪽 이하; 金性洙,「사회기반시설의 공공성에 대한 법리분석 — 관광시설에 대한 민간투자법을 중심으로 —」, 공법연구(한국공법학회) 제37집 제2호, 261쪽 이하 등이 있다.

3) E. Schmidt-Assmann, Das allgemeine Verwaltungsrecht als Ordnungsidee, 2. Aufl., S. 151 참조.

4) E. Schmidt-Assmann, 위의 책, S. 149. 아스만 교수는 독일 행정절차법의 특징 중의 하나로 행정은 법에 구속되지만 공공복리(Gemeinwohl)의 정의에 관해서는 최종적으로 유일한 책임을 진다는 점을 든다. 이의 단적인 표현이 독일 연방행정절차법 제24조가 직권조사주의(Untersuchungsgrundsatz)를 명확히 내세운 것(Ausprägung)이라고 설명한다(앞책, S. 357).

5) 참조영역(Referenzgebieten)이란 일반법의 명제(命題)를 위하여 사안(事案)의 소재와 예(例)를 제공하는 특별행정법의 영역을 말한다(金鐵容,「특별행정법 서설」, 행정법연구(행정법이론실무학회) 제59호, 8쪽 참조).

ⓒ 행정은 적극적·미래지향적 형성활동이다.　　 행정이 적극적·미래지향적 형성활동임은 행정이 법률을 집행할 경우에 명백하게 된다. 그러나 행정은 법률의 집행에 한정되지 아니하며, 법률이 규정하지 아니한 사항에도, 법이 정한 한계 내에서 주도적·능동적으로 활동할 수 있다.

ⓓ 행정은 구체적 조치이다.　　 행정은 일반적 규율일 경우도 있으나, 개별적 규율활동이거나 특정한 기획(Vorhaben)을 구체적으로 실현하는 활동인 것이 원칙이다.

2) 형식적 의미의 행정

형식적 의미의 행정은 행정을 담당하는 기관의 권한에 속하는 국가활동을 말한다. 즉 국가활동의 성질에 의해서가 아니라 국가활동을 담당하는 기관에 의하여 입법·행정·사법을 구별하는 것을 형식적 의미의 입법·행정·사법이라 한다는 것은 앞에서 본 바와 같다.

형식적 의미의 행정에는 행정기관이 행하는 실질적 의미의 행정은 말할 것도 없고, 실질적 의미의 입법(법규명령의 제정) 및 실질적 의미의 사법(행정심판) 등이 모두 포함된다. 따라서 실질적 의미의 행정과 형식적 의미의 행정은 반드시 일치하지 아니한다.

3) 행정법의 대상으로서의 행정

행정법의 대상이 되는 행정은 실질적 의미의 행정인가 형식적 의미의 행정인가. 우리나라의 일반적 경향은 행정법의 대상이 되는 행정을 실질적 의미의 행정으로 보면서도, 실제로는 오래 전부터 행정입법, 행정심판 등 형식적 의미의 행정도 그 대상으로 하여 다루어 왔었다.

행정법의 대상은 시대에 따라 끊임없이 변화하고 있다. 이미 앞에서 본 바와 같이 행정법학은 행정에 관한 법만을 대상으로 하는 것이 아니라 공공의 제도 전체를 포함하는 법학이론체계여야 한다는 견해가 등장하고 있다. 그 뿐만 아니라 정책론·통제론에 그치는 것이 아니라 지금까지 다름을 강조하였던 민법·상법·형법·국제법 등에서 다루던 법현상을 넘보고 있다. 행정법이 다른 학문 영역과 다른 독자의 자족(自足)적 체계를 만들어야 한다거나 그러한 체계가 없으면 학문으로 성립할 수 없다거나 하는 생각 자체에 의문이 들 정도이다.

(2) 행정의 분류

행정은 여러 가지 기준에 따라 여러 가지로 나눌 수 있다. 법적 고찰에 의미가 있는 분류는 다음과 같다.

1) 대상에 의한 분류

행정은 그 대상을 기준으로 하여 사회공공의 안전을 확보하고 질서를 유지하는 경찰행정, 공기업 등에 의한 공급행정·사회보장행정·자금 등의 조성행정 등 급부행정, 국토·도시계획·건축 등 건설행정, 부담금의 부과나 공용수용·사용 등 공용부담행정, 환경행정, 경제행정, 조세 등의 재무행정, 군사행정 등으로 나뉜다. 개별 행정의 영역에 존재하는 행정실정법을 정리하여 거기에 타당하는 법원리를 탐구하려는 특별행정법의 분류로 사용되고 있다.

2) 임무·목적에 의한 분류

행정은 그 임무 또는 목적을 기준으로 하여 규제행정·급부행정 등으로 나뉜다. 규제행정이란 국가 또는 지방자치단체 등 행정주체가 생명·안전의 확보 등 특정한 행정 목적을 실현하기 위하여 국민 또는 주민의 권리를 제한하거나 의무를 부과하거나 그 밖에 국민·주민의 활동에 개입하는 행정을 말한다.[1] 교통규제·건축규제·경제규제·환경규제 등이 그 예이다. 급부행정이란 도로·공원을 설치·관리하거나 생활보장을 행하는 등 국민·주민의 복리를 향상·증진함을 목적으로 하는 행정을 말한다.[2]

3) 자세에 의한 분류

행정은 행정기관이 행정에 임하는 자세를 기준으로 하여 적극행정과 소극행정으로 나뉜다. 적극행정은 공익을 실현·증진하기 위하여 능동적으로 행하는 행정을 말하며, 소극행정은 현상을 유지하기 위하여 수동적으로 행하는 행정을 말한다. 행정의 중점은 소극행정에서 적극행정으로 변천되어왔다.[3]「행정기본법」제4조 제1항에서 "행정은 공공의 이익을 위하여 적극적으로 추진 되어야 한다"라고 하고, 제2항에서 "국가와 지방자치단체는 소속 공무원이 공공의 이익을 위하여 적극적으로 직무를 수행할 수 있도록 제반 여건을 조성하고, 이와 관련된 시책 및 조치를 추진하여야 한다"라고 규정하고 있다.

4) 법적 효과에 의한 분류

행정은 그 국민이나 주민 등 사인(개인과 개인이 자유로이 결성한 단체를 합하여 사인이라 부르기로 한다)에 대한 법적 효과를 기준으로 하여 불이익행정과 이익행정으로 나뉜다. 불이익행정이란 국민 또는 주민에게 새로운 의무를 부과하거나 새로운 권리·이익의 부여를 거부(거부행위)하거나 또는 이미 부여된 권리·이익을 박탈·제한하는 등 사인에게 불이익한 행정을 말한다. 이익행정이란 국민 또는 주민에게 권리·이익을 부여하는 등 사인에게 이익이 되는 행정을 말한다. 불이익행정을 부담행정(負擔行政), 이익행정을 수익행정이라고도 부른다. 양자는 각각 독자적 영역으로 대립되는 것이 아니라 상호 중첩되는 경우가 적지 않다(복효적 행정). 침익행정 (Eingriffsverwaltung)이라는 개념도 흔히 쓰인다. 독일에서는 침익행정은 불이익행정(부담행정) 중

---

1) 규제행정론에 관하여는 李元雨, 경제규제법론, 3쪽 이하 참조.
2) 급부행정론의 성립에 관하여는 崔致鳳, 「Forsthoff의 행정법학체계 ― 그의 Daseinsvorsonrge를 중심으로 ―」, 법학의 제문제(혜남고병국박사 환력기념논문집), 1969, 41쪽 이하, 오늘날의 의의에 관하여는 李相憙, 「Ernst Forsthoff의 행정법학 체계와 방법론 개관」, 행정법연구(행정법이론실무학회) 제10호, 제275족 이하 참조.
3) 적극행정을 공무원법·행정작용법·행정쟁송법·행정조직법의 네 가지 차원으로 나누어 각각의 차원에서 행정법을 조명함으로써 행정법 전체의 패러다임 전환을 모색하는 시도의 글로는 朴正勳, 「적극행정 실현의 법적 과제 ―'적극행정법'으로의 패러다임 전환을 위한 시도 ―」, 공법연구(한국공법학회) 제38집 제1호 제1권, 329쪽 이하가 있다.

에서 '현상태에서 감소상태로 변화(Umwandlung eines Status quo in einen Status quo minus)한 경우'만을 지칭하는 것이 보통이다. 따라서 이러한 의미로 침익행정이란 개념을 사용하는 경우에는, 국민 또는 주민에게 새로운 의무를 부과하거나 권리를 박탈하는 행정은 침익행정에 해당되나, 권리·이익의 부여를 거부하는 행정은 침익행정에 포함되지 아니한다. 우리 법률 중에서 '당사자에게 의무를 과하거나 권익을 제한하는 처분'이라는 용어를 사용하고 있는 경우가 있다(예: 행정절차법 제21조 제1항). 이 경우 '당사자에게 의무를 과하거나 권익을 제한하는 처분'이 침익행정만을 의미하는 것인지, 거부처분을 포함한 불이익행정(부담행정)을 의미하는지가 문제된다(→ 사전통지의 대상이 되는 처분).

5) 법형식에 의한 분류

행정은 그 법형식을 기준으로 하여 공법형식의 행정과 사법(私法) 형식의 행정으로 나뉜다. 전자는 이른바 고권행정(高權行政)으로서 공권력을 발동하여 일방적으로 명령하고 강제하는 권력행정과 공권력적 수단에 의하는 것은 아니나 공익과 밀접한 관련이 있는 관리행정(비권력행정)을 포함한다. 후자는 국가 등 행정주체가 사법의 형식을 사용하여 행정목적을 추구하는 행정이며, 행정목적을 추구하기 때문에 일정한 제약을 받게 된다는 의미에서 행정사법(行政私法)의 형식으로 행하여지는 행정이라고 부를 수 있다.[1] 현대 행정을 특정 짓는 표제어(key word)로 널리 인구에 회자되고 있는 행정활동의 확대현상은 급부행정·비권력행정·사경제행정의 증대에 기인한 것이다. 행정사법은 사경제행정을 중심으로 하는 사법(私法) 형식의 행정활동영역이다. 구체적인 행정의 법형식에 관하여는 제2편 행정의 행위형식에서 설명한다.

6) 법적 구속의 정도에 의한 분류

행정은 법적 구속의 정도를 기준으로 하여 기속행정(법규에 기속되어 행정청에게 행위의 선택의 여지가 없는 행정)과 재량행정(법규에 의하여 구체적으로 기속되지 아니하고 행정청의 독자적 판단권에 따라 행하는 행정)으로 나뉜다.

7) 주체에 의한 분류

행정은 주체를 기준으로 하여 국가행정(국가가 직접 자기의 행정기관에 의하여 행하는 행정)·자치행정(지방자치단체가 행하는 행정)·위임행정(국가 또는 지방자치단체로부터 위임을 받아 행하는 행정) 등으로 나뉜다.

---

1) 종래의 통설은 법형식을 기준으로 고권행정과 국고행정(國庫行政)으로 나뉘었다. 국고행정은 행정주체가 사법상의 재산권의 주체, 즉 국고(Fiskus)로서 사법형식에 의하여 행하여지는 행정으로 이해하였다. 국고 개념은 독일에서 역사적으로 발전하여 온 독자적인 개념이다. 국가법인설에 관하여는 鄭鎬庚, 「국가법인설의 기원과 전개과정 ─독일에서의 발전과정을 중심으로─」, 행정법연구(행정법이론실무학회) 제42호, 1쪽 이하 참조. 국고이론의 기원·변화 및 우리 학설·판례·입법에서의 국고개념과 국고이론에 관하여는 朴訓民, 독일 행정법상 國庫理論에 관한 비판적 연구─國庫私人說의 理論史的 考察을 중심으로─」(2014년 8월 서울대학교 박사학위청구논문)이 있다.

2. 행정과 통치행위

종래의 통설은 행정과 통치행위를 구분하고, 통치행위는 입법도 아니고 사법(司法)도 아니고 행정도 아닌 제4의 국가작용이며, 따라서 통치행위는 행정법학의 대상이 되지 아니한다고 이해하였다. 현재의 통설도 대체로 이를 추종하고 있다. 이러한 통설에 대하여는 법치국가원리의 입장에서,[1] 이와 더불어 기본권보장의 입장에서[2] 행정과 통치행위의 구별을 부인하는 견해가 있다.

통설에 의하면, 통치행위는 고도의 정치성을 가진 국가기관의 행위로서 법적 구속을 받지 아니하며 재판의 대상에서 제외되는 행위라고 정의한다. 여기서 말하는 재판 속에는 국가배상청구소송이 포함된다는 견해[3]도 없지 아니하나, 행정소송이 포함된다는 점은 분명하다.

본서에서는 통치행위를 행정소송의 한계 문제에서 다루고 있다.

II. 규 율

1. 규율의 의미

법을 외부법(外部法)과 내부법(內部法)으로 흔히 나눈다. 이와 같이 나눈다면, 실정법에서는 규율을 내부법으로 사용하는 경우가 있다. 헌법 제64조 제1항에서 말하는 내부규율이 그 예이다. 그러나 우리나라 행정법 교과서에서 '행정을 규율하는 국내공법'이라고 할 때의 규율은 행정기관에게 행정권한을 부여하는 것, 행정의 기준을 정하는 것, 행정청이 일방적으로 명령하는 것, 행정주체가 계약을 체결하는 것, 행정을 구체적으로 실시하거나 집행하는 것, 행정을 통제하는 것 등을 모두 포함하고 있다. 따라서 학문상 용어로서 규율은 반드시 내부법에 한정하지 아니한다.

사인 측에서는 규율은 법적 구속력이 있는 권리·의무, 법 상태 등에 관한 법명제(法命題)를 의미한다.

---

1) 金道昶, 일반행정법론(상), 71쪽 주 참조. 朴均省 교수는 행정법론(상) 제2판에서 "통치행위는 법치국가의 원칙에 비추어 보면 인정될 수 없는 이론이다"(34쪽)라고 기술하고 있었다. 그러나 제3판에서 이 기술을 삭제하였다.

2) 金哲洙, 학설·판례 헌법학(하), 1977쪽 이하. 헌법재판소는 대통령의 긴급재정명령에 대한 헌법소원 사건에서 "대통령의 긴급재정명령은 국가긴급권의 일종으로서 고도의 정치적 결단에 의하여 발동되는 행위이고 그 결단을 존중하여야 할 필요성이 있는 행위라는 의미에서 이른바 통치행위에 속한다고 할 수 있으나, 통치행위를 포함하여 모든 국가작용은 국민의 기본권적 가치를 실현하기 위한 수단이라는 한계를 반드시 지켜야 하는 것이고, 헌법재판소는 헌법의 수호와 국민의 기본권 보장을 사명으로 하는 국가기관이므로 비록 고도의 정치적 결단에 의하여 행하여지는 국가작용이라고 할지라도 그것이 국민의 기본권 침해와 직접 관련되는 경우에는 당연히 헌법재판소의 심판대상이 된다"(헌재 1996. 2. 29. 93헌마186 결정)라고 판시하고 있다.

3) 朴均省 교수는 "국가배상을 인정하기 위하여는 통치행위의 위법성을 판단하여야 하므로 통치행위는 국가배상소송의 대상도 되지 않는다"라고 기술한다(同人, 행정법론(상), 33쪽).

2. 외부법과 내부법

흔히 행정주체와 행정객체(주로 사인)간의 법률관계에 관한 법규범을 외부법이라고 부르고, 그 외에 행정기관 상호 간의 관계 등에 관한 법규범을 내부법이라고 부른다. 외부법에 속하는 법규범에는 외부효과(Aussenwirkung)가 있다고 표현한다. 내부법은 법규범(Rechtsnormen)이라는 점에서는 외부법과 같지만, 외부효과를 갖지 아니하는 점에서 외부법과 그 성질을 달리한다. 조직법은 내부법이고, 작용법과 구제법은 외부법이라고 생각하기 쉬우나, 조직규범이 항상 내부효과만 갖는 것은 아니다.

III. 공법과 사법

1. 구별의 의의

법을 크게 공법과 사법(私法)의 두 분야로 나누는 것이 일반적임은 모두 아는 바와 같다. 종래의 전통적 견해는 행정법을 공법에 한정하여 왔다.

(1) 통설의 공·사법구별의 필요성

종래 통설이 공법과 사법을 구별하는 의의 및 그 필요성은 다음과 같다.

첫째로 행정법학이라는 학문의 체계, 즉 기존의 민법학과 대비되는 독립된 법해석학의 체계를 구축하기 위하여는 행정법학이 다룰 대상으로서의 행정법의 범위를 확정하여야 하는데, 그것을 위하여 필요하다. 둘째로 종래의 통설은 공법이 지배하는 법률관계와 사법이 지배하는 법률관계에는 적용할 법규범 내지 법원칙이 다른 것으로 보고 있으므로, 법 자체가 공법 또는 사법으로 명시하고 있는 경우에는 원칙적으로 문제가 없지만, 명시적으로 규정하고 있지 아니한 경우에 특정한 법률관계에 적용할 법규범 내지 법원칙을 정하기 위하여 그 관계가 공법관계인가 사법관계인가를 명백히 할 필요가 있다. 셋째로 민사사건과 행정사건에 따라 소송절차를 달리하고 있는 제도 아래에서는 특정한 법률관계에 분쟁이 발생한 경우에 어느 소송절차에 의할 것인가를 결정하는 기준으로 필요하다.

(2) 통설에 대한 비판

이러한 공법과 사법의 구별의의에 대하여는 첫째로, 행정법을 "행정을 규율하는 공법"으로 행정법의 범위를 확정함으로써 행정에 대한 특수한 공법원리의 지배에 의한 국가우위의 행정법론을 구축하는 데 기여하였지만, 행정현상이 나날이 복잡 다양해짐에 따라 종래 공법·사법 이원론에 바탕한 행정법론은 때로는 문제해결의 제약요인으로 작용될 수 있다는 비판이 있다.[1] 둘째

---

1) 徐元宇, 전환기의 행정법이론, 187쪽.

제1장 행정법의 의의 **49**

로 법 자체가 명시적으로 규정하고 있지 아니한 경우에 특정한 법률관계에 적용할 법규범 내지 법원칙을 정하기 위하여 필요하다고 하는 것은 실정행정법규의 배후에 통일적·포괄적인 공법 체계라는 것이 있어서 실정법에 구체적인 특수규정으로 나타나는 것이라는 생각을 전제로 하는 것인데, 이러한 생각은 독단이며 자의에 흐를 위험성을 안고 있다는 비판이 있다.[1] 셋째로 특정한 법률관계에 분쟁이 발생한 경우에 어느 소송절차에 의할 것인가를 결정하는 기준으로 필요하다는 것도 행정사건에 대한 특수한 소송유형의 인정을 어디까지나 민사소송의 예외이며 그 한도 내에서의 특별한 규정으로 생각하면 되는 것이지 반드시 공법체계의 존재를 의미하는 것은 아니라는 비판이 있다.[2]

(3) 검 토

생각건대, 종래 통설의 이론체계에 있어서의 공법과 사법의 구별은 법사상사적으로 보면 서구 근대법에 있어서 국가와 사회의 구별론이라는 이원적 사고의 법적 표현이라는 면을 갖고 있다.[3] 그러나 오늘날 자본주의가 고도로 발전하게 됨에 따라 국가의 정책적 개입이 시민사회의 건전성을 유지하기 위하여 불가피하게 되었다. 동시에 그 수단도 다양해졌고, 특히 비권력적 수단이 현저히 늘어나게 되었다. 결국 국가와 사회의 구별이라는 이원적 사고가 희석하게 되면서 이에 따라 그 위의 법적 표현인 공법과 사법의 구별도 점차 그 제도적 기초를 상실해 가고 있다.[4] 더욱이 최근에는 행정법제에 경제적 요소가 도입되고, 공사협력(公私協力)에 의한 행정이 확대됨으로써 공법과 사법의 상대화는 더욱 가속화되고 있다.[5] 종래 통설의 공법과 사법의 구별 의의에 비판이 과하여지는 것은 이에 연유하는 것이다.[6]

요컨대, 행정법에서 중요한 것은 타당영역을 확실하게 구분하여 명확하게 하는 것이 아니라,

---

1) 徐元宇, 위의 책, 176쪽.

2) 徐元宇, 위의 책, 177쪽.

3) 徐元宇, 위의 책, 182쪽 이하; 崔松和, 법치행정과 공익, 73쪽.

4) Mahendra P. Singh, German Administrative Law — In Common Law Perspective — , 1985, p. 4. 공법과 사법의 구분이 명확하지 않고 입법기술상 그러한 구분을 행하기가 쉽지 않다는 점에 관하여는 헌재 2004. 3. 25. 2003헌바22 결정, 헌재 2004. 4. 29. 2002 헌바58 결정 등 참조.

5) 대표적 제도로서 PFI(Public Finance Initiative)를 들 수 있다. 공사협력이 이루어지고 있는 분야에서 공법과 사법의 개념이 허물어지고 있는 현상에 관하여는 金鉉峻, 「계약을 통한 도시계획의 법리」, 토지공법연구(한국토지공법학회) 제34집, 2쪽 이하. 네트워크라는 새로운 거브넌스 양식이 형성됨으로써 전통적 구분이 상대화한 것이라는 점에 관하여는 G. F. Schuppert, 「Was ist und wie misst man Wandel von Staatlichkeit?」, Der Staat 47. Band Heft 3, 2008, S. 329ff., insb. 334ff. 참조. 한편 金光洙 교수는 행정법을 공법으로 한정하는 데서 오는 한계로서 규제완화, 민영화, 아웃소싱 등 다양한 이름으로 정부 역할의 사인 혹은 사적 영역으로의 이동, 통신이나 방송의 영역에서 정부, 공기업, 민간기업 등의 역할에 대한 외형적인 구별의 곤란성뿐 아니라 구별 자체의 무의미성을 든다(앞 논문, 100쪽).

6) 2019년 독일 국법학자대회에서 공·사법의 범주적 구별은 과거에도 가능하지 않았고, 아직도 여전히 가능하지 않다는 점에 대체로 공감하고 있다는 지적으로 金鉉峻, 「행정법과 사법」, 한국행정법학회 제45회 정기학술대회 자료집(행정과 사법, 그 경계와 서로에 대한 이해), 1쪽 이하 참조.

인접 과학의 식견(Erkenntnisse)을 받아들여 검증되고 반성된 가치기준(Wertungsschwellen)에 기하여 모든 행정현상을 아우르는 모순 없는 법해석학적 일관성 내지 정합성(Konstitenz)을 이루는 것이다.

2. 글로벌라이제이션과 공·사법

(1) 글로벌라이제이션(globalization)

현실은 끊임없이 변화한다. 이들 변화는 앞부터의 법 변화의 영향을 동시에 받고 있다. 현실에서의 변화는 그 자체 지속적인 법 변화로 이른다. 종래에는 이들 변화는 공법이라는 학문의 인식 대상 및 방법의 변화를 가져온다.

오늘날 글로벌라이제이션이라는 말을 많이 쓴다. 글로벌라이제이션는 새로운 현상이 아니다. 처음에는 기술의 진보, 경제·외교·군사 등이 중심이 되어 있었다. 그러나 그 뒤 세계 규모의 환경 파괴나 전 지구로 넓어지는 통신이 첨가되었다. 이리하여 글로벌라이제이션은 지금까지와는 다른 새로운 현상인 수송·통신능력에 의하여 생성된 공간과 수축이 두드러지고 있다. 글로벌라이제이션을 릿쯔어(Ritzer)는 다음과 같이 정의한다. 즉 "글로벌라이제이션이란 증가하고 있는 유동성 및 사람, 사물, 장소와 정보 뿐만 아니라 그들이 부탁치는 창조하는 구조물(장애물이거나 흐름을 촉진하는)들이 증대되고 있는 다방면의 흐름을 포함하는 먼나 먼 과정이거나 혹은 일련의 과정들이다."[1]

법의 세계는 경제·통신 등의 세계와 달리 세계화가 느리다. 그러나 서서히 공법에도 그 영향이 미치고 있다. 그 변화는 다방면에 미친다. 예컨대, 국가임무의 수행은 국가의 영역을 넘어 행해지고 있다. 국경을 넘는 현상에 관계되는 행위는 종래 예외적 사례로 생각되었지만 오늘날에는 이것도 국가 활동의 통상 사례에 속한다. 국가임무의 수행은 국제법 규범에 맞게 행하여져야 한다. 국가의 행위는 어느 것이나 국가법만에 의하여 제어되고 있는 것이 아니다.

(2) 글로벌라이제이션 아래에서의 공법과 사법

글로벌라이제이션 아래서 공법과 사법의 구별은 어떻게 되느냐에 대한 견해가 둘로 나뉜다.

하나의 견해는 공법과 사법은 글로벌라이제이션이 진행되더라도 계속 유지될 가능성이 있다는 것이다. 그 이유는 가령 공적 영역에서의 유일한 주체의 국가가 서서히 살아진다고 하더라도, 글로벌라이제이션 시대에 사적 영역에서 발생하는 사회적 권력이 때론 강력해질 수 있고, 따라서 사적 영역에서의 자유를 지키기 위해서는 어떤 형태이든 공적 권력의 계기에 의하여 조정하는 것이 불가결하다는 것이다.

---

1) Haroon A. Khan, Globalization and challenges of public Administration-Governance, Human Resources Management, Leadership, Ethics, E. Governance and Sustainability in the 21st Gentury-2018. 9. 8.

또 하나의 견해는 글로벌라이제이션 현상이 진행되면 공법과 사법이 통합될 가능성이 크다는 견해이다. 그 예로 국가의 규율체계인 규정이 국제적인 수준, 즉 국제적 규정으로 확대되고 있는 경향을 들거나, 어떤 사회문제를 해결하는 법기술로서의 공법과 사법을 어느 한 쪽만을 취하여 해결하려는 것이 아니라 서로 짝을 맞추어 통합하여 해결하려는 경향을 든다.

3. 구별의 기준

(1) 학　설

공법과 사법의 구별기준에 관한 학설은 수없이 많다. 대표적인 학설은 다음과 같다.

1) 이 익 설(Die Interessentheorie)

이 설은 법이 실현하고자 하는 이익을 기준으로 하여 공익을 실현하는 법이 공법이고, 사익을 실현하는 법이 사법이라고 한다. 이 설에 대하여는 사법도 공익의 실현을 목적으로 하고 있다는 점, 공익과 사익의 명확한 구분이 어렵다는 점 등에서 제기되는 비판이 있다.

2) 복 종 설(Die Subjektionstheorie)

종속설(Die Subordinationstheorie) 또는 권력설이라고도 한다. 이 설은 법률관계가 상하관계인가 대등관계인가를 기준으로 하여 상하관계를 규율하는 법이 공법이고, 대등관계를 규율하는 법이 사법이라고 한다. 이 설에 대하여는 사법도 상하관계를 규율할 경우(예: 친자관계)가 있고 공법도 대등관계를 규율할 경우(예: 공법상 계약)가 있다는 점에서 제기되는 비판이 있다.

3) 주 체 설

이 설은 법률관계의 주체를 기준으로 한 구별이다. 이 설은 다시 구 주체설(Die ältere Subjektstheorie)과 신 주체설(Die neuere Subjektstheorie)로 나뉜다.

　(개) **구 주체설**　　이 설은 적어도 한 쪽의 당사자가 국가 기타 행정주체인 관계를 규율하는 법이 공법이고, 사인 상호간의 관계를 규율하는 법이 사법이라고 한다. 이 설에 대하여는 한 쪽의 당사자가 행정주체이지만 사인의 지위에서 활동할 경우(예: 난방용 기름을 구입하는 것과 같은 사법작용)에는 사법의 적용을 받으며 사인도 공권을 행사하는 경우(예: 항공기 기장의 경찰권 행사)에는 공법의 적용을 받는다는 점 등에서 제기되는 비판이 있다.

　(내) **신 주체설**　　특별법설(Sonderrechtstheorie) 또는 수정된 주체설(modifizierte Subjektstheorie)이라고도 한다. 이 설은 공권력주체나 그 기관에게만 배타적 권리를 부여하거나 의무를 지우는-즉 권리·의무가 귀속되는-법이 공법이고, 행정주체를 포함한 모든 권리주체에게 권리·의무가 귀속되는 법이 사법이라고 한다. 이 설은 확실히 구 주체설의 단점을 보완하고 있으나, 역시 하나의 법률관계 속에 공법관계와 사법관계가 혼재하는

경우 또는 적용법규가 결여된 경우에는 이 설에 의하여 당해 법률관계의 성질을 결정하는 것이 불가능하다는 비판을 받고 있다.

4) 개별결정설(복수기준설)

이 설은 실정법이 공법관계임을 명시하고 있을 때에는 문제가 없지만 실정법이 명시하고 있지 아니할 때에는 공법과 사법을 구별하는 제도적 의의 및 당해 행정법규가 규율하는 취지 등에 따라 개별적·구체적으로 판단하려는 견해이다. 이 설은 공법과 사법의 구별기준에 관한 종래의 대표적 견해의 어느 것에도 지배적 견해라는 왕관(die Krone der herrschenden Lehre)을 씌워 주지 아니하고 여러 학설을 종합하여(대체로 주체설을 중심으로 이익설과 복종설을 가미한다) 판단한다는 의미에서 복수기준설이라고도 부를 수 있다. 이 설이 현재 우리나라의 다수설이다. 이 설에 의하면 어느 하나의 법률관계를 규율하는 법이 항상 공법이라든가 사법이라든가 할 수 없고, 법이 개정되어 그 취지가 달라지면 특정한 법률관계를 규율하는 법이 혹은 사법에서 공법으로 또는 공법에서 사법으로 변경될 수 있다. 예컨대 행정재산의 사용·수익허가에 의한 법률관계의 성질에 관하여 1976년 12월 31일 법률 제2950호로 전면 개정되기 전의 국유재산법 아래에서 판례는 "국유재산 중 행정재산이라 할지라도 그 용도 또는 목적에 장해가 없는 한도 내에서 사용 또는 수익을 허가하는 행위는 그 목적이 사권의 설정에 있고 그 효과도 이에 따르는 것으로서 관리청은 이와 같은 사권의 설정행위에 있어서는 개인보다 우월적인 지위에 있어서 국가권력의 담당자로서 행동한다는 것보다는 개인과 대등한 위치에 있어서 사권설정의 법률행위를 하는 것으로 볼 것이다"(대법 1964. 9. 30. 선고 64누102 판결)라고 하여 행정재산의 사용·수익허가에 의한 법률관계를 사법관계(私法關係)라고 판시한 바 있었다. 그러나 전면 개정 후의 국유재산법·구 지방재정법 아래에서 판례는 "공유재산의 관리청이 행하는 행정재산의 사용·수익에 대한 허가는 순전히 사경제주체로서 행하는 사법상의 행위가 아니라 관리청이 공권력을 가진 우월적 지위에서 행하는 행정처분"(대법 1998. 2. 27. 선고 97누1105 판결)이라고 하여 행정재산의 사용·수익허가에 의한 법률관계를 공법관계라고 하였다.

(2) 판 례

판례는 이익설의 입장에 서 있는 것(대법 1961. 10. 5. 선고 4292행상6 판결 등), 복종설의 입장에 서 있는 것(대법 1962. 2. 28. 선고 4294민상898 판결 등), 주체설의 입장에 서 있는 것(대법 1966. 4. 26. 선고 66누27 판결 등)이 있다.[1] 그러나 양자의 구별기준에 관한 판례의 입장은 반드시 명백한 것은 아니나, 최근에는 대체로 개별결정설(복수기준설)에 서 있는 것으로 보인다. 행정소송대상과 민사소송대상의 구별에 관한 판례의 입장은 후술한다(→ 행정소송과 민사소송).

---

1) 한국행정과학연구소 편, 행정판례집(상), 1976, 147쪽 이하.

Ⅳ. 국내법과 국제법

1. 의 의

지금까지의 통설에 의하면, 국내법이란 1개의 주권이 행사되는 범위 내에서 효력을 가지며 주로 그 나라의 내부관계를 규율하는 것을 목적으로 하는 법을 말한다. 수개 국가에 대하여 행사되고 주로 국가간의 관계를 규율하는 국제법과 구별된다. 국내법과 국제법은 법원(法源)·주체·적용절차[1] 등을 달리한다.

2. 관 계

국내법과 국제법의 관계에 관하여는 양자가 별개의 법체계에 속한다는 이원론과 동일한 법체계에 속한다고 보는 일원론으로 나뉜다. 일원론은 다시 양자 중 어느 것이 우선하는가에 따라 국제법우위론과 국내법우위론으로 나뉜다.

제 2 절 최근의 문제 상황

최근 행정법학의 대상이 되는 행정법의 문제 상황은 복잡(complexity)하다. 이들 문제 상황 중 여기서는 인공지능과 행정의 문제, 행정법의 범위에 관한 것으로 공법에의 비한정 문제, 국내법에서의 비한정의 문제만을 언급해 두기로 한다.

Ⅰ. 인공지능과 행정

1. 고도정보통신네트워크 사회의 도래

오늘날 제3차 산업혁명의 소산으로 고도정보통신네트워크 사회가 형성되어 가고 있다. 이에 따라 인공지능에 대한 개발이 붐(boom)을 일으키고 있다. 인공지능의 다수는 인터넷 등과 접속되어 다른 인공지능, 로봇트 등과 제휴하는 인공지능네트워크로서 이용 또는 활용될 것으로 전망된다. 인간의 활동은 널리 인공지능네트워크에 의하여 보완되거나 대체될 것이 확실하다.

인공지능의 기능은 나날이 변화되고 있다. 인공지능 중에는 입력되는 데이터 등으로부터의 학습 등에 의하여 스스로의 출력이나 프로그램을 계속해서 변화시키는 기능을 갖고 있다. 그 변화의 결과로서 그 개발자 조차도 예견하거나 또는 제어하는 것이 곤란한 사태가 발생할 우려가 지적되고 있다. 이와 같은 기능을 갖는 인공지능에 의하여 다양한 인공지능네트워크가 형성되게 되면 이용자나 제3자에게 예측하지 못한 불이익이 초래될 리스크를 우려하여야 한다.

---

1) 李漢基, 국제법강의[신정판], 28쪽 이하.

2. 완전히 자동화된 결정의 입법화

행정은 인간이 하는 행위이다. 그런데 그 행정이 점점 자동화된 방식(automated manner)에 의하여 행하여지고 있다. 예컨대, 행정이 행정조사 등의 결정을 하기 위한 준비단계를 포함해서 알고리즘을 오래동안 이용해 왔고, 연금통지 또는 급여명세서나 수당명세서 발급과 같은 행정결정이 오래동안 전자적으로 발급되어온 것은 이미 다 알고 있는 사실이다.

리걸테크(legal tech: legal technology)가 전자정부(e·government)와 전자사법(e·justice)에서 점점 중요한 역할을 수행하고 있고, 업무처리 테크 블록체인(the transaction technology blockchain)도 날로 중요해지고 있으며, 비용 절감의 창출, 원천자료의 분석, 의사결정 준비·실행의 신속성·능률성·효과성을 위해 알고리즘 체계(algorithmic systems)의 이용이 계속 확대하고 있다.

최근에는 행정기관이 완전히 자동화된 결정을 할 수 있도록 입법화되고 있다. 독일의 경우, 연방 행정절차법, 연방 재정법전, 연방 사회법전 10권 등에서 그 예를 찾을 수 있다. 우리 「행정기본법」 제20조는 독일 연방 행정절차법 제35a를 본떠서 "행정청은 법률로 정하는 바에 따라 완전히 자동화된 시스템(인공지능 기술을 적용한 시스템을 포함한다)으로 처분할 수 있다. 다만, 처분에 재량이 있는 경우에는 그러하지 아니한다"라는 규정을 두고 있다.

3. 사회적 구성물과 기술적 구성물

법적 결정은, 때로는 기술에 의하여 도움을 받기는 하지만, 인간이 만든 결정이다. 인간의 결정은 사회적 구조물(social constructs)이다. 인간의 결정은 조직적·절차적·문화적 성질의 특수한 맥락 속에서 발전되고, 인간인 결정자의 적절한 기량(skills)에 바탕을 두고 있다.

이와 달리, 알고리즘 시스템에서 이용되는 접근은, 비록 프로그램이 인간에 의하여 만들어지고 인간에 의하여 데이터가 입력된다고 하더라도, 기술적 구조물(technical constructs)이다.

첫째로 알고리즘은, 현재까지의 기술적 실행 능력(capability)을 바탕으로 하고 있어서, 인간에게 특징적인 능력(abilities)몇 가지를 가지고 있지 않다. 예컨대, 알고리즘은 인간이 이전의 경험에 바탕하여 가지는 지식 즉 암묵지(implicit knowledge)을 이용할 능력이 결여되어 있다.

둘째로 컴퓨터는 몇 가지 법적 결정에서 중요한 능력이 결여되어 있거나 또는 최소한 충분하지 아니하다. 이러한 능력에는 법률가에게 중요한 공감능력, 창의성 개발, 직감 이용을 포함한다. 더욱이, 알고리즘은 논쟁을 통해 추론되는 규범 이외의 해석과 관련하여 일정한 한계가 있다. 알고리즘은 단지 상관관계(correlations)를 구성할 수 있을 뿐이고 인과관계(causalities)를 구성할 수는 없다. 나아가 알고리즘은 모든 고려 요소에 대하여 복잡한 형량을 하는 능력과 알고리즘의 법적 적용에 중요한 요건을 충족시키는 형량의 기준에 대하여 눈금을 매기는 능력에서 한계를 갖는다.

4. 변화의 요점

호프만 림(Wolfgang Hoffmann-Riem)교수는 「리걸테크/전산화 법-전제요건, 기회와 리스크(Legal technology/computational law-precondition, opportunities and risks)」라는 제목의 주제발표 논문의 전망(Outlook)에서 변화의 요점으로 다음과 같이 결론을 맺고 있다. 즉, 디지털화가 우리의 사회생활을 더 많이 변화시키면 변화시킬수록 투명성(transparency), 책임성과 어카운터빌리티(responsibility and accountability), 공적 및 사법적 통제(public and judicial control)를 보장하는 것이 더욱 더 중요하게 된다. 시민을 정보를 갖지 않는자, 사려분별이 없는자 혹은 심지어 복종하는 객체로 다루어지는 것을 방지하는 것이 필수적이다. 법을 해석하고 적용하는자가 그들이 관여하고 있는 것들과 비평적 거리(a critical distance)를 유지하는 것도 중요하다.[1]

Ⅱ. 공법에의 비한정

국가의 공적인 과제의 증대와 더불어 행정활동은 권력행정뿐만 아니라 비권력행정의 분야에도 그 영역을 확대하고 그 행위형식도 반드시 공법적 형식에 한정하지 아니하고 사법적 형식에 의하여도 행하여지고 있다. 만일 행정법학의 대상을 공법적 형식에 한정하게 되면 사법적 형식에 의하여 행하여지는 행정활동이 행정법학의 대상에서 제외된다. 그리하여 행정법학의 대상을 공법에만 한정하지 아니하고 사법(私法)으로 확대되고 있는 것이 최근의 경향이다. 그것은 행정활동이 사법적 형식에 의하여 행하여지는 경우에도 자의(恣意)가 허용되는 것이 아니고 당연히 법의 구속을 받을 수밖에 없는데, 이 관계를 구속하고 있는 법원리는 사인 상호간의 사법적 원리와는 동일하지 아니한 법원리일 것이므로 이러한 법원리의 탐구는 행정법학에서 다루어야 한다는 생각에 바탕을 두고 있다. 공법과 사법의 교차적 상호기능이 특히 강조되고 있는 영역의 예로 환경행정법을 들 수 있다. 또한 최근에는 개인의 자율성에서 사익·공익을 관통하는 국민의 능동성을 확립해 가야 하는 논리구성의 필요성에서 보더라도(사인에 의한 행정을 생각하라) 행정법의 공법에의 한정은 검토의 대상이 된다.[2]

요컨대, 행정법은 사법(私法)에 종속되고 있는 행정활동(the "private life") 뿐만 아니라 행정으로 분류되는 사법주체의 활동(the "public life" of private actors)도 다루고 있다.[3]

---

1) 한국공법학회, 규제국가와 공법적 대응: 과거, 현재 그리고 미래(2021년 국제학술대회 발표문), 82쪽.

2) 지방행정분야에서 전통적 공·사법 이분론에 입각한 행정법 독자 이론 구축에서 벗어나 사법 영역에서 법제를 수렴하여 지방행정법리를 풍부하게 할 수 밖에 없음을 논하고 있는 것으로 옥무석, 「지방자치법제에서 공·사법 수렴현상의 시사점」, 지방자치법연구(한국지방자치법학회) 제12권 제2호, 3쪽 이하가 있다.

3) Javier Barnes 「New Frontiers of Adminstrative Law: A Functional and Multi-Disciplinary Apporach」, in : H.-J. Blanke·P.C.Villalbn. T.Klein. J.Ziller Editors, Common Europian Legal Thinking(Essays in Honor of Albrecht Weber). 2015, p.563.

Ⅲ. 국내법에의 비한정

　　오늘날 행정법의 문제는 국내법에 한정할 문제가 아니다.[1] 판례에 나타난 사례를 보면, 예컨대 성소수자의 난민 인정 요건을 제한적으로 해석한 대법 2017. 7. 11. 선고 2016두56080 판결[2]만 보더라도 성소수자의 난민 인정 문제가 국내법에 한정하는 현상이 아님을 엿볼 수 있다. 국제사회의 진전에 따라 국제법이 국내행정을 규율하는 경우도 많아지고 있다. 이에 따라 행정법학의 대상을 국내법에만 한정하지 아니하고 국제법에까지 확대하는 경향이 있다.[3] 이를 우리나라에 한정하여 말한다면 우리 「헌법」 제6조 제1항이 "헌법에 의하여 체결·공포된 조약과 일반적으로 승인된 국제법규는 국내법과 같은 효력을 가진다"고 규정한 데에 근거하고 있다.

　　오늘날 글로벌라이제이션과 더불어, 국가를 그 대상으로 하고, 그 국가에 의한 권력 행사의 정통성과 그에 대한 사인의 방어권을 중심으로 전개되어 왔던 공법학은 국가의 관련성이 약화되고, 그 근간이 되는 관념들의 재검토가 불가피해지고 있다. 독일을 중심으로 나날이 발전하고 있는 국제행정법(Internationales Verwaltungsrecht)의 논의 중에는 글로벌라이제이션화에 수반하는 다양한 법규범을 국가에 접촉시킴으로서 정통화를 도모하려고 하는 이론이 있는 반면, 국가를 매개로 하지 아니하는 방법으로 정통성을 확보하려는 이론 구상도 시도되고 있음은 글로벌라이제이션화에 대한 행정법의 대응 방향을 가늠하는데 시사하는 바가 크다.

---

1) 李元雨 교수는 행정법이 국내법에 한정될 수 없는 현상으로 다음과 같이 기술하고 있다. "21세기를 가장 특정지우는 현상은 세계화라 할 수 있다. 세계화에 따라 국내법 차원의 제도적 접근만으로는 행정목적을 달성할 수도 없고 세계적 차원에서 규제기준이나 규제수단 등의 균등화 현상도 증대하고 있다. 금융, 식품안전, 환경, 정보통신 등 전문규제 영역에서 국제규범의 중요성이 확대·강화되고, WTO, FTA 등 국제경제질서의 자유화·개방화에 따라 경제활동을 규율하는 규범이 국제기준에 따라 규율됨으로써 종래 전통적인 국내법과는 다른 내용의 규범이 적용되는 영역이 증대되고 있다" (同人, 「21세기 행정환경의 변화와 행정법학방법론의 과제」, 행정법연구(행정법이론실무학회) 제48호 87쪽).

2) 이 판결에 대한 평석으로 崔桂暎, 「성소수자의 난민인정요건—대법원 2017. 7.11. 선고 2016두56080 판결의 비판적 검토—」, 행정판례연구(한국행정판례연구회 편) ⅩⅩⅡ-2 제2권, 351쪽 이하가 있다.

3) 대법원은 "특정 지방자치단체의 초·중·고등학교에서 실시하는 학교급식을 위해 위 지방자치단체에서 생산되는 우수 농수축산물과 이를 재료로 사용하는 가공식품(이하 '우수농산물'이라고 한다)을 우선적으로 사용하도록 하고 그러한 우수농산물을 사용하는 자를 선별하여 식재료나 식재료 구입비의 일부를 지원하며 지원을 받은 학교는 지원금을 반드시 우수농산물을 구입하는 데 사용하도록 하는 것을 내용으로 하는 위 지방자치단체의 조례안이 내국민대우원칙을 규정한 1994년 관세 및 무역에 관한 일반협정(General Agreement on Tariffs and Trade 1994)에 위반되어 효력이 없다"고 판시하였다(2005. 9. 9. 선고 2004추10 판결). 같은 취지의 판결로 대법 2008. 12. 24. 선고 2004추72 판결이 있다. 2004추10 판결에 대한 평석으로 張曔源, 「국제법규의 국내법상 효력—대법원 2005. 9. 9. 선고 2004추10 판결—」, 행정판례연구회, 행정판례평선(개정판), 23쪽 이하가 있다.

제 2 장 행정법의 기본원리

제 1 절 헌법과 행정법

헌법은 국가의 기본법이며 국가통치권의 조직과 작용의 기본원칙을 정한다. 행정법은 그 헌법 아래서 국가행정권의 조직과 작용을 정한다. 행정권은 통치권의 한 갈래이므로, 행정권의 기본조직과 작용은 행정권과 입법권·사법권과의 관계와 더불어 통치권의 조직과 작용의 기본원칙을 정하는 헌법이 정하여야 하는 중요사항이다.

따라서 양자간에는 규율의 대상·방법 등에 있어서 구별된다고는 하지만 질적인 구별이 아니라 상대적이어서 양자의 명확한 구별은 불가능하다. 그리고 양자의 구별의 실익도 학문의 전문적 분화라는 점을 제외하고는 적다.

헌법이 최고법임에 대하여 행정법은 그 하위법·부분법으로서의 성격을 가지고 있기 때문에 양자의 관계는 원칙적으로 헌법은 행정법의 근거법규이며, 행정법은 헌법의 구체화법[1]이라고

---

1) Fritz Werner, Recht und Gericht in unserer Zeit, 1971, S. 216~226. Werner는 구체화된 헌법으로서의 행정법(Verwaltungsrecht als konkretisiertes Verfassungsrecht)라는 표현을 사용한다. Dirk Ehlers 교수는 Werner의 주장을 지지하면서도 헌법을 형상화함에 당하여 입법부에 판단여지가 인정되고, 어떤 법효과의 논증이 헌법으로도 행정법으로도 가능한 경우 하위법인 행정법이 우선 적용되어 헌법의 직접 원용은 불필요하여 허용되지 않으므로, 행정법이 헌법에 의존한다고 해서 행정법이 헌법에서 도출가능한 것이라고 판단되지 아니한다고 기술하고 있다(H.-U, Erichsen, D. Ehlers(Hrsg.), Allgemeines Verwaltungsrecht, 14. Aufl., 2010, S. 1f, 237f). 효력우선(Geltungsvorrang)과 적용우선(Anwendungsvorrang)의 구별은 독일의 다른 문헌에서도 보인다(예, H. Maurer/C. Waldhoff, Allgemeines Verwaltungsrecht, 19. Anfl., 2017. S. 74.

朴正勳 교수는 헌(憲, Verfassung)과 헌법(憲法,Verfassungsrecht)를 구별해야 한다고 주장한다. "Fritz Werner가 행정법이 구체화된 헌법이라고 말한 것은 기본법(연방헌법)이 시행된지 10년이 채 되지 않아 기본권 도그마틱과 헌법재판소 판례가 축적되기 이전이므로, 그가 구체화된 헌법이라고 말할 때의 '헌법'은 엄밀히 말해 '헌'이었다"고 주장한다. 헌의 개념에 관하여 박 교수는 다음과 같이 논급하고 있다. "헌의 개념 내지 본질에 관한 논쟁에서, 한스·켈젠은 헌을 순전히 규범으로만 파악하는 입장(규범주의)을 취하였는데, 이때 '규범'이라 함은 명확한 요건과 효과로 이루어진 전통적 의미의 법규(Rechtssatz)이었다. 따라서 극히 추상적·불확정적인 기본권이나 원리는 헌에서 제외되고 단지 통치구조와 입법절차에 관한 규정만이 헌으로서 효력을 갖게 된다. 이러한 헌은 국가의 최고규범으로서, 다른 모든 실정법 규범들의 효력 근거가 된다는 의미에서 '근본규범(Grundnorm)'이 된다. 헌이 실정법의 내용을 규율하지 못하므로 법률실증주의로 흐르게 되는 폐단이 있는 반면, 법률의 입법절차에 관한 헌규정이 강조되어 헌법재판에서 법률의 절차적 정당성이 강하게 심사되는 장점도 있다. 이와 정반대로 헌의 역할과 힘을 가장 크게 파악하는 견해는 소위 통합주의적 헌(법)관이다. 즉, 헌은 한 나라의 가치들을 통합한 것이므로 그 가치질서에 의거하여 법적 문제들을 직접 해결할 수가 있으며, 따라서 법률은 그 헌을 구체화 한 것에 불과하다는 생각이다. 이런 관점은 루돌프·스멘트의 통합이론에서 비롯된 것이지만, 제2차 대전 이후 독일 연방헌법재판소의 일관된 입장이고, 우리나라 헌법재판소도 기본적으로 이러한 입방을 취하고 있다. 스멘트는 국가를 다양한 이해관계를 가진 사회구성원이 하나의 정치적인 생활공동체로 동화되고 통합되어 가는 과정으로 보고, 헌은 그러한 통합과정을 규율하는 법질서라고 하였다. 여기에 독일 연방헌법재판소의 '가치이론'이 결합되어 헌은 한 나라의 가치들을 통합하는 가치체계로서, 법률 이하 모든 실정법 규범들의 내용을 통합하는 역할을 하게 된다. 그러나 이것은 헌의 추상과 개방성을 도외시하는 '헌(법)만능주의'라는 비판을 면하기 어

말할 수 있다. 따라서 행정법의 이론체계도 헌법에 적합하지 않으면 아니 된다.

　요컨대, 행정법은 헌법의 구체화법인 것이므로, 행정에 관한 한, 헌법의 기본원리는 행정법의 기본원리를 이룬다. 행정법과 행정을 헌법에 근거를 둠으로써 제한을 받지만, 동시에 정당성을 얻게 된다.

제 2 절 행정법의 기본원리

　행정법의 기본원리로 권력분립원리, 민주국가원리, 법치국가원리, 사회국가원리 등을 들 수 있다. 헌법에 근거를 둔 기본원리에는 이 외에도 국민 주민의 행정참여·협력의 원리, 행정절차존중원리[1], 행정의 투명성 원리 등도 있다. [2]

Ⅰ. 권력분립원리

　「헌법」제40조는 "입법권은 국회에 속한다"고 하고, 동 제66조 제4항은 "행정권은 대통령을 수반으로 하는 정부에 속한다"고 하고, 동 제101조 제1항은 "사법권은 법관으로 구성된 법원에 속한다"고 하여 권력분립원리를 명문화하고 있다. 행정권은 입법권·사법권으로부터 존중되어야 함과 동시에 이들에 의하여 견제를 받게 된다. 권력분립원리는 단순히 권리·이익의 보호라는

렵고, 특히 소위 '헌법가치'라는 이름의 의회와 행정의 활동을 질식하게 할 위험이 있다. 더욱이 상호 모순되는 헌(법)가치들을 명확한 기준없이 자의적으로 '형량(Abwägung)'함으로써 법과 법학의 명확성을 파괴하고, 의회와 행정에 의한 구체적인 규칙정립의 의욕과 노력을 좌절시킬 수 있다." "올바른 관점은 헌을 한 나라의 주요한 결단—민주체계, 법치국가, 인간의 존엄성 등으로 파악하고, 그 헌의 결단을 기본으로 법률이 법질서의 내용을 형성한다고 보는 것이다. 칼 슈미트에 의하면 헌은 헌법제정권력의 주체가 자신의 정치적 존재형태에 대하여 내린 정치적 결단으로서, 헌의 최고규범성은 이러한 '정치적 결단'에 의거한 것이다. 그러한 정치적 근본결단 이외의 영역은 헌이 작용하지 못하고 전적으로 법률과 하위법령에 의해 법질서"가 형성된다. "여기서 바로 행정법의 독자성과 정체성(正體性)이 시작한다"(행정법과 헌법—헌 헌법의 개념과 행정법의 정체성, 제44회 한국행정학회 정기학술대회 기조발제, 발표문 1쪽 이하).

1) 헌법재판소는 행정절차법 제정 이전부터 사전통지와 의견성취절차는 헌법상 근거를 갖는 법의 일반원리로 인정하고 있었다(헌재 1989. 9. 8. 88헌가6 결정, 헌재 1992. 12. 24. 92헌가8 결정 참조).

2) 행정이 행하여지고 있는 사회 현실은 여러 이익이 복잡하게 충돌하고, 정보와 지식이 끊임없이 생성·유통되고 있다. 이와 같은 사회 현실에서 헌법에 근거를 둔 원리를 행정에 대하여 단순하게 각각 최대한으로 관철하려고 하면, 그 원리들이 곧 상호 간에 충돌하여 전체적으로 행정법이 사회 현실에서 일어나는 문제들에 적절하게 대응할 수 없게 될 수 있다. 따라서 헌법에 근거를 둔 원리는 이익과 정보·지식의 분포사항에 맞추어 적절하게 서로 조절하고 보완할 필요가 있다. 비례원칙의 이론은 이를 위한 한 예이다. 상호 조절과 보완에는 분화와 차별화가 필요하다. 그러나 이러한 분화와 차별은 모든 개념을 상대화하고, 모든 사회사상(社會事象)을 평준화함으로써 법치국가 고유의 논리를 융해(融解)시킬 위험성이 존재하게 된다. 필요한 것은 절도있는 거리와 섬세한 차별적 복합이다. 이러한 복합을 세밀하게 분석하는 이론과 그것을 유지하는 제도에 의하여 법치국가는 사회에 열린, 그러면서도 고유성을 상실하게 아니하는 시스템으로 기능할 수가 있다(Vgl, udo Di Fabio, Das Recht offener Staaten, 1998. S. 158.).

소극적 목적에만 봉사하는 것이 아니라, 국가 의사결정과정의 투명화, 책임소재의 명확화, 민주적 정통성의 강화, 나아가 국가 결정의 합리화라고 하는 적극적 목적에 봉사한다.

Ⅱ. 민주국가원리

「헌법」은 제1조 제2항에서 "대한민국의 주권은 국민에게 있고, 모든 권력은 국민으로부터 나온다"고 하고, 제7조 제1항에서 "공무원은 국민 전체에 대한 봉사자이며, 국민에 대하여 책임을 진다"라고 규정하는 등 민주주의의 기본원리를 정하고 있다.

민주국가원리는 ① 우리나라의 행정권이 대통령을 수반으로 하는 정부에 속하는데, 그 대통령이 국민에 의하여 직선되고 국무총리 임명에 국회의 동의를 얻게 하며, 국회가 정부에 대한 여러 가지 통제수단을 행사할 수 있게 하는 것 등을 통하여 행정의 조직과 운영에 반영되어 있다. ② 지방자치제의 보장으로 전개되고 있다. ③ 국민의 행정에의 참여를 통하여 보장되고 있다. 현대산업사회·다중사회에서는 국가권력이 직접 국민에 의하여 행사될 수 없고 대체로 기관에 의하여 행사되는 것이므로, 국회 등에 국민 등의 대표를 선출하여 보내는 일 외에 국민 등을 행정의 형성에 참여시킬 조직형태를 강구하게 된다. 행정결정에의 참가는 공동결정(합의제기관 등)의 형태로 행하여지기도 하고 협력의 형태(의견청취 등)로 행하여지기도 한다. 오늘날 복잡하고 단계적인 행정과정에 있어서 이해조정도 민주국가원리에 바탕을 두고 있다(기능적 민주국가원리). ④ 그 밖에 공무원제도·행정공개(행정의 투명성, 행정정보공개)·행정입법절차를 포함한 행정의 사전절차·주민소송 등 행정구제절차의 민주화에 의하여 전개되고 있다.

요컨대, 민주국가원리는 다음의 법치국가원리와 더불어 독자적으로 또는 상호보완적으로 행정법 특히 절차법과 조직법의 형성원리로 작용하고 있다.[1]

Ⅲ. 법치국가원리

우리 「헌법」에는 법치국가원리를 명시한 명문의 규정은 없다. 그러나 성문헌법주의를 채택하고 헌법전문을 비롯하여 국민의 기본권과 적법절차를 보장하고 있는 제 규정(특히 10조 이하), 기본권제한에 관한 일반원칙을 명시한 규정(37조 2항), 위헌법률심사권을 헌법재판소에 부여한 규정(107조 1항), 명령·규칙·처분의 합헌법성 내지 합법률성의 최종심사권을 대법원에 부여한 규정(동조 2항) 등을 통하여 법치국가원리가 기본원리의 하나임을 명시하고 있다.

이 법치국가원리를 행정에 투영하게 되면 법치행정원리가 된다. 이에 관하여는 후술한다(→법치행정원리).

---

1) E. Schmidt-Assmann, Das allgemeine Verwaltungsrecht als Ordnungsidee, 2. Aufl., S. 43ff.

Ⅳ. 사회국가원리

우리 「헌법」은 사회국가원리를 명시적으로 규정하고 있지는 않다. 그러나 '국민생활의 균등한 향상'을 기하도록 한 헌법전문, 모든 국민에게 근로의 권리를 보장하면서 근로조건의 기준을 인간의 존엄성이 보장되도록 법률로 정하도록 한 규정(헌법 34조 1항·3항), 모든 국민에게 인간다운 생활을 할 권리를 보장하면서 국가에게 사회보장 등의 의무를 지운 규정(동법 34조), 국가로 하여금 균형 있는 국민경제의 성장 및 안정과 적정한 소득의 분배를 유지하고 시장의 지배와 경제력의 남용을 방지하며, 경제주체간의 조화를 통한 경제의 민주화를 위하여 경제에 관한 규제와 조정을 할 수 있게 한 규정(동법 119조 2항) 등을 통하여 사회국가원리가 기본원리의 하나임을 명백히 하고 있다.

사회국가는 모든 국민의 복리의 실현을 위하여, 구체적으로는 사회적 보호·사회적 배려·사회적 평화를 위한 제 정책을 적극적으로 행할 것을 그 임무와 책임으로 하는 국가이기 때문에 사회국가에서는 필연적으로 행정의 중요성이 커질 수밖에 없다. 결국 행정의 전개에 의하여 구체화된다.

그러나 이러한 사회국가원리에도 일정한 한계가 있다. 즉 법치국가원리에 의한 한계, 기본권제한상의 한계(헌법 37조 2항), 재정·경제력에 의한 한계 등이 그것이다.

사회국가원리에서 독일의 보장행정론의 헌법적 근거를 찾는 견해가 있다[1]. 우리 헌법과 독일 기본법이 동일하지 아니함을 유념할 필요가 있다.

제 3 절 법치행정원리

Ⅰ. 의의와 변천

1. 의 의

근대국가에서는 사람에 의한 사람의 지배를 배제하여 사인의 권리를 지키기 위하여 법에 의한 지배를 내용으로 하는 법치국가원리가 확립되었다. 이 원리는 기본권보장·권력분립을 채택한 자유주의[2]와 국민대표가 제정한 법률에 의하여 국민이 지배된다는 자기지배의 정치원리의 표현이었으며 행정법을 성립시키고 존립시키는 근거가 되었다. 법치국가원리는 입법·행정·사법(司法) 모두를 지배하는 원리이지만, 그것이 행정에 투영된 것이 법치행정원리라는 것은 법치

---

1) 鄭南哲, 현대행정의 작용형식, 103쪽 이하 참조.

2) 행정활동의 일반적 기준의 정립을 개별 집행(개별의 행정결정이나 그 강제적 실천)에 선행시킴으로써 공평하고 공정한 집행활동이 보장되어 사인의 권리·자유가 보호된다는 자유주의적 측면이 법치행정의 기본적 발상의 하나이다.

국가원리에서 이미 언급한 바와 같다. 즉 법치행정원리란 행정은 법률(법)에 바탕하여 법률(법)에 따라 행하여져야 한다는 원리이다.

2. 변   천

법치행정원리는 어느 국가나 어느 시대를 막론하고 한결같은 것은 아니다. 특정국가·특정시대의 정치적·경제적·사회적 제 조건에 의하여 규정되는 존재이다. 오토 마이어에 의하여 행정법학의 기초가 놓여진 근대 독일의 법치행정원리도 자유주의에 바탕을 둔 것이지만 독일 입헌군주주의의 산물이라는 한계를 지니고 있었다. 즉 국민의 자유와 재산에 대한 행정의 침해를 법률에 의하게 한다는 형식은 중요시되었지만 법률의 내용에 대하여는 도외시되었다(형식적 법치국가).[1] 그러나 영미국가의 법의 지배는 그 형식뿐만 아니라 내용도 문제삼고 있다. 법이 올바르게 정립되고 집행·해석·적용되어야 함은 말할 나위가 없다(실질적 법치국가).[2] 법치행정은 인권보장이라는 법치국가에 봉사하는 수단인 것이지 그 자체가 목적이 될 수는 없는 것이다. 헌법재판소도 오늘날의 법치주의는 국민의 권리·의무에 관한 사항을 법률로써 정해야 한다는 형식적 법치주의에 그치는 것이 아니라 그 법률의 목적과 내용도 또한 기본권 보장의 헌법이념에 부합되어야 한다는 실질적 적법절차를 요구하는 법치주의를 의미한다(헌재 1997. 7. 16. 96헌바36 내지 49(병합) 결정 등)고 판시하고 있다. 또한 19세기 초기에는 법치행정원리가 행정권 행사의 허용성의 한계를 긋고 그 한계를 넘는 위법한 공권력의 행사를 제어하는 데 기여하는 법적 장치의 역할을 하였다.[3] 그러나 19세기 말을 기점으로 20세기에 들어오면서 국민이 현대산업사회 속에서 건강하

---

1) 제2차 세계대전 종결 이전의 독일은 형식적 법치국가였다. 한편에서는 자유주의 이념에 서서 행정법에 관한 여러 가지 법 이론과 법 원칙을 만들었다. 법률유보의 원칙, 재량권의 한계 이론, 경찰권의 한계 이론, 행정행위 취소·철회의 제한 법리, 주관적 공권 이론 등이 그 중심이 되는 예가 된다. 이들 예는 행정권 행사에 한계를 설정하고, 공권력의 위법한 행사에 대한 사인의 권익을 보호하는 역할을 하였다. 그러나 다른 한편에서는 법률유보의 원칙이 미치지 아니하는 행정의 자유로운 활동 영역을 널리 승인하였고, 법률유보의 원칙이 미치는 영역에서도 입법부의 재량을 규제하기 위한 법리나 법령의 위헌심사에 관한 법이론이 충분히 전개되지 아니하였다. 그 결과 이른바 특별권력관계론, 공물, 공소유권, 행정강제 등에 관한 특수한 이론이 전개되었고, 행정행위의 적법성 추정 이론도 형성되었다.

2) 전후 독일 기본법이 인간의 존엄은 불가침이라고 선언하고(제1조 제1항), 기본권은 입법, 집행권 및 재판을 구속한다고 규정하고 있고(동조 제3항), 입법이 헌법적 질서에 의하여 구속되고, 집행권 및 재판이 법률 및 법에 구속된다고 규정하고 있으며(제20조 제3항), 또한 누구든 공권력에 의한 권리침해에 대하여 재판적 보호를 보장하는 규정을 두었다(현행 기본법 제19조 제4항). 더욱이 기본법 제79조 제3항의 규정에는 기본법 제1조 및 제20조에서 들고 있는 법치국가의 기본원칙은 연방의회 및 연방참사원(Bundesrat)이 각각 3분의 2 이상의 다수에 의하여 의결될 기본법의 개정 대상에서 제외된다는 규정을 두고 있다. 따라서 제2차 세계대전 종결 이후의 독일은 불가침의 기본권 보장, 권력분립제도, 입법의 합헌성, 공권력의 모든 조치에 대한 독립재판소에 의한 포괄적 권리보호제도 등에 의하여 실질적 법치국가가 확립되었다고 이해하기에 이른다.

3) 법치국가원리는 그 자체로 행정법과 행정재판권 성립의 전제조건이지만, 법치국가에 대한 이해의 틀에 따라 행정재판의 기능에 대한 이해가 달라질 수 있다는 관점에서, 법치국가에 대한 이해의 틀로서 형식적 법치국가와 실질적 법치국가 외에 주관적 법치국가와 개관적 법치국가를 든다(鄭鎬庚, 「기본권의 관점에서 본 독일 행정소송제도의 기능―특히 법치국가원리의 관점에서―」, 공법연구(한국공법학회) 제39집 제2호, 578쪽). →행정구제와 행정통제

고 문화적인 생활을 영위하기 위하여는 많은 영역에서 행정주체의 복리를 위한 행정 서비스나 활동에 의존하지 않을 수 없게 됨에 따라 행정의 적정 운영에 국민의 관심과 기대가 모아지게 되어 법치행정이 목적으로 하는 인권보장의 내용이 사회적 성격을 띠기에 이르렀다(사회적 법치국가).

한편, 극히 일반적으로 말해서 1970년까지만 해도 대륙형 행정법에 있어서는 법치행정원리는 실체법에 대한 기속을 중시하는 입장이었음에 대하여, 영미형 행정법에 있어서는 법치행정원리는 절차법에 대한 기속을 중시하는 입장이었다. 그러나 그 후 우리나라를 포함하여 대륙형 행정법계에 속하는 많은 국가에 있어서 행정활동의 절차법에 대한 기속이 중시되면서 법치행정원리는 실체법에 대한 적합뿐만 아니라 보다 엄격한 절차법에 대한 적합도 요구하게 되었다(절차적 법치국가).

Ⅱ. 기 능

법치행정원리는 법률에 의하여 행정기관에게 권한을 부여하는 기능, 법률에 의하여 행정기관에 의한 활동인 행정에 대하여 정통성을 부여하는 기능, 어떤 행정이 행하여질 것인가에 대한 예측이 가능하게 하는 기능[1], 법률에 의하여 행정을 통제함으로써 행정에 의한 권리 침해를 방지하는 기능, 법률에 의하여 기준을 정함으로써 불공평한 행정이 행하여지지 아니하도록 하는 기능, 법률에 의하여 행정의 필요성·정당성·합리성을 담보하는 기능을 갖는 것으로 나누기도 하고, 행정의 중점 이동에 따라 억제기능, 촉진기능, 조정기능을 갖는 것으로 나누기도 한다. 후자를 설명하면 다음과 같다.

1. 억제기능

법치행정원리는 행정권의 자의(恣意)나 권력남용을 억제하는 기능[2]을 행한다. 즉, 법치행정원리는 입법부의 배타적 규율사항을 확정하여 행정권에 의한 규율의 금지사항의 범위를 획정하는 기능을 행한다. 법치행정원리는 이 억제기능에 의하여 사인의 자유영역의 확보에 기여한다. 침익행정이 행정의 중심이었던 때에는 법치행정원리의 이 기능이 매우 중시되었다. 뒤에서 설명하는 법률유보원칙이 이 기능을 행한다. 법치행정원리는 법률 등이 일반적인 준칙(기준)을 미리 정하여 공표해 놓음으로써 뒤에 이어질 행정활동이 그 준칙(기준)에 따라 행하여지도록 하고 있다. 그렇게 함으로써 국민 또는 주민은 행정활동의 예측 가능성과 평등하게 취급을 받을 가능성을 향수할 수 있게 되고 준칙(기준)에 따르지 아니한 자의적이고 비합리적인 행정활동(행정결정)으

---

1) 李元雨 교수는 "법적 안정성은 법치국가원리의 핵심이라 할 수 있으며, 법적 안정성은 예측가능성을 전제로 한다. 국가작용의 가측성(Messbarkeit) 내지 예견가능성(Vorhersehbarkeit)은 안정된 경제질서를 위한 필수조건이다. 일정한 조건하에 행정이 어떠한 행위로 나아갈 것인지를 아는 경우에만 경제주체는 장기적인 계획을 수립하고 시행착오를 피할 수 있다"(同人, 경제규제법론, 534쪽)라고 기술하고 있다.

2) H. Faber는 오늘날 법률과 행정, 입법부와 행정부의 접근으로 인하여 법치행정원리의 기능을 행정의 자의(恣意)나 권력남용의 억제로 이해할 것이 아니라, 행정활동의 민주적 정당성 내지 결정절차의 투명성 보장으로 이해하여야 한다고 주장한다(Verwaltungsrecht, 2. Aufl., 1989, S. 84f.).

로부터 해방될 수 있게 된다(법적 안정성). 이와 같이 법치행정원리의 근저에는 국민 또는 주민의 행정활동에 대한 개관(槪觀) 가능성의 담보 및 합리적 결정의 보장이 내재되어 있다.

2. 촉진기능

행정에 있어서 급부행정을 비롯한 복리행정이 중시되고 또한 현대 사회에서 국가기능이 지속적으로 증대되어 발생하고 있는 현대사회의 과제를 해결하기 위해서는 법치행정원리는 적극적으로 행정에 임무와 이를 실현하기 위한 수단을 부여함으로써 그 활동을 촉진하는 기능을 행한다[1]. 권한의 남용이 방지될 수 있음이 확실할 때 그 권한의 부여가 정당성을 가질 수 있는 것이므로 촉진기능은 억제기능이 있음으로써 가능하게 된다.

3. 조정기능

복리행정 등 행정에 대한 수요는 갈수록 더욱 증가하고 현대 세대와 미래 세대가 보다 나은 삶의 질을 누릴 수 있는 지속가능한 발전을 이루어야 하는 반면에 이를 충족할 경제·사회·환경 등의 자원은 한정되어 있으므로 행정의 장기적·종합적·능률적 집행이 강하게 요청되게 된다. 즉 계획행정이 중시된다. 이와 같이 행정의 중점이 계획행정으로 옮아감에 따라 법치행정원리는 사회의 이해조정 등의 조정기능을 행하게 된다.

III. 내   용

오토 마이어가 법치행정원리를 법률의 지배라는 개념 아래 그 내용을 법률의 법규창조력, 법률의 우위, 법률의 유보로 나눈 이후, 법치행정원리의 내용으로 이 세 원칙을 드는 것이 종래의 통설적 견해였으나, 지금은 법률의 우위와 법률의 유보의 두 원칙을 드는 것이 일반적이다.

「행정기본법」은 제8조에서 "행정작용은 법률에 위반되어서는 아니되며, 국민의 권리를 제한하거나 의무를 부과하는 경우와 그밖에 국민생활에 중요한 영향을 미치는 경우에는 법률에 근거하여야 한다"라고 규정하여 법률 우위원칙과 법률 유보원칙을 명문화하고 있다.

1. 법률의 법규창조력

법률의 법규창조력이란 법규[2]를 창조하는 힘은 국회에서 제정하는 형식적 의미의 법률만이

---

1) 행정법의 촉진기능을 강조하는 최근의 글로는 李元雨 「규제 패러다임의 변화와 행정법학」, 한국행정법학회·한국법제연구원이 주최한 제14회 행정법분야 연합학술대회(2015. 3. 27.)에서의 발표문, 18쪽 이하 참조.

2) 金道昶 교수는 "법규는, 보통은 국가와 국민 사이의 관계를 규율하는 성문의 일반추상적 규범을 의미하나, 때로는 개별적·구체적 규범이라도 종래의 국법에 없던 새로운 규범으로서 행정과 사법(司法)의 기준이 되는 것을 포함한다"고 본다(同人, 일반행정법론(상), 63쪽).

갖는다는 원칙으로 이해하는 것이 일반적이다. 법규 개념은 역사적 개념이다.[1] 그러나 국회가 갖는 자원은 한정되어 있기 때문에 국가가 필요로 하는 법규를 모두 정립하는 것은 불가능하다. 우리 헌법은 행정기관에 의한 대외적 구속력을 갖는 법규범의 정립을 허용하고 있을 뿐만아니라, 학설 중에도 개별적 수권없는 행정에 고유한 입법권을 용인하는 견해가 대세이다[2].

2. 법률의 우위

법률의 우위란 국회에서 제정하는 형식적 의미의 법률이 그 효력에 있어서 행정권의 모든 활동에 우위한다는 원칙(법률우위의 원칙)으로 이해하는 것이 일반적이다.[3] 행정권의 모든 활동에는 행정입법도 포함된다. 국회는 이 원칙에 의거하여 수권한 법규명령을 철회할 수도 있고, 이미 발령된 법규명령을 법률의 제정에 의하여 취소하거나 변경할 수 있다.[4] 이 원칙은 구체적으로는 다음과 같은 두 가지 내용을 갖는다. 첫째는 모든 국가기관은 특정사실이 법률의 구성요건에 해당하는 경우는 즉시 당해 법률을 적용하여야 할 의무를 진다는 적용명령(Anwendungsgebot)이다. 둘째는 집행기관은 법률에 위반되어서는 아니 된다는 위반금지(Abweichungsverbot)이다. 따라서 모든 행정활동은, 그것이 어떤 종류·형식이든, 법률에 위반될 수 없다. 물론 여기서 말하는 법률이 합헌적 법률일 것임은 물론이다. 법률이 헌법에 위반될 수 없기 때문이다. 오늘날과 같은 실질적 법치국가에 있어서는 법률이 헌법의 기속을 받음과 동시에 모든 행정도 헌법에 의한 기속을 받는다. 합헌적 법률에 의거하여 행하여진 행정활동이라 하더라도 동시에 헌법의 명문규정은 물론 헌법의 기본원리·기본질서 등 헌법에 합치되어야 한다.

법률의 우위원칙은 후술하는 법률의 유보원칙과는 다음과 같은 점에 차이가 있다. 즉 법률의

---

1) 법규 개념은 외견적(外見的) 입헌군주정(立憲君主政)이라는 독일 특유의 역사적 산물로서 독일 법체계에만 고유한 개념이다. Manfred Heinrich는 외격적 입헌군주정 하의 국법학은 법규의 기능을 개개의 주체(의사주체)상호의 권리의무의 경계를 설정하는 것, 또는 일반적으로는 인격적 자유, 특별히는 사적 재산에 경계를 설정하는 것에만 찾고 있었다. 그러나 본(Bonn)기본법 아래에서는 즉 국민주권이 일원화 됨으로써 이 이론은 배척되어야 한다고 하였다(Verwaltungsgerichtliche Streitigkeiten im Hochschulinnenbereich unter besonder Berücksichtigung der Rechtslage in Nordrhein-Westfalen, 1975, S. 21f.). 朴正勳 교수는 우리 헌법상 독일과 달리 법규는 물론 법규명령이라는 용어를 사용하지 않고, 이 용어를 사용함으로써 순환논리와 방법론적 난맥상을 드러내고 있으므로 법규개념을 고집할 필요가 없다고 주장한다(同人, 「법규명령 형식의 행정규칙과 행정규칙 형식의 법규명령—'법규'개념 및 형식/실질 이원론의 극복을 위하여—」, 행정법학(한국행정법학회) 제5호, 33쪽 이하). 종래 우리나라의 법규는 ① 법규범 그 자체를 지칭하거나 ② 법규범의 내용이 명제(命題) 즉, 문장의 형태로 표현된 것(Rechtssatz)을 지칭하거나 ③ 성문법상의 여러 가지 규정(Schrift)을 지칭하거나 ④ 행정규칙에 대하여 사인의 권리·의무의 규준을 정하는 법규범을 지칭하는 의미로 사용되었다.

2) 슈미트-아스만은 법규명령, 조례, 행정규칙을 법규라고 부른다(E. Schmidt-Assmann, Verwaltungsrechtliche Dogmatik, S. 72(김현준 역, 행정법 도그마틱, 52쪽)).

3) 법률우위의 원칙 대신에 '법 우위의 원칙'이라는 개념을 사용하는 학자(朴均省, 행정법론(상), 21쪽)도 있다. 이 점에 대하여는 "법률우위의 원칙이 갖고 있는 고유한 기능이 제대로 부각되지 못한다"(李桂洙, 「헌법재판과 행정법이론」, 한국공법학회 제145회 학술대회 발표문 161·162쪽)는 비판이 있다.

4) H. Maurer/C. Waldhoff, Allgemeines Verwaltungsrecht, 19. Aufl., 2017, S. 71ff.

유보원칙이 법률의 규정이 존재하지 아니하는 경우에 행하여진 행정의 활동에 대한 논의임에 대하여, 법률의 우위원칙은 법률의 규정이 이미 존재하는 경우에 법률의 규정과 충돌하는 행정의 활동(의 위법성 귀결)에 대한 논의이다. 따라서 법률의 규정이 존재하지 아니하는 경우에는 법률의 우위원칙을 논할 여지가 없다.

3. 법률의 유보

(1) 의 의

법률의 유보란 행정이 활동을 할 때에는 조직규범[1]은 물론이고, 그 외에 그 행정활동을 승인 즉 수권(授權)하는 법규범, 즉 근거규범(수권규범)[2]이 필요하다는 원칙(법률유보의 원칙)으로 이해하는 것이 일반적이다. 다른 말로 표현하면 이 원칙은 동 원칙이 적용되는 범위 안에서는 법률의 근거가 없는 한 행정활동이 금지된다는 것을 말한다. 조세법률주의(헌법 제38조 및 59조)[3]가 대표적이다. 특히 국민의 권리를 제한하거나 의무를 부과하는 행정처분에서도 작용법적 근거가 필요하다. 경찰이 위험 방지와 범죄 수사활동으로 필요한 개인정보를 수집하거나 처리하기 위하여는 경찰의 직무범위를 정하고 있는 조직규범으로는 아니되고, 개인정보의 수집·처리는 정보의 자기결정권에 대한 침해를 가져오는 것이므로 개인정보의 수집·처리에 대한 권한을 수권하는 근

---

1) 조직규범이란 행정기관의 설립이나 소관사무 등을 정하거나 행정기관 상호간에 행정사무를 배분하는 규범을 말한다. 행정활동도 행정기관의 소관 사무의 범위 내에서 행하여져야 한다는 의미에서 조직규범의 제약을 받는다.

2) 수권규범은 반드시 개별적 수권규범이어야 하는가의 문제가 있다. 예컨대 경찰활동은 주로 장래 발생할 위해(危害)에 대한 것이고, 그 위해의 형태는 천차만별이어서 이들 위해의 형태를 모두 예측하여 이에 대처하여 개별적으로 수권규범을 빠짐없이 둔다는 것은 입법상 불가능에 가깝다. 뿐만 아니라 경찰활동은 그 성질상(위험의 긴급성·다양성·상황적응성 등 경찰활동의 특수성) 경찰기관에게 임기응변으로 대처하도록 요구하는 것이 불가피한 경우가 있을 수 있다. 경찰법규가 사회공공의 안전과 질서에 위해가 발생하거나 발생할 우려가 있는 경우에 안전의 확보와 질서유지를 위하여 국민 또는 주민에게 명령·강제하여 그 자유를 제한할 수 있도록 하는 권한을 경찰기관에게 부여하는 일반적인 법적 근거를 둘 때가 있다. 이러한 일반적인 법적 근거를 개괄조항(일반조항) 또는 개괄수권(Generalermächtigung)조항이라고 부른다. 우리나라에서는 경찰활동에 대한 법적 근거는 개별적 수권법규이어야 하기 때문에 개괄조항이 허용되지 아니한다는 견해가 있다(朴鈗炘, 최신행정법강의 (하), 324쪽; 崔靈圭, 경찰행정법, 181쪽 이하). 그러나 지배적 견해는 개괄조항을 긍정한다. 다만 법률 제11031호로「경찰관직무집행법」이 개정되어 제2조 경찰관의 직무로서 제1호 "국민의 생명·신체 및 재산의 보호"가 신설되기 이전에는 구 경찰관직무집행법 제2조 제5호가 개괄조항이라는 견해, 제5조 제1항이 개괄조항이라는 견해, 제2조 제5호와 제5조 제1항에서 개괄조항을 유추하려는 견해, 제2조 제5호·제5조 제1항·제6조를 개괄조항으로 보는 견해 등으로 견해가 나뉘었다.

3) 조세법률주의와 법치행정원리는 그 역사적 태생 및 내용이 반드시 동일한 것은 아니다. 한편 헌법재판소는 "조세행정에 있어서의 법치주의 적용은 조세징수로부터 국민의 재산권을 보호하고 법적 생활의 안전을 도모하려는 데 그 목적이 있는 것으로서, 과세요건법정주의와 과세요건 명확주의를 그 핵심적 내용으로 하는 것이지만, 오늘날의 법치주의는 국민의 권리와 의무에 관한 사항을 법률로써 정해야 한다는 형식적 법치주의에 그치는 것이 아니라, 그 법률의 목적과 내용 또한 기본권 보장의 헌법이념에 부합되어야 한다는 실질적 법치주의를 의미하며, 헌법 제38조, 제59조가 선언하는 조세법률주의도 이러한 실질적 법치주의를 뜻하는 것이므로, 비록 과세요건이 법률로 명확히 정해진 것일지라도 그것만으로 충분한 것이 아니고, 조세법의 목적이나 내용이 기본권 보장의 헌법이념과 이를 뒷받침하는 헌법상의 제 원칙에 합치되지 아니하면 아니 된다(헌재 1992. 2. 29. 90헌가69, 91헌가5, 90헌바3 결정)고 판시하고 있다.

거규범이 필요하며, 이 근거규범이 없는 한 경찰의 개인정보의 수집·처리는 원칙적으로 금지된다. 판례의 예를 들면 "타인의 토지상의 공간에 전선로를 설치할 수 있다"는 법률(구 전기사업법 57조 1항)의 규정은 "타인의 토지의 공간을 사용하는 전선로 등의 설치에 관한 규정일 뿐, 그 토지의 지상을 사용하는 송전탑을 설치할 수 있는 근거규정이 될 수 없다"(대법 2001. 2. 23. 선고 2000다65246 판결)고 하여 권원(Rechtstitel) 없는(소유권 등의 취득 없는) 송전탑 설치를 금지하고 있다. 이에 의하여 예측가능성과 법적 안정성을 이룩할 수 있게 된다. 근거규범은 헌법에 적합한 법률이어야 한다.

법률의 유보와 구별해야 할 개념으로 의회의 유보와 행정의 유보가 있다. 전자는 법률유보사항 중에서 행정기관에 대한 위임금지를 통하여 의회 자신에게 유보하는 것을 말하며[1], 후자는 행정기관이 법률의 수권에 의하지 아니하고 스스로 활동할 수 있는 행정의 고유한 영역을 말한다.[2]

(2) 법률의 의미

앞에서 본 법률우위원칙에서 말하는 법률은 모든 유형의 법률을 포함하는 의미로 사용된다. 그러나 법률유보원칙에서 말하는 법률은 특정한 유형의 법률을 의미하는 것으로 발전되어 왔다. 다시 말하면 여기서 말하는 법률은 조직규범 등과 구별되는 근거규범[3]만을 말한다. 최근에는 형식적 법률뿐만 아니라 법률의 위임을 받거나 집행하기 위해 제정하는 법규명령도 포함된다.

문제는 예산이 여기서 말하는 근거규범이 될 수 있는가에 있다. 이에 대하여는 견해가 나뉠 수 있다.[4] 예산을 법규범의 일종이라고 보는 법규범설에 의하면 예산이 근거규범이 될 수 있을는지 모르나[5] 예산을 법규범의 일종으로 보면서도 관계 국가기관만을 구속하는 내부법으로만 보거나 또는 예산을 법규범의 일종이 아니라 정부의 세출을 승인하는 의결행위에 불과하다고 보

---

1) 독일에는 법률이라는 형식에 구애되지 아니하고 의회가 어떤 결정을 스스로 행하여야 할 경우를 의회유보라고 부르는 용어법도 널리 사용되고 있다.

2) 독일에서 행정유보의 개념이 등장하게 된 배경은 법률유보 영역의 확대에 따른 법률의 홍수, 의회유보에 대한 반동에 기인하며, 그 근거는 의회의 한계성, 행정의 전문성·신속성·유연성, 권력분립원리에서 찾는다. 최근 우리나라에서 행정유보의 개념이 등장하게 된 배경은 독일의 상황 외에 우리 헌법이 대통령제를 채택하고 있는 데에서 찾는다(윤장근, 「행정유보의 인정을 위한 시론」, 월간법제 2010년 12월호, 9쪽 이하). 구체적으로 헌법상의 개별조항(대통령령 제정권, 긴급명령 처분권, 총리령·부령 제정권 등)에서 찾는다(조정찬, 「의회유보와 행정유보」, 월간법제 2010년 12월호, 50쪽 이하).

3) 법률과 행정의 관계를 설명하는 경우 조직규범, 규제규범, 근거규범으로 나누는 것이 일반적이다. 이렇게 나누는 경우, 조직규범은 어떤 자연인의 행위의 효과를 행정주체에 귀속시키는 규범을 말하고, 규제규범은 어떤 행정활동을 어떤 행정기관이 행하는 것을 전제로 그 적정성을 도모하기 위해 규율을 행하는 규범을 말하며, 근거규범은 어떤 행정활동을 행하는데 조직규범이 존재하는 것에 더하여 그 작용을 행할 때 특별히 근거가 될 수 있는 규범을 말한다.

4) 예산의 성질에 관한 학설에 대하여는 金哲洙, 학설 판례 헌법학(하), 1676쪽 이하; 權寧星, 헌법학원론, 897쪽 이하; 成樂寅, 헌법학, 855쪽 이하; 鄭宗燮, 헌법학원론, 938쪽 이하; 許營, 한국헌법론, 897쪽 이하 참조.

5) 李惠衍, 「예산과 법률의 관계—경제적 통제—」, 고시계 2004년 5월호, 7쪽 참조.

는 승인설(세출승인설)에 의하면 예산이 근거규범이 될 가능성은 희박하다. 생각건대, 예산의 성질에 관하여 통설인 법규범설에 따른다 하더라도 예산이 일반국민을 구속하는 것이 아니라는 점, 또한 정부의 재정행위를 구속하기는 하지만 정부의 수입·지출의 권한과 의무는 예산 자체에 의하는 것이 아니라 별도의 법률에 의한다는 점 등은 예산을 원칙으로 근거규범인 법률로 보는 데에 난점이 된다.[1] 헌법재판소는 "예산은 일종의 법규범이고 법률과 마찬가지로 국회의 의결을 거쳐 제정되지만 법률과 달리 국가기관만을 구속할 뿐 일반국민을 구속하지 않는다"(헌재 2006. 4. 25. 2006헌마409 제2 지정재판부 결정)라고 판시하고 있다.

(3) 적용범위

법률유보의 원칙의 적용범위(조직규범 외에 근거규범이 필요한 행정활동의 범위)에 관하여는 견해가 나뉜다. 그 중 중요한 것은 다음과 같다.

1) 침해유보설

국민 등의 자유와 재산을 침해하는 행정활동, 즉 침해행정(侵害行政)은 반드시 근거규범을 필요로 한다는 견해이다. 자유와 재산의 개념이 처음에는 극히 한정적이었으나,[2] 근대 헌법의 발전과 더불어 끊임없이 확대되어 오늘날 이 양 개념은 일반적인 행위의 자유와 재산적 가치를 가진 모든 법익을 포함하는 것으로 이해되고 있다.[3] 이 설은 법규 이론을 배경으로 하여 등장한 것으로서 자유주의적 법치국가를 바탕으로 하고 있다.

2) 사회유보설(급부행정유보설)

이 설은 행정활동 중 불이익 행정뿐만 아니라 사회보장행정 등 수익적 행정활동인 급부행정에도 근거규범을 필요로 한다는 견해이다. 이 설의 논거는 ① 국민복지를 적극적으로 증진함을 목적으로 하는 현대복지국가의 급부행정도 국민이 부담하는 조세에 의하여 조달되는 이상 국회가 제정하는 법률에 의한 기준에 따라 공정하고 합목적적으로 지급되어야 한다는 점, ② 현대행정의 복잡성으로 불이익 행정과 급부행정이 혼재해서 양자를 엄밀하게 구별할 수 없다는 점, ③ 자의적이고 불공평한 급부나 급부의 거부는 헌법의 평등규정에 위반하고 또한 급부를 받을 권리를 침해한다는 점 등이다.

---

1) E. Schmidt-Assmann은 후술하는 중요사항유보설을 구체적으로 정하는 경우 "예산은 한정된 보완기능(eine beschränkte Komplementärfunktion)을 행할 수 있다"고 한다(Das allgememe Verwaltungsrecht als Ordnungsidee, S. 192).

2) 오토 마이어에 있어서 자유와 재산의 개념이 한정적이었다는 점에 관하여는 R. Schmidt-De Caluwe, Der Verwaltungsakt in der Lehre Otto Mayers, 1999, S. 131ff.

3) Hans J. Wolff 교수는 입헌군주제에서는 국민의 자유와 재산에 관한 법규만이었지만, 민주주의적 법치국가에서는 실질적 법률은 그 주체가 법적 인격인 모든 법규라고 이해한다(Hans J. Wolff/Otto Bachof, Verwaltungsrecht, Bd. I, 9. Aufl., 1973, S. 116f.). 따라서 이 이해에 의하면 일정한 경우에는 법규에 의하여 부여된 실정적 권리·의무를 기관이 재판상 주장할 수도 있게 된다.

3) 전부유보설

이 설은 행정활동 모두가 근거규범을 필요로 한다는 견해이다. 이 설의 논거는 행정활동의 민주적 정당성을 확보하기 위하여는 행정활동이 국민의 의사의 표현인 법률에 근거하여 행하여져야 한다는 데에 있다.

4) 중요사항유보설(본질성설)

이 설은 행정활동 중 (국민 등에게 영향을 미치는) 중요사항(본질사항)은 반드시 근거규범을 필요로 한다는 견해이다. 이 설은 침해유보설을 중핵으로 하면서 침해유보의 기능을 확장하고 국가행정의 기본적 계획 및 기간(基幹)이 되는 제도도 법정화하려는 시도이다. 중요사항(본질사항)은 의회가 직접 결정하여야 한다는 점에서 법률유보의 이론에 민주정적(民主政的)관점이 도입 되는 것이며[1], 의회유보와 연결된다.[2]

5) 검   토

종래의 통설은 침해유보설이었다. 오늘날의 다수설은 1970년대 이후 독일 연방헌법재판소가 확립하여 현재 독일의 통설이 되어 있는 중요사항유보설로 기울고 있다. 우리 헌법재판소는 중요사항유보설의 입장에 서 있다.[3] 대법원도 같은 입장이다(대법 2012. 11. 22. 선고 2010두19270

---

1) 예컨대, BVerfGE 33, 5.125, 157ff. 중요사항유보설이 유력하여지고 있는 것은 법률유보를 둘러싼 상황이 변하였기 때문이다. 종래에는 행정 쪽에서 행정은 고유한 절대적 권력에서 무엇이 허용되는가가 문제였지만, 오늘날에는 의회 쪽에서 무엇이 의회 스스로 규율할 필요가 있는가, 즉 행정에 의한 규율을 배제하여야 할 사항이 무엇인가가 문제되고 있기 때문이다. 따라서 법률유보는 법률기구내부 속에서의 대립을 의미하는 것이 아니라, 국가기구의 밖에 있는 국민이 의회 스스로 규율권한을 행사할 것을 요구하고 있다. 즉 결정이 공무원의 밀실에서 행하여질 것이 아니라 공개된 의회에서 다원적인 의견의 대립 속에서 행하여질 것을 요구하고 있다. 본질성과 비본질성을 나누면 비본질성인 것은 법률에서 정하지 아니하여도 문제가 없는 결과, 행정규칙에 외부효과(Aussenwirkung)를 인정해도 되는 것인가가 문제로써 제기된다. 본질성 이론을 전개한 Wyhl 결정이 행정규칙에 외부효과를 긍정함으로써 제기된 문제이다.

2) 의회유보의 의미는 반드시 동일하지 아니하다. 일반적으로는 법률유보사항 중에서 의회의 배타적 규율사항 즉, 위임이 금지된 사항(delegationsfeindliche Gegenstände)를 의회에 유보한다는 것을 의미한다. 법률유보에 의거하여 어떤 사항이 의회에 유보되어 있다는 것은 행정이 고유한 권한에 의거하여 당해 사항을 규율하여서는 아니된다. 그러나 의회가 스스로의 판단으로 자기의 규율사항을 행정에 위임하는 것은 법률유보는 반드시 방해하지 아니한다. 이에 대하여는 본질사항 즉 의회유보사항임에도 불구하고 위임을 허용하는 것에 대하여는 비판이 없지 않다. 그러나 일반적으로는 법률유보와 의회유보 간에 단계적 관계를 인정한다.

3) 헌법재판소는 오늘날의 법률유보원칙은 단순히 행정활동이 법률에 근거를 두기만 하면 충분한 것이 아니라, 국가공동체와 그 구성원에게 기본적이고도 중요한 의미를 갖는 영역, 특히 국민의 기본권 실현과 관련된 영역에 있어서는 국민의 대표자인 입법자가 그 본질적 사항에 대해서 스스로 결정하여야 한다는 요구까지 내포하고 있다(의회유보원칙)고 하고, 텔레비전방송 수신료는 대다수 국민의 재산권보장의 측면이나 한국방송공사에게 보장된 방송자유의 측면에서 국민의 기본권 실현에 관련된 영역에 속하고, 수신료금액의 결정은 납부의무자의 범위 등과 함께 수신료에 관한 본질적인 중요한 사항이므로 국회가 스스로 행하여야 하는 사항에 속하는 것임에도 불구하고 구 한국방송공사법 제36조 제1항에서 국회의 결정이나 관여를 배제한 채 한국방송공사로 하여금 수신료금액을 결정해서 문화관광부장관(현행법상의 문화체육관광부장관)의 승인을 얻도록 한 것은 법률유보원칙에 위반된다고 판시하고 있다(헌재 1999. 5. 27. 98헌바70 결정). 대법원도 오늘날의 법률유보원칙은 단순히 행정활동이 법률에 근거를 두기만 하면 충분한 것이 아니라, 국가공동체와 그 구성원에게 기본적이고도 중요한 의

전원합의체 판결, 대법 2015. 8. 20. 선고 2012두23808 전원합의체 판결). 오늘날 법률유보의 원칙이 국민의 자유와 권리를 보호하려는 법치국가원리적 요청이라는 관점에 덧붙여 국회(의회)에 의한 민주국가원리적 통제의 확보라는 관점이 강조되고 있음과 그 궤도를 같이한다. 「행정규제기본법」은 제4조 제3항에서 "행정기관은 법률에 근거하지 아니한 규제로 국민의 권리를 제한하거나 의무를 부과할 수 없다"라고 하여 침해유보설을 명문화하고 있고, 「행정기본법」은 제8조 후단에서 "국민의 권리를 제한하거나 의무를 부과하는 경우와 그밖에 국민생활에 중요한 영향을 미치는 경우에는 법률에 근거하여야 한다"라고 하여 침해유보설과 중요사항유보설을 명문화하고 있다.

중요사항유보설이 침해유보설과 비교하여 갖는 기본적 특색은 다음과 같다. ① 국회가 미리 규율하여야 할 대상이 국민 등의 자유·재산을 침해하는 권력적 행정활동보다 확대된다.[1] ② 국가 등의 기본정책결정, 기본계획, 행정조직의 골격을 국회가 법정화해야 한다는 요청이 포함된다.[2] ③ 국회가 스스로 규율하여야 할 사항이 무엇인가, 어떤 규율을 포기해서는 아니 되는가라는 관점이 중심이 된다. 이에 의하여 위임입법의 한계론은 본질사항이 된다. ④ 침해유보설이 법률이 정하는 요건·효과라는 실체법적 측면에 초점을 맞춘 이론임에 대하여 중요사항유보설은 법률제정절차의 특질이라는 절차법적 측면에 초점을 맞춘 이론이다. 즉 국회소수파도 포함하여 공개리에 진행되는 국회의 법률제정절차에서 국가의 기본정책이 결정된다.

따라서 중요사항유보설 아래에서는 어떠한 행정활동에 근거규범이 필요한가의 문제와 국회가 어디까지 상세하게 규율하여야 하는가의 문제가 통일적으로 파악된다. 구체적으로는 법률의 규정이 중요한 요건을 대통령령 등에 위임하고 있는 경우, 법률규정이 존재하지만 그 요건을 추상적으로 정하여 행정에게 지나치게 광범위한 자유 판단을 허용하고 있는 경우에는 법률유보원칙의 위반이 된다. 전자의 경우가 뒤에서 볼 위임명령의 한계문제이고, 후자의 경우가 법률요건명확성의 문제이다. 법률요건명확성의 원칙이란 요건은 일의적(一義的)이어야 하며 함부로 불확정 개념이나 개괄조항(概括條項)을 사용하여서는 아니 된다는 원칙이다. 법률요건명확성의 원칙은 기본적으로 모든 기본권제한입법에 요청되고 있다(헌재 2000. 2. 24. 98헌바37 결정).

우리 판례는 법률유보이론을 적용함에 있어서 침해행정의 영역과 급부행정의 영역을 구별하여 유보의 정도를 달리 판시하고 있다. 이러한 판시는 조례에 있어서도 침익적 조례인가 수익적 조례인가에 따라 유보의 정도를 달리하는 데로 이어지고 있다.

미를 갖는 영역, 특히 국민의 기본권 실현에 관련된 영역에 있어서는 행정에 맡길 것이 아니고 국민의 대표자인 입법부 스스로 그 본질적 사항에 대하여 결정하여야 한다는 요구, 즉 의회유보원칙까지 내포하는 것이라고 판시하고 있다(대법 2020. 9. 3. 선고 2016두32992 전원합의체 판결).

1) 이미 설명한 바와 같이 침해유보설은 행정작용법상의 원칙으로 범위를 한정하는 것이 일반적이다. 이에 대하여 중요사항유보설은 적용범위를 행정활동에 한정하지 아니한다.

2) 중요사항유보이론은 제도적 유보이론(조직규범도 법률에 의한 수권을 요구하는 이론)을 포함한다 (E. Schmidt-Assmann, Verwaltungsorganisation zwischen parlamentarischer Steuerung und exekutivischer Organisationsgewalt, in: Festschrift für H. P. Ipsen, 1977, S. 345). 이 견해에 의하면 중요사항유보설은 법치국가원리에 입각한 기본권 유보의 관점과 민주국가원리에 입각한 조직법상의 중요성이라는 관점으로 구성된다.

앞으로의 과제는 중요사항의 범위 및 규율밀도를 개별적·구체적으로 정하는 일이다.[1]

⑷ 법률의 법률 구속성 문제

앞에서 본 법률의 우위나 법률의 유보는 법률과 행정의 관계의 문제 즉, 법률이 행정을 구속하는 문제이다. 그런데 「행정기본법」의 제정으로 법률과 법률의 문제 즉, 법률이 법률을 구속할 수 있는가의 문제가 제기되고 있다. 「행정기본법」은 제5조(다른 법률과의 관계) 제2항에서 "행정에 관한 다른 법률을 제정하거나 개정하는 경우에 는 이 법의 목적과 원칙, 기준 및 취지에 부합하도록 노력하여야 한다"라고 규정하고, 제16조(결격사유) 제1항에서 "자격이나 신분 등을 취득 또는 부여할 수 없거나 인가, 허가, 지정, 승인, 영업등록, 신고 수리 등(이하 '인허가'라 한다)을 필요로 하는 영업 또는 사업 등을 할 수 없는 이유(이하 이 조에서 '결격사유'라 한다)는 법률로 정한다"라고 하고, 제2항에서 "결격사유를 규정할 때에는 다음 각 호의 기준에 따른다. (1.~4. 생략)"라고 규정하며, 제22조(제재처분의 기준) 제1항에서 "제재처분의 근거가 되는 법률에는 제재처분의 주체, 사유, 유형 및 상한을 명확하게 규정하여야 한다. 이 경우 제재처분의 유형 및 상한을 정할 때에는 해당 위반행위의 특수성 및 유사한 위반행위와의 형평성 등을 종합적으로 고려하여야 한다"라고 규정하고 있다. 또한 제31조(이행강제금의 부과) 제1항에서 "이행강제금 부과의 근거가 되는 법률에는 이행강제금에 대한 다음 각 호의 사항을 명확하게 규정하여야 한다. 다만, 제4호 또는 제5호를 규정할 경우 입법목적이나 입법취지를 훼손할 우려가 크다고 인정되는 경우로서 대통령령으로 정하는 경우를 제외한다.(1.~5. 생략)"라고 규정하며, 재38조(행정의 입법활동) 제1항에서 "국가나 지방자치단체가 법령등을 제정·개정·폐지하고자 하거나 그와 관련된 활동(법률안의 국회 제출과 조례안의 지방의회 제출을 포함하며, 이하 이 장에서 '행정의 입법활동'이라 한다)을 할 때에는 헌법과 상위 법령을 위반해서는 아니 되며, 헌법과 법령등에서 정한 절차를 준수하여야 한다"라고 규정하고, 제2항에서 "행정의 입법활동은 다음 각 호의 기준에 따라야 한다.(1.~5. 생략)"이라고 규정하고 있다.

위 「행정기본법」의 규정들에 대하여는 다음과 같은 공법의 기초문제가 제기되고 있다. 첫째는 법률의 법률에 대한 구속성을 부인하는 견해이다. 즉 위 「행정기본법」 규정들은 원칙적으로 법률에 대한 입법지침이기 때문에 법률이 법률을 구속할 수 있는가 하는 근본적 문제를 야기한다고 전제하고 입법자는 스스로를 구속할 수도 있지만 어떤 경우에는 스스로에게 지운 구속을 벗어날 수도 있다고 보아야 할 것이므로 국회가 스스로 이러한 구속을 벗어나고자 할 때에는 이 규정들에 구속된다고 할수 없다는 것이다.[2] 둘째는 위헌성의 문제를 제기하는 견해이다. 즉, "위

---

1) 예컨대 의무이행확보수단의 일종으로서의 위반사실 등 공표(→ 제3편 제5장 제3관 Ⅲ.)는 강제력의 행사인 제재가 아니라, 정보화사회의 진전에 따라 행정법상의 의무이행확보수단이 권력적인 것에서 공중에 대한 정보의 제공에 의한 심리적 압박에 의하여 의무자로 하여금 스스로 의무를 이행케 하려는 것으로까지 확장되고 그러한 정보의 제공이 강력한 수단으로 인식되면서 위반사실 등의 공표도 법률의 근거를 요한다는 것이 다수설이 되었다.

2) 金裕煥, 「현대행정법 추록―현대행정법 해설―」, 5쪽 이하.

행정기본의 규정들은 행정의 행위규범인 행정법이 아니라 입법의 행위규범인 입법법이 되고 있으므로 행정의 수범자가 누구인가라는 문제를 제기한다고 전제하고 행정권이나 사법권은 법률적합성이 요청되지만, 입법권은 오직 헌법에 의하여 구속될 뿐이다. 법치국가적 신뢰보호원칙이나 체계정합성원칙의 측면에서 자신이 만든 법률에 의하여 입법자가 구속을 받을 뿐, 입법권은 광범위한 형성여지를 가지며, 이러한 입법형성권은 민주주의 헌법의 기본적인 구성요선에 해당한다"는 것이다.[1]

「행정기본법」의 제정에는 장점도 있고, 단점도 있다. 이 중 가장 큰 장점은 행정법의 부분 통일성이다. 가장 큰 단점은 고착화의 위험이다. 한 번 고착화하면 경론 의존성(path dependency)에 의하여 새로운 개혁을 하지 않고 익숙한 것에 의존하려는 관성에 갇혀버리기 때문이다.

Ⅳ. 행정절차와의 관계

법치행정원리는 실체적으로뿐만 아니라 절차적으로도 보장되어야 한다. 헌법학자들은 적법절차원칙에서 이를 설명한다. 즉 법치행정원리는 국민 등의 행정에의 적극적 참여를 보장함으로써 공익과 사익을 사전에 조정함과 동시에 실질적으로 공정하고 투명한 행정이 행하여지며 국민의 권리구제가 사전에 절차과정에서 이루어지도록 요청하고 있다.[2] 헌법재판소는 헌법의 기본원리로 이 점을 밝히고 있다(헌재 1992. 12. 24. 92헌가8 결정 등). 헌법재판소는 적법절차의 내용을 구체적으로 ① 절차를 규율하는 법이 형식적 의미의 법률이어야 한다는 '절차의 적법성', ② 그 법률의 내용이 정의에 합치되어야 한다는 '절차의 적정성', ③ 절차만이 아니라 실체적으로도 법률내용이 합리성과 정당성을 갖추어야 한다는 것을 포함한다는 점을 분명히 하고 있다(헌재 1992. 12. 24. 92헌가8 결정, 헌재 1993. 7. 29. 90헌바35 결정 등). 이런 점에서 「행정절차법」의 제정은 매우 의미가 크다. 「행정절차법」은 법치행정원리의 절차적 충족을 도모함으로써 법치행정원리가 실체적으로 기능할 전제를 갖추게 된다. 이에 의하여 행정과 국민 또는 주민 간에는 공정하고 투명한 법칙 아래서 상호간에 긴밀한 신뢰관계를 형성할 수 있게 된다.

적법절차원칙에서 여러 제도가 파생된다. 예컨대, 제척제도, 공무원의 겸직금지제도, 국·공유재산사무 종사 직원의 행위제한 제도 등이다. 이들 제도는 행정법에 있어서 개별 이익으로부터 일정한 거리를 확보하기 위한 제도이다.[3] 이들 제도에서 나오는 개별이익으로부터 거리를 확보해야 할 법리는 적법절차원칙의 중요한 구성요소이며[4], 명문의 규정이 없는 경우에도 타당한

---

1) 金鉉埈, 「전환시대 행정법학의 과제─행정기본법의 혼돈·분절·위헌문제─」, 2021 한국공법학자대회 통합과 분권: 전환시대 공법학의 과제 제1권, 95쪽 이하.

2) 뒤에서 보는 바와 같이 행정절차의 헌법적 근거를 「헌법」 제12조의 적법절차조항에서 도출하는 것이 일반적이나(→ 제3편 제3장 Ⅳ. 1.), 법치행정원리에서도 도출할 수 있다.

3) Eberhard Schmidt-Assmann, Das allgemeine Verwaltungsrecht als Ordnungsidee: Grundlagen und Aufgaben der verwaltungsrechtlichen Systembildung, 2. Aufl., S. 369ff.

4) '법치국가는 거리확보의 국가'(Der Rechtsstaat ist ein staat der Distanz)라고 하는 이도 있다(Hans-Heinrich

원칙이라 생각한다. 이 원칙을 간략하게 줄여 거리확보의 원칙[1]이라 부르기로 한다.[2]

V. 한 계

법치행정원리의 한계론으로서 다음과 같은 것이 문제가 된다.

1. 통치행위

이미 앞에서 본 바와 같이, 통설에 의하면 통치행위는 고도의 정치성을 가진 국가기관의 행위로서 법적 구속을 받지 아니하여 재판의 대상에서 제외되는 행위라고 정의한다. 통설에 따르면 통치행위는 법치행정원리의 적용을 받지 아니한다.

2. 공법상 특별권력관계론

종래의 통설은 국가 또는 지방자치단체와 공무원 간의 근무관계, 교도소와 교도소에 수감되어 있는 수형자간의 재소관계, 국·공립학교와 학생간의 재학관계 등에는 법치행정원리의 적용이 제한을 받는다고 하였다. 즉 법치행정원리는 사인이 일반국민 또는 주민의 지위에서 국가·지방자치단체 등과의 사이에 성립하는 일반권력관계에는 적용되지만, 공무원·수형자·국공립학교 학생 등은 이른바 행정 내부에서 특별권력에 복종하기 때문에 개별적인 법률에 근거하지 아니하고도 기본권이 내용적으로 제약을 받을 수 있고, 사법부에 의한 구제도 제한될 수 있다는 것이다.[3] 이 이론을 공법상 특별권력관계론이라고 부른다. 흔히 특별권력관계라고 하면 공법상 특

Trute, Verantwortungsteilung als Schlüsselbegriff eines sich verändernden Verhältnisses von öffentlichem und privatem Sektor, in: Gunter Folks Schuppert(Hrsg), Jenseits von Privatisierung und schlankem Staat, 1999, S. 13.

1) 무당파성(Unparteilichkeit)은 필요불가결한 거리확보원칙의 표현 형식이며, 거리확보의 원칙은 법치국가원리뿐만 아니라 민주국가원리가 요구하는 바이기도 하다. 개개 직무담당자(Amtswalter)의 인적·개별적 중립성에 관한 규율이 일정한 의미에서 핵(Kern)을 이룬다(E. Schmidt-Assmann, 위책 S. 44, 370).

2) 인류학자 에드워드 홀처럼 인간관계의 공간을 4가지로 분류하여 친밀한 공간, 개인적 공간, 사회적 공간, 공적인 공간으로 나눈다면 공적인 공간은 거리확보의 원칙이 확보되어야 할 가장 적합한 공간이 된다.

3) 헌재 2010. 10. 28. 2008헌마638 결정은 군인사법 제47조의2(복무규율)의 규정이 법률유보원칙에 위배되는지 여부에 관하여 다수의견은 "국방의 목적을 달성하기 위하여 상명하복의 체계적인 구조를 가지고 있는 군조직의 특수성을 감안할 때, 군인의 복무 기타 병영생활 및 정신전력 등과 밀접하게 관련되어 있는 부분은 행정부에 널리 독자적 재량을 인정할 수 있는 영역이라고 할 것이므로, 이와 같은 영역에 대하여 법률유보원칙을 철저하게 준수할 것을 요구하고, 그와 같은 요구를 따르지 못한 경우 헌법에 위반된다고 판단하는 것은 합리적인 것으로 보기 어렵다"고 하였다. 이 결정에는 "이른바 특별권력관계에 있는 군인의 기본권을 제한하기 위해서는 법률에 의한 기본권제한과 기본권제한에 있는 관한 사법적 통제라고 하는 법치주의의 기본원칙은 그대로 지켜져야 할 것이다"라는 반대의견이 있었다. 대법 2018. 8. 30. 선고 2016두60591 판결은 "사관생도는 군 장교를 배출하기 위하여 국가가 모든 재정을 부담하는 특수교육기관인 육군3사관학교의 구성원으로서, 학교에 입학한 날에 육군사관생도의 병적에 편입하고 준사관에 준하는 대우를 받는 특수한 신분관계에 있다(육군3사관학교 설치법 시행령 제3조). 따라서 그 존립 목적을 달성하기 위하여 필요한 한도 내에서 일반 국민보다 상대적으로 기본권이 더

별권력관계를 말한다.

특별권력관계의 관념과 법이론은 19세기 후반 독일 외견적 입헌군주제 아래서 성립된 것이지만, 제2차 세계대전 이후 독일 본(Bonn) 기본법 아래서 비판의 대상이 되기 시작하여 1972년 3월 14일 독일 연방헌법재판소가 재소관계에 있어서 수형자의 기본권도 법률에 근거하여서만 제한할 수 있다는 판결 이른바 수형자 판결을 행함으로써 결정적인 쐐기가 가하여졌다. 우리나라에서도 특별권력관계 부정론이 1960년대 초에 시작하여[1], 그 동안 특별권력관계가 특별행정법관계로 그 명맥을 유지하여 왔으나, 오늘날에는 부정론이 대세가 되어 가고 있다.[2] 아직도 특별권력관계론이 잔향을 남기고 있는 것(예컨대, 농지개량조합과 그 직원의 관계에 관한 대법원 1995. 6. 9. 선고 94누10870 판결 참조)은 행정의 내부관계·외부관계라는 전통적 행정법이론의 이원론의 영향이 잔존하는 현상이다.

3. 행정규칙론

전통적 행정법이론의 외부관계·내부관계 이원론의 영향이 잔존하고 있는 또 하나의 영역이 행정규칙론이다. 종래의 전통적 이해인 이른바 불가침투성이론(die Impermeabilitätslehre)[3]에 의하면 국가행정 내부의 규율은 법적 고찰의 대상에서 제외되었다. 전통적 이해에 의한 행정규칙의 특징은 ① 행정 내부에서만 효력을 갖는다는 것 ② 법률의 수권이 필요치 않다는 것 ③ 공포가 요청되지 아니한다는것 셋으로 요약된다. 그러나 이러한 특징은 수정되어 가고 있다(→ 행정규칙). 예컨대 법률수권불요성은 법률유보원칙의 전개에 의하여 재검토의 대상이 되고 있는데, 독

제한될 수 있으나, 그러한 경우에도 법률유보원칙, 과잉금지원칙 등 기본권 제한의 헌법상 원칙들을 지켜야 한다"고 하였다.

1) 金鐵容,「공법상 특별권력관계와 기본적 인권」(1963년 8월 서울대학교 법학석사학위 논문) 및「서독의 특별권력관계」, 법정 1964년 8월호, 42쪽이하.

2) 특별행정법관계는 존재하지만 포괄적 지배권 부여가 법치주의 내에서 인정되고 있으므로 특별권력관계부정설과 동일하다는 견해가 있다(朴均省, 행정법론(상), 제3판 130쪽 및 제4판 124쪽). 그러나 이 견해는 "특별권력관계론은 실정법에 나타난 특수한 생활관계를 해명하기 위한 것이 아니라 실정법에 규정되지 아니한 일련의 생활관계에 특수한 규율(법률의 유보의 배제, 사법심사의 배제 등)이 가능하도록 하기 위한 논리라는 것"(洪井善, 행정법원론(상), 제11판 114쪽)을 잊고 하는 오해다.

3) 불가침투성이론의 이론적 전제가 되는 것이 국가법인설이다. 불가침투성이론은 국가의 외부영역(Aussenbereich)과 내부영역(Innenbereich)은 상호 분리되어 소통될 수 없다는(voneinander getrennt und undurchdringlich)이론이다. 이 이론은 19세기의 Georg Jellinek에까지 소급한다(System der subjektiven öffentlichen Rechte, 2. Aufl., 1905, S. 193f.). Martin Loughlin에 의하면 국가의 의인화(the persona ficta)는 현대 유럽의 이른 시기에 국가의 관념의 부상과 더불어 즉시 유추된 것으로 보인다(The Idea of Public Law, p.17). 불가침투성이론에 의하면 법이란 법인격 간의 외부관계만을 규율한다는 것이므로, 국가의(행정주체) 내부는 법이 지배하는 영역이 아니라는 것, 국가기관에는 법인격이 인정되지 아니한다는 것, 나아가 기관의 권한은 권리가 아니라는 것 등의 법 도그마틱을 낳게 된다. 불가침침투성이론은 행정규칙론 뿐만 아니라, 후술하는 기관소송의 법률상쟁송성 부인이라는 법 도그마틱으로 이어진다. 그러나 불가침투성이론은 R. Thoma의 기관인격론의 승인(Handbuch des Deutschen Staatsrechts, Bd. 2, 1932, 607f.), Hans Heinrich Rupp의 내부법에 대한 법관계 성립론(Grundfragen der heuitigen Verwaltungsrechtslehre, 2. Aufl., 1991, S. 16f.)에 의하여 포기되기에 이른다.

일에서 법률의 수권을 요하지 않는 행정규칙의 존재가능성이 중요사항유보설(본질성설)의 전개에 의하여 부정되기에 이른 것은 단적으로 이를 나타내고 있다.

4. 행정재량론

법치행정원리가 행정활동에 대한 예측가능성과 민주적 통제의 요청을 철저히 실행하려면 모든 행정활동에 대하여 행정기관이 어떤 경우에 어떻게 활동할 것인가를 구체적으로 상세히 법률에서 정해야 한다. 그러나 이렇게 하는 것이 설사 가능하다 하더라도 전체의 이익·공익을 촉진하기 위하여 행정활동의 전문성·탄력성·원활성도 필요한 범위 내에서 확보되어야 한다는 요청과 충돌한다. 그래서 종래의 전통적 견해도 서로 상반되는 요청을 조화하기 위하여 법률 자체가 행정기관에게 권한을 폭넓게 수권하여 행정활동을 행정기관의 정책적·행정적 판단에 맡겨 왔다(규범적 수권이론). 그 범위 내에서 행정기관에게 자유로운 판단의 여지가 있다. 이것은 법치행정원리에서 보면 그 한계가 된다. 이 행정재량론은 주로 행정행위에 있어서 재량행위로 다루어지고 있으나, 이에 한정되지 아니하며 행정입법(어떤 내용의 규범을 정립할 것인가의 재량)·행정계획(어떤 수단에 의하여 법정목표를 실현할 것인가의 재량)·행정계약·권력적 사실행위(행정강제의 재량)·비권력행정(행정지도의 재량)·행정조직(Organisationsermeessen)[1])에도 재량이 행하여지고 있다. 오늘날 후술하는 바와 같이 자유재량행위도 사법심사의 대상성이 인정되고 있을 뿐만 아니라, 「행정절차법」에서 재량처분의 기준을 구체적으로 정하여 공표하도록 하고, 개별법에서 재량처분의 기준을 구체적으로 규정하는 등 재량행위를 축소하고 견제하려는 노력이 꾸준히 계속되고 있다(예컨대, 재량기준을 공표하게 되면 재량처분은 공표된 기준의 적용관계를 포함해서 구체적으로 재량처분의 근거와 이유를 제시하여야 한다).

5. 신뢰보호원칙 등

법치행정원리를 관철하는 것이 경우에 따라서는 사인의 이익을 실질적으로 보호한다는 관점에서는 바람직하지 아니할 때가 있다. 그 전형적인 예를 행정행위의 취소권제한에서 볼 수 있다. 즉 행정행위가 취소원인인 위법이 있으면 취소되어야 마땅하지만 취소하는 것이 상대방의 보다 큰 이익을 침해하게 될 경우에는 취소할 수 없게 된다. 법치행정원리가 신뢰보호원칙 등에 의하여 후퇴하게 되는 셈이다. 이것을 법치행정원리의 한계로 설명하는 이도 있고, 신뢰보호도 법치행정원리의 하나의 내용을 이룬다고 하는 이도 있다[2]. 그러나 문제는 그렇게 간단하지 않다. 가

---

1) 조직재량에 관하여는 E. Schmidt-Assmann, Verwaltungsrechtliche Dogmatik, S. 177f(김현준 역, 행정법 도그마틱, 231쪽) 참조.

2) 후술하는 바와 같이 헌법재판소와 대법원은 신뢰보호원칙을 법치행정원리의 파생원칙으로 보고 있다. → 신뢰보호원칙

령 금반언의 법리[1]를 생각해 보자. 금반언의 법리를 적용하게 되면 행정기관은 선행되는 잘못된 법해석에 구속되어 위법한 행정행위를 하지 않으면 안 되고 그것은 형식적으로 보면 법치행정원리에 위반된다. 뿐만 아니라 행정법규의 보호법익은 단순히 행정행위의 상대방에게만 있는 것이 아니고 오히려 그 이외의 일반공중인 경우가 많다. 따라서 금반언의 법리의 적용은 당해 행정행위의 상대방과의 분쟁해결에는 적절하다 하더라도 그것에 의하여 다른 사람에게는 본래 법률이 허용하지 않는 침해행위를 인정하게 되는 문제가 있다.

현대사회에 있어서 국민생활이나 행정활동의 양적이나 질적인 변화에 법치행정원리가 충분한 대응능력을 갖도록 하는 것이 앞으로의 과제이다.

VI. 행정통제·행정구제

법치행정원리에도 불구하고 헌법이나 법률에 위반되는 행정활동이나 법률에 근거를 두지 아니하는 행정활동이 행하여지게 된다. 이를 철저히 시정하지 아니한다면 법치행정원리는 유명무실한 존재가 되고 만다. 따라서 행정이 행정법질서를 준수하고 행정에게 부여된 의무를 적절히 이행하도록 하기 위한 체계인 행정통제, 위법이나 부당한 행정으로 침해당한 사인의 권익을 구제하기 위한 체계인 행정구제는 법치행정원리를 담보하기 위한 장치라기보다 법치행정원리의 하나의 구성요소로 보는 것이 더욱 적절하다. 행정통제·행정구제를 충실하게 하는 것은 법치행정원리를 충실하게 하는 길이다. "법치국가의 가장 완성된 형태는 권리보호제도가 모든 행정영역에 관철됨으로써 성립한다 할 것이다"라는 프라이너(F. Fleiner)의 말[2]은 지금도 타당하다.

---

1) 금반언의 법리는 영미법상의 원칙이며, 신뢰보호원칙와 동일한 이념을 가진다. 이 법리는 근대에 와서는 어떤 행위에 의하여 어떤 사실의 존재를 표시한 자에 대하여, 그것을 믿고 자기의 이해관계를 변경한 자를 보호하기 위하여 표시된 사실에 반하는 주장을 금지하는 원칙으로 발전하고, 오늘날에 와서는 사실의 표시뿐만 아니라 장래의 의사의 표시, 즉 약속에 대하여도 이 원칙을 인정하는 경우가 있다. 본래는 증거법상의 원칙이나 실체법상의 원칙으로도 인정되고 있다.

2) F. Fleiner, Institutionen des Deutschen Verwaltungsrechts, 8. Aufl., 1928, S. 236.

제 3 장 행정법의 법원

제 1 절 의의 및 특색

Ⅰ. 의 의

법원(法源)이란 용어는 '법의 효력 근거' 등 여러 가지 뜻으로 사용되나,[1] 행정법의 법원이라고 할 때에는 행정에 관한 법의 존재형식 또는 인식근거(어떤 것을 법으로 인식할 수 있는 근거)의 뜻으로 사용하는 것이 일반적이다. 쉽게 말하면 법을 해석·적용할 때에 원용할 수 있는 규범을 의미한다.[2] 문제가 되는 것은 행정에 관한 법의 이해에 있는데, 행정주체와 사인간의 외부관계를 규율하는 법규범만으로 이해하는 견해와 이에 한정하지 아니하고 행정주체의 내부관계를 규율하는 법규범을 포함하여 이해하는 견해가 대립된다. 구체적으로는 행정규칙의 법원성의 문제인데 후술한다(→ 행정규칙의 법원성 문제). 행정법의 법원은 한편에서는 행위규범으로, 다른 한편에서는 재판규범으로 기능한다.

행정법의 법원은 크게 문자로 표현되고 문서의 형식을 갖춘 성문법원과 그와 같은 형식을 갖추지 못한 불문법원으로 나뉜다.

Ⅱ. 특 색

1. 성문법주의

행정법의 법원의 첫째 특색은 성문법원이 원칙적인 법원이라는 점이다. 성문법원과 불문법원 중 행정법에 있어서는 법치행정원리·민주적 정당성 등의 요청 때문에 성문법원이 중심이 되며, 불문법원은 보충적으로 기능하는 것이 원칙이다.

2. 부분법전화

종래 행정법의 법원이 무수히 많은 법령으로 존재하고 있으나 헌법전·민법전·형법전 등과 같은 통일적인 법전(法典)이 없다는 점이 지적되어 왔다. 그러나 법전의 의미가 변화하고 있는 것처럼 보인다. 요즘 완전법전화라는 개념 대신 부분법전화라는 개념을 사용하고 있다. 예컨대, 독일을 보면 행정실체법의 법전화를 포기한 후 1976년 행정절차법을 제정하였는데, 이 행정절차

---

[1] 법원의 개념에 관하여는 朴正勳, 「판례의 법원성」, 법실천의 제 문제(김인섭변호사 화갑기념논문집), 박영사, 1996, 2쪽 이하 및 同人, 행정법의 체계와 방법론, 113쪽 이하 참조.

[2] 행정법학을 제어학(Steuerungswissenschaft)적 측면에서 보면 법원론은 행정이 어떻게 법을 통하여 제어하게 되는지를 묻는 문제가 된다.

법을 법전이라고 부르고 있다. 2016년 1월 1일부터 시행되고 있는 프랑스 공중과 행정과의 관계에 관한 법전(Code des relations entre le public et l'administration)도 행정절차법이다. 각국이 부분적 법전인 행정절차법의 제정을 서둘고 있다(예: EU행정절차법 모범초안).[1] 그렇다면 1998년부터 시행되고 있는 우리 행정절차법도 약간의 예외를 제외하고 원칙적으로 절차규정만으로 구성되어 있지만, 부분적 법전으로 볼 수 있다.

제 2 절 성문법원

I. 성문법원의 종류

성문법원으로는 대한민국헌법, 법률, 명령, 자치법규 및 국제조약·국제법규 등이 있다.

1. 대한민국헌법

대한민국헌법은 대한민국의 기본법으로서 국가통치권의 조직과 작용의 기본원칙을 정하고 있으므로 그 중의 국가행정권의 조직과 작용을 정한 규정들은 행정법의 법원 중에서 가장 기본적인 것이 된다.

2. 법   률

여기서 말하는 법률은 형식적 의미의 법률, 즉 국회가 제정하는 법률을 의미한다. 법률은 국회입법원칙(헌법 40조)·법치행정원리의 당연한 결과로서 가장 중요한 행정법의 법원이다.

예외적으로 대통령의 긴급재정·경제명령과 긴급명령은 형식적 의미의 법률은 아니나 법률의 효력을 가진다(동법 76조 1항, 2항). 국제조약과 일반적으로 승인된 국제법규의 효력에 관하여는 후술한다.

행정법의 성문법원인 법률에는 기본법이라는 법률이 많다. 이와 더불어 일반법이라는 개념이 논의 된다.

---

1) 앞에서 본 바와 같이 행정법의 법전화는 장점도 있고 단점도 있다. 좀 더 구체적으로 보면 다음과 같다. 법전화의 장점은 무엇보다 법전화에 의하여 실현되는 법의 통일이다. 법을 통일하는 과정에서 불필요한 규율을 발견하거나 서로 모순되는 규율을 제거함으로써 규제를 완화할 수도 있다. 법통일의 결과 입법·행정·사법의 실무상 부담을 경감시켜 줄 수도 있다. 법이 쉽고 명확하게 됨으로써 국민 또는 주민 등 사인에게 법적 안정성을 부여할 수도 있다. 법전화의 단점은 무엇보다 법전화의 위험이다. 학자들은 법전화의 위험을 여럿 든다. 그 중 오늘날의 시점에서 보면 가장 큰 위험은 고착화(固着化)위험으로 보인다. 고착화의 결과 첫째로 입법자의 피로현상이 나타난다. 둘째로 개혁의 장애물이 된다. 물론 법전화는 체계를 새롭게 하여 발전시키는 것이므로 처음엔 이노베이션의 기능을 갖는다. 그러나 시행 직후 독일 프로이센의 일반국법처럼 사회발전에 따라가지 못할 가능성이 있다. 이것은 개혁을 가로막을 장애물이 될 가능성이다. 한 번 익숙해지면 여간해선 일어나지 않기 때문이다. 오늘날과 같이 사회적 변화가 큰 시대에는 이러한 가능성의 속도가 매우 빨라질 것이라는 것은 예측하기 어렵지 않다.

(1) 기본법

　행정법에는 다른 법분야의 법률과 달리 기본법이라는 명칭을 가진 법률이 많다.「교육기본법」,「국세기본법」,「부담금관리기본법」,「행정규제기본법」,「행정기본법」등이 그 예이다. 열거할 수 없을 정도이고, 매년 증가하는 추세에 있다. 심지어「환경정책기본법」이 제정되어 있는데, 또 다른 기본법인「저탄소녹색성장기본법」,「물관리기본법」,「자원순환기본법」이 제정되고 있다. 이와 같이 기본법이 계속해서 제정되고 있음에도 불구하고 기본법이 무엇인가에 관한 개념이 밝혀진 바 없다.[1]「건강검진기본법」제7조 제2항은 "국가건강검진에 관한 다른 법률을 제정 또는 개정하는 경우에는 이 법에 부합하도록 하여야 한다"라고 규정하고 있다.「식품안전기본법」제3조 제2항도 같은 규정을 두고 있다.「물관리기본법」제7조 제2항은 "물관리에 관하여 다른 법률에 특별한 규정이 있는 경우를 제외하고는 이 법에서 정하는 바에 따른다"라고 규정하고 있다.「재난 및 안전관리기본법」제8조 제2항도 같은 규정을 두고 있다.「행정기본법」제5조 제2항은 "행정에 관한 다른 법률을 제정하거나 개정하는 경우에는 이 법의 목적과 원칙, 기준 및 취지에 부합되도록 노력하여야 한다"라고 규정하고 있다. 그러나 이들 기본법의 규정들이 기본법이라는 명칭이 없는 법률들에 대한 효력 우월을 뜻하는 것은 아니다. 법제처도「행정기본법」의 "목적과 원칙, 기준 및 취지에 부합하지 않는 형태의 개별 법률이 제·개정된다고 하여 위법한 것은 아니다. 법률과 법률 간의 관계에는 헌법과 법률과의 관계와 같은 규범적 효력 우위관계가 없기 때문이다"라고 밝히고 있다.[2][3]

(2) 일반법

　법학에서는 일반법은 특별법과 같이 다룬다. 즉, 일반법은 특별법에 대한 개념이고 특별법은 일반법에 대한 개념이다. 그러나 양자의 관계는 어디까지나 상대적이다. 특별법은 정의 또는 형평의 관념에 입각하여 일반법 중에서 특수한 사항을 추출하여 이것을 특별히 취급하고자 하는 취지에서 나온 것이다. 특별법이 일반법에 우선하는 것이 원칙인 것은 이 까닭이다.

　한편으로 행정법은 크게 일반행정법과 특별행정법으로 나뉜다. 전자는 행정법 중 통칙법이고, 후자는 행정법 중 각칙법이다. 예컨대,「행정조사기본법」,「공공기관의 정보공개에 관한 법률」,「행정절차법」등은 전자에 해당한다.「행정기본법」도 이에 해당한다.

　「행정기본법」제5조 제1항은 "행정에 관하여 다른 법률에 특별한 규정이 있는 경우를 제외

---

1) 金鉉埈 교수는 기본법이라는 입법유형은 서구에서는 볼 수 없고 일본의 기본법이라는 입법유형에서 유래한 것으로 보인다고 하고, 일본의 기본법의 의의와 특질을 자세히 논하고 있다(同人,「기본법의 정체성 문제와 행정기본법 명명의 오류」, 법조(법조협회) 통권 제736호, 7쪽 이하).

2) 법제처, 행정기본법 조문별 해설, 2021, 16쪽 이하.

3) 金裕煥 교수는「행정기본법」에 대하여 "미국 학자들은 미국 연방 행정절차법을 성문의 행정헌법(The Written Administrative Constitution)으로 지칭한다. 그러나 미국 연방 행정절차법은 우리의「행정기본법」보다는 규율 범위가 훨씬 넓고 체계적이다"라는 점을 지적하고 있다(同人,「현대행정법 추록—행정기본법 해설—」, 4쪽

하고는 이 법에서 정하는 바에 따른다"라고 규정하고 있다. 법제처는 "제5조 제1항은 개별법과의 관계에서 이 법이 일반법적 성격을 갖고 있음을 규정하고 있다"고 해설하고 있다.[1] 이 해설을 「행정절차법」과의 관계에서 보면, 「행정절차법」은 「행정기본법」중에서 특수한 사항을 추출하여 이것을 특별히 취급하고자 하는 취지에서 제정된 것이 된다. 그러나 사실은 다음과 같다. 정부의 제1차 행정절차법 초안은 행정절차법 규정뿐만 아니라 독일 연방행정절차법을 참고하여 절차규정과 밀접한 관련이 있는 실체규정(annexe Materien)을 포함하고 있었다. 그러나 의견의 조정이 난항을 거듭하자 행정절차법을 조속히 제정하기 위하여 합의 가능한 순수 절차규정으로 제2차 행정절차법 초안이 마련되었다. 이 초안이 정부의 행정절차법 원안이 되어 국회에 제출되고 국회의 심의·의결을 거쳐 현재의 행정절차법이 제정된 것이다. 「행정절차법」의 목적규정(제1조)과 「행정기본법」의 목적규정(제1조)를 비교하여 보자. 「행정절차법」 제1조는 "이 법은 행정절차에 관한 공통적 사항을 규정하여 국민의 행정참여를 도모함으로써 행정의 공정성·투명성 및 신뢰성을 확보하고 국민의 권익을 보호함을 목적으로 한다"라고 규정하고 있다.

「행정기본법」 제1조는 "이 법은 행정의 원칙과 기본사항을 규정하여 행정의 민주성과 적법성을 확보하고 적정성과 효율성을 향상시킴으로써 국민의 권익보호에 이바지함을 목적으로 한다"라고 규정하고 있다. 행정의 민주성과 적법성을 헌법에 의하여 당연히 전제되어 있다고 보아야 함으로 행정의 공정성·투명성·신뢰성을 목적으로 하는 일반법과 행정의 효율성을 목적으로 하는 일반법이 존재하는 것이 된다. 「행정기본법」 중에는 제34조(수리 여부에 따른 신고의 효력)과 같이 「행정절차법」 제40조(신고)의 부속적 성격의 규정도 있다. 독일법적인 관점에서 보면 우리나라는 2개의 행정절차법을 갖고 있는 것이 된다.

3. 명 령

명령이란 국가행정권에 의하여 정립되는 법규, 즉 법규명령을 말한다. 오늘날 행정의 내용이 고도로 복잡성·전문성·기술성·임기성을 띠게 됨에 따라 법률은 입법사항의 대강을 규정하고 세부적인 사항은 명령에 위임하는 경향이 많아지고 있으므로 명령은 실질상 중요한 법원이 되고 있다. 「헌법」이 정하고 있는 형식으로는 법률의 효력을 가진 긴급재정·경제명령과 긴급명령을 제외하고 대통령령·총리령·부령·중앙선거관리위원회규칙 등이 있다. 공무원 인사나 행정소송 등과 관계되는 범위 안에서 국회규칙(동법 64조)·대법원규칙(동법 108조)·헌법재판소규칙(동법 113조 2항)도 행정법의 법원이 되는 경우가 있을 것이다.

4. 자치법규

자치법규란 지방자치단체가 자치입법권에 의하여 법령의 범위 안에서 제정하는 자치에 관한

---

1) 법제처, 앞 책, 16쪽.

규정(동법 117조 1항)을 말하며, 원칙적으로 당해 지방자치단체의 구역 내에서만 효력을 가진다. 자치법규에는 지방의회가 제정하는 조례와 지방자치단체의 집행기관이 제정하는 규칙(교육규칙 포함)이 있다.

5. 국제조약·일반적으로 승인된 국제법규

우리 「헌법」 제6조 제1항은 "헌법에 의하여 체결·공포된 조약과 일반적으로 승인된 국제법 규는 국내법과 같은 효력을 가진다"고 규정하고 있으므로 조약과 일반적으로 승인된 국제법규 중에서 행정에 관한 사항을 규율하고 있는 것은 행정법의 법원이 된다.[1] 여기서 말하는 조약이란 조약·협정·협약·약정·의정서 그 밖에 그 명칭의 여하를 불문하고 널리 우리나라와 외국 또는 우리나라와 국제기관 사이의 문서에 의한 합의[2] [3]를 말한다. 일반적으로 승인된 국제법규란 세계 다수 국가에 의하여 일반적으로 승인된 보편적·일반적 규범을 말하는 것이며 별도의 승인 절차를 필요로 하지 아니한다는 것이 통설이다.[4] 일반적으로 승인된 국제법규에는 성문의 국제 법규뿐만 아니라 국제관습법 및 우리나라가 당사국이 아닌 일반적으로 승인된 조약도 포함된다. 그러나 개별적인 국제법규가 일반적으로 승인된 국제법규인지의 여부가 반드시 명백한 것은 아니다.[5] 대법원은 조약을 근거로 국내법령을 무효라고 판시하고 있다(2005. 9. 9. 선고 2004추10 판결)는 것은 앞에서 언급하였다.

---

1) 국가행위의 개재(介在) 없이 국제적인 결정에 의하여 사인이 직접적인 법적 귀결(歸結)을 받는 사례가 증가하고 있다. 교토의정서에 의한 green개발 메커니즘(CDM) 인증(認證), 국제연합 난민 고등판무관(UNHCR)에 의한 난민 인정, 2016년 국제연합 대북한 제재 안전보장이사회의 결의 등을 그 예로 들 수 있다.

2) 헌재 2008. 3. 27. 2006헌라4 결정은 "조약은 국가·국제기구 등 국제법 주체 사이에 권리 의무관계를 창출하기 위하여 서명형식으로 체결되고 국제법에 의하여 규율되는 합의인데, 이 사건 공동성명(2006. 1. 19.경 워싱턴에서 미합중국 국무장관과 발표한 동맹 동반자 관계를 위한 전략대화 출범에 관한 공동성명)은 한국과 미합중국이 상대방의 입장을 존중한다는 내용만 담고 있을 뿐, 구체적인 법적 권리·의무를 창설하는 내용을 전혀 포함하고 있지 아니하므로, 조약에 해당한다고 볼 수 없다"고 하였고, 서울행법 2007. 2. 2. 선고 2006구합23098 판결은 "우리나라 헌법은 제6조 제1항에서 헌법에 의하여 체결·공포된 조약과 일반적으로 승인된 국제법규는 국내법과 같은 효력을 갖는다고 규정하고 있고, 국제법상 조약이란 그 명칭에 관계없이 단일의 문서 또는 둘이나 그 이상의 관련 문서에 구현되고, 국가간에 문서로 체결되며, 국제법에 의하여 규율되는 국제적 합의를 의미하는바, 한·미 양국이 한·미 FTA 협상과 관련하여 생성한 문서에 대하여 비공개하기로 한 합의는 단지 양국간의 협상의 편의를 위하여 협상자료 등을 공개하지 않기로 합의한 것에 불과하므로 헌법에 의하여 체결·공포된 조약에 해당한다고 볼 수 없다"고 하였다.

3) 대법 2018. 10. 31. 선고 2013다61381 전원합의체 판결: 조약은 전문·부속서를 포함하는 조약문의 문맥 및 조약의 대상과 목적에 비추어 조약의 문언에 부여되는 통상적인 의미에 따라 성실하게 해석되어야 한다. 여기서 문맥은 조약문(전문 및 부속서를 포함한다) 외에 조약의 체결과 관련하여 당사국 사이에 이루어진 조약에 관한 합의 등을 포함하며, 조약 문언의 의미가 모호하거나 애매한 경우 등에는 조약의 교섭 기록 및 체결 시의 사정 등을 보충적으로 고려하여 의미를 밝혀야 한다.

4) 梁 建 교수는 "'헌법에 의하여 체결·공포된 조약'이 아닌 조약은 국내법으로의 효력을 인정할 수 없다. 만일 우리나라가 체결당사국이 아닌 조약 중에 일반적으로 승인된 국제법규에 해당하는 조약이 있다면 그것은 조약의 내용이 국제관습법으로 인정되는 것이어야 한다. 따라서 '일반적으로 승인된 국제법규'란 국제관습법을 의미한다고 본다"(同人, 헌법강의 Ⅰ, 제2판, 제152쪽)라는 견해를 피력한다.

5) 헌법재판소는 1991. 7. 22. 89헌가106 결정에서 국제연합의 "인권에 관한 세계선언"의 국내법적 효력을 부인한 바 있다.

6. 행정규칙의 법원성 문제

후술하는 바와 같이 법조의 형식으로 정립되는 일반적·추상적 규범 중 종래의 통설이 대외적 구속력(외부효과)을 부인해 왔던 행정입법인 행정규칙이 행정법의 법원인가에 관하여는 학설상으로는 다툼이 있다. 우리나라에서는 행정규칙은 행정결정에 대한 사법심사의 척도로 기능하지 못한다는 점, 따라서 행정규칙은 대외적 구속력이 없다는 점에 대하여는 이견이 없었다. 즉, 행정규칙은 재판규범이 될 수 없다는 의미에서 그 법원성을 부인하여 왔던 것이 종래의 통설이었다. 그러나 서로 대립되는 내부영역과 외부영역 사이에는 아무런 관계가 없는 것이 아니라 법적으로 서로 결합되어 있으며,[1] 이 결합에 의하여 행정규칙은 법률·법규명령 등과 같은 법원의 구성요건에 결합되어 외부효과(그 외부효과의 강도는 약할 수 있다)를 가질 수 있다. 더욱이 우리 「행정절차법」 제20조는 처분기준의 설정·공표에 관한 규정을 둠으로써, 예컨대 설정·공표된 재량준칙을 기준으로 법원은 재량결정을 통제해야 할 경우가 불가피하게 되었다. 종래의 통설에 행정규칙이 국민에 대하여 실질적인 구속력을 갖는 것에 대하여 법치행정원리에 의하여 비판하여 왔지만, 미리 행정활동의 기준을 구체적으로 정해 놓음으로써 행정재량의 자의적인 행사가 통제되어 법적 안정성을 확보하고 국민의 권리 이익의 확보에 이바지하는 것이 최근의 유력한 흐름이므로, 이러한 흐름을 「행정절차법」 제20조가 입법화한 것이다. 달리 말하면 「행정절차법」 제20조에 의하여 내부법이 외부법화 하고 있다. 따라서 행정규칙은 재판규범이 아니라는 견해는 일반적으로 타당할 수 없다. 재판실무상으로도 예컨대 재량준칙은 그 내용이 합리적인 한, 해석준칙은 그것이 바른 법해석인 한 재판규범으로 기능하고 있다.[2]

Ⅱ. 성문법원 상호간의 관계

성문법원 상호간에는 소관사항의 원칙, 형식적 효력의 원칙(상위법우위의 원칙), 신법(후법)우선의 원칙, 특별법 우선의 원칙이 적용된다.

1. 소관사항의 원칙

성문법원은 각각 전속적 소관사항을 갖는다. 따라서 예컨대 법률전속사항은 법률로써 정하여야 하며 다른 성문법원으로써 정하여서는 아니 된다. 우리 「헌법」은 제2조 제1항에서 "대한민국의 국민이 되는 요건은 법률로 정한다"라고 규정하고 있다. 또한 국민의 권리·의무를 규정하

---

1) F. Ossenbühl, Autonome Rechtssetzung der Verwaltung, in: Isensee/Kirchhof, Handbuch des Staatsrechts der Bundesrepublik Deutschland, Band Ⅲ, 1996, §65 Rn. 30ff.

2) 슈미트-아스만이 행정규칙을 법규 속에 포함시키고 있다는 것은 앞에서 본 바와 같다. 슈미트-아스만은 행정규칙을 포함하여 행정입법을 법원(法源)이라는 성격과 행정활동의 수단이라는 이중적 성격(Doppelnatur)을 갖는 것으로 본다(E. Schmidt-Assmann, Verwaltungsrechtliche Dogmatik, S. 72(김현준 역, 행정법 도그마틱, 93쪽)) 참조.

면서 일정한 경우 법률로써 국민의 권리를 제한하거나(헌법 12조, 23조, 33조 2항, 35조, 37조 등), 국민에게 의무를 부과할 수 있게 하고 있으므로(동법 38조, 39조 등), 국민의 권리를 제한하거나 국민에게 의무를 부과하는 것은 물론이고, 그 밖에 행정의 중요(본질)사항은 원칙적으로 법률의 소관사항이라고 보아야 한다(대법 2020. 9. 3. 선고 2016두32992 전원합의체 판결).[1] 법률에서 위임한 사항이나 법률의 집행을 위하여 필요한 사항, 국정의 통일적 추진·집행을 위한 기본방침에 관한 사항, 각 부처에 공통되는 사항, 행정기관의 조직에 관한 사항, 권한의 위임·위탁에 관한 사항 등은 원칙적으로 대통령령의 소관사항으로 보아야 하고, 법률·대통령령에서 위임한 사항, 법률·대통령령의 집행을 위하여 필요한 사항, 각 부처가 단독으로 업무를 수행할 수 있는 사항 등은 원칙적으로 총리령·부령의 소관사항으로 보아야 한다.

소관사항의 원칙에 있어서 문제되는 것으로는 하위법령에서 모법 또는 다른 법률의 일부 조문을 준용하는 것이 이 원칙에 위반되는 것이 아닌가의 여부이다. 예컨대, 과세대상물건의 기준시가산정에 있어서 하위법령인 시행령에서 모법 또는 다른 법률의 일부 조문을 준용하고 있는 경우 법률로 정할 사항과 대통령령에서 정할 사항이 서로 구분되어 있다는 소관사항의 원칙에 위반되는 것이 아닌가의 문제가 제기된다. 일반적으로 말해서 준용되는 사항이 반드시 법률로 규정되어야 할 사항을 하위법령이 준용하고 있는 경우에는 소관사항의 원칙의 위반문제가 야기된다. 그러나 법률의 내용 중에는 법률로 규정하여야 할 사항이 아님에도 불구하고 법률에서 규정한 경우도 있으므로, 그러한 사항을 하위법령이 준용하고 있는 경우에는 같은 규정의 반복을 회피하기 위한 입법기술로서 준용의 형식을 취한 것이므로 반드시 소관사항의 원칙에 위반된다고 할 수는 없다.

2. 형식적 효력의 원칙(상위법우위의 원칙)

(1) 일 반 론

성문법원은 형식적 효력에 차이가 있다. 따라서 형식적 효력이 하위인 성문법원은 형식적 효력이 상위인 성문법원에 위반될 수 없다. 일반적으로 말하면 헌법·법률·명령(법규명령)·자치법규는 형식적 효력이 최상위인 헌법을 정점으로 법률·명령(법규명령)·자치법규의 순서로 형식적 효력의 피라미드(pyramid)를 이루고 있다.

(2) 국제조약·일반적으로 승인된 국제법규와 국내법

가장 문제가 되는 것이 국제법과 국내법의 형식적 효력의 문제이다. 국제법과 국내법의 효력 관계에 관하여는 국제법과 국내법이 각각 법적 근거를 달리하는 별개의 법질서라고 보는 이원설

---

1) 예컨대 「행정절차법」 제3조 제2항에서 규정하고 있는 적용제외 사항이 법률의 소관사항인지 여부가 문제될 수 있다. 우리 「행정절차법」 제3조 제2항 제9호는 대통령령으로 정하는 사항을 포함하고 있다. 선진국의 「행정절차법」에서는 적용제외 사항을 모두 직접 법률에 규정하고 있다.

과 양자를 통일적인 법체계로 보는 일원설로 나뉘고, 일원설은 다시 국제법이 국내법에 대하여 우위에 있다는 국제법우위설과 국내법이 국제법에 대하여 우위에 있다는 국내법우위설로 나뉜다.

우리나라에서는 대체로 「헌법」 제6조 제1항에 의하여 국제법이 그대로의 형식으로써 국내법상의 효력을 가지는 것으로 보고(헌재 2001. 9. 27. 2000헌바20 결정 등 참조) 형식적 효력의 우위문제를 논하고 있다. 국제법학자들 중에는 국제법우위설을 지지하는 것이 다수이다. 헌법·행정법학자들은 헌법이 국제법에 우위한다는 국내법우위설이 지금까지의 지배적 견해로 보인다. 헌법재판소도 국제법이 국내법에 우위할 수 없음을 선언한 바 있다(헌재 2001. 4. 26. 99헌가13 결정). 그러나 각론에 들어가면 다시 견해가 나뉜다. 일률적으로 말할 수 없다는 전제 위에서 국제조약·일반적으로 승인된 국제법규는 원칙적으로 헌법보다는 하위이나 법률보다는 상위에 있다는 견해,[1] 국제조약·일반적으로 승인된 국제법규는 법률과 동위라는 견해,[2] 규율사항에 따라 국제조약·일반적으로 승인된 국제법규는 혹은 법률과 동위이기도 하고 혹은 명령과 동위이기도 하다는 견해(법률·명령동위설) 등이다.

생각건대, 이에 관한 논의는 국제조약·일반적으로 승인된 국제법규와 국내법이 상호 일치하지 않는 경우에 의미를 가진다. 관계 법령에서 형식적 효력에 관하여 명문의 규정이 없는 한, 개별적으로 판단해야 할 문제이다.[3] 따라서 반드시 법률·명령동위설에 한정할 필요는 없다고 본다. 최근의 국제적 기준을 보면 원칙적으로 국제조약·일반적으로 승인된 국제법규가 그 형식적 효력이 법률보다 상위에 있다고 이해해야 할 것으로 보인다.[4] 왜냐 하면 국제화에 의하여 국가임무는 국제법 규범에 바탕하여 수행해야 하기 때문이다. 특히 국제적인 법원리가 두드러진 분야는 국제경제법의 영역이다. 고유의 분쟁중재기구인 WTO를 생각해 보면 이해하기 어렵지 않다.[5]

---

1) 金哲洙, 학설판례 헌법학(상), 338쪽 이하 ; 金槇鍵, 국제법, 2004, 115쪽.

2) 金東熙, 행정법 Ⅰ, 45쪽 이하. 金 교수는 법률동위설이 통설이라고 하고 법률동위설에 서 있는 판례로 "국제항공운송에 관한 법률관계에 대하여는 일반법인 민법에 대한 특별법으로서 바르샤바 협약이 우선 적용된다"는 대법 1986. 7. 22 선고 82다카1372 판결을 든다.

3) 국제법규와 국내법의 관계 문제는 나날이 늘어나고 있다. 첫째로, 국제적 행정관계가 확장되고 긴밀해졌기 때문이다. 둘째로, 행정활동의 고유한 법원(法源)으로서 국제법에 대한 높아진 관심으로 국제법과 국내공법의 관계가 근본적으로 변하고 있기 때문이다. 독일에서는 국제법과 국내공법이 충돌하는 경우, 국제법 합치적 해석수단으로 대응하려고 한다(E. Schmidt-Assmann, Verwaltungsrechtliche Dogmatik, S. 42f.(김현준 역, 행정법 도그마틱, 55쪽 이하 참조).

4) 丁相朝 교수는 만일 조약의 관련 규정이 구체적이고 명확해서 소위 자력집행력을 가지고 있다면, 국내법에도 불구하고 국제조약이 직접 적용되고 그러한 한도에서 조약이 국내법에 우위하는 효력을 가진다고 한다. 同人, 「지적재산권에 관한 국제적 법질서와 국내법」 법학(서울대학교 법학연구소), 제46집 제3호, 108쪽 이하.

5) 국제법상 일반규칙(Die allgemeinen Regeln des Völkerrechts)에 관하여는 위 E. Schmidt-Assmann, 위 책, S. 46f.(김현준 역, 위 책, 60쪽 이하) 참조.

3. 신법(후법)우선의 원칙

(1) 일 반 론

형식적 효력이 같은 성문법원 간에는 신법(후법)이 구법(전법)에 우선한다(lex posterior derogat legi priori).[1]

(2) 형식적 효력의 원칙(상위법우위원칙)과 신법우선원칙

양자는 동등한 법원칙으로서 상호 모순되는 경우에만 전자가 우선한다.

(3) 신법우선원칙과 특별법우선원칙

1) 구법이 일반법이고 신법이 특별법인 경우에는 특별법이 우선한다.

2) 구법이 특별법이고 신법이 일반법인 경우에도 특별법이 우선한다. 일반신법은 특별구법을 개폐하지 못한다. 다만 일반법의 입법취지가 특별법의 효력을 부정하고 있음을 분명히 알 수 있는 경우에는 예외로 일반법이 우선한다.

4. 특별법우선의 원칙

(1) 일 반 론

형식적 효력이 같은 성문법원 간에는 신법(후법)우선의 원칙에 대한 예외로서 특별법이 일반법에 우선한다. 예컨대 「농어촌도로정비법」은 농어촌도로에만 적용되는 법으로서 도로에 관한 일반법인 「도로법」에 대한 특별법이므로 「농어촌도로정비법」의 규정이 「도로법」의 규정에 우선적으로 적용된다.[2] 「도로법」과 「공유재산 및 물품관리법」의 관계는 특별법과 일반법이 관계에 있으므로 도로점용에 있어서는 「공유재산 및 물품관리법」이 적용되지 아니한다(대법 2019. 10. 17. 선고 2018두104 판결). 특별법우선의 원칙은 특별법의 명문규정만을 의미하는 것이 아니라 특별법규정의 합리적 해석상 도출되는 법명제에 대하여도 적용된다.[3]

---

1) 대법 2000. 9. 8. 선고 99두1151 판결은 재심사청구기간을 종전의 60일에서 90일로 연장하는 것으로 개정된 「산업재해보상보험법」의 시행 당시 구법에 의한 재심사청구기간이 남아 있는 경우, 재심사청구기간에 관하여 신법우선의 원칙에 따라 신법이 적용되어야 한다고 판시하였다. 또한 대법 2008. 4. 24. 선고 2006두13473 판결은 부과금의 면제를 규정하고 있는 구 농업협동조합법 제8조와 개발부담금의 감면을 규정하고 있는 구 개발이익환수에 관한 법률 제7조 등의 규정은 개발부담금 부과에 관한 일반법인 개발이익환수에 관한 법률 제3조 등에 대한 특별규정으로서 서로 모순·저촉되는 관계에 있는바, 농업협동조합법이 새로이 제정되어 시행되고 있는 이상, 신법 우선의 원칙에 따라 신법인 구 농업협동조합법 제8조의 규정이 구 개발이익환수에 관한 법률 제7조 등의 규정보다 우선 적용된다고 해석하여야 한다고 판시하였다.

2) 대법 2014. 5. 16. 선고 2013두4590 판결: 개발제한구역에서의 행위 제한에 관하여는 구 개발제한구역의 지정 및 관리에 관한 특별조치법(2009. 2. 6. 법률 제9436호 개정되기 전의 것)이 구 국토의 계획 및 이용에 관한 법률(2009. 12. 29. 법률 제9861호로 개정되기 전의 것)에 대하여 특별법의 관계에 있다.

3) 李元雨, 경제규제법론, 305쪽 참조.

(2) 형식적 효력의 원칙(상위법우위원칙)과 특별법우선원칙

상·하위의 법체계는 법형식을 기준으로 한 것이므로, 실제로는 형식적 효력이 하위인 성문법원이 특별법인 경우 형식적 효력이 상위인 일반법인 성문법원보다 우선할 수 있다(대법 1967. 8. 29. 선고 67누69 판결 참조).[1]

(3) 특별법우선원칙과 신법우선원칙

위에서 본 바와 같다.

제 3 절 불문법원

Ⅰ. 불문법원 성립의 불가피성

행정법의 성문법주의는 행정법의 법원으로서의 불문법원을 부정하는 것이 아니다.

행정법은 한편에서는 그 규율의 대상이 극히 복잡다기하여 모든 행정영역에 걸쳐서 성문법의 완비를 기대할 수 없기 때문에 법의 흠결을 메울 불문법의 성립이 불가피하다. 뿐만 아니라, 다른 한편에서는 행정법의 규율대상의 부단한 변천으로 인하여 끊임없는 법의 개폐가 행하여지고, 그 결과 행정법 상호간의 모순·불통일을 가져오기 때문에 국가의사의 통일성을 확보하기 위하여 모순 없는 합리적 해석원리로서의 불문법에 의한 보충이 불가피하다.[2]

Ⅱ. 불문법원의 종류

행정법의 불문법원으로는 관습법, 판례법, 행정상의 법의 일반원칙 또는 조리가 있다.

1. 관 습 법

(1) 의   의

---

1) 대법 1967. 8. 29. 선고 67누69 판결: 임시특별관세법은 관세법의 특별법으로서 관세법보다 우선 적용되어야 할 것이고, 임시특별관세법 제6조에 의하여 관세법이 준용되도록 되었으나, 위에 설명한 바와 같이 임시특별관세법과 동 시행령에 의하여 국내도매가격을 기준으로 산출한 금액을 기초로 특관세를 부과하도록 특별규정이 있는 이상, 위 규정에 저촉되는 소론 관세법 제7조가 준용될 여지가 없으므로 상고논지는 모두 이유 없다.

2) 朴正勳 교수는 행정법이 실질적 법치주의로 발전해 가는 과정에서 관습법, 판례법, 특히 조리라는 법원범주가 중요한 역할을 하였으나, 헌법의 규범력이 확보되어 실질적 법치주의가 완성되고부터는 그 과도기적 역할을 마치게 되고, 그 역할을 행정법의 최고 법원으로서의 헌법 및 헌법원리가 맡게 되었다면서, 평등원칙은 평등권조항에서, 비례원칙과 부당결부금지원칙은 법치국가원리에서, 신뢰보호원칙은 법치국가원리에서 도출되는 법적 안정성에서 그 근거를 찾게 된다고 기술하고 있다(同人, 행정법의 체계와 방법론, 133쪽). 문제는 불문법원을 모두 헌법원리로 대체할 수 있느냐는 것이다.

관습법이란 사회구성원의 전부 또는 일부 사이에 다년간 계속하여 같은 사실이 관행으로 반복됨으로써 사회구성원의 법적 확신을 얻어 성립하는 법규범을 말한다.

과거와는 달리 오늘날 행정법의 불문법원으로서의 관습법의 역할은 크지 못하다. 그 이유는 ① 성문법원의 수가 증가함에 따라 관습법이 성립할 여지가 줄어들고 있다는 점, ② 상황의 급격한 변동으로 다년간 계속하여 같은 사실이 관행으로 반복되기 어렵다는 점, ③ 다원적 사회의 견해의 다양성으로 인하여 사회구성원의 법적 확신을 얻기 어렵다는 점 등 때문이다.

(2) 성립요건

행정법의 법원으로서의 관습법이 성립하기 위하여는 다년간 계속하여 같은 사실이 관행으로 반복될 것과 사회구성원의 법적 확신을 얻을 것이 필요하다는 데에 대하여 이론이 없다. 이 외에 다른 요건이 필요한가에 대하여는 견해가 나뉜다.

1) 승 인 설(Anerkennungstheorie)

이 설은 제정법 우위의 사상에 입각하여 관습법은 관행과 법적 확신 외에 성문행정법규가 명시적으로 관행에 대하여 법적 효력을 부여하고 있는 경우 또는 적어도 묵시적으로 국가가 그것을 승인하는 경우에만 성립할 수 있다는 견해이다. 허용설이라고도 한다. 우리나라에서는 국가승인필요설이라고 불리며 소수설[1]이다.

2) 법적 확인설(Rechtsüberzeugungstheorie)

이 설은 학자에 따라 그 설명에 차이가 있으나, 대체로 말하면 사실상의 관행이 다년간 계속하여 반복됨으로써 사회구성원의 법적 확신을 얻게 되면 사실상의 관행이 관습법화하는 것이며, 국가의 승인은 필요하지 않다는 견해이다. 우리나라의 다수설이다. 헌법재판소는 이 견해를 취하고 있다(헌재 2004. 9. 23. 2000헌라2 결정).[2] 대법원도 이 견해에 서 있는 것으로 추측된다(대법 1968. 6. 25. 선고 68누9 판결 참조).[3]

---

1) 金道昶, 일반행정법론(상), 155·156쪽.

2) 헌재 2004. 9. 23. 2000헌라2 결정: 지방자치단체가 관할하는 공유수면의 행정구역 경계에 관하여는 법률로 규정하지 않고 있어서, 공유수면에 대한 행정구역을 구분하는 법률상의 경계는 존재하지 않지만, 지방자치단체 등의 행정기관이 수산업법상의 어업허가 내지 어업면허, 어업단속행위, 공유수면관리법상의 공유수면에 대한 점용 내지 사용허가 등 개별법률들에 의한 행정권한을 행사함에 있어서 국립지리원이 간행한 지형도상의 해상경계선을 행정구역경계선으로 인정해 온 행정관행이 존재하고, 이러한 행정관행이 오랜 기간 동안 존재하여 왔고, 지형도상 해상경계선이 해상에서의 행정구역 경계선이라는 점에 대한 지방자치단체들과 일반 국민들의 법적 확신이 존재한다고 할 것이므로 국립지리원이 간행한 지형도상의 해상경계선은 행정관습법상 해상경계선으로 인정될 뿐만 아니라 행정판례법상으로도 인정되고 있기 때문에, 불문법상의 해상경계가 된다. 지형도상의 해상경계선 기준이 가지던 관습법적 효력은 2009.4.1. 지방자치법의 개정으로 변경 내지 제한되었다고 대법원은 보고 있다(대법 2013. 11. 14. 선고 2010추73 판결).

3) 대법 1968. 6. 25. 선고 68누9 판결: 무효인 규정에 의하여 갑종근로소득세를 과세하는 것이 세무행정의 관례가 되어 있더라도 이것을 법적 확신이 이루어진 하나의 행정관습법이라 할 수 없다.

(3) 종 류

행정법의 불문법원으로서의 관습법은 다음 두 가지로 나눌 수 있다.

1) 행정선례법

행정선례법은 행정청이 취급한 선례(先例)가 오랫동안 반복됨으로써 형성되는 행정관습법이다(대법 1954. 6. 19. 선고 4285행상20 판결, 대법 1956. 1. 24. 선고 4288행상99 판결, 헌재 2004. 9. 23. 2000헌가2 결정 참조). 「행정절차법」 제4조 제2항은 일반행정에 있어서의 행정선례법의 존재를, 「국세기본법」 제18조 제3항은 조세행정에 있어서의 행정선례법의 존재를 명문으로 인정하고 있다.

2) 민중적 관습법

민중적 관습법은 민중 사이의 다년간의 관행에 의하여 성립되는 행정관습법이다. 실례는 적으며 공물사용관계에서 드물게 볼 수 있다(하천용수권에 관한 관례를 민중적 관습법으로 인정한 판결로는 대법 1964. 11. 24. 선고 64다790 판결).

(4) 효 력

관습법의 효력에 관하여는 성문법과의 관계에서 보충적 효력설과 독자적 효력설의 대립이 있다.

1) 보충적 효력설

이 설은 관습법은 성문법이 없는 경우에 그것을 보충하는 효력만을 인정하는 견해이다. 이 설이 우리나라의 다수설이다. 이 설은 관습법의 성립에 관한 국가승인필요설의 입장에서 이 설을 택하는 견해와 법적 확신설에 입각하고 있으면서 이 설을 택하는 견해가 있다. 국가승인필요설의 입장에서는 이 설은 당연한 논리적 귀결이다. 왜냐하면 국가승인필요설에 의하면 성문법에 반하는 관행을 관습법으로 승인하지 않을 것이기 때문이다. 그러나 법적 확신설에 입각하는 경우에는 관습법의 성문법에 대한 보충적 효력만을 인정하는 견해가 논리적으로 당연한 것은 아니다. 그래서 법적 확신설에 입각하면서 관습법의 성문법에 대한 보충적 효력만을 인정하는 견해는 관습법의 성립에 관하여 법적 확신설을 취한다는 것과 관습법에 대하여 성문법을 개폐하는 효력을 인정한다는 것과는 다른 문제로 보고 법치행정의 원리에서 보아 성문법에 반하는 관습법의 효력을 부정할 수밖에 없으며, 또한 실제상 관습법에 의한 성문법의 개폐란 있을 수 없다고 한다.

2) 독자적 효력설

이 설은 관습법에 성문법을 개폐하는 효력까지도 인정하는 견해이다. 개폐적 효력설이라고도 부른다.

3) 검 토

생각건대, 성문법이 국가권력에 의거한 법임에 대하여 관습법은 사회생활 속에서 생겨나는 사실상의 관행에 의거한 법으로서 양자는 다같이 시원적인 법원(ursprüngliche Rechtsquelle)으로서 병존하는 것이라는 법적 확신설에 의하면 관습법에 의한 성문법의 개폐는 비록 매우 드물기는 하겠지만 전혀 부정할 수는 없을 것이다. 따라서 납세자의 권리를 침해하거나 의무를 가중하는 것이 아닌 한 법률의 취지에 부합하지 아니하는 행정선례법이 실제상 생겨날 수 있다.[1][2]

2. 판 례 법

행정사건에 대한 사법기관의 판결은 추상적인 행정법규를 구체화하여 그 내용을 명확하게 하며, 혹은 관습법의 존재와 내용을 명확하게 할 뿐만 아니라 이들 법이 모두 존재하지 아니하는 경우에는 법의 일반원칙 또는 조리를 적용하여 구체적으로 무엇이 법인가를 선언한다. 물론 판결은 우리와 같은 대륙법계국가에 있어서는 영미법계국가에 있어서처럼 상급 또는 동급의 법원의 선례에 구속될 법적 의무를 지는 선례구속성(stare decisis)의 원리가 제도적으로 확립되어 있는 것은 아니다. 그래서 과거의 통설은 판례의 법원성을 부인하였다. 그러나 법원(法院)의 판결 속에 포함된 합리성은 장래의 같은 종류의 사건에 대하여도 재판의 준거가 될 뿐만 아니라 같은 판결이 반복됨으로써 그 선례적 기능은 한층 안정적인 것이 되고 판례법을 형성하게 된다. 또한 헌법재판소의 위헌결정은 모든 국가기관을 기속하고, 위헌으로 결정된 법률 또는 법률조항의 효력을 소멸시키기 때문에 법원성을 갖는다(헌법재판소법 제47조 1·2항).

이와 같이 선례(先例)로서 기능하는 판결례 또는 결정례가 판례이고 판례에 의하여 형성된[3] 법규범이 판례법이다.[4] 「법원조직법」은 대법원의 판례변경에 대하여 대법관 전원의 3분의 2 이상의 합의체에서 과반수 찬성으로 행하도록 경직성을 부여하고 있어서(7조 1항) 판례의 변경에는 특별히 신중한 절차가 요구되고 있고, 「소액사건심판법」 제3조 제2호는 대법원 판례 위반을 상고 또는 재항고 이유로 하고 있으며, 「상고심 절차에 관한 특례법」 제4조 제1항 제3호는 판례 위

---

1) 同旨: 李泰魯, 「예규와 통첩」, 주간세무 1984년 4월 11일자, 27쪽.

2) 참고삼아, 독일에서는 관습법의 효력에 관하여 독자적 효력설을 취하는 데 대하여는 문제가 없는 것 같고, 법률유보원칙과의 관계에서 관습법이 법률유보원칙에서 말하는 법률로 볼 수 있는가에 관하여 다투어지고 있는 것 같다(H. Maurer / C. Waldhoff, Allgemeeines Verwaltungsrecht, 19. Aufl., S. 82ff.).

3) 朴正勳 교수는 "법원은 행정법에 있어서는 민법에서와 달리 행정 상대방에게 불리한 내용의 법형성을 하여서는 아니되며, 계쟁 처분의 법률적 근거가 부족한 경우에는 법형성에 의해 이를 보충할 것이 아니라 위법을 이유로 계쟁처분을 취소하여야 한다"고 하여 법원의 법형성의 한계를 논급하고 있다(同人, 「행정법과 법해석―법률유보 내지 의회유보와 법형성의 한계―(대법원 2014. 4. 10. 선고 2011두31604 폐차신고수리거부처분취소사건 판결을 중심으로)」, 행정법 연구(행정법이론실무학회) 제43호, 13쪽 이하).

4) 朴正勳 교수는 "판례는 헌법상 부여된 법관의 법발전(Rechtsfortbildung) 임무와 권능에 의거하여 법의 규범적 인식근거가 된다"고 설명한다(同人, 「행정판례 반세기 회고―행정소송·국가배상·손실보상을 중심으로―」, 한국행정판례의 성과와 발전 방향(한국행정판례연구회·한국법제연구원 공동심포지움) 제1주제 논문, 2005, 1쪽 참조). 비례원칙은 우리 헌법재판소 판례상으로 실정법상의 원칙 내지 판례법으로서 채택되고 있다는 기술도 있다(金泰昊, 「행정법상 비례의 원칙―대법원 판례를 중심으로―」 한국공법학회·대법원헌법연구회 공동학술대회 발표논문집[비례원칙과 사법심사], 2009, 91쪽).

반을 상고심 심리속행사유로 인정하고 있다. 절차적 요건의 가중은 법적 안정성을 담보하는 기능을 행한다. 따라서 그 한도내에서 비록 간접적이긴 하지만, 판례에 일정한 선례적 구속력이 실정법상 인정되어 있다고 볼 수 있다.[1]

우리나라에 있어서 판례법의 (행정법)법원성을 부인하는 견해는 거의 없다.[2][3]

3. 행정상의 법의 일반원칙 또는 조리

일반적으로 정의에 합치하는 보편적 원리로 인정되어 있는 제 원칙은 조리라고 부르고 법으로 취급되어 왔다. 판례 중에는 "사회통념에 비추어", "사회일반의 정의관념에서 보아"라고 하여 조리를 전제로 하여 이에 의거하여 법원(法院)이 판단하고 있음을 볼 수 있다.[4] 최근에는 종래 조리로 보아 온 것을 법의 일반원칙 또는 행정법의 일반원칙으로 보는 경향이 있고, 또한 조리라는 개념 대신 법의 일반원칙 또는 행정법의 일반원칙이라는 개념이 선호되고 있다. 법의 일반원칙[5][6] 또는 행정법의 일반원칙은 법규범의 내용에 착안한 개념이다. 이들 개념이 단일한 법원(法源)

---

1) 다만, 대법원 등 법원의 판결문은 당해 구체적 사안을 떠나서 일반적으로 타당한 이론이나 명제의 정립자체를 목적으로 기술되어 있는 것이 아니다.

2) 판례를 판례법이라는 법원의 하나로 인정할 수 있는가에 관하여는 朴正勳, 「행정법의 체계와 방법론」, 127쪽 이하 참조.

3) 소의 이익에 관하여는 판례가 기본적인 법원(法源)이 된다는 점에 관하여는 曺海鉉, 「항고소송에서의 소의 이익」, 특별법연구(특별소송실무연구회) 제8권, 48쪽 참조.

4) 종래의 통설은 경찰권 발동의 요건·정도 등을 구체적으로 규정하고 있는 경우에는 그 경찰법규가 경찰권의 규범상 한계가 된다고 하고, 경찰법규가 경찰기관에게 재량권을 부여하고 있는 경우에도 경찰권의 조리상 한계(경찰권은 공공의 안전·질서의 유지라는 소극적 목적을 위해서만 발동할 수 있다는 경찰소극목적원칙, 경찰권은 공공의 안전·질서의 유지와 직접 관계 없는 사생활 등에 관여하여서는 아니된다는 경찰공공원칙, 경찰권은 경찰위반의 상태 발생에 책임이 있는 자에 대해서만 발동할 수 있다는 경찰책임원칙, 경찰권 발동의 조건과 정도는 공공의 안전·질서유지의 필요 정도와 비례를 유지하여야 한다는 경찰비례원칙)을 인정하여 조리상 한계를 넘는 경찰권 발동은 재량권일탈·남용으로 위법하게 된다고 설명하여 왔다(이와 같은 한계론은 아직도 일부 학자들에 의하여 설명되고 있다. 金東熙, 행정법Ⅱ, 제26판, 218쪽 이하; 정하중·김광수, 행정법개론, 제15판, 1076쪽 이하 참조).「국세기본법」제45조의 2에 의하여 후발적 사유에 의한 경정청구제도를 인정하기 전에 과세표준신고서를 제출한 자에게 헌법재판소는 실질적 조세법률주의의 정신에 비추어 보거나 납세자주권의 관점에서 볼 때 조세채무가 확정되어 납세자가 세액을 납부하였다 하더라도 후발적 사유의 발생으로 과세의 기초가 해소되거나 감축되었다면 결과적으로 조세채무의 전부 또는 일부가 실체적으로 존재하지 않는 것으로 되고 이미 납부된 세액은 아무런 근거 없는 것이 되므로 국가는 그 납부세액을 납세자에게 반환할 의무가 있고 납세자는 그 납부세액의 반환을 청구할 권리가 있다고 하여 법률상 명문의 규정이 없음에도 불구하고 조리에 의하여 후발적 사유에 의한 경정청구권을 인정하였다(헌재 2000. 2. 24. 97헌마13·245(병합) 결정).

5) 법의 일반원칙은 그 개념, 그 기원(起源), 그 내용 , 그 법원의 성격이 불확정적이라는 점, 그럼에도 불구하고 행정법 교과서에서는 확고한 구성부분을 형성하고 있다는 점, 법의 일반원칙은 법원(法源)이긴 하지만 법규가 되기 위해 필요한 확고부동성(Entschiedenheit)과 의미확장성(Sinnbestimmtheit)이 없기 때문에 법규가 아니라는 견해가 있다는 점에 대한 지적으로는 E. Schmidt-Assmann, Verwaltungsrechtliche Dogmatik, S. 47f.(김현준 역, 행정법 도그마틱, 61쪽 이하) 참조.

6) 슈미트-아스만 교수는 법의 일반원칙의 연결기능(Brückenfunktion)으로 다음의 셋을 둔다. 첫째가 헌법전속에 규정되어 있는 사회의 근본이 되는 정의관념(正義觀念)과의 연결이다. 둘째가 철저히 유효하게 활용되

범주를 일컫는 것이 아니라 일반행정법 영역에서 타당한 추상적·원리적 법규범으로 정의되는 것은 이 까닭이다.

관례는 조리를 법의 일반원칙에 대비하여 일반조리라고 부른다(대법 2007. 3. 22. 선고 2005추62 전원합의체 판결). 법의 일반원칙과 일반조리는 다른 법원의 형태로 존재하지 아니한다는 점에서 조리에 포섭된다. 법의 일반원칙 또는 일반조리의 법적 성질은 한결같지 않다. 혹은 헌법에서 도출되는 것도 있고, 혹은 법령에서 도출되는 것도 있으며, 법령에서 도출될 수 없는 것도 있다. 법의 일반원칙 또는 일반조리는 성문법이나 관습법 등이 존재하지 아니하거나 명확하게 규정하고 있지 아니한 경우에 적용되는 불문의 법원칙으로 기능하기도 하지만, 뒤에서 보는 바와 같이 개개의 해석원칙의 기초로서의 기능을 행한다. 예컨대 신뢰보호원칙은 뒤에서 보는 이익 행정행위의 취소권 제한·철회권 제한 법리의 기초를 이룬다.

이들 법의 일반원칙 또는 조리 중에는 종래부터 들어 왔던 것도 있고, 행정절차상의 제 원칙(예: 사전통지, 의견청취절차 등)등과 같이 새로이 등장하고 있는 것도 있다. 헌법재판소는「행정절차법」제정 이전부터 사전통지와 의견청취절차를 헌법상 근거를 갖는 법의 일반원칙으로 인정하고 있었다(헌재 1989. 9. 8. 88헌가6 결정, 헌재 1990. 11. 19. 90헌가48 결정, 헌재 1992. 12. 24. 92헌가8 결정). 새로이 등장하고 있는 법의 일반원칙으로 투명성원칙, 공정성원칙, 효율성원칙[1]등이 있다. 종래의 행정법학은 행정절차에 대한 이해나 행정활동의 경제성 내지 능률성에 대한 인식이 부족하였다. 앞으로 제도개혁에 의하여 새로운 법의 일반원칙이 늘어날 것으로 전망된다. 다만 이들 법의 일반원칙 중에는 역사적으로 불문법원으로 확립되었던 것이 성문법원이 정비되면서 점차 성문화되고 있다. 평등원칙, 비례원칙, 신뢰보호원칙, 신의성실원칙, 부당결부금지원칙이 그 예이다.

이들 성문법화법된 원칙은 성문법원이지, 불문법원이 아니다. 중요한 법의 일반원칙을 설명하면 다음과 같다.

(1) 평등원칙

평등원칙이란 행정기관이 행정활동을 함에 있어서 합리적인 이유가 없는 한 국민 또는 주민을 공평하게 처우하여야 하며, 자의적인 차별을 하여서는 아니 된다는 것을 말한다. 관례는 "같은 정도의 비위를 저지른 자들 사이에 있어서도 그 직무의 특성 등에 비추어, 개전(改悛)의 정이 있

고, 법의 일반원칙의 형성을 위해 법유추로 이용될 수 있는 특별행정법에서의 법률과 같은 성문 전문(문언)법(positiven Fachrecht)과의 연결이다. 셋째가 행정실무와 행정문화와의 연결이다(E. Schmidt-Assmann, 위책, S. 53(김현준 역, 위책, 68쪽 이하)).

1) 효율성은 법률상 개념이 반드시 명백하지 않다. 실정법상으로도「국가재정법」제44조, 제80조,「국세기본법」제81조의 11,「지방자치법」제172조의2,「지방세법」제71조,「항공안전법」제89조 등은 효율성이라는 용어를 사용하고 있으나,「정부업무평가기본법」제1조와 제2조는 능률성이라는 용어를, 제8조는 실효성이라는 용어를 사용하고 있고,「행정기본법」제1조는 효율성이라는 용어를, 제3조는 능률성과 실효성이라는 용어를 사용하고 있다. 효율성이든 능률성이든 실효성이든 투명성을 전제로 하지 않으면 위험하다. 투명성을 전제로 하지 아니한 효율성·능률성·실효성은 우리 헌정사가 말해주는 바와 같이 비극의 불씨의 하나가 될 수 있다.

는지 여부에 따라 징계의 종류의 선택과 양정에 있어서 차별적으로 취급하는 것은, 사안의 성질에 따른 합리적 차별로서 이를 자의적 취급이라고 할 수 없는 것이어서 평등원칙 내지 형평에 반하지 아니한다(대법 1999. 8. 20. 선고 99두2611 판결)"라고 판시하여 평등원칙이 모든 법률관계를 똑같이 취급하는 것이 아니라 본질적으로 동일한 것을 자의적으로 불평등하게, 본질적으로 동일하지 않는 것을 자의적으로 평등하게 취급하는 것을 금지함을 의미한다는 것을 명백히 하고 있다.

평등원칙은 근대입헌국가에 있어서의 기본적인 법원칙이며, 우리나라 「헌법」 제11조에서 규정하고 있다. 「공공데이터 제공 및 이용활성화에 관한 법률」 제3조, 「남녀고용평등과 일·가정 양립지원에 관한 법률」 제1조, 「양성평등기본법」 제1조, 「국가공무원법」 제35조, 「행정기본법」 제9조 등에서 명문화되고 있다.

(2) 행정의 자기구속원칙

1) 의 의
행정의 자기구속의 원칙이란 행정기관이 자기가 정한 결정기준에 자기가 구속되는 것 또는 행정기관이 행정결정을 함에 있어서 동종의 사안에서 이전에 제3자에게 행한 결정과 동일한 결정을 상대방에게 행하도록 스스로 구속되는 것을 말한다.

2) 성 질
행정의 자기구속은 ① 행정기관이 스스로 정한 결정기준에 구속되거나 또는 스스로 행한 종래의 행위에 장래의 행위가 구속된다는 점에서 법률 및 법에 의한 행정의 구속인 외부구속 또는 타자구속(他者拘束·Fremdbindung)과 구별된다. ② 또한 행정의 자기구속은 행정규칙이 행정기관에 대하여 일반적으로 가지는 내부구속과 구별된다. 행정의 자기구속은 내부구속을 대외적 구속으로 사실상 변화시키는 기능을 가진다. ③ 행정의 자기구속은 스스로 정한 결정기준에의 구속으로서 제3자에게 행한 다른 사안과의 비교 문제를 발생시킨다는 점에서 당해 사안별의 구속인 행정청이 행한 행정행위에 의한 구속 또는 확약이나 행정계약에 의한 구속과 구별된다.

3) 근 거
행정의 자기구속의 법적 근거에 관하여는 자의의 금지, 평등원칙, 신뢰보호원칙, 행정의 계속성, 신의성실원칙 등의 법원칙이나 법제도에서 구하기도 한다.[1] 통설은 평등원칙에서 구한다.

4) 기 능
행정의 자기구속은 행정재량 및 행정규칙과 관련하여 독특한 기능을 행한다.

(가) **행정의 자기구속과 행정재량**　　　일정한 범위 내에서 복수의 다른 행정결정 중 어느

---

1) F. Ossenbühl, Selbstbindungen der Verwaltung, in: F. Ossenbühl, Freiheit-Verantwortung-Kompetenz:ausgewählte Abhandlungen, 1994, S. 686f.

하나를 선택할 수 있는 영역에 있어서 행정이 어떤 사안에 대하여 특정한 방침 내지 기준을 선택하여 이에 의거하여 행정결정을 다수의 국민에게 행하여 온 경우(계속적인 행정실무를 형성한 경우)에 그 후 행정이 동일한 사안에 대하여 다른 행정결정을 한다면, 그것이 설사 법률 자체에는 위반되지 아니한다 하더라도, 평등원칙위반이 된다. 즉 행정의 자기구속은 행정재량을 축소시키는(Ermessensreduzierung) 기능을 행한다. 이와 같은 행정의 자기구속에 대하여 사인 쪽에서는 행정이 재량권을 행사하여 행정결정을 행하는 경우에 평등성을 고려하여 행정결정을 해 줄 것을 요구할 수 있는 권리가 문제된다. 이것이 뒤에서 볼 무하자재량행사청구권의 등장배경이다. 행정의 자기구속의 기능은 비단 행정재량의 영역에만 한정되지 아니하며, 법률 및 법의 구속이 결여되어 있거나 충분하지 못한 영역(예: 특별권력관계내부, 자금지원행정)에 있어서는 법적 구속의 결여 내지 불충분을 보충하는 기능이 있다. 요컨대 행정의 자기구속은 현대행정의 기능이 비대화하면서 법에 의한 행정의 구속만으로는 행정의 법적 통제가 충분하지 아니하는 영역에서 행정통제-특히 재량통제-의 법리의 하나로 기능하고 있다.

㈏ 행정의 자기구속과 행정규칙 종래의 통설은 행정규칙을 행정의 내부영역(행정기관 내부)에서만 구속력(내부 효과)을 가질 뿐 대외적 구속력을 갖지 않는다고 이해하였다. 종래의 통설이 행정규칙을 법 또는 법규가 아니라고 생각하였기 때문이다. 그러나 행정규칙이 행정결정의 기준을 정하고 있는 경우에는 그 기준에 따라 행정결정이 행하여지는 것이므로 행정규칙은 행정결정에 사실상 중요한 역할을 하게 된다. 여기에 등장한 것이 행정의 자기구속론이다. 즉 행정규칙이 설정되어 적용하게 되면 행정관행이 성립되고, 이 경우 합리적인 이유 없이 특정인에게만 그것을 적용하지 아니하면 평등원칙 위반으로 위법하게 되므로 행정기관은 대외적으로 당해 행정규칙에 따라야 할 자기 구속을 당하게 되며, 이와 같은 행정의 자기구속론에 바탕하여 행정규칙도 합리적인 이유가 없는 한 대외적 구속력(유연한 대외적 구속력)을 갖게 된다는 것이다. 나아가 행정결정의 기준을 정한 행정규칙이 설정·공표되면 행정관행의 성립 없이도 유연한 대외적 구속력을 갖게 된다는 것이 학설·판례의 흐름의 대세이다. 그러나 우리나라 판례에서는 행정결정의 기준을 정한 행정규칙이 설정·공표되어 있는 경우에도 행정관행의 성립 없이는 대외적 구속력이 없다는 입장을 지금까지 견지해 오고 있다.

5) 성립요건

자기구속의 성립요건은 다음과 같다. ① 자기구속은 법적으로 동일한 사실관계, 즉 동종의 사안에서만 발생한다. ② 자기구속은 종래의 동종사안에 있어서 행정결정이 적법한 경우에만 발생한다. 종래의 동종사안에 있어서 행정결정이 법령의 규정에 위반하였기 때문에 위법한 경우에는 평등원칙을 근거로 한다 하더라도 최종적으로는 행정은 위법한 동일결정을 할 의무가 없으며 상대방도 이와 같은 결정을 요구할 권리가 없다. 이를 "불법에 평등 없다"(keine Gleichheit im Unrecht) 또는 "흠(하자)의 반복을 구하는 청구권은 없다"(keine Anspruch auf Fehlerwiederholung)라고 표현한다. ③ 동일한 행정기관만이 자기구속을 받는다.

6) 한   계

행정의 자기구속에도 일정한 한계가 있다. 즉 ① 종래 동종사안에서 행한 결정과 다른 결정을 하는 것이 객관적으로 납득할 만한 이유가 있고, ② 다른 결정을 하는 것이 종래의 동종사안에서 행한 결정의 계속에 의한 법적 안정성보다 더 중요하고, ③ 신뢰보호의 원칙에 반하지 아니하는 경우에는 종래의 결정과 다른 행정결정도 적법하다.

(3) 비례원칙

1) 의   의

비례원칙이란 광의로는 행정활동을 행함에 있어서 목적과 목적실현을 위한 수단 사이에 합리적인 비례관계가 유지되어야 한다는 원칙을 말하며, 협의로는 공익상 필요와 권리·자유 침해 사이에 적정한 비례가 유지되어야 한다는 원칙을 말한다.

2) 전   개

비례원칙은 19세기 후반의 독일에서 경찰권의 한계를 긋는 경찰법상의 일반원칙으로 성립하였다. 그것이 점차 확대되어 경찰법뿐만 아니라 규제행정일반, 급부행정(자금지원행정을 비례원칙으로 통제하는 경우를 생각하라)에도 적용되고 있다. 나아가서 헌법상의 법원칙으로서의 지위를 획득하면서 위헌법률심사의 기준으로 그 영역을 확대하고 있다. 헌법재판소는 비례원칙을 과잉금지원칙으로 표현하고, 위헌심사에 있어서 판단원칙으로 삼고 있다.

3) 기   능

비례원칙과 관련하여서는 선택된 행정조치가 어떤 권리·이익과의 관련에서 균형을 상실하고 있는가 아닌가가 문제되어 심사된다. 예컨대 국립대학의 학생에 대한 제적처분이 학생에게 계속 수학을 허용함으로써 얻는 이익이 학칙을 준수함으로써 달성하려는 공익목적보다 우월한 것인가 아닌가가 문제되어 심사된다. 따라서 행정상의 법의 일반원칙으로서 비례원칙은 일반적·추상적인 법률의 적용을 구체적인 경우에 완화하여 개별적인 정의를 실현하는 여과장치의 기능을 수행한다.[1]

---

1) 독일에서는 비례원칙은 기본권보호의무론의 범위를 구체적으로 획정하는 입법·행정활동의 재량통제기준으로 기능한다. 국가가 행정규제에 의하여 규제 대상자의 인권을 제약하는 경우에는 과잉침해금지원칙(Über-maßverbot)에 의하여 규제의 상한(上限)을 획정하고, 규제수익자의 인권을 보호하기 위하여 규제를 정하는 경우에는 과소보호금지원칙(Untermaßverbot)에 의하여 규제의 하한(下限)을 획정한다.

4) 근 거

비례원칙은 헌법상 법치국가원리 및 「헌법」 제37조 제2항에서 도출되는 행정상의 법의 일반원칙이다. 헌법재판소는 "오늘날 법치국가의 원리에서 당연히 추출되는 확고한 원칙으로서 부동의 위치를 점하고 잇으며, 헌법 제37조 제2항에서도 이러한 취지의 규정을 두고 있다"라고 판시하고 있다(헌재 1990. 9. 3. 89헌가95 결정, 헌재 1997. 9. 25. 96헌가16 결정). 「행정규제기본법」 제5조, 「경찰직무집행법」 제1조, 「행정절차법」 제48조, 「행정기본법」 제10조 등에서 명문화되어 있다.

5) 내 용

비례원칙은 적합성원칙·필요성원칙·상당성원칙 세 가지를 내용으로 한다.[1]

(가) 적합성원칙　　　선택된 수단이 목적달성을 위하여 적합한 것이어야 한다. 이것은 목적과 수단 간을 질적인 관점에서 평가하는 원칙이다. 수단이 적합하여야 한다는 것은 바라는 바 성과가 선택된 수단의 조력에 의하여 실현에 접근하는 경우로서 목적의 완전한 실현을 요청하는 것은 아니다. 즉 선택된 수단이 의도한 목적의 달성을 곤란하게 하는 경우 또는 목적에 비추어 절대로 효과를 발할 수 없는 경우는 부적합(ungeeignet)으로 평가된다. 또한 선택된 수단은 목적달성에 적합하여야 할 뿐만 아니라 사실상·법률상 가능한 것이어야 한다. 사실상·법률상 가능한 수단이 아니면 이 경우에도 부적합으로 평가된다.

(나) 필요성원칙　　　목적달성을 위하여 선택 가능한 여러 수단 중에서도 관계자에게 가장 적은 부담을 주는 수단을 선택하여야 한다. 필요성원칙을 최소침해의 원칙(Grundsatz des geringstenmöglichen Eingriffes) 또는 가장 부드러운 수단의 원칙(Grundsatz des mildesten Mittels)이라고 부르는 것은 이 이유이다. 필요성원칙의 특징은 ① 적합성원칙에 의한 심사를 그 전제로 하고 있다는 점, ② 적합성의 심사를 거친 복수의 조치에서 수단을 선택하는 원칙이라는 점, ③ 가장 부드러운·가장 규제적이 아닌 수단을 구하는 원칙이라는 점이다.

(다) 상당성원칙　　　목적달성을 위하여 필요한 수단이라 하더라도 그 수단의 사용이 그것보다 더 큰 불이익을 초래하여서는 아니 된다. 협의의 비례원칙이라고도 한다. 상당성원칙은 목적과 수단 간을 양적인 관점에서 평가하는 원칙이다. 이 원칙은 필요성원칙에 의한 심사를 그 전제로 하여 필요성원칙을 충족하고 있다고 하더라도 목적과 수단 간을 양적으로 평가하여 선택된 수단으로 인하여 침해되는 사인의 불이익이 목적으로 하는 공익상의 필요

---

[1] 헌법재판소는 과잉금지원칙의 내용으로 목적의 정당성·방법의 적절성·피해의 최소성·법익의 균형성 넷을 든다(위 헌재 1990. 9. 3. 89헌가95 결정). 헌법재판소가 목적의 정당성을 비례원칙의 부분원칙에 포함시키는 것이 타당하지 않다는 점에 관하여는 李準一, 「헌법상의 비례성원칙」, 공법연구(한국공법학회) 제37집 제4호, 26쪽 이하 참조. 朴均省 교수는 목적의 정당성은 목적과 수단 간의 이익형량의 문제가 아니므로 목적의 정당성을 비례원칙의 한 내용으로 보는 것은 타당하지 않다면서 목적의 정당성의 원칙은 일반법원칙상 당연히 인정되는 독자적 법원칙이라고 보는 것이 타당하다고 한다(同人, 행정법론(상), 51쪽).

를 상회하여 분명히 균형을 상실하고 있는 경우에는 상당성원칙 위반이 된다.[1] 사익과 공익을 형량함에 당하여는 공익을 과도하게 평가하고 있는 것은 아닌지 항상 경계하여야 한다.

6) 적용영역

비례원칙은 이미 앞의 전개에서 본 바와 같이 경찰권의 한계를 긋는 경찰법을 비롯하여 규제행정일반, 급부행정에 미치는 등 행정법 영역만 해도 그 적용범위는 넓다.[2] 행정법의 일반이론에 있어서 비례원칙이 적용되는 영역 중 중요한 것은 다음과 같다.

(가) 비례원칙은 우선 재량권의 한계를 긋는 법원칙으로서 재량통제의 기준이 된다.

(나) 또한 비례원칙은 행정행위의 부관의 한계, 행정행위의 취소권의 제한, 철회권의 제한, 행정지도의 한계, 행정조사의 한계, 대집행의 요건 등 행정상 강제집행 및 행정상 즉시강제의 한계, 사정판결의 요부 등에 적용된다.

(다) 비례원칙은 평등원칙과 더불어 행정사법관계의 영역에도 적용된다.

7) 위반효과

비례원칙의 위반은 위헌·위법이 된다. 대법원은 비례원칙을 위반한 흠에 대하여 취소사유에 불과하다는 판시를 하여 왔으나, 최근 비례원칙 위반의 흠이 중대하고 명백하다는 이유로 무효사유로 본 것도 있다(대법 2007. 11. 15. 선고 2005다24646 판결).

(4) 신뢰보호원칙

1) 의 의

신뢰보호원칙이란 행정기관의 일정한 언동(명시적·묵시적)의 정당성 또는 존속성에 대한 사인의 보호가치 있는 신뢰는 보호해 주어야 한다는 원칙을 말한다. 신뢰보호원칙은 대륙법계의 관

---

1) 학자에 따라서는 상당성원칙을 설명하면서, "이익형량이 심히 균형을 잃은 경우에 재량처분이 위법하게 되며 이익형량이 다소 균형을 잃은 경우에는 부당에 그치는 것으로 보아야 한다. 그 이유는 이익형량에 있어서 행정청의 재량권을 인정하여야 하기 때문이다"(朴均省, 위의 책, 52쪽)라고 기술한다. 이 기술에 대하여는 "이익형량이 심히 균형을 잃은 경우(또는 명백히 눈에 띄게 균형을 잃은 경우)에는 협의의 비례원칙 위반으로 위법하게 되는 점에서는 같은 의견이지만, 이익형량이 다소 균형을 잃은 경우에는 해당 행정청의 재량여지 내지는 판단여지를 원칙적으로 인정해야 한다고 본다. 왜냐하면 이 경우 그 비교형량을 위한 합리적 판단기준이 없으며, 따라서 비례원칙에 의한 심사는 상급감독관청(또는 행정심판위원회)의 경우에도 쉬운 일이 아니므로, 다소 균형을 잃은 것이 명백하다는 등 특별한 사정이 없는 한 해당 행정청의 판단을 존중해 주어야 한다고 본다"(崔正一, 「독일과 한국에서의 비례원칙에 의한 행정활동의 통제」한국공법학회·대법원 헌법연구회 공동학술대회 발표논문집[비례원칙과 사법심사], 2009, 47쪽 이하)는 비판이 있다.

2) 학자에 따라서는 비례원칙의 적용범위를 ① 법률의 위헌심사의 기준, ② 침해행정의 경우 등으로 한정하여야 한다는 견해를 편다(崔正一, 위 논문, 43쪽 이하). 이에 대하여는 비례원칙이 헌법적 원칙이라면 그 적용범위를 한정하기 어렵다는 반론이 있다(위 崔교수의 발표논문에 대한 대법원 재판연구관 오현규의 지정토론문 1쪽). 대법원의 판례를 보면 재량행위 영역에서부터 급부행정영역까지 거의 모든 행정활동에 대해 비례원칙이 사법통제수단으로 기능하고 있다는 지적이 있다(金泰昊, 앞 논문, 103쪽).

념이지만, 영미법계의 보통법상 금반언(estoppel)의 법리도 신뢰보호원칙과 같은 이념을 가지고 있다.

2) 전　개

신뢰보호원칙은 독일에서는 대체로 20세기 초 제1차세계대전 후 학설·판례에 등장하기 시작하여 제2차세계대전 후 사회국가적 기능이 전개되면서 급속한 발전을 보게 되었다. 특히 1976년 제정된 연방행정절차법은 위법한 이익 행정행위의 직권취소제한의 법적 근거로서 신뢰보호원칙을 도입하고(48조), 적법한 이익 행정행위의 철회제한 및 확약의 법적 근거로서 동일한 규정을 두었으며, 같은 해의 조세통칙법과 1986년에 제정된 연방건설법전 등에서도 이 원칙을 제도화함으로써 신뢰보호원칙은 독일 행정법에서 확고한 지위를 차지하게 되었다.

오늘날 행정기능의 확대에 따라 행정에 의한 사인의 생활에 대한 관여의 정도가 증대되고 사인의 권리·의무를 규율하는 행정법령도 양적으로 늘어났고 그 내용이 복잡해졌으며 개폐는 빈번하게 되었는데, 이러한 상황 아래에서는 사인은 행정기관의 언행을 신뢰하여 행동할 수밖에 없으며 특히 이를 보호할 필요성은 커지고 있다. 우리나라에서는 「국세기본법」 제18조 제3항에서 소급과세금지의 원칙을 명문화하였었고, 1998년 1월 1일부터 시행된 「행정절차법」 제4조 제2항은 "행정청은 법령 등의 해석 또는 행정청의 관행이 일반적으로 국민들에게 받아들여진 때에는 공익 또는 제3자의 정당한 이익을 현저히 해할 우려가 있는 경우를 제외하고는 새로운 해석 또는 관행에 의하여 소급하여 불리하게 처리하여서는 아니 된다"고 하여 신뢰보호원칙의 핵심적 내용인 소급처리금지원칙을 명문화하고 있다.

3) 근　거

신뢰보호원칙의 근거에 관하여는 확립된 정설이 없다. 혹은 신의성실원칙에서 구하는 견해, 혹은 법적 안정성에서 구하는 견해, 혹은 사회적 법치국가원리에서 구하는 견해, 혹은 기본권에서 구하는 견해 등 다양하다. 이 중 가장 유력한 견해는 앞의 두 견해이다.

(ㄱ) **신의성실원칙에서 구하는 견해**　　이 견해는 신의성실은 신뢰를 포용하고 있으므로 행정기관은 신의에 따라 성실하게 적법한 행정활동을 해야 하는 것이고 그러면 상대방은 행정기관이 행한 행정활동이 적법하다고 신뢰하는 것이며 그 후 행정활동의 위법을 이유로 그 존재와 효력을 부정하는 행정기관의 언동은 상대방의 신뢰에 반하기 때문에 신의성실에 반하는 것이 된다고 한다.

(ㄴ) **법적 안정성에서 구하는 견해**　　이 견해는 법적 안정성에는 법 전개의 불변성이라는 의미 내용이 있으므로 그것이 위법한 이익 행정행위의 존속성에 관한 신뢰보호의 근거가 될 수 있으며 또한 행정법은 특히 헌법과 가까운 관계에 있으므로 신뢰보호는 헌법상의 지위를 갖는 법적 안정성의 원리에 근거를 두는 것이 타당하다고 한다.

헌법재판소와 대법원은 신뢰보호원칙을 헌법상 법치국가원리의 파생원칙으로 보고 있으며(헌재 1997. 7. 16. 97헌마38 결정, 대법 2013. 4. 26. 선고 2011다14428 판결 등), 그 핵심은 이미 「행정절차법」 제4조 제2항, 「국세기본법」 제18조 제3항, 「행정기본법」 제12조 등에 명문화되어 있다.

4) 적용요건

신뢰보호원칙이 적용되기 위하여는 다음과 같은 요건이 충족되어야 한다.

⑺ **선행조치**　　　행정기관의 선행조치가 있어야 한다. 행정기관의 선행조치가 있었는지의 여부를 판단함에 있어 반드시 행정조직상의 형식적인 권한분장에 구애될 것은 아니고 담당자의 조직상의 지위와 임무, 당해 언동을 하게 된 구체적인 경위 및 그에 대한 당사자의 신뢰가능성에 비추어 실질에 의하여 판단하여야 한다(대법 1997. 9. 12. 선고 96누18380 판결).[1] 여기서 말하는 선행조치는 법령·행정규칙·행정행위·확약·행정계획·행정지도 등 사실행위 그 밖에 국민이 신뢰를 갖게 될 일체의 조치를 포함한다는 것이 다수의 견해이다.[2] 그러나 판례는 선행조치를 공적인 견해표명에 한정하고 있다(대법 2006. 2. 24. 선고 2004두13592 판결, 대법 2019. 1. 17. 선고 2018두42559 판결[3] 등). 법령의 규정 내용 및 행정규칙 자체는 이 공적인 견해 표명에 해당하지 아니한다는 입장이다(대법 2003. 9. 5. 선고 2001두403 판결).[4] 사견으로는 「행정절차법」 제20조가 처분기준을 설정·공표하도록 한 목적이 행정청으로 하여금 처분권을 공정·투명하게 행사하도록 함과 동시에 국민의 예측가능성을 확보하려는 데에 있는 것이므로 행정청이 처분기준을 설정·공표하였다면 공적인 견해를 표명한 것으로 보아야 한다고 생각한다.

---

1) 대법원은 병무청의 "담당부서의 담당공무원에게 공적견해의 표명을 구하는 정식의 서면질의 등을 하지 아니한 채 총무과 민원팀장에 불과한 공무원의 민원봉사차원에서의 안내만을 신뢰한 것에는 원고측에 귀책사유도 있어 신뢰보호의 원칙이 적용되지 아니한다"고 하였다(대법 2003. 12. 26. 선고 2003두1875 판결).

2) 일반적·추상적이어서는 아니 되며, 특정 개인에 대한 공적인 견해의 표명에 한한다는 소수의견도 있다(朴均省, 행정법론(상), 57쪽 이하).

3) 대법 2019. 1. 17. 선고 2018두42559 판결: 과세관청의 공적인 견해표명은 원칙적으로 일정한 책임 있는 지위에 있는 세무공무원에 의하여 명시적 또는 묵시적으로 이루어짐을 요하나, 신의성실의 원칙 내지 금반언의 원칙은 합법성을 희생하여서라도 납세자의 신뢰를 보호함이 정의, 형평에 부합하는 것으로 인정되는 특별한 사정이 있는 경우에 적용되는 것으로서 납세자의 신뢰보호라는 점에 그 법리의 핵심적 요소가 있는 것이므로, 위 요건의 하나인 과세관청의 공적 견해표명이 있었는지 여부를 판단하는 데 있어 반드시 행정조직상의 형식적인 권한분장에 구애될 것은 아니고 담당자의 조직상 지위와 임무, 당해 언동을 하게 된 구체적인 경위 및 그에 대한 납세자의 신뢰가능성에 비추어 실질에 의하여 판단하여야 한다.

4) 대법원은 "행정청이 용도지역을 자연녹지지역으로 결정한 것만으로는 그 결정 후 그 토지의 소유권을 취득한 자에게 용도지역을 종래와 같이 자연녹지지역으로 유지하거나 보전녹지지역으로 변경하지 않겠다는 취지의 공적인 견해표명을 한 것이라고 볼 수 없다"고 하였다(대법 2005. 3. 10. 선고 2002두5474 판결). 또한 대법원은 "폐기물처리업 사업계획에 대하여 적정통보를 한 것만으로 그 사업부지토지에 대한 국토이용계획변경신청을 승인하여 주겠다는 취지의 공적인 견해표명을 한 것으로 볼 수 없다"고 하였다(대법 2005. 4. 28. 선고 2004두8828 판결).

선행조치는 명시적 언동이든 묵시적 언동(예: 위법상태의 장기간 묵인·방치)이든 불문한다는 것이 통설이다. 판례도 "반드시 과세관청이 납세자에 대하여 비과세를 시사하는 명시적 언동이 있어야만 하는 것이 아니고 묵시적인 언동 다시 말하면 비과세의 사실상태가 장기간에 걸쳐 계속되는 경우에 그것이 그 사항에 대하여 과세의 대상으로 삼지 아니하는 뜻의 과세관청의 묵시적인 의향표시로 볼 수 있는 경우에도 이를 인정할 수 있다"(대법 1984. 12. 26. 선고 81누266 판결)라고 판시하고 있다.

⑷ **보호가치**　　　국민이 행정기관의 선행조치를 신뢰하여야 할 뿐만 아니라 그러한 (조치의 정당성 또는 존속성에 대한) 신뢰가 보호가치 있는 것이어야 한다. 즉 신뢰하게 된 데 대하여 국민에게 책임이 있는 사유(귀책사유)가 있어서는 아니 된다. 판례도 "처분의 하자가 당사자의 사실은폐나 기타 허위의 방법에 의한 신청행위에 기인한 것이라면 당사자는 그 처분에 의한 이익이 위법하게 취득되었음을 알아 그 취소가능성도 예상하고 있었다 할 것이므로 그 자신이 위 처분에 관한 신뢰이익을 원용할 수 없다"(대법 1988. 2. 9. 선고 87누939 판결 등)고 판시하고 있다.

⑸ **상대방의 조치**　　　상대방인 국민이 행정기관의 선행조치에 대한 신뢰에 의거하여 투자계획을 세운다든가 영업준비를 하는 등 어떠한 조치를 하여야 한다.[1] 신뢰보호는 이처럼 선행조치에 대한 신뢰에 의거한 국민의 조치를 보호하는 것이 목적이다.

⑹ **인과관계**　　　행정기관의 선행조치와 이를 신뢰하고 그 신뢰에 의거한 상대방 국민의 조치 사이에 인과관계가 있어야 한다. 즉 상대방 국민이 행정청의 선행조치에 대하여 그 선행조치의 정당성과 존속성을 믿음으로써 일정한 조치를 한 경우라야 한다.

⑺ **선행조치에 반하는 후행행위의 존재**　　　선행조치에 반하는 행정기관의 처분 등 후행행위가 있어야 한다. 판례도 "일반적으로 행정상의 법률관계에 있어서 행정청의 행위에 대하여 신뢰보호의 원칙이 적용되기 위하여는, 첫째 행정청이 개인에 대하여 신뢰의 대상이 되는 공적인 견해표명을 하여야 하고, 둘째 행정청의 견해표명이 정당하다고 신뢰한 데 대하여 그 개인에게 귀책사유가 없어야 하고, 셋째 그 개인이 그 견해표명을 신뢰하고 이에 따라 어떠한 행위를 하였어야 하며, 넷째 행정청이 위 견해 표명에 반하는 처분을

---

1) 대법 2000. 2. 25. 선고 99두10520 판결은 음주운전자에게 행정청이 착오로 (선행)운전면허정지처분을 행한 후 동일인에 대하여 동일한 사유로 선행처분의 취소와 동시에 (후행)운전면허취소처분을 행한 사건에서 선행운전면허정지처분이 효력을 발생함으로써 그 처분의 존속에 대한 신뢰가 이미 형성되었고 동일한 사유에 관하여 보다 무거운 면허취소처분을 하기 위하여 이미 행하여진 가벼운 면허정지처분을 취소하는 것은 선행처분에 대한 당사자의 신뢰를 크게 저해하는 것이 되어 위법하다는 이유로 원고의 청구를 인용하였다. 이 판결에 의하면 상대방의 조치라는 요건이 명확하지 않다. 洪準亨 교수는 대법원이 이중위험금지의 법리를 천명함으로써 신뢰보호원칙의 적용요건을 완화시켜 기존의 판례를 실질적으로 변경한 것이 아닌가 의문을 제기하고 있다. 洪準亨, 「불가변력, 신뢰보호, 그리고 행정상 이중위험의 금지」, 행정판례연구(한국행정판례연구회) Ⅴ, 33쪽 이하.

함으로써 그 견해 표명을 신뢰한 개인의 이익이 침해되는 결과가 초래되어야 한다"(대법 1992. 5. 26. 선고 91누10091 판결 등)고 하고 있다.

(바) **공익 또는 제3자의 정당한 이익의 불침해**　　선행조치에 따른 후행행위를 행함으로 인하여 공익 또는 제3자의 정당한 이익을 현저히 해할 우려가 있는 경우가 아니어야 한다(대법 1998. 11. 13. 선고 98두7343 판결, 대법 2001. 9. 28. 선고 2000두8684 판결).

5) 한　계

(가) **신뢰보호원칙과 법률적합성원칙**　　신뢰보호원칙의 적용의 결과 위법한 행정활동의 효력을 시인하게 되는 경우 신뢰보호원칙의 적용에 한계가 있는 것이 아닌가가 문제된다. 이 문제는 곧 신뢰보호원칙과 법률적합성원칙의 관계의 문제인데, 이에 관하여는 견해가 나뉜다.

(ㄱ) 법률적합성우위설　　이 설은 헌법상의 법치국가원리를 중시하여 행정의 법률적합성원칙이 신뢰보호원칙보다 우위에 있다는 견해이다.

(ㄴ) 동 위 설　　이 설은 신뢰보호원칙의 근거를 법적 안정성에서 구하는 입장에서 헌법상의 법치국가원리의 구성요소로서 행정의 법률적합성원칙과 법적 안정성원칙은 동위적·동가치적인 것이므로 신뢰보호원칙과 법률적합성원칙도 동위에 있다는 견해이다. 이 설에 의하는 경우, 신뢰보호를 어느 범위 내에서 인정할 것이냐는 구체적 사정 아래서 적법상태의 실현이라는 공익과 조치의 정당성·존속성에 대한 신뢰보호 등 관계자의 모든 이익을 형량하여 결정하여야 한다. 이 설이 통설이다. 통설에 의하면, 경우에 따라서는 신뢰보호원칙이 법률적합성원칙에 우선할 수 있다.

(ㄷ) 판　례　　판례는 동위설에 서 있는 것으로 보이지만, 법률적합성우위설에 서 있는 것으로 보이는 판결(대법 1992. 4. 28. 선고 91누9848 판결, 대법 2004. 7. 22. 선고 2002두11233 판결 등 참조)도 있다. 무효인 처분에는 신뢰보호원칙이 적용될 수 없다는 입장이다(대법 1987. 4. 14. 선고 86누459 판결).

(나) **신뢰보호원칙과 행정법규의 소급적용금지**　　행정법규의 소급적용을 허용하는 것은 관계인의 신뢰보호를 위태롭게 한다. 따라서 행정법규의 소급적용은 관계인의 신뢰보호에 적합하지 아니하므로 금지된다. 헌법재판소는 이러한 소급적용금지는 원칙적으로 이미 과거에 완성된 사실 또는 법률관계를 규율의 대상으로 하는 이른바 진정소급효에만 적용되며, 이미 과거에 시작하였지만 아직 완성되지 않고 진행과정에 있는 사실 또는 법률관계를 규율의 대상으로 하는 이른바 부진정소급효의 경우에는 원칙적으로 당사자의 신뢰보호보다 입법자의 입법형성권이 우선된다는 입장을 견지하고 있다(헌재 1989. 3. 17.

88헌마1 결정, 헌재 1995. 10. 26. 94헌바12 결정,[1] 헌재 1996. 2. 16. 96헌가2, 96헌바7, 96헌바13 결정 등) (→행정법의 효력). 대법원도 "대학이 성적불량을 이유로 학생에 대하여 징계처분을 하는 경우에 있어서 수강신청이 있은 후 징계요건을 완화하는 학칙개정이 이루어지고 이어 당해 시험이 실시되어 그 개정학칙에 따라 징계처분을 한 경우라면 이는 이른바 부진정소급효에 관한 것으로서 구 학칙의 존속에 관한 학생의 신뢰보호가 대학당국의 학칙개정의 목적달성보다 더 중요하다고 인정되는 특별한 사정이 없는 한 위법하다고 할 수 없다"(대법 1989. 7. 11. 선고 87누1123 판결)라고 하여 같은 입장을 취하고 있다. 신뢰이익의 보호 정도에 영향을 미치는 요인으로 흔히 법령의 개정에 대하여 예측 가능성이 있었는지 여부[2], 사인의 신뢰가 행정주체에 의하여 일정한 방향으로 유인된 신뢰의 발현인가 아니면 단지 법령이 부여한 기회를 활용한 것에 그치는가의 여부[3]를 든다[4].

　　㈐ **사실변경**　　　신뢰형성의 결정적 요인인 사실이 사후에 변경되고 관계자가 이를 인식하거나 인식할 수 있었던 경우에는 관계자는 신뢰의 이익을 원용할 수 없다. 대법원은 "신뢰보호의 원칙은 행정청이 공적인 견해를 표명할 당시의 사정이 그대로 유지됨을 전제로 적용되는 것이 원칙이므로, 사후에 그와 같은 사정이 변경된 경우에는 그 공적 견해가 더 이상 개인에게 신뢰의 대상이 된다고 보기 어려운 만큼, 특별한 사정이 없는 한 행정청이 그 견해표명에 반하는 처분을 하더라도 신뢰보호의 원칙에 위반된다고 할 수 없다"고 판시하고 있다(대법 2020. 6. 25. 선고 2018두34732 판결).

　6) **적용영역**

　　㈎ **행정입법의 변경**　　　법적 통용력에 대한 신뢰보호의 견지에서 법규명령·행정규칙의 소급적 변경이 금지된다.

　　㈏ **무효와 취소의 구별기준**　　　후술하는 바와 같이 무효인 행정행위와 취소할 수 있는 행정행위의 구별기준으로 흠의 중대성 외에 명백성을 요구하고 있는 것(중대명백설) (→ 무효인 행정행위와 취소할 수 있는 행정행위)은 상대방 등의 신뢰보호에 가장 중요한 근거가 있다.

---

1) 헌법재판소는 이 결정에서 진정소급효·부진정소급효의 개념상 구분이 "사실상 질적 구분이 아닌 양적 구분으로, 단순히 법기술적 차원으로 이루어질 가능성이 있음"을 지적하고 있다.

2) 김경란, 「구 약사법 시행령 제3조의 2의 개정과 헌법상 신뢰보호의 원칙 및 평등의 원칙」, 대법원 판례 해설 제72조, 652쪽 참조.

3) 金炳圻, 「법령개정과 신뢰보호원칙(대상판결: 대법원 2007. 10. 29. 2005두4649 전원합의체 판결)」, 행정판례연구 XIV, 21쪽 참조.

4) 安東寅, 「법령의 개정과 신뢰보호원칙(대상판결: 대법원 2009 .4. 23. 선고 2008두8918판결)」, 행정판례연구(한국행정판례연구회) XVI, 25쪽 참조. 안 교수는, 이 논문에서 취소소송의 구조 하에서 신뢰보호원칙의 적용형태를 존속보호로 보고 그에 따라 신뢰보호원칙 적용·부적용의 일도양단의 판단을 하여야 하는 것이 부득이하다 하더라도, 원고에게 일정 정도 감안할만한 사정이 있다고 볼 여지가 있는 경우에는 사익을 존중하기 위해 신뢰보호원칙을 계량적으로 적용할 수 있는 방법이 필요하다는 견해를 피력한다(36쪽 이하 참조).

(다) **이익 행정행위의 취소권과 철회권의 제한**　　　후술하는 바와 같이 신뢰보호원칙이 이익 행정행위의 취소권과 철회권의 제한사유가 되어 행정행위에 취소사유 또는 철회사유가 있다는 이유만으로 취소 또는 철회가 가능해지는 것은 아니다.

(라) **확　약**　　　행정청이 사인에 대하여 자기구속의 의도로서 장래에 있어서 일정한 행위 또는 불행위를 약속하는 일방적 의사표시인 확약이 행정청에 대하여 자기구속적 효력을 발생하는 근거를 판례는 신뢰보호원칙에서 찾는다.

(마) **실　권**　　　실권(Verwirkung)은 행정기관이 권리를 오랫동안 행사하지 않고 있다가 나중에야 그 권리를 행사함으로써 권리주장을 포기한 것으로 기대(신뢰)한 사인에게 피해를 주게 될 경우에 신뢰를 발생하게 한 데 대하여 특별한 사정이 있는 때에는 그 권리가 소멸된다는 법리이다. 이를 실권의 법리라 부른다.[1] 실권은 행정법관계의 소멸사유이고, 행정행위의 취소권과 철회권의 제한사유가 된다. 실권의 원칙은 실체법상의 권리뿐만 아니라 절차법상의 권리에도 적용된다.

(바) **행정계획의 변경**　　　행정계획의 변경 등으로 인한 권리구제문제와 관련하여 계획존속청구권이 일반적으로 인정되지 아니하나 계획존속에 대한 당사자의 신뢰보호가 계획변경의 공적 이해관계보다 우월한 경우에 예외적으로 문제가 된다.

(사) **처분이유의 추가·변경**　　　판례는 행정처분취소소송에 있어서 행정청이 당초의 처분이유로 제시한 처분사유와 기본적 사실관계에 동일성이 없는 별개의 처분사유를 추가하거나 변경할 수 없는 근거로 행정처분의 상대방인 국민에 대한 신뢰보호를 든다(대법 1987. 7. 21. 선고 85누694 판결)(→ 처분이유의 추가·변경).

(아) **조세행정**　　　조세행정에는 신뢰보호원칙의 핵심적 내용인 소급과세금지원칙이 명문화되어 있다(국세기본법 18조 3항, 관세법 5조 2항).

7) 위반효과

신뢰보호원칙에 위반한 행정기관의 행위의 효과에 관하여는 신뢰보호원칙과 같은 법의 근본이념에 반하는 위법행위는 무효라는 견해[2]가 있다. 그러나 구체적인 사안에 따라 관계자 이익을

---

1) 실권의 법리를 적용하기 위해서는 신뢰보호원칙의 적용요건을 갖추어야 한다. 대법 1987. 9. 8. 선고 87누373 판결은 "택시운전사가 1983년 4월 5일 운전면허정지기간 중에 운전행위를 하다가 적발되어 형사처벌을 받았으나 행정청으로부터 아무런 행정조치가 없어 안심하고 계속 운전업무에 종사하고 있던 중 행정청이 위 위반행위가 있은 이후에 장기간에 걸쳐 아무런 행정조치를 취하지 않은 채 방치하고 있다가 3년여가 지난 1986년 7월 7일에 와서 이를 이유로 행정제재를 하면서 가장 무거운 운전면허를 취소하는 행정처분을 하였다면 이는 행정청이 그간 별다른 행정조치가 없을 것이라고 믿은 신뢰의 이익과 그 법적 안정성을 빼앗는 것이 되어 매우 가혹할 뿐만 아니라 비록 그 위반행위가 운전면허취소사유에 해당한다 할지라도 그와 같은 공익상의 목적만으로는 위 운전사가 입게 될 불이익에 견줄 바 못된다 할 것이다"라고 판시한 바 있다.

2) 金道昶, 일반행정법론(상), 169쪽 참조.

비교형량하여 결정하여야 한다. 일반적으로는 신뢰보호원칙의 적용의 결과 행정기관의 선행조치에 반하는 후행행위는 취소원인인 위법행위로 보아야 하고 무효원인인 경우는 예외적으로만 인정된다. 판례는 어떠한 행정처분이 신뢰보호의 적용요건을 충족할 때에는, 공익 또는 제3자의 정당한 이익을 현저히 해할 우려가 있는 경우가 아닌 한, 신뢰보호의 원칙에 반하는 행위로서 위법(취소원인)하게 된다(대법 1998. 5. 8. 선고 98두4061 판결 등)고 판시하고 있다.

(5) 신의성실원칙

신의성실원칙이란 행정기관이 행정활동을 함에 있어서 신의에 따라 성실히 하여야 한다는 원칙을 말한다.[1] 간략하게 신의칙(信義則)이라고 한다.[2] 사법(私法)에서 발달하였고 현재 사법상의 원칙인 신의성실원칙(민법 제2조)은 행정법의 영역에서도 타당한 법원칙이다. 왜냐하면 국가 등은 국민 등의 신탁을 받아 직무를 수행하는 것이므로 직무를 수행함에 있어서 국민 등을 배려하면서 신의에 따라 성실히 행하여야 하는 것은 지극히 당연한 것이기 때문이다. 그러한 의미에서 신의성실원칙을 배려원칙으로도 부를 수 있다. 「행정절차법」 제4조 제1항, 「국세기본법」 제5조, 「행정기본법」 제11조 제1항에서 명문화되어 있다. 계속적 효과를 갖는 수익적 행정행위의 직권에 의한 취소·철회의 제한법리로서의 실권의 법리는 신의성실원칙의 특별한 경우에 해당한다. 판례도 "실권 또는 실효의 법리는 법의 일반원리인 신의성실의 원칙에 바탕을 둔 파생원칙인 것이므로 공법관계 가운데 관리관계는 물론이고 권력관계에도 적용되어야 함을 배제할 수는 없다 하겠으나 그것은 본래 권리행사의 기회가 있음에도 불구하고 권리자가 장기간에 걸쳐 그의 권리를 행사하지 아니하였기 때문에 의무자인 상대방은 이미 그의 권리를 행사하지 아니할 것으로 믿을 만한 정당한 사유가 있게 되거나 행사하지 아니할 것으로 추인(推認)케 할 경우에 새삼스럽게 그 권리를 행사하는 것이 신의성실의 원칙에 반하는 결과가 될 때 그 권리행사를 허용하지 않는 것을 의미한다"(대법 1988. 4. 27. 선고 87누915 판결)라고 하여 이를 뒷받침하고 있다.

신의성실원칙의 적용의 결과 위법한 행정활동의 효력을 시인하게 되는 경우 신의성실원칙의 적용에 한계가 있는 것이 아닌가가 역시 문제된다. 즉 신뢰보호원칙의 한계에 있어서와 마찬가지로 신의성실원칙과 법률적합성원칙과의 관계가 문제된다.[3]

---

1) 신의성실원칙과 앞에서 본 신뢰보호원칙의 관계를 어떻게 보느냐는 신의성실원칙을 어떻게 관념하는가에 따라 달라지게 된다. 신의성실원칙이라는 관념에 상대방의 신뢰보호를 중요한 구성요소로 하고 있다고 보는 견해에 의하면 신의성실원칙은 신뢰보호원칙을 포괄하게 된다.

2) 사정변경의 원칙, 실효의 원칙은 신의칙의 파생원칙이다. 권리남용금지의 원칙도 신의칙의 파생원칙으로 보는 것이 행정법학자들의 다수설로 보이나, 「민법」 제2조는 제1항에서 신의성실의원칙을, 제2항에서 권리남용금지의 원칙을 별도로 규정하고 있다.

3) 대법 2004. 7. 22. 선고 2002두11233 판결은 "신의성실의 원칙은 법률관계의 당사자는 상대방의 이익을 배려하여 형평에 어긋나거나 신뢰를 저버리는 내용 또는 방법으로 권리를 행사하거나 의무를 이행하여서는 아니 된다는 추상적 규범을 말하는 것으로서, 신의성실의 원칙에 위배된다는 이유로 그 권리의 행사를 부정하기 위하여는 상대방에게 신의를 주었다거나 객관적으로 보아 상대방이 그러한 신의를 가짐이 정당한 상태에 이르러야 하고, 이와

행정청의 처분이 신의성실원칙에 위반한다 하더라도 그 사유만으로는 흠이 중대·명백한 당연무효로 볼 수 없다는 것이 판례(대법 1991. 1. 29. 선고 90누7449 판결, 대법 2002. 4. 26. 선고 2002두1465 판결)이다.

(6) 권한남용금지원칙

권한남용금지원칙이란 행정기관이 법령에 의하여 부여된 권한과 범위를 벗어나서 권한을 남용하는 것을 금지하는 원칙이다. 권한남용금지원칙은 「경찰법」 제4조, 「해양경찰법」 제3조, 「해양경비법」 제8조, 「행정기본법」 제11조 제2항에서 규정하고 있다.

권한남용금지원칙은 신의성실원칙과 밀접한 관계에 있다. 「행정절차법」 제4조 제1항에서 규정하고 있는 바와 같이 행정청은 직무를 수행할 때 신의에 따라 성실히 하여야 한다. 왜냐하면 신의성실원칙은 모든 사회적 주체가 사회공동체의 일원으로 요구되는 당연한 원칙이기 때문이다. 따라서 행정청도 그 직무를 수행할 때에는 신의에 따라 성실히 하여야 하며, 그렇지 않는 경우에는 권한의 남용이 된다. 「민법」 제2조 제1항에서 "권리의 행사와 의무의 이행은 신의에 좇아 성실히 하여야 한다"라고 규정하면서 동조 제2항에서 "권리는 남용하지 못한다"라고 규정한 것이나, 「행정기본법」 제11조 제1항에서 "행정청은 법령등에 따른 의무를 성실히 수행하여야 한다"라고 규정하면서 동조 제2항에서 "행정청은 행정권한을 남용하거나 그 권한의 범위를 넘어서는 아니된다"라고 규정하고 있는 것은 모두 이 까닭이다.

권한남용금지원칙에 위반한 직무수행은 원칙적으로 위법하게 된다(대법 2016. 12. 15. 선고 2016두47659 판결 참조).

같은 상대방의 신의에 반하여 권리를 행사하는 것이 정의의 관념에 비추어 용인될 수 없는 정도의 상태에 이르러야 하고, 일반 행정법관계에서 관청의 행위에 대하여 신의칙이 적용되기 위해서는 합법성의 원칙을 희생하여서라도 처분의 상대방의 신뢰를 보호함이 정의의 관념에 부합하는 것으로 인정되는 특별한 사정이 있을 경우에 한하여 예외적으로 적용된다고 할 것이다"라고 하였다. 대법원은 특별한 사정이 있는 경우에 해당하는 사례로서, 근로복지공단의 요양불승인 처분에 대한 취소소송을 제기하여 승소확정판결을 받은 근로자가 요양으로 인하여 취업하지 못한 기간의 휴업급여를 청구한 경우, 그 휴업급여청구권이 시효완성으로 소멸하였다는 근로복지공단의 항변이 신의성실의 원칙에 반하여 허용될 수 없다고 판시하여(대법 2008. 9. 18. 선고 2007두2173 전원합의체 판결) 이와 배치되는 종전 대법원 판결을 폐기하였다. 이 판결에는 대법관 양승태의 반대의견이 있다. 그 요지는 다음과 같다. 신의칙과 권리남용금지의 원칙이 우리 민법의 대원칙이라면 그 원칙은 당연히 입법 과정에서도 반영되었다고 보아야 하므로, 그러한 입법 과정을 거친 실정법의 개별적 조항에 의해 명백히 인정되는 권리 의무의 내용을 위 원칙을 이유로 쉽게 변경하는 것은 심각한 법체계의 혼란을 초래하여 법의 권위와 법적 안정성에 대한 큰 위협이 될 수 있다. 따라서 신의칙의 직접 적용에 의해 실정법의 운용을 사실상 수정하는 기능은, 비록 그 목적이 성문법의 무차별적이고 기계적인 적용에 의하여 발생하는 불합리한 결과를 방지하기 위한 것이라 하여도 형평의 원칙상 신의칙의 적용이 불가피하고 법의 정신이나 입법자의 결단과 모순되지 않는 범위 안에서만 허용되어야 한다.

(7) 부당결부금지원칙

1) 의 의

　부당결부금지[1]원칙이란 행정청이 행정활동을 행함에 있어서 그 행정활동과 실질적 관련성이 없는 상대방의 급부를 부당하게 결부시켜서는 아니 된다는 원칙을 말한다. 판례도 "부당결부금지의 원칙이란 행정주체가 행정활동을 함에 있어서 상대방에게 이와 실질적인 관련이 없는 의무를 부과하거나 그 이행을 강제하여서는 아니 된다는 원칙을 말한다"(대법 2009. 2. 12. 선고 2005다65500 판결)라고 하고 있다. 예컨대 지방자치단체장이 사업자에게 주택사업계획승인을 하면서 그 주택사업과는 아무런 관련이 없는 토지를 기부채납하도록 하는 부관을 붙이는 경우가 이에 해당한다.

2) 근 거

　「행정기본법」 제13조에서 명문화되어 있다.[2] 명문화되기 이전에는 법치국가원리와 과잉금지원칙에서 도출된다는 견해, 권한법정주의와 권한남용금지원칙에서 도출된다는 견해, 사물의 본질적 법칙이라는 의미로서의 조리에서 도출된다는 견해 등이 있었다.

3) 적용영역

　부당결부금지원칙이 구체적으로 문제되는 경우의 예로는 다음과 같은 것이 있다.

　① 공법상 계약을 체결하면서 행정청이 계약 당사자에게 반대급부의 의무를 지우는 경우에는 그 반대급부는 행정청의 계약상의 급부와 실질적 관련성을 갖고 있어야 한다.
　② 행정청이 행정행위를 행하면서 상대방에게 불이익한 의무를 과하는 부관을 붙이는 경우에는 근거법령 및 당해 행정행위의 목적 실현과 실질적 관련성이 있어야 한다.[3]
　③ 행정법상의 의무자가 의무를 이행하지 않음으로써 행정청이 그 의무이행을 확보하기 위하여 제재적·강제적 수단을 사용하는 경우에는 행정법상의 의무와 제재적·강제적 수단 간에 사물적 관련성이 있어야 한다.

4) 위반효과

　부당결부금지원칙의 위반은 다수설에 의하면 위헌·위법이 된다. 대법원은 지방자치단체장이 주택사업과는 아무런 관련이 없는 토지를 기부채납하도록 하는 부관을 주택사업계획승인에

---

1) 부당결부금지는 모든 국가의 행정활동의 이유제시 필요성에서 나온다. 금방이라도 자의(恣意)로 돌변할 수 있는 임의성(Beliebigkeit)은 배제되어야 한다(E. Schmidt-Assmann, Verwaltungsrechtliche Dogmatik, S. 85(김현준 역, 행정법 도그마틱, 109쪽 이하)).

2) 참고로 독일 연방행정절차법 제56조 제1항 제2문은 공법상 계약과 관련하여 부당결부금지를 명문으로 규정하고 있다.

3) 대법 2009. 2. 12. 선고 2005다65500 판결은 고속국도 관리청이 고속도로 부지와 접도구역에 송유관 매설을 허가하면서 송유관 시설을 이전하게 될 경우 그 비용을 상대방에게 부담하도록 부관을 붙인 것은 부당결부금지원칙에 반하지 아니한다고 하였다. 이 판결에 대한 평석으로 金容燮, 「부당결부금지의 원칙과 부관 ― 대법원 2009. 2. 12. 선고 2005다65500 판결[약정금] ―」, 행정판례연구(한국행정판례연구회) XV-2, 271쪽 이하가 있다.

붙인 경우, 그 부관은 부당결부금지의 원칙에 위반되어 위법하다(대법 1997. 3. 11. 선고 96다49650 판결)고 판시한 바 있다.

(8) 명확성원칙

명확성원칙이란 행정기관이 행하는 행정활동은 구체적이고 명확하여야 한다는 원칙을 말한다. 「행정절차법」 제5조는 투명성의 구체적 내용으로 제1항에서 "행정청이 행하는 행정작용은 그 내용이 구체적이고 명확하여야 한다"라고 규정하여 명확성원칙을 밝히고 있다. 따라서 명확성원칙을 행정행위의 내용이 명확한 것이어야 하고, 행정행의의 기본적 기능이 개별 사안과 관련하여 근거 법령상의 일반적 내용을 구체적이고 명확히 규정하는 것이므로 명확성원칙이 이러한 행정행위의 본질적 기능에서 나오는 것으로 좁게 볼 것은 아니다.

명확성원칙은 법치국가원리로부터 직접적으로 도출되는 원칙이다. 명확성원칙은 헌법 제12조, 제13조, 제75조 등에 담겨져 있다. 명확성원칙이 먼저 논의되기 시작한 것은 헌법론에서 이다. 헌법재판소에서 법률의 위헌심사를 다루면서 명확성원칙 위반여부가 주로 문제가 되었다. 이 문제는 법률의 명확성원칙의 구체화로서의 수권법률의 명확성원칙으로 옮겨가게 된다. 법규명령에서 수권법률의 한계로 다루어지게 된다. 법규범의 의미 내용이 불확실하면 법적 안전성과 예측가능성을 확보할 수 없고 자의적인 법해석이나 법집행을 가능하게 하는 것은 동일하기 때문이다.

명확성원칙은 행정법론에서는 다방면에 걸쳐 논의되고 있다. 일반행정법에서는 위의 행정입법에서의 논의 외에 재량행위론에서 법령이 행위요건으로 불확정 개념을 사용하고 있는 경우에 명확성원칙이 논의된다. 특별행정법에서는 경찰행정법에서 경찰권의 발동근거를 논하면서 법률유보와 관련된 일반조항의 인정문제에 관한 견해 대립 중 명확성원칙에 근거하여 부정적인 입장을 취하는 견해가 있다. 경제행정법에서 경제행정법의 내용과 목적, 규율대상이 불명확한 경우의 위헌의 문제, 경제활동을 규제하는 행정처분의 내용이 불분명하여 상대방이 이해할 수 없거나 이에 따르는 의무 등을 이행할 수 없는 경우에 명확성원칙이 논하여지고 있다. 또한 독점규제입법의 명확성 및 독점규제행위의 투명성 등에 관한 논의도 이에 포함된다.

명확성원칙에서 명확성이 요구되는 정도에 대하여는 헌법재판소는 규율대상의 종류와 성격에 따라 다르게 보고 있다. 즉, "위임의 구체성·명확성의 요구 정도는 그 규율대상의 종류와 성격에 따라 달라질 것이지만 특히 처벌법규나 조세법규와 같이 국민의 기본권을 직접적으로 제한하거나 침해할 소지가 있는 법규에서는 구체성·명확성의 요구가 강화되어 그 위임의 요건과 범위가 일반적인 급부행정의 경우보다 더 엄격하게 제한적으로 규정되어야 하는 반면, 규율대상이 지극히 다양하거나 수시로 변화하는 성질의 것일 때에는 위임의 구체성·명확성의 요건이 완화되어야 할 것이다"(헌재 2017. 5. 25. 2014헌마844 결정)라고 판시하고 있다. 대법원은 행정입법에 관하여 "법치국가원리의 한 표현인 명확성원칙은 모든 기본권제한 입법에 대하여 요구되나, 명확성원칙을 산술적으로 엄격히 관철하도록 요구하는 것은 입법기술상 불가능하거나 현저히 곤란하므로 입법기술상 추상적인 일반조항과 불확정개념의 사용은 불가피하다. 따라서 법문언에 어느 정도의 모호함이 내포되어 있다고 하더라도 법관의 보충적인 가치판단을 통해서 법문언의 의미 내용을 확인할 수 있고 그러한 보충적 해석이 해석자의 개인적인 취향에 따라 좌우될 가능성이 없다면 명확성원칙에 반한다고 할 수 없다"(대법 2019. 10. 17. 선고 2018두104 판결)고 판시하고 있다. 그러나 행정절차법 제5조 제1항에 규정된 행정청이 행하는 행정작용의 내용의 명확성의 정도에 관하여는 학설과 판례가 아무런 언급이 없다. 생각컨대, 명확성원칙의 근거는 사전 예측가능성과 법적안정성의 확보 및 자의적인 법해석과 법집행의 방지에 있다. 그렇다면 행정작용의 내용의 명확성의 정도는 사전 예측가능성 법적안정성의 확보 및 자의적인 법해석과 법집행의 가능성 배제에서 찾아야 할 것이다.[1]

명확성원칙의 위반은 위헌(헌재 2005. 5. 26. 2003헌가17 결정)·위법(대법 2007. 1. 12. 선고 2004두7146 판결)이 된다.

제 4 절 행정법의 효력

행정법의 효력의 문제는 행정법이 어느 범위에서 관계자를 구속하는 힘을 갖는가의 문제이다. 행정법의 효력은 주로 성문법의 효력을 다룬다. 불문법도 그 효력이 문제되지만 그 성질상 각기 불문법의 종류에 따라 개별적으로 검토될 수밖에 없다.

행정법령은 시간적·장소적 및 인적 관계에서 일정한 범위 내에서 그 효력을 갖는다.

Ⅰ. 행정법의 시간적 효력

행정법령은 일정한 시점으로부터 일정한 시점까지 그 효력을 갖는다. 「행정기본법」은 법령 등 시행일의 기간 계산에서 말하는 법령 등에는 법령·자치법규 뿐 아니라 상위 법령이나 자치법규로부터 위임을 받지 않고 정한 훈령, 예규, 고시, 지침 등 행정규칙을 포함하여 사용하고 있다(7조).

1. 효력발생시기

행정법령은 시행일로부터 그 효력을 발생하는 것이 원칙이다. 법령등을 공포한 날로부터 시행하는 경우에는 공포한 날을 시행일로 한다(동법 7조 1호). 개별법령에서 시행일을 규정하는 것

---

[1] 참고삼아, 독일 연방 행정절차법은 제37조 제1항에서 명확성요청(Bestimmtheitsgebot)를 규정하고 있다. 이 규정은 수범자가 행정청이 수범자의 무엇을 요구하고 있는지를 일의적으로 알 수 있도록 명백히 표명되어야 하는 조항으로 이해한다(BVerwGE 131, 259, 263ff.).

이 통례이나, 시행일에 관하여 특별한 규정이 없는 경우에는 법령은 공포한 날로부터 20일을 경과함으로써 효력을 발생한다(헌법 53조 7항, 법령등공포에관한법률 13조, 지방자치법 26조 8항).[1] 법령등을 공포한 날로부터 일정 기간이 경과한 날부터 시행하는 경우 법령등을 공포한 날을 첫날에 산입하지 아니하며, 그 기간의 말일이 토요일 또는 공휴일인 때에는 그 말일로 기간이 만료한다(행정기본법 7조 2호·3호).

행정법령이 개정된 경우에는, 새로이 개정된 법령의 경과규정에서 달리 정함이 없는 한,[2] 개정된 법령의 시행일부터는 개정된 법령과 그에서 정한 기준을 적용하는 것이 원칙이다(대법 2002. 6. 25. 선고 2001두5125 판결).

2. 소급적용금지 등

(1) 소급적용금지의 원칙

행정법령은, 특별한 규정이 없는 한, 시행일로부터 장래에 향하여 효력을 발생한다(대법 1999. 7. 13. 선고 97누15067 판결 참조). 소급적용금지의 원칙이라 부른다. 시행일 이전으로 소급적용함은 법적 안정성을 해하고 법치행정원리의 요청에도 반하기 때문이다. 법령의 효력이 시행일 이전에 소급하지 않는다는 것은 시행일 이전에 이미 종결된 사실에 대하여 법령이 적용되지 않는다는 것을 의미하는 것이지(진정소급효의 금지), 시행일 이전부터 계속되는 사실에 대하여도 법령이 적용되지 아니한다는 의미가 아니다(부진정소급효의 허용)(대법 1983. 4. 26. 선고 81누423 판결). 그러나 진정소급효금지의 경우에도, 일반적으로 국민이 소급입법을 예상할 수 있었거나 법적 상태가 불확실하고 혼란스러워 보호할 만한 신뢰이익이 적은 경우와 소급입법에 의한 당사자의 손실이 없거나 아주 경미한 경우 그리고 신뢰보호의 요청에 우선하는 심히 중대한 공익상의 사유가 소급입법을 정당화하는 경우 등에는 예외적으로 진정소급입법이 허용된다(헌재 1999. 7. 22. 97헌바76, 98헌바 50·51·52·54·55(병합) 결정).

우리 「헌법」은 형벌불소급을 규정하고 있을 뿐만 아니라 소급입법에 의한 참정권의 제한과 재산권의 박탈까지도 금지하고 있다(동법 13조 1항, 2항). 「행정기본법」제14조 제1항은 소급적용금지의 원칙을 명문화하고 있다.

---

1) 법령에 따라서는 공포일 전의 날로 시행일을 규정하고 있는 경우가 있다(예: 단기복무하사관장려수당지급규정 (1993년 8월 4일 대통령령 제13946호로 공포) 부칙에는 이 영은 공포한 날로부터 시행하되, 1993년 7월 1일부터 적용한다라고 규정하고 있었다).

2) 대법 2006. 11. 16. 선고 2003두12899 전원합의체 판결 : 법령의 개정에 있어서 구 법령의 존속에 대한 당사자의 신뢰가 합리적이고도 정당하며, 법령의 개정으로 야기되는 당사자의 손해가 극심하여 새로운 법령으로 달성하고자 하는 공익적 목적이 그러한 신뢰의 파괴를 정당화할 수 없다면, 입법자는 경과규정을 두는 등 당사자의 신뢰를 보호할 적절한 조치를 하여야 하며, 이와 같은 적절한 조치 없이 시행시기를 정한 법률부분은 헌법에 위반되어 무효이다.

(2) 행위시법주의(行爲時法主義)

행정법령이 제정되거나 개정된 경우 법령 적용의 기준으로 위의 소급적용금지의 원칙 외에 행위시의 법령을 적용하는 행정시법주의가 명문화되어 있다. 「질서위반행위규제법」은 제3조 제1항에서 "질서위반행위의 성립과 과태료처분은 행위시의 법률에 따른다"라고 규정하고, 제2항에서 "질서위반행위 후 법률이 변경되어 그 행위가 질서위반행위에 해당하지 아니하게 되거나 과태료가 변경되기 전의 법률보다 가볍게 된 때에는 법률에 특별한 규정이 없는 한 변경된 법률을 적용한다"라고 규정하고, 제3항에서 "행정청의 과태료 처분이나 법원의 과태료 재판이 확정된 후 법률이 변경되어 그 행위가 질서위반행위에 해당하지 아니하게 된 때에는 변경된 법률에 특별한 규정이 없는 한 과태료의 징수 또는 집행을 면제한다"라고 규정하고 있다. 제2항과 제3항의 법률에 특별한 규정은 예컨대 해당 법률의 부칙에 경과 규정을 두는 경우 또는 적용기준에 예외를 두는 경우 등이다. 「행정기본법」은 제14조 제2항에서 "당사자의 신청에 따른 처분은 법령 등에 특별한 규정이 있거나 처분 당시의 법령 등을 적용하기 곤란한 특별한 사정이 있는 경우를 제외하고는 처분 당시의 법령 등에 따른다"라고 규정하고, 제3항에서 "법령 등을 위반한 행위의 성립과 이에 대한 제재처분은 법령 등에 특별한 규정이 있는 경우를 제외하고는 법령 등을 위반한 행위 당시의 법령 등에 따른다. 다만, 법령 등을 위반한 행위 후 법령 등의 변경에 의하여 그 행위가 법령 등을 위반한 행위에 해당하지 아니하거나 제재처분 기준이 가벼워진 경우로서 해당 법령 등에 특별한 규정이 없는 경우에는 변경된 법령 등을 적용한다"라고 규정하고 있다[1].

3. 효력소멸

(1) 한시법의 경우

법령 중에는 명문으로 유효기간 또는 적용시한을 정해 두거나, 행정사무의 처리기간이나 신청기한에 관한 사항 등을 규정함으로써 사실상 그 법령의 유효기간 또는 적용시한이 설정된 것과 같은 효과를 가져 오는 것이 있다. 이를 한시법이라 한다. 한시법은 유효기간 또는 적용시한이 경과함으로써 자동적으로 효력을 상실한다. 한시법의 유효기간 중에 행하여진 위반행위에 대하여 효력소멸 후에도 그 법령의 처벌규정을 적용할 수 있는가에 관하여 죄형법정주의와 관련하여 형법(행정벌에도 마찬가지로 문제된다)에서 다투어지고 있다. 적용부정설, 적용긍정설 및 동기설

---

1) 위 「행정기본법」 제14조 제3항의 규정은 판례와 정반대이다. 대법 1983. 12. 13. 선고 83누383 판결은 "정당한 절차에 의하지 않고 구두에 의한 하도급계약을 체결하여 공사를 시작한 때에 건설업법 제34조 제3항의 위반행위를 범한 것이 되니 그 위반행위를 이유로 한 행정상의 제재처분(행위당시에는 필요적 취소사유)을 하려면 그 위반행위 이후 법령의 변경에 의하여 처분의 종류를 달리(영업정지 사유로) 규정하였다 하더라도 그 법률적용에 관한 특별한 규정이 없다면 위반행위 당시에 시행되던 법령을 근거로 처분을 하여야 마땅하다"라고 판시하고 있다. 이 판결에 대하여 金裕煥 교수는 행정형법, 행정질서법의 경우와 행정제재처분의 경우와 다르게 취급된 것으로서 종래 대법원은 동기설을 취하여 이 경우의 사후제재의 완화를 규범의 변화가 아니라 일종의 정책의 변화로 보고 위반행위자의 위반동기를 제재의 원인으로 이해하는 입장에 서 있었던 것으로 평석하고 있다(同人, 현대행정법, 359쪽 및 현대행정법 추록—현대행정법 해설—, 16쪽).

등이 그것이다.[1] 동기설은 법률변경의 동기가 법적 견해의 변경에 기인한 경우와 단순한 사실관계의 변화에 기인한 경우를 구별하여, 전자에 있어서는 행위의 가벌성이 소멸되었으므로 처벌할수 없지만, 후자에 있어서는 가벌성이 없어지지 아니하였으므로 처벌할 수 있다는 견해이다. 학설의 다수설은 적용긍정설이나 판례는 동기설을 취하고 있다(대법 1979. 2. 27. 선고 78도1690 판결, 대법 2005. 12. 23. 선고 2005도747 판결 등).

한시법은 처벌에 있어서만 문제되는 것은 아니다. 예컨대, 조세법규를 한시법으로 한 경우 동법의 유효기간이 경과한 후에도 종전의 규정에 의하여 부과·징수·환급하여야 할 조세에 대하여 종전의 규정을 적용할 수 있는가의 문제 및 허가취소·정지 등 제재적 행정처분에도 같은 문제가 발생할 수 있다. 여기에도 조세법정주의, 제재법정주의가 적용되므로 처벌에 있어서와 비슷한 결론에 이르게 될 것이다.

(2) 비한시법의 경우

한시법 이외의 법령은 ① 당해 법령 또는 그와 동위·상위의 법령에 의한 명시적 개폐(예: 특별관리특별회계법폐지법률, 국립의료원특별회계법폐지법률 등)로 그 효력을 상실한다.[2] ② 당해 법령의 내용에 저촉되는 새로운 동위 또는 상위의 법령이 제정된 경우에 신법(후법)우선의 원칙에 의하여, 동위·상위의 법령에 저촉되는 범위 내에서, 그 효력을 상실한다.[3]

II. 행정법의 지역적 효력

행정법령은 그것을 제정한 기관의 권한이 미치는 지역 내에서 효력을 가지는 것이 원칙이다. 즉 국가의 법령은 대한민국의 영토 전역에 걸쳐 효력을 가지며(대법 1990. 9. 28. 선고 89누6396 판결 등), 지방자치단체의 조례·규칙은 지방자치단체의 구역 내에서만 효력을 가지는 것이 원칙이다. 그러나 예외로 ① 효력범위가 지역 밖으로 확대되는 경우(예: 공해상에 있는 자국의 선박, 지방자치단체가 구역 외에 공공시설을 설치한 경우 등), ② 효력범위가 지역의 일부로 한정되는 경우(예: 제주특별자치도설치및국제자유도시조성을위한특별법 등)가 있다.

---

1) 학설에 관한 상세한 설명은 李在祥, 형법총론, 24쪽 이하; 任雄, 형법총론, 46쪽 이하.

2) 대법 2002. 7. 26. 선고 2001두11168 판결: 법률의 개정시에 종전 법률 부칙의 경과규정을 개정하거나 삭제하는 명시적인 조치가 없다면 개정법률에 다시 경과규정을 두지 않았다고 하여도 부칙의 경과규정이 당연히 실효되는 것은 아니지만, 개정 법률이 전문 개정인 경우에는 기존 법률을 폐지하고 새로운 법률을 제정하는 것과 마찬가지이어서 종전의 본칙은 물론 부칙 규정도 모두 소멸하는 것으로 보아야 할 것이므로 특별한 사정이 없는 한 종전의 법률 부칙의 경과규정도 모두 실효된다고 보아야 한다.

3) 법령이 폐지 등으로 소멸되어도 소멸 전의 행위에 대하여는 적용되는 것이 원칙이므로, 한시법에 있어서와 마찬가지로 처벌 등의 규정 적용 여부가 문제될 수 있다.

Ⅲ. 행정법의 인적 효력

행정법령은 속지주의에 의하여 그 법령이 적용되는 지역 내에 있는 모든 인(人)(외국인·외국법인 포함)에게 적용된다.

이 원칙에 예외가 있다.

(1) 국제법상 치외법권을 가지는 외국의 원수나 외교관은 우리 행정법령의 적용을 받지 아니한다.

(2) 우리나라에 주둔하는 미합중국군대 구성원에 대하여는 한미방위조약 제4조에 의한 한미 행정협정에 의하여 우리 행정법령의 적용이 제한된다.

(3) 일반외국인은 일반적으로 우리 행정법령의 적용을 받는 것이 원칙이지만, 「헌법」 제6조 제2항은 "외국인은 국제법과 조약이 정하는 바에 의하여 그 지위가 보장된다"라고 규정하여 상호주의를 채택하고 있고, 개별법규에서 상호주의에 의하여 처우하는 경우도 있다(국가배상법 7조). 또한 개별 법규에서 특칙을 두고 있는 경우(예: 출입국관리법 7조 이하 등)도 있다.

제 4 장 행정상 법(률)관계

제 1 절 행정상 법(률)관계의 의의와 종류

Ⅰ. 행정상 법(률)관계의 의의

사회생활관계 중에서 법(률)에 의하여 규율되는 사회생활관계를 법(률)관계라고 한다. 법(률)관계는 그 주체, 그 법(률)관계에 적용되는 법 규범, 그 법 규범의 적용에 의하여 발생하는 해당 주체의 지위 내지 행동에 관한 일정한 규율을 기본적 구성 요소로 한다. 법(률)관계는 보통 법주체간의 권리·의무관계로서 나타난다.[1] 당사자의 쌍방 또는 어느 일방이 행정주체인 법(률)관계를 행정상 법(률)관계라 한다.[2]

Ⅱ. 행정법관계

1. 서 론

행정법학은 행정을 규율하는 법규범을 대상으로 하고 있으나, 개개의 행정을 규율하는 법규범 자체가 아니라, 체계(system)와 체계사고(體系思考)를 지향하는 학문이다.[3] 행정법관계는 행정법학이 지향하는 체계사고의 구성 요소를 이룬다.

우리나라의 전통적 행정법학은 독일 행정법학의 영향을 받아 행정법관계를 실체법관계를 중심으로 구성하여 왔다. 그러나 오늘날의 행정법학은 행정법관계를 실체법관계에 한정하지 아니한다. 행정의 내부관계를 포함하는 절차법관계, 사인이 민주적 정당성의 절차에 의하여 공익 실현을 임무로 하는 행정주체를 형성하거나 이와 같이 형성된 조직 또는 조직 상호간의 관계인 조직법관계, 사인이 행정에 참가할 수 있도록 또는 특정 공익을 실현하는 조직 내지 능력을 갖출 수 있도록 자격을 부여하거나, 이와 같은 조직 내지 능력을 갖출 수 있도록 규율하는 법(률)관계인 참가·협동의 법(률)관계를 포함한다.

이 책에서는 이해를 쉽게 하기 위하여 통설이 다루었던 순서와 방법에 따라 행정법관계를 설명하도록 한다.

---

1) 사회생활관계가 법(률)관계로 정식으로 위치가 정해져서 권리의무관계가 명확하게 됨으로써 법적 분쟁이 회피되거나 법적 분쟁이 발생한 경우에도 법준칙에 따라 해결하게 되는 현상을 법화(法化, Verrechtlichung)라고 한다.

2) 국가와 국민 간의 관계가 단순히 지배·복종의 관계가 아니라 상호 권리를 갖고 의무를 지는 것을 내용으로 하는 법(률)관계라는 것은 국가도 법질서에 복종하는 하나의 법적 인격(法人)이라는 관념(國家法人說)이 승인되게 됨으로써 인정될 수 있었다. 국가법인설은 1830년대의 독일에서 W. E. Albrecht에 의하여 창설되었고 19세기 말 G. Jelllinek에 의하여 확립되었다. 국가법인설은 후술하는 기관소송의 법률상 쟁송성 부인이라는 법 도그마틱으로 이어진다는 것은 앞에서 언급하였다.

3) E. Schmidt-Assmann, Das allgememe Verwaltungsrecht als Ordnungsidee, S. 1ff.

2. 공법관계와 사법관계

행정상 법(률)관계는 공법관계와 사법관계를 포함한다. 공법관계는 공법이 규율하는 법(률)관계이며[1], 사법관계는 사법이 규율하는 법(률)관계이다. 공법과 사법의 구별의의와 그 기준에 관해서는 이미 앞에서 설명한 바와 같다. 공법관계와 사법관계의 구별실익은 주로 특정한 법(률)관계에 분쟁이 발생한 경우에 어느 소송절차에 의할 것인가를 결정하는 기준으로 필요한 것이므로 공법관계와 사법관계의 구별은 후술하는 행정소송과 민사소송의 구별에서 특히 의미가 있다. 어떤 법(률)관계가 공법관계인지 사법관계인지는 법(률)관계 전반일 수도 있고, 그 일부일 수도 있다. 보통 일체된 법(률)관계는 그 전체가 공법관계나 사법관계로 되는 경우가 많겠지만 일부는 공법관계이고 다른 일부는 사법관계일 수 있는 법(률)관계도 있을 수 있다(대법 1983. 12. 27. 선고 81누366 판결[2] 참조). 이 경우에는 공법관계에 적용되는 법원리 및 특수성을 잊지 아니하도록 유의하여야 한다.

종래의 통설은 행정법을 공법에 한정하였기 때문에 행정법이 규율하는 법(률)관계인 행정법관계는 곧 공법관계를 의미하였다. 그러나 본서에서는 행정법을 공법에 한정하지 아니하고 행정사법도 포함하고 있으므로, 행정법관계를 반드시 공법관계에 한정하지 아니하며 행정사법관계를 포함한다.

행정법은 일반적으로 이와 같은 행정법관계의 형성·변경·소멸이라는 방법을 통하여 사회적으로 필요한 법의 실현을 도모한다. 행정법관계의 일반적인 특색은 구체적 권리·의무의 추상

---

1) 金道昶, 일반행정법론(상), 198쪽. 대법 2015. 1. 29. 선고 2012두7387 판결 : 중학교 의무교육의 위탁관계는 초·중등교육법 제12조 제3항, 제4항 등 관련 법령에 의하여 정해지는 공법관계로서, 대등한 당사자 사이의 자유로운 의사를 전제로 사익 상호간의 조정을 목적으로 하는 민법 제688조의 수임인의 비용상환청구권에 관한 규정이 그대로 준용된다고 보기도 어렵다.

2) 대법 81누366판결의 사안은 행정조달계약에서 입찰보증금 국고귀속조치와 입찰참가자격 정지처분을 다툰 사건이다. 대법원은 행정조달계약은 사법상 계약이라고 판시하였고, 입찰참가자격 제한 조치는 공권력적 행위로서 항고소송의 대상인 처분이라고 판시하였다(安哲相, 「공법관계와 사법관계의 구별—대법원 1983. 12. 27. 선고 81누366 판결—」, 한국행정판례연구회, 행정판례평선, 77쪽 이하). 대법 2017. 6. 29. 선고 2014두14389 판결은 "위 법리에 의하여 요청조달계약에 적용되는 국가를 당사자로 하는 계약에 관한 법률(국가계약법)조항은 국가가 사경제 주체로서 국민과 대등한 관계에 있음을 전제로 한 사법관계에 관한 규정에 한정되고, 고권적 지위에서 국민에게 침익적 효과를 발생시키는 행정처분에 관한 규정까지 당연히 적용된다고 할 수 없다. 특히 요청조달계약에 있어 조달청장은 수요기관으로부터 요청받은 계약 업무를 이행하는 것에 불과하므로, 조달청장이 수요기관을 대신하여 국가계약법 제27조 제1항에 규정된 입찰참가자격 제한 처분을 할 수 있기 위해서는 그에 관한 수권의 취지가 포함된 업무 위탁에 관한 근거가 법률에 별도로 마련되어 있어야 한다. 그런데 공공기관의 운영에 관한 법률 제44조 제2항은 "공기업·준정부기관은 필요하다고 인정하는 때에는 수요물자 구매나 시설공사계약의 체결을 조달청장에게 위탁할 수 있다"라고 규정함으로써, 공기업·준정부기관에 대해서는 입찰참가자격 제한 처분의 수권 취지가 포함된 업무 위탁에 관한 근거 규정을 두고 있는 반면, 기타공공기관은 여기에서 제외하고 있음을 알 수 있다. 따라서 수요기관이 기타공공기관인 요청조달계약의 경우에 관하여는 입찰참가자격 제한 처분의 수권 등에 관한 법령상 근거가 없으므로, 조달청장이 국가계약법 제27조 제1항에 의하여서는 계약상대방에 대하여 입찰참가자격 제한 처분을 할 수는 없다"라고 판시하고 있다. 이 판결에 대한 평석으로 朴正勳, 「요청조달계약과 입찰참가자격제한처분 권한—요청조달계약의 법적 성질, 사법적 관점과 공법적 관점—」, 규범과 현실의 조화—합리성과 실효성—(연우 최광률 명예회장 헌정논문집), 박영사, 2020, 105쪽 이하가 있다.

적·구체적, 관념적·현실적인 실현의 흐름에서 나타나는 특수한 법현상이다. 이러한 법현상은 구체적 사정에 따라 행정의 흐름에서 완결되는 것도 있고, 사법(司法)의 흐름을 거쳐 비로소 종식되는 것도 있다.

3. 행정조직법적 관계와 행정작용법적 관계

행정상 법(률)관계는 행정주체(국가·공공단체 등) 상호간의 관계 또는 그 행정기관 상호간의 관계 등 행정조직 구성요소 상호간의 법(률)관계와, 행정주체와 그 상대방(때로는 제3자)인 사인과의 법(률)관계(예컨대, 행정기관이 국민·주민에 대하여 행정행위를 행하거나 행정주체가 국민·주민과 계약을 체결함으로써 발생하는 법(률)관계)를 포함한다. 전자가 행정조직법적 관계이고, 후자가 행정작용법적 관계이다. 법(률)관계는 법주체 간의 권리·의무관계를 의미하는 것이므로 종래 행정상 법(률)관계라고 하면 행정작용법적 관계만을 생각하였다. 다시 말하면, 종래 통설에서는 행정작용법적 관계는 행정의 외부관계로서 법주체 간의 권리·의무관계이므로 행정상 법(률)관계이지만, 행정조직법적 관계는 행정의 내부관계로서 행정주체 상호 또는 행정주체 내부의 행정기관 상호의 권한과 책무관계이므로 법(률)관계가 아니라고 보았다. 그러나 오늘날에는 종래의 통설은 이미 낡은 생각[1]이며, 오히려 행정법의 체계는 행정조직법에 중심적 역할을 부여하고 있다고 본다.[2] 최근에는 조직보다 네트워크(network)라는 용어를 선호하는 경향이 있고, 외부행위 외에 내부행위도 중요시되는 경향이 있다. 이 책에서는 외부행위만을 의미할 때를 제외하고 행정작용 대신 행정활동이라는 용어를 사용하고 있다.

4. 행정법관계의 분류

행정법관계는 공법관계와 행정사법관계로 구분된다.

---

1) 19세기 Georg Jellinek에 의하여 대표되는 불가침투성이론에 의하면 법이란 법인격 간의 외부관계를 규율하는 것이므로 인격의 내부에는 법이 미치지 아니한다는 것이나, 불가침투성이론이 극복되면서 내부법에도 법관계가 성립한다는 이론이 승인되었다. 내부관계도 법관계라는 이론적 토대를 마련한 이는 Hans Julius Wolff 교수이다(이에 관한 논문으로 우리나라에서는 禹美亨, 「Hans J. Wolff의 행정조직법 이론에 관한 연구—공법상 '법인' 및 '기관' 이론을 중심으로—」(2016년 8월 서울대학교 박사학위청구논문)이 있다. 후술하는 바와 같이 국가나 지방자치단체 등 또는 그 기관이 헌법 또는 법률에 의하여 부여되어 법적으로 유효한 행위를 할 수 있는 능력으로 일반적으로 이해하는 권한과 권리는 구별되지만, 권리는 권한을 포함한다. 때로는 권한이 동시에 권리일 수 있기 때문이다. 독일의 판례는 지방의회의원의 본회의 공개를 구하는 청구권을 권리로 보고 있다(예컨대, OVG Münster, Urtel v. 24. 4. 2001. NVwZ-RR 2002, 135). 독일에도 과거 한 동안 기관은 인격이나 권리능력을 갖지 아니하므로, 실체법적으로 권리를 갖지 아니하며, 소송법적으로 당사자능력을 갖지 아니한다는 견해가 있었다. 그러나 오늘날에는 이른바 상대적 인격론 내지 부분적 권리능력론의 생각이 널리 받아드려지고 있으며, 기관의 능력을 부정하는 견해는 거의 없는 것으로 보인다.

2) E. Schmidt-Assmann, Das allgememe Verwaltungsrecht als Ordnungsidee, 2. Aufl., S. 239f.

(1) 공법관계

종래의 통설은 공법관계를 다시 권력관계와 관리관계로 구분하여 왔다.[1]

1) 권력관계

권력관계는 행정주체가 사인에 대하여 법(률)관계를 일방적으로 형성·변경·소멸시키거나 명령·강제하는 행정법관계라는 것이 통설이다. 권력관계라는 용어는 한때는 신민(臣民)과 국가의 "포괄적인 법적 의존관계"로 이해되기도 하였다.[2] 그러나 오늘날의 법치국가에서는 권력관계를 법적으로 규범화된 관계, 즉 법(률)관계로 본다.[3] 권력관계를 본래적 공법관계(ursprüngliches Öffentlichrechtsverhältnis)라고 부른다. 우리 「행정절차법」·「행정심판법」·「행정소송법」이 공권력의 행사를 그 요소로 한 것(행정절차법 2조 2호, 행정심판법 2조 1호, 행정소송법 2조 1항 1호)은 행정법관계에 권력관계가 존재함을 전제로 한 것이다. 통설에 의하면 권력관계는 공권력이 행사되는 법관계이므로 원칙적으로 공권력의 행사에 공정력 등과 같은 우월한 효력이 인정되고, 그 때문에 엄격한 법률의 수권과 기속을 받으며, 일반법원리적 규정 이외의 사법(私法)규정이 적용될 여지가 거의 없으며, 그에 관한 쟁송은 항고쟁송의 방법에 의하게 된다.

2) 관리관계

관리관계는 권력관계와는 달리 대등한 당사자간의 법(률)관계이지만 사법관계와는 달리 공익과의 밀접한 관계 때문에 공법관계로 분류되는 행정법관계(예: 공물관리 등 행정주체의 관리행위에 의하여 형성·변경·소멸되는 법률관계)라는 것이 통설이다. 전래적 공법관계(abgeleitetes Öffentlichrechtsverhältnis)라고 부른다. 통설에 의하면 관리관계는 행정법규가 명문으로 사법관계와 다른 특별한 규율을 하고 있는 경우 또는 사법관계와는 구별하여 특별히 취급하여야 할 공익상의 필요가 행정법규의 근거에서 인정되는 경우에 한하여 공법관계의 범주에 들어가게 되며, 그에 관한 쟁송은 행정쟁송 중 주로 당사자쟁송의 방법에 의하게 된다.[4]

---

1) 종래의 통설은 공법관계에 대한 사법규정의 적용의 문제를 다룬다. 이 문제에 대하여 다수설은 사법규정 중 모든 법분야에 타당한 법의 일반원리에 속하는 규정과 기술적인 약속으로 다른 법분야에 적용될 수 있는 규정은 그 일반규율적 성격에 따라 행정법관계에 직접 적용될 수 있고, 그 밖의 사법규정은 권력관계에는 원칙적으로 적용되지 않고, 관리관계에는 원칙적으로 적용된다는 것이다. 이에 맞추어 혼인 개념을 살펴보면 혼인의 고유한 특성 때문에 위 다수설의 설명이 잘 적용되지 아니한다는 지적이 있다. 이 지적에서 우리 실정법에 나타나는 혼인 개념을 제대로 이해하기 위해서는 제도적 방법론을 통한 접근을 제안한다(이희준, 「행정법관계에서의 혼인 개념에 관한 일고」, 행정법이론실무학회 제247회 정기학술발표회 자료집 참고).

2) O. Mayer, Deutsches Verwaltungsrecht, Bd. 1, 3. Aufl., 1924, S. 101.

3) O. Bachof, Diskussionsbemerkung, VVDStRL 66, 1987, S. 259f.

4) 대법 2008. 5. 29. 선고 2007다8129 판결: 구 공익사업을 위한 토지 등의 취득 및 보상에 관한 법률 제2조, 제78조에 의하면, 세입자는 사업시행자가 취득 또는 사용할 토지에 관하여 임대차 등에 의한 권리를 가진 관계인으로서, 같은 법 시행규칙 제54조 제2항 본문에 해당하는 경우에는 주거이전에 필요한 비용을 보상받을 권리가 있다. 그런데 이러한 주거이전비는 당해 공익사업 시행지구 안에 거주하는 세입자들의 조기이주를 장려하여 사업추진을 원활하게 하려는 정책적인 목적과 주거이전으로 인하여 특별한 어려움을 겪게 될 세입자들을 대상으로 하는 사회

3) 통설에 대한 비판

그러나 오늘날의 현대행정은 광범위한 영역에 걸쳐서 권력적 수단만이 아니라 비권력적 수단이 서로 짝을 이루는 등 다양한 수단을 구사하여 그 목적을 실현하고 있다. 따라서 공법관계를 권력관계와 관리관계로 일도양단 식으로 구별하기 어려워지고 있다.

(2) 행정사법관계

행정사법관계는 행정주체가 사법의 형식을 사용하여 직접적으로 행정목적을 추구하는 경우에 그 목적 때문에 공공적 제약이 과하여지는 법(律)관계이다. 오늘날 행정기능의 확대와 더불어 행정주체의 행정활동의 범위가 확대되면서 행정주체가 행정목적을 달성하기 위하여 사법상 계약 기타 수단을 사용하는 경우가 많다. 예컨대 공익사업시행자가 공익사업에 필요한 토지 등을 토지소유자로부터 협의에 의하여 취득하는 것은 형식상 사업시행자와 토지소유자 간의 사법상 계약(대법 2000. 8. 22. 선고 98다60422 판결 참조)이지만 그 실질은 공익사업의 효율적인 수행을 위한 복리행정의 일환이며(공익사업을위한토지등의취득및보상에관한법률 1조), 예금보험공사가 예금자보호 및 신용질서의 안정을 위하여 부실(不實)우려금융기관의 재무구조개선이 필요하다고 인정하는 경우 운영위원회의 결의에 따라 부보(附保)금융기관 등에 대하여 자금지원을 행하는 것(예금자보호법 38조) 그 자체는 사법(私法)의 형식을 사용하고 있지만 그 실질은 중요한 사회경제행정이며 이를 통하여 공적자금의 배분이 결정된다. 이러한 사법상 계약은 행정주체가 사인과 동일한 재산권의 주체로서 상대방과 체결하는 것이 아니라 행정주체에 과하여진 행정임무·목적을 달성하기 위하여 상대방과 체결하는 것이다.

이와 같은 행정사법관계에 있어서는 행정주체가 행하는 행위는 형식적으로는 사법작용이지만 실질적으로는 행정목적을 추구하는 행정활동이다. 그러므로 사적자치원칙의 전적인 적용을 받는 것이 아니라 헌법상의 기본권 보장 특히 자유권·평등권 보장과 같은 헌법상의 제약을 받거나 행정상의 법의 일반원칙 등 행정법상의 제약을 받게 되며, 그 밖에 행정사법이 정한 규율을 받게 된다[1].

보장적인 차원에서 지급되는 금원의 성격을 가지므로, 적법하게 시행된 공익사업으로 인하여 이주하게 된 주거용 건축물 세입자의 주거이전비 보상청구권은 공법상의 권리이고, 따라서 그 보상을 둘러싼 쟁송은 민사소송이 아니라 공법상의 법(律)관계를 대상으로 하는 행정소송에 의하여야 한다. … 위 주거이전비 보상청구권은 그 요건을 충족하는 경우에 당연히 발생되는 것이므로, 주거이전비보상청구소송은 행정소송법 제3조 제2호에 규정된 당사자소송에 의하여야 할 것이다. 대법 2017. 11. 9. 선고 2015다215526 판결은 국책사업인 '한국형 헬기 개발사업'에 개발주관사업자 중 하나로 참여하여 국가 산하 중앙행정기관인 방위사업청과 '한국형헬기 민군겸용 핵심구성품 개발협약'의 법(律)관계는 공법관계에 해당하므로 이에 관한 분쟁은 행정소송으로 제기하여야 한다고 하였다.

1) 행정사법관계에서 행정주체가 행하는 행위는 사법형식에 의한 공행정의 수행이므로 행정주체가 사법상 재산권의 주체로서 등장하는 이른바 국고관계(사법상 법률관계)에서 행하는 행위(예: 국가·지방자치단체의 일반재산 매각)와 구별해야 한다.

5. 사법상 법(률)관계와 행정법규

현재까지의 통설은 행정활동이 전제로 하는 사인간의 법(률)관계 그 자체를 일반적으로 행정법관계에 포함시키고 있지는 않다. 그러나 행정법규가 사인간의 법(률)관계에 개입하는 등 관여되는 경우[1]가 있다. 그 대표적인 사례가 토지거래계약허가제(국토의계획및이용에관한법률 118조)이다. 여러 경우 중 오래동안 논의되어 왔던 문제의 하나가 행정법규에 위반한 사인의 법률행위의 효력이다. 이 점과 관련하여 통설은 일반적으로 행정법규가 사법상 법(률)관계에 미치는 영향의 유형으로서 단속법규(훈시법규)와 강행법규(효력법규)로 나누어 왔다. 전자는 행정법규의 취지가 위반행위에 대하여 제재를 과함에 그치고 법(률)행위의 효력 그 자체까지는 부인하지 않으려는 것이고, 후자는 행정법규의 취지가 제재의 유무를 불문하고 법(률)행위의 효력을 부인하려는 것이다. 예컨대, 구 임대주택법상의 임대조건의 신고, 표준임대차계약서 사용에 관한 규정은 단속법규로서 이들 규정을 위반한 임대사업자와 임차인간에 체결된 임대주택에 대한 임대차계약의 사법적 효력까지 부인되는 것이 아님(대법 2000. 10. 10. 선고 2000다32055, 32062 판결)에 반하여, 「사립학교법」상의 재산관리 및 보호에 관한 제28조 제1항의 규정에 위반하여 학교법인이 그 기본재산을 감독청의 허가 없이 타인에게 이전하는 행위(대법 1989. 11. 28. 선고 88누9268 판결), 관련 법령에서 정한 한도를 초과하는 부동산중개수수료 약정(대법 2007. 12. 20. 선고 2005다32159 전원합의체 판결), 국유재산에 관한 사무에 종사하는 직원이 타인의 명의로 국유재산을 취득하는 행위(대법 2017. 12. 22. 선고 2015다205086 판결), 문화재수리업자의 명의대여 행위를 금지한 문화재수리 등에 관한 법률 제21조에 위반한 명의대여계약이나 이에 기초하여 대가를 정산하여 받기로 하는 정산금 약정(대법 2020. 11. 12. 선고 2017다228236 판결)은 강행법규 위반으로 무효이다. 양자의 구별은 행정법규가 명문의 규정에 의하여 어느 것임을 명시하고 있을 때에는 문제가 없지만(예컨대, 독점규제및공정거래에관한법률 19조 4항), 그렇지 아니할 때에는 행정법규의 취지, 당해 행위의 성질, 거래의 안전 고려, 당사자 간의 선의·악의, 위반행위에 대한 사회적·윤리적 비난의 정도 등 구체적 사정을 고려하여 개별적으로 결정할 수밖에 없다는 것이 통설이다.[2] 통설이 공법관계

---

1) 대법 2014. 9. 4. 선고 2013다3576 판결에 의하면, 한국자산관리공사가 국유재산의 무단점유자에 대하여 변상금 부과·징수권을 행사한 경우 민사상 부당이득반환청구권의 소멸시효가 중단된다.

2) 대법원은 "행정법상 금지규정을 위반한 행위의 효력의 유무나 제한 또는 법원이 그 행위에 따른 법률효과의 실현에 대한 조력을 거부할 것인지의 여부는 해당 법규정이 가지는 넓은 의미에서의 법률효과에 관한 문제로서, 법규정의 해석에 의하여 정하여진다. 따라서 명문의 정함이 있다면 당연히 이에 따라야 할 것이고, 정함이 없는 때에는 종국적으로 금지규정의 목적과 의미에 비추어 그에 반하는 행위의 무효 기타 효력 제한이 요구되는지를 검토하여 정할 것이다"라고 하고, 구 종자산업법이 규정하고 있는 등록제와 신고제는 '식물의 신품종에 대한 육성자의 권리 보호, 주요 작물의 품종성능 관리, 종자의 생산·보증 및 유통, 종자산업의 육성 및 지원 등에 관한 사항을 규정함으로써 종자산업의 발전을 도모'하려는 구 종자산업법의 목적을 달성하기 위한 수단인바, 위 규정을 위반한 행위가 그 법률상 효과까지도 부인하지 않으면 안 될 정도로 현저히 반사회성, 반도덕성을 지닌 것이라고 보기 어렵다. 또한, 위 등록제 및 신고제는 그 행위 자체를 금지하고 예외적인 경우에 허가하는 것이 아니라, 종자산업의 기반조성, 종자의 유통·관리 등 종자산업 발전을 위한 행정목적 달성을 위하여 일정한 기준을 세우고 그 요건이 갖추어지면 이를 거부할 수 없는 것으로, 위 규정들은 강행규정이 아니라 단속규정이라고 보

와 사법관계를 준별하여, 공법관계에서와 달리, 행정법규가 사법상 법(률)관계에 미치는 영향을 단속법규와 강행법규로 유형화하여 단속법규에 위반하는 법(률)행위의 효력을 전적으로 부정하지 아니하는 것은, 공법이든 사법이든 기본권을 보호 또는 지원함을 목적으로 하고 있는 점에 차등을 두고 있지 않는 헌법의 관점에서 본다면 검토의 여지가 있다.

6. 현대 행정법관계의 특색과 과제

(1) 현대 행정법관계의 특색

종래의 전통적 행정법학에 있어서는 행정법관계는 행정주체와 그 상대방인 사인과의 관계만을 염두에 두고 있었다. 즉 전통적 행정법학은 행정주체와 사인의 대립(이른바 국가와 사회의 대립)을 전제로 하여 사인의 권리를 행정주체에 의한 침해로부터 방어하는 것을 중심으로 하여 형성되어 있었다. 그것은 행정주체가 적극적으로 국민·주민의 권리를 제한하거나 의무를 과하는 행정활동을 행하는 경우에 꼭 들어맞는 이론이다. 이러한 행정법관계를 근대행정법의 이면(二面)적 법관계라고 부른다.

그러나 현대 행정법에 있어서는 행정법관계가 행정주체와 그 상대방인 사인과의 관계에 그치는 것이 아니라 상대방 이외의 제3자인 또 다른 사인이 등장하게 된다. 그것은 현대 급부국가의 진전과 사회의 고도산업화 및 사인의 가치관의 다양화에 기인하는 것이지만, 어떻든 오늘날 사인과 사인간의 이해대립이 크게 늘어나고 있다. 예컨대 행정청이 특정한 사인에게 연탄공장을 허가함으로써 허가를 받은 자와 연탄공장의 이웃에 거주하는 주민과의 이해대립, 건축허가가「건축법」상의 높이제한을 위반하여 행하여진 경우의 건축주와 일조권이 침해된 인근주민인 제3자와의 이해대립, 경제활동에 부수하는 오염물질의 배출로 환경을 훼손하는 사업자와 사업자의 경제활동으로 인하여 피해를 받게 된 인근주민 내지 일반대중과의 이해대립 등이 그것이다. 이들 행정법관계를 삼면(三面)적 법관계 또는 다면(多面)적 법관계라고 부른다. 다면적 법관계는 이면적 관계와는 달리 복잡다양한 이해관계의 조정을 필요로 하는 동태적 행정법관계이며, 이것이 현대 행정법관계의 특색을 이룬다. 따라서 현대 행정은 다면적 법관계를 조정·형성할 임무를 지고 있다.

행정행위론에서 논하여지는 복효적 행정행위는 바로 다면적 법관계를 전제로 한 것이다.「행정소송법」에서 논의되고 있는 취소소송의 원고적격 유무 및 범위(취소심판의 청구인적격 유무 및 범위도 마찬가지이다)와 관련된 논점도 다면적 법관계가 중심이 되어 있다(제3자의 소송법적 지위, 원고적격·협의의 소의 이익의 확대론 등). 이러한 논점이 발생하게 되는 것은 다면적 법관계에 있어서는 행정법규가 그 모두를 예측하여 제3자의 이익도 고려하여 규율하는 것이 극히 어렵기 때문이다. 최근 새로이 제정되고 있는 행정법규 등은 이와 같은 다면적 법관계에 대하여 입법적 대응을 하

아야 한다(대법 2020. 4. 9. 선고 2019다294824 판결)”고 판시하고 있다.

고 있다. 예컨대, 「행정절차법」은 "당사자 등"을 정의하면서 "신청에 의하여 행정절차에 참여하게 한 이해관계인"을 포함하고 있는 규정(동법 2조 4호), 공청회의 개최(동법 38조) 등의 규정을 두고 있으며, 「공공기관의 정보공개에 관한 법률」은 정보공개청구가 있은 경우 공개대상정보의 전부 또는 일부가 제3자와 관련이 있다고 인정되는 때에는 공공기관이 제3자에게 지체없이 통지하도록 하고 필요한 경우 의견청취를 하도록 규정(동법 11조 3항)하고 있다.

(2) 현대 행정법관계의 과제

오늘날 행정주체의 다면화, 인간의 자유, 인간의 인간다운 생활의 보장, 국제화 등 사회가 변화하게 됨에 따라 협소하고 국부적이며 경직된 행정법관계를 대상으로 한 전통적 행정법 이론체계는 그 한계를 극복하기 위한 행정의 현대적 과제에 직면하고 있다. 학자들이 제시하고 있는 처방전은 그 시각이나 관점에 따라 다양하게 전개되고 있다. 이를 행정법관계에 한정하여 보면 현재로서는 두 가지 기류로 나눌 수 있다. 그 한 기류는 행정법학이 사인의 권리·이익 보호를 위한 이론체계로 구성되어야 함에는 변함이 없고, 이를 바탕으로 행정의 현대적 과제를 극복하여야 하며, 국민·주민의 참가나 협동도 이 바탕의 연장선상의 문제로 형성하여 가야한다는 입장이다. 이에 대하여 다른 한 기류는 현대 행정의 다양한 전개 및 현실 행정의 다양한 활동 형식을 사실로서 받아들여 행정권을 권력 담당자로 볼 것이 아니라 사회에서의 여러 이익의 대립을 조정하는 관리자로 보고, 사인을 행정의 공동경영자로 파악하여 행정의 원활하고 효율적인 목적을 달성하는 말하자면 행정법학을 행정을 관리하기 위한 관리학으로 생각하는 입장이다.

이들 논자 중에는 법관계의 주체를 전통적인 법개념으로서의 권리주체에 한정하지 아니하고 상대적으로 파악하여, 법관계의 성립도 전통적 의미의 권리·의무관계가 아니라, 법규범이 의미부여가 가능한 한, 법관계가 성립한다고 생각한다. 이에 의하면 조직과 조직 구성원간의 관계, 조직과 조직 간의 관계, 조직과 기관 관리자 간의 관계, 기관과 기관 간의 관계와 같은 법관계가 여러 모습으로 형성될 수 있다는 견해가 있다.

지금까지는 전자의 기류가 주류를 이루고 있다. 그러나 기류는 법화(法化)를 심화시키는 방향으로 언제든지 변할 수 있다.

제 2 절 행정법관계의 당사자

Ⅰ. 행정주체·행정객체

행정법관계의 당사자는 행정주체와 행정객체임이 원칙이다. 행정법관계는 행정주체 상호간의 관계도 포함한다는 것은 위에서 본 바와 같다.

1. 행정주체

(1) 행정주체의 의의

행정활동의 주체를 학문상 행정주체라 한다. 즉 행정주체란 자기의 이름과 책임으로 행정을 행할 권리와 의무를 가진 행정법관계의 일방의 당사자를 말한다. 행정주체는 법인격을 가지고 있다는 점에서, 원칙적으로 행정주체의 수족으로서 행동하는 법적 단위에 불과한 행정기관과 구별된다는 것이 지금까지의 통설이다(→ 행정조직법상의 법 주체). 그러나 행정주체와 행정기관의 구별이 상대적 구별에 불과하다는 견해가 유력해지고 있음은 주의를 필요로 한다.[1] 행정기관의 개념에는 작용법적 기관개념과 사무배분적 기관개념의 두 가지가 있다(→ 행정조직법상의 기관개념). 행정기관 중에서 행정주체의 의사를 결정하여 외부에 표시할 수 있는 권한을 가진 행정기관을 행정청[2]이라 부른다. 또한 행정주체는 행정기관의 구성자인 공무원과 구별된다.

(2) 행정주체의 종류

행정주체에는 국가·지방자치단체·기타 공공단체 및 행정사무를 위임받은 사인(행정사무수탁사인)이 있다. 종래에는 공법인의 용어를 사용하여, 행정주체는 국가·지방자치단체·기타 공공단체 등 공법인에 한정되어 왔다. 그러나 공법·사법의 상대화에 대한 인식이 확산되면서 공법인 대신 행정주체의 개념이 주로 사용되는 반면, 다른 한편에서는 사인에게 행정권을 위탁하는 경우가 늘어나면서 행정사무수탁사인을 행정주체에 포함시키게 된 것이다. 행정사무수탁사인을 흔히 공무수탁사인이라 부른다.

행정주체에 관한 상세한 설명은 제5편 행정조직법에서 다루고 있다.

---

1) 후술하는 바와 같이 종래 행정조직 내부를 규율하는 규범으로 법규정을 부인하던 행정규칙에 법규정을 인정하려는 "행정규칙의 외부화"는 권리능력을 갖지 않는 행정기관에 대하여 법주체성을 인정하는 인식에서 가능해진다(→ 행정규칙의 법규성 문제).

2) 「행정절차법」 제2조 제1호는 행정청을 정의하여 "행정에 관한 의사를 결정하여 표시하는 국가 또는 지방자치단체의 기관 그 밖에 법령 또는 자치법규에 의하여 행정권한을 가지고 있거나 위임 또는 위탁받은 공공단체나 그 기관 또는 사인을 말한다"라고 규정하고, 「행정심판법」 제2조 제4호와 「행정소송법」 제2조 제2항은 각각 "이 법을 적용함에 있어서 행정청에는 법령에 의하여 행정권한의 위임 또는 위탁을 받은 행정기관, 공공단체 및 그 기관 또는 사인이 포함된다"라고 규정하고 있다. 따라서 이들 법에서 말하는 행정청은 행정조직법상의 행정청(→ 제5편 제1장 제2절 Ⅲ. 2.), 즉 본래의 의미의 행정청 개념보다 넓은 개념으로 사용되고 있다.

2. 행정객체

행정활동의 주체의 상대가 되는 당사자를 학문상 행정객체라고 한다. 행정객체는 공공단체와 사인(자연인뿐만 아니라, 법인이나 법인격 없는 단체를 포함한다)임이 원칙이다. 국가가 행정주체인 경우에는 그 상대방인 행정객체는 공공단체와 사인(국민 등)임이 원칙이며, 공공단체와 사인이 행정주체인 경우에는 그 상대방인 행정객체는 주로 사인(주민 등)임이 원칙이다.

II. 권리능력·행위능력

1. 권리능력

행정법관계는 권리·의무관계이므로 그 당사자는 권리능력을 가져야 함이 원칙이다. 행정법상의 권리능력은 「민법」상의 그것과 반드시 동일하지는 않다. 일반적으로 말하면 「민법」상 자연인의 권리능력은 원칙적으로 각인이 평등함에 반하여 행정법상의 권리능력 및 의무능력은 각각의 분야의 특수성에 따라 한결같지 않다. 행정법의 분야에는 「민법」상 권리능력이 없는 자에게 권리능력을 인정하기도 하고, 반대로 「민법」상 권리능력이 있는 자에게 권리능력을 인정하지 아니하기도 한다. 행정법상 권리·의무의 능력범위를 각 분야마다 어떻게 정하느냐는 기본적으로는 입법정책에 맡겨져 있다. 「국가배상법」은, 상호주의에 의하는 것이지만, 외국인이 배상청구권을 가지지 못하도록 규정하고 있고, 「상훈법」 제33조는 사망자에 대한 훈장수여[1]를 규정하고 있다.

행정법규에는 자격요건을 규정하거나 인허가 등과 관련하여 결격사유를 규정하고 있는 경우가 적지 않다(건축사법 9조, 관광진흥법 7조, 행정기본법 16조). 이런 종류의 규정이 당해 법률관계의 권리능력에 관한 것인지 행위능력에 관한 것인지가 반드시 명백하지 않은 경우가 있다.

2. 행위능력

행정법에도 법적 효과를 수반하는 행위를 스스로 완전히 행할 수 있는 능력이라는 의미의 행위능력의 관념이 존재한다. 그러나 어떠한 요건 아래서 행정법상 행위능력이 인정되는가에 대하

---

1) 대법 2014. 9. 26. 선고 2013두2518 판결: 헌법과 상훈법의 규정취지에 의하면, 서훈은 서훈대상자의 특별한 공적에 의하여 수여되는 고도의 일신전속적 성격을 가지는 것이다. 나아가 서훈은 단순히 서훈대상자 본인에 대한 수혜적 행위로서의 성격만을 가지는 것이 아니라, 국가에 뚜렷한 공적을 세운 사람에게 영예를 부여함으로써 국민 일반에 대하여 국가와 민족에 대한 자긍심을 높이고 국가적 가치를 통합·제시하는 행위의 성격도 있다. 서훈의 이러한 특수성으로 말미암아 상훈법은 일반적인 행정행위와 달리 사망한 사람에 대하여도 그의 공직을 영예의 대상으로 삼아 서훈을 수여할 수 있도록 규정하고 있다. 그러나 그러한 경우에도 서훈은 어디까지나 서훈대상자 본인의 공적과 영예를 기리기 위한 것이므로 비록 유족이라고 하더라도 제3자는 서훈수여 처분의 상대방이 될 수 없고, 구상훈법 제33조, 제34조 등에 따라 망인을 대신하여 단지 사실행위로서 훈장 등을 교부받거나 보관할 수 있는 지위에 있을 뿐이다. 이러한 서훈의 일신전속적 성격은 서훈취소의 경우에도 마찬가지라고 할 것이므로, 망인에게 수여된 서훈의 취소에서도 유족은 그 처분의 상대방이 되는 것이 아니다. 이와 같이 망인에 대한 서훈취소는 유족에 대한 것이 아니므로 유족에 대한 통지에 의해서만 성립하여 효력이 발생한다고 볼 수 없고, 그 결정이 처분권자의 의사에 따라 상당한 방법으로 대외적으로 표시됨으로써 행정행위로서 성립하여 효력이 발생한다고 봄이 타당하다.

여는 일반적인 규정이 없고 개개의 행정법규에 맡겨져 있다(예컨대, 사행행위등규제및처벌특례법은 6조 2호 가목에서 미성년자, 피성년후견인 또는 피한정후견인에게 허가할 수 없도록 규정하고 있다). 많은 행정법규에는 자격요건·결격사유 등에 관한 규정을 두고 있으나, 그것이 권리능력에 관한 규정인지 행위능력에 관한 규정인지 반드시 명백하지 않은 경우가 있음은 이미 상술한 바와 같다.

문제는 행정법규에 규정이 없는 경우에「민법」·「형법」의 규정이 적용 내지 유추적용되느냐의 것이다. 이 문제에 대하여는 재산법적 내용을 가진 행위에 대하여는「민법」의 행위능력에 관한 규정이 적용되나 비재산법적 내용을 가진 행위에 대하여는「민법」의 행위능력에 관한 규정이 유추적용되지 아니한다는 것이 종래의 통설이다. 그러나 재산법적 내용을 가진 행위인가 아닌가의 구별이 명확하지 않고 재산법적 내용을 가진 행위라 하더라도 개개 행정법규의 취지·목적에서 미성년자에게 행위능력을 인정하지 않으면 아니 될 경우도 적지 않을 것이다.

제 3 절 행정법관계의 성립·변경·소멸

Ⅰ. 행정법관계의 성립·변경·소멸의 원인

행정법관계의 성립·변경·소멸의 법률효과를 발생시키는 원인을 행정법상의 법률요건이라고 한다. 원인은 하나만이 아니고 여러 개가 있을 수 있다. 원인을 이루는 개개의 낱개를 행정법상의 법률사실이라 한다. 행정법상의 법률사실은 인(人)의 활동을 요소로 하는 법률사실인 용태(Verhalten)와 인의 활동을 요소로 하지 아니하는 법률사실인 사건(Angelegenheit)으로 나뉜다. 용태는 다시 인의 활동이 외부로 나타나는 외부적 용태(행위)와 인의 활동이 외부로 나타나지 않고 인의 내심(內心)에 머물러 있는 내부적 용태(예: 선의·악의, 고의·과실)로 나뉜다. 행위에는 적극적 행위와 소극적 행위 및 법적 행위와 사실행위(경고, 권고, 공사의 시공, 물건의 폐기 등)가 있다. 소극적 행위는 일정한 적극적 행위를 행하지 아니한다는 태도의 표명이며(예: 허가신청거부행위), 아무런 행위를 하지 아니하는 부작위와 구별된다. 소극적 행위와 부작위는 민사법에서와 달리 때로는 행정법상 중요한 의미를 가질 때가 있다. 사건에는 소멸시효, 제척기간·실권과 같은 시간의 경과, 인의 출생·사망, 주소·거소의 소재 등이 있다.

Ⅱ. 행정법관계의 성립

행정법관계는 위에서 본 바와 같이 여러 원인에 의하여 성립한다. 중요한 원인은 다음과 같다.

(1) 직접 행정법규의 규정에 의하여 행정주체와 사인간에 일정한 법(률)관계가 형성되는 경우가 있다. 예컨대 행정법규에 의하여 상대방에게 일정한 권리(예컨대 항만법에 의한 비관리청의 항만시설무상사용권)가 발생하거나(대법 2001. 8. 21. 선고 2000두8745 판결) 또는 신고의무

(예컨대 집회및시위에관한법률에 의한 옥외집회 및 시위신고의무)가 일방적으로 발생하거나, 일정한 행위를 할 작위의무(예컨대 대기환경보전법에 의하여 자동차 제작자의 검사를 받아야 할 의무), 일정한 행위를 하지 아니할 부작위의무(예컨대 도로교통법에 의하여 도로의 무단횡단을 하지 아니할 의무), 또는 참아야 할 수인의무(예컨대 온천법에 의하여 공무원이 행하는 온천시설검사에 수인해야 할 의무, 공익사업을위한토지등의취득및보상에관한법률에 의하여 허가 등을 받은 공익사업시행자의 토지 출입·측량·조사행위를 수인해야 할 토지소유자의 의무)가 발생하는 경우 등이다.

(2) 행정주체의 우월한 의사의 표시로서의 행정행위에 의하여 법(률)관계가 발생하는 경우이다. 예컨대 사인이 행정청의 영업허가나 사업면허에 의하여 일정한 영업이나 사업을 경영할 지위 또는 권리를 취득하며, 시설의 개선명령이나 철거명령에 의거하여 개선의무나 철거의무를 지는 경우 등이다.

(3) 행정청의 직권에 의한 일정한 사실행위를 계기로 일정한 법(률)관계가 발생하는 경우이다. 예컨대 직권에 의한 보호, 일정한 시설에의 수용조치 등이다.

(4) 공법상 계약에 의하여 행정법관계가 형성되는 경우이다. 예컨대 교육사무위탁과 같은 공공단체 상호간의 사무위탁, 지방자치단체와 사기업 사이에 체결되는 환경보전협정 등이다.

(5) 사인 간의 계약에 의하여 행정법관계가 형성되는 경우이다. 예컨대 공익사업시행자와 토지소유자가 공익사업에 필요한 토지 등을 취득하기 위하여 사업인정 전에 협의에 의하여 체결하는 계약(공익사업을위한토지등의취득및보상에관한법률 17조) 등이다.

(6) 사무관리·부당이득에 의하여 법(률)관계가 형성되는 경우가 있다.[1] 사무관리의 예로는 대법 2014. 12. 11. 선고 2012다15602 판결을 들 수 있다. 즉, 甲 주식회사 소유의 유조선에서 원유가 유출되는 사고가 발생하자 해상 방제업 등을 영위하는 乙 주식회사가 피해 방지를 위해 해양경찰의 직접적인 지휘를 받아 방제작업을 보조한 사안에서, 甲 회사의 조치만으로는 원유 유출사고에 따른 해양오염을 방지하기 곤란할 정도로 긴급방제조치가 필요한 상황이었고, 위 방제작업은 乙 회사가 국가를 위해 처리할 수 있는 국가의 의무 영역과 이익 영역에 속하는 사무이며, 乙 회사가 방제작업을 하면서 해양경찰의 지시·통제를 받았던 점 등에 비추어 乙 회사는 국가의 사무를 처리한다는 의사로 방제작업을 한 것으로 볼 수 있으므로, 乙 회사는 사무관리에 근거하여 국가에 방제비용을 청구할 수 있다고 본 원심 판단을 대법원은 수긍하고 있다. 부당이득의 경우는 행정주체의 부당이득 반환청구와 사인

---

1) 崔桂暎 교수는 현재 민사판결에서 나타나는 공법상의 법정채권 관계의 문제들, 이른바 배타적 사용·수익권 포기의 문제(국가·지방자치단체가 사인 소유 토지를 권원없이 도로 등으로 사용하면 토지 소유자는 원칙적으로 무단점유로 인한 부당이득 반환청구권을 갖지만, 토지 소유자가 토지에 대한 독점적 배타적인 사용·수익권을 포기한 것으로 평가될 수 있는 경우에는 부당이득반환을 청구할 수 없다는 법리)와 이른바 과잉 원외처방 약제비 환수의 문제라는 두 가지 최근의 사례를 들어, 행정법학에서 탐구해야 할 필요성을 강조한다. 그러면서 "전면적인 관할의 전환이 없더라도 그리고 공법관계와 사법관계가 혼용되어 있는 영역에서도 행정법학의 관점에서의 탐구는 계속되어야 한다"고 역설한다(同人, 「행정법에서의 법정채권—공법상 사무관리와 부당이득을 중심으로—」, 행정법학(한국행정법학회) 제20호, 147쪽 이하).

의 부당이득 반환청구로 나눌 수 있다. 전자는 「국민기초생활보장법」 제47조 제1항, 「여객자동차운수사업법」 제51조 제3항 등에서 볼 수 있는 바와 같이 행정주체의 부당이득반환청구권 행사는 처분방식으로 부과할 수 있도록 하고, 그 징수도 체납처분 절차에 의하도록 하는 예가 많다. 후자는 부당이득 반환청구의 소로 청구하게 된다. 행정처분으로 인한 경우에는 처분은 공정력을 갖고 있으므로 처분이 취소되어야 부당이득을 구성하는 것이므로 취소소송에 당해 처분의 취소를 선결문제로 하는 부당이득반환청구가 병합될 것이며, 그밖에 법률관계로 인한 경우에는 공법상 당사자소송이 될 것이다. 대법 2009. 4. 9. 선고 2008두23153 판결은 "행정소송법 제10조는 처분의 취소를 구하는 취소소송에 당해 처분과 관련되는 부당이득반환소송을 관련 청구로 병합할 수 있다고 규정하고 있는바, 이 조항을 둔 취지에 비추어 보면, 취소소송에 병합할 수 있는 당해 처분과 관련되는 부당이득반환소송에는 당해 처분의 취소를 선결문제로 하는 부당이득반환청구가 포함되고, 이러한 부당이득반환청구가 인용되기 위해서는 그 소송절차에서 판결에 의해 당해 처분이 취소되면 충분하고 그 처분의 취소가 확정되어야 하는 것은 아니라고 보아야 한다"라고 판시하고 있다.

Ⅲ. 행정법관계의 변경·소멸

일단 성립한 행정법관계는 여러 원인에 의하여 변경·소멸된다. 그 중 중요한 원인은 다음과 같다.

(1) 행정법규가 정한 특별한 조건의 충족에 의하여 소멸한다. 예컨대 의무자가 작위의무·급부의무를 이행한 경우, 법정부관(法定附款)에서 정한 기한이 도래한 경우, 상대방이 사망한 경우 등 행정행위의 실효사유(失效事由)에 해당하게 된 경우 등이다.

(2) 행정행위에 의하여 변경·소멸된다. 예컨대 허가·특허의 취소·철회 등에 의하여 허가·특허에 의해 형성된 법(률)관계가 소멸하는 경우이다.

(3) 공법상 계약·행정사법상 계약에 의하여 정하여진 기간의 경과, 해제조건의 성취, 계약해제·해지 등에 의하여 소멸된다.

기간에 관한 계산의 일반적인 사항은 「민법」에서 정하고 있다. 개별 행정명령(예컨대, 민원처리에 관한 법률 19조, 행정기본법 6조 2항 등)에서 기간의 계산에 대한 별도의 규정이 없는 한 「민법」이 준용된다.

법령 또는 처분에서 국민의 권익을 제한하거나 의무를 부과하는 경우 권익이 제한되거나 의무가 지속되는 기간의 계산은 다음과 같은 기준에 따른다. ① 기간을 일, 주, 월 또는 연으로 정한 경우에는 기간의 첫날을 산입한다. 이는 「민법」 제157조의 초일불산입과 다르다. ② 기간의 말일이 토요일 또는 공휴일인 경우 기간은 그 날로 만료한다. 이는 기간의 말일이 토요일 또는 공휴일이면 기간이 그 다음날 만료하도록 규정하고 있는 「민법」 제161조의 예외에 해당한다. 다만, ①②의 예외가 국민에게 불리한 경우에는 예외에 대한 예외를 인정한다(행정기본법 6조 2항). 따라서 예컨대 일정 기간 이내에 건물을 철거하도록 하는 의무를 부담하는 당사자에게 건물에서 퇴거하는 시간적 여유를 확보하기 위해 기간이 하루라도 늦게 도래하는 것이 유리한 경우에는 예외에 대한 예외를 인정하여 「민법」 제157조의 초일불산입을 적용한다. 공휴일 등이 만료일인 경우 금전급부의무를 부담하는 당사자에게 납부비용마련을 위해 그 다음날이 기간 만료인 것이 자금 융통에 보다 유리한 경우에는 예외에 대한 예외를 인정하여 「민법」 제161조를 적용한다(법제처, 행정기본법 조문별 해설, 20쪽 이하 참조).

(4) 행정법관계는 시효에 의하여 소멸된다. 시효란 일정한 사실상태가 오랫동안 계속된 경우에 이 사실상태가 진실한 법률관계에 합치되는 것인지 어떤지를 묻지 아니하고 그 계속되어 온 사실상태에 법(률)상의 효과를 부여하여 권리를 소멸시키거나 또는 취득시키는 제도를 말한다. 시효에는 소멸시효와 취득시효가 있다.

1) 소멸시효란 권리의 불행사가 일정기간 계속됨으로써 권리의 소멸을 가져오는 것을 말한다. 「민법」은 이를 총칙편(제162조 이하)에서 규정하고 있다. 채권은 10년간, 그 이외의 재산권은 20년간 행사하지 아니하면 소멸시효가 완성된다. 많은 단기시효규정이 있다.

금전의 지급을 목적으로 하는 국가나 지방자치단체에 대한 권리로서 시효에 관하여 다른 법률에 특별한 규정이 없는 것은 5년간 이를 행사하지 아니하면 소멸시효가 완성되며, 국가나 지방자치단체에 대한 권리로서 금전의 급부를 목적으로 하는 것도 같다(국가재정법 96조 1항·2항, 지방재정법 82조). 이들 「국가재정법」·「지방재정법」의 규정이 공법상의 금전채권뿐만 아니라 사법상의 금전채권에도 적용된다는 데 대하여 우리나라에서는 별반 이견이 없다(헌재 2004. 4. 29, 2002헌바58 결정 참조). 문제는 이들 법률에서 말하는 "다른 법률"의 범위 속에 「민법」등 사법도 포함되는가에 있다. 판례는 다른 법률에 특별한 규정이란 관세징수권(2년)을 규정한 구 관세법 제22조(현행 5년), 단기급여지급청구권(3년)을 규정한 구 공무원연금법 제81조 등 외에 「민법」등 5년보다 짧게 규정한 사법도 포함된다는 입장(대법 2008. 5. 29. 선고 2004다33469 판결 등)이다.

시효의 중단·정지에 관하여 다른 법률에 특별한 규정이 없는 한 「민법」의 규정이 준용된다(국가재정법 96조 3항, 지방재정법 83조).[1][2] 특별한 규정으로 국가나 지방자치단체가

---

1) 대법 1992. 3. 31. 선고 91다32053 전원합의체 판결: 일반적으로 위법한 행정처분의 취소, 변경을 구하는 행정소송은 사권을 행사하는 것으로 볼 수 없으므로 사권에 대한 시효중단사유가 되지 못하는 것이나, 다만 오납한 조세에 대한 부당이득반환청구권을 실현하기 위한 수단이 되는 과세처분의 취소 또는 무효확인을 구하는 소는 그 소송물이 객관적인 조세채무의 존부확인으로서 실질적으로 민사소송인 채무부존재확인의 소와 유사할 뿐 아니라, 과세처분의 유효 여부는 그 과세처분으로 납부한 조세에 대한 환급청구권의 존부와 표리관계에 있어 실질적으로 동일 당사자인 조세부과권자와 조세의무자 사이의 양면적 법률관계라고 볼 수 있으므로, 위와 같은 경우에는 과세처분의 취소 또는 무효확인청구의 소가 비록 행정소송이라고 할지라도 조세환급을 구하는 부당이득반환청구권의 소멸시효중단사유인 재판상 청구에 해당한다(반대의견이 있음).

2) 민법 제168조 제1호에서 소멸시효 중단사유로 정하고 있는 청구가 국세징수권의 소멸시효가 될 수 있는지에 대

행하는 납입의 고지[1]에 시효중단의 효력을 인정한 「국가재정법」 제96조 제4항, 「지방재정법」 제84조 등이 있다. 이들 납입고지에 의한 시효중단의 효력은 그 채권의 발생원인이 공법상의 것이건 사법상의 것이건 발생하며(대법 2001. 12. 14. 선고 2001다45339 판결), 그 납입고지에 의한 부과처분이 취소되더라도 상실되지 아니한다(대법 2000. 9. 8. 선고 98두 19933판결).

소멸시효완성의 효과에 관하여는 소멸시효가 완성함으로써 권리 자체가 절대적으로 소멸한다고 하는 절대적 소멸설과 권리 자체를 소멸시키는 것이 아니라 권리자가 그 권리를 주장하는 경우에 이에 대한 항변권을 발생시키며 항변권(원용) 여부는 시효의 이익을 받는 자의 임의에 맡겨져 있다고 하는 상대적 소멸설로 대립되어 있다. 행정법규가 규정하고 있는 금전채권의 소멸시효 효과에 관하여는 절대적 소멸설이 일반적 견해이다. 그러나 판례는 변론주의를 근거로 당사자의 항변을 필요로 한다는 입장인 것으로 보인다(대법 1991. 7. 26. 선고 91다5631 판결 등).

2) 취득시효란 타인의 물건을 일정기간 계속하여 점유하는 자에게 그 소유권을 취득하게 하거나 또는 소유권 이외의 재산권을 일정기간 계속하여 사실상 사용하는 자에게 그 권리를 취득하게 하는 것을 말한다. 「민법」은 이를 물권편(제245조 이하)에서 규정하고 있다. 국가 등에 의하여 공적 목적에 제공되고 있는 공물(예: 도로, 하천 등)도 취득시효의 대상이 되는가에 관하여 종래부터 견해가 대립되어 왔다.

학설은 크게 부정설과 긍정설로 나뉘며, 긍정설은 다시 제한시효취득설과 완전시효취득설로 나눈다. 부정설은 공적 목적에 제공되고 있는 물건을 「민법」이 정하는 일정한 기간 소유의 의사로 평온·공연하게 점유한다는 것은 공물의 목적과 양립할 수 없으므로, 공물은 공물인 한 취득시효의 대상이 될 수 없다는 견해이다. 다만, 이 설은 묵시적 공용폐지를 인정하여 만일 어떠한 공물에 대하여 취득시효의 요건사실이 존재한다고 하면 그 물건에 대하여는 이미 묵시적 공용폐지가 있는 것으로 보아 시효취득을 인정한다. 제한시효취득설은 공물 중에서 사법상의 소유권이 인정하는 공물(사권의 목적이 될 수 있는 공물)은 공물로서 공적 목적의 제공에 방해되지 아니하는 한, 공법적 제한이 붙은 채로

하여, 그것이 허용될 수 있는 경우라면, 구 국세기본법 제27조 제2항에 따라 국세징수권의 소멸시효의 중단사유가 될 수 있다. 국가는 세법이 부여한 부과권 및 자력집행권 등에 기하여 조세채권을 실현할 수 있어 특별한 사정이 없는 한 납세자를 상대로 소를 제기할 이익을 인정하기 어렵지만, 특별한 사정이 있어 국가 등 과세주체가 당해 확정된 조세채권의 소멸시효 중단을 위하여 납세의무자를 상대로 제기한 조세권존재확인의 소는 공법상 당사자소송에 해당한다(대법 2020. 3. 2. 선고 2017두41771 판결).

1) 납입고지의 법적 성격에 관하여 李賢修 교수는 국가의 채권이 발생하고 소멸해가는 과정에서 부과결정이 매개되지 않는 경우의 납입고지는 최고(催告)로서의 성격을 가지며, 법령의 요건을 충족함으로써 추상적으로 성립된 국가의 채권이 부과결정을 통하여 구체적으로 행사할 수 있도록 확정되는 경우의 납입고지는 행정행위의 성격을 가진다고 기술하고 있다. 同人, 「납입고지에 의한 변상금부과처분의 취소와 소멸시효의 중단」, 한국행정판례연구회 제207차 발표논문 10쪽 이하 참조.

시효취득의 대상이 될 수 있다는 견해이다. 완전시효취득설은 공물의 평온·공연한 점유가 계속되고 관리자도 그대로 방치한 경우에는 공물에 대한 묵시적 공용폐지가 있었던 것으로 보아 완전한 시효취득이 된다는 견해이다.

위 각 설의 검토에 관하여는 공물의 취득시효에서 후술한다(→ 공물의 취득시효).

헌법재판소는 구 국유재산법 아래에서 "잡종재산에 대해서까지 시효취득의 대상이 되지 아니한다고 규정한 것은 사권을 규율하는 법률관계에 있어서는 그가 누구냐에 따라 차별대우가 있어서는 아니 되며 국가라 할지라도 국고작용으로 인한 민사관계에 있어서는 사경제적 주체로서 대등하게 다루어져야 한다는 헌법의 기본원리에 반한다(헌재 1992. 10. 1. 92헌가6·7 결정)고 하였다. 대법원이 시효취득을 인정한 예는 학교 교장이 학교 밖에 위치한 관사를 용도폐지한 후 재무부(지금의 기획재정부)로 귀속시키라는 국가의 지시를 어기고 사친회 이사회의 의결을 거쳐 개인에게 매각한 경우, 이와 같이 교장이 국가의 지시대로 위 부동산을 용도폐지한 다음 비록 재무부에 귀속시키지 않고 바로 매각하였다고 하더라도 위 용도폐지 자체는 국가의 지시에 의한 것으로 유효하다고 아니할 수 없고, 그 후 오랫동안 국가가 위 매각절차상의 문제를 제기하지도 않고, 위 부동산이 관사 등 공공의 용도에 전혀 사용된 바가 없다면, 이로써 위 부동산은 적어도 묵시적으로 공용폐지 되어 시효취득의 대상이 되었다고 본 판결례(대법 1999. 7. 23. 선고 99다15924 판결)가 있다.

(5) 행정법관계는 제척기간(Ausschlussfrist)의 경과에 의하여 소멸된다. 제척기간이란 일정한 권리에 대하여 법(률)이 정한 존속기간을 말한다. 법(률)관계의 불안전상태를 조속히 확정시키기 위한 제도이다. 제척기간이라는 용어는 법령에서 사용하는 개념은 아니며 시효와 구별하기 위하여 학문상 사용하는 개념이다. 행정심판이나 행정소송의 제기기간, 국세부과의 제척기간 등이 행정법상 제척기간의 예이다. 제척기간은 권리의 행사기간이므로 정해진 기간 내에 권리를 행사하지 않음으로써 권리를 소멸시키는 효과를 가진다는 점에서 시효와 같다. 예컨대 국세부과는 제척기간 내에 부과하여야 하며, 그 제척기간이 지난 후에 이루어진 과세처분은 무효이다(대법 1999. 6. 22. 선고 99두3140 판결). 그러나 중단제도가 없다는 점, 당사자가 원용하지 아니하여도 당연히 권리소멸의 효력을 발생하는 점이 시효와 다르다.

법(률)이 규정하고 있는 권리행사의 기간이 제척기간인가 시효인가는 결국 입법정책의 문제이나, 개별법(률)이 명확히 이를 밝히고 있지 않기 때문에 어느 것인지 의문이 발생하는 경우가 있다. 민법학에서는 조문에 시효라는 문자가 없는 경우에는 제척기간으로 해석하면 된다는 견해가 일반적이나, 권리의 성질에 따라 판단하여야 한다는 견해가 최근 유력하게 주장되고 있다.[1]

---

1) 곽윤직, 민법총칙, 450쪽.

(6) 행정주체의 일방적 선언인 권리포기에 의하여 행정법관계는 소멸한다.

(7) 행정법관계는 실권에 의하여도 소멸된다. 실권은 오랫동안 권리를 행사하지 않고 있었다는 점에서 시효와 같으나, 권리주장을 포기한 것으로 사인이 신뢰하게 된 데 대하여 특별한 사정이 있어야 한다는 점이 시효와 다르다.

(8) 행정법관계는 상계에 의하여도 소멸된다. 「민법」은 상계를 제492조 이하에서 규정하고 있다. 부당이득에서는 부당이득반환청구권을 자동채권(自動債權) 또는 수동채권으로 하여 상계할 수 있는가가 문제된다. 개별법(률)에서 이를 허용하는 명문의 규정을 두고 있는 경우(예: 국세기본법 51조, 보조금관리에 관한 법률 32조)에는 문제가 없다. 명문의 규정이 없는 경우에도, 「민법」 제492조 제1항의 "채무의 성질이 상계를 허용하지 않을 때"에 해당하는 경우를 제외하고 상계가 가능하다.[1]

제 4 절 행정법관계의 내용

행정법관계는 원칙적으로 법주체간의 권리·의무관계라는 것이 통설이다(통설은 행정입법에 있어서도 행정입법에 의하여 행정주체와 사인 간에는 추상적 권리·의무관계가 발생한다고 설명한다). 본서에서는 행정법관계를 공법관계와 행정사법관계를 포괄하는 개념으로 사용하고 있다. 그러나 행정법관계의 주류를 이루는 것은 공법관계이다. 종래 통설은 공법관계에 있어서의 권리·의무를 공권(리)·공의무라 하여 사법관계에 있어서의 권리·의무인 사권(리)·사의무와 대비하여 왔다. 종래의 이론에 의하면 공권을 "공법관계에 있어서 직접 자기를 위하여 일정한 이익을 주장할 수 있는 법적인 힘"이라고 정의하였다. 이 공권의 개념은 원래 19세기 독일 공법학에서 형성되어 우리나라에 도입되었었다. 주의를 필요로 하는 점은 독일에서 형성되어 우리나라에 도입되었던 공법관계에 있어서의 공권 개념과 공의무 개념은 실체적 공권과 공의무의 관계로 보고 있었다는 점이다. 공권은 행정의 내부관계와 외부관계의 이원론을 바탕으로 하여 주로 행정주체와 사인간의 행정활동법적 관계를 중심으로 하여 발전되어 왔었다. 그러나 최근에는 이원론이 극복되면서 행정조직법적 관계에도 공권이 문제되고 있다(예: 지방자치단체의 자치권). 여기서는 종래의 통설에 따라 공권을 행정주체와 사인간의 행정작용법적 관계를 규율하는 공권을 주된 대상으로 하여 설

---

1) 대법 2014. 4. 27. 선고 2003다37891 판결: 상계는 쌍방이 서로 상대방에 대하여 같은 종류의 급부를 목적으로 하는 채권을 가지고 자동채권의 변제기가 도래하였을 것을 그 요건으로 하는 것인데, 형벌의 일종인 벌금도 일정 금액으로 표시된 추상적 경제가치를 급부목적으로 하는 채권인 점에서는 다른 금전채권들과 본질적으로 다를 것이 없고, 다만 발생의 법적 근거가 공법관계라는 점에서만 차이가 있을 뿐이나 채권 발생의 법적 근거가 무엇인지는 급부의 동종성을 결정하는 데 영향이 없으며, 벌금형이 확정된 이상 벌금채권의 변제기는 도래한 것이므로 달리 이를 금하는 특별한 법률상 근거가 없는 이상 벌금채권은 적어도 상계의 자동채권이 되지 못할 아무런 이유가 없다.

명한다. 종래의 통설은 공권을 권리주체에 따라 행정주체가 갖는 공권인 국가적 공권과 사인이 갖는 공권인 개인적 공권으로 나누는 것이 일반적이었다.

Ⅰ. 행정주체의 권리와 사인의 의무

1. 행정주체의 권리

행정주체는 행정객체인 사인에 대하여 여러 가지 권리를 갖고 있다. 그 주류를 이루는 것은 국가적 공권이다. 종래 일부의 학자들에 의하여 공권력의 공권성이 부인된 바 있었다. 그러나 통설은 공권력도 국가의 의사에 사실상 특별한 잉여가치(Mehrwert)를 인정한 것에 불과하다고 보며, 공권력의 공권성을 인정하여 왔다. 국가적 공권은 그 목적을 기준으로 조직권·경찰권·통제권·공용부담특권·재정권·군정권 등으로 나뉘며, 그 내용을 기준으로 하명권(下命權)·강제권·형성권 등으로 나뉜다. 국가적 공권은 지배권으로서의 성질을 가지는 경우가 있으며, 이 경우에는 일방적인 명령·강제·형성을 주된 내용으로 하고, 그의 행사에는 헌법과 법률에 의한 기속을 받으며, 그의 행위에는 이른바 공정력 등의 특수한 효력이 인정되기도 한다.

2. 사인의 의무

행정주체의 권리에 대응하여 사인이 여러 가지 의무를 지게 된다. 그 주류를 이루는 것은 사인이 지는 공의무이다. 공의무는 법률 또는 그것을 구체화하는 행정작용(특히 행정행위)에 의하여 사인이 지는 자유의 제한이다. 예컨대 통행금지가 행하여지기까지는 어떤 장소를 통행하는가 하지 아니하는가는 통행자의 자유이다. 그런데 금지에 의하여 부작위의무가 과하여지면 그 장소를 통행할 자유가 부정되며 그 한도 내에서 사인의 자유는 제한된다. 사인이 의무를 이행하지 아니할 경우에 대비하여 행정강제나 행정벌 등 행정상의 의무이행확보수단이 마련되어 있다.

Ⅱ. 사인의 권리와 행정주체의 의무

1. 사인의 권리

사인은 행정주체에 대하여 여러 가지 권리를 갖고 있다. 그 주류를 이루는 것은 개인적 공권이다. 국가적 공권과 더불어 개인적 공권의 체계화는 독일의 옐리네크(G. Jellinek)에 의하여 행하여졌다.[1] 이와 같이 체계화된 개인적 공권의 개념 내지 이론[2]은 오늘날 비판의 대상이 되고 있

---

1) 공권 개념이 이론적으로 확립하기 위해서는 국가와 사인간에 법률관계를 성립시킬 필요가 있고, 이를 위해서는 국가가 법적인 인격으로 구성되어 그 행위가 법적으로 제약될 수 있겠끔 할 필요가 있었다. 이 과제를 체계적으로 완성시킨 사람이 옐리네크(G. Jellinek, System der subjektiven öffentlichen Rechte, 2. Aufl., 1905)이다. 옐리네크의 개인적 공권 분류는 후술한다.

2) 사인이 국가에 대하여 갖는 권리만을 공권으로 이해하는 고전적 생각이다. 이를 고전적 개인적 공권이라고 부를 수 있다.

다. 특히 개인적 공권과 반사적 이익의 준별론과 개인적 공권의 특수성의 과도한 강조가 비판의 초점이 되어 있다.

(1) 개인적 공권의 성립

1) 개인적 공권의 성립요소

독일의 뷜러(O. Bühler)에 의하여 가설적 공권개념의 3요소가 제시된 이래 개인적 공권의 성립요소로 다음의 셋을 드는 것이 일반적이다(이것이 독일의 보호규범설의 입장이다).[1]

(가) 첫째 요소는 국가 등 행정주체에게 일정한 의무를 부과하는 행정법규가 존재하여야 한다 (강행규범의 존재). 여기서 말하는 행정법규는 원래는 기속행위를 규율하는 법규를 의미하는 것이었지만, 오늘날에는 재량행위의 수권규범으로부터도 일정한 개인적 공권의 성립이 인정되고 있다(후술하는 무하자재량행사청구권 등이 그 예이다).

(나) 둘째 요소는 당해 행정법규가 특정인 또는 일정한 범위의 사람들을 위하여 제정되어 있을 것, 즉 사적 이익의 보호도 목적으로 하고 있어야 한다(사익보호규범성의 존재).[2]

(다) 셋째 요소는 사적 이익을 행정주체에 대하여 관철할 수 있는 재판상 청구가 허용되어 있어야 한다(소구(訴求)가능성의 존재).[3]

---

1) 독일의 보호규범설은 점차 확장되어 왔다. 오늘날 확장된 보호규범설을 최초의 보호규범설인 구 보호규범설에 대하여 신 보호규범설이라 부른다. 구 보호규범설은 형식적 법치국가를 배경으로 한 것이고, 신 보호규범설은 이미 앞에서 본 바와 같이 실질적 법치국가를 바탕으로 한 것이며 1980년대에 들어오면서 슈미트-아스만 등에 의하여 제시된 것이다. 독일의 보호규범설도 독일 실정법을 바탕으로 한 것이다. 독일은 유럽공동체(EC)에 속하고 있기 때문에 유럽법의 영향을 받는다. 환경영향평가지침(UPV-Richtlinie), 산업임미시온법칙(IE-Richtlinie)에 따라야 하며, 유럽재판소(EuGH)의 통제를 받고 있다. 독일 국내적으로도 특히 환경법분야에서 행정절차법 규정의 적용예외규정이 제한을 받고, 연방행정절차법 제46조(절차규정위반만으로 성립되었음을 이유로 행정행위를 취소할 수 없다)의 규정에도 불구하고 절차법 규정의 실효성이 커지고 절차의 흠으로 행정행위가 위법으로 판결되고 있다. 이러한 현상을 이유로 보호규범설이 아직까지는 그 형태가 유지되고 있지만, 결별(Die Verabschiedung der Schutznormtheorie)해야 할 시점이 가까이 오고 있다는 지적이 있다(F. Hufen/T. Siegel, Fehler im Verwaltungsverfahren, 6. Aufl., 2018 참조).

2) 오늘날에는 사익뿐만 아니라 공익을 관철하기 위해서는 공권을 부여할 수 있다. 지방자치단체에 원고적격이 있느냐의 문제, 행정기관에게도 원고적격이 있느냐의 문제, 나아가 개인에게도 공익 보호를 위하여 원고적격이 긍정될 수 있느냐의 문제에 이르고 있다(Johannes Musing, Der Rechtsstatus des Einzelnen im Verwaltungsrecht, in:W. Hoffmann-Riem·E. Schmidt-Assmann, A. Voßkuhle(Hrsg.), Grundlagen des Verwaltungsrechts, Bd. I, 2. Aufl., 2013, S. 437ff. bes. 492ff.).

3) 학자에 따라서는 의무자에게 일정한 행동을 요구할 수 있는 법적 힘을 내용으로 하고 있어야 한다. 독일의 보호규범(일정한 처분의 근거법조가 일정한 사인의 특수 이익을 보호하는 규범을 독일에서는 보호규범(Schutznorm)이라 한다)설에 의하면 공권의 문제는 일차적으로 당해 행정법규의 해석문제(Auslegungsproblem)로 귀착된다. 보호규범설의 법해석론적 기능은 실체법적인 개인적 공권의 성립을 판단하는 기준을 제공하며, 독일 행정법원법상 행정소송의 제기요건 및 승소요건으로 규정된 권리침해의 문제를 해결하기 위한 결정적 준거를 제시해 준다. 신 보호규범설의 생각은 후술하는 바와 같이 근거 법조에서 논리적·형식적으로 연역하려고 하지 아니하고 법조가 규율하려고 하는 사회사상(社會事象)의 구조와 특색을 포섭하여 공권의 성립을 판단하려고 한다.

이와 같은 개인적 공권의 성립요소는 헌법체제의 변화(형식적 법치국가에서 실질적법치국가로의 국가관의 변천), 새로운 소송유형의 전개와 더불어 그 수정도 불가피해지게 된다. 이에 따라 셋째 성립요소에 대하여는 우리 「헌법」이 재판을 받을 권리를 일반적으로 보장하고 있다는 이유로 그 독자적 의의를 상실하였다는 견해(공권 2 요소설)[1]와 아직도 우리의 행정소송유형이 한정되어 있다는 이유로(의무이행소송의 불인정 등) 여전히 중요한 의미를 가진다는 견해(공권 3 요소설)[2]로 그 평가가 엇갈리고 있다. 생각건대, 독일헌법 제19조 제4항처럼 헌법상 포괄적 권리보호조항을 통하여 행정에 대한 재판청구권이 전반적으로 인정되고 실정법에 의하여 제도적으로 뒷받침되어 있는 나라에서는 몰라도, 우리는 불필요하다고 하기에는 이르다.[3] 그러나 첫째 성립요소인 강행규범의 존재도 무하자재량행사청구권이 개인적 공권으로 인정되면서 그 의의를 점차 상실해 가는 것과 마찬가지로, 셋째 요소도 권리구제제도의 철저화라는 실정법이 뒷받침됨으로써 공권의 성립요소에서 배제될 운명에 있다.

2) 개인적 공권과 반사적 이익

(가) 반사적 이익의 의의　　법률관계는 원칙적으로 권리·의무관계이다. 대체로 권리·의무는 표리의 관계에 있어서 A가 권리를 가지면 그것에 대응한 내용의 의무를 B가 지게 된다. 그러나 예외로 권리만이 존재하고 그것에 대응한 의무가 결여되거나 반대로 의무만이 존재하고 그것에 대응한 권리가 결여되어 있는 경우가 있다. 예컨대 「식품위생법」 제55조는 "조리사가 아니면 조리사라는 명칭을 사용하지 못한다"라고 규정하고 있다. 이 「식품위생법」의 명칭사용금지의 규정에 의하여 음식을 사서 먹는 사람이 이익을 받았다면, 그 이익은 행정법규가 공익목적만을 위하여 행정주체에 대하여 일정한 작위·부작위 등을 명하고 있는 경우에 그 단순한 반사적인 효과로서 사실상 사인이 향유하는 이익에 불과하다. 이 이익을 반사적 이익이라 한다.

(나) 개인적 공권과 반사적 이익의 구별기준　　개인적 공권과 반사적 이익을 구별하는 기준은 위에서 본 바와 같이 행정법규의 목적이 오로지 공익의 보호만에 있는가, 개인이익(사적 이익)의 보호에도 있는가라는 행정법규의 보호목적에서 찾는 것이 통설이다. 즉 통설에 의하면 행정법규가 오로지 공익의 보호만을 목적으로 하고 있는 경우에는 반사적 이

---

1) 金南辰·金連泰, 행정법 Ⅰ, 97쪽; 金東熙, 행정법 Ⅰ, 87쪽; 朴均省, 행정법론(상), 140쪽. 朴 교수는 주에서 "이는 공권의 성립에 청구권능이 필요없다는 것을 의미하는 것은 아니며 특별히 요구되지 않는다는 것을 의미한다"라고 기술하고 있다(같은 책, 140쪽 주).

2) 柳至泰, 행정법신론, 109쪽 이하.

3) 崔善雄 교수도 재판청구권을 실질적으로 보장하기 위해서는 소의 종류의 완비도 당연히 재판청구권의 실질적 보장의 핵심적인 내용이라는 점에서 공권 2 요소설에 의문을 표시하면서, "독일에서는 출소의 길이 헌법뿐만 아니라 행정소송법이라고 하는 법률차원에서 거의 완벽하게 해결되었고 그래서 공권의 제3요소가 더 이상 논의되지 않는다고 해서 그에 따라서 우리의 문제가 자동적으로 해결되는 것이 아니다"(同人, 「행정소송에서의 원고적격」, 행정법연구(행정법이론실무학회) 제22호, 41쪽)라고 기술하고 있다.

익인 것이고, 개인이익의 보호도 목적으로 하고 있는 경우에는 개인적 공권에 해당한다는 것이다. 이러한 통설의 특징은 공권의 승인에 관하여 입법자의 판단에 전적으로 의존하고 있다는 점이다.

　이러한 통설에 대하여는 입법자가 공권을 자유로이 승인하거나 부정할 수 없다(입법자의 부자유성)거나, 공권을 파악함에 있어서 사회현상이나 이익상황에 대하여 폐쇄적이라는 비판이 있을 수 있다.[1] 통설에 의거하는 경우에도 행정법규를 해석함에 있어서 사회현상이나 이익상황에 따라 개인적 공권을 넓히는 법해석을 해야 할 필요가 있다.

㈐ 개인적 공권과 반사적 이익의 구별실익
개인적 공권과 반사적 이익은 원래는 실체법상의 구별이다. 그러나 양자의 구별실익이 주로 문제되는 것은 소송제도와의 관계에 있다.

　㈀ 우리 「행정소송법」은 독일 행정법원법과 같이 취소소송의 제기요건으로 권리침해를 요구하고 있지는 않다. 그러나 「행정소송법」 제12조는 처분 등의 취소를 구할 법률상 이익이 있는 자에게만 취소소송의 원고적격을 인정하고 있고, 단순한 반사적 이익을 가진 자는 이 법률상 이익이 있는 자 속에 포함되지 아니하는 것으로 해석되고 있다. 따라서 엄밀한 의미의 공권일 필요는 없는 것이지만[2] 여하튼 개인적 공권과 반사적 이익의

---

1) 반복되는 느낌이 들지만 참고삼아, 독일에서는 이러한 비판이 법적으로 보호된 개인이익을 그 기본개념으로 하는 구 보호규범설에서, 1980년에 들어오면서 슈밋트·아스만(E. Schmidt-Assmann)에 의하여 제시되고(Art. 19 Abs. 4 GG, in: Theodor Maunz, Günter Dürig u. a.(Hrsg.), Grundgesetz, Kommentar, S. 69.), 공권의 규범적 기초는 통상의 법(einfaches Recht)에서 구해야 한다는 것과 규범의 보호목적은 규범 그 자체라기보다는 그 주위의 규범구조 및 그 제도적 틀(Rahmenbedingung)에서 해명된다는 것을 내용으로 하는 이른바 신 보호규범설로 옮겨 가는 계기가 되었다. 따라서 오늘날 보호규범설의 본질은 다음과 같은 셋으로 요약된다. 첫째로, 규범의 보호목적은 오로지 규범정립자의 증명가능한 의사에서 도출되는 것도 아니고, 우선적으로 도출되어야 하는 것도 아니다. 둘째로, 규범목적은 때론 직접 관련되는 규범에서만 아니라 그것을 둘러싼 규범규조 및 틀을 부여하는 제도적 조건(aus den institutionellen Rahmenbedingungen)에서도 체계적 해석을 통하여 해명되어야 한다. 셋째로 보호목적을 해명할 때 기본권은 문제가 되어 있는 규범의 보호목적을 명료하게 하는 역할을 행할 수 있다. 그 한도 내에서 기본권은 규범 내적 효과(eine 'norminterne' Wirkung)를 갖는다(E. Schmidt-Assmann, Das allgemeine Verwaltungsrecht als Ordnungsidee, 2. Aufl., S.77).

2) 따라서 권리와 이익은 별개의 범주(category)에 속한다고 보아야 한다. 이에 대하여는 "오늘날 공권의 성립에 별도의 청구권능의 부여는 요구되지 않게 되었고 공법에 의한 사권의 보호만으로 공권이 성립되는 것으로 되었으므로 공권과 법적 이익의 구별은 없어졌고 법적 이익은 공권에 포섭되었다. 현재에도 공권과 법적 이익을 구별하는 견해가 있지만 이는 타당하지 않다"라고 단언하는 학자가 있다(朴均省, 행정법론(상), 141쪽). 이러한 생각(권리확대설)은 오래 전부터 있었다. R. von Jhering의 권리론이 그러하다. 독일에서 공권의 확장이 논하여지고 있는 것은 독일 행정법원법 제42조 제2항이 행정소송의 원고적격 요건으로 "권리침해의 주장"을 규정하고 있기 때문이다(이 규정 때문에 공권 개념의 탐구가 필요하게 되고 동 조항의 해석으로 전개된 것이 보호규범설이다. 이에 대하여 우리 항고소송 원고적격의 범위를 정하고 있는 요건은 법률상 이익이다). 그러나 '원래'이익은 권리의 요소일 뿐이다. 우리 실정법은 위에서 본 바와 같이 독일과 달리 권리와 이익을 이원적으로 채택하고 있다. 권리와 이익의 실정법상 구별이 권리구제론 등 우리 행정법의 법 해석론에 어떤 차이를 가져오는 것이냐의 문제는 별도로 하고, 우선 법적 보호의 대상을 권리에 한정하는 경우 법형성의 채널(channel)이 사실상 입법에 한정됨에 반하여, 이익도 법적보호의 대상으로 하는 경우에는 법형성의 채널이 판례에 의하도 가능하게 된다. 후술하는 바와 같이 우리 「행정소송법」 제12조의 처분 등의 취소를 구할 법률상 이익이 있는 자를 해석함에 있어 지금까지의 판례는 대체로 법률상 보호이익설을 지지하였으며, 보호할 가치 있는 이익은 사익(私益) 즉 개

첫번째 구별실익은 취소소송의 원고적격의 인정 여부를 결정하는 데에 있다.

　(ㄴ)「국가배상법」제2조는 손해의 발생을 국가배상청구권의 발생요건으로 규정하고 있다. 그런데「국가배상법」제2조에서 말하는 손해는 법익침해에 의한 불이익을 말하는 것이며 반사적 이익의 침해에 의한 불이익은 포함되지 아니하는 것으로 해석되고 있다. 따라서 개인적 공권과 반사적 이익의 두번째 구별실익은 국가배상청구권의 발생 여부를 결정하는 데에 있다.

　㈑ **개인적 공권과 반사적 이익의 상대화**　　통설에 의하는 경우에도 행정법규의 목적이 공익의 보호만에 있는가 개인이익(사적 이익)의 보호에도 있는가가 확연히 구별되는 예가 많지 않다. 예컨대 우리 대법원이 행정법규가 공중목욕탕 상호간의 거리제한을 규정하고 있기 때문에 기존 공중목욕탕업자가 받은 이익을 반사적 이익으로 판시한 사례(대법 1963. 8. 22. 선고 63누97 판결)만 하더라도, 행정법규가 공중목욕탕 상호간의 거리제한을 규정한 것이 일반공중으로 하여금 목욕의 혜택을 받게 하기 위한 공익보호만을 목적으로 한 것으로 해석하면 대법원의 판결이 옳지만, 행정법규의 목적이 공익보호의 목적 외에 공중목욕탕 상호간의 거리제한을 둠으로써 공중목욕탕업자의 경영을 합리화해 주기 위한 것도 포함하고 있다고 해석하면 우리 대법원의 판결과는 달리 기존 공중목욕탕업자도 법률상 이익이 있는 자가 된다. 행정법규의 목적이 오히려 양 목적, 즉 공익의 보호와 개인이익(사적 이익)의 조화를 목적으로 하고 있는 경우가 많다.[1] 따라서 개인적 공권과 반사적 이익의 구별은 상대적인 것에 지나지 않는다.

3) 개인적 공권의 근거

　㈎ **원　칙**　　개인적 공권의 성립문제로서 개인적 공권의 근거가 문제된다. 행정주체에 대한 개인적 공권은 보통 행정주체의 권한행사를 전제로 하고 있고 법치행정원리가 적용되는 행정법관계에 있어서의 권리인 것이므로 원칙적으로 법률에 근거를 두고 있다. 특히 현대 행정법관계의 특색은 복잡다양한 이해관계를 조정해야 할 다면적 관계이므로 행정법관계의 형성은 1차적으로 입법자의 임무에 속한다. 따라서 개인적 공권은 법률에 의거하여 성립하는 것이 원칙이다.[2]

인적 이익으로 이해하고 있었다. 최근 문제될 수 있는 것으로는 행정절차법 제23조 제1항에 의하여 이유제시청구권이 있다는 주장이나 판례는 없는 것으로 보인다. 그러나 정당한 이유와 근거에 의거하여 처분한 것이라는 설명을 받을 이익은 권리가 아니라고 하더라도 존재할 수 있다. 우리 행정법의 과제는 이익의 확대이다.

1) 대법 2008. 3. 27. 선고 2007두23811 판결은 담배일반소매인의 지정기준으로 일반도매인의 영업소 간에 일정한 거리제한을 둔 것은 담배유통구조의 확립을 통하여 담배산업 전반의 건전한 발전 도모 및 국민 경제에의 이바지라는 공익목적과 함께 일반소매인 간의 과당경쟁으로 인한 불합리한 경영을 방지함으로써 일반소매인의 경영상 이익을 보호하는 데에도 그 목적이 있으므로, 일반소매인으로 지정되어 영업 중인 기존업자의 신규 일반소매인에 대한 이익은 단순한 사실상의 반사적 이익이 아니라 법률상 보호되는 이익이라고 해석함이 상당하다고 판시하였다.

2) 대법 1999. 11. 26. 선고 97다42250 판결: 진료기관(전북대학교 병원)의 보호기관(전주시)에 대한 진료비지급청구

(내) **개인적 공권과 기본권**　　「헌법」상의 기본권도 개인적 공권으로 볼 수 있는가의 문제가 제기된다. 통설은 위에서 본 바와 같이 행정법관계의 형성은 1차적으로 입법자의 임무에 속하기 때문에 개인적 공권은 행정법규에서 도출해야 한다고 보고 있다. 판례가 공공필요에 의하여 보상금을 지급하고 수용한 토지소유권이 수용목적이 소멸되었다고 해서 피수용자가 곧바로 헌법상 재산권보장규정에 근거하여 언제든지 일방적으로 수용토지의 소유권을 회복할 수 있다고 한다면 수용토지를 둘러싼 권리관계를 심히 불안정하게 하고, 이로 인하여 그 토지의 효율적인 이용이나 개발을 저해할 불합리한 결과가 초래될 수 있으며, 수용토지에 국가나 공익사업시행자가 투자하여 개발한 이익이 있는 경우 그 이익이 공평하게 배분될 수 있도록 하는 조치도 필요하므로 1차적으로는 입법자가 회복할 권리의 내용·성립요건·행사기간 및 방법 등 구체적 권리형성과 동시에 다른 헌법적 요청과 조화시키는 내용의 법령을 제정하여야 하고 피수용자는 입법자가 제정한 법령에 의하여 수용토지소유권의 회복에 관한 권리를 행사할 수 있다고 한 것(대법 1998. 4. 10. 선고 96다52359 판결)은 같은 입장으로 보인다.

그러나 통설은 「헌법」상의 기본권도 개인적 공권으로 볼 수 있는 경우를 배제하고 있지는 않다. 대체로 두 가지 입장으로 나눌 수 있다. 그 하나는 헌법재판소가 군수 관리의 임야조사서·토지조사부에 대한 열람·복사신청권을 「헌법」 제21조에 규정된 표현의 자유와 자유민주주의적 기본질서를 천명하고 있는 헌법전문, 제1조, 제4조의 해석상 국민의 정부에 대한 일반적 정보공개를 구할 권리(청구권적 기본권)로서 인정되는 알 권리로 본 예(헌재 1989. 9. 4. 88헌마22 결정)를 들어 「헌법」상의 기본권도 국가에 대한 개인적 공권으로 보면서도 개인적 공권은 법률에 의하여 성립하는 것이 원칙이므로 그것은 어디까지나 예외라는 입장이다. 다른 하나는 기본권이 공권의 원형이라는 바탕에 서서 기본권의 효력을 극히 중요시하여 공권을 엄밀한 의미에서는 기본권의 해석에서 도출될 수 있다는 입장이다.[1]

생각건대 개인적 공권을 도출해 낼 수 있는 행정법규가 존재하는 경우에는 문제가 없다. 이 경우에는 헌법상의 기본권(헌법상의 요청)은 행정법규(보호규범)를 해석하는 가운데서

권은 계약 등의 법률관계에 의하여 발생하는 사법상의 권리가 아니라 법에 의하여 정책적으로 특별히 인정되는 공법상의 권리라고 할 것이고, 법령의 요건에 해당하는 것만으로 바로 구체적인 진료비지급청구권이 발생하는 것이 아니라 보호기관의 심사결정에 의하여 비로소 구체적인 청구권이 발생한다고 할 것이므로, 진료기관은 법령이 규정한 요건에 해당하여 진료비를 지급받을 추상적인 권리가 있다 하더라도 진료기관의 보호비용 청구에 대하여 보호기관이 심사 결과 지급을 거부한 경우에는 곧바로 민사소송은 물론 공법상 당사자소송으로도 지급청구를 할 수는 없고, 지급거부결정의 취소를 구하는 항고소송을 제기하는 방법으로 구제받을 수밖에 없다. 대법 2003. 9. 5. 선고 2002두3522 판결도 같은 취지의 판결이다.

1) 독일측에서 이 입장에 있는 견해의 예로는 P. M. Huber, Konkurrenzschutz im Verwaltungsrecht. Schutzanspruch und Rechtsschutz bei Leistungs und Verteilungsentscheidungen der öffentlichen Verwaltung, Tübingen 1992, S. 172ff. 독일에서는 이 입장(헌법에 근거한 기본권 보호의무)이 지배적 견해로 보인다.

전개될 수 있다(규범내적 효과). 문제는 행정법규가 존재하지 아니하거나 실정행정법규의 목적론적 해석에 의하여 개인적 공권이 도출되지 아니하는 경우이다. 이 경우에는 양 입장에 따라 차이가 생길 수 있다. 전자의 입장에서는 「헌법」상의 기본권이 구체적 내용을 가지고 있어 행정법규에 의한 구체적 권리형성이 불필요한 경우를 제외하고는 원칙적으로 기본권의 직접적인 적용이 부인된다. 그러나 후자의 입장에서는 그 경우에 원칙적으로 기본권이 직접 적용된다(규범외적 효과). 입법자가 구체적 법질서를 형성하지 않음으로써 생명·신체의 위험 등 기본권의 중요한 가치질서가 보호를 받지 못하게 되는 예외적인 경우에만 법원은 기본권의 규범내적 효과에 따라 행정법규의 헌법합치적 해석을 통하여 구체적 법질서 형성의 책임을 지며, 입법적 불비를 보충해야 한다는 전자의 입장이 아직도 우리나라의 다수설로 보인다.

(2) 개인적 공권의 특수성

1) 전통적 이론

전통적 이론에 의하면 개인적 공권은 사법관계에 있어서의 권리인 사권과 구별되는 다음과 같은 특수성을 갖고 있다고 한다.

(가) 불융통성
개인적 공권은 사권과 달리 단순히 사익을 위해서만 인정되는 것이 아니고 이것을 사인에게 향유시키는 것이 공익을 위해서도 필요하기 때문인 것이므로, 채권적·경제적인 성질의 것을 제외하고, 원칙적으로 공권은 양도·상속 등 이전이 금지·제한되거나(예: 국가배상법 4조 배상받을 권리의 양도금지, 공무원연금법 39조 연금청구권의 양도금지 등), 압류가 금지(예: 국가배상법 4조 배상받을 권리의 압류금지, 공무원연금법 39조 연금청구권의 압류금지 등)·제한(예: 민사집행법 246조 1항 4호 급료 등 압류 제한 등)되거나 포기(공권의 불행사와 다르다)가 제한된다. 우리 판례는 행정청이 부제소특약(不提訴特約)의 부관을 붙인 것은 당사자가 임의로 처분할 수 없는 공법상의 권리관계를 대상으로 하여 사인의 국가에 대한 공권인 소권을 당사자의 합의로 포기하는 것으로서 허용할 수 없다(대법 1998. 8. 21. 선고 98두8919 판결)고 하였고, 나아가 구 석탄산업법시행령 제41조 제4항 제5호 소정의 재해위로금청구권에 대하여도 개인의 공권으로서 그 공익적 성격에 비추어 당사자의 합의에 의하여 이를 미리 포기할 수 없다(대법 1998. 12. 23. 선고 97누5046 판결)고 하였다.

(나) 보호의 특수성
개인적 공권은 사권과 달리 권리보호의 면에서 특수성이 있다.[1]

(다) 금전채권의 소멸시효의 특수성
국가나 지방자치단체가 가지는 또는 이들에 대하여 가지는 공법상 금전채권의 소멸시효기간은 5년이므로(국가재정법 96조 1항·2항, 지방재

---

1) 개인적 공권에 관한 소송절차는 민사소송에 의하는 것이 아니라 공법상의 권리관계에 관한 소송절차인 당사자 소송에 의하게 된다.

정법 82조), 이 점에서도 개인적 공권은 사권과 다른 특수성이 있다.

전통적 이론에 의하면 개인적 공권과 사권을 구별하는 실익도 바로 불융통성, 보호의 특수성, 금전채권의 소멸시효의 특수성에 있다고 한다.

2) 최근의 이론

최근의 이론에서는 개인적 공권의 사권에 대한 위와 같은 특수성을 개인적 공권의 일반적 속성으로 보고 있지는 않다. 기껏 개인적 공권 중에는 그러한 특수성을 가진 것이 비교적 많다는 것에 불과하다. 그러므로 개인적 공권의 특수성은 개별 실정법의 해석에 의하여 각개의 공권마다 판단할 성질의 것이다.

(3) 개인적 공권의 분류

1) 종래의 3분법

독일의 옐리네크(G. Jellinek)는 국민의 국가에 대한 지위를 소극적 지위·적극적 지위·능동적 지위로 나누고 그에 대응하는 개인적 공권을 자유권·수익권·참정권으로 3분한 이래 우리나라에서도 1960년대까지 이러한 3분법이 지배적이었다. 그러나 오늘날 기본권의 분류가 5분법, 6분법, 7분법 등으로 다양해지고 있으며,[1] 기본권이 구체화된 개인적 공권의 분류도 다양해질 수밖에 없다. 예컨대 종래 수익권을 구체화하는 공권으로 분류되었던 영조물이용권·공물사용권·급부청구권[2]·행정쟁송청구권 및 각종 신청권 등이 혹은 생존권·청구권을 구체화하는 공권으로 분류되기도 하고, 혹은 경제권·청구권·사회권을 구체화하는 공권으로 분류되기도 한다.

2) 실체적 공권과 절차적 공권

개인적 공권은 실체적 공권과 절차적 공권으로 분류할 수 있다. 실체적 공권은 행정법규에 의하여 보호되고 행정청의 일정한 행위를 청구할 수 있는 효력이 부여되어 있는 것이 직접 실체적 이익인 경우를 일컫는다. 도로의 점용권, 공무원의 봉급청구권 등이 그 예이다. 절차적 공권은 실체적 이익 자체가 아니라 그 실현을 위한 절차적 이익인 경우를 일컫는다.[3] 행정기관이 급부의 유무를 결정하는 경우 사인의 신청에 의하여 적정한 판정을 구하는 권리인 신청권 등이 그 예이다. 국민은 실체적으로 바른 행정청의 행위를 요구할 공권과 더불어 그것을 정당한 절차에

---

1) 桂禧悅, 헌법학(중), 166쪽 이하; 權寧星, 헌법학원론, 303쪽 이하; 成樂寅, 헌법학, 310쪽 이하; 梁 建, 헌법강의, 218쪽 이하; 許 營, 한국헌법론, 318쪽 이하.

2) 헌재 2019. 2. 28. 2017헌마432 결정을 대상으로 하여 이혼배우자의 연금분할수급권, 의료보험수급권·의료급여수급권, 국가유공자 등의 보상금수급권, 공무원연금법에 의한 유족일시금 등을 검토한 평석으로 鄭南哲, 「사회보장수급권의 재산권적 성격에 관한 헌법적 판단」, 행정판례연구(한국행정판례연구회 편) XXIV-1, 317쪽 이하가 있다.

3) 절차적 권리는 비단 공권뿐만 아니라 "국가나 지방자치단체가 공익사업을 시행하는 과정에서 해당 사업부지 인근 주민들은 의견제출을 통한 행정절차 참여 등 법령에서 정하는 절차적 권리를 행사하여 환경권이나 재산권 등 사적 이익을 보호할 기회를 가질 수 있다"(대법 2021. 7. 29. 선고 2015다221668 판결).

의하여 행할 것을 요구할 절차적 공권을 가진다. 종래의 개인적 공권론은 오로지 실체적 공권만을 논하여 왔으나 최근에는 이와 더불어 절차적 공권, 특히 사인이 행정과정에서 행정기관의 법집행과정의 적법성을 확인·검증하는 공권이 중시되고 있다.

(4) 개인적 공권의 확대

사회구조와 법률관계는 시대와 더불어 진전되어 가는 것이므로 이에 따라 권리의 내용도 변모하게 된다. 사인의 법적 지위는 끊임없이 상승되어 왔고, 이와 함께 개인적 공권도 확대되고 있다. 구체적으로는 다음과 같다. ① 원고적격이 확대되고 있다. 이와 관련하여 새로운 공권이 등장하고 있다. 무하자재량행사청구권·행정개입청구권 등이 그 대표적 예이다. ② 절차적 공권이 확대되고 있다.

1) 원고적격의 확대

개인적 공권의 범위를 확대하려는 시도는 먼저 행정소송법이 정하고 있는 취소소송의 원고적격의 범위를 확대하는 것부터 시작되었다.

(개) 우리 「행정소송법」은 독일 행정법원법상의 취소소송에 있어서와 같이 원고적격의 범위를 "권리의 침해"에 한정하지 아니하고 "법률상 이익이 있는 자"로 확대하였다.

(내) "법률상 이익"의 개념의 해석에 관하여 여러 학설이 있음은 후술하는 바(→ 취소소송의 원고적격)와 같으나, 과거의 권리회복설에서 오늘날의 다수설인 법률상 보호이익설로의 발전에 그치지 아니하고 다시 보호가치이익설이 유력하게 주장되고 있다. 보호가치이익설에 의하게 되면 법률상 보호이익설과 같이 개개의 실정법규가 아니라 법질서 전체의 관점에서 사법(司法)적으로 보호할 가치가 있는 이익인가가 문제되는 것이므로 법률상 이익의 범위가 넓어지게 된다.

(대) 판례가 원고적격을 확대하고 있다. 원고적격의 확대는 처분 상대방의 원고적격과 제3자의 원고적격 양면에서 이루어지고 있으나, 특히 확대되고 있는 것은 제3자의 원고적격이다. 예컨대, 취소소송의 경우, 인인소송(隣人訴訟)의 초기의 예로서 인근주민에게 연탄공장설치허가의 취소를 구할 소익을 인정한 사례(대법 1976. 5. 25. 선고 75누238 판결) 및 자동차 LPG 충전소설치허가의 취소를 구할 소익을 인정한 사례(대법 1983. 7. 12. 선고 83누59 판결) 등이 있었고, 경업자소송의 예로서 기존선박운송사업자에게 신규 면허의 취소를 구할 소익을 인정한 사례(대법 1969. 12. 30. 선고 69누106 판결) 등이 있었다. 최근 판례는 종래와 같은 입장을 견지하면서도 법률상 이익개념의 확대를 통하여 원고적격의 범위를 더욱 넓혀가는 추세에 있다(→ 취소소송의 원고적격).

(래) 도로의 통행 등 공물의 자유사용으로 인하여 사용자가 받는 이익을 반사적 이익으로 종래의 통설이 보아 왔다. 그러나 최근에는 일반 공중 각 개인은, 다른 개인이 공공용물에

대하여 가지는 이익 내지 자유를 침해하지 아니하는 범위 안에서, 행정주체에 대하여 당해 공공용물을 자유로이 사용할 수 있는 공권을 갖는다는 학설이 다수설이다.

㈐ 행정기관에게도 원고적격을 인정하고 있다(→ 취소소송의 원고적격).

2) 무하자재량행사청구권(無瑕疵裁量行使請求權)

㈎ **의 의**   무하자재량행사청구권이란 행정청에 대하여 재량권의 흠 없는 행사를 청구할 수 있는 공권이다. 행정법규가 행정청에 대하여 재량권을 허용하고 있는 경우에는 행정청이 취할 행위(작위·부작위)에 대하여 사인의 권리가 성립할 여지는 원칙적으로 존재하지 아니한다. 그러나 그 경우에도 행정청에 대하여 일정한 법적 구속[1]이 존재할 수 있음은 재량한계론에 의하여 분명하다. 따라서 적어도 행정청이 재량권을 행사함에 있어서 재량의 법적 한계를 준수하여야 한다는 것은 그 한도 내에서 사인의 그에 대한 권리를 생각할 수 있다. 이 권리가 바로 무하자재량행사청구권이다.

무하자재량행사청구권(Anspruch auf fehlerfreie Ausübung des Ermessens)은, 독일 행정법에서 제2차세계대전 이후에 승인되기에 이른 일종의 불문의 개인적 공권이다. 독일은 전통적으로 행정소송제도의 목적을 국민의 권리구제에 두고, 행정소송의 제기요건으로 권리의 침해를 요구하여 왔다. 이러한 제도 아래에서는 행정청의 재량행위가 행정소송의 대상적격이 있는가, 원고적격이 있는가가 문제된다. 초기 이론에서는 재량행위는 행정소송의 대상에서 제외되었다. 그 후 재량의 흠이론(裁量瑕疵論)에 힘입어 재량행위도 재량권의 일탈·남용이 있으면 본안에서 위법판단을 받을 가능성이 있게 되었으므로 대상적격·원고적격의 관문을 통과하기 위하여 노력하게 되었고 그 노력의 결과 등장한 것이 무하자재량행사청구권의 개념이다. 우리나라에서는 1970년대 말부터 학설상 논의의 대상이 되기 시작하였으며, 판례가 이 개념을 사용하게 된 것은 1990년대에 들어와서이다.

㈏ **성 질**   무하자재량행사청구권은 기속행위에 대한 것과는 달리 특정처분을 구하는 실체적 권리가 아니라 재량한계론을 전제로 특정한 재량행위가 종국적 처분에 이르는 과정에서 재량의 법적 한계를 준수하면서 어떤 처분을 할 것을 청구하는 권리라는 점에서 절차적 권리라고 보는 견해가 있다.[2] 그러나 무하자재량행사청구권은 재량의 절차적 한계에만 관련되는 것은 아니다. 사인은 무하자재량행사청구권의 도움으로 재량수권규범 및 비례원칙·평등원칙과 같은 헌법원칙에서 나오는 처분의 내용적 한계를 지킬 것을 요

---

1) 의무에 합당한 재량을 행사하여야 하는 법적 구속. 국세기본법 제19조와 같이 이를 명시한 경우도 있다. 이와 같은 명시적 규정이 없는 경우에도 예컨대 행정절차법 제20조에 의하여 행정청이 재량처분기준을 설정·공표한 경우 행정청은 합리적인 이유 없이 이미 설정·공표되어 있는 재량처분기준에서 일탈하지 아니할 법적 구속을 받게 된다.

2) 李尙圭, 신행정법론(상), 198쪽; 金東熙, 행정법 Ⅰ, 95쪽. 金 교수는 예외적으로 재량권이 영으로 수축되어 오직 하나의 처분만이 적법한 재량권행사로 인정되는 경우에는 절차적 청구권으로서의 무하자재량행사청구권은 실체적 청구권으로 전화된다고 한다.

구할 수 있으므로[1] 무하자재량행사청구권은 동시에 실체적 권리와 관련되어 있다.[2]

또한 무하자재량행사청구권은 단순히 재량의 흠을 회피할 것을 청구하는 권리라는 점에서 형식적 권리의 성질을 갖는다는 견해[3]도 있다. 형식적 권리라는 용어는 무하자재량행사청구권과 일반 공권과의 차이를 나타내기 위한 것임을 이해할 수 있다. 그러나 행정법론에서 일반적으로 사용하는 형식이라는 개념은 주체·내용·절차와 대비되는 개념으로 사용하거나, 경우에 따라서는 넓은 의미의 절차에 포함시켜 사용하기도 한다. 따라서 만일 형식적 권리라는 용어를 사용한다면 먼저 그 때 사용하는 형식이 어떤 개념인지 먼저 밝혀야 한다. 뿐만 아니라, 무하자재량행사청구권도 일반 공권과 본질적인 차이가 있는 것이라고 할 수 없고, 또한 무하자재량행사청구권을 권리가 아닌 것으로 오해시킬 우려마저 있으며,[4] 만일 형식적 권리를 절차적 권리와 동일한 개념으로 사용한다면[5] 위에서 본 바와 같이 무하자재량행사청구권은 재량의 절차적 한계에만 관련되는 것이 아니기 때문에 형식적 권리라는 표현은 적절하지 않다. 요컨대, 재량행위가 다투어진 경우에 심판기관 특히 법원은 실체심리를 행하지만 완결적 내용의 판결을 행하지 아니하고 행정청에 판결의 취지에 따라 새로이 신중한 고려를 다한 후 처분을 행할 여지를 남겨 놓는 경우를 상정한다면 무하자재량행사청구권은 실체면과 절차면을 동시에 갖고 있다.

⒟ **유용성 여부**　　　독일 행정법에서 유용한 무하자재량행사청구권이 우리나라의 실정법제도 아래에서도 과연 유용한 것인가에 관하여는 견해가 나뉜다.

㈀ 부 정 설　　　이 설은 우리나라의 실정법제도 아래서 무하자재량행사청구권의 유용성을 부정한다.[6] 그 논거는 다음과 같다. ① 재량권의 흠 있는 행사란 결국 재량권의 위법한 행사를 뜻하는 것이므로 그로 인한 실체적 면에서의 권리침해를 인정할 수 있다. ② 만일 흠 없는 재량권의 행사를 청구할 수 있는 추상적인 절차법적 권리를 인정하는 것이라면 원고적격을 부당하게 넓혀 실질적으로 민중소송화할 우려가 있다. ③ 무하자재량행사청구권도 개인적 공권의 일종이므로 공권성립의 일반적 요건으로서의 근거규범의 강행법규성과 사적 이익의 보호라는 요건을 충족하는 경우에만 동 청구권은 인정

---

1) 鄭夏重, 행정법사례연구, 78쪽.

2) 金東熙 교수는 최근의 저서에서 절차적 권리라고 보는 견해에 대한 비판을 의식하여 "이 청구권이 절차적 한계에만 관련된 것이 아니라는 지적은 타당하다"고 하여 무하자재량행사청구권이 동시에 실체권 권리와 관련되어 있음을 시인하고 있다(同人, 행정법요론, 71쪽).

3) 金南辰, 행정법의 기본문제, 148쪽 이하; 金南辰·金連泰, 행정법 Ⅰ, 100쪽; 朴均省, 행정법론(상)(제5판), 123쪽; 柳至泰, 행정법신론, 83쪽.

4) 洪井善 교수는 형식적 권리설도 엄밀한 의미에서는 자기가 주장하는 무하자재량행사청구권의 공권 독자성부정설의 한 경우에 해당한다는 것이다(同人, 행정법원론(상)(제15판), 151쪽).

5) 金東熙 교수는 형식적 권리와 절차적 권리를 구별하지 않고 있다(同人, 앞 책, 같은 곳).

6) 李尙圭, 신행정법론(상), 199·200쪽.

된다고 주장되지만, 만일 그렇다면 구태여 무하자재량행사청구권을 들 것도 없이 재량한계론을 바탕으로 한 실체적 권리의 보호, 즉 재량권의 일탈 또는 남용으로 권익을 침해한 경우에 그러한 위법한 재량행위의 취소·변경 등을 청구할 수 있는 것과 다를 것이 없다.

(ㄴ) 긍 정 설　　우리나라에도 독일에서와 마찬가지로 무하자재량행사청구권을 인정하는 것이 다수의 견해이다. 그러나 그것이 우리나라의 실정법제도 아래서 구체적으로 어떤 유용성이 있는가는 반드시 명백하지 않다. 학자에 따라서는 무하자재량행사청구권을 광의와 협의로 나누어, 광의로는 "개인이 행정청에 대하여 재량권의 하자 없는 행사를 청구할 수 있는 공법상의 형식적 권리"를 의미한다고 하고, 협의로는 "행정청이 결정재량권을 갖지 못하고 선택재량권만을 가지고 있는 경우에 있어서의 하자 없는 재량행사청구권"을 의미한다고 하면서, 광의로 이해하는 경우에는 유용성이 없음을 인정하고 협의로 이해하는 경우에만 유용성이 있다고 주장한다. 부연하여, 무하자재량행사청구권이라고 하는 것은 행정청이 결정재량권을 갖지 못하고 선택재량권만을 가지고 있는 경우와 같은 특수한 상황에 있어서 개인에게 권리구제(행정쟁송)의 길을 열어 주고자 하는 데에 특별히 그 존재의의가 있다고 한다. 그러면서 그 예로 개인택시사업면허를 받을 수 있는 자격을 가진 자 수인이 사업면허를 신청한 경우에 있어서 행정청은 그들 중 어느 누구에게 면허를 부여해야 하지만 어느 누구에게 부여할 것인지는 행정청의 재량에 맡겨져 있는 경우가 대표적인 것이라고 한다.[1] 그러나 결정재량권을 가지는 경우에도 무하자재량행사청구권의 유용성을 인정하는 것이 우리나라의 다수설이다.[2]

무하자재량행사청구권의 유용성의 문제는 행정쟁송과 관련되는 것이므로 후술한다.

(라) **성립요건**　　무하자재량행사청구권도 개인적 공권이므로 공권으로서의 성립요건을 갖추어야 한다. 특히 재량권행사에 한계를 설정하는 행정법규에 사인의 이익을 보호하는 성격이 인정되어 있어야 한다.

(마) **행정쟁송과 무하자재량행사청구권**

(ㄱ) 취소쟁송과 무하자재량행사청구권

① 우리 「행정소송법」은 취소소송의 원고적격요건으로 권리의 침해를 요구하고 있지 아니하므로 반드시 권리개념에 집착할 필요가 없으며, 행정청이 재량권을 행사함에 있어서 재량의 법적 한계를 준수함으로써 얻게 되는 법적 이익을 반드시 무하자재량행사청구권으로 개념구성해야 하는 것은 아니다.

---

1) 金南辰, 행정법 Ⅰ(제7판), 104쪽 이하.
2) 무하자재량행사청구권은 사안의 성질상 일정한 결정 이외에는 어떤 결정도 흠 있는 결정으로 판단될 수 있는 경우(재량된 수축의 경우)에는 특정한 내용의 결정을 요구할 청구권으로 나타날 수 있다. 무하자재량행사청구권의 법리가 행정개입청구권 성립의 기초를 제공하게 되는 연결점의 역할을 한다는 것은 이 때문이다.

② 행정청이 재량행위를 거부한 경우에 신청인이 거부처분취소소송으로 다투려고 할 때 소송의 적법성과 관련하여 발생하는 주된 문제가 특정한 신청에 대한 거부처분이 취소 소송의 대상이 되는 처분인가의 여부에 있다. 행정청이 국민의 신청에 대하여 한 거부 행위가 항고소송의 대상이 되는 행정처분이 된다고 하기 위하여는 국민이 그 신청에 따른 행정행위를 해 줄 것을 요구할 수 있는 법규상 또는 조리상의 권리(신청권)가 있어야 하며, 이러한 권리에 의하지 아니한 국민의 신청을 행정청이 받아들이지 아니하고 거부한 경우에는 그 거부행위를 가리켜 항고소송의 대상이 되는 행정처분이라고 할 수 없다는 것이 일관된 판례[1]이기 때문이다. 신청권이 거부처분적격의 요건인지 원고적격의 요건인지는 다투어지겠지만 여하튼 행정청이 재량행위를 거부한 경우에 신청인이 거부 처분취소소송으로 다툴 수 있게 하기 위해서는 거부처분의 성립요건으로 신청에 대하여 행정청이 재량의 법적 한계를 준수함으로써 얻게 되는 신청인의 법적 이익을 무하자 재량행사청구권으로 개념구성할 필요가 있다. 대법원이 1991. 2. 12. 선고 90누5825 판결에서 "임용권자가 임용 여부에 관하여 어떠한 내용의 응답을 할 것인지는 임용권자의 자유재량에 속하므로 일단 임용거부라는 응답을 한 이상 설사 그 응답내용이 부당하다고 하여도 사법심사의 대상으로 삼을 수 없는 것이 원칙이나, 다만 자유재량에 속하는 행위일지라도 재량권의 한계를 넘거나 남용이 있을 때에는 위법한 처분으로서 항고소송의 대상이 되는 것이므로, 적어도 이러한 재량권의 한계일탈이나 남용이 없는 위법하지 않은 응답을 할 의무가 임용권자에게 있고, 이에 대응하여 원고로서도 재량권의 한계일탈이나 남용이 없는 적법한 응답을 요구할 권리가 있다고 할 것이며, 원고는 이러한 응답신청권에 기하여 재량권남용의 위법한 거부처분에 대하여는 항고소송으로서 그 취소를 구할 수 있다고 보아야 한다"라고 판시한 바 있다.

③ 행정청이 재량행위를 거부한 경우에 신청인이 거부처분취소심판으로 다투려고 할 때에도 마찬가지이다.

(ㄴ) 의무이행심판과 무하자재량행사청구권   의무이행심판은 행정청의 위법 또는 부당한 거부처분이나 부작위에 대하여 일정한 처분을 하도록 하는 심판이다. 「행정심판법」은 의무이행심판에 대하여 일정한 처분을 구할 법률상 이익의 청구인적격에 관하여 행정청의 거부처분 또는 부작위에 대하여 일정한 처분을 구할 법률상 이익이 있는 자라고 하여 권리침해를 요구하고 있지 않다. 그러나 재량행위의 신청에 대한 행정청의 거

---

1) 거부처분의 인정요건으로 신청권이 도입된 최초의 판결은 도시계획시설 변경신청 거부에 관한 대법 1984. 10. 23. 선고 84누227 판결이다. 그 후 1998. 7. 10. 선고 96누14036 판결의 판시를 통하여 "국민의 적극적 신청행위에 대하여 행정청이 그 신청에 따른 행위를 하지 않겠다고 거부한 행위가 항고소송의 대상이 되는 행정처분에 해당하기 위해서는, 신청한 행위가 공권력의 행사 또는 이에 준하는 행정작용이어야 하고, 거부행위가 신청인의 법률관계에 어떤 변동을 일으키는 것이어야 하며, 국민에게 행위발동을 요구할 법규상 또는 조리상의 신청권이 있어야 한다"는 형식으로 확고하게 자리잡게 된다.

부행위나 부작위가 의무이행심판의 대상이 되는 처분이 되기 위하여는 국민이 그 신청에 따른 처분을 해 줄 것을 요구할 수 있는 법규상 또는 조리상의 권리(신청권)가 있어야 할 것이므로(국행심 1988. 2. 13. 자 87-494 의결 등 참조), 이 경우에도 신청에 대하여 행정청이 재량의 법적 한계를 준수함으로써 얻게 되는 신청인의 법적 이익을 무하자재량행사청구권으로 개념구성할 필요가 있다.

(ㄷ) 부작위위법확인소송과 무하자재량행사청구권　　부작위위법확인소송은 행정청의 부작위가 위법하다는 것을 확인하는 소송이다. 이 소송의 원고적격도 부작위의 위법확인을 구할 법률상 이익이 있는 자라고 하여 권리침해를 요구하고 있지는 않다. 그러나 재량행위의 신청을 한 자가 부작위위법확인을 구할 법률상 이익이 있는 자가 되기 위하여는 당사자가 행정청에 대하여 행정행위를 하여 줄 것을 요구할 수 있는 법규상 또는 조리상 권리(신청권)를 가질 것이 판례의 입장이므로(대법 1992. 6. 9. 선고 91누11278 판결, 대법 2002. 6. 28. 선고 2000두4750 판결 등) 이 경우에도 신청에 대하여 행정청이 재량의 법적 한계를 준수함으로써 얻게 되는 신청인의 법적 이익을 무하자재량행사청구권으로 개념구성할 필요가 있다.

3) 행정개입청구권

(가) 의　　의　　행정개입청구권이란 행정청의 부작위로 인하여 권익을 침해당한 자가 당해 행정청에 대하여 타인에 대한 규제 등 일정한 행정권의 발동을 청구할 수 있는 공권을 말한다.

행정개입청구권은 자기의 이익을 위하여 타인(제3자)에 대한 행정권의 발동을 청구하는 권리라는 점에서 자기의 이익을 위하여 자기에 대한 행정권의 발동을 청구할 수 있는 권리인 행정행위발급청구권과 구별된다.

19세기의 자유주의적 법치국가에서는 행정개입청구권을 부정적으로 보는 것이 일반적이었다. 그 이유는 당시 행정의 중심이 침익행정이었다는 사실 외에 반사적 이익론·행정편의주의 때문이었다. 즉 타인에 대한 규제 등 일정한 행정권의 발동에 의하여 제3자가 받은 이익을 반사적 이익으로 보았다. 또한 행정권을 발동할 것인가 아니할 것인가의 결정은 공익관리자로서 행정청의 제1차적 판단과 책임에 맡겨져 있을 뿐만 아니라 행정청의 재량판단에 귀속되면 행정청이 행정권을 발동하여야 함에도 불구하고 발동하지 아니하고 부작위를 계속하여도 부당에 그칠 뿐 논리적으로 위법하게 되는 것이 아니라고 보았다.

그러나 오늘날의 사회적 법치국가에서는 행정의 중심이 급부행정으로 옮아가고 반사적 이익론과 행정편의주의가 완화됨으로써 재량영역에 있어서도 행정개입청구권이 성립할 수 있다는 것이 유력하게 되었다.

(나) **성 질**

(ㄱ) 행정개입청구권은 실체적 공권이다.

① 처분이 기속행위인 경우, 행정청은 특정한 처분을 하여야 할 법적 의무를 지고 있으므로, 관계법규가 사인의 이익을 보호하고 있는 한, 사인은 행정청에 대하여 행정청의 법적 의무에 대응하여 특정한 처분을 청구할 수 있는 실체적 공권을 갖는다.

② 처분이 재량행위인 경우, 원칙적으로 행정청은 특정한 처분을 하여야 할 법적 의무를 사인에게 지지 아니하며 사인도 행정청에 대하여 특정한 처분을 청구할 수 있는 공권을 갖지 아니한다. 그러나 예외적으로 구체적인 사정에 비추어 재량권이 영(零)으로 수축되는 경우에는 행정청은 특정한 행위를 하여야 할 법적 의무를 지게 되며 사인은 행정청의 의무에 상응한 유일한 재량행위를 청구할 수 있는 실체적 공권을 갖게 된다.

(ㄴ) 행정개입청구권은 사전예방적 성격뿐만 아니라 사후구제적 성격을 동시에 갖는다. 학자에 따라서는 행정개입청구권을 사전예방적으로 행정개입의 발동을 청구할 수 있는 능동적 권리로 보는 것이 일반적이라는 견해[1]도 있다. 그러나 사후구제를 위하여도 행정개입의 발동을 청구할 수 있는 경우를 배제하지 아니하는 것이 다수설이고 판례(예: 대법 1998. 10. 13. 선고 98다18520 판결, 대법 2001. 4. 24. 선고 2000다57856 판결)이다.

(다) **인정 여부** 　　학자에 따라서는 행정개입청구권을 사전예방적으로 행정개입의 발동을 청구할 수 있는 능동적 권리로 이해하면서, 이 공권의 인정을 아직 시기상조로 보는 견해도 있다.[2] 그러나 처분이 기속행위인 경우는 말할 것도 없고, 재량행위인 경우에도 예외적으로 이 공권을 인정하는 것이 다수의 견해이다. 또한 판례가 부작위의 개념요소의 하나로 행정청에 대한 일정한 행위청구권의 존재를 들고 있으므로(예: 대법 1988. 2. 23. 선고 87누438 판결) 행정개입청구권을 현실적으로 인정할 필요성도 있다. 이들 다수의 견해에 의하면 행정개입청구권을 필요로 하는 분야인 건축규제행정·환경행정·소비자보호행정에 있어서 규제권한발동청구권을 명문화한 입법례는 아직 지극히 미미한 단계에 있음은 사실이나 이러한 청구권을 명문화하고 있지 아니한 경우에도 관계법규의 해석상 다음의 청구권 성립요건을 갖추고 있다고 판단될 때에는 행정개입청구권이 인정된다고 본다. 또한 관계법규가 존재하지 아니하는 경우에도 국민 또는 주민의 생명·신체와 같은 중요한 법익의 보호를 위하여 행정개입이 예외적으로 불가피한 상황에 있어서는 「헌법」에 의한 행정개입청구권의 도출도 배제할 수 없을 것이다.[3]

---

1) 金道昶, 일반행정법론(상), 242쪽.

2) 金道昶, 위의 책 같은 쪽. 대법원도 행정소송사건에서는 부정적인 입장을 견지하고 있다(대법 1999. 12. 7. 선고 97누17568 판결 등).

3) 서울행법 2005. 2. 4. 선고 2001구합33563 판결은 관계법규가 존재하지 아니하는 경우에도(사후의 사정변경 등으로 대규모의 환경피해를 초래할 위험이 있는 상황에서 당초의 공유수면매립면허처분 및 이에 따른 후속행위

(라) **성립요건**　　　　행정개입청구권도 개인적 공권인 것이므로 공권으로서의 성립요건을 갖추어야 한다. ① 법규에 의하여 행정청이 특정한 처분을 하여야 할 법적 의무를 지고 있어야 한다. 처분이 재량처분인 경우 재량권이 영으로 수축되어 행정청이 특정한 처분을 하여야 할 법적 의무를 지고 있어야 한다. ② 당해 법규의 취지가 적어도 제3자의 사익도 보호하는 것으로 해석될 수 있어야 한다. 학자에 따라서는 공권으로서의 성립요건을 갖추지 못한 경우에도 「헌법」 제10조 후단의 국가의 기본권보호의무에서 행정개입청구권을 도출할 수 있다는 견해[1]가 있다. 그러나 이 경우에도 생명·신체의 위험 등 기본권의 중요한 가치질서가 보호를 받지 못하게 되는 예외적인 경우에 한해야 할 것이다.

(마) 행정개입청구권과 행정구제

(ㄱ) 행정개입청구권과 국가배상　　　　행정청이 권한의 행사를 태만함으로 인하여 사인에게 손해를 입힌 경우에 비록 권한의 행사가 재량행위라 하더라도 권한의 행사가 있었으면 생명 등 손해를 미연에 방지할 수 있었을 때에는 행정청의 권한불행사의 위법을 이유로 사인은 국가 등에 대하여 손해배상을 청구할 수 있다. 대법 1971. 4. 6. 선고 71다124 판결이 세칭 1·21 무장간첩침입사태시에 분산·도주하는 간첩을 색출·체포하려는 군경공무원들이 그들이 주둔하던 파출소로부터 60여 미터 떨어진 곳에서 간첩과 청년이 격투를 하고 있었고 동 청년의 가족으로부터 세 차례나 신고를 받았음에도 불구하고 출동하지 아니하여 동 청년이 사망한 사안에서 군경공무원이 신고 즉시 출동하였더라면 사고를 미연에 방지할 수 있었음이 예견된다는 이유로 국가배상책임을 인정한 것은 간접적으로 행정개입청구권을 승인한 것으로 볼 수 있다(앞의 대법 1998. 10. 13. 선고 98다18520 판결, 대법 2001. 4. 24. 선고 2000다57856 판결도 같은 판결이다). 독일에서도 1920년 이래 행정권한의 불발동으로 인한 국가배상청구가 연이어 판결에 의하여 인용되고 이러한 판결이 축적됨으로써 1960년 8월 18일의 이른바 띠톱판결(Bandsägen Urteil)[2]이 나오게 되었으며 의무이행소송에 의하여 행정개입청구권을 직접적으로 관철시킬 수 있는 길을 열었던 것이다.

(ㄴ) 행정개입청구권과 행정쟁송　　　　행정개입청구권의 직접적인 실현은 의무이행소송이

로 인하여 실질적으로 그 영향범위내에 거주하는 주민들의 환경상 이익을 침해하는 결과에 이를 수 있는) 예외적인 경우, 행정소송법 제27조에 따라 행정청은 처분을 할 의무가 있다고 판시하였다.

1) 李桂洙, 「행정법해석과 기본권론」, 고시계 1999년 11월호, 34쪽. 참고삼아, 최근 독일에서는 원상회복을 위한 결과제거청구권(→ 결과제거청구권)에서 행정개입청구권을 도출하는 이론이 있다. 이 이론에 의하면 사인은 기본권에 의거하여 제3자에 대한 행정청의 개입을 청구할 수 있게 된다.

2) 주거지역에 설치된 참가인의 석탄제조 및 하역업소가 사용하는 띠톱에서 나오는 먼지와 소음으로 인한 피해를 입고 있던 인근 주민인 원고가 관할 행정청에 건축경찰상의 금지처분을 해 줄 것을 요구한 사안이었다. 연방행정법원은 이 사건에서 경찰법상의 일반수권조항의 해석에 있어 헌법의 규범적 효력을 관철시키기 위한 이론적 기초로서 무하자재량행사청구권·재량권의 영으로의 수축의 법리를 도출해 냄으로써 개인의 주체적 지위를 근본적으로 강화시키는 결정적 전기를 제공하였다.

인정되면 가장 잘 실현될 수 있다. 그러나 우리 법원이 이를 인정하고 있지 않은 이상 의무이행심판, 청구를 거부한 경우에 거부처분취소청구심판·소송,[1] 청구를 방치한 경우에 부작위위법확인소송 및 거부처분취소판결의 간접강제(행정소송법 38조 2항에 의하여 부작위위법확인소송의 경우에 준용됨)에 의하여 실현할 수밖에 없다.

4) 절차적 공권

종래 공권론하면 실체적 공권만을 생각하였으나 절차적 공권(행정쟁송제기권을 포함)이 점차 중시되고 있다. 우리나라에 있어서도 1980년대에 들어오면서 이 절차적 공권이 현저히 확대되고 있다. 특히 「행정절차법」의 제정에 의하여 처분사전통지요구권, 의견청취를 받을 권리, 처분의 이유제시요구권, 문서의 열람청구권 등 보장이 이루어졌고, 「민원처리에 관한 법률」에 의하여 거부처분에 대한 이의신청권, 사전심사청구권 등의 보장이 이루어졌다. 이와 같은 추세는 앞으로 더욱 늘어날 것으로 전망된다.

2. 행정주체의 의무

사인의 권리에 대응하여 행정주체는 여러 가지 의무를 지게 된다. 행정주체의 의무위반에 대하여는 행정쟁송 등의 방법으로 다툴 수 있다. 일반적으로는 그 이행을 위한 강제수단이 결여되어 있기는 하지만, 「행정소송법」 제34조의 간접강제는 유의할 필요가 있다. 즉 행정청이 처분을 행할 것을 거부하거나 처분을 하지 아니한 경우 당사자가 이를 다투어 거부처분을 취소하는 판결 또는 행정청의 부작위가 위법하다는 판결이 행하여지면 행정청은 판결의 취지에 따라 처분을 하여야 하는데, 행정청이 이 의무를 이행하지 아니할 때에는 법원은 일정한 기간을 정하여 이행하게 하고 그 기간 내에 이행하지 아니하면 그 지연기간에 따라 일정한 배상을 할 것을 명하거나 즉시 손해배상할 것을 명할 수 있다. 다만 주의하여야 할 점은, 행정주체는 일반적으로 「헌법」을 정점으로 하는 법령준수의무가 있으나, 그 중에는 사인의 권리에 대응한 의무라고 할 수 없는 것이 있으며, 이러한 의무의 이행으로 사인이 받는 이익은 반사적 이익에 불과한 것이므로 사인은 이 의무위반을 이유로 소로써 다툴 수 없다는 점이다.

---

1) 金重權 교수는 새만금판결(서울행법 2005. 2. 4. 선고 2001구합33563 판결, 서울고법 2005. 12. 21. 선고 2005누 4412 판결, 대법 2006. 3. 16. 선고 2006두330 전원합의체 판결)에서 제3자가 자기의 이익을 위하여 구 공유수면 매립법 제32조와 같은 감독규정을 개입수권으로 동원할 수 있음이 공인되었고, 이로써 행정개입청구권법리를 인정하기 위한 바탕이 마련된 셈이라고 의의를 부여한다(同人, 「이른바 "새만금판결"의 행정법적 의의에 관한 소고」, 고시연구 2006년 6월호, 63쪽 이하, 특히 69쪽).

제 5 절 행정법관계와 사인

종래의 행정법관계는 행정주체 중심의 행정법관계였다고 하여도 과언이 아니다. 앞에서 행정법관계의 당사자는 행정주체와 행정객체라고 하였다. 행정객체라는 용어 자체가 국민이나 주민은 행정주체의 명령·강제를 받는 수동적인 행정권행사의 대상이라는 인상을 준다.

그러나 민주국가에 있어서 국민은 항상 주역의 지위에 있다. 대한민국의 주권은 국민에게 있고, 모든 권력은 국민으로부터 나온다(헌법 1조 2항). 행정권도 역시 마찬가지로 국민으로부터 나와야 한다. 따라서 행정법관계에 있어서 사인의 주체적 의사를 어떻게 살려 나가는가 하는 것은 국민주권을 실현해 나간다는 의미에서 대단히 중요한 문제이다.

여기에는 두 가지 문제가 있다. 그 하나는 행정이 구체적으로 전개되는 행정의 흐름속에서 권리주체로서의 사인이 어떠한 법적 지위를 가지고 있는가의 문제, 즉 행정법관계에 있어서 사인의 법적 지위문제이고, 다른 하나는 행정의 형성과정에서 주권자로서의 사인이 어떻게 그 의사를 반영할 수 있는가의 문제, 즉 행정법관계에 있어서 사인의 행위문제이다.

Ⅰ. 행정법관계에 있어서 사인의 법적 지위

1. 행정주체에 대한 사인의 권리

행정법관계는 내용적으로는 행정주체와 그 상대방인 국민·주민 등 사인의 권리·의무의 관계이다. 따라서 행정이 구체적으로 전개되는 과정 속에서 1개의 권리주체로서의 사인이 또 다른 1개의 권리주체로서의 행정주체와 상대하게 되는데, 사인이 행정주체에 대하여 갖는 권리에 따라 사인의 행정주체에 대한 법적 지위를 실체법상의 사인의 지위와 절차법상의 사인의 지위로 나눌 수 있다.

(1) 실체법상의 사인의 지위

먼저 사인은 행정주체에 의한 행정활동과 관련하여 실체법상의 권리를 갖는다. 이것이 바로 개인적 공권이다. 개인적 공권의 전부가 여기서 말하는 실체법상의 권리는 아니지만, 종래에는 옐리네크의 3분법에 따라 국민의 국가에 대한 지위를 소극적 지위·적극적 지위 등으로 나누고 그에 대응하는 개인적 공권을 자유권을 구체화하는 공권·수익권을 구체화하는 공권 등으로 나누었다. 그러나 오늘날 기본권의 분류가 5분법·6분법·7분법으로 다양해지고 있고 그에 따라 기본권이 구체화된 개인적 공권의 분류도 다양해졌다는 것은 이미 개인적 공권에서 설명한 바와 같다. 그리고 최근 개인적 공권을 인정하는 개별 행정법규가 존재하지 않음에도 불구하고 직접 헌법상의 기본권에서 개인적 공권을 도출하는 독일 행정법론의 영향을 받아 개인적 공권과 기본권의 관계가 새로이 문제되고 있다는 것도 이미 앞에서 본 바와 같다.

(2) 절차법상의 사인의 지위

또한 사인은 행정주체에 의한 행정활동과 관련하여 절차법상의 권리도 갖는다. 즉 사인은 행정절차에 당사자로서 참가하는 권리, 행정쟁송제기권 및 신청권 등 절차법상의 권리를 주장할수 있는 지위에 있다. 물론 이들 절차법상의 권리도 누구든지 가지는 것이 아니고 각각의 법률관계에 있어서 구체적인 고찰을 필요로 한다.

2. 사인의 행정에의 참여와 협동

(1) 법치국가원리와 참여 · 협동

지금까지의 행정법 이론은 법치국가원리를 바탕으로 먼저 일반추상적인 법률이 전제가 되고, 그 법률이 정한 바에 따라 행정을 집행한다는 기본적 구조를 전제로 그 행정의 법률 적합성을 확보하는 데 중심이 있었다. 그러나 오늘날의 행정은 위와 같은 단순한 구조에 의하여 행하여지는 것이 아니라 이해조정이 행정의 집행단계에 맡겨져 이해관계인의 참여에 의한 동태적 교섭과정을 거쳐 공익이 형성되고 실현되어 가는 극히 복잡하고 다양한 단계를 거쳐 성립하고 있다. 그러므로 법률의 제정에 의하여 사인의 의사가 빠짐없이 반영되었다고 생각해서는 아니되고, 각집행단계에서 사인의 의사를 반영하는 것이 반드시 필요해진다. 가령 법령의 규율밀도가 낮다고한다면 그것은 행정의 판단에 일임되어있는 것이라고 생각해서는 아니되고 사인의 참가에 의하여 보완해 가도록 한 것이라고 생각하여야 한다. 즉, 행정이 법률을 단순히 집행하는 것이 아니라 법률 자체를 하나의 수단으로 국회, 행정조직 내부의 다양한 기관, 이해관계인, 지역 주민 등과의 의견 조정 및 합의를 필요로 하는 하나의 창조적인 정책 형성의 구조로 이해되며, 이러한흐름이 형해화 한 민주국가원리의 결함을 보충하는 것으로서 법률적합성과 맞먹는 행정활동의정당성 근거로 기능하는 경향이 나타나고 있다. 이러한 현상 아래서는 행정과정을 투명하게 하여 국민의 개관가능성(槪觀可能性)을 확보하고, 각 단계마다 거기에서 무엇이 결정되는 것인가, 그것을 위해 사인이 어떠한 의견을 제기해야 되는가를 명확히 해두는 것이 필요해지게 된다. 이러한 현상을 법치국가원리의 한계로 보아야 하는 것인지, 아니면 법치국가원리의 수정을 의미하는 것인지는 아직 분명하지 않다.[1] 그러나 분명한 것은 이러한 현상을 종래의 전통적 법치국가원리와 어떻게 조화를 이루어 나가는지가 오늘날 법치국가원리가 안고 있는 과제라는 점이다(기능적 법치국가원리).

---

1) 오오크숏트(Oakshott)는 다음과 같이 기술하고 즉 "현대 국가는 그 대분이 자기자신을 위해 만든 관습(coventions)에 따라 그들 자신이 디자인인 숙련공(artisans)에 의해 구조되고 있는 중고 자료(second-hand materials)에 의한 낡은 구조물(a some what ramshackle construction)이다(Martin-Loughlin, The idea of public law, 2003, Oxford University Press), p, 107.

(2) 참여·협동 제도의 확대

사인의 법적 지위와 관련하여 최근의 두드러진 행정제도의 변화로는 행정흐름에의 국민·주민 참여 및 행정과의 협동 제도의 확대이다. 이 확대는 인터넷이라는 공간을 통하여 더욱 가속화되고 있다. 이에 의하여 바른 공감대가 형성되고, 행정결정의 수용가능성(Akzeptanz)을 높이고 있다. 최근의 예를 들면, 첫째로, 처분절차에 한정되지 아니하고 「국회법」상의 입법예고제(82조의 2), 「행정절차법」상의 행정상 입법예고(4장)·행정예고(5장)·국민참여의 확대(7장) 등의 도입으로 국회입법·행정입법 등 입법과정, 정책(예컨대 과학기술기본법 5조)·계획(예컨대 국토의계획및이용에관한법률 28조)의 형성과정 등에 국민·주민의 참여기회가 확대되고 있다.[1] 지방의회의 의견청취절차를 주민참가와 함께 규율하고 있기도 하다(예컨대 국토의 계획 및 이용에 관한 법률 25조 5항). 둘째로, 「공공기관의 정보공개에 관한 법률」의 제정으로 사인 스스로의 의사형성이 용이하게 되었을 뿐만 아니라 행정의 의사형성과정에 사인의 참여가 가능하게 되고 나아가 행정을 감시할 수 있게 되었다. 셋째로, 행정의 민간위탁에 의하여 국민·주민의 행정과의 협동이 확대되고 있다. 넷째로, 행정계약의 행위형식이 중요시되고 있다. 다섯째로, 사인이 행정의 각종 위원회, 자문·심의 및 의사결정에 참여하거나, 행정활동을 평가하는 기회가 확대되고 있다. 여섯째로, 주민은 법령으로 정하는 바에 따라 주민생활에 영향을 미치는 지방자치단체의 정책 결정 및 집행과정에 참여할 권리를 갖고 있으며, 직접 민주제제도인 주민조례제정·개폐청구제, 주민투표제, 주민소송제, 주민소환제 등의 도입으로 지방행정과정에 대한 주민참여 기회가 확대되고 있다.

(3) 제도의 문제점과 과제

우리나라 참여·협동 법제는 여러 문제점이 있는 것으로 보인다. 그 중의 하나는 형식과 실질이 일치하지 아니하는 경우가 있다는 점이다. 실제로는 사인이 행하면서, 형식은 행정기관이 행하는 것으로 규정하고 있는 경우이다. 예컨대, 건축물의 사용승인을 보면, 사용승인제도는 내용적으로 건축물의 준공을 검사한다는 측면과 그를 전제로 건축물의 사용을 허가한다는 측면으로 구성되어 있다.[2] 그런데 「건축법」 제27조는 현장조사·검사 및 확인 업무는 「건축사법」에 따라 건축사사무소 개설 신고를 한 자에게 위탁할 수 있게 되어 있다. 실제로 대부분이 위탁에 의하여 행하는 것으로 알고 있다. 그러나 형식은 사용승인을 행정청이 행하는 것으로 되어 있다. 즉, 준공의 검사를 실제로는 사인이 행하면서 형식은 행정청이 행하는 것으로 규정되어 있다.

거버넌스(governance)의 구조를 갖추도록 하는 법제가 필요하다.

---

1) 「국토의 이용 및 계획에 관한 법률」에만 협의에 관한 규정이 96여 개 조항에 이른다. 협의에는 크게 두 가지 형태로 나뉜다. 첫째는 행정기관 상호 간의 협의이고, 둘째는 사인의 행정에의 참여와 협동관계에서 발생하는 행정기관과 사인 간의 협의이다. 행정기관 상호 간의 협의는 이 책에서는 대등(관)청 상호 간의 관계에서 다루고 있다. →행정(관)청 상호 간의 관계

2) 金鍾甫, 건축법의 이해, 151쪽.

Ⅱ. 행정법관계에 있어서 사인의 행위

1. 사인의 행위의 의의

행정법관계에 있어서 사인의 행위란 행정법관계에서 사인이 행하는 모든 행위를 말한다.

일반적으로 공법관계에 있어서의 행위를 통틀어 공법행위라고 하고 이를 행정주체의 공법행위와 사인의 공법행위로 나눈다면 여기서 말하는 사인의 행위는 대체로 사인의 공법행위에 해당한다. 그러나 행정법관계에 있어서 사인의 행위는 반드시 사인의 공법행위에 한정되지 아니한다. 혼인신고와 같은 사법상의 법률효과를 발생하는 신고, 행정기관의 정보획득 원천의 하나인 신고도 사실행위이지만 행정법관계에 있어서 사인의 행위에서 다루어지고 있다.

2. 사인의 행위의 종류

사인의 행위는 다음 기준에 의하여 여러 가지로 나눌 수 있다.

(1) 사인의 지위를 기준으로 한 분류

사인의 행위는 사인의 지위를 기준으로 하여 국가·지방자치단체 등 행정주체의 기관구성자의 지위에서 행하는 행위(예: 선거인의 투표행위)와 행정주체의 상대방의 지위에서 행정주체에 대하여 행하는 행위(예: 허가신청, 행정심판의 제기, 독점규제및공정거래에관한법률상의 위반행위신고 등)로 나눌 수 있다.

(2) 의사표시의 수를 기준으로 한 분류

사인의 행위는 당사자의 의사표시의 수를 기준으로 하여 하나의 의사표시로 구성되는 단순행위(예: 신고, 신청)와 다수 사인의 공동의사표시에 의하여 1개의 의사가 형성되는 합성행위(예: 선거의 투표행위)로 나눌 수 있다.

(3) 행위의 내용을 기준으로 한 분류

사인의 행위는 행위의 내용을 기준으로 하여 의사표시를 요소로 하는 의사표시행위(예: 국적이탈신고)와 의사표시 이외의 정신적 표시행위를 요소로 하는 통지행위(예: 출생신고)로 나눌 수 있다.

(4) 일방의 의사표시만으로 법률효과가 발생하는가의 여부를 기준으로 한 분류

사인의 행위는 일방 당사자의 의사표시만으로 법률효과를 발생시키는 단독행위(예: 취소소송의 제기)와 쌍방 당사자의 의사표시의 합치에 의하여 법률효과를 발생시키는 쌍방행위로 나눌 수 있다. 쌍방행위는 다시 서로 반대방향의 의사표시의 합치로 이루어지는 행정계약(예: 공익사업을 위한토지등의취득및보상에관한법률상의 사업시행자와 토지소유자 등 간의 협의 및 사업인정 이후의 양자간의 협의)과 동일한 방향의 의사표시의 합치로 이루어지는 합동행위(예: 도시계획구역 안의 토지소유자들의 도시개발을 위한 조합의 설립)로 나눌 수 있다.

(5) 행위의 효과를 기준으로 한 분류

사인의 행위는 행위의 효과를 기준으로 하여 그 행위 자체만으로 법률효과를 완결시키는 자기완결적 행위(예: 출생신고, 사망신고, 건축신고(대법 1999. 4. 27. 선고 97누6780 판결), 선거에서의 투표행위), 행정행위의 전제요건이 되거나 행정계약의 일방 당사자의 의사표시가 될 뿐 그 자체만으로 법률효과를 완결하지 못하는 행정요건적 행위(예: 신청, 동의, 협의, 부패방지및국민권익위원회의 설치및운영에관한법률상의 부패행위신고 등)로 나눌 수 있다.

1) 자기완결적 행위

「행정절차법」 제40조는 자기완결적 행위인 신고를 규정하고 있다. 여기서 말하는 신고란 사인이 행정청에게 일정한 사항을 알리는 행위를 말한다. 인허가 의제(擬制)가 되지 아니하는 「건축법」상의 건축신고, 「집회 및 시위에 관한 법률」상의 신고 등이 그 예이다.

법령에서 신고라는 용어를 사용하고 있다고 하여 모두 「행정절차법」 제40조의 적용을 받는 자기완결적 행위인 신고에 해당하는 것은 아니다. 반면에 개별 법령에서 신고라는 용어를 사용하고 있지 않더라도 행정청에 대하여 일정한 사항을 통지함으로써 의무 이행이 완료되는 행위라면 「행정절차법」 제40조의 신고에 해당한다.

2) 행정요건적 행위

행정요건적 행위인 신청은 사인이 행정청에 대하여 자기의 권리 또는 이익을 위하여 어떤 행정을 청구하는 의사표시이다. 후술하는 행정의 행위형식 중 가장 전형적 행위형식인 행정행위 특히 허가·특허·인가 등은 어느 것이나 사인의 신청에 의하여 행하여진다. 신청을 할 수 있는 법적 권리가 신청권이다. 「행정절차법」은 처분을 구하는 신청을 규정하고 있다(17조).[1] 즉 신청은 처분절차의 개시요건이다. 또한 「민원처리에 관한 법률」은 민원의 신청 등을 규정하고 있다(8조).

그 밖에도 행정요건적 행위에는 쌍방적 행정행위인 동의를 요하는 행정행위에 있어서의 동의(예: 공무원임명행위에 있어서 사인의 동의), 행정계약에 있어서의 협의(예: 공익사업을위한토지등의취득및보상에관한법률에 있어서의 협의) 등이 있다.

---

[1] 처분을 구하는 신청이 반드시 행정심판이나 행정소송에 있어서와 같이 신청권에 의거한 것이어야 하는가의 문제가 있다. 우리나라의 일부 학설은, 일본에서의 학설과 동일하게, 행정절차법상의 신청에 의한 처분절차가 적용되는 경우로 당해 처분에 대하여 사인에게 신청권이 있는 경우로 한정한다(예, 金東熙, 행정법 I, 2016, 394쪽; 朴均省, 행정법론(상), 2016, 623쪽이하). 이러한 신청권필요설에 대하여는 우리나라와 일본은 행정절차법상 규정에 차이가 있으므로 무리하게 법해석으로 행정절차법이 적용되는 신청의 범위를 축소시킴으로써 국민의 권익을 제한할 필요가 없다는 비판이 있다. 金鐵容, 행정절차와 행정소송, 291쪽이하 참조[집필자 文尚德].

3) 자기완결적 행위인 신고와 수리를 요하는 신고

「행정절차법」제40조에서 규정하고 있는 신고는 법령 등에서 행정청에 대하여 일정한 사항을 통지함으로써 의무가 끝나는 자기완결적 행위인 신고이다. 그러나 개별 법령에서 신고라는 용어를 사용하고 있다고 하더라도 접수 외에 행정청의 심사·처리 등을 규정하고 있는 경우가 있다. 후자를 전자의 자기완결적 행위인 신고와 구별하여 수리를 요하는 신고라고 부른다. 판례는 구 수산업법 제44조의 어업신고(대법 2000. 5. 26. 선고 99다37382 판결), 구 건축법 제14조의 건축물 용도변경신고(대법 2007. 6. 1. 선고 2005두17201 판결), 구 여객자동차운수사업법 제16조의 개인택시운송사업의 상속신고(대법 2008. 5. 15. 선고 2007두26001 판결), 주민등록전입신고(대법 2009. 6. 18. 선고 2008두10997 전원합의체판결)[1], 납골당설치신고(대법 2010. 9. 9. 선고 2008두22631 판결, 대법 2011. 9. 8. 선고 2009두6766판결)[2] 등을 이와 같은 신고로 보고 있다.

자기완결적 행위인 신고와 수리를 요하는 신고를 구별하는 기준은 신고에 관한 개별 법령이 어떻게 규정하고 있는가에 있다. 개별 법령이 명문으로 수리에 관한 규정을 두고 있는 경우에는 수리를 요하는 신고로 보아야 한다. 여기에는 「외국환거래법」제18조 제3항·제4항 등과 같이 신고에 대한 거부권이 부여되는 있는 경우도 포함된다고 해석된다. 「행정기본법」은 " 법령등으로 정하는 바에 따라 행정청에 일정한 사항을 통지하여야 하는 신고로서 법률에 신고의 수리가 필요하다고 명시되어 있는 경우(행정기관의 내부 업무 처리 절차로서 수리를 규정한 경우는 제외한다)에는 행정청이 수리하여야 효력이 발생한다"(34조)라고 규정하고 있다. 다만 괄호 속의 '행정기관의 내부 업무 처리 절차로서 수리를 규정한 경우는 제외한다'가 적절한 것인지는 의문이다. 종래의 전통적 행정법학에서는 내부·외부를 엄격하게 구별하여 왔었지만, 오늘날 행정법학의 학문의 세계에서는 내부·외부의 구별 자체가 낡은 사고(思考)로 되어 가고 있기 때문이다.

---

1) 대법 2009. 6. 18. 선고 2008두10997 전원합의체 판결은 "주민들의 거주지 이동에 따른 주민등록전입신고에 대하여 행정청이 이를 심사하여 그 수리를 거부할 수는 있다고 하더라도, 그러한 행위는 자칫 헌법상 보장된 국민의 거주·이전의 자유를 침해하는 결과를 가져올 수도 있으므로, 시장·군수 또는 구청장의 주민등록전입신고 수리 여부에 대한 심사는 주민등록법의 입법 목적의 범위 내에서 제한적으로 이루어져야 한다. 한편, 주민등록법의 입법목적에 관한 제1조 및 주민등록 대상자에 관한 제6조의 규정을 고려해 보면, 전입신고를 받은 시장·군수 또는 구청장의 심사 대상은 전입신고자가 30일 이상 생활의 근거로 거주할 목적으로 거주지를 옮기는지 여부만으로 제한된다고 보아야 한다. 따라서 전입신고자가 거주의 목적 이외에 다른 이해관계에 관한 의도를 가지고 있는지 여부, 무허가 건축물의 관리, 전입신고를 수리함으로써 당해 지방자치단체에 미치는 영향 등과 같은 사유는 주민등록법이 아닌 다른 법률에 의하여 규율되어야 하고, 주민등록전입신고의 수리 여부를 심사하는 단계에서는 고려 대상이 될 수 없다"고 하였다. 이 판결에 대한 평석으로 朴海植,「주민등록 전입신고 수리 여부에 대한 심사범위와 대상」, 행정판례연구(한국행정판례연구회) XV-2, 227쪽 이하가 있다.

2) 대법 2011. 9. 8. 선고 2009두6766판결은 행정청이 신고를 받고 신고사항 이행통지를 하였다면 납골당설치신고 수리를 하였다고 보아야 하고, 이행통지가 새로이 신고자 또는 관계자들의 법률적 지위에 변동을 일으키지는 않으므로 이를 수리처분과 별도로 항고소송의 대상이 되는 다른 처분으로 볼 수 없다고 하였다.

법률이 달리 규정하고 있는 경우(예컨대 「노동조합 및 노동관계조정법」 제12조는 신고증을 교부받은 경우 설립신고서가 접수된 때 설립된 것으로 본다고 규정하고 있다)에는 그 규정이 적용된다. 그 외의 경우에는 원칙적으로 자기완결적 행위인 신고로 보는 것이 「행정절차법」이 신고를 규정한 취지에 맞다.[1][2]

자기완결적 행위인 신고는 형식적 요건만 갖추면 된다. 자기완결적 행위인 신고의 경우 행정청에서 심사할 수 있는 범위는 신고 대상에 해당하는지 여부 및 그 구비서류 등이 갖추어져 있는지 여부에 한정된다. 자기완결적 행위인 신고에 대하여 행하는 행정청의 수리 여부는 신고에 아무런 법적 효과를 미치지 아니하므로 행정청이 설사 수리 또는 수리거부를 행하더라도 그것은 사실행위에 불과하다. 그럼에도 불구하고 사인의 적법한 신고가 있었음에도 행정청이 신고거부(신고의 반려행위)를 행한 경우에는 사인은 매우 불안정한 지위에 있게 되므로 권리구제라는 쟁송법적 관점에서 처분으로 다툴 수 있는지가 문제된다. 이 문제는 건축신고의 반려행위에 대하여 제기되었다. 이 문제에 대하여는 긍정설과 부정설로 견해가 나뉜다[3]. 판례는 건축신고거부(건축신고의 반려행위)에 대하여 처분성을 인정하고 있다(대법 2010. 11. 18. 선고 2008두167 전원합의체 판결 참조).

수리를 요하는 신고의 경우[4]에는 행정청의 심사 범위는 형식적 요건에 한정되지 아니한다.

---

1) 대법 2011. 1. 20. 선고 2010두14954 전원합의체 판결 중 다수 의견에 대한 보충의견은 양자를 다음과 같이 정리하고 있다. 자기완결적 행위인 신고는 ① 법령이 신고의무만 규정할 뿐 실체적 요건에 관하여는 아무런 규정을 두지 않고 있는 경우, ② 법령에서 신고를 하게 한 취지가 국민이 일정한 행위를 하기 전에 행정청에게 이를 알리도록 함으로써 행정청으로 하여금 행정상 정보를 파악하여 관리하는 정도의 최소한의 규제를 가하기 위한 경우, ③ 사회질서나 공공복리에 미치는 영향이 작거나 직접적으로 행정목적을 침해하지 아니하는 행위인 경우 등이고, 수리를 요하는 신고는 ① 법령에서 신고와 관련하여 일정한 실체적(인적·물적) 요건을 정하거나 행정청의 실질적 심사를 허용하고 있다고 볼만한 규정을 두고 있는 경우, ② 그 신고사항이 사회질서나 공공복리에 미치는 영향이 크거나 직접적으로 행정목적을 침해하는 행위인 경우 등으로서 그 실체적 요건에 관한 행정청의 심사를 예정하고 있다고 볼 수 밖에 없는 경우 등이다.

2) 자기완결적 행위인 신고와 수리를 요하는 신고를 구분하는 것은 불가능하고, 결국 이 문제는 「행정절차법」 제40조에 규정되어 있는 그대로를 기존의 불확정개념, 판단여지, 기속행위, 재량행위, 행정행위의 처분성 등의 전통적 행정법이론으로 해결하면 되는 문제라는 견해(洪康熏,「소위 자체완결적 신고와 수리를 요하는 신고의 구분 가능성 및 신고제의 행정법 Dogmatik을 통한 해결론」, 공법연구(한국공법학회) 제45집 제14호, 93쪽 이하)가 있다.

3) 건축신고를 행정청이 거부한 경우 신고거부의 처분성을 인정할 수 있는가의 문제에 대하여는 견해가 나뉜다. ① 자기완결적 행위인 건축신고의 수리거부는 신고에 아무런 법적 효과를 미치지 못하는 사실행위라는 입장에서 신고거부의 처분성을 부인하는 견해, ② 건축신고를 수리를 요하는 신고로 이해하는 입장에서 당연히 처분성을 인정하는 견해, ③ 건축신고를 자기완결적 신고로 이해하는 입장에서 수리거부는 사실행위이지만 권리구제의 필요에서 쟁송법적 관점에서 처분성을 인정하는 견해, ④ 건축신고를 자기완결적 신고로 이해하면서 가분적으로 요건을 갖추지 못한 인허가(건축법상의 의제조항에 대하여 신청인의 선택권이 인정된다는 견해를 전제로)만의 거부가 가능하다고 하고 이 경우의 거부에 처분성을 인정하는 견해 등이 있다. 상세한 것은 崔桂暎,「건축신고와 인허가의제」, 행정법연구(행정법이론실무학회) 제25호 165쪽 이하, 특히 173쪽 이하 참조.

4) 대법원은 "인허가의제 효과를 수반하는 건축신고는 일반적인 건축신고와는 달리, 특별한 사정이 없는 한 행정청이 그 실체적 요건에 관한 심사를 한 후 수리하여야 하는 이른바 '수리를 요하는 신고'로 보는 것이 옳다(대법 2011. 1. 20. 선고 2010두14954 전원합의체 판결)"(반대의견 있음)고 판시하였다. 洪準亨 교수는 이 판결에 대한

수리를 요하는 신고는 행정청의 수리가 있어야 당해 행위를 적법하게 할 수 있으므로 수리와 수리거부는 법적 효과 발생에 영향을 미치는 것이 원칙이다. 따라서 수리거부는 원칙으로 처분성이 인정된다고 보아야 할 것이다.

3. 사인의 행위에 대한 적용법규

사인의 행위를 규율하는 일반적·통칙적 규정은 없다. 사인의 행위가 민원에 해당하는 경우에는 「민원처리에관한법률」의 적용을 받으며, 행정절차에의 참가인 경우에는 「행정절차법」의 적용을 받는다. 개별법령(예: 공공기관의 정보공개에 관한 법률, 환경영향평가법, 국토의 이용 및 계획에 관한 법률, 지방자치법, 국세기본법, 지방세법 등)에 개별적 규정이 있으면 그 규정에 의한다. 개별법령에 아무런 규정이 없는 경우에는 원칙적으로 「민법」의 규정 또는 법원리가 유추적용된다. 다만 사인의 공법행위는 행정목적수행과 직접적인 관련이 있고, 이해대립되는 대등한 당사자간의 순수한 사법행위와는 다른 점이 있기 때문에 민법규정의 수정·변경이 필요한 경우도 있다(대법 1978. 7. 25. 선고 76누276 판결 참조).[1] 구체적으로 다음과 같은 것이 문제된다.

(1) 의사능력과 행위능력

사인의 행위에도 기본적으로는 의사능력(자기의 행위결과를 판단할 수 있는 능력)과 행위능력(법적 효과를 수반하는 행위를 스스로 완전히 행할 수 있는 능력)이 필요하다. 일반적으로 행위 당시에 의사능력 없는 자의 행위는 절대무효로 본다. 행위능력에 관하여는 개별법률에서 특별한 규정을 두고 있는 경우가 있다(예: 우편법 10조). 개별법률에서 특별한 규정을 두고 있지 아니한 경우에는 재산관계에 관한 행위인 때에는 행위능력에 관한 「민법」의 규정이 유추적용되지만, 재산관계 외의 행위인 때에는 「민법」 규정의 수정·변경이 필요한 경우도 있다.

비판으로 근본적인 원인은 인허가의제조항에 형질변경허가를 포함시킨 입법권자의 무책임에 있는 것인데, "대법원 판례가 자칫 수리를 요하는 신고를 포함한 사인의 공법행위로서 신고의 법리에 대한 심층적인 이론적 뒷받침 없이 과도하게 일반화되어 신고라는 법형식을 무늬만 규제간소화일 뿐 사실상 허가와 다름 없는 규제개입을 가능케 해주는 수단으로 전락시킬 위험성"이 있음을 경고하고 있다(同人, 「사인의 공법행위로서 신고에 대한 고찰—자기완결적 신고와 수리를 요하는 신고에 관한 대법원 판례를 중심으로—」, 공법연구(한국공법학회) 제40집 제4호, 제333쪽 이하). 대법원은 2019. 1. 10. 선고 2017두75606 판결에서는 "구 건축법은 가설건축물이 축조되는 지역과 용도에 따라 허가제와 신고제를 구분하면서, 가설건축물 신고와 관련하여서는 국토의 계획 및 이용에 관한 법률에 따른 개발행위허가 등 인허가 의제 내지 협의에 관한 규정을 전혀 두고 있지 아니하다. 이러한 신고대상 가설건축물 규제 완화의 취지를 고려하면, 행정청은 특별한 사정이 없는 한 개발행위허가 기준에 부합하지 않는다는 점을 이유로 가설건축물 축조신고의 수리를 거부할 수는 없다."고 판시하고 있다.

1) 대법 1978. 7. 25. 선고 76누276 판결: 사인의 재개업신고에 재개의사가 없으니 그 신고는 무효하다는 취지로 주장하나 민법의 법률행위에 관한 규정은 대등한 당사자간의 거래를 대상으로 하여 서로의 이해를 조정함을 목적으로 하는 규정이므로 형식적 확실성을 중히 여기며, 행위의 격식화를 특색으로 하는 공법행위에 당연히 타당하다고 말할 수 없음은 의론이 있을 수 없는 바이니 사인의 공법행위인 재개업신고는 민법의 법률행위의 규정이 규율하려는 범위 밖에 있다.

(2) 대　리

　사인의 행위에는 개별법률의 규정에 의하여 또는 그 행위의 성질이 일신전속적인 것이어서 대리가 허용되지 아니하는 경우가 있다. 그러나 사인의 개성과 직접 관련이 없는 행위일 때에는 개별법률에 규정이 없어도 대리가 허용되며 그 경우에는 「민법」의 규정이 유추적용된다고 보는 것이 일반적이다.

(3) 행위의 형식

　사인의 행위는 일반적으로 요식행위라고 할 수 없다. 그러나 개별법률이 서면주의를 요구하고 있는 경우도 있고(예: 행정심판법 28조), 개별법률의 규정이 없는 경우에도 행위의 존재와 내용을 명확히 하는 것이 필요한 때에는 서면주의를 원칙으로 한다고 보는 견해[1]도 있다.

(4) 효력발생시기

　사인의 행위의 효력발생시기에 관하여 개별법률에 다른 규정이 없는 한 「민법」상의 도달주의에 따라야 한다는 것이 일반적 견해이다. 예컨대 공무원 사직의 의사표시는 행정청의 집무장소에 도달하여 행정청이 행위의 내용을 알 수 있는 상태에 이른 시점에 행위의 효력이 발생한다.

(5) 의사와 표시와의 불일치

　사인의 행위에 의사의 흠결(허위표시·심리유보·착오 등) 또는 의사표시의 흠(사기·강박에 의한 의사표시)이 있는 경우에 사인의 행위의 효력에 미치는 영향에 관하여는 일반적 규정이 없기 때문에 개별법률에 특별한 규정이 없는 한 「민법」의 규정이 유추적용된다. 다만 사인의 행위 중에는 정형적·단체적 성질이 강하여 대등한 사인 간의 거래와 다른 특수성이 인정되는 때에는(예컨대 선거투표행위를 착오를 이유로 취소하는 경우를 생각하라) 「민법」 규정의 수정·변경이 필요한 경우도 있다. 판례는 "무릇 인허가 등의 행정처분에 대응하여 인허가 등을 받는 개인이 제출하는 각서의 의미·내용을 해석함에 있어서는 행정청이 우월적 지위에 있는 공법관계의 특성, 각서 문언의 내용, 그와 같은 각서가 제출된 동기와 경위, 그에 의하여 달성하고자 하는 목적, 당사자의 진정한 의사 등을 종합적으로 고찰하여 사회정의와 형평의 이념에 맞도록 합리적으로 해석하여야 하고, 그럼에도 당사자의 진정한 의사를 알 수 없다고 한다면 의사표시의 요소가 되는 것은 표시행위로부터 추단되는 효과의사 즉 표시상의 효과의사이고 표의자가 가지고 있던 내심적 효과의사가 아니므로, 의사표시의 해석에 있어서도 당사자의 내심의 의사보다는 외부로 표시된 행위에 의하여 추단된 의사를 가지고 해석함이 상당할 것이다"라고 판시한 바(대법 1999. 1. 29. 선고 97누3422

---

1) 朴鈗炘, 최신행정법강의(상), 212쪽.

판결) 있다.

사인의 진의(眞意) 아닌 의사표시에는 「민법」의 비진의 의사표시 무효에 관한 규정이 적용되지 아니한다(대법 2000. 11. 14. 선고 99두5481 판결, 대법 2001. 8. 24. 선고 99두9971 판결)(→ 의원면직).

⑹ 사인의 행위의 철회

사인의 행위는, 개별법률에 특별한 규정이 있거나 합성행위(예: 선거행위)와 같이 집단적·형식적 성질 또는 그 밖에 특별한 이유 때문에 제한을 받는 경우를 제외하고, 일반적으로 그 행위에 의거하여 어떤 법적 효과가 완성될 때까지는 자유로이 철회할 수 있다. 판례도 "공무원이 한 사직의 의사표시는 그에 터잡은 의원면직처분이 있을 때까지는 원칙적으로 이를 철회할 수 있는 것이지만, 다만 의원면직처분이 있기 전이라도 사직의 의사표시를 철회하는 것이 신의칙에 반한다고 인정되는 특별한 사정이 있는 경우에는 그 철회는 허용되지 아니한다고 보아야 할 것이다"(대법 1993. 7. 27. 선고 92누16942 판결)라고 판시하고 있다.

⑺ 사인의 행위의 보정

보정이란 부족한 부분을 보충하여 온전한 것으로 바로 고친다는 의미로, 원래 소송법상 소장·항소장·상고장 등의 형식적 요건이나 소송능력·법정대리권·소송대리권·선정당사자의 자격 등에 흠결(결함)이 있는 경우에 당사자가 자발적으로 또는 법원·재판장의 명령(보정명령)에 의하여 이를 보충·정정하는 것(민사소송법 59조, 61조, 97조, 254조, 255조, 402조, 425조)을 말하며, 보정명령에서 정한 기간을 준수하지 않는 당사자는 여러 가지 불이익을 받는다(동법 100조, 254조 2항). 행정법령에도 심판청구의 보정(행정심판법 32조), 처분신청의 보완·변경(행정절차법 17조 8항), 신고의 보완(동법 40조 3항, 4항) 등 이를 규정한 경우가 적지 않다. 사인의 행위는 법령상 또는 성질상의 제한이 없는 한 자유로이 보정할 수 있는 것이 원칙이다.

4. 사인의 행위의 효과

사인의 행위가 적법하게 이루어진 경우에 어떠한 법률효과가 발생하는가는 개별법규가 정하는 바에 따라 달라서 일률적으로 말할 수 없다.

⑴ 자기완결적 행위의 효과

법령 등에서 행정청에 대하여 일정한 사항을 통지함으로써 의무가 끝나는 신고를 규정하고 있는 경우에는, 당해 신고가 ① 신고서의 기재사항에 흠이 없고, ② 필요한 구비서류가 첨부되어 있으며, ③ 그 밖에 법령 등에 규정된 형식상의 요건에 적합할 때에는 신고서가 접수기관에 도달한 시점에 신고의 의무가 이행된 것으로 본다(행정절차법 40조 2항). 따라서 신고에 의하여 법이 정한 신고의 효과가 발생한다고 보아야 하므로, 신고에 대한 심사·처리는 불필요하며, 설사 행정청이 신고에 대한 심사·처리를 하였다 하여도 그것은 법률상의 권리·의무와 관련이 없는 행위로 보아야 한다.

(2) 행정요건적 행위의 효과

1) 행정청의 접수의무

사인의 행위가 신청인 경우에는 행정청은 그 신청에 대하여 원칙적으로 접수할 의무를 진다. 즉 행정청은 신청이 있는 때에는 다른 법령 등에 특별한 규정이 있는 경우를 제외하고는 그 접수를 보류 또는 거부하거나 부당하게 되돌려 보내서는 아니 된다(행정절차법 17조 4항 본문, 민원처리에관한법률 9조 1항). 행정청은 신청에 구비서류의 미비 등 흠이 있는 경우에는 보완에 필요한 상당한 기간을 정하여 지체없이 신청인에게 보완을 요구하여야 하며, 신청인이 그 기간 내에 보완을 하지 아니한 때에는 그 이유를 명시하여 접수된 신청을 되돌려보낼 수 있다(행정절차법 17조 5항·6항, 민원처리에관한법률 22조).

2) 행정청의 심사·처리의무

행정청은 신청이 접수되면 신청에 대하여 심사하여 처리할 의무를 진다. 법적 처리가 사인의 이익이 되는 처분인 경우에는 행정청은 원칙적으로 신청인의 편의를 위하여 처분의 처리기간을 종류별로 미리 정하여 공표하여야 하는데(행정절차법 19조 1항), 이 경우에는 행정청은 처리기간 내에 처리하여야 한다. 처리기간의 기산점은 원칙적으로 신청이 행정청에 도달한 때이다. 행정청은 처리기간 내에 처리하기 곤란한 때에는 당해 처분의 처리기간의 범위 내에서 1회에 한하여 그 기간을 연장할 수 있다(동조 2항). 행정청이 정당한 처리기간 내에 처리하지 아니한 때에는 신청인은 당해 행정청 또는 그 감독행정청에 대하여 신속한 처리를 요청할 수 있다(동조 4항).

「행정절차법」이 제정·시행되기 이전에는 신청에 대한 행정청의 응답의무, 즉 신청권을 일반적으로 인정하지 아니하였다. 그러나 「행정절차법」의 제정·시행으로 신청에 대한 허가 등이나 그 거부 또는 행정청이 정당한 처리기간 내에 처리하지 아니하면 그 부작위에 대하여 원칙적으로 행정쟁송의 제기가 가능하게 된 것이다.[1]

---

1) 대법원은 "행정처분은 근거 법령이 개정된 경우에도 경과규정에서 달리 정함이 없는 한 처분 당시 시행되는 개정법령과 거기에서 정한 기준에 의하는 것이 원칙이고, 그러한 개정 법령의 적용과 관련하여서는 개정 전 법령의 존속에 대한 국민의 신뢰가 개정 법령의 적용에 관한 공익상의 요구보다 더 보호가치가 있다고 인정되는 경우에 그러한 국민의 신뢰를 보호하기 위하여 적용이 제한될 수 있는 여지가 있다. 따라서 보상금 신청 후 처분 전에 보상 기준과 대상에 관한 관계 법령의 규정이 개정된 경우에는 처분 당시에 시행되는 개정 법령에 정한 기준에 의하여 보상금지급 여부를 결정하는 것이 원칙이지만, 행정청이 신청을 수리하고도 정당한 이유없이 처리를 지연하여 그 사이에 법령 및 보상 기준이 변경된 경우에는 변경된 법령 및 보상 기준에 따라서 한 처분은 위법하다. 여기에서 '정당한 이유 없이 처리를 지연하였는지'는 법정 처리기간이나 통상적인 처리기간을 기초로 당해 처분이 지연되게 된 구체적인 경위나 사정을 중심으로 살펴 판단하되, 개정 전 법령의 적용을 회피하려는 행정청의 동기나 의도가 있었는지, 처분지연을 쉽게 피할 가능성이 있었는지 등도 아울러 고려할 수 있다"(2014. 7.

행정청이 신청에 대하여 거부처분을 행한 경우에는 당해 행정청에 대한 이의신청 외에 행정심판 및 행정소송을 제기하여 다툴 수 있다.

3) 재신청의 가부

사인의 행위 중 이익이 되는 행정행위 신청의 경우 한번 신청이 거부된 때에도 사정변경을 이유로 다시 신청할 수 있는가의 문제가 있다. 이에 관하여는 선행거부처분이 불가쟁력을 발생하였더라도 행정행위에는 일반적으로 일사부재리의 효력이 없으므로, 별도의 규정이 없고 당해 이익 행정행위의 성질에 반하지 아니하는 한, 사정변경을 이유로 재신청할 수 있다.

5. 사인의 행위의 흠과 그 효과

사인의 행위에 흠이 있는 경우에 그 흠의 효과에 관하여 원칙적으로 「민법」의 법률행위에 관한 규정이 유추적용된다.

(1) 자기완결적 행위의 흠과 그 효과

자기완결적 행위에 흠이 있는 경우 「행정절차법」은 형식적 요건에 흠이 있는 때에는 행정청은 지체없이 상당한 기간을 정하여 신고인에게 신고서의 보완을 요구하여야 하고 신고인이 그 기간 내에 보완을 하지 아니한 때에는 그 이유를 명시하여 당해 신고서를 되돌려 보내도록 규정하고 있다(40조 3항·4항).

자기완결적 행위인 신고에 흠이 있는 경우에 그 흠의 효과에 관하여는 「행정절차법」에 아무런 규정이 없다. 따라서 개별 행정법령의 해석문제가 되겠지만, 원칙적으로 신고의 효과가 발생하지 않는다고 보아야 한다. 부적법한 신고를 행정청이 설사 사실행위인 수리를 하였다고 하더라도 그 수리는 도달을 확인한 것에 불과하며, 그로 인하여 신고의 효과가 발생하는 것은 아니다.

(2) 행정요건적 행위의 흠과 행정행위의 효과

행정요건적 행위에 흠이 있는 경우에 흠 있는 행정요건적 행위에 따른 행정행위의 효과는 어떻게 되는가가 특히 문제된다.

통설은 행정요건적 행위가 행정행위의 단순한 동기인 경우와 필요적 요건인 경우로 나누어, 단순한 동기에 불과한 경우에는 행정요건적 행위의 흠이 행정행위의 효과에 아무런 영향이 없으나, 필요적 요건인 경우에는 행정요건적 행위의 흠이 단순위법인 때에는 행정행위는 유효하고, 무효인 때에는(아버지 명의로 행한 아들의 귀화허가신청) 행정행위도 무효가 된다고 한다.

이에 대하여는 행정요건적 행위에 흠이 있는 경우에는 그것에 의한 행정행위는 취소될 수 있는 것이 원칙이고, 다만 개별법률이 행정요건적 행위를 행정행위의 효력발생요건으로 규정하고

---

24. 선고 2012두23501 판결)고 하였다.

있는 경우 등에 있어서 행정요건적 행위가 결여되어 있는 때에는 행정행위가 예외로 무효로 된다고 보아야 한다는 견해[1]가 있다.

6. 사인의 행위의 소멸

흠 없이 유효하게 성립한 사인의 행위는 일정한 사유에 의하여 그 효력을 상실하게 된다. 그 사유로는 실효와 철회가 있다.

(1) 사인의 행위의 실효

사인의 행위가 행위자의 의사에 의하지 아니하고 일정한 사실에 의거하여 당연히 효력을 상실하는 경우가 있다. 예컨대 사인의 행위는 행위자가 사망한 때에는, 승계되는 경우를 제외하고 실효된다.

(2) 사인의 행위의 철회

사인의 행위는 그것에 의거한 행정행위가 행하여지기 전에는 행위자가 원칙적으로 자유로이 철회할 수 있다는 것은 앞에서 설명한 바와 같다.

---

1) 金南辰·金連泰, 행정법 Ⅰ, 131쪽.

제2편 행정의 행위형식론

제 1 장 서 론

I. 행정의 행위형식의 의의

행정주체는 행정 목적을 달성하기 위하여 여러 가지 행정의 활동을 하고 있다. 여러 가지 행정활동을 특성이 같은 것끼리 구분하여 유형화한 것을 행정의 행위형식이라 한다. 다시 말하면, 행정이 행하는 활동에는 특별행정법의 참조영역에서 볼 수 있는 바와 같이 내용은 다르지만, 공통된 성질을 가진 것이 있다. 행정의 행위형식은 이와 같이 공통된 성질을 갖는 행정의 활동형식이다. 행정의 행위형식을 행정주체가 그들의 임무를 달성하기 위하여 그들의 권능에 준거하여 활동하는 형식이라고도 정리할 수 있다. 행정의 행위형식은 헌법상 법리를 비롯한 여러 법리를 행정활동에 적용하기 쉽도록, 또한 충돌하는 법리를 어떻게 하면 잘 조절할 수 있는가를 나타내 주도록 유형화한 것이라고도 할 수 있다.

이와 같은 유형화는 행정법(행정법관계)의 구조와 체계를 이해하는 데에 도움을 준다. 또한 구체적인 행정법규가 유형화된 개념을 이용하고 있으므로 체계화된 행정의 행위형식의 지식이 구체적인 행정법규를 읽고 이해하는 데에 도움을 주며, 행정주체가 행정에 관한 판단을 하는 데에도 도움을 준다. 따라서 행정의 행위형식은 특별행정법의 개별 법률을 소재로 한 제도론과 병행하여 파악하여야 한다. 즉, 행정의 행위형식이 제도론 속에서 어떻게 짝을 이루어 기능하고 있는가를 이해하여야 한다.

우리나라에는 작용형식이라는 개념이 널리 쓰이고 있다. 이미 행정조직법적 관계와 행정작용법적 관계에서 본 바와 같이 행정작용이라는 개념은 행정기관이 국민·주민 등 사인에 대하여 행하는 행정활동으로 이해하는 것이 일반적이다. 즉, 행정작용은 외부행위만을 의미한다. 행정조직법적 관계는 내부관계이고, 행정작용법적 관계는 외부관계라는 종래의 통설은 이미 낡은 생각이라고 이 책에서는 보고 있다.

II. 법형식과 행위형식

법형식(Rechtsform)과 행위형식(Handlundsform)은 구별되어야 한다. 행정의 법형식은 법적 기준에 의하여 만들어진 여러 가지 형식이다. 예컨대, 독일에서는 법규명령, 행정규칙, 행정행위, 행정계약 등이 오늘날에도 행정활동 시스템의 핵심 부분(Kernelement)을 이루고 있다. 즉, 법형식론은 법 시스템과 특별한 관계를 이루고 있으며, 실무적으로는 구체적 해결의 발견을 쉽게 해주고 있는 완성된 분류 모델로서 기능한다. 이에 대하여 행위형식은 행정기관의 경고 등과 같이 수단이라는 측면이 정면에 나선다. 물론 행정의 행위형식도 법적 관점 아래서 충분하고 명확하게 구분이 가능하고 명확한 법 효과가 귀속가능하게 행정의 법형식이 될 수 있다. 독일에서는 단순행정활동(schlichtes Verwaltungshandeln)은 행위형식이긴 하지만, 법형식이 아니라고 하였다[1]. 우리나라에 있어서도 「행정절차법」이 제정되기 이전에는 행정지도는 행위형식이었지, 일반적으로 법형식은 아니었다. 법형식과 행위형식으로 나누는 경우, 행위형식은 상위개념(Oberbegriff)이 된다[2]. 오늘날 우리나라에서는 행정의 법형식이라는 용어는 거의 사용하지 아니하고[3] 행정의 행위형식이라는 용어가 널리 사용되고 있는 것은 비권력적 행정활동에 관한 논의가 활발해지면서 이다.

Ⅲ. 행위형식의 분류

행정의 목적 내지 임무에는 여러 가지가 있으므로 행위형식도 이에 따라 다양하다. 종래의 전통적 행위형식을 개략적으로 나누어 보면, 장래의 행정활동의 준칙을 나타내는 행위형식과 개별 사례의 결정 등을 내용으로 하는 행위형식으로 나눌 수 있다. 전자의 대표적인 예가 행정입법, 행정계획 등의 행위형식이며, 후자의 대표적인 예가 행정행위, 행정계약 등의 행위형식이다. 종래의 행정법학에서는 이 중 행정행위가 가장 핵심적으로 다루어진 행정의 행위형식이었다. 행정행위는 지금도 중요하게 다루어지고 있는 행정의 행위형식임에는 틀림이 없으나, 최근에는 행정입법이 보다 중요하다고 여겨지고 있으며, 행정계획·행정계약도 중요성을 더해가고 있다. 뿐만 아니라 외적행위 외에 내적행위도 중요하다는 지적이 나오고 있으며, 비법적 행위의 중요성에 대한 지적은 여전히 계속되고 있다. 이 책에서는 행정의 행위형식을 행정입법, 행정행위, 확약, 행정계획, 공법상 합동행위, 사실행위, 행정계획, 그 밖의 행정의 행위형식으로 나누고 있다.

종래의 행정법학에서는 각각의 행위형식을 분리해서 그 법적 성격을 논하는 것을 주안으로 하고 있다. 그러나 현실의 행정에서는 하나의 행위형식이 단독으로 사용되는 경우도 있으나, 복수의 행위형식이 경합하여 사용되거나 그들의 연쇄로서 행정이 행하여지고 있는 경우도 있다. 그렇기 때문에 전체를 바라보는 행정흐름을 시야에 넣지 않으면 행정법 현상을 전체로소 파악할 수 없고, 또한 그래서는 개별 행위형식의 법 효과를 인식하지 못할 수 있다.

행정행위와 행정계약의 병존과 분기(分岐)의 가능성 문제만 해도 그렇다. 양자는 그 효력, 위법성 판단의 기준, 쟁송방식 등이 같이 아니하다. 그러나 양자는 행정목적을 달성하기 위한 단계

---

1) 예컨대, Peter Krause, Rechtsformen des Verwaltungshandeln, 1974, S. 74ff.; Karthrin Becker Schwarze, Wolfgang Köck, Thonnas Kupka, Mathias von Schwanenflügel(Hrsg.), Wandel der Handlungsformen in Öffentliche Recht, 1991, S. 31ff.

2) Karthrin Becker Schwarze, Wolfgang Köck, Thonnas Kupka, Mathias von Schwanenflügel(Hrsg.), 위 책, S. 34.

3) 대법원은 "의료법 제64조 제1항의 문언과 규정 체계, 입법 취지 등을 종합하면" "의료법 제33조 제4항에 따라 허가에 근거하여 개설된 의료기관에 대해서는 개설 허가 취소처분의 형식으로 하고, 제33조 제3항과 제35조 제1항 본문에 따라 신고에 근거하여 개설된 의료기관에 대해서는 폐쇄명령의 형식으로 해야 한다"고 판시하고 있다(대법 2021. 3. 11. 선고 2019두57831 판결).

적 행위형식이기도 하다. 따라서 양자를 별개로 파악하되, 결론적으로는 효력을 같이 할 수 있도록 해석하는 방안을 마련하는 것이 바람직하다. 구체적인 예로서 행정조달계약에서 문제가 되고 있다. 비교법적 연구가 도움이 될 수 있다. 행정조달계약의 법적 성질을 가지고 우리나라와 프랑스의 법체계를 비교 검토한 이론이라든가[1] 행정행위와 사법상 계약 또는 공법상 계약의 2단계로 이루어져 있다는 이른바 이단계설[2]도 이러한 노력에 속한다. 이와 관련하여 행정의 행위형식을 특별행정법의 개별 법률을 소개로 한 제도론과 병행하여 파악하는 일, 즉, 행위형식이 제도론 속에서 어떻게 짝을 이루어 기능하고 있는가를 이해하는 일도 중요하다.

Ⅳ. 행위형식에서의 유의점

1. 법치행정원칙과 행정의 행위형식

법치행정원리는 모든 행정활동에 미친다. 따라서 법률우의원칙은 어떤 행정의 행위형식에도 적용되므로, 어떤 것이든, 법률에 위반될 수 없다. 「행정기본법」 제38조 제1항에서 "국가나 지방자치단체가 법령등을 제정·개정·폐지하고자 하거나 그와 관련된 활동(법률안의 국회 제출과 조례안의 지방의회 제출을 포함하며, "행정의 입법활동"이라 한다)을 할 때에는 헌법과 상위 법령을 위반해서는 아니 되며, 헌법과 법령등에서 정한 절차를 준수하여야 한다"라고 규정하고, 제2항에서 "행정의 입법활동은 다음 각 호의 기준에 따라야 한다. 1. 일반 국민 및 이해관계자로부터 의견을 수렴하고 관계 기관과 충분한 협의를 거쳐 책임 있게 추진되어야 한다. 2. 법령등의 내용과 규정은 다른 법령등과 조화를 이루어야 하고, 법령등 상호 간에 중복되거나 상충되지 아니하여야 한다. 3. 법령등은 일반 국민이 그 내용을 쉽고 명확하게 이해할 수 있도록 알기 쉽게 만들어져야 한다"라고 규정하고 있다. 「행정기본법」 제38조에 대하여는 입법지침적 성격의 규정으로 '법률이 법률을 구속할 수 있는가'라는 공법의 기초문제를 제기한다는 비판이 있다[3](→ 법률의 법률 구속성 문제). 법률유보원칙도 행정의 행위형식에 적용된다. 그 적용 범위에 관하여 어떤 견해에 따를 것인가에 따라 차이가 있을 뿐이다. 예컨대, 침해유보설에 의하면 침해행정은 반드시 수권규범에 근거하여야 한다. 중요사항유보설(본질성설)에 의하면 국민·주민 등 사인에게 영향을 미치는 중요사항(본질사항)은 반드시 수권규범을 필요로 한다. 중요사항유보설은 우리 헌법재판소가 취하고 있는 견해임은 앞에서 본 바와 같다.

위와 같은 중요사항유보설은 반드시 법규명령에 한정하는 것이 아니고 행정활동 일반에 타당한 이론이다. 법적 구속력을 갖는 규율을 정하는 경우 어느 정도의 명확한 법률의 근거를 필요

---

1) 姜知恩, 프랑스의 분리가능행위, 특히 231쪽 이하.

2) H. Maurer/C. Waldhoff, Allgemeines Verwaltungsrecht, 19. Aufl., S. 499ff.

3) 金裕煥, 「현대행정법 추록—행정기본법 해설—」, 17쪽; 金鉉埈, 「전환시대 행정법학의 과제」, 2021 한국공법학자대회 통합과 분권: 전환시대 공법학의 과제 제1권, 96쪽 이하

로 하는가의 문제(규율에 관한 법률의 유보)는 법규명령에만 문제되는 것이 아니라 행정행위에서도 문제된다. 중요한 것은 법규명령의 제정 절차를 정비하는 일이다.

「행정기본법」제16조는 결격사유라는 제목으로 제1항에서 "자격이나 신분 등을 취득 또는 부여할 수 없거나 인가, 허가, 지정, 승인, 영업등록, 신고 수리 등(이하 "인허가"라 한다)을 필요로 하는 영업 또는 사업 등을 할 수 없는 사유(이하 이 조에서 "결격사유"라 한다)는 법률로 정한다"라고 규정하고, 제2항에서 결격사유를 규정할 때에는 다음 각 호의 기준에 따른다. "1. 규정의 필요성이 분명할 것 2. 필요한 항목만 최소한으로 규정할 것 3. 대상이 되는 자격, 신분, 영업 또는 사업 등과 실질적인 관련이 있을 것 4. 유사한 다른 제도와 균형을 이룰 것"이라고 규정하고 있다.

법제처는 이 조문의 제정취지를 "각종 자격취득 및 인허가 등의 결격사유와 관련된 개별 법령상의 제도를 보다 명확히 규율하도록 하여 결격사유 제도의 명확성을 높이는 것을 목적으로 한다. 이는 결격사유가 직업의 자유 및 재산권과 같은 국민의 기본권을 제한하는 효과를 갖고 오기 때문에 이러한 국민의 기본권 제한과 관련된 제도를 규범적으로 투명하게 하여 궁극적으로는 국민의 권익을 향상시키기 위해서이다"라고 밝히고 있다[1].「행정기본법」제16조에 대하여도 입법지침적 성격의 규정으로 '법률이 법률을 구속할 수 있는가'라는 공법의 기초문제를 제기한다는 비판이 있다[2]. (→ 법률의 법률 구속성 문제)

공법상 계약의 자유성의 문제로 공법상계약과 법치행정원칙와의 관계가 문제된다. 현재로서는 여기에서 유의해야 할 것은 행정기관은 공법상 계약의 체결에 의하여 사인과 같은 기본권으로서의 자유를 취득할 수 없다는 점이다. 공법상 계약을 체결하는 행정기관은 법적으로는 기본권에 구속되고 법과 공익을 실현할 임무를 지는 것이 원칙이다. 그래서 중요한 것은 행정기관이 공법상 계약을 체결할 때 법과 공익을 실현할 수 있도록 실효적으로 담보될 수 있는 실체법적·절차법적 제도를 정비하는 것이다.

2. 재량행정과 행정의 행위형식

이미 앞에서 본 바와 같이 행정은 법적 구속의 정도를 기준으로 기속행정과 재량행정으로 나누어진다. 재량행정은 행정기관에게 전속적 판단의 여지를 부여한다. 예컨대, 어떤 행정활동이 소송으로 다투어진 경우, 그것이 재량행정이면 행정기관이 한 판단과 법원의 판단이 다른 때에는, 이른바 기속재량이 아니 한, 행정기관이 한 판단을 법원이 존중해 주어야 한다. 입법자가 법규를 특정한 사항에 관하여 행정 판단을 존중하도록 요구하고 있으면 법원은 그에 따라 행정기관이 한 판단을 존중해 주어야 하기 때문이다. 이러한 재량행정은 행정행위라는 행정의 행위형식에서 다루어져 왔다. 그러나 재량행정은 행정행위의 행위형식에서만 문제가 되는 것이 아니

---

1) 법제처, 행정기본법 조문별 해설, 62쪽
2) 앞 3)과 동일

다. 모든 행정의 행위형식은 그 특성에 따라 재량의 폭이 다를 수는 있겠지만, 재량행정이 인정된다. 따라서 재량권의 행사를 행정의 행위형식에 따라 어떻게 통제할 것인가가 행정의 행위형식에 있어 또 하나의 유의점이 된다.

3. 행정쟁송과 행정의 행위형식

행정의 행위형식이 갖는 중요한 역할 중의 하나는 사인이 행정주체의 행정활동을 소송으로 다투는 경우에 어떤 소송을 제기할 것인가에 대한 실마리를 제공하여 준다는 점이다. 예컨대 행정청의 처분(→ 행정행위)에 대하여 소를 제기할 때에는 원칙적으로 취소소송을 선택하여야 한다. 그러나 현행 「행정소송법」은 행정소송의 종류를 취소소송·무효등확인소송·부작위위법확인소송 등 항고소송과 당사자소송, 법률의 규정이 있는 경우에 예외적으로 민중소송 등 객관소송이 있을 뿐이므로 행정행위 이외의 행정의 행위형식을 다툴 소송의 종류가 제한되어 있다. 「행정심판법」에 의한 심판과 「헌법재판소법」이 정하는 헌법소원에 의한 심판 등이 있긴 하지만, 「행정소송법」이 정한 처분에 해당하지 아니하는 행정의 행위형식에 관한 소송에는 일정한 한계가 있다는 점을 유의하여야 한다.

V. 과 제

행정의 행위형식의 과제는 여러 가지를 들 수 있다. 여기서는 두 가지 점만을 지적한다. 하나의 과제는 지금까지의 행정법학에서는 행정의 행위형식이 행정행위에 지나치게 치우쳐 있었다는 점을 비판하는 논자가 많다는 점이다. 바른 지적이다. 그러나 그러하기 때문에 행정행위는 일반 법리를 구체적으로 명확하게 정립하고 있는 점도 있다. 따라서 행정행위 중심의 행정의 행위형식이라는 비판보다는 다른 행정의 행위형식도 행정행위처럼 일반 법리를 구체적으로 명확하게 구축할 수 있도록 하는 것이 먼저 해야 할 과제라는 점이다.

또 하나의 과제는 위의 과제와 좀 더 다른 차원의 것이다. 최근 행정의 행위형식론은 법행위라는 점에 착안을 두고 있는 사고(思考) 방법(rechtsaktbezoge Betrachtungsweise)에서 행동이라는 점에 착안을 두고 있는 사고 방법(vehaltensbezogene Betrachtungsweise)으로 변화하고 있다. 이러한 변화를 간단히 설명할 수 없지만, 추상적으로 거칠게 그리고 쉽게 말하면 지금까지의 행정의 행위형식이 편면적인 고찰이었다고 한다면 보다 입체적으로 변화하고 있다고 말할 수 있다.

종래의 전통적 행정법론에서는 행정의 행위형식은 행정활동에 대한 실체적 요건을 매우 중요시한 반면에 절차론은 실체에 대한 봉사론으로 생각하였다. 그러나 「행정절차법」의 제정에서 보는 바와 같이, 절차론은 실체적 요건 못지않게 중요하다. 행정의 민주성·투명성·공정성이 공동체의 구성원이 존중해야 할 보편적 가치로 등장하였기 때문이다. 따라서 행정절차가 행정의 일반 제도로 인식되고 있는 이상, 행정의 행위형식론에서는 개별 행위형식마다 절차의 특징을 개별적으로 검토하는 것이 요구된다. 현대 행정의 행위형식론은 절차를 기축으로 하는 행위형식론으로 재구성되고 있다.

이와 같이 행정의 행위형식론이 절차를 기축으로 하는 행위형식론으로 재구성되면, 행위형식론은 각 행위형식의 요건, 효과, 쟁송수단으로 결부시키는 것으로 보는 관점보다 입법의 흐름, 행정의 흐름, 사법(司法)의 흐름 속에서 제시되는 논의의 소재로 보는 관점이 더 중요하게 된다. 이런 관점에서 보면, 각 행위형식은 입법의 흐름·행정의 흐름과 결부되어 행정의 내적 절차의 요소를 묶어 낼 수 있다. 내적 절차의 요소를 묶어 내면, 우선 행위형식 상호간의 관계가 명백히 된다. 행정행위와 행정계약의 관계가 그 예이다. 나아가 행위형식과 실체법 관계, 행정기관의 행위와 법률의 관계도 명백히 된다. 종내에는 행정의 흐름과 사법(司法)의 흐름을 하나의 묶음으로 입체적으로 고찰할 수도 있게 된다.

제 2 장 행정입법

제 1 절 개 설

Ⅰ. 행정입법의 의의

우리나라의 통설에 의하면 행정입법이란 행정기관이 법조의 형식으로 일반적·추상적 규범을 정립하는 작용 또는 그에 따라 정립된 규범이다. 반드시 실질적 의미의 입법에 한정하지 아니하며, 행정실무에서 분쟁 해결의 기준(재판규범)으로서 적용할 수 없다는 의미에서 그 법원성(法源性)을 부인하고 있던 행정규칙까지를 포함한다. 또한 원칙적으로 특별한 법률의 수권을 필요로 하지 아니하며 법률과의 관계에 있어서도 위임명령과 반드시 동일시할 수 없는 지방자치단체의 조례도, 그것이 일반적·추상적 규범의 정립작용이라는 의미에서 행정입법에 포함시키고 있다.

여기서 말하는 일반적이란 불특정 다수인에게 적용된다는 의미이며 추상적이란 불특정 다수의 사례에 적용된다는 의미이다. 따라서 통설에 의하면 행정입법은 이와 같은 행정기관의 일반적·추상적 규범정립작용이라는 점에서 후술하는 행정행위 등 다른 행정작용과 구별된다. 판례도 일반적·추상적 성격의 여부에 의하여 행정입법과 행정행위를 구별하고 있다(대법 2003. 10. 9. 자 2003무23 결정 참조).

Ⅱ. 행정입법의 전개

행정입법을 어느 범위에서 인정하는가는 국가의 기본적 법체제의 여하에 따라 다르다. 근대 법치국가에 있어서는 행정주체와 사인간의 관계를 규율하는 성문의 일반·추상적 규범인 법규의 정립은 국회가 제정하는 법률에 의하여야 한다는 것이었고 위임입법금지론이 우세하였다. 그러나 현대 법치국가에 있어서는 행정권의 광범위하고 적극적인 활동의 요청과 더불어 대체적인 기준과 근거를 법률에 유보하면서 보다 상세한 내용을 행정입법에 위임하는 현상이 늘어나고, 급기야는 이른바 골격입법의 현상을 야기하기에 이르렀다.

Ⅲ. 행정입법의 필요성

행정입법의 필요성은 다음과 같다.

(1) 현대국가에서는 요구되는 입법의 내용이 복잡할 뿐만 아니라 전문적·기술적 사항이 많아 지게되어 법률에서는 대강을 정하고 보다 상세한 내용을 행정입법에 위임하는 현상이 늘어난다(대법 2011. 11. 24. 선고 2011두15534 판결 참조).

(2) 행정의 대상이 정세의 급격한 변화에 대응하여 극히 유동적이기 때문에 급격한 변화에

맞추어 수시로 탄력적으로 입법을 개정하거나 폐지할 수 있는 여지가 상당 정도 필요하다.[1] 법률로 모든 것을 규정하여서는 이러한 수요에 응할 수 없다.

(3) 행정이 복잡해지고 전문화·기술화해 감에 따라 행정을 규율하고 있는 법률의 해석에 의문이 생기게 되고, 또한 법률이 행정기관에 대해 일정한 범위의 재량판단의 여지를 부여하는 것이 불가피한데 행정기관마다 재량권을 다르게 행사하게 되면 공평하지 못한 행정이 행하여질 우려가 있으므로 일정한 행정기준을 정립하여 행정의 통일화·적정화를 기할 필요가 있다.

(4) 행정이 고도로 전문화되고 기술화되어 있는 오늘날에서는 행정기준을 정립하여 행정을 능률화하고 촉진할 필요가 있다.

(5) 긴급한 조치가 필요한 경우에 대처해야 할 필요가 있다.

Ⅳ. 행정입법의 종류

행정입법은 다음 기준에 의하여 여러 가지로 분류할 수 있다.

1. 국가의 행정입법과 지방자치단체의 행정입법

행정입법을 그것을 제정하는 주체에 따라 국가의 행정입법과 지방자치단체의 행정입법으로 나누는 것이 종래의 통설이었다. 그러나 지방자치단체의 자치입법은 원칙적으로 법률의 위임에 의하지 아니하고 「헌법」에 근거하여 정립되는 것이므로, 직접 법률의 위임에 의하여 정립되는 경우를 제외하고 국가의 행정입법에 포함시키는 것은 적절하지 아니하다. 따라서 여기서는 국가의 행정입법에 관하여만 설명하고, 지방자치단체의 행정입법에 관하여는 별도로 설명하기로 한다(→ 자치입법권).

2. 법규명령과 행정규칙

행정입법은 법규명령과 행정규칙(행정명령)으로 나누는 것이 지금까지의 지배적 견해이다[2].

---

1) 행정입법의 필요성으로 경제행정법의 경우, 경제행정이 동태적으로 전문적인 분야를 그 규율의 대상으로 하고, 특히 경제상황의 변동, 기술의 발전, 새로운 사회현상의 등장 등으로 규제체계의 공백 또는 중복 등 혼란이 야기되기도 하며, 적시에 적절한 대응이 이루어지기 어렵기 때문에 바람직하지 않은 행위로 인한 폐해가 큰 반면에 그 행위자가 획득하는 경제적 이익은 막대한다는 점이 지적되고 있다(李元雨, 경제규제법론, 421쪽 이하 참조).

2) Hans Heinrich Rupp 교수는 독일의 역사적·정치적 배경의 각인을 받고 있는 법규개념에서 도출되는 내부·외부 이분론은 내부영역에 관한 군주의 입법권을 유지하려는 정치적 동인의 하나의 이론적 표현에 불과하다고 설명한다(Grundfragen der heutigen Verwaltungsrechtslehre, 2. Aufl., 1991, S. 2ff.). 朴正勳 교수는 우리 헌법상 독일과 달리 '법규', '법규명령'이라는 용어를 사용하지 않고, 이 용어를 사용함으로써 순환논리와 방법론적 난맥상을 드러내고 있으므로 '법규', '법규명령' 개념을 고집할 필요가 없다고 주장한다(同人, 「법규명령 형식의 행정규칙과 행정규칙 형식의 법규명령—'법규' 개념 및 형식/실질 이원론의 극복을 위하여—」, 행정법학(한국행정법학회) 제5호, 33쪽 이하).

그러나 행정규칙을 행정입법의 개념에 포함시키지 아니하는 견해도 있다.

⑴ 행정규칙을 행정입법의 개념에 포함시키지 아니하는 견해

학자에 따라서는 행정규칙은 입법이 아니므로 법규명령과 행정규칙을 행정입법의 개념으로 묶는 것은 잘못된 것이라는 견해가 있다. 즉 행정입법이란 '행정권에 의한 실질적 입법권의 행사'라는 의미의 외연을 지니는 개념이기 때문이라는 것이다.[1]

이 견해는 종래의 전통적 견해가 행정규칙을 '사인에 대한 법적 구속력을 갖지 않는 것', 즉 법이 아니라고 한 이해에 바탕을 두고 있다. 종래의 전통적 견해의 이해는 행정과 사인의 관계를 오로지 지배자와 피지배자의 관계로 보았던 시대의 산물이다. 그러나 후술하는 바와 같이 행정규칙도 법규명령과 같은 엄격한 대외적 구속력은 아니지만 행정규칙에 따라서는 유연한 대외적 구속력을 갖는 경우도 있다는 것이 밝혀지고 있다. 즉 오늘날 법규명령과 행정규칙은 절차법적으로나 기능적으로 접근되어 있기 때문에[2] 법규명령과 행정규칙의 구별은 점차 상대화되어 가고 있다. 이러한 변천은 행정과 사인의 관계를 상호 협력에 의한 행정목적 실현을 위한 동반자관계로 보게 된 시대변천의 산물이다. 이와 같은 변천에서 보면, 법규명령과 행정규칙을 행정입법이라는 하나의 개념에 묶어 함께 고찰하는 것도 의미가 있다.

⑵ 법규명령과 행정규칙의 구별기준

1) 학설의 대립

법규명령과 행정규칙을 행정입법이라는 하나의 개념에 묶어 고찰하는 경우, 법규명령과 행정규칙의 구별기준을 어디에 두느냐가 문제된다. 이에 대하여는 견해가 나뉜다.

⑺ **종래의 전통적 견해**   종래의 전통적 견해는 법규명령과 행정규칙의 구별이 실정법상의 구별이 아니라 이론(학문)상의 구별임을 전제로, 행정입법을 법규이냐의 여부, 즉 대외적 구속력(Aussenverbindlichkeit)을 가지느냐의 여부에 의하여 법규명령과 행정규칙으로 나눈다. 이에 의하면 행정입법 중 대외적으로 일반적 구속력(외부효과)을 가지는 법규범을 법규명령이라 하고, 행정기관 내부에서만 구속력(내부효과)을 가질 뿐 대외적 구속력을 가지지 아니하는 것을 행정규칙이라 하여 양자를 구별한다.

⑻ **위임 여부를 기준으로 하는 견해**   학자에 따라서는 헌법 또는 법률의 위임 유무를 기준으로 행정입법을 법규명령과 행정규칙으로 구별하는 견해가 있다.[3] 또한 학자에 따라서는 헌법제정권력자가 제1차적으로 국회에 부여한 입법권한을 국회가 다시 행정권

---

1) 洪準亨, 행정법총론, 171쪽 및 351쪽.

2) E. Schmidt-Assmann, Das allgemeine Verwaltungsrecht als Ordnungsidee, 2. Aufl., S. 122.

3) 金南辰, 「법규명령과 행정규칙의 구분과 관계」, 고시 Journal 1995년 9월호.

에 위임하고 그 위임에 근거하여 행정권이 제정한 입법이 법규명령이고, 위임 없이 행정권이 헌법제정권력으로부터 부여받은 고유한 권능에 근거하여 제정한 입법이 행정규칙이라고 정의하기도 한다.[1] 이 견해는 집행명령도 위임에 의한 법규명령으로 보며,[2] 행정규칙도 수익적인 영역에서 경우에 따라서는 예외적으로 국민을 구속할 수 있다고 하고,[3] 그것은 직접적·외부적 구속효라고 설명한다.[4] 따라서 이 견해에 의하면 법규명령과 행정규칙은 그 어느 것이나 엄격한 대외적 구속력을 가질 수 있다는 점에서는 차이가 없다.

⒟ **형식을 기준으로 하는 견해**　　　학자에 따라서는 국가행정권이 정립하는 일반·추상적 규범 중 헌법상 예정되어 있는 형식인 긴급명령·대통령령·총리령·부령·중앙선거관리위원회규칙이 법규명령이고, 국가행정권이 정립하는 일반·추상적 규범 중 헌법상 예정되어 있지 아니한 형식인 고시·통첩·예규·지시 등이 행정규칙이라고 정의하는 견해가 있다.[5] 학자에 따라서는 실질(대외적 구속력 여부)을 기준으로 법규명령과 행정규칙을 구별하면서 동시에 형식에 의하여 법규명령과 행정규칙을 나누기도 한다.[6] 또한 학자에 따라서는 제1단계로 형식을 기준으로 법규명령과 행정규칙으로 나누고 제2단계로 실질(대외적 구속력 여부)을 기준으로 법규명령과 행정규칙을 나누는 견해도 있다.[7]

2) 학설의 검토

첫째로 종래의 전통적 견해의 문제는 행정규칙을 대외적 법적 구속력을 전혀 갖지 않는 것, 즉 법이 아니라고 보았다는 점이다. 그러나 행정규칙도 법규명령과 같은 엄격한 대외적 법적 구속력을 갖는 것은 아니지만, 경우에 따라서는 유연한 대외적 법적 구속력을 갖는다는 점에서 법규명령과 행정규칙이 상대화되고 있다는 시대의 변천을 간과하고 있다. 둘째로 위임 여부를 기준으로 하는 견해의 문제는 위임이 없는 행정입법은 대외적 법적 구속력을 전혀 갖지 않는 것이 되어 법규명령과 행정규칙이 상대화되고 있는 현상을 설명할 수 없게 된다는 점이다. 이것은 종래의 전통적 견해가 법규명령과 행정규칙의 구별을, 대외적 법적 구속력이 100%이면 법규명령

---

1) 洪井善, 행정법원론(상), 201쪽 이하 및 229쪽 이하.

2) 洪　교수는 위임명령은 의회의 의결을 거친 법률의 위임에 의하여 법규명령이 되고 집행명령은 직접 헌법의 위임에 의하여 법규명령이 된다고 설명한다. 그러나 그 이유에 대하여는 아무런 설명이 없다.

3) 洪井善, 위 책, 230쪽.

4) 洪井善, 위 책, 254쪽.

5) 白潤基, 「재량준칙상의 감경규정에 대하여」행정법원의 좌표와 진로(서울행정법원 개원 1주년 기념백서), 387쪽, 白 교수는 이 견해가 학계의 다수설이라고 한다. 崔正一 교수는 이 견해는 "실무에 있어서는 법적 안정성을 위하여 취할 수밖에 없는 견해라고 생각되나, 학설로서는 소수설이다"(同人, 행정법의 정석[행정법Ⅰ], 156쪽 이하)라고 하면서 소수설로 朴均省, 행정법론(상), 2009, 230쪽을 들고 있다.

6) 金南辰, 행정법Ⅰ, 165쪽 이하 및 194쪽; 李尙圭, 신행정법론(상), 293쪽 이하 및 309쪽; 鄭夏重, 행정법총론, 138쪽 이하 및 157쪽.

7) 金容燮, 「택지개발업무처리지침위반과 영업소 폐쇄명령의 적법성—행정규칙의 대외적 구속력을 중심으로—」, 행정판례연구(한국행정판례연구회) XIV, 63쪽 이하.

이고, 대외적 법적 구속력이 0%이면 행정규칙이라는 이자택일의 사고를 갖고 있었기 때문이다. 그래서 이 견해를 취하고 있는 이들 중에는 예외적으로 위임이 없는 행정규칙에도 법규명령과 동일한 직접적·외부적 법적구속효를 인정한다. 이는 위임 여부만이 법규명령과 행정규칙의 구별기준이 될 수 없음을 스스로 인정하는 것이 된다.

셋째로 형식을 기준으로 하는 견해의 문제는 법규명령과 행정규칙의 구별이 실정법에 의한 구별인가 이론상의 구별인가 하는 것이다. 법규명령과 행정규칙이 각각 실정법에 의한 고유한 형식의 존재에 의한 구별이라고 한다면 문제가 없다. 그러나 법규명령과 행정규칙이 실정법에 의한 고유한 형식의 존재에 의한 구별이 아니라 행정법의 체계를 구축하기 위한 이론상의 구별이라면 이에 맞춘 이론상의 기준이 제시되어야 할 것은 말할 나위가 없다. 이중의 기준(실질과 형식)에 의한 법규명령과 행정규칙의 구별이 우리나라의 행정입법론을 더욱 어렵게 하는 원인의 하나가 되고 있다.

이 책에서는 법규명령과 행정규칙의 구별 기준을 행정과 사인의 관계를 상호 협력에 의한 행정목적 실현을 위한 동반자관계로 보는 시대의 흐름에 따라 법규명령과 행정규칙이 상대화되어 가고 있는 현상에 맞추어 엄격한 대외적 법적 구속력(외부 효과)을 갖고 있느냐의 여부에 두고 있다. 즉 법규명령은 엄격한 대외적 법적 구속력을 갖고 있는 행정입법이고, 행정규칙은 경우에 따라 유연한 대외적 법적 구속력을 가질 수 있으나 엄격한 대외적 법적 구속력을 갖지 않는 행정입법이다. 이와 같이 법규명령과 행정규칙을 구분하면, 긴급명령·대통령령·총리령·부령·중앙선거관리위원회규칙은 엄격한 대외적 법적 구속력을 가질 수 있는 능력과 가능성이 있다는 것이지 항상 엄격한 대외적 법적 구속력을 갖는 것은 아니며,[1] 반대로 고시·훈령·예규·지시 등은 항상 내부적 구속력만 갖는 것이 아니라 경우에 따라서는 유연한 대외적 법적 구속력을 가질 수 있으며, 수권에 의하여 엄격한 대외적 법적 구속력을 가질 수도 있다. 수권에 의하여 엄격한 대외적 법적 구속력을 갖는 고시·훈령·예규·지시 등을 법령보충적 행정규칙이라고 부르나, 적절한 이론(학문)상 용어가 아니라고 생각한다.

Ⅴ. 행정입법의 과제

행정입법의 불가피성은 이미 위에서 본 바와 같으나, 주의를 요하는 점은 행정입법은 어디까지나 법률에 저촉되지 아니하는 범위 내에서 정립되어야 한다는 것이다. 법률에 저촉되게 행정입법이 행하여진다면 「헌법」이 정한 권력분립원리나 법치국가원리를 부인하는 결과가 된다. 그러므로 행정입법이 법률에 저촉되지 아니하는 범위 내에서 「헌법」에 맞게 정립되고 있느냐의 여부를 법적으로 통제하는 일이 오늘날 행정입법의 최대의 과제가 되고 있다.

---

1) 金在協,「최근 행정판례의 흐름과 극복하여야 할 과제」, 법조 2001년 6월호, 13쪽.

제 2 절 법규명령

Ⅰ. 법규명령의 의의 및 성질

　　법규명령이란 엄격한 대외적·일반적 구속력을 가지는 법규범인 행정입법을 말한다. 법규명령은 ① 법규로서 법률과 마찬가지로 엄격한 대외적 법적 구속력을 갖는다. ② 원칙적으로 법률 또는 상위법규명령의 수권을 필요로 한다. 법률이 그 효력을 상실한 경우 법률에 다른 규정이 없는 한 법규명령도 그 효력을 상실하는 것은 이 때문이다. ③ 법규명령은 제정주체도 구속하는 양면적 구속력을 갖는다. ④ 법규명령에 위반한 행위는 위법행위가 된다. ⑤ 재판의 기준이 된다. 즉 분쟁해결의 기준으로 기능하며, 결국 법원에 의하여 그 실효성이 담보되는 규범이다.

Ⅱ. 법규명령의 종류

　　법규명령은 여러 기준에 의하여 나눌 수 있으나, 법률과의 관계를 기준으로 또는 권한의 소재를 기준으로 하여 나누는 것이 일반적이다.

1. 법률과의 관계를 기준으로 한 분류

　　법규명령은 법률과의 관계를 기준으로 하여 법률대위명령과 법률종속명령으로 나눌 수 있다.

(1) 법률대위명령

　　법률대위명령이란 법률과 같은 효력을 가지는 법규명령을 말한다. 우리 「헌법」 제76조는 제1항에서 대통령은 내우·외환·천재·지변 또는 중대한 재정·경제상의 위기에 있어서 국가의 안전보장 또는 공공의 안녕질서를 유지하기 위하여 긴급한 조치가 필요하고 국회의 집회를 기다릴 여유가 없을 때에 한하여 최소한으로 필요한 재정·경제상의 처분을 하거나 이에 관하여 법률의 효력을 가지는 명령(긴급재정·경제명령)을 발할 수 있게 하고 있고, 제2항에서 대통령은 국가의 안위에 관계되는 중대한 교전상태에 있어서 국가를 보위하기 위하여 긴급한 조치가 필요하고 국회의 집회가 불가능한 때에 한하여 법률의 효력을 가지는 명령(긴급명령)을 발할 수 있게 하고 있다.

(2) 법률종속명령

　　법률종속명령이란 법률에 바탕하여 발하여지고 원칙적으로 법률과 운명을 같이하는 법규명령을 말한다. 위임명령과 집행명령이 이에 속한다.

1) 위임명령

　　위임명령이란 법률 또는 상위명령의 개별적 위임에 의하여 일정한 새로운 법규사항을 형성

(헌재 2004. 8. 26. 2003헌바26 결정)할 수 있는 법규명령이다. 우리 「헌법」은 제75조에서 대통령이 법률에서 구체적으로 범위를 정하여 위임받은 사항에 관하여 대통령령을 발할 수 있음을, 제95조에서 국무총리 또는 행정각부의 장이 소관사무에 관하여 법률이나 대통령령의 위임으로 각각 총리령 또는 부령을 발할 수 있음을 규정하고 있다. 위임명령은 법률이 위임한 사항에 관한 한 실질적으로 법률의 내용을 보충하는 것이므로 보충명령이라고도 한다.

2) 집행명령

집행명령이란 법률 또는 상위명령으로 정하여진 내용을 실현(집행)하기 위한 세칙을 정하는 법규명령이다. 집행명령은 법률 또는 상위명령에 규정이 없는 새로운 법규사항을 정하거나 국민의 권리·의무에 관한 새로운 사항을 정할 수 없다는 점에서 위임명령과 다르다. 우리 「헌법」은 제75조에서 대통령이 법률을 집행하기 위하여 필요한 사항에 관하여 대통령령을 발할 수 있음을 규정하고 있다. 또한 제95조에서는 국무총리 또는 행정각부의 장이 소관사무에 관하여 직권으로 총리령 또는 부령을 발할 수 있다고 하여 "직권"이라는 용어를 쓰고 있으나, 여기서 말하는 직권명령은 집행명령으로 이해하는 것이 일반적이다.

2. 권한의 소재를 기준으로 한 분류

법규명령은 권한의 소재를 기준으로 하여 나눌 수 있다. 이들을 크게 「헌법」상 인정되고 있는 법규명령과 그 밖의 법규명령으로 나누어 보면 다음과 같다.

(1) 입법형식의 창설문제

우리 「헌법」은 명문으로 법규명령을 인정하고 있다. 문제는 국회가 「헌법」이 명문으로 규정하고 있는 법규명령의 형식 외에 새로운 법규명령의 형식을 창설할 수 있느냐에 있다. 이 문제는 후술하는 감사원규칙의 법적 성질과 관련하여 제기되었다. 이에 대하여는 새로운 법규명령의 형식을 창설할 수 없다는 견해와 창설할 수 있다는 견해로 나뉜다.

전자의 논거는 법규명령이 입헌주의에 대한 중대한 예외이기 때문에 이를 엄격히 통제해야 할 필요가 있고, 우리나라 「헌법」과 같은 고도의 경성헌법 아래서 헌법상의 국회입법원칙에 대한 예외로서의 법규명령 형식은 「헌법」 스스로 명문으로 인정하는 경우에 한한다고 보아야 하며, 따라서 법률은 입법내용상의 구체적·한정적인 위임을 할 수는 있어도 입법형식 자체를 창설하지 못한다는 것이다.[1] 후자의 논거는 「헌법」이 일정한 형식의 법규명령을 허용하지 아니한다는 취지라고 볼 수 없고, 행정기관에 의한 법규정립은 국회입법의 원칙에 대한 예외이므로 「헌법」에 근거가 있어야 한다는 점에 대하여는 법률로 형식을 인정한 경우에도 법률이 위임한 사항

---

1) 金道昶, 일반행정법론(상), 311쪽; 柳至泰, 「행정입법의 형식성 논의의 헌법적 평가」, 토지공법연구(한국토지공법학회) 제25집, 428쪽 이하.

만을 규정할 수 있으므로 국회입법의 원칙상 특히 문제될 것이 없다는 것이다. 후자의 견해가 현재 우리나라의 다수설이다.

헌법재판소는 후자의 견해를 취하고 있다.[1]

(2) 헌법상 인정되고 있는 법규명령

1) 대통령의 긴급명령, 긴급재정 · 경제명령

우리 「헌법」이 법률대위명령으로 대통령에게 긴급명령, 긴급재정 · 경제명령을 발할 수 있는 권한을 부여하고 있다는 것(76조)은 이미 기술한 바와 같다.

2) 대통령령

대통령은 위임명령과 집행명령을 포함한 대통령령을 발할 수 있다(동법 75조). 보통 시행령이라 부른다.

3) 총리령 · 부령

국무총리 또는 행정각부의 장은 위임명령과 직권명령(집행명령)을 포함한 총리령 또는 부령을 발할 수 있다(동법 95조). 보통 시행규칙이라 부른다.

「헌법」 제75조는 대통령에 대한 입법권한의 위임에 관한 규정이지만, 국무총리나 행정각부의 장으로 하여금 법률의 위임에 따라 총리령 또는 부령을 발할 수 있도록 하고 있는 「헌법」 제95조의 취지에 비추어 볼 때, 입법자는 법률에서 구체적으로 범위를 정하기만 한다면 대통령령뿐만 아니라 부령에 입법사항을 위임할 수도 있다(헌재 1998. 2. 27. 97헌마64 결정).

---

1) 헌법재판소는 일관하여 후자의 견해를 취하고 있다. 헌재 2006. 12. 28. 2005헌바59 결정만 보더라도, "오늘날 의회의 입법독점주의에서 입법중심주의로 전환하여 일정한 범위 내에서 행정입법을 허용하게 된 동기가 사회적 변화에 대응한 입법수요의 급증과 종래의 형식적 권력분립주의로는 현대사회에 대응할 수 없다는 기능적 권력분립론에 있다는 점 등을 감안하여 헌법 제40조와 헌법 제75조, 제95조의 의미를 살펴보면, 국회입법에 의한 수권이 입법기관이 아닌 행정기관에게 법률 등으로 구체적인 범위를 정하여 위임한 사항에 관하여는 당해 행정기관에게 법정립의 권한을 갖게 되고, 입법자가 규율의 형식도 선택할 수 있다 할 것이므로, 헌법이 인정하고 있는 위임입법의 형식은 예시적인 것으로 보아야 할 것이고, 그것은 법률이 행정규칙에 위임하더라도 그 행정규칙은 위임된 사항만을 규율할 수 있으므로, 국회입법의 원칙과 상치되지도 않는다"라고 판시하고 있다. 이 결정에는 "우리 헌법은 법률의 위임을 받아 발할 수 있는 법규명령의 형식으로 대통령령, 총리령과 부령, 대법원규칙, 헌법재판소규칙, 중앙선거관리위원회규칙을 한정적으로 열거하고 있고, 또한 우리 헌법은 그것에 저촉되는 법률을 포함한 일체의 국가의사가 유효하게 존립될 수 없는 경성헌법이므로 법률 또는 그 이하의 입법형식으로써 헌법상 원칙에 대한 예외를 인정하여 고시와 같은 행정규칙에 입법사항을 위임할 수는 없다"라는 반대의견이 있었다. 주의하여야 할 점은 여기서 말하는 법규명령과 행정규칙은 그 형식에 의한 구별이라는 점이다. 헌법재판소는 대통령령 · 총리령 · 부령 등 법규명령과 구별하여 고시와 같은 형식으로 입법위임을 하는 경우, 법규명령과 같은 엄격한 제정 및 개정절차를 요하지 아니하므로, "적어도 행정규제기본법 제4조 제2항 단서에서 정한 바와 같이 법령이 전문적 · 기술적 사항이나 경미한 사항으로서 업무의 성질상 위임이 불가피한 사항에 한정된다 할 것이고, 그러한 사항이라 하더라도 포괄적 위임금지의 원칙상 법률의 위임은 반드시 구체적 · 개별적으로 한정된 사항에 대하여 행하여져야 한다"(헌재 2008. 7. 31. 2005헌마667, 2006헌마674(병합) 결정)고 하였다.

총리령과 부령간의 형식적 효력에 관하여는 총리령우위설[1]과 동위설[2]로 견해가 나뉜다. 전자의 논거는 국무총리가 행정각부를 통할하는 한도에서 실질적으로 행정각부에 대한 우월적 지위를 갖는다는 것이고, 후자의 논거는 총리령이나 부령이 다같이 법률 또는 대통령령의 위임에 따른 것이거나 그 집행을 위한 것이고 국무총리도 그 고유사무에 관하여는 행정각부와 동등한 행정관청에 지나지 아니하며 헌법에 우열에 관한 명시적 규정이 없다는 것이다. 이 문제는 국무총리가 행정각부의 상급관청으로서 행정각부를 통할할 권한을 가지고 있느냐의 문제가 아니고, 총리령과 부령간의 형식적 효력의 문제이고 양자가 모두 법률 또는 대통령령의 위임에 의한 것이거나 집행을 위한 것이며 총리령에서 부령에 위임할 수 없기 때문에 양자의 효력은 동등하다.

4) 중앙선거관리위원회규칙

중앙선거관리위원회는 법령의 범위 안에서 선거관리·국민투표관리 또는 정당사무에 관한 규칙을 제정할 수 있다(동법 114조 6항). 판례는 이 규칙을 법규명령으로 보고 있다(대법 1996. 7. 12. 선고 96우16 판결).

5) 국제법규·국제조약

「헌법」제6조 제1항에 의하여 국제조약과 일반적으로 승인된 국제법규는 국내법과 같은 효력을 가지는데, 국제법규·국제조약의 형식적 효력에 관하여 견해가 나뉜다는 것은 이미 앞에서 본 바와 같다(→ 형식적 효력의 원칙). 국제법규·국제조약 중에는 법규명령과 같은 효력을 갖는 것도 있을 수 있다.

⑶ 그 밖의 법규명령

1) 감사원규칙

감사원은 감사에 관한 절차, 감사원의 내부규율과 감사사무처리에 관하여 필요한 규칙을 제정할 수 있다(감사원법 52조). 이「감사원법」이 규정하고 있는 감사원규칙의 법적 성질에 관하여는 법규명령으로 보는 견해와 행정규칙으로 보는 견해로 대립되어 있다. 양 견해의 논거에 대하여는 위 입법형식의 창설문제에서 본 바와 같다. 감사원규칙 중 대외적 구속력을 갖는 범위 내에서 법규명령으로 보는 견해가 현재 우리나라의 다수설이다.

2) 공정거래위원회규칙 등

「독점규제 및 공정거래에 관한 법률」제48조 제2항, 「금융위원회의 설치 등에 관한 법률」

---

1) 梁 建, 헌법강의, 940쪽; 金南辰·金連泰, 행정법 I, 145쪽; 洪井善, 행정법원론(상), 207쪽.

2) 權寧星, 헌법학원론, 1031쪽 이하; 成樂寅, 헌법학, 979쪽; 鄭宗燮, 헌법학원론, 1168쪽; 許 營, 한국헌법학, 970쪽; 朴鈗炘 최신행정법강의(상), 219쪽 이하; 李尙圭, 신행정법론(상), 293쪽 이하.

제39조, 「노동위원회법」 제25조 등은 각각 공정거래위원회규칙, 금융감독원규칙, 중앙노동위원회규칙 제정권을 규정하고 있다. 이들 규칙 등도 대외적 사항을 정하고 있으면 법규성을 가진다는 것이 다수설이다.

3) 고시·훈령·예규·지침 등

법령의 직접적인 위임에 따라 행정기관이 그 법령을 시행하는 데 필요한 구체적인 사항을 정한 것이라면, 그 제정형식이 고시[1]·훈령·예규·지침 등이라 하더라도, 그것이 상위법령의 위임한계를 벗어나지 아니하는 한, 상위법령과 결합하여 대외적인 구속력을 갖는 법규명령으로서 기능하게 된다는 것이 판례(최근의 것으로, 헌재 2006. 12. 28. 2005헌바59 결정, 대법 2015. 12. 24. 선고 3026두264 판결, 대법 2016. 1. 28. 선고 2015두53121 판결)이다.[2] 이와 같이 법령의 수권에 의하여 행정관청이 법령의 구체적 내용을 보충하는 고시·훈령·예규·지침 등을 판례는 법령보충적 행정규칙이라고 부른다(대법 1996. 9. 20. 선고 95누8003 판결 등). 법령보충적 행정규칙이라는 용어는, 고시·훈령·예규·지침 등은 행정규칙이라는 실무상의 관념이 전제가 되어있다. 이른바 법령보충적 행정규칙은 법령의 수권에 의하여 법령의 구체적 내용을 보충하는 것(법규명령)이라는 점에서 후술하는 행정규칙의 종류에서 설명하는 규범구체화 행정규칙과는 다르다. 「행정규제기본법」은 법령이 전문적·기술적 사항이나 경미한 사항으로서 업무의 성질상 위임이 불가피한 사항에 관하여 구체적으로 범위를 정하여 위임한 경우에는 고시 등으로 정할 수 있다(4조 2항 단서)라고 규정하고 있다.

고시 등이 법규명령으로 기능하게 되는 경우에는 헌법소원의 대상이 된다(헌재 2004. 1. 29. 2001헌마894 결정).

Ⅲ. 법규명령의 근거

법규명령은 대외적으로 엄격한 법적 구속력(외부효과)을 가지는 법규범이기 때문에 원칙적으로 헌법, 법률 또는 상위명령의 근거를 필요로 한다. 긴급명령, 긴급재정·경제명령은 「헌법」이 정한 요건을 충족할 때에 발할 수 있다. 위임명령도 「헌법」이 정한 요건을 충족할 때에 발할 수

---

1) 고시·공고는 행정기관이 일정한 사항을 일반에게 알리는 공문서의 일종인 공고문서이다(「행정효율과 협업 촉진에 관한 규정」 제4조 제3호). 고시의 성질은 일률적으로 판단할 수 없고 고시의 내용에 따라 다르나, 대체로 일반처분적 성질을 가지는 고시, 행정규칙적 성질을 가지는 고시, 법규명령적 성질을 가지는 고시, 준법률행위인 통지로서의 고시, 사실행위인 고시로 나눈다(文尙德, 「법령의 수권에 의한 행정규칙(고시)의 법적 성격과 그 통제」, 행정법연구(행정법이론실무학회) 창간호, 164쪽 이하. 고시의 쟁송방법에 초점을 맞추어 대법원과 헌법재판소의 현행 판결들과 결정례들의 문제점을 다룬 논문으로 鄭鎬庚, 「고시의 법적 성격과 쟁송방법」 행정법연구(행정법이론실무학회)제55호, 83쪽 이하가 있다.

2) 법률에서 직접 고시 등에 위임하는 것은 합헌이지만, 대통령령이나 부령 등에서 고시에 위임하는 것은 위헌이라는 견해가 있다(文尙德, 「법령의 수권에 의한 행정규칙(고시)의 법적 성격과 그 통제」, 행정법연구 창간호, 152쪽 이하; 朴正勳, 「공정거래법의 공적 집행」, 제도연구(한국경제연구원) 6, 32쪽).

있음이 원칙이다. 위임명령은 법률에 의한 개별·구체적인 수권이 있어야 함이 원칙이다.[1][2] 집행명령은, 국민의 권리·의무관계의 내용 그 자체를 정하는 것이 아니라 법률 또는 상위명령으로 정하여진 내용을 실현하기 위한 세칙을 정하는 것이므로, 개별·구체적인 수권을 필요로 하지 아니한다.

Ⅳ. 법규명령의 한계

1. 긴급명령, 긴급재정·경제명령의 한계

긴급명령은 국가의 보위를 위한 목적 이외의 목적으로 발령되어서는 아니 되며 긴급한 조치만이 그 내용이 된다. 이 때의 긴급한 조치는 법률적 효력을 갖는 조치이어야 하고, 이를 통하여 그 목적을 달성할 수 있는 것이어야 한다.[3] 긴급재정·경제명령은 국가의 안전보장 또는 공공의 안녕질서를 유지하기 위한 목적으로만 발령되어야 하고 재정 또는 경제와 관련이 있는 사항만이 그 내용이 된다.

2. 위임명령의 한계

위임명령의 한계 문제에는 위임하는 법률 자체의 한계 문제, 즉 위임자인 국회가 행정부에 입법권을 위임하는 법률, 즉 수권법을 제정할 때에 지켜야 할 한계 문제와 위임을 받은 명령의 한계 문제, 즉 수임자인 행정부가 위임명령을 제정함에 있어서 지켜야 할 한계 문제가 있다. 전자의 문제를 수권법률의 한계라고 부르고, 후자의 문제를 수임명령의 한계라고 부르기로 한다. 전자의 한계를 넘는 경우에는 주로 위헌·무효가 문제되고, 후자의 한계를 넘는 경우에는 주로 위법·무효가 문제된다.

(1) 수권법률의 한계

1) 일반적 한계

수권법률의 일반적 한계 문제는 우리 헌법학에서는 대체로 위임의 형식의 문제로 다룬다.[4] 즉 법률이 명령에 위임하는 형식에는 일반적·포괄적 위임과 개별적·구체적 위임이 있다고 하고 일반적·포괄적 위임은 사실상 입법권의 백지위임과 다를 것이 없으며, 의회입법의 원칙을 부인

---

1) 대법 1999. 12. 24. 선고 99두5658 판결: 법령의 위임관계는 반드시 하위 법령의 개별조항에서 위임의 근거가 되는 상위 법령의 해당 조항을 구체적으로 명시하고 있어야만 하는 것은 아니다.

2) 「위수령」 등과 같이 대통령령 중에는 법률의 근거가 없는 법규명령이 있다. 이들 법규명령은 법률의 위임도 없고 집행할 모법이 없으므로 헌법상 허용되지 아니한다고 보는 것이 통설이다. 이에 관한 입법실무에 관하여는 崔正一, 행정법의 정석 Ⅰ, 117쪽 참조.

3) 成樂寅, 헌법학, 954쪽.

4) 權寧星, 헌법학원론, 1006쪽; 成樂寅, 위의 책 936쪽 이하.

하는 것이 될 뿐만 아니라, 집행부의 독재와 기본권의 무제한적 침해를 초래할 위험이 있기 때문에 입헌민주국가에서는 허용되지 아니한다는 것이다. 행정법학에서는 이 문제를 법률유보원칙에서 다룬다(→ 법률의 유보). 중요사항유보설의 기본적 입장은 수권규범으로서의 법률규정의 존재뿐만 아니라 국회가 그 의무로서 규율책무를 다했다고 할 정도의 규율밀도(Regelungsdichte)를 요구하고 있기 때문이다.

「헌법」 제75조는 "대통령은 법률에서 구체적으로 범위를 정하여 위임받은 사항에 관하여 대통령령을 발할 수 있다"라고 하여 법률의 명확성원칙의 구체화로서의 수권법률의 명확성원칙(헌재 2007. 4. 26. 2004헌가29 결정 등)과 수권법률의 한계를 규정하고 있다. 「헌법」 제95조는 총리령·부령에 관한 근거 규정이지만 수권법률의 한계를 규정하고 있지 않다. 그러므로 수권법률의 한계를 규정하고 있는 것은 헌법 제75조이다. 여기서 말하는 "구체적"이라는 것은 규율대상을 한정하는 의미로서 추상적·일반적이어서는 아니 된다는 뜻이며, "범위를 정하여"라는 것은 양적 한정을 의미하는 것으로서 일괄적 또는 포괄적이어서는 아니 되며 위임의 기준은 명확하여야 한다는 뜻이다. 문제는 추상적·일반적·포괄적 위임과 구체적·부분적·개별적 위임을 판단하는 기준이다. 헌법재판소가 제시하고 있는 기준은 대체로 다음과 같이 요약할 수 있다.

첫째는 법률에서 위임될 내용 및 범위의 기본사항이 가능한 한 구체적이고도 명확하게 규정되어 있어서 누구라도 당해 법률 그 자체로부터 위임될 내용을 구체적으로 예측할 수 있는 가능성, 즉 예측가능성이 있느냐의 여부이다. 헌법재판소는 수권법률의 구체성과 명확성의 요구 정도를 규율대상의 종류와 성격에 따라 달리 보고 있다. 즉 국민의 기본권이 직접적으로 제한되거나 침해될 소지가 있는 영역에서는 급부행정의 영역보다 위임의 요건과 범위가 보다 엄격히 제한적으로 규정되어야 한다고 보는 반면(헌재 2005. 6. 30. 2005헌가1 결정), 다양한 사실관계를 규율하거나 사실관계가 수시로 변화될 것이 예상되는 영역에서는 위임의 구체성·명확성의 요건이 완화된다고 보고 있다(헌재 1995. 11. 30. 93헌바32 결정, 헌재 1998. 2. 27. 95헌바59 결정, 헌재 2003. 7. 24. 2002헌바82 결정 등). 뿐만 아니라 위임조항에서 위임의 구체적 범위를 명확히 규정하지 않고 있다고 하더라도 당해 법률의 전반적 체계와 관련 규정에 비추어 위임조항의 내재적인 위임의 범위나 한계를 객관적으로 분명히 확정할 수 있다면 이를 일반적이고 포괄적인 백지위임에 해당하는 것으로 볼 수 없다고 한다(헌재 1997. 12. 24. 95헌마390 결정 등).

둘째는 법률유보원칙이 지켜지고 있느냐의 여부이다.[1] 즉 수권법률이 본질적 사항을 규율하고 있느냐의 여부, 국회가 그 의무로서 규율책무를 다했다고 할 정도의 규율밀도를 갖고 있느냐의 여부이다. 헌법재판소는 이 기준에 의하여 방송 수신료를 이사회의 심의·결정 및 공보처장관

---

1) 행정조직법에 있어서는 국민과 행정권력 사이의 권력관계에서 요구되는 것과 같이 엄격한 법률유보원칙이 요구되지 아니하며, 책임성의 원리에 반하지 않는 한 포괄적인 위임이 가능하다고 보는 견해(李元雨, 「방송통신위원회의 조직성격에 따른 운영 및 집행절차의 쟁점」, 서울대학교 법학연구소 공익산업법센터 제24회 세미나 발표논문, 6쪽 이하)가 있다.

의 승인을 얻어 공사가 부과·징수하도록 규정하고 있던 구 한국방송공사법 제36조 제1항을 국민의 재산권보장의 측면에서 기본권실현에 관련된 영역에 속하는 수신료에 있어서 그 금액의 결정은 수신료에 관한 본질적이고도 중요한 사항인데도 국회의 결정 내지 관여를 배제한 채 공사로 하여금 수신료의 금액을 결정하도록 맡기고 있어서 법률유보원칙에 어긋난다고 판단하여 헌법불합치결정을 한 바 있다(헌재 1999. 5. 27. 98헌바70 결정).

요컨대 「헌법」 제75조의 규정이 수권법률의 일반적 한계를 정하고 있는 규정이지만, 이 규정만이 수권법률의 한계를 긋는 자기완결적 규정으로 볼 수는 없다. 그 외에도 수권법률의 허용 여부를 결정해 주는 헌법원리적 내지 헌법정책적 규정이 있으며 이들도 함께 고려되어야 한다. 따라서 수권법률의 한계는 ① 수권법률 자체가 「헌법」에 적합하여야 한다는 점, ② 위임의 대상과 범위는 한정되어야 하며 위임의 기준은 명확하여야 한다는 점 두 가지로 요약될 수 있다.[1]

2) 국회전속적 입법사항 위임금지

수권법률의 합헌성 문제로서 국회 전속적 입법사항에서 오는 한계가 있다. 즉 「헌법」이 국회의 전속적 입법사항으로 하고 있는 것은 그에 관한 입법권을 행정기관에 위임할 수 없다.[2] 이에 대하여는 위의 입법사항이 전적으로 법률로 규율되어야 하는 것이 아니고 본질적 내용이 법률로 정해져야 한다는 의미로 새겨야 하므로 이 경우에도 위임이 가능하다는 견해[3]가 있다. 문제는 국회의 전속적 입법사항인가 아닌가의 여부에 있다.

3) 처벌규정의 위임

수권법률의 합헌성 문제로서 죄형법정주의에서 오는 한계가 있다. 즉 수권법률의 한계문제로서 처벌규정의 위임이 죄형법정주의와 관련하여 문제가 된다. 처벌규정은 범죄의 구성요건의 부문과 벌칙의 부문으로 나뉘는데, 범죄의 구성요건을 위임하는 경우에는 그 구체적 기준을 제시하여야 하며, 벌칙을 위임하는 경우에는 법률이 그 상한을 정하여 위임할 수 있다는 것이 다수설이다.

판례는 법률에 의한 처벌법규의 위임은 「헌법」이 특히 인권을 최대한으로 보장하기 위하여 죄형법정주의와 적법절차를 규정하고 있는 점에 비추어 바람직하지 못한 일이므로, 그 요건과 범위가 보다 엄격하게 제한적으로 적용되어야 한다면서 ① 특히 긴급한 필요가 있거나 미리 법률로써 자세히 정할 수 없는 부득이한 사정이 있는 경우에 한정되어야 하며, ② 이러한 경우일지라도 법률에서 범죄의 구성요건은 처벌대상행위가 어떠한 것일 것이라고 이를 예측할 수 있을 정도로 구체적으로 정하여야 하며, ③ 형벌의 종류 및 그 상한과 폭을 명백히 규정하는 것을

---

1) 崔光律,「농지전용에 관한 위임명령의 한계」, 행정판례연구(한국행정판례연구회) Ⅶ, 11쪽.
2) 예컨대 헌법 제2조 제1항의 국적취득요건, 동법 제12조 제1항의 죄형법정주의, 동법 제23조 제3항의 보상, 동법 제59조의 조세의 종목과 세율, 동법 제96조의 행정기관 법정주의, 동법 제117조 제2항의 지방자치단체의 종류.
3) 朴鈗炘, 최신행정법강의(상), 228·229쪽.

전제로 수권법률을 허용하고 있다(헌재 1995. 10. 26. 93헌바62 결정, 헌재 2004. 8. 26. 2004헌바14 결정 등).

4) 조세요건 등 위임

수권법률의 합헌성 문제로서 조세법률주의 등에서 오는 한계가 있다. 즉 수권법률의 한계문제로서 조세요건 등의 위임이 조세법률주의와 관련하여 문제된다. 「헌법」제59조가 조세의 종목과 세율은 법률로 정한다라고 규정하고 있기 때문에 조세의 종목과 세율만이 법률로 정하여야 할 대상으로 한정될 여지가 있을 수 있다. 그러나 그 밖의 과세요건 및 조세의 부과·징수절차도 법률로 정하여야 하는 것이 원칙이다(조세요건법정주의). 다만, 부득이 법률이 법규명령에 위임하는 경우에도 그 위임의 요건과 범위는 엄격하고 제한적이어야 한다. 헌재 1995. 11. 30. 93헌바32 결정은 "조세법률주의의 이념에 비추어 국민의 재산권을 직접적으로 제한하거나 침해하는 내용의 조세법규에 있어서는 일반적인 급부행정법규에서와 달리 위임입법의 요건과 범위가 보다 엄격하고 제한적으로 규정되어야 한다"고 한 바 있다. 그리고 "현저히 저렴한 대가로써 대통령령이 정하는 이익"을 받는 경우를 그 과세대상으로 삼고 있는 사안에서 헌재 1998. 4. 30. 95헌바55 결정은 "이익"을 받는다는 개념은 매우 넓은 개념이고, 법률조항이 이에 관하여 아무런 구체적인 기준도 제시하지 않고 있으므로, 법률조항이 과세대상으로 삼고 있는 "대통령령이 정하는 이익"이란 과연 어떠한 이익을 어떻게 받은 경우가 이에 해당하게 되는 것인지 이 사건 법률조항만으로는 도저히 예측할 수 없어 조세법률주의에 위배될 뿐만 아니라 위임입법의 한계를 일탈한 것이다라고 판시하고 있다.

또한 헌법재판소는 예컨대 개발부담금에 있어서도 "그 산정기준에 관한 위임입법시 요구되는 구체성, 명확성의 정도는 조세법규의 경우에 준하여 그 요건과 범위가 엄격하게 제한적으로 규정되어야 한다"(헌재 1998. 6. 25. 95헌바35, 97헌바81, 98헌바5·10(병합) 결정)고 판시하고 있다.

(2) 수임명령의 한계

수임자인 행정부가 위임명령을 제정함에 있어서 수임자가 지켜야 할 한계에 관하여는 「헌법」에 아무런 규정이 없다. 그러나 수임명령은 「헌법」제75조의 규정상 수권의 존재를 전제로 한다고 보아야 한다. 즉 ① 수권법률 자체가 존재하지 아니하거나, 수권법률은 존재하지만 수임명령이 수권법률에서 정한 수권대상 이외의 사항을 규정한 경우, ② 수임명령이 수권법률이 규정한 수권의 취지와 내용에 위반되거나, 수권의 범위를 넘거나 벗어난 경우, ③ 수임명령이 수권법률에서 이미 전제로 하고 있는 사항에 대하여 어떤 한정이나 제한을 가하는 경우 등은 수임명령의 한계를 넘는 것으로서 그 수임명령은 위법·무효가 된다.[1] 그 밖에도 수임명령의 내용이

---

[1] 대법 2012. 12. 20. 선고 2011두30878 전원합의체 판결 : 법률이 특정사안과 관련하여 시행령에 위임을 한 경우 시행령이 위임의 한계를 준수하고 있는지 여부를 판단할 때는 당해 법률 규정의 입법 목적과 규정 내용, 규정의 체계, 다른 규정과의 관계 등을 종합적으로 살펴야 한다. 법률의 위임 규정 자체가 그 의미 내용을 정확하게 알 수 있

「헌법」에 위반되어서는 아니 된다. 수임명령의 내용이 「헌법」에 위반되면 그 수임명령은 무효가 된다.[1]

(3) 재위임의 문제

법률에 의하여 위임된 입법권의 전부 또는 일부를 다시 위임하는 것(subdelegation, Weitermächtigung)이 허용되는지가 문제된다. 이에 관하여 「헌법」은 제95조에서 재위임의 근거를 마련하고 있으나, 제75조처럼 "구체적으로 범위를 정하여"라는 제한규정을 두고 있지 않다. 통설은 전면적 재위임은 입법권을 위임한 법률 그 자체의 내용을 권한 없이 변경하는 결과를 가져오므로 허용되지 않지만, 위임받은 사항에 관하여 대체적인 규정을 한 다음 세부적인 사항을 다시 하위명령에 위임하는 것은 가능하다고 본다. 「헌법」 제95조가 "대통령령의 위임"이라고 한 것은 이러한 의미로 해석하여야 한다. 헌법재판소도 법률에서 위임받은 사항을 전혀 규정하지 않고 재위임하는 것은 "위임받은 권한을 그대로 다시 위임할 수 없다"는 복위임금지의 법리에 반할 뿐 아니라 수권법의 내용변경을 초래하는 것이 되고, 부령의 제정·개정 절차가 대통령령에 비하여 보다 용이한 점을 고려할 때 재위임에 의한 부령의 경우에도 위임에 의한 대통령령에 가해지는 헌법상의 제한이 당연히 적용되어야 한다고 판시하고 있다(헌재 1996. 2. 29. 94헌마213 결정).

3. 집행명령의 한계

집행명령은 법률 또는 상위명령을 집행하기 위하여 필요한 사항만을 규정할 수 있으므로, 법률 또는 상위명령이 규정한 범위 내에서 법률 등을 현실적으로 집행하는 데 필요한 세부적인 사항만을 규정할 수 있다. 법률 등이 규정한 사인의 권리·의무에 관한 내용을 변경·보충하거나 법률 등에 규정되지 아니한 새로운 내용을 규정할 수 없다.[2]

는 용어를 사용하여 위임의 한계를 분명히 하고 있는데도 시행령이 그 문언적 의미의 한계를 벗어났다든지, 위임규정에서 사용하고 있는 용어의 의미를 넘어 그 범위를 확장하거나 축소함으로써 위임 내용을 구체화하는 단계를 벗어나 새로운 입법을 한 것으로 평가할 수 있다면, 이는 위임의 한계를 일탈한 것으로서 허용되지 아니한다. 대법 2020. 9. 3. 선고 2016두32992 전원합의체 판결은 "법률의 시행령이 법률에 의한 위임 없이 법률이 규정한 개인의 권리·의무에 관한 내용을 변경·보충하거나 법률에 규정되지 아니한 새로운 내용을 규정할 수 없다"라고 하고 있다.

1) 崔光律, 앞의 논문, 15쪽 이하. 대법원은 약사법 개정시행령 제3조의 2를 헌법상 신뢰보호원칙과 평등의 원칙 위반을 이유로(대법 2007. 10. 29. 선고 2005두4649 전원합의체 판결), 구 개발제한구역의 지정 및 관리에 관한 특별조치법 시행령 제35조 제1항 제3호의 규정을 헌법상 평등원칙 위반을 이유로(대법 2007. 10. 29. 선고 2005두14417 전원합의체 판결) 무효라고 판시하였다.

2) 대법 2014. 8. 20. 선고 2012두19526 판결: 법률의 시행령이나 시행규칙은 법률에 의한 위임이 없으면 개인의 권리·의무에 관한 내용을 변경·보충하거나 법률이 규정하지 아니한 새로운 내용을 정할 수는 없지만, 법률의 시행령이나 시행규칙의 내용이 모법의 입법 취지와 관련 조항 전체를 유기적·체계적으로 살펴보아 모법의 해석상 가능한 것을 명시한 것에 지나지 아니하거나 모법 조항의 취지에 근거하여 이를 구체화하기 위한 것인 때에는 모법의 규율 범위를 벗어난 것으로 볼 수 없으므로, 모법에 이에 관하여 직접 위임하는 규정을 두지 아니하였다고 하더라도 이를 무효라고 볼 수는 없다. 이러한 법리는 지방자치단체의 교육감이 제정하는 교육규칙과 모법인 상위 법령의 관계에서도 마찬가지이다.

V. 법규명령의 성립 및 효력발생

법규명령이 적법·유효하기 위하여는 원칙적으로 다음의 요건을 갖추어야 한다.[1]

1. 주 체

법규명령은 대통령·국무총리·행정각부의 장 등 정당한 권한을 가진 행정기관이 제정하여야 한다.

2. 내 용

법규명령은 원칙적으로 상위법에 근거가 있어야 하고, 위임의 한계 내이어야 하며, 상위법에 저촉되지 아니하여야 하며,[2] 규정의 내용이 가능하고 명확해야 한다.

3. 절 차

법규명령의 제정은 법이 정한 절차를 거쳐야 한다. ① 긴급명령, 긴급재정·경제명령의 경우에는 국무회의 심의(헌법 89조 5호)를 거칠 뿐만 아니라 사후에 지체없이 국회에 보고하여 그 승인을 얻어야 하며, 대통령령의 경우에는 국무회의 심의(헌법 89조 3호)를 거쳐야 하고, 총리령과 부령의 경우에는 사전에 법제처의 심사(정부조직법 23조 1항)를 거쳐야 한다. ② 법규명령을 제정(개정 또는 폐지도 동일하다)하고자 할 때에는 당해 입법안을 마련한 행정청은 원칙적으로 이를 모두 예고하여야 한다(행정절차법 41조 1항). 예고방법은 입법안의 취지, 주요 내용 또는 전문(全文), 진행절차, 담당자 및 홈페이지 주소 등을 관보·공보나 인터넷·신문·방송 등의 방법으로 널리 공고하여야 하고(동법 42조 1항, 동법 시행령 24조의3), 예고기간은 예고할 때 정하되 특별한 사정이 없는 한 40일 이상이어야 한다(행정절차법 43조). 누구든지 예고된 입법안에 대하여 그 의견을 제출할 수 있으며, 행정청은 특별한 사유가 없는 한 이를 존중하여 처리하여야 한다(동법 44조 1항, 3항). 행정청은 입법안에 관하여 공청회를 개최할 수 있으며, 행정청은 공청회에서 제시된 사실 및 의견이 상당한 이유가 있다고 인정하는 경우에는 이를 반영하여야 한다(동법 45조 1항, 2

---

[1] 법규명령의 성립요건과 적법요건을 구별하는 견해가 있다(朴均省, 행정법론(상), 188쪽 이하). 성립요건은 법규명령이 외관상 성립하기 위한 최소의 요건이고, 적법요건은 법규명령이 적법하기 위한 요건이라는 것이다.

[2] 대법 2001. 8. 24. 선고 2000두2716 판결: 어느 시행령의 규정이 모법에 저촉되는지의 여부가 명백하지 아니하는 경우에는 모법과 시행령의 다른 규정들과 그 입법취지, 연혁 등을 종합적으로 살펴 모법에 합치된다는 해석도 가능한 경우라면 그 규정을 모법위반으로 무효라고 선언하여서는 안 된다. 이러한 법리는 국가의 법체계는 그 자체 통일체를 이루고 있는 것이므로 상·하 규범 사이의 충돌은 최대한 배제되어야 한다는 원칙과 더불어, 민주법치국가에서의 규범은 일반적으로 상위규범에 합치할 것이라는 추정원칙에 근거하고 있을 뿐만 아니라, 실제적으로도 하위규범이 상위규범에 저촉되어 무효라고 선언되는 경우에는 그로 인한 법적 혼란과 법적 불안정은 물론, 그에 대체되는 새로운 규범이 제정될 때까지의 법적 공백과 법적 방황은 상당히 심각할 것이므로 이러한 폐해를 회피하기 위해서도 필요하다.

항). ③ 법령이 관계 행정기관의 심사(행정규제기본법 12조) 및 관계 행정기관과의 협의 등을 규정하고 있는 경우에는 그 심사 및 협의를 거쳐야 한다.

4. 형 식

법규명령은 조문형식으로 행한다. 대통령령은 국무회의의 심의를 거친 뜻을 기재하고 대통령이 서명한 후 대통령인을 찍고 공포일을 명기하여 국무총리와 관계 국무위원이 부서한 전문을 붙여야 한다(법령등공포에관한법률 7조, 10조). 총리령과 부령은 번호와 일자를 명기하고 국무총리와 당해 부(部)의 장관이 각각 서명한 후 총리인·장관인을 찍는다(동법 9조, 10조).

5. 공 포

법규명령은 외부에 표시함으로써 유효하게 성립한다. 법규명령을 외부에 표시하는 행위가 공포이다. 공포는 관보에 게재하는 방법에 의하며, 번호를 붙여야 한다(동법 11조). 공포일은 당해 법령 등을 게재한 관보 또는 신문이 발행한 날로 한다(동법 12조).

6. 시 행(효력발생)

대통령령·총리령 및 부령은 특별한 규정이 없는 한 공포한 날로부터 20일을 경과함으로써 효력을 발생한다(동법 13조). 국민의 권리 제한 또는 의무 부과와 직접 관련되는 대통령령·총리령 및 부령은 긴급히 시행되어야 할 특별한 사유가 있는 경우를 제외하고는 공포일로부터 적어도 30일이 경과한 날부터 시행하도록 하여야 한다(동법 13조의2).

Ⅵ. 법규명령의 흠(하자)과 그 효과

법규명령이 적법·유효요건을 갖추지 못한 때 당해 법규명령에는 흠이 있다.

이와 같이 법규명령에 흠이 있는 경우에 그 법규명령의 효과에 관하여는 ① 무효가 된다는 견해,[1] ② 흠이 중대하고 명백한 경우에만 무효가 된다는 견해,[2] ③ 흠이 있는 경우에도 무효로 되는 것이 아니라 법원에 의하여 당해 사건에 대하여서만 적용이 거부될 뿐이라는 견해[3] 등이 있다. ①의 논거는 법규명령에 흠이 있는 경우에 취소쟁송제도가 존재하지 아니한다는 점 등이다. ③의 논거는 우리나라와 같이 구체적 규범통제를 행하는 국가에서는 법원의 명령·규칙의 심사는 그것이 재판의 전제가 된 때에만 가능하다는 점, 법원이 명령·규칙을 무효로 하는 것은 법원

---

1) 金南辰·金連泰, 행정법 Ⅰ, 151쪽; 金東熙, 행정법 Ⅰ, 145쪽; 柳至泰, 행정법신론, 236쪽; 鄭夏重, 행정법총론, 147쪽; 洪井善, 행정법원론(상), 217쪽; 洪準亨, 행정법총론, 367쪽.
2) 石琮顯, 행정법강의 Ⅰ, 144쪽.
3) 權寧星, 헌법학원론, 1010쪽; 金哲洙, 학설판례 헌법학(하), 1841쪽; 朴鈗炘, 최신행정법강의(상), 231쪽.

의 법규적용의 한계를 일탈하는 것이 된다는 점 등이다. 이들 학설을 검토하여 보면, ①은 법규명령에 대한 위헌·위법판결의 효력에 관하여 명문의 규정이 없다는 점에, ②는 법규명령이 처분성을 갖는 예외적인 경우를 제외하고는 취소소송의 대상이 되지 아니한다는 점을 간과한 점에, ③은 대법원에 의하여 흠이 확정되었음에도 당해 법규명령이 유효하고 행정기관에 의하여 적용될 수 있다는 점에 문제가 있다. 법규명령의 효력이 상실된다고 보는 경우에는 법원의 확정판결 자체는 사실상 소극적 의미의 입법(명령·규칙의 폐지)의 성질을 갖는다. 판결은 무효선언의 방식을 취하고 있다(대법 2008. 11. 20. 선고 2007두8287 전원합의체 판결 등).[1] 법원의 통제는 구체적 규범통제인 것이므로, 법원의 판단 효력은 당해 사건에 한정되는 상대적 무효로 보아야 할 것이다.

법규명령이 구체적인 집행행위를 매개로 하지 않고 직접·구체적으로 국민의 권익에 변동을 가져 오는 경우에는 후술하는 바와 같이 처분성이 인정되므로, 무효확인 또는 취소소송의 대상이 된다.

Ⅶ. 법규명령의 소멸

법규명령은 주로 다음과 같은 사유로 소멸한다.

1. 폐 지

폐지는 법규명령의 효력을 장래에 향하여 소멸시키는 행정권의 직접적·명시적 의사표시이다.
(1) 상위의 법령 또는 동위의 명령에 의하여 구체적으로 폐지되는 경우가 있다. 법규명령을 폐지하고자 할 때에는 법규명령을 제정하고자 할 때와 마찬가지로 당해 입법안을 마련한 행정청은 행정상 입법예고절차를 거쳐야 한다(행정절차법 41조 1항).
(2) 명시적이지 않지만 상위법우선의 원칙, 신법(후법)우선의 원칙에 따라 상위의 법령 또는 동위의 법령에 의하여 묵시적으로 폐지되는 경우가 있다.
(3) 「헌법」상 인정되었던 법규명령의 형식 자체가 폐지된 경우(예: 구 헌법상 인정되었던 국무원령)에도 그 내용이 상위법령에 저촉되지 않는 한 그 법규명령이 계속 효력을 갖는 경우가 있다.

---

1) 법원조직법 제7조는 대법원이 명령·규칙이 헌법이나 법률에 위반함을 인정하는 경우에는 전원합의체에서 재판하도록 하고 있다. 판례는 명령 또는 규칙이 법률에 위반하는 경우에는 대법관 전원의 3분의 2 이상의 합의체에서 심판하도록 규정한 법원조직법 제7조 제1항 제2호에서 말하는 명령 또는 규칙이라 함은 국가와 국민에 대하여 일반적 구속력을 가지는 이른바 법규로서의 성질을 가지는 명령 또는 규칙을 의미한다고 판시하고 있다(대법 1990. 2. 27. 선고 88재누55 판결). 고시 등 이른바 법령보충적 행정규칙은 규범의 형식이 행정규칙이므로 대법원이 무효를 선언함에 있어서는 전원합의체가 아닌 부에서 할 수 있다는 견해(金東建,「대법원판례에 비추어 본 법규명령과 행정규칙」, 고시계 1998년 11월호, 45쪽 이하)가 있다. 이에 대하여는 이른바 법령보충적 행정규칙도 법원을 구속하는 규범이기 때문에, 당해 규칙의 적용을 인정하기 위해서는 법규명령과 마찬가지로 대법관 전원의 3분의 2 이상으로 구성되는 전원합의체에서 이루어질 필요가 있다는 견해(金容燮, 앞 논문, 71쪽)도 있다.

⑷ 법규명령을 발령한 행정기관이 폐지된 경우에도, 당해 사항이 다른 행정기관의 권한사항으로 존속하는 한, 폐지된 행정기관이 발령한 법규명령이 계속 효력을 갖는 경우가 있다.

2. 종기의 도래 또는 해제조건의 성취

법규명령에 붙여진 종기가 도래하거나(한시법의 경우) 또는 해제조건이 성취되면 법규명령은 그 효력을 상실한다.

3. 근거법령의 소멸

법률종속명령인 법규명령은 그 존속이 수권법령의 존재에 의존하는 것이므로 수권법령이 소멸하면 그것에 근거한 법규명령도 원칙적으로 소멸한다(대법 1998. 4. 10. 선고 96다52359 판결 등).

4. 법원에 의한 직접취소

법규명령이 집행행위의 개입 없이 행정법관계를 규율하는 개별적·구체적 행위일 경우 「행정소송법」상의 처분이 되며(대법 1954. 8. 19. 선고 4286행상37 판결, 대법 2003. 10. 9. 자 2003무23 결정, 서울행법 2005. 9. 1. 선고 2004구합5911 판결),[1] 법원에 의한 취소판결에 의하여 법규명령은 그 효력을 상실한다.[2]

Ⅷ. 법규명령의 통제

1. 통제의 필요성

법규명령의 필요성에서 보면 법규명령은 비록 법률 또는 상위 명령의 위임의 범위 내라고 하는 제약이 가하여지기는 하지만 새로운 법규사항을 형성하는 입법재량을 갖게 되는 것은 불가피하다.

---

1) 서울행법 2005. 9. 1. 선고 2004구합5911 판결에 대한 평석으로는 權純一, 「재정경제부령에 의한 덤핑방지관세 부과조치의 처분성 재론—기능적 관점에서—」, 행정판례연구(한국행정판례연구회) ⅩⅡ, 191쪽 이하가 있다.

2) 오늘날 국가의 행정이 증대하면서 행정기관은 행정입법에 의하여 행정 목적을 달성하는 경우가 늘어나고 있다. 따라서 국민의 실효적인 권리구제를 위해서는 행정입법을 통제할 필요성이 커지고 있다. 1984년 4월 당시 행정소송의 개정작업을 하고 있던 법무부 법무자문위원회 공법연구특별분과위원회의 행정소송법 개정법률 초안 제2조 제1호에는 "처분등이라 함은 행정청의 공권력의 행사 또는 그 거부와 그 밖에 이에 준하는 행정작용(이하 처분이라 한다) 및 행정심판에 대한 재결을 말한다"라고 정의하고 있었다. 그러나 처분은 이론상 행정행위라는 주장 때문에 현행법의 처분개념으로 변경되었다. 대법원의 마련하였던 행정소송법개정안(2004. 10. 28.) 제2조 제1호에는 "행정행위등이라 함은 행정청이 행하는 법적 사실적 행위로서 공권력의 행사 또는 그 거부의 그 밖에 이에 준하는 행정작용(이하 행정해위라 한다) 및 행정심판에 대한 재결을 말한다"라고 정의하여 행정입법을 포함하고 있었다.

그러나 우리 「헌법」 제40조의 의미가 적어도 국민의 권리와 의무의 형성에 관한 사항을 비롯하여 국가의 통치조직과 작용에 관한 기본적이고 본질적인 사항은 반드시 국회가 정하여야 하는 것이라는 데에 근본적인 견해의 차이는 없다. 그러므로 권력분립이라는 통치원리와의 조정이 필요하다. 뿐만 아니라 우리 「헌법」은 법치국가원리를 기본원리의 하나로 하고 있다. 이 법치국가원리에서 보아도 법규가 행정입법에 맡겨져 실질적으로는 행정기관에 의하여 법규가 창조된다는 것은 문제가 있다. 이와 같이 권력분립이라는 통치원리를 구현하기 위해서나 법치국가원리를 수호하기 위하여는 법규명령이 그 한계를 지키도록 통제하는 것이 필요하다.

2. 통제유형

법규명령의 통제유형은 크게 국회에 의한 통제, 행정부에 의한 통제, 법원·헌법재판소에 의한 통제로 나눌 수 있다.

(1) 국회에 의한 통제

일반적으로 국회통제는 직접적 통제와 간접적 통제로 나뉜다. 우리나라의 직접적 통제제도로는 현행 「헌법」상 긴급명령, 긴급재정·경제명령에 대한 국회의 승인(헌법 76조 3항·4항) 외에, 일반사면의 경우의 대통령령에서와 같이 법규명령의 성립·발효에 국회의 동의를 얻게 하는 방법, 유효하게 성립한 법규명령의 효력을 소멸시키기 위하여 법률을 제정·개정하는 방법 등을 들 수 있다. 간접적 통제제도로는 국회의 예산안심의(동법 54조 1항), 국회의 국정감사·조사(동법 61조), 국회에서의 국무총리 등에 대한 질문(동법 62조), 국회의 국무총리·국무위원의 해임건의(동법 63조), 탄핵소추(동법 65조) 등이 있다. 따라서 현재로는 법규명령에 대한 국회의 직접적 통제는 미약한 편이다. 그러나 「국회법」이 중앙행정기관의 장으로 하여금 법률에서 위임한 사항이나 법률을 집행하기 위하여 필요한 사항을 규정한 대통령령·총리령·부령·훈령·예규·고시 등이 제정·개정 또는 폐지된 경우에 10일 이내에 국회에 제출하도록 하고, 상임위원회는 중앙행정기관이 제출한 대통령령·총리령·부령의 법률위반 여부를 검토하도록 하며, 검토 결과 대통령령·총리령이 법률의 취지 또는 내용에 합치되지 아니한다고 판단되는 경우에는 검토결과서를 의장에게 제출하게 하여 의장이 제출된 검토결과서를 본회의에 보고하고 본회의 의결로 이를 처리하여 정부에 송부하도록 한 것, 중앙행정기관의 장이 제출한 대통령령·총리령·부령에 대하여 법률에의 위반 여부 등을 검토하여 그것들이 법률의 취지 또는 내용에 합치되지 아니한다고 판단되는 경우에 상임위원회가 소관 중앙행정기관의 장에게 그 내용을 통보할 수 있게 한 것(98조의2)[1] 및 「행정절차법」이 행정청이 입법예고를 하는 경우 대통령령을 국회 소관 상임위원회에 제출하도록 한 것(동법 42조 2항)은 국회의 직접적 통제제도를 마련하기 위한 중요한 진전으로서 주목된다.

---

1) 鄭夏明, 「행정입법의 국회제출제도」, 공법연구 제32집 제4호, 429쪽 이하 참조.

(2) 행정부에 의한 통제

법규명령에 대한 행정부에 의한 통제로는 감독권에 의한 통제, 법제처 등 특정심사기관의 심사에 의한 통제[1] 및 절차적 통제 등이 있다. 다만 긴급명령, 긴급재정·경제명령 및 대통령령의 제정은, 긴급명령, 긴급재정·경제명령의 경우 국회에 보고하여 승인을 얻어야 하는 것(헌법 76조 3항) 외에, 국무회의의 심의를 거쳐야 하고(동법 89조), 그 공포에는 국무총리와 관계 국무위원의 부서(副署)가 있어야 한다(동법 82조, 법령등공포에관한법률 7조). 절차적 통제에 관하여는 법규명령을 제정·개정 또는 폐지하고자 할 때에는 「행정절차법」에서 행정상 입법예고절차를 마련하고 있다는 것(제4장)에 대하여는 이미 설명한 바(→ 성립절차)와 같다.

중앙행정심판위원회는 심판청구를 심리·재결함에 있어서 처분 또는 부작위의 근거가 되는 명령 등(대통령령·총리령·부령·훈령·예규·고시·조례·규칙 등)이 법령에 근거가 없거나 상위법령에 위배되거나 국민에게 과도한 부담을 주는 등 크게 불합리하다고 인정되는 경우에는 관계행정기관에 대하여 당해 명령 등의 개정·폐지 등 적절한 시정조치를 요청할 수 있으며, 이 요청을 받은 관계행정기관은 정당한 사유가 없는 한 이에 따라야 한다(행정심판법 59조).

(3) 법원·헌법재판소에 의한 통제

법규명령에 대한 사법적 통제에는 법원에 의한 통제와 헌법재판소에 의한 통제가 있다.

1) 법원에 의한 통제

법원은 법규명령이 처분성을 갖는 경우, 즉 판례의 표현을 빌면 다른 집행행위의 매개 없이 직접 구체적으로 국민의 권리·의무관계에 영향을 미치는 경우에는 직접 통제할 수 있음은 말할 나위가 없으나(대법 1954. 8. 19. 선고 4286행상37 판결 등),[2] 보통은 「헌법」 제107조 제2항에 의하여 법규명령의 위헌·위법 여부를 심사함으로써 법규명령을 통제하게 된다.[3] 다만 법원의 심사는 법규명령 자체의 위법성의 심사를 목적으로 하는 독립된 절차가 아니라 특정한 법규명령의 위헌·위법 여부가 구체적인 사건에 대한 재판의 전제가 된 경우에 그 사건의 재판을 위한 선결

---

1) 규제개혁위원회에 의한 규제심사는 법규명령에 대한 사전적 행정통제로서 중요하다.

2) 자기집행력을 갖는 법규명령이라 하더라도 구체적 사실을 규율하는 것이 아닐 때에는 이를 항고소송으로 다툴 수 없고 직접 공법상 당사자소송을 제기하는 방법으로 다투어야 한다는 것이 판례(대법 2004. 7. 8. 선고 2004두244 판결 등)이다. 처분성을 갖는 행정입법을 처분적 행정입법, 직접이긴 하지만 구체적 사실을 규율하는 것이 아닌 행정입법을 자기집행적 행정입법으로 구분하기도 한다(金鉉埈, 「행정입법의 법규성과 규범통제」, 공법연구(한국공법학회) 제47집 제2호, 15쪽 이하 참조).

3) 대법 2019. 7. 10. 선고 2016두61051 판결: 국가의 법체계는 그 자체로 통일체를 이루고 있으므로 상·하규범의 충돌은 최대한 배제하여야 하고, 또한 규범이 무효라고 선언될 경우에 생길 수 있는 법적 혼란과 불안정 및 새로운 규범이 제정될 때까지의 법적 공백 등으로 인한 폐해를 피하여야 할 필요성에 비추어 보면, 하위법령의 규정이 상위법령의 규정에 저촉되는지 여부가 명백하지 않은 경우에, 관련 법령의 내용과 입법 취지 및 연혁 등을 종합적으로 살펴 하위법령의 의미를 상위법령에 합치되는 것으로 해석하는 것이 가능한 경우라면, 하위법령이 상위법령에 위반된다는 이유로 쉽게 무효를 선언할 것은 아니다.

문제로서 다루어진다(대법 1994. 4. 26. 선고 93부32 판결, 대법 2007. 10. 29. 선고 2005두14417 전원합의체 판결 등)(구체적 규범통제).[1] 법규명령에 대한 심사의 결과 위헌·위법으로 판정된 경우 그 법규명령의 효력에 관하여는 무효로 된다는 견해, 흠이 중대하고 명백한 경우에만 무효가 된다는 견해, 흠이 있는 경우에도 무효로 되는 것이 아니라 법원에 의하여 당해 사건에 대하여서만 적용이 거부될 뿐이라는 견해로 나뉜다는 것, 판결이 무효선언의 방식을 취하고 있다는 것은 위에서 본 바와 같다(→ 법규명령의 흠과 그 효과). 대법원판결에 의하여 법규명령의 위헌·위법이 확정된 경우 대법원은 그 사유를 행정안전부장관에게 통보하여야 하며 통보를 받은 행정안전부장관은 지체 없이 이를 관보에 게재하여 공고하여야 한다(행정소송법 6조).

법규명령의 제정 등 및 입법부작위의 위법으로 국가배상소송으로 다투어진 경우에 법원이 법규명령을 통제할 수 있음은 말할 나위가 없다.

실효적이고 공백 없는 권리보호를 위하여 무명항고소송 및 확인소송으로서 당사자소송도 가능하다는 견해도 있다.[2]

2) 헌법재판소에 의한 통제

헌법재판소는 첫째로, 법률이 법규명령에 대하여 행한 수권이 「헌법」이 설정하고 있는 한계를 위반한 것인지 여부를 통제한다. 둘째로, 헌법소원심판 등을 통하여 법규명령이 기본권을 침해하여 「헌법」에 위반하고 있는 것인지 여부를 통제한다. 후자에 대하여는 논란이 있다.

「헌법」제111조 제1항 제5호와 「헌법재판소법」제68조 제1항에 의하여 헌법재판소는 법원의 재판을 제외한 공권력의 행사 또는 불행사에 대한 헌법소원심판권을 가지는데, 이 속에는 법규명령(당해 법규명령이 구체적 집행절차를 매개로 하지 아니하고 직접적으로 그리고 현재적으로 국민의 기본권을 침해하는 경우)의 위헌성 여부에 대한 헌법소원심판권도 포함하고 있는가에 관하여는 적극설[3]과 소극설[4]로 견해가 나뉜다. 적극설의 논거는 ① 「헌법」제107조 제2항이 재판의 전제가 된 경우에 한하여 명령 등에 대한 법원의 위헌·위법심사권을 인정하고 있으므로 명령 등이 국민의 기본권을 침해하는 경우에 그에 대한 헌법소원을 인정하는 것이 「헌법」제107조 제2항에 위

---

1) 행정입법을 넓게 취소소송의 대상이 되는 처분으로 보려는 견해가 있다. 그 논거는 ① 규율의 추상성·구체성은 정도의 차이에 불과하다는 점, ② 행정입법은 헌법상 위임입법의 구체성 요청으로 인해 어느 정도 이상의 추상적인 규율은 그 자체로 헌법위반일 것이고, 거의 대부분 상당한 정도의 구체성을 갖고 있기 때문에, 원칙적으로 모두 "구체적 사실에 관한 공권력 행사"라는 징표를 충족하고 있다는 점, ③ 우리 판례가 독일에서는 규범통제절차의 대상이 되는 도시계획결정을 취소소송의 대상으로 인정하였다는 것은 우리의 취소소송이 독일의 그것과는 달리 객관소송적 성격과 확인소송적 성격을 아울러 갖는다는 점이다(朴正勳, 「행정입법에 대한 사법심사」, 특별법연구(특별소송실무연구회) 제7권, 23쪽 이하). 행정입법으로 인한 국민의 권익 침해에 대응하는 효율적인 행정소송수단은 행정소송법 개정을 통해서 뿐만 아니라 행정소송법의 해석론을 통해서도 해결할 수 있다는 글로는 金鉉峻, 「행정입법에 대한 행정소송」, 공법연구(한국공법학회)제46집 제2호 244쪽 이하가 있다.

2) 金鉉峻, 「행정입법에 대한 행정소송」, 공법연구(한국공법학회) 제46조 제2호, 243 쪽 이하.

3) 金學成, 「헌법소원에 관한 연구」(1990년 2월 서울대학교 박사학위청구논문), 216쪽 이하.

4) 金鍾彬, 「헌법소원의 대상」, 헌법재판자료 제2집(헌법재판소, 1989), 201쪽 이하.

반되는 것이 아니라는 점, ②「헌법」제111조 제1항 제5호에 근거한 「헌법재판소법」제68조 제1항에서 말하는 공권력의 행사 또는 불행사 속에는 명령 등이 당연히 포함된다는 점 등이다. 소극설의 논거는 우리「헌법」이 법률에 대한 위헌심사권과 명령·규칙에 대한 위헌·위법심사권을 나누어 전자는 헌법재판소에 후자는 법원에 부여한 것이라는 점 등이다. 헌법재판소는「법무사법시행규칙」에 대한 헌법소원을 인용함으로써(헌재 1990. 10. 15. 89헌마178 결정) 적극설을 취하였다.[1] 즉 헌법재판소는 위 결정에서「법무사법」의 취지에 반하여「법무사법시행규칙」이 법무사시험의 실시 여부를 전적으로 법원행정처장의 자유재량에 맡긴 것은 위헌이라고 하였다.

헌법재판소는 이에 그치지 아니하고 헌법소원의 대상이 되는 법규명령의 범위를 확대하여 왔다. 그 하나는, 헌법소원의 대상이 될 수 있는 것이 별도의 집행행위를 기다리지 않고 직접 기본권을 침해하는 것이므로, 집행행위의 의미를 제한적으로 해석하는 방법이다. 이에는 두가지 유형이 있다. 첫째 유형은 형벌·과태료·제재적 행정처분 등 의무위반에 대한 제재 수단은 집행행위에 포함되지 아니한다는 것이다(헌재 1996. 2. 29. 94헌마213 결정 참조). 둘째 유형은 집행행위가 공권력 행사의 성질을 가져야 하고 사인의 행위가 개입되더라도 직접성은 부인되지 아니한다는 것이다(헌재 2000. 6. 9. 98헌마36 결정 참조). 또 둘째 유형은 집행행위가 예정되어 있더라도 직접성이 인정될 수 있는 예외를 허용하는 방법이다. 이에도 다시 두 가지 유형이 있다. 첫째 유형은 집행행위를 대상으로 하는 구제절차가 없거나 구제절차가 있다고 하더라도 권리구제의 기대가능성이 없고 다만 청구인에게 불필요한 우회절차를 강요하는 것밖에 되지 않는 경우(헌재 1992. 4. 14. 90헌마82 결정 등 참조)이다. 둘째 유형은 법령이 일의적이고 명백한 것이어서 집행기관이 심사와 재량의 여지 없이 그 법령에 따라 일정한 집행행위를 하여야 하는 경우(헌재 1995. 2. 23. 90헌마214 결정 참조)이다.[2]

헌법재판소는 행정입법부작위에 대하여 보건복지부장관이「의료법」과 대통령령의 위임에 따라 치과전문의자격시험제도를 실시할 수 있도록 시행규칙을 개정하거나 필요한 조항을 신설하는 등 제도적 조치를 마련하지 아니한 부작위가 위헌이라 하였다(헌재 1998. 7. 16. 96헌마246 결정). 그 후 헌법재판소 결정은 계속되고 있다. 헌법재판소는 행정입법의 부작위가 헌법소원심판의 대상이 되기 위한 요건으로, "행정입법의 부작위에 대한 헌법소원은 공권력의 주체에게 헌법에서 유

---

1) 이러한 적극설은 그 뒤에도 계속되고 있다. 헌재 1996. 8. 29. 94헌마113 결정, 헌재 1997. 6. 26. 94헌마52 결정, 헌재 2001. 4. 26. 2000헌마372 결정 등.

2) 崔桂暎,「헌법소원에 의한 행정작용의 통제」공법연구(한국공법학회) 제37집 제2호, 206쪽 이하 참조. 최교수는 법원이 처분성을 점점 넓힘에 따라 법원과 헌법재판소의 관할이 중첩적으로 나타나게 되었으므로 관할을 정하는 기준을 다시 명확하게 할 필요가 있다면서, 산하에 하급심 법원이 없고 원칙적으로 1개의 전원재판부에서 심리하는 헌법재판소의 현재구조 하에서는 사실인정과 법률의 해석·적용의 완전한 심사가 불가능하다는 점을 지적하고 있다(위 논문 230쪽). 권은민 변호사도 미국산 쇠고기 등 수입위생조건위헌확인사건인 헌재 2008. 12. 26. 2008헌마419·423·436(병합) 결정에 대한 평석에서 헌법재판소의 목적이나 헌법재판의 취지에 비추어 자기집행적 행정입법까지 모두 관할하는 것이 현실적으로 어려움이 있을 수 있다는 점을 지적하고 있다(同人,「국가의 기본권보호의무와 고시를 대상으로 한 불복방법」, 행정판례연구(한국행정판례연구회) XV-2, 129쪽 이하).

래하는 작위의무가 특별히 구체적으로 규정되어 이에 의거하여 기본권 주체가 행정행위를 청구할 수 있음에도 공권력의 주체가 그 의무를 해태하는 경우에 허용되고, 특히 행정명령의 제정 또는 개정의 지체가 위법으로 되어 그에 대한 법적 통제가 가능하기 위하여는 첫째, 행정청에게 시행명령을 제정(개정)할 법적 의무가 있어야 하고 둘째, 상당한 기간이 지났음에도 불구하고 셋째, 명령제정(개정)권이 행사되지 않아야 한다"(2010. 5. 4. 2010헌마249 지정재판부 결정)고 밝히고 있다.[1]

3. 통제의 과제

민주주의적 법치국가원리의 철저화라는 관점에서 법규명령통제의 과제를 여러 가지 제시할 수 있다. 그 중 가장 먼저 제시되어야 할 것은 국회가 원칙적인 입법권자인 이상 행정권에 법규명령의 제정권을 부여하면서 정한 구체적인 범위가 지켜지고 있는가의 통제는 1차적으로 국회에 있는 것이므로, 국회는 「헌법」이 허용하는 범위 내에서 법규명령, 특히 위임명령에 대한 직접적인 통제제도(예: 기한부 수권, 국회에 대한 행정권의 이유제시 의무, 동의유보 등)의 도입을 강구하여야 한다는 점이다.[2] 그 다음으로 제시되어야 할 것이 법규명령에 대한 국민참여절차를 보다 충실히 함으로써 민주적 통제를 이루는 일이다.

제 3 절 행정규칙

I. 행정규칙의 의의 및 성질

행정규칙이란 종래의 통설과 판례에 의하면 행정기관이 법조의 형식으로 정립하는 일반적·추상적 규범으로서 내부효과만을 가질 뿐 대외적으로 구속력을 가지는 법규범으로서의 성질을 가지지 아니하는 행정입법을 말한다. 행정규칙을 행정명령이라고도 부른다.

종래의 통설과 판례에 의하면 행정규칙은 ① 국민의 권리·의무와 직접 관계가 없는 각 행정기관의 행위기준 등을 정한 규범으로서 원칙적으로 외부효과를 갖지 않는다(대법 2007. 4. 12. 자 2006마731 결정, 대법 2019. 7. 11. 선고 2017두38874 판결 등 참조). ② 상위법령의 수권을 요하지 아니

---

1) 행정입법부작위의 경우, 실무상 헌법재판소의 헌법소원절차에 의하여 구제되고, 행정소송법상의 부작위에 관한 소송절차에 의하여 구제되고 있지 않는 점에 대한 비판으로 林聖勳, 「행정입법부작위에 관한 몇 가지 문제점」 한국행정판례연구회 제227차 발표논문, 특히 26쪽 이하 참조. 공법상 당사자소송에 의하여 행정입법 제정을 요구할 수 있다는 견해도 있다(鄭南哲, 「행정입법부작위에 대한 사법적 통제」, 저스티스 통권 제110호, 194쪽 이하; 李承勳, 「공법상 당사자소송으로서의 행정입법청구소송」, 고려법학(고려대학교법학연구소)제60호, 255쪽 이하). 이에 대하여는 규범제정과 같은 권력적 행위는 당사자소송의 대상이 될 수 없다는 비판이 있다(朴均省, 행정법론(상)제12판), 209쪽).

2) 비교법적 연구로는 崔正一, 「독일과 미국에서의 의회에 의한 위임입법의 직접적 통제에 관한 연구 ―동의권 유보와 입법적 거부를 중심으로 ―」, 행정법연구(행정법이론실무학회) 제21호, 23쪽 이하 참조.

한다(대법 1996. 8. 23. 선고 95누14718 판결). ③ 법규명령과 달리, 국민에 대하여 직접 구속력을 갖지 못함은 물론 발령기관에 대하여도 구속력이 없다(물론 수명기관에게는 구속력이 발생한다). ④ 또한 수명기관이 행정규칙에 위반하여도 원칙적으로 위법이 되지 아니하며, 따라서 수명기관의 행위가 행정규칙에 위반하였음을 이유로 행정소송에 의하여 그 위법성을 다툴 수 없음이 원칙이다. 또한 그것에 따랐다는 것만으로 수명기관의 행위가 적법하게 되는 것도 아니다(최근의 판결로는 대법 2018. 6. 15. 선고 2015두40248 판결, 대법 2020. 12. 24. 선고 2018두45633 판결 등). 다만, 행정규칙에 위반한 행위를 한 공무원이 공무원관계 내부에서 소속상관의 직무명령에 복종하지 아니하였음을 이유로 징계책임을 지는 일은 있을 수 있다. ⑤ 원칙적으로 재판의 기준이 되지 아니한다는 것이다.

우리나라의 행정규칙은 이론(학문)상의 개념이고, 독일의 행정규칙은 실정법상의 개념이라는 차이가 있으나, 우리나라의 행정규칙론은 독일의 행정규칙론의 강한 영향을 받아 왔다. 행정규칙의 성질론도 그러하다.

II. 법규성문제

1. 일 반 론

(1) 행정규칙 성질론의 전개

우리나라 종래의 통설과 판례의 행정규칙 성질론은 법규명령과 행정규칙의 구별을 법과 비법(非法)의 구별로 보아 행정규칙을 비법(非法)영역을 규율하는 규범으로 파악하였던 독일 입헌군주제 후기 및 바이마르 헌법 아래 전개된 전통적 학설에 바탕을 둔 것이다.

그러나 독일은 제2차 세계대전 이후 본(Bonn)기본법 아래서 학설과 판례는 전환된 헌법구조에 맞추어 행정규칙의 법적 구속성을 인정하기 시작한다. 행정규칙의 법적 구속성에 관한 학설은 크게 두 가지로 나뉜다.

그 하나는 전통적 학설을 유지하면서 행정규칙의 일부에 대하여 유연한 대외적 법적 구속성을 인정하는 견해이다. 이 견해가 평등원칙을 매개로 한 행정의 자기구속론이다. 자기구속론은 행정규칙 자체의 대외적 법적 구속성을 직접으로 승인하지 않는다는 점에서 간접적 효력설이라고 부른다. 이에 의하면, 행정규칙이 정립되어 적용하게 되면 행정관행이 성립되고 이 경우 특별한 이유 없이 특정인에게만 그것을 적용하지 아니하면 평등원칙 위반으로 위법하게 되므로 행정기관은 당해 행정규칙에 따라야 할 자기구속을 당하게 되는데 이와 같은 행정의 자기구속론에 바탕하여 행정규칙은 간접적으로 사실상의 대외적 효력을 갖는다는 것이다. 1960년대에 들어오면서 독일 공법학은 법률유보영역의 확대 요청과 더불어 행정의 자기구속론의 진전에 의하여 행정규칙의 법적 재평가가 행하여지면서 국민의 권리구제를 확대하게 된다[1]. 1950년대만 하더라

---

1) 행정규칙의 법적 재평가는 법률유보원칙의 극복이 전제되어야 하기 때문에 독일 공법학은 이 과제에 경주하게 된다.

도 행정규칙의 대외적 구속성은 행정규칙에 의하여 생성된 행정관행의 존재를 전제로 하고 있었다. 그러나 1960년대에 들어오면서 행정관행의 존재가 아니라 행정규칙 그 자체를 중시하는 것으로 학설과 판례가 바뀌게 된다. 행정규칙은 행정관행이 존재하지 아니하여도 행정규칙이 공표되면 유연한 법적 구속력을 갖게 된 것이다.[1]

다른 하나는 행정규칙의 일부에 대하여 엄격한 법적 구속성을 인정하는 견해이다. 이 견해가 직접적 효력설이다. 이 설에 의하면, 적어도 일정한 종류의 행정규칙은 행정권이 정하는 위임명령과 같이 법률에서 파생적으로 법적 효력이 부여되는 것이 아니라 행정에 고유한 법창조권에 의거하여 정하는 행정규칙 그 자체가 직접적으로 외부효과를 가지고 일반적 구속력이 있으며 법률과 마찬가지의 법이라고 한다.[2]

우리나라 학설도 독일에서의 논의에 영향을 받아 행정규칙의 성질에 관하여 간접효력설과 직접효력설로 나뉜다. 간접효력설이 지금까지의 지배적 견해이다. 그러나 직접효력설도 점차 유력한 견해로 등장하고 있다.[3] 「공공기관의 정보공개에 관한 법률」·「행정절차법」·「민원처리에 관한 법률」 등의 새로운 법률의 제정에 의한 행정과 사인의 관계변화 및 행정규칙의 현실에 있어서의 커다란 기능 등으로 인하여 행정규칙을 비법(非法)영역을 규율하는 규범으로 파악하였던 전제 자체가 상실되어 가는 과정에 있다.

(2) 법규성을 인정한 판례

헌법재판소는 학교장초빙제실시학교선정기준 위헌확인 사건에서 행정규칙은 일반적으로 행정조직 내부에서만 효력을 가지는 것이나, 행정규칙이 법령의 규정에 의하여 행정관청에 법령의 구체적 내용을 보충할 권한을 부여한 경우나 "재량권행사의 준칙인 규칙이 그 정한 바에 따라 되풀이 시행되어 행정관행이 이룩되게 되면, 평등의 원칙이나 신뢰보호의 원칙에 따라 행정기관은 그 상대방에 대한 관계에서 그 규칙에 따라야 할 자기구속을 당하게 되는 경우에는 대외적인 구속력을 가지게 된다"(헌재 2001. 5. 31. 99헌마413 결정)고 판시하고 있다. 대법원은 상위 법규의 수권이나 행정관행의 선행을 전제로 함이 없이 국민의 권리·의무에 영향을 미친다는 이유로 행정규칙(구 공정거래위원회의 부당한 공동행위 자진신고 등에 대한 시정조치 등 감면제도 운영고시)에 대하여

---

1) Christian·Friedrich Menger, Höchstrichterliche Rechtsprechung zum Verwaltungsrecht, VerwArch 51, 1960, S. 71 Fn. 33; F. Ossenbühl, Verwaltungsvorschriften und Grundgesetz, 1968, S. 515ff.

2) F. Ossenbühl, Autonome Rechtsetzung der Verwaltung, in: Isensee/Kirchhof, Handbuch des Staats —rechts der Bundesrepublik Deutschland, Band Ⅲ, 1996, § 65 Rn. 48ff.; 崔正一, 「독일에서의 행정규칙의 법적 성질 및 효력—특히 규범구체화행정규칙을 중심으로—」(1995년 2월 서울대학교 박사학위청구논문), 특히 357쪽 참조; 同人, 행정법의 정석 Ⅰ, 141쪽 이하.

3) 우리나라에서 직접적 효력설에 서 있는 문헌으로는 위의 崔正一 교수의 박사학위청구논문 외에, 金容燮, 「택지개발업무처리지침 위반과 영업소폐쇄명령의 적법성—행정규칙의 대외적 구속력을 중심으로—」, 행정판례연구 ⅩⅣ(한국행정판례연구회), 43쪽 이하; 洪井善, 행정법원론(상), 246쪽 참조.

법규성을 인정하고 있으며, 중국전담여행사 지정취소처분 사건에서 원심판결(서울고법 2018. 4. 25. 선고 2917누84954 판결)이 「행정절차법」 제20조 제1항을 위반하지 아니하였다고 판시한 것을, 「행정절차법」 제20조 제1항에 규정된 처분기준을 행정규칙으로 보면서도, 사전에 행한 처분기준을 변경하여 중국전담여행사의 지정 갱신을 거부한 것은 「행정절차법」 제20조 제1항을 잘못 해석한 것이라는 이유로 원심판결을 파기하여 환송하고 있다(대법 2020. 12. 24. 선고 2018두45633 판결).[1]

판례로 볼 때 주의하여야 할 것은 많은 실무가들이 행정규칙을 형식을 기준(고시·통첩·예규·지시) 등으로 쓰고 있다는 점이다. 따라서 판결 중에는 행정규칙을 형식을 기준으로 쓰고 있는 것, 형식과 실질을 뒤섞어 쓰고 있는 것이 있다(대법 2012. 9. 27. 선고 2010두3541 판결).

(3) 검 토

오늘날 간접적 효력설은 일반적으로 승인되고 있다. 그러나 더 천착하여 보면, 간접적 효력설이 평등원칙 및 행정의 자기구속원칙이 행정 내부적인 행정규칙을 외부법화하는 전환규범(Umschaltnorm)의 기능을 한다고 하면서 선례가 없는 경우에도 행정규칙의 외부효과를 승인하고 있는 것은 행정규칙 속에 표명되어 있는 행정의 의사행위, 즉 규범설정의사에 의하여 비로소 이해될 수가 있는 것이므로, 이미 간접적 효력설 속에 직접적 효력설이 배태되어 있다. 또한 직접적 효력설도 천착하여 보면 반드시 엄격한 대외적 구속력이 아님을 알 수 있다. 즉 행정규칙에 대외적 구속력을 인정하고 있지만 그 엄격성(Unverbrücklichkeit)에 있어서 법규명령과 차이가 있다. 따라서 오늘날 행정규칙에는 대내적 구속력을 갖는 행정입법부터 유연한 대외적 구속력을 갖는 행정입법까지가 혼재되어 있다.

일반적으로 행정규칙은 포괄적 개념이다. 그 기능도 다양하고 그 효력도 다양하다. 따라서 대외적 구속력이 인정되는 행정규칙도 다양할 수 밖에 없다. 특히 최근 우리나라와 유사한 법제도를 가진 국가에서는 수권에 의한 제한이 완화함에 따라 행정권이 정하는 기준에 대한 법적 고찰이 활발해지고 그 기준의 중요성이 나날이 커지고 있다.

종래 통설과 판례가 행정규칙의 대외적 구속력 인정을 주저하였던 것은 행정규칙에 민주적 정통성이 결여되어 있다고 보았기 때문이다. 그러나 행정규칙도 정당성이 있을 때에는 민주적 정통성을 보완할 수가 있다. 더욱이 이미 앞서 행정규칙의 법원성에서 언급한 바와 같이(행정규칙

---

1) 대법 2012. 9. 27. 선고 2010두3541판결: 항고소송의 대상이 되는 행정처분이라 함은 원칙적으로 행정청의 공법상 행위로서 특정사항에 대하여 법규에 의한 권리의 설정 또는 의무의 부담을 명하거나 기타 법률상 효과를 발생하게 하는 등으로 일반 국민의 권리의무에 직접 영향을 미치는 행위를 가리키는 것이지만, 어떠한 처분의 근거가 행정규칙에 규정되어 있다고 하더라도, 그 처분이 상대방에게 권리의 설정 또는 의무의 부담을 명하거나 기타 법적인 효과를 발생하게 하는 등으로 그 상대방의 권리의무에 직접 영향을 미치는 행위라면, 이 경우에도 항고소송의 대상이 되는 행정처분에 해당한다고 보아야 한다.

의 법원성문제) 내부적인 행정규칙은 「행정절차법」 제20조에 의하여 외부법화하고 있다.[1] 즉, 우리 「행정절차법」 제20조는 처분기준을 공표하도록 규정하고 있지만, 독일에서는 재량준칙을 공표하도록 하는 규정이 없다.

오늘날의 행정규칙의 과제는 원론적 논의보다는 행정규칙의 사인에 대한 구속력의 정도(외부효과의 정도), 그에 관한 사인의 권리보호의 문제 등을 현행 실정법에 바탕하여 개별적·유형별로 검토하는 일이다.[2]

2. 이른바 특별명령

특별명령이란 특별권력관계를 규율하기 위하여 행정권이 정립하는 규범을 말한다. 독일에서 창출된 법개념이다. 특별명령은 법규명령과는 달리 법률의 수권이 없어도 행정권에 의하여 정립될 수 있으며 행정규칙과는 달리 법적 구속성·법원성·재판기준성이 인정된다는 것이었다. 우리나라에서도 종래 이 특별명령을 인정하는 학자가 있었다. 독일의 최근 경향은 특별명령의 대상에는 자유권에 상당하는 것도 포함되어 있으므로 침해유보설(→ 법률의 유보)에 의하더라도 일률적으로 법률의 근거를 요하지 않는다고 할 수 없을 뿐만 아니라 1970년 이후 연방헌법재판소 및 연방행정법원에 의하여 법률의 유보영역이 확대된 결과 학교법영역·대학법영역·수형자관계 등의 영역에도 법률의 수권이 요구되고 있어 특별명령론은 그 기반을 상실하고 있다. 우리나라에 있어서도 근년에 와서 이를 인정하는 학자가 없는 것으로 보인다. 현재로는 특별명령도 행정규칙으로 보는 것이 일반적이다.[3] 행정규칙으로 보더라도 행정규칙을 개별적·유형별로 나누어 외부효과의 정도 및 권익보호문제 등을 검토해야 한다는 시각에서 보면 특별히 문제될 것이 없다.

---

1) 대법 2020. 12. 24. 선고 2018두45633 판결은 "행정청이 「행정절차법」 제20조 제1항의 처분기준 사전공표 의무를 위반하여 미리 공표하지 아니한 기준을 적용하여 처분을 하였다고 하더라도, 그러한 사정만으로 곧바로 해당 처분에 취소사유에 이를 정도의 흠이 존재하다고 볼 수 없다"라고 판시하고 있다. 이에 대하여는 해당 부분(→ 처분 기준의 설정·공표)에서 상론하기로 한다.

2) 슈미트-아스만도 행정규칙을 차별화된 구속력(differenzierten Bindungswirkungen)으로 보면서 약간의 개별적·유형별로 구속력의 차이를 논하고 있다(E. Schmidt-Assmann, Verwaltungsrechtliche Dogmatik, S. 75(김현준 역, 행정법 도그마틱, 97쪽)).

3) 金東熙 교수는 특별명령(Sonderordnung)을 행정규칙의 범주에서 제외하고 있다. 그리고 이와 같이 제외하는 것이 현재 독일행정법의 통설적 입장이라고 설명한다(행정법 I (제8판), 143·144쪽). 그러면서도 다른 한편에서는 영조물규칙을 행정규칙의 종류 속에 넣어 설명한다(같은 책 145쪽). 이에 반하여, 金南辰 교수는 특별명령(Sonderverordnung)의 용어를 오해를 풀기 위하여 특별규칙으로 바꾸고 자신은 처음부터 특별규칙을 행정규칙의 일종으로 보고 있었음을 강조하고 있다(행정법 I (제7판), 169쪽).

3. 이른바 법규명령 형식의 행정규칙과 행정규칙 형식의 법규명령

종래 통설은 행정입법을 그 법규성 여부에 따라 법규명령과 행정규칙으로 나누면서, 다른 한편 법규명령·행정규칙에 각기 고유한 법형식이 있음을 전제로(이중의 잣대) 대통령령·총리령·부령 속에 들어가 있는 행정규칙의 성질을 가진 규정을 이른바 법규명령형식의 행정규칙이라 부르고, 고시·훈령·예규·지침 등 속에 들어가 있는 법규명령의 성질을 가진 규정을 이른바 행정규칙형식의 법규명령이라고 부르면서 각각의 성질이 달라지는가의 여부를 논하고 있다.[4]

(1) 대통령령·총리령·부령 등과 대외적 일반적 구속성

행정입법을 이론상 법규명령과 행정규칙으로 나누는 경우에 대통령령·총리령·부령 등 속에 대외적 일반적 구속성이 없는 규정이 존재할 수 없는가의 문제가 있다. 종래 통설은, 법규명령과 행정규칙에 각각 고유한 법형식이 있음을 전제로, 행정규칙의 성질을 가진 규정이 대통령령·총리령·부령 등 속에 들어가 있는 경우(이들 대통령령·총리령·부령 등이 법률에 근거가 없는 경우도 포함)에 행정규칙의 성질을 가진 규정이 법규명령의 성질을 가지는 규정으로 변경되는가로 문제를 제기한다. 이 문제에 관하여 판례에서 주로 문제되었던 것이 제재처분의 기준이다. 여객자동차운수사업법을 예로 들어 보면, 처음에는 제재처분기준을 훈령으로 정하고 있었다. 법원(法院)에 의하여 제재처분기준이 행정규칙적 규정으로 판결(대법 1982. 11. 23. 선고 82누304 판결 등)되자, 다음에는 제재처분기준을 부령으로 정하였다. 법원에 의하여 다시 행정규칙적 규정으로 판결되었다(대법 1986. 11. 25. 선고 86누533 판결 등). 지금은 제재처분기준을 대통령령으로 정하고 있다(여객자동차운수사업법 49조의6 2항).

이 문제에 관하여는 견해가 나뉜다.

1) 적 극 설

이 설은 행정규칙의 성질을 가진 규정이 대통령령·총리령·부령 속에 들어가 있는 경우에는 법규명령의 성질을 가지는 규정으로 변경된다는 견해이다. 이 설의 논거는 ① 법규명령과 행정규칙이 각각 고유한 법형식이 있음을 전제로 대통령령·총리령·부령은 일반 공권력을 근거로 하여 제정되는 것으로 국민의 자유·재산에 관계 없는 사항이라도 법규의 형식으로 규정됨으로써 일반 국민을 구속하게 되는 것이라는 점 등이다. 적극설이 다수설이다.

---

4) '법규'와 '법규명령'의 개념을 포기하고, 법규명령·행정규칙의 형식과 실질이라는 이원론을 극복할 것을 주장하는 朴正勳 교수에 의하면, 형식이 법규명령이므로 마땅히 법적 구속력을 가져야 한다는 추론뿐만 아니라, 반대로 그 실질이 행정규칙이므로 법적 구속력을 가지지 않는다는 논리도 성립할 수 없게 된다(同人,「법규명령 형식의 행정규칙과 행정규칙 형식의 법규명령—'법규'개념 및 형식/실질 이원론의 극복을 위하여—」, 행정법학(한국행정법학회)제5호, 55쪽 이하 참조).'법규명령 형식', '행정규칙 형식'이란 표현은 일응 형식을 기준으로 구분하는 듯하면서, '법규명령 형식의 행정규칙' 또는 '행정규칙 형식의 법규명령'이란 표현은 오히려 실질을 기준으로 구분하는 듯이 보이기 때문에 그 자체가 이미 모순율을 내포하고 있다는 지적은 鄭鎬庚,「행정규칙과 헌법소원심판」, 법학논총(한양대학교) 제24집 제3호, 261쪽 참조.

2) 소 극 설

이 설은 행정규칙의 성질을 가진 규정이 대통령령·총리령·부령 속에 들어가 있는 경우에도 법규명령의 성질을 가지는 규정으로 변경되는 것이 아니라는 견해이다. 이 설의 논거는 대통령령·총리령·부령도 항상 대국민적 구속력을 갖는 규범만을 정립하는 것이 아니라는 점 등이다.[1]

3) 판   례

우리 판례는 비교적 오랫 동안 소극설을 취하여 왔다(대법 1984. 2. 28. 선고 83누551 판결 등). 대법 1995. 10. 17. 선고 94누14148 전원합의체 판결만 하더라도 "규정형식상 부령인 시행규칙 또는 지방자치단체의 규칙으로 정한 행정처분의 기준은 행정처분 등에 관한 사무처리기준과 처분절차 등 행정청 내의 사무처리준칙을 규정한 것에 불과하므로 대외적으로 국민이나 법원을 구속하는 힘이 없고 그 처분이 위 규칙에 위배되는 것이라 하더라도 위법의 문제는 생기지 아니하고 또 위 규칙에 정한 기준에 적합하다 하여 바로 그 처분이 적법한 것이라고도 할 수 없다"라고 판시하였다. 그러나 대법 1997. 12. 26. 선고 97누15418 판결은 처분의 기준을 대통령령으로 정한 사건에서 "그 성질이 부령인 시행규칙이나 또는 지방자치단체의 규칙과 같이 통상적으로 행정조직 내부에 있어서의 행정명령에 지나지 않는 것이 아니라 대외적으로 국민이나 법원을 구속하는 힘이 있는 법규명령에 해당한다"라고 하여 적극설을 취하였다. 또한 대법원은 처분의 기준을 부령으로 정한 경우에 대하여도, 대법 2006. 6. 22. 선고 2003두1684 전원합의체 판결에서는 부령으로 정한 처분기준의 법적 성질에 관하여 침묵하였으나,[2] 대법 2006. 6. 27. 선고 2003두4355 판결에서는 판례변경 없이 부령(구 여객자동차운수사업법시행규칙)으로 정한 인가기준을 대외적인 구속력이 있는 법규명령이라고 판시하고 있다.

4) 검   토

법규명령·행정규칙에 각각 고유한 법형식이 존재하고, 대통령령·총리령·부령 등이 각각 고유한 법규명령의 형식이라는 견해에 선다면 적극설을 지지하는 것이 타당하다고 생각한다. 법규명령이 대통령령이냐 부령이냐에 따라 달라지는 것은 아니라고 할 것이다. 그러나 법규명령과 행정규칙의 구별이 형식에 의한 것이 아니라 실질에 의한 것이라면 소극설이 타당하다고 생각한다.[3]

---

1) 柳至泰, 행정법신론, 243쪽 이하 ; 韓堅愚, 현대행정법 I, 459쪽.

2) 이 판결에는 부령으로 정한 제재적 처분기준에 대하여 법규성을 인정하여야 한다는 李康國 대법관의 별개의견이 있었다.

3) 金東熙 교수는 법규명령과 행정규칙의 구별을 실질(대외적 구속력 여부)에 의하면서도, 이른바 법규명령 형식의 행정규칙의 문제에서는 형식설의 입장에서 "법률이나 법규명령은 법규로서 그 수범자 및 법원을 구속하는 것이 기본원칙으로서, 문제가 되고 있는 규범도 법률이나 법규명령의 형식으로 제정되어 있는 한 그 수범자나 법원을 구속하는 것." "일정한 사항이 본질적으로 행정규칙사항이라는 것은 존재하지 아니하며 법규명령 형식으로 규율하면 법규명령이 되는 것"이라면서 긍정설을 지지하고 있었다(同人, 행정법 I, 신정보판, 145쪽). 그러나 지금은 대통령령·총리령·부령 속에도 행정규칙사항이 존재하는 것으로 입장을 변경하였다(同人, 행정법 I, 159쪽 이하).

(2) 고시·훈령·예규·지침 등과 대외적 구속력

행정입법을 이론상 법규명령과 행정규칙으로 나누는 경우에, 고시·훈령·예규·지침 등 속에 대외적 구속성이 있는 규정이 존재할 수 없는가의 문제가 있다. 종래의 통설은 법규명령과 행정규칙에 각각 고유한 법형식이 있음을 전제로, 고시·훈령·예규·지침 등 속에도 대외적 구속력을 가진 규정이 존재할 수 있는가로 문제를 제기하였다. 이 문제가 이른바 행정규칙 형식의 법규명령론이다. 이 문제에 관하여는 견해가 나뉜다.

1) 긍 정 설

이 설은 고시·훈령·예규·지침 등 속에서도 대외적 구속력을 가진 규정이 존재할 수 있다는 견해이다. 이 설의 논거는 「헌법」이 대통령령·총리령·부령 등을 정하고 있지만 그것은 예시적인 것이며 이들로써만 대외적 구속력을 갖는 규정을 정할 수 있도록 위임하고 있는 것이 아니라는 점 등을 든다. 이 설이 우리나라의 지배적 견해이다. 다만 이 견해 속에는 고시·훈령·예규·지침 등이 법령의 위임이 있는 경우에만 대외적 구속력을 갖는다는 견해와 반드시 법령의 위임이 없는 경우에도 대외적 구속력을 갖는 경우가 있을 수 있다는 견해가 포함된다.

2) 부 정 설

이 설은 고시·훈령·예규·지침 등 속에는 법규명령의 성질을 가진 규정이 존재할 수 없다는 견해이다. 이 설의 논거는 경성헌법 아래서 국회입법원칙의 예외가 되는 입법형식은 「헌법」 자체에서 명시하지 않으면 아니 된다는 점 등을 든다.[1]

3) 판 례

우리 판례는 고시 등에 위임한 경우 상위법과 결합하여 법규명령으로서의 효력을 가진다고 되풀이 판시함으로써 긍정설을 취하고 있다(헌재 1992. 6. 26. 91헌마25 결정, 헌재 2004. 10. 28. 99헌바91 결정, 대법 2002. 9. 27. 선고 2000두7933 판결 등). 법령의 수권에 의하여 행정관청이 법령의 구체적 내용을 보충하는 고시·훈령·예규·지침 등을 판례는 법령보충적 행정규칙이라고 부른다는 것은 이미 앞에서 본 바와 같다.

4) 검 토

법규명령·행정규칙에 각각 고유한 법형식이 존재하고, 고시·훈령·예규·지침 등이 각각 고유한 행정규칙의 형식이라는 견해에 선다면 부정설을 지지하는 것이 타당하다고 생각한다. 그러나 법규명령과 행정규칙의 구별이 형식에 의한 것이 아니라 실질에 의한 것이라면 긍정설이 타당하다고 생각한다. 법령의 위임이 없는 고시·훈령·예규 지침 등도 유연한 대외적 구속력을 갖기 위해서는 공포하도록 하여야 한다.[2] 「행정절차법」 제20조는 행정청에게 필요한 처분기준을 당해

---

1) 金道昶, 일반행정법론(상), 325쪽.

2) 대법 1989. 10. 24. 선고 89누3328 판결은 재산제세조사사무처리규정(국세청훈령 제916호) 자체가 법령인 것은

처분의 성질에 비추어 될 수 있는 한 구체적으로 정하여 공표하도록 의무를 과하고 있다.

Ⅲ. 행정규칙의 종류

행정규칙은 다음 기준에 의하여 여러 가지로 나눌 수 있다. 일반적으로 행정규칙을 법형식에 의하여도 분류하고 있으나,[1] 행정규칙에 고유한 법형식이 존재한다는 입장이라면 몰라도 그렇지 않다면 적절한 분류가 아니다.

1. 내용을 기준으로 한 분류

행정규칙은 그 내용을 기준으로 하여 조직행정규칙·근무행정규칙·영조물행정규칙 등으로 나눌 수 있다.

(1) 조직행정규칙

조직행정규칙이란 행정기관의 설치·조직, 내부적 권한배분, 행정기관 상호간의 관계 등을 정하기 위하여 발하는 행정규칙이다. 우리나라에서는 행정조직법정주의에 따라 행정기관의 설치·조직이 법률과 대통령령 등으로 정하여지는 경우가 많다.

(2) 근무행정규칙

근무행정규칙이란 상급기관이 하급기관의 근무에 관한 사항을 계속적으로 규율하기 위하여 발하는 행정규칙이다. 근무행정규칙은 법률 또는 법률의 위임에 의하여 정하여지는 경우가 많다.

(3) 영조물행정규칙

영조물행정규칙이란 영조물(예: 국립대학교, 국립도서관)의 관리청이 영조물의 이용관계 등을 규율하기 위하여 발하는 행정규칙이다. 국립대학교학칙[2], 국립도서관규칙 등이 이에 속한다. 영조물행정규칙도 법률 또는 법률의 위임에 의하여 정하여지는 경우가 늘어나고 있다.

아니므로 이를 법령등공포에관한법률이 정하는 바에 따라 공포(관보게재)하지 아니하였다고 하여 그 효력이 없다고 할 수 없다고 판시하고 있다.

1) 金南辰·金連泰, 행정법 Ⅰ, 161쪽; 金性洙, 행정법 Ⅰ, 345쪽 이하; 鄭夏重, 행정법총론, 157쪽; 洪井善, 행정법원론(상), 250쪽 이하.

2) 대법 2015. 6. 24. 선고 2013두26408 판결: 해양대학이 법령과 학칙이 정하는 절차에 따라 법령의 범위내에서 제정 또는 개정한 학칙은 대학의 자치규범으로서 당연히 구속력을 갖는다. 이 판결은 "당연히 구속력을 갖는다"라고만 하였을 뿐, 구체적 근거를 밝히고 있지 않다.

2. 기능을 기준으로 한 분류

행정규칙은 그 기능을 기준으로 하여 처분기준행정규칙·재량기준행정규칙(재량준칙)·규범
해석행정규칙(해석준칙)·규범구체화 행정규칙으로 나눌 수 있다.

(1) 처분기준 행정규칙

처분기준은 법률·대통령령·부령·자치법규에 의하여 정하여지는 경우도 있고, 이들 법령이
정하고 있지 아니한 경우 행정청이 처분기준을 정립하여야 한다.「행정절차법」은 제20조 제1항
에서 "행정청은 필요한 처분기준을 당해 처분의 성질에 비추어 될 수 있는 한 구체적으로 정하
여 공표하여야 한다. 처분기준을 변경하는 경우에도 또한 같다"라고 규정하고 있다. 이 규정에
따라 행정청은 법률의 수권이 없어도 처분기준을 처분의 성질에 따라 구체적으로 정하여 공표하
여야 할 의무를 지고 있다.[1] 이 규정을 둔 취지는 처분의 객관적 타당성을 확보함과 동시에 행정
활동에 대한 국민의 예측가능성을 확보함으로써 국민의 권익보호에 이바지하기 위한 것이다. 종
래의 전통적 견해에 의하면 처분기준은 행정내부규범으로 분류될 것이다. 그러나「행정절차법」
상의 처분기준은 행정기관에 대한 것임과 동시에 국민에 대한 것이다. 즉 처분기준은 행정기관
에게 뿐만 아니라 사인에게 행정활동의 공정성·적절성·투명성·공평성의 확보라는 중요한 효
능을 부여하고 있다. 따라서 처분기준은 행정내부규범에 머무는 것이 아니라 행정외부규범이 된
다. 즉 처분기준은 합리적인 이유가 없는 한 준수되어야 한다는 의미에서 일정한 법적 구속력이
인정된다. 이 법적 구속력은 평등원칙이나 신뢰보호원칙 등 행정상 법의 일반원칙을 매개로 하
여 발생하는 것이 아니라, 기준 그 자체에서 발생하는 것임을 유념하여야 한다. 즉 처분기준 행
정규칙에 대하여「행정절차법」이 일정한 규범성을 부여하고 있는 것이다.[2]

(2) 재량기준행정규칙(재량준칙)

1) 의   의

재량기준행정규칙이란 행정의 재량권행사에 있어서 그 기준을 정하기 위하여 발하는 행정
규칙이다. 법령에는 어떠한 경우에 어떠한 행정결정을 할 것인가를 행정기관의 재량에 맡겨 놓

---

1) 이미 앞에서 본 바와 같이 대법 2020. 12. 24. 선고 2018두45633 판결은 "행정청이「행정절차법」제20조 제1항에
   따라 정하여 공표한 처분기준은, 그것이 해당 처분의 근거법령에서 구체적 위임을 받아 제정·공표되었다는 특
   별한 사정이 없는 한, 원칙적으로 대외적 구속력이 없는 행정규칙에 해당하는 것으로 보아야 한다"라고 판시하
   고 있다. 이에 관하여는 해당 부분(→ 처분 기준의 설정·공표)에서 상론하기로 한다.

2) Hans-Heinrich Trute 교수는 절차가 그 자체로서 고유한 민주적 정통화 기능을 가진다고 본다. 즉 법률에 의
   한 행정활동의 실제적 제어가 충분하지 아니하는 영역에서는 절차는 그 법률상의 형성을 거쳐 민주적 정통화
   를 매개하는 작용을 한다는 것이다(Die demokratische Legitimation der Verwaltung, in : Wolfgang Hoffmann-
   Riem·Eberhard Schmidt-Assmann·Andreas Voßkuhle(Hrsg.), Grundlagen des Verwaltungsrechts, Band I, S.
   371, SS. 375ff.).

고 있는 경우가 있다. 이 경우에 행정기관은 재량권행사의 기준을, 법령이 정하고 있지 아니하는 한, 스스로 정하게 된다. 재량권이 합리적으로 행사되어야 하기 때문이다.

2) 종래의 통설과 판례
종래의 통설에 의하면 행정기관이 행정규칙으로 재량준칙을 정하고 있는 경우에도 재량준칙에는 법적 구속력이 없으므로 재량준칙과 관계없이 행정기관은, 법률이 부여한 재량의 범위 내에서 재량권을 행사하여 개별적·구체적 결정을 할 수 있었다. 따라서 종래의 통설에 의하면 재량준칙에 따랐다고 해서 재량권행사가 적법하게 되는 것이 아니며, 재량준칙에 위반된다고 해서 재량권행사가 위법하게 되는 것도 아니다. 판례도 종래 동일한 입장에 서 있었다.[1]

3) 「행정절차법」 제20조 제1항 전문
위에서 본 바와 같이 「행정절차법」 제20조 제1항 전문은 행정청은 처분기준을 정하여 공표하도록 규정하고 있다. 재량준칙도 여기에 포함된다.

법령에서 어떠한 경우에 어떠한 처분을 할 것인가를 행정청의 재량에 맡겨두고 있는 경우가 적지 않다. 이 경우에 전적으로 행정청의 판단에만 맡겨 둔다면 처분에 자의(恣意)가 개입될 우려도 있고, 또한 예측가능성에도 반한다. 「행정절차법」 제20조 제1항 전문은 행정청의 재량권행사를 공정(公正)·투명하게 함으로써 재량권행사의 자의와 남용을 막고 이로써 사인의 권리·이익을 보호하기 위하여 마련된 규정이다. 종래의 판례는 행정청이 재량행위를 하면서 재량기준을 설정하는 것을 행정청의 재량에 속하는 것으로 보고 있다(대법 1998. 2. 13. 선고 97누13061 판결). 그러나 「행정절차법」의 시행 이후에는 재량기준을 정하는 것이 행정청의 재량이 아니라 의무가 되었다.

4) 판례의 동요
헌법재판소는 재량준칙이 되풀이 시행되어 행정관행이 이룩되고 평등원칙이나 신뢰보호원칙에 따라 행정기관이 그 상대방에 대한 관계에서 그 규칙에 따라야 할 자기구속을 당하게 되는 경우에 재량준칙도 대외적 구속력을 갖게 된다고 거듭 판시하였다(헌재 1990. 9. 3. 90헌마13 결정, 헌재 2007. 8. 30. 2004헌마670 결정). 이에 따라 대법원도 "상급행정기관이 하급행정기관에 대하여 업무처리지침이나 법령의 해석적용에 관한 기준을 정하여 발하는 이른바 행정규칙이나 내부지침은 일반적으로 행정조직 내부에서만 효력을 가질 뿐 대외적인 구속력을 갖는 것은 아니므로 행정처분이 그에 위반하였다고 하여 그러한 사정만으로 곧바로 위법하게 되는 것은 아니다. 다만, 재량권행사의 준칙인 행정규칙이 그 정한 바에 따라 되풀이 시행되어 행정관행이 이루어지

---

[1] 대법 1998. 9. 8. 선고 98두6272 판결: 비관리청항만공사시행허가는 특정인에게 권리를 설정하는 행위로서 항만법과 그 시행령에 허가기준에 관한 규정이 없으므로 허가 여부는 행정청의 재량에 속하고, 그 허가를 위한 심사기준을 정하여 놓은 비관리청항만공사시행허가등에관한업무처리요령(해운항만청 고시 제1996-19호)은 재량권 행사의 기준인 행정청 내부의 사무처리준칙에 불과하여 허가처분의 적법 여부는 결국 재량권의 남용 여부의 판단에 달려 있다.

게 되면 평등의 원칙이나 신뢰보호의 원칙에 따라 행정기관은 그 상대방에 대한 관계에서 그 규칙에 따라야 할 자기구속을 받게 되므로, 이러한 경우에는 특별한 사정이 없는 한 그를 위반하는 처분은 평등의 원칙이나 신뢰보호의 원칙에 위배되어 재량권을 일탈·남용한 처분이 된다"(대법 2009. 12. 24. 선고 2009두7967 판결)고 판시하고 있다.

5) 검 토

행정청은 법률의 명시적인 수권 없는 한 엄격하게 적용되는 법적 구속력을 갖는 위임명령을 정립할 수 없다. 그러나 행정청이 스스로의 재량권행사를 제한하기 위해서 스스로를 엄격하게 구속하는 법규범을 설정·공표하는 것이 금지되어 있는 것은 아니다. 「행정절차법」은 처분의 성질에 따라 스스로를 구속하는 법규범의 설정·공표를 요구하고 있다. 행정청이 재량기준을 설정·공표하고 이에 따라 처분을 행한 경우에 후에 그 처분이 다투어진 때에는 법원은 과연 재량기준이 처분의 성질에 비추어 구체적으로 정해진 것인지 그 재량기준에 불합리한 점이 없었는지를 먼저 심사할 것임은 말할 나위가 없다. 재량기준에 불합리한 점이 없는 이상 처분청은 재량기준에 따라 처분을 하여야 하는 것이 원칙이다(재량권의 실체적 구속력). 그렇지 않으면 재량기준을 설정·공표하도록 하여 재량권을 축소함으로써 재량권남용을 막아 그 처분의 객관적 타당성과 예측가능성을 확보하려는 법의 목적이 실현될 수 없기 때문이다. 개별 행정법령에서 개별사정을 고려하여 처분을 하도록 한 취지인 경우에는 재량기준으로부터의 이탈이 불가능한 것은 아니다. 그러나 이 경우에도 행정청의 재량기준으로부터의 이탈은 객관적인 이유가 있지 않으면 아니 된다(대법 2009. 11. 12. 선고 2009두10291 판결 참조). 즉 재량기준으로부터의 이탈에는 이유제시의무가 뒤 따른다(재량기준의 절차적 구속력).객관적인 이유가 없는 재량기준으로부터의 이탈은 재량권남용이 된다. 그러한 의미에서 재량기준행정규칙은 위임명령보다 약하지만 외부효과를 갖는다. 즉 위임명령의 구속력은 엄격한 구속력이지만, 재량기준행정규칙의 구속력은 유연한 구속력이다.[1]

위 대법원의 2009두7967 판결은, 재량준칙이 공표된 것만으로도 자기구속의 법리가 적용된다고 판단한 원심판결(대전고법 2009. 4. 30. 선고 2008누3096 판결)[2]을 파기하여, 자기구속의 법리가 적용되기 위해서는 재량준칙이 공표된 것만으로는 부족하고 행정관행이 성립되어 있어야 한다고 판시하였다. 그러나 대법원은 자기구속의 법리가 적용되기 위해서는 공표 외에 행정관행이

---

1) 김용욱 「내부법 위반행위의 효력에 관한 연구」, 행정법연구(행정법이론실무학회)제63호, 231쪽에서는 "행정규칙의 법형식은 이를 준수한 행위에 대한 적법성 추정력, 즉 입증책임 전환적 효력을 가져옴에 불과하다"는 표현을 사용하고 있다.

2) 대전고법 2009. 4. 30. 선고 2008누3096 판결: 행정의 자기구속이라 함은 앞서 본 바와 같이 행정청이 동종사안에 대하여 동일한 처분을 하여야 하는 구속을 받는 것을 의미하므로, 일반적으로는 동종사안에 있어 비교의 대상이 되는 행정선례가 존재함을 전제로 할 것이나, 다만 행정규칙이 대외적으로 공표되어 국민에게 법적으로 보호가치 있는 신뢰가 생긴 경우에는 법적 안정성의 견지에서 행정규칙 자체만으로 행정의 자기구속의 근거로 삼을 수 있고, 재량영역에서 평등원칙을 실현하기 위해 마련된 행정규칙을 위반할 경우 다른 특별한 사정이 없는 이상 당해 행정처분은 자의적인 조치로서 재량권을 일탈·남용하여 위법한 것으로 평가되어야 한다.

성립되어 있어야 하는 이유에 관하여는 아무런 설시를 하고 있지 않다. 이 점에 관하여는 독일의 판례가 참고가 된다. 독일에서도 1950년대까지는 자기구속법리의 적용에 관한 판결은 행정관행을 중시하였다. 그 주된 이유는 행정규칙이 법규범으로 받아들여지지 아니하였고 또한 행정규칙이 공표되지 아니하였기 때문이다.[1] 그러나 1960년대에 들어오면서 자기구속법리의 적용에 관한 판결은 행정관행을 중시하는 것이 줄어들고 행정규칙에 표시된 행정의 의사표시가 중시되기 시작하면서 결국 판결이 행정관행을 포기하기에 이른다.[2] 우리나라 「행정절차법」은 당시의 독일 법제와 달리 재량준칙을 공표하도록 규정하고 있다. 「행정절차법」은 이에 의하여 행정의 흐름(과정)을 통제 가능하게 함으로써 민주적인 행정 흐름(과정)의 창설에 기여하고 있다. 따라서 재량준칙은 공표된 것만으로도 자기구속법리가 적용된다고 본 원심판결이 타당하다.

(3) 규범해석행정규칙(해석준칙)

규범해석행정규칙이란 법령집행의 통일성을 기할 필요에서 법령해석의 기준을 정하기 위하여 발하는 행정규칙이다. 「행정절차법」 제20조 제1항의 처분기준에는 재량기준 외에 해석기준도 포함된다. 규범해석행정규칙은 내부효과를 가지며, 대외적 구속력(외부효과)을 갖지 아니하는 것이 종래의 통설이다. 법원이 최종적인 구속력 있는 법령해석권을 가지고 있기 때문이다. 그러나 합리적인 이유 없이 규범해석행정규칙에 위반하여 특정인에게만 불이익처분을 행한 경우 평등원칙 위반으로 위법이 될 수 있고, 규범해석행정규칙의 불이익한 변경이 신의성실원칙의 위반으로 위법이 될 수도 있다. 나아가, 법원의 심사를 통하여 수용적으로 구속력이 부여될 수도 있다.[3]

(4) 규범구체화 행정규칙

규범구체화 행정규칙이란 법령 등 상위규범을 구체화하는 내용의 행정규칙이다. 법령이 행정기관에게 그 법령 내용의 구체적인 사항을 정할 수 있는 권한을 고시·훈령·예규·지침 등에 위임하고 있는 경우에 행정기관이 위임에 따라 고시·훈령·예규·지침으로 법령의 내용을 구체적으로 정할 수 있음은 말할 필요가 없다. 이것을 판례가 법령보충적 행정규칙이라고 부르고 있다. 그러나 수권에 의하여 법령 등 상위규범을 구체화한 것이라면 이는 판례상 법규명령으로 분류되어야지 행정규칙으로 분류되어야 하는 것은 아니다. 따라서 법령보충적 행정규칙은 행정규칙의 종류 속에 포함되어야 할 성질의 것이 아니다.

---

1) F. Ossenbühl은 이 외에 준비기간을 둘 필요가 있었다는 점을 든다(Verwaltungsvorschriften und Grundgesetz. S. 536).

2) Thomas Sauerland, Die Verwaltungsvorschrift im System der Rechtsquellen, 2005, S. 195f.

3) 미국에서는 법원이 규범해석행정규칙에 대하여 실체심사를 실시하여 이를 시인한 때에는, 법원은 당해 규범해석행정규칙에 사후적으로 외부적 구속력을 부여할 수 있다.

여기서 말하는 규범구체화 행정규칙은 판례가 말하는 법령보충적 행정규칙과 다르다.[1] 법령의 수권이 존재하지 아니하거나 법령의 수권이 명확하지 아니한 경우에 법령의 일반조항이나 불확정개념이 고도로 추상적·기술적 개념을 포함하고 있어서 법령 집행이 가능하게 하기 위하여 행정기관이 그것들을 구체화하는 경우에 비로소 규범구체화 행정규칙이 문제된다. 규범구체화 행정규칙의 용어는 독일의 옷센뷜(F. Ossenbühl)에 의하여 처음으로 사용되고, 1985년 12월 19일의 연방행정법원의 뷜(Wyhl) 판결에 의하여 확립되었다. 뷜 판결에서 연방행정법원은 방사선방호령(Strahlenschutzverordnung)에 대한 연방내무부장관의 지침이 규범구체화 기능을 가지며 단순한 규범해석행정규칙과 달리 규범에 의하여 설정된 범위 내에서 행정법원을 구속한다고 판시하였다.

우리나라에서 규범구체화 행정규칙의 인정 여부에 관한 학설은 아직 명확하지 아니하다.

생각건대, 규범구체화 행정규칙을 설사 인정한다 하더라도, 한정적이어야 할 것이다. 독일의 규범구체화 행정규칙의 개념이 환경법의 전개와 그 궤도를 같이하고 있다는 점, 즉 환경법의 일반조항이나 불확정개념이 고도로 추상적·기술적 개념을 포함하고 있어서 법률집행이 가능하기 위하여는 그것들을 구체화하는 규정들이 필요하였던 점 때문이었고, 따라서 규범구체화 행정규칙은 그것을 적용할 당시의 과학·기술의 발전상황에 평행하는 한도에서 외부효과가 부여되어 있다는 점을 간과하여서는 아니 된다.[2][3]

Ⅳ. 행정규칙의 통제

1. 통제의 필요성

행정규칙은 어느 행정규칙이나, 대내적 구속력만을 갖고 대외적 구속력(외부효과)을 전혀 갖지 아니하는 것은 없는 것이므로, 그 대외적 구속력은 개별적으로 행정규칙에 따라 판단할 수 밖에 없는 것이지만, 행정규칙에 따라서는 법규명령과 동일한 것은 아니지만 유연한 대외적 구속

---

1) E. Schmidt-Assmann의 설명에 따르면 법령보충적 행정규칙과 같은 법규명령은 법률에 반하는 한계까지 독자적 구속력(bis an die Grenze entgegenstehenden Gesetzesrechts eigenständig und verbindlich)을 가지나, 규범구체화 행정규칙은 지적발전에 열려 있는 변동 가능한 효력(eine labile und gegenüber Erkenntnisfortschritten offenere Wirkung)을 가진다(Das allgemeine Verwaltungsrecht als Ordnungsidee, 2. Aufl., S. 329).

2) 온실가스배출허용량을 배출하기 위한 기준들은 기존의 법규명령형식에 담아내기가 입법기술상 불가능하거나 전문적·기술적 내용이라서 관련 전문가들 조차도 이해의 폭이 상이할 수 있는 부분이 다수 존재하는 것이므로 규범구체화적 행정규칙론을 통한 규범적 인정의 필요성을 지적하는 견해가 있다(金聲培, 「배출권거래세 판례의 검토―2015구합55592 판결―」 배출권거래제 실시 후 법적분쟁의 진단과 전망(제125회 환경법학회 정기학술대회 발표문)).

3) 독일연방헌법재판소는 규범구체화 행정규칙에 대하여 재판소의 법률구속성과 기본법 제19조 제4항의 위반이 없더라도 강한 구속력(ausgreifendere Bindungswirkung)이 승인되어 있음을 분명히 한 바 있다(BVerfGE 129, 1(21)). 규범구체화 행정규칙은 다만 보통의 경우에만 구속력을 가지지만, 비정형적(非定型的)인 경우나 새로운 기술이 발달된 경우에는 구속력을 상실하게 된다(E. Schmidt-Assmann, Verwaltungsrechtliche Dogmatik, S. 75f.(김현준 역, 행정법 도그마틱, 97쪽)).

력을 갖는다. 따라서 행정규칙이 제시하고 있는 행정활동기준에 대한 그 내용의 합리성을 확보하고 제정과정의 적정화를 기하기 위하여 적절한 통제가 필요하다.

2. 통제유형

행정규칙의 통제유형은 크게 국회에 의한 통제, 행정부에 의한 통제, 법원·헌법재판소에 의한 통제로 나눌 수 있다.

(1) 국회에 의한 통제

일반적으로 국회통제는 직접적 통제와 간접적 통제로 나뉜다. 우리나라에 있어서는 현행 「헌법」상 국회의 예산안심의(동법 54조 1항), 국정감사·조사(동법 61조), 국무총리 등에 대한 질문(동법 62조), 국무총리·국무위원 해임건의(동법 63조), 탄핵소추(동법 65조) 및 「국회법」상 행정규칙의 국회에의 송부(동법 98조의 2) 등 간접적 통제제도는 강구되어 있으나 직접적 통제제도는 강구되어 있지 않다. 그러나 「국회법」이 중앙행정기관의 장으로 하여금 대통령령·총리령·부령·훈령·예규·고시 등이 제정·개정 또는 폐지된 경우에 10일 이내에 국회에 제출하도록 한 것(98조의 2)은 국회의 직접적 통제를 마련하기 위한 계기가 될 수 있을 것이다.

(2) 행정부에 의한 통제

행정규칙에 대한 행정부에 의한 통제로는 ① 상급행정기관의 감독권에 의하여 통제할 수 있다. ② 「행정절차법」은 처분기준의 설정·공표를 규정하고 있으나, 기준의 설정절차에 관하여는 아무런 규정을 두고 있지 않다. 그러나 행정규칙의 내용이 국민의 권리·의무 또는 일상생활과 관련이 있는 경우에는 행정상 입법예고절차를 거쳐야 하므로(행정절차법 41조 1항), 절차적 통제가 가능하다. ③ 행정평가에는 행정입법평가도 포함되므로 입법평가에 의한 행정규칙의 통제도 가능하다.

중앙행정심판위원회는 심판청구를 심리·재결함에 있어서 처분 또는 부작위의 근거가 되는 훈령·예규·고시 등이 법령에 근거가 없거나 상위법령에 위배되거나 국민에게 과도한 부담을 주는 등 현저하게 불합리하다고 인정되는 경우에는 관계행정기관에 대하여 당해 훈령·예규·고시 등의 개정·폐지 등 적절한 시정조치를 요청할 수 있으며, 이 요청을 받은 관계행정기관은 정당한 사유가 없는 한 이에 따라야 한다(행정심판법 59조).

행정규칙 중에서도 처분기준의 경우 상급행정기관은 하급행정기관의 기준 자체가 합리성이 있는지 여부 및 그 기준을 적용하는 단계에서 합리성이 있는지 여부를 통제하여야 한다. 행정심판이 제기된 경우, 행정심판위원회는 계쟁 처분 기준 및 그 기준의 적용의 합리성 여부를 심사하여 통제하여야 함은 말할 나위가 없다.

(3) 법원·헌법재판소에 의한 통제

행정규칙에 대한 사법적 통제도 법원에 의한 통제와 헌법재판소에 의한 통제로 나눌 수 있다.

1) 법원에 의한 통제

행정규칙이 처분성을 갖는 경우, 판례의 표현을 빌면 다른 집행행위의 매개 없이 직접 구체적으로 국민의 권리·의무관계에 영향을 미치는 경우에는 직접 법원의 통제 대상이 된다. 대법원의 기본적 입장은 행정규칙이 국민과 직접 관계가 없음을 전제로 대외적 구속력을 부인하고 처분이 행정규칙에 위배되는 것이라 하더라도 위법의 문제는 생기지 아니하고 또 행정규칙에 정한 기준에 적합하다 하여 바로 그 처분이 적법한 것이라고도 할 수 없으며, 그 처분의 적법 여부는 행정규칙에 적합한지의 여부에 따라 판단할 것이 아니고 관계법령의 규정 및 그 취지에 적합한지의 여부에 따라 개별적·구체적으로 판단하여야 한다는 것이다(대법 1995. 10. 17. 선고 94누14148 전원합의체 판결 등). 따라서 대법원의 기본적 입장에 의하면 행정규칙은 국민과 직접 관계가 없으므로 국민이 위법한 행정규칙을 이유로 행정규칙 그 자체를 행정소송으로 다툴 수 없게 된다. 그러나 앞에서 본 바와 같이 처분기준행정규칙, 규범해석행정규칙[1] 등의 행정규칙에 외부효과가 인정되는 경우가 있을 수 있다. 외부효과가 인정되는 행정규칙은 항고소송의 대상이 될 수 있다. 외부효과가 인정되는 행정규칙에 위반하였음을 이유로 항고소송이 제기된 경우 행정규칙의 위헌·위법 여부가 재판의 전제가 된 때에는 법원은 행정규칙을 심사하게 될 것이다. 구체적으로 예컨대 재량기준 자체에 위법성이 있는지 여부 및 그 기준을 적용하는 단계에서 위법성이 있는지 여부를 실체적 기준(평등원칙 위반, 비례원칙 위반)·절차적 기준(공표, 이유제시 등) 등에 따라 심사하게 될 것이다. 여기에도 후술하는 재량행위에 대한 법원의 통제에서와 마찬가지로 재량준칙 정립재량의 실체적 통제의 한계에 돌파구를 열어주는 절차적 심사방식이 중요하게 될 것이다. 또한 행정규칙의 위법성을 당사자소송으로 다툴 수 있을 것이며, 행정규칙에 따를 의무의 부존재확인소송을 당사자소송으로 제기할 수 있을 것이다. 행정규칙의 정립 등의 위법으로 국가배상소송으로 다투어지는 경우에 법원이 행정규칙을 통제할 수 있다.

2) 헌법재판소에 의한 통제

헌법소원의 대상은 공권력의 행사로 인하여 헌법상 보장된 기본권이 침해되었는지의 여부이다. 행정조직 내부에서만 효력을 가질 뿐 대외적 구속력이 없는 행정규칙은 헌법재판소에 의한 통제의 대상이 되지 아니한다는 것이 헌법재판소의 기본 입장이다(헌재 2008. 7. 22. 2008헌마496 제1지정 재판부 결정 등). 그러나 헌법재판소는 "행정규칙은 일반적으로 행정조직 내부에서만 효력을 가지는 것이나, 행정규칙이 법령의 규정에 의하여 행정관청에 법령의 구체적 내용을 보충할 권한을 부여한 경우나 재량권 행사의 준칙인 규칙이 그 정한 바에 따라 되풀이 시행되어 행정관행이 이룩

---

[1] 규범해석행정규칙이 사인의 권리·의무에 실질적인 영향에 미치는 경우, 규범해석행정규칙의 정립은 사법심사에 있어서 최종적 행위(final agency action)가 될 수 있다.

되게 되면, 평등의 원칙이나 신뢰보호의 원칙에 따라 행정기관은 그 상대방에 대한 관계에서 그 규칙에 따라야 할 자기구속을 당하게 되는 경우에는 대외적인 구속력을 가지게 되는 바, 이러한 경우에는 헌법소원의 대상이 될 수도 있다"라고 판시한 바 있다(헌재 2001. 5. 31. 99헌마413 결정 등).

헌법재판소의 최근 결정 중에는 「지방자치단체를 당사자로 하는 계약에 관한 법률」 제30조 제5항 및 당시 행정자치부 예규인 '지방자치단체 입찰 및 계약집행기준' 제5장 〈별표1〉 수의계약 배제사유 중 일부분의 위헌확인을 구하는 헌법소원심판청구 사건에서 여러 갈래로 의견이 나뉘이나 예규사항에 대한 법정의견은 "이 사건 예규조항은 상위법령의 위임에 따라 '지방자치단체를 당사자로 하는 계약에 관한 법률'상 수의계약의 계약상대자 선정 기준을 구체화한 것이고, 국가가 일방적으로 정한 기준에 따라 지방자치단체와 수의계약을 체결할 자격을 박탈하는 것은 상대방의 법적 지위에 영향을 미치므로, 이 사건 예규조항은 헌법소원의 대상이 되는 공권력의 행사에 해당한다"고 전제한 다음 "이 사건 예규조항은 침해의 최소성 및 법익의 균형성에도 위반되지 아니한다"고 판시하고 있다(헌재 2018. 5. 31. 2015헌마853 결정). 이 결정에는 재판관 1인의 이 사건 예규조항에 대한 법정의견에 대한 별개의 보충의견이 있다. "헌법재판소는 행정규칙은 원칙적으로 대외적 구속력이 인정되지 않는다는 이유로 헌법소원의 대상인 '공권력의 행사'가 아니라고 하여 왔다. 그러나 행정규칙은 비록 법률·대법원규칙·법규명령 등과 그 형성주체, 절차, 형식, 방법 등이 다르기는 하나, 일반적·추상적 성격을 가지는 고권적 작용임을 부인할 수 없다. 또한, 행정규칙이 단순히 내부적인 효력만 가지는 경우라고 하더라도 그 소속 공무원의 기본권을 제한할 수도 있으므로 이에 대한 통제가 필요하고, 나아가 행정규칙이 외관상 대외적 구속력이 인정되지 않는 경우에도 실질적으로는 국민의 기본권을 제한하는 경우도 있다. 이러한 사정 등을 종합하면, 행정규칙은 대외적 구속력이 있는지 여부를 불문하고 행정권의 고권적 작용으로서 헌법소원의 대상이 된다고 하는 것이 타당하다"라는 것이 그 요지이다.[1]

---

1) 이 결정에 대한 평석으로 裴柄晧, 「결정기준을 위임하는 시행령 및 수의계약 배제사유를 규정한 예규의 헌법소원 대상성—헌법재판소 2018. 5. 31. 2015헌마853 결정—」, 규범과 현실의 조화—합리성과 실효성—(연우 최광률 명예회장 헌정논문집), 박영사, 2020, 227쪽 이하가 있다.

제 3 장 행정행위

제 1 절 행정행위의 개념

Ⅰ. 행정행위개념의 다양성

행정행위개념은 원칙적으로 실정법상 사용되고 있는 개념이 아니다(실정법 상으로는 허가·인가·면제·금지·확인·결정 등의 용어가 사용되고 있다). 잡다한 행정작용 중에서 공통된 성질을 가진 것을 통일적으로 표현하기 위하여 만들어진 이론상의 개념이다. 따라서 행정행위개념은 다의적이다. 예외적이긴 하지만 실정법에서 행정행위의 개념을 사용하는 경우가 있다(예: 행정규제기본법시행령 2조 1항 4호 등).

Ⅱ. 행정행위의 이론상의 개념

1. 행정행위의 다의성

행정행위의 이론상의 개념은 여럿 있을 수 있다. 종래 다음과 같은 넷으로 나누는 것이 일반적이었다. 즉 ① 행정청이 행하는 일체의 행정작용(최광의), ② 행정청이 행하는 공법행위(광의), ③ 행정청이 구체적 사실에 대한 법집행행위로서 행하는 공법행위(협의), ④ 행정청이 구체적 사실에 대한 법집행으로서 외부에 대하여 직접적인 법적 효과를 발생시키는 권력적 행위인 공법행위(최협의)가 그것이다.

우리나라에서는 거의 모든 학자들이 행정행위를 최협의의 것으로 이해하고 있다. 따라서 우리나라에서는 행정행위의 개념을 넷으로 구분하는 것은 별 의미가 없다. 이 책에서는 행정행위를 통설에 따라 최협의로 사용한다.

2. 행정행위와 처분

행정행위의 개념을 최협의로 사용하는 경우 이론상의 개념인 행정행위와 실정법상의 개념인 처분(흔히 행정처분이라 부른다)의 관계가 문제된다. 「행정절차법」상의 처분개념(2조 2호), 「행정심판법」상의 처분개념(2조 1호) 및 「행정소송법」상의 처분개념(2조 1항 1호)은 행정청이 행하는 구체적 사실에 관한 법집행으로서의 공권력의 행사 또는 그 거부와 이에 준하는 행정작용(및 행정심판에 대한 재결)으로 정의하고 있다. 우리나라에 있어서 한때는, 우리 행정법이론체계가 역사적으로 독일의 영향을 받아 행정행위와 행정행위의 효력론 및 행정행위의 흠이론을 중심으로 성립·발전되어 온 것이므로 이와 같은 행정법이론체계를 중시하는 입장에서, 이론상의 개념인 행정행위와 실정법상의 개념인 처분이 일치한다는 유력한 견해가 있었다.[1] 그러나 현재로서는 양자가 일치하지 아니한다는 것이 다수설이다(→ 처분의 개념). 즉, 다수설에 의하면, 행정행위 중에도 처분이 아닌 것이 있고(예컨대, 공증행위 등 준법률행위적 행정행위 중 일부), 행정행위가 아닌데도 처분인 경우가 있다(예컨대, 후술하는 권력적 사실행위).[2]

III. 행정행위의 개념 요소

통설에 따르면 행정행위의 개념 요소는 다음과 같다.

(1) 행정행위는 행정청의 행위이다

여기서의 행정청은 국가·지방자치단체의 행정청에 한하지 않고, 공공단체나 사인 등도 법령에 의하여 행정권한을 위임 또는 위탁받은 범위 내에서 행정청이 된다(행정절차법 2조 1호, 행정심판법 2조 4호, 행정소송법 2조 2항 등 참조).

입법기관의 입법행위, 사법기관의 재판행위는 행정행위가 아니다.

(2) 행정행위는 구체적 사실에 대한 법집행행위이다

따라서 일반적·추상적 규범정립작용인 행정입법행위는 행정행위가 아니다. 구체적 사실에 대한 법집행행위인 이상, 불특정인(不特定人)을 대상으로 하는 이른바 일반처분[3][4](예: 도로 통행금지, 입산금지, 도로의 공용개시 및 폐지, 교통표지, 자동장치에 의한 교통신호 등)도 행정행위에 포함시킨다.

(3) 행정행위는 외부에 대하여 행하는 행위이다

행정행위는 행정청이 국민·주민 등 사인에 대하여 행하는 행위이므로, 행정조직의 내부행위 (예: 상급행정청의 하급행정청에 대한 명령·승인·동의 등)는 원칙적으로 행정행위가 아니다.

---

1) 金南辰, 행정법 I (제7판), 184쪽은 솔직하게 과거 그러한 주장을 하였음을 인정하고 있다. 그러나 金南辰 교수 외에도 같은 견해를 취하고 있었다가 견해를 바꾼 분이 적지 않았다.

2) 실정법상의 처분 개념을 이론상의 행정행위 개념에 대신하여 이론상 개념으로 채택하고 있는 학자가 있다(尹世昌, 행정법(상), 171쪽 이하 참조). 최근 이에 동조하는 견해로는 金裕煥, 「강학상 행정행위와 쟁송법상 처분」, 행정작용법(김동희교수 정년기념논문집), 80쪽 이하 참조.

3) 이른바 일반처분을 행정행위에 포함시키는 다수설의 견해는 일반처분을 어떠한 방법으로 공시하느냐에 관한 구체적인 설명이 없다.

4) 대법원은 지방경찰청장이 횡단보도를 설치하여 보행자 통행방법 등을 규제하는 것은 행정청이 특정사항에 대하여 부담을 명하는 행위이고 이는 국민의 권리의무에 직접관계가 있는 행위로서 행정처분이라고 판시하였고 (대법 2000. 10. 27. 선고 98두8964 판결), 구 청소년보호법에 따른 청소년유해매체물 결정 및 고시처분은 당해 유해매체물의 소유자 등 특정인만을 대상으로 한 행정처분이 아니라 일반 불특정 다수인을 상대방으로 하여 일률적으로 표시의무, 포장의무, 청소년에 대한 판매·대여 등의 금지의무 등 각종 의무를 발생시키는 행정처분이라고 판시하였다(대법 2007. 6. 14. 선고 2004두619 판결).

(4) 행정행위는 사인에 대하여 직접적인 법적 효과를 발생시키는 행위이다

즉 행정행위는 특정한 국민·주민에게 의무를 과하거나 권리를 부여하는 등 법적 행위이다(사인의 권리·의무를 설정·변경·박탈하는 행위 외에 법률에서 발생하는 일반적인 법상태를 구체화하거나 개별화하는 행위도 포함한다). 따라서 이러한 직접적인 법적 효과를 발생시키지 아니하는 사실행위(예: 토목 공사, 단순한 조사, 보고 등)는 행정행위가 아니다.

(5) 행정행위는 권력적 행위인 공법행위이다

권력적 행위란 상대방에 대하여 우월적 지위에서 행하는 고권적 또는 일방적 행위를 말한다. 따라서 사법(私法)행위는 말할 것도 없고, 공법상 계약·공법상 합동행위 등과 같은 비권력적 행위는 행정행위가 아니다.

Ⅳ. 행정행위의 기능

전통적 행정법이론은 행정과정의 기본적 골격을 먼저 ① 법률이 일반적·추상적 규범을 정하고, ② 이에 의거하여 행정행위가 행하여지고, ③ 그 행정행위의 효과를 담보하기 위하여 행정강제가 행하여진다고 하는 3단계 구조로 파악하고, 이 3단계 구조모형에 의하여 여러 행정작용을 정리하는 한편, 행정의 법적 통제도 행정행위가 상위법률에 위반되고 있는가의 여부를 법원이 심사하는 방법으로 체계화하였다. 따라서 전통적 행정법이론에 있어서는 행정행위는 가장 중심이 되는 법형식으로서 중추적 기능을 담당하고 있었다. 그러나 오늘날의 행정흐름을 보면 전통적 행정법이론이 전제하고 있었던 것과 같은 단순한 구조에 의하여 행하여지고 있는 것이 아니라 매우 복잡다양한 단계에 의하여 성립하고 있다. 따라서 행정행위가 전통적 행정법이론에 있어서와 같이 중심이 될 수는 없다. 그러나 행정흐름 속에서 행정행위가 행정흐름의 법적 통제의 단서를 제공해 주고 있다는 점에서 여전히 중요한 기능을 행하고 있다.[1]

Ⅴ. 행정행위의 개념구성의 실익

행정행위개념을 구성하는 실익은 다음과 같이 요약할 수 있다.

(1) 행정행위는 전형적인 권력적 행위인 것이므로, 행정행위를 행하기 위하여는 법령에 근거가 있어야 하고, 또한 법령에 적합하여야 한다. 법률유보원칙의 적용범위를 어떻게 보느냐에 따라 달라지지만, 종래의 통설인 침해유보설에 의하면 사인의 권리를 제약하거나

---

1) E. Schmidt-Assmann 교수는 다음과 같이 기술하고 있다. "행정행위는 오늘날 비공식성(Informalität)이라는 캄캄한 밤 하늘에 밝게 빛나는 별로서 축하될 것이 아니지만, 체계적인 법사고(Rechtsdenken)의 질서형성력(Ordnungskraft)을 위해서 모방할 가치가 있는 본보기(nachahmenswertes Beispiel)로 받아드려야 한다"(Das allgemeine Verwaltungsrecht als Ordnungsidee, 2. Aufl., S. 337).

자유를 침해하는 행정행위, 즉 불이익 행정행위에만 법률의 근거를 요하는 것이 된다. 그러나 오늘날의 다수설은 중요사항유보설로 기울어지고 있음은 이미 앞에서 설명한 바와 같다.

(2) 행정행위에는 다른 행정작용에서는 볼 수 없는 특질(공정성·불가쟁성·불가변성·자력집행성 등)이 인정된다는 것이 통설이다.

(3) 행정행위에 의하여 형성된 법률관계에는 원칙적으로 사법원리(私法原理)가 적용되지 아니한다는 것이 종래의 통설이다.

(4) 「행정절차법」은 제2장에서 처분절차를 규정하고 있고 「행정심판법」과 「행정소송법」도 처분의 개념을 사용하여 처분에 대하여 항고심판과 항고소송을 제기할 수 있도록 규정하고 있다. 이 처분개념의 역사적 기초를 이루는 것이 행정행위 개념이며, 지금도 처분의 주류를 이루고 있는 것은 행정행위이다.

(5) 실정법에는 예외적이긴 하지만 행정행위의 개념을 사용하고 있으므로 이를 해명할 필요가 있다.

(6) 행정행위개념은 행정법의 체계적 이해에 도움을 준다.

제 2 절 행정행위의 종류

행정행위는 여러 가지 기준에 의하여 여러 가지 종류로 나눌 수 있다. 아래에서 중요한 종류만 보기로 한다.

제 1 관 법률행위적 행정행위와 준법률행위적 행정행위[1]

Ⅰ. 개 설

이 종류는 행정행위의 내용을 기준으로 한 구별이다. 행정행위의 내용이 행정청의 의사표시

---

1) 행정행위를 그 내용을 기준으로, 법률행위적 행정행위와 준법률행위적 행정행위로 구별하는 것은 종래의 통설적 분류방식이다. 행정을 규제행정과 급부행정으로 나눈다면 행정행위를 규제적 행정행위와 급부적 행정행위로 나눌 수 있고, 그 내용을 기능적 관점에서 명령적 행정행위, 형성적 행정행위, 확인적 행정행위로 나눌 수도 있다 (鄭南哲, 한국행정론, 119쪽 이하에서 이러한 분류법을 사용하고 있다). 판례도 이러한 분류에 따른 개념을 사용하고 있다. 예컨대, 대법 2020. 1. 16. 선고 2019다264700 판결은 "국방전력발전업무훈령 제113조의5 제1항에 의한 연구개발확인서 발급은 개발업체가 '업체투자연구개발' 방식 또는 '정부·업체공동투자연구개발' 방식으로 전력지원체계 연구개발사업을 성공적으로 수행하여 군사용 적합판정을 받고 국방규격이 제·개정된 경우에 사업관리기관이 개발업체에게 해당 품목의 양산과 관련하여 경쟁입찰에 부치지 않고 수의계약의 방식으로 국방조달계약을 체결할 수 있는 지위(경쟁입찰의 예외사유)가 있음을 인정해 주는 '확인적 행정행위'로서 공권력의 행사인 '처분'에 해당하고, 연구개발확인서 발급 거부는 신청에 따른 처분 발급을 거부하는 '거부처분'에 해당한다"라고 판시하고 있다.

(효과의사의 표시)를 요소로 하는 행정행위를 법률행위적 행정행위라 하고, 의사표시 이외의 정신 작용(판단·인식·관념 등)의 표시를 요소로 하는 행정행위를 준법률행위적 행정행위라고 한다. 전자에 있어서는 법효과가 효과의사에 따라 발생하고, 후자에 있어서는 법효과가 직접 법규에서 정하는 바에 따라 발생한다.

　　종래의 통설이 행정행위를 법률행위적 행정행위와 준법률행위적 행정행위로 나눈 구별 실익은 준법률행위적 행정행위에는 그 성질상 당연히 자유재량의 여지가 없다는 점과 그 효과를 제한하는 부관을 붙일 수 없다는 점(→ 부관의 가능성 문제)에 있었다. 종래의 통설이 이와 같이 행정행위를 나눈 것은 민법의 법률행위 개념을 행정법에 도입한 결과이지만, 이에 대하여는 법률행위적 행정행위이든 준법률행위적 행정행위이든 그 법효과는 법에 의하여 부여되는 것이며 의사표시는 행위자의 심리적 의사가 아니라 법 안에 구체화된 국가의사로 보아야 한다는 비판론[1]이 있다. 이러한 비판론에 대하여는 종래의 통설의 입장에서 행정청의 행정행위가 기관구성자인 공무원의 행위를 통하여 성립되는 이상 행위자의 의사가 전적으로 무시될 수 없다는 반론이 있을 수 있다. 비판론은 국가의 행정은 행정청이 행하는 행정행위가 행정주체인 국가에 귀속되는 것에 의하여 행하여진다는 일종의 관념적 이해이지, 실제의 행정행위가 한 사람의 개성과 인격을 가진 자연인인 공무원에 의하여 행하여지고 있는 실제에 바탕을 두고 있는 이해가 아니다.

　　통설은 행정행위를 법률행위적 행정행위와 준법률행위적 행정행위로 나눌 뿐 아니라, 다시 이들을 후술하는 여러 유형의 행위로 세분한다.

　　그러나 이들 유형의 행위의 차이는 상대적이며 절대적인 것이 아니다(예: 후술하는 허가와 특허의 차이). 따라서 어떤 행정행위가 행정행위의 유형 중 어느 행위에 해당하는가를 밝히는 것이 때로는 쉽지 않다. 오히려 행정행위에 따라서는 후술하는 여러 유형의 행위에 걸치는 경우도 적지 않다.[2]

Ⅱ. 법률행위적 행정행위

　　종래의 통설은 법률행위적 행정행위를 다시 그 내용에 따라 명령적 행위(사인에게 의무를 과하거나 그 의무를 해제하는 행정행위)와 형성적 행위(사인에게 특정한 권리·능력 기타 법상의 힘을 설정·변경·소멸시키는 행정행위)로 나누고, 명령적 행위를 하명(下命)·허가·면제로, 형성적 행위를 직접 상대방을 위한 행위인 특허와 제3자를 위한 행위인 인가·대리행위로 나눈다.

---

1) 金南辰, 행정법 Ⅰ(제7판), 195쪽 이하. 이 비판론은 국가법인설에 충실한 해석이다(李桂洙, 「규범과 행위—국가 법인설의 극복과 행위중심적 행정법 이론의 구축을 위한 시론—」, 공법연구(한국공법학회), 제29집 제1호, 36쪽).

2) 李元雨 교수는 다음과 같은 견해를 피력하고 있다. 즉, 우리가 사용하고 있는 행정행위의 유형이 독일 행정법학의 발전과정에서 형성된 관념이며, 이들 유형이 독일 행정실정법 규정의 해석에 도움이 되도록 전개되어 왔다. 이들 유형은 우리나라 행정실무와는 괴리되어 있다. 따라서 우리나라 실정법규에 사용된 용어와 법적 효과를 구체적으로 분석하여 우리 실정법체계에 부합하는 행정행위 분류론을 재정립하여야 한다. 同人, 「허가·특허·예외적 승인의 법적 성질 및 구별」, 행정작용법(김동희교수 정년기념논문집), 120쪽 이하 참조.

1. 하　명

(1) 의　의

하명이란 작위·부작위·급부·수인(受忍)을 명하는 행정행위이다. 이 중 특히 부작위를 명하는 하명을 금지라고 할 때가 있다. 일반적으로 의무를 과하는 방법에는 두 가지가 있다. 하나는 법규가 직접 의무를 과하는 방법이고(흔히 법규하명이라 부른다), 다른 하나는 행정청이 법규에 의거하여 의무를 과하는 방법이다. 여기서 말하는 하명은 물론 후자의 경우이다.

(2) 성　질

하명은 명령적 행정행위의 일종임과 동시에 불이익 행정행위의 일종이다. 따라서 하명은 법규의 근거를 필요로 하며 법규가 정한 요건이 갖추어졌을 때에만 행할 수 있다.

(3) 종　류

하명은 의무의 내용에 따라 작위하명(예: 시정명령[1])·부작위하명(예: 도로통행금지)·급부하명(예: 조세부과)·수인하명(예: 강제로 일정한 시설에 수용하여 행하는 치료를 참아야 할 의무의 명령)으로, 기초가 된 행정분야에 따라 경찰하명·재정하명 등으로, 상대방이 특정인인가 불특정 다수인인가에 따라 개별하명·일반하명으로, 인적 사정에 착안하여 행하여진 것인가 물적 사정에 착안하여 행하여진 것인가 인적·물적 사정에 착안하여 행하여진 것인가에 따라 인적 하명·물적 하명·혼합적 하명으로 나눌 수 있다.

(4) 대　상

하명의 대상은 주로 사실행위(예: 청소 등)이나, 법률행위(예: 무기매매 등)인 경우도 있다.

(5) 사전통지·의견청취

행정청이 하명을 행하는 경우에는 사전에 일정한 사항을 당사자 등에 통지하여야 하며(행정절차법 21조), 의견청취를 행하여야 한다(동법 22조).

(6) 효　과

하명의 효과는 그 내용에 따라 수명자가 작위(일정한 행위를 할 의무)·부작위(일정한 행위를 하지

---

1) 하도급거래공정화에관한법률 제25조 제1항은, 공정거래위원회는 하도급대금의 지급 등에 관한 제13조의 규정에 위반한 원사업자 등에 대하여 하도급대금 등의 지급, 법위반행위의 중지 기타 당해 위반행위의 시정에 필요한 조치를 권고하거나 명할 수 있다고 규정하고 있는바, 시정명령은 제13조 위반의 행위가 있음을 확인하거나 재발방지 등을 위한 조치를 취하는 것이 아니라, 당해 위반행위로 인하여 현실로 존재하는 위법한 결과를 바로잡는 것을 내용으로 하는 것이다(대법 2002. 11. 26. 선고 2001두3099 판결).

아니할 의무)·급부(금전 등을 제공할 의무)·수인(실력행사를 감수하고 이에 저항하지 아니할 의무)을 행하여야 할 의무를 지는 데 있다. 인적 하명의 경우에는 그 효과가 당해 수명자(하명을 받은 사람)에게만 발생하지만, 물적 하명의 경우에는 그 효과가 수명자의 지위를 승계하는 자에게도 미친다.

(7) 하명위반의 효과

수명자의 하명위반에 대하여는 법규가 정하는 바에 따라 행정제재(예: 독점규제및공정거래에관한법률 67조 6호)와 행정강제(동법 17조의3) 등의 대상이 되는 것이 보통이다. 그러나 하명위반의 법률행위의 효과는, 그 법률행위까지도 무효로 하는 특별한 법률의 규정이 없는 한, 원칙적으로 영향을 받지 아니한다는 것(예컨대 사인이 불법으로 무기를 매도하여도 처벌을 받는 것은 별 문제로 하고 매매행위 그 자체는 유효하다)이 통설이다.

2. 허　가

(1) 의　의

허가란 법규에 의한 부작위하명(상대적 금지: 예컨대 식품위생법 37조 1항은 일정한 식품영업은 허가를 받지 아니하고는 영업을 못하게 금지하고 있다)을 특정한 경우에 해제(하여 적법하게 일정한 사실행위 또는 법률행위를 할 수 있게)하는 행정행위를 말한다. 실정법령에서는 허가를 면허·지정·인가·승인·특허 등의 용어를 사용하는 경우가 있다. 그것들이 여기서 말하는 학문상의 허가에 해당하는가의 여부는 당해 실정법령의 취지에 따라 판단하여야 한다[1].

(2) 성　질

1) 허가는 명령적 행위의 일종으로 보는 것이 종래의 통설이다. 종래 통설은 영업활동에 대한 공적 규제를 경찰허가와 공기업특허의 두 종류로 유형화하여, 경찰허가는 식품영업 등과 같이 경찰금지를 해제하여 적법하게 영업활동을 할 수 있게 하는 명령적 행위로, 공기업특허는 전기사업·가스사업 등 공익적 사업의 경영권을 특정인에게 부여하는 형성적 행위로 대비하여 경찰허가와 공기업특허의 차이를 허가와 특허의 차이로 설명하여 왔다. 즉 허가란 법질서 위반 발생이나 법질서 위반이 우려되는 행위·상황 등 때문에 설정해 놓은 행정법규에 의한 잠정적인 일반적 금지를 해제하여 원래의 자연적 자유를 회복시켜 주는 행정행위라는 것이다. 종래 통설은 근대 헌법이 자유권적 기본권을 보장하고 있었지만 그 것을 주관적 권리가 아닌 사실상의 자유로 이해하고 있었음에 기인하고 있다. 판례도 기본적으로는 이러한 입장에 서 있었다(대법 1955. 8. 12. 선고 4288행상41 판결, 대법 1981. 1. 27. 선

---

1) 법률이 질서유지나 공공복리 증진을 위하여 특정한 영업·사업·업무 그 밖의 행위를 하고자 하는 경우에 받도록 하고 있는 허가·면허·지정·인가·등록 등을 실무에서는 통칭하여 흔히 인허가라고 한다. 「행정기본법」 제16조는 영업 또는 사업 등과 관련된 인가, 허가, 지정, 승인, 영업등록, 신고수리 등을 인허가라고 한다.

고 79누433 판결 등).[1] 그러나 한편으로 자연적 자유의 회복을 주관적 권리로 이해하는 견해도 유력하다. 이와 같이 주관적 권리로 이해하게 되면 허가가 적법하게 특정 권리·이익을 향유할 수 있는 지위를 설정해 주는 면이 있어 형성적 행위에 접근하여 있고, 따라서 허가와 특허의 상대화로 오늘날에 와서는 허가를 명령적 행위로 특허를 형성적 행위로 엄격하게 구별할 실익이 희박해졌다는 점을 지적하는 견해가 유력해졌다.[2] 최근에는 허가는 명령적 행위와 형성적 행위의 양면적 성질을 갖는다는 견해[3]도 있고, 허가는 사인의 법률관계에 변경을 가져오기 때문에 명령적 행위가 아니라 형성적 행위로 보아야 한다는 견해도 있다.[4] 그러나 허가와 특허 간에는 상대적이긴 하나, 법적 지위에 차이가 있다. 허가에 의하여 회복되는 법적 지위는 자유권이기 때문에 사인의 권리 범위가 실질적으로 확대되는 것은 아니지만, 특허에 의하여 부여되는 권리는 새로운 권리로서 특허에 의하여 사인의 권리 범위가 실질적으로 확대된다. 또한 허가에 의하여 회복되는 법적 지위는 제3자에 대하여 배타적·독점적으로 주장하지 못하지만, 특허에 의해서 부여되는 권리는 재산권적 성질이 있어 제3자에 대하여도 주장할 수 있다.

2) 허가는 기속행위 내지 기속재량행위라는 것이 우리나라의 다수설이다. 즉 허가는 상대적 금지를 해제하여 사인의 자유를 회복시켜 주는 행위이므로 허가 요건에 해당하면 반드시 허가하여야 할 기속을 받는다고 한다. 헌법재판소는 법이 기부금품모집행위에 대한 허가 여부를 오로지 행정청의 자유로운 재량행사에 맡기고 기부금품을 모집하고자 하는 자에게 비록 그 자가 법정 요건을 충족시킨 경우에도 허가를 청구할 법적 권리를 부여하지 아니하였다는 이유로 구 기부금품모집금지법 제3조를 기부금품을 모집할 행복추구권인 기본권을 침해한 위헌의 규정으로 판시한 바 있다(헌재 1998. 5. 28. 96헌가5 결정). 대법원은 건축허가에 대하여 동일한 입장을 취하고 있다[5]. 그러나 허가가 자유를 회복시켜 주는 행위라고 해서 법률이 허가를 반드시 기속행위로 규정하고 있는 것은 아니다. 허가가 재량행위인 경우도 있다. 판례 중에는 기속행위(예: 건축법상의 건축허가를 기속행위로 본 대법 1995. 10.

---

1) 대법 1955. 8. 12. 선고 4288행상41 판결은 "허가는 일반적으로 금지된 행위를 해제하여 적법하게 그 행위를 행할 수 있는 자유를 회복시키는 것이다"라고 판시하고 있다. 그 밖의 판결에 관하여는 辛奉起, 행정법의 주요판례, 117쪽 이하 참조.

2) 이에 대하여는 허가에 의하여 회복되는 자유가 자유권적 기본권으로서 권리의 성격을 가진다는 점과 형성적 행위로서의 성격을 가진다는 점과는 별개의 것이라는 견해가 있다. 金性洙, 일반행정법, 200쪽 이하 참조.

3) 洪井善, 행정법원론(상), 333쪽; 洪準亨, 행정법총론, 222쪽 이하.

4) 崔靈圭, 「허가의 성질과 효과」 경남법학 제8집, 69쪽; 李元雨, 앞의 논문, 124쪽 이하.

5) 대법 2009. 9. 24. 선고 2009두8946 판결도 건축허가권자는 건축허가신청이 건축법 등 관계 법규에서 정하는 어떠한 제한에 배치되지 않는 이상 당연히 같은 법조에서 정하는 건축허가를 하여야 하고, 중대한 공익상의 필요가 없는데도 관계 법령에서 정하는 제한사유 이외의 사유를 들어 요건을 갖춘 자에 대한 허가를 거부할 수 없다고 하고, 건축허가신청이 시장이 수립하고 있는 도시·주거환경정비 기본계획에 배치될 가능성이 높다고 하여 바로 건축허가신청을 반려할 중대한 공익상의 필요가 있다고 보기 어렵다고 하였다.

13. 선고 94누14247 판결 등) 내지 기속재량행위(예: 토지형질변경행위허가를 기속재량행위로 본 대법 1994. 9. 23. 선고 94누9368 판결)라고 한 것도 많으나, 재량행위라고 한 것도 적지 않다.[1]

3) 허가제는 종래 사업규제의 가장 전형적인 형태였다. 그러나 행정규제 완화 작업의 결과 종전의 허가제의 상당부분이 등록제 또는 신고제로 전환되었다. 허가제와 등록제·신고제는 다르다. 등록제는 원래의 의미로는 공적 장부에 법이 정한 일정한 사항을 등재함으로써 일정한 법적 효과가 발생하는 제도이다. 따라서 등록은 후술하는 바와 같이 행정행위의 일종인 공증행위에 속한다. 그런데 허가제가 등록제로 전환된 후에도 실정법상으로는 등록요건, 결격사유, 등록의 취소, 무등록자(등록하지 아니한 사람)에 대한 처벌 등 허가제에 준하여 운영되고 있는 경우가 있다. 이 경우에는 법률이 행정청에게 등록요건을 심사하는 등 등록을 실질적으로 심사하여 등록 여부를 결정할 수 있는 권한을 부여하는 한, 등록제는 사실상 허가제의 기능을 갖게 된다. 신고제는 개별법령의 취지에 따라 다르나, 「행정절차법」상으로는 그 행위 자체만으로 법률효과를 완성시키는 자기완결적 행위이다(행정절차법 40조). 그럼에도 불구하고 실정법상 일정한 요건에 해당하는 경우에만 신고필증을 교부하거나, 신고의 수리를 규정(예: 남북교류협력에관한법률 제17조의2 2항)하고 있는 경우가 있다. 따라서 법률이 행정청에게 신고 요건 등 신고를 실질적으로 심사하여 수리 여부를 결정할 수 있는 권한을 부여하고 있는 한, 신고제도 사실상 허가제(법률상의 금지를 해제하는 법적 효과)의 기능을 갖게 된다[2].

(3) 허가와 신청(출원)

허가는 신청에 의하여 행하여지는 것이 보통이나, 신청 없이 행하여질 때도 있다(예: 도로통행금지해제). 신청은 원칙적으로 문서로 하여야 하며, 구술·우편·전신·모사전송 등 정보통신망으로도 할 수 있다(행정절차법 17조, 민원처리에관한법률 8조 참조). 행정청은 신청에 필요한 구비서류·접수기관·처리기간 기타 필요한 사항을 게시(인터넷 등 을 통한 게시를 포함)하거나 이에 대한 편람을 비치하여 누구나 열람할 수 있도록 하여야 한다(행정절차법 17조 3항). 행정청은 신청이 있는 때에는 다른 법령 등에 특별한 규정이 있는 경우를 제외하고는 그 접수를 보류 또는 거부하거나 부

---

1) 산림훼손허가를 재량행위로 본 대법 1995. 9. 15. 선고 95누6113 판결, 고분발굴허가를 재량행위로 본 대법 2000. 10. 27. 선고 99두264 판결, 자연공원법이 적용되는 지역 내에서의 단란주점영업허가를 재량행위로 본 대법 2001. 1. 30. 선고 99두3577 판결, 개발제한구역 내의 건축물의 용도변경허가를 재량행위 내지 자유재량행위로 본 대법 2001. 2. 9. 선고 98두17593 판결, 국토의 계획 및 이용에 관한 법률이 정한 용지지역 안에서의 건축허가를 재량판단 영역에 속한다고 본 대법 2017. 3. 15. 선고 2016두55490 판결 등.

2) 金泰昊 재판연구관은 실정법문이 신고 개념을 쓰면서 법령에서 신고사항에 대해 실질적인 심사를 하도록 규정하거나 수리 여부가 행위의 효과발생에 영향을 미칠 수 있도록 정하고 있는 '수리를 요하는 신고'에 해당하는 유형은 허가제의 일 유형에 해당한다고 정면에서 긍정하고, 반면 법문상 '신고'라고 되어 있는 사전적 규제에 대해서는 가급적 이를 전통적 의미에서의 '금지해제적 신고'로 분류하도록 해석하는 것이 착종된 논의의 '고르기아스의 매듭을 푸는 방법'임을 제안한다(同人, 「행정법에서 학설과 판례—법리발전을 위한 이론과 실무의 상호작용—」, 공법연구(한국공법학회) 제40집 제1호, 22쪽.

당하게 되돌려 보내서는 아니 되며, 신청을 접수한 경우에는 원칙적으로 신청인에게 접수증을 주어야 한다(동법 17조 4항, 민원처리에관한법률 9조 2항).

신청에 의하여 허가가 행하여지는 경우에 ① 허가는 신청을 한 때의 법 및 사실상태가 아니라 허가를 할 때의 법 및 사실상태에 맞추어 행하여지는 것이 원칙이다. 판례는 신청을 한 때와 허가를 할 때 사이에 법의 변경이 있는 경우 "행정청이 허가신청을 수리하고도 정당한 이유 없이 처리를 늦추어 그 사이에 법령 및 그 허가기준이 변경된 것이 아닌 한, 새로운 법령 및 허가기준에 따라서 행한 불허가처분이 위법하다고 할 수 없다"(대법 1996. 8. 20. 선고 95누10877 판결, 대법 1998. 3. 23. 선고 96누19772 판결 등)라고 판시하고 있다. ② 법령에 따라서는 선신청주의(先申請主義)를 규정하고 있는 경우도 있다(예: 광업법 18조).

(4) 종 류

허가는 다음 기준에 따라 여러 가지로 나눌 수 있다. 즉 ① 기초가 된 행정분야에 따라 경찰허가·재정허가 등으로 나눌 수 있다. ② 심사대상에 따라 인적 허가(예: 자동차운전면허, 의사·약사·한의사 면허), 물적 허가(예: 건축허가[1]), 혼합적 허가(예: 총포 등 판매업 허가는 인적 요건과 물적 요건을 모두 심사한다) 등으로 나눌 수 있다(→ 인적 행정행위·물적 행정행위·혼합적 행정행위). ③ 허가의 대상인 상대적 금지의 의도에 따라 통제허가(Kontrollerlaubnis)와 예외허가(Ausnahmebewilligung)[2] 등으로 나눌 수 있다. 전자는 운전면허 등과 같이 요건을 갖춘 허가신청이 있으면 반드시 허가해

---

1) 대법원은 "건축법 제11조 제1항, 제5항 제3호, 국토의 계획 및 이용에 관한 법률(이하 '국토계획법'이라 한다) 제56조 제1항 제1호, 제57조 제1항의 내용과 체계, 입법 취지를 종합하면, 건축주가 건축물을 건축하기 위해서는 건축법상 건축허가와 국토계획법상 개발행위(건축물의 건축) 허가를 각각 별도로 신청하여야 하는 것이 아니라, 건축법상 건축허가절차에서 관련 인허가 의제 제도를 통해 두 허가의 발급 여부가 동시에 심사·결정되도록 하여야 한다. 즉, 건축주는 건축행정청에 건축법상 건축허가를 신청하면서 국토계획법상 개발행위(건축물의 건축) 허가 심사에도 필요한 자료를 첨부하여 제출하여야 하고, 건축행정청은 개발행위허가권자와 사전 협의절차를 거침으로써 건축법상 건축허가를 발급할 때 국토계획법상 개발행위(건축물의 건축) 허가가 의제되도록 하여야 한다. 이를 통해 건축법상 건축허가절차에서 건축주의 건축계획이 국토계획법상 개발행위 허가기준을 충족하였는지가 함께 심사되어야 한다. 건축주의 건축계획이 건축법상 건축허가기준을 충족하더라도 국토계획법상 개발행위 허가기준을 충족하지 못한 경우에는 해당 건축물의 건축은 법질서상 허용되지 않는 것이므로, 건축행정청은 건축법상 건축허가를 발급하면서 국토계획법상 개발행위(건축물의 건축) 허가가 의제되지 않은 것으로 처리하여서는 안 되고, 건축법상 건축허가의 발급을 거부하여야 한다. 건축법상 건축허가절차에서 국토계획법상 개발행위 허가기준 충족 여부에 관한 심사가 누락된 채 건축법상 건축허가가 발급된 경우에는 그 건축법상 건축허가는 위법하므로 취소할 수 있다. 이때 건축허가를 취소한 경우 건축행정청은 개발행위허가권자와의 사전 협의를 통해 국토계획법상 개발행위 허가기준 충족 여부를 심사한 후 건축법상 건축허가 발급 여부를 다시 결정하여야 한다"(대법 2020. 7. 23. 선고 2019두31839 판결)고 판시하고 있다. 이 판결의 의미에 대하여는 김종보·박건우, 「국토계획법상 토지형질변경허가와 건축허용성—대법원 2020. 7. 23. 선고 2019두31839 판결—」, 행정법연구(행정법이론실무학회)제64호, 45쪽 이하 참조.

2) 예외적 승인이라고도 한다. 예외허가를 특허의 일종으로 보는 견해도 있고(金東熙, 행정법 Ⅰ, 289쪽 이하), 면제의 일종으로 보는 견해(洪準亨, 행정법, 153쪽)도 있다. 허가·특허·예외적 승인에 관한 독일이론의 전개와 발전에 관하여는 李元雨, 경제규제법론, 458쪽 이하 참조.

주어야 하는 통제목적을 위한 예방적 금지(präventives Verbot)의 해제인 허가이고, 후자는 자연 공원 안에서의 행위허가, 「국토의 계획 및 이용에 관한 법률」상 토지의 형질변경을 목적으로 한 것을 제외한 토석채취허가, 학교환경위생정화구역에서의 유흥주점허가, 「유해화학물질관리법」 상의 유독물 영업의 등록 등과 같이 일반적으로 허용되지 아니하는 행위를 특별히 예외적으로 허가해 주는 억제적 금지(repressives Verbot)의 해제인 허가이다.[1] 양자의 구별은 상대적인 구별 에 지나지 아니한다.

(5) 처리기간 및 기준

허가관청은 허가의 처리기간을 미리 정하여 공표하여야 한다(행정절차법 19조 1항). 이 규정 은 강행규정이다(판례는 훈시규정으로 본다→ 처리기간의 설정·공표). 법령에 따라서는 행정청이 처 리기간 내에 허가하지 아니하는 경우 일정시점을 기준으로 허가처분을 한 것과 동일한 법적 효 과를 부여하는 규정을 두고 있다(외국인투자촉진법 17조 5항 등). 또한 허가관청은 필요한 허가기 준을 당해 허가의 성질에 비추어 될 수 있는 한 구체적으로 정하여 공표하여야 한다(행정절차법 20조). 허가기준이 설정·공표되어 있는 경우에는 허가관청은 그 기준에 따라 허가 여부를 결정 하여야 한다(→ 처분기준의 설정·공표).

(6) 형   식

허가는 개별법령에 특별한 규정이 없는 한, 원칙적으로 문서(전자문서 포함)로 하여야 한다(동 법 24조).

(7) 효   과

1) 허가의 효과는 법규에 의한 금지를 해제하여 상대방으로 하여금 적법하게 일정한 행위를 할 수 있게 하는 데 있다.[2] 그러나 이로 인하여 허가를 받은 자에게 어떤 새로운 권리나 능력을 부여하는 것은 아니며(대법 2002. 4. 26. 선고 2000다16350 판결), 또한 다른 법령에 의한 법적 제 한이나 책임까지 해제되는 것은 아니다(공무원이 허가를 받은 경우 공무원법상의 제한을 생각하라).

2) 허가를 받은 자가 법규에 의하여 금지된 특정행위를 할 수 있게 됨으로써 사실상 일정한

---

1) 대법 2001. 2. 9. 선고 65두17593 판결은 개발제한구역 내의 건축물의 용도변경허가에 대하여 "도시의 무질서한 확산을 방지하고 도시주변의 자연환경을 보전하여 도시민의 건전한 생활환경을 확보하기 위하여 지정되는 개발 제한구역 내에서는 구역지정의 목적상 건축물의 건축이나 그 용도변경은 원칙적으로 금지되고, 다만 구체적인 경우에 위와 같은 구역지정의 목적에 위배되지 아니할 경우에 예외적으로 허가에 의하여 그러한 행위를 할 수 있게 되어 있음이 위와 같은 규정의 체제와 문언상 분명"하다고 판시하고 있다.

2) 허가를 형성적 행위로 보는 견해도 허가에 의하여 회복되는 법적 지위는 원래 보장되고 있는 자유권이기 때문 에 사인의 권리 범위가 실질적으로 확대되는 것은 아니라고 설명한다. 이를 형식적 이익(수익)처분이라고 부르 고 있다(李元雨, 앞의 논문, 129쪽).

독점적 이익을 받을 때가 있다. 종래 이 이익을 반사적 이익에 지나지 않는 것으로 보았으나, 점차 법이 보호하는 이익으로 평가되는 경우가 늘고 있다.

3) 허가의 효과에 이전성이 인정되느냐의 문제는 경우를 나누어 보아야 한다. 인적 허가의 효과는 일신전속으로 이전성이 인정되지 아니하나, 물적 허가의 효과는 이전성이 인정된다. 혼합적 허가의 효과는 당연히 이전성이 인정되는 것이 아니라 법령의 규정이 있는 경우에만 이전성이 인정된다. 이전성이 인정되는 경우 종전의 허가영업자에 대하여 행하여진 영업정지 등 법규위반행위의 효과가 승계되는가의 여부에 대하여는 견해가 나뉜다(→ 대인적 행정행위·대물적 행정행위·혼합적 행정행위).

(8) 요허가행위를 허가받지 아니하고 행한 경우

허가를 받아야 할 행위를 허가받지 아니하고 행한 경우, 허가는 행위의 적법요건이므로, 행정강제나 행정제재의 대상이 되는 것은 별 문제로 하고, 행위 자체의 사법(私法)상의 효력에는 영향이 없다는 것이 통설이다.[1]

(9) 허가의 갱신

허가에 기한이 붙어 있는 경우 허가는 종기의 도래로 그 효력을 상실하게 되지만, 그 경우에 기한의 갱신을 신청할 수 있는 경우가 있다. 이 경우에 허가청은, 행정상 장해를 발생할 새로운 사정이 없는 한, 갱신의 허가를 부여하여야 할 기속을 받는다는 것이 통설이다.

허가의 갱신이 인정되는 경우, 종기가 도래하기 전에 기한갱신의 신청을 하였는데 종기 이후에 허가갱신이 거부된 때에는 허가의 효력에 관하여 견해가 나뉜다. ① 종기의 도래로 당연히 허가의 효력이 소멸된다는 견해 ② 갱신이 거부되더라도 비례의 원칙상 장래에 향하여서만 허가의 효력이 소멸된다는 견해 ③ 신의칙에 비추어 개별적으로 판단되어야 한다는 견해 ④ 허가 대상 행위의 성질과 허가 갱신제도를 규정한 법률의 취지에 따라 판단하여야 한다는 견해 등이 그것이다. 생각건대, 원칙적으로 종기의 도래로 허가의 효력은 소멸된다고 보아야 한다. 그러나 허가의 성질상 부당히 짧은 기한을 정한 경우에는 그 기한은 허가의 조건의 존속기간을 정한 것이므

---

1) 대법 2012. 1. 12. 선고 2010다79947 판결은 "법령이 특정한 사업을 영위하거나 특정한 행위를 하는 데에 면허, 허가 등을 받거나 신고 등을 하도록 요구하면서 그러한 절차를 위반하여 사업 또는 행위를 한 경우에는 위반행위와 관련된 물건의 소지와 판매 등을 금지하고 있다고 하더라도, 그러한 사정만을 들어 물건의 멸실 또는 훼손으로 인하여 입게 된 손해의 배상을 구할 수 없는 것이라고 볼 수는 없고, 그와 같은 경우에 물건의 멸실 또는 훼손으로 인한 손해의 배상을 구할 수 있는지는 법령의 입법 취지와 행위에 대한 비난가능성의 정도 특히 위반행위가 가지는 위법성의 강도 등을 종합하여 구체적·개별적으로 판단하여야 할 것이다"라고 판시하면서, A가 수산업법에 규정된 허가를 받지 아니한 양식장에서 장어를 양식하였는데 B주식회사의 공사로 인하여 장어가 폐사한 사안에서, A가 수산업법에 규정된 허가를 받지 아니한 채 양식장에서 장어를 양식하였다고 하더라도 B회사의 공사로 인하여 폐사한 장어에 대한 손해배상을 구할 수 있다고 하였다.

로(대법 1995. 11. 10. 선고 94누11866 판결 참조), 이 경우에는 허가갱신이 거부된 때로부터 장래에 향하여서만 경찰허가의 효력이 소멸된다고 보아야 한다.

3. 면 제

면제란 법규에 의한 작위·급부·수인하명을 특정한 경우에 해제하는 행정행위를 말한다. 이 처럼 작위·급부·수인하명의 해제라는 점에서 부작위하명의 해제인 허가와 구별된다. 작위·급 부의무의 이행을 연기하거나 유예하는 것도 면제의 일종인가에 관하여는 이를 긍정하는 견해와 하명의 변경에 해당한다는 견해로 나뉜다. 면제는 허가와 성질이 같으므로 허가에 관한 설명이 대체로 면제에도 해당된다.

4. 특 허

(1) 의 의

특허란 특정인을 위하여 권리·능력·포괄적 법률관계 기타 법상의 힘을 설정하는 행정행위 를 말한다(이 중 권리설정행위를 협의의 특허라고도 한다). 실정법규에서는 특허를 허가·인가·면허 등 의 용어를 사용하는 경우가 있는 반면, 이론상 특허가 아닌데 실정법상 특허라는 용어를 사용하는 경우(예: 특허법 2조 이하)도 있다. 특허의 예로는 구 출입국관리법 제76조의 2 제1항에 정한 법무부 장관의 난민인정행위(서울행법 2008. 2. 20. 선고 2007구합22115 판결), 「광업법」상의 광업허가, 「수산 업법」·「내수면어업법」상의 어업면허(대법 1999. 5. 14. 선고 98다14030 판결), 「공익사업을 위한 토 지 등의 취득 및 보상에 관한 법률」상의 사업인정, 「하천법」상의 하천점용허가, 구 공유수면매립 법상의 공유수면매립면허(대법 1979. 8. 28. 선고 79누74 판결 등 참조), 구 지방재정법상의 행정재산의 사용·수익에 대한 허가(대법 1998. 2. 27. 선고 97누1105 판결), 귀화허가, 인가공증인에 대한 인가처 분(대법 2019. 10. 13. 선고 2018두41907 판결), 「전파법」상의 주파수 할당·재할당, 국유림의 사용에 대한 허가(중행심 2012. 3. 20. 자 11-15489 재결) 등을 들 수 있다.

이상과 같은 설권행위에 대하여 특정인의 기존의 권리 등 법상의 힘을 변경하는 행정행위를 변경행위(예: 광구변경처분)라고 하고, 그것을 소멸시키는 행정행위를 박권(剝權)행위(예: 어업면허 의 취소)라고 한다.

(2) 성 질

1) 특허는 형성적 행위의 일종으로 보는 것이 통설이다. 명령적 행위와 형성적 행위의 접근 경향 및 허가와 특허의 상대화경향은 이미 앞에서 설명한 바와 같다. 비록 상대적이긴 하 지만 통설에 의하면 허가와 특허는 다음과 같은 차이가 있다. ① 허가는 명령적 행위임에 반하여 특허는 형성적 행위이다. 따라서 허가를 받은 자는 허가받은 행위를 행하여야 할

의무가 없으나, 특허를 받은 자는 특허받은 기업을 개시해야 할 의무를 질 때가 있다(전기사업법 9조 1항, 여객자동차운수사업법 7조, 전기통신사업법 15조 1항 참조). ② 허가와 특허는 그 대상에 차이가 있다. 즉 허가의 대상이 되는 사업은 사행행위영업·식품접객업 등 사회공공의 안전을 확보하고 질서를 유지하기 위하여 일반적으로는 그 자연적 자유를 제한할 필요가 있는 사업임에 반하여, 특허의 대상이 되는 사업은 가스사업·운수사업 등 국민 또는 주민이 일상생활을 영위함에 있어서 없어서는 아니 될 중요한 생활필수적인 역무나 재화를 제공하는 사업이다. ③ 허가가 신청 없이도 행하여질 수 있음에 반하여 특허는 반드시 신청을 필요로 한다. ④ 허가가 불특정 다수인에 대하여도 행하여질 수 있음에 반하여 특허는 반드시 특정인에 대하여 행하여진다. ⑤ 허가의 효과는 언제나 공법적인 것(금지의 해제)임에 반하여 특허의 효과는 공법적인 것(공권의 설정)과 사법적인 것(사권의 설정)이 있다. ⑥ 허가를 받은 자가 누리는 사실상의 일정한 독점적 이익이 아직도 반사적 이익으로 보는 경향이 있음에 반하여 특허를 받은 자가 누리는 이익은 법상의 힘(권리)으로서의 이익이다. ⑦ 허가를 받은 자에 대한 감독이 소극적임에 반하여 특허를 받은 자에 대한 감독은 적극적이다. ⑧ 허가를 받은 자에 대하여는 특권이 부여되지 않음에 반하여 특허를 받은 자에 대하여는 일정한 특권이 부여되는 경우가 있다.

2) 특허를 재량행위로 보는 것이 다수설이다. 즉 다수설에 의하면 특허는 특정인에게 법상의 힘을 부여하는 행위이기 때문에 일정한 사유가 존재하는 때에는 특허를 행하도록 법령에 규정되어 있는 경우를 제외하고는 재량행위라고 한다.[1] 그러나 기속행위냐 재량행위냐의 문제는 일률적으로 말할 수 없고, 법률의 규율방식에 매여 있다.

(3) 특허와 신청

특허는 신청에 의하여 행하여진다. 신청의 방식, 접수의 보류·거부·부당한 반환의 금지, 접수증의 교부, 보완, 처리기간·처분기준의 설정·공표 등 「행정절차법」 제17조 내지 제20조의 규정 및 「민원처리에 관한 법률」 제8조 내지 제15조의 규정이 특허의 신청에도 그대로 적용된다. 신청을 한 때와 특허를 할 때의 법 및 사실상태가 다른 경우에는 특허를 할 때의 법 및 사실상태에 맞추어 특허가 행하여지는 것이 원칙이다.

(4) 처리기간 및 기준

특허관청이 원칙적으로 특허의 처리기간을 미리 정하여 공표하여야 한다는 것(행정절차법 19

---

1) 전통적인 연역적 접근 외에 귀납적 결과를 포함시켜 허가와 특허의 개념을 재설정하여 양자를 구분하자는 제안을 하면서 허가는 그 회복이 기속적이고 특허는 법률요건의 해석에 판단의 여지가 있거나 행위선택에서 재량적인 것으로 양자의 차이를 나누는 견해로는 河明鎬,「헌법재판과 행정법이론─진입규제의 수단으로서 허가·특허를 글감으로─」, 공법연구(한국공법학회)제45집 제2호, 155쪽 이하, 특히 176쪽 참조.

조 1항), 필요한 특허기준을 당해 특허의 성질에 비추어 될 수 있는 한 구체적으로 정하여 공표하여야 한다는 것(동법 20조)은 허가에서와 같다.

(5) 형 식

특허도 개별 법령에 특별한 규정이 없는 한 원칙적으로 문서(전자문서 포함)로 하여야 한다(행정절차법 24조).

(6) 효 과

특허는 특정인에게 권리 그 밖의 법상의 힘을 설정한다. 설정되는 권리는 공권인 것이 보통이나, 사권(광업허가로 설정되는 광업권은 사법상 물권이다)인 경우도 있다.

인적 특허의 효과는 일신전속으로 이전성이 인정되지 아니하나, 물적 특허의 효과는 물적 사정에 변경이 없는 한 이전성이 인정된다(→ 대인적 행정행위·대물적 행정행위·혼합적 행정행위).

5. 인 가

(1) 의 의

인가란 다른 법률관계의 당사자의 법률행위를 보충하여 그 법률행위의 효과를 완성시키는 행정행위를 말한다. 실정법규에서는 인가를 허가·승인·특허 등의 용어로 사용하는 경우가 있다. 법은 계약 그 밖의 일정한 법률행위의 성립을 당사자의 자유에 맡기면서도 때로는 그 내용이 공익에 반할 수도 있으므로 행정청이 공익에 반하지 않는다고 판단하여 인가한 때에만 법률행위의 효과가 완성하도록 한 경우가 있다. 즉 인가는 공익에 반하는 법률행위의 배제를 목적으로 하는 통제수단이다.[1] 인가의 예로는 비영리법인설립허가[2](민법 32조), 재단법인의 정관변경 허가(동법 45조·46조)(대법 1996. 5. 16. 선고 95누4810 전원합의체 판결), 「사립학교법」에 의한 감독청의 이사회소집승인(대법 1993. 4. 23. 선고 92누15482 판결) 등을 들 수 있다.[3]

---

1) 헌재 2019. 2. 28. 2017헌마460 결정: 인가제는 국가가 국민의 교육을 받을 권리를 충실히 구현하기 위한 것이고, 대안교육을 학교 형태로 행하는 것에 대하여 방치할 경우 위에서 본 것과 같은 여러 사회적 폐해가 생길 수 있기 때문에 설립인가제로 최소한의 규제를 하는 것이다. 비록 이로 인하여 그 설립요건을 구비할 능력이 없는 대안교육기관의 경우 학교형태를 취한 대안교육의 자유를 제한받게 된다고 하더라도 이는 보다 중요한 공익을 보호하기 위한 사익의 제한이라 할 것이다.

2) 대법 2000. 1. 28. 선고 98두16996 판결: 재단법인의 임원취임이 사법인인 재단법인의 정관에 근거한다 할지라도 이에 대한 행정청의 승인(인가)행위는 법인에 대한 주무관청의 감독권에 연유하는 이상 그 인가행위 또는 인가거부행위는 공법상의 행정처분으로서, 그 임원취임을 인가 또는 거부할 것인지 여부는 주무관청의 권한에 속하는 사항이라고 할 것이고, 재단법인의 임원취임승인신청에 대하여 주무관청이 이에 기속되어 이를 당연히 승인(인가)하여야 하는 것은 아니다.

3) 宣正源 교수는 "전통적인 인가론은 지나치게 단순하여 현대행정의 복잡성에 상응한 재량통제의 역할을 수행하지 못하고 있다. 인가의 대상인 법률행위의 성격과 내용을 유형화하고 그에 따라 인가이론이 차별적으로 대응해

(2) 성 질

1) 인가는 형성적 행정행위의 일종이다. 이 점에서 명령적 행위의 일종인 허가와 다르다. 인가와 허가는 그 외에도 ① 허가의 대상이 사실행위일 때도 있고 법률행위일 때도 있음에 반하여, 인가의 대상은 언제나 법률행위라는 점, ② 허가가 불특정 다수인에 대하여도 행하여질 수 있음에 반하여, 인가는 특정인에 대하여 행하여진다는 점, ③ 행위의 적법요건인가, 유효요건인가의 여부 등에 차이가 있다.

2) 인가는 보충행위이다. 즉 인가는 행정주체가 직접 자기와는 관계없는 다른 법률관계의 당사자간의 법률행위를 보충하는 행정행위이다. 이 점에서 행정주체가 직접 상대방을 위하여 권리 등 법상의 힘을 설정하는 행정행위인 특허와 다르다[1].

(3) 대 상

인가는 법률행위에 대하여 행하여진다. 인가의 대상이 되는 법률행위는 계약일 때도 있고(예: 토지거래계약), 합동행위일 때도 있다(예: 비영리법인 설립). 또한 공법행위일 때도 있고(예: 공공조합의 정관 변경), 사법행위일 때도 있다(예: 지방채 기채).

(4) 인가와 신청

인가는 신청에 의하여 행하여진다(이 점은 허가가 신청 없이 행하여질 수 있는 것과 다르다). 신청의 방식, 접수의 보류·거부·부당한 반환의 금지, 접수증의 교부, 보완, 처리기간·처분기준의 설정·공표 등 「행정절차법」 제17조 내지 제20조의 규정 및 「민원사무처리에 관한 법률」 제8조 내지 제15조의 규정이 인가의 신청에도 그대로 적용된다. 인가의 경우에는 신청인이 법률행위의 내용을 결정하여 신청하며 행정청은 이에 대한 인가 여부만을 소극적으로 결정하므로 특히 법규

가야 한다"는 점을 지적하고 있다(행정법의 행위형식, 168쪽 이하).

1) 「도시 및 주거환경정비법」상의 주택재건축조합설립인가의 법적 성질이 강학상 특허인가 강학상 인가인에 관하여 견해가 나뉜다. 인가로 보는 견해가 종래 다수설이었다. 이에 대하여는 특허로 보아야 한다는 견해가 대두되었다(金鍾甫, 「강학상 인가와 정비조합설립인가」, 행정법연구(행정법이론실무학회) 제10호 339쪽 이하, 金重權, 행정법기본연구 I, 311쪽 이하). 宋時康 교수는 "조합설립인가는 부분적으로 강학상 인가로서 성격도 가지고 있다. 아울러 조합설립인가를 종래와 같이 강학상 인가로 보더라도 조합설립행위가 무효인 사실을 들어 조합설립인가의 효력을 다투는 항고소송을 허용할 필요가 있다(同人, 「도시정비사업 조합설립인가 및 그 변경인가의 법적 성질」, 고시계 2011년 4월호, 35쪽)"는 견해를 피력한 바 있다. 판례는 행정청이 관련 법령에 근거하여 행하는 조합설립인가처분은 단순히 사인들의 조합설립행위에 대한 보충행위로서의 성질을 갖는 것에 그치는 것이 아니라 법령상 요건을 갖출 경우 「도시 및 주거환경정비법」상 주택재건축사업을 시행할 수 있는 권한을 갖는 행정주체로서의 지위를 부여하는 일종의 설권적 처분의 성격을 갖는 강학상 특허로 보고 있다(대법 2009. 9. 24. 선고 2008다60568 판결). 또한 개발촉진지구 안에서 시행되는 지역개발사업에서 지정권자가 행한 실시계획승인처분도 단순히 시행자가 작성한 실시계획에 대한 보충행위로서의 성질을 가지는 것이 아니라 시행자에게 구 지역균형개발법상 지구개발사업을 시행할 수 있는 지위를 부여하는 일종의 설권적 처분의 성질을 가진 독립된 행정처분으로 보아야 한다(대법 2014. 9. 26. 선고 2012두5619 판결)고 하였다. 이로 미루어 보면, 인가와 특허는 구별되지만, 양자는 매우 가까운 위치에 있음을 알 수 있고, 따라서 양자의 구별도 쉽지 않음을 알 수 있다.

의 근거가 있지 아니하는 한, 수정인가를 할 수 없다는 것이 다수설이다(다수설에 의하면 이 점도 허가와의 차이점이 된다). 그러나 법규의 근거가 없어도 지방채 발행에 대한 행정안전부장관의 삭감 승인에 있어서와 같이 수정인가에 의하여도 그 목적을 달성할 수 있는 성질의 것이면 수정인가가 가능하다는 견해도 있다. 행정청은 신청에 대하여 인가를 거부할 수 있음은 말할 나위가 없다.

(5) 효   과

인가는 다른 법률관계의 당사자의 법률행위의 효과를 완성시킨다. 인가의 효과는 당해 법률행위에 대한 관계에 한하여 발생하며, 타인에게 이전되지 아니하는 것이 원칙이다.

(6) 인가와 기본행위의 관계

인가는 그 대상인 기본행위의 효과를 완성시키는 보충행위이므로, 그 기본행위가 불성립 또는 무효인 때에는 그에 대한 인가가 있었다 하여도 그 기본행위가 유효하게 될 수 없다(대법 2001. 5. 29. 선고 99두7432 판결 등 참조). 따라서 기본행위에 흠이 있는 경우 기본행위의 흠을 내세워 그에 대한 인가처분의 취소 또는 무효확인을 소구할 수 없다(대법 2002. 5. 24. 선고 2000두3641 판결, 대법 2021. 2. 10. 선고 2020두48031 판결 등). 반대로 그 기본행위가 적법·유효한 것이라 하여도 그 효력을 완성케 하는 인가에 흠이 있을 때에는 그 인가의 취소청구 또는 무효주장을 할 수 있다(대법 1967. 2. 28. 선고 66누8 판결, 대법 2021. 2. 10. 선고 2020두48031 판결 등). 인가가 취소되거나 무효이면 기본행위가 무인가행위가 됨은 말할 나위가 없다(대법 1965. 7. 6. 선고 65다425 판결). 인가 당시에는 유효한 기본행위를 대상으로 유효하게 성립된 인가라도 그 후 기본행위가 취소되거나 효력을 상실하게 되면 인가도 그 존재의 바탕을 잃어 그 효력이 소멸하게 된다(대법 1979. 2. 13. 선고 78누428 판결 등).

(7) 요인가행위를 인가받지 아니하고 행한 경우

인가를 받아야 할 행위를 인가받지 아니하고 행한 경우, 인가는 행위의 유효요건이므로, 원칙적으로 행정강제나 행정제재의 문제는 생기지 않고, 그 행위가 무효로 된다. 이 점이 허가와 다르다.

6. 대 리(공법상 대리)

대리란 타인이 행하여야 할 행위를 행정청이 갈음하여 행함으로써 그 타인이 스스로 행한 것과 같은 법적 효과를 발생하는 행정행위를 말한다. 대리는 감독(감독청에 의한 공법인의 정관 작성·임원 임면 등)·국가작용의 실효성확보(체납처분 절차에서의 압류재산 공매처분)·협의가 성립하지 아니하였을 때의 조정(공익사업을위한토지등의취득및보상에관한법률상 당사자, 즉 사업시행자와 토지소유자 등

간에 협의가 성립하지 아니하는 경우에 토지수용위원회가 당사자에 갈음하여 행하는 재결)·타인 보호(행려병사자(行旅病死者)의 유류품 매각 등)의 기능을 행한다. 여기서 말하는 대리는 사인에 대한 대리라는 점에서 행정조직 내부에서 행하여지는 권한의 대리(→ 행정(관)청의 권한대리)와 다르다.

III. 준법률행위적 행정행위

종래의 통설은 준법률행위적 행정행위를 확인·공증·통지·수리로 나눈다.

1. 확　인

(1) 의　의

확인이란 다툼의 여지가 있는 일정한 사실이나 법률관계가 존재하는 것인가 아닌가(存否) 또는 정당한 것인가 아닌가(正否)를 공적으로 판단하여 확정하는 행정행위를 말한다(실정법에서는 결정·재결·특허 등의 용어를 사용하는 경우가 있다).

확인의 예로는 도로구역 결정, 국가시험합격자 결정,[1] 선거에 있어서의 당선인 결정, 행정심판 재결,[2] 발명권 특허, 소득세부과를 위한 소득금액결정, 친일반민족행위자재산조사위원회가 행한 국가귀속결정(대법 2008. 11. 13. 선고 2008두13491 판결) 등이 있다.

(2) 성　질

1) 확인을 판단의 표시인 준법률행위적 행정행위의 일종으로 보는 것이 우리나라의 통설이다. 즉 확인은 효과의사의 표시인 행위가 아니라 판단의 표시인 행위로서 법률효과도 효과의사가 아니라 직접 법규가 정하는 바에 따라 발생하는 준법률행위적 행정행위라고 본다.[3]
2) 확인은 판단작용이기 때문에 일정한 사실 또는 법률관계가 존재하거나 정당하다고 판단되는 경우에는 확인하지 않으면 아니 되는 기속행위라는 것이 우리나라의 통설이다.
3) 후술하는 바와 같이 쟁송절차와 관계없는 확인행위에도 불가변력을 인정하는 것이 다수설이다(→ 불가변력). 이 다수설에 의하면 확인행위는 처분청이 직권으로 취소·변경·철회할 수 없는 행정행위이다.

---

1) 서울행법 2006. 11. 29. 선고 2006구합6437 판결: 교육인적자원부장관(현행법상의 교육부장관)이 부정행위를 한 수험생의 수능시험성적을 무효로 한 행위는 수능시험의 응시와 관련한 부정행위 여부를 공권력으로 판단하여 수능시험의 결과인 성적을 무효로 확정하는 준법률행위적 행정행위(확인행위)로서 행정처분에 해당한다.

2) 헌재 2006. 2. 23. 2005헌가7, 2005헌마1163(병합) 결정: 교원징계재심위원회의 재심결정은 특정한 법률관계에 대하여 의문이 있거나 다툼이 있는 경우에 행정청이 공적 권위를 가지고 판단·확정하는 행정처분에 해당한다고 봄이 상당하다.

3) 행정청이 법률행위적 행정행위를 행하는 경우에 당연히 그 전제로서 일정한 사실이나 법률관계의 존부에 대하여 판단하지 않으면 아니 되는 경우가 있는데, 이 경우의 판단은 단순히 내부적인 행정과정으로서 행하여지는 데 그치는 것이며 그 판단 자체가 독립된 행정행위로서 표시되는 것이 아니다.

(3) 형 식

확인은 일정한 형식이 요구되는 요식행위인 것이 원칙이다(행정심판법 46조 등).

(4) 효 과

확인은 공적으로 확정된 것을 임의로 변경할 수 없는 불가변력이 발생한다. 다만, 불가변력이 발생하는 확인의 범위에 관하여는 이견이 있을 수 있다. 그 외에 각 법령이 정하는 효과를 발생한다.[1]

2. 공 증

(1) 의 의

공증이란 일정한 사실이나 법률관계의 존재 여부를 공적으로 증명하는 행정행위를 말한다.[2] 통설은 공증의 예로 부동산등기부에의 등기, 건축물관리대장·토지대장에의 등재,[3] 광업원부에의 등록, 선거인명부에의 등재, 합격증서·졸업증서 등 각종 증명서 발급, 여권발급, 영수증교부, 검인(檢印)·증인(證印)의 날인 등을 든다.

(2) 성 질

1) 공증은 효과의사의 표시인 행위가 아니라는 점에서 확인과 마찬가지로 준법률행위적 행정행위의 일종이나, 일정한 사실이나 법률관계의 존재 여부를 공적으로 증명하는 인식표시행위라는 점에서 판단표시행위인 확인과 구별된다는 것이 통설이다.
2) 공증은 인식표시행위의 성질상 인식하게 되면 공증하지 않을 수 없다는 의미에서 기속행위라는 것이 또한 통설이다.

---

1) 통설은 확인에 형성적 효과가 발생하는 것을 각 법령에 의한 것이라고 설명한다.
2) 공증은 행정행위가 아니라는 견해가 있다. 이 견해는 공증이 법적 효과를 발생시키지 아니한다는 것을 그 이유로 들고 있다(金南辰, 행정법의 기본문제, 940쪽 이하; 金重權,「이른바 "준법률행위적(준권리설정행위적)행정행위"와의 결별에 관한 소고」, 고시연구 2003년 10월호, 19쪽 이하). 이에 대하여는 공적 증거력의 발생만으로 공증행위의 행정행위성이 인정된다는 견해(朴均省, 행정법론(상), 331쪽) 및 공증행위가 실체적 권리관계의 변동과 관련을 갖는 경우에는 공부에 대한 공신력이 인정되고 있지 않고 등재행위에 대한 공무원의 실질적 심사권이 인정되고 있지 않으므로 바로 법적 권리관계에 변동을 발생하지 못하고 따라서 행정행위성이 부인되지만, 여권·인감증명의 발급행위, 국가시험합격증서발급행위와 같이 실체적 권리관계의 변동과 관련을 갖지 않는 경우에는 특정 사실이나 법률관계의 존부를 공적으로 증명하는 것만으로 행정행위성이 인정된다는 견해(柳至泰, 행정법신론, 123쪽) 등의 반론이 있다.
3) 판례는 토지대장, 건축물 관리대장 등 각종 공부에의 등재·말소 또는 변경행위에 대하여(대법 1968. 7. 31. 선고 68누41 판결, 대법 2001. 6. 12. 선고 99두7777 판결 등), 가옥대장에의 등재행위에 대하여(대법 1982. 10. 26. 선고 82누411 판결) 항고소송의 대상인 처분성을 부인하였다. 그러나 지목변경신청반려행위에 대한 대법 2004. 4. 22. 선고 2003두9015 전원합의제 판결에서 "지목은 토지소유권을 제대로 행사하기 위한 전제요건으로서 토지소유자의 실제적 권리관계에 밀접하게 관련되어 있으므로 지적공부 소관관청의 지목변경신청반려행위는 국민의 권리관계에 영향을 미치는 것으로서 항고소송의 대상이 되는 행정처분에 해당한다"고 판시하여 종래의 입장을 변경하였다.

⑶ 형 식

공증은 일정한 형식이 요구되는 요식행위인 것이 원칙이다.

⑷ 효 과

공증은 반증에 의하지 아니하고는 전복될 수 없는 공적 증거력을 발생한다. 그 외에 각 법령이 정하는 효과가 발생한다.[1]

3. 통 지

통지란 특정인 또는 불특정 다수인에 대하여 일정한 사실을 알리는 행정행위를 말한다. 불특정 다수인에 대한 통지를 고시·공고·공시라고 흔히 부른다. 일반적으로 행정청의 통지에는 사실행위인 통지와 행정행위인 통지가 있다. 사실행위인 통지는 예컨대 지방자치단체가 홍보의 차원에서 행하는 정보의 제공인 알림과 같이 행정청의 행위이긴 하지만 법적 효과가 발생하지 않는다. 이에 대하여 행정행위인 통지는 사실행위인 통지에 법률이 일정한 법적 효과를 부여하고 있는 행위를 일컫는다. 통설과 판례는 일정한 법적 효과가 수반되는 통지만을 준법률행위적 행정행위의 하나로 관념한다.[2] 통지는 하나의 독립된 행정행위라는 점에서 행정절차의 개시를 알리는 의미의 예고인 사전통지행위 및 이미 성립된 행정행위의 효력발생요건으로서의 통지(교부·송달) 등과 구별된다. 통지에는 각 법령이 정하는 효과가 발생한다.

4. 수 리

수리란 타인의 행위를 유효한 행위로서 받아들이는 행정행위를 말한다. 수리에도 사실행위인 수리와 행정행위인 수리가 있다. 행정청이 상대방을 특정하지 아니한 전화나 편지 등에 의한

---

1) 예컨대, 부동산등기부에의 등기는 권리성립요건이고, 광업원부에의 등록은 광업권설정 등의 유효요건이며, 선거인명부에의 등재는 권리행사요건이다.

2) 판례는, 농지처분의무통지처분취소사건에서 원심이 "농지처분의무통지는 단순한 사실의 통지에 불과한 것이므로 항고소송의 대상이 되는 처분이라고 할 수 없다"고 판시(부산고법 2001. 9. 14. 선고 2001누519 판결)하였던 것을, 법정사유가 인정되는 경우 반드시 농지처분의무통지를 하여야 한다는 점, 통지를 전제로 농지처분명령 및 이행강제금부과 등의 일련의 절차가 진행되는 점 등을 들어 "농지처분의무통지는 단순한 관념의 통지에 불과하다고 볼 수는 없고, 상대방인 농지소유자의 의무에 직접 관계되는 독립한 행정처분으로서 항고소송의 대상이 된다"고 판시하였다(대법 2003. 11. 14. 선고 2001두8742 판결). 또한 대법 2006. 4. 20. 선고 2002두1878 전원합의체 판결도 종래 부정하여 왔던 기존의 견해를 변경하여 "소득금액변동통지는 원천징수의무자인 법인의 납세의무에 직접 영향을 미치는 과세관청의 행위로서 항고소송의 대상이 되는 조세행정처분으로 봄이 상당하다"고 판시하였다.

상담을 받는 행위 등 법적 효과를 발생하지 아니하는 수리는 전자에 해당한다.[1][2] 행정심판청구서의 수리, 산지전용신고 수리(산지관리법 15조 4항), 주민등록 전입신고 수리(수원지법 2008. 4. 16. 선고 2007구합7223 판결), 체육시설업자 등이 제출한 회원모집계획서에 대한 시·도시사의 검토결과 통보(대법 2009. 2. 26. 선고 2006두16243 판결), 구 관광진흥법 제8조 제4항에 의한 관광사업 지위승계신고 및 구 체육시설의 설치·이용에 관한 법률 제20조에 의한 체육시설업 지위승계 신고 수리(대법 2013. 12. 13. 선고 2011두29144 판결)등 법령이 정하는 일정한 법적 효과가 발생하는 수리만이 후자에 해당한다.[3]

수리는 인식의 표시이다.

수리는 행정청이 사인의 행위를 유효한 행위로서 받아들이는 행정행위이기 때문에 수리의 대상인 사인의 행위, 즉 기본행위를 떠나 그 자체만으로 유효하게 존립할 수 없다. 따라서 수리의 대상인 기본행위가 존재하지 아니하거나 무효인 때에는 설사 행정청이 수리를 하였다고 하더라도 그 수리는 유효한 대상이 없는 것으로서 당연히 무효가 된다(대법 2005. 12. 23. 선고 2005두3554 판결).[4]

수리가 어떤 효과를 발생하는가는 각기 법령이 정하는 바에 따라 다르다. 수리행위에 의하여 사인에게 의무를 과하거나 권익을 제한하게 되는 경우에는 처분의 사전통지, 의견청취 등 「행정절차법」상의 처분절차를 거쳐야 한다(대법 2003. 2. 14. 선고 2001두7015 판결).

---

1) 서울고법 2005. 6. 10. 선고 2004누15873 판결은 한국지역난방공사공급규정변경신고는 주무관청인 피고에의 사실 보고적 성격을 가지는 것이고 그에 대한 피고의 이 사건 수리는 단순한 수령으로서의 사실행위일 뿐, 항고소송의 대상이 되는 행정처분이 아니라고 판시하였다.

2) 원고가 구 평생교육법에 의한 평생교육시설의 신고를 피고가 반려한 것이 다투어진 사건에서 원심법원이 이 사건 신고의 법적 성격은 행정청의 수리를 요하는 신고라고 판시하였음에도 불구하고 대법원이 "행정청으로서는 신고서 기재사항에 흠결이 없고 정해진 서류가 구비된 때에는 이를 수리하여야 하고, 이러한 형식적 요건을 모두 갖추었음에도 신고대상이 된 교육이나 학습이 공익적 기준에 적합하지 않는다는 등 실체적 사유를 들어 신고 수리를 거부할 수는 없다"고 판시하여 파기환송하고 있는데(2011. 7. 28. 선고 2005두11784 판결), 이 대법원 판결에서 말하고 있는 수리는 접수행위의 의미로 사용한 것으로 보인다.

3) 수원지법 2007. 11. 21. 선고 2007구합9571 판결은 "선거관리위원회의 주민소환투표청구수리결정은 적어도 소환청구인들의 구체적인 권리의무에 직접적인 변동을 초래하는 법적인 행위로서 항고소송의 대상이 되는 '처분'에 해당한다"라고 판시하고 있다. 수리는 법적 효과를 발생시키지 아니한다는 이유로 독립된 행정행위가 아니라는 견해가 있다(金重權, 「이른바 "수리를 요하는 신고"의 문제점에 관한 소고」, 행정판례연구(한국행정판례연구회) Ⅷ, 63쪽 이하).

4) 2005두3554 판결에 대한 평석으로는 권은민, 「기본행위인 영업권 양도계약이 무효라고 주장하는 경우에 행정청이 한 변경신고수리처분에 대한 불복방법 등」, 행정판례연구(한국행정판례연구회) ⅩⅠ, 184쪽 이하.

제 2 관 기속행위와 재량행위

Ⅰ. 개 설

이 행정행위의 종류는 법의 구속 정도를 기준으로 한 구별이다. 즉 법이 행정행위를 규율하면서 행정청에게 독자(獨自) 판단의 여지를 부여하고 있는가의 여부에 따라 이를 부여하고 있지 아니한 행정행위, 즉 근거법상의 요건이 충족되는 경우에는 반드시 일정한 행위를 하거나 하지 말도록 엄격하게 법적으로 기속되어 있는 행정행위를 기속행위라고 하고, 독자(獨自) 판단의 여지를 부여하고 있는 행정행위를 재량행위라고 한다. 기속행위와 재량행위의 구체적인 구별기준에 관하여는 후술한다. 이 행정행위의 종류는 법치행정원리뿐만 아니라 권력분립원리와도 밀접한 관계가 있다. 즉 법구속성과 행정재량의 긴장은 일반행정법 뿐만 아니라 특별행정법 분야에 걸쳐 전면적으로 흐르고 있는 일관된 중심 문제이다.[1]

양자는 이론적으로 엄격하게 말하면 본질적인 차이가 있는 것이 아니다. 행정행위는 정도의 차이가 있기는 하나 법에 의하여 기속을 받고 있으므로 기속행위라고 할 수 있으며, 동시에 구체화의 여지가 있다는 의미에서는 재량행위이다. 따라서 기속행위와 재량행위는 법에 대한 관계에서는 양적인 차이에 지나지 않는다.

재량행위에 관하여는 별도로 다루기로 한다.

Ⅱ. 재량행위

1. 재량행위의 의의

재량행위란 행정법규가 행정행위를 규율함에 있어서 행정청에게 자기 판단을 행할 여지를 부여하고 있는 경우에 행정청이 행하는 행정행위를 말한다.

행정법규가 행정청에게 수권을 할 경우에 있어서 가장 단순한 구조는 예컨대 「도로교통법」 제93조 제1항 본문과 같이 "시·도경찰청장은 운전면허를 받은 사람이 다음 각호의 어느 하나에 해당하면 행정안전부령으로 정하는 기준에 따라 운전면허를 취소하거나 1년 이내의 범위에서 그 운전면허의 효력을 정지시킬 수 있다"라는 형식으로 행하여진다. 여기서 말하는 "다음 각호의 어느 하나에 해당하면"이 요건이고, "운전면허를 취소하거나 1년 이내의 범위에서 그 운전면허의 효력을 정지시킬 수 있다"가 효과이다. 요건의 인정에 부여되어 있는 재량을 요건재량이라 하고, 효과에 부여되어 있는 재량을 효과재량이라 한다. 종래 행정행위에 있어서 재량의 여지가 문제되는 경우에 요건재량과 효과재량만을 논하였던 것은 이와 같은 단순구조를 염두에 두었기 때문이다.

그러나 오늘날에는 재량의 여지는 여러 측면에서 문제가 된다. 행정행위의 법률적용에 있어

---

1) Friedrich Schoch, Bedonderes Verwaltungsrecht, 2018, SS. 5f.

서 판단의 단계를 보면 대체로 ① 요건에 관한 판단으로 일정한 사실 그 자체가 존재하는가의 여부(사실의 존부), ② 행정행위의 요건을 정하고 있는 행정법규가 어떠한 의미를 갖는가의 문제(행정법규의 해석), ③ 당해 사실이 그 행정법규가 정하고 있는 사실에 들어맞는가의 문제(포섭)[1], ④ 어떠한 절차를 거칠 것인가의 문제(절차의 선택), ⑤ 행정행위를 행할 것인가의 여부(결정의 선택), ⑥ 어떠한 행정행위를 행할 것인가의 여부(내용의 선택), ⑦ 행정행위를 언제 행할 것인가의 문제(시기의 선택), ⑧ 어떠한 형식을 택할 것인가의 문제(형식의 선택) 등으로 요약할 수 있다.

따라서 엄밀하게 말하면 재량행위란 행정법규가 행위의 요건, 절차, 효과의 결정, 행위의 시기 및 형식 등의 결정에 있어서 행정청에게 정책적·행정적 판단의 여지를 전속적으로 부여하고 있는 경우에 행정청이 행하는 행위이다. 재량의 폭과 내용은 재량행위마다 수권법규인 행정법규에 따라 정하여진다.

2. 재량행위의 전개

고전적인 권력분립론에 의하면 재량문제는 행정권을 사법권에서 내용적으로 구별하는 것으로서 행정에 고유한 영역으로 생각하였다. 이에 의하면, 기속행위는 법에 엄격하게 기속되고(합법성의 문제, 법적용의 문제), 법에 위반하면 위법행위가 되며, 법의 해석·적용을 임무로 하는 법원의 심사대상이 되나, 재량행위는 법에 의하여 공익실현을 위한 판단의 여지가 행정청에 부여되어 있는 이상 행정에 고유한 자기권한의 행사이며(합목적성의 문제), 재량을 그르쳐도 부당행위가 될 뿐이고(법적용의 문제가 아닌 부당문제) 따라서 법원의 심사대상이 되지 아니하였다. 이를 재량불심리의 원칙으로 설명하여 왔었다.

그러나 재량불심리원칙에 의하면 법원의 심사대상에서 제외되는 재량행위의 범위가 지나치게 넓어질 가능성이 있었다. 그래서 법원의 심사대상에서 제외되는 재량의 범위를 좁히려는 노력을 하게 되었고, 그 노력의 결과가 재량을 다시 기속재량(법규재량)과 자유재량(공익재량)으로 나누는 구별론이었다.

제2차세계대전 이후 포괄적인 사법심사가 헌법적으로 보장됨에 따라 실질적 법치국가를 구축하려는 시도 속에 재량행위의 범위를 더욱 좁히려는 노력이 행하여졌다. 이러한 노력은 특히 독일에서 행위요건에 있어서 불확정개념[2]의 구체적 내용의 일의적 확정화와 법원에 의한 전면적 사법심사의 가능성문제를 중심으로 전개되었다[3]. 독일의 학설과 판례에서의 논의가 우리나

---

1) 포섭의 단계에도 규범적 판단이 필요한 경우가 많다.

2) 예컨대 「총포·도검·화약류 등의 안전관리에 관한 법률」 제30조의 면허의 취소·정지의 요건으로서 "공공의 안녕질서를 해칠 우려가 있다고 믿을 만한 상당한 이유" 등과 같이 추상적이거나 다의적인 개념 또는 불명확한 개념을 일컬음.

3) 최근 독일의 경향은 사법심사의 예외를 허용하지 아니하는 기본법 제19조 제4항의 존재로 행정판단의 자유영역은 인정되지 않는 것으로 변경되고 있다(Jörn Ipsen, Allgemeines Verwaltungsrecht, 8. Aufl., S.119). 그러나 우리 「행정소송법」 제27조가 취소소송에 관하여 재량처분이라는 개념을 인정하여 재량권일탈·남용의 경우에

라에 도입되면서 재량과 판단여지의 구별논의가 되었다.

최근에는 기속행위와 재량행위의 차이가 상대적이라는 사실이 인식되면서 기속행위와 재량행위의 문제는 구체적 사건에 있어서 행정청과 법원간에 어느 쪽의 판단에 전속시키는 것이 가장 합리적인가 하는 합리적 분업의 문제, 법원의 심사밀도의 정도문제로 귀결되고 있다.

3. 재량행위의 성질

(1) 재량행위와 법률로부터 자유로운 행정행위와의 구별

법률유보원칙의 적용범위에 관하여 견해가 나뉘는 바이나, 어느 견해에 의하든 전부유보설에 의거하지 아니하는 한 법률의 근거를 요하는 행정행위와 법률의 근거를 요하지 아니하는 행정행위가 있을 수 있다. 비록 법적 구속의 정도의 문제이긴 하지만, 법률유보원칙의 적용을 받지 아니하는 행정행위란 의미에서 법률로부터 자유로운 행정행위라 하여 법률유보원칙의 적용을 받는 재량행위와 구별하는 견해[1]가 있다. 그러나 종래 우리나라에서는 이러한 구별을 하지 않는 것이 일반적이었다.

(2) 재량행위와 기속행위의 구별

이 문제는 후술한다.

(3) 재량과 판단여지의 구별

1) 구별긍정설

재량은 행정법규가 정한 행위요건을 충족하고 있는 경우에 행정청이 행정행위를 할 것인가 아니할 것인가(결정재량), 다수의 행정행위가 가능한 경우에 어느 행정행위를 할 것인가(선택재량)하는 행정행위의 효과의 측면에서만 존재하는 것이라고 한정함으로써 행위요건에 있어서의 판단여지(Beurteilungsspielraum)와 구별하는 견해[2]가 있다. 이 견해에 의하면 행정법규가 행위요건을 정함에 있어서 불확정개념을 사용하고 있는 경우에 불확정개념은 법개념이고 법개념 적용의 문제에 대하여는 전면적으로 사법통제의 대상이 되지만, 때로는 거기에도 사법통제가 미칠 수 없는 행정청의 고유한 판단·결정의 영역이 존재하는데, 이 행정청의 고유한 판단·결정의 영

한하여 재량처분의 취소를 인정하고 있기 때문에 독일의 경향에 이르기에는 일정한 한계가 있다. 입법론으로는 우리 「행정소송법」 제27조가 우리 헌법의 사법권 개념이나 국민의 재판을 받을 권리와 조화되는 것인가에 관하여는 검토의 여지가 있다.

1) 白潤基, 「재량행위에 대한 통제」, 행정작용법(김동희교수 정년퇴임기념논문집), 227쪽 이하.

2) 金南辰·金連泰, 행정법 Ⅰ, 191쪽 이하; 朴均省, 행정법론(상), 298쪽 이하; 鄭夏重, 행정법총론, 193쪽 이하; 洪井善, 행정법원론(상), 310쪽 이하; 洪準亨, 행정법총론, 206쪽 이하.

역은 판단여지[1]라고 해서 행정행위의 효과의 측면에서만 존재하는 재량과 구별한다. 구별의 논거로는 ① 불확정개념의 해석·적용은 법의 인식문제임에 대하여 재량은 의지의 문제라는 점, ② 판단여지는 법원의 인정에 의해 부여되는데 대하여 재량은 입법자에 의하여 부여된다는 점 등을 든다.[2] 판단여지의 예로서 ① 국가시험 등 시험결정, ② 상급반진학 등 학교분야에 있어서 시험유사결정, ③ 공무원법상의 제 평가, ④ 전문가·이익대표로 구성된 독립위원회의 평가종류의 결정, ⑤ 행정정책적 종류에 관련된 결정 등 독일의 판례상 인정된 예를 든다[3].

2) 구별부정설

요건부분의 불확정개념에 관한 판단여지와 효과부분의 재량은 구별할 필요가 없고, 양자 모두 재량이라는 동일한 범주에 속하는 것으로 보는 견해[4]가 있다. 이 견해의 논거로는 ① 인간의 판단작용에는 인식적 요소와 의지적 요소가 혼재되어 있는 것은 현대 인식론 및 법학방법론의 일반적 이해라는 점,[5] ② 불확정개념의 해석·적용을 법의 인식문제로 보면서 그에 대한 전면적 사법심사를 부정하는 것은 모순이라는 점[6] 등을 든다.[7]

3) 판 례

우리 법원은 사법통제가 미칠 수 없는 행정청의 고유한 판단·결정의 영역도 재량으로 보고

---

1) 판단여지와 예측여지의 관계에 대하여는 견해가 나뉜다. 이 문제에 대하여 李元雨 교수는 다음과 같이 주장하고 있다. 즉, 예측이란 미래사실에 대한 언명이며, 따라서 포섭(Subsumtionen)이 아니라 개연성에 대한 판단(Wahrscheinlichkeitsurteile)이다. 포섭이란 과거 또는 현재와 확정된 일정한 사안과 추상적인 법률구성요건을 연결시키는 것으로서 개연성 판단이 아니라 진실의 별견(Wahrheitsfindung)이다. 따라서 미래의 사안에 대한 예견인 예측과는 다르다. 이러한 관점에서 보면, 예측이란 그 본질상 불확정개념의 해석·적용의 문제와는 무관한 것이라고 보는 것이 타당하다(同人, 경제규제법론, 543쪽). 예측결정에 행정청에게 일정한 범위의 예측권한 내지 예측특권 또는 재량을 인정할 수 있는가는 불확정개념의 해석문제가 아닌 별도의 독립된 논의에 의하여야 할 것이다(같은 책, 544쪽).

2) 그 밖에, 지금까지의 추상론과 달리, 鄭夏重 교수는 앞 책에서 독일의 학설과 판례를 바탕으로 재량의 한계와 구별되는 판단여지의 한계 등을 비교적 구체적으로 설명하고 있다(특히 앞의 책, 194쪽).

3) 재량과 판단여지의 구별은 독일에서의 논의, 특히 독일의 다수의견과 판례를 직수입한 것이다. 그러나 이 구별은 우리나라와 다른 독일 헌법(우리 헌법 제27조는, 주관적 권리구제를 주목적으로 규정되어 있는 독일 헌법 제19조 제4항과 달리, 객관적 적법성 통제도 포함하는 포괄적인 규정의 성격을 갖는다)과 행정소송법(우리 행정소송법 제26조는, 변론주의를 배제하고 단지 직권탐지주의만을 인정하고 있는 독일 행정소송법 제86조의 규정과 달리, 변론주의와 직권탐지주의를 절충적으로 인정하고 있는 규정이다) 등 법규정과 행정소송제도를 전제로 하여 구성된 이론이므로 우리나라에 그대로 적용할 수 없다는 점에 대한 지적으로는 崔善雄, 「불확정법개념과 판단여지」, 행정법연구(행정법이론실무학회) 제28조, 95쪽 이하 참조.

4) 徐元宇, 전환기의 행정법이론, 647쪽 이하; 柳至泰, 행정법신론, 74쪽 이하; 朴正勳 「불확정개념과 판단 여지」 행정작용법(김동희교수 정년퇴임기념논문집), 266쪽 이하.

5) 朴正勳, 위의 논문 266쪽.

6) 柳至泰, 위의 책, 76쪽.

7) 이른바 규제재량(유럽연합에서 망으로 연결되는 인프라를 활용하는 사업에 경쟁을 도입하기 시작한 1980년대에 나타남)에서는 구성요건에 속하는 판단여지와 법률효과에 속하는 재량을 명확하게 구분할 수 없다는 점의 지적으로는 金鐵容, 행정절차와 행정소송, 557쪽[집필자 李種永] 참조.

있으며 재량과 행위요건에 있어서의 판단여지를 구별하지 아니한다. 즉 중·고등학교 교과용 도서의 검정에 관한 사건에서 검정의 심사기준을 재량으로 다루었고(대법 1988. 11. 8. 선고 86누618 판결, 대법 1992. 4. 24. 선고 91누6634 판결), 감정평가사 시험에 있어 합격기준의 설정은 시험실시기관인 행정청의 고유한 정책적인 판단에 맡겨진 자유재량행위라고 하였으며(대법 1996. 9. 20. 선고 96누6882 판결), 대학입학시험에 있어서도 합격·불합격의 판정 또는 입학자격, 선발방법 등은 해당 교육기관의 관계법령이나 학칙 등의 범위 내에서 교육목적을 달성하기 위하여 필요한 인격, 자질, 학력, 지식 등을 종합 고려하여 자유로이 정할 수 있는 재량행위라 하였다(대법 1997. 7. 22. 선고 97다3200 판결).[8]

4) 검 토

요건재량의 문제는 법률요건에서 사용하고 있는 불확정개념의 해석·적용의 문제이다. 불확정개념은 원칙적으로 법개념으로 보아야 하며, 따라서 행정청이 1차적으로 행한 불확정개념의 해석·적용은 원칙적으로 법원에 의한 전면적인 사법심사를 받아야 함은 당연하다. 이 점은 행정행위의 요건을 정하고 있는 행정법규가 어떠한 의미를 갖는가의 문제(행정법규의 해석)에 있어서는 의문의 여지가 없다. 그러나 요건에 관한 판단으로 일정한 사실 그 자체가 존재하는가의 여부(사실의 존부), 당해 사실이 그 행정법규가 정하고 있는 사실에 들어맞는가의 문제(포섭)에 있어서는 행정청의 전문적·기술적 판단을 존중하지 아니하면 아니 될 경우가 있다(서울고법 2013. 6. 20. 선고 2012누16291 판결 참조). 이 경우에는 행정청에게 최종적인 판단권이 맡겨져 있다는 의미에서 재량으로 부르기로 한다.[9]

이 책에서는 재량과 판단여지를 별도로 구별하지 아니하지만, 불확정개념은 원칙적으로 법개념이며 행정청이 행한 불확정개념의 해석·적용은 원칙적으로 법원에 의한 사법심사의 대상이 되어야 한다는 점에는 대체로 그 결론을 같이하고 있다.

4. 재량행위의 필요성

법치행정의 원리에 의하면 행정행위는 행정법규에 의거하여 행정법규에 따라 행하여져야 한

---

8) 최근 대법 2004. 4. 16. 선고 2003추20 판결에서 판단여지의 용어가 사용되고 있으나, 재량론과 구별되는 판단여지론을 받아들인 것인지는 아직 알 수 없다.

9) 기속행위와 재량행위를 상대화해서 일원적으로 파악하는 경우, 재량과 판단여지를 구태여 구별할 필요가 있는지에 대하여 의문이 있을 수 있다. 우리나라 학자들 중에는 독일의 경우 과거에는 재량과 판단여지 사이에 구분이 없었으며 판단의 여지를 재량의 한 형태로 보았으나 오늘날에는 일반적으로 양자를 동일시하지 아니한다고 기술하고 있는 이(예컨대 洪井善, 행정법원론(상), 307쪽)가 있다. 그러나 독일의 경우, 효과재량과 불확정법개념의 최근 경향은 양자를 포괄하는 통일적 재량개념에 의하여 양자의 구별이 부정되거나, 양자를 구별하지만 그 결과면에서 상호 접근을 인정하는 입장에서 양자는 상대화되고 있다(상세한 경향은 H. Maurer/C. Waldhoff, Allgemeines Verwaltungsrecht, 19. Aufl., S. 168ff. 참조). 독일의 재량과 판단여지의 구별이 유럽공동체에서 일반적으로 받아들여지지 않고 있다는 점에 관하여서는 이미 오래 전부터 지적되어 왔다(洪準亨,「유럽통합과 독일행정법의 변화」, 행정법연구(행정법이론실무학회) 제12호, 232쪽 참조).

다. 즉 행정행위는 법의 구체화이며 법의 집행이다. 그런데 입법자가 행정법규를 정립함에 있어서 ① 장래의 어떤 사태에도 대처할 수 있는 상세하고 합리적인 규정을 두는 것이 불가능한 까닭에, ② 개개의 사정에 알맞는 유연하고 적절한 해결의 필요성 또는 장래의 정세변화에 대응할 유연성의 요청 때문에, ③ 전문성(대법 2016. 1. 28. 선고 2013두21120 판결 등)·기술성의 요청 때문에 행정청에게 법의 집행과정에 정책적·행정적 판단의 여지를 부여하는 것이 불가피하다. 이것이 재량행위의 존재이유이다.

5. 기속재량과 자유재량의 구별문제

앞의 재량행위의 전개에서 본 바와 같이 재량행위의 범위를 좁히려는 노력으로 재량행위를 다시 기속재량행위와 자유재량행위로 나누는 구별론이 있었음을 보았다. 즉 이 구별론에 의하면 입법자가 입법을 함에 있어서 행정행위의 요건 및 효과 등을 일의적으로 규정하지 않음으로써 행정청에게 재량권을 부여하고 있는 것처럼 보이는 경우에도, 법이 예정한 객관적 기준이 존재하는 경우와 그렇지 않은 경우로 나뉘며, 전자의 경우는 기속재량행위라고 하여 후자의 경우인 자유재량행위와 구별하여 기속행위와 마찬가지로 법에 구속되고 법에 위반하면 위법행위가 되며, 법의 해석·적용을 임무로 하는 법원의 심사대상이 된다는 것이다[1].

우리 판례는 대법원이 1963. 8. 31. 선고 63누111 판결에서 재량행위를 기속재량행위와 자유재량행위로 구분한 이래로, 양자를 구분하고 있다(예: 대법 1984. 1. 31. 선고 83누451 판결, 대법 1985. 2. 26. 선고 84누588 판결 등). 이와 같이 양자를 구별하는 실익은 반드시 명백하다고 할 수 없으나,[2] 최근의 대법원의 판결에 의하면 법원의 심사방식에 차이가 있다는 것이다. 즉 기속재량행위의 경우 그 법규에 대한 원칙적인 기속성으로 인하여 법원이 사실인정과 관련법규의 해석·적용을 통하여 일정한 결론을 도출한 후 그 결론에 비추어 행정청이 한 판단의 적법 여부를 독자의 입장에서 판정하는 방식에 의하게 되나, 자유재량행위의 경우 행정청의 재량에 기한 공익판단의 여지를 감안하여 법원은 독자의 결론을 도출함이 없이 당해 행위에 재량권의 일탈·남용이 있는지 여부만을 심사하는 방식에 의하게 된다는 것이다(대법 2001. 2. 9. 선고 98두17593 판결 등).[3]

그러나 현대 국가에서와 같이 전문 기술적·정책적 재량판단이 요구되는 행정행위가 증대되면 될수록 행정청이 한 판단의 적법 여부를 법원이 독자적 입장에서 판단하는 심사방식에는 일

---

1) 우리 판례는 기속재량을 입법의 미비로 중대한 공익을 보호할 필요에서 정책적으로 인정하는 것이라고 개념규정 하는 견해도 있다(朴均省, 「납골당설치신고 수리거부의 법적 성질 및 적법성 판단」, 행정판례연구(한국행정판례연구회) XVI-1, 132쪽 이하 참조.

2) 위의 판결들이 기속재량이거나 자유재량이거나 모두 사법심사의 대상이 된다고 판시하고 있다.

3) 이 외에도 판례에 의하면 기속재량의 경우에는 중대한 공익상의 입증책임이 행정청에게, 자유재량의 경우에는 재량권 일탈·남용의 입증책임이 원고에게 있다는 점, 자유재량의 경우에는 부당한 경우가 있지만 기속재량의 경우에는 부당의 문제가 생기지 않는다는 점에 구별실익이 있다고 보는 견해도 있다(朴均省, 앞 논문, 134쪽 이하).

정한 한계가 있기 마련이다. 이른바 기속재량행위의 범주에 속하는 사항에도 전문 기술적·정책적 재량 판단 사항이 있을 수 있기 때문이다. 오늘날 학계에서는, 부분적으로 양자의 구별의 실익을 인정하는 견해[1]도 없지 아니하나, 대체로는 양자의 구별을 부정한다. 기속행위와 재량행위를 상대화하여 일원적으로 파악하는 한, 기속재량과 자유재량의 구별을 중시할 필요는 없다.

6. 재량행위·기속행위의 구별 실익 및 기준

(1) 구별 실익

재량행위와 기속행위를 구별하는 실익 중 주로 논의의 대상이 되어 왔던 것은 다음과 같다.

1) 행정소송사항과의 관계

재량행위와 기속행위를 구별하는 첫째 실익은 행정소송사항과의 관계에 있다고 한다. 즉 재량행위는 그 재량의 한계 내에서는 행정청이 판단을 그르쳐도 위법의 문제는 생기지 않고 부당의 문제만 생긴다. 부당한 재량행위는 행정심판의 대상이 되지만 행정소송의 대상이 되지 아니한다. 따라서 이 점에서 재량행위와 기속행위를 구별하는 실익이 있다는 것이다. 그러나 「행정소송법」 제27조는 "행정청의 재량에 속하는 처분이라도 재량권의 한계를 넘거나 그 남용이 있는 때에는 법원은 이를 취소할 수 있다"라고 규정하고 있다. 이 규정에 따라 재량행위인가의 여부는 요건심사과정에서 판단되는 것이 아니라 본안심사과정에서 판단된다. 결국 재량행위와 기속행위는 모두 행정소송의 대상이 된다는 점에서 동일하지만 법원의 심사의 밀도에 차이가 있음을 알 수 있다. 판례는 기속행위와 재량행위의 구분은 해당 행위의 근거가 된 법규의 체재·형식과 그 문언, 해당 행위가 속하는 행정 분야의 주된 목적과 특성, 해당 행위 자체의 개별적 성질과 유형 등을 모두 고려하여 판단하여야 한다고 판시하고 있다(대법 2020. 10. 15. 선고 2019두45739 판결 등).

2) 부관과의 관계

재량행위와 기속행위를 구별하는 실익은 부관과의 관계에도 있다고 한다. 종래의 통설과 판례에 의하면 재량행위에는 재량의 범위 내에서 부관을 붙일 수 있으나 기속행위에는 특별한 규정이 없는 한 부관을 붙일 수 없다는 것이다(대법 1995. 6. 13. 선고 94다56883 판결 등).[2] 이에 대하

---

1) 기속재량에 관한 학설과 판례 간의 갈등 해소를 위해 판례의 입장에 서서 행한 이론적 접근의 시도가 있다. 이 시도에서 판례에서 인정되는 기속재량은 판례법으로서의 법원성을 가질 여지가 있다는 점, 직권심리를 규정한 행정소송법 제26조를 변론주의와 직권탐지주의를 절충한 규정으로 이해하는 전제 하에서 기속재량과 관련되어서 논의되고 있는 중대한 공익상의 필요는 일종의 직권탐지주의적 요소로 받아들일 수 있다는 점을 검토 점으로 든다(崔善雄, 「행정소송에서의 기속재량」, 행정법연구(행정법이론실무학회)제52호, 131쪽 이하 및 同人, 재량과 행정쟁송, 48쪽 이하).

2) 대법 1995. 6. 13. 선고 94다56883 판결: 일반적으로 기속행위나 기속적 재량행위에도 부관을 붙일 수 없고 가사 부관을 붙였다 하더라도 무효이다.

여는 재량행위·기속행위의 구별과 부관의 허용성은 직접적인 관계가 없고, 기속행위에도 일정한 경우에는 부관을 붙일 수 있다는 것이 오늘날의 유력한 견해이다(→ 부관의 가능성).

3) 공권의 성립과의 관계

재량행위와 기속행위를 구별하는 실익은 공권의 성립과의 관계에도 있다고 한다. 이에 의하면, 기속행위의 경우에는 상대방에게 기속행위를 해 줄 것을 요구할 수 있는 행정청에 대한 공권이 생길 수 있으나, 재량행위의 경우에는 행정청은 재량행위를 할 수도 안할 수도 있으므로 재량권이 영으로 수축된 경우를 제외하고는 상대방에게 재량행위에 대한 청구권이 생길 수 없다고 한다. 그러나 무하자재량행사청구권은 재량행위에 대한 청구권이고, 재량이 영으로 수축된 경우에는 행정개입청구권이 발생한다는 것은 이미 앞에서 본 바와 같다.

(2) 구별 기준

재량행위와 기속행위의 구별 기준에 관한 학설 중 지금까지 주장되었던 것은 다음과 같다.

1) 요건재량설

이 설은 재량이란 행정행위의 요건에 관한 사실인정과 인정사실의 요건 해당 여부에 관한 판단에 관하여서만 인정되며, 그 인정 여부는 당해 행정법규의 문언에 의하여 판단되어야 한다는 견해이다. 즉 이 견해에 의하면 법이 행정행위의 요건을 정함에 있어서 일의적 개념(예: 도로교통법 93조 1항 1호에서 규정한 "술에 취한 상태에서 자동차 등의 운전을 한 경우")을 사용하고 있거나 공익이라는 종국목적에 이르는 개개의 행정활동에 특유한 중간적인 직접목적을 제시하고 있을 때(예: 주차위반에 대한 조치를 규정하고 있는 도로교통법 35조 2항은 조치 요건으로 "도로에서 일어나는 위험을 방지하고 교통의 안전과 원활한 소통을 확보하기 위하여"라는 목적을 제시하고 있다)에는 기속행위이고 법이 행정행위의 요건을 정함에 있어서 공백으로 남겨 두었거나 불확정개념을 사용하고 있는 때에는 재량행위라고 한다. 이 설은 재량을 행정행위의 요건의 인정에 있는 것으로 보며 효과에 대하여는 재량을 인정하지 아니한다. 이 설에 대하여는 ① 법효과에 대하여 전적으로 재량을 부인한 것은 실정행정법규의 해석으로 타당하지 못하다는 점, ② 법이 행정행위의 요건을 정함에 있어서 공백으로 남겨 두었거나 불확정개념을 사용하고 있더라도 일반적으로 재량이 인정된다고 볼 것은 아니라는 점 등의 비판이 있다.

2) 효과재량설

이 설은 재량이 법률효과의 선택에 관해서만 인정되며 그 인정 여부는 법이 구체적이고 명확한 명시적 기준을 두고 있는 경우를 제외하고는, 행정행위의 성질에 의하여 판단되어야 한다는 견해이다. 즉 이 견해에 의하면 행정행위가 불이익 행정행위이거나 확인행위 등 준법률행위적 행정행위인 때에는 법의 특별한 규정이 없는 한 기속행위이고, 행정행위가 이익 행정행위이거나 직접 국민의 권리·의무와 관계없는 행위인 때에는 법의 특별한 규정이 없는 한 재량행위라고 한다.[1] 이 설에 대하여는 ① 법요건에 대하여 전적으로 재량을 부인한 것은 실정행정법규를 무시한 견해로서 타당하지 못하다는 점, ② 불이익 행정행위의 영역에도 재량이 인정되는 예가 많아지고 있으며(예: 대법 2004. 10. 14. 선고 2001두2881 판결 등) 반대로 복리행정의 발전에 따라 이익행정행위의 영역에도 행정이 기속을 받는 경향이 증가되고 있다는 점 등의 비판이 있다.

3) 판단여지설

이 설은 기속행위와 재량행위의 구별이 법원의 심사대상 적격의 문제가 아니라 심사 강도 (Kontrolldichte)의 문제가 되면서 효과재량설을 시정하기 위하여 주장된 견해이다. 이 설에 의하면 앞에서 본 바와 같이 행정행위의 요건에는 원칙적으로 재량이 인정되지 아니하며, 행정행위의 효과에만 재량이 인정되지만 불확정개념으로 요건을 정하고 있는 경우 재량이 인정될 수 없다 하더라도 극히 제한된 일정한 경우에는 법원이 자신의 판단보다 행정청의 판단을 우선시켜야 한다는 견해이다. 이 설에 대하여는 불확정개념의 재량개념성을 부인하고 전면적인 사법심사를 주장하는 논리와 행정정책의 수행과 재판관의 심리능력의 한계를 고려한 사법자제(司法自制)라는 논리와의 사이의 모순을 여하히(어떠하게) 극복하느냐가 문제[2]라는 지적이 있다.

4) 최근의 학설과 판례경향

⑺ 최근의 학설　　최근 우리나라의 재량행위와 기속행위의 구별기준에 관한 학설의 일반적 경향은 일률적인 기준설정보다 행정법규의 규정방식, 그 취지·목적 및 행정행위의 성질 등을 함께 고려하여 개별적으로 판별하려고 한다.

이에 의하면 재량행위와 기속행위의 구별은 일률적으로 판별할 수 없지만 개괄적으로는 다음과 같이 정리할 수 있다. ① 행정법규가 행정행위의 요건·내용·절차 등에 관하여 일의적 규정을 두고 있는 경우에는 그 행정행위의 성질 여하에 관계없이 기속행위이다. ② 행정법규가 행정행위의 요건을 정함에 있어 불확정개념을 사용하고 있는 경우에는 불확정개념은 원칙적으로 법개념이며 사법심사의 대상이 된다. 그러나 사실의 존부나 포섭에 있어서 행정청의 전문적·기술적 판단을 존중하지 아니하면 아니 될 경우[3]에는 재량

---

1) 효과재량설은 재량의 본질이 오직 법규의 효과 부분에 있다고 보기 때문에 재량·기속의 구별도 그 효과 부분의 차이에 의거하게 되며, 우리나라에서 일반적으로 효과재량설이라고 소개되고 있는 요건 충족의 효과로서 발급되는 행정행위의 성질에 의하여 판단되어야 한다는 견해는 재량의 본질에 관한 효과재량설의 한 유형에 불과하다는 지적에 관하여는 朴正勳 교수의 앞의 논문, 253쪽 이하 참조.

2) 金道昶, 일반행정법론(상), 388쪽.

3) 李元雨 교수는 "다원적 집단의 이익대표성을 가진 구성원들로 구성된 독립적이고 전문적인 위원회에게 불확정개념에 대한 최종적 가치평가적 결정이 맡겨져 있는 경우, 이러한 위원회에 의한 결정에 대하여는 판단의 여지가 부여되어 있다고 보아 법원은 행정청의 결정을 존중하여 자신의 결정으로 그 결정을 대체하지 않는다. 이 경우 이러한 위원회는 가능한 모든 관점들을 수렴하여 이를 조정하여야 한다. 따라서 위원회의 구성과 그 결정과정 내지 절차가 특별히 투명하고 정형화될 것이 요구되며, 사법적 통제는 주로 이러한 요건에 대한 심사에 국한

행위(혹은 판단여지)이다.[1] ③ 행정법규가 행정청에게 법효과에 대한 선택의 여지를 남기고 있는 경우에는 행정법규의 문리적 표현("하여야 한다," "할 수 있다" 등), 행정행위의 성질·효과, 헌법상의 기본권과의 관계[2] 등에 따라 재량성 여부가 판단된다.[3] ④ 절차·시기·형식의 선택은 원칙적으로 재량행위이다.

⑷ **판례의 경향**　　　판례는 행정행위가 그 재량성의 유무 및 범위와 관련하여 이른바 기속행위와 재량행위로 구분된다고 할 때, 그 구분은 해당 행위의 근거가 된 법규의 체제·형식과 그 문언, 해당 행위가 속하는 행정분야의 주된 목적과 특성, 당해 행위 자체의 개별적 성질과 유형 등을 모두 고려하여 판단하여야 한다는 입장이다(대법 2020. 10. 15. 선고 2019두45739 판결 등). 그러나 판례 중에는 효과재량설의 입장에서 있는 것도 적지 않다(예: 대법 1990. 7. 13. 선고 90누2918 판결, 대법 2007. 7. 12. 선고 2007두6663 판결 등).

판례에 의하면 공사중지명령(대법 1991. 10. 11. 선고 91누7835 판결), 감사원의 변상판정(대법 1994. 12. 13. 선고 93누98 판결), 무단 공유재산 등 점용자에 대한 변상금부과처분(대법 2000. 1. 14. 선고 99두9735 판결), 「부동산실권리자명의등기에 관한 법률」 및 시행령상 명의신탁자에 대한 과징금부과처분(대법 2007. 7. 12. 선고 2005두17287 판결), 부정행위를 한 수험생에 대한 교육인적자원부장관(현 교육부장관)의 수능성적무효통보처분(서울행법 2006. 11. 29. 선고 2006구합6437 판결), 유가보조금전액환수 및 지급정지처분(대법 2013. 12. 12. 선고 2011두3388 판결), 교육환경평가심의 결과 불승인 통보(대법 2020. 10. 15. 선고 2019두45739 판결), 「의료법」 제64조 제1항 제8호에 해당하는 의료기관에 대한 개설허가취소처분(또는 폐쇄명령)(대법 2021. 3. 11. 선고 2019두57831 판결) 등은 기속행위라고 판단하였다. 허가처분취소처분(대법 1963. 8. 31. 선고 63누111 판결), 채광계획인가(대법 1993. 5. 27. 선고 92

된다. 이러한 법리를 현행 거시경제정책의 입안 및 집행에 대하여 대입해 보면, 현행법상의 거시경제정책결정기관 중 금융통화위원화나 금융감독위원회와 같은 전문적이고 중립적인 기관의 결정에 대하여 판단의 여지가 인정될 가능성이 많다고 하겠다. 따라서 법원은 이러한 기관의 정책적 결정에 대하여는 그 절차상 하자가 있거나 정책결정과정상 명백한 오류가 존재하지 않는 한 그 판단을 존중하여야 할 것이다"(同人, 경제규제법론, 542쪽)라고 기술하고 있다.

1) 효과재량 뿐 아니라 불확정개념의 해석·적용에서 부여되는 요건판단의 재량도 재량에 포함시키는 학설을 신요건재량설이라고 부른다.

2) 예컨대, 행정법규가 영업허가에 관하여 일정한 요건을 규정하면서 요건을 구비한 경우에 "허가할 수 있다"라는 표현을 사용하고 있다 하더라도 허가요건을 충족하고 있음에도 불구하고 허가하지 아니하는 것은 헌법상의 기본권인 직업선택·영업활동의 자유권을 침해하는 것이므로 행정청은 허가를 하여야 할 기속을 받는다.

3) 이 점에 대하여는 재량행위와 기속행위의 구별 기준이 명확하지 못하다는 비판이 제기되고 있다. 대안으로 "법 문언상 재량인지 기속인지 불분명한 경우에는 전형적인 경우는 기속행위로 보고, 비전형적인 경우에만 재량으로 보아야 하며, 전형적인 경우인지 비전형적인 경우인지의 구분은 형량에 투입된 원칙들 간의 비교를 통한 형량결과 명확성의 정도에 따라 구분해야 한다는 기준이 제시되고 있다(洪康熏, 「기속행위와 재량행위의 구별의 새로운 기준」, 공법연구(한국공법학회) 제40집 제4호, 제293쪽 이하 ; 同人, 「원칙(Regel)의 엄격한 구분에 근거한 기속행위와 재량행위의 새로운 구별기준」, 공법학연구(한국비교공법학회) 제17권 제3호, 81쪽 이하.

누19477 판결), 사설묘지 등의 설치허가행위(대법 1995. 12. 22. 선고 95추32 판결), 형질변경허가 등 산림의 용도변경에 필요한 처분(대법 1998. 9. 25. 선고 97누19564 판결) 등은 기속재량행위라고 판단하였다. 한편 재량행위·자유재량행위로 본 사례로는 ① 고등고시답안의 채점기준(대법 1962. 1. 18. 선고 4294행상92 판결), 교과용 도서 검정행위(대법 1992. 4. 24. 선고 91누6634 판결), 음란한 간행물 해당 여부의 판단(대법 1997. 12. 26. 선고 97누11287 판결), 사법시험 객관식 문제 출제행위(대법 2001. 4. 10. 선고 99다33960 판결) 등 행정청의 전문적 판단을 요하는 행정행위, ② 도시개발구역의 지정 및 변경(대법 1993. 10. 8. 선고 93누10569 판결), 택지개발예정지구 지정처분(대법 1997. 9. 26. 선고 96누10096 판결), 도시계획(대법 1998. 4. 24. 선고 97누1501 판결), 개발제한구역 내의 건축물의 용도변경허가(대법 2001. 2. 9. 선고 98두17593 판결), 자연공원시설기본설계 및 변경설계의 승인 여부(대법 2001. 7. 27. 선고 99두2970 판결), 관광조성사업시행허가 여부(대법 2001. 7. 27. 선고 99두8589 판결) 등 정책적 결정행위, ③ 임용기간이 만료된 자에 대한 임용권자의 재임용(대법 1993. 7. 27. 선고 93누2315 판결), 공무원에 대한 징계처분(대법 1997. 1. 24. 선고 96누15763 판결), 공무원임용행위(대법 1997. 11. 28. 선고 97누11911 판결), 장교 등 군인의 전역허가 여부(대법 1998. 10. 13. 선고 98두12253 판결) 등 자율적 판단의 존중을 요하는 행위, ④ 개인택시운송사업면허(대법 1996. 7. 30. 선고 95누12897 판결, 대법 2010. 1. 28. 선고 2009두19137 판결), 비영리법인의 설립허가(대법 1996. 9. 10. 선고 95누18437 판결), 개발제한구역 내에서의 건축허가처분(대법 1999. 8. 19. 선고 98두1857 전원합의체 판결, 대법 2003. 3. 28. 선고 2002두11905 판결 등), 액화석유가스충전사업허가(대법 2001. 3. 9. 선고 99두1625 판결), 귀하허가(대법 2010. 10. 28. 선고 2010두6496 판결)[1], 공증인 인가·임명행위(대법 2019. 12. 13. 선고 2018두41907 판결) 등 수익적 행위, ⑤ 측정분석의 시설·장비·기술능력이 제대로 갖추어진 국가기관이 측정한 오염물질농도에 기한 처분(대법 1993. 7. 16. 선고 93누814 판결) 등 과학·기술 능력을 기초로 한 판단행위 등이 있다.[2]

7. 한 계

(1) 행정법규에 의한 한계

행정재량에도 일정한 한계가 있다. 그 중에서도 행정법규에 의한 한계가 중요하다. 재량행위는 행정법규가 행위의 요건, 절차, 효과의 결정, 행위의 시기 및 형식 등의 결정에 있어서 행정청

---

1) 이 판결에 대한 평석으로 李熙貞, 「귀하허가의 법적 성질(대상판결:대법 2010. 10. 28. 선고 2010두6496 판결)」, 한국행정판례연구회 제262차 월례발표회 발표논문이 있다.

2) 판례는 채광계획인가를 기속재량행위로 공유수면점용허가를 자유재량행위로 보고 있는바, 채광계획인가에 의하여 공유수면점용허가가 의제되는 경우 채광계획인가관청은 공유수면점용불허가를 사유로 채광계획을 인가하지 아니할 수 있다고 하였다(대법 2002. 10. 11. 선고 2001두151 판결).

에게 판단의 여지를 부여하고 있는 경우에 행정청이 행하는 행위이므로, 사실의 존부, 행정법규의 해석·포섭, 절차의 선택, 결정의 선택, 내용의 선택, 시기의 선택, 형식의 선택 등 행정결정의 요소가 행정법규에 의한 제약을 받게 됨은 당연하다. 예컨대, 시기의 선택만 하더라도「행정절차법」제19조의 처리기간의 설정·공표에 관한 규정(대법원은 훈시규정으로 본다→ 처리기간의 설정·공표),「민원처리에관한법률」제6조의 민원처리의 원칙규정에 의한 제약을 받게 된다.

(2) 외적 한계와 내적 한계

종래 통설은 재량행위의 한계로서 외적 한계와 내적 한계를 들어왔다. 이에 의하면 외적 한계를 벗어난다는 것은 법이 행정청에게 수권한 범위를 넘어서 재량이 행사된 경우를 가리킨다. 이를 재량권일탈 또는 재량권유월(excess of discretion, Ermessensüberschreitung)이라 부른다.「행정기본법」제21조 후단은 "행정청은 재량이 있는 처분을 할 때에는 그 재량권의 범위를 넘어서는 아니된다"라는 규정을 두고 있다. 내적 한계를 벗어난다는 것은 재량이 형식적으로는 수권의 범위 내에서 행사된 것이지만 그 재량이 법의 취지나 법이 요구하는 요청에 적합하지 않게 행사된 경우를 가리킨다. 이를 재량권남용(abuse of discretion, Ermessensmissbrauch)이라 부른다.「행정소송법」제27조는 "행정청의 재량에 속하는 처분이라도 재량권의 한계를 넘거나 그 남용이 있는 때에는 법원은 이를 취소할 수 있다"라고 하여 재량권 행사의 한계와 외적 한계·내적 한계의 구분을 명문화 하고 있다.

(3) 재량권일탈·남용의 기준

사법판단의 한계를 긋는 재량권일탈과 재량권남용의 유무를 판단하는 기준은 무엇인가가 문제된다. 재량권일탈과 재량권남용은 이론상으로 구별되지만, 구체적으로 예컨대 평등원칙위반이 재량권일탈에 해당하는가 재량권남용에 해당하는가는 반드시 명백한 것이 아니다. 실제로 학자들이 설명하는 바도 일치하지 않는다.[1] 판례도 드물게는 "재량권의 행사가 그 법적 한계를 벗어난 경우"를 일탈, "재량권을 부여한 내재적 목적에 반하여 다른 목적을 위하여 처분한 경우"를 남용으로 구분한 예(대법 1984. 1. 31. 선고 83누451 판결)가 있기는 하나, 대부분은 양자를 명확하게 구별하고 있지 않다.

지금까지 학자들이 들고 있거나 판례에 나타난 재량권일탈·남용의 유무를 판단하는 기준은

---

1) 崔善雄 교수는 "재량의 일탈과 재량의 남용은, 행정의 책임과 행정에 대한 비난가능성의 차이, 소송자료에 관한 소송원칙과 그와 관련된 사실문제와 법률문제의 구별, 주장·증명책임의 분배와 증명의 강도, 그리고 특히 행정이나 법원이 아닌 원고 국민의 입장에서 증명의 용이성 내지 성공가능성을 기준으로 구별하여 재판에 적절하게 대처하게 할 필요성이 있다는 점에서, 즉 한마디로 국민의 재판청구권의 실질적 보장이라는 차원에서 재량일탈과 재량남용을 구별할 필요성이 있다"하고, 다만, 실제 구체적인 사례에 있어서는 재량일탈과 재량남용은 엄격히 구별되기가 어렵고 상대화되어 있다는 점에서 결국 "재량의 일탈적 요소와 남용적 요소를 상호 비교형량하여 구별" 할 수 밖에 없다는 견해를 피력하고 있다(同人, 재량과 행정쟁송, 80쪽 이하).

① 자의(恣意)·독단(대법 1958. 10. 31. 선고 4290행상186 판결), ② 사실오인(대법 2001. 7. 27. 선고 99두2970 판결 등), ③ 법률의 착오, ④ 입법정신 위반(대법 1997. 11. 28. 선고 97누12952 판결 등), ⑤ 평등원칙 위반(대법 1972. 12. 26. 선고 72누194 판결 등), ⑥ 비례원칙 위반(대법 1986. 11. 25. 선고 86누610 판결 등)[1], ⑦ 기득권 침해(대법 1992. 4. 14. 선고 91누9251 판결 등), ⑧ 공익원칙 위반(대법 1982. 6. 22. 선고 81누375 판결, 대법 2003. 3. 28. 선고 2002두12113 판결 등), ⑨ 신의칙 위반(대법 1986. 8. 19. 선고 85누291 판결) 및 신뢰보호원칙 위반(대법 1998. 5. 8. 선고 98두4061 판결), ⑩ 정상참작 위반(대법 1969. 9. 30. 선고 69누110 판결), ⑪ 이유불명시(대법 1971. 10. 12. 선고 71누49 판결, 대법 2004. 5. 28. 선고 2004두961 판결), ⑫ 동기의 부정, ⑬ 목적 위반(대법 1996. 4. 26. 선고 95누18727 판결), ⑭ 부당결부금지원칙 위반(대법 1997. 3. 11. 선고 96다49650 판결), ⑮ 적정형량원칙 위반(대법 1996. 11. 29. 선고 96누8567 판결, 대법 2019. 7. 11. 선고 2017두38874 판결), ⑯ 법적 안정성 박탈(대법 1987. 9. 8. 선고 87누373 판결), ⑰ 사회통념상 현저한 타당성 상실(대법 1987. 7. 7. 선고 86누820 판결 등), ⑱ 처분기준 위반(대법 2010. 1. 28. 선고 2009두19137 판결),[2] ⑲ 그 밖에 기본권 및 행정법 일반원칙위반 등이다. 대체로 실체적 기준이다. 위 기준 중 ⑮ 적정형량원칙 위반에 대하여는 「행정기본법」 제21조 재량행사의 기준이라는 제목으로 전단에서 "행정청은 재량이 있는 처분을 할 때에는 관련 이익을 정당하게 형량하여야 한다"라고 하여 적정형량을 명문화하고 있다. 이외에도 재량기준설정의무 위반, 고지 의무 위반, 의견청취 절차 위반 등 「행정절차법」이 정하고 있는 절차적 기준도 포함되어야 한다.

(4) 재량권수축론

재량권의 한계는 행정청이 어떤 행위를 행하는 작위의 경우에만 문제되는 것이 아니라 행하여야 할 행위를 행하지 아니하는 부작위의 경우에도 문제된다. 법령이 효과재량을 명확하게 부정하고 있을 때에는 문제가 없다. 그러나 법령이 효과재량을 인정하고 있는 경우에는 부작위는 작위의무위반이 아니므로 위법이 아니라는 견해가 있었다. 최근에는 법령이 효과재량을 인정하고 있는 경우에도 부작위가 위법이 되는 경우가 있다는 견해가 유력하다. 즉 효과재량이 인정

---

[1] 대법원은 구 유통산업발전법 제12조의2에 따른 행정청의 영업시간 제한 및 의무휴업일 지정 처분에 비례원칙 위반 등 재량권 일탈·남용의 위법이 있는지 판단할 때에는 헌법 제119조 제1항과 제2항의 상호관계, 구 유통산업발전법 제12조의2에 따른 규제에 관련된 이익상황의 특수성 등에 비추어 행정청이 다양한 공익과 사익의 요소를 고려하였는지, 나아가 행정청의 규제 여부 결정 및 규제수단 선택에 있어서 규제를 통해 달성하려는 공익증진의 실현 가능성과 규제에 따라 수반될 상대방 등의 불이익 정당하고 객관적으로 비교·형량되었는지 등을 종합적으로 고려하여 한다고 판시하였다(2015. 11. 19. 선고 2015두295 전원합의체 판결).

[2] 대법 2010. 1. 28. 선고 2009두19137 판결: 여객자동차운수사업법에 의한 개인택시운송사업면허를 위하여 정하여진 순위 내에서의 운전경력인정방법의 기준 설정 역시 행정청의 재량에 속한다 할 것이지만, 행정청이 면허발급 여부를 심사함에 있어서 이미 설정된 면허기준의 해석상 당해 신청이 면허발급의 우선순위에 해당함이 명백함에도 이를 제외시켜 면허거부처분을 하였다면 특별한 사정이 없는 한 그 거부처분은 재량권을 남용한 위법한 처분이 된다.

되는 경우에도 행정청이 개별사안에 따라서는 다른 행위를 선택하는 것이 위법이 되고 오직 하나의 행위를 선택하는 것만이 적법하게 되는 경우가 있다. 이 경우를 재량권의 영으로의 수축(Ermessensreduzierung auf Null) 또는 재량권수축(Ermessensschrumpfung)이라 한다. 재량권수축 무시 여부도 재량권일탈·남용의 유무를 판단하는 기준으로 작용하게 된다.

원래 재량권수축론은 전전(戰前)의 독일에서 손해배상청구의 경우에 행정청의 부작위의 위법을 인정하는 논리로서 먼저 등장하여 행정소송에서의 처분의 위법을 인정하는 논리로 전개되었다. 이 이론은 무하자재량행사청구권이나 행정개입청구권의 이론적 근거가 되고 있다. 우리나라에 있어서도 국가배상청구사건, 즉 군·경·공무원이 3차에 걸친 간첩출현신고를 묵살하고 즉시 출동하지 아니한 직무유기행위로 인하여 피해자가 무장간첩에 의하여 살해된 사안(대법 1971. 4. 6. 선고 71다124 판결)에서 이 이론이 인정된 바 있다.

(5) 재량기준의 설정·공표

「행정절차법」 제20조 제1항은 행정청으로 하여금 필요한 처분기준을 당해 처분의 성질에 비추어 될 수 있는 한 구체적으로 정하여 공표하도록 규정하고 있다. 재량행위의 경우에는 처분기준은 재량기준이 될 것이다. 지금까지의 대법원이 견지하여 온 바에 의하면 재량행위의 적법 여부 기준은 처분기준(법령이 직접 규정하고 있는 처분기준 제외)에 적합한 것인가의 여부에 따라 판단할 것이 아니라 법(외부법)의 규정 및 취지에 적합한가의 여부에 따라 판단하여야 한다는 것이었다(대법 1997. 11. 28. 선고 97누12952 판결 등 참조).[1] 그러나 행정청이 스스로 재량기준을 설정·공표한 이상 행정의 자기구속원칙에 의하여 그것에 구속받게 된다고 봄이 마땅하다. 또한 재량기준을 일률적으로 말할 수는 없으나 재량기준에서의 일탈은 그것을 정당화할 수 있는 객관적인 이유가 없는 한 행정청은 미리 설정·공표되어 있는 재량기준에 따라 처분을 하여야 하는 것이 원칙이다(대법 2019. 1. 10. 선고 2017두43319 판결).[2] 그렇지 않으면 재량기준을 설정·공표하도록 하여 재량권을 축소함으로써 재량권남용을 막으려는 「행정절차법」의 목적이 실현될 수 없기 때문이다.

---

1) 최근에는 대법원의 판결에도 "기준의 설정이나 변경이 객관적으로 합리적이 아니라거나 타당하지 않다고 보이지 아니하는 이상 행정청의 의사는 가능한 한 존중되어야 한다"는 판시가 늘어나고 있다(대법 2007. 3. 15. 선고 2006두15783 판결; 대법 2018. 2. 28. 선고 2017두51501 판결 등).

2) 2019. 1. 10. 선고 2017두43319 판결: 공원녹지법상 공원조성계획 입안 제안을 받은 행정청이 제안의 수용 여부를 결정하는 데 필요한 심사기준 등을 정하고 그에 따라 우선협상자를 지정하는 것은 원칙적으로 도시공원의 설치·관리권자인 시장 등의 자율적인 정책 판단에 맡겨진 폭넓은 재량에 속하는 사항이므로, 법원은 해당 심사기준의 해석에 관한 독자적인 결론을 도출하지 않은 채로 그 기준에 대한 행정청의 해석이 객관적인 합리성을 결여하여 일탈·남용하였는지 여부만을 심사하여야 한다.

(6) 한계를 벗어난 재량행위의 효과

행정청의 재량행위가 그 한계를 벗어난 때에는 그 재량행위는 위법행위가 된다. 「행정소송법」제27조는 "행정청의 재량에 속하는 처분이라도 재량권의 한계를 넘거나 그 남용이 있는 때에는 법원이 이를 취소할 수 있다"라고 규정하고 있다. 「행정소송법」제27조는 "이를 취소할 수 있다"라고 하고 있으나, 이 말은 재량권일탈·남용이 언제나 취소원인이라는 한정된 의미가 아니라 무효원인도 될 수 있다는 의미로 새겨야 할 것이다. 다만 재량의 성격에서 보아 재량의 흠이 무효인 경우는 매우 드물 것이다. 재량행위가 그 재량권의 한계를 벗어난 것이어서 위법하다는 점은 그 처분의 효력을 다투는 자가 이를 주장·입증하여야 한다는 것이 판례(대법 2021. 3. 25. 선고 2020두51280 판결 등)이다(→ 입증책임). 한계를 벗어난 재량행위로 손해가 발생한 경우에는 피해자가 손해배상청구소송을 제기하여 그 구제를 받을 수 있음은 말할 나위가 없다.

8. 통 제

오늘날 현대복지국가에서는 행정권이 국민 또는 주민의 모든 생활분야에 적극적으로 개입함에 따라 행정작용이 복잡화·전문화·기술화되면서 재량행위가 불가피하게 증대되고 있다. 이와 같은 재량행위의 증대에 대응하여 재량행위가 적절하게 행사되도록 어떻게 통제하느냐가 커다란 과제로 등장하게 된다. 재량행위의 통제는 국회에 의한 통제, 행정부에 의한 통제, 법원·헌법재판소에 의한 통제가 그 주류를 이룬다.

(1) 국회에 의한 통제

국회는 법률유보원칙의 적용범위를 확대한다든가, 행정기관에게 재량권을 부여함에 있어서도 불필요한 추상적 개념의 사용을 피한다든가, 목적 등을 구체적으로 제시함으로써 재량행위를 통제할 수 있다. 법률에서 위임한 사항이나 법률을 집행하기 위하여 필요한 사항을 규정한 대통령령·총리령·부령·훈령·예규·고시 등이 제정·개정 또는 폐지된 때에는 중앙행정기관의 장은 10일 이내에 이를 국회 소관 상임위원회에 제출하도록 하고, 상임위원회는 중앙행정기관이 제출한 대통령령·총리령·부령의 법률 위반 여부를 검토하도록 하여, 검토 결과 대통령령·총리령이 법률의 취지 또는 내용에 합치되지 아니한다고 판단되는 경우에는 검토결과서를 의장에게 제출하여 의장이 제출된 검토결과서를 본회의에 보고하고 국회가 본회의 의결로 이를 처리하여 정부에 송부하도록 하고 있는 「국회법」제98조의2를 활용하여 국회는 재량행위를 통제할 수 있다. 국회의 국정에 관한 감사·조사(헌법 61조), 질문(동법 62조), 국무총리·국무위원해임건의(동법 63조) 등에 의하여 행정청의 재량행위를 통제할 수도 있을 것이다.

(2) 행정부에 의한 통제

1) 행정입법에 의한 통제

행정부는 대통령령·총리령·부령 등과 같은 행정입법을 제정할 때에, 앞의 국회에 의한 통제 방법 외에, 재량기준을 구체화하는 방법 등으로 행정재량권을 효율적으로 통제할 수 있다.

2) 직무감독

감사원의 감사 또는 상급감독청에 의한 직무감독이 재량권의 자의적 행사에 대한 예방적(예: 훈령 등의 형식으로 정립된 재량준칙에 의한 예방기능) 및 교정적 통제수단이 될 수 있다. 특히 부당한 재량권행사(재량권 일탈·남용으로 되는 경우를 제외하고)의 시정에는 입법적 통제와 더불어 직무감독 이 원칙적으로 종국적인 수단이 된다.

3) 행정절차

재량행위는 사전절차인 행정절차를 거치게 함으로써 유효하게 통제될 수 있다(→ 행정절차의 기능). 「행정절차법」은 재량행위의 처리기간의 설정·공표(19조), 재량기준의 설정·공표(20조), 재 량행위의 사전통지(21조), 재량행위에 대한 의견청취(청문·공청회·의견제출) 및 재량행위의 이유제 시(23조) 등을 규정함으로써 이를 뒷받침하고 있다. 예컨대, 재량기준의 설정·공표만 하더라도 그것 자체가 행정청의 재량행위를 통제하는 수단이 될 뿐만 아니라, 재량기준의 외부효과가 사 법심사에서 문제된 경우, 재량기준 그 자체의 적법성·합리성, 재량기준의 적정·공정한 적용, 재 량기준으로부터의 일탈의 객관성 등이 심사대상이 되게 된다. 또한 이유제시도 그것 자체가 행 정청의 재량행위를 통제하는 수단이 될 뿐만 아니라, 이유제시의 밀도 여하에 따라 재량행위의 위법 여부 통제의 중요한 수단이 된다.

4) 행정심판

행정심판은 심판절차를 통하여 행정청의 위법·부당한 처분 등으로 침해된 사인의 권익구제 와 더불어 행정법규의 적정한 적용을 도모하기 위한 행정쟁송제도로서, 특히 부당한 처분의 시 정도 가능하다는 의미에서 효과적인 통제수단이 될 수 있다.

(3) 법원·헌법재판소에 의한 통제

재량행위에 대한 사법적 통제는 크게 법원에 의한 통제와 헌법재판소에 의한 통제로 나눌 수 있다.

1) 법원에 의한 통제

(가) **사법심사의 확대**　　재량론의 역사는 한마디로 재량행위에 대한 사법심사 범위의 확 대를 위한 노력으로 표현할 수 있다. 독일에서는 재량권수축론을 바탕으로 무하자재량행 사청구권이나 행정개입청구권을 인정하려는 이론이 등장하여 왔음은 이미 본 바와 같다.

우리 「행정소송법」 제27조는 기속재량과 자유재량을 구별하지 않고 모든 재량사항을 취소소송·부작위법확인소송 등 사법심사의 대상으로 하고 있다.

㈏ **재량의 실체적 통제의 한계**　재량의 실체적 통제란 법원이 재량의 위법 여부를 심사함에 있어서 행정청의 재량판단의 단계별로 위법이 있었는가를 실체법에 따라 심사하는 통제를 말한다. 재량의 실체적 통제방식은 심사의 결과 행정청이 행한 판단과 법원의 판단이 다른 경우에 법원의 판단을 행정청의 판단에 대치하는 판단대치방식에 의한다.

문제는 과연 실체면에서의 재량심리의 강화에 의하여 법원의 부담이 가중되는 것만큼 사법구제의 실효성이 발휘될 수 있겠는가에 있다. 재량행위의 사법심사에 있어서 법원의 판단을 우선시켜서 그것을 행정청의 판단에 대치하는 방식(판단대치방식)에 합리성이 인정되는 이유는 재판에 있어서는 통상의 행정판단과는 달리 법관이 이해가 대립되는 양 당사자로부터 제출된 주장·증거 등을 충분히 참작하여 어느 한 쪽에 기울어짐이 없는 공평한 입장에서 자기의 판단을 형성하는 데에 있다. 따라서 사실에 법을 기계적으로 적용하여 결론을 이끌어내는 단순한 행정사건에서는 판단대치방식에 의하는 것이 타당할 수 있다. 왜냐하면 법원의 판단대치방식에 의한 결론이 행정판단보다 나은 객관성을 가질 개연성이 높기 때문이다. 다만, 의견청취를 거쳐 행하여진 재량처분의 경우, 처분청이 제출하지 아니한 증거를 법원이 채용하여 그 증거에 의거하여 계쟁처분의 근거를 삼는다든가, 의견청취절차에서의 심리를 무로 돌리고 재판단계에서 사실을 심리하여 법령을 적용하는 판단대치방식이 법원이 스스로 처분을 행하는 결과가 되어 과연 허용될 수 있는가는 별개의 문제이다.

그런데 현대행정에 있어서는 사실에 법을 기계적으로 적용하여 결론을 이끌어내는 단순구조의 행정행위는 감소하는 추세에 있고, 법목적의 실현을 지향하면서도 행정청이 포괄적인 법의 수권 아래서 정책적·기술적 판단을 주체적·창조적으로 가미하면서 개별적인 행정행위에 이르는 판단과정을 거치는 행정작용이 증가하는 추세에 있다. 그 대표적인 경우가 고도의 정책적 판단이나 과학기술상의 판단을 필요로 하는 행정행위이다. 더욱이 최근의 법률이 그러한 행정과정에 이해관계인의 참가를 요구함으로써 현대의 행정흐름은 법의 실현과 이해관계인의 참가에 의한 자율적 창조의 혼합과정으로 구성되어 있다 할 것이다. 따라서 법원이 위와 같은 판단과정이나 혼합과정을 거쳐서 결정된 판단의 내용을 자기의 실체적 판단으로 대치하는 것은 사실상 불가능하거나 타당성을 잃고 있다.[1] 여기에 법원에 의한 재량의 실체적 통제의 한계가 있다.[2]

이와 관련하여 최근 대법원이 기속행위와 재량행위에 대한 사법심사척도를 명확하게

---

1) 완전한 판단대치방식을 취할 수 없다는 점을 구체적으로 지적한 판결로는 중·고등학교 교과서 검정에 관한 대법 1988. 11. 8. 선고 86누618 판결 등을 들 수 있다.

2) 김창조, 「행정재량에 대한 사법심리방법」, 김철용 편 행정절차와 행정쟁송, 피엔씨미디어, 2017, 713쪽 이하 참조.

구분하여 기속행위(기속재량을 여기에 포함시킨다)의 경우에는 법원이 해당 법규에 대한 원칙적인 기속성으로 인하여 법원이 사실인정과 관련 법규의 해석·적용을 통하여 일정한 결론을 도출한 후 행정청이 한 판단의 적법 여부를 독자의 입장에서 판정하는 방식에 의하고, 재량행위의 경우에는 법원은 행정청의 재량에 기한 공익판단의 여지를 고려하여 독자의 결론을 도출함이 없이 당해 행위에 재량권의 일탈·남용이 있었는지 여부만을 심사하는 방식에 의한다고 판시[1]하여(대법 2002. 5. 28. 선고 2000두6121 판결, 대법 2005. 7. 14. 선고 2004두6181 판결, 대법 2019. 1. 10. 선고 2017두43319 판결 등) 판단대치방식을 완전히 배제하고 있다. 이른바 기속재량행위의 범주에 속하는 사항에도 전문 기술적·정책적 재량 판단 사항이 있을 수 있다는 것, 전문 기술적·정책적 재량 판단이 요구되는 행정행위가 증대되면 될 수록 행정청이 한 판단의 적법 여부를 법원이 독자적 입장에서 판단하는 심사방식에는 일정한 한계가 있기 마련이라는 것은 앞에서 언급한 바와 같다.

⒟ **절차적 심사방식의 등장**　　　　재량의 실체적 통제의 한계에 돌파구를 열어주며, 행정이 고도로 전문화하고 행정과정이 복잡화한 현대적 상황을 배경으로 하여 새로운 재량통제의 수단으로 등장한 것이 비교적 밀도 높은 법적 규율이 가능한 권한행사과정에서의 행위규범의 준수사항을 심사하는 절차적 심사방식이다.[2] 즉 절차적 심사방식은 실체적 판단을 행정청에 맡기고, 법원은 행위의 실체적 내용의 심사에 들어감이 없이 절차법적 관점에서 행정의 재량영역에 통제를 미침으로써 행정의 절차 내지 판단과정의 합리성을 심사하는 방식이다. 이 방식에 의하게 되면 법원이 쟁점마다 스스로 실체판단을 형성하는 종래의 일반적 심리방법에 비하여 심리가 한층 신속하고 능률적으로 실시될 것이고, 행정의 재량사항에 대한 법원의 지나친 내용적 간섭을 피할 수 있을 것이며[3], 사안에 따라서는 사인에게 보다 밀도 있는 구제를 보장할 수도 있을 것이다. 절차적 심사방식은 행정청

---

1) 대법원이 침익처분의 효과재량(대법 2002. 5. 28. 선고 2000두6121 판결)과 거부처분의 요건재량 및 효과재량(대법 2005. 7. 14. 선고 2004두6181 판결)에 대한 심사방식(내지 심사강도)를 동일하게 판시하고 있는 점의 비판으로 朴正勳, 「거부처분과 행정소송—법도그마틱의 분별력·체계성과 다원적 비교법의 돌파력—」, 행정법이론실무학회 제256회 정기학술대회 발표문, 20쪽 이하가 있다.

2) 행정절차에 대한 생각은 종래에는 대륙법계 국가와 영미법계 국가 사이에 큰 차이가 있는 것으로 설명하여 왔다. 즉 대륙법계 국가는 실체법을 중시하는 사고이고, 영미법계 국가는 절차법을 중시하는 사고라는 것이다. 그러나 제2차 세계대전 이후에는 대륙법계 국가도 절차법을 중시하는 사고가 강력하여졌다. 그 배후에는 행정의 복잡화·전문화에 의하여 행정재량이 증가하고 있기 때문이다. 따라서 실체법에 의한 규율과 법원에 의한 통제가 어렵게 되어감에 따라, 법원도 절차적 심사방식에 중점을 두지 않을 수 없게 된 것이다. E. Schmidt-Assmann에 의하면, 공법에 있어서 절차 사고(思考)에 몰입해서 강화하였기 때문에 기속행정의 경우에 있어서도 행정 자신에 대한 제어(制御)가 놀랄 정도로 광범위하게 행하여지고 있음이 명백해졌다고 한다(Das allgememe Verwaltungsrecht als Ordnungsidee, S. 202).

3) 대법원은 "환경오염 발생 우려와 같이 장래에 발생할 불확실한 상황과 파급효과에 대한 예측이 필요한 요건에 관한 행정청의 재량적 판단은 그 내용이 현저히 합리성을 결여하였다거나 상반되는 이익이나 가치를 대비해 볼 때 형평이나 비례의 원칙에 뚜렷하게 배치되는 등의 사정이 없는 한 폭넓게 존중되어야 한다"라고 판시하고 있다(대법 2021. 3. 25. 선고 2020두51280 판결, 대법 2021. 6. 30. 선고 2021두35681 판결).

이 재량처분을 행하면서 제시한 처분의 근거·이유의 심사도 중요한 부분을 차지하게 된다. 「행정절차법」의 제정으로 절차적 심사방식은 더욱 유효한 통제수단이 되고 있다(대법 2001. 4. 13. 선고 2000두3337 판결, 대법 2001. 5. 8. 선고 2000두10212 판결 등 참조). 특히 「행정절차법」은 재량기준의 설정·공표에 의하여 심사기준을 명확하게 하고 있을 뿐만 아니라 재량행위에 원칙적으로 이유제시의 동시성을 요구하고 있으므로(동법 23조 1항), 법원은 행정청이 제시한 이유에 의하여 행정청 스스로 설정·공표한 재량기준의 내용의 합리성 여부 및 그 재량기준에의 적합성 여부 등 재량행사의 일관성·논리성을 심사할 수 있다.[1]

2) 헌법재판소에 의한 통제

특정한 재량행위로 자신의 기본권이 침해되고, 다른 방법으로는 그 침해를 다툴 수 없는 경우에는 기본권을 침해받은 자는 헌법소원심판을 청구하여 다툴 수 있다.

제 3 관 쌍방적 행정행위와 단독적 행정행위

이 행정행위의 종류는 상대방의 협력을 요건(유효요건 또는 적법요건)으로 하느냐의 여부를 기준으로 한 구별이다. 즉 행정행위는 상대방의 협력을 요건으로 하는 행정행위인 쌍방적 행정행위(또는 협력을 요하는 행정행위)와 그것을 요건으로 하지 아니하는 행정행위인 단독적 행정행위(또는 독립적 행정행위)로 나뉜다. 쌍방적 행정행위는 그 필요로 하는 협력의 내용에 따라 다시 동의를 요하는 행정행위[2]와 신청을 요하는 행정행위로 나누는 것이 일반적이다.[3]

---

1) 식품의약품안전청장이 행한 의약품 제조품목 허가취소에 대하여 그 취소를 소구한 사건에서 원심판결(서울고법 2008. 5. 6. 선고 2007누28108 판결)이 해당 의약품의 안전성이라는 실체적 판단을 한 반면, 대법원(2008. 11. 13. 선고 2008두8628 판결)은 해당 의약품의 위험판단에 대한 절차적 통제의 측면을 적극적으로 해석하고 있다. 이 판결을 평석한 金泰昊 헌법재판소 연구원은 "해당 의약품의 안전성요건에 대한 판단은 법원의 사법심사를 통하여 쉽게 통제하기 어려운 측면이 있다"고 하면서 "이 사건 의약품의 유효성·안전성에 대한 판단에 있어서는 실제 복제의약품에 생동성이 인정되는지 여부를 적극적으로 판단하기보다는, 생동성 평가과정에서의 조작 등의 절차적 하자가 있는지 여부 등에 대한 판단에 중심이 놓이지 않을 수 없다"고 하여 대법원 판결을 지지하고 있다(同人, 「하자 있는 수익적 행정처분의 직권취소—복제의약품허가 및 그 직권취소의 특수성과 관련하여—」, 행정판례연구(한국행정판례연구회)XV-1, 100쪽 이하).

2) 대법 2006. 3. 10. 선고 2004추119 판결 : 문화재보호법의 입법목적과 문화재의 보존·관리 및 활용은 원형유지라는 문화재보호의 기본원칙 등에 비추어, 건설공사시 문화재보존의 영향 검토에 관한 문화재보호법 제74조 제2항 및 같은 법 시행령 제43조의 2 제1항에서 정한 '문화재청장과 협의'가 '문화재청장의 동의'를 말한다. 이 판결에 대한 평석으로는 慶健, 「관계기관과의 협의를 거치지 아니한 조례의 효력」, 행정판례연구(한국행정판례연구회)ⅩⅢ, 186쪽 이하가 있다.

3) 「행정절차법」의 제정으로 신청에 의한 행정행위와 직권에 의한 행정행위의 구분이 제대로 이루어져야 하고, 행정절차법의 해석론이 이런 구분을 전제로 전개되어야 한다는 점에서 동의를 요하는 행정행위와 신청을 요하는 행정행위를 묶어 쌍방적 행정행위라고 부르고 이를 단독적 행정행위와 구별하는 것은 신청에 의한 행정행위와 직권에 의한 행정행위 구분의 중요성이 간과될 우려가 있다는 점이 지적되고 있다(金鉉埈, 행정처분절차에 있어서 직권과 신청—사전통지와 이유제시에서의 문제점을 중심으로—, 토지공법연구(한국토지공법학회)제66집, 327쪽 이하 참조.

쌍방적 행정행위와 공법상 계약은 혼동해서는 아니 된다. 즉 쌍방적 행정행위는 그것이 동의를 요하는 행정행위이든 신청을 요하는 행정행위이든, 행정행위의 효과의 내용이 행정청의 일방적 의사에 의하여 결정되며, 상대방의 협력(동의 또는 신청)이 결여된 경우에는 쌍방적 행정행위의 취소 또는 무효사유가 된다. 이에 대하여 공법상 계약은 후술하는 바와 같이 행정주체와 상대방의 동가치적 의사의 합치로 성립하는 공법행위이며 상대방의 의사가 결여되면 공법상 계약의 불성립이 된다.

제 4 관 불이익 행정행위·이익 행정행위·복효적 행정행위

Ⅰ. 개 설

이 행정행위의 종류는 행정행위의 법효과를 기준으로 한 구별이다. ① 권리를 제한하거나 의무를 부과하는 등 상대방에게 불리한 효과를 발생시키는 행정행위를 불이익 행정행위라고 한다.[1] 하명, 특허의 철회 등이 그 예이다. ② 권리·이익을 부여하거나 권리의 제한을 철폐하는 등 상대방에게 유리한 효과를 발생시키는 행정행위를 이익 행정행위(수익적 행정행위라고도 한다)라고 한다. 허가, 특허, 인가, 하명의 취소 등이 그 예이다. ③ 불이익적 효과와 이익적 효과의 양 효과, 즉 복효적 효과를 발생하는 행정행위를 복효적 행정행위라고 한다. 복효적 행정행위는 다시 복효적 효과가 동일인에게 발생하는 행정행위인 혼합효 행정행위(Verwaltungsakt mit Mischwirkung)와 어떤 사람에게는 이익적 효과가 다른 사람에게는 불이익적 효과가 발생하는 행정행위인 제3자효 행정행위(Verwaltungsakt mit Drittwirkung)로 나뉘나, 보통 복효적 행정행위라 할 때에는 후자를 의미하는 것이 일반적이다. 복효적 행정행위의 전형적인 예로는 「건축법」상의 이웃보호규정에 위반하여 행한 건축허가, 복수 경원자(競願者) 중 한 사람에게 행한 영업허가 등을 들 수 있다.

Ⅱ. 불이익 행정행위와 이익 행정행위의 구별실익

두드러진 것으로 다음과 같은 것을 들 수 있다.

(1) 법률유보원칙

법률유보원칙의 적용범위에 관한 여러 학설 중 침해유보설에 의하는 경우, 행정청이 불이익 행정행위를 행할 때에는 반드시 법률의 근거를 요한다.

---

1) 부담적 행정행위라고도 한다. 부담적 행정행위를 흔히 침익적 행정행위 또는 침해적 행정행위라고도 부른다. 그러나 침익적 행정행위 또는 침해적 행정행위는 부담적 행정행위 중에서 권리를 침해하는 경우(ein Verwaltungsakt, der in Rechte eingreift), 즉 '현상태에서 감소상태로 변화'한 경우만을 지칭하는 개념으로 사용하는 경우가 있다. 따라서 학문의 엄격성을 위해서는 이익 행정행위, 즉 수익적 행정행위(begünstigender Verwaltungsakt)와 대칭되는 개념으로는 불이익 행정행위, 즉 부담적 행정행위(belastender Verwaltungsakt) 개념이 적합하다.

(2) 재 량 성

기속행위와 재량행위의 구별기준에 관한 학설 중 효과재량설에 의하는 경우, 이익 행정행위는 원칙적으로 재량성을 띠게 된다.

(3) 부　관

부관이 문제가 되는 것은 주로 행정청이 이익 행정행위를 행할 때이다.

(4) 직권취소·철회

직권취소와 철회의 대상은 주로 이익 행정행위이다.

(5) 행정절차

「행정절차법」에는 처분절차를 규율하면서 불이익 행정행위에는 행정청에 대해 처분사전통지의무를 지우는 등 불이익 행정행위와 이익 행정행위간에 달리 규율하는 부분이 있다.

(6) 의무이행확보

불이익 행정행위는 의무를 과하는 경우가 있으므로 의무를 불이행하거나 위반하는 경우 행정강제나 행정제재의 대상이 되나 이익 행정행위의 경우에는 이러한 문제가 없다.

(7) 쟁송수단

불이익 행정행위가 위법하게 행하여진 경우 그에 대한 쟁송수단은 원칙적으로 취소쟁송·무효확인쟁송이다. 이에 대하여 이익 행정행위를 위법하게 거부하거나 방치(부작위)하는 경우 그에 대한 쟁송수단은 원칙적으로 거부취소쟁송·의무이행심판·부작위위법확인소송이다.

Ⅲ. 복효적 행정행위

1. 등장배경

복효적 행정행위는 종래에도 없었던 것은 아니다(예: 토지수용재결 등). 그러나 근래에 와서 이 개념이 특히 중요시되고 있다. 그 원인은 한마디로 헌법구조의 변화에 있는 것이지만 구체적으로는 예컨대 현대 행정법관계가 사인의 가치관의 다양화로 사인과 사인간의 이해대립이 늘어나면서 다면적 관계로 발전하고 있다는 점(→ 현대 행정법관계의 특색), 복리행정의 전개는 계획행정적 색채가 가미되어 인인(隣人) 상호간의 이해조정임무까지 부가되었다는 점, 권리구제의 범위 특히 원고적격이 점차로 확대되어 왔다는 점 등이다.

2. 특   색

복효적 행정행위의 특색은 일방의 이익과 타방의 불이익 간에 상호구속성이 있다는 점이다. 따라서 불이익 행정행위나 이익 행정행위에 있어서와 같은 이면적 관계와는 달리 복효적 행정행위에 있어서는 이해를 달리하는 당사자들에 대한 행정청의 세심한 배려와 양 당사자들 간의 치밀한 이익형량이 요구된다. 예컨대 행정청이 이익 행정행위를 행하면서 그로 인하여 제3자가 입게 될 불이익을 방지하기 위하여 부관을 붙인다든가, 이익 행정행위를 직권취소하거나 철회하면서 공공이익과 신뢰이익 간의 이익형량뿐만 아니라 아울러 제3자의 이익도 포함시켜 이익형량을 행하여야 하는 것이 그것들이다(→ 취소권의 제한 및 철회권의 제한).

3. 행정절차법상의 문제

(1) 사전통지

「행정절차법」 제21조는 행정청이 당사자에게 의무를 과하거나 권익을 제한하는 처분을 하는 경우에 사전에 당사자 등에 통지해 주도록 규정하고 있다. 이와 같이 「행정절차법」 제21조가 불이익 처분을 당사자에 대한 불이익 처분으로 한정하고 있기 때문에 여기서 말하는 당사자 속에 불이익 효과를 받은 제3자인 이해관계인이 포함되느냐가 문제된다. 「행정절차법」은 행정청이 직권 또는 신청에 의하여 행정절차에 참여하게 한 이해관계인에게 의견 진술의 기회를 부여하도록 하고 있으므로, 여기서 말하는 당사자 속에는 행정청이 직권 또는 신청에 의하여 행정절차에 참여하게 한 제3자인 이해관계인을 포함시키도록 해석하는 것이 「행정절차법」의 이념에 맞다(→ 처분의 사전통지).

(2) 참   가

「행정절차법」은 행정절차에 참여할 수 있는 자를 당사자 등으로 하고 있다. 따라서 이해관계인인 제3자도 신청에 의하여 행정절차에 참가할 수 있고 또한 의견을 제출할 수 있음은 말할 나위가 없다.

(3) 고   지

「행정절차법」 제26조는 당사자에게 처분에 대한 행정쟁송 제기 여부, 청구절차·청구기간 등을 고지해 주도록 규정하고 있다. 그러나 제3자인 이해관계인도 고지를 요구할 수 있고 행정청이 이러한 요구를 받은 때에는 지체없이 이를 알려주어야 한다(행정심판법 58조 2항).

4. 복효적 행정행위의 취소·철회

복효적 행정행위의 취소·철회에 있어서는 제3자의 이익도 고려되어야 할 것은 말할 나위가 없다(→ 취소권의 제한, 철회권의 제한).

5. 타인에 대한 행정개입청구권

복효적 행정행위에 있어서 불이익적 효과를 받는 제3자가 행정청에 대하여 행정권의 발동을 청구할 수 있느냐(예: 환경규제의 발동으로서의 허가의 취소를 생각하라)에 대하여 종래 행정권발동은 공익추구를 도모하기 위한 것이고 또 행정청의 재량에 속하는 것이라 하여 이를 인정하지 않는 것이 지배적 견해였으나 최근에는 재량권이 영으로 수축되는 경우, 명문의 규정이 없는 경우에도 관계 법규의 해석상 청구권성립요건을 갖추었을 때에는 행정개입청구권을 인정하려는 것이 추세이다(→ 행정개입청구권). 이것은 행정의무불이행에 있어서 행정청의 의무이행강제에도 동일하다. 이 경우에도 행정청의 의무이행강제는 행정청의 재량에 속하는 것이므로 일반적으로는 행정청의 의무라고 할 수 없다고 하면서도, 복효적 행정행위에 있어서는 그 불이익적 효과를 받는 자의 의무불이행은 이익적 효과가 귀속되는 자의 불이익이 되므로 행정청의 의무라는 견해가 유력하다.

6. 복효적 행정행위와 국가배상

타인에 대한 행정개입청구권과 관련하여 행정청의 부작위가 어떠한 경우에 「국가배상법」 제2조의 "법령에 위반하여"의 요건을 충족시키느냐가 문제된다(→ 부작위의 위법성).

7. 행정쟁송법상의 문제

(1) 심판청구인

제3자도 행정심판을 제기할 법률상 이익이 있으면 심판청구인이 될 수 있다.

(2) 제3자의 심판참가

행정심판결과에 대하여 이해관계 있는 제3자는 행정심판위원회의 허가를 받아 행정심판에 참가할 수 있다(행정심판법 20조 1항).

(3) 제3자의 심판청구기간

제3자의 행정심판청구기간도 원칙적으로 처분이 있음을 안 날로부터 90일 이내, 처분이 있은 날로부터 180일인 것은 마찬가지이나, 제3자는 특히 정당한 사유가 있는 경우(동법 27조 3항 단서)와 관련하여 문제가 있다(→ 심판청구기간).

⑷ 원고적격

제3자도 행정소송을 제기할 법률상 이익이 있으면 원고가 될 수 있다.

⑸ 소송참가

법원은 소송의 결과에 따라 권리 또는 이익의 침해를 받을 제3자가 있는 경우에는 당사자 또는 제3자의 신청 또는 직권에 의하여 결정으로써 그 제3자를 소송에 참가시킬 수 있다(행정소송법 16조 1항).

⑹ 제3자의 제소기간

제3자도 당사자와 마찬가지로 제소기간 내에 소를 제기하여야 하나, 특히 정당한 사유가 있는 경우(동법 20조 2항 단서)와 관련하여 문제가 된다(→ 제소기간).

⑺ 판결의 제3자효

처분 등을 취소하는 확정판결은 제3자에 대하여도 효력이 있다(동법 29조 1항).

⑻ 제3자에 의한 재심청구

처분 등을 취소하는 판결에 의하여 권리 또는 이익의 침해를 받은 제3자는 자기에게 책임 없는 사유로 소송에 참가하지 못함으로써 판결의 결과에 영향을 미칠 공격 또는 방어방법을 제출하지 못한 때에는 이를 이유로 확정된 종국판결에 대하여 재심의 청구를 할 수 있다(동법 31조).

제 5 관 대인적 행정행위·대물적 행정행위·혼합적 행정행위

이 종류는 행정행위의 대상을 기준으로 한 구별이다.

대인적 행정행위는 상대방의 지식·능력·성격 등 인적 사정에 착안하여 행하여지는 행정행위(예: 자동차운전면허, 의사면허, 이용사면허 등)를 말하고, 대물적 행정행위는 특히 물적 사정에 착안하여 행하여지는 행정행위(예: 채석허가(대법 2003. 7. 11. 선고 2001두6289 판결), 공중위생영업소 폐쇄처분, 차량검사합격처분, 중요문화재지정, 환지처분 등)를 말한다. 혼합적 행정행위는 인적 사정과 물적 사정 양자에 착안하여 행하여지는 행정행위(예: 총포·화약류제조업허가는 법정 결격사유가 없는 사람이 법정 제조시설 등을 갖추어야 한다)를 말한다.

대인적 행정행위와 대물적 행정행위의 중요한 구별의 실익은 다음과 같다.

⑴ 이전성 여부이다. 대인적 행정행위의 효과는 원칙적으로 일신전속(一身全屬)이어서 타인에게 이전 또는 상속될 수 없는 데 대하여, 대물적 행정행위의 효과는 행정행위의 상대방뿐만 아니라 그 대상의 양수인 또는 상속인에게 원칙적으로 미친다는 것이 통설이다. 판

례도 동일하다.[1]

(2) 물적 기초가 상실된 경우 행정행위의 철회 사유 여부 및 행정행위의 실효 여부이다. 대물적 행정행위는 물적 기초가 상실된 경우 물적 행정행위의 철회 사유 및 실효 사유가 될 수 있다는 것이 지배적 견해이다.

(3) 제재의 승계 여부이다. 행정행위의 효과를 양도하는 경우 양도인의 행정법규 위반에 대하여 양수인에 대한 제재가 가능한가의 여부에 대하여는 논란이 있다. 이에 대하여는 대물적 행정행위의 경우에는 양도 전에 존재하는 제재사유를 이유로 양수인에 대한 제재가 가능하다는 견해가 있다.[2] 이에 대하여 행정법규 위반의 효과는 대인적 사항이므로 명문의 특별한 규정이 없는 한 양수인에게 이전되지 아니한다는 견해[3]도 있다. 그러나 판례는 대물적 행정행위의 경우 제재사유의 승계를 대체로 긍정한다.[4]

(4) 권리취득 여부이다. 예컨대 종전의 토지가 환지된 경우 전 토지소유자는 환지에 대하여 소유권을 취득하게 되는 것이고, 설사 사업시행자가 종전의 토지소유자 아닌 타인을 환지

---

1) 대법 1979. 10. 30. 선고 79누190 판결은 건축허가는 대물적 허가의 성질을 가지는 것으로 그 허가의 효과가 허가 대상 건축물에 대한 권리 변동에 수반하여 이전된다고 하였다. 또한 대법 2005. 8. 19. 선고 2003두9817, 9824 판결은 채석허가에 대하여도 대물적 허가의 성질을 아울러 가지므로 수허가자의 상속인이 수허가자로서의 지위를 승계한다 하였다.

2) 金國鉉, 「사망자의 법규위반으로 인한 제재사유의 승계—대법 2008. 5. 15. 선고 2007두26001 판결—」, 한국행정판례연구회 제239차 월례발표회 발표논문, 7쪽 이하.

3) 朴均省, 행정법론(상)(제5판), 238쪽 및 행정법론(하)(제5판), 555쪽 이하. 李賢修 교수는 행정의 제재적 처분권한에 대응하는 의무적 지위는 일신전속적인 성격이 강하므로 승계적성이 인정되기 어렵다고 한다(同人, 「영업양도와 제재처분상의 지위승계」, 행정판례연구(한국행정판례연구회) X, 159쪽 이하).

4) 예컨대, 대법 1986. 7. 22. 선고 86누203 판결은 주유소 허가는 대물적 허가이므로 양도인에게 허가취소사유가 있으면 허가관청은 이를 이유로 양수인에게 응분의 제재조치를 취할 수 있다고 하였고, 대법 1998. 6. 26. 선고 96누18960 판결은 개인택시운송사업의 양도·양수가 있고 그에 대한 인가가 있은 후 그 양도·양수 이전에 있었던 양도인에 대한 제재사유를 들어 양수인의 운송사업면허를 취소한 것은 정당하다고 하였다. 유사 판결로 대법 2010. 4. 8. 선고 2009두17018 판결이 있었다. 이 판결의 평석을 맡았던 鄭準鉉 교수는 "음주운전행위와 물적 설비로서 개인택시 간에는 직접적인 견련성이 없다는 등의 이유로 판례에 비판적이었지만(同人, 「개인택시사업면허 양도시 하자의 승계」, 한국행정판례연구회 제265차 월례발표회 발표논문), 토론에서는 朴正勳 교수와 같이 '면허와 같은 이익행정행위의 직권취소의 경우에는 존속보호보다 배상보호가 바람직하다는 이유로 판례를 지지하는'의견도" 있었다. 대법 2001. 6. 29. 선고 2001두1611 판결은 공중위생관리법 제11조에서 정한 법 위반행위에 대하여 행한 영업소에 대한 영업정지 또는 영업장 폐쇄명령은 대물적 처분이므로 양도인에게 영업을 정지할 위법사유가 있으면 관할 행정청은 그 업소의 양수인에 대하여 영업정지처분을 할 수 있다고 하였으며, 대법 2003. 10. 23. 선고 2003두8005 판결은 석유판매업자가 유사석유제품판매금지를 위반함으로써 받게 되는 제재처분은 대물적 성격을 가지고 있으므로 행정청은 석유판매시설을 경매에 의하여 취득한 석유판매업자의 지위승계자에 대하여 사업정지처분에 갈음하여 과징금부과처분을 할 수 있다고 하였다. 그러나 대법 2008. 5. 15. 선고 2007두26001 판결은 개인택시운송사업면허 양도인이 법규위반으로 사망한 사건에서 당시의 법령이 관할 관청은 개인택시운송사업자의 운전면허가 취소된 때에 그의 개인택시운송사업면허를 취소할 수 있도록 규정되어 있을 뿐 그에게 운전면허취소사유가 있다 하더라도 그로 인하여 운전면허 취소처분이 이루어지지 않은 이상 개인택시운송사업면허를 취소할 수는 없다고 하였다. 이 판결에 대한 평석으로 金國鉉, 「사망자의 법규위반으로 인한 제재사유의 승계—대법 2008. 5. 15. 선고 2007두26001 판결—」 한국행정판례연구회 제239차 월례발표회 발표논문이 있다.

받는 권리자로 지정했다 하여도 종전 토지소유자가 환지의 소유권을 취득하고 이를 행사함에 있어서 아무런 영향이 없는바, 그 이유는 환지처분이 대인적 행정행위가 아니고 대물적 행정행위이기 때문이다(대법 1987. 2. 10. 선고 86다카285 판결 등).

제 6 관 잠정·부분·예비·종국행정행위

이 종류는 행정행위의 단계를 기준으로 한 구별이다.

(1) 잠정행정행위는 종국행정행위가 행하여지기 이전에 잠정적으로 행하여지는 행정행위이다.[1] 가(假)행정행위라고도 한다. 예컨대 환경부장관이 샘물개발의 허가를 함에 있어서 환경영향조사를 실시하여 조사서를 환경부령이 정하는 기간 내에 제출할 것을 조건으로 샘물허가의 가허가[2]를 행하는 것(먹는물관리법 10조 1항) 등이 그것이다.[3]

(2) 부분행정행위는 행정행위가 다단계절차(gestuftes Genehmigungsverfahren)를 거쳐 행하여지는 경우에 그 각 단계마다 행하여지는 부분결정을 말한다. 오늘날 대규모의 기획사업(Grossvorhaben)에 있어서 다단계절차가 특히 문제된다. 예컨대 발전용 원자로 및 관계시설의 건설에 있어서 이들 시설을 건설하고자 하는 자가 건설허가신청 전에 부지에 대한 사전승인을 신청한 경우에 권한 있는 행정청이 행하는 부지에 대한 사전승인이 그것이다. 이러한 다단계절차는 대규모의 기획사업이 준비의 후반부에 가서 백지화되는 것과 같은 기업자의 투자 위험을 감경할 필요 때문에 고안된 제도로서 사전에 부분결정이 행하여지게 되면 행정과정에 대한 개관가능성이 높아지며 절차의 조기단계에서 중요한 쟁점이 확정될 수 있기 때문에 이해관계인에게 조기에 권리보호의 기회를 부여할 수 있게 된다.

부분행정행위는 행정행위라는 점에서 다같이 사전에 행하여지는 행위이지만 확약과 구별된다. 부분행정행위는 그 자체 처분성이 인정되므로 행정쟁송의 대상이 된다. 판례는 원자로 및 관계시설의 부지사전승인처분은 그 자체로서 건설부지를 확정하고 사전 공사를 허용하는 법률효과를 지닌 독립한 처분이라고 하고, 다만 부지사전승인처분은 "건설허가 전에 신청자의 편의를 위하여 미리 그 건설허가의 일부요건을 심사하여 행하는 사전적

---

1) 독일에서는 잠정행정행위의 행정행위성이 논의되고 있다. 잠정행정행위는 최종적인 법 상태의 해명이 결여되고 있다는 이유이다. H. Maurer/C. Waldhoff, Allgemeines Verwaltungsrecht, 19, Aufl., 2017, S. 251ff.

2) 판례는 가허가를 항고소송의 대상이 되는 처분이라고 하였다(대법 2000. 10. 27. 선고 99두7579 판결).

3) 대법 2015. 2. 12. 선고 2013두987 판결 : 공정거래위원회가 부당한 공동행위를 행한 사업자로서 구 독점규제 및 공정거래에 관한 법률(공정거래법) 제22조의2에서 정한 자진신고자나 조사협조자에 대하여 과징금부과처분(선행처분)을 한 뒤, 공정거래법 시행령 제35조 제3항에 따라 다시 그 자진신고자 등에 대한 사건을 분리하여 자진신고 등을 이유로 한 과징금 감면처분(후행처분)을 하였다면, 후행처분은 자진신고 감면까지 포함하여 그 처분 상대방이 실제로 납부하여야 할 최종적인 과징금액을 결정하는 종국적 처분이고, 선행처분은 이러한 종속적 처분을 예정하고 있는 일종의 잠정적 처분으로서 후행처분이 있을 경우 선행처분은 후행처분에 흡수되어 소멸한다.

부분 건설허가처분의 성격을 갖고 있는 것이어서 나중에 건설허가처분이 있게 되면 그 건설허가처분에 흡수되어 독립된 존재가치를 상실함으로써 그 건설허가처분만이 쟁송의 대상이 되는 것이므로, 부지사전승인처분의 취소를 구하는 소는 소의 이익을 잃게 된다(따라서 부지사전승인처분의 위법성은 나중에 내려진 건설허가처분의 취소를 구하는 소송에서 이를 다투면 될 것이다)"고 판시하고 있다(대법 1998. 9. 4. 선고 97누19588 판결).[1]

(3) 예비행정행위는 종국행정행위의 전제요건에 대한 사전결정(vorbescheid)을 말한다. 예비행정행위는 부분행정행위와 달리 신청인인 사인에게 어떤 행위를 할 수 있도록 허용하지 아니한다.「건축법」제10조는 건축주가 건축허가 대상 건축물을 건축하고자 하는 경우 건축허가를 신청하기 전에 당해 건축물을 해당 대지에 건축하는 것이 법령에 의하여 허용되는지 여부에 대한 사전결정을 받을 수 있도록 하고 있다. 판례는 구 폐기물관리법 제26조 제1항·제2항에 규정되었던 폐기물처리업허가 전의 사업계획서에 대한 적정·부적정 통보의 법적 성질을 예비행정행위로 보고 있는 것 같다(대법 1998. 4. 28. 선고 97누21086 판결).[2]

(4) 종국행정행위는 다단계절차에 있어서 종국적으로 행하여지는 행정행위를 말한다. 종국행정행위는 잠정행정행위에 대해서는 본행정행위가 되며, 부분행정행위에 대해서는 완결적 행정행위가 된다.

(5) 선행행정행위인 부분행정행위와 예비행정행위가 후행행정행위인 종국행정행위에 대하여 어느 정도의 구속적 효력(Bindungswirkung)을 미치는가가 문제된다. 선행행정행위가 후술하는 불가변력 중 실질적 확정력을 발생하는 경우에는 종국행정행위는 선행행정행위

---

1) 대법 1998. 9. 4. 선고 97누19588 판결의 평가에 관하여는 鄭夏重,「다단계행정절차에 있어서 사전결정과 부분허가의 의미」, 저스티스 제32권 제1호, 131쪽 이하; 趙弘植,「환경소송에서의 소익과 헌법—사법권의 본질과 관련하여—」, 헌법의 규범력과 법질서(허영교수 정년기념논문집), 박영사, 2002, 590쪽 이하. 조 교수는 다단계 행정절차에서 후에 최종처분이 내려져 이에 대한 쟁송이 가능한 경우 선행처분에 대한 행정소송은 소의 이익을 잃게 된다는 법명제는 소의 이익의 제도적 취지에 부합되지 아니한 사법편의주의라고 비판한다(위의 논문, 625쪽).

2) 대법 1998. 4. 28. 선고 97누21086 판결은 "폐기물처리업의 허가를 받기 위하여는 먼저 사업계획서를 제출하여 허가권자로부터 사업계획에 대한 적정통보를 받아야 하고, 그 적정통보를 받은 자만이 일정기간 내에 시설, 장비, 기술능력, 자본금을 갖추어 허가신청을 할 수 있으므로, 결국 부적정통보는 허가신청 자체를 제한하는 등 개인의 권리 내지 법률상의 이익을 개별적이고 구체적으로 규제하고 있어 행정처분에 해당한다"고 판시하면서, 폐기물관리법이 "폐기물처리업의 허가에 앞서 사업계획서에 대한 적정·부적정통보 제도를 두고 있는 것은 폐기물처리업을 하고자 하는 자가 스스로 시설 등을 설치하여 허가신청하였다가 허가단계에서 그 사업계획이 부적정하다고 판명되어 불허가되면 허가신청인이 막대한 경제적·시간적 손실을 입게 되므로, 이를 방지하는 동시에 허가관청으로 하여금 미리 사업계획서를 심사하여 그 적정·부적정 통보 처분을 하도록 하고, 나중에 허가단계에서는 나머지 허가요건만을 심사하여 신속하게 허가업무를 처리하는 데 그 취지가 있다"고 하였다. 대법 2017. 10. 31. 선고 2017두46783 판결은 행정청의 건설폐기물 처리 사업계획서에 대한 적합 여부 결정에 있어서 "자연환경·생활환경에 미치는 영향과 같이 장래에 발생할 불확실한 상황과 파급효과에 대한 예측이 필요한 요건에 관한 행정청의 재량적 판단은 내용이 현저히 합리적이 않다거나 상반되는 이익이나 가치를 대비해 볼 때 형평이나 비례의 원칙에 뚜렷하게 배치되는 등의 사정이 없는 한 폭넓게 존중될 필요가 있다. 이러한 사항은 적합 여부 결정에 관한 재량권의 일탈 남용 여부를 심사하여 판단할때에도 고려하여야 한다"고 하였다.

와 모순·저촉되는 판단을 할 수 없을 것이므로, 선행행정행위는 종국행정행위에 모순·저촉되는 판단을 할 수 없는 구속력을 미치게 될 것이다. 대법원은 "사전결정을 한 경우 사업계획승인을 할 때 그 사전결정에 따라야 한다는 구 주택건설촉진법 제32조의4 제4항의 취지는, 사업계획의 승인이 행정청의 재량행위에 속한다고 하더라도 일단 사전결정을 거친 이상은 특별한 사정이 없는 한 사전결정을 존중하여 사업계획을 승인함으로써 이미 상당부분 진행된 사업계획을 원활하게 수행할 수 있도록 신중하게 처분하도록 요구하는 취지에 불과하고, 그 사전결정에 기속되어 이에 반하는 처분을 할 수 없고 반드시 승인하여야 할 의무를 부담한다는 취지로 해석할 수 없다"(대법 1999. 5. 25. 선고 99두1052 판결)고 판시한 바 있다.

제 3 절 행정행위의 부관

I. 행정행위의 부관의 의의

행정행위의 부관이란 행정법규에 의하여 정하여진 행정행위의 본래의 법률효과를 제한 또는 보충하거나 별도의 의무를 부과하기 위하여 본체의 행정행위에 부가된 종된 행정청의 규율(Regelung)을 말한다. 예컨대 도로변에 빌딩을 건축하려는 자에게 도로점용허가를 하면서 행정청이 제해시설을 갖추도록 의무를 과하는 것 등을 들 수 있다. 실정법령상으로는 부관(하천법 33조) 외에 제한·조건 등의 용어가 사용되고 있다.

행정법령이 직접 부가하는 부관(예: 광업법 28조)은 일반적으로 법정부관이라고 불리고 있으나, 행정행위의 본래의 내용이며(2종 운전면허자가 일정한 차량을 운전할 수 없는 것은 2종 운전면허 그 자체의 내용상 제한이다), 따라서 여기서 말하는 행정행위의 부관이 아니다.[1]

주의해야 할 점은 개별법령이 부관을 붙일 수 있다고 규정하거나(예: 식품위생법 37조 2항, 하천법 33조 2항), 부관을 붙여야 한다고 규정하고 있어서(예: 농지법 36조 2항) 법령의 수권이나 법령에 따라 행정청이 부관을 붙일 때가 있는데, 이 부관은 행정행위의 부관이며 법정부관이 아니다.

행정행위의 부관의 특색은 그 종속성에 있다. 즉 행정행위의 부관은 본체의 행정행위에 부가된 종된 행정청의 규율이므로 본체인 행정행위가 무효이거나 취소되면 부관은 그 자체에 아무런 흠이 없더라도 당연히 무효로 되거나 취소된다(별도의 취소행위를 필요로 하지 아니한다).

---

1) 법정부관은 행정쟁송의 대상이 되는 처분이나 처분의 일부가 될 수 없고, 행정행위에 부관을 붙일 수 있는 한계에 관한 일반적인 원칙이 적용되지 않으며(대법 1994. 3. 8. 선고 92누1728 판결), 한계일탈과 같은 문제도 발생하지 않는다.

Ⅱ. 행정행위의 부관의 기능

행정행위의 부관은 행정실무상 특히 영업관계법 및 건설관계법의 허가 등과 관련하여 중요한 역할을 해 왔다. 오늘날 현대행정에 있어서 행정행위로 하여금 상황에 적합하게 행하게 하거나 그 밖에 유동적인 수요에 응할 수 있게 하기 위하여 부관의 역할이 증대되고 있다. 행정행위의 부관은, 행정청이 부관이 없으면 전면적인 거부[1]를 할 것을 제한적인 긍정을 행하게 한다는 점에서, 탄력성 있는 행정을 가능케 하며, 또 한편에서는 공익 또는 제3자의 보호에도 기여한다.[2] 때로는 행정행위의 법적합성을 확보하기 위해서도 필요하다(→ 후술하는 부관의 가능성에서 기속행위의 문제). 법형식적으로 보면 부관은 행정청이 일방적으로 부가하는 형태를 취하고 있으나 실질적으로는 반드시 그렇지도 않다. 후술하는 바와 같이 행정청이 부담의 부관을 붙이는 경우 신청인과의 교섭의 결과로서 부가하는 때도 있다(예컨대, 행정청이 이익 행정행위를 하면서 상대방에게 도로·공원 등 공공시설용 토지를 국가 등에게 기부하도록 하는 내용의 부관, 즉 이른바 기부채납의 부관 등).[3] 그러나 행정행위의 부관은 동시에 과도한 규제(Reglementierung)와 간섭(Bevormundung)의 위험을 안고 있다.

Ⅲ. 행정행위의 부관의 법적 근거

행정법령 중에는 행정청이 행정행위를 행할 경우에 부관을 붙일 수 있음을 명시하고 있는 경우가 있다(예: 하천법 33조 2항, 식품위생법 37조 2항, 국토의계획및이용에관한법률 88조 3항 등). 그러나 이러한 명시적 근거가 없어도 행정청은 처분에 재량이 있는 경우에는 부관[4]을 붙일 수 있다(행정기본법 17조 1항). 행정청은 처분에 재량이 없는 경우에는 법률에 근거가 있는 경우에 부관을 붙일 수 있다(동조 2항). 여기서 말하는 '처분에 재량이 없는 경우'에는 기속행위가 포함되는 것은 명백하나, 기속재량행위가 포함되는지는 명백하지 아니하다. 기속행위 속에 기속재량행위를 포함시키는 견해[5]도 있다. 이 견해에 의하면 기속재량행위는 법률에 근거가 있는 경우에 부관을 붙일 수 있다. 우리나라의 통설도 법률의 근거없이도 재량행위로는 부관을 붙일 수 있고, 기속행위에는 법률의 근거가 있어야만 부관을 붙일 수 있다는 견해이었다. 그러나 이러한 통설에 대하여는 유력한 반대설이 있다[6]. 판례는 본체의 행정행위가 기속행위이거나 기속재량행위인 경우에

---

1) 대법 1999. 2. 23. 선고 98두17845 판결: 부관에 대하여 명백히 거부의사를 미리 밝힌 경우에는 부관을 붙여 행정행위를 행하는 대신 그 행정행위를 거부할 수도 있다.

2) 이익 행정행위로 인하여 국민의 생명·건강을 해칠 우려가 있는 경우에 이익 행정행위에 그 우려가 현실화되지 아니하도록 일정한 부관을 붙이는 경우를 생각해 보라.

3) 대법 2009. 2. 12. 선고 2005다65500 판결 참조. 기부채납(寄附採納)의 부관에 관하여는 朴正勳, 행정법의 체계와 방법론, 287쪽 이하가 상세하다.

4) 행정기본법 제17조 제1항에는 부관으로 조건, 기한, 부담, 철회권의 유보 등이라고 하여 법률효과의 일부배제를 명시하지 아니하고 있다.

5) 洪井善, 행정기본법 해설, 132쪽

6) 朴正勳 교수는 위 행정법의 체계와 방법론 제7장 기부채납부담과 의사표시의 착오에서 법률의 근거 없이 부관

행정법규의 명시적 근거가 필요하다(대법 2000. 2. 11. 선고 98누7527 판결)고 하고, 이익 행정행위에 있어서는 법령에 특별한 근거규정이 없다고 하더라도 그 부관으로서 부담을 붙일 수 있다(대법 1997. 3. 11. 선고 96다49650 판결 등)고 하며, 재량행위의 경우 명시적으로 금지규정이 없는 이상 부관을 붙일 수 있다(대법 2004. 3. 25. 선고 2003두12837 판결 등)거나, 법령상의 제한에 근거한 것이 아니라 하더라도 공익상 필요 등에 의하여 필요한 범위 내에서 부관을 붙일 수 있다(대법 2007. 7. 12. 선고 2007두6663 판결)고 한다.

Ⅳ. 행정행위의 부관의 종류

행정행위의 부관에는 조건·기한·부담·철회권유보·법률효과일부배제 등[1]이 있다.

1. 조   건

조건이란 행정행위의 효력의 발생 또는 소멸을 장래의 불확실한 사실의 성취 여부에 의존케 하는 부관을 말한다. 장래의 사실의 성취에 의하여 행정행위의 효력이 발생하는 것을 정지조건이라 하고(예: 시설완성을 조건으로 하는 학교법인의 설립허가), 사실의 성취에 의하여 행정행위의 효력이 소멸하는 것을 해제조건이라 한다(예: 일정한 기간 내에 공사에 착수하지 않으면 실효한다는 것을 조건으로 한 공기업의 특허). 조건부 행정행위의 효력은 조건인 사실의 성취 여부가 미정인 동안에는 불확정한 상태에 있는바, 조건이 성취됨과 동시에 행정행위의 효력이 발생 또는 소멸하며, 별도의 행정청의 행위를 필요로 하지 아니한다. 그런데 오랫동안 행정행위의 효력을 불확정한 상태에 두는 것은 행정법관계의 안정성이라는 면에서 보면 적절치 못한 까닭에 조건이 행정행위의 부관으로 사용되는 경우는 많지 않으며 부관으로서 조건이라는 용어를 사용하고 있는 경우에도 실질은 부담인 경우가 적지 않다.

을 붙일 수 있다는 견해를 취한 바 있었으나, 부관의 남용 위험성과 부관의 통제 기준의 불명확성을 깨닫고 기속행위는 물론 재량행위의 경우에도 원칙적으로 법률상의 근거가 필요하다는 정반대의 견해로 변경하였다(同人, 「행정행위 부관의 재검토—그 부종성 내지 부관적 성격의 극복을 위하여—」, 행정행위의 쟁점과 과제(2016년 6월 30일 한국행정법학회·법제처 공동학술대회 발표문) 7쪽 및 同人, 「행정법과 민주의 자각」, 행정법연구(행정법이론실무학회) 제53호, 9쪽). 재량행위라고 할지라도 부관으로 인하여 수익보다 더 큰 자유침해를 초래하는 경우에는 법률의 근거를 요한다는 견해도 있다(金容燮, 「급부행정의 법률유보에 관한 연구」, 법제연구 9호, 1995, 238쪽 및 「부당결부금지의 원칙과 부관—대법 2009. 2. 12. 선고 2005다65500 판결」, 행정판례연구(한국행정판례연구회) ⅩⅤ-2, 271쪽 이하). 이와 같은 최근의 학문적 논의가 「행정기본법」 제17조 제1항의 규정으로 더 진전되지 못하는 것은 「행정기본법」 제정의 가장 큰 위험인 고착화 위험이 현실적으로 나타나고 있는 구체적 예가 된다.

1) 최근, 부관 자체에서 향후 별도의 협의나 협약(계약)체결 등을 요구하거나, 대상 사업 완료 이후의 법령 변경을 반영하여 행정청의 승인을 전제로 추가적인 의무를 이행하도록 하는 등 내용이 명확하게 특정되지 아니하는 유형의 부관이 늘어나는 모양이다. 이에 관한 법적 문제를 다룬 논문으로 李承玟, 「불확정 부관(개방향 부관)에 대한 법적 건토—협의, 협약(계약) 체결, 사후 승인신청 등을 요하는 부관의 법적 문제점—」, 행정법연구(행정법이론실무학회) 제48호, 153쪽 이하가 있다.

2. 기   한

기한이란 행정행위의 효력의 발생 또는 소멸을 장래 도래하는 것이 확실한 사실에 의존케 하는 부관을 말한다(도래하는 시기가 확실한 것을 확정기한이라 하고, 도래하는 것은 확실하지만 도래하는 시기가 불확실한 것을 불확정기한이라 한다). 기한에는 시기와 종기가 있다. 기한의 도래에 의하여 효력이 발생하는 것을 시기라 하고(예: 몇 년 몇 월 몇 일부터 도로점용을 허가한다), 기한의 도래에 의하여 효력이 소멸하는 것을 종기라 한다(예: 몇 년 몇 월 몇 일까지 도로점용을 허가한다). 기한부 행정행위는 시기의 도래로써 당연히 행정행위의 효력이 발생하게 되고 종기의 도래로써 행정행위의 효력이 소멸하게 된다. 다만, 행정행위인 허가 또는 특허에 붙인 조항으로서 종료의 기한을 정한 경우 종기인 기한에 관하여는 일률적으로 기한이 왔다고 하여 당연히 그 행정행위의 효력이 상실된다고 할 것이 아니고 그 기한이 그 허가 또는 특허된 사업의 성질상 부당하게 짧은 기한을 정한 경우에 있어서는 그 기한은 그 허가 또는 특허의 조건의 존속기간을 정한 것이며 그 기한이 도래함으로써 그 조건의 개정을 고려한다는 뜻으로 해석하여야 할 것(대법 1995. 11. 10. 선고 94누11866 판결 등)이다.[1] 따라서 기한 연장 신청이 있는 경우[2] 특별히 기한을 연장하는 것이 타당하지 아니하다고 인정되는 경우를 제외하고(대법 1999. 10. 8. 선고 97누2344 판결 참조) 기한의 갱신을 거부할 수 없다고 보아야 한다. 갱신을 거부할 경우에는 행정행위의 계속에 의하여 제3자의 권리·이익 또는 공익을 침해할 우려가 있음을 행정청이 증명할 것이 요청된다. 행정청이 기한의 갱신을 거부한 때에는 철회권 제한의 법리와 마찬가지로 신뢰보호원칙 위반의 문제가 발생될 수 있다.

3. 부   담

부담이란 행정행위에 부가하여 그 효력을 받는 상대자에 대하여 특정한 의무(작위·부작위·급부·수인 등)를 명하는 부관을 말한다(예: 영업허가를 하면서 위생복의 착용을 명하는 것)[3]. 실정법령상

---

1) 이와 같이 당초에 붙은 기한을 허가 자체의 존속기간이 아니라 허가 조건의 존속기간으로 보더라도 그 후 당초의 기한이 상당 기간 연장되어 연장된 기간을 포함한 존속기간 전체를 기준으로 볼 경우 더 이상 허가된 사업의 성질상 부당하게 짧은 경우에 해당하지 않게 된 때에는 관계법령의 규정에 따라 허가 여부의 재량권을 가진 행정청으로서는 그 때에도 허가 조건의 개정만을 고려하여야 하는 것은 아니고 재량권의 행사로써 더 이상의 기간 연장을 불허가할 수도 있다(대법 2004. 3. 25. 선고 2003두12837 판결). 이 판결에 대한 평석으로는 吳峻根, 「개발제한구역내 행위허가 기간 연장과 재량행위 판단기준에 관한 쟁점 검토」, 행정판례연구(한국행정판례연구회) XI, 117쪽 이하 참조.

2) 대법 2007. 10. 11. 선고 2005두12404 판결: 허가에 붙은 기한이 그 허가된 사업의 성질상 부당하게 짧아 그 기간을 허가조건의 존속기간으로 볼 수 있는 경우에 허가기간이 연장되기 위하여는 그 종기가 도래하기 전에 그 허가기간의 연장에 관한 신청이 있어야 하며, 만일 그러한 연장신청이 없는 상태에서 허가기간이 만료하였다면 그 허가의 효력은 상실된다.

3) 대법 2012. 10. 11. 선고 2011두8277 판결: 건축허가 시 보차혼용통로를 조성·제공하도록 한 것은 "도시설계지구안에서는 도시의 기능 및 미관의 증진을 위하여 건축물을 도시설계에 적합하게 건축하여야 한다"고 규정한 구 건축법(1997. 12. 13. 법률 제5450호로 개정되기 전의 것) 제61조 제1항의 규정에 따른 것일 뿐이지 수익적 행정

으로는 부담에 해당하는 것을 조건이라는 용어로 사용하는 경우가 있다. 그러나 조건과 부담은 그 성질을 달리한다. 즉 조건은 행정행위의 효력의 발생 또는 소멸을 장래의 불확실한 사실의 성취 여부에 의존케 하는 것이므로 조건인 사실의 성취 여부가 미정인 동안은 행정행위의 효력 그 자체가 불확정한 상태에 놓여 있음에 반하여, 부담은 행정행위의 효력 그 자체는 확정적으로 발생하고 그것에 부수하여 별도로 일정한 의무를 명하는 것이다. 그러나 양자 중 어느 것인지 구별하기 곤란한 경우가 있다. 이 때에는 상대방에게 유리한 부담으로 해석하는 것이 지배적 견해이다.[1] 부담은 행정청이 행정행위를 하면서 일방적으로 부가할 수도 있지만 부담을 부가하기 이전에 상대방과 협의하여 부담의 내용을 협약의 형식으로 미리 정한 다음 행정행위를 하면서 부가할 수도 있다(대법 2009. 2. 12. 선고 2005다65500 판결).[2]

흔히 부담의 일종으로 부담유보를 든다. 부담유보란 행정청이 행정행위에 부가하여 부담의 사후적 추가·변경·보충의 권리를 미리 유보하는 것을 말한다. 또한 수정부담(예: 3층의 건축허가를 신청하였는데 2층의 건축허가가 행하여지는 경우, 사인이 신청한 진로와는 다른 진로를 지정하는 내용의 집단시위변경조치가 행하여지는 경우)도 부담의 일종으로 드는 견해가 있다. 그러나 이것은 행정행위의 내용을 질적으로 변경시키는 것이므로 변경처분으로 보아야 한다.[3]

행정행위에 붙은 부담에 흠이 있어 그것이 취소되거나 당연무효인 경우 그 부담의 이행으로 행한 법률행위도 무효로 되는가의 문제가 있다. 이 문제는 특히 기부채납부담의 흠과 그에 따른 기부채납의 효력과의 관계에 논의되어 왔다.[4] 이에 관한 판례의 입장은 행정행위에 붙은 부담과 그 이행으로 행한 법률행위는 별개의 법률행위로서 그 효력도 별개로 고찰하여야 한다는 것이다.[5]

행위인 건축허가에 부가된 부관으로서 부담이라고 할 수는 없다.

1) 대법 2000. 2. 11. 선고 98누7527 판결은 부담과 기타의 부관과의 구별기준으로 부관의 필요성, 부관 부가 시 행정청의 의사, 문제로 된 내용의 부관 불이행 시 행정청이 취하여 온 행정관행 등을 들고 있다.

2) 협약의 형식을 전제로 한 부담의 부가에 관하여는 그와 같은 부담의 부가를 판례와 같이 긍정적으로 보는 견해(金容燮,「부당결부금지 원칙과 부관」, 행정판례연구(한국행정판례연구회) XII-2, 284쪽)와 법률에 근거를 두지 아니한 편법으로 보는 부정적 견해(吳俊根,「부동산개발사업 허가의 부관과 개발협약에 관한 한국과 미국의 비교법적 고찰」, 토지공법연구(한국토지공법학회) 제40집, 104쪽 이하)의 대립이 있다. 또한 협약의 법적 성질에 관하여도 견해가 나뉜다. 부관안에 대한 협약이라는 견해(김경란,「행정청이 수익적 행정처분을 하면서 사전에 상대방과 체결한 협약상 의무를 부담으로 부가하였는데 부담의 전제가 된 주된 행정처분의 근거법령이 개정되어 부관을 붙일 수 없게 된 경우, 위 협약의 효력」, 대법원판례해설 제79호, 695쪽 이하), 공법상 계약이라는 견해(金大仁,「계약의 형식으로 된 부관의 법률관계」행정법연구(행정법이론실무학회)제26호, 425쪽), 부담과 협약이 결합된 비공식적 행정작용이라는 견해(金容燮, 위 논문, 294쪽)의 대립이 그것이다.

3) 洪準亨 교수는 독자적인 행정행위의 성질을 갖는 것으로 본다(同人, 행정법, 190쪽).

4) 이에 관하여는 朴正勳, 행정법의 체계와 방법론, 287쪽 이하 참조.

5) 대법 2009. 6. 25. 선고 2006다18174 판결: 행정처분에 붙은 부담이 제소기간의 도과로 확정되어 이미 불가쟁력이 생겼다면 그 하자가 중대하고 명백하여 당연 무효로 보아야 할 경우 외에는 누구나 그 효력을 부인할 수 없을 것이지만, 부담의 이행으로서 하게 된 사법상 매매 등의 법률행위는 부담을 붙인 행정처분과는 어디까지나 별개의 법률행위이므로 그 부담의 불가쟁력과는 별도로 법률행위가 사회질서 위반이나 강행규정에 위반되는지 여부

부담부 행정행위에 있어서 행정행위의 상대방이 부담으로서 과하여진 의무를 이행하지 아니할 경우에 행정청은 부담의무의 불이행만을 이유로(법령의 규정이 있거나 철회권이 유보되어 있는 경우는 별개로 하고) 행정행위를 철회할 수 있느냐에 대하여는 철회할 수 있다는 긍정설과 철회할 수 없다는 부정설[1]이 대립된다. 전자가 다수설이고 판례(대법 1965. 5. 4. 선고 64누48 판결 등)이다.

부담은 부관 중에서 가장 실례가 많으며 경제행정의 도구로서 필요불가결하다.

4. 철회권유보

철회권유보란 행정행위에 부가하여 특정한 경우에 행정행위를 철회할 수 있는 권리를 유보하는 부관을 말한다. 취소권유보라고도 하나 그것은 정확한 개념 사용이 아니다. 행정행위를 전체적으로 철회하는 것이 아니라 행정행위를 변경할 수 있는 권한을 유보하는 것(이른바 사후 변경의 유보)도 철회권유보의 한 유형으로 보는 견해[2]도 있다.

철회권유보는 행정행위의 효력의 소멸에 관한 것이라는 점에서 해제조건과 비슷하지만, 해제조건의 경우에는 조건이 성취됨과 동시에 당연히 행정행위의 효력이 소멸됨에 반하여, 철회권유보의 경우에는 행정행위의 효력을 소멸시키기 위한 행정청의 별도의 행위를 필요로 한다는 점에서 서로 다르다.

철회권유보는 철회사유를 구체적으로 정하여 행하는 경우와 구체적으로 정하지 않고 행하는 경우가 있다. 철회권유보는 구체적 사정에 비추어 객관적으로 합리적인 것이어야 하며, 구체적으로 정하지 아니한 무제한의 철회권유보는 허용되지 않는다고 할 것이다. 구체적 사정에 비추어 객관적으로 합리적인 철회권유보의 경우에도 철회권을 행사함에는 철회의 일반적 요건이 충족되어야 한다는 것이 일반적 견해이다. 한편 후술하는 바와 같이 종래의 통설은 철회권이 유보되어 있지 아니하더라도 철회사유가 있으면 철회할 수 있다는 것이다. 그렇다면 철회권유보는 무의미하지 않느냐는 의문이 생길 수 있다. 그러나 철회권이 유보된 때에는 상대방은 장래의 철회를 예측하고 있었으므로 행정행위에 대한 신뢰보호의 원칙을 내세워 철회에 대항할 수 없다고 할 것이므로(→ 철회권의 제한) 법률상 전혀 무의미하다고 할 수 없다.

철회사유가 법정되어 있는 경우에 행정청은 법정의 철회사유 이외의 사유를 들어 철회권을

등을 따져보아 그 법률행위의 유효 여부를 판단하여야 한다.

1) 李尙圭 변호사는 행정행위의 상대방이 부담으로 과하여진 의무를 이행하지 아니한 경우에는 법령이나 부관 자체에 부담의 의무위반을 그 행정행위의 철회사유로 정하고 있지 아니하는 한 행정상의 강제집행이나 제재의 대상이 되는 데 그친다고 하여 부정설을 취한다(신행정법론(상), 382쪽). 金敞桙 교수는 행정청이 행정행위에 부담을 부과하는 동기는 여러 가지가 있기 때문에 의무불이행을 당연히 철회사유로 보기 어렵고, 법률이 철회·행정강제·행정벌을 유보하고 있는 경우를 제외하면 철회권유보에 의거한 철회 또는 일반법이 인정하는 행정상 대집행이 취할 수 있는 수단이라고 한다(同人, 「부관의 종류와 한계」, 행정작용법(김동희교수 정년기념논문집), 293쪽). 참고삼아, 대법 1985. 2. 8. 선고 83누625 판결은 부담상의 의무불이행을 이유로 그 후의 단계적 조치를 거부하는 것도 가능하다고 판시한 바 있다.

2) 李尙圭, 신행정법론(상), 384쪽.

유보할 수 있는가에 대하여도 법치행정의 원리에 비추어 소극적으로 해석하는 견해[1]와 당해 법령에 특별한 제한규정이 없는 한 그 목적의 범위 안에서 유보할 수 있다는 적극설[2]로 나뉜다.

5. 법률효과일부배제

법률효과일부배제란 행정행위에 부가하여 법령이 그 행정행위에 대하여 일반적으로 부여하고 있는 법률효과의 일부를 배제하는 부관을 말한다.[3] 예컨대 관할 세무서장이 구 주세법 제9조에 바탕하여 주류판매업을 면허하면서 그 소속가맹점 또는 지부에 한하여 주류를 중개하여야 한다고 그 사업범위를 제한하는 것(대법 1984. 11. 13. 선고 84누269 판결 참조) 등이 그것이다. 법률효과일부배제는 법령의 근거가 있을 때에 한하여 붙일 수 있다는 것이 통설이다.

V. 부관의 가능성과 한계

1. 가능성 문제

어떤 행정행위에 부관을 붙일 수 있는가의 문제이다. 법령에 명문의 규정이 있을 경우에는 문제가 없다. 명문의 규정이 없을 경우, 종래 통설에 의하면 행정행위의 부관은 법률행위적 행정행위 그 중에서도 재량행위에만 붙일 수 있고(앞에서 본 바와 같이 행정기본법 17조 1항에 의하여 명문화되었다), 준법률행위적 행정행위나 기속행위에는 붙일 수 없다는 것이므로 경우를 나누어 보기로 한다.

(1) 준법률행위적 행정행위의 문제

종래 통설이 준법률행위적 행정행위에 부관을 붙일 수 없는 이유를 준법률행위적 행정행위가 의사표시를 요소로 하지 아니하며 그 효과가 법령에 의하여 부여되므로 성질상 부관을 붙일 수 없다고 설명한다.[4] 그러나 최근에는 준법률행위적 행정행위에도 부관을 붙일 수 있다는 것이 다수설이다.[5] 즉, 법률이 준법률행위적 행정행위에 부관을 붙일 수 있다는 근거를 두고 있는 경우는 물론이고, 그와 같은 근거를 두고 있지 않은 경우에도 부관을 붙일 수 있다는 것이다. 다수설의 설명이 일률적이 아니나, 그 예로 준법률행위적 행정행위인 공증의 성질을 갖는 여권에 유

---

1) 李尙圭, 앞 책, 384쪽.

2) 대법 1984. 11. 13. 선고 84누269 판결 참조.

3) 학자에 따라서는 법률효과일부배제는 행정행위의 내용 그 자체를 이루는 것, 즉 행정행위의 내용적 제한이므로 행정행위의 부관의 종류에서 제외하는 견해도 있다(金容燮, 「행정행위의 부관에 관한 법리」, 행정법연구(행정법이론실무학회) 제2호, 188쪽).

4) 金東熙, 행정법 I, 299쪽. 金 교수는 법률요건충족적 부관은 준법률행위적 행정행위에도 붙일 수 있다고 한다.

5) 金南辰·金連泰, 행정법 I, 237쪽; 柳圭泰, 행정법신론, 161쪽; 鄭夏重, 행정법총론, 240쪽; 洪井善, 행정법원론(상), 440쪽; 洪準亨, 행정법총론, 256쪽.

효기간을 붙이는 경우를 든다.[1] 다수설의 견해도 행정행위를 법률행위적 행정행위와 준법률행위적 행정행위로 나누고,[2] 준법률행위적 행정행위를 의사표시 이외의 정신작용의 표시를 요소로 하고 법효과가 직접 법규에서 정하는 바에 따라 발생하는 행정행위로 정의하고 있다.[3] 준법률행위적 행정행위에 법률의 근거 없이도 법률이 정한 효과를 규율하는 부관을 붙일 수 있는 논거에 관하여는 설명이 없다.

(2) 기속행위의 문제

종래 통설이 기속행위에 부관을 붙일 수 없는 이유를 기속행위에는 행정청이 행정행위를 해야 할 기속을 받으므로 자기의 의사에 의하여 그 효력을 제한하는 부관을 붙일 수 없다고 설명한다(앞에서 본 바와 같이 행정기본법 17조 2항에 의하여 명문화되었다). 판례도 기속행위(예: 자동차운송알선사업 등록 수리처분)나 기속재량행위(예: 이사회 소집 승인처분)에는 부관을 붙일 수 없고 가사 부관을 붙였다 하더라도 무효(대법 1988. 4. 27. 선고 87누1106 판결, 대법 1993. 7. 27. 선고 92누13998 판결, 대법 1995. 6. 13. 선고 94다56883 판결)라고 판시하고 있다. 그러나 최근의 다수설은 기속행위의 성질상 법률의 근거가 없는 한 기속행위에 부관을 붙일 수 없는 것이 원칙이지만, 예외적으로 법률의 근거가 없는 경우에도 부관을 붙일 수 있다고 본다. 이 다수설은 부관의 허용성의 범위에 관하여 다소의 차이가 있다. 그 하나는 법률의 근거가 없는 경우에도 부관을 붙일 수 있는 경우로 기속행위에 부관을 붙임으로써 그 법률상 요건이 충족되거나 유지될 수 있는 경우로 한정한다.[4] 다른 하나는 법률의 근거가 없는 경우에도 부관을 붙일 수 있는 경우로 법률 요건의 충족을 확보할 필요가 있다고 판단되는 때 등이라고 하여 반드시 법률요건 충족의 경우라고 한정하지 아니하는 견해이다.[5]

검토건대, 우리나라 「행정절차법」에는 독일 연방행정절차법 제36조 제1항과 같이 기속행위에도 "행정행위의 법률상의 요건이 확보되는 경우"에 부관을 붙일 수 있다는 규정이 없다. 따라서 현행 우리 실정법 아래에서는 개별행정법규에서 행정행위의 법률상의 요건이 확보되는 경우에 부관을 붙일 수 있음을 허용하고 있는 경우를 제외하고는 기속행위에는 부관을 붙일 여지가 없다고 생각한다.

---

1) 洪準亨, 앞 책, 같은 곳.

2) 다수설 중에는 행정행위를 법률행위적 행정행위와 준법률행위적 행정행위로 나누는 것 자체에 비판적인 견해(金南辰·金連泰, 앞 책, 같은 곳)도 있다. 기왕의 분류체계에 대한 비판에 머물러서는 요령부득의 기술을 벗어나기 어렵다는 점에 관하여는 金重權, 「행정행위의 부관의 허용성 문제에 관한 소고」, 고시연구 2006년 11월호, 91쪽 이하 참조.

3) 柳至泰, 앞 책, 131쪽; 鄭夏重, 앞 책, 240쪽; 洪井善, 앞 책, 344쪽.

4) 朴均省, 앞 책, 329쪽; 柳至泰, 위 책, 162쪽, 鄭夏重, 위 책, 240쪽; 洪井善, 위 책, 440쪽.

5) 金南辰·金連泰, 위 책, 238쪽.

2. 부관의 한계

(1) 부관을 붙일 수 없는 경우

행정행위 중에는 성질상 부관(전부 또는 일부)을 붙일 수 없는 행정행위가 있다(예: 귀화허가 등).

(2) 부관을 붙일 수 있는 경우

행정행위에 부관이 허용되는 경우에도 그 허용되는 한계가 문제된다. 그 허용되는 한계는 법령이 정하고 있는 본체인 행정행위의 성질·내용 등을 종합하여 개별적·구체적으로 판단할 수밖에 없다. 그 일반적 한계는 다음과 같다.

⑺ 부관은 헌법·법령에 저촉되어서는 아니 된다(대법 1999. 12. 24. 선고 98다57419, 57426 판결). 행정청이 처분을 함에 있어서 부제소(不提訴)특약의 부관을 붙인 것은 당사자가 임의로 처분할 수 없는 공법상의 권리관계를 대상으로 하여 사인의 국가에 대한 공권인 소권(訴權)을 당사자의 합의로 포기하는 것으로서 허용될 수 없다(대법 1998. 8. 21. 선고 98두8919 판결).

⑻ 부관은 당해 행정행위를 규율하는 법령 및 당해 행정행위가 추구하는 목적의 범위를 넘어서는 아니 된다. 다른 말로 하면, 부관의 내용은 본체인 행정행위의 내용에 비추어 적절하면서 동시에 상당한 것이어야 한다. 부당결부금지원칙이 가장 문제가 되는 곳의 하나가 부관과 관련해서이다(→ 부당결부금지원칙).

⑼ 부관의 내용은 평등원칙·비례원칙·부당결부금지원칙 등 행정상의 법의 일반원칙에 위반되지 아니하여야 한다(대법 1997. 3. 11. 선고 96다49650 판결, 대법 1998. 10. 23. 선고 97누164 판결, 대법 2004. 3. 25. 선고 2003두12837 판결).

⑽ 부관의 내용은 명확하고, 이행가능한 것이어야 한다(대법 1998. 10. 23. 선고 97누164 판결, 대법 2004. 3. 25. 선고 2003두12837 판결).

⑾ 부관은 본체인 행정행위의 본질적 효력을 저해하여서는 아니 된다(대법 1996. 4. 26. 선고 95누17762 판결, 대법 2002. 9. 24. 선고 2000두5661 판결, 대법 2004. 3. 25. 선고 2003두12837 판결).

(3) 부관의 한계와 명문화

「행정기본법」제17조 제4항은 부관의 한계로서 다음과 같이 규정하고 있다. 즉, 부관은 다음 각 호의 요건에 적합하여야 한다. 1. 해당 처분의 목적에 위배되지 아니할 것 2. 해당 처분과 실질적인 관련이 있을 것 3. 해당 처분의 목적을 달성하기 위하여 필요한 최소한의 범위일 것이다.

3. 사후부관의 문제

사후부관의 문제는 행정행위를 행할 당시에는 부관을 붙이지 아니하고 행정행위가 행하여진 후에 붙이는 것이 허용되는가의 문제 외에 이미 행정행위를 행할 당시에 일부 부관을 붙였으나 행정행위가 행하여진 후에 이를 변경하거나 보충하는 것이 허용되는가의 문제를 포함한다. 이 문제에 대하여는 견해가 대립되어 있었다.

(1) 부 정 설

이 설은 부관은 주된 행정행위에 부수된 종된 제한이므로 그의 독자적인 존재를 인정할 수 없고 따라서 사후에 부관만을 따로이 붙일 수 없다는 견해[1]이다.

(2) 부담긍정설

이 설은 부담에 한하여 사후에도 붙일 수 있다는 견해[2]이다.

(3) 제한적 긍정설

이 설은 원칙적으로 사후부관의 허용성을 부정하지만, ① 법령이 명시적으로 이를 허용하고 있는 경우, ② 행정행위를 행할 당시에 사후부관을 미리 유보한 경우, ③ 철회권이 유보되어 있는 경우, ④ 상대방의 동의가 있는 경우에는 허용된다는 견해이다. 이것이 현재의 다수설이다.

(4) 판   례

판례는 부관의 사후변경에 관하여 다음과 같이 판시하고 있다. 즉 본체인 행정처분에 이미 부담이 부가되어 있는 상태에서 그 의무의 범위 또는 내용 등을 변경하는 부관의 사후변경은, 법률에 명문의 규정이 있거나 그 변경이 미리 유보되어 있는 경우 또는 상대방의 동의가 있는 경우에 한하여 허용되는 것이 원칙이지만, 사정변경으로 인하여 당초에 부담을 부가한 목적을 달성할 수 없게 된 경우에도 그 목적달성에 필요한 범위 내에서 예외적으로 허용된다(대법 1997. 5. 30. 선고 97누2627 판결).

(5) 명문화

다수설과 판례를 명문화하여 「행정기본법」 제17조 제3항은 다음과 같이 규정하고 있다. 즉, 행정청은 부관을 붙일 수 있는 처분이 다음 각 호의 어느 하나에 해당하는 경우에는 그 처분을 한 후에도 부관을 새로 붙이거나 종전의 부관을 변경할 수 있다. 1. 법률에 근거가 있는 경우 2. 당사자의 동의가 있는 경우 3. 사정이 변경되어 부관을 새로 붙이거나 종전의 부관을 변경하지 아니하면 해당 처분의 목적을 달성할 수 없다고 인정되는 경우이다.

---

1) 尹世昌, 행정법(상), 226쪽.

2) 李尙圭, 신행정법론(상), 388쪽; 金容燮, 앞의 논문, 198쪽.

VI. 행정행위의 부관 설정의 의무성

지금까지는 부관을 붙일 수 있느냐의 여부는 행정청의 재량으로 생각해 왔다. 그러나 복효적 행정행위에 있어서는 행정행위의 상대방의 권익 향수로 인하여 불이익을 받는 제3자의 보호의 필요에서 행정청은 부관 설정 의무를 진다고 보아야 한다(하천법 33조 2항 참조). 판례도 행정청이 토지형질변경허가를 함에 있어 허가지의 인근지역에 토사 붕괴나 낙석 등으로 인한 피해가 발생하지 아니하도록 허가를 받은 자에게 옹벽이나 방책을 설치하게 할 의무가 있다(대법 2001. 3. 9. 선고 99다64278 판결)고 판시하고 있다.

VII. 행정행위의 부관과 행정절차

부관도 처분인 한, 「행정절차법」상의 처분절차에 관한 규정의 적용을 받는다. 「행정절차법」은 이익행정행위에 부관을 붙이는 경우 부관의 내용에 관한 기준을 설정하여 공표할 것을 요청하고 있으며, 사전통지는 물론이고, 그 근거와 이유제시를 요구하고 있다.

VIII. 행정행위의 부관의 승계

행정행위의 부관은 승계되는가가 문제된다. 학설은 침묵으로 일관하고 있다. 판례는 구 식품위생법에 의한 두부류제조업을 양수하여 이를 토대로 동 제조업허가를 받은 경우에는 양수인이 받은 허가와 양도인이 받은 허가는 별개의 것이라는 이유로 양도인이 받은 허가에 붙인 부관이 양수인이 받은 허가에 영향을 미치지 않는다고 하여 승계를 부정하고 있다(대법 1982. 6. 22. 선고 80누460 판결). 한편 구 수산업법 제8조에 의한 어업의 면허를 하면서 면허권자가 부관을 붙이고 그것을 어업권등록원부에 기재한 경우에는 부관의 효력은 그 후 어업권을 양수한 자에게도 미친다고 하여 승계를 긍정한다(대법 1993. 6. 22. 선고 93다17010 판결).

IX. 흠(하자) 있는 부관과 행정행위의 효력

1. 흠(하자) 있는 부관

앞에서 본 부관의 한계 등을 지키지 못하면 흠 있는 부관이 된다.[1] 흠 있는 부관의 효과는 흠 있는 행정행위의 효과에 관한 일반법리에 따라 무효인 부관, 취소할 수 있는 부관 등으로 나눌 수 있다.

---

1) 대법 2009. 2. 12. 선고 2005다65500 판결: 행정청이 수익적 행정처분을 하면서 부가한 부담의 위법 여부는 처분 당시 법령을 기준으로 판단하여야 하고, 부담이 처분 당시 법령을 기준으로 적법하다면 처분 후 부담의 전제가 된 주된 행정처분의 근거 법령이 개정됨으로써 행정청이 더 이상 부관을 붙일 수 없게 되었다 하더라도 곧바로 위법하게 되거나 그 효력이 소멸되는 것이 아니다.

2. 무효인 부관과 행정행위의 효력

부관이 무효인 경우에 그것이 본체인 행정행위의 효력에 어떤 영향을 미치는가에 관하여 우리나라의 통설은 부관이 행정행위의 중요한 요소인 경우에 한하여 행정행위를 무효케 하며 그렇지 않은 경우에는 아무런 영향이 없다는 것이다. 참고삼아, 대법 1985. 7. 9. 선고 84누604 판결도 "도로점용허가의 점용기간은 행정행위의 본질적 요소에 해당하는 것이어서 부관인 점용기간을 정함에 위법이 있으면 도로점용허가처분 전부가 위법이 된다"고 판시한 바 있다.

문제는 어떠한 경우에 본체인 행정행위의 중요한 요소가 되는가의 여부이다. 여기에는 두 가지 견해가 있다. 그 하나는 중요한 요소가 되는가의 여부를 처분청의 주관적 의사, 즉 행정청이 그러한 부관을 붙이지 않았으면 행정행위를 하지 아니하였을 경우인가의 여부를 기준으로 하여 판단하여야 한다는 견해이다. 이 견해의 논거로는 행정청이 부관이 없는 상태에서의 본체인 행정행위만의 존속을 원하지 아니함에도 불구하고 법원이 이를 존속시키도록 강요함은 권력분립의 원리에 반하게 된다는 점을 든다.[1] 다른 하나는 중요한 요소가 되는가의 여부를 행정청의 객관적 의사를 기준으로 하여 판단하여야 한다는 견해이다. 이 견해의 논거로는 행정청의 주관적 의사를 기준으로 할 경우에는 법률관계를 불안정하게 만든다는 점,[2] 권력분립의 원리상 행정청의 주관적 의사가 중요하기는 하지만 주관적 의사를 기준으로 하는 경우 실제적으로는 행정청의 자의와 구분하기 어렵게 되어 기준 자체가 모호해진다는 점을 든다.[3]

사견으로는 처분청의 주관적 의도를 포함하여 관계 법규의 취지 및 부관부 행정행위의 성격·내용 등 객관적 제반 사정을 포함한 형량적 판단을 기준으로 하여 무효인 부관이 본체의 행정행위의 중요한 요소가 되는지의 여부를 가리는 것이 타당할 것으로 보인다.

본체인 행정행위의 중요한 요소가 되는 부관을 불가분적 부관이라고 부르고, 행정행위의 중요한 요소가 아닌 부관을 가분적 부관이라고 부르기로 한다.

3. 취소할 수 있는 부관과 행정행위의 효력

부관이 취소할 수 있는 경우에는 취소가 확정되기까지는 부관은 유효하며, 취소가 확정되면 본체인 행정행위의 효력과의 관계가 문제되는데 무효에 있어서와 마찬가지로 부관이 중요한 요소가 아닌 한 행정행위의 효력에 영향이 없다는 것이 통설이다.

---

1) 石鎬哲,「행정행위의 부관」, 행정소송에 관한 제문제(하)(재판자료 68집), 1995, 249쪽.

2) 金容燮,「행정행위의 부관에 관한 법리」, 행정법연구(행정법이론실무학회) 제2호, 199쪽.

3) 金鐵容·崔光律, 주석 행정소송법, 583쪽[집필·宋永天].

X. 흠(하자) 있는 부관에 대한 쟁송

1. 부관의 독립쟁송 가능성

부관에 흠이 있는 경우, 항고쟁송으로 이를 다툴 수 있는가가 문제된다. 이 문제에 대하여는 부관이 행정행위와의 관계에서 가분적 부관인가 불가분적 부관인가로 나누어 고찰해 볼 수 있다.

(1) 가분적 부관

1) 학 설

학설은 부관부 행정행위 전체를 대상으로 하여 취소쟁송(일부취소)이나 무효확인쟁송(일부무효)을 제기하여 다툴 수 있다는 데[1]에 대하여는 의견의 일치를 보고 있다. 문제는 흠 있는 부관만을 대상으로 하여 취소쟁송 내지 무효확인쟁송을 제기할 수 있는가[2]에 있다.

이에 관하여는 학설이 나뉜다.

(가) **제1설**   이 설은 어느 부관이든 독립한 쟁송의 대상이 될 수 없다는 견해[3]이다.

(나) **제2설**   이 설은 부관 중에서도 부담에 대해서만 독립하여 쟁송의 대상이 될 수 있다는 견해이다. 이 설이 현재 우리나라의 다수설이다.

(다) **제3설**   이 설은 어느 부관이든 본체인 행정행위로부터 분리 가능한 것이면 독립하여 쟁송의 대상이 될 수 있다는 견해[4]이다.

(라) **제4설**   이 설은 위법한 부관을 독립하여 취소할 수 있는가 하는 독립취소가능성의 문제는 소송요건인 독립쟁송가능성과 구별하여야 한다는 것을 이유로 모든 부관은 독립하여 쟁송의 대상이 될 수 있다는 견해이다.[5]

(마) **검 토**   제1설은 부관이 독립된 처분인 경우 독립된 처분에 대한 쟁송을 구태여 막을 이유가 없다는 점에, 제2설은 독립하여 쟁송의 대상이 될 수 있는 부관은 부담이냐 부담 외의 부관이냐에 있는 것이 아니라(모든 부담이 독립하여 쟁송의 대상이 될 수 있는 것이 아니다), 본체의 행정행위로부터 독립된 처분이냐의 여부에 있다는 것을 간과한 점에, 제4설은 부관의 독립취소가능성(본안 문제임)은 부관의 독립쟁송가능성(본안 전 문제임)을 전제로 하고 있다는 점을 간과하고 있을 뿐만 아니라 독립된 처분성이 인정되지 아니하는 부관까지를 쟁송의 대상으로 하고 있다는 점에 근본적인 잘못이 있다. 따라서 어느 부관이든 본체

---

1) 이를 독일에서는 부진정일부취소청구(unechte Teilanfechtung)라고 부른다.
2) 이를 독일에서는 진정일부취소청구(echte Teilanfechtung)라고 부른다.
3) 宋永天,「기부채납과 토지형질변경행위허가」, 특별법연구(특별소송실무연구회) 제6권, 15쪽.
4) 柳至泰, 행정법신론, 170쪽 이하; 洪井善, 행정법원론(상), 446쪽; 洪準亨, 행정법, 196쪽 이하.
5) 金南辰, 행정법의 기본문제, 968쪽.

인 행정행위로부터 분리되어 처분성이 인정될 수 있는 것이면 독립하여 쟁송의 대상이 될 수 있다고 보아야 한다.[1]

2) 판 례

판례는 부관이 그 자체로서 직접 법적 효과를 발생하는 독립된 처분이 아니므로(부관은 본체인 처분의 일부분이므로) 부관 그 자체만으로 독립된 쟁송의 대상으로 할 수 없고 전체로서의 부관부 처분을 쟁송의 대상으로 삼아야 한다는 입장이다. 즉 부관부 처분이 행하여진 경우 부관만에 대하여 불만이 있더라도 반드시 부관부 처분 전체의 취소를 구하는 소를 제기하여야 하고 그렇지 아니한 소는 부적법하여 각하되어야 한다(대법 1986. 8. 19. 선고 86누202 판결 등). 다만 부관 중 부담은 다른 부관과 달리 처분의 불가분적인 요소가 아니고 단지 그 존속이 본체인 처분의 존재를 전제로 하는 것뿐이므로 흠 있는 부담은 그 자체로서 독립하여 쟁송의 대상이 된다고 한다(대법 1992. 1. 21. 선고 91누1264 판결 등).

판례는 부담 외의 다른 부관에 대하여는, 부관만을 다투는 쟁송은 허용하지 않지만, 부관부 행정행위를 부관 없는 행정행위 또는 다른 내용의 부관이 부가된 행정행위로 변경해 줄 것을 신청한 후 이에 대한 불허가처분을 기다려 그 처분을 다투는 취소소송을 허용하고 있다(대법 1990. 4. 27. 선고 89누6808 판결). 이에 의하여 부담 외의 부관에 대하여도 권리구제에의 길을 열어 놓고 있는 셈이다.[2]

3) 부수적 문제

독립하여 쟁송의 대상이 되는 흠 있는 부관은 부관만의 집행정지신청도 가능하다.

부관부 행정행위에 있어서 부관의 위법을 다투지 아니하여 쟁송기간을 도과하고 부관부 행정행위에 불가쟁력이 발생한 후 후행행정행위가 행하여진 경우에 선행행정행위의 부관의 위법을 이유로 하여 후행행정행위의 효력을 다툴 수 있는가의 문제가 있다. 이를 긍정하는 견해[3]도 있다. 그러나 판례는 부정하는 견해이다(대법 1991. 4. 23. 선고 90누8756 판결).

(2) 불가분적 부관

부관과 본체인 행정행위가 불가분인 경우에는 부관부 행정행위 전체를 대상으로 하여 취소쟁송이나 무효확인쟁송을 제기하여 다툴 수 있다. 또한 부관이 없는 행정행위를 원하거나 다른

---

1) 金敞祚 교수는 종래의 부관론이 상황적응성 기능에 대한 설명이 결여되어 있다는 점을 지적하면서 기능론적 부관론을 제시하고 있는바, 그 중에서 독립 행정행위적 부관을 들고 예컨대 하천부지의 점용허가에 수반한 점용기간에 관한 부관, 택시면허에 수반한 영업시간·영업구역·시설 등에 관한 부관이 이에 해당한다고 한다(同人, 앞의 논문, 299쪽).

2) 이 판결의 입장에 대한 비판으로는 李日世, 「행정행위의 부관과 행정쟁송」, 공법학의 현대적 지평(계희열교수 화갑기념논문집), 박영사, 1995, 650쪽 이하.

3) 石鎬哲, 앞의 논문, 253쪽.

적법한 부관이 붙은 행정행위를 원하는 경우에는 취소쟁송을 제기하여 처분의 변경을 청구할 수 있을 것이고, 부관부 처분 전체를 대상으로 취소쟁송을 제기하여 취소재결·판결의 기속력에 의하여 소기의 목적을 달성할 수 있을 것이다. 이 경우 행정청의 거부처분이나 부작위에 대하여는 의무이행심판의 청구도 가능할 것이다.

2. 부관의 독립취소 가능성

부관부 행정행위 전체를 대상으로 하여 취소쟁송이나 무효확인쟁송이 제기된 경우에 법원 등은 부관만의 일부취소나 일부무효확인을 할 수 있는가가 문제된다. 이 문제는 불가분적 부관의 경우에는 제기되지 아니한다. 이 경우에는 법원 등은 부관부 행정행위 전체를 취소하거나 무효확인을 하여야 하기 때문이다. 따라서 이 문제는 가분적 부관의 경우에 있어서의 문제이다.

(1) 학 설

이 문제에 관하여, 부관이 행정행위의 중요한 요소가 아닌 가분적 부관의 경우에는, 부관 그 자체가 처분인 경우는 말할 것도 없고, 부관부 행정행위의 일부취소나 일부무효확인을 구한 경우에도, 법원 등은 부관의 취소나 부관만의 일부취소나 일부무효확인을 할 수 있다는 것이 다수설이다.

이에 대하여는 부관의 독립취소 가능성 문제는 흠 있는 부관과 행정행위의 효력과의 문제와는 별개로, 본체인 행정행위가 기속행위인가 재량행위인가에 따라 달라진다는 견해가 있다. 즉 이 견해에 의하면 본체인 행정행위가 기속행위인 경우 상대방의 신청이 행정행위의 발급 요건을 충족하고 있는 때에는 신청인은 그 수익적 효과에 있어 제한이 가하여지지 않는 관계법이 정하는 대로의 행위의 발급 신청권이 있으므로 법령상 명시적 규정이 없는 한 이러한 청구권의 내용을 제한하는 부관은 허용되지 않으므로 기속행위에 부가된 부관이 위법하면 당연히 부관의 독립취소 가능성이 긍정되며, 재량행위의 경우 부관만을 취소하고 본체인 행정행위를 존속시키는 것은 행정청이 부관 없이는 하지 않았을 것으로 보이는 행위를 행정청에 강제하는 결과가 되기 때문에 부관의 독립취소 가능성이 부인된다고 한다.[1]

그러나 부관은 대부분 재량행위에 부가되는 것이므로 이와 같은 견해에 의하면 독일과 달리 의무이행소송이 허용되지 않고 있는 우리나라에 있어서는 부관에 대한 행정쟁송이 실질적으로 유명무실하게 된다는 비판이 있다.[2]

생각건대, 본체인 행정행위가 기속행위이든 재량행위이든 가분적 부관은 독립하여 쟁송의 대상이 된 경우 취소나 무효확인이 가능하므로, 부관부 행정행위 전체를 대상으로 취소쟁송이나 무효확인쟁송이 제기된 경우에도 법원 등은 부관만의 일부취소나 일부무효확인도 가능하다고 보아야 할 것이다.

---

1) 金東熙, 행정법 Ⅰ, 304쪽 이하 ; 朴鈗炘, 최신행정법강의(상), 398쪽 이하.
2) 李日世, 앞의 논문, 659쪽 ; 鄭夏重, 「부관에 대한 행정소송」, 고시계 2001년 5월호, 24쪽.

(2) 판　례

　판례는 부관부 행정행위 전체를 대상으로 하여 취소쟁송이나 무효확인쟁송이 제기된 경우 전체를 심리하여 그 이유가 있더라도 부관 부분만을 취소할 수 없고 전체 부관부 처분을 취소하여야 한다는 입장이다(대법 1986. 8. 19. 선고 86누202 판결, 대법 1993. 10. 8. 선고 93누2032 판결 등 참조). 다만, 부담부 행정행위의 경우에는 부담만의 취소가 가능하다고 보고 있다(대법 1992. 1. 21. 선고 91누1264 판결, 대법 1994. 1. 25. 선고 93누13537 판결 등).

(3) 부수적 문제

　부관부 행정행위 전체가 취소된 경우 취소재결·판결의 기속력에 의하여 행정청은 재결이나 판결의 취지에 따라 부관 없는 행정행위나 적법한 부관을 붙인 행정행위를 행하여야 한다. 행정청이 이들 행정행위를 행하지 아니할 때에는 의무이행심판청구, 부작위위법확인소송이 가능하다.

제 4 절　행정행위의 성립과 효력

Ⅰ. 행정행위의 성립요건과 효력발생요건

　행정행위가 적법·유효하기 위하여는 법이 정한 성립요건과 효력발생요건을 갖추어야 한다.[1] 갖추어야 할 성립요건과 효력발생요건은 행정행위를 행할 당시에 시행 중인 법(령)에 의하는 것이 원칙이다(대법 1998. 11. 10. 선고 98두13812 판결).

1. 성립요건

　행정행위가 적법·유효하게 성립하기 위하여 어떠한 성립요건을 갖추어야 하는가는 법이 행정행위마다 달리 정하고 있기 때문에 일률적으로 말할 수 없다. 보통은 주체·내용·절차·형식·표시로 나눈다.

(1) 주　체

　행정행위는 ① 정당한 권한을 가진 행정청이, ② 그 권한의 범위 내에서, 행한 행위이어야 한다.
　행정청의 관할에 관하여는 「행정절차법」 제6조에서 규정하고 있다(→ 행정절차법).

---

1) 행정행위의 성립요건과 적법요건은 구별해야 한다는 견해가 있다. 이 견해에 의하면 행정행위의 성립이란 행정행위의 존재를 산출하는 과정이며, 성립요건이란 행정행위를 그 부존재로부터 구별하기 위한 기준이 되며, 흠 있는 행정행위는 적법요건을 갖추지 못한 행정행위이고, 흠 있는 행정행위의 효과에는 행정행위의 부존재가 제외된다. 洪準亨, 행정법총론 261쪽 이하; 朴均省, 행정법론(상), 357쪽 이하; 金炳圻, 「행정행위하자의 효과로서의 무효와 취소의 구별」, 행정작용법(김동희교수 정년기념논문집), 399쪽 이하 참조.

행정청은 행정행위의 상대방에게 행정작용과 관련된 정보를 충분히 제공하여야 한다(행정절차법 5조 3항).

(2) 내 용

행정행위는 내용이 ① 실현될 수 있어야 하고, ② 특정·명확하여야 하며(동법 5조 1항)(대법 2007. 1. 12. 선고 2004두7146 판결 등), ③ 법에 적합하여야 한다. 행정행위의 근거가 되는 법령 등의 근거가 되는 법령 등의 내용이 명확하지 아니한 경우 상대방은 해당 행정청에 그 해석을 요청할 수 있으며, 해당 행정청은 특별한 사유가 없으면 그 요청에 따라야 한다(동조 2항).

(3) 절 차

법이 정한 절차를 밟아야 한다. 법이 정한 절차에는 여러 가지가 있다. 신청절차, 다른 기관과의 협의, 사전통지절차, 의견청취절차 등이 그 예이다. 절차는 크게 국민 또는 주민의 권익에 영향을 주는 것과 영향을 주지 않는 것으로 나눌 수 있다. 전자를 대외적 절차라고 부르고, 후자를 대내적 절차로 부른다. 행정법학에서 다루는 절차는 대외적 절차이므로 행정행위의 성립 요건으로 문제가 되는 절차는 대외적 절차이다.

(4) 형 식

문서 그 밖에 법이 정한 형식을 요구하고 있는 경우(행정절차법 제24조는 행정청이 처분을 하는 때에는 원칙적으로 문서로 하도록 요구하고 있다)에는 그러한 법정 형식을 갖추어야 한다.[1]

(5) 표 시

행정행위는 외부에 표시되어야만 비로소 성립한다.[2]

---

1) 종래의 통설은 이유제시를 형식에 관한 요건으로 보고 있었다(金東熙, 행정법 Ⅰ(제12판), 303쪽; 朴鈗炘, 최신행정법강의(상), 405쪽; 朴均省, 행정법론(상)(제2판), 308쪽; 洪井善, 행정법원론(상)(제11판), 292쪽 이하). 지금은 절차의 요건으로 보고 있는 것이 다수이나, 아직도 종래의 입장을 견지하고 있는 이도 있다(金東熙, 행정법 Ⅰ, 309쪽). 종래의 통설이 이유제시를 형식에 관한 요건으로 보고 있었던 것은 이유제시를 문서처럼 행정행위의 내용 확정을 용이하게 해 주는 것에 불과한 것이라고 보고 있었기 때문으로 추측된다. 曺海鉉 부장판사는 일본 최고재판소가 개별법에서 이유제시의무를 규정하고 있는 경우에도 당초에는 이를 처분의 방식 내지 형식의 문제로 이해함으로써 그 규정에 위배되더라도 단순히 훈시규정에 위반한 것에 지나지 아니하여 처분의 효력에는 아무런 영향이 없다고 보았다는 점을 지적하고 있다(同人, 「행정처분의 근거 및 이유제시의 정도」, 행정판례연구(한국행정판례연구회) Ⅷ, 130쪽 이하). 이유제시가 순수히 절차적인 것인가, 실체적인 것을 포괄하고 있는 것이 아닌가는 다른 차원의 문제이다.

2) 대법 2017. 7. 11. 선고 2016두35120 판결: 일반적으로 행정처분이 주체·내용·절차와 형식이라는 내부적 성립요건과 외부에 대한 표시라는 외부적 성립요건을 모두 갖춘 경우에는 행정처분이 존재한다고 할 수 있다. 행정처분의 외부적 성립을 행정의사가 외부에 표시되어 행정청이 자유롭게 취소·철회할 수 없는 구속을 받게 되는 시점을 확정하는 의미를 가지므로, 어떠한 처분의 외부적 성립 여부는 행정청에 의해 행정의사가 공식적인 방법

2. 효력발생요건

행정행위는 법령에 특별한 규정이 있거나 정지조건부 행정행위 또는 시기부 행정행위가 아닌 한, 성립과 동시에 효력을 발생한다.[1]

(1) 통지를 요하는 행정행위에 있어서는 당사자 등에게의 통지가 당해 행정행위의 효력발생 요건이다.[2] 통지는 행정청이 행정행위의 당사자에게 행정행위의 존재와 그 내용을 인식할 수 있도록 알리는 행위이다.[3] 통지를 요하는 행정행위에 있어서 통지가 당해 행정행위의 효력발생요건인 것은 법치국가원리에서 요구하는 명확성의 원칙에서 나온다.

(2) 「행정절차법」(1장 4절), 「행정심판법」(57조), 「국세기본법」(1장 3절)에는 통지의 형태인 송달에 관한 규정을 두고 있다. 행정심판법상의 송달방법에는 민사소송법 중 송달에 관한 규정이 준용된다. 국세기본법은 민사소송법의 송달에 관한 규정을 준용하는 규정을 두지 않고 민사소송법의 송달과는 다른 송달체계를 갖추고 있다는 점에서 행정절차법과 유사하다.

(3) 「행정절차법」은 후술하는 바와 같이(→ 행정절차법상의 송달) 송달방법으로 우편송달, 교부송달, 교부송달의 예외로서 그 사무원·피용자 또는 동거자에 대한 송달, 즉 보충송달, 송달받을 자가 동의하는 경우에 행하는 송달, 즉 조우송달, 정보통신망에 의한 송달 및 공시송달을 규정하고 있다(14조). 송달은 다른 법령 등에 특별한 규정이 있는 경우를 제외하고는 송달받을 자에게 도달됨으로써 그 효력이 발생한다(동법 15조 1항). 도달은 송달받을 자가 알 수 있는 상태에 두는 것을 말하며(동거하는 처에게 교부하는 것 등) 현실적으로 그 내용을 알 것을 필요로 하지 아니한다(대법 2017. 3. 9. 선고 2016두60577 판결). 정보통신망을 이용하여 전자문서로 송달하는 경우에는 송달받을 자가 지정한 컴퓨터 등에 입력된 때에 도달된 것으로 본다(동조 2항). 공시송달의 경우에는 다른 법령 등에 특별한 규정이 있는 경우(예: 국세기본법 11조 1항)를 제외하고는 원칙적으로 공고일로부터 14일이 경과한 때에 그 효과(예: 명령적 효과·형성적 효과 등)가 발생한다(행정절차법 15조 3항).[4]

으로 외부에 표시되었는지를 기준으로 판단하여야 한다.

1) 상대방 있는 행정처분이 상대방에게 고지되지 아니한 경우에는 상대방이 다른 경로를 통해 행정처분의 내용을 알게 되었다고 하더라도 행정처분의 효력이 발생한다고 볼 수 없다(대법 2019. 8. 9. 선고 2019두38656 판결).

2) 상대방 있는 처분에 있어서 처분서를 송달(공시송달 포함)하였으나 그 송달이 부적법한 경우는 외부적 표시가 없는 경우와는 달리 그 효력발생요건에 흠이 있는 무효의 처분이라 보아야 하고, 처분이 존재하지 않는다고 할 수 없다(대법 1984. 5. 9. 선고 82누332 판결 등).

3) 대법 2003. 7. 22. 선고 2003두513 판결: 문화재보호법 제13조 제2항은, 같은 조 제1항에 의한 중요문화재 가지정의 효력이 가지정문화재의 소유자·점유자 또는 관리자에게 통지한 날로부터 발생한다고 규정하고 있는바, 여기서 말하는 통지는 행정처분을 상대방에게 표시하는 것으로서 상대방이 인식할 수 있는 상태에 둠으로써 족하고, 객관적으로 보아서 행정처분으로 인식할 수 있도록 고지하면 되는 것이다.

4) 대법원은 "통상 고시 또는 공고에 의하여 행정처분을 하는 경우에는 그 처분의 상대방이 불특정 다수인이고 그 처분의 효력이 불특정 다수인에게 일률적으로 적용되는 것이므로, 행정처분에 이해관계를 갖는 자가 고시 또는

Ⅱ. 행정행위의 효력

행정행위가 성립요건과 효력발생요건을 갖추게 되면 일정한 효과(예: 명령적 효과·형성적 효과 등)가 발생한다. 구체적으로 어떠한 효과가 발생하는가는 당해 행정행위를 규율하는 법령의 규정 또는 당해 행정행위의 성질 등에 따라 일정치 않다. 법령에 따라서는 특정한 주된 행정행위를 받으면 다른 법령에 의한 관련 행정행위 등을 함께 받은 것으로 간주하는 규정을 두고 있는 경우도 있다. 이를 인허가의제라고 부른다. 인허가의제에 관하여는 후술한다.

종래의 전통적 행정법학에서는 행정행위에는 사인의 법률행위에서는 볼 수 없는 어떤 힘이 있어서 이 힘이 이와 같은 특별한 법적 효과를 발생시킨다고 보았다. 효력이라고 부르는 것도 여기에 연유한다. 통설은 일반적으로 발생하는 효력 또는 중요한 효력으로 구속력·공정력·구성요건적 효력·불가쟁력·불가변력·강제력 등을 들고 있다.[1][2] 이들 효력 중 구속력을 제외한 효력은 종래 사인의 법률행위에서는 볼 수 없는 행정행위에 인정되는 특별한 법적 효과로 설명하여 왔다.[3] 그러나 이들 효력이 행정행위에 내재하는 효력이 아니라 실정법에 근거를 갖는 법적 효과임은 주의를 요한다.

1. 구 속 력

구속력이란 행정행위가 성립요건과 효력발생요건을 갖춤으로써 그 내용이나 법률의 규정에 따라 일정한 법효과를 발생하여 그 효과를 받는 자를 구속하는 효력을 말한다. 즉 구속력은 실체법상의 효력이다. 구속력은 관계 행정기관을 구속함과 동시에 당해 행정행위의 상대방 및 권리의 승계인과 같은 관계인을 구속하며, 행정행위를 행한 행정청이 속하는 행정주체도 구속한다. 구속력은 적법한 행정행위에 인정되는 효력이며, 위법한 행정행위에는 인정되지 아니한다. 이 구속력은 모든 행정행위에 인정되며, 당해 행정행위가 그 효력을 상실할 때까지 존속한다.

2. 공정력(잠정통용력)

(1) 의   의

공정력이란 행정행위가 법정요건을 갖추지 못하여 흠이 있다 하더라도, 무효가 아닌 한 권한 있는 기관에 의하여 취소될 때까지는 누구든지(상대방·이해관계인·처분청 그 밖의 행정기관·법원 등)

공고가 있었다는 사실을 현실적으로 알았는지 여부에 관계없이 고시가 효력을 발생하는 날에 행정처분이 있음을 알았다고 보아야 한다"고 판시하고 있다(대법 2001. 7. 27. 선고 99두9490 판결, 대법 2007. 6. 14. 선고 2004두619 판결 등).

1) 「행정심판법」 제30조와 「행정소송법」 제23조가 효력이라는 용어를 쓰고 있다. 그 효력은 여기서 말하는 효력보다 좁은 개념으로 쓰이고 있다.

2) 효력과 구속력을 동일한 개념으로 보는 견해도 있다. 洪井善, 행정법원론(상), 366쪽 이하 참조.

3) 전통적 행정법론에서는 이들 효력을 행정법관계의 특질로까지 설명하여 왔다.

그 행정행위의 구속력을 부정하지 못하는 효력을 말한다는 것이 종래의 통설이다.[1] 잠정통용력 또는 잠정적 유효력이라고도 한다. 판례도 "행정행위는 공정력의 효력이 있어 설혹 행정행위에 하자가 있는 경우에도 그 하자가 중대하고 명백하여 당연무효로 보아야 할 사유가 있는 경우 외에는 그 행정행위가 행정소송이나 다른 행정행위에 의하여 적절히 취소될 때까지는 단순히 취소할 수 있는 사유가 있는 것만으로는 누구나가 그 효력을 부인할 수는 없다"(대법 1991. 4. 23. 선고 90누8756 판결)라고 판시하고 있다.

이에 대하여는 최근 공정력은 행정행위의 상대방과 이해관계인에게만 미친다는 견해가 주장되고 있다.[2] 이 견해에 의하면, 공정력은 행정행위에 무효원인 아닌 흠이 있는 경우에도 권한 있는 기관에 의하여 취소될 때까지는 행정행위의 상대방과 이해관계인이 그 구속력을 부정하지 못하는 잠정통용력이 된다.

(2) 성 질

지금까지의 다수설에 따라 성질을 설명하면 다음과 같다.

1) 공정력은 사법상의 법률행위에는 볼 수 없는 특유한 효력이다. 즉 사법상의 법률행위는 예컨대 계약해제와 같은 일방적 행위라도 그 적법성에 관하여 당사자간에 다툼이 있으면 법원의 판결에 의하여 의무가 확정될 때까지는 그 행위의 구속력을 부정할 수 있다.

2) 공정력이란 행정행위 속에 내재해 있어서 위법한 행정행위에도 법적인 효과를 부여하는 힘과 같은 실체적인 것이 아니라, 후술하는 바와 같이 우리 실정법이 위법한 행정행위의 취소절차로서 취소심판절차와 취소소송절차를 규정하고 있기 때문에 결과하는 효력이다. 즉 실정법이 행정행위(엄밀한 의미로는 행정처분이다)의 위법 여부가 다투어지는 경우에 사인으로 하여금 일정한 기간 내에 행정행위의 법효과를 부정하기 위한 쟁송을 원칙적으로 취소쟁송 특히 취소소송으로만 다투도록 하고(취소소송의 배타적 관할) 재결청 또는 법원이 위법 또는 부당을 이유로 계쟁 행정행위를 취소함으로써 소급하여 행정행위의 효력이 상실되도록 규정하고 있으므로 행정행위는 그 효력발생시부터 효력상실시까지 흠이 있음에도 불구하고 잠정적으로 유효한 행정행위처럼 통용하게 된다. 이에 의하면 공정력이란 행정행위의 효력을 행정소송이 아닌 민사소송 등으로 다툴 수 없도록 하는 취소소송의 배타적 관할에 따르는 차단의 메카니즘을 단적으로 설명해 주는 개념이 된다. 따라서 공정력은 절차법적 효력이다.[3]

---

1) 현재 독일에서는 공정력이나 오토 마이어의 자기확증(自己確證)에 대응하는 개념은 사용하지 않고 있다.

2) 金南辰·金連泰, 행정법 I, 251쪽 이하; 洪井善, 행정법원론(상), 368쪽; 柳至泰, 행정법신론, 180쪽; 朴均省, 행정법(상), 122쪽.

3) 대법 1999. 2. 5. 선고 98도4239 판결은 "피고인이 행정청으로부터 자동차운전면허취소처분을 받았으나 나중에 그 행정처분 자체가 행정쟁송절차에 의하여 취소되었다면, 위 운전면허취소처분은 그 처분시에 소급하여 효력을

3) 구속력과 공정력의 관계에 대하여는 구속력은 공정력의 전제요건이며, 공정력은 행정행위에 흠이 있음에도 불구하고 그 구속력을 통용시키는 효력이다.

(3) 근   거

1) 이론적 근거

공정력의 이론적 근거에 관하여는 여러 견해가 주장되고 있다.

(가) 자기확인설　　　이 설은 행정행위가 행하여짐으로써 행정기관이 자신의 행위의 유효성을 위한 전제조건이 존재한다는 것을 스스로 확인하기 때문에 행정행위의 공정력이 인정된다는 견해이다. 이 견해에 의하면 재판의 판결이 당해 행위의 적법성을 인정받는 것처럼 행정행위도 그 자체로서 적법성의 추정을 받게 된다. 독일의 오토 마이어(O. Mayer)에 의하여 주장된 견해이다.

(나) 국가권위설　　　이 설은 행정행위 자체가 국가권위의 표현이므로 그 자체로서 그것의 준수를 요구하게 만든다는 견해이다. 자기확인설과 유사한 주장이다. 포르스트호프(E. Forsthoff)에 의하여 주장된 견해이다.

(다) 예선적 특권설　　　이 설은 프랑스의 예선(豫先)적 특권 즉 행정권이 법원에 의한 적법성의 심사가 있기까지 이에 선행하여 스스로 법률관계를 형성하고 집행할 수 있는 특권에 의하여 공정력을 설명하려는 견해이다.[1]

(라) 행정정책설　　　이 설은 공정력의 이론적 근거를 행정의 실효성 보장, 행정법관계의 법적 안정성, 제3자의 신뢰보호 등 정책적 이유에서 찾는 견해이다. 법적안정설이라고도 부른다.

2) 실정법적 근거

공권력도 실정법 제도상의 법적 효과인 것이므로 실정법상의 근거가 있어야 함은 말할 나위

잃게 되고, 피고인은 위 운전면허취소처분에 복종할 의무가 원래부터 없었음이 후에 확정되었다고 봄이 타당할 것이고"라고 판시하여 피고인에게 무죄를 선고하고 있고, 대법 2001. 12. 11. 선고 99두1823 판결은 "이 사건 전출명령이 위법한 것으로서 취소되어야 할 것인 이상 이를 이유로 들어 출근을 거부하는 원고에게 이 사건 전출명령이 적법함을 전제로 하여 내려진 이 사건 징계처분은 비록 이 사건 전출명령이 공정력에 의하여 취소되기 전까지는 유효한 것으로 취급되어야 한다고 하더라도 징계 양정에 있어서는 결과적으로 재량을 일탈한 위법이 있다"고 판시하고 있다. 독일은 단순 위법의 행정행위에 대하여도 복종의무가 발생하고 이에 불응하여 범죄가 성립되면 나중에 그 행정행위가 소급하여 취소되더라도 범죄성립이 소멸되지 아니한다는 것이 판례이다(BGHSt. 23, 86).

1) 金道昶, 일반행정법론(상), 440쪽. 프랑스의 예선적 특권에 관하여는 朴正勳, 「인류의 보편적 지혜로서의 행정소송―다원적 법비교를 통해 본 우리나라 행정소송의 현상과 발전방향, 재판관할과 소송유형을 중심으로―」, 법학(서울대학교 법학연구소) 42권 4호, 82쪽 참조. 朴 교수는 프랑스의 예선적 특권을 다음과 같이 요약한다. 즉, 프랑스의 확립된 판례·이론에 의하면, 행정행위에 어떤 위법성이 있더라도 처음부터 객관적으로 무효인데, 그 위법성 여부가 불명확하므로 국가기관에 의해 유권적으로 위법성의 존재가 확인될 때까지는 그 유효성 또는 적법성이 「추정」되고, 제소기간 내에 취소소송을 제기하여 취소판결을 받으면 위법성이 확정되고 그로써 유효성의 추정이 깨어져 처음부터 객관적으로 무효이었던 것으로 확인된다는 것이다.

가 없다. 현재 실정법상 공정력을 직접 명시적으로 규정한 것은 「행정기본법」 제15조이다[1]. 동
제15조는 처분의 효력이라는 제목으로 "처분은 권한이 있는 기관이 취소 또는 철회하거나 기간
의 경과 등으로 소멸되기 전까지는 유효한 것으로 통용된다. 다만, 무효인 처분은 처음부터 그
효력이 발생하지 아니한다"라고 규정하고 있다. 이 규정의 제정 취지는 "지금까지 학설과 판례
에 의해서 인정되던 처분의 공정력과 무효인 처분의 효력을 명문화하여 그 법적 근거를 제시하
려는 것이다"라고 법제처는 밝히고 있다[2]. 결국 「행정기본법」 제15조 본문이 "통용된다"라고 한
것을 보면 「행정기본법」 제15조는 지금까지의 통설인 공정력이란 행정행위가 법정요건을 갖추
지 못하여 흠이 있다 하더라도, 무효가 아닌 한 권한있는 기관에 의하여 취소될 때까지는 누구든
지(상대방·이해관계인·처분성·그 밖의 행정기관· 법원 등)그 행정행위의 구속력을 부정하지 못하는
효력인 잠정통용력을 명문화하려고 한 것으로 보인다.

「행정기본법」 제15조는 공정력을 명문화한 규정으로는 문제가 있다. 그러나 「행정기본법」
제15조의 규정으로 다음과 같은 점은 명백히 되고 있다.

첫째로, 공정력이 실체적 효력이냐 절차적 효력이냐의 문제이다. 「행정기본법」이 지금까지
의 통설을 명문화한 것인 이상, 공정력은 절차적 효력임이 명백하다.

둘째로, 존속력 배제의 문제이다. 「행정기본법」 제15조가 통용된다고 규정하고 있으므로, 이
조문이 공정력을 규정한 것이지, 존속력을 규정한 것이 아님이 명백하다.

셋째로, 적법성 추정의 배제 문제이다. 후술하는 바와 같이 공정력을 행정행위의 적법성 추
정으로 보는 견해가 있었고, 이와 같은 견해는 행정행위의 위법성에 대한 입증책임은 원고측에
있다는 주장을 편다. 「행정기본법」 제15조의 규정으로 공정력이 행정행위의 적법성 추정이 아
님이 명백하다.

넷째로, 구성요건적 효력의 배제 문제이다. 지금까지의 통설은 공정력이란 행정행위에 흠이
있더라도 무효가 아닌 한 권한있는 기관에 의하여 취소될 때까지는 행정행위의 상대방이나 이해
관계인 뿐만 아니라 처분청·그 밖의 행정기관·법원 등 누구든지 그 행정행의의 구속력을 부정
하지 못하는 효력이다. 따라서 「행정기본법」 제15조에 규정된 공정력은 행정행위의 상대방이나
이해관계인 외에 처분청·그 밖의 행정기관·법원 등에도 미친다.

⑷ 한   계
1) 무효인 행정행위

---

1) 참고로 독일 연방행정절차법 제43조 제2항은 "행정행위는 행정행위가 존재하는 한 그리고 직권취소·철회·
   그 밖에 폐지되거나(aufgehoben) 또는 기간의 경과에 의하거나 다른 방법으로 소멸(erledigt)되지 아니하
   는 한, 그 범위 내에서, 그 효력을 지속한다(Ein Verwaltungsakt bleibt wirksam, solange und soweit er nicht
   zurückgenommen, widerrrufen, anderweitig aufgehoben oder durch Zeitablauf oder andere weise erledigt ist.)"
   라고 규정하고 있다.
2) 법제처, 행정기본법 조문별 해설 , 59쪽.

무효인 행정행위에는 공정력이 인정되지 않는다는 것이 통설이다. 무효인 행정행위는 취소소송의 배타적 관할이 미치지 않는다고 보기 때문이다. 「행정기본법」 제15조 단서는 위에서 본 바와 같이 "무효인 처분은 처음부터 그 효력이 발생하지 아니한다"라고 규정하고 있다. 따라서 무효인 행정행위와 취소할 수 있는 행정행위의 구별과 공정력과는 표리관계에 있다.

2) 행정상 손해배상청구소송

행정행위로 인하여 손해를 받은 자가 행정행위를 다투지 아니하고 곧장 행정상 손해배상청구소송을 제기한 경우 수소법원은 행정행위의 적법·위법을 심사하여 그 행정행위가 위법하고 다른 요건을 충족하고 있는 때에는 청구인용의 판결을 할 수 있는가에 관하여 견해가 나뉜다.

(가) **소 극 설**　　수소법원이 행정행위의 적법·위법을 심사하여 청구인용의 판결을 할 수 없으며, 이를 행하는 것은 공정력에 반한다는 견해이다. 그 이유는 ① 행정소송에 특수한 소송절차가 마련되고 행정행위의 공정력이 일반적으로 인정되는 국가에서는 위법한 행정행위는 취소될 때까지 일응 적법·유효한 것으로 통용된다는 점, ② 민사소송의 수소법원은 처분 등의 효력의 유무 또는 존재 여부에 대하여 선결문제 심판권을 갖는 데 그친다는 점(행정소송법 11조 1항)이다.[1]

(나) **적 극 설**　　수소법원이 행정행위의 적법·위법을 심사하여 청구인용의 판결을 할 수 있으며, 이를 행하여도 공정력에 반하지 아니한다는 견해이다. 그 이유는 행정상 손해배상청구소송에서는 행정행위의 효력을 부인하는 것이 아니라 행정행위의 위법성 여부의 판단만이 문제가 된다는 점이다. 이 견해가 다수설이고 최근 판례의 대세이다(예: 대법 1992. 4. 28. 선고 91누13441 판결 등).

(다) **절 충 설**　　수소법원이 행정행위의 적법·위법을 심사하여 청구인용의 판결을 할 수 있는가의 여부를 수소법원이 행정행위의 위법성을 심사하여 청구인용판결을 함으로써 행정행위의 목적이 방해를 받게 되는가의 여부에 의하여 결정하려는 견해[2]이다. 즉 이 견해에 의하면, 조세부과처분과 같이 금전채무를 발생시키는 효과를 가지는 행정행위의 목적은 행정주체의 활동에 불가결한 경제적 가치를 신속하게 취득하여 그것을 유지하려는 것이므로 수소법원이 행정상 손해배상청구소송에서 인용판결을 하게 되면 바로 당해 행정행위의 목적이 방해를 받게 되기 때문에 소극설을, 금전채무를 발생시키는 효과를 가지지 아니하는 행정행위는 손해배상청구소송에서 인용판결을 하더라도 당해 행정행위의 목적이 방해받지 아니하기 때문에 적극설을 취한다.

---

1) 李尙圭, 신행정법론(상), 408쪽.
2) 千柄泰, 「행정행위의 공정력」, 고시계 1998년 1월호, 161쪽.

(라) 검　토　　　　적극설이 타당하다고 생각한다. 왜냐하면 공정력은 행정행위의 법효과에 관한 것이므로 법효과를 다투지 아니하는 한 당해 행정행위의 위법성 여부가 취소소송 외의 소송에서 문제가 되어도 공정력에 저촉되지 아니하기 때문이다. 다만 금전채무를 발생시키는 효과를 가지는 행정행위는 그것을 다투는 소송이 취소소송이든 행정상 손해배상청구소송이든 그 어느 것이나 원고의 주장은 금전을 목적으로 하고 있기 때문에 문제가 간단하지 않다. 그러나 이 경우에도 행정상 손해배상청구소송의 허용이 취소소송의 배타적 관할을 침해한다고 단정하기 어렵다.

3) 형사소송

형사소송에 공정력이 미치는 한계가 문제된다. 형사사건에서 일정한 범죄구성 요건의 충족 여부를 판단함에 있어서 행정행위의 위법 여부가 선결문제로 제기되는 경우에, 수소법원이 당해 행정행위의 위법 여부를 독자적으로 심리·판단 할 수 있는가에 관하여 견해가 나뉜다.

(가) 소 극 설　　　　행정행위의 위법성 여부의 판단은 취소쟁송절차에 의하여야 하는 것이며 형사소송에서 행정행위의 위법성 여부를 선결문제로서 심리·판단하는 것은 공정력에 반한다는 견해[1]이다. 그 이유는 공정력을 "위법한 행정행위는 취소될 때까지 일응 적법·유효한 것으로 통용되는 것"으로 보아야 한다는 데 있다.

(나) 적 극 설　　　　형사소송에서 행정행위의 위법성 여부를 선결문제로서 심리·판단하는 것은 공정력에 반하지 아니한다는 견해이다. 그 이유는 ① 위법한 행정행위의 이행을 확보하기 위하여 국민에게 형벌에 의한 제재를 과한다는 것은 행정편의주의에 치우치는 것으로 적법절차에 의하지 아니하고는 처벌을 받지 아니하도록 보장한 헌법규정에 위반된다는 점, ② 공정력은 실체법상의 적법성의 추정력이 아니라 절차법상의 잠정적인 통용력이라는 점이다. 이 견해가 현재 우리나라의 다수설이다.

(다) 무관계설　　　　행정행위의 위법 유무가 형사소송의 선결문제인 경우에 행정행위의 공정력이 미치는가의 문제는 개개 처벌규정의 구성요건 해석의 문제이며, 범죄의 성립 여부의 문제와 공정력이 미치는가 미치지 아니하는가의 문제는 차원이 다르다는 견해이다.[2] 그 이유는 취소소송의 배타적 관할상의 유효·무효의 판단은 행정소송에서의 사인의 구제라는 측면에서 행하여지는 것이며 그것과 형사재판의 판단과는 논리적으로 결합되는 것이 아니라는 데에 있다.

(라) 검　토　　　　이 문제는 공정력의 근거가 되는 행정의 실효성 확보와 피고인의 인권보장을 위한 형사법 특유의 원칙이 조화되는 접점에서 해결책을 찾아야 한다. 따라서 행정

---

1) 李尙圭, 신행정법론(상), 409쪽.

2) 鹽野宏 著, 徐元宇·吳世卓 공역, 일본행정법론, 117쪽 이하.

행위의 공정력이 형사소송에 일률적으로 미친다 또는 미치지 아니한다고 단정할 수는 없다. 이 문제는 처벌규정을 두고 있는 법률의 취지, 당해 행정행위의 종류, 당해 행정행위의 실효성이 요구되는 강도, 당해 행정행위의 위법성 자체를 사인이 별도로 다툴 가능성과 한계 등을 고려하여 개별적·구체적으로 판단되어야 한다.[1]

(마) **판 례**　　　　판례는 어떤 입장에 있는지 분명치 않다. 대법 1982. 6. 8. 선고 80도2646 판결에서 "연령미달로 인한 운전면허결격자가 타인의 명의로 자동차운전면허시험에 응시하여 합격한 경우 그 운전면허는 도로교통법 제65조 제3호(현행법 93조 1항 8호)의 취소사유에 불과하고 당연무효라고 할 수 없으므로 그러한 자가 운전한 행위도 무면허운전행위에 해당하지 않는다"라고 하여 소극설과 결론을 같이하는 판결도 있고, 대법 1992. 8. 18. 선고 90도1709 판결에서 "구 도시계획법(1991. 12. 14. 법률 4427호로 개정되기 전의 것) 제78조 제1항에 정한 처분이나 조치명령을 받은 자가 이에 위반한 경우 이로 인하여 같은 법 제92조에 정한 처벌을 받기 위하여는 그 처분이나 조치명령이 적법한 것이라야 하고, 그 처분이 당연무효가 아니라 하더라도 그것이 위법한 처분으로 인정되는 한 같은 법 제92조 위반죄가 성립될 수 없다"라고 하여 적극설과 결론을 같이하는 판결[2]도 있다. 위 첫번째 판결은 행정행위의 유효성을 처벌요건으로 정하고 있는 경우의 판결로, 두 번째 판결은 행정행위의 적법성을 처벌요건으로 정하고 있는 경우의 판결로 보는 견해[3]도 있고, 첫번째 판결은 이익적 행정활동에 대한 분쟁에 관한 것이고, 두 번째 판결은 불이익적 행정활동에 대한 분쟁에 관한 것으로서 그 이익 상황이 본질적으로 다르다고 보는 견해[4]도 있으며, 첫번째 판결은 행정행위가 소극적 구성요건요소인 경우로, 두 번째 판결은 행정행위가 적극적 구성요소인 경우로 보는 견해[5]도 있다.

어쨌든 행정행위가 확정적으로 쟁송취소된 경우에는 형사법원은 이에 구속된다는 것이 판례이다(대법 1982. 3. 23. 선고 81도1450 판결 등). 그러나 취소소송에서 기각판결이 확정된 경우에는 견해가 나뉜다. 처분의 적법성에 관해 기판력이 발생하므로 기각판결의 기판력을 존중하여 행정벌의 성립을 긍정하여야 한다는 견해[6]도 있고, 이와 반대로 기각판결

---

1) 소극설에 대한 검토로서 "형사재판에 있어서 법적 안정성의 요청은 다른 법치주의의 하위 원리에 대한 관계에서 후퇴한다"는 견해가 있다(崔桂暎,「행정처분과 형벌」, 한국행정판례연구회 제210차 발표논문, 10쪽 이하).

2) 崔桂暎 교수는 "구 도시계획법상의 조치명령 위반죄의 경우 법률의 문언에서 명시적으로 조치명령의 적법성을 구성요건요소라고 규정하고 있는 것은 아니다. 대법원이 위 경우 행정처분의 적법성이 구성요건요소라고 해석함으로써 형사법원에서 독자적으로 행정처분의 적법 여부를 심사할 수 있는 길을 열어준 것이다"고 본다(앞 논문 3쪽).

3) 金東熙, 행정법Ⅰ, 316쪽 이하.

4) 朴正勳,「행정법의 체계적 이해를 위한 세 개의 방법론적 범주」, 고시계 1999년 11월호, 19쪽 주 9; 鄭準鉉,「단순하자 있는 행정명령을 위반한 행위의 가벌성」, 한국행정판례연구회 제184차 연구발표회 발표논문, 6쪽 이하.

5) 崔桂暎, 앞 논문, 9쪽 이하.

6) 朴正勳,「행정법의 체계와 방법론」, 357쪽 이하.

이 확정된 때에도 합리적 의심의 여지 없이 행정행위의 적법성이 증명되지 못할 경우 형사법원은 행정행위의 위법성을 인정하여 무죄를 선고할 수 있다는 견해[1]도 있다.

(5) 공정력과 입증책임

공정력을 행정행위의 적법성 추정으로 보는 견해는 공정력이 취소소송의 입증책임에 영향을 준다는 입장에서 행정행위의 위법성에 대한 입증책임은 원고측에 있다는 주장을 편다(대법 1962. 11. 1. 선고 62누157 판결 참조). 그러나 공정력과 취소소송의 입증책임의 법적 관련성을 부정하는 것이 통설이고 현재의 판례이다(→ 취소소송에 있어서 입증책임의 분배).

3. 구성요건적 효력

(1) 의 의

행정행위의 효력으로 구성요건적 효력을 드는 학자들이 있다. 이들 학자들에 의하면, 구성요건적 효력을, 처분청이 행한 행정행위가 무효가 아닌 한, 모든 국가기관(지방자치단체기관을 포함한 행정기관 및 법원 등)은 그 행정행위의 존재사실을 존중하여 자기의 판단의 기초 내지 구성요건으로 삼아야 하는 효력으로 정의한다.[2] 독일어의 Tatbestandswirkung[3]을 번역한 용어이다. 요건사실적 효력이라 번역하기도 한다.

(2) 근 거

근거에 관하여는 현행 실정법상 구성요건적 효력을 직접 명시적으로 규정한 것은 없으나, 국가기관이 상호의 관할과 권한을 존중해야 한다는 권력분립원리 및 행정기관의 상호 권한배분이 그 간접적인 근거가 된다고 설명한다.[4]

(3) 공정력과의 관계

행정행위의 효력으로 구성요건적 효력을 드는 학자들은 공정력을 좁게 이해해서 효력의 근거와 효력이 미치는 상대방의 범위(공정력은 행정행위의 상대방과 이해관계인에게만 미치나, 구성요건적 효력은 다른 행정청과 법원에만 미친다)에 있어서 공정력과 구성요건적 효력이 구별된다고 설명하기

---

1) 崔桂暎, 앞 논문, 15쪽.

2) 金南辰, 행정법Ⅰ, 304쪽 이하; 柳至泰, 행정법신론, 183쪽.

3) Tatbestandswirkung의 개념은 다의적이다. 독일의 행정행위론에 한정하여 말하면, 행정행위의 효력은 행정행위가 일단 존재함으로써 모든 효력 발생의 기초가 되는 존속력과 이를 바탕으로 실체적 효력을 발생하는 구속력으로 구성된다. 구속력은 상대방 등에 대한 구속력과 국가기관에 대한 구성요건적 효력을 포함한다.

4) 金南辰, 위 책, 306쪽; 柳至泰, 위 책, 184쪽.

도 하고,[1] 근거와 상대방 이외에 효력의 내용(공정력은 절차적인 구속력이지만, 구성요건적 효력은 내용 상의 구속력이다)에 있어서도 다르다고 설명하기도 한다.[2][3]

(4) 한　계

1) 무효인 행정행위

행정행위의 효력으로 구성요건적 효력을 드는 학자들은 무효인 행정행위에는 구성요건적 효력이 인정되지 않는다고 한다.[4] 그러나 왜 무효와 취소를 구별하여 무효인 행정행위에는 구성요건적 효력이 인정되지 않는지에 대한 설명이 없다. 권력분립원리 등 구성요건적 효력의 근거에서 바로 이와 같은 결론이 나오는 것은 아니다.

2) 행정상 손해배상청구소송

행정행위로 인하여 손해를 받은 자가 행정행위를 다투지 아니하고 곧장 행정상 손해배상청구소송을 제기한 경우, 행정행위의 구성요건적 효력이 수소법원인 민사법원에 미치는가의 여부가 문제될 수 있다. 구성요건적 효력이 법원에 대하여도 미치지만, 구성요건적 효력이 법원에 미치는 한계는 법률에 의해 법원의 관할이 어떻게 규정되어 있는가에 따라 정해진다고 보기 때문이다.

3) 형사소송

형사소송에서도 구성요건적 효력이 수소법원인 형사법원에 미치는가의 여부가 문제될 수 있다. 그 이유는 여기에도 행정상 손해배상청구소송에 있어서와 마찬가지로, 법원과의 관계에서 구성요건적 효력은 법원의 재판관할권의 문제와 관계를 가진다고 보기 때문이다.

---

1) 朴均省, 행정법론(상), 125쪽; 洪井善, 행정법원론(상), 368쪽 이하.

2) 구성요건적 효력이라는 개념은 독일에서 1885년 Adolf Wach에 의하여 도입되고 20세기 초반 K. Kormann과 W. Jellinek에 의하여 사용된 개념인데, 제2차 세계대전 이후 강조·유행하게 된 것은 행정행위의 효력론에 있어 행정의 우월성이라는 징표를 제거하고 이를 국가기능분담이라는 객관적 요소로 대체하기 위한 전략적 개념이기 때문이었다. 그러나 오늘날 공정력도 그 개념에서 행정의 우월성이라는 징표가 제거되고 있으므로, 양자 사이에 실질적으로 근본적인 차이점이 있는 것이 아니다. 朴正勳,「침익적 행정행위의 공정력과 형사재판—특히 행정행위가 쟁송취소된 경우 그 이전의 행정행위위반사실의 처벌가능성—」, 한국행정판례연구회 제133차 연구발표회 발표논문, 3쪽 이하. 洪準亨 교수도 공정력의 법치국가적 순화가 있는 이상 공정력에 관한 통설적 입장이 부당하다고 보기 어렵다는 점을 지적하고 있다(同人, 행정법, 210쪽). 宋時康 교수는 "문제의 핵심은 어떤 조건에서 행정행위가 민사소송이나 형사소송에 효력을 미치는지, 법원의 행정행위의 효력에 존속되는 근거가 무엇인지에 있다." "공정력과 구성요건적 효력의 관계는 용어적인 차이에 불과한 것으로 보이고, 이들 개념과 하자의 승계에 관한 논의는 본질적으로 같은 평면에 존재하는 것으로 보인다"라고 기술하고 있다(同人,「행정처분의 공정력과 하자의 승계—도시계획을 중심으로—」, 행정법이론실무학회 제246회 정기학술발표회 자료, 6쪽 이하).

3) 공정력 외에 구성요건적 효력을 드는 학자들은 공정력 외에 구성요건적 효력을 드는 유용성이 어디에 있는지의 구체적 설명이 없다. 한때 김남진 교수는 취소소송에서의 형성판결에만 구성요건적 효력이 인정된다는 설명이 있었다(행정법 I〔제6판〕, 814쪽). 그러나 그 이후 아무 설명 없이 이 부분은 삭제되었다. 학자의 임무는 실무가들이 적용할 수 있는 이론적 구축물을 만들어 주는 것임을 잊어서는 아니된다.

4) 金南辰·金連泰, 행정법 I, 259쪽; 洪井善, 행정법원론(상), 375쪽; 朴均省, 행정법론(상), 127쪽.

4. 불가쟁력

　불가쟁력이란 쟁송절차상의 쟁송기간을 경과하거나 또는 심급이 끝남으로써 행정행위의 상대방 그 밖의 관계인 측에서 더 이상 행정행위의 효력을 다툴 수 없게 하는 효력을 말한다. 형식적 확정력 또는 형식적 존속력이라고 부르는 학자도 있다.

　공정력 있는 행정행위에는 쟁송제기 기간에 대한 제한이 있으므로(행정심판법 18조, 행정소송법 20조), 특별한 규정이 있다거나 흠의 승계가 인정되지 않는 한, 무효인 행정행위를 제외한 모든 행정행위는 쟁송기간이 경과함으로써 불가쟁력이 발생한다. 이처럼 불가쟁력은 쟁송기간이 경과됨으로써 비로소 발생하는 효력이며 행정행위가 처음부터 갖고 있는 효력이 아니다. 이로써 행정행위에 의하여 형성되거나 변동된 법률관계는 형식적으로 확정된다.[1] 그러나 행정행위의 적법성이 실체법상 확정되는 것은 아니다. 불가쟁력은 행정행위의 상대방 등에 대하여 발생하는 것이며, 행정청은 이에 구속되지 아니한다(직권취소·철회가 가능하다). 불가쟁력의 목적은 행정행위의 효과의 조기 확정 내지 행정법관계의 조기 안정에 있다.

5. 불가변력

(1) 의　　의

　불가변력이 무엇인가에 관하여는 견해가 나뉜다. 다수설은 일단 행한 행정행위를 당해 행정행위를 행한 행정청, 즉 처분청이 직권으로 취소·변경·철회할 수 없는 효력으로 이해한다. 이에 대하여는 불가변력을 불가쟁력이 발생된 모든 행정행위에 인정되는 처분청·상대방·이해관계인 등을 구속하는 판결에 유사한 실질적 확정력으로 이해하는 소수설이 있다.[2] 소수설은 불가변력을 독일의 용어례에 따라 실질적 존속력이라고도 부른다.

　생각건대, 행정행위에는 그것이 일단 확정되면 행정행위에서의 판단이 이후 당사자 등 간의 법률관계를 규율하는 규준으로서 당사자 등은 이에 반하는 주장을 해서 판단을 다툴 수 없고 행정청 등은 이와 모순·저촉되는 판단을 할 수 없는 효력인 재판판결의 기판력과 비슷한 효력이 일반적으로 발생하는 것은 아니다(대법 1993. 4. 13. 선고 92누17181 판결, 대법 2004. 7. 8. 선고 2002두11288 판결 등). 왜냐하면 행정행위는 일반적으로 사법절차와 비교할 만한 엄격한 절차를 거쳐

---

1) 대법원은 법률에 근거하여 행정처분이 발하여진 후에 헌법재판소에 의하여 그 행정처분의 근거가 된 법률이 위헌으로 결정된 사안에서 당해 행정처분에 이미 취소소송의 제기기간이 경과되어 불가쟁력이 발생한 경우에는 위헌결정의 소급효가 당해 행정처분에는 미치지 아니한다고 판시하였다(대법 1994. 10. 28. 선고 92누9463 판결 등). 이 판결에 대한 비판적 견해로는 鄭鎬慶, 「행정처분 발령 후 근거법률이 위헌결정된 경우의 행정행위의 효력—대법원판례에 대한 비판적 검토—」, 행정법연구(행정법이론실무학회) 제17호, 87쪽 이하 참조. 그러나 동시에 대법원은 위헌결정이 이루어졌으면 비록 처분에 불가쟁력이 발생하였다고 하더라도 체납처분절차를 진행시켜서는 아니 된다고 판시하고 있다(대법 2002. 8. 23. 선고 2002두4372 판결).

2) 金性洙, 「행정행위의 존속력(하)」, 월간고시 1990년 8월호, 130쪽 이하; 鄭夏重, 「행정행위의 실질적 존속력과 흠의 승계」, 고시연구 2003년 6월호, 180쪽 이하.

행하여지는 것이라고 할 수 없기 때문이다. 그러나 최근에는 행정행위는 원칙적으로 행정절차를 거쳐 행하여지는 것이고, 법률에 따라서는 엄격한 절차를 요구하고 있는 경우도 있으므로, 행정행위에는 처분청이 직권으로 취소·변경·철회할 수 없는 효력만을 발생하는 경우도 있고, 나아가 판결에 유사한 실질적 확정력이 발생하는 경우도 있을 수 있다. 요컨대, 불가변력으로 어떤 효력이 발생하는가는 일률적으로 판단할 수 없고, 이를 규율하고 있는 법률의 규정에 따라 개별적으로 판단되어야 한다.

(2) 취소·변경·철회할 수 없는 효력이 발생하는 행정행위

다수설과 판례(대법 1974. 12. 10. 선고 73누129 판결 등)는 특정한 행정행위에만 처분청이 직권으로 이미 행한 행정행위를 취소·변경·철회할 수 없는 효력인 불가변력을 인정한다. 그러나 불가변력은 공정력·불가쟁력 등과 달리 실정법상의 명확한 근거에 의해서가 아니라 학설과 판례에 의하여 구성된 효력이기 때문에 불가변력이 발생하는 행정행위의 범위에 관하여 반드시 의견의 일치를 보고 있는 것은 아니다.

1) 준사법적 행위

준사법적 절차를 거쳐 행하여지는 행정행위(예: 행정심판재결)에 취소·변경·철회할 수 없는 효력인 불가변력을 인정하는 것이 통설·판례(대법 1965. 4. 22. 선고 63누200 판결 등)이다.

2) 확인행위

쟁송절차와 관계없는 확인행위(예: 국가시험합격자결정)에도 취소·변경·철회할 수 없는 효력인 불가변력을 인정하려는 견해가 다수설이다.

3) 이익 행정행위

이익 행정행위에도 취소·변경·철회할 수 없는 효력인 불가변력을 인정하려는 견해[1]가 있다. 즉 이 견해에 의하면 이익 행정행위에 따르는 취소·변경·철회권의 제한의 반사적인 효과로서 상대적이지만 이와 같은 불가변력을 인정할 수 있다는 것이다. 그러나 지배적 견해는 이를 취소·변경·철회할 수 없는 효력인 불가변력의 문제로 다루지 아니하고 후술하는 취소권 제한 또는 철회권 제한의 문제로 다룬다.[2] 불가변력의 문제와 취소권·철회권 제한의 문제는 그것을 인정하는 이유가 다르기 때문이다.

(3) 실질적 확정력이 발생하는 행정행위

행정행위 중에는 실질적 확정력이 발생하는 경우가 있을 수 있다. 예를 들면, 법률이 재판판

---

1) 李尙圭, 신행정법론(상), 412쪽; 金東熙, 행정법 Ⅰ(제12판), 316쪽 이하.
2) 대법 2000. 2. 25. 선고 99두10520 판결은 원심이 취한 불가변력의 법리를 배척하고 대법 1990. 2. 23. 선고 89누7061 판결을 원용함으로써 이익 행정행위의 취소·철회의 제한이 불가변력에서 나오는 것이 아님을 밝히고 있다.

결과 동일 또는 유사한 효력을 행정행위에 부여하고 있는 경우[1]이다. 「행정심판법」제44조 제1항 후단이 사정재결을 하는 경우 행정심판위원회로 하여금 재결의 이유에서가 아니라 재결의 주문에서 그 처분 또는 부작위가 위법 또는 부당함을 명시하도록 한 것은 처분이 위법하다는 행정심판위원회의 판단행위에 실질적 확정력을 발생하게 하기 위한 것으로 해석된다.[2]

⑷ 다른 효력과의 관계

1) 공정력과의 관계

행정심판기관이 일단 행한 재결을 취소하고 새로운 재결을 행한 경우, 새로운 재결은 불가변력에 위반하여 위법하지만, 한편 행정행위는 위법하더라도 공정력이 있으므로, 공정력과 불가변력 중 어느 것이 우선하는가가 문제된다. 공정력을 우선시키는 것이 타당하다고 하고 따라서 새로운 재결은 위법하지만은 일단 유효하다는 견해와 불가변력에 반하는 재결은 당연무효라는 견해가 있다.

2) 불가쟁력과의 관계

행정행위에 불가쟁력이 발생하더라도, 불가변력이 발생하지 아니하는 한, 행정청측에서는 취소·변경·철회할 수 있고, 행정행위에 불가변력이 발생하더라도 불가쟁력이 발생하지 아니하는 한, 사인측에서는 쟁송수단으로 그 효력을 다툴 수 있다.

6. 강 제 력

종래의 통설은 강제력을 행정행위에 내재하는 효력의 하나로 들고, 이에는 행정행위에 복종하지 아니하는 자에 대하여 행정법상의 제재를 과하는 제재력과 행정행위에 의하여 과하여진 의무를 이행하지 아니하는 자에 대하여 행정청이 자력으로 행정행위의 내용을 실현할 수 있는 효력인 집행력을 포함시키고 있다.

그러나 이러한 종래의 통설은 행정행위를 재판판결과 같은 등급의 국가행위로 본 결과이며, 우리 「헌법」 아래에서는 타당하지 아니하다. 따라서 강제력은 의무를 과하는 행정행위 자체에 내재하는 효력으로 볼 수는 없고 행정목적을 빠르게 실현하기 위하여 법이 정책적으로 행정행위에 부여한 효력으로 보아야 한다. 요컨대 강제력은 법률에 의하여 비로소 부여되는 것이며, 행정행위에 당연히 인정되는 효력은 아니다.

---

1) 金南辰 교수는 법률이 행정행위에 대하여 판결의 기판력과 대등한 효력을 인정하는 것이 권력분립원칙 위반이라고 보고, 그 예로 개정되기 전의 국가배상법 제16조를 위헌으로 판시한 헌재 1995. 5. 25. 91헌가7 결정을 든다(행정법 Ⅰ(제7판), 266쪽 이하).

2) 행정심판 재결에 실질적 확정력을 인정하는 것이 바람직하다는 견해가 있다. 이에 대하여는 재결의 실질적 확정력 참조.

Ⅲ. 인허가의제

1. 의 의

인허가의제란 예컨대 지목인 답인 농지 위에 건물을 신축하려는 경우 건축허가를 받아야 함과 동시에 토지형질 변경허가·농지 전용허가 등 여러 법률에 규정된 인허가를 받아야 하는 때가 있는데, 경우에 따라서는 이들 인허가를 모두 받는데 시간과 비용이 적지 아니하여 사업의 신속한 시행에 부담으로 작용하기도 하고 각 인허가의 결론이 상호 모순·저촉되기도 할 수 있기 때문에 이의 해결책으로 주된 인허가를 받으면 다른 법률에 의한 관련 인허가를 함께 받은 것으로 의제하는 것을 말한다. 「행정기본법」 제24조 제1항은 "이 절에서 '인허가의제'란 하나의 인허가 (이하 '주된 인허가'라 한다)를 받으면 법률로 정하는 바에 따라 그와 관련된 여러 인허가(이하 '관련 인허가'라 한다)를 받은 것으로 보는 것을 말한다"라고 규정하고 있다. 법제처는 "개별 법률에 산재되어 있는 각종 인허가 사항을 주된 인허가 소관 행정청이 One-Stop 서비스 창구로서 신속하게 일괄적으로 처리하고, 이를 통해 행정절차 진행으로 인한 시간적 지체를 줄이는 데에 제정취지가 있다고 설명한다.[1][2]

2. 절 차

인허가의제를 받으려면 주된 인허가를 신청할 때 관련 인허가에 필요한 서류를 함께 제출하여야 한다(행정기본법 24조 2항). 다만, 불가피한 사유로 함께 제출할 수 없는 경우에는 주된 인허가 행정청이 별도로 정하는 기한까지 제출할 수 있다(동조 동항 단서). 법제처에 의하면, "여기서 '불가피한 경우'는 「행정절차법」 제17조 제5항에 따른 '제출서류의 보완'과 구별되며, 선행하는 절차나 처분의 부존재 등 사실상 서류를 제출할 수 없는 등의 사유를 의미한다"고 해설한다.[3]

주된 인허가 행정청은 주된 인허가를 하기 전에 관련 인허가에 관하여 미리 관련 인허가 행정청과 협의하여야 한다(동조 3항). 관련 인허가 행정청은 제3항에 따른 협의를 요청받으면 그 요청을 받은 날로부터 20일 이내(제5항 단서에 따른 절차에 걸리는 기간은 제외한다)에 의견을 제출하여야 한다(동조 4항 전단). 법제처에 의하면 의견제출 기한을 20일 이내로 규정한 것은 인허가의제의 취지가 행정절차로 인한 시간적 지체를 줄이고 행정 처리를 신속하게 진행하는 것을 목적으로 하기 때문이라고 한다.[4] 이 경우 동조 전단에서 정한 기간(민원 처리 관련 법령에 따라 의견을 제출하여야 하는 기간을 연장한 경우에는 그 연장한 기간을 말한다) 내에 협의 여부에 관하여 의견을 제출하지

---

1) 법제처, 행정기본법 조문별 해설, 95쪽 이하.

2) 인허가의제를 규정하고 있는 법률은 「산업기지개발촉진법」에서 처음 규정한 이래 현재(2021.3.31 기준) 116개에 이른다(위 책, 96쪽).

3) 법제처, 위 책, 99쪽.

4) 위 책, 97쪽.

아니하면 협의가 된 것으로 본다(동항 후단).

　　제3항에 따라 협의를 요청받은 관련 인허가 행정청은 해당 법령을 위반하여 협의에 응해서는
아니 된다. 다만, 관련 인허가에 필요한 심의, 의견 청취 등 절차에 관하여는 법률에 인허가의제
시에도 해당 절차를 거친다는 명시적인 규정이 있는 경우에만 이를 거친다(동조 5항). 이 5항의
단서에 대하여 법제처는 "그동안 관련 인허가 절차를 둘러싼 실무상 혼란을 해소하는 차원에서,
관계 법률에서 명시적으로 요구하는 경우에만 이를 거치도록 명확히 한 것이다"라고 해설하면서
도 '법률에 인허가의제시에도 해당 절차를 거친다는 명시적인 규정이 있는 경우에'해당하는 법
률명을 하나도 제시하지 못하고 있다.[1] 이 문제에 대한 대법원의 태도는 절차집중효설(절차의 집
중만 인정하여 개별 절차를 다 거칠 필요는 없으나 개별 인허가의 요건은 충족시켜야 한다고 봄) 내지 제한적
절차집중효설(모든 절차를 다 생략할 수 있는 것은 아니고 제3자 또는 이해관계인에 관련된 절차와 같은 중요
한 절차를 보장하여야 한다고 봄)에 서 있는 것으로 보는 견해가 조심스럽게 지적되고 있었다.[2]

　　돌이켜 보면 「행정절차법」 제정의 최대의 걸림돌은 행정편의주의였다. 「행정절차법」이 입
안자의 계획대로 되지 못하고 현행 「행정절차법」과 같이 축소해서 규정하게 된 것도 이 때문이
다. 「행정기본법」 제24조 제5항 단서는 실현가능성이 없는 경우를 전제로 해놓고 인허가에 필요
한 절차는 '원칙적으로' 생략된다고 호도(湖塗)하여 과거의 행정절차법경시주의로 되돌아가고 있
다. 행정절차법경시주의는 인허가의제가 도입되어 있는 법률이 매년 증가하고 있는 현상과 맞물
려 있다. 독일 연방 행정절차법이 행정계획확정절차에만 집중효를 부여하고 있는 이유를 되새겨
볼 필요가 있다. 근본적으로 「행정기본법」은 신속성(행정의 능률과 실효성)만 강조했지 작은 불편
을 참고 견디는 것(절차존중)이 더 큰 이익(행정의 투명성·공정성·신뢰성)이 되어 되돌아 오는 것을
모르는 것 같다. 「행정기본법」 제26조는 행정청에게 인허가의제의 사후관리를 규정하고 있으나
실효성이 없을 것으로 보인다. 오히려 「행정기본법」 제정 이전과 같이 행정절차 적용 문제는 사
법기관의 판단에 맡기는 것이 보다 낫은 입법정책이라고 생각한다.

3. 효 과

　　인허가의제의 효과는 주로 의제되는 사항 즉 사항적 효력과 인허가 효과의 발생시점 즉 시간
적 효력의 두 가지로 다루어진다.

　　「행정기본법」 제25조 제2항은 "인허가의제의 효과는 주된 인허가의 해당법률에 규정된 관련
인허가에 한정된다"라고 규정하고 있다. 대법 2011. 2. 24. 선고 2010두22252 판결은 "주된 인
허가에 관한 사항을 규정하고 있는 어떠한 법률에서 주된 인허가가 있으면 다른 법률에 의한 인
허가를 받은 것으로 의제한다는 규정을 둔 경우에는, 주된 인허가가 있으면 다른 법률에 의한 인

---

1) 앞 책, 98쪽.

2) 金裕煥, 현대행정법, 167쪽.

허가가 있는 것으로 보는 데 그치는 것이고, 거기에서 더 나아가 다른 법률에 의하여 인허가를 받았음을 전제로 한 다른 법률의 모든 규정들까지 적용되는 것은 아니다"라고 판시하고 있다.

「행정기본법」 제25조 제1항은 "제24조 제3항 제4항에 따라 협의가 된 사항에 대해서는 주된 인허가를 받았을 때 관련 인허가를 받은 것으로 본다"라고 규정하고 있다. 판례가 취해 온 입장이다. 대법 2018. 10. 25. 선고 2018두43095 판결은 "인허가 의제 제도는 목적사업의 원활한 수행을 위해 창구를 단일화하여 행정절차를 간소화하는 데 입법 취지가 있고 목적사업이 관계 법령상 인허가의 실체적 요건을 충족하였는지에 관한 심사를 배제하려는 취지는 아닌 점 등을 아울러 고려하면, 공항개발사업 실시계획의 승인권자가 관계 행정청과 미리 협의한 사항에 한하여 그 승인처분을 할 때에 인허가 등이 의제된다고 보아야 한다"라고 판시하고 있다.

제 5 절 행정행위의 흠(하자)

Ⅰ. 행정행위의 흠(하자)의 의의

행정행위의 흠이란 행정행위가 성립요건과 유효요건을 결여한 경우를 말한다. 요건을 결여한 행정행위를 흠 있는 행정행위라 한다.

흠 있는 행정행위에는 행정행위가 성립요건과 유효요건을 결여함으로써 위법하게 된 위법한 행정행위뿐만 아니라 부적절하지만 위법에까지는 이르지 아니한 상태(예: 재량권 일탈·남용에 해당하지 아니하는 부적절한 재량권 행사)인 부당한 행정행위를 포함한다. 이미 재량행위에서 본 바와 같이 법이 행정행위를 규율함에 있어서 행정청에게 정책적·행정적 판단의 여지를 전속적으로 부여하고 있는 경우에 그 재량권의 행사를 그르침으로써 재량권 일탈·남용의 위법에까지 이르지 아니하고 부당에 그치는 경우가 이에 해당한다.

Ⅱ. 흠(하자) 있는 행정행위의 태양

행정행위에 흠이 있는 경우에 그 흠 있는 행정행위의 효과는 어떻게 되는가가 문제이다. 이 문제에 대하여는, 법령에서 개별적으로 규정한 경우도 없지 않으나(예: 국가공무원법 13조 2항, 지방공무원법 18조 2항) 그러한 경우는 극히 예외에 속한다. 그러므로 이 문제는 결국 조리에 맡겨져 있다 할 것이며, 학설·판례의 발전에 의지하는 바가 크다. 지금까지의 학설·판례의 발전과정을 보면, 종래의 전통적 견해는 효과 유형을 사법(私法)상의 흠 있는 법률행위의 효과를 본따 무효와 취소로 나누어 무효원인인 흠에 대하여는 무효의 효과를, 취소원인인 흠에 대하여는 취소의 효과를 결부시켜 왔었다. 그러나 이에 대하여는 효과 유형의 고정화를 반대하고 효과 유형을 개별화하려는 견해(G. Jèze, E. v. Hippel, E. Forsthoff 등)가 유력하게 대두되었다.

오늘날 흠 있는 행정행위의 형태는 효과 유형의 개별화론에 그 바탕을 두고 있으나, 항고쟁송과의 관계에서 다음 몇 가지로 유형화하는 것이 지배적 견해이다. 즉 행정행위의 흠을 ① 행정행위의 부존재의 경우, ② 행정행위의 무효의 경우, ③ 행정행위를 취소할 수 있는 경우, ④ 쟁송기간의 경과 등에 의하여 흠이 있으나 경미한 흠으로 취소사유가 되지 아니하는 경우로 나누어 고찰한다.

흠 있는 행정행위론은 실제척 흠과 절차적 흠을 모두 포함한다. 과거의 통설은 절차는 실체적으로 정당한 결정을 도출하기 위한 수단에 불과한 것이라고 보았다. 지금도 과거의 통설과 기본적으로 동일한 생각을 갖는 견해가 있다. 예컨대, 처분이 실체법적으로 적법한 경우 절차의 흠을 이유로 취소하여도 행정청으로서는 다시 적법한 절차를 거쳐 전과 동일한 처분을 하여야 하는 경우에는 절차의 흠을 이유로 당해 처분을 취소하는 것은 행정경제에 반한다는 주장, 개인이 취소소송을 제기하여 절차위반을 공격하는 것은 절차가 준수되었더라면 자기에게 유리한 행정판단이 행하여질 것을 기대하기 때문인데 그 기대가 실현되는가의 여부는 실체법 수준에서 결말이 나는 것이므로 절차적 하자를 내걸 필요가 없다는 주장 등이 그것들이다.

이와 같은 과거의 통설적 견해는 독일 연방행정절차법의 영향을 받은 것으로 보인다. 독일 연방행정절차법 제46조는 "제44조에 의하여 무효로 되지 아니하는 행정행위의 취소(Aufhebung)는, 그 위반의 실체에 있어 그 결정에 영향을 미치지 아니하였다는 것이 명백한 경우에는, 행정행위가 절차, 형식 또는 토지관할에 관한 규정에 위반하여 성립되었다는 이유만으로 청구할 수 없다"라고 규정하고 있다.

이 규정은 독일에만 있는 특유한 규정이다. 이 규정이 유럽재판소에 의하여 제동이 걸리는 것을 보면 유럽의 공통되는 가치와 조화되지 않는다는 것을 알 수 있다. 유럽법상 독일 연방행정절차법 제46조의 규정에도 불구하고 구체적인 권리의 침해 여부와 관계없이 절차의 흠을 이유로 하는 제소가 가능한 경우의 존재는 이를 잘 나태내 주고 있다. 우리나라에서는 이와 같은 규정이 없다. 우리나라 판례는 일반적으로 절차를 중시하고 있고, 절차의 흠이 무효인 경우, 취소의 경우, 흠이 있으나 경미한 흠으로 취소사유가 되지 아니하는 경우로 유형화할 수 있다. 따라서 실체의 흠과 절차의 흠에 따라 차이를 두지 않고 있다.[1]

III. 행정행위의 부존재와 무효인 행정행위

1. 행정행위의 부존재의 의의

통설에 의하면 행정행위의 부존재란 행정행위가 행정행위로서의 외관을 갖추지 못한 경우를 말한다. 행정행위의 부존재가 이처럼 행정행위로서의 외관을 갖추고 있지 못하다는 점에서,

---

1) 김창조, 「행정처분의 절차적 하자」, 규범과 현실의 조화—합리성과 실효성—(연우 최광률 명예회장 헌정논문집), 박영사, 2020, 293쪽 이하 참조.

법적 효과는 발생하지 않지만 행정행위로서의 외관을 갖추고 있는 무효인 행정행위와 구별된다고 한다. 그러나 법적효과가 발생하지 아니한다는 점에서 행정행위의 부존재와 무효인 행정행위 간에는 차이가 없다. 행정행위의 부존재의 예로는 ① 행정기관이 아닌 것이 명백한 사인의 행위, ② 행정기관의 행위일지라도 행정권의 발동으로 볼 수 없는 행위(주의, 권유, 호의적 알선·중재·조정, 희망표시 등), ③ 행정기관 내부의 의사결정이 있었을 뿐이고 행정행위로서 외부에 표시되지 아니한 경우, ④ 해제조건의 성취 및 취소·철회·실효 등에 의하여 행정행위가 소멸된 경우 등을 들 수 있다. 행정행위의 부존재를 다시 협의의 부존재와 비행정행위로 나누기도 한다.[1] 이렇게 나누는 경우 위의 ①, ②는 비행정행위에 해당하고 ③, ④는 협의의 부존재에 해당한다.

2. 구별의 실익

행정행위의 부존재와 무효인 행정행위를 구별할 필요가 없다는 견해[2]도 있다. 즉 우리 행정쟁송법이 행정행위의 부존재와 무효를 구분하지 아니하고 무효등확인심판 또는 무효등확인소송의 대상으로 하고 있으며, 적용법조도 같으므로 양자를 구별할 필요가 없다는 것이다. 그러나 ① 행정행위에 대하여 취소쟁송이 제기된 경우에 행정행위가 부존재할 때에는 취소쟁송의 제기요건을 갖추지 못한 것이므로 행정심판기관이나 법원은 그 내용을 심리하지 아니하고 각하할 것이나, 행정행위가 무효인 때에는 행정심판기관이나 법원은 각하할 수 없고 본안심리를 하여 본안재결이나 본안판결을 할 수밖에 없다는 점,[3] ② 현행법 아래에서도 부존재확인소송과 무효확인소송이 적용법조는 동일하지만 그 소송형태를 달리하고 있다는 점 등에 양자의 구별실익이 있다는 것이 우리나라 다수의 견해이다.[4]

IV. 무효인 행정행위와 취소할 수 있는 행정행위

1. 의 의

통설에 의하면, 무효인 행정행위란 행정행위로서 존재하지만 정당한 권한을 가진 행정청 또는 법원에 의한 취소를 기다리지 아니하고 처음부터 행정행위의 내용에 적합한 법적 효과가 전혀 생겨날 수 없는 행정행위라고 한다. 즉 무효인 행정행위는 그 효력과의 관계에 있어서는 전혀 행정행위가 행하여지지 아니한 것과 같으며, 따라서 누구든지 이에 구속되지 않고 상대방은 사

---

1) 朴鈗炘, 최신행정법강의(상), 411쪽 이하.

2) 金東熙, 행정법 I, 327쪽.

3) 행정행위의 성립요건과 적법요건을 구별하는 견해에 의하면 행정행위의 부존재와 무효인 행정행위의 구별은 당연하다.

4) 이 외에도 행정행위의 부존재와 무효인 행정행위를 구별할 실익으로, 후자의 경우, 무효선언을 구하는 취소소송이 허용되는 데 대하여, 전자의 경우, 그러한 소송형태가 허용되지 않는다는 점을 들기도 하고(卞在玉, 행정법강의(1), 340쪽; 朴均省, 행정법론(상), 372쪽), 흠의 전환은 무효인 행정행위에만 인정된다는 점을 들기도 한다(金炳炘, 앞의 논문, 402쪽; 朴均省, 위 책, 같은 쪽).

인이든 국가기관이든 각기 독자적인 판단으로 그 효력을 무시할 수 있다(불복종·저항 등).

이에 대하여 취소할 수 있는 행정행위는 그 성립에 흠이 있음에도 불구하고 정당한 권한을 가진 행정청 또는 법원에 의하여 취소될 때까지는 유효(잠정적 효력을 갖는)한 행정행위로서 그 효력을 가지며, 다만 정당한 권한을 가진 행정청 또는 법원에 의하여 취소됨으로써 비로소 그 효력을 상실하는 행정행위라고 한다. 즉 취소될 때까지는 그 행정행위의 상대방은 물론 다른 국가기관도 이에 의하여 구속되며, 자기의 독자적인 판단에 의하여 그 효력을 부인할 수 없다고 한다. 그러나 이러한 통설의 이해에 따르면 「행정소송법」이 무효등확인소송에 집행정지에 관한 규정을 준용하고 있는 것(38조 1항)을 설명할 수가 없다. 이러한 설명은 무효인 행정행위와 취소할 수 있는 행정행위(무효와 취소)의 상대화(무효와 취소의 상대화이론)[1]를 전제로 하여서만 가능하다 할 것이다.

2. 구별 실익

통설에 의하면 무효인 행정행위와 취소할 수 있는 행정행위의 중요한 구별 실익은 다음과 같다.

(1) 쟁송방법

취소할 수 있는 행정행위는, 행정청이 직권으로 취소하지 아니하는 한, 취소심판·취소소송(취소소송의 배타적 관할)에 의하여만 그 법효과를 부정할 수 있다. 이에 대하여 무효인 행정행위는 무효등확인심판 또는 무효등확인소송에 의해서만 다툴 수 있는 것이 아니고, 무효선언을 구하는 취소쟁송이나 후술하는 바와 같이 무효를 전제로 한 민사소송으로도 다툴 수 있다(대법 1972. 10. 10. 선고 71다2279 판결).[2]

(2) 선결문제 판단권

민사소송이나 형사소송에서 취소할 수 있는 행정행위가 선결문제로 된 경우, 선결문제로서 행정행위의 효력을 부인하는 것이 필요한 때에는 민사법원이나 형사법원은 이에 대한 선결문제 판단권이 없다. 이에 대하여 민사소송이나 형사소송에서 무효인 행정행위가 선결문제로 된 경우 민사법원이나 형사법원은 이에 대한 선결문제 판단권이 있다.

---

1) 金道昶 박사는 "특히 절차법적 견지에서 볼 때 중대·명백성은 재판관의 판단기준이 되기는 하지만, 청구 인부(認否)의 미확정단계에서 당사자 사이의 분쟁에 관한 행동기준이 될 수 없다는 것도 부인할 수 없다"(일반행정법론(상), 466쪽 이하)고 하여 무효·취소의 상대화이론을 편다.

2) 대법 1972. 10. 10. 선고 71다2279 판결: 민사소송에 있어서 어느 행정처분의 당연무효 여부가 선결문제로 되는 때에는 이를 판단하여 당연무효임을 전제로 판단할 수 있고 반드시 행정소송 등의 절차에 의하여 그 취소나 무효확인을 받아야 하는 것이 아니다.

(3) 쟁송기간

취소할 수 있는 행정행위는 반드시 일정한 기간 내에(행정심판법 27조, 행정소송법 20조) 다투어야 한다. 그 기간을 경과하게 되면 불가쟁력이 발생한다. 이에 대하여 무효인 행정행위는 무효선언을 구하는 취소쟁송이 제기된 경우를 제외하고는 쟁송기간이 문제되지 아니한다.

(4) 사정재결·사정판결

취소할 수 있는 행정행위가 쟁송의 대상이 된 경우 행정심판위원회나 법원은 예외적이기는 하지만 사정재결(행정심판법 44조 1항)·사정판결(행정소송법 28조 1항)이 가능하다. 이에 대하여 무효인 행정행위가 쟁송의 대상이 된 경우에는 행정심판위원회나 법원은 무효선언을 구하는 취소쟁송이 제기된 경우를 제외하고, 사정재결·사정판결을 할 수가 없다.[1]

(5) 흠의 승계

두 개 이상의 행정행위가 연속하여 행하여지는 경우에 선행행정행위가 취소할 수 있는 것일 때에는 후술하는 바와 같이 그 선행행정행위의 흠이 후행행정행위에 승계될 때도 있고 아니 될 때도 있다. 이에 대하여 선행행정행위가 무효인 경우에는 그 흠은 후행행정행위에 무조건 승계된다.

(6) 흠의 치유·전환

종래 통설은 흠의 치유는 취소할 수 있는 행정행위에 있어서만 인정되고,[2] 전환은 무효인 행정행위에 있어서만 인정되는 것으로 본다. 이에 대하여는 무효와 취소의 상대화라는 관점에서 무효인 행정행위에도 치유를 인정할 수 있다든가[3] 또는 무효와 같이 그 흠의 정도가 심한 경우에도 전환이 인정된다면 그보다는 다소 경한 흠인 취소할 수 있는 흠의 경우에도 행정행위의 전환이 인정된다고 볼 수 있다는 관점에서 통설에 반대하는 견해도 있다(→ 흠 있는 행정행위의 치유와 전환).

3. 구별 기준

무효인 행정행위와 취소할 수 있는 행정행위를 어떠한 기준에 의하여 구별할 것인가는 학설이 나뉜다.

---

1) 그 밖에 행정소송법상 거부처분의 취소판결에는 간접강제가 인정되나, 무효확인판결에는 인정되지 아니한다(행정소송법 제38조 제1항).

2) 판례도 같은 입장이다(대법 1984. 2. 28. 선고 81누275 판결, 대법 1992. 11. 10. 선고 91누8227 판결).

3) 박철우, 「공무원 임용 및 퇴직금의 법적 성질」, 판례연구(서울지방변호사회) 제10집, 35쪽 이하.

(1) 학   설

양자의 구별기준에 관한 학설로는 우리나라에는 다음의 넷이 있다.

1) 중대명백설

이 설은 행정행위의 흠이 내용상 중대한 흠이면서 동시에 그 흠의 존재가 외관상 명백한 것인 때에는 무효인 행정행위이고 그 이외의 것인 때에는(중대하나 명백하지 아니한 경우, 명백하나 중대하지 아니한 경우 등) 원칙적으로 취소할 수 있는 행정행위라는 것이다. 이 설도 명백성의 요건에 관하여 다시 ① 통상인의 평균적 인식능력을 기준으로 동일한 결론에 도달할 수 있을 정도로 일견 명백한 경우를 지칭한다는 견해(외관상 일견명백설)와 ② 행정청이 보통 기대되는 조사를 하면 명백하게 될 정도이면 충분하다는 견해(조사의무위반설) 등으로 나뉜다. 외관상 일견명백설은 통상인의 눈을 기준으로 하여 명백성의 요건을 판단하는 것(누구의 판단에 의하여도 대체로 동일한 결론에 도달할 수 있을 정도로 명백한 것)이고, 조사의무위반설은 전문가인 행정청의 눈을 기준으로 하여 명백성의 요건을 판단하는 것이므로 후자의 기준이 흠의 발견 능력이 높고 따라서 후자에 의하는 것이 무효의 범위가 더 넓어지게 된다. 중대명백설을 취하는 견해는 대체로 외관상 일견명백설에 입각하고 있는 것이 지배적이다. 이 설의 논거는 국민의 권리구제의 요청과 법적 안전성의 요청을 조화시켜야 한다는 점에서 찾는다.

2) 중대 또는 명백설

이 설은 중대한 흠이거나 또는 명백한 흠이면 어느 것이나 모두 무효인 행정행위로 보는 견해[1]이다. 이 설의 논거는 무효사유에 대한 기준이 확립되지 않은 상태에서 중대명백설을 취하는 것은 법적 지식이 불충분한 국민으로 하여금 더욱 무효 및 취소사유의 구별에 대한 부담을 지우는 결과가 된다는 점을 든다.

3) 명백성보충요건설

이 설은 원칙적으로 중대명백설을 고수하면서 법적 안정성의 요청을 고려할 필요가 없는 경우에는 흠의 존재가 명백하지 않더라도 무효사유로 보려는 견해[2]이다. 이 설의 논거는 ① 법질서 전체에 비추어 도저히 용인할 수 없는 치명적인 흠이 있는 경우에도 법적 안정성의 요청 때문에 그 잠정적 유효성을 인정하거나 쟁송기간이 지났다고 하여 종국적 유효성(불가변력)을 인정하여야 한다는 것은 정당화될 수 없다는 점, ② 법적 안정성의 요청을 고려할 필요가 없거나 제3자의 권익을 침해할 여지가 없는 경우에도 중대명백설을 고수하여 명백성의 결여를 이유로 행정행

---

1) 金性洙, 행정법 Ⅰ(제1판), 270쪽 이하. 학자에 다라서는 명백이라는 기준이 지나치게 불확정이라는 등의 이유로 명백한 흠은 기준이 될 수 없고, 중대한 흠만이 기준이 되어야 한다는 견해를 주장한다. 金重權, 「행정행위 하자론의 개혁에 관한 소고」, 공법연구 제39집 제1호(2010), 320쪽 이하 참조.

2) 洪準亨, 「행정행위의 무효에 대한 중대명백설의 재검토 (1)(2)」, 고시연구 1998년 8월호·9월호.

위의 효력을 유지시켜야 한다면 이는 중대명백설의 논거 자체(법적 안정성의 요청)에 대한 자기부정의 결과가 된다는 점 등을 든다.

4) 구체적가치형량설

이 설은 문제되는 분쟁상황, 행정행위를 둘러싼 이익 상황, 이해관계자의 이해관계의 성격, 그리고 행정행위의 성질 등의 구체적 제 사정을 고려하여 구체적·개별적으로 무효사유인지 취소사유인지 여부를 결정해야 한다는 견해[1]이다.

5) 검 토

중대명백설이 다수설이다. 중대명백설이 다수설이 된 것은 무효인 행정행위와 취소할 수 있는 행정행위의 구별 실익에 부합되기 때문이다. 즉 위법한 행정행위에 대하여 일반적으로 예상되는 쟁송방법은 취소쟁송이고 쟁송기간 내에 쟁송을 제기하여야 하며 취소는 종국적으로 행정법원만이 행할 수 있는 것인데, 일반적으로 예상되지 아니하는 쟁송방법이나 쟁송기간에 구애되지 아니하고 다툴 수 있는 예외적인 사인에 대한 권리구제를 인정해 주려는 무효인 행정행위는 흠이 내용상 중대해서 일반적으로 예상되는 쟁송방법으로 다투도록 요구하기 곤란하고 동시에 외관상 명백해서 명확하게 인식할 수 있는 것이어야 한다. 또한 명백성 요건의 기초에는 제3자에 대한 신뢰보호의 사고도 그 밑바탕에 깔려 있다고 보아야 한다. 따라서 중대명백설 자체도 무효판단을 함에 있어서 비교형량적 판단을 용인하고 있다고 보아야 하고, 법적 안정성의 필요와 권리구제의 이익을 조화시킬 필요가 있음을 내포하고 있다. 요컨대 중대명백설은 일종의 최소(minimum)기준이며, 상황에 따라, 행정법관계의 안정성을 손상하거나 혹은 제3자에게 악영향을 미치는 것이 아니라면, 반드시 행정행위의 흠이 중대명백하지 아니하여도 무효인 행정행위로 판단해야 할 경우가 있을 수 있다.

(2) 판 례

판례의 주류적 태도는 "하자 있는 행정처분이 당연무효가 되기 위하여는 그 하자가 법규의 중요한 부분을 위반한 중대한 것으로서 객관적으로 명백한 것이어야 하며 하자가 중대하고 명백한 것인지 여부를 판별함에 있어서는 그 법규의 목적, 의미, 기능 등을 목적론적으로 고찰함과 동시에 구체적인 사안 자체의 특수성에 관하여도 합리적으로 고찰함을 요한다"(대법 1995. 7. 11. 선고 94누4615 전원합의체 판결, 대법 2019. 4. 23. 선고 2018다287287 판결 등)[2]고 하여 중대명백설에 입각하고 있다.[3] 흠의 명백성의 의미에 관하여 "하자가 명백하다고 하기 위하여는 그 사실관

---

1) 千柄泰, 행정법총론(제2판), 325쪽 이하.
2) 대법 1995. 7. 11. 선고 94누4615 전원합의체 판결에는 처분의 성질이나 하자의 중대성에 비추어 그 하자가 외관상 명백하지 않더라도 당연무효로 보아야 한다는 소수의견이 있었다.
3) 법률에 근거하여 행정처분이 발하여진 후에 헌법재판소가 그 행정처분의 근거가 된 법률을 위헌으로 결정한 경

계 오인의 근거가 된 자료가 외형상 상태성(常態性)을 결여하거나 또는 객관적으로 그 성립이나 내용의 진정을 인정할 수 없는 것임이 명백한 경우라야 할 것이고 사실관계의 자료를 정확히 조사하여야 비로소 그 하자 유무가 밝혀질 수 있는 경우라면 이러한 하자는 외관상 명백하다고 할

우 결과적으로 행정처분은 법률의 근거 없이 행하여진 것과 마찬가지로 되어 하자가 중대하기는 하지만 무효가 아니라고 한 것도 일반적으로 법률이 헌법에 위반된다는 사정이 헌법재판소의 위헌결정이 있기 전에는 객관적으로 명백하지 않다는 중대명백설에 서 있다(대법 1994. 10. 28. 선고 92누9463 판결). 이 판결에 대하여는 "무효주장과 관련된 위헌심사를 재판의 전제성이라는 통로를 좁게 하여 극히 제한하는 이론적 paradigm에 입각하고 있다"는 지적이 있었다(金裕煥,「위헌법률에 근거한 행정처분의 효력—판례이론의 중대명백설 이해에 대한 비판과 대안 —」, 행정판례연구 V, 85쪽). 최근 과세처분 이후 조세부과의 근거가 되었던 법률규정에 대하여 위헌결정이 내려진 경우, 그 조세채권의 집행을 위한 체납처분이 당연무효인지 여부에 관한 판시에서 대법 2012. 2. 16. 선고 2010두10907 전원합의체 판결의 다수의견은 "구 헌법재판소법(2011. 4. 5. 법률 제10546호로 개정되기 전의 것) 제47조 제1항은 '법률의 위헌결정은 법원 기타 국가기관 및 지방자치단체를 기속한다'고 규정하고 있는데, 이러한 위헌결정의 기속력과 헌법을 최고규범으로 하는 법질서의 체계적 요청에 비추어 국가기관 및 지방자치단체는 위헌으로 선언된 법률규정에 근거하여 새로운 행정처분을 할 수 없음은 물론이고, 위헌결정 전에 이미 형성된 법률관계에 기한 후속처분이라도 그것이 새로운 위헌적 법률관계를 생성·확대하는 경우라면 이를 허용할 수 없다. 따라서 조세 부과의 근거가 되었던 법률규정이 위헌으로 선언된 경우, 비록 그에 기한 과세처분이 위헌결정 전에 이루어졌고, 과세처분에 대한 제소기간이 이미 경과하여 조세채권이 확정되었으며, 조세채권의 집행을 위한 체납처분의 근거규정 자체에 대하여는 따로 위헌결정이 내려진 바 없다고 하더라도, 위와 같은 위헌결정 이후에 조세채권의 집행을 위한 새로운 체납처분에 착수하거나 이를 속행하는 것은 더 이상 허용되지 않고, 나아가 이러한 위헌결정의 효력에 위배하여 이루어진 체납처분은 그 사유만으로 하자가 중대하고 객관적으로 명백하여 당연무효라고 보아야 한다"라고 하였다. 반대의견은 "행정청이 어떠한 법률의 조항에 근거하여 행정처분을 한 후 헌법재판소가 그 조항을 위헌으로 결정하였다면 행정처분은 결과적으로 법률의 근거 없이 행하여진 것과 마찬가지로 되어 후발적으로 하자가 있게 된다고 할 것이나, 일반적으로 법률이 헌법에 위반된다는 사정은 헌법재판소의 위헌결정이 있기 전에는 객관적으로 명백한 것이라고 할 수 없으므로 특별한 사정이 없는 한 그러한 하자는 행정처분의 취소사유일 뿐 당연무효 사유라고 할 수 없고, 일정한 행정목적을 위하여 독립된 행위가 단계적으로 이루어진 경우 선행처분에 당연무효 또는 부존재인 하자가 있는 때를 제외하고 선행처분의 하자가 후속처분에 당연히 승계된다고 할 수는 없다. 과세처분과 압류처분은 별개의 행정처분이므로 선행처분인 과세처분이 당연무효인 경우를 제외하고는 과세처분의 하자를 이유로 후속 체납처분인 압류처분의 효력을 다툴 수 없다고 봄이 타당한 점, 압류처분 등 체납처분은 과세처분과는 별개의 행정처분으로서 과세처분 근거규정이 직접 적용되지 않고 체납처분 관련 규정이 적용될 뿐이므로, 과세처분 근거규정에 대한 위헌결정의 기속력은 체납처분과는 무관하고 이에 미치지 않는다고 보아야 한다는 점, 다수의견과 같이 유효한 과세처분에 대한 체납처분 절차의 진행을 금지하여 실질적으로 당해 과세처분의 효력을 부정하고 사실상 소멸시키는 데까지 위헌결정의 기속력 범위가 미친다고 새긴다면, 이는 기속력의 범위를 지나치게 확장하는 것이 되어 결과적으로 위헌결정의 소급효를 제한한 구 헌법재판소법(2011. 4. 5. 법률 제10546호로 개정되기 전의 것) 제47조 제2항 본문의 취지에 부합하지 않는다는 점 등에 비추어 보면, 선행처분에 해당하는 과세처분에 당연무효 사유가 없고, 과세처분에 따른 체납처분의 근거규정이 유효하게 존속하며, 외국의 일부 입법례와 같이 위헌법률의 집행력을 배제하는 명문의 규정이 없는 이상, 과세처분의 근거규정에 대한 헌법재판소의 위헌결정이 있었다는 이유만으로 체납처분이 위법하다고 보는 다수의견에는 찬성할 수 없다"고 하였다. 근거규정이 합헌이고 적법하게 적용했으나 결과적으로 위헌이 될 수 밖에 없는 독일 조세법상의 '불형평한(unbillig)처분'의 이론으로 다수의견을 지지하는 평석으로 徐輔國,「합헌적 집행법률에 근거한 압류처분의 위헌적 결과에 대한 권리구제의 직접근거로서 헌법 제107조 제2항(대상판결: 대법원 2012. 2. 16. 선고 2010두10907 전원합의체 판결)」, 행정판례연구(한국행정판례연구회) XVIII-1, 3쪽 이하가 있다.

수 없다"(대법 2004. 4. 16. 선고 2003두7019 판결)고 하고 있다.[1][2] 그러나 대법원은 중대명백설을 고수하는 것이 현저하게 부당하다고 볼 만한 특별한 사정이 있는 경우에는 예외를 인정한다(대법 2009. 2. 12. 선고 2008두11716 판결 등). 헌법재판소의 태도도 원칙적으로 중대명백설을 고수하고 있다.[3] 그러나 헌법재판소도 1994. 6. 30. 92헌바23 결정에서 "행정처분의 집행이 이미 종료되었고 그것이 번복될 경우 법적 안정성을 크게 해치게 되는 경우에는 후에 행정처분의 근거가 된 법규가 헌법재판소에서 위헌으로 선고된다고 하더라도 그 행정처분이 당연무효가 되지는 않음이 원칙이라고 할 것이나, 행정처분 자체의 효력이 쟁송기간 경과 후에도 존속 중인 경우, 특히 그 처분이 위헌법률에 근거하여 내려진 것이고 그 행정처분의 목적 달성을 위하여서는 후행 행정처분이 필요한데 후행 행정처분은 아직 이루어지지 않은 경우와 같이 그 행정처분을 무효로 하더라도 법적 안정성을 크게 해치지 않는 반면에 그 하자가 중대하여 그 구제가 필요한 경우에

---

1) 대법원은 청소년 유해 매체물 결정 및 고시처분 무효확인 청구 사건에서 "하자 있는 행정처분이 당연무효로 되려면 그 하자가 법규의 중요한 부분을 위반한 중대한 것이어야 할 뿐 아니라 객관적으로 명백한 것이어야 하고, 행정청이 위헌이거나 위법하여 무효인 시행령을 적용하여 한 행정처분이 당연무효로 되려면 그 규정이 행정처분의 중요한 부분에 관한 것이어서 결과적으로 그에 따른 행정처분의 중요한 부분에 하자가 있는 것으로 귀착되고, 또한 그 규정의 위헌성 또는 위법성이 객관적으로 명백하여 그에 따른 행정처분의 하자가 객관적으로 명백한 것으로 귀착되어야 하는바, 일반적으로 시행령이 헌법이나 법률에 위반된다는 사정은 그 시행령의 규정을 위헌 또는 위법하여 무효라고 선언한 대법원의 판결이 선고되지 아니한 상태에서는 그 시행령 규정의 위헌 내지 위법 여부가 해석상 다툼의 여지가 없을 정도로 명백하였다고 인정되지 아니하는 이상 객관적으로 명백한 것이라 할 수 없으므로, 이러한 시행령에 근거한 행정처분의 하자는 취소사유에 해당할 뿐 무효사유가 되지 아니한다"(대법 2007. 6. 14. 선고 2004두619 판결)고 판시하고 있다.

2) 대법 2012. 8. 23. 선고 2010두13463 판결: 행정청이 어느 법률관계나 사실관계에 대하여 어느 법률의 규정을 적용하여 행정처분을 한 경우에 그 법률관계나 사실관계에 대하여는 그 법률의 규정을 적용할 수 없다는 법리가 명백히 밝혀져 그 해석에 다툼의 여지가 없음에도 행정청이 위 규정을 적용하여 처분을 한 때에는 그 하자가 중대하고 명백하다고 할 것이나, 그 법률관계나 사실관계에 대하여 그 법률의 규정을 적용할 수 없다는 법리가 명백히 밝혀지지 아니하여 그 해석에 다툼의 여지가 있는 때에는 행정관청이 이를 잘못 해석하여 행정처분을 하였더라도 이는 그 처분요건 사실을 오인한 것에 불과하여 그 하자가 명백하다고 할 수 없다.

3) 헌재 2014. 1. 28. 2010헌바251 결정: 행정처분의 근거법률이 헌법에 위반된다는 사정은 헌법재판소의 위헌결정이 있기 전에는 객관적으로 명백한 것이라고 할 수는 없으므로 특별한 사정이 없는 한 그러한 하자는 행정처분의 취소사유에 해당할 뿐 당연무효사유는 아니어서, 제소기간이 경과한 뒤에는 행정처분의 근거 법률이 위헌임을 이유로 무효확인소송 등을 제시하더라도 행정처분의 효력에는 영향이 없음이 원칙이다. 따라서 행정처분의 근거가 된 법률조항의 위헌 여부에 따라 당해 행정처분의 무효확인을 구하는 당해 사건 재판의 주문이 달라지거나 재판의 내용과 효력에 관한 법률적 의미가 달라지는 것은 아니므로 재판의 전제성이 인정되지 아니한다. 이와 같은 다수 견해에 대하여는 "행정처분의 하자가 무효사유인지 취소사유인지를 가리는 것은 구체적인 사실관계를 토대로 그 처분의 근거가 되는 법률의 목적과 기능 등을 고려하여 이를 법적으로 평가하여 내리는 판단으로서, 이에 관한 법원의 판단 이전에 헌법재판소가 재판의 전제성을 판단하면서 행정처분의 무효 여부를 논리적·가정적으로 단정하여 판단할 수는 없다. 따라서 행정처분에 대한 무효확인소송이나 그 효력 유·무를 선결문제로 하는 민사소송에서 행정처분의 근거법률이 위헌이 될 경우, 그 행정처분이 무효가 될 가능성이 상존하므로, 그 처분에 대한 취소소송의 제소기간이 지났는지 여부와는 상관없이 당해 사건 재판의 주문이 달라지거나 그 내용과 효력에 관한 법률적 의미가 달라질 여지가 없음이 명백하다고 볼 수는 없어 행정처분의 근거법률의 위헌여부는 재판의 전제가 된다고 보아야 한다는 반대의결이 있었다. 이 판결에 대한 평석으로 김혜진, 「처분의 무효확인소송에서 근거법률의 위헌주장과 재판의 전제성(헌재 2014. 1. 28. 2010헌바251 백두대간 보호에 관한 법률 제7조 제1항 제6호 위헌소원)」, 한국행정판례연구회 제294차 월례발표회 발표논문이 있다.

대하여서는 그 예외를 인정하여 이를 당연무효사유로 보아서 쟁송기간 경과 후에라도 무효확인을 구할 수 있는 것이라고 보아야 할 것이다"라고 하여 예외를 인정하는 판시를 한 바 있다.

V. 흠(하자)의 승계

1. 의 의

두 개 이상의 행정행위가 연속하여 단계적으로 행하여지는 경우에, 후행행정행위 자체에 흠이 없어도, 선행행정행위의 흠을 이유로 후행행정행위를 다툴 수 있느냐가 문제된다. 이를 흠의 승계(위법의 승계)의 문제라 한다.

이 흠의 승계의 문제는 ① 행정상 쟁송에 있어서의 문제이며, 국가배상소송에서는 문제되지 아니한다(국가배상소송에서는 행정상 쟁송에 있어서와 같은 쟁송기간에 제한이 없으므로 언제든지 다툴 수 있다). ② 선행행정행위가 무효인 경우와 불가쟁력을 발생하고 있지 않은 경우는 특별히 문제되지 아니한다. 왜냐하면 선행행정행위가 무효이면 바로 무효를 주장하면 될 것이고[1], 또 불가쟁력이 발생하지 않았다면 바로 선행행정행위를 다투면 될 것이기[2] 때문이다. 따라서 선행행정행위에 취소원인이 있고 또한 이미 불가쟁력이 발생한 경우에 특별히 문제된다.[3]

2. 근 거

행정행위는 그 성질상 공익과 밀접한 관계를 갖고 있고, 또한 일반적으로 국가권위의 발현으로서 제3자의 신뢰를 얻어 여러 법률관계를 형성해 가는 것이므로 그 효력을 오랫동안 불안정한 상태에 두는 것은 행정목적 조기실현·법적 안정성 유지·제3자 신뢰보호라는 관점에서 보아 바람직하지 않다. 현행 쟁송법이 일정한 기간 내에 처분을 다투도록 하고 그 기간이 경과하면 불가쟁력을 인정하여 다툴 수 없도록 한 것(행정심판법 27조, 행정소송법 20조)은 바로 이 까닭이다. 따라서 선행행정행위의 위법성이 문제되는 경우에는 쟁송법이 정한 일정한 기간 내에 그 선행행정행위를 다투어야 하는 것이지, 일정한 기간이 경과하여 불가쟁력이 발생한 후에 후행행정행위가 행하여진 경우 그 후행행정행위를 다투면서 선행행정행위의 위법성을 주장하는 것은 원칙적으

---

1) 대법 2017. 7. 11. 선고 2016두35120 판결: 선행처분과 후행처분이 서로 독립하여 별개의 법률효과를 목적으로 하는 때에도 선행처분이 당연무효이면 선행처분의 하자를 이유로 후행처분의 효력을 다툴 수 있다.

2) 대법 2017. 7. 18. 선고 2016두49938 판결: 선행처분과 후행처분이 서로 합하여 1개의 법률효과를 완성하는 때에는 선행처분에 불가쟁력이 생겨 그 효력을 다툴 수 없게 되더라도 선행처분의 하자를 이유로 후행처분의 효력을 다툴 수 있다. 그러나 선행처분과 후행처분이 서로 독립하여 별개의 법률효과를 발생시키는 경우에는 선행처분에 불가쟁력이 생겨 그 효력을 다툴 수 없게 되면 선행처분의 하자가 당연무효인 경우를 제외하고는 특별한 사정이 없는 한 선행처분의 하자를 이유로 후행처분의 효력을 다툴 수 없는 것이 원칙이다.

3) "선행처분의 하자가 동시에 후행처분의 하자일 수 있으며, 후행처분의 존립에 선행처분이 필수적인 경우가 아니라면 선행처분의 무효에도 후행처분은 적법할 수 있다"는 견해가 있다(宋時康, 「행정처분의 공정력과 하자의 승계—도시계획을 중심으로—」, 행정법이론실무학회 제246 정기학술발표자료, 14쪽).

로 허용되지 아니한다.

그러나 이런 제도는 동시에 행정의 적정성 확보 및 사인의 권익보호에 가장 유효한 수단을 제공하는 행정에 대한 사법적 통제의 기회를 그만큼 줄이게 됨은 부인할 수 없다. 흠의 승계는 바로 행정권에 대한 사인의 권익보호, 적정행정의 유지에 대한 요청에서 나오는 것이다.

3. 승계의 기준에 관한 두 가지 시각

(1) 다 수 설

다수설은 흠의 승계 여부를, 선행행정행위와 후행행정행위가 서로 결합하여 하나의 법적 효과를 완성하는 것인 경우(예컨대, 행정대집행절차에서의 각 처분, 체납처분절차에서의 각 처분 등과 같이 상호 수단·목적의 관계에 있는 경우)에는 선행행정행위의 흠이 후행행정행위에 승계되나, 두 행정행위가 서로 독립하여 별개의 법적 효과의 발생을 목적으로 하는 것인 경우에는 선행행정행위의 흠이 후행행정행위에 승계되지 아니한다는 것이다. 과거에는 선행행정행위의 흠이 실체법적 흠인가 절차법적 흠인가를 구별하는 견해도 있었으나, 오늘날에는 이 양자를 구별하지 아니하는 것이 대세가 되고 있다.

(2) 소 수 설

소수설은 독일의 일부 주장을 받아들여 흠의 승계의 문제를 선행행정행위의 후행행정행위에 대한 구속적 효력(규준력 또는 기결력이라고도 부른다)의 범위(한계)의 문제로 파악하려는 견해(규준력설)[1]이다. 이 견해에 의하면 둘 이상의 행정행위가 동일한 법적 효과를 추구하고 있는 경우에 선행행정행위는 후행행정행위에 대하여 일정한 범위(한계) 내에서 구속적 효력을 가지며, 그러한 구속적 효력이 미치는 범위(한계) 내에서는 후행행정행위에 있어서 선행행정행위의 효과와 다른 주장을 할 수 없게 된다. 즉 선행행정행위의 흠을 이유로 후행행정행위를 다툴 수 없게 된다. 다만 그 구속적 효력이 미치기 위하여는 ① 양 행위가 동일한 목적을 추구하며 그 법적 효과가 일치될 것(사물적 한계), ② 행위의 당사자가 일치될 것(대인적 한계), ③ 선행행정행위의 사실 상태 및 법적 상태가 동일성을 유지할 것(시간적 한계), ④ 구속적 효력의 결과에 대한 예측가능성과 수인가능성이 있을 것(추가적 한계) 등이 충족되어야 한다. 따라서 구속적 효력의 범위(한계)를 넘어 예컨대 예측가능성과 수인가능성이 없는 경우에는 선행행정행위의 흠을 이유로 후행행정행위를 다툴 수 있게 된다.

(3) 검 토

다수설에 대한 문제점으로 법률효과의 동일성 여부라는 형식적 기준만에 의존함으로써 개별

---

1) 金南辰·金連泰, 행정법 Ⅰ, 288쪽 이하.

적 사안에 따라서는 불합리한 결과가 도출될 수 있다는 점이 지적된다.[1]

소수설에 대한 문제점으로 ① 실질적인 차이에 대한 검토 없이 판결의 기판력이 발생되는 일정한 범위(한계)의 논의를 선행행정행위의 후행행정행위에 대한 구속적 효력의 범위(한계)의 논의에 유추하고 있다는 점, ② 둘 이상의 행정행위가 동일한 법적 효과를 추구하고 있는 경우를 전제로 하고 있으나 실제로 예시하고 있는 것(과세처분과 체납처분)은 동일한 법적 효과를 추구하고 있는 경우로 볼 수 없다는 점, ③ 추가적 한계인 예측가능성과 수인가능성의 요구는 반드시 선행행정행위의 구속적 효력의 주장에 특유한 논거라기보다는 당사자의 개별적인 사정에 상응한 권리보호를 위하여 법치주의원리하에서 당연히 고려할 수 있는 일반적인 범위(한계)로서 의미를 갖는다는 점 등이 지적된다.[2]

생각건대, 흠의 승계 여부는 적정행정의 유지와 행정권에 대한 사인의 권익 구제의 조화점에서 그 기준을 찾아야 한다. 이미 불가쟁력이 발생한 행정행위에 대하여 다시 그 흠을 다툴 수 있게 한다면 행정의 안정을 실현시킬 수 없고, 쟁송기간을 정하고 있는 법제도는 아무런 의미가 없다. 따라서 과세처분과 체납처분을 예로 들어 보면, 과세처분에 흠이 있는 경우 과세처분의 취소를 쟁송으로 다툴 수 있음에도 불구하고 특별한 사정 없이 다투지 아니하여 불가쟁력이 이미 발생하였다면 과세처분의 흠을 다툴 수 있게 하여서는 아니 되며, 나아가 선행행정행위인 과세처분의 흠을 이유로 후행행정행위인 체납처분을 다툴 수 없게 하는 것이 마땅하다. 그러나 쟁송기간 내에 행정행위를 다툴 수가 없었던 특별한 사정이 있는 경우에는 개별적 사정을 고려하여 사인의 권익 구제와의 조화점을 찾아야 한다. 개별공시지가결정과 개발부담금부과처분을 예로 들어 보면, 개별공시지가결정에 흠이 있는 경우 개별공시지가결정의 취소를 쟁송으로 다투어야 하는 것이지만, 개별공시지가결정을 쟁송기간 내에 다툴 수 없었던 개별적 사정이 존재하는 경우에는, 불가쟁력이 이미 발생한 개별공시지가결정의 흠을 이유로 후행행정행위인 개발부담금부과처분을 다툴 수 있어야 한다. 요컨대, 개별적으로 판단되어야 할 문제이나, 일반화하면 흠의 승계 여부는 하나의 법적 효과의 완성을 목적으로 하는가 별개의 법적 효과의 발생을 목적으로 하는가 하는 기준 외에 선행행정행위의 흠의 주장을 인정해 주지 않으면 권리구제의 요청에 충분히 응할 수 없는 경우뿐만 아니라 반대로 권리구제의 절차를 만연히 태만한 경우와 같은 개별적 사정 등 절차법적 고려도 기준이 되어야 한다(대법 1998. 3. 13. 선고 96누6059 판결 등 참조).[3]

---

1) 朴在胤, 「행정행위의 부관에 관한 분쟁유형별 고찰」, 행정법연구(행정법이론실무학회) 제88호, 33쪽 이하 등. 흠의 승계의 확장 필요성을 주장하면서도 그 범위는 개별사안의 구체적 상황을 고려하여 판단하여야 한다는 견해로는 崔柱暎, 「행정소송의 제소기간에 관한 연구」(2008년 8월 서울대학교 박사학위청구논문), 제238쪽 이하 참조.

2) 이들 문제점의 지적에 대하여는 柳至泰, 행정법신론, 201쪽 이하; 鄭南哲, 현대 행정의 작용형식, 231쪽 이하. 崔正一 교수는 규준력설이 독일에서는 다수설이론 판례의 태도는 아니며, 구속력의 범위도 불분명하여, 우리나라나 일본의 다수설과 판례의 태도에 문제가 있는 것도 아니므로 굳이 채택할 필요는 적다고 본다(고시계 2011년 5월호, 8쪽)고 기술하고 있다.

3) 대법 1998. 3. 13. 선고 96누6059 판결 : 개별토지가격 결정에 대한 재조사 청구에 따른 감액조정에 대하여 더 이상

4. 판 례

판례는 흠의 승계 여부를 종래의 견해에 따라 선행행정행위와 후행행정행위가 하나의 법적 효과의 완성을 목적으로 하는가 별개의 법적 효과의 발생을 목적으로 하는가의 기준에 의하여 판단하여 왔다. 그러나 최근 "선행처분과 후행처분이 서로 독립하여 별개의 효과를 목적으로 하는 경우에도 선행처분의 불가쟁력이나 구속력이 그로 인하여 불이익을 입게 되는 자에게 수인한도를 넘는 가혹함을 가져오며, 그 결과가 당사자에게 예측가능한 것이 아닌 경우에는 국민의 재판받을 권리를 보장하고 있는 헌법의 이념에 비추어 선행처분의 후행처분에 대한 구속력은 인정될 수 없다"(대법 1994. 1. 25. 선고 93누8542 판결, 대법 2019. 1. 31. 선고 2017두40372 판결 등)라고 하여, 하나의 법적 효과의 완성을 목적으로 하는가 별개의 법적 효과의 발생을 목적으로 하는가의 기준 외에, 선행행정행위의 흠의 주장을 인정해 주어야 할 개별적 사정 등 절차법적 고려도 그 기준으로 하고 있다.

판례가 흠의 승계를 긍정한 사례로는 기준지가고시처분과 토지수용처분(대법 1979. 4. 24. 선고 78누227 판결), 독촉과 가산금·중가산금징수처분(대법 1986. 10. 28. 선고 86누147 판결), 안경사시험합격처분과 안경사면허처분(대법 1993. 2. 9. 선고 92누4567 판결), 계고처분과 대집행영장발급통지행위(대법 1996. 2. 9. 선고 95누12507 판결)·대집행에 있어서의 비용납부명령(대법 1993. 11. 9. 선고 93누14271 판결), 개별공시지가결정과 과세처분(대법 1994. 1. 25. 선고 93누8542 판결)·개별부담금부과처분(대법 2001. 6. 26. 선고 99두11592 판결),[1] 표준지공시지가결정과 수용보상금증액청구소송(대법 2008. 8. 21. 선고 2007두13845 판결)[2], 친일반민족행위진상규명위원회의 친일반민족행위자 최종발표와 독립유공자 예우에 관한 법률 적용배제자 결정(대법 2013. 3. 14. 선고 2012두6964 판결)[3] 등이 있다.

판례가 흠의 승계를 부정한 사례로는 과세처분과 체납처분(대법 1977. 7. 12. 선고 76누51 판결)[4], 직위해제처분과 면직처분(대법 1984. 9. 11. 선고 84누191 판결), 구 토지수용법상의 사업인정

불복하지 아니한 경우, 이를 기초로 한 양도소득세 부과처분 취소소송에서 다시 개별토지가격 결정의 위법을 당해 과세처분의 위법사유로 주장할 수 없다.

1) 이 판결의 평석에 대하여는 宣正源, 「하자승계론의 몇 가지 쟁점에 관한 검토」, 행정판례연구(한국행정판례연구회) X, 170쪽 이하 참조.

2) 이 판결의 평석으로 趙龍鎬, 「수용보상금 증액청구소송에서 표준지공시지가결정의 위법성을 다툴 수 있는지 여부—대법원 2008. 8. 21. 선고 2007두13845 판결—」, 한국행정판례연구회 제244차 월례발표회 발표논문이 있다.

3) 이 판결에 대한 비판적 평석으로 金容變 「독립유공자적용배제결정처분취소소송에 있어 선행처분의 위법성 승계—대법원 2013. 3. 14. 선고 2012두6964 판결—」, 한국행정판례연구회 제296차 월례발표회 발표논문이 있다.

4) 조세부과의 근거가 되었던 법률규정이 헌법재판소에 의하여 위헌으로 선언된 사례에서, 대법 2012. 2. 16. 선고 2010두10907 전원합의체 판결의 다수의견은 "비록(위헌으로 선언된 법률규정에)기한 과세처분이 위헌결정 전에 이루어졌고, 과세처분에 대한 제소기간이 이미 경과하여 조세채권이 확정되었으며, 조세채권의 집행을 위한 체납처분의 근거규정 자체에 대하여는 따로 위헌결정이 내려진 바 없다고 하더라도, 위와 같은 위헌결정 이후에 조세채권의 집행을 위한 새로운 체납처분에 착수하거나 이를 속행하는 것은 더 이상 허용되지 않고, 나아가 위헌결정의 효력에 위배하여 이루어진 체납처분은 그 사유만으로 하자가 중대하고 객관적으로 명백하여 당연무효

과 토지수용재결처분(대법 1987. 9. 8. 선고 87누395 판결), 토지등급의 설정 또는 수정처분과 과세처분(대법 1995. 3. 28. 선고 93누23565 판결), 건물철거명령과 대집행계고처분(대법 1998. 9. 8. 선고 97누20502 판결), 택지개발예정지구의 지정과 택지개발계획의 승인(대법 2000. 10. 13. 선고 99두653 판결), 보충역편입처분과 공익근무요원소집처분(대법 2002. 12. 10. 선고 2001두5422 판결), 농지전용부담금부과처분과 압류처분(헌재 2004. 1. 29. 2002헌마73 결정),[1] 당초조세부과처분(절차의 흠)과 증액경정처분(대법 2010. 6. 24. 선고 2007두16493 판결), 소득금액변동통지(대법 2006. 4. 20. 선고 2002두1878 전원합의체 판결은 기존의 견해를 변경하여 소득금액변경통지의 처분성을 긍정하였다)와 징수처분(대법 2012. 6. 26. 선고 2009두14439 판결) 등이 있다.[2]

5. 선행행정행위에 흠 있는 부관이 붙어 있는 경우

선행행정행위에 흠 있는 부관이 붙어 있는 경우, 행정행위의 상대방이 그 부관의 위법을 다투지 아니하여 선행행정행위에 불가쟁력이 발생한 후, 후행행정행위가 행하여진 때에 선행행정행위에 붙은 부관의 흠을 이유로 후행행정행위의 효력을 다툴 수 있는가가 문제된다. 이를 긍정하는 견해[3]와 부정하는 견해[4]로 나뉜다. 판례는 대체로 부정적이다(대법 1991. 4. 23. 선고 90누8756 판결 등).

VI. 흠 있는 행정행위의 치유와 전환

행정행위에 흠이 있는 경우에는 무효확인 또는 취소되는 것이 원칙이다. 그러나 행정행위의 성립 당시에 흠이 있었음에도 불구하고 그 효력을 유지하려는 법리가 있다. 여기서 말하는 흠의 치유와 전환이 바로 그러한 법리이다.

이 법리를 인정하는 것은 행정행위의 성립에 흠이 있는 경우에 그것을 취소하여 동일한 행정

라고 보아야 한다"라고 하여 하자의 승계를 인정하였다. 이에 대하여는 "선행처분에 해당하는 과세처분에 당연무효 사유가 없고, 과세처분에 따라 체납처분의 근거규정이 유효하게 존속하며, 외국의 일부 입법례와 같이 위헌법률의 집행력을 배제하는 명문의 규정이 없는 이상, 과세처분의 근거규정에 대한 헌법재판소의 위헌결정이 있었다는 이유만으로 체납처분이 위법하다고 보는 다수의견에는 찬성할 수 없다"는 반대의견이 있었다.

1) 이 사건은 농지전용부담금부과처분에 불가쟁력이 발생한 후 집행단계에서 부과처분의 근거법률에 위헌성의 의문이 제기되어 헌법재판소에 헌법소원심판이 청구된 것이다. 이 결정의 평석에 대하여는 권은민, 「압류취소 소송에서 부과처분 근거법령의 위헌주장이 허용되는지 여부」, 한국행정판례연구회 제184차 연구발표회 발표논문, 7쪽 이하 참조.

2) 대법 2018. 11. 15. 선고 2016두48737 판결: 선행 처분의 취소를 구하는 소를 제기하였다가 후행 처분의 취소를 구하는 청구취지를 추가하였으나 선행 처분이 잠정적 처분으로서 후행 처분에 흡수되어 소멸되는 관계에 있고, 선행 처분의 취소를 구하는 소에 후행 처분의 취소를 구하는 취지도 포함되어 있는 경우, 후행 처분의 취소를 구하는 소의 제소기간은 선행 처분의 취소를 구하는 취소의 소가 제기된 때를 기준으로 정하여야 한다.

3) 石鎬哲, 「행정행위의 부관」, 행정소송에 관한 제문제(하)(재판자료 제68집), 253쪽.

4) 宋永天, 「기부채납과 토지형질변경행위허가」, 특별법연구(특별소송실무연구회) 제6권, 17쪽.

행위를 다시 행하는 것보다 처음의 행정행위의 효력을 그대로 유지하는 편이 당사자의 법적 안정성의 보장이라는 면에서 바람직하며, 또한 불필요한 행정행위의 반복을 방지한다는 의미에서 행정경제에 도움이 되기 때문이라는 것이 종래의 통설이다.

그러나 흠의 치유와 전환은 법치행정원리에서 보면 바람직하지 아니한 제도이다.

1. 흠의 치유

(1) 의 의

종래의 통설에 의하면, 흠의 치유란 행정행위의 성립 당시에 흠, 즉 요건 결여가 있기는 하였지만 결여된 요건이 사후에 보완되거나 그 흠이 취소될 가치가 없어졌을 경우에 당초의 흠에도 불구하고 행정행위의 효력을 다툴 수 없게 유지하는 것을 말한다.[1] 흠의 치유가 허용되지 아니하는 경우에는 행정청은 적법한 행정행위를 다시 행하여야 한다.

(2) 치유의 사유

종래의 통설은 치유의 사유로 ① 요건의 사후보완, ② 장기간의 방치로 인한 행정행위의 내용실현 및 취소할 수 없는 공공복리상의 필요가 생겼을 경우 등을 들었다. 현재의 지배적 견해에 의하면 ①은 그대로 유지되고, ②의 사유는 여기서 말하는 흠의 치유사유라기보다는 취소권의 제한사유로 본다.

(3) 치유의 법적 근거

흠의 치유를 긍정하는 분들은 대체로 흠의 치유의 법적 근거를 밝히지 아니한다. 밝히고 있는 분도 행정행위의 무용한 반복을 피함으로써 행정경제를 도모하기 위하여 인정된다는 것이다.[2]

그러나 이것이 흠의 치유의 법적 근거가 될 수 없음은 말할 나위가 없다. 법적 근거를 들고 있는 학자가 없지는 않다.[3] 그가 들고 있는 실정법적 근거가 민법 제143조 내지 제146조이다.

공권력의 행사인 행정행위가 행정행위를 할 때에 요건의 흠으로 부적법하게 된 경우에 사후에 요건을 보완하여 적법하게 되는 흠의 치유의 법적 근거로 민법 제143조 내지 제146조가 될

---

1) 대법 2019. 1. 17. 선고 2016두56721, 56738 판결: 행정청은 행정소송이 계속되고 있는 때에도 직권으로 그 처분을 변경할 수 있고, 점용료 부과처분에 취소사유에 해당하는 흠이 있는 경우 도로관리청으로서는 당초 처분 자체를 취소하고 흠을 보완하여 새로운 부과처분을 하거나, 흠 있는 부분에 해당하는 점용료를 감액하는 처분을 할 수 있고, 이 감액부분은 당초 처분 자체를 일부 취소하는 변경처분에 해당하고, 그 실질은 종래의 위법한 부분을 제거하는 것으로서 흠의 치유와는 차이가 있으므로, 변경하는 자체가 신뢰보호원칙에 반한다는 등의 특별한 사정이 없는 한 점용료 부과처분에 대한 취소소송이 제기된 이후에도 허용될 수 있다.

2) 대표적으로, 朴均省, 행정법론(상), 400쪽.

3) 洪井善, 행정법원론(상), 제17판, 400쪽.

수는 없다. 그래서 민법 제143조 내지 제146조 외에 독일 연방행정절차법 제45조를 들고 있다.[1] 암묵리에 독일 연방행정절차법의 규정이 흠의 치유를 긍정하는 견해에 영향을 미친 것으로 보인다. 참고로 독일 연방행정절차법 제45조는 흠의 사후보완(Nachholung)에 의한 치유(Heilung)사유로 절차와 형식의 흠(Verfahrens und Formfehler)에 한정하고 있다. 독일에서는 행정절차의 기능이 단순히 실체에 대한 보조적 기능으로 파악되어 행정소송이 제기되고 나면 행정절차는 행정소송으로 흡수되어 행정소송이 유일한 분쟁해결의 장이 된다. 즉 행정소송에 있어 절차적 흠은 독립적인 사유가 되지 못할 뿐만 아니라(독일 연방행정절차법 제46조) 상고심 종결시까지 언제든지 치유될 수 있고, 위법판단의 기준시는 판결시가 원칙이며, 소송에서 처분사유의 추가·변경이 폭넓게 인정된다.[2]

그러나 우리나라 실정법에는 독일 연방행정절차법 제45조와 같은 규정이 없고, 현행 우리「행정절차법」에도 그러한 규정이 없다. 뿐만 아니라 행정절차법과 행정소송법에 한정하더라도 우리나라와 독일의 실정법이 동일하지 않다. 독일에도 실정법의 해석에 견해가 나뉘나, 위에서 본 독일의 지배적 견해만 하더라도 독일의 행정절차법·행정소송법의 실정법규정의 뒷받침을 받고 있다. 독일의 지배적 견해를 뒷받침하고 있는 실정법규정이 우리 실정법규정과 같지 않다. 행정절차법만 하더라도 독일 연방행정절차법에 규정이 있는 것이 우리「행정절차법」에 없는 것이 있고, 우리「행정절차법」에 규정하고 있는 것들, 예컨대 제20조(처분기준의 설정·공표), 제27조의 2(제출의견의 반영), 제35조의 2(청문결과의 반영), 제39조의 2(공청회 및 전자공청회 결과의 반영) 등과 같은 규정이 독일 연방행정절차법에 없고, 또한 비슷한 규정도 규정 방식이 다르거나 규정방식이 비슷해도 그 표현이 다르다.

법학의 가장 기초적인 것이지만, 법이론(Dogma)은 실정법에 바탕을 두고 있다. 따라서 실정법이 달라지면 법이론도 달라지는 법이다. 그리고 끊임없는 실정법의 변화는 새로운 법이론을 생성해 내는 것이며, 새로 생성된 법이론은 기존의 법이론과 충돌하게 된다. 새로 생성된 법이론과 맞지 않는 기존의 법이론은 소멸하게 되며, 살아남게 된 법이론들은 새로운 행정법론의 체계를 위하여 정합(整合)하게 되는 것이다. 우리는 이 점을 항상 되새겨 보아야 한다.

판례는 행정행위에 있어서 흠의 치유는 행정행위의 성질이나 법치주의의 관점에서 원칙적으로 허용될 수 없고, 행정행위의 무용한 반복을 피하고 당사자의 법적 안정성을 보호하기 위하여 국민의 권익을 침해하지 아니하는 범위 내에서 예외적으로만 허용된다는 입장이다(대법 1992. 5. 8. 선고 91누13274 판결 참조).

⑷ 흠의 치유와 처분이유의 추가·변경

흠의 치유는 처분이유의 추가·변경과 구별해야 한다. 즉 전자는 처분 후에 발생한 사정을 문

---

1) 洪井善, 위 책, 같은 곳.
2) 朴正勳,「불확정개념과 판단여지」행정작용법(김동희교수 정년퇴임기념논문집), 267쪽.

제삼는 것임에 대하여(처분을 할 때 존재하였던 흠이 사후에 추인 등 사정의 발생으로 치유되어 없어지게 된다), 후자는 처분할 때의 사정(이미 처분할 때에 객관적으로 존재하였던 사유)[1]을 문제삼는 것이라는 점에서 양자는 다르다.[2]

(5) 치유의 시한

흠의 치유가 허용되는 경우에 언제까지 가능한 것인가가 문제된다. 이에 대하여는 견해가 대립된다. ① 늦어도 처분에 대한 불복 여부의 결정 및 불복신청에 편의를 줄 수 있는 상당한 기간까지 가능하다는 견해(종래의 다수설), ② 처분에 대한 행정쟁송이 제기되어 계속중인 경우에도 가능하다는 견해,[3] ③ 소송절차의 종결 전까지 가능하다는 견해[4] 등이 있다. 판례는 늦어도 처분에 대한 불복 여부의 결정 및 불복 신청에 편의를 줄 수 있는 상당한 기간까지 가능하다는 입장(대법 1984. 4. 10. 선고 83누393 판결, 대법 1997. 12. 26. 선고 97누9390 판결 등)이다. 견해의 대립은 주로 절차 흠의 치유가 가능하다는 전제 아래에서 나온 것들이다.

(6) 효　과

흠의 치유의 효과는 행정행위가 소급되어 그 법적 효력을 유지하는 데에 있다.

2. 흠 있는 행정행위의 전환

(1) 의　의

종래의 통설에 의하면, 흠 있는 행정행위의 전환이란 특정한 행정행위가 법령의 요건을 충족하고 있지 않지만, 그것을 다른 종류의 행정행위로 본다면 그 요건을 충족하고 있는 경우에 그 다른 종류의 행정행위로 그 효력을 유지하려는 것을 말한다는 것이다. 종래의 통설이 들고 있는 예로는 이미 사망한 자에게 행한 허가를 그 상속인에 대한 것으로 보는 경우 등을 든다.[5]

---

1) 판례에 의하면 처분의 위법 여부 판단의 기준시점은 처분시이므로(→ 판결의 의의와 위법판단의 기준시) 처분청이 취소소송 제기 전에 추가·변경할 수 있는 처분사유, 취소소송 계속 중에 당초의 처분사유와 기본적 사실관계에 동일성이 있어 추가·변경할 수 있는 처분 사유는 모두 처분시에 객관적으로 존재하였던 사유에 한한다(대법 1987. 8. 18. 선고 87누49 판결)(→ 처분이유의 추가·변경).

2) 참고로 독일에서는 처분이유의 치유를 Nachholung der Begründung이라 하고, 처분사유의 추가·변경을 Nachschieben von Gründen이라고 한다. H. Maurer/C. Waldhoff, Allgemeines Verwaltungsrecht, 19. Aufl., S. 281ff.

3) 洪準亨, 앞 논문, 65쪽.

4) 洪井善, 행정법원론(상), 407쪽. 洪 교수는 이유제시의 흠의 치유도 소송절차의 종결 전까지 가능하다고 한다(같은 책 359쪽).

5) 金南辰 교수는 대법 1969. 1. 21. 선고 68누190 판결을 전환을 인정한 판례로(同人, 행정법 Ⅰ, 340쪽), 洪井善 교수는 대법 1983. 7. 26. 선고 82누420 판결을 전환을 인정한 판례로 들고 있다(同人, 행정법원론(상), 417쪽). 판례는 아직 전환을 인정한 예가 없다는 주장이 있다(崔靈圭, 행정법총론, 257쪽). 朴正勳 교수는 우리나라 문헌에서 거의 예외 없이 행정행위의 전환을 인정한 판례로 들고 있는 대법 1969. 1. 21. 선고 68누190 판결, 서울고법 1971.

(2) 대   상

우리나라의 종래 통설은 무효인 행정행위만에 한하여 전환을 인정하여 왔다. 그러나 최근에는 취소할 수 있는 행정행위에 대하여도 전환을 인정하려는 견해가 유력하다. 무효와 취소의 상대화이론이 뒷받침하고 있는 것으로 보인다.[1]

(3) 법적 성질

무효행위의 전환의 법적 성질에 관하여 견해가 나뉜다. 우리나라에서는 독일에서와 달리 행정행위설이 다수설로 보인다. 이에 대하여는 행정청의 행위에 의해서 전환이 이루어지는 것이 아니라 일정한 요건을 갖춘 경우에 자동적으로 전환의 효과가 발생한다는 견해[2]도 있다.

(4) 법적 근거

전환에 관한 일반법은 없다. 개별법도 찾기 어렵다. 학자에 따라서는 전환의 법적 근거로「민법」제138조와 독일 연방행정절차법 제45조를 든다.[3]「민법」제138조와 독일 연방행정절차법 제45조가 전환의 법적 근거가 될 수 없다. 흠 있는 행정행위의 전환 자체가 법치행정원리에 비추어 명문의 근거 없이 허용될 수 있는가의 검토가 필요하다.[4]

(5) 요   건

통설에 의하면, 전환이 인정되려면 ① 흠 있는 행정행위와 전환하려고 하는 다른 행정행위와의 사이에 요건·목적·효과에 있어 실질적 공통성이 있고, ② 다른 행정행위의 성립·효력발생요건을 갖추고 있어야 하고, ③ 흠 있는 행정행위를 한 행정청의 의도에 반하는 것이 아니어야 하고, ④ 당사자가 그 전환을 의욕하는 것으로 인정되며, ⑤ 제3자의 이익을 침해하지 아니하는 경우라야 한다.[5]

---

9. 14. 선고 68구539 판결은 행정행위의 전환을 인정한 판결이 아니며, 오히려 행정행위의 전환 제도 자체를 부정하고 있는 것이 우리나라 판례라고 주장한다. 朴 교수는 행정행위의 전환이 인정되면 행정절차 특히 이유제시와 사전통지·의견청취의 의의가 반감될 것이 분명하므로, 지금까지 우리 판례가 절차적 하자의 치유 가능성 및 독자적 취소 사유성, 처분 사유의 추가·변경, 위법판단의 기준시의 문제에서 행정절차의 비중을 우선하고 있는 태도를 행정행위의 전환에도 관철하고 있는 것으로 평가하고, 이를 긍정적으로 보고 있다(同人,「처분사유의 추가·변경과 행정행위의 전환—제재철회와 공익상 철회—」, 행정판례연구(한국행정판례연구회)Ⅶ, 254 내지 266쪽).

1) 참고삼아, 독일 연방행정절차법 제47조는 취소할 수 있는 행정행위에 대하여도 그 전환가능성을 인정한다.

2) 崔靈圭, 앞 책, 257쪽.

3) 洪井善, 행정법원론(상), 416쪽.

4) 흠 있는 행정행위의 전환 자체가 불필요한 제도로 보는 견해가 있다(崔靈圭, 위 책, 256쪽).

5) 그 밖에 독일 연방행정절차법은 기속행위를 재량행위로 전환하여서는 아니된다고 규정하고 있다(47조 3항). 학자에 따라서는 전환을 행정행위로 보면서도 법원도 행정소송절차에서 전환의 권한을 갖는다는 견해를 피력한다(洪井善, 행정법원론(상), 418쪽; 朴均省, 행정법론(상), 416쪽). 행정행위를 행정청의 행위로 정의하면서(洪

(6) 전환과 처분이유의 추가·변경

전환은 처분이유의 추가·변경과 구별해야 한다. 즉 전자가 1개 이상의 처분을 상정하여 전개되는 이론인 데 대하여 후자는 1개의 처분을 상정하여 그 적법성을 보완할 수 있는가에 관한 것인 점에서 양자는 다르다.

(7) 효　과

통설에 의하면 전환의 효과는 새로운 행정행위를 발생시키는 데에 있다. 전환 그 자체를 하나의 행정행위로 보는 다수설에 의하면 전환에 불복하는 자는 행정쟁송으로 전환을 다툴 수 있게 된다.

제 6 절 행정행위의 무효

Ⅰ. 행정행위의 무효의 의의

행정행위의 무효란 행정행위가 무효원인이 있기 때문에 처음부터 아무런 효력(구속력)을 발생하지 아니하는 것을 말한다. 이와 같은 이해에 의하면 ① 행정행위의 무효는 행정행위로서의 외관을 갖추고 있다는 점에서 행정행위로서의 외관을 갖추지 못한 행정행위의 부존재와 구별된다. ② 행정행위의 무효는 행정행위가 무효원인이 있기 때문에 처음부터 아무런 효력을 발생하지 아니한다는 점에서 흠이 있지만 권한 있는 기관에 의하여 취소될 때까지는 효력을 발생하는 행정행위의 취소와 구별된다. ③ 그 밖에 행정행위의 무효는 행정청의 진의가 객관적으로 용이하게 확정될 수 있는 단순한 오기(誤記)·오산(誤算) 등의 경우에 진의에 따라 효력을 발생하고 행정청이 다만 그 오류를 제거하기 위하여 행하는 행정행위의 정정(訂正) 및 행정행위의 성립 후 일정한 사실이 발생함으로써 당해 행정행위가 장래에 향하여 그 효력을 당연히 상실하게 되는 행정행위의 실효 등과 구별된다.

Ⅱ. 행정행위의 무효의 원인

행정행위의 무효원인은 통설·판례에 의하면 원칙적으로 당해 행정행위가 지닌 중대하고 동시에 명백한 흠이다. 그 구체적인 예는 다음과 같다.

井善, 위책, 280쪽; 朴均省, 위책, 280쪽) 행정행위인 전환을 법원이 행할수 있다고 기술하는 것은 모순이다.

1. 주체에 관한 흠

① 정당한 권한 없는 행정청의 행위(공무원 결격사유에 해당하는 자의 행위, 임기만료되거나 면직된 자의 행위, 대리권이 없거나 권한의 위임을 받지 아니한 자의 행위 등),[1] ② 행정청의 권한 외의 행위(교육위원회의 위임 없이 한 교육감의 유치원 설립인가 등)[2]는 원칙적으로 무효라는 것이 통설이다.

적법하게 구성되지 아니한 합의제행정청의 행위(적법한 소집이 없었던 경우, 정족수 미달의 경우, 결격자가 참석한 경우 등)도 대체로 무효로 보아야 한다는 것이 통설이다.

2. 내용에 관한 흠

① 내용이 사실상·법률상[3] 실현불가능한 행위(사자(死者)에 대한 의사면허, 존재하지 않는 물건의 징발 등), ② 내용이 사회통념상 인식할 수 없을 정도로 불명확·불특정한 행위(수용대상이 명백하지 아니한 토지수용재결 등)는 원칙적으로 무효라는 것이 통설이다.

3. 절차에 관한 흠

① 사인의 권익보호를 위하여 법규에서 규정한 다른 행정청의 협력(동의·의결·협의 등)을 결여한 행정청의 행위, ② 법규에서 규정한 절차인 상대방의 동의를 결여한 행정청의 행위(상대방의 동의를 결여한 공무원임명행위 등), ③ 법규에서 규정한 공고·통지를 결여한 행정청의 행위(공고절차 없이 행한 환지계획의 인가 등), ④ 법규에서 규정한 의견청취절차의 기회를 전혀 부여하지 아니한 행위, ⑤ 법규에서 규정한 이해관계인의 협의를 결여한 행정청의 행위(토지소유자 등과의 협의절차 없이 행한 토지수용재결)는 원칙적으로 무효라는 것이 종래의 통설이다.

그러나 판례는 다른 행정청의 협력을 결여한 행정청의 행위를 반드시 무효원인으로 보는 것은 아니다. 판례는 예컨대, 자동차운송사업계획변경(기점연장)인가처분과 자동차운송사업계획변경(노선 및 운행시간)인가처분을 함에 있어서 그 내용이 2 이상의 시·도에 걸치는 노선업종에 있어서의 노선신설이나 변경 또는 노선과 관련되는 사업계획변경의 인가 등에 관한 사항인 경우 미리 관계 도지사와 협의하여야 함에도 불구하고 이를 하지 아니하였다 하더라도 자동차운송사업계획변경(기점연장)인가처분과 자동차운송사업계획변경(노선 및 운행시간)인가처분이 모두 당연무효의 처분이 아니라고 하였고(대법 1995. 11. 7. 선고 95누9730 판결), 건설교통부장관(현 국토교통부장관)이 택

---

1) 대법 2004. 7. 22. 선고 2002두10704 판결: 환경관리청장의 폐기물처리시설 설치승인처분은 권한 없는 기관에 의한 행정처분으로서 그 하자가 중대하고 명백하여 당연무효이다.

2) 대법 1996. 6. 28. 선고 96누4374 판결: 행정기관의 권한에는 사무의 성질 및 내용에 따르는 제약이 있고 지역적·대인적으로 한계가 있으므로, 이러한 권한의 범위를 넘어서는 권한 유월의 행위는 무권한의 행위로서 원칙적으로 무효라고 할 것이다.

3) 대법 2001. 2. 23. 선고 2000다68924 판결: 납세자가 아닌 제3자의 재산을 대상으로 한 압류처분은 그 처분의 내용이 법률상 실현될 수 없는 것이어서 당연무효이다.

지개발예정지구를 지정함에 있어 미리 관계 중앙행정기관의 장과 협의하도록 법정되어 있으나, 이는 자문을 구하라는 것이지 그 의견을 따라 처분하라는 의미는 아니므로 이러한 협의를 거치지 아니하였다고 하더라도 이는 위 지정처분을 취소할 수 있는 원인이 되는 흠 정도에 불과하고 당연무효에 해당하는 흠이 아니라고 하였다(대법 2000. 10. 13. 선고 99두653 판결). 또한 법규에서 규정한 의견청취의 기회를 부여하지 아니한 처분도 당연무효가 아니라고 하였다(대법 1977. 6. 28. 선고 77누96 판결). 또한 법규가 아닌 행정규칙으로 정한 다른 행정청의 협력을 결여한 행정청의 처분은 위법의 문제가 생기지 아니한다는 것이 판례의 일관된 태도이다(대법 1992. 3. 31. 선고 91누4928 판결 등).

4. 형식에 관한 흠

① 법정 문서에 의하지 아니한 행정청의 행위(대법 2011. 11. 10. 선고 2011도11109 판결),[1] ② 법정 서명(기명)·날인을 결여한 행정청의 행위(출석위원의 기명 날인이 없는 국가배상결정서 정본 등)는 원칙적으로 무효라는 것이 통설이다.

5. 효력발생요건의 흠

효력발생요건인 통지나 공고가 없거나, 법정 방법에 의하지 아니하고 통지한 경우, 그 행정행위는 원칙적으로 무효이다(대법 1998. 9. 8. 선고 98두9653 판결 등).

Ⅲ. 행정행위의 무효의 효과

통설에 의하면 무효인 행정행위는 처음부터 아무런 효력(구속력)을 발생하지 아니한다. 다만 행정행위의 일부가 무효인 경우에 나머지 행정행위의 효력은 어떻게 되느냐의 문제가 있다. 참고로 말한다면 독일 연방행정절차법 제44조 제4항은 무효인 부분이 그것 없이는 행정청이 행정행위를 행하지 않았을 정도로 본질적인 것이면 전체 행정행위가 무효로 된다고 규정하고 있다.

Ⅳ. 흠의 승계

두 개 이상의 행정행위가 연속하여 행하여지는 경우에 선행행정행위가 무효인 때에는 후행행정행위도 무효가 된다.

---

1) 판례는 문서 작성상의 흠 예컨대 납세고지서를 작성하면서 세액 산출근거를 누락한 경우(대법 1992. 7. 14. 선고 92누2424 판결), 또는 변상금납부고지서를 작성하면서 변상금 산출근거를 명시하지 아니한 경우(대법 2000. 10. 13. 선고 99두2239 판결) 등은 무효원인이 아니고 취소사유로 본다.

Ⅴ. 무효를 주장하는 방법(불복)

무효인 행정행위는 처음부터 아무런 효력(구속력)을 발생하지 아니한다. 그러나 현실적으로 설사 무효인 행정행위라 하더라도 관계자에게 복종을 강요하고 관계자가 이에 따르지 않을 수 없는 경우가 있을 수 있다. 무효를 주장하는 방법은 크게 항고쟁송에 의하는 방법과 그 밖의 방법으로 나눌 수 있다.

1. 항고쟁송에 의하는 방법

(1) 항고심판

청구인적격이 있는 자는 무효등확인심판, 무효선언적 의미의 취소심판으로 무효를 주장할 수 있다.

(2) 항고소송

원고적격이 있는 자는 무효등확인소송,[1] 무효선언적 의미의 취소소송으로 무효를 주장할 수 있다(→ 취소소송과 무효등확인소송간의 관계). 후자의 경우에는 취소소송의 제소요건을 구비하여야 한다.

2. 그 밖의 방법

무효인 행정행위로 야기된 결과의 시정을 구하는 소송에서, 즉 행정소송인 당사자소송, 민사소송(예: 판례에 의하면 무효인 과세처분에 의하여 조세를 납부한 자가 과세처분의 무효를 전제로 제기한 부당이득반환청구소송), 형사소송(예: 병역법상의 처분 불복종으로 기소된 자가 처분의 무효를 전제로 무죄를 주장)에서 행정행위의 무효를 주장하여 승소함으로써 무효의 확인을 받게 된다.

제 7 절 행정행위의 취소

Ⅰ. 행정행위의 취소의 의의와 성질

1. 의   의

행정행위의 취소는 여러 가지 뜻으로 쓰인다.

(1) 가장 좁은 의미로는 행정행위의 취소는 일단 유효하게 성립한 행정행위에 대하여 취소원

---

1) 대법 2010. 4. 29. 선고 2009두16879 판결: 절차상 또는 형식상 하자로 무효인 행정처분에 대하여 행정청이 적법한 절차 또는 형식을 갖추어 다시 동일한 행정처분을 하였다면, 종전의 무효인 행정처분에 대한 무효확인청구는 과거의 법률관계의 효력을 다투는 것에 불과하므로 무효확인을 구할 법률상 이익이 없다.

인인 흠을 이유로 권한 있는 기관이 그 효력의 전부 또는 일부[1]를 상실시키기 위하여 직권으로 행하는 독립된 행정행위의 뜻으로 쓰인다. 행정행위의 취소는 가장 좁은 의미로는 직권취소만을 뜻한다. 행정행위의 취소라고 할 때의 취소는 이러한 의미로 사용하는 것이 최근 유력해지고 있다.

(2) 광의로는 행정행위의 취소를 위의 직권취소 외에 행정쟁송절차를 거쳐 행하여지는 취소 (쟁송취소)를 포함하여 사용한다.

(3) 최광의로는 행정행위의 취소를 위의 직권취소와 쟁송취소 외에 행정행위의 흠이 중대하고 동시에 명백하여 무효임을 선언하는 무효선언 및 후술하는 행정행위의 철회를 포함하여 사용할 때도 있다.

2. 성   질

(1) 행정행위의 취소를 직권취소와 쟁송취소를 포함하는 뜻으로 사용하는 경우, 행정행위의 취소는 흠이 있지만 권한 있는 기관에 의하여 취소될 때까지는 행정행위가 그 효력을 갖는다는 점에서, 행정행위에 무효원인이 있기 때문에 처음부터 아무런 효력을 발생하지 아니하는 행정행위의 무효와 구별된다.[2]

(2) 행정행위의 취소는 행정행위에 취소원인인 흠이 있음을 이유로 일단 유효하게 성립한 행정행위의 효력을 상실시킨다는 점에서, 적법·유효하게 성립한 행정행위의 효력을 그 행정행위를 존속시킬 수 없는 후발적 사유의 발생을 이유로 상실시키는 행정행위의 철회와 구별된다(대법 2018. 6. 28. 선고 2015두58195 판결)[3] (구체적 차이는 후술한다).

(3) 행정행위의 취소는 권한 있는 기관이 행정행위의 효력을 상실시키는 별도의 행위라는 점에서 행정행위의 부존재·실효 등과 구별된다(→ 행정행위의 무효의 의의).

---

1) 대법 1995. 11. 16. 선고 95누8850 전원합의체 판결: 외형상 하나의 행정행위라고 할지라도 가분성이 있거나 그 처분대상의 일부가 특정될 수 있다면 그 일부만의 취소도 가능하고 그 일부의 취소는 당해 취소부분에 관하여 효력이 생긴다고 할 것이다.

2) 구체적으로는 원인·흠의 승계·불복 등에 있어서 차이가 있다.

3) 대법 2018. 6. 28. 선고 2015두58195 판결: 영유아보육법 제30조 제5항 제3호에 따른 평가인증의 취소는 평가인증 당시에 존재하였던 하자가 아니라 그 이후에 새로이 발생한 사유로 평가인증의 효력을 소멸시키는 경우에 해당하므로, 법적 성격은 평가인증의 '철회'에 해당한다. 그런데 행정청이 평가인증을 철회하면서 그 효력을 철회의 효력발생일 이전으로 소급하게 하면, 철회 이전의 기간에 평가인증을 전제로 지급한 보조금 등의 지원이 그 근거를 상실하게 되어 이를 반환하여야 하는 법적 불이익이 발생한다. 이는 장래를 향하여 효력을 소멸시키는 철회가 예정한 법적 불이익의 범위를 벗어나는 것이다. 이처럼 행정청이 평가인증이 이루어진 이후에 새로이 발생한 사유를 들어 영유아보육법 제30조 제5항에 따라 평가인증을 철회하는 처분을 하면서도, 평가인증의 효력을 과거로 소급하여 상실시키기 위해서는, 특별한 사정이 없는 한 영유아보육법 제30조 제5항과는 별도의 법적 근거가 필요하다.

Ⅱ. 직권취소와 쟁송취소

직권취소는 행정청이 직권으로 행하는 취소를 말하며, 쟁송취소는 행정쟁송절차를 거쳐 행하는 취소(행정심판에 의한 취소와 법원의 소송에 의한 취소)를 말한다.

양자는 흠 있는 행정행위의 효력을 상실시키는 형성적 행위라는 점에서는 같다. 그러나 양자는 기본적으로 기능에 있어서 차이가 있다. 즉 쟁송취소는 주로 적법성 요청의 실현·적법성의 회복을 도모함을 그 기능으로 하나, 직권취소는 적법성의 회복뿐만 아니라 행정목적의 실현(제재)을 위한 하나의 수단(영업허가의 직권취소를 생각해 보라)으로도 기능한다. 이 밖에, 양자는 취소의 대상·취소권자·법적 근거·취소권의 제한·취소기간·절차 등에 있어서 차이가 있다.

1. 취소의 대상

직권취소의 대상은 주로 이익 행정행위와 복효적 행정행위이며, 쟁송취소의 대상은 주로 불이익 행정행위와 복효적 행정행위이다.

2. 취소권자

직권취소의 취소권자는 처분청과 감독청이며, 쟁송취소의 취소권자는 행정심판기관과 법원이다.

3. 법적 근거

직권취소의 법적 근거에 관하여는 후술하는 바와 같이 견해가 나뉘나, 쟁송취소의 법적 근거는 「행정심판법」 제43조 제3항, 「행정소송법」 제27조 등이다.

4. 취소권의 제한

직권취소의 제한은 다양하고 비교적 광범위한 편이다. 이에 비하여 쟁송취소는 그 대상이 주로 불이익 행정행위이므로 「행정심판법」 제44조(사정재결)·「행정소송법」 제28조(사정판결) 등과 같이 취소권 제한을 규정하고 있는 경우 등을 제외하고 행정심판기관이나 법원은 취소원인이 있으면 원칙적으로 취소하여야 한다. 따라서 쟁송취소권의 제한은 특수 예외적인 경우에 한한다고 할 수 있다. 대법원은 "수익적 행정처분에 대한 취소권 등의 행사는 기득권의 침해를 정당화할 만한 중대한 공익상의 필요 또는 제3자의 이익보호의 필요가 있는 때에 한하여 허용될 수 있다는 법리는, 처분청이 수익적 행정처분을 직권으로 취소·철회하는 경우에 적용되는 법리일 뿐 쟁송취소의 경우에는 적용되지 않는다"라고 판시하고 있다(대법 2019. 10. 17. 선고 2018두104 판결).

5. 취소기간

직권취소의 경우에는 원칙적으로 취소할 수 있는 기간에 제한이 없다. 이에 대하여 쟁송취소의 경우에는 쟁송청구·제기 기간에 제한이 있다(행정심판법 27조, 행정소송법 20조).

6. 취소의 절차

직권취소의 절차는 「행정절차법」과 개별법이 정한 절차에 따른다. 이에 대하여 쟁송취소의 절차는 「행정심판법」·「행정소송법」 등이 정한 행정쟁송절차에 의한다.

III. 취소의 종류

직권취소와 쟁송취소는 여러 가지 기준에 의하여 여러 가지로 나눌 수 있을 것이다. 불이익 행정행위·이익 행정행위·복효적 행정행위의 구별에 따른 각각의 취소로 나눌 수 있고, 전부취소와 일부취소로 나눌 수도 있다.

취소를 불이익 행정행위·이익 행정행위·복효적 행정행위의 취소로 나누는 경우에 불이익 행정행위의 취소는 특별히 문제될 것이 없다. 이익 행정행위의 취소는 그것이 새로운 권익침해가 되기 때문에 법률의 유보원칙과의 관계가 문제된다는 점 및 취소권 제한의 요청이 강력하게 작용한다는 점 등에서 그리고 복효적 행정행위의 취소는 특히 상대방의 권익과 제3자의 권익간의 비교형량이 필요하다는 점에서 구별의 실익이 있다.

IV. 취소권의 법적 근거

1. 직권취소의 취소권자가 처분청인 경우

처분청이 취소권자인 경우 별도의 법적 근거 없이도 취소할 수 있는가에 대하여는 주로 이익 행정행위의 직권취소에 관하여 견해가 나뉜다. 즉 별도의 법적 근거 없이도 취소할 수 있다는 긍정설[1]과 별도의 법적 근거 없이는 취소할 수 없다는 부정설[2]이 그것이다. 긍정설의 논거는 ① 법치행정원리상 행정청에는 별도의 명시적 근거규정 없이도 위법한 행정작용을 스스로 시정할 수 있는 권한이 있다는 것,[3] ② 행정행위를 할 수 있는 권한 속에는 취소권이 포함되어 있다는 것이다.[4] 부정설의 논거는 이익 행정행위의 직권취소는 그 자체가 새로운 권익침해가 된다는 것이

---

1) 金南辰·金連泰, 행정법 I, 296쪽; 金東熙, 행정법 I, 345쪽; 朴鈗炘, 최신행정법강의(상), 445쪽; 鄭夏重, 행정법총론, 304쪽 이하; 洪井善, 행정법원론(상), 412쪽 이하; 洪準亨, 행정법총론, 300쪽.

2) 金鐵容, 「행정행위의 취소」, 고시계 1977년 5월호, 24쪽; 徐元宇, 「직권취소의 법적 근거」, 고시연구 1987년 8월호, 25쪽.

3) 金東熙, 위 책, 같은 곳.

4) 朴鈗炘, 위 책, 같은 곳; 洪井善, 위 책, 413쪽.

다.[1] 긍정설이 다수설이고 판례(대법 1986. 2. 25. 선고 85누664 판결 등 참조)이다. 긍정설의 ① 논거에 대하여는 법치행정원리에서 일단 행한 권한의 행사를 근거규정 없이도 시정할 수 있는 권한이 당연히 발생하는 것이 아닐 뿐 아니라 설사 행정행위가 위법한 경우에는 법치행정원리상 법률의 근거를 필요로 하지 아니한다고 하더라도 행정행위가 부당한 경우의 직권취소의 근거를 설명할 수 없고, ② 논거에 대하여는 행정행위를 할 수 있는 권한 속에는 취소권이 포함되어 있다는 것이 이유라고 설명하면 직권취소의 취소는 설명할 수 있을는지 모르나 직권취소의 취소의 취소인 경우에는 그 법적 근거를 설명할 수 없게 된다.[2]

「행정기본법」 제18조 제1항 본문은 "행정청은 위법 또는 부당한 처분의 전부나 일부를 소급하여 취소할 수 있다"라고 규정하여 직권취소의 법적 근거를 명문화하고 있다.

2. 직권취소의 취소권자가 감독청인 경우

감독청이 취소권자인 경우 별도의 법적 근거 없이 취소할 수 있는가에 관하여도 견해가 나뉜다. 즉 별도의 법적 근거 없이도 취소할 수 있다는 긍정설[3]과 별도의 법적 근거 없이는 취소할 수 없다는 부정설[4]이 그것이다. 긍정설의 논거는 ① 위법한 행정행위의 취소는 법치행정의 요청이라는 점, ② 감독권 속에는 취소권이 당연히 포함된다는 점이다. 부정설의 논거는 ① 지휘명령권과 감독권은 별개의 개념이라는 점, ② 감독권 속에는 취소권이 당연히 포함되는 것이 아니라는 점이다.

생각건대, 직권취소의 대상이 주로 이익 행정행위라는 점, 그러므로 직권취소는 직접적으로 행정주체와 사인간의 법률관계를 변동시키게 된다는 점에서 보면, 감독청은 별도의 법적 근거 없이는 취소할 수 없다는 부정설이 원칙적으로 타당하다.

V. 취소원인(취소사유)

행정행위의 취소원인은 무효원인인 흠 이외의 모든 흠이다. 즉 통설에 의하면 중대하나 명백하지 아니한 흠, 명백하나 중대하지 아니한 흠 및 명백하지도 중대하지도 아니한 흠은 위법한 행정행위이든 부당한 행정행위이든 원칙적으로 취소원인이 된다(대법 2003. 7. 22. 선고 2002두11066 판결). 행정행위의 취소원인은 행정행위의 성립 당시에 존재하였던 흠이다(대법 2006. 5. 11. 선고 2003다37969 판결).

---

1) 金鐵容, 위 논문, 같은 곳.
2) 柳至泰,「행정행위취소의 취소」, 한국행정판례연구회 제183차 연구발표회 발표논문, 11쪽 이하 참조.
3) 金東熙, 위 책, 346쪽; 李尙圭, 신행정법론(상), 450쪽 이하; 洪井善, 위 책, 413쪽.
4) 金道昶, 일반행정법론(상), 492쪽; 朴均省, 행정법론(상), 409쪽; 朴鈗炘, 위 책, 445쪽; 鄭夏重, 위 책, 303쪽; 洪準亨, 위 책, 331쪽.

VI. 취소권의 제한

1. 이익 행정행위의 직권취소

행정행위에 직권취소원인인 흠이 있으면 권한 있는 행정청으로서는 그 행정행위를 원칙적으로 취소함이 법치행정의 원리상 마땅하다. 그러나 흠 있는 행정행위가, 그것이 당연무효가 아닌 한, 권한 있는 행정청에 의하여 취소될 때까지는 당해 행정행위를 바탕으로 법질서를 형성해 가는 것이므로 행정청이 자유로이 직권취소를 할 수 있다고 한다면 이미 형성된 법질서를 파괴하게 되며 행정행위의 성립과 존속을 신뢰한 자의 생활안정을 해치게 된다. 직권취소권의 제한은 문제가 된 행정영역, 행정행위의 종류·성질·내용, 상대방·제3자의 지위 및 책임의 유무와 정도, 취소의 시기, 행정청의 태도 등 구체적인 제반 사정[1]을 종합적으로 검토하여 결정하여야 하는 것이나, 극히 일반화하여 요약하면 다음과 같다.[2]

① 취소함으로써 얻게 되는 가치·이익(법치행정의 요청, 그로 인한 사인의 권리보호, 당해 행위의 수권법규의 목적 실현 등)과 행정행위의 효력을 유지함으로써 얻게 되는 가치·이익(상대방·관계인의 기(既)권익보호, 제3자의 신뢰보호, 법생활 안정성 유지, 행정의 원활한 수행 등)을 비교형량하여 후자가 전자보다 클 때에는 직권취소권은 제한된다(대법 1988. 5. 10. 선고 87누707 판결, 대법 2004. 7. 22. 선고 2003두7606 판결 등 참조). 허가 등이 행하여진 후 상대방이 자본이나 노력을 집중적으로 투하하였다면 상대방의 권익과 신뢰는 두텁게 보호되어야 할 것이다. 반면에 위법한 행정행위가 행하여진 데 대하여 수익자에게 책임이 있는 경우에는 신뢰 이익을 주장할 수 없을 것(대법 1989. 3. 28. 선고 88누2694 판결 등)임은 말할 나위가 없다. 수익자에게 책임이 있는 경우(예: 취소의 원인이 당사자의 사실 은폐나 기타 사위(詐僞)의 방법에 의한 신청행위에 기인한 경우 등)에는 그 수익이 위법하게 취득되었음을 알아 그 취소가능성도 예견하고 있었다고 할 것이기 때문이다(대법 2002. 2. 5. 선고 2001두5286 판결). 따라서 이 경우에는 행정청이 사인의 신뢰 이익을 고려하지 아니하였다고 하여도 재량권의 남용이 되지 아니한다(대법 2006. 5. 25. 선고 2003두4669 판결 등). ② 행정청에 취소권이 인정되는 경우에도 상당한 기간 내에 이를 행사하지 아니한 경우에는 실권의 법리에 의하여 직권취소권이 제한된다는 것이 판례(대법 1987. 9. 8. 선고 87누373 판결 등)이다. ③ 나눌 수 있는 현물 급부·금전 급부를 내용으로 하는 이익 행정행위, 포괄적 신분설정행위(예: 귀화허가) 및 사법(私法)형성적 행위(예: 인가)의 경우에는 그 성질상 직권취소권이 제한된다는 것이 다수의 견해이다. ④ 불가변력이 발생한 행정행위의 경우에 직권취소가 허용되지 아니한다. ④를 일반적으로 취소권의 제한 속에 포함시키고 있으나, 위의 ①, ②, ③과 이론적으로 구별하여야 한다.

---

1) 대법 2019. 1. 17. 선고 2017두59949 판결: 음주운전으로 인한 교통사고를 방지할 공익상의 필요는 더욱 중시되어야 하고 운전면허의 취소는 일반의 수익적 행정행위의 취소와는 달리 그 취소로 인하여 입게 될 당사자의 불이익보다는 이를 방지하여야 하는 일반예방적 측면이 더욱 강조되어야 한다.

2) 이익 행정행위의 흠이나 취소해야 할 필요성에 관한 증명책임은 기존의 이익과 권리를 침해하는 처분을 한 행정청에 있다(대법 2017. 6. 15. 선고 2014두46843 판결 등).

「행정기본법」제18조 제2항은 "행정청은 제1항에 따라 당사자에게 권리나 이익을 부여하는 처분을 취소하려는 경우에는 취소로 인하여 당사자가 입게 될 불이익을 취소로 달성되는 공익과 비교·형량(衡量)하여야 한다. 다만, 다음 각 호의 어느 하나에 해당하는 경우에는 그러하지 아니하다. 1. 거짓이나 그 밖의 부정한 방법으로 처분을 받은 경우 2. 당사자가 처분의 위법성을 알고 있었거나 중대한 과실로 알지 못한 경우"라고 규정하고 있다.

2. 불이익 행정행위의 직권취소

불이익 행정행위에 취소원인인 흠이 있는 경우 행정청은, 불이익 행정행위에 의하여 발생한 법률효과가 더 이상 변경될 수 없는 경우가 아닌 한, 원칙적으로 자유로이 직권취소할 수 있다 할 것이다.

3. 복효적 행정행위의 직권취소

복효적 행정행위에 취소원인인 흠이 있어 직권취소하는 경우에는 원칙적으로 이익 행정행위를 직권취소하는 경우와 같이 생각하면 된다. 이 경우 특히 유의해야 할 점은 취소함으로써 얻게 되는 이익(법치행정요청 등)과 행정행위의 효력을 유지함으로써 얻게 되는 수익자의 신뢰이익과의 비교형량뿐만 아니라 제3자가 받는 불이익적 효과도 고려하지 않으면 안 된다는 것이다.

VII. 직권취소의 절차

직권취소를 규정하고 있는 개별 행정법규에는 그 절차를 동시에 규정하고 있는 경우가 많다. 개별 행정법규에 특별한 규정이 없는 경우에는 「행정절차법」이 정한 절차에 의한다(행정절차법 3조 1항). 직권취소는 주로 불이익 처분이므로 행정청은 원칙적으로 당사자에게 처분의 사전통지를 하여야 하고 의견청취, 특히 청문을 실시하여야 하며, 처분의 이유를 제시하여야 한다(동법 21조 내지 23조). 이익형량이 적법하게 행하여진 것이냐의 여부는 이들 절차에 의하여 드러나게 된다.

VIII. 직권취소의 효과

종래 직권취소의 효과로서 취소 자체가 행정행위의 성립 당시의 흠을 원인으로 하는 것이므로 원칙적으로 당해 행정행위를 한 때에 소급하여 행정행위의 효력이 상실되는 것으로 보았다. 그러나 취소가 사인의 신뢰를 배반하거나 이미 이루어진 법률질서를 파괴하게 되는 경우에는 반드시 소급해야 하는 것은 아니다. 따라서 직권취소의 효과에 관하여는 일률적으로 말할 수가 없다. 제재적 처분으로서의 취소와 같이 그 성질상 소급효가 인정되지 아니하는 것은 말할 나위가 없고, 그렇지 아니하는 경우에도 ① 행정행위의 효과가 계속적인 것인가의 여부, ② 취소의 원인이 상대방에게 귀책사유가 있는지의 여부, ③ 취소를 요구하는 공익목적이 이미 완결된 법률관계를 제거하지 아니하면 실현될 수 없는가의 여부, ④ 취소의 시기, ⑤ 관계인의 이익 상황 등 구체적 사정에 따라 소급 여부를 결정하여야 한다. 「행정기본법」 제18조 제1항은 "행정청은 위법 또는 부당한 처분의 전부나 일부를 소급하여 취소할 수 있다. 다만, 당사자의 신뢰를 보호할 가치가 있는 등 정당한 사유가 있는 경우에는 장래를 향하여 취소할 수 있다"라고 규정하고 있다.

행정행위가 직권취소되면 당해 행정행위는 취소로 인하여 그 효력이 상실되어 더 이상 존재하지 않게 된다. 따라서 존재하지 아니한 행정행위를 대상으로 취소소송을 제기하여도 그 취소소송은 소의 이익이 없어 부적법하게 된다(대법 2006. 9. 28. 선고 2004두5317 판결 등).

Ⅸ. 취소의 흠

1. 취소행위가 무효인 경우

취소행위에 중대하고 명백한 흠이 있어 무효인 경우에는 취소행위는 없었던 것이 된다.

2. 취소행위가 취소대상인 경우

취소행위에 취소원인인 흠이 있는 경우에 취소행위를 다시 취소할 수 있는가가 문제된다. 이에 관하여는 소극설과 적극설이 나뉜다.

(1) 소극설

이 설은 취소행위에 대하여 법률이 명문으로 이를 허용하고 있는 경우를 제외하고는 원칙적으로 취소행위를 다시 취소하지 못한다는 견해이다.[1] 이 견해의 논거는 취소행위에 대하여 법률이 명문으로 허용하고 있는 경우에는 그 취소행위는 행정행위의 효력의 일시정지라는 의미밖에 없는 까닭에 재취소로 인하여 원 행정행위의 효력을 회복시킬 수 있는 것이며, 따라서 이러한 취소행위는 제소기간의 경과 또는 재결이나 판결로써 그의 위법이 확정될 때에 비로소 취소로서의 확정적 효력을 발생한다고 보아야 하는 데 대하여, 법률이 명문으로 허용하고 있지 아니한 경우에는 취소행위는 비록 위법할지라도 일단 유효하게 성립하고, 따라서 행정행위의 효력을 확정적으로 상실시키는 것이므로 취소행위의 취소에 의하여 이미 효력을 상실한 행정행위를 소생시킬 수는 없으며, 소생시키기 위하여는 원 행정행위와 동일한 내용의 새로운 행정행위를 행할 수밖에 없다는 것이다.

---

1) 韓泰淵·鄭熙彩, 행정법학(상), 216쪽.

(2) 적극설

이 설은 취소행위에 대하여 법률이 명문으로 이를 허용하고 있고 없고를 불문하고 취소행위에 흠이 있는 경우에는 취소행위를 다시 취소할 수 있다는 견해이다. 이 견해가 현재 우리나라의 다수설이다. 이 견해의 논거는 ① 취소권의 남용으로부터 이미 취득한 국민의 권리·자유를 보호할 필요가 있다는 점, ② 원 행정행위와 동일한 내용의 새로운 행정행위를 행하는 것은 위법한 취소행위를 소급적으로 시정하는 방법이 되지 못한다는 점, ③ 취소행위는 그것이 비록 위법하다고 할지라도, 제소기간의 경과 또는 재결이나 판결로써 그 위 위법이 확정될 때 비로소 취소로서의 확정적 효력을 발생한다는 견해는 결과적으로 관료적인 국가권위주의에 통한다는 점 등이다.

(3) 판 례

판례는 두 경향으로 나뉜다. 소극설을 취하고 있는 판결(대법 1995. 3. 10. 선고 94누7027 판결, 대법 2002. 5. 28. 선고 2001두9653 판결 등)도 있고, 적극설을 취하고 있는 판결(대법 1997. 1. 21. 선고 96누3401 판결 등)도 있다.[1]

(4) 검 토

국민의 권익을 보호할 필요가 있다는 점에서 본다면 적극설이 타당하다. 그러나 적극설에 의하면 취소행위의 취소뿐만 아니라 취소의 취소의 취소도 이론적으로 가능하게 되는데 그렇게 되면 오히려 법적 안정성을 해치게 될 우려가 없는지, 취소행위가 이익적 행위일 때도 있지만 불이익적 행위일 때도 있는바, 이 경우에도 국민의 권익보호의 필요가 있는 것인지, 취소행위를 취소하기 전에 새로운 이해관계인이 발생하는 경우 제3자의 이익을 보호할 필요가 있는 것은 아닌지 등은 검토를 필요로 한다.

---

1) 대법 2014. 7. 24. 선고 2011두14227 판결 : 과세처분에 대한 불복절차과정에서 불복사유가 옳다고 인정하고 이에 따라 필요한 처분을 하였을 경우에는 불복제도와 이에 따른 시정방법을 인정하고 있는 법 취지에 비추어 동일 사항에 관하여 특별한 사유 없이 이를 번복하고 다시 종전의 처분을 되풀이할 수는 없다. 따라서 과세관청이 과세처분에 대한 이의신청절차에서 납세자의 이의신청 사유가 옳다고 인정하여 과세처분을 직권으로 취소하였음에도, 특별한 사유 없이 이를 번복하고 종전 처분을 되풀이하여서 한 과세처분은 위법하다.

제 8 절 행정행위의 철회

Ⅰ. 행정행위의 철회의 의의

행정행위의 철회란 흠 없이 성립된 행정행위[1]를 사후에 그 효력을 존속시킬 수 없는 새로운 사정의 발생을 이유로 권한 있는 기관이 장래에 향하여 그 효력의 전부 또는 일부를 소멸시키는 독립된 행정행위를 말한다. 실정법상으로는 철회에 해당하는 경우를 취소라고 하는 경우도 많다 (예: 도로법 63조).

철회에는 행정행위의 효력을 일시적으로 중단시키는 불이익 처분인 정지가 포함된다. 즉 정지는 행정행위의 일부 철회이다.[2] 철회와 정지는 다같이 일단 유효하게 성립한 영업허가 등을 전제로 하여 공익에 대한 유해로운 상태의 제거 또는 상대방의 의무위반에 대한 제재 등의 목적으로 행하여지는 별개의 독립된 행정행위이다.

Ⅱ. 행정행위의 철회의 성질

철회와 취소의 유사점과 차이점은 다음과 같다.

1. 유 사 점

(1) 철회도 실정법상 취소라고 불리는 경우가 많다.

(2) 일단 유효한 행정행위의 효력을 상실시키는 별개의 행위이다.

(3) 철회원인, 취소원인이 있다는 것만으로 철회, 취소할 수 있는 것이 아니고 일정한 제한이 있다.

(4) 특히 직권취소와는 행정목적실현을 위한 하나의 수단(제재수단)인 점에서 유사하다.[3]

2. 차 이 점

(1) 철회와 취소의 차이점으로는 종래 기관(철회권자·취소권자), 원인(사유), 효과 등을 들어 왔다.

(2) 그러나 이러한 차이점에 대하여는 ① 직권취소에 있어서도 법률에 특별한 규정이 있는

---

1) 흠 없이 성립된 행정행위, 즉 적법한 행정행위뿐만 아니라 위법한 행정행위도 철회의 대상이 될 수 있다는 견해가 있다. 이 견해는 여기서 문제되는 위법성 여부 판단기준 시점을 행정행위의 성립 당시로 보는 데에 반대한다(金炳圻, 「수익적 행정행위의 철회의 법적 성질과 철회사유」, 행정판례연구(한국행정판례연구회) Ⅸ, 86쪽 이하).

2) 예컨대, 약국업무정지처분은 약국개설등록의 일부철회이다.

3) 이러한 유사점 때문에 행정행위의 직권취소와 행정행위의 철회를 합하여 그 상위개념으로 행정행위의 폐지(Aufhebung)라는 개념을 흔히 사용한다. 그러나 학자에 따라서는 직권취소·쟁송취소 및 행정행위의 철회를 합하여 폐지라는 개념을 사용하기도 한다(洪準亨, 행정법총론, 327쪽).

경우를 제외하고는 감독청은 취소권이 없다는 견해가 있다는 점, ② 새로운 사정의 발생을 원인으로 하느냐 흠을 원인으로 하느냐는 절대적인 것이 아니고 입법의 방법 여하에 따라 달라진다는 점, ③ 직권취소의 효과의 소급 여부는 구체적 사정에 따라 결정이 된다는 점 등에 비추어 상대적 차이에 지나지 않는다는 것이 현재의 유력한 견해이다.

(3) 양자의 다른 점이라는 것이 상대적이라는 것은 사실이나, 행정청이 일단 형성한 권리의 무관계를 새로운 사정의 발생을 이유로 일방적으로 소멸시키는 철회와 행정행위의 성립요건과 효력요건에 흠이 있는 행정행위의 취소와는 규범논리적 구조에 차이가 있다.[1]

Ⅲ. 철회권자

철회권자는 행정행위를 철회할 수 있는 정당한 권한을 가진 기관이다. 철회권자는 철회의 대상인 행정행위를 행한 처분청이다. 감독청은 원칙적으로 철회권자가 아니다. 감독청은 법률에 특별한 규정이 없는 한 피감독청의 권한에 속하는 처분권이 없고, 이와 표리관계에 있는 철회권도 없다고 보아야 하기 때문이다.

Ⅳ. 철회권의 법적 근거

행정행위의 철회에는 이익 행정행위의 철회와 불이익 행정행위의 철회 및 복효적 행정행위의 철회가 있다. 철회의 법적 근거가 주로 문제되는 것은 이익 행정행위의 철회이다.

1. 학 설

처분청이 행정행위를 철회함에는 법적 근거를 필요로 하는가에 관하여 근거불요설과 근거필요설로 견해가 나뉜다.

(1) 근거불요설

이 설은 행정행위를 철회함에는 법적 근거를 필요로 하지 아니한다는 견해이다. 그 논거는 ① 철회에 관하여 법률의 근거가 없는 경우가 많다는 점(행정법규의 불비·결함성), ② 행정은 공익에 적합하여야 하고 정세 변화에 유연하게 적응하여야 한다는 점(공익적합·정세 변화 적응성),

---

1) 대법 2003. 5. 30. 선고 2003다6422 판결: 행정행위의 취소는 일단 유효하게 성립한 행정행위를 그 행위에 위법 또는 부당한 하자가 있음을 이유로 소급하여 그 효력을 소멸시키는 별도의 행정처분이고, 행정행위의 철회는 적법요건을 구비하여 완전히 효력을 발하고 있는 행정행위를 사후적으로 그 행위의 효력의 전부 또는 일부를 장래에 향해 소멸시키는 행정처분이므로, 행정행위의 취소사유는 행정행위의 성립 당시에 존재하였던 하자를 말하고, 철회사유는 행정행위가 성립된 이후에 새로이 발생한 것으로서 행정행위의 효력을 존속시킬 수 없는 사유를 말한다. 이 판결에 대한 평석으로는 金重權, 「사권형성적 행정행위와 그 폐지의 문제점에 관한 소고」 행정판례연구(한국행정판례연구회) XI, 151쪽 이하가 있다.

③ 법률의 근거가 없으면 아무리 공익상 필요가 있다 하더라도 철회할 수 없다고 하게 되면 행정은 마비될 수밖에 없다는 점(행정 마비의 우려) 등이다.[1]

(2) 근거필요설

이 설은 행정행위를 철회함에는 원칙적으로 법적 근거가 필요하다는 견해이다. 그 논거는 ① 적어도 기본권 구체화적 성격의 이익 처분(허가·특허 등)의 철회는 국민의 기본권(신체의 자유, 직업선택·영업활동의 자유 등 자유권적 기본권)행사 침해의 결과가 된다는 점, ② 행정청은 그 독자의 공익판단으로 행정행위를 철회할 권한을 당연히 갖고 있다고 할 수 없다는 점, ③ 이익행위의 철회의 경우는 신뢰보호원칙의 적용에 있어 이익행위의 직권취소의 경우보다 더 강하게 보호되어야 한다는 점 등이다.[2]

(3) 검 토

생각건대, 예를 들어 인허가 등의 요건 사실이 사후적으로 소멸한 경우 등과 같이 인허가 등의 근거규정 자체가 철회를 허용하고 있는 취지로 해석되는 경우에는 명문의 법적 근거가 없어도 철회가 가능할 것이다. 또한 철회사유가 법정되어 있어서 철회하는 것이 적법성 확보가 되는 경우이거나 철회권이 유보되어 있는 경우에도 마찬가지로 별도의 법적 근거가 없어도 철회가 가능할 것이다. 그러나 이와 같은 철회의 근거불요를 정당화 할 수 있는 별도의 이유가 없는 한, 이익 행정행위를 철회함에는 별도의 법적 근거가 필요하다고 보아야 한다.[3] 그 이유는 아래와 같다.

   1) 근거불요설이 행정행위의 철회에 아무런 법적 근거를 필요로 하지 아니한다는 주장이라면, 법률유보의 원칙의 적용범위에 관하여 어느 견해를 취하든 불이익 행정행위에는 반드시 법률의 근거(수권)가 필요로 하는 것인데, 유독 행정행위의 철회인 불이익 행정행위에는 이 법률유보원칙의 적용을 받지 않는 예외가 되는지의 설명이 있어야 한다. 철회에 관하여 법률의 근거가 없는 경우가 많다거나, 법률의 근거가 없으면 아무리 공익상 필요가 있다 하더라도 철회할 수 없게 되면 행정은 마비될 수밖에 없다는 것 등이 이 문제에 대한

---

1) 金東熙, 행정법 Ⅰ, 353쪽 이하; 朴鈗炘, 최신행정법강의(상), 459쪽 이하. 金 교수는 행정행위의 권한을 부여하는 규정은 동시에 그 철회의 권한도 부여한 것으로 볼 수 있다는 점, 철회원인의 발생시에 본래의 행정행위를 했더라면 그것은 흠 있는 행정행위가 되었을 것이라는 점, 철회에 대하여도 쟁송제기가 가능한 점 등이 근거불요설의 근거로 제시되어 있음을 밝히고 있다.

2) 金南辰·金連泰, 행정법 Ⅰ, 305쪽 이하; 金性洙, 행정법 Ⅰ, 313쪽 이하; 柳至泰, 행정법신론, 222쪽 이하; 李尙圭, 신행정법론(상), 459쪽; 鄭夏重, 행정법총론, 311쪽 이하; 洪井善, 행정법원론(상), 423쪽; 洪準亨, 행정법총론, 343쪽.; 金容燮, 「법적인 근거가 없음에도 공행정을 정당화하는 행정판례에 대한 비판적 검토」, 사회변화에 따른 법치행정과 행정법제(2011.12.9. 한국행정법학회 제1회 행정법분야 연합학술대회 발표논문), 80쪽이하. 柳 교수는 당사자의 귀책사유에 근거한 철회의 경우에는 별도의 법적 근거 없이도 철회가 가능하다고 본다.

3) 金鐵容, 「행정행위의 철회의 근거」, 월간고시 1986년 9월호, 44쪽 이하.

설명의 해답이 될 수 없다.

2) 근거불요설 중에는 원 행정행위의 법적 근거가 동시에 당해 행정행위의 철회의 법적 근거가 되므로 별도의 법적 근거를 요하지 아니한다는 주장이 있을 수 있다. 그러나 후술하는 바와 같이 철회사유에는 여러 사유가 있는데, 그 중 법정 의무위반이 있는 경우에 행하는 철회(제재 철회)를 예를 들어 보기로 한다. 원 행정행위의 법적 근거가 동시에 당해 행정행위의 철회의 법적 근거가 된다면, 원 행정행위의 법적 근거가 동시에 제재 철회의 법적 근거가 된다. 이러한 주장은 후술하는 바와 같이(→ 행정상의 의무이행확보수단) 다른 의무이행의 확보수단에는 별도의 법적 근거가 필요하다고 하면서 유독 제재 철회만은 별도의 법적근거가 필요 없고 원 행정행위의 법적 근거 속에 모두 포함된다는 균형성을 상실한 부당한 결론에 이르게 된다.

2. 판 례

판례는 대체로 근거불요설을 유지하고 있다(대법 1986. 11. 25. 선고 84누147 판결, 대법 1997. 9. 12. 선고 96누6219 판결, 대법 2021. 1. 14. 선고 2020두46004 판결 등). 그러나 근거필요설에 입각한 판결(대법 1978. 6. 27. 선고 78누49 판결 등)도 있다.[1]

3. 명문화

「행정기본법」 제19조 제1항은 "행정청은 적법한 처분이 다음 각 호의 어느 하나에 해당하는 경우에는 그 처분의 전부 또는 일부를 장래를 향하여 철회할 수 있다. 1. 법률에서 정한 철회 사유에 해당하게 된 경우 2. 법령등의 변경이나 사정변경으로 처분을 더 이상 존속시킬 필요가 없게 된 경우 3. 중대한 공익을 위하여 필요한 경우"라고 규정하여 철회권의 법적 근거를 두고 있다.

V. 철회원인(철회사유)

철회원인도 이익 행정행위의 경우, 불이익 행정행위의 경우, 복효적 행정행위의 경우로 나눌 수 있을 것이나, 주로 문제되는 것은 이익 행정행위의 경우이다. 이익 행정행위의 철회원인 중 중요한 것은 다음과 같다.

(1) 철회의 원인은 행정행위가 성립된 이후에 그 행정행위의 효력을 존속시킬 수 없는 새로운 사정의 발생이다(대법 2006. 5. 11. 선고 2003다37969 판결). 새로운 사정은 구체적으로

---

1) 대법 1978. 6. 27. 선고 78누49 판결: 숙박업법 제5조 제2호는 영업자에게 숙박을 거부할 수 있다는 사유를 예시한 규정이고 이로써 곧 미성년자 혼숙을 금지한 근거로는 단정하기 어렵고 보건사회부훈령 제211호는 행정청 내부에 있어서의 사무처리상의 기준지침의 훈령에 속하는 것으로서 영업자에 대한 숙박업법에 따른 명령 또는 처분이라고 볼 수 없으므로 보건사회부훈령 제211호를 적용하여 숙박영업허가를 취소한 처분은 근거법령 없이 한 행정처분으로서 위법하다.

① 법정 의무 위반이 있는 경우(대법 1978. 6. 27. 선고 78누49 판결), ② 행정행위에 붙인 부담을 이행하지 아니한 경우(대법 1989. 10. 24. 선고 89누2431 판결), ③ 일정한 시기까지 권리행사나 사업착수를 하지 아니한 경우, ④ 대물적 처분에 있어서 그 물적 기초가 상실된 경우(대법 1986. 9. 23. 선고 85누577 판결), ⑤ 보다 우월한 공익상의 요구가 있는 경우, ⑥ 당사자의 신청이 있는 경우, ⑦ 근거법령의 개폐로 행정행위를 존속시킬 수 없게 된 경우(대법 1986. 7. 22. 선고 85누273 판결), ⑧ 철회권이 유보된 경우에 유보된 사실이 발생한 때, ⑨ 그 밖에 사정변경으로 행정행위를 존속시킬 수 없게 된 경우[1] 등이다.[2]

(2) 철회원인이 법규에 정하여져 있는 경우에 법정의 철회원인 이외의 사유를 들어 철회권을 유보할 수 있는가가 문제됨은 이미 보았다(→ 철회권유보).

Ⅵ. 철회권의 제한

1. 이익 행정행위의 철회

이익 행정행위에 철회원인이 있는 경우에 행정청은 철회원인이 있다는 것만으로 자유로이 철회권을 행사할 수 없고 일정한 제한이 있다는 것이 통설이고 판례(대법 1990. 2. 27. 선고 89누 2189 판결 등)이다. 철회권의 제한은 이익 행정행위의 직권취소권의 제한에 있어서와 같이, 문제가 된 행정영역, 행정행위의 종류·성질·내용, 상대방·제3자의 지위 및 책임 유무·정도, 철회의 시기 등 구체적인 제반 사정을 종합적으로 검토하여 결정하여야 하는 것이나, 극히 일반화하여 요약하면 다음과 같다.

① 철회함으로써 얻게 되는 가치·이익(공익상의 필요성 등)과 행정행위의 효력을 유지함으로써 얻게 되는 가치·이익(상대방·관계인의 기(旣)권익보호, 제3자의 신뢰보호, 법생활안정성 유지)을 비교형량하여 후자가 전자보다 클 때에는 철회는 제한된다. ② 행정청이 철회원인이 있음을 알면서도 상당한 기간 내에 이를 행사하지 아니한 경우에는 실권의 법리에 의하여 철회가 제한된다는 것이 다수설이다. ③ 나눌 수 있는 현물 급부·금전 급부를 내용으로 하는 이익 행정행위, 포괄적

---

1) 대법 2002. 11. 26. 선고 2001두2874 판결. 한편 제재적 처분의 사유가 법령상 명백히 정하여진 경우 행정청이 그 사유로 취소하였다가 후에 공익상 사정변경을 이유로 철회를 주장한 사안에서 대법원은 이를 허용할 수 없다고 하였다(대법 2001. 3. 23. 선고 99두6392 판결). 대법 2001. 3. 23. 선고 99두6392 판결에 관한 연구로는 朴正勳「처분사유의 추가·변경과 행정행위의 전환―제재 철회와 공익상 철회―」, 행정판례연구(한국행정판례연구회) Ⅶ, 196쪽 이하가 있다. 이 논문에서 朴 교수는 제재 철회와 공익상 철회 상호 간의 교체 문제는 행정행위의 전환 문제가 아니라 이익 행정행위의 철회사유를 바꾸는 처분사유의 추가·변경의 문제라는 점을 지적한다.

2) 대법 2017. 3. 15. 선고 2014두41190 판결: 건축허가는 대물적 성질을 갖는 것이어서 행정청으로서 허가를 할 때에 건축주 또는 토지소유자가 누구인지 등 인적 요소에 관하여는 형식적 심사만 한다. 건축주가 토지소유자로부터 토지사용승낙서를 받아 그 토지 위에 건축물을 건축하는 대물적(對物的)성질의 건축허가를 받았다가 착공에 앞서 건축주의 귀책사유로 해당 토지를 사용할 권리를 상실한 경우, 건축허가의 존재로 말미암아 토지에 대한 소유권 행사에 지장을 받을 수 있는 토지소유자로서는 건축허가의 철회를 신청할 수 있다고 보아야 한다. 따라서 토지소유자의 위와 같은 신청을 거부한 행위는 항고소송의 대상이 된다.

신분설정행위(예: 귀화허가, 공무원임명) 및 사법(私法)형성적 행위(예: 인가)의 경우에도 그 성질상 철회가 제한된다는 것이 다수설이다. ④ 불가변력이 발생한 행정행위의 경우에도 철회가 제한된다는 것이 다수설이다. ⑤ 이익 행정행위가 기속행위인 경우에 그 요건사실이 존속하고 있는 한 철회는 제한된다고 보아야 할 것이다.

2. 불이익 행정행위의 철회

불이익 행정행위에 철회원인이 있는 경우에는 철회가 사인의 불이익을 제거하는 것이기 때문에 행정청은 원칙적으로 자유로이 철회할 수 있다는 것이 통설이다. 그러나 당해 불이익 행정행위가 법정 의무인 경우에는 철회가 원칙적으로 제한된다고 보아야 한다.[1]

3. 복효적 행정행위의 철회

복효적 행정행위에 철회원인이 있어 철회하는 경우에는 원칙적으로 이익 행정행위를 철회하는 경우와 같이 생각하면 된다. 이 경우 특히 유의해야 할 점은 철회함으로써 얻게 되는 이익(공익상의 필요성 등)과 행정행위의 효력을 유지함으로써 얻게 되는 수익자의 신뢰이익과의 비교형량뿐만 아니라 제3자가 받는 불이익적 효과도 고려하지 않으면 아니 된다는 것이다.

4. 명문화

「행정기본법」 제19조 제2항은 "행정청은 제1항에 따라 처분을 철회하려는 경우에는 철회로 인하여 당사자가 입게 될 불이익을 철회로 달성되는 공익과 비교·형량하여야 한다"라고 하여 철회에 대한 이익형량을 명문화하고 있다. 이익행정행위의 철회인가, 불이익행정행위의 철회인가, 복효적 행정행위의 철회인가를 구분하지 아니하고 철회에 대한 이익형량의 일반적 근거를 규정한 것이다.

Ⅶ. 철회의 절차

철회 자체도 하나의 처분인 것이므로 근거법령에 별도의 규정이 없는 경우에도 「행정절차법」 등이 정한 절차를 거쳐야 한다. 또한 철회는 주로 불이익 처분이므로 행정청은 당사자에게 처분의 사전통지를 하여야 하고 의견청취를 거쳐야 하며, 처분의 이유를 제시하여야 한다(행정절차법 21조, 23조). 「행정절차법」 시행 이전의 판결이긴 하지만, 이익 행정행위의 철회는 그 근거가 되는 법령은 물론 철회권유보의 부관 등을 명시하여야 하고 나아가 상대자가 어떤 위반사실에 대하여 당해 처분이 있었는지를 알 수 있을 정도의 사실의 적시를 요한다(대법 1987. 5. 26. 선고 86

---

1) 金鐵容, 앞의 논문, 54쪽.

누788 판결)고 판시한 바 있다. 이익형량이 적법하게 행하여진 것이냐의 여부는 이들 절차에 의하여 드러나게 된다.

VIII. 철회의 효과

(1) 달리 법령에서 소급효를 규정하고 있지 아니하는 한, 철회에 의하여 원 행정행위의 효력은 장래에 향하여 소멸된다.[1][2] 「행정기본법」 제19조 제1항은 "장래에 행하여"라고 하여 이를 명시하고 있다.

(2) 철회의 부수적 효과로서 원상회복·시설개수(改修)명령이 있을 수 있으며, 법적 근거를 필요로 한다.

(3) 상대방의 귀책사유 없는 이익 행정행위의 철회로 인한 손실은, 그것이 특별한 희생인 한, 이를 보상해 주는 것이 정의와 공평의 원칙에 합당하다. 구체적으로 보상을 규정한 법률(예: 하천법 77조)이 있을 때에만 손실보상청구가 가능한가의 여부에 관하여는 견해가 나뉜다. 개별적인 법률의 규정이 있을 때에만 손실보상청구가 가능하다는 것이 본서의 입장이고 판례이다(→ 행정상 손실보상의 실정법적 근거).

IX. 철회의 흠

1. 철회가 무효인 경우

철회에 중대하고 명백한 흠이 있어 당연무효인 경우에는 철회는 없었던 것이 된다.

2. 철회가 취소대상인 경우

철회에 취소원인인 흠이 있는 경우에 철회를 취소하여 원 행정행위의 효력을 회복시킬 수 있는가가 문제된다. 철회도 행정행위이므로 행정행위의 흠에 관한 일반원칙에 따라 철회를 취소하여 원 행정행위의 효력을 회복시킬 수 있다는 것이 통설이다.

---

1) 학자에 따라서는 소급효를 인정하지 않으면 철회의 의의가 없게 되는 경우에는, 예외적으로 소급효가 인정된다고 한다. 그 예로 행정행위에 의하여 보조금이 지급된 경우에 그 상대방의 부담 또는 법령상의 의무위반으로 인하여 그 지급결정을 철회하는 경우를 든다. 金東熙, 행정법 I, 358쪽.

2) 대법 2003. 5. 30. 선고 2003다6422 판결은 사권형성적 인가행위의 철회에 따라 기본행위의 효력이 소급적으로 소멸하는지, 아니면 철회시로부터 소멸하는지에 관한 다툼에서, 후자의 입장을 취하여 소급효가 없다고 판시하였다. 이 판결에 대하여는 인가의 본질이 사권형성성에 있음을 간과한 것이라는 비판이 있다(金重權, 「사권형성적 행정행위와 그 폐지의 문제점에 관한 소고」, 행정판례연구(한국행정판례연구회) XI, 151쪽 이하 참조).

제 9 절 행정행위의 실효

Ⅰ. 행정행위의 실효의 의의

행정행위의 실효란 행정청의 별개의 행정행위에 의하지 아니하고 객관적인 사실의 발생으로 당연히 행정행위의 효력이 소멸되는 것을 말한다.

Ⅱ. 행정행위의 실효의 성질

(1) 행정행위의 실효는 행정행위의 성립 후 일정한 객관적인 사실이 발생함으로써 당해 행정행위가 장래에 향하여 그 효력을 당연히 상실하게 된다는 점에서, 행정행위가 중대하고 명백한 흠 때문에 처음부터 아무런 효력을 발생치 아니하는 행정행위의 무효와 다르다.

(2) 또한 행정행위의 실효는 객관적인 사실의 발생으로 당연히 행정행위의 효력이 상실된다는 점에서, 행정행위의 효력을 상실시키기 위하여 별개의 행위를 필요로 하는 행정행위의 취소 및 철회와 구별된다.

Ⅲ. 행정행위의 실효의 사유

실효사유에는 목적의 달성(예: 조세부과처분-조세납부), 상대자의 사망(예: 의사의 사망-의사면허 효력소멸), 근거법령의 폐지, 법정기간의 경과,[1] 대상물의 멸실(→ 대물적 행정행위), 해제조건의 성취 및 종기의 도래 등이 있다.

Ⅳ. 행정행위의 실효의 효과

실효사유가 발생하면 행정행위의 효력은 그 때부터 장래에 향하여 당연히 소멸한다.

Ⅴ. 실효의 확인

「행정심판법」 제5조 제2호의 무효등확인심판 및 「행정소송법」 제4조 제2호의 무효등확인소송에는 행정행위의 실효 확인도 포함되는 것으로 해석된다.

---

1) 대법 2001. 11. 13. 선고 2000두1706 판결: 사업시행자는 그 시행지에 포함된 토지에 대하여 시행계획의 승인이나 그 변경승인에서 정한 사업시행기간 내에 이를 매수하거나 수용재결의 신청을 하여야 하고, 그 시행기간 내에 그 중 일부 토지에 대한 취득이 이루어지지 아니하면 그 일부 토지에 대한 시행계획의 승인이나 그 변경승인은 장래에 향하여 그 효력을 상실한다 할 것이고, 이는 강학상의 이른바 '실효에 해당하는 것이다.

제 4 장 확 약

I. 확약의 의의

　　확약이란 행정청이 국민이나 주민에 대하여 자기구속의 의도로서 장래에 있어서 일정한 행위를 하겠다 또는 아니하겠다는 것을 약속하는 일방적 의사표시라고 정의하는 것이 일반적이다. 확약이란 독일에서 발단된 관념으로 현재는 독일 연방행정절차법에 규정되어 있다(38조). 우리나라에서도 1980년대에 들어오면서 확약은 독자적인 법개념으로 자리를 잡아가고 있다. 흔히 정식인가에 앞선 이른바 내(內)인가,[1] 공무원임용의 내정 등을 확약의 예로 든다.

　　학자에 따라서는 확약과 확언을 구별하여 행정행위를 대상으로 할 때를 확약, 행정행위를 포함하여 일반적으로 행정작용을 대상으로 할 때를 확언이라고 하나,[2] 우리나라의 일반적인 용어례는 아니다.

II. 확약의 성질

1. 행정행위성 여부

　　확약이 행정행위의 성질을 갖는가에 관하여는 견해가 나뉜다. 긍정설은 확약이 그 자체로서 행정기관에 대하여 그 확정된 내용을 이행할 법적 의무를 발생시키는 효과를 갖는다는 점을 근거로 행정행위성을 긍정한다.[3] 부정설은 확약이 행정기관 자신만을 구속할 뿐 국민을 구속하지 않는다는 점을 근거로 행정행위성을 부인한다.[4] 행정행위성을 긍정하는 견해가 다수설이다. 판례의 입장은 명확하지 않다. 대법원은 "어업권 면허에 선행하는 우선순위결정은 행정청이 우선권자로 결정된 자의 신청이 있으면 어업권 면허처분을 하겠다는 것을 약속하는 행위로서 강학상

---

1) 내인가의 의의 및 법적 성질에 관하여는 金容燮, 「내인가의 법적 문제」, 현대공법학의 과제(최송화교수 화갑기념논문집), 박영사, 758쪽 이하 참조. 金 교수는 내인가는 확약적 성질을 지니지만 경우에 따라서는 확약보다 구속력이 강화된 사전결정과 밀접한 관련이 있는 제도로 본다(769쪽). 내인가는 한국의 제도이고 확약은 독일의 제도이므로 양자를 곧바로 비교하는 것은 적절한 접근방법이 아니라는 견해도 있다(崔正一, 「예비인가(내인가) 처분 및 예비인가 거부처분의 법적 성질, 경원자소송에서의 원고적격·제척사유, 사정판결의 위헌성 문제(대상판결: 대법원 2009. 12. 10. 선고 2009두14606 판결)」 행정판례연구(한국행정판례연구회) XVI-1, 214쪽 참조).

2) 洪井善, 행정법원론(상), 452쪽 이하. 독일에서 확약(Zusicherung)과 확언(Zusage)을 구별하는 이유가 독일 연방행정절차법 제38조의 적용 여부에 있다는 점에 관한 지적 및 독일과 같은 행정절차법규정이 없는 우리나라에서 양자를 구분할 필요성에 의문을 제기하고 있는 논문으로는 金海龍, 「행정상 확약의 법리」, 고시계 2003년 10월호, 22쪽 참조.

3) 金道昶, 일반행정법론(상), 429쪽; 朴鈗炘, 최신행정법강의(상), 400쪽; 洪井善, 위의 책, 454쪽; 金海龍, 「행정상 확약에 관한 판례 연구」, 토지공법연구(한국토지공법학회) 제43집 제2호, 280쪽 이하; 朴均省, 행정법론(상), 432쪽.

4) 金南辰, 행정법 I, 322쪽; 金容燮, 위 논문, 765쪽; 鄭夏重, 행정법총론, 318쪽 이하.

확약에 불과하고 행정처분은 아니다"(대법 1995. 1. 20. 선고 94누6529 판결)라고 하여 행정행위성을 부인한 바[1] 있다. 그러나 또한 대법원은 "관계 법령의 규정에 의하면 폐기물처리업의 허가를 받기 위하여는 먼저 사업계획서를 제출하여 허가권자로부터 사업계획에 대한 적정 통보를 받아야 하고, 그 적정통보를 받은 자만이 일정기간 내에 시설, 장비, 기술능력, 자본금을 갖추어 허가신청을 할 수 있으므로 결국 부적정 통보는 허가신청 자체를 제한하는 등 개인의 권리 내지 법률상의 이익을 개별적이고 구체적으로 규제하고 있어 행정처분에 해당한다"라고 판시하고 있다(대법 1998. 4. 28. 선고 97누21086 판결).[2]

2. 그 밖의 성질

확약은 ① 외부행위라는 점에서 내부행위와 구별되며, ② 일방적 행위라는 점에서 행정계약과 구별되며, ③ 구속적 행위라는 점에서 비구속적 행위(예: 단순한 정보의 제공인 고지)와 구별되며, ④ 법적 행위라는 점에서 사실행위와 구별되고, ⑤ 장래의 종국적 행위에 대한 약속에 불과하다는 점에서 자체 완결적 행위인 부분행정행위 등과 구별된다.

Ⅲ. 확약의 근거

확약은 명문의 규정이 있는 경우는 물론이고 명문의 규정이 없는 경우에도 허용하고 있는 것이 일반적이다. 그러나 그 근거를 어디에서 찾을 것인가는 한결같지 않다. 우리나라에서는 신뢰보호설과 본처분권한포함설로 나눌 수 있다. 신뢰보호설은 우리 판례가 취하고 있는데 확약의 근거를 신뢰보호원칙에서 찾는다(대법 1985. 4. 23. 선고 84누593 판결). 본처분권한포함설은 행정법규가 처분청에 처분권한을 부여하고 있는 경우에 확약도 처분권한 속에 당연히 포함되어 있다는 견해이다. 후자가 다수설이다.

Ⅳ. 확약의 허용성

다음 두 가지 경우가 특히 문제된다.

1. 기속행위의 확약의 문제

재량행위에 확약의 의미가 있음은 말할 나위가 없다. 기속행위에도 확약의 의미가 있는가에 대하여는 의미 없다는 견해와 기속행위인 경우에도 확약에 따른 예지(豫知)이익 및 대처이익이 있다는 견해의 대립이 있다. 후자가 다수설이다.

---

1) 동 판결은 따라서 "우선순위결정에 공정력이나 불가쟁력과 같은 효력이 발생하지 아니한다"고 판시하고 있다.

2) 하급법원판결이기는 하지만, 서울행정법원은 이른바 부안사태와 관련된 원전수거물관리시설최종부지선정처분 유효확인소송에서 산업자원부장관의 원전수거물관리시설 최종부지선정통보를 확약이라고 하고, 이것의 처분성을 인정하고 있다(서울행법 2005. 11. 18. 선고 2005구합14554 판결).

2. 요건사실완성 후의 확약의 문제

처분을 할 요건사실이 완성된 후에도 확약을 할 수 있는가의 문제에 대하여 확약할 것이 아니라 본처분을 하여야 한다는 견해와 상대방에게 예지이익 및 대처이익을 주기 위하여 확약할 수 있다는 견해로 나뉜다. 후자가 다수설이다.

V. 확약의 요건

확약의 요건은 다음과 같다.

1. 주   체

확약의 대상이 되는 행위를 할 수 있는 권한을 가진 행정청이 그 권한의 범위 내에서 행한 확약이어야 한다.

2. 내   용

확약의 내용은 법령에 적합하여야 하고, 명백하여야 하며, 이행이 가능한 것이어야 한다.

3. 절   차

「행정절차법」은 확약에 대하여 아무런 규정을 두고 있지 않다. 확약의 대상이 되는 행위에 일정한 절차가 요구되어 있는 경우에 확약을 행하는 경우에도 그 절차를 거쳐야 하는가에 대하여, 확약에 있어서 행정절차의 생략이 가능하다면 확약이 행정절차를 회피하기 위한 방편으로 활용될 수 있기 때문에 확약에서도 같은 절차를 거쳐야 한다는 것이 우리나라의 다수설이다.

4. 형   식

현행법상 아무런 규정이 없으므로 구술에 의한 확약도 가능하다는 것이 지금까지의 통설이다.

VI. 확약의 효과

1. 행정청의 자기구속의무 발생

확약의 효과로서 행정청은 상대방에게 확약한 행위를 하거나 하지 아니할 자기구속적인 의무를 지게 된다.

2. 실   효

확약 후 사실상태 또는 법률상태가 변경된 경우에도 행정청은 확약에 기속되는가가 문제된다. 우리 판례는 "행정청이 상대방에게 장차 어떤 처분을 하겠다고 확약 또는 공적인 의사표명을 하였다고 하더라도 그 자체에서 상대방으로 하여금 언제까지 처분의 발령을 신청하도록 유효기간을 두었는데도 그 기간 내에 상대방의 신청이 없었다거나 확약 또는 공적인 의사표명이 있은 후에 사실적·법률적 상태가 변경되었다면 그와 같은 확약 또는 공적인 의사표명은 행정청의 별다른 의사표시를 기다리지 않고 실효된다"(대법 1996. 8. 20. 선고 95누10877 판결)는 입장이다.

VII. 확약의 취소와 철회

행정청은 스스로 행한 확약을 취소 또는 철회할 수 있다. 확약을 행정행위의 성질을 갖는 것으로 보는 견해에 의하면 확약의 취소·철회에는 행정행위의 취소·철회법리가 당연히 적용된다. 그러나 확약을 행정행위와 구별되는 법적행위라고 보는 견해에 의하여도 취소·철회법리가 준용될 수 있다.[1]

VIII. 확약과 행정구제

1. 행정쟁송

확약이 처분인 경우 행정청이 확약한 의무를 이행하지 아니할 때에는 상대방은 행정심판(주로 거부처분취소심판, 의무이행심판), 행정소송(주로 거부처분취소소송, 부작위위법확인소송)으로 다툴 수 있다. 그 밖에 어떤 행정쟁송이 가능한가에 대하여는 아직 정설이 없다.

2. 행정상 손해배상

행정청이 확약한 의무에 위반하여 손해를 발생하게 한 때에는 국가배상청구소송을 제기하여 배상을 청구할 수 있다.

---

1) 광주지법 2006. 9. 28. 선고 2006구합1036 판결: 확약이 독립된 행정행위가 아니라 하더라도 행정청이 확약을 취소하거나 철회하는 경우에는 이익 행정행위의 취소·철회법리가 준용된다.

제 5 장 행정계약

Ⅰ. 행정계약의 관념

　　행정법관계 당사자간의 권리변동은 행정행위라는 행위형식에 의하여서만 행하여지는 것이 아니라 계약이라는 행위형식에 의하여도 널리 행하여지고 있다. 행정계약이란 행정목적을 달성하기 위한 수단으로서 행정법관계 당사자간에 체결되는 계약이다. 행정계약이 선호되는 것은 계약에 의한 행정법관계의 형성이 보다 탄력성 있는 행정을 가능케 하고, 사인을 독립된 대등한 법주체로 보는 현대 민주적 법치국가의 행정관념에 상응하기 때문이다.[1]

　　종래의 행정법학은 계약을 공법상 계약과 사법상 계약으로 나누어 전자만을 그 대상으로 하여 왔다. 그러나 오늘날 복리국가의 이념 아래 행정기능이 확대되면서 계약에 의한 법률관계의 형성이 중요해짐에 따라 행정주체가 체결하는 사법상 계약도 헌법적 원리 등 특수한 규율을 받게 되었다. 그리하여 우리나라에서도 행정주체가 체결하는 공법상 계약과 행정사법상 계약(예: 국·공립학교의 입학, 국·공립병원의 입원 등 영조물주체와 이용자간에 발생하는 법률관계인 영조물이용관계에 있어서의 영조물주체와 이용자와의 합의)을 모두 포함하여 행정계약이라고 부르고, 그 공통되는 특징을 규명하려는 경향이 생겨났다.[2][3] 최근에는 행정의 새로운 패러다임으로서 협력이 중요성을 띠게 됨에 따라 행정계약의 비중이 더욱 커지고 있다.

　　행정계약도 계약이므로 기본적으로 「민법」의 계약 법리가 적용된다. 따라서 계약 위반에 대하여는 민사절차에 의하여 계약의 이행을 강제할 수 있다. 그러나 행정계약은 동시에 행정작용이므로 계약자유의 원칙이 「민법」에서와 같이 관철될 수가 없다. 행정계약은 법치행정원리의 적용을 받으므로 법률에 위반되는 계약이 체결될 수 없다. 또한 행정계약에도 다른 행정의 행위형식과 마찬가지로 행정상의 법의 일반원칙이 적용된다.

---

1) 행정계약의 문제점으로는 ① 행정주체를 영업단체로 전락시켜 행정을 상업화할 우려가 있다는 점, ② 법치행정을 회피하려는 행정의 내재적 속성은 계약이라는 당사자의 자유가 보장되는 경우 극대화될 수 있다는 점 등이 지적되고 있다. 張台柱, 「공법상 계약의 적용 범위—독일 행정절차법상의 공법상 계약을 중심으로—」공법연구(한국공법학회) 제29집 제2호, 306쪽. 그러나 행정계약의 문제점이 처음부터 행정계약이라는 행위형식을 부정할 이유는 되지 아니한다. 독일의 문헌에서 우리가 얻을 수 있는 것은 행정기관이 계약 상대방의 이익, 혹은 계약의 상대방과의 계속적인 관계에 붙들리지 않도록 거리를 두는 법리·법제도가 필요하다는 점이다.

2) 이에 관한 상세한 설명은 徐元宇, 전환기의 행정법이론, 693쪽 이하 참조.

3) 우리 법제와 외국 법제와의 비교법적 고찰에 관하여는 金大仁, 「행정계약에 관한 연구」(2006. 2. 서울대학교박사학위청구논문)가 상세하다.

Ⅱ. 공법상 계약

1. 공법상 계약의 의의 및 성질

공법상 계약이란 공법적 효과의 발생을 목적으로 하는 복수의 당사자간의 반대방향의 의사표시의 합치로 성립되는 공법행위를 말한다. 판례는 "공법적 효과의 발생을 목적으로 하여 대등한 당사자 사이의 의사표시의 합치로 성립하는 공법행위"로 정의한다(대법 2021. 2. 4. 선고 2019다277133 판결). 「행정기본법」 제27조는 공법상 계약을 명문화하고 있으나, 공법상 법률관계에 관한 계약(이하 공법상 계약이라 한다)이라고 하고 있을 뿐이어서 의의가 명백하지 아니하다. 공공성이 공법상 계약과 사법상 계약의 구별 기준이 될 수 없다. 사법상 계약도 공공성을 가질 수 있기 때문이다.

(1) 공법상 계약은 공법적 효과의 발생을 목적으로 하는 것이라는 점에서 사법적 효과의 발생을 목적으로 하는 사법상 계약과 구별된다. 때로는 공법상 계약인가 사법상 계약인가가 다투어지는 경우가 있다. 그 예로 「공익사업을 위한 토지 등의 취득 및 보상에 관한 법률」상의 토지취득을 위한 사업시행자와 토지소유자간의 협의(그 사업시행자와 토지소유자 등 간의 협의의 법적 성질)를 들 수 있다.

(2) 공법상 계약은 복수의 당사자간의 의사표시의 합치로 성립되는 공법행위라는 점에서 권력적 단독행위인 행정행위와 구별된다.[1] 때로는 공법상 계약인가 행정행위인가가 다투어지는 경우가 있다. 그 예로 공무원 임용행위(→ 공무원 임명의 법적 성질)를 들 수 있다.

(3) 공법상 계약은 복수의 당사자간의 반대방향의 의사표시의 합치로 성립되는 공법행위라는 점에서 동일한 방향의 의사표시의 합치로 성립되는 공법상 합동행위와 구별된다.

2. 공법상 계약의 성립가능성과 자유성

(1) 성립가능성

행정주체와 행정객체간에 공법상 계약의 성립이 가능한가의 문제이다. 이 문제에 대하여는 현재에 와서는 가능하다는 데에 대하여 이견(異見)이 없다.

(2) 법치행정원칙와의 관계

1) 법률의 우위와의 관계

법률우위원칙이 행정계약에도 타당하다는 데에 대하여 이견이 없다. 문제는 공법상 계약의

---

1) 판례는 공법상 계약과 행정행위의 구분기준을 대등한 지위에서 의사합치가 이루어졌는가의 여부에 두고 있다(대법 2001. 12. 11. 선고 2001두7794 판결, 대법 2002. 11. 26. 선고 2002두5948 판결, 대법 2015. 8. 27. 선고 2015두41449 판결 등 참조).

내용이 어떤 경우에 이 원칙에 위반되는가 하는 것이다. 개별적으로 검토되어야 할 문제이다.

2) 법률의 유보와의 관계

공법상 계약의 체결에 법률유보원칙이 적용되는가가 문제된다. 비권력행정의 영역에서는 법률의 근거 없이도 공법상 계약이 자유로이 성립될 수 있다는 것이 통설이다. 문제는 권력관계의 영역이다. ① 근거가 필요하다는 견해,[1] ② 제한적으로 인정된다는 견해,[2] ③ 근거가 불필요하다는 견해[3] 등이 있다. 생각건대, 이에 관하여는 법률의 근거와 개별적 동의의 동일성 문제 등, 계약체결의 의사표시만을 떼어내어 국소적으로 아무런 근거규범 없이 사인의 행위를 제약할 수 있다고 논의하는 것의 문제 등 검토되어야 할 점이 적지 않다. 「행정기본법」은 "행정청은 법령등을 위반하지 아니하는 범위에서 행정목적을 달성하기 위하여 필요한 경우에는 공법상 법률관계에 관한 계약(이하 공법상 계약이라 한다)을 체결할 수 있다"(27조 1항 전단)고 규정하고 있다.

3. 공법상 계약의 형식

행정청이 공법상 법률관계에 관한 계약을 체결하는 경우 계약의 목적 및 내용을 명확하게 적은 계약서를 작성하여야 한다(행정기본법 27조 1항 후단).

4. 공법상 계약의 한계

공법상 계약에도 일정한 한계가 있다. ① 공법상 계약은 헌법·법령에 위반되어서는 아니 된다. ② 공법상 계약의 내용은 평등원칙·비례원칙 등 법의 일반원칙에 적합하여야 한다. ③ 공법상 계약의 내용은 특정·명확하여야 하며, 이행가능한 것이어야 한다. 공법상 계약의 상대방 선정과 계약 내용을 정할 때 공법상 계약의 공공성과 제3자의 이해관계를 고려하여야 한다(동법 동조 2항).

5. 공법상 계약의 종류[4]

(1) 행정주체 상호간의 공법상 계약

국가와 지방자치단체간의 사무위탁 등을 위한 협약, 지방자치단체 상호간의 도로·하천의 경비부담에 관한 협의(도로법 85조) 등이 이에 속한다.

---

1) 崔世英,「공법상 계약에 관한 소고—직업능력개발훈련 위탁계약과 훈련 과정 승인 여부의 법적 성질과 관련하여—」, 법조 2006년 11월호, 28쪽. 이 견해는 주로 법률유보원칙의 적용범위에 관한 학설 중 전부유보설의 입장에서 주장된다.
2) 金性洙, 행정법 Ⅰ, 387쪽; 朴均省, 행정법론(상)(제2판), 358쪽.
3) 朴鈗炘, 최신행정법강의(상), 558쪽; 鄭夏重, 행정법총론, 349쪽; 朴均省, 행정법론(상), 432쪽.
4) 독일 연방행정절차법상 공법상 계약의 종류에 관하여는 金炳圻,「행정절차법 개정을 통한 행정계약법 총론의 법제화 방안」, 행정법학(한국행정법학회) 제5호, 173쪽 이하 참조.

(2) 행정주체와 사인간의 공법상 계약

사인에 대한 행정사무의 위탁(예: 사인의 신청에 의한 별정우체국의 지정), 임의적 공용부담(예: 사인의 사유지를 도로·학교·공원 등의 부지로 제공하는 계약), 환경보전협정(지방자치단체와 사기업 사이에 체결되는 공장·사업장에서 발생하는 공해를 방지하고 환경을 보전하기 위한 협정), 공무원관계 설정 계약[1] (예: 서울특별시 시립무용단 단원의 위촉(대법 1995. 12. 22. 선고 95누4636 판결)), 국가·지방자치단체와 민간투자사업자 간의 실시협약[2][3] 등이 이에 속한다.

(3) 사인 상호간의 공법상 계약

이의 예로 공익사업을 위한 토지의 취득에 있어서 사업시행자와 토지소유자 간의 협의(공익사업을 위한 토지 등의 취득 및 보상에 관한 법률 26조)를 드는 것이 일반적이다.[4] 그러나 판례는 위 협의를 사법상 계약으로 본다(대법 1992. 10. 27. 선고 91누3871 판결).[5]

---

1) 대법원은 읍·면장에 의한 이장 임면행위를 공법상계약으로 보고 있다(2012. 10. 25. 선고 2010두18963 판결). 이에 대한 비판적 평석으로 金裕煥, 「이장에 대한 면직처분의 법적 성격(대법 2012. 10. 25. 선고 2010두18963 판결)」, 한국행정판례연구회 제288차 월례발표회 발표논문이 있다.

2) 정부와 「사회기반시설에 대한 민간투자법」상의 민간투자사업자 간의 실시협약의 법적 성질에 관하여는 견해가 나뉘나, 공법상 계약설이 우세하다. 金光洙, 「사회기반시설을 위한 민간투자제도의 법적 문제」, 토지공법연구(한국토지공법학회) 제43집 제2호, 174쪽 참조. 「사회기반시설에 대한 민간투자법」의 관계 규정들이 사법상 계약인 공사도급계약과는 다른 공법적 요소를 갖고 있기 때문이다. 실시협약 체결 전의 참가 자격 제한(부정당업자 제재, 우선협상 대상자 지정행위는 대법원은 행정처분으로 보는 것 같다(대법 2009. 11. 12. 선고 2009두12648 판결, 대법 2017. 12. 28. 선고 2017두39433 판결 등 참조). 공법상 계약에 행정처분이 개입하는 경우, 효력이나 위법성 판단 기준, 쟁송방식 등의 불일치로 인하여 다양한 문제가 발생할 수 있다(권주연, 「민간투자법상 공법상 계약과 행정처분에 관한 연구」, 행정법학과 인접학문의 경쟁과 융합(행정법이론실무학회 제250회 학술발표논문), 93쪽 참조. 이 대목에서 姜知恩, 프랑스 행정법상 분리가능행위(경인문화사, 2107)에 눈길이 간다.

3) A회사가 B지방자치단체와 구 사회기반시설에 대한 민간투자법 제4조 제1호에서 이른바 BTO(Build-Transfer-Operate)방식의 '지하주차장 건설 및 운영사업' 실시협약을 체결한 후 관리운영권을 부여받아 지하주차장 등을 운영하던 중 파산하였는데, A회사의 파산관재인이 채무자 회생 및 파산에 관한 법률 제335조 제1항에 따른 해지권을 행사할 수 있는지 문제 된 사안에서, 대법 2021. 5. 6. 선고 2017다273441 전원합의체 판결은 "쌍무계약의 특질을 가진 공법적 법률관계에도 채무자 회생 및 파산에 관한 법률 제335조 제1항이 적용 또는 유추적용될 수 있으나, 파산 당시 A회사와 B지방자치단체 사이의 법률관계는 위 규정에서 정한 쌍방미이행 쌍무계약에 해당한다고 보기 어려우므로, A회사의 파산관재인의 해지권이 인정되지 않는다"고 하였다. 이 판결에는 대법관 안철상의 별개의견, 대법관 김재형, 대법관 박정화, 대법관 이흥구의 반대의견이 있다.

4) 朴均省 교수는 사업시행자와 토지소유자간의 협의를 "수용이라는 공권적 강제력이 그 배경으로 되어 있으므로 공법상 계약으로 보는 것이 타당하다"라고 하면서 金東熙 교수의 행정법 Ⅰ, 신증보판, 198쪽을 인용하고 있다(同人, 행정법론(상), 456쪽). 朴 교수는 공법상 계약을 "공법적 효과를 발생시키는" 당사자 사이의 의사의 합치로 정의하고 있다(同人, 위 책 449쪽). 그렇다면 사업시행자와 토지소유자 간의 협의를 공법상 계약으로 보려면 막연히 "공권적 강제력이 배경이 되어 있다"라는 논증을 제시할 것이 아니라 사업시행자와 토지소유자 간의 협의에 의하여 어떤 공법적 효과를 발생시키는 것인지를 설명하는 것이 바른 논증의 방법일 것이다.

5) 대법 1992. 10. 27. 선고 91누3871 판결은 "도시계획사업의 시행자가 그 사업에 필요한 토지를 협의취득하는 행위는 사경제주체로서 행하는 사법상의 법률행위에 지나지 않는다"고 판시하고 있다. 이 판결의 원심판결인 서울고법 1991. 4. 4. 선고 90구7595 판결에 의하면 위 협의취득은 구 토지수용법상의 협의취득이다.

6. 공법상 계약의 특질

공법상 계약의 특질은 실체법적 특질과 절차법적 특질로 나눌 수 있다.

(1) 실체법적 특질

1) 행정행위와 다른 특질

공법상 계약은 행정행위와 다른 실체법적 특질을 갖는다. 예컨대, 공법상 계약에는 공정력 등의 효력이 인정되지 않으며, 흠 있는 공법상 계약은 행정행위와 달리 취소할 수 있는 경우란 없다.

2) 사법상 계약과 다른 특질

(개) 행정청이 공법상 계약을 체결하는 경우에는 계약의 목적 및 내용을 명확하게 적은 계약서를 작성하여야 한다(행정기본법 27조 후단).

(내) 실체적 요건에 관하여 개별법에 특별한 규정이 있으면 그에 의한다(예컨대 계약의 내용을 규정한 것으로 민영교도소 등의 설치·운영에 관한 법률 5조 등). 개별법에 특별한 규정이 없는 경우에는 「행정기본법」이 적용된다. 「행정기본법」 제27조 제2항은 "행정청은 공법상 계약의 상대방을 선정하고 계약 내용을 정할 때 공법상 계약의 공공성과 제3자의 관계를 고려하여야 한다"라고 규정하고 있다.

(대) 개별법에 규정이 없는 경우에도 행정상의 법의 일반원칙 특히 평등원칙, 비례원칙, 부당결부금지원칙 등의 적용을 받는다.

(래) 흠 있는 공법상 계약은 무효라는 것이 다수설이다.[1] 그러나 이에 대하여는 의사표시상의 흠과 내용상의 흠으로 나누어 전자의 경우에는 무효 또는 취소의 흠이 모두 인정된다는 견해[2]가 있다.

(매) 공법상 계약관계의 계속이 현저히 곤란하게 된 사정이 발생한 경우에는 행정청이 계약해지권을 갖는다.[3]

(2) 절차법적 특질

1) 공법상 계약의 절차에 관하여 개별법에 별도의 규정이 있으면 그 절차(예: 민영교도소 등의 설치·운영에 관한 법률 9조가 정하고 있는 해지 청문)에 따른다. 개별법에 별도의 규정이 없으면

---

1) 金南辰·金連泰, 행정법 Ⅰ, 338쪽; 洪井善, 행정법원론(상), 474쪽 이하; 金大仁, 앞 논문, 172 내지 173쪽 및 222쪽 참조.

2) 柳至泰, 행정법신론, 265쪽 이하 참조.

3) 「민영교도소 등의 설치·운영에 관한 법률」 제7조 참조. 金大仁 교수는 사정변경원칙에 헌법원리적 성격을 인정하여 법률의 규정이 없는 경우에도 사정변경에 따른 계약의 변경이나 해지가 가능하다고 한다(同人, 위 논문, 195쪽). 참고삼아, 대법 2003. 2. 26. 선고 2002두10209 판결은 조사용역계약의 계속적 성격과 공익적 성격에 비추어 상대방의 일련의 행위가 계약 당사자 사이의 신뢰관계를 파괴하고 그 공익성을 저해함으로써 계약관계의 계속을 현저히 곤란하게 한다는 이유로 행정청이 행한 조사용역계약의 해지통고를 적법하게 해지되었다고 판시하였다.

「국가를 당사자로 하는 계약에 관한 법률」등이 적용된다.

  2) 공법상 계약에 관한 쟁송은 원칙적으로 「행정소송법」 제3조에 규정된 당사자소송에 의하게 된다(대법 2021. 2. 4. 선고 2019다277133 판결)[1]. 그러나 공법상계약의 계약해지에 관하여는 다툼이 있다. 판례는 공무원채용계약해지 무효확인을 구하는 소송에서 "지방전문직 공무원 채용계약 해지의 의사표시에 대하여는" 대등한 당사자간의 소송형식인 공법상 당사자소송으로 그 의사표시의 무효확인을 청구할 수 있다(대법 1993. 9. 14. 선고 92누4611 판결) 하였고,[2] 서울특별시 시립무용단 단원의 공연 등의 활동은 지방문화 및 예술을 진흥시키고자 하는 서울특별시의 공공적 업무수행의 일환으로 이루어진다고 해석될 뿐 아니라 그 "단원이 가지는 지위가 공무원과 유사한 것이라면 서울특별시 시립무용단 단원의 위촉은 공법상의 계약이라 할 것이고 따라서 그 단원의 해촉에 대하여는 공법상의 당사자소송으로 그 무효확인을 청구할 수 있다"(대법 1995. 12. 22. 선고 95누4636 판결)고 하였다. 또한 공중보건의사 채용계약해지의 의사표시는 "당사자소송으로 그 의사표시의 무효확인을 청구할 수 있는 것이지, 항고소송의 대상이 되는 행정처분이라는 전제하에서 그 취소를 구하는 항고소송을 제기할 수 없다"(대법 1996. 5. 31. 선고 95누10617 판결)고 하였다. 그러나 한국산업단지공단이 행한 입주계약 해지통보에 대하여 원고가 해지를 처분으로 보아 그 취소를 구한 사건에서 원심(서울고법 2010. 9. 28. 선고 2009누32439 판결)은 "입주계약은 공법상의 계약관계일 뿐 반월공업공단이 우월한 지위에서 원고에게 행정상의 설권행위 등을 한 것이라고 볼 수 없고, 그 계약의 해지는 민법에서 정한 계약의 해지와 성격이 같다"고 하여 원고의 청구가 부적법하다고 판단하였지만, 대법원은 해지통보는 단순히 대등한 당사자의 지위에서 형성된 공법상 계약을 계약당사자의 지위에서 종료시키는 의사표시에 불과하다는 볼 것이 아니라 행정청인 관리권자로부터 관리업무를 위탁받은 피고가 우월적 지위에서 원고에게 일정한 법률상 효과를 발생하게 하는 것으로서 항고소송의 대상이 되는 행정처분에 해당한다고 보아야 한다"고 판시하여 원심판결을 파기하였다(대법 2011. 6. 30. 선고 2010두23859 판결).

Ⅲ. 행정사법상 계약

  행정사법상 계약이란 행정사법관계에 있어서 복수의 당사자간의 반대방향의 의사표시의 합치로 성립하는 법적 행위이다. 우리 실정법률은 행정사법상 계약을 규율하고 있으며, 그 중에는

---

1) 대법 2021. 2. 4. 선고 2019다277133 판결: 공법상 계약의 한쪽 당사자가 다른 당사자를 상대로 효력을 다투거나 이행을 청구하는 소송은 공법상의 법률관계에 관한 분쟁이므로 분쟁의 실질이 공법상 권리·의무의 존부·범위에 관한 다툼이 아니라 손해배상액의 구체적인 산정방법·금액에 국한되는 등의 특별한 사정이 없는 한 공법상 당사자소송으로 제기하여야 한다.

2) 이 판결에 대하여는 "근로자의 해고를 다투는 민사소송에 대응하여 당사자소송이라고 한 것으로 보인다"면서 "공법상 계약이 체결된 후 행정청이 일방적으로 계약자 지위의 변동을 초래하는 계약해제 또는 계약해지도 공법적 효과를 초래하는 경우에는 행정처분으로 볼 것이므로, 이에 대하여는 항고소송을 제기할 수 있다"는 주장(安哲相,「행정소송과 민사소송의 관계」, 법조 2008년 1월호, 333쪽)이 있다.

국민 또는 주민의 권리·의무에 관계되는 구체적 내용의 것도 있다. 예컨대「국가를 당사자로 하는 계약에 관한 법률」제7조·제27조 등이나「지방자치단체를 당사자로 하는 계약에 관한 법률」제9조·제31조 등은 계약의 방법, 부정당업자의 입찰참가제한 등을 규율하고 있다. 이와 같이 행정사법상 계약은 공익보호를 위한 절차적 규제가 필요하다는 점에서 사인 상호간의 사법상 계약과 그 성질을 달리한다.[1]

　　판례는 이들 법률에 의거하여 체결되는 행정계약을 사법상의 계약으로 보고 있다. 즉 "지방재정법에 의하여 준용되는 국가계약법(「국가를 당사자로 하는 계약에 관한 법률」)에 따라 지방자치단체가 당사자가 되는 이른바 공공계약은 사경제의 주체로서 상대방과 대등한 위치에서 체결하는 사법상의 계약으로서 그 본질적인 내용은 사인간의 계약과 다를 바가 없으므로, 그에 관한 법령에 특별한 정함이 있는 경우를 제외하고는 사적자치와 계약자유의 원칙 등 사법의 원리가 그대로 적용된다 할 것이다"(대법 2001. 12. 11. 선고 2001다33604 판결 등)[2]라고 한다.[3][4]

　　계약방식은 서면(書面)방식에 의함이 원칙이다(국가를 당사자로 하는 계약에 관한 법률 11조, 지방자치단체를 당사자로 하는 계약에 관한 법률 14조 등).

---

1) 金裕煥,「행정절차하자의 법적 효과: 유형론과 절차적 권리의 관점에서의 검토」(김도창박사 팔순기념논문집), 80쪽. 朴正勳 교수도「국가를 당사자로 하는 계약에 관한 법률」이 국가에게 입찰참가자격 제한의 권한을 부여하고 있는 것은 사법상의 무제한적인 계약 상대방 배제의 자유를 제한하기 위해 그 배제 사유와 절차를 엄격하게 규정한 것이라는 견해를 피력하고 있다(同人,「부정당영업자의 입찰참가제한의 법적 제문제」, 법학(서울대학교 법학연구소) 제46권 제1호, 295쪽).

2) 이 판결은 이와 같이 사법상 계약으로 보면서 동법이 정하는 입찰절차나 낙찰자 결정기준에 관한 규정은 국가가 사인과의 사이의 계약관계를 공정하고 합리적·효율적으로 처리할 수 있도록 관계 공무원이 지켜야 할 계약사무 처리에 관한 필요한 사항을 규정한 것으로, 국가의 내부규정에 불과하다고 하고, 그 결정기준에 위반하더라도 당연히 낙찰자결정이 위법·무효가 되는 것이 아니라, 선량한 풍속 기타 사회질서에 반하는 행위에 의하여 이루어진 것임이 분명한 경우 등 이를 무효로 하지 않으면 그 절차에 관하여 규정한「국가를 당사자로 하는 계약에 관한 법률」의 취지를 몰각하는 결과가 되는 특별한 사정이 있는 경우에 한하여 무효가 된다고 판시하였다. 이 판결에 대하여는 행정조달계약의 법적 성격, 국가계약법령의 법적 성격, 심사기준 위반의 효과에 관해서 판지에 반대하는 평석이 있다(朴正勳,「행정조달계약의 법적 성질」, 민사판례연구(민사재판연구회) ⅩⅩⅤ, 561쪽 이하). 대법 2004. 1. 27. 선고 2003다14812 판결은 지방자치단체가 사인과 사법상 계약을 체결할 때 준수해야 할 요건과 절차를 규정한 지방재정법 및 예산회계법령은 강행규정으로서 이에 위반된 사법상 계약 또는 예약은 무효이고, 강행규정에 위반된 계약의 성립을 부정하거나 무효를 주장하는 것이 신의칙에 위배되지 아니한다고 판시하고 있다.

3) 설사 이를 사법상 계약으로 본다고 하더라도 개인의 신속한 권리구제와 법률관계의 조속한 안정을 위하여 입찰적격자 선정결정, 낙찰자 결정 등은 항고소송의 대상으로 보아야 한다는 견해(朴正勳, 행정법의 체계와 방법론, 236쪽; 安哲相,「행정소송과 민사소송의 관계」, 법조 2008년 1월호, 334쪽)가 있다.

4) 판례는 앞에서 본 바와 같이 입찰참가제한조치를 항고소송의 대상인 처분이라고 판시하고 있다. 대법 2021. 11. 11. 선고 2021두43491 판결은 "침익적 행정처분의 근거 규정에 관한 엄격해석 원칙에 비추어 보면"(→불이익행정행위·이익행정행위의 구별 실익), "공기업·준정부기관이 입찰을 거쳐 계약을 체결한 상대방에 대해 위 규정들에 따라 계약조건 위반을 이유로 입찰참가자격제한처분을 하기 위해서는 입찰공고와 계약서에 미리 계약조건과 그 계약조건을 위반할 경우 입찰참가자격 제한을 받을 수 있다는 사실을 모두 명시해야 한다. 계약상대방이 입찰공고와 계약서에 기재되어 있는 계약조건을 위반한 경우에도 공기업·준정부기관이 입찰공고와 계약서에 미리 그 계약조건을 위반할 경우 입찰참가자격이 제한될 수 있음을 명시해 두지 않았다면, 위 규정들을 근거로 입찰참가자격제한처분을 할 수 없다"고 판시하고 있다.

제 6 장 공법상 합동행위

공법상 합동행위란 공법적 효과의 발생을 목적으로 하는 복수 당사자간의 동일방향의 의사표시의 합치로 성립되는 공법행위를 말한다. 지방자치단체의 협의로 지방자치단체조합을 설립하는 행위(지방자치법 159조 이하), 지역조합·전문조합의 합의로 산림조합중앙회를 설립하는 행위(산림조합법 87조 이하) 등이 그 예이다. 공법상 합동행위는 각 당사자의 의사표시의 방향이 같고 그 효과도 각 당사자에 대하여 동일한 의미를 가지는 점에서 공법상 계약과 다르다.

제 7 장 사실행위

Ⅰ. 일 반 론

1. 사실행위의 의의

사실행위란 표시된 의식내용을 문제로 하지 아니하고 단지 행위가 행하여지고 있다는 사실 또는 그 행위에 의하여 생긴 결과만에 대하여 법률효과가 부여된 행정주체의 행위를 말한다(따라서 사실행위는 행정청이 직접 법적 효과를 발생시키는 법적 행위가 아니다. 그 점에서 법적 행위인 행정행위와 다르다). 실정법에서도 사실행위의 개념을 사용하는 경우가 있다(예: 행정규제기본법시행령 2조 1항 4호). 사실행위의 예로는 추첨방식에 의하여 운수사업면허대상자를 선정하는 경우에 있어서의 추첨(대법 1990. 10. 23. 선고 89누7467 판결), 수갑 및 포승 사용행위(헌재 2005. 5. 26. 2001헌마728 결정) 등을 들 수 있다.

2. 사실행위의 종류

(1) 권력적 사실행위와 비권력적 사실행위

이 종류는 공권력의 행사가 실력행사인지의 여부를 기준[1]으로 한 구별이다. 권력적 사실행위의 예로는 영업소폐쇄, 단수조치, 수감인에 대한 교도소장의 이송, 동장의 주민등록직권말소행위, 행정대집행의 실행 등을 들 수 있으며, 비권력적 사실행위의 예로는 공립학교 당국이 미납 공납금을 완납하지 아니할 경우에 졸업증의 교부와 증명서를 발급하지 않겠다고 통고한 것(헌재 2001. 10. 25. 2001헌마113 결정), 도로의 보강·유지, 폐기물수거, 정보제공수단으로서의 공표, 행정지도 등을 들 수 있다. [2]

(2) 물리적 사실행위와 정신적 사실행위

이 종류는 의식 과정이 포함되어 있는지의 여부를 기준으로 한 구별이다. 물리적 사실행위의 예로는 도로의 설치 및 유지, 폐기물수거, 경찰의 순찰 등을 들 수 있으며, 정신적 사실행위의 예로는 행정지도, 행정조사 등을 들 수 있다.

---

1) 헌법재판소는 "일반적으로 어떤 행정상 사실행위가 권력적 사실행위에 해당하는지 여부는, 당해 행정주체와 상대방과의 관계, 그 사실행위에 대한 상대방의 의사·관여정도·태도, 그 사실행위의 목적·경위, 법령에 의한 명령·강제수단의 발동 가부 등 그 행위가 행하여질 당시의 구체적 사정을 종합적으로 고려하여 개별적으로 판단하여야 할 것이다"라고 판시하였다(헌재 1994. 5. 6. 89헌마35 결정).

2) 특정한 법적 효력에 착안하여 행정의 행위형식(die Handlungsform der Verwaltung)에서 제외하여서는 아니될 영역으로 지목하였던 발트 예리네크(W. Jellinek)가 주장하는 단순고권행정(schlichte Hoheitsverwaltung)이나, 후브(E.R. Huber)가 말하는 단순행정작용(schlichte verwaltende Tätigkeit)은 비권력적 사실행위에 해당한다.

3. 사실행위의 법적 근거와 한계

사실행위에도 행정조직법적 근거가 필요함은 말할 나위가 없다. 문제는 사실행위에 행정작용법적 근거가 필요한가에 있다. 법률유보의 원칙에 관하여 어느 견해를 취하는가에 따라 달라지겠지만, 어느 견해를 취하든 불이익의 권력적 사실행위로 사인의 권익을 침해하는 경우에는 행정작용법적 근거가 필요하다.

사실행위에도 일정한 법적 한계가 있음은 물론이다. 특히 권력적·정신적 사실행위의 경우에는 행정행위의 법적 한계와 근본적으로 다른 점은 없다. 사실행위가 재량행위인 경우에 여기에도 재량권의 영으로의 수축 또는 재량권수축의 법리가 적용됨은 말할 나위가 없다.[1]

4. 사실행위와 행정구제

(1) 행정쟁송

권력적 사실행위가 항고쟁송의 대상이 되는 처분에 해당하는가에 관하여는 견해가 나뉜다. 권력적 사실행위는 항고쟁송의 대상이 되는 처분에 해당한다는 것이 우리나라의 다수설이다. 다수설의 논거는 항고쟁송의 대상이 되는 처분은 "구체적 사실에 관한 법집행으로서의 공권력의 행사 또는 그 거부와 그 밖에 이에 준하는 행정작용"을 요소로 하고 있을 뿐이고 외부에 대한 직접적 법률효과를 필요로 하고 있지 않다는 데에 있다.[2] 이와 같은 다수설에 의하는 경우에도 사실상 권력적 사실행위가 항고쟁송으로 다투어지는 경우는 단기간에 집행이 종료되지 아니하는 계속적인 권력적 사실행위에 한정될 것이다. 이에 대하여 사실행위는, 그것이 권력적 사실행위이든 비권력적 사실행위이든, 항고쟁송의 대상이 될 수 없다는 소수설이 있다. 소수설의 논거는 사실행위는 법적 행위가 아니므로 법률효과의 발생을 취소하는 것이 불가능하다는 데에 있다.[3] 이 소수설 중에는 권력적 사실행위가 수인하명이라는 법적 효과를 발생시킨다고 보고 따라서 그 수인하명이 항고쟁송의 대상이 되는 것으로 설명하는 견해[4]도 있다. 그러나 권력적 사실행위가 지향하는 주된

---

1) 예컨대 산불이 발생하였을 때 생명·신체에 대한 위험을 제거하거나 예방하기 위하여 경찰청이 취하여야 할 조치를 상상해 보라.

2) 권력적 사실행위는 구체적 사실에 관한 법집행으로서의 공권력의 행사이므로 처분에 해당한다는 것이 다수설이나, "그 밖에 이에 준하는 행정작용"이므로 처분에 해당한다는 견해(韓堅愚, 현대행정법 Ⅰ, 803쪽 이하; 金連泰, 「경찰작용에 대한 권익구제수단」, 고시계 2003년 3월호, 126쪽; 朴均省, 행정법론(상)(제4판), 356쪽)도 있다.

3) 金容燮, 「행정상 사실행위」, 행정작용법(김동희교수 정년퇴임 기념논문집), 742쪽. 실정법상 처분개념의 징표인 행정소송법 제2조 제1항 제1호의 '법집행'을 법적 효과의 발생으로 좁게 해석한다.

4) 金南辰·金連泰, 행정법 Ⅰ, 343쪽; 鄭夏重, 행정법총론, 355쪽; 洪井善, 행정법원론(상), 482쪽. 洪 교수는 수인의무를 수반하지 아니하는 권력적 사실행위(예: 경찰의 불법적인 미행 행위)는 항고쟁송의 대상이 되지 아니한다고 한다. 金東熙 교수는 "국민의 신체·재산에 직접으로 실력을 가하여 행정목적을 실현하는 권력적 사실행위에 있어서는, 행정청은 그에 불복하는 국민에 대하여 행사되는 자력강제에 따른 수인의무를 부과하는 일종의 절차적 효과가 수반된다. 따라서 이러한 권력적 사실행위의 취소는 단지 당해 행위의 위법선언에 그치지 않고 국민에게 과하여진 수인의무의 해제의 효과도 가진다"(同人, 행정법 Ⅰ, 709쪽)고 본다. 그러면서도 위 교수들은

내용이 수인하명이라고 할 수는 없다.[1] 즉, 권력적 사실행위의 예로 들고 있는 무허가 건물의 철거작용 등은 상대방인 사인이 수인하든 아니하든 법률에 의거하여 행하여지는 공권력의 행사이다. 「행정심판법」 제5조 등 및 「행정소송법」 제4조 등에서 사용하고 있는 취소의 개념 속에는 위법 또는 부당의 선언이 포함되어 있는 것으로 해석되므로 권력적 사실행위도 처분이 될 수 있다.

판례는 재산압류(대법 1969. 4. 29. 선고 69누12 판결), 접골사 자격증의 반납지시와 회수(대법 1979. 10. 10. 선고 79누193 판결), 단수조치(대법 1979. 12. 28. 선고 79누218 판결), 미결 수용 중인 자에 대한 이송(대법 1992. 8. 7. 자 92두30 결정), 동장의 주민등록[2]직권말소행위(대법 1994. 8. 26. 선고 94누3223 판결), 교도소장의 수형자 서신 검열행위(헌재 1998. 8. 27. 96헌마398 결정), 감사 결과 지적 사항에 대한 구청장의 시정지시(대법 2008. 4. 24. 선고 2008두3500 판결), 후술하는 세무조사(→ 행정조사) 등을 처분이라고 하였다. 이에 반하여 알선·권유 등(대법 1967. 6. 27. 선고 67누44 판결 등), 경고[3](대법 1989. 1. 24. 선고 88누3116 판결), 경계측량 및 표지의 설치 등 공공시설의 설치행위(대법 1992. 10. 13. 선고 92누2325 판결) 등은 처분이 아니라고 하였다.

비권력적 사실행위는 원칙적으로 처분의 개념에 해당하지 아니한다. 그러나 예외적으로 행정쟁송법상의 "그 밖에 이에 준하는 행정작용"에 해당하는 경우에는 항고쟁송의 대상이 될 수도 있다. 사실행위의 결과 위법한 상태가 야기되고 이로 인하여 권익을 침해당한 자가 있는 경우에 그 자가 위법상태를 제거하여 원래의 상태로 회복시켜 줄 것을 국가 등 행정주체에 대하여 청구하는 공법상의 결과제거청구권이 발생하는 경우가 있다. 이 경우에 공법상의 결과제거청구권에 의한 소송은 공법상의 당사자소송이 될 것이다.

(2) 헌법소원

권력적 사실행위로 헌법상 보장된 기본권을 침해받은 자는 헌법소원을 제기할 수 있다. 헌법재판소는 권력적 사실행위가 행정소송의 대상이 되는 행정행위로 볼 수 없어 법원에 의한 권리구제절차를 밟을 것을 기대하기 곤란한 경우에는 보충성의 원칙의 예외로서 헌법소원의 대상이 된다고 하였다(헌재 2003. 12. 18. 2001헌마754 결정, 헌재 2005. 5. 26. 2001헌마728 결정 등). 또한 헌법재판소는 서울대학교가 대학입학고사주요요강을 제정하여 발표한 것에 대하여 제기된 헌법소원

행정상 즉시강제는 의무의 존재를 전제로 하지 아니한다고 설명하는 것이 일반적이다(金南辰·金連泰, 위 책, 455쪽; 鄭夏重, 위 책, 450쪽; 金東熙, 위 책, 458쪽).

1) 金聖泰 교수는 추론적인 수인하명의 인정론에 대하여 경찰상 직접강제와 즉시강제의 예를 구체적으로 들어 반론하고 있다(同人, 「경찰작용의 작용형식」, 앞의 행정작용법, 982쪽 이하).

2) 「주민등록법」은 동법에 의한 주민등록지를 공법관계에 있어서의 주소로 한다(23조 1항)라고 규정하고 있고, 또한 이중등록을 금지하고 있으므로 공법관계에 있어서 자연인의 주소는 등민등록지이고 그 수는 「민법」과 달리 1개소에 한한다.

3) 경고는 처분으로 보는 것이 최근의 유력한 견해이다(朴正勳, 「공정거래법의 공적집행」 제도연구(한국경제연구원) 6, 52쪽).

심판청구사건에서 국립대학인 서울대학교의 대학입학고사주요요강은 사실상의 준비행위 내지 사전안내로서 행정쟁송의 대상이 될 수 있는 행정처분이나 공권력의 행사는 될 수 없지만 그 내용이 국민의 기본권에 직접 영향을 끼치는 내용이고 앞으로 법령의 뒷받침에 의하여 그대로 실시될 것이 틀림없을 것으로 예상되어 그로 인하여 직접적으로 기본권 침해를 받게 되는 사람에게는 사실상의 규범작용으로 인한 위험성이 이미 현실적으로 발생하였다고 보아야 할 것이므로 이는 헌법소원의 대상이 되는 「헌법재판소법」 제68조 제1항 소정의 공권력의 행사에 해당된다고 하였다(헌재 1992. 10. 1. 92헌마68·76(병합) 결정).

(3) 행정상 손해배상

사실행위가 「국가배상법」상의 직무집행행위나 영조물의 설치·관리작용에 해당하는 경우에는 사실행위로 손해를 받은 자는 국가 또는 지방자치단체를 피고로 손해배상을 청구할 수 있다.

(4) 행정상 손실보상

적법한 사실행위 특히 권력적 사실행위로 사인이 특별한 손실을 입은 경우에는 법률이 정하는 바에 따라 손실보상을 청구할 수 있다.

Ⅱ. 행정지도

1. 행정지도의 의의

행정지도란 행정기관이 그 소관사무의 범위 안에서 일정한 행정 목적을 실현하기 위하여 특정인에게 일정한 행위를 하거나 하지 아니하도록 지도·권고(예: 수정신고의 종용)·조언 등을 하는 행정작용을 말한다(행정절차법 2조).

 (1) 행정지도는 비권력행위이다. 따라서 행정지도는 행정행위·행정강제 등 권력행위와 구별된다.
 (2) 행정지도는 사실행위이다. 따라서 행정지도는 행정계약 등 법적 행위와 구별된다.
 (3) 행정지도는 협력적 행위를 구하는 원망(願望)의 표시이다. 따라서 행정지도는 상대방의 협력을 기다릴 것 없이 행정기관 스스로의 활동에 의하여 완결하는 행정작용과 구별된다.

2. 행정지도의 필요성과 문제점

(1) 필 요 성

1) 행정책임의 증대

행정지도의 첫째 필요성은 행정기능의 확대에 따른 행정책임의 증대에 있다.[1] 행정기능의 확

---

1) 행정지도는 행정기능의 확대 등을 계기로 나타난 것이 아니라 역사적으로 형성된 구조 속에서 창출된 것이라는 견

대에 따른 다양한 행정활동에 때맞추어 법률이 제정되어 필요한 법적 근거를 마련해 주지 못하는 경우도 있고, 법적 근거가 마련되어 있는 경우에도 현실은 끊임없이 새로운 사태를 발생시키고 있으므로 기존의 법률을 그대로 적용하는 것이 적절치 못한 경우도 있다. 이런 경우에 행정기관이 증대되는 행정책임을 수행하기 위하여는 행정지도에 의거하지 않을 수 없다.

2) 분쟁의 사전회피

행정지도의 둘째 필요성은 행정기관과 사인간에 발생하는 상호 이해의 결여에서 오는 분쟁을 사전에 회피할 수 있는 유효한 수단이라는 데에 있다.[1]

3) 정보의 제공

행정지도의 셋째 필요성은 사인에게 필요한 최신의 지식·기술·정보를 제공해 줌으로써 행정기관이 의도하는 방향으로 유도하는 데 있다. 오늘날과 같이 경제 정세의 변화가 심하고 나날이 과학 기술의 발달이 새로워지는 시대에는 사인이 자신에게 필요로 하는 모든 지식·기술 등의 정보를 입수하여 변화에 대처하기란 쉽지 않다. 행정기관이 공적 서비스 제공자로서 이를 도와주지 않을 수 없다. 농촌진흥청의 우량묘종의 보급·권장은 그 적절한 예이다.

(2) 문 제 점

행정지도의 문제점으로는 ① 형식적으로는 비권력행위이지만 실질적으로는 권력행위와 유사하게 사인에게 압력으로 작용하는 경우가 있다는 점, ② 위법한 행정지도라 하더라도 일단 사인이 이에 따른 경우 법률상으로는 자발적으로 따른 것이 되어 후일 법적 수단으로 행정지도의 위법을 다투기 어렵다는 점(동의는 불법행위의 성립을 조각한다는 법리를 생각해 보라) 등이 지적되고 있다.

3. 행정지도의 종류

행정지도는 여러 기준에 따라 여러 가지로 나눌 수 있으나, 실익이 있는 것으로는 그 기능에 따라 조성적 행정지도·규제적 행정지도·조정적 행정지도로 나누는 종류이다.[2]

해(兪珍式,「官民協調體制の歷史的展開(1868-1945)(一)」, 國家學會雜誌 112권 11·12호-116권 3·4호)가 있다.
1) 법률의 규정에 의하여 행정행위·행정강제가 행하여지는 경우에 행정기관과 상대방간의 이해의 결여에 의하여 불필요한 마찰이 생기고 소송에 이르는 예가 드물지 않다.
2) 이러한 분류는 행정지도의 현상을 파악하기 위하여 마련된 것으로 법적 평가를 위한 도구로서는 한계가 있다고 하고, 핵심은 행정지도가 어떠한 상황에서 어떻게 행하여질 경우에 규범력을 갖는가 하는 문제이며, 일정한 상황하에서는 행정청이 행정지도를 행하여야 할 의무가 있을 뿐만 아니라 상대방도 이에 복종해야 하는 경우가 있다는 견해에 관하여는 兪珍式,「경제규제행정법에 있어서 비권력적 행정작용—행정지도를 중심으로—」, 공법연구(한국공법학회) 제33집 제2호, 98쪽 이하 참조.

(1) 조성적 행정지도

행정기관이 일정한 정책목적을 실현하기 위하여 사인에 대하여 정보 등을 제공함으로써 사인의 활동을 조성해 주려는 행정지도이다. 중소기업자에게 행하는 경영지도, 아동의 건강 상담 등이 그 예이다.

(2) 규제적 행정지도

행정기관이 사인의 활동을 규제할 목적으로 행하는 행정지도이다. 요금 인상을 억제하기 위한 행정지도 등이 그 예이다.

(3) 조정적 행정지도

행정기관이 사인간의 이해대립을 조정하여 분쟁을 해결하기 위하여 행하는 행정지도이다. 기업의 계열화를 추진하기 위한 행정지도 등이 그 예이다.

4. 행정지도의 법적 근거

행정지도에도 행정조직법적 근거가 필요하다는 데에 대하여 의견이 일치되어 있다. 문제는 행정작용법적 근거가 필요한가에 있다. 행정지도에는 행정작용법적 근거가 불필요하다는 것이 지배적인 견해이다. 그 이유는 행정지도의 본질이 상대방의 동의나 협력을 추구하는 것이고, 또한 행정지도의 최대의 효용이 행정작용법적 근거가 결여되어 있음을 전제로 해서 행정기관이 새로운 행정 수요에 기민하게 대응하여 행정 책임을 수행하려는 데에 있으므로 행정지도에 일일이 행정작용법적 근거가 필요하다고 하면 행정지도의 기능은 발휘될 수 없기 때문이다.[1] 그러나 행정지도 중에서도 규제적 행정지도에는 행정작용법적 근거가 필요하다는 견해[2]가 있다. 불복종의 경우에 수반되는 불이익으로 인하여 사실상 상대방의 임의성이 제약되기 때문이라는 것이 그 이유이다.[3]

행정기관은 행정지도를 행할 의무가 없다고 흔히 말한다. 그러나 사람의 생명이나 건강 등 중요한 법익을 보호할 필요가 있고, 이미 있는 법령에 의한 권한으로써는 대처할 수 없으며, 법령 개정을 기다릴 시간적 여유도 없는 긴급사태가 발생한 경우에는 엄격한 요건 아래 행정기관은 예외적으로 행정지도를 행하여야 할 조리상 의무가 있다고 보아야 할 때도 있을 것이다.

---

1) 행정처분에 행정작용법적 근거가 있으면 행정지도에도 당연히 행정작용법적 근거가 있는 것으로 보아야 한다는 견해도 있다. 朴均省, 행정법론(상), 473쪽 참조.

2) 柳至泰 교수는 규제적 행정지도와 조정적 행정지도에 행정작용법적 근거가 필요하다고 한다(同人, 행정법신론, 275쪽).

3) 이 견해에 대하여는 행정지도가 상대방의 의사에 반하여 사실상 강제된다면 「행정절차법」 제48조 제1항 소정의 임의성 원칙에 반하는 것으로서 위법이기 때문에 굳이 행정작용법적 근거를 추가적으로 요구할 필요가 없다는 지적이 있다(李元雨, 「통신시장에 대한 규제법리의 특징과 행정지도에 의한 통신사업자간 요금관련 합의의 경쟁법 적용제외」, 행정법연구(행정법이론실무연구학회) 제13호, 163쪽 이하).

5. 행정지도의 한계

(1) 행정지도에도 법률우위의 원칙이 적용된다. 따라서 행정지도의 내용이 「헌법」이나 법령의 명문규정 및 행정상의 법의 일반원칙(평등원칙·비례원칙 등)에 위반되어서는 아니 된다.

(2) 행정지도는 그 목적 달성에 필요한 최소한도에 그쳐야 하며, 행정지도의 상대방의 의사에 반하여 부당하게 강요하여서는 아니 된다(행정절차법 48조 1항).

6. 행정지도의 방식

(1) 행정지도를 행하는 자는 그 상대방에게 당해 행정지도의 취지·내용 및 신분을 밝혀야 한다(동법 49조 1항).

(2) 행정지도가 구술로 이루어지는 경우에 상대방이 행정지도의 취지·내용 및 신분을 기재한 서면의 교부를 요구하는 때에는 당해 행정지도를 행하는 자는 직무수행에 특별한 지장이 없는 한 이를 교부하여야 한다(동조 2항).

(3) 행정기관이 같은 행정목적을 실현하기 위하여 많은 상대방에게 행정지도를 하고자 하는 때에는 특별한 사정이 없는 한 행정지도에 공통적인 내용이 되는 사항을 공표하여야 한다(동법 51조).

7. 행정지도의 절차

(1) 행정지도의 상대방은 당해 행정지도의 방식·내용 등에 관하여 행정기관에 의견제출을 할 수 있다(동법 50조).

(2) 다른 법률에 행정지도의 절차에 관한 특별한 규정이 있는 경우에는(예: 다른 행정기관의 심의나 협의를 필요로 하는 경우 등) 그 절차를 거쳐야 한다(동법 3조 1항).

8. 행정지도와 행정구제

행정지도로 인하여 권익을 침해받은 자의 사후적 행정구제로는 행정쟁송, 헌법소원, 행정상 손해배상, 행정상 손실보상 등을 들 수 있다.

(1) 행정쟁송

행정지도는 원칙적으로 처분이 아니므로 행정쟁송의 대상이 되지 아니한다는 것이 종래의 일반적인 견해였지만, 점차로 긍정설이 부정설보다 다수가 되어 가고 있다. 초점은 행정지도가 행정쟁송의 다른 요건을 갖추고 있다는 전제에서 공권력의 행사로 볼 수 있는가의 문제이다. 행정지도 중 규제적·구속적 성격을 강하게 갖는 것은 공권력의 행사로 볼 여지도 있다 할 것이다.[1] 뿐만 아니라 행정지도에 복종하지 아니하였음을 이유로 어떤 다른 처분이 행하여진 경우, 또는 행정지도를 전제로 하여 다음의 처분이 행하여진 경우에는 행정지도의 흠을 이유로 후행처분의 효력을 다툴 수도 있을 것이다.

대법원은 행정지도는 상대방의 임의적 협력이나 동의를 전제로 한 것이므로 원칙적으로 처분성을 인정하지 아니하였다(대법 1993. 10. 26. 선고 93누6331 판결 등). 그러나 대법원은 국가인권위원회의 성희롱 결정과 그에 따른 시정조치의 권고는 불가분의 일체로 이루어지는 것으로서 행정처분에 해당한다고 하였다(대법 2005. 7. 8. 선고 2005두487판결).

(2) 헌법소원

행정지도는 공권력행사가 아니므로 원칙적으로 헌법소원의 대상이 되지 아니한다. 그러나 행정지도가 사실상 강제력을 가지는 경우에는 예외적으로 헌법소원의 대상이 될 수도 있을 것이다.[2]

(3) 행정상 손해배상

행정지도도 「국가배상법」 제2조의 요건을 충족하고 있으면 피해자는 국가 또는 지방자치단체에 손해배상을 청구할 수 있다.[3] 판례의 원칙적인 입장으로 보인다.[4]

---

1) 게임이론에 의하여 행정지도의 권력성을 논증하는 이론으로 최승재 「게임이론을 통한 행정지도의 권력성과 부당한 공동행위의 추정의 복멸: 권력적 사실행위 도그마에 대한 비판적 검토」, 경쟁법연구(한국경쟁법학회)제12호, 291쪽 이하, 특히 307쪽 이하 참조.

2) 헌법재판소는 교육부장관의 국립대학총장에 대한 학칙시정요구의 법적 성질을 대학총장의 임의적인 협력을 통하여 사실상의 효과를 발생시키는 사실행위로서 일종의 행정지도로 보면서도 이 사건 학칙시정요구는 대학총장들이 그에 따르지 않을 경우 행재정상 불이익이 따를 것이라고 경고하고 있고 이러한 시정 요구는 임의적 협력을 기대하여 행하는 비권력적·유도적인 권고·조언 등의 단순한 행정지도로서의 한계를 넘어 규제적·구속적 성격을 상당히 강하게 갖는 것으로서 헌법소원의 대상이 되는 공권력의 행사라고 보고 있다(헌재 2003. 6. 26. 2002헌마337, 2003헌마7·8(병합) 결정).

3) 행정청이 권고나 조언 등을 하고서도 그 내용을 상대방에게 실천하지 않는다거나, 그와는 반대되는 행동을 하는 경우에는 신의성실원칙이라든가 금반언법리와 같은 법의 일반원칙 위반으로 불법행위를 구성한다는 견해에 관하여는 兪珍式, 앞의 논문, 99쪽 주 11 참조.

4) 대법 1998. 7. 10. 선고 96다38971 판결은 "국가배상법이 정한 배상청구의 요건인 '공무원의 직무'에는 권력적 작용만이 아니라 행정지도와 같은 비권력적 작용도 포함되며 단지 행정주체가 사경제주체로서 하는 활동만 제외되는 것이고(대법 1994. 9. 30. 선고 94다11767 판결 등 참조), 기록에 의하여 살펴보면, 피고 및 그 산하의 강남구청은 이 사건 도시계획사업의 주무관청으로서 그 사업을 적극적으로 대행·지원하여 왔고 이 사건 공탁도 행정지도의 일환으로 직무수행으로서 행하였다고 할 것이므로, 비권력적 작용인 공탁으로 인한 피고의 손해배상책임은 성립할 수 없다는 상고이유의 주장은 이유가 없다"고 판시하고 있다. 더불어 대법원은 "행정지도가 강제성을 띠지 않는 비권력적 작용으로서 행정지도의 한계를 일탈하지 아니하였다면, 그로 인하여 원고(상대방)에게 어떤 손해가 발생하였다 하더라도 피고는 그에 대한 손해배상책임이 없다"(대법 2008. 9. 25. 선고 2006다18228 판결)라고도 판시하고 있다.

(4) 행정상 손실보상

적법한 행정지도로 사인이 특별한 손실을 입은 경우에는, 법률의 규정이 있으면, 사인은 손실보상을 청구할 수 있다.

Ⅲ. 비공식 행정작용

행정의 행위형식에는 전통적으로 법에 의하여 공식화 되어 온 행위형식에 속하지 아니하는 행정작용이 있다. 이들 행정작용을 총칭하여 비공식 행정작용이라 부른다.[1] 행정기관이 제약회사와 합의하여 제약회사는 건강유해물질의 함유량을 50%까지 낮출 것을 약속하고 그 대신 행정기관은 제약회사에 대한 규범정립을 유보한다든가, 행정기관이 특정 약품 또는 식품을 사용하지 말 것을 경고한다든가, 반대로 환경친화적인 특정 상품의 사용을 추천하는 것 등이 그 예이다.

비공식 행정작용은 크게 합의형 비공식 행정작용과 일방적 비공식 행정작용으로 나뉜다. 합의형 비공식 행정작용에는 법적 구속력이 없는 합의적 협약(Absprache) 외에 예비 절충(Vorverhandlungen)·사전해결(Vorabklärungen)·조정(Abstimmungen) 등이 있으며, 일방적 비공식 행정작용에는 경고(Warnungen)·추천(Empfehlungen)등이 있다. 비공식 행정작용에 있어서도 부분적으로 법적 근거의 필요가 대두되고(예:경고) 또한 법적 한계가 논하여지고 있는 점등은 행정지도에 있어서와 유사하다. 그러나 비공식 행정작용 중 합의형은 대체로 행정지도에 의하여도 행하여지고 있으나 일방적 비공식 행정작용은 대체로 행정지도에 의하여 행하여지지 않고 있다는 점에서 양자의 범위가 반드시 일치하지 아니한다.

---

1) 비공식 행정작용의 도그마틱에 관하여는 E. Schmidt-Assmann, Verwaltungsrechtliche Dogmatik, S. 96ff. (김현준 역, 행정법 도그마틱, 96쪽 이하) 참조.

제 8 장 행정계획

Ⅰ. 행정계획의 의의

　　행정계획이란 행정권이 장래 달성하고자 하는 일정한 행정목표를 미리 설정하고 그 목표를 달성하기 위한 여러 수단들을 조정·종합함으로써 구체적 활동의 기준을 제시하는 행위이다. 판례도 "특정한 행정 목표를 달성하기 위하여 서로 관련되는 행정수단을 종합·조정함으로써 장래의 일정한 시점에 있어서 일정한 질서를 실현하기 위한 활동기준으로 설정된 것"으로 정의하고 있다(대법 1996. 11. 29. 선고 96누8567 판결 등). 예컨대, 도시관리계획은 특별시·광역시·시·군의 관할구역에 대하여 그 공간 구조와 발전 방향을 제시하는 것을 목표로 하고, 그 목표를 달성하기 위하여 지역·지구·구역의 지정 및 그 안에서의 행위제한, 도시계획시설의 설치·관리, 도시계획시설사업의 시행 등의 수단을 제시하고 있다. 따라서 행정계획은 목표와 수단의 구조로 이루어져 있다.

Ⅱ. 행정계획의 성질

　　(1) 행정계획은 지금까지 보아 온 행정입법·행정행위·행정계약·행정지도 등과 병렬적으로 나열할 수 있는 독자적인 행정의 행위형식이 아니다.

　　(2) 따라서 행정계획이 때로는 행정입법의 성질을 갖기도 하고, 때로는 행정행위의 성질을 갖기도 하며, 때로는 사실행위일 수도 있다.

　　(3) 행정계획은 목표 달성을 위해 여러 수단들의 조정·종합을 개념 요소로 하고 있다는 점에서 법규명령과 질적 차이가 있으며, 또한 목표와 수단의 구조로 이루어져 있다는 점에서, 요건과 효과의 구조로 이루어져 있는 행정행위와는 질적인 차이가 있다.

Ⅲ. 행정계획과 그 법적 규제의 필요성

1. 행정계획의 필요성

　　종래 행정주체와 사인간에는 행정행위와 같은 전통적인 행위형식이 개입함으로써 비로소 법적 효과가 발생하는 것으로 되어 있었기 때문에 행정계획 자체는 법적 행위로 취급되지 않았다. 따라서 전통적인 행정법학에서는 독립된 검토의 대상으로 삼지도 않았다.

　　그러나 현대행정이 급부행정 내지 환경·경제·개발행정의 영역에서 사인의 생존권을 보호하기 위하여 행하는 여러 가지 행정활동을 포섭하게 되면서 장기적인 전망 아래서 다양한 행정활동을 통합함과 동시에 공익과 공익, 공익과 사익, 사익과 사익 등 다원적 행정법관계에 있어서 각종 이해관계를 조정할 필요가 강하게 인식됨에 따라 계획에 의거한 행정이 커다란 진척을 보게 되었다. 또한 행정의 계획적 수행의 확보가 행정의 합리성을 고양하는 하나의 수단으로 인식되기에 이르렀다. 최근, 사인의 법적 지위를 고양하기 위한 법제가 정비되고 그들 법제간의 연계가 진전되면서 행정계획이 다음에 행하여질 정책평가 등 행정평가의 기준으로도 기능하고 있다.

그래서 오늘날에는 행정계획이 행정입법·행정행위 등과 병렬적으로 나열될 수 있는 독자적인 것이 아니고 다른 각각의 행정의 행위형식에 분산시킬 수 있음에도 불구하고, 행정계획이라는 행정의 활동형식 자체를 고찰의 대상으로 하여 공통되는 특징을 밝힘으로써 행정계획과 관련하여 발생하는 법적 제문제를 해명하려는 것이 일반적인 경향이다.

2. 법적 규제의 필요성

행정계획은 현재의 사회·경제적 모든 상황을 조사하고 장래를 예측하여 수립되는 것이므로 법률에 의하여 그 계획의 명확한 기준을 설정하는 것이 곤란할 뿐만 아니라, 전문기술성·즉응성·유연성의 필요에서 행정계획에는 넓은 행정재량이 인정되는 것이 종래의 통설이고 판례이다.[1] 특히 행정계획이 사인의 권익에 관계되는 내용을 가진 경우에는 법치행정원리와 관련하여 중대한 문제가 발생하게 된다. 행정계획을 수립 또는 확정할 경우의 재량을 일반적으로 계획재량이라 부른다. 행정재량론은 행정행위에만 한정된 문제는 아니므로 계획재량을 행정행위의 일종으로서의 재량행위와의 이질성을 지나치게 강조하는 것은 옳지 않다.

Ⅳ. 행정계획의 종류

행정계획은 여러 기준에 따라 여러가지로 나눌 수 있다. 범위를 기준으로 하여 종합계획과 부문계획, 대상지역을 기준으로 전국계획·지방계획·지역계획, 기간을 기준으로 장기계획·중기계획·연도계획, 구체화 정도를 기준으로 기본계획(상위계획)·시행계획(하위계획), 법적 구속력 유무를 기준으로 구속적 계획·비구속적 계획으로 나누는 것이 일반적이다. 이 중 실익이 있는 것은 법적 구속력 유무를 기준으로 한 구별이다.

1. 비구속적 계획

사인에 대하여서나 다른 행정기관에 대하여서나 아무런 법적 구속력을 갖지 않는 행정계획을 말한다.

---

1) 폐기물처리사업계획서의 적합 여부 판단에 관하여 행정청에게 광범위한 재량권이 인정된다(대법 2019. 12. 24. 선고 2019두45579 판결).

2. 구속적 계획

　사인에 대하여 혹은 다른 행정기관에 대하여 법적 구속력을 갖는 행정계획을 말한다. 상위계획은 하위계획의 기본이 되는 경우가 많으며, 하위계획을 통하여 구체적인 사업이나 시책을 규율하게 된다. 구속적 계획 중 중요한 것은 사인에 대하여 법적 구속력을 가지는 행정계획이다.[1] 이를 좁은 의미의 구속적 계획이라 한다.

V. 행정계획의 법적 근거

　행정계획의 수립에 행정조직법적 근거를 요한다는 데 대하여 이견이 없다. 문제는 행정작용법적 근거이다. 법률유보의 원칙에 관한 어느 설에 의하든 사인에 대한 구속적 계획의 수립에는 행정작용법적 근거를 필요로 한다. 행정기관에 대한 구속적 계획의 수립에도 행정작용법적 근거를 필요로 한다는 견해가 있다. 내부효과를 갖는 행정계획의 수립에 일률적으로 행정작용법적 근거를 필요로 하는 것은 아니라는 견해도 있다. 그러나 예컨대 국토종합계획처럼 앞으로의 국토건설의 방향이 결정되어 장래의 우리와 우리 자손의 삶에 중대한 영향을 미치는 행정계획의 수립에는 행정작용법적 근거를 필요로 한다고 보아야 한다.

VI. 행정계획의 절차

　행정계획의 중요성이 증가함에 따라 계획에 민의를 반영할 필요가 있고, 행정계획의 특징인 넓은 행정재량의 인정은 행정계획에 대한 법원에 의한 사후구제를 어렵게 하고 있으며, 여러 이해관계의 합리적인 조정에 의하여 계획의 합리성 및 공익성을 담보할 필요에서 행정계획의 절차는 매우 중요하다. 따라서 행정계획을 수립함에 있어서 모든 이해관계인의 참가를 보장하는 신뢰성이 높은 계획수립절차를 확립하는 것은 우리의 과제이다. 현행법상의 행정계획의 절차는 다음과 같다.

　(1) 개별법에서 다양한 이해관계를 조정하기 위하여 계획수립절차에 관계행정기관과 협의하게 하거나(예: 국토의 계획 및 이용에 관한 법률 18조 3항), 상급행정기관 또는 관할 행정기관의 승인을 받도록 하거나(예: 동법 22조의 2 1항, 수도권정비계획법 4조 2항),[2] 미리 공청회를 열어

---

1) 헌재 2003. 6. 26. 2002헌마402 결정은 "도시설계는 도시계획의 한 종류로서 도시설계지구 내의 모든 건축물에 대하여 구속력을 가지는 구속적 행정계획의 법적 성격을 갖는다" 라고 하였다. 그러나 대법 2011. 4. 21. 자 2010무111 전원합의체 결정은 "국토교통부, 환경부, 문화체육관광부, 농림수산부, 식품부가 합동으로 2009. 6. 8. 발표한 '4대강 살리기 마스터플랜' 등은 4대강 정비사업과 주변지역 관련 사업을 체계적으로 추진하기 위하여 수립한 종합계획이자 '4대강 살리기사업'의 기본방향을 제시하는 계획으로서, 행정기관 내부에서 사업의 기본방향을 제시하는 것일 뿐, 국민의 권리·의무에 직접 영향을 미치는 것이 아니다" 라고 하였다.

2) 독일 연방행정절차법상 계획확정절차의 적용대상이 되는 다중영향시설건설사업계획 중에는 우리나라에서는 상급 행정기관 또는 관할 행정기관의 승인(사업계획의 승인)을 받도록 개별법에서 규정하고 있다.

주민 및 관계 전문가 등의 의견을 듣게 하거나(예: 국토의 계획 이용에 관한 법률 14조), 지방의
회의 의견을 듣도록 하거나(예: 동법 21조), 주민의 의견청취를 하게 하는(예: 동법 28조) 등을
규정하는 경우가 있다.[1] 또한 개별법은 행정계획결정의 효력발생요건으로 개별적 통지 대
신 고시를 원칙으로 하고 있다(예: 동법 31조 1항).

(2) 행정계획이 「행정절차법」상의 처분에 해당하는 경우에는 동법 제2장의 적용을 받게 되
며, 행정청은 의견청취절차를 거쳐 행정계획을 수립하여야 하고, 그 근거와 이유를 제시하
여야 한다.

(3) 행정계획 중, 국민생활에 매우 큰 영향을 주거나, 많은 국민의 이해가 상충되거나, 많은 국
민에게 불편이나 부담을 주거나, 그 밖에 널리 국민의 의견수렴이 필요한 행정계획은 원칙
적으로 「행정절차법」 제5장 행정예고절차를 거쳐 수립·시행 및 변경하여야 한다.

(4) 행정계획이 결정되면 다른 법률이 정한 행정청의 인허가 등을 받은 것으로 의제되는 법률
의 규정이 있는 경우, 행정계획을 수립하고자 하는 행정청이 미리 의제되는 행위의 관계기
관과 협의하도록 규정하고 있는 개별법(예: 택지개발촉진법 11조 2항)이 있다. 명문의 규정이
없는 경우에 행정청이 행정계획을 수립함에 있어서 의제되는 인허가 등의 절차규정을 어느
정도 존중해야 하는가가 문제된다. 법률이 의제규정을 둔 취지에 따라 다를 것이나, 법률에
서 배제하는 규정이 명백하지 아니하는 한, 의제되는 인허가 등의 절차 규정은 존중되어야
한다. 그러나 대법원은 주택건설사업계획승인에 의하여 도시계획결정이 의제되는 구 주택
건설촉진법 제33조 제4항의 규정에 관하여 구 주택건설촉진법 제33조가 정한 절차와 별도
로 구 도시계획법 소정의 중앙도시계획위원회의 의결이나 주민의 의견청취 등 절차를 거칠
필요가 없다고 판시한 바 있다(대법 1992. 11. 10. 선고 92누1162 판결).

Ⅶ. 행정계획의 변경·중지·폐지

행정계획은 현재의 사회·경제적 모든 상황의 조사를 바탕으로 장래를 예측하여 수립되고 또
한 장기간에 걸쳐 있으므로, 그 기간 사이에 사회·경제적 여러 상황 등이 변화해서 부득이 당초
의 행정계획을 변경·중지·폐지하지 않으면 아니 되는 경우가 있다. 특히 환경계획에 있어서는
일정한 과학적 불확실성이 있어도 필요한 경우에는 특정 시점에서 얻을 수 있는 최대한의 정보
에 의거하여 계획을 수립하고(정책 판단의 잠정성) 새로운 사실이 판명된 경우에는 유연하게 계획
을 변경해야 할 필요가 있다. 판례도 행정계획의 변경을 인정하고 있다(대법 1995. 8. 25. 선고 94누

---

1) 대법원은 도시계획시설변경결정취소소송 사건에서 도시계획변경결정에 법률이 주민참가를 보장한 절차의 결
함이 있는 위법사유가 존재하는 이상 그 내용에 있어 재량권의 범위 내이고 변경될 가능성이 없다고 하더라도
그 처분은 위법하다고 판시하였고(대법 1988. 5. 24. 선고 87누388 판결), 도시계획의 수립에 있어서 구 도시계
획법 제16조 소정의 공청회를 열지 않고 행한 도시계획결정이 취소사유가 된다고 판시하였다(대법 1990. 1. 23.
선고 87누947 판결).

12494 판결, 대법 2021. 7. 29. 선고 2021두33593 판결 참조).[1)]

이 경우 법률이 행정계획의 변경·중지·폐지의 요건을 규정하고 있거나 행정계획의 변경이 재량권의 남용에 해당할 때에는 위법의 문제가 발생할 수 있다.[2)] 행정계획이 행정행위에 의하여 행하여질 경우에는 행정행위의 철회에 관한 원칙이 행정계획의 변경 등의 한계로 된다.

「행정절차법」은 계획을 변경하는 경우에 행정예고절차를 거치도록 규정하고 있다(46조 1항).

Ⅷ. 행정계획의 효과

행정계획이 어떤 효과를 발생하는가는 일률적으로 말할 수 없다. 사인에 대한 구속적 계획에 있어서와 같이 사인에 대하여 일정한 법적 효과를 발생하는 경우도 있고, 행정기관에 대한 구속적 계획에 있어서와 같이 행정기관에 대하여 일정한 의무를 과하는 경우도 있다. 또한 행정계획이 확정되면 다른 법률이 정한 행정청의 허가·인가 등을 필요로 하지 아니한다는 규정을 둘 때가 있다.[3)] 예컨대 「택지개발촉진법」 제11조 제1항은 "시행자가 실시계획을 작성하거나 승인을 받았을 때에는 다음 각호의 결정·인가·허가·협의·동의·면허·승인·처분·해제·명령 또는 지정(이하 인허가 등이라 한다) 등을 받은 것으로" 본다고 규정하고 있다. 이 인허가의 의제를 집중효[4)]라고 우리나라에서 흔히 부르고 있으나,[5)] 이 인허가의제와 계획확정절차의 집중효는 법적 효과의 대상 및 효력의 범위 등에 차이가 있으므로, 양자는 반드시 동일한 것은 아니다.[6)]

---

1) 문제는 사인에게 행정계획변경신청권, 행정계획변경청구권이 있느냐의 여부이다. 전자에 관하여 판례는 원칙적으로 부정적인 입장이지만, 계획변경의 거부가 실질적으로 다른 처분의 신청권을 거부하는 결과가 되는 경우(대법 2003. 9. 23. 선고 2001두10936 판결), 도시계획 입안 제안권이 인정되는 경우(대법 2004. 4. 28. 선고 2003두1806 판결), 재산권행사의 제한 등의 이유로 용도구역 지정 해제 등 계획변경을 요구하는 경우(대법 2004. 4. 27. 선고 2003두8821 판결)등에서 예외를 허용하고 있다. 후자에 관하여 판례는 부정적인 입장이다. 다만, 계획변경청구권이 문제되어 긍정적인 판단을 받은 경우로 장기미집행 도시계획시설의 변경을 요구하는 경우와 재산권행사의 제한 등의 이유로 용도구역 지정 해제 등 계획변경을 요구하는 경우가 경합된 케이스인 대법 2012. 1. 12. 선고 2010두5806 판결을 들고 있는 견해(洪準亨, 「계획변경청구권, 계획변경신청권」, 행정판례연구(한국행정판례연구회) XVII -1, 53쪽 이하)도 있다.

2) 개별법률에 의하여 절차요건을 규정하고 있지 아니한 경우에도 변경·중지·폐지 등이 처분에 해당하는 경우에는 행정절차법 중 처분절차규정의 적용을 받는다.

3) 의제된 인허가에 흠이 있는 경우 의제된 인허가도 항고소송의 대상이 되는 처분에 해당한다(대법 2018. 11. 29. 선고 2016두38792 판결).

4) 독일 연방행정절차법 제75조 제1항 제1문 후단은 특정한 기획사업(Vorhaben)에 대하여 특별 행정절차인 계획확정절차를 거쳐 계획확정결정이 행하여지면 그 이외의 행정청에 의한 인허가, 동의, 승인, 계획확정결정 등을 필요로 하지 아니한다는 취지의 규정을 두고 있다. 이를 계획확정결정의 집중효(Konzentrationswirkung)라고 부른다. 이 집중효는 계획확정절차의 본질을 이루는 것으로서 이 집중효의 존재 여부가 계획확정절차와 보통의 허가절차를 구분하는 기준이 되어 있다(H. J. Knack, Verwaltungsverfahrensgesetz, Kommentar, 1996, S. 1106ff.). 우리 「행정절차법」을 제정 또는 개정할 때 독일 연방행정절차법상의 계획확정절차의 도입이 논의되곤 했으나, 채택되지 않았다.

5) 洪井善, 행정법원론(상), 266쪽 이하; 康鉉浩, 「집중효」, 공법연구(한국공법학회) 제28집 제2호, 321쪽 이하.

6) 최근 논문에서는 인허가의제와 집중효의 차이점을 밝히는 경우가 늘어나고 있다. 宣正源 교수는 "집중효라는

IX. 행정계획과 행정구제

1. 행정계획수립과 권리구제[1]

(1) 행정쟁송

1) 처분해당문제

행정계획이 「행정심판법」 및 「행정소송법」상의 처분에 해당하는가의 문제는 행정계획의 다양성 때문에 일률적으로 해답할 수가 없다. 그러나 행정계획 중에서 구속적 행정계획으로서 그 공고(또는 고시)로 사인의 종전의 권리상태에 구체적인 변동을 가져오는 것은 처분에 해당한다는 견해가 유력하다. 우리 대법원은 도시계획결정을 처분으로 판시한 바 있고(대법 1982. 3. 9. 선고 80누105 판결),[2] 그 밖에도 도시재개발사업계획결정을 처분에 해당함을 전제로 하여 판시하거나 (대법 1985. 7. 23. 선고 83누727 판결), 행정계획에 해당하는 택지개발예정지구지정처분 등도 행정소송의 대상인 처분에 해당함을 전제로 판시하고 있다(대법 1997. 6. 24. 선고 96누1313 판결 등).

2) 계획재량

계획재량이란 행정권이 행정계획의 수립과정에서 가지는 형성적 재량을 말한다. 계획재량은 행정행위에 있어서의 재량행위에 비하여 재량의 폭이 넓다. 그 이유는 행정계획이 목표와 수단의 구조로 이루어져 있다는 데에서 찾을 수 있다. 따라서 행정계획을 규율하는 법은 그 목표와 수단을 정함에 있어 행정행위에 있어서의 재량행위에 비하여 폭넓은 형성의 자유가 부여하게 되기 때문이다[3]. 그 밖에도 계획의 전문기술성·즉응성·유연성의 필요에서 찾을 수 있다. 또한 행정행위에 있어서의 재량행위가 개별 이해대립의 극복에 머무름에 반하여, 계획은 다수의 상충하는 공익

용어대신에 '인허가의제의 효력'으로 표시하는 것이 오해를 막기 위해 타당하다"(同人, 「인허가의제의 효력범위에 관한 고찰」, 행정법이론실무학회 제212회 정기학술발표회("삶의 공간 만들기—법의 역할")(2012.12.8)발표문, 125쪽)는 견해를 밝히고 있다. 인허가의제효와 계획확정절차의 집중효를 동일시하는 것은 독일법제를 피상적으로 보고 있기 때문이다. 우리나라의 많은 문헌들이 계획확정절차를 일반적인 계획수립절차 내지 행정계획의 작성절차 정도로 인식하는 바탕 위에서 논의를 전개하고 있다는 점에 관하여는 金鐵容 편, 행정절차와 행정소송, 494쪽 이하[집필자 金海龍] 참조.

1) 독일의 전통적인 공법학은 권리·의무에 관련된 분쟁사례에 초점을 맞추어 온 경향이 있다. 따라서 그 곳에는 법원·법관의 관점만이 존재한다. 지방자치단체가 행정계획수립권한을 소송으로 주장하는 점에 대한 것이지만, 이 점에 대해서 슈미트·아스만은 종래의 논의에서는 대결이 필요 이상으로 강조되어 왔음을 지적한다(E. Schmidt-Assmann, Die stellung der Gemeiden in der Raumplanung, Verwaren, 1980, S. 117(122)). 분쟁도 필요하지만, 대화도 필요하고, 조정도 필요하다.

2) 대법 1982. 3. 9. 선고 80누105 판결: 도시계획법 제12조 소정의 도시계획결정이 고시되면 도시계획구역 안의 토지나 건물소유자의 토지형질변경, 건축물의 신축, 개축 또는 증축 등 권리행사가 일정한 제한을 받게 되는바, 이런 점에서 볼 때 고시된 도시계획결정은 특정 개인의 권리 내지 법률상 이익을 개별적이고 구체적으로 규제하는 효과를 가져오게 하는 행정청의 처분이라 할 것이고, 이는 행정소송의 대상이 되는 것이라 할 것이다.

3) 金鉉峻 교수는 "계획상 형성의 자유가 일반행정재량과 다른 것은 그 전제가 되는 계획규범이 일반행정규범과는 다른 구조적 바탕을 가지고 있다는 점," "즉 일반행정규범이 규칙인 데 비해, 계획규범은 원칙이다"이라고 기술한다(同人, 행정법관계에서의 사인의 권리와 의무, 249쪽).

과 사익, 공익 상호간(예: 새만금사업 사건에서 문제되었던 국가개발목적의 실현이라는 공익과 자연환경보호라는 공익), 사익 상호간의 이익의 조정을 전체로서 형성해 가야 한다는 데에도 찾을 수 있다. 이처럼 행정계획에는 폭넓은 재량이 인정되지만, 여기에도 행정행위에서의 재량행위와 같이 일정한 한계가 있다. 법이 정한 절차와 형식을 준수하여야 할 뿐만 아니라,[1] 내용상으로도 다음과 같은 한계가 있다. ① 행정계획은 일반적으로 계획목표를 고려하여야 한다. ② 구체적으로는 당해 법률이 직접 정한 계획기준 또는 행정청이 정하여 공표한 계획기준에 따라야 한다. ③ 비례원칙 또는 비교형량요청의 원칙을 준수하여야 한다.[2] 판례도 "행정주체는 구체적인 행정계획을 입안·결정함에 있어서 비교적 광범위한 형성의 자유를 가진다고 할 것이지만, 행정주체가 가지는 이와 같은 형성의 자유는 무제한적인 것이 아니라 그 행정계획에 관련되는 자들의 이익을 공익과 사익 사이에서는 물론이고 공익 상호간과 사익 상호간에도 정당하게 비교형량하여야 한다는 제한이 있는 것이고, 따라서 행정주체가 행정계획을 입안·결정함에 있어서 이익형량을 전혀 행하지 아니하거나 이익형량의 고려대상에 마땅히 포함시켜야 할 사항을 누락한 경우 또는 이익형량을 하였으나 정당성·객관성이 결여된 경우에는 그 행정계획결정은 재량권을 일탈·남용한 것으로서 위법한 것으로 보아야 할 것이다"(대법 1996. 11. 29. 선고 96누8567 판결, 대법 2007. 4. 12. 선고 2005두1893 판결 등)라고 판시하고 있다.[3]

3) 예방적 권리구제의 필요

행정계획은 지침적 성격의 것이 많아 처분성이 부정되는 경우가 적지 않다. 따라서 행정계획에 대한 행정쟁송은 행정계획이 집행단계에 이르러서야 행정쟁송을 제기하게 된다. 그러나 이때는 이미 입지의 선정 등 행정계획의 중요한 내용들이 결정된 이후이기 때문에 기성사실의 발생 등을 사전에 방지하기에는 적절하지 못하다. 따라서 행정계획분야에서는 예방적 권리구제제도가 특히 필요하다.

(2) 헌법소원

행정계획 중 사인에 대한 구속적 계획이 「헌법재판소법」 제68조 제1항의 헌법소원의 대상이 되는 공권력의 행사에 해당함은 말할 나위가 없으나, 행정기관에 대한 구속적 계획 및 비구속적 계획도 헌법소원의 대상이 되는 공권력의 행사에 해당하는가의 문제가 있다. 헌법재판소는 개발

---

1) 절차규정 위반이 행정계획을 위법하게 하는 경우 행정계획에 절차를 준수하게 하는 것은 계획재량을 통제하는 유효한 수단이 된다.

2) 형량의 흠은 비례원칙과 관련시킬 필요가 없다는 견해(辛奉起, 「한국 행정판례에 있어서 형량하자론의 도입과 평가」, 행정판례연구(한국행정판례연구회) XIII, 107쪽 이하)가 있다. 辛 교수는 행정계획의 위법성 판단에는 계획 고유의 특수한 통제이론이 필요하다고 주장한다(동 논문, 128쪽 이하).

3) 계획재량과 행정행위에 있어서의 재량해위 간의 차이가 절대적 차이인가 상대적 차이인가에 관하여 온도의 차이가 있는 것으로 보인다. 이 문제는 행정법규의 규율밀고가 독일법과 한국법 간에 어느 정도의 차이가 있는 것인가의 인식의 판단에 기인하는 것으로 보인다.

제한구역제도 개선방안 확정발표 위헌 확인 사건에서 비구속적 행정계획안도 국민의 기본권에 직접적으로 영향을 끼치고 앞으로 법령의 뒷받침에 의하여 그대로 실시될 것이 틀림없을 것으로 예상될 수 있는 때에는 공권력의 행사로서 예외적으로 헌법소원의 대상이 될 수 있다는 입장이다(헌재 2000. 6. 1. 99헌마538·543·544·545·546·549(병합) 결정).

(3) 행정상 손실보상

적법한 행정계획의 시행으로 인하여 국민 또는 주민의 재산권의 행사가 제한되는 경우(이른바 계획제한)에 그로 인한 손실에 대하여 보상을 청구할 수 있는가의 문제가 있다. 법령이 손실보상의 근거규정을 두고 있는 경우에는 손실보상을 청구할 수 있다(→ 행정상 손실보상의 실정법적 근거).

2. 행정계획의 변경 등과 권리구제

(1) 행정쟁송

행정계획의 변경·중지·폐지 등이 「행정심판법」 및 「행정소송법」상 처분에 해당하고 다른 요건을 갖춘 경우에 행정쟁송에 의하여 이들을 다툴 수 있다.[1]

이 경우에도 행정계획수립에 있어서와 같이 재량이 허용되는 때에도 내용상 한계(특히 비례원칙 또는 비교형량요청의 원칙 등 준수)가 있으며, 이들 행정계획의 변경·중지·폐지 등이 처분에 해당하는 경우에는 「행정절차법」 중 처분절차규정의 적용을 받는다는 것은 주의를 요한다.

(2) 헌법소원

행정계획의 변경·중지·폐지 등도 「헌법재판소법」 제68조 제1항의 헌법소원의 대상이 되는 공권력의 행사에 해당될 수 있을 것이다.

---

[1] 국토이용계획변경승인거부처분취소사건에서 대법원은 "구 국토이용관리법(2002. 2. 4. 법률 제6655호 국토의 계획및이용에관한법률 부칙 제2조로 폐지)상 주민이 국토이용계획의 변경에 대하여 신청을 할 수 있다는 규정이 없을 뿐만 아니라, 국토건설종합계획의 효율적인 추진과 국토이용질서를 확립하기 위한 국토이용계획은 장기성, 종합성이 요구되는 행정계획이어서 원칙적으로는 그 계획이 일단 확정된 후에 어떤 사정의 변동이 있다고 하여 그러한 사유만으로는 지역주민이나 일반 이해관계인에게 일일이 그 계획의 변경을 신청할 권리를 인정하여 줄 수는 없을 것이지만, 장래 일정한 기간 내에 관계 법령이 규정하는 시설 등을 갖추어 일정한 행정처분을 구하는 신청을 할 수 있는 법률상 지위에 있는 자의 국토이용계획변경신청을 거부하는 것이 실질적으로 당해 행정처분 자체를 거부하는 결과가 되는 경우에는 예외적으로 그 신청인에게 국토이용계획변경을 신청할 권리가 인정된다고 봄이 상당하므로, 이러한 신청에 대한 거부행위는 항고소송의 대상이 되는 행정처분에 해당한다"고 판시하고 있다(대법 2003. 9. 23. 선고 2001두10936 판결). 이 판결에 대하여 鄭泰容 교수는 농림지역에는 폐기물 처리시설을 설치할 수 없으므로 행정청은 원고에게 부적정통보를 하였어야 함에도 불구하고 행정청이 원고에게 용도지역의 변경을 조건으로 적정통보를 한 공무원의 잘못된 업무처리에 의한 예외적인 사례라고 평석한다(同人, 「행정부 공무원의 시각에서 본 행정판례」, 한국행정판례연구회·사법정책연구원 공동학술대회(2017. 12. 14.), 행정판례와 사법정책 발표문 7쪽이하).

(3) 행정상 손해배상·행정상 손실보상

행정계획을 신뢰하여 투자 등을 행하였으나 계획이 변경·중지·폐지됨으로써 예기치 아니한 불이익을 받은 자는 법률의 규정이 있는 경우에는 계획의 변경 등으로 인한 손실의 보상을 청구할 수 있으며, 개별적 사정에 따라 다르겠으나 일반적으로 말해서 「국가배상법」상의 요건을 갖춘 경우에는 행정상 손해배상청구도 가능하다.

(4) 계획보장청구권

행정계획의 변경 등으로 인한 권리구제문제를 우리나라에 있어서도 독일에서 논의되고 있는 계획보장청구권 개념으로 해결하려는 견해가 유력하다. 독일에서 논의되고 있는 계획보장청구권의 개별적 내용은 ① 계획존속청구권, ② 계획집행청구권, ③ 경과조치청구권, ④ 손해전보청구권의 넷이다.

계획존속청구권은 일반적으로 인정되지 아니한다.[1] 인정 여부는 계획이 취하고 있는 형식에 따라 개별적으로 논할 문제이나 극히 일반적으로 말해서 계획존속에 대한 당사자의 신뢰보호가 계획변경의 공적 이해관계보다 우월한 경우에 예외적으로 인정된다. 계획집행청구권도 일반적으로 인정되지 아니한다. 원칙적으로 행정기관이 행정계획을 즉시 집행해야 할 의무를 지고 있지 않기 때문이다. 다만 행정기관의 집행의무가 법령에 규정되어 있고 당해 법령의 취지가 특정 사인의 권익도 보호하려는 것인 경우에는 예외적으로 인정된다. 경과조치청구권은 행정계획이 개폐되는 경우에 이로 인하여 불이익을 받는 자가 행정기관에 대하여 일정한 경과조치 내지 적응조치를 요구하는 권리이나, 법령에 이를 인정하는 별도의 규정이 없는 한 일반적으로 인정되지 아니한다. 손해전보청구권은 계획변경 등으로 인한 손해배상 및 손실보상청구권을 주장하는 것인바, 이 권리의 인정을 위한 별도의 특별규정은 존재하지 않으며 일반 행정상 손해배상과 행정상 손실보상의 법리에 따라 판단될 수밖에 없다. 우리 판례는 계획보장청구권이라는 독자적인 법개념을 사용하고 있지 않다.

---

1) E. Schmidt-Assmann, Das allgemeine Verwaltungsrecht als Ordnungsidee, 2. Aufl., S. 332.

제 9 장 그 밖의 행정의 행위형식

I. 행정사법작용

　　행정사법작용(verwaltungsprivatrechtliches Handeln)은 행정기관이 공행정목적을 달성하기 위하여 행하는 사법적 형식의 행위로서 일정한 공법적 규율을 받는 것을 말한다. 예컨대, 사회보장행정의 일환으로 행하는 주택임대행위, 자금지원행정의 일환으로 행하는 자금대부행위(Subventionsdarlehen) 등이다. 행정사법작용은 공법적 규율을 받지만 어디까지나 사법작용이라는 것이 다수의 견해이다. 우리 판례는 행정사법작용이라는 독자적인 법개념을 사용하고 있지 않다.

II. 자동기계장치에 의한 행정결정

　　행정은 그 어느 시대이든 각 시대의 기술장치를 활용하여 왔었다. 그러나 현대 과학기술의 성과는 행정에 대하여 지금까지 상상하지 못하였던 새로운 차원의 장을 열어 놓고 있다. 특히 전자정보처리기술의 행정에의 도입에서 그러하다.

　　이에 따라 자동기계장치에 의한 행정결정이 현저히 늘어나고 있다. 자동기기에 의한 교통신호, 조세부과와 같은 대량행정에 있어서의 행정결정 등이 그 전형적인 예이다. 「민원처리에 관한 법률」은 행정기관의 장이 무인민원발급창구를 통하여 민원문서를 처리할 수 있도록 규정하고 있다(28조). 자동기계장치에 의한 행정결정의 법적 성질이 문제된다. 특히 자동기계장치에 의한 행정결정이 행정행위성을 갖는가의 문제이다. 이를 긍정하는 것이 지배적 견해이다. 그것은 행정청이 자동기계장치에 의한 행정결정의 주체이기 때문이다. 즉 행정청이 프로그램화하고 구체적인 데이터를 입력함으로써 전자데이터처리장치에 의하여 결정이 행하여지게 하며, 그 결정을 통지함으로써 그 결정이 효력을 발생케 하기 때문이다.

　　자동기계장치에 의한 행정결정이 행정행위인 경우에는 원칙적으로 「행정절차법」이 정하는 처분절차에 관한 규정의 적용을 받는다. 우리 「행정절차법」은 독일 연방행정절차법에 있어서와 같은 자동기계장치에 의한 행정결정에 관한 특례[1]를 규정하고 있지 아니하지만, 「행정기본법」이 "행정청은 법률로 정하는 바에 따라 완전히 자동화된 시스템(인공지능 기술을 적용한 시스템을 포

---

1) 독일 연방행정절차법은 자동기계장치에 의한 행정결정의 일반행정행위에 대한 특징으로 ① 관청책임자·대리인 또는 수임자의 서명이나 성명표기를 아니할 수 있다는 점(제37조 제4항 제1문), ② 결정의 상대방이나 관계인이 당해 행정행위의 내용을 인식할 수 있는 경우에는 부호의 사용이 가능하다는 점(제37조 제4항 제2문), ③ 행정행위에 제시되는 이유를 생략할 수 있다는 점(제39조 제2항 제2호), ④ 불이익 행정행위가 행하여지는 경우에도 청문을 거치지 아니할 수 있다는 점(제28조 제2항 제4호) 등을 규정하고 있다.

함한다)으로 처분을 할 수 있다. 다만, 처분에 재량이 있는 경우는 그러하지 아니하다"(동법 20조)라는 규정을 두고 있다. [1)]

---

1) 인공지능 시대에서 재량행위의 본질에 어긋나지 않는, 재량행위로서의 자동적 처분의 가능성이 매우 중요한 의미를 가짐에도 불구하고 일률적으로 재량행위에서 자동적 처분의 가능성을 배제한 것은 시대를 역행하는 측면이 있다는 지적이 있다(金裕煥, 현대행정법 추록―행정기본법 해설―, 20쪽).

제3편 행정흐름론

제 1 장 서 론

I. 행정흐름론의 의의

행정흐름이란 행정이 한 곳에 머물러 있는 것이 아니라 흐르고 있다는 뜻이다. 행정은 일정한 목적을 향하여 한 지점에서 다른 지점으로, 또 다른 지점으로 끊임없이 흐르고 있다. 따라서 행정은 정태적인 것이 아니라 동태적인 것이다.

행정흐름은 행정조직에서 시작하여 행정정책, 행정입법, 행정결정, 행정집행, 행정통제·행정구제로 이어진다. 그러나 그 중심점이 되어야 할 것은 행정결정의 민주성·투명성·공정성이다. 행정의 민주성, 행정의 투명성, 행정의 공정성을 어떻게 확보하는가가 행정흐름을 관통하는 뿌리이기 때문이다.

행정결정의 민주성·투명성·공정성은 행정조사의 민주성·투명성·공정성에서부터 시작된다. 민주성·투명성·공정성을 바탕으로 하는 철저한 행정조사 없이는 정확한 행정결정을 이루어낼 수 없다. 다음은 행정정보이다. 행정정보의 균형을 유지하지 아니하고서는 행정결정의 민주성·투명성·공정성을 확보할 수 없다. 그 다음이 일정한 결정을 도출해 내는 법명제의 체계인 행정절차이다. 절차 그 자체가 인류의 보편적 가치가 되어 가고 있다. 우리나라의 행정절차의 금자탑으로 서울행정법원 1999. 8. 31. 선고 99구23709, 99구23928, 99구24160(병합) 판결[1]이 있고, 「행정절차법」의 적용배제에도 불구하고 원칙적으로 헌법의 일반원리인 적법절차원리를 확대하고 있는 판결들, 특히 대법원 2012. 10. 18. 선고 2010두12347 전원합의체판결이 있다. 그 다음이 행정기관이 행하는 정책·입법·계획·업무의 과정과 그 결과 등을 점검·분석·평정하는 행정평가이다.

---

1) 서울 행법 1999. 8. 31. 선고 99구23709, 99구23928, 99구24160(병합) 판결 : 근본적으로, 비록 실체적 적법성을 갖춘 처분이라도 절차적 적법성이 결여되면 위법한 처분이 되고 만다. 실체적 적법성과 절차적 적법성은 법치주의의 두 기둥으로 행정행위를 함에 있어서 법이 정한 절차를 지켜야만 비로소 법의 지배를 통하여 정의가 실현될 수 있기 때문이다. 특히 이 사건 처분과 같이 주식 전부를 강제로 무상소각하는 것을 내용으로 하는 등 처분의 실질적인 상대방인 주주나 임원들의 권리·의무에 중대한 영향을 미치는 경우에는 더욱 그러하다. 적법한 사전통지나 의견제출 절차를 거친다면 행정처분의 방향을 수정하는 등 실체적인 측면에도 영향을 미칠 가능성이 존재한다는 측면도 간과되어서는 안된다. 특히 주요한 점은 목적과 능률에 치중한 나머지 혹시라도 절차를 경시하는 일이 있어서는 아니된다. '실질적인 내용상의 흠과는 달리 절차나 형식상의 흠은 실체성과는 무관하므로 행정행위를 취소해서는 안된다'거나 '청문 내지 의견제출 절차의 결여 등 절차나 형식상의 흠은 사후에 치유될 수 있고, 이 사건과 같이 사후의 재판절차를 통하여 절차나 형식상의 흠이 사실상 치유되었다면 행정처분이 유효하다고 보아야 한다'는 등의 주장이 존재한다. 그러나 만일 그렇다면, 행정기관으로서는 행정절차를 지킬 필요가 없어져서 「행정절차법」은 형해화되고 법치주의 원칙이 심각하게 훼손되고 만다. 왜냐하면, 취소 대상이 되지 않으므로 누구나 사전통지나 의견제출의 절차를 무시할 가능성이 있을 것이고, 취소 대상이 된다고 하더라도 이를 무시한 다음, 추후에 이를 지키지 않는 것이 문제가 되면 그 경우에 한하여 사후의 통지, 또는 그에 대한 재판절차에서의 의견제출로서 얼마든지 빠져나갈 수 있기 때문이다.

민주적이고 투명하며 공정한 행정결정은 좋은 정책과 입법을 전제로 함은 말할 나위가 없다. 또한 그것은 행정통제·행정구제와 연결되어야 한다. 우리나라의 취소소송에 대한 전통적인 사고(思考)형태는 실체 판단의 대치 방식이었다. 이것은 독일의 완전심사방식을 본뜬 것이었다. 독일은 「연방행정절차법」 제46조에 의하여 절차의 흠만으로 처분을 취소할 수 없고, 법원은 실체적으로 완전한 심사를 할 수 있다는 것이 실정법을 바탕으로 한 도그마틱에 의하여 뒷받침되고 있다. 그러나 우리의 실정법은 독일과 다르다. 뿐만 아니라 반드시 판단대치방식이 모두에 적용되는 가장 적합한 방식도 아니다. 또한 법원의 직접적인 판단대치방식이 적절하지 아니하는 경우도 있다. 예컨대 정책형성, 재량행위, 독립된 행정위원회의 결정[1] 등이다. 법원이 행정형성의 내용적 당부를 판단대치방식으로 심사할 수 없다. 법원의 재량통제는 경우에 따라서는 행정의 실체적 재량 권한에의 사법 개입으로 비난 받을 수도 있다. 이들 경우에는 법원은 처분의 실체적 적부(適否)의 심리에 들어가지 아니하고 처분이 민주성·투명성·공정성을 갖춘 처분임을 뒷받침하는 합리적 이유제시를 요구하고 그 이유에 흠이 있을 때에는 처분을 원점에서 다시 시작하도록 처분을 취소하는 간접적인 심리를 하는 것이 바람직하다. 독립된 행정위원회의 결정도 마찬가지이다. 이 경우 심리의 바람직한 궁극의 형태는 실질적 증거법칙이다. 행정이 특수적으로 전문화하고 복잡한 행정흐름이 형성됨과 더불어 행정흐름을 중시하는 심리의 접근이 중요해진다.

요컨대 사법절차와 민주적이고 투명하며 공정한 행정결정절차의 관련을 정확하게 하여 양 절차의 기능분담에 맞는 사법심사가 나아가야 할 방향을 확정하는 일이 중요하다.

II. 행정흐름론과 행정의 행위형식

전통적 행정법학은 실체법 중심의 행정법학이라 하여도 지나친 말이 아니다. 행정의 종착점인 행정행위가 중심이 되었고, 법률요건에의 적합성이 강력히 요청되었다. 따라서 행정의 행위형식은 실체법 요건론과 같은 뜻으로 사용되었다. 이것은 지금까지의 행정법의 이해가 행정 권력, 특히 국가의 행정 권력은 위험한 것이라는 염려에서 출발하고 있기 때문이다. 전통적 행정법 이론이 자유주의적 이해의 영향을 강하게 받은 점은 부인할 수 없다. 따라서 행정이 권력적 행위형식을 사용하고 있는 경우에 강한 통제를 생각하였던 것이며, 비권력적 행위형식을 취하는 경우에는 거의 관심을 두지 않았던 것이다.

그러나 행정흐름론이라는 관점, 예컨대 행정흐름에 공동체 구성원의 참여 및 공동체와 공동체 구성원의 협동을 충실하게 한다는 관점에서 보면, 지금까지의 행정법의 이해가 지나치게 한 측면만을 보고 있었음을 알 수 있다. 행정의 행위형식을 행정흐름 속에서 이해하게 되면, 행정의 행위형식을 행정흐름의 모든 시각을 넣어서 인식하는 것이므로, 행정의 행위형식을 입체적으로, 동태적으로 고찰 할 수 있게 된다.

---

1) 이에 관한 연구로는 柳濟旼,「독립규제위원회의 판단에 대한 사법심사 기준 및 강도에 관한 연구―미국의 판례 이론과 그 시사점을 중심으로―」(2019년 8월 서울대학교 박사학위청구 논문)이 있다.

III. 행정흐름론과 법제도

행정흐름론은 행정을 입체적으로, 동태적으로 파악하기 위한 것이다. 따라서 행정흐름론은 일반행정법을 선두로 하여, 특별행정법의 제도론과 병행하여야 한다. 개별 법률을 소재로 한 행정제도의 파악 없이는 행정흐름을 제대로 이해하지 못한다. 즉, 행정흐름론은 법제도론과 상호 연결되어 있다.

전통적인 행정법학은 행정조직법, 행정작용법, 행정구제법이라는 세 기둥으로 이론을 구성하고 있었다. 그래서 행정흐름론이라고 하면 종래의 행정작용법을 연상하는 것이 일반적인 인식이다. 그러나 행정흐름론은 종래의 행정작용법만 관계되는 것이 아니다. 행정흐름론은 종래의 행정작용법 뿐만 아니라 행정조직법도 같이 포함시켜 그 입체화, 그 동태화를 구상하는 것이다.

행정흐름 속에 행정조직법을 포함시키는 이유는 두 가지이다. 그 하나는 행정조직에 관한 지식을 부여하거나 행정조직 전체를 살펴보게 함으로써 행정활동에 관한 법을 이해하는데 매우 도움이 될 뿐만 아니라, 행정조직법과 행정활동에 관한 법을 동시에 다룸으로써 그 교육적 이점이 크다는 점이다. 또 다른 하나는 행정조직이 수행하는 기능이라는 관점에서 보면 거기에는 행정절차와 공통되는 부분이 있다는 점이다. 예컨대, 행정조직을 설정하는 것은 이해 조정의 방법, 공동체 구성원의 참여 기능성을 미리 규정하는 것이라는 의미에서 행정절차와 같은 기능을 행한다는 점이다[1].

IV. 행정흐름론의 전개

행정흐름론은 현재 형성 중에 있는 이론이다. 그 귀결점은 아직 확실하지 아니한다. 위에서 본 바 같이 행정흐름론은 법제도론과 상관관계가 있으므로 법제도론의 전개에 따라 행정흐름론도 발전해 갈 것으로 본다. 예컨대, 2016년부터 시행되고 있는 프랑스의 "공중(公衆)과 행정간의 관계에 관한 법전(Code des relations entre le public et l'administration)"(흔히 「프랑스행정절차법」이라 부른다) 제100-3조에서는 "행정"과 "공중"을 포괄적으로 정의함으로써 외부관계와 내부관계의 구별없이 원칙적으로 행정과 사인간의 관계를 규율하고 있는 통칙법(通則法)이 행정과 공무원과의 관계에도 적용된다고 규정하고 있다(제100-1조). 2018년 7월부터 시행되고 있는 스웨덴 「행정절차법」 제5조 제2항에서는 "그 행위를 행함에 당하여, 해당 행정기관은 객관적이어야 하며 편향성(偏向性)을 가져서는 아니된다"라고 규정함으로써 좋은 행정을 위한 원칙에서 적법성 원칙 외에 객관성 원칙을 명문화하고 있다. 또한 제25조 제1항에서 의견청취에 앞서 행정청에게 결정기초자료를 제시하도록 함으로써 결정기초자료 제시와 의견청취 기회 부여를 결합시키고

---

1) 행정조직 내부에서 수행되는 절차에 대한 행정절차법적 규율의 필요성에 대하여는 禹美亨, 「조종의 주체로서의 행정에 관한 연구—청탁금지법의 부작용으로서 행정과 사인의 소통 장해의 극복을 위하여—」, 행정법연구(행정법이론실무학회) 제47호, 91쪽 이하 및 네트워크론을 전개하고 있는 宣正源, 「성장발전하는 경제사회에서 행정조직법」, 행정법연구 제47호, 149쪽 참조.

있다. 일본의 「행정절차법」은 목적 규정에서 정부의 설명책임을 명문화하고 있다. 이들 규정들이 각국에서 행정흐름론을 조금씩 앞으로 전진시키고 있다.

우리 「행정절차법」은 2019년 개정에서 제5조 투명성 원칙을 세분하여 제3항에서 "행정청은 상대방에게 행정작용과 관련된 정보를 충분히 제공하여야 한다"는 규정을 신설하고 있다. 이 규정의 신설이 예컨대 「행정절차법」 제37조 제1항에 의하여 청문에만 허용되어 있는 문서열람청구가 다른 의견청취의 경우 또는 청문의 통지 이전에도 허용될 수 있는 근거가 될 수 있는지 주목된다. 「공공기관의 정보 공개에 관한 법률」 제정·시행되기 이전에 헌법재판소는 헌법상 알 권리에 기하여 직접 문서열람·복사청구권을 행사할 수 있다고 결정(1989. 9. 4. 88헌마22)하였음에도 학계에서는 정보공개청구권은 별도의 법적 근거가 필요하다는 유력한 견해[1]가 있기 때문이다.

행정흐름론에는 행정입법의 흐름, 행정집행의 흐름을 포함한다. 행정입법은 이미 행정의 행위형식에서 보았고, 행정집행과 자치입법은 별도의 편에서 다루고 있다.

제3편의 행정흐름에는 행정조사, 행정정보, 행정절차, 행정평가만을 다루고 있다.

---

1) 慶 健, 「정보공개청구권의 근거」, 한국행정판례연구회 편 행정판례평선, 395쪽 이하 참조.

제 2 장 행정조사

Ⅰ. 행정조사의 의의

행정기관이 행정법규를 집행하기 위해서는 먼저 요건사실의 인정이 필요하다. 사실인정은 조사를 바탕으로 한다. 행정조사는 행정기관이 판단을 하기 위해 필요로 하는 첫 번째 행정흐름이다.

행정조사란 행정기관이 행정활동을 위하여 필요로 하는 각종의 정보를 수집하는 행정작용을 말한다.[1] 여기에는 행정기관이 정책을 입안하거나 입법활동을 위하여 필요로 하는 정보를 수집하는 활동으로부터 법이 정한 권한을 개별적·구체적으로 행사하기 위하여 사실을 조사하거나 자료를 수집하는 활동 및 사인의 신청·신고 등에 의한 정보취득까지를 모두 포함한다. 그러므로 정책을 포함한 모든 행정작용은 행정조사로부터 시작된다고 하여도 과언이 아니다. 「행정조사기본법」은 행정조사를 "행정기관이 정책을 결정하거나 직무를 수행하는 데 필요한 정보나 자료를 수집하기 위하여 현장조사·문서열람·시료채취 등을 하거나 조사대상자에게 보고요구·자료제출요구 및 출석·진술요구를 행하는 활동"으로 정의하고 있다(2조 1호).

이와 같이 행정조사는 행정기관이 행정활동을 하기 위하여 꼭 행하여야 할 전제이지만, 행정조사에 의거하여 행하여지는 행정활동과의 관계에서는 정보수집이라는 목적 아래 그 자체 완결된 하나의 행정활동으로 취급된다.

현대국가에 있어서와 같이 행정의 광역화와 전문화가 가속적으로 진행하고 있는 상황 아래서는 행정의 적정화와 합리화를 확보하고 행정목표 실현을 위한 과제를 바르게 인식하기 위하여 행정조사의 수요가 증가되고 있다.[2] 특히 법치행정원리에서 본다면 행정기관이 그 권한을 행사하기 위하여는 사실을 조사하여 확인하고 그 권한행사가 행정법규에 적합한가의 여부를 조사·확인할 의무가 있다. 동시에 필요한 정보를 확실하게 수집하기 위해서는 실력행사를 필요로 하는 경우가 있다. 적절한 행정활동을 담보하기 위한 자료수집의 이익과 행정조사로부터

---

1) 종래 통설은 행정조사를 행정상 즉시강제의 일부로 보아 같이 다루어 왔다. 행정조사에 대하여도 행정상 즉시강제의 법원리가 적용된다고 보았기 때문이다. 지금도 학자에 따라서는 행정조사를 행정상 즉시강제의 일부로 보는 종래의 견해에 따라 "행정기관이 궁극적으로 행정작용을 적정하게 실행함에 있어서 필요로 하는 자료·정보 등을 수집하기 위하여 행하는 권력적 조사 활동"으로 좁게 정의한다(金東熙, 행정법 Ⅰ(제13판), 462쪽). 이와 같은 행정조사의 정의에 대하여는 ① 행정조사의 본질을 직시하지 못한다는 점, ② 이 정의에 의할 경우 권력적 행정조사와 비권력적 행정조사의 경계 내지 한계를 다시 찾아야 한다는 점에서 비권력적 행정조사를 원용할 수밖에 없는 자기모순에 빠지게 된다는 비판이 있다(吳峻根, 「"행정조사"의 공법이론적 재검토」, 공법연구(한국공법학회) 제31집 제3호, 532쪽).

2) 행정조사는 우리나라에서 행정기관이 가장 빈번하게 활용하는 행정수단 중의 하나이다(吳峻根, 위의 논문, 529·530쪽).

사인의 자유로운 생활영역을 확보할 필요를 어떻게 조정하는가가 행정조사의 기본적 과제가
된다.

Ⅱ. 행정조사의 성질

(1) 행정조사는 형식적으로는 다 같은 행정기관에 의한 조사활동이지만, 형사수사와 구별된
다. 형사수사는 범죄의 혐의 유무를 명백히 하여 공소의 제기와 유지 여부를 결정하기 위
하여 범인을 발견·확보하고 증거를 수집하는 수사기관의 활동이다. 따라서 형사수사는
실질적으로는 사법(司法)활동에 속한다. 행정조사를 구체적인 정책이나 처분 등의 준비 단
계라고 한다면, 형사수사는 공소의 제기와 유지 여부를 결정하기 위한 제1차 단계이다.
후술하는 바와 같이 행정조사의 법적 근거는 행정조사기본법 등이나 형사수사의 법적 근
거는 형사소송법이다.

(2) 행정조사는 오로지 정보 수집을 위하여 직권으로 행하는 행정활동이라는 점에서 이해관
계인의 권리보호내지 참가보장을 위하여 행정기관이 의무로서 행하는 후술하는 행정절차
와 구별된다.

(3) 행정조사는 사실행위라는 점에서 법적 행위와 구별된다.

(4) 행정조사는 사실행위라는 점에서 행정상 즉시강제와 같으나, 뒤에서 보는 바와 같이 목
적·수단 등에 있어서 차이가 있다.[1]

Ⅲ. 행정조사의 기능

행정조사는 두 가지 기능을 갖는다. 상술한 바와 같이 행정조사의 두 가지 측면 중 행정결정

---

1) 흔히 교통단속 등 단속이라는 용어를 사용한다. 그러나 구체적으로 보면 단속이라는 용어는 다의적 개념이다.
단속을 협의로 사용하는 경우도 있다. 이 견해에 의하면 "단속이란 법령에 의해 단속권한이 부여된 행정기관 또
는 당해 공무원이 그 권한에 기하여 단속법규의 준수 여부를 감시하여 필요한 처분을 행하고, 단속법규 위반 여
부를 감시·조사하여 위반행위를 적발하는 행위"(金元中, 「경찰 주취운전 단속의 근거와 한계에 관한 연구」, 법
학연구(한국법학회)제18집, 108쪽)로 정의된다. 단속을 광의로 사용하는 견해 중에는 컴퓨터프로그램보호법상
행정상 즉시강제에 해당하는 (부정복제물등의)수거·삭제·폐기 및 행정상 강제집행 수단인 직접강제에 해당하
는(부정복제물등의 전송 또는 게시의 거부·정지·제한 명령 및 그 불이행시의)삭제·폐기조치를 모두 단속처분
으로 정의하고 있다(朴正勳, 「컴퓨터프로그램보호법상 단속처분 및 행정조사법제의 문제점과 개선방안」, 행정
법연구(행정법이론실무학회)제9호, 3쪽). 학자에 따라서는 행정조사와 행정상 즉시강제 외에 행정단속이라는
학문상 개념을 사용한다. 개념요소로서 ① 실정 행정법령의 위반의 혐의나 의심의 존재, ② 그 혐의나 의심을 해
명하여 사후 강제집행이나 제재적 행정처분을 위한 자료로 정보를 수집·축적하기 위한 침익적 행정조사, ③ 혐
의나 의심이 사실로 확인될 경우 절차의 여유가 없는 경우 법규위반과 법익침해 상태의 중단을 위한 즉시강제의
가능성을 들고, 행정조사의 의미를 갖고 있으나 그 동기가 위법사실의 확인이기 때문에 필연적으로 발생할 위축
효과로 인하여 침익성을 갖게 되며 위법사실의 확인이 있을 경우 물건의 폐기까지 포함하므로 강제성을 가지므
로 상대방을 특정하지 않고 개별적 위험사안과 무관한 무작위적 일제단속은 법률유보원칙의 적용대상이 된다고
한다(李起椿, 「행정법상 행정단속에 관한 연구」, 법학논총(전남대학교 법학연구소)제33집 제1호, 295쪽 이하).

의 불가결한 전제라는 측면에서는 행정활동을 위한 정보수집의 기능을 갖는다. 그러나 행정조사에 의거하여 행하여지는 행정활동의 관계에서 정보수집이라는 목적 아래 그 자체 완결된 하나의 행정활동이라는 측면에서는 행정기관의 신중한 판단을 촉진하는 기능을 갖는다.

Ⅳ. 행정조사의 종류

행정조사는 다음 기준에 의하여 여러 가지로 나눌 수 있다.

1. 대상에 의한 구별

행정조사는 그 대상을 기준으로 하여 대인적 조사(예: 질문, 불심검문, 장부·서류 등 제출명령), 대물적 조사(예: 장부·서류의 열람, 물건의 검사·수거), 대가택 조사(예: 주거·창고 등에의 출입·검사)로 나눌 수 있다. 또한 일반조사(예: 국세(國勢)조사)와 개별조사로 나눌 수 있다. 개별조사는 조사대상이 되는 사인의 권리·이익과 상충되는 바가 크다. 특히 법령 위반에 대한 불이익처분 발동의 전제로서 위반 사실을 수집하는 행정조사는 형사법 위반에 대한 형벌 발동의 전제로서의 형사수사와 같은 기능을 가지므로 처분의 대상이 되는 사인과의 긴장관계가 팽팽하며, 행정조사의 법적 통제에 대한 요청도 크다.

2. 성질에 의한 구별

행정조사는 그 성질을 기준으로 하여 비권력적 행정조사(임의조사)(예: 부동산소유현황조사)와 권력적 행정조사(강제조사)(예: 금융감독원의 은행 또는 그 대주주에 대한 자료제출요구)로 나눌 수 있다. 이와 같이 행정조사를 그 성질에 의하여 나눌 경우에 권력적 행정조사와 행정상 즉시강제는 목적·수단 등에 있어서 차이가 있다. ① 전자가 행정결정을 위한 자료수집을 목적으로 하는 준비행위임에 반하여, 후자는 행정상 필요한 상태를 종국적으로 실현하기 위한 것이다. ② 전자가 작위·수인의무를 전제로 하여 이에 불응한 경우 제재(과태료의 대상이 되는 것이 일반적이나 인허가 취소 또는 정지의 대상이 되는 경우도 있음)를 과하는 것이 원칙임에 반하여, 후자는 직접적인 실력행사를 하여 행정상 필요한 상태를 실현시킨다.

Ⅴ. 행정조사의 법적 근거

권력적 행정조사에는 법률의 근거를 필요로 함은 말할 나위가 없다.[1] 그 외에도 사인에게 미치는 중요한 사항인 경우 비록 비권력적 행정조사에도 중요사항 유보설에 의하면 법률의 근거를

---

1) 권력적 행정조사의 법률근거가 있다는 것만으로 조사대상자에게 당연히 수인의무가 발생하거나, 강제력을 발동할 수 있는 것은 아니다.

필요로 한다. 현행 근거법률로는 「행정조사기본법」을 비롯하여 「행정절차법」, 「은행법」(35조의 5), 「자본시장법」(427조), 「통계법」(26조), 「독점규제 및 공정거래에 관한 법률」(50조), 「경찰관직무집행법」(3조), 「공익사업을 위한 토지 등의 취득 및 보상에 관한 법률」(27조), 「국세기본법」(81조의 4 이하), 「법인세법」(122조) 등이 있다.

「행정조사기본법」은 행정조사에 관한 기본원칙, 행정조사의 방법 및 절차 등을 정한 기본법이다. 동법은 제3조 제2항에서 국가의 존립을 위태롭게 하거나 국가의 중대한 이익을 현저히 해칠 우려가 있는 국가안전보장·통일 및 외교에 관한 사항 등에 대한 적용제외 사항을 규정하고 있다. 또한 동법은 제5조에서 행정조사의 실시는 개별 법령·조례·규칙의 법적 근거가 있는 경우에 한한다는 것과 조사대상자의 자발적인 협조를 얻어 실시하는 임의조사의 경우에는 법적 근거를 필요하지 아니하다는 것을 규정하고 있다.

VI. 행정조사의 기본원칙

「행정조사기본법」은 행정조사의 기본원칙으로 다음 여섯 가지를 정하고 있다(동법 4조). 이것들은 행정조사의 한계가 된다. 행정기관이 정보를 수집·이용하는 경우, 개인정보 보호의 관점에서 제한이 있음을 유념하여야 한다(→ 개인정보보호).[1]

1. 최소침해원칙 및 권한남용금지

행정조사는 조사목적을 달성하는 데 필요한 최소한의 범위 안에서 실시하여야 하며, 다른 목적 등을 위하여 조사권을 남용하여서는 아니 된다(동조 1항). 이를 위하여는 행정조사운영계획을 면밀히 수립하여야 하며(동법 6조), 법정 조사방법과 실시절차를 따라야 한다(동법 9조 이하 내지 16조 이하).

2. 조사대상자의 한정

행정기관은 조사목적에 적합하도록 조사대상자를 선정하여 행정조사를 실시하여야 한다(동법 4조 2항). 이를 위하여 행정기관의 장은 행정조사의 목적, 법령준수의 실적, 자율적인 준수를 위한 노력, 규모와 업종 등을 고려하여 명백하고 객관적인 기준에 따라 행정조사의 대상을 선정하여야 한다(동법 8조 1항).

3. 중복조사의 제한

행정기관은 유사하거나 동일한 사안에 대하여는 공동조사 등을 실시함으로써 행정조사가 중

---

1) 국세기본법 제81조의4는 조사권 남용금지, 중복조사의 금지 등을 규정하고 있다. 세무조사권의 적법행사에 관하여는 蘇淳茂, 조세소송, 83쪽이하 참조.

복되지 아니하도록 하여야 한다(동법 4조 3항).[1][2] 중복조사의 제한은 조사방법에서 구체적으로 규정하고 있다(동법 15조).

4. 예방조사중심주의

행정조사는 법령·조례·규칙의 위반에 대한 처벌보다는 법령·조례·규칙을 준수하도록 유도하는 데 중점을 두어야 한다(동법 4조 4항).

5. 내용공표금지

다른 법률에 따르지 아니하고는 행정조사의 대상자 또는 행정조사의 내용을 공표하거나 직무상 알게 된 비밀을 누설하여서는 아니 된다(동조 5항).

6. 타용도이용금지

행정기관은 행정조사를 통하여 알게 된 정보를 다른 법률에 따라 내부에서 이용하거나 다른 기관에 제공하는 경우를 제외하고는 원래의 조사목적 이외의 용도로 이용하거나 타인에게 제공하여서는 아니 된다(동조 6항).

Ⅶ. 조사방법

「행정조사기본법」이 정하고 있는 조사방법에는 출석·진술요구, 보고·자료제출요구, 현장조사, 시료채취, 자료 등의 영치, 공동조사 등이 있다.

---

1) 대법 2015. 2. 26. 선고 2014두12062 판결 : 세무공무원이 어느 세목의 특정 과세기간에 대하여 모든 항목에 걸쳐 세무조사를 한 경우는 물론 그 과세기간의 특정 항목에 대하여만 세무조사를 한 경우에도 다시 그 세목의 같은 과세기간에 대하여 세무조사를 하는 것은 구 국세기본법 제81조의4 제2항에서 금지하는 재조사에 해당하고, 세무공무원이 당초 세무조사를 한 특정 항목을 제외한 다른 항목에 대하여만 다시 세무조사를 함으로써 세무조사의 내용이 중첩되지 아니하였다고 하여 달리 볼 것은 아니다. 다만 당초의 세무조사가 다른 세목이나 다른 과세기간에 대한 세무조사 도중에 해당 세목이나 과세기간에도 동일한 잘못이나 세금탈루 혐의가 있다고 인정되어 관련 항목에 대하여 세무조사 범위가 확대됨에 따라 부분적으로만 이루어진 경우와 같이 당초 세무조사 당시 모든 항목에 걸쳐 세무조사를 하는 것이 무리였다는 등의 특별한 사정이 있는 경우에는 당초 세무조사를 한 항목을 제외한 나머지 항목에 대하여 향후 다시 세무조사를 하는 것은 구 국세기본법 제81조의4 제2항에서 금지하는 재조사에 해당하지 아니한다. 이 판례에 대한 평석으로 李用雨, 「부분조사에 대한 중복 세무조사금지 원칙의 적용여부 및 세무조사결정처분의 취소를 구할 소의 이익 유무」, 한국행정판례연구회 제316차 월례발표회 발표문이 있다.
2) 대법 2020. 2. 13. 선고 2015두745 판결 : 구 관세법(2011.12.31. 법률 제11121호로 개정되기 전의 것) 제111조에 의하면, 세관공무원은 예외적인 경우를 제외하고는 해당 사안에 대하여 이미 조사를 받은 자에 대하여 재조사를 할 수 없다. 나아가 금지되는 재조사에 가하여 과세처분을 하는 것은 단순히 당초 과세처분의 오류를 경정하는 경우에 불과하다는 등의 특별한 사정이 없는 한 그 자체로 위법하고, 이는 관세청장이 그러한 재조사로 얻은 과세자료를 과세처분의 근거로 삼지 않았다거나 이를 배제하고서도 동일한 과세처분이 가능한 경우라고 하여 달리 볼 것은 아니다.

1. 출석·진술요구

행정기관의 장이 조사대상자의 출석·진술을 요구하는 때에는 법정 사항을 기재한 출석요구 서의 발송으로 행한다(동법 9조 1항). 조사원은 원칙적으로 조사대상자의 1회 출석으로 당해 조사 를 종결하여야 한다(동조 3항).

2. 보고·자료제출요구

행정기관의 장이 조사대상자에게 조사사항에 대하여 보고를 요구하는 때에는 법정 사항을 기재한 보고요구서를, 장부·서류나 그 밖의 자료를 요구하는 때에는 법정 사항을 기재한 자료제 출요구서를 발송하는 방법으로 행한다(동법 10조 2항).

3. 현장조사

조사원이 가택·사무실 또는 사업장 등에 출입하여 현장조사를 실시하는 경우에는 기관의 장 은 법정 사항이 기재된 현장출입조사서 또는 법령·조례·규칙에서 현장조사시 제시하도록 규정 하고 있는 문서를 조사대상자에게 발송함으로써 행한다(동법 11조 1항). 현장조사는 해가 뜨기 전 이나 해가 진 뒤에는 원칙적으로 행할 수 없다(동조 2항). 현장조사를 하는 조사원은 그 권한을 나 타내는 증표를 지니고 이를 조사대상자에게 내보여야 한다(동조 3항).

4. 시료채취

조사원이 조사목적을 달성하기 위하여 시료채취를 하는 경우에는 그 시료의 소유자 및 관리자 의 정상적인 경제활동을 방해하지 아니하는 범위 안에서 최소한도로 행하여야 한다(동법 12조 1항). 행정기관의 장은 시료채취로 조사대상자에게 손실을 입힌 때에는 그 손실을 보상하여야 한다(동조 2항).

5. 자료 등의 영치

조사원이 현장조사 중에 자료·서류·물건 등을 영치하는 때에는 조사대상자 또는 그 대리인 을 입회시켜야 하고, 이 경우에 조사대상자의 생활이나 영업이 사실상 불가능하게 될 우려가 있 는 때에는 조사원은 자료 등을 사진으로 촬영하거나 사본을 작성하는 등의 방법으로 영치에 갈 음할 수 있다(동법 13조 1항·2항). 조사원이 영치를 완료한 때에는 영치조서 2부를 작성하여 입회 인과 함께 서명날인하고 그 중 1부를 입회인에게 교부하여야 한다(동조 3항).

6. 공동조사

행정기관의 장은 ① 당해 행정기관 내의 2 이상의 부서가 동일하거나 유사한 업무분야에 대하여 동일한 조사대상자에게 행정조사를 실시하는 경우, ② 서로 다른 행정기관이 대통령령으로 정하는 분야에 대하여 동일한 조사대상자에게 행정조사를 실시하는 경우에는 공동조사를 하여야 한다(동법 14조 1항). 위 각호에 따른 사항에 대하여 행정조사의 사전통지를 받은 조사대상자는 관계 행정기관의 장에게 공동조사를 실시하여 줄 것을 신청할 수 있으며, 이 경우 공동조사신청서를 제출하여야 한다(동조 2항). 공동조사를 요청받은 행정기관의 장은 이에 응하여야 한다(동조 3항).

Ⅷ. 행정조사의 절차

1. 행정조사의 일반절차

우리나라의 현행법제에서 행정조사에 관한 일반절차를 정한 법률은 「행정조사기본법」이다.

(1) 개별조사계획의 수립

행정조사를 실시하고자 하는 행정기관의 장은 다음 (2)의 사전통지를 하기 전에 원칙적으로 개별조사계획을 수립하여야 한다(동법 16조 1항). 개별조사계획에는 조사의 목적·종류·대상·방법·기간·근거, 조사원의 구성, 조사대상자의 선정기준, 조사거부시 제재(制裁)의 내용 및 근거가 포함되어야 한다(동조 2항, 동법 시행령 10조).

(2) 조사의 사전통지

행정조사를 실시하고자 하는 행정기관의 장은 출석요구서(동법 9조), 보고요구서·자료제출요구서(동법 10조) 및 현장출입조사서(동법 11조)를 조사개시 7일 전까지 조사대상자에게 원칙적으로 서면으로 통지하여야 한다(동법 17조 1항). 행정기관의 장은 조사대상자에 대한 조사만으로는 당해 행정조사의 목적을 달성할 수 없거나 조사대상이 되는 행위에 대한 사실 여부 등을 입증하는 데 과도한 비용 등이 소요되는 경우로서 일정한 경우에는 제3자에 대하여도 보충조사를 할 수 있는데, 이 경우에도 조사개시 7일 전까지 보충조사의 일시·장소 및 보충조사의 취지 등을 제3자에게 서면으로 통지하여야 한다(동법 19조 1항·2항).

(3) 의견제출

조사대상자는 사전통지의 내용에 대하여 행정기관의 장에게 의견을 제출할 수 있다(동법 21조 1항). 행정기관의 장은 조사대상자가 제출한 의견이 상당한 이유가 있다고 인정하는 경우에는 이를 행정조사에 반영하여야 한다(동조 2항).

(4) 조사권행사의 제한

조사원은 조사방법에 따라 사전에 발송된 사항에 한하여 조사대상자를 조사하되, 사전통지한 사항과 관련된 추가적인 행정조사가 필요한 경우에는 조사대상자에게 추가조사의 필요성과 조사내용 등에 관한 사항을 서면이나 구두로 통보한 후 추가조사를 할 수 있다(동법 23조 1항). 조사대상자는 법률·회계 등에 대하여 전문지식이 있는 관계 전문가로 하여금 행정조사를 받는 과정에 입회하게 하거나 의견을 진술하게 할 수 있다(동조 2항). 조사대상자와 조사원은 조사과정을 방해하지 아니하는 범위 안에서 행정조사의 과정을 녹음하거나 녹화할 수 있으며, 이 경우에는 사전에 당해 행정기관의 장에게 통지하여야 한다(동조 3항·4항).

(5) 조사결과의 통지

행정기관의 장은 법령·조례·규칙에 특별한 규정이 있는 경우를 제외하고는 행정조사의 결과를 확정한 날부터 7일 이내에 그 결과를 조사대상자에게 통지하여야 한다(동법 24조).

2. 행정조사절차와 행정절차법

행정조사절차에도 「행정절차법」이 적용된다. 특히 주목되는 것은 처분절차이다. 「행정절차법」 제1조의 목적 규정 및 처분절차에 관한 제규정에 비추어 보면 처분을 행할 단서가 되는 사실 발생부터 행정청이 행하는 조사, 사실인정, 요건판단, 법규의 해석, 포섭 등으로부터 처분서 교부에 이르는 처분절차에서 행정청은 실체적 진실탐구 의무를 진다.

3. 행정조사와 영장주의

권력적 행정조사의 경우, 헌법상의 영장주의(헌법 제12조 제1항은 '누구든지 법률에 의하지 아니하고는 체포·구속·압수·수색을 받지 아니한다'라고 규정하고 있다)[1]가 적용되는지가 문제된다. 헌법 제12조 제3항이 체포·구속·압수·수색에 검사의 영장청구권을 규정하고 있지만, 영장주의는 형사영역에 한정될 필요가 없다. 판례는 행정조사에는 영장주의가 적용되지 아니 한다는 것(대법 2013. 9. 26. 선고 2013도7718 판결 등, 헌재 2002. 10. 31. 2000헌가12 결정 등)도 있고, 적용된다는 것(대법 2016. 12. 27. 선고 2014두46850 판결 등, 헌재 2008. 1. 10. 2007헌마1468 결정 등)도 있다. 형사소추를 위한 자료수집에 직결되는 행정조사[2]는 말할 나위가 없고, 권력적 행정조사에는 원칙적으로 영장주의가 적용된다고 보아야 할 것이다.

---

[1] 체포·구속·압수·수색영장은 조사대상자에게 해당 강제처분에 따를 수인의무를 부과하는 문서이며, 해당 의무를 위반할 경우 영장집행을 통하여 이를 강제할 수 있다.

[2] 전자정보에 대한 압수·수색절차에서 해당 사건과 관련성이 없는 부분까지도 압수·수색을 해 온 잘못된 관행에 대하여는 조광훈 「전자저장매체 등의 압수·수색에서 참여권」, 저스티스 통권 제151호, 296쪽 참조.

IX. 위법한 행정조사와 행정행위

(1) 법률이 행정조사의 목적·절차 등을 규정하고 있는 경우에 그것에 위반하여 행한 행정조사는 위법하게 된다. 예컨대 범죄수사의 목적으로 세무조사를 행하였다면 그 세무조사는 위법하다.

(2) 위법한 행정조사의 결과로 획득한 자료를 바탕으로 하여 행정행위가 행하여진 경우에 위법한 행정조사가 행정행위에 어떤 법적 효과를 미치는가가 문제된다. 앞에서 본 바와 같이 행정조사는 행정행위를 하기 위한 불가결한 전제라는 측면과 정보수집이라는 목적 아래 그 자체 완결된 하나의 행정활동이라는 측면을 갖고 있다. 행정행위에 직접 선행하는 행정조사가 위법한 경우, 전자의 측면만으로 보면 행정행위의 절차적 흠과 유사한 측면이 있는 반면, 후자의 측면에서 보면 보다 다른 배려가 요청되는 측면이 있다. 대법원은 국토의 계획 및 이용에 관한 법률이 규정하고 있는(제27조) 기초조사의 흠은 도시계획의 취소사유가 된다고 하였고(대법 1988. 5. 24. 선고 87누388 판결), 위법한 세무조사에 기초하여 이루어진 조세부과처분은 위법하다고 하였다(대법 2006. 6. 2. 선고 2004두12070 판결, 대법 2010. 12. 23. 선고 2008두10461 판결 등).[1]

X. 행정조사와 권리구제

1. 행정조사가 적법한 경우

적법한 행정조사로 인하여 귀책사유 없이 특별한 희생을 입은 자는, 법률의 규정이 있는 경우, 손실보상을 청구할 수 있다(행정조사기본법 12조 2항).

---

1) 대법 2014. 6. 26. 선고 2012두911 판결 : 헌법 제12조 제1항에서 규정하고 있는 적법절차의 원칙은 형사소송절차에 국한되지 아니하고 모든 국가작용 전반에 대하여 적용된다. 세무조사는 국가의 과세권을 실현하기 위한 행정조사의 일종으로서 과세자료의 수집 또는 신고 내용의 정확성 검증 등을 위하여 불요불가결하며, 종국적으로는 조세의 탈루를 막고 납세자의 성실한 신고를 담보하는 중요한 기능을 수행한다. 이러한 세무공무원의 세무조사권의 행사에서도 적벌절차의 원칙은 마땅히 준수되어야 한다. 구 국세기본법 제81조의5가 정한 세무조사 대상 선정사유가 없음에도 세무조사 대상으로 선정하여 과세자료를 수집하고 그에 기하여 과세처분을 하는 것은 적법절차의 원칙을 어기고 구 국세기본법 제81조의5와 제81조의3 제1항을 위반한 것으로서 특별한 사정이 없는 한 과세처분은 위법하다. 이 판결에 대한 평석으로 金海磨中, 「위법한 세무조사대상 선정에 따른 과세처분의 효과」, 한국행정판례연구회 제305차 월례발표회 발표논문이 있다. 대법 2016. 12. 15. 선고 2016두47659 판결도 "세무조사가 과세자료의 수집 또는 신고내용의 정확성 검증이라는 본연의 목적이 아니라 부정한 목적을 위하여 행하여진 것이라면 이는 세무조사에 중대한 위법사유가 있는 경우에 해당하고 이러한 세무조사에 의하여 수집된 과세자료를 기초로 한 과세처분 역시 위법하다"고 하였다.

2. 행정조사가 위법한 경우

이 경우에는 여러 가지 구제방법이 있다. ① 행정조사가 처분에 해당하는 경우, 행정쟁송을 제기하여 다툴 수 있다.[1] 다만 권력적 행정조사의 위법상태가 장기간 계속되는 경우에 실익이 있을 것이다. 설사 행정조사 자체가 처분에 해당하는 경우가 아니라 하더라도 행정청이 처분을 행하기 위해서는 사안을 충분히 조사검토하여 사실인정을 행하고 인정된 사실에 의거하여 적절한 평가를 하는 과정이 필요한 것이므로 처분청이 사안을 충분히 조사검토하여 사실인정을 하지 아니하였다든가 인정된 사실에 의거하여 적절한 평가를 하지 아니한 경우, 행정조사가 쟁송으로 다투어진 때에는 행정조사의 위법·부당 여부 판단에 영향을 미치게 될 것이다. 충분한 조사가 행하여지지 아니한 결과, 실체적 요건이 결여하게 된 경우에는 처분이 위법하게 되는 것은 말할 나위가 없다. ② 위법한 권력적 행정조사로 기본권을 침해받은 자는 헌법재판소에 헌법소원심판을 청구할 수 있다. ③ 공무원의 조사판단과정에 위법성이 있는 경우 등 요건을 충족하고 있는 때에는 「국가배상법」에 의하여 행정상 손해배상을 청구할 수 있을 것이다. ④ 정당방위가 가능하다는 것이 통설이다. ⑤ 그 외에 간접적 권리구제수단으로 감독권에 의한 취소·정지, 공무원의 징계·형사책임, 청원 등을 들 수 있을 것이다.

3. 법정의무인 행정조사를 해태한 경우

행정조사가 법정 의무인 경우 행정기관이 그 행정조사를 해태한 때에는 이해관계인인 사인은 행정기관에 대하여 조사청구권을 가지며, 일정한 경우에는 소송으로 이를 주장할 수 있다. 조사의무의 해태가 사실오인을 결과하는 경우 사실오인이 취소사유가 될 때에는 말할 나위가 없지만, 조사의무의 해태가 올바른 행정정보, 적정한 행정절차의 흠을 가져오는 것이므로 조사의무의 해태도 취소사유가 될 수 있다.[2] 따라서 해태한 행정조사에 의거하여 행하여진 행정행위의

---

1) 세무조사결정(사전)통지행위의 처분성 여부에 관하여 대법 2011. 3. 10. 선고 2009두23617, 23624 판결은 "부과처분을 위한 과세관청의 질문조사권이 행해지는 세무조사결정이 있는 경우 납세의무자는 세무공무원의 과세자료 수집을 위한 질문에 대답하고 검사를 수인하여야 할 법적 의무를 부담하게 되는 점, 세무조사는 기본적으로 적정하고 공평한 과세의 실현을 위하여 필요한 최소한의 범위 안에서 행하여져야 하고, 더욱이 동일한 세목 및 과세기간에 대한 재조사는 납세자의 영업의 자유 등 권익을 심각하게 침해할 뿐만 아니라 과세관청에 의한 자의적인 세무조사의 위험마저 있으므로 조세공평의 원칙에 현저히 반하는 예외적인 경우를 제외하고는 금지될 필요가 있는 점, 납세의무자로 하여금 개개의 과태료 처분에 대하여 불복하거나 조사 종료 후의 과세처분에 대하여만 다툴 수 있도록 하는 것보다는 그에 앞서 세무조사결정에 대하여 다툼으로써 분쟁을 조기에 근본적으로 해결할 수 있는 점 등을 종합하면, 세무조사결정은 납세의무자의 권리·의무에 직접 영향을 미치는 공권력의 행사에 따른 행정작용으로서 항고소송의 대상이 된다고 하였다". 제1심법원과 항소심법원은 세무조사결정(사전)통지행위는 상대방 또는 관계자의 법률상 지위에 직접적으로 변동을 일으키지 않는 행위이므로 처분성이 없다고 판단하였다. 대법원판결에 비판적인 평석으로 李東植, 「세무조사 결정통지의 처분성―대법원 2011. 3. 10. 선고 2009두23617, 23624 판결―」, 행정판례연구(한국행정판례연구회) XVII -1, 143쪽 이하가 있다.

2) 대법원은 기초조사를 제대로 거치지 않고 행해진 도시계획결정에 대하여 절차의 흠 있는 위법한 처분이라는 이유로 이를 취소하였다(대법 1988. 5. 24. 선고 87누388 판결, 대법 1990. 6. 12. 선고 90누2178 판결 등).

취소를 행정쟁송으로 청구할 수 있다. 또한 행정기관의 조사의무위반이 위법하거나 과실이 있는 때에는 사인은 행정상 손해배상도 청구할 수 있다. 따라서 행정조사의무는 재량통제의 수단이 될 수 있다.

4. 행정청의 행정조사의 적법성·적절성 심사의무와 처분이유의 추가·변경

행정청은 입법을 성실하게 집행하여야 하고 처분을 행할 때에는 관계 여러 이익을 입법의 취지에 따라 형량하여야 하며, 입법의 취지에 반하여 관계인의 이익에 해가 되는 결과가 되는 것을 회피하기 위하여 충분한 조사·검토를 행할 의무를 진다. 이 의무에 의하여 관계인에게는 필요한 조사를 행하지 아니한 처분에 의하여 불이익을 받지 아니하는 법적 지위가 인정된다. 세무조사 범위의 확대 등을 심의하는 납세자보호위원회(국세기본법 81조의18), 위법한 세무조사에 대한 일시중지권 등을 가지는 납세자보호담당관(동법 81조의16)등 제도는 행정기관 내부의 독립된 기관에게 행정조사에 관한 적법성·적절성을 심사하게 하는 제도이다. 행정청이 처분을 행하면서 동시에 붙인 처분이유를 추가·변경하는 것은 위의 관계인의 법적 지위를 해할 우려가 있다. 따라서 행정청이 일단 행한 처분이유의 추가·변경은 행정청의 조사의무와도 밀접한 관계가 있다. 행정청의 조사의무와 처분이유의 추가·변경·제한과의 관계를 검토하는 것은 또 하나의 과제이다.

XI. 행정조사와 정보의 관리 및 이용

행정조사에 의하여 수집된 정보는 행정조사의 목적에 적합하게 관리·이용되어야 한다. 개인의 사생활과 관련된 개인정보는 다른 목적에 이용되거나 공개되지 아니하도록 관리하여야 한다. 반대로 정보의 공개가 공익을 위하여 필요한 경우에는 공개되어야 한다. 이에 관하여는 뒤에서 다시 설명한다(→ 행정정보).

제 3 장 행정정보

제 1 절 행정정보공개

Ⅰ. 행정정보공개의 의의

　행정정보공개는 사인의 청구에 의하여 국가 등 공공기관이 보유하는 행정정보를 개시(開示)하는 것을 말한다. 여기서 말하는 공공기관은 국가기관에 한정되는 것이 아니라 지방자치단체, 정부투자기관, 그 밖에 공동체 전체의 이익에 중요한 역할이나 기능을 수행하는 기관도 포함되는 것으로 해석된다.[1] 공공기관의 행정정보를 공개하는 경우에도 사인의 청구에 의해서가 아니라 스스로 공개하는 것(예컨대, 행정절차법에 의한 처리기간·처분기준의 공표, 민원처리에관한법률에 의한 민원처리기준표의 고시 등)은 여기서 말하는 행정정보공개에 해당하지 아니한다. 이 밖에 공공기관이 보유하는 행정정보를 개시하는 제도로「공공데이터의 제공 및 이용 활성화에 관한 법률」에 의한 공공데이터 개방제도가 있다. 이 제도도 공공정보에의 접근권을 보장하고 행정의 투명성을 제고하려는 제도이지만, 공공데이터 산업적 이용과 그를 통한 국민경제의 발전에 주안점이 있다. 여기에서는 국민의 청구권 행사에 의하여 공공기관이 정보를 개시하는 좁은 의미의 행정정보공개에 초점을 맞추고 있다.

Ⅱ. 행정정보공개의 필요성

　(1) 행정정보공개는 헌법상의 요청이다. 우리나라의 통설은 행정정보공개청구권은 헌법상의 알 권리에 근거를 두며, 알 권리는「헌법」제21조의 언론·출판의 자유 즉 표현의 자유 속에 당연히 포함되는 것으로 보고 있다.[2] 우리 헌법재판소도 이를 확인하고 있으며, 나아가 "헌법 규정만으로 이를 실현할 수 있는가 구체적인 법률의 제정이 없이는 불가능한 것인가에 대하여서는 다시 견해가 갈릴 수 있지만, 본건 서류에 대한 열람·복사 민원의 처리는 법률의 제정이 없더라도 불가능한 것이 아니라 할 것이고, 또 비록 공문서 공개의 원칙보다는 공문서의 관리·통제에 중점을 두고 만들어진 규정이기는 하지만 정부공문서규정 제36조 제2항이 미흡하나마 공문서의 공개를 규정하고 있는 터이므로 이 규

---

1) 대법원은「공공기관의 정보공개에 관한 법률 시행령」제2조 제1호가 공공기관의 하나로 사립대학교를 들고 있는 것이 모법의 위임범위를 벗어났다거나 사립대학교가 국비의 지원을 받는 범위 내에서만 공공기관의 성격을 가진다고 볼 수 없다고 판시하였다(대법 2006. 8. 24. 선고 2004두2783 판결).

2) 정보공개청구권의 헌법적 근거는「헌법」제10조와의 관련하에 제37조 제1항에 의하여 보장되는 인격권에서 찾는 것이 보다 명확하다는 견해로는 慶健,「행정정보의 공개」행정작용법(김동희교수 정년퇴임기념논문집), 2005, 900쪽 참조.

정을 근거로 해서 국민의 알 권리를 곧바로 실현시키는 것이 가능하다고 보아야 할 것이다"(헌재 1989. 9. 4. 88헌마22 결정)라고 판시하고 있다. 대법원도 "일반적으로 국민은 국가기관에 대하여 기밀에 관한 사항 등 특별한 경우 이외에는 보관하고 있는 문서의 열람 및 복사를 청구할 수 있고, 정부공문서규정 제36조 제2항의 규정도 행정기관으로 하여금 일반국민의 문서열람 및 복사신청에 대하여 기밀 등의 특별한 사유가 없는 한 이에 응하도록 하고 있으므로 그 신청을 거부한 것은 위법하다"(대법 1989. 10. 24. 선고 88누9312 판결)라고 하여 같은 판시를 한 바 있다.

(2) 행정정보공개는 국민의 국정참여를 위하여 필요하다. 민주국가에 있어서는 국정은 국민의 의사형성에 바탕을 두고 있는데, 바른 국민의 의사형성은 바른 정보가 선행되어야 하기 때문이다. 또한 행정정보의 공개에 의하여 국민의 국정에 대한 정확한 이해와 비판, 나아가 통제가 가능하게 된다.

(3) 행정정보공개는 국정운영의 투명성을 확보하기 위하여 필요하다. 국정운영이 투명하게 되면 국정운영의 공정성을 확보하기 용이하다. 즉 국정운영의 투명성과 공정성은 상호 보완관계에 있다. 또한 국정운영의 투명성의 확보는 국정에 대한 국민의 신뢰성을 높인다.

III. 행정정보공개의 법적 근거

알 권리의 근거규정에 관하여는 견해가 나뉘나,[1] 헌법재판소는 행정정보공개의 헌법상 근거를 「헌법」 제21조에 포함되어 있는 알 권리에 두고 있다(헌재 1989. 9. 4. 88헌마22 결정 등). 대법원도 같은 입장이다(대법 1999. 9. 21. 선고 98두3426 판결 등).

법률로는 행정정보공개에 관한 일반법인 「공공기관의 정보공개에 관한 법률」이 있다. 「공공기관의 정보공개에 관한 법률」은 공공기관이 보유·관리하는 정보에 대한 국민의 공개청구 및 공공기관의 공개의무에 관하여 필요한 사항을 정함으로써 국민의 알권리를 보장하고 국정에 대한 국민의 참여와 국정운영의 투명성을 확보함을 목적으로 제정되었다(동법 1조). 그 밖에도 「교육관련기관의 정보공개에 관한 특례법」 등이 있다.

IV. 행정정보공개와 행정절차

당사자 등이 행정절차에서 자기의 정당한 주장을 행하기 위하여는 정확한 정보가 필수적이다. 그런데 「행정절차법」은 청문에서만, 즉 청문의 통지가 있는 날부터 청문이 끝날 때까지 당사자 등의 행정청에 대한 문서열람·복사청구권을 인정하고 있다(37조). 청문 이외의 경우에는 다른 법률(공공기관의 정보공개에 관한 법률 등)이 정한 정보공개청구권에 의하여 정보를 확보할 수밖

---

1) 金哲洙, 학설판례 헌법학(상), 981쪽 이하.

에 없다. 「공공기관의 정보공개에 관한 법률」에 의한 정보공개청구권과 「행정절차법」상의 문서열람청구권과의 다른 점은 다음과 같다.

(1) 양자는 법적 근거가 다르다. 즉 헌법상의 근거와 법률상의 근거에 있어서 차이가 있다.

(2) 양자는 공개대상정보에 차이가 있다. 즉 「행정절차법」상의 문서열람청구의 대상이 당해 처분과 관련되는 문서의 열람 또는 복사임에 대하여, 「공공기관의 정보공개에 관한 법률」에 의한 정보공개청구의 대상은 공공기관이 직무상 작성 또는 취득하여 관리하고 있는 문서(전자문서 포함) 및 전자매체를 비롯한 모든 형태의 매체 등에 기록된 사항이다.

(3) 양자는 청구권자에 차이가 있다. 즉 「행정절차법」상의 청구권자가 행정청의 처분에 대하여 직접 그 상대가 되는 당사자와 행정청이 직권 또는 신청에 의하여 행정절차에 참여하게 한 이해관계인임에 반하여, 「공공기관의 정보공개에 관한 법률」상의 청구권자는 모든 국민이다.

(4) 양자는 「행정절차법」상의 것이 처분이 행하여지기 전의 행정정보공개임에 반하여, 「공공기관의 정보공개에 관한 법률」상의 것이 반드시 그것에 한정하지 아니한다는 점에 차이가 있다.

V. 공공기관의 정보공개에 관한 법률의 특색·내용

1. 특   색

「공공기관의 정보공개에 관한 법률」은 외국의 입법례에서 일반화되어 있는 정보공개의 원칙을 수용하는 외에 다음과 같은 특색을 갖고 있다.

(1) 규율대상의 포괄성

정보공개는 주로 행정기관의 행정비밀주의의 극복에 중점이 있으므로 각국은 대체로 행정정보공개법의 형태를 취하고 있으나, 우리 「공공기관의 정보공개에 관한 법률」은 입법부와 사법부의 기관도 공개대상기관으로 포함하고 있다.

(2) 권리구제절차의 다원화

우리 법은 권리구제절차를 위하여 스웨덴의 옴부즈만제도, 캐나다의 정보커미셔너 제도, 프랑스의 행정문서액세스위원회와 같은 독립된 기관을 설치하지는 아니하였으나, 이의신청·행정심판·행정소송 등으로 다원화하고 있다.

2. 목 적

동법 제1조는 본 법의 목적을 공공기관이 보유·관리하는 정보에 대한 국민의 공개청구 및 공공기관의 공개의무에 관하여 필요한 사항을 정함으로써 "국민의 알권리를 보장하고," "국정에 대한 국민의 참여"와 "국정운영의 투명성을 확보함"에 있음을 분명히 하고 있다. 이에 의하여 알 수 있는 바와 같이 국민의 정보공개청구는 행정활동의 통제원리로 기능하게 된다.

3. 정보공개의 원칙

동법 제3조는 "공공기관이 보유·관리하는 정보는 국민의 알 권리 보장 등을 위하여 이 법이 정하는 바에 따라 적극적으로 공개하여야 한다"라고 하여 정보공개가 원칙이고, 정보비공개가 예외임을 천명하고 있다. 여기서 말하는 공개는 공공기관이 이 법에 따라 정보를 열람하게 하거나 그 사본·복제물을 제공하는 것 또는 「전자정부법」 제2조 제10호에 따른 정보통신망(이하 '정보통신망'이라 한다)을 통하여 정보를 제공하는 것 등을 말한다(동법 2조 2호).

4. 적용범위

㈎ 「공공기관의 정보공개에 관한 법률」은 정보공개에 관한 일반법이다(4조 1항).

㈏ 지방자치단체는 소관사무에 관하여 법령의 범위 안에서 정보공개에 관한 조례를 따로 정할 수 있다(동조 2항).

㈐ 국가안전보장에 관련되는 정보 및 보안업무를 관장하는 기관에서 국가안전보장과 관련된 정보분석을 목적으로 수집되거나 작성된 정보는 본법의 적용에서 제외된다(동조 3항). 그러나 법 제8조 제1항의 규정에 의한 정보목록의 작성·비치 및 공개까지 제외되는 것은 아니다(동항 단서).

5. 공개대상정보

공공기관이 보유·관리하는 정보로서 공개의 대상이 되는 것은 공공기관이 직무상 작성 또는 취득하여 관리하고 있는 문서(그 문서가 반드시 원본일 필요는 없다. 대법 2006. 5. 25. 선고 2006두3049 판결)(전자문서 포함) 및 전자매체를 비롯한 모든 형태의 매체 등에 기록된 사항이다(동법 2조 1호).[1]

---

[1] "구상 중에 있거나 계획의 단계에 있는 정보 또는 아직 조사가 끝나지 않은 사항에 대하여는 공개를 청구할 수 없다"는 견해가 있다(金南辰·金連泰, 행정법 Ⅰ, 418쪽). 이에 대하여는 "완성품으로서의 식품정보만에 한정되는 것은 아니며, 아직 완성되지 않은 미가공형태(in raw and unprocessed form) 식품정보나 개발 중이거나, 장차 개발될 예정인 실체적인 형태의 식품정보도 식품안전을 위해 경우에 따라서는 공개할 필요도 있다"는 견해도 있다(金鉉峻·탁연남, 「식품소비자의 식품정보액세스의 공법적 문제」, 토지공법연구(한국토지공법학회) 제45집, 37쪽). 판례는 "공개대상정보는 법 제2조 제1호에서 예시하고 있는 매체 등에 기록된 사항을 의미하고, 공개대상정보는 원칙적으로 공개를 청구하는 자가 법 제10조 제1항 제2호에 따라 작성한 정보공개청구서의 기재내용에 의하여 특정"된다고 판시하고 있다(대법 2013. 1. 24. 선고 2010두18918 판결).

6. 비공개대상정보

법은 공개하지 아니할 수 있는 정보사항을 규정하고 있다(동법 9조 1항).[1] 즉 ① 다른 법률[2] 또는 법률이 위임한 명령[3](국회규칙·대법원규칙·헌법재판소규칙·중앙선거관리위원회규칙·대통령령 및 조례에 한한다)에 의하여 비밀로 유지되거나 비공개사항으로 규정된 정보,[4] ② 국가안전보장·국방·통일·외교관계 등에 관한 사항으로서 공개될 경우 국가의 중대한 이익을 해할 우려가 있다고 인정되는 정보,[5] ③ 공개될 경우 국민의 생명·신체 및 재산의 보호에 현저한 지장을 초래할 우려가 있다고 인정되는 정보,[6] ④ 진행 중인 재판에 관련된 정보[7]와 범죄의 예방, 수사, 공소의 제기 및 유지, 형의 집행, 교정, 보안처분에 관한 사항으로서 공개될 경우 그 직무수행을 현저히 곤란하게 하거나 형사피고인의 공정한 재판을 받을 권리를 침해한다고 인정할 만한 상당한 이유가 있는 정보, ⑤ 감사·감독·검사·시험·규제·입찰계약·기술개발·인사관리·의사결정과정 또

---

1) 법 제9조 제1항의 "공개하지 아니할 수 있다"는 의미의 해석에 관하여는 견해가 나뉜다. 재량적 공개를 허용하는 것이라는 해석(朴均省, 행정법론(상)(제5판), 507쪽)과 공개 금지로 보는 해석(慶 健, 앞의 논문, 916쪽 이하)이 그것이다. 慶 교수의 논거는 법 제9조 제1항은 동법 제3조와 관련하여 전체적으로 해석하여야 한다는 점, 제9조 제1항의 취지가 비공개에 의한 사인의 권익 및 공익을 보호하려는 데에 있다는 점을 든다.

2) 대법 2013. 1. 24. 선고 2010두18918 판결은 "국가정보원의 조직·소재지 및 정원에 관한 정보는 법 제9조 제1항 제1호에서 말하는 '다른 법률에 의하여 비공개 사항으로 규정된 정보'에 해당한다"고 하였다. 한편 대법 2006. 5. 25. 선고 2006두3049 판결은 "소송에 관한 서류는 공판의 개정 전에는 공익상 필요 기타 상당한 이유가 없으면 공개하지 못한다"고 규정하고 있는 형사소송법 제47조의 취지는 일반에게 공표되는 것을 금지하여 소송관계인의 명예를 훼손하거나 공서양속을 해하거나 재판에 대한 부당한 영향을 야기하는 것을 방지하려는 취지이지 당해 사건의 고소인에게 그 고소에 따른 공소제기 내용을 알려주는 것을 금지하려는 취지는 아니므로 형사소송법 제47조의 공개금지는 공공기관의정보공개에관한법률 제9조 제1항 제1호의 다른 법률에 해당한다고 볼 수 없다고 판시하였다.

3) 대법원은 "법률이 위임한 명령은 정보의 공개에 관하여 법률의 구체적인 위임 아래 제정된 법규명령(위임명령)을 의미한다"라고 하였다(2006. 10. 26. 선고 2006두11910 판결, 2010. 6. 10. 선고 2010두2913 판결).

4) 여기서 '정보공개에 관하여 다른 법률에 특별한 규정이 있는 경우'에 해당한다고 하여 정보공개법의 적용을 배제하기 위해서는, 특별한 규정이 '법률'이어야 하고, 내용이 정보공개의 대상 및 범위, 정보공개의 절차, 비공개대상정보 등에 관하여 정보공개법과 달리 규정하고 있는 것이어야 한다(대법 2014. 4. 10. 선고 2012두17384 판결).

5) 서울행법 2008. 4. 16. 선고 2007구합31478 판결: 한·미 FTA추가협상 과정에서 작성·교환된 문서는 외교관계에 관한 사항으로서 공개될 경우 국가의 중대한 이익을 해할 우려가 있다고 인정되므로, 공공기관의 정보공개에 관한 법률 제9조 제1항 제2호에 정한 비공개대상정보에 해당한다.

6) 대법 2004. 3. 18. 선고 2001두8254 전원합의체 판결은 보안관찰관련 통계자료는 그 분석에 의하여 대남공작활동이 유리한 지역으로 보안관찰처분대상자가 많은 지역을 선택하는 등으로 이 사건 정보가 북한정보기관에 대한 간첩의 파견, 포섭, 선전선동을 위한 교두보의 확보 등 북한의 대남전략에 매우 중요한 자료로 악용될 우려가 있으므로 이 사건 정보는 법 제9조 제1항 제2호의 정보와 제3호의 정보에 해당한다고 하였다.

7) 법원 이외의 공공기관이 법 제9조 제1항 제4호에서 정한 진행 중인 재판에 관련된 정보에 해당한다는 사유로 정보공개를 거부하기 위하여는 반드시 그 정보가 진행 중인 재판의 소송기록 자체에 포함된 내용일 필요는 없다. 그러나 재판에 관련된 일체의 정보가 그에 해당하는 것은 아니고 진행 중인 재판의 심리 또는 재판 결과에 구체적으로 영향을 미칠 위험이 있는 정보에 한정된다고 보는 것이 타당하다(대법 2011. 11. 24. 선고 2009두19021 판결). 이 판결에 대한 평석으로는 金泰昊, 「정보공개법의 비공개사유로서 '진행 중인 재판에 관련된 정보'」, 행정판례연구(한국행정판례연구회) XIX -1, 79쪽 이하가 있다.

는 내부검토과정에 있는 사항 등으로서 공개될 경우 업무의 공정한 수행이나 연구·개발에 현저한 지장을 초래한다고 인정할 만한 상당한 이유가 있는 정보,[1] ⑥ 당해 정보에 포함되어 있는 이름·주민등록번호 등 「개인정보보호법」 제3조에 따른 개인정보로서 공개될 경우 개인의 사생활의 비밀 또는 자유를 침해할 우려가 있다고 인정되는 정보[2](예외: ㉮ 법령이 정하는 바에 따라 열람할 수 있는 정보, ㉯ 공공기관이 공표를 목적으로 작성하거나 취득한 정보로서 개인의 사생활의 비밀과 자유를 부당하게 침해하지 않는 정보, ㉰ 공공기관이 작성하거나 취득한 정보로서 공개하는 것이 공익 또는 개인의 권리구제를 위하여 필요하다고 인정되는 정보,[3] ㉱ 직무를 수행한 공무원의 성명·지위, ㉲ 공개하는 것이 공익을 위하여 필요한 경우로서 법령에 의하여 국가 또는 지방자치단체가 업무의 일부를 위탁 또는 위촉한 개인의 성명·직업), ⑦ 법인·단체 또는 개인의 경영·영업상 비밀에 관한 사항으로서 공개될 경우 법인 등의 정당한 이익을 현저히 해할 우려가 있다고 인정되는 정보(예외 있음)[4], ⑧ 공개될 경우 부동산 투

---

1) 법 제9조 제1항 제5호에서 비공개대상정보로 규정하고 있는 '공개될 경우 업무의 공정한 수행에 현저한 지장을 초래한다고 인정할만한 상당한 이유가 있는 정보'란 공개될 경우 업무의 공정한 수행이 객관적으로 현저하게 지장을 받을 것이라는 고도의 개연성이 존재하는 경우를 말하고, 이러한 경우에 해당하는지는 비공개함으로써 보호되는 업무수행의 공정성 등 이익과 공개로 보호되는 국민의 알 권리 보장과 국정에 대한 국민의 참여 및 국정 운영의 투명성 확보 등 이익을 비교 교량하여 구체적인 사안에 따라 신중하게 판단하여야 한다(대법 2012. 10. 11. 선고 2010두18758 판결 등).

2) 대법 2012. 6. 18. 선고 2011두2361 전원합의체 판결: 법 제9조 제1항 제6호 본문의 규정에 따라 비공개대상이 되는 정보에는 이름·주민등록번호 등 정보 형식이나 유형을 기준으로 비공개대상정보에 해당하는지를 판단하는 '개인식별정보'뿐만 아니라 그 외에 정보의 내용을 구체적으로 살펴 '개인에 관한 사항의 공개로 개인의 내밀한 내용의 비밀 등이 알려지게 되고, 그 결과 인격적·정신적 내면생활에 지장을 초래하거나 자유로운 사생활을 영위할 수 없게 될 위험성이 있는 정보'도 포함된다고 새겨야 한다. 따라서 불기소처분 기록 중 피의자신문조서 등에 기재된 피의자 등의 인적사항 이외의 진술내용 역시 개인의 사생활의 비밀 또는 자유를 침해할 우려가 인정되는 경우 정보공개법 제9조 제1항 제6호 본문 소정의 비공개대상에 해당한다. 이 판결에 대한 비판적 평석으로는 金容燮, 「검사의 불기소사건기록에 대한 정보공개를 둘러싼 법적 쟁점」, 행정법연구(행정법이론실무학회) 제35호, 4쪽 이하가 있다.

3) '공개하는 것이 공익을 위하여 필요하다고 인정되는 정보'에 해당하는지 여부는 비공개에 의하여 보호되는 개인의 사생활 보호 등의 이익과 공개에 의하여 보호되는 국정운영의 투명성 확보 등의 공익을 비교·교량하여 구체적 사안에 따라 신중히 판단하여야 한다(대법 2003. 3. 11. 선고 2001두6425 판결, 대법 2006. 12. 7. 선고 2005두241 판결 등 참조).

4) 대법원은 KBS추적 60분 정보공개청구 사건에서 "공공기관의 정보공개에 관한 법률은 공공기관이 보유·관리하는 정보에 대한 국민의 공개청구 및 공공기관의 공개의무에 관하여 필요한 사항을 정함으로써 국민의 알 권리를 보장하고 국정에 대한 국민의 참여와 국정운영의 투명성을 확보함을 목적으로 공공기관이 보유 관리하는 모든 정보를 원칙적으로 공개대상으로 하면서, 사업체인 법인 등의 사업활동에 관한 비밀의 유출을 방지하여 정당한 이익을 보호하고자 하는 취지에서, 위 법 제9조 제1항 제7호로 '법인·단체 또는 개인의 경영 영업상 비밀로서 공개될 경우 법인 등의 정당한 이익을 현저히 해할 우려가 있다고 인정되는 정보'를 비공개대상정보로 규정하고 있다. 이와 같은 공공기관의 정보공개에 관한 법률의 입법 목적 등을 고려하여 보면, 제9조 제1항 제7호에서 정한 '법인 등의 경영·상업상 비밀'은 '타인에게 알려지지 아니함이 유리한 사업활동에 관한 일체의 정보' 또는 '사업활동에 관한 일체의 비밀사항'을 의미하는 것이고, 그 공개 여부는 공개를 거부할 만한 정당한 이익이 있는지 여부에 따라 결정되어야 하는바, 그 정당한 이익이 있는지 여부는 앞서 본 공공기관의 정보공개에 관한 법률의 입법취지에 비추어 이를 엄격하게 판단하여야 할 뿐만 아니라, 국민에 의한 감시의 필요성이 크고 이를 감수하여야 하는 면이 강한 공익법인에 대하여는 보다 소극적으로 판단하여야 한다"라고 판시하였다(2010. 12. 23. 선고 2008두13101 판결).

기·매점매석 등으로 특정인에게 이익 또는 불이익을 줄 우려가 있다고 인정되는 정보이다. 비공개대상정보는 정보공개원칙에 대한 예외에 해당하므로, 그 요건은 엄격하게 해석하여야 한다. 위 ⑤를 예로 들어 보면, 의사결정과정 또는 내부검토과정에 있는 정보를 비공개대상정보로 한 이유도 충분한 논거가 있기는 하다. 그러나 정보공개제도가 행정운영에 국민·주민의 의사를 반영해 가기 위한 국민·주민참여의 수단임을 감안하면 의사결정과정 또는 내부검토과정에 있는 정보야말로 공개가 강력히 요청되는 것이므로 '현저한 지장'은 엄격하게 해석하여야 한다.

공공기관은 비공개대상정보인 위 각 호의 범위 안에서 당해 공공기관의 업무의 성격을 고려하여 비공개대상정보의 범위에 관한 세부기준을 수립하고 이를 공개하여야 한다(동조 3항).

공공기관은 비공개대상정보인 위 각호의 1에 해당하는 정보가 기간의 경과 등으로 인하여 비공개의 필요성이 없어진 경우에는 당해 정보를 공개의 대상으로 하여야 한다(동조 2항).

7. 정보공개 대상기관

정보공개 대상기관은 국가기관, 지방자치단체, 「공공기관의 운영에 관한 법률」 제2조에 따른 공공기관, 「지방공기업법」에 따른 지방공사 및 지방공단, 각급 학교(유아교육법, 초·중고등학교법, 고등교육법에 따른) 등, 「지방자치단체 출자·출연기관의 운영에 관한 법률」 제2조 제1항에 따른 출자기관 및 출연기관, 특수법인(특별법에 의하여 설립된),[1)2)] 「사회복지사업법」 제42조 제1항에 따라 국가나 지방자치단체로부터 보조금을 받는 사회복지법인과 사회복지사업을 하는 비영리법인 등이다(동법 2조 3호, 동법 시행령 2조).

8. 정보공개의 주체

공개청구된 정보의 공개 여부를 결정하는 법적인 권한과 의무를 가진 주체는 공공기관의 장

---

1) 대법 2010. 4. 29. 선고 2008두5643 판결: 어느 법인이 공공기관의 정보공개에 관한 법률 제2조 제3호 등에 따라 정보를 공개할 의무가 있는 '특별법에 의하여 설립된 특수법인'에 해당하는가는, 국민의 알권리를 보장하고 국정에 대한 국민의 참여와 국정운영의 투명성을 확보하고자 하는 위 법의 입법 목적을 염두에 두고, 당해 법인에게 부여된 업무가 국가행정업무이거나, 이에 해당하지 않더라도 그 업무 수행으로써 추구하는 이익이 당해 법인 내부의 이익에 그치지 않고 공동체 전체의 이익에 해당하는 공익적 성격을 갖는지 여부를 중심으로 개별적으로 판단하되, 당해 법인의 설립근거가 되는 법률이 법인의 조직구성과 활동에 대한 행정적 관리·감독 등에서 민법이나 상법 등에 의하여 설립된 일반 법인과 달리 규율한 취지, 국가나 지방자치단체의 당해 법인에 대한 재정적 지원·보조의 유무와 그 정도, 당해 법인의 공공적 업무와 관련하여 국가기관·지방자치단체 등 다른 공공기관에 대한 정보공개청구와는 별도로 당해 법인에 대하여 직접 정보공개청구를 구할 필요성이 있는지 여부 등을 종합적으로 고려하여야 한다. '한국증권업협회'는 증권회사 상호간의 업무질서를 유지하고 유가증권의 공정한 매매거래 및 투자자보호를 위하여 일정 규모 이상인 증권회사 등으로 구성된 회원조직으로서, 증권거래법 또는 그 법에 의한 명령에 대하여 특별한 규정이 있는 것을 제외하고는 민법 중 사단법인에 관한 규정을 준용받는 점, 그 업무가 국가기관 등에 준할 정도로 공동체 전체의 이익에 중요한 역할이나 기능에 해당하는 공공성을 갖는다고 볼 수 없는 점 등에 비추어 '특별법에 의하여 설립된 특수법인'에 해당한다고 보기 어렵다.

2) 한국방송공사(KBS)는 특별법에 의하여 설립된 특수법인으로서 정보공개 대상기관인 공공기관에 해당한다(대법 2010. 12. 23. 선고 2008두13101 판결).

이다. 후술하는 정보공개심의회는 공공기관의 장의 자문에 응하는 심의기관에 불과하며, 그 필요성 및 위원의 지명과 위촉은 공공기관의 장의 권한에 속한다(대법 2002. 3. 15. 선고 2001추95 판결).

9. 정보공개 청구권자

　　정보공개 청구권자는 모든 국민이다(공공기관의 정보공개에 관한 법률 5조 1항).[1] 국민 속에는 자연인과 법인을 포함한다. 외국인 중 ① 국내에 일정한 주소를 두고 거주하거나 학술·연구를 위하여 일시적으로 체류하는 사람, ② 국내에 사무소를 두고 있는 법인 또는 단체도 정보공개청구권을 가진다(동법 5조 2항, 동법 시행령 3조).

10. 정보공개절차

　　⑺ 정보의 공개를 청구하는 자(청구인)는 당해 정보를 보유하거나 관리하고 있는 공공기관에 법정 각 호의 사항을 적은 정보공개청구서를 제출하거나 말로써 정보의 공개를 청구할 수 있다(동법 10조 1항).[2][3] 구술로써 정보의 공개를 청구하는 때에는 담당 공무원 또는 담당 임·직원의 앞에서 진술하여야 하고, 담당 공무원 또는 담당 임·직원은 정보공개청구 조서를 작성하고 이에 청구인과 함께 기명날인하거나 서명하여야 한다(동조 2항).

　　⑻ 공공기관은 정보공개의 청구가 있는 때에는 청구를 받은 날부터 10일 이내에 공개 여부를 결정한다(동법 11조 1항). 다만 부득이한 사유로 위 기간 내에 공개 여부를 결정할 수 없는 때에는 그 기간의 만료일 다음 날부터 기산하여 10일의 범위 내에서 공개 여부 결정기간을 연장할 수 있다. 이 경우 공공기관은 연장된 사실과 연장 사유를 지체 없이 문서로 통지하여야 한다(동조 2항).

---

1) 정보공개청구권의 행사와 권리남용이 새롭게 문제되고 있다. 대법 2014. 12. 24. 선고 2014두9349 판결은 정보공개청구가 권리남용에 해당하는 것이 명백한 경우, 정보공개청구권 행사는 허용되지 아니한다고 하였다. 대법 2006. 8. 24. 선고 2004두2783 판결은 「공공기관의 정보공개에 관한 법률」의 목적, 규정 내용 및 취지에 비추어 보면 정보공개청구의 목적에 특별한 제한이 없으므로, 오로지 상대방을 괴롭힐 목적으로 정보공개를 구하고 있다는 등의 특별한 사정이 없는 한 정보공개의 청구가 신의칙에 반하거나 권리남용에 해당한다고 볼 수 없다고 하였다. 2014두9349 판결에 대한 평석으로 崔桂暎, 「정보공개와 권리남용」, 행정판례연구 XX-2, 41쪽 이하가 있다. 협의의 소의 이익과 취소소송의 소송물의 관점에서 해당 판결을 분석한 글로는 洪康熏, 「신의성실의 원칙의 이중적 양면성과 신소송물이론에 의한 원형적 이원설—대법원 2014. 12. 24. 선고 2014두9349 판결의 평석—」, 행정법연구(행정법이론실무학회) 제46호, 51쪽 이하가 있다.

2) 「공공기관의 정보공개에 관한 법률」 제10조 제1항 제2호는 정보의 공개를 청구하는 자는 정보공개청구서에 '공개를 청구하는 정보의 내용' 등을 기재할 것을 규정하고 있는바, 청구대상정보를 기재함에 있어서는 사회일반인의 관점에서 청구대상정보의 내용과 범위를 확정할 수 있을 정도로 특정함을 요한다(대법 2003. 3. 11. 선고 2001두6425 판결, 대법 2007. 6. 1. 선고 2007두2555 판결 등 참조).

3) 대법 2016. 11. 10. 선고 2016두44674 판결 : 정보공개 청구인에게 특정한 정보공개 방법을 지정하여 청구할 수 있는 법령상 신청권이 있다.

㈐ 공공기관은 공개청구된 공개대상정보의 전부 또는 일부가 제3자와 관련이 있다고 인정되는 때에는 그 사실을 제3자에게 지체없이 통지하여야 하며, 필요한 경우에는 그에 대한 의견을 청취할 수 있다(동조 3항). 공개청구된 사실을 통지받은 제3자는 통지받은 날로부터 3일 이내에 당해 공공기관에 공개하지 아니할 것을 요청할 수 있다(동법 21조 1항). 비공개요청에도 불구하고 공공기관이 공개결정을 하는 때에는 공개결정이유와 공개실시일을 명시하여 지체없이 문서로 통지하여야 하며, 공개통지를 받은 제3자는 당해 공공기관에 문서로 이의신청을 하거나 행정심판 또는 행정소송을 제기할 수 있다. 이 경우 이의신청은 통지를 받은 날부터 7일 이내에 하여야 한다(동조 2항). 이 경우 공공기관은 공개결정일과 공개실시일의 사이에 최소한 30일의 간격을 두어야 한다(동조 3항).

㈑ 공공기관 등은 정보공개 여부를 심의하기 위하여 정보공개심의회를 설치·운영한다(동법 12조).

㈒ 공공기관은 정보공개를 결정한 때에는 공개일시·공개장소 등을 명시하여 청구인에게 통지한다(동법 13조 1항). 정보의 비공개를 결정한 때에는 그 사실을 청구인에게 지체없이 문서로 통지하며, 이 경우 제9조 제1항 각 호 중 어느 규정에 해당하는 비공개 대상 정보인지를 포함한 비공개 이유와 불복(不服)의 방법을 구체적으로 밝혀야 한다.

㈓ 공공기관은 전자적 형태로 보유·관리하는 정보에 대하여 청구인이 전자적 형태로 공개하여 줄 것을 요청하는 경우에는 원칙으로 이에 응하여야 하며, 전자적 형태로 보유·관리하지 아니하는 정보에 대하여도 전자적 형태로 변환하여 공개할 수 있다(동법 15조 1항·2항).

㈔ 공개청구한 정보가 비공개대상정보에 해당하는 부분과 공개가 가능한 부분이 혼합되어 있는 경우에는 공개청구의 취지에 어긋나지 아니하는 범위 안에서 두 부분을 분리할 수 있는 때에는 원칙적으로 부분공개하여야 한다(동법 14조).[1)2)]

㈕ 즉시 또는 말로 처리가 가능한 정보, 즉 ① 법령 등에 의하여 공개를 목적으로 작성된 문

---

1) 대법 2004. 12. 9. 선고 2003두12707 판결: 법원이 행정기관의 정보공개거부처분의 위법 여부를 심리한 결과 공개를 거부한 정보에 비공개대상정보에 해당하는 부분과 공개가 가능한 부분이 혼합되어 있고 공개청구의 취지에 어긋나지 아니하는 범위 안에서 두 부분을 분리할 수 있음을 인정할 수 있을 때에는 청구취지의 변경이 없더라도 공개가 가능한 정보에 관한 부분만의 일부취소를 명할 수 있다 할 것이고, 공개청구의 취지에 어긋나지 아니하는 범위 안에서 비공개대상 정보에 해당하는 부분과 공개가 가능한 부분을 분리할 수 있다고 함은, 이 두 부분이 물리적으로 분리 가능한 경우를 의미하는 것이 아니고 당해 정보의 공개방법 및 절차에 비추어 당해 정보에서 비공개대상 정보에 관련된 기술 등을 제외 내지 삭제하고 그 나머지 정보만을 공개하는 것이 가능하고 나머지 부분의 정보만으로도 공개의 가치가 있는 경우를 의미한다고 해석하여야 한다.

2) 대법 2003. 3. 11. 선고 2001두6425 판결: 법원이 행정청의 정보공개거부처분의 위법 여부를 심리한 결과 공개를 거부한 정보에 비공개대상정보에 해당하는 부분과 공개가 가능한 부분이 혼합되어 있고 공개청구의 취지에 어긋나지 아니하는 범위 안에서 두 부분을 분리할 수 있음을 인정할 수 있을 때에는, 위 정보 중 공개가 가능한 부분을 특정하고 판결의 주문에 행정청의 위 거부처분 중 공개가 가능한 정보에 관한 부분만을 취소한다고 표시하여야 한다.

서, ② 일반국민에게 알리기 위하여 작성된 각종 홍보자료, ③ 공개하기로 결정된 정보로서 공개에 오랜 시간이 걸리지 아니하는 정보, ④ 그 밖에 공공기관의 장이 정하는 정보에 대한 공개청구는 정보공개청구서에 의하여 접수하되, 위의 ㈏, ㈐ 등의 절차를 거치지 아니하고 공개하여야 한다(동법 16조).

㈔ 정보의 공개 및 우송 등에 드는 비용은 원칙적으로 실비의 범위안에서 청구인의 부담으로 한다(동법 17조).

11. 불복구제절차

(1) 이의신청

㈎ 청구인이 정보공개와 관련한 공공기관의 비공개 또는 부분공개의 결정에 대하여 불복이 있거나 정보공개 청구 후 20일이 경과하도록 정보공개 결정이 없는 때에는 공공기관으로부터 정보공개 여부의 결정통지를 받은 날 또는 정보공개 청구후 20일이 경과한 날부터 30일 이내에 당해 공공기관에 문서로 이의신청을 할 수 있다(동법 18조 1항).

㈏ 공공기관은 이의신청을 받은 날부터 7일 이내에 그 이의신청에 대하여 결정하고 그 결과를 청구인에게 지체 없이 문서로 통지하여야 한다(동법 18조 3항). 이의신청을 각하 또는 기각하는 결정을 한 때에는 청구인에게 행정심판 또는 행정소송을 제기할 수 있다는 취지를 함께 통지하여야 한다(동조 4항).

(2) 행정심판

㈎ 청구인이 정보공개와 관련하여 공공기관의 결정에 대하여 불복이 있거나 정보공개 청구 후 20일이 경과하도록 정보공개 결정이 없는 때에는 「행정심판법」이 정하는 바에 따라 행정심판을 청구할 수 있다. 이 경우 국가기관 및 지방자치단체 외의 공공기관의 결정에 대한 감독행정기관은 관계 중앙행정기관의 장 또는 지방자치단체의 장으로 한다(동법 19조 1항).

㈏ 청구인은 이의신청절차를 거치지 아니하고 바로 행정심판을 청구할 수 있다(동조 2항).

(3) 행정소송

㈎ 청구인이 정보공개와 관련하여 공공기관의 결정에 대하여 불복이 있거나[1] 정보공개 청

---

1) 개정 전의 법률에서는 "청구인의 정보공개와 관련하여 공공기관의 처분 또는 부작위로 인하여 법률상 이익의 침해를 받은 때에는"이라고 규정되어 있었다. 그 규정하에서 대법원은 "공공기관의정보공개에관한법률의 목적, 규정 내용 및 취지 등에 비추어 보면, 국민의 정보공개청구권은 법률상 보호되는 구체적인 권리라 할 것이므로, 공공기관에 대하여 정보의 공개를 청구하였다가 공개거부처분을 받은 청구인은 행정소송을 통하여 그 공개거부처분의 취소를 구할 법률상의 이익이 있다 할 것이다"(대법 2003. 3. 11. 선고 2001두6425 판결 등)라고 판시하여 국민의 정보공개청구권을 법률상 보호되는 구체적 권리로 인정하였다. 현행법이 청구인이 정보공개와 관

구 후 20일이 경과하도록 정보공개 결정이 없는 때에는 「행정소송법」이 정하는 바에 따라 행정소송을 제기할 수 있다(동법 20조 1항).[1]

(나) 공개청구의 대상이 되는 정보가 이미 다른 사람에게 공개되어 널리 알려져 있다거나 인터넷 등을 통하여 공개되어 인터넷검색 등을 통하여 쉽게 알 수 있다는 사정만으로는 소의 이익이 없다고 할 수 없다(대법 2010. 12. 23. 선고 2008두13101 판결).

(다) 재판장은 필요하다고 인정되는 때에는 당사자를 참여시키지 아니하고 제출된 공개청구 정보를 비공개로 열람·심사할 수 있다(동조 2항).

(라) 재판장은 행정소송의 대상이 비공개대상정보 중 국가안전보장·국방 또는 외교관계에 관한 정보의 비공개 또는 부분공개 결정처분인 경우에 공공기관이 그 정보에 대한 비밀지정의 절차, 비밀의 등급·종류 및 성질과 이를 비밀로 취급하게 된 실질적인 이유 및 공개를 하지 아니하는 사유 등을 입증하는 때에는 당해 정보를 제출하지 아니하게 할 수 있다(동조 3항).

(다), (라)는 정보공개청구소송에서 공개가 문제된 정보에 관하여 실질적인 심리를 하는 것 자체가 사실상의 정보공개가 될 우려가 있기 때문에 인정된 특례규정, 즉 정보공개청구소송의 특수성이다.

련하여 공공기관의 결정에 대하여 불복이 있는 때로 개정한 것은 이와 같은 판례의 추이를 반영한 것이다(慶 健, 앞 논문, 909쪽 참조).

1) 대법 2013. 1. 24. 선고 2010두18918 판결 : 공공기관의 정보공개에 관한 법률에서 말하는 공개대상 정보는 정보 그 자체가 아닌 법 제2조 제1호에서 예시하고 있는 매체 등에 기록된 사항을 의미하고, 공개대상 정보는 원칙적으로 그 공개를 청구하는 자가 정보공개법 제10조 제1항 제2호에 따라 작성한 정보공개청구서의 기재 내용에 의하여 특정되며, 만일 공개청구자가 특정한 바와 같은 정보를 공공기관이 보유·관리하고 있지 않은 경우라면 특별한 사정이 없는 한 해당 정보에 대한 공개거부처분에 대하여는 취소를 구할 법률상 이익이 없다. 이와 관련하여 공개청구자는 그가 공개를 구하는 정보를 공공기관이 보유·관리하고 있을 상당한 개연성이 있다는 점에 대하여 입증할 책임이 있으나, 공개를 구하는 정보를 공공기관이 한 때 보유·관리하였으나 후에 그 정보가 담긴 문서들이 폐기되어 존재하지 않게 된 것이라면 그 정보를 더 이상 보유·관리하고 있지 않다는 점에 대한 증명책임은 공공기관에 있다. 2010두18918 판결에 대한 평석으로 兪珍式, 「정보공개거부처분취소—공개대상정보의 특정문제를 중심으로—」, 행정판례연구(한국행정판례연구회) XIX -1, 47쪽 이하 참조.

제 2 절 개인정보보호

I. 개인정보보호의 의의

개인정보보호란 공공기관 등에 의한 개인정보의 처리를 제한함으로써 개인정보의 수집·유출·오용·남용으로부터 사생활의 비밀 등을 보호하려는 제도를 말한다.

II. 개인정보보호의 중요성

정보화 사회가 진전됨에 따라 컴퓨터가 급속도로 보급되고 많은 정보가 컴퓨터로 처리됨으로 인하여 개인에 관한 정보의 유용성이 증대되었으며, 개인정보를 수집·관리하고 데이터베이스화하려는 노력이 행하여지고 있다. 특히 모든 정보를 디지털로 전환할 수 있게 되면서 국가의 초고속정보통신망이 구축되어 네트워크화가 촉진되고 인터넷이 발달하여 가상공간(cyberspace)이 등장하면서 개인정보는 간단한 조작에 의하여 종합·정리되었고, 정보의 전국적인 유통 및 여러 기관들에 의한 정보의 공유가 가능하게 되었다. 이에 따라 개인정보는 정보주체의 의사와 관계없이 파일에 등재·유통될 수 있게 되었으며, 개인정보가 전자적 기록으로 인하여 위조·변조가 용이하게 되었다. 최근에는 유비쿼터스 시대의 등장으로 개인정보에 대한 침해 가능성은 더욱 증대하고 있다. 이에 따라 오늘날 개인정보보호의 필요는 실로 중대한 문제가 되었다.[1]

III. 개인정보보호의 법적 근거

「헌법」제17조는 "모든 국민은 사생활의 비밀과 자유를 침해받지 아니한다"라고 규정하고 있다. 개인정보보호는 「헌법」제10조 인간의 존엄과 행복추구권, 제16조 주거의 자유, 제18조 통신의 비밀에 관한 규정 등에 의하여 보호를 받으나, 제17조를 직접적 근거로 보는 것이 다수설이다.[2] 「헌법」의 취지를 구현하기 위하여 「개인정보보호법」이 제정되어 있다. 이 법률은 공공과 민간영역을 포괄하고 있으며, 이 법률의 제정으로 종래의 공공기관의 개인정보 보호에 관한 법

---

1) 李元雨 교수는 현행 개인정보보호법의 이론적 전제의 문제점으로 동의제도의 형식화, 개인정보자기결정권의 한계를 들고 두 가지 다른 방향의 개선요구를 다음과 같이 도출하고 있다. 즉, "한편으로는 현재의 형식화된 동의제도는 불필요한 규제로서 개인정보의 이용을 저해하는 측면이 매우 강하므로 동의제도를 완화하여 개인정보의 이용을 활성화하기 위한 개선이 이루어져야 한다. 다른 한편으로는 형식화된 동의제도만으로 개인정보 보호기능을 실질적으로 수행할 수 없기 때문에 개인정보를 실질적으로 보호할 수 있도록 제도적 보완이 함께 이루어져야 한다"(同人, 「지능정보사회에 대응한 개인정보보호법제 개선 방향」, 故 류지태 교수 10주기 추모논문집 간행위원회, 현대행정법의 이해, 250쪽 이하).

2) 개인정보보호의 헌법적 근거에 관한 학설, 대법원·헌법재판소의 입장에 관하여는 金聖泰, 「특정금융거래정보의 보고 및 이용 등에 관한 법률에서의 개인정보보호의 문제」, 행정법연구(행정법이론실무학회) 제15호, 143쪽 이하 참조.

률이 폐지되었다. 그 밖에 개인정보보호에 관한 법률로는 「정보통신망 이용촉진 및 정보보호 등에 관한 법률」, 「금융실명거래 및 비밀보장에 관한 법률」 등이 있다.

Ⅳ. 개인정보보호법

1. 총 칙

총칙에는 정의, 개인정보 보호원칙, 정보주체의 권리, 국가 등의 책무를 규정하고 있다.

법에서 말하는 개인정보란 살아 있는 개인에 관한 정보로서 성명, 주민등록번호 및 영상 등을 통하여 개인을 알아 볼 수 있는 정보, 해당 정보만으로는 특정 개인을 알아볼 수 없더라도 다른 정보와 쉽게 결합하여 알아 볼 수 있는 정보, 위 정보를 가명처리함으로써 원래의 상태로 복원하기 위한 추가 정보의 사용·결합 없이는 특정 개인을 알아볼 수 없는 정보('가명정보'라 한다)를 말한다(개인정보보호법 2조 1호). 처리란 개인정보의 수집, 생성, 연계, 연동, 기록, 저장, 보유, 가공, 편집, 검색, 출력, 정정(訂正), 복구, 이용, 제공, 공개, 파기(破棄), 그 밖에 이와 유사한 행위를 말한다(동조 2호). 정보주체란 처리되는 정보에 의하여 알아볼 수 있는 사람으로서 그 정보의 주체가 되는 사람을 말한다(동조 3호). 공공기관이란 국회, 법원, 헌법재판소, 중앙선거관리위원회의 행정사무를 처리하는 기관, 중앙행정기관(대통령 소속기관과 국무총리 소속기관을 포함한다) 및 그 소속기관, 지방자치단체, 그 밖의 국가기관 및 공공단체 중 대통령령으로 정하는 기관을 말한다(동조 6호).

2. 개인정보보호원칙

(1) 개인정보처리자(업무를 목적으로 개인정보파일을 운용하기 위하여 스스로 또는 다른 사람을 통하여 개인정보를 처리하는 공공기관, 법인, 단체 및 개인)는 개인정보의 처리 목적을 명확하게 하여야 하고 그 목적에 필요한 범위에서 최소한의 개인정보만을 적법하고 정당하게 수집하여야 한다.

(2) 개인정보처리자는 처리 목적에 필요한 범위에서 적합하게 개인정보를 처리하여야 하며, 그 목적 외의 용도로 활용하여서는 아니된다.

(3) 개인정보처리자는 처리 목적에 필요한 범위에서 개인정보의 정확성·완전성 및 최신성이 보장되도록 하여야 한다.

(4) 개인정보처리자는 개인정보의 처리 방법 및 종류 등에 따라 정보주체의 권리가 침해 받을 가능성과 그 위험 정도를 고려하여 개인정보를 안전하게 관리하여야 한다.

(5) 개인정보처리자는 개인정보처리방침 등 개인정보의 처리에 관한 사항을 공개하여야 하며, 열람청구권 등 정보주체의 권리를 보장하여야 한다.

(6) 개인정보처리자는 정보주체의 사생활 침해를 최소화하는 방법으로 개인정보를 처리하여야 한다.

(7) 개인정보처리자는 개인정보의 익명처리가 가능한 경우에는 익명에 의하여 처리될 수 있도록 하여야 한다.

(8) 개인정보처리자는 이 법 및 관계 법령에서 규정하고 있는 책임과 의무를 준수하고 실천함으로써 정보주체의 신뢰를 얻기 위하여 노력하여야 한다(동법 3조).

3. 적용범위

(1) 「개인정보보호법」은 개인정보 보호에 관한 일반법이다(동법 6조). 동법은 9장(제1장 총칙, 제2장 개인정보 보호정책의 수립 등, 제3장 개인정보의 처리, 제4장 개인정보의 안전한 관리, 제5장 정보주체의 권리보장, 제6장 정보통신서비스 제공자 등의 개인정보처리 등 특혜, 제7장 개인정보 분쟁조정위원회, 제8장 개인정보 단체소송, 제9장 보칙, 제10장 벌칙) 및 부칙으로 구성되어 있다.

(2) ① 공공기관이 처리하는 개인정보 중 「통계법」에 따라 수집되는 개인정보, ② 국가안전보장과 관련된 정보분석을 목적으로 수집 또는 제공 요청되는 개인정보, ③ 공중위생 등 공공의 안전과 안녕을 위하여 긴급히 필요한 경우로서 일시적으로 처리되는 개인정보, ④ 언론, 종교단체, 정당이 각각 취재·보도, 선교, 선거 입후보자 추천 등 고유 목적을 달성하기 위하여 수집·이용하는 개인정보에 관하여는 이 법 제3장부터 제7장까지를 적용하지 아니한다(동법 제58조).

4. 개인정보의 처리

(1) 개인정보처리자는 ① 정보주체의 동의를 받은 경우, ② 법률에 특별한 규정이 있거나 법령상 의무를 준수하기 위하여 불가피한 경우, ③ 공공기관이 법령 등에서 정하는 소관 업무의 수행을 위하여 불가피한 경우 등에는 개인정보를 수집할 수 있으며, 그 수집 목적의 범위에서 이용할 수 있다(동법 15조 1항). 개인정보처리자가 정보주체의 동의를 받을 때에는 ① 개인정보의 수집·이용·목적, ② 수집하려는 개인정보의 항목, ③ 개인정보의 보유 및 이용기간, ④ 동의를 거부할 권리가 있다는 사실 및 동의 거부에 따른 불이익이 있는 경우에는 그 불이익의 내용을 정보주체에 알려야 한다(동조 2항). 개인정보처리자가 개인정보를 수집하는 경우에는 그 목적에 필요한 최소한의 개인정보를 수집하여야 한다(동법 16조 1항).

(2) 개인정보처리자는 ① 정보주체의 동의를 받은 경우, ② 법률에 특별한 규정이 있거나 법령상 의무를 준수하기 위하여 불가피한 경우, ③ 공공기관이 법령 등에서 정하는 소관 업무의 수행을 위하여 불가피한 경우, ④ 정보주체 등이 의사표시를 할 수 없는 상태에 있거나 주소 불명 등으로 사전 동의를 받을 수 없는 경우로서 명백히 정보주체 또는 제3자의 급박한 생명·신체·재산의 이익을 위하여 필요하다고 인정되는 경우에는 정보주체의 개

인정보를 제3자에게 제공(공유를 포함)할 수 있다(동법 17조 1항).[1]

(3) 개인정보처리자가 정보주체 이외로부터 수집한 개인정보를 처리하는 때에는 정보주체의 요구가 있으면 즉시 ① 개인정보의 수집 출처, ② 처리 목적, ③ 처리의 정지를 요구할 권리가 있다는 사실을 정보주체에게 원칙적으로 알려야 한다(동법 20조 1항).

(4) 개인정보처리자는 보유기간의 경과, 개인정보의 처리 목적 달성 등 그 개인정보가 불필요하게 되었을 때에는 원칙적으로 지체없이 그 개인정보를 파기하여야 한다(동법 21조 1항).

5. 개인정보의 처리 제한

(1) 개인정보처리자는 원칙적으로 사상·신념, 노동조합·정당의 가입·탈퇴, 정치적 견해, 건강, 성생활 등에 관한 정보, 그 밖에 정보주체의 사생활을 현저히 침해할 우려가 있는 개인정보인 민감정보(동법 23조), 고유식별정보(동법 24조) 또는 주민등록번호(동법24조의2) 등을 처리할 수 없다.

(2) 누구든지 ① 법령에서 구체적으로 허용하고 있는 경우, ② 범죄의 예방 및 수사를 위해서 필요한 경우, ③ 시설안전 및 화재예방을 위하여 필요한 경우, ④ 교통단속을 위하여 필요한 경우, ⑤ 교통정보의 수집·분석 및 제공을 위하여 필요한 경우를 제외하고는 공개된 장소에 영상정보처리기기를 설치·운영하여서는 아니된다(동법 25조 1항).

6. 국가 등의 책무

국가와 지방자치단체는 개인정보의 목적 외 수집, 오용·남용 및 무분별한 감시·추적 등에 따른 폐해를 방지하여 인간의 존엄과 개인의 사생활을 도모하기 위한 시책 강구, 정보주체의 권리를 보호하기 위한 법령의 개선 등 필요한 시책을 마련하여야 한다(동법 5조). 개인정보보호에 관한 사항을 독립적으로 수행하기 위하여 국무총리소속으로 개인정보보호위원회가 설치되어 있다(동법 7조).

7. 개인정보처리자의 의무

개인정보처리자는 안전조치의무(동법 29조), 개인정보의 처리방침의 수립 및 공개의무(동법 30조), 개인정보 보호책임자의 지정의무(동법 31조), 개인정보파일의 등록 및 공개의무(동법 32조), 개인정보 유출통지의무(동법 34조) 등을 지고 있다. 공공기관의 장은 개인정보파일의 운용으로 인

---

1) 법 제17조 제1항 제2호에 해당하지 아니함에도 불구하고 개인정보를 처리하거나 처리하였던 자가 업무상 알게 된 개인정보를 누설하거나 권한 없이 다른 사람이 이용하도록 제공한 것이라는 사정을 알면서도 영리 또는 부정한 목적으로 개인정보를 제공받은 자라면, 개인정보를 처리하거나 처리하였던 자로부터 직접 개인정보를 제공받지 아니하더라도 개인정보보호법 제71조 제5호의 '개인정보를 제공받은 자'에 해당한다(대법 2018. 1. 24. 선고 2015도16508 판결).

하여 정보주체의 개인정보가 침해될 우려가 있는 경우 그 위험요인의 분석과 개선 사항 도출을 위한 평가(개인정보영향평가)와 그 결과의 제출의무를 지고 있다(동법 33조).

8. 정보주체의 권리

　　정보주체는 개인정보처리에 관한 정보를 제공받을 권리(동법 4조 1호), 동의 여부, 동의 범위 등을 선택하고 결정할 권리(동조 2호), 처리 여부 확인, 열람을 요구할 권리(동조 3호, 동법 35조), 개인정보의 처리정지·정정·삭제·파기를 요구할 권리(동법 4조 4호, 36조, 37조) 등을 갖는다.

9. 권리구제

　　「개인정보보호법」이 규정하고 있는 권리구제는 다음과 같다.

(1) 정보주체의 손해배상 청구

　　정보주체는 개인정보처리자의 「개인정보보호법」 위반행위로 손해를 입은 경우 개인정보처리자에게 손해배상을 청구할 수 있다. 이 경우 개인정보처리자는 고의 또는 과실이 없음을 입증하지 아니하면 책임을 면할 수 없다(동법 39조 1항). 개인정보처리자의 고의 또는 중대한 과실로 인하여 개인정보가 분실·도난·유출·위조·변조 또는 훼손된 경우로서 정보주체에게 손해가 발생한 때에는 법원은 그 손해액의 3배를 넘지 아니하는 범위에서 손해배상액을 정할 수 있고(동조 3항). 제39조 제1항에도 불구하고 정보주체는 개인정보처리자의 고의 또는 과실로 인하여 개인정보가 분실·도난·유출·위조·변조 또는 훼손된 경우에는 300만원 이하의 범위에서 상당한 금액을 손해액으로 하여 배상을 청구할 수 있다(동조 39조의2 1항).

(2) 분쟁조정제도

　　개인정보에 관한 분쟁을 처리하기 위하여 개인정보분쟁조정위원회에 의한 분쟁조정제도가 마련되어 있다. 정보주체의 피해 또는 권리침해가 다수의 정보주체에게 같거나 비슷한 유형으로 발생한 경우로서 대통령령으로 정하는 사건에 대하여는 집단분쟁조정제도를 두고 있다(동법 7장).

(3) 개인정보 단체소송

　　개인정보처리자가 집단분쟁조정을 거부하거나 집단분쟁조정의 결과를 수락하지 아니한 경우에 「소비자기본법」 제29조에 따라 공정거래위원회에 등록한 소비자단체로서 법정요건을 갖춘 단체와 「비영리민간단체 지원법」 제2조에 따른 비영리민간단체로서 법정요건을 갖춘 단체는 법원에 권리침해 행위의 금지·중지를 구하는 소송을 제기할 수 있다(동법 51조).

제 4 장 행정절차

Ⅰ. 행정절차의 의의

행정절차는 다의적인 개념이다. 광의로는 행정기관이 행정활동을 함에 있어서 거쳐야 할 모든 절차를 말한다. 이에는 행정의 행위형식의 종별에 따른 행정입법절차·행정행위절차·행정계약절차·행정지도절차·행정계획절차 등은 물론이고, 이미 앞의 행정의 흐름에서 본 행정조사절차·정보공개절차와 뒤에서 볼 행정강제절차 및 행정심판절차 등이 포함된다. 보통 행정절차라고 할 때에는 행정행위 등의 행정청의 의사결정에 이르기까지의 절차를 말한다. 이를 사전절차라고 부르고, 행정심판절차를 사후절차라고도 부른다. 행정법학에서 다루는 행정절차는 사인과 관계되는 절차, 즉 대외적 절차이다.[1]

행정절차는 국회의 입법절차(법률안·예산안 등의 국회심사·의결절차), 법원의 사법절차(민·형사·행정소송의 재판절차)와 구별된다. 또한 행정절차법은 행정실체법과 구별된다. 예컨대, 허가를 취소하는 경우 취소사유 등을 규정한 법이 행정실체법이고, 취소를 하기 위하여 거쳐야 할 절차(취소당하는 사람에 대한 의견진술의 기회 부여 등)를 규정한 법이 행정절차법이다. 그러나 행정실체법과 행정절차법의 구별이 명확한 것은 아니다. 예컨대, 이익형량의 흠이 실체법 위반이냐 절차법 위반이냐로 묻는다면 쉽게 답할 수 있는 사람은 많지 않을 것이다. 우리나라에서는 절차법 위반으로 보는 견해가 다수같이 보이지만, 독일에서는 실체법 위반으로 보는 것이 일반적이다.

각국이 행정절차법이라는 이름의 단일 법전을 제정하는 경우에 그 법전에서 행정절차를 어떤 개념으로 사용하고, 어떤 내용의 행정절차를 규율하는가는 각 국가의 입법정책의 문제이다. 다른 말로 하면, 헌법이 정한 범위 내에서 입법자가 형성하는 것이다. 따라서 규율의 내용뿐만 아니라, 규율의 밀도도 동일하지 아니한다. 우리 「행정절차법」은 처분절차, 신고절차, 행정상 입법예고절차, 행정예고절차, 행정지도절차 등을 규율하고 있다.

Ⅱ. 행정절차의 연혁

행정절차는 영국에서 발달한 제도이다. 영국의 행정절차는 "누구든지 자기에 관계되는 사건의 재판관이 될 수 없다"(nemo judex in causa sua), "누구든지 변명의 기회를 부여받지 아니하고 비난받지 아니한다"(audi alteram partem)의 두 가지 뜻을 내용으로 하는 자연적 정의(natural

---

[1] E. Schmidt-Assmann 교수는 행정절차의 이념형(Idealtypen)으로 다음의 셋을 든다. 첫째가 행정소송의 전심절차로서의 불복절차, 둘째가 사전절차인 결정절차, 셋째가 계획절차·분배절차(Verteilungsverfahren)·품질보증절차(Qualitätssicherungsverfahren)·규범정립절차(Normsetzungsverfahren)등과 같은 다목적 이해착종해명절차(Abklärung vielpoliger Interessengeflechte)이다(Das allgemeine Verwaltungsrecht als Ordnungsidee, 2. Aufl., S. 307f.). 이 셋 이념형은 행정법 도그마틱으로 유용하다고 생각한다.

justice)의 법리에 바탕을 두고 있는데, 이 법리는 보통법의 형성 초기부터 인정되어 왔다. 권리청원(The Petition of Right) 제4조[1]는 이 법리의 요청의 성문화에 불과하다. 이 법리는 처음에는 사법적(司法的) 결정에 적용되는 법리로 발달되었으나 점차 그 적용범위가 확대되어 19세기 초엽부터 행정청의 각종 결정에 적용되기에 이르렀다.

미국 연방헌법 수정 제5조와 제14조에서 적법절차가 규정되어 있는 것은 이미 잘 알려져 있다. 1930년대 후반에 시작된 행정절차법의 입안작업이 결실을 맺어 미국 연방행정절차법이 제정된 것은 1946년이었다. 이 미국 연방행정절차법은 행정절차에 관한 통일적인 법전의 형태로 이루어졌다는 점, 자유주의와 민주주의의 보호자를 표방한 강대국의 입법이란 점 때문에 다른 나라에 커다란 영향을 미쳤다. 대륙법계 국가에서도 1925년경부터 행정절차에 관한 일반입법이 제정되기 시작하였으며, 1976년에는 독일 연방행정절차법이, 1993년에는 일본 행정절차법이 제정되었다.

우리나라 「행정절차법」의 태동은 1975년에 시작되었다. 1986년 제1차 행정절차법심의위원회를 구성하여 행정절차법안을 마련하였고, 1987년 행정절차법안을 입법예고하였다. 이 행정절차법안에는 행정처분절차 속에 확약, 행정처분의 취소권·철회권 제한, 행정처분의 재심사 등 순수한 절차규정이 아닌 절차법과 밀접한 관련이 있는 실체법인 이른바 부속규정(annexe Materien) 및 행정계획의 확정절차 등을 포함하고 있었다. 그러나 이 입법예고된 행정절차법안은 정부와 학계의 논란으로 국회 제출이 보류되었다. 1993년 행정쇄신위원회는 「행정절차법」 제정을 건의하였다. 1995년 제2차 행정절차법심의위원회가 구성되어 행정절차법안을 마련하였다. 이 안에서는 초안 작성에 앞서 제정방향을 우리의 법률문화와 행정환경에 적합한 「행정절차법」의 제정으로 정리되었다. 구체적으로는 ① 기존 법률관계의 변화로 인해 발생할 수 있는 역기능을 고려하여 단계적 입법화를 추진하고, ② 행정계획 등 개별 법률에서 규정하는 것이 보다 합리적인 분야는 제외하며, ③ 우리나라와 독일 등 외국의 행정환경과 제도를 비교·검토한 후 우리나라에 적합한 분야부터 선별적으로 도입을 추진한다는 것이었다.[2] 마련된 행정절차법안은 국회에 제출되어 의결되었다. 우리나라 「행정절차법」은 1996년 12월 31일 법률 제5241호로 공포되었다.[3]

---

1) 누구든지 그의 신분이나 조건을 가릴 것 없이 법의 정당한 절차에 의하지 아니하고는 책임을 추궁당하지 아니하고, 토지 또는 재산을 박탈당하거나 체포·구금되거나 상속권을 박탈당하거나 사형에 처해져서는 아니 된다.

2) 행정자치부 행정관리국 행정제도과, 한국의 행정절차제도 도입사료집—1975~1998. 12—, 특히 147쪽 이하, 379쪽 참조.

3) 金鉉埈 교수는 "행정기본법의 대부분 규정들은 행정절차법 개정으로 도입해도 문제없는 것이어서 행정기본법은 제2의 행정절차법으로 볼 수 있음을 알 수 있다. 결국 행정기본법 제정으로 행정절차규범의 분절화만 초래했을 뿐이다. 행정절차규범의 분절화로 우리나라는 제1행정절차법과 제2행정절차법을 가진, 전 세계 유례가 없는 독특한 행정절차법체계를 가지게 된 것이다. 그 결과 가령 '수리를 요하는 신고'는 행정기본법(제34조)에서, '수리를 요하지 않는 신고는 행정절차법(제40조)에서 찾아야 하는 상황이 되었다"고 하면서 "행정법 도그마틱 발전을 위하여 행정절차법은 지금의 모습보다 더 발전되어야 한다. 우라나라 행정법학 역사에서 소중한 입법 자산이자, 국민의 절차적 권리보호의 보루(堡壘)인 행정절차법이 기본법이라는 정체불명의 옷을 입은 법률로 인하여 애매한 지위에 놓이게 되지 않을까 우려된다. 즉, 행정절차법은 행정절차법대로 후퇴하고, 행정절차법이면서

Ⅲ. 행정절차의 기능

1. 행정작용의 적정화

행정청이 일정한 행정작용을 하고자 하는 경우에 관계인에게 미리 그 뜻을 알리고 그에 대한 의견과 자료를 제출할 수 있는 기회를 부여하는 것은 행정청의 편견을 배제하고, 사실인정 및 법령해석을 적정하게 하는, 즉 적법·타당한 행정작용의 성립을 도모하는 길이다.

행정작용의 적정화의 확보야말로 행정절차의 본질적 기능이다.

2. 행정작용의 민주화

근대입헌국가에서는 행정권의 작용으로부터 개인의 권익을 보호하기 위하여 민주행정주의를 행정의 기본원리의 하나로 삼고 있는데, 행정절차는 행정과정에 이해관계인이 참여할 수 있는 기회를 보장함으로써 행정작용의 민주화를 구체적으로 확보하는 데 이바지한다. 또한 이해관계인과 국민 일반에게 참여를 유도함으로써 공감대를 형성하고 나아가 권익을 침해당한 자의 수용가능성을 높이는 데에 기여한다.

3. 당사자의 대등화와 공정한 기회보장

사람들의 가치관이 다양해지면서 어떤 결정이 구체적으로 정의에 합당한 것인지에 관하여 객관적인 판단이 매우 어려워지고 있는 것이 오늘날의 경향이다. 따라서 당사자를 대등화하여 공정한 기회를 보장해 주는 것은 그 결과가 어떤 내용이든, 다양한 가치관의 차이를 떠나, 지지될 수 있다(절차적 정의론). 오늘날 절차는 결과에 이르는 단순한 수단이 아니라 독자적 가치를 가진 것으로 인식되는 이유이다.

4. 행정의 투명성 제고

행정절차의 보장은 행정의 투명성을 높인다. 이에 관하여는 후술한다.

5. 예방적·사전적 행정구제

행정청의 행정작용으로 인해 국민 또는 주민의 권익이 침해된 경우에 행하는 행정구제는 종래 사후적인 것이 원칙이었다. 그러나 이러한 사후적 행정구제제도는 국민 또는 주민의 침해된 권익을 온전히 구제하기에는 일정한 한계가 있고(취소소송의 기능적 한계, 원상회복 곤란을 생각하라),

---

기본법이라는 허상으로 국민들을 혼동시키며 주목받는 과정에서 우리나라 행정절차법 발전이 저해될까 우려스럽다"고 기술하고 있다(한국공법학회, 2021 한국공법학자대회 통합과 분권: 전환시대 공법학의 과제 제1권 , 94쪽 이하).

또 행정작용에 따라서는 그 기능을 기대하기 어려운 경우도 있다(행정계획에 의한 권익침해를 생각하라)(사후적 행정구제의 기능적 한계). 앞에서 본 바와 같이 행정절차는 적법·타당한 행정작용의 성립을 도모하는 것이므로, 그 행정작용의 적정성의 확보를 통하여 위법·부당한 행정작용에 대한 예방적·사전적 행정구제의 기능을 행한다.

6. 커뮤니케이션 과정을 질서 있게 하는 법적 장치

커뮤니케이션은 생동성 있는 국가의 이상상(理想像)의 일부이다. 그것은 국가가 그 역할을 완수할 능력, 현대화할 능력을 갖도록 하기 위한 전제이다. 행정절차는 다양한 행정과 사인의 커뮤니케이션 과정을 법적으로 질서 있게 하는 장치로서의 기능을 행한다.

Ⅳ. 행정절차의 법적 근거

1. 헌   법

행정절차의 요청이 헌법적 근거를 갖고 있는 것인지 아니면 법률로 선택할 수 있는 입법론의 문제에 불과한 것인지에 관하여는 견해가 나뉠 수 있다. 우리 대법원이 종래 청문절차에 관하여 관계 법률에 명문의 규정이 없는 경우에는 청문절차를 거치지 아니하였다고 하여 당해 행정처분이 위법하게 되는 것은 아니라고 판시(예: 대법 1994. 3. 22. 선고 93누18969 판결)한 것을 보면 우리 대법원은 후자의 견해를 취하여 왔던 것으로 보인다.[1]

그러나 학자들과 헌법재판소는 행정절차의 요청을 헌법적 근거에 의한 것으로 보고 있다. 학자들은 우리 헌법이 행정절차의 직접적 근거규정을 두고 있지 않지만, 「헌법」 제12조의 "적법한 절차"라는 규정이 직접적으로는 형사사법권의 발동에 관한 조항이라 하더라도, 그 취지는 행정절차에도 유추되고 「헌법」 제10조와 제37조가 이러한 해석을 뒷받침한다고 본다.[2] 헌법재판소도 헌재 1992. 12. 24. 92헌가8 결정에서 "헌법 제12조 제3항 본문은 동조 제1항과 함께 적법절차원리의 일반조항에 해당하는 것으로서, 형사절차상의 영역에 한정하지 않고 입법·행정 등 국가의 모든 공권력의 작용에는 절차상의 적법성뿐만 아니라 법률의 실체적 내용도 합리성과 정당성을 갖춘 실체적인 적법성이 있어야 한다는 적법절차의 원칙을 헌법의 기본원리로 명시한 것이다"라고 하여 이를 명백히 한 바 있다.[3] 또한 동 결정은 나아가 헌법 제12조 제1항 후

---

1) 독일도 과거에는 같은 입장이었다(E. Schmidt-Assmann, 앞 책. S. 310). 대법원은 2012. 10. 18. 선고 2010두12347 전원합의체 판결에서 행정절차가 헌법상 적법절차의 원칙에 근거를 두고 있음을 밝히고 있다.

2) 적법절차의 일반적 근거는 헌법 제37조 제2항이라고 보아야 하고, 헌법 제12조 제1항과 제3항의 적법절차규정은 이러한 헌법 제37조 제2항의 적법절차를 신체의 자유에 대하여 특별히 강조하여 명시적으로 규정한 것으로 이해하여야 한다는 견해가 있다. 金鐵容, 행정절차와 행정소송, 68쪽 이하[집필자 金文顯].

3) 적법절차의 원칙은 절차의 적법성뿐만 아니라 절차의 적정성까지 보장되어야 한다(헌재 2007. 4. 26. 2006헌바10 결정).

문과 제3항은 "현행 헌법에서 처음으로 영미법계의 국가에서 국민의 인권을 보장하기 위한 기본원리의 하나로 발달되어 온 적법절차의 원칙을 도입하여 헌법에 명문화한 것이며," "미국 수정헌법 제5조 제3문과 1868년 미국 수정헌법 제14조에 명문화되어 미국헌법의 기본원리의 하나로 자리잡고 모든 국가작용을 지배하는 일반원리로 해석·적용되는 중요한 원칙으로서, 오늘날에는 독일 등 대륙법계의 국가에서도 이에 상응하여 일반적인 법치국가원리 또는 기본권제한의 법률유보원리로 정립되게 되었다"고 하여 적법절차가 기본권제한에 일반적으로 적용됨을 분명히 하고 있다.

다만, 「헌법」 제12조에 근거를 두는 경우에 행정절차의 범위가 좁아질 염려가 있다. 최근에는 행정절차의 요청을 직접 민주국가원리와 법치국가원리에서 구하는 견해가 늘어나고 있다. 민주국가원리는 국민 또는 주민의 행정에의 참여에 의하여 보장되는 것이며, 법치국가원리는 실체적으로뿐만 아니라 절차적으로도 보장되어야 하기 때문이다.

오늘날 절차 존중이 인류의 보편적 가치로 인식되는 것을 보면, 행정절차의 근본 기초는 인간의 존엄이라고 생각한다. 우리 「헌법」 제10조 전단은 "모든 국민은 인간으로서의 존엄과 가치를 가지며, 행복을 추구할 권리를 가진다"고 규정하고 있다. 독일에서는 「독일 기본법」 제1조 제1항이 정하고 있는 국가권력의 인간의 존엄과 존중의 의무(Verpflichtung zum Achtung und zum Schutz der Menschenwürde)"가 행정절차의 헌법상 기초로 본다.[1]

이와 같이 적법절차의 원칙을 헌법의 원리로 보고 법률에 매개 없이 헌법적 권리를 도출할 수 있다고 한다면, 법률에서 행정절차의 요청이 없다고 하더라도 입법·행정 등 공권력 작용이 적법절차의 원칙에 위반하게 되면 그 공권력 작용은 위헌 또는 위법하게 된다.[2]

2. 법 령

법령으로는 행정절차에 관한 일반법인 「행정절차법」 외에 「행정규제기본법」, 「민원처리에 관한 법률」, 「전자정부법」, 행정절차를 규정하고 있는 개별법률(예: 난민법[3] 등) 등이 있다.

---

1) F. Kopp, Verfassungrecht und Verwaltungverfahrensrecht, 1971, S. 16ff.

2) 교육부장관이 출판사에 검정교과서 수정명령을 행하고 공동저작자들이 원고가 되어 교육부장관을 피고로 수정명령의 취소를 구한 사건에서 원심(서울고법 2011. 8. 16. 선고 2010누31319 판결)이 수정명령을 검정과 달리 교과용도서심의회의 심의를 거쳐야 할 절차 규정이 없으므로 이를 거치지 않았다고 하여 이 사건 처분에 절차적 하자가 있다고 할 수 없다고 판단하였음에도 대법원(2013. 2. 15. 선고 2011두21485판결)은 "구 교과용도서에 관한 규정에 수정명령을 할 때 교과용도서의 검정절차를 거쳐야 한다거나 이를 준용하는 명시적인 규정이 없으므로 교과용도서심의회의 심의 자체를 다시 거쳐야 한다고 보기는 어렵지만, 헌법 등에 근거를 둔 교육의 자주성·전문성·정치적 중립성 및 교과용 도서에 관한 검정제도의 취지에 비추어 보면, 수정명령의 내용이 표현상의 잘못이나 기술적 사항 또는 객관적 오류를 바로잡는 정도를 넘어서서 이미 검정을 거친 내용을 실질적으로 변경하는 결과를 가져오는 경우에는 새로운 검정절차를 취하는 것과 마찬가지라 할 수 있으므로 검정절차상의 교과용도서심의회의 심의에 준하는 절차를 거쳐야 한다"고 하여 수정명령에 절차적 위법이 있다고 하였다.

3) 출입국항 난민신청절차의 문제점과 개선방향을 절차적 관점에서 고찰한 논문으로 崔桂暎, 「출입국항 난민신청절차와 적법절차」, 행정법연구(행정법이론실무학회)제55호, 153쪽이 있다.

V. 행정절차법

1. 특   색

각국 행정절차법은 공통되는 점도 있지만 각국이 각각의 특색을 갖고 있다. 우리 「행정절차법」의 특색은 다음과 같다.

(1) 순수절차규정의 입법화

각국의 입법례를 보면, 행정절차법이 순수절차규정만으로 구성되는 입법례도 있고, 절차규정 외에 실체규정을 포함시키고 있는 입법례도 있다. 우리 「행정절차법」은 약간의 예외(예: 처분의 정정을 규정한 25조, 행정지도의 원칙을 규정한 48조 등)를 제외하고 원칙적으로 절차규정만으로 구성되어 있다.

(2) 사인의 권익보호와 행정능률의 조화

우리 「행정절차법」은 사인의 권익보호에 중점을 두면서도 행정목표를 달성하는 데에 있어서 결정적 요소가 되는 행정의 신속성의 요청과의 적절한 조화를 꾀하고 있다.

(3) 규율대상의 확대

「행정절차법」은 처분절차에만 한정하지 않고 있다. 즉 「행정절차법」은 처분절차 외에 신고절차, 행정상 입법예고절차, 행정예고절차, 행정지도절차 등도 규율하고 있다. 그러나 아직 우리 「행정절차법」은 미국 연방행정절차의 커다란 특색인 규칙제정절차를 규율한다거나 또는 행정계획의 책정절차에 관하여 독일 연방행정절차법상의 특별절차인 행정계획의 확정절차와 같은 용어를 사용하여 별도의 절을 두어 규율하지 않고 있다. 다만 행정계획이 처분에 해당하는 경우에는 처분절차에 포함된다는 점과 국민생활에 매우 큰 영향을 주거나 많은 국민의 이해가 상충되거나 많은 국민에게 불편이나 부담을 주는 행정계획은 행정예고절차에 포함되어 규율되고 있다는 점은 주의를 요한다.

(4) 약식절차중심의 원칙

「행정절차법」은 의견청취를 의견제출·청문·공청회로 나누어 구체적인 행정작용의 성질별로 의견청취방식을 달리하고 있으나, 원칙적으로는 약식절차인 의견제출에 의하고 있다.

2. 총   칙

목적, 정의, 적용범위, 행정청의 관할·협조, 당사자 등, 송달 및 기간·기한의 특례 등 「행정절차법」 전체에 공통적으로 적용되는 사항을 규정하고 있는 총칙의 내용 중 중요한 것은 다음과 같다.

(1) 목   적

「행정절차법」제1조는 본법의 목적을 "국민의 행정참여의 도모"를 통하여 "행정의 공정성·투명성·신뢰성을 확보하고," "국민의 권익을 보호함"에 있음을 명백히 하고 있다. 동법 제5조에서는 "행정청이 행하는 행정작용은 그 내용이 구체적이고 명확하여야 하며, 행정작용의 근거가 되는 법령 등의 내용이 명확하지 아니한 경우 상대방은 당해 행정청에 대하여 그 해석을 요청할수 있다. 이 경우 당해 행정청은 특별한 사유가 없는 한 이에 응하여야 한다"라고 하여 투명성을 재천명하고 있다.

(2) 정   의

동법 제2조는 행정청, 처분, 행정지도, 당사자 등, 청문, 공청회, 의견제출 등에 관한 정의를 내리고 있다.

구체적 내용 및 유의해야 할 점은 다음과 같다.

  ㈎ 제1호는 행정청을 "행정에 관한 의사를 결정하여 표시하는 국가 또는 지방자치단체의 기관 그 밖에 법령 또는 자치법규(이하 "법령 등"이라 한다)에 의하여 행정권한을 가지고 있거나 위임 또는 위탁받은 공공단체나 그 기관 또는 사인"이라고 정의하고 있다. 따라서 「행정절차법」에서는 행정기관이라는 용어도 쓰고 있으나 행정청과 엄격히 구별되는 개념으로 쓰고 있다. 예컨대 처분절차에 관한 규정은 행정기관뿐만 아니라 행정주체라 하더라도 처분권한이 부여되어 있는 이상 행정청의 개념에 포함되므로 그 행정주체에도 적용된다. 그러나 행정지도절차에 관한 규정은 행정기관에만 적용된다.

  ㈏ 제2호는 처분을 "행정청이 행하는 구체적 사실에 관한 법집행으로서의 공권력의 행사 또는 그 거부와 그 밖에 이에 준하는 행정작용"이라고 하여 「행정심판법」·「행정소송법」상의 처분개념과 동일하게 정의하고 있다.[1] 따라서 행정행위는 말할 나위가 없고, 행정계획·사실행위 중에서도 처분에 해당하는 것은 처분절차에 따른다.

  ㈐ 제4호는 당사자 등을 "행정청의 처분에 대하여 직접 그 상대가 되는 당사자와 행정청이 직권 또는 신청에 의하여 행정절차에 참여하게 한 이해관계인"이라고 정의하고 있다. 행정절차에 참여하고자 하는 이해관계인은 행정청에게 참여대상인 절차와 참여 이유를 기재한 문서(전자문서 포함)로 참여를 신청하여야 하며, 신청을 받은 행정청은 지체없이 참여 여부를 결정하여 신청인에게 통지하여야 한다(동법 시행령 3조).

  ㈑ 제5호는 청문을 "행정청이 어떠한 처분을 하기에 앞서 당사자 등의 의견을 직접 듣고 증

---

1) 실정법에서는 행정절차법상의 처분개념과 행정쟁송법상의 처분 개념을 동일하게 정의하고 있지만, 행정절차법상의 규율대상의 적격은 헌법상의 적법절차조항이나 행정절차제도의 원래의 취지에 비추어 행정쟁송법상의 규율대상 적격과 같이 엄밀히 제한할 필요가 없다는 견해가 있다. 金裕煥, 「강학상 행정행위와 쟁송법상 처분」, 행정작용법(김동희교수 정년기념논문집), 2005, 89쪽 참조.

거를 조사하는 절차"로, 제6호는 공청회를 "행정청이 공개적인 토론을 통하여 어떠한 행정작용에 대하여 당사자 등, 전문지식과 경험을 가진 자 그 밖의 일반인으로부터 의견을 널리 수렴하는 절차"로, 제7호는 의견제출을 "행정청이 어떠한 행정작용을 하기에 앞서 당사자 등이 의견을 제시하는 절차로서 청문이나 공청회에 해당하지 아니하는 절차"로 정의하고 있다.

㈐ 제8호는 전자문서를 "컴퓨터 등 정보처리능력을 가진 장치에 의하여 전자적인 형태로 작성되어 송신·수신 또는 저장된 정보"라고 정의하고, 제9호는 정보통신망을 "전기통신설비를 활용하거나 전기통신설비와 컴퓨터 및 컴퓨터의 이용기술을 활용하여 정보를 수집·가공·저장·검색·송신 또는 수신하는 정보통신체제"라고 정의하고 있다.

(3) 적용범위

1) 행정절차법의 적용범위

「행정절차법」은 우리나라 행정절차에 관한 일반법이다. 즉 처분·신고·행정상 입법예고·행정예고 및 행정지도의 절차(이하 "행정절차"라 한다)에 관하여 다른 법률에 특별한 규정이 있는 경우를 제외하고 「행정절차법」이 적용된다(동법 3조 1항). 일반적으로 「행정절차법」 제3조 제1항은 특별법 우선의 원칙을 선언한 규정으로 보고 있다. 특별법이 우선적으로 적용되는 경우로는 다른 법률이 행정절차에 관한 특별한 규정을 적극적으로 두고 있는 경우이거나, 다른 법률이 명시적으로 「행정절차법」의 규정을 적용하지 아니한다고 소극적으로 규정하고 있는 경우이다.

문제는 다른 법률이 행정절차에 관한 특별한 규정을 적극적으로 두고 있는 경우에 여기서 말하는 행정절차의 의미이다. 이것이 문제되는 이유는 행정절차를 어떤 내용이든 어떤 방법이든 사전통지와 의견진술의 기회가 부여된 것으로 볼 수만 있으면 족하다고 해석할 우려가 있기 때문이다.

우리 「행정절차법」 제3조 제1항은 다른 나라 입법례의 규정방식과 달리 행정절차에 관하여 다른 법률에 특별한 규정이 있는 경우는 예외이며 원칙적으로 「행정절차법」이 적용된다는 규정방식을 취하고 있을 뿐이다. 여기서는 예외는 엄격히 해석하여야 한다는 해석원리만 나올 뿐 행정절차의 의미는 밝혀지지 아니한다. 그러므로 행정절차의 의미를 밝히기 위하여는 행정절차의 헌법적 근거, 「행정절차법」 제1조의 목적규정 등에서 찾을 수밖에 없다.[1] 「헌법」은 법치국가원리를 기본원리로 하고 적법절차를 보장하고 있다. 헌법재판소는 이들 헌법규정의 구체적 내용을 "기본권을 제한하는 내용의 공권력 행사는 그 절차가 합리적이고 공정하여야 한다는 절차적 적법절차의 보장에 있고 이러한 적법절차의 원칙을 충족하기 위한 여러 절차적 요소 중에는 당사자에 대한 사전의 고지(notice), 공정하고 충분하며 합리적으로 행하여지는 청문 등이 포함된다는

---

[1] 金鐵容, 「학교법인 임원 취임 승인 취소처분과 행정절차법」, 행정판례연구(한국행정판례연구회) Ⅸ, 53쪽 이하.

것"(헌재 2003. 7. 24. 2001헌가25 결정)으로 판시하고 있다.[1] 한편으로 「행정절차법」 제1조는 "이 법은 행정절차에 관한 공통적인 사항을 규정하여 국민의 행정참여를 도모함으로써 행정의 공정성·투명성 및 신뢰성을 확보하고 국민의 권익을 보호함을 목적으로 한다"고 규정하고 있다. 이에 비추어 보면 법 제3조 제1항에서 말하는 행정절차는 행정의 공정성·투명성 및 신뢰성을 확보하고 국민의 권익을 보호함을 목적으로 하는 행정절차로 보아야 한다. 따라서 행정절차에 관하여 다른 법률에 특별한 규정이 있는 경우란 이러한 의미의 행정절차에 관하여 다른 법률에서 특별히 규정하고 있는 경우의 예외를 의미하는 것이다. 특별법에서 절차규정을 두고 있더라도 규정내용이 구체화되어 있지 아니하는 경우에는 「행정절차법」이 전면적으로 적용된다.[2] 지방자치단체의 행정에 대하여도 「행정절차법」이 적용된다.

2) 적용제외사항

다음 각 호의 사항은 「행정절차법」의 적용에서 제외된다(동조 2항).

① 국회 또는 지방의회의 의결을 거치거나 동의 또는 승인을 얻어 행하는 사항
② 법원 또는 군사법원의 재판에 의하거나 그 집행으로 행하는 사항
③ 헌법재판소의 심판을 거쳐 행하는 사항
④ 각급 선거관리위원회의 의결을 거쳐 행하는 사항
⑤ 감사원이 감사위원회의의 결정을 거쳐 행하는 사항
⑥ 형사·행형 및 보안처분 관계법령에 의하여 행하는 사항
⑦ 국가안전보장·국방·외교 또는 통일에 관한 사항 중 행정절차를 거칠 경우 국가의 중대한 이익을 현저히 해할 우려가 있는 사항
⑧ 심사청구·해난 안전 심판·조세심판·특허심판·행정심판 그 밖의 불복절차에 의한 사항
⑨ 「병역법」에 의한 징집·소집, 외국인의 출입국·난민인정·귀화, 공무원 인사관계법령에 의한 알선·조정·중재·재정 또는 그밖에 당해 행정작용의 성질상 행정절차를 거치기 곤

---

1) 헌법재판소는 2018. 5. 31. 2014헌마346결정 법정의견에서 헌법 제12조 제4항에 규정된 '구속'에 행정절차상 구속도 포함되는지 여부에 관하여 "헌법 제12조 제4항 본문의 문언 및 헌법 제12조의 조문체계, 변호인 조력권의 속성, 헌법이 신체의 자유를 보장하는 취지를 종합하여 보면, 헌법 제12조 제4항에 규정된 '구속'은 사법절차에서 이루어진 구속뿐 아니라, 행정절차에서 이루어진 구속까지 포함하는 개념이다. 따라서 헌법 제12조 제4항 본문에 규정된 변호인의 조력을 받을 권리는 행정절차에서 구속을 당한 사람에게도 즉시 보장된다. 종래 이와 견해를 달리하여 헌법 제12조 제4항 본문에 규정된 변호인의 조력을 받을 권리는 형사절차에서 피의자 또는 피고인의 방어권을 보장하기 위한 것으로서 출입국관리법상 보호 또는 강제퇴거의 절차에도 적용된다고 보기 어렵다고 판시한 우리 재판소 결정(헌재 2012. 8. 23. 2008헌마430)은, 이 결정 취지와 저촉되는 범위 안에서 변경한다"고 판시하고 있다. 이 결정에 대한 평석으로 성중탁, 「출입국외국인(난민)의 기본권 보장 범위에 관한 헌재 결정 및 관련 법제에 대한 검토와 그 개선 방안—헌법재판소 2018. 5. 31. 2014헌마346 결정을 중심으로—」, 행정판례연구(한국행정판례연구회) XXV-1, 337쪽 이하가 있다.

2) E. Schmidt-Assmann 교수는 적용제외 사항에도 불구하고 독일 행정절차법은 일반행정법의 대표자(der Repräsentant des Allgemeinen Verwaltungsrechts)라고 단정한다(Friedrich Schoch(Hrsg.), Besonderes Verwaltungsrecht, 2018, S. 5).

란하거나 불필요하다고 인정되는 사항과 행정절차에 준하는 절차를 거친 사항으로서 대통령령으로 정하는 사항

　　구체적으로 대통령령의 정하는 바에 의하여 「행정절차법」의 적용이 제외되는 사항은 ① 「병역법」·「향토예비군설치법」·「민방위기본법」·「비상대비자원관리법」에 따른 징집·소집·동원·훈련에 관한 사항, ② 외국인의 출입국·난민인정·귀화·국적회복에 관한 사항, ③ 공무원 인사관계법령에 의한 징계 기타 처분에 관한 사항[1], ④ 이해조정을 목적으로 법령에 의한 알선·조정·중재·재정 기타 처분에 관한 사항, ⑤ 조세관계법령에 의한 조세의 부과·징수에 관한 사항[2], ⑥ 「독점규제 및 공정거래에 관한 법률」·「하도급거래공정화에 관한 법률」·「약관의 규제에 관한 법률」에 따라 공정거래위원회의 의결·결정을 거쳐 행하는 사항, ⑦ 「국가배상법」·「공익사업을 위한 토지 등의 취득 및 보상에 관한 법률」에 따른 재결·결정에 관한 사항, ⑧ 학교·연수원 등에서 교육·훈련의 목적을 달성하기 위하여 학생·연수생 등을 대상으로 행하는 사항,[3] ⑨ 사람의 학식·기능에 관한 시험·검정의 결과에 따라 행하는 사항, ⑩ 「배타적 경제수역에서의 외국인어업 등에 대한 주권적 권리의 행사에 관한 법률」에 따른 행하는 사항, ⑪ 「특허법」·「실용신안법」·「디자인보호법」·「상표법」에 따른 사정·결정·심결 그 밖의 처분에 관한 사항이다(동법 시행령 2조).[4]

　　주의할 것은 적용제외사항도 그 전부에 대하여 「행정절차법」의 규정이 배제되는 것이 아니라는 점이다.[5]

---

1) 대법 2014. 5. 16. 선고 2012두26180 판결은 국가공무원법상 직위해제처분은 성질상 행정절차를 거치기 곤란하거나 불필요하다고 인정되는 처분이나 행정절차에 준하는 절차를 거친 사항에 해당한다고 판시하였다.

2) 대법 2012. 10. 18. 선고 2010두12347 전원합의체 판결은 적법절차원칙은 형사소송절차뿐만 아니라 국민에게 부담을 주는 행정작용에도 준수되어야 하므로 그 기본정신은 과세처분에 대하여도 그대로 관철되어야 한다고 하며 과세처분에 이유제시의무가 적용된다고 판시하고 있다.

3) 대법 2018. 3. 13. 선고 2016두33339 판결: 행정절차법 시행령 제2조 제8호는 '학교·연수원 등에서 교육·훈련의 목적을 달성하기 위하여 학생·연수생들을 대상으로 하는 사항'을 행정절차법의 적용이 제외되는 경우로 규정하고 있으나, 이는 교육과정과 내용의 구체적 결정, 과제의 부과, 성적의 평가, 공식적 징계에 이르지 아니한 질책·훈계 등과 같이 교육·훈련의 목적을 직접 달성하기 위하여 행하는 사항을 말하는 것으로 보아야 하고, 생도에 대한 퇴학처분과 같이 신분을 박탈하는 징계처분은 여기에 해당한다고 볼 수 없다.

4) 행정절차법은 헌법이 보장하고 있는 최소한의 행정절차요청을 구체화하고 있는 것이므로 이 헌법적 요청을 배제하는 예외의 규정은 법률로써 정하여야 하는 것임에도 불구하고, 시행령으로 이에 대한 예외를 규정할 수 있도록 한 것은 위헌의 논란이 있을 수 있다는 것이 필자의 행정절차법의 제정 당시부터의 일관된 견해이다. 헌법 조항의 적법한 절차라 함은 절차가 형식적 법률로 정하여져야 함을 요구하는 것(헌재 1997. 11. 27. 92헌바28 결정)이기 때문이다. 각국의 행정절차법은 동 법률의 적용제외를 동 법률에서 정하고 있다. 朴均省 교수는 최근 "적용제외를 대통령령으로 정하도록 하고 있는 것은 위임의 한계를 벗어난 것으로 위헌이라고 보아야 한다"(행정법론(상) 제11판, 553쪽)는 견해를 밝히고 있다.

5) 진급낙천처분취소 사건에서 원심법원판결인 서울고법 2006. 11. 30. 선고 2006누5191 판결은 "행정절차법 제3조 제2항 제9호는 동법이 적용되지 않는 대상의 하나로서 '공무원 인사관계 법령에 의한 징계 기타 처분'을 정하고 있는데, 원고에 대한 이 사건 처분은 군인사법(공무원의 인사관계 법령)에 의한 '기타 처분'에 해당함은 명백하다고 할 것이다. 그렇다면, 비록 이 사건 처분이 침해적 행정처분에 해당하기는 하나, 이 사건 처분은 원고에게

(4) 신의성실 및 신뢰보호

법 제4조는 목적(동법 1조)에 규정된 신뢰성을 구체화하여 신의성실(→ 신의성실원칙) 및 신뢰보호(→ 신뢰보호원칙)를 규정하고 있다. 즉 행정청은 직무를 수행함에 있어서 신의에 따라 성실히 하여야 한다(동법 4조 1항).

동조 제2항은 행정청은 법령 등의 해석 또는 행정청의 관행이 일반적으로 국민들에게 받아들여진 때에는 공익 또는 제3자의 정당한 이익을 현저히 해할 우려가 있는 경우를 제외하고는 새로운 해석 또는 관행에 의하여 소급하여 불리하게 처리하여서는 아니 된다라고 하여 신뢰보호원칙의 핵심적 내용인 소급처리금지원칙을 밝히고 있다.

(5) 투 명 성

「행정절차법」은 행정의 투명성 확보를 목적으로 하고 있다. 법치국가원리의 출발점은 행정의 투명성을 통하여 예측가능성과 법적 안정성을 부여하는 데 있을 뿐만 아니라, 행정의 투명성을 확보함으로써 행정의 국민 또는 주민에 대한 구속력을 정당화할 수 있기 때문이다. 법 제5조는 목적(동법 1조)에 규정된 투명성을 구체화하여 "행정청이 행하는 행정작용은 그 내용이 구체적이고 명확하여야 한다"(동조 1항), "행정작용의 근거가 되는 법령 등의 내용이 명확하지 아니한 경우 상대방은 당해 행정청에 대하여 그 해석을 요청할 수 있으며(법령해석요청권)"라고 규정하고 있다(동조 2항 전단). 이 경우의 법령해석요청권자는 행정작용의 직접 상대방이 된 자와 행정작용의 상대방이 될 것이 예견되는 자 등이다. 당해 행정청은 특별한 사유가 없는 한 이에 응하여야 한다(동항 후단).[1] 행정청은 상대방에게 행정작용과 관련된 정보를 충분히 제공하여야 한다(동조 3항).

따로 문서에 의한 통지, 사전통지, 의견진술기회를 부여하지 않아도 될 예외적인 사유가 있는 경우에 해당한다고 할 것이다. 따라서, 이 사건 처분이 절차상 하자가 있어 위법하다는 원고의 이 부분 주장은 이유 없다"라고 판시하였다. 이 판결에 대한 상고심판결인 대법 2007. 9. 21. 선고 2006두20631 판결은 "행정과정에 대한 국민의 참여와 행정의 공정성, 투명성 및 신뢰성을 확보하고 국민의 권익을 보호함을 목적으로 하는 행정절차법의 입법목적과 행정절차법 제3조 제2항 제9호의 규정 내용 등에 비추어 보면, 공무원 인사관계 법령에 의한 처분에 관한 사항 전부에 대하여 행정절차법의 적용이 배제되는 것이 아니라 성질상 행정절차를 거치기 곤란하거나 불필요하다고 인정되는 처분이나 행정절차에 준하는 절차를 거치도록 하고 있는 처분의 경우에만 행정절차법의 적용이 배제되는 것으로 보아야 할 것이다. … 이 사건 처분과 같이 진급선발을 취소하는 처분은 진급예정자로서 가지는 원고의 이익을 침해하는 처분이라 할 것이고, 한편 군인사법 및 그 시행령에 이 사건 처분과 같이 진급예정자 명단에 포함된 자의 진급선발을 취소하는 처분을 함에 있어 행정절차에 준하는 절차를 거치도록 하는 규정이 없을 뿐만 아니라 위 처분이 성질상 행정절차를 거치기 곤란하거나 불필요하다고 인정되는 처분이라고 보기도 어렵다고 할 것이어서 이 사건 처분이 행정절차법의 적용이 제외되는 경우에 해당한다고 할 수 없으며, … 피고가 이 사건 처분을 함에 있어 원고에게 의견제출의 기회를 부여하지 아니한 이상, 이 사건 처분은 절차상 하자가 있어 위법하다고 할 것이다"라고 판시하였다.

1) 「행정기본법」 제40조 제1항에서 누구든지 법령등의 내용에 의문이 있으면 법령을 소관하는 중앙행정기관의 장(이하 '법령소관기관'이라 한다)과 자치법규를 소관하는 지방자치단체의 장에게 법령해석을 요청할 수 있도록 규정하고, 제3항에서 법령소관기관이나 법령소관기관의 해석에 이의가 있는 자는 대통령령으로 정하는 바에 따라 법령해석업무를 전문으로 하는 기관에 법령해석을 요청할 수 있도록 규정하고 있다. 중앙행정기관의 장은 지방자치단체의 장 또는 민원인으로부터 법률적 판단이 필요한 질의를 받는 등 법령을 운영·집행하는 과정

⑹ 행정청의 관할 및 협조

「행정절차법」은 제1장 제2절에서 행정청의 관할 및 협조를 규정하고 있다.

1) 행정청의 관할

(가) 국민 또는 주민이 특정 행정작용을 어느 행정청이 담당하는지 잘 모르거나, 잘못 알고 관할이 다른 행정청에 사안을 접수시키는 경우가 있다. 행정청이 그 관할에 속하지 아니하는 사안을 접수하였거나 이송받은 경우에는 지체없이 이를 관할 행정청에 이송하여야 하고 그 사실을 신청인에게 통지하여야 한다. 행정청이 접수 또는 이송받은 후 관할이 변경된 경우에도 또한 같다(동법 6조 1항).

(나) 행정청의 관할은 법령에 의하여 정하여진다. 그럼에도 불구하고 행정청의 관할이 불분명한 경우가 있을 수 있다. 행정청의 관할이 분명하지 아니하는 경우에는 당해 행정청을 공통으로 감독하는 상급행정청이 그 관할을 결정하며, 공통으로 감독하는 상급행정청이 없는 경우에는 각 상급행정청의 협의로 그 관할을 결정한다(동조 2항).

2) 행정청간의 협조

(가) 행정이 점차 전문화되고 기술화됨에 따라 행정청간의 협조가 중요시된다. 그래서 「행정절차법」은 행정청이 행정의 원활한 수행을 위하여 서로 협조하여야 함을 규정하고 있다(동법 7조).

(나) 「행정절차법」은 행정응원을 규정하고 있다. 행정응원이란 한쪽 행정청의 요청에 따라 다른 행정청이 그 요청에 따른 행정조치를 행하는 것을 말한다.

  (ㄱ) 행정응원요청　　　행정청은 ① 법령 등의 이유로 독자적인 직무수행이 어려운 경우, ② 인원·장비의 부족 등 사실상의 이유로 독자적인 직무수행이 어려운 경우, ③ 다른 행정청에 소속되어 있는 전문기관의 협조가 필요한 경우, ④ 다른 행정청이 관리하고 있는 문서(전자문서 포함)·통계 등 행정자료가 직무수행을 위하여 필요한 경우, ⑤ 다른 행정청의 응원을 받아 처리하는 것이 보다 능률적이고 경제적인 경우 중 어느 하나에 해당하는 경우 다른 행정청에 행정응원을 요청할 수 있다(동법 8조 1항). 행정응원

에서 해석상 의문이 있는 경우에는 행정운영의 적법성과 타당성을 보장하기 위하여 행정기본법 제40조 제3항에 따른 법령해석 업무를 전문으로 하는 기관(민사·상사·형사·행정소송-국가배상 관계법령과 다른 법령의 벌칙 조항에 대한 해석인 경우에는 법무부를 말하고, 그 밖의 모든 행정관계 법령의 해석인 경우에는 법제처를 말한다. 이하 법령해석 기관이라 한다)에 법령해석을 요청하여야 한다(법제업무운영규정 26조 1항). 민원인은 법령소관 중앙행정기관의 장의 법령해석이 법령에 위반된다고 판단되는 경우에는 총리령으로 정하는 바에 따라 해당 법령소관 중앙행정기관의 장에게 법령해석기관에 법령해석을 요청하도록 의뢰하거나 법령소관 중앙행정기관의 장의 법령해석 의견을 덧붙여 직접 법령해석기관에 법령해석을 요청할 수 있다. 다만, 법무부장관이 민사·상사·형사, 행정소송, 국가배상 관계 법령 및 법무부소관 법령에 대하여 법령해석을 한 경우는 제외한다(동조 7항). 헌법합치적 법률해석의 의의 기능 한계에 관하여는 대법 2019. 2. 21. 선고 2014두12697 전원합의체 판결을 평석한 許珏勳 판사의 「행정법규의 헌법합치적 법률해석」, 규범과 현실의 조화—합리성과 실효성—(연우 최광률 명예회장 헌정논문집), 박영사, 2020, 621쪽 이하 참조.

은 당해 직무를 직접 응원할 수 있는 행정청에 요청하여야 한다(동조 3항).

(ㄴ) 요청의 거부　　　　행정응원을 요청받은 행정청은 ① 다른 행정청이 보다 능률적이
거나 경제적으로 응원할 수 있는 명백한 이유가 있는 경우, ② 행정응원으로 인하여 고
유의 직무수행이 현저히 지장받을 것으로 인정되는 명백한 이유가 있는 경우 중 어느
하나에 해당하는 경우 요청받은 행정응원을 거부할 수 있다(동조 2항). 이 경우에는 그
사유를 응원요청한 행정청에 통지하여야 한다(동조 4항).

(ㄷ) 지휘·감독과 비용부담　　　　행정응원을 위하여 파견된 직원은 당해 직원의 복무에
관하여 다른 법령 등에 특별한 규정이 없는 한, 응원을 요청한 행정청의 지휘·감독을
받는다(동조 5항).

행정응원에 소요되는 비용은 응원을 요청한 행정청이 부담하며, 그 부담금액 및 부담
방법은 응원을 요청한 행정청과 응원을 행하는 행정청이 협의하여 결정한다(동조 6항).

(7) 당사자 등

「행정절차법」에서 사용하는 당사자 등의 개념에 관하여는 이미 앞에서 보았다. 이 당사자 등
의 개념은 처분절차에서만 사용되고 있다.

1) 당사자 등의 자격

행정절차에 있어서 당사자 등이 될 수 있는 자는 ① 자연인, ② 법인 또는 법인이 아닌 사단
이나 재단(이하 "법인 등"이라 한다), ③ 그 밖에 다른 법령 등에 의하여 권리의무의 주체가 될 수
있는 자 중 어느 하나에 해당하는 자이다(동법 9조). 「행정절차법」은 당사자 등의 자격과 관련하
여 내국인과 외국인을 구분하지 아니하고 있으므로 외국인도 당사자 등의 자격을 갖는다고 해
석된다.[1]

2) 지위의 승계

행정절차에 있어서 당사자 등이 사망하였을 때의 상속인과 다른 법령 등에 의하여 당사자 등
의 권리·이익을 승계한 자가 당사자 등의 지위를 승계하며, 당사자 등인 법인 등이 합병한 때에
는 합병 후 존속하는 법인 등이나 합병 후 새로 설립된 법인 등이 당사자 등의 지위를 승계한다
(동법 10조 1항·2항). 당사자 등의 지위를 승계한 자는 행정청에 그 사실을 통지하여야 하며, 통지
가 있을 때까지 사망자 또는 합병 전의 법인 등에 대하여 행정청이 행한 통지는 당사자 등의 지
위를 승계한 자에게도 효력이 있다(동조 3항·5항). 처분에 관한 권리·이익을 사실상 양수한 자는
행정청의 승인을 얻어 당사자 등의 지위를 승계할 수 있다(동조 4항).

---

1) 吳峻根, 행정절차법, 172～173쪽. 대법 2006. 3. 24. 선고 2004두11275 판결은 국내에 주소·거소·영업소 또는
　사무소가 없는 외국사업자에 대하여도 행정절차법이 규정하고 있는 우편송달의 방법으로 문서를 송달할 수 있
　다고 판시하고 있다.

3) 대표자 선정

다수의 당사자 등이 공동으로 행정절차에 관한 행위를 하는 때에는 대표자를 선정할 수 있다(동법 11조 1항). 당사자 등이 대표자를 선정하지 아니하거나 대표자가 지나치게 많아 행정절차가 지연될 우려가 있는 경우에는 행정청은 그 이유를 들어 상당한 기간 내에 3인 이내의 대표자를 선정하여 줄 것을 요청할 수 있으며, 당사자 등이 이 요청에 응하지 아니한 때에는 행정청이 직접 선정할 수 있다(동조 2항). 대표자가 있는 경우에는 당사자 등은 그 대표자를 통하여서만 행정절차에 관한 행위를 할 수 있다(동조 5항). 대표자는 각자 그를 대표자로 선정한 당사자 등을 위하여 행정절차에 관한 모든 행위를 할 수 있으나, 행정절차를 끝맺는 행위는 당사자 등의 동의를 얻어야 한다(동조 4항). 다수의 대표자가 있는 경우 그 중 1인에 대한 행정청의 행위는 모든 당사자 등에게 효력이 있으나, 행정청의 통지는 대표자 모두에게 행하여야 그 효력이 있다(동조 6항). 당사자 등은 대표자를 변경 또는 해임할 수 있다(동조 3항). 당사자 등이 대표자를 선정·변경·해임한 때에는 지체없이 그 사실을 행정청에 통지하여야 한다(동법 13조).

4) 대리인 선임

당사자 등은 ① 당사자 등의 배우자, 직계 존속·비속 또는 형제자매, ② 당사자 등이 법인 등인 경우 그 임원 또는 직원, ③ 변호사,[1] ④ 행정청·청문주재자의 허가를 받은 자, ⑤ 법령 등에 의하여 당해 사안에 대하여 대리인이 될 수 있는 자 중 어느 하나에 해당하는 자를 대리인으로 선임할 수 있다. 이 경우 대리인은 당사자 등을 위하여 행정절차에 관한 모든 행위를 할 수 있되 행정절차를 끝맺는 행위는 당사자 등의 동의를 얻어야 한다는 것, 다수의 대리인이 있는 경우 그 중 1인에 대한 행정청의 행위는 모든 당사자 등에게 효력이 있으나 행정청의 통지는 모든 대리인에게 행하여야 효력이 있다는 것, 대리인을 변경·해임할 수 있다는 것, 대리인의 선임·변경·해임을 한 때에는 그 사실을 지체없이 행정청에 통지하여야 한다는 것은 대표자 선정에 있어서와 같다(동법 12조·13조).

⑻ 송 달

1) 송달의 방법

법 제14조는 문서의 송달(送達) 방법을 규정하고 있다. 즉 ① 송달은 우편·교부 또는 정보통신

---

1) 대법 2018. 3. 13. 선고 2016두33339 판결: 행정절차법 제12조 제1항 제3호, 제2항, 제11조 제4항 본문에 따르면, 당사자 등은 변호사를 대리인으로 선임할 수 있고, 대리인으로 선임된 변호사는 당사자 등을 위하여 행정절차에 관한 모든 행위를 할 수 있다고 규정되어 있다. 위와 같은 행정절차법령의 규정과 취지, 헌법상 법치국가원리와 적법절차원칙에 비추어 징계와 같은 불이익처분절차에서 징계심의대상자에게 변호사를 통한 방어권의 행사를 보장하는 것이 필요하고, 징계심의대상자가 선임한 변호사가 징계위원회에 출석하여 징계심의대상자를 위하여 필요한 의견을 진술하는 것은 방어권 행사의 본질적 내용에 해당하므로, 행정청은 특별한 사정이 없는 한 이를 거부할 수 없다. 이 판결에 대한 평석으로 辛尙珉,「변호사의 조력권을 제한한 행정절차의 위법성」, 규범과 현실의 조화─합리성과 실효성─(연우 최광률 명예회장 헌정논문집), 박영사, 2020, 693쪽 이하가 있다.

망 이용 등의 방법에 의하되 송달받을 자(대표자 또는 대리인 포함)의 주소·거소·영업소·사무소 또는 전자우편주소(이하 주소 등이라 함)로 한다. 다만, 송달받을 자가 동의하는 경우에는 그를 만나는 장소에서 송달할 수 있다(조우송달). ② 우편에 의한 송달은 행정청이 서류를 송달장소에 우편으로 발송하는 것인바,[1] 「민사소송법」상의 송달과는 달리 통상우편을 원칙으로 한다. 다만 아래에서 보는 바와 같이 행정청은 송달을 확인하고 기록을 보존하여야 한다. ③ 교부에 의한 송달은 수령확인서를 받고 문서를 교부함으로써 행하며, 송달하는 장소에서 송달받을 자를 만나지 못한 때에는 그 사무원·피용자 또는 동거인으로서 사리를 분별할 지능이 있는 사람에게 이를 교부할 수 있다(보충송달). 다만, 문서를 송달받을 자 또는 그 사무원 등이 정당한 사유 없이 송달받기를 거부하는 때에는 그 사실을 수령확인서에 적고, 문서를 송달할 장소에 놓아둘 수 있다. ④ 정보통신망을 이용한 송달은 송달받을 자가 동의하는 경우에 한한다. 이 경우 송달받을 자는 송달받을 전자우편주소 등을 지정하여야 한다. ⑤ 송달받을 자의 주소 등을 통상의 방법으로 확인할 수 없거나 또는 송달이 불가능한 경우에는 송달받을 자가 알기 쉽도록 관보·공보·게시판·일간신문 중 하나 이상에 공고하고, 인터넷에도 공고하여야 한다. 이 경우 민감정보 및 고유식별정보 등 송달받을 자의 개인정보를 「개인정보보호법」에 따라 보호하여야 한다. ⑥ 행정청은 송달하는 문서의 명칭, 송달받는 자의 성명 또는 명칭, 발송방법 및 발송연월일을 확인할 수 있는 기록을 보존하여야 한다. 교부송달, 보충송달의 경우에는 일정한 양식의 수령확인서를 작성하도록 하고 있다. 이들은 모두 송달의 증명방법으로 삼기 위한 것이다.

2) 송달의 효력발생

(가) 일반송달의 경우 송달받을 자에게 도달됨으로써 그 효력이 발생한다. 다른 법령 등에 특별한 규정이 있는 경우(예:전자정부법 28조 2항)에는 그에 따른다(행정절차법 15조 1항).

(나) 정보통신망을 이용하여 전자문서로 송달하는 경우에는 송달받을 자가 지정한 컴퓨터 등에 입력된 때에 도달된 것으로 본다(동조 2항).

(다) 공시송달을 행한 경우에는 공고일부터 14일이 경과한 때에 그 효력이 발생한다. 다만 ① 다른 법령 등에 특별한 규정이 있는 경우, ② 긴급히 시행하여야 할 특별한 사유가 있어 효력발생시기를 달리 정하여 공고한 경우에는 예외이다(동조 3항).

---

1) 대법 2006. 3. 24. 선고 2004두11275 판결: '독점규제 및 공정거래에 관한 법률' 제55조의 2 및 이에 근거한 '공정거래위원회의 운영 및 사건절차 등에 관한 규칙'(공정거래위원회 고시 제2001-8호) 제3조 제2항에 의하여 준용되는 구 행정절차법(2002. 12. 30. 법률 제6839호로 개정되기 전의 것) 제14조 제1항은 문서의 송달방법의 하나로 우편송달을 규정하고 있고, 같은 법 제16조 제2항은 외국에 거주 또는 체류하는 자에 대한 기간 및 기한은 행정청이 그 우편이나 통신에 소요되는 일수를 감안하여 정하여야 한다고 규정하고 있는 점 등에 비추어 보면, 공정거래위원회는 국내에 주소·거소·영업소 또는 사무소가 없는 외국 사업자에 대하여도 우편송달의 방법으로 문서를 송달할 수 있다. 이 판결에 대한 평석으로 金秀珍, 「행정서류의 외국으로의 송달」, 행정판례연구(한국행정판례연구회) XIII, 155쪽 이하가 있다.

(9) 기간 및 기한의 특례

법 제16조는 기간 및 기한의 특례를 규정하고 있다. 천재지변 그 밖에 당사자 등의 책임 없는 사유로 기간 및 기한을 지킬 수 없는 경우에는 그 사유가 끝나는 날까지 기간의 진행이 정지된다. 그리고 외국에 거주 또는 체류하는 자에 대한 기간 및 기한은 행정청이 그 우편이나 통신에 소요되는 일수를 감안하여 정하여야 한다.

3. 처분절차

(1) 처분의 신청

1) 처분의 신청방법

(가) 행정청에 대하여 처분을 구하는 신청은 원칙적으로 문서로 하여야 한다. 다만 ① 다른 법령에 특별한 규정이 있는 경우, ② 행정청이 미리 다른 방법을 정하여 공시한 경우에는 예외이다(17조 1항).

(나) 처분을 신청함에 있어 전자문서로 하는 경우에는 행정청의 컴퓨터 등에 입력된 때에 신청한 것으로 본다(동조 2항).

(다) 행정청은 미리 신청에 필요한 구비서류·접수기관·처리기간 그 밖에 필요한 사항을 게시(인터넷 등을 통한 게시 포함)하거나 이에 대한 편람을 비치하여 누구나 열람할 수 있도록 하여야 한다(동조 3항).

2) 신청서류의 접수

(가) 신청이 있는 때에는 특별한 규정이 없는 한 행정청은 그 접수를 보류 또는 거부하거나 부당하게 되돌려 보내서는 아니 된다.[1] ① 구술·전화·우편·전신·모사전송·정보통신망에 의한 신청, ② 처리기간이 "즉시"로 되어 있는 신청, ③ 접수증에 갈음하는 서류를 주는 신청을 제외하고 신청인에게 접수증을 주어야 한다(동조 4항).

(나) 신청에 구비서류의 미비 등 흠이 있는 경우에는 행정청은 상당한 기간을 정하여 지체없이 신청인에게 보완을 요구하여야 한다(동조 5항).[2] 그 기간 내에 보완을 하지 아니한 때에는 그 이유를 명시하여 접수된 신청을 되돌려 보낼 수 있다(동조 6항). 행정청은 신청인의

---

1) 여기에서의 신청인의 행정청에 대한 신청의 의사표시는 명시적이고 확정적인 것이어야 한다고 할 것이므로 신청인이 신청에 앞서 행정청의 허가 업무 담당자에게 신청서의 내용에 대한 검토를 요청한 것만으로는 다른 특별한 사정이 없는 한 명시적이고 확정적인 신청의 의사표시가 있었다고 하기 어렵다(대법 2004. 9. 24. 선고 2003두13236 판결). 이 판결에 대하여는 「행정절차법」 제17조 제4항의 입법취지를 고려하지 않고서 법문언에만 충실하게 당해 사안을 판단한 것이라는 비판이 있다. 金珉昊, 「행정절차법상 신청의 의미」, 고시연구 2005년 2월호, 51쪽 참조.

2) 법제처에 의하면 「행정기본법」 제24조 제2항 단서에서 말하는 '불가피한 경우'는 「행정절차법」 제17조 제5항에 따른 '제출서류의 보완'과 구별되며, 선행하는 절차나 처분의 부존재 등 사실상 서류를 제출할 수 없는 등의 사유를 의미한다고 해설하고 있다(법제처, 행정기본법 조문별 해설, 2021, 97쪽)(→ 인허가의제).

소재지가 분명하지 아니하여 위 보완의 요구가 2회에 걸쳐 반송된 때에는 신청을 취하한 것으로 보아 이를 종결처리할 수 있다(동법 시행령 10조).

(다) 행정청은 신청인의 편의를 위하여 다른 행정청에 신청을 접수하게 할 수 있다. 이 경우 행정청은 다른 행정청에 접수할 수 있는 신청의 종류를 미리 정하여 공시하여야 한다(동법 17조 7항). 다른 행정청에 신청이 접수된 때에 원칙적으로 신청이 성립한다.

(라) 신청인은 처분이 있기 전에는 그 신청의 내용을 보완하거나 변경 또는 취하할 수 있다. 다만 ① 다른 법령 등에 특별한 규정이 있는 경우, ② 당해 신청의 성질상 보완·변경 또는 취하할 수 없는 경우는 예외이다(동조 8항).

3) 신속한 처리

신청서류가 접수되면 행정청은 이를 신속하게 처리할 의무를 진다. 접수한 신청이 다수의 행정청이 관여하는 것인 때에는 행정청은 관계 행정청과의 신속한 협조를 통하여 당해 처분이 지연되지 아니하도록 하여야 한다(동법 18조).

(2) 처리기간의 설정·공표

「행정절차법」은 신속한 절차를 위하여 행정청에 처리기간의 설정·공표의무를 지우고 있다. 즉 행정청은 처분의 처리기간을 종류별로 미리 정하여 공표하여야 하며(동법 19조 1항), 1회에 한하여 그 기간을 연장할 수 있다(동조 2항). 행정청이 처리기간을 연장하는 때에는 처리기간의 연장사유와 처리예정기한을 지체없이 신청인에게 통지하여야 한다(동조 3항). 행정청이 처리기간 내에 처리하지 아니한 때에는 신청인은 당해 행정청 또는 그 감독행정청에 대하여 신속한 처리를 요청할 수 있다(동조 4항).

판례는 처리기간의 설정·공표를 훈시규정으로 보고 있다(대법 2019. 12. 13. 선고 2018두41907 판결).[1] 그러나 첫째로 「행정절차법」 제정 전에는 처리기간을 정한 규정을 훈시규정으로 보고 있었기 때문에 부정부패의 온실이 되고 민원의 대상이 되어 행정의 민주성·투명성·공정성을 위해서 반드시 필요하다는 것이 입법자의 의사였다는 점[2], 둘째로 우리 「행정절차법」 제19조 제1항

---

1) 행정절차법 제19조 제1항에 의하여 설정·공표되는 처리기간은 원칙적으로 주의적인 규정으로 이해하는 견해가 있다(金東熙, 행정법 Ⅰ(제9판), 362쪽; 洪井善, 행정법원론(상)(제17판), 991쪽).

2) 처리기간은 신청인의 입장에서는 가급적 빨리 신청한 허가 등 처분이 행하여지길 기대하지만, 행정청의 입장에서는 빨리 처분을 할 필요가 없다. 신청에 대한 거부처분의 경우에도 마찬가지이다. 신청인은 처분이 거부될 경우 그에 대한 대응 방법을 찾아야 하기 때문에 가급적 빨리 처분 여부를 알고 싶어한다. 경우에 따라서는 행정청은 처분 여부를 방치해 두는 사례도 있을 수 있다. 이 때문에 부정부패의 온실이 될 수도 있고 민원의 대상이 되기에 이른다. 「행정절차법」을 제정하면서 처리기간을 정할 때에는 그 처리기간을 어떻게 규정할 것인가에 고심하게 된다. 우리나라 「행정절차법」을 제정할 때에도 그러하였다. 처분의 처리기간은 처분의 종류, 처분의 상황 적합성, 판단 적합성, 신청량 등에 따라 달라질 수 있으므로 일률적으로 정하기 어렵다. 그러나 원칙을 정하지 않을 수 없다. 독일 「연방행정절차법」처럼 「민법」을 준용할 수도 있고, 일본 「행정절차법」처럼 표준처리기간을 정하여 행정청의 노력 의무규정으로 규정할 수도 있다. 우리 「행정절차법」은 "처분의 처리기간을 종류별로 미리

은 처리기간의 설정·공표를 사인에 대한 대외적 활동으로 명시하고 있다는 점, 셋째로 우리 「행정절차법」 제19조 제1항은 "공표하여야 한다"라고 하여 명시적으로 처리기간의 설정·공표를 행정청에 대한 의무로 규정하고 있다는 점, 넷째로 해당 대법원의 판결의 대상인 처분의 피고가 법무부장관임을 특히 유념할 필요가 있고, 만일 대법원 판결처럼 제19조 제1항에서 규정한 처리기간의 설정·공표의무를 훈시규정으로 본다면 구태여 「행정절차법」 제19조가 행정청의 의무로 규정할 필요가 없다는 점, 다섯째로 최근 선진국의 행정절차법(예: 프랑스 Code des relations entre le public et l'administration)을 새로이 제정하면서 처리기간의 설정에 고심하다가 입법을 하면서 명시하고 있는 경향 등에 비추어 보면, 위 2018두41907 판결은 타당하지 않다. 최근 법령에서는 「행정절차법」의 이 규정에 합치하는 방향으로 자동인허가제도 즉 일정한 처리 기간 이내에 행정청이 처분을 하지 아니하는 등 그 상대방에 대하여 의무를 이행하지 아니하는 경우 일정한 시점을 기준으로 적극적인 인허가처분을 행한 것과 동일한 법적 효과를 부여하는 규정을 두고 있다(중소기업창업 지원법 33조, 산업집적활성화 및 공장설립에 관한 법률 13조 등).

(3) 처분기준의 설정·공표

1) 행정청의 처분기준 설정·공표 의무

「행정절차법」은 공평성·투명성의 원칙을 구체화하여 행정청에게 처분기준의 설정·공표의무를 지우고 있다.[1] 즉 행정청은 원칙적으로 필요한 처분기준을 당해 처분의 성질에 비추어 될 수 있는 한 구체적으로 정하여 공표하여야 한다(동법 20조 1항). 이 규정은 공평한 행정활동을 담보함과 동시에, 사인이 자신의 상황이 인허가 등의 요건에 합치하고 있는가를 미리 판단할 수 있게 하고(예측가능성 보장 기능), 처분기준에 적합하게 신청 등을 준비할 수 있게 하며(고지 기능), 이익처분이든 불이익처분이든 처분기준에 비추어 보면 행정활동이 자의적으로 행하여진 것인가의 여부를 쉽게 알 수가 있게 되므로 행정청으로 하여금 신중한 판단을 하도록 한다(자의 억제 기능). 여기서 말하는 구체성의 정도는 처분의 상황 적응성 내지 탄력성을 해하지 아니하는 범위 내에서 처분의 투명성·예측가능성을 확보할 수 있도록 최대한 구체적이어야 한다는 의미이다.[2] 그러나 처분의 기준을 공표하는 것이 당해 처분의 성질상 현저히 곤란하거나 공공의 안전

정하여 공표하여야 한다"고 하여 처리기간 설정·공표를 원칙적으로 행정청의 사인에 대한 의무로 규정하였다. 왜 우리 「행정절차법」 제19조 제1항이 지금과 같이 규정하지 않으면 아니되었는지(훈시규정으로 하지 아니하고)에 대한 심사(深思)가 필요하다.

1) 이에 관한 상세한 연구는 林宰洪, 「행정절차법상의 처분기준에 관한 연구」(1998년 8월 인하대학교 박사학위청구논문) 및 「행정절차법상 처분기준의 설정 및 공표」, 행정법연구(행정법이론실무학회) 제4호, 65쪽 이하 참조.

2) 처분기준의 설정·공표가 직접 문제된 사안에서 서울고법 2008. 2. 19. 선고 2007누21053 판결은 "위 행정절차법은 '필요한 처분기준을 당해 처분의 성질에 비추어 될 수 있는 한 구체적으로 정하여' 공표하도록 규정하고 있는바, 이는 일률적으로 처분기준이 어느 정도까지 구체적으로 정하여야 하는지 규정하기 어려운 점을 고려하여 처분기준의 요소·항목에 관하여 행정청에 최대한의 융통성과 탄력성을 부여한 취지라 할 것이다. 따라서 '필요한 처분기준'이란 처분의 상대방, 이해관계인 등이 처분의 여부나 내용 등에 관하여 최소한의 예측가능성을 가

또는 복리를 현저히 해하는 것으로 인정될 만한 상당한 이유가 있는 경우에는 이를 공표하지 아니할 수 있다(동조 2항).[1] 재량처분의 경우에는 효과재량의 기준뿐만 아니라 요건재량의 기준도 구체적으로 정하여야 한다. 이 재량기준의 설정·공표는 재량행위를 통제함에 있어서 중요한 의미를 가진다. 판례는 "행정청의 재량기준으로부터의 이탈은 객관적인 이유가 있지 않으면 아니된다"고 판시하고 있다(대법 2002. 9. 24. 선고 2000두1713 판결, 대법 2009. 11. 12. 선고 2009두10291 판결 등). 처분기준에 따르지 아니한 처분이 상당한 이유가 없는 한 위법하다고 한다면, 처분기준에 따른 처분은 특별한 사정이 없는 한 적법하다. 처분기준의 구속력의 이론적 근거는 행정의 자기구속론이며, 행정의 자기구속론의 기초는 헌법상으로는 평등원칙이며, 법률상으로는 공정성 원칙·투명성 원칙·신의칙 원칙이다. 처분기준의 설정은 법률이나 행정입법(대통령령·총리령·부령·고시·훈령·지시 등)의 형식으로 가능하고, 조례 등 자치입법의 형식으로도 가능하다. 처분기준을 고시·훈령·지시 등으로 정한 경우에도 구체성이 결여된 때에는 「행정절차법」 제20조 위반이 되고, 객관적 합리성이 결여된 때에는 그 자체 또는 그에 기한 처분이 통제의 대상이 된다(대법 2004. 5. 28. 선고 2004두961 판결 등 참조). 처분기준이 행정규칙의 성질을 갖는 경우에도 처분기준위반은 행정의 자기구속원칙 위반이 된다(→ 행정의 자기구속과 행정규칙).[2] 행정청의 처분

질 수 있도록 하기 위하여 필요한 최소한의 처분기준을 의미하고, 그 구체성에 대해서는 행정청에 상당한 재량이 부여된 것이다"라고 판시한 바 있다. 이 판시에 대하여 洪準亨 교수는 "여기서 말하는 '상당한 재량'이 행정청이 처분기준의 구체적 내용을 정함에 있어(경우에 따라 무제한적인) 선택의 자유를 가진다는 의미라면 이는 행정절차법이 처분기준 설정·공표를 제도화한 취지를 사실상 형해화시킬 우려가 있다는 점에서 수긍하기 어렵다"라고 비판하고 있다(同人, 「행정절차법상 처분기준 설정·공표와 방송법상 최다액출자자 변경승인절차—서울고등법원 제5특별부 2008. 2. 19. 선고 2007누21053 판결을 중심으로—」, 공법연구(한국공법학회) 제37집 제3호, 362쪽 이하 특히 375쪽 참조). 대법 2019. 11. 21. 선고 2015두49474 전원합의체 판결은 방송통신위원회가 구 방송통신심의위원회규칙 중 객관성과 공정성에 관한 제9조 제1항 등을 위반하였다는 이유로 방송법 제100조 제1항 제3호, 제4호 및 같은 조 제4항에 따라 해당 방송프로그램의 관계자에 대한 징계 및 경고 등을 명한 사안에서, 다수의견은 방송 내용의 객관성·공정성·균형성 심사를 할 때에는 "상대적으로 완화된 심사기준"을 적용함이 타당하다는 이유로 원심판결을 잘못된 판결이라고 하였다. 이에 대하여는 "상대적으로 완화된 심사기준에 따른 심사는 법치행정에 반하므로 받아들일 수 없다"는 이유로 원심판결이 타당하다는 조희대·권순일·박상옥·이기택·안철상·이동원 대법관의 반대견해가 있었다. 법원이 「행정절차법」 제20조 제1항의 처분기준 설정·공표의무 위반을 정면으로 인정하여 처분의 위법성을 도출한 최초의 판결은 서울행법 2017. 1. 26. 선고 2016구합59546 판결과 항소심의 판결인 서울고법 2017. 8. 17. 선고 2017누35945 판결이다.

1) 대법 2019. 12. 13. 선고 2018두41907 판결은 "처분의 성질상 처분기준을 미리 공표하는 경우 행정목적을 달성할 수 없게 되거나 행정청에 일정한 범위 내에서 재량권을 부여함으로써 구체적인 사안에서 개별적인 사정을 고려하여 탄력적으로 처분이 이루어지도록 하는 것이 오히려 공공의 안전 또는 복리에 더 적합한 경우도 있다. 그러한 경우에는 행정절차법 제20조 제2항에 따라 처분기준을 따로 공표하지 않거나 개략적으로만 공표할 수도 있다"고 판시하고 있다.

2) 대법 2002. 9. 24. 선고 2000두1713 판결은 "구 독점규제및공정거래에관한법률 제55조의3 제3항은 과징금 부과에 관하여 필요한 사항은 대통령령으로 정하도록 하고 있으나, 같은 법 시행령은 그 부과기준에 대하여는 규정하고 있지 아니한데, 공정거래위원회는 같은 법에서 정한 과징금의 구체적인 부과액수의 산정을 위하여 내부적으로 '과징금산정방법및부과지침'을 제정하여 시행하고 있으므로 위 지침이 비록 공정거래위원회 내부의 사무처리준칙에 불과한 것이라 하더라도 이는 같은 법에서 정한 금액의 범위 내에서 적정한 과징금 산정기준을 마련하기 위하여 제정된 것임에 비추어 공정거래위원회로서는 과징금액을 산출함에 있어서 위 지침상의 기준 및 같은 법에서 정

기준의 설정·공표의무가 행정으로 하여금 내부의 폐쇄성으로부터 탈피하여 국민에게 접근하여 멀어진 국민의 신망을 회복하라는 민주국가원리의 표명이라고 본다면 행정청이 스스로 공표한 처분기준을 지킨다는 것은 민주국가원리를 관철하는 것이 된다.

공표된 처분기준이 불명확한 경우 당사자 등은 당해 행정청에 대하여 그 해석 또는 설명을 요청할 수 있으며, 행정청은 원칙적으로 그 요청에 따라야 한다(처분기준해명청구권)(동조 3항). 사회가 복잡해지고 행정활동이 전문적으로 고도화되거나 기술화하게 되면 처분기준은 증가되기 마련이다.

2) 행정청의 처분기준 설정·공표 의무 위반

「행정절차법」제20조 제1항의 행정청의 처분기준 설정·공표 의무 위반이 취소사유인지 여부가 다투어지고 있다. 대법원은 중국전담여행사 지정취소처분 취소 사건에서 「행정절차법」제20조 제1항을 위반하지 아니하였다고 판단한 원심판결(서울고등법원 2018. 4. 25. 선고 2017누84954 판결)을 「행정절차법」상 처분기준 사전공표 의무 등에 관한 법리를 오해하여 판결 결과에 영향을 미친 잘못이 있다는 이유로 원심판결을 파기하고 환송하였다(2020. 12. 24. 선고 2018두45633 판결).[1]

위 대법원의 판결은 행정청의 행정청의 처분기준 설정·공표 의무 위반이 취소사유인지 여부를 다룬 최초의 판결이다. 결론은 우리 「행정절차법」에 관한 판결 중 벽돌 하나를 올려놓는 데 성공한 판결로 평가될 수 있을 것이다. 그러나 논의되어야 할 쟁점은 여전히 남아있다. 그것은 이 판결의 전제에 있다. 이 판결은 "행정청이 「행정절차법」제20조 제1항의 처분기준 사전공표 의무를 위반하여 미리 공표하지 아니한 기준을 적용하여 처분을 하였다고 하더라도, 그러한 사정만으로 곧바로 해당 처분에 취소사유에 이를 정도의 흠이 존재한다고 볼 수는 없다"고 하면서 그 구체적인 이유로 첫째가 "행정청이 「행정절차법」제20조 제1항에 따라 정하여 공표한 처분기준은, 그것이 해당 처분의 근거법령에서 구체적 위임을 받아 제정·공표되었다는 특별한 사정이 없는 한, 원칙적으로 대외적 구속력이 없는 행정규칙에 해당하는 것으로 보아야 한다"는 것이다. 대법원의 논리를 정리하면 처분기준은 원칙적으로 대외적 구속력이 없는 행정규칙이므로, 처분기준 사전공표 의무를 위반하여 미리 공표하지 아니한 기준을 적용하여 처분을 하였다고 하더라도 그것만으로 해당 처분에 취소사유에 해당하는 정도의 흠이 존재하지 아니한다는 것이다.

이 판결에서 말하는 행정규칙은 이론상의 개념이다. 전통적인 통설과 판례에 의하면, 행정규칙은 법적 구속력이 영(zero)이고, 공표는 개념요소가 아니며, 행정규칙 위반은 상위 법령의 규정이나 신뢰보호의 원칙 등과 같은 법의 일반원칙을 위반하였거나 객관적으로 합리성이 없다고 볼

한 참작사유를 고려한 적절한 액수로 정하여야 할 것"이라고 하였다. 이 판결에 대하여 金光洙 교수는 "이는 앞으로의 행정처분에 있어서 중요한 시사점을 준다고 생각한다. 즉, 행정청으로는 어떤 형식으로든 처분기준을 설정하고, 이 처분기준에 합당한 결정을 하여야 하며, 합리적인 사유 없이 처분기준을 준수하지 않으면 위법의 소지가 커지게 된다"고 평가하고 있다(同人, 「글로벌 시대의 공익론」, 행정법연구(행정법이론실무학회)제19호, 118쪽 참조).

1) 이 판결에 대한 평석으로 河明鎬, 「처분기준설정·공표의무와 이를 위반한 처분의 효력」, 행정판례연구(한국행정판례연구회 편) XXVI-1, 83쪽 이하가 있다.

수 있는 구체적인 사정이 없다면 처분의 취소사유에 해당하는 위법이 없다(이것을 전자의 문제라고 하자).「행정절차법」제20조 제1항은 처분기준이라는 개념을 법률이 설정하고, 설정된 처분기준을 행정청에게 공표라는 행위 의무를 지우고 있다. 이 규정은 비교법제상 다른 나라에는 없는 새로운 규정이다. 이 판결에서「행정절차법」제20조 제1항 위반이 처분의 취소사유에 해당하는가가 문제되고 있다(이것을 후자의 문제라고 하자). 전자의 문제와 후자의 문제는 차원이 다른 문제이다. 이 판결은 차원이 같은 문제로 보고 있다. 후자의 문제는 낡은 구조물(a somewhat ramshackle construction)의 중고 자료(second-hand materials)를 가지고 짜맞출 것이 아니라 새로운 자료를 갖고 새로이 창조하는 구조물을 세우는 것이 필요하다. 이 판결에서 "원칙 부정"이라는 성급한 결론을 내릴 차원의 문제가 아니다.

　　처분기준의 설정·공표를 행정청의 의무규정으로 설정하느냐 행정청의 노력규정으로 설정하느냐는 다르다. 입법례에 따라서는 행정청의 노력규정으로 설정한 국가도 있다. 그 국가에서는 처분기준의 설정·공표를 미리 설정하지 아니하였다는 것이 취소사유가 아닌 것이라고 볼 수 있다. 그렇다고 해서 처분기준의 설정·공표 행위를 행정청의 의무규정으로 규정하고 있는 우리「행정절차법」제20조 제1항 위반이 취소사유가 아니라고 해석되는 것은 아니다.

　　우리「행정절차법」의 정부원안 초안을 입안할 당시 입법자는 처분기준의 설정·공표 행위를 행정청의 의무규정으로 규정할 것인가, 노력규정으로 규정할 것인가의 논의가 있었다. 그러나 1987년 7월 7일 입법예고안이 정부원안으로 확정된 이후 1996년「행정절차법」이 제정될 때까지 현재의 제1항과 제2항은 한 번도 수정안이 제시된 일이 없다. 외국의 입법례도 비교 검토하였다. 1976년의「독일연방행정절차법」은 제25조에서 조언(Beratung)·정보제공(Auskunft)에 관하여, 제29조에서 관계인의 문서열람(Akteneinsicht)을 규정하고 있었으나, 처분기준에 관한 통일적인 규율까지는 이르지 못하였다.

　　1993의「일본행정절차법」은 제5조에서 심사규정을, 제12조에서 처분기준을 규정하면서 공표라는 개념을 사용하지 아니하고 일반에게 알리도록 하고, 처분기준의 알림도 노력하도록 규정하고 있었다.

　　지금은 대법원도 처분기준인 재량준칙의 외부효과를 인정하고 있고, 독일과 일본의 행정판례를 분석하면 조직행정규칙을 포함해서 외부효과가 문제되지 아니하는 행정규칙이 없을 정도(법의 행정내부에의 침투현상)이지만, 1996년 우리「행정절차법」을 제정할 당시만 하더라도 처분기준은 구속력 없는 행정규칙으로 통설과 판례는 보고 있었으므로 행정청은 처분기준을 내부적으로 설정하고 있음에도 불구하고 일체 공표하지 아니하였다. 이 내밀성(內密性)이 부정부패의 온상이 되었으며, 민원의 대상이 되었다. 행정절차법의 제정 그 자체가 국가의 임무·목적의 변화를 시야에 두고 있는 개혁의 일환인 것이므로 입법자는 개혁적 차원에서 이 문제에 접근할 수 밖에 없었다. 입법자는 지금까지의 입법례로는 내밀성을 투명성·공정성으로 바꿀 수 없다고 판단하였고, 종래 행정규칙으로 보았던 처분기준(대법 1978. 6. 27. 선고 78누49 판결 참조)의 설정·공표를 개혁적 차원에서 행정청의 행위의무로 규정하기로 최종 결정하였다. 이 결정이 「행정절차법」 제20조 제1항이다. 우리 「행정절차법」 제20조 제1항은 제정법 레벨(level)로는 가장 잘 정비된 조항으로 평가 받고 있다.[1] 그러나 이와 같이 높이 평가되는 조항을 입법자가 법률에서 규정하였음에도 불구하고 행정실무가들의 말을 들어 보면 지금도 처분기준의 내밀성은 큰 변화가 없다고 한다.

(4) 처분의 사전통지

「행정절차법」 제21조는 처분의 사전통지를 규정하고 있다.

1) 사전통지의 의의

처분의 사전통지란 처분청이 당사자에게 의무를 과하거나 권익을 제한하는 처분을 하는 경우에 당사자 등의 의견청취를 위하여 반드시 거쳐야 할 사전절차이다. 이것은 행정청이 조사한 사실 등 정보를 미리 당사자 등에게 알려줌으로써 당사자 등이 충분한 기간을 갖고 준비하여 자신이 알고 있는 사실을 바탕으로 의견청취절차에서 의견을 진술하게 함으로써 자신의 권익을 보호할 수 있도록 하기 위한 제도이다. 따라서 처분의 사전통지제도는 「행정절차법」 제1조의 목적이 명시한 행정의 공정성·투명성·신뢰성의 확보 및 국민의 권익보호의 구체적 표현이라 할 수 있다.

2) 사전통지의 대상이 되는 처분

「행정절차법」 제21조 제1항은 행정청이 당사자에게 의무를 과하거나 권익을 제한하는 처분을 하는 경우에는 미리 법정 사항을 당사자 등에게 통지하도록 규정하고 있다. 사전통지의 대상이 되는 처분은 당사자에게 의무를 과하거나 권익을 제한하는 처분이다[2]. 의무를 과하거나 권익을 제한하는 처분이란 주로 불이익 처분을 의미하는 것이지만, 설사 이익처분이라 하더라도 의무와 권리에 영향을 주는 처분이면 이에 포함된다. 그렇게 해석하는 것이 「행정절차법」이 의견청취의 대상을 불이익처분 뿐만 아니라 이익처분을 포함하는 취지 및 사전통지를 두고 있는 제도의 목적에 부합되기 때문이다. 당사자에게 의무를 과하거나 권익을 제한하는 처분의 범위와 관련하여 두 가지 문제가 있다. 그 하나는 당사자에게 의무를 과하거나 권익을 제한하는 처

---

1) 塩野宏/高本光, 條解行政手續法, 2000, 弘文堂, 140頁.

2) 대법 2012. 12. 13. 선고 2011두29144 판결은 "구 관광진흥법 제8조 제2항, 제4항, 체육시설법 제27조 제2항, 제20조의 각 규정에 의하면, 공매 등의 절차에 따라 문화체육관광부령으로 정하는 주요한 유원시설업 시설의 전부 또는 체육시설업의 시설 기준에 따른 필수시설을 인수함으로써 그 유원시설업자 또는 체육시설업자의 지위를 승계한 자가 관계 행정청에 이를 신고하여 행정청이 이를 수리하는 경우에는 종전의 유원시설업자에 대한 허가는 그 효력을 잃고, 종전의 체육시설업자는 적법한 신고를 마친 체육시설업자로서의 지위를 부인당할 불안전한 상태에 놓이게 된다. 따라서 행정청이 관광진흥법 또는 체육시설법의 규정에 의하여 유원시설업자 또는 체육시설업자 지위승계 신고를 수리하는 처분은 종전의 유원시설업자 또는 체육시설업자의 권익을 제한하는 처분이라 할 것이고, 종전의 유원시설업자 또는 체육시설업자는 그 처분에 대하여 직접 그 상대가 되는 자에 해당한다고 봄이 상당하므로" 행정청이 구 관광진흥법 또는 구 체육시설의 설치·이용에 관한 법률의 규정에 의하여 유원시설업자 또는 체육시설업자 지위승계 신고를 수리하는 처분을 하는 경우, 종전 유원시설업자 또는 체육시설업자에 대하여 행정절차법 제21조 제1항 등에서 정한 처분의 사전통지 등 절차를 거쳐야 한다고 하였다.

분 속에 복효적 행정행위(제3자효 행정행위)가 포함되느냐의 여부이고, 다른 하나는 당사자에게 의무를 과하거나 권익을 제한하는 처분 속에 신청에 대한 거부처분이 포함되느냐의 여부이다.

첫째 문제는 어떤 사람에게는 수익적 효과가, 다른 사람에게는 불이익 효과가 발생하는 처분인 경우에, 당사자가 아닌 이해관계인에게 불이익 효과가 발생하는 처분도 여기서 말하는 당사자에게 의무를 과하거나 권익을 제한하는 처분 속에 포함되는가의 해석 문제이다. 그것은 「행정절차법」 제21조가 당사자에게 의무를 과하거나 권익을 제한하는 처분을 당사자에 대한 처분으로 한정하고 있기 때문이다. 이 문제에 대하여는 「행정절차법」 제21조의 법문이 "당사자"에 한정하고 있으므로 포함되지 아니한다는 견해[1]도 있고, 행정청이 직권 또는 신청에 의하여 행정절차에 참여하게 한 이해관계인에게는 사전통지의 대상에 포함시키는 것이 「행정절차법」의 이념에 부합된다는 견해[2]도 있다. 생각건대, 처분의 사전통지는 당사자 등의 의견청취를 위한 절차이므로 행정청이 직권 또는 신청에 의하여 행정절차에 참여하게 한 이해관계인에게 의견제출의 기회를 부여하게 한(동법 22조 3항) 이상 그 이해관계인에게 사전통지를 하는 것이 마땅하므로 후자의 견해가 타당하다. 판례도 후자의 견해이다(대법 2009. 4. 23. 선고 2008두686 판결).[3]

둘째 문제는 신청에 대한 거부처분도 여기서 말하는 당사자에게 의무를 과하거나 권익을 제한하는 처분 속에 포함되는가의 해석 문제이다. 이에 대하여는 포함되지 아니한다는 부정설과 포함된다는 긍정설로 나뉜다. 부정설의 논거는 ① 신청을 하였어도 아직 당사자에게 권익이 부여되지 아니하였으므로 신청을 거부하여도 직접 당사자의 권익을 제한하는 것이 아니라는 점, ② 신청에 대한 거부처분은 그것이 불이익 처분을 받는 상대방의 신청에 의한 것이므로 성질상 이미 의견진술의 기회를 준 것으로 볼 수 있다는 점을 든다.[4] 긍정설의 논거는 ① 신청에 대한 거부처분은 분명히 당사자의 권익을 제한하는 처분에 해당한다는 점,[5] ② 일본의 경우와는 달리 우

1) 朴均省, 행정법론(상)(제2판), 445쪽 및 (제3판) 423쪽.

2) 吳峻根, 행정절차법, 340쪽.

3) 대법 2009. 4. 23. 선고 2008두686 판결은 행정청이 직권 또는 신청에 의해 행정절차에 참여하게 한 이해관계인 이외의 제3자에게는 제21조가 적용되지 아니한다고 하였다.

4) 朴均省, 앞의 책(제2판), 같은 쪽; 朴鈗炘, 최신행정법강의(상), 490쪽; 金東熙, 행정법 Ⅰ(제12판), 377쪽; 洪井善, 행정법원론(상), 526쪽 이하. 朴均省 교수는, 앞의 책 제2판·제3판과는 달리, 제4판(2005년)에서는 "다만, 갱신허가 거부처분의 경우에는 '권익을 제한하는 처분'으로 보아 사전통지와 의견제출기회 부여의 대상이 된다고 보아야 한다"(439쪽)는 기술을 추가해 놓고 있다. 洪 교수는 "수익적 행위의 거부도 침익적 성질을 갖는다고 볼 때, 수익적 행위의 거부의 경우에 사전통지제도의 적용이 없는 것은 문제이다"라고 기술하면서 제14판에서 처음으로 긍정설을 소개하고 있다.

5) 吳峻根, 앞의 책, 340~341쪽; 金性洙, 「참여와 협력시대의 한국 행정절차법」, 현대공법이론의 제문제(석종현 박사 화갑기념논문집), 2003, 552쪽; 尹炯漢, 「사전통지의 대상과 흠결의 효과」, 행정판례연구(한국행정판례연구회) Ⅹ, 219쪽; 崔桂暎, 「거부처분의 사전통지—법치행정과 행정의 효율성의 조화—」, 행정법연구(행정법이론실무학회) 제18호, 269쪽 이하; 洪準亨, 행정법, 383쪽; 金鉉峻, 「행정처분절차에 있어서 직권과 신청—사전통지와 이유제시에서의 문제점을 중심으로—」, 토지공법연구(한국토지공법학회) 제66집, 337쪽 이하. 金性洙 교수는 "의견청취절차 중 청문규정은 신청에 의한 수익적 처분이 거부되는 경우에도 실시될 것이 요망된다. 이는 원래의 불이익처분과 그 효과면에서는 다름없는 것일 뿐만 아니라 특히 사회보장법 분야에서 국가적 급부에

리「행정절차법」은 신청에 의한 처분과 일반적 불이익처분을 전혀 구분하지 아니하고 포괄적으로 규정하고 있으므로 일본의 경우에 대한 해석을 우리나라에 적용하여서는 아니 된다는 점을 든다. 대법원은 교원임용거부취소청구사건에서 "신청에 따른 처분이 이루어지지 아니한 경우에는 아직 당사자에게 권익이 부과되지 아니하였으므로 특별한 사정이 없는 한 신청에 대한 거부처분이라고 하더라도 직접 당사자의 권익을 제한하는 것은 아니어서 신청에 대한 거부처분은 여기서 말하는 '당사자의 권익을 제한하는 처분'에 해당한다고 할 수 없는 것이어서 처분의 사전통지대상이 된다고 할 수 없다"(대법 2003. 11. 28. 선고 2003두674 판결)라고 하여, 부정설을 취하고 있다.

검토컨대, 부정설의 논거는 ① 거부처분은 직접 당사자의 권익을 제한하는 것이 아니라는 점이고, ② 이미 의견진술의 기회를 준 것이라는 점이다. ①의 논거가 법문에도 없는 '직접' 당사자의 권익을 제한하는 것이라고 하여 불이익 처분을 "현 상태에서 감소상태로 변화"하는 것만으로 한정하는 것은 명문의 규정에 반한다. 예컨대, 영업허가의 거부처분은 본래적으로 가지는 국민의 자유에 속하는 영업의 자유를 제한하는 새로운 금지처분에 해당하는 것이며, 그 밖에도 보조금교부·급부의 거부처분이 좁은 의미의 권리침해는 아니라고 하더라도 법적으로 보호된 관계인의 이익을 제한하는 경우가 있다. 요컨대, 거부처분은 일정한 적극적 행위를 하지 아니하겠다는 태도의 표명에 불과할 뿐이고 그 속에는 권리·이익의 부존재가 구속적으로 표명되어 있어 법관계의 규율을 목적으로 하는 법행위임에는 다름이 없다. 따라서 법문에서 말하는 권익을 제한하는 처분은 이익 처분의 반대개념인 모든 불이익 처분을 포함하는 것으로 해석하여야 한다. ②의 논거인 신청에 대한 거부처분은 이미 의견진술의 기회를 준 것이라는 점도 이를 일반화할 수는 없다. 이 점은 위 대법 2003두674 판결을 보아도 알 수 있다. 이 판결의 사실관계를 보면 피고가 원고에게 교원임용거부처분을 하면서 그 이유로서 연구실적물평가가 교원으로서 적격판정에 미달한다는 것이고 그 속에서 피고는 원고의 연구실적이 표절 내지 변조된 것으로 판정하고 있다. 그런데 피고는 논문의 표절 내지 위조 여부가 연구실적물 평가에 있어서 가장 중요한 요소임에도 불구하고 그에 대한 원고의 의견진술의 기회를 준 바 없었다.

3) 사전통지의 예외

사전통지는 반드시 행하여야 하지만, ① 공공의 안전 또는 복리를 위하여 긴급한 처분을 할 필요가 있는 경우, ② 법령 등에서 요구된 자격이 없거나 없어지게 되면 반드시 일정한 처분을 하여야 하는 경우에 그 자격이 없거나 없어지게 된 사실이 법원의 재판 등에 의하여 객관적으로

생존을 의존하는 사회적 약자의 권리를 보호하기 위하여 반드시 필요한 것으로 사료된다"고 피력하고 있다. 尹 변호사와 崔 교수는 권익은 권리보다 넓은 개념이고, 가장 유사한 개념은 법률상 이익(행정소송법 제12조)이며, 판례는 신청권이 인정되어 처분성이 긍정되는 경우 신청을 하였다가 거부당한 자는 별도의 판단 없이 행정소송법 제12조의 법률상 이익이 있는 것으로 보아 원고적격을 긍정하고 있는바, 신청권이 있다고 하여 처분성을 긍정하는 경우라면, 그러한 거부처분은 최소한 행정절차법 소정의 '권익을 제한하는 처분'에 해당한다고 보아야 논리적으로 모순이 없다는 것이다. 金鉉峻 교수는 거부처분에 의하여 신청권이 제한된다는 점, 권리에 대한 제한에는 소극적 제한도 포함된다는 점에서 거부처분은 권리를 제한하는 처분임이 분명하다고 주장한다.

증명된 경우(처분의 전제가 되는 사실이 법원의 재판 등에 의하여 객관적으로 증명된 경우 등 제4항에 따른 사전 통지를 아니할 수 있는 구체적인 사항은 대통령령으로 정한다), ③ 당해 처분의 성질상 의견청취가 현저히 곤란하거나 명백히 불필요하다고 인정될 만한 상당한 이유가 있는 경우[1][2]에는 사전통지의 예외가 인정된다(동법 21조 4항·5항). 행정절차법 시행령 제13조은 사전통지를 하지 아니할 사유로 ① 급박한 위해의 방지 및 제거 등 공공의 안전 또는 복리를 위하여 긴급한 처분이 필요한 경우 ② 법원의 재판 또는 준사법적 절차를 거치는 행정기관의 결정 등에 따라 처분의 전제가 되는 사실이 객관적으로 증명되어 처분에 따른 의견청취가 불필요하다고 인정되는 경우[3] ③ 의견청취의 기회를 줌으로써 처분의 내용이 미리 알려져 현저히 공익을 해치는 행위를 유발할 우려가 예상되는 등 해당 처분의 성질상 의견청취가 현저하게 곤란한 경우 ④ 법령 또는 자치법규(이하 법령 등이라 한다)에서 준수하여야 할 기술적 기준이 명확하게 규정되고, 그 기준에 현저히 미치지 못하는 사실을 이유로 처분을 하려는 경우로서 그 사실이 실험, 계측, 그 밖에 객관적인 방법에 의하여 명확히 입증된 경우 ⑤ 법령등에서 일정한 요건에 해장하는 자에 대하여 점용료·사용료 등 금전급부를 명하는 경우 법령 등에서 규정하는 요건에 해당함이 명백하고, 행정청의 금액 산저에 재량의 여지가 없거나 효율이 명확하게 정하여져 있는 경우 등 해당 처분의 성질상 의견청취가 명백히 불필요하다고 인정될 만한 상당한 이유가 있는 경우를 규정하고 있다. 사전통지

---

1) 정규공무원으로 임용된 사람에게 시보임용처분 당시 지방공무원법 제31조 제4호에 정한 공무원임용결격사유가 있어 시보임용처분을 취소하고 그에 따라 정규임용처분을 취소한 사안에서 대법 2009. 1. 30. 선고 2008두16155 판결은 "이 사건 처분은, 지방공무원법 제31조 제4호 소정의 공무원임용 결격사유가 있어 당연무효인 이 사건 시보임용처분과는 달리, 위 시보임용처분의 무효로 인하여 시보공무원으로서의 경력을 갖추지 못하였다는 이유만으로, 위 결격사유가 해소된 후에 한 별도의 정규임용처분을 취소하는 처분이어서 행정절차법 제21조 제4항 및 제22조 제4항에 따라 원고에게 사전통지를 하지 않거나 의견제출의 기회를 주지 아니하여도 되는 예외적인 경우에 해당한다고 할 수도 없다"고 판시하였다. 1심(청주지법 2008. 4. 24. 선고 2007구합1892 판결)과 원심(대전고법 2008. 8. 21. 선고 2008누1014 판결)은 이 사건 정규공무원 임용처분은 판결 등에 의하여 처분의 전제되는 사실이 객관적으로 입증되었고 임용결격사유가 법령에 명시적으로 규정되어 있기 때문에 그 성질상 사전통지절차 등을 거치는 것이 불필요한 처분에 해당한다고 판시하였었다. 또한 대법원은 건축법상의 공사중지명령에 대한 사전통지를 하고 의견제출의 기회를 준다면 많은 액수의 손실보상금을 기대하며 공사를 강행할 우려가 있다는 사정은 사전통지 및 의견제출절차의 예외사유에 해당하지 아니한다(대법 2004. 5. 28. 선고 2004두1254 판결)고 하였다.
2) 대법 2016. 10. 27. 선고 2016두41811 판결 : 행정절차법 제21조 제4항 제3호의 "해당 처분의 성질상 의견청취가 현저히 곤란하거나 명백히 불필요하다고 인정될 만한 상당한 이유가 있는 경우"에 해당하는 자는 해당 행정처분의 성질에 비추어 판단하여야 하며, 처분 상대방이 이미 행정청에 위반사실을 시인하였다거나 처분의 사전통지 이전에 의견을 진술할 기회가 있었다는 사정을 고려하여 판단할 것은 아니다.
3) 대법 2020. 7. 23. 선고 2017두66602 판결: 행정절차법 제21조, 제22조, 행정절차법 시행령 제13조의 내용을 「행정절차법」의 입법 목적과 의견청취 제도의 취지에 비추어 종합적·체계적으로 해석하면, 행정절차법 시행령 제13조 제2호에서 정한 "법원의 재판 또는 준사법적 절차를 거치는 행정기관의 결정 등에 따라 처분의 전제가 되는 사실이 객관적으로 증명되어 처분에 따른 의견청취가 불필요하다고 인정되는 경우"는 법원의 재판 등에 따라 처분의 전제가 되는 사실이 객관적으로 증명되면 행정청이 반드시 일정한 처분을 해야 하는 경우 등 의견청취가 행정청의 처분 여부나 그 수위 결정에 영향을 미치지 못하는 경우를 의미한다고 보아야 한다. 처분의 전제가 되는 '일부' 사실만 증명된 경우이거나 의견청취에 따라 행정청의 처분 여부나 처분 수위가 달라질 수 있는 경우라면 위 예외사유에 해당하지 않는다.

의 예외의 경우 행정청은 처분을 할 때 당사자 등에게 통지를 하지 아니한 사유를 알려야 한다. 다만, 신속한 처분이 필요한 경우에는 처분 후 그 사유를 알려야 한다. 사유의 알림은 원칙적으로 문서로 하여야 한다(동조 6항·7항).

4) 사전통지의 내용

행정청이 불이익 처분을 하는 경우에 원칙적으로 ① 처분의 제목, ② 당사자의 성명 또는 명칭과 주소, ③ 처분을 하고자 하는 원인이 되는 사실과 처분의 내용 및 법적 근거, ④ 이에 대하여 의견을 제출할 수 있다는 뜻과 의견을 제출하지 아니하는 경우의 처리방법, ⑤ 의견제출기관의 명칭과 주소, ⑥ 의견제출기한 등의 사항을 미리 당사자 등에게 통지하여야 한다(동조 1항). ⑥에 의한 기한은 의견 제출에 필요한 상당한 기간을 10일 이상으로 고려하여 정하여야 한다(동조 3항). ③에서 말하는 처분을 하고자 하는 원인이 되는 사실은 당사자의 방어권행사를 보장함에 족한 정도의 구체성이 있어야 한다(서울고법 2001. 4. 11. 선고 2000누10580 판결).

5) 청문의 경우

행정청은 청문을 실시하고자 하는 경우에 청문이 시작되는 날부터 10일 전까지 위 사전통지의 내용 사항을 당사자 등에게 통지하여야 한다. 이 경우 ④ 내지 ⑥ 사항은 청문주재자의 소속·직위 및 성명, 청문의 일시 및 장소, 청문에 응하지 아니하는 경우의 처리방법 등 청문에 필요한 사항으로 갈음한다(동조 2항).

(5) 의견청취

행정청이 처분을 함에는 의견청취를 거쳐야 한다(동법 22조 1항 내지 3항)[1]. 당사자가 의견진술의 기회를 포기한다는 뜻을 명백히 표시한 경우에는 의견청취를 아니할 수 있다(동조 4항). 의견청취에는 청문·공청회·의견제출의 세 가지 방법이 있다.

1) 청 문

(가) **청문의 의의**   청문이란 행정청이 어떠한 처분을 하기에 앞서 당사자 등의 의견을 직접 듣고 증거를 조사하는 절차를 말한다(동법 2조 5호).

(나) **청문의 실시**   청문은 ① 다른 법령 등에서 청문을 실시하도록 규정하고 있는 경우 (예: 국토의계획및이용에관한법률 136조 3호의 규정에 의한 실시계획인가의 취소) ② 행정청이 필요하다고 인정하는 경우[2] ③ 인허가 등의 취소, 신분·자격의 박탈, 법인이나 조합 등의 설립

---

1) 고시의 방법으로 불특정 다수인을 상대로 의무를 부과하거나 권익을 제한하는 처분은 성질상 의견제출의 기회를 주어야 하는 상대방을 특정할 수 없으므로, 이와 같은 처분에 있어서까지 구 행정절차법 제22조 제3항에 의하여 그 상대방에게 의견제출의 기회를 주어야 한다고 해석할 것은 아니라는 것이 판례(대법 2014. 10. 27. 선고 2012두7745 판결)이다.

2) 행정청이 필요하다고 인정하는 경우, 청문의 실시 여부는 원칙적으로 행정청의 재량에 속하지만, 처분이 극도로

허가의 취소시 법 제21조 제1항 제6호에 따른 의견제출기한 내에 당사자 등의 신청이 있는 경우에 실시된다(행정절차법 22조 1항). 행정청이 ②에 따라 처분에 대한 청문의 필요 여부를 결정할 때에는 그 처분이 인허가 등의 취소, 신분·자격의 박탈, 법인이나 조합 등의 설립허가의 취소, 그 밖에 당사자 등의 권익을 심히 침해하거나 이해관계에 중대한 영향을 미치는 처분인 경우에는 청문을 실시하도록 적극 노력하여야 한다(동법 시행령 13조의2). 행정청이 청문을 실시하는 경우 직권 또는 당사자의 신청에 의하여 수개의 사안을 병합하거나 분리하여 행할 수 있다(동법 32조).

(다) 청문주재자　　　청문은 행정청이 소속직원 또는 대통령령이 정하는 자격을 가진 사람 중에서 선정하는 청문주재자가 주재한다(동법 28조 1항). 여기서 말하는 대통령령이 정하는 자격을 가진 사람이란 ① 교수, 변호사, 공인회계사 등 관련분야 전문직 종사자, ② 청문사안과 관련된 분야에 종사한 경험이 있는 전직 공무원, ③ 그 밖에 업무경험을 통하여 청문사안과 관련된 분야에 전문지식이 있는 사람 중 어느 하나에 해당하는 사람을 말한다(동법 시행령 15조 1항). 청문주재자는 독립하여 공정하게 직무를 수행하며 그 직무수행을 이유로 본인의 의사에 반하여 신분상 어떠한 불이익도 받지 아니한다(동법 28조 3항). 청문주재자가 ① 자신이 당사자 등이거나 당사자 등과 「민법」 제777조 각 호의 어느 하나에 해당하는 친족관계에 있거나 있었던 경우, ② 자신이 당해 처분과 관련하여 증언이나 감정을 한 경우, ③ 자신이 당해 처분의 당사자 등의 대리인으로 관여하거나 관여하였던 경우, ④ 자신이 당해 처분 업무를 직접 처리하거나 처리하였던 경우 중 어느 하나에 해당하는 경우에는 청문을 주재할 수 없도록 제척되며, 공정한 청문진행을 할 수 없는 사정이 있는 경우에는 당사자 등이 행정청에게 청문주재자의 기피신청을 할 수 있고, 청문주재자는 그와 같은 경우 행정청의 승인을 얻어 스스로 청문의 주재를 회피할 수 있다(동법 29조). 거리확보의 원칙을 명문화한 것이다. 행정청은 청문이 시작되는 날부터 7일 전까지 청문주재자에게 청문과 관련한 필요한 자료를 미리 통지하여야 한다(동법 제28조 2항).

(라) 청문의 공개　　　청문은 당사자의 공개 신청이 있거나 청문주재자가 필요하다고 인정하는 경우 이를 공개할 수 있음이 원칙이다. 다만, 공익 또는 제3자의 정당한 이익을 현저히 해할 우려가 있는 경우에는 공개하여서는 아니 된다(동법 30조).

(마) 청문의 진행　　　청문주재자는 예정된 처분의 내용, 그 원인이 되는 사실 및 법적 근

치명적인 경우에는 그 재량이 영으로 수축되어 기속행위로 될 여지도 없지 않고 만일 청문의 기회를 편파적으로 부여한다면 평등원칙위반으로 재량하자를 구성한다(白潤基, 「금융행정에 있어서 법치주의의 구현」, 현대공법학의 과제(최송화교수 화갑기념논문집), 박영사, 2002년, 531쪽). 朴正勳 교수도 행정절차법 제22조 제1항 제2호는 행정청의 재량규정이지만, 상대방이 의견제출에서 위반행위 사실 자체를 다투고 진지한 의심을 불러일으킬 반증을 제시하는 경우에는 그 재량이 영으로 수축하여 반드시 청문을 실시할 의무가 발생한다고 본다라고 하고 있다(同人, 「부정당업자의 입찰참가자격제한의 법적 제문제」, 법학(서울대학교 법학연구소) 제46권 제1호, 306쪽).

거의 설명으로부터 청문을 시작하고(동법 31조 1항), 신청 또는 직권에 의하여 필요한 조사(증거자료의 수집, 참고인·감정인 등에 대한 질문, 검증 또는 감정·평가 등)를 할 수 있으며, 당사자 등이 주장하지 아니한 사실에 대하여도 조사할 수 있다(동법 33조 1항). 이 경우 청문주재자는 처분사유로 될 수 있는 모든 논점을 제시하도록 하여야 한다. 당사자 등은 의견을 진술하고 증거를 제출할 수 있으며, 참고인·감정인 등에 대하여 질문할 수 있다(동법 31조 2항). 당사자 등이 의견서를 제출한 경우에는 그 내용을 출석하여 진술한 것으로 본다(동조 3항). 청문주재자는 청문을 계속할 경우에는 당사자 등에게 다음 청문의 일시 및 장소를 서면으로 통지하여야 하며, 당사자 등이 동의하는 경우에는 전자문서로 통지할 수 있다. 다만 청문에 출석한 당사자 등에게는 당해 청문일에 말로 통지할 수 있다(동조 5항).

(바) 청문조서의 작성　　　청문주재자는 청문조서를 작성하여야 한다(동법 34조 1항). 청문조서에 기재되어야 할 사항은 ① 제목, ② 청문주재자의 소속·성명 등 인적 사항, ③ 당사자 등의 주소·성명 또는 명칭 및 출석 여부, ④ 청문의 일시 및 장소, ⑤ 당사자 등의 진술의 요지 및 제출된 증거, ⑥ 청문의 공개 여부 또는 제30조 단서의 규정에 의하여 비공개한 이유 등이다. 당사자 등은 청문조서의 기재내용을 열람·확인할 수 있으며, 이의가 있을 때에는 그 정정을 요구할 수 있다(동조 2항).

(사) 청문주재자의 의견서　　　청문주재자는 청문주재자의 의견서를 작성하여야 한다. 청문주재자의 의견서에 기재할 사항은 ① 청문의 제목, ② 처분의 내용·주요사실 또는 증거, ③ 종합의견, ④ 그 밖에 필요한 사항 등이다(동법 34조의2).

(아) 청문의 종결　　　청문주재자는 당해 사안에 대하여 당사자 등의 의견진술·증거조사가 충분히 이루어졌다고 인정되는 경우에 청문을 마칠 수 있다(동법 35조 1항). 청문주재자는 당사자 등의 전부 또는 일부가 정당한 사유 없이 청문기일에 출석하지 아니하거나 의견서를 제출하지 아니하는 경우에는 이들에게 다시 의견진술 및 증거제출의 기회를 주지 아니하고 청문을 마칠 수 있으나, 당사자 등의 전부 또는 일부가 정당한 사유로 청문기일에 출석하지 못하거나 의견서를 제출하지 못한 경우에는 10일 이상의 기간을 정하여 이들에게 의견진술 및 증거제출을 요구하여야 하며, 해당 기간이 지났을 때에 청문을 마칠 수 있다(동조 2항·3항). 청문을 마쳤을 때에는 청문조서, 청문주재자의 의견서 그 밖의 관계 서류 등을 행정청에 지체없이 제출하여야 한다(동조 4항).

(자) 문서열람청구　　　당사자 등은 청문의 통지가 있는 날부터 청문이 끝날 때까지 행정청에 대하여 당해 사안의 조사결과에 관한 문서 그 밖에 당해 처분과 관련되는 문서의 열람 또는 복사를 요청할 수 있다(동법 37조 1항 본문). 이 경우 행정청은 다른 법령에 의하여 공개가 제한되는 경우를 제외하고는 이를 거부할 수 없으며, 거부하는 경우에는 그 이유를 소명하여야 한다(동조 동항 후단 및 3항).

(차) **청문의 재개 및 청문결과의 반영**　　행정청은 청문을 마친 후에도 처분하기까지 새로운 사정이 발견된 경우 청문의 재개를 명할 수 있다(동법 36조). 행정청은 처분을 함에 있어서 청문조서, 청문주재자의 의견서, 그 밖의 관계서류 등을 충분히 검토하고 상당한 이유가 있다고 인정하는 경우에는 청문결과를 반영하여야 한다(35조의2).[1]

2) 공 청 회

(가) **공청회의 의의**　　공청회란 행정청이 공개적인 토론을 통하여 어떠한 행정작용에 대하여 당사자 등, 전문지식과 경험을 가진 사람, 그 밖의 일반인으로부터 의견을 널리 수렴하는 절차를 말한다(동법 2조 6호).

(나) **공청회의 개최**　　공청회는 다른 법령 등에서 공청회를 개최하도록 규정하고 있는 경우, 해당 처분의 영향이 광범위하여 널리 의견을 수렴할 필요가 있다고 행정청이 인정하는 경우, 국민생활에 큰 영향을 미치는 처분으로서 대통령령으로 정하는 처분에 대하여 대통령령으로 정하는 수 이상의 당사자 등이 공청회 개최를 요구하는 경우에 개최된다(동법 22조 2항).

(다) **개최의 알림(공고)**　　행정청이 공청회를 개최하려는 경우에는 공청회 개최 14일 전까지 ① 제목, ② 일시 및 장소, ③ 주요 내용, ④ 발표자에 관한 사항, ⑤ 발표신청 방법 및 신청기한, ⑥ 정보통신망을 통한 의견제출, ⑦ 그 밖에 공청회 개최에 관하여 필요한 사항을 당사자 등에게 통지하고, 관보·공보·인터넷 홈페이지 또는 일간신문 등에 공고하는 등의 방법으로 널리 알려야 한다. 다만, 공청회 개최를 알린 후 예정대로 개최하지 못하여 새로이 일시 및 장소 등을 정한 경우에는 공청회 개최 7일 전까지 알려야 한다(동법 38조).

(라) **전자공청회**　　행정청은 위 공청회(38조에 따른)와 병행하여서만 정보통신망을 이용한 공청회(전자공청회)를 실시할 수 있다(동법 38조의2 1항). 전자공청회를 실시하는 경우에는 누구든지 전자통신망을 이용하여 의견을 제출하거나 제출된 의견 등에 대한 토론에 참여할 수 있다(동조 3항). 전자공청회의 실시방법 및 절차에 관하여는 대통령령에서 정하고 있다(동조 4항).

(마) **공청회의 주재자 및 발표자의 선정**　　공청회의 주재자는 당해 공청회의 사안과 관련된 분야에 전문적 지식이 있거나 그 분야에서 종사한 경험이 있는 사람으로서 대통령령으로 정하는 자격을 가진 사람 중에서 공청회의 주재자를 선정한다(동법 38조의3 1항). 공청회의 발표자는 발표를 신청한 사람 중에서 행정청이 선정함을 원칙으로 하되, 발표 신청자가 없거나 공청회의 공정성 확보를 위하여 필요하다고 인정하는 경우에는 해당 공청회의 사안과 관련된 당사자 등이나, 동 사안과 관련된 분야에 전문적 지식이나 종사한 경

---

1) 청문결과를 반영하지 아니한 위법을 이유로 처분을 취소하도록 종전의 국무총리행정심판위원회가 의결한 예로는 국행심 2002. 8. 12. 자 02-03514 의결이 있다.

험이 있는 사람 중에서 지명 또는 위촉할 수 있다(동조 2항). 행정청은 공청회의 주재자 및 발표자를 지명 또는 위촉하거나 선정함에 있어서 공정성이 확보될 수 있도록 하여야 한다 (동조 3항).

(바) 공청회의 진행　　　공청회의 주재자는 공청회를 공정하게 진행하여야 하며, 공청회의 원활한 진행을 위하여 발표내용을 제한할 수 있고, 질서유지를 위하여 발언중단, 퇴장 명령 등 행정안전부장관이 정하는 필요한 조치를 할 수 있다(39조 1항). 발표자는 공청회의 내용과 직접 관련된 사항에 한하여 발표하여야 한다(동조 2항). 공청회의 주재자는 발표자의 발표가 끝난 후에는 발표자 상호 간에 질의 및 답변을 할 수 있도록 하여야 하며, 방청인에 대하여도 의견을 제시할 기회를 주어야 한다(동조 3항).

공청회의 경우에는 청문에 있어서와 같은 처분과 관련되는 문서의 열람·복사를 요청할 수 있는 규정이 없다. 따라서 이 경우에는 「공공기관의 정보공개에 관한 법률」에 의하여 처분과 관련되는 정보를 요청할 수밖에 없다.

(사) 공청회 및 전자공청회 결과의 반영　　　행정청은 처분을 함에 있어서 공청회·전자공청회 및 정보통신망 등을 통하여 제시된 사실 및 의견이 상당한 이유가 있다고 인정하는 경우에는 이를 반영하여야 한다(동법 39조의2). 행정청은 공청회를 마친 후 처분을 할 때까지 새로운 사정이 발생되어 공청회를 다시 개최할 필요가 있다고 인정할 때에는 공청회를 다시 개최할 수 있다(동법 39조의 3).

(아) 공청회의 재개최　　　행정청은 공청회를 마친 후 처분을 할 때까지 새로운 사정이 발견되어 공청회를 다시 개최할 필요가 있다고 인정할 때에는 공청회를 다시 개최할 수 있다(동법 39조의 3).

3) 의견제출

(가) 의견제출의 의의　　　의견제출이란 행정청이 어떠한 행정작용을 하기에 앞서 당사자 등이 의견을 제시하는 절차로서 청문이나 공청회에 해당하지 아니하는 절차를 말한다 (동법 2조 7호).

(나) 의견제출의 기회부여　　　행정청이 불이익 처분을 함에 있어서 청문을 실시하거나 공청회를 개최하는 경우 외에는 당사자 등에게 의견제출의 기회를 주어야 한다(동법 22조 3항). 당사자 등은 처분 전에 그 처분의 관할 행정청에 서면·구술로 또는 정보통신망을 이용하여 의견제출을 할 수 있으며(동법 27조 1항), 이 경우 그 주장을 입증하기 위한 증거자료 등을 첨부할 수 있다(동조 2항).

의견제출의 경우에도 청문에 있어서와 같은 처분과 관련되는 문서의 열람·복사를 요청할 수 있는 규정이 없다. 따라서 이 경우에도 당사자 등은 「공공기관의 정보공개에 관한 법률」 등에 의하여 처분과 관련되는 정보를 요청할 수밖에 없다.

행정청은 당사자 등이 말로 의견제출을 한 때에는 서면으로 그 진술의 요지와 진술자를 기록하여야 한다(동조 3항).

당사자 등이 정당한 이유 없이 의견제출기한 내에 의견제출을 하지 아니한 경우에는 의견이 없는 것으로 본다(동조 4항).

(다) **처분에의 반영**　　행정청은 처분을 함에 있어서 당사자 등이 제출한 의견이 상당한 이유가 있다고 인정하는 경우에는 이를 반영하여야 한다(동법 27조의2 1항). 당사자 등이 제출한 의견을 반영하지 아니하고 처분을 한 경우에는 당사자 등이 처분이 있음을 안 날로부터 90일 이내에 그 이유의 설명을 요청하면 행정청은 서면으로 그 이유를 알려야 한다. 다만, 당사자 등이 동의하면 말, 정보통신망 또는 그 밖의 방법으로 알릴 수 있다(동법 제2항).

4) 의견청취 흠의 효과

의견청취에 흠이 있는 경우에 그 효과에 관하여는 후술한다(→ 처분절차의 흠의 법적 효과).

(6) 처분의 방식·정정·고지

1) 처분의 방식

(가) 행정청이 처분을 하는 때에는 다른 법령에 특별한 규정이 있는 경우를 제외하고는 문서로 하여야 하며,[1][2][3] 전자문서로 하는 경우는 당사자 등의 동의가 있어야 한다(동법 24조 1항). 이를 위반한 처분은 흠이 중대·명백하여 무효이다(대법 2019. 7. 11. 선고 2017두38874 판결). 처분을 하는 문서에는 처분행정청 및 담당자의 소속·성명과 연락처(전화번호·팩스번호·전자우편주소 등을 말한다)를 기재하여야 한다(동조 2항).

(나) 행정청이 처분을 함에 있어서 신속을 요하거나 사안이 경미한 경우에는 말 또는 그 밖의 방법으로 할 수 있다. 그러나 이 경우에도 당사자의 요청이 있는 때에는 지체없이 처분에 관한 문서를 주어야 한다(동조 1항 단서).

---

1) 대법 2005. 7. 28. 선고 2003두469 판결: 행정절차법 제24조 제1항이 행정청이 처분을 하는 때에는 다른 법령 등에 특별한 규정이 있는 경우를 제외하고는 문서로 하도록 규정한 것은 처분내용의 명확성을 확보하고 처분의 존부에 관한 다툼을 방지하기 위한 것이라 할 것인바, 그와 같은 행정절차법의 규정 취지를 감안하여 보면, 행정청이 문서에 의하여 처분을 한 경우 그 처분문서의 문언이 불분명하다는 등의 특별한 사정이 없는 한, 그 문언에 따라 어떤 처분을 하였는지 여부를 확정하여야 할 것이고, 처분서의 문언만으로도 행정청이 어떤 처분을 하였는지가 분명함에도 불구하고 처분경위나 처분 이후의 상대방의 태도 등 다른 사정을 고려하여 처분서의 문언과는 달리 다른 처분까지 포함되어 있는 것으로 확대해석하여서는 아니된다.

2) 대법 2010. 2. 11. 선고 2009두18035 판결: 처분서의 문언만으로는 행정청이 어떤 처분을 하였는지 불분명하다는 등 특별한 사정이 있는 때에는 처분 경위나 처분 이후의 상대방의 태도 등 다른 사정을 고려하여 처분서의 문언과 달리 그 처분의 내용을 해석할 수도 있다.

3) 대법 2019. 5. 30. 선고 2016두49808 판결: 명예전역 선발을 취소하는 처분은 행정절차법 제24조 제1항에 따라 문서로 해야 한다.

2) 처분의 정정

행정청은 처분에 오기·오산 또는 그 밖에 이에 준하는 명백한 잘못이 있는 때에는 직권 또는 신청에 의하여 지체없이 정정하고 그 사실을 당사자에게 통지하여야 한다(동법 25조).

3) 처분의 고지

행정청이 처분을 하는 때에는 통지를 필요하는 처분인 경우 당사자에게 통지하여야 함은 물론 당사자에게 그 처분에 관하여 행정심판 및 행정소송을 제기할 수 있는지 여부, 그 밖에 불복을 할 수 있는지 여부, 청구절차 및 청구기간 그 밖에 필요한 사항을 알려야 한다(동법 26조). 「행정소송법」은 법률에서 당해 처분에 대한 행정심판의 재결을 거치지 아니하면 취소소송 등을 제기할 수 없다는 규정이 있을 때를 제외하고(→ 예외적 행정심판전치주의), 행정심판을 거치지 않고 행정소송을 제기할 수 있는 길을 열어 놓고 있다(→ 임의적 전치주의의 채택). 따라서 특정 처분에 대해 행정심판을 제기할 수도 있고 행정심판을 제기하지 아니하고 바로 행정소송을 제기할 수도 있다. 법률이 예외적 행정심판전치주의를 채택하고 있는 경우에는 행정청은 이 사실을 당사자에게 고지하여야 하며, 불고지의 경우에는 행정심판청구 없이 제소할 수 있다(서울고법 2002. 3. 28. 선고 2001누13026 판결). 임의적 전치주의의 경우에도 행정청은 이 사실을 당사자에게 알려야 한다. 이 경우 제소기간의 제한이 있다는 것, 제소기간이 경과하면 다툴 수 없게 된다는 것도 알려야 한다.

이와 관련하여 두 가지 문제가 있다. 그 하나는 「행정절차법」 제26조에 위반하여 고지하지 아니한 경우 처분의 효력에 미치는 영향이다. 판결에는 처분의 위법이 되지 아니한다는 판결(대법 1987. 11. 24. 선고 87누529 판결, 서울행정법원 2014. 1. 23. 선고 2012구합41585 판결)이 있다. 이 판결에 대하여는 실체에 영향이 있는지 여부와 무관하게 처분이 위법하다고 보는 것이 절차적 정의의 관점에 비추어 보거나 행정절차법에서 고지에 관한 명문의 규정을 마련한 제정목적에 비추어 타당하다는 비판[1]이 있다. 또 하나의 문제는 행정청이 불이익 처분을 하면서 통지일과 집행시기 사이에 상당한 유예기간을 두지 아니한 경우 「행정절차법」에서 행정청의 유예기간 설정의무를 도출할 수 있는가가 문제이다. 「행정절차법」에서는 아무런 규정이 없지만 행정청의 유예기간 설정이 필요한 이유는 불이익 처분에 따라서는 유예기간이 두어지지 않음으로써 처분의 상대방이 당해 처분의 집행에 대비한 준비를 제대로 할 수 없게 되고 집행개시 전에 「행정소송법」상의 집행정지 등 가구제를 이용하여 침해된 권익을 온전히 보전할 기회가 없어 회복할 수 없는 손해를 입을 수 있기 때문이다. 서울행법 1999. 4. 9. 선고 98구22785 판결은 기획재정부장관이 세무사에 대하여 직무정지처분을 하면서 그 정지 개시일 당일에 처분서를 송달한 사안에서 행정청의 상당한 유예기간 설정의무를 「행정절차법」 제반규정에서 도출할 수 있다는 전제에서 상당한 유예기간을 설정하지 아니하고 이루어진 직무정지처분은 절차상 위법하다고 판시한 바 있다.

---

1) 金容燮, 「행정조사 및 행정절차의 법적 문제」, 행정판례연구(한국행정판례연구회), XXII-1, 71쪽 이하.

(7) 처분의 근거·이유제시

1) 의 의

처분의 근거·이유제시란 행정청이 처분을 하면서 당사자[1]에게 처분의 근거와 이유를 제시하는 것을 말한다. 흔히 이유제시라고만 부른다. 「행정절차법」제정 이전에는 이유부기(理由附記)라고 불렀다. 종전에는 개별법률에 명문의 규정이 있는 경우에는 문제가 없었으나, 명문의 규정이 없는 경우에는 행정청에게 이유부기의무가 있느냐의 여부가 문제되었다. 「행정절차법」이 제정되면서 이를 입법화한 것이다.[2] 「행정절차법」제23조 제1항은 행정청이 처분을 하는 때에는 원칙적으로 당사자에게 그 근거와 이유를 제시하도록 규정함으로써 이를 명문화하고 있다. 예외로 이유제시가 제외되는 경우에도 처분 후 당사자가 요청하는 경우에는 그 근거와 이유를 제시하여야 한다(동조 2항). 처분의 근거·이유제시의 기능은 다음과 같으며, 이들 기능이 복합적으로 작용하게 된다.[3]

2) 성 질

이유제시의 성질에 관하여는 행정절차로, 행정청의 이유제시의무를 절차법적 의무로 이해하는 것이 일반적 견해로 보인다. 그러나 필자는 이유제시의무를 처분청이 자신이 행한 결정을 설명하고 정당화하는 의무로 이해한다. 달리 말하면, 행정청의 이유제시는 해명(accountability)이며, 따라서 행정청의 이유제시의무는 해명의무로 본다. 해명이유의 근거는 헌법상 법치국가원리의 구체적 표현인 법치행정원리이며, 행정절차법 제23조는 헌법상 원칙을 구체화한 것이 된다. 이유제시의무를 해명의무로 보게 되면, 여러 가지 문제들이 제기된다. 예컨대, 이유제시의 흠은 절차법적 흠이 아니라 실체법적 흠으로 보아야 하는 것이 아니냐의 문제, 이유제시의 추가·변경 등 취소소송의 소송물론에 관한 통설·판례가 재검토되어야 하는 것이 아니냐의 문제 등이다.

3) 기 능

(가) 행정청으로 하여금 이유제시를 하게 함으로써 행정청의 자의를 억제시키고 판단의 근거를 알림과 동시에 처분의 결정과정을 공개시키며 행정절차를 보다 투명하게 하는 데 기여한다(자의 억제·결정과정 공개·투명성 향상).

(나) 당사자뿐만 아니라 제3자도 처분의 이유를 검토할 기회를 갖기 때문에 행정청으로서는

---

1) 대법 2013. 11. 14. 선고 2010추73 판결은 처분의 상대방이 아닌 이해관계인인 제3자가 제기한 소송에서 원고인 제3자가 결정 이유가 제시되지 아니하여 위법하다는 주장에 대하여 "을 제8호증의 1, 2의 각 기재에 의하면, 피고는 전라북도를 통하여 2010. 11. 23. 이 사건 결정의 근거가 된 이유가 구체적으로 제시된 위원회의 결정문을 위 원고들에게 송부한 사실이 인정되므로, 위 원고들의 이 부분 주장 역시 이유없다"라고 판시하고 있다.

2) 전후 독일에서는 독일연방행정절차법이 제정되기 이전에, 명문의 규정이 없음에도 불구하고, 불이익처분의 이유제시의무를 헌법에서 일반적으로 이끌어낸 것은 연방헌법재판소이다(BVerfGE 6, 44).

3) 처분의 근거와 이유제시의 기능과는 별도로 처분의 근거와 이유제시 제도의 정당성 문제 즉 우리나라 자유민주주의 체제의 시각에서 이 제도가 우리나라에 어떻게 정당화되느냐 하는 문제를 헌법학적, 철학적 관점에서 다룬 글로는 金鐵容, 행정절차와 행정소송, 3쪽 이하 [집필 崔大權] 참조.

행정결정에 가일층 신중하게 된다(신중성 확보).

(다) 당사자 등은 법적·사실적 문제의 소재를 명확히 파악할 수 있어 불복신청에 도움이 된다(불복 편의).[1]

(라) 마찬가지 이유로 당사자 등은 처분이 정당한 것으로 수긍될 때에는 무익한 쟁송을 피하게 된다(설득 기능).

(마) 이유제시는 당사자 등에게 처분의 진실성(Richtigkeit)을 확신시켜 이를 수용하게 하는 것이고, 당사자 등은 이에 바탕하여 다툴 것이므로, 이유제시는 동시에 법원의 부담을 경감시켜 준다(법원부담 경감).[2]

(바) 그 밖에도 신빙성 부여 기능(Dokumentationsfunktion)[3], 명확화 내지 증명기능(Klarstellungs-und Beweisfunktion)[4], 자기통제 기능(Selbstkontrollfunktion)[5] 등을 든다.

4) 대 상

우리 「행정절차법」은 처분의 근거·이유제시를 하여야 하는 처분을 한정하고 있지 않다. 따라서 불이익처분은 물론, 이익처분에도 행정청은 근거·이유제시의무를 진다. 이와 같이 우리 「행정절차법」이 불이익처분이든 이익처분이든 행정청에게 근거·이유제시의무를 지우고 있는 것은 근거·이유제시가 법의 통일적 적용에 도움이 되기 때문인 것으로 보인다.

5) 시 기

이유제시는 처분과 동시에 행하여야 하는 것이 원칙이다(처분과 이유제시의 동시성). 따라서 처분의 이유는 처분과 동시에 제시된 이유의 기재 자체에서 명백히 되어야 한다. 동시성에 대한 예외로 「행정절차법」은 ① 신청내용을 모두 그대로 인정하는 처분인 경우(동법 23조 1항 1호)[6], ② 단순·반복적인 처분 또는 경미한 처분으로서 당사자가 그 이유를 명백히 알 수 있는 경우(동항

---

1) 판례는 후술하는 바와 같이 처분서에 처분의 근거와 이유를 구체적으로 명시하도록 한 것이 오르지 불복신청에 도움을 준다는 관점에서만 보고 있다. 과거 행정절차법이 없을 때에는 어떻게든 행정소송을 국민에게 보장하는 한편, 다른 한편 남소를 방지하여 행정처분의 법적 안정성을 어떻게 높이는가가 중요한 과제였고 따라서 학설·판례상 자의억제 기능보다도 불복편의 기능이 더 중요시 되었다. 행정절차법이 제정되면서 제1조 목적에서 "행정의 공정성·투명성 및 신뢰성"을 확보하는 것이 첫째 과제가 되었고, 제5조에서 투명성을 다시 강조하고 있다. 따라서 이유제시는 자기억제·행정의 투명성을 위한 것이 오히려 앞선 존재 법리이지, 불복편의만을 위한 존재는 아니다.

2) 미국의 행정절차법상의 이유제시에 관하여는 金鐵容, 행정절차와 행정소송, 320쪽 이하 〔집필자 琴泰煥〕및 342쪽 이하. 〔집필자 金聲培〕참조.

3) F. Hufen, Fehler im Verwaltungsverfahren, 4. Aufl., SS. 192ff.

4) Stelkens/Bonk/Sachs, Verwaltungsverfahrensgesetz Kommentar, 4. Aulf., S. 813. 이유제시는 절차 결과의 문서화의 의미를 가지며 이유를 이용가능한 것으로 한다.

5) F. O. Kopp, Verwaltungsverfahrensgesetz, 5. Aufl., S. 758ff.

6) 공공기관의 정보공개에 관한 법률은 정보공개청구인의 공개청구의 인용의 경우에도 공개대상정보와 관련이 있는 제3자에게 공개청구 인용결정의 이유와 공개 실시일을 분명히 밝혀 지체 없이 문서로 통지하도록 규정하고 있다(21조 2항).

2호), ③ 긴급을 요하는 경우(동항 3호)에는 처분 후 당사자가 요청하는 때에 이유제시를 하도록 규정하고 있다(동조 2항). 따라서 행정청이 처분과 동시에 이유제시를 하지 아니하고 처분 후 이유제시를 하였다고 하여도 「행정절차법」에서 규정한 이유제시 의무를 다하였다고 할 수 없다. 이와 같이 해석하지 아니하면 행정청의 판단 신중, 합리성 담보, 자기 억제라는 이유제시 기능의 핵심이 무의미하게 되기 때문이다.

6) 내용과 정도

「행정절차법」 제23조 제1항은 처분의 근거와 이유를 제시하도록 하고 있다. 여기서 말하는 처분의 근거와 이유가 무엇을 말하는 것인지는 법문에서는 명시하고 있지 않다. 학자들 중에는 「행정절차법」 제23조의 규정을 독일 연방행정절차법 제39조와 같이 보기도 하고,[1] 처분의 주된 법적 근거 및 사실상의 사유의 구체적 제시로 이해하기도 한다.[2] 그러나 처분 근거·이유제시제도와 그 정도는 각 국가간에 공통점이 있긴 하지만, 차이점도 있다. 특정 조문 하나를 갖고 같다고 단정하여서는 아니 된다. 근거·이유제시의 의의와 그 정도는 「행정절차법」 제23조의 규정도 중요하지만, 그 밖의 「행정절차법」의 규정 및 「헌법」을 비롯하여 「행정소송법」의 관련 규정 등 우리법체계 전체 구조에서 파악하여야 한다. 이와 같은 우리법체계 전체 구조에서 본다면, 「행정절차법」 제23조에서 말하는 근거는 처분의 사실상 근거와 법적 근거를 모두 포함하며, 이유는 조사에서 시작하여 일정한 과정을 거쳐 행정청이 도달한 최종적 판단을 정당화하는 논리적 뒷받침을 의미한다. 요컨대 근거와 이유는 처분청이 행할 처분을 정당화하는 모든 근거와 이유로 보아야 한다. 「행정절차법」은 행정청이 불이익 처분을 하는 경우에는 처분의 사전통지로서 처분하고자 하는 원인이 되는 사실과 처분의 내용 및 법적 근거를 당사자 등에게 통지하도록 하는 의무를 과하고 있다. 그러므로 행정청이 불이익 처분을 행하는 경우 처분과 동시에 제시하여야 하는 처분의 근거와 이유는 최소한 처분의 사전통지를 행할 때 통지한 처분을 하고자 하는 원인이 되는 사실과 처분의 내용 및 법적 근거를 바탕으로 의견청취를 거쳐 대외적으로 표시하기로 한 구체화된 처분의 원인이 되는 사실,[3] 처분의 내용 및 법적 근거이어야 한다고 해석된다. 「행정절차법 시행령」은 행정청이 처분의 이유를 제시하는 경우에 처분의 원인이 되는 사실과 근거가 되는 법령 등의 내용을 구체적으로 명시하도록 하고 있다(14조의2). 이 규정은 행정청이 의견청취를 거쳐 처분을 행하는 경우에는 처분하고자 하는 원인이 되는 사실과 처분의 내용이 의견청취에 의

---

1) 金性洙, 행정법 Ⅰ, 532쪽. 참고로, 독일 연방행정절차법 제29조 제1항은 "문서 또는 전자문서 및 문서 또는 전자문서로 확인된 행정행위는 이유를 제시하여야 한다. 이유제시는 행정청이 결정에 이르게 되었던 중요한 사실상 법률상 근거를 알려주어야 한다. 재량결정의 이유제시에도 행정청이 재량을 행사할 때 근거가 되었던 관점을 명시하여야 한다"고 규정하고 있다.

2) 朴均省, 행정법론(상), 573쪽.

3) 참고로, 덴마크 「행정절차법」(1985년 12월 19일 법률 제571호) 제24조 제2항은 "더욱이, 이유제시는 필요에 따라, 해당 결정에 당하여 중요한 의의가 있다고 인정되는 해당 안건의 사실 상황의 간결한 기술을 포함시켜야 한다"라고 규정하고 있다.

하여 사전통지를 행할 때 제시되었던 사실과 처분의 내용이 그대로인지, 달라진 것인지, 달라졌다면 그 달라진 사실과 내용도 함께 명시하여야 한다는 취지로 보아야 한다. 뿐만 아니라, 처분이유의 기능에서 보면 처분이유에는 행정청이 최종적인 판단에 이르게 된 논리의 과정을 알 수 있도록 적시되어야 하고, 처분기준이 마련되어 있는 경우에는 처분기준의 어느 부분에 근거하여 결론에 도달하게 되었는지를 밝혀야 한다.[1] 특히 재량처분의 경우에는 구체적인 재량고려과정을 알 수 있을 정도이어야 할 뿐만 아니라[2] 처분기준이 공표되어 있는 경우에는 행정청은 그 기준에 기속되어 그 재량권을 행사하는 것임을 대외적으로 명시한 것으로 보아야 한다. 처분의 상대방이 의견청취에서 자기에게 유리한 주장이나 증거서류를 제시하여 반론한 때에는 처분이유에는 그 점에 관한 처분청의 판단도 제시되어야 한다.

처분의 근거와 이유제시는 처분의 상대방에 대한 처분의 근거와 이유의 제시에 그치는 것이 아니다. 처분의 근거와 이유제시는 처분의 공정성을 담보하는 것이므로, 상대방이 처분의 근거와 이유를 짐작할 수 있는 것인지 여부와 관계 없이, 제3자에게도 처분의 근거와 이유제시 그 자체에서 그 처분의 근거와 이유가 명백하게 되어야 한다.

대법원의 판결을 보면, 행정절차법 제정 이전의 판결에는 처분요건을 되풀이하는 것과 같은 일반적·추상적인 것만으로는 불충분하고, 상대방에게 처분근거·이유가 이해될 수 있고, 권리구제를 강구할 수 있을 정도의 구체성·상세성을 가져야 한다고 판시한 것들이 있었다. 예컨대 대법 1984. 7. 10. 선고 82누551 판결은 "허가의 취소처분에는 그 근거가 되는 법령과 처분을 받은 자가 어떠한 위반사실에 대하여 당해 처분이 있었는지를 알 수 있을 정도의 사실의 적시를 흠결한 하자는 그 처분 후 적시되어도 이에 의하여 치유될 수 없다"고 하였고, 대법 1990. 9. 11.

---

1) 참고로, 일본 최고재판소는 1급건축사 면허취소처분 등 취소청구사건을 다룬 2011년 판결에서, 제1심(삿포로지방재판소 2008. 2. 29.)과 제2심(삿포로고등재판소 2008. 11. 13.)가 (일본)행정절차법 제14조 제1항 본문의 취지는 해당 처분의 근거 법조(法條) 및 그 법조의 요건에 해당하는 구체적인 사실관계를 밝히는 것으로써 충분히 달성할 수 있고 더 나아가 처분기준의 내용 및 적용관계에 대하여까지 밝힐 것을 요구하는 것은 아니라고 하였던 것을 파기하여 자판(自判)하면서 "본문의 취지에 비추어 해당 처분의 근거법령의 규정 내용, 해당 처분에 관한 처분기준의 존재 여부 및 내용 및 공표의 유무, 해당 처분의 성질 및 내용, 해당 처분의 원인이 된 사실관계의 내용 등을 종합 고려하여 이것을 결정하여야 한다"라고 하고 덧붙여 "처분 시에 동시에 제시되어야 할 이유로서는 처분의 원인이 되는 사실 및 처분의 근거 법조에 더하여 본건 처분기준의 적용관계가 제시되지 않으면 처분의 상대방의 입장에서는 상기 사실 및 근거 법조의 제시에 의하여 처분요건의 해당성에 관한 이유는 알 수 있어도 어떠한 이유에 근거하여 어떠한 처분기준의 적용에 따라 해당 처분이 선택되었는가를 아는 것은 곤란하다"고 판시하였다. 이 일본 최고재판소 판결 이후 이미 하급심에서는 진화가 계속되고 있고, 그 예로서 이유제시의 정도에 대하여 처분의 '판단과정을 차례로 용이하게 검증할 수 있는 것'을 요구하는 판례가 등장하고 있다는 지적이 있다(俞珍式,「행정절차법상 처분기준과 이유제시—일본에서의 학설·판례를 소재로 하여—」, 행정판례연구(한국행정판례연구회 편) XXV-1, 167쪽 이하 참조).

2) 참고로 말하면, 미국 연방행정절차법은 정식처분(정식 행정입법도 마찬가지이다)의 경우 "모든 조사결과와 결론 그리고 기록 속에 제시된 사실, 법, 재량의 모든 실질적인 쟁점에 대한 이유나 근거의 진술을 포함"하도록 규정(557조(c))하고 있다. 독일에서는 이유제시에서 구체적인 재량고려과정이 기술되어 있지 아니하면 재량의 과소행사(Ermessensunterschreitung)로서 위법이 된다. 또한 행정청이 재량행사를 하면서 비례원칙을 고려하고 있는가의 여부도 이유제시에서 판단한다.

선고 90누1786 판결은 "면허의 취소처분에는 그 근거가 되는 법령이나 취소권 유보의 부관 등을 명시하여야 함은 물론 처분을 받은 자가 어떠한 위반사실에 대하여 당해 처분이 있었는지를 알 수 있을 정도로 사실을 적시할 것을 요하며, 이와 같은 취소처분의 근거와 위반사실의 적시를 빠뜨린 하자는 피처분자가 처분 당시 그 취지를 알고 있었다거나 그 후 알게 되었다 하여도 치유될 수 없다고 할 것이다"고 하였다.

그런데, 행정절차법 시행 후 처분 근거·이유제시의 정도를 밝힌 최초의 판결이며 동시에 거부처분 근거·이유제시의 정도를 밝힌 최초의 판결인 대법 2002. 5. 17. 선고 2000두8912 판결은 거부처분에 관하여 일반적으로 당사자가 근거규정 등을 명시하여 신청하는 인허가 등을 거부하는 처분을 함에 있어 당사자가 그 근거를 알 수 있을 정도로 상당한 이유를 제시한 경우에는 당해 처분의 근거 및 이유를 구체적 조항 및 내용까지 명시하지 않았더라도 그로 말미암아 그 처분이 위법한 것이 될 수 없다고 판시하였다. 이 판결에 대하여 거부처분 근거·이유제시 정도를 거부처분 이외의 불이익처분 근거·이유제시 정도보다 완화한 것이라는 평석이 있었고,[1] 우리 「행정절차법」은 불이익처분의 이유제시와 이익처분의 이유제시를 구별하고 있지 않을 뿐만 아니라 거부처분 근거·이유제시와 거부처분 이외의 불이익처분인 적극처분 근거·이유제시 간에 그 기본이념과 구체적 기본자세 간에 아무런 차이가 없다는 지적이 있었다.[2] 그러자, 대법 2009. 12. 10. 선고 2007두20362 판결은 "처분서에 기재된 내용과 관계 법령 및 당해 처분에 이르기까지의 전체적인 과정 등을 종합적으로 고려하여, 처분 당시 당사자가 어떠한 근거와 이유로 처분이 이루어진 것인지를 충분히 알 수 있어서 그에 불복하여 행정구제절차로 나아가는 데에 별다른 지장이 없었던 것으로 인정되는 경우에는 처분서에 처분의 근거와 이유가 구체적으로 명시되어 있지 않았다 하더라도 그로 말미암아 그 처분이 위법한 것으로 된다고 할 수는 없다"라 판시하여 「행정절차법」 제정 이전에 대법원이 취하였던 적극처분의 근거·이유제시의 정도가 아니라 「행정절차법」 제정 이후에 대법원이 취하였던 완화된 거부처분의 근거·이유제시의 정도와 동일한 입장을 취하였다. 그러나 「행정절차법」이 제정되게 된 행정과 사인의 관계변화라는 시대적 상황과 「행정절차법」 제23조·제24조 및 「행정절차법 시행령」 제14조의 2를 종합적으로 고려하여 보면 행정청이 처분을 할 때에는 처분서에 처분의 원인이 되는 사실과 근거가 되는 법령 등을 구체적으로 명시하여야 법문에 충실한 법해석이 된다.[3] 더욱이 2007두20362 판결은 「행

---

1) 이 판결에 대한 평석으로 曺海鉉, 「행정처분의 근거 및 이유제시의 정도」, 행정판례연구(한국행정판례연구회) Ⅷ, 123쪽 이하; 河明鎬, 대법원판례해설 제64호 2006년 하반기(법원도서관), 190쪽 이하.

2) 金鐵容, 「처분이유제시의 정도 —대상판결 대법원 2002. 5. 17. 선고 2000두8912 판결—」, 인권과 정의 2009년 8월호, 96쪽 이하.

3) 2007두20362 판결에 대한 평석으로 "행정절차법에서 처분의 이유제시 의무를 규정하고 있는 취지가 몰각되지 않는 범위 내에서 이를 지나치게 엄격하게 적용할 경우 야기될 수 있는 무용한 절차반복을 방지할 필요성을 고려한 판결로 보인다"(노경필, 「최근 행정판례의 주요 동향」, 법제도 선진화를 위한 공법적 과제(2010년 6월 25일에 개최된 한국공법학회·한국법제연구원 공동학술대회), 533쪽)는 견해가 있다. 행정청이 처분을 하면서 처분서에 처분의 근거와 이유를 구체적으로 밝히라는 것이 법령의 명문의 규정인데, 규정대로 근거와 이유를 구

정절차법」이 처분서에 처분의 근거와 이유를 구체적으로 명시하도록 한 것이 오로지 불복신청에 도움을 준다는 관점에서만 보고 있다[1]. 이러한 생각은 크게 잘못된 것이다. 「행정절차법」이 처분서에 처분의 근거와 이유를 구체적으로 명시하도록 한 것은 불복신청에 도움을 줌과 동시에 그에 앞서 처분의 결정과정을 투명하게 하여 사인이 결정과정을 소상히 알도록 하고, 반면에 행정청으로 하여금 처분의 결정을 신중하게 하려는 의도임을 명심할 필요가 있다.[2]

7) 형 식

문서로 처분을 행하는 경우에는 이유제시도 문서로 하여야 한다. 예외로 말로 처분을 행하는 경우에는 이유제시도 말로 할 수밖에 없을 것이다.

8) 이유제시가 결여된 처분의 효과

이유제시가 결여된 처분의 효과에 대하여 위법하다는 것이 통설과 판례이다[3]. 문제는 이유제시의 흠이 처분의 무효원인인가 취소원인인가에 있다. 통설은 이유제시가 전혀 없거나 중요사항의 기재가 결여된 경우에는 무효원인으로, 그 외의 경우에는 취소원인으로 보아 왔다. 판례는 일관되게 취소원인으로 보고 있다(대법 1984. 7. 10. 선고 82누551 판결 등). 그러나 이유제시를 전혀 결여한 처분은 경우에 따라서 무효원인으로 보아야 할 때가 있을 것이다.

9) 이유제시의 흠의 치유

이유제시의 결여 또는 불비 등 흠이 있는 경우에 사후보완에 의하여 그 흠이 치유될 수 있는 것인가가 문제된다. 이 문제에 대하여는 견해가 대립된다.

(가) 학 설

(ㄱ) 부 정 설   이 설은 이유제시의 흠의 치유를 부정하는 견해이다. 이 견해의 논거는 처분의 신중성과 공정성을 담보하려는 이유제시 자체의 존재의의에 두고 있다.[4]

(ㄴ) 한정적 긍정설   이 설은 이유제시의 흠의 치유를 일정한 한계 아래서 한정적[5]으로

체적으로 밝히는 것이 무용한 절차반복이라고 본 것이다. 이유제시의 명확화 내지 증명기능을 완전히 잊고 있다. 이러한 생각이 2007두20362 판결로 나타난 것으로 보인다. 절차가 너무 엄격하여 효율성을 위해서 간소화하는 것은 입법부가 입법에 의하여 규정하여 가능한 일이지, 행정의 통제기관으로서 법원이 해야 할 일이 아니다.

1) 이와 같은 판시는 계속되고 있다(예: 대법 2017. 8. 29. 선고 2016두44186 판결, 2019. 1. 31. 선고 2016두64975 판결 등).

2) 兪珍式 교수는 "이유제시이론의 형성과 전개는 행정절차법의 발전의 척도라고 해도 과언이 아닐 것이다"라는 말로 맺고 있다(同人, 「행정절차법상 처분기준과 이유제시」, 행정판례연구(한국행정판례연구회 편) XXV-1, 198쪽).

3) 일본에서는 본안이 적법하다고 하더라도 이유제시 자체는 독립하여 처분의 위법사유가 된다는 판례법이 유지되고 있다(예: 동경고등재판소 2001년 6월 14일 판결).

4) 徐元宇, 「이유부기와 하자의 치유」, 월간고시 1985년 1월호, 151쪽.

5) 洪井善 교수는 처분의 동일성을 해하지 아니하는 범위 안에서만 인정된다고 한다(同人, 행정법원론(상), 359

인정하려는 견해이다. 이 견해는 이유제시의 흠을 다른 절차 흠과 구별하지 아니한다. 이 견해는 일정한 한계에 관하여 의견이 나뉜다. 행정심판제기 전에 한하여 허용된다는 견해,[1] 행정심판절차가 종료되기 전 또는 행정심판절차가 필요 없는 경우에는 행정소송제기 이전까지만 허용된다는 견해[2] 등이 있다.

(ㄷ) 긍 정 설　　　이 설은 소송단계에 있어서도 이유제시의 흠의 치유가 가능하다는 견해이다. 이 견해의 논거는 행정의 능률에 두고 있다.[3]

(나) 판　례　　　대법원은 원칙적으로 이유제시의 흠의 치유를 부정하며,[4] 처분의 근거가 되는 사실의 구체적 적시를 빠뜨린 흠은 그 상대방이 처분 당시 그 취지를 알고 있었다거나 그 후 이를 알게 되었다고 하여도 치유될 수 없다는 입장이다.[5]

(다) 검　토　　　이유제시의 흠의 치유문제를 일반 절차의 흠의 치유와 별도로 논하는 이유는 이유제시 자체의 기능(필요성) 때문이라고 생각한다. 이유제시의 기능을 불복신청의 편의에 한정시키는 것은 옳지 않다. 그러므로 이유제시의 기능을 오로지 불복신청의 편의에 초점을 맞추어 이유제시의 흠의 치유를 허용하려는 견해는 타당하다고 할 수 없다. 이유제시의 흠의 치유는 다른 절차의 흠의 치유와 달리 보다 엄격할 필요가 있다. 이유제시는 그 기능에서 알 수 있는 바와 같이 처분을 정당화하는 매우 중요한 사항이다. 따라서 이유제시의 흠이 과연 치유의 대상이 될 수 있는가가 우선 문제가 되어야 한다.[6] 이유제시의 흠의 치유를 부정하는 판결이 있는 것은 이 때문이라고 생각한다. 불이익 처분의 경우, 처분 후에 처분이유로 해야 할 새로운 사유가 발생한 경우에는 처분을 철회하고 다시 처분의 사전통지, 의견청취 등 사전절차를 거쳐 새로운 처분을 하는 것이 의견청취·그 결과의 반영 및 처분과 이유제시의 동시성을 규정하고 이유제시의 밀도를 처분의 원인이 되는 사실과 법적 근거 및 관련 법조문 내용을 상세히 명시하도록 한 「행정절차법」의 취지에 맞다. 행정능률의 고려는 우리 「행정절차법」 자체가 제23조 제1항 단서에 예외를 둠으로써 이를

쪽). 처분의 동일성이란 기준이 어떤 근거에서 나온 것인지는 밝히지 않고 있다.

1) 朴均省, 행정법론(상)(제2판), 442쪽.

2) 柳至泰, 행정법신론, 369쪽.

3) 金南辰, 행정법 Ⅰ, 466쪽. 洪井善 교수는 소송절차의 종결 전까지 가능하다고 한다(同人, 위 책, 같은 곳).

4) 여남구 판사는 이에 관한 것으로 대법 1983. 7. 26. 선고 82누420 판결, 대법 1991. 5. 28. 선고 90누1359 판결, 대법 1992. 5. 8. 선고 91누13274 판결을 들고 있다(同人, 「처분의 이유제시의무와 처분사유의 추가 변경」, 행정법원의 좌표와 진로(서울행정법원), 1999, 434쪽). 모두 행정절차법 제정 이전의 판결이다.

5) 대법 1987. 5. 26. 선고 86누788 판결, 대법 1990. 9. 11. 선고 90누1786 판결 등.

6) 미국 연방행정절차법상의 요식처분의 경우, 행정기관의 결정 당시의 이유에 근거해야 하며, 사법심사과정에 나타난 문제점을 보완하는 사후의 이유(post hoc reasoc)에 의해 치유되지 않는다. 金鐵容 편, 행정절차와 행정소송, 332쪽이하[집필자 琴泰煥]참조.

해결하고 있다. 이 외에 다시 행정능률을 고려하는 것은 법의 취지에 반한다. 긍정설은 별도의 명문의 규정이 없는 한(예: 독일 연방행정절차법 45조 1항 2호)[1] 지지할 바 못된다. 이유제시에 흠이 있는 처분에 대하여 행정심판을 제기한 경우 행정심판의 단계에서 행정청이 이유를 제시하여도 이유제시의 기능에서 보아 흠이 치유될 수 없다고 보아야 한다.

4. 신고절차

㈎ 법령 등에서 행정청에 대하여 일정한 사항을 통지함으로써 의무가 끝나는 신고를 규정하고 있는 경우 신고를 관장하는 행정청은 신고에 필요한 구비서류와 접수기관 그 밖에 법령 등에 의한 신고에 필요한 사항을 게시(인터넷 등을 통한 게시 포함)하거나 이에 대한 편람을 비치하여 누구나 열람할 수 있도록 하여야 한다(동법 40조 1항).

㈏ 신고의 요건으로서 ㉠ 신고서의 기재사항에 흠이 없을 것, ㉡ 필요한 구비서류가 첨부되어 있을 것, ㉢ 그 밖에 법령 등에 규정된 형식상의 요건에 적합할 것 등을 갖춘 경우에는 신고서가 접수기관에 도달된 때에 신고의 의무가 이행된 것으로 본다(동조 2항). 위 ㉢ 그 밖에 법령 등에 규정된 형식상의 요건은 ㉠ ㉡에 상응하는 형식상의 요건을 말한다. 따라서 이 요건은 엄격하게 해석하여야 한다. 신고의 내용이 진실한가 여부는 결코 신고의 요건이 될 수 없다. 행정청은 신고에 대하여 형식상의 요건이 요구되는 경우 미리 게시판 또는 편람에 그 내용을 명백히 제시하여야 한다. 행정청은 미리 제시하지 아니한 형식상의 요건을 신청인에게 차후에 요구하여서는 아니 된다. 형식상의 요건의 흠에 대한 다툼은 신고의 존재·부존재를 전제로 한 소송형식을 취하게 될 것이다.

㈐ 요건을 갖추지 못한 신고서가 제출된 경우 상당한 기간을 정하여 신고인에게 보완을 요구하여야 하며, 그 기간 내에 보완을 하지 아니한 때에는 그 이유를 명시하여 당해 신고서를 되돌려 보내야 한다(동조 3항, 4항). 신고에 대한 행정청의 수리와 수리거부의 의미 및 사인의 적법한 신고가 있었음에도 행정청이 사실행위인 수리거부를 행한 경우에 이를 처분으로 다툴수 있는지의 문제에 대하여는 앞에서 보았다(→ 자기완결적 행위인 신고).

5. 행정상 입법예고절차

㈎ 법령 등을 제정·개정 또는 폐지(이하 '입법'이라고 한다)하려는 경우에는 당해 입법안을 마련한 행정청은 원칙적으로 이를 예고하여야 한다(동법 41조 1항 본문). 여기서 말하는 법령

---

1) 독일이 이유제시의 흠의 치유를 명문으로 허용하는 이유는 독일에서는 행정절차의 기능이 단순히 실체에 대한 보조적 기능으로 파악되어 행정소송이 제기되고 나면 행정절차는 행정소송으로 흡수되어 행정소송이 유일한 분쟁해결의 장이 되기 때문이다. 독일의 이 규정은 이유제시를 행정의 투명성을 위한 것으로 보지 아니하고, 오로지 불복신청에 도움을 준다는 관점에서만 보는 독일의 특이성(Eigenheiten)과 맥을 같이 한다. 유럽의 보편적 가치를 법제화한 최근의 유럽국가에서는 이러한 규정을 두지 않는다. 결국 이 독일의 규정은 독일의 형식적 법치국가의 잔재가 아직도 남아 있음을 의미한다.

등에는 법률·대통령령·총리령·부령 및 자치법규가 포함되고, 국회의원이 의원입법의 형태로 국회에 직접 제출하는 법률은 여기에 포함되지 아니한다는 데에 대하여는 다툼이 없다. 문제는 국회규칙·대법원규칙·헌법재판소규칙·중앙선거관리위원회규칙 등도 포함되느냐에 있다. 이 문제에 대하여는 「행정절차법」 제41조 제5항이 입법예고의 기준·절차 등에 대하여 대통령령에 위임하고 있으므로 동법 제41조에서 말하는 법령에는 국회규칙 등이 포함되지 아니한다는 견해가 있다.[1] 그러나 「행정절차법」 제41조 제1항이 입법안 예고의 대상으로 "국민의 권리·의무 또는 일상생활과 관련이 있는 법령 등"이라고 한 점, 동법 제2조 제1호가 행정청을 "국가 또는 지방자치단체의 기관"이라고 한 점 등에 비추어 제41조 제5항에서 말하는 대통령령을 예시적인 것으로 보고, 국회규칙 등을 제정하고자 할 경우에도 입법예고를 하도록 하여야 할 것이다.[2] ① 신속한 국민의 권리 보호 또는 예측 곤란한 특별한 사정의 발생 등으로 입법이 긴급을 요하는 경우, ② 상위 법령 등의 단순한 집행을 위한 경우, ③ 입법내용이 국민의 권리·의무 또는 일상생활과 관련이 없는 경우, ④ 단순한 표현·자구를 변경하는 경우 등 입법내용의 성질상 예고의 필요가 업거나 곤란하다고 판단되는 경우, ⑤ 예고함이 공공의 안전 또는 복리를 현저히 해칠 우려가 있는 경우에는 입법예고를 아니할 수 있다(동항 단서).

입법안을 마련한 행정청은 입법예고 후 예고 내용에 국민생활과 직접 관련되는 등 대통령령으로 정하는 중요한 변경이 발생한 경우에는, 위 단서에 해당되어 입법예고를 아니할 수 있는 경우를 제외하고, 해당 부분에 대한 입법예고를 다시 하여야 한다(동조 4항).

(나) 입법예고의 기준·절차 등에 관하여 필요한 사항은 법제업무운영규정이 정하는 바에 따른다(행정절차법 시행령 23조).

(다) 예고방법은 입법안의 취지, 주요내용 또는 전문을 관보·공보나 인터넷·신문·방송 등의 방법으로 널리 공고한다(행정절차법 42조 1항).

(라) 행정청은 대통령령을 입법예고를 하는 경우 국회 소관 상임위원회에 이를 제출하여야 한다(동조 2항).

(마) 행정청은 입법예고를 할 때에 입법안과 관련이 있다고 인정되는 중앙행정기관, 지방자치단체 그 밖의 단체 등이 예고사항을 알 수 있도록 예고사항의 통지하거나 그 밖의 방법 등으로 알려야 한다(동조 3항). 행정청은 예고된 입법안에 대하여 전자공청회 등을 통하여 널리 의견을 수렴할 수 있다(동조 4항). 행정청은 예고된 입법안의 전문에 대하여 열람 또는 복사의 요청이 있는 때에는 특별한 사유가 없는 한 이에 응하여야 한다(동조 5항).

(바) 예고기간은 특별한 사정이 없는 한 40일(자치법규는 20일) 이상으로 한다(동법 43조).

(사) 누구든지 예고된 입법안에 대하여 그 의견을 제출할 수 있다(동법 44조 1항).

---

1) 심현정, 「입법예고제도에 대한 국민의견조사결과」, 법제 2001. 4, 107쪽 주 2 참조.
2) 같은 취지: 吳峻根, 행정절차법, 217·218쪽 참조.

⒜ 행정청은 당해 입법안에 대한 의견이 제출된 경우 특별한 사유가 없는 한 이를 존중하여 처리하여야 하며, 의견제출자에게 제출된 의견의 처리결과를 통지하여야 한다(동조 3항, 4항).

⒞ 행정청은 입법안에 관하여 공청회를 개최할 수 있다(동법 45조 1항). 이 경우에는 공청회의 개최의 알림(동법 38조), 전자공청회(동법 38조의2), 공청회의 주재자 및 발표자의 선정(동법 38조의3), 공청회의 진행(동법 39조), 공청회 및 전자공청회 결과의 반영(동법 제39조의2)의 규정이 준용된다.

6. 행정예고절차 및 전자적 정책토론

(1) 행정예고절차

⒜ 행정청은 정책·제도 및 계획을 수립·시행하거나 변경하고자 하려는 경우에는 이를 원칙적으로 예고하여야 한다(동법 46조 1항). 다만, ① 신속하게 국민의 권리를 보호하여야 하거나 예측이 어려운 특별한 사정이 발생하는 등 긴급한 사유로 예고가 현저히 곤란한 경우, ② 법령 등의 단순한 집행을 위한 경우, ③ 정책 등의 내용이 국민의 권리·의무 또는 일상생활과 관련이 없는 경우, ④ 정책 등의 예고가 공공의 안전 또는 복리를 현저히 해칠 우려가 상당한 경우에는 예고하지 아니할 수 있다(동법 46조 1항 단서).

⒞ 법령 등의 입법을 포함하는 행정예고의 경우에는 입법예고로 이를 갈음할 수 있다(동조 2항).

⒟ 행정청이 법 제46조 제1항 각 호 외의 부분 본문에 따라 행정예고를 하는 경우에는 이에 앞서 해당 정책·제도 및 계획의 내용을 관계기관의 장에게 송부하여 그 의견을 들은 후 행정예고를 하여야 한다. 의견회신기간은 원칙적으로 10일 이상이 되도록 하여야 한다(동법 시행령 24조의2).

⒠ 행정청은 행정예고를 하는 경우 행정예고안의 주요 내용, 진행절차, 담당자 및 홈페이지 주소 등을 명시하고, 홈페이지에는 예고내용의 구체적인 사항을 게재하여야 한다(동 시행령 24조의 3).

⒡ 행정예고기간은 특별한 사정이 없는 한 20일 이상으로 한다(동법 46조 3항).

⒢ 행정청은 행정예고 결과 제출된 의견을 검토하여 정책·제도 및 계획에의 반영 여부를 결정하고, 그 처리결과 및 처리이유 등을 지체없이 의견제출자에게 통지하거나 공표하여야 하며, 특별한 사정이 없는 한 인터넷에 게시하는 등의 방법으로 널리 알려야 한다(동법 시행령 24조의4).

⒣ 행정청은 정책 등 안(案)의 취지, 주요 내용 등을 관보나 인터넷·신문·방송 등을 통하여 공고하여야 한다(동 47조 1항).

(2) 전자적 정책토론

(개) 행정청은 국민에게 영향을 미치는 주요 정책 등에 대하여 국민의 다양하고 창의적인 의
견을 널리 수렴하기 위하여 정보통신망을 이용한 정책토론(전자적 정책토론이라 한다)을 실
시 할 수 있다(동법 53조 1항). 행정청은 전자적 정책토론을 실시하는 경우 토론 참여자 간
의 이해를 돕고 합리적인 대안을 찾을 필요가 있다고 판되는 경우에는 동일한 토론 과제
에 대하여 반복하여 토론을 실시할 수 있다(동법 시행령 26조 1항). 행정청은 전자적 정책토
론을 실시할 때에는 토론 개최계획, 토론 과제 및 토론 결과 등을 단계별로 정보통신망 등
을 통하여 공개하여야 한다(동조 2항).

(내) 행정청은 효율적인 전자적 정책토론을 위하여 과제별로 한시적인 토론 패널을 구성하여
해당 토론에 참여시킬 수 있다(동법 53조 2항). 행정청은 토론 패널을 구성할 때는 공정성
및 객관성이 확인 될 수 있도록 토론 과제와 관련된 이해관계자의 대표성, 전문성 및 주요
예상되는 입장 등을 고려하여야 한다(동법 시행령 27조 1항). 토론 패널을 구성한 경우에는
토론 참가 전에 토론 패널 명단을 정보통신망 등을 통하여 공개하여야 한다(동조 2항).

7. 행정지도절차

이에 관하여는 행정지도에서 이미 설명하였다(→ 행정지도).

VI. 특별행정절차

1. 개   설

행정절차에는 행정절차의 일반법인 「행정절차법」이 정하고 있는 행정절차 외에 개별 법률이
정하고 있는 행정절차가 있다. 이를 흔히 특별행정절차라 부른다.

특별행정절차에는 여러 가지가 있다. 이 중 행정의 공정성·투명성 및 신뢰성을 확보하고 국
민의 권익을 보호함을 목적으로 하는 특별행정절차의 대표적인 것으로는 「민원처리에 관한 법
률」에서 정하고 있는 민원처리절차와 「공공기관의 정보공개에 관한 법률」이 정하고 있는 정보
공개절차 및 「지방자치법」에서 정하고 있는 주민투표, 조례의 제정 및 개폐청구, 주민의 감사청
구와 주민소송 등 주민참가절차를 들 수 있다. 이들 중 정보공개절차는 이미 행정정보공개 및 개
인정보보호에서 다루었고, 주민투표 등 주민참가절차는 후술하는 제6편 제1장 제2절 IV. 지방자
치단체의 주민에서 별도로 다루고 있으므로 여기서는 민원처리절차에 대하여만 간략하게 보기
로 한다.

2. 민원처리절차

(1) 의   의

민원처리절차는 민원인이 행정기관에 대하여 처분 등 특정한 행위를 요구하는 사항, 즉 민원사항에 관한 사무를 처리하는 절차이다.

민원은 크게 일반민원과 고충민원으로 나뉜다. 일반민원은 다시 법정민원, 질의민원, 건의민원, 기타민원으로 다시 나뉜다. 법정민원은 법령·훈령·예규·고시·자치법규 등(이하 관계법령등이라 한다)에서 정한 일정 요건에 따라 인가·허가·승인·특허·면허 등에 등록·등재를 신청 또는 신고하거나 특정한 사실 또는 법률관계에 관한 확인 또는 증명을 신청하는 민원이다. 질의민원은 법령·제도·절차 등 행정업무에 관하여 행정기관의 설명이나 해석을 요구하는 민원이며, 건의민원은 행정제도 및 운영의 개선을 요구하는 민원이다. 기타민원은 법정민원, 건의민원 및 고충민원 외에 행정기관에 단순한 행정절차 또는 형식요건 등에 대한 상담·설명을 요구하거나 일상생활에서 발생하는 불편상황에 대하여 알리는 등 행정기관에 특정한 행위를 요구하는 민원이다. 고충민원은 「부패방지 및 국민권익위원회의 설치와 운영에 관한 법률」 제2조 제5호에 따른 고충민원이다(민원처리에관한법률 2조1호).

(2) 민원처리의 원칙

(가) 행정기관은 관계법령 등에서 정한 처리기간이 남아 있음을 이유로 하거나 그 민원과 관련되지 아니하는 공과금 등의 미납을 이유로 민원의 처리를 지연시켜서는 아니 된다(동법 6조 1항).

(다) 행정기관은 법령의 규정 또는 위임이 있는 경우를 제외하고는 민원처리의 절차 등을 강화하여서는 아니 된다(동조 2항).

(3) 민원의 신청

(가) 민원의 신청은 원칙적으로 문서(전자정부법 2조 7호의 규정에 의한 전자문서를 포함한다. 이하 같다)로 하여야 한다(동법 8조 본문). 다만, 기타민원은 구술(口述) 또는 전화로 할 수 있다(동조 단서).

(나) 행정기관의 장은 민원실에 민원의 신청에 필요한 사항을 게시(인터넷 등을 통한 게시를 포함한다)하거나 편람을 비치하는 등 민원인에게 민원 신청의 편의를 제공하여야 한다(동법 13조).

(다) 행정기관의 장은 민원의 신청을 받았을 때에는 다른 법령에 특별한 규정이 있는 경우를 제외하고는 그 접수를 보류하거나 거부할 수 없으며, 접수된 민원문서를 부당하게 되돌려보내서는 아니 된다(동법 9조 1항). 행정기관의 장은 민원을 접수하였을 때에는 해당 민원인에게 접수증 내주어야 한다(동조 2항).

㈑ 행정기관의 장은 민원을 접수·처리할 때에 민원인에게 관계법령 등에서 정한 구비서류 외의 서류를 추가로 요구하여서는 아니 되며(동법 10조 1항), 동일한 민원서류 또는 구비서류를 복수로 받는 경우에는 특별한 사유가 없는 한 원본과 함께 그 사본의 제출을 허용하여야 한다(동조 2항). 행정기관의 장은 민원을 접수·처리함에 있어서 ① 민원인이 소지한 주민등록증·여권·자동차운전면허증 등 행정기관이 발급한 증명서로 그 민원의 처리에 필요한 내용의 확인이 가능한 경우, ② 해당 행정기관의 공부(公簿) 또는 행정정보로 그 민원의 처리에 필요한 내용의 확인이 가능한 경우, ③「전자정부법」제36조 제1항의 규정에 의한 행정정보의 공동이용을 통하여 그 민원의 처리에 필요한 내용의 확인이 가능한 경우에는 민원인에게 관련 증명서류 또는 구비서류의 제출을 요구할 수 없으며, 그 민원를 처리하는 담당자가 직접 이를 확인·처리하여야 한다(동조 3항). 행정기관의 장은 원래의 민원의 내용 변경 또는 갱신을 신청받는 경우에는 특별한 사유가 없는 한 이미 제출되어 있는 관련 증명서류 또는 구비서류를 다시 요구하여서는 아니 된다(동조 4항).

㈒ 민원인은 행정기관이 컴퓨터 등 정보처리능력을 지닌 장치에 의하여 처리가 가능한 형태로 본인에 관한 행정정보를 보유하고 있는 경우 민원을 접수·처리하는 기관을 통하여 행정정보 보유기관의 장에게 본인에 관한 증명서류 또는 구비서류 등의 행정정보(법원의 재판사무·조정사무 및 그 밖에 이와 관련된 사무에 관한 정보는 제외한다)를 본인의 민원 처리에 이용되도록 제공할 것을 요구할 수 있다. 이 경우 민원을 접수·처리하는 기관의 장은 민원인에게 관련 증명서류 또는 구비서류의 제출을 요구할 수 없으며, 행정정보 보유기관의 장으로부터 해당 정보를 제공 받아 민원을 처리하여야 한다(동법 10조의 2).

㈓ 행정기관의 장은 민원인의 편의를 위하여 그 행정기관이 접수하고 처리결과를 교부하여야 할 민원을 다른 행정기관이나 특별법에 따라 설립되고 전국적 조직을 가진 법인 중 대통령령으로 정하는 법인으로 하여금 접수·교부하게 할 수 있다(동법 14조 1항).

㈔ 행정기관의 장은 접수한 민원이 다른 행정기관의 소관인 경우에는 접수된 민원서류를 지체없이 소관기관에 이송하여야 한다(동법 16조 1항).

㈕ 행정기관의 장은 접수한 민원서류에 보완이 필요한 경우에는 보완에 필요한 상당한 기간을 정하여 지체없이 민원인에게 보완을 요구하여야 하며, 이 경우 보완의 요구는 문서·구술 등으로 하되, 민원인이 특별히 요청한 때에는 문서로 하여야 한다. 민원인이 보완요구를 받은 기간 내에 보완을 할 수 없음을 이유로 보완에 필요한 기간을 명시하여 기간연장을 요청하는 경우에는 이를 고려하여 보완기간을 정하여야 한다. 이 경우 민원인의 기간연장 요청은 2회에 한한다. 민원인이 스스로 요청한 기간 내에 민원서류를 보완하지 아니한 때에는 다시 보완을 요구할 수 있으며 이 경우 보완에 필요한 기간은 10일로 한다(동법 22조 1항, 동법 시행령 24조).

(4) 민원처리기간

(개) 행정기관의 장은 법정민원을 신속히 처리하기 위하여 행정기관에 신청이 접수된 때부터 그 민원의 처리가 완료될 때까지에 소요되는 처리기간을 법정민원의 종류별로 미리 정하여 공포하여야 하며, 처리기간을 정함에 있어서는 접수기관·경유기관·협의기관(다른 기관과 사전협의가 필요한 경우에 한한다) 및 처분기관 등 각 처리단계별로 이를 구분하여야 한다(동법 17조).

(내) 질의민원·건의민원·기타민원 및 고충민원의 처리기간은 대통령령으로 정한다(동법 18조). 예컨대, 법령에 관한 질의민원의 처리기간은 원칙적으로 14일 이내이고, 법령 외의 사항에 관한 질의민원의 처리기간은 7일 이내이며, 건의민원의 처리기간은 14일 이내, 기타민원의 처리기간은 즉시처리를 원칙으로 한다(동법 시행령 14조 내지 16조).

(대) 민원의 처리기간을 5일 이하로 정한 경우에는 민원의 접수시각부터 "시간"단위로 계산하되, 공휴일 및 토요일을 산입하지 아니한다. 이 경우 1일은 8근무시간으로 한다(동법 19조 1항). 민원의 처리기간을 6일 이상으로 정한 경우에는 "일"단위로 계산하고 초일을 산입하되, 공휴일을 산입하지 아니한다(동조 2항). 민원의 처리기간을 주·월·연으로 정한 경우에는 초일을 산입하되, 「민법」 제159조 내지 제161조의 규정을 준용한다(동조 3항).

(5) 민원의 처리방법

(개) 행정기관의 장은 접수된 민원(법정민원 제외)이 ① 고도의 정치적 판단을 요하거나 국가기밀 또는 공무상 비밀에 관한 사항, ② 수사, 재판 및 형집행에 관한 사항 또는 감사원의 감사가 착수된 사항, ③ 행정심판, 행정소송, 헌법재판소의 심판, 감사원의 심사청구, 그 밖에 다른 법률에 따라 불복구제절차가 진행 중인 사항, ④ 법령에 따라 화해·알선·조정·중재 등 당사자 간의 이해조정을 목적으로 행하는 절차가 진행 중인 사항, ⑤ 판결·결정·재결·화해·조정·중재 등에 따라 확정된 권리관계에 관한 사항, ⑥ 감사원이 감사위원회의 의결을 거쳐 행하는 사항, ⑦ 각급 선거관리위원회의 의결을 거쳐 행하는 사항, ⑧ 사인 간의 권리관계 또는 개인의 사생활에 관한 사항, ⑨ 행정기관의 소속직원에 대한 인사행정상의 행위에 관한 사항에 해당하는 경우에는 그 민원을 처리하지 아니할 수 있다(동법 21조).

(내) 행정기관의 장은 다수인 관련 민원이 발생하는 경우에는 신속·공정·적법하게 해결될 수 있도록 조치하여야 한다(동법 24조 2항). 다수인관련민원의 효율적인 처리와 관리에 관한 필요한 사항은 대통령령으로 정한다(동조 3항).

(대) 행정기관의 장은 접수된 민원에 대한 처리를 완료한 때에는 그 결과를 민원인에게 문서로 통지하여야 한다. 다만 기타민원의 경우와 통지에 신속을 요하거나 민원인이 요청하는 등 대통령령으로 정하는 경우에는 구술 또는 전화로 통지할 수 있다(동법 27조 1항). 행정기관의 장은 처리결과를 통지함에 있어서 민원인의 신청을 거부하는 때에는 그 이유와 구제

절차를 함께 통지하여야 한다(동조 2항).

　　㈃ 행정기관의 장은 무인민원발급창구를 이용하여 민원문서를 발급할 수 있다(동법 28조 1항).

　　㈄ 제2장 제4절에는 법정민원의 처리방법에 관하여 복합민원의 처리, 민원 1회방문처리제의 시행[1] 등을 별도로 규정하고 있다.

⑹ 거부처분에 대한 이의신청

　　법정민원에 대한 행정기관의 장의 거부처분에 대하여 불복하는 민원인은 그 거부처분을 받은 날로부터 60일 이내에 그 행정기관의 장에게 문서로 이의신청을 할 수 있다(동법 35조 1항). 행정기관의 장은 이의신청을 받은 날부터 10일 이내에 그 이의신청에 대하여 결정하고 그 결과를 민원인에게 지체없이 문서로 통지하여야 하며, 부득이한 사유로 정해진 기간 이내에 결정할 수 없는 때에는 그 기간의 만료일 다음날부터 기산하여 10일 이내의 범위에서 연장할 수 있되, 연장사유를 민원인에게 통지하여야 한다(동조 2항). 민원인은 이의신청 여부와 관계없이 「행정심판법」에 의한 행정심판 또는 「행정소송법」에 의한 행정소송을 제기할 수 있다.[2]

---

1) 구 민원사무처리에 관한 법률 제24조, 동 시행령 제37조(현행 민원 처리에 관한 법률 제32조, 제34조, 동법 시행령 제36조)에는 민원 1회 방문처리제 절차 중 하나로서 민원조정위원회 설치·운영 및 민원조정위원회 개최시 민원인에게의 사전통지를 규정하고 있는데, 이의 위반을 이유로 한 건축신고반려처분취소 사건에 대하여 원심판결인 광주고법 2012. 12. 12. 선고 2012누432 판결은 "행정기관이 민원업무를 처리함에 있어 민원조정위원회 심의를 거치도록 한 취지는, 당해 민원업무에 관한 전문가들의 의견을 행정기관의 의사결정과정에 충실히 반영함으로써 공익에 가장 부합하는 민주적 의사를 도출하고 행정처분의 공정성과 투명성을 확보함과 동시에, 민원 1회방문 처리제를 확립하여 민원인이 불필요하게 행정기관을 다시 방문하지 않도록 하기 위함이라 할 것이고, 더욱이 민원조정위원회의 심의를 거치도록 한 것이 법규성이 결여된 행정규칙이 아닌, 법규성을 갖고 있는 법률 및 대통령령에 근거하고 있을 뿐만 아니라 행정처분의 실체적 내용에 영향을 미칠 수 있는 사항인 점 등에 비추어 보면, 민원업무의 일환으로 행정처분이 행하여짐에 있어 민원조정위원회의 심의에 절차상 하자가 존재한다고 한다면 그와 같은 흠을 가리켜 행정처분의 효력에 아무런 영향을 주지 않는다거나 경미한 정도에 불과하다고 볼 수는 없으므로, 특별한 사정이 없는 한, 이는 행정처분을 위법하게 하는 취소사유가 된다. 그런데, 이 사건에 있어 피고는 이 사건 신청의 수리 여부를 심의하기 위하여 2011. 2. 16. 민원조정위원회를 개최하면서 민원인인 원고에게 회의일정 등을 통지하지 아니하여 원고의 참석없이 민원조정위원회 심의가 이루어졌고, 피고가 원고에게 서면으로 의견진술기회를 따로 부여한 바도 없었던 사실은 당사자 사이에 다툼이 없으므로, 이 사건처분에는 취소사유에 이를 정도로 법률 및 대통령령이 정하는 적법한 절차를 거치지 아니한 흠이 존재한다고 할 것이다"라고 판시하였다. 이에 대하여 대법 2015. 8. 27. 선고 2103두1560 판결은 "민원사무처리법령에서 민원조정위원회를 개최하도록 하고 민원인에게 그 회기일정 등을 사전통지하도록 정한 주된 취지 역시 민원인의 불편과 부담경감에 있다고 해석될 수 있고, 행정청이 침해적 행정처분을 하는 경우에 그 침해되는 권익을 보호하기 위하여 당사자에게 사전통지를 하고 의견제출의 기회를 주도록 정한 행정절차법상의 행정절차와는 그 입법목적이나 취지가 다르다. 그리고 스스로 민원사항을 신청하는 민원인으로는, 그 신청을 하면서 행정기관에 자료를 제출하고 의견을 제출할 수 있는 기회를 가질 뿐 아니라, 민원사무처리과정을 확인하고 민원조정위원회 개최 전에도 의견을 제출할 수 있다. 위와 같은 사정들을 종합하여 볼 때, 민원사무를 처리하는 행정기관이 민원 1회방문처리제를 시행하는 절차의 일환으로서 민원사항의 심의·조정 등을 위한 민원조정위원회를 개최하면서 민원인에게 그 회기일정 등을 사전에 통지하지 아니하였다고 하더라도, 이러한 사정만으로 곧바로 그 민원사항에 대한 행정기관의 장의 거부처분에 취소사유에 이를 정도의 흠이 존재한다고 보기는 어렵다"라고 판시하였다. 원심판결과 대법원판결의 차이는 절차의 공정성이라는 행정법의 가치에 대한 이해의 차이로 보인다.

2) 대법 2012. 11. 15. 선고 2010두8676 판결: 민원사무처리에 관한 법률 제18조 제1항에서 정한 거부처분에 대한

(7) 사전심사의 청구

민원인은 법정민원 중 신청에 경제적으로 많은 비용이 수반되는 민원 등 대통령령으로 정하는 민원에 대하여는 행정기관의 장에게 정식으로 민원을 신청하기 전에 미리 약식의 사전심사를 청구할 수 있다(동법 30조 1항). 행정기관의 장은 사전심사가 청구된 법정민원이 다른 행정기관의 장과의 협의를 거쳐야 하는 사항인 경우에는 미리 그 행정기관의 장과 협의하여야 한다(동조 2항). 행정기관의 장은 사전심사 결과를 민원인에게 통지하여야 하며, 가능한 것으로 통지한 민원의 내용에 대하여는 나중에 정식으로 민원을 신청한 경우에도 동일하게 결정을 내릴 수 있도록 노력하여야 한다. 다만, 민원인이 귀책사유 또는 불가항력이나 그 밖의 정당한 사유로 이를 이행할 수 없는 경우에는 그러하지 아니하다(동조 3항)[1].

Ⅶ. 행정절차의 흠의 법적 효과

지금까지 행정절차의 흠의 법적 효과의 문제는 주로 처분절차의 흠의 법적 효과의 문제로 다루어져 왔다. 여기서는 우리 「행정절차법」이 규정하고 있는 처분절차의 흠의 법적 효과, 행정상 입법예고절차·행정예고절차의 흠의 법적 효과를 보기로 한다.

이의신청은 행정청의 위법 또는 부당한 처분이나 부작위로 침해된 국민의 권리 또는 이익을 구제함을 목적으로 하여 행정청과 별도의 행정심판기관에 대하여 불복할 수 있도록 한 절차인 행정심판과는 달리, 민원사무처리법에 의하여 민원사무처리를 거부한 처분청이 민원인의 신청 사항을 다시 심사하여 잘못이 있는 경우 스스로 시정하도록 한 절차이다. 이에 따라, 민원 이의신청을 받아들이는 경우에는 이의신청 대상인 거부처분을 취소하지 않고 바로 최초의 신청을 받아들이는 새로운 처분을 하여야 하지만, 이의신청을 받아들이지 않는 경우에는 다시 거부처분을 하지 않고 그 결과를 통지함에 그칠 뿐이다. 따라서 이의신청을 받아들이지 않는 취지의 기각 결정 내지는 그 취지의 통지는, 종전의 거부처분을 유지함을 전제로 한 것에 불과하고 또한 거부처분에 대한 행정심판이나 행정소송의 제기에도 영향을 주지 못하므로, 결국 민원 이의신청인의 권리·의무에 새로운 변동을 가져오는 공권력의 행사나 이에 준하는 행정작용이라고 할 수 없어, 독자적인 항고소송의 대상이 된다고 볼 수 없다고 봄이 타당하다. 원심(서울고법 2010. 4. 1. 선고 2009누27123 판결)은 민원사무처리에 관한 법률 제18조의 이의신청에 대한 기각결정이 그 성질상 행정소송법 제19조 단서가 규정하고 있는 재결에 준하는 것으로서 권리의무에 직접적인 영향을 미치는 행위로서 처분에 해당한다고 판단하였다.

1) 대법 2014. 4. 24. 선고 2013두7834 판결: 구 민원사무처리법(2012. 10. 22, 법률 제11492호로 개정되기 전의 것) 제19조 제1항, 제3항, 구 민원사무처리법 시행령(2012. 12. 20. 대통령령 제24235호로 개정되기 전의 것) 제31조 제3항의 내용과 체계에다가 사전 심사청구제도는 민원인이 대규모의 경제적 비용이 수반되는 민원사항에 대하여 간편한 절차로써 미리 행정청의 공식 견해를 받아볼 수 있도록 하여 민원행정의 예측 가능성을 확보하게 하는 데에 취지가 있다고 보이고, 민원인이 희망하는 특정한 견해의 표명까지 요구할 수 있는 권리를 부여한 것으로 보기는 어려운 점, 행정청은 사전심사결과 가능하다는 통보를 한 때에도 구 민원사무처리법 제19조 제3항에 의한 제약이 따르기는 하나 반드시 민원사항을 인용하는 처분을 해야 하는 것은 아닌 점, 행정청은 사전심사결과 불가능하다고 통보하였더라도 사전심사결과에 구애되지 않고 민원사항을 처리할 수 있으므로 불가능하다는 통보가 민원인의 권리의무에 직접적 영향을 미친다고 볼 수 없고, 통보로 인하여 민원인에게 어떠한 법적 불이익이 발생할 가능성도 없는 점 등 여러 사정을 종합해 보면, 구 민원사무처리법이 규정하는 사전심사결과 통보는 항고소송의 대상이 되는 행정처분에 해당하지 아니한다.

1. 처분절차의 흠의 법적 효과

(1) 처분절차의 흠

처분의 성립요건을 주체·내용·절차·형식의 요건으로 나누는 경우 절차의 요건을 결여한 때에 처분에 절차의 흠이 있다고 말한다. 행정행위의 성립요건으로 법이 정한 절차에는 여러 가지가 있지만, 행정법학에서 다루는 절차는 대외적 절차이므로 처분의 성립요건으로 다루어지는 것도 대외적 절차이다.

(2) 절차의 흠 있는 처분

절차의 흠 있는 처분은 절차의 흠 있는 기속처분과 절차의 흠 있는 재량처분을 모두 포함한다. 절차의 흠 있는 처분에는 법규에서 규정한 다른 행정청의 협력을 결여한 처분, 법정 절차인 상대방의 동의를 결여한 처분 등 종전부터 문제되어 온 것도 있고, 새로이 문제되고 있는 것도 있다. 「행정절차법」의 제정·시행으로 ① 처분처리기간·처분기준의 설정·공표 없이 행한 처분 및 설정·공표된 처분처리기간·처분기준과 달리 행한 처분, ② 처분의 사전통지를 결여하거나 청문의 사전통지를 결여한 처분, ③ 송달의 방법에 흠이 있는 처분, ④ 의견청취를 거치지 아니한 처분, ⑤ 청문을 거쳐야 함에도 불구하고 의견제출을 거쳐 행한 처분, ⑥ 의견청취의 결과를 반영하지 아니한 처분, ⑦ 이유제시를 결여한 처분, ⑧ 청문주재자 및 청문과정에 흠이 있는 처분, ⑨ 고지에 흠이 있는 처분, ⑩ 문서열람에 흠이 있는 처분 등은 새로이 문제되고 있는 절차의 흠이 있는 처분이라 할 수 있다.

(3) 절차의 흠이 있는 처분의 효과

처분에 절차의 흠이 존재하는 경우에 처분의 효과는 어떻게 되는가가 문제된다. 이 문제는 개별적으로 판단하여야 할 문제[1]이지만, 극히 일반화해서 논한다면, 첫째로 처분에 절차의 흠이 존재하는 경우에 처분에 실체의 흠이 존재하는 경우와 마찬가지로 쟁송의 원인이 되는 독립된 위법사유가 될 수 있는가 혹은 실체의 흠이 존재하지 아니하는 이상 절차의 흠의 존재만으로는 쟁송의 원인이 되는 독립된 위법사유가 될 수 없는 것이 아닌가 하는 위법 여부 문제가 있고, 둘째로 절차의 흠의 존재만으로 위법하게 된다고 할 경우 절차의 위법이 처분의 무효원인이 되는가 취소원인이 되는가의 문제가 있다.

---

1) 예컨대 설정·공표된 처분처리기간을 규정한 행정절차법의 제19조를 주의규정으로 보는 견해가 있음은 앞에서 본 바와 같다(金東熙, 행정법 Ⅰ(제9판), 362쪽; 洪井善, 행정법원론(상)(제17판), 991쪽). 이와 같이 주의규정으로 보는 데에 대하여는 일본의 행정절차법이 처리기간의 설정공표를 단순한 노력규정으로 규정한 것임을 고려한 점이라는 지적이 있다(金炳圻, 「보완요구의 부작위성과 재결의 기속력」, 한국행정판례연구회 제164차 월례발표회 발표논문 6쪽).

1) 위법 여부 문제

(가) **위법부정설**　　　이 설은 처분에 실체의 흠이 존재하지 아니하면 절차의 흠만으로 처분의 위법사유가 되지 아니한다는 견해이다. 처분을 기속처분과 재량처분으로 나누어 재량처분의 경우에는 절차의 흠이 존재할 때에는 그 처분이 위법하게 되는 것이지만, 기속처분의 경우에는 처분에 실체의 흠이 존재하지 아니하는 한 절차의 흠의 존재만으로 처분이 위법하게 되는 것이 아니라는 견해[1]도 이에 속한다.

이 설의 논거는 ① 처분의 절차적 규제는 실체법적으로 올바른 행정결정을 행하게 하기 위한 수단으로서의 의미를 가진다는 점, ② 처분이 실체법적으로 적법한 경우 절차의 흠을 이유로 취소하여도 행정청으로서는 다시 적법한 절차를 거쳐 전과 동일한 처분을 하여야 하는 경우(기속행위)에는 절차의 흠만을 이유로 당해 처분을 취소하는 것은 행정경제에 반한다는 점 등이다.

(나) **위법긍정설**　　　이 설은 처분에 절차의 위법이 존재하는 경우에는 그것만으로 즉 실체의 흠이 존재하지 아니하는 경우에도 처분이 위법하게 된다는 견해이다. 이 설의 논거는 ① 처분의 절차적 규제는 실체법적으로 올바른 행정결정을 행하기 위한 수단으로서의 의미를 가진다는 것은 인정하지만 문제는 무엇이 올바른 행정결정인가에 있는데, 기본적으로는 올바른 절차에 의하여서만 올바른 행정결정이 행하여지는 것이라는 전제에 서야 한다는 점, ② 처분이 취소되어 절차를 거치는 경우에 행정청이 전과 동일한 처분을 행할 것이라는 것도 당연히 전제할 수는 없다는 점[2], ③ 실체법적으로 적법하기만 하면 아무리 절차의 흠이 있어도 처분이 위법하게 되는 것이 아니라고 한다면 절차적 규제를 담보할 수단이 없게 된다는 점 등을 든다[3]. 이 설이 현재 우리나라의 다수설이다.

(다) **검　　토**　　　전통적인 통설과 판례의 밑바탕에는 행정절차는 처분의 내용이 적정 타당하다는 것을 확보하기 위한 수단인 것이므로, 절차가 적법하게 행하여진다는 것과 그 절차에 흠이 있는 경우에 종국 행정처분의 효력을 어떻게 취급할 것인가 하는 것과는 별개의 사항인 이상, 절차의 흠만으로는 바로 종국 행정처분의 취소사유가 되지 아니한다는 생

---

1) 金南辰, 「행정절차상의 하자의 효과」, 고시연구 1997년 2월호, 30쪽 이하 ; 朴均省, 행정법론(상)(제2판), 467쪽 ; 鄭夏重, 행정법총론, 399쪽.

2) 2000년에 발표된 Steve R. Johnson 교수의 논문에 의하면 미국 행정법학에서 법원이 당초의 기준설정과 관련된 행정조치가 자의적이고 변덕적이라고 판단하여 위법하다고 판단하여 행정기관에 사건을 환송재검토(remand)하도록 한 경우의 약 80%의 경우가 종국적으로 당초 행정기관이 수행하고자 하던 행정정책과 조치를 성공적으로 부과하였다고 한다. 金鐵容, 행정절차와 행정소송, 358쪽이하 참조[집필자 金聲培].

3) 金義煥 변호사는 이 점 이외에, 재판부가 행정처분에 대한 집행정지 신청을 인용할 것인지 여부를 결정함에 있어 본안소송의 승소가능성을 고려하지 않을 수 없는데 행정처분에 명백한 절차상의 흠이 있다면, 아무래도 집행정지를 인용하여 줄 가능성이 높을 것이라는 점, 적어도 절차위반만을 이유로 한 원고 승소판결이라도 그 본안소송비용은 패소한 행정청이 부담한다는 점을 들고 있다. 金鐵容, 행정절차와 행정소송, 182쪽 이하[집필자 金義煥]참조.

각이 있었다. 위법부정설은 이런 생각의 표현이다. 그러나 이 견해는 타당하지 않다. 그 논거는 다음과 같다. ① 오늘날 법치행정원리는 실체적으로뿐만 아니라 절차적으로도 보장되어야 하는 것이므로 절차의 위법만으로도, 행정법규에 별도의 규정을 두지 아니하는 한, 처분을 위법하게 하는 것이라고 보는 것이 법치행정원리에서 보아 당연하다는 점,[1] ② 재량행위 이외에는 항상 오직 하나의 올바른 해결만이 있다는 전제는 설득력이 없으며, 결정 자체가 명확하게 실체적인 기준으로부터 도출되지 않는다면, 최소한 절차가 공정하였다는 것이 요구되어야 한다는 점,[2] ③ 행정법규에 명시적인 유보가 없는 한 사인의 재판청구권인 취소청구권을 제한할 수 없다는 점, ④ 독일에서 종래 절차의 흠을 중요시하지 아니하였던 것은 독일의 정치적·법적 문화의 전통에 깊이 뿌리박혀 있는 독일의 특수한 현상일 뿐만 아니라[3] 그들의 실정법에 바탕을 두고 있었다는 점(예: 독일 연방행정절차법 제46조)[4], ⑤ 기속행위의 경우에는 독립된 취소사유가 될 수 없고 재량행위의 경우에만 독립된 취

---

1) 절차는 단순히 실체적 권리 보장을 위한 도구가 아니라 헌법적으로 보장된 국민의 기본적 권리의 일종이다(金光洙,「절차하자의 법적효과」, 행정작용법(김동희교수 정년기념논문집), 2005, 887쪽).

2) Hans Meyer(朴正勳 譯),「행정소송과 헌법재판의 관점에서 본 독일 행정법」, 법학(서울대학교 법학연구소) 제46권 제4호, 359쪽.

3) T. Würtenberger, VVDStRL 58(1999), S. 141, 147ff. 및 거기에 소개된 문헌들 참조. Hans Meyer 교수는 독일에서 행정절차법을 평가 절하하는 이유를 독일 행정법원의 자유 또는 권력의 욕구라고 한다(同人, 앞 논문, 358쪽 이하 참조). Thomas Würtenberger 교수는 법치국가로 이행할 당시 독일에 특유하게 형성한 법치국가 개념 및 그 곳에서 비롯된 법문화적 전통에 그 원인을 찾는다. 19세기에서 20세기 초 사이에 독일에서는 결정의 법적 정당성은 절차가 아니라 법원칙으로부터의 연역에서 도출 될 수 있다는 사고가 지배적이었다(Das Verhältnis zwischen Verwaltungsprozeßrecht und Verwaltungsverfahrensrecht(朴正勳 譯), 법학(서울대학교) 제45권 제1호 366쪽 이하). 이성이 모든 법과 일체의 법원칙의 최종적인 근원이라는 사고는 독일의 도그마틱에 지금도 계승되고 있다.

4) E. Schmidt-Assmann, Das allgemeine Verwaltungsrecht als Ordnungsidee, 2. Aufl., S. 356f. 참조.
아스만 교수가 지적하고 있는 바와 같이 독일 행정절차법의 절차 구상(Verfahrenskonzept)은 고전적 행정집행 이론에 바탕을 둔 것이다. 이 규정은 독일의 독특한 이질성(Eigenheiten) 중의 하나이다. 그러나 이 이질성은 유럽재판소(EuGH)에 의하여 꾸준히 이질성이 연마되기(abschleifen)시작하였고 독일 학자들은 처음엔 반대가 있었지만 지금은 연마작업을 받아드리게 되었고(A.Voßkuhle·J. Schemmel, Die Europäisierung des Verwaltungsrechts, Jus 59, Jahrgang), 특히 그 이질성의 중심이 되었던 규정이 독일「연방행정절차법」제46조의 규정이었고 이 규정의 적용에는 유럽재판소에 의하여 많은 제약을 받고 있다(위 A. Voßkuhle·J. Schemmel, 논문, S. 349 참조). 프랑스에서는 법령에 의해 의무로 되어 있는 경우의 절차(법) 위반만으로도 취소가 가능하도록 한 "권리의 질의 단순화와 개선에 관한 2011. 5. 17. 법률 제70조(L'article 70 de la loi du 17 mai 2011, de simplification et d'anélioration de la qualité du droite)"가 제정되었고 이 법률의 모호성으로 논란이 일어나자 위 법률의 원칙을 모든 의무적 절차의 생략에 확대·적용하여 논란의 여지를 없앤 판결이 "2011. 12. 23. 꽁세이데타 단토니 판결(L'arrêt du Conseil d'Etat DANTHONY, en date du 23 décembre 2011)"이다. 프랑스의「행정절차법」(2015년 제정)인 "국민과 행정기관 간 관계에 관한 법전(Code des relations entre de publice et I'administration)"에는 독일 연방행정절차법 제46조와 같은 규정이 없다. 독일「연방행정절차법」제46조의 규정에도 불구하고, 실체법을「행정절차법」보다 우위에 두었던 독일의 경향이 절차법을 중시하는 경향으로 변천해가는 과정을 보면 흥미롭다(Wolfgang Kahl, Verfahrensvorschriften als öffentliche Rechte —Eine entwicklungsgeschichtliche Betrachung, in Markus Ludwigs(Hrsg.), Regulierender Staat und konfliktschlichtendes Recht(2018, Dunker&Humblot), S. 135ff.).

소사유가 될 수 있다는 것은 지나치게 도식적이라는 점[1]이다. 요컨대, 헌법 제11조·제12조 등에서 보장하고 있는 사인이 행정과정에서 공정한 취급을 받을 절차적 권리를 구체화한 「행정절차법」의 제정으로 실질적 법치국가원리가 절차적으로 진화되고 있다. 즉 처분의 내용과는 독립된 절차적 권리가 구체적으로 보장되는 단계에 도달하고 있는 것이다.[2]

(라) **판 례** 판례상으로는 처분에 절차의 위법이 존재하는 경우 실체의 흠이 존재하지 아니하는 때에도 그것만으로 처분이 위법하게 된다는 것이 최소한, 사전통지, 의견청취, 이유제시 의무위반에 관한 한 확립되어 있다(대법 2001. 4. 13. 선고 2000두3337 판결, 대법 2020. 7. 23. 선고 2017두66602 판결 등).

2) 무효원인인가 취소원인인가의 문제

절차의 위법의 존재만으로 처분이 위법하게 된다고 할 경우에 절차의 흠이 처분의 무효원인인가 혹은 취소원인인가에 관하여는 통설은, 명문의 규정(예: 국가공무원법 13조 2항, 지방공무원법 18조 2항)이 없는 한, 중대명백설에 따라 절차의 흠이 중대하고 동시에 흠의 존재가 외관상 명백한 경우에는 무효원인이고 그렇지 아니한 경우에는 취소원인으로 보아야 한다는 일반적 기준을 제시하고 있을 뿐이다.

판례는 절차의 흠이 위법한 경우 무효라고 한 판결(대법 2006. 6. 30. 선고 2005두14363 판결, 대법 2007. 11. 15. 선고 2006두18355 판결, 대법 2011. 11. 10. 선고 2011두11109 판결, 대법 2016. 12. 27. 선고 2016두49228 판결, 대법 2020. 10. 29. 선고 2017두51174 판결[3] 등)이 있다. 그러나, 지금까지는 대체로 취소원인으로 본 것 같다. 법이 정한 청문절차를 거치지 아니한 처분이라도 법률에 명문의 규정이 없는 한 당연무효는 아니고 취소할 수 있는 데 불과하다고 하는 판결(대법 2001. 4. 13. 선고 2000두3337 판결 등)이 그 전형적인 예이다.

---

1) 金裕煥, 「행정절차하자의 법적 효과: 유형론과 절차적 권리의 관점에서의 검토」, 한국공법이론의 새로운 전개 (김도창박사 팔순기념논문집), 2005, 73쪽 참조.

2) 朴正勳 교수는 절차적 위법성 판단 문제에 관하여 절차적 위법성이 인정되면 실체적 위법성 판단을 생략하는 경우가 빈번하게 일어난다는 점, 심지어 원고가 소장에서 명시적으로 실체적 위법성을 먼저 주장하고 절차적 위법성을 예비적으로 주장한 때에도, 행정소송에서는 직권심리주의에 의거하여 당사자의 주장 순서에 구속되지 아니한다는 논리로 절차적 위법성을 먼저 판단한다는 점, 특히 절차적 위법성이 행정청에 의해 쉽게 추완될 수 있는 경우 행정청이 항소를 포기하여 판결을 확정시킨 후 절차 추완과 함께 재처분을 하게 되는데, 행정청의 재처분에 대해 동일한 실체적 위법사유로 취소소송을 제기해야 하는 원고에게 중대한 부담으로 작용하게 된다는 점을 지적한 후, 최근 이러한 문제를 인식하고 당사자의 주장 순서에 따라 판단하는 실무례와 당사자의 반대주장이 없는 한 원칙적으로 실체적 위법성부터 먼저 판단하는 실무례가 생겨나고 있으나, 아직 통일되지 않고 있다고 기술하고 있다. 金鐵容, 행정절차와 행정소송, 659쪽 이하[집필자 朴正勳].

3) 대법 2020. 10. 29. 선고 2017두51174 판결 : 세무조사결과통지 후 과세전적부심사 청구나 그에 대한 결정이 있기도 전에 과세처분을 하는 것은 원칙적으로 과세전적부심사 이후에 이루어져야 하는 과세처분을 그보다 앞서 함으로써 과세전적부심사 제도 자체를 형해화시킬 뿐 아니라 과세전적부심사 결정과 과세처분 사이의 관계 및 불복절차를 불분명하게 할 우려가 있으므로, 그와 같은 과세처분은 납세자의 절차적 권리를 침해하는 것으로서 절차상 하자가 중대하고도 명백하여 무효이다.

절차의 흠이 위법한 경우에 그것이 무효원인인가 취소원인인가는 개별적으로 판단하여야 할 문제이다. 따라서 예컨대 행정청이 불이익 처분을 행하면서 의견청취절차를 전혀 결여하였다면 경우에 따라서는 무효원인으로 보아야 할 때가 있을 것이다.

(4) 처분의 절차흠의 치유

처분에 절차의 흠이 존재하는 경우에 행정청이 처분 후에 이를 보완함으로써 절차의 흠은 치유될 수 있는가가 문제된다. 이 문제는 판례가 무효인 처분의 흠의 치유를 인정하지 아니하기 때문에 절차의 흠이 처분의 취소원인인 경우에 제기된다. 이 문제에 관하여는 견해가 나뉜다.

1) 무제한 허용설

이 설은 행정심판이 행정과정의 일부라는 이유에서 행정심판의 단계에서는 물론이고 심지어 행정소송의 단계에서도 일정한 조건하에 절차의 흠의 치유가 허용된다는 견해[1]이다.

2) 제한적 허용설

이 설은, 실체의 흠의 치유와 달리 원칙적으로 절차의 흠의 치유는 허용된다는 전제 아래, 절차의 중요성 여하에 따라 덜 중요한 절차의 흠의 치유만이 허용된다는 견해이다.[2] 이 설은 절차가 중요한 것이냐의 여부를 기준으로 하기 때문에 무제한 허용설에 가까운 것으로부터 원칙적 불허용설에 가까운 것까지를 모두 포함한다.

3) 원칙적 불허용설

이 설은 원칙적으로 절차의 흠의 치유는 허용되지 아니한다는 견해[3]이다. 이 설의 논거는 ① 행정절차란 사전에 국민의 행정참여를 통하여 행정의 공정성을 확보하자는 것인데 처분 후에 절차의 흠의 치유를 허용하는 것은 행정절차를 인정한 본래의 목적에 반하게 된다는 점, ② 독일 연방행정절차법 제45조가 무효원인에 해당하지 않는 절차·형식규정위반의 흠이 치유되는 경우의 하나로서 필요한 청문의 사후보완을 들고 있고 그 보완은 전심절차 종료시까지 할 수 있는 것으로 규정하고 있긴 하나, 우리의 행정절차에 관한 조항이나 판례는 영미법의 영향하에서 발전되어 왔으므로 독일의 위 조항을 우리의 법령에 대한 해석으로 바로 원용할 수 없다는 점, ③ 사후보완을 무작정 인정하게 되면 행정청으로 하여금 사전에 당사자의 의견을 충분히 들어 신중한 결정을 하지 않았으면서도 사후에 적당히 형식만 갖추고는 흠이 보완되었다고 주장하는 식으로 악용될 소지가 있다는 점 등이다.

---

1) 金南辰, 행정법 Ⅰ, 394쪽.
2) 朴鈗炘, 최신행정법강의(상), 502쪽 ; 金東熙, 행정법 Ⅰ, 397쪽.
3) 石鎬哲, 「청문절차에 관한 제반 판례의 검토」, 특별법연구(특별소송실무연구회) 제5권, 106쪽.

4) 판 례

행정청인 피고가 행한 개별공시지가결정처분에 대하여 원고가 취소소송을 제기하여 법원에 계속 중 피고가 계쟁 토지에 대하여 개발부담금부과처분을 행하였고, 원고는 개발부담금부과처분에 대하여도 취소소송을 제기하였으며, 법원이 개별공시지가결정처분에 절차적 위법이 있다는 이유로 이를 취소하는 판결이 행하여지고 이 판결이 확정되자, 피고는 적법한 절차를 거쳐 계쟁 토지에 대하여 최초 처분당시 기준으로 다시 개별공시지가결정을 공시한 사안에서, 대법원은 개발부담금부과처분취소소송의 상고심판결에서 "하자 있는 행정행위에 있어서 하자의 치유는 행정행위의 성질이나 법치주의의 관점에서 원칙적으로 허용될 수 없고, 행정행위의 무용한 반복을 피하고 당사자의 법적 안전성을 보호하기 위하여 국민의 권익을 침해하지 아니하는 범위 내에서 예외적으로만 허용된다. 선행처분인 개별공시지가결정이 위법하여 그에 기초한 개별부담금부과처분도 위법하게 된 경우, 그 하자의 치유를 인정하면 개발부담금납부의무자로서는 위법한 처분에 대한 가산금 납무의무를 부담하게 되는 등 불이익이 있을 수 있으므로, 그 후 적법한 절차를 거쳐 공시된 개별공시지가결정이 종전의 위법한 공시지가결정과 그 내용이 동일하다는 사정만으로는 위법한 개별공시지가결정에 기초한 개발부담금부과처분이 적법하게 된다고 볼 수 없다"라고 판시(2001. 6. 26. 선고 99두11592 판결)하고 있다.

그러나 대법원은 법인세 등 부과처분 취소 사건에서 "과세관청이 과세처분에 앞서 납세자에게 보낸 세무조사결과통지 등에 납세고지서의 필요적 기재사항이 제대로 기재되어 있어 납세의무자가 처분에 대한 불복 여부의 결정 및 불복 신청에 전혀 지장을 받지 않았음이 명백하다면, 이로써 납세고지서의 하자가 보완되거나 치유될 수 있다"고 한 판시도 있다(대법 2020. 10. 29. 선고 2017두51174 판결).

5) 검 토

종래 절차의 흠의 치유를 원칙적으로 허용하는 견해가 지배적이었음을 부인할 수 없다. 또한 원래의 처분과정에 절차의 흠이 있었지만 재심과정에서 보완되었다면 그 절차위반의 흠은 치유된다는 판례도 있었다(대법 1993. 10. 26. 선고 93다29358 판결, 대법 1999. 3. 26. 선고 98두4672 판결 등). 이는 행정심판이 처분청의 감독청에 의한 행정의 자기통제의 기능을 행한다는 전제에서 나온 논리이다.[1] 그러나 「행정절차법」이 제정·시행된 이후에도 이와 같은 견해를 유지할 수 있는가는 의문이다. 그 이유는 위의 원칙적 불허용설이 들고 있는 논거 외에 다음과 같은 점들이다. ① 흠의 치유는 원래 법치행정의 원리와 관련하여 국민 또는 주민의 권리·이익을 침해하지 아니하는 범위 내에서 경미한 흠에 한하여 예외적으로만 허용되는 제도라는 점이다. 이것은 실체의 흠이건 절차의 흠이건 차이가 없다. ② 허용설의 논거는, 무제한 허용설이든 제한적 허용설이

---

1) 참고삼아 독일에서는 행정심판전치주의를 취하고 있고, 행정심판기관은 실체의 흠이든 절차의 흠이든 재심사 할 수 있으므로, 후에 항고소송이 제기되어 법원이 심사하게 되는 것은 행정심판을 거친 재결이다.

든 처분에 대한 불복 여부의 결정 및 불복신청의 편의에 매여 있다는 점이다. 「행정절차법」 제1조에서 명백히 하고 있는 바와 같이 「행정절차법」의 목적은 행정구제에만 있는 것은 아니며 행정의 공정성·투명성·신뢰성의 확보가 보다 제1차적인 목적이다. 따라서 처분에 대한 불복 여부의 결정만에 매달려 절차의 흠의 치유를 원칙적으로 허용하는 견해가 우리 실정법 아래에서 과연 타당할 수 있겠는가 하는 점이다. ③ 무제한 허용설은 말할 나위도 없고, 제한적 허용설의 사고에도 처분은 내용과 효과만의 결합체라는 것, 행정청은 처분 후에도 공익의 실현을 위하여 조사의무는 계속되는 것, 따라서 절차의 흠의 치유는 언제든지 가능한 것이라는 이해가 바탕을 이루고 있다.[1] 그러나 오늘날의 처분은 내용·절차·효과의 결합체로 이해해야 할 뿐만 아니라 처분 후에도 절차의 흠의 치유가 언제든지 가능하다는 것은 「행정절차법」이 사인에게 부여하고 있는 사전행정절차요구권에 반한다.

2. 행정상 입법예고·행정예고절차 흠의 법적 효과

「행정절차법」은 법령 등을 제정·개정 또는 폐지(이하 '입법'이라고 한다)하려는 경우에는 당해 입법안을 마련한 행정청은 원칙적으로 이를 예고하도록 의무를 과하고 있고(41조 1항), 행정청이 국민생활에 매우 큰 영향을 주는 사항, 많은 국민의 이해가 상충되는 사항, 많은 국민에게 불편이나 부담을 주는 사항, 그 밖에 널리 국민의 의견수렴이 필요한 사항에 대한 정책·제도 및 계획을 수립·시행하거나 변경하고자 하는 때에는 원칙적으로 이를 예고하도록 의무를 지우고 있으며(46조 1항), 법령 등의 입법을 포함하는 행정예고의 경우에는 행정상 입법예고로 이를 갈음할 수 있게 하고 있다(동조 2항). 이와 같은 행정상 입법예고 또는 행정예고의 절차에 흠이 있는 경우에 그 흠의 효과는 어떻게 되는가가 문제된다. 이에 대하여는 아직 우리나라에서 활발하게 논의되고 있지 않다.

이에 관하여는 행정상 입법예고·행정예고절차를 어떻게 평가하는가에 따라 행정상 입법예고·행정예고절차의 흠이 당해 법령·계획 등의 효과에 아무런 영향이 없다는 부정설[2]과 영향이 있다는 긍정설[3]로 견해가 나뉜다. 대전지법 2008. 3. 26. 선고 2007구합4683, 4850 판결은 국립대학교의 일부 학과 및 전공의 명칭 또는 소속 단과대학을 변경하거나 단과대학의 일부 학과

---

1) 이러한 이해는 독일의 영향을 받은 것으로 보인다. 독일 실정법은 절차의 흠의 치유를 명문으로 규정하고 있고, 1990년대 법개정을 통하여 이를 확대한 바 있다. 따라서 제한적 허용설이 설득력을 갖게 된다. 독일에서의 1990년대 후반 이후 단행된 행정절차촉진입법(Beschleunigungsgesetzgebung)의 경제학적 분석에 의한 문제점의 지적에 관하여는 A. Voßkuhle, 「Ökonomisierung des Verwaltungsverfahren」, Die Verwaltung Bd. 34(2001), S. 347ff. 특히 S. 365ff.

2) 총무처, 「행정절차법 제정을 위한 공청회 결과」, 1996, 28쪽에 나타나 있는 金東熙 교수의 견해 참조.

3) 崔正一, 「행정입법절차의 정착방향」, 법제연구 제13호, 1997, 64쪽 주 25. 金裕煥 교수는 입법예고를 생략할 뚜렷한 이유가 없음에도 불구하고 입법예고를 거치지 아니한 경우, 입법예고를 거쳤으나 그 절차가 공정성을 결하였거나 법이 정하는 바와 다르게 절차가 진행된 경우에는 위법을 면치 못하며, 행정예고절차 흠의 법적 효과도 동일하게 이해할 수 있다고 주장한다(同人, 앞의 논문, 77쪽 이하).

및 전공을 통·폐합하는 내용의 학칙 개정이 관련 법령과 학칙에서 정한 예고절차를 거치지 않은 것으로서 위법하다 라고 판시하고 있다. 생각건대, 종래와 달리 행정상 입법예고·행정예고절차가 법률에 규정됨으로써 비법률관계가 법률관계화한다는 사실에 유념할 필요가 있다.[1]

---

1) 우리나라 입법 등 정책현상이 사법부의 통제를 받고 있다는 점에 관하여는 洪準亨, 「정책과정에 있어 사법(司法)의 역할과 한계, 한국공법학의 발견(강구철교수 화갑기념논문집), 2007, 95쪽 이하 참조.

제 5 장 행정평가

I. 행정평가의 의의

행정평가란 행정기관이 행하는 행정입법·자치입법·정책·계획·업무 등에 관하여 그 설정과 집행과정 및 결과 등을 점검·분석·평정하는 것을 말한다.[1]

현대행정에 있어서 행정평가가 중요해지고 있다. 그 이유는 다음과 같이 요약할 수 있다. 첫째로, 행정국가에 들어서면서 행정수요가 양적으로나 질적으로 확대되는 것은 불가피한 현상인데, 이에는 행정입법·자치입법·정책·계획·업무의 증대를 포함하게 된다. 이와 같은 행정입법·자치입법·정책·계획·업무의 증대는 그 합리성을 담보하기 위해서 이에 대한 평가가 관심의 대상이 될 수밖에 없다는 점이다. 둘째로, 국가·지방자치단체 등을 비롯한 공공기관의 행정입법·자치입법·정책·계획·업무에 대하여 최대의 관심을 갖는 것은 역시 국민·주민이다. 국가 또는 지방자치단체가 국민·주민에게 행정입법·자치입법·정책·계획·업무를 설명해 주기 위해서는 국민·주민이 판단할 수 있는 자료가 필요하다. 이와 같은 판단자료를 제공해 주기 위해서는 행정평가가 필수적이다. 셋째로, 사회의 복잡화로 인하여 경험이나 통찰력만으로 행정입법·자치입법·정책·계획·업무의 효과를 판단하는 것이 점점 어려워지고 있다. 면밀하고 체계적인 점검·분석·평정을 위한 행정평가가 필요하다. 넷째로, 새로운 행정입법·자치입법·정책·계획·업무의 수요를 정당화하기 위해서는 이미 행한 행정입법·자치입법·정책·계획·업무의 성과에 대한 환류(feedback)가 필요하다. 이를 위해서는 행정평가가 더욱 중요하다. 다섯째로, 행정의 효율적·경제적 결정은 공공기관에 대한 행정평가에 의하여 담보되어야 한다.

행정평가는 행정입법평가·자치입법평가·정책평가·계획평가·업무평가 등으로 나눌 수 있다.

II. 행정평가의 법적 근거

행정평가의 근거 법률로는 「정부업무평가 기본법」, 「민원처리에 관한 법률」, 「공공기관의 운영에 관한 법률」 등이 있다. 「정부업무평가 기본법」은 정부업무평가에 관한 기본적인 사항을 정함으로써 중앙행정기관·지방자치단체·공공기관 등의 통합적인 성과관리체제의 구축과 자율

---

[1] 평가란 개념은 형식적인 것과 실질적인 것을 모두 포함하며 다의적이다(吳峻根, 「평가제도의 법적 성질과 평가 관련 분쟁해결방안에 관한 공법적 고찰」, 토지공법연구(한국토지공법학회) 제43집 제1호, 457쪽 이하 참조). 이 책에서는 행정평가라는 개념을 한정적으로 사용하고 있다. 평가 일반에 관한 참고문헌으로는 Possi Peter H, Reeman Howard E, and Lipsey Mark W, Evaluation: A Systematic Approach, 7th ed, Sage Publications, 2000; Weiss Carol H, Evaluation, 2nd ed, Prentice-Hall, 1998 등이 있다. (학문)평가에 의한 국가 지식생산의 구조·절차 및 정당성 문제를 다룬 책으로 Margrit Seckelmann, Evaluation und Recht(2018, Mohr Siebeck)등이 있다.

적인 평가역량의 강화를 통하여 국정운영의 능률성·효과성 및 책임성을 향상시키는 것을 목적으로 제정된 법률이다.

Ⅲ. 정부업무평가 기본법

1. 평가의 대상

「정부업무평가 기본법」은 정부업무평가를 그 대상으로 하고 있다. 평가대상기관은 ① 중앙행정기관(대통령령이 정하는 대통령 소속기관 및 국무총리 소속기관·보좌기관을 포함한다), ② 지방자치단체, ③ 중앙행정기관 또는 지방자치단체의 소속기관, ④ 공공기관이다(정부업무평가기본법 2조 2호).

평가는 위 평가대상기관이 수행하는 정책·사업·업무 등에 관하여 그 계획의 수립과 집행과정 및 결과 등을 점검·분석·평정하는 것을 말한다(동법 2조 1호).

2. 평가의 원칙

(1) 정부업무평가를 실시함에 있어서는 그 자율성과 독립성이 보장되어야 한다(동법 7조 1항).

(2) 정부업무평가는 객관적이고 전문적인 방법을 통하여 결과의 신뢰성과 공정성이 확보되어야 한다(동조 2항).

(3) 정부업무평가의 과정은 가능한 한 평가대상이 되는 정책·사업·업무 등의 관련자가 참여할 수 있는 기회가 보장되고 그 결과가 공개되는 등 투명하여야 한다(동조 3항).

3. 평가의 종류

정부업무평가의 종류로는 중앙행정기관 자체평가(동법 14조 이하), 지방자치단체 자체평가(동법 18조), 특정평가(동법 19조 이하), 국가위임사무 등 평가(동법 21조), 공공기관 평가(동법 22조) 등이 있다.

중앙행정기관의 장은 정부업무평가시행계획에 기초하여 당해 정책 등의 성과를 높일 수 있도록 자체평가계획을 매년 수립하여야 하며(동법 15조), 전년도 정책 등의 추진실적을 기준으로 자체평가를 실시한다(동법 16조).

4. 평가결과의 공개와 반영

(1) 평가결과의 공개

국무총리·중앙행정기관의 장·지방자치단체의 장 및 공공기관 평가를 실시하는 기관의 장은 평가결과를 전자통합평가체계 및 인터넷 홈페이지 등을 통하여 공개하여야 한다(동법 26조).

(2) 평가결과의 반영

중앙행정기관의 장은 평가결과를 조직·예산·인사 및 보수체계에 연계·반영하여야 한다(동법 28조 1항). 중앙행정기관의 장은 평가결과를 다음 연도의 예산요구시, 기획재정부장관은 평가결과를 중앙행정기관의 다음 연도 예산편성시 반영하여야 한다(동조 2항·3항).

(3) 평가결과에 따른 자체 시정조치 및 감사

중앙행정기관의 장은 평가의 결과에 따라 정책·사업·업무 등에 문제점이 발견된 때에는 지체없이 이에 대한 조치계획을 수립하여 당해 정책·사업·업무 등의 집행 중단·축소 등 자체 시정조치를 하거나[1] 이에 대하여 자체감사를 실시하여야 한다(동법 29조).

---

1) 「민원처리에 관한 법률」 제42조는 행정안전부장관은 효과적인 민원행정 및 제도의 개선을 위하여 필요하다고 인정할 때에는 행정기관에 대하여 민원의 개선 상황과 운영 실태를 확인·점검·평가할 수 있고, 확인·점검·평가 결과 민원의 개선에 소극적이거나 이행상태가 불량하다고 판단되는 경우 국무총리에게 이를 시정하기 위하여 필요한 조치를 건의할 수 있게 하고 있다.

제4편 행정의 실효성 확보론

제 1 장 서 론

　행정의 실효성을 확보하기 위한 제도에는 여러 가지[1]가 있다. 그 중 전형적인 것을 들면 우선 행정법상의 법령·처분 등으로 과하여진 의무를 상대방이 이행하지 아니하는 경우 또는 행정법상의 의무를 위반하는 경우에 행정강제나 제재[2] 등으로 이를 확보하는 행정상의 의무이행 확보수단이 있으며(이것을 이 책에서는 행정상 강제집행이라 한다), 이러한 일반적인 강제수단인 행정상 강제집행으로는 행정의 실효성을 확보할 수 없을 경우에 대비하여 행정상 즉시강제가 마련되어 있다. 또한 원래 행정의 실효성을 확보하기 위한 제도로 마련된 것은 아니지만 실제로 그러한 기능을 수행하고 있는 제도로 행정조사(세무조사를 생각하라) 등이 있다. 행정조사에 대하여는 앞에서 설명하였으므로, 여기서는 행정상의 의무이행확보수단과 행정상 즉시강제에 대하여만 설명하기로 한다.

　「행정기본법」 제30조에서 용어의 정의를 밝히지 아니한 채 행정상 강제라는 용어를 사용하여 이 책에서 사용하는 일반적인 강제수단인 행정상 강제집행 즉, 행정대집행·이행강제금·직접강제·강제징수 외에 이 책에서는 별도로 다루고 있는 즉시강제를 포함하고, 행정대집행·이행강제금·직접강제·강제징수·즉시강제의 어느 하나에 해당하는 조치를 행정상 강제조치라는 용어를 사용하고 있다. 동조 제3항에서 형사(刑事), 행형(行刑) 및 보안처분 관계 법령에 따라 행하는 사항이나 외국인의 출입국·난민인정·귀화·국적회복에 관한 사항에서 제5절에서 사용하는 행정상강제의 적용을 배제하고 있다. 그리고 동법 제31조에서 이행강제금의 부과, 제32조에서 직접강제, 제33조에서 즉시강제에 관하여 별도의 규정을 두고 있다.

　「행정기본법」은 제2조 제5호에서 '제재처분'을 정의하여, "제재처분이란 법령등에 따른 의무를 위반하거나 이행하지 아니하였음을 이유로 당사자에게 의무를 부과하거나 권익을 제한하는 처분을 말한다. 다만, 제30조 제1항 각 호에 따른 행정상 강제는 제외한다"라는 규정을 두고 있다. 주의해야 할 점은 여기서 말하는 행정상 강제에는 행정상 강제집행 외에 의무불이행 확보수단이 아닌 행정상 즉시강제를 포함하고 있다는 점과 이 행정상 강제는 제재처분에 포함되어 있지 않다는 점이다. 「행정기본법」이 일반적인 처분과 달리 제재처분을 별도로 정의하고 있는 이유는 제재처분 관련 법적용 기준인 행위시법주의(行爲時法主義) 및 그 예외(동법 14조 3항), 제재처분의 기준(동법 22조), 제재처분의 제척기간(동법 23조), 처분의 재심사에서 제재처분의 배제(동법

---

1) 행정의 실효성 확보수단(법률집행 방법)으로서의 협상(Verhandlung)의 중요성에 관하여는 朴正勳, 「행정법의 구조변화로서의 참여와 협력」, 공법연구(한국공법학회) 제30집 제5호, 18쪽 참조.

2) 제재라는 개념은 여러 뜻으로 쓰인다. 좁은 의미로는 제재법은 행정의 법구속성의 이면(Kehrseite)이다. 넓은 의미로는 제재법은 법을 넘어 기준도 포함한 모든 규범적 방향지침(alle normativen Orientierungen)을 정한다. E. Schmidt-Assmann, Das allgemeine Verwaltungsrcht als Ordnungsidee, 2, Aufl., S. 323.

37조)와 같이 일반적인 처분과는 다른 제재처분만의 별도 규정이 있기 때문이다.

「행정기본법」 제22조 제1항에서 "제재처분의 근거가 되는 법률에는 제재처분의 주체, 사유, 유형 및 상한을 명확하게 규정하여야 한다. 이 경우 제재처분의 유형 및 상한을 정할 때에는 해당 위반행위의 특수성 및 유사한 위반행위와의 형평성 등을 종합적으로 고려하여야 한다"라고 규정하고, 제2항에서 "행정청은 재량이 있는 제재처분을 할 때에는 다음 각 호의 사항을 고려하여야 한다. 1. 위반행위의 동기, 목적 및 방법 2. 위반행위의 결과 3. 위반행위의 횟수 4. 그 밖에 제1호부터 제3호까지에 준하는 사항으로서 대통령령으로 정하는 사항"이라고 규정하고 있다. 동법 제23조는 "① 행정청은 법령등의 위반행위가 종료된 날부터 5년이 지나면 해당 위반행위에 대하여 제재처분(인허가의 정지·취소·철회, 등록 말소, 영업소 폐쇄와 정지를 갈음하는 과징금 부과를 말한다. 이하 이 조에서 같다)을 할 수 없다. ② 다음 각 호의 어느 하나에 해당하는 경우에는 제1항을 적용하지 아니한다. 1. 거짓이나 그 밖의 부정한 방법으로 인허가를 받거나 신고를 한 경우 2. 당사자가 인허가나 신고의 위법성을 알고 있었거나 중대한 과실로 알지 못한 경우 3. 정당한 사유 없이 행정청의 조사·출입·검사를 기피·방해·거부하여 제척기간이 지난 경우 4. 제재처분을 하지 아니하면 국민의 안전·생명 또는 환경을 심각하게 해치거나 해칠 우려가 있는 경우 ③ 행정청은 제1항에도 불구하고 행정심판의 재결이나 법원의 판결에 따라 제재처분이 취소·철회된 경우에는 재결이나 판결이 확정된 날부터 1년(합의제행정기관은 2년)이 지나기 전까지는 그 취지에 따른 새로운 제재처분을 할 수 있다. ④ 다른 법률에서 제1항 및 제3항의 기간보다 짧거나 긴 기간을 규정하고 있으면 그 법률에서 정하는 바에 따른다"라고 하여 제재처분의 제척기간을 정하고 있다. 이 중 제22조 제1항에 대하여는 동조 조항이 갖는 입법기준의 입법지침적 성격 때문에 법률의 법률 구속성 문제가 발생한다는 것은 앞에서 언급한 바와 같다(→ 법률의 법률 구속성).

제2장 행정상의 의무이행 확보 수단

행정주체는 직접 법률에 의하거나 법률에 의거한 명령으로 국민 또는 주민 등 사인에 대하여 일정한 의무를 부과하는 경우가 있다. 사인이 이와 같은 행정상의 의무를 이행하지 아니하는 경우에 그 의무이행의 확보가 문제된다. 국가에 따라 행정상의 의무이행 확보 제도에는 차이가 있다. 우리나라에 있어서는 사인과 사인(행정주체 포함)과의 관계에 있어서의 의무이행 확보 제도인 민사상의 강제집행절차와는 다른 특별한 행정상의 의무이행 확보의 수단을 마련해 놓고 있다. ① 행정상 강제집행수단, ② 행정벌수단, ③ 그 밖의 수단 등이 그것이다. ① 과 ② 는 전통적인 행정상의 의무이행확보수단이고, ③ 은 ①② 외에 행정수요에 따라 등장하게 된 행정상의 의무이행확보수단이다.

제1절 행정상 강제집행

I. 행정상 강제집행의 의의

행정상 강제집행이란 행정법상의 의무자가 그 의무를 이행하지 아니하는 경우에 행정주체가 스스로의 힘으로 그 의무를 이행시키거나 또는 이행된 것과 같은 상태를 실현시키는 행정작용을 말한다.

II. 행정상 강제집행의 성질

(1) 행정상 강제집행은 권력적 사실행위이다. 이 점에서 행정행위 등과 같은 법적 행위와 구별되며, 행정지도 등과 같은 비권력적 사실행위와도 구별된다.

(2) 행정상 강제집행은 의무의 존재와 그 불이행을 전제로 하는 의무이행 확보 수단이라는 점에서 상대방에게 의무를 부과하지 않고 행정기관이 직접 실력을 행사하여 행정목적을 실현하는 행정작용인 행정상 즉시강제와 구별된다.[1]

(3) 행정상 강제집행은 권리자인 행정주체가 의무자의 의무 불이행이 있는 경우 스스로의 힘으로 의무를 이행시키거나 또는 이행된 것과 같은 상태를 실현시킨다는 점에서, 권리자가

---

1) 학자에 따라서는 행정상 즉시강제제도도 의무의 존재를 전제로 하는 것이며(洪井善, 행정법원론(상), 615쪽), 행정상 강제집행과의 차이는 절차상 차이에 있을 뿐이라고 한다. 즉 의무부과와 실력행사(집행행위)와의 사이에 상당한 시간적 간격이 있으면 행정상 강제집행이고, 없으면 행정상 즉시강제라고 한다(같은 책, 616쪽 이하). 다시 말하면 상당한 시간적 간격이 양자의 구별기준이 된다.

반드시 법원이라는 제3자의 힘을 빌려—채무명의를 얻어—의무이행을 강제시키는 민사상 강제집행과 구별된다.

(4) 행정상 강제집행은 직접적인 행정상의 의무이행 확보 수단이라는 점에서, 과거의 의무위반에 대하여 제재를 과함으로써 간접적으로 의무이행을 확보하는 제도인 행정벌과 구별된다.

III. 행정상 강제집행의 필요성

우리의 법제가 행정법상 의무 불이행의 경우에 의무이행 확보를 위하여 법원(法院)을 매개로 하지 아니하고 행정주체의 자력구제를 인정한 것은 행정상의 목적에 적합한 상황을 조기에 실현하려는 데에 있다. 자력구제는 사회질서를 유지하기 위한 것이며, 나아가 공공복리의 증진에 봉사하기 위한 것이다. 입법의 결여로 필요한 행정상 강제집행권을 발동하지 못하는 상황은 헌법이 요청하는 국민의 기본권보호의무인 과소보호금지원칙에 저촉된다[1].

IV. 행정상 강제집행과 법치행정의 원리

1. 행정상 강제집행과 법률우위원칙

행정상 강제집행에도 법률우위원칙이 적용됨은 말할 나위가 없다. 절차규정을 포함하여 행정상 강제집행을 규율하는 법이 있으면 이에 따라야 한다. 행정상 강제집행을 규율하는 법은 성문법에 한하지 아니하므로 불문법, 특히 평등원칙·비례원칙 등 법의 일반원칙에 위반하여서도 아니 된다.

2. 행정상 강제집행과 법률유보원칙

(1) 행정상 강제집행은 사인의 자유와 권리를 침해하는 권력적 사실행위이므로 법률유보원칙이 적용된다.

(2) 행정상 강제집행에는 반드시 별도의 법적 근거를 요한다는 것이 우리나라의 통설이다. 이 통설을 「행정기본법」은 명문화하고 있다(30조). 즉 행정상 강제집행에 선행하는 의무를 과하는 행정행위의 법적 근거가 동시에 행정상 강제집행의 법적 근거가 될 수 없다는 것이다. 따라서 행정청이 사인에게 행정상 의무를 과하고 사인이 이 의무를 불이행하는 경우에 법적 근거가 없어서 행정상 강제집행을 행할 수 없는 경우도 있을 수 있다. 별도의 법적 근

---

1) 저자는 오래 전부터 현행법의 불비와 의무이행확보수단의 완비를 주장하여 왔다(예컨대 1983년 7월에 간행된 사회과학 제7집 111쪽이하). 최근 宋東洙 교수는 대체적 작위의무에 대하여 원칙적으로 행정대집행, 그것이 곤란한 경우 직접강제로 집행하며, 비대체적 작위의무·수인의무에 대하여 원칙적으로 이행강제금, 그것이 곤란한 경우 대체강제구류제도를 이용할 것을 개선책으로 제시하고 있다(同人, 「행정상 강제집행제도의 비교법적 검토—독일과 한국을 중심으로—」, 토지공법연구(한국토지공법학회) 제64집, 257쪽 이하).

거를 필요로 하는 이유로는 ① 우리 헌법이 사법국가주의(司法國家主義)를 취하여 행정작용의 적법성보장도 사법권의 기능으로 하고 있는 체계 아래서는 행정권의 자력구제인 행정상 강제집행은 헌법원칙에 대한 변칙이라는 점, ② 의무를 과한다는 것과 실력으로 강제한다는 것은 별개의 것이라는 점 등을 든다.

(3) 행정상 강제집행의 법적 근거로는 법률에 한정되는가의 문제가 있다. 「행정대집행법」 제1조는 "행정의무의 이행확보에 관하여는 따로 법률로써 정하는 것을 제외하고는 본법의 정하는 바에 의한다"라고 규정하고 있다. 여기서 말하는 '행정의무의 이행확보'를 글자 그대로 해석하면 후술하는 "기타의 의무이행확보수단"도 포함된다. 그러나 「행정대집행법」의 제정 당시는 '행정의무의 이행확보'를 행정상 강제집행의 수단을 예상하여 사용한 관념으로 보이므로, 행정상 강제집행의 수단을 의미하는 것으로 좁게 해석하여야 한다. 결국 행정상 강제집행의 법적 근거는 법률에 한정된다고 보아야 할 것이다. 「행정기본법」은 이에 따라 법률에 한정하고 있다(30조).

(4) 행정상 강제집행의 근거법률로는 「행정기본법」, 「행정대집행법」, 「국세징수법」, 그 밖의 단행법(공익사업을 위한 토지 등의 취득 및 보상에 관한 법률 등)이 있다.

V. 행정상 강제집행의 수단

행정상 강제집행의 수단으로는 대집행·이행강제금(집행벌)·직접강제·행정상 강제징수 등이 있다.

1. 대 집 행

(1) 의　　의

대집행이란 행정법상 의무[1] 중 비금전적(非金錢的)인 대체적 작위의무를 의무자가 이행하지 아니한 경우에 행정청이 스스로 의무자가 행하여야 할 행위를 하거나 제3자로 하여금 행하게 하고 소요비용을 의무자로부터 징수하는 행정상 강제집행의 수단을 말한다.

(2) 성　　질

(가) 대집행은 행정상 강제집행의 한 수단이라는 점에서 행정벌·행정상 즉시강제 등과 구별된다는 것은 이미 상술한 바와 같다. 자동차 견인의 법적 성격에 관하여 행정상즉시강제설과 대집행설이 대립되어 있다. 운전자 등이 현장에 있는 경우에는 문제가 없지만, 운전자 등이 현장에 없는 경우 「도로교통법」 제35조 제2항을 어떻게 해석하는가가 문제이다.[2]

---

1) 판례는 대집행의 대상을 공법상 의무에 한정한다(대법 2006. 10. 13. 선고 2006두7096 판결 등).

2) 崔正一, 「교통표지의 통지와 자동차견인의 법적 성격을 둘러싼 행정법적 고찰 ―독일의 경우를 중심으로―」, 공

㈏ 대집행은 비금전적인 대체적 작위의무의 불이행의 경우에 대처하기 위한 수단이라는 점에서 다 같은 행정상 강제집행의 수단인 이행강제금(집행벌)·행정상 강제징수 등과 구별된다.

㈐ 대집행과 직접강제는 그 대상에 있어서 일부 중복된다(대체적 작위의무는 대집행의 대상도 되고 직접강제의 대상도 될 수 있다).[1] 그러나 양자는 직접 실력을 행사하는가의 여부에 차이가 있다. 대집행도 그 내용인 사실행위의 수행에 대한 저항을 배제하기 위하여 불가피한 최소한의 실력을 사용하는 경우가 있으나, 그 실력은 부차적인 것에 불과하다는 것이 다수설이다.[2]

(3) 근 거

대집행에 대한 일반법으로「행정대집행법」이 있다.「행정대집행법」외에 대집행의 요건·절차 등을 별도로 규정한 개별법(예: 공익사업을 위한 토지 등의 취득 및 보상에 관한 법률 89조, 공유재산 및 물품관리법 83조, 건축법 85조, 하천법 73조 1항 등)이 있다. 이하 대집행에 관한 설명은 일반법인「행정대집행법」에 의한다.

(4) 주 체

대집행의 주체, 즉 대집행권자는 의무를 과한 당해 행정청(행정대집행법 2조)이다.

(5) 대 상

대집행의 대상은 법률(위임명령·조례 포함)에 의하여 직접 명령되었거나 또는 법률에 의거한 행정청의 명령에 의하여 과하여진 대체적 작위의무이다(동법 2조). 판례는 공법상의 의무에 한정하고 있다는 것은 앞에서 본 바와 같다.[3]

법연구 제44집 제1호, 443쪽 이하 참조.

1) 2006년 미군용산기지이전협정(UA) 및 미 2사단을 포함한 한미연합토지관리계획 개정협정(LLP)에 근거한 평택 미군기지 이전·확장사업의 추진과정에서 국방부가 경찰의 협조를 얻어 대집행의 실행에 대한 저항을 실력으로 배제한 공권력의 행사가 이에 해당한다. 후술하는 직접강제라면 직접강제의 법적 근거가 필요하다. 이에 관하여는 金明淵,「토지·건물의 명도 및 부작위의무에 대한 행정대집행」, 고시계 2006년 7월호, 73쪽 이하 참조.

2) 대법 2017. 4. 28. 선고 2016다213916 판결 : 행정청이 행정대집행의 방법으로 건물철거의무의 이행을 실현할 수 있는 경우에는 건물철거 대집행 과정에서 부수적으로 건물의 점유자들에 대한 퇴거 조치를 할 수 있고, 점유자들이 적법한 행정대집행을 위력을 행사하여 방해하는 경우 형법상 공무집행방해죄가 성립하므로, 필요한 경우에는 경찰관직무집행법에 근거한 위험발생 방지조치 또는 형법상 공무집행방해죄의 범행방지 내지 현행범체포 차원에서 경찰의 도움을 받을 수도 있다.

3) 대법 1975. 4. 22. 선고 73누215 판결은 피고 서울철도국장과 원고 사이의 임대차계약관계는 사법상의 법률관계에 불과하다고 보아 그에 기한 건물철거를 위하여 행정대집행법에 의하여 한 철거 계고처분은 그 하자가 중대하고 명백하여 당연무효라고 하였다.

㈎ 대집행의 대상은 법률에 의거한 행정청의 명령에 의하여 과하여진 의무뿐만 아니라 법률에 의하여 직접 명령된 의무도 포함한다.

㈏ 대집행의 대상은 대체적 작위의무, 즉 타인이 대신하여 행할 수 있는 행위에 한한다. 따라서 단순한 부작위의무위반은 「건축법」 제79조 등과 같이 부작위의무 위반행위에 대하여 대체적 작위의무로 전환하는 규정을 두고 있지 아니하는 한 대집행의 대상이 되지 아니한다(대법 1996. 6. 28. 선고 96누4374 판결). 또한 작위의무라도 명도 또는 퇴거의무처럼 타인이 대신하여 이행할 수 없는 작위의무는 대집행의 대상이 되지 아니한다(서울행법 2010. 1. 7. 선고 2009구합32598 판결). 도시공원시설인 매점의 관리청이 그 공동점유자 중의 1인에 대하여 소정의 기간 내에 위 매점으로부터 퇴거하고 이에 부수하여 그 판매시설물 및 상품을 반출하지 아니할 때에는 이를 대집행하겠다는 내용의 계고처분을 한 사건에서 대법원은 "이 사건 계고처분의 목적이 된 의무는 그 주된 목적이 위 매점의 원형을 보존하기 위하여 원고가 설치한 불법시설물을 철거하고자 하는 것이 아니라, 위 매점에 대한 원고의 점유를 배제하고 그 점유이전을 받는 데 있다고 할 것인데, 이러한 의무는 그것을 강제적으로 실현함에 있어 직접적인 실력행사가 필요한 것이지 대체적 작위의무에 해당하는 것은 아니어서 직접강제의 방법에 의하는 것은 별론으로 하고 행정대집행법에 의한 대집행의 대상이 되는 것은 아니다"(대법 1998. 10. 23. 선고 97누157판결 등)라고 판시하고 있다 (→ 토지·물건의 인도·이전의무).

⑹ 요 건

「행정대집행법」 제2조가 정하고 있는 대집행의 요건은 다음과 같다.

1) 의무자가 대체적 작위의무를 이행하지 아니할 것

대체적 작위의무가 존재함에도 불구하고 의무자가 그 의무를 이행하지 아니하는 것이 첫째 요건이다. 의무가 존재하기 위하여는 의무부과행위가 유효하여야 한다. 의무부과행위에 흠이 있는 경우에도, 당연무효가 아닌 한, 권한 있는 기관에 의하여 취소될 때까지는 의무의 존재를 전제로 대집행절차가 행하여진다.

2) 다른 수단으로써 그 이행을 확보하기 곤란할 것

다른 수단으로써 그 이행을 확보하기 곤란할 것이라는 뜻은 대집행보다 더 경한 수단으로 그 이행을 확보할 수 있으면 그 수단에 의하여야 한다는 뜻이다. 문제는 대집행보다 더 경한 수단이란 어떤 수단인가에 있다. 결국 이 요건은 비례원칙의 적용을 강조한 것으로 보아야 한다.

3) 그 불이행을 방치함이 심히 공익을 해할 것

의무자가 의무를 이행하지 아니하였다는 것만으로 대집행권을 발동할 수 없고 그 불이행을 방치함이 심히 공익을 해할 때에만 대집행권을 발동할 수 있다. 대법원은 "관할 관청의 허가를 받지 아니하고 기존 건물의 4층 옥상 뒤편에 시멘트 벽돌조 슬래브 지붕 주택 55.4평방미터를 증축하였더라도 그 증축 부분이 외부에 돌출되지 않고 지면에서 잘 보이지 아니하여 주위의 미관을 해칠 우려가 없을 뿐만 아니라 이를 대집행으로 철거할 경우 많은 비용이 소요되는 반면에 공익에 아무런 도움이 되지 아니하고 도로교통, 방화, 보안, 위생, 도시 미관 및 공해 예방 등의 공익을 심히 해한다고도 볼 수 없다면 그 증축 부분의 철거 대집행을 위한 이 사건 계고처분은 위법하다"(대법 1990. 1. 23. 선고 89누6969 판결)고 판시한 바 있다. 이 요건이 충족되어 있느냐의 여부에 대한 판단은 행정청의 재량행위에 속한다(대법 1976. 3. 9. 선고 73누180 판결). 이 요건을 엄격하게 해석하면 행정대집행의 적정한 실시가 어렵게 될 우려가 있다. 그러므로 이 요건도 비례원칙의 적용을 강조한 것으로 보아야 한다.

(7) 절   차

대집행의 절차는 계고·대집행영장에 의한 통지·실행·비용징수의 4단계로 나누어진다.

1) 계   고

(개) 대집행을 하려 함에 있어서는 상당한 이행기한을 정하여 그 기한까지 이행되지 아니할 때에는 대집행을 한다는 뜻을 미리 문서로써 계고하여야 한다(행정대집행법 3조 1항 전단).

(내) 불확정개념인 상당한 이행기한은 구체적 사안에 따라 의무의 성질, 의무자의 구체적 사정 등을 고려하여 객관적·합리적으로 정해져야 한다.[1]

(대) 행정청이 계고를 함에 있어서는 의무자가 스스로 이행하지 아니하는 경우 대집행할 행위의 내용과 범위가 구체적으로 특정되어야 하며, 이와 같이 구체적인 특정이 결여된 계고처분은 위법하다(대법 1985. 9. 10. 선고 85누257 판결). 위 행위의 내용과 범위는 반드시 대집행 계고서에 의하여서만 특정되어야 하는 것이 아니고 계고처분 전후에 송달된 문서나 기타 사정을 종합하여 행위의 내용이 특정되면 족하다는 것이 판례이다(대법 1985. 12. 24. 선고 85누314 판결).

(래) 대집행의 요건은 계고를 할 때에 충족되어 있어야 한다. 따라서 의무를 명하는 처분과 계고는 원칙적으로 결합되어 행하여질 수 없다. 이에 대하여는 대집행의 요건은 대집행을 실행할 때를 기준으로 판단하여야 한다는 견해가 있다. 이 견해에 의하면 의무를 명하는 처분과 계고는 결합되어 행하여질 수 있다(대법 1992. 6. 12. 선고 91누13564 판결 참조).

(매) 의무를 명하는 처분(예: 건물철거명령)이 위법한 경우에는 그 처분이 당연무효가 아닌 이상 행정쟁송을 제기하여 그 위법함을 소구하는 절차를 거쳐 다투어야 하며 그러한 절차를 거

---

1) 2015. 5. 18. 행정대집행법 일부개정(법률 재13295호)시, 제3조 제1항 후단을 신설하여 "행정청은 상당한 이행기한을 정함에 있어 의무의 성질·내용 등을 고려하여 사회통념상 해당 의무를 이행하는 데 필요한 기간이 확보되도록 하여야 한다"고 규정하였다.

치지 아니한 한 후행행위인 계고처분에서는 선행행위의 위법을 주장(예: 건물이 무허가건물이 아니고 적법한 건물이라는 주장)하지 못한다(대법 1998. 9. 8. 선고 97누20502 판결).

㈐ 계고요건의 주장·입증책임은 처분행정청에 있다(대법 1993. 9. 14. 선고 92누16690 판결 참조).

㈒ 비상시 또는 위험이 절박한 경우에 있어서 당해 행위의 급속한 실시를 요하여 계고절차를 취할 여유가 없을 때에는 계고절차를 거치지 아니하고 대집행할 수 있다(동조 3항).

2) 대집행영장에 의한 통지

㈎ 의무자가 계고를 받고 지정기한까지 그 의무를 이행하지 아니할 때에는 당해 행정청은 대집행영장으로써 대집행을 할 시기, 대집행을 시키기 위하여 파견하는 집행책임자의 성명과 대집행에 요하는 비용의 개산에 의한 견적액을 의무자에게 통지하여야 한다(동조 2항).

㈏ 계고처분과 대집행영장에 의한 통지처분은 대체적 작위의무의 이행을 의무자의 비용부담하에 확보하고자 하는 동일한 행정목적을 달성하기 위하여 단계적인 일련의 절차로 연속하여 행하여지는 것으로서 서로 결합하여 하나의 법률효과를 발생시키는 것이므로 선행처분의 흠은 후행처분에 승계된다(대법 1996. 2. 9. 선고 95누12507 판결).

㈐ 비상시 또는 위험이 절박한 경우에 있어서 당해 행위의 급속한 실시를 요하여 대집행영장에 의한 통지절차를 취할 여유가 없을 때에는 이 절차를 거치지 아니하고 대집행할 수 있다(동조 3항).

3) 대집행실행

㈎ 대집행영장에 표시된 대집행의 시기까지 의무의 이행이 없으면 대집행이 실행된다. 즉 행정청은 스스로 의무자가 행하여야 할 행위를 하거나 제3자로 하여금 행하게 한다. 대집행의 실행은 사실행위이며 대집행의 본체를 이룬다.

㈏ 대집행을 실행하는 행정청 또는 제3자는 해가 뜨기 전이나 해가 진 후에는 원칙적으로 대집행을 하여서는 아니된다(동법 4조 1항). 행정청 또는 제3자는 대집행을 할 때 대집행 과정에서의 안전 확보를 위하여 필요하다고 인정하는 경우 현장에 긴급 의료장비나 시설을 갖추는 등 필요한 조치를 하여야 한다(동조 2항).

㈐ 대집행을 하기 위하여 현장에 파견되는 집행책임자는 그가 집행책임자라는 것을 표시한 증표를 휴대하여 대집행을 할 때에 이해관계인에게 제시하여야 한다(동조 3항).

㈑ 대집행의 실행에 의무자가 저항하는 경우 실력으로 그 저항을 배제하는 것이 대집행의 실행에 내재하는 권한인가가 문제된다. 견해가 나뉘나, 저항을 배제하기 위한 불가피한 최소한의 실력행사는 대집행실행에 내재하는 당연한 권한으로 보아야 함이 다수설임은 대집행의 성질에서 언급한 바와 같다.

4) 비용징수

(가) 대집행에 소요된 비용은 의무자로부터 이를 징수한다. 비용징수는 행정청이 실제에 요한 비용액과 그 납기일을 정하여 의무자에게 문서로써 그 납부를 명함으로써 행한다(동법 5조). 비용징수는 「국세징수법」의 예에 의하여 징수할 수 있으며(동법 6조 1항), 이에 대하여 행정청은 사무비의 소속에 따라 국세에 다음가는 순위의 선취득권을 가진다(동조 2항).

(나) 계고처분과 대집행비용납부명령도 서로 결합하여 하나의 법률효과를 발생시키는 것이므로 선행처분의 흠은 후행처분에 승계된다(대법 1993. 11. 9. 선고 93누14271 판결).

(8) 대집행에 대한 구제

1) 행정쟁송

(가) 「행정대집행법」 제7조는 "대집행에 대하여는 행정심판을 제기할 수 있다"라고 하고, 이어서 제8조는 "전조의 규정은 법원에 대한 출소(出訴)의 권리를 방해하지 아니한다"라고 하여 별도로 행정소송을 제기할 수 있음을 규정하고 있다. 문제는 「행정대집행법」이 별도로 행정소송을 제기할 수 있음을 규정한 취지이다. 이에 대하여는 종래 대집행에 대한 불복은 급속을 요하기 때문에 「행정대집행법」 제8조는 행정심판을 거치지 않고 바로 행정소송을 제기할 수 있도록 하는 특별규정으로 보는 견해와 법원(法院)에 대한 출소를 강조한 규정이며 행정심판전치에 대한 예외를 인정한 규정은 아니라는 견해의 대립이 있었다. 그러나 「행정소송법」의 개정으로 행정심판전치주의가 임의적 전치주의로 바뀌었기 때문에 이러한 견해의 대립은 의미가 없게 되었다.

(나) 대집행의 절차를 이루는 4단계에 있어서 행정청의 행위 즉 계고·대집행영장에 의한 통지·대집행실행·대집행비용납부명령 모두가 행정쟁송의 대상이 될 수 있는가가 문제된다. 계고·대집행영장에 의한 통지·대집행비용납부명령이 법률상 이익이 있는 한 행정쟁송의 대상인 처분에 속한다는 데 대하여는 우리나라의 학설·판례가 일치되어 있다. 대집행실행에 대하여도, 사실행위를 처분의 개념에서 배제하고 있는 견해를 제외하고, 처분에 속한다는 것이 우리나라의 다수설이다. 다만 실행의 단계에 이르게 되면 단시간 내에 대집행이 종료되는 것이 보통이므로 처분이 문제되는 경우는 실행행위가 장기간에 걸쳐 계속되는 예외적인 경우에 한할 것이다.

2) 집행정지

대집행의 전제가 되는 의무부과처분, 계고 및 대집행영장에 의한 통지에 대하여 취소심판·취소소송 등 항고쟁송을 제기한다 하더라도 그것만으로는 대집행의 실행을 미연에 방지할 수 있다는 보장이 없다. 이를 보장하기 위하여는 가구제(假救濟)를 구할 필요가 있다. 의무부과처분, 계고 및 대집행영장에 의한 통지에 대한 취소쟁송의 경우 집행정지신청(행정심판법 30조, 행정소송법 23

조)에 의하여 대집행실행을 저지할 수 있을 것이며, 집행정지로 목적을 달성할 수 없는 경우에는 「행정심판법」 제31조가 규정하고 있는 임시처분에 의하여 대집행 실행을 저지할 수 있을 것이다.

3) 손해배상청구

위법한 대집행에 의하여 손해를 받은 자는 「국가배상법」 제2조의 규정에 의거하여 국가 또는 지방자치단체에 대하여, 행위자인 공무원에게 고의 또는 중과실이 있는 때에는 「민법」 제750조의 규정에 의거하여 당해 공무원에게 손해배상을 청구할 수 있다.

4) 공법상 결과제거청구

위법한 대집행으로 불이익을 받은 자는 결과제거청구권의 성립요건을 충족하는 한 그로 야기된 위법상태를 제거하여 원래의 상태로 회복시켜 줄 것을 청구할 수 있다(→ 공법상 결과제거청구권).

2. 이행강제금(집행벌)

(1) 의   의

이행강제금이란 의무자가 행정법상 의무(주로 부작위의무·비대체적 작위의무)를 이행하지 아니하는 경우에 행정청이 일정한 기간 내에 의무를 이행하지 않으면 일정한 강제금을 과할 뜻을 의무자에게 예고함으로써 심리적 압박을 가하여 의무자로 하여금 스스로 의무를 이행케 하는 행정상 강제집행의 수단을 말한다(대법 2015. 6. 24. 선고 2011두2170 판결 참조). 「행정기본법」은 "의무자가 행정상 의무를 이행하지 아니하는 경우 행정청이 적절한 이행기간을 부여하고, 그 기한까지 행정상 의무를 이행하지 아니하면 금전급부의무를 부과하는 것"으로 규정하고 있다(30조 1항 2호). 민사상의 간접강제(민사집행법 261조)에 대응한다. 종래에는 집행벌이라고 불렀다. 예컨대 건축주가 법정 건폐율 또는 용적률을 초과하여 건축물을 건축하여 「건축법」 제79조 제1항에 의한 시정명령을 받은 후 시정기간 내에 당해 시정명령을 이행하지 아니하는 경우 행정청이 이행강제금을 부과하여 간접적으로 의무이행을 강제하는 것(건축법 80조)이 이에 해당한다. 종래 우리나라의 통설은 이행강제금의 대상을 행정법상 의무 중 부작위의무와 비대체적 작위의무(다른 사람이 대신할 수 없는 작위의무)에 한정하여 왔다. 그러나 근거법규가 필요하긴 하지만, 이행강제금도 그 성질상 대체적 작위의무의 불이행의 경우에도 대처할 수 있는 강제수단이다.[1]

---

1) 실정법상 「건축법」 제80조, 「주차장법」 제32조, 「옥외광고물 등의 관리와 옥외광고산업 진흥에 관한 법률」 제10조의3 등에서 인정되고 있다. 헌재 2004. 2. 26. 2001헌바80, 84, 102, 103, 2002헌바26(병합) 결정은 "전통적으로 행정대집행은 대체적 작위의무에 대한 강제집행수단으로, 이행강제금은 부작위의무나 비대체적 작위의무에 대한 강제집행수단으로 이해되어 왔으나, 이는 이행강제금제도의 본질에서 오는 제약은 아니며, 이행강제금은 대체적 작위의무의 위반에 대하여도 부과될 수 있다"고 하였다. 이 결정에는 "대체적 작위의무의 위반자가 이행강제금의 반복된 부과에도 그 위반상태를 시정하지 않는 경우에는 종국적으로 대집행을 할 수밖에 없게 되는바, 대집행이 가능한 경우에 대집행을 하지 않고 이행강제금을 부과하는 것은 위법상태를 시정하는 행정강제수

(2) 성   질

⑺ 이행강제금은 행정상 강제집행의 한 수단이라는 점에서 행정벌과 구별된다. 구체적으로는 이행강제금과 행정벌은 다음과 같은 차이가 있다. 첫째로 이행강제금은 의무위반이라는 객관적 사실만 있으면 부과할 수 있고 원칙적으로 위반자의 고의·과실을 필요로 하지 아니하며 반드시 현실적인 행위자가 아니라도 법령상 책임자로 규정된 자에게 부과할 수 있음에 대하여, 행정벌은 고의·과실이 있어야 하고 행위자에 대하여 처벌할 수 있다(대법 2000. 5. 26. 선고 98두5972 판결 참조). 둘째로 이행강제금은 행정청이 정한 기간 내에 의무이행이 있으면 원칙적으로 강제금의 납부가 면제되나[1][2], 행정벌은 일단 과태료 등이 부과된 이상 나중에 의무를 이행하더라도 과태료납부 등이 면제되지 아니한다. 셋째로 이행강제금은 장래의 의무이행을 심리적으로 강제하기 위한 것으로서 의무이행이 있기까지 반복하여 부과할 수 있으나(대법 2002. 8. 16. 자 2002마1022 결정 참조),[3] 행정벌은 과거의 위반에 대한 제재로서 하나의 위반에 대하여 반복하여 부과할 수 없다. 따라서 이행강제금과 행정벌은 병과가 가능하며, 이를 병과하여도 헌법상의 이중처벌금지에 위반되지 아니한다(헌재 2004. 2. 26. 200헌바80·84·102·103, 2002헌바26(병합) 결정 참조).[4]

⑻ 이행강제금은 일정한 강제금을 과할 뜻을 의무자에게 예고함으로써 심리적 압박을 가하

단으로 그 적정성을 인정받기 어렵다"고 하면서 헌법에 반한다고 한 소수견해가 있었다.

1) 2014. 12. 11. 선고 2013두15750 판결 : 국토계획 및 이용에 관한 법률상 토지이용의무 불이행에 따른 이행명령을 받은 의무자가 이행명령에서 정한 기간을 지나서 그 명령을 이행한 경우, 법 제124조의2 제5항이 이행명령을 받은 자가 그 명령을 이행하는 경우에 새로운 이행강제금 부과를 즉시 중지하도록 규정하는 것은 이행강제금의 본질상 이행강제금 부과로 이행을 확보하고자 한 목적이 이미 실현된 경우에는 그 이행강제금을 부과할 수 없다는 취지를 규정한 것이다.

2) 대법 2019. 12. 12. 선고 2018두63563 판결 : 독점규제 및 공정거래에 관한 법률(이하 '공정거래법'이라 한다)상 기업결합 제한 위반행위자에 대한 시정조치 및 이행강제금 부과 등에 관한 구 공정거래법(1999. 2. 5. 법률 제5813호로 개정되기 전의 것) 제17조 제3항, 공정거래법 제7조 제1항 제1호, 제16조 제1항 제7호, 제17조의3 제1항 제1호, 제2항, 독점규제 및 공정거래에 관한 법률 시행령 제23조의4 제1항, 제3항을 종합적·체계적으로 살펴보면, 공정거래법 제17조의3은 같은 법 제16조에 따른 시정조치를 그 정한 기간 내에 이행하지 아니하는 자에 대하여 이행강제금을 부과할 수 있는 근거 규정이고, 시정조치가 공정거래법 제16조 제1항 제7호에 따른 부작위의무를 명하는 내용이더라도 마찬가지로 보아야 한다. 나아가 이러한 이행강제금이 부과되기 전에 시정조치를 이행하거나 부작위 의무를 명하는 시정조치 불이행을 중단한 경우 과거의 시정조치 불이행기간에 대하여 이행강제금을 부과할 수 있다고 봄이 타당하다.

3) 현행법은 반복횟수를 제한하고 있다. 예컨대 「건축법」 제80조 제5항은 "최초의 시정명령이 있었던 날을 기준으로 1년에 2회 이내의 범위에서"로, 「농지법」 제62조 제4항은 "최초로 처분명령을 한 날을 기준으로 하여 그 처분명령이 이행될 때까지 매년 1회"로 제한하고 있다.

4) 건축주 등이 장기간 시정명령을 이해하지 아니하는 기간 중 시정명령의 이행 기회가 제공되지 아니하였다가 뒤늦게 이행 기회가 제공된 경우에, 이행 기회가 제공되지 아니한 과거의 기간에 대한 이행강제금까지 한꺼번에 부과한 이행강제금 부과처분의 무효확인을 구한 사건에서 대법원은 반복횟수를 제한하고 있는 법을 위반하여 이루어진 이행강제금 부과처분은 "과거의 위반행위에 대한 제재가 아니라 행정상의 간접강제 수단이라는 이행강제금의 본질에 반하여 구 건축법 제80조 제1항, 제4항 등 법규의 중요한 부분을 위반한 것으로서, 그러한 하자는 중대할 뿐만 아니라 객관적으로도 명백하다"고 판시하였다(대법 2016. 7. 14. 선고 2015두46598 판결).

여 의무자로 하여금 스스로 의무를 이행케 하는 수단이라는 점에서 대상 외에 실현수단의 면에서도 대집행과 구별된다.

㈐ 이행강제금은 실력적 사실작용이 아니라는 점에서 행정상 즉시강제나 직접강제 등과 구별된다.

⑶ 근　거

이행강제금에 관한 근거 법률로는 「행정기본법」, 「건축법」, 「농지법」, 「독점규제 및 공정거래에 관한 법률」 등이 있다. 「행정기본법」 제31조 제1항은 "이행강제금 부과의 근거가 되는 법률에는 이행강제금에 관한 다음 각 호의 사항을 명확하게 규정하여야 한다. 다만, 제4호 또는 제5호를 규정할 경우 입법목적이나 입법취지를 훼손할 우려가 크다고 인정되는 경우로서 대통령령으로 정하는 경우는 제외한다. 1. 부과·징수 주체 2. 부과 요건 3. 부과 금액 4. 부과 금액 산정기준 5. 연간 부과 횟수나 횟수의 상한"이라고 규정하고 있다. 이 규정에 관하여는 이 규정이 갖는 입법기준의 입법지침적 성격 때문에 법률의 법률 구속성 문제가 발생한다는 것은 앞에서 언급한 바와 같다(→ 법률의 법률 구속성 문제).

⑷ 주　체

이행강제금의 부과 주체는 법률이 정하고 있는 이행강제금의 부과권자인 행정청이다. 행정청은 ① 의무 불이행의 동기, 목적 및 결과 ② 의무 불이행의 정도 및 상습성 ③ 그 밖에 행정목적을 달성하는 데 필요하다고 인정되는 사유를 고려하여 이행강제금의 부과 금액을 가중하거나 감경할 수 있다(행정기본법 31조 2항).

⑸ 절　차

행정법상 의무를 명한 행정청이 이행강제금을 부과하기 전에 의무의 이행에 필요한 상당한 기간을 정하여 그 기간 내에 의무를 이행하지 않을 때에는 이행강제금을 부과·징수한다는 뜻을 미리 문서로써 계고하여야 한다(건축법 80조 3항, 농지법 62조 2항, 행정기본법 31조 3항). 이행강제금의 부과는 불이익처분이므로, 이행강제금의 부과에는 의견청취 등 「행정절차법」의 적용을 받는다. 행정청은 계고에서 정한 기한까지 행정상 의무를 이행하지 아니한 경우 이행강제금의 부과 금액·사유·시기를 문서로 명확하게 적어 의무자에게 통지하여야 한다(행정기본법 31조 4항). 행정청은 의무자가 행정상 의무를 이행할 때까지 이행강제금을 반복하여 부과할 수 있다. 다만, 의무자가 의무를 이행하면 새로운 이행강제금의 부과를 즉시 중지하되, 이미 부과한 이행강제금은 징수하여야 한다(동조 5항). 의무자가 납부기간 내에 이의를 제기하지 아니하고 이행강제금을 납부하지 아니하는 때에는 국세강제징수의 예 또는 「지방행정제재·부과금의 징수 등에 관한 법률」에 따라 징수한다(건축법 80조 7항, 농지법 63조 8항, 행정기본법 31조 6항).

⑹ 이행강제금에 대한 불복

현행법상 이행강제금의 부과에 대한 불복에는 두 가지 유형이 있다. 과태료의 불복절차유형을 따르는 불복의 경우에는 이행강제금부과에 불복이 있는 자는 부과처분의 고지를 받은 날로부터 30일 이내에 당해 부과권자에 대해 이의를 제기할 수 있고, 이의제기가 있는 때에는 부과권자는 지체없이 관할법원에 그 사실을 통보하여야 하며, 그 통보를 받은 관할법원은 「비송사건절차법」이 정하는 바에 따라 재판한다(예: 농지법 63조 6항·7항)[1]. 과징금의 불복절차유형을 따르는 불복(예: 부동산 실권리자명의 등기에 관한 법률 6조)의 경우에는 이행강제금 부과처분을 다투는 일반행정쟁송절차에 의한다.

3. 직접강제

⑴ 의 의

직접강제란 의무자가 행정법상 의무(비금전적 작위의무·부작위의무)를 이행하지 아니하는 경우에 행정청이 직접적으로 의무자의 신체 또는 재산에 실력을 행사하여 행정상 필요한 상태를 실현하는 행정상 강제집행의 수단을 말한다. 예컨대 식품의약품안전처장 등 행정청은 영업자가 영업의 정지명령에 위반하여 계속 영업행위를 하는 때에는 영업의 허가를 취소하거나 영업소의 폐쇄를 명할 수 있고 그 후에도 계속하여 영업을 하는 때에는 당해 영업소의 간판 그 밖에 영업표지물의 제거·삭제, 당해 영업소가 적법한 영업소가 아님을 알리는 게시문 등의 부착, 당해 영업소의 시설물 그 밖에 영업에 사용하는 기구 등을 사용할 수 없게 하는 봉인 등의 조치를 할 수 있는 바(식품위생법 75조, 79조), 여기서 말하는 영업표지물의 제거·삭제, 봉인조치 등이 직접강제이다.

⑵ 성 질

㈎ 직접강제는 행정상 강제집행의 한 수단이라는 점에서 제재인 행정벌 및 의무의 존재를 전제로 하지 아니하는 행정상 즉시강제와 구별된다.

㈏ 직접강제와 다 같은 행정상 강제집행의 수단인 대집행·이행강제금 등과의 구별에 관하여는 대집행과 이행강제금의 성질에서 설명한 바와 같다.

⑶ 근 거

직접강제에 관한 근거 법률로는 「행정기본법」(32조), 「식품위생법」(75조, 79조), 「방어해면법」(7조) 등이 있다.

---

1) 농지법 제62조 제1항에 따른 이행강제금 부과처분에 불복하는 경우에는 항고소송의 대상은 될 수 없다. 설령 관할청이 이행강제금 부과처분을 하면서 재결청에 행정심판을 청구하거나 관할 행정법원에 행정소송을 할 수 있다고 잘못 안내하거나 관할 행정심판위원회가 각하재결이 아닌 기각재결을 하면서 관할 법원에 행정소송을 할 수 있다고 잘못 안내하였다고 하더라도, 그러한 잘못된 안내로 행정법원의 항고소송 재판관할이 생긴다고 볼 수도 없다(대법 2019. 4. 11. 선고 2018두42955 판결).

(4) 한 계

직접강제는 행정상 강제집행의 수단 중에서 직접적으로 의무자의 신체 또는 재산에 실력을 행사하는 가장 강력한 수단이므로 행정대집행이나 이행강제금 부과의 방법으로는 행정상 의무이행을 확보할 수 없거나 그 실현이 불가능한 경우에 실시하여야 한다(행정기본법 32조 1항).

(5) 절 차

직접강제를 실시하기 위하여 현장에 파견되는 집행책임자는 그가 집행책임자임을 표시하는 증표를 보여 주어야 한다(식품위생법 79조 3항·5항, 행정기본법 32조 2항). 행정청은 직접강제를 실시하기 전에 미리 의무자에게 적절한 이행기간을 정하여 그 기한까지 행정상 의무를 이행하지 아니하면 직접강제를 실시한다는 뜻을 문서로 계고하여야 하며, 의무자가 계고에서 정한 기한까지 행정상 의무를 이행하지 아니한 경우 직접강제의 실시 사유·시기를 문서로 명확하게 적어 의무자에게 통지하여야 한다(행정기본법 32조 3항). 그 밖에도 직접강제가 처분에 해당하는 때에는 「행정절차법」상의 처분절차를 거쳐야 한다.

(6) 직접강제에 대한 구제

직접강제에 대하여 불복이 있는 자는 행정쟁송을 제기할 수 있으며, 요건을 갖추고 있는 경우 행정상 손해배상청구, 공법상 결과제거청구도 가능하다.

4. 행정상 강제징수

(1) 의 의

행정상 강제징수란 의무자가 행정법상의 금전급부의무를 이행하지 아니하는 경우에 행정청이 의무자의 재산에 실력을 행사하여 의무가 이행된 것과 같은 상태를 직접적으로 실현하는 행정상 강제집행의 수단을 말한다.

(2) 근 거

행정상 강제징수에 관한 일반법이 제정된 바는 없다. 현재 국세의 강제징수에 관한 일반법인 「국세징수법」, 「지방세징수법」, 「지방세외수입금의 징수 등에 관한 법률」 및 그 밖의 단행법이 행정상 강제징수의 법적 근거가 되어 있다. 아래에서는 「국세징수법」이 정한 행정상 강제징수에 관해서만 간략하게 보도록 한다.

(3) 절 차

「국세징수법」에 의한 강제징수절차는 독촉과 체납처분으로 이루어진다.

1) 독촉과 최고

국세를 납기까지 완납하지 아니하는 경우, 납기 경과 후 10일 내에 독촉장을 발급하여야 한다(23조 1항). 이 경우 납부기한은 발부일로부터 20일 내이다(동조 2항).

독촉은 의무자에게 금전급부의무의 이행을 최고하고 이행하지 아니할 때에는 체납처분을 할 것을 예고하는 통지행위로서, 이후의 체납처분의 전제요건을 충족시킨다. 독촉 또는 납부최고(納付催告)는 압류·교부청구와 더불어 국세징수권의 소멸시효의 진행을 중단시키는 효과가 있다(국세기본법 28조 1항).

2) 체납처분

체납처분은 협의의 체납처분, 교부청구 및 참가압류로 나뉜다.

㈎ 협의의 체납처분

협의의 체납처분은 재산압류·매각·청산의 3단계로 구성되어 있다. 이 점은 민사상의 강제집행과 마찬가지이나, 판결을 집행명의로 하지 않고 처분을 집행명의로 하여 행정공무원이 집행하는 점 등에서 민사상의 강제집행에 비하여 간이·신속하게 처리된다.

(ㄱ) 재산압류

① 의   의   압류는 체납국세의 징수를 실현하기 위하여 체납자의 재산을 보전하는 강제행위이며, 항고소송의 대상이 되는 처분(대법 2003. 5. 16. 선고 2002두3669 판결)이다.

② 요   건   납세자가 독촉장(납부최고서 포함)을 받고 지정된 기한까지 국세를 완납하지 아니하거나 납기 전 징수고지를 받고 지정된 기한까지 완납하지 아니한 경우 납세자의 재산을 압류한다(국세징수법 31조 1항).

③ 대상재산   체납자의 소유이고 금전적 가치를 가지며 양도성이 있는 모든 재산은 압류의 대상이 된다. 그러나 체납자의 최저생활의 보장 등의 관점에서 일정한 재산(예: 의복·침구·식료·연료 등) 및 급여채권 등에 대하여는 압류가 금지되거나 제한된다(동법 41조 및 42조).[1]

④ 효   력   압류의 기본적 효력은 압류재산의 법률상·사실상의 처분을 금지시키는 데 있다. 그 밖에 시효중단의 효력[2](국가재정법 96조 3항, 지방재정법 83조, 민법 168조, 국세

---

1) 대법 2014. 8. 11. 자 2011마2482 결정 : 국회의원수당 등에 관한 법률이 규정하고 있는 입법활동비, 특별활동비, 입법 및 정책개발비, 여비는 국회의원으로서의 고유한 직무수행을 위하여 별도의 근거조항을 두고 예산을 배정하여 직무활동에 소요되는 비용을 국가가 지급해 주는 것이므로, 국회위원의 직무활동에 대가로 지급되는 보수 또는 수당과는 성격을 달리하고, 국회의원의 직무수행을 위하여 지급하는 위 비용들에 대하여 압류를 허용할 경우, 위 비용들이 위 법률에서 정한 목적이 아닌 개인적인 채무변제 용도로 사용됨으로써 국회의원으로서의 고유한 직무수행에 사용될 것을 전제로 그 비용을 지원하는 위 법률에 위배되고, 또한 국회의원 본연의 업무인 입법활동과 정책개발, 공무상 여행 등의 정상적인 직무수행이 불가능해지거나 심각하게 저해될 우려가 있으므로, 위 법률에서 정한 고유한 목적에 사용되어야 하며 이러한 성질상 압류가 금지된다.

2) 대법 2001. 8. 21. 선고 2000다12419 판결: 국세기본법 제28조 제1항은 국세징수권의 소멸시효의 중단사유로서 납세

기본법 28조), 우선징수의 효력(국세기본법 36조) 등이 발생한다.

⑤ 압류해제   압류를 한 행정청은 납부 그 밖에 일정한 법정 사유가 있는 때에는 압류를 해제하여야 하거나 해제할 수 있다(국세징수법 57조). 재산이 압류된 후 법정 해제사유가 생기면 압류목적물의 소유자나 제 3 취득자는 압류등기가 남아 있는 한 언제든지 압류를 한 행정청에게 압류해제를 신청할 수 있고, 이에 대하여 행정청이 거부하거나 아무런 응답이 없는 경우에는 그 거부처분의 취소를 구할 수 있다(대법 1996. 12. 20. 선고 95누15193 판결).

(ㄴ) 압류재산의 매각   압류재산은 통화를 제외하고 공매에 붙인다(동법 66조). 공매는 경쟁입찰 또는 경매의 방법에 의한다(동법 65조). 예외적으로 수의계약에 의하는 경우도 있다(동법 67조). 매각은 세무서장이 행하나, 한국자산관리공사에 대행시킬 수 있다. 공매처분도 항고소송의 대상이 되는 처분이라는 것이 통설과 판례이다. 판례는 압류재산을 공매할 때 공고와 별도로 체납자 등에게 행하는 공매통지는 공매의 절차적 요건으로(대법 2008. 11. 20. 선고 2007두18154 전원합의체 판결)[1], 공매통지에 흠이 있는 경우 공매처분이 위법하게 되는 것이지만, 공매통지 자체는 다른 특별한 사정이 없는 한 항고소송의 대상이 되는 처분이 아니라는 것이 판례(대법 2011. 3. 24. 선고 2010두25527 판결)이다.

(ㄷ) 청   산   압류한 금전은 압류재산에 관계되는 체납액과 교부청구를 받은 체납액·지방세 또는 공과금 등에 배분한다(동법 96조). 배분 후 잔여금이 있으면 체납자에게 지급하고, 부족하면 법령에 따라 배분순위와 금액을 정한다(동법 96조 3항, 4항). 이 경우 국세관계채권은 다른 공과금 그 밖의 채권에 우선하며(국세기본법 35조), 국세관계채권 속에서도 체납처분비·국세·가산금의 순위로 징수된다(국세징수법 3조). 청산도 항고소송의 대상이 되는 처분이다.

(바) **교부청구**   교부청구란 이미 다른 국세·지방세·공과금 등의 체납으로 체납처분을 받은 때 등 다른 강제환가절차가 개시된 경우에 그 집행기관에 대하여 체납세액과 체납처분비의 교부를 청구하여 그 강제환가절차로부터 배당을 받는 제도를 말한다(동법 59조).

(따) **참가압류**   참가압류란 압류하고자 하는 재산이 이미 다른 집행기관의 체납처분에 의하여 압류되어 있는 재산인 경우에 교부청구에 갈음하여 그 압류에 참가하는 제도를 말

고지, 독촉 또는 납부최고, 교부청구 외에 압류를 규정하고 있는바, 여기서의 압류란 세무공무원이 국세징수법 제24조 이하의 규정에 따라 납세자의 재산에 대한 압류절차에 착수하는 것을 가리키는 것이므로, 세무공무원이 국세징수법 제26조에 의하여 체납자의 가옥·선박·창고 기타의 장소를 수색하였으나 압류할 목적물을 찾아내지 못하여 압류를 실행하지 못하고 수색조서를 작성하는 데 그친 경우에도 소멸시효중단의 효력이 있다.

1) 이 판결에서는 체납자 등이 자산에 대한 공매통지의 하자만을 공매처분의 위법사유로 주장할 수 있을 뿐이고, 다른 권리자에 대한 공매통지의 하자를 들어 공매처분의 위법사유로 주장하는 것은 허용되지 않는다. 이 판결에 대한 평석으로 林永浩, 「하자있는 공매통지가 공매처분에 미치는 영향」, 행정판례연구(한국행정판례연구회) XIV-2, 123쪽 이하가 있다.

한다(동법 61조). 교부청구 외에 참가압류제도를 둔 이유는 교부청구에 의하는 경우에 이미 압류한 집행기관이 압류를 해제하면 교부청구도 효력이 상실되기 때문에 이러한 결함을 보완하기 위한 것이다.

⑷ 행정상 강제징수에 대한 불복

독촉·체납처분 등 행정상 강제징수에 대하여 불복이 있는 자는 다른 개별법에 특별한 규정이 없는 한 행정쟁송법이 정하는 바에 의하여 행정쟁송으로 다툴 수 있다. 「국세기본법」은 행정심판에 관한 특별규정을 두고 있으며(55조 이하), 필요적 전치절차를 규정하여 동법에 의한 심사청구 또는 심판청구와 그에 대한 결정을 거치지 아니하면 행정소송을 제기할 수 없도록 하고 있다(56조 2항). 따라서 체납처분도 세법에 의한 처분이라고 할 것이므로 전심절차를 거쳐야 한다. 압류처분·공매처분·청산처분은 조세채권의 강제적 실현이라는 동일 목적을 위한 일련의 행정처분이므로 흠이 승계되어 압류처분의 위법을 이유로 청산처분의 취소를 청구할 수 있다(→ 흠의 승계).

VI. 민사상 강제집행과의 관계

행정법상 의무불이행의 경우에 민사상 강제집행수단에 의하여 의무이행을 확보하는 것이 허용되는가가 문제된다. 이 문제는 행정상 강제집행수단이 법정되어 있는 경우와 그렇지 아니한 경우로 나누어 볼 수 있다.

1. 행정상 강제집행수단이 법정되어 있는 경우

행정상 강제집행수단이 법정되어 있는 경우에 민사상 강제집행수단에 의하여 의무이행을 확보하는 것이 허용되는가에 관하여는 이를 부정하는 것이 우리나라의 통설이다. 그 이유는 ① 법률이 일반민사소송 이외에 특별한 구제절차를 마련하여 놓은 경우에는 그에 의하는 것이 국가제도의 합리적·능률적 운영이 되기 때문에 제소장애사유가 된다. ② 행정상 강제집행을 정한 법률은 「민사집행법」에 대한 특별법의 지위에 있어 우선하는 효력을 가질 뿐만 아니라 신속한 행정목적의 실현을 도모하고 행정상 평등의 원칙을 확보하는 데 필요하다는 등에 있다.

판례도 행정상 강제집행수단이 법정되어 있는 경우에는 민사상 강제집행수단에 의한 의무이행 확보를 허용하지 않고 있다(대법 1989. 5. 23. 선고 88다카17822 판결, 대법 2011. 9. 8. 선고 2010다48240 판결 등).[1]

---

1) 대법 2011. 9. 8. 선고 2010다48240 판결은 대한주택공사가 구 대한주택공사법 및 대한주택공사법시행령에 의하여 대집행권한을 위탁받아 공무인 대집행을 실시하기 위하여 지출한 비용을 행정대집행 절차에 따라 국세징수법의 예에 의하여 징수할 수 있음에도 민사소송절차에 의하여 그 비용의 상환을 청구한 사안에서, "행정대집행이 대집행비용의 징수에 관하여 민사소송절차에 의한 소송이 아닌 간이하고 경제적인 특별구제절차를 마련해

그러나 대법원은 공무원이 아닌 회계관계직원을 상대로 직무상 과실로 인한 손해배상을 청구한 사건(2006. 11. 16. 선고 2002다74152 전원합의체 판결)에서, 국가가 무단점유자를 상대로 변상금 부과·징수권의 행사와 별도로 국유재산의 소유자로서 민사상 부당이득반환청구의 소를 제기한 사건(2014. 7. 16. 선고 2011다76402 전원합의체 판결)에서 민사상 강제집행수단을 허용하고 있다.[1]

2. 행정상 강제집행수단이 법정되어 있지 않은 경우

행정상 강제집행수단이 법정되어 있지 않은 경우에 민사상 강제집행수단에 의하여 행정상 의무이행을 확보하는 것이 가능한가에 관하여는 견해가 나뉜다.

(1) 부 정 설

이 설은 행정법상 의무를 민사상 강제집행수단에 의하여 강제실현할 수 없다는 견해이다. 그 이유는 행정상 강제집행과 민사상 강제집행은 그 성질과 차원을 달리하는 별개의 제도이며 특별법과 일반법의 관계에 있지 않다는 것이다.[2]

(2) 긍 정 설

이 설은 행정법상 의무를 민사상 강제집행수단에 의하여 강제실현할 수 있다는 견해이다. 그 이유는 ① 민사집행은 양 당사자의 대등성을 바탕으로 하는 것으로서 상대방에게 불이익이 되는 것이 아니기 때문에 자력구제의 경우와는 달리 그것을 일반적으로 인정해도 상관없다. ② 현행법에서는 행정법상 의무에 관하여 공법상 충분한 이행확보의 수단이 마련되어 있지 못한 경우도 있는데 이러한 경우 행정청이 의무는 부과할 수 있지만 그 의무불이행의 경우에 강제실현을 할 수 없다고 하는 것은 불합리하다는 등에 있다.

(3) 판 례

대법원은 아무런 권원 없이 국유재산에 설치한 시설물에 대하여 행정청이 행정대집행을 실시하지 아니한 경우, 그 국유재산에 대한 사용청구권을 가지고 있는 자가 국가를 대위하여 민사소송으로 그 시설물의 철거를 구할 수 있는지 여부에 관하여, "국가에 대하여 이 사건 토지사용권을 가지

놓고 있으므로, 위 청구는 소의 이익이 없어 부적법하다"고 하였다.

1) 이 전원합의체 판결에는 "행정주체가 효율적으로 권리를 행사·확보할 수 있도록 관련 법령에서 간이하고 경제적인 권리구제절차를 특별히 마련해 놓고 있는 경우에는, 행정주체로서는 그러한 절차에 의해서만 권리를 행사할 수 있고 그와 별도로 민사소송의 방법으로 권리를 행사하거나 권리의 만족을 구하는 것은 허용될 수 없다"는 반대의견이 있었다. 2011다76402 전원합의체 판결의 평석으로는 鄭智燮,「변상금 부과·징수권과 민사상 부당이득반환청구권의 관계등에 관한 검토」, 한국행정판례연구회 제309차 월례발표회 발표문이 있다.

2) 崔世英,「행정상 강제집행론」, 사법연구자료 제12집(1985), 243쪽 이하.

는 원고로서는 위 청구권을 보전하기 위하여 국가를 대위하여 피고들을 상대로 민사소송의 방법으로 이 사건 시설물의 철거를 구하는 이외에는 이를 실현할 수 있는 다른 절차와 방법이 없어 그 보전의 필요성이 인정되므로, 원고는 국가를 대위하여 피고들을 상대로 민사소송의 방법으로 이 사건 시설물을 철거할 수 있다"(대법 2009. 6. 10. 선고 2009다1122 판결)고 판시하여 긍정설을 취하고 있다.

(4) 검 토

첫째로 공법과 사법의 구별이 상대화되고 있는 오늘날 행정주체의 지위를 사인의 지위보다 더 불리하게 할 합리적 이유가 없다는 점, 둘째로 민사상 강제집행이 양 당사자의 대등성을 기반으로 하고 있어서 상대방에게 불이익하게 되지 아니한다는 점, 셋째로 적법·위법 여부의 확정이 공정한 재판에 의하여 행하여지고, 강제집행 과정이 남용될 우려가 적으며, 민사집행이 간접강제 등을 정면으로 인정하고 있어 유효하게 행사 될 수 있는 범위가 넓다는 점, 넷째로 설사 민사소송의 목적을 사권보호설의 입장에서 이해한다 하더라도 실질적으로 주민의 생활환경이익보호가 문제되는 경우에는 주민이익을 대표하는 단체로서 행정주체가 출소한 것이라고 이해할 수 있다는 점 등을 긍정설의 논거에 추가하여 보면 긍정설이 더 설득력이 있는 것으로 보인다.

제 2 절 행 정 벌

Ⅰ. 행정벌의 의의

행정벌이란 행정법상의 의무위반에 대하여 일반통치권에 의거하여 과하는 제재(→ 행정의 실효성 확보 서론)로서의 벌을 말한다. 행정벌이 과하여질 의무위반을 행정범이라 한다.

행정벌은 행정법상의 의무위반자에 대하여 제재로서 과하여지는 것이며, 그 자체는 행정법상 의무의 이행을 확보하기 위하여 과하여지는 것이 아니다. 그러나 행정벌은 행정법상의 의무위반자에게 제재를 과함으로써 장래에 있어서 의무위반을 예방하는 효과를 가질 뿐 아니라 구체적으로 제재를 과하지 아니하더라도 그 존재 자체가 의무위반을 예방하는 효과를 가진다. 이 까닭에 행정벌은 간접적이긴 하지만 행정법상 의무의 이행을 확보하는 하나의 수단이기도 하다. 행정벌은 이론상 어떠한 의무위반에 대하여도 과할 수 있는 까닭에 거의 대부분의 행정법규가 행정벌을 규정하고 있다고 하여도 과언이 아니다. 다만, 주의하여야 할 것은 행정벌 특히 행정형벌은 행정명령의 이행확보수단으로서 최후적·보충적이어야 한다는 점(헌재 1995. 3. 23. 92헌가14 결정)이다.

Ⅱ. 행정벌의 성질

1. 행정상 강제집행과의 구별

행정상 강제집행의 성질에서 이미 설명하였다.

2. 징계벌과의 구별

징계벌은 공무원관계 등의 내부질서를 유지하기 위하여 질서 문란자에게 과하는 제재이다. 따라서 행정벌과는 목적 등에 있어서 차이가 있으며, 양자는 병과될 수 있다.

3. 이행강제금과의 구별

이행강제금의 성질에서 이미 설명하였다.

4. 형사벌과의 구별

행정벌과 형사벌은 구별되는가,[1] 구별된다면 그 구별의 기준은 어디에서 구할 것인가에 대하여 견해가 나뉜다. 형법학자들은 대체로 죄형법정주의의 입장에서 양자의 구별을 부정하는 경향이 강하나, 행정법학자들은 대체로 이 양자의 성질상의 차이를 인정하는 것이 종래의 통설이다. 종래의 통설에 의하면 형사벌은 살인이나 강도와 같이 그 행위 자체가 법률에 의한 금지를 기다릴 나위 없이 반도덕적이고 반사회적인 행위에 대하여 과하여지는 벌임에 대하여, 행정벌은 차량도로 우측통행 의무와 같이 행정상의 목적을 달성하기 위하여 일정한 행정법상 의무를 부과하고 있는 경우에 그 의무를 과한 명령·금지의 실효성을 확보하기 위하여 의무위반자에게 과하여지는 벌이다.

양자는 이처럼 구별되지만 그 구별은 절대적이라 할 수 없고 사회관·윤리관의 변화나 발달에 의하여 양자의 구별이 애매해지기도 하고 때로는 양자가 서로 전화(轉化)될 수도 있다. 따라서 양자의 구별은 상대적이다. 양자의 구별의 실익은 다음과 같다.

   ⑺ 양자의 성질상의 차이를 인정하는 이상 행정벌의 특수성을 이유로 죄형법정주의에 반하지 아니하는 범위 내에서[2] 형법총칙의 적용을 해석상 배제할 수 있다.

---

1) 행정벌 중 행정질서벌과 형사벌의 구별에 관하여는 문제가 없다. 여기서 문제가 되는 것은 행정형벌과 형사벌의 구별이다.

2) 대법원은 "형벌법규의 해석은 엄격하여야 하고 명문규정의 의미를 피고인에게 불리한 방향으로 지나치게 확장해석하거나 유추해석하는 것은 죄형법정주의에 어긋나는 것으로서 허용되지 않으며, 이러한 법해석의 원리는 그 형벌법규의 적용대상이 행정법규가 규정한 사항을 내용으로 하고 있는 경우에 있어서 그 행정법규의 규정을 해석하는 데에도 마찬가지로 적용된다"고 되풀이하여 판시하고 있다(대법 1990. 11. 27. 선고 90도1516 전원합의체 판결, 대법 2007. 6. 29. 선고 2006도4582 판결 등).

(나) 하나의 행위가 형사벌법규와 행정벌법규에 동시에 위반되는 경우에 이를 법조경합으로 볼 것인지 상상적 경합으로 볼 것인지를 정하는 데에 의미가 있다. 구별긍정설에 의하면 법조경합으로 볼 여지가 강하나, 구별부정설에 의하면 상상적 경합으로 볼 여지가 강하다.

Ⅲ. 행정벌의 근거

행정벌도 처벌의 일종이므로 법률의 근거를 요한다(헌법 12조 1항, 13조 1항). 법규명령도, 위임의 범위 내인 한, 행정벌의 근거가 될 수 있다. 조례도 일정한 한도 내에서 행정벌의 근거가 된다(지방자치법 27조). 다만 행정벌 중 과태료는 형벌이라고 할 수 없으므로 죄형법정주의의 규율대상에 해당하지 아니한다(헌재 1998. 5. 28. 96헌바83 결정). 과태료에 대하여는 「질서위반행위규제법」이 별도로 마련하고 있다. 과태료의 부과·징수, 재판 및 집행 등의 절차에 관한 다른 법률의 규정 중 「질서위반행위규제법」의 규정에 저촉되는 것은 「질서위반행위규제법」으로 정하는 바에 따른다(질서위반행위규제법 5조).

Ⅳ. 행정벌의 종류

행정벌은 여러 기준에 의하여 여러 종류로 나뉘나, 그 내용에 따라 행정형벌과 행정질서벌로 나누는 것이 보통이다. 행정형벌은 「형법」에 형명(刑名)이 있는 형벌을 과하는 행정벌이며, 행정질서벌은 「형법」에 형명이 없는 과태료를 과하는 행정벌이다.

행정형벌과 행정질서벌의 구별에 관하여는 종래 행정형벌은 그 행정법규 위반이 직접적으로 행정목적과 사회공익을 침해하는 경우에 과하여지는 것임에 대하여 행정질서벌은 간접적으로 행정상의 질서에 장해를 줄 위험성이 있는 정도의 단순한 의무태만의 경우에 과하여지는 것으로서(대법 1969. 7. 29. 자 69마400 결정), 위반행위의 성질에 차이가 있는 것으로 보았다. 그러나 오늘날에는 양자는 성질에 따른 구별이 아니라 위반된 법규의 중요성에 의거한 입법재량에 따른 구별로 변하였다고 보는 것이 일반적이다.

1. 행정형벌

(1) 행정형벌과 형법총칙적용

「형법」 제8조는 "본법 총칙은 타법령에 정한 죄에 적용한다. 단, 그 법령에 특별한 규정이 있는 때에는 예외로 한다"라고 규정하고 있다. 따라서 다른 행정법령에 특별한 규정이 없는 한, 행정형벌에도 형법총칙이 원칙적으로 적용된다. 문제는 여기서 말하는 "특별한 규정"의 의미이다. 이 특별한 규정은 명문의 규정뿐만 아니라 죄형법정주의에 반하지 아니하는 범위 내에서 당해 규정의 합목적적 해석에 의하여 행정형벌의 특수성에서 오는 형법총칙의 적용배제를 포함하는 것으로 보는 것이 종래 행정법학자들의 통설이다. 그러나 행정형벌의 특수성이란 행정범 일반이 아니라 개개의 행정범마다 그 특질을 고려하여 판단해야 할 성질의 것이다.

(2) 구체적 특수성

행정형벌에 대한 형법총칙의 적용배제가 논의되는 구체적 사례는 다음과 같다.

1) 범　　의

「형법」제13조는 "죄의 성립요소인 사실을 인식하지 못한 행위는 벌하지 아니한다"라고 규정하여 원칙적으로 고의 있는 행위만을 처벌하고, 제14조는 "과실에 의한 행위는 법률에 특별한 규정이 있는 경우에 한하여 처벌한다"라고 규정하고 있다. 이들 규정은 행정형벌에도 적용된다.

⑺ 고의의 성립　　고의의 성립에 죄가 되는 사실의 인식이 필요하다는 데에 대하여는 문제가 없다. 그러나 사실인식 외에 위법성의 인식이 필요한가에 대하여 「형법」제16조(법률의 착오)와의 관련에서 문제된다. 종래에는 위법성 인식을 고의의 요소로 보는 전제 아래(고의설), 행정범의 경우 형사범과는 달리 법률에 의한 명령·금지에 의하여 비로소 금지되는 행위가 되는 것이므로 행정범에 있어서는 고의의 성립에 위법성의 인식이 엄격하게 요구된다는 견해(엄격 고의설)와 형사범과 행정범을 구별하지 아니하고 위법성 인식의 가능성만 있으면 고의가 성립한다는 견해(제한 고의설)가 대립되었다. 그러나 최근에는 위법성인식을 고의와 구별되는 독자적인 책임요소로 보는 것이 일반적 견해이다(책임설). 따라서 이에 의하면 위법성 인식이 없더라도 고의의 성립에 지장을 주지는 아니하지만, 위법성 인식의 결여에 정당한 이유가 인정되는 경우에 한하여 범죄가 성립되지 않는 것으로 취급된다.

⑻ 과실범 처벌문제　　행정법규에는 과실 있는 행위를 처벌하는 명문규정을 두고 있는 경우가 적지 않다(예: 도로교통법 151조 등). 문제는 이러한 명문규정을 두고 있지 아니한 경우이다. 이 문제에 대하여는 행정형벌은 행정목적의 달성이라는 견지에서 행정법규 위반이라는 객관적 사실에 착안하여 처벌하는 것이므로, 행정범의 성립에는 반드시 고의를 요건으로 하지 않고 과실 있는 것으로 족하다는 견해가 있을 수 있다. 그러나 행정형벌의 특수성에서 오는 형법총칙의 적용배제는 죄형법정주의에 반하지 아니하는 범위 내에 한하여야 하는 것이므로 위 견해는 타당하다고 할 수 없다. 따라서 행정법규에 과실 있는 행위를 처벌하는 명문규정을 두고 있지 아니한 경우에는, 행정법규의 해석상 과실에 의한 의무위반을 처벌할 뜻이 명백한 경우(예: 대법 1993. 9. 10. 선고 92도1136 판결, 2010. 2. 11. 선고

2009도9807 판결[1])를 제외하고는 행정범에 대하여도 고의 없는 행위를 처벌할 수 없다(대법 1994. 5. 27. 선고 93도3377 판결 등).

2) 법인의 책임

형법총칙에는 법인의 범죄능력에 관하여 아무런 규정을 두고 있지 않다. 형사범에서는 법인의 범죄능력을 부정한다. 그러나 행정형벌은 행정법상의 의무위반에 대하여 제재로서 과하는 처벌인 것이므로 법인이 법인으로서 행정법상의 의무자인 경우에는 그 의무의 위반에 대하여 형벌의 성질이 허용하는 한도 내에서 그 법인을 처벌하는 것은 당연하며, 따라서 행정범에 관한 한 법인의 범죄능력을 인정하여야 한다. 법인이 지방자치단체와 같은 공법인인 경우도 마찬가지이다(대법 2005. 11. 10. 선고 2004도2657 판결 참조).

현행 행정법규에는 양벌(兩罰)규정을 두고 있는 경우가 있다.

3) 책임능력

「형법」은 형사미성년자의 행위는 벌하지 않으며, 심신장애인의 행위는 벌하지 않거나 형을 감경하도록 규정하고 있다(9조 내지 11조). 이들 규정은 행정범에도 적용된다. 다만 행정법규 중에는 이들 규정의 적용을 배제하거나 제한하는 규정을 두고 있는 경우가 있다(예: 담배사업법 31조).

4) 타인의 행위에 대한 책임

형사범에 있어서는 범죄를 범한 행위자에 대하여만 형벌을 과한다. 이것은 기본적으로는 행정범에 있어서도 같다.

행정법규에는 법인의 대표자나 법인 또는 개인의 대리인·사용인 그 밖의 종업원이 그 법인 또는 개인의 업무에 관하여 일정한 위반행위를 한 경우에 그 직접적인 위반행위자를 처벌하는 외에 그 영업주인 법인[2])과 개인에 대하여도 위반행위자에 적용되는 해당 조문의 벌금형을 과하는 처벌규정을 두고 있는 경우가 있다. 이를 양벌규정이라 한다. 쌍벌규정(雙罰規定)이라고도 한다. 문제는 법률이 양벌규정을 두면서 아무런 면책사유를 규정하지 아니한 경우이다. 이 경우의

---

1) 이 판결에 대한 비판적 평석으로 申東雲, 「행정형벌과 과실범의 처벌— 2010. 2. 11. 2009도9807 판례를 계기로 —」, 법학(서울대학교 법학연구소) 제52권 제1호, 130쪽 이하가 있다. 申 교수는 우리 형법 제14조는 계수사적 맥락에서 볼 때 "과실범도 벌할 뜻이 해석상 명백한가"를 둘러싸고 나타나는 실무상 어려움을 입법적으로 해결하기 위하여 규정된 독일형법 제15조와 동일한 입법취지를 가지고 있다고 본다.

2) 대법 2005. 11. 10. 선고 2004도2657 판결: 헌법 제117조, 지방자치법 제3조 제1항, 제9조, 제93조, 도로법 제54조, 제83조의 각 규정을 종합하여 보면, 국가가 본래 그의 사무의 일부를 지방자치단체의 장에게 위임하여 그 사무를 처리하게 하는 기관위임사무의 경우에는 지방자치단체는 국가기관의 일부로 볼 수 있는 것이지만, 지방자치단체가 그 고유의 자치사무를 처리하는 경우에는 지방자치단체는 국가기관의 일부가 아니라 국가기관과는 별도의 독립한 공법인이므로, 지방자치단체 소속 공무원이 지방자치단체 고유의 자치사무를 수행하던 중 도로법 제81조 내지 제85조의 규정에 의한 위반행위를 한 경우에는 지방자치단체는 도로법 제86조의 양벌규정에 따라 처벌대상이 되는 법인에 해당한다. 이 판결에 대한 평석으로는 朴宰完, 「지방자치단체가 양벌규정의 적용대상이 되는 법인에 해당하는지 여부」, 특별법연구(특별소송실무연구회) 제8권, 387쪽 이하 참조. 대법 2009. 6. 11. 선고 2008도6530 판결도 같은 취지의 판시를 하고 있다.

양벌규정의 법적 성질에 관하여는 학설이 나뉜다. 무과실책임설과 과실책임설이 그것이다. 무과실책임설은 업무주의 책임이 형법상 책임주의원칙에 대한 예외로서 행정단속의 목적을 위한 정책적 고려에 의하여 허용된 것으로서 일종의 전가책임에 속한다는 견해이다. 과실책임설은 업무주 자기자신의 주의·감독의무를 태만히 한 과실책임으로 보는 견해이다. 대법원은 대체로 종업원 등의 위반행위가 발생한 경우에는 영업주의 과실이 있다고 추정하고, 영업주가 그 선임·감독상의 의무를 다하였음을 증명하는 경우에는 면책된다고 본다(대법 1992. 8. 18. 선고 92도1395 판결 등 참조). 헌법재판소는 개인 영업주에 대한 양벌규정을 형벌에 관한 책임주의에 반하여 위헌이라 하였고(헌재 2007. 11. 29. 2005헌가10 결정), 법인 영업주에 대한 양벌규정도 자연인과 마찬가지로 위헌이라고 하였다(헌재 2009. 7. 30. 2008헌가14 결정).[1]

행정법규가 벌칙규정에서 그 적용대상자를 영업주로 한정하고 있는 경우에 그 벌칙규정은 영업주가 아니면서 실제로 업무를 집행한 자에 대한 처벌규정이 될 수 있는가에 관하여는 견해가 나뉜다. 대법원은 종래 건축법위반사건에서 그러한 벌칙규정은 실제 위법행위를 분담하지 아니한 영업주를 처벌할 수 있다는 규정일 뿐 행위자의 처벌규정으로 해석할 수 없다는 견해였으나(대법 1990. 10. 12. 선고 90도1219 판결 등), 1999. 7. 15. 선고 95도2870 전원합의체 판결에서 태도를 바꾸어 같은 건축법 위반사건에서 그러한 벌칙규정은 위반행위의 이익귀속주체인 영업주에 대한 처벌규정임과 동시에 행위자의 처벌규정이라고 하여 영업주가 아니면서 당해 업무를 실제로 집행한 자도 벌칙규정에 의하여 처벌할 수 있다는 입장으로 판례 변경하였다.

5) 공 범

「형법」은 제30조에서 공동정범을, 제31조에서 교사범을, 제32조에서 종범을 규정하고 있다. 행정법규에는 이러한 형법규정을 배제하고 있는 경우가 적지 않다. 공동정범·교사범·종범의 규정을 배제한 경우(예: 선박법 39조) 등이 그 예이다.

문제는 행정법규에 명문의 규정이 없는 경우에도 형법의 공범에 관한 규정의 적용을 배제할 수 있는가에 있다. 행정법상 의무가 일반인에게 명하여진 경우에는 형법의 공범에 관한 규정의 적용을 배제할 수 없다는 데에 대하여 견해가 일치되어 있다. 그러나 행정법상 의무가 특정인에게 명하여진 경우(예: 의료행위 등 의료법상의 의무)에는 형법의 공범에 관한 규정의 적용배제 여부에 대하여 견해가 나뉜다.

부정설은 ① 의무가 없는 자라도 의무자에게 의무를 위반하도록 교사·방조하는 것은 사회·윤리적으로 비난되어야 하며, ② 이를 처벌한다는 것은 단속 목적상으로도 합리적이라는 이유로 공범에 관한 「형법」의 규정의 적용을 배제할 수 없다고 한다.[2]

---

1) 헌재 2009. 7. 30. 2008헌가14 결정에 대한 평석으로 河明鎬 교수의 「법인에 대한 양벌규정의 위헌 여부」, 한국행정판례연구회 제244차 월례발표회 발표논문이 있다.
2) 徐元宇, 현대행정법론(상), 616쪽.

긍정설은 행정범은 행정법상의 의무에 위반하는 죄이므로 의무자가 아닌 자가 이를 교사·방조하여도 그 자에게 공범의 책임을 지우지 않는 것이 행정형벌의 특수성으로 보아 당연하다는 이유로 공범에 관한 형법규정의 적용을 배제할 수 있다고 한다.[1]

생각건대, 행정법규의 합목적적 해석에 의하여 행정형벌의 특수성에서 오는 형법총칙의 적용배제를 「형법」 제8조의 특별한 규정에 포함시키는 종래의 통설에 의하면 후설이 옳다. 그러나 행정형벌의 특수성이란 행정범 일반이 아니라 개개의 행정범마다 그 특질을 고려하여 판단해야 할 성질의 것이라는 점은 이미 앞에서 지적하였다.[2]

⑶ 과벌절차

1) 일반과벌절차

행정형벌은 「형사소송법」의 절차에 따라 과해진다.

2) 특별과벌절차

특별과벌절차로서 통고처분·즉결심판 등이 있다.

(가) **통고처분**　　조세범·관세범·출입국관리사범·교통사범 등에 대한 벌금 등의 행정형벌에 관한 특별과벌절차이다. 정식재판에 갈음하여 행정청이 벌금 등에 상당하는 금액 등의 납부를 통고(범칙금납부통고라고 부른다)하며, 당사자가 법정 기간 내에 통고된 내용을 이행한 때에는 처벌절차는 종료된다. 이행되지 않는 때에는 당해 행정청의 고발에 의하여 일반과벌절차인 형사소송절차로 이행되는 것이 원칙이다.

이와 같이 통고처분에 대하여는 형사소송절차에 의한 다툼이 마련되어 있기 때문에 통고처분에 대한 불복으로 행정쟁송에 의하여 다툴 수 없다는 것이 판례이다(대법 1995. 6. 29. 선고 95누4674 판결 등 및 헌재 1998. 5. 28. 96헌바4 결정 등).[3]

(나) **즉결심판**　　20만원 이하의 벌금 등의 행정형벌에 대한 특별과벌절차이다. 경찰서장의 청구에 의하여 판사가 피고인에게 벌금 등을 과한다(즉결심판에 관한 절차법). 즉결심판에 불복하는 자는 정식재판을 청구할 수 있다. 즉결심판은, 행정범에만 한정하지 않고 있으므로, 특별과벌절차이긴 하나 행정형벌만의 특별과벌절차는 아니다.

---

1) 金東熙, 행정법 Ⅰ, 490쪽.

2) 대법 2012. 6. 14. 선고 2010도14409 판결: 형법 제33조 본문은 "신분관계로 인하여 성립된 범죄에 가공한 행위는 신분관계가 없는 자에게도 전 3조의 규정을 적용한다"라 규정하고 있으므로, 비신분자라 하더라도 신분범의 공범으로 처벌될 수 있다.

3) 이에 대하여는 반론이 있다. 金致煥, 「통고처분에 대한 행정소송」, 헌법해석과 헌법재판(윤명선교수 정년기념 논문집), 744쪽 이하 참조.

2. 행정질서벌

(1) 행정질서벌과 형법총칙

행정질서벌에는 형법총칙이 적용되지 아니한다. 행정질서벌은 형법에 형명이 있는 형벌을 과하는 행정벌이 아니기 때문이다. 과태료의 부과·징수, 재판 및 집행 등의 절차를 규정하고 있는 일반법은「질서위반행위규제법」이다.

(2) 행정질서벌과 형벌

행정질서벌은 형사벌과는 그 목적·성격을 달리하므로 행정질서벌을 받고 난 후에 형사처벌을 받는다고 하여 일사부재리의 원칙에 반하지 아니한다는 것이 판례이다(대법 1989. 6. 13. 선고 88도1983 판결, 대법 2000. 10. 27. 선고 2000도3874 판결).

(3)「질서위반행위규제법」의 규정

1) 법 적용의 시간적 범위

(가) 질서위반행위의 성립과 과태료 처분은 행위시의 법률에 따른다(동법 3조 1항)(행위시법주의라고 부른다). 질서위반행위는 법률(지방자치단체의 조례 포함)상의 의무를 위반하여 과태료를 부과하는 행위이다(동법 2조 1호).

(나) 질서위반행위 후 법률이 변경되어 그 행위가 질서위반행위에 해당하지 아니하게 되거나 과태료가 변경되기 전의 법률보다 가볍게 된 때에는 법률에 특별한 규정이 없는 한 변경된 법률을 적용한다(동조 2항). 이와 같은 행위시법주의의 예외에 대하여 해당 법령 등에 특별한 규정을 두어서 행위시법주의가 적용되도록 규정하고 있는 경우에는 행위시법주의에 따른다.

(다) 행정청의 과태료 처분이나 법원의 과태료 재판이 확정된 후 법률이 변경되어 그 행위가 질서위반행위에 해당하지 아니하게 된 때에는 변경된 법률에 특별한 규정이 없는 한 과태료의 징수 또는 집행을 면제한다(동조 3항).

2) 질서위반행위의 성립

(가) 법률에 의하지 아니하고는 어떤 행위도 질서위반행위로 과태료를 부과하지 아니한다(동법 6조).

(나) 고의 또는 과실이 없는 질서위반행위는 과태료를 부과하지 아니한다(동법 7조).

(다) 자신의 행위가 위법하지 아니한 것으로 오인하고 행한 질서위반행위는 그 오인에 정당한 이유가 있으면 과태료를 부과하지 아니한다(동법 8조).

(라) 14세가 되지 아니한 자의 질서위반행위는 원칙적으로 과태료를 부과하지 아니하며, 심신(心身)장애로 인하여 행위의 옳고 그름을 판단할 능력이 없거나 그 판단에 따른 행위를

할 능력이 없는 자의 질서위반행위도 과태료를 부과하지 아니한다(동법 9조, 10조 1항). 심신장애로 인하여 행위의 옳고 그름을 판단할 능력 및 그 판단에 따른 행위를 할 능력이 미약한 자의 질서위반행위는 과태료를 감경한다(동법 10조 2항).

㈐ 법인의 대표자, 법인 또는 개인의 대리인·사용인 및 그 밖의 종업원이 업무에 관하여 법인 또는 개인에게 부과된 법률상의 의무를 위반한 때에는 법인 또는 그 개인에게 과태료를 부과한다(동법 11조 1항). 위 고의·과실(동법 7조), 위법성의 착오(동법 8조), 책임연령(동법 9조), 심신장애(동법 10조)의 규정은 「도로교통법」 제56조 제1항에 따른 고용주 등을 같은 법 제160조 제3항에 따라 과태료를 부과하는 경우에는 적용하지 아니한다(동법 11조 2항).

㈑ 2인 이상이 질서위반행위에 가담한 때에는 각자가 질서위반행위를 한 것으로 본다(동법 12조 1항). 신분에 의하여 성립하는 질서위반행위에 신분이 없는 자가 가담한 때에는 신분이 없는 자에 대하여도 질서위반행위가 성립하며, 신분에 의하여 과태료를 감경 또는 가중하거나 과태료를 부과하지 아니하는 때에는 그 신분의 효과는 신분이 없는 자에게는 미치지 아니한다(동조 2항·3항).

㈒ 하나의 행위가 2 이상의 질서위반행위에 해당하는 경우에는 각 질서위반행위에 대하여 정한 과태료 중 가장 중한 과태료를 부과하며, 그 경우를 제외하고 2 이상의 질서위반행위가 경합하는 경우에는 각 질서위반행위에 대하여 정한 과태료를 각각 부과하는 것이 원칙이다(동법 13조).

3) 과태료의 부과 절차

㈎ 행정청이 질서위반행위에 대하여 과태료를 부과하고자 하는 때에는 미리 당사자(11조 2항에 따른 고용주 등 포함)에게 과태료 부과의 원인이 되는 사실, 과태료 금액 및 적용 법령 등을 통지하고, 10일 이상의 기간을 정하여 의견을 제출할 기회를 주어야 한다(동법 16조 1항). 당사자는 의견 제출 기한 이내에 행정청에 의견을 진술하거나 필요한 자료를 제출할 수 있고, 당사자가 제출한 의견에 상당한 이유가 있는 경우에는 행정청은 과태료를 부과하지 아니하거나 통지한 내용을 변경할 수 있다(동조 2항).

㈏ 행정청은 위 의견 제출 절차를 마친 후에 서면으로 과태료를 부과하여야 한다(동법 17조 1항). 서면에는 질서위반행위, 과태료 금액, 그 밖에 대통령령으로 정하는 사항을 명시하여야 한다(동조 2항).

㈐ 행정청의 과태료 부과에 불복하는 당사자는 과태료 부과 통지를 받은 날부터 60일 이내에 해당 행정청에 서면으로 이의제기를 할 수 있다(동법 20조 1항). 이의제기가 있는 경우에는 행정청의 과태료 부과처분은 그 효력을 상실한다(동조 2항).

㈑ 이의제기를 받은 행정청은 이의제기를 받은 날부터 14일 이내에 이에 대한 의견 및 증빙서류를 첨부하여 관할 법원에 통보하여야 하며(동법 21조 1항 본문), 행정청은 통보 사실을

즉시 당사자에게 통지하여야 한다(동조 3항). 행정청은 사실상 또는 법률상 같은 원인으로 말미암아 다수인에게 과태료를 부과할 필요가 있는 경우에는 다수인 가운데 1인에 대한 관할권이 있는 법원에 이의제기 사실을 통보할 수 있다(동조 2항).

㈐ 행정청은 질서위반행위가 발생하였다는 합리적 의심이 있어 그에 대한 조사가 필요하다고 인정할 때에는 법정 조사권을 가지며(동법 22조), 과태료의 부과·징수를 위하여 필요한 때에는 관계 행정기관, 지방자치단체, 그 밖에 공공기관 등의 장에게 자료제공 요청권을 가진다(동법 23조).

4) 재판 및 집행

㈎ 과태료 사건은 다른 법령에 특별한 규정이 있는 경우를 제외하고는 당사자의 주소지의 지방법원 또는 그 지원의 관할로 하며(동법 25조), 법원의 관할은 행정청이 이의제기 사실을 통보한 때를 표준으로 정한다(동법 26조). 법원은 이의제기 사실 통보가 있는 경우 이를 즉시 검사에게 통지하여야 한다(동법 30조).

㈏ 법원은 심문권(동법 31조), 행정청에 대한 출석 요구권(동법 32조), 직권에 의한 사실탐지와 증거조사권(동법 33조) 등을 가진다.

㈐ 과태료 재판은 이유를 붙인 결정으로써 한다(동법 36조 1항). 결정은 당사자와 검사에게 고지함으로써 효력이 생긴다(동법 37조 1항). 당사자와 검사는 과태료 재판에 대하여 즉시항고를 할 수 있으며, 항고는 집행정지의 효력이 있다(동법 38조). 법원은 상당하다고 인정하는 때에는 약식재판을 할 수 있다(동법 44조).

㈑ 과태료 재판은 검사의 명령으로써 집행하며, 명령은 집행력 있는 집행권원과 동일한 효력이 있다(동법 42조 1항).

V. 행정벌과 행정상 강제집행·민사상 강제집행

행정벌은 과거의 행정법상의 의무위반에 대하여 과하는 제재로서의 벌인 것이므로 장래에 있어서의 행정상의 의무이행확보제도인 행정상 강제집행 및 민사상 강제집행과 차이가 있다. 따라서 법령에 행정벌이 규정되어 있는 경우에도 집행의 문제, 즉 이행확보의 문제와는 직접적인 관계가 없으므로 행정상 강제집행으로 행정상의 의무이행을 확보할 수 있고, 민사상 강제집행에 지장을 주는 것은 아니다. 다만 행정벌도 간접적으로 행정상의 의무이행의 확보에 기여하는 것이므로 이 점에 있어서 행정벌과 행정상 강제집행 및 민사상 강제집행은 상호 보완관계에 있다.

제 3 절 기타의 의무이행 확보 수단

Ⅰ. 의무이행 확보 수단의 다양화

국가의 현대화와 더불어 행정이 행하여야 할 임무는 점차로 증대하고 있다. 이러한 행정임무의 다양화에 따라 필연적으로 의무이행의 확보 수단도 다양화해지지 않을 수 없다.

그런데 직접적인 의무이행 확보 수단인 행정상 강제집행을 보면 대집행 수단에 대하여서만 일반법인「행정대집행법」이 마련되어 있을 뿐이고 그 밖의 수단에 대하여서는 개별법의 규정에 맡겨져 있다. 개별법 규정이 최근 증가하는 추세에 있으나 아직 미미한 수준이기 때문에 대집행을 제외한 행정상 강제집행의 수단은 사실상 결여되어 있다고 하여도 지나치지 않다. 그 때문에 간접적인 의무이행 확보 수단인 행정벌이 거의 대부분의 행정법규에 규정되기에 이르렀다. 그러나 행정벌만으로는 행정법상 의무의 이행 확보에 충분하지 못하다. 현대 행정법관계의 특징인 다면적 관계에 있어서는 의무이행 확보 조치에 의한 권리침해로부터의 사인의 보호도 중요하지만, 국민의 생명·건강 등 공익을 지키기 위한 적절한 범위 내에서의 의무이행 확보 조치의 강구도 매우 중요하다. 여기에 전통적인 행정상의 의무이행 확보 수단 외에 의무이행 확보 수단이 등장하게 되는 계기가 있다.

이들 의무이행 확보 수단도, 그것이 제재인 경우에는, 적법절차원칙의 적용을 받아야 한다.[1] 헌법재판소는「헌법」제12조 제1항의 적법절차원칙이 형사절차상의 영역에 한정되지 않고 입법·행정 등 모든 국가의 공권력 작용에 적용되는 헌법상의 기본원리라고 선언한 바 있다(헌재 1992. 12. 24. 92헌가8 결정).

다음에는 이와 같이 등장하게 된 의무이행 확보 수단[2] 중 중요한 것들을 보기로 한다.[3][4]

---

[1] 이들 새로운 의무이행 확보 수단을 포함하여 모든 제재 수단을 광의의 행정벌로 관념하고 적법절차원칙의 적용을 강조한 견해로는 朴正勳,「협의의 행정벌과 광의의 행정벌—행정상 제재수단과 법치주의적 안전장치—」, 법학(서울대학교 법학연구소) 제41권 제4호, 278쪽 이하. 이러한 朴 교수의 견해에 대하여는 "편의주의가 적용되는 행정상 제재와 합법주의가 적용되는 행정형벌을 동일하게 파악하는 문제점이 인정된다"는 견해(金容燮, 「양벌규정의 문제점 및 개선방안」, 행정법연구 제17호, 225쪽)도 있다.

[2] 대법원은 출국금지처분을 조세징수를 위한 강제수단으로 활동하는 것은 거주·이전의 자유보장을 위해 허용할 수 없다고 본다(2013. 12. 26. 선고 2012두8363 판결). 이 판결에 대한 평석으로 李相悳,「체납자 출국금지처분의 요건과 재량통제」, 행정판례연구(한국행정판례연구회) XIX-1, 107쪽 이하가 있다.

[3] 이익행정행위의 철회 등도 의무이행확보수단이 될 수 있으나, 이미 앞에서 보았으므로 여기서는 생략한다.

[4] 대법 2017. 5. 11. 선고 2014두8773 판결: 행정법규 위반에 대한 제재조치는 행정목적의 달성을 위하여 행정법규 위반이라는 객관적 사실에 착안하여 가하는 제재이므로, 반드시 현실적인 행위자가 아니라도 법령상 책임자로 규정된 자에게 부과되고, 특별한 사정이 없는 한 위반자에게 고의나 과실이 없더라도 부과할 수 있다. 이러한 법리는 구 대부업 등의 등록 및 금융이용자 보호에 관한 법률 제13조 제1항이 정하는 대부업자 등의 불법추심행위를 이유로한 영업정지 처분에도 마찬가지로 적용된다.

Ⅱ. 관허사업의 제한

행정법상의 의무를 위반한 자에 대하여 관허사업을 제한하는 경우가 있다. 「건축법」상의 명령이나 처분에 위반하여 행정청의 시정명령을 받고 이행하지 아니한 건축물에 대하여 행정청이 당해 건축물을 사용하여 행할 다른 법령에 따른 영업 그 밖의 행위를 허가·면허·인가·등록·지정 등을 하지 아니하도록 요청한 경우에 요청을 받은 자는 특별한 이유가 없으면 요청에 따라야 하는 것(건축법 79조 2항 내지 3항), 납세자가 국세를 체납한 때에 허가·인가·면허 및 등록과 그 갱신을 요하는 사업의 주무관서에 세무서장이 당해 납세자에 대하여 그 허가 등을 하지 아니할 것을 요구하거나 또는 허가 등을 받아 사업을 경영하는 자가 국세를 3회 이상 체납하여 그 체납액이 500만원 이상일 때에 세무서장이 그 주무관서에 사업의 정지·허가취소를 요구한 경우에 그 주무관서가 허가 등을 하지 아니하거나 사업의 정지 또는 그 허가를 철회하는 것(국세징수법 112조) 등이 그 예이다. 이들 중 처분에 해당하는 경우에는 「행정절차법」상의 처분절차에 관한 규정의 적용을 받는다.

Ⅲ. 위반사실 등 공표

위반사실 등 공표란 행정법상의 의무 위반이나 불이행에 대하여 그 사실을 일반에게 공표함으로써 국민일반에게 경각심을 불러일으킴과 동시에 상대방의 명예·신용의 저하라는 제재에 의하여 의무이행을 확보하려는 제도를 말한다.[1]

이에 대한 근거법으로는 「공직자윤리법」 제8조의2 제1항 제3호와 제2항 제3호, 「식품위생법」 제84조 등이 있다.

공표행위가 처분에 해당하는 경우에는 「행정절차법」상의 처분절차를 거쳐야 한다.

위반사실 등 공표에 대한 구제수단으로는 다음의 것을 들 수 있다. ① 공표행위가 처분에 해당하는 경우에는 취소쟁송으로 공표행위의 취소를 구할 수 있다. 공표행위가 처분에 해당하느냐가 문제된다. 권력적 사실행위이기 때문에 처분에 해당한다는 견해,[2] 원칙적으로 처분에 해당하지 아니한다는 견해[3] 등으로 견해가 나뉜다. 공표행위가 처음에는 비권력적 사실행위였지만 오늘날 정보화사회의 진전에 따라 강력한 제재수단으로 변하였으므로 오늘날에는 권력적 사실행위로 보는 것이 옳다.[4] ② 위법한 공표행위에 의하여 명예·신용 등이 침해된 경우에는 행정상 손해

---

1) 현행법상 행정에 의한 공표는 제재적 공표, 정보제공적·사전예방적 공표, 상황에 따라 행정제재적인 동시에 정보제공적인 공표, 상황에 따라 행정통제적인 동시에 정보제공적인 공표로 분류할 수 있다고 한다(金致煥, 「행정상 공표에 있어서 실효성 확보와 권익 보호의 조화」, 토지공법연구(한국토지공법학회), 제26집, 265쪽 이하 참조).

2) 朴均省, 행정법론(상), 552쪽.

3) 金東熙, 행정법Ⅰ, 455쪽; 洪井善, 행정법원론(상), 650쪽.

4) 서울행법 2011. 10. 21. 선고 2011구합16933 판결은 고액·상습체납자 명단공개의 처분성을 인정하고 있다.

배상청구소송을 제기하여 그 손해의 배상을 구할 수 있다(대법 1998. 5. 22. 선고 97다57689 판결 참조). ③ 경우에 따라서는 공표행위로 인한 명예회복을 위하여 민사소송의 제기도 생각할 수 있다.

Ⅳ. 과 징 금

1. 과징금의 의의와 그 유형

과징금이란 행정법상의 의무를 위반한 자로부터 일정한 금전적 이익을 박탈함으로써 의무이행을 확보하려는 제재수단이다. 「행정기본법」 제28조 제1항은 "행정청은 법령등에 따른 의무를 위반한 자에 대하여 법률로 정하는 바에 따라 그 위반행위에 대한 제재로서 과징금을 부과할 수 있다"라고 규정하고 있다. 과징금은 벌이 아니란 점에서 과태료와 구별되며[1], 또한 제재수단이란 점에서 이행강제금(집행벌)과 구별된다.[2][3]

「행정기본법」 제28조 제2항은 "과징금의 근거가 되는 법률에는 과징금에 관한 다음 각 호의 사항을 명확하게 규정하여야 한다. 1. 부과·징수 주체 2. 부과 사유 3. 상한액 4. 가산금을 징수하려는 경우 그 사항 5. 과징금 또는 가산금 체납 시 강제징수를 하려는 경우 그 사항"이라고 규정하고 있다. 이 규정도 법률의 법률 구속성 문제가 발생한다(→ 법률의 법률 구속성 문제). 이 규정도 「행정기본법」 제5조 제2항에 따라 노력규정으로 보아야 한다.

원래 과징금제도는 행정법상의 의무를 위반함으로써 그 위반자에게 일정한 경제적 이익이 발생하게 되는 경우에 그 이익을 박탈하기 위하여 그 이익액에 따라 과하여지는 일종의 금전적 행정제재금이다. 과징금이 과하여지면 위반행위로 인한 불법적인 경제적 이익이 박탈되기 때문에 사업자는 위반행위를 하더라도 아무런 경제적 이익을 얻을 수 없게 되므로 간접적으로 행정법상의 의무이행을 강제하는 효과가 있다. 이와 같은 원래의 과징금을 채택하였던 법률은 우리나라에서 처음으로 과징금제도를 도입했던 「독점규제 및 공정거래에 관한 법률」이다. 그러나 이러한 원래의 과징금제도가 그 후 국민의 일상생활이 특정 사업에 크게 의존하고 있기 때문에 사업자가 의무를 위반한 때에도 사업의 취소·정지 등을 행하는 것이 곤란한 경우에 취소·정지에

---

1) 헌재 2011. 6. 30. 2009헌바55 결정: 부동산 실권리자 명의등기에 관한 법률상의 과징금은 행정청이 명의신탁행위라는 일정한 법률위반행위로 인한 불법적인 이익을 박탈하고, 부동산실명법상의 실명 등기의무의 이행을 강제하기 위하여 위반자에게 부과·징수하는 금전이라 할 수 있고, 이는 과거의 일정한 법률위반행위에 대하여 제재를 과함을 목적으로 하는 행정벌과 구별되는 것이다. 따라서 이 사건 법률조항에 따른 과징금의 부과는 범죄에 대하여 국가가 형벌권을 실행한다고 하는 과벌에 해당하지 아니하므로, 헌법 제13조 제1항이 금지하는 이중처벌금지의 원칙이 적용될 여지가 없다.

2) 대법 2002. 5. 28. 선고 2000두6121 판결: 과징금은 원칙적으로 행정법상의 의무를 위반한 자에 대하여 당해 위반행위로 얻게 된 경제적 이익을 박탈하기 위한 목적으로 부과하는 금전적인 제재이므로, 법이 규정한 범위 내에서 그 부과처분 당시까지 부과관청이 확인한 사실을 기초로 일의적으로 확정되어야 할 것이지, 추후에 부과금 산정기준이 되는 새로운 자료가 나왔다고 하여 새로운 부과처분을 할 수 있는 것은 아니다.

3) 의무위반과 관계없이 행정목적을 달성하기 위해 수익자에게 부과하는 부담금은 이 책에서는 인적공용부담에서 다루고 있다(→ 부담금).

갈음하여 제재를 가하는 수단으로 변형되었다. 즉 원래의 과징금이 경제법상의 의무위반행위 자체로 얻은 불법적인 경제적 이익을 박탈하는 행정제재금임에 대하여 일부 법령에서는 이를 변형하여 위반행위 자체로 인한 이익을 박탈하는 것이 아니라 위반행위로 인하여 마땅히 취소·정지 등을 하여야 할 사업을, 당해 사업의 이용자의 편의 등을 고려하여, 계속하게 하고 그로부터 얻은 이익을 박탈하는 제도로 규정되었다. 예컨대 「여객자동차운수사업법」상의 과징금(88조) 등이 그것이다.[1]

이 외에도 의무위반이 있으면 경제적 이득을 취득하였을 것이라는 추정 아래 그 추정적 이득금액을 과징금으로 부과하는 제도도 있다. 이들 부과금은 경제적 이득의 환수 외에 실제의 이득금액을 초과하는 부분에 대하여는 의무위반에 대한 제재도 함께 포함하고 있거나, 아예 경제적 이익의 박탈이라는 요소는 전혀 없고 단지 의무위반에 대한 제재의 요소만이 존재하는 것(예: 독점규제 및 공정거래에 관한 법률 24조의2)이 있다. 이와 같은 추정적 과징금 제도는 벌금·과태료와 실질적 차이가 없기 때문에 이중처벌의 문제 등 헌법적 문제가 발생할 소지가 있다.[2]

2. 과징금의 부과·징수

과징금의 부과는 과징금 납부명령에 의한다.[3] 과징금의 부과는 불이익처분이므로 원칙적으로 의견청취 등 「행정절차법」의 적용을 받는다. 과징금을 납부하여야 할 자가 납부기한까지 납부하지 아니하면 국세체납처분의 예에 따라 징수하도록 규정하고 있는 것이 일반적이다.[4]

---

1) 헌법재판소는 구 의료법 제53조 제1항 제5호에 의한 의사면허자격정지처분과 구 국민건강보험법 제85조 제2항에 의한 과징금부과처분은 다 같은 제재처분이지만, 제재대상이 되는 기본적 사실관계, 보호법익, 목표 및 처분대상을 달리하고, 또한 전자에 대한 제재시에 후자에 대한 위반행위까지 이미 평가되었다고 할 수 없으므로 이중처벌에 해당하지 아니한다고 하였다(헌재 2008. 7. 31. 2007헌바85 결정).

2) 朴正勳 교수는 헌법 제12조 제1항에서 말하는 처벌을 반드시 사법에 의한 처벌에 한정하지 아니하므로 법률이 사법에 의한 처벌로서 행정형벌을 규정함과 동시에 행정에 의한 처벌로서 과징금을 규정한 것은 헌법 제13조 제1항의 이중처벌금지에 위반된다고 본다(同人, 「행정법과 법철학—현대행정법에 있어 순수법학의 의의—」, 행정법연구(행정법이론실무학회) 제7호, 216쪽). 그러나 대법 2004. 4. 9. 선고 2001두6197 판결은 구 독점규제 및공정거래에관한법률상의 과징금에 대하여 "제재를 가하는 행정상의 제재금으로서의 기본적 성격에 부당이득환수적 요소도 부가되어 있는 것이라고 할 것이어서 그것이 헌법 제13조 제1항에서 금지하는 국가형벌권 행사로서의 처벌에 해당한다고 할 수 없으므로 구 독점규제및공정거래에관한법률에서 형사처벌과 아울러 과징금의 부과처분을 할 수 있도록 규정하고 있다 하더라도" 이중처벌금지원칙에 위반되지 아니한다고 하였다.

3) 대법 2009. 6. 23. 선고 2007두18062 판결: 처분을 할 것인지 여부와 처분의 정도에 관하여 재량이 인정되는 과징금 납부명령에 대하여 그 명령이 재량권을 일탈하였을 경우, 법원으로서는 재량권의 일탈 여부만 판단할 수 있을 뿐이지 재량권의 범위 내에서 어느 정도가 적정한 것인지에 관하여는 판단할 수 없어 그 전부를 취소할 수밖에 없고, 법원이 적정하다고 인정하는 부분을 초과한 부분만 취소할 수 없다.

4) 부동산 실권리자명의 등기에 관한 법률은 제5조 제1항 제1호에서 명의신탁등기 과징금을, 제10조 제1항에서 장기미등기 과징금을 부과하도록 규정하고 있다. 이와 같이 명의신탁등기 과징금과 장기미등기 과징금은 위반행위의 태양, 부과 요건, 근거 조항을 달리하므로, 각 과징금 부과처분의 사유는 상호 간에 기본적 사실관계의 동일성이 있다고 할 수 없다. 그러므로 그 중 어느 하나의 처분사유에 의한 과징금 부과처분에 대하여 당해 처분사유가 아닌 다른 처분사유가 존재한다는 이유로 적법하다고 판단하는 것은 특별한 사정이 없는 한 행정소송법상 직권

「행정기본법」제29조는 "과징금은 한꺼번에 납부하는 것을 원칙으로 한다. 다만, 행정청은 과징금을 부과받은 자가 다음 각 호의 어느 하나에 해당하는 사유로 과징금 전액을 한꺼번에 내기 어렵다고 인정될 때에는 그 납부기한을 연기하거나 분할 납부하게 할 수 있으며, 이 경우 필요하다고 인정하면 담보를 제공하게 할 수 있다. 1. 재해 등으로 재산에 현저한 손실을 입은 경우 2. 사업 여건의 악화로 사업이 중대한 위기에 처한 경우 3. 과징금을 한꺼번에 내면 자금 사정에 현저한 어려움이 예상되는 경우 4. 그 밖에 제1호부터 제3호까지에 준하는 경우로서 대통령령으로 정하는 사유가 있는 경우"라는 규정을 두고 있다.

Ⅴ. 가산세 등

그 밖의 의무이행 확보 수단으로서 가산세·가산금 등이 있다.

1. 가 산 세

가산세는 납세자의 세법상의 의무위반에 대한 경제적 제재로서 본래의 조세채무와는 별개로 과하여지는 조세 중의 하나이다(국세기본법 2조 4호). 대법원은 가산세는 "납세자가 정당한 이유 없이 법에 규정된 신고, 납세 등 각종 의무를 위반한 경우에 개별법이 정하는 바에 따라 부과되는 행정상의 제재로서 납세자의 고의, 과실은 고려되지 않는 것이고, 다만 납세의무자가 그 의무를 알지 못한 것이 무리가 아니었다거나 그 의무의 이행을 당사자에게 기대하는 것이 무리라고 하는 사정이 있을 때 등 그 의무해태를 탓할 수 없는 정당한 사유가 있는 경우에는 이를 부과할 수 없다"(대법 2003. 12. 11. 선고 2002두4761 판결, 대법 2005. 1. 27. 선고 2003두13632 판결 등)고 한다. 헌법재판소는 "가산세는 형벌이 아니므로 행위자의 고의 또는 과실·책임능력·책임조건 등을 고려하지 아니하고 가산세 과세요건의 충족 여부만을 확인하여 조세의 부과절차에 따라 과징할 수 있다"(헌재 2006. 7. 27. 2004헌가13 결정)고 한다.

2. 가 산 금

가산금은 지방세를 납부기한까지 완납하지 아니하는 경우에 제재로 과하여지는 금전상의 부담이다(지방세징수법 30조 등).[1] 납부지연에 따라 발생하는 이자 상당액을 국가가 환수한다는 의미의 가산금제도는 국세의 경우 모두 폐지되어 가산세 제도에 흡수되었다.

심사주의의 한계를 넘는 것으로서 허용될 수 없다는 것이 대법원 판결(2017. 5. 17. 선고 2016두53050 판결)이다.
1) 가산금의 법적 성질에 관하여는 任勝淳, 조세법, 188쪽 참조.

3. 그 밖의 수단

그 밖의 의무이행확보수단으로 출국금지(국세징수법 113조), 감치(동법 115조), 등록 말소(주민등록법 20조 5항)등이 있다.

VI. 부담금

부담금은 원래 후술하는 바와 같이 인적 공용부담의 한 종류이자만, 의무이행 확보 수단으로도 기능하고 있다. 즉 부담금이 금전적 부담부과를 통하여 간접적으로 국가 목적 등을 유도하고 조정하는 수단으로 사용되고 있다. 이와 같은 부담금을 유도적 부담금이라고 부른다. 유도적 부담금의 예로는 「수도권정비계획법」에 의한 과밀부담금(12조), 「장애인고용촉진 및 직업재활법」에 의한 장애인고용부담금(33조) 등이 있다.

제 3 장 행정상 즉시강제

Ⅰ. 행정상 즉시강제의 의의

행정상 즉시강제란 목전에 급박한 행정상 장해를 제거하여야 할 필요가 있거나 성질상 미리 의무를 명하여서는 행정목적을 달성할 수 없는 경우에 행정기관이 상대방에게 의무를 명하지 아니하고 직접 실력을 행사하여 행정상 필요한 상태를 실현시키는 행정작용을 말한다. 예컨대 화재가 발생한 경우에 행정기관이 화재가 난 집에 사람이 출입하는 것을 강제적으로 제지하거나 화재가 난 집에서 강제적으로 퇴거시키거나 혹은 불을 끄기 위하여 필요한 경우에 이웃집을 파괴하거나 하는 행정작용이다.

Ⅱ. 행정상 즉시강제의 성질

(1) 행정상 즉시강제는 권력적 사실행위[1]이다. 이 점에서 행정행위 등과 같은 법적 행위와 구별되며, 비권력적 사실행위와도 구별된다.

(2) 행정상 즉시강제는 의무의 존재를 전제로 하지 아니한다는 점에서 의무의 존재와 그 불이행을 전제로 하는 행정상 강제집행과 구별된다. 이러한 통설에 대하여는 원칙적으로 통설의 입장에 서 있으면서도 법령 또는 일반처분에 의한 불특정다수인에 대한 일반적·추상적 의무(예컨대 도로교통법 68조 2항의「누구든지 교통에 방해될 만한 물건을 함부로 내버려두어서는 아니 된다」는 불특정다수인에 대한 부작위의무 등)의 강제(도로교통법 72조는 위와 같은 일반적·추상적 부작위 의무 위반에 대하여 경찰서장의 제거·보관조치를 규정하고 있다)는 특정인에 대한 의무이행의 요구를 전제로 하지 아니하는 실력행사라는 이유로 행정상 강제집행(직접강제)이 아니라 행정상 즉시강제로 보아야 한다는 견해[2]가 있다. 다른 한편에서는 행정상 강제집행(직접강제)과 행정상 즉시강제의 구별기준을 행정법상의 의무의 존재와 그의 불이행 여부에서 찾을 것이 아니라 양자의 절차상의 차이에서 찾아야 한다는 견해도 있다는 것은 앞에서 본 바와 같다(→ 행정상 강제집행의 성질).

(3) 행정상 즉시강제는 행정상 필요한 상태를 종국적으로 실현시킴을 목적으로 하고 직접적인 실력행사를 그 수단으로 한다는 점에서 주로 행정결정을 위한 자료수집을 목적으로 하고 작위·수인의무를 전제로 이에 불응한 경우 제재를 과함을 그 수단으로 하는 권력적 행정조사와 구별된다.

---

1) 독일의 최근 유력설이 행정상 즉시강제의 성질을 사실행위 그 자체로 보고 있는 점에 관하여는 鄭夏重,「행정상의 직접강제」, 고시연구 2000년 12월호, 202쪽 참조. 金南辰 교수는 행정상 즉시강제의 성질을 수인하명과 사실행위(물리적 행위)가 결합된 것으로 본다(행정법 Ⅰ(제7판), 407쪽).

2) 朴鈗炘, 최신행정법강의(상), 620쪽.

Ⅲ. 행정상 즉시강제의 근거

　행정상 즉시강제는 행정기관이 직접 실력을 행사해 행정상 필요한 상태를 실현시키는 행정 작용이라는 점에서 별도의 법적 근거를 필요로 한다는 것이 통설이다.[1] 현행 실정법적 근거로는 「경찰관 직무집행법」을 비롯하여 「마약류관리에 관한 법률」·「소방기본법」·「급경사지 재해예 방에 관한 법률」·「방조제관리법」·「행정기본법」 등이 있다.

Ⅳ. 행정상 즉시강제의 한계

　행정상 즉시강제는 국민의 기본권에 대한 중대한 침해를 가져올 수 있으므로 즉시강제권의 발동에는 법적 근거를 요하는 외에 다음과 같은 한계가 있다. 이 중 보충성과 최소침해 원칙은 「행정기본법」이 명문화하고 있다(33조 1항).

　　(1) 즉시강제권은 행정상 장해가 이미 발생하였거나 발생할 것이 확실한 경우에만 발동할 수 있다(급박성).
　　(2) 다른 수단으로는 행정목적을 달성할 수 없는 경우에만 발동할 수 있다(보충성).
　　(3) 즉시강제권의 발동에는 비례원칙(적합성원칙·필요성(최소침해)원칙·상당성원칙)을 준수하여 야 한다.

　행정상 즉시강제와 영장주의와의 관계도 엄격하게 말하면 절차법적 한계속에 포함되나, 별 도로 고찰한다.

Ⅴ. 행정상 즉시강제와 절차

1. 행정상 즉시강제와 영장주의

　헌법상의 영장주의(12조 3항, 16조)가 행정상 즉시강제에도 그대로 적용되는가에 대하여는 견 해가 나뉜다.

(1) 영장불요설

　이 설은 헌법상의 영장제도가 형사사법권의 행사로부터 국민의 기본권을 보장하기 위한 것 이라는 점, 헌법상 사후영장에 의할 수 있는 예외가 즉시강제에서는 거의 적용될 여지가 없다는 점, 모든 즉시강제에 영장주의를 관철하는 것은 즉시강제를 부정하는 것이 된다는 점 등을 이유

---

1) 朴均省 교수는 "경찰분야에서 개괄조항에 의한 수권을 인정하는 견해에 의하면 구체적인 법적 근거가 없이도 개괄적 수권규정에 근거하여 경찰상 즉시강제가 행해질 수 있을 것이다"라는 견해를 표명하고 있다(同人, 행정 법론(상), 530쪽).

로 행정상 즉시강제에는 원칙적으로 영장주의가 적용되지 아니한다는 견해이다[1].

(2) 영장필요설

이 설은 헌법상의 영장제도가 널리 통치권의 부당한 행사로부터 국민의 자유와 권리를 보장하기 위한 절차적 보장수단이라는 점, 형사사법작용과 즉시강제가 직접의 목적이 다르나 신체·재산에 대한 실력의 행사라는 점에서는 같다는 등의 이유로 행정상 즉시강제에도 법률에 특별한 규정이 없는 한 영장주의가 적용되어야 한다는 견해이다.

(3) 절 충 설

이 설은 헌법상의 영장제도가 형사사법권의 행사뿐만 아니라 즉시강제권의 행사에도 적용되어야 하되, 행정상 즉시강제의 특수성에 비추어 행정목적달성을 위하여 불가피한 경우에는 영장주의에 대한 예외를 인정하는 견해이다. 이 설이 현재 우리나라의 다수설이다[2].

생간컨대, 행정상 즉시강제에도 가능한 한 헌법상 영장주의 원칙이 존중되어야 한다.[3]

2. 행정상 즉시강제와 행정절차

행정상 즉시강제도 처분인 것이므로, 개별법에 별도의 규정이 없는 한, 「행정절차법」의 적용을 받는다. 「행정기본법」은 즉시강제를 실시하기 위하여 현장에 파견되는 집행책임자에게 그가 집행책임자임을 표시하는 증표제시의무와 즉시강제의 이유와 내용의 고지의무를 일반적으로 규정하고 있다(33조 2항). 그러나 즉시강제는 앞에서 본 바와 같이 급박성이 즉시강제의 본질적 성

---

1) 河明鎬 교수는 ① 연혁상 헌법 제12조 제3항은 원래 미국 헌법으로부터 계수된 것이고 계수 당시 미국에서는 행정목적을 위한 수색 등에는 영장주의가 적용되지 않는 것으로 보았다는 점, ② 우리 헌법 제12조 제3항을 문리해석하면 제1항과 달리 형사절차에서만 적용될 수밖에 없다는 점, ③ 현실적인 측면에서 출입국관리법상의 보호명령대상자를 비롯하여 많은 법률에서 규정된 수용대상자의 수를 가늠할 수 없는데, 법원이 일일이 영장을 발부하는 것이 사실상 불가능하다는 등의 이유를 든다(同人, 신체의 자유와 인신보호절차, 고려대학교출판부, 2012, 106쪽 이하 참조).

2) 헌법재판소는 구 음반·비디오물및게임물에관한법률 제24조 제3항 제4호 중 게임물에 관한 규정은 "급박한 상황에 대처하기 위한 것으로서 그 불가피성과 정당성이 충분히 인정되는 경우이므로, 이 사건 법률조항이 영장 없는 수거를 인정한다고 하더라도 이를 두고 헌법상 영장주의에 위배되는 것으로 볼 수 없다"고 하여(2002. 10. 31. 2000헌가12 결정) 영장불요설의 입장에 있는 것으로 보인다. 대법원은 "사전영장주의는 인신보호를 위한 헌법상의 기속원리이기 때문에 인신의 자유를 제한하는 모든 국가작용의 영역에서 존중되어야 하지만, 헌법 제12조 제3항 단서도 사전영장주의의 예외를 인정하고 있는 것처럼 사전영장주의를 고수하다가는 도저히 행정목적을 달성 할 수 없는 지극히 예외적인 경우에는 형사절차에서와 같은 예외가 인정된다고 할 것이므로 구 사회안전법 제11조 소정의 요건을 엄격하게 해석하는 한, 동규정 자체가 사전영장주의를 규정한 헌법규정에 반한다고 볼 수 없다"고 하여 (1997. 6. 13. 선고 96다56115 판결) 절충설의 입장에서 있는 것으로 보인다.

3) 이에 관하여는 朴玄廷, 「행정법적 관점에서 본 비자의입원의 법적 성격과 절차」, 행정법연구(행정법이론실무학회) 제56호, 145쪽 이하 참조.

질이다. 위의 증표제시의무와 이유·내용의 고지의무의 일반적 규정이 급박성과 어떻게 조화를 이룰 수 있는지가 새로운 문제로 제기된다.

VI. 행정상 즉시강제의 수단

1. 대인적 강제

사람의 신체에 실력을 가하여 행정상 필요한 상태를 실현시키는 수단이다. 「경찰관 직무집행법」상 인정되는 수단으로 보호조치(4조), 위험 발생 방지조치(5조)(헌재 2011. 6. 30. 2009헌마406 결정 참조), 제지 조치(6조)[4][5], 경찰장구의 사용(10조의 2), 무기의 사용(10조의 4) 등이 있고, 개별법상의 수단으로 강제대피조치(급경사지재해예방에관한법률 18조), 강제 격리(감염병의 예방 및 관리에 관한 법률 42조) 등이 있다.

2. 대물적 강제

물건에 실력을 가하여 행정상 필요한 상태를 실현시키는 수단이다. 「경찰관 직무집행법」상 인정되는 수단으로 무기 등의 임시영치(4조 3항) 등이 있고, 개별법상의 수단으로 강제처분(소방기본법 25조, 감염병의 예방 및 관리에 관한 법률 42조), 물건의 폐기(구 음반·비디오물및게임물에관한법률 42조 3항(헌재 2002. 10. 31. 2000헌가12 결정 참조), 식품위생법 72조 2항), 장해물제거(방조제관리법 10조) 등이 있다.

3. 대가택 강제

소유자 또는 관리자의 의사에 불구하고 타인의 가택·영업소 등에 출입 또는 수색하는 수단

---

4) 대법 2008. 11. 13. 선고 2007도9794 판결: 경찰관직무집행법 제6조 제1항 중 경찰관의 제지에 관한 부분은 범죄의 예방을 위한 경찰행정상 즉시강제에 관한 근거조항이다. 행정상 즉시강제는 그 본질상 행정목적 달성을 위하여 불가피한 한도 내에서 예외적으로 허용되는 것이므로, 위 조항에 의한 경찰관의 제지 조치 역시 그러한 조치가 불가피한 최소한도 내에서만 행사되도록 그 발동·행사 요건을 신중하고 엄격하게 해석하여야 한다. 그러한 해석·적용의 범위 내에서만 우리 헌법상 신체의 자유 등 기본권 보장 조항과 그 정신 및 해석 원칙에 합치될 수 있다. 이와 같은 전제 위에서 "비록 장차 특정 지역에서 구 집회 및 시위에 관한 법률에 의하여 금지되어 그 주최 또는 참가행위가 형사처벌의 대상이 되는 위법한 집회·시위가 개최될 것이 예상된다고 하더라도, 이와 시간적·장소적으로 근접하지 않은 다른 지역에서 그 집회·시위에 참가하기 위하여 출발 또는 이동하는 행위를 함부로 제지하는 것은 경찰관직무집행법 제6조 제1항에 의한 행정상 즉시강제인 경찰관의 제지의 범위를 명백히 넘어서는 것이어서 허용될 수 없다"고 판시하였다.

5) 대법 2013. 6. 13. 선고 2012도9937 판결: 경찰관직무집행법 제6조 제1항에 따른 경찰관의 제지 조치가 적법한 직무집행으로 평가될 수 있기 위해서는, 형사처벌의 대상이 되는 행위가 눈 앞에서 막 이루어지려고 하는 것이 객관적으로 인정될 수 있는 상황이고, 그 행위를 당장 제지하지 않으면 곧 인명·신체에 위해를 미치거나 재산에 중대한 손해를 끼칠 우려가 있는 상황이어서, 직접 제지하는 방법 외에는 위와 같은 결과를 막을 수 없는 절박한 사태이어야 한다. 다만, 경찰관의 제지 조치가 적법한지 여부는 제지 조치 당시의 구체적 상황을 기초로 판단하여야 하고 사후적으로 순수한 객관적 기준에서 판단할 것은 아니다.

이다. 「경찰관 직무집행법」에 의해 인정되는 수단으로 위험방지를 위한 가택출입(7조)이 있고, 개별법상의 수단으로 수색(조세범 처벌절차법 9조), 일시적 폐쇄(감염병의 예방 및 관리에 관한 법률 47조) 등이 있다.

VII. 행정상 즉시강제와 권리구제

1. 행정상 즉시강제가 적법한 경우

적법한 행정상 즉시강제로 인하여 귀책사유 없이 특별한 희생을 입은 자는, 법률의 규정이 있는 경우, 손실보상을 청구할 수 있다. 현행법상 손실보상을 규정하고 있는 법률로는 「소방기본법」(25조 4항)·「방조제관리법」(11조) 등이 있다.

2. 행정상 즉시강제가 위법한 경우

행정상 즉시강제가 위법한 경우에 그에 대한 구제방법으로서 다음과 같은 것을 들 수 있다.

(1) 행정쟁송

행정쟁송(취소쟁송 등)을 제기하여 다툴 수 있다.[1] 다만 행정상 즉시강제의 위법상태가 장기간 계속되는 경우에 실익이 있을 것이다.

(2) 행정상 손해배상

피해자는 「국가배상법」에 의하여 행정상 손해배상을 청구할 수 있다.

(3) 헌법소원

위법한 행정상 즉시강제로 기본권을 침해받은 자는 헌법재판소에 헌법소원심판을 청구할 수 있다.

(4) 정당방위

위법한 행정상 즉시강제에 대하여 정당방위가 가능하다는 것이 통설이다.

(5) 기   타

그 외에 간접적 권리구제수단으로 감독권에 의한 취소·정지, 공무원의 징계·형사책임, 청원 등을 들 수 있을 것이다.

---

1) 권력적 사실행위가 항고쟁송의 대상이 되는 처분에 해당하는가에 관하여는 견해가 나뉜다. 이에 관하여는 사실행위를 설명할 때 사실행위와 행정구제 중 행정쟁송에서 보았다.

제5편 행정구제법론

제1장 서 론

I. 행정구제법의 의의

행정은 법을 위반할 수가 없으며 법에 의거하여 행하여지고 있다. 그러나 법을 위반한 행정, 법에 의거하지 아니한 행정이 얼마든지 있을 수 있다. 즉 행정이 위법 또는 부당하게 행하여져서, 국민 또는 주민의 권리·이익을 침해하는 일이 있을 수 있다. 이와 같이 위법 또는 부당한 행정 등에 의하여 국민 또는 주민의 권리·이익이 침해되거나 침해될 우려가 있는 경우에 일정한 자의 청구 또는 신청에 의하여 일정한 기관이 그 침해를 방지 또는 제거하거나 원상회복·손해전보 등에 의하여 국민 또는 주민의 권리·이익을 법적으로 보호·구제해 주는 제도를 행정구제라 하고, 이 행정구제에 관한 법을 행정구제법이라 한다.

오늘날 현대국가에 있어서는 행정이 나날이 비대해지고 복잡해짐에 따라 국민 또는 주민의 일상생활과 밀접한 관계를 형성해 가는 것이므로 행정이 국민 또는 주민의 권리·이익을 침해할 가능성이 나날이 커지고 있다. 따라서 국민 또는 주민의 권리·이익의 사전 또는 사후의 구제야 말로 법치행정원리의 현대적 요청이며 불가결한 과제이다.[1]

II. 행정구제제도의 유형

행정구제제도는 크게 사전적 행정구제제도와 사후적 행정구제제도로 나눌 수 있다. 오늘날 현대국가에 있어서의 사인에 대한 권익침해의 가능성이 나날이 높아지면서 사후적 행정구제로서는 충분하지 못하다는 비판과 국회에 의한 행정통제의 강화, 행정결정을 하기 전의 국민·주민의 참가, 사전절차로서의 행정절차 등 사전적 행정구제의 필요성이 높아지고 있다.[2] 사전적

---

1) 행정구제법의 기본적 시각은 법치행정원리를 근저에 둔 사인의 권리·의무의 실효적 구제의 관점, 즉 행정의 외부에 있는 사인 측의 시선(視線)에 있다. 행정법학의 임무는 행정상 법률관계의 분석·정리이다. 이와 같은 임무에 서면, 행정구제법의 시야에 들어 오는 것은 법적 책임이다. 즉 「행정구제법」에서 문제로 다루는 것은 법적 책임인 행정책임이다. 권한과 사무에는 그에 상응하는 법적 책임인 행정책임이 뒤따른다. 법적 책임인 행정책임의 영역에서 「행정구제법」은 「행정조직법」·「공무원법」과 만나게 된다. 1981년 6월 16일 독일에서는 새로운 국가책임법(Staatshaftungsgesetz)이 제정·시행되었다. 국가책임을 손해의 단순한 금전에 의한 전보(塡補)로서가 아니라 법치행정원리에 바탕한 적법 상태의 복원으로 파악하여 직접 방해배제 수단에 대한 보충적 구제 수단으로서의 위치를 부여하였다. 그러므로 국가책임청구권으로서 금전배상청구권과 결과제거청구권이 선택적으로 이용될 수 있었다. 이에 의하여 「행정구제법」의 좌표의 전모를 명백히 하려고 한 이 법률의 의의가 높이 평가되었다. 그러나 이 법률은 연방헌법재판소에 의하여 연방 입법권의 부존재를 이유로 위헌으로 판결되었다. F. Ossenbühl에 의하면, 행정의 내부관계를 규율하는 것으로 생각해 온 직무규칙에 사인과의 관계에도 법적 의의를 인정한 예는 직무책임(Amtspflicht)의 영역에서 수 없이 발견 할 수 있다(Verfahrensvorschriften und Grundgesetz(1968, Verlag Gehlen), S. 487에 있는 주 11 및 12의 판결들 참조).

2) 金裕煥 교수는 새만금 사건 등 공공갈등의 사법(司法)적 해결의 한계로서 ① 법의 테두리 안에서 좁은 범위의 이해관계인과 좁은 범위의 법적 의문의 해결에 집중된다는 점, ② 대부분의 시간과 노력이 과거의 사실의 확인에

행정구제제도는 이미 행정절차에서 다루었으므로 여기서는 사후적 행정구제제도만을 보기로 한다.

사후적 행정구제제도는 종래 크게 행정상 행정쟁송제도와 손해전보제도로 나누어 왔다. 행정쟁송제도는 직접 행정의 시정 그 자체를 구하는 것으로서 여기에는 행정심판과 행정소송이 포함된다. 행정상 손해전보는 행정상 손해배상과 행정상 손실보상을 포함한다. 행정쟁송제도인 행정소송과 행정상 손해전보제도인 행정상 손해배상의 관계에 관하여 우리나라에는 아직 정설이 없다. 제1차 권리구제제도인 행정소송의 제2차 권리구제제도인 행정상 손해배상에 대한 우선성(優先性)(Vorrang)을 반영한 것으로 보이는 판결(대법 2003. 7. 11. 선고 99다24218 판결)이 있다.[1] 행정상 손해배상도 행정의 위법성을 다툰다는 점에서는 행정쟁송과 다름이 없다.[2]

사후적 행정구제제도로서 행정쟁송제도 외에 헌법소송이 있다. 특히 그 중에서도 헌법소원심판(헌법재판소법 68조 1항)과 행정소송의 관계는 중요하다. 헌법소원심판은 법원의 재판을 대상으로 할 수 없다는 제한이 있고, 또한 다른 법률에 구제절차가 있으면 먼저 그 절차를 모두 거쳐야 한다는 보충성을 요건으로 한다. 이 보충성으로 인하여, 공권력 행사 중 처분에 해당하는 것은 행정소송 중 항고소송을 제기하여야 하지만, 처분이 아닌 행정작용에 대하여는 헌법소원심판이 행정구제제도로서 기능하게 된다.[3]

이 외에 청원, 국민권익위원회·시민고충처리위원회에 의한 고충민원처리, 조정(방송통신위원회의설치및운영에관한법률 12조 13호의 분쟁조정 등)·중재·재정(방송통신위원회·환경분쟁조정위원

집중될 뿐, 이해당사자 모두에게 도움이 되도록 하는 갈등의 창조적 해결을 위한 새로운 가치의 창조나 미래의 가능성을 위한 brainstorming에는 관심을 두지 않는다는 점, ③ 법관은 이해당사자의 실질적 욕구나 그 만족 등에는 그다지 신경쓰지 않고 사실 확인과 그에 근거한 법적 판단에 주력한다는 점, ④ 전통적인 사법심사의 틀에서 이해당사자는 대립당사자로 인식되고 그들은 서로 공격, 방어를 할 뿐 호혜적인 최선의 결론을 도출하기 위한 노력을 하지 않는다는 점, ⑤ 사법심사에 의한 분쟁해결은 이해당사자간 또는 stakeholder 사이의 협력적 관계를 유지시키기 어렵게 만든다는 점, ⑥ 사법심사는 동태적인 갈등과 분쟁의 전 과정에 대한 판단이라기보다는 분쟁의 특정시점, 특정사건에 초점을 맞출 수밖에 없다는 점, ⑦ 공공갈등 해결의 정치적 가치판단을 법적 가치판단으로 대체함으로써 공공갈등해결 과정에서 존중되어야 할 민주적 과정가치를 간과하기 쉽다는 점을 든다(同人,「공공갈등의 사법적 해결: 의미와 한계—새만금 판결의 분석을 중심으로—」행정판례연구(한국행정판례연구회) XII, 173쪽 이하.

1) 姜知恩 교수는 다음과 같이 기술하고 있다. "독일의 공법상 1차권리구제와 2차권리구제는 민사재판권과 행정재판권의 분리 관념이 강한 독일에 특유한 법제이다." "그러나 행정절차와 행정쟁송의 실효성 확보에 관한 쟁점들이 긴밀하게 맞물리고, 유럽법상의 요청에 의하여 법이론과 법제가 정비되면서, 새로운 변화의 가능성을 도모하고 있다." 同人,「독일 공법상 1차권리구제와 2차권리구제—전통적 도그마틱의 변화와 그 시사점을 중심으로—」, 행정법연구(행정법이론실무학회) 제60호, 73쪽.

2) 朴正勳 교수는 국가배상도 행정쟁송에 포함시켜야 한다고 주장한다(同人,「국가배상법의 개혁」, 법제도 선진화를 위한 공법적 과제(2010 한국공법학자대표 발표논문집), 380쪽.

3) 헌재 2008. 10. 6. 2005헌마1005에 대한 제3자의 심판참가허가결정은 "공정거래위원회의 무혐의처분에 대하여 청구된 헌법소원심판이 계속(繫屬)중인 상태에서 당해 무혐의처분을 받은 자가 행정소송법 제16조의 제3자의 소송참가를 신청한 경우, 헌법소원심판절차의 공법적 분쟁해결절차로서의 성질에 비추어 행정소송법 제16조는 헌법소원심판절차에도 준용되어야 한다"고 하였다.

회·건축분쟁조정위원회의 재정 등)·알선 등과 같은 행정상 분쟁해결제도[1] 등도 행정구제제도에 속한다.

Ⅲ. 행정구제와 행정통제

위법·부당한 행정은 법치행정의 원리에서 보아 시정되어야 한다. 이것이 행정통제의 문제이다. 행정통제는 크게 행정외적 통제와 행정내적 통제로 나뉜다. 행정외적 통제에는 다시 국회 또는 지방의회에 의한 통제, 법원에 의한 통제[2], 헌법재판소에 의한 통제, 주민감사청구(→ 주민감사청구권)·정보공개·행정절차[3] 등에 의한 통제 등이 있다. 행정내적 통제는 행정권의 자율적 작용에 의하여 적정한 행정운영을 확보하려는 것으로서 이에는 자체감사, 상급행정청이 행정감독의 일환으로 행하는 행정통제, 감사원에 의한 행정통제, 국민권익위원회에 의한 행정통제, 행정심판위원회에 의한 통제, 규제개혁위원회에 의한 행정통제, 행정평가에 의한 행정통제 등이 있다.

---

1) 1970년대 후반에 미국에서 시작되어 독일·일본 등 여러나라에 확산되어 있는 대안적 분쟁해결제도(alternative dispute resolution, ADR)가 민사구제(宋相現 외,「재판에 의하지 아니한 분쟁해결방법」, 인권과 정의 1994년 7월호, 8쪽 이하)뿐만 아니라 행정구제에도 최근 활발히 논의되고 있다(金裕煥,「미국에서의 행정사건에 관한 대체적 분쟁해결방안 —우리 행정소송상의 화해제도와 관련하여—」, 헌법규범과 헌법현실(권영성교수 정년기념논문집), 법문사, 1999, 198쪽 이하; 同人,「법원에서의 행정사건에 대한 재판외 분쟁해결제도」, 현대공법학의 과제(최송화교수 화갑기념논문집), 박영사, 2002, 738쪽 이하). ADR는 민간기관에 의한 ADR, 행정기관에 의한 ADR, 그 밖의 공적 기관에 의한 ADR 등을 생각할 수 있다. ADR에 의하여 분쟁을 해결하도록 할 필요가 있는 대표적인 분쟁유형(소송의 제기가 사회적으로 바람직함에도 불구하고 사인에게 소송의 제기에 대한 유인이 없는 경우)으로 들 수 있는 것이 환경분쟁이다. 이에 관하여는 趙弘植,「대안적 분쟁해결제도(ADR)의 경제학—환경분쟁조정제도에 대한 평가를 중심으로—」, 법학(서울대학교 법학연구소) 제47권 제1호, 13쪽 이하 참조. ADR의 유용성과 문제점에 대한 상세한 설명은 金裕煥,「행정사건에 대한 재판외 분쟁해결제도」, 법학논집(이화여자대학교 법학연구소) 제6권 제2호, 80쪽 이하 참조.

2) 주관적 법치국가론은 법치국가를 오로지 개인의 주관적 권리와 이익의 보호에 기여하는 것이라고 이해한다. 이는 특히 개인의 자유보호라는 목적을 중시하고, 국가의 목적이나 내용 자체를 개인의 권리나 이익의 보호로 파악한다. 이에 대하여 객관적 법치국가론은 개인의 권리보호보다는 국가나 국민의 일반이익(allgemeine Interesse)의 실현에 초점을 맞춘다. 객관적 법치국가론에 의하면 법치국가의 중심이념은 개인의 자유와 권리의 보호가 아니라 공동체 전체에서의 이익의 정의로운 조정으로 이해한다. 행정에 대한 사법적 통제는 주관적 법치국가로 이해하느냐 객관적 법치국가로 이해하느냐에 따라 법원의 행정통제의 범위가 달라진다. 이를 전제로 鄭鎬庚 교수는 민주주의 이념의 변화, 자유이념의 변화와 행정임무 영역 확대, 재판에 대한 이해의 변화를 바탕으로 행정재판의 기능 확대의 필요성을 역설하고 있다. 특히 "재판 또한 이제 의회가 부여한 기준의 발견과 그 기준에의 구속에 머무르지 아니하고, 재판절차에 보장되는 대등성·공개성·법적 청문권 등의 특징에 근거하여 그 자체로 이익의 조정과 공개적 토론의 장으로 기능할 것이 요청된다 할 것이다. 즉 재판 자체가 하나의 의사소통의 수단으로서 민주주의의 위기에 대한 보완적 기능을 수행할 수 있을 것이다"라는 기술이 두드러진다(同人,「기본법의 관점에서 본 독일 행정소송제도의 기능—특히 법치국가 원리의 관점에서—」, 공법연구(한국공법학회) 제39집 제2호, 571쪽 이하, 특히 587쪽 이하). → 법치행정원리

3) 국가의 거대한 인프라건설계획에 대한 사법적 통제는 형량 결정 심사에 있어 본질적으로 상당한 한계가 있기 때문에 행정절차적으로 효과적이고 목적지향적인 권리의 실행은 행정결정에 대한 사법적 통제의 한계성을 보완하기 위하여 필요하다는 지적에 관하여는 金鐵容, 행정절차와 행정소송, 531쪽 이하, 특히 547쪽 이하[집필자 李鍾永]참조.

오늘날 행정통제제도의 하나로 세상 사람들의 입에 오르내리는 것으로 옴부즈만(Ombudsman)제도[1]가 있다. 스웨덴에서 시작한 옴부즈만제도는 처음에는 국회 또는 의회에 의한 국정감찰권의 행사를 그 본래의 임무로 하는 기관이었으나 오늘날에 와서는 간이·신속한 고충처리제도 일반을 지칭하는 개념으로 사용되는 경우가 많다. 북유럽에서 발달해 온 전형적인 국회옴부즈만의 특징으로는 ① 옴부즈만이 국회에 의하여 임명된다는 점, ② 국회에 의하여 임명된 후에는 공평하고 중립적인 조사관으로서 국회에 대하여도 정치적으로 독립된 지위에 있다는 점, ③ 옴부즈만은 국가통치의 3권을 보완하는 것이지 이들을 대신할 강력한 권한이 부여되는 것이 아니라는 점, ④ 옴부즈만은 반드시 당사자나 이해관계인의 신청이 없어도 예컨대 신문보도에 의하거나 직권에 의하여 사건으로 취급하여 조사에 착수할 수 있다는 점, ⑤ 사건처리방법이 직접적이고 약식(비요식적)이며 신속하며 경제적이라는 점 등을 들 수 있다. 그런데 이들 북유럽식 옴부즈만제도가 각국에 도입되면서 각국의 사정에 따라 여러 변형이 생겨나고 있다. 우리나라에 있어서는 국민권익위원회·시민고충처리위원회[2] 및 감사원 그 밖에 국가인권위원회 등이 옴부즈만의 일부 기능을 담당하고 있다.[3]

오늘날 국민·주민의 관심의 대상이 되어 있는 행정정보공개제도도 단순히 국민·주민의 알 권리를 충족시키는 기능에 그치는 것이 아니라, 행정정보의 원활한 유통을 통하여 행정을 통제하고 행정작용의 적정성을 확보하는 기능을 행하고 있다.

요컨대 이와 같은 통제에 의하여 행정은 그 건강과 활력을 유지하는 것이며 국민 또는 주민의 권리·이익은 유효하게 보호된다. 행정구제와 행정통제는 반드시 일치하는 것은 아니지만, 양자는 상호 교차적 관계에 있으며, 동시에 상호 보완적 관계에 있다. 행정의 적정·적법의 확보에 의하여 원활한 권리구제를 도모할 수도 있으며, 권리구제의 결과 행정의 적정·적법도 확보할 수 있다.

Ⅳ. 고충민원처리

1. 고충민원의 의의

고충민원이란 행정기관 등의 위법·부당하거나 소극적인 처분(사실행위 및 부작위를 포함한다) 및 불합리한 행정제도로 인하여 국민의 권리를 침해하거나 국민에게 불편·부담을 주는 사항에

---

1) 옴부즈만에 관하여는 金鐵容, 「스웨덴의 옴부즈만과 일본의 인권옹호위원제도」, 저스티스 제20권(1987), 7쪽 이하; 同人, 「옴부즈만과 그 도입가능성」, 자치연구(한국지방자치연구소) 제3권 제2호(1993), 5쪽 이하 참조.

2) 권익위원회의 법적 지위와 문제점, 우리나라 옴부즈만 형태의 대안 제시에 관하여는 吳峻根, 「국민의 권리구제 효율화를 위한 옴부즈만 관련 법제정비 방안」, 공법연구(한국공법학회) 제33집 제3호, 401쪽 이하 참조.

3) 행정의 역할이 증대하고 비대하여 행정부가 기본정책을 형성하여 결정하는데 중심적 역할을 하게 되어 있는 이른바 행정국가 현상을 배경으로 하면, 헌법에 규정되어 있는 감사원이나 선거관리위원회 외 국민권익위원회, 옴부즈만 등을, 좋은 통치(good government)를 위한 제도적 수단의 측면에서 바라보는 것도 의미가 있다.

관한 민원(현역장병 및 군 관련 의무복무자의 고충민원을 포함한다)을 말한다(부패방지 및 국민권익위원회의 설치와 운영에 관한 법률 2조 5호).

2. 국민권익위원회·시민고충처리위원회

국민권익위원회는 고충민원의 처리와 이에 관련된 불합리한 행정제도를 개선하고, 부패의 발생을 예방하며 부패행위를 효율적으로 규제하도록 하기 위하여 국무총리 소속하에 설치된 기관이다(동법 11조). 시민고충처리위원회는 지방자치단체 및 그 소속 기관(법령에 따라 지방자치단체나 그 소속 기관의 권한을 위임 또는 위탁받은 법인·단체 또는 그 기관이나 개인을 포함한다)에 대한 고충민원의 처리와 이에 관련된 제도개선을 위하여 동법 제32조에 따라 설치된 기관이다(동법 2조 9호).

3. 고충민원 처리 절차

(1) 고충민원의 신청

(가) 누구든지(국내에 거주하는 외국인을 포함한다) 국민권익위원회 또는 시민고충처리위원회(권익위원회라 한다)에 고충민원을 신청할 수 있다(동법 39조 1항). 권익위원회에 고충민원을 신청하고자 하는 자는 신청의 취지·이유와 고충민원신청의 원인이 된 사실 내용 등 법정 사항을 기재하여 문서(전자문서 포함)로 이를 신청하여야 한다(동조 2항 본문). 다만, 문서에 의할 수 없는 특별한 사정이 있는 경우에는 구술로 신청할 수 있다(동항 단서).

(나) 신청인은 법정대리인 외에 ① 신청인의 배우자, 직계 존·비속 또는 형제자매, ② 신청인인 법인의 임원 또는 직원, ③ 변호사 등을 대리인으로 선임할 수 있다(동조 3항).

(다) 권익위원회는 고충민원의 신청이 있는 경우에는 다른 법령에 특별한 규정이 있는 경우를 제외하고는 그 접수를 보류하거나 거부할 수 없으며, 접수된 고충민원서를 부당하게 되돌려 보내서는 아니 된다(동법 39조 4항).

(라) 신청인이 동일한 고충민원을 둘 이상의 권익위원회에 각각 신청한 경우 각 권익위원회는 지체 없이 그 사실을 상호 통보하여야 한다. 이 경우 각 권익위원회는 상호 협력하여 고충민원을 처리하거나 법정 요건에 해당하는 경우 행정기관 등에 이송할 수 있다(동법 40조).

(2) 고충민원의 조사

(가) 권익위원회는 고충민원을 접수한 때에는 지체없이 그 내용에 관하여 필요한 조사를 하여야 한다. 그러나 조사하는 것이 적절하지 아니하다고 인정하는 법정 사항에 대하여는 조사하지 아니할 수 있다(동법 41조 1항). 또한 조사를 개시한 후에도 조사를 계속할 필요가 없다고 인정할 때에는 이를 중지 또는 중단할 수 있다(동조 2항). 권익위원회가 접수된 고충민원에 대하여 조사하지 아니하거나 중지 또는 중단한 때에는 그 이유를 붙여 지체없이

신청인에게 통지하여야 한다(동조 3항).

(나) 조사의 방법에는 관계 행정기관에 대한 설명요구 또는 관계자료·서류 등의 제출요구, 행정기관 등의 직원·신청인·이해관계인이나 참고인의 출석 및 의견진술 등의 요구, 조사사항과 관계 있다고 인정되는 장소·시설 등에 대한 실지조사, 감정의 의뢰 등이 있다(동법 42조 1항).

(3) 고충민원의 결정

(가) 권익위원회는 접수된 고충민원이 ① 고도의 정치적 판단을 요하거나 국가기밀 또는 공무상 비밀에 관한 사항, ② 국회·법원·헌법재판소·선거관리위원회·감사원·지방의회에 관한 사항, ③ 수사 및 형집행에 관한 사항으로서 그 관장기관에서 처리하는 것이 적당하다고 판단되는 사항 또는 감사원의 감사가 착수된 사항, ④ 행정심판, 행정소송, 헌법재판소의 심판이나 감사원의 심사청구 그 밖에 다른 법률에 따른 불복구제절차가 진행중인 사항, ⑤ 법령에 따라 화해·알선·조정·중재 등 당사자간의 이해조정을 목적으로 행하는 절차가 진행중인 사항, ⑥ 판결·결정·재결·화해·조정·중재 등에 따라 확정된 권리관계에 관한 사항 또는 감사원이 처분을 요구한 사항, ⑦ 사인간의 권리관계 또는 개인의 사생활에 관한 사항, ⑧ 행정기관 등의 직원에 관한 인사행정상의 행위에 관한 사항, ⑨ 그 밖에 관계행정기관 등에서 직접 처리하는 것이 타당하다고 판단되는 사항 각호의 어느 하나에 해당하는 경우에는 그 고충민원을 관계 행정기관 등에 이송할 수 있고, 이송하는 것이 적절하지 아니하다고 인정하는 경우에는 그 고충민원을 각하할 수 있다(동법 43조 1항). 이 경우 그 사유를 신청인에게 통보하여야 한다(동조 2항).

(나) 권익위원회는 조사 중이거나 조사가 끝난 고충민원에 대한 공정한 해결을 위하여 필요한 조치를 당사자에게 제시하고 합의를 권고할 수 있다(동법 44조).

(다) 권익위원회는 다수인이 관련되거나 사회적 파급효과가 크다고 인정되는 고충민원의 신속하고 공정한 해결을 위하여 필요하다고 인정하는 경우에는 당사자의 신청 또는 직권에 의하여 조정을 할 수 있으며, 조정은 당사자가 합의한 사항을 조정서에 기재한 후 당사자가 기명날인하고 권익위원회가 이를 확인함으로써 성립한다(동법 45조 1항·2항). 이 경우의 조정은 「민법」상의 화해와 같은 효력이 있다(동조 3항).

(라) 권익위원회는 고충민원에 대한 조사결과 처분 등이 위법·부당하다고 인정할 만한 상당한 이유가 있는 경우에는 관계 행정기관 등의 장에게 적절한 시정을 권고할 수 있으며(동법 46조 1항), 조사결과 신청인의 주장이 상당한 이유가 있다고 인정되는 사안에 대하여는 관계 행정기관 등의 장에게 의견을 표명할 수 있다(동조 2항).[1]

---

1) 권익위원회의 시정권고, 의견표명의 수용률이 90% 이상이라고 한다. 朴正勳, 「적극행정을 위한 법적 과제」, 한국공법학회(제150회)·감사원공동학술대회(현대 법치국가에서의 적극행정과 공공감사) 발표논문집, 51쪽.

㈐ 권익위원회는 고충민원을 조사·처리하는 과정에서 법령 그 밖의 제도나 정책 등의 개선이 필요하다고 인정되는 경우에는 관계 행정기관 등의 장에게 이에 대한 합리적인 개선을 권고하거나 의견을 표명할 수 있다(동법 47조).

㈑ 권익위원회는 동법 제46조 또는 제47조에 따라 관계 행정기관 등의 장에게 권고, 의견표명을 하기 전에 그 행정기관 등과 신청인 또는 이해관계인에게 미리 의견을 제출할 기회를 주어야 한다(동법 48조 1항).

㈒ 권익위원회는 고충민원의 결정내용을 지체없이 신청인 및 관계 행정기관 등의 장에게 통지하여야 한다(동법 49조).

제 2 장 행정쟁송

제 1 절 행정쟁송의 의의와 종류

I. 행정쟁송의 의의

행정쟁송이란 공법관계에 분쟁이 발생한 경우에 당사자의 발의(쟁송의 제기)에 의하여 일정한 국가기관(행정기관 또는 법원)이 심리·판단하여 분쟁을 해결하는 절차를 말한다. 쟁송이라는 말을 분쟁이란 의미로 사용하는 경우도 있다. 예컨대 「법원조직법」 제2조에서 사용하는 "법률상 쟁송"은 "당사자 사이의 구체적인 권리의무관계에 대한 법률적용상의 분쟁"이란 뜻으로 새긴다. 그러나 행정쟁송이라고 할 때의 쟁송은 분쟁 그 자체를 뜻하는 것이 아니라 분쟁을 일정한 국가기관이 심리·판단하여 해결하는 것을 지칭한다.

II. 행정쟁송의 종류

행정쟁송은 다음의 기준에 의하여 여러 가지로 나눌 수 있다.

1. 행정심판과 행정소송

양자는 판단기관을 기준으로 한 구별이다. 행정심판은 행정기관이 심판기관인 행정쟁송을 말하고, 행정소송은 법원이 심판기관인 행정쟁송을 말한다.

2. 정식쟁송과 약식쟁송

양자는 판단기관이 독립한 지위를 가지는 제3자이고, 당사자에게 구술변론의 권리가 보장되어 있는 절차이냐의 여부를 기준으로 한 구별이다. 정식쟁송은 양자를 모두 갖춘 행정쟁송을 말하고, 약식쟁송은 양자 중 어느 하나라도 결여된 행정쟁송을 말한다. 행정소송은 전자에 해당하고, 행정심판은 후자에 해당한다는 것이 종래의 일반적 견해였다. 그러나 「행정심판법」의 제정으로 심판기관의 객관화·전문화, 대심구조의 채택, 심리절차의 준사법화 등에 의하여 행정소송과 행정심판은 상대화되었다.

3. 주관적 쟁송과 객관적 쟁송

양자는 쟁송이 개인적인 권리·이익의 보호를 목적으로 하는 것인가, 개인적인 권리·이익의 보호와는 관계없이 객관적인 행정의 적법성 확보 및 일반공공의 이익의 보호를 목적으로 하는 것인가의 여부를 기준으로 한 구별이다. 주관적 쟁송은 전자이고, 객관적 쟁송은 후자이다. 행정쟁송은 쟁송제기자의 주관적인 권리·이익의 보호를 위하여 제기하는 것이 보통이므로 주관적 쟁송인 것이 일반적이다. 그러나 경우에 따라서는 오로지 객관적인 행정의 적정성 확보 및 일반공공의 이익의 보호만을 위하여 쟁송이 제기되기도 한다. 이 경우는 직접적인 이해관계자 이외의 자에게 제소권이 부여되는 쟁송이므로, 특별한 법률의 규정이 있는 경우에 한하여 인정된다는 것이 종래의 통설이다. 객관적 쟁송의 예로는 민중소송과 기관소송이 있다.

4. 항고쟁송과 당사자쟁송

양자는 이미 행하여진 행정청의 공권력의 행사 또는 불행사로 권리·이익이 침해된 경우에 그 공권력의 행사 또는 불행사를 대상으로 그 침해된 권익의 구제를 구하는 것인가, 대등한 당사자 사이의 공법관계의 형성·존부에 관한 분쟁의 해결을 구하는 것인가의 여부를 기준으로 한 구별이다. 항고쟁송은 전자이고, 당사자쟁송은 후자이다.

5. 시심적 쟁송과 복심적 쟁송

양자는 단계를 기준으로 한 구별이다. 시심적 쟁송은 공법관계의 형성 또는 존부의 확인 등에 관한 최초의 행정활동 그 자체가 쟁송의 형식으로 행하여지는 경우의 행정쟁송을 말하고, 복심적 쟁송은 이미 행하여진 행정활동의 재심사를 목적으로 행하여지는 행정쟁송을 말한다. 신문 등의 등록취소심판(신문 등의 진흥에 관한 법률 22조)은 전자에 해당하고, 항고쟁송은 후자에 해당한다.

제 2 절 행정심판

I. 행정심판의 의의

행정심판은 공법관계에 분쟁이 발생한 경우에 당사자의 발의(심판제기)에 의하여 행정기관이 심리하여 판단하는 행정쟁송절차이다. 이를 광의의 행정심판이라고 부른다. 다만, 우리「헌법」제107조 제3항은 행정심판의 절차는 사법(司法)절차가 준용되어야 한다고 규정하고 있으므로 판단기관의 독립성, 대심적 심리구조, 당사자의 절차적 권리보장 등 면에서 사법절차의 본질적 요소를 어느 정도 갖추고 있는 행정심판만이 헌법이 요청하는 행정심판이 된다(헌재 2001. 6. 28. 2000헌바30 결정).

1. 협의의 행정심판

위와 같이 헌법의 요청에 부응하여 사법절차의 본질적 요소를 어느 정도 갖추고 있는 행정심판을 협의의 행정심판이라고 부른다. 협의의 행정심판의 일반법으로 제정된 것이 「행정심판법」이다. 이 책에서 행정심판은 「행정기본법」의 적용을 받는 일반행정심판을 고찰의 대상으로 한다.

2. 광의의 행정심판

실정법에서는 행정기관에 제기되는 불복절차로서 이의신청·심사청구·재심신청 등 여러 명칭으로 호칭되는 것들이 있다. 이것들을 협의의 행정심판을 포함해서 광의의 행정심판이라 부른다. 이들 불복절차 중에는 조세심판·특허심판·해난심판·소청 등과 같이 「행정심판법」의 적용을 받는 행정심판(일반행정심판)에 버금하는 협의의 행정심판에 해당하는 것도 있고(특별행정심판), 그렇지 아니한 것도 있다. 특별행정심판은 「국세기본법」·「특허법」·「해난심판법」·「국가공무원법」 등에서 규정하고 있다. 이의신청은 「행정기본법」에서 규정하고 있다.

「행정기본법」 제7장은 처분에 대한 이의신청 및 재심사라는 제목으로 제36조에서 처분에 대한 이의신청을 규정하고, 제37조에서 처분의 재심사를 규정하고 있다.

(1) 이의신청

행정청의 처분(「행정심판법」 제3조에 따라 같은 법에 따른 행정심판의 대상이 되는 처분을 말한다)에 이의가 있는 당사자는 처분을 받은 날부터 30일 이내에 해당 행정청에 이의신청을 할 수 있다(행정기본법 36조 1항). 이의신청자는 처분의 직접 상대방에 한정되며 이해관계인은 제외된다는 점, 이의신청 대상 처분은 「행정심판법」 제3조에 따른 일반행정심판의 대상이 되는 처분에 한정되며 개별 법률에서 특별행정심판이 적용되도록 규정하고 있거나 일반행정심판의 적용이 배재되는 처분은 이의신청의 대상이 아니라는 점, 이의신청은 처분을 한 행정청에 대하여 불복하는 것이며 처분을 한 행정청이 아닌 제3의 기관(재결청)에 불복하는 것이 아니라는 점은 주의를 필요로 한다. 또한 ① 공무원 인사 관계 법령에 따른 징계 등 처분에 관한 사항 ② 「국가인권위원회법」 제30조에 따른 진정에 대한 국가인권위원회의 결정 ③ 「노동위원회법」 제2조의2에 따라 노동위원회의 의결을 거쳐 행하는 사항 ④ 형사, 행형 및 보안처분 관계 법령에 따라 행하는 사항 ⑤ 외국인의 출입국·난민인정·귀화·국적회복에 관한 사항 ⑥ 과태료 부과 및 징수에 관한 사항은 행정기본법 제36조가 적용되지 아니하므로 이의신청 대상에서 제외된다는 점도 유의하여야 한다(동법 동조 7항).

처분청은 이의신청을 받으면 그 신청을 받은 날로부터 14일 이내에 그 이의신청에 대한 결과를 신청인에게 통지하여야 한다. 다만, 부득이한 사유로 14일 이내에 통지할 수 없는 경우에는 그 기간일 만료일 다음 날부터 기산하여 10일의 범위에서 한 차례 연장할 수 있으며, 연장 사유를 신청인에게 통지하여야 한다(동조 2항).

처분의 상대방이 이의신청을 한 경우에도 그 이의신청과 관계없이 「행정심판법」에 따른 행정심판 또는 「행정소송법」에 따른 행정소송을 제기할 수 있다(동조 3항). 이의신청에 대한 결과를 통지받은 후 행정심판 또는 행정소송을 제기하려는 자는 그 결과를 통지받은 날(제2항에 따른 통지기간 내에 결과를 통지받지 못한 경우에는 같은 항에 따른 통지기간이 만료되는 날의 다음 날을 말한다)부터 90일 이내에 행정심판 또는 행정소송을 제기할 수 있다(동조 4항).

(2) 처분의 재심사

당사자는 처분(제재처분 및 행정상 강제는 제외한다)이 행정심판, 행정소송 및 그 밖의 쟁송을 통하여 다툴 수 없게 된 경우(법원의 확정판결이 있는 경우는 제외한다)라도, ① 처분의 근거가 된 사실관계 또는 법률관계가 추후에 당사자에게 유리하게 바뀐 경우, ② 당사자에게 유리한 결정을 가져다주었을 새로운 증거가 있는 경우, ③ 「민사소송법」 제451조에 따른 재심사유에 준하는 사유가 발생한 경우 등 대통령령으로 정하는 경우의 어느 하나에 해당하는 경우에는 해당 처분을 한 행정청에 처분을 취소·철회하거나 변경하여 줄 것을 신청할 수 있다(행정기본법 37조 1항). 재심사의 대상이 처분에서 제재처분 및 행정상 강제가 제외되어 있는 점, 법원의 확정판결이 있는 경우에는 재심사의 대상에서 제외되어 있는 점은 주의를 필요로 한다. 또한 ① 공무원 인사 관계 법령에 따른 징계 등 처분에 관한 사항, ② 「노동위원회법」 제2조의2에 따라 노동위원회의 의결을 거쳐 행하는 사항, ③ 형사, 행형 및 보안처분 관계 법령에 따라 행하는 사항, ④ 외국인의 출입국·난민인정·귀화·국적회복에 관한 사항, ⑤ 과태료 부과 및 징수에 관한 사항, ⑥ 개별 법률에서 그 적용을 배제하고 있는 경우는 「행정기본법」 제37조가 적용되지 아니하므로 처분의 재심사 대상에서 제외된다는 점도 유의하여야 한다(동법 동조 8항). 처분의 재심사의 신청은 해당 처분의 절차, 행정심판, 행정소송 및 그 밖의 쟁송에서 당사자가 중대한 과실없이 제1항 ①②③의 사유를 주장하지 못한 경우에만 할 수 있다(동조 2항).

처분의 재심사의 신청은 당사자가 제1항 ①②③사유를 안 날부터 60일 이내에 하여야 한다. 다만, 처분이 있은 날부터 5년이 지나면 신청할 수 없다(동조 3항). 신청을 받은 행정청은 특별한 사정이 없으면 신청을 받은 날부터 90일(합의제행정기관은 180일) 이내에 처분의 재심사 결과(재심사 여부와 처분의 유지·취소·철회·변경 등에 대한 결정을 포함한다)를 신청인에게 통지하여야 한다. 다만, 부득이한 사유로 90일(합의제 행정기관은 180일) 이내에 통지할 수 없는 경우에는 그 기간을 만료일 다음 날부터 기산하여 90일(합의제행정기관은 180일)의 범위에서 한 차례 연장할 수 있으며, 연장 사유를 신청인에게 통지하여야 한다(동조 4항).

처분의 재심사 결과 중 처분을 유지하는 결과에 대해서는 행정심판, 행정소송 및 그 밖의 쟁송수단을 통하여 불복할 수 없다(동조 5항). 행정청의 취소와 철회는 처분의 재심사에 의하여 영향을 받지 아니한다(동조 6항). 따라서 처분의 직권취소와 직권철회는 처분의 재심사와는 별도로 행하여진다.

Ⅱ. 행정심판의 성질

1. 행정심판과 청원

청원도 ① 행정기관에 대하여 자기반성을 촉구하고 처분의 취소·변경 등을 구함을 목적으로 한다는 점, ② 헌법상의 근거를 갖고 있다는 점(26조), ③ 행정기관이 심사의무와 통지의무를 진다는 점(청원법 9조) 등에서 행정심판과 같다.

그러나 ① 청원은 누구든지, 국가기관 또는 지방자치단체와 그 소속기관 및 법령에 의하여 행정권한을 가지고 있거나 위임 또는 위탁받은 법인·단체 또는 그 기관이나 개인에 대하여, 어느 때나 원칙적으로 어떤 사항에 관하여도 제기할 수 있으나, 행정심판은 제기권자·수리기관·제기기간·제기사항 등에 제한이 있다는 점, ② 청원에 있어서는 판정형식·판정내용에 관하여 법적 기속이 없고 처리 결과의 통지행위에 기속력이 발생하지 아니함에 대하여, 행정심판에 있어서는 판정형식·판정내용 등에 법적 기속이 있고 재결에 기속력이 발생한다는 점에서 차이가 있다.

2. 행정심판과 진정

진정도 행정기관에 대하여 자기반성을 촉구하고 처분의 취소·변경 등을 구함을 목적으로 한다는 점에서 행정심판과 같다.

그러나 진정은 법정의 형식과 절차에 의하지 아니하고 행정기관에 대하여 일정한 희망을 진술하는 행위로서 사실행위에 불과하고 권리행사가 아니며 그에 대한 행정기관의 회답이 별다른 법적 의미를 가지지 아니한다는 점에서 행정심판과 차이가 있다. 진정의 결과 행정기관이 처분을 취소·변경하는 경우 그 취소·변경행위는 직권에 의한 행위가 된다. 다만 진정이라는 표제를 쓰고 있더라도 그 내용이 행정심판에 해당하면 행정심판으로 처리하여야 한다(대법 1955. 4. 25. 선고 4287행상23 판결 참조). 행정기관의 회답이 확약의 요건을 충족할 수도 있을 것이다.

3. 행정심판과 직권재심사

직권재심사도 행정활동의 적법성과 타당성을 확보하기 위한 행정의 통제의 수단이라는 점에서 행정심판과 같다.

그러나 직권재심사는 특별한 법적 근거가 없어도 가능하고 기간의 제약도 받지 아니하며 불가변력이 발생한 행위에 대하여는 원칙적으로 허용되지 아니한다는 점에서, 행정기관에 재심사의 의무를 지우기 때문에 법적 근거가 있어야 하고 기간의 제한이 있으며 불가변력이 발생한 처분도 그 대상이 되는 행정심판과 차이가 있다.

4. 행정심판과 고충민원처리

고충민원처리제도는 국무총리 소속의 국민권익위원회 또는 지방자치단체 아래 설치된 시민고충처리위원회로 하여금 행정과 관련된 국민의 고충민원을 조사하여 고충민원에 대한 공정한 해결을 위하여 필요한 조치를 당사자에게 제시하고 합의를 권고하거나 조정을 할 수 있으며, 행정기관의 처분 등이 위법·부당하다고 인정할 만한 상당한 이유가 있는 경우에 관계행정기관의 장에게 적절한 시정조치를 권고하거나 의견표명을 함으로써 국민의 불편과 부담을 시정하기 위한 제도이다(부패방지 및 국민권익위원회의 설치와 운영에 관한 법률 2조, 11조, 44조, 45조, 46조 등 참조). 고충민원처리는 제기권자·제기기간·대상·절차 및 법적 효과 등에 있어서 행정심판과 차이가 있다.

5. 행정심판과 행정절차

(1) 양자의 구별

행정심판과 행정절차의 구별은 행정절차를 어떻게 이해하는가에 따라 달라진다. 행정절차를 입법절차와 사법절차(민·형사·행정소송의 재판절차)와 대칭되는 개념으로 이해한다면 행정심판절차는 행정절차 속에 포함된다. 그러나 행정절차를 행정청이 행정활동을 함에 있어서 공정·타당성을 확보하기 위하여 사실을 정확히 파악하고 당사자와 이해관계인의 의견을 듣고 사전에 각종의 이해조정을 행한 후에 행하는 구체적인 조치의 과정이라는 사전절차 특히 제1차적 처분절차로 이해한다면 사후절차인 행정심판절차와 일단 구별할 수 있다.

(2) 양자의 관계

사전절차인 행정절차가 정비되어 있는 경우에 사후절차인 행정심판절차와는 어떤 관계를 유지해야 할 것인가는 입법정책의 문제이다. 만일 처분청이 재결청이 되고, 행정절차가 사법절차에 준하는 신중한 절차를 거쳐 행하여지고 있다면, 행정절차를 거쳐 행하여진 처분을 다시 행정심판절차를 거치도록 하는 것이 무슨 실익이 있겠으며 오히려 행정청의 부담을 가중시키는 결과가 되지 않겠는가의 우려도 나올 수 있다. 국가에 따라서는 청문절차를 거친 불이익처분에 대하여는 행정심판을 거치지 못하도록 하는 입법례도 있다(예컨대 일본 행정수속법 27조). 우리「행정절차법」의 제정과정에서 이 문제가 논의되기도 하였다. 그러나 우리「행정절차법」은 이에 대하여 아무런 규정을 두고 있지 않다. 따라서 청문절차를 거쳐 행하여진 처분에 대하여도 이에 불복하는 자는 행정심판을 청구할 수 있다.

6. 행정심판과 행정소송

(1) 양자의 동일점

양자는 행정쟁송인 점에서 같다. 따라서 행정심판이 ① 당사자의 발의(심판청구의 제기)에 의하여서만 개시된다는 점, ② 어느 정도 대심구조의 형식을 채택하고 있다는 점, ③ 심판청구의 제기가 있으면 행정심판위원회는 이를 심리·재결해야 할 의무를 진다는 점, ④ 불이익변경금지의 원칙이 적용된다는 점, ⑤ 재결에 특별한 효력이 부여된다는 점, ⑥ 사정재결이 인정된다는 점, ⑦ 집행부정지원칙이 채택되어 있는 점 등에서 행정소송과 같다.

(2) 양자의 상이점

양자는 다같이 행정구제제도이지만 행정심판은 행정소송보다 상대적으로 행정통제적 측면이 강하다는 점에서 차이가 있다. 양자는 구체적으로 ① 판정기관,[1] ② 쟁송사항,[2] ③ 쟁송종류,[3] ④ 쟁송절차,[4] ⑤ 심리절차[5] 등에 차이가 있다.

(3) 양자의 관계

양자의 관계에 관하여는 종래 행정심판을 행정소송의 앞에 놓아서 행정심판을 거치지 아니하면 행정소송을 제기할 수 없도록 하는 행정심판전치주의를 취하고 있었으나 1998년 3월 1일을 기하여 임의적 선택주의로 바뀌었다.

Ⅲ. 행정심판의 존재이유

행정심판제도가 존재하는 이유는 다음과 같은 제도적 이점을 갖고 있기 때문이다.

1. 간이신속한 구제

행정심판의 제도적 이점의 첫째는 간이신속한 구제에 있다. 행정소송에 의하는 경우 엄격한 절차를 밟지 않을 수 없고 문제해결에 오랜 시간이 걸리며 비용도 많이 든다. 이에 비하여 행정심판에 의하는 경우 절차가 간편하고, 시간도 오래 걸리지 않으며, 비용은 거의 들지 않는다.[6]

---

1) 행정심판에 있어서는 행정기관이 판정기관임에 반하여 행정소송에 있어서는 법원이 판정기관이다.

2) 행정심판에 있어서는 위법 또는 부당한 처분이 쟁송사항이 됨에 반하여 행정소송에 있어서는 위법한 처분만이 쟁송사항이 된다.

3) 행정심판에 있어서는 취소심판·무효등확인심판 외에 의무이행심판이 인정되고 있음에 반하여 행정소송에 있어서는 의무이행소송이 명문으로 인정되고 있지 않다.

4) 행정심판에 있어서는 심판청구서를 행정심판위원회 또는 피청구인인 행정청에 제출함에 반하여 행정소송에 있어서는 소장을 법원에 제출한다.

5) 행정심판에 있어서는 구술심리 또는 서면심리로 행하게 됨에 반하여 행정소송에 있어서는 구술변론으로 행한다.

6) 행정심판이 간이신속한 구제제도라는 것은 행정소송과 비교하면 그렇다는 것이다. 행정심판보다 더 간이신속한 구제 제도는 「행정절차법」에 의한 청문제도이다. 청문제도는 장소의 이동 없이 간이신속하게 권익을 보호할 수 있다. 독일에서는 행정심판 제도를 폐지하려는 논의가 활발하다. 준법정신에 투철한 독일 행정공무원이 법이 정한대로 엄격하게 청문제도를 실시하고 있는 것은 이미 잘 알려져 있는 사실이다.

2. 구제대상의 확대

　행정심판의 제도적 이점의 둘째는 구제대상의 확대에 있다. 행정소송에 의하는 경우 법원의 심사는 처분의 적법성의 문제에 한정된다. 법원은 법률상의 쟁송에 관하여 법률적 문제에 대하여서만 판단해야 하기 때문이다. 이에 반하여 행정심판에 의하는 경우에는 행정심판위원회는 당·부당의 문제까지도 판단할 수 있다.

3. 행정기관의 전문지식의 활용

　현대산업사회의 행정이 고도의 복잡성을 띠게 됨에 따라 새로운 사회적·경제적인 문제의 해결은 전문성과 기술성을 요청하고 있다. 행정기관은 원래 행정의 전문적·기술적 문제를 처리하는 데 익숙할 뿐만 아니라 그러한 전문적·기술적 문제의 처리에 적합하게 조직되어 있다. 따라서 전문성과 기술성을 지닌 행정사건에 대한 쟁송의 경우에 한정하여 말한다면, 전문기관인 행정기관으로 하여금 그에 관한 분쟁을 심판하게 하는 것이 행정기관의 전문지식을 활용하는 길이 되며, 분쟁이 소송으로 이어진 경우 법원의 사법적 해결에 도움을 준다.

4. 법원의 부담경감

　행정심판의 제도적 이점의 넷째는 법원의 부담을 경감시켜 준다는 데에 있다. 공법관계 중에는 조세법관계에 있어서와 같이 처분이 대량으로 행하여지는 영역이 있다. 이런 영역일수록 분쟁도 많다. 이러한 분쟁이 곧바로 법원에 행정소송으로 소송이 제기되는 경우 법원에 과중한 부담이 될 것은 말할 나위가 없다. 만일 이러한 분쟁이 행정심판을 거쳐 법원에 제소된다면 행정심판의 단계에서 분쟁이 해결될 것이므로 법원의 부담을 덜어 주게 될 것이다. 뿐만 아니라 일반적으로 말해서 행정사건이 행정심판을 거쳐 행정소송으로 제기된다면 행정심판이라는 여과장치(濾過裝置)를 거치는 과정에서 쟁점이 정리될 것이므로 법원의 부담이 가벼워질 것이다.

5. 자율적 행정통제

　행정심판의 제도적 이점의 다섯째는 행정부로 하여금 행정의 자기통제 내지 행정감독의 기회를 부여한다는 데에 있다. 행정심판으로 하여금 위법성뿐만 아니라 부당성도 심사하게 하는 것은 행정심판이 행정에 의한 자기통제의 성격을 갖기 때문이다. 행정부로서는 행정기관이 행한 처분이 적법하고 정당하게 행하여졌는가를 상시 통제·감독하여야 할 것은 말할 나위가 없다. 그러나 실제로는 일단 행하여진 처분을 통제·감독한다는 것이 그렇게 쉽지 않다. 자기의 이해에 민감한 청구인의 행정심판 제기를 계기로 행정부가 스스로 처분을 통제·감독하게도 되고, 나아가서 행정의 통일성도 기할 수 있다.

Ⅳ. 우리나라 행정심판제도

1. 연혁과 그 법적 지위

(1) 연 혁

행정심판제도는 처음에는 소원제도로 운영되었다. 소원제도가 성립된 것은 1951년 8월 3일 소원법이 제정된 이후부터이다. 동법의 시행은 10년 이상 유보되다가 1964년 9월 10일 소원심의회규정이 제정됨으로써 시작되었다. 동법에 의한 소원심의회는 단순한 자문기관에 불과하였고, 위원 전원이 공무원으로 구성되어 심리의 객관성·공정성이 확보될 수 없었다.

1984년 12월 15일 소원법이 폐지되고 헌법 제108조 제3항(현행 헌법 제107조 제3항)에 바탕하여 「행정심판법」이 새로이 제정되었다.[1] 동법은 1985년 10월 1일부터 시행되었다. 그 뒤 수차례의 개정을 거쳐 오늘에 이르고 있다.[2]

(2) 행정심판법의 법적 지위

「행정심판법」은 이미 앞의 행정심판의 의의에서 본 바와 같이 협의의 행정심판의 일반법이다. 「행정심판법」 제3조 제1항은 "행정청의 처분 또는 부작위에 대하여는 다른 법률에 특별한 규정이 있는 경우 외에 이 법에 따라 행정심판을 청구할 수 있다"라고 하고, 동법 제4조 제2항은 "다른 법률에서 특별행정심판[3]이나 이 법에 따른 행정심판절차에 대한 특례를 정한 경우에도 그 법률에서 규정하지 아니한 사항에 관하여는 이 법에서 정하는 바에 따른다"고 규정하고 있다.

2. 우리 행정심판의 기능

우리 행정심판도 행정심판의 일반적 속성인 행정의 자기통제와 국민의 권익구제의 두 가지 기능을 갖고 있다는 것이 일반적 견해이다.

문제는 어느 기능에 중점이 놓여 있는가에 있다. 행정심판은 권익구제적 측면보다 행정통제적 측면이 강하다는 것이 종래의 통설이었다. 그러나 현행 우리 행정심판은 국민의 권익구제의

---

1) 우리나라의 행정심판은 헌법상 직접적인 근거규정이 있다는 점에서 독일과 다르다. 독일은 헌법에 근거 규정도 없고(행정심판법 초안 당시 필자가 조사한 바로는 선진국 헌법 중 행정심판을 규정한 헌법은 없었다), 우리의 행정심판법과 같은 단행 법률도 없다. 아직도 독일의 행정심판을 모범으로 생각하고 있는 학자가 드물지 않다. 한 나라의 행정법 도그마틱은 그 나라의 실정법을 바탕으로 이루어져 있다는 것을 잊고 있기 때문이다.

2) 행정심판은 국민·주민의 권익구제에 이바지하지만, 그 본질이 문제된다. 우리 행정심판법은 수차례의 개정에 의하여 행정심판의 본질이 변질되었다. 최초의 행정심판법 초안을 맡았던 위원들은 소원법의 대안으로 행정심판법을 제정하는 것이고, 행정심판의 본질을 행정작용으로 보았다. 행정심판기관을 이원화하여 재결기능을 상급행정청인 재결청에 부여하고, 심의·의결기능은 재결청에 부속하는 행정심판위원회에 부여하였던 것은 행정심판의 본질을 행정작용으로 보았기 때문이다. 행정심판법은 수차례의 개정으로 최초의 행정심판법과 많이 달라졌다. 행정심판의 본질이 행정작용이 아니라 사법작용(司法作用)에 아주 가깝게 변질되었다.

3) 구 공무원연금법상 공무원연금급여 재심위원회에 대한 심사청구제도는 특별행정심판에 해당한다(대법 2019. 8. 9. 선고 2019두38656 판결).

기능에 중점을 두고 있다. 우리 「헌법」은 그 제107조 제3항에서 행정심판은 사법절차가 준용되어야 한다고 규정한다. 이 헌법적 의지에 따라 우리 「행정심판법」은 제1조 목적에서 "이 법은 행정심판절차를 통하여 행정청의 위법 또는 부당한 처분이나 부작위로 침해된 국민의 권리 또는 이익을 구제하고 아울러 행정의 적정한 운영을 꾀함을 목적으로 한다"라고 하여 행정구제를 전단에 행정통제를 후단에 둠과 동시에, 심판기관의 객관화·전문화, 대심구조의 채택, 심리절차의 준사법화 등 전체적 구조가 국민의 권익구제에 중점을 두고 형성되어 있다.[1] 따라서 행정심판도 행정소송과 마찬가지로 권리구제에 중점을 두고 있는 것이며, 행정심판과 행정소송의 행정통제적 측면의 차이는 상대적인 것에 불과하다.

V. 행정심판의 종류

1. 일반적 구분

행정심판을 일반적으로 구분한다면 행정심판도 행정쟁송의 하나이므로 크게 주관적 심판과 객관적 심판으로 나눌 수 있고, 주관적 심판은 다시 항고심판과 당사자심판으로 나눌 수 있다. 행정심판의 일반법인 「행정심판법」은 항고심판만을 규율하고 있다.

2. 행정심판법상의 종류

「행정심판법」은 행정심판의 종류로 취소심판·무효등확인심판·의무이행심판의 세 가지로 구분하고 있다(5조).

(1) 취소심판

취소심판은 행정청의 위법 또는 부당한 처분의 취소 또는 변경을 하는 심판이다(동조 1호). 즉 행정청의 위법 또는 부당한 공권력의 행사 또는 그 거부나 그 밖에 이에 준하는 행정작용으로 인하여 권리 또는 이익을 침해당한 자가 그 취소 또는 변경을 구하는 행정심판이다. 취소심판은 행정심판의 가장 대표적인 유형이다. 취소심판은 공정력 있는 처분의 효력을 다투는 것이므로 일정한 기간 내에 심판청구를 하지 않으면 아니 되는 제한이 있다.

취소심판의 성질에 관하여는 후술하는 취소소송에서 보는 바와 같이 학설이 나뉠 수 있으나 형성적 쟁송으로 보는 것이 통설이다. 이 통설에 의하면, 취소심판은 일응 일정한 법률관계를 성

---

1) 판례는 이유제시의 흠은 행정심판 제기 이전에만 치유될 수 있다고 보고 있다(대법 1984. 4. 10. 선고 83누393 판결). 따라서 이에 의하면 이유제시와 청문의 흠은 행정소송단계에서는 물론이고 행정심판 단계에서부터 허용되지 않는다. 이 점에 관하여 우리나라에서는 행정심판이 행정의 자기통제를 위한 절차라기보다는 권리구제절차로서 이해되고 있다는 점에서 정당화 될 수 있다는 지적이 있다(朴正勳, 「상호관련적 법구체화 절차로서 행정절차와 행정소송 —다원적 법비교를 통한 행정소송법과 행정절차법의 개혁에 관한 소고—」, 서울법대와 프라이부르크법대간의 공동심포지움(2002.10.11-12) 주제논문, 224쪽).

립시킨 처분의 효력을 다툼으로써 당해 처분의 취소·변경을 통하여 그 법률관계를 취소 또는 변경시키는 성질의 심판, 즉 형성적 성질의 것이다(→ 취소소송의 성질).

(2) 무효등확인심판

무효등확인심판은 행정청의 처분의 효력 유무 또는 존재 여부에 대한 확인을 하는 심판이다(동조 2호).

이론상으로는 처분이 무효 또는 부존재이면 처음부터 아무런 효력이 없는 것이며 누구든지 그 효력을 부인할 수 있으나, 실제로는 유효 또는 존재하는 것으로 오인되어 행정청에 의하여 집행될 우려가 있고, 반대로 유효하게 존재하는 처분을 무효 또는 부존재라 하여 무시하는 수도 있다. 여기에 행정청의 처분의 효력 유무 또는 존재 여부에 대한 확인을 하는 심판의 필요성이 있다.

무효등확인심판은 공정력 있는 처분의 효력을 다투는 것이 아니므로 일정한 기간 내에 심판청구를 해야 하는 제한을 받지 아니한다. 무효등확인심판의 성질에 관하여도 후술하는 무효등확인소송에서 보는 바와 같이 학설이 나뉠 수 있으나, 준형성적 쟁송으로 보는 것이 통설이다. 이 통설에 의하면, 무효등확인심판은 실질적으로는 확인적 쟁송이라고 할 수 있으나 형식적으로는 처분의 효력의 유무를 직접 쟁송의 대상으로 한다는 점에서 형성적 쟁송의 측면을 아울러 가지고 있다(→ 무효등확인소송의 성질).

(3) 의무이행심판

의무이행심판은 행정청의 위법 또는 부당한 거부처분이나 부작위에 대하여 일정한 처분을 하도록 하는 심판이다(동조 3호).

취소심판이나 무효등확인심판은 적극적인 공권력발동으로 권익이 침해된 경우에 이를 구제하기 위한 쟁송이다. 오늘날에 있어서는 환경오염의 규제권한 불행사나 생활배려의 거부 등에서 보는 바와 같이 소극적인 공권력의 불발동이 사인의 생존권을 위협하는 경우가 많아지고 있기 때문에 위법·부당한 공권력의 불행사를 통제하는 것이 중요하게 되었다. 여기에 행정청의 위법 또는 부당한 거부처분이나 부작위에 대하여 일정한 처분을 하도록 하는 의무이행심판의 필요성이 있다.

의무이행심판은 신청에 따른 처분을 하거나 행정청에 대하여 일정한 처분을 하도록 명하는 재결을 구하는 행정심판이기 때문에 이행쟁송의 성질을 가진다.

VI. 행정심판의 대상

1. 개   설

행정심판의 대상이란 행정심판을 청구할 수 있는 사항을 말한다. 어떤 사항에 대하여 행정심판을 청구할 수 있게 할 것인가는 입법정책의 문제이다. 행정심판사항을 정하는 방법에는 행정청의 처분 또는 부작위에 대하여 일반적으로 행정심판을 청구할 수 있게 하는 개괄주의와 개개의 처분 또는 부작위를 지정하여 그 지정된 처분 또는 부작위에 대하여만 행정심판을 청구할 수 있게 하는 열기주의가 있다. 개괄주의의 장점은 사인의 권리구제의 폭을 넓힌다는 점이고, 열기주의의 장점은 행정심판사항이 명확하다는 점과 남소(濫訴)를 방지할 수 있다는 점이다.

우리 「행정심판법」은 개괄주의를 채택하여 행정청의 처분 또는 부작위에 대하여 일반적으로 행정심판을 제기할 수 있도록 하였다(1조, 3조 1항).[1] 다만, 다른 법률에 특별한 규정이 있는 경우 및 대통령의 처분 또는 부작위에 대하여는(다른 법률에 특별한 규정이 있는 경우를 제외하고는) 행정심판의 대상에서 제외하고 있다(동법 3조 2항). 여기서 말하는 "다른 법률에 특별한 규정이 있는 경우"란 조세·특허·소청 등 개별 법률의 규정에 의하여 독자적인 구제절차인 협의의 행정심판, 즉 사법절차의 본질적 요소를 어느 정도 갖추고 있는 행정심판을 마련하고 있는 경우(예: 국세기본법 7장, 고용보험법 7장 등)를 말한다.

「감사원법」 제43조 제1항에 규정되어 있는 심사의 청구도 여기서 말하는 "다른 법률에 특별한 규정이 있는 경우"에 해당하는가가 문제된다. 「감사원법」 제46조에 의하면 심사청구에 대한 결정은 관계 기관의 장에 대하여 시정 기타 필요한 조치를 요구하고 있을 뿐 행정심판의 재결과 같이 처분청과 관계 행정청을 기속하는 효력을 갖고 있지 않기 때문에 심사청구를 독자적인 구제절차로 볼 수 없다. 따라서 감사결과에 의한 처분을 받은 자는 「감사원법」 제43조 제1항에 의한 심사의 청구를 할 수 있고 「행정심판법」에 의한 행정심판을 청구할 수도 있다.

대통령의 처분 또는 부작위에 대하여 행정심판의 대상에서 제외한 이유는 대통령의 행정수반 및 국가원수로서의 지위를 고려한 때문이라는 것이 일반적인 설명이다.

행정심판의 대상을 구체적으로 보면 다음과 같다.

---

1) 「행정심판법」 제3조 제1항이 행정청의 처분 또는 부작위에 대하여 "다른 법률에 특별한 규정이 있는 경우 외에는" 「행정심판법」에 의한 행정심판을 청구할 수 있도록 규정하고 있으므로 각 개별법이 규정하는 이의신청 등이 다른 법률이 정하는 협의의 행정심판인가가 문제된다. 이를 밝혀야 하는 이유는 각 개별법이 규정하는 이의신청 등이 다른 법률이 정하는 협의의 행정심판에 해당하면 재심판청구의 금지규정(행정심판법 제51조)에 의하여 이의신청 등에 불복하는 경우에도 「행정심판법」상의 행정심판을 제기할 수 없기 때문이다. 각 개별법에서 이의신청 등을 규정하면서 「행정심판법」상의 행정심판과의 관계를 명문으로 규정하고 있는 경우에는 문제가 없다. 명문으로 규정하고 있지 아니한 경우가 문제된다. 법제처는 1999년 10월 14일자 행심 61240-287호에서 「행정심판법」 제3조 제1항에서 규정하는 다른 법률이 정하는 행정심판으로 인정될 수 있는 이의신청 등은 객관적이고 중립적인 절차를 보장하는 불복절차, 즉 사법절차가 어느 정도 인정되는 것에 한정되어야 한다는 전제에서 「집회 및 시위에 관한 법률」 제9조의 집회 및 시위의 금지통고에 대한 이의신청 및 그에 대한 재결이 「행정심판법」에 의한 행정심판과는 구별되는 별도의 구제절차라는 유권해석을 하였다. 그러나 독자적인 구제절차인 협의의 행정심판, 즉 사법절차의 본질적 요소를 어느 정도 갖추고 있는 행정심판이냐의 여부가 판단기준이 명확하지 아니하다. 대법 2010. 1. 28. 선고 2008두19987 판결은 개별공시지가에 대한 이의신청(구 부동산가격공시 및 감정평가에 관한 법률 12조)에 관하여 이의신청에 따라 그 결과를 통지받은 후 다시 행정심판법에 따른 행정심판을 제기할 수 있다고 하였다. 중앙행정심판위원회는 표준지공시지가에 대한 이의신청에 관하여도 위 2008두19987 판결과 동일한 재결을 하였다(중행심 2012.1.17. 자 11-15218 재결).

2. 행 정 청

행정심판의 대상은 "행정청"의 처분 또는 부작위이다.

행정청은 처분 또는 부작위를 할 수 있는 권한을 가지는 행정기관이다. 일반적으로 행정조직법에서 말하는 행정청이란 국가 또는 지방자치단체가 행정에 관한 의사를 결정하여 외부에 표시할 수 있는 권한을 가지는 행정기관을 말하는 것이나, 여기에는 이 외에도 법령 또는 자치법규에 의하여 행정권한을 가지고 있거나 위탁을 받은 공공단체 및 그 기관 또는 사인이 포함된다(동법 2조 4호)(→ 취소소송의 피고적격).

3. 처 분

행정심판의 대상은 행정청의 "처분"이다.

"처분"이란 행정청이 행하는 구체적 사실에 관한 법집행으로서의 공권력의 행사 또는 그 거부와 그 밖에 이에 준하는 행정작용을 말한다(동조 1호).

"공권력의 행사"는 이론상의 개념인 행정행위가 그 중심이 되나, 그보다는 넓은 개념으로서 신체의 감금이나 물건의 압류와 같은 계속적 성질을 갖는 권력적 사실행위도 포함된다는 것이 지배적 견해이다.

"거부"는 행정청이 사인으로부터 공권력의 행사를 신청받고서 그에 응하지 아니하고 요건의 불비를 이유로 그 신청을 각하하거나 이유가 없다고 하여 신청된 내용의 행위를 하지 아니할 의사를 표시하는 행위,[1] 즉 이른바 소극적 공권력행사이다. 거부행위는 부작위와는 달리 소극적 내용이기는 하지만 행정청의 일정한 행위가 존재한다. 판례는 거부행위가 처분이 되기 위하여는 국민이 행정청에 대하여 그 신청에 따른 행정행위를 하여 줄 것을 요구할 수 있는 법규상 또는 조리상의 권리가 있어야 하는 것이며 이러한 권리에 의하지 아니한 국민의 신청을 행정청이 받아들이지 아니하고 거부한 경우에는 그로 인하여 신청인의 권리나 법적 이익에 어떤 영향을 주는 것이 아니어서 처분이라고 할 수 없다고 본다(대법 1984. 10. 23. 선고 84누227 판결 등 참조).

"이에 준하는 행정작용"은 엄격한 의미의 공권력의 행사 또는 그 거부에는 해당하지 아니하지만 항고쟁송의 대상인 처분에 포함시키는 것이 사인의 권리구제를 위하여 적절한 행정활동이 존재하는 경우에 이를 항고쟁송으로 다툴 수 있는 길을 터주기 위한 개념이다(→ 취소소송의 대상).[2]

---

1) 실무상으로는 반려처분, 불허가처분, 불수리처분, 각하처분 등 다양한 형태로 나타난다.

2) 국행심 2003. 2. 10. 자 02-09727 의결 : 행위의 주체가 행정청이며, 행위의 내용이 청구인에게 불이익을 주는 것으로 되어 있고, 공문의 내용에 불이익 부여 사실에 대하여 이의가 있을 경우에는 행정심판, 행정소송을 제기할 수 있다는 내용이 고지되어 있어 외형상 행정처분과 같은 행정상 행위가 존재하는 점, 이 건 처분이 설사 청구인들과 택지개발사업자 및 기금수탁자 간의 장래에 성립될 수 있는 계약관계에 대한 피청구인의 일정한 방침의 표명에 불과하다 하더라도, 피청구인이 의견제출절차를 거쳐 일종의 제재조치를 직접 공시하고 있다는 점에서 그것을 단순히 내부적 감독권의 행사로 볼 수 없고, 실제로 피청구인이 감독권의 행사를 통하여 청구인에게 공권력의 행사를 하고 있다는 점 등을 고려해 볼 때, 이는 행정심판의 대상이 되는 행정처분에 해당한다.

4. 부 작 위

행정심판의 대상은 행정청의 처분 또는 "부작위"이다.

부작위란 행정청이 당사자의 신청에 대하여 상당한 기간 내에 일정한 처분을 하여야 할 법률상 의무가 있음에도 불구하고 이를 하지 아니하는 것을 말한다(동법 2조 2호).

(1) 당사자의 신청

당사자의 신청이 있어야 한다. 여기서 말하는 신청을 행정청에 대하여 일정한 처분을 구할 법규상·조리상의 권리가 있는 자의 신청으로 이해하는 것이 판례이다.

(2) 상당한 기간

행정청이 상당한 기간 내에 처분을 하지 아니하여야 한다. 상당한 기간이란 달리 기간이 정하여져 있지 아니하는 한, 당해 처분의 성질·내용, 동종 사안에 대한 종래의 처리경험, 법령의 규정 등을 종합적으로 참작하여 처분을 하는 데 필요한 것으로 인정되는 기간을 가리킨다고 보는 것이 일반적이다. 「행정절차법」에 의하여 처분의 처리기간이 미리 정하여져 공표되어 있는 경우에는 그 처리기간이 경과된 때에는, 특별한 사정이 없는 한, 상당한 기간을 경과하였다고 볼 것이다.

(3) 처분을 할 법률상 의무

행정청에 일정한 처분을 하여야 할 법률상 의무가 있어야 한다. 기속처분의 경우는 말할 것도 없고 재량처분이라 하더라도 당사자에게 신청권[1]이 인정되는 이상 재량권의 한계일탈이나 남용이 없는 적법한 응답을 요구할 권리가 있으므로 그에 대응하여 응답할 의무가 행정청에 있다.

(4) 처분을 하지 아니할 것

행정청이 처분을 하지 아니하여야 한다. 처분을 하지 아니한다 함은 인용처분도 거부처분도 하지 아니하는 경우 또는 신청내용에 따른 사실행위를 하지 아니하는 경우를 말한다. 처분이 무효인 경우에도 처분은 존재하는 것이므로 부작위는 아니다. 법령이 일정한 상태의 행정청의 부작위를 거부처분으로 의제하고 있는 경우에도 법적으로는 거부처분이라는 소극적 처분이 있는 것이 되므로 여기서 말하는 부작위에 해당되지 아니한다.

---

1) 판례는 '일정한 처분을 하여야 할 법률상 의무'를 응답의무로 이해하여 거부처분과 동일하게 당사자의 신청권을 요구하고 있다. 이에 대하여는 신청권의 문제는 청구인적격 또는 본안의 문제에 불과하고, 따라서 처분을 하여 달라는 신청에 대해 행정청이 응답하지 않는 경우에는 그것만으로 부작위가 성립하는 것으로 보아야 한다는 견해가 있다. 朴正勳, 「행정심판법의 구조와 기능」, 행정법연구(행정법이론실무학회) 제12호, 253쪽 참조.

Ⅶ. 행정심판기관

1. 개 설

행정심판기관이란 행정심판의 청구를 수리하여 이를 심리·재결할 수 있는 권한을 가진 행정기관을 말한다. 행정심판기관을 어떻게 설치할 것인가는 신속한 사인의 권익구제, 객관성·공정성의 확보, 경제성 등 여러 여건을 고려하여 입법정책으로 결정된다.

「행정심판법」은 2008년 개정까지는 행정심판의 객관성과 공정성을 담보하기 위하여 심리·의결기능과 재결기능을 분리시켜, 전자의 기능을 재결청에 소속하는 행정심판위원회에 부여하고, 후자의 기능을 재결청에 부여하여 행정심판기관을 이원화하였다. 그런데, 행정심판법초안에서 재결청에 부여하였던 행정심판위원회의 의결에 대한 재의요구권이 삭제[1]되었기 때문에, 재결청의 재결은 행정심판위원회의 의결에 따르는 형식적인 것에 불과하였고 행정심판의 실질적인 재결기관은 행정심판위원회였다. 2008년의 「행정심판법」 개정은 재결청을 없애고, 행정심판기관을 행정심판위원회로 일원화하였다.

2. 행정심판위원회의 설치

행정심판위원회는 행정심판청구사건을 심리·재결하기 위하여 설치된 합의제 행정청이다. 행정심판위원회는 다음과 같이 설치되어 있다(행정심판법 6조).

(1) 해당 행정청 소속 행정심판위원회

① 감사원, 국가정보원장, 그 밖에 대통령령으로 정하는 대통령 소속기관의 장, 국회사무총장·법원행정처장·헌법재판소 사무처장 및 중앙선거관리위원회 사무총장, ② 국가인권위원회, 그 밖에 지위·성격의 독립성과 특수성이 인정되어 대통령령으로 정하는 행정청의 처분 또는 부작위에 대한 심판청구를 심리·재결하기 위하여 해당 행정청 소속으로 행정심판위원회를 둔다(동조 1항).

---

1) 1983년 법무부 법무자문위원회공법연구특별분과위원회가 발족되어(전체회의 1983년 5월 12일)제6차 전체회의에서 행정심판법 제정안 조문화를 위한 소위원회와 행정소송법 제정안 조문화를 위한 소위원회를 구성하였다. 행정심판 제정안 조문화 소위원회는 행정심판의 본질을 행정작용, 구체적으로는 하급 행정기관에 대한 상급행정청의 행정감독작용으로 보고 행정심판기관을 이원화하여 재결기능을 상급행정청인 재결청에 부여하고, 심의·의결기능을 재결청에 부속하는 행정심판위원회에 부여하되, 재결청에게 행정심판위원회의 의결에 대한 재의요구권을 부여하였다. 이 조문이 공법연구특별분과위원회에서 논의되고 최종 정부안으로 확정되었다. 정부최종안 제31조 제2항에 규정되어 있던 재의요구권은 국회의 사법위원회에서 행정심판위원회의 기능을 무력화함으로써 국민의 권리구제에 충분치 못하게 될 우려가 있다는 이유로 삭제되었다. 이 삭제가 상급행정청의 하급행정기관에 대한 행정감독작용을 봉쇄하고 잘못된 행정심판 재결에 대하여 책임을 질 자도 불분명하게 되는 실마리가 된다. 행정심판제도가 대안적 분쟁해결제도(alternative dispute resolution, ADR)에 불과한 것이라고 하면 논의는 달라지게 된다.

(2) 중앙행정심판위원회

① 위 제1항에 따른 행정청 외의 중앙행정기관의 장 또는 그 소속 행정청, ② 특별시장·광역시장·도지사·제주특별자치도지사(교육감을 포함한다. 이하 도·지사라 한다) 또는 특별시·광역시·도·특별자치도(이하 시·도라 한다)의 의회(의장, 위원회의 위원장, 사무처장 등 의회 소속 모든 행정청을 포함한다), ③ 「지방자치법」에 따른 지방자치단체조합 등 관계 법률에 따라 국가·지방자치단체, 공공법인 등이 공동으로 설립한 행정청(시·도의 관할구역에 있는 둘 이상의 지방자치단체(시·군·자치구)·공공법인 등이 공동으로 설립한 행정청 제외)의 처분 또는 부작위에 대한 심판청구를 심리·재결하기 위하여 「부패방지 및 국민권익위원회의 설치와 운영에 관한 법률」에 따른 국민권익위원회(이하 국민권익위원회라 한다)소속으로 중앙행정심판위원회를 둔다(동조 2항).

(3) 시·도지사 소속 행정심판위원회

① 시·도 소속 행정청, ② 시·도의 관할구역에 있는 시·군·자치구의 장, 소속 행정청 또는 시·군·자치구의 의회(의장, 위원회의 위원장, 사무국장, 사무과장 등 의회 소속 모든 행정청을 포함한다), ③ 시·도의 관할구역에 있는 둘 이상의 지방자치단체(시·군·자치구를 말한다)·공공법인 등이 공동으로 설립한 행정청의 처분 또는 부작위에 대한 심판청구를 심리·재결하기 위하여 시·도지사 소속으로 행정심판위원회를 둔다(동조 3항).

(4) 행정청의 직근 상급행정기관 소속 행정심판위원회

위 (2) ①(법 2항 1호)에도 불구하고 대통령령으로 정하는 국가행정기관 소속 특별지방행정기관의 장의 처분 또는 부작위에 대한 심판청구를 심리·재결하기 위하여 해당 행정청의 직근 상급행정기관 소속으로 행정심판위원회를 둔다(동조 4항). 현재 이에 해당하는 기관은 법무부 교정본부 소속의 일선 교도소장과 구치소장 등의 처분에 대한 행정심판청구는 각 지방교정청에 설치된 행정심판위원회에서 심리·재결한다.

(5) 개별법에 의하여 설치된 특별행정심판위원회

공정하고 객관적인 행정심판을 담보하기 위하여 개별법에서 특히 제3자적 기관으로 특별행정심판위원회를 설치하는 경우가 있다. 공무원에 대한 징계처분 등 불이익처분에 대한 행정심판(실정법상의 용어는 소청임)의 재결청인 소청심사위원회(국가공무원법 9조, 지방공무원법 13조), 조세심판의 조세심판원(국세기본법 67조 1항) 등이 그 예이다.

(6) 행정심판위원회의 권한승계

행정심판위원회가 당사자의 심판청구 후 법령의 개정·폐지 또는 「행정심판법」 제17조 제5

항의 규정에 의한 피청구인의 경정 결정에 의하여 당해 심판청구에 대한 재결을 행할 권한을 잃게 된 때에는 해당 행정심판위원회는 심판청구서·관계서류 및 그 밖의 자료를 새로 재결할 권한을 갖게 된 행정심판위원회에 송부하여야 하며, 송부를 받은 행정심판위원회는 지체없이 그 사실을 심판청구인, 심판피청구인 및 참가인에게 통지하여야 한다(동법 12조).

3. 행정심판위원회의 구성

(1) 행정심판위원회의 구성

행정심판위원회는 위원장 1명을 포함한 50명 이내의 위원으로 구성한다(동법 7조 1항).

위원장은 해당 행정심판위원회가 소속된 행정청이 되며, 위원장이 없거나 부득이한 사유로 직무를 수행할 수 없거나 위원장이 필요하다고 인정하는 경우에는 ① 위원장이 사전에 지명한 위원, ② 동조 제4항에 따라 지명된 공무원인 위원이 그 직무를 대행한다(동조 2항). 시·도지사 소속 행정심판위원회의 경우에는 해당 지방자치단체의 조례로 정하는 바에 따라 공무원이 아닌 위원을 위원장으로 정할 수 있다(동조 3항). 위원은 다음 하나의 자격을 가진 사람, 즉 ① 변호사의 자격을 취득한 후 5년 이상의 실무 경험이 있는 사람, ②「고등교육법」제2조 제1호부터 제6호까지의 규정에 따른 학교에서 조교수 이상으로 재직하거나 재직하였던 사람, ③ 행정기관의 4급 이상의 공무원이었거나 고위공무원단에 속하는 공무원이었던 사람, ④ 박사학위를 취득한 후 해당 분야에서 5년 이상 근무한 경험이 있는 사람, ⑤ 그 밖에 행정심판과 관련된 분야의 지식과 경험이 풍부한 사람 중에서 해당 행정심판위원회가 소속된 행정청이 위촉(위촉위원)하거나 소속 공무원 중에서 지명하는 사람으로 한다(동조 4항).

행정심판위원회의 회의는 위원장과 위원장이 매 회의마다 지정하는 8명의 위원으로 구성하되, 위촉위원이 6명(위원장이 공무원이 아닌 경우에는 5명) 이상 포함되어야 한다. 다만, 국회규칙, 대법원규칙, 헌법재판소규칙, 중앙선거관리위원회규칙 또는 대통령령(시·도지사 소속 행정심판위원회의 경우에는 조례)의 정하는 바에 따라 위원장과 위원장이 매 회의마다 지정하는 6명의 위원(위촉위원이 5명 이상, 위원장이 공무원이 아닌 경우는 4명 이상)으로 구성할 수 있다(동조 5항). 행정심판위원회는 위 구성원 과반수의 출석과 출석위원 과반수의 찬성으로 의결한다(동조 6항).

(2) 중앙행정심판위원회의 구성

중앙행정심판위원회는 위원장 1명을 포함한 70명 이내의 위원으로 구성하되, 위원 중 상임위원은 4명 이내로 한다(동법 8조 1항). 위원장은 국민권익위원회의 부위원장 중 1명이 되며, 위원장이 없거나 부득이한 사유로 직무를 수행할 수 없거나 위원장이 필요하다고 인정하는 경우에는 상임위원(상임으로 재직한 기간이 긴 위원 순서로, 재직기간이 같은 경우에는 연장자 순서로 한다)이 위원장의 직무를 대행한다(동조 2항). 상임위원은 별정직 국가공무원으로 보하되, 3급 이상 공무원 또는 고위공무원단에 속하는 일반직공무원으로 3년 이상 근무한 사람이나 그 밖에 행정심판에 관한 지식과 경험이 풍부한 사람 중에서 중앙행정심판위원회 위원장의 제청으로 국무총리를 거쳐 대통령이 임명한다(동조 3항). 상임위원을 제외한 위원(비상임위원)은 행정심판위원회의 위원자격이 있는 사람 중에서 중앙행정심판위원회 위원장의 제청으로 국무총리가 위촉한다(동조 4항). 중앙행정심판위원회의 회의는 위원장 및 상임위원과 위원장이 매 회의마다 지정하는 비상임위원을 포함하여 총 9명으로 구성한다(동조 5항). 중앙행정심판위원회는 위 구성원 과반수의 출석과 출석위원 과반수의 찬성으로 의결한다(동조 7항). 중앙행정심판위원회는 「도로교통법」에 따른 자동차운전면허 행정처분에 관한 사건을 심리·의결하게 하기 위하여 4명의 위원으로 구성하는 소위원회를 둘 수 있으며(동조 6항), 위원장이 지정하는 심판청구사건을 미리 검토하기 위하여 필요한 경우에는 전문위원회를 둘 수 있다(동조 8항).

(3) 위원 등의 제척·기피·회피

심판청구사건에 대한 행정심판위원회의 심리·재결의 공정성을 담보하기 위하여 「행정심판법」은 위원에 대한 제척·기피·회피 제도를 두고 있으며(동법 10조), 이들을 행정심판위원회의 심리·재결에 관한 사무에 관여하는 위원 아닌 직원에게도 준용하도록 하고 있다(동법 10조 8항). 거리확보의 원칙을 명문화한 것이다.

제척이란 위원 등이 사건의 당사자 또는 사건의 내용과 특수관계가 있는 경우에 그 사건에 관하여 직무집행을 할 수 없도록 하는 것을 말한다. 기피란 당사자의 신청에 의하여 위원 등을 직무집행에서 탈퇴시키는 것을 말한다. 위원회에 대한 제척·기피신청은 그 사유를 소명한 문서로 하여야 하며, 위원장은 제척·기피 신청을 받으면 제척 또는 기피 여부에 대한 결정을 하고, 지체 없이 신청인에게 결정서 정본을 송달하여야 한다(동조 3항·6항). 회피란 위원 등이 사건에 관하여 제척 또는 기피의 원인이 있다고 생각하여 스스로 사건의 심리·의결 등 취급을 피하는 것을 말한다. 회피하고자 하는 위원은 위원장에게 그 사유를 소명하여야 한다(동조 7항).

VIII. 행정심판의 당사자 및 관계인

1. 행정심판의 당사자

「행정심판법」은 행정심판의 준사법적 절차화를 규정한 「헌법」 제107조 제3항의 취지를 구체화하여 청구인 외에 피청구인이란 관념을 명문화하여,[1] 청구인과 피청구인의 대립으로 이루어지는 대심구조를 채택하고 있다.

---

1) 구 소원법하에서는 이런 관념이 없었다.

⑴ 청 구 인

1) 의   의

청구인이란 행정심판의 대상인 처분 또는 부작위에 불복하여 그것의 취소 또는 변경 등을 위하여 심판청구를 제기하는 자를 말한다. 청구인이 될 수 있는 자(당사자능력이 있는 자)는 원칙적으로 자연인 또는 법인이나, 법인 아닌 사단 또는 재단[1])도 대표자나 관리인이 정하여져 있는 때에는 그 이름으로 청구인이 될 수 있다(동법 14조). 대표자·관리인의 자격은 서면으로 소명하여야 한다(동법 19조 1항).

외국인도 청구인이 될 수 있다고 해석된다.

2) 선정대표자의 선정

다수의 청구인이 공동으로 심판청구를 하는 때에는 청구인 중 3명 이하의 대표자를 선정할 수 있으며, 위원회도 대표자의 선정을 권고할 수 있다(동법 15조 1항, 2항). 이와 같이 선정된 대표자를 선정대표자라 부른다.

선정대표자는 각기 다른 청구인을 위하여 그 사건에 관한 모든 행위를 할 수 있다. 다만, 심판청구의 취하는 다른 청구인의 동의를 얻어야 한다(동조 3항). 선정대표자가 선정된 때에는 다른 청구인들은 그 선정대표자를 통하여서만 그 사건에 관한 행위를 할 수 있다(동조 4항).

선정대표자의 자격은 서면으로 소명하여야 한다(동법 19조 1항).

3) 청구인적격

청구인적격이란 특정 행정심판에 있어서 청구인으로 심판을 제기하여 본안에 관한 재결을 받기에 적합한 자격을 말한다.

㈎ 취소심판의 청구인적격

㈀ 법률상 이익이 있는 자   처분의 취소 또는 변경을 구할 법률상 이익이 있는 자가 취소심판청구에 있어서 청구인적격을 갖는다(동법 13조 1항 전단).[2]) 여기서 말하는 법률상 이

---

1) 법인과 같은 조직체로서의 실체를 가지고 있으나 주무관청의 허가라든가 등록 등의 절차적 요건을 갖추지 않았거나 또는 이루지 못한 것.

2) 「행정심판법」이 행정심판의 청구인적격을 법률상 이익이 있는 자로 한정한 것은 중대한 입법상의 과오라는 주장이 있다(金南辰, 행정법 Ⅰ(제7판), 593쪽). 이러한 주장에 대한 비판으로는 金鐵容, 「행정심판법 제9조의 입법상 과오론—金南辰 교수의 논문을 중심으로—」, 고시연구 1999년 7월호, 61쪽 이하 및 同人, 「행정심판법 초안 작성 당시의 기록」, 행정심판 20년사(국무총리행정심판위원회·법제처), 2005, 182쪽 이하 참조. 최근의 것으로, 朴正勳 교수는 "입법과오설은 우리나라 취소소송의 구조를 독일의 그것과 동일하게 파악하여, 법률상 이익을 권리와 같은 의미로 해석하고 그것의 '위법성 견련성'(Rechtswidrigkeitszusammenhang)을 전제로, 본안요건이 부당까지 확대되는 행정심판에서는 그러한 본안요건에 대응하여 원고적격도 당연히 법률상 이익(권리)을 넘어선 것으로 확대되어야 한다는 것이다. 다시 말해, 청구인적격과 본안요건(부당)의 견련성을 주장하는 것이다. 그러나 우리나라에서는 취소소송의 본안요건으로서 위법성만이 요구되고 권리 또는 법률상 이익의 침해를 문제삼지 아니하며, 취소사유를 원고의 법률상 이익과 관련 있는 위법에 한정하는 일본의 행정사건소송법

익이 있는 자라는 개념이 불확정개념이어서 어느 범위까지 법률상 이익이 있는 자에 해당하는 것인가에 관하여는 견해가 나뉘나(→ 취소소송의 원고적격), 법률상 보호이익설의 입장에 서서 당해 처분의 근거법률에 의하여 보호되는 직접적이고 구체적인 이익이 있는 자를 말한다는 것이 지금까지의 통설이다.

법률상 보호이익설에 의하게 되면 당해 처분의 근거법률의 해석을 통하여 처분 상대방의 법률상 이익을 추론하기는 쉽다. 그러나 현대 행정법 관계의 특색인 다면적 관계에 있어서는 행정법규가 그 모두를 예측하여 규율하는 것이 어렵기 때문에 법률상 보호되어 있는 이익이라고 할 때의 법률을 처분의 근거법률로 한정하게 되면 제3자의 법률상 이익을 추론하기 어려워 제3자의 권리구제를 어렵게 할 우려가 있다. 중앙행정심판위원회는 당해 처분의 근거 법률 속에 헌법규정을 포함시킨다. 즉 중앙행정심판위원회는 공원사업시행허가처분취소청구 사건에서 자연공원법령상의 규정뿐 아니라 「헌법」 제35조 제1항의 쾌적한 환경에서 생활할 권리 규정에 근거하여 청구인들이 이 건 처분의 취소를 구할 법률상 이익을 가진 자라고 인정한 바 있다(국행심 1997. 2. 28. 자 96-678 의결).

(ㄴ) 법률상 이익이 있는 자의 연장   「행정심판법」 제13조 제1항은 전단에 이어 후단에서 처분의 효과가 기간의 경과, 처분의 집행 그 밖의 사유로 인하여 소멸된 뒤에도 그 처분의 취소로 인하여 회복되는 법률상 이익이 있는 자도 취소심판청구를 제기할 수 있다고 규정하고 있다.

「행정심판법」이 제정되기 전의 판례는 법률상 이익을 처분의 직접적 효과의 제거에만 있는 것으로 보아 심판청구 당시에는 법률상 이익이 있었지만 심판청구에 대한 심리종결 전에 처분의 효과가 소멸된 경우에는 처분의 취소·변경을 구할 목적물이 없어진 것이므로 당해 처분의 취소·변경을 구할 법률상 이익이 없다고 하였다. 예컨대 처분청이 음식점영업을 15일간 정지할 것을 명한 처분에 대하여 청구인이 그 처분의 취소를 구하는 행정심판을 청구한 경우 심판청구에 대한 심리종결 전에 처분에 명시한 영업정지기간이 경과된 때에는, 청구인이 처분의 집행으로 인한 불이익을 면하기 위하여 처분의 취소를 구한 것인데 기간의 경과로 그 처분이 더 이상 집행할 수 있는 상태에 있지 않게 되었으므로, 청구인에게는 그 처분의 취소를 구할 법률상 이익이 없게 된다. 위 예에서 설사 청구인에게 처분으로 인하여 청구인의 명예·신용 등 인격적인 불이익이 미치었다 하더라도 그것은 처분의 직접적인 효과였다고 할 수 없다는 것이 종래의 판례였다(대법 1966. 12. 20. 선고 65누92 판결 참조).

제10조 제1항과 같은 규정도 없기 때문에 취소소송에서 원고적격의 위법성 견련성을 인정할 수 없다. 행정심판에 있어서도 마찬가지로 청구인적격과 본안요건의 견련성을 인정할 수 없고, 따라서 본안요건이 부당까지 확대된다고 하여 청구인적격도 당연히 확대되어야 한다는 논리는 성립할 수 없다"고 한다(同人, 「행정심판의 기능—권리구제적 기능과 자기통제적 기능의 조화—」, 행정법연구(행정법이론실무학회) 제15호, 8쪽).

그러나 「행정심판법」 제13조 제1항 후단을 명문화함으로써 처분의 효과가 소멸된 뒤에도 그 처분의 취소를 구하는 실익(파생적 효과 또는 부수적 효과라고 부른다)이 있으면 법률상 이익이 인정되게 되었다. 후술하는 바와 같이 처분의 효과가 소멸한 뒤의 법률상 이익의 내용 및 성격[1]에 관하여는 이견이 있다(→ 협의의 소의 이익).

㈏ **무효등확인심판의 청구인적격** 무효등확인심판청구에 있어서는 처분의 효력 유무 또는 존재 여부에 대한 확인을 구할 법률상 이익이 있는 자가 청구인적격을 갖는다(동법 13조 2항). 여기서 말하는 확인을 구할 법률상 이익이라고 함은 계쟁 처분의 효력 유무 또는 존재 여부에 관하여 당사자 사이에 다툼이 있어서 재결로 공권적인 확정을 하는 것이 청구인의 법적 지위의 불안정상태를 제거하기 위하여 필요한 것을 말한다. 다만, 확인을 구하는 법률상 이익에 관하여는 학설상으로도 확인의 이익을 즉시확정의 이익으로 보는 견해가 있고, 판례도 한동안 확인을 구하는 법률상 이익을 민사소송의 확인의 소에 있어서와 같이 제한적으로 해석하고 있었다. 그러나 행정심판으로서의 무효등확인심판은, 민사소송의 확인의 소와는 달리, 항고쟁송의 성질을 갖는 것이므로 무효등확인심판의 법률상 이익은 그 재결의 결과로서 얻어지는 법적 이익까지 포괄하여 종합적·입체적으로 판단하여야 한다는 것이 학설의 다수 견해이다. 분쟁의 종국적 해결을 위하여 특정 처분의 효력 유무 또는 존재 여부를 확인하는 것이 필요한 경우에는 법률상 이익을 인정하는 것이 행정심판의 행정구제제도로서의 본래취지에 합당하다. 판례도 판례변경하였다(→ 무효등확인소송의 원고적격).

㈐ **의무이행심판의 청구인적격** 의무이행심판청구에 있어서는 행정청의 거부처분 또는 부작위에 대하여 일정한 처분을 구할 법률상 이익이 있는 자가 청구인적격을 갖는다(동법 13조 3항). 여기서 말하는 처분을 구할 법률상 이익이란 청구인이 주장하는 이익이 행정청에게 처분의무를 부과한 관계법률에 의하여 보호되고 있는 것을 말한다. 중앙행정심판위원회의 재결례에 따르면 여기서 말하는 처분의무를 부과한 관계법률 속에 헌법규정을 포함시키게 될 것이다(→ 앞의 취소심판의 청구인적격).

4) 청구인의 지위승계
청구인의 지위가 승계되는 경우로는 당연승계와 허가승계가 있다

㈎ **당연승계** 청구인이 사망한 때에는 상속인 그 밖에 법령에 의하여 심판청구의 대상인 처분에 관계되는 권리 또는 이익을 승계한 자가 그 청구인의 지위를 승계하며, 법인과 법인 아닌 사단 또는 재단인 청구인에 관하여 합병이 있은 때에는 합병 후 존속하는 법인 등

---

1) 청구의 이익의 주관적 측면으로서 청구인적격의 문제인가, 청구의 이익의 객관적 측면으로서 구체적 이익 내지 필요성의 문제인가.

이나 또는 합병에 의하여 설립된 법인 등은 그 청구인의 지위를 승계한다(동법 16조 1항, 2항).

(나) **허가승계**　　심판청구의 대상인 처분에 관계되는 권리 또는 이익을 양수한 자(예: 개인택시운송사업의 양수인)는 행정심판위원회의 허가를 받아 청구인의 지위를 승계할 수 있다(동조 5항).

(2) 피청구인

1) 의　의
피청구인이란 심판청구의 상대방인 당사자를 말한다.

2) 피청구인적격

(가) **행 정 청**　　심판청구는 처분을 한 행정청(의무이행심판의 경우에는 청구인의 신청을 받은 행정청)을 피청구인으로 하여 제기하여야 한다(동법 17조 1항 본문). 이론상으로는 심판청구의 피청구인은 국가나 지방자치단체 등 행정주체가 되어야 하는 것이나, 공격방어방법의 용이 그 밖에 절차진행상의 기술적인 편의를 위하여 「행정심판법」은 처분 또는 부작위와 관계되는 행정청을 피청구인으로 한 것이다.

또한 피청구인이 되는 행정청에는 법령 또는 자치법규에 의하여 행정권한을 가지고 있거나 위탁을 받은 공공단체(예: 지방자치단체에 위임된 단체위임사무) 및 그 기관(예: 지방자치단체의 장에 대한 기관위임사무) 또는 사인(예: 토지수용에 있어 공익사업을 수행하는 사업시행자)도 포함된다(동법 2조 4호).

대통령은 원칙적으로 행정심판의 피청구인이 되지 아니한다(동법 3조 2항).

(나) **피청구인경정**　　청구인이 심판청구를 제기함에 있어서 피청구인을 잘못 지정한 때에는 행정심판위원회는 당사자의 신청 또는 직권에 의하여 결정으로써 피청구인을 경정할 수 있다(동법 17조 2항). 이와 같은 결정이 있은 때에는 종전의 피청구인에 대한 심판청구는 취하되고 새로운 피청구인에 대한 심판청구가 처음에 심판청구를 한 때에 제기된 것으로 본다(동조 4항). 이런 규정을 두게 된 이유는 심판청구를 경정된 때 제기된 것으로 보게 되면 제기기간의 경과로 심판청구가 각하될 수 있기 때문이다. 행정심판위원회가 피청구인의 경정결정을 한 때에는 그 결정서정본을 당사자와 새로운 피청구인에게 송달하여야 한다(동조 3항).

(다) **권한승계에 따른 경정**　　처분이나 부작위와 관계되는 권한이 다른 행정청에 승계된 때에는 이를 승계한 행정청을 피청구인으로 하여야 한다(동조 1항 단서). 심판청구가 제기된 후에 권한승계가 이루어진 때에는 당사자의 신청 또는 직권에 의하여 결정으로써 피청구인을 경정하며, 결정이 있은 때에는 종전의 피청구인에 대한 심판청구는 취하되고 새로운 피청구인에 대한 심판청구가 처음에 심판청구를 한 때에 제기된 것으로 본다(동조 5항).

2. 행정심판의 관계인

(1) 대 리 인

1) 의   의

대리인이란 청구인 또는 피청구인에 갈음하여 스스로의 의사결정에 따라 자기명의로 심판청구절차에 관한 행위를 하고, 대리권의 범위 내에서 한 행위의 효과가 본인에게 귀속되게 하는 자를 말한다.

2) 선   임

대리인의 선임은 특별한 규정이 없어도 가능하나, 「행정심판법」은 대리인선임관계를 분명히 함과 동시에 당사자의 이익을 위하여 대리인으로 선임될 수 있는 자의 범위를 확대하기 위하여 명문의 규정을 두고 있다.

청구인은 법정대리인 외에 ① 청구인의 배우자, 청구인 또는 배우자의 사촌 이내의 혈족, ② 청구인이 법인이거나 법 제14조에 따른 청구인 능력이 있는 법인이 아닌 사단 또는 재단인 경우 그 소속 임직원, ③ 변호사, ④ 다른 법률의 규정에 의하여 심판청구의 대리를 할 수 있는 자(예: 공인노무사, 세무사), ⑤ 그 밖에 행정심판위원회의 허가를 받은 자를 대리인으로 선임할 수 있다(동법 18조 1항).

청구인이 경제적 능력으로 인해 대리인을 선임할 수 없는 경우에는 행정심판위원회에 국선대리인을 선임하여 줄 것을 신청할 수 있다(동법 18조의2 1항). 행정심판위원회는 신청에 따른 국선대리인 선정 여부에 대한 결정을 하고, 지체 없이 청구인에게 그 결과를 통지하여야 한다(동조 2항 전단).

피청구인은 그 소속 직원 또는 위의 ③ 내지 ⑤에 해당하는 자를 대리인으로 선임할 수 있다(동조 2항).

대리인의 자격은 서면으로 소명하여야 한다(동법 19조 1항).

3) 권   한

대리인은 본인을 위하여 당해 심판청구사건에 관한 모든 행위를 할 수 있다. 다만 심판청구의 취하는 본인의 동의를 얻어야 한다(동법 18조 3항).

(2) 참 가 인

1) 의   의

참가인이란 계속중(행정심판위원회나 소위원회의 의결이 있기 전까지)의 행정심판절차에 당사자 이외의 제3자가 자기의 권리·이익을 보호하기 위하여 참가하는 경우에 있어서 그 제3자를 말한다.

「행정심판법」이 심판참가에 관한 규정을 둔 것은 참가인의 권익보호를 위한 것이지만, 행정심판의 공정과 경제를 위한 배려도 있다.

2) 참가할 수 있는 자

참가할 수 있는 자는 심판결과에 대하여 이해관계가 있는 제3자 또는 행정청이다.

여기서 이해관계가 있는 제3자란 당해 처분 자체에 대하여 이해관계가 있는 자(예: 연탄공장허가처분을 이웃주민이 다투는 경우에 있어서의 허가처분의 상대방)뿐만 아니라 재결의 내용 여하에 따라서 불이익을 받게 될 자(예: 공매처분의 취소를 구하는 심판청구가 제기된 경우의 당해 공매재산의 매수자)를 포함한다.

3) 참가의 방법

참가의 방법에는 신청에 의한 참가와 직권에 의한 참가가 있다. 심판결과에 대하여 이해관계가 있는 제3자 또는 행정청은 참가의 취지와 이유를 적은 참가신청서를 제출하여 행정심판위원회의 허가를 받아 그 사건에 참가할 수 있다(동법 20조 1항). 행정심판위원회는 필요하다고 인정할 때에는 그 심판결과에 대하여 이해관계가 있는 제3자 또는 행정청에게 그 사건에 참가할 것을 요구할 수 있다(동법 21조 1항). 이 요구를 받은 제3자 또는 행정청은 지체없이 그 사건에 참가하거나 참가하지 아니할 뜻을 행정심판위원회에 통지하여야 한다(동조 2항).

4) 참가인의 심판상의 지위

참가인은 심판청구의 당사자에 대한 독자적인 청구를 하는 것이므로 민사소송에 있어서의 공동소송적 보조참가와 비슷한 성질의 것이다. 참가인은 심판청구인과 같이 심판청구의 절차에서 발언, 증거물의 제출, 참고인의 진술, 검증 및 행정청에 대한 서류열람 등 행정심판 절차에서 당사자가 할 수 있는 심판절차상의 행위를 할 수 있다(동법 22조 1항).

Ⅸ. 행정심판의 제기

1. 제기요건

행정심판은 다른 법률에서 특별한 규정을 두고 있는 경우를 제외하고, 청구인적격이 있는 자가 심판청구사항인 처분 또는 부작위를 대상으로 일정한 방식에 따라 소정의 심판청구기간 내에 피청구인인 처분청을 경유하거나 또는 직접 행정심판위원회에 제기하여야 한다.

(1) 청 구 인

행정심판은 청구인적격이 있는 자가 제기하여야 한다. 청구인적격에 관하여는 앞에서 설명한 바와 같다. 자연인이든 법인이든 법인이 아닌 사단 또는 재단이든, 계쟁 처분이나 부작위의 직접 상대방이든 제3자이든 청구인이 될 수 있다.

(2) 심판청구의 대상

행정심판은 원칙적으로 행정청의 위법·부당한 처분 또는 부작위를 대상으로 하여 제기된다. 부당한 처분 또는 부작위도 그 대상이 된다는 점에서 위법한 처분 또는 부작위만을 그 대상으로 하는 행정소송보다 대상이 넓다. ① 여기서 말하는 행정청은 이미 앞에서 설명한 바와 같다. ② 위법은 법 그 자체의 위반을 의미하며, 부당이란 위법에 이르지 아니하는 흠(위법은 아니지만, 제도의 목적이나 취지에서 보아 적당치 않을 것)을 말한다 것이 지금까지 우리나라의 일반적인 이해였다.[1] 그러나 재량권일탈·남용에 관한 「행정소송법」 제27조에 의한 위법의 판단방법이 행정청의 법규적용에 있어서의 형량과정의 합리성 심사에로 세밀화하고, 행정목적으로서의 공익도 공정한 절차에 의한 형량과정을 거쳐 우선해야 할 것으로 결론이 난 이익으로 이해하게 됨으로써 위법과 부당의 구별이 점차 불명확해지고 있다. ③ 처분은 행정청이 행하는 구체적 사실에 관한 법집행으로서의 공권력의 행사 또는 그 거부와 그 밖에 이에 준하는 행정작용을 말한다. 그러나 대통령의 처분은 제외되며(동법 3조 2항), 그 밖에 재판 또는 재판의 집행으로서 행하는 처분 등과 같이 행위의 성질상 행정심판의 대상이 될 수 없는 처분은 여기서 말하는 처분에서 제외된다고 보아야 한다. ④ 부작위는 행정청이 당사자의 신청에 대하여 상당한 기간 내에 일정한 처분을 하여야 할 법률상 의무가 있음에도 이를 하지 아니하는 것을 말한다. 대통령의 부작위는 여기서 말하는 부작위에서 제외된다(동법 3조 2항).

(3) 심판청구 방식

행정심판청구는 서면(심판청구서)으로 하여야 한다(동법 28조 1항). 심판청구를 서면으로만 하게 한 것은 청구의 내용을 명확하게 하고, 구술로 하는 경우에 생길 수 있는 지체와 번잡을 피하려는 데에 있다. 처분에 대한 심판청구의 경우에는 ① 청구인의 이름 및 주소 또는 사무소(주소 또는 사무소 외의 장소에서 송달받기를 원하면 송달장소를 추가로 적어야 한다), ② 피청구인인 행정청과 행정심판위원회, ③ 심판청구의 대상이 되는 처분의 내용, ④ 처분이 있음을 알게 된 날, ⑤ 심판청구의 취지 및 이유, ⑥ 처분을 한 행정청의 고지의 유무 및 그 내용을 기재하여야 하며, 부작위에 대한 심판청구의 경우에는 위의 ①, ②, ⑤와 당해 부작위의 전제가 되는 신청의 내용과 날짜를 기재하여야 한다(동조 2항, 3항). 청구인이 법인이거나 청구인 능력이 있는 법인이 아닌 사단 또는 재단이거나 행정심판이 선정대표자나 대리인에 의하여 청구되는 것일 때에는 그 대표자·관리인·선정대표자·대리인의 이름과 주소를 함께 적어야 하고, 서명하거나 날인하여야 한다(동조 4항·5항). 다만, 심판청구의 방식은 엄격한 형식을 요하지 아니하는 서면행위이며, 행정청의

---

1) 중앙행정심판위원회 2012.1.3.자 2011-18807 재결은 중앙징계위원회의 의결에 따라 고용노동부장관이 행한 청구인에 대한 견책처분이 부당하다는 이유로 취소하였다. 부당하다는 이유는 뚜렷하지 않다. 판례는 "객관적으로 명백히 부당하다고 인정되는 경우"를 재량을 남용한 위법한 처분이라고 본다(대법 2008. 2. 1. 선고 2007두20997 판결 등).

위법·부당한 처분으로 인하여 권리나 이익을 침해당한 사람이 당해 행정청에 그 처분의 취소나 변경을 구하는 취지의 서면을 제출하면 표지나 형식에 구애되지 아니하고 심판청구로 본다(대법 1999. 6. 22. 선고 99두2772 판결 등). 심판청구서의 기재사항 등에 결함이 있는 경우에는 행정심판위원회는 상당한 기간을 정하여 그 보정을 요구하거나 직권으로 보정할 수 있다(동법 32조 1항).

⑷ 심판청구 기간

1) 기간설정 취지

처분은 그 상대방뿐만 아니라 일반공공의 이해에 관계되는 바가 크기 때문에 이를 장기간 불확실한 상태에 두는 것은 바람직하지 않다. 처분을 다투는 심판청구의 경우에 기간의 제한을 두는 것은 이러한 장기간 불확실상태를 조속히 제거하여 행정법관계를 안정시키려는 데에 있다.

2) 적용범위

「행정심판법」 제27조의 심판청구기간에 관한 규정은 처분을 다투는 취소심판청구에 적용된다. 동조 제7항은 무효등확인심판청구와 부작위에 대한 의무이행심판청구에는 심판청구기간에 관한 규정이 적용되지 아니한다고 명시하고 있다. 따라서 거부처분에 대한 의무이행심판청구에도 심판청구기간에 관한 규정이 적용된다.

3) 원칙적 기간

심판청구는 원칙적으로 처분이 있음을 알게 된 날로부터 90일 이내, 처분이 있은 날로부터 180일 이내에 제기하여야 한다(동법 27조 1항, 3항 본문). 90일의 기간은 불변기간이다(동조 4항). 이들 두 기간 중 어느 하나라도 기간이 지나면 당해 심판청구는 부적법한 것으로 각하된다. 처분이 있음을 알게 된 날이란 유효한 처분이 있음을 안 날을 의미하며, 처분이 있은 날이란 행정처분의 효력이 발생한 날을 의미한다(대법 2019. 8. 9. 선고 2019두38656 판결).[1]

공권력행사에 해당하는 사실행위의 경우에는 고지절차가 없는 것이 보통이므로 청구인이 당해 행위에 의하여 자기의 권리·이익이 침해되고 있다는 인식을 한 날을 처분이 있음을 알게 된 날로 보아야 한다.

처분이 있은 날이란 처분이 그 효력을 발생한 날을 말한다(대법 1977. 11. 22. 선고 77누195 판결). 처분은 원칙적으로 상대방에게 도달됨으로써 그 효력이 발생한다(행정절차법 15조 1항 참조).

고시나 공고에 의한 처분의 경우 처분이 있음을 알게 된 날이 언제인가에 관하여는 판례에는 이해관계인이 고시 또는 공고가 있었다는 사실을 현실적으로 알았는지 여부에 관계없이 고시가 효력을 발생하는 날인 고시 또는 공고가 있은 후 5일이 경과한 날에 처분이 있음을 알았다고 보아야 한다는 것(대법 2000. 9. 8. 선고 99두11257 판결)과 상대방 등이 처분이 있음을 실제로 알았

---

1) 대법 1998. 2. 24. 선고 97누18226 판결: 처분에 관한 서류가 당사자의 주소지에 송달되는 등 사회통념상 처분이 있음을 당사자가 알 수 있는 상태에 놓여진 때에는 반증이 없는 한 그 처분이 있음을 알았다고 추정할 수 있다.

다는 특별한 사정이 없는 한 처분이 있은 날로부터 180일 내에 행정심판을 제기하면 된다는 것(대법 1998. 2. 27. 선고 96누13972 판결 등)등이 있다. 재결례에는 처분의 상대방 등이 실제로 그 처분이 있었음을 안 것이 입증되는 때에는 그 때부터 90일 내에 행정심판을 제기하여야 하고, 상대방 등이 실제로 그 처분이 있었음을 알았다고 피청구인이 입증하지 못하면 처분이 있은 날(고시·공고에 의한 처분의 효력이 발생한 날)로부터 180일 내에 행정심판을 제기하여야 한다는 것(국행심 1996. 3. 18. 자 96-42 의결)이 있다.

4) 예외적 기간

   (가) **90일에 대한 예외**   ① 청구인이 천재지변·전쟁·사변 그 밖에 불가항력으로 인하여 90일의 기간 내에 심판청구를 할 수 없었을 때에는 그 사유가 소멸한 날로부터 14일(국외에서의 청구의 경우에는 30일) 이내에 제기하면 된다(행정심판법 27조 2항). 이 기간은 불변기간이다(동조 4항). ② 행정청이 심판청구기간을 90일보다 긴 기간으로 잘못 알린 경우에는 그 잘못 알린 기간 내에 심판청구가 있으면 법정 기간 내에 적법하게 제기된 것으로 본다(동조 5항). ③ 처분의 상대방이 처분이 있었다는 사실을 알았다고 할지라도 행정청이 「행정심판법」제58조 제1항에 의한 고지를 하지 아니한 경우에는 처분의 상대방은 처분이 있은 날로부터 180일 이내에 심판청구를 할 수 있다(동조 6항).

   (나) **180일에 대한 예외**   정당한 사유가 있으면 처분이 있은 날로부터 180일을 경과한 뒤에도 심판청구를 제기할 수 있다(동조 3항 단서). 여기서 말하는 정당한 사유가 무엇인가를 구체적으로 적시하기 어려우나, 불가항력의 정도까지는 이르지 못하더라도 당해 심판청구에 상당한 지장이 있다는 것이 객관적으로 명백한 경우를 의미한다는 것이 일반적 견해이다.

   (다) **복효적 처분의 경우**   복효적 처분에 있어서 제3자가 심판청구를 제기하는 경우에도 원칙적으로 처분이 있음을 알게 된 날로부터 90일 이내, 처분이 있은 날로부터 180일 이내에 제기하여야 한다. 제3자가 어떤 경위로든 처분이 있음을 알았거나 쉽게 알 수 있는 등 법정 심판청구기간 내에 심판청구가 가능하였다는 사정이 있는 경우에는 그 때로부터 90일 내에 행정심판을 청구하여야 한다(대법 1997. 9. 12. 선고 96누14661 판결). 그러나 일반적으로는 제3자는 처분이 있었음을 곧 알 수 있는 처지에 있지 않다.[1] 그러므로 제3자가 심판청구를 제기하는 경우에는 처분이 있은 날로부터 180일 내가 되는 것이 보통이다. 설사 이 기간 내에 심판청구를 제기하지 못하였다고 하더라도, 그 기간 내에 심판청구가 가능하였다는 특별한 사정이 없는 한 「행정심판법」제27조 제3항 단서에서 규정하고 있는 기간을 지키지 못한 정당한 사유가 있는 때에 해당되어, 제3자는 처분이 있은 날로부터

---

[1] 행정절차법상 제3자는 원칙적으로 처분의 사전통지나 고지의 대상이 아니다.

180일을 경과한 뒤에도 심판청구를 제기할 수 있다(대법 1983. 7. 12. 선고 83누59 판결 등).

㈋ **특별법상의 청구기간**　　「행정심판법」 외에 개별법에서 심판청구기간에 관한 특별 규정을 두고 있는 경우가 있다(예: 국가공무원법 76조 1항).

㈌ **심판청구기간의 계산**　　심판청구기간을 계산함에 있어서 청구기간의 준수 여부는 심판청구서를 행정심판위원회에 제출하는 경우에는 행정심판위원회에 제출되었을 때를 기준으로, 심판청구서를 피청구인인 행정청에 제출하는 경우에는 행정청에 제출되었을 때를 기준으로, 행정청이 고지를 하지 아니하거나 잘못 알려서 청구인이 심판청구서를 다른 행정기관에 제출한 경우에는 당해 행정기관에 제출되었을 때를 기준으로 하여 판단한다(행정심판법 23조 4항).

심판청구기간의 계산방법은 민법의 기간계산에 관한 원칙규정에 따라 처분 당일은 산입하지 아니하고 그 다음날부터 력에 의하여 계산한다(민법 1편 6장).

⑸ 심판청구서의 제출

1) 제출기관

심판청구서는 피청구인 또는 행정심판위원회에 제출하여야 한다(행정심판법 23조 1항).

피청구인이 고지를 하지 아니하거나 잘못 알려서 청구인이 심판청구서를 다른 행정기관에 제출한 때에는 당해 행정기관은 그 심판청구서를 지체없이 정당한 권한 있는 행정청에 송부하여야 한다(동조 2항). 고지가 제대로 이루어졌음에도 청구인이 다른 행정기관에 제출한 경우 또는 고지의 대상이 아닌 이해관계인이 다른 행정기관에 심판청구서를 제출한 경우에 관하여는 법에는 명문의 규정이 없다. 그러나 이들 경우에도 당해 행정기관은 지체없이 정당한 권한 있는 행정청에 송부하여야 할 것이며, 최초의 행정기관에 심판청구서가 제출된 때에 심판청구가 제기된 것으로 보아야 할 것이다(대법 1975. 12. 23. 선고 74누134 판결, 대법 1982. 6. 8. 선고 80누482 판결 참조). 제출받은 행정기관은 송부사실을 지체없이 청구인에게 통지하여야 한다(동조 3항).

2) 피청구인의 접수·처리

㈎ **시정조치**　　심판청구서를 제출받은 피청구인은 그 심판청구가 이유 있다고 인정할 때에는 심판청구의 취지에 따라 직권으로 처분을 취소·변경하거나 확인을 하거나 신청에 따른 처분을 할 수 있으며 이를 서면으로 청구인에게 통지하여야 한다(25조 1항). 이처럼 심판청구가 이유 있는 경우 행정청이 스스로 시정하는 조치를 취하도록 한 것은 결과적으로 위법·부당한 처분 등의 재심사를 행정청 자체에 대하여 청구하는 이의신청제도의 취지를 사실상 흡수하여 신속한 권리구제를 도모하려는 것이다.

그러나 피청구인의 시정조치 자체는 당해 심판청구에 대한 재결이 아니므로, 청구인이 당해 심판청구를 취하하지 아니하는 한, 청구인의 심판청구는 심판청구로서 존속한다고 보아야 한다. 피청구인은 직권취소를 하였을 때에는 청구인이 심판청구를 취하한 경우가 아니면 행정심판위원회에 심판청구서·답변서를 보낼 때 직권취소 등의 사실을 증명하는 서류를 함께 제출하여야 한다(동조 2항).

㈏ **행정심판위원회에의 송부**　　피청구인은 심판청구서를 접수하거나 송부받으면, 청구인이 심판청구를 취하한 경우를 제외하고는, 심판청구서를 받은 날로부터 10일 이내에 그 심판청구서와 답변서를 행정심판위원회에 송부하여야 한다(24조 1항). 피청구인은 처분의 상대방이 아닌 제3자가 심판청구를 한 경우에는 지체없이 상대방에게 그 사실을 통지하여야 하고 심판청구서 사본을 함께 송달하여야 한다(동조 2항). 피청구인이 행정심판위원회에 답변서를 송부할 때에는 청구인의 수만큼 답변서 부본을 함께 송부하되, 답변서에는 ① 처분이나 부작위의 근거와 이유, ② 심판청구의 취지와 이유에 대응하는 답변, ③ 제3자가 심판청구를 한 경우에는 처분의 상대방의 이름·주소·연락처와 상대방에게의 통지·송달의무 이행 여부를 명확하게 적어야 한다(동조 4항). 이 경우에 피청구인은 송부 사실을 지체없이 청구인에게 통지하여야 한다(동조 5항). 피청구인이 행정심판위원회에 심판청구서를 송부함에 있어서 심판청구서에 행정심판위원회가 표시되지 아니하였거나 잘못 표시된 경우에도 정당한 권한 있는 행정심판위원회에 송부하여야 한다(동조 3항).

3) 행정심판위원회의 접수·처리

행정심판 청구인이 행정심판위원회에 심판청구서를 제출한 경우, 행정심판위원회는 심판청구서를 받으면 지체없이 피청구인에게 심판청구서 부본을 송부하여야 하며, 피청구인으로부터 답변서가 제출되면 답변서 부본을 청구인에게 송달하여야 한다(동법 26조).

2. 청구의 변경

(1) 의　　의

청구의 변경이란 심판청구의 계속 중에 당초에 청구한 심판사항을 변경하는 것을 말한다. 이처럼 「행정심판법」이 청구인에게 새로운 심판청구를 제기할 필요없이 청구의 변경을 할 수 있도록 한 것은 청구인의 이익과 심판경제를 고려한 때문이다.

(2) 허용범위

청구인은 청구의 기초에 변경이 없는 범위 안에서 청구의 취지(예: 취소심판청구를 무효등확인심판이나 의무이행심판으로 변경하는 것) 또는 이유(예: 처분의 위법을 부당으로 변경하는 것)를 변경할 수 있다(동법 29조 1항).

(3) 처분변경으로 인한 청구변경

피청구인인 행정청이 심판청구 후에 새로운 처분을 하거나 대상인 처분을 변경한 때(예: 허가 취소처분을 1년의 허가정지처분으로 변경하는 것)에는 청구인은 새로운 처분이나 변경된 처분에 맞추어 청구의 취지 또는 이유를 변경할 수 있다(동조 2항).

(4) 절   차

청구의 변경은 서면(청구변경신청서)으로 부본과 함께 신청하여야 하며(동조 3항), 행정심판위원회는 청구변경신청서 부본을 피청구인과 참가인에게 송달하여야 한다(동조 4항). 행정심판위원회는 청구변경 신청에 대하여 허가할 것인지 여부를 결정하고, 지체없이 신청인에게 결정서 정본을, 당사자 및 참가인에게는 결정서 등본을 송달하여야 한다(동조 6항). 신청인은 송달받은 날부터 7일 이내에 행정심판위원회에 이의신청을 할 수 있다(동조 7항).

(5) 효   과

청구의 변경결정이 있으면 처음 행정심판이 청구되었을 때부터 변경된 청구의 취지나 이유로 행정심판이 청구된 것으로 본다(동조 8항).

3. 처분이유의 추가·변경

처분이유의 추가·변경의 문제는 처분행정청이 행정심판의 심리단계에서 처분시에는 처분사유로 삼지 않았던 새로운 사유를 내세워 처분의 합법성·합정당성을 주장할 수 있는가의 문제이다. 흔히 처분사유의 추가·변경이라 부른다. 그러나 우리 실정법이 처분사유와 처분이유를 구별하고 있으므로 행정절차를 거친 처분의 경우에는 처분이유의 추가·변경으로 부르는 것이 옳다(행정절차법 23조). 이 문제는 행정소송에서는 많이 다루어지고 있는 문제이지만, 행정심판에서는 거의 논의되고 있지 않다. 그 이유는 행정심판은 행정소송과 달리 행정의 자기통제가 그 주된 기능이고 따라서 행정심판의 심리단계에 있어서는 처분행정청이 처분을 할 때에 처분이유에서 처분사유로 삼지 않았던 새로운 사유를 내세워 처분의 합법성·합정당성을 주장할 수 있다는 생각에서인 것 같다[1]. 그러나 현행 「행정심판법」에 있어서와 같이 행정심판의 본질이 행정작용이 아니라 사법작용에 가까운 권익구제에 더 중심이 놓여지고, 특히 중앙행정심판위원회에 의한 행정

---

1) 대법 2012. 9. 13. 선고 2012두3859 판결: 산업재해보상보험법 규정의 내용, 형식 및 취지 등에 비추어 보면, 산업재해보상보험법상 심사청구에 관한 절차는 보험급여 등에 관한 처분을 한 근로복지공단으로 하여금 스스로의 심사를 통하여 당해 처분의 적법성과 합목적성을 확보하고자 하는 근로복지공단 내부의 시정절차에 해당한다고 보아야 한다. 따라서 행정청이 스스로 당해 처분의 적법성과 합목적성을 확보하고자 행하는 자신의 내부 시정절차에서는 당초 처분의 근거로 삼은 사유와 기본적 사실관계의 동일성이 인정되지 않는 사유라고 하더라도 이를 처분의 적법성과 합목적성을 뒷받침하는 처분사유로 추가·변경할 수 있다고 보는 것이 타당하다.

심판이 행정의 자기통제작용이 아니라 권리구제에 치중하는 행정법원에 가까운 사법작용으로 변질되면 될수록 처분이유의 추가·변경은 행정심판에 있어서 중요한 문제가 된다. 행정심판에서도 처분이유의 추가·변경이 제약된다는 판결이 나온 것은 2014년이다[1]. 현재 행정심판의 심리단계에서 처분이유의 추가·변경이 제약되고 있다(중행심 2015. 6. 26. 자 2015·03426재결 등).

처분이유의 추가·변경의 문제는 실체법 중심의 전통적인 사고(思考)이념에 의하여서만이 허용되는 문제이다. 우리 판례와 같이 실체적 적법성과 절차적 적법성을 법치주의의 두 기둥으로 보는 절차법 존중의 정신과는 어긋난다.

4. 심판청구의 효과

심판청구의 효과는 크게 행정심판기관에 대한 효과와 당해 심판청구의 대상인 처분에 대한 효과로 나눌 수 있다.

(1) 행정심판기관에 대한 효과

행정심판이 제기되면 행정심판기관인 행정심판위원회는 이를 심리·재결할 의무를 진다.

(2) 처분에 대한 효과

1) 집행부정지원칙

심판청구는 원칙적으로 처분의 효력이나 그 집행 또는 절차의 속행을 정지시키는 효력이 없다(동법 30조 1항). 이러한 집행부정지원칙을 채택한 근거에 관하여는 견해가 대립되어 있으나(→ 취소소송 제기의 효과로서의 집행부정지원칙), 단순한 입법정책의 문제에 불과하다는 것이 통설이다. 즉 「행정심판법」이 집행부정지원칙을 채택하고 있는 것은 행정심판의 남용을 예방하고, 행정목적의 원활한 실현을 도모하려는 정책적 배려에 불과하다.

그러나 집행부정지원칙만을 관철한다면 처분은 심판청구의 제기와 관계없이 집행하게 되므로 심판청구를 제기한 청구인이 뒷날 그 청구인용재결을 받게 되더라도 이미 집행이 완료되어 회복할 수 없는 손해를 입게 되는 부당한 결과를 낳게 된다. 여기에 처분의 집행정지를 인정하여야 할 필요성이 생긴다.

---

1) 대법 2014. 5. 16. 선고 2013두26118 판결 : 행정처분의 취소를 구하는 항고소송에서 처분청을 당초처분의 근거로 삼은 사유와 기본적 사실관계가 동일성이 있다고 인정되는 한도 내에서만 다른 사유를 추가 또는 변경할 수 있고, 이러한 기본적 사실관계의 동일성 유무는 처분사유를 법률적으로 평가하기 이전의 구체적 사실에 착안하여 그 기초인 사회적 사실관계가 기본적인 점에서 동일한지에 따라 결정되므로, 추가 또는 변경된 사유가 처분 당시에 이미 존재하고 있었다거나 당사자가 그 사실을 알고 있었다고 하여 당초의 처분사유와 동일성이 있다고 할 수 없다. 그리고 이러한 법리는 행정심판 단계에서도 그대로 적용된다.

2) 집행정지

(가) 의　　의　　　집행정지란 심판청구의 제기에 따른 부수적 조치로서 그 처분 등의 집행으로 인하여 중대한 손해가 생기는 것을 예방할 필요성이 긴급하다고 인정할 경우에 당사자의 권리·이익을 보전하기 위하여 행정심판위원회가 당사자의 신청 또는 직권에 의하여 처분 등의 효력이나 집행 또는 절차의 속행의 전부 또는 일부를 잠정적으로 정지하는 제도를 말한다.

(나) 종　　류　　　집행정지는 그 내용과 범위를 기준으로 다음과 같이 나뉜다.

(ㄱ) 집행정지(광의)는 그 내용에 따라 효력정지·집행정지(협의)·속행정지로 나뉜다.

① 효력정지란 처분의 효력 그 자체가 존속하지 않는 상태에 두는 것을 말한다. 예컨대 영업허가취소처분에 효력정지결정이 행하여지면 취소처분의 효력 그 자체가 존속하지 않는 것이 되어 당사자는 적법하게 허가영업을 할 수 있게 된다. 이러한 효력정지는 처분의 집행정지(협의) 또는 절차의 속행정지에 의하여 목적을 달성할 수 없는 경우에만 보충적으로 허용된다(동법 30조 2항 단서).

② 집행정지(협의)란 처분의 집행력을 박탈하여 그 내용의 실현을 정지시키는 것을 말한다. 예컨대 강제퇴거명령에 집행정지결정이 행하여지면 강제퇴거를 시킬 수 없게 된다.

③ 속행정지란 처분이 유효함을 전제로 법률관계를 진전시키는 다른 행위가 이어질 경우에 그 전제가 되는 처분의 효력을 박탈하여 후속되는 법률관계의 진전을 정지시키는 것을 말한다. 예컨대 「공익사업을 위한 토지등의 취득 및 보상에 관한 법률」에 의한 사업인정이 다투어진 경우 사업인정에 속행정지결정이 행하여지면 후속 수용절차의 진행이 정지된다.

(ㄴ) 집행정지는 그 효력이 미치는 범위에 따라 전부정지와 일부정지로 나뉜다.

처분의 내용이 나눌 수 있는 것인 때에는 집행할 필요에 맞추어 처분의 효력이나 그 집행 또는 절차의 속행을 전부정지할 수도 있고 일부정지할 수도 있다. 신청인 자신이 일부정지만을 신청할 수도 있고, 행정심판위원회가 재량으로 사안에 따라 신청의 일부를 기각할 수도 있다.

(다) 요　　건　　　집행정지를 하려면 다음의 요건이 갖추어져야 한다.

(ㄱ) 심판청구의 계속　　　집행정지는 본안인 심판청구가 계속되어 있을 것을 요건으로 한다. 이 요건은 절차적 요건임과 동시에 적극적 요건이다.

(ㄴ) 처분의 존재　　　집행정지의 대상이 되는 처분이 존재하여야 한다. 처분이 무효인 경우에도 처분으로서의 외관이 존재하여 효력이 있는 것으로 오인할 우려가 있기 때문에 집행정지결정과 관련하여서는 처분이 존재하는 것으로 보아야 한다(행정소송법 38조 1항 참조).

그러나 거부처분 등과 같은 소극적 처분은 집행정지의 대상이 될 수 없다는 것이 통설(반론 있음 → 취소소송에 있어서의 가구제)이다. 이 요건도 절차적 요건임과 동시에 적극적 요건이다.

(ㄷ) 이익의 존재   집행정지신청의 이익이 존재하여야 한다. 처분의 집행이 이미 완료된 처분에 대하여는 집행정지를 할 이익이 없으므로 처분의 정지를 구하는 것은 허용되지 아니한다(통설). 다만 어떤 경우에 집행이 완료된 것으로 보느냐는 사안에 따라 다를 수 있다. 이 요건도 절차적 요건임과 동시에 적극적 요건이다.

(ㄹ) 긴급보전의 필요   집행정지는 처분이나 그 집행 또는 절차의 속행으로 인하여 중대한 손해가 생기는 것을 예방할 필요성이 긴급하다고 인정할 때에 허용된다.

여기서 말하는 중대한 손해란 원상회복이 곤란한 손해는 말할 것도 없고, 금전부과처분에 따른 처분의 이행에 의한 경제적 손실이나 기업 이미지 및 신용의 훼손으로 인하여 사업 자체를 계속할 수 없거나 중대한 경영상의 위기를 맞게 될 것으로 보이는 등의 사정이 존재하는 경우를 말한다. 그리고 긴급한 필요란 중대한 손해가 생길 가능성이 시간적으로 급박하거나 또는 본안재결을 기다릴 여유가 없음을 말한다.

중대한 손해와 긴급한 필요는 집행정지의 별개의 요건이 아니라 하나의 요건인 것이므로, 결국 한마디로 긴급보전의 필요가 있는 때에 집행정지를 할 수 있다고 새겨야 한다. 이 요건은 실체적 요건임과 동시에 적극적 요건이다.

(ㅁ) 공공복리에 중대한 영향을 미칠 염려가 없을 것   집행정지는 공공복리에 중대한 영향을 미칠 우려가 있을 때에는 허용되지 아니한다(행정심판법 30조 3항). 즉 집행정지는 처분이나 그 집행 또는 절차의 속행으로 인하여 사인이 입게 될 손해보다도 공공복리에 미칠 영향이 중대한 때에는 허용되지 아니한다. 이 요건은 실체적 요건임과 동시에 소극적 요건이다.

(ㅂ) 청구내용이 이유 있다고 인정되는 경우의 문제   심판청구의 계속과 긴급보전의 필요라는 두 가지 요건이 완전히 충족되지 않았더라도 해석상 다른 동종사건에 대한 재결이나 판결의 결과 등 제반사정에 비추어 볼 때 심판청구의 내용 자체가 이유 있다고 인정되는 경우에는 집행정지를 할 수 있다는 견해[1]가 있다. 판례도 집행정지 신청사건에서는 처분 자체의 적법 여부를 판단할 것이 아니고 그 처분의 집행정지에 관한 요건의 존부만을 판단하여야 한다는 입장을 유지하면서도 본안청구의 승소가능성의 정도 등을 종합적으로 고려하여 구체적·개별적으로 판단하고 있다(대법 2004. 5. 12. 자 2003무41 결정 등). 따라서 판례에 의하면 본안에 관하여 이유 있음이 명백한 경우에는 집행정지의 적극적 요건으로 볼 가능성이 높아지고 있다(→ 취소소송에 있어서 집행정지의 요건).

---

1) 金道昶, 일반행정법론(상), 713쪽.

(라) **절　　　차**　　　집행정지는 행정심판위원회가 당사자의 신청 또는 직권에 의하여 결정한다(행정심판법 30조 2항). 그러나 행정심판위원회의 심리·결정을 기다려서는 중대한 손해가 발생할 우려가 있다고 인정될 때에는 행정심판위원회의 위원장은 직권으로 심리·결정에 갈음하는 결정을 할 수 있고, 이 경우에 위원장은 위원회에 그 사실을 보고하고 추인을 받아야 한다(동조 6항).

당사자가 집행정지의 신청을 하고자 하는 때에는 심판청구와 동시 또는 심판청구에 대한 행정심판위원회나 소위원회의 의결이 있기 전까지 신청의 취지와 원인을 기재한 서면에 심판청구서 사본 및 접수증명서를 첨부하여 행정심판위원회에 제출하여야 한다(동조 5항). 행정심판위원회는 집행정지에 관하여 심리·결정한 때에는 지체없이 결정서 정본을 당사자에게 송달하여야 한다(동조 7항).

(마) **집행정지결정의 효력**　　　첫째, 집행정지결정서 정본이 송달되면 처분의 효력정지, 처분의 집행정지 및 절차의 속행정지의 종별에 따라 처분의 효력 그 자체의 전부 또는 일부가 존속하지 않는 법률상태에 놓이게 하는 형성력을 발생한다. 둘째, 집행정지결정의 효력은 당사자, 즉 신청인과 피신청인에게 미친다. 셋째, 행정심판위원회는 집행정지의 시기와 종기를 자유롭게 정할 수 있다. 시기는 통상 결정서 정본이 송달된 때이며, 종기는 집행정지결정에 별도의 정함이 없는 한 재결시까지 존속한다.

(바) **집행정지결정의 취소**　　　행정심판위원회는 집행정지의 결정을 한 후 집행정지가 공공복리에 중대한 영향을 미치거나 그 정지사유가 없어진 때에는 당사자의 신청 또는 직권에 의하여 집행정지의 결정을 취소할 수 있다(동조 4항). 당사자가 집행정지 취소의 신청을 하고자 하는 때에는 집행정지 결정 후 심판청구에 대한 행정심판위원회나 소위원회의 의결이 있기 전까지 신청의 취지와 원인을 기재한 서면에 심판청구서 사본 및 접수증명서를 첨부하여 행정심판위원회에 제출하여야 한다(동조 5항). 행정심판위원회는 집행정지의 취소에 관하여 심리·결정한 때에는 지체없이 결정서 정본을 당사자에게 송달하여야 한다(동조 7항).

3) 임시처분

행정심판위원회는 처분 또는 부작위가 위법·부당하다고 상당히 의심되는 경우로서 처분 또는 부작위 때문에 당사자가 받을 우려가 있는 중대한 불이익이나 당사자에게 생길 급박한 위험을 막기 위하여 임시지위를 정하여야 할 필요가 있는 경우에는 직권으로 또는 당사자의 신청에 의하여 임시처분을 결정할 수 있다(동법 31조 1항). 임시처분에는 집행정지에 관한 위 제30조 제3항부터 제7항까지를 준용한다. 이 경우 제6항 전단의 "중대한 손해가 생길 우려"는 "중대한 불이익이나 급박한 위험이 생길 우려"로 본다(동조 2항). 임시처분은 집행정지로 목적을 달성할 수 있는 경우에는 허용되지 아니한다(동조 3항).

5. 심판청구 등의 취하

청구인과 참가인은 심판청구에 대한 의결이 있을 때까지 서면으로 각각 심판청구 또는 참가신청을 취하할 수 있다(동법 42조).

X. 행정심판의 심리

1. 심리절차의 준사법화

행정심판절차에는 「민사소송법」의 규정이 준용되지 않기 때문에 「행정심판법」은 직접 심리절차의 대심구조화 및 당사자의 절차적 권리보장을 주된 내용으로 하는 소송절차에 준하는 구체적인 심리절차에 관한 제 규정을 마련함으로써 「헌법」 제107조 제3항의 취지에 따라 심리절차를 준사법화하고 있다.

2. 심리의 대상

심리에는 심판청구의 적법 여부를 판단하는 요건심리와 청구의 당부를 판단하는 본안심리가 있다.

(1) 요건심리

심판청구는 적법한 형식적 요건을 갖춘 청구이어야 한다. 심판청구가 이러한 적법요건을 갖춘 청구인가에 대한 심리가 요건심리이다. 형식적 심리라고도 한다. 심판청구요건은 본안심리의 전제가 된다. 요건심리의 결과, 심판청구가 청구요건을 갖추지 못한 부적법한 것인 때에는, 그 요건불비가 보정할 수 있는 것인 경우 보정을 요구하거나 직권으로 보정하는 경우(동법 제32조 1항)를 제외하고는 각하하게 된다.

(2) 본안심리

요건심리의 결과, 심판청구가 청구요건을 갖춘 적법한 것인 때에는 청구인의 청구의 당부를 심리하게 되는데, 이것이 본안심리이다. 실질적 심리라고도 한다.

본안심리의 결과, 청구인의 청구가 정당하다고 인정되는 경우에는 인용하게 되고, 부당하다고 인정되는 경우에는 기각하게 된다.

3. 심리의 방식과 범위에 관한 기본원칙

(1) 쌍방심리주의

쌍방심리주의란 심리에 있어서 대립하는 당사자 쌍방에게 대등한 기회를 주어야 한다는 원칙이다. 무기대등의 원칙(Grundsatz der Waffengleichheit) 이라고도 한다.

「행정심판법」은 행정심판의 당사자를 청구인과 피청구인으로 명시하고 이들이 서로 대등하게 공격·방어방법을 제출하고 원칙적으로 이들 당사자가 제출한 공격·방어방법을 심리의 기초로 삼는 대심구조를 채택하고 있다. 주장서면 또는 증거서류의 부본송달제도의 확립은 쌍방심리주의의 표현이다.

(2) 처분권주의

처분권주의란 쟁송의 개시, 쟁송의 대상과 범위 및 쟁송의 종료에 대하여 당사자가 처분권(주도권)을 가지고 이들에 관하여 자유로이 결정할 수 있는 원칙을 말한다.

행정심판도 청구인의 심판청구에 의하여 개시되고, 심판대상과 범위를 당사자가 결정하며(청구취지의 특정, 불고불리의 원칙), 청구인은 심판청구를 취하함으로써 심판절차를 종료시킬 수 있다. 따라서 행정심판도 처분권주의에 입각하고 있다. 그러나 심판청구기간이 제한되어 있고, 청구인낙(피청구인이 청구인의 청구가 이유 있음을 인정하는 일방적인 의사표시)이 인정되지 않는 등 공익적 견지에서 처분권주의가 많은 제한을 받고 있다.

(3) 직권심리주의

직권심리주의란 쟁송심리의 주도권을 심리기관에게 주는 원칙을 말한다. 쟁송심리의 주도권을 당사자에게 주는 당사자주의에 대립되는 개념이다.

행정심판위원회는 심리의 진행을 직권으로 行하고, 심리에 필요한 자료를 당사자가 제출한 것만에 의존하지 아니하고 직권으로 수집·조사할 수 있다(동법 36조 등 참조). 행정심판위원회의 심리는 당사자가 주장한 사실에 한정되지 아니하며, 필요하다고 인정할 때에는 당사자가 주장하지 아니한 사실에 대하여도 심리할 수 있다(동법 39조 1항).

「행정심판법」상의 직권심리는 「행정소송법」상의 직권심리와는 달리, 행정의 자기통제적 기능 때문에, 직권탐지주의를 취하고 있다고 보는 견해[1]가 있다. 이에 대하여는 행정심판도 행정소송과 마찬가지로 권리구제기능에 중점이 놓여있다는 이유로 행정심판에 있어서도 행정소송의 경우와 같이 변론주의가 원칙이고 직권심리주의는 보충적으로 적용된다는 견해[2]가 있다.

(4) 구술심리주의·서면심리주의

구술심리주의란 공격·방어방법의 제출에 있어서 사실상·법률상의 진술 및 증거조사는 구술로 해야 한다는 원칙을 말하고, 서면심리주의는 서면으로 해야 한다는 원칙을 말한다. 양자는 각각 장단점이 있다. 즉 전자는 진술이 명료하지 않거나 모순되는 점이 있으면 곧 석명하여 명확히

---

1) 金炳圻, 「보완요구의 부작위성과 재결의 기속력」, 한국행정판례연구회 제164차 월례발표회 발표논문, 13쪽; 朴正勳, 「행정심판법의 구조와 기능」, 행정법연구(행정법이론실무학회) 제12호, 259쪽 참조.
2) 金基杓, 신행정심판법론, 475쪽.

보충할 수 있으므로 당사자의 진의를 파악하는 데 편리하다는 등의 장점을 갖는 반면, 구술의 진술이나 청취의 결과는 망각하기 쉽고 사실관계가 복잡할 때에는 청취의 결과를 정리하기 어렵다는 등의 단점을 갖고 있다. 후자는 전자와 반대의 장단점을 가진다.

「행정심판법」은 "행정심판의 심리는 구술심리 또는 서면심리로 한다. 다만, 당사자가 구술심리를 신청한 때에는 서면심리만으로 결정할 수 있다고 인정되는 경우 외에는 구술심리를 하여야 한다"고 규정하고 있다(40조 1항). 당사자가 구술심리를 신청한 때에는 그 신청이 심리를 부당하게 지연시키기 위한 것이 아닌 한 당사자의 구술에 의한 진술의 기회를 넓게 부여해야 한다.

(5) 공개심리주의·비공개심리주의

공개심리주의란 심판을 일반공중이 누구라도 방청할 수 있는 상태에서 행하는 원칙을 말하고, 비공개심리주의란 일반공중이 방청할 수 없는 상태에서 행하는 원칙을 말한다.

「행정심판법」에 명문의 규정이 없기 때문에 공개심리주의가 원칙이냐 비공개심리주의가 원칙이냐에 관하여 견해가 나뉜다. 공개심리주의가 원칙이라는 견해는 「행정심판법」이 구술심리를 우선시키고 있다는 것이 그 논거이다.[1] 비공개심리주의가 원칙이라는 견해는 서면심리주의·직권심리주의를 취하고 있는 「행정심판법」의 전체적인 구조를 그 논거로 들고 있다(다수설).

문제는 당사자가 공개를 요청할 경우이다. 이 경우에는 ① 「행정심판법」 제40조 제1항이 당사자가 구술심리를 신청한 때에는 원칙적으로 구술심리를 하여야 한다는 취지, ② 「행정절차법」 제30조가 청문은 당사자의 공개신청이 있을 때에는 이를 공개할 수 있다고 한 취지, ③ 헌법 제107조 제3항은 행정심판의 절차는 사법절차가 준용되어야 한다고 규정하고 있는바, 심리의 공개는 공정성과 객관성을 담보하기 위한 것으로서 사법절차의 본질적 요소를 이루는 것이라는 점, ④ 재판의 심리와 판결을 원칙적으로 공개하도록 하고 있는 「헌법」 제109조의 정신에 비추어 원칙적으로 공개하여야 한다.

「행정심판법」은 위원회에서 위원이 발언한 내용 그 밖에 공개할 경우 위원회의 심리·의결의 공정성을 해할 우려가 있는 사항으로서 대통령령이 정하는 사항은 이를 공개하지 아니한다라고 규정하고 있다(동법 제41조). 이 규정에 대하여는 비공개심리주의의 간접적 논거로 보는 견해[2]와 심리 자체의 비공개가 아니라 비공개심리의 경우에 작성된 심리기록의 비공개에 관한 것이라는 견해[3]로 나뉜다.

---

1) 金南辰, 행정법 Ⅰ(제7판), 697쪽.

2) 金基杓, 앞의 책, 479쪽.

3) 朴正勳, 앞의 논문, 258쪽.

4. 당사자의 절차적 권리

(1) 위원 등의 기피신청권

당사자는 행정심판위원회 위원에게 심리·재결의 공정을 기대하기 어려운 사정이 있는 경우에는 기피신청을 할 수 있다. 이 경우에 행정심판위원회의 위원장은 기피신청을 받으면 기피 여부에 대한 결정을 하고 지체 없이 신청인에게 결정정본을 송달하여야 한다(동법 10조 2항·6항). 사건의 심리·재결에 관한 사무에 관여하는 위원 아닌 직원에 대하여도 당사자의 기피신청이 인정된다(동조 8항).

(2) 보충서면제출권

당사자는 심판청구서·보정서·답변서 또는 참가신청서 등에서 주장한 사실을 보충하고 다른 당사자의 주장을 다시 반박하기 위하여 필요하다고 인정할 때에는 보충서면을 제출할 수 있되, 다른 당사자의 수만큼 보충서면 부본을 제출하여야 한다(동법 33조 1항). 이 경우 행정심판위원회가 보충서면의 제출기한을 정할 수 있다(동조 2항).

(3) 구술심리신청권

당사자는 행정심판위원회에 구술심리를 신청할 수 있음(동법 40조 1항)은 이미 설명한 바와 같다.

(4) 증거제출권

당사자는 심판청구서·보정서·답변서 또는 참가신청서에 덧붙여 그 주장을 뒷받침하는 증거서류 또는 증거물을 제출할 수 있다(동법 34조 1항). 증거서류에는 다른 당사자의 수만큼 증거서류 부본을 첨부하여야 한다(동조 2항). 행정심판위원회는 당사자로부터 제출된 증거서류의 부본을 지체없이 다른 당사자에게 송달하여야 한다(동조 3항).

(5) 증거조사신청권

당사자는 자기의 주장을 뒷받침하기 위하여 본인 또는 관계인의 신문, 증거자료의 제출요구 및 영치, 감정, 검증 등 증거조사를 신청할 수 있다(동법 36조 1항). 당사자가 증거조사를 신청하고자 하는 때에는 행정심판위원회에 증명할 사실과 증거방법을 구체적으로 명시한 서면을 제출하여야 한다(동법 시행령 25조 1항).

행정심판위원회는 직접 증거조사를 할 수도 있고, 필요하다고 인정할 때에는 행정심판위원회가 소속된 행정청의 직원 또는 다른 행정기관에 촉탁하여 증거조사를 하게 할 수 있다(동법 36조 2항).

「행정심판법」은 당사자가 행정기관이 보유하는 관계 자료의 열람·복사를 요구할 수 있는 규정은 두고 있지 않다. 그러나 당사자 등은 행정심판위원회에 대하여 「행정절차법」 제37조를 유추하여 당해 사안의 조사결과에 관한 문서 그 밖에 당해 처분과 관련되는 문서의 열람·복사를 요청할 수 있을 것이며, 「공공기관의 정보공개에 관한 법률」이 정하는 절차에 따라 행정기관이 보유하는 정보의 공개를 청구할 수도 있을 것이다.

5. 심리의 병합과 분리

행정심판위원회는 필요하다고 인정할 때에는 관련되는 심판청구를 병합하여 심리하거나 병합된 관련청구를 분리하여 심리할 수 있다(행정심판법 37조).

심판청구의 병합이란 두 개 이상의 심판청구를 하나의 심판청구로 심판하기 위하여 결합하는 것을 말한다. 병합된 심판청구는 동일한 처분이나 부작위를 대상으로 제기되었거나 동일한 행정청이 행한 유사한 내용의 처분이나 부작위를 대상으로 제기된 심판청구 등 당사자 또는 청구의 점에서 어떠한 관련성이 있을 것이 필요하다. 이들 심판청구를 병합하는 것은 관련성 있는 분쟁에 대한 심판의 모순·저촉을 피하고 증거조사를 공통으로 행함으로써 반복된 심리를 생략할 수 있는 이점이 있기 때문이다.

심판청구의 분리란 하나의 심판절차에 병합된 수 개의 심판청구를 별개의 심판절차로 심판하기 위하여 나누는 것을 말한다. 이와 같이 심판청구를 분리하는 것은 병합된 심판청구가 다른 심판청구와 관련성이 없어서 이들을 병합심리하는 것이 도리어 심리를 복잡하게 하고 행정심판을 지연시키는 원인이 될 때도 있기 때문이다.

XI. 행정심판의 종료

1. 재결에 의한 행정심판의 종료

이에 관하여는 후술한다.

2. 재결에 의하지 아니한 행정심판의 종료

(1) 행정심판의 취하

행정심판의 취하란 청구한 행정심판의 전부 또는 일부를 철회한다는 청구인의 행정심판위원회에 대한 의사표시를 말한다. 행정심판의 취하는 행정심판의 종료사유가 된다. 취하는 행정심판위원회의 의결이 있을 때까지 서면으로 피청구인 또는 행정심판위원회에 제출함으로써 행한다(동법 42조 1항 내지 4항). 피청구인 또는 행정심판위원회는 계속 중인 사건에 대하여 취하서를 받으면 지체 없이 다른 관계 기관, 청구인, 참가인에게 취하 사실을 알려야 한다(동조 5항).

(2) 행정심판위원회의 조정

행정심판위원회의 조정이란 행정심판위원회가 행정심판 당사자 사이에 서서 사건의 해결을 위하여 노력하는 것을 말한다. 행정심판위원회의 조정은 당사자가 서로 양보함으로써 사건을 원만하고, 타당하게, 그리고 신속하게 해결하기 위한 것이며, 당사자의 동의가 조정 성립의 요건이다. 즉, 행정심판위원회는 당사자의 권리 및 권한의 범위 내에서 당사자의 동의를 받아 행정심판의 신속하고 공정한 해결을 위하여 조정할 수 있다. 다만, 그 조정이 공공복리에 적합하지 아니하거나 해당 처분의 성질에 반하는 경우에는 그러하지 아니하다(동법 43조의2 1항). 행정심판위원회는 위의 조정을 함에 있어서 심판청구된 사건의 법적·사실적 상태와 당사자 및 이해관계인의 이익 등 모든 사항을 참작하고, 조정의 이유와 취지를 설명하여야 한다(동조 2항). 조정은 당사자가 합의한 사항을 조정서에 기재한 후 당사자가 서명 또는 날인하고 행정심판위원회가 이를 확인함으로써 성립한다(동조 3항). 이에 따른 조정에 대하여는 재결의 효력 등의 규정이 준용된다(동조 4항).

(3) 당사자의 소멸

청구인이 사망하거나 심판청구의 대상에 관계되는 권리나 이익 및 권한을 승계할 자가 없는 경우에는 행정심판은 종료된다.

XII. 행정심판의 재결

1. 재결의 의의 및 성질

재결이란 심판청구사건에 대하여 행정심판위원회가 행하는 판단을 말한다(동법 2조 3호).

재결은 일반적으로 공법관계의 존부(存否) 또는 정부(正否)에 관한 분쟁에 대하여 심판청구를 기다려서 행정심판위원회가 일정한 절차를 거쳐서 공적으로 판단하여 확정하는 행위이므로 준법률행위적 행정행위인 확인행위의 성질을 가지지만, 후술하는 처분재결은 형성행위의 성질을 가진다. 또한 재결도 하나의 처분이다(행정소송법 2조 1항 1호). 따라서 재결 자체에 고유한 위법이 있는 경우에는 취소소송의 대상이 된다(동법 19조 단서).

2. 위법·부당판단의 기준시

처분 또는 부작위가 행하여진 때와 재결할 때까지의 사이에 사실관계가 변경된다든가, 그 근거가 되는 법령의 개폐가 행하여진 경우에 어느 시점을 기준으로 하여 처분의 위법·부당 여부를 판단할 것인가가 문제된다.

판례는 처분시를 기준으로 보고 있다(대법 2001. 7. 27. 선고 99두5092 판결).

(1) 생각건대, 행정심판의 성질을 어떻게 보느냐에 따라 달라지지만, 행정심판을 행정소송에 준하는 것으로 이해한다면(위 대법 99두5092 판결), 행정심판에 있어서 처분의 위법·부당

여부는 원칙적으로 처분할 때를 기준으로 판단하여야 한다.

(2) 다만 이행재결에 있어서는 장래 신청에 따른 일정한 처분을 할 것을 전제로 재결을 행하게 되는 것이므로 재결할 때를 기준으로 행정청의 부작위에 대한 위법·부당 여부를 판단하여야 한다.

3. 재결의 기간 등

(1) 재결기간

재결은 피청구인 또는 행정심판위원회가 심판청구서를 받은 날로부터 60일 이내에 하여야 한다(행정심판법 45조 1항 본문). 행정심판위원회가 심판청구에 흠결이 있어서 그 보정을 요구한 경우의 보정기간은 재결기간에 산입하지 아니한다(동법 32조 5항). 그러나 부득이한 사정이 있을 때에는 행정심판위원회 위원장이 직권으로 30일을 연장할 수 있다(동법 45조 1항 단서). 이와 같이 재결기간을 연장한 때에는 재결기간이 만료되기 7일 전까지 당사자에게 이를 통지하여야 한다(동조 2항).

(2) 재결방식

재결은 서면(재결서)으로 하되, 재결서에는 주문·청구취지·이유 등을 기재하고, 기명날인하여야 한다(동법 46조 1항, 2항). 재결서에 기재하는 이유에는 주문내용이 정당함을 인정할 수 있는 정도로 판단을 표시하여야 한다(동조 3항).

(3) 재결범위

1) 불고불리의 원칙

행정심판위원회는 심판청구의 대상이 되는 처분 또는 부작위 외의 사항에 대하여는 재결하지 못한다(동법 47조 1항).

2) 불이익변경금지

행정심판위원회는 심판청구의 대상이 되는 처분보다 청구인에게 불이익한 재결을 하지 못한다(동조 2항).[1]

---

1) 대법 2016. 9. 28. 선고 206두39382 판결 : 심판청구에 대한 결정의 한 유형으로 실무상 행해지고 있는 재조사결정은 재결청의 결정에서 지적된 사항에 관해서 처분청의 재조사결과를 기다려 그에 따른 후속 처분의 내용을 심판청구 등에 대한 결정의 일부분으로 삼겠다는 의사가 내포된 변형결정에 해당하고, 처분청의 후속처분에 따라 내용이 보완됨으로써 결정적으로 효력이 발생하므로, 재조사결정의 취지에 따른 후속 처분이 심판청구를 한 당초 처분보다 청구인에게 불리하면 국세기본법 제79조 제2항의 불이익변경금지원칙에 위배되어 후속 처분 중 당초 처분의 세액을 초과하는 부분은 위법하게 된다.

⑷ 재결의 송달과 효력발생

행정심판위원회가 재결을 행한 때에는 지체없이 당사자에게 재결서의 정본을 송달하여야 한다(동법 48조 1항 전문). 서류의 송달 방법에 관하여는 「민사소송법」 중 송달에 관한 규정을 준용한다(동법 57조). 재결은 청구인에게 재결서의 정본의 송달이 있은 때에 그 효력이 생긴다(동법 48조 2항).

행정심판위원회는 재결서의 등본을 지체없이 참가인에게 송달하여야 하며, 행정심판이 처분의 상대방이 아닌 제3자에 의하여 제기된 경우에 행정심판위원회는 지체없이 그 재결서의 등본을 피청구인을 거쳐 처분의 상대방에게 송달하여야 한다(동조 3항, 4항).

4. 재결의 종류

⑴ 요건재결(각하재결)

요건재결(각하재결)은 심판청구가 그 제기요건을 갖추지 못한 부적법한 것인 경우(예: 청구인적격이 없는 자가 심판청구를 제기한 경우, 심판청구기간이 경과한 후에 심판청구를 제기한 경우)에 본안심리를 거절하는 재결이다(동법 43조 1항).

⑵ 본안재결

본안재결은 심판청구의 당부에 관한 재결이다.

1) 기각재결

기각재결은 심판청구가 이유 없다고 하여 배척하는 내용의 재결이다(동조 2항). 기각재결은 원처분을 적법·타당하다고 확인하는 데 그치는 것이므로, 처분청은 기각재결 후 정당한 이유가 있으면 원처분을 취소·변경할 수 있다.

2) 사정재결

⑺ 의　　의　　　사정재결은 심판청구가 이유 있다고 인정하는 경우에도 이를 인용(認容)하는 것이 현저히 공공복리에 적합하지 아니하다고 인정하는 경우에 그 심판청구를 기각하는 재결이다(동법 44조 1항 전단). 예를 들면, 산업기지개발구역 내에 있는 청구인 소유 토지상의 건축허가신청에 대하여 피청구인이 허가신청서를 반려하여 청구인이 반려처분취소심판을 제기하게 된 경우에, 심리의 결과 당해 반려처분이 진행 중에 있는 국가공업단지 내의 저지대 해수방지대책을 위한 것일 때에는 그 처분이 위법하여 취소하여야 하지만 진행 중인 저지대 해수방지대책이라는 공공복리를 위하여 심판청구를 기각하는 재결을 하는 것이 그것이다.

사정재결제도는 법치행정의 원리와 청구인의 권리·이익을 희생하여 공공복리의 확보 또는 다수자의 이익을 보호하려는 의도로 행정소송에 있어서의 사정판결에 맞추어 인정된 예외적 제도이다. 이와 같이 예외적 제도이기 때문에 사정재결의 요건은 엄격하게 해석하여야 한다. 또한 「행정심판법」은 청구인의 권리·이익의 보호를 위한 제도적 장치를 마련하여 공익과 사익의 조화를 도모하고 있다.

(나) **위법·부당의 명시**　　　　사정재결을 한다고 해서 처분의 위법·부당성이 없어지는 것이 아니므로(조각되는 것이 아니므로), 이 경우 행정심판위원회는 그 재결의 주문에서 그 처분 또는 부작위가 위법 또는 부당하다는 것을 구체적으로 명시하여야 한다(동조 1항 후단).[1]

　　　　이처럼 위법·부당을 명시하도록 한 것은 사정재결임을 명백히 하여 청구는 기각되더라도 당해 처분 또는 부작위가 위법·부당하다는 것을 유권적으로 확정함으로써 사정재결 후에 행하여질 청구인의 손해배상청구나 다른 구제방법의 추구를 용이하게 하기 위함이다. 그리고 주문에서 위법·부당을 명시하도록 한 것은 처분이 위법하다는 것에 실질적 확정력을 발생하게 하기 위함이다.

(다) **구제방법의 강구**　　　　사정재결은 청구인의 청구가 이유 있음에도 불구하고 공익을 위하여 청구가 기각되는 것이므로, 청구가 기각됨으로 인하여 청구인이 입게 될 손해에 대하여는 적절한 구제방법이 강구되어야 함이 마땅하다. 「행정심판법」은 행정심판위원회가 사정재결을 함에 있어서 청구인에 대하여 상당한 구제방법을 취하거나 피청구인에게 상당한 구제방법을 취할 것을 명할 수 있도록 규정하고 있다(동조 2항). 여기서 "명할 수 있다"라고 한 것은 행정심판위원회의 권한을 표시한 것이지만 실질적으로는 공익과 사익의 조정이라는 견지에서 "명하여야 한다"는 취지로 해석하여야 한다는 것이 통설이다.

(라) **불　　복**　　　　사정재결 자체에 불복하거나, 행정심판위원회 또는 피청구인이 적절한 구제방법을 강구하지 아니하여 사정재결에 불복하는 청구인은 처분 또는 부작위의 위법을 이유로 하여 행정소송(취소소송·부작위위법확인소송)을 제기할 수 있다. 「국가배상법」에 의한 국가배상청구도 가능함은 물론이다.

(마) **사정재결의 제한**　　　　무효등확인심판에 있어서는 행정심판위원회는 사정재결을 할 수 없다(동조 3항).

3) 인용재결

인용재결은 심판청구가 이유 있다고 하여(원처분이나 부작위가 위법·부당하다고 인정하여) 청구인의 청구취지를 받아들이는 내용의 재결이다.

(가) **취소·변경재결**　　　　행정심판위원회는 취소심판의 청구가 이유 있다고 인정할 때에는 처분을 취소 또는 다른 처분으로 변경하거나 피청구인에게 다른 처분으로 변경할 것을 명한다(동법 43조 3항). 따라서 취소·변경재결에는 처분취소재결·처분변경재결·처분변경

---

1) 참고삼아 행정심판법 시안에서는 그 재결의 이유에서 위법 또는 부당함을 명시하여야 한다고 규정하고 있었다. 법무부 법무자문위원회공법연구특별분과위원회회의록[제2권], 1984, 192쪽 참조.

명령재결이 포함된다. 앞의 두 재결은 행정심판위원회가 직접 처분을 취소·변경하는 형성적 재결이고, 뒤의 재결은 처분의 변경을 처분청에게 명하는 이행적 재결이다(명령적 재결).

취소재결(처분취소재결·처분취소명령재결)에는 처분의 전부취소재결과 처분의 일부취소재결이 있을 수 있다. 처분의 일부취소재결은 예컨대 토지재산세(100만원) 부과처분 중 50만원을 초과하는 부분을 취소재결하는 것과 같이 분할 가능한 처분에 대하여 그 일부의 효력을 상실시키는 재결로서, 앞의 변경재결(예컨대 영업면허취소처분을 6월의 영업면허정지처분으로 변경하는 재결)과 다르다.

취소재결에는 위법·부당의 확인재결도 포함된다.

(나) **무효등확인재결**　　　　행정심판위원회는 무효등확인심판의 청구가 이유 있다고 인정할 때에는 처분의 효력 유무 또는 존재 여부를 확인한다(동조 4항). 따라서 무효등확인재결에는 처분무효확인재결·처분실효확인재결·처분유효확인재결·처분존재확인재결·처분부존재확인재결이 포함된다.

(다) **의무이행재결**　　　　행정심판위원회는 의무이행심판의 청구가 이유 있다고 인정할 때에는 지체없이 신청에 따른 처분을 하거나 이를 할 것을 명한다(동조 5항). 따라서 의무이행재결에는 처분재결·처분명령재결이 포함된다.[1] 처분재결은 형성적 성질을 가진 이행재결이다.

여기서 말하는 "신청에 따른 처분"은 반드시 청구인의 청구내용대로의 처분이라고 해석하지 아니하는 것이 통설이다.[2]

5. 재결의 효력

행정심판의 재결은 재결서의 정본이 청구인에게 송달됨으로써 그 효력이 발생된다(동법 48조 2항). 행정심판의 재결도 하나의 행정행위이므로 행정행위가 일반적으로 갖는 효력(구속력·공정력·구성요건적 효력·불가쟁력·불가변력 등)을 갖는다. 재결은 이 외에도 다음과 같은 특별한 효력(기속력·형성력·실질적 확정력)을 갖는다.

---

1) 처분재결과 처분명령재결이 모두 가능한 경우에 양자의 관계에 관하여는 ① 행정심판위원회가 재결의 선택에 있어 전적으로 재량권을 갖는다는 견해(朴均省,「의무이행심판의 발전방안」, 법제 2005년 10월호, 42쪽), ② 원칙적으로 처분명령재결을 하여야 하고 예외적으로 처분재결이 인정된다는 견해(金炳圻,「보안요구의 '부작위'성과 재결의 기속력」, 행정법연구(행정법이론실무학회) 제8호, 385쪽) 등이 있다.

2) 金東熙 교수는 심판청구의 대상이 재량행위인 경우 행정청의 거부처분 또는 부작위에 대하여 재결청(행정심판위원회 저자)은 위법을 이유로 하여서는 청구인의 청구 내용대로 처분을 하거나 행정청에 이를 할 것을 명할 수 없고, 부당을 이유로 하여서는 재결청(행정심판위원회 저자)은 청구 내용대로의 처분을 스스로 하거나 이를 할 것을 행정청에 명할 수 있다고 본다(행정법 I, 648쪽 이하). 金 교수는 기속행위와 재량행위를 정도의 문제로 보는 것이 아니라 서로 질적으로 완전히 구별되는 범주(category)의 문제로 보고 있다.

⑴ 기 속 력

1) 기속력의 의의

기속력이란 심판당사자인 행정청과 관계 행정청이 재결의 내용에 따라 행동할 실체법적 의무를 지는 효력을 말한다. 「행정심판법」은 "심판청구를 인용하는 재결은 피청구인인 행정청과 그 밖의 관계 행정청을 기속한다"(49조 1항)라고 하여 이를 밝히고 있다.

여기서 말하는 관계 행정청이란 처분청과 일련의 상하관계에 있는 행정청 및 당해 처분과 관계를 가진 행정청을 말한다. 처분청과 동일한 행정주체에 속하는 행정청, 기관위임의 경우와 같은 동일 행정사무계통을 이루는 상하의 행정청뿐만 아니라, 취소된 처분, 재결을 기초 또는 전제로 하여 그것과 관련되는 처분 또는 부수된 처분을 행하는 행정청이 관계 행정청의 범위에 속한다.[1]

기속력은 인용재결에만 발생하는 것이지 각하재결이나 기각재결에는 발생하지 않는다. 각하재결과 기각재결은 관계 행정청에 대하여 원처분을 유지하여야 할 의무를 부과하는 것이 아니라, 청구인의 심판청구를 배척하는 데 그치기 때문이다. 기속력은 당해 처분에 관하여 재결주문 및 그 전제가 된 요건사실의 인정과 판단에만 미치고 이와 직접 관계가 없는 다른 처분에 대하여는 미치지 아니한다(대법 1998. 2. 27. 선고 96누13972 판결, 대법 2005. 12. 9. 선고 2003두7705 판결 등).[2]

2) 기속력의 내용

기속력은 다음과 같은 내용을 갖는다.

⑺ 기속력의 소극적 효과로서 피청구인인 행정청과 그 밖의 관계행정청에게 부작위의무(반복금지효)가 발생한다는 것이 통설이다. 처분의 취소·변경재결, 무효등확인재결 등 재결이 있으면 처분청 등 관계 행정청은 그 재결에 저촉되는 행위를 할 수 없다. 취소심판청구가 이유 있다고 인정되어 재결로써 취소되었음에도 처분청이 동일한 사실에 관하여 처분을 되풀이하는 경우 설령 그 처분이 감사원의 시정요구에 의한 것이라 하더라도 위법하다(대법 1986. 5. 27. 선고 86누127 판결).

반복금지효에 위반하여 처분청이 동일한 사실에 관하여 동일한 처분을 행한 경우, 그 처분은 무효사유에 해당한다고 보아야 한다. 왜냐하면 이 경우 단순히 취소가능한 사유에 해당한다고 한다면 당해 처분이 제소기간의 경과 등으로 확정력이 발생할 수도 있으며, 이는 「행정심판법」이 기속력을 인정한 취지에 반하기 때문이다(대법 1989. 9. 12. 선고 89누985 판결).

⑴ 기속력의 적극적 효과로서 작위의무가 발생한다. 처분을 변경할 것을 명하는 재결이 있는

---

1) 「행정심판법」 제49조 제1항의 관계 행정청에는 동일한 행정주체에 속하지 아니하는 지방자치단체는 포함되지 아니한다는 견해에 관하여는 朴正勳, 「지방자치단체의 자치권을 보장하기 위한 행정소송」, 지방친화적 지방자치를 위한 법제개혁방안(한국지방자치법학회 제2회 학술발표대회 주제논문), 24쪽 참조.

2) 헌재 1999. 7. 22. 98헌라4 결정은 인용재결의 기속력의 객관적 범위를 재결의 주문에 포함된 법률적 판단에 한정하고 있다.

경우에는 처분청은 재결의 취지에 따라 처분을 변경하여야 한다. 재결에 의하여 취소되거나 무효 또는 부존재로 확인되는 처분이 당사자의 신청을 거부하는 것을 내용으로 하는 경우에는 그 처분을 한 행정청은 재결의 취지에 따라 다시 이전의 신청에 대한 처분을 하여야 한다(동법 49조 2항). 당사자의 신청을 거부하거나 부작위로 방치한 처분의 이행을 명하는 재결이 있는 경우에는 행정청은 지체없이 그 재결의 취지에 따라 다시 이전의 신청에 대한 처분을 하여야 한다(동법 49조 3항). 신청에 따른 처분이 절차의 위법 또는 부당을 이유로 재결로써 취소된 경우에도 행정청은 지체없이 이전의 신청에 대한 처분(신청에 따른 처분을 하거나 신청을 기각하는 처분)을 하여야 한다(동조 4항).

㈐ 처분의 취소재결 또는 무효등확인재결이 있게 되면 행정청은 기속력의 적극적 효과로서 당해 처분의 불가결의 요소를 이루는 후속처분이나 사실상의 조치 등을 원상으로 회복시켜야 할 의무를 진다. 예컨대 공유수면매립면허가 취소되면 국토교통부장관은 매립공사 준공인가를 취소해야 할 의무를 진다.

㈑ 법령의 규정에 의하여 공고하거나 고시한 처분이 재결로써 취소 또는 변경된 때에는 처분을 행한 행정청은 지체없이 그 처분이 취소 또는 변경되었음을 공고하거나 고시하여야 한다(동조 5항).

㈒ 법령의 규정에 의하여 처분의 상대방 외의 이해관계인에게 통지된 처분이 재결로써 취소 또는 변경된 때에는 처분을 행한 행정청은 지체없이 그 이해관계인에게 그 처분이 취소 또는 변경되었음을 통지하여야 한다(동조 6항).

3) 기속력의 범위

㈎ **주관적 범위**　　재결의 기속력은 당사자인 행정청뿐만 아니라 그 밖의 관계행정청에 미친다. 여기서 말하는 관계행정청의 범위에 관하여는 앞에서 본 바와 같다.

㈏ **객관적 범위**　　재결의 기속력은 당해 처분에 관하여 재결주문 및 그 전제가 된 요건사실의 인정과 판단에 대하여 미친다는 것도 앞에서 보았다.

4) 이행재결의 기속력을 확보하기 위한 직접처분

㈎ **처분청의 처분의무불이행과 직접처분**　　당사자의 신청을 거부하거나 부작위로 방치한 처분의 이행을 명하는 재결(의무이행심판청구에 대한 재결)이 있는 경우에는 행정청은 지체없이 그 재결의 취지에 따라 다시 이전의 신청에 대한 처분을 하여야 한다. 이 경우 행정청이 처분을 하지 아니하는 때에는 행정심판위원회는 당사자의 신청에 따라 기간을 정하여 서면으로 시정을 명하고 그 기간 내에 이행하지 아니하는 경우에는 직접 당해 처분을 할 수 있다(동법 50조 1항). 다만, 당해 처분의 성질 그 밖의 불가피한 사유로 행정심판위원회가 직접 처분할 수 없는 경우에는 그러하지 아니하다(동항 단서).

(나) **직접처분을 둔 이유**　　보통의 경우 행정심판위원회의 처분이행명령재결을 하급기 관인 처분청이 이행하지 아니하는 경우는 있을 수 없다. 그러나 처분청이 지방자치단체의 장인 경우 지역주민여론 등을 이유로 처분의무의 이행을 미루는 사례(예컨대, 쓰레기 소각장 설치허가에 대한 처분이행명령재결의 불이행)가 있을 수 있다. 이 경우에는 예외적으로 행정심 판위원회의 직접처분이 필요하게 된다. 이것이 행정심판위원회의 직접처분제도가 도입된 이유이다. 직접처분의 대상은 지방자치단체의 기관위임사무의 집행으로서의 처분뿐만 아 니라 지방자치단체의 고유사무의 집행으로서의 처분을 포함한다는 것이 다수설이다.[1]

(다) **처분재결과 직접처분**　　「행정심판법」제43조 제5항의 처분재결과 제50조 제1항 의 직접처분은 같은 것인가 다른 것인가의 문제가 있다. 같다는 견해[2]도 있고 다르다는 견 해도 있다. 생각건대, 양자는 의무이행심판 인용재결을 전제로 하고 있다는 점에서는 같 다. 그러나 직접처분은 처분청이 처분의무를 이행하지 아니하는 경우에 처분이행명령재 결의 실효성을 확보하기 위하여 새로운 당사자의 신청에 의하여 처분청의 처분에 갈음하 여 행하는 처분이며 재결 그 자체는 아니다.

(라) **처분청에의 통보**　　행정심판위원회가 직접처분을 한 때에는 그 사실을 당해 행정 청에 통보하여야 한다(동법 50조 2항).

(2) 형 성 력

　재결이 확정되면 그에 의하여 기존의 법률관계에 변동을 가져오는 효력이 발생한다. 이를 형 성력이라 한다. 이 형성력은 재결 중 형성재결, 즉 처분취소재결·처분변경재결 및 의무이행재결 중의 처분재결에만 발생한다. 재결에 의하여 취소심판의 청구가 인용되어 원처분의 전부 또는 일부가 취소되거나 변경된 때에는 원처분의 당해 부분에 관한 효력은 처분을 한 때에 소급하여 소멸되고 재결에 의하여 새로이 변경된 내용에 따른 효력이 발생한다.[3]

　또한 의무이행심판에 대한 인용재결 중에서 재결로써 신청에 따른 처분을 한 경우에도 마찬 가지이다. 다만 이 경우의 재결의 효력은 그 성질상 소급되지 아니한다.

　재결의 형성력에 관하여는 「행정심판법」에는 「행정소송법」제29조 제1항과 같은 제3자효에 관한 규정이 없다. 그러나 재결의 형성력이 제3자에게도 미친다는 것(대세적 효력)이 통설이다.

---

1) 이에 대하여는 직접처분제도는 지방자치단체의 기관위임사무의 집행으로서의 처분인 경우에는 타당하지만, 고 유사무의 집행으로서의 처분인 경우에는 지방자치의 취지에 비추어 문제가 있다는 견해도 있다(金南澈,「행정 심판법 제37조 제2항에 의한 자치권 침해의 가능성」, 행정판례연구(한국행정판례연구회) Ⅴ, 425쪽 이하 참조).

2) 金東熙, 행정법 Ⅰ(제14판), 644쪽.

3) 원처분에 대한 형성적 취소재결이 확정된 후 처분청이 다시 원처분을 취소한 경우, 처분청이 행한 원처분의 취 소는 원처분이 취소·소멸되었음을 확인하여 알려주는 의미의 사실 또는 관념의 통지에 불과할 뿐 새로운 형성 적 행위가 아니므로 항고소송의 대상이 되는 처분이 아니다(대법 1998. 4. 24. 선고 97누17131 판결).

(3) 실질적 확정력

재결이 확정되면 그 재결에 불가변력이 발생하여 행정심판위원회라 하더라도 그 재결을 취소·변경할 수 없다는 것이 통설이고 판례이다. 문제는 재결에 재판판결의 기판력과 비슷한 실질적 확정력이 발생하는가인데 이에 관하여 학자들 간에는 아직 정설이 없다.[1] 판례는, 기판력을 후소법원의 판단을 구속하는 효력으로 이해하는 한, 행정심판재결에 판결의 기판력과 같은 실질적 확정력이 발생하는 것은 아니라는 입장이다(대법 1993. 4. 13. 선고 92누17181 판결 등). 그러나 최소한 재결 중 사정재결에 있어서는 「행정심판법」 제33조 제1항 후단이 사정재결을 하는 경우 재결청은 재결의 주문에서 그 처분 또는 부작위가 위법 또는 부당함을 명시하도록 한 것은 처분이 위법하다는 것에 실질적 확정력을 발생하게 하기 위한 것으로 해석된다.[2]

(4) 간접강제

「행정심판법」은 위 기속력에서 본 처분청의 재처분의무의 실효성을 담보하기 위하여 간접강제를 규정하고 있다. 즉 피청구인이 법 제49조 제2항(제49조 제4항에서 준용되는 경우 포함) 또는 제3항에 따른 처분을 하지 아니하면 청구인의 신청에 의하여 행정심판위원회는 결정으로 상당한 기간을 정하고 피청구인이 그 기간내에 이행하지 아니하는 경우에는 그 지연기간에 따라 일정한 배상을 하도록 명하거나 즉시 배상을 할 것을 명할 수 있다(동법 50조의2 1항). 결정의 효력은 피청구인인 행정청이 소속된 국가·지방자치단체 또는 공공단체에 미치며, 결정서 정본은 「민사집행법」에 따른 강제집행에 관하여는 집행권원과 같은 효력을 가진다(동조 5항). 간접강제 결정에 기초한 강제집행에 관하여 「행정심판법」에 특별한 규정이 없는 사항에 대하여는 「민사집행법」의 규정을 준용한다(동조 6항).

---

1) 朴正勳 교수는 재결에 대해서는 판결에서와 같은 기판력이 인정될 수 없다고 하면서, 재결에 대하여는 재심판청구가 금지되어 있으므로 이러한 심판청구에 대해서는 동일한 또는 다른 행정심판위원회는 반드시 각하재결을 의결하여야 하는데 이러한 재결의 효력을 판결의 기판력에 준하여 역시 기판력이라고 부를 수 있을지도 모르나, 이 효력은 관계 행정청에 대한 기속력의 일환으로 보는 것이 타당하다고 한다(同人, 앞의 논문, 265쪽). 이에 반하여 鄭泰容 교수는 행정심판재결에 실질적 확정력을 인정하는 것이 바람직하다고 주장한다. 행정심판재결은 ① 준사법적 절차에 의하여 행하여진다는 점, ② 재결을 행하는 행정심판위원회는 처분청과는 독립된 기관이라는 점, ③ 행정심판은 이해관계인의 참여하에 이루어지는 분쟁해결의 절차로서 재결에 의하여 분쟁이 종국적으로 해결되어야 할 필요가 있다는 점, ④ 인용재결의 경우 피청구인인 행정청은 불복을 하지 못하게 하고 있으므로 기각재결이나 각하재결의 경우 청구인에게 불복의 기회를 부여한 이상 실질적 확정력을 부여한다고 해서 형평에 어긋난다고 보기 어렵다는 점, ⑤ 실질적 확정력을 인정하지 않으면 인용재결의 경우 피청구인인 행정청은 불복하지 못하는데 법원은 이와 모순되거나 저촉되는 판결을 할 수 있게 되는 상황이 발생할 수 있다는 점 등이 그 이유이다(同人, 「행정심판재결 존속력의 의미―대법원 2008. 7. 24. 선고 2006두20808 판결―」, 한국행정판례연구회 제242차 월례발표회 발표논문, 특히 6쪽 이하).

2) 대법 1970. 7. 28. 선고 70누66·67·68 판결의 이유 참조.

6. 재결에 대한 불복

(1) 재심판청구의 금지

심판청구에 대한 재결이 있는 경우에는 당해 재결 및 동일한 처분 또는 부작위에 대하여 다시 심판청구를 제기할 수 없다(동법 51조).

(2) 행정소송

심판청구에 대한 재결에 불복하는 경우에는 행정소송을 제기할 수 있다. 이 경우 재결취소(무효)의 소송은 재결 자체에 고유한 위법이 있음을 이유로 하는 경우에 한하고, 그 밖의 경우에는 원처분취소(무효)의 소송에 의하여 불복하여야 한다(행정소송법 19조).

처분행정청은 재결에 불복하여 행정소송을 제기할 수 없다는 것이 판례이다. 처분행정청에 대하여 재결에 관한 행정소송을 인정하는 것은 행정상의 통제를 스스로 파괴하고 국민의 신속한 권리구제를 지연시키는 작용을 하게 된다는 것이 그 이유이다(대법 1998. 5. 8. 선고 97누15432 판결).

XIII. 전자정보처리조직을 통한 심판청구 절차의 수행

1. 전자정보처리조직을 통한 심판청구

「행정심판법」에 따라 행정심판절차를 밟는 자는 심판청구서와 그 밖의 서류를 전자문서화하고 이를 정보통신망을 이용하여 행정심판위원회에서 지정·운영하는 전자정보처리조직을 통하여 제출할 수 있다(동법 52조 1항). 이에 따라 제출된 전자문서는 「행정심판법」에 따라 제출된 것으로 보며, 부본제출의무가 면제된다(동조 2항).

위 전자문서는 그 문서를 제출한 사람이 정보통신망을 통하여 전자정보처리조직에서 제공하는 접수번호를 확인하였을 때에 전자정보처리조직에 기록된 내용으로 접수된 것으로 본다(동조 3항).

전자정보처리조직을 통하여 접수된 심판청구의 경우 심판청구기간을 계산할 때에는 위 접수가 되었을 때 행정심판이 청구된 것으로 본다(동조 4항).

2. 전자서명

행정심판위원회는 전자정보처리조직을 통하여 행정심판절차를 밟으려는 자에게 본인(本人)임을 확인할 수 있는 「전자서명법」 제2조 제3호에 따른 공인전자서명이나 그 밖의 인증을 요구할 수 있다(동법 53조 1항). 위의 공인전자서명이나 그 밖의 인증을 한 자는 「행정심판법」에 따른 서명 또는 날인을 한 것으로 본다(동조 2항).

3. 전자정보처리조직을 이용한 송달

피청구인 또는 행정심판위원회는 행정심판 청구자·참가자에게 전자정보처리조직과 그와 연계된 정보통신망을 이용하여 재결서나 「행정심판법」에 따른 각종 서류를 송달할 수 있다(청구인·참가인이 동의하지 아니한 경우 제외)(동법 54조 1항). 행정심판위원회는 송달하여야 하는 재결서 등 서류를 전자정보처리조직에 입력하여 등재한 다음 그 등재사실을 국회규칙, 대법원규칙, 헌법재판소규칙, 중앙선거관리위원회규칙, 대통령령의 정하는 방법에 따라 전자우편 등으로 알려야 한다(동조 2항). 전자정보처리조직을 이용한 서류 송달은 서면으로 한 것과 같은 효력을 가진다(동조 3항). 위에 따른 서류의 송달은 청구인이 등재된 전자문서를 확인한 때에 전자정보처리조직에 기록된 내용으로 도달한 것으로 본다(동조 4항 본문).

XIV. 고지제도

1. 고지제도의 의의

고지제도란 행정청이 처분을 행하는 경우 상대방 등에게 심판청구의 가부(可否), 행정심판위원회·청구기간 등 당해 처분에 대한 행정심판제기에 필요한 사항을 알려주는 제도를 말한다. 다른 나라(예: 오스트리아·스위스)에서는 이 제도를 행정절차법에서 규정하고 있다. 엄격히 따진다면 이 제도는 「행정절차법」에서 규정할 사항이지 「행정심판법」에서 규정할 성질의 사항은 아니다. 그러나 「행정심판법」이 제정될 당시에는 「행정절차법」이 없었기 때문에 행정구제제도로서의 행정심판의 광범위한 이용을 위하여 「행정심판법」에서 명문화하였던 것이다. 따라서 새로이 「행정절차법」을 제정하면서 그 「행정절차법」에서 고지제도를 명문화한 것(제26조)은 지극히 당연한 일이다. 현재는 고지제도가 「행정심판법」과 「행정절차법」 양 법률에 규정되어 있다.

2. 고지제도의 법적 성질

고지는 일정한 사항을 알려주는 행위이긴 하나, 관념의 통지나 의사의 통지인 준법률행위적 행정행위가 아니라, 「행정심판법」에 규정된 심판청구에 필요한 사항을 구체적으로 알려주는 비권력적 사실행위에 불과하다는 것이 지배적 견해로 보인다.

3. 고지제도의 기능(필요성)

고지의 기능(필요성)은 다음 두 가지로 요약하는 것이 일반적이다.

(1) 행정심판청구의 기회보장

아무리 행정심판제도가 완비되어 있어도 이러한 제도가 있는지를 알지 못하거나, 알고 있더라도 당해 처분에 대한 심판청구의 가부를 알지 못하여 심판청구의 기회를 잃어버리는 경우가 있다. 또한 행정심판을 제기하더라도 당해 처분에 대한 심판제기에 필요한 사항을 알지 못하여 청구요건에 잘못이 있어 부적법한 행정심판으로 각하되는 경우도 있다. 고지는 심판청구의 가부, 행정심판위원회·제기기간 등 당해 처분에 대한 심판제기에 필요한 사항을 알려줌으로써 처분의 상대방 등에게 행정심판청구의 기회를 실질적으로 보장해 주는 기능을 한다.

(2) 행정의 적정화

행정청이 처분을 행하는 경우에 상대방 등에게 행정심판제기에 필요한 사항을 고지하게 함으로써 처분청으로 하여금 행정심판제기 가능성에 대비하게 하고, 결과적으로 처분청으로 하여금 처분에 신중을 기하도록 하게 된다. 따라서 고지는 행정의 적정화 기능을 행한다.

4. 고지제도의 종류

고지에는 직권에 의한 고지와 신청에 의한 고지가 있다.

(1) 직권에 의한 고지

행정청이 처분을 할 경우에는 그 상대방에게 처분에 관하여 행정심판을 제기할 수 있는지의 여부, 제기하는 경우의 심판청구절차 및 청구기간을 알려야 한다(행정심판법 58조 1항).

1) 고지의 대상

고지의 대상은 처분이다. 여기서 말하는 처분은 「행정심판법」에 의한 심판청구의 대상이 되는 처분에 한하지 아니하고, 「행정심판법」 이외의 다른 법령에 의한 특별행정심판청구의 대상이 되는 처분을 포함한다는 것이 통설이다.

2) 고지의 내용

고지의무의 내용이 되는 고지 사항은 ① 처분에 관하여 행정심판을 제기할 수 있는지의 여부, ② 제기하는 경우의 심판청구절차, ③ 청구기간 등 세 가지이다.

3) 고지의 주체와 상대방

고지의 주체는 행정청이다. 행정청에는 법령 또는 자치법규에 의하여 행정권한을 가지거나 위탁을 받은 공공단체 및 그 기관 또는 사인이 포함됨은(동법 4호) 주의를 요한다.

고지의 상대방은 당해 처분의 직접 상대방이다. 이와 같이 법문상으로는 행정청의 고지 의무는 당해 처분의 직접 상대방에게만 있으나, 오늘날 복효적 처분이 날로 늘어나고 있으므로 행정청이 당해 처분의 직접 상대방이 아닌 이해관계인이 있음을 안 때에는 그 이해관계인에게도 직권으로 고지하는 것이 고지제도의 취지에 맞다.

(2) 신청에 의한 고지

행정청은 이해관계인으로부터 당해 처분이 행정심판의 대상이 되는 처분인지의 여부와 행정심판의 대상이 되는 경우에 소관 행정심판위원회 및 청구기간에 관하여 알려줄 것을 요구받은 때에는 지체없이 이를 서면으로 알려야 한다(58조 2항).

1) 신청할 수 있는 자

고지를 신청할 수 있는 자는 당해 처분에 대한 이해관계인이다. 여기서 말하는 이해관계인은 당해 처분으로 인하여 자기의 권리·이익을 침해당하였다고 주장하는 제3자인 것이 보통이겠지만, 처분의 상대방이 처분을 할 때에 고지를 받지 못하였다면 상대방도 여기서 말하는 이해관계인에 포함된다.

2) 대   상

고지를 청구할 수 있는 대상은 모든 처분이다. 「행정심판법」에 의한 심판청구의 대상이 되는 처분에 한정되지 아니하고, 「행정심판법」 이외의 다른 법령에 의한 특별행정심판청구의 대상이 되는 처분도 포함된다.

3) 고지의 내용

고지의 내용은 ① 당해 처분이 행정심판의 대상이 되는 처분인지의 여부, ② 행정심판의 대상이 되는 경우에 그 행정심판위원회, ③ 청구기간 등 세 가지이다.

5. 불고지·오고지의 효과

「행정심판법」은 행정청이 고지를 하지 아니하였거나 고지를 잘못한 경우 심판청구서 제출과 청구기간에 미치는 효과를 다음과 같이 정하고 있다.

(1) 불고지의 효과

1) 심판청구서 제출

행정청이 고지를 하지 아니하여 청구인이 심판청구서를 다른 행정기관에 제출한 때에는 당해 행정기관은 그 심판청구서를 지체없이 정당한 권한 있는 피청구인에 송부하여야 하고(동법 23조 2항), 그 사실을 지체없이 청구인에게 통지하여야 한다(동조 3항).

2) 청구기간

원래 심판청구는 처분이 있음을 알게 된 날로부터 90일 이내에 제기하여야 하는 것이지만, 행정청이 처분의 상대방에게 심판청구기간을 알리지 아니한 때에는 원칙적으로 처분이 있은 날로부터 180일 이내에 심판청구를 하면 되도록 하고 있다(동법 27조 6항).

(2) 오고지의 효과

1) 심판청구서 제출

행정청이 잘못 알려서 청구인이 심판청구서를 다른 행정기관에 제출한 때에는 불고지에 있어서와 마찬가지로 당해 행정기관은 그 심판청구서를 지체없이 정당한 권한 있는 행정청에 송부하여야 하고(동법 23조 2항), 그 사실을 지체없이 청구인에게 통지하여야 한다(동조 3항).

2) 청구기간

앞에서 본 바와 같이 심판청구는 처분이 있음을 안 날로부터 90일 이내에 제기하여야 하는 것이지만, 행정청이 심판청구기간을 90일보다 긴 기간으로 잘못 알린 경우에는 그 잘못 알린 기간 내에 심판청구가 있으면 그 심판청구는 90일 이내에 적법한 심판청구가 있은 것으로 본다(동법 27조 5항).

제 3 절 행정소송

제 1 관 개   설

Ⅰ. 행정소송의 의의

행정소송은 공법관계에 분쟁이 발생한 경우에 당사자의 소송제기에 의하여 법원이 심리하여 판단하는 행정쟁송절차이다[1]. 이를 실질적 의미의 행정소송이라 하고, 「행정소송법」 제3조 소정의 네 가지 소송(항고소송·당사자소송·민중소송·기관소송)을 형식적 의미의 행정소송이라고 부르기도 한다.

---

1) 행정소송제도는 본래의 기능인 권리주체 기능 뿐만 아니라 부분적으로 민주주의를 보완하는 공론장(public forum)으로서 기능할 필요성이 역설되고 있다. 이러한 역설은 오늘날 민주주의 제도 자체의 불완전성, 사회 내에 존재하는 여러 세력 간의 이해관계의 복잡다기성, 이러한 복잡한 사회경제·환경 등 제문제를 해결하지 못하는 현재의 정치적 상황을 그 배경으로 하고 있다. 재판절차에 보장되는 대등성·공개성·법적 청문권 등을 바탕으로 재판과정 그 자체가 이익의 조정과 공개적 토론의 장이 됨으로써 재판 자체가 하나의 의사소통의 수단으로서 민주주의의 위기에 대한 보완적 기능을 수행할 수 있다는 것이다. 이에 의하여 민주주의적 장치들에 의하여 해결되지 못하거나 불완전하게 해결되는 공동체의 중요한 문제들이 논의되어 걸러지고, 나아가 국가권력 외의 권력 즉 거버넌스(governance)에 참여하는 사회적으로 중요한 단체나 집단들의 의사결정도 법적으로 재검토할 수 있게 하여야 한다는 것이 그 대체적인 요지이다(李桂洙, 「정부정책을 다투는 행정소송에서 법원의 역할—제주지방법원 2010. 12. 15. 선고 2010구합34 등 판결에 대한 비평을 중심으로—」, 일감법학(건국대학교 법학연구소) 제23호, 323쪽 이하; 鄭鎬庚, 「글로벌시대의 행정소송의 전망과 과제」, 규범과 현실의 조화—합리성과 실효성—(연우 최광률 명예회장 헌정논문집), 박영사, 2020, 481쪽 이하).

Ⅱ. 행정소송의 성질

1. 행정소송과 행정심판

행정소송과 행정심판의 같은 점, 다른 점 및 양자의 관계에 관하여는 행정심판에서 이미 설명한 바와 같다(→ 행정심판과 행정소송).

2. 행정소송과 형·민사소송

(1) 일 반 론

행정소송은 공법관계에 관한 소송이라는 점에서 국가형벌권의 발동에 관한 소송인 형사소송 및 사법(私法)관계에 관한 분쟁을 심리·판단하는 민사소송과 다르다.

(2) 행정소송과 민사소송의 구별

행정소송과 민사소송은 공법관계를 대상으로 하고 있는가 사법관계를 대상으로 하고 있는가에 따라 구별된다. 공법관계는 공법이 규율하는 법률관계이고, 사법관계는 사법이 규율하는 법률관계이므로, 행정소송과 민사소송의 구별은 공법과 사법의 구별에 귀결된다.

공법과 사법의 구별에 관한 대표적 학설로는 이익설, 복종설, 주체설(구주체설·신주체설) 및 개별결정설(복수기준설) 등이 있으며, 이 중 개별결정설(복수기준설)이 다수설이지만, 공법과 사법의 구별이 상대적이라는 것은 이미 설명한 바와 같다(→ 공법과 사법).

판례의 입장은 반드시 명백하지 않다. 종래 주류적 판례의 태도는 소송물이 공법관계(또는 공법상의 권리)를 대상으로 하고 있는가 사법관계(또는 사법상의 권리)를 대상으로 하고 있는가에 따라 공법관계(또는 공법상의 권리)를 대상으로 하고 있으면 행정소송이고, 사법관계(또는 사법상의 권리)를 대상으로 하고 있으면 민사소송이라는 전제 아래서 금전지급청구권은 원칙적으로 모두 사법상의 권리를 소송물로 하는 것으로서 민사소송의 대상이라고 보아 왔다. 그리고 소송물의 전제가 되는 법률관계(또는 권리)가 공법관계(또는 공법상의 권리)라 하더라도 공법관계(또는 공법상의 권리) 그 자체를 소송물로 하고 있는 경우에는 행정소송의 대상이지만, 그 자체를 소송물로 하고 있지 않은 경우에는 행정소송이 아니라는 태도를 견지하여 왔다. 따라서 예컨대 과세처분의 무효를 전제로 한 조세반환(과오납금환급)청구소송은 공법관계(또는 공법상의 권리) 그 자체를 소송물로 하는 것이 아니라 처분 등으로 형성된 금전지급청구권을 소송물로 하는 것이므로 민사소송의 대상이라고 판시하였던 것이다. 이에 관하여는 후술하는 당사자소송의 민사소송대상과의 구별에서 보기로 한다.

행정소송과 민사소송의 구별 실익은 양자의 지도원리가 다를 뿐 아니라, 행정소송에 의할 경우에는 후술하는 바와 같이 관할, 제소기간 등의 특수성이 인정된다. 당사자소송과 민사소송의 대상과의 구별과 그 실익에 관하여는 후술한다(→ 당사자소송).

(3) 행정소송과 민사소송의 관계

1) 「민사소송법」과 「행정소송법」이 일반법·특별법의 관계에 있는 것은 아니다. 그러나 앞에서 설명한 바와 같이 행정소송과 민사소송은 그 다루는 대상이 다를 뿐이고, 대립 당사자간에 발생한 법적 분쟁에 대하여 사실관계를 확정한 후에 법을 해석·적용함으로써 당해 분쟁을 해결하는 법판단작용이라는 점은 같다. 즉 행정소송은 대상을 달리함으로 인하여 발생되는 특수성을 제외하고는 절차면에서 민사소송절차와 큰 차이점이 있는 것이 아니다. 「행정소송법」 제8조 제2항이 행정소송에 관하여 「행정소송법」에 특별한 규정이 없는 사항에 대하여는 「법원조직법」과 「민사소송법」 및 「민사집행법」의 규정을 준용한다고 한 것은 그 까닭이다. 다만 대상을 달리함으로 인하여 발생되는 행정소송의 특수성을 어느 범위까지 인정할 것인가에 대하여는 명백한 기준을 제시하기가 용이하지 않다. 대체적으로는 「민사소송법」의 규정 중에서 사안의 공정, 정확한 판단, 분쟁의 신속한 해결, 소송경제 등 소송 일반에 공통되는 원리를 기초로 한 규정은 행정소송에도 원칙적으로 타당하겠지만, 사적자치의 원칙 등 사법(私法)의 성격과 밀접하게 관련되어 있는 규정은 행정소송에 원칙적으로 타당하다고 할 수 없다. 특히 행정소송의 특질, 즉 변론주의를 보충하여 재판의 적정성을 확보하기 위한 것, 관계 행정청에게 소송상 지위를 부여하는 것, 행정청의 정치적 판단 또는 전문기술적 판단 등 재량행위에 대한 사법심사의 한계를 정하는 것 등과 일치하지 않는 「민사소송법」의 규정은 행정소송에의 준용에 개별적인 검토가 필요하다.

　　구체적으로는 소송상의 화해, 청구의 포기·인낙에 관한 「민사소송법」의 규정(220조 등)이 행정소송에 준용되는가에 대하여는 견해가 나뉜다. 지금까지의 통설은 행정소송에서는 처분권주의가 그대로 적용되지 못한다는 점 및 직권심리주의가 적용된다는 점 등의 이유로 부정하는 입장이었다. 그러나 최근에는 부분적으로 긍정하는 입장이 유력하다.[1]

2) 어느 법률관계에 관한 소송에서 행정소송이나 민사소송의 한쪽이 허용되는 경우 그 어느 한쪽의 소송만이 가능하고 다른 한 쪽의 소송은 불가능한 것인가가 문제된다. 양 소송의 병행은 허용되지 아니한다는 견해(병행불허용설)와 허용된다는 견해(병행허용설)로 나뉜다. 전자의 견해는 행정소송과 민사소송은 그 대상이 다르다는 점과 서로 다른 종류의 절차라는 점을 그 논거로 든다. 판례는 행정소송과 민사소송의 선택적 또는 병합적 제소를 허용하고 있지 않다(대법 1961. 11. 23. 선고 4294행상64 판결). 우리 법제는 행정소송과 민사소송을 구별하고 원고가 되려는 자가 소송의 대상·형식을 특정하여야 하므로 원칙적으로 어

---

1) 「행정소송법」상 화해에 관하여 현행 「행정소송법」의 해석에 의하여도 일정한 범위 내에서 허용된다는 유력한 견해가 주장되고 있다. 白潤基, 「행정소송제도의 개선」, 행정법원의 좌표와 진로(1999, 서울행정법원), 179쪽 이하; 朴正勳, 「행정소송에 있어 소송상 화해」, 인권과 정의 1999년 11월호, 8쪽 이하; 柳至泰, 「행정소송법에서의 화해, 청구포기 및 청구인낙」, 고시계 2002년 5월호, 68쪽 이하. 행정소송사건에서 법원에 의한 재판 이외의 분쟁해결제도(조정·화해)의 활용상 의문점에 대하여는 李殷相, 「행정소송에서의 조정의 가능성과 한계」, 행정법연구(행정법이론실무학회) 제17호, 263쪽 참조.

느 한쪽의 소송만이 가능하다고 보아야 하겠지만, 국민의 권리구제의 편의를 위해서는 행정소송과 민사소송을 병행하여 제기하는 것을 허용해야 할 필요도 있다.[1][2]

3. 행정소송과 헌법소송

우리나라에서는 행정소송과 헌법소송이 구별되어 있으므로 양자의 유사점·상이점·관계를 명백히 할 필요가 있다. 행정소송을 제기하려는 자는 행정소송의 종류의 선택에 앞서 행정소송과 헌법소송의 선택에 먼저 직면하게 되는 경우가 있다. 예컨대, 항고소송을 제기할 것인지, 헌법소원심판을 제기할 것인지 문제된다. 헌법소원심판은 법원의 재판을 대상으로 할 수 없고, 또한 다른 법률에 구제절차가 있으면 먼저 그 절차를 모두 거쳐야 한다는 보충성의 원칙이 적용된다. 이 보충성으로 인하여 행정청의 공권력 행사 또는 불행사에 대한 쟁송은 일차적으로 항고소송에 의한다. 따라서 공권력 행사 또는 불행사 중 처분에 해당하는 것은 항고소송으로 먼저 쟁송을 제기하여야 하지만, 처분에 해당하지 아니하는 것은 항고소송을 제기하여서는 아니되고, 헌법소원심판으로 쟁송을 제기하여야 한다. 또한 법원이 행정의 행위형식 중 중요한 일부를 이루고 있는 행정입법을 직접 다룰 수 있는 수단을 제공하지 못함에 따라 헌법소원이 행정입법에 대한 일시적·직접적 구제수단이 되어 있다.

(1) 양자의 유사점

1) 양자는 다같이 사법(司法)작용이라는 점에서 유사하다. 행정소송은 사법국가주의를 취하고 있는 우리 헌법 아래에서는 사법작용(司法作用)으로 보는 것이 일반적 견해이다. 헌법소송도 헌법의 적용과정에 분쟁이 발생한 경우에 당사자의 소송제기를 기다려 헌법재판소가 헌법을 기준으로 사법적 절차에 따라 무엇이 법인가를 최종적으로 결정하는 사법작용이라는 것이 지배적 견해이다.

2) 양자는 통제적 기능을 수행한다는 점에서 유사하다. 행정소송은 행정구제의 기능뿐만 아니라 행정통제의 기능을 갖는다는 데에 이견이 없다. 헌법소송도 국가권력의 헌법으로부터의 이탈을 감시하고 통제하는 기능을 수행한다.

3) 양자는 제소요건으로 권리보호이익을 필요로 한다는 점에서 유사하다. 행정소송 중 주관적 소송의 경우에 제소요건으로 법률상 이익이 필요하다. 헌법소송 중 개인의 기본권보장의 취지가 강한 헌법소원의 경우에도 권리보호의 이익이 필요하다.

---

1) 행정소송법은 피고의 경정, 소 종류의 변경에 관한 특별규정을 두고 있고, 제8조 제2항에 의하여 민사소송법상의 청구변경에 관한 규정을 준용하도록 하고 있으므로, 행정소송 내부에 있어서는 소송의 대상·형식의 선택을 잘못하더라도 상당부분 구제될 수 있도록 되어 있다.

2) 실무상 노동관계소송은 행정소송과 민사소송을 모두 취하는 경우가 많다(尹炯漢, 「행정재판제도의 발전과 행정판례—특수행정재판제도를 중심으로—」, 한국행정판례의 성과와 발전 방향(한국행정판례연구회·한국법제연구원 공동심포지움) 제2주제 논문, 2005, 52쪽 참조).

4) 양자는 당사자처분권주의가 제한되고 직권주의가 강하게 요청된다는 점에서 유사하다. 행정소송에 있어서는 그것이 행정통제기능을 수행하고 있으므로 민사소송의 지배원리인 처분권주의가 그대로 적용될 수 없고 실체적 진실 발견에 중점을 둔 직권주의적 요소가 강하게 요청된다. 헌법소송에 있어서도 그것이 주관적 소송과 달라서 객관적 헌법질서의 보장이 주요한 기능인만큼 처분권주의가 제한됨은 물론 직권주의가 강하게 요청된다.

(2) 양자의 상이점

1) 행정소송은 행정법규의 해석·적용을 내용으로 하는 사법작용이라는 점에서 헌법의 해석·적용을 내용으로 하는 사법작용인 헌법소송과 다르다.
2) 행정소송의 판정기관이 법원이라는 점에서 판정기관이 헌법재판소인 헌법소송과 다르다.
3) 행정소송은 원칙적으로 구두변론절차를 거친다는 점에서 원칙적으로 사실심을 포함하지 아니하고 양 당사자의 존재를 전제로 하지 아니하는 헌법소송과 다르다.
4) 행정소송은 공익 관련성 때문에 예외적으로 사정판결을 허용할 뿐이며 변형결정 같은 것이 인정되지 아니한다는 점에서 헌법소송과 다르다.
5) 행정소송은 취소판결이 그 사건에 관하여 당사자인 행정청과 그 밖의 관계 행정청을 기속한다는 점에서 위헌결정이 법원 기타 국가기관 및 지방자치단체를 기속하는 헌법소송 (헌법재판소법 47조 1항은 75조 6항에서 준용됨)과 다르다.
6) 행정소송은 간접강제 등의 방법으로 국가권력에 의한 집행이 가능하다는 점에서 결정내용의 실현을 국가기관의 자발적 이행과 이에 대한 국민의 감시에 의할 수밖에 없는 헌법소송과 다르다.

(3) 양자의 관계

1) 행정소송에서 법률의 위헌 여부가 재판의 전제가 되는 경우에는 법원은 헌법재판소에 위헌법률심판을 제청하여 그 심판에 의하여 재판한다(헌법 107조 1항).
2) 「헌법재판소법」 제68조는 "공권력의 행사 또는 불행사로 인하여 헌법상 보장된 기본권을 침해받은 자는 법원의 재판을 제외하고는[1] 헌법재판소에 헌법소원심판을 청구할 수 있다. 다만, 다른 법률에 구제절차가 있는 경우에는 그 절차를 모두 거친 후가 아니면 청구할 수 없다"라고 규정하여 보충성의 원칙에 대한 예외를 명시적으로 규정하고 있지는 않다. 그러나 헌법재판소는 공권력을 앞의 권력적 사실행위에서 본 바와 같이 비교적 폭넓게 인정하고 있는 결과로서 법원의 선례가 명확하게 존재하는 특정한 처분에 해당하지

---

1) 헌재 2016. 4. 28. 2016헌마33 결정: 헌법재판소법 제68조 제1항 본문 중 "법원이 재판을 제외하고는" 부분은 헌법재판소가 위헌으로 결정한 법령을 적용함으로써 국민의 기본권을 침해한 재판이 포함되는 것으로 해석하는 한 헌법에 위반된다.

아니하는 이상 권리구제절차가 마련되어 있는지 불확실하다는 것을 근거로 보충성의 예외를 넓게 인정하는 경향이 있다.[1]

3) 행정입법(명령·규칙)의 위헌·위법 여부가 행정소송의 전제가 된 경우, 대법원은 헌법재판소에 제청할 필요 없이, 최종적으로 결정할 수 있다(헌법 107조 2항). 행정입법이 직접 국민의 기본권을 침해한 경우에 헌법소원을 청구할 수 있는가는 법무사법시행규칙에 대한 헌법소원사건에서 헌법재판소가 위헌성 여부를 심판할 수 있다는 결정(헌재 1990. 10. 15. 89헌마178 결정)을 내림으로써 적극설과 소극설, 헌법재판소와 대법원간에 첨예한 의견대립을 보이고 있는 것은 이미 앞에서 본 바와 같다(→ 법규명령에 대한 헌법재판소에 의한 통제). 헌법재판소는 「헌법재판소법」 제68조 제1항 소정의 공권력을 법원의 재판을 제외한 모든 국가작용으로 이해하여, 법률(헌재 1990. 6. 25. 89헌마220 결정)·법률과 동일한 효력을 갖는 대통령긴급재정경제명령(헌재 1996. 2. 29. 93헌마186 결정)·국제법규(헌재 2001. 3. 21. 99헌마139·142·156·160(병합) 결정)·명령·규칙·조례(헌재 1994. 12. 29. 92헌마216 결정) 및 대외적 구속력을 가진 행정규칙(헌재 1992. 6. 26. 91헌마25 결정) 등이 별도의 집행행위 없이 국민의 기본권을 직접적·현재적으로 침해하는 처분법규에 해당하는 때에는 여기의 공권력으로 보고 있다. 나아가서, 헌법재판소는 집행행위가 예정되어 있다 하더라도, 집행행위를 대상으로 하는 구제절차가 없거나 구제절차가 있다고 하더라도 권리구제의 기대가능성이 없는 경우(헌재 1992. 4. 14. 90헌마82 결정 등), 법령이 일의적이고 명백한 것이어서 집행기관이 심사와 재량의 여지 없이 그 법령에 따라 일정한 집행행위를 하여야 하는 경우(헌재 2005. 5. 26. 2004헌마49 결정 등)에는 예외적으로 기본권 침해의 직접성을 인정한다. 그러나 대법원은 처분법규에 대한 항고소송도 가능하다는 입장표명(대법 1996. 9. 20. 선고 95누8003 판결, 대법 2003. 10. 9. 자 2003무23 결정 등)을 하고 있을 뿐만 아니라 항고소송의 대상을 점차로 확대하고 있다(대법 2003. 10. 9. 자 2003무23 결정 등).[2]

---

[1] 근래의 예로 헌재 1999. 6. 24. 97헌마315 결정은 지금까지 대법원이 지목변경신청거부처분을 토지의 실체법상의 권리관계에 어떤 변동을 가져오는 것이 아니라는 이유로 행정소송의 대상이 되는 처분이 아니라고 일관되게 판시해 온 것(대법 1989. 11. 28. 선고 89누3700 판결 등)에 대하여, 지목이 토지소유권의 실체적 권리관계에 밀접히 관련되어 있고, 행정소송을 통한 구제의 길이 없다는 이유로 지목변경신청반려처분을 헌법소원의 대상으로 삼아 취소를 구하는 것은 허용된다고 판시한 바 있다. 헌법재판소는 대법원이 처분성을 부인하고 있는 공정거래위원회의 무혐의결정(대법 2000. 4. 1. 선고 98두5682 판결)에 대하여 헌법소원 대상성을 인정함(헌재 2002. 6. 27. 2001헌마381 결정)은 물론, 나아가 취소소송의 대상적격·원고적격이 인정되나 권리보호이익의 흠결을 이유로 취소소송이 각하될 것이 예상되는 경우(헌재 2003. 3. 27. 2000헌마474 결정), 또는 처분의 취소를 구하는 항고소송이 제1심과 항소심에서 법률상 이익이 없다는 이유로 각하되었으나, 상고심에서 그 각하판결이 유지될지 불분명한 경우(헌재 2004. 10. 28. 99헌바91 결정)에도 「헌법재판소법」 제68조 제2항의 헌법소원에 있어서 재판의 전제성이 인정될 수 있다고 하고 있다.

[2] 李相熹 판사는 "대략 2000년대 중반 이후로 헌법재판소가 자신의 기능과 역할을 헌법소원의 보충성 취지에 걸맞게 재조정하려고 시도하는 과정에서 대법원의 판례가 변경되지 않는 상황에서도 헌법적 문제와 법률적 문제의 구별을 통해 헌법소원의 심판대상을 축소하려는 경향을 보여주고 있으며, 그 과정에서 헌법소원의 소송요건에 관한 신·구의 판단기준이 충첩·충돌하는 과도적 양태로서 유사사례에서 상호 모순되는, 일관성이 없는 결정들이 종종

대법원은 고용노동부장관의 전국교직원노동조합에 대한 법외노조 통보처분의 적법성이 문제된 사건에서 "법외노조 통보는 적법하게 설립된 노동조합의 법적 지위를 박탈하는 중대한 침익적 처분으로서 원칙적으로 국민의 대표자인 입법자가 스스로 형식적 법률로써 규정하여야 할 사항이고, 행정입법으로 이를 규정하기 위하여는 반드시 법률의 명시적이고 구체적인 위임이 있어야 한다. 그런데 노동조합 및 노동관계조정법 시행령 조항은 법률의 위임 없이 법률이 정하지 아니한 법외노조 통보에 관하여 규정함으로써 헌법상 노동3권을 본질적으로 제한하고 있으므로 그 자체로 무효이다. (생략) 따라서 노동조합법시행령 조항에 기초한 피고의 이 사건 법외노조 통보는 그 법적 근거를 상실하여 위법하다고 보아야 한다. (생략) 그런데도 원심은 이 사건 시행령 조항을 유효하다고 보아 이 사건 법외노조 통보를 적법하다고 판단하였다. 이러한 원심판단에는 헌법상 법률유보원칙에 관한 법리를 오해하여 판결에 영향을 미친 잘못이 있다. 이 점을 지적하는 상고이유 주장은 이유 있다"라고 판시하였다(대법 2020. 9. 3. 선고 2016두32992 전원합의체 판결). 이 사건의 개요는 다음과 같다. 원고(전국교직원노동조합)는 서울행정법원에 피고(고용노동부장관)의 법외노조 통보취소 소를 제기하여 2014년 6월 19일 기각되자, 서울고등법원에 항소를 제기하는 한편 교원의 노동조합 설립 및 운영 등에 관한 법률 제2조에 대한 위헌제청을 신청하였고, 같은 법원이 2014년 9월 19일 원고의 제청신청을 받아들여 헌법재판소에 위헌법률심판을 제청하였다. 헌법재판소는 원고의 청구 중 교원의 노동조합 설립 및 운영 등에 관한 법률시행령 제9조 제1항 중 동시행령 동조 제2항에 관한 부분 및 피고의 2013년 9월 23일자 원고에 대한 시정요구에 대한 청구를 각하하고, 교원의 노동조합 설립 및 운영 등에 관한 법률 제2조가 헌법에 위반되지 아니한다고 결정하였고 (2015. 5. 28. 2013헌마671, 2014헌가21(병합) 결정) 서울고등법원은 위 헌법재판소 결정 후 원고의 주장을 배척하고 원고의 항소를 기각하였다(서울고법 2016. 1. 21. 선고 2014누54228 판결). 대법원 2020. 9. 3. 선고 2016두32992 전원합의체 판결은 원고의 상소를 받아들여 원심판결을 파기환송하였다[1]. 이 사건의 개요는 행정소송과 헌법소송에 관계에 초점을 맞춘 것이다.

4) 법원의 재판을 헌법소원의 대상에서 제외하고 보충성의 원칙을 규정한 「헌법재판소법」 제68조 제1항과 관련하여 법원의 재판을 거친 행정처분에 대하여도 헌법소원을 제기할 수 있는가가 문제된다. 긍정설[2]과 부정설[3]의 의견대립이 첨예하다. 긍정설의 논거는 ①

나오고 있다"는 점을 지적하고 있다(「항고소송과 헌법소원의 관계 재정립 —실무의 상황과 나아갈 방향—」, 공법연구(한국공법학회) 제44집 제1호, 227쪽 이하).

1) 대법원 2016두32992 전원합의체 판결의 평석으로 裴輔允, 「법원의 명령·규칙심사의 한계」, 규범과 현실의 조화—합리성과 실효성—(연우 최광률 명예회장 헌정논문집), 박영사, 2020, 245쪽 이하가 있다.

2) 金學成, 「헌법소원에 관한 연구」(1990년 2월 서울대학교 박사학위청구논문), 222쪽 이하; 黃道洙, 「원처분에 대한 헌법소원」, 헌법논총 6집(헌법재판소, 1995), 191쪽 이하; 辛奉起, 「행정처분의 헌법소원심판대상성」, 고시연구 1995년 6월호, 88쪽 이하; 鄭在晃, 헌법재판개론, 519쪽 이하.

3) 丁泰鎬, 「원처분의 헌법소원대상성에 관한 소고」, 헌법논총 6집(헌법재판소, 1995), 249쪽; 郭泰哲, 「법원의 재판을 거친 행정처분의 헌법소원심판대상성」, 헌법문제와 재판(상)(법원행정처, 1997), 341쪽; 崔完柱, 「원처

처분도 하나의 공권력의 행사라는 점, ② 처분에 대한 헌법소원을 부정한다면 보충성의 원칙이 무의미하게 될 뿐만 아니라 오히려 보충성의 원칙이 법원의 처분에 대한 배타적 심판대상을 형성케 하여 국민의 권리구제기회의 최종적 부여라는 헌법소원의 제도적 기능을 살리지 못한다는 점, ③ 처분의 통제는 사법(司法)에 대한 통제가 아니라 행정에 대한 통제라는 점 등이다. 이에 대하여 부정설의 논거는 ① 처분에 대한 헌법소원을 인정하는 것은 「헌법」제107조 제2항에 위반된다는 점, ② 처분에 대한 헌법소원의 인정은 간접적으로 법원의 재판에 대한 헌법소원을 허용하는 결과가 된다는 점 등이다. 헌법재판소는 "법원의 재판대상이 되어 그에 관한 판결이 확정된 원 행정처분은, 원 행정처분에 관한 재판이 헌법재판소가 위헌으로 결정한 법령을 적용하여 국민의 기본권을 침해함으로써 예외적으로 헌법소원심판의 대상이 되어 그 재판 자체까지 취소되는 경우에 한하여 헌법소원심판의 대상이 될 수 있을 뿐이고, 그 이외의 경우에 원 행정처분의 취소를 구하는 헌법소원심판청구는 허용되지 아니한다"(헌재 1998. 6. 25. 95헌바24 결정)는 입장이다.

　5) 권한쟁의심판[1]과 기관소송이 상호 중복되는데, 「행정소송법」은 후술하는 바와 같이 기관소송에서 「헌법재판소법」 제2조의 규정에 의하여 헌법재판소의 관장사항으로 되는 소송을 제외하고 있다(동법 3조 4호 단서)(→ 기관소송).

Ⅲ. 행정소송의 기능(제도적 목적)

　행정소송의 기능(제도적 목적)은 행정구제와 행정통제의 두 가지이다.

　행정소송은 공법관계에 분쟁이 있음을 전제로 이를 해결하기 위한 제도이고 이에 의하여 사인의 권익을 보호해 주는 것이므로 행정구제기능을 갖는다. 「행정소송법」 제1조는 "이 법은 행정소송절차를 통하여 행정청의 위법한 처분 그 밖에 공권력의 행사·불행사 등으로 인한 국민의 권리 또는 이익의 침해를 구제하고, 공법상의 권리관계 또는 법적용에 관한 다툼을 적정하게 해

분의 헌법소원대상성에 관한 고찰」, 같은 책, 427쪽 이하.

1) 권한쟁의심판은 국가기관 상호간, 국가기관과 지방자치단체 상호간에 권한의 유무 또는 범위에 관하여 다툼이 있을 때 청구할 수 있는 심판이다(헌법 111조 1항 4호, 헌법재판소법 61조 1항). 「헌법재판소법」 제61조 제2항에는 "제1항의 심판청구는 피청구인의 처분 또는 부작위가 헌법 또는 법률에 의하여 부여받은 청구인의 권한을 침해하였거나 침해할 현저한 위험이 있는 경우에만 할 수 있다"라고 규정하고 있다. 헌법과 헌법재판소법을 바탕으로 권한쟁의심판의 목적을 고려할 때 객관소송의 성과와 동시에 분쟁당사자의 권리보호라는 주관소송의 성격을 동시에 갖는다고 본다. 특히 다툼이 처분일 경우에는 국가나 지방자치단체가 권한쟁의심판과 항고소송 양자를 모두 이용할 수 있게 된다(朴玄廷, 「법원과 헌법재판소의 관할 비교—권한쟁의심판과 항고소송을 중심으로—」, 공법연구 제42집 제1호, 1쪽 이하 참고). 헌법재판소는 국가기관의 당사자 능력을 헌법에 의하여 설치되고, 헌법과 법률에 의하여 독자적 권한을 부여받고 있는 경우에만 한정하는 것 같다(헌재 1997. 7. 6. 96헌라2 결정). 헌재 2010. 10. 28. 2009헌라6 결정은 국가인권위원회가 법률에 의하여 설치된 국가기관이라는 이유로 권한쟁의심판의 당사자능력을 부정하였다. 국가기관과 지방자치단체간 및 지방자치단체 상호간의 권한쟁의심판에 있어서도 대상사무가 지방자치단체의 고유사무에 한정되고 있다. 따라서 지방자치단체는 위임사무에 관하여는 법률이 부여한 권한이 인정되지 않으며, 권한쟁의심판의 당사자가 될 수 없다.

결함을 목적으로 한다"라고 하여 이를 명시하고 있다. 행정소송은 행정사건에 대한 법적 판단을 통하여 행정의 적법성을 보장함으로써 행정통제의 기능을 수행한다.[1] 행정소송은 행정의 적법성을 보장하기 위한 가장 효과적인 수단이다. 행정소송의 이와 같은 행정통제적 기능 때문에 「행정소송법」에 「민사소송법」과 다른 특별한 규정이 있는 경우는 물론 그러한 규정이 없더라도 민사소송의 지배원리인 당사자처분권주의가 그대로 적용될 수 없고 실체적 진실발견에 중점을 둔 직권주의적 요소가 강하게 요청된다는 것은 앞서 설명한 바와 같다.

행정소송의 두 가지 기능 중 어느 것이 주된 기능인가에 관하여 행정구제가 주된 기능이라는 견해와 행정통제가 주된 기능이라는 견해[2]로 나뉜다. 전자가 우리나라의 종래의 통설이다.

Ⅳ. 행정소송제도의 유형과 우리나라 행정소송제도

1. 행정소송제도의 유형

행정소송제도를 어떻게 구성할 것인가는 입법정책의 문제이다. 각 국가의 역사적·정치적·사회적 배경의 차이에 따라 한결같지 않다. 그러나 크게 대륙형(행정제도국가형) 행정소송제도와 영미형(사법제도국가형) 행정소송제도로 나누는 것이 종래의 일반적 유형이다.

대륙형(행정제도국가형) 행정소송제도는 일반법원과는 별개의 행정재판소를 행정권 내에 설치하여 이 행정재판소로 하여금 행정사건의 재판권을 관장케 하는 제도이다.

영미형(사법제도국가형) 행정소송제도는 일반법원이 형·민사사건과 함께 행정사건의 재판권을 관장하는 제도이다.

우리 「헌법」은 사법권을 일원화하여 일반법원이 행정사건의 재판권을 관장케 하고 있다.

2. 우리나라 행정재판제도

(1) 연 혁

1) 행정소송법의 제정

1948년의 제헌헌법 제76조 제1문(현행헌법 제101조 제1항)과 제81조 제1문(현행헌법 제107조 2항)에 의거하여 1951년 8월 24일 법률 제213호로 「행정소송법」이 제정되었다.[3] 이 「행정소송

---

1) 실체적 흠이 없음에도 불구하고 절차적 흠만을 이유로 처분을 취소하는 것은 취소라는 구제법이 갖는 시정기능과 적법성 보장기능 때문이다.

2) 李元雨, 「항고소송의 대상인 처분의 개념요소로서 행정청」, 저스티스 통권 제68호, 166쪽. 같은 견해를 취하고 있는 朴正勳 교수는 사법부에 의한 행정재판의 헌법적 근거를 헌법 제101조 제1항이 아니라 제107조 제2항이라고 하고, 이에 따라 행정재판은 헌법상으로 행정작용의 적법성을 통제하는 객관소송으로서의 성격을 갖는다고 본다 (朴正勳, "한·일행정소송법제의 개정과 향후방향"에서의 지정토론, 행정판례연구(한국행정판례연구회) Ⅷ, 462쪽 이하).

3) 행정소송의 헌법적 근거를 헌법 제101조 제1항의 사법권에 찾는 것이 다수의 견해이다. 이에 대하여는 헌법 제101조 제1항과 107조 제2항을 행정소송의 헌법적 근거로 보아야 한다는 견해도 있다. 金鐵容, 행정절차와 행

법」(이 책에서는 구법이란 한다)은 제2차세계대전 직후 일본에서 잠정적으로 시행되었던 행정사건소송특례법을 모방하였던 법률(1948년 법률 제81호)로서 본문 14개조로 구성되었었다.

2) 전면개정

1951년에 제정된 「행정소송법」은 여러 가지 미흡한 점이 있었다. 이와 같은 미흡한 문제점들을 개선하기 위하여 1984년 12월 15일 「행정심판법」의 제정과 더불어 「행정소송법」도 전면적으로 개정되었다(법률 제3754호).

(2) 미비점과 과제

「행정소송법」의 전면개정 및 그 후의 부분개정에도 불구하고 아직도 여러가지 미비점이 지적되고 있다. 이들 미비점들로는 ① 행정소송의 종류의 재검토, ② 이른바 현대형 소송 특히 집단분쟁을 해결하기 위한 제도 개선, ③ 원고적격 등 소의 이익의 확대, ④ 현행 집행정지제도에 덧붙여 가명령제도의 도입, ⑤ 직권주의의 강화 및 문서제출의무 범위의 확대를 포함한 자료제출요구제도의 정비 등이 있다.

행정과 사인의 관계를 둘러싼 사회상황의 변화에 발맞추어 국민이 이해하기 쉽고 국민의 실질적인 권리구제가 가능하며 모든 공법관계의 분쟁을 법적으로 해결해 주는 자족적인 「행정소송법」의 개정이 앞으로의 과제이다.

V. 행정소송의 한계

행정소송이 공법관계에 분쟁이 있음을 전제로 이를 해결하기 위한 제도라 하더라도, 공법관계에 분쟁이 있기만 하면 그 어느 것이나 행정소송을 제기하여 법원의 판단을 구할 수 있는 것이 아니며 행정소송에도 일정한 한계가 있다는 것이 지배적인 견해이다. 이와 같은 행정소송의 한계로는 사법권의 본질에서 오는 한계와 권력분립에서 오는 한계를 든다.

1. 사법권의 본질에서 오는 한계

「헌법」 제107조 제2항은 "명령·규칙 또는 처분이 헌법이나 법률에 위반되는 여부가 재판의 전제가 된 경우에는 대법원은 이를 최종적으로 심사할 권한을 가진다"라고 규정하고, 이를 구체화하여 「법원조직법」 제2조 제1항은 "법원은 헌법에 특별한 규정이 있는 경우를 제외한 모든 법률상의 쟁송을 심판하고, 이 법과 다른 법률에 따라 법원에 속하는 권한을 가진다"라고 규정하고 있다.

「법원조직법」 제2조 제1항에서 말하는 "헌법에 특별한 규정이 있는 경우"란 국회의원의 자격심사·징계·제명처분에 대한 법원에의 제소를 금지하고 있는 「헌법」 제64조 제4항, 헌법재판

정소송, 664쪽[집필자 朴正勳].

소의 관장사항을 규정한 「헌법」 제111조 제1항 등이 이에 해당하며, "다른 법률에 따라 법원에 속하는 권한"이란 「행정소송법」에 규정되어 있는 민중소송·기관소송 외에 주민소송 등이 이에 해당한다는 것이 통설과 판례이다.

통설과 판례는 사법(司法)개념의 요소가 되고 있는 법률상 쟁송을 당사자 사이의 구체적인 권리의무관계에 대한 법률적용상의 분쟁을 해결함으로써 당사자, 즉 사인의 권익을 확보·보장함을 목적으로 하는 주관적 소송으로 이해한다.[1] 따라서 통설과 판례는 행정사건도 주관적 소송에 해당될 때에만 법원의 재판권이 미치는 것으로 이해하게 된다. 그러나 행정법규는 민사법규와 달리 제1차적으로는 행정의 행위규범으로 규정되어 있기 때문에, 이러한 행정법규의 구조에서 보면, 법률상 쟁송을 통설과 판례와 같이 권리의무관계에 대한 법률적용상의 분쟁으로 이해하는 것[2][3]은 행정사건에 대한 법원의 재판권을 좁히는 결과가 된다. 이와 같은 통설과 판례의 이해에 대해서는 입헌주의의 진전에 따라 행정활동이 다기화(多岐化)하고 법적 분쟁이 다양화하고 있는 현실을 감안할 때 헌법이 보장하고 있는 국민의 재판을 받을 권리의 실효적인 보장[4] 및 헌법이 사법권에 부여하고 있는 임무에 적합한 이해인지에 의문이 제기될 수 있다. 여기에다 소송제도가

---

1) 「법원조직법」 제2조 제1항에서 말하는 "모든 법률상의 쟁송"이란 법률에 규정된 모든 종류의 소송을 의미하는 것으로서, 주관소송만이 아니라 객관소송까지를 포함한다는 견해가 있다(朴正勳, 「행정소송법 개정의 기본방향」, 현대공법학의 과제(최송화교수 화갑기념논문집), 박영사, 2002, 661쪽 이하). 이 견해에 의하면 법률상 쟁송이란 권리의무관계에 대한 분쟁의 재단이 아니라 법적용에 관한 분쟁일반이 된다. 이 문제는 결국 헌법이 규정하고 있는 사법권의 내용이 무엇인가의 문제가 된다. 사법권의 범위를 반드시 주관소송에 한정해야 할 이유가 없기 때문이다.

2) 鄭鎬庚 교수는 법원조직법 제2조의 모든 '법률상 쟁송'을 소극적으로 해석함으로써 많은 법적 문제들이 항고소송의 방법으로 다투어지지 못하고 헌법소원에 의하게 되어 헌법소원이 최후의 비상적(非常的) 권리구제제도라는 제도의 성격을 넘어 행정소송 외에 또 하나의 주요한 행정구제제도이자 행정통제제도가 되었음을 지적함과 동시에 법원조직법 제2조의 모든 '법률상 쟁송'이 반드시 권리·의무에 관한 분쟁에 국한된다고 볼 명시적 규정은 없으며, 항고소송을 주관적 권리구제제도로 한정하고 있는 규정도 없다는 점을 아울러 지적하고 있다(同人, 「행정소송과 헌법재판의 관계에 관한 고찰—항고소송, 헌법소원, 권한쟁의심판을 중심으로—」, 행정법연구(행정법이론실무학회) 제22호, 74쪽).

3) 鄭鎬庚 교수는 "법률상 쟁송의 의미가 문언과 조항 자체에서 곧 드러나지 않는다면 이는 헌법의 사법권체계의 조망하에서 이해되어야 한다"고 하고, 우리 헌법상의 법치주의 내지 법치국가원리가 반드시 주관적 법치국가원리에 한정하고 있다고 볼 수 없다는 점, 비교법적 관점에서도 사법적 보장을 주관적 권리보호시스템으로 구성하는 독일 기본법 제19조 제4항과 같은 규정을 두고 있지 않다는 점을 들어 "법률상 쟁송이 곧 권리의무에 관한 분쟁이라는 설명은 객관적 근거가 충분하지 아니한다"는 견해를 피력하고 있다(同人, 「사법권의 기능과 역할—행정소송의 관점에서—」, 헌법이념실현과 사법권의 역할(한국공법학회 제156회 학술대회 발표문), 2010년 9월, 49쪽 이하, 특히 76쪽 이하). 李賢修 교수도 위 정호경 교수의 발표문에 대한 토론문에서, 「법원조직법」 제2조 '법률상 쟁송'의 연혁을 고찰한 후, "법률상 쟁송을 '권리주체들간의 구체적인 권리·의무에 관한 분쟁'으로 이해하는 것은 발표자가 적절히 지적하고 있듯이 민사재판의 관점에 치우친 견해라고 할 것입니다"라고 하여 정호경 교수의 견해를 지지하고 있다(헌법이념실현과 사법권의 역할, 93쪽 이하).

4) 崔善雄 교수는 "우리나라 행정소송은 본래 독일식의 '포괄적인 권리구제' 마저도 포괄하는, 즉 '권리침해를 요건으로 하지 아니하는' '포괄적인 재판'을 보장하고 있는 국민의 헌법상의 권리인 헌법권으로서의 헌법 제27조의 재판청구권에 입각해 있다. 따라서 우리나라 헌법상의 권리인 재판청구권 규정인 헌법 제27조를 독일 헌법 제19조 제4항과 같이 권리침해로 좁혀서 해석하지 않으면 안 될 무슨 논리필연적 내지 선험적인 이유가 없다"(同人, 행정소송의 원리, 70쪽)고 기술하고 있다.

사인의 사권보호를 목적으로 한다는 사권보호한정론(私權保護限定論)에 대한 최근의 유력한 비판론, 행정주체의 다원성을 전제로 내부관계·외부관계의 상대화론은 통설과 판례의 입지를 흔들고 있다. 따라서 사법권이 사인의 권익을 확보·보장함만을 목적으로 하는 것이 아니라, 법률에 특별한 규정이 없는 한, 행정상 법률관계에 관한 판단을 임무를 하는 것이므로 법률상 쟁송을 넓게 해석하여야 한다. 국가·지방 자치단체가 재산권의 주체로서 제기하는 소송만 법률상 쟁송이 아니라 행정권주체로서 제기하는 소송도 법률상 쟁송으로 보아야 한다. 기관소송의 법률상 쟁송성 부인이론의 재검토가 불가피해지고 있다.

통설과 판례에 따르면, 법률상 쟁송에서 오는 한계는 구체적 권리의무관계에 관한 쟁송으로서의 한계와 법률적용에 관한 쟁송으로서의 한계로 세분할 수 있다.

(1) 구체적 권리의무관계에 관한 쟁송으로서의 한계

행정소송은 구체적 권리의무관계에 관한 쟁송인 것이므로 구체적 권리의무관계에 관한 쟁송이 아닌 것은 행정소송의 대상이 되지 아니한다.[1] 이 한계와 관련하여 주로 문제가 되는 것은 다음과 같다.

1) 일반적·추상적 법령의 효력·해석에 관한 분쟁

일반적·추상적인 법령의 효력·해석에 관한 분쟁은 구체적 권리의무관계에 관한 쟁송이 아니므로 행정소송의 대상이 되지 아니한다. 법령의 위헌·위법은 재판의 전제가 된 경우 즉 구체적인 사건을 해결하기 위하여 필요한 경우에 한하여 소송의 대상이 되는데(헌법 107조), 법령은 대체로 일반적·추상적 규정인 것이고, 행정청이 법령에 의거하여 처분을 함으로써 국민의 구체적인 권리의무관계에 영향을 미치게 되는 것이 일반적이다. 따라서 이와 같은 구체적 사건을 떠나서 추상적으로 법령의 효력의 유무나 해석의 정부(正否)의 판단을 구하는 분쟁은 행정소송의 대상이 되지 아니한다. 판례도 "구체적인 권리의무에 관한 분쟁을 떠나서 재무부령 자체의 무효확인을 구하는 청구는 행정소송의 대상이 아닌 사항에 대한 것으로서 부적법하다"라고 판시한 바(대법 1987. 3. 24. 선고 86누656 판결) 있다. 그러나 예외적으로 법령 그 자체가 직접·구체적으로 국민의 권리의무관계에 영향을 미치는 경우가 있다. 이를 처분법률이라고 하며, 이 경우에는 행정소송의 대상이 된다(대법 1996. 9. 20. 선고 95누8003 판결 참조).[2]

---

1) 법원이 사법심사를 어떻게 하느냐에 따라 행정소송의 대상이 넓어질 수 있다. 즉, 법원이 처분의 실체적 적부(適否)의 심리에 집중하는 것보다 그 심리를 처분의 성립절차흐름의 적부에 집중하는 것이 구제의 대상이 되는 법률상 쟁송의 범위를 넓히는 경우가 있다.
2) 대법 1996. 9. 20. 선고 95누8003 판결: 조례가 집행행위의 개입 없이도 그 자체로서 직접 국민의 구체적인 권리의무나 법적 이익에 영향을 미치는 등의 법률상 효과를 발생하는 경우 그 조례는 항고소송의 대상이 되는 행정처분에 해당한다.

2) 권리·법률상 이익과 관계없는 분쟁

행정소송은 개개의 당사자의 권리·법률상 이익의 보호를 목적으로 하는 소송인 것이므로, 반사적 이익을 포함하여 구체적으로 권리·법률상 이익과 관계없는 분쟁은 행정소송의 대상이 되지 아니한다. 다만 법률에서 특별히 규정하고 있을 경우(예: 민중소송·기관소송 등)에는 예외이다.

3) 행정기관 상호간의 분쟁

행정소송은 권리주체인 당사자간의 권리의무관계에 관한 분쟁을 대상으로 하는 것이며 행정조직 내부의 기관은 원칙적으로 권리주체일 수 없으므로 법률에서 특별히 규정하고 있는 경우(예: 기관소송)를 제외하고 행정기관 상호간의 분쟁은 행정소송의 대상이 되지 아니한다는 것이 지금까지의 통설이었다.

(2) 법률적용에 관한 쟁송으로서의 한계

행정소송은 법률적용에 관한 쟁송인 것이므로, 구체적 권리의무관계에 관한 쟁송이라 하더라도 법률적용에 관한 쟁송이 아닌 것은 행정소송의 대상이 되지 아니한다. 이 한계와 관련하여 주로 문제가 되는 것은 다음과 같다.

1) 학문상·예술상·종교상 분쟁

학문상·예술상·종교상의 논쟁 등은 구체적 권리의무관계에 관한 쟁송이라 하더라도 법률을 적용하여 해결할 수 있는 분쟁이 아닌 한, 행정소송의 대상이 되지 아니한다.

2) 재량행위(자유재량행위)

재량행위(자유재량행위)에 있어서 재량의 당·부당의 문제는 재량권일탈·남용의 경우를 제외하고, 법률문제가 아니라고 보는 종래의 전통적 견해에 입각하는 한, 법률적용에 관한 쟁송이 아니게 된다.

2. 권력분립에서 오는 한계

행정소송이 사법작용인 이상 권력분립의 원리에서 오는 일정한 한계가 있다는 것이 지금까지의 통설이다. 이 한계와 관련하여 주로 문제되는 것은 다음과 같다.

(1) 통치행위

통치행위는 사법심사의 대상이 되지 아니한다는 것이 지금까지의 통설이다.

1) 통치행위의 근거
⑺ **견해의 대립**　　통치행위가 사법심사의 대상이 되지 아니한다는 근거에 관하여는 견해가 나뉜다.

첫째는 내재적 한계설(권력분립설)이다. 이 견해는 우리 헌법의 기본원리는 법치국가원리와 더불어 국민주권원리·권력분립원리 등 여러 원리가 복합되어 이루어지고 있으므로, 정치적으로 중요한 의미를 가지는 행위의 위법 여부는 국민주권원리에 의하여 국민의 의사에 바탕을 두고 해결하여야지 법원에 의하여 해결될 것이 아니며, 또한 권력분립원리상 국회와 정부의 권한으로 되어 있는 고도의 정치성을 띤 국가행위는 법원이 관여할 것이 아니라고 주장한다. 이 견해가 우리나라의 다수설로 보인다.

둘째는 재량행위설이다. 이 견해는 통치행위는 국가최고기관의 정치적 재량에 의해 결정되는 것으로서 그 권한의 행사에 있어서는 타당성의 문제만 발생할 뿐 위법성의 문제는 발생하지 않으므로 사법심사의 대상에서 제외된다고 주장한다.[1]

셋째는 사법자제설이다. 이 견해는 통치행위도 그것이 법률문제인 이상 원칙적으로 사법심사가 미치지만 실제 일정 국가행위에 대하여 사법심사가 배제되고 있는 것은 법원이 위법을 감수하여서라도 방지하여야 할 보다 큰 위해의 발생을 예방하기 위하여 그 재판권의 행사를 자제한 결과라고 주장한다.[2]

(나) 검 토   재량행위설은 재량행위도 재량권 일탈·남용의 경우에는 재판의 대상이 된다는 점에서, 사법자제설은 주장자 스스로 법논리적 견해가 아님을 자인하고 있다는 점에서 통치행위에 대하여 사법심사를 부정하는 유력한 견해는 내재적 한계설(권력분립설)임을 알 수 있다.

내재적 한계설(권력분립설)에 대하여는 다음과 같은 비판이 있을 수 있다. 첫째로 국민주권원리(민주주의원리)는 구체적으로는 국민의 권리·자유의 보장이라는 자유주의와 결합되어 있음을 간과하여서는 아니 된다. 따라서 기본적 인권이 쟁점이 되는 사건에서 민주주의원리로 통치행위를 정당화하는 것은 문제가 있다. 둘째로 권력분립원리란 그 자체가 자기목적적인 것이 아니라 인권보장에 기여하기 위한 것이 그 본질이라는 점에서 보면 기본적 인권의 보장에 관한 것인 한 형식적·관념적 권력분립원리로 통치행위를 정당화하는 것도 문제가 있다.[3] 셋째로 내재적 한계설(권력분립설)로는 현재 각국에서 관련 법제는 변함이 없음에도 불구하고 통치행위의 범위가 축소되고 있는 현상을 설명할 수가 없다.[4]

---

1) 朴一慶, 제6공화국신헌법, 550쪽 이하.

2) 金東熙, 행정법요론, 8쪽 이하.

3) 金哲洙 교수는 "추상적 삼권분립이론에 입각하는 내재적 제약설은 왜 정치적 결정을 주권자인 국민이 직접 판단하기 위하여 유보한 것인지에 대해 명확한 이유를 제시하지 못하고 있고, 통치행위는 결코 정치적인 문제를 그 자체로서 해결하려고 하는 것은 아니며, 다른 기관에서 행하여진 법적인 문제로서 심사하고 그 위법성을 인정할 수 있음에도 심사하지 않는 이유를 명확하게 제시하지 못한다"라고 지적한다(同人, 學說判例, 憲法學(下) 1977쪽 이하).

4) 프랑스의 비상사태와 그 법적 통제에 대한 고찰로는 姜知恩, 「프랑스의 비상사태(État d'urgence)—비상사태의 선포 및 그에 따른 행정적 조치에 대한 사법적 통제를 중심으로—」, 공법연구 제45집 제4호, 253쪽 이하 참조.

2) 판 례

대법원은 종래 "고도의 정치성을 띠고 있는 계엄선포의 당·부당을 판단할 권한과 같은 것은 오로지 정치기관인 국회에만 있다 할 것이다"(대법 1964. 7. 21. 자 64초3 재정 등), "긴급조치는 헌법적 효력을 갖고 있는 고도의 통치행위에 속하므로 사법심사의 대상이 되지 아니함이 명백하다"(대법 1978. 5. 23. 선고 78도813 판결), "사법기관인 법원이 계엄선포의 요건의 구비 여부나 선포의 당·부당을 심사하는 것은 사법권의 내재적인 본질적 한계를 넘어서는 것이다"(대법 1979. 12. 7. 자 79초70 재정, 대법 1980. 8. 26. 선고 80도1278 판결, 대법 1981. 1. 23. 선고 80도2756 전원합의체 판결)라고 판시하고 있었다. 그러나 최근 판결의 경향은 사법자제설이 우세하다. 예컨대, 「남북교류협력에 관한 법률」 위반의 형사사건에서, "입헌적 법치국가의 기본원칙은 어떠한 국가행위나 국가작용도 헌법과 법률에 근거하여 그 테두리 안에서 합헌적·합법적으로 행하여질 것을 요구하며, 이러한 합헌성과 합법성의 판단은 본질적으로 사법의 권능에 속하는 것이고, 다만 국가행위 중에는 고도의 정치성을 띤 것이 있고, 그러한 고도의 정치행위에 대하여 정치적 책임을 지지 않는 법원이 정치의 합목적성이나 정당성을 도외시한 채 합법성의 심사를 강행함으로써 정책결정이 좌우되는 일은 결코 바람직한 일이 아니며, 법원이 정치문제에 개입되어 그 중립성과 독립성을 침해당할 위험성도 부인할 수 없으므로, 고도의 정치성을 띤 국가행위에 대하여는 이른바 통치행위라 하여 법원 스스로 사법심사권의 행사를 억제하여 그 심사대상에서 제외하는 영역이 있으나, 이와 같이 통치행위의 개념을 인정한다고 하여도 과도한 사법심사의 자제가 기본권을 보장하는 법치주의의 이념을 구현하여야 할 법원의 책무를 태만히 하거나 포기하는 것이 되지 않도록 그 인정을 지극히 신중하게 하여야 하며, 그 판단은 오로지 사법부만에 의하여 이루어져야 한다"(대법 2004. 3. 26. 선고 2003도7878 판결)라고 판시하였다. 또한 독립유공자 서훈취소의 취소사건에서, "구 상훈법(2011. 8. 4. 법률 제10985호로 개정되기 전의 것) 제8조는 서훈취소의 요건을 구체적으로 명시하고 있고 절차에 관하여 상세하게 규정하고 있다. 그리고 서훈취소는 수훈수여의 경우와는 달리 이미 발생한 서훈 대상자 등의 권리 등에 영향을 미치는 행위로서 관련 당사자에게 미치는 불이익의 내용과 정도 등을 고려하면 사법심사의 필요성이 크다. 따라서 기본권의 보장 및 법치주의의 이념에 비추어 보면, 비록 서훈취소가 대통령이 국가원수로서 행하는 행위라고 하더라도 법원이 사법심사를 자제하여야 할 고도의 정치성을 띤 행위라고 볼 수는 없다"(대법 2015. 4. 23. 선고 2012두26920 판결)고 하였다.

(2) 재량행위(자유재량행위)

행정청의 재량권(자유재량권)에 속하는 행위는 행정청의 책임으로 처리할 것이 인정되어 있는 것이므로, 재량권 일탈·남용이 아닌 한, 법원의 심사권이 재량행위(자유재량행위)에는 미치지 아니한다는 전통적 견해의 이해에 의하면 재량행위(자유재량행위)가 사법심사의 대상에서 제외되는 것은 권력분립에서 오는 한계가 된다.

(3) 의무이행소송

의무이행소송이란 행정청이 위법한 거부처분을 행하거나, 당사자의 신청에 대하여 상당한 기간 내에 일정한 처분을 하여야 할 법률상 의무가 있음에도 불구하고 이를 하지 아니하는 경우에 행정청에 대하여 일정한 처분을 하도록 하는 판결을 구하는 소송이다. 이와 같은 의무이행소송이 「행정소송법」상 허용되는 것인가에 대하여는 견해가 나뉜다.

1) 부 정 설

의무이행소송은 「행정소송법」상 허용되지 않는다는 견해이다. 논거는 여러 가지 있으나 중요한 논거로는 ① 항고소송은 부작위위법확인소송을 제외하고는 행정청의 제1차적 판단인 처분이 존재하는 것을 전제로 하여 그 적법성을 사후적으로 심사하는 구조인데 행정청을 대신하여 법원이 사전에 제1차적 판단권을 행사하는 것은 행정권에 대한 사법권의 침해이며 권력분립의 원리에 반한다는 점, ② 「행정소송법」 제4조의 항고소송의 구분은 열거적·제한적인 것이며 해석론상 무명항고소송이 인정된다면 부작위위법확인소송은 무용지물이 된다는 점 등이다. 이 설이 종래의 통설이었다.

2) 긍 정 설

의무이행소송은 「행정소송법」상 허용된다는 견해[1]이다. 이 설의 논거로서 중요한 것은 ① 권력분립의 원리는 권력상호간의 견제와 균형을 도모함으로써 권력의 남용을 방지하고 사인의 권리를 보호하려는 것이므로 법원은 위법처분을 취소할 수 있을 뿐만 아니라 의무이행판결을 통하여 처분의무의 이행을 명할 수 있다고 보는 것이 권력분립원리의 참뜻에 맞다는 점, ② 「행정소송법」 제1조가 "공권력의 행사·불행사 등으로 인한 국민의 권리 또는 이익의 침해를 구제하고 …"라고 명시하고 있음에 비추어 권력분립의 원리를 내세워 의무이행소송을 부정하는 것은 행정구제제도로서 행정소송의 일반적인 기능 및 「행정소송법」이 의도하는 행정소송의 취지에 부합되지 않는다는 점, ③ 「행정소송법」 제4조의 항고소송의 구분은 예시적인 것이라는 점 등이다.

3) 한정적 긍정설

의무이행소송은 한정된 범위 내에서만 허용된다는 견해이다. 즉 이 설에 의하면 의무이행소송은 ① 행정청에게 제1차적 판단권을 행사하게 할 것도 없을 정도로 처분요건이 일의적으로 정하여져 있고, ② 사전에 구제하지 않으면 회복할 수 없는 손해가 발생할 우려가 있으며, ③ 다른 구제방법이 없는 경우에만 인정된다. 이 설의 논거는 부정설·긍정설 모두가 권력분립론을 전제로 하고 있으나 권력분립제를 채택하고 있는 국가에서도 실정제도에 차이가 있기 때문에 권력분립론 일반론에서 형식적으로 결론을 도출하는 것은 적절하지 못하다는 점, 권력분립·국민의 재판을 받을 권리 등 「헌법」 규정의 취지를 감안하여 「행정소송법」의 관련규정을 해석할 필요가

---

1) 金南辰, 행정법의 기본문제, 532쪽 이하; 洪井善, 행정법원론(상), 1014쪽.

있다는 점, 무명항고소송(법정외항고소송)의 종류마다 기능적인 측면에서 그 인정 여부를 고찰할 필요가 있다는 점 등이다. 이 설이 현재 우리나라의 다수설이다.

4) 판 례

판례는 부정설로 초지일관하고 있다. 대법 1986. 8. 19. 선고 86누223 판결은 "토지소유자가 토지에 대한 행정청의 토지등급설정 및 수정처분의 시정을 구하는 것은 동인이 원하는 행정처분을 하도록 명하는 이행판결을 구하는 것이어서 행정소송에서 허용되지 아니한다"고 판시한 바 있고, 대법 1992. 11. 10. 선고 92누1629 판결은 "행정청의 부작위에 대한 작위의무의 이행이나 확인을 구하는 행정소송은 허용될 수 없다"고 판시한 바 있다.[1]

5) 검 토

권력분립원리의 현대적 의의 및 우리 「헌법」상의 권력분립원리의 조명 없이 의무이행소송은 무조건 허용되지 아니한다는 부정설은 지양되어야 한다. 독일의 1950년대 이전, 일본의 행정사건소송특례법시대의 비교적 초기에 있어서의 권력분립원리에 의한 극히 형식적인 접근을 답습할 것이 아니라 어떤 범위 내에서 허용할 것인가 하는 의무이행소송의 적법성 요건에 관한 구체적인 접근이 필요하다.[2]

(4) 적극적 형성판결

「행정소송법」 제4조 제1호는 취소소송을 "행정청의 위법한 처분 등을 취소 또는 변경하는 소송"이라고 규정하고 있는데, 여기서 말하는 변경에는 처분의 일부취소라는 의미의 소극적 변경과 원 처분에 갈음하여 새로운 처분을 행하는 적극적 변경이 포함될 수 있다. 이 중 소극적 변경에 관하여는 아무런 문제가 없다. 그러나 적극적 변경이 허용되는 것인가에 대하여는 권력분립원리의 관점에서 이를 부정하는 것이 종래의 통설이었고, 현재 우리나라의 판례(대법 1962. 6. 14. 선고 62누14 판결, 대법 1989. 5. 23. 선고 88누8135 판결 등)이다.

---

1) 헌법재판소는 행정소송법 제4조에서 항고소송의 유형으로 '의무이행소송'을 도입하고 있지 않은 것이 부진정입법부작위로서 헌법재판소법 제68조 제2항의 헌법소원심판의 대상이 되는 법률에 대한 헌법소원심판청구에 해당하는지 여부에 관하여 다음과 같이 판시하고 있다. 즉 의무이행소송의 성격은 취소소송이나 확인의 소인 부작위위법확인소송과는 본질적으로 다르고, 소송요건, 본안요건, 판결의 효력, 집행 방법 등에 있어서도 본질적으로 구별되는 별도의 소송유형이라는 점, 행정청의 1차적 판단권이 존중되어야 한다는 권력분립적 요청, 법치행정의 요청 및 국민의 효율적인 권리구제의 요청, 사법권의 정치화·행정화를 막고 부담을 경감하여야 한다는 사법자제적 요청, 국가 주도의 발전과정과 행정청의 역할에 대한 고려, 행정기관과 법원의 수용태세 등을 고려하여 현행 행정소송법에 도입되지 않은 입법경위 등을 종합하면, 행정소송법 제4조가 의무이행소송을 항고소송의 하나로 규정하지 아니한 것은 의무이행소송에 대한 입법행위가 없는 경우(입법권의 불행사)에 해당하는 것이지, 항고소송의 유형을 불완전·불충분하게 규율하여 입법행위에 결함이 있는 경우(입법권 행사의 결함)라고 보기 어렵다(헌재 2008. 10. 30. 2006헌바80 결정).

2) 최근의 입법론에 관하여는 河明鎬, 「의무이행소송의 도입 필요성과 바람직한 도입 방안」, 서울지방변호사회·한국국가법학회 공동주체, 법치주의의 확립과 변호사의 역할에 관한 심포지엄 자료집 참조.

(5) 예방적 부작위(금지)소송

예방적 부작위소송이란 행정청의 처분에 의하여 사인의 권리·이익이 침해될 우려가 있는 경우에 처분을 발동하지 아니할 것을 명하거나 처분의 권한이 없다는 확인의 판결을 구하는 소송이다. 예방적 금지소송이라고도 한다. 이와 같은 예방적 부작위소송이 「행정소송법」상 허용되는 것인가에 대하여는 견해가 나뉜다.

1) 부 정 설

예방적 부작위소송은 「행정소송법」상 허용되지 않는다는 견해[1]이다. 이 설의 논거는 의무이행소송 부정설의 논거와 비슷하다.

2) 긍 정 설

예방적 부작위소송은 「행정소송법」상 허용된다는 견해[2]이다. 이 설의 논거는 의무이행소송 긍정설의 논거와 비슷하게 주장되기도 하고, 당사자소송이 공법상의 법률관계 일반을 대상으로 하는 포괄소송으로서 성질을 가지며 경우에 따라 확인소송·이행소송 등 다양한 형태의 소송유형이 허용되는 것이므로 특정한 행위의 부작위를 요구하는 예방적 부작위소송도 당사자소송의 한 형태로 허용되는 것이라고 주장되기도 한다.[3]

3) 한정적 긍정설

예방적 부작위소송은 한정된 범위 내에서만 허용된다는 견해이다. 즉 이 설에 의하면 예방적 부작위소송은 ① 처분이 행하여질 개연성이 있고 절박하며, ② 처분요건이 일의적으로 정하여져 있으며, ③ 미리 구제하지 않으면 회복할 수 없는 손해가 발생할 우려가 있으며, ④ 다른 구제방법이 없는 경우에만 인정된다. 이 설의 논거도 의무이행소송 한정적 긍정설의 논거와 비슷하다. 이 설이 현재 우리나라의 다수설이다.

4) 판   례

판례는 부정설의 입장에 서 있다. 대법 1987. 3. 24. 선고 86누182 판결은 "피고에 대하여 새로운 건축물의 준공처분을 하여서는 아니 된다는 내용의 부작위를 구하는 원고의 예비적 청구는 행정소송에서 허용되지 아니하는 것이므로 부적법하다"라고 판시한 바 있다.[4]

---

1) 李尙圭, 신행정법론(상), 800쪽.

2) 金南辰, 행정법의 기본문제, 536쪽; 洪井善, 행정법원론(상), 1018쪽.

3) 鄭夏重, 「예방적 부작위청구소송의 가능성」, 고시연구 1999년 11월호, 150쪽.

4) 최근의 판결로는 대법 2006. 5. 25. 선고 2003두11988 판결 등이 있다.

5) 검   토

의무이행소송의 검토에서 지적한 바와 같이 권력분립원리의 현대적 의의 및 우리 「헌법」상의 권력분립원리의 조명 없이 예방적 부작위소송은 무조건 허용되지 아니한다는 부정설은 이제 우리도 지양하여야 한다. 여기에서도 한정적 긍정설에 있어서와 같은 예방적 부작위소송의 적법성 요건에 관한 구체적인 접근이 필요하다.

다만 유의해야 할 점은 의무이행소송과 예방적 부작위소송은 다같은 무명항고소송의 범주에 속하나 차이가 있다는 것이다. 양자의 구체적인 차이는 양 소송의 허용성에 관하여 어떤 견해를 취할 것인가에 따라 다를 것이나, 한마디로 의무이행소송은 현상의 개선을 구하기 위하여 제기하는 소송임에 반하여, 예방적 부작위소송은 현상의 가일층의 악화를 방어하기 위하여 제기하는 소송인 것이므로 공권력으로부터의 침해방어를 기본으로 하고 있는 시민적 법치국가라는 관점에서 본다면 예방적 부작위소송의 허용성의 필요는 매우 크다. 따라서 예방적 부작위소송은 실질적으로는 처분의 적법성 심사소송의 성격을 갖고 있으며, 그 허용이 종래의 행정법 구조와 반드시 일치하지 아니하는 것은 아니다.[1]

이미 앞에서 지적한 바와 같이(→ 법치행정원리 중 행정통제·행정구제) 프라이너 교수는 "법치국가의 가장 완성된 형태는 권리보호제도가 모든 행정영역에 관철됨으로서 성립한다"고 하였다. 이는 곧 실효성 있고 빈틈없는 권리의 법률상 보호(wirksamer und lückenloser Rechtsschutz)이다. 실효성 있고 빈틈 없는 권리보호의 요청은 입법론만의 문제가 아니라 해석론의 문제이기도 하다. 행정소송법의 개정과 같이 어려운 문제일수록 해석론에 의하여 점진적으로 접근해 가는 것도 현명한 방법이 될 수 있다.

제 2 관 행정소송의 종류

Ⅰ. 일반적 구분

행정소송은 여러 가지 기준에 의하여 여러 가지로 나눌 수 있다.

(1) 행정소송은 개인적인(주관적인) 권리·이익의 보호를 목적으로 하는 것인가 개인적인 권리·이익의 보호와는 관계없이 객관적인 행정의 적정성 확보 및 일반공공의 이익의 보호를 목적으로 하는 것인가의 여부를 기준으로 주관적 소송과 객관적 소송[2]으로 나누는 것

---

1) 예방적 부작위소송·작위의무확인소송을 포함하여 우리 행정소송상 예방적 구제제도의 도입이 가능한지 여부, 가능하다면 구체적으로 어떻게 정비하여야 할 것인지에 관하여는 李賢修, 「행정소송상 예방적 구제에 관한 연구—독일·프랑스·영국·미국의 다원적 법비교를 통한 행정소송상 예방적 구제의 제도적 정비방안 제시를 중심으로—」(2002년 8월 서울대학교 박사학위청구논문), 특히 289쪽 이하 참조.

2) 학자에 따라서는 객관소송을, 소송요건으로서 어느 정도로 원고의 주관적 관련성이 요구되느냐와는 별개로, 본안요건으로서 객관적 위법성만이 판단된다는 의미로 사용하고, 소송요건에서조차 원고의 주관적 관련성을 전혀 요구하지 아니하는 소송을 만인소송이라고 부르는 이도 있다. 朴正勳, 「환경침해시설의 설치·가동허가처

이 통설이다.[1] 통설에 의하면 항고소송과 당사자소송이 주관적 소송의 예이며, 민중소송과 기관소송이 객관적 소송의 예이다. 그러나 항고소송은 객관소송적 성격도 아울러 갖고 있으며, 객관소송에도 주관소송적 성격이 전혀 없는 것이 아니다.[2]

(2) 행정소송은 소송의 대상이 공권력의 행사와 관련되는 것인가, 단순히 공법상의 법률관계에 관련되는 것인가를 기준으로 항고소송과 당사자소송으로 나눌 수 있다. 전자는 공권력의 행사 또는 불행사인 처분 등이나 부작위를 대상으로 하여 제기되는 소송이고, 후자는 처분 등이나 부작위와 관련되거나 아니거나를 막론하고 공법상의 법률관계를 대상으로 하여 제기되는 소송이다.

(3) 행정소송은 청구의 내용에 따라 형성의 소·확인의 소·이행의 소로 나눌 수 있다. 이 구분은 민사소송에서 소의 유형을 분류하는 전통적인 입장에 기초하고 있다.[3] 형성의 소는 공법관계를 발생·변경·소멸시키는 판결을 구하는 소송이다. 취소소송은 위법한 처분 등의 취소 또는 변경(일부취소)을 구하는 소송이므로 형성의 소의 예가 된다. 확인의 소는 특정한 공권 또는 공법관계의 현재에 있어서의 존재 또는 부존재를 주장하여 그 확정을 구하는 소송이다. 무효등확인소송·부작위위법확인소송 등이 그 예가 된다. 이행의 소는 피고에 대한 특정한 이행청구권의 존재를 주장하여 그 확인과 이에 기한 이행을 명하는 판결을 구하는 소송이다. 당사자소송으로서의 공법상 금전지급청구소송·원상회복청구소송이 그 예가 된다.

(4) 그 밖에 행정소송은 제소의 태양을 기준으로 단일의 소(1인의 원고가 1인의 피고를 상대로 하여 1개의 청구에 관하여 심판을 구하는 소송)와 병합의 소(원고·피고 또는 청구가 복수인 소송)로 나눌 수 있다. 행정소송의 구조를 기준으로 시심적 소송(→ 시심적 쟁송)과 복심적 소송(→ 복심적 쟁송)으로 나눌 수 있다.

분을 다투는 취소소송에서 인근주민의 원고적격—독일법의 비판적 검토와 행정소송법 제12조의 해석을 중심으로—」, 행정법연구(행정법이론실무학회) 제6호, 114쪽.

1) 우리나라의 취소소송에 해당하는 프랑스의 월권소송(recours pour excés de pouvoir)의 성질을, 소송심리의 대상이 되는 법문제의 성격이 당사자의 권리·의무의 존부가 아니라 행정작용의 객관적 적법성에 있다는 점 때문에, 객관적 소송으로 파악하는 것이 프랑스의 통설이다. 이에 의하면 주관적 소송과 객관적 소송의 구별 기준은 소송 목적이 아니라 소송심리의 대상이 되는 법문제의 성격이 된다.

2) 白潤基, 「권한쟁의심판과 기관소송」, 한국헌법학의 현황과 과제(김철수교수 정년기념논문집), 1998, 949쪽 이하; 洪井善, 「기관소송의 법리」, 공법연구(한국공법학회) 제25집 제4호, 212-219쪽; 崔光律, 「현행법상의 객관적 소송」, 한국공법이론의 새로운 전개(김도창박사 팔순기념논문집), 2005, 488쪽.

3) 상세한 설명은 李時潤, 신민사소송법, 175쪽 이하 참조.

Ⅱ. 행정소송법상의 종류

　「행정소송법」은 행정소송의 종류를 크게 항고소송·당사자소송·민중소송·기관소송의 네 가지로 구분한다(동법 3조).[1][2]

1. 항고소송

　항고소송은 행정청의 처분 등이나 부작위로 인하여 권리·이익을 침해받은 자가 그 처분 등이나 부작위의 위법을 다투기 위하여 제기하는 소송이다(동조 1호).「행정소송법」은 항고소송을 다시 취소소송·무효등확인소송·부작위위법확인소송의 세 가지로 구분하고 있다(동법 4조). 이 세 가지 항고소송을 유명(有名)항고소송 또는 법정항고소송이라 부른다. 이 세 가지 이외의 항고소송을 무명(無名)항고소송[3] 또는 법정외항고소송이라 부른다.「행정소송법」제4조가 들고 있는 세 가지 구분이 제한적 열거인지, 예시적 열거인지에 관하여는 견해가 나뉜다. 제한적 열거설은 논거로서「행정소송법」이「행정심판법」과는 달리 의무이행소송에 갈음하여 부작위위법확인소송을 인정한 점 등을 들고,[4] 예시적 열거설은 논거로서「행정소송법」제4조가 "항고소송

---

[1] 현행 행정소송법에 대하여는 사법 행정통제 내지 사법적 행정구제 수단이 미흡하다는 견해가 행정법학자들의 대세이다. 이미 앞에서 지적한 바와 같이 행정의 행위형식의 주요한 일부를 이루는 행정입법에 대하여 행정소송이 아니라 헌법소원이 일차적 직접적 구제 수단이 되어 있다. 사법 행정통제 내지 사법적 행정구제 수단을 개선하는 경우 문제는 그 방법이다. 이에 대하여 朴玄廷 교수는 "그 방법으로는 독일의 행정소송과 같이 소송의 대상에 따라 소송유형을 구별하여 강학상 행정행위를 항고소송으로, 행정입법은 이른바 규범통제소송으로 다투고, 사실행위에 대하여는 당사자소송을 활용하자는 견해도 있다"고 전제한 다음, 사실행위와 행정입법 등도 항고소송의 대상으로 포함되도록 항고소송의 대상적격을 확대하는 방식이 타당하다는 견해(참고로 이 견해는 1985년 일부 교수들에 의하여 처분의 개념이 너무 넓다는 지적으로 변경되기 전의 법무부 법무자문위원회 공법연구특별분과위원회가 마련한 행정소송법개정안과 동일하다)를 밝히고 있다(同人,「항고소송의 소송유형과 대상적격 개선방안」, 한국행정법학회 제50회 정기학술대회(2021. 12. 17.)발표문, 51쪽 이하). 그 이유는 다음과 같은 점을 든다. ① 이른바 당사자소송 활용론은 40여 년 동안 이어져 온 항고소송과 당사자소송의 소송구조를 송두리째 바꾸는 것이어서 상당한 혼란이 예상된다. ② '국민의 권리 의무에 직접 영향을 미치는 행위'라는 개념 징표를 그대로 둔 채 처분의 범위를 지난 수십 년 동안 서서히 넓혀왔기 때문에 행정행위와 행정행위에 해당하지 않는 행위의 경계가 상당히 모호해진 상황인데 기존에 처분으로 인정된 것 이외의 행정작용을 당사자소송의 대상으로 삼는다면 더욱 혼란이 가중될 것이다. ③ 처분취소·무효확인에 대하여는 항고소송에, 처분외의 공권력작용의 기본권 침해 위헌성을 이유로 한 공권력 행사의 취소·위헌확인에 대하여는 헌법소원에 불복할 수 있고, 위법성(위헌성)이 인정되면, 기속력이 발생하여 판결(결정)의 효력이 제3자에게 미치는 점은 항고소송과 헌법소원 간에 별 차이가 없으며, 사실행위나 행정입법에 대하여 불복하는 경우에도 판결의 기속력과 대세효가 인정되면 충분한 구제가 이루어질 수 있으며, 당사자소송은 당사자 사이에서 권리 의무를 확정하기 위한 것이어서 판결에 대세효나 기속력이 인정되지 않으므로 공권력작용에 대한 불복수단으로 불충분하며, 항고소송에 의무이행소송이 도입되면 이행소송(당사자소송)의 방식으로 부작위나 거부행위에 대응할 수 있는 장점도 사라진다는 점 등을 고려하여 보면 다른 취급을 할 필요성이 없다.

[2] 행정소송의 종류에 관한 상세한 설명은 金鐵容·崔光律, 주석 행정소송법, 63쪽 이하 [집필 崔光律] 참조.

[3] 무명항고소송에 관하여는 金鐵容·崔光律, 앞의 책, 105쪽 이하 [집필 洪準亨] 참조.

[4] 李尙圭, 신행정법론(상), 800쪽.

은 다음과 같이 구분한다"라고 예시로 표현하고 있다는 점 등을 든다.[1] 제한적 열거설은 무명항고소송을 허용하지 아니하며, 예시적 열거설은 무명항고소송을 허용한다. 예시적 열거설에 의하면 권력분립에서 오는 한계와는 별도로 의무이행소송·예방적 부작위소송 등이 무명항고소송으로 허용될 가능성이 있게 된다. 예시적 열거설이 현재 우리나라의 다수설이다.

(1) 취소소송

1) 취소소송의 의의

취소소송은 행정청의 위법한 처분 등을 취소 또는 변경하는 소송이다(동법 4조 1호). 즉 취소소송은 행정청의 위법한 처분 등을 취소·변경하는 기능을 가짐과 동시에 그 전제로서 당해 처분의 위법확인을 행하는 기능을 갖는다. 종래의 통설은 처분은 공정력이라는 특수한 효력을 가지는데(→ 공정력), 취소소송은 이와 같은 공정력을 배제하여 처분의 효력을 소멸시키기 위한 소송이라고 설명하여 왔다. 종래의 통설에 의하면 소송에 의하여 처분의 공정력을 배제하려는 자는 취소소송을 제기하여 처분을 취소시켜야 한다는 것이다. 이를 취소소송의 배타적 관할이라 부른다.

취소소송은 가장 전형적인 행정소송이며 「행정소송법」의 중심을 이루고 있다.

「행정소송법」 제4조 제1호에서 말하는 변경의 의미에 관하여는 적극적 변경을 포함하지 아니하고 처분의 일부취소라는 소극적 변경으로 이해하는 것이 종래의 통설이고 현재의 우리나라의 판례임은 이미 설명한 바와 같다(→ 적극적 형성판결).

2) 취소소송의 성질

(가) 주관소송이냐 객관소송이냐의 문제 취소소송은 주관소송의 성질을 가진다는 것이 통설이다. 통설의 논거는 취소소송의 권리구제적 기능에 두고 있다(→ 행정소송의 기능).

통설에 대하여는 취소소송은 객관소송의 성질이 강하다는 반론이 있다. 그 논거는, 첫째 우리 「헌법」 제107조 제2항은, 독일 기본법 제19조 제4항과 같은 권리침해를 행정소송의 전제로 명시하고 있는 것이 아니라, 항고소송의 핵심이 위헌성과 위법성을 판단하는 데 있음을 명시하고 있다. 둘째, 「법원조직법」 제2조 제1항 전단에서 말하는 "모든 법률상의 쟁송"이란 법률에 규정된 모든 종류의 소송을 의미하는 것으로서 객관소송·민중소송·기관소송까지를 포함하며, 이를 국민의 권리의무에 관한 주관소송으로 한정하는 것은 문언에 명백히 반하는 해석이다. 셋째, 「행정소송법」 제12조는 "처분 등의 취소를 구할 법률상 이익"을 원고적격의 요건으로 규정하고 있지만, 그 법률상 이익은 독일의 보호규범이론에 의한 권리보다는 훨씬 넓은 개념이다. 넷째, 「행정소송법」 제4조 제1호가 취소소송을 "행정청의 위법한 처분 등을 취소 또는 변경하는 소송"이라고 정의하고 있듯이 우리 취소

---

1) 金道昶, 일반행정법론(상), 747쪽.

소송의 본안 요건은 위법성만이고 그 이외에 권리침해를 요건으로 하지 않는다는 등이다.[1]

(나) 형성소송이냐 확인소송이냐의 문제

취소소송은 형성소송의 성질을 가진다는 것이 통설이다. 그 논거로는 첫째로 취소소송은 일단 일정한 법률관계를 성립시킨 처분의 효력을 다툼으로써 당해 처분의 취소·변경을 통하여 그 법률관계를 소멸·변경시키는 소송이다. 둘째로「행정소송법」도 취소소송의 인용판결에 대하여 대세적 효력을 명시함으로써(29조 1항) 형성소송설의 입장을 뒷받침하고 있다.

통설에 대하여는 취소소송의 본질은 처분의 위법성을 공적으로 선언하는 확인소송이라는 반론이 있다. 그 논거는, 첫째 우리 법에는 독일 연방행정절차법 제43조 제2항, 즉 "행정행위는 직권취소·철회 또는 다른 방법으로 폐지되거나 시간의 경과 또는 다른 방법으로 종료될 때까지는 유효하다"와 같은 명문의 규정이 없으므로 위법한 처분이라도 처음부터 효력을 발생·유지하다가 취소판결에 의해 비로소 소급적으로 소멸한다고 하는 독일식의 공정력을 그대로 인정할 수 없다. 둘째,「행정소송법」제29조 제1항의 대세적 효력은 반드시 형성력에 대해서만 한정되는 것이 아니라 위법성 확인에 관한 기판력에 대해서도 가능하기 때문에 결정적인 논거가 되지 못한다. 셋째 그 밖에도「행정소송법」제12조 후단이 이미 효과가 소멸한 처분에 대하여도 취소소송을 인정하고 있다는 점, 우리 통설·판례에 의하면 애당초 법률효과를 갖지 않는 사실행위도 취소소송의 대상이 된다는 점, 우리 판례는 위법한 처분이 취소판결로써 취소되면 그 처분에 복종할 의무가 처음부터 없었음이 확정되었다고 판시하고 있는 점 등을 든다.[2]

판례는 명시적으로 형성소송이라고 한 것도 있으나(대법 1960. 9. 30. 선고 4292행상20 판결), "위법한 처분에 의하여 발생한 위법상태를 배제하여 원상으로 회복시키고 그 처분으로 침해되거나 방해받은 권리와 이익을 보호 구제하고자 하는 소송"이라고 하고 있다(대법 1987. 5. 12. 선고 87누98 판결, 대법 1992. 4. 24. 선고 91누11131 판결).

3) 취소소송의 소송물

소송물이란 특정소송에서 법원이 무엇에 대하여 어떠한 결론을 내려야 하는가를 나타내주는 개념으로서, 특정소송이 다른 소송과 구별되는 소송의 기본단위를 말한다. 피고에 대한

---

1) 그 밖에 취소판결의 대세효, 제3자의 재심청구, 소송비용, 판단기준 처분시, 처분이유의 추가·변경의 제한 등을 든다. 朴正勳, 행정소송의 구조와 기능, 152쪽 이하; 同人「항고소송과 당사자소송의 관계—비교법적 연혁과 우리 법의 해석을 중심으로—」, 특별법연구(특별소송실무연구회) 제9권, 2011, 143쪽 ; 李相憙,「항고소송과 헌법소원의 관계 재정립 —실무의 상황과 나아갈 방향—」, 공법연구(한국공법학회) 제44집 제1호, 232쪽 이하.

2) 朴正勳, 앞의 책, 165쪽 이하. 朴正勳 교수는 "처분의 개념을 좁게 파악하되 처분이 아닌 행정조치에 대해서는 위법성 확인소송으로 당사자소송을 활용하자는 반대견해에 대해서는, 기능적으로는 위법성확인이라는 점에서 결국 취소소송과 동일한 것이 되는데, 명문의 소송유형인 취소소송이 유리하다는 점 이외에도 당사자소송의 형식을 취할 때에는 확인의 이익, 許價, 입증책임, 가구제 문제에서 취소소송이 수월성을 갖는다는 반론이 가능하다"고 기술하고 있다(同人,「행정법과 민주의 자각」, 행정법연구(행정법이론실무학회) 제53조, 19쪽 이하).

원고의 실체법상의 청구가 아니라 법원에 대한 사건 해결의 청구이기 때문에 소송상의 청구 (prozessualer Anspruch)라고도 부른다.

소송물의 가장 중요한 역할은 소송의 초기단계에서 당해 소송이 끝나면 무엇이 판단되게 되는가를 미리 가르쳐 준다는 점, 소송이 끝난 후에 당해 판결이 누구에 대하여 어떠한 효력을 발생하는가를 획정하여 준다는 점이다. 그 밖에도 취소소송을 예로 들면 여러 소송절차상의 논점, 예컨대 사물관할, 청구의 병합, 중복소송의 금지, 청구의 변경, 심리범위, 재소의 금지 등과 유기적으로 결부되어 있다. 그러나 취소소송에 있어서는 소송물론이 기능하는 경우가 민사소송에 비하여 극히 한정적이다.

취소소송의 소송물[3]에 관하여는 견해가 나뉜다. 처분의 위법성이라는 견해, 원고의 위법처분 취소청구권이라는 견해 등으로 나뉘고, 처분의 위법성이라는 견해는 다시 구체적인 처분에 있어서 그 처분의 근거가 된 이유에 존재하는 개개의 위법사유가 소송물이라는 견해와 처분에 대한 위법사유가 여러 개 있더라도 소송물은 하나라는 입장에서 처분의 위법성 일반이 소송물이라는 견해로 나뉜다. 우리나라에 있어서는 취소소송의 소송물을 처분의 위법성 일반으로 이해하는 것이 통설이라고 하고, 위법사유마다 소송물을 별개로 보면 처분청이 여러 처분사유를 들어 동일한 처분을 반복할 때에 원고가 취소소송을 그 수만큼 제기해야 하는 불이익을 보게 된다는 이유로 이 설을 지지하는 학자도 있다.[4] 그러나 취소소송의 소송물을 처분 등의 취소를 구하는 원고의 법적 권리주장이라는 견해도 적지 않다.[5] 판례는 취소소송의 소송물을 처분의 위법성이라고 보는 것은 분명하나(대법 1996. 4. 26. 선고 95누5820 판결 등), 개개의 위법사유를 말하는 것인지, 처분의 위법성 일반을 말하는 것인지 분명치 않다.

생각건대, 통설이 취소소송의 소송물을 처분의 위법성 일반으로 보는 이유는 취소판결의 형성효과가 당해 처분이 위법하다는 법원의 유권적인 확정과 결부되어 발생하는 것이므로 처분의 위법성 유무야말로 법원의 판단 대상이며 소송물을 구성하는 것이라는 데에 있다. 우리나라의 취소소송 구조가 원고적격에서 법률상 이익을 요구하고 본안판단에서는 승소요건으로 독일처럼 권리침해를 요구하지 아니하고 처분의 위법성만을 요구하고 있다는 점에서 보면[6] 취소소송의 소송물은 계쟁처분의 위법성 일반으로 볼 수 있는 측면도 있다. 그런데, 종래의 통설이 취소소송의 소송물을 위법성 일반이라고 할 때의 '위법성 일반'은 주체·시점·내용·수신인 등의 관점에

---

3) 취소소송의 소송물에 관한 상세한 설명은 金鐵容·崔光律, 주석 행정소송법. 181쪽 이하 [집필 朴正勳] 참조.

4) 金東熙, 행정법 Ⅰ, 680쪽; 朴鈗炘, 최신행정법강의(상), 901쪽 이하.

5) 洪準亨, 행정구제법, 525쪽; 洪井善, 행정법원론(상), 857쪽. 洪井善 교수는 소송물을 원고의 법적 권리주장으로 보면서도 소송물과 관련되는 기술은 자기의 설이 아니라 소송물을 처분의 위법성 일반으로 이해하는 학설에 따라 행하고 있다.

6) 상세한 논의는 崔桂暎,「항고소송에서 본안판단의 범위 ―원고의 권리침해가 포함되는지 또는 원고의 법률상 이익과 관계없는 사유의 주장이 제한되는지의 문제를 중심으로―」, 행정법연구(행정법이론실무학회) 제42호, 108쪽 이하 참조.

서 특정되는 어떤 처분이 위법 사유를 특정하지 아니한채 전체로서 위법하다는 것으로 이해하였다. 그러나 취소소송은 그 구조가 위법상태의 배제를 다투는 소송 이전에 원칙적으로 일정한 행정절차를 거쳐 행하여지는 행정기관의 판단과 결정행위를 다투는 소송임을 잊어서는 아니된다. 따라서 예컨대, 처분에 의견청취절차를 거쳐 이유제시가 행하여지고, 이유제시에서 처분이유가 특정되어 있는 경우에는 그 처분이유와 처분과는 불가분의 관계에 있다고 보아야 한다.

(2) 무효등확인소송

1) 무효등확인소송의 의의

무효등확인소송은 행정청의 처분 등의 효력 유무 또는 존재 여부를 확인하는 소송이다(동법 4조 2호). 처분등무효확인소송·처분등유효확인소송(예: 징수유예처분의 유효확인소송)·처분등실효확인소송·처분등부존재확인소송·처분등존재확인소송(예: 압류처분취소처분의 존재확인소송) 등이 이에 포함된다.

무효 또는 부존재의 처분 등은 처음부터 아무런 법률상 효력이 없거나 부존재하는 것이지만, 처분 등이 외관상 존재함으로써 유효한 것으로 오인되어 행정청에 의하여 집행될 우려가 있으므로 처분의 상대방이나 이해관계인은 그 처분 등이 무효 또는 부존재임을 확인받을 필요가 있다. 이와 반대로 처분 등이 유효하게 존재함에도 불구하고 관계행정청이 마치 무효 또는 부존재한 것처럼 주장하거나 이런 주장을 바탕으로 관계처분 등을 행함으로써 사인의 권익을 침해할 우려가 있으므로 처분의 상대방이나 이해관계인은 그 처분 등이 유효 또는 존재함을 확인받을 필요가 있다.

2) 무효등확인소송의 성질

「행정소송법」 제4조는 무효등확인소송을 항고소송으로 규정하고 있으나 그 성질에 관하여는 견해가 나뉘는데, 확인소송설·항고소송설·준항고소송설 등이 있다.

   (가) 확인소송설은 무효등확인소송을 적극적으로 처분 등의 효력을 소멸시키거나 부여하는 것이 아니라 처분 등의 효력 유무 또는 존재 여부를 확인·선언하는 확인소송으로 이해한다.

   (나) 항고소송설은 무효와 취소의 상대화이론을 전제로 하여 무효등확인소송도 처분의 무효를 확정하고 그 효력의 제거를 목적으로 하는 것이므로 행정권이 우월한 지위에서 행한 처분의 효력을 다툰다는 점에서 항고소송과 본질적으로 같은 것이라고 한다.

   (다) 준항고소송설은 무효등확인소송을 실질적으로는 일종의 확인소송이라고 보면서 형식적으로는 처분의 효력의 유무를 직접 소송의 대상으로 한다는 점에서 항고소송적인 측면을 아울러 지니는 것으로 본다.

준항고소송설이 통설이다.

3) 무효등확인소송의 소송물

무효등확인소송의 소송물은 처분 등의 효력 유무 또는 존재 여부라는 것이 다수설이다. 학자에 따라서는 무효등확인소송의 소송물을 취소소송의 소송물인 '처분의 위법성 일반'에 상응하여 '처분의 중대하고 명백한 위법성 일반'으로 본다.[1] 판례는 권리 또는 법률관계의 존부 확인으로 보고 있다(대법 1976. 2. 10. 선고 74누159 전원합의체 판결 등).

(3) 부작위위법확인소송

1) 부작위위법확인소송의 의의

부작위위법확인소송은 행정청의 부작위가 위법하다는 것을 확인하는 소송이다(동법 4조 3호). 즉 부작위위법확인소송은 행정청이 당사자의 신청에 대하여 상당한 기간 내에 일정한 처분을 하여야 할 법률상 의무가 있음에도 불구하고 이를 하지 아니하는 경우에 그 행정청의 부작위 자체가 위법하다는 것의 확인을 구하는 소송이다.

주의를 요하는 것은 부작위위법확인소송은 행정청이 아무런 응답(신청을 받아들이는 처분이든 받아들이지 아니하는 처분이든)을 하지 아니하는 것이 위법하다는 확인을 구하는 소송이지, 원고의 신청을 인용하지 아니하는 것이 위법하다는 확인을 구하는 소송이 아니라는 점이다. 즉, 부작위위법확인소송에 의한 구제를 필요로 하는 행정청의 부작위는 신청[2]에 대한 무응답이다. 판례도 "부작위위법확인소송은 행정청이 국민의 법규상 또는 조리상의 권리에 기한 신청에 대하여 상당한 기간 내에 그 신청을 인용하는 적극적 처분 또는 각하하거나 기각하는 등의 소극적 처분을 하여야 할 법률상의 응답의무가 있음에도 불구하고 이를 하지 아니하는 경우, 판결(사실심의 구두변론종결)할 때를 기준으로 그 부작위의 위법을 확인함으로써 행정청의 응답을 신속하게 하여 부작위 내지 무응답이라고 하는 소극적인 위법상태를 제거하는 것을 목적으로 하는 것이고, 나아가 당해 판결의 기속력에 의하여 행정청에 처분 등을 하게 하고 다시 당해 처분 등에 대하여 불복이 있는 때에는 그 처분 등을 다투게 함으로써 최종적으로는 국민의 권리이익을 보호하려는 제도이다"(대법 1990. 9. 25. 선고 89누4758 판결)라고 판시하고 있다.

2) 부작위위법확인소송의 성질

부작위만으로는 행정청의 제1차적 판단이 행하여졌다고 할 수는 없다. 그러나 행정청이 당사자의 신청에 대하여 상당한 기간 내에 일정한 처분을 하여야 할 법률상 의무가 있음에도 불구하고 이를 하지 아니하는 상태의 계속은 그 자체 소극적인 행정권의 행사로 볼 수 있다. 따라서 부작위위법확인소송은 소극적인 행정권의 행사로 발생한 위법상태의 배제를 구하는 항고소송이며

---

1) 朴正勳,「무효확인소송의 법적 성질과 기능」, 한국행정판례연구회 제241차 월례발표회 발표논문, 8쪽.

2) 부작위위법확인소송이 가능하기 위하여는 국민이 신청을 한 경우에 한정된다는 점에서 국가배상소송에 있어서 행정의 부작위가 위법이 되는 것이 반드시 신청을 한 경우에 한정되지 아니한다는 점과 다르다.

행정청이 행사한 부작위의 위법성을 확인하는 점에서 확인소송의 성질을 가진다.

3) 부작위위법확인소송의 소송물
부작위위법확인소송의 소송물은 부작위의 위법성이다.

(4) 무명항고소송(법정외항고소송)

「행정소송법」 제4조에 규정되어 있는 취소소송·무효등확인소송·부작위위법확인소송 외에 이른바 무명항고소송(법정외항고소송)이 허용될 수 있는 가에 관하여는 견해가 나뉜다는 것, 주로 문제되는 것은 의무이행소송·적극적 형성판결·예방적 부작위소송이라는 것 및 대법원은 시종 일관해서 이들 주로 문제되는 무명항고소송을 일체 허용하지 아니한다는 것 등은 이미 앞에서 설명한 바와 같다.

2. 당사자소송

(1) 당사자소송의 의의

당사자소송은 행정청의 처분 등을 원인으로 하는 법률관계에 관한 소송 그 밖에 공법상의 법률관계에 관한 소송으로서 그 법률관계의 한 쪽 당사자를 피고로 하는 소송이다(동법 3조 2호). 「행정소송법」은 당사자소송을 처분 등을 원인으로 하는 법률관계에 관한 소송과 처분 등을 원인으로 하지 아니하는 공법상의 법률관계 자체의 존부나 효력 유무를 다투는 소송으로 나누고 있다. 전자를 형식적 당사자소송, 후자를 실질적 당사자소송이라 부른다. 형식적 당사자소송을 필요로 하는 이유는 예컨대 당사자가 토지수용위원회의 재결에 불복하여 다투는 것이 재결 자체가 아니라 보상금의 증감인 재산상의 평가인 경우(공익사업을 위한 토지 등의 취득 및 보상에 관한 법률 85조 2항) 재결청을 피고로 하는 항고소송의 형식을 취할 실익이 없고 직접 이해관계자를 소송당사자로 하여 다투도록 하는 것이 소송진행이나 분쟁의 해결에 보다 적절하다는 데에 있다. 당사자소송의 의의 및 종류와 관련하여 다음과 같은 점이 문제가 된다. 첫째로는 전자의 소송, 즉 행정청의 처분 등을 원인으로 하는 법률관계에 관한 소송 속에 형식적 당사자소송이 일반적으로 인정되는 것이냐의 여부 및 일반적으로 인정되는 경우 개별적 근거법이 필요하냐의 여부 문제이다. 둘째로는 전자의 소송과 후자의 소송의 관계의 문제이다. 셋째로는 처분 등의 효력 유무 또는 존재 여부가 민사소송의 선결문제로 되는 경우의 민사소송과 당사자소송의 관계의 문제이다.

1) 형식적 당사자소송의 일반적 인정 여부 및 그 개별 근거법 문제

당사자소송은 크게 형식적 당사자소송과 실질적 당사자소송으로 나누는 것이 일반적이다. 형식적 당사자소송은 처분 등을 원인으로 하는 법률관계에 관한 소송으로서 당해 법률관계의 한 쪽 당사자를 피고로 하는 소송을 말하고, 실질적 당사자소송은 대립하는 대등 당사자 사이의 공법상의 법률관계에 관한 소송으로서 당해 법률관계의 한 쪽 당사자를 피고로 하는 소송을 말한다는 것은 위에서 본 바와 같다. 「행정소송법」 제3조 제2호 전단의 소송 속에 형식적 당사자소송이 일반적으로 인정된다는 데에 대하여는 이견이 없다. 문제는 개별적 근거법 없이 「행정소송법」 제3조 제2호만으로 일반적으로 인정되느냐이다. 이에 관하여는 견해가 나뉜다.

(가) **부 정 설**　　　이 견해는 명시적 개별 근거법이 필요하며 「행정소송법」 제3조 제2호만으로는 형식적 당사자소송이 가능하지 않다는 견해이다. 그 논거로는 ① 형식적 당사자소송은 일본에서 유래한 것인데 일본법에는 개별법에 근거가 있는 경우에 한하여 이를 제기할 수 있도록 규정하고 있다는 점, ② 원인이 되는 처분 등은 그대로 둔 채 그것에 의하여 형성된 법률관계만을 다투는 소송만을 허용하는 것은 처분의 공정력에 반한다는 점, ③ 개별규정이 없는 경우 원고적격·피고적격·제소기간 등의 소송요건이 불분명하다는 점 등을 든다. 이 설이 우리나라의 다수설이다.

(나) **긍 정 설**　　　이 견해는 「행정소송법」 제3조 제2호만으로 형식적 당사자소송이 가능하다는 견해이다. 그 논거로는 ① 「행정소송법」은 형식적 당사자소송에 관하여 민중소송·기관소송과 달리 개별법에 의한 제한을 두고 있지 않다는 점, ② 우리법은 일본법과 달리 별도 법령규정의 존재를 규정하고 있지 않다는 점, ③ 처분의 공정력이라는 것도 처분에 본질적으로 내재하는 것이 아니라 실정법에 의하여 밑받침되는 것이므로, 공정력 있는 처분을 그대로 둔 채 당해 처분을 원인으로 하는 법률관계를 다투는 소송을 「행정소송법」 제3조 제2호에 따라 일반적으로 인정하더라도 그것이 곧 공정력에 반하는 것으로는 보기 어렵다는 점 등을 든다.[1]

생각건대 처분 등을 원인으로 하는 법률관계에 관한 소송으로서 그 원인이 되는 처분 등에 불복하여 제기하는 소송은 항고소송에 의하여야 하는 것이므로 항고소송에 의하지 아니하고 당사자소송에 의하게 하는 경우에는 개별법률에서 규정을 두고 있는 경우에 한하여야 한다고 새기는 것이 「행정소송법」의 구조상 타당할 것이다.

2) 전자의 소송과 후자의 소송의 관계

"행정청의 처분 등을 원인으로 하는 법률관계에 관한 소송"과 "그 밖에 공법상의 법률관계에 관한 소송"은 별개 독립된 소송인지 아니면 전자의 소송은 후자의 소송의 예시로서 후자의 소송에 포괄되는지가 문제된다. 별개 독립된 소송으로 보는 견해도 있고, 전자의 소송은 후자의 소송에 포괄된다는 견해도 있다. 후자가 다수의 견해인 것으로 보인다.[2] 이 다수의 견해에 의하면, 당사자소송은 행정청의 처분 등을 원인으로 하는 법률관계를 포함하는 모든 공법상의 법률관계에

---

1) 李尚圭, 신행정법론(상), 804~805쪽; 朴均省, 행정법론(상), 983쪽 이하. 朴 교수는 이 설을 취하면서도 "다만, 형식적 당사자소송은 실질적 당사자소송의 절차와 다르게 규율되어야 하므로 행정소송법에 형식적 당사자소송에 관한 규정을 별도로 규정하는 것이 바람직하다"라고 기술하고 있다.

2) 李在權, 「당사자소송의 영역확대와 그 한계」, 법조 2000년 7월호, 174쪽 이하.

관한 소송으로서 그 법률관계의 한쪽 당사자를 피고로 하는 소송이다.

3) 선결문제로 되는 경우의 민사소송과 당사자소송의 관계

처분 등의 효력 유무 또는 존재 여부가 민사소송의 선결문제로 되는 경우「행정소송법」제11조 제1항과 동법 제3조 제2호의 관계가 문제[1]된다. 이 문제에 관하여 행정청의 처분 등을 원인으로 하는 법률관계에 관한 소송으로서 당사자소송에 해당하는 경우에는 민사소송으로써「행정소송법」제11조 제1항 소정의 선결문제 소송을 처리할 수 없다는 당사자소송우위설[2]이 유력하다.

(2) 당사자소송의 성질

당사자소송은 개인적인 권리·이익의 보호를 목적으로 하는 주관적 소송이라는 점에서 항고소송과 같다. 그러나 양자는 소송의 대상과 당사자의 두 가지 점에서 차이가 있다. 형식적 당사자소송도 처분 등이 원인이긴 하지만 그 처분 등의 효력 자체를 소송의 대상으로 하고 있는 것이 아니라 그로 인한 법률관계 자체를 대상으로 하고 있다는 점에서 항고소송과 다르다. 또한 당사자소송은 법률관계 자체를 대상으로 한 소송이라는 점에서 민사소송과 유사하다. 그러나 당사자소송은 공법상의 법률관계에 관한 소송이라는 점에서 민사소송과 다르다.

당사자소송은 공법상의 법률관계 일반을 대상으로 하는 포괄소송으로서의 성질을 가지며 경우에 따라 확인소송·이행소송 등 다양한 형태의 소송유형이 허용된다.[3]

(3) 당사자소송의 소송물

당사자소송의 소송물은 서로 대립되는 권리주체간의 공법상의 법률관계 또는 공권의 주장이다.

3. 민중소송

(1) 민중소송의 의의

민중소송은 국가 또는 공공단체의 기관이 법률에 위반되는 행위를 한 때에 직접 자기의 법률상 이익과 관계없이 그 시정을 구하기 위하여 제기하는 소송이다(동법 3조 3호).

---

1) 예컨대, 조세부과 처분이 무효임을 전제로 하는 부당이득반환청구소송의 경우, 이를 당사자소송으로 행정법원의 관할사항으로 할 것인지, 아니면 선결문제소송으로 민사법원의 관할사항으로 할 것인지.

2) 李在權, 앞의 글, 173쪽; 崔亨基,「과오납금청구소송의 성격」, 재판자료 60집, 410쪽.

3) 당사자소송의 성질에 관한 다양한 시각에 관하여는 安哲相,「공법상 당사자소송에 관한 연구」(2004년 2월 건국대학교 박사학위청구논문), 21쪽 이하 참조.

(2) 민중소송의 성질

민중소송은 사인의 개인적인 권리·이익을 직접 보호함을 목적으로 하는 것이 아니라 객관적인 행정의 적법성 확보 및 일반공공의 이익의 보호를 목적으로 하는 소송이다. 통설에 의하면, 민중소송은 객관적 소송의 하나이다. 따라서 통설에 의하면 민중소송은 당사자 사이의 구체적인 권리의무관계에 관한 쟁송이 아니므로 「법원조직법」 제2조 제1항 전단에서 말하는 '법률상의 쟁송'에 해당하여 당연히 법원의 권한에 속하는 것이 아니라 동법 동조 동항 후단에서 말하는 '다른 법률에 의하여 법원에 속하는 권한'에 해당하여 법원의 권한에 속하게 된다. 그러므로 어떠한 경우에 어떠한 자에게 민중소송을 제기하게 할 것인가는 입법정책의 문제이다. 요컨대 민중소송은 법률에 특별한 규정이 있는 경우에 법률이 정한 자에게 한하여 인정되는 특수한 소송이다.

4. 기관소송

(1) 기관소송의 의의

기관소송은 국가 또는 공공단체의 기관 상호간에 있어서의 권한의 존부 또는 그 행사에 관한 다툼이 있을 때에 이에 대하여 제기하는 소송이다. 다만, 「헌법재판소법」 제2조의 규정에 의하여 헌법재판소의 관장사항으로 되는 소송은 제외된다(동법 3조 4호). 원래 행정기관간의 주관쟁의 그 밖의 권한에 관한 쟁의는 당해 기관의 공통상급기관이 있을 때에는 그 상급기관에 의하여 해결함이 원칙이다(→ 주관쟁의결정). 그러나 경우에 따라서는 주관쟁의의 적당한 해결기관이 없거나, 특히 공정한 제3자의 판단이 필요한 경우가 있는데, 이러한 경우에 법률은 법원에의 제소를 인정하고 있다. 「행정소송법」이 행정소송의 일 유형으로 제3조 제4호에서 기관소송에 관한 정의 규정을 두고, 제45조·제46조에서 약간의 절차 규정을 두고 있는 것은 이 까닭이다.

문제는 「행정소송법」 제3조 제4호의 표현의 애매성 때문에 기관소송이 동일한 법주체 내부의 기관간의 소송만을 의미하는 것인지에 대하여 견해가 나뉜다.

1) 한정설

이 설은 「행정소송법」상의 기관소송을 동일한 법주체 내부의 기관간의 소송 즉 국가기관 상호간 또는 특정 공공단체의 기관 상호간의 소송으로 한정하여 파악하는 견해[1]이다. 이 설은 논거로서 ① 원래 기관소송은 독일에서 서로 다툴 이익이 없는 자기소송(Insichprozess)의 관념에서 유래한 것으로 동일한 법주체 내의 기관간의 소송을 의미하는 것으로 보아야 한다는 점, ② 법문상 우리의 일반적 언어사용법에 따르면 "국가 또는 공공단체의 기관 상호간"이란 국가기관 상호간 또는 특정 공공단체의 기관 상호간이란 의미로 이해된다는 점을 든다. 이 설에 따르면 국가와 지방자치단체간의 분쟁은 별개의 법인격을 가진 법주체간의 법률관계로서 외부관계를 이루므로 기관소송이 아니라는 결론이 된다.

---

1) 金南辰·金連泰, 행정법 Ⅰ, 768쪽; 鄭夏重, 행정법총론, 804쪽; 洪井善, 행정법원론(상), 1032쪽.

2) 비한정설

이 설은 「행정소송법」상의 기관소송을 동일한 법주체 내부의 기관간의 소송에 한정할 필요가 없다는 견해[1]이다. 이 설은 다시 둘로 나뉜다. 그 하나는 지방자치단체를 국가의 내부기관으로 볼 수 있다는 입장에서 비한정설을 주장하는 견해(엄격한 의미에서 이 견해도 한정설에 포섭될 수 있다)[2]이다. 다른 하나는 독립된 법인격 주체인 지방자치단체를 국가의 내부기관으로 볼 수 없다는 입장이지만 그렇다고 국가기관과 지방자치단체간의 법률관계를 기관소송이 아닌 일반행정소송, 즉 일반사인과 행정주체간의 소송과 동일하게 규율하는 것은 법체계상 어려움이 있고 현행법상 기관소송으로 인정되고 있는 경우와의 균형도 맞지 않는다는 이유로 기관소송을 법주체 내부적 법률관계인가 외부적 법률관계인가를 가릴 것 없이 그 쌍방당사자가 법주체가 아닌 기관인 행정소송으로 보아야 한다는 견해[3]이다. 이 설에 따르면 국가와 지방자치단체간의 분쟁은 기관간의 분쟁이므로 기관소송이라는 결론이 된다.

(2) 기관소송의 성질

기관소송은 주관적인 권리·이익의 보호를 직접목적으로 하는 것이 아니라 객관적인 행정의 적법성 확보 및 일반공공의 이익의 보호를 목적으로 하는 객관적 소송으로서, 특별히 법률이 정한 경우에 법률이 정한 자만이 소송을 제기할 수 있다는 것이 지배적 견해이다.[4] 이에 대하여는 기관소송이 객관적 소송의 성격과 동시에 주관적 소송의 성격도 아울러 가질 수 있다는[5] 견해[6]가 있다.

기관소송과 헌법재판소의 관장사항인 권한쟁의심판의 관계에 관하여서는 양자를 동일한 것으로 보는 견해[7]도 있다. 그러나 양자는 실정법상 목적[8]·분쟁당사자[9]·분쟁대상[10]·제소요

---

1) 朴鈗炘, 최신행정법강의(상), 1050쪽; 金性洙, 행정법 Ⅰ, 887쪽.

2) 李光潤, 「기관소송에 있어서의 쟁점」, 고시계 1994년 8월호, 102쪽; 韓堅愚, 「기관소송의 기능확대론」, 법정고시 1995년 11월호, 61쪽 이하.

3) 白潤基, 「권한쟁의심판과 기관소송」, 한국헌법학의 현황과 과제(김철수교수 정년기념논문집), 박영사, 1998, 952쪽.

4) 예컨대, 지방자치단체 내에서 지방의회와 교육위원회·교육감 상호간의 권한쟁의는 기관소송에 해당하지만 이를 따로 정한 법률이 없으므로 소송을 제기할 수 없다.

5) 예컨대, 지방자치단체의 장이 그의 권한 특히 인사권을 침해하는 조례안을 다투는 사건은 지방자치단체의 장이 동 소송을 통하여 지방의회 의결의 적법성 유지와 동시에 자신에게 부여된 권한을 지키려는 측면이 있다.

6) 李琦雨, 「기관소송」, 고시계 1992년 11월호, 59~60쪽; 白潤基, 위의 글, 951~952쪽.

7) 金東熙, 행정법 Ⅰ(제6판), 716쪽.

8) 권한쟁의심판은 헌법상의 권력분립원리를 관철시키려는 목적도 갖고 있으나, 기관소송은 그러한 목적이 없고 행정내부에 있어서의 국법질서체계의 유지 등을 목적으로 할 뿐이다.

9) 권한쟁의심판은 국가기관 상호간, 국가기관과 지방자치단체간, 지방자치단체 상호간에 제기할 수 있으나, 기관소송은 국가 또는 공공단체의 기관 상호간에 권한쟁의심판의 대상이 되지 않는 범위 내에서 법률이 정한 자에 한하여 제기할 수 있다.

10) 권한쟁의심판의 대상은 분쟁당사자들간의 권한의 존부 또는 범위에 관한 다툼이나, 기관소송의 대상은 분쟁당사자들간의 권한의 존부 또는 그 행사에 관한 다툼이다.

건[1] 등에 있어서 어느 정도 차이가 있다. 다만 양자가 분쟁대상에서는 중복될 수 있으므로 「행정소송법」은 「헌법재판소법」 제2조에 의하여 헌법재판소의 관장사항으로 되어 있는 소송 즉 국가기관 상호간, 국가기관과 지방자치단체간 및 지방자치단체 상호간의 권한쟁의에 관한 것을 기관소송에서 제외하고 있다(3조 4호 단서).

Ⅲ. 행정소송 상호간의 관계

행정소송의 종류 상호간에는 어떠한 관계에 있는가가 문제된다. 이 문제는 행정소송을 제기하려는 자에게는 대단히 중요한 문제이다. 잘못된 소송의 선택으로 제소의 기회를 박탈당하게 되는 경우도 있고, 그렇지 아니한 경우에도 소가 각하됨으로써 경제적 부담을 지게 되는 경우도 있기 때문이다.

1. 취소소송과 무효등확인소송간의 관계

(1) 병렬관계

「행정소송법」은 취소소송과 무효등확인소송을 각각 항고소송의 별개의 종류로 나누고 있으므로 취소소송과 무효등확인소송은 서로 병렬관계에 있다. 따라서 행정청의 처분 등에 불복하는 자는, 제소요건을 갖추고 있는 한, 취소소송이든 무효등확인소송이든 자기의 목적을 가장 효과적으로 달성할 수 있는 소송의 종류를 선택할 수 있다. 그러나 행정처분에 대한 무효확인과 취소청구는 서로 양립할 수 없는 청구로서 주위적·예비적 청구로서만 병합이 가능하고 선택적 청구로서의 병합이나 단순병합은 허용되지 아니한다(대법 1999. 8. 20. 선고 97누6889 판결).

(2) 포섭관계

취소소송과 무효등확인소송은 서로 포섭관계에 있다. 포용관계에 있다고도 한다.

1) 무효인 처분에 대하여 취소판결을 구하였을 경우

행정청의 처분 등에 불복하는 자가 취소소송을 제기하였으나 그 처분에 무효원인인 흠이 존재하는 경우에 법원은 무효확인판결을 할 수 있는가가 문제된다. 처분의 취소원인인 흠과 무효원인인 흠의 구별이 상대적일 뿐 아니라 분명치 않은 경우가 있고 또한 소송심리에 의하여 명백하게 되는 것이며 원고의 의도는 취소이든 무효이든 처분의 효력을 부인하는 판결을 구하는 데에 있는 것이므로 원고의 의사가 취소만을 구하는 것임이 명백한 경우를 제외하고 취소소송에는 무효확인을 구하는 취지까지 포함되어 있는 것으로 보아야 한다. 이러한 경우의 취소소송을 무

---

1) 권한쟁의심판은 피청구인의 처분 또는 부작위가 헌법 또는 법률에 의하여 부여받은 청구인의 권한을 침해하였거나 침해할 현저한 위험이 있는 때에 제소할 수 있으나, 기관소송은 법률이 정한 때에 한하여 제소할 수 있다.

효선언을 구하는 취소소송이라 부른다. 무효선언을 구하는 취소소송도 취소소송인 이상 제소요건을 구비하여야 한다는 것이 판례(대법 1984. 5. 29. 선고 84누175 판결 등)이다.

2) 취소할 수 있는 처분에 대하여 무효등확인판결을 구하였을 경우

행정청의 처분 등에 불복하는 자가 무효등확인소송을 제기하였으나 그 처분에 취소원인인 흠이 존재하는 경우에 법원은 취소판결을 할 수 있는가가 문제된다. 무효등확인소송이 제기된 경우에 법원은 당해 처분에 무효원인에 해당하는 흠이 있는지의 여부를 심리판단하여야 할 것이고 만일 취소원인인 흠만이 존재할 때에는 원고패소의 판결을 하여야 할 것이나, 판례는 일반적으로 행정처분의 무효확인을 구하는 소에는 원고가 그 처분의 취소를 구하지 아니한다고 밝히지 아니한 이상 그 처분이 만약 당연무효가 아니라면 그 취소를 구하는 취지도 포함되어 있는 것으로 보아야 한다(대법 1986. 9. 23. 선고 85누838 판결 등)고 판시하고 있다. 이 경우에 취소청구를 인용하려면 먼저 취소소송으로서의 제소요건을 구비한 경우에 한한다. 이와 같이 무효등확인소송이 제기되었으나 취소원인인 흠만이 존재하고 취소소송으로서의 제소요건을 구비하고 있는 경우 법원으로서는 무효가 아니면 취소라도 구하는 취지인지를 석명하여 소를 변경토록 한 후에 판결하여야 한다(대법 1987. 4. 28. 선고 86누887 판결).

2. 취소소송과 당사자소송간의 관계

종래의 통설에 의하는 경우, 취소원인인 흠이 있는 처분은 행정청이 직권으로 취소하지 아니하는 한, 취소소송에 의하여서만 다툴 수 있다(→ 취소소송의 배타적 관할). 따라서 처분에 취소원인인 흠이 있는 경우, 이미 행하여진 처분의 공정력을 배제하여 그 효력을 소멸시키기 위하여는 취소소송으로 다투어야 하는 것이지 당사자소송으로 다툴 수 없다. 예컨대 공무원이 파면처분을 당한 경우 그 처분에 취소원인인 흠이 있는 때에는 파면처분취소소송을 제기하여야 하며, 막바로 당사자소송으로 공무원지위확인소송을 제기할 수 없다.[1]

3. 무효등확인소송과 당사자소송간의 관계

무효등확인소송과 당사자소송은 서로 병렬관계에 있는 것인지, 아니면 보충관계에 있는가가 문제된다. 예컨대 조세부과처분이 행하여진 경우 그 처분에 무효원인인 흠이 있는 때에 원고가 조세처분무효확인소송과 조세채무부존재확인소송을 병렬적으로 제기할 수 있는 것인지, 아니면 조세처분무효확인소송을 제기하여야 하고 그것에 의하여 해결되지 아니하는 경우에만 조세

---

1) 공법상의 급부청구소송의 경우에도 어떤 공법상의 급부청구권이 법령의 요건에 해당하는 것 만으로 바로 발생되는 것이 아니라 행정청의 1차적 판단인 처분에 의하여 구체적인 청구권이 발생되는 때에는 당사자의 신청에 대한 행정청의 인용거부처분이나 일부인용거부처분을 대상으로 취소소송을 제기하여야 하며, 곧바로 그 법률관계의 한 쪽 당사자를 상대로 급부의 이행을 청구하는 당사자소송을 제기하여서는 아니된다(대법 2008. 4. 17. 선고 2005 두16185 전원합의체 판결, 대법 2010. 5. 27. 선고 2008두5636 판결 등 참조).

채무부존재확인소송이 보충적으로 적용되는가 하는 것이다. 이에 대하여는 견해가 나뉜다. 당사자소송의 포괄성으로부터 정형적 법률관계에 대하여는 정형적 소송유형인 항고소송에 의하여야 하고 비정형적 소송유형인 당사자소송은 보충적으로만 적용된다는 보충성원칙을 도출하는 견해(무효등확인소송우선설)에 의하면 조세처분무효확인소송을 제기하여야 하는 것이지 막바로 조세채무부존재확인소송을 제기하면 부적법한 소가 될 것이다. 그러나 당사자소송의 포괄성에서 당연히 무효등확인소송의 우위를 전제로 한 보충성원칙이 도출되는 것은 아니고, 「행정소송법」상 무효등확인소송의 배타성을 인정할 근거도 없으므로 무효등확인소송과 당사자소송의 관계는 병렬관계에 있다고 보는 것(병렬관계설)이 타당하다. 따라서 위의 경우 원고는 조세처분무효확인소송과 조세채무부존재확인소송 그 어느 것이나 그의 선택에 따라 제기할 수 있다.

제 3 관 항고소송
제 1. 취소소송
Ⅰ. 취소소송의 의의 등

취소소송의 의의, 성질, 소송물 및 다른 행정소송과의 관계 등에 관하여는 이미 행정소송의 종류에서 설명한 바 있다. 아래에서는 「행정소송법」을 중심으로 취소소송을 구체적으로 설명하기로 한다.

Ⅱ. 취소소송의 재판관할

재판관할이란 여러 종류의 다양한 법원 상호간에 어떤 특정사건을 어느 법원이 담당하여 처리할 것인가 하는 재판권의 범위를 구체적으로 정해 놓은 것을 말한다. 소송을 제기하여 재판을 구하는 자의 입장에서 보면 출소해야 할 법원의 문제이고, 특정한 법원의 입장에서 보면 행사할 수 있는 재판권의 범위의 문제이며, 특정한 사건의 입장에서 보면 그 사건에 대하여 재판권을 행사할 수 있는 법원이 어디이냐(관할법원)의 문제이다.

1. 심급관할

1994년 사법개혁의 일환으로 「법원조직법」·「행정소송법」의 부분개정이 있기 전까지는 취소소송의 심급관할은 고등법원·대법원의 2심제의 골격을 유지하여 왔으나, 부분개정으로 1998년 3월 1일부터는 지방법원급인 행정법원을 1심법원으로 하고(법원조직법 40조의 4, 행정소송법 9조),[1] 그 항소심을 고등법원, 상고심을 대법원이 담당하는 3심제를 택하고 있다.

---

1) 대법 2000. 1. 14. 선고 99두9735 판결 : 다른 법률에 항고소송에 대한 특별규정이 없는 한 그 제1심소송관할은 피고의 소재지를 관할하는 행정법원이므로, 지방재정법 제87조 제1항에 의한 변상금부과처분에 대한 항고소송의 제1심 관할법원은 피고의 소재지를 관할하는 행정법원이 된다.

행정법원이 설치되지 아니한 지역에서는 행정법원이 설치될 때까지 해당 지방법원 본원 및 춘천지방법원 강릉지원이 행정법원의 권한에 속하는 사건을 관할한다(법원조직법 부칙 2조).

부분개정 이후에도 개별법 중에는 당해 법규에 관한 사건을 이의신청을 거쳐 서울고등법원 등에 제기하도록 명시하고 있는 경우(예: 독점규제 및 공정거래에 관한 법률 55조, 약관의 규제에 관한 법률 30조의2 등)가 있다.

2. 사물관할

행정법원의 심판권은 원칙적으로 판사 3인으로 구성된 합의부에서 행한다(법원조직법 7조 3항). 행정법원이 설치되지 아니한 지역에서 지방법원의 본원 등이 행정사건을 담당하는 경우에도 원칙적으로 행정사건은 합의부의 관장사항이다.

3. 토지관할

취소소송의 토지관할은 보통재판적(allgemeiner Gerichtsstand)과 특별재판적(besonderer Gerichtsstand)으로 나뉜다.

(1) 보통재판적

취소소송의 제1심 관할법원은 피고의 소재지를 관할하는 행정법원이다(행정소송법 9조 1항). 다만, 중앙행정기관, 중앙행정기관의 부속기관과 합의제 행정기관 또는 그 장, 국가의 사무를 위임 또는 위탁받은 공공단체 또는 그 장이 피고인 경우에는 대법원소재지를 관할하는 행정법원에 제기할 수 있다(동법 9조 2항).

행정법원이 설치되지 아니한 지역에 있어서는 피고의 소재지를 관할하는 지방법원의 본원 등이 취소소송의 제1심 관할법원이다.

(2) 특별재판적

토지의 수용 기타 부동산 또는 특정의 장소에 관계되는 처분 등에 대한 취소소송은 그 부동산 또는 장소의 소재지를 관할하는 행정법원에 이를 제기할 수 있다(동법 9조 3항). 여기서 말하는 토지의 수용이란 「공익사업을 위한 토지 등의 취득 및 보상에 관한 법률」에 의한 토지의 수용에 의한 취득(4장)을 말하며, 토지의 수용에 관계되는 처분이란 「공익사업을 위한 토지 등의 취득 및 보상에 관한 법률」상의 국토교통부장관의 사업인정 및 토지수용위원회의 재결·이의재결 등의 처분 등을 말한다. 부동산에 관계되는 처분이란 예컨대 광업권에 관한 처분, 농지·산지의 보전개발을 위한 규제·해제에 관한 처분, 도시개발·농어촌정비사업으로 인한 환지처분, 토지거래허가에 관한 처분, 건축물철거처분 등과 같이 부동산에 관한 권리의 설정·변경을 목적으로 하는 처분, 부동산에 관한 권리행사의 강제·제한·금지를 명하거나 직접 실현하는 처분을 말한다. 특정의 장소에 관계되는 처분이란 예컨대 자동차운수사업면허, 택지조성사업에 관한 처분 등과 같이 특정지역에서 일정한 행위를 할 수 있는 권리 등을 부여하는 처분이나 특정지역을 정하여 일정한 행위를 제한·금지하는 처분 등을 말한다.

Ⅲ. 소송의 이송

1. 이송의 의의

소송의 이송이란 어느 법원에 일단 계속(係屬)된 소송을 그 법원의 결정에 의하여 다른 법원으로 옮기는 것을 말한다. 관할권이 없는 법원에 소가 제기된 경우에 소를 각하하기보다는 관할권 있는 법원에 이송하는 것이 다시 소를 제기하는 데 소요되는 시간·노력·비용을 절감하고 제소기간 준수의 효력을 유지하는 등 소송경제에 도움이 된다.

2. 이송의 원인

(1) 관할위반에 의한 이송

법원은 소송의 전부 또는 일부가 그 관할에 속하지 아니함을 인정한 때에는 결정으로 관할법원에 이송한다(민사소송법 34조 1항). 「민사소송법」 제34조 제1항의 규정은 원고의 고의 또는 중대한 과실 없이 행정소송이 심급을 달리하는 법원에 잘못 제기된 경우에도 적용한다(행정소송법 7조).[1]

이 이송은 법원이 직권으로 이송하며, 당사자의 신청권이 인정되지 아니한다.

(2) 심판의 편의에 의한 이송

법원은 그 관할에 속한 소송에 관하여 현저한 손해 또는 지연을 피하기 위한 필요가 있는 때에는 직권 또는 당사자의 신청에 의하여 소송의 전부 또는 일부를 다른 관할법원에 이송할 수 있다(민사소송법 35조). 다만, 전속관할이 정하여진 소의 경우에는 그러하지 아니하다(예: 독점규제 및 공정거래에 관한 법률 제55조가 정하고 있는 공정거래위원회의 처분에 대한 소송사건)(동법 36조 2항). 이 경우의 신청은 원고·피고 외에도 소송에 참가한 제3자나 행정청도 할 수 있다.

이송결정과 이송신청의 각하결정에 대하여는 즉시항고를 할 수 있다(동법 39조).

(3) 관련 청구소송의 이송

당사자나 법원의 부담을 덜어주고 심리의 중복과 재판의 모순·저촉을 피하면서 사건을 한꺼

---

1) 대법 2021. 2. 4. 선고 2019다277133 판결: 원고가 고의 또는 중대한 과실 없이 행정소송으로 제기하여야 할 사건을 민사소송으로 잘못 제기한 경우, 수소법원으로서는 만약 그 행정소송에 대한 관할도 동시에 가지고 있다면 이를 행정소송으로 심리·판단하여야 하고, 그 행정소송에 대한 관할을 가지고 있지 아니하다면 관할법원에 이송하여야 한다.

번에 해결하기 위하여 행정소송에 있어서도 관련 청구소송을 처음부터 병합하여 제소하거나, 후 발적으로 추가하여 병합 제소할 수 있다(행정소송법 10조 2항, 38조, 44조 2항)(→ 청구의 병합).

취소소송과 관련 청구소송이 병합 제소되지 아니하고 각각 다른 법원에 계속되고 있는 경우에 관련 청구소송이 계속된 법원이 상당하다고 인정하는 때에는 당사자의 신청 또는 직권에 의하여 이를 취소소송이 계속된 법원으로 이송할 수 있다(동법 10조 1항).

1) 이송의 요건

(가) 취소소송과 관련 청구소송이 각각 다른 법원에 계속되고 있을 것　　　　예컨대 처분 등의 취소를 구하는 취소소송이 제1심에 계속 중 당해 처분 등과 관계되는 손해배상청구소송이 다른 법원에 제소된 경우에 관련 청구소송을 이송할 수 있음은 말할 나위가 없다. 취소소송이 제2심에 계속 중인 경우에도 제1심에 계속 중인 관련 청구소송을 이송할 수 있다고 보아야 할 것이다. 그러나 취소소송이 제1심에 계속 중인 경우에 제2심에 계속 중인 관련 청구소송을 제1심으로 이송하는 것은 허용되지 않는다고 보아야 할 것이다.

(나) 취소소송과 관련 청구소송일 것　　　　관련 청구소송이란 ① 당해 처분 등과 관련되는 손해배상·부당이득반환[1]·원상회복 등 청구소송, ② 당해 처분 등과 관련되는 취소소송을 말한다(동법 10조 1항). 여기서 말하는 관련이란 소송의 목적이 되는 청구의 내용 또는 원인이 법률상 또는 사실상 동일하거나 공통되는 경우, 병합되는 청구가 당해 처분으로 인한 것인 경우 또는 당해 처분의 취소·변경을 선결문제로 하는 경우를 말한다. 당해 처분 등과 관련되는 취소소송의 예로는 당해 처분과 하나의 절차를 구성하는 다른 처분의 취소를 구하는 소송, 당해 처분에 관한 재결의 취소를 구하는 소송, 제소 중인 재결의 대상인 처분의 취소소송, 당해 처분의 취소·변경을 구하는 다른 사람의 취소소송 등을 들 수 있다.

(다) 이송이 상당하다고 인정할 것　　　　관련 청구소송이면 당연히 이송되는 것이 아니라 관련 청구소송이 계속된 법원이 이송함이 상당하다고 인정하는 경우에 한하여 이송이 가능하다. 어떠한 경우에 상당하다고 할 수 있는가는 이송제도의 취지에 비추어 법원이 판단할 문제이다.

(라) 당사자의 신청 또는 직권에 의할 것　　　　당사자의 신청이 있거나 법원의 직권에 의한 이송결정이 있어야 한다.

(마) 취소소송이 계속된 법원에 이송할 것　　　　관련 청구소송을 취소소송이 계속된 법

---

1) 대법 2009. 4. 9. 선고 2008두23153 판결: 행정소송법 제10조는 처분의 취소를 구하는 취소소송에 당해 처분과 관련되는 부당이득반환소송을 관련 청구로 병합할 수 있다고 규정하고 있는바, 이 조항을 둔 취지에 비추어 보면, 취소소송에 병합할 수 있는 당해 처분과 관련되는 부당이득반환소송에는 당해 처분의 취소를 선결문제로 하는 부당이득반환청구가 포함되고, 이러한 부당이득반환청구가 인용되기 위해서는 그 소송절차에서 판결에 의해 당해 처분이 취소되면 충분하고 그 처분의 취소가 확정되어야 하는 것은 아니라고 보아야 한다.

원에 이송하여야 한다. 그 반대는 허용되지 아니한다. 취소소송이 계속된 법원에 관련 청구소송의 관할이 있을 필요는 없다.

2) 이송의 절차

관련 청구소송의 이송은 당사자의 신청[1] 또는 직권에 의한다. 이 경우의 신청은 원고·피고 외에도 소송에 참가한 제3자나 행정청도 할 수 있다. 이송의 허부의 재판은 결정에 의한다. 이송결정과 이송신청의 기각결정에 대하여는 즉시항고를 할 수 있다(민사소송법 39조).

3. 이송의 효과

(1) 기 속 력

이송결정은 이송을 받은 법원을 기속한다(동법 38조 1항). 이송을 받은 법원은 다시 사건을 다른 법원에 이송하지 못한다(동조 2항).

(2) 이송 전 소송행위의 효력

이송결정이 확정된 때에는 소송은 처음부터 이송을 받은 법원에 계속된 것으로 본다(동법 40조 1항).

IV. 취소소송의 당사자 등

1. 개 설

(1) 당사자의 지위

취소소송은 당사자소송이나 민사소송과 같이 당사자 쌍방이 서로 권리를 주장하는 것이 아니라, 한 쪽 당사자인 원고는 위법한 처분 등으로 권리·이익이 침해되었음을 이유로 그 처분의 취소·변경을 주장함에 반하여, 한 쪽 당사자인 피고는 공익을 대표하여 행정법규의 적용에 위법이 없었음을 주장함에 그친다.[2]

(2) 당사자능력

당사자능력이란 소송의 당사자(원고, 피고, 참고인)가 될 수 있는 능력을 말한다. 당사자능력에 관하여는 「행정소송법」과 행정소송관련 특별법에 별다른 규정이 없는 한, 「민사소송법」에 따른

---

[1] 관할 위반을 이유로 하는 경우에는 당사자의 신청권을 인정하지 아니하는 것이 판례(대법 1987. 12. 30. 자 87마1010 결정 등)이다.

[2] 대법 2016. 12. 27. 선고 2016두50440 판결: 소송에서 당사자가 누구인가는 당사자능력, 당사자적격 등에 관한 문제와 직결되는 중요한 사항이므로, 사건을 심리·판단하는 법원으로서는 직권으로 소송당사자가 누구인가를 확정하여 심리를 진행하여야 한다.

다(행정소송법 8조 2항, 민사소송법 51조). 「민법」 등에 의하여 권리능력을 가진 자연인·법인은 말할 나위가 없고, 법인격 없는 사단 또는 재단도 (대표자 또는 관리인을 통해서) 당사자가 될 수 있다(행정소송법 8조 2항, 민사소송법 52조).

항고소송에 있어서는 행정청은 피고적격이 인정된다(행정소송법 13조, 38조 참조). 그 밖에 어떤 행정기관이 당사자능력을 갖는가에 대하여는 반드시 견해가 일치되어 있지 않다. 판례는 국가기관인 시·도 선거관리위원회 위원장의 당사자능력을 인정하였고(대법 2013. 7. 25. 선고 2011두1214 판결), 충북대학교 총장의 당사자능력을 부인하였다(대법 2007. 9. 20. 선고 2005두6935 판결).

(3) 당사자적격

당사자적격이란 특정한 소송사건에서 당사자로서 소송을 수행하고 본안판결을 받기에 적합한 자격을 말한다. 취소소송의 원고적격은 취소소송의 원고가 될 수 있는 자격이며, 취소소송의 피고적격은 취소소송의 피고가 될 수 있는 자격이다.

모든 국민은 재판을 받을 권리를 가지므로(헌법 27조 1항) 특정한 소송사건이 법률상의 쟁송인 이상 제소가 가능하여야 할 것이지만, 이를 제한 없이 허용하면 법원은 사건의 홍수 속에서 보호할 가치가 있는 소송조차 적정하게 심판할 수 없는 우려가 있고 또한 피고도 부당하게 강요된 응소에 시달리는 폐단이 있어서 이를 막기 위한 것이 당사자적격이다.

항고소송에서 원고는 일반적으로 자연인과 법인이다. 그러나 행정주체는 물론[1], 행정기관도 원고가 될 수 있다.[2]

2. 취소소송의 원고적격

(1) 법률상 이익이 있는 자

취소소송은 처분 등의 취소를 구할 법률상 이익이 있는 자가 제기할 수 있다(행정소송법 12조 전문).[3] 법률상 이익이 있는 한, 처분 등의 상대방이든 제3자(대법 1988. 6. 14. 선고 87누873 판결 등)

---

1) 朴玄廷,「국가와 지방자치단체의 항고소송에서의 원고적격―판례의 최근 경향을 중심으로―」, 행정법연구(행정법이론실무학회) 제30호, 16쪽이하 참조.

2) 대법 2013. 7. 25. 선고 2001두1214 판결. 서울고등법원은 부패행위 신고자인 하남시 선거관리위원회 직원 갑이 경기도 선거관리위원회위원장으로부터 징계를 받게 되어 다투어진 사건에서 "국가기관이 다른 국가기관에 대하여 한 조치라도 그것이 일반국민에 대한 행정처분 등과 동등하다고 평가할 수 있을 정도로 권리의무에 직접적이고 구체적인 영향을 미치고 그 조치의 위법성을 제거할 다른 법적 수단이 없는 경우에는, 국가기관의 지위에서 그 조치를 한 상대방 국가기관을 상대로 법원에 소를 제기하여 다툴 수 있는 당사자능력과 당사자적격이 있다고 보는 것이 타당하다"고 하였다(2010. 12. 9. 선고 2009누38963 판결). 이 판결에 대한 평석으로 鄭鎬庚,「항고소송에서 국가기관의 당사자 적격」, 한국행정판례연구회 제297차 연구발표논문이 있다.

3) 원고적격은 소송요건의 하나이므로 사실심변론종결시는 물론 상고심에도 존속하여야 한다(대법 2007. 4. 12. 선고 2004두7924 판결).

이든 누구든지 원고적격을 가진다.[1][2] 이 중 처분의 상대방이 원고적격을 가진다는 데 대하여 문제는 없다.[3] 주로 문제가 되는 것은 제3자가 원고적격을 갖는가의 문제, 특히 원고적격을 갖는 제3자의 범위이다.

원고적격의 범위를 정하는 법률상 이익이 있는 자라는 개념이 불확정개념이어서 어느 범위까지 법률상 이익이 있는 자에 해당하는 것인가에 관하여는 학설상 견해가 나뉜다.

(2) 학설의 다툼

어느 범위까지 법률상 이익이 있는 자에 해당하는가에 관하여는 취소소송의 목적·기능과 관련하여 다음과 같은 견해의 대립이 있다.

1) 권리회복설(권리향수회복설)

이 설은 취소소송의 목적·기능을 행정청의 처분에 의하여 침해된 사인의 법적 권리를 구제하는 것으로 보아 권리가 침해된 자만이 법률상 이익이 있는 자에 해당된다는 견해이다. 이 견해를 취하는 이는 없다. 그러나 학자들 중에는 독일의 공권이론 및 보호규범설을 우리나라에 적용하여 권리는 전통적인 좁은 의미의 권리뿐만 아니라 근거법규의 사익보호성을 확장 해석함으로써 획득되는 법률상 이익까지 포함시킨다.[4] 이들에 의하면 권리회복설은 다음의 법률상 보호이익설과 동일한 내용이라고 설명한다.[5]

---

1) 대법 2001. 9. 28. 선고 99두8565 판결: 행정처분에 대한 취소소송에서 원고적격이 있는지 여부는 당해 처분의 상대방인지 여부에 따라 결정되는 것이 아니라 그 취소를 구할 법률상의 이익이 있는지 여부에 따라 결정되는 것이다.

2) 국가나 지방자치단체가 항고소송을 제기하는 것은 비교적 근래에 일어난 일이지만, 국가나 지방자치단체도 항고소송을 제기할 수 있다는 논의는 이전부터 있었다. 권한은 주관적 권리·의무가 아니라 국가나 지방자치단체 등 공법인 또는 그 기관이 헌법 또는 법률에 의하여 부여되어 법적으로 유효한 행위를 할 수 있는 능력으로 이해되지만, 권한이 해당 행정주체에게 인정되는 개별적·직접적·구체적 이익이라면 재산권 등 권리와 마찬가지로 항고소송의 원고적격 인정요건으로서의 처분 등의 취소를 구한 법률상 이익이 될 수 있다(朴玄廷,「법원과 헌법재판소의 관할 비교—권한쟁의심판과 항고소송을 중심으로—」, 공법연구(한국공법학회) 제42집 제1호, 4쪽 이하). 인정한 사례로는 서울행법 2000. 6. 2. 선고 99구24030 판결, 서울고법 2001. 4. 12. 선고 2000누8044 판결, 대법 2001. 9. 19. 선고 2001두4177 판결 참조.

3) 판례는 불이익처분의 상대방에 대해서는 근거 법률의 해석 여부와 관계없이 자유권 보호의 측면에서 원고적격을 항상 인정해 왔다.

4) 洪準亨, 행정구제법, 564쪽 이하; 金南辰, 행정법 I, 755쪽 이하; 洪井善, 행정법원론(상), 891쪽 이하; 鄭夏重, 행정법총론, 703쪽; 柳至泰, 행정법신론, 534쪽.

5) 朴正勳 교수는 법률상 보호이익설은 실체법적 성격을 갖는 권리와 구별함으로써 소송법적 관점에서 보다 탄력적으로 '법률상 이익'을 해석할 수 있고 그리하여 '법적으로 보호할 가치 있는 이익' 나아가 객관소송적 요소로까지 접근할 수 있는 계기가 마련된다는 점에서 권리회복설과는 중요한 차이가 있다고 본다(同人, 행정소송의 구조와 기능, 263쪽).

2) 법률상 보호이익설(법률상 이익구제설)

이 설은 취소소송의 목적·기능을 법이 직접 사인에게 보장한 법적 권리는 물론 행정법규가 사인 등 권리주체의 개인적 법익을 보호함을 목적으로 하여 행정권의 행사에 제약을 과함으로써 보장되고 있는 이익도 구제하는 것으로 보아 처분의 근거법규에 의하여 보호되는 이익을 침해받은 자가 법률상 이익이 있는 자에 해당된다는 견해이다. 이 설이 현재 우리나라의 통설이다.

3) 보호가치이익설(보호가치이익구제설)

이 설은 취소소송의 목적·기능을 개개의 실정법규가 어떠한 이익을 보호하려고 하고 있는가를 떠나서 행정청의 행위에 의하여 침해되는 이익이 법질서 전체의 관점에서 사법적(司法的)으로 보호할 가치가 있는 이익인가의 여부를 판단하여 그러한 이익을 가진 자의 구제를 도모하려는 제도로 보아 사법적으로 보호할 만한 가치가 있는 이익(사실상의 이익이든 법률상의 이익이든)을 침해당한 자가 법률상 이익이 있는 자에 해당된다는 견해이다.

4) 적법성보장설

이 설은 취소소송의 목적·기능을 사인의 권리·이익을 보호·구제하려는 주관적 소송이라기보다는 오히려 행사된 행정청의 처분의 객관적 적법성을 보장하려는 객관적 소송에 가까운 제도로 보아, 원칙적으로 개인적인 이익침해 여부를 불문하지만, 민중소송과 구별하기 위하여, 처분을 다툼에 있어 가장 적합한 이해관계 있는 자가 법률상 이익이 있는 자에 해당된다는 견해이다.

5) 검 토

(가) 학설의 검토　　　　위의 학설 중 권리회복설에 대하여는 이 설이 법률상 이익의 범위를 좁게 고정시켜 권리구제의 폭을 좁힐 가능성이 있음이 지적된다. 법률상 보호이익설에 대하여도 처분의 근거 법규의 해석에 의하여 공익만이 아니라 사인의 이익을 보호하고 있느냐의 여부를 가려 법률상 이익의 범위를 정하려는 것이므로 권리구제의 폭을 좁힐 가능성이 있음이 지적된다. 보호가치이익설에 대하여는 행정청의 행위에 의하여 침해되는 이익 중 어떤 이익이 사법적으로 보호할 만한 가치가 있는 이익인지의 여부를 판단할 기준이 명백하지 못하다는 지적이 있다. 적법성보장설에 대하여는 우리나라 「행정소송법」상 취소소송이 주관적 소송이라는 점에서 명문의 규정에 반할 뿐만 아니라 권리구제의 폭이 지나치게 넓어진다는 지적이 있다. 결국 취소소송의 권리구제적 기능을 중시하게 되면 재판상 보호대상이 되는 권리·이익의 존재가 중시되어 법률상 이익이 있는 자의 범위가 비교적 좁아지게 될 것이며, 반면에 취소소송의 행정통제적 기능을 중시하게 되면 반드시 권리·이익의 존재에 집착하지 않으므로 법률상 이익이 있는 자의 범위가 비교적 넓어지게 될 것이다. 그런데 실제로는 취소소송은 권리구제적 기능과 행정통제적 기능을 모두 가지고 있으므로 원고적격의 범위에 관한 학설은 법률상 보호이익설과 보호가치이익설에 초점이 맞추어지게 된다.

주의하여야 할 점은 법률상 보호이익설에서 말하는 법률상 보호되어 있는 이익이라고 할 때의 법률을 처분의 근거 법률로 보는 경우에도 근거 법률을 인정함에 있어서 기본권 보호를 근거 법률 안에서 읽어서 삭이되(inkorporieren), 예외적으로는 기본권을 직접 원용하는 견해[1]뿐만 아니라, 법률을 처분의 근거 법규로 한정하지 아니하고, 관련 법규·법 전체·헌법 등을 포함한 법질서 전체로 이해하는 견해[2]가 늘어나고 있다는 점이다. 법률상 보호이익설을 이와 같이 이해하게 되면 법률상 보호이익설과 보호가치이익설의 구별은 분명치 않게 되고, 결국 양설의 구별은 상대적인 것이 된다.

현대 행정법관계의 특색은 다면적 관계이다. 이면적 관계에 있어서는 처분의 근거 법규가 통상 법률관계를 규율하고 있어서 당해 근거 법규의 해석을 통하여 상대방의 법률상 이익을 추론하기가 비교적 쉽다. 그러나 다면적 관계에 있어서는 행정법규가 그 모두를 예측하여 규율한다는 것은 쉬운 일이 아니다. 따라서 제3자의 권리구제를 위해서는 법률상 보호이익설에 서는 경우에도 법률상 보호되어 있는 이익이라고 할 때의 법률을 처분의 근거 법규로 한정하는 것은 현대 행정법관계에 있어서는 맞지 않다.

(내) **앞으로의 과제**　　　학설은「행정소송법」제12조의 법률상 이익의 유연한 해석에 의하여 취소소송의 원고적격 확대를 위하여 노력하여 왔다. 그러나 처분의 근거법규가 제정목적의 특정 공공의 이익에 대해서는 명시적이면서 그에 의하여 입게 될 사인의 개별적 이익에 대해서는 명시적이 아니었기 때문에 근거 법규에서 원고적격을 끌어내는 데에 한계가 있었다.[3] 이 한계를 극복하기 위한 이론은 헌법론에서 찾아야 할 것이다. 이것이 첫째 과제일 것이다.

또한 오늘날 등장하고 있는 행정소송은 대규모 개발사업·환경보호·소비자보호 등에 관한 소송이 보여주는 바와 같이 처분의 상대방 외에 다수의 이해관계인이 등장하는 복잡

---

1) E. Schmidt-Assmann, Art. 19 Abs. 4 GG, in: Theodor Maunz, Günter Dürig u.a.(Hrsg.), Grundgesetz, Kommentar, S. 65ff.

2) 朴正勳,「환경위해시설의 설치·가동허가처분을 다투는 취소소송에서 인근주민의 원고적격」, 행정법연구(행정법이론실무학회) 제6호, 115쪽. 朴 교수는 이를 "전체 법질서상 취소소송을 통해 보호되어야 할 개별적·직접적·구체적 이익"으로 표현한다.

3) 李元雨 교수는 "원고적격을 인정함에 있어서 해당 처분의 근거 법규의 해석을 통해 그 규정이 오로지 공익만이 아니라 적어도 동시에 구체적·개별적 이익을 보호하기 위한 것이라는 결론을 도출하는 방식은 매우 기교적이고 인위적이며 불필요하게 사법자원의 낭비를 야기할 뿐 아니라 해석의 결론도 매우 불확실하다. 판례와 통설은 관련 법규의 문언이 어떠한 체제와 형식으로 규정되었을 때 구체적·개별적 이익도 보호한 것으로 해석할 수 있는지에 대해 아무런 기준을 제시하지 않기 때문이다"라고 하고, 따라서 보호가치이익설의 입장에서 약사법 제20조 제5항에 위반한 약국개설등록에 대한 인근약국개설자의 취소소송과 같이 "경쟁자진입방어소송의 제3유형에 해당하는 경우 경쟁자에게 독점적·특권적 지위가 부당하게 부여됨으로써 기존 사업자의 경쟁의 자유, 영업의 자유가 현저히 침해당하는 경우에는 근거 법규의 해석을 통하지 않고 사실상 경제적 이익의 침해라는 사실적 요소에 의해 원고적격을 인정하는 것이 타당하다"고 주장한다(同人,「원고적격 확대를 위한 방법론의 전환—독점적 지위의 배제를 구하는 소송을 중심으로—」, 행정법연구(행정법이론실무학회)제66호, 1쪽 이하).

한 소송으로 발전하고 있고 재판상의 보호이익도 환경권·소비자의 권리·문화재 향유권 등 새로운 권리·이익이 주장되고 있다. 이들 행정소송을 현대형 행정소송이라고 부른다. 이러한 현대형 행정소송에 있어서는 원고적격의 확대론 못지 않게 단체에게도 원고적격을 부여할 필요가 있다.[1] 해석론상 한계가 있는 경우에는 입법상의 해결에 기대할 수밖에 없다. 1990년 초에 법무부가 마련한 바 있었던 집단분쟁을 처리하기 위한 법률제정의 시도는 이러한 입법상의 해결을 위한 것이었다. 이것이 둘째 과제일 것이다.

(3) 판 례

1) 일반적 경향

구법 시대의 초기의 판례에는 권리 침해를 원고적격으로 본 것도 있었다(대법 1958. 12. 12. 선고 4291행상43 판결, 대법 1961. 8. 7. 선고 4292행상19 판결 등). 그 뒤 판례는 법률상이익구제설로 전환되었다. 판결에 따라서는 보호가치이익설의 입장에 있는 것으로 평가되는 것도 없지 아니하나 (대법 1992. 5. 8. 선고 91누13274 판결), 대세는 법률상이익구제설의 입장에 있다고 평가된다. 따라서 우리 판례의 일반적 경향은 다음과 같이 요약할 수 있다.「행정소송법」제12조의 처분 등의 취소를 구할 법률상 이익이란 당해 처분의 근거 법규 및 관련 법규에 의하여 보호되는 개별적·직접적·구체적 이익이 있는 경우를 말한다. 당해 처분의 근거 법규 및 관련 법규에 의하여 보호되는 법률상 이익이 있는 경우로는, 첫째로 당해 처분의 근거 법규[2]의 명문 규정에 의하여 보호받는 법률상 이익이 있는 경우, 둘째로 당해 처분의 근거 법규에 의하여 보호되지는 아니하나 당해 처분의 행정목적을 달성하기 위한 일련의 단계적인 관련 처분들의 근거 법규(이하 관련 법규라 한다)에 의하여 명시적으로 보호받는 법률상 이익이 있는 경우, 셋째로 당해 처분의 근거 법규 또는 관련 법규에서 명시적으로 당해 이익을 보호하는 명문의 규정이 없더라도 근거 법규 및 관련 법규의 합리적 해석상 그 법규에서 행정청을 제약하는 이유가 순수한 공익의 보호만이 아닌 개별적·직접적·구체적 이익을 보호하는 취지가 포함되어 있다고 해석되는 경우이다(대법 2004. 8. 16. 선고 2003두2175 판결).[3]

---

1) 행정소송의 기능과 관련하여서도 고찰할 필요가 있다. 행정소송의 권리구제적 기능을 중시하여 행정구제법을 개인적인 권리 이익의 보호만을 목적으로 하는 것으로 이해하게 되면 특정인에게 귀속시키기가 곤란한 공익의 재판적 보호가 불가능하게 될 수 있다. 단체소송을 포함한 공익소송의 필요성과 비교법적 고찰에 관한 최근의 문헌으로 李元雨, 경제규제법론, 597쪽 이하, E. Schmidt—Assmann, Verwaltungsrechtliche Dogmatik, S. 111ff. (김현준 역, 행정법 도그마틱, 144쪽 이하) 참조.

2) 근거 법규가 다른 법규를 인용함으로 인하여 근거 법규가 된 경우까지를 아울러 포함한다.

3) 대법원은 "헌법상의 기본권으로서의 환경권에 관한 위 규정만으로는 그 보호 대상인 환경의 내용과 범위, 권리의 주체가 되는 권리자의 범위 등이 명확하지 못하여 이 규정이 개개의 국민에게 직접으로 사법상의 권리를 부여한 것이라고 보기는 어렵다"(1995. 5. 23. 자 94마2218 결정)고 하고, 나아가서 헌법상의 환경권 또는 환경정책기본법에 근거하여 원고적격을 인정할 수 없다고 판시하고 있다(2006. 3. 16. 선고 2006두330 전원합의체 판결). 이에 대하여는 헌법 제35조 제1항과 이를 구현하기 위한 법률인 환경정책기본법 제6조가 "모든 국민은 건강하고 쾌적한 환경에서 생활할 권리를 가진다"라고 규정한 것은 환경권이 구체적 권리임을 규정하고 있다고 보아야 한다는 견해가 있다(金哲

2) 구체적 사례

판례가 원고적격을 인정한 구체적 사례는 다음과 같다.

⑺ 경업자소송   일반적으로 면허나 인허가 등의 이익 행정처분의 근거가 되는 법률이 해당 업자들 사이의 과당경쟁으로 인한 경영의 불합리를 방지하는 것도 그 목적으로 하고 있는 경우, 다른 업자에 대한 면허나 인허가 등의 이익 행정처분에 대하여, 이미 같은 종류의 면허나 인허가 등의 이익 행정처분을 받아 영업을 하고 있는 기존의 업자는 경업자에 대하여 이루어진 면허나 인허가 등 행정처분의 상대방이 아니라 하더라도 당해 행정처분의 취소를 구할 원고적격이 있다. 예컨대 선박운송사업면허처분에 대한 기존업자(대법 1969. 12. 30. 선고 69누106 판결), 시외버스운송사업계획변경인가처분에 대한 기존의 시내버스운송사업자(대법 2002. 10. 25. 선고 2001두4450 판결), 일반면허를 받은 시외버스 운송사업자에 대한 사업계획변경 인가처분에 대한 한정면허를 받은 시외버스운송사업자(대법 2018. 4. 26. 선고 2015두53824 판결), 분뇨 등 관련영업허가처분에 대한 기존업자(대법 2006. 7. 28. 선고 2004두6716 판결) 등에게 원고적격을 인정하고 있다. 그러나 경업자에 대한 처분이 경업자에게 불리한 내용이라면 그와 경쟁관계에 있는 기존의 업자에게는 특별한 사정이 없는 한 유리할 것이므로 기존의 업자가 그 처분의 무효확인 또는 취소를 구할 이익은 없다고 보아야 한다(대법 2020. 4. 9. 선고 2019두49953 판결).[1]

⑻ 경원자소송   수익적 행정처분을 신청한 여러 사람이 서로 경쟁관계에 있어서 일방에 대한 허가 등의 처분이 타방에 대한 불허가 등으로 귀결될 수밖에 없는 때에는 허가

洙, 헌법학개론, 1040쪽; 崔善雄 환경행정소송에서의 원고적격, 행정법연구(행정법이론실무학회) 제30호, 86쪽).

1) 李元雨 교수는 경쟁자 상호간에 동등한 경쟁조건이 확보되도록 행정청에 대하여 자신과 경쟁관계에 있는 다른 경쟁자에게 부담적 행위를 할 것을 요구하는 소송인 경쟁자평등규제소송(konkurrentengleichstellungsklage)의 예로 공정거래위원회가 경쟁자의 불공정행위나 시장지배적지위의 남용 등에 대하여 제재적 처분을 하지 않거나 과소한 제재에 머무는 경우 이로 인해 불리한 경쟁관계에 서게 되는 경쟁자가 제기하는 소송을 든다. 우리나라 판례는 경쟁자평등규제소송에 대하여 경업자소송에 관한 법리를 적용하여 원고적격을 부인하고 있다(대법 1989. 5. 23. 선고 88누8135 판결, 대법 1992. 12. 8. 선고 91누13700 판결). 李元雨 교수는 판례를 다음과 같이 비판하고 있다. 즉, 판례의 사안들은 국가 대 국민이라는 양극적 행정법관계가 아니라 사인 상호간의 경쟁관계에서 사인 간의 충돌을 공정한 질서유지의 책임을 지고 있는 국가에게 해결해 달라는 다극적 행정법관계가 문제되는 사안이다. 현대 행정법의 다극적 구조에서는 행정의 공정한 법률집행에 의해 경쟁자들의 영업의 자유, 경쟁의 자유가 보호된다. 시장에서의 행위를 규율하는 법규범들은 경제활동을 위한 게임의 법칙이고, 따라서 그것이 직접 공정한 경쟁질서를 위한 것이 아니더라도 경쟁자들에게는 공정한 경쟁을 보장해 주는 행위규범으로서 기능한다. 이러한 행위규범의 위배는 객관적 법질서의 위반인 동시에 공정한 경쟁질서의 파괴이고 또한 다른 경쟁자들의 권리(주관적 공권인 기본권으로서 쟁의 자유)를 침해하는 것이다. 헌법재판소는 공공주체의 개입으로 특정인이 제3자와의 경쟁관계에 불리한 상태에 처하게 되는 경우 이에 대항하는 소송인 경쟁자수익방어소송(Begünstigungsabwehrklage)에 있어서 기본권 침해를 직접 근거로 취소소송을 제기할 수 있다고 판시하였는바(헌재 1996. 12. 26. 96헌가18 결정), 이러한 취지는 경쟁자평등규제소송에 있어서도 그대로 유지되어야 할 것이다. 따라서 비록 관계법령이 직접 경쟁자의 이익보호를 위한 규정을 두고 있지 않는다고 하더라도 헌법상 경쟁의 자유의 침해는 보호되어야 하며, 이를 근거로 취소소송의 원고적격이 인정되어야 할 것이다(同人, 경제규제법률, 581쪽 이하).

등의 처분을 받지 못한 자는 비록 경원자에 대하여 이루어진 허가 등 처분의 상대방이 아니라 하더라도 당해 처분의 취소를 구할 원고적격이 있다(대법 1992. 5. 8. 선고 91누13274 판결, 대법 1998. 9. 8. 선고 98두6272 판결 등).[1]

⒟ **인인(隣人)소송**　　　　연탄공장건축허가처분에 대한 인근주민(대법 1975. 5. 13. 선고 73누96·97 판결), LPG 자동차충전소설치허가처분에 대한 인근주민(대법 1983. 7. 12. 선고 83누59 판결), 상수원보호구역변경처분 취소청구사건에서 공설화장장설치를 금지함에 의하여 보호되는 부근주민(대법 1995. 9. 26. 선고 94누14544 판결), 속리산 국립공원 내 용화집단시설지구 기본설계변경승인처분에 대한 용화집단시설지구 인근지역주민(대법 1998. 4. 24. 선고 97누3286 판결), 방사성 물질에 의하여 보다 직접적이고 중대한 피해를 입으리라고 예상되는 지역 내의 주민(대법 1998. 9. 4. 선고 97누19588 판결) 및 환경영향평가 대상지역의 주민(대법 2001. 7. 27. 선고 99두2970 판결) 등에게 원고적격을 인정하였다. 최근에는 처분의 근거 법률이 구 환경·교통·재해 등에 관한 영향평가법(현행법은 환경영향평가법이다)과 구 폐기물처리시설설치촉진 및 주변지역 지원 등에 관한 법률인 경우 폐기물처리시설 설치계획 입지가 결정·고시된 지역 인근에 거주하는 주민들에게 위 처분의 근거 법규인 위 두 법률 중 어느 하나에 의하여 원고적격이 인정되면 원고적격이 있다 하였고(대법 2005. 5. 12. 선고 2004두14229 판결),[2] 심지어 환경영향평가대상 지역 밖의 주민에게도 원고적격을 인정받을 수 있는 길을 열어 놓고 있다(대법 2005. 3. 11. 선고 2003두13489 판결).

⒠ **외국인의 입국사증 발급 거부처분**　　　　일반적으로 외국인에게는 대한민국 입국사증 발급 거부처분의 취소를 구할 법률상 이익이 인정되지 아니한다(대법 2018. 5. 15. 선고 2014두42506 판결[3] 등). 외국인이더라도 대한민국과의 실질적 관련성 내지 법적 보호가치가 있는 이해관계를 형성한 경우, 예컨대, 국적법상 귀화불허가처분, 출입국관리법상 체류자격변경 불허가처분, 강제퇴거명령 등의 경우에는 법률상 이익이 인정된다(대법 2019. 7. 11. 선고 2017두38874 판결 등).

---

1) 경원자소송에서 처분을 받지 못한 사람이 거부처분 취소소송을 제기할 경우, 설령 승소하더라도 다른 경원자에게 발급된 이익처분이 별도로 취소되지 않고서는 자신에 대한 이익처분의 발급이라는 원고의 목적을 달성할 수 없다. 따라서 원고에게 협의의 소의 이익(이익보호의 필요)이 인정될 수 있는지 문제가 된다. 대법 2015. 10. 29. 선고 2013두27517 판결은 협의의 소의 이익을 인정한다. 인정근거로 거부처분 취소확정판결의 기속력에 의하여 부여되는 행정청의 재심의 의무와 이에 따른 기존 이익처분의 직권취소 가능성을 제시한다. 이 판결에 대한 평석으로 李殷相,「경원자관계에서 거부처분을 다투는 소송형태와 소의 이익(대법 2015. 10. 29. 선고 2013두27517 판결)」, 행정판례연구(한국행정판례연구회), 97쪽 이하가 있다.

2) 이 판결에 대한 판례평석으로는 金秀鎰,「1일 처리능력 100톤 이상인 폐기물 소각시설을 설치하기 위한 폐기물처리시설설치계획 입지결정·고시처분의 효력을 다투는 소송에 있어서 인근주민들의 원고적격」, 특별법연구(특별소송실무연구회) 제7권, 221쪽 이하.

3) 이 판결에 대한 평석으로는 金聲培,「결혼이민사증발급거부에 대한 외국인배우자의 원고적격」, 행정판례연구(한국행정판례연구회 편) XXIV-2, 171쪽 이하가 있다.

㉤ **국가·지방자치단체**　　　국가·지방자치단체도 원고적격이 있다. 국가·지방자치단체는 사인과 같은 지위에서 사인도 누릴 수 있는 권리나 이익이 침해된 경우 뿐만 아니라, 행정주체로서 헌법과 법률에서 부여받은, 사인이 향유할 수 없는, 자신의 고유한 권한이 침해된 경우에도 마찬가지로 원고적격이 인정된다. 국가·지방자치단체는 제3자의 지위에서도 법률이 보호하는 자신의 고유한 권한이 침해된 경우에도 원고적격이 인정된다고 보아야 한다. 문제는 재산권의 주체로서 제기하는 소송이 아니라 행정권의 주체로서 제기하는 소송이 법률상 쟁송이냐에 있다. 법원이 사인의 권리·이익 보호만이 아니라 법률관계에 관하여도 판단할 의무가 있다면 원고적격이 있다고 보아야 한다.[1]

㉥ **행정기관**　　　판례는 종래 행정기관의 원고적격을 인정하지 아니하는 것이 원칙이었다. 그러나 대법원은 2013. 7. 25. 선고 2011두1214 판결(경기도선서관리위원회 위원장의 취소소송), 대법 2018. 8. 1. 선고 2014두35379 판결(소방청장의 국민권익위원회 조치요구 취소소송)에서 원고적격을 인정하였다.[2]

3. 취소소송의 피고적격

(1) 처 분 청

취소소송은 다른 법률에 특별한 규정이 없는 한 그 처분 등을 행한 행정청을 피고로 한다(동법 13조 1항 본문). 여기서 말하는 행정청이란 국가 또는 공공단체의 기관으로서 국가나 공공단체의 의견을 결정하여 외부에 표시할 수 있는 권한을 가지는 기관을 말한다는 것이 종래의 통설이다.[3] 판례도 동일하다(대법 1989. 1. 24. 선고 88누3314 판결, 대법 2019. 4. 3. 선고 2017두52764 판결 등).[4] 여기에는 이 외에도 법령에 의하여 행정권한의 위임 또는 위탁을 받은 기관, 공공단체 및 그 기관 또는 사인이 포함된다.

원래 처분 등의 효과가 귀속되는 행정주체인 국가 또는 지방자치단체 등이 피고가 되어야 하

---

1) 구체적인 것은 朴玄廷, 「국가와 지방자치단체의 항고소송에서의 원고적격—판례의 최근 경향을 중심으로—」, 행정법연구(행정법이론실무학회) 제30호, 159쪽 이하 참조.

2) 독일에서는 국가의 이익과 구별되는 행정기관 고유의 이익을 어떻게 구성하는가의 문제가 논의된다.

3) 국가의 행정기관에는 행정부의 행정기관뿐만 아니라 국회·법원 등의 기관도 포함된다.

4) 행정(관)청을 의사표시기관으로 좁게 파악할 필요가 없다는 견해가 있다. 이 견해에 의하면 독일의 경우에는 독일의 행정법원법은 취소소송 등의 대상을 행정행위로 하고 있기 때문에 소송법상 행정청을 의사표시기관으로 좁게보는 것이지만, 우리 소송법상의 처분은 단순히 행정행위만을 의미하는 것이 아님이 법문언상 의문의 여지가 없으며 따라서 행정청의 개념을 의사표시기관으로 한정할 이유가 없고, 행정청을 "행정임무를 독립적으로 수행하는 조직단위"로 정의할 수 있다고 한다(李元雨, 「항고소송의 대상인 처분의 요소로서 행정청」, 저스티스 제68호, 182쪽 이하 및 현대공법학의 과제(최송화교수 화갑기념논문집), 박영사, 2002, 868쪽 이하). 朴正勳 교수도 행정소송법 제2조 제2항에서 말하는 '공공단체 및 그 기관'은 행정조직법상 행정주체로서 본래의 행정청에 해당한다고 본다. 同人, 「공공기관과 행정소송 ― 공공기관의 피고적격에 관한 대법원판례의 극복을 위해 ―」, 한국행정법학회 제31회 정기학술대회·공공기관의 법적문제와 과제, 27쪽 이하.

는 것이 원칙이나 취소소송에 있어서는 소송수행의 편의를 위하여 국가나 지방자치단체 등의 기관에 불과한 처분청에 피고적격을 인정한 것이다.

1) 합의제행정청

합의제행정청(예: 방송위원회, 토지수용위원회, 공정거래위원회, 소청심사위원회, 감사원 등)의 처분에 대하여는 합의제행정청이 피고가 된다. 다만, 법령에 특별한 규정이 있는 경우에는 그에 의한다. 예컨대 「노동위원회법」은 중앙노동위원회의 처분에 대한 소는 중앙노동위원회위원장을 피고로 하여 제기하도록 규정하고 있으므로(27조), 부당노동행위 등에 대한 구제명령 등 중앙노동위원회의 처분에 대하여는 중앙노동위원회위원장을 피고로 하여야 한다.

2) 지방의회

지방의회는 원칙적으로 의결기관이지 행정청은 아니다.[1] 그러나 의원에 대한 징계의결(대법 1993. 11. 26. 선고 93누7341 판결) 등에 대하여는 지방의회가 행정청으로서 피고가 된다.

3) 행정권한의 위임·위탁을 받은 행정기관

행정권한의 위임·위탁이 있으면 그 행정권한이 위임청에서 수임청으로 이전되는 것이므로 수임청이 자기의 이름으로 행한 처분에 대하여는 수임청이 피고가 된다. 이에 반하여 **권한의 대리**나 내부위임이 있는 경우에는 처분권한은 여전히 원처분청이 가지고 있으므로 원처분청의 이름으로 처분을 행하여야 하고 원처분청이 피고가 된다(대법 1991. 10. 8. 선고 91누520 판결). 그러나 대리기관이나 내부수임기관이 착오 등으로 원처분청의 명의가 아닌 자기명의로 처분을 행한 경우 그 처분 자체는 권한 없는 행정청이 행한 위법한 처분이나 처분을 행한 행정청이 피고가 되어야 한다(대법 1991. 2. 22. 선고 90누5641 판결 등). 정당한 권한이 있는 행정청의 처분인지의 여부는 본안판단사항이기 때문이다. 비록 대리관계를 명시적으로 밝히지 아니하였다 하더라도 처분명의자가 피대리 행정청 산하의 행정기관으로서 실제로 피대리 행정청으로부터 대리권한을 수여받아 피대리 행정청을 대리한다는 의사로 행정처분을 하였고 처분명의자는 물론 그 상대방도 그 행정처분이 피대리 행정청을 대리하여 한 것임을 알고서 이를 받아들인 예외적인 경우에는 피대리 행정청이 피고가 된다(대법 2006. 2. 23. 자 2005부4 결정).

4) 공공단체 및 그 기관 또는 사인

공공단체 및 그 기관 또는 사인도 법령에 의하여 행정권한의 위임 또는 위탁을 받게 되면 그 범위 내에서 여기서 말하는 행정청이 되며[2] 취소소송의 피고적격을 갖는다. 가장 문제가 되는 것

---

1) 지방의회가 의결한 조례가 그 자체로서 직접 주민의 권리·의무에 영향을 미쳐 항고소송의 대상이 되는 경우에도 그 피고는 조례를 공포한 지방자치단체의 장(교육·학예 등에 관한 조례는 특별시·광역시·도 교육감)이 되어야 하고, 지방의회가 될 수 없다(두밀분교폐지조례 사건에 관한 대법 1996. 9. 20. 선고 95누8003 판결 참조).

2) 대법 1992. 11. 27. 선고 92누3618 판결: 항고소송은 행정청의 처분 등이나 부작위에 대하여 처분 등을 행한 행정청을 상대로 이를 제기할 수 있고 위 행정청에는 처분 등을 할 수 있는 권한이 있는 국가 또는 지방자치단체와

은 공단 또는 공사의 경우이다.[1] 이 경우에는 공단 또는 공사의 설립근거법률에서 행정권한의 위임·위탁한 것인가의 여부에 따라 행정권한의 위임·위탁을 받은 행정청인지의 여부가 결정된다.

(2) 다른 법률에 특별규정이 있는 경우의 특칙

국가공무원에 대한 징계 기타 불이익처분의 처분청이 대통령인 경우에는 소속 장관이, 중앙선거관리위원회위원장인 경우에는 중앙선거관리위원회사무총장이 피고가 된다(국가공무원법 16조). 국회의장이 행한 처분에 대한 행정소송의 피고는 국회사무총장으로 한다(국회사무처법 4조 3항). 대법원장이 행한 처분에 대한 행정소송의 피고는 법원행정처장으로 한다(법원조직법 70조). 헌법재판소장이 행한 처분에 대한 행정소송의 피고는 헌법재판소 사무처장으로 한다(헌법재판소법 17조 5항).

(3) 권한의 변경과 피고적격

1) 권한승계

처분 등이 있은 뒤에 그 처분 등에 관계되는 권한이 다른 행정청에 승계된 때에는 이를 승계한 행정청을 피고로 한다(행정소송법 13조 1항 단서). 여기서 말하는 그 처분 등에 관계되는 권한이 다른 행정청에 승계된 때라 함은 처분 등이 있은 뒤에 행정기구의 개혁, 행정주체의 합병·분리 등에 의하여 처분청의 당해 권한이 다른 행정청에 승계된 경우, 처분 등의 상대방인 사인의 지위나 주소의 변경 등에 의하여 변경 전의 처분 등에 관한 행정청의 관할이 이전된 경우 등을 말한다(대법 2000. 11. 14. 선고 99두5481 판결). 예컨대 A 세무서장의 과세처분이 있은 뒤에 A 세무서 관할구역 중 일부가 분리되어 B 세무서가 신설된 경우 B 세무서 관할구역 거주자에 대한 A 세무서장의 과세처분 취소소송의 피고는 B 세무서장이 된다.

같은 행정기관뿐만 아니라 법령에 의하여 행정권한의 위임 또는 위탁을 받은 행정기관, 공공단체 및 그 기관 또는 사인이 포함되는바 특별한 법률에 근거를 두고 행정주체로서의 국가 또는 지방자치단체로부터 독립하여 특수한 존립목적을 부여받은 특수한 행정주체로서 국가의 특별한 감독하에 그 존립목적인 특정한 공공사무를 행하는 공법인인 특수행정조직 등이 이에 해당한다.

1) 판례는 대한주택공사에 대하여는 공사가 시행한 택지개발사업 및 이에 따른 이주대책에 관한 처분을 다툰 사건에서, 피고적격을 인정한 반면에(대법 1992. 11. 27. 선고 92누3618 판결), 한국토지개발공사·한국전력공사 등이 행한 입찰참가자격을 제한하는 내용의 부정당업자제재처분을 다툰 사건에서, 동 공사 등이 법령에 의하여 행정권한의 위임 또는 위탁을 받은 공공단체가 아니라는 이유로「행정소송법」제2조 제2항의 행정청에서 제외함과 동시에 동 공사 등이 행한 부정당업자제재처분은 사법상(私法上)의 효력을 가지는 통지행위이지 행정처분이 아니라고 하였다(대법 1995. 2. 28. 자 94두36 결정, 대법 1999. 11. 26. 자 99부3 결정). 그러나 판례는 행정기관에 의한 부정당업자제재처분은 행정처분이라고 하였다(대법 1983. 12. 27. 선고 81누366 판결, 대법 1999. 3. 9. 선고 98두18565 판결). 99부3 결정에 대하여는 동 공사가 공법상 법인으로 행정주체로서의 지위를 가지는 한 법령에 의하여 행정권한의 위임 또는 위탁을 받았느냐의 여부와 관계없이 행정청으로 보아야 한다는 견해가 있었다(李元雨, 「정부투자기관의 부정당업자에 대한 입찰참가제한조치의 법적 성질」, 한국행정판례연구회 제152차 발표논문, 9쪽 이하). 이 문제는 1999년 2월 5일 정부투자기관관리기본법(「공공기관의 운영에 관한 법률」로 폐지) 제20조의 개정으로 정부투자기관에 대하여도 입찰참가자격제한권한이 부여됨으로써 공사 등의 부정당업자제재처분도 행정처분으로 보게 되었다.

2) 기관폐지 등

처분 등을 행한 행정청(처분청·재결청)이 폐지되거나 기타 사유로 없게 된 때에는 그 처분 등에 관한 사무가 귀속되는 국가 또는 공공단체를 피고로 한다(동법 13조 2항).

3) 소제기 후의 권한승계 등

취소소송이 제기된 후에 권한이 다른 행정청에 승계되거나 행정청이 없게 된 때에는 법원은 당사자의 신청 또는 직권에 의하여 피고를 경정한다(동법 14조 6항)(→ 후술하는 피고경정의 효과).

4. 당사자변경

당사자변경은 소송승계와 임의적 당사자변경으로 나뉜다. 소송승계에는 「민사소송법」의 준용에 의한 승계와 권한의 변경으로 인한 피고경정이 있고, 임의적 당사자변경에는 원고의 변경, 피고를 잘못 지정한 때의 피고경정, 소의 변경에 수반되는 피고경정, 필요적 공동소송에서 누락된 피고의 추가 등이 있다. 여기서는 「민사소송법」의 준용에 의한 승계와 피고를 잘못 지정한 때의 피고경정에 관하여 보기로 한다.

(1) 민사소송법의 준용에 의한 승계

원고의 소송승계에 관하여는 「행정소송법」에 아무런 규정이 없다. 「민사소송법」의 원고의 사망·합병·자격상실·파산 등에 의한 당연승계에 관한 규정(233조·234조·237조·239조) 및 계쟁물의 양도에 의한 특정승계에 관한 규정(81조·82조)이 행정소송에 준용된다. 따라서 예컨대 취소소송에 있어서도 과세처분의 취소소송 계속 중에 원고가 사망하게 된 때에는 당사자적격이 상속인들에게 이전되어 이들 상속인들이 소송을 승계하게 된다.

(2) 피고경정

1) 취 지

「행정소송법」은 「민사소송법」과는 별도로 피고경정에 관한 규정을 두고 있다(동법 14조). 이는 행정소송이 소송의 형태에 따라 피고적격자가 다르고 또한 취소소송의 경우 권리주체가 아닌 행정청을 피고로 하고 있는 관계로 피고를 잘못 지정하는 경우가 민사소송보다 빈번히 발생할 가능성이 있을 뿐만 아니라 행정소송에는 제소기간 등의 제한이 있어서 피고경정을 허용하지 않을 경우에 사인의 권리구제에 중대한 장애를 가져오기 때문이다(제소기간 내에 제소하지 못함으로써 받는 불이익을 생각해 보라).

2) 요 건

피고경정의 요건은 두 가지이다. 첫째 요건은 소송이 법원에 계속 중일 것이다. 여기서 말하는 법원은 사실심에 한하며, 법률심인 상고심에서는 피고경정이 허용되지 아니한다(대법 1996. 1.

23. 선고 95누1378 판결 참조). 둘째 요건은 원고가 피고를 잘못 지정하였을 것이다. 예컨대 구청장을 피고로 하여야 할 것을 서울특별시장을 피고로 한 것과 같이 원고가 지정한 피고가 정당한 피고적격을 가지지 아니하는 경우를 말한다.

3) 절　차

피고경정은 원고의 신청에 의하며, 법원은 요건이 인정되면 피고경정허가결정을 한다(동법 14조 1항).[1][2]

결정을 하면 법원은 결정의 정본을 새로운 피고에게 송달하여야 한다(동조 2항). 피고경정신청을 각하하는 결정에 대하여는 신청인은 즉시항고할 수 있다(동조 3항).

4) 효　과

피고경정허가결정이 있은 때에는 새로운 피고에 대한 소송은 처음에 소를 제기한 때에 제기된 것으로 보며(동조 4항), 종전의 피고에 대한 소송은 취하된 것으로 본다(동조 5항).

취소소송이 제기된 후에 피고 행정청의 권한이 다른 행정청에 승계되거나 행정청이 없게 된 때에는 법원은 당사자의 신청 또는 직권에 의하여 피고를 경정한다는 것은 이미 설명한 바와 같다(→ 소제기 후의 권한승계 등). 이 경우에는 위의 제14조 제4항과 제5항의 규정이 준용된다.

5. 소송참가

계속 중의 소송에 당사자 이외의 제3자가 소송절차에 관여하는 것을 소송참가라 한다. 취소소송에 있어서는 그 소송의 대상인 처분 중에는 특히 복효적 행정행위와 같이 당사자 이외의 제3자의 권리·이익에 영향을 미치는 경우가 많다. 이와 같은 경우에 그 제3자를 소송에 참가시켜 공격·방어에 관여하게 하는 것이 그 자의 권리·이익을 옹호한다는 점에서 뿐만 아니라 소송자료제출의 완전을 기하여 사건의 적정·타당한 판단을 가능케 한다는 점에서 필요하며 또한 판결의 형성력이 제3자에 대하여도 미침으로써(동법 29조 1항) 오는 불합리를 시정한다는 점에서도 필요하다.

「행정소송법」은 제3자의 소송참가(동법 16조)와 행정청의 소송참가(동법 17조)를 규정하고 있다.[3][4]

---

1) 대법 2006. 2. 23. 자 2005부4 결정 : 행정소송법 제14조에 의한 피고경정은 사실심 변론종결에 이르기까지 허용되는 것으로 해석하여야 할 것이고, 굳이 제1심 단계에서만 허용되는 것으로 해석할 근거는 없다.

2) 피고경정신청을 이유 있다 하여 인용한 결정에 대하여는 종전 피고는 항고 제기의 방법으로 불복신청할 수 없고 행정소송법 제8조 제2항에 의하여 준용되는 민사소송법 제449조 소정의 특별항고가 허용될 뿐이다.

3) 「행정소송법」이 정한 소송참가 외에도 「민사소송법」에 의한 소송참가도 허용되느냐가 문제된다. 제3자가 당사자의 일방을 승소시키기 위하여 그를 보조하려고 참가하는 보조참가(민사소송법 71조)와 제3자가 당사자 일방의 공동소송인으로서 참가하는 공동소송참가(동법 83조)는 허용된다는 것이, 제3자가 계속 중인 소송당사자 쌍방에 대하여 독립한 당사자로서 참가하는 독립당사자참가(동법 79조)는 허용되지 아니한다는 것이 다수설이다.

4) 대법 2013. 3. 28. 선고 2011두13729 판결 : 행정소송 사건에서 참가인이 한 보조참가가 행정소송법 제16조가 규정한 제3자의 소송참가에 해당하지 않는 경우에도, 판결의 효력이 참가인에게까지 미치는 점 등 행정소송의 성질

(1) 제3자의 소송참가

법원은 소송의 결과에 따라 권리 또는 이익의 침해를 받을 제3자가 있는 경우에는 당사자 또는 제3자의 신청 또는 직권에 의하여 결정으로써 제3자를 소송에 참가시킬 수 있다(행정소송법 16조 1항).

1) 요 건

제3자의 소송참가의 요건은 두 가지이다. 첫째 요건은 타인간의 취소소송이 적법하게 법원에 계속중일 것이다. 적법한 소송이 계속되어 있는 한 사실심은 물론 법률심인 상고심에서도 허용된다. 둘째 요건은 소송의 결과에 따라 권리 또는 이익의 침해를 받을 제3자일 것이다. 여기서 말하는 소송의 결과란 판결주문에 있어서의 소송물 자체에 관한 판단을 말하며 단순한 이유 중의 판단은 이에 해당하지 아니한다. 권리 또는 이익의 침해를 받을 제3자란 취소판결의 형성력 그 자체에 의하여 권리·이익의 침해를 받을 제3자뿐만 아니라 판결의 기속을 받는 관계 행정청의 새로운 처분에 의하여 권리·이익의 침해를 받을 제3자도 포함된다. 예컨대 A와 B가 경원자로서 허가신청을 하였는데 A에게 허가처분이 행하여지고 B에게는 허가거부처분이 행하여진 경우를 가정해 보자. B가 허가거부처분의 취소소송을 제기하여 승소할 경우, 그 판결이 곧 A에 대한 허가처분까지 소멸시키는 것은 아니지만 처분청은 그 판결에 기속되어 A에 대한 허가를 취소하지 않을 수가 없으므로 이 경우 A는 권리·이익의 침해를 받을 제3자로서 참가인이 될 수 있다.[1]

2) 절 차

제3자의 소송참가는 당사자 또는 제3자의 신청 또는 직권에 의한다. 참가신청이 있으면 법원은 직권으로 그 요건의 존부를 심리하여 결정으로 허가 또는 각하하여야 하며, 직권으로 제3자를 소송에 참가시킬 필요가 있다고 인정할 경우에는 결정으로 참가를 명한다(동법 16조 1항). 법원이 제3자의 참가를 허가하거나 명하는 결정을 하고자 할 때에는 미리 당사자 및 제3자의 의견을 들어야 한다(동조 2항). 참가신청을 한 제3자는 그 신청을 각하한 결정에 대하여 즉시항고할 수 있다(동조 3항).

3) 참가인의 지위

소송에 참가한 제3자에 대하여는 「민사소송법」 제67조의 규정이 준용된다(동조 4항). 따라서 참가인은 필요적 공동소송에 있어서 공동소송인의 지위에 있으나, 당사자들에 대하여 독자적인 청구를 하는 것이 아니므로 그 성질은 강학상의 공동소송적 보조참가인인 지위에 있다(대법 2017. 10. 12. 선고 2015두36836 판결).

에 비추어 보면 그 참가는 민사소송법 제78조에 규정된 공동소송적 보조참가이다. 대법 2017. 10. 12. 선고 2015두36836 판결도 행정소송 사건에서 참가인이 한 보조참가가 민사소송법 제78조에 규정된 공동소송적 보조참가라고 볼 수 있고, 이 때 참가인이 상소를 할 경우 피참가인이 상소취하나 상소포기를 할 수 없다고 판시하고 있다.
[1] 제3자는 개인에 한하지 아니하며 국가 또는 공공단체도 이에 포함된다.

⑵ 행정청의 소송참가

처분청이 처분 등을 함에 있어서 상급행정청의 지시 또는 다른 행정청의 동의나 의견에 따라 행하는 경우가 종종 있다. 예컨대 감사원의 지시에 따라 조세부과처분을 행하는 경우 등이다. 이러한 경우 처분에 관여한 상급행정청 또는 다른 행정청을 당해 처분 또는 재결의 취소를 구하는 소송에 참가시키는 것이 적정 타당한 심리와 재판을 위하여 필요하다. 이런 필요에서 「행정소송법」은 법원이 다른 행정청을 소송에 참가시킬 필요가 있다고 인정할 때에는 당사자 또는 당해 행정청의 신청 또는 직권에 의하여 결정으로써 그 행정청을 소송에 참가시킬 수 있도록 한 것이다(동법 17조 1항).

법원은 행정청의 소송참가 여부를 결정하고자 할 때에는 당사자 및 당해 행정청의 의견을 들어야 한다(동조 2항).

소송에 참가한 행정청에 대하여는 「민사소송법」 제76조의 규정이 준용된다(동조 3항). 따라서 당해 행정청은 소송수행상 보조참가인에 준하는 지위에 있다.

6. 소송대리인 등

당사자에 갈음하여 당사자의 이름으로 소송행위를 하거나 소송행위를 받는 자를 소송대리인이라 한다. 행정소송의 소송대리에 관하여 「행정소송법」에는 아무런 규정이 없으므로 「민사소송법」의 규정이 일반적으로 적용된다. 따라서 법정대리나 임의대리에 관한 규정이 그대로 적용된다.

국가를 당사자 또는 참가인으로 하는 행정소송에 있어서는 법무부장관이 국가를 대표하며(국가를당사자로하는소송에관한법률 2조), 법무부장관은 법무부의 직원, 검사, 공익법무관을 지정하여 행정소송을 수행하게 할 수 있고(동법 3조 1항), 변호사를 소송대리인으로 선임하여 수행하게 할 수도 있다(동조 4항). 지방자치단체를 당사자 또는 참가인으로 하는 행정소송에 있어서는 지방자치단체의 장이 직접 소송을 수행하거나, 변호사를 소송대리인으로 선임하여 수행하게 할 수 있다.

취소소송의 경우에는 피고인 처분 등을 행한 행정청의 장이 그 행정청의 직원 등을 지정하거나 변호사를 소송대리인으로 선임하여 소송을 수행하게 할 수 있다(동법 5조). 취소소송이 제기된 후 행정청이 없게 된 때에는 그 처분 등에 관한 사무가 귀속되는 국가 또는 공공단체를 피고로 하는데(행정소송법 13조 2항), 이 경우의 소송의 대표자는 법무부장관, 지방자치단체의 장 등이다.

Ⅴ. 취소소송의 대상

1. 개 설

취소소송의 대상은 처분 등이다(동법 19조). 「행정소송법」은 처분 등을 "행정청이 행하는 구체적 사실에 관한 법집행으로서의 공권력의 행사 또는 그 거부와 그 밖에 이에 준하는 행정작용

(이하 '처분'이라 한다) 및 행정심판에 대한 재결을 말한다"(동법 2조 1항 1호)라고 정의하여 처분 등이 처분과 재결로 구성된다는 것을 명시함과 아울러 취소소송사항에 관하여 개괄주의를 취하고 있음을 밝히고 있다.

2. 처 분

(1) 개 념

1) 정 의

「행정소송법」은 처분을 "행정청이 행하는 구체적 사실에 관한 법집행으로서의 공권력의 행사 또는 그 거부와 그 밖에 이에 준하는 행정작용"으로 정의하고 있다.[1]

2) 학 설

강학상의 행정행위는 가장 전형적인 처분이다. 행정행위와 처분의 관계에 관하여는 학설이 나뉜다. 행정행위와 처분이 같다는 견해와 다르다는 견해이다. 전자를 실체법상 개념설 또는 일원설이라고 부르고, 후자를 쟁송법상 개념설 또는 이원설이라고 부른다.

(개) **실체법상 개념설**(일원설)　　　이 설은 종래의 전통적 견해로서 실체법적으로 행정행위의 개념을 먼저 정의해 놓고 그 정의에 해당하는 행정청의 행위에 대하여서만 쟁송법상의 처분성을 인정하려는 견해[2]이다. 이 설의 논거는 다음과 같다. ① 원래 강학상의 행정행위라는 개념의 구성이 취소소송의 대상을 밝혀 보려는 의도에서 출발한 것이므로 강학상의 행정행위와 「행정소송법」상의 처분개념이 동일한 것이 당연하다. ② 이원설에 의하면 실체적 행정행위개념 외에 이른바 형식적 행정행위개념(공권력의 행사라는 실체를 갖고 있지 않으나 실질적으로 사인의 권익을 일방적으로 규율하는 행정작용)을 인정하여 처분의 개념에 포함시키면서 대체로 이 형식적 행정행위에 공정력을 인정하지 않는데, 그렇다면 이원설로써는 취소소송과 공정력의 관계를 통일적으로 설명하지 못한다.

(내) **쟁송법상 개념설**(이원설)　　　이 설은 현재 우리나라의 다수설로서 행정쟁송법상의 처분개념을 실체적 행정행위개념과는 별도로 정립하여야 한다는 견해이다. 이 설의 논거는 다음과 같다. ① 강학상의 행정행위가 아닌 행정작용이라 하더라도 행정행위에 준하여 사인의 권익을 일방적으로 규율하는 것으로서 사인이 다른 적절한 불복절차를 쉽사리 발

---

1) 헌법재판소는 항고소송의 대상인 처분 개념을 규정한 행정소송법 제2조 제1항 제1호 중 "행정청이 행하는 구체적 사실에 관한 법집행으로서의 공권력의 행사 또는 그 거부와 그 밖에 이에 준하는 행정작용" 부분이 국민의 효율적인 권리구제를 어렵게 할 정도로 입법재량권의 한계를 벗어났다고 할 수 없고, 항고소송의 대상이 되는 처분개념을 위와 같이 규정한 데에는 충분한 합리적 이유가 있으므로 재판을 받을 권리를 침해하였다고 할 수 없다(헌재 2009. 4. 30. 2006헌바66 결정)고 하였다.

2) 기본적으로 이 입장을 취하고 있는 견해로는 金性洙, 행정법 Ⅰ, 802쪽 이하; 石琮顯, 행정법강의 Ⅰ, 171쪽 이하.

견하지 못하는 경우에는 이들을 널리 취소소송의 대상으로 삼아서 구제의 길을 열어야 한다. ② 취소소송이 가지는 순기능은 조기의 권리보호기능, 기성사실 방지기능, 분쟁의 일거해결기능, 행위규범통제적 기능 등이 있는바, 이와 같은 기능이 작용하는 이익 상황에서는 행정행위의 개념을 상대화하여 처분성을 인정하는 것이 타당하다.[1] ③ 현행 행정쟁송법상의 처분개념은 쟁송법상 개념설을 제도화한 것이다.

3) 판 례

판례는 「행정소송법」의 제정 당시나 처분의 개념을 명문화한 1984년의 전면개정 이후나 처분의 개념에 관하여 대체로 동일한 입장을 유지해 왔었다. "항고소송의 대상이 되는 행정처분은 행정청의 공법상의 행위로서 특정사항에 대하여 법규에 의한 권리의 설정 또는 의무의 부담을 명하거나 기타 법률상 효과를 발생하게 하는 등 국민의 권리·의무에 직접 관계가 있는 행위를 가리키는 것이고, 상대방 또는 기타 관계자들의 법률상 지위에 직접적인 법률적 변동을 일으키지 아니하는 행위 등은 항고소송의 대상이 되는 행정처분이 아니다"(대법 1967. 6. 27. 선고 67누44 판결 등)라는 것이 기본적 입장이었다[2].

판결 중에는 법률상 지위에 직접적인 법률적 변동을 일으키지 아니하는 행위에 대하여도 처분이라고 한 것도 있었다. 즉 "행정청의 어떤 행위를 행정처분으로 볼 것이냐의 문제는 추상적·일반적으로 결정할 수 없고, 구체적인 경우 행정처분은 행정청이 공권력의 주체로서 행하는 구체적 사실에 관한 법집행으로서 국민의 권리·의무에 직접 영향을 미치는 행위라는 점을 고려하고 행정처분이 그 주체, 내용, 형식, 절차에 있어서 어느 정도 성립 내지 효력요건을 충족하느냐에 따라 개별적으로 결정하여야 할 것이며, 행정청의 어떤 행위가 법적 근거도 없이 객관적으로 국민에게 불이익을 주는 행정처분과 같은 외형을 갖추고 있고, 그 행위의 상대방이 이를 행정처분으로 인식할 정도라면 그로 인하여 파생되는 국민의 불이익 내지 불안감을 제거시켜 주기 위한 구제수단이 필요한 점에 비추어 볼 때 행정청의 행위로 인하여 그 상대방이 입는 불이익 내지 불안이 있는지 여부도 그 당시에 있어서의 법치행정의 원리와 국민의 권리의식수준 등은 물론 행위에 관련한 당해 행정청의 태도도 고려하여 판단하여야 할 것이다"(대법 1989. 9. 12. 선고 88누8883 판결, 대법 1992. 1. 17. 선고 91누1714 판결, 대법 2010. 11. 18. 선고 2008두167 전원합의체 판결, 대법 2012. 9. 27. 선고 2010두3541 판결 등)라는 것이 그것들이다.

판례는 처분을 확대해 왔다. 대법원은 종전의 판례를 폐기하여 지적공부상의 지목변경에 대하여 실체적 권리관계에 밀접하게 관련되어 있음을 근거로 그 신청의 반려행위의 처분성을 인정하고(대법 2004. 4. 22. 선고 2003두9015 전원합의체 판결), 분쟁을 조기에 근본적으로 해결할 수 있다는 점을 처분성 판단의 기준으로 하여 친일반민족행위자 재산조사위원회의 재산조사 개시결정

---

1) 金敞祚, 「취소소송의 대상」, 한국행정판례연구회 제218차 연구발표논문 6쪽 이하.

2) 지금도 이와 같은 기본적 입장에는 변함이 없는 것으로 보인다(대법 2019. 2. 14. 선고 2016두41729 판결 등).

의 처분성을 인정하고 있다(대법 2009. 10. 15. 선고 2009두6513 판결). 또한 '법적 지위의 불안정성'과 '분쟁의 조기 해결의 필요성'을 이유로 자기완결적 신고의 반려의 처분성을 인정하고 있다(대법 2011. 6. 10. 선고 2010두7321 판결). 이와 같은 취지의 판결이 이어지고 있다. 최근에는 "행정청의 행위가 항고소송의 대상이 될 수 있는지는 추상적·일반적으로 결정할 수 없고, 구체적인 경우에 관련 법령의 내용과 취지, 행위의 주체·내용·형식·절차, 행위와 상대방 등 이해관계인이 입는 불이익 사이의 실질적 견련성, 법치행정의 원리와 행위에 관련된 행정청이나 이해관계인의 태도 등을 고려하여 개별적으로 결정하여야 한다"고 하고, 또한 "어떠한 처분에 법령상 근거가 있는지, 행정절차법에서 정한 처분절차를 준수하였는지는 본안에서 해당 처분이 적법한가를 판단하는 단계에서 고려할 요소이지, 소송요건 심사단계에서 고려할 요소가 아니다"라고도 하며(대법 2020. 4. 9. 선고 2015다34444 판결[1]), 대법 2020. 10. 15 선고 2020다222382 판결), "항고소송의 대상이 되는 행정처분이란 원칙적으로 행정청의 공법상 행위로서 특정 사항에 대하여 법규에 의한 권리의 설정 또는 의무의 부담을 명하거나 기타 법률상 효과를 발생하게 하는 등으로 일반 국민의 권리 의무에 직접 영향을 미치는 행위를 가리키는 것이지만, 어떠한 처분의 근거나 법적인 효과가 행정규칙에 규정되어 있다고 하더라도, 그 처분이 행정규칙의 내부적 구속력에 의하여 상대방에게 권리의 설정 또는 의무의 부담을 명하거나 기타 법적인 효과를 발생하게 하는 등으로 그 상대방의 권리 의무에 직접 영향을 미치는 행위라면, 이 경우에도 항고소송의 대상이 되는 행정처분에 해당한다고 보아야 한다"(대법 2021. 2. 10. 선고 2020두47564 판결)는 입장으로 정리되고 있다.

4) 검 토

독일 행정법원법은 행정활동의 유형에 따른 다양한 행정소송 유형을 마련하고 있으므로 행정행위 개념은 행정소송 유형의 선택에 관한 문제이다. 그러나 우리 「행정소송법」은 행정소송의 유형으로 항고소송과 당사자소송을 규정하고 있으므로 처분의 개념은 행정소송 자체의 제기 가능성을 판가름하는 문제이다. 우리 「행정소송법」의 취지가 현대 산업사회에 있어서 행정기능의 확대와 행정의 행위형식의 다양화에 따라 가능한 한 항고소송의 대상을 넓혀 국민의 권리구제에 충실하고자 하는 목적과 기능을 다하기 위한 데에 있는 것이므로 원칙적으로 쟁송법상의 개념설이 옳다.

판례가 최근까지 「행정소송법」에 처분의 정의규정이 없었던 1984년 이전에 취하고 있었던 독일식의 최협의의 행정행위개념을 처분개념으로 지금까지 그대로 유지하여 왔던 것은 재고되어 마땅하다.[2] 우리 「행정소송법」상의 처분개념은 '구체적 사실에 관한 법집행으로서의 공권력의

---

1) 대법 2020. 4. 9. 선고 2019두61137 판결: 행정청의 행위가 처분에 해당하는지가 불분명한 경우에는 그에 대한 불복방법 선택에 중대한 이해관계를 가지는 상대방의 인식가능성과 예측가능성을 중요하게 고려하여 규범적으로 판단하여야 한다(대법 2018. 10. 25. 선고 2016두33537 판결 참조). 대법 2021. 1. 14. 선고 2020두50324 판결도 같은 판시를 하고 있다.

2) 李相熏 판사는 그 동안 대법원이 항고소송의 대상 등 소송요건 확대에 소극적이었던 이유를 ① 1980년대까지

행사'라고 하여 독일 연방행정절차법 제35조의 '개별사안을 규율하기 위하여'(zur Regelung eines Einzelfalles) '외부에 대하여 직접 법적 효과를'(unmittelbare Rechtswirkung nach auß en) 발생시키는 전통적 행정행위 개념과는 다르게 규정되어 있음이 명백하기 때문이다.[1] 실정법이 다르게 규정되어 있으면 판례도 입법자의 의사에 따라 처분 개념을 확대하여야 함은 말할 나위가 없다.[2]

(2) 내　용

판례를 중심으로 처분의 내용을 구체적으로 나누어 보면 다음과 같다.

1) 일 반 론

(가) **행정청의 행위**　　　처분은 행정청의 행위이다. 여기서 말하는 행정청이란 국가 또는 지방자치단체의 행정에 관한 의사를 결정하여 외부에 표시할 수 있는 권한을 가지는 행정기관을 말한다는 것이 통설이며[3] 여기에는 이 외에도 법령에 의하여 행정권한의 위임 또는 위탁을 받은 행정기관, 공공단체 및 그 기관 또는 사인이 포함된다.

행정청은 보통은 단독제행정청이나, 공정거래위원회·소청심사위원회·토지수용위원회·각급노동위원회 같은 합의제행정청도 있다. 따라서 예컨대 토지수용위원회가 행한 재결, 지방노동위원회가 노동쟁의에 대하여 행한 중재회부결정(대법 1995. 9. 15. 선고 95누6724 판결)은 처분이 된다.

입법기관이나 사법기관(司法機關)도 행정에 관한 의사를 결정하여 대외적으로 표시할 수 있는 한 행정청에 속한다. 따라서 예컨대 지방의회의 의원징계의결(대법 1993. 11. 26. 선고 93누7341 판결), 지방의회의장에 대한 불신임의결(대법 1994. 10. 11. 자 94두23 결정), 법원장 등이 행한 법원공무원에 대한 징계처분(대법 1998. 12. 8. 선고 98두1475 판결) 등도 처분이 된다.

행정청에는 원래 의미의 행정청 외에 법령에 의하여 행정권한의 위임 또는 위탁을 받

우리나라 법학의 저발전 상태로 인하여 실무가들이 참고할 만한 국내 법학 문헌이 많지 않았고, 일본문헌과 판례가 판례 형성에 중요한 준거점으로 작용하였다는 점, ② 공법학의 저발전 상태에서 사법학(私法學)의 관점에서 행정소송법을 이해함으로써 공법과 행정소송 제도의 독자성과 특수성을 제대로 이해하지 못하고 항고소송의 소송요건인 처분 개념, 법률상 이익, 소의 이익을 사법상의 권리 개념에 근거하여 해석하였다는 점, ③남소에 대한 우려를 든다(「항고소송과 헌법소원의 관계 재정립 —실무의 상황과 나아갈 방향—」, 공법연구(한국공법학회) 제44집 제1호, 234쪽 이하).

1) 朴正勳, 행정소소의 구조와 기능, 174쪽 이하; 李元雨, 경제규제법론, 348쪽 이하 참조.

2) 독일 행정절차법의 절차 구성(Verfahrenskonzept)이 고전적 행정집행 이론에 바탕을 둔 것이라는 점은 앞에서 본 바와 같다. 유럽 법은 독일의 이와 같은 고전적 절차 구상의 가장 중요한 요소(Komponenten)의 하나인 개인권(個人權)에의 지향(die individualrechtliche Ausrichtung)을 변경하려는 것이 그 목표이다(E. Schmidt-Assmann, Das allgemeine Verwaltungsrecht als Ordnungsidee, 2. Aufl., S. 358).

3) 李元雨 교수는 행정소송법상 처분이 단순히 행정행위만이 아니고 권력적 사실행위도 포함된다는 것이 법문언상 의문의 여지가 없고 또한 판례·통설이므로 행정청을 의사표시기관으로 한정하여서는 아니된다고 주장한다는 점에 대하여는 앞에서 본 바와 같다.

은 행정기관, 공공단체 및 그 기관 또는 사인이 포함된다는 것은 앞에서 보았다. 문제는 공공단체가 행하는 모든 행위가 처분이 될 수 있는가의 여부이다. 이에 관하여는 견해가 나뉜다. 그 하나는 공공단체란 일반적 행정권한을 부여받은 행정주체이므로 공공단체가 행하는 모든 행위가 처분이 될 수 있다고 보는 견해이다.[1] 다른 하나는 모든 행위가 아니라 법령에 의하여 국가 또는 지방자치단체의 사무를 위임받아 행하는 행위만이 처분이 될 수 있다고 보는 견해이다.[2] 판례는 후자의 입장이다(대법 1992. 11. 27. 선고 92누3618 판결, 대법 2014. 12. 24. 선고 2010두6700 판결).

(나) 구체적 법집행행위　　　　처분은 행정청이 행하는 구체적 사실에 관한 법집행행위이다.[3] 일반적·추상적 행위는 처분이 아니다. 따라서 불특정 다수인을 그 대상으로 하여 반복적으로 적용되는 일반적·추상적 규율은 원칙적으로 처분이 아니다(대법 1994. 3. 8. 선고 92누1728 판결, 대법 2002. 9. 27. 선고 2000두7933 판결 등). 그러나 그 효력이 다른 집행행위의 매개 없이 그 자체로서 직접 국민의 구체적인 권리·의무나 법률관계를 규율하는 성격을 가지는 처분법규는 처분이 된다(대법 1996. 9. 20. 선고 95누8003 판결 등). 고시도 집행행위의 개입 없이 행정주체와 사인간의 관계를 규율하는 개별적·구체적 행위일 때에는 처분이 된다(대법 2003. 10. 9. 자 2003무23 결정, 대법 2006. 9. 22. 선고 2005두2506 판결 등).[4] 조례(대법 1996. 9. 20. 선고 95누8003 판결)도 처분이 되는 것은 이 까닭이다.

행정계획도 마찬가지이다. 그것이 일반적·추상적 행위인 한 처분이 아니지만(예: 하수도정비기본계획(대법 2002. 5. 17. 선고 2001두10578 판결), 특정 개인의 권리·이익을 규제하는 개별적이거나 구체적 행위일 때에는 처분이 된다. 도시계획결정(대법 1982. 3. 9. 선고 80누105 판결),[5] 택지개발예정지구의 지정(대법 1992. 8. 14. 선고 91누11582 판결), 구 도시개발법상의 관리처분계획(대법 1996. 2. 15. 선고 94다31235 전원합의체 판결) 등이 처분이 되는 것은 이 이유이다.

구체적 사실에 대한 법집행행위인 이상, 불특정다수인을 대상으로 하는 일반처분도 처분이다. 지방경찰청장이 횡단보도를 설치하여 보행자의 통행방법 등을 규제하는 행위

---

1) 李元雨, 「항고소송의 대상인 처분의 요소로서 행정청」, 저스티스(한국법학원) 제68호, 187쪽 이하, 128쪽. 朴正勳, 「행정법과 민주의 자각」, 행정법연구(행정법이론실무학회) 제53조, 12쪽 이하.

2) 金鐵容·崔光律, 주석 행정소송법, 542쪽[집필: 尹榮官]; 사법연수원, 행정구제법, 2006, 86쪽 이하.

3) 처분의 근거가 행정규칙에 규정되어 있다 하더라도, 취소소송의 대상이 되는 처분이 될 수 있다(교통부예규인 국적항공사 경쟁력 강화지침에 근거한 운수권배분의 처분성을 인정한 대법 2004. 11. 26. 선고 2003두10251, 10268 판결 참조).

4) 헌법재판소는 신도시 주변지역에 대하여 개발행위허가를 제한하는 고시는 행정처분에 해당한다고 하였다(헌재 2008. 12. 26. 2007헌마862 결정).

5) 규율의 개별성과 규율대상의 구체성은 다른 것으로서, 도시계획결정은 규율의 개별성이 결여되어 있지만 그 규율대상이 구체적이어서 판례는 이를 처분으로 파악할 수 있었다(朴正勳, 「행정입법에 대한 사법심사」, 특별법연구(특별소송실무연구회) 제7권, 44쪽).

(대법 2000. 10. 27. 선고 98두8964 판결), 도로구역의 결정·고시(대법 1976. 3. 9. 선고 75다1049 판결), 공물의 공용폐지(대법 1983. 6. 14. 선고 83다카181 판결) 등이 처분이 되는 것은 이 이유이다. 일반적·추상적 행위인가 개별적·구체적 행위인가는 행위의 형식에 의해서가 아니라 실질에 의하여 판단된다.

㈐ **사인의 권리·의무에 직접 관계되는 행위** 취소소송의 대상이 되는 처분은 사인의 권리·의무에 직접 관계가 있는 행위라는 것이 판례이다. 따라서 ① 상대방 또는 그 밖의 관계자들의 법률상 지위에 직접적인 법률적 변동을 일으키지 아니하는 행위는 처분이 아니다. 공무원의 연가보상비청구권은 공무원이 연가를 실시하지 아니하는 등 법령상 정해진 요건이 충족되면 그 자체만으로 지급기준일 또는 보수지급기관의 장이 정한 지급일에 구체적으로 발생하고 행정청의 지급결정에 의하여 비로소 발생하는 것은 아니므로 행정청의 연가보상비 부지급행위를 처분이 아니라고 한 것(대법 1999. 7. 23. 선고 97누10857 판결)은 이 까닭이다. ② 행정청의 내부행위는 처분이 아니다. 공정거래위원회의 고발조치를 처분이 아니라고 한 것(대법 1995. 5. 12. 선고 94누13794 판결), 상급행정기관의 하급행정기관에 대한 승인·동의·지시 등을 처분이 아니라고 한 것(대법 1997. 9. 26. 선고 97누8540 판결 등), 해군참모총장이 명예전역수당 지급 신청자 중 일부를 대상자로 추천하지 아니하는 행위는 행정기관 상호 간의 내부적인 의사결정과정의 하나일 뿐 그 자체만으로는 기존의 권리상태에 어떤 변동을 가져오는 것이 아니라는 이유로 처분이 아니라고 한 것(대법 2009. 12. 10. 선고 2009두14231 판결), 국토교통부·환경부·문화체육관광부·농림축산식품부가 합동으로 발표한 4대강 살리기 마스터플랜 등이 처분이 아니라고 한 것(대법 2011. 4. 21. 자 2010무111 전원합의체 결정), 감사원의 징계 요구가 처분이 아니라고 한 것(대법 2016. 12. 27. 선고 2014두5637 판결)은 이 까닭이다. 그러나 교육부장관이 대학에서 추천한 복수의 총장 후보자들 전부 또는 일부를 임용제청에서 제외하는 행위는 제외된 후보자들에게는 불이익처분이라고 하여 행정기관 사이에서 이루어진 내부적 행위에 대하여도 항고소송의 대상인 처분이 된다고 하였다(대법 2018. 6. 15. 선고 2015두50092 판결, 대법 2018. 6. 15. 선고 2016두57564 판결). ③ 행정청이 여러 단계를 거쳐 행정결정을 행하는 경우 그 중간단계의 행위는 처분이 아니다. 그러나 중간단계행위라도 그것이 사인의 권리·의무에 직접 영향을 줄 경우에는 처분이 된다. 토지수용절차의 한 단계인 사업인정(공익사업을위한토지등의취득및보상에관한법률 20조)이 처분인 것은 이 이유이다. 부분허가도 그 자체 처분성이 인정될 수 있다는 것은 이미 설명한 바와 같다(→ 잠정·부분·예비·종국행정법원). ④ 종래 대법원은 건축물대장·토지대장 등에 일정한 사항을 기재하거나 기재된 사항을 변경하는 행위는 행정사무의 편의와 사실증명의 자료로 삼기 위한 것일 뿐이고 국민의 권리관계에 변동을 가져오는 것이 아니므로 처분이 아니라고 하였다(대법 1965. 11. 9. 선고 65누86판결 등). 대법원이 헌법재판소의 결정에 따라 지목변경신청거부의 처분성을 인정하는 판례변경(대법

2004. 4. 22. 선고 2003두9015 전원합의체 판결)한 후, 대법원은 건축물대장의 기재사항 중 건축물 용도변경신청을 반려한 행위(대법 2009. 1. 30. 선고 2007두7277 판결),[1] 신축건물에 대한 건축물대장 작성신청을 반려한 행위(대법 2009. 2. 12. 선고 2007두17359 판결), 행정청이 구분소유 건축물을 하나의 건축물로 건축물대장을 합병한 행위(대법 2009. 5. 28. 선고 2007두19775 판결), 건축물대장을 직권 말소한 행위(대법 2010. 5. 27. 선고 2008두22655 판결), 토지대장을 직권말소한 행위(대법 2013. 10. 24. 선고 2011두13286 판결)[2]등에 대하여 처분성을 인정하고 있다. 또한 대법원은 산업재해보상보험 사업종류 변경결정의 처분성을 부인하였던 판결(대법 1995. 7. 28. 선고 94누8853 판결)을 뒤집어 근로복지공단의 개별 사업장에 대한 사업종류 변경결정이 권리·의무에 직접 영향을 미친다는 이유로 처분성을 인정하였다 (대법 2020. 4. 9. 선고 2019두61137 판결).[3] ⑤ 단순한 관념의 통지도 처분이 아니다. 당연퇴직의 인사발령(대법 1995. 11. 14. 선고 95누2036 판결)이 처분에서 제외되는 것은 이 이유이다. 그러나 사인의 권리·의무에 직접 관계되는 행위이면 처분이 된다. 소득금액 변경통지 (대법 2006. 4. 20. 선고 2002두1878 전원합의체 판결)가 처분이 되는 것은 이 까닭이다. ⑥ 그 밖에 법령의 해석에 관한 질의회신(대법 1992. 10. 13. 선고 91누2441 판결), 권고적 성격의 행위(대법 1995. 11. 21. 선고 95누9099 판결), 지도·안내(대법 1997. 5. 16. 선고 97누3163 판결) 등[4] 이 처분에 해당하지 아니하는 것도 이 까닭이다.

㈒ **공권력행사행위**   취소소송의 대상이 되는 처분은 구체적 사실에 관한 법집행으로서의 공권력의 행사행위이다.[5]

---

1) 2007두7277 판결에 대한 평석으로 강상욱,「건축물대장의 용도 변경신청 거부처분(대상판결: 대법 2009. 1. 30. 선고 2007두7277 판결)」, 한국행정판례연구회 제249차 월례발표회 발표논문이 있다.

2) 2011두13286 판결에 대한 평석으로 安東寅,「토지대장의 직권말소 및 기재사항 변경거부의 처분성」, 한국행정판례연구회 제295차 월례발표회 발표논문(행정판례연구 XIX-1)이 있다. 토론과정에서 대법원이 토지대장 직권말소행위를 행정행위로 보고 있는 것인지, 사실행위로 보면서 "그 밖에 이에 준하는 행정작용에 해당하기 때문에 처분으로 본 것인지 명확하지 않다"는 金裕煥 교수의 질문이 있었다.

3) 2019두61137 판결에 대한 평석으로 張允瑛「근로복지공단에 의한 사업종류 변경결정의 처분성─프랑스 월권소송의 대상 확대에 관한 최근의 사례와 관련하여─」, 행정판례연구(한국행정판례연구회 편) XXV-1, 241쪽 이하가 있다.

4) 대법원은 정보통신부장관(현재의 과학기술정보통신부장관)의 위성망 등록신청이 국제전기통신연합(ITU)에 대하여 하는 신청행위일 뿐 국민을 직접 상대방으로 하는 행위가 아니어서 국민의 권리의무에 아무런 영향을 미치지 못하므로 처분에 해당하지 아니한다고 판단하였다(2007. 4. 12. 선고 2004두7924 판결). 이에 대하여는 위성망 국제등록신청이 국민의 권리의무에 직접적인 변동을 미치는 행위에 해당한다고 볼 여지가 더 많다는 비판이 있다(趙允熙,「정보통신부장관의 위성망 국제등록신청이 항고소송의 대상이 되는 행정처분에 해당하는지 여부」, 행정판례연구(한국행정판례연구회) XIV, 229쪽 이하).

5) 서울행법 2008. 1. 30. 선고 2007구합29680 판결: 행정청의 어떠한 행위가 고권적인 지위에서 한 것인지 여부는 일률적으로 정하기 어렵고 그 행위의 근거 법령, 목적, 방법, 내용, 분쟁해결에 관한 특별규정의 존재 여부 등을 종합적으로 검토하여 결정하여야 하는바, 특히 그 행위가 일단 행하여지면 비록 그 행위에 하자가 있다 하더라도 권한 있는 기관(취소권 있는 행정기관 내지 수소법원)에 의해 취소되기 전까지는 일단 유효한 것으로 통용되

공법상 계약·공법상 합동행위·행정사법상 계약 등 행정청이 행하는 비권력행위는 처분이 아니다. 예컨대 국유임야대부·매각행위 및 대부계약에 의한 대부료 부과조치(대법 1993. 12. 7. 선고 91누11612 판결), 국유일반재산대부 및 사용료납입고지(대법 1995. 5. 12. 선고 94누5281 판결), 구 예산회계법 또는 지방재정법에 따라 지방자치단체가 당사자가 되어 체결하는 계약(대법 1996. 12. 20. 선고 96누14708 판결) 등이 처분이 아니라고 한 것은 이 까닭이다.

그 대신 수용이나 영업소폐쇄 등 권력적 사실행위는 공권력의 행사에 해당하므로 처분이 된다(→ 사실행위와 행정구제, 행정지도와 행정구제). 대법원은 단수조치(1979. 12. 28. 선고 79누218 판결), 진주의료원 폐업 결정(2016. 8. 30. 선고 2015두60617 판결)[1], 병역의무 기피자의 인적사항 등을 인터넷홈페이지에 게시하는 등의 방법으로 공개한 병무청장의 공개결정(대법 2019. 6. 27. 선고 2018두49130 판결)[2]등을 처분이라고 하였다.

공권력의 행사에는 컴퓨터 등과 같은 자동기계장치에 의한 행정결정도 포함될 수 있을 것이다.

㈐ **거부처분**　　　　취소소송의 대상이 되는 처분은 구체적 사실에 관한 법집행으로서 공권력의 행사 또는 그 거부행위이다. 거부행위란 행정청이 사인으로부터 공권력의 행사를 신청받고서 그에 응하지 아니하고 요건의 불비를 이유로 그 신청을 각하하거나 이유가 없다고 하여 신청된 내용의 행위를 하지 아니할 의사를 표시하는 행위를 말한다. 거부처분은 반려처분, 불허가처분, 각하처분 등 다양한 형태로 나타난다.[3] 거부행위는 신청을 받아들이지 아니하였다는 점에서 부작위와 같으나, 적극적으로 거부의사를 표시하였다는 점에서 부작위와 구별된다.

행정청이 사인의 신청을 받고 그 신청에 따른 행위를 하지 않겠다고 거부한 행위가 항고소송의 대상이 되는 처분이 되기 위한 요건은 그 신청한 행위가 공권력의 행사 또는 이에 준하는 행정작용이어야 하고, 그 거부행위가 신청인의 법률관계에 어떤 변동을 일으키

고(공정력), 이에 따라 상대방이 행정법상 의무를 이행하지 아니할 경우에 행정청이 직접 실력(대집행, 이행강제금, 강제징수, 행정벌 등)을 행사하여 행정행위에 따른 의무의 이행을 실현시킬 수 있는 힘(자력집행력)이 인정되는지 여부가 중요한 표지가 된다.

1) 2015두60617 판결의 평석으로는 朴在胤,「권력적 사실행위의 처분성―대법 2016. 8. 30. 선고 2015두60617 판결(진주의료원 사건)―」, 행정법연구(행정법이론실무학회) 제54호 171쪽 이하 참조.

2) 2018두49130 판결의 평석으로 金重權,「병역의무기피자인적사항의 공개의 법적 성질의 문제점」, 행정판례연구(한국행정판례연구회 편) XXV-1, 209쪽 이하가 있다.

3) 수익적 행정처분을 구하는 신청에 대한 거부처분은 당사자의 신청에 대하여 관할 행정청이 이를 거절하는 의사를 대외적으로 명백히 표시함으로써 성립된다. 거부처분이 있은 후 당사자가 다시 신청을 한 경우에는 신청의 제목 여하에 불구하고 그 내용이 새로운 신청을 하는 취지라면 관할 행정청이 이를 다시 거절하는 것은 새로운 거부처분이라고 보아야 한다(대법 2021. 1. 14. 선고 2020두50324 판결).

는 것[1]이어야 하며, 그 사인에게 그 행정활동을 요구할 법규상[2] 또는 조리상의 신청권이 있어야 한다는 것(대법 1984. 10. 23. 선고 84누227 판결, 대법 2003. 9. 23. 선고 2001두10936 판결 등), 거부처분의 처분성을 인정하기 위한 전제요건이 되는 신청권의 존부는 구체적 사건에서 신청인이 누구인가를 고려하지 않고 관계 법규의 해석에 의하여 일반 국민에게 그러한 신청권을 인정하고 있는가를 살펴 추상적으로 결정되는 것이고, 신청인이 그 신청에 따른 단순한 응답을 받을 권리를 넘어서 신청의 인용이라는 만족적 결과를 얻을 권리를 의미하는 것은 아니라는 것(대법 2009. 9. 10. 선고 2007두20638 판결 등)이 판례이다.

이에 대하여 학계에서는 신청권의 문제는 원고적격 또는 본안의 문제에 불과하고 따라서 행정청이 사인으로부터 공권력의 행사를 신청받고서 이를 거부하게 되면 그것만으로 거부처분이 성립하는 것으로 보아야 한다는 견해[3]가 유력하다. 그러나 처분성 문제는 개별 당사자와는 무관하게 관련 법규에 의하여 인정되고 있는 행정청의 의무사항을 일반 국민이 신청할 수 있는지 여부를 따지는 것이라면 원고적격 문제와는 차원을 달리하는 것이라는 반박 견해[4] 및 신청권 이론에 대한 과도한 비판이라는 신중론[5]도 있다.

판례는 거부처분의 인정요건으로 신청권을 요구함으로써 대상적격이 좁게되어 국민의 권리구제에 소홀하다는 비판을 의식함인지 모르나, 신청권의 인정 범위를 점차 확대하고 있다. 특히 주목할 판결은 대법 2004. 4. 28. 선고 2003두1806 판결이다. 이 판결은 도시계획구역 내 토지소유자의 도시계획입안 신청에 대한 도시계획 입안권자의 거부행위가 다투어진 사안에서 "구 도시계획법이 입안제안을 받은 입안권자는 그 처리 결과를 제안자

---

1) 대법 2007. 10. 11. 선고 2007두1316 판결: '신청인의 법률관계에 어떤 변동을 일으키는 것'이라는 의미는 신청인의 실체상의 권리관계에 직접적인 변동을 일으키는 것은 물론, 그렇지 않다 하더라도 신청인이 실체상의 권리자로서 권리를 행사함에 중대한 지장을 초래하는 것도 포함한다.

2) 사립학교법 제53조의2 제4항 내지 제8항은 사립대학교육기관의 교원에 관한 임면권자의 재임용심의 신청 여부의 사전 통지의무 및 당해 교원의 재임용심의 신청권, 임면권자의 재임용거부사실 및 거부사유의 사전 통지의무, 객관적 기준에 의한 재임용심의와 당해 교원의 재임용심의절차에서의 의견진술 및 제출권, 재임용거부 시 이에 대한 불복방법 등을 명문으로 규정하고 있는바, 위 규정들에 비추어 보면, 기간제로 임용되어 정상적으로 임용기간이 만료하는 사립대학교육기관의 교원은 임면권자에게 학생교육, 학문연구, 학생지도에 관한 사항에 대한 평가 등 객관적인 사유로서 학칙이 정하는 사유에 근거하여 사립학교법이 정하는 절차에 따라 재임용 여부에 관하여 합리적이고 공정한 심사를 해 달라고 요구할 법률상의 신청권을 가진다고 보아야 한다(대법 2012. 4. 12. 선고 2011두22686 판결).

3) 朴正勳, 「행정심판법의 구조와 기능」, 행정법연구(행정법이론실무학회) 제12호, 253쪽; 崔桂暎, 「난민법상 인도적 체류허가 거부의 처분성」, 행정법연구(행정법이론실무학회)제63호, 35쪽 이하; 李相憙 「거부처분의 처분성 인정요건으로서의 신청권 이론에 대한 비판적 고찰」, 행정법이론실무학회 제256회 정기학술발표회 발표문, 27쪽 이하. 신청권의 문제를 "국민의 행정 참여의 확대"라는 관점에서 거부행위의 처분성 여부에 신청권의 존부를 연결시키는 것은 적절하지 않다는 견해로는 金鐵容, 행정절차와 행정소송, 288쪽 이하[집필자 文尙德]가 있다.

4) 白潤基, 「거부처분의 처분인정 요건으로서의 신청권」, 행정법연구(행정법이론실무학회) 제1호, 231쪽.

5) 李殷相, 「거부처분에서의 신청권은 사명을 다하였는가」, 행정법이론실무학회 제256회 정기학술발표회 발표문, 74쪽 이하.

에게 통보하도록 규정하고 있는 점 등과 헌법상 개인의 재산권 보장의 취지에 비추어 보면, 도시계획구역 내 토지 등을 소유하고 있는 주민으로서는 입안권자에게 도시계획입안을 요구할 수 있는 법규상 또는 조리상의 신청권이 있다고 할 것이고, 이러한 신청에 대한 거부행위는 항고소송의 대상이 되는 행정처분에 해당한다"고 판시하였다. 이 판결에 의하여, 예컨대 「민원처리에 관한 법률」은 민원의 신청에 대하여 처리 결과를 통지하도록 규정하고 있으므로, 행정청에 대한 민원인의 신청에 대하여 조리상의 신청권을 인정할 길이 열리게 되었다.[1] 또한 대법원은 제3자에 대한 이익 행정행위를 취소해 달라는 신청에 대한 거부처분의 취소를 구하는 경우에도 조리상 신청권을 인정하고 있다(대법 2006. 3. 16. 선고 2006두330 전원합의체 판결).[2]

㈐ 별도의 불복절차가 마련되어 있지 않을 것

법률에 의하여 행정소송 이외 별도의 다른 불복절차가 마련되어 있는 것은 여기서 말하는 취소소송의 대상인 처분이 아니다. 예컨대 검사의 불기소처분에 대하여는 「검찰청법」에 의한 항고와 재항고 및 「형사소송법」에 의한 재정신청에 의해서만 불복할 수 있으며(대법 2018. 9. 28. 선고 2017두47465 판결), 검사의 공소에 대하여는 형사소송절차에 의하여서만 다툴 수 있으므로 행정소송의 방법으로 공소의 취소를 구할 수 없다(대법 2000. 3. 28. 선고 99두11264 판결).

㈑ 그 밖에 이에 준하는 행정작용

취소소송의 대상이 되는 처분은 행정청이 행하는 법집행으로서 공권력의 행사 또는 그 거부와 그 밖에 이에 준하는 행정작용이다. 구체적으로 어떠한 행정활동이 이에 준하는 행정작용에 해당하는가는 앞으로의 학설발전과 판례형성에 맡겨져 있다.[3]

---

1) 대법 1999. 8. 24. 선고 97누7004 판결은 행정법규가 행정기관에 대하여 특정한 행위를 요구하는 행위도 민원사항의 하나로 규정하면서 민원사항의 신청에 대한 행정기관의 절차적인 접수의무를 규정하고 있다고 하더라도 그로써 바로 민원인에게 그 민원에서 요구하는 행정기관의 행위에 대한 실체적인 신청권까지 인정되는 것이 아니라고 판시한 바 있다.

2) 대법원은 신고의 반려행위에 대하여도 종래와 달리 처분성을 인정하고 있다. 대법 2010. 11. 18. 선고 2008두167 전원합의체 판결에서 위법한 건축물의 양산과 그 철거를 둘러싼 분쟁을 조기에 근본적으로 해결할 수 있게 하는 것이 법치행정의 원리에 부합함을 이유로 종래 처분성을 부인하여 왔던 건축신고 반려행위 또는 수리거부행위의 처분성을 인정하였고, 대법 2011. 6. 10. 선고 2010두7321 판결에서도 "건축주 등으로서는 착공신고가 반려될 경우, 당해 건축물의 착공을 개시하면 시정명령, 이행강제금, 벌금의 대상이 되거나 당해 건축물을 사용하여 행할 행위가 거부될 우려가 있어 불안정한 지위에 놓이게 된다. 따라서 착공신고 반려행위가 이루어진 단계에서 당사자로 하여금 반려행위의 적법성을 다투어 법적 불안을 해소한 다음 건축행위에 나아가도록 함으로써 장차 있을지도 모르는 위험에서 미리 벗어날 수 있도록 길을 열어 주고, 위법한 건축물의 양산과 철거를 둘러싼 분쟁을 조기에 근본적으로 해결할 수 있게 하는 것이 법치행정의 원리에 부합한다. 그러므로 행정청의 착공신고 반려행위는 항고소송의 대상이 된다고 보는 것이 옳다"라고 하였다.

3) "그 밖에 이에 준하는 행정작용"의 해석에 있어 하나의 준거개념으로 형식적 행정행위라는 관념을 원용하고 있는 학자들이 있다(예: 金東熙, 행정법 I, 710쪽 이하; 朴鈗炘, 최신행정법강의(상), 366쪽). 형식적 행정행위의 관념은 항고소송의 대상을 확대할 의도에서 공권력 발동의 실체를 갖지 않는 비권력적 행정으로 파악되는 일정한 행정적 결정을 형식적·기술적으로 공권력 행사인 행위로 삼으려고 독일·일본 학자들이 만들어 낸 것

2) 개별론

(가) 통치행위
통치행위는 설사 사인의 권리·의무에 직접 관계되는 행정청의 공권력 행사라 하더라도 그 고도의 정치성 때문에 사법심사에서 제외된다는 것이 다수설의 이해이다. 판례는 대통령의 긴급조치(대법 1978. 5. 23. 선고 78도813 판결, 대법 2010. 12. 16. 선고 2010도5986 판결), 계엄선포행위(대법 1979. 12. 7. 선고 79초70 재정), 지방자치단체의 단체장 선거 연기행위(헌재 1994. 8. 31. 92헌마126 결정)를 통치행위로 보았다.

(나) 특별권력주체의 행위
공법상 특별권력관계에 있어서의 특별권력주체의 행위가 사법심사의 대상이 될 수 있는가에 관하여 견해가 나뉘고, 일부의 견해는 내부관계에 있어서의 행위는 사법심사의 대상에서 제외하고 있다. 그러나 특별권력관계에 있어서의 행위도 소의 이익이 인정되는 한 사법심사의 대상이 될 수 있다는 것이 다수설이다. 판례도 특별권력주체의 행위를 취소소송의 대상인 처분으로 본 것이 많다(대법 1982. 7. 27. 선고 80누86 판결, 대법 1991. 11. 22. 선고 91누2144 판결 등).

(다) 재량행위(자유재량행위)
재량행위(자유재량행위)는 행정청의 책임으로 처리할 것이 인정되어 있는 것이므로, 법이 정한 재량의 범위 내에서의 행위인 이상, 설사 재량을 그르쳐도 원칙적으로 부당행위가 될 뿐이고 위법행위는 아니므로 사법심사의 대상에서 제외된다는 것이 통설이다. 그러나 행정청의 재량에 속하는 처분이라도 재량권의 한계를 넘거나 그 남용이 있는 때에는, 즉 재량권일탈·남용의 경우에는 법원은 이를 취소할 수 있다(행정소송법 27조). 따라서 재량행위의 취소소송을 제기하는 자는 항상 그 재량행위가 재량권의 한계를 넘거나 그 남용이 있었음을 주장하게 될 것이므로 재량행위도 기속행위와 마찬가지로 취소소송의 대상인 처분인 것이며, 다만 재량권일탈·남용이 없는 한 재량처분은 위법하지 않으므로 본안청구 기각사항이 될 뿐이다.

(라) 반복된 행위
행정청의 동일내용의 행위가 반복되는 경우가 있다. 예컨대 행정청이 건물의 소유자에게 위법건축물을 일정기간까지 철거할 것을 명함과 아울러 불이행할 때에는 대집행한다는 내용의 철거 대집행 계고처분을 고지한 후 이에 불응하면 다시 제2차·제3차 계고서를 발송하여 일정기간까지의 자진철거를 촉구하고 불이행하면 대집행을 한다는 뜻을 고지하는 경우이다. 이 경우 제1차·제2차·제3차 철거명령 및 계고처분이 모두 취소소송의 대상이 되는 처분인가가 문제된다. 판례는 행정대집행상의 건물철거의무는 제1차 철거명령 및 계고처분으로써 발생하였고 제2차·제3차의 계고처분은 새로운 철거의무를

이다. 그러나 형식적 행정행위라는 개념을 사용하는 경우, 형식적 행정행위에도 취소소송의 배타적 관할을 인정할 것이냐의 문제 등 복잡한 문제가 발생하게 된다. 우리는 독일·일본과 달리「행정소송법」에서 처분 개념을 정의하고 있으므로 다양한 행정활동 중 어떤 행정활동이 공권력의 행사 또는 그 거부에 준하는 행정작용인가를 규명하면 되는 것이지 또 다른 불확정 개념인 형식적 행정행위 개념을 매개할 필요가 있는지 의문이다.

부과한 것이 아니고 다만 대집행기한의 연기통지에 불과하므로 취소소송의 대상이 되는 처분이 아니라고 판시하였다(대법 1991. 1. 25. 선고 90누5962 판결 등).[1] 다만, 거부처분의 경우에는 국민이 신청할 수 있는 횟수 등을 제한하는 법규가 없는 이상, 동일한 내용을 수차 신청할 수 있고, 그에 따라 거부처분이 수회 있을 수 있다. 이러한 거부처분은 각각 독립적인 처분으로서 항고소송의 대상이 된다는 것이 판례이다(대법 2002. 3. 29. 선고 2000두6084 판결 등).

(마) **부 관**　　부관부 행정행위가 취소소송의 대상인 처분임은 말할 나위가 없다. 문제는 가분적 부관의 경우 부관 그 자체가 취소소송의 대상인 처분이 될 수 있는가에 있다. 이에 대하여는 부관 중 부담만이 독립된 취소소송의 대상인 처분이라는 견해, 본체인 행정행위로부터 분리 가능한(처분성이 인정되는) 부관이면 독립하여 취소소송의 대상인 처분이 될 수 있다는 견해, 부관은 그 어느 것이나 취소소송의 대상인 처분이 될 수 있다는 견해 등으로 나뉜다는 것은 이미 설명한 바와 같다(→ 부관의 독립쟁송가능성).

판례는 부관만을 다투는 경우에도 반드시 부관부 행정행위 전체의 취소를 구하는 소를 제기하여야 한다고 하면서도 부담에 대해서만은 독립된 처분성을 인정한다(대법 1985. 6. 25. 선고 84누579 판결, 대법 1986. 8. 19. 선고 86누202 판결 등).

(바) **변경처분**　　행정청이 일정한 처분을 한 후에 그 처분을 변경하는 경우가 있다. 이 경우, 후속처분이 종전처분을 완전히 대체하는 것이거나 주요 부분을 실질적으로 변경하는 내용인 경우에는 특별한 사정이 없는 한 종전처분은 효력을 상실하고 후속처분만이 취소소송의 대상이 되지만, 후속처분의 내용이 종전처분의 유효를 전제로 내용 중 일부만을 추가·철회·변경하는 것이고 추가·철회·변경된 부분이 내용과 성질상 나머지 부분과 불가분적인 것이 아닌 경우에는 후속처분에도 불구하고 종전처분이 여전히 항고소송의 대상이 된다(대법 2015두285 전원합의체 판결).

과세처분에서 특히 문제가 된다. 세무서장이 당초 2천만원의 과세처분을 하였다가 그 후 3천만원으로 증액하거나, 당초 3천만원의 과세처분을 하였다가 그 후 2천만원으로 감액하는 과세처분을 한 경우이다. 최초의 처분을 당초처분이라고 하고 뒤의 처분을 경정처분[2]이라 한다. 이러한 경우에 당초처분과 경정처분 중 어느 것이 취소소송의 대상이 되는가가 문제된다.

---

1) 대법 1999. 7. 13. 선고 97누119 판결도 보험자 또는 보험자단체가 사기 기타 부정한 방법으로 보험급여비용을 받은 의료기관에게 부당이득금 또는 가산금의 납부를 독촉한 후 다시 동일한 내용의 독촉을 한 사건(부당이득금납부독촉고지처분취소)에서 최초의 독촉만이 징수처분으로서 항고소송의 대상이 되는 행정처분이 되고 그 후에 한 동일한 내용의 독촉은 체납처분의 전제요건인 징수처분으로서 소멸시효 중단사유가 되는 독촉이 아니라 민법상의 단순한 최고에 불과하여 국민의 권리의무나 법률상의 지위에 직접적으로 영향을 미치는 것이 아니므로 항고소송의 대상이 되는 처분이라 할 수 없다고 하여 동일한 입장을 취하였다.

2) 경정처분은 당초처분을 유지한 채 이를 수정하는 데 불과하다는 점에서 당초처분을 취소·철회하고 새로운 처분을 하는 경우와 구별된다.

이에 관하여는 병존설, 흡수설 등 견해가 나뉜다. 병존설은 당초처분과 경정처분은 독립된 처분으로 별개로 소송의 대상이 된다는 견해이다. 흡수설은 당초처분이 경정처분에 흡수되어 소멸되고 경정처분만이 효력을 가지며 소송의 대상이 된다는 견해이다.

판례는 과세관청이 과세처분을 한 뒤에 과세표준과 세액에 오류 또는 탈루(脫漏)가 있음을 발견하고 이를 경정하는 처분을 한 경우에 그것이 감액경정인 때에는 처음의 과세처분에서 결정된 과세표준과 세액의 일부를 취소하는 데 지나지 않으므로 처음의 과세처분이 감액된 범위 내에서 존속하게 되고 이 처분만이 쟁송의 대상이 되며 경정처분 자체는 쟁송의 대상이 될 수 없는 반면, 증액경정인 때에는 처음의 과세처분에서 결정한 과세표준과 세액을 그대로 두고 증액부분만을 결정하는 것이 아니라 처음의 과세표준과 세액을 포함하여 전체로서 증액된 과세표준과 세액을 다시 결정하는 것이므로 처음의 과세처분은 뒤의 경정처분의 일부로 흡수되어 독립된 존재가치를 상실하여 소멸하고 오직 경정처분만이 쟁송의 대상이 된다(대법 1984. 12. 11. 선고 84누225 판결 등)고 하여 감액경정처분인가 증액경정처분인가에 따라 달리 보는 입장을 취하고 있다.

(사) **법령의 근거 없는 처분**　　　법률유보의 원칙의 적용을 받는 처분은 법률의 근거가 필요하다. 그러나 그 외의 경우에는 법률에 근거가 없는 행위도 처분이 될 수 있다는 것이 판례(대법 2011. 10. 13. 선고 2008두17905 판결)[1]이다.

3. 재　결

(1) 의　의

재결이란 행정심판에 대한 재결을 말한다.

---

1) 대법 2011. 10. 13. 선고 2008두17905 판결 : 공익사업을 위한 토지 등의 취득 및 보상에 관한 법률은 제78조 제1항에서 "사업시행자는 공익사업의 시행으로 인하여 주거용 건축물을 제공함에 따라 생활의 근거를 상실하게 되는 자(이하 '이주대책대상자'라 한다)를 위하여 대통령령으로 정하는 바에 따라 이주대책을 수립·실시하거나 이주정착금을 지급하여야 한다."고 규정하고 있을 뿐, 생활대책용지의 공급과 같이 공익사업 시행 이전과 같은 경제수준을 유지할 수 있도록 하는 내용의 생활대책에 관한 분명한 근거 규정을 두고 있지는 않으나, 사업시행자 스스로 공익사업의 원활한 시행을 위하여 필요하다고 인정함으로써 생활대책을 수립·실시할 수 있도록 하는 내부규정을 두고 있고 내부규정에 따라 생활대책대상자 선정기준을 마련하여 생활대책을 수립·실시하는 경우에는, 이러한 생활대책 역시 "공공필요에 의한 재산권의 수용·사용 또는 제한 및 그에 대한 보상은 법률로써 하되, 정당한 보상을 지급하여야 한다."고 규정하고 있는 헌법 제23조 제3항에 따른 정당한 보상에 포함되는 것으로 보아야 한다. 따라서 이러한 생활대책대상자 선정기준에 해당하는 자는 사업시행자에게 생활대책대상자 선정 여부의 확인·결정을 신청할 수 있는 권리를 가지는 것이어서, 만일 사업시행자가 그러한 자를 생활대책대상자에서 제외하거나 선정을 거부하면, 이러한 생활대책대상자 선정기준에 해당하는 자는 사업시행자를 상대로 항고소송을 제기할 수 있다고 보는 것이 타당하다.

(2) 원처분주의

원처분과 재결이 모두 취소소송의 대상이 되는 경우 입법론상 원처분주의를 취할 것인가 재결주의를 취할 것인가가 문제된다.

원처분주의란 원처분과 재결 어느 것에 대하여도 소를 제기할 수 있으나, 원처분의 위법은 원처분 취소소송에서만 주장할 수 있고 재결취소의 소송에서는 원처분의 위법이 아닌 재결 자체의 고유한 위법에 대하여서만 주장할 수 있도록 하는 제도를 말한다. 이에 대하여 재결주의란 원처분에 대하여는 소송을 제기할 수 없고 재결에 대하여서만 소송을 제기할 수 있도록 하되 재결 자체의 위법뿐만 아니라 원처분의 위법도 재결취소소송에서 주장할 수 있게 하는 제도를 말한다.

우리 「행정소송법」 제19조는 "취소소송은 처분 등을 대상으로 한다. 다만, 재결취소소송의 경우에는 재결 자체에 고유한 위법이 있음을 이유로 하는 경우에 한한다"고 하여 원처분주의를 취하였다. 원처분주의를 취한 이유는 ① 재결주의를 취할 경우 가령 재결취소판결이 있었을 때에 원처분도 당연취소되는 것으로 하면 불고불리의 원칙에 반하는 결과가 되고, ② 법원의 심리판단이 원처분의 위법과 재결의 위법 중 어느 것을 먼저 하는가에 따라 취소판결의 이유, 판결의 기속력도 달라지고 사건의 해결에도 커다란 영향을 미치는데, 그 심리의 순서를 정하는 것이 이론적으로도 입법기술적으로도 어려우며, ③ 재결의 취소소송에서 과연 원처분의 집행정지를 명할 수 있는가도 의문이며, ④ 관할 및 피고적격에 별도의 규정을 마련해야 할 필요가 있으며, ⑤ 원처분주의를 취하는 것이 재결주의를 취하는 것보다(재결주의 하에서는 원처분에 대하여 제소하지 못하고 재결을 기다려 비로소 제소하여야 한다는 점에서) 권리구제에 충실할 뿐만 아니라 취소소송의 재판관할을 피고 행정청의 소재지를 관할하는 법원으로 하고 있는 규정과 관련하여 원고 국민에게 편리하다는 것 등이다.

(3) 취소소송의 대상인 재결

「행정소송법」은 처분을 취소소송의 원칙적인 대상으로 하고 재결을 예외적인 대상으로 하고 있다(19조). 원처분을 유지하는 각하재결이나 기각재결의 경우 재결 자체에 위법이 있더라도 원처분에 대하여도 바로 소송을 제기할 수 있고 또 원처분의 취소를 구하는 것이 보다 직접적인 권리구제수단이 될 것이므로 재결취소를 구할 실익은 거의 없다. 재결취소를 구할 실익이 있을 경우는 원처분의 인용재결 특히 복효적 행정행위의 인용재결이 있는 때이다.[1] 예컨대 건축허가처분에 대하여 인근주민들이 취소를 구하는 행정심판을 제기하여 인용재결이 있는 경우 건축주는 원처분에 의하여서는 피해를 입지 않았으나 재결에 의하여 비로소 피해를 입게 되었으므로 재결

---

1) 대법원은 "거부처분이 재결에서 취소된 경우 재결에 따른 후속처분이 아니라 그 재결의 취소를 구하는 것은 실효적이고 직접적인 권리구제수단이 될 수 없어 분쟁해결의 유효적절한 수단이라고 할 수 없으므로 법률상 이익이 없다"(대법 2017. 10. 31. 선고 2015두45045 판결)고 하였다.

을 대상으로 취소소송을 제기할 수밖에 없다.[1]

인용재결에는 행정심판위원회 스스로가 직접 처분을 취소·변경하는 형성적 재결과 처분청에 대하여 변경을 명하는 명령적 재결의 두 종류가 있다. 형성적 재결의 경우에는 별도의 처분없이 바로 법률적 효력이 발생하기 때문에 재결 자체가 소송의 대상이 된다. 명령적 재결의 경우에는 재결과 재결에 따른 행정청의 처분이 있게 되므로 어느 것을 다투어야 하는지에 대하여 견해의 대립이 있을 수 있다. 판례는 재결에 따른 처분을 독자적인 항고소송의 대상으로 인정하고있다(대법 1993. 9. 28. 선고 92누15093 판결). 일부 인용재결이나 수정재결의 경우에도 원처분주의의 원칙상 재결이 소송의 대상이 되지 아니하고 재결에 의하여 일부 취소되고 남은 원처분이나수정된 원처분이 소송의 대상이 되는 것이 원칙이다.

재결에 대한 취소소송은 재결 자체에 고유한 위법이 있음을 이유로 하는 경우에 한한다(동조단서). 재결 자체에 고유한 위법이란 원처분에는 없고 재결에만 있는 위법을 말한다. 즉, 예컨대행정심판위원회의 권한 또는 구성에 위법사유가 있는 경우, 심판청구가 부적법하지 않음에도 불구하고 실체 심리판단을 하지 아니하고 각하한 재결, 심판청구의 대상이 되지 아니한 사항에 대하여 행한 재결, 원처분보다 청구인에게 불리하게 행한 재결, 재결의 절차(예: 송달에 흠결이 있는재결)나 형식(예: 서면에 의하지 아니한 재결)에 위법이 있는 경우 등 재결에만 있는 위법을 말한다.

재결 자체에 고유한 위법이 있어야 한다는 것은 본안판단사항이지 소송요건은 아니다. 따라서 재결 고유의 위법을 주장하지 않고 제기한 재결취소소송은 각하대상이 아니라 기각대상이다(대법 1994. 1. 25. 선고 93누16901 판결 등). 이에 대하여는 재결 자체에 고유한 위법이 있어야 한다는 것은 소극적 소송요건을 정한 것으로 보아야 한다는 견해도 있다.[2]

(4) 원처분주의에 대한 예외

개별법에서 원처분주의에 대한 예외로서 재결주의를 채택하고 있는 경우가 있다. 이 경우에는 원처분은 취소소송의 대상이 되지 못하며, 재결만이 취소소송의 대상이 된다. 또한 이 경우에는 「행정소송법」 제19조 단서와 같은 제한이 없으므로 원고는 재결취소소송에서 재결 고유의 위법뿐만 아니라 원처분의 위법도 주장할 수 있다(대법 1991. 2. 12. 선고 90누288 판결, 대법 1995. 9. 15. 선고 93누20627 판결, 대법 1995. 12. 8. 선고 95누5561 판결). 다만, 재결주의가 적용되는 처분이라 하더라도당해 처분이 당연무효인 경우에는 그 효력은 처음부터 당연히 발생하지 않는 것이므로 원처분무효확인의 소도 제기할 수 있다(대법 1993. 1. 19. 선고 91누8050 전원합의체 판결). 원처분주의에 대한 예외,

---

1) 복효적 행정행위에 대한 행정심판청구에 있어서 그 청구를 인용하는 내용의 재결로 인하여 비로소 권리·이익을 침해받게 된 자는 그 인용재결에 대하여 다툴 필요가 있고, 그 인용재결은 원처분과 내용을 달리하는 것이므로 그 인용재결의 취소를 구하는 것은 원처분에는 없는 재결에 고유한 하자를 주장하는 것이 된다(대법 1997. 12. 23. 선고 96누10911 판결 등).

2) 金容燮, 「취소소송의 대상으로서의 행정심판의 재결」, 행정법연구(행정법이론실무학회) 제3호, 224쪽.

즉 재결주의를 채택하고 있는 사례로는 감사원의 변상판정, 노동위원회의 처분 등을 들 수 있다.

1) 감사원의 변상판정

「감사원법」은 회계관계직원 등에 대한 감사원의 변상판정에 대하여 감사원에 재심의를 청구할 수 있게 하고(36조 1항), 감사원의 재심의판정에 대하여 감사원을 당사자로 하여 행정소송을 제기할 수 있도록 함으로써(40조 2항) 원처분인 변상판정이 아니라 재심의판정을 취소소송의 대상으로 하도록 규정하고 있다(대법 1984. 4. 10. 선고 84누91 판결).

2) 노동위원회의 처분

「노동위원회법」은 지방노동위원회 또는 특별노동위원회의 처분에 대하여 중앙노동위원회에 재심을 신청할 수 있게 하고(26조), 중앙노동위원회의 재심처분에 대하여 중앙노동위원회위원장을 피고로 하여 취소소송을 제기할 수 있도록 함으로써(27조 1항) 원처분인 지방노동위원회 또는 특별노동위원회의 처분이 아니라 중앙노동위원회의 재심처분을 취소소송의 대상으로 하도록 규정하고 있다(대법 1995. 9. 15. 선고 95누6724 판결 등).

VI. 취소소송의 제기

1. 의   의

취소소송의 제기란 원고가 피고를 상대방으로 하여 계쟁사건에 관한 심리와 판결을 요구하는 행위 또는 절차를 말한다. 소가 없으면 소송이 없다(Kein Prozess ohne Klage)는 원칙은 취소소송에 있어서도 그대로 적용된다. 유효한 취소소송의 제기가 되기 위하여는 소송요건을 모두 갖추어야 한다.

2. 소송요건

취소소송은 행정청의 위법한 처분 등을 취소 또는 변경하는 소송이므로, 취소소송을 제기하기 위하여는 ① 처분 등이 존재할 것, ② 그 처분 등이 위법함을 주장할 것, ③ 당사자적격이 있을 것, ④ 그 취소 또는 변경을 구하는 것일 것, ⑤ 소의 이익이 있을 것, ⑥ 소정의 제소기간 내에 제기할 것, ⑦ 일정한 형식의 소장을 갖출 것, ⑧ 필요적 전심절차가 있을 때에는 이를 거칠 것, ⑨ 관할법원에 제기할 것 등의 소송요건을 갖추어야 한다.

위의 소송요건을 흠결하면 부적법한 소가 된다(대법 2007. 4. 12. 선고 2004두7924 판결).

이와 같은 소송요건의 충족 여부는 법원의 직권조사사항이다(대법 1977. 4. 12. 선고 76누268 판결). 따라서 법원으로서는 본안에 대한 심리·판단에 앞서 이를 명백히 조사·심리하여 소송의 적법 여부를 가려야 한다.

(1) 처분 등의 존재

취소소송을 제기하기 위하여는 소송의 대상이 되는 처분 등이 존재하여야 한다.

1) 처분 등의 의의

취소소송의 대상인 처분 등의 의의에 관하여는 처분과 재결로 나누어 이미 설명하였다.

2) 처분 등의 존재 여부

일반적으로 처분 등이 주체·내용·절차·형식·표시 등 법이 정한 성립요건과 효력발생요건을 외견상 갖추고 있는 경우에 처분 등이 존재한다고 할 수 있다. 그러나 처분 등이 처분 등으로서의 외견을 갖추고 있지 못한 경우 예컨대 행정기관이 아닌 것이 명백한 사인의 행위, 공권력 발동으로 볼 수 없는 행위, 내부의 의사결정이 있었을 뿐이고 아직 외부에 표시되지 아니한 경우 등은 처분 등이 존재한다고 할 수 없다(→ 행정행위의 부존재).

이처럼 처분 등이 존재하지 아니할 경우에는 취소소송을 제기할 수 없다. 처분 등의 부존재를 확인하려고 한다면 항고소송의 다른 형태인 무효등확인소송(처분부존재확인소송)을 제기하여야 한다(행정소송법 4조 2호).

(2) 처분 등의 위법주장

취소소송을 제기하기 위하여는 처분 등이 위법하다는 것을 주장하여야 한다.

1) 위법의 의의

처분 등이 위법하다는 것은 처분 등이 법을 객관적으로 위반하였음을 말한다. 처분 등에 흠이 있는 경우 흠에는 위법의 원인인 흠뿐만 아니라 부당의 원인인 흠도 포함되는 것이 원칙이므로 위법은 부당의 원인인 흠을 제외한 흠인 경우가 된다. 흠의 태양에는 여러 가지가 있는데(→ 흠(하자) 있는 행정행위의 태양), 여기서는 취소소송의 제기요건으로서의 위법이므로 처분 등이 위법하다는 것은 처분에 취소원인인 흠이 존재하는 것을 말한다.

처분에 무효원인인 흠이 존재함에도 불구하고 행정청의 처분 등에 불복하는 자가 취소소송을 제기한 경우에 법원이 무효확인판결을 할 수 있는가에 관하여 원고의 의사가 취소만을 구하는 것임이 명백한 경우를 제외하고 이를 긍정하는 것이 판례임은 이미 설명한 바와 같다(→ 취소소송과 무효등확인소송간의 관계).

또한 판례는 앞에서 본 바와 같이 "어떠한 처분에 법령상 근거가 있는지, 「행정절차법」에서 정한 처분절차를 준수하였는지는 본안에서 당해 처분이 적법한가를 판단하는 단계에서 고려할 요소이지, 소송요건 심사단계에서 고려할 요소가 아니다"라는 입장이다(대법 2020. 4. 9. 선고 2015다34444 판결).

2) 위법의 승계

행정청의 처분 등에 불복하여 취소소송을 제기하는 경우 당해 처분이 위법하다는 것을 주장함이 원칙이다. 문제는 원고가 당해 처분의 선행처분의 위법을 이유로 하여 당해 처분의 취소를 소구할 수 있는가이다. 이것이 위법의 승계문제이다. 선행처분이 무효인 경우에는 특별히 문제될 것이 없다. 선행처분이 취소원인인 흠이 있는 경우 선행처분의 위법이 후행처분에 승계되는 경우와 승계되지 아니하는 경우로 나뉜다는 것은 이미 앞에서 설명한 바와 같다(→ 흠의 승계). 위법이 승계되는 경우에는 선행처분의 위법을 이유로 당해 처분의 취소를 소구할 수 있음은 말할나위가 없다.

(3) 당사자적격

취소소송은 원고적격을 가진 자가 피고적격을 가진 자를 피고로 하여 제기하여야 한다. 당사자적격의 문제는 이미 앞에서 소상히 설명한 바와 같다(→ 취소소송의 당사자 등).

(4) 취소·변경의 소구

취소소송은 위법한 처분 등의 취소 또는 변경을 구하는 것이어야 한다. 여기서 말하는 취소는 처분의 효력을 상실시키거나 처분이 처음부터 위법이었음을 확정하는 것을 말한다. 여기서 말하는 변경에는 처분의 일부취소라는 의미의 소극적 변경과 원처분에 갈음하여 새로운 처분을 행하는 적극적 변경이 포함될 수 있으나, 종래의 통설과 판례가 권력분립원리의 관점에서 적극적 변경을 변경 속에 포함시키고 있지 않음은 이미 앞에서 본 바와 같다(→ 적극적 형성판결).

(5) 소의 이익

처분 등의 위법을 주장하여 그 취소 또는 변경을 구하는 자는 소의 이익을 갖고 있어야 한다.

1) 소의 이익의 개념

소의 이익의 개념은 일반적으로 광의와 협의의 두 가지로 사용된다. 광의로 사용하는 경우 ① 청구의 내용이 취소소송의 대상이 될 만한 적성을 가지고 있는가, ② 원고가 청구를 할 만한 정당한 법률상 이익을 가지고 있는가, ③ 원고가 청구의 당부(當否)에 대한 판단(본안판결)을 구할 정당한 법률상 이익 내지 필요가 있는가, 즉 처분이 취소된 경우에 원고가 현실적으로 법률상 이익이 회복될 수 있는 상태에 있는가[1]의 세 가지를 모두 포함한다. ①은 취소소송의 대상의 문제

---

1) 대법 2019. 5. 10. 선고 2015두46987 판결: 행정처분의 취소를 구하는 소는 그 처분에 의하여 발생한 위법상태를 배제하여 원상으로 회복시키고 그 처분으로 침해되거나 방해받은 권리와 이익을 보호구제하고자 하는 소송이므로, 비록 처분을 취소하더라도 원상회복이 불가능한 경우에는 처분의 취소를 구할 이익이 없는 것이 원칙이다. 그러나 원상회복이 불가능하게 보이는 경우라 하더라도, 동일한 소송 당사자 사이에서 그 행정처분과 동일한 사유로 위법한 처분이 반복될 위험성이 있어 행정처분의 위법성 확인 내지 불분명한 법률문제에 대한 해명이

이고, ②는 소의 이익의 주관적 측면으로서 원고적격의 문제(소의 주관적 이익)이며, ③은 소의 이익의 객관적 측면으로서 구체적 이익 내지 필요성의 문제(소의 객관적 이익)이다. 소의 이익의 개념을 협의로 사용할 때에는 ③만을 의미한다.

①, ②에 관하여는 앞에서 설명하였으므로 아래에서는 ③에 대하여 설명하기로 한다.

2) 협의의 소의 이익(이익보호의 필요)

⑺ **필 요 성**　　　민사소송에 있어서도 소의 이익이라는 이름으로 원고의 소송상의 청구에 관하여 본안판결을 구하는 것을 정당화시킬 수 있는 이익 내지 필요가 논하여지고 있다. 원고가 소송제도를 이용하기 위하여는 이것을 이용할 만한 정당한 이익 내지 필요가 있어야 하는 이유는 그렇게 함으로써 법원은 진실로 본안판결을 필요로 하는 사건에만 그 정력을 집중할 수 있고 또한 상대방 당사자의 불필요한 소송에 대응해야 할 불이익을 제거해 줄 수 있다. 즉 소의 이익은 국가의 이익과 상대방 당사자의 이익을 보호하기 위하여 본안판결을 받을 만한 필요가 없는 사건을 걸러내는 기능을 행한다.

소의 이익(이익보호의 필요)은 소송법의 대원칙으로서 처분 등의 위법을 다투는 취소소송이라고 해서 달리 취급할 이유는 없다.

⑷ **행정소송법 제12조 후문**　　　「행정소송법」 제12조는 전문에서 "취소소송은 처분 등의 취소를 구할 법률상 이익이 있는 자가 제기할 수 있다"라고 한 다음, 후문에서 "처분 등의 효과가 기간의 경과, 처분 등의 집행 그 밖의 사유로 인하여 소멸된 뒤에도 그 처분 등의 취소로 인하여 회복되는 법률상 이익이 있는 자의 경우에는 또한 같다"라고 하여 처분 등이 있은 다음 사정변경에 의하여 처분 등의 본래적 효과가 소멸하거나 그 실질적 의의를 상실한 경우에도 그 취소를 구할 수 있는지 여부에 관한 협의의 소의 이익(이익보호의 필요)을 규정하고 있다.

그러나 이 「행정소송법」 제12조 후문의 해석에 관하여는 견해가 분분하다. 즉, 첫째로 이 조항은 협의의 소의 이익(이익보호의 필요)에 관한 규정이 아니라 제12조 전문과 마찬가지로 원고적격에 관한 규정이라는 견해가 있다. 즉 이 견해는 제12조 전문을 일반적인 취소소송의 원고적격에 관한 것으로, 제12조 후문을 처분 등이 소멸된 후에 제기되는 취소소송의 원고적격에 관한 것으로 본다. 그 이유는 취소소송은 처분의 존재를 전제로 하는 것인데, 이 조항을 협의의 소의 이익에 관한 규정으로 보면 처분 등이 소멸된 뒤에 취소소송을 제기할 수 있는 원고적격에 관한 조항은 「행정소송법」에 없는 것이 된다는 것이다.[1]

필요하다고 판단되는 경우 등에는 행정의 적법성 확보와 그에 대한 사법통제, 국민의 권리구제 확대 등 측면에서 여전히 그 처분의 취소를 구할 이익이 있다.

1) 洪井善, 행정법원론(상), 925쪽. 洪 교수도 원래는 제12조 전문을 취소소송의 원고적격에 관한 것으로, 제12조 후문을 이익보호의 필요에 관한 것으로 보았으나 제9판부터 이와 같이 견해를 변경하였다.

둘째로 이 조항을 이익보호의 필요에 관한 규정이라고 보면서도 동 조항의 법률상 이익을 독일 행정법원법 제113조 제1항의 규정에서와 같이 "처분이 위법이었음을 확인하는 것에 정당한 이익"으로 확대해석하여야 한다는 견해가 있다.[1][2]

　　생각건대, 첫째로「행정소송법」제12조의 후문이 협의의 소의 이익에 관한 규정이 아니라 원고적격에 관한 규정이라는 견해에 대하여는「행정소송법」제12조 후문의 법문이 처분 등의 효과가 소멸된 뒤에도 그 처분 등의 취소로 인하여 회복되는 법률상 이익이 있는 자로 표현하고 있으므로, 동 후문은 처분 등의 효과가 소멸된 경우에는 그와 동시에 권리보호의 필요가 소멸하는 것이 원칙이지만, 예외적으로 원고에게 그 처분의 취소로 인하여 회복되는 법률상 이익이 있는 때에는 권리보호의 필요를 인정하고 있는 규정으로 보아야 한다. 물론「행정소송법」제12조 후문이 권리보호의 필요 전반에 관하여 규정하고 있는 것은 아니며, 처분의 효과가 소멸된 후에도 권리보호의 필요가 인정되는 경우를 규정하고 있을 뿐이다. 둘째로「행정소송법」제12조 후문의 법률상 이익을 "처분이 위법이었음을 확인하는 것에 정당한 이익"으로 확대해석하여야 한다는 견해에 대하여는, 이 견해가 전제로 하고 있는 처분 등의 효과가 소멸된 뒤 계속되는 소송을 독일의 계속확인소송(Fortsetzungsfeststellungsklage)과 같은 성질의 소송으로 보는 것이 옳은 것인가의 여부는 차치하고라도,[3] 동일한 법문 속에 있는 동일한 용어인 법률상 이익을 전문의 경우는 좁게, 후문의 경우는 넓게 보는 것인데, 동일한 법문 속의 동일한 용어는 원칙적으로 동일한 개념으로 해석하여야 하는 것이 타당한 것이 아닌가 여겨진다. 앞에서 본 바와 같이 학설은「행정소송법」제12조 전문의 법률상 이익을 유연한 해석에 의하여 확대하려고 노력하여 왔고, 판례도 제12조 전문의 법률상 이익을 점차 확대하고 있다. 사견으로는 취소소송의 목적·기능이 처분 등의 효과배제에만 있는 것이 아니라 행정의 적법성 보장에도 있는 것

---

1) 이익보호의 필요에는 일반적 이익보호의 필요와 특수적 이익보호의 필요가 있고,「행정소송법」제2조 후문이 이익보호의 필요에 서 있다고 보면서도, 이익보호의 필요 뿐만 아니라 원고적격, 나아가 소멸된 처분 등의 대상적격의 확대까지 포함하는 규정으로 해석하여야 한다는 견해가 있다. 崔善雄,「행정소송법 제12조제문의 해석」, 행정법연구(행정법이론실무학회) 제41호, 85쪽 이하 참조.

2) 金南辰, 행정법 Ⅰ, 760쪽; 鄭夏重, 행정법총론, 709쪽; 洪準亨, 행정구제법, 581쪽 이하. 이 견해는 법률상 이익에 경제적 이익은 물론 모든 보호가치가 있는 정신적 이익을 포함시킨다. 朴正勳 교수는 우리 행정소송법상의 취소소송을 확인소송으로 이해하는 입장에서 전문에서의 '취소를 구할 법률상의 이익'이나 후문의 '취소로 인하여 회복되는 법률상 이익'은 모두 본질상 확인소송에 있어서의 확인의 이익에 해당하는 것으로 실질적으로 동일한 의미이고, 여기에서는 독일의 계속적 확인소송에서의 '확인의 정당한 이익'이 중요한 참고가 될 수 있을 것으로서, 자유권, 명예권 등 재산적 손해로 계산될 수 없는 기본권에 관한 것뿐만 아니라, 국가배상청구소송의 선결문제 확정의 이익도 포함될 수 있다는 견해를 피력하고 있다(同人,「독일법상의 취소소송의 권리보호필요성」, 판례실무연구(비교법실무연구회) Ⅴ, 437쪽 이하).

3) 金東熙 교수는「행정소송법」제12조 후문의 소송은 처분의 취소소송임에 대하여 독일의 계속적 확인소송은 단순히 위법성확인을 구하는 소송이라는 점에서 양자는 다르다고 하고(同人, 행정법 Ⅰ, 701쪽), 柳至泰 교수는「행정소송법」제12조 후문의 소송은 취소소송의 형식을 갖지만 실질은 확인소송으로 이해되므로 독일의 계속적 확인소송과 유사한 소송의 유형으로 보게 된다고 한다(同人, 행정법신론, 541쪽 참조).

이므로 「행정소송법」 제12조 후문의 법률상 이익이 있는 자를 해석함에 있어서 처분 등이 실효된 후에도 그 처분 등의 취소를 구하지 아니하면 회복할 수 없는 법률상 이익이 남아 있는 한 행정의 적법성 보장의 필요에서 소의 이익의 존속을 인정할 여지가 있는 자로 해석하면 족한 것이 아닌가 본다.[1]

(다) 이익보호의 필요의 존부

위와 같이 이익보호의 필요의 존부에 관하여 반드시 견해의 일치를 보고 있는 것은 아니나, 판례를 중심으로 중요한 사례를 들면 다음과 같다.

(ㄱ) 기간이 경과한 경우　　　처분의 효력 기간이 정하여져 있는 경우 그 기간의 경과로 처분의 효과가 상실되는 것이므로 원칙적으로 기간 경과 후에는 처분의 취소를 구할 법률상 이익을 인정할 수 없다. 제재적 처분을 예로 들어 보면 영업정지나 면허정지기간이 경과한 후에는 그 영업정지나 면허정지처분의 취소를 구할 소의 이익이 없어지는 것이 원칙이다(대법 1988. 3. 22. 선고 87누1230 판결 등). 그러나 처분의 전력(前歷)이 장래에 불이익하게 취급되는 것으로 법규에 규정되어 있어 법정의 가중요건으로 되어 있는 경우 처분에서 정한 기간이 경과하였다 하더라도 장래 가중처벌을 받을 법률상의 위험성이 있으므로 그 처분의 취소를 구할 소의 이익이 있다(대법 1991. 8. 27. 선고 91누3512 판결 등). 이에 반하여 처분의 전력이 가중요건으로 되어 있는 경우에도 그 가중요건이 행정규칙에 불과한 각종 규칙상의 처분기준에 관한 규정에서 정하고 있는 것인 때에는 그로 인한 불이익은 사실상의 불이익에 지나지 않고 따라서 그 처분의 취소를 구할 소의 이익이 없다는 것이 종래의 판례였다(대법 1995. 10. 17. 선고 94누14148 전원합의체 판결 등). 그러나 대법 2006. 6. 22. 선고 2003두1684 전원합의체 판결은 "제재적 행정처분의 가중사유나 전제요건에 관한 규정이 법령이 아니라 규칙의 형식으로 되어 있다 하더라도, 그러한 규칙이 법령에 근거를 두고 있는 이상 그 법적 성질이 대외적·일반적 구속력을 갖는 법규명령인지 여부와는 상관없이, 관할 행정청이나 담당공무원은 이를 준수할 의무가 있으므로 이들이 그 규칙에 정해진 바에 따라 행정작용을 할 것이 당연히 예견되고 그 결과 행정작용의 상대방인 국민으로서는 그 규칙의 영향을 받을 수밖에 없다"는 이유로 소의 이익이 있다고 하였다.[2]

---

1) 朴海植 부장판사는 "권리보호의 필요의 범위를 정함에 있어서는 취소소송의 요건으로서 권리보호의 필요를 요구하는 이유와 그를 완화하고 있는 행정소송법 제12조 후문의 입법취지에 대한 성찰이 필요하다고 판단된다. 즉 취소소송은 본질적으로 처분의 효력을 배제하는 것을 목적으로 하는 소송이지만 행정소송법 제12조 후문에 의하여 처분의 효력배제를 목적으로 하지 않는 취소소송을 허용하는 이유는 처분의 효력소멸로 그 효력배제는 의미가 없어졌다 하더라도 취소소송의 형식으로 처분의 위법성을 확인하지 않을 경우 달리 권익을 구제할 방법이 없는 경우, 또는 권익구제가 현저히 곤란할 경우의 국민의 권리구제를 위한 것으로 이해되어야 할 것이고, 이것이 곧 제12조 후문에 의한 권리보호의 필요의 범위를 결정하는 기준이 되어야 할 것으로 생각된다"는 견해를 피력하고 있다(同人, 「제재적 행정처분의 효력기간 경과와 법률상 이익」, 한국행정판례연구회 제197차 발표논문, 8쪽).
2) 이 판결에 대하여 한국행정판례연구회 제211차 월례발표회에서 「처분기간이 경과된 제재적 행정처분을 다툴 법률상 이익」, 「제재적 행정처분의 제재기간의 경과와 소의 이익」이라는 제목으로 金海龍 교수와 石鎬哲 부장

(ㄴ) 자격을 상실한 경우　　　　공무원이 파면·해임 등의 징계처분을 받은 후 징계사유와는 다른 사유로 공무원의 신분을 상실한 경우, 당해 공무원은 당초의 징계처분의 취소를 구할 소의 이익이 없는 것이 원칙이다. 지방의회의원이 의원제명처분을 받은 후 임기가 만료된 경우도 마찬가지이다. 원래의 신분을 회복하는 것이 불가능하지만 징계처분의 취소로 징계처분이 있은 때로부터 별개의 사유로 신분관계가 종료될 때까지의 급료 등을 청구할 수 있는 경우 또는 징계처분이 존속함으로써 다른 공직에의 취임 등에 있어 불이익한 장애사유가 되는 때에는 당초의 징계처분의 취소를 구할 소의 이익이 있다(대법 1985. 6. 25. 선고 85누39 판결 등).

(ㄷ) 관계법령이 개폐된 경우　　　　당사자의 신청에 대하여 행정청의 불허가·반려·거부처분 등이 있은 후 근거 법령의 개폐로 인하여 제도가 폐지되어 당해 처분이 실효되는 경우에는 그 처분으로 인하여 침해된 이익이 회복될 가능성이 없기 때문에 그 처분의 취소를 구할 소의 이익도 부정된다. 예컨대, 주택건설사업계획 사전결정반려처분에 대한 취소소송이 계속하던 중에 관계 법령의 개정으로 사전결정제도가 폐지된 경우 그 취소소송을 유지할 법률상 이익이 없다(대법 1999. 6. 11. 선고 97누379 판결).

(ㄹ) 처분이 종국처분에 흡수된 경우　　　　처분이 종국처분에 흡수된 경우에는 그 처분은 독립된 존재가치를 상실하여 당연히 소멸하므로 그 취소를 구할 소의 이익이 없게 된다. 예컨대, 구 원자력법에 의한 원자로 및 관계시설의 사전부지승인 후에 원자로건설허가처분이 있게 되면, 사전부지승인이 독립된 처분이기는 하나 원자로건설허가처분에 흡수되어 독립된 존재가치를 상실하게 되므로 사전부지승인의 취소를 구할 법률상 이익이 없게 된다(대법 1998. 9. 4. 선고 97누19588 판결). 또한 과세처분이 있은 후 과세표준·세액 등이 확정된 증액경정처분의 경우 당초의 과세처분은 증액경정처분에 흡수되므로 당초의 과세처분의 취소를 구할 소의 이익이 없게 된다(대법 1992. 8. 14. 선고 91누13229 판결 등). 그러나, 처분청이 선행처분의 주요 부분을 실질적으로 변경하는 내용으로 후행행위를 한 경우, 선행처분은 특별한 사정이 없는 한 효력을 상실하지만, 후행처분이 선행처분의 내용 중 일부만을 소폭 변경하는 정도에 불과한 경우에는 선행처분은 소멸하는 것이 아니라 후행처분에 의하여 변경되지 아니한 범위 내에서는 그대로 존속한다(대법 2020. 4. 9. 선고 2019두49953 판결).

(ㅁ) 처분이 집행완료된 경우 및 처분이 직권취소된 경우　　　　처분의 집행이 완료된 경우에는 그 법적 효과가 소멸하고 원상회복이 불가능한 것이 보통이므로 그 취소를 구할 소의 이익이 없는 것이 원칙이다. 따라서 예컨대 건물철거대집행의 계고처분에 이어 대집행의 실행이 이미 사실행위로서 완료된 경우에는 원고로서는 계고처분의 취소를 구할 소의

판사의 평석이 있었다.

이익이 없게 된다(대법 1995. 11. 21. 선고 94누11293 판결 등). 일반적으로 행정처분의 무효확인 또는 취소를 구하는 소에서, 비록 행정처분의 위법을 이유로 무효확인 또는 취소 판결을 받더라도 그 처분으로 발생한 위법상태를 원상으로 회복시킬 수 없는 경우에는 원칙적으로 무효확인 또는 취소를 구할 법률상 이익이 없다. 다만 원상회복이 불가능하더라도 무효확인 또는 취소로써 회복할 수 있는 다른 권리나 이익이 남아 있거나, 동일한 소송 당사자 사이에서 동일한 사유로 위법한 처분이 반복될 위험이 있어 행정처분의 위법성 확인 또는 불분명한 법률문제에 대한 해명이 필요하다고 판단되는 경우 등에는 행정의 적법성 확보와 그에 대한 사법통제, 국민의 권리구제 확대 등의 측면에서 예외적으로 처분의 취소를 구할 소의 이익을 인정할 수 있다(대법 2020. 2. 27. 선고 2018두67152 판결).

소송 계속 중 처분청이 다툼의 대상이 되는 처분을 직권으로 취소한 경우에도 그 처분은 효력을 상실하여 더 이상 존재하지 않는 것이므로, 존재하지 않는 처분을 대상으로 한 항고소송은 원칙적으로 소의 이익이 소멸하여 부적법하다. 다만 처분청의 직권취소에도 완전한 원상회복이 이루어지지 않아 무효확인 또는 취소로써 회복할 수 있는 다른 권리나 이익이 남아 있거나 또는 동일한 소송당사자 사이에서 그 처분과 동일한 사유로 위법한 처분이 반복될 위험성이 있어 처분의 위법성 확인 내지 불분명한 법률문제에 대한 해명이 필요한 경우[1] 행정의 적법성 확보와 그에 대한 사법통제, 국민의 권리구제의 확대 등의 측면에서 예외적으로 그 처분의 취소를 구한 소의 이익을 인정할 수 있다(대법 2020. 4. 9. 선고 2019두49953 판결, 대법 2020. 12. 24. 선고 2020두30450 판결).

⑹ 제소기간

취소소송은 일정한 제소기간 내에 제기하여야 한다.

1) 의　의

제소기간이란 소송의 제기가 허용되는 기간을 말한다. 「행정소송법」에는 민사소송의 경우와는 달리 제소기간에 관한 규정을 두고 있다(동법 20조). 그것은 처분 등의 효력을 오랫동안 확정되지 아니한 상태로 방치하는 것은 공법관계의 조속한 안정을 위하여 바람직하지 않기 때문이다. 제소기간의 제한[2]은 행정소송의 특징 중의 하나이며, 처분취소소송의 관할을 특별법원인 행정법원에 맡기는 중요한 이유 중의 하나이다. 제소기간은 「행정소송법」에서 정하고 있지만, 개별법에

---

1) 여기에서 '그 행정처분과 동일한 사유로 위법한 처분이 반복될 위험성이 있는 경우'란 불분명한 법률문제에 대한 해명이 필요한 상황에 대한 대표적인 예시일 뿐이며, 반드시 '해당 사건의 동일한 소송 당사자 사이에서' '반복될 위험이 있는 경우'만을 의미하는 것은 아니다(대법 2020. 12. 24. 선고 2020두30450 판결).

2) 제소기간의 제한과 실권의 원칙의 차이점은 ① 전자가 법적 안정성과 행정의 효율성 보장을 위해 법률에서 구체적으로 마련한 제도임에 대하여 후자는 신뢰보호의 원칙에 근거를 두고 있다는 점, ② 전자가 소권만을 상실시키는 것임에 대하여 후자는 실체법상의 권리와 소송법상의 권리 모두에 적용될 수 있다는 점 등에 있다.

서 규정하는 경우도 있다. 이 경우에는 특별법인 개별법이 우선 적용된다. 제소기간을 어느 정도의 기간으로 하는가는 입법정책의 문제이나 사인의 재판을 받을 권리와 관계되어 있으므로 지나치게 짧게 정하는 것은 「헌법」위반의 문제가 된다. 우리 「행정소송법」은 제소기간을 점차 늘여 왔다.

2) 제소기간

㈎ 재결 등을 거치는 경우

다른 법률에 당해 처분에 대한 행정심판의 재결을 거치지 아니하면 취소소송을 제기할 수 없다는 규정이 있는 경우(행정심판전치가 필요적인 경우), 필요적으로 거쳐야 하는 것은 아니지만 행정심판청구를 할 수 있는 경우 또는 행정청이 행정심판청구를 할 수 있다고 잘못 알린 경우[1]에 행정심판청구가 있은 때의 제소기간은 재결서의 정본을 송달받은 날로부터 90일 이내에 제기하여야 한다(동법 20조 1항 단서)[2]. 이 기간은 불변기간이다(동조 3항).

위의 경우에도 재결이 있은 날로부터 1년을 경과하면 취소소송을 제기하지 못한다. 여기서 말하는 재결이 있은 날이란 재결이 그 효력을 발생한 날을 말한다. 다만 정당한 사유가 있는 때에는 그러하지 아니하다(행정소송법 20조 2항 전단괄호·단서). 여기서 말하는 정당한 사유란 불확정개념으로서 그 존부는 사안에 따라 개별적·구체적으로 판단하여야 하나 「민사소송법」 제173조의 "당사자가 그 책임을 질 수 없는 사유"나 「행정심판법」 제27조 제2항 소정의 "천재지변·전쟁·사변 그 밖에 불가항력적인 사유"보다는 넓은 개념이라고 풀이되므로, 제소기간을 지키지 못한 원인 등 여러 사정을 종합하여 지연된 제소를 허용하는 것이 사회통념상 상당하다고 할 수 있는가에 의하여 판단하여야 한다(대법 1991. 6. 28. 선고 90누6521 판결).

㈏ 재결 등을 거치지 않는 경우

행정심판을 거치지 아니하고 바로 취소소송을 제기하는 경우의 제소기간은 처분[3] 등이 있음을 안 날로부터 90일 이내에 제기하여야 한다

---

1) 대법 2012. 9. 27. 선고 2011두27247 판결: 행정소송법 제20조 제1항은 "취소소송은 처분 등이 있음을 안 날부터 90일 이내에 제기하여야 하나 행정청이 행정심판청구를 할 수 있다고 잘못 알린 경우에 행정심판청구가 있은 때의 기간은 재결서의 정본을 송달받은 날부터 기산한다"고 규정하고 있는데, 위 규정의 취지는 불가쟁력이 발생하지 않아 적법하게 불복청구를 할 수 있었던 처분 상대방에 대하여 행정청이 법령상 행정심판청구가 허용되지 않음에도 행정심판청구를 할 수 있다고 잘못 알린 경우에, 잘못된 안내를 신뢰하여 부적법한 행정심판을 거치느라 본래 제소기간 내에 취소소송을 제기하지 못한 자를 구제하려는 데에 있다. 이와 달리 이미 제소기간이 지남으로써 불가쟁력이 발생하여 불복청구를 할 수 없었던 경우라면 그 이후에 행정청이 행정심판청구를 할 수 있다고 잘못 알렸다고 하더라도 그 때문에 처분 상대방이 적법한 제소기간 내에 취소소송을 제기할 수 있는 기회를 상실하게 된 것은 아니므로 이러한 경우에 잘못된 안내에 따라 청구된 행정심판 재결서 정본을 송달받은 날부터 다시 취소소송의 제소기간이 기산되는 것은 아니다. 불가쟁력이 발생하여 더 이상 불복청구를 할 수 없는 처분에 대하여 행정청의 잘못된 안내가 있었다고 하여 처분 상대방의 불복청구 권리가 새로이 생겨나거나 부활한다고 볼 수는 없기 때문이다.

2) 대법 2019. 4. 3. 선고 2017두52764 판결: 행정소송법 제20조 제1항에서 말하는 행정심판은 행정심판법에 따른 일반행정심판과 이에 대한 특례로서 다른 법률에서 사안의 전문성과 특수성을 살리기 위하여 특히 필요하여 일반행정심판을 갈음하는 특별한 행정불복절차를 정한 경우의 특별행정심판(행정심판법 4조)을 뜻한다.

3) 대판 2012. 9. 27. 선고 2011두27247 판결: 행정청이 산업재해보상보험법에 의한 보험급여 수급자에 대하여 부

(행정소송법 20조 1항 본문). 이 기간은 불변기간[1]이다(동조 3항). 이 경우에 처분 등이 있은 날로부터 1년을 경과하면, 정당한 사유가 없는 한, 취소소송을 제기하지 못한다(동조 2항). 여기서 말하는 처분 등이 있음을 안 날이란 통지, 공고 기타의 방법에 의하여 당해 처분 등이 있었다는 사실을 현실적으로 안 날을 말하며(대법 2014. 9. 25. 선고 2014두8254 판결 등), 처분 등이 있은 날이란 당해 처분이 그 효력을 발생한 날을 말하며 상대방이 있는 처분의 경우에는 상대방에게 도달되어야 한다(대법 1990. 7. 13. 선고 90누2284 판결).

㈐ 제소기간을 알리지 아니하거나 잘못 알린 경우

행정청이 처분을 하는 때에는 당사자에게 제소기간을 알려야 한다(행정절차법 26조). 그러나 행정청이 제소기간을 알리지 아니하거나, 알렸지만 잘못 알린 경우에 관하여는 아무런 규정이 없다. 이 경우「행정심판법」제27조 제5항·제6항의 준용 여부가 문제된다.「행정절차법」제26조의 규정 및 신뢰보호원칙에서 보아 준용된다고 보아야 할 것이다.[2]

㈑ 복효적 처분의 경우

복효적 처분에 있어서 처분의 상대방이 아닌 제3자는 일반적으로 처분이 있는 것을 바로 알 수 있는 처지에 있지 아니하므로, 특별한 사정이 없는 한 처분이 있은 날로부터 1년 이내에 제소하지 못할 정당한 사유가 있는 것으로 볼 것이다(대법 1997. 9. 12. 선고 96누14661 판결 등 참조). 따라서 처분이 있은 날로부터 1년이 경과하였다고 하더라도 처분이 있음을 안 날[3]로부터 90일 이내에 제소하면 된다고 할 것이다.

㈒ 행정심판전치의 완화사유가 존재하는 경우

다른 법률에 처분에 대한 행정심판의 재결을 거치지 아니하면 취소소송을 제기할 수 없다는 규정이 있어서 행정심판전치가 필요적인 경우에도 일정한 사유(행정심판청구가 있은 날로부터 60일이 지나도 재결이 없는 때 등)가 있는 때에는 행정심판의 재결을 거치지 아니하거나 또는 행정심판 자체를 제기함이 없

당이득 징수결정을 한 후 징수결정의 하자를 이유로 징수금 액수를 감액하는 경우에 감액처분은 감액된 징수금 부분에 관해서만 법적 효과가 미치는 것으로서 당초 징수결정과 별개 독립의 징수금 결정처분이 아니라 그 실질은 처음 징수결정의 변경이고, 그에 의하여 징수금의 일부취소라는 징수의무자에게 유리한 결과를 가져오는 처분이므로 징수의무자에게는 그 취소를 구할 소의 이익이 없다. 이에 따라 감액처분으로도 아직 취소되지 않고 남아 있는 부분이 위법하다 하여 다투고자 하는 경우, 감액처분을 항고소송의 대상으로 할 수는 없고, 당초 징수결정 중 감액처분에 의하여 취소되지 않고 남은 부분을 항고소송의 대상으로 할 수 있을 뿐이며, 그 결과 제소기간의 준수 여부도 감액처분이 아닌 당초 처분을 기준으로 판단해야 한다.

1) 이 불변기간을 당사자가 책임질 수 없는 사유로 인하여 준수할 수 없었던 경우에는「행정소송법」제8조에 의하여 준용되는「민사소송법」제173조 제1항에 의하여 그 사유가 없어진 후 2주일 내 해태된 제소행위를 추완할 수 있다. 여기서 당사자가 책임질 수 없는 사유란 당사자가 그 소송행위를 하기 위하여 일반적으로 하여야 할 주의를 다하였음에도 불구하고 그 기간을 준수할 수 없었던 사유를 말한다.

2) 崔桂暎,「행정소송의 제소기간에 관한 연구」(2008년 8월 서울대학교박사학위청구논문), 163쪽 이하 참조. 대법 1995. 5. 26. 선고 94누11385 판결은 이를 부정하고, 의정부지법 2004. 12. 6. 선고 2004구합539 판결은 이를 긍정한다.

3) 법문은 안 날로 되어 있으나, 대법원은 안 경우뿐만 아니라 쉽게 알 수 있었던 경우까지를 포함시킨다(대법 2002. 5. 24. 선고 2000두3641 판결 등).

이 취소소송을 제기할 수 있는데(동법 18조 2항·3항), 이 경우에는 처분 등이 있음을 안 날로부터 90일, 처분 등이 있은 날로부터 1년의 제소기간의 제한을 받지 아니한다.

(ⴱ) 위헌결정으로 제소할 수 있게 된 경우　　처분 당시에는 취소소송의 제기가 법제상 허용되지 아니하여 소송을 제기할 수 없다가 위헌결정으로 인하여 비로소 취소소송을 제기할 수 있게 된 경우에는 객관적으로는 '위헌결정이 있은 날', 주관적으로는 '위헌결정이 있음을 안 날' 비로소 취소소송을 제기할 수 있게 된 것이므로 이 때가 제소기간의 기산점이 된다(대법 2008. 2. 1. 선고 2007두20997 판결).[1]

(ⴼ) 제소기간의 계산방법　　「행정소송법」에는 기간의 계산에 관하여 특별한 규정이 없다. 「민법」의 기간계산에 관한 원칙규정에 따라 초일은 산입하지 아니하며, 기간의 말일이 공휴일에 해당한 때에는 기간은 그 익일로 만료된다(민법 157조·161조).

(ⴳ) 제소기간 상호간의 관계　　재결 등을 거치는 경우의 제소기간은 재결서의 정본을 송달받은 날로부터 90일, 재결이 있은 날로부터 1년, 재결 등을 거치지 않은 경우의 제소기간은 처분 등이 있음을 안 날로부터 90일, 처분 등이 있은 날로부터 1년인데, 이 두 기간의 경과는 선택적이 아니라 경합적으로 진행되는 것이므로 두 기간 중 어느 하나의 기간이 경과하면 제소기간은 종료된다(대법 1964. 9. 8. 선고 63누196 판결).

3) 다단계처분과 제소기간

여러 단계의 절차를 거쳐 일정한 법적 효과를 발생하는 처분은 원칙적으로 최종단계의 처분이 취소소송의 대상이 되며 따라서 최종단계의 처분부터 제소기간이 진행된다. 그러나 다단계처분이 각각 단계적으로 별개의 법률효과를 발생시키는 독립된 처분인 경우 제소기간의 준수 여부는 소가 제기된 때를 기준으로 한다. 따라서 최초에 행하여진 처분을 대상으로 그 제소기간 내에 취소소송을 제기한 당사자가 소송 계속 중에 후행 처분에 대한 소의 추가적·교환적 변경을 행하는 경우 제소기간의 준수 여부는 각 그 청구취지의 추가·변경 신청이 있은 때를 기준으로 개별적으로 판단하게 된다(대법 2004. 12. 10. 선고 2003두12257 판결). 이에 대하여는 변경 후의 청구가 변경 전의 청구와 소송물이 실질적으로 동일하거나 밀접한 관계가 있어 변경 전의 청구에 이미 변경후의 청구까지 포함되어 있다고 볼 수 있는 등 특별한 사정이 있는 때에는 당초의 소제기시를 기준으로 제소기간의 준수 여부를 판단한 판결(위 대법원 판결의 원심판결인 부산고법 2003. 9. 26. 선고 2002누1816 판결)이 있다.

4) 소의 변경 등과 제소기간

소송의 계속 중에 소를 변경하는 경우 「민사소송법」 제265조에 따라 제소기간 내에 소의 변

---

1) 이 판결에 대한 평석으로는 崔桂暎, 「위헌결정과 제소기간의 기산점 —대법 2008. 2. 1. 선고 2007두20997 판결—」, 한국행정판례연구회 제238차 월례발표회 발표논문이 있다.

경이 이루어져야 함이 원칙이다(대법 2004. 11. 25. 선고 2004두7023 판결).[1]

그러나 행정소송법은 이에 대한 특별규정을 두고 있다. 즉 원고가 피고를 잘못 지정하여 법원이 원고의 신청에 의하여 결정으로 피고경정허가를 하는 경우(동법 14조 1항), 또는 무효등확인소송이나 부작위위법확인소송을 취소소송으로 변경하거나 당사자소송을 취소소송으로 변경하는 경우에는 전 소의 제기 당시를 기준으로 제소기간 준수 여부를 판단한다. 통설은「행정소송법」제21조의 소의 변경을 소의 종류의 변경, 그것도 교환적 변경만을 의미하는 것으로 해석한다.[2] 이에 따르면, 취소소송 사이의 소의 변경이나 소의 추가적 변경의 경우에는 위 특별규정이 적용될 수 없어 새로운 소를 제기한 때를 기준으로 제소기간 준수 여부를 판단하게 된다. 이러한 통설에 대하여는 국민의 권리구제를 위하여 소의 추가적 변경, 취소소송 사이의 소의 변경 등의 경우에도「행정소송법」제21조를 적용하여 제소기간 준수의 소급효를 인정하려는 견해[3]가 있다.

청구취지를 교환적으로 변경하여 종전의 소가 취하되고 새로운 소가 제기된 것으로 보게 되는 경우에는 새로운 소에 대한 제소기간은 소의 변경이 있을 때를 기준으로 판단하는 것이 원칙이다[4].

5) 개별법상의 특칙

제소기간에 관하여 개별법에 특칙을 정하고 있는 경우가 있다. 조세소송(국세기본법 56조 3항 등), 공정거래위원회의 처분에 대한 소송(독점규제및공정거래에관한법률 54조 1항), 중앙노동위원회가 행한 처분이나 재심판정에 대한 소송(노동위원회법 27조 1항, 노동조합및노동관계조정법 85조 2항) 등이 그 예이다.

6) 제소기간 부준수의 효과

제소기간을 경과하게 되면 처분 등의 취소를 소구할 수 없는 불가쟁력이 발생한다. 그러나 이처럼 처분이 형식적으로 확정되는 데 그칠 뿐 실체적으로 확정된다거나 적법성이 의제되는 것은 아니다. 따라서 처분청은 직권에 의한 취소를 할 수 있고 처분의 위법을 이유로 손해배상을 청구할 수 있다.

---

1) 그러나 선행처분에 대하여 제소기간 내에 취소소송이 적법하게 제기되어 계속 중에 행정청이 선행처분서 문언에 일부 오기가 있어 이를 정정할 수 있음에도 선행처분을 직권으로 취소하고 실질적으로 동일한 내용의 후행처분을 함으로써 선행처분과 후행처분 사이에 밀접한 관련성이 있고 선행처분에 존재한다고 주장하는 위법사유가 후행처분에도 마찬가지로 존재할 수 있는 관계인 경우에는 후행처분의 취소를 구하는 소변경의 제소기간 준수 여부는 따로 따질 필요가 있다(대법 2019. 7. 4. 선고 2018두58431 판결).

2) 金道昶, 일반행정법론(상), 790쪽; 金南辰, 행정법Ⅰ, 681쪽; 金鐵容·崔光律, 주석 행정소송법, 620쪽[집필 尹榮宣].

3) 安哲相,「행정소송에서의 소의 변경과 제소기간」, 한국사법행정학회, 행정소송(Ⅰ), 265쪽 이하 참조.

4) 그러나 선행처분의 취소를 구하는 소가 그 후속처분의 취소를 구하는 소로 교환적으로 변경되었다가 다시 선행처분의 취소를 구하는 소로 변경된 경우 후속처분의 취소를 구하는 소에 선행처분의 취소를 구하는 취지가 그대로 남아 있었던 것으로 볼 수 있다면 선행처분의 취소를 구하는 소의 제소기간은 최초의 소가 제기된 때를 기준으로 정하여야 한다(대법 2013. 7. 11. 선고 2011두27544 판결).

(7) 소 장

취소소송은 일정한 형식의 소장을 갖추어 제기하여야 한다. 제소의 방식에 관하여 「행정소송법」에는 특별한 규정이 없으므로 「민사소송법」의 규정이 준용된다(행정소송법 8조 2항). 소의 제기는 소장을 법원에 제출함으로써 행하며(민사소송법 248조), 소장에는 당사자, 법정대리인, 청구의 취지와 원인을 기재하여야 한다(동법 249조 1항).

(8) 필요적 전심절차

법률에서 당해 처분에 대한 행정심판의 재결을 거치지 아니하면 취소소송을 제기할 수 없다는 규정이 있을 때에는 행정심판의 재결을 거쳐서 행정소송을 제기하여야 한다.

1) 임의적 전치주의(자유선택주의)의 채택

취소소송은 법령의 규정에 의하여 당해 처분에 대한 행정심판을 제기할 수 있는 경우에도 이를 거치지 아니하고 제기할 수 있다(행정소송법 18조 1항 본문).

행정쟁송의 두 축인 행정심판과 행정소송의 관계를 어떻게 할 것인가에 관하여는 필요적 전치주의(예: 독일)와 임의적 전치주의(예: 프랑스, 일본)의 두 가지 입법례가 있다. 전자는 행정심판을 행정소송의 필요적 전치절차로 하여 행정심판을 거친 후에야 행정소송을 제기할 수 있도록 하는 것이며, 후자는 행정심판을 거쳐 행정소송을 제기할 것인지 바로 행정소송을 제기할 것인지 또는 양자를 동시에 제기할 것인지를 원고의 임의적 선택에 맡기는 것이다. 전자의 장점으로는 ① 행정청의 자율적 반성·시정의 기회를 준다는 점, ② 행정청의 전문지식을 활용할 수 있다는 점, ③ 시간과 비용을 절약할 수 있다는 점, ④ 법원의 부담을 경감시켜 준다는 점 등[1]을 들 수 있다. 이에 대하여 단점으로는 만약 전치절차가 권리구제에 있어서 실효적이 아니라면 이것을 강제하는 것이 국민의 권리구제를 지연시키는 것이 되어 신속한 권리구제라는 재판이념에 위반되는 점 등을 들 수 있다.

우리 「행정소송법」은 종래 줄곧 필요적 전치주의를 채택하여 왔다. 그 동안의 운영실태는 행정심판법제의 미비점도 작용하여 필요적 전치주의의 장점보다 그 단점을 드러내 국민의 권리구제를 지연시키는 결과를 가져 왔던 경우도 있었다. 그리하여 1994년 대법원이 추진한 사법개혁의 일환으로 「행정소송법」이 일부 개정되면서 행정소송에 3심제를 채택함과 동시에 행정심판과 행정소송의 관계에 관하여도 원칙적으로 임의적 전치주의(자유선택주의)를 채택하여 1998년 3월 1일부터 시행되기에 이르렀다.[2]

---

1) 헌재 2008. 10. 30. 2007헌바66 결정은 "행정의 통일성을 확보할 필요성"도 든다.

2) 1998년 3월 1일 이후에는 원칙적으로 단지 행정심판을 제기할 수 있다는 근거규정만이 있는 처분에 대하여는 행정심판을 제기하지 아니하고도 취소소송을 제기할 수 있다(대법 2001. 4. 24. 선고 99두10834 판결). 행정심판에서는 처분의 위법성뿐만 아니라 그 부당성에 대하여 그 구제를 요구할 수 있고, 그 구제절차가 간이신속하다는 점 등 그 나름대로의 장점이 여전히 존재하고, 또한 행정심판에서 권리구제의 목적을 달성하지 못하여 항고

2) 예외적 행정심판전치주의

(가) 필요적 전치주의 「행정소송법」제18조 제1항은 그 본문에서 임의적 전치주의를 규정하여 행정심판을 거칠 것인지의 여부를 원고의 선택에 맡기면서도, 그 단서에서 "다른 법률에 당해 처분에 대한 행정심판의 재결을 거치지 아니하면 취소소송을 제기할 수 없다는 규정이 있는 때에는 그러하지 아니하다"라고 하여 예외적으로 필요적 전치주의를 규정하고 있다.

현행법상 다른 법률에서 필요적 전치를 채택하고 있는 예로는 「국가공무원법」(제16조 1항), 「교육공무원법」(53조 1항), 「지방공무원법」(20조의2)(이상 공무원법상의 징계 기타 불이익처분), 「국세기본법」(56조 2항), 「관세법」(120조 2항)(이상 세법상의 불이익처분) 및 「도로교통법」제142조(운전면허취소처분 등 도로교통법상의 각종 처분) 등을 들 수 있다.

(나) 전치의 요건

(ㄱ) 행정심판의 적법성 다른 법률이 예외적으로 필요적 전치주의를 채택하고 있어서 당해 처분에 대한 행정심판의 재결을 거치는 경우, 그 행정심판은 적법한 것이어야 한다. 행정심판이 부적법하여 각하된 경우에는 전치의 요건을 충족하였다고 할 수 없다. 이처럼 행정심판은 적법한 것이어야 하므로 설사 부적법한 행정심판을 행정심판기관이 적법한 것으로 오인하여 본안에 대한 재결을 하였다 하더라도 전치의 요건을 충족하였다고 할 수 없다(대법 1991. 6. 25. 선고 90누8091 판결). 그러나 반대로 적법한 행정심판임에도 행정심판기관이 부적법하다고 각하한 경우에는 필요적 전치주의를 채택한 이유가 행정청에 반성의 기회를 주어 스스로 위법·부당한 처분을 시정할 수 있도록 하기 위한 것이므로, 일단 행정심판기관에 반성·시정의 기회를 준 이상 전치의 요건을 충족하였다고 보아야 한다(대법 1960. 11. 28. 선고 4291행상96 판결 참조).

(ㄴ) 행정심판과 행정소송의 관련성 행정심판과 행정소송이 어느 정도 관련되어야 전치의 요건을 충족하게 되는가의 문제이다.

ㄱ) 인적 관련성 필요적 전치주의는 행정청에 반성의 기회를 주어 스스로 위법·부당한 처분을 시정할 수 있도록 하기 위한 것이므로 특정한 처분에 대하여 행정심판이 제기되어 재결이 있었으면 전치요건을 충족시켰다고 보아야 하며 행정심판의 청구인과 행정소송의 원고가 반드시 동일인일 필요는 없다. 따라서 공동소송의 경우에 공동소송인의 1인이 행정심판을 거쳤다면 다른 공동소송인은 행정심판을 경유함이 없이 행정소송을 제기할 수 있다(대법 1958. 4. 29. 선고 4291행상6·7 판결). 또한 행정소송의 원

소송을 제기한 경우에 그 소송절차에서 행정심판기록제출명령제도(행정소송법 제25조)를 이용하여 간편하게 소송자료를 얻을 수 있는 장점도 있으므로, 임의적 전치주의의 채택에도 불구하고 바로 행정소송을 제기하지 아니하고 먼저 행정심판을 제기할 실익은 여전히 남아 있다.

고가 행정심판의 청구인과 동일한 지위에 있는 경우나 그 지위를 실질적으로 승계하고 있는 경우 원고 자신은 행정심판을 거치지 아니하여도 행정소송을 제기할 수 있다.

ㄴ) 사물관련성　　　　행정심판의 대상인 처분과 행정소송의 대상인 처분은 원칙적으로 동일하여야 한다. 따라서 처분이 다르면 따로 행정심판을 거쳐 행정소송을 제기하여야 한다. 다만, 후술하는 바와 같이 서로 내용상 관련되는 처분 또는 같은 목적을 위하여 단계적으로 진행되는 처분 중 어느 하나가 이미 행정심판의 재결을 거친 때에는 행정심판을 제기함이 없이 취소소송을 제기할 수 있다(동법 18조 3항 2호).

ㄷ) 주장사유의 공통성 여부　　　　행정심판에서 청구인의 주장사유와 행정소송에서 원고의 주장사유가 같아야 하는가가 문제되는데, 행정심판과 행정소송의 청구원인이 기본적으로 동일하여야 한다는 견해와 반드시 동일할 필요는 없고 청구인이 행정심판에서 주장하지 않았던 위법사유를 행정소송에서 새로 주장할 수 있다는 견해로 나뉜다. 행정절차법 시행 전의 판결이긴 하지만, 전심절차에 있어서의 주장과 행정소송에 있어서의 주장이 전혀 별개의 것이 아닌 한 반드시 일치하여야 하는 것은 아니므로 전심절차에 있어서 주장하지 아니한 사항도 행정소송에서 주장할 수 있다고 판시(대법 1984. 5. 9. 선고 84누116 판결 등)한 판결이 있었다.

㉢ 행정심판의 형식　　　　행정심판은 「행정심판법」 제28조 제2항에 규정한 사항을 기재한 서면으로 처분청 또는 행정심판기관에 제출하여야 하는 것이 원칙이다. 과거의 판례 중에는 "행정소송의 전치요건인 행정심판청구는 엄격한 형식을 요하지 아니하는 서면행위로 해석되므로 위법·부당한 처분으로 인하여 권리나 이익을 침해당한 자로부터 그 처분의 취소나 변경을 구하는 서면이 제출되었을 때에는 그 표제와 제출기관의 여하를 불문하고 이를 「행정소송법」 제18조 소정의 행정심판청구로 보고 불비된 사항이 보정 가능한 때에는 보정을 명하고 불가능하거나 보정명령에 따르지 아니한 때에 비로소 부적법 각하를 하여야 할 것이며, 더욱이 심판청구인은 일반적으로 전문적 법률지식을 갖고 있지 못하여 제출된 서면의 취지가 불명확한 경우도 적지 않으나 이러한 경우에도 행정청으로서는 그 서면을 가능한 한 제출자의 이익이 되도록 해석하고 처리하여야 한다"(대법 1990. 6. 8. 선고 90누851 판결 등)고 판시한 것이 있었다.

㉣ 전치요건 충족의 시기　　　　행정심판전치는 소송요건이기는 하나, 소송성립요건은 아니다. 따라서 먼저 행정심판을 제기하여 재결이 있은 후에 행정소송을 제기하여야 하고 재결 전에 소송을 제기하면 부적법한 소로서 각하를 면할 수 없으나, 재결 전에 소송을 제기하였다 하더라도 부적법한 소로서 각하하기 전에 재결이 있으면 전치요건은 충족된 것이 된다. 판례는 비록 제소 당시에 전치요건을 구비하지 못한 위법이 있다고 하더라도 사실심변론종결 당시까지 그 전치요건을 갖추었다면 그 흠결의 흠은 치유된다고 판시(대법

1987. 4. 28. 선고 86누29 판결 등)한 바 있다.

전치절차를 거친 여부는 직권조사사항이므로(대법 1986. 4. 8. 선고 82누242 판결) 법원은 당사자의 이의가 없더라도 직권으로 조사하여야 하고, 그 경유 여부가 불분명한 경우에는 석명권을 행사하여 이를 밝혀야 한다.

(다) **적용범위**　　　　　필요적 전치주의가 적용되는 범위는 법률에 행정심판의 재결을 거치지 아니하면 취소소송을 제기할 수 없다는 명문의 규정이 있을 때이다(동법 18조 1항 단서).

무효등확인소송에는 필요적 전치주의의 적용이 없다. 그러나 무효선언을 구하는 취소소송인 경우에는 (법률에 행정심판의 재결을 거치지 아니하면 취소소송을 제기할 수 없다는 명문의 규정이 있을 때를 전제로) 필요적 전치주의의 적용이 있다는 적극설과 적용이 없다는 소극설로 견해가 나뉜다. 적극설의 논거는 취소사유와 무효사유의 구분은 상대적이며, 양자의 구분 또한 실체적 심리를 거쳐 밝혀질 성질의 것이므로 소송요건을 갖추었는지 여부는 실체심리에 앞서 형식적으로 판단되어야 한다는 점을 든다.[1] 소극설의 논거는 무효선언을 구하는 취소소송은 형식이 취소소송일 뿐이고 실질은 무효확인소송이라는 점을 든다.[2] 적극설이 판례이다(대법 1987. 6. 9. 선고 87누219 판결 등).

주위적 청구가 무효확인소송이라 하더라도 병합 제기된 예비적 청구가 취소소송이라면 (법률에 행정심판의 재결을 거치지 아니하면 취소소송을 제기할 수 없다는 명문의 규정이 있을 때를 전제로) 필요적 전치주의의 적용이 있으며(대법 1994. 4. 29. 선고 93누12626 판결), 주위적 청구가 전심절차를 요하지 아니하는 당사자소송이라 하더라도 병합 제기된 예비적 청구가 취소소송이라면 이 경우에도 필요적 전치주의의 적용이 있다(대법 1989. 10. 27. 선고 89누39 판결).

재결이나 재결(명령적 재결)에 따른 처분의 취소소송인 경우에는 필요적 전치주의의 적용이 없다. 「행정심판법」이 재결에 대한 재심판청구를 금지하고 있을 뿐만 아니라(51조) 이미 행정청에 자율적 시정의 기회를 주었기 때문이다.

(라) **필요적 전치주의의 완화**　　　　　「행정소송법」은 예외적으로 필요적 전치주의를 규정하면서 필요적 전치주의가 일률적으로 적용됨으로써 발생할 폐단을 방지하기 위하여 필요적 전치주의를 완화하고 있다. 그 하나는 행정심판제기는 필요로 하되 재결까지 기다릴 필요가 없는 경우이고, 다른 하나는 행정심판제기 자체가 필요없는 경우이다.

필요적 전치주의를 완화하는 사유는 행정심판청구나 재결을 거치지 아니하고 취소소송을 제기하는 원고가 이를 소명하여야 한다(행정소송법 18조 4항).

(ㄱ) 행정심판의 재결을 거칠 필요가 없는 경우　　　　　행정심판제기는 필요로 하되 재결까

---

1) 金道昶, 일반행정법론(상), 759쪽.
2) 朴鈗炘, 최신행정법강의(상), 979쪽.

지 기다릴 필요없이 취소소송을 제기할 수 있는 경우로는 다음 사유가 있는 때이다(동법 18조 2항).

ㄱ) 행정심판청구가 있은 날로부터 60일이 지나도 재결이 없는 때　　재결의 부당한 지연으로 인한 청구인의 불이익을 방지하기 위하여 심판청구를 제기한 후 60일이 지나도 재결이 없는 때에는 재결을 기다릴 것 없이 바로 행정소송을 제기하도록 한 것이다. 60일 경과의 요건은 취소소송을 제기한 날에 충족하여야 하는 것이 원칙이나 이미 설명한 바와 같이 전치요건은 사실심변론종결시까지 갖추면 흠은 치유된다는 것이 판례이므로(→ 전치요건충족의 시기) 사실심변론종결시까지 60일 경과의 요건이 충족되면 전치요건의 흠은 치유된다.

ㄴ) 처분의 집행 또는 절차의 속행으로 생길 중대한 손해를 예방하여야 할 긴급한 필요가 있는 때　　재결을 기다려서는 처분의 집행 또는 절차의 속행 또는 부작위의 계속으로 인하여 중대한 손해가 발생할 긴급한 사유가 있는 경우까지 재결을 기다리게 하는 것은 행정구제절차로서의 행정소송의 목적에 어긋나는 것이므로 재결을 기다릴 것 없이 바로 행정소송을 제기하도록 한 것이다. 어떤 경우가 "중대한 손해를 예방하여야 할 긴급한 필요가 있는 때"에 해당하는가는 개별적·구체적으로 판단할 불확정개념이나, 위 ㄱ)과 관련지어 볼 때 행정심판청구가 있은 날로부터 60일을 기다려서는 처분의 집행 등으로 청구의 목적을 달성하지 못하거나 현저히 곤란할 정도로 긴급성이 있는 경우를 말한다.

ㄷ) 법령의 규정에 의한 행정심판기관이 의결 또는 재결을 하지 못할 사유가 있는 때　　행정심판기관이 행정심판에 대한 의결이나 재결을 하지 못할 경우는 일반적으로 예견할 수 없는 일이다. 그러나 만일에 행정심판기관이 의결 또는 재결을 하지 못할 사유가 있는 데도 불구하고 재결을 기다리게 하거나 위 ㄱ)의 60일을 기다리게 하는 것은 당사자에게 불필요한 시간의 낭비를 초래할 뿐만 아니라 행정구제절차로서의 행정소송제도의 취지에 어긋나는 것이므로 재결을 기다릴 것 없이 바로 행정소송을 제기하도록 한 것이다. 여기에 해당하는 경우로는 행정심판위원회가 구성되지 아니하거나 과반수 이상의 결원이 있음에도 가까운 시일 내에 보충될 가망이 없는 경우 또는 재결기관의 권한이 이관되어 이관받은 기관에서 재결을 할 준비가 되어 있지 아니한 경우 등을 들 수 있다.

ㄹ) 그 밖의 정당한 사유가 있는 때　　위 세 가지 사유 외에도 정당한 사유가 있는 때에는 재결을 기다릴 것 없이 바로 행정소송을 제기할 수 있도록 하고 있다. 여기서 말하는 정당한 사유는 재결을 거치도록 하는 것이 불합리하다고 인정되는 특별한 사유를 일반적으로 포괄하는 개념이다. 판례는 "시기 기타 사유로 인하여 행정심판을 거칠 경우에는 그 청구의 목적을 달성치 못하겠거나 또는 현저히 그 목적을 달성키 곤란한 경우"

(대법 1953. 4. 11. 선고 4285행상11 판결), "전심절차를 거치게 하는 것이 가혹하다고 보이는 경우"(대법 2006. 4. 14. 선고 2005두10170 판결) 등을 정당한 사유가 있는 것으로 본다.

(ㄴ) 행정심판제기 자체가 필요 없는 경우　　　　행정심판을 제기할 필요없이 취소소송을 제기할 수 있는 경우로는 다음 사유가 있는 때이다(동조 3항).

ㄱ) 동종사건에 관하여 이미 행정심판의 기각재결이 있은 때　　　　이미 타인이 행정심판을 제기하여 기각재결이 있은 동종사건에 관하여 행정소송의 원고 자신이 또다시 행정심판을 제기하여도 인용재결을 기대할 수 없음이 명확한 경우까지 같은 절차를 반복하도록 하는 것은 원고측에서 보면 무의미한 것이므로 이런 경우에는 따로 행정심판절차를 밟을 것 없이 바로 취소소송을 제기할 수 있도록 하고 있다. 여기서 말하는 동종사건이란 당해 사건과 기본적인 점에서 동질성을 인정할 수 있는 다른 사건을 말한다. 판례도 같은 취지이다(대법 1992. 11. 24. 선고 92누8972 판결, 대법 2000. 6. 9. 선고 98두2621 판결 등).

ㄴ) 서로 내용상 관련되는 처분 또는 같은 목적을 위하여 단계적으로 진행되는 처분 중 어느 하나가 이미 행정심판의 재결을 거친 때　　　　비록 형식적으로는 별개의 처분이라 하더라도 그 별개의 처분에 깔려 있는 분쟁사유가 공통성을 내포하고 있어서 그 선행처분에 대한 전심절차의 경유만으로도 이미 그 처분행정청으로 하여금 스스로 재고, 시정할 수 있는 기회를 부여한 것으로 볼 수 있고 무용한 절차의 반복을 피하고 행정구제제도의 취지를 살리기 위하여(대법 1994. 11. 22. 선고 93누11050 판결) 후행처분에 대하여는 따로 행정심판절차를 밟을 것 없이 바로 취소소송을 제기할 수 있도록 하고 있다. 여기서 말하는 "서로 내용상 관련되는 처분"이란 내용적으로 일련의 상관관계가 있는 복수의 처분을 말한다. 예컨대 가산금징수처분은 국세의 납부고지처분과 별개의 처분으로 볼 수 있다 하더라도 국세채권의 내용이 구체적으로 확정된 후에 비로소 발생한 징수권의 행사이므로 국세의 납세고지처분에 대하여 적법한 전심절차를 거친 이상 가산금징수처분에 대하여 따로이 전심절차를 밟을 것 없이 행정소송으로 다툴 수 있다(대법 1986. 7. 22. 선고 85누297 판결). "같은 목적을 위하여 단계적으로 진행되는 처분"이란 하나의 행정목적을 실현하기 위하여 단계적인 절차관계로 서로 연속되어 있는 처분을 말한다.

ㄷ) 행정청이 사실심의 변론종결 후 소송의 대상인 처분을 변경하여 당해 변경된 처분에 관하여 소를 제기하는 때　　　　취소소송이 제기된 후 사실심 계속 중에 행정청이 소송의 대상인 처분을 변경한 때에는 그 변경된 처분에 맞추어 소를 변경할 수 있고 이 경우 변경된 처분에 대하여 따로이 행정심판을 거칠 필요가 없다(동법 22조 3항).

ㄹ) 처분을 행한 행정청이 행정심판을 거칠 필요가 없다고 잘못 알린 때　　　　행정청이 처분을 하는 때에는 그 상대방에게 처분에 관하여 행정심판을 제기할 수 있는지의 여부, 제기하는 경우의 심판청구절차 및 청구기간을 알려야 하고, 이해관계인으로부터

당해 처분이 행정심판의 대상이 되는 처분인지 여부, 대상이 되는 경우에 행정심판위원회 및 청구기간에 관하여 알려 줄 것을 요구받은 때에는 지체없이 이를 알려주어야 한다(행정심판법 58조, 행정절차법 26조). 그런데 처분청이 착오로 당해 처분에 대하여 행정심판을 거칠 필요가 없다고 잘못 알린 때에는 행정에 대한 신뢰를 보호하고 행정청의 성실한 고지를 도모하기 위하여, 취소소송의 원고가 될 자가 그것이 잘못된 고지인지를 알았는지의 여부에 관계없이 행정심판절차를 밟을 것 없이 바로 취소소송을 제기할 수 있도록 하고 있다.

(9) 관할법원

취소소송은 피고인 행정청의 소재지를 관할하는 행정법원에 제기하여야 한다(행정소송법 9조 1항 본문). 취소소송의 재판관할에 관하여는 이미 앞에서 설명하였다(→ 취소소송의 재판관할).

3. 청구의 병합

(1) 의 의

청구의 병합이란 1개의 소송절차에 수 개의 청구를 하여 일괄심판이 행하여지는 것을 말한다. 이에는 1인의 원고가 1인의 피고에 대하여 1개의 소송절차에서 수 개의 청구를 하는 객관적 병합, 1개의 소송절차에 원고 또는 피고가 다수인 주관적 병합(공동소송), 제소 당시부터 수 개의 청구가 병합된 원시적 병합, 이미 계속 중인 소송에 다른 청구가 병합된 추가적 병합 등이 있다. 이를 인정하는 이유는 심리의 중복을 피하여 재판의 모순·저촉을 방지하고 동일한 처분에 관한 분쟁을 한꺼번에 해결하기 위한 것이다. 「행정소송법」은 제10조 제2항에서 "취소소송에는 사실심의 변론종결시까지 관련 청구소송을 병합하거나 피고 외의 자를 상대로 한 관련 청구소송을 취소소송이 계속된 법원에 병합하여 제기할 수 있다"라고 하여 원고가 관련청구를 객관적·주관적·원시적·추가적으로 병합할 수 있음을 규정함과 동시에, 제15조에서 "수인의 청구 또는 수인에 대한 청구가 처분 등의 취소청구와 관련되는 청구인 경우에 한하여 그 수인은 공동소송인이 될 수 있다"라고 하여 주관적 병합의 요건을 규정하고 있다. 이로써 민사소송에서는 인정되지 아니하는 서로 다른 소송절차에 속하는 청구의 병합이 가능하게 된 것이다. 위 「행정소송법」의 규정은 청구의 병합에 관한 규정의 일부에 불과하므로 나머지는 「민사소송법」의 규정이 준용된다.

(2) 요 건

취소소송에 있어서 청구의 병합을 인정하는 요건은 다음과 같다.

1) 각 청구가 관련청구일 것

취소소송에 있어서 청구의 병합은 민사소송에 있어서와는 달리 각 청구가 관련청구일 것을 요건으로 한다. 즉 취소소송과 ① 당해 처분 등과 관련되는 손해배상·부당이득반환·원상회복 등 청구소송, ② 당해 처분 등과 관련되는 취소소송이라는 관계가 그 요건이다. 여기서 말하는 당해 처분 등과 관련되는 취소소송의 예로는 당해 처분과 하나의 절차를 구성하는 다른 처분의 취소를 구하는 소송, 당해 처분에 관한 재결의 취소를 구하는 소송, 제소 중인 재결의 대상인 처분의 취소소송 등을 들 수 있다.

관련 청구의 병합은 취소소송에 다른 청구를 병합하는 것을 말하는 것이므로 다른 청구에 취소소송을 병합하는 것은 허용되지 아니한다.

2) 본래의 소송이 적법할 것

본래의 소송 즉 취소소송이 적법하여야 한다. 취소소송이 부적법한 경우에 병합된 청구는 각하되어야 한다는 것이 판례(대법 1980. 4. 22. 선고 78누90 판결 등)이다. 이에 대하여는 병합된 관련 청구가 독립된 소송요건을 구비하고 있는 한, 이것을 부적법한 것으로 각하할 것이 아니라 별개의 독립한 소로 취급하여야 한다는 견해[1]도 있다.

3) 병합되는 관련 청구소송도 소송요건을 구비하고 있을 것

병합되는 관련청구 자체도 법이 정한 행정심판전치절차, 소의 이익, 제소기간의 준수 등 소송형태에 따른 소송요건을 구비하고 있어야 한다(대법 2000. 10. 27. 선고 99두561 판결 등 참조).

4) 병합의 시기

관련 청구의 병합은 사실심 변론종결 전에 하여야 한다.

(3) 태   양

청구의 병합에는 객관적 병합, 주관적 병합, 주관적·예비적 병합 등이 있다.

1) 객관적 병합

취소소송의 원고는 이와 관련된 청구를 병합하여 제소하거나 사실심변론종결시까지는 언제든지 추가하여 병합할 수 있다. 「행정소송법」은 객관적 병합에 있어서 제3자에 의한 추가적 병합을 인정하지 아니한다.

2) 주관적 병합

취소소송의 원고는 취소소송의 상대방 이외의 자를 상대로 한 관련 청구소송을 취소소송과 병합하여 제기할 수 있고, 취소소송이 계속된 법원에 추가로 병합하여 제기할 수도 있으며, 수인의 원고가 처음부터 공동원고로 관련청구를 병합하여 제기할 수 있다. 주관적 병합은 민사소송에서와 마찬가지로 통상의 공동소송, 고유필요적 공동소송, 유사필요적 공동소송 등이 있을 수

---

1) 金鐵容·崔光律, 주석 행정소송법, 446쪽[집필 吳振煥].

있다. 「행정소송법」은 주관적 병합에 있어서도 제3자에 의한 추가적 병합을 인정하지 아니하므로 제3자는 처음부터 공동소송인으로 제소하거나[1] 소송계속 중에는 참가에 의하여 공동소송인이 되어야 한다.

3) 주관적·예비적 병합

주관적 병합의 형태 중 이른바 주관적·예비적 병합이 허용되는가 문제된다. 예컨대 소득세경정처분을 받은 원고가 세무서장을 피고로 하여 경정처분의 취소를 청구함과 동시에 예비적으로 국가를 피고로 하여 손해배상을 청구하는 경우, 토지를 수용으로 취득당한 원고가 중앙토지수용위원회를 피고로 하여 이의재결의 취소를 청구함과 동시에 예비적으로 사업시행자를 피고로 하여 손실보상금의 증액을 청구하는 경우 등이다. 주관적·예비적 병합의 허용 여부에 대하여 「행정소송법」에 명문의 규정이 없고 구 민사소송법에도 명문의 규정이 없어 종래 견해가 나뉘었다. 판례는 부정설의 입장에 있었다(대법 1996. 3. 22. 선고 95누5509 판결 등). 그러나 신 「민사소송법」은 제70조에서 명문의 규정을 두었다. 그러므로 이 문제는 「민사소송법」의 예에 의하여 허용된다고 보아야 할 것이다.

(4) 심　리

청구가 병합하여 제기된 경우에 법원은 병합의 요건을 구비한 것인가의 여부를 심리하여 요건을 구비하지 아니한 때에는 청구마다 별개 독립의 제소가 있었던 것으로 분리 취급하여야 한다.

청구병합의 요건이 구비된 때에는 법원은 재판의 저촉과 모순을 피하기 위하여 변론과 증거조사를 단일절차로서 행한다. 그러나 법원은 필요에 따라 변론을 분리하여 심리하거나 일부판결을 할 수도 있다. 그러나 청구의 선택적·예비적 병합과 필요적 공동소송의 경우에는 변론을 분리할 수 없으며, 가능한 한 병합한 채 동시에 판결하여야 한다.

관련 청구소송이 민사소송인 경우에 그 병합심리에 있어서 직권심리주의와 같은 행정소송절차의 특칙이 병합되는 민사소송에도 적용되느냐의 문제가 있다. 행정소송의 경우에는 민사소송의 경우와 달리 동종의 소송절차만이 아니라 이종(異種)의 소송절차도 관련 청구소송으로 인정하는 결과 민사소송사건이 관련 청구소송으로 병합되었을 경우에 모두 행정소송절차에 따라야 한다는 견해도 없지 아니하였으나, 심리가 공통되는 부분에는 행정소송절차에 따르지만 공통되지 않는 부분에는 이를 부정하는 견해가 우리나라의 통설이다. 병합된다고 해서 소송의 본질이 달라지는 것이 아니기 때문이다.

---

1) 예컨대, A가 원고로서 행정청을 피고로 취소소송을 제기하고 B가 원고로서 같은 행정청을 피고로 관련청구소송을 제기하는 경우에는 A·B가 행정소송법 제15조에 의한 공동소송인으로 제소하여야 하며 소 제기 후에 병합 제기할 수 없다.

4. 소의 변경

(1) 의 의

　소의 변경이란 소송의 계속 중에 원고가 소송물인 청구를 변경하는 것을 말한다. 「민사소송법」에서는 청구의 변경이라 하며(민사소송법 262조 등), 소의 변경은 청구의 변경에 한정된다. 그러나 행정소송에서의 소의 변경은 이미 앞에서 본 피고의 변경(행정소송법 14조)(→ 피고경정), 관련청구의 병합(동법 10조 2항)(→ 청구의 병합) 외에 소의 종류의 변경(행정소송법 21조), 처분변경으로 인한 소의 변경(동법 22조)을 포함하는 넓은 개념이다.

(2) 소의 종류의 변경

　법원은 취소소송을 당해 처분 등에 관계되는 사무가 귀속하는 국가 또는 공공단체에 대한 당사자소송 또는 취소소송 외의 항고소송으로 변경하는 것이 상당하다고 인정할 때에는 청구의 기초에 변경이 없는 한 사실심의 변론종결시까지 원고의 신청에 의하여 결정으로써 소의 변경을 허가할 수 있다(동법 21조 1항). 여기서 말하는 "청구의 기초에 변경이 없는 한"이란 전후의 소송이 달성하려고 하는 이익이 동일하고, 동일한 사실적 기반 위에 서 있어 소송자료를 공통으로 사용할 수 있는 경우(예: 파면처분취소의 소를 파면처분의 위법을 전제로 공무원지위확인의 소로 변경하는 것)를 의미한다. 「행정소송법」이 이처럼 소의 종류 자체의 변경을 허용하는 이유는 행정소송의 종류가 다양하여 원고가 선택을 잘못함으로써 권리구제에 차질이 있을 수 있기 때문이다.

　법원이 소의 변경을 허가하는 경우 피고를 달리하게 될 때에는 새로이 피고로 될 자의 의견을 들어야 한다(동조 2항). 법원의 허가결정에 대하여는 즉시항고할 수 있다(동조 3항).

　법원의 허가결정은 피고에게 고지하여야 하는데, 피고의 변경이 있는 경우에는 허가결정의 정본을 새로운 피고에게 송달하여야 한다(동법 21조 4항, 14조 2항). 허가결정이 있으면 새로운 피고에 대한 소송은 처음에 소를 제기한 때에 제기된 것으로 보며(동법 21조 4항, 14조 4항), 종전의 피고에 대한 소송은 취하된 것으로 본다(동법 21조 4항, 14조 5항).

　「행정소송법」은 소의 종류를 달리하는 행정소송 상호간의 소의 변경을 규정하고, 이에 대하여 제소기간 준수의 소급효를 인정하고 있으면서도 민사소송을 항고소송으로 변경하는 경우에 대해서는 아무런 규정을 두고 있지 않다. 판례는 당사자의 권리구제나 소송경제의 측면에서 제소기간 등 기간준수의 소급효가 인정됨을 전제로 하여 민사소송에서 행정소송으로 하는 소의 변경이 가능하고 이로 인하여 관할법원이 달라진 경우에는 관할법원으로 이송하도록 하고 있다(대법 1999. 11. 26. 선고 97다42250 판결 등).

(3) 처분변경으로 인한 소의 변경

1) 의 의

　처분변경으로 인한 소의 변경이란 행정소송이 제기된 후 행정청이 당해 소송의 대상인 처분을 변경한 때에 원고가 법원의 허가를 받아 소를 변경하는 것을 말한다. 「행정소송법」은 제22조 제1 항에서 "법원은 행정청이 소송의 대상인 처분을 소가 제기된 후 변경한 때에는 원고의 신청에 의하여 결정으로써 청구의 취지 또는 원인의 변경을 허가할 수 있다"라고 하여 이를 인정하고 있다.

「행정소송법」이 이와 같은 처분변경으로 인한 소의 변경을 인정한 것은 원고에게 책임이 없는 사유로 인하여 발생하는 소 각하와 재 제소라는 무용한 절차의 반복을 피하고 간이·신속하게 행정구제의 목적을 달성하기 위해서이다.

2) 요 건

㈎ 처분의 변경이 있을 것　　　당해 소송의 대상인 처분이 소가 제기된 후 행정청에 의하여 변경되어야 한다. 즉 당해 소송의 대상인 처분이 처분행정청 또는 상급감독청의 직권에 의하여 또는 원고가 행정심판을 제기하였으나 재결을 기다리지 아니하고 취소소송을 제기하였는데 소송계속 중에 행정심판의 재결에 의하여 당해 처분이 일부 취소되거나 적극적으로 변경된 경우이다. 소송의 대상인 처분 자체가 변경되어야 하는 것이지 당해 처분과 관련되는 처분이 변경된 경우에는 이에 해당하지 아니한다.

㈏ 처분의 변경이 있은 것을 안 날로부터 60일 이내일 것　　　원고는 처분의 변경이 있음을 안 날로부터 60일 이내에 신청하여야 한다(동법 22조 2항).

㈐ 그 밖의 요건　　　구 소가 계속중이고 사실심 변론종결 전이어야 하며, 변경되는 신 소가 적법하여야 한다. 다만 별도의 전심절차는 거칠 필요가 없다(동법 22조 3항).

3) 효 과

허가결정이 있으면 신 소는 처음에 소를 제기한 때에 제기한 것으로 보며, 구 소는 취하된 것으로 본다(동법 21조 4항 참조).

(4) 민사소송법에 의한 청구변경

「행정소송법」의 소 변경에 관한 특칙은 「민사소송법」상의 청구변경을 배척하는 취지가 아니므로 원고는 「민사소송법」의 규정(262조, 263조)에 따라 청구의 변경을 할 수 있다(대법 1999. 11. 26. 선고 99두9407 판결 등).

5. 처분이유의 추가·변경[1]

처분이유의 추가·변경의 문제는 처분행정청이 처분을 행하면서 일단 처분이유를 밝힌 후 이

---

1) 종래에는 처분사유의 추가·변경이라고 불렸다. 뒤에서 보는 바와 같이 처분사유와 처분이유는 다르다. 행정절차법 등은 행정청이 처분을 할 때에는 원칙적으로 처분이유를 제시할 의무를 과하고 있다. 행정절차법은 앞에서 설명한 바와 같이 적용제외사항을 제3조 제2항에서 열거하고 있다(→ 행정절차법의 적용범위). 종래의 통설은 처분사유의 추가·변경이 원칙적으로 허용된다는 입장이었다.

에 대한 취소소송이 제기된 경우에 그 처분의 적법성을 유지하기 위하여 처분시 객관적으로 존재하였지만 처분이유로 삼지 않았던 새로운 사유를 내세워 처분의 적법성을 주장할 수 있는가의 문제이다. 다른 말로 하면 처분행정청이 취소소송에서 처분이유에 관한 주장을 함에 있어서 소송상 어떠한 제한을 받는가 하는 문제이다. 흔히 처분사유의 추가·변경이라 부른다. 그러나 우리 실정법이 처분사유와 처분이유를 구별하고 있으므로 행정절차법의 적용을 받는 처분의 경우에는 처분이유의 추가·변경으로 불러야 한다. 여기서 말하는 처분이유의 추가란 당초의 처분이유는 그대로 두고 새로운 사유를 처분이유로서 추가하는 것을 말하고, 처분이유의 변경이란 당초의 처분이유에 대체하는 새로운 사유를 내세우는 이른바 교환적 변경을 의미한다.

이 문제에 대하여는 학설이 나뉜다. 대체로 말하면, 행정절차법 제정 이전의 판례를 그대로 답습하고 있다. 허용된다는 견해가 다수설이다.[1] 처분이유의 추가·변경의 문제는 독일법의 영향을 받은 실체법 중심의 전통적인 사고(思考)이념에 의하여서만 비로소 허용될 수 있는 문제이다. 영미법에서는 처분이유의 추가·변경은 엄격하게 제한된다. 실체적 적법성과 절차적 적법성은 법치주의의 두 기둥이라는 사고로 이 문제에 접근하여야 한다. 법원이 행정결정의 민주성·투명성·공정성에 바탕하여 행정절차 등 행정흐름이 적법하게 행하여졌는가에 대하여 처분의 사후심사를 철저히 하게 되면 정당한 이유에 의하지 아니한 처분은 위법이 되어 취소될 것이므로 처분이유의 추가·변경이라는 현상은 일어날 수가 없다. 아래에서는 이 문제를 처분의 동일성과의 관계측면, 처분이유제시 제도와의 관계 측면에서 검토해보도록 한다.

(1) 처분의 동일성과 처분이유의 추가·변경

취소소송에 있어서의 모든 주장은 처분의 동일성을 해하지 않는 범위 내에서만 허용된다. 그것은 소송상의 주장이 처분의 동일성을 해치게 되면 계쟁처분과는 관계없는 별개의 주장이 되는 것이고, 법원이 이를 허용하면 새로운 처분을 행하는 것과 같은 결과가 되어 사법(司法)이 행정을 침해하는 결과가 되기 때문이다. 처분의 주체·상대방·처분일시·처분의 내용이 동일성의 요소이고 이와 같은 요소가 달라지면 별개의 처분이 된다는 데에 대하여는 이론이 없다. 문제는 처분이유가 동일성의 요소인가에 있다. 이에 대하여는 견해가 나뉘나, 종래의 일반적 견해는 처분이유는 동일성의 요소가 아닌 것으로 이해하여 왔다.[2] 따라서 이러한 종래의 일반적 견해에 의하면 처분이유의 추가·변경은 원칙적으로 허용된다는 결론에 이르게 된다. 그러나 행정법령이 달라지고 있다. 「행정절차법」 제정 이전과 제정 이후 달라진 점은 「행정절차법」의 제정으로 행정청이 처분을 할 때에는 구체적인 이유제시를 하여야 한다는 점, 처분과 이유제시는 동시에 행하여야 한다는 점, 이들을 원칙적으로 문서로 하여야 한다는 점이다. 즉, 처분이유는 이에 의하여

---

1) 金鐵容, 행정절차와 행정소송, 573쪽 이하[집필자 洪準亨] 참조.

2) 金文洙, 「행정소송에 있어서 처분이유의 추가와 변경」, 특별법연구(특별소송실무연구회) 제3권 329쪽; 金泰佑, 「취소소송에 있어서 처분이유의 추가·변경」, 특별법연구(특별소송실무연구회) 제5권 65~66쪽.

구체적으로 명확하게 된다. 「행정절차법」 제5조 제1항은 처분의 내용이 구체적이고 명확할 것을 행정청의 의무로 규정하고 있다. 오직 처분이유만을 동일성의 요소에서 배제하여야 할 특별한 이유는 없다고 생각한다.

(2) 처분이유 제시제도와 처분이유의 추가·변경

행정법규에는 행정청이 처분을 행할 경우에 그 처분의 이유를 제시할 의무를 과하고 있다(예: 행정심판법 46조 2항, 공공기관의정보공개에관한법률 13조 4항). 처분절차의 일반법인 「행정절차법」은 행정청이 처분을 하는 때에는, 의견청취절차를 거쳤든 거치지 아니하였든, 당사자에게 원칙적으로 처분의 근거와 이유를 제시하도록 의무를 과하고 있다(23조 1항). 예외로 처분 당시에 처분의 근거와 이유를 제시할 필요가 없는 경우도 있으나 처분 후 당사자가 요청하는 경우에는 행정청은 처분의 근거와 이유를 제시하여야 한다(동조 2항). 즉 처분이유는 행정청이 처분을 하면서 동시에 제시하여야 하는 것이 원칙이다. 처분사유와 처분이유는 다르다.[1] 처분사유는 처분이유의 내용인 사실과 법적 근거를 구성하는 요소이다. 처분이유는 여러 개의 처분사유 중에서 행정청이 행정조사와 행정절차를 거쳐 처분의 정당성의 요소로 인식하여 처분과 동시에 외부에 표시한 것이다. 여기서 초점이 되어 있는 처분이유의 추가·변경은 당초 처분 시에 존재하였지만 처분이유로 제시되지 아니하였던 사실 및 법적 근거에 관한 것이다.

문제는 처분이유제시제도가 처분이유의 추가·변경에 제약요인이 되는가에 있다.

1) 학설의 대립

이 문제에 대하여는 견해가 나뉜다.

㈎ 부 정 설
이 설은 처분이유제시제도는 처분이유의 추가·변경에 제약요인이 되지 아니한다는 견해이다.[2] 그 이유는 처분이유의 추가·변경은 처분이유제시제도에 반하지 아니한다는 데에 있다.[3]

---

1) 처분사유와 처분이유를 동일하게 보는 견해가 있다(金東熙, 행정법 Ⅰ, 731쪽; 洪井善, 행정법원론(상), 954쪽).

2) 이 견해에 동조하고 있는 학자 중에는 '처분이유의 추가·변경' 문제를 '처분이유의 사후변경'과 '처분이유의 사후제시'를 구별하여야 한다면서, 처분이유의 사후변경은 소송단계에 있어서 변론종결시까지 가능하고(洪井善, 행정법원론(상), 959쪽), 처분이유의 사후제시는 소송절차의 종결 전까지 가능하다(같은 책, 358쪽)고 한다. 독일에는 홍 교수의 주장과 같이 Nachholen der Bergründung의 문제와 Nachschieben von Gründe의 문제를 구별한다. 그러나 이들 구별 논의는 독일 연방행정절차법 제45조의 적용범위와 관련하여 야기되는 문제이며, 이와 같은 규정을 갖지 않는 우리 행정절차법 아래에는 이를 구태여 논의할 필요가 있는지 의문이다.

3) 朴均省, 행정법론(상)(제3판), 840쪽. 朴 교수는 제4판에서는 "이유부기(이유제시)제도의 취지에 반하는 처분 사유의 변경은 인정되지 않는다"고 기술하고 있다(846쪽 주 131). 朴 교수는 제5판에서는 "기본적 사실관계에 있어서의 동일성이 유지되는 한도 내에서만 가능하다"라고 기술하고 있다(898쪽). 朴 교수는 제6판에서는 처분 사유의 추가·변경의 허용범위는 "행위의 유형 및 소송의 유형"에 따라 "개별적"으로 "결정"되어야 한다면서 "거부처분취소소송에서는 분쟁의 일회적 해결을 위하여 제재처분취소소송에서 보다 넓게 인정할 필요가 있고," "법

(나) **긍 정 설**　　　이 설은 처분이유제시제도는 처분이유의 추가·변경에 제약요인이 될 수 있다는 견해이다.[1]

2) 검　토

처분이유제시제도가 처분이유의 추가·변경에 어느 정도 제약 요인이 되는가는 일률적으로 말하기는 어렵다. 징계처분뿐만 아니라 면허취소처분 등과 같은 불이익처분, 정보비공개처분, 납세신고결정·경정처분 등 개별적·구체적으로 검토되어야 할 문제라고 생각한다. 그러나 극히 일반적으로 말한다면 처분이유의 추가 변경의 문제는 행정기관의 처분판단과정과 법원의 사건판단과정의 한계, 구체적으로는 행정청이 행정절차에서 행한 사실조사·법적평가를 법원이 재판과정에서 어느 범위 내에서 사실조사·법적평가를 보충하고 수정할 수 있느냐의 문제이다. 이 문제는 현행 실정법을 바탕으로 판단하여야 한다. 여기서는 다음과 같은 점만을 지적해 두기로 한다.

첫째는 행정심판을 거쳐 재결이 취소소송의 대상이 된 경우이다. 우리 「행정심판법」은 제1조 목적에서 행정구제를 전단에, 행정통제를 후단에 배치함과 동시에, 심판기관의 객관화·전문화, 대심구조의 채택, 심리절차의 준사법화 등 전체적 구조가 국민의 권익구제에 중점을 두고 형성되어 있다. 행정심판의 청구인은 특정 처분사유를 이유로 한 처분의 위법을 다투는 것이며, 행정심판위원회는 이를 심리하여 처분사유의 존부(存否)·정부(正否)를 판단하게 된다. 즉 재결은 처분이유에서 제시된 처분사유의 존부·정부에 대한 판단이며, 재결이유는 이 판단을 정당화하는 것이다. 예외적이긴 하지만, 재결 자체에 고유한 위법이 있어서 재결이 취소소송의 대상이 된 경우[2]에 처분행정청에 해당하는 행정심판기관이 취소소송의 심리단계에서, 재결이유에서 제시되지 아니하였던 처분사유를 내세워 처분의 적법성을 옹호하는 것이 허용될 수 있느냐 하는 점이다. 이 경우에는 처분이유의 추가·변경은 허용되지 아니한다고 보아야 한다.

둘째는 행정청의 원처분이 취소소송의 대상이 된 경우이다. 「행정절차법」은 행정청이 불이익 처분을 행할 경우에 처분을 하고자 하는 원인이 되는 사실과 처분의 내용 및 법적 근거를 사전에 통지하고, 이를 바탕으로 청문 등 의견청취·증거조사·청문조서 작성·청문주재자의 의견서 작성을 거쳐, 처분이유를 제시하도록 규정하고 있다. 동법 시행령에는 처분이유제시에는 처분의 원인이 되는 사실과 법적 근거 등을 상세하게 명시하도록 행정청에게 의무를 과하고 있다. 종래 행정절차와 이유제시를 규정한 법률이 있었지만 처분이유의 추가·변경이 허용되어 왔던 것은 행정청이 처분시에 처분이유에서 처분사유를 특정하지 아니하였기 때문으로 추측된다.

원의 심사권이 넓게 인정되는 기속행위에서도 분쟁의 일회적 해결을 위하여 재량행위에서 보다 넓게 인정할 필요가 있다"고 기술하고 있다(1004쪽).

1) 柳明建, 실무행정소송법, 228쪽. 慶 健 교수는 각 개별법령에서 처분이유를 명시하도록 규정하고 있는 경우에는, 각 법령의 입법취지에 따라 다양하겠지만, 원칙적으로 처분이유의 추가·변경은 허용되지 아니한다고 보고 있다(同人, 「행정정보의 공개」, 행정작용법(김동희교수 정년퇴임 기념논문집), 2005, 918쪽).

2) 재결에 대하여 제3자가 취소소송을 제기하여 다투는 경우에는 재결 자체가 원처분에 해당한다.

「행정절차법」의 시행으로 행정청은, 불이익 처분을 행할 경우, 처분의 사전통지부터 처분사유를 특정하지 않을 수 없게 되어 있다(대법 2003. 12. 11. 선고 2001두8827 판결 참조). 따라서 구체적인 처분이 의견청취절차 특히 청문절차에서 처분의 사전통지부터 처분사유가 특정되고 그것을 바탕으로 청문에서 공격·방어가 행하여지고 증거조사·청문조서의 작성·청문주재자의 의견서 작성이 행하여져 청문이 종결되고 청문결과를 반영하여 처분이유가 제시되어 행하여졌다고 한다면, 이 경우에도 처분이유의 추가·변경은 허용되지 아니한다고 보아야 한다. 그렇게 해석하지 아니하면 「행정절차법」이 청문 등 의견청취제도를 둔 취지 및 이유제시제도를 두면서 신중성확보·설득기능의 실효성을 담보하기 위하여 처분과 처분이유의 동시성을 행정청의 의무로 규정한 취지가 몰각되기 때문이다. 특히 재량행위의 경우, 새로운 처분이유의 추가·변경을 허용하는 것은 원고의 의견청취의 권리를 박탈하는 것은 물론, 새로운 재량행위를 대상으로 하는 행정심판의 제기를 통한 권리구제의 기회마저 박탈하는 것이 된다. 무릇, 절차란 여러 단계(Stufen)를 거치는 것이며, 그 속에는 통제(Kontrolle)까지도 포함된다. 이들 단계는 고립되어 있는(isoliert) 것이 아니라, 통제가 완결될 때까지, 서로 연결되어 있음을 잊어서는 아니된다.[1]

셋째는 행정청의 조사의무라는 관점에서의 검토이다. 행정청의 조사의무라는 관점에서 보면, 행정청이 처분을 행할 때에는 행정청은 입법의 취지에 반하여 관계인의 이익에 해가 되는 결과가 초래되는 것을 회피하기 위하여 충분한 조사·검토를 행하여야 할 의무를 지는 것이므로 처분을 행하면서 제시하는 이유도 그 시점에서 충분한 조사·검토를 거친 처분의 근거를 처분이유로 하게 된다. 따라서 법이 정한 이유제시의무 그 자체가 처분이유의 추가·변경 제한의 근거가 된다는 점이다.

넷째는 판결의 기속력과의 관계이다. 후술하는 바와 같이 판결의 기속력(행정소송법 30조 1항)은 소송물 전반에 미치는 기판력과 달리, 판결의 주문뿐만 아니라 그 전제가 되는 처분 등의 구체적 위법사유에 관한 이유 중의 판단에도 인정되는 것이므로(대법 2001. 3. 23. 선고 99두5238 판결) 어떤 처분이유의 어떤 점의 위법인가가 엄격하게 식별되어야 한다. 처분을 할 때 제시되지 아니하였던 처분이유를 소송에서 추가·변경하는 것을 허용하는 것은 민사소송과 달리 기속력이라는 행정소송법이 정한 특별한 효력의 의의를 현저히 감소시키는 결과가 되어 처분을 다투는 원고에게 불이익이 되는 것이 명백하다는 점이다.

이와 같은 결론에 대하여는, 독일에서 처분이유의 추가·변경이 사실상 제한 없이 허용되는 가장 결정적인 근거가 분쟁의 일회적 해결의 요청[2]이기 때문에, 분쟁의 일회적 해결의 요청과의 조화라는 관점에서, 타당하지 아니하다는 반론이 있을 수 있다(이러한 반론의 근거는 소송경제원칙이 적법절차원칙에 우선한다는 생각이 그 밑바탕이 되어 있다). 그러나 ① 행정법의 특질이 입법부나 행

---

1) E. Schmidt-Assmann, Das allgemeine Verwaltungsrecht als Ordnungsidee, 2. Aufl., S. 364 참조.

2) 이와 같은 생각은 이유제시를 행정의 투명성을 위한 것이라는 관점을 도외시하고 오로지 불복시청에 도움을 준다는 관점을 강조하는 생각과 맥을 같이 한다. 이러한 생각의 근원은 독일의 과거 형식적 법치국가의 잔재가 뿌리 깊게 남아 있는 독일의 특이성(Eigenheiten)에 있다.

정청에 대한 행위규범이고, 소송은 그 적법성을 담보하는 제도라고 한다면, 판결이 갖고 있는 기능은 분쟁의 일회적 해결이라는 측면보다는 오히려 입법부나 행정청을 구속하는 측면이 정면에 나서야 한다는 점, ② 행정소송에도 당사자 간의 분쟁을 종국적으로 해결하여 당사자의 권리·의무를 확정적으로 결정하는 분쟁의 일회적 해결의 요청이 필요한 경우가 있을 수 있다. 그러나 그 것은 특정 개인적 소송(private action)의 경우이다. 그러나 현대 행정소송 중에는 당사자의 권리·의무의 종국적 확정을 요구하는 것이 아니라 민주성·투명성·공정성을 결여한 처분을 취소하여 원래의 상태로 되돌리게 함을 목적하고 있는 것도 존재한다. 원고 중에는 패소한 행정청이 그 후 다른 이유로 동일한 처분을 되풀이 하더라도 다시 취소소송을 제기하여 다투는 원고가 있다. 이런 원고에게 분쟁의 일회적 해결이 바람직하다고 하는 것은 취소소송을 누구 때문에 논하고 있는지 묻지 않을 수 없게 된다. 따라서 「민사소송법」상의 원칙[1]이 그대로 항고소송에서는 유지될 수 없다는 점에 유념할 필요가 있다.

(3) 판례의 입장

판례는, 처분사유와 처분이유를 구별하지 않은 채, "행정처분의 취소를 구하는 항고소송에 있어서는 실질적 법치주의와 행정처분의 상대방인 국민에 대한 신뢰보호라는 견지에서 행정청은 당초 처분의 근거로 삼은 사유와 기본적 사실관계에 있어서 동일성이 인정되는 한도 내에서만 새로운 처분사유를 추가하거나 변경할 수 있을 뿐 동일성이 인정되지 않는 별개의 사실을 들어 처분사유로 주장하는 것은 허용되지 아니하며, 여기서 기본적 사실관계의 동일성 유무는 처분사유를 법률적으로 평가하기 이전의 구체적인 사실에 착안하여 그 기초가 되는 사회적 사실관계가 기본적인 점에서 동일한지 여부에 따라 결정된다"(대법 1989. 6. 27. 선고 88누6160 판결, 대법 1999. 3. 9. 선고 98두18565 판결, 대법 2004. 11. 26. 선고 2004두4482 판결 등)는 일관된 태도를 취하고 있다.[2][3]

판례의 입장에 대하여는 비판이 있다. 지금까지의 비판은 공소장변경제도와 같은 형사소송

---

[1] 「민사소송법」에서는 청구의 취지가 같기만 하면 청구의 원인을 새롭게 찾아내어 추가·변경하는 것이 시기에 늦지 않는 한 일반적으로 허용되고 있지만, 법치행정원리를 기본원리로 하는 행정법에서는 사정이 다르다.

[2] 朴正勳 교수는 판례의 경향을 요약하여 "대법원은 일관하여 처분이유의 추가·변경이 당초의 처분이유와 기본적 사실관계에 있어 동일성이 인정되는 범위 내에서 허용된다고 판시하고 있는데, 그 구체적인 사안들을 살펴보면, 사실관계는 변경하지 않고 단순히 근거법령을 추가하거나 추상적, 또는 불명확한 당초의 처분이유를 구체화하는 정도 내에서만 기본적 사실관계의 동일성을 인정함으로써 처분이유의 추가·변경을 엄격하게 제한하고 있는 것으로 파악한다"라고 기술하고 있다(同人, 행정소송의 구조와 기능, 489쪽).

[3] 조세행정소송에서의 처분이유의 추가·변경은 일반행정처분에서의 처분이유의 추가·변경 외에 조세행정소송의 심판의 범위와 관련된 총액주의와 쟁점주의의 입장에 따라 견해가 나뉜다. 총액주의는 과세처분에 의하여 인정된 과세표준 및 조세채무의 객관적 존부가 소송의 대상이라고 보는 견해이다. 이 견해에 의하면 세액 계산의 근거가 된 개개의 사실은 단순한 공격 방어방법에 불과하게 된다. 쟁점주의는 과세관청이 과세처분을 할 때 처분의 근거로 인정한 과세요건 사실 이외의 사실은 소송에서 주장할 수 없게 되므로 과세처분 당시에 처분이유가 된 개개의 소득, 경비의 존부가 소송물이 되고 그 처분이유와 근거가 달라지면 별개의 처분이 되어 소송물이 달라지게 된다는 견해이다. 판례는 총액주의를 유지하고 있는 것으로 보인다(대법 2008. 12. 24. 선고 2006두13497 판결 등 참조).

을 행정소송에서도 일정 부분 참고할 만하다는 점을 인정하면서도, 법원이 처분이유의 추가·변경에 관한 기준이 되는 도구개념을 개발하지 아니하고 '기본사실동일성'이라는 기존의 형사소송상의 표현을 차용하여 처분이유의 추가·변경의 기준으로 삼고 있다는 점이다.[1] 행정소송과 형사소송은 그 기본적인 소송원리, 소송구조도 다르지만, 공격·방어의 주체 즉 행정소송에서의 원고·피고와 형사소송에서의 검사·피고인의 입장이 뒤바뀌어 있을 뿐만 아니라 법원의 역할도 다르다는 점에서 행정소송에서의 처분이유의 추가·변경 문제를 형사소송과 유사하게 이론구성하여서는 아니 된다는 것이다.[2] 일반적으로 말하면 처분의 동일성의 범위가 넓어지면 절차적 정의의 요청은 좁아지게 되는 상관관계에 있다. 판례의 입장을 민주화와 법치화를 심화해 온 행정실정법의 개혁, 이유제시의 기능, 국민·주민과 행정과의 관계 변화에 의한 행정책임의 증대 등에 부합될 수 있는 기준으로 발전시키는 것이 앞으로의 과제라고 생각한다.

(4) 처분이유 추가·변경의 시한

행정절차법의 적용을 받는 처분의 경우 처분이유의 추가·변경은 언제까지 가능할 것인가에 관하여 「행정소송법」에 아무런 규정이 없다. 학설은 침묵하고 있다. 판례를 추종하고 있는 것으로 보인다. 판례는 사실심 변론종결시까지 가능하다는 입장이다(대법 1999. 2. 9. 선고 96누8796 판결 등). 학자에 따라서는 판례의 입장을 반영하여 학설로서 변론종결시설을 주장하기도 한다.[3] 판례는 이유제시 흠 치유의 시간적 한계를 행정심판 제기시까지로 한정하고 있다(대법 1984. 4. 10. 선고 83누393 판결). 우리 판례는 행정소송에서 불명확·불충분한 처분이유의 흠의 치유를 허용하지 않으면서, 처분이유의 추가·변경은 행정소송의 사실심 변론종결시까지 가능하다는 논리를 펴고 있다. 독일 연방 행정절차법은 처분의 절차적 흠의 치유를 행정소송 종결시까지 허용하는 명문의 규정을 두고 있어(제45조 제2항) 실정법이 다름을 유념할 필요가 있다.

6. 취소소송제기의 효과

(1) 주관적 효과

소의 제기에 의하여 소송은 법원에 계속되며, 법원은 이를 심리하여 판결할 의무를 진다.

소송 계속은 피고에게 소장의 부본이 송달된 때로부터 시작하여 소의 각하, 판결의 확정, 소의 취하 등으로 종료된다. 소송이 계속되면 중복 제소가 금지되고(민사소송법 259조), 관련청구소송의 이송(행정소송법 10조 1항), 소송참가(동법 16조, 17조), 처분 등의 집행정지결정(동법 23조) 등이 가능해진다.

---

1) 柳至泰, 행정법신론, 580쪽; 崔善雄, 행정소송의 원리, 96쪽 이하 및 재량과 행정쟁송, 601쪽 이하.
2) 崔善雄, 행정소송의 원리, 97쪽 및 재량과 행정쟁송, 625쪽 이하.
3) 洪井善, 행정법원론(상), 959쪽.

(2) 객관적 효과

취소소송의 제기는 계쟁처분 등에 원칙적으로 영향을 미치지 아니한다. 취소소송의 제기에 의하여 처분 등의 집행이 정지된다고 한다면 행정목적의 실현에 중대한 차질을 가져 올 우려가 있고 또 남소의 우려가 있다. 반대로 집행을 정지시키지 아니하면 원고가 승소하여도 권리구제의 목적을 달성할 수 없는 경우가 생길 수 있다. 따라서 독일처럼 집행정지를 원칙으로 하더라도 부정지의 예외를 인정하지 않을 수 없고, 반대로 집행부정지를 원칙으로 하더라도 집행정지의 예외를 인정하지 않을 수 없게 된다. 우리 「행정소송법」은 집행부정지를 원칙으로 하고 집행정지를 예외로 인정하고 있다(동법 23조).

7. 취소소송에 있어서의 가구제(임시구제)

위법한 처분 등으로 권리·이익이 침해된 경우에 원고가 취소소송을 제기하여 그 처분 등의 취소를 청구하여도 그 판결이 확정되어 만족을 얻기까지는 오랜 시간이 걸린다. 그리하여 경우에 따라서는 원고가 승소하더라도 그 때는 이미 회복할 수 없는 손해가 발생하여 권리구제를 받을 수 없게 되는 수가 있다. 이러한 사태를 방지하기 위하여 판결이 확정될 때까지 잠정적으로 원고의 권리를 보전하는 가구제(임시구제)제도가 필요하게 된다.

가구제(임시구제)제도로는 집행정지와 가처분을 들 수 있다.

(1) 집행정지제도

1) 집행부정지원칙

「행정소송법」 제23조 제1항은 "취소소송의 제기는 처분 등의 효력이나 그 집행 또는 절차의 속행에 영향을 주지 아니한다"라고 하여 집행부정지원칙을 채택하고 있다.

우리 「행정소송법」이 이와 같은 집행부정지원칙을 채택한 근거에 관하여는 처분의 공정력 내지 자력집행력에 근거를 두는 견해[1]가 있다. 즉 처분에는 공정력이 있고 따라서 적법의 추정을 받음으로 인하여 취소판결이 있기까지는 집행력을 상실하지 않기 때문이라고 설명한다. 그러나 집행부정지원칙을 채택한 것은 입법정책의 소산에 불과하다. 즉 지금처럼 집행부정지원칙을 취할 수도 있고 독일처럼 집행정지원칙을 취할 수 있으나 현행법은 남소의 유발을 예방하고 행정목적의 원활한 실현을 도모하려는 정책적 배려에서 집행부정지원칙을 채택한 것이다. 이 견해가 현재 우리나라의 통설이다.

2) 집행정지의 의의

집행정지란 집행부정지원칙의 예외로서, 처분의 집행 등으로 인하여 나중에 본안승소판결을 받더라도 회복하기 어려운 손해가 생길 염려가 있는 경우 당사자의 권리·이익을 보전하기 위하여 법

---

1) 尹世昌, 행정법(상), 462쪽.

원이 당사자의 신청 또는 직권에 의하여 취소소송의 제기에 따른 부수적 조치로서 처분 등의 효력이나 집행 또는 절차의 속행의 전부 또는 일부를 잠정적으로 정지하는 재판을 말한다(동법 23조 2항).

집행정지제도는 본안소송에서 종국적 해결이 있기까지 당사자의 권리·이익의 실현을 보전하려는 임시구제제도라는 점에서 「민사집행법」상의 가처분(300조 이하), 집행이의소송에 따른 가처분(46조, 47조)과 유사하다. 그러나 「행정소송법」상의 집행정지는 정지의 요건을 달리하고 있다는 점, 본안소송이 제기된 뒤에만 허용된다는 점, 보전조치의 내용이 집행정지라는 소극적인 현상동결에 국한된다는 점, 법원이 직권으로도 결정할 수 있다는 점에서 「민사집행법」상의 가처분 등과 차이가 있다.

3) 집행정지의 본질

본안소송이 사법적 판단의 대상이 되는 이상 그 부수적 조치로서의 집행정지도 본안소송과 마찬가지로 사법작용으로 볼 것이다. 따라서 그 절차에 관하여 「행정소송법」에 달리 정한 것이 없는 때에는 「민사집행법」에 규정된 보전처분, 특히 가처분에 관한 집행절차가 준용되어야 할 것이다.

4) 집행정지의 종류

집행정지는 다음 기준에 따라 여러 가지로 나눌 수 있다.

㈎ 집행정지는 그 대상에 따라 원처분정지와 재결정지로 나눌 수 있다.

㈏ 집행정지는 그 내용에 따라 처분효력정지, 처분집행정지, 절차속행정지로 나눌 수 있다. 집행정지의 내용은 후술한다.

㈐ 집행정지는 그 효력이 미치는 범위에 따라 전부정지와 일부정지로 나눌 수 있다.

5) 집행정지의 대상

집행정지의 대상이 되는 것은 처분의 효력, 처분의 집행 및 절차의 속행이다. 여기서 말하는 처분은 본안인 취소소송의 대상인 처분 등, 즉 행정청이 행하는 구체적 사실에 관한 법집행으로서의 공권력의 행사 또는 그 거부와 그 밖에 이에 준하는 행정작용 및 행정심판에 대한 재결이다(행정소송법 2조 1항 1호). 이처럼 집행정지의 대상은 본안소송대상과 원칙적으로 동일하다. 그러나 선행처분과 후행처분이 연속된 일련의 절차를 구성하여 일정한 법률효과의 발생을 목적으로 하는 경우 또는 목적을 달리하는 별개의 처분이지만 속행처분이 선행처분의 집행으로서의 성질을 갖는 등 밀접한 관계가 있는 경우에는 선행처분의 취소소송을 본안으로 하여 후행처분의 효력, 집행 또는 절차의 속행을 정지할 수 있다(예: 과세처분 취소를 본안으로 한 체납처분의 집행정지, 체납처분절차에서 압류처분취소를 본안으로 한 공매절차의 집행정지). 구체적으로 문제되는 것은 다음과 같다.

㈎ **소극적 처분**　　불허가처분·거부처분 등과 같은 소극적 처분에 대하여는 집행정지를 할 수 없다는 것이 통설이다. 판례도 대체로 같은 입장이다(대법 1963. 6. 29. 자 62두9 결정, 대법 1992. 2. 13. 자 91두47 결정 등). 통설과 판례가 부정적인 입장을 취하고 있는 것은

불허가처분·거부처분의 효력을 정지하여도 불허가처분·거부처분이 없었던 것과 같은 상태로 돌아갈 뿐이지 신청이 허가된 것과 같은 상태가 형성되는 것은 아니기 때문이다.[1] 그러나 거부처분에 대하여 일률적으로 집행정지를 부정할 수 없다는 견해[2]가 유력하게 주장되고 있다. 예외적으로 반려처분에 대하여 집행정지를 인정한 판결(서울행법 2003. 1. 11. 자 2003아55 결정, 2003. 1. 14. 자 20003아95 결정 등)이 있다.

(나) **사실행위**　　　사실행위도, 그것이 공권력의 행사이면서 사인의 법률상 이익에 직접 영향을 미치는 한, 취소소송의 대상이 되며, 따라서 집행정지의 대상이 된다(대법 1971. 3. 5. 자 71두2 결정 등).

(다) **부　관**　　　부관이 불가분적 부관인 경우에는 부관부처분 전체를 대상으로 하여 취소소송을 제기하여야 하므로 부관부처분 자체가 집행정지의 대상이 된다. 따라서 부관 부분만에 대한 집행정지는 허용될 수 없다. 부관이 가분적 부관인 경우에는 위법한 부관 그 자체가 독립하여 취소소송의 대상이 될 수 있는가에 관하여는 견해가 나뉜다(→ 부관의 독립쟁송가능성). 부관 그 자체를 별개의 독립된 처분으로 볼 수 있는 경우에는 부관 부분만에 대한 집행정지도 가능하다 할 것이다.

(라) **복효적 처분**　　　복효적 처분은 처분 중에서 일방에게는 이익을 부여함과 동시에 타방에게는 불이익을 과하는 쌍면(雙面)적 성질의 처분이다. 이러한 복효적 처분에는 원래 불이익 처분인데 동시에 제3자에게 수익적 효과를 부여하는 처분과, 원래 이익 처분인데 동시에 제3자에게 불이익 효과를 주는 처분으로 나눌 수 있다. 전자의 경우 복효적 처분이긴 하지만 특별한 문제는 없다. 그러나 후자의 경우에는 처분의 피해자가 신청하는 집행정지는 단순히 처분의 피해자의 권리보전이라는 방어적 성격에 그치지 아니하고 처분의 수익자로부터 처분에 의하여 얻게 될 이익을 박탈하여 그 권리실현을 저지한다. 따라서 이 경우에는 처분의 피해자의 구제뿐만 아니라 처분의 수익자의 보호도 고려하지 않으면 아니 된다. 처분의 피해자와 수익자의 이해조정이 필요하다.

6) 집행정지의 요건
집행정지를 하려면 ① 집행정지의 대상이 되는 처분 또는 재결이 존재할 것, ② 신청인에게

---

1) 행정소송법 제23조 제6항은 제30조 제1항만을 준용하고 제2항을 준용하고 있지 아니하므로 거부처분의 효력이 정지되어도 처분청은 정지결정의 취지에 따라 다시 신청에 대한 처분을 하여야 하는 것은 아니다. 따라서 거부처분에 대한 집행정지결정이 있어도 신청인의 법적 지위에는 변동이 없다.

2) 尹榮宣, 「행정소송에 있어서 가구제제도」, 행정소송에 관한 제문제[상](재판자료 제67집), 법원행정처·1995, 384쪽 이하 참조. 헌법소원을 본안으로 하는 사건에 대하여 가처분을 인정한 헌재 2000. 12. 8. 2000헌사471 결정, 헌재 2002. 4. 25. 2002헌사129 결정은 실질적으로 거부처분에 대한 집행정지나 가처분을 인정한 것과 유사한 효과를 발생시키고 있다는 점에서 대법원 입장과 대조적이다(崔桂暎, 「헌법소원에 의한 행정작용의 통제」, 공법연구(한국공법학회) 제37집 제2호, 215쪽 참조).

당사자능력·당사자적격이 있을 것, ③ 집행정지신청을 구할 법률상 이익이 있을 것(대법 2000. 10. 10. 자 2000무17 결정), ④ 적법한 본안소송이 법원에 계속되어 있을 것, ⑤ 회복하기 어려운 손해를 예방하기 위하여 긴급한 필요가 있을 것, ⑥ 공공복리에 중대한 영향을 미칠 우려가 없을 것, ⑦ 본안청구가 이유 없음이 명백하지 아니할 것 등의 요건을 갖추어야 한다. 이 중 ④ 이하의 요건을 보면 다음과 같다.

(가) 적법한 본안소송이 법원에 계속되어 있을 것　　집행정지는 「민사집행법」상의 가처분 등과는 달리 본안소송이 법원에 계속되어 있을 것을 요건으로 한다(행정소송법 23조 2항). 따라서 집행정지를 신청할 때 본안소송이 법원에 계속되어 있지 아니하면 집행정지신청은 부적법한 것이 된다. 본안소송의 제기와 집행정지신청이 동시에 행하여지는 경우도 허용된다는 것이 일반적이다.

또한 본안소송은 적법한 것이어야 한다(대법 2010. 11. 26. 자 2010무137 결정 참조). 집행정지는 본안소송에서 승소판결을 받기까지 원고의 권리·이익을 잠정적으로 보전함을 목적으로 하는 것이므로 본안소송이 명백하게 부적법한 것이면 집행정지신청도 부적법하게 되기 때문이다.

(나) 회복하기 어려운 손해를 예방하기 위하여 긴급한 필요가 있을 것　　「행정소송법」 제23조 제2항은 집행정지의 요건으로 회복하기 어려운 손해를 예방하기 위하여 긴급한 필요가 있을 것을 규정하고 있다.

여기서 말하는 "회복하기 어려운 손해"란 금전보상이 불가능한 경우뿐만 아니라 금전보상으로는 사회관념상 처분을 받은 당사자가 참고 견딜 수 없거나 또는 참고 견디기가 현저히 곤란한 경우의 유형·무형의 손해를 말한다는 것이 통설·판례이다. 판례는 나아가서 처분이 금전부과처분인 경우에도 금전부과처분에 따른 처분의 이행에 의한 경제적 손실이나 기업 이미지 및 신용의 훼손으로 인하여 사업자의 자금사정이나 경영 전반에 미치는 파급효과가 매우 중대하여 사업 자체를 계속할 수 없거나 중대한 경영상의 위기를 맞게 될 것으로 보이는 등의 사정이 존재하는 경우에는 회복하기 어려운 손해에 해당한다고 본다(대법 2003. 4. 25. 자 2003무2 결정 등).

긴급한 필요란 회복하기 어려운 손해가 생길 가능성이 시간적으로 급박하거나 또는 본안판결을 기다릴 여유가 없음을 뜻한다.[1]

"회복하기 어려운 손해"와 "긴급한 필요" 여부는 각각 개별적으로 판단할 것이 아니라 합일적·포괄적으로 판단하여야 한다.

---

1) 대법 2011. 4. 21. 자 2010무111 전원합의체 결정: 긴급한 필요가 있는지 여부는 처분의 성질과 태양 및 내용, 처분상대방이 입는 손해의 성질·내용 및 정도, 원상회복·금전배상의 방법 및 난이 등은 물론 본안청구의 승소 가능성의 정도 등을 종합적으로 고려하여 구체적·개별적으로 판단하여야 한다.

⒟ **공공복리에 중대한 영향을 미칠 우려가 없을 것**　　「행정소송법」제23조 제3항
은 "집행정지는 공공복리에 중대한 영향을 미칠 우려가 있을 때에는 허용되지 아니한다"
라고 하여 공공복리에 중대한 영향을 미칠 우려가 없을 것을 집행정지의 소극적 요건으로
규정하고 있다. 따라서 집행정지가 허용되지 아니하는 경우는 처분 등의 집행이 단순히
공공복리에 영향을 미치는 것만으로는 충분하지 아니하고, 사인이 입게 될 손해보다도 공
공복리에 미칠 영향이 중대한 때[1]를 가리키는 것이다.

⒠ **본안청구가 이유 없음이 명백하지 아니할 것**　　위의 요건 외에 "본안청구가 이유
없음이 명백하지 아니할 것"이 또 하나의 요건인가, 즉 본안에서 패소할 것이 거의 확실한
경우에도 집행정지를 허용할 것인가에 관하여 견해가 대립되어 있다. ① 본안청구가 이유
없음이 명백하지 아니할 것이 집행정지의 요건이 아니라는 견해이다. ② 본안청구가 이유
없음이 명백하지 아니할 것을 집행정지의 소극적 요건으로 보는 견해이다. ③ 본안에 관
하여 이유 있음이 명백할 때를 집행정지의 적극적 요건으로 보는 견해이다. 이 견해에 의
하면, 취소소송에 있어서의 집행정지는 물론 임시적 구제절차이기는 하지만 「민사집행
법」상의 가처분과는 달리 본안해결의 제1단계라는 절차적 의의도 있는 것인 만큼 집행정
지의 문제를 본안과 완전히 분리하는 것은 적당치 않다고 하면서 가령 동종의 대량처분
중 이미 다른 동종사건에서 청구인용판결이 확정된 경우 또는 사정에 의하여 본안에 이유
있음(처분 등이 위법함)이 명백한 경우에는 긴급보전의 필요라는 요건이 미흡하더라도 집행
정지결정을 할 수 있다는 것이다.[2]

　　생각건대, ①은 집행정지제도의 목적이 본안승소판결을 얻기까지 사이에 원고의 지위
를 잠정적으로 보호하고 본안승소판결에 의한 원고의 권리·이익의 보호가 무의미하게 되
는 것을 방지하려는 데에 있는 이상 본안에 관한 원고의 주장이 이유 없다고 일단 인정되
는 경우까지 집행정지를 용인하는 것은 실질적인 국민의 권리보호와 원활한 행정운영의
확보와의 조정을 목표로 하는 집행정지제도의 이념에 반하고, 그 권리보전적 성격과도 모
순된다는 비난을 면할 수 없다. ③은 본안에 관하여 이유 있음이 명백할 때를 집행정지의
적극적 요건으로 보게 되면 그 주장과 소명의 책임을 원고가 져야 할 것이므로 현실적으
로 곤란하고 국민의 권리구제에도 지장이 생길 염려가 있다는 데에 문제가 있다. ②의 견
해가 다수설로 보인다.

　　판례는 처분의 집행정지신청사건에 있어서는 처분 자체의 적법 여부를 판단할 것이
아니고 그 처분의 집행정지에 관한 요건의 존부만을 판단하여야 한다(대법 1989. 12. 27. 자

---

1) 대법 2010. 5. 14. 자 2010무48 결정: 공공복리에 미칠 영향이 중대한지의 여부는 절대적 기준에 의하여 판단할
　것이 아니라, 신청인의 '회복하기 어려운 손해'와 '공공복리' 양자를 비교·교량하여, 전자를 희생하더라도 후자
　를 옹호하여야 할 필요가 있는지 여부에 따라 상대적·개별적으로 판단하여야 한다.
2) 金道昶, 일반행정법론(상), 798쪽.

89두21 결정 등)고 하면서도 본안청구가 이유 없음이 기록상 분명하지 아니한 것이 집행정지의 요건이 된다고 하여 ②의 입장에 있었다(대법 1994. 10. 11. 자 94두23 결정 등). 그러나 대법원은 최근 '회복하기 어려운 손해를 예방하기 위하여 긴급한 필요'의 판단기준을 제시하면서 본안청구의 승소 가능성의 정도 등을 종합적으로 고려하여 구체적·개별적으로 판단하여야 한다는 판시를 하고 있다(대법 2004. 5. 12. 자 2003무41 결정 등).

7) 집행정지의 내용

집행정지는 처분의 효력정지, 처분의 집행정지 및 절차의 속행정지라고 하는 소극적 형성을 그 내용으로 한다. 처분의 효력정지는 처분 등의 효력 그 자체를 존속하지 않는 상태에 두는 것(예: 공무원면직처분 효력정지)이고, 처분의 집행정지는 처분 등의 집행력을 박탈하여 그 내용의 실현을 정지시키는 것(예: 대집행 집행정지)이며, 절차의 속행정지는 처분 등이 유효함을 전제로 법률관계를 진전시키는 다른 행위가 이어질 경우 그 전제가 되는 처분 등의 효력을 박탈하여 후속 법률관계의 진전을 정지시키는 것(예: 체납처분의 속행정지)이다.

처분의 효력정지는 처분 등의 집행 또는 절차의 속행을 정지함으로써 목적을 달성할 수 있는 경우에는 허용되지 아니한다[1](동법 23조 2항 단서). 그것은 처분의 효력정지가 「민사집행법」상의 가처분과 흡사하여 그 결정이 있으면 처분 등이 부존재하였던 것과 같은 상태를 만드는 것이어서 행정에 미치는 영향이 중대하기 때문이다.

8) 집행정지의 절차

(개) 관할법원   집행정지결정의 관할법원은 본안이 계속되고 있는 법원이다(동법 23조 2항). 항소심과 상고심에서도 가능하다.

(내) 당 사 자   집행정지의 신청인은 본안소송의 원고이다. 피신청인은 원칙적으로 본안소송의 피고이다. 그러나 집행정지는 본안소송의 대상인 처분에 한하지 아니하고 그 집행 또는 절차의 속행에 대하여도 할 수 있으므로 그 집행 또는 절차의 속행을 담당하는 행정청이 본안소송의 피고인 행정청과 다른 경우에는 그 집행 또는 절차의 속행을 담당하는 행정청도 피신청인이 된다.

(대) 절차의 개시   집행정지의 절차는 당사자의 신청 또는 직권에 의하여 개시된다(동조 동항).

(래) 절차의 진행(심리)   집행정지신청서에는 소장에 관한 규정이 준용된다고 해석되므로 집행정지신청서가 법원에 접수되면 재판장은 그 신청서의 형식적 적법 여부를 심사하여야 한다(민사소송법 254조). 그 결과 보정을 명하거나 각하한다. 집행정지신청이 있으

---

1) 예: 체납처분으로서 압류처분이 있은 경우 당해 압류재산이 공매됨으로 인한 손해를 피하기 위하여는 그 공매절차의 진행을 정지함으로써 족하고 압류처분의 효력을 정지할 필요는 없으므로 압류처분의 효력정지는 허용되지 아니한다.

면 서면심리를 하거나 변론을 열어 심리할 수 있다.

집행정지의 결정을 신청함에 있어서는 그 이유에 대한 소명이 있어야 한다(행정소송법 23조 4항). 소명은 당사자가 그 주장사실에 대하여 법관에게 일단 확실하다는 의식을 생기게 하는 것이다. 소명의 대상은 집행정지의 요건이다. 적극적 요건 즉 "적법한 본안소송이 법원에 계속되어 있을 것"이라든가 "회복하기 어려운 손해를 예방하기 위하여 긴급한 필요가 있을 것" 등은 신청인이 소명하여야 하고, 소극적 요건 즉 "공공복리에 중대한 영향을 미칠 우려가 없을 것"과 "본안청구가 이유 없음이 명백하지 아니할 것"은 피신청인이 소명할 책임을 진다.

(마) **절차의 종결**　집행정지의 절차는 법원의 결정과 신청취하에 의하여 종결된다. 집행정지사건에 있어서의 재판의 형식은 언제나 결정이다(동법 23조 2항). 법원은 집행정지신청이 이유가 없는 때에는 신청을 기각하는 결정을 하며, 이유 있을 때에는 신청을 인용하는 결정을 한다.

9) 집행정지결정의 효력

(가) **형 성 력**　집행정지결정이 고지되면 처분의 효력정지, 처분의 집행정지 및 절차의 속행정지의 종별에 따라 처분의 효력 그 자체의 전부 또는 일부가 존속하지 않는 법률상태에 놓이게 하는 형성력을 발생한다. 집행정지결정은 제3자에 대하여도 효력이 있다(동법 29조 2항). 집행정지결정의 효력은 결정 주문에서 정한 기간까지 존속하다가 그 기간이 만료되면 장래에 향하여 소멸한다. 항고소송을 제기한 원고가 본안소송에서 패소확정판결을 받았더라도 집행정지결정의 효력이 소급하여 소멸하지 않는다(대법 2020. 9. 3. 선고 2020두34070 판결)[1]. 따라서, 예컨대 퇴학처분이 효력정지되어도 정지결정 이전의 기간은 수업일수에 산입되지 아니하며, 정지결정 이후의 기간만이 수업일수에 산입된다.

(나) **기 속 력**　집행정지결정은 당해 사건에 관하여 당사자인 행정청과 그 밖의 관계행정청을 기속한다(동법 23조 6항). 따라서 행정청은 동일내용으로 새로운 처분을 하거나 또는 이에 관련된 처분을 할 수 없다. 이에 위반한 처분은 무효이다(대법 1962. 1. 18. 선고 4294민상625 판결 등).

---

1) 그러나 제재처분에 대한 행정쟁송절차에서 처분에 대해 집행정지결정이 이루어졌더라도 본안에서 해당 처분이 최종적으로 적법한 것으로 확정되어 집행정지결정이 실효되고 제재처분이 다시 집행할 수 있게 되면, 처분청으로서는 당초 집행정지결정이 없었던 경우와 동등한 수준으로 해당 제재처분이 집행되도록 필요한 조치를 취하여야 한다. 집행정지는 행정쟁송절차에서 실효적 권리구제를 확보하기 위한 잠정적 조치일 뿐이므로, 본안 확정판결로 해당 제재처분이 적법하다는 점이 확인되었다면 제재처분의 상대방이 잠정적 집행정지를 통해 집행정지가 이루어지지 않은 경우와 비교하여 제재를 덜 받게 되는 결과가 초래되도록 해서는 안 된다. 반대로, 처분상대방이 집행정지결정을 받지 못했으나 본안소송에서 해당 제재처분이 위법하다는 것이 확인되어 취소하는 판결이 확정되면, 처분청은 그 제재처분으로 처분상대방에게 초래된 불이익한 결과를 제거하기 위하여 필요한 조치를 취하여야 한다(대법 2020. 9. 3. 선고 2020두34070 판결).

㈐ **시간적 효력**　　　법원이 집행정지의 시기와 종기를 자유롭게 정할 수 있다. 시기는 통상 결정이 고지된 때이며, 종기는 집행정지결정에 별도의 정함이 없는 한 본안판결확정 시까지 존속한다.

10) 집행정지결정에 대한 불복

집행정지의 결정 또는 기각의 결정에 대하여는 즉시항고할 수 있다.[1] 이 경우 집행정지의 결정에 대한 즉시항고에는 결정의 집행을 정지하는 효력이 없다(동조 5항).

11) 집행정지의 취소

집행정지의 결정이 확정된 후 집행정지가 공공복리에 중대한 영향을 미치거나 그 정지사유가 없어진 때에는 당사자의 신청 또는 직권에 의하여 결정으로써 집행정지의 결정을 취소할 수 있다(동법 24조 1항). 여기서 말하는 당사자는 피신청인인 행정청이다. 그것은 신청인이 취소를 신청할 이유가 없기 때문이다. 취소의 관할법원에 관하여는 규정이 없으나 본안계속법원으로 보아야 한다. 집행정지결정의 취소결정과 이에 대한 불복에 관하여는 집행정지결정과 이에 대한 불복의 규정이 준용된다(동조 2항).

(2) 가처분제도

1) 가처분의 의의

가처분이란 현상을 방치하면 후에 승소판결을 얻어도 이에 기한 강제집행이 불가능하거나 현저하게 곤란하게 될 염려가 있는 경우에 판결이 있을 때까지의 잠정조치로 현상의 변경을 금하거나 일정한 법률관계를 형성하는 등의 방법으로 장래의 강제집행의 보전을 꾀하는 절차로서, 금전채권 이외의 계쟁물에 관한 청구권의 집행을 보전하거나 다툼 있는 권리관계에 관하여 임시의 지위를 정함을 목적으로 하는 재판을 말한다(민사집행법 300조 이하).

가구제제도가 정비되어 있다는 것은 국민의 재판을 받을 권리(헌법 27조)의 보장을 실질적으

---

1) 대법 2011. 4. 21. 자 2010무111 전원합의체 결정: 행정처분의 효력정지나 집행정지를 구하는 신청사건에서는 행정처분 자체의 적법 여부를 판단할 것이 아니고 행정처분의 효력이나 집행 등을 정지시킬 필요가 있는지 여부, 즉 행정소송법 제23조 제2항에서 정한 요건의 존부만이 판단대상이 된다. 나아가 '처분 등이나 그 집행 또는 절차의 속행으로 인한 손해발생의 우려' 등 적극적 요건에 관한 주장·소명·책임은 원칙적으로 신청인측에 있으며, 이러한 요건을 결여하였다는 이유로 효력정지 신청을 기각한 결정에 대하여 행정처분 자체의 적법여부를 가지고 불복사유로 삼을 수 없다. [다수의견에 대한 반대의견] 행정소송법 제8조 제2항에 따라 행정소송에도 준용되는 민사소송법 제442조는 "항고법원·고등법원 또는 항소법원의 결정 및 명령에 대하여는 재판에 영향을 미친 헌법·법률·명령 또는 규칙의 위반을 이유로 드는 때에만 재항고할 수 있다"고 규정하고 있다. 재항고인들이 효력정지 요건의 해석에 관한 원심결정의 법리오해 위법을 반복하여 지적하면서, 특히 여러 가지 측면에서 특수성을 띠고 있는 환경문제가 포함된 이 사건의 규모와 성격, 직·간접적 파급효과 등을 고려할 때 효력정지 요건 충족 여부와 관련하여 '회복하기 어려운 손해' 및 '긴급한 필요'의 의미를 종전과 다르게 해석하여야 한다거나 그렇지 않다고 하더라도 소명책임과 관련한 소명의 정도를 완화하여야 한다는 취지의 주장을 하고 있는데, 이는 법리오해 주장으로서 적법한 재항고 이유이다. 그렇다면 대법원으로서는 재항고 이유의 당부에 관하여 나아가 판단함이 마땅하다.

로 담보하기 위한 불가결한 요청이다. 이러한 취지에서 보면 가구제제도는 포괄적이고 유효한 것이어야 한다. 「행정소송법」이 가구제제도로서 집행정지제도를 마련하고 있으나, 그 요건이 엄격하고 또한 그 내용에 있어서 집행정지라는 소극적인 현상동결에 그치므로 이미 집행정지의 대상에서 본 바와 같이 불허가처분·거부처분 등과 같은 소극적 처분에 대하여는 집행정지를 할 수 없는 등 가구제제도로서는 일정한 한계가 있다. 여기에 광범위한 권리보호를 가능케 하는 「민사집행법」상의 가처분에 관한 규정이 행정소송에도 준용될 수 있는가의 문제가 제기된다.[1]

2) 가처분의 가능성

행정소송에도 「민사집행법」상의 가처분에 관한 규정이 준용될 수 있는가에 대하여는 소극설, 적극설 및 절충설(제한적 긍정설)이 대립되어 있다.

(가) 소 극 설　　　　행정소송에 「민사집행법」상의 가처분에 관한 규정이 준용될 수 없다는 견해[2]이다. 그 논거로는 ① 법원이 구체적인 사건에 대한 법적용의 보장적 기능을 가지므로 처분의 위법 여부의 판단은 가능하나 그 판단에 앞서 처분에 대한 가처분을 하는 것은 사법권의 범위를 벗어난다는 점, ② 「행정소송법」 제23조의 규정은 공익과의 관련성 때문에 행정소송에 「민사집행법」상의 가처분을 배제하는 특별한 규정을 두고 있다고 보아야 한다는 점, ③ 행정청에 처분을 명한 것과 동일한 법률상태를 형성하는 가처분 기타 공권력행사를 직접 제약하는 가처분은 독일처럼 본안소송으로서 의무이행소송이나 예방적 부작위청구소송 등이 인정되어 있음을 전제로 하는데 우리 「행정소송법」은 이런 소송제도를 인정하고 있지 않다는 점 등을 든다. 판례는 소극설의 입장을 견지하고 있다(대법 1975. 12. 30. 자 74마446 결정, 대법 2011. 4. 18. 자 2010마1576 결정, 대법 2015. 8. 21. 자 2015무26 결정[3] 등).

(나) 적 극 설　　　　행정소송에 「민사집행법」상의 가처분에 관한 규정이 준용될 수 있다는 견해[4]이다. 그 논거로는 ① 「헌법」 제27조 제1항이 보장하는 재판을 받을 권리가 형식적인 소권의 보장에 그치는 것이 아니라 사법권에 의한 실효성 있는 권리보호의 보장을 내용으로 하는 것이라는 점, ② 「행정소송법」 제8조 제2항이 동법에 특별한 규정이 없는 사항에 대하여는 「법원조직법」과 「민사소송법」 및 「민사집행법」을 준용하도록 명시하고 있다는 점, ③ 우리 「행정소송법」에, 일본의 행정사건소송법 제44조와 같이, 가처분을 배제하는 특별한 규정이 없다는 점 등을 든다.

---

1) 「감사원법」 제40조 제2항 단서에는 감사원의 재심의 판정에 대하여 감사원을 상대로 하는 행정소송에 있어서는 그 효력을 정지하는 가처분결정을 할 수 없다고 규정하고 있다.

2) 朴鈗炘, 최신행정법강의(상), 973쪽 이하.

3) 대법원의 2015무26 결정에 대한 상세한 평석으로 河明鎬,「행정소송에서 가처분 규정의 준용」, 행정판례연구(한국행정판례연구회 편) XXII-2 제2권, 169쪽 이하가 있다.

4) 李尙圭, 신행정법론(상), 860쪽 이하.

⒟ **절 충 설**　　　행정소송에서도「민사집행법」상의 가처분을 긍정하면서, 다만 그 적용의 범위 등에 일정한 제한을 두려는 견해이다. 제한적 긍정설이라고도 부른다.

⒠ **검 토**　　　생각건대,「행정소송법」에 집행정지에 관하여 특별한 규정을 두고 있고, 또한 그것이 이미 앞에서 설명한 바와 같이「민사집행법」상의 가처분과 차이가 있는 것이므로, 집행정지의 대상이 되고 있는 영역에서는「민사집행법」상의 가처분이 기능할 여지는 원칙적으로 없다고 보아야 할 것이다. 문제는 집행정지의 대상이 되지 아니하는 영역에 있다. 예컨대 이미 앞에서 설명한 바와 같이 불허가처분·거부처분 등과 같은 소극적 처분에 대하여 집행정지를 할 수 없는 것이 원칙이다. 그렇다고 한다면 당사자에게 회복할 수 없는 손해를 입힐 염려가 있으므로, 집행정지의 대상이 되지 아니하는 영역에서는「민사집행법」상의 가처분제도를 행정소송에 준용하는 문제를 검토할 여지가 있다. 가처분 규정의 준용문제는 입법론상 문제임과 동시에 해석론상의 문제이다. 해석론상의 점진적 접근이 필요하다.

Ⅶ. 취소소송의 심리

1. 의　의

소송의 심리란 판결을 하기 위하여 그 판단의 기초가 되는 소송자료(주로 사실과 증거)를 수집하는 절차를 말한다. 소송심리는 두 부분으로 구성된다. 하나는 소송당사자가 사건에 관한 사실을 주장하고 증거를 제출하는 과정인데, 이를 변론이라 한다. 다른 하나는 법원이 당사자가 제출한 증거를 조사해서 주장사실의 진부를 판정하는 과정인데, 이를 증거조사라 한다.

취소소송의 심리도「행정소송법」에 특별한 규정이 없는 한,「민사소송법」이 정한 변론 및 증거조사 등에 관한 여러 원칙에 따른다. 다만, 취소소송은 그 성질상 공익과 밀접한 관계를 가지므로 가능한 한 소송자료를 풍부하게 하고 객관적으로 공정 타당한 심리가 행하여지도록 하기 위하여 소송자료의 수집에 당사자에게 주도권을 인정하는 변론주의에만 의존하지 아니하고 법원에 주도권을 인정하는 직권주의를 가미하고 있다.

2. 심리의 내용 및 범위

⑴ 심리의 내용

심리는 요건심리와 본안심리로 나눌 수 있다.

1) 요건심리

요건심리는 당해 소송이 소송요건을 갖춘 적법한 것인지의 여부를 심리하는 것을 말한다. 요건심리의 결과 요건을 갖추지 못한 경우 보정을 명하고 보정할 수 없으면 각하의 소송판결을 하게 된다.

소송요건의 존재 여부는 법원의 직권조사사항이다. 따라서 법원은 당사자의 주장이 없더라도 직권으로 이를 조사하여야 하고 또 당사자가 이의를 아니한다 하여 그대로 본안판결을 하지 못한다.

소송요건의 존부를 판정하는 시기는 소송을 제기할 때이나 사실심의 변론종결시까지 소송요건을 갖추면 치유된다.

2) 본안심리

요건심리의 결과 당해 소송이 소송요건을 갖춘 적법한 것인 때에는 본안심리를 하게 된다. 본안심리는 원고의 청구가 이유 있는가의 여부, 즉 계쟁처분에 위법성이 있는가의 여부를 심리하는 것을 말한다.

(2) 심리의 범위

법원은 당사자의 주장·입증을 바탕으로 당해 취소소송의 대상인 처분의 위법성 여부를 가리는 범위 내에서만 심리할 수 있는 것이 원칙이다.

재량처분(자유재량처분)은, 그 재량을 그르친 경우에도, 재량권일탈·재량권남용이 아닌 한, 위법의 문제를 발생시키지 아니한다. 그런데 재량을 그르친 것이 단순히 부당한 것인지 재량권을 일탈하거나 남용한 것인지는 사실인정의 결과 비로소 판단될 수 있다. 따라서 재량처분에 대하여 소송이 제기되면 법원은 이를 본안으로 받아들여 이를 심리하여야 하며 심리의 결과 재량권의 일탈·남용이 있으면 청구를 인용하여야 하고, 재량권의 일탈·남용이 없으면 청구를 기각하여야 한다. 「행정소송법」 제27조가 "행정청의 재량에 속하는 처분이라도 재량권의 한계를 넘거나 그 남용이 있는 때에는 법원은 이를 취소할 수 있다"라고 한 것은 바로 이러한 의미이다.

3. 심리의 절차

취소소송의 심리에 있어서도 「행정소송법」에 특별한 규정이 없는 사항에 대하여는 「법원조직법」과 「민사소송법」 및 「민사집행법」의 규정을 준용한다(동법 8조 2항).

(1) 일반적 원칙

취소소송의 심리에 있어서도 공개심리주의(헌법 109조, 법원조직법 57조 1항), 쌍방심리주의, 구술심리주의, 변론주의(민사소송법 134조)[1], 직권진행주의 등의 일반적 원칙이 원칙적으로 적용된다.

---

1) 민사소송에서는 변론주의를 원칙으로 하나, 불완전한 변론으로써 재판을 하는 것은 당사자에게 대하여 불친절할뿐만 아니라 재판의 위신을 손상시킨다. 그러므로 법원은 당사자에게 진술의 모순·불완전·불명료한 점을 지적하여 이것을 경정·보충할 기회를 주고 또 당사자에게 입증을 촉진하는 것이 필요하게 된다. 곧 석명권의 행사이다. 석명권 행사는 국민에게 봉사하는 법원의 책무이며 그 행사를 게을리하거나 잘못할 때에는 심리미진의 위법이 있는 것으로 상고이유가 된다. 대법 2014. 9. 26. 선고 2013두2518 판결은 국무회의에서 건국훈장 독립장이

(2) 특수한 절차

취소소송의 심리에만 적용되는 특수한 절차는 다음과 같다.

1) 처분권주의의 제한

처분권주의란 소송의 개시, 소송물의 특정(심판대상의 결정) 및 소송의 종료 등에 대하여 당사자가 처분권(주도권)을 가지고 이들에 관하여 자유로이 결정할 수 있는 원칙을 말한다. 취소소송의 개시에 대하여는 당사자가 처분권을 가진다. 소송물의 특정에 대하여도, 원고가 처분을 특정하여 그 취소를 구하지 않으면 아니 되므로 당사자가 처분권을 가진다. 그러나 소송의 종료에 있어서는 민사소송에 있어서와는 달리 청구의 인낙이나 화해가 허용되지 아니한다는 것이 종래의 지배적 견해이다(→ 판결에 의하지 아니한 취소소송의 종료).

2) 직권심리주의

취소소송의 심리에 있어서 변론주의가 원칙적으로 적용된다. 그러나 동시에 「행정소송법」은 취소소송의 공익성에 비추어 취소소송의 심리에 있어서 "법원은 필요하다고 인정할 때에는 직권으로 증거조사를 할 수 있고, 당사자가 주장하지 아니한 사실에 대하여도 판단할 수 있다"라고 하여 변론주의에 대한 특례를 규정하고 있다(26조).

이 특례의 이해에 관하여는 견해가 나뉜다.

(가) 변론주의보충설　　이 설은 당사자가 주장하는 사실에 대한 당사자의 입증활동이 불충분하여 심증을 얻기 어려운 경우에 당사자의 증거신청에 의하지 아니하고 직권으로 증거조사를 할 수 있다는 규정으로 이해한다. 이 설이 우리나라의 다수설이다.

(나) 직권탐지주의설　　이 설은 당사자가 주장한 사실에 대하여 보충적으로 증거를 조사할 수 있을 뿐만 아니라 더 나아가서 당사자가 주장하지 아니한 사실에 대하여도 직권으로 이를 탐지하여 재판의 자료로 삼을 수 있다는 의미의 규정으로 이해한다.[1]

판례는 한때 직권주의가 적용된다고 판시한 판결(대법 1961. 11. 2. 선고 4294행상23 판결)도 있었으나, 대법 1985. 2. 13. 선고 84누467 판결 이후 변론주의보충설을 취하고 있다.

수여된 망인에 대한 서훈취소를 의결하고 대통령이 결재함으로써 서훈취소가 결정된 후 국가보훈처장이 망인의 유족 원고에게 결정 통보를 하자 원고가 국가보훈처장을 상대로 서훈취소결정의 무효확인등의 소를 제기한 사안에서, 원고가 서훈취소처분을 행한 행정청(대통령)이 아니라 국가보훈처장을 상대로 제기한 위 소는 피고를 잘못 지정한 경우에 해당하므로, 법원으로서는 석명권을 행사하여 정당한 피고를 경정하게 하여 소송을 진행해야 함에도 국가보훈처장이 서훈취소처분을 한 것을 전제로 처분의 적법 여부를 판단한 원심판결에 법리오해 등의 잘못이 있다고 하였다. 또한 대법 2020. 1. 16. 선고 2019다264700 판결은 "행정소송법상 항고소송으로 제기하여야 할 사건을 민사소송으로 잘못 제기한 경우에 수소법원이 그 항고소송에 대한 관할도 동시에 가지고 있다면, 전심절차를 거치지 않았거나 제소기간을 도과하는 등 항고소송으로서의 소송요건을 갖추지 못했음이 명백하여 항고소송으로 제기되었더라도 어차피 부적법하게 되는 경우가 아닌 이상, 원고로 하여금 항고소송으로 소변경을 하도록 석명권을 행사하여 행정소송법이 정하는 절차에 따라 심리·판단하여야 한다"고 하였다.

1) 尹一泳, 「행정소송과 직권주의」, 대한변호사협회지 제10호, 37~40쪽.

즉 당사자가 주장하지 아니한 사실이라 함은 모든 사실이 아니고 비록 당사자가 주장하지 않았더라도 소송기록상 그 사실이 나타나야 하고 일건 기록상으로도 전혀 나타나지 않는 사실에 대하여까지 심판할 의무가 없고(대법 1988. 4. 27. 선고 87누1182 판결), 기록상 자료가 나타나 있다면 당사자가 주장하지 않았더라도 판단할 수 있으며(대법 1989. 8. 8. 선고 88누3604 판결), 당사자가 제출한 소송자료에 의하여 법원이 처분의 위법 여부에 관한 합리적인 의심을 품을 수 있음에도 불구하고 단지 구체적 사실에 관한 주장을 하지 아니하였다는 이유만으로 당사자에게 석명을 하거나 직권으로 심리판단하지 아니함으로써 구체적 타당성이 없는 판결을 하는 것은 「행정소송법」 제26조의 규정과 행정소송의 특수성(공공복리의 유지와 행정목적의 달성, 행정판결의 제3자효 등)에 반하므로 허용될 수 없다(대법 1992. 2. 28. 선고 91누6597 판결, 대법 2010. 2. 11. 선고 2009두18035 판결[1] 등)는 것이다.

㈐ **검 토**　　　　우리 실정법의 다른 규정을 도외시하고 제26조 후단만으로 직권탐지주의설이 옳다고 주장할 수는 없다. 그러나 보다 충분한 소송자료의 수집을 위하여 제26조 후단을 보다 더 적극적으로 해석할 필요는 있다고 생각한다.

3) 행정심판기록제출명령

「행정소송법」은 "법원은 당사자의 신청이 있는 때에는 결정으로써 재결을 행한 행정청에 대하여 행정심판에 관한 기록의 제출을 명할 수 있다"(25조 1항)라고 하여 행정심판기록제출명령을 규정하고 있다.

이를 인정하는 이유는 ① 취소소송에 있어서는 당해 처분 등에 관계되는 자료들이 대부분 행정청이 보유하고 있어 원고가 그 주장사실에 대한 입증자료의 확보가 용이하지 아니한 경우가 있다는 점, ② 원고는 행정청에 대하여 「민사소송법」에 의한 문서제출명령을 신청할 수 있으나(민사소송법 343조·345조) 문서제출명령신청은 요식행위로서 당해 문서의 표시·취지 및 소지자 등을 알아야 하는데 원고로서는 그와 같은 구체적인 것을 알기 어려운 경우가 많고 또 행정심판기록 중에는 문서제출명령신청의 대상으로 할 수 없는 것(예컨대 행정심판기록 중 행정심판위원회가 스스로의 사용목적을 위하여 작성·수집한 내부문서)도 있다는 점 등 때문이다.

여기서 말하는 행정심판은 「행정심판법」에 의한 일반행정심판뿐만 아니라 개별법에서 규정하고 있는 모든 행정심판을 포함한다고 해석해야 할 것이다[2]. 그리고 행정심판기록은 당해 행정

---

1) 대법 2010. 2. 11. 선고 2009두18035 판결에 대한 평석으로 서태환, 「행정소송에서의 직권심리주의의 의미와 범위」, 한국행정판례연구회 제271차 월례발표회 발표문이 있다. 서 부장판사는 "'당사자가 제출한 소송자료에 의하여 법원이 처분의 적법 여부에 관한 합리적인 의심을 품을 수 있음에도'라고 판시한 점에서 얼마든지 직권탐지의 책무의 범위가 확장될 수 있는 여지를 남긴 점도 주목할 필요가 있다. 일건 기록에 현출된 사소한 자료이더라도 그 자료를 바탕으로 합리적 의심을 품을 수 있다면 직권 심리·판단의 책무가 부여될 수 있기 때문이다"라고 대상판결을 평가하고 있다.

2) 河明鎬, 행정쟁송법, 406쪽도 같은 취지이다.

심판에 관한 모든 기록을 가리키는 것으로서 행정심판청구서와 그에 대한 답변서 및 재결서뿐만 아니라 행정심판위원회의 회의록 그 밖에 행정심판위원회에서의 심리를 위하여 제출된 모든 증거 기타 자료를 포괄한다.

행정심판기록제출명령을 받은 행정청은 지체없이 당해 행정심판에 관한 기록을 법원에 제출하여야 한다(행정소송법 25조 2항).

4. 주장책임과 입증책임

(1) 주장책임

변론주의 아래에서는 판결에 필요한 주요사실은 당사자가 변론에서 주장하지 아니하면 법원이 이를 판결의 기초로 삼을 수 없다. 그 결과 당사자는 자기에게 유리한 주요사실을 주장하지 아니하면 마치 그 사실이 없는 것으로 취급되는 불이익을 입게 된다. 이러한 불이익을 주장책임이라 한다. 주요사실의 존부에 관한 입증이 문제되기 이전에 먼저 주요사실의 주장이 있어야 한다는 점에서 주장책임은 입증책임과는 별개의 문제로서 독자적 의미를 가진다.

이 주장책임에도 어느 주요사실의 주장책임을 어느 당사자가 지는가라는 분배의 문제가 있다. 주장책임의 분배문제를 입증책임의 분배와 연계시켜 주장책임은 주요사실에 관한 입증책임을 지는 자가 부담한다는 견해와 자기에게 유리한 사실이 심리에서 주장되지 않음으로써 받은 불이익과 주요사실의 진위·존부불명의 경우에 부담하는 불이익과는 논리적으로 항상 동일한 분배기준에 의하여야 하는 것은 아니라는 견해가 있다. 후자에 의하는 경우 취소소송에 있어서도 입증책임의 분배문제와는 별도로 주장책임의 분배가 문제된다.

직권심리주의의 특례에도 불구하고 취소소송이 여전히 **변론주의**를 기반으로 하고 있다는 다수설과 판례에 의하면 당사자가 처분의 위법을 들어 그 취소를 구함에 있어서는 직권조사사항을 제외하고 그 위법된 구체적인 사실을 먼저 주장하여야 하는 것이 된다(대법 2000. 5. 30. 선고 98두20162 판결 등). 그러나 행정청이 불이익처분을 하려고 하는 때에는 법정 요건에 대응하는 사실을 조사·검토해야 할 의무가 있고, 그것을 바탕으로 원칙적으로 청문절차를 거쳐 근거와 이유를 제시하여 처분을 하는 것이므로, 원고가 처분을 특정하여 취소소송을 제기한 이상 피고인 행정청이 적법요건을 구비하고 있다는 주장책임을 진다고 해석하는 것이 현행 실정법 아래에서는 올바른 해석이다.

(2) 입증책임[1]

1) 입증책임의 의의

법원은 당사자가 주장한 사실의 진위·존부에 대하여 증거에 의하여 이를 인정한다. 소송에

---

[1] 행정소송에서의 입증책임에 관한 상세한 설명은 金鐵容·崔光律, 주석 행정소송법, 745쪽 이하 [집필 具旭書] 참조.

있어서 다투어지고 있는 사실에 대하여 증거가 충분하지 않아 법원이 충분한 심증을 얻지 못한 경우 진위가 불분명한 채로 결심(結審)을 하게 되고 그 결과 진실에 반하여 원고이든 피고이든 누군가가 불이익을 받게 된다. 따라서 그러한 재판에 의한 불이익을 피하고 진실에 기한 판단을 얻기 위하여는 증거를 들어 진실을 명백히 할 책임이 있다. 이처럼 주장 사실에 대하여 소송에 나타난 모든 증거자료에 의하여도 진위·존부 그 어느 것으로도 판단할 수 없을 경우에 법원은 이것을 어느 당사자에게 불리하게 가정하여 판단하지 않는 한 재판을 할 수 없게 되는데, 이러한 가정을 할 때 당사자의 일방이 받는 불이익을 입증책임이라 한다. 그리고 어느 당사자에게 불이익하게 그 사실의 존부를 가정하느냐를 정하는 것을 입증책임의 분배라고 한다.

2) 취소소송에 있어서 입증책임의 분배

(가) 학 설
취소소송에 있어서 입증책임을 당사자간에 어떻게 분배할 것인가에 관하여 「행정소송법」에 아무런 규정이 없다. 학설상으로는 견해가 나누어져 있다. 중요한 견해는 다음과 같다.

(ㄱ) 원고책임설
이 설은 처분은 공정력이 있어 적법성의 추정을 받으므로 처분의 위법사유에 관한 입증책임은 원고에게 있다는 견해이다. 적법성추정설·공정력추정설이라고도 한다. 이 설에 대하여는 공정력이란 행정행위 속에 내재해 있어서 위법한 행정행위에도 법적인 효과를 부여하는 힘과 같은 실체적인 것이 아니라는 것 즉 적법성의 추정을 포함하는 것이 아니므로(→ 공정력과 입증책임) 공정력과 취소소송의 입증책임과는 무관하다는 비판이 있다.

(ㄴ) 피고책임설
이 설은 처분은 법치행정원리의 적용을 받으므로 처분의 적법성을 담보할 책임이 있는 피고 행정청이 처분의 적법사유에 관하여 입증책임이 있다는 견해이다. 적법성담보설이라고도 한다. 이 설에 대하여는 법치행정원리가 행정실체법의 기본원리라고 해서 그것이 곧 입증책임의 분배를 결정하는 것이 아니라는 비판이 있다.

(ㄷ) 법률요건분배설
이 설은 「민사소송법」의 법률요건분류설을 취소소송에 도입하여 행정청의 권한행사규정(…한 때에는 …의 처분을 한다)에 관하여는 권한행사를 주장하는 자가 요건사실에 대한 입증책임을 지며(적극적 처분에 대하여는 행정청이, 신청거부처분과 같은 소극적 처분에 대하여는 원고가 입증책임을 진다), 행정청의 권한불행사규정(…한 때에는 …의 처분을 하여서는 아니 된다)에 관하여는 처분권한의 불행사를 주장하는 자가 요건사실에 대한 입증책임을 진다(적극적 처분에 대하여는 원고가, 소극적 처분에 대하여는 행정청이 입증책임을 진다)는 견해이다. 현재 우리나라의 통설이다. 이 설에 대하여는 ① 대등당사자의 이해조정규정 및 재판규범적 성격이 강한 민사실체법과 공익·사익의 조정 및 행정기관의 행위규범적 성격이 강한 행정실체법과는 동일하게 논할 수 없다는 점, ② 행정법규를 제정할 때 민사실체법과 같이 입증책임의 분배를 고려하여 법문이 만들어지는 것이 아니라는 점에서 단순히 권한행사규정과 권한불행사규정의 분류에 의거하여 입증책임을 분배할 수 없다는 비판이 있다.

㈃ 처분성질분배설　　　　이 설은 국민의 자유권적 기본권에 입각하여 국민의 권리·자유를 제한하거나 의무를 부과하는 불이익 처분의 취소소송에 있어서는 항상 피고 행정청이 처분의 적법성에 관한 입증책임을 지며(따라서 경찰허가신청의 거부처분에 대한 취소소송에 있어서도 행정청이 입증책임을 진다), 국민이 국가에 대하여 자기의 권리영역·이익영역의 확장을 구하는 청구에 대하여는 원고가 입증책임을 진다(급부신청거부취소소송에 있어서는 원고가 입증책임을 진다)는 견해이다. 권리제한·확장구분설이라고도 한다. 이 설에 대하여는 ① 시민적 법치국가체제 아래서의 취소소송을 전제로 할 때에는 타당할지 모르나 현대의 급부국가상황을 전제로 할 때 자유권적 기본권만을 중심으로 한 견해는 충분치 않다는 점, ② 생활보호신청거부처분을 비롯한 사회보장신청거부처분에 대하여 일률적으로 원고에게 입증책임을 지우는 것은 타당하지 아니하다는 비판이 있다.

㈄ 개별구체분배설　　　　이 설은 당사자의 공평, 사안의 성질, 사물에 대한 입증의 난이 등에 의하여 개별 구체적으로 입증책임의 분배를 결정하려는 견해이다. 이 설에 대하여는 입증책임의 분배기준은 사전에 일의적으로 정하여져야 하는 것이지 개개의 구체적 사실에 따라 달라져서는 아니 된다는 비판이 있다.

㈅ 행정법독자분배설　　　　이 설은 행정소송과 민사소송의 목적과 성질의 차이, 행위규범과 재판규범과의 차이 등을 이유로 독자적으로 정하여야 한다는 견해이다. 그러나 이 설의 내용은 한결같지 않다. 피고책임설을 이 설의 내용에 포함시키는 견해,[1] 처분성질분배설을 이 설의 내용으로 설명하는 견해,[2] 개별구체분배설을 이 설의 내용으로 설명하는 견해[3] 등이다. 이 설에 대하여는 각각 피고책임설·처분성질분배설·개별구체분배설에 대한 비판과 동일한 비판이 가능하다.

㈁ 검　　　토　　　　입증책임 분배에 관한 학설은 모두 단점을 갖고 있다. 사견으로는 행정법규가 입증책임을 의식하여 입법을 하였다고 보이는 경우에는 법률요건분배설에 의하는 것이 타당하나, 그렇지 아니한 경우에는 처분성질분배설을 기본하여 개별구체분배설을 감안하여 입증책임을 결정하는 것이 법치행정원리의 요청에 부합하는 것이라고 생각한다. 취소소송에서는 민사소송에서와 달리 피고인 행정청은 「행정절차법」상 이유제시의무가 있으므로 원고가 처분을 특정하여 취소소송을 제기한 경우에는 피고인 행정청은 처분이 적법요건을 구비하고 있다는 입증책임을 진다고 보는 것이 사리에 합당한 해석이라

---

1) 朴鈗炘, 최신행정법강의(상), 996쪽.
2) 柳至泰, 행정법신론(제7판), 516쪽.
3) 金南辰·金連泰, 행정법 Ⅰ, 720쪽.

고 보기 때문이다. 행정청이 행정과정에서 조사의무를 지게 되거나 관계인에게 지우고 있는 경우에는 그 조사의무를 감안하여 입증책임을 결정하여야 할 경우도 있을 것이다.

(다) 판　　례

대법원은 "민사소송법의 규정이 준용되는 행정소송에서의 증명책임은 원칙적으로 민사소송 일반원칙에 따라 당사자 간에 분배되고, 항고소송의 경우에는 그 특성에 따라 처분의 적법성을 주장하는 피고에게 적법사유에 대한 증명책임이 있다. 피고가 주장하는 일정한 처분의 적법성에 관하여 합리적으로 수긍할 수 있는 일응의 증명이 있는 경우에 처분은 정당하며, 이와 상반되는 주장과 증명을 상대방인 원고에게 책임이 돌아간다"(대법 2016. 10. 27. 선고 2015두42817 판결)이라고 판시하고 있다. 이 입장이 최근의 판례의 입장으로 보인다.

(라) 개별문제

(ㄱ) 소송요건　　　　처분의 존재, 제소기간의 준수 등 소송요건은 취소소송에 있어서 직권조사사항이지만 그 존재 여부가 불명확할 때에는 요건결여의 부적법한 소송으로 취급되어 원고의 불이익으로 판단되므로 이에 대한 입증책임은 원고에게 있다. 이에 대하여 처분의 적법요건을 이루는 사실에 관한 입증책임은 피고에게 있다.

(ㄴ) 재량권 일탈·남용　　　　재량처분에 있어서 재량권 일탈·남용에 의하여 당해 처분이 위법하게 되므로 그 위법사유의 존재 여부에 대한 입증책임의 문제가 발생한다. 통설과 판례는 재량권 일탈·남용의 입증책임이 원고에게 있다고 본다. 즉 법률요건분배설의 입장에 서서 재량처분이 위법하다는 것은 예외에 속하고 헌법 및 조리상의 재량통제법리를 권리장애규정으로 해석하여 원고에게 입증책임이 있다고 보기도 하고,[1] 행정법독자분배설의 입장에 서서 동일한 주장을 펴기도 한다.[2] 판례도 처분이 그 재량권의 한계를 벗어난 것이어서 위법하다는 점(재량권 일탈·남용)은 그 처분의 효력을 다투는 자가 이를 주장·입증하여야 하고(대법 2021. 6. 30. 선고 2021두35681 판결 등) 처분청이 그 재량권의 행사가 정당한 것이었다는 점까지 이를 주장·입증할 필요가 없다고 한다(대법 1987. 12. 8. 선고 87누861 판결, 대법 2017. 10. 12. 선고 2017두48956 판결 등). 그러나 과연 통설·판례의 입장이 헌법을 비롯한 현행 행정실정법의 구조에 적합하냐에 관하여 근본적으로 의문일 뿐만 아니라, 일률적으로 재량권 일탈·남용의 입증책임을 원고에게 지우는 통설·판례의 입장은 옳지 않다. 왜냐하면 재량판단의 기초자료에 대한 당사자의 접근은 용이하지 아니하므로 통설·판례의 입장은 재량처분에 대한 재판적 통제를 거의 형해화(形骸化)할 위험이 있기 때문이다. 오늘날 법치행정원리에 의하면 법률에 의한 행정청에 대한 재량권 부여는 행정청

---

1) 金東熙, 행정법 Ⅰ, 752쪽.

2) 朴鈗炘, 앞의 책 같은 곳.

에 의한 적정한 재량권의 행사를 전제로 하고 있다고 보아야 한다. 따라서, 행정청이 의거하고 있는 판단과정에 불합리한 점이 있다거나 또는 재량기준의 합리성 및 재량기준에서 일탈하여 재량권을 남용하였다는 원고의 주장에 대하여 판단과정에 불합리한 점이 없다거나 또는 재량기준에서의 일탈이 객관적 이유가 있어 재량권남용이 아니라는 것, 즉 기준적용의 합리성에 관한 주장·입증은 재량청에게 있다고 보아야 한다.

(ㄷ) 행정정보공개

행정정보공개청구에 대하여 행정청이 그 행정정보가 비공개대상정보임을 이유로 비공개결정을 하여 원고가 비공개결정취소소송을 제기한 경우에는 계쟁정보가 비공개대상정보에 해당한다는 점에 대한 입증책임은 피고가 부담한다고 보아야 할 것이다. 「공공기관의 정보공개에 관한 법률」은 제3조에서 정보공개원칙이 원칙임을 밝히고 있을 뿐만 아니라 원고는 공개청구대상인 문서 등 정보를 본 일이 없음에 대하여 피고는 정보의 내용을 알고 있기 때문이다.

(ㄹ) 처분의 절차 및 송달　　　　처분의 절차의 적법성 및 송달에 관한 입증책임은 피고인 행정청에 있다고 보는 것이 옳다. 판례[1]이기도 하다.

(ㅁ) 과세처분　　　　과세처분의 위법을 이유로 그 취소를 구하는 취소소송에 있어서 과세처분의 적법성 및 과세요건사실의 존재에 관하여는 원칙적으로 과세관청인 피고가 그 입증책임을 부담하나(대법 1987. 7. 7. 선고 85누393 판결 등), 경험칙상 이례에 속하는 특별한 사정의 존재는 납세의무자인 원고가 그 입증책임을 부담한다(대법 1985. 3. 12. 선고 84누362 판결 등).[2]

Ⅷ. 취소소송의 종료

1. 판결에 의한 취소소송의 종료

이에 관하여는 후술한다.

2. 판결에 의하지 아니한 취소소송의 종료

(1) 소의 취하

소의 취하란 제기한 소의 전부 또는 일부를 철회한다는 원고의 법원에 대한 의사표시를 말한다. 소의 취하는 취소소송의 종료사유가 된다. 다만, 피고가 본안에 관하여 준비서면의 제출, 변

---

1) 절차의 적법성에 관한 것으로는 대법 1986. 10. 28. 선고 85누555 판결 등, 송달의 적법성에 관한 것으로는 대법 1994. 10. 14. 선고 94누4134 판결.

2) 조세소송에서의 입증책임에 관한 설명은 金鐵容·崔光律, 주석 행정소송법, 777쪽 이하 [집필 具旭書] 참조. 蘇淳茂·尹智炫, 조세소송, 496쪽 이하.

론 등을 행한 이후에는 피고 행정청의 동의를 받아야 취하가 효력을 가진다(행정소송법 8조 2항, 민사소송법 266조 2항).

(2) 소송상의 화해

소송상의 화해란 소송절차 중 법원에서 민사상 분쟁의 당사자가 서로 그 주장을 양보하여 분쟁을 해결하는 행위로서, 이에 의하여 소송을 종료시키는 것을 말한다. 소송상의 화해로 취소소송이 종료되는가, 즉 소송상의 화해가 취소소송에도 허용되는가에 관하여는 부정설과 제한적 긍정설로 견해가 나뉜다. 부정설의 논거는 ① 행정청은 사인과의 관계에서 서로 양보에 의한 처분을 할 수 없음은 물론, 재량행위라 하더라도 그 재량권은 소송물에 대한 처분권과는 다른 것이고, ② 행정소송의 심리에는 제한된 범위 안에서나마 직권탐지주의가 개입될 수 있으며, ③ 행정소송의 확정판결은 대세적 효력을 갖는다는 점을 든다.[1] 제한적 긍정설의 논거는 ①「행정소송법」상의 직권심리주의는 어디까지나 변론주의를 기조로 하여 당사자가 주장하는 사실로 증거가 불충분하기 때문에 심증을 얻을 수 없는 경우에 법원이 보충적으로 증거조사를 직권으로 할 수 있는 권능을 부여한 것에 그치는 것이므로 소송상의 화해가 직권주의와 반드시 양립할 수 없는 것이라 할 수 없고, ② 기판력이 미치는 주관적 범위는 원칙적으로 당사자 및 이와 동일시할 수 있는 당사자의 승계인 등에 한정된다고 해석하는 것이 상당하며 이를 가지고 일반적으로 기판력의 제3자에의 확장을 인정한 것이라 할 수 없으며, ③ 화해에 의해 우세한 공익이 침해될 우려가 있는 경우에는 화해가 제한된다고 해석하여야 하지만 화해의 여부는 소송물에 관하여 실체법에 입각하여 개별·구체적으로 결정해야 하고 행정사건의 공익적 성격을 이유로 일반적으로 소송상의 화해가 허용되지 않는다고 하는 것은 논리의 비약이라는 점을 든다.[2] 부정설이 종래의 통설이다.[3]

(3) 청구의 포기·인낙

청구의 포기란 민사소송의 변론 또는 준비절차에서 원고가 자기의 소송상 청구가 이유 없음을 자인하는 법원에 대한 일방적 의사표시를 말하며, 청구의 인낙이란 피고가 원고의 소송상 청구가 이유 있음을 자인하는 법원에 대한 일방적 의사표시를 말한다. 행정소송에 있어서도「민사소송법」상의 청구의 포기와 청구의 인낙에 관한 규정이 준용될 수 있는가에 관하여는 부정설과 제한적 긍정설로 견해가 나뉜다. 부정설의 논리는 소송상 화해에 있어서의 부정설의 논거와 대

---

1) 李尚圭, 신행정법론(상), 895쪽.

2) 白潤基,「행정소송제도의 개선」, 행정법원의 좌표와 진로(1999, 서울행정법원), 185쪽 ; 朴正勳,「행정소송에 있어 소송상 화해」, 인권과 정의 1999년 11월호, 15쪽 이하.

3) 행정소송에 있어 재판상 화해에 관한 상세한 설명은 金鐵容·崔光律, 주석 행정소송법, 166쪽 이하 [집필 朴正勳] 참조.

체로 같다.[1] 제한적 긍정설의 논거는 ① 청구의 포기는 소송경제의 측면에서 허용하는 것이 유용하다는 점, ② 청구의 인낙은 대상소송물이 당사자의 처분권에 의존하여도 법치행정의 원리와 모순되지 아니하는 한 부정해야 할 이유가 없다는 점을 든다.[2] 부정설이 종래의 통설이다.

(4) 당사자의 소멸

원고가 사망하거나 소송물을 승계할 자가 없는 경우에는 소송은 종료된다. 그러나 행정청이 없게 된 때에는 그 처분 등에 관한 사무가 귀속되는 국가 또는 공공단체를 피고로 하도록 되어 있으므로(행정소송법 13조 2항) 소송은 종료되지 아니한다.

IX. 취소소송의 판결

1. 판결의 의의와 위법판단의 기준시

(1) 판결의 의의

판결이란 법원이 원칙적으로 변론을 거쳐서 법정의 방식으로 소송의 목적인 구체적 쟁송을 해결하기 위하여 법적 판단을 선언하는 재판의 일종을 말한다.

(2) 위법판단의 기준시

1) 의 의

취소소송에 있어서 법원은 계쟁처분의 위법을 어느 시점에서 판단할 것인가의 문제가 있다. 즉 처분시와 그 처분에 대한 취소소송의 판결시 사이에 사실관계가 변경된다든가(예컨대 처분시에는 법정 면허기준이 충족되어 있지 않았으나 그 처분의 취소소송의 판결시에는 면허기준이 충족되어 있는 경우) 법령의 개폐가 행하여진 경우(예컨대 징계처분이 행하여지고 난 뒤 법이 개정되어 징계사유가 아니게 된 경우)에 어느 시점을 기준으로 하여 처분의 위법 여부를 판단할 것인가의 문제가 발생한다. 이 문제를 위법판단의 기준시의 문제라 한다.

2) 학 설

이 문제에 관하여는 처분시설과 판결시설로 견해가 나뉜다. 이러한 견해의 대립은 취소소송의 목적과 성격에 관한 이해의 차이에서 나온다.

(가) 처분시설   이 설은 취소소송에 있어서 당해 처분 등의 위법 여부의 판단은 처분 당시의 사실관계 및 법령을 기준으로 하여야 한다는 견해이다. 이 설의 논거로는 ① 취소

---

1) 李尙圭, 위의 책, 894쪽.

2) 柳至泰, 「행정소송에서의 화해, 청구포기 및 청구인낙」, 고시계 2002년 5월호, 76쪽.

소송에 있어서 법원의 역할은 처분의 사후심사에 그쳐야 하는 것이며 처분 후의 사정에 의거하여 법원이 처분의 위법 여부를 판단한다는 것은 행정청의 제1차적 판단권을 침해하는 것이 되고 법원에 행정감독청으로서의 지위를 인정하는 셈이 된다는 점, ② 나아가 판결시설에 의하면 처분 당시에는 적법한 처분이 판결에 의하여 취소되는 경우까지 생기게 되는데 그것은 법원이 행정청에 대신하여 행정을 행하는 것이 되어 권력분립의 원리에 위반될 뿐만 아니라 재판의 지연에 따라 당사자간에 불균형이 생길 수도 있다는 점, ③ 원고는 처분 당시의 사실관계 및 법령상태에서 소송물을 특정할 수밖에 없는데, 처분 후의 사정을 고려한다는 것은 앞의 소송물의 동일성과 모순된다는 점 등을 든다. 이 설이 통설이다.

⑷ **판결시설**　　　이 설은 당해 처분 등의 위법 여부의 판단은 판결시(엄격히 말하면 변론종결시)의 사실관계 및 법령을 기준으로 하여야 한다는 견해이다. 이 설의 논거로는 ① 취소소송의 본질은 행정청의 제1차적 판단을 매개로 하여 발생하는 위법상태의 배제에 있다는 점, ② 취소소송에 있어서는 처분의 법규에 대한 적합 유무가 판단의 대상이 되는데 이 경우의 법규는 판결시의 법규가 원칙이 된다는 점 등이다.

⑸ **검　토**　　　처분시설이 타당하다. 그 이유는 취소소송이 법치행정원리를 담보하는 법제도이고 위법한 처분은 실체법상 본래 그 효력을 발생하지 아니한다고 보아야 하기 때문이다.

　　주의해야 할 점은 양설이 모두 예외를 인정하고 있다는 점이다. 즉 판결시설에 있어서는 소송의 목적이 일정한 시기에 있어서 처분의 위법성의 판단인 경우, 직접 제3자의 권리·이익에 관계가 있는 경우(예: 경원관계에 있는 일방의 허가처분에 대한 취소소송), 처분의 효과가 처분시에 완료하는 경우 등은 처분시설에 의하는 예외를 인정한다. 또한 처분시설에 있어서도 처분 후의 사정의 변경에 의하여 일정한 요건 아래 흠의 치유의 법리를 인정하는 견해를 취하는 경우에는 그 한도 내에서는 처분시설이 엄격하게 관철되어 있는 것은 아니다.[1]

3) 판　례

판례는 일관하여 처분의 적법 여부는 그 처분 당시의 법령과 사실상태를 기준으로 하여 판

---

[1] 학자에 따라서는 거부처분취소소송에 있어서는 거부처분의 취소가 행정절차를 신청단계로 되돌리기 위한 경우에는 처분시가 위법판단의 기준시가 되지만, 거부처분의 취소가 「행정소송법」 제30조 제2항의 재처분의무에 의하여 행정청에게 의무부과적 효력을 갖는 경우에는 판결시가 위법판단의 기준시가 되어야 한다고 주장하는 견해가 있다. 이 견해의 논거는 ① 거부처분취소소송은 형성소송의 성질 외에 실질적으로 이행소송의 성질도 함께 가지고 있다는 점, ②「행정소송법」제30조 제2항이 "판결의 취지에 따라 다시 이전의 신청에 대한 처분을 하여야 한다"라고 규정하고 있을 뿐, 그 판결이유가 반드시 처분시를 기준으로 하여야 한다는 명문의 규정이 없다는 점을 든다. 朴正勳,「거부처분취소소송에 있어 위법판단의 기준시와 소의 이익—거부처분 이후 근거법령이 폐지된 경우 취소소송의 권리보호필요성—」, 한국행정판례연구회 제140차 월례발표회 발표논문, 10쪽.

단하여야 한다는 입장이다(대법 2014. 10. 30. 선고 2012두25125 판결[1] 등). 적극적 불이익 처분과 거부처분을 구별하지 아니한다(대법 1996. 12. 20. 선고 96누9799 판결, 대법 2008. 7. 24. 선고 2007두 3930 판결 등).

2. 판결의 종류

취소소송의 판결은 여러 가지 기준에 따라 여러 가지로 나눌 수 있다.

(1) 중간판결과 종국판결

이 구별은 어느 심급에서의 심리를 완결시키느냐의 여부를 기준으로 한 것이다. 중간판결은 소송의 심리 중에 독립한 공격 또는 방어의 방법 기타 중간의 다툼(예: 소송요건에 관한 다툼) 등 당사자 사이에 쟁점으로 된 사항에 대하여 미리 판단하는 판결이다(민사소송법 201조). 이에 대하여 종국판결은 취소소송의 전부 또는 일부를 그 심급으로서 종료시키는 판결이다. 취소소송의 판결로서 중요한 의미를 가지는 것은 종국판결이다.

(2) 전부판결과 일부판결

이 구별은 심리를 완결시키는 범위를 기준으로 한 것이다. 전부판결은 동일소송절차로 심판되는 사건의 전부를 동시에 종료시키는 종국판결이다. 이에 대하여 일부판결은 동일소송절차로 심판되는 사건의 일부를 다른 부분으로부터 분리하여 종료시키는 종국판결이다. 일부판결을 할 것인가의 여부는 법원의 재량이나, 선택적 병합·예비적 병합·필요적 공동소송의 경우에는 일부판결을 할 수가 없다. 일부판결도 종국판결이므로 독립하여 상소할 수 있다.

(3) 소송판결(각하판결)과 본안판결

이 구별은 판단의 내용을 기준으로 한 것이다. 소송판결(각하판결)은 소송의 적부에 대한 판결로서, 요건심리의 결과 소송요건을 갖추지 못한 경우에 당해 소송을 부적법한 것으로 각하하는 판결이다. 이에 대하여 본안판결은 소송에 의한 청구의 당부에 대한 판결로서, 본안심리의 결과 청구의 전부 또는 일부를 인용하거나 기각함을 내용으로 하는 판결이다.

---

1) 대법 2014. 10. 30. 선고 2012두25125 판결 : 항고소송에서 행정처분의 적법여부는 특별한 사정이 없는 한 행정처분 당시를 기준으로 하여 판단하여야 하는 바, 여기서 행정처분의 위법여부를 판단하는 기준 시점에 관하여 판결 시가 아니라 처분 시라고 하는 의미는 행정처분의 위법여부를 판단 할 때 처분 후 법령의 개폐나 사실상태의 변동에 영향을 받지 않는다는 뜻이지 처분 당시 존재하였던 자료나 행정청에 제출되었던 자료만으로 위법여부를 판단한다는 의미는 아니므로, 처분 당시의 사실상태 등에 관한 증명은 사실심변론종결 당시까지 할 수 있고, 법원은 행정처분 당시 행정청이 알고 있었던 자료뿐만 아니라 사실심변론종결 당시까지 제출된 모든 자료를 종합하여 처분 당시에 존재하였던 객관적 사실을 확정하고 그 사실에 기초하여 처분의 위법 여부를 판단할 수 있다. 대법 2019. 7. 5. 선고 2017두55077 판결 등도 같은 판시를 하고 있다.

⑷ 기각판결·사정판결·인용판결

이 구별은 본안판결을 다시 그 내용에 따라 나눈 것이다.

1) 기각판결

기각판결은 원고의 청구가 이유 없다고 하여 배척하는 내용의 판결이다. 계쟁처분 등이 적법하거나 부당에 그치는 경우가 이에 해당한다.

2) 사정판결

⑺ **의   의**   사정판결은 원고의 청구가 이유 있다고 인정하는 경우에도 이를 인용하는 것이 현저히 공공복리에 적합하지 아니하다고 인정하는 경우에 그 청구를 기각하는 판결이다(행정소송법 28조 1항 전단). 예컨대, 댐 건설을 위한 하천점용허가처분에 대하여 어업권자로부터 취소소송이 제기된 경우에 심리의 결과 당해 처분이 어업권을 침해하는 위법한 것인 때에는 원래 그 처분을 취소하여야 하지만 이미 거대한 댐 건설이 완공되어버려 댐 건설을 철거하는 것이 공공복리에 적합하지 아니하다고 판단하여 청구를 기각하는 판결을 하는 것이 그 전형적인 예이다.[1]

⑷ **근   거**   처분이 위법하면 당연히 그 처분을 취소함이 마땅함에도 불구하고 취소청구를 기각할 수 있게 한 「행정소송법」 제28조의 근거는 어디에 있는가가 문제된다. 이에 대하여는 여러 근거가 제시된다. 첫째는 그 근거를 기성사실의 존중에서 찾는 것이 일반적이다. 즉 일단 처분이 행하여지게 되면 그것을 전제로 하여 법률상이나 사실상의 여러 관계가 쌓여 나가기 때문에 판결시에 처분을 취소하여 이와 같은 법률상·사실상의 제관계를 뒤엎는 것이 물리적으로 가능하다 하더라도 사회·경제적으로 불가능한 경우가 있는데, 이 경우에는 이미 쌓여진 기성사실을 모두 뒤엎어 원고를 구제하고 법치행정의 요청을 만족시키는 것보다 기성사실의 존중의 요청을 우선시켜야 한다는 것이다.

둘째는 사정판결의 근거를 장래 발생할 혼란의 방지에서 찾는다. 예컨대 새로운 공항이나 고속철도 등이 공공용에 제공된 후 그로 인한 소음·진동 등을 이유로 운행의 중단, 감속 등 피해방지를 위한 행정소송이 제기된 경우에 사정판결로 공익과 사익을 적절히 조정할 수 있다는 것이다.

⑷ **사정판결과 법치행정의 원리**   학자에 따라서는 사정판결을 불필요한 제도로 평가하기도 한다.[2] 그러나 사정판결제도가 없다고 한다면 소의 이익이 없음을 이유로 각하될 수밖에 없을 것이라는 점(대법 1985. 5. 28. 선고 85누32 판결 참조) 등을 고려하여 볼 때 그

---

1) 우리 판례에 나타난 사정판결이 인정된 사례 및 동향분석에 관하여는 李殷起, 「사정판결과 공공복리」, 행정법연구(행정법이론실무학회) 제27호, 153쪽 이하 특히 171쪽 참조.
2) 金伊烈, 「행정심판법의 문제점」, 고시계 1985년 4월호, 78~79쪽.

렇게 간단히 평가할 문제는 아니다.

다만, 사정판결제도가 법치행정의 원리의 예외가 되는 것이므로 사정판결의 요건을 엄격하게 해석하여야 하고, 사정판결 아닌 다른 방법에 의한 해결이 불가능한 경우에 보충적으로만 인정되어야 하며, 불가피하게 사정판결을 하는 경우에도 대상적(代償的) 사익구제 조치가 반드시 병행되어야 한다는 점은 주의를 요한다.

㈐ 요 건　　　　　사정판결의 요건은 "원고의 청구가 이유 있다고 인정하는 경우에도 처분 등을 취소하는 것이 현저히 공공복리에 적합하지 아니하다고 인정하는 것"이다.

㈀ 처분 등에 관한 취소소송일 것　　　　사정판결은 취소소송에서만 인정되고, 무효등확인소송 등 다른 항고소송에서는 인정되지 아니한다는 것이 다수설이고 판례(대법 1996. 3. 22. 선고 95누5509 판결 등)이다. 이에 대하여는 무효확인소송에도 준용되어야 한다는 견해가 있다. 그 논거는 ① 무효와 취소의 구별이 상대적이라는 점, ② 무효확인청구의 경우에도 기성사실의 존중 필요성이 있다는 점, ③ 무효확인청구를 권리남용이론으로 기각하는 자체가 남용될 여지가 없지 않고 사정판결의 화해조정적 기능을 감안하면 무효처분에도 사정판결제도를 적용하는 것이 바람직하다는 점 등이다.[1] 무효확인소송에 사정판결을 준용하는 것은 무리한 면이 있으나, 무효선언을 구하는 취소소송에 적용하는 것은 해석상 가능할 것이다.

㈁ 청구가 이유 있는 경우일 것　　　　사정판결은 청구가 이유 있는 경우(처분이 위법인 경우)에 예외적으로 청구를 기각하는 판결을 하는 제도이므로, 원고의 청구가 이유 없는 경우(처분이 적법한 경우)에는 당연히 청구기각판결을 할 것이기 때문에 사정판결의 문제가 일어날 여지가 없다.

㈂ 청구인용의 판결이 현저히 공공복리에 적합하지 아니할 것　　　　이 요건에서 가장 중심이 되는 것은 무엇이 공공복리인가 하는 점이다. 이 개념은 다의적 개념이어서 학설과 판례가 명확한 정의를 내리고 있지 않다.[2] 의견의 일치를 보고 있는 것은 아니지만, 일반적으로는 개개인에 공통되면서 개개인의 사적 이익에 우월하는 이익으로 이해한다. 무엇이 현저히 공공복리에 적합하지 아니한가의 여부도 명확한 판단기준이 있는 것이 아니다. 그러나 이 요건은 극히 엄격하게 제한적으로 해석하여야 한다. 왜냐하면 위법한 처분을 존치시키는 것은 그 자체가 공공복리에 반하기 때문이다(대법 2001. 8. 24. 선고 2000두7704 판결 참조). 청구인용의 판결이 현저히 공공복리에 적합하지 아니한가의 여부는 일반적·추상적으로 논할 것이 아니라 구체적인 사건에 임하여 처분의 집행으로 인한 기존 사실상태

---

1) 徐元宇, 「사정판결제도」, 고시계 1983년 9월호, 42쪽 이하 ; 金南辰, 행정법 Ⅰ(제7판), 834쪽.

2) 공공복리의 정의에 관하여는 李殷起, 앞 논문, 158쪽 이하 참조.

의 존중, 손해의 정도, 그 보전방법의 난이도 등을 고려하여 개별적·구체적으로 결정하여야 하며 비례원칙이 엄격하게 적용되어야 할 것은 말할 나위가 없다. 판례는 "위법한 처분을 취소하지 아니하고 방치함으로써 발생하는 공익침해의 정도보다 위법처분을 취소함으로써 발생하는 새로운 공익침해의 정도가 월등하게 큰 경우, 예를 들면 처분이 위법이기는 하나 이미 집행되어 버렸고, 그로 말미암아 다수의 관계인 사이에 새로운 사실상태, 법률상태가 형성되어 이를 뒤엎음으로 말미암아 손해가 심대하고, 이에 비하면 위법한 처분으로 불이익을 받은 자의 손해의 정도는 비교적 근소하여, 또 다른 방법으로 실질적으로 그 손해를 보충할 수 있다고 인정되는 경우"를 현저히 공공복리에 적합하지 아니한 경우로 판시한 바(대법 1967. 5. 2. 선고 67누24 판결 등) 있다.

(마) 적 용

(ㄱ) 위법인정 등의 기준시 　　사정판결의 대상이 되는 처분의 위법결정은 처분시를 기준으로 판단할 것이나, 사정판결의 필요성은 당연히 처분 후의 사정이 고려되어야 할 것이므로 변론종결시를 기준으로 판단하여야 한다(대법 1970. 3. 24. 선고 69누29 판결).

(ㄴ) 주장·입증의 책임 　　사정판결의 필요성의 주장[1]·입증책임은 피고인 행정청이 부담한다.

(ㄷ) 법원의 재량 　　법원은 사정판결을 함에 필요한 요건이 충족된 것으로 인정하면 반드시 사정판결을 하여야 하는가의 문제가 있다. 행정소송법 제28조 제1항이 "기각할 수 있다"고 규정하고 있는 점에 비추어 법원의 재량에 맡겨진 것으로 보아야 한다.[2] 판례도 같은 입장이다(대법 2006. 9. 22. 선고 2005두2506 판결).

(바) 효 과

(ㄱ) 청구기각 　　처분이 위법함에도 불구하고 청구는 기각된다. 기각의 효과는 일반의 기각판결과 같다. 따라서 그 범위 내에서는 원고는 패소한 것이므로 사정판결에 대하여 원고가 항소·상고할 수 있다.

(ㄴ) 위법선언 　　「행정소송법」 제28조 제1항 후단에는 판결주문에서 처분 등이 위법함을 명시하도록 규정하고 있다. 이처럼 판결의 주문에서 처분 등이 위법함을 명시한 이상 판결이 확정되면 처분 등이 위법하다는 점에 대하여 기판력이 발생한다.

(ㄷ) 손해배상 등 　　원고는 피고인 행정청이 속하는 국가 또는 공공단체를 상대로 손해배상, 제해시설의 설치 그 밖에 적당한 구제방법의 청구를 당해 취소소송이 계속된 법원

---

1) 대법 2006. 9. 22. 선고 2005두2506 판결: 당사자의 명백한 주장이 없는 경우에도 기록에 나타난 여러 사정을 기초로 직권으로 사정판결을 할 수 있다.
2) 金道昶, 일반행정법론(상), 812쪽.

에 병합하여 제기할 수 있다. 이에 앞서 법원이 사정판결을 함에 있어서는 미리 원고가 그로 인하여 입게 될 손해의 정도와 배상방법 그 밖의 사정을 조사하여야 한다(동법 28조 2항). 이는 법원이 부수조치를 하기 위한 심리이며 당사자에게는 사정판결에 대한 암시가 된다.

(ㄹ) 비용부담　　　소송비용은 원칙적으로 민사소송의 일반원칙에 따라 패소자가 부담할 것이로되, 사정판결에 있어서는 형식은 원고패소이지만 실질은 원고승소이므로 피고가 부담하여야 한다(동법 32조).

3) 인용판결

인용판결은 원고의 청구가 이유 있다고 하여 그 전부 또는 일부를 받아들이는 내용의 판결이다. 이에는 처분 또는 재결의 취소판결, 무효선언의 의미의 취소판결 기타 위법확인판결, 처분 또는 재결의 변경판결 등이 포함된다. 이 중 변경판결의 의미에 관하여는 처분 또는 재결의 일부취소[1]라는 의미의 소극적 변경판결만이 가능하다는 견해와 원처분에 갈음하여 새로운 처분을 행하는 적극적 변경판결도 가능하다는 견해로 나누어지나 앞의 견해가 종래의 통설이었고 현재 우리나라의 판례이다(→ 적극적 형성판결).

3. 판결의 형식과 절차

(1) 판결의 형식

취소소송의 판결의 형식에 관하여 「행정소송법」에 특별한 규정이 없으므로 「민사소송법」의 규정(208조)이 준용된다. 판결주문은 청구를 인용하고 배척하는 범위를 명확하게 특정하여야 한다(대법 2006. 9. 28. 선고 2006두8334 판결 등).

(2) 판결의 절차

취소소송의 판결의 선고, 판결의 송달 등 절차에 관하여도 「행정소송법」에 특별한 규정이 없으므로 「민사소송법」의 규정(205조 내지 207조, 209조, 210조)이 준용된다.

(3) 명령·규칙의 위헌판결 등의 공고

행정소송에 대한 대법원판결에 의하여 명령·규칙이 헌법 또는 법률에 위반된다는 것이 확정된 경우에는 대법원은 지체없이 그 사유를 행정안전부장관에게 통보하여야 하며, 이 통보를 받

---

1) 일부취소가 가능하기 위해서는 처분이 기속행위이고 그 규율내용이 가분적이어야 한다는 것이 일반적 견해이다. 판례 중에는 재량행위에 대하여 일부취소를 인정한 것(예컨대, 대법 1995. 11. 16. 선고 95누8850 판결)이 있다(朴玄廷, 「처분의 일부취소 —대법 2004. 7. 22. 선고 2002두868 판결—」, 한국행정판례연구회, 행정판례평선, 924쪽 참조.

은 행정안전부장관은 지체없이 이를 관보에 게재하여야 한다(행정소송법 6조). 이것은 판결의 내용을 관계 행정청이나 이해관계인에게 알려서 앞으로는 위헌 또는 위법으로 판단된 명령이나 규칙을 관계 행정청이 적용하는 일이 없도록 하고 이해관계인은 행정청이 위헌·위법의 명령이나 규칙을 적용하는 경우에 위헌·위법을 주장하여 적용을 막도록 하려는 취지이다.

4. 판결의 효력

판결은 그에 대한 불복기간이 경과되어 확정되어야만 그 효력이 발생한다. 판결이 확정되면 기속력, 형성력, 기판력 등의 효력이 발생한다.

(1) 기 속 력

1) 의의 및 성질

(가) 의 의　　기속력이란 소송당사자인 행정청과 관계 행정청이 확정판결의 내용에 따라 행동할 실체법적 의무를 지는 효력을 말한다.「행정소송법」은 "처분 등을 취소하는 확정판결은 그 사건에 관하여 당사자인 행정청과 그 밖의 관계 행정청을 기속한다"(30조 1항)라고 하여 이를 밝히고 있다. 위 규정에서 말하는 '그 사건'이란 원고가 주장한 위법성 소송물이다.

(나) 성 질　　기속력의 성질에 관하여는 견해가 나뉜다.

(ㄱ) 기판력설　　이 설은 판결의 기속력을 기판력의 한 측면이라고 보는 견해이다.[1] 즉 기속력은 확정판결이 있은 이상 판결을 받은 행정청이 그 이후에 동일한 당사자간의 동일한 사항을 처리함에 있어서 당해 판결이 위법이라고 확정한 판단을 존중하도록 구속하는 효력에 불과한 것이다.

(ㄴ) 특수효력설　　이 설은 판결의 기속력을 판결의 실효성을 담보하기 위하여 특별히 인정된 특수한 효력으로 보는 견해이다. 즉 기판력은 후술하는 바와 같이 당사자가 동일한 사항을 다시 다투는 것과 법원이 모순된 판단을 하는 것을 금지하는 효력임에 반하여 기속력은 행정청에 대하여 판결의 내용에 따라 행동할 실체법적 의무를 지우는 효력이므로 기판력과는 성질이 다른 특수한 효력이라는 것이다. 이 설이 통설이다. 이에 의하면 기판력은 확정판결이 동일한 처분에 대하여(소송상 문제가 된 경우) 어떠한 효력을 미치는가에 관한 것임에 반하여, 기속력은 확정판결이 판결확정 후에 행하여지는 새로운 처분에 대하여 어떠한 효력을 미치는가에 관한 것이다. 그 밖에도 기속력은 인용판결의 경우에만 그것도 피고 행정청 및 관계 행정청에 대하여만 발생하나, 기판력은 기각판결의 경우에도

---

[1] 기판력설은 여러 가지 점에서 모순적이고 행정소송의 이념에도 맞지 않다는 견해가 있다. 金裕煥,「취소소송의 판결의 기속력에 관한 판례이론 검토」, 행정법연구(행정법이론실무학회 편) 제64호, 4쪽 이하.

또한 원고에 대하여도 발생한다는 점에서 양자는 차이가 있다.[1]

2) 내　용

기속력은 다음과 같은 내용을 갖는다.

(가) **반복금지효**　　　　기속력의 내용으로 반복금지효가 발생한다는 것이 통설이다.[2] 문제는 반복금지효의 범위이다. 취소소송에서 청구인용판결이 확정되면 행정청(당사자인 행정청과 그 밖의 관계 행정청)은 동일한 사실관계 아래서 동일한 당사자에 대하여 동일한 내용의 처분 등을 반복하여서는 아니 된다는 것이 판례(대법 1989. 2. 28. 선고 88누6177 판결)이다. 동일한 내용의 처분이라 하더라도 해당 판결이 전제로 하고 있었던 사정과 다른 사정이 발생한 경우 즉 판결시부터 재처분시 사이에 사정의 변경이 있는 경우에는 반복하여 행하는 것이 허용된다고 보아야 할 것이다.

　　문제는 처분의 이유가 다른 경우에 판결에 의하여 취소된 것과 동일한 내용의 처분을 행하는 것이 허용되는가이다.[3] 예컨대, 처분의 근거법령에는 A 또는 B의 요건을 충족한 때에는 처분을 할 수 있다고 규정하고 있다고 가정하자. 행정청이 처분절차에서 요건 A가 충족되어 있다는 사유를 이유로 처분을 하였던 바, 법원은 요건 A가 충족되어 있지 않다는 이유로 해당 처분을 위법하다고 하여 취소판결을 하였다. 이 경우 행정청은 동일한 사실관계에서 요건 B가 충족되어 있다는 사유를 이유로 동일한 내용의 처분을 반복하는 것이 가능한가. 판례는 처분사유의 추가 변경에 관하여 이미 앞에서 본 바와 같이 "행정청은 당초 처분의 근거로 삼은 사유와 기본적 사실관계에 있어서 동일성이 인정되는 한도 내에

---

1) 대법 2016. 3. 24. 선고 2015두48235 판결 : 취소 확정판결의 기속력은 취소청구가 인용된 판결에서 인정되는 것으로서 당사자인 행정청과 그 밖의 관계행정청에게 확정판결의 취지에 따라 행동하여야 할 의무를 지우는 작용을 한다. 이에 비하여 행정소송법 제8조 제2항에 의하여 행정소송에 준용되는 민사소송법 제216조, 제218조가 규정하고 있는 기판력이란 기판력 있는 전소 판결의 소송물과 동일한 후소를 허용하지 않음과 동시에 후소의 소송물이 전소의 소송물과 동일하지는 않더라도 전소의 소송들에 관한 판단의 후소의 선결문제가 되거나 모순관계에 있을 때에는 후소에서 전소 판결의 판단과 다른 주장을 하는 것은 허용하지 않는 작용을 한다.

2) 반복금지효는 독일과 프랑스에서 소송법적인 기판력의 작용으로 이해되고 있다는 점을 지적함과 동시에 우리나라 행정소송법상의 해석으로도 반복금지효를 기판력에 포괄하여 이해하는 견해가 있다(朴正勳, 행정소송의 구조와 기능, 361쪽 이하 참조). 필자도 반복금지효를 기판력에 포괄하여 이해해야 한다는 입장이나, 우리나라의 소수설이다. 반복금지효의 법적 근거를 구속력에 두는 통설에 의하면 구속력은 판결 이유 중의 판단에서 발생되는 것이므로 동일사정이라도 다른 이유에 의거하여 재처분하는 것은 가능하다고 설명되지만, 반복금지효의 법적 근거를 기판력에 두는 견해에 의하면 이 경우에도 반복금지효가 발생하게 된다.

3) 기속력의 성질에 관하여 기판력설을 취하는 경우, 판결에 의하여 취소된 위법사유에 한정하지 아니하고 동일한 사정 아래 동일한 내용에는 반복금지효가 발생한다고 보는 것이 일반적이다(소송물에 대하여 위법성 일반에 입각하는 경우, 기판력이 소송물에 발생하고 반복금지효는 그 일환으로 발생하는 것이다. 이에 의하면 소송에서 주장할 수 있는 모든 위법사유에 대하여 법원이 판단하여 처분의 위법이 확정되고, 개개의 처분이유의 존부에 그치지 아니하고 당해 처분의 추상적 위법이 기판력에 의하여 확정된다). 이에 대하여 특수효력설을 취하는 경우, 판결 이유 중에 나타나지 아니하는 별도의 이유나 절차에 의거하여 동일한 처분을 반복하는 것은 금지되지 아니하는 것으로 보는 것이 일반적인 견해로 보인다.

서만 새로운 처분사유를 추가하거나 변경할 수 있을 뿐 동일성이 인정되지 않은 별개의 사실을 들어 처분사유를 주장하는 것은 허용되지 아니하며, 여기서 기본적 사실관계의 동일성 유무는 처분사유를 법률적으로 평가하기 이전의 구체적인 사실에 착안하여 그 기초가 되는 사회적 사실관계가 기본적인 점에서 동일한지 여부에 따라 결정된다"(대법 1989. 6. 27. 선고 88누6160 판결)고 하고 있다. 따라서 피고 행정청이 전소(前訴)에서 추가 변경이 가능하였던 다른 사유를 처분이유로 삼아 다시 동일한 주문의 처분을 반복하지 못한다. 판결에 의하면 기본적 사실관계가 동일한 경우, 처분이유에 행정청이 처분사유를 추가 변경하지 아니한 이상, 다른 사유를 이유로 하더라도 동일한 내용의 재처분을 하는 것은 허용되지 아니한다.

다음으로 위의 예에서 행정청이 소송의 과정에서 처분이유를 "요건 A가 충족되어 있다"는 사유를 "요건 B가 충족되어 있다"는 사유로 변경하는 것은 가능한가이다. 종래의 판례에 의하면 A 사유와 B 사유가 기본적 사실관계에 있어서 동일성이 인정된다면 가능하다. 그러나 사견으로는 이것은 행정절차와의 관계에서 보면 부적법하다. 요건 B의 존부에 대한 판단에는 의견청취절차를 거치라는 것이 행정절차법의 규정이기 때문이다. 따라서 이 경우에는 법원은 계쟁 소송 안건을 행정과정으로 되돌리는 판결을 하는 것이 현행 실정법에 부합한다. 이 판결에 따라 행정청은 「행정절차법」의 정하는 바에 따라 적법절차를 거쳐 요건 B가 충족되어 있다는 사유를 처분이유로 하여 재처분하여야 한다. 즉 기속력 속에는 판결의 취지를 존중하여 절차를 다시 밟아 처분을 할 행정청의 의무도 포함되어 있다.[1]

취소소송판결의 효력론은 민사소송판결의 효력론과 달리, 행정작용의 위법성을 시정하여 적법한 법질서를 회복하기 위하여 법원의 판단을 받아 피고인 행정청과 원고인 사인 및 제3자가 어떠한 행동을 취하여야 하는가라는 행위규범의 측면에 논의의 중점에 놓여 있다. 취소판결의 효력론도, 다른 행정법론과 마찬가지로 법치행정원리를 실현하기 위한 제도 이론임을 유념할 필요가 있다.

---

1) 원고가 사건 토지를 제3자에게 양도한 다음 사건 토지가 8년 이상 자경한 농지임을 이유로 피고에게 양도소득세 감면신청을 하였고, 피고는 자경하였다는 사실에 관한 증빙이 부족하다는 이유로 원고의 감면신청을 받아들이지 아니하고 양도소득세부과처분을 하였으며, 원고가 이에 불복하여 이의신청을 하자, 피고는 사건 토지의 8년 이상 자경을 인정하여 종전 처분을 직권으로 취소하였다가 사건 토지가 대규모 개발사업지역과 관련한 예외적 감면 대상 농지에 해당하지 않는다는 이유로 원고에 대하여 다시 종전 처분과 동일한 내용의 이 사건 처분을 한 사안에서, 원심(서울고법 2008. 12. 18. 선고 2008누21791 판결)은 '8년 이상 자경하였다는 사실에 관한 증빙이 부족하다는 이유'와 '대규모 개발사업지역과 관련한 예외적 감면 대상 농지가 아니라는 이유'는 별개의 다른 사유에 기한 처분이므로 반복금지원칙이 적용될 수 없다고 판단하였다. 이에 반하여 대법원(2010. 9. 30. 선고 2009두10209 판결)은 피고가 대규모 개발사업지역에 해당하는지 여부에 관하여도 검토하여 종전 처분을 취소한 이상, 이 사건 처분은 위법하다고 하였다. 즉 이 사건처분이 기속력에 위반된다고 판단한 것으로 보인다. 대법원의 판결에 대한 평석으로 趙允熙, 「불복절차 진행 중의 과세처분 취소와 재처분금지(대상판결: 대법 2010. 9. 30. 선고 2009두1020 판결)」, 한국행정판례연구회 제264차 월례발표회 발표논문이 있다.

반복금지효는 위에서 본 바와 같이 청구인용판결이 확정된 경우에만 인정되며 청구기
각판결의 경우에는 인정되지 아니한다(동법 30조 1항 참조).

(나) **거부처분취소에 따른 재처분의무**　　　　「행정소송법」 제30조 제2항은 거부처분취소
판결이 확정된 경우에 행정청의 재처분의무를 규정하고 있다. 즉 판결에 의하여 취소되는
처분이 당사자의 신청을 거부하는 것을 내용으로 하는 경우에는 그 처분을 행한 행정청은
판결의 취지에 따라 다시 이전의 신청에 대한 처분을 하여야 한다. 예컨대 면허신청에 대
하여 행정청이 신청자에게 실체적 요건인 법정의 결격사유가 있다는 이유로 거부하였으
나 법원이 결격사유가 없다는 이유로 거부처분을 취소하는 판결을 행한 경우 행정청은 신
청자에게 별도의 다른 결격사유가 없는 한 면허를 하여야 한다. 원고가 다시 신청할 필요
는 없다.

취소소송에서 소송의 대상이 된 거부처분을 실체법상의 위법사유에 기하여 취소하는
판결이 확정된 경우에는 당해 거부처분을 한 행정청은 원칙적으로 신청을 인용하는 처분
을 하여야 하고, 사실심 변론종결 이전의 사유를 내세워 다시 거부처분을 하는 것은 확정
판결의 기속력에 저촉되어 허용되지 아니한다는 것이 판례이다(대법 2001. 3. 23. 선고 99
두5238 판결). 그러나 당초의 신청에 대한 거부처분의 취소판결이 확정되었더라도 거부처
분 후에 발생한 새로운 사유를 내세워 다시 거부처분을 할 수 있다는 것이 판례이다. 판례
에 의하면 거부처분 이후 재처분 사이에 법령의 개정이 있은 경우에, 당해 법령에서 종전
의 규정에 의한다는 경과규정을 두고 있지 아니한 한, 재처분을 행할 행정청이 개정된 법
령에 따라 개정법령에 정한 사유를 들어 당초의 신청을 거부하는 재처분을 하는 것은 「행
정소송법」 제30조 제2항 소정의 확정판결의 취지에 따라 이전의 신청에 대한 처분을 한
경우에 해당한다는 것이 된다(대법 1998. 1. 7. 자 97두22 결정).[1] 새로운 사유인지는 종전처
분에 관하여 위법한 것으로 판결에서 판단된 사유와 기본적 사실관계의 동일성이 인정되
는 사유인지에 따라 판단되어야 하고, 기본적 사실관계의 동일성 유무는 처분사유를 법률
적으로 평가하기 이전의 구체적인 사실에 착안하여 그 기초인 사회적 사실관계가 기본적
인 점에서 동일한지에 따라 결정되며, 추가 또는 변경된 사유가 처분 당시에 그 사유를 명
기하지 않았을 뿐 이미 존재하고 있었고 당사자도 그 사실을 알고 있었다고 하여 당초처
분 사유와 동일성이 있는 것이라고 할 수는 없다는 것이 판례(대법 2011. 10. 27. 선고 2011두
14401 판결)이다. 또한 판례는 판결의 취소사유가 처분의 절차·방법의 위법으로 인한 경우

---

[1] 행정소송법 제30조 제2항은 "새로운 처분을 하여야 한다"라고 규정하고 있는 것이 아니라 "다시 이전의 신청에
대한 처분을 하여야 한다" 라고 규정하고 있으므로, 거부처분취소판결에 따른 재처분은 '새로운 처분'이 아닌
'원래의 거부처분 당시의 법령에 따라 행정청이 마땅히 하였어야 할 처분을 하는 것'으로 보아야 하고, 개정된
법령에 따라 당초의 신청을 거부하는 재처분을 할 수 없다는 견해가 있다(손종학, 「거부처분 이후에 변경된 법
령에 따른 지방자치단체장의 재거부처분의 적법성—서울고등법원 2010. 6. 29. 선고 2009누35575 판결상의 사
안을 중심으로—」 지방자치법연구(한국지방자치법학회) 제10권 제4호, 184쪽 이하).

처분청이 그 확정판결의 취지에 따라 그 위법사유를 보완하여 다시 종전의 신청에 대하여 행한 거부처분도 「행정소송법」 제30조 제2항의 재처분에 해당한다고 판시하고 있다(대법 2005. 1. 14. 선고 2003두13045 판결). 행정청이 스스로 처분이유로 채택한 처분사유가 위법으로 판결된 경우 처분이유로 채택하지 아니한 처분사유를 들어 다시 거부처분을 행하는 것을 허용하는 것은 공격 방어에 진력하지 아니한 행정청에게 부당한 혜택을 부여하는 것이 된다.[1] 이 경우에도 「행정절차법」상의 신의성실·신뢰보호원칙이나 그 밖의 법원칙에 반하지 아니하여야 함은 말할 나위가 없다.

㈐ 절차위법을 이유로 취소된 경우의 재처분의무　　　　「행정소송법」 제30조 제3항은 신청에 따른 처분이 절차의 위법을 이유로 취소되는 경우에 행정청의 재처분의무를 규정하고 있다. 이 규정은 제2항과는 반대로 신청에 따른 처분(이익 처분)이 제3자의 취소소송 제기에 의하여 절차의 위법을 이유로 취소된 경우(예: 면허처분에 대하여 경원자인 다른 면허신청자가 면허처분의 절차의 위법을 이유로 취소소송을 제기하여 당해 면허처분이 취소된 경우)의 행정청의 재처분의무에 관한 것이다.

　　물론 신청에 따른 처분이 실체적 위법을 이유로 취소된 경우에는 여기에 해당하지 않는데, 실체적 위법과 구별되는 절차의 위법 속에는 엄밀한 의미의 절차의 위법 외에 처분청의 구성상의 위법이나 형식에 관한 위법 등 재처분을 하면 다시 인용처분이 행하여질 여지가 남아 있는 위법을 포함한다는 것이 통설이다.

㈑ 원상회복의무(위법상태제거의무)의 문제　　　　취소판결이 확정되면 행정청은 결과적으로 위법이 되는 처분에 의하여 초래된 상태를 제거하여 원상회복을 할 의무를 진다.[2] 잔

---

1) 새로운 사유에 의한 재처분을 무제한적으로 인정하게 되면 행정청이 새로운 사유를 인위적으로 작출할 수 있을 때까지 무한정 재처분을 연기하다가 스스로 그와 같은 사유를 작출한 다음 이를 이유로 거부처분을 하는 것을 허용하는 결과에 다름 아니므로 이는 행정청의 자의에 의하여 판결의 기속력이 잠탈되는 불합리를 피할 수 없게 된다(朴海植, 「행정재판제도의 발전과 행정판례」, 한국행정판례의 성과와 발전방향(한국행정판례연구회·한국법제연구원 공동심포지움), 2005, 93쪽).

2) 대법 2019. 1. 31. 선고 2016두52019 판결은 "관할관청이 직업능력개발훈련과정에서 부정한 방법으로 훈련비용을 지원받은 사업주에 대하여 지원제한처분을 하였다면, 제한처분에 대한 쟁송절차에서 해당 제한처분이 위법한 것으로 판단되어 취소되거나 당연무효로 확인된 경우에는, 예외적으로 사업주가 해당 제한처분 때문에 관계 법령이 정한 기한 내에 하지 못했던 훈련과정 인정신청과 훈련비용 지원신청을 사후적으로 할 수 있는 기회를 주는 것이 취소판결과 무효확인판결의 기속력을 규정한 행정소송법 제30조 제1항, 제2항, 제38조 제1항의 입법취지와 법치행정 원리에 부합한다"라고 판시하고 있다. 구체적으로 취소판결의 실현을 방해하는 처분이 남아있는 경우에 이것을 취소하여야 할 부정합처분의 취소의무, 취소판결의 취지에 맞지 않는 위법한 사실상태가 남아 있는 경우 이것을 원상으로 회복할 의무, 거부처분에 대한 적극적 시정조치의무 등을 든다. 金敞祚, 「취소소송에 있어서 판결의 기속력」, 법학논고(경북대학교 법학연구원) 제42집, 95쪽 이하; 慶健, 「취소판결의 기속력의 내용─특히 적극적 효력으로서의 원상회복의무와 관련하여─」, 서울법학(서울시립대학교 법학연구소)제24권 제4호, 293쪽 이하 참조. 대법 2019. 10. 17. 선고 2018두104 판결이나 2020. 4. 9. 선고 2019두49953 판결은 거부처분이나 절차적 위법으로 취소되지 아니한 사건임에도 "기속력에 따라 그 밖에 위법한 결과를 제거하는 조치를 할 의무가 있다"라고 판시하고 있다. 이들 판례에 판시에 대한 비판으로 金裕煥, 「취소소송의 판결의 기속력에 관

존하고 있는 위법 상태의 제거의무 실현 방법에 관하여는 판결의 기속력의 효과라는 견해와 실정법상 당연한 효과라는 견해가 대립될 수 있다. 다수설은 기속력의 내용의 하나로 원상회복의무를 든다. 이에 의하면 예컨대 과세처분이 법원에 의하여 취소된 경우에 행정청은 세액의 환급의무 및 압류처분취소의무를 지게 된다.

3) 범 위

(가) **주관적 범위**　　　기속력은 당사자인 행정청뿐만 아니라 그 밖의 관계 행정청에 미친다. 여기서 말하는 관계 행정청은 처분청과 같은 조직에 속하는 행정청에 한하지 아니하고, 다른 조직에 속하는 행정청이라도 취소된 처분과 관계하고 있는 한 이를 모두 포함한다.

(나) **객관적 범위**　　　기속력은 판결주문 및 판결 이유 중의 구체적 위법 판단에 미치고 판결의 결론과 직접 관계 없는 방론이나 간접사실의 판단에는 미치지 아니한다는 것이 통설이다.[1] 판례는 "행정소송법 제30조 제1항에 의하여 인정되는 취소소송에서 처분 등을 취소하는 확정판결의 기속력은 주로 판결의 실효성 확보를 위하여 인정되는 효력으로서 판결의 주문뿐만 아니라 그 전제가 되는 처분 등의 구체적 위법사유에 관한 이유 중의 판단에 대하여도 인정된다"(대법 2001. 3. 23. 선고 99두5238 판결)고 판시하고 있다.

(다) **시간적 범위**　　　기속력은 처분 당시를 기준으로 그 당시까지 존재하였던 사유에 한하고 그 이후에 생긴 사유에는 미치지 아니한다는 것이 판례(대법 1998. 1. 7. 자 97두22 결정)[2]이다. 따라서 판례에 따르면 처분시 이후에 생긴 새로운 사유나 사실관계를 들어 동일한 내용의 처분을 하는 것은 무방하게 된다.[3] 기속력의 시간적 범위가 처분 당시를 기준으로 하는 점에서 후술하는 바와 같이 기판력의 시간적 범위가 사실심변론종결시를 기준으로 하는 점과 다르다.

한 판례이론 검토」, 행정법연구(행정법이론실무학회 편)제64호, 9쪽 이하가 있다.

1) 기속력은 기판력과 달리 위법성 일반에 대하여 생기는 것이 아니고 판결로 지적된 개개의 위법사유에 관하여만 생긴다는 것이 지금까지의 통설이고 판례(대법 2002. 7. 23. 선고 2000두6237 판결)이다. 그러나 이렇게 되면 행정청에서 사유를 여러 개로 나누어 소송의 결과를 보고 처분을 되풀이함으로써 국민들에게 고통을 줄 가능성이 없지 않으므로 사유의 동일성을 넓게 해석함으로써 이를 제한할 필요성이 있다(金鐵容·崔光律, 주석 행정소송법, 965쪽 이하[집필 石鎬哲] 참조).

2) 대법 1998. 1. 7. 자 97두22 결정: 행정처분의 적법 여부는 그 행정처분이 행하여진 때의 법령과 사실을 기준으로 하여 판단하는 것이므로 거부처분 후에 법령이 개정·시행된 경우에는 개정된 법령 및 허가기준을 새로운 사유로 들어 다시 이전의 신청에 대한 거부처분을 할 수 있으며 그러한 처분도 행정소송법 제30조 제2항에 규정된 재처분에 해당된다.

3) 서울고등법원은 새로운 사유는, 확정판결에 따른 재처분을 함에 필요한 합리적인 기간 내에 생긴 사유이어야 하고, 행정청이 기속력을 잠탈하기 위하여 작출해 낸 사유가 아니어야 한다고 판시한 바 있다(서울고법 1997. 12. 23. 선고 97구27987 판결). 이 판결은 대법원에 의하여 유지되고 있다(대법 1999. 12. 28. 선고 98두1895 판결).

4) 기속력 위반행위의 효과

행정청이 기속력에 위반하여 행한 행위는 위법하다. 문제는 기속력위반행위가 무효원인인가 취소원인인가에 있다. 판례는 무효원인으로 본다(대법 1982. 5. 11. 선고 80누104 판결 등).

(2) 형 성 력

1) 의 의

취소소송의 성질을 형성소송으로 보는 형성소송설에 의하면 취소소송에서 청구인용판결이 확정되면, 행정청의 별도의 취소처분이 없어도, 처분은 처분시에 소급하여 그 효력을 상실한다(대법 1991. 10. 11. 선고 90누5443 판결 등 참조). 이와 같은 취소판결의 효력을 형성력이라 한다.

2) 근 거

형성력에 관하여는 명문의 규정이 없으나, 「행정소송법」의 제도적 목적에서 당연히 도출된다는 것이 형성소송설의 견해이다.

3) 범 위

형성력은 소송당사자인 원고와 피고 행정청 사이에 발생할 뿐만 아니라 제3자에게도 미친다(동법 29조 1항).[1] 즉 제3자와의 관계에도 처분의 효력은 소멸한다. 이를 취소판결의 제3자효라고 한다. 예컨대 토지의 수용재결취소소송에서 청구인용판결이 확정되면 판결의 형성력은 원고와 대립관계에 있는 제3자인 사업시행자에게도 미친다. 이와 같은 취소판결의 제3자효는 취소판결의 실효성을 담보하기 위한 것이며 제3자효가 없으면 원고가 취소소송에서 승소하여도 제3자와의 관계에서는 처분의 효력의 소멸을 주장할 수 없게 되어 충분한 권리구제를 받을 수 없게 된다.

이 제3자효가 인정되는 경우 그 제3자에게도 자기의 권리·이익을 방어하기 위한 기회를 부여할 필요가 있다. 그래서 「행정소송법」상 제3자의 소송참가(16조)와 제3자에 의한 재심청구(31조)가 마련되어 있다.

취소판결의 제3자효의 범위에 관하여 「행정소송법」에 명확한 규정이 없기 때문에 문제가 발생한다. 즉 원고와 대립관계에 있는 제3자가 취소판결의 효과가 미치는 제3자라는 데 대하여는 이론이 없으나, 이익을 공통으로 하는 제3자 예컨대 다수의 사람을 대상으로 하는 일반처분에

---

1) 朴正勳 교수는 통설이 취소판결의 효력에 관한 「행정소송법」 제29조 제1항이 형성력만을 의미하고 기판력과는 무관한 것으로 그 의미를 축소하는데 문제가 있다고 주장한다. 우리 「행정소송법」은 독일이나 일본(독일 행정재판소법 제42조 제2항, 일본행정사건소송법 제10조 제1항)과 달리 법률상 이익의 위법성 견련성(Rechtswidrigkeitszusammenhang)규정이 없고 제31조에서 제3자의 재심청구를 인정하고 있다는 점에서 취소소송의 객관적 성격을 인정하기에 충분하므로 그 실정법의 중심에 있는 것이 바로 취소판결의 기판력의 대세효를 규정하고 있는 제29조 제1항이라는 것이다. 이를 거부처분의 취소판결에 적용하면, 「행정소송법」 제30조 제2항의 기속력, 즉 취소판결의 취지에 따라 재처분해야 하는 행정청의 의무는 제29조 제1항의 내용으로서, 소송법적 효력이고, 따라서 이에 위반하면 별도의 추가적인 판결 없이 바로 제34조의 간접강제의 대상이 된다는 것이다(同人, 「거부처분과 행정소송」, 행정법이론실무학회 제256회 정기학술발표회 자료, 22쪽 이하).

대하여 다수의 상대방 중 한 사람이 취소소송을 제기하여 승소한 경우 원고 이외의 상대방인 제3자도 취소판결의 효과가 미치는 제3자인가 하는 문제이다. 이 문제에 관하여 아직 우리나라에서는 학설이 정립되어 있지도 않고, 판례도 확립되어 있지 않다. 사견으로는 일반처분이 불특정 다수인을 대상으로 하는 처분이라는 점, 공법관계의 획일성이 강하게 요청된다는 점 등에 비추어 원칙적으로 제3자의 범위를 한정할 이유는 없을 것으로 보인다(절대적 효력설).

(3) 기 판 력

1) 의　의

기판력이란 일단 판결이 확정된 때에는 후소의 재판에 있어서 동일사항에 대하여 당사자는 판결의 내용과 모순되는 주장을 할 수 없고 법원은 이에 저촉되는 판단을 할 수 없는 효력을 말한다.

기판력의 본질에 관하여는 견해가 나뉘나, 그것이 실체법상의 효력이 아닌 소송법상의 효력으로 보는 것이 통설이다. 이 점에서 기판력은 실체법상의 효력인 기속력과 다르다.

기판력에 대하여는 「행정소송법」에 규정이 없다. 그러나 「행정소송법」 제8조 제2항에 의하여 취소소송의 판결에도 기판력이 인정된다.

2) 취　지

기판력은 법적 안정성을 위하여 인정된 것이다. 분쟁의 끝없는 반복과 모순된 재판은 법적 안정성을 해하게 된다.

3) 범　위

(가) **주관적 범위**　　　취소소송의 기판력은 당사자 및 당사자와 동일시할 수 있는 그 승계인에게 미친다. 따라서 제3자에게는 미치지 아니한다.[1] 다만 취소소송의 피고는 행정청이므로 행정청을 피고로 하는 취소소송에 있어서의 기판력은 당해 처분이 귀속하는 국가 또는 공공단체에 미친다.

(나) **객관적 범위**　　　기판력의 객관적 범위는 일반적으로 소송물에 한하여 미치는 것으로 이해되고 있다.[2]

---

1) 이에 대하여는 이설(異說)이 있다(朴正勳, 행정소송의 구조와 기능, 444쪽 이하). 참고삼아, 독일에 있어서는 행정재판소법의 명문의 규정에 의하여 기판력은 당사자 간에만 미치는 상대적 효력이고, 프랑스에 있어서는 기판력은 절대적 기판력(autorité absolue de la chose jugée)으로서 대세효를 가진다(朴正勳, 같은 책, 440쪽 이하). 朴 교수는 독일의 주관소송적 구조와 다른 우리 취소소송의 객관소송적 구조에 주목한다.

2) 반복금지효를 기판력의 작용으로 이해하게 되면, 기판력은 소송물의 범위 전체에 미치는 것이므로, 판결에서 문제삼은 위법사유에 한정되지 아니하고 동일 사정 아래에서의 동일 내용의 처분의 반복금지효가 기판력에 의하여 발생하는 것으로 해석하게 된다는 것은 앞에서 본 바와 같다. 다만, 신청거부처분의 취소판결의 경우에는 행정소송법 제30조 제2항이 명문의 규정으로 행정청의 재고를 인정하고 있으므로 반복금지효의 예외로 해석하게 될 것이다.

처분의 절차·형식에 위법이 있어 취소판결이 확정된 후 행정청이 위법사유를 보완하여 다시 새로운 처분을 한 경우에 종전 처분에 대한 취소판결의 기판력이 새로운 처분에 미치지 아니하다는 것이 종래의 판례이다(대법 1992. 5. 26. 선고 91누5242 판결). 그러나 취소판결이 확정된 처분과 행정청이 재시도하는 처분이 동일한 사정이라면 다른 이유에 의한 재처분은, 반복금지효의 법적 근거를 기판력에 두는 견해에 의하면, 기판력에 반하므로 처분할 수 없다.

또한 처분취소청구를 기각하는 판결이 확정되면 그 처분이 적법하다는 점에 관하여 기판력이 발생하므로 다시 취소청구를 할 수 없게 된다.

사정판결에서는 원고의 청구가 기각되지만 처분의 위법함이 주문에 명시되므로 처분이 위법하다는 점에 관하여 기판력이 생긴다.

㈐ 시간적 범위　　기판력은 사실심변론종결시를 기점으로 발생한다. 즉 당사자는 사실심변론종결시까지 소송자료를 제출할 수 있고 종국판결도 그 때까지 제출한 자료를 기초로 하여 행하는 것이므로 그 시점을 기점으로 기판력이 발생한다.

4) 취소판결의 기판력과 무효확인소송

취소소송 기각판결의 기판력은 무효확인소송에도 미친다(대법 2003. 5. 16. 선고 2002두3669 판결 등). 헌법재판소도 과세처분취소청구를 기각한 판결의 기판력은 동일한 과세처분에 대하여 제기한 무효확인청구소송에도 미치는 것이며, 전소(과세처분을 다툼)의 기판력 있는 법률효과가 후소(압류처분의 무효주장)의 선결문제로 되는 때에는 후소는 선결문제로서 전소의 기판력을 받게 되어 전소판결내용에 어긋나는 판단을 할 수 없는 것이라고 판시하고 있다(헌재 1998. 3. 26. 97헌바13 결정).

5) 취소판결의 기판력과 국가배상청구소송

처분의 위법을 이유로 한 취소판결이 확정되면 그 기판력에 의하여 처분의 위법을 이유로 하는 국가배상청구소송에서 피고인 국가 또는 지방자치단체 및 법원은 처분의 위법성을 부인하는 주장이나 판단을 할 수 없다. 이에 대하여 취소소송에서 청구기각판결이 있은 경우에 원고가 국가배상청구소송에서 처분의 위법을 주장할 수 있는가에 관하여는 긍정설과 부정설로 나뉜다. 긍정설의 주된 근거는 취소소송에서의 위법성과 국가배상청구소송에서의 위법성이 다르다는 것이고, 부정설의 주된 근거는 동일행위규범에 대한 위반여부의 평가에 관한 것인 한 원칙적으로 동일하여야 한다는 것이다(→ 법령위반(국가배상법 제2조)).

⑷ 간접강제

민사소송에서는 강제집행을 할 수 있게 하는 확정판결의 효력을 집행력이라 한다. 행정소송에서는 「행정소송법」이 의무이행소송 등 이행소송을 인정하지 않고 있기 때문에(당사자소송 제외)

집행력이 원칙적으로 문제되지 아니한다. 그러나 「행정소송법」은 예외적으로 재처분의무의 실효성을 담보하기 위하여 민사집행의 경우에 준하여(민사집행법 261조) 거부처분취소판결의 간접강제를 규정하고 있다. 즉 처분을 행한 행정청이 거부처분취소판결의 취지에 따른 처분을 하지 아니하는 때에는 제1심 수소법원은 당사자의 신청에 의하여 결정으로써 상당한 기간을 정하고 행정청이 그 기간 내에 이행하지 아니하는 때에는 그 지연기간에 따라 일정한 배상을 할 것을 명하거나 즉시 손해배상을 할 것을 명(간접강제결정)할 수 있도록 하고 있다(행정소송법 34조 1항).[1] 이 경우 동법 제33조를 준용하여 제1심 수소법원의 배상명령 등의 효력을 피고 또는 참가인이었던 행정청이 소속하는 국가 또는 공공단체에 미치게 하고, 또한 「민사집행법」 제262조를 준용하여 법원이 변론 없이 결정할 수 있도록 하고 있다(동조 2항).

5. 판결과 재결의 관계

(1) 재결이 항고소송의 대상이 된 경우

기각판결이 선고되어 확정되면 그 재결은 그대로 유지된다. 인용 또는 일부인용판결이 선고되어 확정되면 그 재결은 그 전부 또는 일부가 취소·무효로 된다.

(2) 원처분이 항고소송의 대상이 된 경우

1) 행정심판에서 먼저 각하 또는 기각재결을 한 경우, 법원이 소송을 진행하여 인용 또는 일부인용판결을 선고하여 확정된 때에는 인용 또는 일부인용판결의 효력이 각하 또는 기각재결에 우선한다.

2) 항고소송에서 먼저 각하 또는 기각판결을 하여 확정된 경우, 재결청이 심판을 하여 인용 또는 일부인용재결을 하게 된 때 또는 행정심판에서 먼저 인용 또는 일부인용의 재결을 행한 경우, 법원이 재결의 존재를 모르고 소송을 진행하여 각하·기각판결을 한 때에는 문제가 된다. 인용재결이 형성재결인 경우와 명령재결인 경우를 나누어 보아야 한다. 전자의 경우에는 형성재결에 의하여 법률관계가 종국적으로 형성되는 것이므로 기각판결이 재심의 대상이 된다(행정소송법 8조 1항, 민사소송법 451조 1항 8호). 후자의 경우에는 명령재결에 의하여 행정청의 조치의무가 발생할 뿐이므로 행정청이 이를 이행하지 아니할 때

---

1) 대법 2004. 1. 15. 선고 2002두2444 판결: 행정소송법 제34조 소정의 간접강제결정에 기한 배상금은 확정판결의 취지에 따른 재처분의 지연에 대한 제재나 손해배상이 아니고 재처분의 이행에 관한 심리적 강제수단에 불과한 것으로 보아야 하므로, 특별한 사정이 없는 한 간접강제결정에서 정한 의무이행기한이 경과한 후에라도 확정판결의 취지에 따른 재처분의 이행이 있으면 배상금을 추심함으로써 심리적 강제를 꾀할 목적이 상실되어 처분상대방이 더 이상 배상금을 추심하는 것은 허용되지 않는다. 이 판결에 대하여는 행정청이 확정판결에도 불구하고 새로운 처분을 하지 않다가 상대방의 추심 단계에서 새로운 처분을 함으로써 간접강제를 사실상 무력화시킬 수 있다는 점이 지적된다(임영호, 「공법상 소송유형과 소송형식」, 2009. 9. 12. 대법원특별소송실무연구회·행정법이론실무학회 공동학술대회 발표논문집, 41쪽).

에는 거부처분취소소송을 제기할 수밖에 없게 되고, 이는 위 기각판결의 기판력에 의하여 기각되기 때문에 인용재결은 무의미하게 된다.[1]

3) 항고소송에서 먼저 인용 또는 일부인용판결을 하여 확정된 경우, 재결청이 판결의 존재를 모르고 각하·기각재결을 한 때에는 판결의 효력이 재결보다 우선한다.

X. 취소소송의 불복

1. 항소와 상고

행정법원(지방법원본원)의 제1심 판결에 대하여 고등법원에 항소할 수 있고, 항소심의 종국판결에 대하여 대법원에 상고할 수 있다.

상고에 관하여는 「상고심절차에 관한 특례법」에 의하여 심리 불속행 판결이 행정소송에 대하여도 가능하다(동 특례법 2조).

2. 항고와 재항고

행정법원(지방법원본원)의 결정·명령에 대하여 고등법원에 항고할 수 있고, 고등법원의 결정·명령에 대하여 대법원에 재항고할 수 있으며, 법률에 규정이 있는 경우 「민사소송법」에 따른 즉시항고를 할 수 있다. 「상고심절차에 관한 특례법」에 의한 심리 불속행 규정이 이 경우에도 적용된다(동 특례법 7조).

3. 재 심

(1) 민사소송법에 의한 재심

행정소송에도 「민사소송법」에 의한 재심 또는 준재심이 일반적으로 인정된다.

(2) 제3자에 의한 재심청구

처분 등을 취소하는 판결에 의하여 권리 또는 이익의 침해를 받은 제3자는 자기에게 책임 없는 사유로 소송에 참가하지 못함으로써 판결의 결과에 영향을 미칠 공격 또는 방어방법을 제출하지 못한 때에는 이를 이유로 확정된 종국판결에 대하여 재심의 청구를 할 수 있다(행정소송법 31조 1항).[2] 취소소송의 인용판결은 제3자에 대하여도 그 효력이 있으므로(동법 29조 1항) 소송당

---

1) 洪準亨, 행정구제법, 608쪽 이하; 朴正勳, 「행정심판법의 구조와 기능」, 행정법연구(행정법이론실무학회) 제12호, 265쪽 이하 참조.

2) 광주고법 2011. 3. 18. 선고 2010재누21 판결은 甲 회사가 대형할인점 건물을 신축하기 위한 건축허가 신청을 하였다가 행정청으로부터 이를 거부하는 처분을 받자 그 거부처분의 취소를 구하는 소송을 제기하여 승소하고 그 판결이 확정된 사건에 대하여, 사업부지 인근에서 중·고등학교를 운영하는 학교법인 乙이 건축허가로 인하여 학교의 보건 위생 및 교육환경을 보호받을 권리 또는 이익이 침해된다는 이유로 행정소송법 제31조에서 정한 제

사자가 아닌 제3자가 불측의 손해를 입지 않도록 하기 위하여 제3자 등의 소송참가를 인정하고 있지만(동법 16조·17조), 그럼에도 불구하고 제3자가 자기에게 귀책사유 없이 소송에 참가하지 못하여 불이익한 결과를 당하는 경우가 있을 수 있기 때문이다.[1] 재심의 청구는 확정판결이 있음을 안 날로부터 30일(국외에서의 기간은 60일) 이내, 판결이 확정된 날로부터 1년 이내에 제기하여야 하며(동법 5조, 31조 2항), 이 기간은 불변기간이다(동법 31조 3항).

제3자에 의한 재심은 제소권자, 재심사유, 재심절차 등에 있어서 「민사소송법」에 의한 재심과 다르나, 확정된 종국판결에 대하여 그 판결의 효력을 받는 자가 그 판결의 취소와 사건의 재심판을 구하는 비상의 불복절차를 취한다는 점에서 같으므로 특별한 규정이 없는 한 「민사소송법」의 재심규정이 준용된다.

제 2. 무효등확인소송

Ⅰ. 무효등확인소송의 의의 등

무효등확인소송의 의의, 성질, 소송물 및 다른 행정소송과의 관계 등에 관하여는 이미 행정소송의 종류에서 설명한 바 있다.

Ⅱ. 무효등확인소송의 재판관할

무효등확인소송의 재판관할은 취소소송에 관한 규정이 준용된다(행정소송법 38조 1항)(→ 취소소송의 재판관할).

Ⅲ. 무효등확인소송의 당사자 등

1. 무효등확인소송의 원고적격

3자로서 재심청구를 한 사안에서, "위 건축으로 이익의 침해를 받거나 받을 우려가 있는 학교법인 乙은 재심의 청구를 할 수 있는 제3자에 해당하지만, 해당 지역 신문들이 위 처분과 관련한 일련의 진행결과에 대하여 상세히 보도하였고, 해당 사업부지가 乙이 운영하는 중·고등학교로부터 10여 m밖에 떨어져 있지 않은 점 등을 종합하면, 乙은 위 소송이 계속 중인 사실을 알고 있었다고 보는 것이 타당하므로, 학교법인 乙이 자기에게 책임없는 사유로 소송에 참가하지 못한 때에 해당한다고 보기 어렵다"고 하여 재심의 소가 부적법하다고 판시하였다.

1) 행정소송법 제29조 제1항에서 정하고 있는 제3자효는 형성력에만 한정해서는 아니되고 기판력을 포함하는 것으로 해석하여야 하고, 그래야만 행정소송법 제31조가 제3자에 의한 재심청구를 규정하고 있는 의미가 있게 되며, 따라서 제3자에 의한 재심청구 제도의 존재는 행정소송법 제29조 제1항에 정한 제3자효를 기판력을 포함하는 의미로 해석할 수 있는 근거가 된다는 견해가 있다. 朴正勳 앞 책 438쪽 이하; 張允瑛, 「프랑스 행정소송법상 제3자 재심청구(la tierce opposition)에 관한 연구」(2017년 8월 서울대학교 법학석사 학위논문), 특히 47쪽 이하 참조. 張允瑛 박사는 행정소송법상 제3에 의한 재심청구의 존재를 설명하기 위해서는 제3자 재심청구의 전제가 되는 취소판결의 대세적 효력을 "제3자에 대한 형성력에만 기할 것이 아니라, 기판력이 미치는 것으로 이해하여야 자연스럽다"(同人, 「프랑스 행정법상 제3자 이의(la tierce opposition)에 관한 연구」, 행정법연구(행정법이론실무학회)제58호, 161쪽 이하)고 주장한다.

무효등확인소송은 처분 등의 효력 유무 또는 존재 여부의 확인을 구할 법률상 이익이 있는 자가 제기할 수 있다(동법 35조). 여기서 말하는 법률상 이익은 취소소송의 그것과 동일한 개념으로 이해되고 있다.[1] 그러나 "확인을 구할 법률상 이익"의 이해에 관하여는 견해가 나뉜다.

(1) 학 설

1) 즉시확정이익설

이 설은 "확인을 구할 법률상 이익"을 민사소송에 있어서의 확인의 이익과 같이 원고의 권리나 법률상 지위에 현존하는 불안이나 위험을 제거하기 위하여 확인판결을 받는 것이 유효·적절한 때와 같은 즉시확정의 법률상 이익으로 이해하는 견해이다.[2] 이 설의 논거는 확인소송의 보충성에 두고 있으며, 독일·일본의 입법례에 따른 이해이다.

2) 법적 보호이익설

이 설은 "확인을 구할 법률상 이익"을 민사소송에 있어서의 확인의 이익보다 넓은 개념으로서 취소소송에 있어서와 동일하게 법규에 의하여 보호되는 이익으로 이해하는 견해이다. 이 설의 논거는 ① 원고적격 내지 소의 이익의 내용·범위는 당해 소송의 성질과 기능을 바탕으로 하나 결국 입법정책의 문제인데 우리「행정소송법」은 다른 입법례와 같은 원고적격상의 제한을 두고 있지 않다는 점, ② 무효등확인소송은 본질적으로 처분을 다투는 항고소송이며 따라서 확인의 이익이란 처분을 다툰다는 의미에서 확인의 이익으로 해석하여야지 민사소송에서와 동일한 개념으로 이해하여서는 아니 된다는 점, ③「행정소송법」은 취소판결의 기속력을 무효등확인소송에도 준용하고 있어서 무효확인판결 자체만으로 판결의 실효성을 확보할 수 있으므로 민사소송에서와 같이 분쟁의 궁극적 해결을 위한 확인의 이익 여부를 논할 이유가 없다는 점 등을 든다. 이 설이 우리나라의 다수설이다.

(2) 판 례

판례는 종래 "확인을 구할 법률상 이익은 그 대상인 현재의 권리 또는 법률관계에 관하여 당사자 사이에 분쟁이 있고 그로 인하여 원고의 권리 또는 법률상의 지위에 불안, 위험이 있어 판결로써 그 법률관계의 존부를 확정하는 것이 위에서 본 불안, 위험을 제거하는 데 필요하고도 적절한 경우에 인정되는 것이다"(대법 1988. 3. 8. 선고 87누133 판결 등)라고 하여「행정소송법」상의

---

1) 원고적격의 범위는 여기서도 다투어진다. 대법원은 헌법 제35조 제1항에서 정하고 있는 환경권에 관한 규정만으로는 그 권리의 주체·대상·내용·행사방법 등이 구체적으로 정립되어 있다고 볼 수 없고, 환경정책기본법 제6조도 그 규정 내용 등에 비추어 국민에게 구체적인 권리를 부여한 것으로 볼 수 없다는 이유로, 환경영향평가 대상지역 밖에 거주하는 주민에게 헌법상의 환경권 또는 환경정책기본법에 근거하여 공유수면매립면허처분과 농지개량사업 시행인가처분의 무효확인을 구할 원고적격이 없다고 하였다(대법 2006. 3. 16. 선고 2006두330 전원합의체 판결).

2) 金南辰, 행정법 Ⅰ(제7판), 724쪽.

명문과는 달리 무효등확인소송의 법률상 이익을 제한적으로 해석하고 있었다. 그러나 대법원은 대법 2008. 3. 20. 선고 2007두6342 전원합의체 판결에서 "행정소송은 행정청의 위법한 처분 등을 취소·변경하거나 그 효력 유무 또는 존재 여부를 확인함으로써 국민의 권리 또는 이익의 침해를 구제하고 공법상의 권리관계 또는 법 적용에 관한 다툼을 적정하게 해결함을 목적으로 하므로, 대등한 주체사이의 사법상 생활관계에 관한 분쟁을 심판대상으로 하는 민사소송과는 목적, 취지 및 기능 등을 달리한다. 또한 행정소송법 제4조에서는 무효확인소송을 항고소송의 일종으로 규정하고 있고, 행정소송법 제38조 제1항에서는 처분 등을 취소하는 확정판결의 기속력 및 행정청의 재처분 의무에 관한 행정소송법 제30조를 무효확인소송에도 준용하고 있으므로 무효확인판결 자체만으로도 실효성을 확보할 수 있다. 그리고 무효확인소송의 보충성을 규정하고 있는 외국의 일부 입법례와는 달리 우리나라 행정소송법에는 명문의 규정이 없어 이로 인한 명시적 제한이 존재하지 않는다. 이와 같은 사정을 비롯하여 행정에 대한 사법통제, 권익구제의 확대와 같은 행정소송의 기능 등을 종합적으로 보면, 행정처분의 근거 법률에 의하여 보호되는 직접적이고 구체적인 이익이 있는 경우에는 행정소송법 제35조에 규정된 '무효확인을 구할 법률상 이익'이 있다고 보아야 하고, 이와 별도로 무효확인소송의 보충성이 요구되는 것은 아니므로 행정처분의 무효를 전제로 한 이행소송 등과 같은 직접적인 구제수단이 있는지 여부를 따질 필요가 없다고 해석함이 상당하다"고 판시하여 판례변경을 하였다.[1)]

2. 무효등확인소송의 피고적격

무효등확인소송은 원칙적으로 처분 등을 행한 행정청을 피고로 한다. 취소소송의 피고적격에 관한 규정이 무효등확인소송에 준용된다(동법 38조 1항)(→ 취소소송의 피고적격).

3. 당사자변경·소송참가·소송대리인 등

피고경정(동법 14조), 공동소송(동법 15조), 제3자의 소송참가(동법 16조), 행정청의 소송참가(동법 17조) 등 취소소송의 당사자에 관한 규정이 무효등확인소송에 준용된다(동법 38조 1항)(→ 취소소송의 당사자변경·소송참가·소송대리인 등).

---

1) 이 판결에는 "무효확인소송의 보충성 인정의 문제는 행정소송법 제35조에 규정된 '무효확인을 구할 법률상 이익'의 해석론에 관한 것으로서 행정소송의 특수성, 무효확인소송의 법적 성질 및 무효확인판결의 실효성, 외국의 입법례, 무효확인소송의 남소 가능성 및 권익구제 강화 등의 측면에서 볼 때, 무효확인소송의 보충성을 요구하지 않는 것이 행정소송의 목적을 달성할 수 있고 소송경제 등의 측면에서도 타당하며 항고소송에서 소의 이익을 확대하고 있는 대법원 판례의 경향에도 부합한다"는 이홍훈 대법관의 보충의견이 있다. 이 판결에 대한 평석으로는 慶健,「무효확인소송의 이익 —행정소송법 제35조 "무효확인을 구할 법률상 이익"의 의미」, 행정법연구(행정법이론실무학회) 제21호, 117쪽 이하; 朴正勳,「무효확인소송의 법적 성질과 기능 —대법 2008. 3. 20. 선고 2007두6342 전원합의체 판결—」, 한국행정판례연구회 제241차 월례발표회 발표논문 등이 있다.

Ⅳ. 무효등확인소송의 대상

무효등확인소송의 대상도 처분 등이다(동법 38조 1항, 19조)(→ 취소소송의 대상).

Ⅴ. 무효등확인소송의 제기

1. 무효등확인소송과 필요적 전치주의

무효등확인소송에는 필요적 전치주의의 적용이 없다(동법 38조 1항, 18조). 개별법률에서 예외적 행정심판전치주의를 규정하고 있는 경우에도 무효등확인소송을 제기하는 경우에는 그 적용을 받지 아니한다. 다만 무효선언을 구하는 취소소송인 경우에는 실질이 무효확인을 구하는 소송이라 하더라도 취소소송의 형식을 취하고 있는 이상 법률이 예외적 행정심판전치주의를 규정하고 있으면 그 적용을 받는다(대법 1987. 6. 9. 선고 87누219 판결).

2. 무효등확인소송의 제소기간

무효등확인소송에는 제소기간의 제한이 없다. 다만 무효선언을 구하는 취소소송인 경우에는 취소소송의 제소기간을 준수하여야 한다(대법 1976. 2. 24. 선고 75누128 판결).

3. 무효등확인소송과 청구의 병합

관련 청구소송의 병합에 관한 규정이 무효등확인소송에도 준용된다(동법 38조 1항, 10조).[1]

4. 무효등확인소송과 소의 변경

소의 변경에 관한 「행정소송법」 제21조의 규정은 무효등확인소송을 취소소송이나 부작위위법확인소송 또는 당사자소송으로 변경하는 경우에 준용된다(동법 37조). 뿐만 아니라 처분변경으로 인한 소의 변경에 관한 동법 제22조의 규정도 무효등확인소송에 준용된다(동법 38조 1항).

---

1) 대법 2005. 12. 23. 선고 2005두3554 판결: 하자 있는 행정처분을 놓고 이를 무효로 볼 것인지 아니면 단순히 취소할 수 있는 처분으로 볼 것인지는 동일한 사실관계를 토대로 한 법률적 평가의 문제에 불과하고, 행정처분의 무효확인을 구하는 소에는 특단의 사정이 없는 한 그 취소를 구하는 취지도 포함되어 있다고 보아야 하는 점 등에 비추어 볼 때, 동일한 행정처분에 대하여 무효확인의 소를 제기하였다가 그 후 그 처분의 취소를 구하는 소를 추가적으로 병합한 경우, 주된 청구인 무효확인의 소가 적법한 제소기간 내에 제기되었다면 추가로 병합된 취소청구의 소도 적법하게 제기된 것으로 봄이 상당하다 할 것이다. 이 판결에 대한 평석으로는 朴海植, 「무효확인의 소에 취소청구의 소를 추가적으로 병합한 경우 병합된 소의 제소기간 준수의 기준시」, 특별법연구(특별소송실무연구회) 제8권, 333쪽 이하 참조.

5. 무효등확인소송과 가구제

「행정소송법」은 무효등확인소송에도 집행정지제도를 준용하고 있다(38조 1항, 23조, 24조). 무효인 처분에는 집행력이 없다. 따라서 무효등확인소송에 집행정지제도를 준용하고 있는 것은 무효와 취소의 절대화의 입장에서 보면 논리적으로 모순이다. 그러나 무효와 취소의 상대화(이른바 절차법적 고찰방법)이론에 의하면 무효확인소송의 판결전에는 당연무효인 처분이라 하더라도 실제상 무효등확인소송이 확정되기 이전에는 행정청이 무효인 처분을 유효한 처분으로 주장하여 강제집행을 할 가능성이 있기 때문에 이러한 점에 대비하기 위한 것이다.「민사집행법」상의 가처분제도의 항고소송에의 준용가능성에 관하여는 이미 설명하였다(→ 취소소송에 있어서의 가구제).

VI. 무효등확인소송의 심리

1. 행정심판기록제출명령·직권심리주의

취소소송에 있어서의 행정심판기록의 제출명령(동법 25조) 및 직권심리주의(동법 26조)에 관한 규정이 무효등확인소송에도 준용된다(동법 38조 1항)(→ 취소소송의 심리절차).

2. 무효등확인소송에 있어서 입증책임의 분배

무효등확인소송에 있어서 입증책임을 당사자간에 어떻게 분배할 것인가에 관하여 견해가 나뉜다.

(1) 학 설

취소소송의 경우와 다를 것이 없다는 견해와 취소소송의 경우와는 달리 원고가 입증책임을 진다는 견해가 대립되어 있다. 전자의 논거는 ① 무효등확인소송에 있어서는 취소소송에 있어서보다도 당해 처분 등의 법적합성에 대한 의문이 더 강하며, 무효등확인소송도 항고소송의 일종으로서 다투어지는 것은 처분 등의 적법 여부인 점에서 취소소송과 다를 것이 없다는 점, ② 무효사유의 주장은 권한행사규정에 있어서의 특정요건사실의 부존재를 주장하는 데 그치는 것으로서, 당해 사실의 부존재가 무효사유인지 여부는 법해석 또는 경험칙에 따라 판단되어야 하는 것일 뿐 입증책임과는 무관하다는 점 등이다. 후자의 논거는 ① 취소소송과 무효등확인소송과는 요건사실의 존재, 부존재의 주장내용에 차이가 있다는 점, ② 무효등확인소송에서 주장되는 중대·명백한 흠은 특별한 예외적인 것이라는 점, ③ 무효등확인소송은 제소기간의 제한 없이 언제든지 제기할 수 있어서 그 사이에 증거가 산일(散佚)될 수 있으므로 취소소송과 동일하게 생각할 수 없다는 점 등이다. 전자의 견해(행정청이 처분의 적법요건에 대하여 입증책임을 진다)가 우리나라의 다수설이다.

(2) 판　례

판례는 처분의 당연무효를 구하는 소송에 있어서는 그 무효를 구하는 사람(원고)에게 그 처분에 존재하는 흠이 중대하고 명백하다는 것을 주장·입증할 책임이 있다는 견해를 견지하고 있다(대법 1984. 2. 28. 선고 82누154 판결 등).

3. 선결문제

(1) 의　의

선결문제란 민사소송에 있어서 본안에 대한 판단의 전제가 된 처분 등의 효력 유무 또는 존재 여부에 관한 다툼을 말한다(동법 11조 1항). 예컨대 조세부과처분이 무효임을 전제로 한 조세(과오납세금)반환소송에서 나타나게 되는 조세부과처분의 효력 유무 또는 존재 여부에 관한 다툼이다.

「행정소송법」이 규정한 것은 민사소송에 있어서의 선결문제이므로 당사자소송이나 형사소송에서 나타나게 되는 선결문제는 여기서 말하는 선결문제가 아니다. 「행정소송법」이 이처럼 선결문제에 관한 규정을 둔 것은 그것이 공익과 밀접한 관련이 있으므로 취소소송에 관한 몇 가지 규정을 준용하기 위해서이다.

(2) 심판권(관할권)

선결문제의 심판권(관할권)에 관하여는 명문의 규정이 없다. 선결문제에 대한 심판권은 처분 등이 무효 또는 부존재의 경우에는 민사법원에 있고, 처분 등의 흠이 취소사유에 불과한 경우에는 민사법원도 처분 등의 공정력에 의한 기속을 받으며 그 취소·변경은 별도의 행정소송의 절차에 의하여야 한다는 것이 종전 판례의 일반적 경향이었다.

(3) 행정청에의 통지

민사소송의 수소법원은 그 처분 등을 행한 행정청에게 그 선결문제로 된 사실을 통지하여야 한다(동법 11조 2항).

(4) 심리절차

선결문제를 민사법원이 심판하는 경우, 형식적으로는 소송물이 사법(私法)상의 권리 또는 법률관계이므로 민사소송의 일부를 이루나, 실질적으로는 처분 등의 무효등확인소송과 유사하다. 그래서 「행정소송법」은 민사소송절차에 의하는 것을 전제로 하여 행정소송에 관한 규정 중 행정청의 소송참가(동법 17조), 행정심판기록의 제출명령(동법 25조), 직권심리(동법 26조) 및 소송비용에 관한 재판의 효력(동법 33조)의 규정을 준용하고 있다(동법 11조 1항).

Ⅶ. 무효등확인소송의 판결

1. 무효판단의 기준시

무효등확인소송에 있어서 무효판단의 기준시는 취소소송에 있어서와 마찬가지로 처분시설이 통설이다(→ 위법판단의 기준시).

2. 판결의 종류

무효등확인소송에 있어서 판결의 종류는 취소소송에 있어서 판결의 종류와 같다. 다만 무효등확인소송에 있어서는 사정판결에 관한 규정이 준용되어 있지 않다. 다수설과 판례는 무효등확인소송에 사정판결의 적용을 인정하지 아니한다는 것, 이에 대하여는 준용되어야 한다는 견해가 있다는 것, 사견으로 무효선언을 구하는 취소소송에 적용하는 것이 해석상 가능할 것이라는 점은 앞에서 설명한 바와 같다(→ 취소소송의 판결).

3. 판결의 효력

무효등확인소송의 판결에도 취소소송의 판결에 있어서와 같이 기속력이 발생한다(동법 38조 1항, 30조). 제3자효에 대하여도 준용규정(동법 38조 1항, 29조)이 있다. 무효등확인소송의 판결에도 기판력이 발생한다.

4. 간접강제 허부

「행정소송법」 제38조 제1항에는 거부처분취소판결의 간접강제에 관한 제34조의 준용규정이 없다. 판례는 "행정소송법 제38조 제1항이 무효확인판결에 관하여 취소판결에 관한 규정을 준용함에 있어서 같은 법 제30조 제2항을 준용한다고 규정하면서 같은 법 제34조는 이를 준용한다는 규정을 두지 않고 있으므로, 행정처분에 대하여 무효확인판결이 내려진 경우에는 그 행정처분이 거부처분인 경우에도 행정청에 판결의 취지에 따른 재처분의무가 인정될 뿐 그에 대하여 간접강제까지 허용되는 것은 아니라고 할 것이다"(대법 1998. 12. 24. 자 98무37 결정)라고 판시하고 있다.

Ⅷ. 무효등확인소송의 불복

무효등확인소송의 불복도 취소소송의 불복과 다를 것이 없다. 「행정소송법」은 무효등확인소송에도 제3자에 의한 재심청구를 준용하는 규정을 두고 있다(동법 38조 1항, 31조).

제 3. 부작위위법확인소송

Ⅰ. 부작위위법확인소송의 의의 등

부작위위법확인소송의 의의, 성질, 소송물 및 다른 행정소송과의 관계 등에 관하여는 이미 행정소송의 종류에서 설명한 바 있다.

Ⅱ. 부작위위법확인소송의 재판관할

부작위위법확인소송의 제1심 관할법원은, 취소소송에 있어서와 마찬가지로, 원칙적으로 피고의 소재지를 관할하는 행정법원이다(동법 38조 2항, 9조)(→ 취소소송의 재판관할).

부작위위법확인소송이 관할권 없는 법원에 잘못 제기된 경우 수소법원은 정당한 관할법원에 이송해야 하고, 현저한 손해 또는 지연을 피하기 위하여 필요한 때에도 이송할 수 있다(동법 7조, 8조, 민사소송법 34조 1항, 35조). 관련 청구소송의 이송도 취소소송에 관한 규정이 준용된다(행정소송법 38조 2항, 10조)(→ 소송의 이송).

Ⅲ. 부작위위법확인소송의 당사자 등

1. 부작위위법확인소송의 원고적격

부작위위법확인소송은 처분의 신청을 한 자로서 부작위의 위법의 확인을 구할 **법률상 이익**이 있는 자만이 제기할 수 있다(동법 36조).[1]

2. 부작위위법확인소송의 피고적격

부작위위법확인소송의 부작위 행정청, 즉 당사자의 신청에 대하여 상당한 기간 내에 일정한 처분을 하여야 할 의무가 있음에도 불구하고 이를 하지 아니하는 행정청이 피고가 된다(동법 38조 2항, 13조)(→ 취소소송의 피고적격).

3. 당사자변경·소송참가·소송대리인 등

피고경정(동법 14조), 공동소송(동법 15조), 제3자의 소송참가(동법 16조), 행정청의 소송참가(동법 17조) 등 취소소송의 당사자에 관한 규정이 부작위위법확인소송에 준용된다(동법 38조 2항)(→ 취소소송의 당사자변경·소송참가·소송대리인 등).

---

1) 상세한 요건은 金鐵容·崔光律, 주석 행정소송법, 1062쪽 이하[집필 李鴻薰] 참조.

Ⅳ. 부작위위법확인소송의 대상

부작위위법확인소송의 대상은 행정청의 부작위이다. 부작위란 행정청이 당사자의 신청에 대하여 상당한 기간 내에 일정한 처분을 하여야 할 법률상 의무가 있음에도 불구하고 이를 하지 아니하는 것을 말한다(동법 2조 1항 2호).[1] 따라서 부작위위법확인소송의 대상인 행정청의 부작위는 모든 부작위가 아니라 다음의 요건을 갖춘 부작위만이다.

1. 당사자의 신청이 있을 것

부작위가 성립되기 위하여는 당사자의 신청이 있어야 한다. 신청은 예컨대 급부행정의 영역에서 급여·보조금교부 등 이익 처분을 하여 달라는 내용일 수도 있고 규제행정의 영역에서 환경오염의 규제 등 행정개입을 청구하는 내용일 수도 있다. 그런데 여기서 말하는 당사자의 신청의 이해에 관하여는 견해가 나뉜다. 당사자의 신청을 행정청에 대하여 일정한 처분을 구할 법규상·조리상의 권리가 있는 자의 신청으로 이해하는 견해와 행정청에 의무만 있으면 되는 것이지 신청인에게 반드시 권리가 있어야 하는 것이 아니라는 견해가 그것이다. 전자의 견해가 다수설이고 판례이다. 그 논거는 법문이 당사자의 신청이라고 하고 있으나, 부작위위법확인소송의 목적이 신청권을 가지고 있는 자의 불이익을 구제하는 데 있고 신청권의 유무는 논리적으로 행정청의 부작위가 위법한지의 여부를 판단하는 전제가 되기 때문이라는 데에 두고 있다.

신청의 절차 등이 부적법하더라도,[2] 행정청이 보완을 요구하거나 되돌려 보내는 것은 별문제로 하고(행정절차법 17조 4항, 5항), 신청을 무시하여 무응답할 수 없다. 따라서 신청권은 응답요구권이다(대법 2000. 2. 25. 선고 99두11455 판결 등). 응답요구권 존부의 판단은 관계 법령의 해석에 의하여 사인에게 그러한 응답요구권을 인정하고 있는가를 살펴 추상적으로 결정된다.

2. 행정청에 대한 처분의 신청일 것

부작위가 성립하기 위하여는 신청이 행정청에 대하여 항고소송의 대상인 처분을 요구하는 것이어야 한다.[3]

---

1) 대법원은 1992. 5. 8. 선고 91누11261 판결에서 "행정소송은 구체적 사건에 대한 법률상 분쟁을 법에 의하여 해결함으로써 법적 안정을 기하자는 것이므로 부작위위법확인소송의 대상이 될 수 있는 것은 구체적 권리의무에 관한 분쟁이어야 하고 추상적인 법령에 관하여 제정의 여부 등은 그 자체로서 국민의 구체적인 권리의무에 직접적 변동을 초래하는 것이 아니어서 그 소송의 대상이 될 수 없다"고 판시한 바 있다. 대법원의 이와 같은 판시들로 말미암아 행정입법부작위가 쟁점이 된 사건은 모두 헌법재판소 관할로 확립되었다(임영호, 「공법상 소송유형과 소송형식」, 2009. 9. 12. 대법원특별소송실무연구회·행정법이론실무학회 공동학술대회 발표논문집, 39쪽).

2) 신청은 신청요건을 갖춘 적법한 신청이어야 한다는 견해도 있다(朴均省, 행정법론(상), 1039쪽).

3) 여기서 말하는 행정청에 대한 처분의 신청에는 재결의 신청도 포함되느냐가 문제된다. 「행정소송법」이 부작위를 "행정청이 당사자의 신청에 대하여 상당한 기간 내에 일정한 처분을 하여야 할 법률상 의무가 있음에도 불구하고 이를 하지 아니하는 것"이라 정의하고(제2조 제1항 제2호), 부작위위법확인소송의 원고적격에 있어서도

3. 처분을 하여야 할 법률상 의무가 있을 것

부작위가 성립하기 위하여는 행정청에 일정한 처분을 하여야 할 법률상 의무가 있어야 한다. 당사자의 신청권에 대응한 행정청의 의무이다.[1] 기속처분의 경우는 말할 나위가 없고 재량처분이라 하더라도 당사자에게 신청권이 인정되는 이상 재량권의 한계일탈이나 남용이 없는 적법한 응답을 요구할 권리(무하자재량행사청구권)가 있으므로(대법 1991. 2. 12. 선고 90누5825 판결 참조) 그에 대응하여 응답할 의무가 행정청에 있다.

4. 상당한 기간 내에 처분을 하지 아니할 것

부작위가 성립하기 위하여는 행정청이 상당한 기간 내에 처분을 하지 아니하여야 한다.

여기서 말하는 상당한 기간이 어느 정도의 기간을 의미하는가에 관하여 일률적으로 말할 수는 없고 당해 처분의 성질·내용, 동종사안에 대한 종래의 처리경험, 기타 법령의 규정 등을 종합적으로 참작하여 신청에 대한 처분을 하는 데 필요한 것으로 인정되는 기간을 가리킨다고 보는 것이 일반적이다. 「행정절차법」에 따라 개별 법령 등에서 처분의 처리기간이 정하여져 공표되어 있는 경우에는 그 처리기간이 경과된 때에는 특별한 사정이 없는 한, 상당한 기간을 경과하였다고 볼 것이다.

처분을 하지 아니하는 것의 의미는 행정청의 처분(신청대로 행하는 처분이든 거부처분이든)으로 볼 만한 외관이 존재하지 아니하는 상태를 말한다. 따라서 무효인 처분이라도, 처분의 외관이 존재하는 한, "처분을 하지 아니하는 것"에 해당하지 아니한다. 또 법령이 일정한 기간 내에 행정청의 결정이 없으면 신청이 기각된 것으로 본다는 등 일정기간의 부작위에 대하여 거부처분으로 의제하고 있는 경우에는 "처분을 하지 아니하는 것"에 해당하지 아니한다(거부처분을 대상으로 다투어야 한다).

V. 부작위위법확인소송의 제기

1. 부작위위법확인소송과 필요적 전치주의

개별법률에서 예외적 행정심판전치주의를 규정하고 있는 경우에는 의무이행심판을 거쳐 부작위위법확인소송을 제기하여야 한다(행정소송법 38조 2항, 18조)(→ 취소소송의 필요적 전심절차).

"처분의 신청을 한 자로서 부작위의 위법의 확인을 구할 법률상 이익이 있는 자만이 제기할 수 있다"고 규정(제36조)하면서 한편에는 취소소송의 대상을 "처분 등"으로 규정하고, 이를 부작위위법확인소송에 준용(제38조 제2항)하고 있기 때문이다.

1) 판례는 '일정한 처분을 하여야 할 법률상 의무'를 응답의무로 이해하여 거부처분과 동일하게 당사자의 신청권을 요구하고 있다는 것, 이에 대하여 신청권의 문제는 원고적격 또는 본안의 문제에 불과하고 따라서 처분을 하여 달라는 신청에 대해 행정청이 응답하지 않는 경우에는 그것만으로 부작위가 성립하는 것으로 보아야 한다는 견해가 있음은 행정법 관계에 있어서 사인의 행위, 행정심판의 부작위, 취소소송의 대상에서 이미 언급한 바가 있다.

2. 부작위위법확인소송의 제소기간

「행정소송법」은 부작위위법확인소송에도 취소소송의 제소기간에 관한 규정을 준용하고 있다(동법 38조 2항, 20조). 그러나 부작위상태는 일종의 상태로서 계속되므로 제소기간이 있을 수 없다.[1] 따라서 개별법률에서 예외적 행정심판전치주의를 규정하고 있어서 행정심판을 거친 경우, 행정청이 고지를 잘못하여 행정심판을 거친 경우 등 기타 행정심판을 거친 결과 원고가 재결서의 정본을 송달받은 경우에만 취소소송의 제소기간에 관한 규정이 준용되며 재결서의 정본을 송달받은 날로부터 90일 내에 부작위위법확인소송을 제기하여야 하며, 행정심판을 거치지 아니하는 경우에는 성질상 제소기간의 제한을 받지 아니한다.[2]

3. 부작위위법확인소송과 청구의 병합

관련 청구소송의 병합에 관한 규정이 부작위위법확인소송에도 준용된다(동법 38조 2항, 10조)(→ 취소소송에 있어서의 청구의 병합).

4. 부작위위법확인소송과 소의 변경

소의 변경에 관한 「행정소송법」 제21조의 규정은 부작위위법확인소송을 취소소송이나 무효등확인소송 또는 당사자소송으로 변경하는 경우에 준용된다(동법 37조).

5. 부작위위법확인소송과 가구제

집행정지제도에 관한 「행정소송법」 제23조·제24조의 규정은 부작위위법확인소송에 준용되지 아니한다. 부작위위법확인소송에는 집행력이 있을 수 없기 때문이다.

---

1) 金性洙 교수는 행정심판을 거치지 아니하고 직접 부작위위법확인소송을 제기하는 경우의 제소기간은 처분에 대한 당사자의 신청에 대하여 처분의무가 있는 상당한 기간이 경과한 이후부터 기산하여야 한다는 견해를 취하고 있다(同人, 행정법 Ⅰ, 868쪽).

2) 대법 2009. 7. 23. 선고 2008두10560 판결: 부작위위법확인의 소는 부작위상태가 계속되는 한 그 위법의 확인을 구할 이익이 있다고 보아야 하므로 원칙적으로 제소기간의 제한을 받지 않으나, 행정소송법 제38조 제2항이 제소기간을 규정한 같은 법 제20조를 부작위위법확인소송에 준용하고 있는 점에 비추어 보면, 행정심판 등 전심절차를 거친 경우에는 행정소송법 제20조가 정한 제소기간 내에 부작위위법확인의 소를 제기하여야 할 것이다. 하지만, 당사자의 법규상 또는 조리상의 권리에 기한 신청에 대하여 행정청이 부작위의 상태에 있는지 아니면 소극적 처분을 하였는지는 동일한 사실관계를 토대로 한 법률적 평가의 문제가 개입되어 분명하지 않은 경우가 있을 수 있고, 부작위위법확인소송의 계속 중 소극적 처분에 대한 취소소송을 제기하여야 하는 등 부작위위법확인의 소는 취소소송의 보충적 성격을 지니고 있으며, 부작위위법확인소송의 이러한 보충적 성격에 비추어 동일한 신청에 대한 거부처분의 취소를 구하는 취소소송에는 특단의 사정이 없는 한 그 신청에 대한 부작위위법의 확인을 구하는 취지도 포함되어 있다고 볼 것이다. 이러한 사정을 종합하여 보면, 당사자가 동일한 신청에 대하여 부작위위법확인의 소를 제기하였으나 그 후 소극적 처분이 있다고 보아 처분취소소송으로 소를 교환적으로 변경한 후 여기에 부작위위법확인의 소를 추가적으로 병합한 경우 최초의 부작위위법확인의 소가 적법한 제소기간 내에 제기된 이상 그 후 처분취소소송으로의 교환적 변경과 처분취소소송에의 추가적 변경 등의 과정을 거쳤다고 하더라도 여전히 제소기간을 준수한 것으로 봄이 상당하다.

VI. 부작위위법확인소송의 심리

1. 심리의 범위

부작위위법확인소송의 심리권의 범위에 관하여는 절차적 심리설과 실체적 심리설로 나뉜다. 절차적 심리설은 심리의 범위는 부작위의 위법 여부에 한정된다는 것이고,[1] 실체적 심리설은 심리의 범위는 부작위의 위법 여부뿐만 아니라 신청의 실체적 내용이 이유 있는가도 심리하여 그에 대한 적정한 처리방향에 관한 법률적 판단을 하여야 한다는 것이다.[2] 판례는 절차적 심리설에 서 있다(대법 1990. 9. 25. 선고 89누4758 판결 등).

심리의 범위는 인용판결의 기속력에 따른 적극적 효력으로서의 재처분의무[3](동법 38조 2항, 30조 2항), 간접강제(동법 38조 2항, 34조) 등과 관련된다.

2. 행정심판기록제출명령·직권심리주의

취소소송에 있어서 행정심판기록의 제출명령(동법 25조) 및 직권심리주의(동법 26조)에 관한 규정이 부작위위법확인소송에도 준용된다(동법 38조 2항)(→ 취소소송의 심리절차).

3. 부작위위법확인소송에 있어서 입증책임의 분배

부작위위법확인소송에 있어서 신청하였다는 것과 상당한 기간이 경과하였다는 것의 주장·입증책임은 원고가 지며, 상당한 기간이 경과한 것에 대하여 이를 정당화할 특별한 사유가 있었다는 것의 입증책임은 피고인 행정청이 진다.

VII. 부작위위법확인소송의 판결

1. 위법판단의 기준시

부작위위법확인소송에는 처분이 존재하지 않으므로 처분시설이 성립될 수가 없다. 따라서 부작위위법확인소송에는 취소소송에 있어서의 위법판단의 기준시에 관한 이론을 적용할 수가 없다.

부작위위법확인소송에 있어서의 위법판단의 기준시의 문제는 상당한 기간의 경과를 판단하는 시점이 언제인가에 있는데, 이에 관하여는 소제기시설과 판결시설로 나뉜다. 부작위의 위법

---

1) 朴鈗炘, 최신행정법강의(상), 1033쪽; 金東熙, 행정법 I, 782쪽; 洪準亨, 행정법총론, 721쪽.

2) 金道昶, 일반행정법론(상), 836쪽; 金性洙, 행정법 I, 873쪽; 鄭夏重, 행정법총론, 803쪽 이하; 洪井善, 행정법원론(상), 1011쪽.

3) 절차적 심리설을 취하면 원고의 청구가 인용된 경우 행정청은 단지 인용 또는 거부의 처분 중 하나만 하면 될 것이나, 실체적 심리설을 취하면 원고의 청구가 인용된 경우 행정청으로서는 신청을 받아들이는 처분을 하여야 할 것이다.

이 인정되기 위하여는 소를 제기할 때에 이미 상당한 기간이 경과해 있을 필요는 없고 판결할 때까지 경과해 있으면 충분하므로 판결시설이 타당하다.

2. 판결의 종류

부작위위법확인소송에 있어서 판결의 종류는 취소소송에 있어서 판결의 종류와 같다. 다만 부작위위법확인소송에 있어서는 사정판결에 관한 규정이 준용되지 아니한다.

3. 판결의 효력

부작위위법확인소송의 판결에도 취소소송의 판결에 있어서와 같이 기속력이 발생한다(동법 38조 2항, 30조). 따라서 법원이 부작위의 위법을 확인한 경우, 즉 인용판결이 확정되면 행정청은 판결의 취지에 따라 다시 이전의 신청에 대한 처분을 하여야 한다. 이 경우에 행정청은 원고의 신청대로 처분할 필요는 없으며 거부처분도 가능하다는 것이 판례이다. 거부처분에 불복하는 경우에는 거부처분을 대상으로 다시 쟁송으로 다툴 수 있음은 물론이다. 그러나 행정청이 어떠한 처분도 하지 아니하는 때에는 간접강제에 의하여 재처분의무의 실효성을 확보하게 된다(동법 38조 2항, 34조).

부작위위법확인소송의 판결에도 제3자효를 규정한 「행정소송법」 제29조의 규정이 준용된다(동법 38조 2항).

부작위위법확인소송의 판결에도 기판력이 인정된다.

Ⅷ. 부작위위법확인소송의 불복

부작위위법확인소송의 불복도 취소소송의 불복과 다를 것이 없다. 「행정소송법」은 부작위위법확인소송에도 제3자에 의한 재심청구를 준용하는 규정을 두고 있다(동법 38조 2항, 31조).

제 4 관 당사자소송
Ⅰ. 당사자소송의 의의 등

당사자소송의 의의와 종류·성질·소송물 및 다른 행정소송과의 관계 등에 관하여는 이미 행정소송의 종류에서 설명한 바 있다.

Ⅱ. 당사자소송의 재판관할
1. 심급관할

당사자소송의 제1심 관할법원은 피고의 소재지를 관할하는 행정법원이다. 항소심은 고등법원이, 상고심은 대법원이 담당한다.

2. 토지관할

당사자소송의 재판관할에 관하여는 취소소송에 관한 규정(동법 9조)이 준용된다(동법 40조).

3. 소송의 이송

법원은 소송의 전부 또는 일부가 그 관할에 속하지 않는다고 인정할 때에는 결정으로 관할법원에 이송한다(동법 8조, 민사소송법 34조 1항).「민사소송법」제34조 제1항의 규정은 원고의 고의 또는 중대한 과실 없이 행정소송이 심급을 달리하는 법원에 잘못 제기된 경우에도 적용된다(행정소송법 7조).

「행정소송법」제10조의 규정은 당사자소송과 관련 청구소송이 각각 다른 법원에 계속되고 있는 경우의 이송에 준용된다(동법 44조 2항).

Ⅲ. 당사자소송의 당사자 등

1. 당사자소송의 원고적격

당사자소송은 대등한 당사자 사이의 소송이므로 항고소송에 있어서와 같은 원고적격에 관한 제한은 없으며,「민사소송법」상의 원고적격에 관한 규정이 준용된다(동법 8조 2항). 즉, 원고는 권리(청구권)을 주장하는 자이다.

2. 당사자소송의 피고적격

당사자소송은 국가·공공단체 그 밖의 권리주체를 피고로 한다(동법 39조).

원고가 피고를 잘못 지정한 때에는 법원은 원고의 신청에 의하여 결정으로써 피고의 경정을 허가할 수 있다(동법 44조 1항, 14조). 피고를 행정청으로 하였다가 국가나 지방자치단체로 피고를 경정하는 것도 허용된다.

형식적 당사자소송의 경우에는 형식적 당사자소송을 인정하고 있는 개별법에서 명문으로 피고적격을 규정하고 있다(특허법 187조, 디자인보호법 167조, 상표법 163조, 공익사업을위한토지등의취득및보상에관한법률 85조 2항).

3. 당사자변경·소송참가·소송대리인 등

공동소송(행정소송법 15조), 제3자의 소송참가(동법 16조), 행정청의 소송참가(동법 17조) 등 취소소송의 당사자에 관한 규정이 당사자소송에 준용된다(동법 44조 1항)(→ 취소소송의 당사자변경·소송참가·소송대리인 등).

Ⅳ. 당사자소송의 대상

당사자소송의 대상은 행정청의 처분 등을 원인으로 하는 법률관계 그 밖에 공법상의 법률관계이다.

1. 항고소송의 대상과의 구별

당사자소송은 처분 그 자체를 대상으로 하는 것이 아니라 법률관계를 대상으로 한다는 점에서 항고소송의 대상과 구별된다. 예컨대 공무원면직처분이 무효인 경우에 그 처분 자체를 대상으로 면직처분무효확인소송을 제기하면 항고소송이나, 면직처분의 무효를 전제로 당사자가 여전히 공무원으로서의 권리와 의무를 갖는 공무원의 지위에 있다는 법률관계의 확인을 구하는 소송을 제기하면 당사자소송이다.

2. 민사소송의 대상과의 구별과 그 실익

당사자소송은 공법상의 법률관계를 대상으로 한다는 점에서 사법상의 법률관계를 대상으로 하는 민사소송과 구별된다. 공법상의 법률관계는 공법이 규율하는 법률관계인 공법관계이며 사법상의 법률관계는 사법이 규율하는 법률관계이다(→ 행정소송과 민사소송). 그러나 구체적으로는 당사자소송과 민사소송의 구별기준에 관하여 견해가 대립된다. 제1설은 소송물을 기준으로 하여 공법상의 법률관계의 주장을 소송물로 하는 경우는 당사자소송이고 사법상의 법률관계의 주장을 소송물로 하는 경우는 민사소송이라는 견해이다. 제2설은 소송물 그 자체가 아니라 그 전제가 되는 법률관계를 기준으로 하여 소송물이 사법상의 것이라고 할지라도 그 전제가 되는 법률관계가 공법상의 것일 때에는 당사자소송이고 그것이 사법상의 것일 때에는 민사소송이라는 견해이다. 판례는 소송물을 기준으로 하면서도 소송물의 전제가 되는 법률관계(또는 권리)가 공법관계(또는 공법상의 권리)인 경우 공법관계(또는 공법상의 권리) 그 자체를 소송물로 하고 있는 때에는 행정소송의 대상이지만, 그 자체를 소송물로 하고 있지 않은 때에는 원칙적으로 행정소송의 대상이 아니라는 것이 주류적 경향이었다. 따라서 예컨대 처분 등의 위법으로 인한 국가배상청구나 부당이득반환청구를 모두 민사소송의 대상으로 판단한 것은 이 이유이다. 그러나 이러한 판례의 주류적 태도는 「행정소송법」 제3조 제2호가 "행정청의 처분 등을 원인으로 하는 법률관계에 관한 소송 그 밖에 공법상의 법률관계에 관한 소송"이라는 명문의 규정에 적합한 것이 아니다.

논자에 따라서는 제2설의 문제점으로 공법과 사법의 구별기준의 모호성을 들고 입법론을 거론한다.[1] 사견으로는 입법론으로 해결하는 것도 한 가지 방법이나 법원이 당사자소송의 대상을

---

1) 노경필, 「도시정비법상 관리처분계획안에 대한 총회결의 무효확인소송의 법적 취급—대법 2009. 9. 17. 선고 2007다2428 전원합의체 판결—」, 한국행정판례연구회 제251차 월례발표회 발표논문, 10쪽 이하.

개별적으로 확정해 나가는 것도 한 방법이라고 생각한다.[1]

당사자소송과 민사소송의 구별은 소송법상 ① 당사자소송에는 관련 민사소송을 병합할 수 있으나 민사소송에는 관련 당사자소송을 병합할 수 없다는 점, ② 심리 중 당사자소송에서 항고소송으로 소변경할 수 있지만 민사소송에서 항고소송으로 소변경할 수 없다는 점, ③ 당사자소송에는 행정청이 참가할 수 있으나 민사소송에는 그것이 불가능하다는 점, ④ 당사자소송에는 직권심리주의가 적용되지만 민사소송에는 그렇지 못하다는 점, ⑤ 당사자소송의 판결의 기속력은 당해 행정주체에 소속하는 행정청에도 미치나 민사소송의 경우에는 소송당사자에게만 판결의 효력이 미친다는 점 등에 구별의 실익[2]이 있다.

3. 당사자소송의 사례

(1) 형식적 당사자소송

현행법상 인정되는 형식적 당사자소송으로는 특허무효항고심판, 특허권존속기간의 연장등록무효항고심판, 권리범위확인항고심판 등에 관한 소송 등 지적 재산권에 관한 소송(특허법 187조 단서, 디자인보호법 167조 단서, 상표법 163조 단서) 및 「공익사업을 위한 토지등의 취득 및 보상에 관한 법률」 제85조 제2항에 의한 손실보상금의 증감에 관한 소송 등을 들 수 있다.

(2) 실질적 당사자소송

1) 공법상 신분·지위 등의 확인소송

공무원이나 공립학교 학생 신분의 확인을 구하는 소송은 당사자소송에 속한다(대법 1998. 10. 23. 선고 98두12932 판결). 정년 또는 당연퇴직사유에 해당되는지 여부에 관하여 다툼이 있는 경우와 같이 처분이 개재되어 있지 아니한 때에는 당사자소송으로서 지위확인의 소송을 제기할 수 있다. 판례는 국가·지방자치단체와의 채용계약에 의하여 일정기간 연구업무 등에 종사하는 계약직 공무원이 행정청의 일방적 채용계약해지통고의 효력을 다투는 소송(대법 1993. 9. 14. 선고 92누4611 판결), 서울특별시립무용단원의 해촉을 다투는 소송(대법 1995. 12. 22. 선고 95누4636 판결), 공중보건의사 채용계약 해지에 관한 소송(대법 1996. 5. 31. 선고 95누10617 판결), 시립합창단원에 대한 재위촉 거부를 다투는 소송(대법 2001. 12. 11. 선고 2001두7794 판결) 등을 당사자소송으로 보고 있다.

그 밖에 구 도시재개발법에 의한 주택개량재개발조합의 조합원지위확인소송(대법 1996. 2. 15.

---

1) 대법 2009. 9. 17. 선고 2007다2428 전원합의체 판결은 "행정주체인 재건축조합을 상대로 관리처분계획안에 대한 조합 총회결의의 효력 등을 다투는 소송은 행정처분에 이르는 절차적 요건의 존부나 효력 유무에 관한 소송으로서 그 소송결과에 따라 행정처분의 위법 여부에 직접 영향을 미치는 공법상 법률관계에 관한 것이므로, 이는 행정소송법상의 당사자소송에 해당한다"라고 하여 ① 한 쪽 당사자가 행정주체일 것, ② 행정처분에 이르는 절차적 요건의 존부나 효력 유무에 관한 소송일 것, ③ 그 소송결과에 따라 행정처분의 위법 여부에 직접 영향을 미치는 법률관계일 경우는 당사자소송이라는 기준을 제시하고 있다.

2) 白潤基, 「당사자소송의 대상」, 행정판례연구(한국행정판례연구회) Ⅳ, 351쪽 이하.

선고 94다31235 전원합의체 판결),「항만법」에 의한 항만시설무상사용권범위확인소송(대법 2001. 9. 4. 선고 99두10148 판결) 등도 공법상 당사자소송에 속한다.

2) 각종 사회보장급부청구 등

「산업재해보상보험법」·「고용보험법」·「공무원연금법」·「군인연금법」 기타 각종 사회보장관계 법률 등에 정해진 급여를 받을 권리는 행정청의 인용결정이 있을 때 비로소 구체적으로 발생하므로, 구체적인 권리가 발생하지 않은 상태에서 곧바로 국가를 상대로 당사자소송으로 그 권리의 확인이나 급여의 지급을 소구하는 것은 허용되지 아니함이 원칙이다(대법 1995. 9. 15. 선고 93누18532 판결, 대법 2017. 2. 9. 선고 2014두43264 판결 등). 그러나 급부청구권이 근거 법령상 행정청의 1차적 판단 없이 곧바로 발생하는 경우에는 행정청의 결정을 기다릴 필요 없이 곧바로 당사자소송으로 그 이행을 구할 수 있다. 판례는「석탄산업법」에 의한 석탄가격안정지원금청구소송(대법 1997. 5. 30. 선고 95다28960 판결) 등을 이러한 소송으로 보고 있다. 또한 법령의 개정에 따른 국방부장관의 퇴역연금액 감액조치에 대하여 이의가 있는 퇴역연금수급권자는 직접 국가를 상대로 당사자소송을 제기할 수 있다고 하였다(대법 2003. 9. 5. 선고 2002두3522 판결). 공무원연금공단이 공무원연금법령의 개정사실과 퇴직연금수급자가 퇴직연금 중 일부 금액의 지급정지대상자가 되었다는 사실을 통보한 사안에서, 그 통보는 항고소송의 대상이 되는 행정처분이 될 수 없고, 바로 미지급퇴직연금의 지급을 구하는 당사자소송을 제기할 수 있다고 하였고(대법 2004. 7. 8. 선고 2004두244 판결), 공무원연금관리공단의 인정에 의하여 퇴직연금을 지급받아 오던 중 공무원연금법령의 개정 등으로 퇴직연금 중 일부 금액의 지급이 정지된 경우에는 당연히 개정된 법령에 따라 퇴직연금이 확정되는 것이지 공무원연금관리공단의 퇴직연금 결정과 통지에 의하여 비로소 그 금액이 확정되는 것이 아니므로 공무원 연금관리공단이 퇴직연금 중 일부 금액에 대하여 지급거부의 의사표시를 하였다 하더라도 행정처분이라고 볼 수는 없고, 미지급 퇴직연금에 대한 지급청구권은 공법상의 권리로서 그 지급을 구하는 소송은 당사자소송에 해당한다고 하였다(대법 2004. 12. 24. 선고 2003두15195 판결). 납세의무자에 대한 국가의 부가가치세 환급세액 지급의무에 대응하는 국가에 대한 납세의무자의 부가가치세 환급세액 지급청구도 민사소송이 아니라 당사자소송의 절차에 따라야 한다고 하였다(대법 2013. 3. 21. 선고 2001다95564 전원합의체 판결)[1]

법률이 유족보상금 등의 지급에 관한 소송을 제기하기 전에 행정청의 결정을 거치도록 규정하고 있는 경우에 보상금 등의 지급에 관한 소송이 항고소송과 당사자소송 중 어느 소송형태에 의하여 하는 것인지에 관한 기준은 반드시 명백한 것은 아니다(대법 2008. 4. 17. 선고 2005두16185 전원합의체 판결 참조).[2]

---

1) 이 판결에 대한 평석으로 李承寧,「부가가치세 환급세액 지급청구가 당사자소송의 대상인지」, 한국행정판례연구회 제300차 월례발표회 발표 논문이 있다.

2) 대법 2008. 4. 17. 선고 2005두16185 전원합의체 판결은 "민주화운동관련자 명예회복 및 보상 등에 관한 법률 제17조는 보상금 등의 지급에 관한 소송의 형태를 규정하고 있지 않지만, 위 규정 전단에서 말하는 보상금 등의

3) 손실보상금청구소송

손실보상청구권이 공법상의 권리인 경우에는 손실보상금의 지급을 구하거나 손실보상청구권의 확인을 구하는 소송은 행정소송법 제3조 제2호 소정의 당사자소송에 의하여야 한다(대법 2006. 5. 18. 선고 2004다6207 전원합의체 판결, 대법 2012. 10. 11. 선고 2010다23210 판결).[1]

4) 환매대금증감청구소송

토지소유자 등이 환매권(→ 환매권)을 행사하기 위하여는 환매권자가 환매가격을 사업시행자에게 지급하여야 하는바, 환매가격은 원칙적으로 당해 토지 및 토지에 관한 소유권 이외의 권리에 대하여 지급받은 보상금에 상당한 금액이다. 그러나 토지의 가격이 취득 당시에 비하여 현저히 변경되었을 때에는 사업시행자 또는 토지 소유자 등은 그 금액의 증감을 법원에 청구할 수 있는데, 이 경우에 행하는 환매대금증감청구소송은 당사자 소송에 속한다(대법 2002. 6. 14. 선고 2001다24112 판결).

5) 처분 등으로 형성된 법률관계를 다투는 소송

과세처분의 무효를 전제로 한 조세채무부존재확인소송과 같이 처분 등으로 형성된 법률관계 그 자체를 다투는 소송은 당사자소송에 속한다(대법 2000. 9. 8. 선고 99두2765 판결). 그러나 처분 등을 기초로 하면서도 처분 등으로 형성된 법률관계 그 자체가 아닌 다른 법률관계를 다투는 소송 예컨대 과세처분의 무효를 전제로 한 조세반환(과오납금환급)청구소송 등이 당사자소송에 속

지급에 관한 소송은 민주화운동관련자 명예회복 및 보상 심의위원회의 보상금 등의 지급신청에 관하여 전부 또는 일부를 기각하는 결정에 대한 불복을 구하는 소송이므로 취소소송을 의미한다고 보아야 한다"고 판시하였지만, "보상금 등의 지급에 관한 소송은 행정소송법 제3조 제2호에 정한 국가를 상대로 하는 당사자소송에 의하여야 한다"는 김황식, 김지형, 이홍훈 대법관들의 반대의견이 있었다. 이 판결에 대한 평석으로 曺海鉉,「민주화운동관련자 명예회복 및 보상 등에 관한 법률에 의한 보상금의 지급을 구하는 소송의 형태(대법원 2008. 4. 17. 선고 2005두16185 전원합의체 판결)」, 행정판례연구(한국행정판례연구회) XI, 315쪽 이하; 朴正勳,「항고소송과 당사자소송의 관계—비교법적 연혁과 우리 법의 해석을 중심으로—」, 특별법연구(특별소송실무연구회) 제9집, 2011, 151쪽 이하 등이 있다. 朴 교수는 다수의견과 반대의견이 모두 취소소송 또는 당사자소송만이 유일하게 적법한 소송유형이라고 판시한 부분에 대해서 찬성하지 않고 있다.

1) 대법 2006. 5. 18. 선고 2004다6207 전원합의체 판결: 법률 제3782호 하천법 중 개정법률(이하 '개정 하천법'이라 한다) 부칙 제2조나 특별조치법 제2조에 의한 손실보상청구권은 헌법 제23조 제3항이 선언하고 있는 손실보상청구권을 하천법에서 구체화한 것으로서, 하천법 그 자체에 의하여 직접 사유지를 국유로 하는 이른바 입법적 수용이라는 국가의 공권력행사로 인한 토지소유자의 손실을 보상하기 위한 것이므로, 하천구역편입 토지에 대한 손실보상청구권은 공법상의 권리임이 분명하므로 그 손실보상을 둘러싼 쟁송은 사인간의 분쟁을 대상으로 하는 민사소송이 아니라 공법상의 법률관계를 대상으로 하는 행정소송절차에 의하여야 할 것이다. 이 판결에 대한 평석으로는 裵柄皓,「개정 하천법 부칙 제2조 등에 의한 손실보상청구와 당사자소송」, 한국행정판례연구회 제209차 발표논문 및 河明鎬,「1984. 12. 31. 전에 하천구역으로 편입된 토지에 대한 손실보상청구의 소송형태」, 특별법연구(특별소송실무연구회) 제8권, 417쪽 이하가 있다. 종전 판례는 "제외지 안의 토지가 국유로 됨으로써 하천법 부칙 제2조 제1항에 의하여 발생하는 손실보상청구권은 그 권리의 발생원인이 행정처분이 아닌 법률의 규정으로서 그 성질이 사법상의 권리라고 보는 것이 상당하므로 이에 대한 손실보상금 청구의 소는 민사소송으로 제기하여야 한다(대법 1990. 12. 21. 선고 90누5689 판결, 대법 2003. 5. 13. 선고 2003다2697 판결 등)고 판시하였었다.

하는지의 여부에 관하여는 견해가 나뉜다. 당사자소송으로 보는 견해가 유력한 견해이지만,[1] 판례는 소송물의 성질에 따라 그것이 사법상의 권리이면 비록 처분 등의 효력이 선결문제가 되어 있다 하더라도 민사소송으로 보아야 한다는 입장에서 조세반환(과오납금환급)청구소송 등을 민사소송으로 다루어 왔었다(대법 1995. 4. 28. 선고 94다55019 판결 등)[2]. 한편, 보조사업자의 지방자치단체에 대한 보조금 반환의무는 행정처분인 보조금 지급결정에 부과된 부관상 의무이고, 이러한 부관상 의무는 보조사업자가 지방자치단체에 부담하는 공법상 의무이므로, 보조사업자에 대한 지방자치단체의 보조금 반환청구는 공법상 권리관계의 일방 당사자를 상대로 공법상 의무이행을 구하는 청구로서 당사자소송의 대상이다(대법 2011. 6. 9. 선고 2011다2951 판결).

6) 공법상의 부당이득반환청구소송

공법상 원인으로 발생한 부당이득반환청구소송에 관하여 학자들은 대체로 일반민사사건으로 다룰 수 없는 공익상의 요청이 있음을 이유로 당사자소송으로 보고 있으나, 판례는 소송물이 사법상의 권리임을 이유로 민사소송으로 다루어 왔었다(대법 1991. 2. 6. 자 90프2 결정 등).[3]

7) 공법상 계약에 관한 소송

행정주체 상호간 또는 행정주체와 사인간의 공법상 계약에 관한 소송은 당사자소송에 속한다.[4] 그러나 공법상 계약 해지에 관한 소송에는 다툼이 있다(→ 공법상 계약).

8) 처분에 이르는 절차적 요건의 존부나 효력 유무에 관한 소송

대법원은 행정주체인 재건축조합을 상대로 관리처분계획안에 대한 조합 총회결의의 효력 등을 다투는 소송은 행정처분에 이르는 절차적 요건의 존부나 효력 유무에 관한 소송으로서 그 소

---

1) 임영호, 「공법상 소송유형과 소송형식—항고소송과 당사자소송을 중심으로—」, 행정법연구(행정법이론실무학회) 제25호, 55쪽 이하 참조.

2) 대법원은 부가가치세 환급세액 지급청구소송에서 "부가가치세법령의 내용, 형식 및 입법취지 등에 비추어 보면, 납세의무자에 대한 국가의 부가가치세 환급세액 지급의무는 그 납세의무자로부터 어느 과세기간에 과다하게 거래징수된 세액 상당을 국가가 실제로 납부 받았는지와 관계없이 부가가치세법령의 규정에 의하여 직접 발생하는 것으로서, 그 법적 성질은 정의와 공평의 관념에서 수익자와 손실자 사이의 재산상태 조정을 위해 인정되는 부당이득 반환의무가 아니라 부가가치세법령에 의하여 그 존부나 범위가 구체적으로 확정되고 조세 정책적 관점에서 특별히 인정되는 공법상 의무라고 봄이 타당하므로, 국가에 대한 납세의무자의 부가가치세 환급세액 지급청구는 민사소송이 아니라 행정소송법 제3조 제2호에 규정된 당사자소송의 절차에 따라야 한다고 판시하였다(2013. 3. 21. 선고 2011다95564 전원합의체 판결).

3) 대법 2009. 10. 29. 선고 2007두26285 판결에서는 변상금연체료 반환청구소송을 공법상 당사자소송으로 다룬 서울행정법원 판결(2006. 12. 12. 선고 2006구합12833 판결)과 항소심인 서울고등법원 판결(2007. 11. 16. 선고 2007누3505 판결)을 종래와 달리 관할위반을 이유로 파기하지 아니하였다.

4) 대법 2021. 2. 4. 선고 2019다277133 판결: 공법상 계약이란 공법적 효과의 발생을 목적으로 하여 대등한 당사자 사이의 의사표시의 합치로 성립하는 공법행위를 말한다. 공법상 계약의 한쪽 당사자가 다른 당사자를 상대로 효력을 다투거나 이행을 청구하는 소송은 공법상의 법률관계에 관한 분쟁이므로 분쟁의 실질이 공법상 권리·의무의 존부·범위에 관한 다툼이 아니라 손해배상액의 구체적인 산정방법·금액에 국한되는 등의 특별한 사정이 없는 한 공법상 당사자소송으로 제기하여야 한다.

송결과에 따라 행정처분의 위법여부에 직접 영향을 미치는 공법상 법률관계에 관한 것이므로 이는 행정소송법상의 당사자소송에 해당한다고 하였다(2009. 9. 17. 선고 2007다2428 전원합의체 판결).

9) 국가배상청구소송

처분의 위법을 이유로 한 국가배상청구소송은 「행정소송법」 제3조 제2호 전단에 의하여 당사자소송으로 보아야 한다.[1] 그 이외의 경우에는 견해가 나뉜다. 「국가배상법」을 공법으로 보는 견해는 국가배상청구사건도 당사자소송의 대상으로 본다. 그러나 판례는 국가배상청구사건을 일률적으로 민사소송의 대상으로 보고 있다.[2]

10) 과세주체가 납세의무자를 상대로 제기한 소송

국가 등 과세주체가 확정된 조세채권의 소멸시효 중단을 위하여 납세의무자를 상대로 제기한 조세권존재확인의 소는 공법상 당사자소송에 해당한다(대법 2020. 3. 2. 선고 2017두41771 판결)는 앞에서 언급한 바와 같다.

Ⅴ. 당사자소송의 제기[3)

1. 당사자소송과 제소기간

당사자소송에는 취소소송의 제소기간에 관한 규정이 준용되지 아니한다. 그러나 당사자소송에 관하여 법령에 제소기간이 정하여져 있는 때(예: 공익사업을위한토지등의취득및보상에관한법률 85조 등)에는 그 기간은 불변기간으로 한다(행정소송법 41조).

2. 당사자소송과 소의 변경

소의 변경에 관한 「행정소송법」 제21조의 규정은 당사자소송을 항고소송으로 변경하는 경우

---

1) 같은 취지: 安哲相, 「행정소송과 민사소송의 관계」, 법조 2008년 1월호, 352쪽.

2) 대법 1971. 4. 6. 선고 70다2955 판결, 대법 2002. 5. 10. 선고 2001다62312 판결 등은 해당 처분이 볍령 및 훈령상의 재량기준에 의한 재량처분임을 이유로 공무원의 과실을 부정하고 있는 판결이다. 朴正勳 교수는 "이 판결은 산업자원부장관의 처분에 관한 것으로, 피고가 대한민국이고 재량기준은 시행령 및 그에 의거한 산업자원부 훈령이기 때문에, 재량기준의 제정에 관한 책임이 문제되지 아니한 것이 극히 의문"이라고 하면서, "아마도 원고가 이를 주장하지 아니하여 변론주의 때문에 법원이 심리하지 않았던 것으로 추측되는데, 이 점이 하루빨리 국가배상소송을 행정소송법상 당사자소송으로 전환하여 직권심리주의의 요소를 추가하지 않으면 아니 되는 이유라고 할 것이다"라고 기술하고 있다(同人, 「국가배상법의 개혁」, 법제도 선진화를 위한 공법적 과제(한국공법학회·한국법제연구원 공동학술대회), 2010, 388쪽).

3) 대법 2016. 5. 24. 선고 2013두14863 판결 : 공법상의 법률관계에 관한 당사자소송에서는 그 법률관계의 한쪽 당사자를 피고로 하여 소송을 제기하여야 한다. 다만 원고가 고의 또는 중대한 과실 없이 당사자소송으로 제기하여야 할 것을 항고소송으로 잘못 제기한 경우에, 당사자소송으로서의 소송요건을 결하고 있음이 명백하여 당사자소송으로 제기되었더라도 어차피 부적법하게 되는 경우가 아닌 이상, 법원으로서는 원고가 당사자소송으로 소 변경을 하도록 하여 심리·판단하여야 한다.

에 준용된다(동법 42조)(→ 취소소송에 있어서 소의 종류의 변경). 당사자소송을 항고소송으로 변경하는 경우 처음 소송(당사자소송)이 제기된 때에 소송이 제기된 것으로 본다. 뿐만 아니라 처분변경으로 인한 소의 변경에 관한 동법 제22조 제1항의 규정 및 피고의 변경에 관한 동법 제14조의 규정도 당사자소송에 준용된다.

3. 당사자소송과 청구의 병합

「행정소송법」 제10조의 규정은 당사자소송과 관련 청구소송이 각각 다른 법원에 계속되고 있는 경우의 이송과 이들 소송의 병합의 경우에 준용한다(동법 44조 2항)(→ 취소소송에 있어서 청구의 병합).[1]

4. 당사자소송과 공격방어방법

당사자소송에서는 취소소송에서와는 달리 행정절차와 관계가 없는 것이 원칙이므로 처분이유의 추가 변경이 문제되지 않으며, 소송물 내에서 공격방어방법에 제한이 없다.

5. 당사자소송과 가구제

당사자소송에는 집행정지에 관한 「행정소송법」 제23조 등의 규정이 준용되지 아니한다. 그러나 「민사집행법」상의 가처분제도는 당사자소송에 준용된다고 보아야 한다. 당사자소송은 민사소송과 실질적으로 유사한 성질을 갖고 있기 때문이다.

Ⅵ. 당사자소송의 심리

1. 행정심판기록제출명령·직권심리주의

취소소송에 있어서의 행정심판기록의 제출명령(동법 25조) 및 직권심리주의(동법 26조)에 관한 규정이 당사자소송에도 준용된다(동법 44조 1항)(→ 취소소송의 심리절차).

2. 당사자소송의 입증책임의 분배

당사자소송은 형식적 당사자소송이든 실질적 당사자소송이든 현재의 법률관계를 소송물로서 다투는 것으로서 민사소송과 유사성이 있으므로 입증책임에 관하여도 민사소송에 있어서와 같이 법률요건분류설에 의하여 분배하여야 한다는 것이 지배적 견해이다.

---

1) 대법 2011. 9. 29. 선고 2009두10963 판결: 행정소송법 제44조, 제10조에 의한 관련청구소송 병합은 본래의 당사자소송이 적법한 것을 요건으로 하는 것이어서 본래의 당사자소송이 부적법하여 각하되면 그에 병합된 관련청구소송도 소송요건을 흠결하여 부적합하므로 각하되어야 한다.

Ⅶ. 당사자소송의 판결

1. 당사자소송의 판단기준시

당사자소송의 판단기준시는 취소소송에서와 달리 판결시이다.

2. 판결의 효력

취소판결의 당사자인 행정청과 관계 행정청에 대한 기속력에 관한 「행정소송법」 제30조 제1항의 규정은 당사자소송에도 준용된다(동법 44조 1항). 이는 당사자소송에 있어서는 행정주체만이 당사자가 되지만 그 행정주체를 위하여 직접 행정권을 행사하는 것은 관계 행정청이므로 판결의 기속력을 직접 이들 행정청에 미치게 하여 판결의 실효성을 확보하기 위한 것이다.

3. 가집행선고의 제한

국가를 상대로 하는 당사자소송의 경우에는 가집행선고를 할 수 없다(동법 43조).[1] 가집행선고란 미확정의 종국판결에 대하여 마치 그것이 확정된 경우와 같이 집행력을 부여하는 형성적 재판을 말한다. 원칙적으로 판결은 확정되어야만 비로소 집행력이 발생하는 것이지만, 패소자가 집행의 지연을 노려 함부로 상소하는 경우도 있으므로 이에 대비하여 승소자에게 조속한 권리의 실현을 확보하여 주기 위하여 인정된 제도이다.

Ⅷ. 당사자소송의 불복

당사자소송의 불복은 취소소송의 불복과 같다.

제 5 관 객관적 소송

Ⅰ. 객관적 소송의 의의 등

객관적 소송에는 민중소송과 기관소송이 포함된다는 것, 각각의 의의와 성질, 기관소송의 경우에는 기관소송과 헌법재판소의 관장사항인 권한쟁의심판과의 관계 및 객관적 소송은 법률이 정한 경우에 법률이 정한 자에 한하여 제기할 수 있다는 것(동법 45조) 등에 관하여는 행정소송의 종류에서 이미 설명하였다.

---

1) 「행정소송법」 제43조와 같은 취지의 내용을 규정한 「소송촉진 등에 관한 특례법」 제6조 제1항 단서에 대하여 헌법재판소는 동 조항이 재산권과 신속한 재판을 받을 권리의 보장에 있어서 합리적 이유 없이 소송당사자를 차별하여 국가를 우대하고 있는 것으로 헌법 제11조 제1항에 위반되므로 위헌이라고 결정한 바 있다(헌재 1989. 1. 25. 88헌가7 전원재판부 결정). 그러나 「행정소송법」 제43조가 위헌결정의 대상이 된 것이 아니므로 헌법재판소결정에 의하여 「행정소송법」 제43조가 당연히 무효가 된다고 할 수는 없다.

Ⅱ. 객관적 소송의 종류

1. 민중소송

(1) 민중소송의 의의 등

  민중소송의 의의와 성질은 행정소송의 종류에서 설명하였다. 「행정소송법」은 제3조 제3호에서 민중소송의 정의규정을 둠과 동시에 제45조에서 제소요건을 규정하고, 제46조에서 민중소송에 관하여 그 성질에 반하지 아니하는 한 취소소송, 무효등확인소송 또는 당사자소송에 관한 규정을 준용하고 있다.

(2) 민중소송의 사례

1) 국민투표법이 정한 국민투표무효소송

  국민투표무효소송은 국가안위(安危)에 관한 중요정책과 헌법개정안에 대한 국민투표(헌법 72조·130조)의 효력에 관한 민중소송이다. 국민투표의 효력에 관하여 이의가 있는 투표인은 투표인 10만인 이상의 찬성을 얻어 중앙선거관리위원회위원장을 피고로 하여 투표일로부터 20일 이내에 대법원에 제소할 수 있다(국민투표법 92조). 제소를 받은 대법원은 국민투표에 관하여 「국민투표법」 또는 이에 근거하여 발한 명령에 위반한 사실이 있고, 그것이 국민투표의 결과에 영향을 미쳤다고 인정할 때에 한하여 국민투표의 전부 또는 일부의 무효를 판결한다(동법 93조). 국민투표의 전부 또는 일부의 무효판결이 있을 때에는 재투표를 실시하여야 한다(동법 97조 1항).

2) 공직선거법이 정한 선거무효소송과 당선무효소송

(개) **선거소송**　　국가 또는 지방자치단체의 공직선거에 있어서 그 공직 선거의 효력을 다투는 민중소송이다.

(ㄱ) 대통령선거 및 국회의원선거에 있어서 선거의 효력에 관하여 이의가 있는 선거인·정당(후보자를 추천한 정당에 한한다) 또는 후보자는 선거일로부터 30일 이내에 당해 선거구선거관리위원회위원장을 피고로 하여 대법원에 선거소송을 제기할 수 있다(공직선거법 222조 1항).

(ㄴ) 지방의회의원 및 지방자치단체의 장의 선거에 있어서 선거의 효력에 관하여 이의가 있는 선거인·정당(후보자를 추천한 정당에 한한다) 또는 후보자는 선거일로부터 14일 이내에 당해 선거구선거관리위원회위원장을 상대로 하여 중앙선거관리위원회 또는 특별시·광역시·도·특별자치도선거관리위원회에 선거소청을 제기하고, 그 결정에 불복이 있는 소청인(당선인을 포함한다)은 결정서를 받은 날로부터 10일 이내에 대법원 또는 그 선거구를 관할하는 고등법원에 선거소송을 제기할 수 있다(동법 219조 1항, 222조 2항).

(내) **당선소송**　　국가 또는 지방자치단체의 공직선거에 있어서 당선의 효력을 다투는

민중소송이다.

    (ㄱ) 대통령선거 및 국회의원선거에 있어서 당선의 효력에 이의가 있는 정당(후보자를 추천한 정당에 한한다) 또는 후보자는 당선인 결정일로부터 30일 이내에 당선인 또는 당선인을 결정한 중앙선거관리위원회위원장·국회의장(대통령선거의 경우)·당해 선거구선거관리위원회위원장(국회의원선거의 경우)을 각각 피고로 하여 대법원에 당선소송을 제기할 수 있다(동법 223조 1항).

    (ㄴ) 지방의회의원 및 지방자치단체의 장의 선거에 있어서 당선의 효력에 관하여 이의가 있는 정당(후보자를 추천한 정당에 한한다) 또는 후보자는 당선인 결정일로부터 14일 이내에 당선인 또는 당해 선거구선거관리위원회위원장을 상대로 하여 중앙선거관리위원회 또는 특별시·광역시·특별자치시·도·특별자치도선거관리위원회에 선거소청을 제기하고, 그 결정에 불복이 있는 소청인(당선인을 포함한다)은 대법원 또는 관할 고등법원에 선거소송을 제기할 수 있다(동법 219조 2항, 223조 2항).

3) 지방교육자치에관한법률이 정한 선거무효소송과 당선무효소송

   (가) 선거소송   특별시·광역시·특별자치시·도·특별자치도의 교육감 선거에 있어서 선거의 효력에 관하여 이의가 있는 선거인 또는 후보자는 선거일로부터 14일 이내에 당해 선거구선거관리위원회위원장을 상대로 하여 중앙선거관리위원회에 선거소청을 제기하고, 그 결정에 불복이 있는 소청인(당선인을 포함한다)은 결정서를 받은 날로부터 10일 이내에 대법원에 선거소송을 제기할 수 있다(지방교육자치에관한법률 49조 1항, 공직선거법 222조 2항).

   (나) 당선소송   특별시·광역시·특별자치시·도·특별자치도의 교육감 선거에 있어서 당선의 효력에 관하여 이의가 있는 후보자는 당선인 결정일로부터 14일 이내에 당선인 또는 당해 선거구선거관리위원회위원장을 상대로 하여 특별시·광역시·특별자치시·도·특별자치도선거관리위원회에 선거소청을 제기하고, 그 결정에 불복이 있는 소청인은 결정서를 받은 날로부터 10일 이내에 대법원에 당선소송을 제기할 수 있다(지방교육자치에관한법률 49조 1항, 공직선거법 223조 2항).

4) 지방자치법이 정한 주민소송

    주민소송이란 지방자치단체의 주민이 지방재정행정의 적정한 운용을 확보할 목적으로 당해 지방자치단체의 기관 또는 직원이 행한 위법한 재무회계행위를 방지 또는 시정하거나 이로 인한 손해를 회복하기 위하여 제기하는 소송을 말한다(지방자치법 17조). 주민소송은 자기의 법률상 이익과 관계없이 지방자치단체의 주민이라는 자격만으로 당해 지방자치단체의 기관 또는 직원이 행한 위법한 재무회계행위의 방지나 시정 등을 청구하는 것이므로 「행정소송법」이 정하는 민중소송의 1종이 된다. 주민소송에 관한 설명은 제6편의 지방자치법에서 다룬다.

2. 기관소송

(1) 기관소송의 당사자

1) 당사자능력

기관소송의 당사자는 기관만이 될 수 있다. 권리주체는 기관소송의 당사자가 될 수 없다. 따라서 국가와의 관계에 있어서 기관위임사무를 처리하는 국가의 기관은 지방자치단체의 장이지 지방자치단체 그 자체는 아니므로 지방자치단체가 기관소송의 당사자로 될 수 없다.

2) 당사자적격

기관소송의 당사자는 특별히 법률이 정한 자만이 될 수 있다.

(2) 기관소송의 대상

기관소송의 대상은 국가기관 또는 공공단체의 기관간의 권한의 존재 여부 및 권한의 행사에 관한 다툼이다.

(3) 기관소송의 사례

1) 지방의회 등의 의결에 대한 소송

지방자치단체의 장은 지방의회의 의결이 월권이거나 법령에 위반되거나 공익을 현저히 해친다고 인정되는 때에는 먼저 지방의회에 재의를 요구하고 재의결된 사항도 역시 법령에 위반된다고 인정되는 때에는 재의결된 날로부터 20일 이내에 대법원에 소를 제기할 수 있다(지방자치법 107조 3항). 지방의회의 의결이 법령에 위반되거나 공익을 현저히 해친다고 판단되는 때에는 광역지방자치단체에 대하여는 주무부장관이, 기초지방자치단체에 대하여는 특별시장·광역시장·특별자치시장·도지사·특별자치도지사가 지방자치단체에 대하여 재의를 요구하게 할 수 있고,[1] 재의결된 사항도 역시 법령에 위반된다고 판단되는 때에는 지방자치단체의 장은 재의결된 날로부터 20일 내에 대법원에 소를 제기할 수 있으며, 지방자치단체의 장이 소를 제기하지 아니하는 때에는 주무부장관이나 특별시장·광역시장·특별자치시장·도지사·특별자치도지사가 직접 제소할 수 있다(동법 172조). 교육감은 교육·학예에 관한 특별시·광역시·특별자치시·도의회의 의결이 법령에 위반되거나 공익을 현저히 저해한다고 판단될 때에는 재의를 요구할 수 있고 재의결된 사항도 역시 위법하다고 판단될 때에는 재의결된 날로부터 20일 이내에 대법원에 제소할 수 있으며, 교육감이 소를 제기하지 아니하는 때에는 교육부장관이 직접 제소할 수 있다(지방교육자치에관한법률 28조). 이 중 지방자치단체의 장이 지방의회를 상대로 제기하는 소송 및 교육감이 특별시·광역시·특별자치시·도·특별자치도의회를 상대로 제기하는 소송이 기관소송의 일종이

---

1) 재의를 요구받고도 지방자치단체의 장이 재의를 요구하지 아니하는 경우 주무부장관 또는 특별시장·광역시장·도지사·특별자치도지사는 직접 제소할 수 있다.

라는 데에 대하여는 다툼이 없다(대법 1993. 11. 26. 선고 93누7341 판결). 그러나 지방자치단체의 상급감독기관인 주무부장관 또는 특별시장·광역시장·특별자치시장·도지사·특별자치도지사 및 교육부장관이 직접 제소하는 소송은 한정설(→ 기관소송의 의의)에 의하는 경우 기관소송으로 볼 수 없다.

2) 감독처분·이행명령에 대한 이의소송

지방자치단체의 사무에 관한 그 장의 명령·처분이 법령에 위반되거나 공익을 현저히 해친다고 인정될 때에는 광역지방자치단체의 장에 대하여는 주무부장관이 기초지방자치단체의 장에 대하여는, 특별시장·광역시장·도지사·특별자치도지사가 일정한 기간을 정하여 서면으로 시정명령을 하고 그 기간 내에 이를 이행하지 않으면 취소·정지할 수 있는데,[1] 지방자치단체의 장은 자치사무에 관한 명령·처분의 취소·정지에 대하여 이의가 있는 때에는 그 취소·정지처분을 통보받은 날로부터 15일 이내에 대법원에 소를 제기할 수 있다(지방자치법 169조). 지방자치단체의 장이 법령의 규정에 의하여 그 의무에 속하는 국가위임사무나 특별시·광역시·특별자치시·도·특별자치도 위임사무의 관리·집행을 명백히 해태하고 있다고 인정되는 때에는 광역지방자치단체의 장에 대하여는 주무부장관이 기초지방자치단체의 장에 대하여는 특별시장·광역시장·특별자치시장·도지사·특별자치도지사가 직무이행명령을 행하는데, 지방자치단체의 장이 이 이행명령에 이의가 있는 때에는 이행명령서를 접수한 날로부터 15일 이내에 대법원에 소를 제기할 수 있다(동법 170조).

이들 소송의 법적 성격에 관하여는 견해가 나뉜다. 기관소송을 동일한 법주체 내부의 기관간의 소송으로 보는 한정설에 의하면 이들 소송은 기관소송이 아니다.[2] 그러나 기관소송을 동일한 법주체 내부의 기관간의 소송에 한정할 필요가 없다는 비한정설(→ 기관소송의 의의)에 의하면 이들 소송은 기관소송으로 보게 된다.

III. 준용규정

민중소송 또는 기관소송으로서 ① 처분 등의 취소를 구하는 소송에는 그 성질에 반하지 아니하는 한 취소소송에 관한 규정을 준용하고, ② 처분 등의 효력 유무 또는 존재 여부나 부작위의 위법의 확인을 구하는 소송에는 그 성질에 반하지 아니하는 한 각각 무효등확인소송 또는 부작위위법확인소송에 관한 규정을 준용하며, ①과 ②에 규정된 소송 외의 소송에는 그 성질에 반하지 아니하는 한 당사자소송에 관한 규정을 준용한다(행정소송법 46조).

---

1) 이 경우 자치사무에 관한 명령이나 처분에 대하여는 법령에 위반하는 것에 한한다.

2) 한정설과 같은 입장이면서도 기관위임사무에 관련된 소송만은 동일한 법주체 내부의 기관간 소송이므로 기관소송으로 파악해야 한다는 견해도 있다. 李柱榮, 「민중소송, 기관소송」, 행정소송에 관한 제문제[하](재판자료 제68집), 1995, 94쪽 이하 참조.

제3장 행정상 손해·손실전보

제1절 개 설

행정상 손해·손실전보는 행정상 손해배상과 행정상 손실보상이 그 주축을 이룬다.

행정상 손해배상과 행정상 손실보상은 각기 다른 발전과정을 거쳐 오늘에 이르렀다. 물론 양 제도를 통일적으로 이해하려는 견해가 있다. 그 하나는 양 제도의 일원적 파악이다. 즉 국가 등 행정주체의 작용에 의하여 사인에게 손해 또는 손실을 발생케 한 때에는, 피해자에게 귀책사유가 없는 한, 행정주체가 그 손해 또는 손실을 전보해 주는 것이 사회적 정의와 공평원칙에 비추어 마땅한 것이며 이러한 공평부담원칙을 바탕으로 양 제도를 하나로 묶을 수 있다는 견해이다. 이런 견해는 이미 오토 마이어(O. Mayer)가 1924년의 교과서에서 "공동체를 위하여 개인이 입지 않으면 아니 될 불이익은 만인에 의하여 국가부담이라는 조직적 평균화 속에서 부담되도록 손실보상을 통하여 만인에게 전가되는 것이다"[1]라고 하면서 이 때의 침해행위의 적법·위법은 문제의 핵심이 아니라고 한 기술 속에 나타나 있다. 최근의 양 제도의 일원적 파악은 양 제도의 중간 영역으로서의 무과실책임론이나 위험책임론 및 국가기능의 확대와 더불어 손해발생의 원인에 대한 비난의 유무에 관계없이 발생된 결과책임에 바탕을 둔 국가보상론의 등장에 촉구된 것이다.[2] 또 다른 하나는 양 제도의 일원적 파악에는 이르지 않지만 과실의 객관화·입증책임전환의 법리 등 주로 행정상 손해배상의 요건의 완화를 통하여 양 제도가 상대화되고 있다는 데에 주목하여 양 제도를 가급적 통일적으로 이해하려는 견해[3]이다.

우리 실정법은 양자를 구분하고 있다. 이에 따라 판례도 양자를 구분하고 있다(대법 2001. 9. 4. 선고 99두11080 판결 참조). 뿐만 아니라 법치국가에 있어서는 위법침해는 본래 제거되어야 하는 것임에 대하여, 적법침해는 이를 수인하여야 하는 것으로서 양 제도의 차이를 전혀 무시할 수 없다. 또한 행정상 손해배상제도는 사인이 입은 손해의 전보를 구할 뿐만 아니고 위법한 공무의 운영에 대한 비난이라는 측면도 아울러 갖고 있다. 요컨대, 행정상 손해배상제도는 법치행정원리를 담보하는 제도로서 행정쟁송 특히 행정소송과 마찬가지 기능을 가지며, 원인행위에 대한 평가가 없는 행정상 손실보상과 다르다.

---

1) O. Mayer, Deutsches Verwaltungsrecht, Bd. 2, 3. Aufl., 1924, S. 296.

2) 兪熙一,「국가보상책임론—국가배상과 손실보상의 통합론—」, 현대공법의 제문제(한창규박사 화갑기념논문집), 1993, 473쪽 이하 참조.

3) 徐元宇, 전환기의 행정법이론, 769쪽 이하; 朴均省,「행정상 손해전보(국가보상)의 개념과 체계」, 현대행정과 공법이론(서원우교수 화갑기념논문집), 박영사, 1991, 474쪽 이하.

이하에서는 행정상 손해배상과 행정상 손실보상을 먼저 논하고, 연후에 양 제도에 의하여 전보되지 아니하는 영역에 대하여 검토하기로 한다.

제 2 절 행정상 손해배상

제 1 관 개   설

I. 행정상 손해배상의 의의

행정상 손해배상이란 공무원의 직무상 불법행위나 공공의 영조물의 설치·관리의 흠(하자)이 원인이 되어 넓은 의미의 위법한 행정활동으로 사인에게 손해가 발생한 경우에 국가 또는 지방자치단체가 그 손해를 배상하는 제도를 말한다. 경찰관이 고의로 사람을 살상하거나, 도로의 관리 잘못으로 통행인이 부상을 입은 경우 등이 그 예이다.

II. 행정상 손실보상과의 이동

1. 양자의 동일점

행정상 손해배상은 적법한 행정활동으로 인하여 발생한 손실의 전보제도인 행정상 손실보상과 피해자의 구제를 목적으로 한다는 점에서 같다.[1]

2. 양자의 상이점

(1) 가해행위의 성질

행정상 손해배상이 위법한 행정활동으로 인하여 발생한 손해의 전보제도인 데 대하여, 행정상 손실보상은 적법한 행정활동으로 인하여 발생한 손실의 전보제도이다.

(2) 연   혁

행정상 손해배상이 발전하기 위하여는 "왕은 악을 행할 수 없다"는 주권무책임의 원칙 및 위법행위는 국가에 귀속되지 아니하므로 국가의 피용인인 공무원의 위법행위로 사인에게 손해를 가하여도 국가 자신은 손해배상책임을 지지 아니한다는 법리를 극복하지 아니하면 아니 되었기 때문에 행정상 손해배상의 발전은 매우 늦었다. 이에 대하여 행정상 손실보상은 사유재산제의 확립에 따른 당연한 요청이었기 때문에 사유재산제의 확립과 더불어 일찍부터 발전되었었다.

---

1) 손해배상청구소송에서 배상금의 산정에 손실보상에 관한 규정을 유추적용한 사례로는 대법 2001. 9. 4. 선고 2000다3170 판결 등이 있다.

⑶ 기초이념

행정상 손해배상이 사후적·결과적인 개인의 구제를 위한 개인주의적·도의적 책임제도임에 반하여 행정상 손실보상은 미리 손실의 발생을 예정하고 그 원인이 되는 행정권의 행사를 정당화하기 위한 단체주의적·사회적 공평부담제도이다.

⑷ 실정법적 근거

양 제도는 실정법적 근거에 차이가 있다(→ 행정상 손해배상의 근거, 행정상 손실보상의 실정법적 근거).

⑸ 요 건

양 제도는 청구권의 성립요건에 차이가 있다(→ 공무원의 직무행위로 인한 손해배상책임 및 영조물의 설치·관리의 흠(하자)으로 인한 손해배상책임의 요건, 손실보상청구권의 성립요건).

⑹ 청구절차

양 제도는 청구절차에도 차이가 있다(→ 공무원의 직무행위로 인한 손해배상의 청구절차, 행정상 손실보상의 불복절차).

⑺ 청구권의 소멸시효

손해배상청구권은 피해자나 그 법정대리인이 그 손해 및 가해자를 안 날로부터 3년간 이를 행사하지 아니하면 시효로 인하여 소멸한다(국가배상법 8조, 민법 766조). 이에 대하여 손실보상청구권은 다른 법률에 규정이 없는 한 5년간 이를 행사하지 아니하면 시효로 인하여 소멸한다(국가재정법 96조, 지방재정법 82조).

⑻ 전보의 범위·방법

양 제도는 그 전보의 범위 및 방법에 있어서도 차이가 있다(→ 공무원의 직무행위로 인한 손해배상 및 영조물의 설치·관리의 흠(하자)으로 인한 손해배상의 범위, 손실보상액산정의 기준).

Ⅲ. 행정상 손해배상의 근거

1. 손해배상책임의 헌법적 근거

「헌법」제29조는 "① 공무원의 직무상 불법행위로 손해를 받은 국민은 법률이 정하는 바에 의하여 국가 또는 공공단체에 정당한 배상을 청구할 수 있다. 이 경우 공무원 자신의 책임은 면제되지 아니한다. ② 군인·군무원·경찰공무원 기타 법률이 정하는 자가 전투·훈련 등 직무집행과 관련하여 받은 손해에 대하여는 법률이 정하는 보상 외에 국가 또는 공공단체에 공무원의 직무상 불법행위로 인한 배상은 청구할 수 없다"라고 하여 손해배상책임의 헌법적 근거를 마련하였다. 이 헌법의 규정에 의하여 우리나라에 있어서도 국가 자신은 손해배상책임을 지지 아니한다는 법리가 극복되었다.

2. 국가배상법

「헌법」의 규정에 의하여 1951년 9월 8일 법률 제231호로 「국가배상법」이 제정·시행되었다.[1]

(1) 국가배상법의 지위

「국가배상법」은 국가 또는 지방자치단체의 행정상 손해배상책임에 관한 일반법이다. 동법 제8조는 "국가 또는 지방자치단체의 손해배상의 책임에 관하여는 이 법의 규정에 의한 것을 제외하고는 민법의 규정에 의한다. 다만, 민법 이외의 법률에 다른 규정이 있을 때에는 그 규정에 의한다"라고 하여 이를 뒷받침하고 있다. 따라서 ① 「민법」 이외의 다른 법률에 특별한 규정이 있으면 그 법률이 먼저 적용되고, ② 그러한 특별법이 없으면 「국가배상법」이 적용되며, ③ 「국가배상법」에 규정이 없는 사항에 대하여는 「민법」이 보충적으로 적용된다.

「국가배상법」은 외국인이 피해자인 경우에도 상호의 보증이 있는 때에 한하여 적용되며(7조), 우리나라에 주둔하는 미합중국군대의 구성원·고용원 또는 한국증원군대 구성원(카투사)의 공무집행중의 행위로 피해를 받은 자도 「국가배상법」에 따라 대한민국에 대하여 배상을 청구할 수 있다(대한민국과 아메리카합중국 간의 상호방위조약 제4조에 의한 시설과 구역 및 대한민국에서의 합중국군대의 지위에 관한 협정 제23조 5항, 동 협정의 시행에 관한 민사특별법 및 동법 시행령).

(2) 국가배상법의 성격

「국가배상법」의 성격에 관하여는 사법설과 공법설이 대립되어 있다.

1) 사 법 설

사법설의 논거는 ① 우리 「헌법」이 국가가 공권력의 주체로서 종래 누릴 수 있었던 주권면책의 특권을 극복하고 국가를 사인과 동일한 지위에 두어 그 배상책임을 인정하고 있다는 것, ② 국가배상책임은 분명히 불법행위책임의 한 유형이라는 것, ③ 「행정소송법」 제10조 제1항은 위법한 행정작용으로 인한 손해배상의 청구는 원칙적으로 일반 민사소송절차에 의하는 것임을 전제로 하여 그와 같은 민사상의 청구를 특히 이질적인 행정소송에 병합할 수 있도록 한 것이라는 점, ④ 「국가배상법」 제8조가 바로 동법의 「민법」에 대한 특별법적 성격을 나타낸 것이라는

---

1) 1967년 3월 3일 법률 제1899호로 전문개정되어 오늘에 이르고 있다.

점을 든다. 이 견해에 의하면 국가배상에 관하여 따로 정하는 법률이 없으면 일반법인 「민법」에 의하여 손해배상을 청구할 수 있다고 한다.[1]

2) 공 법 설

공법설의 논거는 ① 실정법상 공법과 사법의 이원적인 구별이 인정되고 있는 이상 공법적 원인에 의하여 발생한 손해의 배상을 규율하고 있는 「국가배상법」은 공법으로 보아야 한다는 점, ②「국가배상법」이 「민법」상의 사용자의 면책조항(756조 1항 단서)·점유자의 면책조항(758조 1항 단서)을 배제하고 있을 뿐만 아니라 「민법」과는 달리 점유자의 배상책임의 대상범위를 확대하고 있다는 점, ③「국가배상법」제8조의 규정은 입법의 흠결을 보충하기 위한 규정이며 이 규정 때문에 국가배상청구권이 사법적 성질로 전환되는 것이 아니라는 점, ④ 국가배상책임은 피해자의 구제 외에 법치행정의 실현을 위한 제도로서의 기능도 수행하는 점, ⑤ 일반 사인 간에 있어서는 행동의 준칙이 되는 일반적인 법규범이라는 것이 존재하지 않으나 공무원에 있어서는 법치행정의 원리상 모든 행위를 법적 근거에 의거하게 되어 있는 점, ⑥「행정소송법」제3조 제2호의 "행정청의 처분 등을 원인으로 하는 법률관계에 관한 소송"에는 당연히 손해배상청구소송이 포함된다는 점, ⑦ 국가의 주권면책특권을 부인하고 그 배상책임을 인정하였다고 하여, 곧바로 국가배상책임의 성질이 민사상의 불법행위책임의 한 유형에 불과한 것이라고 보아야 할 필연적인 이유가 없다는 점, ⑧「행정소송법」제10조 제1항의 관련청구소송에는 민사소송뿐만 아니라 행정소송도 포함되는 것이므로 동조가 손해배상청구소송을 민사소송으로 상정하여 규정한 것이라고 보아야 할 논리적 필연성은 없다는 점 등을 든다. 이 설이 다수설이다.

(3) 국가배상법의 내용

「국가배상법」은 행정상 손해배상책임의 유형을 공무원의 직무행위로 인한 손해배상책임과 공공의 영조물의 설치·관리의 흠(하자)으로 인한 손해배상책임으로 나누어, 제2조에서 전자를 제5조[2]에서 후자를 규정하고 있다. 제3조 내지 제4조에서는 제2조 제1항과 관련한 배상기준과 공제액 및 생명·신체의 침해로 인한 국가배상청구권의 양도·압류의 금지를 규정하고, 제6조에서는 비용부담자 등의 책임을, 제7조에서는 외국인에 대한 상호보증주의를, 제8조에서는 「국가배상법」과 다른 법과의 관계를, 제9조 이하에서는 손해배상의 청구절차를 각각 규정하고 있다.

IV. 행정상 손해배상의 기능

행정상 손해배상제도가 갖는 기능이 첫째로 손해전보기능(피해자구제기능)에 있음은 말할 나

---

1) 李尙圭, 신행정법론(상), 590쪽.

2) 국가배상법 제5조의 배상청구권이 헌법 제29조의 배상청구권에 포함되는가에 관하여는 포함된다는 긍정설(洪井善, 행정법원론(상), 691쪽)과 포함되지 아니한다는 부정설(柳至泰, 행정법신론, 399쪽 이하)로 나누어져 있다.

위가 없다. 둘째로 동시에 위법억제기능에도 있다. 행정상 손해배상제도가 위법억제기능을 갖고 있다는 것은 우리 「헌법」 제29조 제1항 단서의 규정과 그 연혁에서 이를 추론할 수 있다.

제 2 관 공무원의 직무행위로 인한 손해배상책임

Ⅰ. 배상책임의 요건

「국가배상법」 제2조 제1항은 "국가 또는 지방자치단체는 공무원 또는 공무를 위탁받은 사인(이하 공무원이라 한다)이 그 직무를 집행하면서 고의 또는 과실로 법령에 위반하여 타인에게 손해를 입히거나, 자동차손해배상보장법의 규정에 의하여 손해배상의 책임이 있는 때에는 이 법에 따라 그 손해를 배상하여야 한다.[1] 다만, 군인·군무원·경찰공무원 또는 예비군대원이 전투·훈련 등 직무집행과 관련하여 전사·순직 또는 공상을 입은 경우에 본인 또는 그 유족이 다른 법령의 규정에 따라 재해보상금·유족연금·상이연금 등의 보상을 지급 받을 수 있을 때에는 이 법 및 민법의 규정에 의한 손해배상을 청구할 수 없다"라고 규정하고 있다. 따라서 「국가배상법」 제2조에 의한 배상책임의 요건은 ① 공무원이 그 직무를 집행하면서 고의 또는 과실로 법령에 위반하여 타인에게 손해를 입혔을 것, 또는 ② 「자동차손해배상보장법」의 규정에 의하여 손해배상책임이 있을 것이다. ②는 「자동차손해배상보장법」이 정한 요건을 충족하고 있느냐의 문제이다. 주로 문제가 되는 것은 ①의 요건이다. ①의 요건을 나누어 보면 다음과 같다. ②에 관하여는 후술한다.

1. 공 무 원

(1) 여기서 말하는 공무원에는 「국가공무원법」·「지방공무원법」 등에 의하여 공무원의 신분을 가진 자는 물론이고, 공무원의 신분을 갖지 않더라도 널리 공무를 위탁(일시적 위탁이든 한정적인 사항에 관한 활동의 위탁이든 불문한다)받아 종사하는 자를 모두 포함한다는 것이 종래의 통설이고 판례(대법 1970. 11. 24. 선고 70다2253 판결 등)였다. 따라서 판례에 의하면, 집행관(대법 1966. 1. 25. 선고 65다2318 판결)·동원 중인 향토예비군(鄕土豫備軍)(대법 1970. 5. 26. 선고 70다471 판결)·시청소차 운전수(대법 1971. 4. 6. 선고 70다2955 판결)·통장(統長)(대법 1991. 7. 9. 선고 91다5570 판결)·국가나 지방자치단체에 근무하는 청원경찰(대법 1993. 7. 13. 선고 92다47564 판결)·조세원천징수의무자·임시공무원·지방자치단체로부터 "교통할아버지"로 선정되어 어린이보호와 교통안내 및 거리질서 확립 등 공무를 위탁받은 사인(대법 2001. 1. 5. 선고 98다39060 판결)·구 수산청장으로부터 뱀장어에 대한 수출추천업무를 위탁 받은 수산

---

[1] 「국가배상법」 제2조 제1항 본문 후단의 "자동차손해배상보장법의 규정에 의하여 손해배상의 책임이 있는 때에는 이 법에 의하여 그 손해를 배상하여야 한다"는 규정의 해석과 그 규정의 입법론에 관하여는 柳至泰, 「국가배상법과 자동차손해배상보장법의 관계—국가배상법 제2조 제1항의 개정론—」, 고시연구 2001년 10월호, 23쪽 이하 참조.

업협동조합(대법 2003. 11. 14. 선고 2002다55304 판결) 등이 여기서 말하는 공무원에 해당하게 된다.

이와 관련하여 2009년 10월 21일 「국가배상법」의 일부개정(법률 제9803호)으로 '공무원'의 요건이 '공무원 또는 공무를 위탁받은 사인'으로 개정되었는데, 새로이 삽입된 '공무를 위탁받은 사인'이 무엇인가가 문제된다. 문제의 핵심은 특별행정주체인 행정사무수탁사인(공무수탁사인)과 행정보조인이 이 속에 포함되느냐의 여부이다. 국가배상법 제2조 제1항에서 말하는 '공무를 위탁받은 사인' 속에 행정사무수탁사인(공무수탁사인)을 포함시키는 견해가 통설로 보인다.[1]

(2) 여기서 말하는 공무원은 특정되어야 하는가에 관하여 특정될 필요가 없다는 것이 오늘날의 일반적인 견해이다. 종래 국가배상책임의 성질을 후술하는 대위책임설로 보는 견해 중에는 가해 공무원이 특정되어 있어야 한다는 주장이 없지 않았다. 그러나 지금은 대위책임설도 가해(加害) 공무원을 특정할 필요가 없다고 설명한다. 따라서 다수의 공무원을 거친 사무처리로 손해가 발생한 경우, 다수의 경찰공무원에 의한 최루탄 발사로 인한 사망의 경우(고 이한열 국가배상사건)에도 국가배상책임이 성립한다.

(3) 공무원 속에는 기관(특히 국회·지방의회·선거관리위원회 기타 합의제행정청) 자체가 포함되는가에 관하여 긍정설과 부정설이 나뉜다. 부정설의 논거는 예컨대 합의제행정청의 의사는 당해 행정청의 이름으로 대외적으로 표시되지만 그 의사결정을 한 것은 위원인 개개의 공

---

1) 행정사무수탁사인(공무수탁사인)의 정의 자체가 논란의 대상이어서 일의적으로 단정하기 어렵다. 행정사무수탁사인을 일률적으로 공무를 위탁받은 사인에 포함시키게 되면, 행정사무수탁사인은 독립된 법주체로서 자기의 위법 행위에 대하여 스스로 책임을 질 자인데, 경과실의 경우 스스로는 책임을 지지 아니하고 국가 또는 지방자치단체가 책임지게 되어 자기책임원칙에 반하는 결과가 된다. 그러므로 「국가배상법」 제2조 제1항에서 말하는 '공무를 위탁받은 사인'이란 업무의 독자성이 강하지 아니하는 영역의 경우, 즉 공무수행권한을 위임받아 행정기관에 실질적으로 편입되었다고 볼 수 있는 사인에 한정하는 의미로 해석하여야 한다는 견해(李相千, 「국가배상법 제2조 제1항의 입법론상 문제점─공무수탁사인을 중심으로─」, 행정법연구(행정법이론실무학회) 제26호, 225쪽 이하)도 있다. 대법원은 "구 부동산소유권 이전 등기 등에 관한 특별조치법상의 보증인은, 보증인을 위촉하는 관청은 보증인의 직무수행을 지휘·감독할 수 있는 법령상 근거가 없으며, 보증인은 보증서를 작성할 의무를 일방적으로 부과받으면서도 어떠한 경제적 이익도 제공받지 못하는 반면 재량을 가지고 발급신청의 진위를 확인하여 그 내용에 관하여 행정관청으로부터 아무런 간섭을 받지 아니하므로, 공무를 위탁받아 실질적으로 공무를 수행한다고 보기는 어렵다"(2019. 1. 31. 선고 2013다14217 판결)고 판시하고 있다. 한편 법령에 의해 대집행 권한을 위탁받은 한국토지공사가 「국가배상법」 제2조에서 말하는 공무원에 해당하는가의 여부에 대하여 대법 2010. 1. 28. 선고 2007다82950, 82967 판결은 "한국토지공사는 이러한 법령의 위탁에 의하여 대집행을 수권받은 자로서 공무인 대집행을 실시함에 따르는 권리·의무 및 책임이 귀속하는 행정주체의 지위에 있다고 볼 것이지 지방자치단체 등의 기관으로서 국가배상법 제2조 소정의 공무원에 해당한다고 볼 것은 아니다"라고 판시하고 있다. 대법 2021. 1. 28. 선고 2019다260197 판결에서는 "공법인이 국가로부터 위탁받은 공행정사무를 집행하는 과정에서 공법인의 임직원이나 피용인이 고의 또는 과실로 법령을 위반하여 타인에게 손해를 입힌 경우에는, 공법인은 위탁받은 공행정사무에 관한 행정주체의 지위에서 배상책임을 부담하여야 하지만, 공법인의 임직원이나 피용인은 실질적인 의미에서 공무를 수행한 사람으로서 국가배상법 제2조에서 정한 공무원에 해당하므로 고의 또는 중과실이 있는 경우에만 배상책임을 부담하고 경과실이 있는 경우에는 배상책임을 면한다"라고 판시하고 있다.

무원이라는 데 있으나,[1] 기관과 기관구성자는 구별하여야 하므로 널리 사인의 권리구제를 넓힌다는 의미에서 긍정설[2]이 타당하다.

2. 직 무

(1) 직무의 범위

여기서 말하는 직무의 범위에 관하여는 견해가 나뉜다.

1) 협 의 설

이 설은 직무를 권력작용으로 한정하는 견해이다. 현재 우리나라에서 이 설을 취하는 이는 없는 것 같다.

2) 광 의 설

이 설은 직무를 국가 또는 지방자치단체의 사경제작용을 제외한 일체의 공행정작용으로 이해하는 견해이다.[3] 이 설의 논거는 ① 국가·지방자치단체의 사경제작용으로 인한 손해에 대하여는 사법상 책임이 과거부터 인정되어 왔으나 행정주체의 공행정작용으로 인한 손해에 대하여는 배상책임이 부인되어 왔는데, 「헌법」 제29조 및 「국가배상법」의 제정에 의하여 비로소 공행정작용으로 인한 손해에 대하여 행정주체가 배상책임을 지게 되었다는 점, ② 「국가배상법」은 공법이므로 사경제작용에는 적용될 수 없다는 점이다.

3) 최광의설

이 설은 직무를 공행정작용뿐만 아니라 국가 또는 지방자치단체의 사경제작용까지를 포함시켜 이해하는 견해이다.[4] 이 설의 논거는 ① 「헌법」 제29조는 행정작용의 성질상의 구별 없이 국가 등의 배상책임을 보장하고 있다는 점, ② 「국가배상법」은 사법이므로 사경제작용에도 당연히 적용된다는 점, ③ 「국가배상법」에는 「민법」 제756조 제1항 단서와 같은 사용자의 면책에 관한 규정이 없으므로 「국가배상법」을 적용하는 것이 피해자에게 유리하다는 점 등이다.

광의설이 우리나라의 다수설이다. 판례는 최광의설에 서 있는 것(대법 1957. 6. 15. 선고 4290민상118 판결)도 없지 아니하나 최근에는 광의설이 대부분이다(대법 1991. 7. 26. 선고 91다14819 판결, 대법 1994. 9. 30. 선고 94다11767 판결, 대법 1997. 9. 26. 선고 96다50605 판결, 대법 2001. 1. 5. 선고 98다39060 판결, 대법 2004. 4. 9. 선고 2002다10691 판결 등).

---

1) 朴鈗炘, 최신행정법강의, 701쪽.

2) 金道昶, 일반행정법론, 621쪽. 禹聖基 교수는 부작위로 인한 손해의 경우에는 그 소극적 성질로 말미암아 기관 자체를 공무원 개념에 포함시켜야 할 필요성이 크다고 한다(同人, 「행정청의 부작위로 발생한 손해에 대한 배상책임」, 고시연구 2004년 7월호, 24쪽).

3) 金道昶 박사는 행정사법작용을 공행정작용에 포함시킨다(同人, 위의 책, 625쪽 주 8 참조).

4) 李尙圭, 신행정법론(상), 594쪽 이하.

(2) 직무의 내용

직무에는 행정작용은 말할 것도 없고 입법작용이나 사법(司法)작용도 포함되며, 법적 행위이든 사실행위이든, 작위이든 부작위이든 모두 포함된다.

이 중 입법작용·사법작용·부작위로 인한 손해에 대하여 국가 등의 배상책임을 인정할 것인가가 문제되나, 이 문제는 주로 위법성과 관련이 있으므로 "법령의 위반"에서 자세히 보기로 한다.

3. 직무를 집행하면서

"직무를 집행하면서"란 직무의 범위 내에 속하는 행위이거나 직무수행의 수단으로서 또는 직무수행에 부수하여 행하여지는 행위로서 직무와 밀접한 관련이 있는 경우를 말한다는 것이 통설이고 판례(대법 1994. 5. 27. 선고 94다6741 판결 등)이다.

"직무를 집행하면서"의 판단기준은 행위 자체의 외관을 객관적으로 관찰하여 공무원의 직무행위로 보여질 경우인가의 여부인데, 직무행위로 보여질 때에는 비록 그것이 실질적으로 직무행위가 아니거나 또는 행위자로서는 주관적으로 공무집행의 의사가 없었다고 하더라도 그 행위는 공무원이 "직무를 집행하면서" 한 것으로 본다(대법 1995. 4. 21. 선고 93다14240 판결, 대법 2005. 1. 14. 선고 2004다26805 판결 등).[1]

4. 고의·과실

고의·과실의 의의는 국가배상책임의 성질을 후술하는 대위책임으로 이해하는가 자기책임으로 이해하는가에 따라 달라진다. 즉 대위책임설에 의하면 고의·과실은 공무원의 주관적 귀책요건이 되므로 공무원 개인의 주관적 인식을 기준으로 하여 판단하게 된다. 따라서 고의란 자기의 행위로 인한 일정한 결과의 발생을 인식하면서 그 결과의 발생을 용인하고 그 행위를 하는 심리상태를 말하며, 과실이란 자기의 행위로 인하여 일정한 결과가 발생할 것을 인식할 수 있었음에도 불구하고 부주의로 그 결과의 발생을 인식하지 못하고 그 행위를 하는 심리상태를 말한다. 이에 반하여 자기책임설에 의하면 고의·과실은 공무원 개인의 주관적 인식 유무에 있는 것이 아니라 국가 또는 지방자치단체의 자기책임을 결정하는 데에 필요한 공무운영상의 객관적인 흠의 존재로 보게 된다.

그런데 대위책임설에 따르면 국가배상책임의 성립 여부가 가해공무원의 주관적 요소에 좌우되는 것이므로 피해자측에서 보면 불공평한 구제가 될 수 있다. 더욱이 고의·과실을 엄격하게 해

---

1) 외형적 직무관련과 실질적 직무관련으로 나누어, 전자는 외형상 직무행위라고 판단될 수 있는지 여부가 판단기준이 되고, 후자는 내용면에서의 관련 여부 및 시간적·장소적·도구적(道具的) 관련 등을 종합적으로 고려하여 구체적인 경우에 직무가 공무원의 불법행위에 원인을 제공하였다고 볼 수 있는지 여부가 판단기준이 된다는 전제에서 실질적 직무관련설을 취하는 견해가 있다(朴均省, 행정법론(상), 688쪽 이하).

석한다면 피해자는 구제를 받기가 어려워진다. 또한 행정활동이 비대화·복잡화·전문화하고 있는 오늘날의 상황 아래에서는 위법행위를 한 공무원 개인의 판단능력이나 인식능력에 비추어 과실을 인정하고 그 입증을 피해자에게 맡기는 것은 피해자에게 지나친 부담을 지우는 결과가 된다. 그리하여 최근 주로 대위책임설에 입각해 있으면서도 과실의 객관화론에 의하여 과실을 완화하려는 경향이 뚜렷하다.

이러한 과실의 객관화론으로는 ① 과실을 "공무원의 위법행위로 인한 국가작용의 흠"이라는 정도로 완화시키려는 견해,[1] ② 과실을 개개의 공무원의 심리적 상태로 보지 아니하고 공무원의 직무상 요구되는 일반적인 주의의무에 위반되는 상태로 보아 과실의 내용을 추상화하려는 견해,[2] ③ 가해공무원을 특정할 필요가 없다는 견해,[3][4] ④ 위법성과 과실을 불가분의 것으로 보아 위법성과 과실 중 어느 하나가 입증되면 다른 요건은 당연히 인정된다고 보는 책임성립요건으로서의 위법성과 과실을 일원적으로 파악하려는 견해,[5] ⑤ 피해자측에서 공무원의 위법한 행위에 의하여 손해가 발생한 것을 입증하면 공무원에게 과실이 있다는 것이 일응추정(prima facie)되어 피고측에서 반증이 없는 한 배상책임을 면할 수 없다는 과실의 일응추정이론 등을 들 수 있다.

요컨대, 고의·과실을 완화하여 해석하려는 것이 대세이다.

판례의 입장을 일률적으로 평가할 수는 없고, 어떤 기준으로 평가하는가에 따라 달라지겠지만, 대체로 말한다면 고의·과실을 엄격히 해석하는 편이다.[6]

또한 과실의 입증책임이 원고에게 있다는 것이 판례(대법 2004. 6. 11. 선고 2002다31018 판결 등)이다.

---

1) 金道昶, 일반행정법론(상), 628쪽; 朴均省, 행정법론(상), 679쪽.

2) 대법 1987. 9. 22. 선고 87다카1164 판결이 공무원의 직무집행상의 과실을 '공무원이 그 직무를 수행함에 있어 당해 직무를 담당하는 평균인이 보통(통상) 갖추어야 할 주의의무를 게을리한 것'이라고 판시(이와 같은 판시는 계속되고 있다)한 것은 공무원의 객관화된 추상적 과실의 관념을 나타낸 것이라고 본다.

3) 이에 의하면 어느 공무원의 행위인지 판명되지 아니하는 경우에도 손해가 공무원의 행위에 기인한 이상 국가 등이 배상책임을 진다는 것이다.

4) 이 견해는 독일행정법상의 조직과실(Organisationsverschulden)이론에 의하여도 주장된다(H. Maurer, Allgemeines Verwaltungsrecht, 17. Aufl., 2006, S. 663).

5) 이 견해는 특히 민법상 불법행위론, 일본에서의 이론전개 및 비교법적 고찰을 배경으로 주장되고 있다고 한다(洪準亨, 행정구제법, 114쪽).

6) 판례는 "법률이 헌법에 위반되는지 여부를 헌법재판소의 위헌결정이 있기 전까지는 객관적으로 명백한 것이라 할 수 없어, 그 법률을 적용한 공무원에게 고의 또는 과실이 있다고 단정할 수 없다"(헌재 2011. 3. 31. 2009헌바286 결정)거나 법령에 대한 해석이 그 문언 자체만으로는 명백하지 아니하여 여러 견해가 있고 선례·학설·관례 등도 귀일된 바 없어 관계 공무원이 그 중 어느 한 견해에 따라 내린 해석에 의하여 행한 처리가 결과적으로 위법하게 되었다고 하더라도 공무원의 과실을 인정할 수 없다 하였고(대법 1995. 10. 13. 선고 95다32747 판결), 행정처분이 행정소송에서 취소되었으나 담당공무원에게 직무집행상의 과실이 없음을 이유로 국가배상책임을 부인하였다(대법 2003. 11. 27. 선고 2001다33789, 33796, 33802, 33819 판결 등 참조). 최근의 판결 중에는 행정청이 그 권한을 행사하지 아니한 것이 직무상 의무를 위반하여 위법한 것으로 되는 경우에는 특별한 사정이 없는 한 과실도 인정된다고 한 것(대법 2010. 10. 9. 선고 2008다77795 판결)이 있다.

5. 법령위반

(1) 법령의 범위

1) 법령의 범위에 관한 학설

법령의 범위에 관하여는 견해가 나뉜다.

⑺ **협 의 설**　　　여기서 말하는 법령을 성문법원과 불문법원을 포함하는 개념으로 이해하는 견해[1]이다.

⑷ **광 의 설**　　　여기서 말하는 법령을 성문법원과 불문법원뿐만 아니라 사회질서·공서양속 등까지를 포함하여 널리 행위가 객관적으로 정당하지 못한 것을 의미한다는 견해[2]이다.[3]

⒟ **검 토**　　　광의설이 종래의 통설이었다. 양 설의 차이는 불문법으로 인정되지 않는 사회질서나 공서양속을 위반하여 객관적 정당성을 상실한 경우에 생긴다. 그러나 제1차 행정구제제도인 행정쟁송과 제2차 행정구제제도인 국가배상은 동일한 법치행정원리의 구성요소로서 그 전제가 되는 행정활동의 위법성이 본질적으로 동일하여야 한다는 관점에서 또한 국가배상에 사회보장적 기능을 부여할 수 있는 것인가, 그러한 사회보장적 기능의 부여가 현대사회에 있어서 행정역할의 고도화에 적절한 것인가 하는 관점에서 본다면 광의설은 검토의 여지가 있다.

2) 행정규칙위반

행정규칙이 여기서 말하는 법령에 해당하는가가 문제된다. 이른바 행정규칙의 법규성을 인정하는 견해에서는 행정규칙이 법령에 포함된다고 하는 것은 당연하다. 그러나 행정규칙의 법규성을 인정하지 아니하는 견해에서도 행정작용의 객관적 기준을 설정하고 있는 행정규칙을 합리적

---

1) 權寧星, 헌법학원론, 618쪽; 鄭宗燮, 헌법학원론, 697쪽; 金南辰, 행정법 Ⅰ(제7판), 513쪽; 朴鈗炘, 최신행정법강의(상), 709쪽; 鄭夏重, 행정법총론, 520쪽; 洪井善, 행정법원론(상), 667쪽.

2) 金哲洙, 학설판례 헌법학(상), 1329쪽; 成樂寅, 헌법학, 665쪽; 金道昶, 일반행정법론(상), 629쪽; 李尚圭, 신행정법론(상), 602쪽; 金東熙, 행정법 Ⅰ(제11판), 496쪽; 洪準亨, 행정구제법, 105쪽.

3) 대법 2016. 8. 25. 선고 2014두225083 판결 : 구 소방시설유지 및 안전관리에 관한 법률 제4조 제1항, 제5조, 구 다중이용업소의 안전관리에 관한 특별법 제9조 제2항은 전체로서의 공공일반의 안전과 이익을 도모하기 위한 것일 뿐만 아니라 나아가 국민 개개인의 안전과 이익을 보장하기 위하여 둔 것이므로, 소방공무원이 구 소방시설법과 다중이용업소법 규정에 정하여진 직무상 의무를 게을리한 경우 의무 위반이 직무에 충실한 보통 일반의 공무원을 표준으로 객관적 정당성을 상실하였다고 인정될 정도에 이른 때는 국가배상법 제2조 제1항에 정한 위법의 요건을 충족하게 된다. 대법 2020. 4. 29. 선고 2015다224797 판결 : 엄격한 의미의 법령 위반뿐 아니라 인권존중, 권력남용금지, 신의성실과 같이 공무원으로서 마땅히 지켜야 할 준칙이나 규범을 지키지 않고, 위반한 경우를 포함하여 널리 그 행위가 객관적인 정당성을 결여하고 있음을 뜻한다. 대법 2020. 6. 4. 선고 2015다233807 판결 등도 같은 판시를 하고 있다. 대법 2021. 10. 28. 선고 2017다219218 판결 : 객관적 정당성을 잃었는지는 행위의 양태와 목적, 피해자의 관여 여부와 정도, 침해된 이익의 종류와 손해의 정도 등 여러 사정을 종합하여 판단하되, 손해의 전보책임을 국가가 부담할 만한 실질적 이유가 있는지도 살펴보아야 한다.

이유 없이 위반하여 특정인에게 불리한 처분을 한 행위는 법령위반에 해당한다는 견해[1]가 있다. 학자에 따라서는 행정규칙위반을 법령위반에 포함시키는 논거로서 독일에서 판례상 행정규칙위반도 국가배상책임의 위법사유로 인정하고 있음을 든다.[2] 그러나 독일과 우리나라는 사정이 다름을 유념할 필요가 있다. 즉 독일에는 법적 의무와 직무의무가 일치하지 않으며, 직무의무는 행정규칙에 의하여도 도출될 수 있다. 판례는 행정규칙 중 국민의 권익에 직접적인 영향을 주는 것이면 행정규칙위반을 법령위반으로 보고 있다.[3] 행정규칙의 대외적 효력은 행정규칙의 종류에 따라 구체적으로 검토하여야 한다는 점에 대하여는 행정규칙의 법규성 문제에서 이미 지적한 바 있다.

(2) 결과불법설과 행위불법설

우리나라에도 결과불법설과 행위불법설의 논의가 있다.[4]

1) 결과불법설

이 설은 피해결과에 착안하여 위법성의 유무를 판단하려는 견해이다. 즉 이 설에 의하면 공

---

1) 金道昶, 일반행정법론(상), 629쪽.

2) 金東熙, 행정법 I (제8판), 482쪽.

3) 원심판결(서울고법 2007. 8. 16. 선고 2006나108918 판결)이 '인권보호를 위한 경찰관직무규칙' 등은 대외적으로는 구속력이 없는 행정규칙인 경찰청훈령에 불과하다 하더라도, 위 직무규칙은 모든 사람의 기본적 인권을 보장하기 위하여 경찰관이 경찰활동 전 과정에서 지켜야 할 직무기준을 정한 것이므로, 경찰업무의 특성상 그 상대방인 피해자 등의 인권보호에 직접적 영향을 미치는 내용이라면 위 직무기준을 위반한 행위는 위법한 것으로 볼 여지가 있다라고 판시한 사건에서 상고심인 대법원은 "공무원에게 부과된 직무상 의무의 내용이 단순히 공공일반의 추상적 이익을 위한 것이거나 행정기관 내부의 질서를 규율하기 위한 것이 아니고 전적으로 또는 부수적으로 사회구성원 개인의 구체적 안전과 이익을 보호하기 위하여 설정된 것"이라는 표현으로 원심판결을 지지하고 있다(대법 2008. 6. 12. 선고 2007다64365 판결).

4) 학자에 따라서는 결과불법설·행위불법설(행위위법설)·상대적 위법성설로 나누고, 상대적 위법성설이란 "행위 자체의 적법·위법뿐만 아니라 피침해이익의 성격과 침해의 정도 및 가해행위의 태양 등을 고려하여 위법성 유무를 판단하려는 견해라고 설명하면서(朴均省, 행정법론(상), 691쪽 이하; 洪井善, 행정법원론(상), 666쪽), 상대적 위법성설이 일본의 다수설과 판례의 입장이라고 부연한다(朴均省, 위 책, 693쪽). 최근 무비판적으로 이러한 분류를 추종하는 경향이 있다. 그러나 상대적 위법성설은 그 관점에 따라 의미가 가변적이다. 상대적 위법성설은 국가배상소송과 취소소송 간에 위법성 개념이 다르다는 관점에서 사용하기도 하고(徐元宇, 전환기의 행정법이론, 812쪽 이하, 金東熙, 행정법요론, 401쪽 참조), 피해자에 대한 관계에 따라 위법성 개념이 다르다는 관점에서 사용하기도 하는 등 그 관점에 따라 달라지는 다의적인 것이다. 그러므로 경우에 따라서는 결과불법설 주장자 중에서도 상대적 위법성설에 서기도 하고, 행위불법설(행위위법설) 주장자 중에서도 상대적 위법성설에 서기도 한다. 따라서 국가배상법상 위법의 개념을 정의하면서 결과불법설·행위불법설(행위위법설)과 나란히 상대적 위법성설 셋으로 나누는 것은 논리적으로 문제가 있다. 뿐만 아니라 결과불법설·행위불법설(행위위법설)·상대적 위법성설로 나누면서 각 설의 위법의 차이를 구체적으로 밝히지 않고 있는 것도 문제이다. 朴均省 교수는 제11판(2012)에서 결과불법설·행위위법설·상대적 위법성설을 유지하면서 행위위법설을 협의의 행위위법설과 광의의 행위위법설로 나누고 광의의 행위위법설을 지지하고 있다. 그러나 광의의 행위위법설과 종전에 취하고 있던 상대적 위법성설 사이에 위법이 구체적으로 어떻게 다른지 명확하게 설명하지 않고 있다(691쪽 이하 참조). 洪井善 교수는 결과불법설·상대적 위법성설·행위위법설 외에 직무의무위반설을 추가하고 있다. 그러나 행위위법설과 직무의무위반설이 구체적으로 어떻게 다른지 설명하지 않고 있고(699쪽 이하 참조), 행위불법설과 결과불법설 사이에 별다른 차이가 없다고까지 언급하고 있다(770쪽).

무원의 행위로 인하여 국민의 권리가 침해된 이상 그 결과를 정당화할 만한 다른 사유가 없는 한 국가배상책임이 인정된다.[1]

2) 행위불법설

이 설은 가해행위 그 자체에 착안하여 행위가 법규범에 합치하고 있는가의 여부에 따라 위법성의 유무를 판단하려는 견해이다. 이 설은 결과불법설이 「국가배상법」상의 위법성을 민사불법행위법상의 위법성과 동일시하고 있음을 비판한다. 사인간에 있어서는 타인의 권리침해가 원칙적으로 허용되지 아니하므로 권리침해는 곧 위법이라는 도식이 성립할 수 있다. 그러나 행정주체의 공행정작용에 있어서는 그것이 법규범에 따라 적법하게 행하여진 것인가 위법하게 행하여진 것인가가 가장 중요한 법적 평가의 기준이며 법규범에 따라 행하여진 이상 권리침해가 있었다고 하더라도 위법이라고 할 수 없다. 「국가배상법」 제2조에서 말하는 법령위반의 판단에서도 원칙적으로 이러한 객관적인 법규범에 따라 행하여진 것인가의 여부에 의하여 판단하여야 한다. 판례도 "공무원의 직무집행이 법령이 정한 요건과 절차에 따라 이루어진 것이라면 특별한 사정이 없는 한 이는 법령에 적합한 것이고 그 과정에서 개인의 권리가 침해되는 일이 생긴다고 하여 그 법령적합성이 곧바로 부정되는 것은 아니다"라고 판시하고 있다(대법 1997. 7. 25. 선고 94다2480 판결, 대법 2000. 11. 10. 선고 2000다26807, 26814 판결).[2]

원칙적으로 이 설을 취하고 있으면서도 이 설을 좁게 해석하면 국가배상의 범위가 지나치게 좁은 범위에 한정된다고 하면서 행정활동 자체가 적법한 것이라도 그 행사에 부수되는 행위의 태양(행사의 방법·수단 등)이 공무원의 직무상 의무에 위반된 경우에는 국가배상책임을 인정해야 한다는 견해[3]도 있다.

(3) 부당한 재량처분

재량처분이 재량권일탈·남용이 아니어서 위법하지는 아니하지만 그 재량을 그르쳐 부당한 경우에, 그 부당행위도 여기서 말하는 법령위반행위에 해당하는가가 문제된다. 법령의 범위에 관하여 협의설을 취하는 입장에서는 원칙적으로 부정하게 될 것이다. 광의설을 취하는 경우에는 법령위반을 "행위가 객관적으로 부정당함"을 의미한다고 보기 때문에 당연히 해당한다고 보아야 할 것 같으나 "부당행위도 재량권의 한계 내의 행위이고 그 부당 여부의 판단에 있어서 객관

---

1) 徐元宇, 전환기의 행정법이론, 824쪽 이하.

2) 대법 2000. 11. 10. 선고 2000다26807, 26814 판결: 경찰관이 교통법규 등을 위반하고 도주하는 차량을 순찰차로 추적하는 직무를 집행하는 중에 그 도주차량의 주행에 의하여 제3자가 손해를 입었다고 하더라도 그 추적이 당해 직무를 수행하는 데에 불필요하다거나 또는 도주차량의 도주의 태양 및 도로교통상황 등으로부터 예측되는 피해발생의 구체적 위험성의 유무 및 내용에 비추어 추적의 개시·계속 혹은 추적의 방법이 상당하지 않다는 등의 특별한 사정이 없는 한 그 추적행위를 위법하다고 할 수는 없다.

3) 孫智烈, 「공무원의 직무상 의무위반과 국가배상책임」, 민사재판의 제문제(민사실무연구회) 제8권, 474쪽.

적 기준을 발견하기 어렵다"는 이유로 부당행위는 원칙적으로 법령위반행위에 해당하지 아니한다고 한다.[1] 그러나 재량처분은 원칙적으로 행정청에 의하여 재량기준이 설정·공표되는 것이므로(행정절차법 20조 1항), 이 문제는 재량기준 위반이 여기서 말하는 법령위반 속에 포함되는가의 여부 문제로 귀착된다.

(4) 처분의 위법과 법령위반

「국가배상법」상의 법령위반과 취소소송에 있어서의 처분의 위법은 서로 어떤 관계가 있는가가 문제된다. 이 문제는 「국가배상법」상 법령위반의 내용이 가해행위의 성질(행정작용·입법작용·사법작용, 법적 행위·사실행위, 작위·부작위)에 따라 일률적인 것이 아니기 때문에 양자를 단순히 대비할 수는 없다. 그러나 「국가배상법」상 법령위반을 처분에 한정하는 경우, 예컨대 위법한 처분에 대하여 처분의 상대방이 처분취소소송을 제기함과 동시에 그 처분에 의한 손해에 대하여 국가배상청구소송을 제기한 경우에는 같은 것인가 다른 것인가가 문제될 수 있다. 이에 관하여는 동일위법성설과 상대적 위법성설이 대립되어 있다.

1) 동일위법성설

이 설은 동일처분이 동일 행위규범을 위반하였는가 어떤가에 대하여 동일시점에서 행하여지는 평가는 취소소송에 있어서의 처분의 위법성과 국가배상청구소송에 있어서의 처분의 위법성이 일반적으로 동일하다는 견해이다.[2] 위법성 일원설이라고도 한다.

2) 상대적 위법성설

이 설은 국가배상소송과 취소소송의 목적·역할이 다르기 때문에 위법성의 개념이 다르고, 따라서 양자의 위법성의 범위가 달라지며, 「국가배상법」상 위법성의 범위가 취소소송상 위법성의 범위보다 넓어, 취소소송에서 처분이 위법하지 아니하는 경우에도 국가배상청구소송에서 처분이 위법할 수 있다는 견해이다.

3) 검토

생각건대, 「국가배상법」의 성격에 관하여 사권설을 취하는 경우에는 사권설과 상대적 위법성설과의 관계는 별 문제가 없을런지 모른다. 그러나 「국가배상법」의 성격에 관하여 공권설을 취하는 경우에는 공권설과 상대적 위법성설이 어떻게 조화될 수 있는 것인지는 검토가 필요할 것으로 보인다. 더욱이 행정상 손해배상의 기능을 손해전보기능 외에 위법억제기능에도 있다고 한다면 상대적 위법성설을 취하는 경우 동일시점에서의 위법성이 같지 않으므로 행정상 손해배

---

1) 金東熙, 행정법 Ⅰ, 526쪽.

2) 金鐵容, 「취소소송판결의 기판력과 국가배상소송」, 고시계 1985년 7월호, 147쪽; 金南辰, 행정법 Ⅰ(제7판), 575쪽; 安東寅, 「국가배상청구소송에서의 객관적 정당성」, 행정법이론실무학회 제224회 학술발표논문, 31쪽 이하.

상에 위법억제기능이 있다는 것을 합리적으로 설명하기 어렵다. 뿐만 아니라, 행정상 손해배상이 위법억제기능을 제대로 행사할 수도 없다. 그리고 동일위법성설을 취하는 경우 행정청이 불이익처분을 행한 때에는 처분행정청에게 처분의 적법성에 대한 입증책임을 인정하기 용이하나, 상대적 위법성설을 취하는 경우 원고가 입증책임을 지는 것이므로, 상대적 위법성설을 취하는 것이 반드시 원고에게 유리한 것도 아니다.

(5) 취소소송판결의 기판력과 국가배상소송

이 문제는 처분의 취소를 구하는 취소소송이 제기되어 판결이 확정된 후에 국가배상청구소송이 제기된 경우에 취소소송판결의 기판력이 후소인 국가배상청구소송에 미치는가의 문제로 논의되는 것이 보통이다.

1) 기판력부정설

이 설에 의하면 전소인 취소소송판결의 기판력은 후소인 국가배상청구소송에 미치지 아니한다. 이 설은 취소소송에서의 위법성과 국가배상소송에서의 위법성은 그 범위가 다르며, 후자의 범위가 전자의 범위보다 넓다는 것이 그 이유이다[1].

2) 일부기판력긍정설

이 설에 의하면 전소인 취소소송판결이 청구인용판결인 경우를 제외하고는 전소인 취소소송판결의 기판력은 후소인 국가배상청구소송에 미치지 아니한다. 이 설도 취소소송에서의 위법성과 국가배상청구소송에서의 위법성이 다르다는 데에서 출발하고 있다[2].

---

1) 金南辰·金連泰, 행정법 I , 510쪽. 판례가 상대적 위법성설의 입장을 취하고 있음을 전제로 하고 있다. 그러나 판례가 "행정처분의 담당공무원이 보통 일반의 공무원을 표준으로 하여 볼 때 객관적 주의의무를 결하여 그 행정처분이 객관적 정당성을 상실하였다고 인정될 정도에 이른 경우에 국가배상법 제2조 소정의 국가배상책임의 요건을 충족하였다고 봄이 상당하다"(대법 2000. 5. 12. 선고 99다70600 판결 등)라고 판시한 것이 위법성의 요건을 충족하였다는 것인지 과실의 요건을 충족하였다는 것인지 명확하지 않다(崔桂暎,「처분의 취소판결과 국가배상책임 ―대법원 2011. 1. 27. 선고 2008다30703 판결―」, 행정판례연구(한국행정판례연구회 XVIII-1, 271쪽). 판례가 제시하는 객관적 정당성이 위법성의 판단 기준으로 작용하기도 하고, 경우에 따라서 과실의 판단 기준으로 작용하기도 하며, 특히 사인의 피해를 야기한 것으로 문제되는 행정처분이 항고소송에서 위법한 것으로 판단되거나 혹은 당해 처분이 취소된 이후에 후속소송으로 국가배상청구소송이 진행되는 경우에 국가배상책임을 인정할 것인지 여부가 문제되는 때에 손해에 대한 전보책임 성립의 판단기준으로 작용하고 있다는 점에 관한 지적으로 위 安東寅 교수의 논문 47쪽이하 참조.

2) 徐元宇,「국가의 부작위와 국가배상책임」, 고시연구 1979년 3월호, 17~18쪽. 朴均省 교수는 "국가배상법상의 위법이 항고소송의 위법개념보다 넓은 개념으로 본다면 항고소송에서 계쟁처분의 위법을 인정하는 인용판결의 기판력은 국가배상소송의 위법판단에 미치나 항고소송에서 처분의 위법성을 부정하는 기각판결의 기판력은 국가배상소송에서의 위법판단에 미치지 않는다고 보는 것이 논리적이다"(同人, 행정법론(상)(제3판), 527쪽)라고 설명한다. 朴正勳 교수는 취소소송에서의 위법성과 국가배상청구소송에서의 위법성이 다름에도 일부 기판력긍정설을 취하는 이유로 "양자의 위법성이 다르지만 후자의 위법성이 전자의 위법성을 포함한다고 보아야 할 것이다. 주된 논거는 취소소송이 일차적인 권리제도이고 국가배상은 이를 보완하는 이차적인 권리구제라는 점이다. 따라서 같은 논거로써 취소소송에서 취소판결을 받은 원고는 국가배상청구소송에서 그 기판력을 원용할 수

3) 전부기판력긍정설

이 설에 의하면 행정청의 처분의 취소를 구하는 취소소송이 제기되어 판결이 확정된 후에 국가배상청구소송이 제기된 경우에, 동일행위규범에 대한 위반 여부의 평가에 관한 것으로서 판단의 내용을 같이하는 한, 전소인 취소소송판결의 기판력이 후소인 국가배상청구소송에 미치며, 그것은 취소소송판결이 청구인용판결인가 청구기각판결인가에 따라 다르지 않다는 것이다.[1]

4) 검 토

기판력 부정설은 말할 것도 없고, 일부 기판력부정설에 의하는 경우 국가배상소송에서 이미 취소소송에서 적법처분으로 판결된 행정처분의 위법성을 인정하는 판결이 나올 수 있으므로, 공권력 책임의 목적이기도 한 법치국가원리의 준수를 경시하고 있는 견해라는 비난을 면할 수 없다.

5) 판 례

대법원의 판결 중에는 "행정처분이 나중에 항고소송에서 위법하다고 판단되어 취소되더라도 그것만으로 행정처분이 공무원의 고의나 과실로 인한 불법행위를 구성한다고 단정할 수 없다. 보통 일반의 공무원을 표준으로 하여 볼 때 위법한 행정처분의 담당 공무원이 객관적 주의의무를 소홀히 하고 그로 인해 행정처분이 객관적 정당성을 잃었다고 볼 수 있는 경우에 국가배상법 제2조가 정한 국가배상책임이 성립할 수 있다. 이때 객관적 정당성을 잃었는지는 행위의 양태와 목적, 피해자의 관여 여부와 정도, 침해된 이익의 종류와 손해의 정도 등 여러 사정을 종합하여 판단하되, 손해의 전보책임을 국가 또는 지방자치단체가 부담할 만한 실질적 이유가 있는지도 살펴보아야 한다"고 판시한 판결(대법 2021. 6. 30. 선고 2017다249219 판결)이 있다.

(6) 처분의 공정력과 국가배상청구소송

행정청의 처분에 의하여 손해가 발생한 경우에 처분의 취소를 구하는 소송의 제기 및 취소판결에 의한 처분의 취소 없이 곧바로 국가배상청구소송이 제기되어도 수소법원이 배상요건의 하나인 처분의 위법성을 스스로 판단할 수 있는가가 문제이다. 이 문제에 대하여는 소극설·적극설·절충설로 견해가 나뉜다는 것 및 처분의 위법성만을 주장하고 처분의 효력을 부정하지 않는 경우에는 공정력에 저촉되지 아니하므로 국가배상을 청구하기 위하여는 취소소송의 제기를 요

있도록 하는 것이 권리구제의 실효성을 위해 타당하다고 본다"(金鐵容·崔光津, 주석행정소송법, 197쪽[집필 朴正勳] 참조)라고 설명한다.

1) 金鐵容, 「취소소송판결의 기판력과 국가배상소송」, 고시계 1985년 7월호, 147쪽 이하; 金香基, 「항고소송에서 취소된 처분의 국가배상법상 불법행위 구성 여부」, 고시연구 2005년 11월호, 33쪽; 金南辰, 행정법 Ⅰ(제7판), 712쪽; 柳至泰, 행정법신론(제7판), 531쪽 이하; 崔桂暎, 앞 논문, 292쪽; 安東寅, 앞 논문, 35쪽 이하. 참고로 말하면 李鴻薰 대법관은 전부 기판력긍정설이 일본의 통설·판례로 보인다는 견해를 피력한다(同人, 「행정소송과 민사소송」, 한국공법이론의 새로운 전개(김도창박사 팔순기념논문집), 2005, 484쪽 참조). 또한 계쟁행정행위의 위법성에 관한 실질적 확정력이 후소인 행정상 손해배상청구소송에서 직접적 기결력(Präjudizialität)으로 작용한다는 것이 독일 연방통상재판소의 판례(예: BGHZ 95, 28(35) 등)이다.

하지 아니한다는 것이 우리나라의 다수설이고 최근의 판례라는 것은 이미 앞에서 본 바와 같다 (→ 공정력의 한계).

(7) 입법행위의 위법성

여기서 말하는 입법행위는 주로 국회의 입법행위를 말하며, 입법작위와 입법부작위를 모두 포함한다. 국회의 입법행위가 어떤 경우에 위법하게 되는가에 관하여는 우리나라에는 아직 정설이 없다. 우리 대법원은 "우리 헌법이 채택하고 있는 의회민주주의하에서 국회는 다원적 의견이나 갖가지 이익을 반영시킨 토론과정을 거쳐 다수결의 원리에 따라 통일적인 국가의사를 형성하는 역할을 담당하는 국가기관으로서 그 과정에 참여한 국회의원은 입법에 관하여 원칙적으로 국민 전체에 대한 관계에서 정치적 책임을 질 뿐 국민 개개인의 권리에 대응하여 법적 의무를 지는 것은 아니므로 국회의원의 입법행위는 그 입법내용이 헌법의 문언에 명백히 위반됨에도 불구하고 국회가 굳이 당해 입법을 한 것과 같은 특수한 경우가 아닌 한 국가배상법 제2조 제1항 소정의 위법행위에 해당된다고 볼 수 없다"고 판시한 바(대법 1997. 6. 13. 선고 96다56115 판결) 있다. 입법부작위에 대하여도 "국가가 일정한 사항에 관하여 헌법에 의하여 부과되는 구체적인 입법의무를 부담하고 있음에도 불구하고 그 입법에 필요한 상당한 기간이 경과하도록 고의 또는 과실로 이러한 입법의무를 이행하지 아니하는 등 극히 예외적인 사정이 인정되는 사안에 한정하여 국가배상법 소정의 배상책임이 인정될 수 있으며, 위와 같은 구체적인 입법의무 자체가 인정되지 않는 경우에는 애당초 부작위로 인한 불법행위가 성립할 여지가 없다"라고 판시(대법 2008. 5. 29. 선고 2004다33469 판결)[1]하고 있다.

(8) 사법행위(재판행위)의 위법성

사법행위(재판행위)가 어떤 경우에 위법하게 되는가에 관하여도 우리나라에는 아직 정설이 없다. 학자에 따라서는 사실인정에 있어 경험칙·채증법칙을 현저히 일탈하거나, 그 양식이 의심스러운 정도의 과오를 범한 경우로 한정하면서도,[2] 왜 사법행위(재판행위)에 대하여는 다른 행위와 다른 위법기준이 적용되느냐에 관한 설명이 없다. 그러나 이를 긍정하는 경우에는 그 논거를 사법행위(재판행위)의 특질에서 구해야 할 것이다.[3] 대법원은 법관의 재판행위가 위법한 행위로 되어 국가배상책임이 인정되려면 "당해 법관이 위법 또는 부당한 목적을 가지고 재판하는 등 법관이 그에게 부여된 권한의 취지에 명백히 어긋나게 이를 행사하였다고 인정할 특별한 사정이 있

---

1) 이 판결에 대한 평석으로 徐基錫, 「국회의 입법행위 또는 입법부작위로 인한 국가배상책임 —대법원 2008. 5. 29. 선고 2004다33469 판결—」, 행정판례연구(한국행정판례연구회) XIV-2, 203쪽 이하가 있다.

2) 金東熙, 행정법 Ⅰ(제6판), 469쪽.

3) 鄭夏重 교수는 판결의 기판력의 보호에서 그 논거를 찾는다(同人, 「법관의 재판작용에 대한 국가배상책임」, 저스티스 제75호(2003), 74쪽).

어야 한다"고 판시하였다(대법 2001. 3. 9. 선고 2000다29905 판결 등).[1]

⑼ 공익의 실현과 위법성

공무원의 직무집행행위가 법령(에서 정한 직무상 의무)에 위반하여 국민에게 손해를 가한 경우에 직무집행행위가 공익 실현을 도모하기 위한 것일 때에도 그 행위에 위법성이 인정될 수 있는가가 문제이다. 판례는 수사담당 공무원이 피의사실을 공표한 행위의 위법성이 다투어진 사건에서 그 행위가 타인의 명예를 훼손하는 행위라 하더라도 그것이 공공의 이해에 관한 사항으로서 그 목적이 오로지 공공의 이익을 위한 것일 때에는 위법성이 없다고 하였다(대법 1998. 7. 14. 선고 96다 17257 판결).[2][3] 공익 실현과 관련하여 직무집행행위의 위법성이 주로 문제되는 것은 부작위의 위법성에서이다.

⑽ 부작위의 위법성

부작위의 위법성을 인정하기 위하여는 국민 또는 주민에 대한 공무원의 작위의무가 존재하여야 한다. 판례도 "공무원의 부작위로 인한 국가배상책임을 인정하기 위해서는 공무원의 작위로 인한 국가배상책임을 인정하는 경우와 마찬가지로 '공무원이 직무를 집행하면서 고의 또는 과실로 법령을 위반하여 타인에게 손해를 입힌 때'라고 하는 국가배상법 제2조 제1항의 요건이 충족되어야 한다"라고 판시하고 있다(대법 2021. 7. 21. 선고 2021두33838 판결).[4] 종래의 행정편의

---

1) 대법 2003. 7. 11. 선고 99다24218 판결은 헌법재판소 재판관이 청구기간 내에 제기된 헌법소원심판청구에서 청구기간을 오인하여 각하결정을 한 사건에서, 종래의 입장을 고수하면서도, "재판에 대하여 불복절차 내지 시정절차 자체가 없는 경우에는 부당한 재판으로 인하여 불이익 내지 손해를 입은 사람은 국가배상 이외의 방법으로는 자신의 권리 내지 이익을 회복할 방법이 없으므로, 이와 같은 경우에는 배상책임의 요건이 충족되는 한 국가배상책임을 인정하지 않을 수 없다"라고 판시하였다.

2) 대법 2006. 4. 14. 선고 2003다41746 판결 : 일반적으로 국가 또는 지방자치단체가 권한을 행사할 때에는 국민에 대한 손해를 방지하여야 하고, 국민의 안전을 배려하여야 하며, 소속 공무원이 전적으로 또는 부수적으로라도 국민 개개인의 안전과 이익을 보호하기 위하여 법령에서 정한 직무상의 의무에 위반하여 국민에게 손해를 가하면 상당인과관계가 인정되는 범위 안에서 국가 또는 지방자치단체가 배상책임을 부담하는 것이지만, 공무원이 직무를 수행하면서 그 근거되는 법령의 규정에 따라 구체적으로 의무를 부여받았어도 그것이 국민의 이익과는 관계없이 순전히 행정기관 내부의 질서를 유지하기 위한 것이거나, 또는 국민의 이익과 관련되는 것이라도 직접 국민 개개인의 이익을 위한 것이 아니라 전체적으로 공공일반의 이익을 도모하기 위한 것이라면 그 의무에 위반하여 국민에게 손해를 가하여도 국가 또는 지방자치단체는 배상책임을 부담하지 아니한다.

3) 의무복무기간을 마친 공군 조종사들 중 전역희망자가 예년에 비해 크게 증가하자, 공군본부가 국가안보 내지 군 전투력 유지에 차질을 초래할 수 있다는 판단하에 전역희망자 중 비 공군사관학교 출신을 우선하고 공군사관학교 출신 중에는 생년월일이 앞선 자를 우선하여 전역 허가하는 방식으로 전역제한처분을 한 사안에서, 생년월일을 전역제한자 선별 기준으로 삼은 것은 민간항공사 취업가능연령의 하향화 추세로 전역 후 취업가능 기간을 고려하였기 때문인 점과 공군 조종사의 인력 부족은 국가안보에 공백이 생기는 중대한 결과를 초래할 수 있는 데 비하여 전역제한처분으로 전역이 지연되는 기간이 1년 정도일 것으로 예상되는 점 등을 고려하여 위 전역제한처분이 위법하다고 볼 수 없다고 판단하였다(대법 2011. 9. 8. 선고 2009다77280 판결).

4) 2021두33838 판결은 '법령을 위반하여'란 "엄격하게 형식적 의미의 법령에 명시적으로 공무원의 작위의무가 정

주의적 입장에서는 행정작용은 공무원의 재량사항인 경우가 많고, 또한 공익실현을 위한 것으로서 이에 의하여 국민 또는 주민이 받게 되는 이익은 단순한 반사적 이익에 불과한 것으로 보았으므로 공무원의 작위의무를 대체로 인정하지 아니하였다. 그러나 오늘날에는 행정작용의 재량론과 반사적 이익론이 재검토되는 과정에 있다.

1) 행정작용의 재량론

행정작용이 재량사항인 경우에도 국민의 중대한 법익이 위험에 처해 있고 이의 방지를 위하여 행정권의 발동이 절실하게 요구되는 경우에는 재량권이 영으로 수축되어 행정권을 발동할 작위의무가 발생한다고 보는 것이 오늘날의 대세이다.[1] 재량권수축론이 제2차 대전 전의 독일에서 손해배상청구의 경우에 행정의 부작위의 위법을 인정하는 논리로서 먼저 등장하였음(→ 재량권수축론)을 상기할 필요가 있다. 우리 판례도 "경찰관직무집행법 제5조는 경찰관은 인명 또는 신체에 위해를 미치거나 재산에 중대한 손해를 끼칠 우려가 있는 위험한 사태가 있을 때에는 그 각호의 조치를 취할 수 있다고 규정하여 형식상 경찰관에게 재량에 의한 직무수행권한을 부여한 것처럼 되어 있으나, 경찰관에게 그러한 권한을 부여한 취지와 목적에 비추어 볼 때 구체적인 사정에 따라 경찰관이 그 권한을 행사하여 필요한 조치를 취하지 아니하는 것이 현저하게 불합리하다고 인정되는 경우에는 그러한 권한의 불행사는 직무상의 의무를 위반한 것이 되어 위법하게 된다"(대법 2017. 11. 9. 선고 2017다228083 판결 등)고 판시하고 있다.[2][3][4]

하여져 있음에도 이를 위반하는 경우만을 의미하는 것은 아니고", "공무원으로서 마땅히 지켜야 할 준칙이나 규범을 지키지 아니하고 위반한 경우를 포함하여 널리 그 행위가 객관적인 정당성을 결여하고 있는 경우도 포함한다"는 대법원의 입장을 견지하면서 여기서 "국민의 생명·신체·재산 등에 대하여 절박하고 중대한 위험상태가 발생하였거나 발생할 상당한 우려가 있어서 국민의 생명 등을 보호하는 것을 본래적 사명으로 하는 국가가 초법규적·일차적으로 그 위험의 배제에 나서지 아니하면 국민의 생명 등을 보호할 수 없는 경우에는 형식적 의미의 법령에 근거가 없더라도 국가나 관련 공무원에 대하여 그러한 위험을 배제할 작위의무를 인정할 수 있다"는 논리적 판단을 이끌어내고 있다. "그러나 그와 같은 절박하고 중대한 위험상태가 발생하였거나 발생할 상당한 우려가 있는 경우가 아닌 한, 원칙적으로 공무원이 관련 법령에서 정하여진 대로 직무를 수행하였다면 그와 같은 공무원의 부작위를 가지고 '고의 또는 과실로 법령을 위반'하였다고 할 수는 없다"고 결론을 내고 있다.

1) 행정지도의 경우에도 행정청의 임무 수행과 국민의 권익 보호를 위하여 다른 적절한 수단이 존재하지 아니하는 때에는 행정지도를 행하여야 할 의무를 인정한다. 兪珍式, 「행정지도의 법률학」, 공법연구(한국공법학회) 제28집 제1호, 203쪽; 李元雨, 「통신시장에 대한 규제법리의 특징과 행정지도에 의한 통신사업자간 요금관련 합의의 경쟁법 적용제외」, 행정법연구(행정법이론실무학회) 제13호, 164쪽 참조.

2) 대법원은 소방공무원의 행정권한 행사가 관계 법률의 규정 형식상 소방공무원의 재량에 맡겨져 있더라도 소방공무원에게 그러한 권한을 부여한 취지와 목적에 비추어 볼 때 구체적인 상황 아래에서 소방공무원이 권한을 행사하지 아니한 것이 현저하게 합리성을 잃어 사회적 타당성이 없는 경우에는 소방공무원의 직무상 의무를 위반한 것으로 위법하게 된다고 같은 취지의 판결을 하고 있다(대법 2016. 8. 25. 선고 2014다225083 판결).

3) 朴正勳 교수는 공무원의 소극행정에 대해서는 국가배상을 확대해야 된다면서, 이를 위해서는 재량권의 수축이론뿐만 아니라 명문의 규정이 없는 경우에도 조리상의 행정개입의무 또는 손해방지의무를 인정하는 것이 요청된다고 기술하고 있다(同人, 「적극행정을 위한 법적 과제」, 한국공법학회(제150회)·감사원공동학술대회(현대 법치국가에서의 적극행정과 공공감사) 발표논문집, 50쪽.

4) 기본권의 사인간 효력을 기본권보호의무론의 관점에서 이해하는 견해는 행정의 규제권한 불행사의 위법성 근

입법부작위의 위법성에 관하여는 입법행위의 위법성에서 이미 본 바와 같다.

2) 반사적 이익론

반사적 이익인가의 여부가 「국가배상법」상 부작위가 위법인가의 여부와 관계되는가에 대하여는 학설상 견해가 나뉜다.

(가) 긍 정 설

이 설은 국민 또는 주민에 대한 공무원의 작위의무를 규정한 법령의 규정이 공익뿐만 아니라 국민 또는 주민의 개인적 이익도 보호하는 것을 목적으로 하고 있는 경우에만 작위의무는 법적인 작위의무가 되고 그 위반만이 「국가배상법」상의 위법이 된다는 견해[1]이다. 판례의 입장이다(대법 2007. 12. 27. 선고 2005다62747 판결).

(나) 부 정 설

이 설은 「국가배상법」 제2조는 단순히 "법령에 위반하여"라고만 규정하고 있으므로 법령위반과 손해발생 사이의 인과관계만이 요구될 뿐 사익보호성을 요구하고 있지 않다는 견해[2]이다.

3) 검   토

먼저 행정작용의 재량론을 검토하여 본다. 공무원의 작위의무가 법령상 명문으로 규정되어 있을 때에는 문제가 없다. 문제는 ① 법령에 의하여 공무원에게 권한이 부여되어 있으나 그 권한행사가 공무원의 재량에 맡겨져 있는 경우와 ② 공무원의 작위권한이 법령에 의하여 구체적으로 규정되어 있지 아니한 경우이다. ①의 경우는 공무원의 권한불행사가 어떤 상태에 있을 때 위법이 되는가의 문제이고, ②의 경우는 법령의 규정이 없어도 공무원에게 작위의무가 발생하는가의 문제이다. ①의 경우 권한불행사가 재량권일탈·재량권남용에 해당하는 경우에는 위법이 된다. 그 밖에도 국민의 생명·신체·재산에 절박한 위험[3]이 있고, 공무원이 위험을 알거나 알 수 있는 상태에 있고, 공무원이 용이하게 권한을 행사할 수 있으며, 그 권한행사가 위험을 회피하는 데 유효·적절한 수단인 때에는 재량권은 영으로 수축되어 선택의 여지가 없어지고, 행정청은 일정한 행위를 하지 않으면 아니 된다고 보아야 한다(작위의무). 그럼에도 불구하고 공무원이 권한을 행사하지 아니하였다면 그 행정의 부작위는 위법이 된다. ②의 경우에는 공무원에게 작위의무가

거를 기본권보호의무론에 두는 경향이 있다. 金鉉峻, 「규제권한 불행사에 의한 국가배상책임의 구조와 위법성 판단기준(대법 2010. 9. 9. 선고 2008다77795 판결)」, 행정판례연구(한국행정판례연구회) XVI-1, 280쪽 이하 참조.

1) 孫智烈, 「공무원의 직무상 의무위반과 국가배상책임」, 민사판례의 제문제(박우동선생 화갑기념논문집), 한국사법행정학회, 1994, 469쪽 이하.

2) 白潤基, 「금융행정에 있어서 법치주의의 구현」, 현대공법학의 과제(최송화교수 화갑기념논문집), 2002, 537쪽 참조.

3) 안전에 대한 국가의 의무가 새로이 인식되고 있는 이른바 리스크사회(Risikogesellschaft)를 맞고 있는 오늘날, 행정의 규제권한이 발동해야 할 시점은 종래 경찰법상 위험개념(충분히 큰 손해발생 개연성)을 바탕으로 한 시점보다는 리스크개념(손해발생의 단순한 가능성)을 바탕으로 한 시점으로 앞 당겨져야 할 것으로 보는 견해로는 金鉉峻, 앞 논문, 7쪽 참조.

없는 것이 원칙이지만, 국민의 생명·신체·재산에 대하여 절박한 중대한 위험상태가 발생하고 공무원이 초법규적·일차적으로 그 위험을 배제하지 아니하면 국민을 보호할 수 없는 때에는 공무원에게 조리에 의한 작위의무가 발생한다고 보아야 한다. 판례는 법령의 규정이 없음에도 불구하고 공무원에게 개괄적 위험배제의무, 예견·회피조치 가능성[1]의 존재 여부에 의하여 공무원의 작위의무를 인정하고 있다.

다음으로 반사적 이익론을 검토하여 본다. 긍정설은 반사적 이익론이 공무원의 법적 의무위반의 유무를 판단하기 위해서는 논리 필연적으로 검토해야 할 사항에 포함된다고 보는 것 같다. 그러나 반사적 이익론은 행정법관계를 이면적 관계로 보는 전제 위에서 전개되고 있으나, 현대 행정법관계는 다면적 관계로 전개되고 있다는 점, 각종 행정법규가 보호하려는 이익이 개개 국민의 권익보호를 직접 목적으로 하는 경우 외에도 공익 보호의 법적 구조에 의하여 궁극적으로 개개 국민의 권익 보호를 목적으로 하고 있다고 생각되는 경우도 포함되어야 할 필요가 있다는 점, 항고소송과 국가배상소송을 동일 보호 법익에 대한 사전·사후의 구조로 보면, 최근 항고소송의 원고적격론에 있어서도 반드시 개별보호요건에 의하지 아니하고 계속 확대되고 있다는 점 등의 관점에서 긍정설(판례의 입장)은 재검토의 여지가 있다.[2]

⑾ 위법성의 입증책임

소송실무에서는 가해행위가 위법하다는 입증책임은 민법상 일반불법행위 성립요건의 입증

---

1) 대법 2012. 7. 26. 선고 2010다95666 판결: 공무원의 부작위로 인한 국가배상책임을 인정하기 위하여는 공무원의 작위로 인한 국가배상책임을 인정하는 경우와 마찬가지로 "공무원이 그 직무를 집행함에 당하여 고의 또는 과실로 법령에 위반하여 타인에게 손해를 가한 때"라고 하는 국가배상법 제2조 제1항의 요건이 충족되어야 할 것이다. 여기서 '법령에 위반하여'라고 함은 엄격하게 형식적 의미의 법령에 명시적으로 공무원의 작위의무가 정하여져 있음에도 이를 위반하는 경우만을 의미하는 것은 아니고, 인권존중·권력남용금지·신의성실과 같이 공무원으로서 마땅히 지켜야 할 준칙이나 규범을 지키지 아니하고 위반한 경우를 포함하여 널리 그 행위가 객관적인 정당성을 결여하고 있는 경우도 포함한다(대법 2008. 6. 12. 선고 2007다64365 판결 등 참조). 따라서 국민의 생명·신체·재산 등에 대하여 절박하고 중대한 위험상태가 발생하였거나 발생할 상당한 우려가 있어서 국민의 생명 등을 보호하는 것을 본래적 사명으로 하는 국가가 초법규적·일차적으로 그 위험의 배제에 나서지 아니하면 국민의 생명 등을 보호할 수 없는 경우에는 형식적 의미의 법령에 근거가 없더라도 국가나 관련 공무원에 대하여 그러한 위험을 배제할 작위의무를 인정할 수 있을 것이다. 그러나 그와 같은 절박하고 중대한 위험상태가 발생하였거나 발생할 상당한 우려가 있는 경우가 아닌 한, 원칙적으로 공무원이 관련 법령에서 정하여진 대로 직무를 수행하였다면 그와 같은 공무원의 부작위를 가지고 '고의 또는 과실로 법령에 위반'하였다고 할 수는 없다. 따라서 공무원의 부작위로 인한 국가배상책임을 인정할 것인지 여부가 문제되는 경우에 관련 공무원에 대하여 작위의무를 명하는 법령의 규정이 없는 때라면 공무원의 부작위로 인하여 침해되는 국민의 법익 또는 국민에게 발생하는 손해가 어느 정도 심각하고 절박한 것인지, 관련 공무원이 그와 같은 결과를 예견하여 그 결과를 회피하기 위한 조치를 취할 수 있는 가능성이 있는지 등을 종합적으로 고려하여 판단하여야 한다(대법 2005. 6. 10. 선고 2002다53995 판결 등 참조). 대법 2020. 5. 28. 선고 2017다211559 판결에도 같은 판시를 하고 있다.

2) 최근의 대법원 판결을 분석한 崔桂暎 교수에 의하면 일부 하급심 판결에서 사익보호성이 부정된 것이 있으나, 대법원 판결에서 사익보호성이 부정된 사건은 없었고, 이 점을 매우 고무적인 것으로 보고 있다. 同人, 「식품·의약품 영역에서 규제권한불행사로 인한 국가배상책임」, 행정판례연구(한국행정판례연구회) XXI-2, 59쪽 이하.

책임과 마찬가지로 원고인 피해자가 진다고 보고 있다. 그러나 학설에서는 이러한 주장을 하는 이가 없다. 학자에 따라서는 피해자는 가해행위를 입증하면 충분하며, 그 위법성을 입증할 필요가 없다는 견해[1]를 피력한다.

6. 타　인

여기서 타인이란 가해자인 공무원 및 그의 불법행위에 가담한 자 이외의 모든 자를 말한다. 피해자가 가해자인 공무원과 동일 또는 동종의 기관에 근무하는지의 여부는 관계가 없으므로 피해자의 임무가 가해자인 공무원과 동일한 목적을 위한 임무에 종사하였다 하더라도 여기서 말하는 타인에 해당된다(대법 1966. 12. 23. 선고 66다1905 판결, 대법 1998. 11. 19. 선고 97다36873 전원합의체 판결).

7. 손해발생

(1) 여기서 말하는 손해는 공무원의 가해행위로 인하여 입은 불이익을 의미한다. 학자에 따라서는 손해를 법익침해에 의한 불이익이라고 하여 반사적 이익론을 여기서 다루는 이도 많다.[2]

(2) 여기서 말하는 손해는 재산적 손해이든 비재산적 손해[3]이든, 또는 적극적 손해이든 소극

---

1) 朴鈗炘, 최신행정법강의(상), 713쪽.

2) 판례도 공무원이 고의 또는 과실로 그에게 부과된 직무상 의무를 위반하였을 경우라고 하더라도 그러한 직무상의 의무위반과 피해자가 입은 손해 사이에 상당인과관계가 인정되는 범위 내에서만 배상책임을 지는 것이고, 이 경우 상당인과관계가 인정되기 위하여는 공무원에게 부과된 직무상 의무의 내용이 단순히 공공일반의 이익을 위한 것이거나 행정기관 내부의 질서를 위한 것이 아니고 전적으로 또는 부수적으로 사회구성원 개인의 안전과 이익을 보호하기 위하여 설정된 것이어야 한다(대법 2011. 9. 8. 선고 2011다34521 판결 등)고 한 것이 있다.

3) 대법 2021. 7. 29. 선고 2015다221668 판결: 국가나 지방자치단체가 공익사업을 시행하는 과정에서 해당 사업부지 인근 주민들은 의견제출을 통한 행정절차 참여 등 법령에서 정하는 절차적 권리를 행사하여 환경권이나 재산권 등 사적 이익을 보호할 기회를 가질 수 있다. 그러나 법령에서 주민들의 행정절차 참여에 관하여 정하는 것은 어디까지나 주민들에게 자신의 의사와 이익을 반영할 기회를 보장하고 행정의 공정성, 투명성과 신뢰성을 확보하며 국민의 권익을 보호하기 위한 것일 뿐, 행정절차에 참여할 권리 그 자체가 사적 권리로서의 성질을 가지는 것은 아니다. 이와 같이 행정절차는 그 자체가 독립적으로 의미를 가지는 것이라기보다는 행정의 공정성과 적정성을 보장하는 공법적 수단으로서의 의미가 크므로, 관련 행정처분의 성립이나 무효·취소 여부 등을 따지지 않은 채 주민들이 일시적으로 행정절차에 참여할 권리를 침해받았다는 사정만으로 곧바로 국가나 지방자치단체가 주민들에게 정신적 손해에 대한 배상의무를 부담한다고 단정할 수 없다. 이와 같은 행정절차상 권리의 성격이나 내용 등에 비추어 볼 때, 국가나 지방자치단체가 행정절차를 진행하는 과정에서 주민들의 의견제출 등 절차적 권리를 보장하지 않은 위법이 있다고 하더라도 그 후 이를 시정하여 절차를 다시 진행한 경우, 종국적으로 행정처분 단계까지 이르지 않거나 처분을 직권으로 취소하거나 철회한 경우, 행정소송을 통하여 처분이 취소되거나 처분의 무효를 확인하는 판결이 확정된 경우 등에는 주민들이 절차적 권리의 행사를 통하여 환경권이나 재산권 등 사적 이익을 보호하려던 목적이 실질적으로 달성된 것이므로 특별한 사정이 없는 한 절차적 권리 침해로 인한 정신적 고통에 대한 배상은 인정되지 않는다. 다만 이러한 조치로도 주민들의 절차적 권리 침해로 인한 정신적 고통이 여전히 남아 있다고 볼 특별한 사정이 있는 경우에 국가나 지방자치단체는 그 정신적 고통으로 인한 손해를 배상할 책임이 있다. 이때 특별한 사정이 있다는 사실에 대한 주장·증명책임은 이를 청구하는 주민들에

적 손해(정당한 예기이익의 상실)이든 불문한다.

(3) 직무의무위반행위와 손해의 발생간에는 상당인과관계가 있어야 한다(대법 1994. 6. 10. 선고 93다30877 판결 등). 상당인과관계의 유무판단은 일반적인 결과발생의 개연성은 물론 직무상 의무를 부과한 법령 기타 행동규범의 목적, 그 수행하는 직무의 목적 내지 기능으로부터 예견가능한 행위 후의 사정, 가해행위의 태양 및 피해의 정도 등을 종합적으로 고려하여야 한다(대법 2003. 4. 25. 선고 2001다59842 판결 등).[1]

Ⅱ. 배상의 범위·방법·이중배상금지문제

1. 배상의 범위

(1) 정당한 배상

「헌법」 제29조 제1항은 "공무원의 직무상 불법행위로 손해를 받은 국민은 법률이 정하는 바에 의하여 정당한 배상을 청구할 수 있다"고 규정하고 있다.

여기서 말하는 정당한 배상을 헌법학자들은 가해행위와 상당인과관계에 있는 손해 전액을 배상하여야 한다는 뜻으로 해석한다.

(2) 배상기준

「국가배상법」 제3조는 타인의 생명을 해한 때, 타인의 신체를 해한 때, 타인의 물건을 멸실·훼손한 때로 나누어 배상의 기준을 정하고 있다.

이 배상기준의 성질에 관하여는 견해가 나뉜다.

1) 단순기준규정설

이 설은 「국가배상법」 제3조가 정한 배상기준을 "균형을 잃은 배상액이 정하여지는 것을 방지하기 위하여" 단순히 기준을 규정한 것으로 본다. 따라서 이 설에 의하면 구체적 사안에 따라서는 배상액을 증감할 수 있다고 한다. 이 설의 논거는 제한규정으로 볼 경우에는 「민법」에 의한 배상보다 피해자에게 불리한 결과로 되어 정당한 배상을 규정한 「헌법」 제29조에 반하게 된다는 점을 든다.

2) 제한규정설

이 설은 배상기준을 배상액의 상한(上限)을 정한 제한규정으로 본다. 이 설의 논거는 ① 배상

게 있고, 특별한 사정이 있는지는 주민들에게 행정절차 참여권을 보장하는 취지, 행정절차 참여권이 침해된 경위와 정도, 해당 행정절차 대상사업의 시행경과 등을 종합적으로 고려해서 판단해야 한다.

1) 대법 2020. 7. 9. 선고 2016다 268848 판결: 공무원에게 직무상 의무를 부과한 법령의 목적이 사회 구성원 개인의 이익과 안전을 보호하기 위한 것이 아니고 단순히 공공일반의 이익이나 행정기관 내부의 질서를 규율하기 위한 것이라면, 설령 공무원이 그 직무상 의무를 위한 것을 계기로 하여 제3자가 손해를 입었다고 하더라도 공무원이 직무상 의무를 위반한 행위와 제3자가 입은 손해 사이에 상당인과관계가 있다고 할 수 없다.

기준이 배상의 범위를 객관적으로 명백히 하여 당사자 사이의 분쟁의 소지를 없애기 위한 것이라는 점, ② 배상의 범위를 법정화한 것은 곧 그에 의한 배상액의 산정을 요구한 것이라고 보아야 한다는 점을 든다.[1]

단순기준규정설이 다수설이며 판례(대법 1970. 1. 29. 선고 69다1203 판결)이다. 이에 의하면, 「국가배상법」상의 배상기준은 배상심의회에 배상신청을 하는 경우에만 구속력을 갖는 규정이고,[2] 소송에 의하여 배상청구를 하는 경우에는 법원을 기속하지 못한다(대법 1980. 12. 9. 선고 80다1820 판결).

(3) 공 제 액

피해자가 손해를 입은 동시에 이익을 얻은 경우에는 손해배상액에서 그 이익에 상당하는 금액을 공제하여야 한다(국가배상법 3조의2 1항). 그러나 손해를 배상하는 제도와는 그 취지나 목적을 달리하는 다른 법규(예: 의사상자등 예우 및 지원에 관한 법률)에 의하여 지급되는 혜택은 손해배상액에서 공제할 수 없다(대법 2001. 2. 23. 선고 2000다46894 판결).

2. 배상의 방법

손해는 금전으로 배상함이 원칙이다(국가배상법 8조, 민법 394조)[3]. 여기서 말하는 금전은 우리나라의 통화를 가리킨다(대법 1997. 5. 9. 선고 96다48688 판결).

3. 이중배상금지문제

「헌법」(29조 2항)과 「국가배상법」(2조 1항 단서)은 공무원 중에서 군인·군무원·경찰공무원·예비군대원에 대하여 특례를 인정하여, 이들이 전투·훈련·기타 직무집행과 관련하여 전사·순직 또는 공상을 입은 경우에 본인 또는 그 유족이 다른 법령의 규정에 의하여 재해보상금·유족연금·상이연금 등의 보상을 지급받을 수 있을 때에는 「국가배상법」과 「민법」에 의한 손해배상을 청구할 수 없도록 규정하고 있다. 이 특례의 취지는 위험성이 높은 직무종사자에 대하여는 사회보장적 보상제도를 따로 마련하고, 그것과 경합되는 이중배상청구를 배제하려는 것이다.

그러나 사회보장적인 보상과 불법행위책임인 국가배상은 그 성질이 다르기 때문에 양자간

---

1) 李尚圭, 신행정법론(상), 608~609쪽.

2) 배상기준은 배상심의회에 대하여도 법적 구속력을 갖지 않는다는 견해도 있다(朴均省, 행정법론(상), 766쪽).

3) 「국가배상법」의 성격을 공법으로 보면, 국가배상책임은 피해자의 구제 외에 법치행정의 실현을 위한 제도로서의 기능도 수행하는 것이므로, 국가 등의 공행정작용으로 사인의 주관적 공권에 대한 침해가 위법한 상태를 지속적으로 창출하고 있는 경우에 그와 같은 위법한 공행정작용으로 초래하게 되는 결과의 제거가 사실상 가능하고, 법적으로 허용되며, 행정청에 기대가능한 때에는 결과제거에 의한 원상회복을 요구할 수 있다는 주장이 가능하게 된다(→ 공법상 결과제거청구권).

에 반드시 이중배상이 성립되는 것이 아니라는 견해가 학설의 대세이다. 대법원과 헌법재판소도 학설의 대세와 같은 입장에서 국가배상법 제2조 제1항 단서의 적용대상을 축소하고 있다(대법 1979. 1. 30. 선고 77다2389 판결, 대법 1991. 4. 26. 선고 90다15907 판결, 헌재 1994. 12. 29. 93헌바21 결정). 또한 사인이 직무집행 중인 군인과의 공동불법행위로 직무집행 중인 다른 군인에게 공상을 입힌 경우 그 사인이 피해 군인에 대하여 자기의 부담부분을 넘는 배상을 한 후 공동불법행위자인 군인의 부담부분에 관하여 국가에 구상권을 행사한 사안에서 그 구상권에는 「국가배상법」 제2조 제1항 단서가 적용되지 않는다는 입장을 취하고 있다(헌재 1994. 12. 29. 93헌바21 결정, 대법 2001. 2. 15. 선고 96다42420 전원합의체 판결).[1]

Ⅲ. 배상책임의 성질

「국가배상법」 제2조에 의하여 지는 국가 또는 지방자치단체의 배상책임의 성질에 관하여는 견해가 나뉜다.

1. 대위책임설

이 설은 국가 또는 지방자치단체가 지는 배상책임의 성질을 행위자인 공무원이 져야 할 책임을 대신하여 지는 대위책임으로 보는 견해[2]이다. 이 설의 논거로는 ① 「국가배상법」이 공무원의 고의·과실을 배상책임의 성립요건으로 규정하고 있는 것이지, 국가의 고의·과실을 성립요건으로 규정하고 있는 것이 아니라는 점, ② 국가·지방자치단체가 공무원에게 구상권을 갖는다는 점 등을 든다.

2. 자기책임설

이 설은 국가 또는 지방자치단체가 지는 배상책임의 성질을 공무원이 져야 할 책임을 대신하여 지는 책임이 아니라 기관(공무원)의 행위라는 형식을 통하여 국가 또는 지방자치단체가 직접

---

1) 대법원은 이전에는 국가배상법 제2조 제1항 단서가 이중배상을 금지하고 있음을 이유로 구상권의 행사를 허용하지 아니하였다(대법 1983. 6. 28. 선고 83다카500 판결, 대법 1994. 5. 27. 선고 94다6741 판결 등). 그러나 헌법재판소는 공동불법행위자인 군인의 부담부분에 관하여 국가에 구상권을 행사하는 것을 허용하지 않는다고 해석한다면 이는 합리적 이유 없이 일반국민을 국가에 대하여 차별하는 경우에 해당하므로 헌법 제11조, 제29조에 위반되는 것일 뿐만 아니라, 국민의 국가에 대한 구상권은 헌법 제23조 제1항에 의하여 보장되는 재산권의 하나인데 구상권을 행사할 수 없다는 것은 위 재산권의 제한으로서 비례의 원칙에 위배하여 일반국민의 재산권을 과잉 제한하는 경우에 해당하므로 헌법 제23조 제1항 및 제37조 제2항에 위배된다고 하였다(헌재 1994. 12. 29. 93헌바21 결정). 대법원은 공동불법행위자인 민간인이 피해 군인 등에 대하여 부진정연대채무를 진다고 한 종래의 판결을 변경하여, 공동불법행위자 등이 부진정연대채무자로서 각자 피해자의 손해 전부를 배상할 의무를 부담하는 공동불법행위의 일반적인 경우와는 달리 예외적으로 민간인은 내부적인 관계에서 자신의 부담부분에 한하여 손해배상의무를 부담한다고 하였다(대법 2001. 2. 15. 선고 96다42420 전원합의체 판결).

2) 朴鈗炘, 최신행정법강의(상), 700쪽 이하; 洪井善, 행정법원론(상), 684쪽.

부담하는 자기책임으로 보는 견해이다. 이 설의 논거로는 ① 국가 등은 공무원을 통해서 활동하는 것이므로 공무원의 가해행위로 인하여 발생한 손해에 대한 책임도 국가 등이 직접 지는 것으로 보아야 한다는 점, ② 국가 등은 그 조직에 위험을 항상 내포하고 있으므로 그로 인하여 발생한 위험에 대하여 자기가 책임을 져야 한다는 점, ③「헌법」이나「국가배상법」규정에 "공무원에 대신하여"라는 표현이 없다는 점, ④ 구상권의 인정 문제는 정책적 측면에서 인정되는 것이므로 이를 근거로 배상책임의 성질을 논할 수 없다는 점 등을 든다.

3. 중 간 설

이 설은 공무원의 고의 또는 중과실에 의한 위법행위는 기관행위로 볼 수 없는 것이므로 그에 의한 국가 또는 지방자치단체의 배상책임은 공무원에 대신하여 지는 대위책임으로 볼 수밖에 없고, 공무원의 경과실에 의한 위법행위는 기관행위로서의 성질을 인정하지 아니할 수 없는 것이므로 그 경우에는 국가 또는 지방자치단체는 자기책임으로서의 배상책임을 지는 것이라고 보는 견해[1]이다. 이를 절충설이라고 부르기도 한다.

4. 우리나라의 대세와 판례

종래 대위책임설이 통설이었다. 지금도 대위책임설을 취하고 있는 이가 없지 않으나, 학설의 대세는 자기책임설로 기울고 있는 것 같다.[2]

판례는 종래 대위책임설의 입장으로 추측되었으나, 대법 1996. 2. 15. 선고 95다38677 전원합의체 판결에서는 중간설의 입장에 가까운 판시를 하였다.

IV. 선택적 청구권 문제(공무원 개인의 불법행위책임)

피해자는 국가 또는 지방자치단체에 대해서만 손해배상을 청구할 수 있는가 아니면 국가·지방자치단체와 행위자인 공무원 개인의 어느 쪽에 대해서 선택적으로 청구할 수 있는 것인가에 관하여 견해가 나뉜다. 즉 선택적 청구권 부정설과 선택적 청구권 긍정설이 그것이다.

---

1) 李尙圭, 신행정법론(상), 612쪽 이하; 金東熙,「한국과 프랑스의 국가보상제도의 비교 고찰」, 법학(서울대학교 법학연구소) 제26권 제1호, 199쪽 이하.

2) 朴正勳 교수는 ① 헌법 제29조 제1항의 불법행위는 반드시 고의·과실을 포함하는 개념으로 볼 것이 아니라 위법행위로 해석할 여지가 있고, ② 헌법의 체계적 해석상 헌법 제29조 제1항은 국가공동체의 이익을 위한 개인의 희생을 전보한다는 공동체주의적 관점에서 이해되어야 하며, ③ 1980년대까지 우리나라에서 국가배상책임이 국가대위책임으로 이해되어 온 것은 민주주의의 미성숙 때문이었다는 점 등을 들어 헌법적으로 국가배상책임은 국가자기책임으로 이해되어야 한다고 주장한다(同人,「국가배상법의 개혁」, 법제도 선진화를 위한 공법적 과제(한국공법학회·한국법제연구원 공동학술대회), 2010, 402쪽).

1. 부 정 설

피해자는 국가 또는 지방자치단체에 대해서만 손해배상을 청구할 수 있다는 견해[1]이다. 이 설의 논거는 다음과 같다. ① 「국가배상법」제2조 제2항은 국가 또는 지방자치단체의 내부적 구상요건에 관한 특별규정이며 공무원이 직접 피해자에 대하여 배상책임을 진다면 그 요건에 관하여 동법에 특별한 규정이 없으므로 동법 제8조의 규정에 의하여 「민법」이 적용되어야 하는데, 「민법」에 의하여 공무원이 경과실의 경우에 책임을 지게 되면 경과실의 경우에 공무원의 면책을 규정한 「국가배상법」의 정신이 몰각되고 공무원의 책임요건이 상대방 여하에 따라 경중(輕重)의 차이가 생기는 부당한 결과가 된다. ② 「국가배상법」제2조 제2항의 공무원에 대한 국가 또는 지방자치단체의 구상권에 관한 규정은 피해자에 대하여서는 언제나 국가·지방자치단체만이 책임을 지고 공무원은 직접 책임을 지지 않는다는 것을 전제로 하여 비로소 이해할 수 있다. ③ 경과실에 의하여 손해를 가한 경우에도 공무원 개인의 배상책임을 인정하는 것은 공무원의 직무집행을 위축시킬 우려가 있다. ④ 국가·지방자치단체의 배상책임이 보다 완전한 형태로 기능하고 있는 한 공무원 개인의 배상책임을 인정하는 것은 피해자의 보복감정을 만족시켜 줄 뿐이다. 그 밖에 이 설의 논거로 대위책임설의 논리적 귀결을 드나 대위책임설을 취하면서도 공무원 개인의 배상책임을 긍정하는 학자[2]도 있어서 논리적 귀결로 보기에는 문제가 있다.

2. 긍 정 설

피해자는 국가·지방자치단체에 대해서는 물론 행위자인 공무원 개인에 대해서도 선택적으로 손해배상을 청구할 수 있다는 견해[3]이다. 이 설의 논거는 다음과 같다. ① 「헌법」제29조 제1항 단서는 "이 경우 공무원 자신의 책임은 면제되지 아니한다"고 규정함으로써 국가·지방자치단체에 대한 배상청구권은 공무원 자신의 책임을 면제하는 것이 아님을 명백히 하고 있다. ② 「국가배상법」의 규정은 피해자를 보호하기 위한 규정이지 공무원의 책임을 경감하기 위한 규정이 아니다. ③ 국가·지방자치단체의 손해배상책임제도는 손해전보기능과 국가 등의 권력남용에 대한 억제 내지 제재기능이 있는데, 공무원 개인의 불법행위책임을 인정하는 것은 후자의 기능을 담보하는 것이다.[4][5]

---

1) 金南辰, 행정법 I(제7판), 526쪽; 朴鈗炘, 최신행정법강의(상), 721쪽; 鄭夏重, 행정법총론, 538쪽 이하.

2) 金哲洙, 학설판례 헌법학(상), 1332쪽.

3) 金鐵容, 「공무원 개인의 불법행위책임―대상판결: 대법 1994. 4. 12. 선고 93다11807 판결―」, 판례월보 1994년 11월호, 29쪽 이하; 柳至泰, 행정법신론, 391쪽; 金南辰·金連泰, 행정법 I(제8판), 523쪽.

4) 학자에 따라서는 국가·지방자치단체의 손해배상책임제도를 손해전보기능 외에 국가 등의 권력남용에 대한 억제기능에도 있다고 보면서도 공무원개인의 불법행위책임을 인정하는 것이 타당하지 않다고 보는 견해도 있다(朴均省, 행정구제법, 24쪽 이하).

5) 긍정설을 취하는 경우에도 문제는 남는다. 첫째가 공무원이 직접 피해자에 대하여 배상책임을 진다면 그 요건에 관하여 「국가배상법」에 특별한 규정이 없으므로 동법 제8조의 규정에 의하여 「민법」이 적용되어야 하는데,

3. 판 례

우리 판례의 일반적인 흐름은 선택적 청구권(공무원 개인의 불법행위책임)을 긍정하는 입장을 취하여 왔으며 대법 1996. 2. 15. 선고 95다38677 전원합의체 판결은 "헌법 제29조 제1항 본문과 단서 및 국가배상법 제2조의 해석상 공무원이 직무수행 중 불법행위로 타인에게 손해를 입힌 경우에 국가 등이 국가배상책임을 부담하는 외에 공무원 개인도 고의 또는 중과실이 있는 경우에는 그로 인한 손해배상책임을 부담하고, 다만 공무원에게 경과실만이 인정되는 경우에는 공무원 개인은 손해배상책임을 부담하지 아니한다"고 하여 공무원 개인도 불법행위책임을 부담하되 고의 또는 중과실이 있는 경우에 한함을 명백히 하였다[1]. 그리고 여기서 말하는 "공무원의 중과실이란 공무원에게 통상 요구되는 정도의 상당한 주의를 하지 않더라도 약간의 주의를 한다면 손쉽게 위법·유해한 결과를 예견할 수 있는 경우임에도 만연히 이를 간과함과 같은 거의 고의에 가까운 현저한 주의를 결여한 상태를 의미한다."(대법 2011. 9. 8. 선고 2011다34521 판결).

V. 배상책임자

(1) 「국가배상법」 제2조에 의하여 부담하는 배상책임자는 국가 또는 지방자치단체이다. 「헌법」 제29조는 국가 또는 공공단체를 배상책임자로 하고 있으나, 「국가배상법」은 국가 또는 지방자치단체로 한정하고[2] 지방자치단체 이외의 공공단체(예: 공법상 사단법인·공법상 재단법인)에 관한 부분은 「민법」의 규정에 맡기고 있다.

(2) 공무원의 선임·감독을 맡은 자와 봉급·급여 기타의 비용을 부담하는 자가 동일하지 아니할 때에는 그 비용을 부담하는 자도 배상책임을 진다(국가배상법 6조 1항). 여기서 말하는 비용부담자가 무엇을 의미하는가가 문제된다. 즉 비용부담자는 대외적으로 경제주체로서 행동하는 자(비용을 대외적으로 지급하는 자. 반드시 궁극적인 부담자일 필요는 없다)만을 의미하는가 혹은 대외적으로 경제주체로서 행동하는 자 이외에 법령의 규정에 의하여 내부관계에

「민법」에 의하여 공무원이 경과실의 경우에 책임을 지게 되면 경과실의 경우에 공무원의 면책을 규정한 「국가배상법」의 정신이 몰각되고 공무원의 책임요건이 상대방 여하에 따라 경중의 차이가 생기는 부당한 결과가 된다는 점이다. 둘째로 경과실의 경우에도 공무원개인의 배상책임을 지게 하는 것은 공무원의 직무집행을 위축시킬 우려가 있다는 점이다. 이 문제들은 입법론적으로 「헌법」의 정신을 살려 공무원에 대하여 직접배상을 청구하는 경우에는 공무원의 고의 또는 중과실의 경우에 한하도록 민법을 개정하여야 할 것이고, 「민법」을 개정할 때까지는 「국가배상법」 제2조 제2항과의 조화를 위해서 공무원에 대한 직접청구는 「민법」 제750조를 근거로 하되 고의 또는 중과실의 경우에 한하도록 해석할 수밖에 없다(金鐵容, 위의 글, 31쪽).

1) 공무원이 경과실로 피해자에게 직접 손해를 배상한 경우 국가에 대하여 구상권을 취득한다(대법 2014. 8. 20. 선고 2012다54478 판결 참조).

2) 국가배상법이 배상책임자를 국가 또는 지방자치단체로 한정한 것이 헌법 제29조에 저촉되는 것이냐에 관하여는 저촉된다는 견해(李尙圭, 신행정법론(상), 610쪽; 洪準亨, 행정법, 589쪽)와 저촉되지 아니한다는 견해(朴鈗炘, 최신행정법강의(상), 692쪽; 金南辰·金連泰, 행정법 Ⅰ(제8판), 493쪽)로 나누어져 있다.

서 그 비용을 실질적으로 부담하는 자도 포함하는가이다.[1] 「국가배상법」 제6조 제1항의 입법취지가 피해자보호에 있으므로 포함시키는 것이 타당하다. 「국가배상법」 제6조 제1항에 의하여 피고선택의 위험이 완전히 없어지는 것은 아니다. 예컨대 지방자치단체장의 사무가 기관위임사무인가 자치사무인가가 분명치 아니할 경우 지방자치단체를 피고로 하면 자치사무인 경우는 물론이고 기관위임사무인 경우라도 지방자치단체는 비용부담자로서 책임을 부담하므로 피해자의 위험은 없다. 반대로 국가를 피고로 하면 자치사무로 되어 구제를 받지 못하는 경우가 생길 수 있다.

(3) 공무원의 선임·감독을 맡은 자와 봉급·급여 기타의 비용을 부담하는 자가 동일하지 아니할 경우에 누가 궁극적인 배상책임자(최종책임자)인가에 관하여 견해가 나뉜다. 공무원의 선임·감독을 맡은 자가 궁극적인 배상책임자라는 견해(관리주체설), 비용을 부담하는 자가 궁극적인 배상책임자라는 견해(비용부담주체설), 손해발생의 기여도에 응하여 궁극적인 배상책임자를 정하여야 한다는 견해(기여도설) 등이 있다. 관리주체설의 논거는 ① 손해를 방지할 수 있는 위치에 있는 자가 공무원의 선임·감독을 맡은 자이므로 책임의 원칙에 비추어 공무원의 선임·감독을 맡은 자가 궁극적인 배상책임자일 수밖에 없다는 점, ② 「국가배상법」 제6조 제1항이 "그 비용을 부담하는 자도 손해를 배상하여야 한다"고 규정하고 있는 규정형식으로 보아 공무원의 선임·감독을 맡은 자가 궁극적인 배상책임자임을 전제로 하고 있다는 점 등이며, 비용부담주체설의 논거는 「국가배상법」 제6조 제1항의 "공무원의 봉급·급여 기타의 비용" 속에는 인건비 외에 널리 사무의 집행에 요하는 비용까지도 포함된다는 점 등이다.[2] 기여도설의 논거는 배상책임의 원리에 따르는 한 보다 궁극적으로 손해발생의 원인을 제공한 자가 궁극적 배상책임자가 되어야 한다는 점 등이다. 관리주체설이 우리나라의 다수설로 보인다.

검토건대, 관리주체설은 원인자부담을 철저하게 함으로써 위법성의 억지기능을 확보하려는 관점이 중시되고 있다. 비용부담주체설은 비용을 어떻게 해석하느냐에 따라 배상책임의 소재가 복잡하게 된다는 문제가 있다. 기여도설은 민사상 공동불법행위에서 기여도에 응하여 구상을 인정하는 것의 유추가 근거가 되고 있지만, 기준이 명확하지 않다는 문제점이 있다.

VI. 구 상

1. 공무원에 대한 구상

국가 또는 지방자치단체가 배상을 한 경우에 공무원에게 고의 또는 중대한 과실이 있는 때에

---

[1] 비용부담자의 의미를 어떻게 이해하는가는 예컨대 지방공무원이 단체위임사무를 집행함에 당하여 손해를 가한 경우에 지방자치단체가 배상책임을 지는 외에 국가도 비용부담자로서 배상책임을 지는가의 문제에 있어서 차이가 발생하게 된다(→ 자치사무와 단체위임사무의 구별).
[2] 徐元宇, 현대행정법론(상), 687쪽.

는 국가 또는 지방자치단체는 그 공무원에게 구상할 수 있다(동법 2조 2항). 여기서 말하는 공무원의 중대한 과실이란 공무원에게 통상 요구되는 정도의 상당한 주의를 하지 않더라도 약간의 주의를 한다면 손쉽게 위법·유해한 결과를 예견할 수 있는 경우임에도 만연히 이를 간과함과 같은 거의 고의에 가까운 현저한 주의를 결여한 상태를 의미한다(대법 1996. 8. 23. 선고 96다19833 판결, 대법 2003. 12. 26. 선고 2003다13307 판결 등)는 것은 이미 앞에서 본 바와 같다.[1]

2. 공무원의 선임감독자와 비용부담자가 다른 경우의 구상

국가 또는 지방자치단체가 손해를 배상할 책임이 있는 경우에 공무원의 선임감독자와 비용부담자가 다른 때에는 비용부담자도 배상책임을 지나, 다수설에 의하면 궁극적인 배상책임자는 선임감독자이므로, 비용부담자가 배상을 한 경우에 비용부담자는 선임감독자에게 구상할 수 있다(동법 6조 2항).

Ⅶ. 상호보증주의(외국인에 대한 책임)

외국인이 피해자인 경우에는 상호의 보증이 있는 때에 한하여 「국가배상법」이 적용된다(동법 7조). 상호보증주의는 실제상의 실익이 거의 없다는 점, 내·외국인의 평등보호라는 세계적인 추세에 반한다는 점 등에 비추어 검토를 요한다.

Ⅷ. 배상의 청구절차

1. 임의적 전치주의

「국가배상법」에 의한 손해배상의 소송은 배상심의회에 배상신청을 하지 아니하고도 이를 제기할 수 있다(동법 9조). 1967년 3월 3일 법률 제1899호로 「국가배상법」이 전면개정된 이래 일관하여 「국가배상법」에 의한 손해배상의 소송은 원칙적으로 배상심의회의 배상결정을 거친 후가 아니면 제기할 수 없는 결정전치주의를 취하고 있었다. 결정전치주의는 ① 비용·노력·시간을 절감하고 ② 배상사무의 원활(행정적 편의)을 도모하기 위하여 인정된 것이었지만, 국민의 신속한 권리구제에는 반하는 면이 있었다. 따라서 입법론으로서 결정전치주의를 필요적 절차로 하기보다는 임의적 절차로 하는 것이 합리적이라는 주장이 있어 왔다. 2000년 12월 29일 법률 제6310호로 배상심의회에의 배상신청은 임의적 제도로 되었다.

---

1) 대법 2016. 6. 10. 선고 2015다217843 판결 : 공무원의 불법행위로 손해를 입은 피해자의 국가배상청구권의 소멸시효 기간이 지났으나 국가가 소멸시효 완성을 주장하는 것이 신의성실의 원칙에 반하는 권리남용으로 허용될 수 없어 배상책임을 이행한 경우에는, 소멸시효 완성 주장이 권리남용에 해당하게 된 원인행위와 관련하여 공무원이 원인이 되는 행위를 적극적으로 주도하였다는 등의 특별한 사정이 없는 한, 국가가 공무원에게 구상권을 행사하는 것은 신의칙상 허용되지 않는다.

2. 배상심의회

합의제행정청인 배상심의회로는 법무부에 두는 본부심의회, 군인 또는 군무원이 타인에게 가한 배상결정을 심의하기 위하여 두는 특별심의회, 이들 밑에 각각 두고 있는 지구심의회가 있다(동법 10조).

3. 결정절차

(1) 배상금지급신청

배상금의 지급을 받고자 하는 자는 그 주소지·소재지 또는 배상원인 발생지를 관할하는 지구심의회에 대하여 배상신청을 하여야 한다(동법 12조 1항).

(2) 심의와 결정

지구심의회는 배상신청을 받으면 지체없이 증인신문·감정·검증 등 증거조사를 한 후 그 심의를 거쳐 4주일 이내에 배상결정(배상금지급·기각 또는 각하의 결정)을 하여야 한다(동법 13조 1항). 배상금의 개산액(槪算額)이 일정한 가액 이상인 사건 등인 때에는 지구심의회는 지체없이 사건기록에 심의결과를 첨부하여 본부심의회 또는 특별심의회에 송부하여야 하고, 송부받은 본부심의회 또는 특별심의회는 4주일 이내에 배상결정을 하여야 한다(동법 13조 6항, 7항). 판례는 이 배상결정을 처분이 아니라고 한다(대법 1981. 2. 10. 선고 80누317 판결).[1]

(3) 결정서의 송달

심의회는 배상결정을 한 때에는 그 결정이 있은 날로부터 1주일 이내에 그 결정정본을 신청인에게 송달하여야 한다(동법 14조).

(4) 신청인의 동의와 배상금지급

배상결정을 받은 신청인은 지체없이 그 결정에 대한 동의서를 첨부하여 국가 또는 지방자치단체에 대하여 배상금지급을 청구하여야 한다(동법 15조 1항). 신청인이 배상금지급의 청구를 하지 아니하거나 지방자치단체가 소정기간 내에 배상금을 지급하지 아니한 때에는 그 결정에 동의하지 아니한 것으로 본다(동법 15조 3항).

---

1) 대법 1981. 2. 10. 선고 80누317 판결: 공무원의 직무상 불법행위로 손해를 입은 국민이 국가 또는 지방자치단체에 대하여 그의 불법행위를 이유로 배상을 청구함은 국가배상법이 정한 바에 따른다 하여도 이 역시 민사상의 손해배상책임을 특별법인 국가배상법이 정한데 불과하고, 동법 제9조 본문의 규정에서 말하는 배상심의회의 결정을 거치는 것은 위 민사상의 손해배상청구를 하기 전의 전치요건에 불과하다 할 것이므로 위 배상심의회의 결정은 이를 행정처분이라고 할 수 없어 도시 행정소송의 대상이 아니라고 할 것이다.

4. 재심신청

지구심의회에서 배상신청이 기각(일부 기각된 경우 포함) 또는 각하된 신청인은 결정정본이 송달된 날로부터 2주일 이내에 당해 심의회를 거쳐 본부심의회 또는 특별심의회에 재심을 신청할 수 있고, 이 신청에 대하여 본부심의회·특별심의회는 심의를 거쳐 4주일 이내에 다시 배상결정을 하여야 한다(동법 15조의 2).

IX. 배상청구권의 양도·압류금지

생명·신체의 침해로 인한 국가배상을 받을 권리는 이를 양도하거나 압류하지 못한다(동법 4조). 이는 악질 채권자 등으로부터 배상금청구권자의 생명과 신체를 보호하기 위한 조치이므로 재산권 침해로 인한 국가배상권에는 적용되지 않는다.

X. 배상청구권의 소멸시효

「국가배상법」 제2조 1항 본문 전단 규정에 의한 손해배상청구권의 소멸시효기간은 원칙적으로 5년이다(국가재정법 96조, 지방재정법 82조).[1] 그러나 동법 제8조의 규정에 의하여 「민법」 제766조 소정의 단기소멸시효가 적용되는 경우에는 피해자나 그 법정대리인이 그 손해 및 가해자를 안 날로부터 3년간 이를 행사하지 아니하면 시효로 인하여 소멸한다.[2] 여기서 손해 및 가해자를 안 날은 공무원의 직무집행상 불법행위의 존재 및 그로 인한 손해의 발생 등 불법행위의 요건사실에 대하여 현실적이고도 구체적으로 인식하였을 때를 의미하지만, 피해자 등이 언제 불법행위의 요건사실을 현실적이고도 구체적으로 인식한 것으로 볼 수 있는지는 개별사건에서 여러 객관적 사정과 손해배상청구가 가능하게 된 상황 등을 종합하여 합리적으로 판단하여야 한다(대법 2012. 4. 13. 선고 2009다33754 판결).[3]

---

1) 국가배상소송에서 국가의 소멸시효 항변이 권리남용에 해당하여 허용될 수 없다고 한 사례(대법 2008. 9. 11. 선고 2006다70189 판결), 이른바 '문경학살사건' 희생자들의 유족들이 국가를 상대로 손해배상을 구한 사안에서 국가가 소멸시효완성을 주장하는 것은 신의성실원칙에 반하여 허용될 수 없다고 한 사례(대법 2011. 9. 8. 선고 2009다66969 판결)등이 있다.

2) 대법 2020. 11. 26. 선고 2019다276307 판결: 헌법재판소가 2018. 8. 30. 선고한 '민법 제166조 제1항, 제766조 제2항 중 진실·화해를 위한 과거사 정리 기본법 제2조 제1항 제3호(민간인 집단 희생사건), 제4호(중대한 인권침해 사건·조작 의혹 사건)에 적용되는 부분은 헌법에 위반된다'는 위헌결정 효력이 위 제3호, 제4호 사건에서 공무원의 위법한 직무집행으로 입은 손해에 대한 배상을 구하는 소송이 위헌결정 당시까지 법원에 계속되어 있는 경우에도 미치며, 위 손해배상청구권에 대하여 「민법」 제766조 제2항이나 「국가재정법」 제96조 제2항에 따른 소멸시효가 적용되지 아니한다.

3) 대법 2012. 4. 13. 선고 2009다33754 판결: 국가배상청구권에 관한 3년의 단기시효기간을 기산하는 경우에도 민법 제766조 제1항 외에 소멸시효의 기산점에 관한 일반규정인 민법 제166조 제1항이 적용되므로, 3년의 단기시효기간은 '손해 및 가해자를 안 날'에 더하여 '권리를 행사할 수 있는 때'가 도래하여야 비로소 시효가 진행한다. 그런데 공무원의 직무수행 중 불법행위에 의하여 납북된 것을 원인으로 하는 국가배상청구권 행사의 경우,

XI. 「자동차손해배상보장법」상의 손해배상책임

「국가배상법」 제2조 본문 후단은 "「자동차손해배상보장법」에 따라 손해배상의 책임이 있는 때에는 이 법에 따라 그 손해를 배상하여야 한다"라고 규정하고 있다.

1. 「자동차손해배상보장법」상의 배상책임 성립요건

「자동차손해배상보장법」 제3조는 "자기를 위하여 자동차를 운행하는 자는 그 운행으로 다른 사람을 사망하게 하거나 부상하게 한 경우에는 그 손해를 배상할 책임을 진다"라고 규정하고 있다.

(1) 자기를 위하여 자동차를 운행하는 자 일 것 란

'자기를 위하여 자동차를 운행하는 자'란 자동차에 대한 운행을 지배하여 그 이익을 향수하는 책임주체로서의 지위에 있는 자를 말하고, 이 경우 운행의 지배는 현실적인 지배에 한하지 아니하고 간접지배 내지 지배가능성이 있다고 볼 수 있는 경우도 포함된다(대법 2009. 10. 15. 선고 2009다42703, 42710 판결 참조). 공무원이 공무를 위해 관용차량을 운행하는 경우에는 국가 또는 지방자치단체가 '자기를 위하여 자동차를 운행하는 자'에 해당한다. 그러나 공무원이 자기소유의 자동차를 운행하는 경우에는 그 공무원이 '자기를 위하여 자동차를 운행하는 자'에 해당한다.

(2) 자동차운행으로 다른 사람을 사망하게 하거나 부상하게 한 경우 일 것

자동차 운행으로 인적 손해가 발생한 경우이어야 한다. 물적 손해는 이에 해당하지 아니한다.

(3) 법 제3조의 단서에 해당하지 아니할 것

자동차손해배상보장법 제3조 단서는 ① 승객이 아닌 자가 사망하거나 부상한 경우에 자기와 운전자가 자동차의 운행에 주의를 게을리하지 아니하였고, 피해자 또는 자기 및 운전자 외의 제3자에게 고의 또는 과실이 있으며, 자동차의 구조상의 결함이나 기능상의 장해가 없었다는 것을 증명한 경우, ② 승객이 고의나 자살행위로 사망하거나 부상한 경우이다.

남북교류의 현실과 거주·이전 및 통신의 자유가 제한된 북한 사회의 비민주성이나 폐쇄성 등을 고려하여 볼 때, 다른 특별한 사정이 없는 한 북한에 납북된 사람이 국가를 상대로 대한민국 법원에 소장을 제출하는 등으로 권리를 행사하는 것은 객관적으로도 불가능하므로, 납북상태가 지속되는 동안은 소멸시효가 진행하지 않는다(다만 납북자에 대한 실종선고심판이 확정되게 되면 상속인들에 의한 상속채권의 행사가 가능해질 뿐이다). 이 판결에 대한 비판적 평석으로 裵柄皓 「국가배상청구권의 소멸시효—대상판결 대법원 2012. 4. 13. 선고 2009다33754 판결—」, 한국행정판례연구회 제284차 월례발표회 발표논문이 있다.

2. 효 과

국가 또는 지방자치단체는 공무원이 자동차손해배상보장법에 따라 손해배상을 질 때에는 국가배상법에 따른다. 따라서 공무원이 직무와 관련하여 사고를 낸 경우에는, 국가 또는 지방자치단체가 위 '자기를 위하여 자동차를 운행하는 자'에 해당할 때에는 자동차손해배상보장법에 의한 국가배상책임이 인정된다. 또한 공무원이 자기 소유의 자동차로 공무를 집행하면서 사고를 낸 경우에도 공무원에게 고의 또는 과실이 있는 때에는 국가 또는 지방자치단체가 국가배상책임을 진다.

제 3 관 영조물의 설치·관리의 흠(하자)으로 인한 손해배상책임

Ⅰ. 국가배상법 제5조의 취지

민법학자들 중에는 공공의 영조물의 설치·관리의 흠으로 인한 손해에 대하여는 「국가배상법」 제5조가 없더라도 「민법」 제758조에 의하여 국가 또는 지방자치단체가 배상책임을 지는 것인데, 「국가배상법」이 「민법」 제758조와 같은 내용의 규정을 두었으므로 공작물이 국가·지방자치단체가 설치·관리하느냐 사인이 하느냐에 따라 적용조문이 달라질 뿐이라고 보는 견해[1]가 있다.

그러나 「국가배상법」 제5조의 입법취지는 공공의 영조물의 설치·관리작용이 공행정작용에 속하기 때문에 종래 이러한 공공의 영조물의 설치·관리의 흠으로 인한 손해에 대하여 「민법」 제758조를 적용할 수 있는가의 여부가 명백치 않았으므로 이를 분명히 함과 동시에 「민법」 제758조 제1항의 "공작물"에 포함될 수 없는 것도 그 설치 또는 관리의 흠에 기인하는 손해배상책임을 인정하기 위한 것이다.

「국가배상법」 제5조가 한편으로는 영조물의 설치·관리를 맡은 공무원의 고의·과실을 묻지 않고 영조물의 설치·관리의 흠이라는 객관적 사실에 의하여 국가·지방자치단체에 배상책임을 지움으로써 영조물의 설치·관리자의 책임을 가중한 것은 「민법」 제758조와 마찬가지로 일종의 위험책임에 그 근거를 두고 있다. 다른 한편으로는 「민법」 제758조에 비하여 적용대상의 범위를 확대하고 점유자의 면책규정을 두지 않음으로써[2] 국가·지방자치단체에 대하여 중한 책임을 지움과 동시에 손해의 원인에 대하여 책임을 질 자가 따로 있는 경우에는 그 자에 대하여 구상할 수 있도록 하고 있다.

---

1) 郭潤直, 채권각론, 박영사, 1995, 755쪽 참조.
2) 「국가배상법」 제5조 제1항이 면책규정을 두지 아니한 의의는 공물 중 타유공물(→ 타유공물)의 경우에 있다. 즉 타유공물의 경우 공물의 설치·관리의 흠에 기인하여 손해가 발생한 이상 국가·지방자치단체는 손해의 발생을 방지하기 위하여 필요한 주의를 했다 하더라도 「국가배상법」 제5조 제1항의 책임이 면책되지 아니한다.

Ⅱ. 배상책임의 요건

「국가배상법」 제5조 제1항 전단은 "도로·하천 기타 공공의 영조물의 설치 또는 관리에 흠(하자)이 있기 때문에 타인에게 손해를 발생하게 하였을 때에는 국가 또는 지방자치단체는 그 손해를 배상하여야 한다"라고 규정하고 있다. 따라서 「국가배상법」 제5조에 의한 배상책임의 요건은 ① 도로·하천 기타 공공의 영조물일 것, ② 영조물의 설치 또는 관리에 흠(하자)이 있을 것, ③ 타인에게 손해를 발생하게 하였을 것이다. 이를 구체적으로 보면 다음과 같다.

1. 공공의 영조물

행정법상의 학문상 의미의 영조물이란 행정주체에 의하여 계속적으로 공공목적에 제공된 인적·물적 시설의 종합체를 가리키는 것이 통례이지만, 「국가배상법」 제5조에서 말하는 영조물은 물적 시설, 즉 행정주체에 의하여 직접적으로 공공목적에 제공된 유체물을 가리킨다는 것이 통설이다. 판례도 공공의 영조물이란 국가 또는 지방자치단체에 의하여 특정 공공의 목적에 공여된 유체물 내지 물적 설비를 말하며, 국가 또는 지방자치단체가 소유권, 임차권 그 밖의 권한에 기하여 관리하고 있는 경우뿐만 아니라 사실상의 관리를 하고 있는 경우도 포함된다(대법 1981. 7. 7. 선고 80다2478 판결 등)고 하여 같은 태도이다. 학문상의 공물에 해당한다. 공공용물이든 공용물이든, 인공공물이든 자연공물이든 불문한다. 도로·하천·항만·상수도·하수도·관공서청사·국공립학교 교사(校舍)·철도시설물인 대합실과 승강장(대법 1999. 6. 22. 선고 99다7008 판결)·도로상에 설치된 보행자 신호기와 차량신호기(대법 1999. 6. 25. 선고 99다11120 판결) 등이 그 예이다. 반드시 공작물에 한하지 않으므로 자동차·선박·항공기·경찰견·경찰마(警察馬) 등 동산도 포함된다. 그러나 아직 물적 시설이 완성되지 아니하여 공공의 목적에 제공되고 있지 아니한 것은 여기서 말하는 영조물이라 할 수 없다(대법 1998. 10. 23. 선고 98다17381 판결). 국가·지방자치단체의 소유물이라 하더라도 직접으로 공공목적에 제공된 유체물이 아닌 것(예: 국유재산 중의 일반재산 등)은 여기서 말하는 영조물에 해당하지 않으므로 「민법」 제758조의 적용대상이 된다.

2. 설치 또는 관리의 흠(하자)

(1) 설치 또는 관리의 의의

설치 또는 관리란 「민법」 제758조의 설치 또는 보존과 대체로 같은 뜻으로서, 설치는 영조물의 설계·건조작용을 말하며, 관리는 영조물의 유지·수선 및 보관작용을 말한다. 관리의 형식은 구체적 처분이나 사실작용뿐만 아니라 관리규칙의 정립과 같은 추상적 작용도 포함되며, 반드시 법령에 의거한 정규의 관리에 한정되지 아니한다.

설치 또는 관리작용도 공무원의 직무에 의하여 행하여지기 때문에 「국가배상법」 제2조와 제5조가 경합하는 사례가 적지 않다. 학자에 따라서는 「국가배상법」 제2조의 직무의 범위에서 공공의 영조물의 설치·관리작용을 제외하는 견해[1]도 있다.[2] 그러나 피해자는 어느 쪽에 의하여도 손해배상을 청구할 수 있다고 보아야 할 것이다. 즉 원고는 제2조를 주위적·제5조를 예비적으로, 또는 반대로 제5조를 주위적·제2조를 예비적으로, 또는 제2조와 제5조를 선택적으로 구성하여 청구할 수 있으며, 법원은 원고의 청구가 주위적·예비적이면 그 순서에 따라, 선택적이면 어느 쪽으로든지 판단할 수 있다.

(2) 흠(하자)

1) 학설의 대립

흠(하자)이 무엇을 의미하는가에 대하여는 견해가 나뉜다. 우리나라에서 주장되고 있는 견해는 대체로 객관설, 주관설, 의무위반설로 나눌 수 있다.

(가) 객 관 설　　이 설은 "흠이 있다"는 의미를 객관적으로 영조물의 설치와 그 후의 유지·수선에 불완전한 점이 있어서 통상적으로 갖추어야 할 물적 안전성을 결여하였음을 말하는 것으로, 설치·관리자의 주관적인 관리의무 위반일 것을 필요로 하지 아니한다는 것이다.[3] 이 설은 「국가배상법」 제5조의 책임을 상태책임, 무과실책임으로 이해한다.

(나) 주 관 설　　이 설은 "흠이 있다"는 의미를 「국가배상법」 제2조의 과실과 내용상 같은 관념으로 보는 견해로서, 「국가배상법」 제5조의 흠과 「국가배상법」 제2조의 과실과는 표현상의 차이에 불과한 것이라고 이해한다.[4]

(다) 관리의무위반설　　이 설은 "흠이 있다"는 의미를 영조물의 안전확보의무를 전제로 하여 영조물 자체의 흠뿐만 아니라 관리자의 작위 또는 부작위의무위반을 말하는 것으로서, 결국 손해방지조치를 게을리한 손해회피의무위반으로 이해한다.[5] 이른바 위법·무과실책임설[6]도 이에 속한다. 위법·무과실책임설도 객관설과는 달리 흠을 관리주체의 안전의무 위반으로 보고 있기 때문이다.

2) 판 례

판례는 객관설적 입장에 서 있는 것도 있고, 의무위반설적 입장에 서 있는 것도 있다. 대법

---

1) 金東熙, 행정법 Ⅰ(제6판), 466쪽.

2) 이 견해에 의하면 경합하는 경우에는 제5조에 의하여 손해배상을 청구하여야 한다.

3) 金道昶, 일반행정법론(상), 640쪽 이하; 朴鈗炘, 최신행정법강의(상), 732쪽; 洪井善, 행정법원론(상), 694쪽 이하.

4) 金東熙,「국가배상법에 있어서 과실관념에 관한 일고(一考)」, 고시연구 1988년 4월호, 61쪽.

5) 金東熙,「국가배상법 제5조의 영조물의 설치·관리상 하자의 관념」, 법학(서울대학교 법학연구소), 제43권 제1호, 121쪽.

6) 金南辰, 행정법 Ⅰ, 592쪽; 鄭夏重, 행정법총론, 543쪽 이하. 위법·무과실책임설은 「국가배상법」 제5조의 책임을 위법·무과실책임으로 파악한 데서 붙인 이름이다.

1994. 11. 22. 선고 94다32924 판결이 "국가배상법 제5조 소정의 영조물의 설치·관리상의 하자로 인한 책임은 무과실책임이고 나아가 민법 제758조 소정의 공작물의 점유자의 책임과는 달리 면책사유도 규정되어 있지 않으므로, 국가 또는 지방자치단체는 영조물의 설치·관리상의 하자로 인하여 타인에게 손해를 가한 경우에 그 손해의 방지에 필요한 주의를 해태하지 아니하였다 하여 면책을 주장할 수 없다"고 판시한 것은 객관설적 입장이다. 이에 반하여 대법 2000. 2. 25. 선고 99다54004 판결이 "영조물이 완전무결한 상태에 있지 아니하고 그 기능상 어떠한 결함이 있다는 것만으로 영조물의 설치 또는 관리에 하자가 있다고 할 수 없는 것이고, 위와 같은 안전성의 구비 여부를 판단함에 있어서는 당해 영조물의 용도, 그 설치장소의 현황 및 이용상황 등 제반 사정을 종합적으로 고려하여 설치 관리자가 그 영조물의 위험성에 비례하여 사회통념상 일반적으로 요구되는 정도의 방호조치의무를 다하였는지 여부를 기준으로 삼아야 할 것이며, 객관적으로 보아 시간적·장소적으로 영조물의 기능상 결함으로 인한 손해 발생의 예견가능성과 회피가능성이 없는 경우, 즉 그 영조물의 결함이 영조물의 설치관리자의 관리행위가 미칠 수 없는 상황 아래에 있는 경우에는 영조물의 설치관리상의 하자를 인정할 수 없다"고 판시한 것은 관리의무위반설적 입장이다.

3) 검 토

현재 우리나라에서 주로 논의되고 있는 것은 객관설과 관리의무위반설이다.

객관설에 대하여는 「국가배상법」 제5조가 배상책임의 요건으로 영조물의 설치·관리의 흠이 있음을 요구하고 있는 이상 무과실책임으로 이해하기 어렵다는 비판이 있을 수 있다.

주관설에 대하여는 「국가배상법」 제5조의 영조물설치·관리책임은 동법 제2조의 과실책임과는 다른 독자적인 성격을 갖는 것이므로 양자를 동일시할 수 없다는 비판이 있을 수 있다.

관리의무위반설에 대하여는 ① 어떤 경우에 손해회피의무 또는 안전확보의무가 존재하는지가 불명확하다는 점, 즉 「국가배상법」 제2조의 과실과 제5조의 의무위반의 구별이 불명확하다는 점, ② 손해발생의 예견가능성과 회피가능성이 없는 경우에는 영조물의 설치관리상의 흠을 인정할 수 없다고 한다면, 예컨대 도로(특히 고속국도)상의 장해물의 방치나 미완성인 제방의 결궤(決潰) 등의 경우에는 어떤 경우에도 영조물의 설치·관리의 흠이 되기 어렵다는 점, ③ 소송절차상 의무위반이 청구원인이 되게 되면 피고가 이를 부인하는 경우 원고가 구체적인 의무위반을 입증하지 아니하면 안 되게 되어 원고에게 오히려 불리하다는 점, 즉 원고의 권리구제가 객관설보다 어려워진다는 점 등의 비판이 있을 수 있다.

사견으로는 원칙적으로 영조물의 설치·관리자가 설치·관리를 게을리함으로써 위험한 상태가 발생한 이상 예견가능성과 회피가능성이 없는 경우에도 "흠이 있다"고 보는 것이 「국가배상법」 제5조 제1항의 규정을 둔 취지에 합당한 해석이라고 생각된다. 영조물의 설치·관리에 흠이 있느냐의 여부에 관하여는 추상론에서 벗어나 영조물 종류마다의 세밀한 기준을 설정하는 것이 앞으로의 과제이다.

4) 하천의 관리상 특수성과 흠 판단 기준

흠의 유무를 판단함에 있어서 영조물의 종류에 따라 차이가 있을 수 있다. 판례는 "자연영조물로서의 하천은 원래 이를 설치할 것인지 여부에 대한 선택의 여지가 없고, 위험을 내포한 상태에서 자연적으로 존재하고 있으며, 간단한 방법으로 위험상태를 제거할 수 없는 경우가 많고, 유수라고 하는 자연현상을 대상으로 하면서도 그 유수의 원천인 강우의 규모, 범위, 발생시기 등의 예측이나 홍수의 발생 작용 등의 예측이 곤란하고, 실제로 홍수가 어떤 작용을 하는지는 실험에 의한 파악이 거의 불가능하고 실제 홍수에 의하여 파악할 수 밖에 없어 결국 과거의 홍수 경험을 토대로 하천관리를 할 수 밖에 없는 특질이 있다. 또 국가나 하천관리청이 목표로 하는 하천의 개수작업을 완성함에 있어서는 막대한 예산을 필요로 하고, 대규모 공사가 되어 이를 완공하는 데 장기간이 소요되며, 치수의 수단은 강우의 특성과 하천 유역의 특성에 의하여 정해지는 것이므로 그 특성에 맞는 방법을 찾아내는 것은 오랜 경험이 필요하고 또 기상의 변화에 따라 최신의 과학 기술에 의한 방법이 효용이 없을 수도 있는 등 그 관리상의 특수성도 있다. 그러므로 이와 같은 관리상의 특질과 특수성을 감안하면, 하천의 관리청이 관계 규정에 따라 설정한 계획홍수위를 변경시켜야 할 사정이 생기는 등 특별한 사정이 없는 한, 이미 존재하는 하천의 제방이 계획홍수위를 넘고 있다면 그 하천은 용도에 따라 통상 갖추어야 할 안전성을 갖추고 있다고 보아야 하고, 그와 같은 하천이 그 후 새로운 하천시설을 설치할 때 기준으로 삼기 위하여 제정한 '하천시설기준'이 정한 여유고(餘裕高)를 확보하지 못하고 있다는 사정만으로 바로 안정성이 결여된 하자가 있다고 볼 수는 없다"(대법 2003. 10. 23. 선고 2001다48057 판결, 대법 2007. 10. 25. 선고 2005다62235 판결)고 판시하고 있다. 즉 판례는 간이·신속한 임기적 수단의 결여에서 오는 제약, 재정적 제약, 기간적 제약, 기술적 제약, 사회적 제약 등을 인정하고, 이에 바탕하여 하천관리의 흠 판단의 기준을 정하고 있다.

5) 이른바 사회적·기능적 흠의 문제

도로의 설치 또는 관리의 흠으로 도로의 이용자가 손해를 입은 경우, 다른 요건이 갖추어져 있다면,「국가배상법」제5조에 따라 손해배상을 청구할 수 있다. 그러나 도로 자체의 흠이 아니라 도로 위를 달리는 자동차에 의한 소음 또는 배기 가스로 도로변에 거주하는 주민이 건강상의 피해를 입은 경우에도 도로의 설치 또는 관리의 흠을 이유로「국가배상법」제5조에 의한 손해배상을 청구할 수 있는가의 논의가 있다. 대법 2005. 1. 27. 선고 2003다49566 판결은 김포공항 항공기 소음 피해 집단소송에서 "국가배상법 제5조 제1항에 정하여진 '영조물의 설치 또는 관리의 하자'라 함은 공공의 목적에 공여된 영조물이 그 용도에 따라 갖추어야 할 안전성을 갖추지 못한 상태, 즉 타인에게 위해를 끼칠 위험성이 있는 상태라 함은 당해 영조물을 구성하는 물적시설 그 자체에 있는 물리적·외형적 흠결이나 불비로 인하여 그 이용자에게 위해를 끼칠 위험성이 있는 경우 뿐만 아니라, 그 영조물이 공공의 목적에 이용됨에 있어 그 이용상태 및 정도가 일정한 한도를 초과하여 제3자에게 사회통념상 수인할 것이 기대되는 한도를 넘는 피해를 입히는 경우까지 포함된다고 보아야 할 것이다"라고 하여 사회적·기능적 흠으로 인한 피해도 「국가배상법」 제5조에 의하여 손해배상을 청구할 수 있다는 입장을 취하고 있다[1].

6) 불가항력

천재지변과 같이 인간의 능력으로는 예견할 수 없거나, 예견할 수 있어도 손해회피가 가능하지 아니하는 경우에는 불가항력으로 면책사유가 된다는 것이 통설이고 판례(대법 2001. 7. 27. 선고 2000다56822 판결)이다. 불가항력의 인정은 객관설에서 나왔다. 주관설·관리의무위반설에서도 이를 인정한다. 주관설·관리의무위반설이 불가항력을 인정하는 경우, 예견가능성·회피가능성이 없는 경우와 불가항력의 구별이 문제된다.

7) 흠(하자)의 입증책임

흠(하자)의 입증책임을 누가 부담하느냐의 문제에 관하여는 견해가 나뉜다.

(가) **원고책임설**　　흠(하자)의 입증책임은 원고에게 있다는 견해이다. 이 설이 우리나라의 다수설이다. 다수설은 이 원고부담원칙을 일관하는 것은 피해자에게 가혹하며 또한 형평에도 반하는 것이므로 「국가배상법」 제2조 제1항의 고의·과실의 주장·입증책임에 있어서와 마찬가지로 일응추정(prima facie)이론을 채용하여 피해자가 영조물로 인하여 손해가 발생하였음을 입증하면 그 흠이 있는 것으로 일응추정된다고 한다.

(나) **피고책임설**　　피해자는 영조물의 설치 또는 관리상의 이상(異狀)과 그 이상으로 손해가 발생한 것을 주장하면 되고, 피고인 국가 또는 지방자치단체가 흠 없음을 입증하여야 한다는 견해[2]이다.

생각건대, 영조물의 설치·관리에 흠이 있다는 것은 배상책임의 적극적 요건이므로 이를 원고가 입증하여야 함이 원칙이다. 그러나 "흠이 있다"는 의미에 관하여 관리의무위반설에 서는 경우, 설치·관리자에게 손해발생의 예견가능성과 회피가능성이 없었다는 점은 피고가 입증하여야 할 것이다(대법 1998. 2. 10. 선고 97다32536 판결).

3. 타인에게 손해 발생

(1) 타　인

타인에는 영조물의 설치·관리자인 공무원 개인도 포함된다.

---

1) 영조물의 설치·관리로 인하여 영조물 주변에 거주하는 제3자인 주민에게 피해를 입히고 있는 경우에 그 피해의 보전을 손해배상의 문제로 처리할 것인지 손실보상의 문제로 처리할 것인지에 대하여 각국의 법제가 통일되어 있지 않으며, 해석론에 있어서도 반드시 견해가 일치되어 있는 것은 아니다.

2) 朴均省, 행정법론(상)(제5판), 611쪽.

「국가배상법」제2조 제1항 단서의 규정이 영조물의 설치·관리의 흠으로 인한 손해배상의 경우에도 준용되므로, 군인·군무원·경찰공무원 또는 예비군대원은 일정한 경우에 타인에서 제외됨은 공무원의 직무행위로 인한 배상에 있어서와 같다.

(2) 손해발생

영조물의 설치 또는 관리의 흠으로 인하여 타인에게 손해가 발생하여야 한다. 즉 설치·관리의 흠과 손해의 발생과의 사이에 상당인과관계가 있어야 한다. 따라서 그러한 상당인과관계가 있는 이상 손해발생의 직접적인 원인이 자연력에 있든 제3자 또는 피해자의 행위에 있든 손해배상책임이 성립한다 할 것이다(대법 1992. 9. 22. 선고 92다30139 판결).

여기서 말하는 손해는 재산적 손해이든 비재산적 손해이든, 또는 적극적 손해이든 소극적 손해이든 불문한다.

Ⅲ. 배상의 범위와 방법

1. 배상의 범위

배상액은 영조물의 설치·관리의 흠과 상당인과관계가 있는 모든 손해액이다. 다만 그 손해가 타인의 생명·신체·물건에 대한 것인 때에는 공무원의 직무행위로 인한 배상에 있어서와 같이 일정한 배상기준이 정하여져 있다(국가배상법 5조 1항 후단).

피해자가 손해를 입은 동시에 이익을 얻은 경우에는 손해배상액에서 그 이익에 상당하는 금액을 공제하여야 한다(동법 5조 1항 후단).

2. 배상의 방법

손해는 금전으로 배상한다(동법 8조, 민법 394조).

Ⅳ. 배상책임자

(1) 「국가배상법」제5조에 의하여 부담하는 배상책임자는 국가 또는 지방자치단체이다.

(2) 영조물의 설치·관리를 맡은 자와 영조물의 설치·관리의 비용을 부담하는 자가 동일하지 아니할 때에는 비용부담자도 배상책임을 진다(동법 6조 1항). 여기서 말하는 비용부담자의 의미에 관하여는 이미 앞에서 설명한 바와 같다.

(3) 영조물의 설치·관리를 맡은 자와 비용을 부담하는 자가 동일하지 아니할 경우에 누가 궁극적인 배상책임자(최종책임자)인가가 여기에도 문제된다. 여기에서도 「국가배상법」제2조에 의하여 부담하는 배상책임자에 있어서와 같이 영조물의 설치·관리를 맡은 자가 궁극적인 배상책임자라는 견해(관리주체설), 비용을 부담하는 자가 궁극적인 배상책임자라는

견해(비용부담주체설), 손해발생의 기여도에 응하여 궁극적인 배상책임자를 정하여야 한다는 견해(기여도설) 등으로 견해가 나뉜다. 관리주체설, 비용부담주체설, 기여도설의 논거에 관하여는 이미 「국가배상법」 제2조에 의하여 부담하는 배상책임자의 설명에서 보았다. 관리주체설이 우리나라의 다수설로 보인다. 검토점에 관하여는 이미 「국가배상법」 제2조에 의하여 부담하는 배상책임자의 설명에서 언급하였다.[1]

V. 구 상

1. 설치·관리자와 비용부담자가 다를 경우의 구상

국가 또는 지방자치단체가 손해를 배상할 책임이 있는 경우에 영조물의 설치·관리자와 비용부담자가 다른 때에는 비용부담자도 배상책임을 지나, 다수설인 관리주체설에 의하면 궁극적인 배상책임자는 설치·관리자이므로, 비용부담자가 배상을 한 경우에 비용부담자는 설치·관리자에게 구상할 수 있다(동법 6조 2항).

2. 손해의 원인에 대하여 따로 책임을 질 자가 있을 경우의 구상

「국가배상법」 제5조 제2항은 "제1항의 경우에 손해의 원인에 대하여 책임을 질 자가 따로 있을 때에는 국가 또는 지방자치단체는 그 자에 대하여 구상할 수 있다"고 규정하고 있다. 여기서 말하는 "손해의 원인에 대하여 책임을 질 자"란 불완전한 건축공사의 수급인 등과 같이 고의·과실로 영조물의 설치·관리에 흠을 생기게 한 자이다. 손해의 원인에 대하여 책임을 질 자가 공무원인 때에는 「국가배상법」 제2조 제2항과의 균형상 당해 공무원에게 고의 또는 중과실이 있을 때에만 구상이 가능하다고 보아야 할 것이다.

VI. 상호보증주의, 배상의 청구절차 및 소멸시효

외국인이 피해자인 경우에 상호보증주의가 적용된다는 점, 손해배상의 소송은 배상심의회에 배상신청을 하지 아니하고도 바로 제기할 수 있다는 점 및 손해배상청구권은 「민법」 제766조 소정의 단기소멸시효가 적용된다는 것은 공무원의 직무행위로 인한 손해배상에 있어서와 동일하다.

---

1) 다만, 「국가배상법」 제5조에 의하여 부담하는 배상책임자에 있어서 관리주체설을 취하는 경우에 문제가 없는 것은 아니다. 예컨대, 법령상 영조물의 설치자와 관리자가 다른 경우에 오로지 설치공사에 기인하여 손해가 발생한 때에도 관리자를 궁극적인 배상책임자로 정하는 것이 적당한 것인가이다.

제 4 관 사경제작용 등으로 인한 손해배상책임

국가 등 행정주체가 사인과 동일한 지위에서 행하는 사경제작용(예: 식당의 경영 등)으로 인한 손해 및 사물(예: 일반재산)의 설치·관리의 흠으로 인한 손해에 대하여는 국가 등 행정주체가 사법상의 손해배상책임을 진다. 「국가배상법」 제8조가 동법에 규정된 것을 제외하고는 민법의 규정에 의한다는 것 속에는 이 점이 포함되어 있다. 판례도 "국가의 철도운행사업은 국가가 공권력의 행사로서 하는 것이 아니고 사경제적 작용이라 할 것이므로, 이로 인한 사고에 공무원이 간여하였다고 하더라도 국가배상법을 적용할 것이 아니고 일반 민법의 규정에 따라야 하므로, 국가배상법상의 배상전치절차[1]를 거칠 필요가 없다"고 판시(대법 1999. 6. 22. 선고 99다7008 판결)하였다.

제 5 관 공법상 결과제거청구권

Ⅰ. 공법상 결과제거청구권의 의의

공법상의 결과제거청구권이란 위법한 공행정작용으로 인하여 피해자에게 불이익한 위법상태가 야기된 경우에 그 위법상태를 제거하여 원래의 상태로 회복시켜 줄 것을 국가 등 행정주체에 대하여 청구하는 권리를 말한다. 공법상의 원상회복청구권이라고도 한다. 예컨대 지방자치단체가 도로개설에 관한 도시계획사업을 진행하여 토지점유자로부터 토지를 수용취득하였으나 토지점유자가 소유권자가 아닌 경우, 토지소유권자는 결과제거청구권을 행사하여 토지의 원래의 상태를 확보할 수 있다.[2][3]

Ⅱ. 공법상 결과제거청구권의 필요성

우리 「국가배상법」이 금전배상주의를 채택하고 있으나, 금전배상은 직접 위법상태를 제거하여 적법상태를 복원하는 효과를 갖는 것은 아니다. 행정쟁송제도가 늘 이용가능한 것이 아니고 또한 행정쟁송에서 청구가 인용되어도 원상회복적 효과를 갖지 않는 경우도 있을 수 있다. 따라서 국가책임제도의 일환으로서 공법상의 결과제거청구권을 인정할 필요가 있다.

원래 결과제거청구권의 법리는 독일에서 국가의 불법을 원상회복의 방법에 의하여 제재하기 위하여 학설·판례가 발전시킨 독자적인 국가책임제도이다. 처음에는 행정행위의 집행결과로서

---

1) 2000년 12월 29일 법률 제6310호로 임의적 전치주의로 개정되었다.

2) 이 경우 토지소유자가 수용재결의 취소를 구하는 행정쟁송을 제기하여 인용되었으나 그 후에도 지방자치단체가 계속하여 토지를 점유하고 있는 때에도 마찬가지이다.

3) 경찰행정법에서는 경찰책임자가 아닌 제3자인 비책임자는 경찰긴급권에 근거하여 자신에게 발해졌던 조치(예: 노숙자의 강제배정)의 직접적 결과 제거를 요구할 수 있는 권리인 결과제거청구권을 행사하여 권리구제를 도모할 수 있다고 한다(徐廷範, 경찰행정법, 224쪽).

의 위법상태를 제거하기 위한 것이었으나, 위법상태의 야기는 행정행위에 의해서만이 아니고 사실행위에 의하여도 발생하는 것이므로 일반적으로 위법한 사실행위에 의하여 야기된 위법상태도 그 대상으로 하게 되었다. 1981년의 국가책임법(Staatshaftungsgesetz)에서 제도화되기에 이르렀다. 즉 1981년의 국가책임법은 결과제거청구권(Folgenbeseitigungsanspruch)과 금전배상청구권을 원칙적으로 동렬에 놓고 피해자로 하여금 양자 중 어느 것을 선택할 수 있도록 하였다(3조 1항, 4조 1항 참조).

최근 우리 행정법학계에서는 독일 공법상의 결과제거청구권의 이론을 도입하여 우리 공법상의 원상회복청구권의 체계화를 활발히 전개하고 있다. 우리 판례에는 공법상의 원상회복청구권과 그 취지를 같이하는 것(예컨대 대법 1987. 7. 7. 선고 85다카1383 판결)이 없지 아니하나, 공법상의 원상회복청구권이나 공법상의 결과제거청구권의 개념 자체를 채택하고 있지는 않다.

III. 공법상 결과제거청구권의 성질

1. 물권적 청구권 여부

결과제거청구권을 방해배제청구권이라고 부르고 이를 "행정청의 정당한 권원 없는 행위로 말미암아 사인의 물권적 지배권이 침해된 경우에 그 침해행위의 배제를 구할 수 있는 권리"로 정의함으로써 결과제거청구권의 성질을 물권적 청구권으로 이해하는 견해[1]가 있다. 그러나 다수설은 비재산적 침해(예: 명예)의 경우에도 결과제거청구권이 발생되는 것이므로 언제나 물권적 청구권으로 이해할 것은 아니라고 한다.

2. 공권 여부

결과제거청구권을 사권으로 보는 견해가 있다. 그 논거는 청구권의 원인이 반드시 공권력의 행사와 관계되는 것만이 아니고, 그 자체로서 아무런 법적 권원 없는 행위로 야기된 물권적 침해상태의 제거를 도모하는 권리인 것이므로 별도로 공법의 규율대상으로 삼아야 할 합리적인 이유가 없는 것이며, 사인 상호 간에 있어서의 동일한 법률관계의 경우와 같이 취급하는 것이 타당하다는 데에 있다.[2] 그러나 다수설은 공법상의 결과제거청구권을, 행정주체의 공행정작용으로 인한 침해가 있는 경우에 발생하는 것이고, 행정주체의 사법활동에 의한 침해로 인한 위법상태의 제거는 사법의 적용대상이 된다는 이유로, 공권으로 본다.

---

1) 李尙圭, 신행정법론(상), 626쪽.

2) 李尙圭, 위의 책, 626~627쪽.

3. 손해배상청구권과의 차이와 관계

결과제거청구권과 손해배상청구권은 청구의 요건과 내용에 있어서 차이가 있는 별개의 법제도로 보는 견해가 있다. 즉 이 견해에 의하면 전자는 공행정작용의 결과로서 남아 있는 상태로 인하여 자기의 법률상의 이익이 침해받고 있기만 하면 요건을 충족하며 또한 사실적 상태의 원상회복을 내용으로 함에 반하여, 후자는 행정작용이 위법해야 할 뿐만 아니라 고의·과실이 있어야 요건을 충족하며 또한 금전배상을 내용으로 한다는 것이다. 따라서 이 견해에 의하면 전자가 가능한 경우에는 전자에 의하여야 하고 후자는 배제되며, 전자에 의하여도 피해가 보전되지 못한 경우에 한하여 후자를 인정할 수 있다고 한다.[1] 이러한 견해에 대하여는 양자가 구별되기는 하지만 그 법률적 구조를 같이한다는 점에서 결과제거청구권을 광의의 행정상 손해배상의 범주에 넣을 수 있다고 보는 입장에서 결과제거청구권의 성립요건으로 공무원의 고의·과실의 주관적 책임요건이 필요하며 결과제거청구권과 손해배상청구권은 상호선택적 또는 중복적 관계에 있다는 견해[2]가 있다.

요컨대, 결과제거청구권과 손해배상청구권은 청구의 요건과 내용 등에 있어서 구별된다고 보는 것이 현재 우리나라의 통설이기는 하나, 양자의 관계에 관하여는 아직 정설이 없다.

4. 결과제거청구권과 손실보상청구권

결과제거청구권은 원상회복을 그 내용으로 하는 것임에 대하여, 손실보상청구권은 금전적 보상을 그 내용으로 하는 것이라는 점에서 양자는 구별된다. 문제는 결과제거청구권의 범위이다. 만일 결과제거청구권도 예외적으로 부차적 결과로서 금전적 보상이 문제되는 경우에는 청구권 경합의 문제가 발생한다.

Ⅳ. 공법상 결과제거청구권의 실정법적 근거

결과제거청구권의 실정법적 근거로는, 학자에 따라 견해의 일치를 보고있는 것은 아니나, ①「헌법」상의 법치국가원리·기본권규정(헌법 10조·23조·29조 등), ②「민법」제213조(소유물반환청구권)·제214조(소유물방해제거, 방해예방청구권)의 유추, ③「행정소송법」제10조(관련청구소송의 이송 및 병합)·제30조(취소판결 등의 기속력)·제39조 내지 제44조(당사자소송) 등에서 찾는다.[3] 독일에서도 학자에 따라 견해가 나뉘나, 해석론상 일반적으로는 정의·법치국가원리·기본권의 3단계이론에서 그 근거를 찾는다. 실정법적 근거가 해명되어야 청구권의 내용·범위·법적 효과 등이 구체화되는 것이므로 궁극적으로는 「국가배상법」의 개정 등의 방법으로 실정법률에 그 근거를 마련하여야 한다.

---

1) 朴鈗炘, 최신행정법강의(상), 742쪽.

2) 金道昶, 일반행정법론(상), 647쪽.

3) 洪準亨 교수는 실정법상 명문으로 규정하고 있는 예로 「징발법」 제14조를 든다. 同人, 행정구제법, 326쪽 이하.

V. 공법상 결과제거청구권의 성립요건

결과제거청구권의 성립요건은 다음과 같다.

1. 국가 등 행정주체의 공행정작용으로 위법상태가 발생할 것

여기서 말하는 공행정작용은 행정주체의 사법활동을 제외한 일체의 행정작용으로서 법적 행위이든 사실행위이든 권력작용이든 비권력작용이든 모두 포함한다. 그리고 공행정작용에는 작위 외에 부작위도 포함된다는 것이 다수설이다. 그러나 주로 문제되는 것은 행정주체의 공행정작용 중 위법한 작위로 위법상태가 발생한 경우이다.

2. 위법상태가 계속될 것

행정주체의 공행정작용으로 인하여 야기된 위법상태가 계속 존재하고 있어야 한다. 위법상태의 존재 여부는 사실심변론종결시를 기준으로 판단하여야 한다.

3. 권리 또는 법률상 이익의 침해가 있을 것

행정주체의 위법한 공행정작용이 타인의 권리 또는 법률상 이익을 침해하여야 한다. 복효적 행정행위로 자기의 권익을 침해당한 제3자가 원상회복을 청구할 수 있는가가 문제되는데, 원상회복의 원인이 되는 피해는 직접적이라야 한다는 점에서 소극적으로 보는 견해가 다수설이다.

4. 결과제거가 가능하고 기대될 수 있을 것

후술하는 한계를 보라.

5. 고의·과실 여부

공법상의 결과제거청구권도 원칙적으로 고의·과실의 주관적 책임요건을 충족해야 한다는 견해[1]가 있다. 그러나 다수설은 고의·과실의 주관적 책임요건이 필요치 않다고 본다.

VI. 공법상 결과제거청구권의 내용

1. 원상회복청구권

공법상의 결과제거청구권은 공행정작용의 사실상의 결과(위법상태)를 제거함으로써 종전의 원래 상태로 회복하는 것을 그 내용으로 한다. 즉 결과제거청구권의 내용은 원상회복청구권이다.

---

1) 金道昶, 일반행정법론(상), 647쪽.

2. 직 접 성

위법한 공행정작용에 의하여 직접적으로 발생한 결과만이 결과제거청구권의 대상이 된다.

Ⅶ. 공법상 결과제거청구권의 한계

공법상 결과제거청구권의 내용에서 다음과 같은 구조적인 한계가 나온다.

  (1) 결과제거청구권은 침해 이전의 상태를 회복하는 것이므로 그러한 상태로의 회복이 사실
      상 가능하고, 법적으로 허용되며 행정청에 기대가능하여야 한다. 원상회복에 너무 과다한
      비용이 드는 경우에는 기대가능성이 없다(참조판례: 대법 1987. 7. 7. 선고 85다카1383 판결).
  (2) 위법상태가 적법하게 된 경우에는 결과제거청구권을 행사할 수 없게 된다.

Ⅷ. 공법상 결과제거청구권의 청구절차

공법상 결과제거청구권을 공권으로 보는 견해에 의하면 당해 청구절차는 행정소송 중 당사
자소송에 의하여야 한다. 그러나 사권으로 보는 견해에 있어서도 민사소송에 의하여야 한다고
하면서도 배제청구의 대상인 방해행위가 처분 등을 원인으로 하는 것인 때에는「행정소송법」제
3조 제2호의 규정에 따라 행정소송의 일종인 당사자소송의 방법에 의할 수도 있다고 한다.[1]

제 3 절 행정상 손실보상

Ⅰ. 행정상 손실보상의 의의 및 성질

행정상 손실보상이란 공공필요에 의한 적법한 행정작용에 의하여 사인에게 발생된 특별한 희
생에 대하여, 전체적인 평등부담의 견지에서, 행정주체가 행하는 조절적인 전보(塡補)를 말한다.

  (1) 행정상 손실보상은 공공필요에 의하여 사인에게 발생된 특별한 희생에 대한 손실의 전보
      이다. 여기서 말하는 공공필요는 불확정 개념이지만, 공공복리보다 넓은 사회공공의 필요
      로 이해하는 것이 지배적 견해이다.
  (2) 행정상 손실보상은 적법행위로 인한 손실의 전보이다. 이 점에서 행정상 손해배상과 구
      별된다. 이에 대하여는 행정활동의 적법성이 반드시 행정상 손실보상의 요건인 것은 아니
      라는 견해[2]도 있다.

---

1) 李尙圭, 신행정법론(상), 630쪽.
2) 金南辰, 행정법 Ⅰ(제7판), 567쪽 참조. 따라서 위법한 행정활동으로 인한 손해에 대하여도 손실보상청구가 가
   능하다고 주장한다(同人, 행정법의 기본문제, 403쪽).

(3) 행정상 손실보상은 행정작용으로 인한 손실의 전보이다. 이 점에서 법률제정작용으로 인한 손실보상이나 형사사법작용으로 인한 형사보상(헌법 28조)과 구별된다. 이에 대하여는 행정상 손실보상을 행정작용 중 공권력행사로 인한 손실의 전보에 한정하는 것이 지금까지의 통설이다.[1] 이 견해에 의하면 행정재산의 사용·수익허가의 철회로 인한 손실에 대한 보상(국유재산법 36조 3항), 토지 등의 수용에 의한 취득으로 인한 보상(공익사업을위한토지등의취득및보상에관한법률 19조 이하·61조 이하) 등은 행정상 손실보상이지만, 일반재산의 대부계약의 해제·해지로 인한 손실에 대한 보상(국유재산법 47조), 토지 등의 협의에 의한 취득에 따르는 보상(공익사업을위한토지등의취득및보상에관한법률 16조이하·61조이하) 등은 행정상 손실보상에서 제외되게 된다. 대법원은 "손실보상은 공공필요에 의한 행정작용에 의하여 사인에게 발생한 특별한 희생에 대한 전보"(2010. 12. 9. 선고 2007두6571 판결)라고 정의하고 있다.

(4) 행정상 손실보상은 특별한 희생에 대한 조절적인 전보이다. 행정주체의 적법한 행정작용으로 인한 손실은 모두 행정상 손실보상의 대상이 되는 것은 아니다. 특별한 희생인 손실만이 보상의 대상이 된다. 손실이 특별한 희생인 이상 반드시 재산상의 손실에 한정할 필요가 없다.[2] 물론 손실이라고 하면 재산상의 손실인 것이 보통이다. 그러나 행정청이 재난이 발생하거나 발생할 우려가 있어 응급조치를 하여야 할 급박한 사정이 있을 때에는 인근에 거주하는 자 또는 당해 재난현장에 있는 자에게 응급조치에 종사하게 할 수 있고(재난및안전관리기본법 45조) 이로 인하여 발생한 손실에 대하여 보상을 규정하고 있는 예(동법 64조 1항) 또는 예방접종을 받은 자가 그 예방접종으로 인하여 질병에 걸리거나 장애인이 되거나 사망한 경우에 그 손실에 대하여 보상을 규정하고 있는 예(감염병의예방및관리에관한법률 71조)에서 보는 바와 같이 비재산적 손실에 대하여도 보상이 행하여질 수 있다.

II. 행정상 손실보상과 행정상 손해배상의 이동

행정상 손실보상과 행정상 손해배상의 같은 점, 다른 점에 관하여는 행정상 손해배상에서 이미 상술하였다.

---

1) 金南辰·金連泰, 행정법 I, 544쪽; 金東熙; 행정법 I, 554쪽; 朴均省, 행정법론(상), 778쪽; 柳至泰, 행정법신론, 419쪽; 洪井善, 행정법원론(상), 704쪽; 洪準亨, 행정구제법, 223쪽. 鄭夏重 교수는 공권력행사의 개념 대신 공행정작용이라는 개념을 사용하고 있다(同人, 행정법총론, 559쪽).

2) 전통적 견해는 재산상의 손실에 한정하였고, 지금도 이와 같은 전통적 견해를 고수하고 있는 학자도 있다(金南辰, 행정법 I, 602쪽; 金東熙, 위 책 555쪽; 洪井善, 위 책 같은 쪽). 이에 대하여 朴均省 교수는 재산상의 손실에 한정하지 아니하는 "견해가 타당하다고 보지만, 아직 일반적인 견해는 아니다"(同人, 「손실보상의 발전방향」, 토지공법연구(한국토지공법학회) 제41집, 5쪽)라고 기술하고 있다.

Ⅲ. 행정상 손실보상의 근거

1. 이론적 근거

(1) 학　설

　행정상 손실보상의 이론적 근거에 관하여는 과거에 기득권설·은혜설 등이 있었으나, 오늘날의 지배적 견해는 특별희생설(내지 불평등희생설)이다. 즉 행정상 손실보상의 이론적 근거는 공공필요에 의한 적법한 행정활동에 의해 사인이 희생을 받았다는 데에 있는 것이 아니라 그 희생이 수인의 한도를 넘은 다른 사람이 받지 않는 특별한 희생 내지 다른 사람과 비교하여 불평등한 희생이라는 데에 있다. 행정상 손실보상은 공공필요에 의해 손실을 받은 자에게 전체의 부담으로 그 손실을 보상함으로써 이해를 조정하기 위하여 마련된 제도이다. 문제는 어떤 경우에 수인의 한도를 넘은 특별한 희생이 있다고 볼 것이냐에 있다. 이에 대하여는 형식적 기준설·실질적 기준설·절충설 등이 있다.

(2) 경계이론과 분리이론

　어떤 경우에 수인의 한도를 넘은 특별한 희생이 있다고 볼 것이냐에 관한 위 학설은 사회적 제약과 공용수용·사용·제한(아래에서는 공용수용 등이라 한다)에 대한 이해에 관하여 경계이론을 취하는가 분리이론을 취하는가에 따라 그 역할이 달라지게 된다.

1) 경계이론

　경계이론은 사회적 제약과 공용수용 등을 별개의 제도가 아니라 재산권 제한의 정도의 차이에 불과한 것이라고 본다. 이 이론에 의하면 양자는 재산권 제한의 정도와 한계에 따라 항상 전환 가능한 관계이다. 즉 사회적 제약이나 공용수용 등은 모두 재산권에 대한 제한을 의미하지만, 사회적 제약은 공용수용 등보다 재산권에 대한 제한의 정도가 적은 경우로서 보상 없이 감수해야 하는 반면, 공용수용 등은 재산권의 사회적 제약의 범주를 넘어서는 것으로서 보상을 필요로 하는 재산권에 대한 제한을 의미한다. 따라서 경계이론의 최대 관심사는 언제 보상을 요하지 않는 사회적 제약이 재산권 제한의 효과가 일정한 강도를 넘음으로써 자동적으로 보상을 요하는 공용수용 등이 되는가 하는 양자간의 경계설정의 문제이다. 이러한 경계를 확정하는 기준이 바로 형식적기준설·실질적기준설, 절충설이다.

2) 분리이론

　분리이론은 재산권의 내용규정(사회적 제약)과 공용수용 등을 서로 독립된 제도로 보며, 양자를 재산권 제한의 효과가 아니라 입법의 형식과 목적에 따라 구분한다. 즉 내용규정은 재산권의 내용을 확정하는 일반적·추상적인 규정이고, 수용은 개별적·구체적으로 재산권적 지위를 박탈하는 것이다. 따라서 재산권의 내용규정이 예외적으로 수용적 효과를 가져오는 경우에는 이를 수용으로 보지 아니하고, 보상의무 있는 재산권의 내용규정으로 파악하며, 이에 따라 재산권 제한의 유형을 "보상이 필요 없는 내용규정," "보상의무 있는 내용규정," "보상을 요하는 공용수용 등"의 3가지로 구분한다. 다만, 종래 경계이론에 있어서 재산권 내용규정과 수용을 구분하는 데 사용된 기준(형식적 기준설·실질적 기준설, 절충설)은 "보상이 필요 없는 재산권 내용규정"과 "보상의무 있는 재산권 내용규정"을 구분하는 기준으로서 여전히 유용하다고 한다. 분리이론을 우리 「헌법」에 적용하면 입법자의 결정에 의하여 보상규정을 둔 재산권제한규정만이 「헌법」 제23조 제3항의 제한에 해당하고 보상규정을 두지 않는 규정은 모두 「헌법」 제23조 제1항 및 제2항의 내용규정이 된다[1].

(3) 형식적 기준설

이 설은 희생을 받은 자가 특정인 또는 국한된 범위 내의 사람인가 일반인 또는 다수의 사람인가라는 형식적 기준에 의하여 전자를 특별한 희생으로 보는 견해이다.

(4) 실질적 기준설

이 설은 희생의 강도에 따라 특별한 희생인가의 여부를 가리는 견해로서 다시 다음 몇 가지 견해로 나누어진다.

1) 보호가치설(Schutzwürdigkeitstheorie)

이 설은 재산권 등 권리·이익을 보호할 가치가 있는 것인가의 여부에 따라 보호가치 있는 것을 특별한 희생으로 보는 견해이다.

2) 수인요구가능설(Zumutbarkeitstheorie)

이 설은 희생이 수인을 요구할 수 있을 정도인가의 여부에 따라 수인을 요구할 수 없을 정도의 본질적인 것을 특별한 희생으로 보는 견해이다.

3) 사적 효용설(Privatnützigkeitstheorie)

이 설은 사유재산제도의 본질을 사적 효용성에 구하고 이에 대한 침해의 정도에 따라 본질적인 것을 특별한 희생으로 보는 견해이다.

---

1) 독일 기본법 제14조와 달리 우리 헌법 제23조 제3항은 수용·사용·제한을 모두 포괄하고 있으므로 수용 개념의 광협을 둘러싼 독일의 분리이론·경계이론의 복잡한 해석이 우리 헌법의 해석에 그대로 적용되어서는 아니 된다고 하면서 공용수용과 공용사용에는 분리이론이 적용될 수 있고, 공용제한에는 경계이론이 적용될 수 있다는 주장이 있다(洪康薰, 「분리이론·경계이론을 통한 헌법 제23조 재산권조항의 새로운 구조적 해석」, 공법연구(한국공법학회) 제42집 제1호, 615쪽 이하).

4) 목적위반설(Zweckentfremdungstheorie)

이 설은 침해가 재산권 등의 본래의 기능 또는 목적에 위반한 것인가의 여부에 따라 목적을 위반한 것이면 특별한 희생으로 본다. 기능설(Funktionstheorie)이라고도 한다.

⑸ 절 충 설

이 설은 특별한 희생인가의 여부를 밝히는 데에는 형식적 기준설이나 실질적 기준설의 어느 하나만으로는 불충분하므로 양 설을 상호 보완하여 구체적으로 판단하려는 견해이다.

2. 실정법적 근거

이론적으로는 특별한 희생이 있으면 보상이 지급되어야 하는 것이지만, 실제로 손실보상청구권이 발생하기 위하여는 실정법적 근거가 필요하다. 분리이론에 의한 보상의무 있는 내용규정의 경우에도 보상청구권이 발생하기 위하여는 실정법적 근거가 필요함은 마찬가지이다.[1]

「헌법」제23조 제3항은 "공공필요에 의한 재산권의 수용·사용 또는 제한 및 그에 대한 보상은 법률로써 하되, 정당한 보상을 지급하여야 한다"라고 규정하고 있으며, 법률의 차원에서는 일반법은 아직 없고, 개별법(예: 공익사업을 위한 토지 등의 취득 및 보상에 관한 법률·국토의 계획 및 이용에 관한 법률·도로법·재난 및 안전관리기본법 등)에서 손실보상의 근거규정을 두고 있다.

문제는 재산권의 수용·사용 또는 제한 자체는 개별법에 규정을 두고 있으면서 그로 인한 손실보상을 법률에서 규정하지 아니한 경우에 특별한 희생을 입었다고 주장하는 자가 손실보상을 청구하기 위한 실정법적 근거이다. 이 경우에 제기될 수 있는 것이 「헌법」제23조 등 손실보상의 헌법규정이 손실보상청구권의 실정법적 근거가 될 수 있는가이다. 즉 이 문제는 주로 「헌법」제23조 제3항의 성격과 관련하여 제기된다. 생활권보상의 실정법적 근거에 관하여는 따로 후술한다.

⑴ 학 설

이 문제에 관하여는 학설이 나뉜다. 종래 이 문제에 관한 학설로 방침규정설·위헌무효설·직접효력설·간접효력규정설 등을 드는 것이 일반적이었다. 그러나 방침규정설을 주장하는 이를 현재 우리나라에서는 찾아 볼 수 없으므로 이 설을 제외하고 대신 최근 새로이 보상입법부작위위헌설이 주장되고 있으므로 이를 추가하여 보면 다음과 같다.

1) 위헌무효설

이 설은 재산권의 수용·사용 또는 제한으로 인한 손실보상을 법률에서 규정하고 있지 아니한 경우에는 손실보상을 청구할 수 없으며, 이 경우에 「헌법」제23조 제3항도 손실보상청구권의

---

1) H. Maurer, Allgemeines Verwaltungsrecht, 18. Aufl., 2001. S. 750f.

실정법적 근거가 될 수 없으나 「헌법」이 보상을 법률로 정하도록 한 규정은 입법자를 구속하는 것이므로 보상규정을 두지 아니한 법률은 위헌무효라는 견해이다. 입법자구속설이라고도 한다. 위헌법률에 의한 재산권침해행위의 위법을 이유로 국가 등에 대해 손해배상을 청구할 수 있느냐의 문제는 별개의 문제이다. 이 설의 주된 논거는 제4공화국헌법 제20조 제3항이 직접효력설의 여지를 배제한 이래 현행헌법 제23조 제3항도 이를 받아들여 보상을 법률로 정하도록 함으로써 직접효력설의 여지를 배제하고 있다는 점에 두고 있다.[1]

2) 직접효력설

이 설은 법률이 손실보상에 관하여 아무런 규정을 두고 있지 아니하는 경우에는 바로 「헌법」 제23조 제3항에 의하여 손실보상을 청구할 수 있다는 견해이다. 이 설의 논거는 「헌법」 제23조 제1항이 사유재산제도를 보장하고 있는 이상 보상청구권 자체는 「헌법」 제23조 제3항에서 직접 발생하는 것이며 동 조항에서 말하는 "보상은 법률로써 하되"는 문리해석상 무리가 있지만[2] 그 기준과 방법은 법률로 규정한다는 의미로 해석된다는 점에 두고 있다.

3) 간접효력규정설

이 설은 법률이 손실보상에 관하여 아무런 규정을 두고 있지 아니하는 경우에는 「헌법」 제23조 제1항(재산권보장조항) 및 제11조(평등원칙)에 근거하고, 「헌법」 제23조 제3항 및 관계규정의 유추적용을 통하여 보상을 청구할 수 있다는 견해[3]이다. 유추적용설이라고도 하나, 법률만의 유추가 아님은 주의를 요한다. 이 설의 특징은 보상에 관한 법률규정이 없는 경우, 법률규정의 유추가 가능한 경우에는 유추에 의하여, 법률규정의 유추가 불가능한 경우에도 헌법규정의 유추해석에 의하여 보상에 관한 법률의 규정 유무를 불문하고 보상이 가능하다고 보는 점에서 보상에 반드시 법률의 근거를 필요로 하지 아니한다고 본다.

4) 보상입법부작위위헌설

이 설은 손실보상규정을 두지 않는 입법부작위에 대한 헌법소원을 통하여 문제를 해결하려는 견해이다. 이 설의 논거는 ① 「헌법」 제23조 제3항과 「헌법」 제23조 제1항 후단, 구체적 재산

---

1) 金道昶, 일반행정법론(상), 658쪽; 朴鈗炘, 최신행정법강의(상), 753쪽 이하; 李尙圭, 신행정법론(상), 643쪽 이하; 柳至泰, 행정법신론, 429쪽 이하; 鄭夏重, 행정법총론, 568쪽 이하.

2) 金東熙, 행정법 Ⅰ(제11판), 535쪽 및 (제13판), 547쪽 이하. 朴均省 교수도 직접효력설을 취하고 있다(행정법론(상)(제5판), 644쪽 이하 및 같은 책(제6판), 719쪽 이하). 朴 교수는 "일본에서는 직접효력설이 판례의 입장이다"라고 하여 직접효력설의 타당성 근거로 삼고 있다. 그러나 일본 판례의 입장은 일본의 헌법규정이 우리와 다르기 때문이다. 일본국 헌법 제29조 제3항은 "사유재산은 정당한 보상 하에, 이것을 공공을 위하여 사용할 수 있다"라고 하여 법률로써 하도록 규정하고 있지 않다.

3) 金南辰, 행정법 Ⅰ(제7판), 605쪽; 洪井善, 행정법원론(상), 710쪽 참조. 洪 교수는 "보상에 관한 법률의 규정 유무를 불문하고 공공필요를 위한 침해는 동일하게 다루어져야 한다"는 기술 및 "보상규정이 없는 침해시 보상청구권은 수용유사침해의 보상문제와 유사하게 해결하는 것이 바람직하다"는 기술로 보상에 반드시 법률의 근거를 필요로 하지 아니함을 표현하고 있다.

권은 입법에 의하여 형성된다는 점 등을 고려하면 「헌법」제23조 제3항에서 직접이든, 제23조 제1항과 제11조 그리고 제23조 제3항 등에서 유추하든 이들 규정에서 구체적 손실보상청구권을 직접 도출하기 어렵다는 점, ② 공익을 위하여 재산권을 수용·사용·제한하면서 손실보상규정을 두지 아니하였다고 해서 그 수용·사용·제한 자체를 위헌으로 볼 수 없다(헌법 제23조 제3항을 결합조항(결부조항·불가분조항)으로 볼 수 없다)는 점에 두고 있다.[1]

(2) 판 례

1) 대법원의 입장

대법원의 판결 중에는 관련 법률조항의 유추해석을 통하여 손실보상을 인정한 판결은 있다(대법 1999. 11. 23. 선고 98다11529 판결, 대법 2018. 12. 27. 선고 2014두11601 판결)[2]. 그러나 제4공화국 헌법 제20조 제3항에 의하여 보상을 법률로 정하도록 개정한 이후에는 일관되게 법률에서 손실보상을 규정하지 아니한 이상 손실보상청구를 인용하지 않고 있다(대법 1976. 10. 12. 선고 76다1443 판결, 대법 1987. 7. 21. 선고 84누126 판결, 대법 1990. 5. 8. 자 89부2 결정, 대법 1992. 11. 24. 자 92부14 결정, 대법 1993. 10. 26. 선고 93다6409 판결, 대법 1999. 5. 14. 선고 98다14030 판결 등).[3]

2) 헌법재판소의 입장

헌법재판소는 구 도시계획법 제21조(개발제한구역의 지정)에 대한 헌법소원 사건에서 "이 사건 법률조항에 의한 재산권의 제한은 개발제한구역으로 지정된 토지를 원칙적으로 지정 당시의 지목과 토지 현황에 의한 이용방법에 따라 사용할 수 있는 한, 재산권에 내재하는 사회적 제약을 비례의 원칙에 합치하게 합헌적으로 구체화한 것이라고 할 것이나, 종래의 지목과 토지 현황에 의한 이용방법에 따른 토지의 사용도 할 수 없거나 실질적으로 사용·수익을 전혀 할 수 없는 예외적인 경우에도 아무런 보상 없이 이를 감수하도록 하고 있는 한, 비례의 원칙에 위반되어 당해 토지소유자의 재산권을 과도하게 침해하는 것으로서 헌법에 위반된다 할 것이다. 따라서 입법자가 이 사건 법률조항을 통하여 국민의 재산권을 비례의 원칙에 부합하게 합헌적으로 제한하기 위해서는, 수인의 한계를 넘어 가혹한 부담이 발생하는 예외적인 경우에는 이를 완화하는 보상규정을 두어야 한다"고 하고, 이 사건 법률조항에 대하여 헌법불합치결정을 하는 이유로서 "개발제한구역의 지정에 따라 생기게 된 가혹한 부담의 유무와 정도 및 이에 따른 보상의 구체적인

---

1) 金文顯, 「보상규정 없는 법률에 기한 수용적 재산권 제한에 대한 권리구제 방법」, 고시연구 2000년 8월호, 23쪽 이하 ; 同人, 사회·경제질서와 재산권, 2001, 법원사, 392쪽 이하.

2) 대법 2013. 6. 14. 선고 2010다9658 판결은 면허를 받아 도선사업을 영위하던 농업협동조합이 연륙교 건설 때문에 항로권을 상실하였다며 연륙교 건설사업을 시행한 지방자치단체를 상대로 구 공공용지의 취득 및 손실보상에 관한 특례법 시행규칙 제23조, 제232조의6 등을 유추적용하여 손실보상할 것을 구한 사안에서 위 항로권은 도선사업의 영업권과 별도로 손실보상의 대상이 되는 권리가 아니라고 하였다.

3) 학자에 따라서는 법률규정이 없음에도 손실보상을 인정한 판례로 대법 1972. 11. 28. 선고 72다1597 판결을 든다. 그러나 이 판결은 보상을 법률로써 하도록 한 현행 헌법 이전의 구 헌법 아래에서의 판결이다.

기준과 방법은 헌법재판소가 일률적으로 확정할 수 없고 개개의 토지에 대하여 구체적이고 객관적인 사정을 종합하여 입법자가 판단하여야 할 사항이다"라고 판시(헌재 1998. 12. 24. 89헌마214, 90헌바16, 97헌바78(병합) 결정)하여 보상을 청구하기 위하여는 입법자의 입법이 선행되어야 함을 밝히고 있다.

⑶ 검 토

직접효력설은 스스로 문리해석상 무리를 인정하고 있는 바와 같이 「헌법」 제23조 제3항에 정면으로 위반된다. 이것은 우리 「헌법」 제23조 제3항의 변천을 살펴보면 쉽게 알 수 있다. 「헌법」 제23조 제3항이 보상을 법률로써 정하라는 것은 보상을 해야 할 특별한 희생이냐의 여부를 입법자가 정하라는 것이다. 직접효력설은 특별한 희생이냐의 여부를 입법자가 정하지 아니하는 한 법원이 정하라는 것인데 이는 현행 「헌법」하에서는 불가능하다. 일본은 직접효력설이 통설이고 판례이지만 헌법의 규정이 우리와 다르다. 학자에 따라서는 보상규정을 법률이 규정하지 않는 경우 위헌법률에 의한 재산권침해행위의 위법을 이유로 국가 등에 대해 손해배상을 청구할 수 있느냐의 문제에 관하여 손해배상의 청구는 우리 판례가 과실을 주관적 관념으로 파악하고 있기 때문에 과실요건을 충족할 수 없고 따라서 불가능하다고 설명한다.[1] 그러나 손해배상청구에 앞서 헌법재판소로부터 입법부작위위헌확인 또는 헌법불합치결정을 받게 되면 고의·과실의 입증은 보다 용이하다. 왜냐하면 위 결정이 있었음에도 불구하고 입법을 위하여 필요한 상당한 기간 내에 국민의 권리구제를 위한 입법을 하지 아니하면 불법행위의 구성요건인 고의 또는 과실로 인한 위법성에 해당될 것이기 때문이다.

간접효력규정설(유추적용설)의 문제점으로는 재산권의 존속보장에 관한 규정인 「헌법」 제23조 제1항이 재산권의 가치보존의 문제인 손실보상의 근거규정이 될 수 있는가 또는 「헌법」 제11조를 근거로 직접 손실보상청구권을 도출할 수 있는가의 문제를 차치하고라도, 유추적용이란 이미 법률로 규율되어 있는 대상의 근거규정을 그와 성질이 유사하면서도 법률로 규정되어 있지 않는 대상의 근거규정으로 하여 법률흠결의 공백을 메우기 위한 것이므로, 「헌법」 제23조 제3항을 유추적용하려는 것은 유추적용을 위한 요건을 충족하지 못하기 때문에 조리에 닿지 아니하며 관계규정을 유추적용하려는 것은 법률해석의 한 방법으로서 당연한 것이며 유추적용할 수 있는 손실보상의 근거규정의 존재를 전제로 한다. 만일 간접효력규정설이 법률에 보상규정이 없는 경우에도 보상을 청구할 수 있다는 주장이라면 역시 헌법 제23조 제3항 위반의 문제가 발생하게 된다.

보상입법부작위위헌설은 기본적 방향은 옳지만, 「헌법」 제23조 제3항을 결합조항으로 볼 수 없다는 점에 문제가 있다. 결합조항은 대체로 재산권의 보장기능, 입법자에 대한 경고적 기능,

---

1) 金東熙, 행정법 I (제12판), 544쪽 및 같은 책(제14판), 563쪽.

국회의 예산특권기능을 갖는다. 국회의 예산특권기능은 입법자로 하여금 재산권을 수용·사용·제한하는 법률을 제정할 때 국가의 재정적 부담을 의미하는 보상규정을 함께 정하고 보상규정이 없는 법률에 근거한 재산권의 수용·사용·제한의 경우에 보상이 행하여 질 수 없도록 억제시킴으로써 국회의 예산특권을 보장하려는 기능이다.

　　요컨대, 재산권의 수용·사용·제한으로 인한 손실보상청구는 법률에 보상규정이 있는 경우에만 가능하다. 그리고 우리 「헌법」 제23조 제3항은 동일한 법률 중에 재산권의 수용·사용·제한과 보상의 방법과 기준을 하나로 묶어서 규정하여야 한다는 결합조항을 명문화한 것으로 보는 것이 옳다[1]. 따라서 법률이 재산권의 수용·사용·제한을 규정하면서 그로 인한 손실이 특별한 손실임에도 불구하고 손실보상을 규정하지 아니하거나, 규정을 하더라도 손실보상이 정당한 보상에 미치지 못하는 경우에는 그 법률은 원칙적으로 위헌이고 무효이다. 손실보상을 법률에서 규정하지 아니한 경우, 손실보상을 청구할 수는 없지만, 손실보상규정을 두지 아니한 입법부작위를 이유로 헌법재판소에 헌법소원심판을 청구하여 문제를 해결하여야 할 것이며(헌재 1994. 12. 29. 89헌마2 결정 참조), 이와 더불어 위헌법률에 의한 재산권 침해행위의 위법을 이유로 국가 등에 대한 손해배상청구도 가능하다.

Ⅳ. 손실보상청구권의 성립요건

　　어떤 요건이 갖추어졌을 때 손실보상청구권이 성립하는가는 개별적으로 판단할 문제이다. 일반적으로 말한다면 ① 공공필요에 의한 적법한 행정활동에 의하여 사인에게 희생이 가하여졌을 것, ② 그 희생이 특별한 희생일 것, ③ 손실보상을 정한 법률이 존재할 것(대법 2006. 1. 27. 선고 2003두13106 판결 참조)[2]의 세 요건이 필요하다. 판례는 법령에 직접보상규정이 없어 보상규정 있는 다른 법령을 준용하는 경우에도 준용되는 법령을 반드시 명시하고 있다.

Ⅴ. 손실보상청구권의 성질

　　행정상 손실보상청구권의 성질에 관하여는 견해가 나뉜다.

1. 공 권 설

　　이 설은 손실보상청구권을 공권이라고 하고, 따라서 그에 관한 소송은 행정소송인 당사자소

---

1) 우리 헌법 제23조 제3항이 독일기본법과 같은 결합조항(Junktim-klausel)이냐에 대하여는 견해가 나뉜다. 부정설도 있다(金文顯, 「재산권의 사회구속성과 공용수용의 체계에 대한 검토」, 공법연구(한국공법학회) 제32집 제4호, 13쪽 이하; 洪準亨, 행정법(초판), 660쪽 등). 긍정설이 다수설로 보인다(金重權, 행정법, 705쪽; 鄭夏重, 행정법의 이론과 실제, 406쪽 이하; 洪康薫, 앞 논문, 634쪽 이하 참조).

2) 손실보상청구권의 성립요건으로 손실보상을 정한 법률이 존재할 것을 필요로 하는가에 관하여 앞의 위헌무효설과 판례에 의하면 손실보상을 정한 법률이 존재할 것이 그 성립요건이 된다.

송에 의하게 된다고 한다. 이 설의 논거는 ① 행정상 손실보상은 공권력행사로 인한 손실의 전보이므로 그 보상은 공법적 성질을 갖는 것이다. ②「행정소송법」제3조는 구 행정소송법과는 달리 "행정청의 처분 등을 원인으로 하는 법률관계에 관한 소송 그 밖에 공법상의 법률관계에 관한 소송으로서 그 법률관계의 한 쪽 당사자를 피고로 하는 소송"을 당사자소송으로 분명히 정의 내리고 있고 행정상 손실보상청구소송은 당사자소송의 전형인 것이므로 손실보상청구권의 성질도 공법적인 것으로 보아야 한다. 이 설이 다수설이다. 판례 중에는 공권이라고 한 것도 있다(대법 2006. 5. 18. 선고 2004다6207 판결).

2. 사 권 설

이 설은 손실보상청구권을 사권이라고 하고, 따라서 그에 관한 소송은 민사소송에 의하게 된다고 한다. 이 설의 논거는 손실보상청구권은 금전지급청구권이라는 데에 있는 것 같다. 판례는 종래 대체로 사권으로 보아 왔다.

3. 검 토

행정상 손실보상을 공권력행사로 인한 손실전보에 한정하지 아니하고 널리 행정작용으로 인한 손실전보로 확대하고 또한 비단 재산적 손실에 그 대상을 한정하지 아니하고 비재산적 손실까지도 포괄하는 본서의 입장에서는 손실보상청구권의 성질을 일률적으로 공권이다 또는 사권이다라고 할 수 없는 것이고, 각 손실보상청구권에 따라 개별 법령의 입법취지, 규정내용 등을 고려하여 그 성질을 규명하여야 한다고 본다. 그러나 적어도 처분으로 인한 손실보상청구권은 공권으로 보아야 한다.

VI. 행정상 손실보상의 기준과 내용

1. 헌법상 보상기준

「헌법」제23조 제3항은 "공공필요에 의한 재산권의 수용·사용 또는 제한 및 그에 대한 보상은 법률로써 하되, 정당한 보상을 지급하여야 한다"고 규정하고 있다. "정당한 보상"의 해석을 둘러싸고 완전보상설·상당보상설·절충설 등으로 견해가 나뉜다. 완전보상설은 피침해재산이 가지는 재산적 가치를 완전보상해야 한다는 견해이고, 상당보상설은 상당보상이면 족하다는 견해이며[1], 절충설은 원칙적으로 완전보상해야 하지만 특별한 경우에는 상당보상도 예외적으로

---

1) 洪井善 교수는 "독일 기본법 제14조 제3항이 '보상은 공공 및 관계자의 이해를 공정히 고려하여 결정하여야 한다'고 규정하는 것은 상당보상설의 입장인 것으로 보인다. 사회국가원리 또한 우리 헌법이 지향하는 이념의 하나임을 고려할 때, 상당보상설이 타당하다고 본다."(同人, 행정법원론(상), 721쪽)라고 하여 이 설을 취한다.

가능하다는 견해이다. 완전보상설이 우리나라의 통설로 보인다.[1] 헌법재판소는 "헌법이 규정한 정당한 보상이란 손실보상의 원인이 되는 재산권의 침해가 기존의 법질서 안에서 개인의 재산권에 대한 개별적인 침해인 경우에는 그 손실보상은 원칙적으로 피수용재산의 객관적인 재산가치를 완전하게 보상하는 것이어야 한다는 완전보상을 뜻하는 것으로서 보상액뿐만 아니라 보상의 시기나 방법 등에 있어서도 어떠한 제한을 두어서는 아니 된다는 것을 의미한다고 할 것이다"라고 하였다(헌재 1990. 6. 25. 89헌마107 결정). 그러면서 "토지의 경우에는 그 특성상 인근 유사토지의 거래가격을 기준으로 하여 토지의 가격형성에 미치는 제 요소를 종합적으로 고려한 합리적 조정을 거쳐서 객관적인 가치를 평가할 수밖에 없는데 이 때, 소유주가 갖는 주관적인 가치, 투기적 성격을 띠고 우연히 결정된 거래가격 또는 흔히 불리우는 호가, 객관적 가치의 증가에 기여하지 못한 투자비용이나 그 토지 등을 특별한 용도에 사용할 것을 전제로 한 가격 등에 좌우되어서는 안 되며, 개발이익은 그 성질상 완전보상의 범위에 포함되지 아니한다"고 하였다(헌재 2001. 4. 26. 2000헌바31 결정). 「헌법」 제23조 제3항을 제외하고는 「헌법」에는 보상기준을 규정하고 있는 조항은 없다. 대법원도 "헌법 제23조 제3항에 따른 정당한 보상이란 원칙적으로 피수용재산의 객관적인 재산 가치를 완전하게 보상하여야 한다는 완전보상을 뜻하는 것이다"라고 판시하고 있다(대법 2001. 9. 25. 선고 2000두2426 판결). 종래 행정상 손실보상이라고 하면 재산권보상만을 생각했다. 그러나 재산권보상만으로는 현대사회의 현실적인 요청에 부응할 수 없게 되었다. 재산권보상 외에 사업손실(간접손실)보상, 생활권보상, 생명·건강 및 정신적 이익 등의 침해에 대한 보상이 등장하게 된 이유는 여기에 있다. 쟁점은 생활권보상과 생명 등의 침해에 대한 보상도 「헌법」 제23조 제3항의 보상에 해당하느냐에 있다.

2. 재산권보상

재산권보상은 재산권의 수용·사용·제한에 대한 보상이다. 이에는 토지보상, 토지 이외의 재산권보상, 일실손실보상을 포함한다.

(1) 보상액산정의 기준과 방법

보상액의 산정은 협의에 의한 경우에는 협의성립 당시의 가격을, 재결에 의한 경우에는 수용 또는 사용의 재결 당시의 가격을 기준으로 한다(공익사업을 위한 토지 등의 취득 및 보상에 관한 법률 67조 1항). 보상액을 산정할 경우에 당해 공익사업으로 인하여 토지 등의 가격에 변동이 있는 때(즉 개발이익이 발생한 때)에는 이를 고려하지 아니한다(배제하여 산정한다)(동조 2항).

보상액의 산정방법은 감정평가업자 3인(사업시행자가 추천한 감정평가업자가 있는 경우 이를 포함)을 선정해서 평가를 의뢰하여 행함을 원칙으로 한다(동법 68조).

---

1) 金哲洙, 학설·판례 헌법학(상), 889쪽; 成樂寅, 헌법학, 555쪽.

⑵ 토지보상

  ㈎ 협의 또는 재결에 의하여 취득하는 토지에 대하여는「부동산가격공시에 관한 법률」에 의한 공시지가를 기준으로 하여 보상하되, 그 공시기준일부터 가격시점까지의 관계 법령에 의한 당해 토지의 이용계획, 당해 공익사업으로 인한 지가의 영향을 받지 아니하는 지역의 대통령령이 정하는 지가변동률, 생산자물가상승률,[1] 그 밖에 당해 토지의 위치·현상·환경·이용상황 등을 참작하여 평가한 적정가격으로 보상하여야 한다(공익사업을 위한 토지 등의 취득 및 보상에 관한 법률 70조 1항)[2].

  ㈏ 토지에 대한 보상액은 가격시점에 있어서의 현실적인 이용상황[3]과 일반적인 이용방법에 의한 객관적 상황을 고려하여 산정하되, 일시적인 이용상황과 토지소유자 또는 관계인이 갖는 주관적 가치 및 특별한 용도에 사용할 것을 전제로 한 경우 등은 이를 고려하지 아니한다(동조 2항).

  ㈐ 사업인정 전의 협의에 의한 취득에 있어서 위 ㈎의 공시지가는 당해 토지의 가격시점 당시 공시된 공시지가 중 가격시점에 가장 가까운 시점에 공시된 공시지가로 한다(동조 3항).

  ㈑ 사업인정 후의 취득에 있어서 위 ㈎의 공시지가는 사업인정고시일 전의 시점을 공시기준일로 하는 공시지가로서, 당해 토지에 관한 협의의 성립 또는 재결 당시 공시된 공시지가 중 당해 사업인정고시일에 가장 가까운 시점에 공시된 공시지가로 한다(동조 4항).

  ㈒ 협의 또는 재결에 의하여 사용하는 토지에 대한 보상은 그 토지와 인근 유사토지의 지료(地料)·임대료·사용방법·사용기간 및 그 토지의 가격 등을 참작하여 평가한 적정가격으로 행하되, 사용하는 토지와 그 지하 및 지상의 공간의 사용에 대한 구체적인 보상액 산정 및 평가방법은 투자비용·예상수익 및 거래가격 등을 고려하여 국토교통부령으로 정한다(동법 71조).

---

1) 한국은행법 제86조의 규정에 의하여 한국은행이 조사·발표하는 생산자 물가지수에 의하여 산정된 비율을 말함.

2) 토지의 수용·사용에 따른 보상액을 평가할 때에는 관계 법령에서 들고 있는 모든 산정요인을 구체적·종합적으로 참작하여 그 요인들을 모두 반영하여야 하고, 이를 위한 감정평가서에서는 모든 산정요인의 세세한 부분까지 일일이 설시하거나 그 요인들이 평가에 미치는 영향을 수치적으로 나타내지는 않더라도 그 요인들을 특정·명시함과 아울러 각 요인별 참작 내용과 정도를 객관적으로 납득할 수 있을 정도로 설명을 기재하여야 한다(대법 2013. 6. 27. 선고 2013두2587 판결 등).

3) 대법 2013. 6. 13. 선고 2012두300 판결은 "구 국토의 계획 및 이용에 관한 법률 시행령 제51조 제3호에서 정한 '토지의 형질변경'이란 절토, 성토, 정지 또는 포장 등으로 토지의 현상을 변경하는 행위와 공유수면의 매립을 뜻하는 것으로서, 토지의 형질을 외형상으로 사실상 변경시킬 것과 그 변경으로 인하여 원상회복이 어려운 상태에 있을 것을 요하지만, 형질변경 허가에 관한 준공검사를 받거나 토지의 지목까지 변경시킬 필요는 없다"고 하면서, "농지를 공장부지로 조성하기 위하여 농지전용 허가를 받아 농지조성비 등을 납부한 후 공장설립 및 변경신고를 하고, 실제로 일부 공장건물을 증축하기까지 하여 토지의 형질이 원상회복이 어려울 정도로 사실상 변경됨으로써 이미 공장용지로 형질변경이 완료되었으며, 별도로 준공검사를 받지 않았다고 하더라도 구 지적법 시행령에서 정한 '공장부지 조성을 목적으로 하는 공사가 준공된 토지'의 요건을 모두 충족하였다고 보아야 하고, 수용대상 토지가 이미 공장용지의 요건을 충족한 이상 비록 공부상 지목변경절차를 마치지 않았다고 하더라도 그 토지의 수용에 따른 보상액을 산정할 때에는 공익사업을 위한 토지 등의 취득 및 보상에 관한 법률 제70조 제2항의 '현실적인 이용상황'을 공장부지로 평가해야 한다"라고 판시하였다.

(3) 토지 이외의 재산권보상

1) 토지에 정착한 물건에 대한 보상

건축물·입목·공작물 그 밖에 토지에 정착한 물건에 대한 보상은 이전에 필요한 비용으로 행한다. 다만, ① 건축물 등의 이전이 어렵거나 그 이전으로 인하여 건축물 등을 종래의 목적대로 사용할 수 없게 된 경우, ② 건축물 등의 이전비가 그 물건의 가격을 넘는 경우, ③ 사업시행자가 공익사업에 직접 사용할 목적으로 취득하는 경우에는 당해 물건의 가격으로 행한다(동법 75조 1항).

2) 농작물에 대한 보상

농작물에 대한 보상은 그 종류와 성장의 정도 등을 종합적으로 참작하여 행한다(동조 2항).

3) 토지에 속한 흙·돌·모래·자갈에 대한 보상

토지에 속한 흙·돌·모래 또는 자갈이 당해 토지와 별도로 취득 또는 사용의 대상이 되는 경우에, 그 흙·돌·모래 또는 자갈에 대한 보상은 거래가격 등을 참작하여 평가한 적정가격으로 행한다(동조 3항).

4) 분묘에 대한 보상

분묘에 대한 보상은 이장에 소요되는 비용 등을 산정하여 행한다(동조 4항).

5) 그 밖의 물건에 대한 보상

그 밖의 물건에 대한 보상은 국토교통부령으로 정한다(동조 6항).

6) 권리에 대한 보상

광업권·어업권 및 물(용수시설을 포함함) 등의 사용에 관한 권리에 대한 보상은 투자비용·예상수익 및 거래가격 등을 참작하여 평가한 적정가격으로 행한다(동법 76조).

(4) 일실손실보상

일실손실보상은 재산권의 수용·사용에 의하여 발생하는 부수적 손실로서 피수용자에 대한 보상을 완전보상으로 하기 위해서 위의 보상 외에 피수용자이면 누구든지 통상적으로는 당연히 받을 수밖에 없으리라고 생각되는 객관적인 경제적 손실에 대한 보상이다. 예컨대, 재산권의 수용·사용에 부수하여 영업을 폐하거나 휴업함에 따른 영업손실에 대한 보상 등이다(동법 77조 1항).

3. 사업손실(간접손실)보상

(1) 의   의

사업손실(간접손실)보상은 토지·건물 등이 공공사업에 제공된 것은 아니나 사업지 밖에 위치하여 당해 사업으로 인하여 손실을 받게 된 경우에 그 손실에 대한 보상이다.[1] 사업손실은 댐건설사업에 따른 수몰로 인하여 그 주변지역에서 발생하는 손실을 보상하기 위하여 도입된 제도이다. 그러나 최근에는 토지개발사업을 비롯하여 고속도로사업, 고속철도사업, 공항건설사업 등의 주변지역에서 발생하는 손실로 그 범위가 확대되고 있다.

(2) 공익사업을위한토지등의취득및보상에관한법률상의 사업손실보상

(가) 동일한 토지소유자에 속하는 일단의 토지의 일부가 협의에 의하여 매수되거나 수용됨으로 인하여 잔여지를 종래의 목적에 사용하는 것이 현저히 곤란한 때 사업시행자는 그 손실을 보상한다(동법 74조).

(나) 공익사업의 시행으로 인하여 취득 또는 사용하는 토지(잔여지를 포함) 외의 토지에 통로·도랑·담장 등의 신설 그 밖의 공사가 필요한 때에는 사업시행자는 그 비용의 전부 또는 일부를 보상하여야 한다(동법 79조 1항).

(다) 공익사업이 시행되는 지역 밖에 있는 토지 등이 공익사업의 시행으로 인하여 본래의 기능을 다할 수 없게 된 경우에는 국토교통부령이 정하는 바에 따라 그 손실을 보상하여야 한다(동조 2항).

4. 생활권보상

(1) 의   의

생활권보상의 의의에 관하여는 아직 학설상 견해의 일치를 보고 있지 않다. 본서에서는 생활권보상을 재산권보상에 대응되는 개념으로서 재산권보상만으로는 전보되지 아니하는 생활 또는 생존권 보장을 위하여 인정되는 보상으로 이해한다.

(2) 필 요 성

종래 행정상 손실보상은 재산권보상으로 충분하였다. 그것은 토지가 협의 또는 수용에 의하여 취득되어도 재산적 손실에 대한 금전보상을 받기만 하면 협의 또는 수용에 의하여 취득당한 자는 그것을 가지고 스스로의 힘으로 종전의 생활을 확보·유지할 수 있었기 때문이다. 그러나 이러한 생각은 현대사회에서는 반드시 타당하다고 할 수 없다. 왜냐하면 토지를 취득당한 자가 재산적 손실에 대한 금전보상을 받아도 그것만으로는 종전의 생활상태를 확보·유지할 수 없는 사태가 발생하고 있기 때문이다. 그 전형적인 예로 댐건설로 인하여 마을 전체가 수몰하여 주

---

1) 종래 공공용지의취득및손실보상에관한특례법시행규칙 제5장의2에서 "간접보상"이라는 제목 아래에서 사업손실보상에 관한 규정을 두었던 것을 현재 「공익사업을 위한 토지 등의 취득 및 보상에 관한 법률 시행규칙」 제5장 제7절에서 "공익사업시행지구 밖의 토지 등의 보상"이라는 제목으로 이들 규정을 두고 있다. 사업손실보상에 관하여는 趙泰濟, 「사업손실보상」, 토지공법연구(한국토지공법학회) 제29집, 147쪽 이하 참조.

민이 딴 곳에 이주하여 생활하지 않으면 아니 되게 된 경우에 이들이 토지·건물 등의 재산에 대하여 금전보상을 받았다 하더라도 그 보상만으로 스스로의 힘으로 새로운 생활을 영위해 간다는 것은 여간 곤란한 일이 아니다. 이러한 경우에 재산권보상에 그칠 것이 아니라 그들의 생활을 보장하기 위한 보상이 필요해진다.

(3) 근 거

1) 헌법적 근거
생활권보상의 헌법적 근거에 관하여는 견해가 나뉜다.

(가) **제23조·제34조설**　　이 설은 생활권보상의 헌법적 근거를 제23조와 제34조에서 찾으려는 견해이다. 그 논거는 「헌법」의 기본권체계 전체와 관련하여 보아서 「헌법」 제23조 제3항은 제34조의 생활권을 기초로 한 재산권으로 파악하여야 한다는 데에 있다. 이 설이 우리나라의 다수설이다.

(나) **제34조설**　　이 설은 생활권보상의 헌법적 근거를 직접적으로는 제34조에서 찾으려는 견해이다. 그 논거는 「헌법」 제23조 제3항은 수용목적물인 재산권에 대한 보상과 이와 관련되는 부대적 손실의 보상을 대상으로 하는 것이지 공익사업시행 이전의 생활상태를 회복하게 하는 내용의 생활권보상을 대상으로 하고 있지 않다는 데에 있다.[1]

(다) **검 토**　　이 문제는 생활권보상의 의의와 관련이 있다고 생각한다. 생활권보상을 최광의로 보아 보상의 궁극의 목표를 종전의 생활의 재건으로 생각해서 재산권보상을 생활권보상 속에 포함시키는 견해에 의하면 제23조·제34조설이 타당하려는지 모른다. 그러나 본서와 같이 생활권보상을 재산권보상과 대응되는 개념으로 본다고 한다면, 비록 생활권보상이 공공필요에 의한 재산권의 수용 등에 의하여 필요로 하게 된 것이라 하더라도, 그 헌법적 근거는 직접적으로는 제34조에 두는 것이 이론상 타당하다고 생각한다.[2] 헌법재판소도 생활보상의 내용이 입법자에게 위임되어 있다고 보며, 헌법의 규정만으로 직접 권리가 도출되는 것이 아니라고 보고 있다(헌재 2006. 2. 23. 2004헌마19 결정 등).

2) 법률적 근거
생활권보상에 대한 근거법률로는 「공익사업을 위한 토지 등의 취득 및 보상에 관한 법률」, 「댐건설 및 주변지역지원 등에 관한 법률」, 「산업입지 및 개발에 관한 법률」 등이 있다.

---

1) 柳至泰, 「생활보상논의의 비판적 검토」, 특별법연구(특별소송실무연구회) 제8권, 211쪽.
2) 생활권도 자유권적 측면으로서의 기능이 있다. 그러나 그 기능은 국가의 작위에 의하여 생활을 위협하는 상황의 배제요구로서의 부작위요구기능이다.

(4) 현행법상 생활권보상의 내용

「공익사업을 위한 토지 등의 취득 및 보상에 관한 법률」 제78조는 제1항에서 "사업시행자는 공익사업의 시행으로 인하여 주거용 건축물을 제공함에 따라 생활의 근거를 상실하게 되는자(이주대책대상자라 한다)를 위하여 대통령령으로 정하는 바에 따라 이주대책을 수립·실시하거나 이주정착금을 지급하여야 한다"라고 하고, 제4항에서 "이주대책의 내용에는 이주정착지(이주대책의 실시로 건설하는 주택단지를 포함)에 대한 도로, 급수시설, 배수시설, 그 밖의 공공시설 등 통상적인 수준의 생활기본시설이 포함되어야 하며, 이에 필요한 비용은 사업시행자가 부담한다"라고 규정하고 있다[1]. 동법 시행령 제40조 제2항은 "이주대책은 국토교통부령으로 정하는 부득이한 사유가 있는 경우를 제외하고는 이주대책대상자 중 이주정착지에 이주를 희망하는 자의 가구수 10호 이상인 경우에 수립·실시한다. 다만, 사업시행자가 「택지개발촉진법」 또는 「주택법」 등 관계법령에 따라 이주대책대상자에게 택지 또는 주택을 공급한 경우에는 이주대책을 수립·실시한 것으로 본다" 라고 규정하고 있다.[2] 또한 「공익사업을 위한 토지 등의 취득 및 보상에 관한 법률」 제78조의2는 공익사업의 시행으로 인하여 공장부지가 수용됨에 따라 더는 공장을 가동할 수 없게 된 자를 인근 산업단지에 입주하게 하는 공장의 이주대책을 규정하고 있다.

---

1) 법 제78조 제1항과 제4항의 법적 성격에 관하여 대법 2011. 6. 23. 선고 2007다63089, 63096(병합) 전원합의체 판결 다수의견은 "구 공익사업을 위한 토지 등의 취득 및 보상에 관한 법률(2007. 10. 17. 법률 제8665호로 개정되기 전의 것, 이하 '구 공익사업법'이라 한다)은 공익사업에 필요한 토지 등을 협의 또는 수용에 의하여 취득하거나 사용함에 따른 손실보상에 관한 사항을 규정함으로써 공익사업의 효율적인 수행을 통하여 공공복리의 증진과 재산권의 적정한 보호를 도모함을 목적으로 하고 있고, 위 법에 의한 이주대책은 공익사업의 시행에 필요한 토지 등을 제공함으로 인하여 생활의 근거를 상실하게 되는 이주대책대상자들에게 종전 생활상태를 원상으로 회복시키면서 동시에 인간다운 생활을 보장하여 주기 위하여 마련된 제도이므로, 사업시행자의 이주대책 수립·실시의무를 정하고 있는 구 공익사업법 제78조 제1항은 물론 이주대책의 내용에 관하여 규정하고 있는 같은 조 제4항 본문 역시 당사자의 합의 또는 사업시행자의 재량에 의하여 적용을 배제할 수 없는 강행법규이다"라고 하였다.

2) 사업시행자가 택지·주택을 공급한 경우에도 사업시행자에게 생활기본시설 설치의무가 있는가의 여부에 대하여 대법 2011. 6. 23. 선고 2007다63089, 63096(병합) 전원합의체 판결 다수의견은 "사업시행자가 구 공익사업법 시행령 제40조 제2항 단서에 따라 택지개발촉진법 또는 주택법 등 관계 법령에 의하여 이주대책대상자들에게 택지 또는 주택을 공급('특별공급'이라 한다)하는 것도 구 공익사업법 제78조 제1항의 위임에 근거하여 사업시행자가 선택할 수 있는 이주대책의 한 방법이므로, 특별공급의 경우에도 이주정착지를 제공하는 경우와 마찬가지로 사업시행자의 부담으로 같은 조 제4항이 정한 생활기본시설을 설치하여 이주대책대상자들에게 제공하여야 한다"고 하였다. 이에 대하여는 "구 토지취득보상법(다수의견의 구 공익사업법을 말함) 제78조 제4항 본문은 '이주대책의 내용에는 이주정착지에 대한 도로, 급수시설, 배수시설 그 밖의 공공시설 등 당해 지역조건에 따른 생활 기본시설이 포함되어야 하며, 이에 필요한 비용을 사업시행자의 부담으로 한다'고 규정하여 사업시행자가 자신의 부담으로 위와 같은 생활기본시설을 설치하여야 하는 경우를 이주대책으로서 이주정착지를 제공하는 경우에 한정하고 있다. 나아가 구 토지취득보상법 시행령 제40조 제2항 단서는 사업시행자가 택지 또는 주택을 특별공급한 경우에는 이주대책을 수립·실시한 것으로 본다고 규정하고 있는 바, 이주대책을 수립·실시하여야 할 경우를 규정한 같은 항 본문과 그 예외를 규정한 단서의 조문체계 및 위 단서의 문언상 특별공급의 경우에는 더 이상 별도의 이주대책이 필요 없는 것으로 해석할 수 밖에 없다"는 별개의견이 있었다.

5. 생명·건강 및 정신적 이익 등의 침해에 대한 보상

(1) 생명·신체·건강 등 생활권보상의 범위 밖에 있는 비재산적 손실이 발생한 경우의 보상의 기준 등에 관하여는 각 개별법이 규정을 두고 있는 경우가 있다(예: 감염병의 예방 및 관리에 관한 법률 70조, 경찰관직무집행법 11조의2 1항).

(2) 공용수용 등의 경우에 조상 대대로 생활해 오던 곳을 떠나 생소한 곳에서 거주하게 되는 정신적 고통, 생활의 변화에 대한 불안감 등 정신적 손실이 예상되나, 아직 이에 대한 보상을 규정한 법률은 없다.

Ⅶ. 손실보상의 방법과 지급

「헌법」은 손실보상의 방법과 지급을 법률로 정하도록 하고 있다(23조 3항).
현행법이 정한 손실보상의 방법과 지급에는 다음과 같은 것이 있다.

1. 손실보상의 방법

(1) 현금보상

손실보상은 다른 법률에 특별한 규정이 있는 경우를 제외하고 현금으로 지급하여야 한다(공익사업을 위한 토지 등의 취득 및 보상에 관한 법률 63조 1항 본문).

(2) 채권보상

손실보상은 채권보상의 방법에 의할 때도 있다(동조 7항·8항).

(3) 현물보상

손실보상은 예외로 현물보상의 방법에 의할 때도 있다(동조 1항 단서).

2. 손실보상의 지급

(1) 사전·전액보상

사업시행자는 당해 공익사업을 위한 공사에 착수하기 이전에 토지소유자 및 관계인에 대하여 손실보상액의 전액을 지급함을 원칙으로 한다(동법 62조).

(2) 개인별보상

손실보상은 토지소유자 또는 관계인에게 개인별로 행함을 원칙으로 한다(동법 64조).

(3) 일괄보상

사업시행자는 동일한 사업지역 안에 손실보상시기를 달리하는 동일인 소유의 토지 등이 수 개 있는 경우 토지소유자 또는 관계인의 요구가 있는 때에는 일괄하여 손실보상금을 지급하도록 하여야 한다(동법 65조).

Ⅷ. 손실보상액의 결정방법과 불복절차

1. 손실보상액의 결정방법

손실보상액의 결정방법에 관하여 개별법에서 여러 방법을 규정하고 있으나, 대체로 다음 셋으로 크게 나눌 수 있다.

(1) 당사자간의 협의에 의하는 경우

이러한 협의는 행정청이 재결·결정을 행하기 전의 단계로 규정되어 있다(공익사업을 위한 토지 등의 취득 및 보상에 관한 법률 26조, 자연공원법 73조 3항). 협의의 성질은 사법상 계약으로 본다.

(2) 행정청의 재결·결정에 의하는 경우

이에는 손실보상액의 결정이 행정청의 재결에 의하여 행하여지는 경우(예: 공익사업을 위한 토지 등의 취득 및 보상에 관한 법률 34조에 규정되어 있는 토지수용위원회의 재결)와, 보상액의 결정이 행정청의 결정에 의하여 행하여지는 경우(예: 징발법 22조)가 있다.

(3) 소송에 의하는 경우

법률이 보상의 근거를 마련해 놓고 있으면서 손실보상액의 결정방법에 관하여 아무런 규정을 두지 않고 있는 경우(예: 구 문화재보호법 46조)(현행 문화재보호법 46조 3항은 손실보상의 구체적인 대상 및 절차 등에 관하여는 대통령령에 위임되어 있다)에는 당사자는 법원에 손실보상금지급청구소송을 제기할 수 있다. 법률상 전심절차를 거쳐 손실보상금지급청구소송을 제기하도록 하고 있는 경우도 있다(예: 징발법 24조의 2). 이 경우의 소송을 공법상의 당사자소송으로 보는 것이 학설의 다수이나, 판례는 대체로 민사소송으로 보고 있다(대법 1981. 5. 26. 선고 80다2542 판결, 대법 1997. 9. 5. 선고 96누1597 판결 등).

2. 행정청의 손실보상액결정에 대한 불복절차

손실보상액결정이 처분에 해당하는 경우에는 행정청의 손실보상액결정에 대한 불복은 그 처분의 항고쟁송이 되어야 함은 말할 나위가 없다.[1]

(1) 「공익사업을 위한 토지 등의 취득 및 보상에 관한 법률」이 적용 또는 준용되는 경우

1) 가장 일반적이라고 할 수 있는 손실보상액을 결정한 토지수용위원회의 재결에 대한 불복절차를 보면, 지방토지수용위원회(또는 중앙토지수용위원회)의 재결에 대하여 이의가 있는 자는 재결서의 정본의 송달을 받은 날로부터 30일 이내에 당해 지방토지수용위원회를 거쳐 중앙토지수용위원회에 이의를 신청할 수 있다(공익사업을 위한 토지 등의 취득 및 보상에 관한 법률 83조). 이의신청이 있는 경우에, 중앙토지수용위원회는 원재결(原裁決)이 위법 또는 부당하다고 인정할 때에는 그 원재결의 전부 또는 일부를 취소하거나 손실보상액을 변경할 수 있다(동법 84조 1항). 원재결의 취소 또는 변경으로 인하여 손실보상금이 증액된 경우에는 사업시행자는 원재결의 취소 또는 변경의 재결서 정본을 받은 날부터 30일 이내에 손실보상금을 받을 자에게 그 증액된 보상금을 지급하여야 한다(동법 84조 2항). 또한 토지수용위원회(지방토지수용위원회 또는 중앙토지수용위원회)의 재결에 대하여 이의가 있는 자는 재결서를 받을 날로부터 90일 이내에, 이의신청을 거친 때에는 이의신청에 대한 재결서를 받은 날로부터 60일 이내에 각각 직접 행정소송을 제기할 수 있다(동법 85조 1항). 재결이 취소되면 토지수용위원회가 재재결하게 될 것이고, 이에 불복하면 이 재재결에 대하여 다시 행정소송을 제기함으로써 손실보상액이 만족스러울 때까지 다툴 수 있다.

2) 그러나 손실보상액에 대하여만 불복하는 경우에는 위 방법을 취하지 아니하고 손실보상액의 증감에 관한 소송을 법원에 청구할 수 있다[2](동조 2항). 이 경우에 당해 소송을 제기하는 자가 토지소유자 또는 관계인인 때에는 사업시행자를, 사업시행자인 때에는 토지소유자 또는 관계인을 각각 피고로 한다. 즉 이 경우의 소송은 형식적 당사자소송이다(→ 형식적 당사자소송).

---

1) 대법 2011. 10. 13. 선고 2008두1832 판결은 사업시행자 스스로 공익사업의 원활한 시행을 위하여 생활대책을 수립·실시할 수 있도록 내부규정을 두고 이에 따라 생활대책대상자 선정기준을 마련하여 생활대책을 수립·실시하는 경우, 생활대책대상자 선정기준에 해당하는 자는 자신을 생활대책대상자에서 제외하거나 선정을 거부한 사업시행자를 상대로 항고소송을 제기할 수 있다고 하였다.

2) 대법 2018. 5. 15. 선고 2017두41221 판결 : 하나의 재결에서 피보상자별로 여러 가지 토지, 물건, 권리 또는 영업(이처럼 손실보상 대상에 해당하는지, 나아가 그 보상금액이 얼마인지를 심리·판단하는 기초 단위를 이하 보상항목이라고 한다)의 손실에 관하여 심리·판단이 이루어졌을 때, 피보상자 또는 사업시행자가 반드시 재결 전부에 관하여 불복하여야 하는 것은 아니며, 여러 보상항목들 중 일부에 관해서만 불복하는 경우에는 그 부분에 관해서만 개별적으로 불복의 사유를 주장하여 행정소송을 제기할 수 있다. 이러한 보상금 증감 소송에서 법원의 심리범위는 하나의 재결 내에서 소송당사자가 구체적으로 불복신청을 한 보상항목들로 제한된다.

(2) 「공익사업을 위한 토지 등의 취득 및 보상에 관한 법률」이 적용 또는 준용되지 아니하는 경우

> 1) 행정청이 일방적으로 손실보상액을 결정하도록 하거나 당사자간에 협의를 거친 후 토지수용위원회 등이 재결하도록 하면서 이에 대한 불복방법에 관하여 특별한 규정을 두고 있지 않는 경우(예컨대, 자연공원법 73조 4항 등)에는 행정청의 손실보상액결정이나 관할토지수용위원회나 중앙토지수용위원회의 재결에 대한 처분 취소를 구하는 행정쟁송을 제기하여 다투어야 한다(대법 1995. 6. 16. 선고 94누14100 판결 참조).

> 2) 법률에서 전심절차를 거쳐 보상금지급청구의 소를 제기하도록 규정하고 있는 경우(예컨대 징발법 24조의 2)에는 전심절차를 거쳐 보상금지급청구소송을 제기하여야 한다.[1]

제 4 절 행정상 손해배상과 행정상 손실보상의 틈

Ⅰ. 양 제도의 정리와 틈새기

행정상 손해배상이 고의·과실 있는 위법한 직무행위 또는 공공의 영조물의 설치·관리의 흠으로 발생한 손해를 전보하는 제도임에 대하여, 행정상 손실보상이 적법한 행정활동에 의하여 사인에게 발생한 특별한 희생을 전체의 부담으로 전보하는 제도임은 이미 앞에서 본 바와 같다.

그러나 위 양 어느 제도에 의해도 전보되지 아니하는 영역이 존재한다.

㈎ 행정상 손해배상의 측면에서 보면, 예컨대 공무원의 위법한 직무행위로 손해가 발생하였지만 고의·과실이 없었던 경우 및 공공의 영조물의 설치 또는 관리에 의하여 손해가 발생하였지만 흠이 존재하지 아니하였던 경우 등이다.

㈏ 행정상 손실보상의 측면에서 보면 행정주체의 적법한 행정활동으로 손실이 발생하였지만 그 손실이 특별한 희생이 아니었던 경우, 또는 그 손실이 비재산적 손실이어서 법규의 부존재로 손실보상을 청구할 수 없었던 경우 등이다.

이처럼 행정활동에 의하여 발생한 것이지만 행정상 손해배상이나 행정상 손실보상으로 전보되지 아니하는 손해와 손실을 모두 특정 사인의 부담으로 귀속시키는 것이 공평부담의 원칙에서 보아 적절하지 아니하는 경우가 있을 수 있다. 이 경우 양 제도의 틈새기를 메우려는 노력의 일환이 바로 행정상 손해배상과 행정상 손실보상을 통일적으로 이해하려는 이론구성, 위험책임론 등이다.

---

1) 대법원은 징발에 의한 피징발자의 징발로 인한 손실보상은 피징발자의 사법상의 권리에 대한 손실을 본질적 내용으로 하는 것이므로 징발보상금 청구를 민사소송사항으로 다루는 것이 정당하다고 하였다(대법 1970. 3. 10. 선고 69다1886 판결).

Ⅱ. 해석론적 시도

행정상 손해배상과 행정상 손실보상의 어느 제도에 의하여도 전보되지 아니하는 영역 중에서 우리나라에서 주로 문제되었던 것은 무과실위법행위에 의하여 손해·손실이 발생한 경우이다. 이 문제를 해결하기 위한 접근방법으로는 크게 두 경향으로 나눌 수 있다. 그 하나는 행정상 손해배상의 측면에서 이에 접근하는 방법이고, 또 다른 하나는 행정상 손실보상의 측면에서 이에 접근하는 방법이다.

1. 행정상 손해배상의 측면에서의 접근

무과실위법행위의 경우에 행정상 손해배상의 측면에서 문제를 해결하려는 시도가 있다. 첫째는 「국가배상법」 제2조 제1항 본문의 과실의 요건을 완화하는 방법이 있다. 즉 과실을 주관적 심리상태로 보는 것이 아니라 고도화된 객관적 주의의무위반으로 파악한다든가, 과실을 공무원의 위법행위로 인한 국가작용의 흠의 표현으로 해석한다든가, 피해자가 공무원의 위법한 직무행위로 인하여 손해가 발생한 사실을 입증하면 일응 고의·과실이 있다는 것이 추정되는 일응추정의 이론을 활용한다든가, 나아가 과실과 위법성을 통합하여 일원적으로 이해함으로써 과실과 위법성의 어느 한 쪽을 입증하면 다른 한 쪽이 자동적으로 도출되게 한다든가 하는 시도들이 그 예이다.

둘째는 「국가배상법」 제5조의 영조물의 설치 또는 관리의 흠(하자)에 기능적 흠(하자)을 인정하는 등 설치 또는 관리의 흠을 확대함으로써 문제를 해결하는 방법이 있다. 대법원은 김포공항에서 발생하는 소음 등으로 인근 주민들이 피해를 입은 사건에서 「국가배상법」 제5조의 흠(하자)에 영조물이 공공의 목적에 이용됨에 있어 그 이용상태 및 정도가 일정한 한도를 초과하여 제3자에게 사회통념상 수인할 것이 기대되는 한도를 넘는 피해를 입히는 경우까지 포함된다고 판시하였다(대법 2005. 1. 27. 선고 2003다49566 판결).

2. 행정상 손실보상의 측면에서의 접근

무과실위법행위에 의하여 손실이 발생한 경우에 행정상 손해배상의 측면에서 문제를 해결하려는 시도 외에 행정상 손실보상의 측면에서도 문제를 해결하려는 시도가 있다. 이 측면에서의 문제해결시도는 우리나라에서는 법률의 보상규정의 유추적용과 수용유사침해에 의거한 보상에 의하여 행하여지고 있다.

(1) 법률의 보상규정의 유추적용

법률의 보상규정의 유추적용에 관한 대표적 사례로는 구 하천법하에서 제외지(堤外地)는 하천구역에 속하는 토지로서 법률의 규정에 의하여 당연히 그 소유권이 국가에 귀속된다고 할 것인데 동법에는 동법의 시행으로 인하여 국유화가 된 제외지의 소유자에 대하여 그 손실을 보상한다는 직접적인 보상규정이 없으나 동법 제74조의 손실보상요건에 관한 규정은 보상사유를 제한적으로 열거한 것이라기보다는 예시적으로 열거하고 있으므로 국유로 된 제외지의 소유자에 대하여 이 법조를 유추적용하여 관리청은 그 손실을 보상하여야 한다고 판시하였던 대법원의 판결(대법 1987. 7. 21. 선고 84누126 판결 등)에서 찾아볼 수 있다.[1]

(2) 수용유사침해에 의거한 보상

1) 수용유사침해이론

수용유사침해이론은 무과실위법행위에 의하여 손실이 발생한 경우에 독일 판례법상의 구제수단으로 창조된 이론이다. 즉 재산권에 대한 침해행위가 행정상 손실보상의 모든 요건을 갖추었지만 법률에 보상규정이 없어 보상을 청구할 수 없는 경우에[2] 그 침해행위 자체는 헌법위반으로 위법이 되지만[3] 손실보상을 규정하지 아니한 법률제정 및 그 법률에 기한 침해행위에 과실이 없을 때 손해배상의 청구도 용이하지 아니하므로, 이러한 경우의 문제를 해결하기 위하여 독일 연방통상법원이 고안한 것이다.

초기의 수용유사침해이론의 실정법적 근거는 재산권의 수용 등 침해행위와 이에 대한 보상을 규정한 기본법 제14조 제3항에서 찾았다. 즉 적법한 침해행위에 보상이 행하여진다면 위법한 침해행위는 말할 것도 없다는 "당연"이론에 의하여 무과실위법행위로 인한 손실에 대하여도 보상을 긍정하였다. 그 뒤 이 이론은 과실 있는 위법행위의 경우에도 확대되었다. 물론 과실 있는 위법행위에 대하여는 직무책임(독일민법 839조, 독일기본법 34조)이라는 실정법상의 구제수단이 있다. 그러나 수용유사침해에 의거한 보상과 비교하면 직무책임이 피해자에게 결코 유리하지 않으므로, 무과실위법행위에 대하여 수용유사침해에 의거한 보상이 인정된다면 과실 있는 위법행위에 대하여는 말할 것도 없다는 "당연"이론에 의하여 과실 있는 위법행위에도 수용유사침해에 의거한 보상이 인정되기에 이르렀다(직무책임청구권과 수용유사침해에 의거한 보상청구권이 경합됨).

이 이론은 독일 헌법재판소에 의하여 여러 차례의 제동이 있었다. 그 최초의 제동이 헌법재판소의 1955년 7월 21일의 이른바 부대조항판결(BVerfGE 4, 219)이었고, 그 뒤에 나온 것이 1981년 7월 15일의 이른바 자갈채취사건에 관한 판결(BVerfGE 58, 300)이었다. 이들 헌법재판소의 판결의 취지는 일관되어 있다. 기본법 제14조 제3항 제2문(부대조항)과 제3문(보상액)이 일의적(一義的)으로 입법자에게 맡겨 놓고 있는 수용 등 보상의 규율을 법원이 스스로 행하는 것은 권한

---

1) 판례는 실정법의 해석을 통한 보충적 효력으로만 삼고 판례로써 입법사항과 같은 손실보상 종류의 창설이나 제한이 되는 유추적용은 최소한에 그쳐야 한다는 견해로는 李善永, 「행정상 손실보상 법정주의의 현황과 과제 — 최근의 두 판례를 중심으로—」, 토지공법연구(한국토지공법학회) 제16집 제2호, 69쪽 이하 참조.

2) 독일 기본법 제14조 제3항은 보상은 법률로써 정하도록 규정되어 있다.

3) 특별한 희생에 대하여 보상을 규정하지 아니한 법률은 위헌이고 이 위헌인 법률에 기한 침해행위도 위법이 된다.

의 침범으로 허용되지 않는다는 것이다. 비록 방론이기는 하지만, 공공의 이익의 정당한 형량은 경우에 따라서는 법원에 계속되어 있는 개별사안으로서는 전체를 인식하기 어려운 점이 있다는 것, 경제적·사회적·정치적 요인 등 수많은 요인을 고려할 것이 요청된다는 것 등의 지적이 있다. 독일 헌법재판소의 1981년 판결 이후에도 연방통상법원이 수용유사침해이론을 적용하고 있으나 헌법재판소의 판결과 배치되지 아니하는 범위 내에서이며, 수용유사침해의 실정법적 근거도 기본법 제14조 제3항이 아니라 관습법적으로 발전되어 온 희생보상제도에 두고 있다.[1]

2) 수용유사침해이론의 우리나라에의 도입문제

수용유사침해이론의 우리나라에의 도입에 대하여는 학설상 찬반양론이 있다. 우리 대법원은 "수용유사침해의 이론은 국가 기타 공권력의 주체가 위법하게 공권력을 행사하여 국민의 재산권을 침해하였고, 그 효과가 실제에 있어서 수용과 다름없을 때에는 적법한 수용이 있는 것과 마찬가지로 국민이 그로 인한 손실의 보상을 청구할 수 있다는 것인데(과연 우리 법제하에서 그와 같은 이론을 채택할 수 있는가는 별론으로 하더라도 이 사건에서 피고 대한민국의 이 사건 주식취득이 그러한 공권력의 행사에 의한 수용유사적 침해에 해당한다고 볼 수는 없다), 1980년 6월 말경의 비상계엄 당시 국군보안사령부 정보처장이 언론통폐합조치의 일환으로 사인소유의 방송사 주식을 강압적으로 국가에 증여하게 한 것은 위 수용유사행위에 해당되지 않는다"(대법 1993. 10. 26. 선고 93다6409 판결)고 하여 소극적 태도를 취하고 있다. 원심은 피고 대한민국의 이 사건 주식수용은 개인의 명백히 자유로운 동의가 없이 이루어진 것이고, 나아가 법률의 근거 없이 이루어진 것으로서 개인의 재산권에 대한 위법한 침해이고 이는 결국 법률의 근거 없이 개인의 재산을 수용함으로써 발생한 이른바 수용유사적 침해이므로, 이로 인한 특별한 희생, 즉 손실을 당한 원고는 자연법의 법리나 구 헌법 제22조 제3항의 효력으로서 국가에게 그 손실의 보상을 청구할 권리가 있다고 판단하여 그 보상을 구하는 원고의 피고 대한민국에 대한 예비적 청구를 인용하였었고, 피고는 상고이유에서 원심이 인정한 수용유사적 침해이론은 우리 헌법상 인정될 수 없다고 주장하였었다.[2]

---

1) 姜知恩 교수는 다음과 같이 기술하고 있다. "종래 연방일반법원의 판례에 의하여 지백적이던 'aulde liquidiere(참아라 그리고 보상받아라)'를 부분적으로 거부하고 대신 'wehre dich bevor du liquidierst(청산하기 전에 싸워라)'라는 원칙에 충실하게 되었다. 자신의 법적인 권리의 보호를 존중하지 않는 사람에 대하여는 보상할 가치가 없다는 논거와도 연결된다. 이에 따라 광의의 수용개념이 협의의 수용, 즉 고전적인 수용개념으로 희귀하고, 수용유사침해를 이유로 「기본법」제14조를 근거로 한 손실보상청구가 불가능하게 되었다. 연방일반법원의 판례가 경계이론(가치보장)에 기초하였다면, 연방헌법재판소의 결정은 분리이론(존속보장)에 입각한 것으로 파악된다. 요컨대, 당사자가 1차적으로 행정소송 등에 의하여 처분의 취소를 구할 수 있는 경우, 손실보상청구에 앞서 취소소송을 제기하여야 하며, 취소소송과 수용유사침해를 통한 손실보상청구 사이의 선택의 가능성은 부인된다(同人, 「독일 공법상 1차권리구제와 2차권리구제—전통적 도그마틱의 변화와 그 시사점을 중심으로—」, 행정법연구(행정법이론실무학회)제60호, 60쪽).

2) 鄭夏重 교수는 "수용유사적·수용적 침해 제도는 독일의 특유한 역사적인 배경 속에서 발전된 제도로서 한국의 행정상의 손해전보제도의 발전에 하나의 참고는 될 수 있으나 현실적인 수용을 위하여는 여러 가지 법정책적이고 방법론적인 문제점을 안고 있다"(행정법총론, 592쪽)고 평가하고 있다.

Ⅲ. 입법론적 대응

 행정상 손해배상과 행정상 손실보상의 어느 제도에 의하여도 전보되지 아니하는 영역이 존재하고 이들을 모두 특정 사인의 부담으로 귀속시키는 것이 적절하지 못한 경우도 있을 수 있으며, 이들 문제를 실정법의 해석론에 의하여 해결하려는 시도가 있다는 것을 보았다. 이러한 해석론적 시도로는 상술한 「국가배상법」상의 요건 완화, 수용유사침해론뿐만 아니라 수용적 침해론, 희생보상청구권론 및 희생유사침해론 등이 있다. 수용적 침해론은 적법한 행정활동의 의도되지 아니한 부수적 효과로서 사인의 재산권에 대한 손실[1]을 보상해 주기 위하여 관습법적으로 발전되어 온 희생보상제도를 근거로 하여 독일 연방통상법원이 고안해낸 이론이다. 희생보상청구권론과 희생유사침해론은 비재산적 손실에 대한 독일 판례법상의 구제수단으로 창조된 이론들이다. 이들 이론들을 우리 실정법의 해석론으로 받아들이는 것은 해석론이 지켜야 할 한계를 넘고 있다. 그렇다면 남은 문제는 입법론적 대응이다.[2] 우리는 이미 예방접종사고로 인한 손실에 대하여 입법적으로 해결한 바 있다(구 전염병예방법 54조의2, 현행법 감염병의예방및관리에관한법률 70조 참조)[3]. 다음과 같은 이유로 입법론적 해결이 타당하다고 생각한다.

  (1) 우리 실정법은 행정상 손해배상과 행정상 손실보상의 양 제도를 구분하고 있을 뿐만 아니라 법치국가에 있어서는 위법침해는 본래 제거되어야 하는 것임에 대하여 적법침해는 이를 수인하여야 한다는 차이를 무시할 수 없으며 행정상 손해배상은 행정상 손실보상과

---

1) 대부분의 손실은 토지수용으로 인한 손실처럼 의도된 손실이나 도로건설 등의 공공사업으로 인한 소음·진동 등의 피해나 영업상의 손실처럼 의도되지 아니한 손실도 있을 수 있다.

2) 같은 견해로는 金容燮, 「행정상 사실행위」, 행정작용법(김동희교수 정년퇴임 기념논문집), 747쪽 참조.

3) 구 전염병예방법 제54조의2에 따른 예방접종으로 인한 장애시 보상금 신청거부취소청구 사건에서 대법원은 "구 전염병예방법 제54조의2에 규정에 의한 국가의 보상책임은 무과실책임이긴 하지만, 책임이 있다고 하기 위해서는 질병, 장애 또는 사망(이하 장애 등이라 한다)이 당해 예방접종으로 인한 것임을 인정할 수 있어야 한다"면서, "특정인에게 권리나 이익을 부여하는 이른바 수익적 행정처분은 법령에 특별한 규정이 없는 한 재량행위이고, 구 전염병예방법 제54조의2 제2항에 의하여 보건복지가족부장관에게 예방접종으로 인한 장애 등의 인정권한을 부여 한것은 예방접종과 장애 등 사이에 인과관계가 있는 지를 판단하는 것은 고도의 전문적 의학지식이나 기술이 필요한 점과 전국적으로 일관되고 통일적인 해석이 필요한 점을 감안한 것으로 역시 보건복지가족부장관의 재량에 속하는 것이므로, 인정에 관한 보건복지가족부장관의 결정은 가능한 한 존중되어야 한다. 다만, 인정 여부의 결정이 재량권의 행사에 해당하더라도 재량권을 일탈하거나 남용해서는 안 되고, 특히 구 전염병예방법에 의한 피해보상제도가 수익적행정처분의 형식을 취하고는 있지만, 구 전염병예방법의 취지와 입법경위 등을 고려하면 실질은 피해자의 특별한 희생에 대한 보상에 가까움으로, 보건복지가족부장관은 위와 같은 사정 등을 두루 고려하여 객관적으로 합리적인 재량권의 범위내에서 타당한 결정을 해야 하고, 그렇지 않을 경우 인정 여부의 결정은 주어진 재량권을 남용한 것으로서 위법하게 된다"고 하고, "구 전염병예방법 제54조2의 규정에 의한 보상을 받기 위한 전제로서 요구되는 인과관계는 반드시 의학적·자연과학적으로 명백히 증명되어야 하는 것은 아니고, 간접적 사실관계 등 제반 사정을 고려할 때 인과관계가 있다고 추정되는 경우에는 증명이 있다고 보아야 한다. 인과관계를 추단하기 위해서는 특별한 사정이 없는 한 예방접종과 장애 등의 발생사이에 시간적·공간적 밀접성이 있고, 피해자가 입은 장애 등이 당해 예방접종으로부터 발생하였다고 추론하는 것이 의학이론이나 경험칙상 불가능하지 않으며, 장애 등이 원인불명이거나 당해 예방접종이 아닌 다른 원인에 의해 발생한 것이 아니라는 정도의 증명이 있으면 족하다"고 하였다(대법 2014. 5. 16. 선고 2014두274 판결).

기능상의 차이가 있어 손해의 전보라는 측면과 아울러 위법한 공무의 운영에 대한 비난이라는 측면도 아울러 갖고 있음은 앞에서 본 바와 같다. 그러나 침해의 적법·위법에 불구하고 피해자에게 간이·신속한 구제를 부여하는 것이 바람직한 영역에 있어서는 통일보상이론에 의거하여 행위규범성을 묻지 않는 행정상의 보상입법을 개별적으로 제정해 가는 것이 타당하다.

(2) 행정상 손해배상과 행정상 손실보상의 어느 제도에 의하여도 전보되지 아니하는 영역에 있어서 사인의 부담으로 귀속시키는 것이 적절하지 못한 경우라 하더라도 그 구제에 막대한 비용이 소요될 때에는 재정·조세와 밀접한 관계가 있기 때문에 법관이 해석론에 의하여 이 문제를 해결하는 것은 적절하지 못하고 입법자가 이 문제를 해결하는 것이 적절하다.

제6편 행정조직법론

제1장 행정조직법

제1절 서 론

I. 행정조직법의 개념

행정조직법은 행정작용법에 대칭되는 개념이다. 행정법은 일반적으로 행정조직법과 행정작용법으로 나뉜다.

전통적 행정법이론에 의하면, 행정에 관한 무수한 법주체는 크게 행정주체와 행정객체(사인)로, 행정에 관한 법률관계는 행정의 내부관계와 외부관계라는 성질이 다른 두 법률관계로 각각 나뉜다. 이 때 행정의 내부관계를 규율하는 법이 행정조직법이고, 행정의 외부관계, 즉 행정주체와 행정주체의 외부에 있는 행정객체(사인)와의 관계를 규율하는 법이 행정작용법이다. 전통적 행정법이론에서는 행정조직법과 행정작용법은 본질적으로 다른 법원리에 의하여 지배된다고 보았다. 즉 행정조직법은 각 행정주체가 행정목적에 따라 그 기능을 합리적·능률적으로 발휘할 수 있도록 합목적적으로 규정하고, 상호 연락·조정이나 권한의 지휘·감독 등은 행정조직의 내부문제로서 자주적 처리에 맡겨져 있으며, 그 권한의 행사나 이에 관한 지위·감독에 분쟁이 발생한 경우에도 그것은 행정조직의 내부문제로서 원칙적으로 사법심사의 대상이 되지 아니한다. 이에 대하여 행정작용법은 행정주체가 행하는 행정작용을 규제하고 국민(또는 주민)의 권리·의무에 관한 사항을 정함을 본바탕으로 하고, 법치행정원리의 적용을 받으며, 그에 관한 일체의 법률상 쟁송은 사법심사의 대상이 된다는 것이다. 그러나 오늘날에는 위와 같은 전통적 행정법이론은 낡은 이론이 되고 있다. 행정의 내부관계도 법률관계가 성립한다는 생각이 일반적으로 받아들여지고 있다는 것은 앞에서 언급한 바와 같다(→ 행정상 법률관계의 종류). 종래와 달리, 행정조직이 어떻게 정해지는가에 따라 장래의 행정작용의 내용까지도 규정하는 것이므로 행정조직법이 행정작용법보다 더 중요시된다. 또한 행정조직이 어떻게 정해지는가에 따라 정책형성과정에 국민·주민의 참여가 보장되며, 행정책임의 명확성 원칙, 행정주체와 행정객체 간의 거리확보원칙 등이 보장된다.

II. 행정조직법의 범위

행정조직법은 행정의 내부관계의 범위를 둘러싸고 광의, 협의, 최협의로 나누는 것이 일반적이다.

1. 광　의

광의의 행정조직법은 행정의 내부관계의 범위를 가장 넓게 본다. 즉 행정의 내부관계는 행정주체나 행정기관의 설치·폐지·권한·구성·상호관계 등뿐만 아니라 이러한 행정기관을 구성하는 일체의 인적 요소(공무원), 물적 요소(공물)까지를 모두 포함한다. 따라서 이러한 광의의 행정조직법에는 국가행정조직법, 지방자치조직법 및 특별행정주체조직법, 공무원법, 공물법이 모두 포함된다.

2. 협　의

협의의 행정조직법은 행정의 내부관계의 범위를 광의보다 좁힌다. 즉 행정의 내부관계는 행정주체나 행정기관의 설치·폐지·권한·구성·상호관계 등에만 한정되며 행정기관을 구성하는 인적 요소, 물적 요소는 이에 포함되지 아니한다. 따라서 협의의 행정조직법은 국가행정조직법과 지방자치조직법 및 특별행정주체조직법만을 의미한다.

3. 최 협 의

최협의의 행정조직법은 행정의 내부관계의 범위를 더욱 좁힌다. 즉 행정의 내부관계는 국가행정기관의 설치·폐지·권한·구성·상호관계 등에 국한된다. 따라서 최협의의 행정조직법은 국가행정조직법만을 의미한다.

4. 검　토

행정조직법을 광의로 사용하여 행정조직법 속에 공무원법, 공물법을 포함시키는 것은 문제가 있다. 오늘날 우리나라에서 공물법을 행정조직법 속에 포함시켜 이해하는 견해는 보이지 않으므로 공물법을 행정조직법 속에 포함시키는 광의의 행정조직법이 문제가 있음은 쉽게 납득할 수 있다. 후술하는 바와 같이 공물에는 여러가지 종류의 것을 모두 포함하고 있는데, 이들 공물의 법률관계를 모두 내부관계로 보는 데(공공용물의 사용관계를 생각해 보라)에는 무리가 있었다. 또한 공무원법도 종래 행정조직법의 일부로 다루어지는 것이 통설적 견해였다.[1] 이러한 종래 통설이 공무원법을 행정의 내부조직에 관한 법으로 본 것은 공무원의 근무관계를 법치행정원리의 적용이 전적으로 배제되는 공법상 특별권력관계의 일종이라는 사고에 바탕을 두고 있다. 그러나 우리의 실정법을 보면 공무원의 근무관계에 관하여 「국가공무원법」·「지방공무원법」 등의 법률 및 이에 기초한 명령·규칙, 조례 등이 구체적인 규정을 두고 있으며 공무원의 권익이 침해되는 때에는 공무원은 소청심사나 행정소송을 제기하여 권리구제를 받을 수 있는 길이 열려 있다. 따라서 공무원법은 행정작용법적 성질을 동시에 갖고 있다. 또한 국가와 지방자치단체의 관계를 일률적으로 행정

---

1) 金南辰·金連泰, 행정법 Ⅱ, 198쪽 이하; 金東熙, 행정법 Ⅱ, 132쪽 이하; 朴鈗炘, 최신행정법강의(하), 202쪽 이하.

의 내부관계로 단정하는 것은 문제가 있다. 이 책에서는 공무원법을 행정조직법에서 분리하여 별도로 다루고 있다.

Ⅲ. 행정조직법과 권력분립원리

권력분립원리는 우리 헌법의 기본원리이다. 우리 헌법은 "입법권은 국회에 속한다(40조)", "행정권은 대통령을 수반으로 하는 정부에 속한다(66조 4항)", "사법권은 법관으로 구성된 법원에 속한다(101조 1항)"라고 하여 기본적인 권력분립원리에 충실하게 편제되어 있다. 즉, 국가권력의 조직원리는 권력분립원리를 바탕으로 하고 있다. 이처럼 국가권력의 조직원리는 권력분립원리를 바탕으로 하고 있지만, 입법권과 행정권의 관계를 어떻게 구성하느냐는 정부형태에 따라 다르다.

우르 학계의 권력분립론은 오래 전부터 고전적인 권력분립주의가 여전히 민주주의의 필요조건이라는 데 의문의 여지가 없지만, 현대의 새로운 상황에서 민주주의를 실현하는데 충분조건이 될 수 없고 새로운 틀이 필요하다는 데 거의 이론(異論)이 없었다. 헌법재판소 결정의 표현을 빌리면, 오늘날 고전적 의미의 3권 분립은 그 의미가 약화되고 통치권을 행사하는 여러 권한과 기능들의 실질적인 분산과 상호간의 조화를 도모하는 이른바 기능적 권력분립의 중요한 의미를 갖게 된 것이다(헌재 2014. 1. 28. 2012헌바216).

기능적 권력분립론의 특징은 여러 권력의 분리를 이념으로 하는 소극적 측면과 권력 상호 간의 국가임무의 적정한 수행을 위하여 서로 협력하는 적극적 측면을 인정하는 점이다. 이 경우 전자와 후자를 가르는 기준이 문제가 되는데 여기서 등장하는 것이 이른바 핵심영역이론이다. 이 이론은 모든 권력에 다른 권력에 의한 개입을 일체 거절할 수 있는 중핵적 작용영역이 인정된다고 하는 이론이다.[1]

헌법재판소는 고위공직자범죄수사처 설치 및 운영에 관한 법률위헌확인(2021. 1. 28. 2020헌마264·681(병합) 결정)에서 수사처가 권력분립원칙에 위반되는지 여부에 대한 판단을 하고 있다. 법정의견은 "권력분립원칙은 구체적인 헌법질서와 분리하여 파악될 수 없는 것이고, 권력분립원칙의 구체적 내용은 헌법으로부터 나온다. 권력분립원칙이 헌법규범으로 정립되고 헌법현실에 적용되는 모습은 나라마다 다르다. 기능적 권력분립론에서 주장하는 제도들도 헌법에 규정됨으로써 비로소 헌법규범적 의미가 있는 것이다. 그런데 우리 헌법은 정부조직과 관련하여 대통령이 행정부의 수반이고(제66조 제4항), 국무총리가 대통령의 명을 받아 행정각부를 통할하며(제86조 제

---

1) 兪珍式, 「국가행정조직에 대한 헌법상의 규율」, 법제처·한국법제연구원 주최 2021 행정법 포럼(대전환시대, 정부의 역할과 행정법)자료집, 104쪽. 兪珍式 교수는 헌법 제66조 제4항의 행정권 개념을 고찰한 후(同人, 행정조직법의 이론과 실제, 116쪽~119쪽에서 고찰한 내용을 수정하여), "이 행정권의 개념은 국가행정조직에 대하여 권력분립론에 바탕하여 헌법상의 규율을 하고자 하는 경우 매우 중요한 의미를 갖는다. 그 이유는 이 행정권은 기능적 권력분립론에서 말하는 이른바 핵심영역에 해당하기 때문에 이를 침해하는 행정조직은 위헌이기 때문이다"라고 기술하고 있다(위 논문, 105쪽 이하).

2항), 행정각부의 설치·조직과 직무범위는 법률로 정한다(제96조)라고만 규정하고 있을 뿐 행정부 내부 조직 간의 권한 배분에 대하여는 아무런 언급이 없다. 그렇다면 행정부 내의 법률상 기관에 불과한 수사처와 다른 수사기관 사이에 권한 배분의 문제가 발생한다 하더라도 이를 헌법상의 권력분립원칙의 문제로 볼 수는 없고, 입법정책의 문제일 뿐이다"라고 하여 구 고위공직자범죄수사처 설치 및 운영에 관한 법률(공수처법) 제2조 및 공수처법 제3조 제1항은 권력분립원칙에 반하여 청구인들의 평등권, 신체의 자유 등을 침해하지 않는다고 판시하였다. 이에 대하여 반대의견(재판관 이은해, 재판관 이종석, 재판관 이영진)은 여러 쟁점 중 구 공수처법 제2조, 공수처법 제3조 제1항 제24조 제1항이 권력분립원칙에 위반된다는 판시를 하면서 여러 이유 중 하나로 "검사가 가지는 범죄에 대한 수사권과 공소권은 형사사법절차의 핵심영역이고, 국가의 행정 목적 달성을 위하여 일원적인 권력행사가 이루어져야 하는 시원적(始原的) 행정행위로서 전통적이고 기본적인 행정영역이다. 그럼에도 구 공수처법 제2조 및 공수처법 제3조 제1항은 법무부 소속의 검사에게 귀속되어 있던 권한과 기능 중 가장 중요한 수사권과 공소권의 일부를 분리하여 행정각부에 소속되지 않은 수사처에 부여하고 있는데, 이는 독립행정기관으로서의 성격상 매우 부적절할 뿐 아니라, 헌법 제66조 제4항에 위반되는 것이다"를 들고 있다.

IV. 행정조직법적 관계와 법치행정원리

종래의 전통적 행정법이론에 의하면 행정조직법적 관계에는 법치행정원리가 적용되지 아니한다는 것이었다. 그러나 행정조직도 대외적으로 국민에게 권한이 발동되는 경우는 물론이고 예산집행자로서 국민·주민의 생활에 직접·간접으로 밀접한 관계가 있기 때문에 민주적 통제의 관점에서 행정조직법적 관계에도 법치행정원리가 침투되고 있음을 쉽게 알 수 있다. 법률의 유보원칙의 적용 범위에 관하여 중요사항유보설(본질성설)에 의하게 되면 행정조직의 중요한 내용은 법률의 근거를 필요로 하게 된다. 요컨대 행정조직법적 관계에도 법치행정원리가 적용된다.

1. 행정조직법적 관계와 법률우위원칙

행정조직법관계에 대하여 법률의 규정이 존재하는 경우에는 행정기관은 이에 반하여 권한행사를 할 수 없다. 당해 권한이 사인과의 관계가 아니라 순수히 행정조직 내부의 사항에 관한 것이라 하더라도 마찬가지이다. 이러한 의미에서 법률우위의 원칙이 행정조직법에 있어서도 적용되는 셈이다.

2. 행정조직법적 관계와 법률유보원칙

행정조직법관계에 있어서도 법률유보원칙이 적용되는가가 문제된다. 행정조직법관계에는 사인의 권리·의무와 직접적인 관련이 없으므로 행정기관에게 넓은 범위의 조직활동의 자유가 인정될 것 같다. 그러나 행정조직에 관하여도 그 본질적인 것은 법률로써 먼저 규율하여야 한다는 원리가 적용되고 있다. 이미 법치행정원리에서 본 바와 같이 독일에서는 제도적 유보이론(institutioneller Gesetzesvorbehalt)으로 이를 설명하여 왔다. 즉 기본적인 조직문제 특히 행정의 계층구성과 구조, 행정주체의 설립, 행정청의 소관사무범위, 행정절차의 형성은 그 대요(大要)를 법률로 정하여야 한다는 것이다.[1] 우리「헌법」은 행정조직에 관하여 행정권의 근거와 행정조직의 기본원칙을 스스로 정함과 동시에 구체적이고 세부적인 조직은 법률로써 정하도록 하고 있다(행정조직법정주의). 본질사항은 법률로 정해야 하는 중요사항유보설의 입장에서 보면 행정조직의 법정화는 당연한 것이며, 위의 우리「헌법」의 규정은 중요사항유보설의 요청에 응한 것으로 이해된다.[2] 따라서 행정조직법에는, 그 법원으로 보아, 행정조직기본법으로서의 헌법[3]과 헌법구체화법으로서의 행정법이 포함되고 있다.[4]

V. 행정조직법의 원리

1. 행정조직의 원리

현대행정조직을 구성하는 원리는 분배, 결합, 조정이라는 3원리로 설명되고 있다. 우리나라「정부조직법」도 본질적으로 이 원리에 기초하고 있다. 계층(hierarchy)구조를 갖고 있는 행정조직에 있어서는 기관간의 사무배분을 의미하는 수평적 분배와 상급단위로 올라가면서 지휘감독에 의하여 의사가 통일되는 결합의 원리만으로서는 현대행정의 복잡한 상황을 모두 설명하기는 어렵다. 특히 사무의 경합이 나타나거나 지휘감독을 배제하는 것이 바람직한 경우 등에는 권력적·명령적 수단이 오히려 비효율적이므로 분배와 결합의 보충원리로서 조정이 필요하게 된 것이다.「정부조직법」도 조정에 대한 근거규정이 많이 설정되어 있다. 우선 각 부·처의 장은 그 소관사무의 효율적 추진을 위하여 필요한 경우에는 국무총리에게 소관사무와 관련되는 다른 행정

---

1) H. Maurer, Staatsrecht, 1999, S. 629. 독일에서의 중요사항유보설(본질성설)의 입장에서 행정조직법에서의 법률유보원칙을 다룬 논문으로는 趙泰濟,「행정조직에서의 법률유보원칙」, 공법이론의 제문제(석종현박사 화갑기념논문집), 삼영사, 2003, 1625쪽 이하 참조.

2) 반드시 중요사항유보설의 입장이 아니더라도 모든 행정활동은 행정기관이 관장하는 사무의 범위 안에서 행하여야 하는 것이므로 조직 규범에 의한 제약을 받는다. 뿐만 아니라 공정·투명한 행정확보라는 민주국가원리의 입장에서 법률의 제정이 요청되는 경우도 있다. 행정조직법에 있어서는 국민과 행정권력 사이의 권력관계에서 요구되는 것과 같이 엄격한 법률유보원칙이 요구되지 아니하며, 책임성의 원리에 반하지 않는 한 포괄적인 위임이 가능하다고 보는 견해가 있다는 것은 앞에서 보았다(→ 수권법률의 한계).

3) 기본권도 특정 행정조직 유형 및 행정조직 형성에 관한 헌법상의 기준을 포함하고 있다. 방어권(Abwehrrechte)으로서 기본권은 강제가입권을 가진 사단의 창설이나 그 임무영역을 제한한다. 보호권(Schutzrechte)으로서 기본권은 다원성, 조직내부절차의 중립성과 개방성을 확보함으로써 사무적성에 적합하고 공공복리의 실현을 목적으로 하는 조직을 구성한다. 이렇게 함으로써 기본권이 갖는 개인권 보호 지향을 넘어(über die individualrechtliche Schutzrichtung) 공적 결정구조의 책임 명확성, 합리성, 효율성을 보장하려는 헌법상 요청으로 확대된다(E. Schmidt-Assmann, Das allgemeine Verwalturngsrcht als Ordnoringsidee, 2. Aufl., S. 249).

4) 金道昶, 일반행정법론(하), 48쪽.

기관의 사무에 대한 조정을 요청할 수 있다(정부조직법 7조 5항). 국무총리 밑의 국무조정실은 각 중앙행정기관의 행정의 지휘·감독, 정책 조정 및 사회위험·갈등의 관리, 정부업무평가 및 규제개혁에 관하여 국무총리를 보좌하고 있다(동법 20조 1항). 이와 같은 조정에는 그 조정이 투명하게 될 수 있도록 조정투명규정을 두어야 한다.

2. 행정조직법의 기본원리

행정조직법의 기본원리는 행정법의 기본원리인 권력분립원리·민주국가원리·법치국가원리[1] 등을 바탕으로 한다. 권력분립원리는 민주국가원리(기능적 민주국가원리를 포함한다)와 법치국가원리를 상호 조절·통합하여 국가의 구체적인 조직을 설정한다. 그러한 의미에서 권력분립원리는 법치국가원리와 민주국가원리를 구체적 조직형태로 변환시킨다.[2] 우리나라 통설은 대체로 행정조직법정주의, 능률행정주의, 지방분권주의, 독임제 등을 든다.

(1) 행정조직법정주의

「헌법」에서 그 설립근거를 명시하고 있는 행정각부, 국가원로자문회의, 국가안전보장회의, 국민경제자문회의, 민주평화통일자문회의, 감사원, 선거관리위원회, 지방자치단체 등의 설치·조직·직무범위 및 운영 등은 「헌법」에 규정된 것을 제외하고는 법률로 정함으로써 행정조직법정주의를 취하고 있다(헌법 96조, 100조 등). 이에 따라 국가행정조직에 관하여는 「정부조직법」이 제정되어 있다. 그러나 현행 「정부조직법」에 의하면, 동법에서 정한 보조기관이나 중앙행정기관 소속의 지방행정기관의 설치는 종래 단행법률에 의한 것과는 달리, 법률에 규정된 것을 제외하고는 대통령령에 의할 수도 있으며(동법 2조 4항, 3조 1항), 시험연구기관, 교육훈련기관, 문화기관, 의료기관, 제조기관, 자문기관 등 부속기관은 대통령령으로 설치하게 되어 있다(동법 4조).

(2) 능률행정주의

「헌법」상 자유민주적 기본질서를 행정의 기본이념으로 하면서 급변하는 환경에 신속히 적응할 수 있고, 행정의 안정과 능률을 확보할 수 있도록 대통령중심제하에서 행정권을 대폭 강화하고 있다(헌법 전문, 66조 등). 그러나 능률행정주의의 전제로서 행정조직의 외연을 명확하게 할 필요가 있다. 행정조직의 외연이 불명확하게 되면 행정조직과 행정조직의 외연에 위치하는 단체·사인 간에 불투명한 관계가 형성될 위험이 있고, 이로 인하여 행정조직이 비효율적으로 운영될

---

1) E. Schmidt-Assmann, Das allgemeine Verwaltungsrecht als Ordnungsidee, 2. S. Aufl., Viertes Kap. A. Der institutionelle Rahmen: das Gewaltenteilungsprinzip 참조.

2) 민주국가원리를 엄격하게 적용하면 행정주체의 다양성과 조화하기 어려워진다. 민주국가원리의 기능적 성찰 (funktionale Betrachtung)이 필요한 이유이다. 기능적 민주국가원리는 민주적 정당성의 수준을 낮추어 행정조직의 계층구조를 완화하여 행정조직의 개방·형성을 정당화한다.

여지가 있다. 따라서 행정조직과 행정조직의 외연에 위치하는 단체·사인 간에는 투명한 거리확보의 원칙이 유지되어야 한다.

(3) 지방분권주의

「헌법」은 제8장에서 지방자치를 규정하고 있다(117조, 118조). 즉 지방자치를 제도적으로 보장함과 동시에 지방자치단체의 권한과 종류, 그 기구와 구성 방법을 법률로 정하도록 하고 있다. 지방자치단체의 행정조직에 관하여는 「지방자치법」이 제정되어 있다. 이에 따라 1991년에 지방의회를 구성하고 1995년에 지방자치단체장을 주민의 직접선거에 의하여 선출함으로써 권력분립원리가 지방차원에서도 실현되고 있다.

(4) 독 임 제

우리나라의 행정조직은 능률성과 책임성을 담보하기 위하여 행정각부와 보조기관·특별지방행정기관 등 모든 행정조직의 설정 방법에 있어서 독임제를 원칙으로 하고 있다. 그러나 「정부조직법」 제5조는 그 소관사무의 일부를 독립하여 수행할 필요가 있는 때에는 법률이 정하는 바에 의하여 행정기관에 행정위원회 등 합의제 행정기관을 둘 수 있도록 하였다. 이에 근거하여 국민권익위원회·금융위원회·노동위원회·방송통신위원회·토지수용위원회·공정거래위원회·소청심사위원회 등의 합의제 행정기관이 법률로 설치되어 있다. 합의제 행정기관은 행정계층제의 경직성을 완화하고, 행정의 민주성을 확보하는 유용한 수단일 수 있다.[1]

제 2 절 행정조직법상의 법주체

Ⅰ. 행정조직법관계의 당사자

행정조직법도 일정한 법률관계를 규율하는 것이므로 당연히 법률관계의 당사자로서의 법주체가 존재하게 된다. 복잡·다기한 행정조직 중에서 누가 어떠한 법률관계의 당사자로 되는가를 살피는 것은 행정조직법의 이론적 구조를 이해하기 위한 출발점이 된다. 행정조직법의 전체구조

---

1) 서울고법 2008. 2. 19. 선고 2007누21053 판결 : 방송위원회와 같은 합의제 행정기관의 경우 그 의사결정은 민주적 방식(예컨대, 다수결의 원리)에 따라 이루어져야 하는 것임은 당연하고, 의사결정에 앞서 법령에서 정한 요건에 관하여 충분한 심의와 토론을 거쳐야 하는데, 특히 방송의 중대한 공익성과 그를 구현하기 위한 전문기관인 방송위원회의 권한과 책임을 고려하면, 방송위원회의 경우 충분한 심의와 실질적인 토론의 중요성은 더 크다할 것이다. 따라서 방송위원회의 의사결정이 적법한 의결절차를 거쳐 이루어진 것처럼 외형상 보일지라도 법령에서 정한 요건에 대하여 전혀 논의하지 않거나 극히 형식적으로만 평가하고 실질적인 내용에 관한 심의가 이루어지지 않았다면, 이는 의사결정의 외형만 갖추었을 뿐, 합의제 행정기관으로서 요구되는 실질적인 심의가 없는 상태에서의 의사결정으로서 합의제 행정기관이 의사결정에서 준수하여야 할 합의절차를 위반한 것이고, 이에 기초한 의사결정 역시 위법하여 취소되어야 한다.

를 이해하기 위해서는 행정조직을 구성하는 3요소, 즉 행정주체·행정기관·공무원을 이론적으로 명확히 구별하는 것이 필요하다. 그 중에서 공무원에 관하여는 행정조직의 인적 요소로서 협의의 행정조직에서 제외되므로 여기서는 행정주체와 행정기관에 대하여만 보기로 한다.

Ⅱ. 행정주체

1. 행정주체의 의의

행정주체란 자기의 이름과 책임으로 행정을 행할 권리와 의무를 가진 행정법관계의 일방의 당사자를 말한다. 국가, 지방자치단체 및 공공단체가 대표적인 행정주체이다. 이 책에서는 행정주체론은 국가와 지방자치단체를 중심으로 다루며, 공공단체와 행정사무수탁사인(공무수탁사인)은 특별행정주체조직법에서 별도로 다루고 있다. 행정주체는 법인격을 가진 법주체라는 점에서 법주체의 구성부분에 불과한 행정기관과 구별된다는 것이 지금까지의 통설이다. 국가법인설, 국가와 사회의 구별, 외부법과 내부법의 구별 등과 그 궤도를 같이 하고 있다. 그러나 이러한 통설에 대하여는 행정주체와 행정기관의 구별은 상대적인 것에 불과하다는 견해가 유력해지고 있다. 이 견해에 의하면 행정기관은 단순한 행정주체의 기관으로 인식되는 것이 아니라, 행정기관에게 상대적인 법주체성을 인정한다(기관 인격성 긍정).[1] 행정주체는 실정법상의 개념이 아니라 이론상의 개념이다. 이 책에서의 행정주체는 순수사법관계에 있어서의 법주체인 사적 법주체와 대칭되는 개념으로 사용되고 있다.

2. 행정주체와 사적 법주체와의 구분 및 그 기준

행정주체와 사적 법주체를 구분하는 경우 어떻게 구별하는가가 문제이다. 이 구별은 행정주체를 어떻게 이해하는가에 따라 달라진다.

(1) 종래의 통설적 견해

종래의 통설적 견해는 공법과 사법의 구별을 전제로 행정법을 공법에 한정하는 입장에서 행정주체를 공권력의 주체, 공법상의 법인으로 이해한다. 그러나 행정주체(공법인)와 사적 법주체(사법인)를 구별하는 기준은 일치하지 아니한다. 즉 기준을 법인설립의 준거법에서 구하는 견해, 법인설립의 강제성에서 구하는 견해, 법인이 향유하는 권리에서 구하는 견해, 법인설립의 목적에서 구하는 견해, 법인업무의 특질에서 구하는 견해, 복합의 기준에서 구하는 견해 등 다양하다. 결국, 공법·사법의 구별에 있어서와 같이 행정주체(공법인)와 사적 법주체(사법인)의 구별은

---

1) Hans Julius Wolff 교수는 전통적 견해와 달리 귀속 징표를 중심으로 공법 특유의 법주체 개념을 제안하고 국가의 기관을 법주체(Rechtssubjekt)로 본다. 상세한 것은 禹美亨, 「Hans J. Wolff의 행정조직법 이론에 관한 연구」 (2016년 8월 서울대학교 박사학위 청구논문), 특히 94쪽 이하 참조.

설립 목적, 업무의 성질·내용, 권한·의무 등을 종합하여 개별적으로 결정하여야 한다.[1] 대법원이 공법인과 사법인을 구별하는 가장 중요한 이유는 당해 법인을 둘러싼 여러 가지의 법률관계를 민사절차에 의하여 해결하는 것이 적절한가, 행정절차에 의하여 해결하는 것이 적절한 것인가에 초점을 두고 있으며, 헌법재판소가 양자를 구별하는 이유는 헌법소원심판의 적격 여부를 따지기 위한 것이다.[2]

(2) 새로운 경향

오늘날의 새로운 경향은 행정주체는 곧 공법인이라는 등식을 부정하고 행정주체를 특정 법주체의 속성으로 이해하는 것이 아니라 구체적인 법률관계의 법적 지위로 이해한다. 이와 같은 새로운 경향이 등장하게 되는 이유는 ① 국민생활의 구석구석까지 미치는 현대행정의 전개 특히 범 지구적으로 확산되고 있는 민영화(privatization)의 전개는 공법·사법의 틀을 뛰어넘어 여러 법형식의 조직·단체, 즉 공적 색채가 강한 것으로부터 공사혼합(公私混合)의 주식회사와 같은 사적 회사와 거의 구별되지 아니하는 것에 이르기까지 다양한 법주체가 공행정의 수행주체로서 등장(흔히 이를 공·사혼합의 이른바 제3섹터의 등장이라고 부른다)하고 있다는 점,[3] ② 현대사회에 있어서 공공성은 이제 더 이상 국가의 독점물이 아니라는 인식 등에 기인하고 있다. 행정을 행하는 지위에 있는 법주체는 대부분 헌법상 행정주체인 국가와 지방자치단체가 될 것이다. 행정주체의 다양화로 공공단체나 사인 등도 행정주체가 될 수 있다. 요컨대 새로운 경향에 의하면 구체적인 법률관계에 있어서 공공성 있는 행정사무를 수행하는 법적 지위에 서 있느냐의 여부가 행정주체와 사적 법주체를 구별하는 기준이 된다.

Ⅲ. 행정기관

1. 행정기관의 개념

행정조직을 구성하는 개개의 법적 단위인 행정기관은 두 가지 개념으로 나뉜다. 그 하나는 작용법적 기관개념이고, 다른 하나는 사무배분적 기관개념이다.

(1) 작용법적 기관개념

작용법적 기관개념은 행정주체와 사인과의 관계, 즉 외부관계를 기준으로 하여 행정기관을

---

1) 공법인과 사법인의 구별이 용이한 것은 아니다. 예컨대, 한국마사회가 행한 조교사·기수 해고무효등확인청구 사건에서 제1심 법원은 한국마사회를 공법인으로, 항소심 법원과 상고심 법원은 한국마사회를 사법인으로 보고 있다(대법 2008. 1. 31. 선고 2005두8269 판결 참조).

2) 朴海植,「한국증권업협회가 한 협회등록취소결정의 법적 성질」, 법조 2002년 3월호, 51쪽.

3) 崔靈圭,「행정주체 및 공공단체의 개념과 범위— 공공단체의 개념과 행정주체성을 중심으로」, 공법학연구(한국비교공법학회) 제5권 제1호, 334쪽.

파악하려는 것이다. 행정주체는 행정주체를 위하여 일을 할 기관이 필요하다. 즉 기관이 일정한 역할을 분담하여 행정주체를 위하여 행동을 하게 된다. 역할 분담은 권한과 책무의 분배이다. 여기서 말하는 권한이란 어떤 행동을 할 법적 권능을 말하며[1], 책무란 어떤 행동을 할 법적 의무를 말한다. 이와 같은 권한과 책무를 분배받은 기관이 행정기관이다. 즉 행정기관은 행정주체의 행정사무를 처리하는 자를 그 권한과 책무의 관점에서 파악한 개념이다. 작용법적 기관개념은 대외적 권한을 행사하는 기관(행정청)을 중심으로 하여 그 중심적 기관을 보조하는 기관들을 주위에 배치하는 방법으로 파악되는 것이 일반적이다.

(2) 사무배분적 기관개념

사무배분적 기관개념은 당해 행정기관의 행동이 직접 사인에 대한 것인가의 여부를 묻지 아니하고 그 담당하는 사무(예: 외교·국방·재정 등)를 단위로 파악하는 개념이다. 즉 사무배분적 기관개념은 당해 기관의 대외적 행위가 아니라 행정주체가 행하는 공행정 전체를 조감하여 그것을 어떻게 계통을 세워 각각의 행정기관에 할당하는가 하는 것이 그 관심점이다. 다시 말하면 사무배분적 기관개념은 행정사무를 외부관계·내부관계의 구별 없이 전체로서 파악하여 그것을 어떤 기관에 배분하는가에 초점을 맞추고 있다. 따라서 환경행정을 예로 들면 환경을 보호하기 위하여는 금지·명령이나 허가와 같은 국가의사의 외부발동뿐만 아니라, 기초적 조사·계획의 책정 등도 중요한 관점이 된다. 사무배분적 기관개념에서는 보조기관·자문기관 등도 독자의 존재의의를 갖게 된다.

(3) 양 개념의 관계

작용법적 기관 개념과 사무배분적 기관 개념은 서로 보완관계에 있다. 소관 사무에서 권한이 발생하며, 권한의 행사로 인하여 새로운 사무로 이어진다(정부조직법 6조 참조).

행정기관을 어느 개념으로 파악하든 행정기관은 행정기관을 구성하는 자연인인 공무원과 구별된다. 공무원은 행정주체와는 별개의 독립된 인격을 가지며, 행정주체에 대하여 일정한 권리·의무관계에 선다.

(4) 검 토

현행법상 작용법적 기관개념과 사무배분적 기관개념은 병존하고 있다. 그러나 우리 행정법학의 종래의 통설은 행정기관개념을 작용법적 기관개념 중심으로 파악하여 왔다. 작용법적 기관개념에 대하여는 행정의 행위형식 중 사인의 권리·의무에 직접·구체적으로 영향을 미치는 행정

---

1) 권한은 주관적 권리·의무가 아니라 국가나 지방자치단체 등 또는 그 기관이 헌법 또는 법률에 의하여 부여되어 법적으로 유효한 행위를 할 수 있는 능력(헌재 2010. 12. 28. 2009헌라2 결정)이다. 권한은 법적 구속력을 발생시키는 권능이라는 점에서 권리와 같다. 권한이 해당 행정주체에게 인정되는 개별적·직접적·구체적 이익이라면 권리와 마찬가지로 법률상 이익이 될 수 있다는 것은 앞에서 본 바와 같다.

행위만을 시야에 두고 있을 뿐 다른 행정의 행위형식을 도외시하고 있다는 점, 의사결정과정의 최종점에 초점을 맞추고 있어서 행정의 의사결정 과정 자체를 소홀히 하고 있다는 점 등의 비판이 있다.

법령 중에는 행정청과 행정기관을 구별하여 사용하는 경우가 있다. 예컨대,「행정절차법」은 제1장 총칙 제2조에서 행정청의 정의를 밝히고, 제2절 행정청의 관찰 및 협조를 규정하며 제2장 처분 등에서 행정청의 개념을 사용하고 있다. 그러나 동법 제48조 제2항은 행정기관의 개념을 사용하고 있다. 이러한 규정이 작용법적 기관 개념과 사무 배분적 기관 개념의 구별과 어떤 관계에 있는지, 나아가 행정조직법과 행정작용법 및 행정구제법과 어떤 관계에 있는지 면밀한 검토가 필요하다.

2. 행정기관의 종류

행정기관은 여러 기준에 의하여 여러가지로 분류할 수 있다.

(1) 귀속주체에 의한 분류

행정기관은 그 귀속주체를 기준으로 하여 국가의 행정기관, 지방자치단체의 행정기관 등으로 나눌 수 있다.

(2) 법적 지위·권한 등에 의한 분류

행정기관은 그 법적 지위·권한 및 주관사무의 종류와 내용을 기준으로 하여 행정(관)청, 보조기관, 보좌기관, 의결기관, 자문기관, 집행기관, 감사기관, 기업기관, 부속기관 등으로 나눌 수 있다.[1] 이렇게 나누는 것이 우리나라의 일반적 경향이다.

1) 행정(관)청

행정(관)청은 행정주체를 위하여 행정주체의 의사를 결정하여 이를 외부에 표시하는 권한을 가진 행정기관이다. 국가의사를 결정·표시하는 권한을 가진 행정기관을 행정관청, 지방자치단체의 의사를 결정·표시하는 권한을 가진 행정기관을 행정청이라 하고, 양자를 합하여 널리 국가 또는 지방자치단체의 의사를 결정·표시하는 권한을 가진 행정기관을 통틀어 행정청이라 한다. 행정(관)청은 구성원의 수에 따라 독임제(단독제)행정관청(행정청)과 합의제행정관청(행정청)으로, 관할의 지역적 범위에 따라 중앙행정관청과 지방행정관청 등으로 나뉜다.

---

1) 이러한 분류는 이론상의 분류이다. 따라서 여기서 분류된 각 행정기관의 개념은 실정법상의 개념과 반드시 일치하지 아니한다. 지방자치법 제6장에서 말하는 집행기관은 지방의회가 행하는 입법활동과 대비되는 의미로 사용되고 있다.

2) 보조기관

보조기관은 행정주체의 의사를 스스로 결정·표시할 권한이 없고 행정(관)청에 소속되어 행정(관)청의 의사의 결정·표시에 관하여 보조함을 임무로 하는 행정기관이다(예: 차관·차장·국장 등).

3) 보좌기관

보좌기관은 행정청 또는 보조기관을 보좌하는 행정기관이다(예: 대통령비서실, 국가안보실, 차관보 등). 참모기관 또는 막료기관이라고도 한다. 보조기관이 보조라는 이름으로 행하기는 하지만 직접 정책결정·행정집행에 관여하는 기관임에 반하여, 보좌기관은 행정청 또는 보조기관 구성자의 인격의 연장으로서 정책의 기획·계획의 입안 및 연구·조사 등을 통하여 위 구성자를 내부적으로 지원하는 기관이다.

4) 의결기관

의결기관은 행정주체의 의사를 의결의 형식으로 결정하는 권한을 가진 합의제 행정기관이다(예: 감사원의 감사위원회의, 징계위원회 등). 의결기관은 외부에 대하여 표시하는 권한이 없다는 점에서 행정(관)청과 구별되며, 행정주체의 의사를 결정하는 권한을 가진다는 점에서 보조기관·보좌기관 등과 다르다. 따라서 의결기관의 의결은 행정(관)청을 기속하며 행정(관)청이 유효하게 행정주체의 의사를 표시·집행하는 요건이 된다.

5) 자문기관

자문기관은 행정(관)청의 자문에 응하여 또는 자발적으로 행정(관)청의 의사결정에 참고될 의사를 제공함을 임무로 하는 행정기관이다. 보통 위원회·심의회·조사회 등의 명칭을 붙인다. 자문기관의 의사는 행정(관)청을 기속하는 힘이 없다는 점에서 의결기관과 다르다.

6) 집행기관

집행기관은 행정(관)청의 명을 받아 실력으로써 행정주체의 의사를 집행하는 행정기관이다(예: 경찰기동대 등). 실정법상의 개념과 반드시 일치하는 것은 아니다.

7) 감사기관

감사기관은 다른 행정기관의 사무 또는 회계를 검사하는 권한을 가진 행정기관(예: 합의제 행정관청인 감사원, 각 부처 감사관 등)이다.

8) 기업기관 또는 영조물기관

기업기관 또는 영조물기관은 행정주체의 기업 또는 영조물의 관리·운영을 담당하는 행정기관이다. 전자의 예로는 우편관서·수도관서 등이 있으며 현업기관(現業機關)이라고도 한다. 후자의 예로는 국립대학·국립도서관 등이 있다.

9) 부속기관

부속기관은 다른 행정기관에 부속하여 그것을 지원하는 행정기관이다. 시험연구기관, 의료기관, 휴양기관 등이 그 예이다. 오늘날 행정의 과학화·기술화 및 급부행정의 증대에 따라 부속기관의 중요성이 커지고 있다.

(3) 구성에 의한 분류

행정기관은 그 구성을 기준으로 하여 독임제기관과 합의제기관으로 나눌 수 있다. 전자는 행정기관의 의사가 단독 공무원의 책임하에서 구성되는 경우를 말하며, 후자는 행정기관의 의사가 다수 공무원의 합의에 의하여 구성되는 경우를 말한다. 독임제기관은 책임의 소재가 명확하고, 신속한 조치를 취할 수 있는 등의 장점이 있으나, 신중·공정한 판단을 결여할 우려가 있는 등의 단점이 있다. 반대로 합의제기관은 의사결정을 경솔하게 하지 않고, 각종 이해의 반영 및 조정을 기할 수 있는 등의 장점이 있으나, 사무처리의 지연과 무책임을 가져오기 쉬운 단점을 갖고 있다.[1) 「정부조직법」 제5조에 따라 합의제 행정기관(행정위원회)을 설치할 경우에는 「행정기관 소속위원회의 설치·운영에 관한 법률」의 정하는 요건을 갖추어야 한다.

제 3 절 행정조직법관계

행정조직법관계는 행정주체와 행정주체간의 법관계와 행정기관과 행정기관간의 법관계로 이루어지나, 그 주류를 이루는 것은 후자이다. 후자는 원칙적으로 행정의 내부관계로서 행정주체의 의사의 통일 및 권한과 책무의 적절한 배분이 주요문제가 된다.

Ⅰ. 국가와 그 밖의 행정주체간의 관계

(1) 행정주체인 국가와 그 밖의 행정주체간의 관계가 내부관계인가 외부관계인가가 문제된다. 이 문제는 국가와 지방자치단체간의 관계로 흔히 논의되는 것이지만, 국가의 감독과 보호를 받고 있는 지방자치단체 이외의 다른 행정주체와 국가 사이의 관계에서도 문제될 수 있다. 이 문제는 구체적으로는 국가의 위법한 감독권 행사를 대상으로 그 시정을 구하는 쟁송을 제기할 수 있는가의 문제 등으로 제기된다.

이에 관하여 종래의 통설적 견해는 내부관계설이다. 즉 국가와 그 밖의 행정주체간의 관

---

1) 지방자치단체에서의 합의제행정기관의 설치에 법령의 위임이 필요한지, 합의제행정기관 설치를 지방의회가 조례로써 제안하는 경우 법령에 위반되는지 여부 문제를 대법 2014. 11. 13. 선고 2013추111 판결의 평석으로 다룬 글로는 張暻源, 「합의제행정기관의 설치와 조례 제정권」, 행정판례연구(한국행정판례연구회 편) XXII−2 제2권, 245쪽 이하가 있다.

계는 내부관계이며, 국가나 그 밖의 행정주체가 쟁송을 제기하는 경우에도 그것들이 행정주체의 지위에 있는 이상 기관소송의 성질을 갖는다고 보게 된다. 따라서 이 견해에 의하면 국가의 위법한 감독권 행사를 대상으로 항고쟁송을 제기하는 것이 부정된다. 그러나 항고쟁송의 가능성을 일률적으로 부정할 수 없을 것이다. 그것은 그 밖의 행정주체의 내부조직원리 여하, 그 밖의 행정주체에 어느 정도 자치권이 보장되어 있는가의 여부, 국가 감독권의 정도 여하에 따라 다를 것이기 때문이다.

(2) 국가와 그 밖의 행정주체 간의 관계는 행정절차와 관련하여도 문제될 수 있다. 예컨대 행정법규가 국가와 그 밖의 행정주체의 권한행사에 다른 행정주체의 보고·승인·동의 등을 요건으로 하고 있는 경우에 이 보고·승인·동의절차가 외부관계에 대하여 어떤 법적 의미를 갖는가가 문제된다. 이 문제는 행정주체의 권한행사가 다른 행정주체의 보고·승인·동의절차 결과에 구속되는가의 문제와 보고·승인·동의절차 위반이 행정주체의 권한행사를 위법하게 만드는 것인가의 문제를 포함한다. 개별적으로 검토되어야 할 문제이지만, 행정법규가 규정하고 있는 행정주체간의 절차의 흠이 때로는 권한행사를 위법하게 하는 등의 법적 의미를 갖는 경우가 있다.

Ⅱ. 행정(관)청의 권한

1. 권한의 의의

　행정(관)청의 권한이란 행정(관)청이 법령상 행정주체의 의사를 결정하고 표시할 수 있는 범위를 말한다. 「정부조직법」 제2조 제1항에서 말하는 직무범위와 같은 개념이다. 행정(관)청이 권한의 범위 내에서 행한 행위는 유효한 행위이지만, 범위를 벗어난 행위는 권한 외의 행위 또는 무권한의 행위가 되며, 원칙적으로 무효인 행위가 된다.

2. 권한의 한계

　행정(관)청의 권한에는 다음과 같은 한계가 있다.

(1) 사항적 한계

　행정(관)청은 「정부조직법」과 각 부처직제 등의 조직법령에 규정된 담당사무의 범위(권한의 행사에 행정작용법상의 법률의 근거를 필요로 하는 경우에는 당해 근거법률이 정한 사항의 범위) 내에서만 권한을 가진다. "법무부장관은 검찰·행형·인권옹호·출입국관리 그 밖에 법무에 관한 사무를 관장한다"(정부조직법 32조 1항)라든가, "교육부장관은 인적자원개발정책, 학교교육·평생교육, 학술에 관한 사무를 관장한다"(동법 28조 1항)라고 한 것이 사항적 한계의 예이다. 따라서 행정(관)청은 다른 행정(관)청의 권한에 속하는 사항을 처리하지 못한다. 상급행정(관)청은 하급행정(관)청의 권한행사를 지휘·감독할 수 있으나, 특별한 규정이 없는 한 그 권한을 대행하지 못한다.

행정(관)청 중에서 그 사항적 권한이 비교적 일반적·보편적으로 정해져 있는 것을 보통행정(관)청이라고 하며(예: 특별시장·광역시장·도지사와 시장·군수 등), 비교적 특수적·한정적으로 정해져 있는 것을 특별행정(관)청이라고 한다(예: 세무서장 등).

(2) 지역적 한계

행정(관)청의 권한에는 지역적으로 일정한 한계가 있다. 예컨대 서울특별시장은 서울특별시라는 일정한 지역 안의 주민 또는 사물에 대하여만 권한을 행사할 수 있는 것이 원칙이다. 행정(관)청의 권한이 전국에 미치는 경우를 중앙행정(관)청이라고 하고 일부 지방에 한정되는 경우를 지방행정(관)청이라고 한다.

(3) 대인적 한계

행정(관)청의 권한이 미치는 인적 범위에 일정한 한계가 있을 때가 있다. 예컨대 국립대학교 총장의 권한은 당해 대학교의 교직원과 학생에게만 미치는 것이 원칙이다.

(4) 형식적 한계

행정(관)청의 권한행사의 형식에 한계가 있을 때가 있다. 예컨대 행정각부의 장은 부령의 형식으로 행정입법을 할 수 있으나, 국무총리 직속의 처의 장은 헌법상 부령의 형식이 아닌 총리령의 형식으로 행정입법을 할 수 있다.

3. 권한의 효과

(1) 외부적 효과

행정(관)청이 권한을 가지는 효과는 행정(관)청이 그 권한의 범위 안에서 행한 행위가 법인격을 가진 행정주체인 국가·지방자치단체 등의 행위로서의 효력을 발생한다는 데에 있다는 것이 지금까지의 통설이다. 즉 행정(관)청의 행위의 효과는 행정(관)청 자신이 아니라 직접 행정주체에 귀속된다. 따라서 통설에 의하면 행정(관)청의 행위를 법률요건으로 하여 발생한 법률효과는, 귀속행정주체가 존속하는 한, 당해 행정(관)청의 구성자의 경질이나 당해 행정(관)청 자체의 폐지·변경에 의하여 영향을 받지 아니하는 것이 원칙이다. 행정(관)청의 권한 외의 행위는 행정주체의 행위로서의 효력을 갖지 못한다.

행정권한한정의 원칙(이 원칙은 결국 법치국가원리에 흡수된다)은 부당결부금지원칙(→ 부당결부금지원칙)의 근거가 된다.

(2) 내부적 효과

행정(관)청의 권한은 행정주체의 내부관계에 있어서 ① 각 행정(관)청에 대하여 개별적인 지위를 부여하며, ② 행정(관)청 상호간에 있어서 행위의 한계선을 긋는 효과를 가진다. 따라서 행정(관)청의 권한은 동급의 행정(관)청은 물론이고, 상·하급 행정(관)청일지라도 법령에 의한 위임·위탁·대리의 경우를 제외하고는 대신 행사될 수 없는 것이 원칙이다.

Ⅲ. 행정(관)청의 권한위임

1. 의　의

행정(관)청의 권한위임이란 행정(관)청이 자기의 권한 일부를 다른 행정기관에게 이전하여 그 수임기관으로 하여금 그 권한을 행사하게 하는 것을 말한다[1]. 권한위임이라고 하지만 정확히 말하면 사무위임이다. 행정(관)청의 권한위임은 행정(관)청의 지휘·감독하에 있는 보조기관(예: 법무부장관이 차관에게 위임하는 것) 또는 하급행정기관(예: 농림축산식품부장관이 농촌진흥청장에게 위임하는 것)에게 행하는 것이 보통이나 그 지휘·감독하에 있지 아니하는 행정기관 또는 대등한 행정(관)청 등에게 이전하는 경우도 있다. 후자의 경우를 위탁이라고 한다. 「정부조직법」 제6조 제1항은 "행정기관은 법령으로 정하는 바에 따라 그 소관사무의 일부를 보조기관 또는 하급행정기관에 위임하거나 다른 행정기관·지방자치단체 또는 그 기관에 위탁 또는 위임할 수 있다"라고 규정하고 있다. 권한위임이 행하여지면 그 권한은 위임의 범위 안에서 수임기관의 권한이 되며,[2] 수임기관은 이를 자기의 명의와 책임으로 행사하게 된다.

원래 학문상 행정(관)청의 권한위임이란 행정(관)청이 그의 의사에 의하여 자기 권한의 일부를 다른 행정기관에게 이전하는 것을 말하는 것이지만, 오늘날은 위임되는 사무가 법령 자체에 구체적으로 정하여져 있어서 위임관청의 의사가 작용할 여지가 없는 경우가 대부분이며 이것도 위임에 포함시켜 이해하는 것이 일반적이다.

2. 성　질

(1) 권한이양과의 구별

행정(관)청의 권한위임과 권한이양은 행정(관)청의 권한이 수임기관에게 이전된다는 점은 같다. 그러나 권한위임의 경우에는 법령상의 권한은 그대로 둔 채 별도의 위임근거규정에 의하여 수임기관에게 이전된다는 점에서 권한이전이 잠정적이고 언제든지 회수가능하며, 사무처리에

---

[1] 대법 2013. 2. 28. 선고 2012두22904 판결: 권한의 위임이나 위탁은 행정기관 내부의 문제일 뿐 국민의 권리의무에 직접 영향을 미치는 것이 아니어서 항고소송의 대상이 되는 행정처분에 해당하지 않는다.

[2] 행정권한의 위임이 행하여진 때에는 위임관청은 그 사무를 처리할 권한을 잃는다(대법 1992. 9. 22. 선고 91누11292 판결).

대한 기준설정권이 위임기관에 여전히 유보되어 있다. 이에 반하여, 권한이양은 법령의 개정에 의하여 위임기관의 권한이 수임기관에게 확정적으로 이전된다는 점에 양자의 차이가 인정된다.

(2) 권한대리와의 구별

행정(관)청의 권한위임은 후술하는 권한대리와 행정(관)청의 권한을 다른 행정기관이 행한다는 점에서는 동일하나, 다음과 같은 점에서 차이가 있다.

① 권한위임은 행정(관)청의 권한이 수임기관에게 이전되는 것이나, 권한대리는 행정(관)청의 권한을 대리 행사할 뿐 권한 자체가 이전되는 것이 아니다.[1] 따라서 전자의 경우에는 그 권한이 수임기관의 것으로 되고 수임기관이 행한 행위는 수임기관의 행위로서의 효과를 발생하므로 이에 대한 항고소송은 수임기관을 피고로 하여 제기된다(대법 1972. 5. 9. 선고 71누152 판결). 이에 반하여 후자의 경우에는 그 권한이 여전히 피대리(행정)청에 속하고 대리기관이 행한 행위는 피대리(행정)청의 행위로서의 효과를 발생하므로 이에 대한 항고소송은 피대리(행정)청을 피고로 하여 제기된다.[2]

② 권한위임은 법령상의 권한분배를 실질적으로 변경하는 것이므로 법적 근거를 요하나, 권한대리는 반드시 법적 근거를 요하지 아니한다.

③ 권한위임의 경우에는 수임기관이 하급행정(관)청인 것이 보통이나, 권한대리의 경우에는 대리기관이 피대리(행정)청의 보조기관인 것이 보통이다.

④ 권한위임의 경우에는 권한위임을 외부에 표시할 것을 요하나, 권한대리의 경우에는 외부에 표시할 것을 요하지 아니한다.

(3) 내부위임과의 구별

권한위임은 위임기관의 권한이 수임기관에게 이전되어 수임기관이 그 자신의 이름으로 그 권한을 행사한다는 점에서 하급행정(관)청(또는 보조기관) 등이 위임기관의 권한을 위임기관의 이름으로 사실상 행사하는 내부위임[3]과 구별된다.

---

1) 판례는 한국자산관리공사에 의한 공매의 대행에 대하여 한국자산관리공사는 세무서장으로부터 의뢰받은 국세압류재산의 공매에 관하여 세무서장의 지휘감독을 받지 않고 자기의 권한으로 공매할 수 있다는 이유로 한국자산관리공사에 의한 공매의 대행은 세무서장의 공매권한의 위임으로 보고 있다(대법 1989. 10. 13. 선고 89누1933 판결, 대법 2001. 11. 27. 선고 2001두6746 판결). 이 판시는 법령이 행정권한의 위임 내지 위탁을 명확하게 밝히고 있지 아니한 사례에 대한 것이다.

2) 피대리청의 명의나 대리관계를 밝혀 처분할 권한밖에 없는 대리행정청이 권한 없이 그의 명의로 처분을 한 경우에도(위법무효의 처분이긴 하지만) 외부적으로 그 명의를 밝혀 처분을 한 행정청(대리기관)이 피고적격을 갖는다(대법 1991. 2. 22. 선고 90누5641 판결 참조).

3) 내부위임의 경우에는 수임기관은 위임기관의 이름으로만 그 권한을 행사할 수 있을 뿐 자기의 이름으로는 그 권한을 행사할 수 없다(대법 1992. 4. 24. 선고 91누5792 판결). 내부위임을 받은 경우에 수임기관이 위임기관의 이름으로 행하지 아니하고 자신의 이름으로 처분을 행한 때에는 그 처분은 권한 없는 자에 의하여 행하여진 위

⑷ 민법상 위임과의 구별

권한위임은 수임기관이 수임의 범위 내에서 위임기관의 대리인으로서가 아니라 자기의 이름과 계산으로 사무를 처리하여 법률효과도 수임기관의 행위로서 발생된다는 점에서 민법상 위임과 같으나, 민법상 위임이 수임자의 승낙을 요하는 민법상 계약관계인 데 대하여 권한위임은 행정법규 또는 행정법규에 의거한 이전행위에 의하여 설정되고 행정사무를 처리하는 것이 그 내용으로 되어 있다는 점에서 양자는 구별된다.

3. 필 요 성

행정(관)청의 권한위임이 필요한 이유는 ① 현대국가에 있어서 다양한 행정기능의 요구에 적시·적절하게 대응하기 위하여 법적인 권한의 귀속이라는 관점만이 아니라 현실의 행정실무의 관점에서 책임의 크고 작음 및 중요성과 난이도에 따른 다양한 처리 방법의 강구가 요청된다는 점, ② 정책기능과 집행기능의 분리 및 계층제 조직구조에서의 종적 분업화를 통하여 행정조직의 능률성을 높이게 된다는 점, ③ 대국민접촉이 빈번하고 용이한 하부 행정기관에 권한이 이전됨으로써 국민이 신속하고 편리하게 행정서비스를 제공받을 수 있게 된다는 점 등이다.

4. 요 건

⑴ 위임의 근거

권한의 위임은 법률상의 권한을 다른 행정기관에 이전하여 권한의 법적 귀속을 변경하는 것이므로 법률의 근거를 요한다(대법 1961. 2. 20. 선고 4293행상7 판결, 대법 1992. 4. 24. 선고 91누5792 판결 등). 법률의 근거가 없는 위임에 의한 행위는 무권한의 행위로 무효이다.

위임의 근거 법령으로는「정부조직법」제6조와 이에 의거한「행정권한의 위임 및 위탁에 관한 규정」이 국가행정사무의 위임 또는 위탁에 대한 일반적 규정을 두고 있다.「지방자치법」제102조가 국가행정사무의 지방자치단체의 장에 대한 위임에 대하여, 동법 제104조가 지방자치단체의 장의 그 보조기관, 소속 행정기관 또는 하급 행정기관에 대한 위임에 관하여 일반적 규정을 두고 있다. 또한 개별법률이 개별적인 권한의 위임에 관하여 규정하고 있다. 예컨대「식품위생법」제91조는 "이 법에 따른 식품의약품안전처장의 권한은 대통령령의 정하는 바에 따라 그 일부를 시·도지사, 식품의약품안전평가원장 또는 지방식품의약품안전청장에게, 시·도지사의 권한은 그 일부를 시장·군수·구청장 또는 보건소장에게 각각 위임할 수 있다"라고 규정하는 것이 그것이다. 그런데 문제는 개별법률에 위임의 근거규정이 없는 경우에「정부조직법」제6조에 의하여 직접 권한을 위임할 수 있는가 하는 것이다. 이에 관하여는 이를 긍정하는 견해와 부정하는 견해로 견해가 나뉜다. 긍정설의 논거는 ①「정부조직법」제6조에 의거한「행정권한의 위임 및

법무효의 처분이 된다(대법 1989. 3. 14. 선고 88누10985 판결, 대법 1995. 11. 28. 선고 94누6478 등 참조).

위탁에 관한 규정」에 의하여 위임이 행하여지는 것이므로 「정부조직법」 제6조를 단순히 일반원칙을 선언한 규정으로 볼 수 없다는 점,[1] ② 행정조직에 있어서는 행정과 사인 사이의 권력관계에서 요구되는 것과 같이 엄격한 법률유보원칙이 요구되지 아니하며, 책임성의 원리에 반하지 않는 한, 포괄적인 위임이 가능하다는 점을 든다.[2] 부정설의 논거는 ① 이를 인정하게 되면 행정(관)청의 권한에 관하여 정하고 있는 모든 법률의 규정이 거의 무의미하게 되어 버린다는 점,[3] ② 권한을 법령으로 명확히 정하라는 행정조직법정주의에 반하고 사인의 측면에서는 권한의 소재를 판단하는 데 어려움을 준다는 점[4]을 든다. 판례는 긍정설의 입장이다(대법 1990. 6. 26. 선고 88누12158 판결).

권한을 위임받은 수임청이 그 권한을 다른 행정기관에게 재위임하기 위하여는 그러한 취지의 명문의 근거법률을 필요로 한다.

(2) 위임의 범위

권한의 위임은 법률의 근거를 요하는 것이므로 위임의 대상으로 될 수 있는 행정(관)청의 권한의 범위도 법률이 정하는 바에 의한다. 다만 그 범위는 권한의 일부에 한정된다는 명문의 규정(예: 공유수면관리및매립에관한법률 60조)이 없더라도 행정(관)청의 권한의 일부에 한정된다. 따라서 권한이 일반적·포괄적으로 정해진 것이 아니고 특정적·개별적으로 정해진 것은 위임·위탁할 수가 없다. 또한 위임의 범위는 위임(관)청의 권한의 주요부분이 아니어야 한다. 주요부분의 위임은 위임(관)청의 권한을 실질적으로 소멸시키는 것이며 권한의 전부의 위임과 마찬가지로 허용되지 아니한다고 보아야 하기 때문이다. 「행정권한의 위임 및 위탁에 관한 규정」 제3조는 권한위임의 기준을 제시하여 행정기관의 장은 허가·인가·등록 등 민원에 관한 사무, 정책의 구체화에 따른 집행사무와 일상적으로 반복되는 상규적 사무로서 그가 직접 시행하여야 할 사무를 제외하고는 그 권한의 일부를 위임 또는 위탁하여야 한다는 원칙을 규정하고 있다.

5. 방 식

권한의 위임은 법률상의 권한을 다른 행정기관에게 이전하는 것이므로 외부에의 공시를 요한다. 외부에의 공시는 위임의 근거법률 그 자체에서 구체적으로 위임사항을 정하고 있는 경우에는 특히 필요하지 아니하나 위임의 근거법률이 위임의 근거만 규정하고 구체적 위임을 위임(관)청의 행위에 의하게 하는 경우에는 필요하게 된다. 그러나 우리나라의 현행 입법례는 모두 "대통령령이 정하는 바에 의하여" 또는 "조례가 정하는 바에 의하여" 위임할 수 있다고 규정하고

---

1) 金南辰·金連泰, 행정법 Ⅱ, 27쪽.

2) 李元雨, 경제규제법론, 290쪽 이하.

3) 朴鈗炘, 최신행정법강의(하)(24판), 42쪽.

4) 洪井善, 행정법원론(하), 27쪽; 朴均省, 행정법론(하), 35쪽.

있어서 위임사항 등이 관보·공보 등에 게재되어 공표되기 때문에 그 외의 공시의 방식에 의한 권한의 위임은 생각할 수 없다.

권한의 위임·위탁은 "법령으로 정하는 바에 따라" 위임할 수 있기 때문에(정부조직법 6조 1항) 법령이 아닌 훈령·예규 등에 의한 위임은 불가능하다.

6. 위임사항

위임사항은 위임(관)청의 권한의 일부에 한한다는 것은 앞에서 보았다. 권한의 일부라 하더라도 권한의 위임에 친숙하지 아니한 것도 있다. 「행정권한의 위임 및 위탁에 관한 규정」은 위임사항을 구체적으로 열거하고 있다.

7. 위임의 상대방

종전에는 위임은 원칙적으로 보조기관 또는 하급행정기관에 대하여만 행하여졌으나 현대행정의 복잡·다양화에 따라 대등관청 또는 지휘감독계층을 달리하는 하급행정기관, 지방자치단체 또는 그 기관, 사인(민간)에 대하여도 위임이 행하여지고 있다.

(1) 보조기관·하급행정기관에 대한 위임

보조기관 또는 하급행정기관에 대한 위임이 가장 일반적이다. 그 이유는 ① 위임이 일방적 행위라는 점, ② 보조기관 또는 하급행정기관은 위임(관)청을 보조하는 지위에 있기 때문에 위임사항에 밝다는 점, ③ 행정조직의 일체성의 원리에 꼭 들어맞는다는 점 등이다.

보조기관 또는 하급행정기관에 권한을 위임한 경우에 위임(관)청은 수임기관의 수임권한 행사에 대하여 지휘·감독할 수 있다(행정권한의 위임 및 위탁에 관한 규정 6조). 이는 상급행정(관)청의 하급행정(관)청에 대한 감독관계에서 나오는 당연한 결과이다.

(2) 대등관청 또는 지휘감독계층을 달리하는 하급행정기관에 대한 위임·위탁

대등관청 또는 지휘감독계층을 달리하는 하급행정기관에 대하여도 위임이 행하여지는 경우가 있다. 이는 당해 기관 소속의 특별지방행정기관이 없는 중앙행정기관의 행정사무, 특히 민원사무를 이해관계인과 가장 가깝게 있는 행정기관에 위임하기 위하여는 지휘감독계층을 달리하는 하급행정기관에 위임할 수밖에 없는 경우가 있기 때문이다. 이 경우의 위임을 법령상으로 위탁이라고 하기도 한다(행정권한의 위임 및 위탁에 관한 규정 2조 2호 참조). 위탁 중에서 등기·등록·소송에 관한 사무를 이양하는 것을 법령상으로 촉탁이라고 한다(국세징수법 시행령 46조 1항 등).

(3) 지방자치단체 또는 그 기관에 대한 위임·위탁

국가행정기관은 그 소관사무의 일부를 지방자치단체 또는 그 기관에 위임할 수 있다(정부조직법 6조 1항). 지방자치단체에 대한 위임을 단체위임이라 하고, 지방자치단체의 기관에 대한 위임을 기관위임이라 한다. 「지방자치법」 제102조는 "시·도와 시·군 및 자치구에서 시행하는 국가사무는 법령에 다른 규정이 없는 한 시·도지사와 시장·군수 및 자치구의 구청장에게 위임하여 행한다"고 규정하고 있으므로, 현행법상 행하여지고 있는 위임은 대체로 기관위임사무이다. 기관위임사무를 위임받은 지방자치단체의 기관은 위임의 범위 내에서 국가기관의 지위에 서게 되며 상급국가기관의 지휘·감독을 받게 된다.

(4) 사인에 대한 위탁

행정기관은 법령의 정하는 바에 의하여 그 소관사무 중 조사·검사·검정·관리업무 등 국민의 권리·의무와 직접 관계되지 아니하는 사무를 지방자치단체가 아닌 법인·단체 또는 그 기관이나 개인 등 사인에게 위탁할 수 있다(정부조직법 6조 3항, 행정권한의 위임 및 위탁에 관한 규정 10조 , 지방자치법 104조 3항). 이를 민간위탁이라고 부른다. 자동차검사의 대행, 별정우체국장에 대한 체신업무위탁, 청사청소 등 청사관리업무, 각종 복지시설 등 공공시설관리업무, 폐기물처리업무, 석탄품질검사업무·건축사자격시험관리업무·시험연구업무 등 점차 확대되는 추세에 있다(→ 행정사무수탁사인). 위탁행정(관)청은 수탁자의 수탁업무의 처리에 대한 지휘·감독권을 가지며, 위법·부당한 업무처리를 취소·정지시킬 수 있다. 수탁업무처리를 취소·정지하고자 할 때에는 그 취소·정지의 사유를 문서로 민간수탁기관에 통보하고 사전에 의견진술의 기회를 주어야 한다(행정권한의 위임 및 위탁에 관한 규정 14조 3항).

8. 재 위 임

권한이 위임되면 그 권한은 수임기관의 것이 되는 것이므로 수임기관은 위임된 권한의 일부를 재위임할 수 있다. 이 경우에 법률의 근거를 요한다는 것은 이미 앞에서 본 바와 같다. 개별법률에서 재위임에 관한 근거규정이 있을 경우는 물론, 개별법률에 재위임에 관한 근거규정이 없어도 「정부조직법」 제6조 제1항과 이에 기한 「행정권한의 위임 및 위탁에 관한 규정」 제4조 재위임에 관한 일반규정에 따라 재위임할 수 있다(대법 1995. 7. 11. 선고 94누4615 전원합의체 판결 등).

국가사무가 지방자치단체의 장에게 위임된 기관위임사무의 경우에는 지방자치단체의 장은 지방자치단체의 조례에 의하여 이를 하급행정기관에게 재위임할 수 없고 「행정권한의 위임 및 위탁에 관한 규정」 제4조에 의하여 위임기관의 승인을 얻은 후 지방자치단체의 장이 제정한 규칙이 정하는 바에 따라 재위임하는 것만이 가능하다(대법 1995. 7. 11. 선고 94누4615 전원합의체 관결 등).[1] 지방자치단체의 고유사무나 단체위임사무의 경우 지방자치단체의 장이 지방자치단체의 조례에 의하여 하급행정기관에게 재위임할 수 있음은 말할 나위가 없다.

9. 위임에 따르는 비용부담

권한을 위임하고자 하는 경우에는 수임기관의 수임능력 여부를 점검하고 필요한 인력 및 예산을 이관하여야 한다(행정권한의 위임 및 위탁에 관한 규정 3조 2항).

권한위임에 따르는 인력 및 예산의 이관은 국가기관간에는 이루어질 수 있으나, 법인격을 달리하는 국가와 지방자치단체간에는 이루어질 수 없으므로「지방재정법」제21조 제2항은 "국가가 스스로 하여야 할 사무를 지방자치단체나 그 기관에 위임하여 수행하는 경우 그 경비는 국가가 전부를 그 지방자치단체에 교부하여야 한다"라고 규정하고 있다.

10. 효   과

권한의 위임은 권한의 이전의 효과를 발생한다. 따라서 위임기관의 권한은 수임기관의 것으로 되고 그의 이름과 책임으로 그 권한을 행사한다. 수임기관이 행한 행위는 수임기관의 행위로서 효과를 발생하므로 이에 대한 항고소송은 수임기관을 피고로 하여 제기하여야 한다.

위임기관은 수임기관의 위임된 권한행사에 대하여 지휘·감독권을 가지는가의 문제가 있다. 이에 대하여는 수임기관이 위임기관의 지휘·감독하에 있는 보조기관이나 하급행정기관인 경우에는 지휘·감독권을 갖지만, 대등기관이나 지휘감독계층을 달리하는 하급행정기관인 경우에는 지휘·감독권을 갖지 않는다는 것이 종래의 통설이다. 그러나「행정권한의 위임 및 위탁에 관한 규정」제6조는 이러한 구별 없이 "위임기관 및 위탁기관은 수임기관 및 수탁기관의 사무처리에 관하여 지휘·감독하고 그 처리가 위법·부당하다고 인정되는 때에는 이를 취소하거나 정지시킬 수 있다"고 규정하고 있다.[2]

---

[1] 국가행정기관의 권한을 위임받은 지방자치단체의 장이 당해 위임기관의 승인을 얻지 아니하고 재위임하는 경우에는 그 재위임은 무효가 되며, 당해 지방자치단체가 설령 조례로 재위임하더라도 결과에 아무런 영향이 없다. 이 경우 무효가 된 재위임에 의거하여 행한 처분의 효력은 당연무효가 되는가가 문제이다. 대법 1995. 7. 11. 선고 94누4615 전원합의체 관결은 행정행위의 무효와 취소의 구별기준에 관한 통설의 입장에서 처분의 재위임 과정의 흠이 객관적으로 명백하다고 할 수 없다는 이유로 당연무효사유가 되지 아니한다고 하였다(반대의견 있었음). 이 판례에 관하여는 吳振煥,「조례의 무효와 그 조례에 근거한 행정처분의 당연무효 여부」, 특별법연구(특별소송실무연구회) 제5권, 1997, 136쪽 이하 참조.

[2] 행정권한의 위임 및 위탁에 관한 규정 제6조에 따라 위임 및 위탁기관이 수임 및 수탁사무의 처리가 부당하다는 이유로 그 사무처리를 취소하는 경우, 사무의 처리가 부당한지의 여부의 판단은 위법상 판단과 달리 합목적적·정책적 고려도 포함되므로, 위임 및 위탁기관이 그 사무처리에 관하여 일반적인 지휘·감독을 하는 경우는 물론이고 나아가 수임 및 수탁사무의 처리가 부당하다는 이유로 그 사무처리를 취소하는 경우에도 광범위한 재량이 허용된다. 다만, 그 사무처리로 인하여 이해관계 있는 제3자나 이미 형성된 법률관계가 존재하는 경우에는 위임 및 위탁기관이 일반적인 지휘·감독을 하는 경우와 비교하여 그 사무처리가 부당하다는 이유로 이를 취소할 때 상대적으로 엄격한 재량통제의 필요성이 인정된다. 이러한 취소에 재량권 일탈·남용이 인정된다면 취소처분은

11. 종   료

권한의 위임은 첫째, 법령의 규정에 의하여 직접 위임된 경우 당해 규정의 개정·폐지로 종료된다. 둘째, 위임기관의 구체적·개별적 위임행위에 의하여 위임된 경우 위임의 철회로 종료된다. 이 경우에는 위임의 철회를 공시하여야 한다. 셋째, 위임이 종기부 또는 해제조건부 위임인 경우에는 종기의 도래 또는 해제조건의 성취에 의하여 종료된다.

Ⅳ. 행정(관)청의 권한대리

1. 의   의

행정(관)청의 권한대리란 행정(관)청의 권한의 전부 또는 일부를 다른 행정기관이 피대리(관)청을 위한 것임을 표시하여 자기의 이름으로 행사하고 그 행위가 피대리(관)청의 행위로서 효력을 발생하는 것을 말한다. 권한의 대행(헌법 71조), 직무대행(정부조직법 7조 2항), 또는 직무대리(직무대리규정)라고도 한다.

2. 성   질

(1) 권한위임과의 구별

행정(관)청의 권한대리와 권한위임의 구별에 관하여는 이미 권한위임의 성질에서 본 바와 같다.

(2) 내부위임 등과의 구별

행정(관)청의 권한대리는 피대리(관)청을 위한 것임을 표시하고 자기의 이름으로 행사한다는 점에서 행정(관)청의 권한을 보조기관 또는 하급행정(관)청 등으로 하여금 외부적으로는 행정(관)청의 이름으로(굳이 대리행위임을 표시하지 아니하고) 사실상 행정(관)청의 권한을 행사하게 하는 내부위임·위임전결·대결 등과 구별된다.

(3) 대표와의 구별

대표[1]는 대리와 같이 대리·피대리라는 대립관계가 아니라 대표자인 행정(관)청의 행위가 직접 국가 또는 지방자치단체의 행위로 된다는 점에서 대리와 구별된다.

위법하다고 판단할 수 있다(대법 2017. 9. 21. 선고 2016두55629 판결).

1) 예: 「국가를 당사자로 하는 소송에 관한 법률」 제2조에 의하면 국가소송에 있어서는 법무부장관이 국가를 대표한다.

⑷ 사법상 대리와의 구별

행정(관)청의 권한대리가 행정법률주의의 원칙에 입각하면서 행정(관)청의 권한을 행정(관)청이외의 다른 행정기관으로 하여금 예외적으로 행사시키는 것임에 반하여, 사법상 대리는 사적자치의 원칙을 배경으로 하면서 사법적 자치의 확장 또는 보충을 목적으로 하는 제도[1]라는 점에서 제도의 배경, 발생이유 내지 기반을 달리한다.

3. 필 요 성

행정(관)청의 권한은 당해 행정(관)청이 스스로 행하여야 한다(권한불변경의 원칙). 그러나 방대한 행정사무를 일체로서 신속하게 처리함에 있어서 행정(관)청이 그 권한을 행사하는 것이 현실적으로 적절하지 못한 경우 또는 행정(관)청의 구성원에 사고(병·출장·궐위 등)가 있어 행정(관)청이 스스로 그 권한을 행사할 수 없는 경우 등(→ 권한위임의 필요성 참조)에 권한대리가 필요하게 된다.

4. 종 류

행정(관)청의 권한대리는 그 발생원인에 따라 임의대리와 법정대리로 나뉜다.

⑴ 임의대리

1) 의 의

임의대리란 피대리(관)청의 수권(授權)에 의하여 성립된 대리를 말한다. 수권대리 또는 위임대리라고도 한다.

2) 수권행위

㈎ 수권행위의 요건

㈀ 법적 근거문제   법률에 명문의 근거가 있는 경우(예: 국고금관리법 40조) 수권행위를할 수 있음은 말할 나위가 없으나, 법률의 근거가 없는 경우에도 수권행위를 할 수 있는가에 대하여 견해가 나뉜다. 다수설은 대리는 권한의 이전을 가져오는 것이 아니라는 점, 행정(관)청의 권한이 광범하게 미치는 일반적·포괄적으로 정하여진 경우에는 그 권한의 전부를 반드시 스스로 행사하여야 한다는 것이 법이 요구하는 바라고 해석할 수 없다는 점을 이유로 긍정설(적극설)을 취한다.[2] 이에 대하여는 권한의 대리도 법이 정한 권한배분에변경을 가한다는 점에서 권한의 위임과 다름이 없다는 이유로 법률의 명문의 근거가 있어

---

1) 민법은 이러한 제도의 취지에 맞추어 본인·대리인·제3자 사이의 이해조절을 도모한다.
2) 金道昶, 일반행정법론(상), 72쪽 이하; 朴均省, 행정법론(하), 23쪽; 洪井善, 행정법원론(하), 21쪽.

야만 수권행위를 할 수 있다는 부정설(소극설)[1]이 있으며 정부의 관례도 법령의 근거 없이 수권행위가 행하여진 예가 없다는 주장이 있다.[2]

(ㄴ) 수권의 범위   피대리(관)청의 일반적·포괄적 권한의 일부에 대해서만 수권이 가능하다고 보는 것이 통설이다. 즉 첫째로, 수권의 대상으로 될 수 있는 행정(관)청의 권한의 범위를 한정하는 법률의 규정이 있는 경우에는 그 범위 내에서 수권할 수 있다. 둘째로, 그러한 법률의 규정이 없는 경우에도 피대리(관)청의 일반적·포괄적 권한의 일부에 대하여서만 수권할 수 있다. 그렇지 않으면 법령에 의하여 정하여진 권한의 사실상의 포기를 의미하는 것이 되기 때문이다.

(나) **수권행위의 방식**   행정(관)청이 수권행위를 함에는 대리기관에 대한 의사전달을 필요로 하나, 권한위임의 경우와는 달리 수권행위를 외부에 표시할 필요가 없다는 것이 종래의 통설이다.

⑵ 법정대리

1) 의   의
법정대리란 피대리(관)청의 수권에 의해서가 아니라 법정사실의 발생으로 법령상 당연히 발생하는 대리를 말한다.

2) 종   류
법정대리는 대리기관의 결정방법에 따라 다시 협의의 법정대리와 지정대리로 나뉜다.

(가) **협의의 법정대리**   대리기관이 법령의 규정에 의하여 미리 정하여져 있어서 법정사실의 발생으로 직접 발생하는 대리이다(예: 헌법 71조, 정부조직법 7조 2항, 12조 2항).

(나) **지정대리**   법정사실이 발생하였을 경우 일정한 자가 대리기관을 지정함으로써 비로소 발생하는 대리이다(예: 정부조직법 22조). 지정대리는 피대리(관)청의 구성원이 존재하나 사고로 인하여 권한을 행사하지 못하는 경우에 인정되는 것이 보통이다. 그러나 피대리(관)청의 구성원이 궐위(사망·면직 등)된 때에도 임시로 그 대리자를 지정하는 경우가 있다. 이를 서리라 한다.

서리는 피대리(관)청의 구성원이 궐위되어 있다는 점이 다를 뿐이고 행정(관)청의 권한의 전부를 행사한다는 점, 서리의 행위가 직접 행정(관)청의 행위가 된다는 점, 서리의 책임에서 권한을 행사한다는 점 등은 지정대리와 다름이 없으므로 통설은 서리를 지정대리의 일종으로 본다. 이에 대하여는 기관인격을 인정하고 행정(관)청의 (권한)대리의 본질을

---

1) 朴鈗炘, 최신행정법강의(하), 35쪽.

2) 朴鈗炘, 위의 책, 같은 쪽; 金東熙, 행정법 Ⅱ(제10판), 17쪽.

인격의 대리로 보는 입장에서는 피대리(관)청의 구성원이 궐위된 경우 대리는 발생하지 아니하며 따라서 서리는 대리가 아니라는 견해[3]가 있다. 그러나 행정(관)청의 (권한)대리는 인격의 대리가 아니라 권한의 대리이며 따라서 행정(관)청으로서의 행위는 그 효과가 행정(관)청의 구성원에게 귀속하는 것이 아니라 행정주체에 귀속하는 것이므로 행정(관)청의 구성원인 자연인의 존재 여부는 행정(관)청의 권한대리의 성립에 아무런 영향이 없다는 것이 통설의 입장이다.

3) 법적 근거

법정대리는 반드시 개별적인 법령의 근거를 요한다. 「헌법」과 「정부조직법」에 개별적인 명문규정이 있는 외에 일반법으로서 「직무대리규정」이 있다.

4) 대리권의 범위

특별한 정함이 없는 한, 법정대리의 대리권의 범위는 피대리(관)청의 권한의 전부에 미친다. 지정대리의 경우에도 지정자가 대리권의 범위를 한정할 수 없다고 보아야 한다.

5. 대리권의 행사

대리행위는 타인을 위한 대리행위임을 표시하여야 한다는 「민법」(114조)상의 현명주의(顯名主義)가 유추적용된다. 실무상으로는 대체로 "○○장관 직무대리 ○○차관"이라고 현명한다. 현명하지 아니할 경우에는 대리기관의 무권한의 행위가 된다. 그러나 이 경우에도 이해관계인이 피대리(관)청의 행위로 믿을 만한 정당한 사유가 있을 때에는 「민법」상의 표현대리에 관한 규정(115조, 116조)이 유추적용될 것이다.

6. 피대리(관)청의 구성자의 권한

피대리(관)청의 구성자는 대리기관의 대리권에 속하는 사무에 대하여 다음과 같은 권한을 가지는가의 여부가 문제된다.

(1) 대리사무의 처리권

피대리(관)청의 구성자도 대리사무의 처리권을 갖는가는 경우를 나누어 보아야 한다.

1) 임의대리

임의대리는 대리기관에 대하여 대리사무 처리를 수권한 것이지 권한을 이전한 것은 아니므로 수권에 의하여 피대리(관)청의 구성자의 권한이 상실되지 아니하며, 따라서 대리기관에 의한

---

3) 尹世昶, 행정법(상), 516·517쪽.

대리사무의 처리가 효과를 발생한 경우를 제외하고, 피대리(관)청의 구성자도 대리사무의 처리권을 갖는다고 보아야 할 것이다.

2) 법정대리

피대리(관)청의 구성원이 궐위된 경우에는 문제되지 아니한다. 그러나 구성원의 사고로 인한 경우, 사고에 따라서는 실제로 사무처리가 가능한 경우(예: 피대리(관)청 구성원의 해외출장 중의 대리)도 있을 수 있으므로, 그러한 경우에는 피대리(관)청의 구성자의 대리사무 처리권을 긍정할 수 있을 것이다.

(2) 대리사무에 대한 지휘감독권

피대리(관)청의 구성자가 대리사무에 대한 지휘감독권을 갖는가도 경우를 나누어 보아야 한다.

1) 임의대리

수권행위에는 지휘감독권을 유보하고 있다고 보아야 하므로 피대리(관)청의 구성자는 대리기관의 대리사무에 대하여 지휘감독권을 갖는 것이 원칙이다.

2) 법정대리

법정대리의 경우에는 대리기관의 대리사무에 대한 지휘감독권이 없는 것이 원칙이다. 그러나 구성원의 사고로 인한 경우 중 실제로 사무처리가 가능한 경우에는 지휘감독권이 있다는 것이 다수설이다.

7. 복 대 리

대리기관이 복대리기관을 선임하여 그 복대리기관을 직접 피대리(관)청의 대리기관으로 할 수 있는지, 즉 복대리가 가능한지의 여부가 문제된다. 이에 관하여 법령에 명문의 규정이 있는 경우에는 문제가 없다. 그렇지 아니하는 경우에는 임의대리와 법정대리에 따라 다르다.

(1) 임의대리

임의대리는 피대리(관)청의 권한의 일부대리이고 또한 대리기관의 구체적 사정에 따른 신탁관계에 의한 대리권의 부여이므로 원칙적으로 복대리는 인정되지 않는다.

(2) 법정대리

법정대리는 피대리(관)청의 권한의 전부대리이고, 법정사실의 발생에 따라 당연히 대리관계가 성립된 것이지 신탁관계에 바탕을 둔 것이 아니며, 대리기관의 행위에 대하여는 대리기관이 스스로 책임을 지는 것이므로, 대리기관의 대리권의 일부에 대한 복대리가 인정된다 할 것이다. 이 경우의 복대리가 임의대리임은 말할 나위가 없다.

8. 효　과

대리기관의 대리행위는 피대리(관)청의 행위로서의 효과를 발생한다. 따라서 대리기관의 대리행위는 피대리(관)청의 행위로 보아야 하므로 이에 대한 항고소송은 피대리(관)청을 피고로 하여 제기하여야 한다.[1]

9. 종　료

대리관계는 다음과 같은 사유로 종료된다.

(1) 임의대리

첫째로, 피대리(관)청의 수권행위의 철회로 대리관계는 종료된다. 둘째로, 수권행위에 종기나 해제조건이 붙어 있는 경우에는 종기의 도래 또는 해제조건의 성취에 의하여 대리관계는 종료된다.

(2) 법정대리

첫째로, 피대리(관)청의 구성원이 궐위된 경우에는 그 구성원의 선임 등에 의하여 대리관계는 종료된다. 둘째로, 구성원의 사고로 인한 경우에는 사고의 해소(예: 해외출장에서의 귀국)에 의하여 대리관계는 종료된다. 셋째로, 지정대리의 경우에는 지정행위의 철회나 종기의 도래 또는 해제조건의 성취에 의하여 대리관계는 종료된다.

V. 행정(관)청 상호간의 관계

행정조직이 조직인 이상 그 구성부분인 행정(관)청 상호간의 의사통일을 도모하기 위한 방안이 마련되어야 한다. 종래의 전통적 행정법학에 있어서는 의사통일의 문제를 "위로부터"의 일방적·구속적인 형태로서의 지시·명령, 즉 상급(관)청의 하급(관)청에 대한 지휘감독권의 행사방법을 둘러싼 문제만으로 다루어 왔다. 그러나 행정학의 영역에 있어서는 행정조직 내에서 "아래로부터"의 의사형성도 중요한 논의의 대상으로 하고 있다. 아울러 일방적·구속적인 형태가 아닌 의사통일의 방안으로 행정조직 내부의 조정도 고찰의 대상이 되고 있다.

---

[1] 대법 2018. 10. 25. 선고 2018두43095 판결: 대리기관이 대리관계를 표시하고 피대리 행정청을 대리하여 행정처분을 한 때에는 피대리 행정청이 (항고소송의) 피고로 되어야 한다.

1. 상하(관)청 상호간의 관계

상하(관)청 상호간의 관계는 지휘감독관계·권한위임관계·권한대리관계 및 하급기관으로부터의 의사전달관계 등이 있으나 권한위임관계와 권한대리관계는 이미 앞에서 보았으므로 나머지에 대하여만 보기로 한다.

(1) 상급(관)청의 지휘감독

1) 지휘감독의 의의

지휘감독이란 행정조직 내부의 의사를 통일하기 위하여 상급(관)청이 하급(관)청의 권한행사를 지휘하고 필요에 따라 일정한 법적 구속력을 가진 작용을 말한다. 따라서 행정기관 상호간의 권고·조언 등은 지휘감독의 개념 속에 포함되지 아니한다.

상급(관)청은 개별적인 법률의 근거가 없어도 일반적으로 하급(관)청에 대하여 지휘감독권을 갖는다는 것이 통설이다. 통설에 따르면 이 점이 행정(관)청 상호간의 법률관계가 행정기관(행정주체)과 사인 상호간의 법률관계와 원칙적으로 다른 커다란 차이점이다. 종래의 통설은 피라밋(pyramid)형의 계층조직을 염두에 둔 이론이다. 그러나 이 이론은 현대 행정조직의 구성 원리의 하나인 조정기능에 대한 충분한 배려가 부족하다는 점, 행정조직법의 기본원리인 독임제에 중점을 둔 이론이라는 점, 행정기관을 법률의 기계적 집행 로봇으로 전락시킬 위험이 있다.

지휘감독권은 예방적(사전적)인 것과 교정적(사후적)인 것이 있으며, 그 범위는 행정(관)청의 종류와 사무의 성질에 따라 다르다. 그 실효성은 상관의 직무상 명령에 대한 공무원의 복종의무와 그 위반에 대한 임명권자의 징계권에 의하여 담보된다.

2) 지휘감독의 방법

지휘감독의 방법 중 대표적인 것은 다음과 같다.

(가) **감 시**　　상급(관)청이 하급(관)청의 권한행사에 대하여 보고를 받거나, 서류장부를 검사하거나, 실제로 사무를 시찰하는 등의 방법을 말한다. 감시는 아래에서 보는 각종 수단의 전제 또는 준비수단으로서의 기능을 행한다.

(나) **동의 또는 승인**　　하급(관)청의 일정한 권한행사에 대하여 상급(관)청의 동의 또는 승인을 받도록 하는 방법을 말한다. 법률이 명문으로 이를 규정하는 경우도 있으나(예: 국가공무원법 32조의2), 그와 같은 규정이 없는 경우에도 상하관계에 있는 행정기관 상호간에는 이와 같은 감독방법을 채택할 수 있다는 것이 통설이다.

여기서 말하는 동의 또는 승인 등은 원칙적으로 행정작용법에서 말하는 행정행위의 일종으로서의 인가 등과 달리 행정조직 내부에서 하급(관)청의 권한을 규제하기 위한 방법일 뿐 사인의 권리·의무에 직접적인 법적 효과를 미치지는 아니한다. 따라서 상급(관)청에 의하여 이들 동의 또는 승인이 거부된 경우에도 사인과 마찬가지로 일반행정쟁송에 의하여 다툴 수 없다. 행정기관 상호간의 분쟁은 법률상 특별한 규정에 의하여 기관소송의 절차가 정하여져 있는 경우에 이들 규정이 인정하고 있는 범위 내에서만 다툴 수 있다는 것이 우리 행정쟁송에 관한 지금까지의 통설의 이해이기 때문이다.

㈐ **주관쟁의결정**　　　상급(관)청은 하급(관)청 상호간에 주관쟁의에 관한 다툼이 있는 경우에 이를 결정한다. 일종의 예방적 감독수단이다. 행정(관)청 상호간에 주관권한에 관한 다툼이 있는 경우 행정(관)청의 공통 상급(관)청이 주관권한을 결정하고, 그러한 상급(관)청이 없는 경우에는 쌍방의 상급(관)청이 협의하여 결정하며, 협의가 이루어지지 않을 경우에는 최종적으로는 행정각부간의 주관쟁의가 되어 국무회의의 심의를 거쳐 대통령이 결정한다(헌법 89조 10호).

㈑ **훈　령**

㈀ 의　　의　　　행정조직의 내부에서 상급(관)청이 하급(관)청의 권한행사를 지휘·감독하기 위하여 발하는 명령을 훈령이라 한다. 훈령은 행정(관)청 상호간에 있어서 예방적 감독의 중추적 수단으로 특별한 법적 근거를 요하지 아니하고 감독권의 당연한 결과로서 발할 수 있다는 것이 종래의 통설이다. 이 종래의 통설에 대하여는 앞의 지휘감독권에 대한 비판과 같은 비판이 가능하다. 훈령은 상급(관)청의 하급(관)청에 대한 명령인 점에서 상관이 부하 공무원에 대하여 행하는 명령인 직무명령과 구별된다.

㈁ 성　　질　　　종래 통설은 훈령을 행정규칙의 형식의 일종으로 들어왔다. 이에 의하면 훈령은 ① 수명기관을 구속함에 그치고 일반 국민에 대한 직접적인 대외적 구속력이 없고, ② 발령기관에 대하여도 구속력이 없으며, ③ 수명기관이 이에 위반하여도 원칙적으로 위법이 되지 아니하며, ④ 수명기관의 행위가 훈령에 위반하였음을 이유로 행정소송에 의하여 그 위법성을 다툴 수 없음이 원칙이며, ⑤ 훈령에 따랐다는 것만으로 수명기관의 행위가 적법하게 되는 것도 아니라고 이해하여 왔다.

그러나 법규명령과 행정규칙에서 이미 본 바와 같이, 훈령은 법규명령으로서의 효력을 갖기도 하고, 행정규칙으로서 유연한 대외적 구속력을 갖기도 하며, 내부적 구속력만 갖기도 한다.

「행정 효율과 협업 촉진에 관한 규정」은 훈령을 지시문서의 하나로 들고 있다(4조 2호).

판례는 원칙적으로 비법규설을 취하고 있다. 예컨대 대법 1996. 12. 23. 선고 95누18567 판결은 "산림청훈령인 '산림의 형질변경 및 복구요령'은 법규로서의 효력이 없는 행정청 내부의 사무처리준칙에 불과하다"라고 판시한 것이 그것이다. 그러나 판례는 훈령이라 하더라도 법령의 직접적인 위임에 따라 수임행정기관이 그 법령을 시행하는 데 필요한 구체적 사항을 정한 것이면, 그것이 상위법령의 한계를 벗어나지 아니하는 한, 상위법령과 결합하여 대외적인 구속력을 갖는 법규명령으로서 기능하게 된다는 입장이다(→ 법 규명령의 종류).

(ㄷ) 요 건　　훈령은 ① 훈령권 있는 상급(관)청이 발하여야 하고, ② 하급(관)청의 권한 내의 사항에 관한 것이어야 하며, ③ 하급(관)청의 직무상 독립의 범위에 속하는 사항에 대 한 것이 아니어야 하며, ④ 적법·타당하고, ⑤ 가능하고 명백한 것이어야 한다.

(ㄹ) 효 력　　훈령의 효력은 성질에서 이미 언급한 바와 같다. 훈령의 효력과 관련하여 서는 두 가지가 문제된다.

　　첫째는 하급(관)청은 훈령의 흠(하자)에 대하여 어느 정도의 심사권을 갖는가의 문제이 다. 이에 대하여 견해가 나뉜다.

① 훈령의 요건을 형식적 요건(위의 요건 중 ① ② ③)과 실질적 요건(위의 요건 중 ④ ⑤)으로 나 누어 원칙적으로 형식적 요건만 심사할 수 있고 실질적 요건은 심사할 수 없으나 실질 적 요건의 흠이 중대하고 명백한 경우에는 심사할 수 있다는 견해가 종래의 통설적 견 해였다. 이 견해의 논거는 행정의 통일성과 계서제원리(階序制原理)의 확보 등을 든다. ② 이에 대하여 형식적 요건은 물론 실질적 요건도 원칙적으로 심사할 수 있으며 실질적 요건을 심사하여 법령위반이 명백한 때에는 훈령에 대한 복종을 거부하여야 한다는 견 해가 있다. 이 견해의 논거는 법치주의 관점에서 공무원의 법령준수의무를 복종의 의무 보다 우선시켜야 한다는 것 등을 든다.

　　둘째는 훈령에 위반한 법적행위의 효력의 문제이다. 훈령의 규율대상이 되는 행위는 법적행위(예: 상급(관)청이 하급(관)청의 허가 등을 금지하거나 제한하는 것)도 있고 사실행위(예: 상급(관)청이 특정사항에 관하여 조사를 명하는 것)도 있다. 여기서 문제되는 것은 법적행위가 훈령에 위반하여 행하여진 경우이다. 단순히 훈령위반만으로는 그 효력에 아무런 영향이 없다는 것이 종래의 통설이다. 그러나 위에서 본 바와 같이 훈령은 법규명령과 같이 엄격 한 대외적 구속력을 가질 수도 있고, 유연한 대외적 구속력을 가질 수도 있으므로 일률적 으로 법적행위의 효력에 아무런 영향이 없다고 할 수 없다.

(ㅁ) 경 합　　내용이 서로 모순되는 둘 이상의 상급(관)청의 훈령이 경합할 때에는 주 관상급(관)청의 훈령에 따라야 한다. 주관상급(관)청이 불명확할 때에는 주관쟁의방법으로 해결하여야 한다. 서로 상하관계에 있는 상급(관)청의 훈령이 경합할 때에는 행정조직의 계층적 질서가 서야 하기 때문에 직근상급(관)청의 훈령에 따라야 한다는 것이 통설이다.

(바) **취소·정지(중지)**　　상급(관)청이 직권으로 또는 당사자의 불복신청에 의거하여 하 급(관)청의 위법 또는 부당한 행위를 취소하거나 또는 정지(중지)하는 것을 말한다. 교정적 감독수단이다.

　　상급(관)청은 법률의 명문에 근거가 있는 경우(정부조직법 11조 2항, 행정권한의 위임 및 위탁에 관한 규정 6조, 지방자치법 169조 등)에 하급(관)청의 위법·부당한 행위를 취소·정지(중지)할 수 있음은 말할 나위가 없다. 문제는 법률의 명문의 근거가 없는 경우에도 가능한가에 있다. 이에 대하여는 긍정설과 직접 취소·정지권은 없고 하급(관)청에 대한 취소·정지명령권만 갖는다는 부정설로 나뉜다. 긍정설의 논거는 ① 교정적 감독권이 없는 감독권은 실효성이 낮다는 것, ② 흠 있는 행정행위를 신속히 교정하는 것이 행정의 합법성 내지 공적 생활관계의 안정성을 확보하는 지름길이라는 것을 든다. 이에 대하여 부정설의 논거는 ① 취소·정지의 효과는 직접 사인에게 미친다는 점, ② 취소·정지는 하급(관)청의 권한의 대행을 의미한다는 점을 든다.

생각건대 상급(관)청이 직권으로 취소·정지하는 경우 취소·정지의 대상이 이익 행정행위인 때에는 취소·정지가 직접적으로 행정주체와 사인간의 법률관계를 변동시키게 될 것이므로 법률의 근거를 필요로 하는 것이며, 당사자의 불복신청에 의거하여 취소·정지하는 경우에는 별도의 법률이 마련되어 있는 것이 보통일 것이므로 부정설이 원칙적으로 옳다.

3) 지휘감독의 한계

(가) 하급(관)청의 독립권한의 존중
행정(관)청은 일반적으로 상하 지휘감독체계에 따르고 있지만 법령의 정하는 바에 의하여 그 권한행사에 있어서 상급(관)청의 지휘감독을 받지 않고 독립하여 권한을 행사하는 것이 보장되어 있는 경우가 있다. 예컨대 감사원, 소청심사위원회, 공정거래위원회 등 준사법기관이나 기타 합의제 행정(관)청이 그것들이다. 이들 행정(관)청은 「정부조직법」상 일반 중앙행정(관)청과 달리 어느 정도 중립성과 독립성이 인정되어 있다. 그런데 「헌법」이 제66조에서 "행정권은 대통령을 수반으로 하는 정부에 속한다"라고 규정하고 있으므로 행정기관에게 독립성을 부여하는 것은 위헌이 아닌가 하는 문제가 있을 수 있다. 그러나 권한행사의 독립성의 보장은 행정조직 내부의 의사통일을 위한 각종 수단 중 단순히 지휘감독권에 관한 것에 불과하다는 것을 유념할 필요가 있다. 그 밖의 다른 수단, 예컨대 인사권, 예산권 등은 상급행정(관)청에 남겨져 있다.

(나) 대체집행의 원칙적 금지
대체집행이란 다른 행정기관이 행하여야 할 행위를 행하지 아니하는 경우에 상급(관)청이 다른 행정기관에 대신하여 그것을 행하는 것을 말한다. 대집행이라는 용어를 사용하는 것이 일반적이나 행정작용법상의 대집행개념과의 혼동을 피하기 위하여 대체집행이라는 용어를 사용한 것이다. 상급(관)청이 지휘감독권을 행사한다고 해서 하급(관)청에 대신하여 자신이 그 권한을 행사할 수 있는 것은 아니다. 이를 허용할 경우 법령에 의한 권한배분을 변경하는 것과 같이 되기 때문이다. 따라서 법령의 명시적 규정이 없는 한 상급(관)청의 대체집행은 허용되지 아니한다.

(다) 법정권한 내의 지휘감독
상급(관)청의 지휘감독은 하급(관)청의 독립권한을 침해하지 아니하여야 함은 물론 법정권한 내에서 행사하여야 한다.

(2) 하부조직으로부터의 의사전달

행정조직은 법률의 형태로 결정된 단순한 정책의 실행뿐만 아니라 정책입안기능도 담당하고 있기 때문에 행정이 정확한 정책입안을 행하기 위하여는 종횡으로 연결된 조직에서 다양한 사고와 행동양식에서 도출되는 중지(衆智)를 모을 필요가 있다. 이를 위하여는 각 하부조직에서 입안된 내용을 상호 조정하여 통합함과 동시에 하부조직의 입안을 상부조직으로 흡수하여야 한다.

1) 상 신 제

상부조직의 정책입안과정에 하부조직의 적극적인 제언 등을 반영하는 방법으로 하부조직으로부터의 상신제를 들 수 있다.

2) 결재제도

하부조직에 의한 발의·제안을 흡수하는 사무처리방식의 대표적인 것으로 결재제도가 있다. 결재란 행정(관)청에게 부여되어 있는 권한의 행사에 있어서 그 사안의 처리방침에 대한 문서안을 우선 단위조직의 최하위에 있는 기안담당자가 작성하고 이를 순차적으로 차상급 보조기관에 회람하여 검토·조정을 거쳐 최종적으로 본래의 권한을 가진 자가 서명함으로써 당해 조직 내부에서의 최종적 의사형성이 행하여지는 체계를 말한다. 각 상부조직에 의한 당해 문서의 승인 및 권한자의 결재는 문서상 정해진 서명의 방법에 의하여 행하여지며, 여기에 행정(관)청이 내부적으로 권한을 위임하여 능률적으로 운영하는 전결이나 대결 등의 현상이 생겨난다.

3) 자문기관

자문기관은 행정(관)청의 자문에 응하여 또는 자발적으로 행정(관)청의 의사결정에 참고될 의사를 제공함을 임무로 하는 행정기관임은 앞서 본 바와 같다. 자문기관에는 행정조직 내에서 특히 상급(관)청의 보다 정확한 판단을 위하여 정보를 제공하고 조언하는 권한·책무를 가지고 있는 정책심의회 등이 주로 활용되고 있다.

2. 대등(관)청 상호간의 관계

(1) 권한존중

대등행정(관)청 상호간에는 서로 다른 기관의 권한을 존중하여야 하며, 이를 침범하여서는 아니 된다. 행정(관)청이 그 권한의 범위 내에서 행한 행위는 그것이 무효가 아닌 한 다른 행정(관)청도 이에 구속된다. 이를 공정력으로 설명하기도 하고, 구성요건적 효력으로 설명하기도 한다.

대등(관)청 상호간에 주관권한에 관한 다툼이 있는 경우 행정(관)청의 공통상급(관)청이 주관권한을 결정하고 최종적으로는 행정각부간의 주관쟁의가 되어 국무회의의 심의를 거쳐 대통령이 결정하게 된다는 것은 이미 상하(관)청 상호간의 관계에서 본 바와 같다.

(2) 상호협력

1) 협 의

하나의 사안이 둘 이상의 대등(관)청의 권한에 속하거나 권한과 관련이 있을 때에는 행정(관) 청간의 의사의 통일은 협의에 의하여 이루어진다. 협의는 다음 세 가지로 대별될 수 있다. ① 둘 이상의 행정(관)청이 공동주관기관으로 대등하게 협의하는 경우가 있다. 이 경우에는 공동명의 로 외부에 표시하며, 합의가 당해 조치의 유효요건이 된다. ② 주관(관)청이 관계(관)청의 동의를 구하기 위하여 협의하는 경우가 있다(예: 대법 2018. 7. 12. 선고 2014추33 판결). 이 경우에는 법령 상 요구되는 협의 없이 행한 주관(관)청의 행위는 원칙적으로 무효가 된다는 것이 우리나라의 통 설이고 판례(대법 2006. 3. 10. 선고 2004추119 판결[1] 등)이다. ③ 행정청이 행정권한을 행사하기 전 에 관계 행정청의 자문 또는 의견을 구하는 경우[2]이다. ④ 행정(관)청이 일정한 사업을 경영함에 있어서도 사인과 마찬가지로 관계법령에 따라 허가 등을 받아야 하나 특례를 두어 그 사업의 주 관(관)청과 협의하거나 그의 승인을 받게 한 경우가 있다(예: 공유수면 관리 및 매립에 관한 법률 35조 1항).[3] 이를 인·허가대체협의라고 한다.

2) 사무위탁

대등(관)청 사이에는 하나의 기관이 다른 기관에게 사무의 일부를 이양하여 처리하게 할 수 있으며, 이를 위탁이라고 한다.

3) 협 조

행정(관)청은 각각 법정권한을 독자적으로 행사하는 것이지만, 경우에 따라서는 다른 행정 (관)청의 협조가 필요한 경우가 있다. 오늘날 행정이 나날이 전문화되고 또한 지방자치가 진전됨 에 따라 행정(관)청 상호간의 협조의 중요성이 증대되고 있다. 「행정절차법」은 행정의 원활한 수 행을 위하여 행정(관)청이 상호 협조할 것을 규정하고 있다(7조).

---

1) 대법 2006. 3. 10. 선고 2004추119 판결에 대한 평석으로는 慶 建, 「관계기관과의 협의를 거치지 아니한 조례의 효력」, 행정판례연구(한국행정판례연구회) XIII, 186쪽 이하가 있다. 문화재보호법 시행규칙에서 말하는 시·도 지사와의 '협의'는 궁극적으로 문화재청장의 동의를 말한다는 것이 대상판결의 요지였다.

2) 구 택지개발촉진법 제3조에서 건설교통부장관(현 국토교통부장관)이 택지개발예정지구를 지정함에 있어 미리 관계중앙행정기관의 장과 협의를 하라고 규정한 의미는 그의 자문을 구하라는 것이지 그 의견을 따라 처분을 하라는 의미는 아니라 할 것이므로 이러한 협의를 거치지 아니하였다고 하더라도 이는 위 지정처분을 취소할 수 있는 원인이 되는 하자 정도에 불과하고 위 지정처분이 당연무효가 되는 하자에 해당하는 것은 아니다(대법 2000. 10. 13. 선고 99두653 판결, 대법 2006. 6. 30. 선고 2005두14363 판결).

3) 건축법 제29조 제1항은, 건축허가에 따른 특례로서, 국가 또는 지방자치단체는 제11조나 제14조에 의한 건축물을 건축하거나 대수선하려고 하는 경우에는 대통령령이 정하는 바에 의하여 미리 건축물의 소재지를 관할하는 시장·군수·구청장과 협의하여야 한다고 규정하고 있다. 국가나 지방자치단체가 허가권자와 협의과정에서 협의가 결렬되었을 때 이를 다투는 경우가 있다. 대법원은 협의 거부의 처분성을 인정하여 취소판결을 하고 있다(대법 2014. 3. 13. 선고 2013두15934 판결 등).

4) 행정응원

　행정응원이란 일방 행정(관)청의 응원요청에 응하여 타방 행정(관)청이 그 지원을 위하여 행하는 협력행위를 말한다. 종래 돌발사태의 진압, 경비의 필요, 화재의 발생, 재난의 발생 등 특수한 경우 및 조세징수를 위한 국세청장의 법무부장관에의 체납자 출국금지 요청의 경우에 각 개별법(예: 경찰직무응원법 1조, 소방기본법 11조, 국세징수법 7조의4)에 의하여 인정되어 왔으나, 행정사무의 세분화·전문화, 지방자치의 진전·강화 등에 따라 행정응원은 행정과정 전반에서 광범위하게 요구되고 있다. 그래서 「행정절차법」에서는 행정응원에 관한 일반적 규정을 두고 있다(동법 8조)(→ 행정절차).

(3) 조 정

　종래의 전통적인 행정조직법의 이론은 상급(관)청의 하급(관)청에 대한 지휘감독권의 행사를 주된 고찰의 대상으로 하여 왔으나 최근에는 행정조직 내부에 있어서의 조정이라는 현상에 주목하여 이를 고찰의 대상으로 하는 경향이 있다.

　그런데 조정이라는 용어는 여러 가지 뜻으로 사용된다. 행정기관 상호간에 의사를 일치시키고 조직으로서의 통일적 의사를 구성하는 작업을 조정이라고 한다면 상급(관)청의 지휘감독권의 행사 등 행정(관)청의 상호간의 관계에서 본 제도들도 조정의 개념 속에 포함된다.

제 2 장 국가행정조직법

제 1 절 국가의 중앙행정조직법

국가행정조직법은 국가의 중앙행정조직법과 국가의 지방행정조직법으로 나눌 수 있다. 국가의 중앙행정조직은 행정부 수반인 대통령과 직속기관, 국무회의, 국무총리와 직속기관, 행정각부, 그 밖에 중앙행정기관과 그 하부조직 등으로 구성되어 있다.

Ⅰ. 대 통 령

1. 지   위

(1) 국가원수로서의 지위

대통령은 국가원수로서 대외적으로 국가를 대표하며, 일정한 권한을 행사한다.

(2) 정부수반으로서의 지위

1) 최고행정(관)청으로서의 지위

대통령은 최고행정(관)청으로서 일정한 행정사무를 관장하고, 국무총리를 비롯한 모든 중앙행정기관의 장을 지휘·감독하며, 이들의 위법·부당한 명령이나 처분을 취소 또는 중지할 수 있다(정부조직법 11조).

2) 행정부조직권자로서의 지위

대통령은 국회의 동의를 얻어 국무총리를 임명하고 그의 제청에 의하여 국무위원을 임명함으로써 국무회의를 조직하며, 행정각부의 장·감사원장과 감사위원의 임명은 물론(헌법 86조, 87조, 94조, 98조), 「헌법」과 법률이 정하는 바에 의하여 모든 국가공무원의 임명권을 가진다(동법 78조).

3) 국무회의의장으로서의 지위

대통령은 국무회의의 의장으로서 국무회의를 소집하고 주재하며 운영을 통할한다(동법 88조, 정부조직법 12조).

2. 권   한

대통령은 국가원수로서의 지위에서 외교권(헌법 73조), 국군통수권(동법 74조), 계엄선포권(동법 77조), 긴급명령권(동법 76조), 국민투표부의권(동법 72조), 헌법개정발의권(동법 128조 1항), 영전

수여권(동법 80조), 사면권(동법 79조) 및 대법원장·대법관·헌법재판소장·재판관과 중앙선거관리위원장·위원에 대한 임명권 등의 권한을 가지며, 정부수반으로서의 지위에서 정당해산제소권(동법 8조 4항), 공무원임면권(동법 78조), 재정에 관한 권한(동법 54조), 입법관여권(법률안제안권·법률안거부권·법률안공포권 등), 명령발령권(동법 75조), 행정감독권, 법령집행권 등의 권한을 가진다.

대통령의 권한행사는 대부분 미리 국무회의의 심의를 거쳐야 하고(동법 89조), 문서로써 하며 국무총리와 관계 국무위원의 부서(副署)가 있어야 한다(동법 82조). 부서는 국무총리와 관계 국무위원이 자신의 성명을 기재하는 것을 말한다.

3. 대통령직속의 중앙행정기관

(1) 감 사 원

1) 지 위

감사원은 국가의 세입·세출의 결산, 국가 및 법률이 정한 단체의 회계검사와 행정기관 및 공무원의 직무에 관한 감찰을 하기 위하여 대통령 소속 하에 설치된 「헌법」상의 기관이다(동법 97조). 감사원은 대통령에 소속하되, 직무에 관하여는 독립의 지위를 가진다(감사원법 2조 1항). 즉 감사원은 대통령에 소속하되 그 직무수행에 관하여는 대통령의 지휘·감독을 받지 아니하는 독립된 지위에 있다.

2) 조 직

감사원은 감사원장을 포함한 7인의 감사위원[1]으로 구성되는 합의제 행정(관)청이다.

감사원장은 국회의 동의를 얻어 대통령이 임명하며, 그 임기는 4년이다(헌법 98조 2항). 감사위원은 원장의 제청으로 대통령이 임명하며, 그 임기는 4년이다(동조 3항). 모두 1차에 한하여 중임이 가능하다.

3) 권 한

감사원의 권한을 요약하면 ① 국가기관·지방자치단체, 기타 그 밖에 「감사원법」 제22조와 제23조에 규정된 단체 등의 결산 및 회계감사권, ② 국가·지방자치단체, 그 밖에 「감사원법」 제24조에 규정된 단체 등과 공무원의 직무감찰권, ③ 감사결과에 따르는 변상판정·징계요구·시정 등의 요구 및 그에 대한 재심의, ④ 회계관계 법령의 제정·개폐에 대한 의견표시, ⑤ 감사원규칙제정권 등이다.

감사원은 감사원의 감사를 받는 자의 직무에 관한 처분, 기타 행위에 관하여 이해관계 있는 자가 심사의 청구를 한 경우에는 심리를 하여 결정(각하·인용·기각)을 행한다(감사원법 43조 및 46조). 청구인은 「감사원법」 제43조 및 제46조의 규정에 의한 심사청구 및 결정을 거친 행정기관의

---

1) 헌법 제98조 제1항은 감사위원의 수를 5인 이상 11인 이하로 규정하고 있으나, 감사원법 제3조는 7인으로 한정하고 있다.

장의 처분에 대하여는 당해 처분청을 당사자로 하여 당해 결정의 통지를 받은 날로부터 90일 이내에 행정소송을 제기할 수 있다(동법 46조의2).

(2) 기타 직속기관

감사원 이외의 대통령 직속 중앙행정기관으로 국가정보원 등과 자문기관인 국가안전보장회의·민주평화통일자문회의·국민경제자문회의·국가과학기술자문회의 등 및 보좌기관으로 대통령비서실·국가안보실·대통령경호처 등이 있다.

Ⅱ. 국무회의

1. 지　위

국무회의는 정부의 권한에 속하는 중요한 정책을 심의하는 국가의 최고정책심의기관이다(헌법 88조 1항).

국무회의는 국가정책의 필수적 심의기관이므로 단순한 자문기관이 아니며, 대통령이 심의내용에 구속되지 않으므로 의결기관도 아니다.

2. 구　성

국무회의는 대통령·국무총리 및 15인 이상 30인 이하의 국무위원으로 구성되고, 의장은 대통령이 되며, 부의장은 국무총리가 된다(동법 동조 2항·3항).

3. 회　의

국무회의는 정례국무회의와 임시국무회의로 구분되고, 대통령이 의장이 되며, 의장이 회의의 소집·주재권을 가진다(정부조직법 12조 1항). 국무위원은 의장에게 의안을 제출하고 국무회의의 소집을 요구할 수 있다(동조 3항). 회의는 구성원 과반수의 출석으로 개의하고 출석구성원 3분의 2 이상의 찬성으로 의결한다(국무회의규정 6조 1항).

국무조정실장·국가보훈처장·인사혁신처장·법제처장·식품의약품안전처장 그 밖에 법률로 정하는 공무원은 필요한 경우 국무회의에 출석하여 발언할 수 있다(정부조직법 13조 1항).

Ⅲ. 국무총리

1. 지　위

(1) 정부의 제2인자적 보좌기관으로서의 지위

우리 「헌법」은 대통령제를 취하면서 부통령 대신에 국무총리제를 두고 있으나 의원내각제에서의 수상과는 달리, 국무총리는 대통령의 보좌기관에 불과하다(86조 2항). 즉 국무총리는 ① 집행에 관하여 대통령을 보좌하기 위하여 대통령의 명을 받아 행정각부를 통할하고(헌법 86조 2항), ② 국무회의의 부의장이 되며(동법 88조), ③ 대통령의 국법상 행위에 대하여 그 보좌의 책임을 명백히 하기 위하여 부서(동법 82조)의 의무가 있는 등 대통령을 보좌한다.

동시에 정부의 제2인자로서 국무총리는 ① 행정각부 장관에 대한 임명제청권과 해임건의권을 가지고(동법 87조, 94조), ② 대통령의 명을 받아 행정각부를 통할하며(동법 86조), ③ 대통령이 궐위되거나 사고로 인하여 직무를 수행할 수 없을 때에는 제1순위의 직무대행권을 가진다(동법 71조).

(2) 상급행정(관)청으로서의 지위

국무총리는 상급행정(관)청으로서의 지위를 가진다. 국무총리는 ① 한편에서는 행정각부의 상급(관)청으로서 대통령의 명을 받아 각 중앙행정기관의 장을 지휘감독하며 중앙행정기관의 장의 명령이나 처분이 위법 또는 부당하다고 인정할 때에는 대통령의 승인을 얻어 이를 중지 또는 취소할 수 있다(정부조직법 18조 2항). ② 다른 한편에서는 행정각부 장관과 마찬가지로 통합적 성질의 행정사무를 스스로 관장 처리하는 독임제행정(관)청의 지위에 있다.

2. 권　한

국무총리는 국무위원 및 행정각부의 장의 임명제청권(헌법 87조 1항, 94조), 국무위원해임건의권(동법 87조 3항), 부서권(동법 82조), 대통령권한대행권(동법 71조), 국회출석발언권(동법 62조), 총리령제정권(동법 95조), 중앙행정기관에 대한 행정감독권(정부조직법 18조) 등의 권한을 가진다.

3. 국무총리직속 중앙행정기관

국무총리직속 독임제 중앙행정기관으로 부총리·국가보훈처·인사혁신처·법제처[1]·식품의약

---

1) 「행정기본법」 제정과 관련하여 소관부처가 법제처인가 행정안전부인가에 대하여 견해의 대립이 있었다. 법제처이여야 한다는 견해는 이 문제는 우리나라 행정법제의 체계적인 관리·운영과도 밀접한 관련을 갖는 중요한 사안이어서 학문적인 정리가 필요하다는 전제에서 "「행정기본법」은 중앙행정기관 뿐만 아니라 지방자치단체의 행정사무까지 규율의 대상으로 하는 법률인바, 범행정부 사무에 해당한다"는 이유로 소관부처는 법제처이어야 한다는 결론을 내리고 있다(洪井善, 「행정각부 사무와 범행정부 사무: 행정각부법정주의의 원리에 따른 행정법제 관리·운용이 이루어져야」, 법제 2021. 9. 9쪽 이하). 이에 대하여 소관부처는 행정안전부이어야 한다는 견해는 다음과 같다. 정부조직법 제23조 제1항은 "국무회의에 상정될 법령안·조약안과 총리령안 및 부령안의 심사와 그 밖에 법제에 관한 사무를 전문적으로 관장하기 위하여 국무총리 소속으로 법제처를 둔다"라고 규정하고 있다. 그런데 법제처가 행정기본법의 소관부처로 되는 것이 헌법 제96조와 정부조직법 제23조 제1항에 맞지 않다는 주장이 제기되고 있다. 그 이유는 "정부조직법 제23조 제1항에서 그나마 행정기본법과 관련이 있는 부분은 '그 밖에 법제에 관한 사무'로 보이지만, 여기서 법제사무는 일반적인 법제사무이지 '행정'법제사무가 아니다. '법제' 사무를 근거로 행정기본법의 규정사항이 법제처의 소관이라면 재정, 환경, 국토, 국방, 통일 등 법제처의 사무가 아닌 국가사무가 없게 될 것이다"라는 데 있다. 결론으로 현행 행정기본법의 주요 사항과 관련이 있는 정부 부처

품안전처가 있고, 보좌기관으로 국무조정실·국무총리비서실이 있다. 부총리는 국무총리가 특별히 위임하는 사무를 수행하며(정부조직법 19조 1항), 국무총리가 사고로 직무를 수행할 수 없는 경우에 그 직무를 대행한다(동법 22조). 부총리는 기획재정부장관과 교육부장관이 각각 겸임한다(동법 19조 3항). 기획재정부장관은 경제정책에 관하여 국무총리의 명을 받아 관계 중앙행정기관을 총괄·조정하며, 교육부장관은 교육·사회 및 문화정책에 관하여 국무총리의 명을 받아 관계 중앙행정기관을 총괄·조정한다(동법 동조 4항·5항). 처는 행정각부가 아니므로 부령을 발할 수 없으나 이들 기관이 담당하는 사무는 국무총리의 종합조정사무에 속하는 것이므로 총리령의 대상이 된다.

국무조정실장·국가보훈처장·인사혁신처장·법제처장·식품의약품안전처장 그 밖에 법률로 정하는 공무원은 소관사무에 관하여 국무총리에게 의안의 제출을 건의할 수 있다.

Ⅳ. 행정각부

1. 부

부는 대통령을 수반으로 하는 행정부의 구성단위로서 국무회의의 심의를 거쳐 대통령이 결정한 정책과 그 밖의 행정부의 권한에 속하는 사항을 기능별 또는 행정대상별로 나누어 집행하는 중앙행정기관이다. 현재 기획재정부, 교육부, 과학기술정보통신부, 외교부, 통일부, 법무부, 국방부, 행정안전부, 문화체육관광부, 농림축산식품부, 산업통상자원부, 보건복지부, 환경부, 고용노동부, 여성가족부, 국토교통부, 해양수산부, 중소벤처기업부 등 18개의 부가 있다.

(1) 행정각부 장관의 지위

각부에는 장관 1인을 둔다(정부조직법 26조 2항). 장관은 국무위원 중에서 국무총리의 제청으로 대통령이 임명한다(헌법 94조). 국무위원이 아닌 자는 장관이 될 수 없다. 그러나 장관이 아닌 자라도 국무위원이 될 수 있다. 장관이 아닌 국무위원을 과거 무임소국무위원, 정무장관, 특임장

로는(정부조직법 제34조 제1항이 "행정안전부장관은 국무회의의 서무, 법령 및 조약의 공포, 정부조직과 정원, 상훈, 정부혁신, 행정능률, 전자정부, 정부청사의 관리, 지방자치제도, 지방자치단체의 사무지원·재정·세제, 낙후지역 등 지원, 지방자치단체 간 분쟁조정, 선거·국민투표의 지원, 안전 및 재난에 관한 정책의 수립·총괄·조정, 비상대비, 민방위 및 방제에 관한 사무를 관장한다"라고 규정하고, 제2항이 "국가의 행정사무로서 다른 중앙행정기관의 소관에 속하지 아니하는 사무는 행정안전부장관이 이를 처리한다"라고 규정하고 있어서)행정안전부가 가장 가까워 보인다는 것이며, 법제처가 헌법 제96조 및 정부조직법 제23조 제1항에 맞지 않는 직무를 행정기본법 제정을 통하여 행하고 있다면, 이는 '위법' 내지 '위헌'의 소지가 있다는 것이다(金鉉埈,「전환시대 행정법학의 과제─행정기본법의 혼돈·분절·위헌문제─」, 2021 한국공법학자대회 통합과 분권: 전환시대 공법학의 과제 제1권, 100쪽 이하).

김대중 정부가 들어서면서 1998년 2월 28일 법률 제5529호로 정부조직법의 전문개정이 행하여졌다. 이 전문개정으로 국무총리직속 중앙행정기관으로서 중추적 사무를 관장하고 있던 총무처와 행정각부의 부였던 내무부가 행정자치부로 통합되었다. 규율의 대상이 범행정각부 사무인「행정절차법」을 입안하고 관장하였던 중앙행정기관이 총무처였다. 지금은 행정자치부의 후신인 행정안전부가「행정절차법」을 관장하고 있다.

관으로 불렀다. 요컨대, 장관은 국무위원으로서의 지위와 행정각부의 장이라는 이중적 지위를 갖는다.

(2) 행정각부 장관의 권한

행정각부 장관은 부령제정권(헌법 95조), 소관사무 통할권·소속 공무원에 대한 지휘·감독권 (정부조직법 7조 1항), 국무회의의안제출 및 소집요구권(동법 12조 3항), 소속 공무원임면제청권 및 임용권(국가공무원법 32조), 정책수립 및 처분권 등의 권한을 가진다.

2. 부직속 중앙행정기관

부직속 중앙행정기관으로는 청이 있다. 청은 각 부의 소관사무 중 업무의 규모·중요도 등으로 보아 보조기관인 국으로서는 그 수행이 곤란하고, 그 처리에 있어 어느 정도 독자성이 인정되며 업무의 범위가 전국에 미치는 사무를 관장하기 위하여 설치된다. 현재 「정부조직법」상 국세청·관세청·조달청·통계청·검찰청·병무청·방위사업청·경찰청·소방청·문화재청·농촌진흥청·산림청·특허청·질병관리청·기상청·해양경찰청 등 16청이 있다. 그리고 개별법으로 설치된 행정중심복합도시건설청과 새만금개발청이 있다.

부직속 중앙행정기관으로 청 외에 본부가 있다. 본부는 각 부의 소관사무 중 어느 정도 독자성이 인정되나, 청에 이르기에는 미흡한 사무를 관장하기 위하여 설치된다. 현재 「정부조직법」상 과학기술혁신본부·재난안전관리본부·통상교섭본부 등 3본부가 있다. 그리고 개별법으로 설치된 한반도평화교섭본부·우정사업본부 등이 있다.

제 2 절 국가의 지방행정조직법

국가의 지방행정기관은 그 주관사무의 일반성·특수성을 기준으로 하여 보통지방행정기관과 특별지방행정기관으로 나누어진다.

Ⅰ. 보통지방행정기관

보통지방행정기관이란 특정한 중앙행정기관에 소속되지 아니하고 그 관할구역 내에서 집행되는 국가행정사무를 일반적으로 관장하는 지방행정기관을 말한다. 우리나라는 지방사무를 지방자치단체가 처리하는 지방자치의 원칙에 따라 국가의 보통지방행정기관을 별도로 설치하지 아니하고, 법령에 다른 규정이 없는 한, 국가의 행정사무 중 지역에서 집행되어야 할 사무는 지방자치단체의 집행기관인 특별시장·광역시장·특별자치시장·도지사·특별자치도지사·시장·

군수·자치구청장 등에게 위임하여 처리하고 있다(지방자치법 102조).

따라서 지방자치단체의 집행기관은 본래의 지위인 지방자치단체의 집행기관으로서의 지위와 함께, 국가의 보통지방행정기관으로서 국가사무를 위임받아 처리하는 국가기관의 지위를 동시에 가진다. 후자의 경우 지방자치단체의 집행기관은 국가사무를 처리하는 한에서 행정각부 장관의 장의 지휘·감독을 받는다(정부조직법 26조 3항).

Ⅱ. 특별지방행정기관

특별지방행정기관이란 특정한 중앙행정기관의 업무를 지역적으로 분담처리하기 위하여 설치되는 중앙행정기관의 독자적 일선기관을 말한다. 「정부조직법」 제3조 제1항은 "중앙행정기관에는 소관사무를 수행하기 위하여 필요한 때에는, 특히 법률로 정한 경우를 제외하고는 대통령령이 정하는 바에 따라 지방행정기관을 둘 수 있다"라고 규정하고 있다. 이에 따라 「행정기관의 조직과 정원에 관한 통칙」 제18조에 특별지방행정기관과 그 하부조직의 설치 규정이 있다.

특별지방행정기관의 예로는 국가보훈처 소속 지방보훈청·보훈지청, 국세청 소속 지방국세청, 관세청 소속 세관, 법무부 소속 지방교정청·출입국관리사무소 등이 있다.[1]

---

1) 2020년 5월 기준으로 전국에 5137개의 특별지방행정기관이 있다(국회입법조사처, 이슈와 논점 제1792호).

제 3 장 지방자치조직법

Ⅰ. 중앙집권과 지방분권

1. 중앙집권과 지방분권의 의의

중앙집권이란 권한 등이 국가에 집중되어 있고 지방자치단체에 대한 국가의 관여(통제)가 강하여 지방자치단체의 자주성이 제약되어 있는 경우를 말한다. 이에 대하여 지방분권이란 권한 등이 지방자치단체에 분산되어 있고 지방자치단체에 대한 국가의 관여(통제)가 약하여 지방자치단체의 자주성이 높은 경우를 말한다.

현대국가의 권력분립은 입법권, 행정권, 사법권이라는 고전적·기능적·수평적 권력분립에 그치는 것이 아니라 지방자치제도에 의하여 권력을 수직적으로 분립하고 있다. 이와 같은 권력의 수직적 분립에 의하여 국민주권원리·민주국가원리·법치국가원리·사회국가원리를 실질화하고 있다.

오늘날 연방국가가 아닌 단일국가에 있어서는 지방분권이 강화되는 경향이 있다.

2. 중앙집권과 지방분권의 조화

국가가 세계화와 지방화라는 두 가지 목표를 모두 달성하기 위하여서는 중앙집권과 지방분권이 조화를 이루어야 한다. 국가 전체에 관련되는 문제를 능동적으로 수행하기 위하여는 국가가 그것을 전담하여야 함은 말할 나위가 없다. 그러나 지방의 문제는 당해 지방 스스로가 능동적으로 수행할 수 있는 제도적 장치를 마련하여 주어야 한다. 지방의 문제를 스스로 능동적으로 수행할 수 있게 하기 위하여는 지방자치단체가 그 고유사무를 관장하고, 법인격주체로서 자치를 향유할 수 있도록 국가로부터의 독립성이 어느 정도 보장되어야 한다.

Ⅱ. 지방자치조직

우리 헌법은 제117조 제1항에서 "지방자치단체는 주민의 복리에 관한 사무를 처리하고 재산을 관리하며, 법령의 범위 안에서 자치에 관한 규정을 제정할 수 있다"라고 규정하여 지방자치단체의 헌법상 행정주체인 지위를 보장하고 있다. 동시에 동조 제2항에서 지방자치단체의 종류를 법률로 정하도록 하고 있다. 제118조는 제1항에서 지방자치단체에 의회를 둔다고 규정하고, 제2항에서 지방의회의 조직·권한·의원선거와 지방자치단체의 장의 선임방법 기타 지방자치단체의 조직과 운영에 관한 사항을 법률에 위임하고 있다.

지방자치단체의 권한에 속하는 사무는 지방자치단체의 기관에 의하여 처리된다. 지방자치단체의 기관에 대하여는 후술하는 지방자치법에서 다룬다.

제 4 장 특수행정주체조직법

I. 의 의

　특수행정주체조직법은 국가 또는 지방자치단체와 같은 헌법상 행정주체인 지위를 갖고 있는 법인의 조직법 외에 실정법상 행정사무를 부여받아 행정주체의 지위에서 행정의 한 부분을 담당하고 있는 자의 조직법을 총칭하는 개념이다.

　오늘날의 국가에서는 헌법상의 행정주체인 국가 또는 지방자치단체가 직접 스스로의 행정기관에 의하여 행정을 행하는 외에, 국가 또는 지방자치단체와는 별개의 법인격을 가진 자가 실정법상 행정사무를 부여받아 행정을 행하는 경우가 있다.「정부조직법」제6조 제3항은 "행정기관은 법령으로 정하는 바에 따라 그 소관사무 중 조사·검사·검정·관리업무 등 국민의 권리·의무와 직접 관계되지 아니하는 사무를 지방자치단체가 아닌 법인·단체 또는 그 기관이나 개인에게 위탁할 수 있다"라고 규정하고,「지방자치법」제104조 제3항도 "지방자치단체의 장은 조례나 규칙으로 정하는 바에 따라 그 권한에 속하는 사무 중 조사·검사·검정·관리업무 등 주민의 권리·의무와 직접 관련되지 아니하는 사무를 법인·단체 또는 그 기관이나 개인에게 위탁할 수 있다"라고 규정하고 있다.

　특히 행정의 감량화 논의와 더불어 법률에 의하여 직접 또는 법률에 의거한 설립행위에 의하여 설립된 공법상의 법인 외에 사인에게 행정사무를 부여하여 사인으로 하여금 행정을 수행하도록 하는 현상이 각 국가에서 대체적으로 증가하고 있다. 전자의 법인을 종래부터 공공단체라고 불러 왔고, 후자를 행정사무수탁사인 또는 공무수탁사인이라 부른다.[1]

　이에 관한 행정조직법을 우리나라에서는 간접국가행정조직법이라고 부르고 이를 국가행정조직법에서 설명하여 왔다.[2] 그러나 이 책에서는 특수행정주체조직법이라고 부르기로 한다. 그것은 국가행정조직법과 지방자치조직법과는 구별되는 행정조직법이라고 보기 때문이다.[3]

---

1) 李元雨 교수는 제3섹터의 문제현황에 대하여 다음과 같은 요지로 언급하고 있다. 종래 국가는 자신의 임무를 수행함에 있어 간접국가행정조직을 포함하여 자신의 행정조직에 의존해왔다. 민간부분의 노하우(know-how)를 이용하기 위하여 공무수탁사인이나 행정보조인 등의 방식이 활용되었지만, 이는 국지적인 현상에 지나지 않았다. 그러나 한편으로 사회경제적 발전에 따라 공공부문에 대한 민간의 참여요구가 확산되고, 국가의 공적 통제의 필요성이 감소하는 경우도 있으며, 재정위기로 인하여 국가가 더 이상 임무를 수행하기 어려운 경우도 등장하게 되었다. 더욱이 공동체를 운영함에 있어 종래 지배적이었던 '국가 대 시장'이라는 대립적인 시각의 문제점이 지적되고 '국가와 시장의 협력'이라는 관점에서 가버넌스를 재구성 하여야 한다는 인식이 확산되었다. 이러한 배경 아래서 공익임무수행의 방식에 변화가 요구되었다. 오늘날 제3섹터의 문제가 논의되고 있는 이유이다 (同人, 경제규제법론, 402쪽 이하).

2) 朴鈗炘, 최신행정법강의(하), 83쪽 이하; 洪井善, 행정법원론(하), 49쪽 이하; 柳至泰, 행정법신론, 646쪽 이하; 洪準亨, 행정법, 1116쪽, 金南徹, 행정법강론, 901쪽.

3) 예컨대 종래 국가·지방자치단체는 통치단체로서 사적 주체와 달리 기본적 인권을 갖지 않고 기본적 인권에 구

Ⅱ. 특수행정주체

특수행정주체는 공공단체와 행정사무수탁사인(공무수탁사인)이다.

1. 공공단체

(1) 의   의

공공단체는 "국가 밑에서 행정목적을 수행하는 공법상의 법인"[1]으로 정의되는 것이 일반적이다. 공공단체를 이와 같이 정의하면, 공공단체에는 지방자치단체도 포함된다. 실정법에서는 이와 같은 의미로 공공단체라는 개념을 사용하고 있다. 「헌법」 제29조, 「행정소송법」 제28조 제3항, 등이 그 예이다. 그러나 실정법 중에는 「건설산업기본법」 제56조의 예에서 볼 수 있는 바와 같이 지방자치단체를 제외하여 공공단체라는 개념을 사용하는 경우도 있다. 또한 학자들 중에도 지방자치단체와 공공단체는 동일한 차원의 행정주체로 볼 수 없다고 하여 공공단체에서 지방자치단체를 제외하는 견해[2]도 있다. 여기에서는 지방자치단체를 제외하여 공공단체의 개념을 사용하고 있다. 지방자치단체는 국민주권의 원리 아래 헌법에 의하여 존립목적이 부여된 지역단체이기 때문이다.

(2) 특   색

종래의 통설에 의하면, 공공단체(흔히 공법인이라고 하였다)의 특색은 다음과 같다.[3]

(가) **목적의 법정(法定)**   공공단체의 목적은 국가에 의하여 부여되고 주로 법률에 의하여 정하여진다. 즉 공공단체의 목적은, 사법인의 목적이 그 정관에 의하여 정하여지는 것과는 달리 주로 법률에 의하여 정하여진다.

(나) **운영강제**   공공단체에는 목적 수행의 의무가 부과되고, 해산의 자유가 없는 것이 원칙이다.

(다) **특권·특전 부여**   공공단체는 특권과 특전을 부여받는 경우가 많다. 공공단체에의 강제가입, 공용부담특권·강제징수권 부여, 조세감면, 국·공유재산의 무상사용 등이 그 예이다.

(라) **특별감독**   공공단체는 특정한 행정목적을 수행할 임무를 가지기 때문에 회계감사, 보고제출 등 특별한 감독을 받는다.

속되는 주체로 취급되어 왔다.

1) 金道昶, 일반행정법론(하), 133쪽.

2) 崔靈圭, 「행정주체의 개념과 종류 재고」, 한국공법이론의 새로운 전개(김도창박사 팔순기념논문집), 삼지원, 2005, 531쪽 이하 참조.

3) 朴鈗炘, 최신행정법강의 84쪽; 金東熙, 행정법 Ⅱ, 47쪽; 金南辰·金連泰, 행정법 Ⅱ, 62쪽 이하.

⑶ 종 류

1) 전통적 견해

전통적 견해는 공공단체(흔히 공법인이라고 하였다)의 종류를 그 성립의 기초 또는 구성요소를 기준으로 하여 대체로 공법상 사단법인(공공조합)과 공법상 영조물법인의 둘로 나누든지,[1] 공법상 사단법인(공공조합), 공법상 재단법인, 공법상 영조물법인의 셋으로 나눈다.[2]

㈎ 공법상 사단법인(공공조합)　　　　공법상 사단법인(공공조합)은 특정한 행정목적을 수행하기 위하여 설립되고 일정한 자격을 가진 사람(조합원)에 의하여 구성된 공공단체이다. 즉 실정법상 사단법인의 형태를 갖는 공공단체를 일컫는 개념이다. 공법상 사단법인은 인적 결합체라는 점에서 사법상 사단법인과 같으나, 특정한 행정목적을 수행하기 위한 공법상의 인적 결합체라는 점 등에서 사법상 사단법인과 구별된다. 공법상 사단법인의 예로는 「도시 및 주거환경정비법」에 의한 정비사업조합, 대한민국재향군인회, 산림조합[3], 대한변호사협회[4] 및 의사회 등을 들 수 있다.

㈏ 공법상 재단법인　　　　공법상 재단법인은 특정한 행정목적을 수행하기 위하여 제공된 재산이라는 실체에 대하여 법인격이 부여된 공공단체이다. 즉 실정법상 재단법인의 형태를 갖는 공공단체를 일컫는 개념이다. 공법상 재단법인은 특정한 행정목적을 수행하기 위한 공법상의 재단이라는 점 등에서 사법상 재단법인과 구별된다. 공법상 재단법인에는 공법상 사단법인에서와 같은 구성원이 없고, 단지 수혜자만이 존재한다. 공법상 재단법인으로는 한국연구재단, 지방공단 등을 들 수 있다.

㈐ 공법상 영조물법인　　　　공법상 영조물법인은 특정한 행정목적을 수행하기 위하여 설립된 인적·물적 시설의 종합체로서 법인격이 부여된 공공단체로 정의된다. 영조물이 공법상의 법인격을 취득할 때 공법상 영조물법인이 된다.[5] 공법상 영조물법인으로는 국립의료원, 과학기술원 등이 있다.

2) 비판과 새로운 견해

전통적 견해에 대한 비판의 대상이 되는 것이 주로 영조물법인의 개념이다.[6] 첫째로 지적되

---

1) 金道昶, 앞의 책, 135쪽 이하.

2) 朴鈗炘, 앞의 책, 85쪽 이하; 金東熙, 앞의 책, 48쪽 이하; 金南辰·金連泰, 앞의 책, 58쪽 이하.

3) 김용욱「공공조합의 법적 성격 및 내부관계에 관한 고찰―공법인과 사법인의 구별, 특히 산림조합의 임원선출 절차 사례를 두고―」, 행정법연구(행정법이론실무학회) 제44호 참조.

4) 李相惠,「변호사회의 법적 성질과 소송형식 ―독일과 한국의 비교를 중심으로―」, 행정법연구(행정법이론실무학회)제39호, 27쪽이하 참조.

5) 현행법상 영조물이라는 개념을 사용하고 있는 법률은 몇 개가 있으나, 영조물법인이란 개념을 사용하고 있는 법률은 없는 것으로 보인다. 그대신 특수법인이란 개념을 사용하고 있는 법률은 많다.

6) 독일에서 '행정조직형식'으로서의 영조물개념이 기본법 제정이후 쇠락의 길을 걸어온 점, 그 후 재정립의 시도

는 점이 전통적 견해가 영조물법인으로 설명하는 것은 대부분 상법이 아닌 특별법에 근거하여 설립되었다는 점을 제외하고는 형식적으로 자본금의 출연에 의하여 구성된 회사 유사의 구조를 가지고 있으며, 물적 요소를 필수적 기반으로 하는 것이 아니다. 둘째로 전통적 견해가 영조물은 구성원이 없고 이용자가 있을 뿐이며 영조물의 직원은 구성원이 아니라고 하지만, 공사 중에는 정부·지방자치단체가 출자 외에 주식을 발행하여 주주를 모집하는 경우도 있으며, 이 경우 정부 등을 포함한 주주는 법적으로 당해 법인의 구성원이라고 할 수밖에 없다는 점이다.[1]

이와 같은 비판과 더불어 특수법인은 국가나 지방자치단체가 법률과 조례로 설치하고 법령에 규정된 목적 범위 안에서 권한을 행사하는 공법인이지만 조직의 기본원리는 사법상의 일반법인과 다를 바 없다는 점에서 실정법의 규정을 중심으로 다음과 같이 분류하기도 한다. 즉, 특수법인의 개별 설치근거 법률에서 "이 법에서 정한 것 외에는" 다음에 "「민법」 중 사단법인에 관한 규정을 준용한다"라고 되어 있으면 공법상 사단법인 또는 줄여서 공사단으로, "「민법」 중 재단법인에 관한 규정을 준용한다"라고 되어 있으면 공법상 재단법인 또는 줄여서 공재단으로, "「상법」 중 주식회사에 관한 규정을 준용한다"라고 되어 있으면 공법상 기업법인 또는 줄여서 공기업으로 각각 부르는 것이다. 이와 같이 실정법을 중심으로 체계적으로 분류하면 영조물법인의 개념에 관한 문제는 물론이고, 「공공기관의 운영에 관한 법률」에서 정한 공공기관과 특수법인의 차이도 정리될 것이라는 새로운 견해가 주장되고 있다.[2][3]

3) 판례와 실정법

헌법재판소는 지적측량을 위한 대한지적공사를 법률이 특수법인을 설립하여 국가임무를 수행하게 하고 있다고 하면서 특수법인이라는 개념을 사용하고 있다(헌재 2007. 6. 28. 2004헌마262 결정). 또한 서울행정법원도 한국방송공사를 「방송법」이라는 특별법에 의하여 설립·운영되는

가 있었지만 성공하지 못하였고, 이를 시도한 학자들이 영조물개념이 도그마틱으로는 일반적으로 사용될 수 있는 것이 아니라는 점을 자인할 수 밖에 없었다는 기술에 관하여는 李相憙, 「영조물에 관한 연구 —공공성 구현 단위로서 '영조물' 개념의 재정립—」, 행정법연구(행정법이론실무학회) 제26호, 289쪽 이하 참조.

1) 崔靈圭, 「행정주체의 개념과 종류 재고」, 앞의 논문, 537쪽 이하.

2) 金明植, 행정조직법, 356쪽 이하; 국가와 공직, 99쪽

3) 李元雨 교수는 공기업의 개념에 대한 일치된 견해는 존재하지 않으며, ① 국가 또는 지방자치단체에 의한 경영(주체), ② 공공성의 실현(목적), ③ 수익성(기업성, 영리성) 등 세 가지 요소를 어디까지 요구하느냐에 따라 견해가 대립해 왔다는 전제에서 공기업을 "공공주체가 소유 또는 지분 참여 등을 통해 지배적 영향력을 행사할 수 있는 독립적 생산단위"라고 정의한다. 공익이 경제행정법의 원리이자 지도이념이면서, 그 자체가 목적이라고 하고, 경제행정에서 생산자로서의 국가는 경제활동의 주체로서 공공복리를 위하여 국민에게 재화나 서비스를 제공하는 임무를 수행하는 공기업 활동을 하면서 이에 필요한 결정을 하며, 입법자는 경제행정의 임무를 국가의 행정조직에 맡길 것인지, 독립적인 공기업에 맡길 것인지, 민간에 맡길 것인지 등을 선택할 수 있다. 공기업은 공법상 사단법인, 공법상 재단법인, 공법상 영조물법인의 구조를 택할 수도 있다. 공기업이 행하는 일방적 구속적 조치로 인한 피해를 적절히 구제하기 위해서는 공법상 법인격을 가지고 있는 공기업의 행정주체성을 인정해야 한다는 견해(同人, 경제행정법론, 144쪽 이하, 403쪽, 646쪽 이하 및 「공기업의 의의와 공법적 통제의 법적 과제」, 공법연구(한국공법학회)제45집 제3호, 277쪽 이하 참조)를 피력한다.

특수법인이라고 설시하여 특수법인이라는 개념을 사용하고 있다(서울행법 2007. 8. 28. 선고 2007구합7826 판결).

「점자법」, 「국어기본법」, 「민원처리에 관한 법률」, 「한국은행법」, 「예금자보호법」, 「통계법」 등 실정법에서도 특수법인 용어를 많이 쓰고 있다.

(4) 공공단체와 행정소송

공공단체가 그 법률상 부여받은 권한에 의한 행위가 처분으로 행정소송의 대상이 된다는 점에 대하여는 다툼이 없다. 문제는 권한 이외의 행위도 행정청의 처분이 되느냐의 여부이다. 견해가 나뉜다는 것은 취소소송의 대상에서 설명한 바와 같다. 판례는 행정청의 처분이 아니라고 본다.

2. 행정사무수탁사인(공무수탁사인)

(1) 의   의

행정사무수탁사인이란 특정한 행정사무를 부여받아 이를 자기의 이름으로 수행할 수 있는 권리와 의무를 가진 행정법관계의 일방의 당사자인 사인을 말한다.[1]

행정사무수탁사인에 해당하는 예로는 종래부터 흔히 예시해 온 것으로 사인이 별정 우체국의 지정을 받아 우편업무를 취급하는 경우, 사립대학이 학위를 수여하는 경우 등이 있다.[2] 그러나 최근에는 국민 또는 주민의 행정수요가 늘어나면서 국민 또는 주민에 대한 양질의 행정 서비스의 제공이라는 요청과 예산·국민부담의 절감이라는 요청으로 인하여 행정사무수탁사인의 수는 늘어나고 있다. 심지어는 앞에서 본 국민의 권리·의무와 직접 관계되지 아니하는 사무인 민간위탁사무와 같은 비권력행정에 머무르는 것이 아니라 「공익사업을 위한 토지 등의 취득 및 보상에 관한 법률」에 의한 토지수용권의 행사, 「민영교도소 등의 설치·운영에 관한 법률」에 의한 교정업무, 「도시 및 주거환경정비법」에 의한 정비사업 등 권력적 행정에까지 확대되고 있다.

---

1) 학자에 따라서는 "독자적으로 공권력을 행사하여 특정 행정임무를 자기의 이름으로 수행할 수 있는 권한을 위탁하는 사인"(洪準亨「사인에 의한 행정임무의 수행 ―공무수탁사인을 둘러싼 법적 쟁점을 중심으로」, 공법연구(한국공법학회) 제39집 제2호, 64쪽)으로 정의하기도 하고, "행정사무수탁사인이 행정주체가 되기 위해서는 항상적으로 행정업무에 종사하여야 하며 자신의 이름으로 행정을 행하여야 한다"고 정의하기도 한다(金珉昊, 「행정주체로서의 공무수탁사인」, 현대공법이론의 제문제(석종현박사 화갑기념논문집), 삼영사, 2003, 488쪽.

2) 소득세원천징수의무자도 행정사무수탁사인에 해당한다는 것이 통설이다. 이에 대하여 金東熙 교수는 소득세원천징수란 사인이 조세의 원천징수라는 공적 의무를 부담하는 데 그치는 것으로서 당해 사인이 행정주체의 지위에서 행정처분 등을 하는 것은 아니라고 보는 것이 현재 독일 행정법상의 일반적 견해라고 하고, 金 교수도 이 견해가 타당하다고 보아, 종전의 견해를 변경하여 소득세원천징수의무자는 행정사무수탁사인에 해당하지 아니한다는 견해를 피력하고 있다(同人, 행정법 Ⅰ, 81쪽). 金 교수의 견해에 대하여는 소득세징수행위가 행정소송법상의 처분에 해당하는 여부는 불문하고 일종의 고권(高權)행사로 볼 수 있다는 이유로 소득세원천징수의무가 단순한 공적의무부담자와는 성질을 달리하는 것이라는 비판이 있다(朴海植,「한국증권업협회가 한 협회등록취소결정의 법적 성질」, 법조 2002년 3월호, 83쪽 이하 참조).

행정사무수탁사인은 행정을 조력 보조하는 사인인 행정보조인과 구별된다. 예컨대, 자동차 견인업자, 폐기물 수집·운송·처리 대행업자 등이 행정보조인이다. 행정보조인은 행정주체의 지위를 갖지 않는다.[1]

행정사무수탁사인은 공적조직과 마찬가지 법리의 적용을 받는다. 예컨대, 행정사무수탁사인과 그 상대방 간에도 「행정절차법」이 규율된다. 행정사무수탁사인과 그 상대방 등 다른 사인을 규율하는 행정에 관한 법을 사행정법(Privatverwaltungsrecht)이라고 부른다.

(2) 행정사무수탁사인과 행정구제

1) 행정쟁송

행정사무수탁사인이 제3자인 사인에게 행한 행위가 처분에 해당하는 경우에는 제3자인 사인은 행정사무수탁사인에 대하여 항고쟁송으로 다툴 수 있다(행정심판법 2조 4호, 행정소송법 2조 2항). 즉, 행정사무수탁사인도 행정소송법상 행정청이 된다. 또한 행정사무수탁사인이 당사자로 되어 있는 공법상 계약에 관하여 다툼이 발생한 경우에는 제3자인 사인은 당사자소송으로 다툴 수 있다.

2) 손해배상

행정사무수탁사인이 제3자인 사인에게 행정사무를 행하면서 제3자인 사인에게 불법행위로 손해를 가한 경우에는 제3자인 사인은 행정사무수탁사인에게 손해배상을 청구할 수 있다(대법 2010. 1. 28. 선고 2007다82950, 82967 판결 참조). 행정사무수탁사인이 「국가배상법」 제2조의 공무를 위탁받은 사인에 해당하는 경우에는 불법행위로 손해를 입은 사람은 국가나 지방자치단체에게 손해배상을 청구할 수 있다. 행정사무수탁사인이 국가·지방자치단체의 일부로 기능하고 있는 경우에는 국가·지방자치단체도 손해배상책임을 진다는 것이 「국가배상법」 제2조의 취지이기 때문이다(→ 공무원의 직무행위로 인한 손해배상책임).

---

[1] 행정기관이 법령상의 권한행사나 업무수행을 사인으로 하여금 사실상 행하게 하되, 그 권한행사나 업무수행의 이름과 법률효과는 원 행정기관이 행한 것과 같이 되도록 하는 것을 법령상으로는 흔히 대행이라는 용어를 사용한다. 대행의 실제에 관하여는 김용욱, 「행정조직 정립에 기초한 위임·위탁, 민간위탁, 내부위임, 대리, 대행 비교 연구」, 공법연구(한국공법학회) 제47집 제4호, 349쪽 이하; 김종천, 「대행제도의 법리분석을 통한 입법론적 개설방안」, 법제(법제처)2019. 9(통권 제686호), 41쪽 이하 참조.

제7편 지방자치법론

제 1 장 서 론

제 1 절 지방자치

Ⅰ. 지방자치의 의의

지방자치란 주민의 생활과 밀접한 관계가 있는 지역의 공통된 사무를 지역주민의 의사와 책임 아래 자주적으로 처리하게 하는 지방행정의 방법을 말한다.

지방행정은 통일국가가 나타나기 이전부터 존재하였다. 인간이 인간으로서 생활하기 위하여는 집단을 이루어 생명을 지키며 질서를 유지하지 않으면 아니 되었다. 그러나 시대에 따라, 또한 사회적·경제적 조건의 차이에 따라 지방행정의 내용은 작은 못의 설치·유지, 재해대책 등 단순한 사무로부터 주민의 복지증진에 관한 사무 등 점차 다양해지고 양적으로 증대되었다.

지방자치는 근대적인 통일국가가 나타난 이후에 특히 의미를 갖는다. 근대적 통일국가의 등장 이후에 논해지는 지방자치는 지방적인 사무의 자치적 처리 일반을 지칭하는 것이 아니라 국가라는 지역 내에서 국가와 별도의 강력한 정치단체의 존재를 전제로 하여 그 속에서 처리되는 자치적인 지방행정의 방법을 지칭하는 것이다. 즉 지방자치는 국가행정과의 관련에서 의미를 갖는 개념이다.

국가 속에서 처리되는 지방행정의 방법은 다음과 같은 두 가지로 나뉜다. 그 하나는 중앙정부가 자기의 공무원을 각 지역에 파견하여 통일적으로 지방행정을 실시하는 방법이다. 다른 하나는 권력을 국가와 지방이 나누어서 지방의 주민에게 자주적으로 지방행정을 처리하게 하는 방법이다. 전자를 관치(官治), 후자를 자치(自治)라 한다.

Ⅱ. 지방자치의 요소

1. 종래의 견해

종래의 지방자치는 두 가지 요소, 즉 주민자치와 단체자치로 이루어져 있다고 설명하여 왔다.

주민자치란 연혁적으로는 영국 등 영미국가에서 발달한 제도로서, 지방행정에서 중앙정부의 간섭을 배제하고 그 지방주민의 의사에 의거하여 자주적으로 처리하게 하는 것을 말한다. 정치적 의미의 자치라고도 한다. 주민자치의 핵심문제는 지방행정과정에 대한 주민의 참여이다.

이에 대하여 단체자치란 연혁적으로는 프랑스·독일 등 대륙국가에서 발달한 제도로서, 국가로부터 독립된 법인격을 가진 지역단체를 설치하여 그 지역단체로 하여금 지방행정을 처리하게 하는 것을 말한다. 법률적 의미의 자치라고도 한다. 단체자치의 핵심문제는 국가와 지방자치단체간 또는 상급 지방자치단체와 하급 지방자치단체간의 분권이다.

주민자치와 단체자치는 지방자치를 위해서는 서로 독립하여 존재할 수 없는 수레의 양 바퀴이다. 즉 주민자치를 실현하기 위해서는 국가로부터 독립된 지역단체의 설립이 필수불가결하며, 반면에 국가로부터 독립된 지역단체가 존재하여도 지역단체의 정치나 행정에 주민의 참여가 보장되지 아니하거나 불충분하다면 자치라고 할 수가 없기 때문이다.

2. 오늘날의 견해

오늘날에는 지방자치의 요소로서 종래의 전통적 요소인 주민자치와 단체자치 외에 지배집단에 대한 중립을 또 하나의 요소로 든다.

종래의 전통적 견해는 지방자치단체가 국가 또는 상급 지방자치단체로부터 분권이 이루어지기만 하면 자치는 확보되는 것을 전제로 하고 있었다. 그러나 현대 자본주의사회 구성의 특징상 국가 또는 상급 지방자치단체로부터의 분권만으로는 지방자치단체의 자치가 확보될 수가 없고, 그 밖의 외부의 영향력, 특히 지배집단의 영향력에 대하여 중립적인 입장을 견지할 수 있어야만 지방자치는 보장되는 것이다.

Ⅲ. 지방자치의 헌법적 보장

1. 우리 헌법상의 지방자치조항

우리 「헌법」은 제8장 지방자치에서 두 개의 조항을 두고 있다. 즉 제117조는 제1항에서 "지방자치단체는 주민의 복리에 관한 사무를 처리하고 재산을 관리하며, 법령의 범위 안에서 자치에 관한 규정을 제정할 수 있다"라고 하고, 제2항에서 "지방자치단체의 종류는 법률로 정한다"라고 하여 구체적 내용을 법률에 유보하고 있다. 제118조는 제1항에서 "지방자치단체에 의회를 둔다"라고 하고, 제2항에서 "지방의회의 조직·권한·의원선거와 지방자치단체의 장의 선임방법 기타 지방자치단체의 조직과 운영에 관한 사항은 법률로 정한다"라고 하여 역시 구체적 내용을 법률에 유보하고 있다.

2. 헌법상 지방자치조항의 이해

(1) 지방자치의 본질에 관하여 고유권설과 전래권설이 종래 대립되어 왔다. 고유권설이란 지방자치단체의 자치권은 지방자치단체의 고유한 것으로서 국가로부터 전래된 것이 아니라 국가이전부터 보유하고 있는 것이라는 견해이다. 이에 대하여 전래권설이란 지방자치단체의 자치권은 국가에 의하여 수여된 전래적 권력이라는 견해이다. 이와 같은 종래의 견해 외에 자치권을 실정헌법해석상의 자연권이라는 견해도 있다[1]. 이 견해를 신고유권설

---

1) 金哲洙, 헌법학개론, 제19전정신판, 1500쪽.

이라고 부른다.

우리 헌법은 위에서 본 바와 같이 지방자치의 구체적 내용을 법률에 유보하고 있다. 따라서 지방자치제도의 내용은 입법적으로 형성된다. 지방자치법의 계속적인 개정에 의하여 국가와 지방자치단체는 대등관계·협력관계로 형성되어 가고 있다.

(2) 지방자치의 헌법적 보장이 어떠한 성격을 갖는가에 관하여도 견해가 나뉜다. 고유권설에 의하면 헌법이 보장하고 있는 지방자치단체의 자치권은 자연법적인 고유권이라고 본다. 제도적 보장설에 의하면 지방자치단체의 자치권도 국가의 통치권에서 전래하는 것이지만 역사적·전통적으로 형성되어 온 지방자치권을 헌법이 특별히 보장함으로써 그 본질적 내용 또는 핵심은 입법 기타의 침해로부터 보호되어 있다는 것이다. 제도적 보장설이 지금까지의 다수설이고 판례(헌재 1994. 12. 29. 94헌마201 결정 등)이다.[1] 그러나 제도보장을 최소한 보장이라고 볼 논리필연성이 없다는 것이 최근의 유력한 견해이다.[2]

(3) 지방자치를 헌법이 제도적으로 보장한다고 한다면 구체적으로 무엇을 보장한다는 것인가. 첫째로, 헌법은 지역적인 사무를 자치적으로 처리하는 지방자치단체의 존립 자체를 보장한다.[3] 따라서 법률에 의한 지방자치제도의 구체화는 이러한 헌법원칙에 맞게 행하여져야 한다. 그러나 헌법의 보장은 개개의 지방자치단체의 존립을 보장하는 것이 아니므로 지방자치단체를 폐치분합하거나 계층구조를 변경하는 것은 비례원칙에 위반되지 아니하는 한 원칙적으로 허용된다.

---

1) 헌재 1994. 12. 29. 94헌마201 결정 : 헌법은 제117조와 제118조에서 '지방자치단체의 자치'를 보장하고 있는바, 그 보장의 본질적 내용은 자치단체의 보장, 자치기능의 보장 및 자치사무의 보장이다.

2) 제도적 보장설에 대하여는 다음과 같은 비판이 있다. "지방자치가 자유민주국가에서 수행하고 있는 여러 가지 제도적인 기능을 감안할 때 과연 지방자치에 관한 제도적 보장이 지방자치의 전면적인 폐지만을 금지하는 정도의 효과밖에는 나타내지 못한다고 주장할 수 있는 것인지 의문"(許營, 한국헌법론, 792쪽), "수백 년간의 중앙집권제의 역사를 가진 우리나라에서 지방자치제도를 전래의 제도보장으로 보는 것은 무리"(鄭宗燮, 헌법학원론, 816쪽), 현대 민주적 법치국가에서는 "제도적 보장이론을 통하여 지방자치제의 본질을 보호하여야 할 역사적 배경은 이미 존재하지 않음"(趙成奎, 「지방자치제의 헌법적 보장의 의미」, 공법연구(한국공법학회) 제30집 제2호, 417쪽), "제도적 보장이론이 입법자를 헌법에 구속시키고 헌법상 보장된 제도를 그 폐지나 공동화로부터 보호하기 위한 이론으로서 의미가 있었다면 이는 오늘날 이미 극복되었으며 이를 위해 특별히 제도적 보장이론이라는 버팀목은 더 이상 불필요한 것"(金明淵, 「지방자치행정의 제도적 보장의 의의와 내용」, 공법연구(한국공법학회) 제32집 제5호, 674쪽) 등이다. 이러한 비판을 전제로 헌법 전문의 "자율과 조화를 바탕으로 자유민주적 기본질서"의 추구를 지방자치를 위한 헌법의 지도정신이자 원칙으로 보고 헌법 제117조와 제118조의 해석에 있어서도 존중되어야 함을 주장하는 견해가 있다(宣正源, 「입헌주의적 지방자치와 조직고권」, 지방자치법연구(한국지방자치법학회) 제7권 제2호, 324쪽 이하).

3) 헌재 2006. 3. 30. 2003헌라2 결정 : 헌법 제117조, 제118조가 제도적으로 보장하고 있는 지방자치의 본질적 내용은 '자치단체의 보장, 자치기능의 보장 및 자치사무의 보장'이라고 할 것이나, 지방자치제도의 보장은 지방자치단체에 의한 자치행정을 일반적으로 보장한다는 것뿐이고 특정 자치단체의 존속을 보장한다는 것은 아니므로, 마치 국가가 영토고권을 가지는 것과 마찬가지로, 지방자치단체에게 자신의 관할구역 내에 속하는 영토, 영해, 영공을 자유로이 관리하고 관할구역 내의 사람과 물건을 독점적, 배타적으로 지배할 수 있는 권리가 부여되어 있다고 할 수는 없다.

둘째로, 헌법은 주민의 복리에 관한 모든 사무(전권한성)를 자치적으로(자기책임성) 처리하는 것을 보장한다. 즉 ① 지방자치단체는 헌법이나 법률이 국가나 지방자치단체 이외의 공공단체의 사무로 하고 있지 않는 한, 개별적인 법률로써 지방자치단체의 사무로 규정하고 있지 아니하더라도 주민의 복리에 관한 모든 사무를 처리할 수 있는 권한을 가진다. 이 전권한성(全權限性)의 내용을 이루는 것으로는 자치입법권·자치조직권·자치행정권·자치재정권 등을 들 수 있다. ② 지방자치단체는 그 권한에 속하는 자치사무를 법의 테두리 내에서 외부의 간섭을 받지 아니하고 스스로 합목적적이라고 판단하는 바에 따라 처리할 수 있다.

셋째로, 헌법은 지방자치단체의 주관적인 법적 지위를 보장한다. 따라서 지방자치단체는 국가의 위헌·위법적인 자치권의 침해에 대하여 사법(司法)적 보호를 청구할 수 있다.[1]

제 2 절 지방자치단체법

Ⅰ. 지방자치단체의 의의 및 법적 지위

1. 지방자치단체의 의의

지방자치단체란 국가 영토의 일부를 그 구역으로 하고 그 구역 안의 모든 주민을 구성원으로 하여 그 구역 안의 모든 사람과 사물에 대하여 국법이 인정하는 범위 안에서 지배권(자치권)을 가지는 법인격 있는 단체를 말한다.

국가와 지방자치단체는 다같이 통치단체이지만, 지방자치단체는 국가 영토의 일부를 자기의 구역으로 하는 지역단체라는 점에서 국가와 다르다.

2. 지방자치단체의 요소

지방자치단체의 요소는 ① 구역, ② 주민, ③ 인격의 셋이다. 지방자치단체의 구역과 주민에 대하여는 후술한다.

「지방자치법」은 지방자치단체가 법인임을 명시하고 있다(3조 1항). 행정조직법상으로 지방자치단체는, 단순히 법인격 있는 단체인 것에 그치는 것이 아니라 행정주체이다.[2] 「헌법」은 지방자치단체의 권한으로서 자치조직권, 자치입법권, 행정집행권 등을 규정함으로써 이를 명백히 하고 있다.

---

1) 李琦雨, 지방자치행정법, 38·39쪽; 趙成奎, 「지방자치제의 헌법적 보장의 의미」, 공법연구(한국공법학회) 제30집 제2호, 423쪽 이하.

2) 대법 2009. 6. 11. 선고 2008도6530 판결: 지방자치단체가 그 고유의 자치사무를 처리하는 경우 지방자치단체는 국가기관의 일부가 아니라 국가기관과는 별도로 독립한 공법인이다.

지방자치단체는 공공적 사무의 처리를 존립의 목적으로 하고 있는 법주체이다. 지방자치단체는 ① 단체의 목적이 법률에 의하여 일정하게 규정되어 있고 스스로 이를 변경할 수 없고, ② 단체의 설립이 직접 또는 간접으로 법률에 근거하며, ③ 단체의 목적을 달성하기 위하여 필요한 공권력의 행사가 인정될 뿐만 아니라, ④ 단체의 목적수행에 의무가 부과되고 사적 법주체와 같이 임의해산의 자유가 용인되지 아니하는 특징을 갖고 있다.

3. 지방자치단체의 법적 지위

(1) 지방자치단체의 권리능력

지방자치단체는 법인이다(동법 3조 1항). 따라서 지방자치단체는 권리·의무의 귀속주체가 될 수 있는 권리능력을 가진다. 지방자치단체의 권리능력은 무제한한 것이 아니고, 법률이 정한 범위 내에 한정된다.

(2) 지방자치단체의 행위능력

지방자치단체도 원칙적으로 행위능력을 갖는다. 그러나 지방자치단체의 행위능력은 법률의 규정에 의하여 제한되는 경우가 있다.

(3) 지방자치단체의 기본권주체성

기본권 중 청구권적 기본권을 제외하고 지방자치단체의 기본권 주체성을 부인하는 것이 판례(헌재 2006. 8. 31. 2006헌마226 결정 등)이다. 지방자치단체는 그 법적 지위가 원칙적으로 의무적이고 비인격적이며 도구적 성격을 갖고 있어 자연인의 자유 영역과 다르기 때문이다. 이에 대하여는 지방자치단체도 일반국민과 마찬가지로 국가권력 등으로부터 침해를 받을 수 있으므로 그 성질상 지방자치단체가 누리기에 적합한 기본권에 대하여는 헌법상 보장된 기본권주체성이 인정되어야 한다는 견해[1]도 있다.

Ⅱ. 지방자치단체의 종류

「헌법」은 지방자치단체의 종류를 직접 규정하지 아니하고 법률에 유보하고 있다(117조 2항). 이에 따라 「지방자치법」은 지방자치단체를 크게 보통지방자치단체와 특별지방자치단체로 나누고 있다(2조).

「지방자치법」은 제11장에서 서울특별시 및 대도시 등과 세종특별자치도의 행정특례를 규정하고 있다. 특별시장이나 광역시장은 「지방재정법」에서 정하는 바에 따라 해당 지방자치단체의 관할 구역의 자치구 상호 간의 재원을 조정하여야 한다(동법 196조). 서울특별시의 지위·조직 및 운

---

1) 李琦雨, 지방자치행정법, 44쪽.

영에 대해서는 수도로서의 특수성을 고려하여, 세종특별자치시와 제주특별자치도의 지위·조직 및 행정·재정 등의 운영에 대해서는 행정체제의 특수성을 고려하여 법률로 정하는 바에 따라 특례를 둘 수 있다(동법 197조). 서울특별시·광역시 및 특별자치시를 제외한 인구 50만 이상 대도시의 행정, 재정 운영 및 국가의 지도·감독에 대해서는 그 특성을 고려하여 관계 법률로 정하는 바에 따라 특례를 둘 수 있다(동법 198조 1항). 제1항에도 불구하고 서울특별시·광역시 및 특별자치시를 제외한 인구 100만 이상 대도시(특례시라 한다)등 의 행정, 재정 운영 및 국가의 지도·감독에 대해서는 그 특성을 고려하여 관계 법률로 정하는 바에 따라 추가로 특례를 둘 수 있다(동조 2항).

1. 보통지방자치단체

보통지방자치단체란 전국에 보편적으로 존재하고 그 설립목적·기능 등에 있어서 일반적 성격을 가지고 있으며 당해 구역 안에서 종합적인 자기 기능을 수행하는 지방자치단체를 말한다.

보통지방자치단체는 다시 광역지방자치단체와 기초지방자치단체로 나뉜다. 이들 개념은 실정법상의 개념이 아니라 이론상의 개념이다. 「지방자치법」은 보통지방자치단체를 특별시·광역시·특별자치시·도·특별자치도("시·도"라 한다)와 시·군·구(자치구)[1]의 2종으로 나누고 있는데, 전자를 광역지방자치단체라 부르고, 후자를 기초지방자치단체라 부른다.

주민의 복리에 관한 모든 사무는 원칙적으로 기초지방자치단체인 시·군·구(자치구)가 처리한다. 여기서 말하는 자치구는 특별시와 광역시의 관할구역 안의 구에 한한다. 자치구의 자치권의 범위는 법령이 정하는 바에 의하여 시·군과 다르게 할 수 있다(지방자치법 2조 2항). 광역지방자치단체는 개개의 기초지방자치단체가 처리하지 못하거나 처리하기 곤란한 업무를 처리한다.

지방자치단체는 법인으로 한다(동법 3조 1항). 특별시, 광역시, 특별자치시, 도, 특별자치도(이하 "시·도"라 한다)는 정부의 직할(直轄)로 두고, 시는 도의 관할 구역 안에, 군은 광역시나 도의 관할 구역 안에 두며, 자치구는 특별시와 광역시의 관할 구역 안에 둔다(동조 2항). 특별시·광역시 또는 특별자치시가 아닌 인구 50만 이상의 시에는 자치구가 아닌 구를 둘 수 있고, 군에는 읍·면을 두며, 시와 구(자치구를 포함)에는 동을, 읍·면에는 리를 둔다(동조 3항). 도농(都農)복합 형태의 시에는 도시의 형태를 갖춘 지역에는 동을, 그 밖의 지역에는 읍·면을 두되, 자치구가 아닌 구를 둘 경우에는 그 구에 읍·면·동을 둘 수 있다(동조 4항). 인구 감소 등 행정여건 변화로 인하여 필요한 경우 그 지방자치단체의 조례로 정하는 바에 따라 2개 이상의 면을 하나의 면으로 운영하는 등 행정 운영상 면(행정면(行政面)이라 한다)을 따로 둘 수 있으며, 동·리에서는 행정 능률과 주민의 편의를 위하여 그 지방자치단체의 조례로 정하는 바에 따라 하나의 동·리를 2개 이상의 동·리로 운영하거나 2개 이상의 동·리를 하나의 동·리로 운영하는 등 행정 운영상 동(행정동

---

[1] 제주자치도는 그 관할구역 안에 지방자치단체인 시와 군을 두지 아니하는 대신, 지방자치단체가 아닌 시("행정시"라 한다)를 두고, 행정시에는 도시의 형태를 갖춘 지역에는 동을, 그 밖의 지역에는 읍·면을 둔다(제주특별자치도 설치 및 국제자유도시 조성을 위한 특별법 10조 1항·2항, 16조 1항).

이라 한다)·리(행정리라 한다)를 따로 둘 수 있다(동법 7조 3항·4항).

광역지방자치단체와 기초지방자치단체는 모두 지방자치단체이기 때문에 양자는 원칙적으로 상호 독립적이고 동등한 지위에 있다. 그러나 구역과 주민에 있어서는 지방자치단체의 중층구조의 속성상 중복이 불가피하고, 지방자치의 이상을 실현하는 등 목표를 관철하는 데 상호 유기적인 협력·보완관계에 놓여 있으며 이러한 관계를 효율적으로 구현하기 위하여 광역지방자치단체는 일정한 범위 내에서 기초지방자치단체의 상급지방자치단체로서의 지위를 갖는다.

일반적으로 지방자치단체라고 하면 보통지방자치단체를 말한다. 이 책에서의 설명도 주로 보통지방자치단체를 대상으로 한다.

2. 특별지방자치단체

(1) 의 의

특별지방자치단체란 그 설립목적·기능 등에 있어서 특수한 성격을 가지고 있으며 그 존재가 보편적이 아닌, 예외적인 지방자치단체를 말한다. 「지방자치법」은 보통지방자치단체 외에 "특정한 목적을 수행하기 위하여 필요한 경우에는 별도의 특별지방자치단체를 설치할 수 있다. 이 경우 특별지방자치단체의 설치 등에 관하여는 제12장에서 정하는 바에 따른다"라고 규정하고 있다(2조 3항).

(2) 설 치

2개 이상의 지방자치단체가 공동으로 특정한 목적을 위하여 광역적으로 사무를 처리할 필요가 있을 때에는 특별지방자치단체를 설치할 수 있다. 이 경우 특별지방자치단체를 구성하는 지방자치단체(이하 "구성 지방자치단체"라 한다)는 상호 협의에 따른 규약을 정하여 구성 지방자치단체의 지방의회 의결을 거쳐 행정안전부장관의 승인을 받아야 한다(동법 199조 1항).

특별지방자치단체는 법인으로 한다(동조 3항).

특별지방자치단체를 설치하기 위하여 국가 또는 시·도 사무의 위임이 필요할 때에는 구성 지방자치단체의 장이 관계 중앙행정기관의 장 또는 시·도지사에게 그 사무의 위임을 요청할 수 있다(동조 4항). 행정안전부장관이 국가 또는 시·도 사무의 위임이 포함된 규약에 대하여 승인할 때에는 사전에 관계 중앙행정기관의 장 또는 시·도지사와 협의하여야 한다(동조 5항). 구성 지방자치단체의 장이 행정안전부장관의 승인을 받았을 때에는 규약의 내용을 지체 없이 고시하여야 한다(동조 6항 전단).

행정안전부장관은 공익상 필요하다고 인정할 때에는 관계 지방자치단체에 대하여 특별지방자치단체의 설치, 해산 또는 규약 변경을 권고할 수 있다(동법 200조 전단).

(3) 구 역

특별지방자치단체의 구역은 구성 지방자치단체의 구역을 합한 것으로 한다. 다만, 특별지방자치단체의 사무가 구성 지방자치단체 구역의 일부에만 관계되는 등 특별한 사정이 있을 때에는 해당 지방자치단체 구역의 일부만을 구역으로 할 수 있다(동법 201조).

(4) 규 약

특별지방자치단체의 규약에는 법령의 범위에서 ① 목적 ② 그 명칭 ③ 구성 지방자치단체 ④ 관할 구역 ⑤ 사무소의 위치 ⑥ 사무 ⑦ 사무처리를 위한 기본계획에 포함되어야 할 사항 ⑧ 그 지방의회의 조직, 운영 및 의원의 선임방법 ⑨ 그 집행기관의 조직, 운영 및 장의 선임방법 ⑩ 그 운영 및 사무처리에 필요한 경비의 부담 및 지출방법 ⑪ 그 사무처리 개시일 ⑫ 그 밖에 특별지방자치단체의 구성 및 운영에 필요한 사항이 포함되어야 한다(동법 202조 1항). 구성 지방자치단체의 장은 위의 규약을 변경하려는 경우에는 구성 지방자치단체의 지방의회 의결을 거쳐 행정안전부장관의 승인을 받아야 한다(동조 2항 전단). 구성 지방자치단체의 장은 행정안전부장관의 승인을 받았을 때에는 지체 없이 그 사실을 고시하여야 한다(동조 3항 전단).

(5) 기본계획

특별지방자치단체의 장은 소관 사무를 처리하기 위한 기본계획을 수립하여 특별지방자치단체 의회의 의결을 받아야 하며, 기본계획을 변경하는 경우에도 마찬가지이다(동법 203조 1항). 특별지방자치단체는 이 기본계획에 따라 사무를 처리하여야 한다(동조 2항). ③ 특별지방자치단체의 장은 구성 지방자치단체의 사무처리가 기본계획의 시행에 지장을 주거나 지장을 줄 우려가 있을 때에는 특별지방자치단체의 의회 의결을 거쳐 구성 지방자치단체의 장에게 필요한 조치를 요청할 수 있다(동조 3항).

(6) 의회의 조직

특별지방자치단체의 의회는 규약으로 정하는 바에 따라 구성 지방자치단체의 의회 의원으로 구성한다(동법 204조 1항). 구성 지방자치단체의 의회 의원은 특별지방자치단체의 의회 의원을 겸할 수 있다(동조 2항). 특별지방자치단체의 의회가 의결하여야 할 안건 중 대통령령으로 정하는 중요한 사항에 대해서는 특별지방자치단체의 장에게 미리 통지하고, 특별지방자치단체의 장은 그 내용을 구성 지방자치단체의 장에게 통지하여야 한다. 그 의결의 결과에 대해서도 마찬가지이다(동조 3항).

(7) 집행기관의 조직

특별지방자치단체의 장은 규약으로 정하는 바에 따라 특별지방자치단체의 의회에서 선출한 다(동법 205조 1항). 구성 지방자치단체의 장은 특별지방자치단체의 장을 겸할 수 있다(동조 2항). 특별지방자치단체의 의회 및 집행기관의 직원은 규약으로 정하는 바에 따라 특별지방자치단체 소속인 지방공무원과 구성 지방자치단체의 지방공무원 중에서 파견된 사람으로 구성한다(동조 3항).

Ⅲ. 지방자치단체의 명칭과 구역

1. 지방자치단체의 명칭

지방자치단체의 명칭은 종전(지방자치법 시행 전)에 의하고 이를 변경하고자 할 때에는 관계 지방의회의 의견을 들어 법률로 정하되, 한자 명칭의 변경은 대통령령으로 정한다(지방자치법 5조 1항·2항).

자치구가 아닌 구와 읍·면·동의 명칭은 종전에 의하고, 명칭의 변경은 당해 지방자치단체의 조례로 정하되, 그 결과를 특별시장·광역시장·도지사에게 보고하여야 하며, 리(里)의 명칭의 변경은 당해 지방자치단체의 조례로 정한다(동법 7조 1항·2항).

2. 지방자치단체의 구역

(1) 의　의

지방자치단체의 구역이란 지방자치단체의 권한이 미치는 지역적 범위를 말한다. 구역에는 육지뿐만 아니라 그에 접속되는 바다 표면, 기타 물의 표면도 포함된다(헌재 2006. 8. 31. 2003헌라1 결정, 헌재 2015. 7. 30. 2010헌라2결정). 지방자치단체의 구역이 갖는 법적 의미는 적극적으로는 그 구역 안의 모든 사람과 물건에 대하여 주민 등인지의 여부에 관계없이 지방자치단체의 권한이 미친다는 데에 있고, 소극적으로는 다른 지방자치단체의 권한이 미치는 것을 배제한다는 데에 있다.

지방자치단체의 구역은 종전에 의한다(동법 5조 1항). 종전이라는 기준은 최초로 제정된 법률 조항까지 순차 거슬러 올라가게 되므로 1948. 8. 15. 당시 존재하던 관할구역의 경계가 원천적인 기준이 된다(헌재 2006. 8. 31. 2003헌라1 결정).

(2) 구역의 변경

1) 의　의

지방자치단체의 구역은 고정되어 있는 것이 아니라 하천의 유역의 변화, 토지의 함몰이나 융기 등과 같은 자연현상에 의하여, 또는 폐치·분합 등 인위적 원인에 의거하여 변화하게 된다. 법률상 문제가 되는 것은 주로 후자의 경우이다. 따라서 법률상 구역의 변경이라고 할 때에는 인위적 원인에 의한 구역의 변경을 의미한다.

2) 구역의 변경에서 고려되어야 할 사항

(가) 구역변경의 필요성

구역변경의 필요성은 여러 사유에 기인한다. 특히 오늘날 고도 산업사회로 진전됨에 따라 ① 지방자치단체의 기능이 양적으로나 질적으로 팽창되어 종래와 같은 소규모의 지방자치단체로서는 증대된 기능을 감당하기 어렵게 된다. ② 도시계획·하수처리·교통·도로·주택·소방 등의 사무와 같이 기존의 행정구역을 넘어 광역적으로 처리되어야 할 행정수요가 날로 증가하고 있다. ③ 지방자치단체가 학교교육·직업교육·보건 및 위생업무 등 전문화된 기능을 담당함에 따라 이러한 기능을 수행하기 위하여 대규모의 시설과 전문가의 채용이 필요하게 되었는데 작은 지방자치단체의 행정·재정능력으로는 불가능하다. ④ 교통 및 통신의 발달은 경제적 유통권의 확대와 생활권의 광역화를 가져오게 됨으로 전통적인 지방자치단체의 구역과는 일치하지 않게 된다. 이들 사유 등에 의하여 구역변경이 필요하게 된다. 「지방자치법」이 도농복합형태의 시 설치근거를 마련하여(10조 2항) 기초지방자치단체 단위에서 부분적인 광역화 추진을 가능하게 한 것은 위와 같은 시대적 요청에 부응하기 위한 일환으로 볼 수 있다.

(나) 구역변경의 억제요인

지방자치는 주민의 능동적 참여가 불가결하다. 주민의 능동적 참여는 기존 지방자치단체의 존속과 그 구성요소인 구역의 존재를 바탕으로 한 공동체의식과 함수관계에 있는 경우가 많다. 구역의 변경은 이러한 공동체의식을 파괴할 위험이 있다. 주민의 능동적 참여는 민주주의에 바탕을 두고 있는 것이므로 결국 민주주의 원칙이 구역변경의 억제 요인이 된다.

(다) 구역변경의 결정기준

구역변경의 결정기준은 위의 구역변경의 필요성과 억제요인의 조화점에서 찾아야 한다. 따라서 구역변경의 결정기준은 비례원칙, 즉 적합성원칙·필요성원칙·상당성원칙이 된다.

3) 폐치·분합과 경계변경

(가) 의 의

폐치·분합이란 지방자치단체의 신설·분합·폐지를 수반하는 구역변경을 말한다. 이에는 ① 하나의 지방자치단체를 폐지하고 그 구역을 인접한 다른 지방자치단체의 구역에 편입하는 것, ② 하나의 지방자치단체의 구역 일부를 할애하여 새로 독자적인 지방자치단체를 설립하는 것, ③ 기존의 지방자치단체를 아주 폐지하고 그 구역을 나누어 수개의 새로운 지방자치단체를 설립하는 것, ④ 둘 이상의 지방자치단체를 병합하여 그 구역에 새로운 하나의 지방자치단체를 설립하는 것을 포함한다.

이에 대하여 경계변경은 지방자치단체의 존폐와는 상관없이 단순히 그 경계만 달라지는 구역변경을 말한다.

(내) 절   차　　　폐치·분합은 관계 지방의회의 의견을 들어 법률로써 정한다(동법 5조 1항). 관할구역 경계변경은 대통령령으로 정하며, 경계변경의 절차는 동법 제6조에서 정한 절차에 따른다(동법 5조 2항). 다만 지방자치단체의 폐치·분합이나 구역변경에 대하여 주민투표를 실시한 경우에는 지방의회의 의견청취를 필요로 하지 아니한다(동조 3항 단서).

특별시 또는 광역시가 아닌 인구 50만 이상의 시에는 자치구가 아닌 구를 둘 수 있고, 군에는 읍·면을 두며, 시와 구(자치구를 포함한다)에는 동을, 읍·면에는 리(里)를 두고 있는 바(동법 3조 3항), 지방자치단체가 아닌 읍·면·동 및 자치구가 아닌 구의 폐치·분합은 행정안전부장관의 승인을 얻어 당해 지방자치단체의 조례로 정하며, 경계변경은 지방자치단체의 조례로 정하고 그 결과를 특별시장·광역시장·도지사에게 보고하여야 한다(동법 7조 1항). 리(里)의 폐치·분합과 경계변경은 당해 지방자치단체의 조례로 정한다(동조 2항). 제주자치도의 관할구역 안에 두는 지방자치단체가 아닌 시(행정시)의 폐치·분합(행정안전부장관의 승인을 요하지 아니한다), 명칭 및 구역은 도조례로 정한다(제주특별자치도 설치 및 국제자유도시 조성을 위한 특별법 10조 4항, 16조 1항).

(다) 매립지 등의 지역 귀속 결정　　　앞에서 본 바와 같이 지방자치단체의 폐치·분합은 법률로 정하고 경계변경은 대통령령으로 정하지만, ①「공유수면 관리 및 매립에 관한 법률」에 따른 매립지, ②「공간정보의 구축 및 관리 등에 관한 법률」 제2조 제19호의 지적공부에 등록이 누락된 토지의 지역이 속할 지방자치단체는 행정안전부장관이 결정한다(지방자치법 5조 4항).[1] 행정안전부장관의 결정에 이의가 있는 지방자치단체의 장은 대법원에 제소할 수 있고, 대법원의 인용결정이 있으면 행정안전부장관은 인용결정의 취지에 따라 다시 결정하여야 한다(동조 8항[2]·9항).[3]

---

1) 헌재 2020. 7. 16. 2015헌라3 결정: 신생 매립지는 지방자치법 제4조 제3항(현행법 제5조 제4항)에 따라 같은 조 제1항이 처음부터 배제되어 종전의 관할구역과의 연관성이 단절되고, 행정안전부장관의 결정이 확정됨으로써 비로소 관할 지방자치단체가 정해지며, 그 전까지 해당 매립지는 어느 지방자치단체에도 속하지 않는다 할 것이다. 그렇다면 이 사건 매립지의 매립 전 공유수면에 대한 관할권을 가졌을 뿐인 청구인들이, 그 후 새로이 형성된 이 사건 매립지에 대해서까지 어떠한 권한을 보유하고 있다고 볼 수 없으므로, 이 사건에서 청구인들의 자치권한이 침해되거나 침해될 현저한 위험이 있다고 보기는 어렵다.

2) 지방자치법 제4조 제8항이 대법원에 제소할 수 있게 한 것은 헌법 제111조 제1항 제4호에 의한 헌법재판소의 권한쟁의심판권을 침해하고 있다는 점, 공유수면의 관할구역을 결정함에 있어서 사안별로 개별·구체적 사실관계까지 파악되어야 함에도 불구하고 이러한 것을 박탈한다는 점에서 위헌이라는 견해가 있다(金相太,「공유수면 매립지의 관할구역 결정과 사법적(司法的)분쟁해결제도」, 행정법연구(행정법이론실무학회) 제30호, 145쪽 이하).

3) 대법 2013. 11. 14 선고 2010추73 판결은 "2009. 4. 1. 법률 제9577호로 지방자치법이 개정되기 전까지 종래 매립지 등 관할 결정의 준칙으로 적용되어 온 지형도상 해상경계선 기준이 가지던 관습법적 효력은 위 지방자치법의 개정에 의하여 변경 내지 제한되었다고 보는 것이 타당하고, 안전행정부장관(현행 행정안전부장관)은 매립지가 속할 지방자치단체를 정할 때에 상당한 형성의 자유를 가지게 되었다. 다만 그 관할 결정은 계획재량적 성격

㉣ **사후처리**　　　　지방자치단체의 폐치·분합과 경계변경의 결과 다음과 같은 사후처리
가 행하여진다.

㈀ 사무와 재산의 승계　　　　폐치분합과 경계변경이 있는 때에는 새로 그 지역을 관할하
게 된 지방자치단체가 그 사무와 재산을 승계하는 것이 원칙이다(지방자치법 8조 1항). 판례
는 「지방자치법」 제8조 제1항에 의하여 새로운 관할 지방자치단체가 승계하는 재산에는
비단 행정재산뿐만 아니라 지방자치단체가 행정목적과는 관계없이 보유하고 있는 일반
재산도 특별한 사정이 없는 한 모두 포함된다고 판시하고 있다(대법 1999. 5. 14. 선고 98다
8486 판결 등).[1] 지역에 의하여 구분하기 곤란한 사무와 재산은 시·도에 있어서는 행정안
전부장관이, 시·군 및 자치구에 있어서는 특별시장·광역시장·특별자치시장·도지사·특
별자치도지사(이하 '시·도지사'라 한다)가 그 사무와 재산의 한계 및 승계할 지방자치단체를
지정한다(동조 2항).

㈁ 기관구성의 조정　　　　폐치·분합과 경계변경이 있는 경우에는 소멸된 지방자치단체
의 기관은 당연히 그 지위를 상실하게 되고 신설된 지방자치단체의 기관은 직무대행자가
지정되거나 또는 새로 선임되지 않으면 아니 된다(동법 110조·112조 등).

㈂ 주민의 지위승계　　　　폐치·분합과 경계변경이 있는 경우 주민은 새로이 관할하게
된 지방자치단체의 주민으로서 권리를 향유하고 의무를 진다. 행정구역이 변경된 때에는
가족관계등록부의 기재는 자동적으로 정정된 것으로 본다(가족관계의 등록 등에 관한 법률
19조).

을 지니는 점에 비추어 이와 같은 형성의 자유는 무제한의 재량이 허용되는 것이 아니라 여러 가지 공익과 사익
및 관련 지방자치단체의 이익을 종합적으로 고려하여 비교·교량해야 하는 제한이 있다"라고 하고, "매립지가 속
할 지방자치단체를 정할 때 고래해야 할 관련 이익의 범위 등은 다음과 같은 사항이 포함되어야 한다. ① 매립지
내 각 지역의 세부 토지이용계획 및 인접 지역과의 유기적 이용관계 등을 고려하여 관할구역을 결정함으로써 효
율적인 신규 토지의 이용이 가능하도록 해야 한다. ② 공유수면이 매립에 의하여 육지화된 이상 더는 해상경계선
만을 기준으로 관할 결정을 할 것은 아니고, 매립지와 인근 지방자치단체 관할구역의 연결 형상, 연접관계 및 거
리, 관할의 경계로 쉽게 인식될 수 있는 도로, 하천, 운하 등 자연지형 및 인공구조물의 위치 등을 고려하여 매립
지가 토지로 이용되는 상황을 전제로 합리적인 관할구역 경계를 설정하여야 한다. ③ 매립지와 인근 지방자치단
체의 연접관계 및 거리, 도로, 항만, 전기, 수도, 통신 등 기반시설의 설치·관리, 행정서비스의 신속한 제공, 긴급
상황 시 대처능력 등 여러 요소를 고려하여 행정의 효율성이 현저히 저해되지 않아야 한다. ④ 매립지와 인근 지
방자치단체의 교통관계, 외부로부터의 접근성 등을 고려하여 매립지 거주 주민들의 입장에서 어느 지방자치단체
의 관할구역에 편입되는 것이 주거생활 및 생업에 편리할 것인지를 고려해야 한다. ⑤ 매립으로 인근 지방자치단
체들 및 그 주민들은 그 인접 공유수면을 상실하게 되므로 이로 말미암아 잃게 되는 지방자치단체들의 해양 접근
성에 대한 연혁적·현실적 이익 및 그 주민들의 생활기반 내지 경제적 이익을 감안해야 한다"라고 판시하고 있다.

1) 대법 2008. 2. 1. 선고 2007다8914 판결: 지방자치법(2007. 5. 11. 법률 제8423호로 전문 개정되기 전의 것) 제5
   조 제1항에 의하면, 지방자치단체의 구역변경이나 폐치·분합이 있는 때에는 새로 그 지역을 관할하게 된 지방
   자치단체가 그 사무와 재산을 승계하도록 규정되어 있으나, 지방자치법 제133조 제1항 및 제3항(현행법 159조
   1항)의 규정 내용에 비추어 볼 때 이 사건 법률조항에 규정된 '재산'이라 함은 현금 외의 모든 재산적 가치가 있
   는 물건 및 권리만을 말하는 것으로서 채무는 '재산'에 포함되지 않는다.

㈃ 자치법규의 효력   자치법규는 당해 지방자치단체의 존폐 및 지배범위와 운명을 같이하는 것이 원칙이다. 지방자치단체가 분합하여 새로운 지방자치단체가 설치되거나 지방자치단체의 격이 변경된 때에는 당해 지방자치단체의 장은 필요한 사항에 관하여 새로운 조례 또는 규칙이 제정 시행될 때까지 종래 그 지역에 시행되던 조례 또는 규칙을 계속 시행할 수 있다(지방자치법 31조).

4) 경계분쟁

지방자치단체의 경계분쟁은 지역적 권한쟁의로서의 성질을 가진다. 지방자치단체는 원칙적으로 대등한 인격체이므로, 경계분쟁이 있는 경우에는 관계 지방자치단체의 협의에 의하여 해결을 도모하여야 한다. 만약 협의에 의하여 해결이 이루어지지 아니하는 때에는 다른 법률에 특별한 규정이 없으면 분쟁 당사자가 시·도인 때에는 행정안전부장관이, 시·군 및 자치구인 때에는 시·도지사가 당사자의 신청에 따라 조정할 수 있다(동법 165조). 조정이 이루어지지 아니하는 경우에는 당사자는 헌법재판소에 권한쟁의심판을 청구할 수 있다.[1]

「공유수면 관리 및 매립에 관한 법률」에 따른 매립지와 「공간정보의 구축 및 관리 등에 관한 법률」제2조 제19호의 지적공부에 누락되어 있는 토지에 대한 경계분쟁은 행정안전부장관이 결정한다는 것, 행정안전부장관의 결정에 이의가 있는 지방자치단체의 장은 대법원에 제소할 수 있다는 것은 앞에서 본 바와 같다.

Ⅳ. 지방자치단체의 주민

1. 주민의 자격

지방자치단체의 구역 안에 주소를 가진 자는 그 지방자치단체의 주민이 된다(지방자치법 16조). 주소에 관하여 「민법」은 제18조 제1항에서 "생활의 근거되는 곳을 주소로 한다"라고 규정하고, 제36조에서 "법인의 주소는 그 주된 사무소의 소재지에 있는 것으로 한다"라고 규정하고 있다. 그러나 「주민등록법」제23조는 제1항에서 "다른 법률에 특별한 규정이 없으면 이 법에 따른 주민등록지를 공법관계에 있어서의 주소로 한다"라고 하고, 제2항에서 "제1항의 규정에 따라 주민등록지를 공법관계에 있어서의 주소로 하는 경우에 신고의무자가 신거주지에 전입신고를 하면 신거주지에서의 주민등록이 전입신고일에 된 것으로 본다"라고 규정하고 있다.

---

1) 헌재 2021. 2. 25. 2015헌라7 결정: 공유수면에 대한 지방자치단체의 관할구역 경계획정은 명시적인 법령상의 규정이 존재한다면 그에 따르고, 명시적인 법령상의 규정이 존재하지 않는다면 불문법상 해상경계에 따라야 한다. 불문법상 해상경계마저 존재하지 않는다면, 주민·구역·자치권을 구성요소로 하는 지방자치단체의 본질에 비추어 지방자치단체의 관할구역에 경계가 없는 부분이 있다는 것은 상정할 수 없으므로, 권한쟁의심판권을 가지고 있는 헌법재판소가 형평의 원칙에 따라 합리적이고 공평하게 해상경계선을 획정하여야 한다.

기초지방자치단체인 시·군·자치구의 주민은 동시에 그 구역을 관할하는 광역지방자치단체인 시·도의 주민이 된다. 외국인도 주민이 될 수 있다. 다만, 참정권 등 권리가 제한될 수 있다. 「공직선거법」은 영주의 체류자격 취득 외국인에게 선거권을 부여하고 있다(15조 2항).

대법원은 "지방자치법은 여러 조항에서 권리·의무의 주체이자 법적 규율의 상대방으로서 '주민'이라는 용어를 사용하고 있다. 지방자치법에 '주민'의 개념을 구체적으로 정의하는 규정이 없는데, 그 입법 목적, 요건과 효과를 달리하는 다양한 제도들이 포함되어 있는 점을 고려하면, 지방자치법이 단일한 주민 개념을 전제하고 있는 것으로 보기 어렵다. 자연인이든 법인이든 누군가가 지방자치법상 주민에 해당하는지는 개별 제도별로 제도의 목적과 특성, 지방자치법뿐만 아니라 관계 법령에 산재해 있는 관련 규정들의 문언, 내용과 체계 등을 고려하여 개별적으로 판단할 수밖에 없다"라고 판시하고 있다(대법 2021. 4. 29. 선고 2016두45240 판결).

2. 주민의 권리 의무

주민의 기본적 권리와 의무는 다음과 같다. 기본적 권리는 「지방자치법」에서 규정한다. 「제주특별자치도 설치 및 국제자유도시 조성을 위한 특별법」은 주민투표, 조례의 제정·개폐 청구 및 주민소환에 관한 특례를 규정하고 있다(28조 이하).

(1) 주민의 권리

지방자치단체의 주민은 법령과 조례의 정하는 바에 따라 주민으로서 일정한 권리를 가진다.

1) 수 익 권

주민은 법령이 정하는 바에 따라 소속 지방자치단체의 재산과 공공시설을 이용할 권리와 그 지방자치단체로부터 균등하게 행정의 혜택을 받을 권리를 가진다(지방자치법 17조 2항).

(가) 재산·공공시설이용권

(ㄱ) 이용권의 대상

ㄱ) 재　　산　　　재산이란 현금 외의 모든 재산적 가치가 있는 물건 및 권리를 말한다(동법 159조 1항). 학자에 따라서는 여기서 말하는 재산이란 공공시설과 같은 개념이며[1] 입법론상 재산이라는 용어는 삭제함이 바람직하다는 견해[2]가 있다. 이에 대하여는 현행 「지방자치법」은 양자의 개념을 서로 구분하여 사용하고 있고(예: 17조, 153조, 159조) 또한 현실적으로도 공공시설이 아닌 재산을 주민이 사용할 수 있는 경우도 있으므로 양자는 개념상 구분되어야 한다는 견해도 있다.[3]

---

1) 李尙圭, 신행정법론(하), 145쪽; 金南辰·金連泰, 행정법 Ⅱ, 81쪽; 洪井善, 행정법원론(하), 87쪽.
2) 金南辰·金連泰, 위의 책, 82쪽, 주 5.
3) 柳至泰, 행정법신론, 723쪽.

ㄴ) 공공시설   공공시설이란 지방자치단체가 주민의 복지를 증진하기 위하여 설치하는 시설을 말한다(동법 161조). 공공시설은 첫째로 주민의 이용에 제공되는 시설이어야 한다. 주민의 이용에 제공되는 것이 아닌 시험연구소 등은 공공시설이 아니다. 둘째로 주민의 복리를 증진하기 위한 목적으로 제공되는 시설이어야 한다. 따라서 지방자치단체의 재정상의 필요를 위하여 주민의 이용에 제공되는 시설은 공공시설이 아니다. 셋째로 지방자치단체가 제공하는 시설이어야 한다. 즉 공공시설은 물적 시설을 중심으로 하는 개념이며, 인적 수단을 반드시 그 요소로 하고 있지 않다. 공공시설의 예로는 상수도·하수도·공원·납골시설·병원·학교·도서관·양로원·유치원 등이며, 주된 공공시설은 학문상의 공공용공물과 영조물이다.

(ㄴ) 이용권자   공공시설의 이용권자는 주민이다. 주민인 이상 자연인이든 법인이든, 내국인이든 외국인이든 모두 포함된다.

주민이 아닌 자에게도 공공시설의 이용을 허용할 수 있다. 그러나 예컨대 학군제와 같이 주민이 아닌 자의 이용을 거부하거나 차등을 둘 수 있다.

(ㄷ) 이용권의 범위와 한계   주민이 갖는 공공시설이용권도 다음과 같은 제한을 받는다.

ㄱ) 법령(조례·규칙 포함)의 범위 내에서의 제한   구체적으로는 「도로법」, 「하천법」, 「도시공원 및 녹지 등에 관한 법률」, 「하수도법」, 「초·중등교육법」, 「지방공기업법」 등의 범위 내에서 제한을 받는다.

ㄴ) 목적에 의한 제한   주민은 공공시설의 목적에 적합한 범위 안에서만 이용권을 갖는다.

ㄷ) 수용능력에 의한 제한   공공시설의 수용능력이 충분하지 못한 경우에는 이용제한이 가능하다. 이 경우 우선주의(선착순), 이용시간이나 이용횟수의 제한, 추첨 등이 채택될 수 있으며, 어느 경우나 평등원칙이 최대한 존중되어야 함은 말할 나위가 없다.

ㄹ) 유지·관리를 위한 제한   공공시설의 이용이 위험을 발생하게 하거나 공공시설에 손상을 가져올 우려가 있는 경우(예: 가요제를 위한 시설 이용)에 공공시설의 위험방지나 유지·관리를 위하여 이용제한이 가능하다.

(ㄹ) 이용형태   공공시설의 이용형태로는 일반사용(보통사용), 허가사용, 특허사용, 관습상의 사용, 계약사용 등이 있다.

(ㅁ) 이용요금   「지방자치법」에 이용료와 사용료의 징수에 관한 규정이 없으면, 「행정기본법」 제35조 제2항에 따라 행정청은 공공시설 및 재산 등의 이용 또는 사용에 대하여 사전에 공개된 금액이나 기준에 따라 사용료를 받을 수 있다.

(나) **균등한 행정혜택을 받을 권리**　　　여기서 말하는 행정혜택이란 위의 공공시설의 이용을 제외한 모든 행정작용에 의한 수익을 말한다. 이에 대하여는 행정혜택을 공공시설의 이용을 포함한 모든 행정작용에 의한 수익으로 보는 견해[1]도 있다. 아무튼 주민에 대한 자의적인 행정혜택의 배제는 허용되지 아니한다.

2) 직접참여권[2]

(가) **정책 결정 및 집행 과정 참여권**　　　앞서 행정법관계와 사인에서 본 바와 같이 사인의 법적 지위와 관련하여 최근의 두드러진 행정제도의 변화로는 행정흐름에서 국민·주민 참여 및 행정과의 협동 제도의 확대이다. 「지방자치법」은 주민의 권리에서 "주민은 법령에 정하는 바에 따라 주민생활에 영향을 미치는 지방자치단체의 정책의 결정 및 집행 과정에 참여할 권리를 가진다"(17조 1항)라고 하여 정책 결정 및 집행 과정에서 참여권을 보장하고 있다.

(나) **선거참여권**　　　국민인 주민은 법령이 정하는 바에 따라 그 지방자치단체에서 실시하는 지방의회의원 및 지방자치단체의 장의 선거에 참여할 권리를 가진다(지방자치법 17조 3항). 즉 국민인 주민은 선거권과 피선거권을 갖는다.

(ㄱ) 선 거 권　　　19세 이상으로서 선거인명부 작성기준일 현재 ① 당해 지방자치단체의 관할구역 안에 주민등록이 되어 있는 사람, ②「재외동포의 출입국과 법적 지위에 관한 법률」제2조 제1호에 따른 국민으로서 법정 요건을 갖추고 해당 지방자치단체의 관할구역에 주민등록이 되어 있는 사람, ③「출입국관리법」제10조(체류자격)의 규정에 따른 영주의 체류자격 취득일 후 3년이 경과한 외국인으로서 선거인명부 작성기준일 현재「출입국관리법」제34조(외국인등록표 등의 작성 및 관리)의 규정에 따라 당해 지방자치단체의 외국인등록대장에 올라 있는 사람의 어느 하나에 해당하는 사람은 그 구역에서 선거하는 지방의회의원 및 지방자치단체의 장의 선거권을 가진다(공직선거법 15조 2항, 17조).

(ㄴ) 피선거권　　　선거일 현재 계속하여 60일 이상 당해 지방자치단체의 관할구역 안에 주민등록이 되어 있는 주민으로서 선거일 현재 25세 이상의 국민은 지방의회의원 및 지방자치단체의 장의 피선거권이 있다(동법 16조 3항, 17조).

(다) **주민투표참여권**　　　주민은 지방자치단체의 의사형성에 직접 참가하는 직접민주제 방식의 참여권으로서 주민투표권을 갖고 있다.[3] 주민투표 실시권자는 지방자치단체의 장

---

1) 李琦雨, 지방자치행정법, 65쪽.

2) 주민 직접참여제도의 문제점을 지적하고 있는 논문으로 朴仁洙,「주민자치 확대 법제와 문제점」, 공법학연구（한국비교공법학회）제8권 제1호, 3쪽 이하가 있다.

3) 헌재 2005. 12. 22. 2004헌마530 결정: 지방자치법이 주민에게 주민투표권, 조례의 제정 및 개폐청구권, 감사청구권 등을 부여함으로써 주민이 지방자치사무에 직접 참여할 수 있는 길을 일부 열어 놓고 있지만 이러한 제도는 어디까지나 입법에 의하여 채택된 것일 뿐 헌법에 의하여 보장되고 있는 것은 아니므로 주민투표권은 법률이

이며, 주민투표의 대상은 주민에게 과도한 부담을 주거나 중대한 영향을 미치는 지방자치단체의 주요결정사항이다(지방자치법 18조 1항). 주민투표의 대상·발의자·발의요건, 그 밖에 투표절차 등은 따로 법률로 정하도록 되어 있고(동법 동조 2항), 이에 의하여 「주민투표법」이 제정되었다.

㈀ 주민투표의 대상　　　　주민투표의 대상은 주민에게 과도한 부담을 주거나 중대한 영향을 미치는 지방자치단체의 주요결정사항으로서 그 지방자치단체의 조례로 정하는 사항이다(주민투표법 7조 1항). 법령에 위반되거나 재판 중인 사항, 국가 또는 다른 지방자치단체의 권한 또는 사무에 속하는 사항 등 일정한 법정 사항은 그 대상에서 제외된다(동조 2항). 따라서 주민투표의 대상에는 지방자치단체의 고유사무와 단체위임사무는 포함되나, 국가사무의 기관위임사무는 포함되지 아니한다(광주지법 2006. 7. 6. 선고 2005구합4441 판결 참조). 실제로는 행정안전부 주민투표 표준안 및 이에 따라 제정된 광역지방자치단체·기초지방자치단체의 주민투표조례가 모두 지방자치단체의 고유사무 중 그 일부만을 주민투표의 대상으로 규정하고 있다. 「제주특별자치도 설치 및 국제자유도시 조성을 위한 특별법」은 주민투표의 대상 및 실시청구에 관한 특례를 규정하고 있다(28조).

중앙행정기관의 장은 지방자치단체의 폐치·분합 또는 구역 변경, 주요 시설의 설치 등 국가정책의 수립에 관하여 주민의 의견을 듣기 위하여 필요하다고 인정하는 때에는 주민투표의 실시구역을 정하여 관계 지방자치단체의 장에게 주민투표의 실시를 요구할 수 있다(주민투표법 8조 1항 전문). 국가정책에 대한 주민투표는 주민의 의견을 묻는 의견수렴으로서의 성격을 갖는 것이며 위에서 본 주민투표의 대상(동법 7조) 및 후술하는 주민투표의 효력(동법 24조)·주민투표소송(동법 25조) 등의 규정의 일부 또는 전부가 적용되지 아니한다(동법 8조 4항).[1]

㈁ 주민투표의 효력 등　　　　주민투표에 붙여진 사항은 주민투표권자 총수의 3분의 1 이상의 투표와 유효투표수 과반수의 득표로 확정됨이 원칙이다(동법 24조 1항 본문). 지방자치단체의 장 및 지방의회는 주민투표결과 확정된 내용대로 행정·재정상의 필요한 조치를 하여야 한다(동조 5항). 또한 지방자치단체의 장 및 지방의회는 주민투표결과 확정된 사항에 대하여 2년 이내에 이를 변경하거나 새로운 결정을 할 수 없음이 원칙이다(동조 6항 본문).

보장하는 권리일 뿐 헌법이 보장하는 기본권 또는 헌법상 제도적으로 보장되는 주관적 공권으로 볼 수 없다.

[1] 헌재 2009. 3. 26. 2006헌마99 결정은 주민투표법 제8조 제4항 위헌확인 사건에서 "지방자치단체의 주요 결정사항에 관한 주민투표와 국가정책사항에 관한 주민투표 사이의 본질적인 차이를 감안하여, 이 사건 법률조항에 의하여 지방자치단체의 주요 결정사항에 관한 주민투표와는 달리 주민투표소송의 적용을 배제하고 있는 것이므로, 이 사건 법률조항이 현저히 불합리하게 입법재량의 범위를 벗어나 청구인들의 주민투표소송 등 재판청구권을 침해하였다고 보기는 어렵다"고 하였다.

㉢ 주민투표소송 등　　　주민투표의 효력에 관하여 이의가 있는 주민투표권자는 주민투표권자 총수의 100분의 1 이상의 서명으로 주민투표결과가 공표된 날부터 14일 이내에 관할 선거관리위원회 위원장을 피청구인으로 하여 시·군 및 자치구에 있어서는 특별시·광역시·도 선거관리위원회에, 특별시·광역시 및 도에 있어서는 중앙선거관리위원에 소청할 수 있다(동법 25조 1항). 이 소청에 대한 결정에 관하여 불복이 있는 소청인은 관할 선거관리위원회 위원장을 피고로 하여 그 결정서를 받은 날(결정서를 받지 못한 때에는 결정기간이 종료된 날을 말한다)부터 10일 이내에 특별시·광역시 및 도에 있어서는 대법원에, 시·군 및 자치구에 있어서는 관할 고등법원에 소를 제기할 수 있다(동조 2항).

㈑ **조례제정·개폐청구권**　　　주민은 지방자치단체의 조례를 제정하거나 개정하거나 폐지할 것을 청구할 수 있다(지방자치법 19조 1항). 조례의 제정·개정 또는 폐지청구의 청구권자·청구대상·청구요건 및 절차 등에 관한 사항은 따로 법률로 정하도록 되어 있고(동조 2항), 이에 의하여「주민조례발안에 관한 법률」이 제정되었다.

㉠ 주민조례청구권자　　　18세 이상의 주민으로서 ① 해당 지방자치단체의 관할 구역에 주민등록이 되어 있는 사람 ②「출입국관리법」제10조에 따른 영주(永住)할 수 있는 체류자격 취득일 후 3년이 지난 외국인으로서 같은 법 제34조에 따라 해당 지방자치단체의 외국인등록대장에 올라 있는 사람 (「공직선거법」제18조에 따른 선거권이 없는 사람은 제외함)은 해당 지방자치단체의 의회(지방의회)에 조례를 제정하거나 개정 또는 폐지할 것을 청구(주민조례청구라 함)할 수 있다(주민조례발안에 관한 법률 2조).

㉡ 주민조례청구 대상　　　주민조례청구 대상 중 ① 법령을 위반하는 사항 ② 지방세·사용료·수수료·부담금을 부과·징수 또는 감면하는 사항 ③ 행정기구를 설치하거나 변경하는 사항 ④ 공공시설의 설치를 반대하는 사항은 그 대상에서 제외한다(동법 4조).

㉢ 주민조례청구 요건　　　첫째로 청구권자가 주민조례청구를 하려는 경우에는 다음 각 호의 구분에 따른 기준 이내에서 해당 지방자치단체의 조례로 정하는 청구권자 수 이상이 연대 서명하여야 한다(동법 5조 1항). 둘째로 청구권자가 주민조례청구를 하려는 경우에는 청구인의 대표자를 선정하여야 하며, 선정된 대표자는 ① 주민조례청구의 취지·이유 등을 내용으로 하는 조례의 제정·개정·폐지 청구서 ② 조례의 제정안·개정안·폐지안의 서류를 첨부하여 지방의회의 의장에게 대표자 증명서 발급을 신청하여야 한다(동법 6조 1항). 신청을 받으면 대표자가 청구권자인지를 확인하여 대표자 증명서를 발급하고 그 사실을 공표하여야 한다(동조 2항 전단). 대표자(서명요청권을 위임한 경우에는 같은 항에 따른 수임자를 포함한다)는 청구권자에게 서명할 것을 요청할 수 있으며(동법 7조 1항), 그 기간은 공표가 있은 날부터 특별시·광역시·특별자치시·도 및 특별자치도의 경우에는 6개월 이내에, 시·군 및 자치구의 경우에는 3개월 이내에 요청하여야 한다(동법 8조 1항). 셋째로 대표자

는 청구인명부에 서명한 청구권자의 수가 법 제5조 제1항에 따른 해당 지방자치단체의 조례로 정하는 청구권자 수 이상이 되면 서명요청 기간이 지난 날부터 시·도의 경우에는 10일 이내에, 시·군 및 자치구의 경우에는 5일 이내에 청구인명부를 제출하여야 한다(동법 10조 1항 본문). 넷째로 지방의회의 의장은 청구인명부를 제출받은 날부터 5일 이내에 청구인명부의 내용을 공표하여야 하며, 공표한 날부터 10일간 청구인명부나 그 사본을 공개된 장소에 갖추어 두어 열람할 수 있도록 하여야 한다(동조 2항). 청구인명부의 서명에 이의가 있는 사람은 위의 열람기간에 지방의회의 의장에게 이의를 신청할 수 있다(동법 11조 2항). 지방의회의 의장은 ① 이의신청이 없는 경우 ② 이의신청에 따른 결정이 끝난 경우에 해당하는 경우로서 위의 요건에 적합한 경우에는 주민조례청구를 수리하고, 요건에 적합하지 아니한 경우에는 주민조례청구를 각하하여야 한다(동법 12조).

㈃ 주민조례청구안의 심사 절차　　　지방의회는 주민청구조례안이 수리된 날부터 1년 이내에 주민청구조례안을 의결하여야 한다. 다만, 필요한 경우에는 본회의 의결로 1년 이내의 범위에서 한 차례만 그 기간을 연장할 수 있다(동법 13조 1항). 지방의회는 심사 안건으로 부쳐진 주민청구조례안을 의결하기 전에 대표자를 회의에 참석시켜 그 청구의 취지(대표자와의 질의·답변을 포함한다)를 들을 수 있다(동조 2항). 「지방자치법」 제79조 단서에도 불구하고 주민청구조례안은 주민청구조례안을 수리한 당시의 지방의회의원의 임기가 끝나더라도 다음 지방의회의원의 임기까지는 의결되지 못한 것 때문에 폐기되지 아니한다(동조 3항). ④ 그 밖에 주민청구조례안의 심사 절차에 관하여 필요한 사항은 지방의회의 회의규칙으로 정한다(동조 4항).

㈄ **감사청구권**　　　지방자치단체의 18세 이상의 주민으로서 ① 해당 지방자치단체의 관할 구역에 주민등록이 되어 있는 사람 ② 「출입국관리법」 제10조에 따른 영주(永住)할 수 있는 체류자격 취득일 후 3년이 경과한 외국인으로서 같은 법 제34조에 따라 해당 지방자치단체의 외국인등록대상에 올라 있는 사람(「공직선거법」 제18조에 따른 선거권이 없는 사람은 제외함)은 시·도는 300명, 시·도시를 제외한 인구 20만 이상 대도시는 200명, 그 밖의 시·군·자치구는 150명 이내에서 그 지방자치단체의 조례로 정하는 수 이상의 18세 이상의 주민이 연대서명하여 그 지방자치단체와 그 장의 권한에 속하는 사무의 처리가 법령에 위반되거나 공익을 현저히 해친다고 인정되면 시·도의 경우에는 주무부장관에게, 시·군 및 자치구의 경우에는 시·도지사에게 감사를 청구할 수 있다(동법 21조 1항). 그러나 ① 수사 또는 재판에 관여하게 되는 사항, ② 개인의 사생활을 침해할 우려가 있는 사항, ③ 다른 기관에서 감사하였거나 감사 중인 사항, ④ 다음에서 볼 주민소송이 계속 중이거나 그 판결이 확정된 사항은 감사청구의 대상에서 제외되나, ③의 경우라도 새로운 사항이 발견되거나 중요사항이 감사에서 누락된 경우와 주민소송의 대상이 되는 경우에는 역시 감사

청구의 대상이 된다(동조 2항). 감사청구는 당해 사무처리가 있었던 날 또는 종료된 날로부터 3년을 경과하면 제기할 수 없다(동조 3항). 주민이 감사를 청구하려면 청구인의 대표자를 선정하여 청구인명부에 적어야 하며, 청구인의 대표자는 감사청구서를 작성하여 주무부장관 또는 시·도지사에게 제출하여야 한다(동조 4항). 주무부장관이나 시·도지사는 제1항에 따른 청구를 받으면 청구를 받은 날부터 5일 이내에 그 내용을 공표하여야 하며, 청구를 공표한 날부터 10일간 청구인명부나 그 사본을 공개된 장소에 갖추어 두어 열람할 수 있도록 하여야 한다(동조 5항). 청구인명부의 서명에 관하여 이의가 있는 사람은 열람기간에 해당 주무부장관이나 시·도지사에게 이의를 신청할 수 있다(동조 6항). 주무부장관이나 시·도지사는 법이 정한 요건을 갖춘 경우에는 청구를 수리하고, 그러하지 아니한 경우에는 청구를 각하하되, 수리 또는 각하 사실을 청구인의 대표자에게 알려야 한다(동조 8항). 주무부장관 또는 시·도지사는 감사청구를 수리한 날로부터 60일 이내에 감사청구된 사항에 대하여 감사를 종료하여야 하며, 그 기간 내에 감사를 종료하기 어려운 정당한 사유가 있는 때에는 그 기간을 연장할 수 있다(동조 9항). 주무부장관 또는 시·도지사는 주민이 감사청구를 한 사항이 다른 기관에서 이미 감사한 사항이거나 감사 중인 사항인 경우에는 그 기관에서 실시한 감사결과 또는 감사 중인 사실과 감사 종료 후 그 결과를 알리겠다는 사실을 청구인의 대표자에게 알려야 하고, 당해 기관에도 그 사실을 지체 없이 알려야 한다(동조 10항). 주무부장관 또는 시·도지사는 주민감사청구를 처리(각하를 포함)함에 있어서 청구인의 대표자에게 반드시 증거제출 및 의견진술의 기회를 부여하여야 한다(동조 11항). 주무부장관 또는 시·도지사는 당해 지방자치단체의 장에게 감사결과에 따라 기간을 정하여 필요한 조치를 요구할 수 있으며, 당해 지방자치단체의 장은 이를 성실히 이행하여야 하고 그 조치결과를 지방의회와 주무부장관 또는 시·도지사에게 보고하여야 한다(동조 12항). 주무부장관 또는 시·도지사는 위의 조치요구내용과 당해 지방자치단체의 장의 조치결과를 청구인의 대표자에게 서면으로 통지하고 이를 공표하여야 한다(동조 13항).

⒝ **주민소송제기권**　　　　주민은 지방자치단체의 위법한 재무회계행위를 시정하여 줄 것을 청구할 수 있는 주민소송제기권을 갖는다(동법 22조).[1]

---

1) 서울행법 2009. 5. 20. 선고 2008구합46149 판결: "지방자치법 시행령 제34조 제6항에 정한 '지역주민의 의견을 수렴할 수 있는 절차'란 단순히 형식적으로 지역주민들로부터 의견을 듣는 것만을 의미하는 것이 아니라 이를 넘어서, 지역주민들에게 의사결정에 필요한 충분한 정보가 주어진 상태에서 월정 수당 등의 금액에 대한 의견을 합리적으로 형성하여 민주적 절차에 따라 개진할 수 있도록 하는 일련의 절차와 과정을 포함하고 특히 지역주민들의 의견을 왜곡하여 반영하지 않도록 주민 의견 조사가 객관적이고 중립적인 입장에서 이루어질 것을 요한다. 결국 위 의견수렴절차가 지방자치제도 및 지방자치법시행령의 규정 취지에 부합하려면 월정수당 등의 금액 결정과 관련한 다양한 고려요소(지방자치법시행령 제33조에 정한 지역주민의 소득수준, 지방공무원 보수 인상률, 물가상승률 및 지방의회의 의정활동 실적 등의 요소)에 대한 정확하고 충분한 정보를 제공할 것, 가능한 한 많은 수의 지역주민들이 고르게 참여할 수 있는 기회를 부여할 것, 의견조사가 지역주민의 의사를 일정한 방향으로 유도하거나 왜곡하지 아니하도록 공정하고 중립적인 방식으로 이루어질 것 등이 전제되어야 한다." 그런데 "자

(ㄱ) 원고적격　　　　　　주민소송을 제기할 수 있는 있는 자는「지방자치법」제21조 제1항의 규
정에 의하여 공금의 지출에 관한 사항, 재산의 취득·관리·처분에 관한 사항, 당해 지방자치
단체를 당사자로 하는 매매·임차·도급 그 밖의 계약의 체결·이행에 관한 사항 또는 지방
세·사용료·수수료·과태료 등 공금의 부과·징수를 게을리 한 사항(재무회계사항)[1][2]을 감사
청구한 주민이다(지방자치법 22조 1항)[3][4]. 소송의 계속 중에 소송을 제기한 주민이 사망하거

치구 의회활동비심의위원회가 시행한 지역주민 의견 수렴절차는 충분한 정보가 제공되지 않는 상태에서 주민
의 의사를 왜곡하거나 편향되게 할 위험이 있는 방식으로 이루어져 지역주민 의견수렴절차의 실질적 요건을 충
족하지 못하였고, 월정수당 지급기준금액을 결정할 때 고려하여야 할 사항을 충분히 숙고하여 재량판단을 한 후
결정하였다고 볼 수 없어, 위 심의위원회의 '의원의 월정수당지급기준액 결정'이 지방자치법 시행령 제33조 제1
항 제3호, 제34조 제6항에 위배되어 위법하고, 이를 직접 원인으로 제정한 구의회의원의 의정활동비 등 지급에
관한 조례 역시 위법·무효이므로, 그 위법한 조례에 따라 이루어진 월정수당 지급행위는 법률상 원인이 없는 것
으로서 무효이다." 이 판결은 주민소송제도가 도입된 이래 주민측이 승소한 최초의 판결이다.

1) 대법 2015. 9. 10. 선고 2013두16746 판결 : 주민소송 제도는 주민으로 하여금 지방자치단체의 위법한 재무회계행
위의 방지 또는 시정을 구할 수 있도록 함으로써 지방재무회계에 관한 행정의 적법성을 확보하려는데 목적이 있
다. 그러므로 지방자치법 제17조 제1항, 제2항 제2호, 제3호 등에 따라 주민소송의 대상이 되는 '재산의 관리·처
분에 관한 사항'이나 '공금의 부과·징수를 게을리 한 사항'이란 지방자치단체의 소유에 속하는 재산의 가치를 유
지·보전 또는 실현함을 직접 목적으로 하는 행위 또는 그와 관련된 공금의 부과·징수를 게을리 한 행위를 말하고,
그 밖에 재무회계와 관련이 없는 행위는 그것이 지방자치단체의 재정에 어떤 영향을 미친다고 하더라고, 주민소
송의 대상이 되는 '재산의 관리·처분에 관한 사항' 또는 '공금의 부과·징수를 게을리 한 사항'에 해당하지 않는다.

2) 도로 지하공간에 대한 점용허가가 주민소송의 대상인 재산의 관리행위에 해당하느냐의 문제가 제기된 소송사
건에서 서울행정법원은 "지방자치법 제17조 제1항이 주민소송의 대상으로 정하고 있는 재산의 관리·처분에 관
한 사항에서 말하는 '재산'은 지방자치단체가 '보유'하는 '재산적 가치'가 있는 물건과 권리를 의미한다고 할 것
이고, 따라서 지방자치단체가 관리하더라도 그 소유가 아닌 재산의 관리·처분에 관한 사항은 원칙적으로 주민
소송의 대상이 될 수 없다"(2013. 7. 9. 선고 2012구합28797 판결)고 판시하였다. 이 사건에 대하여 대법원은 "주
민소송 제도는 지방자치단체의 재무행정의 적법성과 지방재정의 건전하고 적정한 운영을 확보하려는데 목적이
있다. 그러므로 주미소송은 원칙적으로 지방자치단체의 재무회계에 관한 사항의 처리를 직접 목적으로 하는 행
위에 대하여 제기할 수 있고, 지방자치법 제17조 제1항에거 주민소송의 대상으로 규정한 '재산의 취득·관리·처
분에 관한 사항'에 해당하는지도, 그 기준에 의거하여 판단하여야 한다. 특히 도로 등 공물이나 공공용물을 특정
사인이 배타적으로 사용하도록 하는 점용허가가 도로 등의 본래 기능 및 목적과 무관하게 그 사용가치를 실현·
활용하기 위한 것으로 평가되는 경우에는 주민소송의 대상이 되는 재산의 관리·처분에 해당한다"(2016. 5. 27
선고 2014두8490 판결)고 판시하여 원심인 서울행정법원으로 파기환송하였다. 이 사건에 대하여는 金鐘甫「도
로의 설치와 관리 그리고 점용허가」, 행정법원연구(행정법이론실무학회) 제54호, 213쪽 이하, 宣正源「도로점
용허가와 주민소송」, 행정판례연구(한국행정판례연구회) XXII-2 제1권, 125쪽 이하; 崔桂暎, 「주민소송의 대
상과 도로점용허가」, 법조 통권 제720호, 422쪽 이하 참조.

3) 대법 2020. 6. 25. 선고 2018두67251 판결: 주민감사청구가 지방자치법에서 정한 적법요건을 모두 갖추었음에
도, 감사기관이 해당 주민감사청구가 부적법하다고 오인하여 더 나아가 구체적인 조사·판단을 하지 않은 채 각
하하는 결정을 한 경우, 감사청구한 주민은 위법한 각하결정 자체를 별도의 항고소송으로 다툴 필요 없이, 지방
자치법이 규정한 다음 단계의 권리구제절차인 주민소송을 제기할 수 있다.

4) 대법원은 "주민감사청구가 '지방자치단체와 그 장의 권한에 속하는 사무의 처리'를 대상으로 하는 데 반하여, 주
민소송은 '그 감사청구한 사항과 관련이 있는 위법한 행위나 업무를 게을리한 사실'에 대하여 제기할 수 있는 것이
므로, 주민소송의 대상은 주민감사를 청구한 사항과 관련이 있는 것으로 충분하고, 주민감사를 청구한 사항과 반
드시 동일할 필요는 없다. 주민감사를 청구한 사항과 관련성이 있는지는 주민감사청구사항의 기초인 사회적 사
실관계와 기본적인 점에서 동일한지에 따라 결정되는 것이며 그로부터 파생되거나 후속하여 발생하는 행위나 사
실은 주민감사청구사항과 관련이 있다고 보아야 한다"라고 판시하고 있다(대법 2020. 7. 29. 선고 2017두63467 판

나 주민의 자격을 잃은 때에는 소송절차는 중단되는바(동조 6항), 감사청구에 연대서명한 다른 주민이 위의 사유가 발생한 사실을 안 날로부터 6월 이내에 소송절차를 수계(受繼)할 수 있다(동조 7항). 법원은 소송이 중단된 경우에는 감사청구에 연대서명한 다른 주민에게 소송절차 중단의 사유와 소송절차 수계(受繼)의 방법을 지체없이 통지하여야 한다(동조 8항).

(ㄴ) 피고적격　　　　감사청구한 사항과 관련 있는 위법한 행위나 해태사실에 대하여 권한이 있는 지방자치단체의 장 또는 당해 사항의 사무처리에 관한 권한을 위임받은 소속기관의 장이 피고가 된다(동조 1항).

(ㄷ) 소송의 대상　　　　주민소송의 대상은 ① 주무부장관 또는 시·도지사가 감사청구를 수리한 날부터 60일(동법 제21조 제9항 단서의 규정에 의하여 감사기간이 연기된 경우에는 연장기간이 종료된 날을 말한다)을 경과하여도 감사를 종료하지 아니한 경우, ② 동법 제21조 제9항 및 제10항의 규정에 의한 감사 결과 또는 동조 제12항의 규정에 의한 조치 요구에 불복하는 경우, ③ 동법 제21조 제12항의 규정에 의한 주무부장관 또는 시·도지사의 조치 요구를 지방자치단체의 장이 이행하지 아니한 경우, ④ 동법 제21조 제12항의 규정에 의한 지방자치단체의 장의 이행조치에 불복하는 경우 중 어느 하나에 해당하는 경우에 그 감사청구한 사항과 관련이 있는 위법한 행위나 업무를 게을리 한 사실(재무회계상의 위법한 행위 또는 부작위)이다[1][2] (동조 1항).

결). 제1심(수원지법 2017. 1. 16. 선고 2013구합9299 판결)과 원심(서울고법 2017. 9. 14. 선고 2017누35082 판결)은 '주민감사와 주민소송의 대상'간의 관계를 엄격하게 해석하고 있었다. 2017두63467 판결에 대한 평석으로 金大仁,「용인경전철주민소송 사건에 대한 고찰」, 행정판례연구(한국행정판례연구회 편) XXVI-1, 201쪽 이하가 있다.

1) 재무회계상의 행위 자체는 위법하지 아니하나 그 선행행위(비재무회계행위)가 위법한 경우에 선행행위의 위법성이 후행행위인 재무회계상의 행위에 승계되느냐의 문제가 있다. 대법 2011. 12. 22. 선고 2009두14309 판결은 "구 지방자치법 제13조의5 제1항에 규정된 주민소송의 대상인 공금의 지출에 관한 사항에는 지출원인행위에 선행하는 당해 지방자치단체의 장 및 직원, 지방의회의원의 결정 등과 같은 행위가 포함되지 아니하므로 그 선행행위에 위법사유가 존재하더라도 이는 주민소송의 대상이 되지 아니한다. 그러나 지출원인행위 등을 하는 행정기관이 선행행위의 행정기관과 동일하거나 선행행위에 대한 취소·정지권을 갖는 경우 지출원인행위 등을 하는 행정기관은 지방자치단체에 직접적으로 지출의무를 부담하게 하는 지출원인행위 단계에서 그 선행행위의 타당성 또는 재정상 합리성을 다시 심사할 의무가 있다는 점, 이러한 심사를 통하여 선행행위가 현저하게 합리성을 결하고 있다는 것을 확인하여 이를 시정할 수 있었음에도 그에 따른 지출원인행위 등을 그대로 진행하는 것은 부당한 공금의 지출이 되어 지방재정의 건전하고 적정한 운용에 반하는 점, 지출원인행위 자체에 고유한 위법이 있는 경우뿐만 아니라 선행행위에 간과할 수 없는 하자가 존재하고 있음에도 이에 따른 지출원인행위 등 단계에서의 심사 및 시정의무를 소홀히 한 경우에도 당해 지출원인행위를 위법하다고 보아야 하는 점 등에 비추어 보면, 선행행위가 현저하게 합리성을 결하여 그 때문에 지방재정의 적정성 확보의 견지에서 간과할 수 없는 하자가 존재하는 경우에는 지출원인행위의 단계에서 그 선행행위를 심사하여 이를 시정하여야 할 회계관계 법규상의 의무가 있다고 보아야 할 것이다. 따라서 이러한 하자를 간과하여 그대로 지출원인행위 및 그에 따른 지급명령 및 지출 등의 행위에 나아간 경우에는 그러한 지출원인행위 등 자체가 회계관계법규에 반하여 위법하다고 보아야 하고, 이러한 위법사유가 존재하는지 여부를 판단함에 있어서는 선행행위와 지출원인행위의 관계, 지출원인행위 당시 선행행위가 위법하여 직권으로 취소하여야 할 사정이 있었는지 여부, 지출원인행위 등을 한 당해 지방자치단체의 장 및 직원 등이 선행행위의 위법성을 명백히 인식하였거나 이를 인식할 만한 충분한 객관적인 사정이 존재하여 선행행위를 시정할 수 있었는지 여부 등을 종합적으로 고려하여야 한다"라고 하였다.

2) 앞에서 본 대법 2020. 7. 29. 선고 2017두63467 판결은 주민소송의 대상이 되는 재무회계행위의 위법의 범위에

(ㄹ) 청구가능한 소송　　　　주민소송으로 제기할 수 있는 소송은 ① 당해 행위(위법한 재무회계행위)를 계속할 경우 회복이 곤란한 손해를 발생시킬 우려가 있는 경우에는 당해 행위의 전부 또는 일부의 중지를 요구하는 소송(1호), ② 행정처분인 당해 행위의 취소 또는 변경을 요구하거나 효력의 유무 또는 존재 여부의 확인을 구하는 소송(2호), ③ 게을리한 사실의 위법확인을 구하는 소송(3호), ④ 당해 지방자치단체의 장 및 직원, 지방의회의원, 당해 행위와 관련이 있는 상대방에게 손해배상청구 또는 부당이득반환청구를 할 것을 요구하는 소송(4호)이다(동조 2항).[1] 다만, 제4호 소송은 당해 지방자치단체의 직원이 「회계관계직원 등의 책임에 관한 법률」 제4조의 규정에 의하여 변상책임을 져야 하는 경우에는 당해 변상명령을 할 것을 요구하는 소송을 말한다(동조 2항 4호 단서). 제1호의 중지청구소송은 당해 행위를 중지함으로써 생명 또는 신체에 대한 중대한 위해발생의 우려가 있거나 그 밖에 공공복리를 현저하게 저해할 우려가 있는 때에는 이를 제기할 수 없다(동조 3항).

(ㅁ) 출소기간　　　　출소기간은, 제1호 소송의 경우에는 당해 60일이 종료된 날[2]부터, 제2호 소송의 경우에는 당해 감사 결과 또는 조치 요구 내용에 대한 통지를 받은 날부터, 제3호 소송의 경우에는 당해 조치 요구를 할 때에 지정한 처리기간이 만료된 날부터, 제4호 소송의 경우에는 당해 이행 조치 결과에 대한 통지를 받은 날부터 각각 90일 이내이다(동조 4항).

(ㅂ) 별소의 금지　　　　주민소송이 계속 중인 때에는 다른 주민은 동일한 사항에 대하여 별도의 소송을 제기할 수 없다(동조 5항).

(ㅅ) 관할법원　　　　주민소송은 당해 지방자치단체의 사무소 소재지를 관할하는 행정법원[3]의 관할로 한다(동조 9항).

대하여 "이 사건 실시협약 체결행위와 관련이 있는 모든 적극적·소극적 행위들을 확정하고 거기에 법령 위반 등의 잘못이 있는지 여부를 구체적으로 따져 본 다음 전체적으로 보아 그 위법 여부를 판단하여야 한다"고 판시하였다. 제1심과 원심은 소외인들의 행위들을 개별적으로 나누어 각각 민사상 불법행위에 해당하는지 여부와 그로 인하여 손해가 발생하였는지 여부 등을 판단하였다.

1) 대법 2020. 7. 29. 선고 2017두63467 판결: 지방자치법 제17조 제2항 제1호부터 제3호까지의 주민소송은 해당 지방자치단체의 장을 상대방으로 하여 위법한 재무회계행위의 방지, 시정 또는 확인 등을 직접적으로 구하는 것인 데 반하여, 제4호 주민소송은 감사청구한 사항과 관련이 있는 위법한 행위나 업무를 게을리한 사실에 대하여 지방자치단체의 장 및 직원, 지방의회의원, 해당 행위와 관련이 있는 상대방(이하 '상대방'이라 통칭한다)에게 손해배상청구, 부당이득반환청구, 변상명령 등을 할 것을 요구하는 소송이다. 따라서 제4호 주민소송 판결이 확정되면 지방자치단체의 장인 피고는 상대방에 대하여 판결에 따라 결정된 손해배상금이나 부당이득반환금의 지불 등을 청구할 의무가 있으므로, 제4호 주민소송을 제기하는 자는 상대방, 재무회계행위의 내용, 감사청구와의 관련성, 상대방에게 요구할 손해배상금 내지 부당이득금 등을 특정하여야 한다.

2) 주무부장관 또는 시·도지사가 감사청구를 수리한 날부터 60일이 종료된 날이며, 동법 제21조 제9항 단서의 규정에 의하여 감사기간이 연장된 경우에는 연장기간이 종료된 날을 말한다.

3) 행정법원이 설치되지 아니한 지역의 경우에는 행정법원의 권한에 속하는 사건을 관할하는 지방법원 본원을 말한다.

(ㅇ) 소송고지신청　　　　당해 지방자치단체의 장은 제1호 소송 내지 제3호 소송이 제기되어 그 결과에 따라 권리 또는 이익의 침해를 받을 제3자가 있는 경우에는 그 제3자에 대하여, 제4호 소송이 제기된 경우에는 당해 직원·지방의회 의원 또는 상대방에 대하여 소송고지를 하여 줄 것을 법원에 신청하여야 한다(동조 10항). 제4호 소송이 제기된 경우에 지방자치단체의 장이 한 소송고지신청은 당해 소송에 관한 손해배상 또는 부당이득반환청구권의 시효중단에 관하여 「민법」 제168조 제1호의 규정에 의한 청구로 본다(동조 11항). 위의 시효중단의 효력은 그 소송이 종료된 날부터 6월 이내에 재판상 청구, 파산절차참가, 압류 또는 가압류, 가처분을 하지 아니하면 그 효력이 생기지 아니한다(동조 12항).

(ㅈ) 소송참가　　　　국가, 상급 지방자치단체 및 감사청구에 연대서명한 다른 주민과 위의 소송고지를 받은 자는 법원에 계속 중인 소송에 참가할 수 있다(동조 13항).

(ㅊ) 소취하·화해·청구포기의 금지　　　　주민소송에 있어서 당사자는 법원의 허가를 얻지 아니하고는 소의 취하, 소송의 화해 또는 청구의 포기를 할 수 없다(동조 14항). 이 경우 법원은 허가하기 이전에 감사청구에 연대 서명한 다른 주민에게 이를 통지하여야 하며, 통지한 때로부터 1월 이내에 허가 여부를 결정한다(동조 15항).

(ㅋ) 소　　가　　　　주민소송은 「민사소송 등 인지법」 제2조 제4항의 규정에 의한 소송의 비재산권을 목적으로 하는 소송으로 본다(동조 16항).

(ㅌ) 소송비용 등　　　　소송을 제기한 주민은 승소(일부승소를 포함한다)한 경우 당해 지방자치단체에 대하여 변호사 보수 등의 소송비용, 감사 청구절차의 진행 등을 위하여 소요된 여비 그 밖에 실비의 보상을 청구할 수 있으며, 이 경우 당해 지방자치단체는 청구된 금액의 범위 안에서 당해 소송을 진행하는 데 객관적으로 소요된 것으로 인정되는 금액을 지급하여야 한다(동조 17항).

(ㅍ) 행정소송법의 준용　　　　주민소송에 관하여 이 법에 규정된 것을 제외하고는 「행정소송법」에 의한다(동조 18항).

(ㅎ) 손해배상 등의 지급청구 등　　　　지방자치단체의 장(해당 사항의 사무처리에 관한 권한을 소속 기관의 장에게 위임한 경우에는 그 소속 기관)은 제4호 소송에 대하여 손해배상 또는 부당이득반환의 청구를 명하는 판결이 확정된 날부터 60일 이내를 기한으로 하여 해당 당사자에게 그 판결에 의하여 결정된 손해배상금 또는 부당이득반환금의 지급을 청구하여야 한다. 다만, 손해배상금 또는 부당이득반환금을 지급하여야 할 당사자가 지방자치단체의 장인 경우에는 당해 지방의회 의장이 그 지급을 청구하여야 한다(동법 23조 1항). 지방자치단체는 위의 지급청구를 받은 자가 정하여진 기한까지 손해배상금 또는 부당이득반환금을 지급하지 아니한 때에는 손해배상·부당이득반환의 청구를 목적으로 하는 소송을 제기하

여야 하며,[1] 이 경우 그 소송의 상대방이 지방자치단체의 장인 경우에는 당해 지방의회 의장이 당해 지방자치단체를 대표한다(동조 2항). 지방자치단체의 장은 제4호 소송 중 단서의 규정에 따른 소송에 대하여 변상명령을 명하는 판결이 확정된 때에는 당해 판결이 확정된 날부터 60일 이내를 기한으로 하여 해당 당사자에게 그 판결에 따라 결정된 금액의 변상명령을 하여야 한다(동법 24조 1항). 변상명령을 받은 자가 정하여진 기한 내에 변상금을 지급하지 아니한 때에는 지방세 체납처분의 예에 따라 이를 징수할 수 있다(동조 2항). 변상명령을 받은 자는 이에 불복하는 경우 행정소송을 제기할 수 있으나, 「행정심판법」에 의한 행정심판청구는 제기할 수 없다(동조 3항)[2].

(사) **주민소환권**　　　　주민은 당해 지방자치단체의 장 및 지방의회의원(비례대표 지방의회의원을 제외한다)을 소환할 권리를 가진다(동법 25조 1항). 주민소환의 투표 청구권자·청구요건·절차 및 효력 등에 관하여는 따로 법률로 정하도록 되어 있고(동조 2항), 이에 의하여 「주민소환에 관한 법률」이 제정되었다.

(ㄱ) 주민소환투표청구권자　　　　주민소환투표청구권을 가진 자는 「공직선거법」 제18조의 규정에 의하여 선거권이 있는 자 중 19세 이상의 주민으로서 당해 지방자치단체 관할구역에 주민등록이 되어 있는 자, 19세 이상의 외국인으로서 「출입국관리법」 제10조의 규정에 따른 영주의 체류자격 취득일 후 3년이 경과한 자 중 같은 법 제34조의 규정에 따라 당해 지방자치단체 관할구역의 외국인등록대장에 등재된 자이다(주민소환에 관한 법률 3조 1항).

(ㄴ) 주민소환투표의 청구　　　　주민소환투표청구권자는 해당 지방자치단체의 장 및 지방의회의원에 대하여 법정 수에 해당하는 주민의 서명으로 그 소환사유를 서면에 구체적으로 명시하여 관할 선거관리위원회에 주민소환투표의 실시를 청구할 수 있다(동법 7조). 다

---

1) 대법 2020. 7. 29. 선고 2017두63467 판결: 지방자치단체의 장은 제4호 주민소송에 따라 손해배상청구나 부당이득반환청구를 명하는 판결 또는 회계관계직원 책임법에 따른 변상명령을 명하는 판결이 확정되면 위법한 재무회계행위와 관련이 있는 상대방에게 손해배상금이나 부당이득반환금을 청구하여야 하거나 변상명령을 할 수 있다(지방자치법 제17조 제2항 제4호, 제18조 제1항, 회계직원책임법 제6조 제1항). 그리고 이에 더 나아가 상대방이 손해배상금 등의 지급을 이행하지 않으면 지방자치단체의 장은 손해배상금 등을 청구하는 소송을 제기하여야 한다(지방자치법 제18조 제2항). 이때 상대방인 지방자치단체의 장이나 공무원은 국가배상법 제2조 제2항, 회계직원책임법 제4조 제1항의 각 규정 내용 및 취지 등에 비추어 볼 때, 그 위법행위에 대하여 고의 또는 중대한 과실이 있는 경우에 제4호 주민소송의 손해배상책임을 부담하는 것으로 보아야 한다.

2) 현행 지방자치법상 주민소송의 활용을 제약하는 요인으로 ① 주민소송을 위해서는 반드시 주민감사청구를 거쳐야 한다는 점, ② 주민감사청구는 사무처리가 있었던 날이나 끝난 날부터 2년이 지나면 제기할 수 없도록 하여 주민소송 역시 사실상 제소기간이 2년으로 제한되어 있다는 점, ③ 지방자치단체에 손해를 끼친 지방자치단체장이나 지방의원, 공무원, 업자 등에 대해 직접 손해배상청구소송을 제기하지 못하고 손해배상청구를 요구하는 판결을 구하는 간접소송형태만을 인정하고 있다는 점 등이 지적되고 있다(文尙德, 「지방자치쟁송과 민주주의」, 지방자치법연구(한국지방자치법학회) 제10권 제2호, 40쪽 이하 참조).

만, 공직자의 임기개시일부터 1년이 경과하지 아니한 때, 공직자의 임기만료일부터 1년 미만일 때, 공직자에 대한 주민소환투표를 실시한 날부터 1년 이내인 때에는 청구가 제한된다(동법 8조). 「제주특별자치도 설치 및 국제자유도시 조성을 위한 특별법」은 청구 및 청구제한에 관하여 특칙을 두고 있다(31조).

(ㄷ) 주민소환투표의 발의　　　관할 선거관리위원회는 주민소환투표청구가 적법하다고 인정하는 경우[1]에는 지체없이 그 요지를 공표하고, 소환청구인대표자 및 투표대상자에게 그 사실을 통지하여야 한다(주민소환에 관한 법률 12조 1항). 관할 선거관리위원회는 투표대상자에 대한 주민소환투표를 발의하고자 하는 때에는 투표대상자의 소명요지 또는 소명서 제출기간이 경과한 날부터 7일 이내에 주민소환투표일과 주민소환투표안(소환청구서 요지 포함)을 공고하여 주민소환투표를 발의하여야 한다(동조 2항).

(ㄹ) 주민소환투표의 실시　　　주민소환투표일은 위 공고일부터 20일 **이상** 30일 이하의 범위 안에서 관할 선거관리위원회가 **정한다**(동법 13조 1항 본문). 주민소환투표는 찬성 또는 반대를 선택하는 형식으로 실시한다(동법 15조 1항).

(ㅁ) 주민소환투표의 효력　　　투표대상자는 주민소환투표안을 공고한 때부터 주민소환투표결과를 공표할 때까지 그 권한행사가 정지된다(동법 21조 1항). 주민소환은 **주민소환투표권자** 총수의 3분의 1 이상의 투표와 유효투표 총수 과반수의 찬성으로 확정된다(동법 22조 1항). 주민소환이 확정된 때에는 주민소환투표대상자는 그 결과가 공표된 시점부터 그 직을 상실한다(동법 23조 1항).

(ㅂ) 주민소환투표에 대한 불복　　　주민소환투표의 효력에 관하여 이의가 있는 해당 주민소환투표대상자 또는 주민소환투표권자는 주민소환투표결과가 공표된 날부터 14일 이내에 관할 선거관리위원회 위원장을 피소청인으로 하여, 의회의원과 시장·군수·자치구 구청장이 대상인 경우에는 특별시·광역시·도선거관리위원회에, 시·도지사가 대상인 경우에는 중앙선거관리위원회에 소청할 수 있다(동법 24조 1항). 소청에 대한 결정에 관하여 불복이 있는 소청인은 관할 선거관리위원회 위원장을 피고로 하여 그 결정서를 받은 날부터 10일 이내에, 의회의원과 시장·군수·자치구 구청장이 대상인 경우에는 그 선거구를 관할하는 고등법원에, 시·도지사가 대상인 경우에는 대법원에 제소할 수 있다(동조 2항).

(ㅅ) **의사결정참여권**　　　주민은 이 외에도 법령이 정하는 바에 의하여 지방자치단체의

---

1) 수원지법 2007. 9. 13. 선고 2007구합7360 판결은 주민소환투표청구에 대하여 선거관리위원회가 하는 수리결정을 투표청구요건 심사·결정 단계와 주민소환투표의 실시 단계의 2단계로 구성되는 주민소환투표절차의 전단계를 실질적으로 마무리하는 행위로서 항고소송의 대상이 되는 행정처분에 해당한다고 하였고, 주민소환에 관한 법률 제7조 제1항의 요건을 갖추지 못한 주민소환투표청구를 수리한 관할 선거관리위원회의 처분의 흠은 중대하나 일견 명백하다고 할 수 없다는 이유로 당연 무효라고 할 수 없고 취소할 수 있는 처분에 해당한다 하였다.

의사결정에 참여할 권리를 갖는다.

(ㄱ) 행정절차에 참여할 권리　　주민은 각종 개별 행정법규에 의하여 열람·의견청취 등 행정절차에 참여할 권리가 보장되고 있을 뿐만 아니라 이와 같은 개별법이 없는 경우에도 「행정절차법」에 의하여 행정절차(처분절차·신고절차·행정상 입법예고절차·행정예고절차·행정 지도절차)에 참여할 권리가 보장되어 있다. 행정절차조례가 제정되어 있는 지방자치단체에 서는 주민은 「행정절차법」 외에 행정절차조례에 의하여 지방자치단체의 행정과정에 참여 할 권리를 갖는다.

(ㄴ) 청 원 권　　주민은 지방의회에 대한 청원권을 갖는다(지방자치법 73조 이하). 지방의 회의 의장이 청원서를 접수한 때에는 이를 소관 위원회 또는 본회의에 회부하여 심사를 하게 한다(동법 75조 1항). 지방의회가 채택한 청원으로서 그 지방자치단체의 장이 처리함 이 타당하다고 인정되는 청원은 의견서를 첨부하여 지방자치단체의 장에게 이송하며, 이 를 받은 지방자치단체의 장은 청원을 처리하고[1] 그 처리결과를 지체없이 지방의회에 보 고하여야 한다(동법 76조).

(2) 주민의 의무

지방자치단체의 주민은 수익권 등 권리를 갖고 있는 반면 법령이 정하는 바에 따라 주민으로 서 일정한 의무를 진다.

1) 비용부담의무

주민은 법령이 정하는 바에 따라 그 소속 지방자치단체의 비용을 분담하는 의무를 진다(동법 27조). 주민이 분담하는 비용에는 ① 지방세, ② 공공시설의 이용료 또는 재산의 사용료, ③ 개인 을 위한 사무처리에 대한 대가로서의 수수료, ④ 지방자치단체의 재산 또는 공공시설로 인하여 주민의 일부가 특히 이익을 받은 때 그 이익을 받은 범위에서 부담하게 되는 분담금 등이 있다(동 법 152조 내지 155조).[2]

2) 기타의 의무

주민은 그 밖에 개별 행정법령 또는 조례 등이 정하는 바에 따라 작위·부작위·급부·수인의 의무를 진다.

---

1) 청원에 대한 처리결과 통보는 그로써 권리를 부여 또는 제한하거나 의무를 부담시키는 것이 아니어서 항고소송 의 대상이 되지 아니한다는 것이 판례(대법 1984. 5. 22. 선고 83누485 판결, 대법 1991. 8. 9. 선고 91누4195 판결 등)이다.

2) 대법원은 "법인도 해당 지방자치단체의 구역 안에 주된 사무소 또는 본점을 두고 있지 않더라도 사업소를 두고 있다면 분담금 납부 의무자인 주민에 해당한다"고 판시하고 있다(대법 2021. 4. 29. 선고 2016두45240 판결).

V. 지방자치단체의 사무

1. 사무배분론

(1) 자치사무와 위임사무

지방자치단체는 그 관할구역의 자치사무와 법령에 의하여 지방자치단체에 속하는 사무를 처리한다(지방자치법 13조 1항). 법령에 의하여 지방자치단체에 속하는 사무가 위임사무이다. 그리고 여기서 말하는 위임사무는 지방자치단체 자체에 위임된 사무인 단체위임사무만을 의미하며, 지방자치단체의 장, 기타의 기관에 위임된 이른바 기관위임사무를 포함하지 아니한다. 왜냐하면 지방자치단체의 장, 기타의 기관은 기관위임사무를 처리하는 범위 안에서는 지방자치단체의 기관이 아니라 그 사무를 위임한 국가 등의 기관의 지위에 서 있는 것이므로 기관위임사무는 지방자치단체의 사무가 아니기 때문이다.

1) 자치사무와 단체위임사무의 구별

자치사무(고유사무)는 주민의 복리에 관한 사무(헌법 117조 1항) 등 지방자치단체의 존립목적에 속하는 공공사무이다. 이에 반하여 단체위임사무는 법령에 의하여 국가 또는 다른 지방자치단체가 당해 지방자치단체에 그 처리를 위임한 사무이다.[1]

양자의 이동(異同)은 다음과 같다. 먼저 다른 점은 ① 자치사무는 당해 지방자치단체에 이해관계가 있는 사무이며 따라서 사무처리의 경비는, 사무의 귀속주체와 비용의 부담주체는 결부되어야 한다는 이른바 견련성(牽聯性)의 원칙에 따라, 당해 지방자치단체가 전액 부담하는 것이 원칙임(지방자치법 158조 본문, 지방재정법 20조)에 반하여, 단체위임사무에 있어서는 사무를 위임한 국가 또는 다른 지방자치단체가 사무처리의 경비를 부담하는 것이 원칙이라는 점(지방자치법 158조 단서, 지방재정법 21조),[2][3] ② 자치사무에 대한 국가나 상급 지방자치단체의 감독은 원칙적으로

---

1) 「지방자치법」 제9조 제2항이 지방자치단체의 사무를 예시하고 있는 것이 자치사무를 예시한 것인가, 자치사무와 단체위임사무를 동시에 예시한 것인가 문제된다. 문리해석으로만 보면 「지방자치법」 제13조 제2항은 "제1항의 규정에 의한 지방자치단체의 사무"를 예시한다고 규정하고 제1항에는 자치사무와 위임사무를 동시에 규정하고 있기 때문에 예시된 사무는 자치사무만이 아니고 단체위임사무도 포함하고 있는 것이라고 보인다. 그러나 단체위임사무는 법령의 규정에 의하여 비로소 지방자치단체에 속하게 되는 사무를 말하는 것이므로 개별법의 규정에 앞서 단체위임사무를 예시하는 것은 의미가 없다는 점에서 예시된 사무는 자치사무만이라는 견해도 유력하다(吳振煥, 「조례의 무효와 그 조례에 근거한 행정처분의 당연무효 여부」, 특별법연구(특별소송실무연구회) 제5권, 1997, 145쪽).

2) 단체위임사무의 비용부담에 관하여는 견해가 나뉜다. 국가부담설이 다수설이지만, 지방재정법 제21조 제1항을 근거로 이해관계의 정도에 따라 국가와 지방자치단체가 그 경비를 분담하는 것이 타당하다는 분담설이 있다(劉尙炫, 한국행정법(하), 96쪽). 「지방재정법」 제21조 제1항과 제2항은 차이가 있다. 즉 제1항은 지방자치단체 또는 그 기관이 법령에 의하여 처리하여야 할 사무로서 국가와 지방자치단체 상호 간에 이해관계가 있는 경우에 그 원활한 사무처리를 위하여 국가에서 부담하지 아니하면 아니 되는 경비는 국가가 그 전부 또는 일부를 부담함에 반하여, 제2항은 국가가 스스로 행하여야 할 사무를 지방자치단체 또는 그 기관에 위임하여 수행하는 경우에, 그 소요되는 경비는 국가가 그 전부를 당해 지방자치단체에 교부하여야 한다.

3) 지방공무원이 단체위임사무를 집행함에 당하여 고의 또는 과실로 법령에 위반하여 타인에게 손해를 가한 경우

배제되며, 허용되는 경우에도 법령에 별도의 규정이 없는 한 합법성감독이나 사후감독이 원칙임에 반하여, 단체위임사무에 대한 국가나 상급지방자치단체의 감독은 자치사무보다 광범하며 합목적성감독 중 사후감독도 가능하다는 점 등[1]이다.

양자의 같은 점은 ① 지방의회의 의결·동의·사무감사·회계감사 등 관여를 받게 된다는 점, ② 조례를 제정하여 규율할 수 있다는 점 등이다.

2) 자치사무와 기관위임사무의 구별

(가) 기관위임사무의 근거 「지방자치법」은 제115조에서 "시·도와 시·군 및 자치구에서 시행하는 국가사무는 시·도지사와 시장·군수 및 자치구의 구청장에게 위임하여 수행하는 것을 원칙으로 한다"라고 규정하고, 제117조 제2항에서 "지방자치단체의 장은 조례나 규칙으로 정하는 바에 따라 그 권한에 속하는 사무의 일부를 관할 지방자치단체나 공공단체 또는 그 기관(사무소·출장소를 포함한다)에 위임하거나 위탁할 수 있다"라고 규정하고 있다. 또한 「정부조직법」 제6조 제1항도 "행정기관은 법령이 정하는 바에 따라 그 소관사무의 일부를 보조기관 또는 하급행정기관에 위임하거나 다른 행정기관·지방자치단체 또는 그 기관에 위탁 또는 위임할 수 있다. 이 경우 위임 또는 위탁을 받은 기관은 특히 필요한 때에는 법령이 정하는 바에 따라 위임 또는 위탁을 받은 사무의 일부를 보조기관 또는 는 하급행정기관에 재위임할 수 있다"라고 하여 기관위임사무의 근거를 마련하고 있다.

(나) 자치사무와 기관위임사무의 차이점 자치사무와 기관위임사무는 다음과 같은 차이가 있다.

(ㄱ) 사무의 성질 자치사무는 지방자치단체 자체의 사무임에 반하여 기관위임사무는 국가 등의 사무이다. 시·도지사가 국가사무를 위임받아 처리하는 경우 시·도지사는 국가의 일선 행정기관의 지위에 있다. 따라서 시·도지사가 기관위임사무를 시장·군수 및 자치구의 구청장에게 재위임한 경우(정부조직법 6조 1항 후단) 시장·군수·구청장은 국가위임사무에 대한 시·도지사의 하급행정기관에 해당하게 된다.

에 지방자치단체가 배상책임을 지는 외에 국가도 배상책임을 지는가가 문제가 된다. 두 가지로 나누어 보아야 한다. 그 첫째는 단체위임사무도 그 실체가 국가사무 또는 다른 지방자치단체의 사무의 성질을 가지므로 국가 또는 다른 지방자치단체가 사무의 귀속주체로서 배상책임을 지는가의 문제이고, 그 둘째는 국가 또는 다른 지방자치단체가 비용부담자로서 배상책임을 지는가의 문제이다. 첫째의 문제에 대하여는 아직 긍정하는 견해가 없다. 그러나 둘째 문제에 대하여는 국가 등이 부담하는 보조금 교부는 비용부담으로 보아야 한다는 입장에서 이를 긍정하는 견해가 있다. 李載哲, 「국가와 지방자치단체간의 배상책임의 교착—국가배상법 제6조를 중심으로—」, 사법논집 제24집, 478쪽 이하; 吳振煥, 위의 글, 152~153쪽.

1) 합목적성감독 중 사전감독과 사후감독으로 나누지 아니하는 견해도 있다(金南辰·金連泰, 행정법 Ⅱ, 101쪽 이하; 金東熙, 행정법 Ⅱ, 70쪽). 학자에 따라서는 단체위임사무에 대하여는 자치사무와 마찬가지로 합목적성감독을 허용하지 아니하는 견해도 있다(金重權, 「지방자치법상 단체위임사무제도의 재인식에 관한 소고」, 고시연구 2005년 9월호, 15쪽 참조).

(ㄴ) 감독의 정도　　　　자치사무는 지방자치단체 자체의 사무이므로 그에 대한 국가의 감독은 위법한 경우에 한한다(지방자치법 188조 5항). 이에 반하여 기관위임사무는 수임기관이 국가 등의 일선 행정기관의 지위에서 처리하는 사무이므로 그에 대한 국가 등의 감독은 위법한 경우(합법성감독)뿐만 아니라 부당한 경우(합목적성감독)에도 발동될 수 있다(동법 1항).

(ㄷ) 경비부담　　　　자치사무는 지방자치단체 자체의 사무이므로 사무처리에 필요한 경비는 당해 지방자치단체가 부담하는 것이 원칙이다(지방자치법 158조 본문, 지방재정법 20조). 이에 대하여 기관위임사무는 국가 등의 사무이므로, 사무처리에 필요한 경비는 국가 등이 부담한다(지방자치법 158조 단서, 지방재정법 21조 2항).

(ㄹ) 지방의회의 관여　　　　자치사무는 지방자치단체 자체의 사무이므로 원칙적으로 지방의회의 의결·동의·사무감사·회계감사 등 관여를 받게 된다. 그러나 기관위임사무는 국가 등의 사무이므로, 원칙적으로 기관위임사무에 대하여 지방의회는 의결·동의·사무감사·회계감사 등으로 관여할 수 없다. 다만 「지방자치법」은 기관위임사무에 대하여도 국회 등이 직접 감사하기로 한 사무를 제외하고 지방의회가 감사를 행할 수 있도록 하고 있다(지방자치법 49조 3항).

(ㅁ) 조례제정권　　　　자치사무는 지방자치단체 자체의 **사무이므로 이에 대하여는** 지방자치단체는 조례를 제정하여 이를 규율할 수 있다. 그러나 기관위임사무는 국가 등의 사무이므로, 법령에 의하여 특별히 위임받은 경우를 제외하고는, 지방자치단체는 조례로 이를 규율할 수 없으며 이에 관하여 조례를 제정하여도 그것은 무효이다. 판례도 "서울특별시장이 건설교통부장관으로부터 위임받은 관리처분계획의 인가 등 처분권한을 행정권한의 위임 및 위탁에 관한 규정 제4조에 의거하여 규칙을 제정하여 구청장에게 재위임하지 아니하고 서울특별시행정권한위임조례 제5조 제1항 [별표]에 의하여 구청장에게 재위임하였다면 그 처분권한의 재위임에 관한 부분은 조례제정권의 범위를 벗어난 국가사무(기관위임사무)를 대상으로 한 것이어서 무효"라고 판시하고 있다(대법 1995. 8. 22. 선고 94누5694 판결).

(ㅂ) 행정소송　　　　지방자치단체장의 자치사무의 처리에 관하여는 국가는 지방자치단체장을 상대로 취소소송을 제기할 수 있다. 그러나 지방자치단체장의 기관위임사무의 처리에 관하여는 국가는 지방자치단체장을 상대로 취소소송을 제기하는 것이 허용되지 아니한다.[1]

---

1) 대법 2007. 9. 20. 선고 2005두6935 판결 : 건설교통부장관은 지방자치단체의 장이 기관위임사무인 국토이용계획사무를 처리함에 있어 자신과 의견이 다를 경우 행정협의조정위원회에 협의·조정 신청을 하여 그 협의·조정 결정에 따라 의견불일치를 해소할 수 있고, 법원에 의한 판결을 받지 않고서도 행정권한의 위임 및 위탁에 관한 규정이나 구 지방자치법에서 정하고 있는 지도·감독을 통하여 직접 지방자치단체의 장의 사무처리에 대하여 시

(ㅂ) 배상책임　　　　자치사무는 지방자치단체 자체의 사무이므로 자치사무로 인한 배상책임은 궁극적으로 지방자치단체가 진다. 그러나 기관위임사무는 국가 등의 사무이므로 위임사무로 인한 배상책임은 궁극적으로 위임한 국가 등이 진다.

(ㄷ) **기관위임사무 여부의 기준**　　　　법령상 지방자치단체의 장이 처리하도록 규정하고 있는 사무가 기관위임사무에 해당하는지 여부는 법령의 규정형식[1]과 취지를 우선 고려하여야 하고, 사무의 성질이 전국적으로 통일적인 처리가 요구되는 사무인지 여부 및 그에 관한 경비부담과 최종적인 책임귀속의 주체 등도 아울러 고려하여 판단하여야 한다(대법 1999. 9. 17. 선고 99추30 판결 등).

(2) 사무배분

1) 국가와 지방자치단체간의 사무배분

(가) **사무배분의 기준**　　　　국가와 지방자치단체간의 사무배분 기준은 헌법상의 기준과 법률상의 기준으로 나눌 수 있다.

(ㄱ) 헌법상 기준　　　　「헌법」제117조 제1항은 '주민의 복리에 관한 사무'가 지방자치단체의 사무임을 밝히고 있다. 이 '주민의 복리에 관한 사무'인가의 여부가 국가와 지방자치단체간의 사무배분에 관한 헌법상의 기준이다.

(ㄴ) 법령상 기준　　　　첫째 기준은 중복금지의 원칙이다. 「지방자치법」은 사무배분의 원칙으로 "국가는 지방자치단체가 사무를 종합적·자율적으로 수행할 수 있도록 국가와 지방자치단체 간 또는 지방자치단체 상호 간의 사무를 주민의 편익증진, 집행의 효과 등을 고려하여 서로 중복되지 아니하도록 배분하여야 한다"(11조 1항)라고 규정하고 있다.

둘째 기준은 개별 법률의 규정형식과 취지이다. 「지방자치법」제13조는 제1항에서 "지방자치단체는 그 관할 구역의 자치사무와 법령에 따라 지방자치단체에 속하는 사무를 처리한다"라고 규정하고, 제2항에서 지방자치단체의 사무로서 7개 분야 61종을 예시하고 있으나, 제2항 단서에서 "법률에 이와 다른 규정이 있으면 그러하지 아니하다"라고 규정하여 예시된 지방자치단체의 사무라 하더라도 법률에 의하여 국가의 사무로 정할 수 있도

정명령을 발하고 그 사무처리를 취소 또는 정지할 수 있으며, 지방자치단체의 장에게 기간을 정하여 직무이행명령을 하고 지방자치단체의 장이 이를 이행하지 아니할 때에는 직접 필요한 조치를 할 수 있으므로, 국가가 지방자치단체의 장의 기관위임사무의 처리에 관하여 지방자치단체의 장을 상대로 취소소송을 제기하는 것은 허용되지 않는다.

1) 법령상 기관위임사무의 규정방식은 법률에서 어떤 사무를 중앙부처의 장관 권한으로 규정하고, 그 법률의 다른 조문에서 장관의 권한을 대통령령이 정하는 바에 따라 지방자치단체의 장에게 위임할 수 있다고 규정한 후 대통령령에서 법 제몇조 제몇항의 규정에 의한 장관의 권한을 시장·군수·구청장에게 위임한다는 규정방식을 취하고 있다(법제 2010년 4월호, 24쪽).

록 예외를 인정하고 있다. 또한 동법 제15조도 본문에서 지방자치단체가 처리할 수 없는 국가사무를 열거하면서도, 단서에서 국가사무로 구분된 것이라 하더라도 법률에 의하여 지방자치단체의 사무로 정할 수 있도록 예외를 인정하고 있다.

셋째 기준은 보충성의 원칙[1]이다. 「지방자치법」은 국가가 사무를 배분하는 경우 "지역주민생활과 밀접한 관련이 있는 사무는 원칙적으로 시·군 및 자치구의 사무로, 시·군 및 자치구가 처리하기 어려운 사무는 시·도의 사무로, 시·도가 처리하기 어려운 사무는 국가의 사무로 각각 배분하여야 한다"라고 하고(동법 11조 2항), 동시에 "국가가 지방자치단체에 사무를 배분하거나 지방자치단체가 사무를 다른 지방자치단체에 재배분할 때에는 사무를 배분받거나 재배분받는 지방자치단체가 그 사무를 자기의 책임하에 종합적으로 처리할 수 있도록 관련 사무를 포괄적으로 배분하여야 한다"라고 규정하고 있다(동조 3항). 이어서 「지방자치법」은 지방자치단체의 사무를 예시하여 열거하고(동법 13조 2항), 지방자치단체가 처리할 수 있는 국가사무를 다음과 같이 열거하고 있다. 즉, 개별 법률에서 별도로 정하고 있지 아니하는 한, "① 외교, 국방[2], 사법(司法), 국세 등 국가의 존립에 필요한 사무, ② 물가정책, 금융정책, 수출입정책 등 전국적으로 통일적 처리를 요하는 사무, ③ 농산물·임산물·축산물·수산물 및 양곡의 수급조절과 수출입 등 전국적 규모의 사무, ④ 국가종합경제개발계획, 국가하천[3], 국유림, 국토종합개발계획, 지정항만, 고속도로·일반국도, 국립공원 등 전국적 규모나 이와 비슷한 규모의 사무, ⑤ 근로기준, 측량단위 등 전국적으로 기준을 통일하고 조정하여야 할 필요가 있는 사무, ⑥ 우편, 철도 등 전국적 규모나 이와 비슷한 규모의 사무, ⑦ 고도의 기술이 필요한 검사·시험·연구, 항공관리, 기상행정, 원자력개발 등 지방자치단체의 기술 및 재정능력으로 감당하기 어려운 사무(동법 15조)이다. 위에 열거되지 아니한 사무는, 개별 법률에서 별도로 정하고 있지 아니하는 한, 지방자치단체의 사무로 보는 것이 「지방자치법」 제13조 및 제15조의 해석상 당연하다. 그렇게 해석하는 것이 우리 「헌법」 아래에서의 국가와 지방자치단체의 기본관계인 병립협력관계 및 「헌법」 제117조 제1항이 '주민의 복리에 관한 사무'를 지방자치단체의 사무로 명시하고 있는 취지에도 부합한다.

(나) 판   례   판례는 사무배분을 첫째로 당해 사무에 관한 법령의 규정 형식과 취지,

---

1) 보충성원칙이란 행위의 우선권은 언제나 작은 단위에 있고 작은 단위의 힘만으로 처리할 수 없는 사항에 한하여 보다 큰 단위가, 보다 큰 단위가 처리할 수 없는 사항은 가장 큰 단위가 보충적으로 개입할 수 있다는 원칙을 말한다. 보완성원칙이라고도 한다. 원래 이 원칙은 카톨릭의 사회철학에 기원한다.

2) 헌재 2017. 12. 28. 2017헌라2 결정: 공항의 예비 이전지 선정사업은 국방에 관한 사무이므로 그 성격상 국가사무임이 분명하다.

3) 대법 2020. 12. 30. 선고 2020두37406 판결: 국가하천에 관한 사무는 다른 법령에 특별한 정함이 없는 한 국가사무로 보아야 한다. 지방자치단체가 비용 일부를 부담한다고 해서 국가사무의 성격이 자치사무로 바뀌는 것은 아니다.

둘째로 그것이 불명확할 경우에는 그 사무의 성질이 전국적으로 통일적인 처리가 요구되는 것인지 여부, 셋째로 그 사무에 관한 경비부담과 최종적인 책임귀속의 주체가 누구인지 여부를 기준으로 하고 있다.

판례가 국가사무로 본 사례로는 자동차운전면허시험관리사무(대법 1991. 12. 24. 선고 91다34097 판결), 「발전소주변지역지원에 관한 법률」 소정의 발전소 주변지역에 대한 지원사업사무(대법 1999. 9. 17. 선고 99추30 판결), 서울신용보증재단의 사무 중 업무감독과 감독상 필요한 명령에 관한 사무(대법 2003. 4. 22. 선고 2002두10483 판결), 「골재채취법」상 골재채취등록 및 골재채취허가사무(대법 2004. 6. 11. 선고 2004추34 판결), 교육능력개발평가사무(대법 2013. 5. 23. 선고 2011추56판결), 학교의 장이 행하는 학교생활기록의 작성에 관한 교육감의 지도·감독사무(대법 2014. 2. 27. 선고 2012추183 판결) 등이 있다.

한편, 자치사무로 본 사례로는 의료기관감독사무(대법 1994. 9. 13. 선고 94누3599 판결), 호적사무(대법 1995. 3. 28. 선고 94다45654 판결), 학교급식의 실시에 관한 사무(대법 1996. 11. 29. 선고 96추84 판결), 「도시가스사업법」 소정의 직역별 가스공급시설의 공사계획수립·공고와 도시가스요금 및 기타 공급조건에 관한 공급규정의 승인에 관한 사무(대법 2001. 11. 27. 선고 2001추57 판결), 지역주민에게 통행료를 지원하는 내용의 사무(대법 2008. 6. 12. 선고 2007추42 판결), 지방선거사무(헌재 2008. 6. 26. 2005헌라7 결정), 수업료·입학금의 지원에 관한 사무(대법 2013. 4. 11. 선고 2012추22 판결), 약국개설자가 약사법을 위반한 경우 시장 등이 업무의 정지를 명하거나 과징금을 부과하는 사무(대법 2014. 10. 27. 선고 2012두15920 판결)[1], 대중교통 소외지역 거주 주민에 대한 운행요금 보조금 지급사무(대법 2015. 6. 24. 선고 2014추545 판결) 등이 있다.

2) 광역지방자치단체와 기초지방자치단체간의 사무배분

(가) 사무배분의 원칙

(ㄱ) 보충성의 원칙 　　앞에서 본 바와 같이 「지방자치법」은 사무배분의 기본원칙(동법 11조)에서 "지역주민생활과 밀접한 관련이 있는 사무는 원칙적으로 시·군 및 자치구의 사무로, 시·군 및 자치구가 처리하기 어려운 사무는 시·도의 사무로"로 배분함을 밝히고 있다(동조 2항).

(ㄴ) 사무경합금지의 원칙 　　「지방자치법」 제14조 제3항 전문은 "시·도와 시·군 및 자

---

1) 대법 2014. 10. 27. 선고 2012무15920 판결: 시장 등이 업무의 정지를 명하거나 과징금을 부가하는 사무는 구 지방자치법 제9조 제2항 제2호 ㈎목의 주민복지에 관한 사업으로서 주민의 복지 증진에 관한 사무에 해당한다고 볼 수 있는 점, 그 사무의 성질이 반드시 전국적으로 통일적인 처리가 요구되는 사무라고 볼 수 없는 점, 과징금을 내야 할 자가 납부하지 않는 경우 지방세 체납처분의 예에 따라 징수하고(구 약사법 81조 4항) 징수한 과징금은 징수한 시장 등이 속한 지방자치단체에 귀속되는 점(구 약사법 81조 5항) 등을 고려하면, 지방자치단체 고유의 자치사무라고 보는 것이 타당하다.

치구는 그 사무를 처리할 때 서로 겹치지 아니하도록 하여야 하며 "라고 하여 광역지방자치단체와 기초지방자치단체간의 사무경합금지의 원칙을 규정하고 있다. 이 원칙을 불경합성의 원칙이라고도 부른다. 이는 사무의 귀속과 권한, 책임의 소재 등을 명확히 하고 이중행정, 중복행정을 피하기 위한 것이다.

(ㄷ) 기초지방자치단체 우선배분의 원칙　　　　「지방자치법」제14조 제3항 후문은 "시·도와 시·군 및 자치구의 사무가 서로 겹치면 시·군 및 자치구에서 먼저 처리한다"라고 하여 기초지방자치단체 우선배분의 원칙을 규정하고 있다. 이는 주민 근거리 행정(Bürgernähe der Verwaltung)을 실현하기 위한 것이다.

(나) **사무배분의 기준**　　　　지방자치단체의 종류별 사무배분 기준은「지방자치법」제14조에서 규정하고 있다.

(ㄱ) 공통사무　　　　「지방자치법」제14조 제1항 단서는 지방자치단체의 사무로 예시하고 있는 지방자치단체의 구역, 조직 및 행정관리 등에 관한 사무(동법 13조 2항 1호)를 광역지방자치단체와 기초지방자치단체의 공통사무로 규정하고 있다. 공통사무는 이른바 지방자치단체의 존립사무이므로「지방자치법」에 예시되지 않은 사무라도 이에 해당하는 것이면 공통사무로 된다.

(ㄴ) 광역지방자치단체의 사무　　　　「지방자치법」제14조 제1항 제1호는 광역지방자치단체의 사무로서 ① 행정처리 결과가 2개 이상의 시·군 및 자치구에 미치는 광역적 사무, ② 시·도 단위로 동일한 기준에 따라 처리되어야 할 성질의 사무, ③ 지역적 특성을 살리면서 시·도 단위로 통일성을 유지할 필요가 있는 사무, ④ 국가와 시·군 및 자치구 사이의 연락·조정 등의 사무, ⑤ 시·군 및 자치구가 독자적으로 처리하기 어려운 사무, ⑥ 2개 이상의 시·군 및 자치구가 공동으로 설치하는 것이 적당하다고 인정되는 규모의 시설을 설치하고 관리하는 사무 등을 열거하고 있다.

(ㄷ) 기초지방자치단체의 사무　　　　기초지방자치단체의 사무는 지방자치단체의 사무 중 시·도가 처리하는 것으로 되어 있는 사무를 제외한 사무이다(동법 14조 1항 2호 본문).[1] 다만 인구 50만 이상의 시에 대하여는 도가 처리하는 사무의 일부를 직접 처리하게 할 수 있다(동호 단서). 또한 자치구의 자치권의 범위는 법령이 정하는 바에 의하여 시·군과 다르게 할 수 있게 되어 있으므로(동법 2조 2항) 자치구의 사무는 시·군의 사무에 대한 특례가 인정될 수 있다.

---

1) 학교급식시설의 지원사무를 기초지방자치단체의 사무라는 것이 판례(대법 1996. 11. 29. 선고 96추84 판결)이다. 판례는 기초지방자치단체가 사립고등학교를 설립하는 것은 기초지방자치단체의 사무에 관한 지방자치법 제9조를 위반한 것이라고 판시하고 있다(대법 2017. 9. 21. 선고 2014두43073 판결).

2. 사무배분론의 문제점

지방자치의 정착 내지 권한과 책임의 귀속, 자치입법권의 합리적 행사, 행정사무 감사·조사권의 한계, 지방의회 관여의 범위, 재정부담의 범위, 집행기관의 조직 및 인력수요의 적절성 등을 위해서는 지방자치단체에서 수행하는 사무를 명확히 하는 것이 대단히 중요하다. 이러한 관점에서 본다면 사무배분에 관한 현행법제는 다음과 같은 문제점이 있다.

첫째로, 「지방자치법」 제9조 제2항이 지방자치단체의 사무를 열거하고 있으나 개별법령에서 달리 규정한 경우에는 예외가 된다. 그런데 실제로 개별법령의 규정을 보면 어떤 사무가 지방자치단체의 사무라고 명시한 경우는 드물고 시·도지사 또는 시장·군수·자치구청장을 사무처리주체로 규정하여 그것이 지방자치단체의 사무임을 나타내고 있다. 그러나 문제는 시·도지사 등을 사무처리주체로 규정하고 있다고 하여 반드시 지방자치단체의 사무라고 단정할 수 없다는 데에 있다. 왜냐하면 시·도지사 등이 지방자치단체의 장의 지위만이 아니라 국가나 상급 지방자치단체의 하급 행정기관의 지위를 아울러 갖고 있기 때문이다.

둘째로, 종전에는 지방자치를 명목적으로 실시하였고 강력한 중앙집권적인 행정을 지향하였기 때문에 지방자치의 본격적 실시 이전에 제정 또는 개정된 수많은 개별법령에서 국가와 지방자치단체간의 사무배분에 관하여 특별한 주의를 기울이지 아니하였고, 그 결과 특정사무가 국가사무인지 지방자치단체의 사무인지 불분명한 경우가 많았다. 그것도 **법률이 특정사무를 장관의 권한으로 규정하여 놓고 그 사무의 일부를 시·도지사 등에게 위임하는 기관위임사무에 해당**하는 것이 극히 많았다.

셋째로, 개별법령에서 국가사무(기관위임사무 포함)에 대하여도 하위법령에 위임하는 대신 조례에 위임하는 사례가 증가하고 있다. 이것이 이른바 위임조례이다. 이러한 위임조례의 증가는 특정사무의 성격, 즉 국가사무인지 지방자치단체의 사무인지를 판별하는 데 혼란을 주고 있다.

제 2 장 지방자치단체의 권한

Ⅰ. 의 의

지방자치단체의 권한이란 지방자치단체가 담당하고 있는 사무를 수행함에 있어서 갖고 있는 권한을 말한다. 우리 「헌법」 제117조 제1항은 "지방자치단체는 주민의 복리에 관한 사무를 처리하고 재산을 관리하며, 법령의 범위 안에서 자치에 관한 규정을 제정할 수 있다"라고 하여 지방자치단체의 권한을 보장하고 있다.

독일에서는 이를 고권(Hoheiten)이라 하고, 지역고권(Gebietshoheit), 인사고권(Personalhoheit), 조직고권(Organisationshoheit), 계획고권(Planungshoheit), 입법고권(Rechtsetzungshoheit), 재정고권(Finanzhoheit) 등으로 유형화한다.

우리나라에서는 지방자치단체의 권한을 자치조직권, 자치행정권, 자치입법권, 자치재정권 등으로 나누는 것이 보통이다. 자치행정권 속에는 자치계획권(계획고권)이 포함된다. 계획권을 계획입안권과 계획결정권으로 나눈다면 우리 법제는 지방자치단체에 대하여 계획입안권을 부여하는 경우가 대부분이다. 계획결정권을 부여하고 있는 경우로는 도시관리계획결정권(국토의계획및이용에관한법률 29조)이 있다.

Ⅱ. 자치조직권

자치조직권이란 지방자치단체의 조직 구성을 스스로 결정하는 권한을 말한다.

「헌법」 제118조 제2항은 지방자치단체의 조직과 운영에 관한 사항을 법률에 유보하였고, 이에 의거하여 「지방자치법」 등은 지방자치단체의 조직의 대강을 정하였으며, 그 범위 안에서 지방자치단체는 자치입법 등의 형식으로 자기의 조직을 자주적으로 결정할 수 있다. 자치구가 아닌 구와 읍·면·동 및 리(里)의 명칭·구역의 변경 및 폐치·분합(지방자치법 7조 1항·2항), 직속기관(자치경찰기관(제주특별자치도에 한함)·소방기관·교육훈련기관·보건진료기관·시험연구기관·중소기업지도기관 등)의 설치(동법 126조), 합의제 행정기관의 설치(동법 129조) 등을 조례로 정할 수 있도록 한 것 등이 그 예이다.

「제주특별자치도 설치 및 국제자유도시 조성을 위한 특별법」은 자치조직권에 관한 특례를 도조례로 정할 수 있도록 하고 있다(44조).

Ⅲ. 자치행정권

자치행정권이란 스스로 담당할 사무의 범위를 정하고 그 사무를 스스로 수행하는 권한을 말한다.

지방자치단체는 원래 주민의 공공복리를 위한 각종의 비권력행정을 행하는 권한을 가진 사업단체이다. 그러나 일정한 범위 안에서 권력행정도 행사하는 권력단체이기도 하다. 지방자치단체의 권력행정은 물론 비권력행정에 있어서도 자치행정권은 일정한 제한이 따른다.

첫째로, 급부행정의 영역에서 지방자치단체는 예컨대, 공공시설을 설치·관리할 수 있고(지방자치법 161조), 지방공기업을 설치·운영할 수도 있다(동법 163조). 그러나 도로와 도시공원의 설치·관리는 각각 「도로법」과 「도시공원 및 녹지 등에 관한 법률」에 의한 제한을 받으며 지방공기업의 설치·운영은 「지방공기업법」에 의한 제약을 받는다.

둘째로, 권력행정의 영역에서 지방자치단체가, 예컨대 공용수용 등 공용부담특권을 갖는 경우에 「공익사업을 위한 토지 등의 취득 및 보상에 관한 법률」 등에 의한 제한을 받게 된다. 또한 지방자치단체의 행정강제에 있어서도 행정상 강제집행이 형식적 의미의 법률의 유보 아래 있기 때문에 법률에 의한 제한을 받는다. 경찰권에 관하여도 마찬가지이다.

셋째로, 지방자치단체의 행정활동의 수행방법에 있어서도, 그 행정활동이 처분·신고·행정상 입법예고·행정예고 및 행정지도에 관한 것인 한, 다른 법률에 특별한 규정이 있는 경우를 제외하고 「행정절차법」의 적용을 받는다.

넷째로, 지방자치단체가 보유하는 개인정보에 관하여도 「공공기관의 개인정보보호에 관한 법률」이 적용된다. 지방자치단체가 보유·관리하는 정보공개에 관하여도 「공공기관의 정보공개에 관한 법률」이 적용되나, 법령의 범위 안에서 정보공개에 관한 조례를 따로 정할 수 있다(공공기관의정보공개에관한법률 4조 2항).

Ⅳ. 자치입법권

1. 의의와 성질

(1) 의   의

자치입법권이란 지방자치단체가 그 자치에 관하여 필요한 법규범을 정립할 수 있는 권한을 말한다.

「헌법」은 지방자치단체가 "법령의 범위 안에서 자치에 관한 규정을 제정할 수 있다"고 하여 자치입법권을 보장하고 있다(117조 1항). 이에 의거하여 「지방자치법」은 자치입법으로 조례와 규칙의 2형식을 인정하고 있으며(3장), 「지방교육자치에 관한 법률」은 자치입법으로 교육규칙을 인정하고 있다(25조 1항).

(2) 성   질

「헌법」이 보장하고 있는 자치입법권의 성질에 관하여는 견해가 나뉜다. 자주입법설(확인규정설)과 위임입법설(창설규정설)이 그것이다. 자주입법설은 지방자치권의 본질에 관한 고유권설의 입장을 전제로 자치입법권은 지방자치단체의 고유한 권한이며, 「헌법」의 규정은 지방자치단체가 갖는 고유한 자치입법권의 존재를 확인하는 의미를 가진다는 견해이다. 위임입법설은 지방자치권의 본질에 관한 전래권설의 입장을 전제로 자치입법권은 국가의 통치권으로부터 전래된 권한이며 「헌법」제117조 제1항을 근거로 하여 인정된다는 견해이다. 자치입법은 원칙적으로 법률의 위임에 의하지 아니하고 헌법에 근거하여 지방자치단체가 그 소관사무에 관하여 주민의 직접선거에 의하여 구성된 주민대표기관인 지방의회와 지방자치단체의 장에 의하여 자주적으로 정립되는 법규범이므로, 법률의 위임에 의한 경우를 제외하고, 일반 행정입법과 동일시하는 것은 타당하지 않다.

2. 조   례

(1) 의의 및 성질

조례란 지방자치단체가 법령의 범위 안에서 그 권한에 속하는 사무에 관하여 지방의회의 의결을 거쳐 제정하는 자치입법이다. 조례도 행정입법에 포함시키는 것이 종래의 통설이었다. 그러나 조례는 국가의 행정입법인 법규명령과 차이가 있다. 즉 법률이 주민의 권리·의무에 관한 사항에 관하여 구체적으로 아무런 범위를 정하지 아니한 채 조례로 정하도록 포괄적으로 위임하였다고 하더라도, 행정관청의 명령과는 달라, 조례도 주민의 대표기관인 **지방의회의 의결**로 제정되는 지방자치단체의 자주법인 만큼, 지방자치단체가 법령에 위반되지 않는 범위 내에서 주민의 권리·의무에 관한 사항을 조례로 제정할 수 있다(대법 1991. 8. 27. 선고 90누6613 판결). 그러한 의미에서 조례의 성질은 국가의 행정입법인 법규명령보다 법률과 유사하다.

조례는 대외적으로 일반적 구속력(외부효과)을 가지는 법규로서의 성질을 가지는 것이 원칙이나, 조례 중에는 행정규칙의 성질을 가지는 것도 있을 수 있다.

(2) 조례제정권의 범위

지방자치단체가 조례로써 규정할 수 있는 사항은 지방자치단체의 권한에 속하는 모든 사무, 즉 지방자치단체의 고유사무인 자치사무와 개별법령에 의하여 지방자치단체에 위임된 단체위임사무에 한하며, 국가 등 사무로서 지방자치단체의 장에게 위임된 기관위임사무는 이에 포함되지 아니한다(대법 1992. 7. 28. 선고 92추31 판결, 대법 2017. 12. 5. 선고 2016추5162 판결 등).

그러나 실제로는 법령에서 일정한 사항을 정하도록 위임하면서 기관위임사무는 하위법령에 위임하여야 함에도 불구하고 조례에 위임하는 사례가 증가하고 있다. 따라서 기관위임사무라도 개별법령에서 일정한 사항을 조례로 정하도록 위임하고 있는 경우에는 위임받은 사항에 관하여 개별법령의 취지에 부합하는 범위 내에서 예외로 이른바 위임조례를 정할 수 있다(대법 2000. 5. 30. 선고 99추85 판결 참조).

조례규정사항은 첫째로, 법령의 위임에 의하여 규정되는 위임조례규정사항[1]과 법령의 위임 없이 규정되는 직권조례규정사항으로 나눌 수 있으며, 둘째로, 법령이 특히 조례로써 정할 것을 규정하고 있는 필수조례규정사항과 법령에 규정이 없더라도 당해 지방자치단체의 권한에 속하는 사무에 관하여 재량에 의하여 조례로써 정할 수 있는 임의조례규정사항으로 나눌 수 있다.

(3) 조례제정권의 한계

조례제정권에는 일정한 한계가 있다. 사항적 한계·지역적 한계·인적 한계 및 법적 한계 등이 그것이다.

첫째로, 조례제정권은 당해 지방자치단체의 사무에 대해서만 미치는 것이 원칙이다.

둘째로, 조례제정권은 당해 지방자치단체의 구역에 대해서만 미치는 것이 원칙이다.

셋째로, 조례제정권은 법률 또는 조례에 특별한 규정이 없는 한 구역 내의 모든 주민에 대해서만 미치는 것이 원칙이다.

넷째로, 조례제정권은 법적 한계가 있다. 아래에서는 이에 대하여 보기로 한다.

「헌법」제117조 제1항은 지방자치단체가 "법령의 범위 안에서" 자치에 관한 규정을 제정할 수 있다고 규정하고, 「지방자치법」제28조 제1항은 이 헌법의 규정을 구체화하여 "지방자치단체는 법령의 범위에서 그 사무에 관하여 조례를 제정할 수 있다. 다만, 주민의 권리 제한 또는 의무 부과에 관한 사항이나 벌칙을 정할 때에는 법률의 위임이 있어야 한다"라고 규정하고 있다. 따라서 조례제정권의 법적 한계로는 '법령의 범위에서'라는 법률우위원칙, '그 사무에 관하여'라는 소관사항의 원칙 및 법률유보원칙이 문제되나, 소관사항의 원칙에 대하여는 조례제정권의 범위에서 이미 보았으므로, 다음에는 법률우위원칙과 법률유보원칙에 대하여만 보기로 한다.

1) 법령의 우위

지방자치단체는 법령의 범위에서 조례를 제정할 수 있다(지방자치법 28조 1항 본문). 개정(법률 제18497호)되기 전의 지방자치법 제22조 본문에서는 '법령의 범위 안에서' 조례를 제정할 수 있다고 규정하고 있었다. 자치사무나 단체위임사무에 관한 것인 한, 조례는 법령의 범위라는 사항적 한계만 적용될 뿐이고 국가법에 적용되는 일반적인 위임입법의 한계가 적용되지 아니한다(대법 2000. 11. 24. 선고 2000추29 판결).

---

1) 대법 2017. 4. 7. 선고 2014두37122 판결: 법령에서 특정사항에 관하여 조례에 위임을 한 경우 조례가 위임의 한계를 준수하고 있는지를 판단할 때는 당해 법령규정의 입법 목적과 규정 내용, 규정의 체계, 다른 규정과의 관계 등을 종합적으로 살펴야 하고, 위임 규정 자체에서 그 의미 내용을 정확하게 알 수 있는 용어를 사용하여 위임의 한계를 분명히 하고 있는데도 그 문언적 의미의 한계를 벗어났는지, 수권규정에서 사용하고 있는 용어의 의미를 넘어 그 범위를 확장하거나 축소하여 위임 내용을 구체화하는 정도를 벗어나 새로운 입법을 하였는지 등도 아울러 고려하여야 한다.

⑦ **"법령의 범위 안에서"의 의미**　　　　여기서 말하는 "법령의 범위에서"라는 의미는 "법령에 위반되지 아니하는 범위 안에서"라고 새기는 것이 통설이고 판례(대법 2004. 7. 22. 선고 2003추51 판결 등)이다. 따라서 법령에 위반되지 아니하면 법령의 위임이 없더라도 그 권한에 속하는 사항에 대하여는 조례를 제정할 수 있다(행정정보공개조례안 사건에 대한 판시인 대법 1992. 6. 23. 선고 92추17 판결 등). 조례가 규율하는 특정사항에 관하여 그것을 규율하는 국가의 법령이 이미 존재하는 경우에도 조례가 법령과 별도의 목적에 기하여 규율함을 의도하는 것으로서 그 적용에 의하여 법령의 규정이 의도하는 목적과 효과를 전혀 저해하는 바가 없는 때 또는 양자가 동일한 목적에서 출발한 것이라고 할지라도 국가의 법령이 반드시 그 규정에 의하여 전국에 걸쳐 일률적으로 동일한 내용을 규율하려는 취지가 아니고 각 지방자치단체가 그 지방의 실정에 맞게 별도로 규율하는 것을 용인하는 취지라고 해석되는 때에는 그 조례가 국가의 법령에 위반되는 것은 아니다(대법 2007. 12. 13. 선고 2006추52 판결 참조). 판례는 주민에게 권리를 제한하거나 의무를 부과하는 사항에 관하여는 초과조례를 위법한 것으로 보는 입장을 취하고 있으나(예: 대법 1997. 4. 24. 선고 96추251 판결), 주민에게 이익을 주는 사항에 관하여는 초과조례를 허용하고 있다고 보아야 한다. 그것은 위 2006추52 판결의 판시에서 읽을 수 있다.

　　다만 여기서 주의해야 할 것은 첫째로, "법령의 범위에서"라고 하여 헌법을 명시하고 있지는 아니하나, 조례가 헌법에 위반될 수 없음은 말할 나위가 없다. 왜냐하면 조례는 헌법의 하위법이라고 보아야 하기 때문이다. 둘째로, 법령 속에는 헌법·법률 및 법규명령인 대통령령·총리령·부령 외에 이들의 명시적 위임에 의하여 제정된 훈령·예시·고시 등과 국내법적 효력을 가진 조약(대법 2005. 9. 9. 선고 2004추10 판결 참조)·일반적으로 승인된 국제법규도 포함된다. 그러나 조례를 제약하는 법률이나 행정법규를 제정하는 경우에는 자치보장의 관점에서 보다 엄격한 기준에 따라 심사할 필요가 있다. 셋째로, 시·군 및 자치구의 조례는 시·도의 조례에 위반될 수 없다[1]는 점이다(지방자치법 30조).

⑭ **재산권법정주의와의 관계**　　　　「헌법」 제23조 제3항은 "공공필요에 의한 재산권의 수용·사용 또는 제한 및 그에 대한 보상은 법률로써 하되, 정당한 보상을 지급하여야 한다"라고 규정하고 있다. 재산권의 제한은 형식적 의미의 법률에 한정되는가, 그렇지 않으면 조례에 의하여도 제한될 수 있는가가 문제된다. 조례에 의하여는 제한할 수 없다는 부정설이 유력하다. 이에 대하여는 조례는 법률의 하위규범이지만 주민의 대표에 의하여 의결의 형식으로 제정된 법률에 준하는 법규범이므로, 공공필요로 말미암아 부득이한 경우

---

1) 「지방자치법」 제30조의 규정은 시·군·자치구의 모든 사무에 대한 조례규정이 아니라 시·군·자치구가 시·도로부터 위임받은 사무 또는 시·도, 시·군·자치구 공동사무와 같이 특수한 경우, 동일사항에 대하여 시·도, 시·군·자치구가 서로 달리 규정해서는 아니 되므로 시·도의 조례에 따라야 한다는 의미로 이해되어야 한다. 金鐵容, 주석 지방자치법, 123쪽[집필 권수철]; 崔承元 「조례제정권의 범위와 한계」, 고시계 2001년 5월호, 110쪽.

에는 그 사용권만을 일정한 범위 내에서 일시적으로 제한하는 것은 허용된다는 견해[1]가 있다.

㈐ **지방자치단체의 장의 전속적 권한과의 관계**　　　　법률에서 규정하지 아니하는 경우, 지방의회가 견제의 범위를 넘어 조례를 제정하여 지방자치단체장의 권한을 제약할 수 있느냐가 문제된다. 판례는 지방자치단체장의 전속적 권한(예: 기관 구성원 임명·위촉권한)에 대하여는 조례로써 제약할 수 없으며(대법 2013. 9. 27. 선고 2012추169 판결)[2], 지방자치단체장의 고유권한을 침해하는 조례의 규정은 효력이 없다고 판시하고 있다(대법 1993. 2. 9. 선고 92추93 판결, 대법 2003. 9. 23. 선고 2003추13 판결 등).[3]

2) 법률의 유보
지방자치단체가 조례를 제정함에 있어서 주민의 권리 제한 또는 의무 부과에 관한 사항이나

---

1) 權寧星, 헌법학원론, 565쪽.

2) 대법 2013. 9. 27. 선고 2012추169 판결: 상위법령에서 지방자치단체장에게 기관구성원 임명·위촉권한을 부여하면서도 임명·위촉권의 행사에 지방의회의 동의를 받도록 하는 등의 견제나 제약을 규정하고 있으나 그러한 제약을 조례 등에서 할 수 있다고 규정하고 있지 않는 한 당해 법령에 의한 임명·위촉권은 지방자치단체의 장에게 전속적으로 부여된 것이라고 보아야 한다. 따라서 하위법규인 조례로는 지방자치단체장의 임명·위촉권을 제약할 수 없고, 지방의회의 지방자치단체 사무에 대한 비판, 감시·통제를 위한 행정사무 감사 및 조사권 행사의 일환으로 위와 같은 제약을 규정하는 조례를 제정할 수도 없다.

3) 대법 2003. 9. 23. 선고 2003추13 판결은 지방자치법은 지방자치단체의 의사를 내부적으로 결정하는 최고의결기관으로 지방의회를, 외부에 대하여 지방자치단체의 대표로서 지방자치단체의 의사를 표명하고 그 사무를 통할하는 집행기관으로 단체장을 독립한 기관으로 두고, 의회와 단체장에게 독자적인 권한을 부여하여 상호견제와 균형을 이루도록 하고 있으므로, 법률에 특별한 규정이 없는 한 조례로써 견제의 범위를 넘어서 상대방의 고유권한을 침해하는 규정을 제정할 수 없는 것인바, 지방의회는 조례의 제정 및 개폐, 예산의 심의·확정, 결산의 승인, 기타 같은 법 제35조(현행법 제47조)에 규정된 사항에 대한 의결권을 가지는 외에 같은 법 제36조(현행법 제49조) 등의 규정에 의하여 지방자치단체사무에 관한 행정사무감사 및 조사권 등을 가지므로, 이처럼 법령에 의하여 주어진 권한의 범위 내에서 집행기관을 견제할 수 있는 것이지 법령에 규정이 없는 새로운 견제장치를 만드는 것은 집행기관의 고유권한을 침해하는 것이 되어 허용할 수 없다고 하였다. 대법 2009. 4. 9. 선고 2007추103 판결도 지방의회가 선임한 검사위원이 결산에 대한 검사 결과, 필요한 경우 결산검사 의견서에 추징, 환수, 변상 및 책임공무원에 대한 징계 등의 시정조치에 관한 의견을 담을 수 있고, 그 의견에 대하여 시장이 시정조치 결과나 시정조치 계획을 의회에 알리도록 하는 내용의 개정조례안은, 사실상 지방의회가 단체장에 대하여 직접 추징 등이나 책임공무원에 대한 징계 등을 요구하는 것으로서 지방의회가 법령에 의하여 주어진 권한의 범위를 넘어서 집행기관에 대하여 새로운 견제장치를 만드는 것에 해당하여 위법하다고 하였다. 또한 대법 2005. 8. 19. 선고 2005추48 판결은 지방의회의원이 지방자치단체의 장이 조례안으로써 제안한 행정기구를 종류 및 업무가 다른 행정기구로 전환하는 수정안을 발의하여 지방의회가 의결 및 재의결한 사안에서 지방자치단체의 장의 고유권한에 속하는 사항의 행사에 관하여 사전에 적극적으로 개입하는 것으로서 허용되지 아니한다고 하였다. 대법 2009. 9. 24. 선고 2009추53 판결도 "지방자치단체의 장은 합의제 행정기관을 설치할 고유의 권한을 가지며 이러한 고유권한에는 그 설치를 위한 조례안의 제안권이 포함된다고 봄이 상당하므로, 지방의회가 합의제 행정기관의 설치에 관한 조례안을 발의하여 이를 그대로 의결, 재의결하는 것은 지방자치단체장의 고유권한에 속하는 사항의 행사에 관하여 지방의회가 사전에 적극적으로 개입하는 것으로서 관련 법령에 위반되어 허용되지 않는다"고 하였다. 2009추53 판결에 대한 평석으로 金秀珍,「합의제 행정기관의 설치에 대한 조례제정의 허용 여부」, 행정판례연구 XV-2, 357쪽 이하가 있다.

벌칙을 정할 때에는 법률의 위임이 있어야 한다(지방자치법 28조 1항 단서).[1] 법령에서 조례로 정하도록 위임한 사항은 그 법령의 하위 법령에서 그 위임의 내용과 범위를 제한하거나 직접 규정할 수 없다(동조 2항).

(개) **지방자치법 제28조 1항 단서의 위헌문제**　　　　「지방자치법」제28조 제1항 단서에 대하여는 위헌의 논란이 있다.

(ㄱ) **위 헌 설**　　　「지방자치법」제28조 제1항 단서가 위헌이라는 논거는 다음과 같다.

① 「헌법」제117조 제1항에서는, 법령의 위임이 있는 경우에만 제정할 수 있는 국가행정기관의 위임입법과는 달리, 조례를 법령의 범위 안에서 제정할 수 있게 하였는데, 「지방자치법」제22조 단서에서는 법령의 범위 안에서도 제정할 수 없고 법령의 위임이 있는 경우에만 제정할 수 있게 하여 추가적인 제한을 가하고 있다.[2]

② 「헌법」제37조 제2항의 규정은 국민의 자유와 권리 일반을 대상으로 하는 기본권제한의 일반적 한계를 규정한 것이지 「헌법」에 의하여 별도로 보장하고 있는 지방자치단체의 조례제정에 있어서의 법률의 위임에 관하여 규정한 것이 아니다.[3]

③ 지방의회가 주민대표기관이라는 민주적 정당성을 지니고 있다는 점과 헌법이 지방자치단체에 대하여 포괄적인 자치권을 부여한 취지(전권한성의 원칙 및 자기책임의 원칙)에 반한다.[4]

(ㄴ) **합 헌 설**　　　「지방자치법」제28조 제1항 단서가 합헌이라는 논거는 다음과 같다.

① 「헌법」제37조 제2항은 "국민의 모든 자유와 권리는 국가안전보장·질서유지 또는 공공복리를 위하여 필요한 경우에 한하여 법률로써 제한할 수 있다"라고 규정하고 있고, 따라서 지역주민에 대한 권리 제한이나 의무 부과 등도 법률로써 제한할 수 있는 것이며, 이 경우 법률에서 개별위임을 받는 경우에는 조례라는 법형식에 의하여도 이를 규

---

1) 대법 2009. 5. 28. 선고 2007추134 판결 : 영유아보호법이 보육시설 종사자의 정년에 관한 규정을 두거나 이를 지방자치단체의 조례에 위임한다는 규정을 두고 있지 않음에도 보육시설 종사자의 정년을 규정한 '서울특별시 중구 영유아 보육조례 일부개정 조례안' 제17조 제3항은, 법률의 위임 없이 헌법이 보장하는 직업을 선택하여 수행할 권리의 제한에 관한 사항을 정한 것이어서 그 효력을 인정할 수 없으므로 위 조례안에 대한 재의결은 무효이다.

2) 朴鈗炘, 최신행정법강의(하), 130쪽 이하. 朴燦柱 교수는 "자치사무의 내용은 지방자치법 제9조에서 규정하지만 자치사무를 통해 주민의 복리를 증진시키는 방법은 지방자치단체마다 다를 수 있기 때문에 애당초 자치사무에 대한 수행방법을 법률을 통해 개별적 구체적으로 위임하는 것은 불가능하다. 그렇다면 자치사무의 수행에 있어서 어느 정도 주민의 자유와 의무에 관련된 내용을 조례를 통해 규율하는 것은 피할 수 없는데, 이를 일률적으로 법률의 위임을 요하는 것으로 제한하는 것은 헌법 제117조에서 예상하지 않았다고 보아야 한다. 국가가 자치사무의 수행과 관련하여 권리 제한과 의무 부과에 대해 개입할 수 있는 최대한도는 권리 제한과 의무 부과의 내용과 그 상한 정도이다. 이런 점에서 지방자치법 제22조 단서는 위헌"이라고 본다(同人, 「조례제정권의 근거와 범위」, 법학(서울대학교 법학연구소) 제50권 제1호, 504쪽).

3) 徐元宇, 「지방자치의 헌법적 보장」, 고시연구 1993년 6월호, 33쪽.

4) 金南辰, 행정법 Ⅱ(제7판), 109쪽.

정할 수 있는 것인바,「지방자치법」제28조 제1항 단서는 이와 같은 조례제정에 있어서의 헌법상의 법률유보원칙을 규정하고 있는 것이므로 타당하다.[1]

② 국민의 전체의사의 표현으로서의 법률과 제한적 지역단체주민의 의사표현인 조례와의 사이에는 그 민주적 정당성에 있어서 차이를 인정할 수밖에 없고, 국민의 기본권에 관한 원칙적 규율, 기타 국민의 자유나 권리의 제한적 규율은 전국적인 민주적 정당성이 있는 법률의 위임이 있을 경우에만 가능하며,「헌법」제37조 제2항에서 말하는 법률은 국회가 제정한 형식적 의미의 법률이라는 점에 대하여는 의문이 없다.[2]

③「지방자치법」제28조 제1항 단서의 의미는 지방자치단체가 갖는 조례제정권의 한계와 관련되는 규정으로서 지방자치단체의 사무가 위임사무이든 자치사무(고유사무)이든 특정영역에 대하여 법률유보의 원칙 적용에 의해 법령이 직접 규율하고 있는 때에는 조례가 독자적으로 규정하여 법령과 충돌되거나 경합되는 내용을 마련할 수 없다는 것으로 해석함으로써 헌법합치적 해석이 가능하게 된다.[3]

(ㄷ) 판   례   대법원은 전라북도 공동주택입주자 보호를 위한 조례안무효확인청구사건에서 "지방자치단체의 자치입법권을 보장하면서, 국민의 권리제한·의무부과에 관한 사항을 규정하는 조례의 중대성에 비추어 입법정책적 고려에서 법률의 위임을 요구한다고 규정하고 있는바, 이는 기본권 제한에 대하여 법률유보원칙을 선언한 헌법 제37조 제2항의 취지에 부합한다고 할 것이므로 조례제정에 있어서 위와 같은 경우에 법률의 위임근거를 요구하는 것이 위헌성이 있다고 할 수는 없다"라고 판시하여(대법 1995. 5. 12. 선고 94추28 판결) 합헌설을 지지하고 있다.

(ㄴ) **위임의 정도**   「지방자치법」제28조 제1항 단서에서 말하는 법률의 위임은 국가의 행정입법에 있어서의 위임과 달리 개별적·구체적 위임일 필요는 없고, 일반적·포괄적 위임도 가능하다. 헌법재판소는 "조례의 제정권자인 지방의회는 선거를 통해서 그 지역적인 민주적 정당성을 지니고 있는 주민의 대표기관이고, 헌법이 지방자치단체에 포괄적인 자치권을 보장하고 있는 취지로 볼 때 조례제정권에 대한 지나친 제약은 바람직하지 않으므로 조례에 대한 법률의 위임은 법규명령에 대한 법률의 위임과 같이 반드시 구체적으로 범위를 정하여 할 필요가 없으며 포괄적인 것으로 족하다고 할 것이다"(헌재 1995. 4. 20. 92헌마264, 279(병합) 결정)라고 판시하고 있다. 대법원도 "법률이 주민의 권리·의무에 관한 사항에 관하여 구체적으로 아무런 범위도 정하지 아니한 채 조례로 정하도록 포괄적으로 위임하였다고 하더라도, 행정관청의 명령과 달리, 조례도 주민의 대표기관인 지방의회의 의결로

---

1) 朴均省, 행정법론(하), 제7판, 162쪽.

2) 金東熙, 행정법 Ⅱ, 86쪽 이하; 鄭夏重, 행정법사례연구, 370쪽; 洪井善, 행정법원론(하), 143쪽.

3) 柳至泰, 행정법신론, 767쪽 이하; 朴均省, 행정법론(하), 제7판, 162쪽.

제정되는 지방자치단체의 자주법인 만큼, 지방자치단체가 법령에 위반되지 않는 범위 내에서 주민의 권리·의무에 관한 사항을 조례로 제정할 수 있는 것이다"라고 하여(대법 1991. 8. 27. 선고 90누6613 판결, 대법 2017. 12. 5. 선고 2016추5162 판결 등) 같은 입장을 취하고 있다.

㈐ **벌칙규정**　　　「지방자치법」은 제34조 제1항에서 "지방자치단체는 조례를 위반한 행위에 대하여 조례로써 1천만원 이하의 과태료를 정할 수 있다"라고 규정하고, 제156조 제2항에서 "사기나 그 밖에 부정한 방법으로 사용료·수수료 또는 분담금의 징수를 면한 자에 대하여는 그 징수를 면한 금액의 5배 이내의 과태료를, 공공시설을 부정사용한 자에 대하여는 50만원 이하의 과태료를 부과하는 규정을 조례로 정할 수 있다"라고 규정하고 있다.

따라서 법률의 위임 없이 조례로써 과태료 이외의 형벌 등 벌칙을 제정할 수는 없다. 대법원은 경상북도의회에서의 증언·감정 등에 관한 조례안 무효확인청구사건에서 "조례 위반에 형벌을 가할 수 있도록 규정한 조례안 규정들은 지방자치법 제20조(현행법 34조)에 위반되고, 적법한 법률의 위임 없이 제정된 것이 되어 지방자치법 제15조(현행법 28조 1항) 단서에 위반되고, 나아가 죄형법정주의를 선언한 헌법 제12조 제1항에도 위반된다"(대법 1995. 6. 30. 선고 93추83 판결)고 하여 이 점을 명백히 하고 있다.

이와 같이 조례로써 형벌 등 벌칙을 제정하기 위해서는 법률의 위임이 있어야 한다는 데 대하여는 이견이 없다.[1] 그러나 법률의 위임이 개별법률에 의한 개별적 위임이어야 하는지, 그렇지 아니하고 「지방자치법」에 의한 일반적 위임으로도 가능한지에 대하여는 견해가 나뉜다.[2]

이 문제에 대하여는 구 지방자치법 제20조 제1항은 말할 나위도 없고 현행 「지방자치법」 제34조 제1항이 지방자치단체의 조례에 과태료의 벌칙을 일반적으로 위임한 것도 「헌법」 제12조 제1항이 처벌을 실체적으로 법률에 유보하고 있다는 이유로 위헌으로 보는 견해[3]와 지방자치단체의 조례는 주민의 대표기관인 지방의회의 의결을 거쳐 제정되는 것으로서 법률에 준하는 것이므로, 국가의 행정입법에 있어서의 위임과는 달리 「지방자치법」에서 과태료를 포함하여 형벌 등 벌칙제정권을 조례에 위임하여도 위헌이 아니라는 견해[4]가 대립되어 있다.

---

1) 최근 의무이행을 강제하는 대신 의무이행을 유도하기 위하여 벌칙 대신 조례가 장려·지원에서의 배제를 규정하는 사례가 늘어나고 있다. 형식적으로 보면 장려·지원에서의 배제는 벌칙과 같은 강제성이 없기 때문에 「지방자치법」 제22조 단서와 무관한 것처럼 보이나 실질적으로 보면 벌칙과 장려·지원에서의 배제는 상대방 주민에게 동일한 효과를 가져오는 경우가 있을 수 있으므로 장려·지원에서의 배제도 검토를 필요로 한다.

2) 구 지방자치법, 제20조 제1항은 "시·도의 조례로는 3월 이하의 징역·금고·10만원 이하의 벌금·구류·과료 또는 50만원 이하의 과태료의 벌칙을 정할 수 있다"고 규정하고 있었다. 이 규정은 죄형법정주의에 위반되어 위헌이라는 논란이 일어나 삭제되고 현행 「지방자치법」 제27조 제1항과 같이 과태료규정제정권만을 일반적으로 인정하고 있다.

3) 權寧星, 헌법학원론, 240쪽; 李尙圭, 신행정법론(하), 179쪽.

4) 朴鈗炘, 최신행정법강의(하), 133쪽; 柳至泰, 행정법신론, 770쪽.

3) 위임조례의 문제

성질상 기관위임사무임에도 불구하고 특별히 법령의 위임을 받아 제정되는, 즉 이른바 위임조례에 있어서는 그 범위와 한계에 관하여 견해가 나뉜다. 법규명령동위설과 조례동위설이 그것이다. 전자는 「헌법」(117조) 및 「지방자치법」(28조 1항)이 지방자치단체에 대하여 그의 사무에 대하여서만 조례를 제정할 권한을 부여하고 있는 취지에 비추어 볼 때 지방자치단체의 사무가 아닌 기관위임사무에 대하여 조례를 정함은 모순이므로 그 모순을 정비·제거하는 일부터 착수하여야 할 것이지만, 현실적으로 그와 같은 조례가 존재하는 한 그의 법적 성격은 법규명령과 같은 것이며 따라서 법령의 그에 대한 위임도 구체적이어야 한다는 견해, 다시 말하면 위임조례의 범위와 한계는 법규명령에 관한 법리가 적용되어야 한다는 견해[1]이다. 이에 대하여 후자는 위임조례도 각 지방의 특수성을 고려하도록 하는 것으로서 국가행정기관이 제정하는 법규명령과 동일하게 보는 것은 타당하지 않으며 따라서 위임조례에 있어서 법령에 의한 수권의 범위는 비교적 넓고, 입법재량의 폭도 법규명령의 경우보다 넓다는 견해[2]이다.

판례는 위임조례는 자치조례(대법 2018. 8. 30. 선고 2017두56193 판결)[3]와는 달리 국가법에 적용되는 일반적인 위임입법의 한계가 적용된다는 입장이다(대법 2000. 11. 24. 선고 2000추29 판결).

⑷ 제정절차

1) 발 의

조례안은 ① 지방지치단체의 장, ② 광역지방자치단체의 교육감(교육·과학·기술·체육 기타 학예 분야에 한한다), ③ 조례로 정하는 수 이상의 지방의회 의원의 찬성으로 발의하며, 지방의회 위원회도 그 직무에 속하는 사항에 관하여 의안을 제출할 수 있다(지방자치법 76조 1항·2항, 지방교육자치에관한법률 20조). 의안은 그 안을 갖추어 지방의회의 의장에게 제출하여야 한다(동조 3항). 지방의회 의원이 조례안을 발의하는 경우에는 발의 의원과 찬성 의원을 구분하되, 해당 조례안의 제명의 부제로 발의 의원의 성명을 기재하여야 한다(동조 4항). 주민은 직접 조례안의 제안권이 없다. 그러나 주민이 지방자치단체의 조례를 제정하거나 개정하거나 폐지할 것을 청구할 수 있다는 것(동법 19조)은 이미 주민의 권리에서 설명하였다.

---

1) 金南辰, 「조례제정의 법적 문제」, 법제연구 통권 제9호, 28쪽; 劉尙炫, 한국행정법(하), 104쪽; 朴均省, 행정법론(하), 제7판, 164쪽.

2) 朴鈗炘, 최신행정법강의(하), 126쪽.

3) 대법 2017두56193 판결의 평석으로 宣正源, 「수익적 조례에 관한 법적 고찰―보조금관리조례에 관한 대법원 2018. 8. 30. 선고 2017두56193 판결을 중심으로―」, 규범과 현실의 조화―합리성과 실효성(연우 최광률 명예회장 헌정논문집), 박영사, 2020, 327쪽 이하가 있다.

2) 조례안 예고

지방의회는 심사대상인 조례안에 대하여 5일 이상의 기간을 정하여 그 취지, 주요 내용, 전문을 공보나 인터넷 홈페이지 등에 게재하는 방법으로 예고할 수 있다(동법 77조 1항). 조례안 예고의 방법, 절차, 그 밖에 필요한 사항은 회의규칙으로 정한다(동조 2항).[1]

3) 관계 기관과의 협의 등

조례를 제정(개정 또는 폐지)함에 있어서 법령 등이 관계기관과의 협의 등을 규정하고 있는 경우에는 그 협의 등을 거쳐야 한다(대법 2006. 3. 10. 선고 2004추119 판결[2] 등).

4) 의 결

지방의회의 의결이 있어야 한다(지방자치법 47조).

5) 이송·공포

조례안이 지방의회에서 의결된 때에는 의장은 의결된 날로부터 5일 이내에 그 지방자치단체의 장에게 이송하여야 하고, 이송을 받은 지방자치단체의 장은 20일 이내에 공포하여야 한다(동법 32조 1항·2항). 지방자치단체의 장이 이 기간에 공포하지 아니할 때에도 조례안은 조례로서 확정된다(동조 5항).

지방자치단체의 장이 이송받은 조례안에 대하여 이의가 있는 때에는 위 20일의 기간에 이유를 붙여 지방의회로 환부하고 그 재의를 요구할 수 있다. 이 경우 지방자치단체의 장은 조례안의 일부에 대하여 또는 조례안을 수정하여 재의를 요구할 수 없다(동조 3항).

조례는 특별한 규정이 없는 한 공포한 날로부터 20일을 경과함으로써 효력을 발생한다(동조 8항).

6) 재의를 요구할 수 있는 경우

「지방자치법」상 지방자치단체의 장이 재의를 요구할 수 있는 경우로는 ① 조례의 제정·개폐 의결에 이의가 있는 경우(동법 32조 3항) 외에 ② 의결(지방의회 의결에는 조례안의 의결도 포함됨)이 월권 또는 법령에 위반되거나 공익을 현저히 해한다고 인정되는 경우(동법 120조 1항), ③ 의결에 예산상 집행불가능한 경비가 포함되어 있는 경우(동법 121조 1항), ④ 의결이 법령에 의하여 지방자치단체가 의무적으로 부담하여야 하는 경비를 삭감한 경우(동법 121조 2항 1호), ⑤ 의결이 비상재

---

1) 吳峻根 교수는 입법예고규정에 위반한 자치법규는 무효라고 본다(「참여행정과 행정절차—대한민국에 있어서의 행정현실과 공법이론을 중심으로—」, 공법연구(한국공법학회) 제30집 제5호, 77쪽 이하).

2) 대법 2006. 3. 10. 선고 2004추119 판결: 문화재보호법의 입법목적과 문화재의 보존·관리 및 활용은 원형유지라는 문화재보호의 기본원칙 등에 비추어, 건설공사시 문화재보존의 영향 검토에 관한 문화재보호법 제74조 제2항 및 같은 법 시행령 제43조 제1항에서 정한 '문화재청장과 협의'가 '문화재청장의 동의'를 말한다. 이 판결에 대한 평석으로는 慶 建, 「관계기관과의 협의를 거치지 아니한 조례의 효력」, 행정판례연구(한국행정판례연구회) XIII, 186쪽 이하.

해로 인한 응급복구를 위하여 필요한 경비를 삭감한 경우(동법 121조 2항 2호), ⑥ 의결이 법령에 위반하거나 공익을 현저히 해친다고 판단되어 주무부장관 또는 시·도지사가 재의를 요구한 경우(동법 192조 1항) 등이다.

7) 제 소

지방자치단체의 장의 재의요구에도 불구하고 조례안이 원안대로 재의결되었을 때에는,「지방자치법」제32조 제3항은 지방자치단체의 장의 재의요구권을 일반적으로 인정한 동법 제120조 제1항에 대한 특별규정이므로, 지방자치단체의 장은 동법 제120조 제3항에 따라 그 재의결에 법령 위반이 있음을 내세워 대법원에 제소할 수 있다(대법 1999. 4. 27. 선고 99추23 판결).

조례안의 일부규정이 법령에 위반되면 다른 규정이 법령에 위반되지 아니한다 하더라도 조례안에 대한 재의결은 그 효력이 모두 부정된다(대법 1992. 7. 28. 선고 92추31 판결 등 참조). 이는 의결의 일부에 대한 효력의 배제는 전체적인 의결 내용을 변질시킬 우려가 있고, 결과적으로 전체적인 의결 내용을 변경하는 것이 되어 지방의회의 고유권한을 침해하는 것이 되기 때문이다.

8) 조례의 흠의 효과

조례의 성립과정에서 형식적·실질적 요건의 일부나 전부가 준수되지 아니하면, 그 조례에는 흠(하자)이 있다. 흠 있는 조례는 무효이다(대법 2002. 4. 26. 선고 2002추23 판결 등).

9) 선결처분

지방자치단체의 장은 지방의회가 지방의회 의원이 구속되는 등의 사유로 법 제74조에 따른 의결정족수 미달 될 때와 지방의회의 의결사항 중 주민의 생명과 재산보호를 위하여 긴급하게 필요한 사항으로서 지방의회를 소집할 시간적 여유가 없거나 지방의회에서 의결이 지체되어 의결되지 아니한 때에는 선결처분을 할 수 있다(동법 122조 1항). 조례에 있어서도 선결처분이 가능하다. 이 선결처분도 국가의 법률제정절차에는 볼 수 없는 조례제정절차의 특색의 하나이다. 선결처분은 지체없이 지방의회에 보고하여 승인을 얻어야 하며, 지방의회에서 승인을 얻지 못한 때에는 그 선결처분은 그 때부터 효력을 상실한다(동조 2항·3항).

(5) 조례에 대한 통제

1) 국가 등에 의한 통제

조례는 지방자치단체의 기본이 되는 법규범이므로 법은 조례의 적법성을 확보하기 위하여 여러 통제수단을 마련하고 있다. 국가 등에 의한 통제수단으로 다음과 같은 것이 있다.

(개) 행정기관에 의한 통제

㉠ 지방자치단체장의 재의요구 및 제소　　　　지방자치단체장이 지방의회의 조례의 제정·개폐의결에 이의가 있는 경우에 재의요구 및 제소에 의하여 조례를 통제할 수 있다.

(ㄴ) 감독청의 재의요구·제소지시 등　　　　지방의회에서 의결된 조례안이 법령에 위반되거나 공익을 현저히 해한다고 판단될 때에는 특별시·광역시·특별자치시·도·특별자치도(이하 시·도라 한다)에 대하여는 주무부장관이, 시·군 및 자치구에 대하여는 시·도지사가 당해 지방자치단체의 장에게 재의를 요구하게 할 수 있고 재의의 요구를 받은 지방자치단체의 장은 의결사항을 이송받은 날부터 20일 이내에 지방의회에 이유를 붙여 재의를 요구하여야 한다(동법 192조 1항). 시·군 및 자치구의회의 의결이 법령에 위반된다고 판단됨에도 불구하고 시·도지사가 제1항에 따라 재의를 요구하게 하지 아니한 경우 주무부장관이 직접 시장·군수 및 자치구의 구청장에게 재의를 요구하게 할 수 있고, 재의 요구 지시를 받은 시장·군수 및 자치구의 구청장은 의결사항을 이송받은 날부터 20일 이내에 지방의회에 이유를 붙여 재의를 요구하여야 한다(동조 2항). 제1항 또는 제2항의 요구에 대하여 재의한 결과 재적의원 과반수의 출석과 출석의원 3분의 2 이상의 찬성으로 전과 같은 의결을 하면 그 의결사항은 확정된다(동조 3항). 지방자치단체의 장은 제3항에 따라 재의결된 사항이 법령에 위반된다고 판단되면 재의결된 날부터 20일 이내에 대법원에 소를 제기할 수 있다. 이 경우 필요하다고 인정되면 그 의결의 집행을 정지하게 하는 집행정지결정을 신청할 수 있다(동조 4항). 주무부장관이나 시·도지사는 재의결된 사항이 법령에 위반된다고 판단됨에도 불구하고 해당 지방자치단체의 장이 소를 제기하지 아니하면 시·도에 대해서는 주무부장관이, 시·군 및 자치구에 대해서는 시·도지사(제2항에 따라 주무부장관이 직접 재의 요구 지시를 한 경우에는 주무부장관을 말한다)가 그 지방자치단체의 장에게 제소를 지시하거나 직접 제소 및 집행정지결정을 신청할 수 있다(동조 5항). 이 경우 위의 제소의 지시는 제4항의 기간이 지난 날부터 7일 이내에 하고, 해당 지방자치단체의 장은 제소 지시를 받은 날부터 7일 이내에 제소하여야 한다(동조 6항). 이 기간이 지난 날부터 7일 이내에 제5항에 따른 직접 제소 및 집행정지결정을 신청할 수 있다(동조 7항). 제1항 또는 제2항에 따라 지방의회의 의결이 법령에 위반된다고 판단되어 주무부장관이나 시·도지사로부터 재의 요구 지시를 받은 해당 지방자치단체의 장이 재의를 요구하지 아니하는 경우(법령에 위반되는 지방의회의 의결사항이 조례안인 경우로서 재의 요구 지시를 받기 전에 그 조례안을 공포한 경우를 포함한다)에는 주무부장관이나 시·도지사는 제1항 또는 제2항에 따른 기간이 지난 날부터 7일 이내에 대법원에 직접 제소 및 집행정지 결정을 신청할 수 있다(동조 8항). 제1항 또는 제2항에 따른 지방의회의 의결이나 제3항에 따라 재의결된 사항이 둘 이상의 부처와 관련되거나 주무부장관이 불분명하면 행정안전부장관이 재의 요구 또는 제소를 지시하거나 직접 제소 및 집행정지 결정을 신청할 수 있다(동조 9항)[1]. 지방자치

---

1) 이는 주무부처가 중복되거나 주무부장관이 불분명한 경우에 행정안전부장관이 소송상의 필요에 따라 재량으로 주무부장관의 권한을 대신할 수 있다는 것 뿐이고, 언제나 주무부장관의 권한행사를 배제하고 오로지 행정안전부장관만이 그러한 권한을 전속적으로 행사하도록 하려는 취지가 아니다(대법 2017. 12. 15. 선고 2016추5162 판결).

단체의 장이 상급기관의 제소지시에 따라 제소하는 경우, 제소가 상급기관의 지시에 의하여 행하여진 것일 뿐, 동일한 법주체 내부에 설치된 기관간의 분쟁이므로 기관소송의 법적 성격을 갖는다는 데에 대하여 이견이 없다. 그러나 주무부장관 또는 시·도지사가 직접 제소하는 경우의 소송의 법적 성격에 관하여는 기관소송이라는 견해와 「행정소송법」상의 소송형태와는 상관없이 규범통제로서의 성격을 갖는 「지방자치법」 특유의 소송유형으로 보는 견해[1]로 나뉜다. 기관소송을 한정설로 이해하는 경우에는 주무부장관(2 이상의 부처와 관련되거나 주무부장관이 불분명한 때에는 행정안전부장관) 또는 시·도지사가 직접 제소하는 경우의 소송은 뒤에서 설명하는 바와 같이 기관소송으로 볼 수 없다(→ 기관소송).

(ㄷ) 보   고   조례안이 의결되어 지방자치단체의 장에게 이송되면 5일 이내에 시·도지사는 행정안전부장관에게, 시장·군수 및 자치구의 구청장은 시·도지사에게 조례의 전문을 첨부하여 각각 보고하여야 한다(동법 35조).

(ㄹ) 재결에 의한 통제   조례가 행정심판의 대상이 된 경우에 재결에 의하여 조례를 통제할 수 있다.

(나) **국회·법원·헌법재판소에 의한 통제**   국회·법원·헌법재판소도 조례를 통제할 수 있다. 이에 관하여는 후술한다(→ 제4장 국가와 지방자치단체의 관계).

2) 주민에 의한 통제

조례에 의하여 직접 권익을 침해받은 주민은 행정쟁송·헌법소원으로 조례의 효력을 다툴 수 있다. 대법원은 경기도 가평군 가평읍 상색초등학교 두밀분교를 폐지하는 내용의 조례를 다툰 사건에서 "조례가 집행행위의 개입 없이도 그 자체로서 직접 국민의 구체적인 권리·의무나 법적 이익에 영향을 미치는 등의 법률상 효과를 발생하는 경우 그 조례는 항고소송의 대상이 되는 행정처분에 해당한다"고 하고, 이러한 조례에 대한 항고소송의 피고는 행정주체인 지방자치단체 또는 지방자치단체의 내부적 의결기관으로서 지방자치단체의 의사를 외부에 표시할 권한이 없는 지방의회가 아니라 지방자치단체의 집행기관으로서 조례의 효력을 발생시키는 공포권이 있는 지방자치단체의 장이라고 판시하고 있다(대법 1996. 9. 20. 선고 95누8003 판결).

주민은 계쟁 행정쟁송에서 조례의 위헌·위법 여부가 행정쟁송의 전제가 된 경우에 조례의 효력을 다툴 수 있다.[2]

---

1) 金弘大, 지방자치입법론, 268쪽; 曺正燦, 「조례에 대한 규범통제제도에 관한 연구」, 법제 1999년 10월호, 22쪽 이하.

2) 조례안 의결절차의 홈을 둘러싼 분쟁은 지방의회의장과 권한을 침해당한 지방의회의원 사이의 권한쟁의에 관한 심판에서 해결하여야 한다는 이유로, 지방의회의원이 아닌 주민들은 지방의회의 조례안 의결절차의 홈을 들어 조례 그 자체의 무효확인을 구할 수 없다고 한 판결이 있다(창원지법 2006. 4. 27. 선고 2006구합86 판결 참조).

3. 규 칙

(1) 의 의

규칙이란 지방자치단체의 일반사무의 집행기관인 지방자치단체의 장이 법령 또는 조례의 범위에서 그 권한에 속하는 사무에 관하여 제정하는 자치입법이다.

규칙은 ① 지방의회의 의결을 거쳐 제정되는 것이 아니라는 점, ② 규칙의 제정권은 법령 또는 조례의 범위에서 제정할 수 있다는 점에서 조례와 다르다.

규칙도 대외적으로 일반적 구속력을 가지는 법규로서의 성질을 가지는 것(예: 지방세징수조례의 시행세칙)과 행정규칙의 성질을 가지는 것(예: 소속 공무원의 교육훈련)이 있다.

(2) 규칙제정권의 범위

지방자치단체의 장이 규칙으로 규정할 수 있는 사항은 교육·과학·기술·체육 기타 학예에 관한 사항을 제외한 지방자치단체의 장의 권한에 속하는 모든 사무, 즉 지방자치단체의 고유사무인 자치사무·단체위임사무는 말할 나위 없고 기관위임사무를 포함한다. 「지방자치법」 제29조는 "지방자치단체의 장은 법령 또는 조례의 범위에서 그 권한에 속하는 사무에 관하여 규칙을 제정할 수 있다"고 규정하고 있으므로 조례를 집행하기 위하여 필요한 사항에 대하여서도 규칙을 제정할 수 있다. 규칙규정사항 속에는 벌칙에 관한 사항도 포함된다는 견해[1]도 있다.

규칙에서 규정할 사항은 첫째로, 법령의 직접적인 위임에 의하여 규정되는 법령위임규칙규정사항, 둘째로 조례의 위임에 의하여 규정되는 조례위임규칙규정사항, 셋째로 조례의 위임이 없지만 조례를 집행하기 위하여 규정되는 조례집행규칙규정사항, 넷째로 법령의 직접적인 위임에 의하지 아니하고 「지방자치법」 제116조에 의하여 지방자치단체의 장에게 위임된 국가사무를 위하여 규정되는 기관위임규칙규정사항[2]으로 나눌 수 있다.

(3) 규칙제정권의 한계

첫째로, 규칙도 성문법원이므로 형식적 효력의 원칙(상위법우선의 원칙)이 적용된다.

둘째로, 조례와 규칙의 형식적 효력에 관하여는 다툼이 있다. 조례우위설[3]과 동위설[4]이 그것이다. 조례우위설이 판례(대법 1995. 8. 22. 선고 94누5694 판결)이다.

---

1) 柳至泰, 행정법신론, 775쪽.

2) 기관위임사무는 지방자치단체와는 관계가 없으므로 기관위임사무에 대하여 조례를 제정할 수 없다. 한편 법령에서 기관위임사무의 재위임에 관한 근거규정이 없는 경우에도 일반규정인 「행정권한의 위임 및 위탁에 관한 규정」 제4조에 의하여 재위임할 수 있고, 이 경우의 재위임은 위임기관의 장의 승인을 얻어 규칙이 정하는 바에 따라야 한다. 규칙을 제정하여 재위임하여야 할 사안을 조례로 재위임한 경우 그 재위임은 무효이다.

3) 金弘大, 지방자치입법론, 36쪽; 洪井善, 위 책, 170쪽.

4) 丘秉朔, 주석지방자치법, 170쪽.

셋째로, 조례로 정하여야 할 사항을 규칙으로 정하였다면 그 규칙은 무효이다(대법 1997. 6. 19. 선고 95누8669 전원합의체 판결).

넷째로, 시·군·자치구의 규칙은 시·도 규칙에 위반하여서는 아니 된다(지방자치법 30조).

(4) 제정절차

규칙은 지방자치단체의 장이 단독으로 제정하지만, 그 공포예정일의 15일 전까지 시·도지사는 행정안전부장관에게, 시장·군수 및 자치구의 구청장은 시·도지사에게 규칙의 전문을 첨부하여 보고하여야 한다(동법 35조).

규칙을 제정(개정 또는 폐지)하고자 할 때에는 규칙안을 마련한 지방자치단체의 장은 원칙적으로 이를 입법예고하여야 한다(행정절차법 41조 1항).

주민은 규칙(권리·의무와 직접 관련되는 사항으로 한정됨)의 제정, 개정 또는 폐지와 관련된 의견을 해당 지방자치단체의 장에게 제출할 수 있다(법령이나 조례를 위반하거나 법령이나 조례에서 위임한 범위를 벗어나는 사항은 의견 제출 대상에서 제외됨)(지방자치법 20조 1항·2항). 제출된 의견에 대하여 지방자치단체의 장은 의견이 제출된 날부터 30일 이내에 검토 결과를 그 의견을 제출한 주민에게 통보하여야 한다(동조 3항). 의견 제출, 의견의 검토와 결과 통보의 방법 및 절차는 해당 지방자치단체의 조례로 정한다(동조 4항).

규칙도 지방자치단체의 장이 공포하여야 하며, 특별한 규정이 없는 한 공포한 날로부터 20일을 경과함으로써 그 효력을 발생한다(지방자치법 32조 8항).

4. 교육규칙

교육규칙이란 지방자치단체의 교육·과학·기술·체육 그 밖의 학예에 관한 집행기관인 교육감이 제정하는 규칙을 말한다.

교육규칙의 성질, 제정권의 범위와 한계, 제정절차 등은 대체로 규칙과 같다.

V. 자치재정권

1. 의   의

자치재정권이란 지방자치단체가 자치사무와 단체위임사무의 처리 경비에 충당하기 위하여 스스로 필요한 세입을 확보하고 지출을 관리하는 권한을 말한다.

2. 지방자치단체의 수입

지방자치단체의 수입은 가장 중요한 재원인 지방세(지방자치법 135조), 공공시설의 이용 또는 재산의 사용에 대한 대가인 사용료(동법 153조), 수수료(동법 154조 1항), 분담금(동법 155조), 과태료 수입, 재산수입(동법 159조 1항), 사업수입, 국가가 교부하는 지방교부세(지방교부세법 2조 1호), 부담금과 교부금(지방재정법 21조), 보조금(동법 23조), 지방채 발행(지방자치법 139조 1항, 지방재정법 11조), 일시차입금(지방회계법 24조) 등이다.

3. 지방자치단체의 예산·결산

지방자치단체의 예산과 결산에 관하여는 「지방자치법」에 개괄적 규정(140조 내지 151조)이 있는 외에 일반법으로 「지방재정법」, 「지방회계법」 등이 있다.

지방자치단체의 회계연도는 국가의 회계연도와 같이 매년 1월 1일에 시작하여 그 해 12월 31일에 종료한다(지방자치법 140조). 지방자치단체의 회계연도란 지방자치단체의 세입·세출 예산을 구분·정리하여 그 관계를 명확히 하기 위하여 설정된 기간으로서 예산의 유효기간을 말한다.

각 회계연도의 경비는 당해 연도의 세입으로 충당하여야 한다(지방재정법 7조 1항). 「지방재정법」은 세입·세출을 다른 회계연도에 걸치지 못하게 하여 회계연도독립의 원칙을 재정운용의 기본원칙으로 하고 있다.

지방자치단체의 장은 회계연도마다 예산안을 편성하여 시·도는 회계연도개시 50일 전까지, 시·군 및 자치구는 회계연도개시 40일 전까지 지방의회에 제출하여야 한다(지방자치법 142조 1항). 시·도의 의회는 회계연도개시 15일 전까지, 시·군 및 자치구의 의회는 회계연도개시 10일 전까지 당해 예산안을 의결하여야 한다(동조 2항). 예산안의 의결에 대하여는 지방자치단체의 장은 재의요구를 할 수 있다(동법 120조, 121조).

지방자치단체의 장은 출납폐쇄 후 80일 이내에 결산서 및 증빙서류를 작성하고 지방의회가 선임한 검사위원의 검사의견서를 첨부하여 다음 해 지방의회의 승인을 얻어야 한다(동법 150조 1항 전단).

제 3 장 지방자치단체의 기관

Ⅰ. 기본구조

지방자치단체가 통치단체로서 활동하기 위해서는 기관이 필요하다.

지방자치단체의 기관구성 형태는 각국의 역사적 전통에 따라 다양하다. 그러나 대체로 지방자치단체의 의사결정기능(의결기능)과 집행기능을 단일기관에 맡기는 기관통합형, 의사결정기능(의결기능)과 집행기능을 각각 다른 기관에 맡기는 기관대립형, 양자를 혼합한 절충형으로 나누는 것이 보통이다.

우리 「헌법」 제118조는 제1항에서 "지방자치단체에 의회를 둔다"라고 하고, 제2항에서는 "지방의회의 조직·권한·의원선거와 지방자치단체의 장의 선임방법 기타 지방자치단체의 조직과 운영에 관한 사항은 법률로 정한다"라고 규정하고 있다. 이에 의거하여 「지방자치법」은 지방자치단체의 기관을 의결기관인 지방의회(5장)와 집행기관인 지방자치단체의 장 등(6장)을 두고 있다. 지방자치단체의 의회(지방의회라 한다)와 집행기관에 관한 「지방자치법」의 규정에도 불구하고 따로 법률로 정하는 바에 따라 지방자치단체의 장의 선임방법을 포함한 지방자치단체의 기관구성 형태를 달리 할 수 있다(동법 4조 1항). 이에 따라 지방의회와 집행기관의 구성을 달리하려는 경우에는 「주민투표법」에 따른 주민투표를 거쳐야 한다(동조 2항). 「지방자치법」은 교육·과학 및 체육에 관한 사무를 분장하게 하기 위하여 별도의 기관을 두도록 규정(135조)하고 있다.

따라서 우리나라 지방자치단체의 기관구성 형태는 기관대립형, 즉 수장주의(presidential system)를 채택하고 있다고 보는 것이 통설이다.

Ⅱ. 지방의회

1. 지방의회의 법적 지위

첫째로, 지방의회는 헌법상 필수기관이며, 주민의 대표기관이다. 따라서 지방의회의 의사는 주민의 의사로 간주된다.

둘째로, 지방의회는 지방자치단체의 의사결정기관이다. 지방의회는 지방자치단체의 의사를 내부적으로 결정할 뿐이고 원칙적으로 외부에 대하여 그의 의사를 표시할 수 없으므로 행정청이 아니다. 지방의회는 「지방자치법」 제47조 제1항에 규정된 사항 및 동조 제2항에 따라 조례에 의하여 지방의회의 의결사항으로 정하여진 것을 의결한다. 다만, 지방의회의 의결 중에는 개별처분으로서의 의결인 경우도 있을 수 있다. 예컨대 지방의회의장에 대한 불신임 의결(대법 1994. 10. 11. 자 94두23 결정), 지방의회의원에 대한 징계의결(대법 1993. 11. 26. 선고 93누7341 판결) 등을 들 수 있다. 학자에 따라서는 지방의회가 본질적으로 행정기관으로서의 성질을 가진다고 보는 견해[1]도 있다. 지방의회의 의결 중에 개별처분으로서의 의결인 경우가 있을 수 있다는 것과 지방의회가 본질적으로 행정기관으로서의 성질을 가진다는 것과는 논리상 표리의 관계가 있는 것은 아니다.

셋째로, 지방의회는 자치입법기관이다. 자치입법에는 조례와 규칙이 있고 조례가 주민의 대표기관인 지방의회의 의결로 제정되는 지방자치단체의 자주법임은 이미 앞에서 설명한 바와 같다(→ 자치입법권).

넷째로, 지방의회는 집행기관에 대한 감시·통제기관이다. 지방의회의 집행기관에 대한 감시·통제수단으로는 집행기관에 대한 서류제출요구(지방자치법 48조), 행정사무 감사 및 조사권(동법 49조), 행정사무 감사 또는 조사 보고의 처리(동법 50조), 행정사무처리상황의 보고 및 질문응답(동법 51조) 등이 있다.

2. 지방의회의 조직

(1) 구　성

지방의회는 주민이 선출한 지방의회의원으로 구성된다. 지방의회의원은 18세 이상으로서 선거인명부작성기준일 현재 「공직선거법」 제15조 제2항 제1호·제2호·제3호의 어느 하나에 해당하여 선거권이 있는 사람의 보통·평등·직접·비밀선거에 의하여 선출된다(지방자치법 38조).

(2) 기　관

지방의회의 기관으로는 의장·부의장, 위원회, 사무기구 등이 있다.

1) 의장·부의장

지방의회에는 의장과 부의장을 두는데, 시·도의 경우에는 의장 1인과 부의장 2인을, 시·군 및 자치구의 경우에는 의장과 부의장 각각 1인을 의원 중에서 무기명투표로 선출한다(지방자치법 57조 1항).

의장과 부의장의 임기는 2년이다(동조 3항).

의장은 의회를 대표하고, 의사(議事)를 정리하며, 회의장 내의 질서를 유지하고 의회의 사무를 감독한다(동법 58조). 그 밖에 확정된 조례의 예외적인 공포권(동법 32조 6항), 의결에서의 표결권(동법 73조 2항) 및 폐회 중 의원의 사직허가권(동법 89조) 등도 갖는다. 부의장은 의장이 부득이한 사유로 직무를 수행할 수 없을 때에는 그 직무를 대리한다(동법 59조). 의장과 부의장이 모두 부득이한 사유로 직무를 수행할 수 없을 때에는 임시의장을 선출하여 의장의 직무를 대행하게 한다(동법 60조).

의장은 본인·배우자·직계존비속(直系尊卑屬) 또는 형제자매와 직접 이해관계가 있는 안건에

---

1) 金東熙, 행정법 Ⅱ, 100쪽; 鄭夏重, 행정법개론, 929쪽; 洪井善, 행정법원론(하), 119쪽.

관하여는 그 의사에 참여할 수 없다(동법 82조 본문). 거리확보의 원칙이 명문화된 것이다.

의장 또는 부의장이 법령에 위반하거나 정당한 이유 없이 직무를 수행하지 아니한 때에는 지방의회는 불신임을 의결할 수 있다.[1] 불신임의결은 재적의원 4분의 1 이상의 발의와 재적의원 과반수의 찬성으로 행한다. 불신임의결이 있는 때에는 의장 또는 부의장은 그 직에서 해임된다(동법 62조).

2) 위 원 회

지방의회는 조례가 정하는 바에 의하여 위원회를 둘 수 있다(동법 64조 1항).

3. 지방의회의 권한

지방의회의 권한 중 중요한 것으로는 다음과 같은 것이 있다.

(1) 의 결 권

지방의회 의결권이란 지방자치단체의 중요사항에 대한 의사와 정책을 결정하는 권한을 말한다. 지방의회의 가장 본질적인 권한이다.

지방의회 의결사항을 정하는 방법으로는 개괄주의(무제한주의)와 열기주의(제한주의)가 있다. 개괄주의는 주민자치의 관념에 충실하고 집행기관을 폭넓게 견제할 수 있는 등의 장점이 있는 반면, 사항의 대소·경중을 가릴 것 없이 모두 의결사항이 되므로 행정능률을 저하시키고 집행기관에 대한 의회의 부당한 간섭을 초래할 우려가 있는 등의 단점을 갖고 있다. 우리나라 「지방자치법」은 열기주의를 취하고 있다(동법 47조). 따라서 「지방자치법」과 기타의 특별법령에 의결사항으로 규정되어 있는 경우에 한하여 지방의회는 의결권을 행사할 수 있다.

지방의회의 의결로써 당해 지방자치단체의 의사와 정책은 결정되지만, 그 자체로 대외적 효력을 발생하는 것이 아니고, 집행기관에 의하여 외부에 표시됨으로써 비로소 대외적 효력을 발생한다.

「지방자치법」 제47조가 규정하고 있는 의결사항은 ① 조례의 제정·개정 및 폐지 , ② 예산의 심의·확정, ③ 결산의 승인, ④ 법령에 규정된 것을 제외한 사용료·수수료·분담금·지방세 또는 가입금의 부과와 징수, ⑤ 기금의 설치·운영, ⑥ 대통령령으로 정하는 중요 재산의 취득·처분, ⑦ 대통령령으로 정하는 공공시설의 설치·처분, ⑧ 법령과 조례에 규정된 것을 제외한 예산 외 의무부담이나 권리의 포기, ⑨ 청원의 수리와 처리, ⑩ 외국 지방자치단체와의 교류·협력, ⑪ 그 밖에 법령에 의하여 그 권한에 속하는 사항, ⑫ 조례에 의하여 지방의회에서 의결되어야 할 사항 (예: 공유재산의 관리행위(대법 2000. 11. 24. 선고 2000추29 판결))이다.

---

[1] 불신임의결은 의장으로서의 권한을 박탈하는 행정처분의 일종으로서 항고소송의 대상이 된다는 것이 판례(대법 1994. 10. 11. 자 94두23 결정)임은 앞에서 본 바와 같다.

⑵ 감 시 권

첫째로, 지방의회는 서류제출요구권을 갖는다. 즉 지방의회 본회의 또는 위원회는 그 의결로 안건의 심의와 직접 관련된 서류의 제출을 당해 지방자치단체의 장에 대하여 요구할 수 있다(동법 48조 1항).

둘째로, 지방의회는 행정사무 감사·조사권을 갖는다. 지방의회는 매년 1회 당해 지방자치단체의 사무에 대하여 시·도에 있어서는 14일, 시·군 및 자치구에 있어서는 9일 범위 내의 감사를 실시하고, 지방자치단체의 사무 중 특정 사안에 관하여 본회의 의결로 본회의 또는 위원회에서 조사하게 할 수 있다(동법 49조 1항). 위 조사를 발의하고자 할 때에는 이유를 명시한 서면으로 하여야 하며, 재적의원 3분의 1 이상의 찬성이 있어야 한다(동조 2항). 지방자치단체 및 그 장이 위임받아 처리하는 국가사무와 시·도의 사무에 대하여 국회와 시·도의회가 직접 감사하기로 한 사무를 제외하고, 그 감사를 각각 시·도의회와 시·군 및 자치구 의회가 행할 수 있다. 위 감사와 조사를 위하여 필요한 때에는 현지확인을 하거나 서류제출을 요구할 수 있으며, 지방자치단체의 장 또는 관계 공무원이나 그 사무에 관계되는 사람을 출석하게 하여 증인으로서 선서한 후 증언하게 하거나 참고인으로서 의견의 진술을 요구할 수 있다(동조 3항·4항).

셋째로, 지방의회는 본회의의 의결로 감사 또는 조사 결과를 처리한다. 지방의회는 감사 또는 조사 결과 해당 지방자치단체나 기관의 시정이 필요한 사유가 있을 때에는 시정을 요구할 수 있다(동법 50조).

넷째로, 출석·답변요구권을 갖는다. 지방의회는 지방자치단체의 장 또는 관계 공무원의 행정사무의 처리상황의 보고를 받거나, 그들에 대하여 출석·답변을 요구할 수 있다(동법 51조).

다섯째로, 지방의회는 매 회계연도마다 검사위원을 선임하여 결산을 검사하게 한다(동법 150조).

⑶ 선 거 권

지방의회는 ① 의장·부의장·임시의장(동법 57조, 60조), ② 위원회의 위원(동법 64조 3항), ③ 결산 검사위원(동법 150조 1항) 등에 대한 선거권을 갖는다.

⑷ 청원심사·처리권

지방의회는 지방의회에 제출된 청원을 심사·처리할 권한을 갖는다(동법 87조, 88조).

⑸ 자 율 권

지방의회는 내부조직(의장·부의장 등 선거)·의원신분(의원의 사직허가·자격상실·징계 등)·회의(개회·휴회·폐회와 회의일수의 결정, 의회규칙·회의규칙 제정)·원내질서 등에 대하여 스스로 결정·규제할 수 있는 자율권을 갖는다(동법 56조, 57조 1항, 60조, 64조 3항, 89조, 92조, 94조 이하 등).

4. 회　의

(1) 소　집

1) 정 례 회

지방의회의 정례회는 매년 2회 개최되며, 정례회의 집회일, 그 밖에 정례회의 운영에 관하여 필요한 사항은 대통령령이 정하는 바에 의하여 당해 지방자치단체의 조례로 정한다(동법 53조).

2) 임 시 회

총선거 후 최초로 집회되는 임시회는 지방의회 사무처장·사무국장·사무과장이 지방의회 의원 임기 개시일부터 25일 이내에 소집한다. 지방자치단체를 폐지하거나 설치하거나 나누거나 합쳐 새로운 지방자치단체가 설치된 경우에 최초의 임시회는 지방의회 사무처장·사무국장·사무과장이 해당 지방자치단체가 설치되는 날에 소집한다. 일반적인 임시회는 지방자치단체의 장이나 재적의원 3분의 1 이상의 요구가 있을 때에 의장이 15일 이내에 소집하여야 한다(동법 54조 1항·2항·3항).

(2) 회　기

회기란 지방의회의 개회로부터 폐회까지의 기간을 의미한다. 지방의회의 회기는 지방의회가 의결로 이를 정한다(동법 56조 1항). 연간 회의총일수와 정례회 및 임시회의 회기는 당해 지방자치단체의 조례로 정한다(동조 2항).

(3) 의안의 발의

의안의 발의는 지방자치단체의 장이나 조례로 정하는 수 이상의 지방의회 의원의 찬성으로 한다(동법 76조 1항). 위원회도 그 소관에 속하는 사항에 관하여 의안을 제출할 수 있다(동조 2항). 예산안의 발의는 지방자치단체의 장만이 할 수 있다(지방자치법 142조 1항).

(4) 회의의 정족수

1) 의사정족수

의사정족수란 지방의회가 의안을 심의하고 회의를 유지하기 위하여 필요한 최소한의 출석의원의 법정수를 말한다. 지방의회는 재적의원 3분의 1 이상의 출석으로 개의한다(동법 72조 1항).

의사정족수는 개의요건임과 동시에 회의계속의 요건이다. 따라서 회의 중 의사정족수에 미치지 못할 때에는 의장은 회의의 중지 또는 산회를 선포한다(동조 2항).

2) 의결정족수

의결정족수란 지방의회가 의안을 의결하는 데 필요한 최소한의 찬성의원의 법정수를 말한다. 의사는 특별한 규정이 있는 경우(동법 9조 2항, 32조 4항, 62조 2항, 75조, 92조 1항, 100조 2항, 120조 2항, 121조 3항, 192조 3항)를 제외하고는 재적의원 과반수의 출석과 출석의원 과반수의 찬성으로 의결한다(동법 73조 1항). 지방의회의 의장은 의결에서 표결권을 가지며, 찬성과 반대가 같으면 부결된 것으로 본다(동조 2항).

(5) 회의의 원칙

첫째로, 회의공개의 원칙이다. 지방의회의 회의는 공개함을 원칙으로 한다(동법 75조).

둘째로, 회기계속의 원칙이다. 지방의회에 제출된 의안은 회기 중에 의결되지 못한 이유로 원칙적으로 폐기되지 아니한다(동법 79조).

셋째로, 일사부재의의 원칙이다. 지방의회에서 부결된 의안은 같은 회기 중에 다시 발의 또는 제출할 수 없다(동법 80조).

(6) 회의규칙

지방의회는 회의의 운영에 관하여 「지방자치법」에 규정된 것을 제외하고 필요한 사항을 스스로 회의규칙으로 정한다(동법 83조).

5. 지방의회의원

(1) 의원의 선출

지방의회의원은 주민의 보통·평등·직접·비밀선거에 의하여 선출된다(동법 38조)는 것은 이미 앞에서 본 바와 같다. 지방의회의원에는 지역구의원과 비례대표의원이 있다(공직선거법 22조·23조).

선거일 현재 계속하여 60일 이상 당해 지방자치단체의 관할구역 안에 주민등록이 되어 있는 주민으로서 25세 이상의 국민은 지방의회의원의 피선거권이 있다(공직선거법 16조 3항).

(2) 의원의 임기

지방의회의원의 임기는 4년이다(지방자치법 39조).

(3) 의원의 권리·의무

1) 의원의 권리

지방의회의원은 ① 의장·부의장·위원회의 위원 등 기관의 선거권과 피선거권을 갖는다(동법 51조 1항, 64조 3항). ② 의안을 발의하고 질문·발언·표결 등 의사에 참여할 수 있는 권리를 갖는다(동법 51조, 73조, 76조 등). ③ 매월 정액의 의정활동비, 직무활동에 대하여 지급하는 월정수당 여비, 전문인력의 정책 지원 및 회기 중에 직무로 인하여 신체에 상해를 입거나 사망한 때와 그 상해 또는 직무로 인한 질병으로 사망한 때에 보상금을 지급받을 수 있는 권리를 갖는다(동법 40조, 41조, 42조).

2) 의원의 의무

지방의회의원은 ① 국회의원 등 법이 정한 일정한 직을 겸하지 않을 의무를 진다(동법 43조 1항). ② 해당 지방자치단체 및 공공단체와 영리를 목적으로 하는 거래를 할 수 없으며, 이와 관련된 시설 또는 재산의 양수인 또는 관리인이 될 수 없는 의무를 진다(44조 4항). 또한 원칙적으로 소관 상임위원회의 직무와 관련된 영리행위를 하지 못한다(동조 5항). 거리확보의 원칙이 명문화된 것이다. ③ 그 밖에 성실의 의무, 청렴·품위유지의무, 지위남용금지의무 등을 진다(동법 44조 1항 내지 3항).

(4) 의원의 제척

지방의회의원은 본인·배우자·직계존비속 또는 형제자매와 직접 이해관계가 있는 안건에 관하여 그 의사에 참여할 수 없다(동법 82조 본문). 거리확보의 원칙이 명문화된 것이다.

제척되는 범위는 의사결정의 전 과정(의안의 제안·토론·표결 등)이다. 다만, 의회의 동의가 있는 경우에는 의회에 출석하여 발언할 수 있다(동조 단서).

(5) 의원의 체포 등 통지

지방의회의원에게는 국회의원과 같은 회기 중의 불체포특권이 인정되지 아니한다. 그러나 관계 수사기관의 장은 체포 또는 구금된 지방의회의원이 있을 때에는 지체없이 의장에게 영장의 사본을 첨부하여 통지하여야 하며, 형사사건으로 공소가 제기되어 그 판결이 확정된 때에는 각급 법원장은 지체없이 의장에게 이를 통지하여야 한다(동법 45조).

(6) 의원의 사직·퇴직·자격심사 등

1) 의원의 사직

지방의회의원은 임기 중 본인의 의사로 사직할 수 있다. 그러나 지방의회의 허가(폐회 중에는 의장의 허가)를 받아야 한다(동법 89조). 즉 지방의회의원이 사직으로 신분을 상실하는 시점은 지방의회나 의장이 이를 허가한 때이다.

2) 의원의 퇴직

지방의회의원은 ① 겸직할 수 없는 직에 취임한 때, ② 피선거권이 없게 된 때, ③ 징계에 의하여 제명된 때 의원의 직에서 퇴직된다(동법 90조).

3) 자격심사·자격상실

지방의회의원은 다른 의원의 자격에 대하여 이의가 있는 경우 재적의원 4분의 1 이상의 연서로 의장에게 자격심사를 청구할 수 있다(동법 91조 1항). 이 경우 재적의원 3분의 2 이상의 찬성으로 자격상실의결을 하면 피심의원은 의원의 직을 상실하게 된다(동법 92조).

(7) 의원에 대한 징계

지방의회의원이「지방자치법」또는 자치법규에 위배되는 행위를 한 때에는 윤리특별위원회의 심사를 거쳐 지방의회는 의결로써 의원을 징계할 수 있다(동법 98조). 징계의 종류는 공개회의에서의 경고, 공개회의에서의 사과, 30일 이내의 출석정지, 제명이다(동법 100조 1항). 제명 의결에는 재적의원 3분의 2 이상의 찬성이 있어야 한다(동조 2항). 이 경우에 행하는 의원징계의결은 의원의 권리에 직접 법률효과를 미치는 처분으로서 일반 항고소송의 대상이 된다(대법 1993. 11. 26. 선고 93누7341 판결).

Ⅲ. 지방자치단체의 집행기관

지방자치단체의 집행기관으로는 지방자치단체의 장인 특별시장·광역시장·특별자치시장·도지사·특별자치도지사·시장·군수·구청장(자치구)과 그 보조기관, 그 소속 기관 및 지방자치단체의 하부행정기관 등이 있다.

1. 지방자치단체의 장

(1) 법적 지위

첫째로, 지방자치단체의 장은 지방자치단체의 대표기관·총괄기관으로서의 지위를 갖는다. 즉 지방자치단체의 장은 당해 지방자치단체를 대표하고, 그 사무를 총괄한다(동법 114조).

둘째로, 지방자치단체의 장은 지방자치단체의 최고행정청으로서의 지위를 갖는다(동법 116조). 지방자치단체의 장은 스스로 행정청으로서 지방자치단체의 사무를 관리·집행하기 위하여 지방자치단체의 의사를 결정하여 외부에 표시할 수 있을 뿐만 아니라 최고행정청으로서 지방자치단체사무의 관리·집행에 대하여 책임을 진다. 즉 지방자치단체의 장은 지방자치단체의 최고집행기관으로서 자치단체의 사무를 통할하고 집행할 권한을 가지는 독임제 행정기관이다(헌재 2008. 6. 26. 2005헌라7 결정 등).

셋째로, 지방자치단체의 장은 국가의 지방행정기관으로서의 지위를 갖는다. 지방자치단체에서 시행하는 국가사무는 법령에 다른 규정이 없는 한 지방자치단체의 장에게 위임하여 행하게 되어 있으므로(동법 115조), 지방자치단체의 장은 국가의 기관위임사무를 처리하는 한도 내에서 국가의 하급행정청으로서의 지위를 갖는다.

(2) 신분 및 의무

 1) 신분의 발생

　지방자치단체의 장인 특별시장·광역시장·특별자치시장·도지사·특별자치도지사·시장·군수·구청장(자치구)은 주민의 보통·평등·직접·비밀선거에 의하여 선출된다(동법 107조). 지방자치단체의 폐치·분합에 따라 새로 지방자치단체의 장을 선거하여야 하는 경우에는 그 지방자치단체의 장이 선거될 때까지 시·도지사는 행정안전부장관이, 시장·군수 및 자치구의 구청장은 시·도지사가 각각 그 직무를 대행할 사람을 지정하여야 한다. 다만 2 이상의 동격의 지방자치단체를 통·폐합하여 새로운 지방자치단체를 설치하는 경우에는 종전의 지방자치단체의 장 중에서 당해 지방자치단체의 장의 직무를 대행할 사람을 지정한다(동법 110조).

 2) 임　기

　지방자치단체의 장의 임기는 4년이며, 계속 재임은 3기에 한한다(동법 108조).

 3) 권한대행 등

　지방자치단체의 장이 궐위 등으로 직무를 수행할 수 없는 경우에는 부단체장이 그 권한을 대행하거나 그 직무를 대리하고, 부단체장이 2명 이상인 시·도에서는 대통령령으로 정하는 순서에 따라 그 권한을 대행하거나 직무를 대리하며, 권한을 대행하거나 직무를 대리할 부단체장이 부득이한 사유로 직무를 수행할 수 없는 때에는 당해 지방자치단체의 규칙에 정하여진 직제 순서에 따른 공무원이 그 권한을 대행하거나 직무를 대리한다(동법 124조).

 4) 의　무

　지방자치단체의 장은 ① 대통령·국회의원 등 법이 정한 일정한 직을 겸임하지 못한다(동법 109조 1항). ② 재임 중 당해 지방자치단체와 영리를 목적으로 하는 거래를 하거나 당해 지방자치단체와 관계 있는 영리사업에 종사하지 못한다(동조 2항). 거리확보의 원칙이 명문화된 것이다.

 5) 체포 등 통지

　체포 또는 구금된 지방자치단체의 장이 있을 때에는 관계 수사기관의 장은 지체없이 영장의 사본을 첨부하여 당해 지방자치단체에 알려야 하며, 지방자치단체의 장이 형사사건으로 공소가 제기되어 그 판결이 확정된 때에는 각급 법원장은 지체없이 당해 지방자치단체에 알려야 한다(동법 113조).

 6) 신분의 소멸

　지방자치단체의 장은 사임(동법 111조), 당연퇴직(동법 112조), 선거무효 또는 당선무효(공직선거법 224조), 임기만료 및 사망 등에 의하여 그 신분이 소멸된다.

(3) 권   한

지방자치단체의 장은 다음과 같은 권한 등을 갖는다.

1) 대표·총괄권

지방자치단체의 장은 교육·과학 및 체육에 관한 사무를 제외하고 지방자치단체를 대표하고 사무를 총괄할 권한을 갖는다(동법 114조).

2) 사무의 관리·집행권

지방자치단체의 장은 당해 지방자치단체의 사무와 법령에 의하여 그 지방자치단체의 장에게 위임된 사무를 관리하고 집행한다(동법 116조). 지방자치단체의 장이 관리하고 집행할 사무는 교육·과학 및 체육에 관한 사무 등 법령에 의하여 지방자치단체의 장의 권한에서 제외된 사무, 다른 지방자치단체에 위임된 사무, 다른 행정기관에 위임(위탁)된 사무를 제외한 지방자치단체의 모든 사무이다.

3) 사무의 위임 등

지방자치단체의 장은 조례 또는 규칙이 정하는 바에 의하여 그 권한에 속하는 사무의 일부를 보조기관, 소속 행정기관 또는 하부행정기관에 위임하거나, 관할 지방자치단체·공공단체 또는 그 기관(사무소·출장소를 포함한다)에 위임 또는 위탁할 수 있고, 그 권한에 속하는 사무 중 조사·검사·검정·관리업무 등 주민의 권리·의무와 직접 관련되지 아니하는 사무를 법인·단체 또는 그 기관이나 개인에게 위탁할 수 있다. 지방자치단체의 장이 위임 또는 위탁받은 사무의 일부를 다시 위임 또는 위탁하는 경우에는 미리 당해 사무를 위임 또는 위탁한 기관의 장의 승인을 얻어야 한다(동법 117조).

판례는 「지방자치법」 제104조 제1항에 따른 권한의 위임은 내부적으로 집행사무만을 위임한 것이라기보다는 이른바 외부적 권한위임에 해당한다고 하고, 군수가 사무위임조례에 의하여 무허가 건축물에 대한 철거대집행사무를 읍·면에게 위임한 경우, 읍·면장은 대집행계고처분권을 가진다(대법 1997. 2. 14. 선고 96누15428 판결)고 한다. 한편 조례에 의하여 읍·면·동 출장소가 주택임대차계약서에 확정일자를 부여하는 것은 「민법」 부칙 제3조 제1항에 근거한 것이고, 이는 법원서기가 사문서에 확정일자인을 날인하여 확정일자를 부여하는 국가사무 중 주택임대차계약서에 대한 확정일자부여사무를 기관위임(위탁)받아 처리하는 것과 유사한 성격이라고 판시하고 있다(대법 1999. 4. 13. 선고 98추40 판결).

4) 직원의 임면·지휘·감독권

지방자치단체의 장은 소속 직원을 지휘·감독하고 법령과 조례·규칙이 정하는 바에 의하여 그 임면·교육훈련·복무·징계 등에 관한 사항을 처리한다(동법 118조).

5) 조례안 제안·공포·재의요구권 등

지방자치단체의 장은 조례안 발의(동법 76조)·공포(동법 32조 2항)·재의요구권(동조 3항)을 가진다. 지방의회가 새로운 재정부담을 수반하는 조례나 안건을 의결하고자 할 때에는 미리 지방자치단체의 장의 의견을 들어야 한다(동법 148조).

6) 규칙제정권

지방자치단체의 장은 법령 또는 조례가 위임한 범위 안에서 그 권한에 속하는 규칙을 제정할 수 있다(동법 29조).

시·군 및 자치구의 규칙은 시·도의 조례나 규칙에 위반하여서는 아니 된다(동법 30조).

7) 예산안 편성·집행권

지방자치단체의 장은 회계연도마다 예산안을 편성하여 지방의회에 제출하고 지방의회의 의결을 거쳐 집행하는 것이 원칙이다(동법 142조 이하).

8) 지도·감독권

㈎ 일반적 지도·지원　시·도지사는 지방자치단체의 사무에 관하여 조언 또는 권고하거나 지도할 수 있으며, 필요한 경우에는 재정 지원·기술 지원을 할 수 있다(동법 184조).

㈏ 위임사무의 지도·감독　지방자치단체나 그 장이 위임받아 처리하는 국가사무에 관하여 시·도지사는 시·군 및 자치구에 대하여 1차적인 지도·감독권을 가짐과 동시에, 시·군 및 자치구나 그 장이 위임받아 처리하는 시·도의 사무에 관하여 시·도지사는 시·군 및 자치구에 대하여 지도·감독권을 갖는다(동법 185조).

㈐ 위법·부당한 명령·처분의 시정권　시·도지사(법 103조 제2항에 따른 사무의 경우에는 지방의회의 의장)는 시장·군수 및 자치구의 구청장의 명령이나 처분이 법령에 위반되거나 현저히 부당하여 공익을 해한다고 인정될 때에는 기간을 정하여 서면으로 그 시정을 명하고 그 기간 내에 이행하지 아니할 때에는 이를 취소하거나 정지할 수 있다(동법 188조 1항). 이 경우 자치사무에 관한 명령이나 처분에 있어서는 법령에 위반하는 경우에 한한다 (동조 5항). 시·도지사는 시장·군수 및 자치구의 구청장은 자치사무에 관한 위의 명령·처분의 취소·정지에 대하여 이의가 있는 때에는 그 취소 또는 정지처분을 통보받은 날로부터 15일 이내에 대법원에 소를 제기할 수 있다(동조 6항).

㈑ 직무이행명령권　지방자치단체의 장이 법령의 규정에 의하여 그 의무에 속하는 국가위임사무나 시·도의 위임사무의 관리와 집행을 명백히 게을리하고 있다고 인정되는 때에는 시·도지사는 시·군 및 자치구에 대해서 기간을 정하여 서면으로 그 이행할 사항을 명령할 수 있다(동법 189조 1항). 여기서 말하는 위임사무가 단체위임사무와 기관위임사무를 모두 포함하는 것인지, 기관위임사무만을 말하는 것인지에 대하여는 견해가 나뉜다.

후설이 현재의 다수설로 보인다.

시·도지사는 시장·군수 및 자치구의 구청장이 위 기간 내에 이를 이행하지 아니할 때에는 그 지방자치단체의 비용으로 대집행을 하거나 행정·재정상 필요한 조치를 할 수 있다(동조 2항 전단). 이 경우 행정대집행에 관하여는「행정대집행법」을 준용한다(동항 후단).

시장·군수 및 자치구의 구청장은 위 이행명령에 이의가 있으면 이행명령서를 접수한 날로부터 15일 이내에 대법원에 제소할 수 있고, 동시에 이행명령을 정지하게 하는 집행정지결정을 신청할 수 있다(동조 6항).

9) 주민투표부의권

지방자치단체의 장은 주민에게 과도한 부담을 주거나 중대한 영향을 미치는 지방자치단체의 주요 결정사항 등에 대하여 주민투표에 붙일 수 있다(동법 18조).

10) 선결처분권

지방자치단체의 장은 지방의회가 지방의회 의원이 구속되는 등의 사유로 의결정족수에 미달될 때와 지방의회의 의결사항 중 주민의 생명과 재산보호를 위하여 긴급하게 필요한 사항으로서 지방의회를 소집할 시간적 여유가 없거나 지방의회에서 의결이 지체되어 의결되지 아니한 때에는 선결처분을 할 수 있다. 이 선결처분은 지체없이 지방의회에 보고하여 승인을 얻어야 한다. 지방의회에서 승인을 얻지 못한 때에는 그 선결처분은 그 때부터 효력을 상실한다(동법 122조 1항 내지 3항).

11) 재의요구권 및 제소권

지방자치단체의 장은 ① 지방의회의 의결이 월권 또는 법령에 위반되거나 공익을 현저히 해한다고 인정되는 경우, ② 지방의회의 의결에 예산상 집행할 수 없는 경비가 포함되어 있다고 인정되는 경우, ③ 지방의회가 법령에 의하여 지방자치단체에서 의무적으로 부담하여야 할 경비 또는 비상재해로 인한 시설의 응급복구를 위하여 필요한 경비를 삭감하는 의결을 한 경우에는 그 의결사항을 이송받은 날로부터 20일 이내에 이유를 붙여 재의를 요구할 수 있다(동법 120조·121조). 재의의 결과 재적의원 과반수의 출석과 출석의원 3분의 2 이상의 찬성으로 동일한 의결을 하면 그 의결사항은 확정된다(동법 120조 2항, 121조 3항). 위 ①의 경우 지방자치단체의 장은 재의결된 사항이 법령에 위반된다고 인정되는 때에는 재의결된 날로부터 20일 이내에 대법원에 제소할 수 있으며,[1] 동시에 필요하다고 인정되는 경우에는 그 의결의 집행을 정지하게 하는 집행정지결정을 신청할 수 있다(동법 120조 3항, 121조 3항).

---

1) 대법원은 이 소송을 지방자치단체의 장이 지방의회의결에 대한 사전 예방적 합법성 보장책으로서 제기하는 기관소송의 성질을 가진 것이라고 판시함과 동시에 지방의회의 징계의결에 대하여 당사자가 제기하는 소송과는 제소권자·성질 및 목적 면에서 다르다고 하였다(대법 1993. 11. 26. 선고 93누7341 판결).

12) 소속 행정기관 설치권

지방자치단체의 장은 필요한 경우 대통령령 또는 대통령령이 정하는 바에 의하여 당해 지방자치단체의 조례로 직속기관, 사무소, 출장소 등을 설치할 수 있다(동법 126조 이하).

(4) 지방자치단체의 장과 지방의회의 관계

우리나라 지방자치단체의 기관구성형태가 기관대립형을 채택하고 있다는 것은 앞에서 본 바와 같다.

지방자치단체의 장과 지방의회는 기본적으로는 상호 독립하고 각자의 활동을 존중하는 관계에 있다. 따라서 지방자치단체의 장과 지방의회의원과의 겸임은 금지되어 있다(동법 109조).

반면에 지방자치행정의 원활한 운영을 확보하기 위하여 지방자치단체의 장과 지방의회는 각기 상호간 억제하면서 그 균형과 조화를 도모하지 않으면 아니 된다.

상호의 억제·균형을 도모하기 위한 것으로서, 지방의회는 조례의 제정·개폐, 예산의 심의·확정 등의 의결권(동법 47조), 서류제출요구권, 행정사무감사·조사권, 출석·답변요구권 등의 감시권(동법 48조, 49조, 51조 등) 및 지방의회의장의 조례공포권(동법 32조 6항) 등을 가지고 있으며, 지방자치단체의 장은 임시회소집요구권(동법 45조 3항), 부의안건공고권(동법 55조), 의안발의권(동법 76조 1항), 조례안공포권(동법 32조 2항), 선결처분권(동법 122조), 재의요구권 및 제소권(동법 32조, 120조, 121조)[1] 등을 갖는다.

2. 지방자치단체의 장의 보조기관

지방자치단체의 장의 보조기관으로 특별시와 광역시 및 특별자치시에 부시장, 도와 특별자치도에 부지사, 시에 부시장, 군에 부군수, 자치구에 부구청장을 둔다(동법 123조 1항). 특별시와 광역시, 특별자치시의 부시장, 도와 특별자치도의 부지사는 정무직 또는 일반직국가공무원으로 보하며, 시·도지사의 제청으로 행정안전부장관을 거쳐 대통령이 임명한다. 다만 이들 부시장과 부지사를 2명이나 3명 두는 경우에 1인은 대통령령이 정하는 바에 의하여 정무직 또는 별정직지방공무원으로 보한다(동조 2항·3항). 시의 부시장, 군의 부군수, 자치구의 부구청장은 일반직지방공무원으로 보하며, 당해 시장·군수·구청장이 임명한다(지방자치법 110조 4항).

부단체장은 당해 지방자치단체의 장을 보좌하여 사무를 총괄하고 소속 직원을 지휘·감독한다(동조 5항). 지방자치단체의 장이 궐위된 경우, 공소제기된 후 구금상태에 있는 경우, 「의료법」

---

1) 지방자치법 제108조는 지방의회의 의결에 예산상 집행할 수 없는 경비가 포함되어 있다고 인정되는 경우 지방자치단체의 장의 재의요구에 관하여 규정을 두면서 제소권을 규정하고 있지 않기 때문에 제소의 허용성이 문제가 된다. 제108조는 제26조와 함께 제107조의 특별규정으로 보아야 하고, 지방의회가 예산상 집행할 수 없는 경비의 지출을 포함한 조례안 등을 의결하는 행위는 제127조의 규정에 의한 지방자치단체의 장의 예산편성권을 침해하는 위법행위로서 제107조의 월권 또는 법령위반에 포함되므로 제소가 허용된다고 보는 것이 타당하다. 金炳圻, 「조례에 대한 재의요구사유와 대법원 제소」 행정법연구(행정법이론실무학회) 제5호, 262~263쪽.

에 따른 의료기관에 60일 이상 계속하여 입원한 경우에는 부단체장이 그 권한을 대행하며, 지방자치단체의 장이 그 직을 가지고 당해 지방자치단체의 장 선거에 입후보하는 경우에는 예비후보자 또는 후보자로 등록한 날로부터 선거일까지 부단체장이 그 권한을 대행한다. 지방자치단체의 장이 출장·휴가 등 일시적 사유로 직무를 수행할 수 없는 경우에는 부단체장이 그 직무를 대리한다. 부단체장이 2인 이상인 광역지방자치단체에 있어서는 대통령령이 정하는 순에 의하여 대행하거나 직무를 대리한다(동법 124조).

3. 지방자치단체장 소속 행정기관

(1) 직속기관

지방자치단체는 그 소관사무의 범위 안에서 필요한 때에는 대통령령 또는 대통령령이 정하는 바에 의하여 당해 지방자치단체의 조례로 자치경찰기관(제주특별자치도에 한한다)·소방기관·교육훈련기관·보건진료기관·시험연구기관 및 중소기업지도기관 등을 직속기관으로 설치할 수 있다(동법 126조).

(2) 사 업 소

지방자치단체는 특정업무를 효율적으로 수행하기 위하여 필요한 때에는 대통령령이 정하는 바에 의하여 당해 지방자치단체의 조례로 사업소를 설치할 수 있다(동법 127조). 사업소는 업무의 성격이나 업무량 등으로 보아 별도의 기관에서 업무를 추진하는 것이 효율적이고 사업장의 위치상 현장에서 업무를 추진하는 것이 능률적이라는 요건을 충족하여야 한다.

(3) 출 장 소

지방자치단체는 원격지 주민의 편의와 특정지역의 개발촉진을 위하여 필요한 때에는 대통령령이 정하는 바에 의하여 당해 지방자치단체의 조례로 출장소를 설치할 수 있다(동법 128조).

(4) 합의제 행정기관

지방자치단체는 그 소관사무의 일부를 독립하여 수행할 필요가 있는 때에는 법령 또는 당해 지방자치단체의 조례가 정하는 바에 의하여 합의제 행정기관을 설치할 수 있다(동법 129조 1항).

여기서 말하는 법령에 의한 지방자치단체의 합의제 행정기관의 예로 「지방공무원법」 제7조에 의한 인사위원회, 동법 제13조에 의한 소청심사위원회 등을 든다.[1] 이에 대하여는 위의 인사위원회와 소청심사위원회를 「지방자치법」 제129조에 의한 합의제 행정기관과는 별도의 지방자치단체의 특별기관으로 보는 견해[2]도 있다.

---

1) 朴鈗炘, 최신행정법강의(하), 173쪽 이하.
2) 李尙圭, 신행정법론(하), 165쪽 이하.

4. 지방자치단체의 하부 행정기관

각급 지방자치단체는 그 사무를 지역적으로 구분하여 효율적으로 처리하기 위한 하부 행정기관으로 특별시·광역시 및 특별자치시가 아닌 인구 50만 이상의 시에는 자치구가 아닌 구를, 군에는 읍·면을, 시와 구(자치구 포함)에는 동을, 읍·면에는 리(里)를 두며, 도농복합형태의 시에 있어서는 도시형태를 갖춘 지역에는 동을, 그 밖의 지역에는 읍·면을 두되, 도농복합형태의 시에 자치구가 아닌 구를 두는 경우에는 구에 읍·면·동을 둘 수 있다(동법 3조 3항·4항). 이러한 하급 행정기관의 사무를 집행하기 위하여는 그 장이 필요한바, 자치구가 아닌 구에 구청장, 읍에 읍장, 면에 면장, 동에 동장을 둔다(동법 131조).

자치구가 아닌 구의 구청장은 일반직지방공무원으로 보하되, 시장이 임명한다. 읍·면·동장은 일반직지방공무원으로 보하되, 시장·군수 및 자치구의 구청장이 임명한다(동법 132조).

자치구가 아닌 구의 구청장, 읍·면·동장은 각기 임명권자의 지휘 감독을 받아 소관 국가사무 및 지방자치단체의 사무를 맡아 처리하고 소속 직원을 지휘 감독한다(동법 133조).

지방자치단체는 조례가 정하는 바에 의하여 자치구가 아닌 구와 읍·면·동에 소관 행정사무를 분장하기 위하여 필요한 행정기구를 둘 수 있다. 이 경우의 면·동은 행정면·행정동(동법 4조의2 3항·4항)을 말한다(동법 134조).

행정동에 그 지방자치단체의 조례로 정하는 바에 따라 통 등 하부 조직을 둘 수 있으며, 행정리에 그 지방자치단체의 조례로 정하는 바에 따라 하부 조직을 둘 수 있다(동법 7조 5항·6항).

Ⅳ. 교육·학예에 관한 기관

1. 지방자치법 제121조의 취지

「지방자치법」 제121조는 "① 지방자치단체의 교육·과학 및 체육에 관한 사무를 분장하게 하기 위하여 별도의 기관을 둔다. ② 제1항의 규정에 따른 기관의 조직과 운영에 관하여 필요한 사항은 따로 법률로 정한다"라고 규정하고 있다. 이 규정의 취지는 교육·체육·문화·예술의 진흥에 관한 사무가 지방자치단체의 사무로 되어 있지만(동법 9조 2항 5호), 이들 교육·체육 등에 관한 사무는 지방자치단체의 일반적인 기관인 지방자치단체장과 그 보조기관 및 소속 기관에 의하여 처리하지 아니하고 이와는 별개의 기관에 의하여 처리한다는 취지이다. 지방교육·학예기관을 지방자치단체의 일반기관으로부터 분리시키는 이유는 "교육의 자주성·전문성·정치적 중립성"(헌법 31조 4항)을 살리기 위한 것이다. 「지방자치법」 제121조 제2항에 따라 제정된 「지방교육자치에 관한 법률」은 "교육의 자주성 및 전문성과 지방교육의 특수성을 살리기 위하여"(1조)라고 하여 이를 확인하고 있다.

「지방교육자치에 관한 법률」은 지방교육·학예기관으로 교육감을 두고 있다. 다만 주의하여야 할 것은 지방교육자치는 광역지방자치단체에만 한정하고 있다는 점이다(지방교육자치에관한법률 2조).

「제주특별자치도 설치 및 국제자유도시 조성을 위한 특별법」은 교육자치에 관한 특례를 규정하고 있다.

2. 집행기관

시·도의 교육·과학·기술·체육 그 밖의 학예(이하 교육·학예라 한다)의 집행기관으로는 교육감과 그 보조기관 및 하급교육행정기관 등이 있다.

(1) 교육감

1) 법적 지위

교육감은 시·도의 교육·학예에 관한 사무의 집행기관이며, 교육·학예에 관한 소관 사무로 인한 소송이나 재산의 등기 등에 대하여 당해 시·도를 대표한다(동법 18조).

국가행정사무 중 시·도에 위임하여 시행하는 사무로서 교육·학예에 관한 사무는 교육감에게 위임하여 행하므로(동법 19조), 교육감은 국가의 기관위임사무를 처리하는 한도 내에서 국가의 지방행정기관으로서의 지위를 갖는다.

2) 관장사무

교육감은 교육·학예에 관한 다음 사무를 관장한다. 즉 ① 조례안의 작성 및 제출, ② 예산안의 편성 및 제출, ③ 결산서의 작성 및 제출, ④ 교육규칙의 제정, ⑤ 학교, 그 밖의 교육기관의 설치·이전 및 폐지, ⑥ 교육과정의 운영, ⑦ 과학·기술교육의 진흥, ⑧ 평생교육, 그 밖의 교육·학예진흥, ⑨ 학교체육·보건 및 학교환경 정화, ⑩ 학생통학구역, ⑪ 교육·학예의 시설 및 교구(校具), ⑫ 재산의 취득·처분, ⑬ 특별부과금·사용료·수수료·분담금 및 가입금, ⑭ 기채(起債)·차입금 또는 예산 외의 의무부담, ⑮ 기금의 설치·운용, ⑯ 소속 국가공무원 및 지방공무원의 인사관리에 관한 사항, ⑰ 그 밖에 당해 시·도의 교육·학예에 관한 사항과 위임된 사항이다(동법 20조).

3) 신분 및 의무

(개) **신분의 발생**　　　교육감은 주민의 보통·평등·직접·비밀선거에 따라 선출한다(동법 43조).

(내) **임　　　기**　　　교육감의 임기는 4년이며, 교육감의 계속재임은 3기에 한한다(동법 21조).

(대) **의　　　무**　　　교육감은 국회의원·지방의회의원,「국가공무원법」·「지방공무원법」·「사립학교법」의 각 제2조에 규정된 국가공무원·지방공무원·사립학교의 교원, 사립학교경영자 또는 사립학교를 설치·경영하는 법인의 임·직원의 직을 겸할 수 없다(동법 23조 1항).

4) 권　한

교육감은 다음과 같은 권한을 갖는다.

⑷ 대 표 권　　　교육감은 교육·학예에 관한 소관사무로 인한 소송이나 재산의 등기 등에 대하여 시·도를 대표하는 권한을 갖는다(동법 18조 2항). 따라서 교육감도 시·도의 행정청의 지위에 있다.

⑸ 사무처리권　　　교육감은 법이 정한 당해 시·도의 교육·학예에 관한 관장사무 및 국가로부터 위임[1]된 교육·학예에 관한 사무를 처리할 권한을 갖는다(동법 19조·20조).

⑹ 사무위임 등 및 지휘·감독권　　　교육감은 조례 또는 교육규칙이 정하는 바에 의하여 그 권한에 속하는 사무의 일부를 보조기관, 소속 교육기관 또는 하급교육행정기관에 위임할 수 있다(동법 26조 1항). 교육감은 교육규칙이 정하는 바에 따라 그 권한에 속하는 사무의 일부를 당해 지방자치단체의 장과 협의하여 구·출장소 또는 읍·면·동(특별시·광역시·시의 동을 말함)의 장에게 위임할 수 있다. 이 경우 교육감은 당해 사무의 집행에 관하여 구·출장소 또는 읍·면·동의 장을 지휘·감독할 수 있다(동조 2항). 교육감은 조례 또는 교육규칙이 정하는 바에 의하여 그 권한에 속하는 사무 중 조사·검사·검정·관리사무 등 주민의 권리·의무와 직접 관계되지 아니하는 사무를 법인 또는 단체 또는 그 기관이나 개인에게 위탁할 수 있다(동조 3항). 교육감이 위임 또는 위탁받은 사무의 일부를 보조기관·소속 교육기관·하급교육행정기관에 다시 위임 또는 위탁하는 경우에는 미리 당해 사무를 위임 또는 위탁한 기관의 장의 승인을 얻어야 한다(동조 4항).

⑺ 공무원의 임용·지휘·감독권　　　교육감은 소속 공무원을 지휘·감독하고 법령과 조례·교육규칙이 정하는 바에 의하여 그 임용·교육훈련·복무·징계 등에 관한 사항을 처리한다(동법 27조).

⑻ 교육규칙 제정권　　　교육감은 법령 또는 조례의 범위 안에서 그 권한에 속하는 사무에 관하여 교육규칙을 제정할 수 있다(동법 25조 1항). 교육감은 대통령령이 정하는 절차와 방식에 따라 교육규칙을 공포하여야 하며, 교육규칙은 특별한 규정이 없는 한 공포한 날부터 20일이 경과함으로써 효력을 발생한다(동조 2항).

⑼ 선결처분권　　　교육감은 소관사무 중 시·도의회의 의결을 요하는 사항에 대하여 ① 시·도의회가 성립되지 아니한 때, ② 학생의 안전과 교육기관 등의 재산보호를 위하여 긴급하게 필요한 사항으로서 시·도의회가 소집될 시간적 여유가 없거나 시·도의회에

---

1) 대법 2013. 6. 27. 선고 2009추206 판결: 교육감이 담당 교육청 소속 국가공무원인 교사에 대하여 하는 징계의결요구사무는 국가위임사무라고 보아야 한다. 사립 초등·중·고등학교 교사 징계에 관하여 규정한 교육감의 징계요구권한은 국가사무로서 시·도 교육감에 위임된 사무라고 보아야 한다.

서 의결이 지체되어 의결되지 아니한 때의 어느 하나에 해당하는 경우에는 선결처분할 수 있다(동법 29조 1항). 선결처분을 하면 지체없이 시·도의회에 보고하여 승인을 얻어야 하고 승인을 얻지 못한 때에는 그 선결처분은 그 때부터 효력을 상실하되, 이 사항을 지체없이 공고하여야 한다(동조 2항 내지 4항).

(사) **재의요구권 및 제소권**　　　교육감은 교육·학예에 관한 시·도의회의 의결이 법령에 위반되거나 공익을 현저히 저해한다고 판단될 때에는 그 의결사항을 이송받은 날부터 20일 이내에 이유를 붙여 재의를 요구할 수 있다(동법 28조 1항 1문). 교육감이 교육부장관으로부터 재의요구를 하도록 요청받은 경우에는 시·도의회에 재의를 요구하여야 한다(동항 2문). 재의요구가 있을 때에는 재의요구를 받은 시·도의회는 재의에 붙이고 시·도의회 재적의원 과반수의 출석과 시·도의회 출석의원 3분의 2 이상의 찬성으로 전과 같은 의결을 하면 그 의결사항은 확정된다(동조 2항).

교육감은 재의결된 사항이 법령에 위반된다고 판단될 때에는 재의결된 날부터 20일 이내에 대법원에 제소할 수 있다(동조 3항). 다만, 재의결된 사항이 법령에 위반된다고 판단됨에도 당해 교육감이 소를 제기하지 않은 때에는 교육부장관은 해당 교육감에게 제소를 지시하거나 직접 제소할 수 있다(동조 4항). 교육부장관의 제소지시는 재의결된 날부터 20일의 기간이 경과한 날부터 7일 이내에 하고, 해당 교육감은 제소 지시를 받은 날부터 7일 이내에 제소하여야 한다(동조 5항). 교육부장관은 위 제소기간 7일의 기간이 경과한 날부터 7일 이내에 직접 제소할 수 있다(동조 6항). 재의결된 사항을 대법원에 제소한 경우 그 제소를 한 교육부장관 또는 교육감은 그 의결의 집행을 정지하게 하는 집행정지결정을 신청할 수 있다(동조 7항).

(2) 하급교육행정기관[1)]

시·도의 교육·학예에 관한 사무를 분장(分掌)하기 위하여 1개 또는 2개 이상의 시·군 및 자치구를 관할구역으로 하는 하급교육행정기관(교육지원청)을 둔다(동법 34조 1항). 교육지원청에 교육장을 두며, 장학관으로 보한다(동법 3항).

교육장은 시·도의 교육·학예에 관한 사무 중 공·사립의 유치원·초등학교·중학교·공민학교·고등공민학교 및 이에 준하는 각종 학교의 운영·관리에 관한 지도·감독, 당해 시·도의 조례로 정하는 사무를 위임받아 분장한다(동법 35조).

---

1) 대법 2021. 9. 16. 선고 2020추5138 판결: 시·도교육청의 직속기관을 포함한 지방교육행정기관의 행정기구(이하 '기구'라 한다)의 설치는 기본적으로 법령의 범위 안에서 조례로써 결정할 사항이다. 교육감은 시·도의 교육·학예에 관한 사무를 집행하는 데 필요한 때에는 법령 또는 조례가 정하는 바에 따라 기구를 직접 설치할 권한과 이를 위한 조례안의 제안권을 가지며, 설치된 기구 전반에 대하여 조직편성권을 가질 뿐이다.

제 4 장 국가와 지방자치단체의 관계

I. 기본관계

지방자치권의 본질에 관한 우리나라의 전통적 견해는 전래권설이다. 전래권설에 서는 한 지방자치단체에 대한 국가의 지도·감독은 불가피하다. 이 때문에 과거의 대륙법계국가에 있어서와 같이 지방자치단체에 대한 국가의 강력한 일반적·권력적·후견적 감독이 인정되는 예도 있었다. 그러나 이러한 강력한 국가의 후견적 감독은 지방자치권을 부정 내지 위축시키는 결과를 가져왔다. 따라서 지방자치단체에 대한 국가의 지도·감독에는 일정한 한계가 있지 않으면 아니 된다.

우리 「헌법」 아래에서의 국가와 지방자치단체의 기본관계는 병립협력관계로 보는 것이 통설이다. 그리고 법률 제18497호로 공포된 개정 지방자치법은 지금까지 제9장을 국가의 지도·감독으로 하였던 것을 국가와 지방자치단체 간의 관계로 바꾸고, 국가와 지방자치단체의 협력의무라는 제목으로 "국가와 지방자치단체는 주민에 대한 균형적인 공공서비스 제공과 지역 간 균형발전을 위하여 협력하여야 한다"(동법 183조)는 규정을 신설하였다. 이 책에서는 지방자치단체에 대한 국가의 감독은 국가와 지방자치단체의 기본관계를 병립협력관계로 보는 통설과 보조를 맞추어 감독(Aufsicht)이라는 개념 대신 지방자치단체에 대한 국가의 관여라는 개념으로 대체하고 있다. 최근 판례도 "지방자치법상 지방자치단체의 집행기관과 지방의회는 서로 분립되어 각기 그 고유 권한을 행사하되 상호 견제의 범위 내에서 상대방의 권한 행사에 대한 관여가 허용된다"(대법 2021. 9. 16. 선고 2020추5138 판결)고 하여 관여라는 개념을 사용하고 있다.

오늘날 국가와 지방자치단체간의 관계에 대한 법제도론에는 두 가지 기류가 있다. 그 첫째는 하나의 사무를 국가 또는 지방자치단체에 완결적·전속적으로 배분하려는 사무배분론이고, 그 둘째는 행정량의 증대 및 행정기능의 다양화·전문화를 배경으로 국가와 지방자치단체 상호간의 의존관계의 긴밀화·융합화 현실을 제도론적으로 받아들이려는 기능분담론이다. 날이 갈수록 행정의 단위가 다원화되고 복잡해지는 최근의 상황에서는 일체로서의 행정·능률적인 행정의 입장에서 협력관계의 강화가 요청되고 있다. 「지방자치법」은 국가와 지방자치단체 간의 협력을 도모하고 지방자치 발전과 지역 간 균형발전에 관련되는 중요 정책을 심의하기 위하여 중앙지방협력회의를 두고 있다(동법 186조). 그러나 협력관계는 법적으로 대등성이 전제되어야 비로소 의미가 있다. 법적인 대등성이 전제되지 아니한 협력관계의 강화는 쉽게 후견적 감독관계로 전락될 수 있음은 역사가 보여주고 있기 때문이다.[1]

---

1) 우리나라에 있어서 국가와 지방자치단체의 기본관계의 문제점과 과제에 관하여는 文尙德, 「국가와 지방자치단체의 관계에 관한 기본원칙의 정립 —분권국가적 재구조화와 객관적 법치주의의 확립의 관점에서—」, 행정법연구(행정법이론실무학회) 제9호, 269쪽 이하 참조.

따라서 국가가 지방자치단체에 관여하는 경우에도 그 관여는 지방자치의 본질에 반하지 아니하여야 하고, 지방자치의 제도적 보장을 파괴하여서는 아니 된다(대법 1998. 5. 8. 선고 97누15432 판결 참조).

Ⅱ. 국회와의 관계

「헌법」은 지방자치단체의 조직과 운영에 관한 사항을 지방자치단체의 자율에 맡기지 아니하고 법률로 정하도록 하고 있다(118조 2항). 이에 따라 「지방자치법」과 「지방교육자치에 관한 법률」이 지방자치단체의 조직에 관한 기본적 사항을 규정하고 있으며, 개별법률(공직선거법·지방세법·지방재정법·지방공무원법 등)이 지방자치단체의 구체적 조직·운영에 관하여 규정하고 있다. 지방자치단체의 권한에 대한 국가법의 개입에 대하여는 특별한 제한이 없다는 견해[1]가 있다. 그러나 이러한 견해에 따르면 「헌법」에 의한 지방자치보장의 방어적 기능이 공동화(空洞化)될 우려가 있다. 국가법의 개입에 대한 한계를 설정하여 지방자치단체가 갖는 권한행사를 배려(권한상의 배려원칙)할 필요가 있다.

국회는 법률의 제정·개폐에 의한 관여 외에 예산안의 의결, 국정감사 등에 의하여 지방자치단체를 관여할 수 있다. 즉 국회는 위임사무와 국가가 보조금 등 예산을 지원하는 사업에 대하여 특별시·광역시·도를 국정감사할 수 있다(국정감사 및 조사에 관한 법률 7조).[2]

Ⅲ. 국가행정기관과의 관계

국가와 지방자치단체의 관계 중 국가행정기관과 지방자치단체의 관계가 가장 밀접하다. 국가행정기관과 지방자치단체의 관계에는 행정입법에 의한 국가행정기관의 지방자치단체에 대한 관여 및 행정심판청구에 대한 재결에 의한 국가행정기관의 지방자치단체에 대한 관여도 포함된다.

1. 법률의 유보

우리 「헌법」은 지방자치단체의 조직과 운영에 관한 사항을 법률로 정하도록 규정하고 있으며(118조 2항), 국가와 지방자치단체의 관계에 관한 규율도 이에 포함된다. 따라서 지방자치단체에 대한 국가의 행정적 관여는 그 수단이 권력적인 것이든 비권력적인 것이든 법률의 근거를 필요로 한다. 그러한 의미에서 여기서 말하는 법률유보를 사인에 대한 관계의 단순한 연장으로 이해하는 것은 적절하지 않다. 더욱이 여기서 말하는 법률의 유보는 헌법상 병립적 협력관계에 서

---

1) 朴鈗炘, 최신행정법강의(하), 187쪽.

2) 지방자치단체에 대한 과도한 국정감사의 문제점에 관하여는 金炳圻, 「자치단체에 대한 국정감사의 법적 한계와 역기능적 실태—경기도 사례를 중심으로—」, 현대공법학의 과제(최송화교수 화갑기념논문집), 박영사, 2002, 935쪽 이하 참조.

있는 국가와 지방자치단체와의 관계를 유명무실하게 만들지 않기 위하여 일반적·추상적 수권이어서는 아니 되고 개별적·구체적 수권일 것이 요청된다.

「지방자치법」,「지방교육자치에 관한 법률」 및 개별법률은 지방자치단체에 대한 국가의 행정적 관여에 관하여 개별적·구체적 규정을 두고 있다.

2. 국가관여기관

국가의 행정적 관여기관에는 정부수반인 대통령 및 그의 명을 받아 행정각부를 통할하는 국무총리도 포함된다. 그러나 직접적인 국가관여기관은 행정각부 장관, 기타 중앙행정기관 및 광역지방자치단체의 장 등이다.

행정각부 장관, 기타 중앙행정기관은 그 소관사무에 관하여 광역지방자치단체에 대한 관여권을 가지며, 광역지방자치단체의 장은 국가기관의 지위에서 그 구역 내의 기초자치단체에 대한 관여권을 가진다(지방자치법 184조 내지 192조). 감사원은 지방자치단체의 회계검사와 직무감찰에 관한 권한을 가진다(감사원법 22조, 24조).[1]

3. 국가관여의 방법

국가의 행정적 관여의 방법에는 권력적 관여·비권력적 관여, 사전적 관여·사후적 관여 등이 있다. 다음에는 자치사무와 위임사무에 공통되는 관여수단, 자치사무에만 인정되는 관여수단, 기관위임사무에만 인정되는 관여수단으로 나누어 중요한 것만을 보기로 한다.

(1) 공통관여수단

1) 조언·권고·지도 및 자료제출요구

중앙행정기관의 장 또는 시·도지사는 지방자치단체의 사무에 관하여 조언 또는 권고하거나

---

1) 감사원의 지방자치단체에 대한 감사의 한계에 대하여는 논의가 있다. 헌재 2008. 5. 29. 2005헌라3 결정은 "감사원법은 지방자치단체의 위임사무나 자치사무의 구별 없이 합법성 감사뿐만 아니라 합목적성 감사도 허용하고 있는 것으로 보이므로, 감사원의 지방자치단체에 대한 이 사건 감사는 법률상 권한 없이 이루어진 것은 아니다"라고 하였다. 이 결정에 대하여는 "감사원이 지방자치단체의 자치사무에 대하여까지 합목적성 감사까지 하게 된다면 지방자치단체는 자치사무에 대한 자율적 정책 결정을 하기 어렵고, 독립성과 자율성을 크게 제약받아 중앙정부의 하부행정기관으로 전락할 우려가 다분히 있게 되어 지방자치제도의 본질적 내용을 침해하게 될 것이다. 따라서 이 사건 관련규정, 특히 감사원법 제24조 제1항 제2호 소정의 '지방자치단체의 사무에 대한 감찰' 부분을 해석함에 있어 지방자치단체의 사무 중 자치사무에 대한 합목적성 감찰까지 포함된다고 해석하는 한 그 범위 내에서는 위헌이다"라는 이강국·이공현·김종대 재판관들의 반대의견이 있었다. 이 헌법재판소의 결정이 나오기 전에 李琦雨교수는 「감사원법」이 국가기관이나 자치단체를 구분하지 않고 동일한 잣대(합법성과 합목적성)로 감사하도록 한 것은 지방자치단체의 자치권을 규정하고 있는 헌법 제117조 제1항과 합치되지 아니한다는 견해를 밝힌 바 있다. 同人,「지방자치단체에 대한 감사원 감사의 한계—지방자치단체들이 감사원을 상대로 제기한 2005헌라3 사건 검토—」, 지방자치법연구(한국지방자치법학회) 제8권 제1호, 107쪽 이하 참조.

지도할 수 있으며, 이를 위하여 필요한 때에는 지방자치단체에 대하여 자료의 제출을 요구할 수 있다(지방자치법 184조 1항).

2) 재정·기술지원

국가 또는 시·도는 지방자치단체가 당해 지방자치단체의 사무를 처리함에 있어서 필요하다고 인정할 경우 재정지원 또는 기술지원을 할 수 있다(동조 2항).

3) 시정명령

지방자치단체의 사무에 관한 지방자치단체의 장(법 제103조 제2항에 따라 지방의회 사무직원을 지휘·감독하는 사무의 경우에는 지방의회의 의장을 말한다)의 명령이나 처분이 법령에 위반[1]되거나 현저히 부당하여 공익을 해친다고 인정될 때에는 시·도에 대하여는 주무부장관이, 시·군 및 자치구에 대하여서는 시·도지사가 기간을 정하여 서면으로 시정을 명한다. 이 경우 자치사무에 관한 명령이나 처분에 있어서는 법령에 위반하는 것에 한한다(동법 188조 1항·5항).

4) 취소·정지

위의 시정명령에 대하여 지방자치단체의 장이 정하여진 기간 내에 이행하지 아니할 때에는 주무부장관 또는 시·도지사는 시정명령의 대상이 된 명령이나 처분을 취소하거나 정지할 수 있다(동법 188조 1항).[2]

---

[1] 대법 2007. 3. 22. 선고 2005추62 전원합의체 판결은 울산 북구청 승진처분취소 사건에서 지방자치법 제157조 (현행법 제188조) 제1항 전문 및 후문에서 규정하고 있는 지방자치단체의 사무에 관한 그 장의 명령이나 처분이 법령에 위반되는 경우라 함은 명령이나 처분이 현저히 부당하여 공익을 해하는 경우, 즉 합목적성을 현저히 결하는 경우와 대비되는 개념으로, 시·군·구의 장의 사무의 집행이 명시적인 법령의 규정을 구체적으로 위반한 경우뿐만 아니라 그러한 사무의 집행이 재량권을 일탈·남용하여 위법하게 되는 경우를 포함한다고 할 것이다라고 판시하였다(다수의견). 이와 같은 다수의견에 대하여는 여기에서 '법령위반'이라는 문구는 '현저히 부당하여 공익을 해한다고 인정될 때'와 대비적으로 쓰이고 있고, 재량권의 한계 위반 여부를 판단할 때에 통상적으로는 '현저히 부당하여 공익을 해하는' 경우를 바로 '재량권이 일탈·남용된 경우'로 보는 견해가 일반적이므로, 위 법조항에서 '현저히 부당하여 공익을 해하는 경우'와 대비되어 규정된 '법령에 위반하는 때'의 개념 속에는 일반적인 '법령위반'의 개념과는 다르게 '재량권의 일탈·남용'은 포함되지 않는 것으로 해석하여야 한다는 반대의견 및 지방자치법 제157조(현행법 제188조)의 규정은 위법·부당한 행정처분에 대한 국민의 권리구제를 위하여 그 대상적격의 범위를 규정하는 것이 아니고 국가나 상급 지방자치단체가 지방자치단체의 자치사무에 대한 지도·지원이란 한도 내에서 시정조치를 할 수 있는 통제 관여 범위에 관한 규정이라는 점 따라서 그 통제의 범위에 관하여는 헌법과 지방자치법이 보장하고 있는 자치권의 확보를 위하여 제한적으로 해석하여야 한다는 점을 이유로 '법령위반'의 개념은 일반적인 '위법'의 개념과는 달리 좁은 의미에서의 형식적인 '법령의 위반'으로 풀이하여야 한다는 대법관 이홍훈의 반대의견에 대한 보충의견이 있었다. 이 판결에 대한 평석으로는 金光洙, 「자치사무에 대한 국가 등 감독권의 범위와 한계—대상판결: 대법 2007. 3. 22. 선고 2005추62 전원합의체 판결—」, 행정판례연구(한국행정판례연구회) XIII, 387쪽 이하가 있다.

[2] 대법 2017. 3. 30. 선고 2016추5087 판결: 행정소송법상 항고소송은 행정청이 행하는 구체적 사실에 관한 법집행으로서의 공권력의 행사 또는 그 거부와 그 밖에 이에 준하는 행정작용을 대상으로 하여 그 위법상태를 배제함으로써 국민의 권익을 구제함을 목적으로 하는 것과 달리 지방자치법 제169조(현행법 제188조) 제1항은 지방자치단체의 자치행정 사무처리가 법령 및 공익의 범위 내에서 행해지도록 감독하기 위한 규정이므로 그 적용대상을 항고소송의 대상이 되는 행정처분으로 제한할 이유가 없다.

주무부장관은 지방자치단체의 사무에 관한 시장·군수 및 자치구의 구청장의 명령이나 처분이 법령에 위반되거나 현저히 부당하여 공익을 해침에도 불구하고 시·도지사가 제1항에 따른 시정명령을 하지 아니하면 시·도지사에게 기간을 정하여 시정명령을 하도록 명할 수 있고(동조 2항), 시·도지사가 위의 기간에 시정명령을 하지 아니하면 위의 기간이 지난 날부터 7일 이내에 직접 시장·군수 및 자치구의 구청장에게 기간을 정하여 서면으로 시정할 것을 명하고, 그 기간에 이행하지 아니하면 주무부장관이 시장·군수 및 자치구의 구청장의 명령이나 처분을 취소하거나 정지할 수 있으며(동조 3항), 시·도지사가 시장·군수 및 자치구의 구청장에게 제1항에 따라 시정명령을 하였으나 이를 이행하지 아니한 데 따른 취소·정지를 하지 아니하는 경우에는 시·도지사에게 기간을 정하여 시장·군수 및 자치구의 구청장의 명령이나 처분을 취소하거나 정지할 것을 명하고, 그 기간에 이행하지 아니하면 주무부장관이 이를 직접 취소하거나 정지할 수 있다(동조 4항). 위의 규정에 따른 자치사무에 관한 명령이나 처분에 대한 주무부장관 또는 시·도지사의 시정명령, 취소 또는 정지는 법령을 위반한 것에 한정한다(동조 5항).

5) 재의요구명령

지방의회의 의결이 법령에 위반되거나 공익을 현저히 해한다고 판단될 때에는 시·도(또는 교육감)에 대하여는 주무부장관(또는 교육부장관)이, 시·군 및 자치구에 대하여는 시·도지사가 재의를 요구할 수 있고, 재의의 요구를 받은 지방자치단체의 장(또는 교육감)은 의결사항을 이송받은 날부터 20일 이내에 지방의회에 이유를 붙여 재의를 요구하여야 한다(동법 192조 1항, 지방교육자치에관한법률 28조 1항).

시·군 및 자치구의회의 의결이 법령에 위반된다고 판단됨에도 불구하고 시·도지사가 제1항에 따라 재의를 요구하게 하지 아니한 경우 주무부장관이 직접 시장·군수 및 자치구의 구청장에게 재의를 요구하게 할 수 있고, 재의 요구 지시를 받은 시장·군수 및 자치구의 구청장은 의결사항을 이송받은 날부터 20일 이내에 지방의회에 이유를 붙여 재의를 요구하여야 한다(지방자치법 192조 2항).

6) 제소지시 및 직접제소

위의 재의요구에 대한 재의의 결과 지방의회가 재적의원 과반수의 출석과 출석의원 3분의 2 이상의 찬성으로 전과 같은 의결을 하면 그 의결사항은 확정된다(지방자치법 192조 3항, 지방교육자치에관한법률 28조 2항). 재의결된 사항이 법령에 위반된다고 판단되는 때에는 지방자치단체의 장(또는 교육감)은 재의결된 날로부터 20일 이내에 대법원에 소를 제기할 수 있고, 이 경우 필요하다고 인정되면 그 의결의 집행을 정지하게 하는 집행정지결정을 신청할 수 있다(지방자치법 192조 4항, 지방교육자치에관한법률 27조 3항). 재의결된 사항이 법령에 위반된다고 판단됨에도 불구하고 해당 지방자치단체의 장이 소를 제기하지 아니할 때에는 시·도에 대해서는 주무부장관(또는 교육부장관)이, 시·군 및 자치구에 대해서는 시·도지사(제2항에 따라 주무부장관이 직접 재의요구 지시를 한 경우에는 주무부장관을 말한다)가 그 지방자치단체의 장에게 제소를 지시하거나 직접 제소 및 집행정지결정을 신청할 수 있다(지방자치법 192조 5항, 지방교육자치에관한법률 28조 4항). 제소의 지시는 재의결된 날로부터 20일이 경과한 날부터 7일 이내에 하고, 당해 지방자치단체의 장은 제소지시를 받은 날로부터 7일 이내에 하고, 해당 지방자치단체의 장은 제소지시를 받은 날로부터 7일 이내에 제소하여야 한다(지방자치법 192조 6항, 지방교육자치에관한법률 28조 5항). 주무부장관이나 시·도지사의 직접 제소 및 집행정지결정 신청은 위의 기간이 지난 날부터 7일 이내에 할 수 있다(지방자치법 192조 7항, 지방교육자치에관한법률 26조 6항). 「지방자치법」 제192조 제1항 또는 제2항에 따라 지방의회의 의결이 법령에 위반된다고 판단되어 주무부장관이나 시·도지사로부터 재의 요구 지시를 받은 해당 지방자치단체의 장이 재의를 요구하지 아니하는 경우(법령에 위반되는 지방의회의 의결사항이 조례안인 경우로서 재의 요구 지시를 받기 전에 그 조례안을 공포한 경우를 포함한다)에는 주무부장관이나 시·도지사는 제1항 또는 제2항에 따른 기간이 지난 날부터 7일 이내에 대법원에 직접 제소 및 집행정지결정을 신청할 수 있다(지방자치법 192조 8항). 제1항 또는 제2항에 따른 지방의회의 의결이나 제3항에 따라 재의결된 사항이 둘 이상의 부처와 관련되거나 주무부장관이 불분명하면 행정안전부장관이 재의 요구 또는 제소를 지시하거나 직접 제소 및 집행정지 결정을 신청할 수 있다(동조 9항). 직접 제소하는 경우 그 소송의 법적 성격에 관하여는 견해가 나뉜다(→ 기관소송).

7) 승   인

법률에는 지방자치단체의 행위가 국가의 승인을 받음으로써 유효하게 되도록 한 경우가 있다. 예컨대 자치구가 아닌 구와 읍·면·동을 폐치·분할할 때에 있어서의 승인(지방자치법 7조 1항), 지방채 발행승인(지방재정법 11조 2항), 지방자치단체조합 설립승인(지방자치법 176조 1항) 등이 그러하다. 국가의 전형적인 사전적 관여의 하나이다.

8) 감   사

국가는 지방자치단체의 회계를 검사하며(감사원법 22조), 지방자치단체의 사무와 그에 소속한 공무원의 직무를 감찰한다(동법 24조).

지방자치단체에 대한 감사는 위임사무는 물론 자치사무도 포함된다. 즉, 행정안전부장관이나 시·도지사는 지방자치단체의 자치사무에 관하여 보고를 받거나 서류·장부 또는 회계를 감사할 수 있다(지방자치법 190조 1항 전단). 이 경우 감사는 법령 위반사항에 대해서만 한다(동항 후단). 행정안전부장관 또는 시·도지사는 위의 감사를 하기 전에 해당 사무의 처리가 법령에 위반되는지 등을 확인하여야 한다(동조 2항).

주무부장관, 행정안전부장관 또는 시·도지사는 이미 감사원 감사 등이 실시된 사안에 대해서는 새로운 사실이 발견되거나 중요한 사항이 누락된 경우 등 대통령령으로 정하는 경우를 제외하고는 감사 대상에서 제외하고 종전의 감사 결과를 활용하여야 한다(동법 191조 1항). 주무부장관과 행정안전부장관은 ① 법 제185조에 따른 주무부장관의 위임사무 감사 ② 법 제190조에 따른 행정안전부장관의 자치사무 감사의 어느 하나에 해당하는 감사를 하려고 할 때에는 지방자치단체의 수

감부담을 줄이고 감사의 효율성을 높이기 위하여 같은 기간 동안 함께 감사를 할 수 있다(동조 2항).

9) 예산·결산보고를 받는 것

지방자치단체의 장은 지방의회의 의장으로부터 의결된 예산의 이송을 받은 때에는 지체없이 시·도에서는 행정안전부장관에게, 시·군 및 자치구에서는 시·도지사에게 보고하여야 한다(지방자치법 149조 2항). 지방의회의 승인을 얻는 결산의 보고도 동일하다(동법 150조 2항).

10) 분쟁조정

지방자치단체 상호간(또는 지방자치단체의 장 상호간)의 사무를 처리함에 있어서 의견을 달리하여 다툼이 있는 때에는, 다른 법률에 특별한 규정이 없는 한, 행정안전부장관 또는 시·도지사가 당사자의 신청 또는 당사자의 신청이 없는 때에도 그 분쟁이 공익을 현저히 저해하여 조속한 조정이 필요하다고 인정되는 경우에는 직권으로 분쟁을 조정할 수 있다(동법 165조 이하)(→ 지방자치단체 상호간의 분쟁조정).

(2) 기관위임사무에만 인정되는 관여수단

기관위임사무에 있어서는 지방자치단체 또는 그 장에 대하여 자치사무보다 넓은 범위의 관여가 인정된다. 기관위임사무에 관한 한, 국가와 지방자치단체의 관계는 상하의 관계에 있기 때문이다. 「지방자치법」은 지방자치단체 또는 그 장이 위임받아 처리하는 국가사무에 관하여 시·도에 있어서는 주무부장관의, 시·군 및 자치구에 있어서는 1차로 시·도지사의, 2차로 주무부장관의 지도·감독을 받으며, 시·군 및 자치구나 그 장이 위임받아 처리하는 시·도의 사무에 관하여는 시·도지사의 지도·감독을 받는다는 규정을 두고 있다(185조).

기관위임사무에만 인정되는 「지방자치법」상의 개별적 관여수단은 다음과 같다. 다만 「지방자치법」 제189조가 위임사무라고 규정하고 있어 여기서 말하는 위임사무가 단체위임사무와 기관위임사무를 포괄하는 개념인지, 기관위임사무만을 말하는 것인지에 대하여는 견해가 나뉠 수 있다. 앞 견해의 논거는 기관위임사무를 불이행하는 경우에 국가는 그 행정감독권에 기하여 의무이행을 명할 수 있는 것이지 별도로 직무이행명령같은 제도를 도입할 필요가 없었을 것이고, 더욱이 하급관청의 지위에 서는 지방자치단체의 장에게 제소권까지 인정할 이유가 없었을 것이라는 점을 든다.[1] 뒤 견해의 논거는 기관위임사무로 한정하는 것이 「지방자치법」 제189조 제1항이 "지방자치단체의 장이 법령에 따라 그 의무에 속하는 국가위임사무"라고 한 문언에 합치되는 것이라는 점을 든다.[2] 뒤 견해가 판례[3]이다.

---

1) 洪準亨, 「지방자치법상 직무이행명령제도」, 고시계 1996년 5월호, 73쪽 이하, 특히 76쪽 이하.

2) 金東熙, 행정법Ⅱ(제13판), 122쪽 주 1(같은 책 14판에서는 이를 삭제하고 있다).

3) 교육부장관이 교육감에 대하여 할 수 있는 직무이행명령의 대상 사무는 '국가위임사무의 관리와 집행'이다. 그 규정의 문언과 함께 직무이행명령 제도의 취지, 즉 교육감이나 지방자치단체의 장 등, 기관에 위임된 국가사무

1) 직무이행명령

지방자치단체의 장이 법령의 규정에 따라 그 의무에 속하는 국가위임사무나 시·도 위임사무의 관리와 집행[1]을 명백히 게을리하고 있다[2]고 인정되는 때에는 시·도에 대하여는 주무부장관이, 시·군 및 자치구에 대하여는 시·도지사가 기간을 정하여 서면으로 그 이행할 사항을 명령할 수 있다(동법 189조 1항). 주무부장관은 시장·군수 및 자치구의 구청장이 법령에 따라 그 의무에 속하는 국가위임사무의 관리와 집행을 명백히 게을리하고 있다고 인정됨에도 불구하고 시·도지사가 제1항에 따른 이행명령을 하지 아니하는 경우 시·도지사에게 기간을 정하여 이행명령을 하도록 명할 수 있고(동조 3항), 시·도지사가 정하여진 기간에 이행명령을 하지 아니하면 정하여진 기간이 지난 날부터 7일 이내에 직접 시장·군수 및 자치구의 구청장에게 기간을 정하여 이행명령을 하고, 그 기간에 이행하지 아니하면 주무부장관이 직접 다음에 볼 대집행 또는 행정상·재정상 필요한 조치를 할 수 있다(동조 4항). 지방자치단체의 장은 제1항 또는 제4항에 따른 이행명령에 이의가 있으면 이행명령서를 접수한 날부터 15일 이내에 대법원에 소를 제기할 수 있다. 이 경우 지방자치단체의 장은 이행명령의 집행을 정지하게 하는 집행정지결정을 신청할 수 있다(동조 6항).

의 통일적 실현을 강제하고자 하는 점 등을 고려하면, 여기서 국가위임사무란 교육감 등에 위임된 국가사무, 즉 기관위임 국가사무를 뜻한다고 보는 것이 타당하다(대법 2013. 6. 27. 선고 2009추206 판결).

1) 직무이행명령 및 이에 대한 이의소송 제도의 취지는 국가위임사무의 관리·집행에서 주무부장관과 해당 지방자치단체의 장 사이의 지위와 권한, 상호 관계 등을 고려하여, 지방자치단체의 장이 해당 국가위임사무에 관한 사실관계의 인식이나 법령의 해석·적용에서 주무부장관과 견해를 달리하여 해당 사무의 관리·집행을 하지 아니할 때, 주무부장관에게는 그 사무집행의 실효성을 확보하기 위하여 지방자치단체의 장에 대한 직무이행명령과 그 불이행에 따른 후속 조치를 할 권한을 부여하는 한편, 해당 지방자치단체의 장에게는 직무이행명령에 대한 이의의 소를 제기할 수 있도록 함으로써, 국가위임사무의 관리·집행에 관한 두 기관 사이의 분쟁을 대법원의 재판을 통하여 합리적으로 해결함으로써 그 사무집행의 적법성과 실효성을 보장하려는 데 있다. 따라서 직무이행명령의 요건 중 '법령의 규정에 따라 지방자치단체의 장에게 특정 국가위임사무를 관리·집행할 의무가 있는지' 여부의 판단 대상은 문언대로 그 법령상 의무의 존부이지, 지방자치단체의 장이 그 사무의 관리·집행을 하지 아니한 데 합리적 이유가 있는지 여부가 아니다. 그 법령상 의무의 존부는 원칙적으로 직무이행명령 당시의 사실관계에 관련 법령을 해석·적용하여 판단하되, 직무이행명령 이후의 정황도 고려할 수 있다(대법 2020. 3. 27. 선고 2017추5060 판결).

2) '국가위임사무의 관리와 집행을 명백히 게을리하고 있다'는 요건은 국가위임사무를 관리·집행 할 의무가 성립함을 전제로 하는데, 지방자치단체의 장은 그 의무에 속한 국가위임사무를 이행하는 것이 원칙이므로, 지방자치단체의 장이 특별한 사정이 없이 그 의무를 이행하지 아니한 때에는 이를 충족한다고 해석하여야 한다. 여기서 특별한 사정이란, 국가위임사무를 관리·집행할 수 없는 법령상 장애사유 또는 지방자치단체의 재정상 능력이나 여건의 미비, 인력의 부족 등 사실상의 장애사유를 뜻한다고 보아야 하고, 지방자치단체의 장이 특정 국가위임사무를 관리·집행할 의무가 있는지 여부에 관하여 주무부장관과 다른 견해를 취하여 이를 이행하고 있지 아니한 사정은 이에 해당한다고 볼 것이 아니다. 왜냐하면, 직무이행명령에 대한 이의소송은 그와 같은 견해의 대립을 전제로 지방자치단체의 장에게 제소권을 부여하여 성립하는 것이므로, 그 소송의 본안판단에서 그 사정은 더는 고려할 필요가 없기 때문이다.

2) 대집행 및 필요조치

지방자치단체의 장이 정하여진 기간 내에 직무이행명령을 이행하지 아니할 때에는 주무부장관이나 시·도지사는 그 지방자치단체의 비용부담으로 대집행 또는 행정상·재정상 필요한 조치를 할 수 있다. 이 경우 행정대집행에 관하여는 「행정대집행법」을 준용한다(동조 2항). 주무부장관은 시·도지사가 시장·군수 및 자치구의 구청장에게 제1항에 따라 이행명령을 하였으나 이를 이행하지 아니한 데 따른 대집행 또는 행정상·재정상 필요한 조치를 하도록 명하고, 그 기간에 대집행 또는 행정상·재정상 필요한 조치를 하지 아니하면 주무부장관이 직접 대집행 또는 행정상·재정상 필요한 조치를 할 수 있다(동조 5항).

4. 국가관여가 미치는 범위

국가의 행정적 관여가 지방자치단체의 조직과 운영의 합법성보장에만 미치는가, 더 나아가 합목적성보장에도 미치는가가 문제된다. 이 문제는 법령에 별도의 규정이 없는 한, 기본적으로는 행정적 관여의 개별적 성질에 의하여 결정될 수밖에 없으나, 일반적으로는 다음과 같이 정리할 수 있다.

자치사무의 경우에는 국가의 행정적 관여가 권력적 관여이든 비권력적 관여이든 지방자치의 실질적 보장이라는 관점에서 합법성보장에만 미치는 것이 원칙이다.

그러나 위임사무의 경우에는 견해가 나뉜다. 이 경우에는 다시 위임사무를 단체위임사무와 기관위임사무로 나누는 것이 필요하다. 즉, 단체위임사무인 경우에는 합법성보장뿐만 아니라 합목적성보장에도 미치되, 지방자치단체의 자율성 확보라는 관점에서 사후감독에만 미치고, 기관위임사무인 경우에는 합법성보장뿐만 아니라 사전·사후의 합목적성보장에도 미친다.

5. 행정협의조정위원회

중앙행정기관의 장과 지방자치단체의 장이 사무를 처리함에 있어서 의견을 달리하는 경우 이를 협의·조정하기 위하여 국무총리 소속으로 행정협의조정위원회를 둔다(지방자치법 187조).

6. 행정입법에 의한 관여

「헌법」은 지방자치단체가 법령의 범위 안에서 자치에 관한 규정을 제정할 수 있도록 하고 있다(117조 1항). 따라서 국가의 행정입법(대통령령·총리령·부령 및 법령의 해석과 관련한 예규 등)도 지방자치단체에 대한 행정적 통제(관여)의 수단이 된다.

7. 재결에 의한 관여

「행정심판법」은 행정청의 처분 또는 부작위를 행정심판의 대상으로 규정하고 있으며, 여기서 말하는 행정청에는 지방자치단체의 행정에 관한 의사를 결정하여 외부에 표시할 수 있는 권한을 가지는 행정기관뿐만 아니라 지방자치단체를 포함한다(동법 2조 4호, 3조 1항). 따라서 행정심판의 재결에 의하여 국가행정기관은 지방자치단체를 통제(관여)할 수 있다(대법 1998. 5. 8. 선고 97누15432 판결; 헌재 1999. 7. 22. 98헌라4 결정 참조). 다만, 처분 또는 부작위가 지방자치단체의 자치사무인 경우에는 헌법합치적 해석에 의하여 위법한 처분 또는 부작위만이 행정심판의 대상이 된다고 해석하여야 할 것이다.

IV. 지방자치단체의 국정참여

지방자치단체의 국정참여는 현재로는 극히 미흡하다. 개별법에서 규정하고 있는 지방자치단체의 국정참여의 예로는 다음과 같은 것을 들 수 있다.

첫째로, 제주특별자치도지사의 법률안의견제출권이다(제주특별자치도설치및국제자유도시조성을위한특별법 19조).

둘째로, 지방자치단체의 행정절차참가권이다. 「행정절차법」 제42조 제3항은 행정청이 입법예고를 하는 때에 입법안과 관련이 있다고 인정되는 지방자치단체가 예고사항을 알 수 있도록 예고사항을 통지하도록 의무화하고 있고, 「법제업무운영규정」은 그 제15조 제2항에서 같은 취지의 규정을 두고, 그 제24조 제5항에서 법제처장으로 하여금 법령정비를 위하여 지방자치단체로부터 의견을 듣고 이를 검토하도록 의무화하고 있다. 「국토기본법」 제12조 제2항은 국토교통부장관이 국토종합계획을 수립하거나 확정된 계획을 변경하고자 하는 때에는 국무회의의 심의를 거치도록 되어 있는데, 국무회의의 심의를 받고자 하는 때에는 시·도지사의 의견을 듣도록 의무화하고 있고, 「수도권정비계획법」 제4조 제1항은 국토교통부장관이 수도권정비계획안을 입안할 때 시·도지사의 의견을 들어 행하도록 규정하고 있다. 그 밖에도 「국토의 계획 및 이용에 관한 법률」 제15조 제1항은 시·도지사가 광역도시계획을 수립 또는 변경하고자 하는 때 미리 관계 시장 또는 군수의 의견을 듣도록 의무화하는 규정을 두고 있는 예 등이 있다.

V. 사법기관과의 관계

1. 법원과의 관계

우리나라에 있어서 지방자치단체와 법원과의 관계는, 주민소송의 경우를 제외하면, 주로 ① 지방자치단체의 장의 위법한 처분 및 부작위로 인하여 권리 또는 이익의 침해를 받는 등 공법상 법률관계에 다툼이 발생하여 주민이 행정소송을 제기한 경우에 법원이 행하는 통제(관여)의 문제와, ② 국가가 지방자치단체에 대하여 행한 관여가 위법한 경우에 헌법상의 지방자치보장을 확보하고 주민 전체의 이익을 보호하기 위하여 지방자치단체가 법원에 대하여 그 구제를 청구하는 문제가 논의의 대상이 된다.

①의 문제는 특별히 문제될 것이 없다. 지방자치단체의 장의 위법한 처분(조례 포함) 및 부작위[1]로 권리·이익이 침해된 자[2]는 행정소송을 제기할 수 있고, 법원은 소송절차를 통하여 지방자치단체에 대한 간접적인 법규감독을 하게 된다. 이 경우에 법원은 명령규칙심사권을 행사하여 재판의 전제가 되는 조례의 유효·무효를 심사할 수도 있다.

②의 문제는 그렇게 간단하지 않다. 명문으로 제소를 규정하고 있는 경우와 그렇지 아니한 경우로 나누어 보아야 한다.

(1) 명문의 제소규정이 있는 경우

「지방자치법」은 ① 지방자치단체의 사무에 관한 그 장의 명령이나 처분이 법령에 위반된다고 인정될 때에는 주무부장관 등이 이를 취소하거나 정지할 수 있는바, 지방자치단체의 장은 이 취소·정지에 대하여 이의가 있는 때에는 대법원에 제소할 수 있다는 것(188조 6항), ② 지방자치단체의 장이 법령의 규정에 의하여 그 의무에 속하는 국가위임사무 등[3]의 관리·집행을 명백히 게을리하고 있다고 인정되는 때에는 주무부장관 등은 직무이행명령을 행할 수 있는바, 지방자치단체의 장은 이 이행명령에 이의가 있는 때에는 대법원에 제소할 수 있다는 것(189조 6항), ③ 지방의회의 의결이 법령에 위반된다고 판단되어 주무부장관 등으로부터 재의 요구지시를 받은 해당 지방자치단체의 장이 재의를 요구하지 아니하는 경우 주무부장관 등이 대법원에 직접 제소할 수 있다는 것(192조 8항), ④ 행정안전부장관은 「공유수면관리 및 매립에 관한 법률」에 따른 매립지 등이 속할 지방자치단체를 결정할 수 있는바, 관계 지방자치단체의 장은 행정안전부장관의 결정에 이의가 있는 때에는 대법원에 제소할 수 있다는 것(5조 9항) 등을 규정하고 있다. 이 경우의 소송의 법적성질에 관하여는 기관소송이라는 견해와 「지방자치법」이 인정하는 특별한 형태의 항고소송(지방자치단체 자체가 그 대표자인 지방자치단체의 장의 명의로 제기하는 특별한 형태의 항고소송)으로 보는 견해로 나뉜다. 전자는 기관소송을 비한정설로 이해하는 견해에 근거를 두고 있고, 후자는 기관소송을 한정설로 이해하는 견해에 근거를 두고 있다(→ 기관소송).

---

1) 조례의 부제정(不制定)에 대하여도 행정소송법 제4조 제3호의 부작위위법확인소송으로 다툴 수 있는지에 관하여는 李炅春,「자치단체의 조례부제정에 대한 부작위위법확인청구소송의 허용 여부」, 판례실무연구(비교법실무연구회)[Ⅴ], 201쪽 이하 참조.

2) 서울행정법원은 "자치사무에 관하여 국가는 지방자치단체장의 위법한 처분에 의하여 그 자신의 법익을 침해당한 경우 그 침해를 직접 배제하기 위하여 소를 제기할 법률상의 이익이 있다"(서울행법 2000. 6. 2. 선고 99구24030 판결)고 판시하였다. 이에 관하여는 金相大,「국가와 지방자치단체간 분쟁해결제도에 관한 공법적 연구」(2007년 2월 한양대학교 박사학위논문), 115쪽 이하 참조. 그러나 기관위임사무인 경우에는 국가가 지방자치단체장을 상대로 취소소송을 제기할 수 없다(대법 2007. 9. 20. 선고 2005두6935 판결).

3) 이 때의 위임사무가 단체위임사무·기관위임사무를 의미하는 것인지 기관위임사무만을 의미하는 것인지에 대하여는 견해가 나뉘지만 후설이 현재의 다수설이라는 것은 이미 앞에서 본 바와 같다.

(2) 명문의 제소규정이 없는 경우

「지방자치법」에 명문의 제소규정이 없음에도 불구하고 국가가 지방자치단체에 대하여 행한 관여권의 행사 등이 위법한 경우에 지방자치단체가 항고소송을 제기하여 다툴 수 있는가에 대하여는 논란의 여지가 있다. 종래에는 부정하는 견해가 통설이고 판례(대법 1998. 5. 8. 선고 97누 15432 판결 참조)였다. 그러나 이에 대하여는 감독권의 위법한 행사는 지방자치단체인 법인이 국가에 대하여 갖는 헌법에 의하여 직접 보호되고 있는 권리인 자치권의 침해에 해당하는 것이므로 이를 긍정하려는 견해가 유력하게 주장되어 왔다.[1]

최근 구체적으로 지방자치단체의 행정청의 처분에 대하여 행정심판이 제기되어 인용재결 및 이와 더불어 직접처분이 행하여진 경우에 지방자치단체가 재결의 위법을 이유로 항고소송으로 다툴 수 있는가의 문제가 제기되고 있다. 행정청의 처분이 기관위임사무인 경우에는, 「행정심판법」 제49조 제1항에 의하여 처분청은 재결에 기속되어 재결의 취지에 따른 처분의무를 부담하게 되므로, 처분청에 의한 항고소송을 인정하는 것은 행정상의 통제를 스스로 파괴하고 국민의 신속한 권리구제를 지연시키는 작용을 하게 될 것이다. 따라서 처분청이 재결의 위법을 이유로 항고소송을 제기하는 것은 허용될 수 없을 것이다. 문제는 처분이 지방자치단체의 자치사무인 경우이다. 이에 관하여는 「행정심판법」 제49조 제1항을 근거로 지방자치단체는 재결의 위법을 이유로 항고소송을 제기할 수 없다는 견해[2]가 있다. 이에 대하여는 ① 재결도 일종의 행정행위이기 때문에 재결의 기속력은 행정행위에 부여되는 특수한 구속력에 불과할 뿐 아니라 법원의 집행·효력정지결정을 통해 그 기속력을 정지시킬 수 있다는 점, ② 행정심판의 피청구인은 행정청으로서의 단체장인 반면 재결에 대해 불복하여 항고소송을 제기하는 것은 지방자치단체이므로 재결의 기속력은 지방자치단체에는 미치지 않는다는 점, ③ 「행정심판법」 제49조 제1항에서 말하는 "관계행정청"이란 동일한 행정주체 내의 행정기관을 의미하는 것으로 해석되어야 하고

---

1) 朴正勳, 행정소송의 구조와 기능, 349쪽 이하 ; 趙成圭, 「지방자치단체의 행정소송상 원고적격—독일 게마인데 (Gemeinde)를 중심으로—」, 행정법연구(행정법이론실무학회) 제7호, 101쪽 이하 ; 鄭鎬庚, 「행정소송과 헌법재판의 관계에 관한 고찰—항고소송, 헌법소원, 권한쟁의심판을 중심으로—」, 행정법연구(행정법이론실무학회) 제22호, 76쪽 이하 ; 金相太, 「지방자치단체의 자치권 침해에 대한 사법적 구제수단—국가와 지방자치단체와의 관계를 중심으로—」, 행정법연구(행정법이론실무학회) 제24호, 249쪽 이하 ; 文尙德, 「지방자치제도의 활성화와 행정소송」, 행정법연구(행정법이론실무학회) 제25호, 171쪽 이하 ; 朴玄廷, 「국가와 지방자치단체의 항고소송에서의 원고적격—판례의 최근 경향을 중심으로—」, 행정법연구(행정법이론실무학회) 제30호, 159쪽 이하. 이들 주장의 주된 논거는 행정소송을 철저한 주관소송으로 파악하고 있는 독일에서도 원고적격의 핵심요건인 권리 개념이 지방자치단체의 권한까지 포함하는 것으로 해석함으로써 지방자치단체에게 일반적 원고적격을 부여하고 있는바, 우리 행정소송법상 원고적격은 '법률상 이익을 가진 자'이기 때문에 독일에서와 같은 문제는 없고 지방자치단체가 자신의 권한에 관한 법적인 이해관계를 갖는 한 원고적격이 부여될 수 있는 것으로 해석되어야 한다는 점, 법률상 이익이 사인의 이익에 한정될 이유가 전혀 없고 또한 사인만이 항고소송을 제기할 수 있다는 규정이 없다는 점 등이다.

2) 鄭夏重, 행정법개론, 682쪽 이하.

따라서 별개의 행정주체인 지방자치단체는 제외된다는 점을 들어[1] 처분이 자치사무에 관한 것인 경우 항고소송이 인정된다는 견해가 유력하게 주장되고 있다.[2]

생각건대 국가와 지방자치단체의 기본관계를 병립협력관계로 본다면 단순한 행정내부관계가 아니라 대등한 법주체간의 법률관계(주관적인 법률관계)이며, 국가의 관여권의 위법한 행사는 독립된 법주체인 지방자치단체에 대한 자치권의 침해이므로, 그 쟁송을 독립된 법주체간의 구체적인 권리의무관계에 관한 법적용상의 쟁송으로 볼 수 있는 한 항고소송의 제기가 가능하다고 보아야 한다. 뿐만 아니라 법률상의 쟁송으로 볼 수 있는 한 공법상의 당사자소송의 제기도 가능하다고 보아야 할 것이다.

2. 헌법재판소와의 관계

지방자치단체와 헌법재판소의 관계도 ① 지방자치단체의 공권력의 행사 또는 불행사로 인하여 헌법상 보장된 기본권을 침해받은 자가 헌법소원심판을 청구한 경우에 헌법재판소가 행하는 관여의 문제와, ② 국가의 처분 또는 부작위가 헌법 또는 법률에 의하여 부여받은 지방자치단체의 권한을 침해하거나 침해할 현저한 위험이 있는 경우 지방자치단체가 국가를 상대로 헌법재판소에 권한쟁의심판 등을 청구하는 문제로 나눌 수 있다.

①의 경우도 특별히 문제될 것이 없다. 헌법재판소는 공권력의 행사나 불행사를 직접 대상으로 하여 그 효력을 다툴 수 있는 권리구제절차가 따로 없는 경우 또는 전심절차로 권리가 구제될 가능성이 거의 없거나 권리구제절차가 허용되는지 여부가 객관적으로 불확실하여 전심절차의 이행을 기대할 수 없는 경우에는 심판절차를 통하여 지방자치단체에 대한 간접적인 법규감독을 하게 된다. 여기서 말하는 공권력의 행사에는 자치입법권의 행사인 조례의 제정이 포함된다는 것이 헌법재판소의 입장이다(헌재 1994. 12. 29. 92헌마216 결정).

②의 경우 중 지방자치단체가 국가를 상대로 권한쟁의심판을 청구한 경우에는 헌법재판소는 국가의 처분이나 부작위가 지방자치단체의 권한을 침해한 때[3]에는 이를 취소하거나 무효를 확

---

1) 朴正勳, 행정소송의 구조와 기능, 358쪽.

2) 金炳圻, 「보완요구의 부작위성과 재결의 기속력」, 한국행정판례연구회 제164차 발표논문, 80쪽; 金容燮, 「재결의 기속력의 주관적 범위를 둘러싼 논의」, 한국행정판례연구회 제198차 발표논문, 16쪽 이하; 洪井善, 「행정심판 피청구인으로서 지방자치단체의 원고적격」, 한국지방자치법학회 제15회 학술발표대회 발표논문, 11쪽 이하. 金炳圻 교수는 항고소송의 대상이 될 수 있다는 논거로 "지방자치법 제157조(현행법 제169조) 제2항이 이를 반증하고 있다"는 점을 든다. 金容燮 교수는 행정심판이 대심구조를 취하는 준사법작용이라 하더라도 재판에 비하면 증거조사절차 등에서 신속 간편에 치우치는 등 적정한 판단을 위한 장치가 불실하여 재결이 잘못 내려질 가능성이 있는데도 불구하고 인용재결에 대하여 처분청이 다툴 수 없게 함으로써 대법원 판결처럼 최종적으로 확정되도록 한 것은 특히 자치사무에 관한 법해석권을 행정심판에 맡기는 것이 되어 지방자치의 헌법적 보장에 어긋난다는 점을 든다. 洪 교수는 위의 朴 교수가 들고 있는 논거 외에 「행정심판법」 제49조 제1항을 이유로 행정소송을 인정하지 않는 것은 행정심판제도의 목적과 사유 및 「지방자치법」상 지방자치단체에 대한 통제의 원리에 반한다는 점을 든다.

3) 이 때 청구인의 권한이 침해되는 것은 청구인과 피청구인 사이에 권한의 존재 또는 범위에 관한 다툼이 발생하

인[1]할 수 있다(헌법재판소법 66조). 따라서 지방자치법 제169조 제1항에 의거하여 국가가 내린 관여처분이 지방자치단체의 자치권을 침해하고 있을 때에는 지방자치단체는 대법원에 제소하는 것과는 별도로 헌법재판소에 권한쟁의심판을 청구할 수 있다 할 것이다.

문제는 지방자치단체가 국가를 상대로 헌법소원심판을 청구할 수 있는가의 여부이다. 헌법소원심판의 청구인적격은 기본권의 주체에 한하므로 지방자치단체의 자치권이 기본권으로 파악되지 아니하는 한 지방자치단체의 청구인적격이 긍정될 수가 없고, 가령 청구인적격이 긍정될 수 있다 하더라도, 국가관여권의 위법한 행사에 대한 항고소송을 긍정하는 한, 헌법소원에 있어서의 보충성의 원칙상 지방자치단체의 국가를 상대로 한 헌법소원심판은 원칙적으로 불가능하게 된다. 다만, 헌법재판소는 2008. 4. 24. 2004헌바44 결정에서 "헌법재판소법 제68조 제2항은 기본권의 침해가 있을 것을 그 요건으로 하고 있지 않을 뿐만 아니라 청구인적격에 관하여도 '법률의 위헌여부심판의 제청신청이 법원에 의하여 기각된 때에는 그 신청을 한 당사자'라고만 규정하고 있는바, 위 '당사자'는 행정소송을 포함한 모든 재판의 당사자를 의미하는 것으로 새겨야 할 것이고, 행정소송의 피고인 행정청만 위 '당사자'에서 제외하여야 할 합리적인 이유도 없다", "행정청이 행정처분 단계에서 당해 처분의 근거가 되는 법률이 위헌이라고 판단하여 그 적용을 거부하는 것은 권력분립의 원칙상 허용될 수 없지만, 행정처분에 대한 소송절차에서는 행정처분의 적법성·정당성뿐만 아니라 그 근거 법률의 헌법적합성까지도 심판대상으로 되는 것이므로, 행정처분에 불복하는 당사자뿐만 아니라 행정처분의 주체인 행정청도 헌법의 최고규범력에 따른 구체적 규범통제를 위하여 근거 법률의 위헌 여부에 대한 심판의 제청을 신청할 수 있고 헌법재판소법 제68조 제2항의 헌법소원을 제기할 수 있다고 봄이 상당하다"고 판시하고 있다. 이 결정에 따르면, 국가의 관여를 다투는 지방자치단체는 항고소송·당사자소송·기관소송 등 일반 법원에 행정소송의 형태로 소송계속 중인 기회에 해당처분이나 행위의 근거가 되는 법률조항 자체에 대한 위헌법률심판제청신청을 하는 방법으로 규범통제형 헌법소원을 청구할 수 있을 것으로 보인다.[2]

여 청구인의 권한과 모순되는 피청구인의 처분이나 부작위가 이루어짐으로써 야기된 때에 한정된다.

1) 헌재 1999. 7. 22. 98헌라4 결정은 국가기관으로서의 재결청인 경기도지사의 행정심판법 제37조 제2항에 근거한 직접처분이 인용재결의 범위를 넘어 성남시의 권한을 침해한 것으로서 무효임을 확인하였다.

2) 고일광, 「국가의 지방자치단체에 대한 관여와 이에 대한 헌법상 쟁송수단 ―헌법재판소 판례를 중심으로―」, 한국공법학회·대법원 헌법연구회·지방자치에 대한 공법소송의 재평가 발표문(2012. 5. 19.), 6쪽 이하 참조

제 5 장 지방자치단체 상호간의 관계

I. 기본관계

1. 대등관계

지방자치단체 상호간의 관계는 기본적으로 대등한 관계에 있다. 특히 문제가 되는 것은 광역지방자치단체와 기초지방자치단체와의 관계이다. 광역지방자치단체와 기초지방자치단체도 다같이 보통지방자치단체이고 그 존립목적인 소관사무를 달리하고 있기 때문에 원칙적으로 대등한 관계에 있다고 보아야 한다. 그러나 양자는 병립적으로 존재하는 단체가 아니라 광역지방자치단체의 구역은 수많은 기초지방자치단체의 구역을 포함하는 중첩적 구조로 되어 있다. 따라서 「지방자치법」은 기초지방자치단체에 대한 광역지방자치단체의 관여를 인정하고 있다(184조 참조).

2. 협력관계

지방자치단체는 다른 지방자치단체로부터 사무의 공동처리에 관한 요청이나 사무처리에 관한 협의·조정·승인 또는 지원의 요청이 있는 때에는 법령의 범위 안에서 이에 협력하여야 한다(지방자치법 164조). 현행법상의 구체적인 협력방법으로는 사무위탁, 행정협의회의 설치, 지방자치단체조합의 설립 및 지방자치단체의 장 등의 전국적 협의체 구성 등이 있다.

II. 광역지방자치단체의 관여

기초지방자치단체에 대한 광역지방자치단체의 관여는 주로 위임사무에 관한 것이지만, 반드시 그러한 것만은 아니다. 입법적 관여와 행정적 관여에 한정하여 보면 다음과 같다.

1. 입법적 관여

시·군 및 자치구의 조례나 규칙은 시·도의 조례나 규칙에 위반하여서는 아니 된다(동법 30조). 따라서 광역지방자치단체의 조례나 규칙은 기초지방자치단체에 대한 중요한 관여수단이 된다. 「지방자치법」 제30조는 시·군 및 자치구의 조례나 규칙이 시·도의 조례나 규칙에 위반될 수 없다는 점만을 명시하고 있으나, 법령에서 자치법규에 특정사항을 위임하는 경우(위임조례·위임규칙)와 같은 논리로 시·도는 자신의 사무를 수행하는 데 필요한 법규를 마련함에 있어서 시·군 및 자치구에 대하여 일정한 사항을 시·군 및 자치구의 규칙에 위임할 수 있다고 보아야 할 것이다.

2. 행정적 관여

광역지방자치단체의 행정적 관여로서는 자치사무와 위임사무에 공통되는 관여수단으로 ① 조언·권고·지도 및 자료제출요구와 재정·기술지원(동법 184조), ② 시정명령 및 취소·정지(동법 188조), ③ 재의요구명령·제소지시 및 직접제소(동법 192조), ④ 예산·결산보고를 받는 것(동법 149조, 150조), ⑤ 분쟁조정(동법 165조) 등이 있고, 기관위임사무에만 인정되는 관여수단으로 직무이행명령, 대집행 및 필요조치(동법 189조) 등이 있다.

Ⅲ. 사무위탁

지방자치단체 또는 그 장은 소관사무의 일부를 다른 지방자치단체 또는 그 장에게 위탁하여 처리하게 할 수 있다(동법 168조 1항).

지방자치단체 또는 그 장이 사무를 위탁하고자 하는 때에는 관계 지방자치단체와의 협의에 따라 규약을 정하여 이를 고시하여야 한다(동조 2항).

Ⅳ. 행정협의회

행정협의회란 둘 이상의 지방자치단체에 관련된 사무의 일부를 공동으로 처리하기 위한 지방자치단체 상호간의 협의기구를 말한다. 행정협의회는 법인격이 없다는 점에서 지방자치단체조합과 구별된다.

지방자치단체가 행정협의회를 구성하고자 할 때에는 관계 지방자치단체간의 협의에 따라 규약을 정하여 관계 지방의회의 의결을 각각 거친 다음 이를 고시하여야 한다(동법 169조 2항).

행정협의회가 행한 결정은 행정협의회를 구성한 관계 지방자치단체를 구속한다(동법 174조 1항).

행정협의회에서 합의가 이루어지지 아니한 사항에 대하여 관계 지방자치단체의 장으로부터 조정요청이 있는 때에는 시·도간의 협의사항에 대하여는 행정안전부장관이, 시·군 및 자치구간의 협의사항에 대하여는 시·도지사가 조정할 수 있다(동법 173조 1항). 행정안전부장관 또는 시·도지사가 행한 조정결정은 행정협의회를 구성한 관계지방자치단체에게 서면으로 통보되며, 통보를 받은 지방자치단체의 장은 그 조정결정사항을 이행하여야 한다(동법 174조 2항).

Ⅴ. 지방자치단체조합

지방자치단체조합이란 지방자치단체의 하나 또는 둘 이상의 사무를 공동으로 처리하기 위하여 2개 이상의 지방자치단체간의 합의로 성립되는 법인격을 가진 공동단체를 말한다.

지방자치단체조합은 특정사무의 공동처리를 위한 지방자치단체 상호간의 협력방식이라는 점에서 행정협의회와 비슷하나, 독자적인 법인격을 가진 단체라는 점에서 행정협의회와 그 성격을 달리한다.

지방자치단체조합은 공동처리되는 사무가 관련 지방자치단체의 하나 또는 둘 이상의 사무인가에 따라 일부사무조합과 복합사무조합으로 구분된다. 복합사무조합의 예로는 쓰레기, 분뇨, 상하수도, 소방, 노인복지, 방범용 CCTV설치·운영사업 등과 같은 복수의 사무를 처리하는 조합을 들 수 있다.

2개 이상의 지방자치단체가 조합을 설립하고자 할 때에는 당해 지방자치단체간의 합의로 규약을 정하여 당해 지방의회의 의결을 거쳐 시·도는 행정안전부장관의, 시·군 및 자치구는 시·도지사의 승인을 얻어야 한다. 조합의 구성원인 시·군 및 자치구가 2개 이상의 시·도에 걸치는 조합은 행정안전부장관의 승인을 받아야 한다(동법 176조 1항).

VI. 지방자치단체의 장 등의 전국적 협의체

지방자치단체의 장 또는 지방의회의 의장은 상호간의 교류와 협력을 증진하고, 공통의 문제를 협의하기 위하여 ① 시·도지사, ② 시·도의회의 의장, ③ 시장·군수·자치구의 구청장, ④ 시·군·자치구의회의 의장의 구분별로 각각 전국적 협의체를 설립할 수 있고, ① 내지 ④ 각호의 전국적 합의체가 모두 참가하는 지방자치단체 연합체를 설립할 수 있다(동법 182조).

VII. 지방자치단체 상호간의 분쟁조정

1. 의　의

지방자치단체 상호간의 분쟁조정이란 지방자치단체 상호간(또는 지방자치단체의 장 상호간)에 다툼이 발생한 경우 제3자가 객관적인 견지에서 그 분쟁을 해결하기 위하여 행하는 조정을 말한다. 이러한 조정에는 행정협의회나 지방자치단체의 장 등의 전국적 협의체 등에 의한 사전적인 분쟁조정도 있을 수 있고, 법원의 기관소송이나 헌법재판소에 의한 권한쟁의심판도 포함된다.「지방자치법」에서 주로 문제되는 것은 상급감독기관에 의한 분쟁조정이다.

2. 상급감독기관에 의한 분쟁조정

(1) 조정기관

지방자치단체 상호간 또는 지방자치단체의 장 상호간에 사무를 처리함에 있어서 의견을 달리하여 다툼이 있는 때에는 다른 법률에 특별한 규정이 없는 한 행정안전부장관 또는 시·도지사가 이를 조정할 수 있다.

(2) 절차의 개시

분쟁의 조정은 당사자의 신청에 의한다. 그러나 당사자의 신청이 없는 때에도 그 분쟁이 공익을 현저히 저해하여 조속한 조정이 필요하다고 인정되는 경우에는 직권으로 조정할 수 있다(동법 165조 1항). 이 경우 행정안전부장관 등은 그 취지를 미리 당사자에게 통보하여야 한다(동조 2항).

(3) 절차의 진행

행정안전부장관 또는 시·도지사가 분쟁을 조정하고자 할 때에는 관계 중앙행정기관의 장과의 협의를 거쳐 지방자치단체 중앙분쟁조정위원회 또는 지방자치단체 지방분쟁조정위원회의 의결에 따라 조정하여야 한다(동조 3항).

지방자치단체 중앙분쟁조정위원회는 행정안전부에 두되, 위원장을 포함한 11인 이내의 위원으로 구성되며, ① 시·도 또는 그 장간의 분쟁, ② 시·도를 달리하는 시·군 및 자치구 또는 그 장간의 분쟁, ③ 시·도와 시·군 및 자치구 또는 그 장과의 분쟁, ④ 시·도와 지방자치단체조합 또는 그 장과의 분쟁, ⑤ 시·도를 달리하는 시·군 및 자치구와 지방자치단체조합 또는 그 장과의 분쟁, ⑥ 시·도를 달리하는 지방자치단체조합 또는 그 장과의 분쟁을 심의·의결한다(동법 166조 1항·2항·4항). 지방자치단체 지방분쟁조정위원회는 각 시·도에 두되, 위원장을 포함한 11인 이내의 위원으로 구성되며, 위 지방자치단체 중앙분쟁조정위원회의 의결사항에 해당하지 아니하는 지방자치단체·지방자치단체조합 또는 그 장간의 분쟁을 심의·의결한다(동조 1항·3항·4항). 분쟁조정위원회는 위원장을 포함한 위원 7인 이상의 출석으로 개의하고, 출석의원 3분의 2 이상의 찬성으로 의결한다(동법 169조 1항). 위원장은 분쟁의 조정과 관련하여 필요하다고 인정되는 때에는 관계 공무원, 지방자치단체조합직원 또는 관계 전문가를 출석시켜 의견을 듣거나 관계기관 또는 단체에 대하여 자료 및 의견제출 등을 요구할 수 있으며, 이 경우 분쟁의 당사자에게는 의견을 진술할 기회를 주어야 한다(동조 2항).

행정안전부장관 또는 시·도지사는 조정의 결정[1]을 한 때에는 이를 서면으로 관계 지방자치단체의 장에게 통보하여야 한다(동법 165조 4항 전단).

---

1) 대법 2015. 9. 24. 선고 2014추613 판결 : 지방자치법 제148조(현행법 제165조) 제4항, 제7항, 제170조 제3항(현행법 제189조 제6항)의 내용과 체계, 지방자치법 제148조(현행법 제165조) 제1항에 따른 지방자치단체 또는 지방자치단체의 장 상호간 분쟁에 대한 조정결정(분쟁조정결정이라 한다)의 법적 성격 및 분쟁조정 결정과 이행명령 사이의 관계 등에 비추어 보면, 행정자치부장관(현행 행정안전부장관)이나 시·도지사의 분쟁조정 결정에 대하여는 후속의 이행명령을 기다려 대법원에 이행명령을 다투는 소를 제기한 후 그 사건에서 이행의무의 존부와 관련하여 분쟁조정결정의 위법까지 함께 다투는 것이 가능할 뿐, 별도로 분쟁조정결정 자체의 취소를 구하는 소송을 대법원에 제기하는 것은 지방자치법상 허용되지 아니한다. 나아가, 분쟁조정결정은 상대방이나 내용 등에 비추어 행정소송법상 항고소송의 대상이 되는 처분에 해당한다고 보기 어려우므로, 통상의 항고소송을 통한 불복의 여지도 없다.

(4) 조정결정의 효과

조정의 결정을 통보받은 지방자치단체의 장은 그 조정결정사항을 이행하여야 한다(동항 후단). 조정결정사항 중 예산이 수반되는 사항의 경우, 관계 지방자치단체는 이에 필요한 예산을 우선적으로 편성하여야 하며, 이 경우 연차적으로 추진하여야 할 사항은 연도별 추진계획을 행정안전부장관 또는 시·도지사에게 보고하여야 한다(동조 5항). 행정안전부장관 등은 조정결정에 의한 시설의 설치 또는 역무의 제공으로 이익을 받거나 그 원인을 야기하였다고 인정되는 지방자치단체에 대하여 그 시설비 또는 운영비 등의 전부 또는 일부를 행정안전부장관이 정하는 기준에 따라 부담하게 할 수 있다(동조 6항). 지방자치단체의 장이 조정결정사항을 성실히 이행하지 아니한 때에는 행정안전부장관 등은 직무이행명령·대집행이나 필요조치로 이를 이행하게 할 수 있다(동조 7항).

제8편 공무원법론

제 1 장 공무원법 서론

Ⅰ. 공무원법제의 위치

우리나라의 통설은 공무원법제를 행정조직법제의 일부로 다루고 있다. 공무원의 근무관계를 법치행정원리의 적용이 전적으로 배제되는 공법상 특별권력관계의 일종으로 이해하는 사고의 결과 때문이다. 그러나 우리나라의 실정법은 뒤에서 보는 바와 같이 공무원관계에 관하여 상세한 규정을 두고 있으며 공무원관계를 오로지 행정의 내부관계로만 볼 수가 없다. 이 책에서는 앞에서 이미 본 바와 같이 행정조직법을 협의로 사용하여 공무원법을 포함시키지 않고, 편별을 달리하여 별도로 다루고 있다.

Ⅱ. 공무원법제의 기본구조

1. 공무원의 개념

공무원의 개념은 우리나라 실정법상 여러 가지 의미로 사용되고 있다. 대체로 광의와 협의의 두 가지로 나누어진다.

(1) 광의의 공무원 개념

광의의 공무원이란 국가·지방자치단체·특별행정주체의 공무를 담당하는 기관 구성자를 말한다. 이 개념에는 위로는 국가의 최고기관 구성자인 대통령·국회의원 등으로부터 아래로는 사법상 계약 등에 의하여 국가·지방자치단체·특별행정주체의 기관을 구성하여 한정된 행정사무를 담당하는 자까지 모두 포함된다. 「헌법」에서 사용되고 있는 공무원의 개념(예: 헌법 7조 등), 「국가배상법」에서 사용되고 있는 공무원의 개념(국가배상법 2조) 및 「형법」에서 사용되고 있는 공무원의 개념(예: 형법 122조 등) 등은 대체로 광의의 공무원 개념에 해당한다.

(2) 협의의 공무원 개념

협의의 공무원이란 국가 또는 지방자치단체와 공법상의 근무관계에 있는 기관 구성자를 말한다. 「국가공무원법」·「지방공무원법」 그 밖에 이들 법의 특례를 정한 각종 특별공무원법상의 공무원이 대체로 이에 해당한다.

이 편에서는 협의의 공무원을 주된 고찰의 대상으로 한다.

2. 공무원의 종류

공무원은 기준을 어디에 두느냐에 따라 여러 종류로 나눌 수 있다. 아래에서 중요한 종류만 보기로 한다.

(1) 국가공무원과 지방공무원

공무원은 그 근무의무를 지는 행정주체 여하와 보수, 그 밖에 경비부담주체 여하를 기준으로 국가공무원과 지방공무원으로 나뉜다. 즉 국가에 대하여 근무의무를 지고 국가가 경비를 부담하면 그 공무원은 국가공무원이고, 지방자치단체에 대하여 근무의무를 지고 지방자치단체가 경비를 부담하면 그 공무원은 지방공무원이다.

양자는 적용법규를 달리한다. 즉 국가공무원은 일반적으로 「국가공무원법」의 적용을 받으며, 지방공무원은 일반적으로 「지방공무원법」의 적용을 받는다.

(2) 경력직공무원과 특수경력직공무원

공무원은 신분보장의 유무 및 직무내용의 특성을 기준으로 하여 경력직공무원과 특수경력직공무원으로 나뉜다. 즉 「국가공무원법」과 「지방공무원법」은 공무원을 먼저 신분보장의 유무, 다시 말하면 전문성·계속성을 고려하여 일생 동안 직업공무원의 지위를 부여할 필요가 있는가에 따라 경력직공무원과 특수경력직공무원으로 크게 나누고, 다시 담당하는 직무내용의 특성을 고려하여 임용자격·성적주의·신분보장·보수 등을 기준으로 세분하고 있다.

1) 경력직공무원

경력직공무원이란 실적과 자격에 의하여 임용되고 그 신분이 보장되며 평생토록 공무원으로 근무할 것이 예정되는 통상의 직업공무원을 말한다(국가공무원법 2조 2항, 지방공무원법 2조 2항). 경력직공무원은 다시 일반직공무원, 특정직공무원으로 나뉜다.

    (개) **일반직공무원**   일반직공무원은 일반행정·기술 또는 연구업무를 담당하며 직군·직렬별로 분류되는 공무원이다. 일반직공무원의 계급구조는 원칙적으로 1급부터 9급까지의 9단계이며(국가공무원법 4조 1항 본문, 지방공무원법 4조 1항), 직계구조는 직군, 직렬, 직류, 직무등급으로 분류되어 채용·보직·승진·보수 등 인사와 조직관리의 기준이 되어 있다.

    (내) **특정직공무원**   국가공무원의 경우 특정직공무원은 법관·검사·외무공무원·경찰공무원·소방공무원·교육공무원·군인·군무원·헌법재판소 헌법연구관 및 국가정보원의 직원과 특수분야의 업무를 담당하는 공무원으로서 다른 법률이 특정직공무원으로 지정하는 공무원이며, 지방공무원의 경우, 특정직공무원은 공립의 대학 및 전문대학에 근무하는 교육공무원, 교육감 소속의 교육전문직원, 자치경찰공무원 및 지방소방공무원과 그 밖에

특수분야의 업무를 담당하는 공무원으로서 다른 법률이 특정직공무원으로 지정하는 공무원이다. 특정직공무원은 실적과 자격에 의하여 임용되고 신분이 보장되는 점에 있어서는 일반직공무원과 같으나, 담당업무의 특수성으로 임용자격·신분보장·복무규율 등에 있어서 특성을 인정할 필요가 있는 공무원이며, 계급체계도 달리 정하고 있다.

2) 특수경력직공무원

특수경력직공무원이란 경력직공무원 외의 공무원을 말한다(국가공무원법 2조 3항, 지방공무원법 2조 3항). 즉 특수경력직공무원은 임용에 있어서 실적과 자격을 반드시 필요로 하지 않고 신분이 보장되지 않으며, 따라서 평생토록 공무원으로 근무할 것이 예정되어 있지 않은 공무원이다. 다만 일부 특수경력직공무원(예: 감사위원)에 있어서는 임기제가 적용되어 임기 동안에는 신분보장이 보다 강화되는 경우도 있다.

특수경력직공무원에는 「국가공무원법」·「지방공무원법」의 모든 규정이 적용되는 것이 아니다. 위 법률들 중, 원칙적으로 결격사유에 관한 규정, 보수·능률·복무에 관한 규정, 당연퇴직에 관한 규정만 적용된다. 다만 ① 결격사유에 관한 규정, 당연퇴직에 관한 규정은 정무직 공무원에 대하여는 적용되지 아니하고, ② 정치운동금지·집단행위금지에 관한 규정은 대통령령으로 정하는 특수경력직공무원에 대하여는 적용되지 아니한다(국가공무원법 3조, 지방공무원법 3조).[1] 특수경력직공무원 중 별정직국가공무원의 채용조건·임용절차·근무상한연령, 그 밖에 필요한 사항은 국회규칙·대법원규칙·헌법재판소규칙·중앙선거관리위원회규칙 또는 대통령령으로 정하며, 별정직지방공무원의 채용조건 등 필요한 사항은 국회규칙, 대법원규칙, 헌법재판소규칙, 중앙선거관리위원회규칙 또는 대통령령으로 정한다(국가공무원법 2조 4항, 지방공무원법 2조 4항).

특수경력직공무원은 다시 정무직공무원, 별정직공무원으로 나뉜다.

⑺ 정무직공무원　　　정무직공무원은 대통령·국회의원·지방자치단체장 등과 같이 선거에 의하여 취임하거나, 임명에 있어서 국회의 동의를 필요로 하는 공무원 및 고도의 정책결정업무를 담당하거나 이러한 업무를 보조하는 공무원으로서 법령이나 대통령령에서 정무직으로 지정하는 공무원을 말한다(국가공무원법 2조 3항 1호, 지방공무원법 2조 3항 1호).

⑻ 별정직공무원　　　별정직공무원은 비서관·비서 등 보좌업무 등을 수행하거나 특정한 업무를 담당하기 위하여 별도의 자격기준에 의하여 임용되는 공무원으로서 국가공무원의 경우 법령에서 별정직으로 지정하는 공무원을 말하고(국가공무원법 2조 3항 2호), 지방공무원의 경우 법령 또는 조례에서 별정직으로 지정하는 공무원을 말한다(지방공무원법 2조 3항 2호).

---

1) 대법 2006. 10. 26. 선고 2005도4331 판결: 국가공무원법의 체계와 관련 조항의 내용에 형벌조항은 구체적이고 명확하여야 한다는 죄형법정주의의 원칙 등을 종합하여 보면, 국가공무원법상 모든 공무원에 대하여 집단행위를 금지하는 국가공무원법 제66조 제1항이 적용되나 그 위반행위에 대한 형사처벌조항인 국가공무원법 제84조는 경력직공무원에 대하여만 적용되고 특수경력직공무원에 대하여는 적용되지 않는다고 볼 것이다.

(3) 고위공무원단 소속 공무원과 그 밖의 공무원

국가공무원은 고위공무원단에 속하는가의 여부에 따라 고위공무원단 소속 공무원과 그 밖의 공무원으로 나뉜다. 고위공무원단이란 직무의 곤란성과 책임도가 높은 직위("고위공무원단 직위"라 한다)에 임용되어 재직 중이거나 파견·휴직 등으로 인사관리되고 있는 일반직공무원·별정직공무원 및 특정직공무원(특정직공무원의 경우 다른 법률에서 고위공무원단에 속하는 공무원으로 임용할 수 있도록 규정하고 있는 경우에 한한다)의 군을 말한다(국가공무원법 2조의2 2항). 고위공무원단 직위는 ① 「정부조직법」 제2조의 규정에 의한 중앙행정기관의 실장·국장 및 이에 상당하는 보좌기관, ② 행정부 각급 기관(감사원을 제외한다)의 직위 중 위 ①의 직위에 상당하는 직위, ③ 「지방자치법」 제110조 제2항·제112조 제5항 및 「지방교육자치에 관한 법률」 제33조 제2항의 규정에 의하여 국가공무원으로 보하는 지방자치단체 및 지방교육행정기관의 직위 중 위 ①의 직위에 상당하는 직위, ④ 그 밖에 다른 법령에서 고위공무원단에 속하는 공무원으로 임용할 수 있도록 정한 직위이다.

고위공무원단 소속 공무원에 대하여는 1급 내지 9급의 계급구분이 적용되지 아니한다(동법 4조 1항 단서). 즉 고위공무원단 소속 공무원은 계급에 구애받지 아니하고 고위공무원에 임용될 수 있다. 반면, 고위공무원단 소속 일반직공무원은 적격심사의 결과 부적격 결정을 받은 경우 직권면직의 대상이 된다(동법 70조 1항, 70조의2).

(4) 정공무원과 준공무원

「국가공무원법」이 정하는 국가공무원, 「지방공무원법」이 정하는 지방공무원 등과 같이 정규의 공무원으로서의 신분을 가지는 자를 정공무원이라 하고, 「개인정보 보호법」 제69조처럼 개별법에서 「형법」 제129조부터 제132조까지의 규정을 적용한다고 할 때 공무원으로 의제하거나, 「공무원연금법」 제2조 및 동법 시행령 제2조에서 규정한 정규공무원 외의 직원을 준공무원으로 부르는 경우가 있다.

준공무원이 어떠한 법적 지위를 가지는가에 관하여는 각 개별법이 정하는 바에 따른다.

3. 공무원법의 기본원칙

우리나라 공무원제도의 기본원칙으로 민주적 공무원제도와 직업공무원제도를 드는 것이 일반적이다.

(1) 민주적 공무원제도

우리 「헌법」은 국민주권주의(1조 2항)에 입각한 국민의 공무원선거권(24조) 및 공무담임권(25조)을 보장하고,[1] 공무원이 국민 전체에 대한 봉사자이며 국민에 대하여 책임을 지는 것임을 명

---

1) 헌재 2008. 6. 26. 2005헌마1275 결정은 헌법 제25조에서 보장하고 있는 "공무담임권이란 입법부·집행부·사법

시함으로써(7조 1항), 과거의 조선·일제시대의 공무원제와 같은 봉건적·신분예속적·관료적 관리제가 아닌 민주적 공무원제를 채택하고 있다.

㈎ 국민전체에 대한 봉사자　　　　공무원은 국민 전체에 대한 봉사자이다(헌법 7조 1항 전단).

국민 전체에 대한 봉사자란 특정인이나 특정의 정당·계급·종교·지역 등 부분 이익만의 봉사자가 아닐 뿐만 아니라, 직무수행이 공평무사하여야 하고 국민 전체의 최대의 이익(공익)에 부합하여야 한다는 것을 의미한다. 이처럼 공무원은 국민 전체에 대한 봉사자로서 국민 전체의 이익을 위하여 직무를 수행하므로 그 한도 내에서 일반 국민과는 다른 특별한 의무와 책임을 지며 기본권도 제한받을 수 있다.

㈏ 국민에 대한 책임　　　　공무원은 국민에 대하여 책임을 진다(동항 후단).

공무원의 국민에 대한 책임은 국민 전체에 대한 봉사자로서의 책임, 헌법과 법률에 따라 그 직무를 성실히 수행하여야 할 책임 등을 그 내용으로 한다. 공무원의 행위에 대한 책임은 정치적 책임과 법적 책임으로 나뉜다.

공무원의 정치적 책임의 예로는 ① 국무총리 또는 국무위원의 해임건의(동법 63조), ② 공무원에 대한 공직에서의 배제 청원(동법 26조) 등을 들 수 있다.

공무원의 법적 책임의 예로는 ① 대통령·국무총리·국무위원 등이 그 직무집행에 있어서 헌법이나 법률을 위배한 경우의 탄핵소추(동법 65조), ② 민사상 책임(예: 동법 29조 1항에 의한 배상책임), ③ 형사상 책임(예: 형법상의 직무유기의 죄, 직권남용의 죄 등), ④ 공무원법상의 책임(예: 징계책임 및 변상책임) 등을 들 수 있다.

㈐ 공무담임의 기회균등　　　　공무원의 임용은 민주적으로 이루어져야 한다. 「헌법」은 모든 국민에게 평등한 공무담임의 권리를 보장하고 있다(동법 11조 1항, 25조). 성별·종교 또는 사회적 신분 등을 이유로 임용에 있어서 차별을 받지 아니하며, 자격과 능력에 따라 누구든지 공무를 담당할 수 있는 균등한 기회가 주어져 있다(국가공무원법 35조, 지방공무원법 33조).

㈑ 인사행정의 민주적 통제　　　　공무원의 직급·직위분류·임용·복무·보수·징계, 기타 공무원의 인사행정에 관한 사항은 원칙적으로 법률로 정한다(헌법 25조, 78조 및 국가공무원법 등).

부는 물론 지방자치단체 등 국가·공공단체의 구성원으로서 그 직무를 담당할 수 있는 권리를 의미하며, 이러한 공무담임권의 보호영역에는 공직취임 기회의 자의적인 배제뿐만 아니라 공무원 신분의 부당한 박탈이나 권한(직무)의 부당한 정지도 포함된다"라고 하고, 그러나 "더 나아가 공무원이 특정의 장소에서 근무하는 것 또는 특정의 보직을 받아 근무하는 것을 포함하는 일종의 '공무수행의 자유'까지 그 보호영역에 포함된다고 보기는 어렵다"라고 판시하고 있다.

또한 공무원의 인사사무를 처리하는 기관은 민주적으로 구성될 것이 요청된다. 인사위원회·고위공무원임용심사위원회·승진심사위원회·징계위원회·소청심사위원회 등은 이러한 요청에 따른 것이다.

⑵ 직업공무원제도

직업공무원제도란 공무원이 집권세력의 논공행상의 제물이 되는 엽관제도(spoils system)를 지양하고, 정권교체에 따른 국가작용의 중단과 혼란을 예방하며, 일관성 있는 공무수행의 독자성을 유지하기 위하여 헌법과 법률에 의하여 공무원의 신분이 보장되는 공직구조에 관한 제도를 말한다(헌재 1989. 12. 18. 헌마32·33(병합) 결정). 우리 「헌법」 제7조 제2항이 "공무원의 신분과 정치적 중립성은 법률이 정하는 바에 의하여 보장된다"라고 규정한 것은 이와 같은 직업공무원제도를 확립하기 위한 것이다.[1]

㈎ 신분보장

직업공무원인 경력직공무원이 공무에 전념하고 능률적으로 사무를 처리하도록 하기 위해서는 정권담당자에 따라 영향을 받지 않는 강력한 신분보장이 필수적임은 말할 나위가 없다. 「헌법」 제7조 제2항이 공무원의 신분보장을 규정하고 있는 것은 바로 이 때문이다. 이 규정에 바탕하여 「국가공무원법」과 「지방공무원법」은 원칙적으로 공무원에 대하여 형의 선고·징계처분 또는 공무원법이 정하는 사유에 의하지 아니하고는 그 의사에 반하여 휴직·강임(降任) 또는 면직을 당하지 않도록 하고(국가공무원법 68조, 지방공무원법 60조), 직권에 의한 면직사유를 제한적으로 열거하여 직제와 정원의 개폐 또는 예산감소 등에 따라 폐직 또는 과원(過員)이 되었을 때 등 법정사유가 있는 경우를 제외하고는 공무원의 귀책사유 없이 인사상 불이익을 받지 아니하며(국가공무원법 70조, 지방공무원법 62조), 정년을 보장하고(국가공무원법 74조, 지방공무원법 66조), 부당한 면직으로부터 공무원을 보호하기 위하여 면직 후 일정한 기간 후임자의 보충발령을 하지 못하도록 하는 등(국가공무원법 76조 2항, 지방공무원법 67조 4항) 공무원의 신분보장을 구체화하고 있다.

㈏ 정치적 중립성

공무원이 국민 전체에 대한 봉사자로서 공익추구에 전념하고, 행정의 전문성과 민주성을 제고하여, 정권의 교체에도 불구하고 일관성 있는 공무수행을 위해서는 공무원의 정치적 중립성을 보장하지 않으면 안 된다. 「헌법」 제7조 제2항이 공무원의 정치적 중립성 보장을 규정하고 있는 것은 바로 이 까닭이다. 이 규정에 의하여 「국가공무원법」과 「지방공무원법」에서는 공무원은 정당 기타 정치단체의 결성에 관여하거나 이에 가입할 수 없고, 선거에 있어서 특정정당 또는 특정인의 지지나 반대를 위한 행위

---

1) 헌법 제7조 제2항에서 말하는 공무원이 경력직공무원만을 대상으로 하는 것이냐에 관하여는 견해가 나뉜다. 이에 관하여는 禹美亨 「공무원 제도의 재정립에 관한 고찰 ―직업 '공무원'의 신분제도의 재정립을 중심으로―」, 행정법학과 인접학문의 경쟁과 융합(행정법이론실무학회 제250회 학술발표논문집), 17쪽이하 참조.

를 하여서는 아니 되고, 다른 공무원에게 위와 같은 행위를 하도록 요구하거나 또는 정치적 행위의 보상 또는 보복으로서 이익 또는 불이익을 약속하여서는 아니 되며(국가공무원법 65조, 지방공무원법 57조 2항), 노동운동 기타 공무 이외의 일을 위한 집단적 행위를 원칙적으로 하여서는 아니 된다는(국가공무원법 66조, 지방공무원법 58조 1항) 규정을 두고 있다.

㈐ 과학적 직위분류제　　　　직위분류제란 모든 직위를 직무의 종류와 곤란성 및 책임도에 따라 체계적으로 분류하여, 동일한 직무값을 가진 직위에 대하여는 동일한 자격요건을 필요로 함과 동시에 동일한 보수가 지급되는 인사제도를 말한다. 직위분류제에 대응한 개념이 계급제이다. 계급제란 공무원을 그 학력·경력·능력 등 신분을 기준으로 계급으로 분류하는 사람 중심의 인사제도를 말한다. 직위분류제와 계급제는 각각 장·단점을 갖고 있다.

우리 「국가공무원법」과 「지방공무원법」은 고위공무원단 소속 공무원을 제외한 일반직공무원을 1급 내지 9급으로 구분하는 계급제도를 원칙으로 하면서(국가공무원법 4조 1항, 지방공무원법 4조 1항), 다른 한편으로 직위분류제 요소를 가미하고 있다(국가공무원법 3장, 지방공무원법 3장).[1]

과학적 직위분류제는 인사행정의 공정성을 유지하는 중요한 장치의 하나이다.

㈑ 성적주의　　　성적주의란 공무원의 임용에 있어서 당파성이나 정실을 배제하고 개인의 능력에 따라 행하는 인사제도를 말한다. 공무원의 임용은 시험성적·근무성적·경력평정(經歷評定), 그 밖에 능력의 실증에 의하여 행한다(국가공무원법 26조, 지방공무원법 25조). 이 임용의 원칙에 따라 신규임용은 시험성적에 의하도록 함을 원칙으로 하고(국가공무원법 28조, 지방공무원법 27조), 승진은 근무성적평정·경력평정, 그 밖에 능력의 실증에 의하도록 함을 원칙으로 하고 있다(국가공무원법 40조, 40조의 2, 지방공무원법 38조, 39조). 근무성적평정의 결과 근무성적이 우수한 공무원을 특별승급시키거나 성과상여금을 지급하는 성과급제도(국가공무원법 51조 2항, 지방공무원법 76조 2항)[2]는 공공부문에 있어서도 인센티브를 부여함으로써 경쟁력과 생산성을 높이려는 성적주의 인사제도의 중요한 사례 중의 하나이다.

4. 인사행정기관

(1) 인사행정기관의 체계

우리나라 공무원법제에 있어서 인사행정기관의 체계가 어떻게 되어 있는가는 공무원의 개념이 다의적일 뿐 아니라 인사행정의 범위도 임용·복무감독·징계·소청 등에 걸쳐 있어서 간단하

---

1) 계급제와 직위분류제는 논리적으로 양립할 수 없다는 견해가 있다. 兪珍式, 「국가공무원법과 직위분류제」, 공법학연구(한국비교공법학회) 제8권 제2호, 67쪽 이하.

2) 이 규정은 근무성적이 불량한 공무원에 대한 보수 삭감의 근거가 될 수 없다(대법 2008. 6. 12. 선고 2006두 16328 판결).

지 않다. 그러나 일반적으로 말하면 임용권뿐 아니라 복무감독권·징계권 등이 임용권자에게 집중되어 있다. 정치적 중립성의 확보, 과학적 인사관리의 수행이란 관점에서 보면 적절하지 못하다.

국가공무원의 임용권자는 원칙적으로 대통령이다(헌법 78조). 그러나 법률은 대통령의 직무의 번잡 등을 고려하여 임용권을 분산시키고 있다. ① 행정기관 소속 공무원의 경우 5급 이상 공무원 및 고위공무원단에 속하는 일반직공무원의 임명권자는 원칙적으로 대통령이지만, 그 외의 공무원의 임용권자는 원칙적으로 소속 장관이다(국가공무원법 32조 1항·2항). ② 국회 소속 공무원의 임용권자는 국회의장이다(동조 4항). ③ 법원 소속 공무원의 임용권자는 대법원장이다(동조 5항). ④ 헌법재판소 소속 공무원의 임용권자는 헌법재판소장이다(동조 제 6항). ⑤ 선거관리위원회 소속 공무원의 경우 5급 이상 공무원의 임용권자는 중앙선거관리위원회위원장이며, 6급 이하 공무원의 임용권자는 중앙선거관리위원회사무총장이다(동조 7항).

지방자치단체에 있어서는 지방자치단체 소속 공무원의 임용권자는 각 지방자치단체의 장(시·도의 교육감을 포함한다)이다(지방공무원법 6조 1항).

인사행정에 관한 기본정책의 수립 및 공무원법의 시행운영에 관한 사무 등 인사행정을 전문적·집중적으로 관장하는 기관으로 국가에는 중앙인사관장기관이, 지방자치단체에는 지방자치단체별로 인사위원회가 설치되어 있다(국가공무원법 2장, 지방공무원법 7조 이하).

(2) 중앙인사관장기관

1) 의 의

중앙인사관장기관이란 인사행정에 관한 기본정책의 수립 및 국가공무원법의 시행운영에 관한 사무 등 국가의 인사행정을 전문적·집중적으로 관장하는 기관을 말한다. 따라서 각 부처의 인사업무를 제한적으로 행사하는 기관별 인사부서(주로 인사과 또는 운영지원과)와는 구별된다.

2) 종 류

「국가공무원법」은 헌법상 권력분립원리에 입각하여 국회에는 국회사무총장이, 법원에는 법원행정처장이, 헌법재판소에는 헌법재판소사무처장이, 선거관리위원회에는 중앙선거관리위원회사무총장이, 행정부에는 인사혁신처장이 인사행정을 관장하도록 하고 있다(6조).

(3) 인사위원회

인사위원회는 지방자치단체에 임용권자[1]별로 설치된다. 광역지방자치단체에는 필요한 경우 제1인사위원회와 제2인사위원회를 둘 수 있다(지방공무원법 7조 1항).

인사위원회는 16인 이상 20인 이하의 위원으로 구성된 합의제기관이다(동조 2항).

---

1) 임용권을 위임받은 자를 제외하되, 그 중 시의 구청장과 지방자치단체의 장이 필요하다고 인정하는 소속기관의 장을 포함한다.

인사위원회의 기능은 공무원 충원계획의 사전심의 및 각종 임용시험의 실시, 보직관리기준 및 승진·전보임용기준의 사전의결, 승진임용의 사전심의, 공무원의 징계의결, 공무원의 임용·교육훈련·보수 등 인사와 관련된 조례안 및 규칙안의 사전심의, 임용권자의 인사운영에 관한 개선 권고 등이다(동법 8조 1항).

「제주특별자치도 설치 및 국제자유도시 조성을 위한 특별법」은 도인사위원회 등 인사운영에 관한 특례규정을 두고 있다(47조).

5. 공무원관계의 성질

공무원관계는 공무원과 공무원의 임용주체인 행정주체간의 법률관계를 말한다. 공무원은 한편에는 봉급청구권과 같은 권리를 가지는가 하면, 다른 한편에서는 복종의무와 같은 의무를 진다. 이들 개개의 공무원의 권리·의무로 이루어지는 공무원관계는 종래 공법상의 특별권력관계로 이해되어 왔었다. 오늘날에도 전통적인 특별권력관계론을 비판하면서도 특별권력관계라는 용어를 그대로 유지하거나 또는 특별행정법관계라는 용어를 사용하여 공무원관계를 특별권력관계로 설명하는 것이 아직도 없지 않다. 그러나 특별권력관계론 자체를 부정하는 견해가 대세이다.

생각건대, 오늘날의 특별권력관계론은 특별권력관계 내에서 기본권을 제한하기 위하여는 법률의 근거를 필요로 한다는 것이 지배적 견해이고, 특별권력관계에 있어서의 행위도 외부행위와 내부행위로 나누지 아니하고 일반권력관계에 있어서와 마찬가지로 어느 행위이든 사법심사의 대상이 된다는 것이 지배적 견해이고 판례의 경향이며, 또한 현행 공무원법제(국가공무원법·지방공무원법)가 공무원의 근무관계의 내용을 상세히 규정하고 있고 공무원의 불이익처분에 대하여 소청 및 소송에의 구제를 명확히 규정하고 있기 때문에 공무원관계를 특별권력관계로 설명하는 실익은 거의 없어져 가고 있다.[1] 따라서 현행법의 추세로 보면 공무원관계의 성질은 특별권력관계와 같은 개괄적·추상적 개념에 의하여 설명되어야 할 것이 아니라, 공무원법제의 해석에 의하여 직무의 성질·내용에 따라 공무원의 공익성이 개별적·구체적으로 검토되어야 할 것이다.

---

1) 대법 2019. 10. 31. 선고 2013두20011 판결: 국가기관과 공무원 간의 공법상 근무관계에도 고용관계에서 양성평등을 규정한 남녀고용평등과 일·가정 양립 지원에 관한 법률 제11조 제1항과 근로기준법 제6조가 적용된다.

제 2 장 공무원관계의 발생·변경·소멸

Ⅰ. 공무원관계의 발생

1. 공무원관계의 발생원인

공무원관계는 여러 원인에 의하여 발생한다. 공무원을 광의로 이해하는 경우에는 공무원관계는 선거에 의하여 발생하기도 하고(예: 대통령·국회의원·지방자치단체의 장 등), 행정계약에 의하여 발생하기도 하며, 또는 사무위임·위탁 등에 의하여 발생하기도 한다. 공무원을 협의로 이해하는 경우에도 임명에 의하여 발생하기도 하고, 법률의 규정에 의하여 발생하기도 한다(예: 징집된 현역병). 이들 중에서 가장 일반적인 발생원인은 임명이다.

2. 임명의 의의와 법적 성질

(1) 임명의 의의

임명이란 특정인에게 공무원의 신분을 새로이 설정하는 행위, 즉 공무원관계를 발생시키는 행위를 말한다.

임명은 임용과 구별된다. 임용이란 공무원관계를 발생·변경·소멸시키는 모든 행위, 즉 공무원관계를 처음 발생시키는 신규채용, 공무원관계의 변경에 해당하는 승진·전직·전보·파견·휴직 등과 공무원관계를 소멸시키는 면직행위를 모두 포함하는 것을 말한다. 그러나 임용이라는 개념도 좁은 의미에서는 임명이란 뜻으로 사용된다.

임명은 보직과 구별된다. 보직이란 공무원의 신분을 취득한 자에게 일정한 직위를 부여하는 행위를 말한다. 그러나 임명이란 개념을 보직을 포함하여 사용하는 경우도 있다.

(2) 임명의 법적 성질

공무원 임명행위의 법적 성질에 관하여는 견해가 나뉜다.

(가) 동의의 결여를 취소사유로 하는 행정행위설

이 설은 국가 등과 사인간에는 공법상 계약이 성립할 수 없고, 따라서 국민 등의 공법상의 복무는 반드시 국가 등의 일방적 행정행위에 의거하여야 하지만 국민 등을 공무원으로 복무시키는 것이 일방적인 국가 등의 행위에 의하여 행하여진다는 것은 오늘날의 법률관념에 전혀 맞지 않으므로 거기에는 적어도 상대방의 동의가 있어야만 한다는 견해[1]이다. 즉 효력을 발생케 하는 것은 국가 등의 의사인 행정행위이지만 그것이 완전히 유효하기 위해서는 상대방인 국민 등의 동의를

---

1) 韓泰淵·鄭熙彩, 행정법학(상), 396·397쪽.

얻지 않으면 아니 된다. 만일 국가 등이 상대방의 동의를 얻지 아니하고 그 자를 공무원에 임명하여도 그 임명행위 자체는 당연 무효인 것은 아니지만 취소를 면할 수 없게 된다.

(나) 동의의 결여를 무효사유로 하는 행정행위설 이 설은 공무원의 임명행위가 상대방인 공무원의 동의를 요하는 행정행위라는 점에서는 동의의 결여를 취소사유로 하는 행정행위설과 같으나, 다른 점은 상대방의 동의가 행정행위를 유효하게 성립하게 하기 위한 절대적 요건으로서 만일 그 요건을 결여하게 되면 그 행정행위는 취소를 기다리지 아니하고 당연히 무효라는 견해이다. 이 견해가 우리나라의 다수설이다.[1]

(다) 공법상 계약설 이 설은 임명행위를 국가 등과 상대방의 의사의 합치로 성립하는 계약이되, 공법상의 근무관계의 설정이라는 공법적 효과를 발생시키는 계약이므로 공법상 계약으로 보아야 한다는 견해이다. 다만 공무원관계의 구체적인 내용은 국가 등에 의하여 정형적·일방적으로 정하여지고 공무원의 신분을 취득하고자 하는 자는 그것을 포괄적으로 받아들이는 형식을 취하는 것이 보통임에 비추어 공법상의 부합계약이라고 한다.[2]

(라) 검   토 어떤 공무원에 대한 임명행위인가가 검토되어야 할 것이다. 그러나 적어도 경력직공무원에 대한 임명행위의 성질에 관한 것인 한, 동의의 결여를 무효사유로 하는 행정행위설이 타당하다고 생각한다.

3. 임명의 요건

(1) 소극적 요건

공무원 임명의 요건 중 소극적 요건(능력요건이라고도 한다)은 각 공무원법에서 결격사유로 정리되어 있다(국가공무원법 33조, 지방공무원법 31조 등).

(가) 결격사유 일반적인 결격사유로는 첫째로, 민법상 행위능력이 제한되는 자로서 ① 피성년후견인 또는 피한정후견인, ② 파산선고를 받은 자로서 복권되지 아니한 자, 둘째로 형법상 유죄판결을 받은 자로서 ③ 금고 이상의 실형을 받고 그 집행이 종료되거나 집행을 받지 아니하기로 확정된 후 5년이 지나지 아니한 자, ④ 금고 이상의 형을 받고 그 집행유예의 기간이 끝난 날부터 2년이 지나지 아니한 자, ⑤ 금고 이상의 형의 선고유예를 받은 경우에 그 선고유예 기간 중에 있는 자, ⑥ 법원의 판결 또는 다른 법률에 따라 자격이 상실되거나 정지된 자, ⑥의 2 공무원으로 재직기간 중 직무와 관련하여 「형법」 제355조 및 제356

---

1) 쌍방적 행정행위를 "동의의 결여를 무효사유로 하는 행정행위"로 이해하는 견해(金道昶, 일반행정법론(상), 372·373쪽; 朴鈗炘, 최신행정법강의(상), 307쪽)에 의하면 동의의 결여를 무효사유로 하는 행정행위설은 쌍방적 행정행위설이 된다(金道昶, 일반행정법론(하), 222쪽; 朴鈗炘, 최신행정법강의(하), 223쪽). 그러나 쌍방적 행정행위를 "동의의 결여를 취소 또는 무효사유로 하는 행정행위"로 이해하면서도(金東熙, 행정법Ⅰ, 249쪽), 임명의 법적 성질에 관하여 쌍방적 행정행위설을 지지하는 견해도 있다(金東熙, 행정법Ⅱ, 143쪽).

2) 李尚圭, 신행정법론(하), 213쪽.

조에 규정된 죄를 범한 자로서 300만원 이상의 벌금형을 선고받고 그 형이 확정된 후 2년이 지나지 아니한 자, ⑥의 3 「형법」 제303조 또는 「성폭력범죄의 처벌 등에 관한 특례법」 제10조에 규정된 죄를 범한 사람으로서 300만원 이상의 벌금형을 선고 받고 그 형이 확정된 후 2년이 지나지 아니한 사람, ⑥의 4 미성년자에 대하여 「성폭력범죄의 처벌 등에 관한 특례법」 제2조에 따른 성폭력범죄 또는 「아동·청소년의 성보호에 관한 법률」 제12조 제1항에 따른 아동·청소년대상 성범죄로 파면·해임거나 형 또는 치료감호가 확정된 사람(집행유예 경과자 포함), 셋째로 공무원법상 면직된 자로서 ⑦ 징계로 파면처분을 받은 때부터 5년을 경과하지 아니한 자, ⑧ 징계로 해임의 처분을 받은 때부터 3년을 경과하지 아니한 자이다.

(나) 외국인의 공무원취임능력
외국인이 공무원이 될 수 있는가가 문제된다. 법률에서 명문으로 대한민국의 국적을 가지지 아니한 자를 공무원의 결격사유로 규정하고 있는 경우[1]가 있다. 이와 같은 명문의 규정이 없는 경우에는 외국인도 공무원이 될 수 있다. 즉 국가기관의 장은 국가안보 및 보안·기밀에 관계되는 분야를 제외하고 국회규칙·대법원규칙·헌법재판소규칙·중앙선거관리위원회규칙 또는 대통령령이 정하는 바에 따라 외국인을 공무원으로 임용할 수 있다(국가공무원법 26조의3, 지방공무원법 25조의2).

(다) 결격사유 있는 경우의 임명의 효과
결격사유에 해당되는 자의 임용행위는 당연무효가 된다.[2] 공무원이 재직 중 이 사유에 해당할 때에는 당연 퇴직된다. 다만, 위 결격사유 중 ②의 경우에는 파산선고를 받은 사람으로서 「채무자 회생 및 파산에 관한 법률」에 따라 신청기한 내에 면책신청을 하지 아니하였거나 면책불허가 결정 또는 면책 취소가 확정된 경우에만 해당하고, ⑤의 경우에는 「형법」에 규정된 뇌물·사전뇌물의 죄, 제3자 뇌물제공의 죄, 수뢰 후 부정처사·사후수뢰의 죄, 알선수뢰의 죄, 또는 「성폭력범죄의 처벌 등에 관한 특례법」 제10조 및 직무와 관련하여 횡령·배임 및 업무상의 횡령과 배임의 죄를 범한 자로서 금고 이상의 형의 선고유예를 받은 경우에만 해당한다(국가공무원법 69조, 지방공무원법 61조).

(2) 적극적 요건
공무원으로 임명되기 위해서는 소극적으로 결격사유에 해당하지 아니하여야 할 뿐만 아니라 적극적으로 개별법령에서 요구하는 일정한 자격을 갖추어야 하고(자격요건), 소정의 임용시험에도 합격하여야 한다(성적요건).

---

1) 예:「외무공무원법」 제9조 제2항, 「국가정보원직원법」 제8조 제2항, 「대통령등의경호에관한법률」 제8조 제2항, 「경찰공무원법」 제7조 제2항, 「군인사법」 제10조 제2항, 「군무원인사법」 제10조 등.

2) 대법 2005. 7. 28. 선고 2003두469 판결: 경찰공무원법에 규정되어 있는 경찰관임용 결격사유는 경찰관으로 임용되기 위한 절대적인 소극적 요건으로서 임용 당시 경찰관임용 결격사유가 있었다면 비록 임용권자의 과실에 의하여 임용결격자임을 밝혀내지 못하였다 하더라도 그 임용행위는 당연무효로 보아야 한다.

(가) **임용의 원칙**(임용의 기준)　　　　경력직공무원의 임명은 시험성적·근무성적 그 밖에 능력의 실증에 의하여 행한다(국가공무원법 26조, 지방공무원법 25조). 그러나 특수경력직공무원의 임용에는 이러한 적극적 요건을 반드시 지키도록 법이 요구하고 있지 않다. 그러나 임용권자는 이에 준하여 임용시험을 부과하여도 무방하다.

(나) **채용시험**　　　　경력직공무원의 신규채용은 공개경쟁시험[1]에 의함을 원칙으로 하며,[2] 예외적으로 경력경쟁시험에 의할 수 있다(국가공무원법 28조, 지방공무원법 27조 2항).

공개경쟁에 의한 채용시험은 동일한 자격을 가진 모든 국민에게 평등하게 공개하여야 한다(국가공무원법 35조, 지방공무원법 33조).

4. 임명권자

국가행정기관 소속 5급 이상 공무원 및 고위공무원단에 속하는 일반직공무원의 임명권자는 원칙적으로 대통령이며, 그 외의 공무원의 임명권자는 원칙적으로 소속 장관이다(국가공무원법 32조 1항·2항). 대통령은 대통령령으로 정하는 바에 따라 5급 이상 공무원의 임명권의 일부를 소속 장관에게 위임할 수 있으며, 소속 장관은 대통령령으로 정하는 바에 따라 대통령으로부터 위임받은 임명권의 일부와 5급 이하 공무원의 임명권의 일부를 그 보조기관 또는 소속기관의 장에게 위임 또는 재위임할 수 있다(동조 3항). 여기서 주의할 것은 「국가공무원법」상 '소속장관'의 범위이다. 장관이라는 용어 때문에 행정각부의 장관만 해당한다고 오해하기 쉬우나, 「공무원 임용령」 제2조의 개념을 보면, 각부 장관은 물론 처장, 청장, 위원회 위원장 등 중앙행정기관의 장을 모두 망라하고 있다. 지방자치단체 대한 소속 장관은 행정안정부장관과 교육부장관이며 지방자치단체에 소속된 공무원의 임명권자는 지방자치단체의 장이다(지방공무원법 6조 1항). 국회·법원 등 소속 공무원의 임명권자는 이미 앞에서 설명한 바와 같다(→ 인사행정기관).

5. 임명절차

일반직공무원의 임명절차는 다음과 같다.

(1) 채용후보자명부(신규임용후보자명부)

시험실시기관의 장은 채용시험에 합격한 자를 채용후보자명부(신규임용후보자명부)에 등재하

---

1) 헌재 2000. 1. 27. 99헌마123 결정: 공무원채용시험 시행계획공고는 공권력의 행사에 해당하며, 지방고등고시 응시연령의 기준을 예년과 달리하여 청구인이 제2차 시험에 응시할 수 있는 자격을 박탈한 것은 청구인의 정당한 신뢰를 해한 것일 뿐 아니라, 법치주의의 한 요청인 예측가능성의 보장을 위반하여 청구인의 공무담임권을 침해한 것에 해당한다.

2) 대법 2008. 12. 24. 선고 2008두8970 판결은 공무원 임용을 위한 면접전형에서 임용신청자의 능력이나 적격성 등에 관한 판단이 면접위원의 자유재량에 속한다고 하였다.

여야 한다(국가공무원법 38조 1항, 지방공무원법 36조 1항). 채용후보자명부의 유효기간은 국가공무원의 경우 원칙적으로 2년, 지방공무원의 경우도 2년의 범위 안에서 대통령령으로 정한다(국가공무원법 38조 2항, 지방공무원법 36조 4항). 채용시험에 합격하였다고 해서 바로 공무원 신분을 취득하는 것은 아니므로 시험에 합격한 자가 소정의 구비서류를 갖추어 명부에 등재됨으로써 앞으로 적법한 절차에 따라 공무원으로 임용될 의사가 있음을 스스로 표시하게 된다.

(2) 채용후보자추천

시험실시기관의 장은 채용후보자명부(신규임용후보자명부)에 등재된 채용후보자(임용후보자)를 임용권자 또는 임용제청권자에게 추천하여야 한다(국가공무원법 39조 1항 본문, 지방공무원법 37조 3항).

(3) 임명제청 및 협의

국가행정기관 소속 5급 이상 공무원 및 고위공무원단에 속하는 일반직공무원의 임명은 원칙적으로 소속 장관의 제청으로 인사혁신처장과 협의를 거쳐 국무총리를 경유하여 행한다(국가공무원법 32조 1항). 이 경우 국세청장의 임명은 국회의 인사청문을 거쳐 행한다(동항 후단). 공개경쟁채용시험합격자의 우선채용을 위하여 필요한 경우에는 인사혁신처장이 채용후보자가 근무할 기관을 지정하여 임용 또는 임용제청할 수 있다(동법 39조 1항 단서).

임용권자 또는 임용제청권자는 고위공무원단에 속하는 공무원의 채용 또는 고위공무원단 직위로 승진임용하고자 하는 경우 임용대상자를 선정하여 고위공무원임용심사위원회의 심사를 거쳐 임용 또는 임용제청하여야 한다(동법 28조의6 3항).

(4) 개방형직위

임용권자 또는 임용제청권자는 당해 기관의 직위 중 전문성이 특히 요구되거나 효율적인 정책수립을 위하여 필요하다고 판단되어 공직 내부 또는 외부에서 적임자를 임용할 필요가 있는 직위에 대하여는 이를 개방형직위로 지정하여 운영할 수 있다(국가공무원법 28조의4 1항 본문, 지방공무원법 29조의4 1항 본문). 즉, 개방형직위에는 민간인의 임용도 가능하다.

임용권자 또는 임용제청권자는 개방형직위에 대하여는 직급별로 직무의 내용·특성 등을 고려하여 직무수행요건을 설정하고 그 요건을 갖춘 자를 임용 또는 임용제청하여야 한다(국가공무원법 28조의4 2항, 지방공무원법 29조의4 2항).

임용권자 또는 임용제청권자는 개방형직위를 지정 또는 변경하거나 직위별 직무수행요건을 설정 또는 변경하고자 하는 때에는 지방공무원의 경우에는 인사위원회의 심의·의결을 거쳐야 한다(지방공무원법 29조의4 3항).

(5) 공모직위

임용권자 또는 임용제청권자는 당해 기관의 직위 중 효율적인 정책수립 또는 관리를 위하여 당해 기관 내부 또는 외부의 공무원 중에서 적격자를 임용할 필요가 있는 직위에 대하여 이를 공모직위로 지정하여 운영할 수 있다(국가공무원법 28조의5 1항, 지방공무원법 29조의5 1항).

임용권자 또는 임용제청권자는 공모직위에 대하여는 직위별로 직무의 내용·특성 등을 고려하여 직무수행요건을 설정하고 그 요건을 갖춘 자를 임용 또는 임용제청하여야 한다(국가공무원법 28조의5 2항, 지방공무원법 29조의5 2항).

중앙인사관장기관의 장은 공모직위를 운영함에 있어서 각 기관간 인력의 이동과 배치가 적절한 균형을 유지할 수 있도록 관계기관의 장과 협의하여 이를 조정할 수 있다(동조 4항).

(6) 시보임용

시보임용제도는 필기시험, 면접시험 등을 통하여 공무원으로 선발하였으나, 공무원으로서의 실질적인 자질, 능력 등에 대하여는 아직 검증된 단계가 아니므로 채용후보자에게 임용예정직의 업무를 실제로 수행할 기회를 주고 이를 관찰하여 그 적격성 여부를 결정하는 것으로서 임명과정의 일부를 이루고 시험제도를 보완하는 기능을 갖고 있다. 5급 공무원은 1년간, 6급 이하 공무원은 6월간 시보로 임명하고 그 기간 중 근무성적이 양호한 경우에 정규공무원으로 임명한다(국가공무원법 29조 1항, 지방공무원법 28조 1항). 시보임용기간 중에는 신분보장이 되지 않으나 소청심사청구권까지 제한되는 것은 아니다. 다만 근무성적이나 교육훈련성적이 나쁜 경우에는 신분보장규정(국가공무원법 68조 및 70조, 지방공무원법 60조 및 62조)에 불구하고 바로 면직시키거나 면직을 제청할 수 있다(국가공무원법 29조 3항, 지방공무원법 28조 3항).

6. 임명의 형식과 효력발생

공무원의 임명 형식은 임명장 또는 임용통지서의 교부에 의하며, 임명의 효력은 임명장 또는 임용통지서에 적힌 날짜에 발생한다(공무원임용령 6조 1항, 지방공무원임용령 5조 1항). 공무원의 임용은 그 일자를 소급하여서는 아니 됨이 원칙이다(공무원임용령 6조 1항, 지방공무원임용령 5조 1항).

Ⅱ. 공무원관계의 변경

1. 의   의

공무원관계의 변경이란 공무원의 신분을 유지하면서 공무원관계의 내용을 변경하는 것을 말한다. 공무원관계의 변경은 공무원임명행위와는 달리 일방적 단독행위로 행하여지는 것이 원칙이다. 공무원관계의 변경에는 수직적 변경, 수평적 변경, 무보직변경 등이 있다.

2. 수직적 변경

수직적 변경에는 승진과 강임이 있다.

(1) 승 진

승진이란 동일한 직렬 안에서 하위 직급에 있는 자가 바로 상위 직급에 임용되는 것을 말한다. 다만 1급 공무원에의 승진은 바로 하급공무원 중에서, 2급 및 3급 공무원에의 승진은 동일 직군 안의 바로 하급 공무원 중에서, 고위공무원단 직위로의 승진임용은 대통령령이 정하는 자격·경력 등을 갖춘 자 중에서 임용 또는 임용제청된다(국가공무원법 40조의2 1항, 지방공무원법 39조 1항).

승진에는 일반승진과 특별승진이 있다. 일반승진은 특별승진 이외의 승진이며, 특별승진은 직무수행능력이 탁월하여 행정발전에 지대한 공헌을 한 자, 재직 중 공적이 특히 현저한 자가 공무로 인하여 사망한 때 등 법정사유(국가공무원법 40조의4 1항, 지방공무원법 39조의3 1항)에 해당하는 경우에 승진시키는 것을 말한다. 일반승진도 임용행위의 일종이므로 성적주의 임용원칙이 그대로 적용된다. 계급간 승진임용은 근무성적평정·경력평정·기타 능력의 실증에 의한다. 다만 1급 내지 3급 공무원에의 승진에 있어서는 능력과 경력 등을 고려하여 임용하고,[1] 5급 공무원에의 승진임용은 승진시험 또는 승진후보자명부의 일정범위를 대상으로 승진심사위원회(인사위원회)의 심사를 거쳐 임용할 수 있다. 6급 이하 공무원에의 승진임용에 있어서도 승진시험을 병용할 수 있다(국가공무원법 40조 2항, 지방공무원법 38조 2항).

(2) 강 임

강임이란 동일한 직렬 안에서의 하위의 직급에 임명되거나 하위 직급이 없어 다른 직렬의 하위 직급으로 임명되거나 고위공무원단에 속하는 일반직공무원이 고위공무원단 직위가 아닌 하위 직위에 임명되는 것을 말한다(국가공무원법 5조 4호, 지방공무원법 5조 4호). 강임의 요건은 ① 직제 또는 정원의 변경이나 예산의 감소 등으로 인하여 직위가 폐직되거나 강등되어 과원이 된 때, ② 본인이 동의한 경우의 2가지이다(국가공무원법 73조의4 1항, 지방공무원법 65조의4 1항). 강임은 임용행위에 포함되나 실제로 신분상 중대한 불이익이 되기 때문에[2] 인사의 공정성확보 차원에서 요건과 절차를 엄격히 정하고 있다. 강임된 공무원은 상위 직급에 결원이 생긴 때에는 우선 임용된다. 다만 본인의 동의에 의하여 강임된 공무원은 본인의 경력과 당해 기관의 인력 사정 등을 고려하여 우선 임용될 수 있다(국가공무원법 73조의4 2항, 지방공무원법 65조의4 2항).

---

1) 대법원은 4급 공무원이 당해 지방자치단체 인사위원회의 심의를 거쳐 3급 승진대상자로 결정되고 임용권자가 그 사실을 대내외에 공표까지 하였다면 그 공무원은 승진임용에 관한 법률상 이익을 가진 자로서 임용권자에 대하여 3급 승진임용 신청을 할 조리상의 권리가 있고, 이러한 공무원으로부터 소청심사청구를 통해 승진임용신청을 받은 행정청으로서는 상당한 기간 내에 그 신청을 인용하는 적극적 처분을 하거나 각하 또는 기각하는 등의 소극적 처분을 하여야 할 법률상의 응답의무가 있다고 하였다(대법 2009. 7. 23. 선고 2008두10560 판결).

2) 「국가공무원법」제80조, 「지방공무원법」제71조, 「군인사법」제57조는 강등을 징계처분의 한 종류로 하고 있다.

3. 수평적 변경

수평적 변경이란 동일한 계급 안에서 직위나 직렬의 변경(전보·전직) 또는 다른 기관으로 이동(전입·인사교류·겸임·파견)하는 것을 말한다.

(1) 전　보

전보란 동일한 직급 안에서의 보직변경(예: 서기관을 A 과장직에서 B 과장직으로 보하는 것) 또는 고위공무원단 직위간의 보직변경(국가공무원법 4조 2항의 규정에 의하여 계급을 달리 정한 공무원의 경우에는 고위공무원단 직위와 대통령령이 정하는 직위간의 보직변경을 포함)을 말한다(국가공무원법 5조 6호, 지방공무원법 5조 6호).

전보는 공직의 전문성을 높이는 측면에서 가급적 동일한 직위에 오래 근무하는 것이 좋으나, 한 자리에 오래 있으면 업무의 침체와 사기저하 문제도 있기 때문에 원칙적으로 최소한 3년 동안은 동일 직위에서 계속 근무할 것이 요구되고 있다(공무원임용령 45조 1항 본문).[1][2]

(2) 전　직

전직이란 직렬을 달리하는 임용(예: 행정사무관을 검찰사무관으로 임용하는 것)을 말한다(국가공무원법 5조 5호, 지방공무원법 5조 5호). 직렬은 인사행정의 전문성을 높이고 직위분류제의 성격을 가미하기 위한 것으로서 공무원의 채용이나 전보, 승진의 기준으로 삼고 있다. 그래서 일단 결정된 직렬은 함부로 변경하지 못하게 하고 있으나, 직제의 개폐, 정원의 감소 등 부득이한 사유가 발생하면 일정한 시험을 거쳐 다른 직렬로 변경할 수 있다(국가공무원법 28조의3, 지방공무원법 29조의2).

(3) 전　입

전입이란 국회·법원·헌법재판소·선거관리위원회·행정부 상호간의 인적 교류, 즉 중앙인사관장기관을 달리하는 기관으로 이동하는 것을 말한다. 중앙인사관장기관은 공무원의 채용에서

---

1) 서울고법 1998. 3. 26. 선고 97구6200 판결: 불규칙적이고 잦은 전보명령이나 보직변경 등의 인사발령에 의하여 침해될 수 있는 교육공무원의 근무환경 또는 근무조건과 직무의 연속성 및 일상생활의 안정성 등은 교육공무원법 제21조, 교원지위향상을 위한 특별법 제7조 제1항, 제9조 제1항, 제10조 제3항, 국가공무원법 제16조 제1항, 제2항 등 관계 법규에 의하여 보호되는 직접적이고 구체적인 법률상의 이익이라 할 것이므로, 전보명령을 받은 교육공무원에게는 그 처분의 취소를 구할 소의 이익이 있다.

2) 대법 2009. 5. 28. 선고 2006다16215 판결: 공무원에 대한 전보인사가 법령이 정한 기준과 원칙에 위배되거나 인사권을 다소 부적절하게 행사한 것으로 볼 여지가 있다 하더라도 그러한 사유만으로 그 전보인사가 당연히 불법행위를 구성한다고 볼 수는 없고, 인사권자가 당해 공무원에 대한 보복감정 등 다른 의도를 가지고 인사재량권을 일탈·남용하여 객관적 정당성을 상실하였음이 명백한 경우 등 전보인사가 우리의 건전한 사회통념이나 사회상규상 도저히 용인될 수 없음이 분명한 경우에, 그 전보인사는 위법하게 상대방에게 정신적 고통을 가하는 것이 되어 당해 공무원에 대한 관계에서 불법행위를 구성한다. 그리고 이러한 법리는 구 부패방지법(2001. 7. 24. 법률 제6494호)에 따라 다른 공직자의 부패행위를 부패방지위원회에 신고한 공무원에 대하여 위 신고행위를 이유로 불이익한 전보인사가 행하여진 경우에도 마찬가지이다.

비롯하여 승진·복무·신분보장 등 인사관리를 독립적으로 하고 있기 때문에 상호 교류는 제한되고 있다. 따라서 전입을 하기 위해서는 전입받을 기관을 중심으로 일정한 시험을 부과하고 이에 합격하여야 한다(국가공무원법 28조의2). 지방자치단체의 장도 다른 지방자치단체의 장의 동의를 얻어 그 소속 공무원을 전입할 수 있다(지방공무원법 29조의3).[1]

(4) 인사교류

인사교류란 행정부 내에서 행정기관과 교육·연구기관 또는 공공기관 간, 교육부 또는 행정안전부와 지방자치단체 간, 광역지방자치단체 및 관할구역 안의 기초지방자치단체 상호간 등에 인사교류계획(인사교류기준)에 따라 행하여지는 수평이동을 말한다(국가공무원법 32조의2, 지방공무원법 30조의2).

이 제도는 인력의 균형 있는 배치와 효율적인 활용, 국가정책 수립과 집행의 연계성 확보, 행정기관 상호간의 협조체제 증진 및 공무원의 종합적 능력발전 기회의 부여, 연고지 배치 등을 위하여 행하여지고 있다(공무원임용령 48조, 지방공무원임용령 27조의5).[2]

(5) 겸 임

겸임이란 현재 특정한 직위를 갖고 있는 공무원을 그 직위를 보유한 채로 다른 공직에 임용하거나 다른 기관·단체의 임직원을 공무원으로 임용하는 것을 말한다. 겸임의 요건은 직위 및 직무 내용이 유사하고 담당 직무 수행에 지장이 없다고 인정되는 경우에 한하다(국가공무원법 32조의3, 지방공무원법 30조의3, 공무원임용령 40조).

(6) 파 견

파견이란 공무원이 다른 기관의 업무를 지원하거나 연수, 그 밖에 능력 개발 등을 위하여 자기 본래의 직무를 일정기간 동안 떠나 다른 기관에서 근무하는 것을 말한다(국가공무원법 32조의4, 지방공무원법 30조의4, 공무원임용령 41조). 파견은 본직을 가진 채로 다른 기관의 업무를 수행하는 겸임과 구별되며, 자기 직무에서 완전히 이탈하여 다른 기관이나 부서에서 근무하는 전보와도

---

1) 공무원의 동의 없는 지방자치단체장의 지방공무원법 제29조의3에 의한 전출명령은 위법(취소사유)하다(대법 2008. 9. 25. 선고 2008두5759 판결 등).

2) 대법원은 "지방공무원법 제30조의2 제2항은 시·도지사로 하여금 당해 지방자치단체 및 관할구역 안의 지방자치단체 상호간에 인사교류의 필요성이 있다고 인정할 경우 당해 시·도에 두는 인사교류협의회에서 정한 인사교류기준에 따라 인사교류안을 작성하여 관할구역 안의 지방자치단체의 장에게 인사교류를 권고할 수 있도록 하고, 이 경우 당해 지방자치단체의 장은 정당한 이유가 없는 한 이에 응하도록 규정하고 있으므로," 시·도지사의 인사교류안의 작성과 그에 의한 인사교류의 권고가 전혀 이루어지지 않은 상태에서 행하여진 관할구역 내 시장의 인사교류에 관한 처분은 지방공무원법 제30조의2 제2항의 입법취지에 비추어 그 하자가 중대하고 객관적으로 명백하여 당연무효라고 하였다(대법 2005. 6. 24. 선고 2004두10968 판결). 이 판결에 대한 평석으로 金重權, 「인사교류계획이 결여된 전출결정(명령)의 효력에 관한 소고」, 행정판례연구 XV-1, 273쪽 이하가 있다.

구별된다. 또한 출장과는 본직을 가진 채로 다른 기관에서 직무를 수행하는 점에서 유사하나, 직무상 명령이 아닌 임용행위라는 점과 담당업무의 성격·신분·급여·복무관계·기간 등에서 차이가 있다. 파견직원의 급여는 원 소속기관에서 지급한다.

4. 무보직 변경

임용(제청)권자는 공무원의 직급과 직류를 고려하여 그 직급에 상응하는 일정한 직위를 부여하여야 한다. 이 경우 당해 공무원의 전공분야·훈련·근무경력·전문성 및 적성 등을 고려하여야 하며, 고위공무원단에 속하는 일반직공무원에 대하여는 자격·경력 등을 고려하여야 한다(국가공무원법 32조의5, 지방공무원법 30조의5). 그러나 보직을 부여할 수 없는 부득이한 경우에는 신분을 보유한 채로 일정기간 동안 직위를 부여하지 않을 수 있다. 이것은 공무원의 중대한 권익을 침해하는 수도 있기 때문에 신분보장 측면에서 법은 그 요건을 엄격히 정하고 있다.

(1) 휴 직

(가) **의의 및 성질** 휴직이란 일정기간 동안 직무에 종사할 수 없는 사유가 발생한 경우에 공무원관계는 계속 유지하되, 본인의 신청이나 임용권자의 직권에 의하여 직무수행의 의무만을 해제하는 것을 말한다. 이 제도는 행정기관의 입장에서는 휴직기간 동안 면직 후 재임용하는 등의 복잡한 절차가 필요 없어 인사의 효율성을 도모할 수 있을 뿐만 아니라, 공무원 본인에게도 안심하고 다른 직무에 종사할 수 있는 여건을 부여하는 점에서 직업공무원제도를 표방하고 있는 대부분의 국가에서 채택하고 있다. 휴직은 공무원의 신분을 계속 갖고 있으면서 직무에 종사하지 않는다는 점에서는 직위해제나 정직과 같으나, 본인의 원(願)에 의하여 휴직할 수도 있고 제재의 효과가 없다는 점에서 직위해제나 정직 등과 구분된다. 휴직제도는 특정한 사유가 발생하면 직무에서 이탈할 수 있다는 적극적 의미와 함께 법정사유 외에는 임용권자가 자의로 휴직을 명할 수 없다는 소극적 의미도 동시에 갖고 있다.

(나) **종 류** 휴직에는 본인의 의사와 상관 없이 임용권자가 휴직을 명하는 직권휴직과 본인의 원에 의하여 임용권자가 휴직을 명하는 청원휴직(의원휴직)이 있다.

(다) **사 유** 직권휴직사유로는 ① 신체·정신상의 장애로 장기요양을 요할 때, ② 「병역법」에 의한 병역복무를 마치기 위하여 징집 또는 소집되었을 때, ③ 천재·지변 또는 전시·사변이나 그 밖의 사유로 인하여 생사 또는 소재가 불명하게 되었을 때, ④ 그 밖에 법률의 규정에 의한 의무를 수행하기 위하여 직무를 이탈하게 되었을 때, ⑤ 「공무원의 노동조합 설립 및 운영에 관한 법률」 제7조의 규정에 따라 노동조합 전임자로 종사하게 된 때 등이다(국가공무원법 71조 1항, 지방공무원법 63조 1항). 청원휴직사유로는 ① 국제기구, 외국 기

관, 국내외 대학·연구기관, 다른 국가기관 또는 대통령령이 정하는 민간기업 그 밖의 기관에 임시로 채용될 때, ② 국외유학을 하게 된 때, ③ 중앙인사관장기관의 장(지방공무원의 경우에는 교육부장관 또는 행정안전부장관)이 지정하는 연구기관이나 교육기관 등에서 연수하게 된 때, ④ 만 8세 이하(취학 중인 경우에는 초등학교 2학년 이하를 말한다)의 자녀를 양육하기 위하여 필요하거나, 여성 공무원이 임신 또는 출산하게 된 때, ⑤ 사고 또는 질병 등으로 장기간의 요양을 요하는 조부모, 부모(배우자의 부모 포함), 배우자, 자녀 또는 손자녀를 간호하기 위하여 필요한 때, ⑥ 외국에서 근무·유학 또는 연수하는 배우자를 동반하게 된 때, ⑦ 대통령령 등으로 정하는 기간 동안 재직한 공무원이 직무 관련 연구과제 수행 또는 자기개발을 위하여 학습·연구 등을 하게 된 때 등이다(국가공무원법 71조 2항, 지방공무원법 63조 2항).

㈑ **기 간** 직권휴직사유 ①의 경우는 원칙적으로 1년 이내, ② ⑤의 경우는 그 복무기간이 만료될 때까지, ③의 경우는 3월 이내, ④의 경우는 전임기간이다. 청원휴직사유 ①의 경우는 그 채용기간(민간기업 그 밖의 기관에 채용되는 경우에는 3년 이내), ② ⑥의 경우에는 3년 이내로 하되, 부득이한 경우에는 2년의 범위 내에서 연장, ③의 경우는 2년 이내, ④의 경우는 자녀 1인에 대하여 3년 이내, ⑤의 경우는 1년 이내로 하되, 재직기간 중 총 3년을 초과할 수 없고, ⑦의 경우는 1년 이내로 한다(국가공무원법 72조, 지방공무원법 64조).

㈒ **효 력** 휴직중인 공무원은 신분은 보유하나 직무에 종사하지 못한다(국가공무원법 73조 1항, 지방공무원법 65조 1항).

휴직기간은 승진소요최저연수에 포함되지 아니하는 것이 원칙이다(공무원임용령 31조 2항). 휴직기간 중 그 사유가 소멸된 때에는 30일 이내에 임용권자 또는 임용제청권자에게 이를 신고하여야 하며, 임용권자는 지체없이 복직을 명하여야 한다[1]. 휴직기간이 만료된 공무원이 30일 이내에 복귀신고를 한 때에는 당연 복직된다(국가공무원법 73조 2항·3항, 지방공무원법 65조 2항·3항).

(2) 직위해제

㈎ **의 의** 직위해제란 공무원으로서 신분은 유지하되 직무담임을 강제로 해제하는 행위를 말한다. 이 제도의 취지는 징계벌을 대체하는 관리수단으로서 기관장의 지휘감독권을 강화함과 아울러 정직처분을 위해서는 징계위원회의 사전심사절차가 필요하여 비능률적인 측면이 있으므로 이를 보완하기 위한 것이다.[2]

1) 대법 2014. 6. 12. 선고 2012두4852 판결: 국가공무원법 제73조 제2항의 문언에 비추어 복직명령은 기속행위이므로 휴직사유가 소멸하였음을 이유로 신청하는 경우 임용권자는 지체 없이 복직명령을 하여야 한다.

2) 대법 2003. 10. 10. 선고 2003두5945 판결: 직위해제는 공무원이 장래에 있어서 계속 직무를 담당하게 될 경우 예상되는 업무상의 장애 등을 예방하기 위하여 일시적으로 당해 공무원에게 직위를 부여하지 아니함으로써 직무에 종사하지 못하도록 하는 잠정적인 조치로서의 보직의 해제를 의미하므로 과거의 공무원의 비위행위에 대하여 기업질서 유지를 목적으로 행하여지는 징벌적 제재로서의 징계와는 그 성질이 다르다.

(나) **사　유**　　　　임용권자가 직위를 부여하지 아니할 수 있는 직위해제의 사유로는 ① 직무수행능력이 부족하거나 근무성적이 극히 나쁜 자, ② 파면·해임·강등 또는 정직에 해당하는 징계의결이 요구 중인 자, ③ 형사사건으로 기소된 자(약식명령이 청구된 자는 제외), ④ 고위공무원단에 속하는 일반직공무원으로서 '근무성적평정에서 최하위 등급의 평정을 총 2년 이상 받은 때' 및 '대통령령으로 정하는 정당한 사유 없이 직위를 부여 받지 못한 기간이 총 2년에 이른 때'의 사유로 적격심사를 요구받은 자, ⑤ 금품비위, 성범죄 등 대통령령으로 정하는 비위행위로 인하여 감사원 및 검찰·경찰 등 수사기관에서 조사하거나 조사나 수사 중인 자로서 비위의 정도가 중대하고 이로 인하여 정상적인 업무수행을 기대하기 현저히 어려운 자이다(국가공무원법 73조의3 1항, 지방공무원법 65조의3 1항).

(다) **효　력**　　　　직위해제[1]가 된 때에는 직무에 종사하지 못한다. 다만 직무능력이 부족하거나 근무성적이 극히 불량한 자에 대하여 3월 이내의 기간 대기를 명하여 능력회복이나 근무성적의 향상을 위하여 임용(제청)권자는 교육훈련 또는 특별한 연구과제의 부여 등 필요한 조치를 하여야 하므로(국가공무원법 73조의3 3항·4항, 지방공무원법 65조의3 3항·4항), 이 사유로 인한 직위해제의 경우에는 임용(제청)권자의 조치 내용에 따라 일정한 장소에 출근하여 교육훈련에 임하거나 연구과제를 수행하여야 한다. 대기명령을 받은 자가 그 기간 중 능력 또는 근무성적의 향상을 기대하기 어렵다고 인정된 때에는 임용권자는 직권면직시킬 수 있다(국가공무원법 70조 1항 5호, 지방공무원법 62조 1항 5호). 임용권자가 직위를 부여하지 아니한 경우에 그 사유가 소멸된 때에는 임용권자는 지체 없이 직위를 부여하여야 한다(국가공무원법 73조의3 2항, 지방공무원법 65조의3 2항).

직위해제는 징계벌과 법적 기초를 달리하므로 시효의 적용을 받지 않으며, 직위해제 후 동일한 사유로 징계나 직권면직되어도 일사부재리의 원칙에 반하지 아니한다. 따라서 직위해제 후 동일한 사유로 파면할 수 있고, 이 경우 종전의 직위해제는 그 효력을 상실한다. 직위해제기간 중 정년퇴직일이 도래하였을 경우에는 당연퇴직사유에 해당되어 직위해제기간에 관계없이 퇴직된다.

(3) 정직·강등

정직이란 1월 이상 3월 이하의 기간 안에서 직무에 종사하지 못하고 보수도 전액이 감액되는

---

1) 대법 2014. 5. 16. 선고 2012두26180 판결 : 국가공무원법상 직위해제처분은 구 행정절차법(2012. 10. 22. 법률제11498호로 개정되기 전의 것)제3조 제2항 제9호, 구 행정절차법 시행령(2011. 12. 21. 대통령령 제23383호로 개정되기 전의 것)제2조 제3호에 의하여 당해 행정작용의 성질상 행정절차를 거치기 곤란하거나 불필요하다고 인정되는 사항 또는 행정절차에 준하는 절차를 거친 사항에 해당하므로, 처분의 사전통지 및 의견청취 등에 관한 행정절차법의 규정이 별도로 적용되지 않는다. 원심(서울고등법원 2012. 10. 18. 선고 2011누45612 판결)은 "원고에게 사전통지를 하지 않고 의견제출의 기회를 주지 아니한 이 사건 처분은 행정절차법 제21조 제1항, 제22조 제3항을 위반한 절차상 하자가 있어 위법하다고 판결하였었다.

징계벌의 일종을 말한다(국가공무원법 79조, 80조 3항, 지방공무원법 70조, 71조 2항).

정직도 기간이 미리 확정되어 있으므로 소정의 처분기간이 끝나면 별도의 직위해제처분이나 휴직 등이 없는 한 당연히 복직된다.

정직보다 더 무거운 징계벌인 강등이 되면 1계급 아래로 임용될 뿐만 아니라 3개월간 직무에 종사할 수 없고 보수도 전액 삭감된다.

Ⅲ. 공무원관계의 소멸

1. 공무원관계의 소멸원인

공무원관계는 여러 원인에 의하여 소멸한다. 여기서는 당연퇴직·의원면직·징계면직·직권면직·기타 소멸사유로 나누어 설명한다.

2. 당연퇴직

(1) 의 의

당연퇴직이란 일정한 사유를 법률에서 미리 정해 놓고 그 사유에 해당하면 별도의 처분을 기다릴 필요 없이 바로 공무원관계가 소멸되는 것을 말한다. 징계면직으로 인한 당연퇴직은 파면처분 후 5년, 해임 후 3년 이내에 공무원으로 임용된 것이 발견되어 당연퇴직되는 경우를 말하고, 파면이나 해임으로 면직되는 것은 당연퇴직이 아니다.

행정실무에서는 당연퇴직사유가 발생하면 퇴직발령통보를 행한다. 그러나 당연퇴직통보의 성질은 법률상 당연히 발생하는 퇴직의 효과를 공적으로 알려 주는 사실(관념)의 통지행위에 불과하고 파면처분 등과 같은 형성적 행위가 아니므로 항고소송의 대상이 되는 처분이 아니라는 것이 판례이다(대법 1995. 2. 10. 선고 94누3148 판결, 대법 1995. 11. 14. 선고 95누2036 판결 등). 마찬가지로 당연퇴직통보서가 없다고 해서 위법·부당한 것은 아니며 이를 소송의 대상으로 할 수 없다는 것이 판례이다(대법 1979. 12. 28. 선고 78누75 판결).

(2) 당연퇴직사유

당연퇴직사유는 다음과 같다.

(가) **결격사유에 해당하는 경우**　　　　공무원이 공무원 임명의 소극적 요건인 결격사유(국가공무원법 3조 1항·33조, 지방공무원법 31조 등) 중 어느 하나에 해당할 때에는 당연히 퇴직한다(국가공무원법 69조, 지방공무원법 61조)[1]. 다만, 제33조 제2호는 파산선고를 받은 사람으로

---

1) 대법 2011. 3. 24. 선고 2008다92022 판결: 법 제69조에서 규정하고 있는 당연퇴직제도는 같은 법 제33조 제1항 각호에 규정되어 있는 결격사유가 발생하는 것 자체에 의하여 임용권자의 의사표시 없이 결격사유에 해당하게 된 시점에 당연히 공무원 신분을 상실하게 하는 것이고, 당연퇴직의 효력이 생긴 후에 당연퇴직사유가 소멸한다

서「채무자 회생 및 파산에 관한 법률」에 따라 신청기한 내에 면책신청을 하지 아니하였거나 면책불허가 결정 또는 면책 취소가 확정된 경우에만 해당하고, 제33조 제5호는「형법」에 규정된 뇌물·사전뇌물의 죄, 제3자 뇌물제공의 죄, 수뢰 후 부정처사·사후수뢰의 죄, 알선수뢰의 죄, 또는「성폭력범죄의 처벌 등에 관한 특례법」제10조 및「형법」에 규정된 직무와 관련하여 횡령·배임 및 업무상의 횡령과 배임의 죄를 범한 자로서 금고 이상의 형의 선고유예를 받은 경우에만 해당한다(국가공무원법 69조 1호 단서, 지방공무원법 61조 1호 단서).

(ㄴ) **사망·임기만료·정년**　　　사망, 임기제의 적용을 받는 자의 임기만료, 정년퇴직의 경우에도 별도의 면직처분이 없어도 당연퇴직과 같은 효과가 발생한다. 정년의 경우에는 연령정년 외에 일부 특정직공무원에게 적용되는 계급정년과 근속정년이 있다. 동일계급에서 일정기간 승진하지 못하면 자동 면직되는 계급정년은 군인·경찰·소방공무원·국가정보원직원에게 적용되며, 공직임용 후 통산 근무기간을 계급별로 정하는 근속정년은 군인에게만 적용된다.

(ㄷ) **국적상실**　　　법률에서 명문으로 대한민국의 국적을 가지지 아니한 자를 공무원의 결격사유로 규정하고 있는 경우(→ 임명의 요건)에는 공무원이 대한민국의 국적을 상실하였을 때에는 당연히 퇴직된다.

3. 의원면직

　의원면직이란 공무원 자신의 사직의사표시에 의하여 임용권자가 공무원관계를 소멸시키는 것을 말한다. 의원면직은 사직의 의사표시만으로 효력을 발생하는 것이 아니라 임용권자의 면직처분[1]이 있어야 하므로, 면직처분이 있을 때까지는 공무원관계가 지속되며 사표를 제출한 뒤 직장에 출근하지 않으면 허가 없는 직장이탈로 징계사유가 될 수 있다.

　공무원이 사직의 의사를 표명하였을 경우 임용권자에게 수리의무가 있는가에 대하여는, 병역의무 기타 법률상 의무가 있는 경우 외에는, 국민에게 일반적인 공무담임의무가 없고 직업선택의 자유가 있다는 점에서, 임용권자는 원칙적으로 수리의무가 있다는 것이 통설이다. 언제까지 수리하여야 하는가는 후임의 보충, 기타 업무의 공백을 막기 위하여 필요한 조치를 취할 수 있는 상당한 기간까지로 본다. 다만 징계사유에 해당하는 공무원이 징계벌을 면탈할 목적으로

는 것은 있을 수 없으므로, 국가공무원이 금고 이상의 형의 집행유예를 받은 경우에는 그 이후 형법 제65조에 따라 형의 선고가 효력을 잃게 되었다 하더라도 이미 발생한 당연퇴직의 효력에는 영향이 없다.

1) 대법 2007. 7. 26. 선고 2005두15748 판결: 행정청의 권한에는 사무의 성질 및 내용에 따르는 제약이 있고, 지역적·대인적으로 한계가 있으므로 이러한 권한의 범위를 넘어서는 권한유월의 행위는 무권한 행위로서 원칙적으로 무효라고 할 것이나, 행정청의 공무원에 대한 의원면직처분은 공무원의 사직의사를 수리하는 소극적 행정행위에 불과하고, 당해 공무원의 사직의사를 확인하는 확인적 행정행위의 성격이 강하며 재량의 여지가 거의 없기 때문에 의원면직처분에서의 행정청의 권한유월 행위를 다른 일반적인 행정행위에서의 그것과 반드시 같이 보아야 할 것은 아니다.

사표를 제출한 경우에는 공무원관계의 내부질서유지와 비위 공무원의 퇴직 후 공무원 재임용문제 등을 고려하여 이를 수리하지 않을 수 있다. 사표를 수리하기 전에 사망한 경우에는 처분의 효력이 아직 발생되지 않는 것이므로 당연퇴직이 된다. 임용권자가 일괄사표제출을 명하였다 하여도 사표제출이 본인의 자유의사에 반하지 않는 한 의원면직처분은 유효하다(대법 1981. 11. 24. 선고 81누120 판결). 즉 민법상의 비진의의사표시의 무효에 관한 규정(107조 1항 단서)은 사인의 공법행위에는 적용되지 아니한다(대법 2000. 11. 14. 선고 99두5481 판결 참조)(→ 행정법관계에 있어서 사인의 행위 중 의사와 표시의 불일치).

사직의사표시의 철회는 임용권자의 면직처분이 있을 때까지 할 수 있으나, 일단 면직처분이 있고 난 후에는 불가능하다(대법 1993. 7. 27. 선고 92누16942 판결). 정년이 되기 전에 사표를 내고 수당을 받는 명예퇴직도 의원면직의 일종이다.

4. 징계면직

징계면직은 공무원이 공무원법상 요구되는 의무를 위반하였을 때 가해지는 제재인 파면과 해임을 의미한다. 파면과 해임은 둘 다 공무원관계에서 배제되는 점은 같으나, 공직에의 취임제한(국가공무원법 33조 7호·8호, 지방공무원법 31조 7호·8호), 「공무원연금법」상의 급여의 제한 등(공무원연금법 64조) 부수적인 효과의 면에서 차이가 있다.

이들 파면과 해임은 징계수단이므로 뒤의 징계책임에서 구체적으로 설명키로 한다.

5. 직권면직

(1) 의 의

직권면직이란 공무원이 일정한 법정사유에 해당하는 경우 본인의 의사에 관계 없이 임용권자가 일방적으로 공무원관계를 소멸시키는 것을 말한다. 직권면직은 법정사유에 해당하면 법적으로 바로 면직의 효과가 생기는 것이 아니라 임용권자의 별도 처분[1]이 있어야 면직의 효과가 발생한다는 점에서 당연퇴직과 다르다.

공무원에게 당해 직무를 계속 수행할 수 없는 경우가 발생하면 그 신분을 종료시키는 것이

---

1) 대법 2007. 8. 24. 선고 2005두16598 판결 : 임용권자가 별정직공무원을 직권면직함에 있어서도 자의는 허용되지 않고 객관적이고도 합리적인 근거를 갖추어야 할 것이지만, 별정직공무원은 특정한 업무를 담당하기 위하여 경력직공무원과는 별도의 자격 기준에 의하여 임용되는 공무원으로 지방공무원법 제7장의 '신분보장', 제8장의 '권익의 보장'의 규정이 적용되지 아니하고, 지방자치단체의 지방별정직공무원의 임용 등에 관한 조례에서 '임용권자가 필요하다고 인정할 때'를 직권면직 사유로 정하여 임용권자에게 광범한 재량권이 부여되고 있는 점에 비추어 보면, 별정직공무원을 직권면직함에 있어 객관적이고도 합리적인 근거를 갖추었는지의 여부는 당해 직무를 별정직공무원에게 담당하게 한 제도의 취지, 직무의 내용과 성격, 당해 별정직공무원을 임용하게 된 임용조건과 임용과정, 직권면직에 이르게 된 사정 등을 종합적으로 고려해서 판단하여야 한다(같은 취지: 대법 2010. 6. 24. 선고 2010두3370 판결).

조직 전체의 효율성을 높이고 공무원 본인에게도 바람직한 경우가 있다. 공무원관계를 소멸시키는 방법에는 여러 가지가 있고 직권면직 사유의 일부에 대하여는 징계책임을 통하여 면직시킬 수도 있다. 그러나 징계에는 배제징계뿐만 아니라 교정징계도 있고, 그 처분결과가 불확실하며, 징계위원회의 사전심사 등 행정절차가 번잡하기 때문에 직권으로 면직할 수 있는 별도의 제도를 법이 마련하고 있는 것이다.

(2) 직권면직사유

직권면직은 법정사유가 있을 때만 허용된다. 직권면직사유는 ① 직제와 정원의 개폐 또는 예산의 감소 및 지방자치단체의 폐치·분합 등에 의하여 폐직 또는 과원(過員)이 되었을 때, ② 휴직기간의 만료 또는 휴직사유가 소멸된 후에도 직무에 복귀하지 아니하거나 직무를 감당할 수 없을 때, ③ 직위해제로 대기명령을 받은 자가 그 기간 중 능력 또는 근무성적의 향상을 기대하기 어렵다고 인정된 때,[1] ④ 전직시험에서 3회 이상 불합격한 자로서 직무수행능력이 부족하다고 인정된 때, ⑤ 징병 검사·입영 또는 소집의 명령을 받고 정당한 이유 없이 이를 기피하거나 군복무를 위하여 휴직 중에 있는 자가 재영(在營) 중 군무를 이탈하였을 때, ⑥ 당해 직급에서 직무를 수행하는 데 필요한 자격증의 효력이 상실되거나 면허가 취소되어 담당직무를 수행할 수 없게 된 때, ⑦ 고위공무원단에 속하는 공무원이 「국가공무원법」 제70조의2의 규정에 의한 적격심사 결과 부적격결정을 받은 때이다(국가공무원법 70조 1항, 지방공무원법 62조 1항).

(3) 절   차

임용권자는 직권면직을 시킬 경우에 미리 관할 징계위원회(지방공무원의 경우에는 인사위원회)의 의견을 들어야 한다(국가공무원법 70조 2항, 지방공무원법 62조 2항). 위의 직권면직사유 중 ③의 경우에는 징계위원회(지방공무원의 경우에는 인사위원회)의 동의를 얻어야 한다(시·군·구의 5급 이상 공무원은 시·도인사위원회의 동의). ①의 경우에는 임용(제청)권자가 면직기준[2]을 정하여야 한다. 임용(제청)권자가 면직기준을 정하거나 면직대상자를 결정함에 있어서는 임용(제청)권자별로 심사위원회(지방공무원의 경우에는 인사위원회)의 심의·의결을 거쳐야 한다(국가공무원법 70조 2항 내지 4항, 지방공무원법 62조 2항 내지 4항).

---

1) 한 동안 회자된 일이 있는 공무원퇴출제는 일정기간 동안 능력 또는 근무성적을 평가하여 그 향상을 기대하기 어려운 공무원을 직위해제시킨 후 보직을 주지 않는 방식으로 공무원 관계를 소멸시킨다. 공무원퇴출제의 현황과 그 법적 문제점에 관하여는 金光洙, 「공무원퇴출문제의 법적 문제」, 고시계 2008년 5월호, 96쪽 이하.

2) 대법 2002. 9. 27. 선고 2002두3775 판결: 임용권자가 임용형태·업무실적·직무수행능력·징계처분사실 등을 고려하여 면직기준을 정하도록 한 것은 합리적인 면직기준을 구체적으로 법률로 규정하여 객관적이고 공정한 기준에 의하지 아니한 자의적인 직권면직을 제한함으로써 직업공무원의 신분을 두텁게 보호하려는 데 그 취지가 있다고 할 것이므로 위 법조항에 정하여진 기준인 "임용형태·업무실적·직무수행능력·징계처분사실"을 고려하지 아니한 채 이와는 다른 기준을 정하여 한 면직처분은 이를 정당화할 만한 특별한 사정이 없는 한 위법하다.

(4) 흠의 승계문제

직위해제 처분을 받은 자가, 직권면직처분을 받은 경우, 직위해제 처분의 위법을 이유로 직권면직의 위법을 다툴 수 있는가의 문제가 있다. 판례는 흠의 승계를 부정한다(대법 1984. 9. 11. 선고 84누191 판결). 이에 대하여는 직위해제처분에 대한 쟁송제기가 기대가능성이 적은 점, 소청 제기기간의 단기성을 이유로 흠의 승계를 긍정하는 견해[1]도 있다.

6. 기타 소멸사유

(1) 직권에 의한 면직

국가공무원법 제70조와 지방공무원법 제62조에 의한 직권면직은 아니지만, 임용권자는 자기의 직무권한에 기하여 공무원을 면직할 수 있다. 직권에 의한 면직이 직권면직과 다른 점은 징계위원회의 동의나 의견청취가 필요 없고, 사유가 법정화되어 있지 않다는 점이다. 직권에 의한 면직의 대상이 되는 공무원은 1급공무원과 법 제23조에 따라 배정된 직무등급이 가장 높은 등급에 임용된 고위공무원단에 속하는 공무원이다. 공무원은 형의 선고·징계처분 또는 공무원법에 정한 사유에 의하지 아니하고는 그 의사에 반하여 휴직·강임 또는 면직을 당하지 아니하지만 1급공무원과 법 제23조에 따라 배정된 직무등급이 가장 높은 등급에 임용된 고위공무원단에 속하는 공무원은 그러하지 아니하기 때문이다(국가공무원법 68조, 지방공무원법 60조).

(2) 임명취소

임용권자가 임용처분에 흠이 있음을 이유로 취소하게 되면 이로써 공무원관계는 소멸하게 된다(대법 2002. 2. 5. 선고 2001두5286 판결 참조).

(3) 탄핵결정

대통령이나 국무총리 등 일부 정무직공무원의 경우 국회의 탄핵소추의결에 따라 헌법재판소가 탄핵결정을 한 때에는 공무원관계는 소멸하게 된다.

IV. 불이익조치에 대한 구제

「헌법」 제7조 제2항은 공무원의 신분은 법률이 정하는 바에 의하여 보장된다고 규정하고 이 규정에 의거하여 공무원의 신분을 보장(국가공무원법 8장, 지방공무원법 7장)함과 동시에 이에 대한 당연한 결과로 공무원의 권익을 보장하고 있다(국가공무원법 9장, 지방공무원법 8장).

공무원에 대한 위법·부당한 불이익조치에 대한 구제수단으로는 고충심사, 소청, 행정소송이 있다.

---

1) 金南辰, 행정법 II (제7판), 210쪽 이하.

1. 고충심사

공무원의 권리에서 설명한다(→ 고충심사청구권).

2. 소 청

공무원의 권리에서 설명한다(→ 소청심사청구권).

3. 행정소송

소청을 제기한 자가 소청심사위원회의 결정에 대하여 불복이 있는 때에는 위법한 경우에 한하여 항고소송을 제기할 수 있다. 항고소송은 반드시 소청심사위원회(심사위원회)의 심사·결정을 거친 후라야 가능하지만(국가공무원법 16조 2항, 지방공무원법 20조의2), 이 경우의 행정소송의 대상은 원처분이며(→ 원처분주의) 소청심사위원회의 결정이 아니다. 그러나 소청심사위원회의 결정 자체에 고유한 위법이 있을 때에는 행정소송의 대상이 된다. 따라서 항고소송의 피고는 원칙적으로 원처분청이다. 그러나 대통령이 원처분청인 경우에는 소속 장관(대통령령이 정하는 기관의 장을 포함)을, 중앙선거관리위원장이 원처분청인 경우에는 중앙선거관리위원회사무총장을 피고로 하여야 한다(국가공무원법 16조 2항).

교육공무원은 사립학교교원과 함께 교육부에 설치되어 있는 교원소청심사위원회의 소청심사결정에 대하여 그 결정서의 송달을 받은 날로부터 90일 이내에 「행정소송법」이 정하는 바에 의하여 행정소송을 제기할 수 있다(교원의 지위향상 및 교육활동보호를 위한 특별법 10조 3항). 이 경우의 행정소송의 대상은 일반공무원의 경우처럼 원처분인 징계처분 등 불이익처분(재임용 거부처분을 포함)이고, 교원소청심사위원회의 소청심사결정은 고유한 위법이 있을 때에만 행정소송의 대상이 될 수 있다(대법 1994. 2. 8. 선고 93누17874 판결). 이에 대하여는 교원소청심사위원회에 불복하는 자는 심사위원회위원장을 피고로 하여 원처분이 아닌 심사위원회의 소청심사결정의 취소변경을 구하는 항고소송(취소소송)을 제기하여야 한다는 견해[1]도 있다. 이는 사립학교 교원이 소속 학교법인의 징계처분에 대하여 교원소청심사위원회에 소청을 제기하였으나, 동 위원회에서 기각 또는 각하한 경우 행정소송을 제기하기 위해서는 불이익처분을 행한 교원소청심사위원회를 피고로 할 수 밖에 없기 때문이다.

그 밖에도 공무원에 대한 위법한 불이익조치도 항고소송의 대상인 처분이 될 수 있다.

---

1) 朴鈗炘, 최신행정법강의(하), 244쪽.

제 3 장 공무원의 권리·의무·책임

Ⅰ. 공무원의 권리

여기서 말하는 공무원의 권리란 앞에서 본 공무원관계라는 기본관계에서 파생하는 개별적인 권리를 말한다. 우리나라에는 아직도 공무원관계를 특별권력관계로 설명하는 견해도 있고, 근로고용관계로 설명하는 견해도 있음은 이미 앞에서 설명한 바와 같다. 그러나 현행 공무원법제가 공무원의 근무관계의 내용을 상세하게 규정하고 있기 때문에, 고용자인 국가 또는 지방자치단체 쪽에서의 일방적인 포괄적 지배권행사의 가능성은 극히 제한되어 있으며, 반대로 피용자인 공무원 쪽에서도 쌍방의 합의에 의한 권리의무관계를 새롭게 형성해 갈 가능성도 거의 없다. 따라서 오늘날 보다 중요한 것은 공무원의 근무관계의 기본적 성격론 못지않게 현행 공무원법이 정하고 있는 공무원의 권리·의무가 어떤 것인가를 하나하나 정확하게 이해하는 일이다.

현행법상 공무원이 근무주체인 국가 또는 지방자치단체에 대하여 갖고 있는 권리로는 크게 신분상의 권리, 직무상의 권리, 재산상의 권리, 기본적 인권 등으로 나눌 수 있다.

1. 신분상 권리

(1) 신분보장권

공무원이 직무수행에 있어서 특정 정당이나 정파 및 집단의 부당한 영향을 받지 않고 국민전체에 대한 봉사자로서 소임을 다하기 위해서는 무엇보다도 그 신분이 법적으로 보장되지 않으면 아니 된다. 신분이 불안정한 상태에서 공평무사(公平無私)한 직무수행을 기대하기 어렵기 때문이다. 그래서 「헌법」은 직업공무원제도를 확립하는 요체이기도 한 신분보장을 정치적 중립과 더불어 보장하고 있다(7조 2항). 이에 근거하여 공무원법은 "공무원은 형의 선고, 징계처분 또는 이 법에서 정하는 사유에 따르지 아니하고는 본인의 의사에 반하여 휴직·강임 또는 면직을 당하지 아니한다"고 규정하고(국가공무원법 68조 본문, 지방공무원법 60조 본문), 법정사유에 의하지 아니하고는 직위해제를 당하지 아니하며, 직위해제를 당한 경우에도 그 사유가 소멸되면 지체없이 직위를 부여하여야 하며(국가공무원법 73조의3 1항·2항, 지방공무원법 65조의3 1항·2항), 징계처분은 법정사유가 있는 경우에 한한다고 규정(국가공무원법 78조, 지방공무원법 69조)하고 있다.

그러나 공무원의 신분을 지나치게 보호만 할 경우 무사안일(無事安逸)을 초래하고 조직의 정체 우려가 있으므로 신분보장에 있어서도 적정한 한계가 필요하다.

(2) 처분사유설명서(처분이유설명서) 교부청구권

공무원에 대하여 징계처분을 행할 때나 강임·휴직·직위해제 또는 면직처분을 행할 때(본인의 원에 의한 강임·휴직·직위해제 또는 면직처분의 경우에는 제외)에는 그 처분권자 또는 처분제청권자는 처분의 사유를 적은 설명서를 교부하여야 하는 것이 원칙이다(국가공무원법 75조, 지방공무원법 67조 1항).[1] 이 규정에 의하여 공무원은 처분사유설명서 교부청구권을 가진다. 법문은 처분사유설명서라고 하고 있으나, 행정절차법상의 용어로는 처분이유설명서가 되어야 한다. 처분사유설명서는 불이익처분이 공무원의 신분에 관련된 중대한 처분이므로 처분권자 또는 처분제청권자의 자의적 판단을 억제시키고 판단의 근거를 알려 줌으로써 피처분자인 공무원에게 이에 대한 방어 방법을 강구하게 함과 동시에 처분의 결정과정을 공개시키며 그 절차를 보다 투명하게 하려는 데에 있다.

(3) 소청심사청구권

공무원은 소청심사청구권을 가진다.

1) 소청심사의 의의

소청심사란 징계처분, 그 밖에 의사에 반하는 불리한 처분을 받고 불복하는 자의 심사청구에 대하여 소청심사위원회가 심사·결정하는 행정심판의 일종이다.[2] 행정심판전치주의가 임의적 전치주의로 전환되었지만, 공무원의 소청심사는 행정소송을 제기하기에 앞서 반드시 거쳐야 하는 필요적 전치절차로 유지되고 있다(국가공무원법 16조 1항, 지방공무원법 20조의 2). 소청심사제도는 공무원의 권리구제를 주된 목적으로 하고 있으나, 동시에 행정의 자기통제 또는 자기감독의 목적도 갖고 있다.

2) 소청사항

소청사항은 공무원의 징계처분 기타 그 의사에 반하는 불리한 처분이나 부작위이다(국가공무원법 9조 1항, 지방공무원법 13조). 여기서 말하는 처분은 "행정청이 행하는 구체적인 사실에 관한 법집행으로서의 공권력의 행사 또는 그 거부와 그 밖에 이에 준하는 행정작용"으로, 부작위는 "행정청이 당사자의 신청에 대하여 상당한 기간 내에 일정한 처분을 하여야 할 법률상 의무가 있음에도 불구하고 이를 하지 아니하는 것"으로(행정심판법 2조 1호·2호) 보아, 징계처분 외에 강임·휴직·직위해제·직권면직·의원면직의 형식에 의한 면직·대기명령·전보[3]·전직 등을 여기

---

1) 1949. 8. 12. 국가공무원법을 제정할 때 제5장 신분보장에서 요건에 관한 실체적 규정(제39조~제44조)을 두었을 뿐 처분사유설명서를 교부해야 하는 등의 절차적 규정은 없었다. 1963. 6. 1. 전면개정할 때 제9장을 신설하면서 처분사유설명서의 교부를 규정하였다. 1981. 5. 31. 개정을 할 때 제75조 본문에 직위해제를 추가하고 단서를 신설하였다. 2010. 3. 22. 개정을 할 때 징계처분 등을 추가하여 처분사유설명서 교부 대상을 확대하였다. 2019. 4. 17. 개정으로 현행과 같은 규정을 신설하였다.

2) 행정심판법 제3조 제1항은 다른 법률에서 특별한 불복절차를 정하고 있는 경우에는 행정심판법에 의한 행정심판을 제기할 수 없도록 규정하고 있으므로, 소청심사의 대상이 되는 사건에 대해서는 행정심판법에 의한 행정심판을 청구할 수 없다.

3) 李京運,「공무원근무관계와 사법심사 ―전보명령의 경우―」, 고시계 1996년 5월호, 177쪽 이하; 同人,「공무원

에 포함시키는 것이 다수설이다. 승진 제외, 임용 철회·취소, 불문경고[1] 등도 포함된다고 보아야 할 것이다. 이에 대하여는 위의 다수설이 소청제도를 엄격한 소송이나 행정심판같이 보는 데서 나온 해석으로서 소청사항에는 당연퇴직발령·복직청구·근무평정시정청구 등도 포함되는 것으로 넓게 해석하여야 한다는 견해[2]도 있다.

소청은 경력직공무원에 대해서만 적용되며, 특수경력직공무원에 대해서는 원칙적으로 적용되지 아니한다. 「국가공무원법」과 「지방공무원법」은 별정직공무원의 인사상 불이익처분에 대한 소청적용을 배제하고 있기 때문이다(국가공무원법 3조 1항 본문, 지방공무원법 3조 1항 본문).

3) 소청심사기관

소청제도의 취지에 비추어 소청심사기관은 어떤 외부의 부당한 압력으로부터 영향을 받지 않고 공정한 결정을 할 수 있어야 함은 말할 나위가 없다. 우리 공무원법은 소청심사위원회를 설치하여 소청심사기관의 독립성과 합의성을 보장하고 있다(국가공무원법 9조 이하, 지방공무원법 13조 이하). 즉 소청심사위원회는 독립적인 합의제기관이다.

소청심사위원회는 인사혁신처·국회사무처·법원행정처·헌법재판소사무처·중앙선거관리위원회사무처 및 시·도에 둔다.

소청심사제도가 본래의 기능을 다하기 위해서는 심사기구의 독립성과 합의성을 확보하는 것도 중요하지만 무엇보다도 실제 소청사건의 심사·결정을 직접 담당하는 심사위원이 외부로부터 아무런 간섭과 영향을 받지 않고 법령에 의하여 양심에 따라 업무를 수행하도록 하는 것이 필요하다. 이를 위하여 소청심사위원의 임명자격과 기준이 법정되어 있고 임기제를 통하여 그 신분을 엄격히 보장하고 있다(국가공무원법 10조·11조, 지방공무원법 14조 2항·3항, 15조의2 참조).

4) 소청절차

㈎ **소청제기**　　　공무원에 대하여 징계처분·강임·휴직·직위해제 또는 면직처분을 행할 때에는 처분(제청)권자는 원칙적으로 공무원에게 처분사유설명서(처분이유설명서)를 교부하여야 한다(국가공무원법 75조, 지방공무원법 67조 1항). 처분사유설명서(처분이유설명서)를 받은 공무원은 그 처분에 불복이 있는 때에는 그 설명서를 받은 날로부터, 처분사유설명서를 받지 아니한 그 밖의 본인의 의사에 반하는 불이익처분을 받은 공무원은 그 처분이 있음을 안 날로부터 각각 30일 이내에 소청심사위원회에 심사를 청구할 수 있다(국가공무

전보발령의 처분성」, 행정판례연구(한국행정판례연구회) Ⅳ, 277쪽 이하 참조. 독일의 경우 다른 소송형태의 구제는 별론으로 하고 전보에 대하여 처분성을 인정하지 않는 것이 최근의 경향이라고 한다(金鐵容·崔光律, 주석 행정소송법, 534쪽[집필 金裕煥]).

1) 뒤에서 보는 바와 같이 대법 2002. 7. 26. 선고 2001두3532 판결은 포상추천 제한사유, 징계감경사유 제외 대상에 해당하는 불문경고에 대하여 항고소송의 대상인 처분성을 인정하였으나, 대법 2004. 4. 23. 선고 2003두13687 판결은 경고에 대하여 불문경고와는 달리 처분성을 부인하였다.

2) 朴鈗炘, 최신행정법강의(하), 239쪽 이하.

원법 76조 1항, 지방공무원법 67조 2항).

(나) **심　리**　　소청심사위원회가 소청을 접수하면 지체 없이 이를 심사하여야 한다(국가공무원법 12조 1항, 지방공무원법 17조 1항). "지체 없이"란 특별한 이유 없이 심사를 보류하거나 지연하지 말고 일단 형식상·절차상 흠 없이 접수된 소청사건은 곧바로 본안심리에 들어가라는 의미이다. 소청심사위원회는 필요한 경우에는 검정·감정, 기타 사실조사 또는 증인의 환문을 하거나 관계서류의 제출을 명할 수 있고, 소속 직원으로 하여금 사실조사를 하게 하거나 특별한 학식·경험이 있는 자에게 검정 또는 감정을 의뢰할 수 있다(국가공무원법 12조, 지방공무원법 17조). 소청심사위원회는 소청인 또는 그 대리인에게 진술의 기회를 주어야 하며, 진술의 기회를 주지 아니한 결정은 무효이다(국가공무원법 13조, 지방공무원법 18조).

(다) **결　정**　　소청심사위원회는 소청심사청구가 파면 또는 해임인 경우이거나 대기발령을 받은 자에 대한 면직처분인 경우에는 심사청구를 접수한 날로부터 5일 이내에 당해 사건의 최종결정이 있을 때까지 후임자의 보충발령을 유예하게 하는 임시결정을 할 수 있으며, 이 임시결정을 한 경우를 제외하고는 심사청구 접수일로부터 원칙적으로 60일 이내에 소청사건을 심리한 후 결정을 하여야 한다(국가공무원법 76조 3항·5항, 지방공무원법 67조 4항·6항).

결정에는 각하, 기각, 취소 또는 변경, 취소·변경명령, 무효 등 확인, 이행명령 등이 있다(국가공무원법 14조 5항, 지방공무원법 19조 5항).[1]

소청심사위원회가 징계처분 또는 징계부가금 부과처분을 받은 자의 청구에 따라 소청을 심사할 경우에는 원징계처분에서 과한 징계 또는 징계부가금 부과처분보다 중한 징계를 과하는 결정을 하지 못한다(국가공무원법 14조 7항, 지방공무원법 19조 5항).[2]

결정은 그 이유를 구체적으로 밝힌 결정서로 하여야 하며, 처분행정청을 기속한다(국가공무원법 14조 7항·15조, 지방공무원법 19조 8항·20조).

(라) **행정소송**　　소청을 제기한 자가 소청심사위원회의 결정에 대하여 불복이 있을 때에는 행정소송을 제기하여 다툴 수 있고, 항고소송은 반드시 소청심사위원회의 심사·결정을 거친 후에야 가능하다는 것은 앞에 설명한 바와 같다(→ 불이익처분에 대한 구제).

공무원에 대한 파면처분이 소청절차에서 해임으로 감경된 경우, 원처분을 대상으로 하여 다투어야 하는지, 소청심사위원회의 결정, 즉 재결을 다투어야 하는가의 문제가 있

---

1) 소청심사위원회의 취소·무효결정으로 피처분자는 당연히 복직되는 등의 효과를 받게 되므로, 소청심사결정은 행정소송에서 이행판결을 인정하지 않는 현재의 법제도하에서는, 불복구제의 실효성이라는 면에서 실익이 인정된다.

2) 대법원은 소청심사위원회가 절차상 흠이 있다는 이유로 의원면직처분을 취소하는 결정을 한 후 징계권자가 징계절차에 따라 당해 공무원에 대하여 징계처분을 하는 경우에는 국가공무원법 제14조 제6항에 정한 불이익변경금지의 원칙이 적용되지 아니한다고 하였다(대법 2008. 10. 9. 선고 2008두11853, 11860 판결).

다. 원처분에 대한 일부인용재결이나 수정재결(변경재결 포함)에도, 원처분주의가 적용되므로, 원칙적으로 재결은 소송의 대상이 되지 못하고 재결에 의하여 일부취소되고 남은 원처분이나 수정된 원처분이 소송의 대상이 된다. 즉 원처분청을 상대로 해임처분으로 수정된 원처분을 다투어야 함이 원칙이다. 그러나 일부 인용재결이나 수정재결로 인하여 비로소 권리·이익을 침해·제한받은 자가 있게 될 경우에는 그 재결에 대하여 다툴 수 있다.

(4) 고충심사청구권

공무원은 누구나 인사·조직·처우 등 각종 직무조건과 그 밖에 신상문제에 대하여 인사상담이나 고충의 심사를 청구할 수 있다. 공무원은 이를 이유로 불이익한 처분이나 대우를 받지 아니한다(국가공무원법 76조의2 1항, 지방공무원법 67조의2 1항). 청구를 받은 중앙인사관장기관의 장·임용(제청)권자는 이를 고충심사위원회(지방공무원의 경우에는 인사위원회)에 부의하여 심사하게 하거나 소속 공무원으로 하여금 상담하게 하고, 그 결과에 따라 고충의 해소 등 공정한 처리를 위하여 노력하여야 한다(국가공무원법 76조의2 2항, 지방공무원법 67조의2 2항).

국가공무원의 경우, 고충심사위원회에는 중앙인사관장기관에 두는 중앙고충심사위원회와 임용(제청)권자 단위로 두는 보통고충심사위원회가 있다. 전자는 원칙적으로 보통고충심사위원회의 심사를 거친 재심청구와 5급 이상 공무원의, 후자는 소속 6급 이하 공무원의 고충을 각각 심사한다(국가공무원법 76조의2 4항·5항).

중앙인사관장기관의 장·임용(제청)권자는 심사결과 필요하다고 인정될 때에는 처분청 또는 관계기관의 장에 대하여 그 시정을 요청할 수 있으며, 요청을 받은 처분청 또는 관계기관의 장은 원칙적으로 특별한 사유가 없는 한 이를 이행하고 그 처리결과를 통보하여야 한다(국가공무원법 76조의2 7항, 지방공무원법 67조의2 4항).

고충심사제도는 특수경력직공무원에게도 준용할 수 있다(국가공무원법 76조의 3, 지방공무원법 67조의 3).

고충심사와 소청심사의 차이는 ① 심사대상,[1] ② 제도의 성격,[2] ③ 심사결과의 효력[3] 등으로 요약할 수 있다.

2. 직무상 권리

(1) 직위보유권·직무집행권

공무원은 임용되면 직위해제나 정직처분 등과 같이 법령에서 따로 정하는 경우를 제외하고

---

1) 고충은 공무원의 모든 신상문제가 대상이나, 소청은 신분상 중대한 불이익처분이 주요대상이다.
2) 고충은 단순히 적정한 행정상 조치를 구하는 심사기능이므로 심사청구기간도 별도로 정하여져 있지 않으나, 소청은 행정심판의 일종이다.
3) 고충은 심사결과에 기속력이 없으나 소청은 결정에 기속력이 있다.

는 일정한 직위를 보유하고 직무를 집행할 권리를 가진다. 이는 헌법상 공무담임권의 본질적 내용을 구성한다.

따라서 공무원에게는 그 직급에 상응하는 일정한 직위가 부여되어야 하고(국가공무원법 32조의5 1항, 지방공무원법 30조의5 1항), 직위해제의 경우 그 사유가 소멸된 때에는 지체없이 직위가 부여되어야 하며(국가공무원법 73조의3 2항, 지방공무원법 65조의 3 2항), 공무원의 직무집행을 방해한 자는 공무집행방해죄(형법 136조, 137조 등)를 구성한다.

(2) 교육훈련권

공무원은 담당직무와 관련하여 학식·기술 및 응용능력의 배양을 위하여 훈련을 받을 수 있는 권리를 가진다. 이는 헌법상 교육을 받을 권리가 동시에 의무도 되는 것과 같이 의무의 성격도 갖고 있는 것이지만(국가공무원법 50조, 지방공무원법 74조), 직업공무원에게는 자신의 직무와 관련된 교육훈련을 통하여 근무평정이나 승진, 보직관리에 유리하게 활용할 수 있으므로 중앙인사관장기관에서 시행하는 각종 교육프로그램에 직접 참여하여 자신의 직무능력을 향상시킬 권리로서의 성격이 보다 강하다.

(3) 능률증진권

공무원은 중앙인사관장기관 또는 지방자치단체의 장이 공무원의 근무능률의 증진을 위하여 보건·휴양·안전·후생 그 밖에 필요한 사항에 대하여 기준을 설정하고 이를 실시하여야 할 법적 의무(국가공무원법 52조 1항, 지방공무원법 77조)에 대응한 권리를 가진다. 민주국가에서는 공무원의 고용주라 할 수 있는 국가 또는 지방자치단체는 공무원이 근로자로서의 지위에서 안심하고 직무에 전념할 수 있는 안전장치를 마련하여야 함은 말할 나위가 없다.

3. 재산상 권리

(1) 보수청구권

공무원은 보수청구권을 가진다.

1) 보수의 의의

공무원의 보수란 공무원이 국가 또는 지방자치단체로부터 받는 봉급과 각종 수당을 포함한 급여를 말한다.

2) 보수의 성질

보수, 그 중에서도 봉급의 성질에 관하여는 종래 반대급부설과 생활자금설(생활부양설)이 대립되어 있었다. 반대급부설은 공무원의 봉급이란 근무에 대한 대가로서 지급되는 보수라는 견해이고, 생활자금설은 공무원의 봉급이란 공무원의 생활보장을 위하여 국가 등이 지급하는 금품이라는 견해이다. 그러나 우리 현행법 아래에서는 근무와 직무수행에 대한 반대급부인 동시에 공무원과 그 가족의 생계를 유지하기 위한 생활보장적 급부라는 이중적 성질을 가지고 있다는 것이 통설이며, 이설이 없다.

3) 보수청구권의 성질

공무원의 보수청구권은 직접 공무원관계에서 발생하는 권리이므로 공법상 권리라는 것이 다수설이다. 따라서 보수청구권에 관한 쟁송은 행정쟁송(당사자 소송)절차에 의하여야 한다.[1]

보수청구권의 압류가 원칙적으로 보수의 금액의 2분의 1을 초과하지 못하도록 제한한 것이 (민사집행법 246조 1항 4호, 국세징수법 42조 1항) 보수청구권을 공법상 권리로 보기 때문에 인정되는 특수성인지 여부에 대하여 견해가 나뉜다. 공법상 권리이기 때문에 인정되는 특수성으로 보는 견해가 다수설이나 사법상 권리의 보수에도 제한된다는 점에서 찬성하기 어렵다.

보수청구권의 소멸시효에 관하여는 소멸시효기간이 5년이라는 견해[2]와 3년이라는 견해[3]로 나뉜다. 「국가재정법」 제96조 제1항의 "금전의 급부를 목적으로 하는 국가의 권리로서 시효에 관하여 다른 법률에 규정이 없는 것은 5년간 행사하지 아니할 때에는 시효로 인하여 소멸한다"에서 말하는 다른 법률 속에는 「민법」도 포함한다는 것이 판례(대법 1966. 9. 20. 선고 65다2506 판결)이므로, 판례에 의하면 「민법」 제163조 제1호에 의하여 보수청구권의 소멸시효기간은 3년이 된다.

(2) 연금수급권

1) 연금의 의의

연금이란 공무원이 퇴직 또는 사망한 경우와 공무로 인하여 부상·질병·폐질에 이르게 된 경우에 공무원과 그 유족에게 지급되는 급여를 말한다.

---

1) 대법 2016. 8. 25. 선고 2013두14601 판결 : 국가공무원법은 공무원의 보수 등에 관하여 이른바 '근무조건 법정주의'를 규정하고 있다. 이는 공무원이 헌법 제7조에 정한 직업공무원 제도에 기하여 국민 전체에 대한 봉사자로서의 특수한 지위를 가지므로 국민 전체의 의사를 대표하는 국회에서 근무조건을 결정하도록 함이 타당할 뿐 아니라, 공무원의 보수 등은 국가예산에서 지급되는 것이므로 헌법 제54조에 따라 예산안 심의·확정 권한을 가진 국회에 예산상의 고려와 함께 반영된 법률로서 공무원의 근무조건을 정하도록 할 필요가 있기 때문이다. 이와 같이 공무원 보수 등 근무조건은 법률로 정하여야 하고, 국가예산에 계정되어 있지 아니하면 공무원 보수의 지급이 불가능한 점 등에 비추어 볼때, 공무원이 국가를 상대로 실질이 보수에 해당하는 금원의 지급을 구하려면 공무원의 '근로조건 법정주의'에 따라 국가공무원법령 등 공무원의 보수에 관한 법률에 지급근거가 되는 명시적 규정이 존재하여야 하고, 나아가 해당 보수 항목이 국가예산에도 계량되어 있어야만 한다.

2) 李尙圭, 신행정법론(하), 231쪽; 金南辰·金連泰, 행정법 Ⅱ, 227쪽; 金東熙, 행정법 Ⅱ, 161쪽; 朴均省, 행정법론(하), 260쪽.

3) 朴鈗炘, 최신행정법강의(하), 248쪽; 洪井善, 행정법원론(하), 316쪽.

2) 연금의 성질

연금의 성질에 관하여는 봉급연불설, 사회보장설, 은혜설로 견해가 나뉜다. 봉급연불설은 연금을 지급이 지연된 봉급으로 보는 견해이고, 사회보장설은 연금을 퇴직공무원 또는 공무원의 유족에 대한 사회보장을 위한 급여로 보는 견해이며, 은혜설은 연금을 국가로부터 은혜적으로 지급되는 금품으로 보는 견해이다. 생각건대 공무원은 보수의 일부를 연금기여금으로, 또한 고용주인 국가 등은 연금부담금으로 각각 납부하는 등을 감안하면 봉급연불설과 사회보장설의 양면의 성질을 가지고 있다고 보는 것이 옳다. 헌법재판소도 "공무원연금제도는 공무원이라는 특수직역을 대상으로 한 노후소득보장, 근로보상, 재해보상, 부조 및 후생복지 등을 포괄적으로 실시하는 종합적인 사회보장제도이므로, 공무원연금법상의 각종 급여는 기본적으로 모두 사회보장적 급여로서의 성격을 가짐과 동시에 공로보상 내지 후불임금으로서의 성격도 함께 가지며 특히 퇴직연금수급권은 경제적 가치 있는 권리로서 헌법 제23조에 의하여 보장되는 재산권으로서의 성격을 가진다"(헌재 2005. 6. 30. 2004헌바42 결정)라고 판시하고 있다.

3) 연금수급권의 결정 등

연금급여를 받을 권리는 「공무원연금법」이 정한 사유에 해당하는 경우에 당연히 발생하나, 그것을 현실적으로 행사하기 위하여는 그 급여를 받을 권리를 가진 사람의 신청에 따라 인사혁신처장의 결정(제59조에 따른 장해연금 또는 장해일시금, 제63조 제3항 및 제4항에 따른 급여제한사유 해당여부 등 대통령령으로 정하는 사항은 「공무원 재해보상법」 제6조에 따른 공무원재해보상심의회의 심의를 거쳐야 한다)이 있어야 함이 원칙이다(공무원연금법 29조 1항). 이 결정의 법적 성질은 확인행위이다. 급여에 관한 결정 등에 이의가 있는 자는 대통령령으로 정하는 바에 따라 「공무원 재해보상법」 제52조에 따른 공무원재해보상연금위원회에 심사를 청구할 수 있으며 심사청구는 급여에 관한 결정 등이 있었던 날부터 180일, 그 사실을 안 날부터 90일 이내에 하여야 한다(동법 87조 2항). 급여에 관한 결정, 기여금의 징수, 그 밖에 이 법에 따른 급여에 관하여는 행정심판법에 의한 행정심판의 대상이 되지 아니하나(동조 3항), 항고소송의 대상이 된다.[1]

연금급여를 받을 권리는 양도·압류하거나 담보에 제공할 수 없고(동법 39조),[2][3] 그 급여의 사유가 발생한 날로부터 5년간 이를 행사하지 아니하면 시효로 인하여 소멸한다(동법 88조 1항).

---

1) 공무원연금급여재심위원회의 급여결정 및 이에 대한 항고소송으로 구체적인 권리를 인정받은 다음 당사자소송으로 그 급여의 지급을 소구하여야 한다(대법 1996. 12. 6. 선고 96누6417 판결 등).

2) 헌재 2000. 3. 30. 98헌마401, 99헌바53, 2000헌바9(병합) 결정: 공무원법상의 각종 급여는 기본적으로 사법상의 급여와는 달리 퇴직공무원 및 그 유족의 생활안정과 복리향상을 위한 사회적 급여로서의 성질을 가지므로, 본질상 일신전속성이 강하여 권리자로부터 분리되기 어렵고, 사적 거래의 대상으로 삼기에 적합하지 아니할 뿐만 아니라, 압류를 금지할 필요성이 훨씬 크다.

3) 다만 대통령령이 정하는 금융회사에 담보로 제공할 수 있고, 국세징수법·지방세기본법 그 밖의 법률에 의한 체납처분의 대상으로 할 수 있다.

(3) 실비변상청구권과 연구과제처리보상

공무원은 보수 외에 직무수행에 소요되는 실비변상을 받을 권리를 가진다(국가공무원법 48조 1항, 지방공무원법 46조 1항). 또한 공무원은 소속기관의 장의 허가를 받아 본래의 업무수행에 지장이 없는 범위 안에서 담당직무 외에 특수한 연구과제를 위탁받아 처리한 경우에는 그 보상을 지급받을 권리를 가진다(국가공무원법 48조 2항, 지방공무원법 46조 2항).

(4) 공무원 재해보상권

공무원은 「공무원 재해보상법」의 정하는 바에 따라 보상을 받을 권리를 가진다.

4. 기본적 인권

공무원도 헌법상의 기본권을 향유한다. 그러나 이들 기본권은 헌법, 법률에 의하여 일정한 제한을 받는다.

노동권을 예로 들어보면 「헌법」은 공무원도 근로자이기는 하지만 그 신분상의 특수성에 비추어 법률이 정하는 자에 한하여 단결권, 단체교섭권 및 단체행동권을 가진다라고 규정하고 있다(헌법 33조 2항). 이를 구체화하여 공무원법은 노동운동과 기타 공무 이외의 일을 위한 집단적 행위를 금지하면서 국회규칙·대법원규칙·헌법재판소규칙·중앙선거관리위원회규칙·대통령령 또는 조례로 범위를 정하는 사실상 노무에 종사하는 공무원을 금지에서 제외하고 있다(국가공무원법 66조 1항, 지방공무원법 58조 1항). 헌법재판소는 여기서 말하는 노동운동을 헌법 제33조 제2항의 취지에 비추어 근로자의 근무조건의 향상을 위한 단결권·단체교섭권 및 단체행동권 등, 이른바 근로3권을 기초로 하여 이에 직접 관련된 행위를 의미하는 것으로 좁게 해석한다(헌재 1992. 4. 28. 90헌바27 내지 34, 36 내지 42, 44 내지 46, 92헌바15(병합) 결정). 「헌법」 제33조 제2항의 규정에 의한 공무원의 노동기본권을 보장하기 위하여 「노동조합 및 노동관계조정법」 제5조 단서의 규정에 따라 「공무원의 노동조합설립 및 운영 등에 관한 법률」과 「교원의 노동조합설립 및 운영 등에 관한 법률」이 제정되어 주로 6급 이하 일반직공무원과 교원의 노동조합 설립 및 단체교섭권을 인정하고 있다.

II. 공무원의 의무

우리나라에서는 아직도 공무원관계를 특별권력관계로 설명하는 견해가 있다는 것임은 이미 앞에서 본 바와 같다. 그러나 공무원관계를 특별권력관계로 설명하면서도 개별적인 법률에 근거하지 아니한 포괄적 지배를 부인하는 것이 일반적이다(→ 공법상 특별권력관계).

공무원법은 "공무원은 국민 전체에 대한 봉사자"라는 헌법상의 기본복무기준을 바탕으로 구체적인 공무원의 의무를 규정하고 있다(국가공무원법 7장, 지방공무원법 6장 등).[1]

---

1) 대법 2008. 10. 9. 선고 2006두13626 판결: 공무원은 누구나 국가공무원법 제56조의 성실의무, 제57조의 복종의

이들 공무원법이 규정하고 있는 공무원의 의무는 대체로 열거적·제한적인 것으로 보고 있다. 그러나 공무원법은 소속 상관의 직무명령을 별도의 개별적인 법률상 근거에 의하지 아니하고도 발할 수 있게 하고 있으므로 직무명령의 대상범위가 넓어질 수 있고, 그렇게 되면 당연히 의무의 범위도 넓어지게 된다.

아래에서는「국가공무원법」,「지방공무원법」이 정하고 있는 공무원에 공통된 의무를 중심으로 설명한다. 이들 의무는 여러 방법으로 나뉘어 설명되고 있으나, 여기서는 직무의 내외를 불문하고 공무원의 신분을 보유하고 있는 한 당연히 지게 되는 의무(이를 신분상 의무라고 부르기로 한다)와 직무에 관련하여서만 지게 되는 의무(이를 직무상 의무라고 부르기로 한다)로 나누어 설명한다.

1. 신분상 의무

(1) 선서의무

공무원은 취임할 때에 소속 기관장 앞에서 대통령령 등으로 정하는 바에 따라 선서를 하여야 한다(국가공무원법 55조, 지방공무원법 47조).

(2) 외국정부의 영예 등을 받을 경우 대통령의 허가를 받아야 할 의무

공무원이 외국정부로부터 영예 또는 증여를 받을 경우에는 대통령의 허가를 얻어야 한다(국가공무원법 62조, 지방공무원법 54조). 이는 공무원이 국민 전체에 대한 봉사자로서 국가적 이익의 추구에 충실하여야 함에 비추어 외국정부로부터 영예 또는 증여를 받는 것이 우리나라의 국시나 국익에 저촉되는지 여부 등 그 적격성을 심사하기 위한 것이다. 국가의 기밀에 접하기 쉬운 공무원이 외국정부에 유리한 정보를 제공하는 대가로 당해 국가로부터 영예를 받을 수 있기 때문에 외국정부로부터 영예를 받기 위해서는 그 사유와 내용에 대하여 미리 검증할 필요가 있다.

(3) 품위유지의무

공무원은 직무의 내외를 불문하고 그 품위를 손상하는 행위를 하여서는 아니 된다(국가공무원법 63조, 지방공무원법 55조). 이 의무는 공직의 체면·위신·절도·신용을 유지하기 위한 것으로 직무와 관련이 있든 없든 모두 포함하지만, 직무와 관련이 없는 것은 축첩·도박·아편·알콜중독 등 공직의 체면 등에 직접적인 영향이 있는 것을 제외하고 공무원의 사생활까지는 미치지 아니한다는 것이 통설이다.

무, 제58조의 직장이탈금지의무가 있고, 공무원이 노동조합 전임자가 되어 근로제공의무가 면제된다고 하더라도 이는 노동조합 전임자로서 정당한 노동조합의 활동에 전념하는 것을 보장하기 위한 것에 그 의미가 있으므로, 노동조합 전임자인 공무원이라 하여도 정당한 노동조합활동의 범위를 벗어난 경우까지 국가공무원법에 정한 위 의무들이 전적으로 면제된다고 할 수는 없다.

판례는 "여기서 품위라 함은 주권자인 국민의 수임자로서의 직책을 맡아 수행해 나가기에 손색이 없는 몸가짐"이라고 정의한다(대법 2017. 4. 13. 선고 87누2014두8469 판결[1], 대법 2019. 12. 24. 선고 2019두48684 판결[2] 등). 판례에 나타난 품위손상행위로는 국립대학 교수의 논문표절행위(대법 1961. 12. 21. 선고 4294행상34 판결), 상관을 중상하는 행위(대법 1964. 7. 14. 선고 63누202 판결), 고등학교 교장의 공무원훈련원에서의 시험부정행위(대법 1964. 9. 22. 선고 64누6 판결), 훈령에 위반하여 요정에 출입하다 적발된 행위(대법 1967. 5. 2. 선고 67누24 판결), 부첩(夫妾)관계의 여인과 별거 중 폭행한 행위(대법 1972. 10. 31. 선고 72누157 판결), 연가신청(年暇申請)에 대한 허가도 있기 전에 근무지를 이탈한 행위(대법 1987. 12. 8. 선고 87누657·658(병합) 판결), 직장동료로부터 3억 이상의 돈을 차용하여 갚지 못한 행위(대법 1994. 4. 26. 선고 93누22692 판결), 감사원 공무원이 허위의 사실을 기자회견을 통하여 공표한 행위(대법 2002. 9. 27. 선고 2000두2969 판결) 등이 있다.

(4) 영리업무·겸직금지의무

공무원은 공무 이외에 영리를 목적으로 하는 업무에 종사하지 못하며, 소속 기관의 장의 허가 없이 다른 직무를 겸할 수 없다. 영리를 목적으로 하는 업무의 한계는 대통령령 등으로 정한다(국가공무원법 64조, 지방공무원법 56조). 영리를 목적으로 하는 업무는 공무원의 직무범위나 성격에 비추어 당해 영리행위에 부당한 영향을 미칠 소지가 있고 또한 국민 전체의 봉사자로서의 역할에 지장을 초래할 수 있기 때문에 소속 기관장의 허가 여부에 관계없이 일체 금지하는 것이다. 거리확보의 원칙을 명문화한 것이다. 겸직금지의무는 영리업무가 아닌 직무(예: 입주하고 있는 아파트 자치회의 감사 등)라도 본래의 공무수행에 전념하는 데 방해가 될 수 있기 때문에 소속 기관장의 사전허가를 얻어서 겸직할 수 있게 한 것이다. 공무원의 허가신청에 대하여 소속 기관장은 당해 기관의 업무형편이나 신청 공무원의 담당 직무의 내용 등을 종합적으로 판단하여 겸직대상 직위와 종사할 수 있는 시간의 범위 등을 구체적으로 정하여 허가를 명하게 된다.

---

1) 이 판결에 대한 평석으로 이혜진, 「공무원의 집단적 표현행위 제한의 정당성—집단행위 해당요건 검토를 중심으로—」, 행정판례연구(한국행정판례연구회 편) XXIII-2, 211쪽 이하가 있다.

2) 대법원은 교원이 부담하는 품위유지의무에 관하여 다음과 같이 판시하고 있다. 즉 '교원'은 항상 사표가 될 품성과 자질의 향상에 힘쓰며 학문의 연찬과 교육의 원리와 방법을 탐구, 연마하여 학생의 교육에 전심전력하여야 하는 점을 고려할 때 교원에게는 일반 직업인보다 더 높은 도덕성이 요구됨은 물론이고, 교원의 품위손상행위는 본인은 물론 교원사회 전체에 대한 국민의 신뢰를 실추시킬 우려가 있다는 점에서 보다 엄격한 품위유지의무가 요구된다. 여기서 '품위'란 국민에 대한 교육자로서의 직책을 맡아 수행해 나가기에 손색이 없는 인품을 말한다. 이와 같은 국가공무원법 제63조의 규정 내용과 함께 교원에게 보다 엄격한 품위유지의무의 준수가 요구되는 점 등을 종합하면, 교원이 부담하는 품위유지의무란 교원이 직무의 내외를 불문하고 교육자로서의 직책을 맡아 수행해 나가기에 손색이 없도록 본인은 물론 교원사회 전체에 대한 국민의 신뢰를 실추시킬 우려가 있는 행위를 하지 않아야 할 의무라고 해석할 수 있다. 구체적으로 어떠한 행위가 품위손상행위에 해당하는가는 수범자인 평균적인 교원을 기준으로 구체적 상황에 따라 건전한 사회통념에 의하여 판단하여야 한다.

⑸ 정치운동금지의무

「헌법」제7조에 규정된 공무원의 정치적 중립성을 법률적으로 보장하기 위하여 공무원법은 공무원의 정치운동을 금지하고 있다(국가공무원법 65조, 지방공무원법 57조, 검찰청법 43조 등). 공무원의 정치적 중립성 보장은 정치로부터 행정을 완전히 단절시키려는 것이 아니라 공무원을 정당·압력단체 등 정치세력의 부당한 영향과 간섭·침해로부터 보호하여 행정의 안정성과 계속성을 유지함으로써 공익을 증진하는 데 근본목적이 있다. 그러나 공무원도 국민의 한 사람으로서 헌법상 참정권을 행사할 수 있고 표현·결사의 자유를 가지고 있으므로 일체의 정치적 활동을 금지할 수는 없다. 이와 관련하여 법이 공무원에게 정당이나 정치단체결성에 관여하거나 가입하지 못하게 하는 것이 정치적 중립성 보장을 위해서 필수불가결한 요건인가에 관하여 논의가 있다. 공무원의 정치적 중립성 요구는 직무집행에 있어서 국민전체의 봉사자로서 특정집단의 이해관계를 대변하는 것을 방지하고자 하는 취지이므로 이러한 목적을 넘어서서 정당이나 정치단체 결성에 관여하거나 가입하는 것 자체를 못하게 공무원 개인의 정치적 기본권을 제한하는 것은 비례원칙(과잉금지의 원칙)에 비추어 문제가 있다는 견해[1]와 우리의 정당정치의 역사와 운영의 현실로 보아 공무원의 정당가입 자체가 바로 공무원의 "직무집행에 있어서"의 중립성에 영향을 미칠 우려가 있다고 할 것이기 때문에 공무원의 정당가입 등의 문제는 현재로서는 검토하기 어렵다는 반론[2]이 있다. 이 문제는 개개 공무원의 지위나 직무내용에 응하여, 특히 공무원이 정치활동을 행함으로써 공무에 미치는 경향 등을 고려하여 개별적·구체적으로 정하여야 할 문제이다.

⑺ **금지 또는 제한되는 행위**　　　공무원의 정치운동이 금지되는 행위는 ① 정당 그 밖의 정치단체의 결성에 관여하거나 가입하는 행위[3], ② 선거에 있어서 특정정당이나 특정인의 지지 또는 반대를 하기 위하여 투표를 하거나 하지 아니하도록 권유하는 것, 서명운동을 기획·주재하거나 권유하는 것, 문서 또는 도화(圖畵)를 공공시설 등에 게시하거나 게시하게 하는 것, 기부금품을 모집 또는 모집하게 하거나 공공자금을 이용 또는 이용하게 하는 것, 타인으로 하여금 정당 그 밖의 정치단체에 가입하게 하거나 가입하지 아니하도록 권유하는 것 등 행위, ③ 다른 공무원에게 ①, ②의 행위를 요구하거나 또는 정치적 행위의 보상 또는 보복으로서 이익 또는 불이익을 약속하는 행위 등이다. 이들 행위를 공무원이 행한 경우에는 처벌의 대상이 된다(국가공무원법 84조, 지방공무원법 82조).

---

1) 柳至泰, 행정법신론, 679쪽.

2) 朴鈗炘, 최신행정법강의(하), 261쪽.

3) 헌법재판소는 초·중등학교의 교육공무원이 정치단체의 결성에 관여하거나 이에 가입하는 행위를 금지한 국가공무원법 제65조 제1항 중 '국가공무원법 제2조 제2항 제2호의 교육공무원 가운데 초·중등교육법 제19조 제1항의 교원은 그 밖의 정치단체의 결성에 관여하거나 이에 가입할 수 없다.' 는 부분이 나머지 청구인들의 정치적 표현의 자유 및 결사의 자유를 침해하고 있다는 이유로 위헌 결정(헌재 2020. 4. 23. 2018헌마551 결정)을 하였다. 이 결정에 대한 평석으로 鄭南哲, 「국가공무원의 정치단체 참가금지조항에 대한 위헌결정과 그 기속력의 범위」, 행정판례연구(한국행정판례연구회 편) XXV-1, 271쪽 이하가 있다.

(나) 예　외　　　　　공무원 중에도 대통령령으로 정하는 특수경력직공무원에게는 정치운동금
　　　지규정이 적용되지 아니한다(국가공무원법 3조, 지방공무원법 3조). 또한 공무원이라도 배우자
　　　가 입후보할 경우에는 선거운동을 할 수 있다(공직선거법 60조).

(6) 집단행위금지의무

「헌법」 제33조 제2항은 "공무원인 근로자는 법률이 정하는 자에 한하여 단결권, 단체교섭
권 및 단체행동권을 가진다"라고 규정하고, 이에 근거하여 공무원법은 "공무원은 노동운동 이나
그 밖에 공무 이외의 일을 위한 집단행위를 하여서는 아니 된다"(국가공무원법 66조 1항 본문, 지방
공무원법 58조 1항 본문)고 하여 집단행위를 금지하면서 "대통령령으로 정하는 특수경력직공무원"
(국가공무원법 3조, 지방공무원법 3조)과 "사실상 노무에 종사하는 공무원"(국가공무원법 66조 1항 단서,
지방공무원법 58조 1항 단서)을 예외로 규정하며, 금지위반에 대하여는 벌칙을 규정하고 있다(국가
공무원법 84조, 지방공무원법 82조).

(가) 취　지　　　　　공무원도 광의의 근로자의 개념에 포함될 수 있으므로 근로조건의 향상
　　　을 위한 노동운동권을 갖는 것이 필요하다. 그럼에도 불구하고 현행법이 공무원의 집단행
　　　위를 원칙적으로 금지하고 있는 것은 ① 공무원이 국민 전체의 봉사자로서 공익을 위하여
　　　근무하는 지위에 있는 자라는 점,[1] ② 공무원이 담당하는 업무의 공공성 때문에 공무원의
　　　활동 정지가 국민생활에 미치는 효과가 너무 크다는 점, ③ 공무원의 근로조건 결정과정
　　　에 시장의 억지력(抑止力)이 결여되어 있다는 점, ④ 충분한 대상(代償)조치가 강구되어 있
　　　다는 점(예: 신분보장) 등이 그 이유이다.
　　　　　　이와 관련하여 법이 집단행위 자체를 전면적으로 금지하는 것은 공무원이 갖는 기본
　　　권인 근로자로서의 단결권의 중요성에 비추어 지나친 제한이 아닌가에 관하여 논의가 있
　　　다. 최소한 노동조합결성권은 인정되는 것이 바람직하다는 견해[2]와 모든 공무원에 대한
　　　노동조합결성권의 인정 여부는 공무원 이외의 근로자의 노동3권의 행사가 보다 정착된
　　　뒤에 검토할 사항이라는 반론[3]이 있다.

(나) "공무 이외의 일을 위한 집단행위"의 의미　　　　　공무원은 노동운동이나 그 밖에 공
　　　무 이외의 일을 위한 집단행위를 하여서는 아니 된다. 여기서 말하는 노동운동이란 근로
　　　자의 근로조건의 향상을 위한 단결권·단체교섭권·단체행동권 등 이른바 노동3권을 기초
　　　로 하여 이에 직접 관련된 행위를 의미한다(헌재 1992. 4. 28. 90헌바27 내지 34, 36 내지 42, 44

---

1) 대법 1952. 9. 23. 선고 4285행상3 판결은 "공무원 대 국가간의 공법상의 관계가 계약에 기인한 것이라 할지라도
　그 전인격적으로써 국가에 공헌 또는 국민 봉사자인 공무원의 신분을 취득하는 점에 있어 도저히 일정한 노무의
　제공과 특정한 사무처리에 시종하는 사법상 고용관계와는 동일시할 수 없는 것"이라고 판시한 바 있다.
2) 柳至泰, 행정법신론, 680쪽.
3) 朴鈗炘, 최신행정법강의(하), 263쪽.

내지 46, 92헌바15(병합) 결정). 공무 이외의 일을 위한 집단행위란 공무원이 행하는 공무가 아닌 어떤 일을 위한 모든 집단적 행위를 의미하는 것이 아니라 공익에 반하는 목적을 위하여 직무전념의무를 해태하는 등의 영향을 가져오는 집단적 행위를 의미한다(대법 2017. 4. 13. 선고 2014두8469 판결 등). 집단적 행위는 연서와 같은 서면에 의한 집단의사의 표시[1]이든 구체적인 행동[2]이든 불문한다. 정부활동의 능률을 저해하기 위한 집단적 태업행위로 볼 수 있는 경우에 속하거나 이에 준할 정도로 집단성이 인정되면 이에 해당한다.

(다) 예 외   첫째로 공무원 중에도 대통령령으로 정하는 특수경력직공무원에게는 집단행위금지규정이 적용되지 아니한다. 둘째로 사실상 노무에 종사하는 공무원은 예외로 집단행위를 할 수 있다. 이에 해당하는 공무원은 과학기술정보통신부 소속의 현업기관 작업현장에서 노무에 종사하는 우정직공무원이다. 이 중에서 ① 서무·인사 및 기밀업무에 종사하는 공무원, ② 경리 및 물품출납 사무에 종사하는 공무원, ③ 노무자의 감독 사무에 종사하는 공무원, ④ 「보안업무규정」에 따른 국가보안시설의 경비 업무에 종사하는 공무원, ⑤ 승용자동차 및 구급차의 운전에 종사하는 공무원은 제외된다(국가공무원복무규정 28조). 지방공무원의 경우 사실상 노무에 종사하는 공무원의 범위는 조례로 정한다(지방공무원법 58조 2항).

(7) 재산등록·선물신고의무

「공직자윤리법」은 공직자의 자기반성과 주변정리를 통하여 부패를 사전에 방지하기 위하여 법정 공무원에게 자신과 가족의 재산을 국가기관에 등록할 의무, 주식의 매각 또는 신탁의무를 부과하고 있다(동법 3조 이하). 또한 모든 공무원에게 외국정부나 직무와 관련하여 외국인(외국단체를 포함)으로부터 선물을 받으면 지체 없이 소속 기관의 장에게 신고하도록 의무를 과하고 있다(동법 15조 1항).

(8) 병역사항신고의무

「공직자 등의 병역사항신고 및 공개에 관한 법률」은 법정 공무원에게 그 자신 및 18세 이상 직계비속의 병역복무사항을 신고할 의무를 과하고 있다(3조).

---

1) 공무원인 교원이 집단으로 행한 의사표현행위가 국가공무원법이나 공직선거법 등 개별 법률에서 공무원에 대하여 금지하는 특정의 정치적 활동에 해당하는 경우나, 특정 정치세력에 대한 지지 또는 반대의사를 직접적으로 표현하는 등 정치적 편향성 또는 당파성을 명백히 드러내는 행위 등과 같이 공무원인 교원의 정치적 중립성을 침해할 만한 직접적인 위험을 가져올 정도에 이르렀다고 볼 수 있는 경우에, 그 행위는 공무원인 교원으로서의 본분을 벗어나 공익에 반하는 행위로서 공무원으로서의 직무에 관한 기강을 저해하거나 공무의 본질을 해치는 것이어서 직무전념의무를 해태한 것이라 할 것이므로, 국가공무원법 제66조 제1항이 금지하는 '공무 외의 일을 위한 집단행위'에 해당한다(대법 2013. 6. 27. 선고 2009추206 판결).

2) 예: 장관 주재의 정례조회에서의 집단퇴장행위(대법 1992. 3. 27. 선고 91누9145 판결) 등.

2. 직무상 의무

(1) 법령준수의무

　　모든 공무원은 법령(또는 법규)을 준수하여야 할 의무를 진다(국가공무원법 56조 전단, 지방공무원법 48조 전단). 법령준수의무는 법치행정의 원리에 근거를 두고 있다. 즉 법치행정의 원리는 행정이 법률 및 법에 적합하여야 하는 것인바, 행정은 행정기관에 의하여 행하여지는 것이고 행정기관은 공무원에 의하여 구성되는 것이므로 공무원에게 법령준수의무를 부과함으로써 법치행정의 원리는 달성될 수가 있다. 법령위반은 위법행위 또는 불법행위로서 행위의 효력부인, 손해배상, 처벌, 징계 등의 원인이 된다.

(2) 성실의무

　　모든 공무원은 성실히 직무를 수행하여야 할 의무를 진다(국가공무원법 56조, 지방공무원법 48조).

　　성실의무는 최대한 공공의 이익을 도모하고 그 불이익을 방지하기 위하여 전인격(全人格)과 양심을 바쳐서 성실히 직무를 수행하여야 하는 것을 그 내용으로 한다는 점에서 공무원의 직무상 의무 중 가장 기본이 되는 의무라는 것이 통설이고 판례(대법 1989. 5. 23. 선고 88누3161 판결, 대법 2017. 11. 9. 선고 2017두47472 판결[1])이다. 또한 성실의무는 윤리성을 본질로 하고 있으나 민주국가에 있어서는 절대군주국가와 달리 국가의 신복(臣僕)적 예속을 의미하는 무정량(無定量)의 충성의무가 아니라 원칙적으로 주어진 직무에 관련하여 국민 전체의 이익을 도모하는 법적 의무라는 것이 통설이다.

　　판례에 나타난 성실의무 위반행위로는 준공검사과정에서 위반사항의 시정 여부에 대한 확인 없이 적법 건축으로 상사에 보고한 구청 건축과 공무원의 행위(대법 1991. 2. 12 선고 90누5627 판결), 호적부에 변조사실이 있음을 알고도 즉시 적절한 조치를 취하지 아니하여 허위 내용의 호

---

1) 재산세 담당공무원이 서울특별시장으로부터 주민등록번호의 조사 및 전산자료입력을 철저히 하라는 지시를 수차 받고, 그 조사입력사무를 불성실하게 처리한 공무원에 대하여는 징계처분 등 인사처리를 하겠다는 통고까지 받았음에도 불구하고, 소외인들의 주민등록표 등을 열람하거나 관할 동사무소에 조회하여 보지 아니하고, 오래 전에 등기부에 기재된 주소지로 주민등록번호를 우편조회만 함으로써 이를 제때에 확인하고 못하고, 뒤늦게 소외인들의 소유 토지 면적을 합산하면 공한지에 해당한다는 사실을 발견함으로써 소외인들에 당해 연도의 재산세를 부과하지 못하게 되었다는 징계사유로 징계를 받게 된 원고의 제소에 대하여 원심판결은 원고의 징계책임을 인정하였다. 이에 원고는 공무원의 성실 의무가 민주국가에 있어서는 국가에의 신복적 예속을 의미하는 무정량의 충성의 의무가 아니라, 원칙적으로 주어진 일정한 직무에 관하여 국민전체의 이익을 도모하는 법적 의무라고 전제하고, 원고가 당시 소속 구청의 과중한 업무 때문에 수립된 "재산세 합산과세에 따른 주민등록번호 우편조회계획"에 따라 사무를 처리하였고 또한 동사무소에 출장하여 주민등록표 등을 열람하는 것은 당시의 소속 구청의 실정으로는 불가능하였으므로 성실의무에 위반한 것이 아니라는 이유로 상고하였다. 이에 대하여 대법 1989. 5. 23. 선고 88누3161 판결은 공무원의 성실의무는 공무원에게 부과된 가장 기본적인 중요한 의무로서 최대한으로 공공의 이익을 도모하고 그 불이익을 방지하기 위하여 전인격과 양심을 바쳐서 성실히 직무를 수행하여야 하는 것이라고 정의하고, 원고가 관내 토지소유자들의 주민등록번호 전산자료입력업무를 소속 구청의 평균치보다 월등하게 더 많이 처리한 사실을 감안하더라도, 소외인들의 주민등록번호를 주민등록표 등의 열람 또는 관할 동사무소에의 조회를 통해 적시에 확인하지 못한 것은 성실의무 위반에 해당한다고 판단하였다.

적등본이 발급되도록 한 호적담당 공무원의 행위(대법 1991. 10. 22. 선고 91누3598 판결), 교통사고를 일으킨 후 구호조치 없이 도주한 수사담당 경찰관의 행위(대법 1999. 10. 8. 선고 99두6101 판결) 등이 있다. 이와 관련하여 성실의무에 위반하였다고 하기 위해서는 현실적으로 직무수행에 지장을 주는 등의 실해(實害)가 발생하는 것을 필요로 하는가가 문제된다. 판례는 토지형질변경허가가 업무처리를 주관하는 공무원이 건축행위가 불가능한 자투리땅에 대한 토지형질변경허가를 함에 있어 당해 토지에 건축행위가 없을 때 동의한다는 조건문언이 삭제된 군협의공문사본을 제출받으면서 그 삭제사실을 간과하였다고 하더라도 이러한 사정이 토지형질변경허가를 함에 있어 아무런 장애가 되지 아니하는 것이라면 이를 공무원으로서 성실의무에 위배된 것이라고 할 수 없다(대법 1987. 3. 10. 선고 86누580 판결)고 판시한 바 있다.

(3) 복종의무

공무원은 직무를 수행함에 있어서 소속 상관의 직무상의 명령에 복종하여야 할 의무를 진다(국가공무원법 57조, 지방공무원법 49조 본문).

(개) 취 지 공무원의 복종의무는 계층적 조직체로서 결합과 분배라는 행정조직의 원리상 필수적이다. 공무원의 직무집행방법은 법령에서 직접 규정된 경우에는 그대로 따르나, 대체로 법령에서는 일반기준이나 원칙만 정해놓고 구체적인 집행은 권한 있는 기관의 판단과 지침에 따라 행하는 것이 통례이다. 이 경우 법령 집행의 유기적 통일성을 기하고 조직 목적을 효율적으로 달성하기 위하여 공무원은 상관의 직무상 명령을 충실히 따라야 함은 당연하다.

(내) 소속 상관 직무상 명령을 발하는 소속 상관이란 그 기관의 장 또는 보조기관인지의 여부에 관계없이 당해 공무원의 직무에 관하여 실질적인 지휘·감독권을 갖는 자를 말한다. 파견근무 중인 공무원은 파견되어 근무 중인 기관의 상급자의 명령을 따라야 한다.

(대) 직무명령

(ㄱ) 의의 및 성질 직무명령 또는 직무상의 명령이란 상관이 직무에 관하여 부하공무원에게 대하여 발하는 명령을 말한다. 출장명령·휴일근무명령 등이 대표적인 예이다. 훈령이 상급(관)청이 하급(관)청의 권한행사를 지휘·감독하기 위하여 발하는 명령임에 대하여 직무명령은 공무원의 직무에 관한 명령이라는 점에서 양자는 성질상의 차이가 있다. 구체적으로는 첫째로, 훈령은 법률의 수권이 없어도 발령할 수 있다는 것이 통설이나 직무명령은 행정주체가 독립된 인격을 가진 공무원에게 복종의무를 부과하는 것이므로 법률의 근거가 필요한가의 여부에 대하여 견해가 나뉜다. 둘째로, 훈령은 행정기관의 기관의사를 구속함에 반하여 직무명령은 공무원 개인을 구속하는 것이므로, 훈령은 발령기관이 이를 취소하거나 기관 자체가 폐지되지 아니하는 한 기관구성자인 공무원의 경질·변

동과 관계없이 그 효력을 지속함에 반하여, 직무명령은 명령을 받은 공무원의 변동에 의하여 그 효력을 상실한다. 셋째로, 훈령은 원칙적으로 항고소송의 대상인 처분이 아니라는 것이 통설이나, 직무명령은 공무원의 법적지위나 이익에 변동을 발생하는 경우에는 처분이 된다.

(ㄴ) 요　건　　직무명령이 적법·유효하기 위해서는 형식적 요건과 실질적 요건을 갖추어야 한다. 형식적 요건은 ① 권한이 있는 상관이 발할 것, ② 부하공무원의 직무의 범위 내에 속하는 사항일 것[1], ③ 부하공무원의 직무상 독립의 범위에 속하는 사항이 아닐 것, ④ 법정의 형식·절차가 있으면 이를 갖출 것 등이다. 법정의 형식이 없으면 구술에 의한 직무명령이든 문서에 의한 직무명령이든 무방하다. 실질적 요건은 직무명령의 내용이 명백하고 실현가능하며 적법한 것이어야 한다.

(ㄹ) 한　계　　직무명령이 적법·유효하기 위하여는 위에서 살펴본 요건을 갖추어야 하는데, 이러한 요건을 갖추지 못한 경우에 공무원은 요건을 갖추지 못한 직무명령에 대한 복종을 거부할 수 있는가가 문제된다. 직무명령의 형식적 요건에 관하여는 그 구비 여부가 외관상 명백한 것이 보통이므로 부하 공무원이 이를 심사할 수 있고 그 요건이 결여되었다고 판단되면 복종을 거부할 수 있다는 것과 실질적 요건에 관하여도 부하 공무원이 흠의 유무를 심사할 수 있고 심사의 결과 의견을 진술할 수 있다는 것(지방공무원법 49조 단서는 이를 명시하고 있다)에 대하여는 우리나라에서는 이설이 없다. 문제는 실질적 요건을 심사하여 내용상의 흠이 어느 정도일 때 부하공무원은 직무명령에 대한 복종을 거부할 수 있는가에 있다. 이에 관하여는 학설이 나뉜다. 제1설은 직무명령의 내용상의 흠이 중대하고 명백한 법규위반으로 무효라고 판단되는 경우에 복종의무가 없다는 견해이다.[2] 제2설은 직무명령의 내용상 흠이 명백한 법규위반으로 판단되는 경우에도 복종의무가 없다는 견해[3]이다. 제3설은 직무명령의 내용상의 흠이 있어 법규위반으로 판단되는 경우에는 복

---

[1] 대법 2013. 9. 12. 선고 2011두20079 판결 : 국가공무원법 제57조 및 지방공무원법 제49조에 의하면 공무원은 직무를 수행할 때 소속 상급공무원의 직무상 명령에 복종하여야 하고, 한편 공무원이 공무원의 노동조합 설립 및 운영 등에 관한 법률 제7조에서 정한 노동조합 전임자가 되어 근로제공의무가 면제된다고 하더라도 이는 노동조합 전임자로서 정당한 노동조합 활동에 전념하는 것을 보장하기 위한 것에 그 의미가 있으므로, 노동조합 전임자의 지위에 있다고 하여 위와 같은 복종의무가 전적으로 면제된다고 할 수는 없다. 그러나 공무원의 노동조합 설립 및 운영 등에 관한 법률에 의하여 공무원노동조합의 정당한 활동은 보장되므로, 노동조합 전임자에 대한 직무상 명령이 노동조합의 정당한 활동 범위 내에 속하는 사항을 대상으로 하는 경우에는, 그 소속 기관의 원활한 공무 수행이나 근무기강의 확립, 직무집행의 공정성 또는 정치적 중립성 확보 등을 위하여 그 직무상 명령을 발령할 필요가 있다는 등의 특별한 사정이 있을 때에 한하여 그 명령은 복종의무를 발생시키는 유효한 직무상 명령에 해당한다. 공무원에 대하여 민중의례 실시를 금지한 명령이 노동조합 전임자의 노동조합 활동에 관한 복종의무를 발생시키는 유효한 직무상 명령으로 볼 수 없다.

[2] 金道昶, 일반행정법론(하), 237쪽; 洪井善, 행정법원론(하), 325쪽.

[3] 金南辰·金連泰, 행정법 Ⅱ, 231쪽; 金東熙, 행정법 Ⅱ, 165쪽; 朴鈗炘, 최신행정법강의(하), 259쪽; 柳至泰, 행정법신론, 233쪽 이하.

종의무가 없다는 견해이다.[1] 제2설이 현재 우리나라의 다수설이다. 이 설의 논거는 공무원의 법령준수의무가 복종의무보다 우선한다는 데에 있다.

대법원은 "소속 상관의 명령이 참고인으로 소환된 사람에게 가혹행위를 하라는 것 등과 같이 명백히 위법한 때에는 그에 복종할 의무가 없다"(대법 1988. 2. 23. 선고 87도2358 판결)라고 판시한 바 있다.[2]

㈒ **직무명령이 경합된 경우**　　둘 이상의 상하관계에 있는 상관으로부터 서로 모순되는 직무명령을 받았을 경우에 어느 상관의 직무명령에 복종하여야 하는가에 관하여는 상급의 상관의 직무명령에 복종하여야 한다는 견해[3]와 직근상관의 직무명령에 복종하여야 한다는 견해로 나뉜다. 후자가 다수설이다. 행정조직의 계층적 질서에 비추어 직근상관의 직무명령에 복종하여야 한다는 것이 그 근거이다. 「국가공무원법」 제57조·「지방공무원법」 제49조가 소송상관의 직무상 명령에 복종하여야 한다고 규정하고 여기서 소속 상관이란 당해 공무원의 직무에 관하여 실질적인 지휘·감독권을 갖는 자를 말한다는 것은 앞서 본 바와 같다.

(4) 직장이탈금지의무

공무원은 소속 상관의 허가 또는 정당한 이유 없이 직장을 이탈하지 못한다(국가공무원법 58조 1항, 지방공무원법 50조 1항). 상관의 허가는 구술 또는 문서 등 어느 형식이든 상관이 없다. 직장의 개념은 일반적으로 공무원이 소속되어 근무하고 있는 공간개념으로서의 부서라고 보는 것이 타당하다. 그러나 빈번한 외근과 훈련, 작전수행 등 일정한 건물을 중심으로 직장개념을 파악하기 곤란한 국가정보원직원의 경우에는 직장이 아니라 상관으로부터 지시받거나 본래 수행해야 할 '직무'의 범위를 이탈하여서는 아니 되도록 규정하고 있다(국가정보원직원법 16조).

공무원도 범죄요건을 구성할 경우 수사기관에서 입건 수사할 수 있음은 말할 나위가 없다. 그러나 공무원을 직무에 전념할 수 있게 하기 위해서는 현행범이 아닌 한 구속하고자 할 때에는 사전에 그 소속기관의 장에게 통보하여야 한다(국가공무원법 58조 2항, 지방공무원법 50조 2항). 그것은 공무원이 구속되어 직무를 수행할 수 없게 되는 경우 결원보충을 미리 준비할 수 있게 하고 당해 공무원의 직무상 인계 인수 등을 차질 없이 수행할 수 있게 하기 위한 것이다.

---

1) 李尙圭, 신행정법론(하), 236쪽.

2) 대법 2018. 3. 22. 선고 2012두26401 전원합의체 판결 [다수의견] : 군인이 상관의 지시와 명령에 대하여 재판청구권를 행사하는 경우에 그것이 위법·위헌인 지시와 명령을 시정하려는 게 목적이 있을 뿐, 군 내부의 상명하복 관계를 파괴하고 명령불복종수단으로서 재판청구권의 외형만을 빌리거나 그 밖에 다른 불순한 의도가 있지 않다면, 정당한 기본권의 행사이므로 군인의 복종의무를 위반하였다고 볼 수 없다.

3) 金庸來, 「공무원의 복종의무의 성질과 한계」, 법정 1965년 6월, 27쪽.

(5) 친절공정의무

공무원은 국민 또는 주민 전체의 봉사자로서 친절하고 공정하게 집무하여야 한다(국가공무원법 59조, 지방공무원법 51조). 공정이라는 의미는 공사(公私)를 엄격히 분별하라는 뜻이다. 친절과 공정은 공무원에게 있어서는 하나의 단순한 도덕적 의무에 그치는 것이 아니라 법적 의무로 고양되어 있으므로 이에 위반하면 징계사유가 된다.

(6) 종교중립의무

공무원은 종교에 따른 차별 없이 직무를 수행하여야 한다(국가공무원법 59조의2 1항, 지방공무원법 51조의2 1항). 공무원은 소속 상관이 이 의무에 위배되는 직무상 명령을 한 경우에는 이에 따르지 아니할 수 있다(국가공무원법 59조의2 2항, 지방공무원법 51조의2 2항)

(7) 비밀엄수의무

공무원은 재직 중은 물론 퇴직 후에도 직무상 알게 된 비밀을 엄수하여야 한다(국가공무원법 60조, 지방공무원법 52조). 직무상 알게 된 비밀이란 공무원 자신의 직무 범위와 관련되는 비밀뿐만 아니라 직무를 수행하는 과정에서 직접 또는 간접으로 들어서 알게 된 타인 또는 타부서 소관의 비밀까지도 포함한다.

(가) **비밀의 의미**　　법이 보호하는 비밀의 의미에 관하여는 형식설과 실질설이 나뉜다. 형식설은 행정기관이 1급·2급·3급비밀 등과 같이 명시적으로 지정한 비밀을 말한다는 견해이다. 이에 대하여 실질설은 실질적으로 비밀로서 보호할 가치가 있는 비밀을 말한다는 견해이다. 실질설이 통설이다. 판례도 "국가공무원법상 직무상 비밀이라 함은 국가 공무의 민주적, 능률적 운영을 확보하여야 한다는 이념에 비추어 볼 때 당해 사실이 일반에 알려질 경우 그러한 행정의 목적을 해할 우려가 있는지 여부를 기준으로 판단하여야 하며, 구체적으로는 행정기관이 비밀이라고 형식적으로 정한 것에 따를 것이 아니라 실질적으로 비밀로서 보호할 가치가 있는지, 즉 그것이 통상의 지식과 경험을 가진 다수인에게 알려지지 아니한 비밀성을 가졌는지, 또한 정부나 국민의 이익 또는 행정목적 달성을 위하여 비밀로서 보호할 필요성이 있는지 등이 객관적으로 검토되어야 한다"(대법 1996. 10. 11. 선고 94누7171 판결)라고 하여 실질설을 취하고 있다.

「국가공무원 복무규정」은 공무원의 비밀엄수의무의 대상이 되는 비밀을 법령에 따라 비밀로 지정된 사항, 정책의 수립이나 사업의 집행에 관련된 사항으로서 외부에 공개될 경우 정책결정이나 사업집행에 지장을 초래하거나 특정인에게 부당한 이익을 줄 수 있는 사항, 개인의 신상이나 재산에 관한 사항으로서 외부에 공개될 경우 특정인의 권리나 이익을 침해할 수 있는 사항, 그 밖에 국민의 권익보호 또는 행정목적 달성을 위하여 비밀로 보호할 필요가 있는 사항 등으로 구체적으로 정하고 있다(4조의2).

(ㄹ) 비밀엄수의 예외　　　다음의 경우에는 비밀엄수에 대한 예외가 인정된다.

(ㄱ) 증언 및 감정　　　첫째로, 공무원 또는 공무원이었던 자가 국회로부터 증언을 요구받은 경우에 증언할 사항이 직무상 비밀에 속한다는 이유로 증언을 거부할 수 없다. 다만 군사·외교·대북관계의 국가기밀에 관한 사항으로서 그 발표로 말미암아 국가안위에 중대한 영향을 미친다는 주무부장관(대통령 및 국무총리의 소속기관에서는 당해 관서의 장)의 소명이 증언의 요구를 받은 날로부터 5일 이내에 있는 경우에는 그러하지 아니하며, 또한 위 소명을 수락하지 아니하여 국회가 본회의의 의결로(폐회 중에는 해당 위원회의 의결로) 국회가 요구한 증언이 국가의 중대한 이익을 해친다는 취지의 국무총리의 성명을 요구한 때에 국무총리가 요구를 받은 날로부터 7일 이내에 성명을 발표한 경우에는 그러하지 아니하다(국회에서의 증언·감정 등에 관한 법률 4조).

둘째로, 공무원 또는 공무원이었던 자가 법원 등의 증인 또는 감정인이 되어 직무상 비밀에 대하여 신문을 받게 된 때에 소속 공무소 또는 감독관공서의 승낙을 받은 경우에는 직무상 비밀도 진술할 수 있다(형사소송법 147조, 177조, 민사소송법 306조, 333조).

(ㄴ) 행정상 정보공개의 요청　　　공공기관이 보유·관리하는 정보 중 국민이 청구하면 공개해야 하는 정보는 비밀엄수를 논할 여지가 없다.「공공기관의 정보공개에 관한 법률」은 비공개대상정보를 정하고 있으나, 이 비공개대상정보도 기간의 경과 등으로 인하여 비공개의 필요성이 없어진 경우에는 이를 공개대상으로 하여야 한다. 따라서 공무원은 동일한 사안에 대하여 직무상 알게 된 비밀을 지켜야 하는 의무가 있는 반면, 행정기관의 입장에서는 공개의 의무를 지게 되어 동일한 비밀(정보)에 대하여 반대방향의 의무를 지고 있다.[1] 입법이나 판례를 통하여 직무상 비밀의 범위를 구체적으로 정하는 일이 긴요하다.

(ㄷ) 고발의무와의 관계　　　「형사소송법」제234조 제2항은 "공무원은 그 직무를 행함에 있어 범죄가 있다고 사료하는 때에는 고발하여야 한다"라고 규정하고 있다. 여기에 비밀엄수의무와 고발의무와의 관계가 문제된다. 비밀엄수의무가 우선된다는 견해와 고발의무가 우선된다는 견해가 있을 수 있다. 후자의 견해를 취할 경우에는 비밀엄수의무의 예외가 된다.

(ㄹ) 문서제출의무와의 관계　　　「민사소송법」제344조는 문서의 제출의무를 규정하고 있다. 여기에 비밀엄수의무와 문서제출의무와의 관계가 문제된다. 이에 대하여도 비밀엄수의무가 우선된다는 견해와 문서제출의무가 우선된다는 견해가 있을 수 있다.「국세기본법」제81조의13 제1항 제3호는 법원의 제출명령 또는 법관이 발부한 영장에 의하여 과

---

[1] 공공기관의 정보공개에 관한 법률상의 공개·비공개결정과 공무원의 비밀엄수의무와의 관계에 관하여는 金敞祚,「정보공개법상 비공개사유와 공무원의 비밀엄수의무」, 공법연구(한국공법학회) 제35집 제2호, 337쪽 이하 참조.

세정보를 요구하는 경우에는 그 사용목적에 맞는 범위 안에서 납세자의 과세정보를 제공할 수 있다고 규정하고 있다.

㈐ **비밀엄수의무 위반** 　　공무원이 직무상 알게 된 비밀을 누설한 때에는 비밀엄수의무 위반은 물론 행정기관이 명시적으로 지정한 비밀을 누설한 때에는 복종의무 위반으로 징계사유가 된다. 뿐만 아니라 공무원이 법령에 의한 직무상 비밀을 누설한 때에는 범죄를 구성한다(형법 126조·127조). 퇴직한 공무원이 비밀엄수의무에 위반한 때에는 징계책임을 물을 수 없으나 형사책임을 물을 수 있고, 또한 이를 이유로 장래의 공무원관계의 설정을 거부할 수 있다는 것이 우리나라의 다수설이다.

(8) 청렴의무

공무원은 직무와 관련하여 직접 또는 간접을 불문하고 사례·증여 또는 향응을 수수할 수 없으며, 직무상의 관계 여하를 불문하고 그 소속 상관에 증여하거나 소속 공무원으로부터 증여를 받아서는 아니 된다(국가공무원법 61조, 지방공무원법 53조). 공무원법이 청렴의무를 규정한 취지는 공무원이 직무에 관하여 사전에 부당한 청탁을 받고 직무상 부정행위를 행하는 것을 방지하려는 데 그치는 것이 아니라, 공무원의 직무와 관련한 금품수수행위를 방지하여 공무원의 순수성과 직무행위의 불가매수성(不可買收性)을 보호하고 직무집행의 적정성을 보장하려는 데 있다(대법 1992. 11. 27. 선고 92누3366 판결).

청렴의무위반은 징계사유가 될 뿐만 아니라, 일정한 경우에는 범죄를 구성한다(형법 129조 내지 135조).

(9) 영리기업에의 취업제한

일정한 직급 또는 직무분야에 종사하였던 공무원은 퇴직 전 5년 동안 소속하였던 부서의 업무와 밀접한 관련이 있는 일정규모 이상의 영리사기업체 또는 영리사기업체의 공동이익과 상호협력 등을 위하여 설립된 법인·단체("협회" 등)에 퇴직 후 3년간 취업이 제한된다(공직자윤리법 17조 1항 본문).

그러나 관할 공직자윤리위원회의 승인을 얻은 때에는 예외로 취업이 가능하다(동항 단서). 법에 위반하여 취업한 자가 있을 때에는 관계 중앙행정기관의 장은 사기업체의 장에게 해임을 요구하여야 하며, 사기업체의 장은 지체없이 이에 응하여야 한다(동법 19조).

한편, 공직자가 재직 중 직무와 관련된 부패행위로 당연퇴직, 파면 또는 해임되거나 공직자였던 자가 재직 중 직무나 관련된 부패행위로 벌금 300만원 이상의 형의 선고를 받은 경우에는 퇴직일 또는 형 집행 종료일부터 5년 동안 공공기관 등 영리사기업체에 취업할 수 없다(부패방지 및 국민권익위원회의 설치와 운영에 관한 법률 82조 2항).

Ⅲ. 공무원의 책임

공무원이 법률상 의무에 위반한 때에는 공무의 적정을 확보하기 위하여 당해 공무원에게 법적 책임을 지우게 된다. 이러한 공무원의 법적 책임을 공무원의 책임이라 부른다.

공무원의 책임은 광협(廣狹)의 두 가지가 있다. 협의로는 공무원이 공무원으로서 지는 법률상 의무를 위반함으로써 법률상 제재를 받거나 법률상 불이익을 받지 않으면 아니 될 지위를 말한다. 이를 공무원법상의 책임 또는 행정상의 책임이라 부른다. 이에는 징계책임과 변상책임이 있다. 광의로는 공무원의 행위가 공무원으로서의 의무의 위반에 그치지 아니하고 더 나아가 일반 법익을 침해함으로써 형벌 등의 제재를 받지 않으면 아니 될 지위인 형사책임 및 공무원의 행위가 위법하게 다른 사람의 권리를 침해하여 손해를 발생하게 함으로써 직접 피해자에게 지지 않으면 아니 될 민사책임까지를 포함한다.

1. 공무원법상의 책임

(1) 징계책임

1) 의의 및 성질

(가) 의   의   공무원이 공무원법상의 의무를 위반한 경우에 국가 또는 지방자치단체가 공무원관계의 질서를 유지하기 위하여 그 위반에 대하여 과하는 행정상 제재를 징계벌이라 한다. 징계책임은 이 징계벌을 받지 않으면 아니 될 지위이다. 징계처분은 그 징계책임을 묻기 위하여 공무원에게 제재를 과하는 처분이다. 징계처분은 징계권자의 재량행위라는 것이 통설이고 판례(대법 2008. 10. 9. 선고 2006두13626 판결 등)[1]이다.

(나) 징계벌과 행정벌·형사벌

(ㄱ) 양자의 상이점

ㄱ) 권력적 기초   공법상의 특별권력관계를 긍정하는 견해에 의하면 양자는 권력적 기초에 차이가 있다. 즉 징계벌은 직접적으로 특별권력관계에 입각한 특별권력에 기초를 두고 있음에 대하여 행정벌·형사벌은 일반 통치권에 그 기초를 두고 있다.

---

1) 대법 2008. 10. 9. 선고 2006두13626 판결: 공무원인 피징계자에게 징계사유가 있어서 징계처분을 하는 경우 어떠한 처분을 할 것인가는 징계권자의 재량에 맡겨진 일이고, 다만 징계권자가 재량권의 행사로서 한 징계처분이 사회통념상 현저하게 타당성을 잃어 재량권을 남용한 것이라고 인정되는 경우에 한하여 그 처분을 위법하다고 할 수 있으며, 공무원에 대한 징계처분이 사회통념상 현저하게 타당성을 잃었다고 하려면 구체적인 사례에 따라 징계의 원인이 된 비위사실의 내용과 성질, 징계에 의하여 달성하려고 하는 행정목적, 징계 양정의 기준 등 여러 요소를 종합하여 판단할 때에 그 징계의 내용이 객관적으로 명백히 부당하다고 인정할 수 있는 경우라야 하고, 징계권의 행사가 임용권자의 재량에 맡겨진 것이라고 하여도 공익적 목적을 위하여 징계권을 행사하여야 할 공익의 원칙에 반하거나 일반적으로 징계사유로 삼은 비행의 정도에 비하여 균형을 잃는 과중한 징계처분을 선택함으로써 비례의 원칙에 위반하거나 또는 합리적인 사유없이 같은 정도의 비행에 대하여 일반적으로 적용하여 온 기준과 어긋나게 공평을 잃은 징계처분을 선택함으로써 평등의 원칙에 위반한 경우에 이러한 징계처분은 재량권의 한계를 벗어난 처분으로서 위법하다 할 것이다.

ㄴ) 목　적　　　　징계벌은 공무원관계의 내부 질서유지를 목적으로 하고 있음에 대하여 행정벌·형사벌은 국가사회의 일반적 법 질서유지를 목적으로 하고 있다.

ㄷ) 대　상　　　　징계벌은 공무원법상의 의무위반을 대상으로 하고 있음에 대하여 행정벌·형사벌은 일반행정법 또는 형법상의 의무위반, 즉 행정범 또는 형사범을 그 대상으로 한다.

ㄹ) 내　용　　　　징계벌은 공무원의 신분상 이익의 박탈이 주된 내용이 되고 재산상 이익의 박탈이 부수적임에 반하여 행정벌·형사벌은 생명·신체적 자유 및 재산적 이익의 박탈이 주된 내용이 된다.

(ㄴ) 병　과　　　　징계벌과 행정벌·형사벌은 위와 같이 그 목적·대상 등을 달리하고 있으므로 하나의 행위가 양자의 요건을 모두 충족할 경우에는 병과할 수 있다. 즉 양자의 병과는 일사부재리의 원칙(헌법 13조 1항)에 저촉되지 아니한다. 우리나라의 징계제도에 있어서는 형사소추선행의 원칙을 강제하고 있지 않으므로 동일한 사안에 대하여 형사재판결과를 기다릴 필요 없이 바로 징계처분을 행할 수 있다(대법 2001. 11. 9. 선고 2001두4184 판결). 형사재판의 결과 금고 이상의 형이 확정되면 당연퇴직되어(국가공무원법 69조, 지방공무원법 61조) 공무원관계가 소멸되므로 공무원신분을 전제로 한 징계벌을 과할 필요가 없어지나, 벌금 이하의 형을 받은 경우, 심지어 면소 또는 무죄의 판결을 받았다 하더라도, 동 비위사유가 징계사유에 해당하는 한, 따로 징계절차를 취할 수 있다(대법 1967. 2. 7. 선고 66누168 판결). 그러나 감사원에서 조사 중인 사건에 대하여는 조사 개시의 통보를 받은 날로부터 징계의결의 요구 기타 징계절차를 진행하지 못하며, 검찰·경찰 기타 수사기관에서 수사 중인 사건에 대하여는 수사 개시의 통보를 받은 날로부터 징계의결의 요구 기타 징계절차를 진행하지 아니할 수 있다(국가공무원법 83조 1항·2항, 지방공무원법 73조 1항·2항).

(다) **징계벌과 직위해제**　　　　직위해제란 공무원으로서 신분은 유지하면서 직무담임을 강제적으로 해제하는 행위를 말하며, 그것이 징계벌을 대체하는 관리수단임을 이미 설명하였다(→ 직위해제). 징계벌과 직위해제는 그 성질을 달리하므로 직위해제와 같은 사유로 징계벌을 과하는 것은 무방하다(대법 1983. 10. 25. 선고 83누184 판결).

(라) **징계벌과 법치주의**　　　　행정벌·형사벌은 범죄·과형절차와 더불어 엄격히 법률의 근거를 요한다(헌법 12조·13조). 징계벌도 행정벌·형사벌과 마찬가지로 법치행정원리의 적용을 받는가의 문제가 있다. 이에 대하여는 종래의 통설이 징계벌을 특별권력관계에서의 포괄적 권력의 발동으로 보았기 때문에 그 곳에는 법치행정원리가 적용되지 않으며 법률에 규정이 없더라도 과할 수 있는 것으로 이해하였다. 그러나 징계권의 남용은 국민이 가지는 공무담임권을 부당하게 침해할 우려가 있고, 또한 공무원의 신분보장과 밀접한 관련이 있으므로 징계벌에도 원칙적으로 법치행정원리가 타당하다고 할 것이며, 우리 현행

법도 이러한 입장에서 징계의 사유·종류·절차·불복 등을 법률에서 직접 규정하고 있다고 설명하는 것이 오늘날의 일반적 견해이다.[1]

2) 징계의 사유(원인)

징계사유란 징계처분을 받지 않으면 아니 될 공무원의 의무위반행위를 말한다.

「국가공무원법」·「지방공무원법」이 들고 있는 징계사유는 ① 동법 및 동법에 의한 명령(지방공무원의 경우에는 이 외에 조례 또는 규칙을 포함한다)에 위반한 때, ② 직무상의 의무[2]에 위반하거나 직무를 태만한 때, ③ 직무의 내외를 불문하고 그 체면 또는 위신(지방공무원의 경우에는 품위)을 손상하는 행위를 한 때이며(대법 2001. 8. 24. 선고 2000두7704 판결),[3] 이러한 징계사유가 있으면 징계권자는 징계의결을 요구하여야 하고 징계의결의 결과에 따라 징계처분을 하여야 한다(국가공무원법 78조 1항, 지방공무원법 69조 1항).

징계사유는 고의·과실의 유무와 관계없이 성립한다(대법 1979. 11. 13. 선고 79누245 판결). 징계사유는 재직 중의 행위임을 원칙으로 하나, 임명 전의 행위라도 그로 인하여 재직 중의 공무원의 체면·위신 또는 품위를 손상하게 되면 징계사유가 될 수 있다(대법 1990. 5. 22. 선고 89누7368 판결). 다른 법률의 적용을 받는 공무원(예: 지방공무원)이 「국가공무원법」상의 징계규정의 적용을 받는 공무원으로 임용되거나 그 반대의 경우,[4] 임용 이전의 다른 법률에 의한 징계사유는 현재의 신분을 적용하는 법률에 의한 징계사유로 승계된다(국가공무원법 78조 2항, 지방공무원법 69조 2항). 특수경력직공무원이 경력직공무원으로 임용된 경우에도 이와 같다(국가공무원법 78조 3항, 지방공무원법 69조 3항).

징계는 경력직공무원에게만 해당하는 것이 원칙이다. 그러나 특수경력직공무원에 대하여도 경력직공무원에 준하여 징계절차에 의하여 징계처분을 행할 수 있다(국가공무원법 83조의3, 지방공무원법 73조의3).

3) 징계의 종류

(가) **배제징계와 교정징계** 징계는 공무원관계의 소멸 여부를 기준으로 배제징계와 교정징계로 나뉜다. 배제징계는 공무원관계를 완전히 해제하여 공무담임권을 상실시키는 징계이며, 교정징계는 일정기간 공무를 수행할 수 없게 하거나 승진이나 보수 등 인사관리상 상당한 불이익을 주는 등 공무원관계를 유지하면서 장래의 의무위반을 방지하기 위

---

1) 金道昶, 일반행정법론(하), 246쪽.

2) 다른 법령에서 공무원의 신분으로 인하여 부과된 의무를 포함한다.

3) 대법원은 노동조합 전임자인 공무원 파면처분 등 취소사건에서 "근로자의 비위행위에 관하여 징계를 하지 않기로 하는 면책합의를 하였다 하더라도 이는 그 비위행위를 징계사유로 삼는 것을 허용하지 않는 것일 뿐, 그 밖의 다른 비위행위를 징계사유로 하여 근로자를 징계하면서 면책합의된 비위행위가 있었던 점을 징계양정의 판단자료로 삼는 것까지 금하는 것은 아니다"라고 하였다(대법 2008. 10. 9. 선고 2006두13626 판결).

4) 예: 국가공무원이 지방공무원법상의 징계규정의 적용을 받는 공무원으로 임용된 경우.

하여 신분적인 이익의 일부를 박탈함을 내용으로 하는 징계이다. 파면·해임은 전자의 예이고, 강등·정직·감봉·견책은 후자의 예이다.

(나) **중징계와 경징계**　　　징계는 징계의 정도를 기준으로 중징계와 경징계로 나뉜다. 일반공무원의 경우에는 파면·해임·강등·정직을 중징계로, 감봉·견책을 경징계로 분류한다(공무원징계령 1조의3). 군인의 경우에는 파면·해임·강등·정직을 중징계로, 감봉·근신·견책을 경징계로 분류한다(군인사법 57조).

(다) **파면·해임·강등·정직·감봉·견책**　　　「국가공무원법」과 「지방공무원법」은 징계의 종류를 파면·해임·강등·정직·감봉 및 견책의 6가지로 나눈다(국가공무원법 79조, 지방공무원법 70조).

(ㄱ) 파　　면　　　파면은 공무원관계를 해제하는 배제징계로 가장 중한 징계벌이다. 파면을 당한 자는 퇴직급여 및 퇴직수당의 일부가 감액되며(공무원연금법 65조) 5년간 다시 공무원으로 임용될 수 없다(국가공무원법 33조 7호, 지방공무원법 31조 7호)는 점에서 단순한 직권면직이나 해임과 구별된다.

(ㄴ) 해　　임　　　해임은 공무원관계를 해제하는 배제징계로 파면 다음으로 중한 징계벌이다. 해임을 당한 자는 퇴직금을 모두 받되 3년간 공무원으로 재임용될 수 없다(국가공무원법 33조 8호, 지방공무원법 31조 8호)는 점에서 위의 파면 등과 구별된다.

(ㄷ) 강　　등　　　강등은 교정징계로 해임 다음으로 중한 징계벌이다. 강등은 1계급 아래로 내리고(고위공무원단에 속하는 공무원은 3급으로 임용하고 연구관 및 지도관은 연구사 및 지도사로 한다) 공무원신분은 보유하나 3개월간 직무에 종사하지 못하며 그 기간 중 보수 전액을 감한다(국가공무원법 80조 1항, 지방공무원법 71조 1항 본문). 다만 특정직 공무원 중 외무공무원의 강등은 「외무공무원법」 제20조의2에 따라 배정받은 직무등급을 1등급 아래 내림을 원칙으로 하고 교육공무원의 강등은 「교육공무원법」 제2조 제10항에 따라 동종의 직무 내에서 하위의 직위에 임명하며(국가공무원법 80조 2항), 「고등교육법」 제14조에 해당하는 교원 및 조교에 대하여는 강등을 적용하지 아니한다(국가공무원법 80조 1항 1호, 지방공무원법 71조 1항 단서).

(ㄹ) 정　　직　　　정직은 교정징계로 강등 다음으로 중한 징계벌이다. 정직은 1월 이상 3월 이내의 기간으로 하고, 정직처분을 받은 자는 그 기간 중 공무원의 신분은 보유하나 직무에 종사하지 못하고, 보수는 전액 감액되며(국가공무원법 80조 3항, 지방공무원법 71조 3항), 정직처분기간과 18개월 동안 승진·승급이 제한된다(국가공무원법 80조 3항, 지방공무원법 71조 5항, 공무원임용령 32조).

(ㅁ) 감　　봉　　　감봉은 교정징계로 경한 징계벌이다. 감봉은 1월 이상 3월 이내의 기간으로 하되 직무에는 종사하나 보수의 3분의 1이 감액되며(국가공무원법 80조 4항, 지방공무원

법 71조 3항), 12개월 동안 승진·승급이 제한된다(공무원임용령 32조).

　(ㅂ) 견　　책　　　견책은 교정징계로 전과(前過)에 대하여 훈계하고 회개하게 함과 동시에 6개월 동안 승진·승급이 제한되는 가장 경한 징계벌이다(국가공무원법 80조 5항, 지방공무원 법 71조 5항, 공무원임용령 32조).

4) 징계권자

　징계권은 임용권에 포함되는 것이므로 징계권자도 원칙적으로 임용권자가 되어야 하나, 법률은 징계권을 임용권으로부터 분리하여 별개의 독립된 기관에게 부여하거나 또는 소속 기관에게 부여하는 일이 있다.

　국가공무원의 징계는 징계위원회의 의결을 거쳐 징계위원회가 설치된 소속 기관의 장이 행하되, 국무총리 소속하에 설치된 징계위원회에서 행한 징계의결에 대하여는 중앙행정기관의 장이 행한다. 다만, 파면과 해임은 징계위원회의 의결을 거쳐 각 임용권자 또는 임용권을 위임한 상급감독기관의 장이 행한다(국가공무원법 82조 1항).

　지방공무원의 징계는 인사위원회의 의결을 거쳐 임용권자가 행한다. 다만, 5급 이상 공무원 또는 이와 관련된 하위직 공무원의 징계와 소속 기관(구·시·군)을 달리하는 동일사건에 관련된 자의 징계는 시·도의 인사위원회의 의결로 행한다(지방공무원법 72조 1항).

5) 징계의 절차

　(가) **징계절차와 행정절차법**　　　징계처분은 공무원인 피징계자에게는 불이익한 처분이지만 징계절차에 관하여 「행정절차법」은 적용제외사항으로 규정하고 있다(행정절차법 3조 2항 9호, 동법 시행령 2조 3호). 그러나 주의할 것은 적용제외사항도 그 전부에 대하여 「행정절차법」 규정이 배제되는 것이 아니라는 점이다.[1] 징계절차는 공무원인사관계법령이 정한 절차에 의하지만 「행정절차법」이 보충적으로 적용된다.

　(나) **징계요구절차**　　　징계절차는 법정 징계사유가 있다고 인정될 때에 징계위원회 등 징계의결기관에 징계의결을 요구함으로써 시작된다. 징계의결기관에 대한 징계의결요구는 통상 임용권자가 하게 되나(지방공무원징계및소청규정 2조 등),[2] 임용권자 아닌 소속 장

---

1) 대법 2007. 9. 21. 선고 2006두20631 판결 : 행정과정에 대한 국민의 참여와 행정의 공정성, 투명성 및 신뢰성을 확보하고 국민의 권익을 보호함을 목적으로 하는 행정절차법의 입법목적과 행정절차법 제3조 제2항 제9호의 규정 내용 등에 비추어 보면, 공무원 인사관계 법령에 의한 처분에 관한 사항 전부에 대하여 행정절차법의 적용이 배제되는 것이 아니라 성질상 행정절차를 거치기 곤란하거나 불필요하다고 인정되는 처분이나 행정절차에 준하는 절차를 거치도록 하고 있는 처분의 경우에만 행정절차법의 적용이 배제된다.

2) 대법 2007. 7. 12. 선고 2006도1390 판결 : 지방공무원의 징계와 관련된 규정을 종합하여 보면, 징계권자이자 임용권자인 지방자치단체장은 소속 공무원의 구체적인 행위가 과연 지방공무원법 제69조 제1항에 규정된 징계사유에 해당하는지 여부에 관하여 판단할 재량은 있지만, 징계사유에 해당하는 것이 명백한 경우에는 관할 인사위원회에 징계를 요구할 의무가 있다.

관·소속 기관의 장·소속 상급기관의 장 또는 국무총리·중앙인사관장기관의 장 및 대통령령 등으로 정하는 각급 기관의 장도 할 수 있다(국가공무원법 78조 4항). 감사원은 「국가공무원법」과 그 밖의 법령에 규정된 징계사유에 해당하거나 정당한 사유 없이 「감사원법」에 의한 감사를 거부하거나 자료의 제출을 게을리한 공무원에 대한 징계요구를 관할 징계의결기관에 직접 할 수는 없고 소속장관 또는 임용권자에게 할 수 있다(감사원법 32조 1항).

징계권자가 징계의결을 요구할 때에는 징계사유에 대한 충분한 조사를 한 후 그 증명에 필요한 자료를 첨부하여 징계위원회에 제출하여야 한다(공무원징계령 7조 6항).[1] 징계의결을 요구하는 경우 그 징계사유가 금품 및 향응 수수(授受), 공금의 횡령(橫領)·유용(流用)인 경우에는 해당 징계 외에 금품 및 향응 수수액, 공금의 횡령액·유용액의 5배 내의 징계부과금 부과 의결을 징계위원회에 요구하여야 한다(국가공무원법 78조의2 1항).

징계의결요구서를 관할 징계의결기관에 송부할 때에는 징계의결요구권자는 징계의결요구서의 사본을 징계혐의자에게 송부하여야 한다(공무원징계령 7조 7항, 지방공무원징계및소청규정 2조 7항). 이는 「행정절차법」상의 처분의 사전통지(제21조)에 해당하는 것으로 징계혐의자로 하여금 자신의 혐의사실을 확인하고 이에 대한 방어를 실효성 있게 하게 하기 위한 것이다. 따라서 징계의결요구서의 사본의 송부 없이 진행된 징계절차는 원칙적으로 위법하다(대법 1993. 6. 25. 선고 92누17426 판결).

(다) 징계의결기관   징계는 징계의결기관의 의결을 거쳐 행하여진다.

(ㄱ) 징계위원회   징계위원회는 국회규칙·대법원규칙·헌법재판소규칙·중앙선거관리위원회규칙 또는 대통령령으로 정하는 기관에 설치된 징계의결기관이다(국가공무원법 81조 1항). 징계위원회를 설치한 이유는 인사권자의 자의적인 징계운영을 견제하여 공무원의 권익을 보호함과 동시에 징계 의결의 공정성과 적정성을 담보할 수 있도록 절차의 합리성과 공정한 징계운영을 도모하기 위한 것이다.

(ㄴ) 인사위원회   인사위원회는 지방공무원의 징계의결기관이다. 지방공무원의 징계는 반드시 당해 인사위원회의 의결을 거쳐야 한다.

(라) 징계의결절차   징계의결요구가 있으면 징계의결기관은 사실조사를 거쳐 심의하게 되는데, 의결은 원칙적으로 징계의결요구서를 받는 날로부터 30일 이내(중앙징계위원회의 경우에는 60일 이내)에 하여야 한다(공무원징계령 9조 1항, 지방공무원징계및소청규정 3조 1항).

징계의결기관은 징계혐의자를 출석시켜 충분한 진술을 할 수 있는 기회를 부여하여야 한다(공무원징계령 11조 4항, 지방공무원징계및소청규정 5조 4항). 진술의 기회를 부여하지 아

---

1) 대법원은 징계위원회의 심의과정에 반드시 제출되어야 하는 공적(功績)사항이 제시되지 않는 상태에서 결정한 징계처분은 징계양정이 결과적으로 적정한지 그렇지 않는지와 상관없이 법령이 정한 징계절차를 지키지 않는 것으로서 위법하다고 하였다(대법 2012. 6. 28. 선고 2011두20505 판결).

니한 의결은 무효이다(국가공무원법 81조 3항). 진술의 방법은 서면이나 구술 모두 가능하며 증인도 신청할 수 있다. 징계의결기관은 징계의결이 요구된 사유가 아닌 사유를 들어 징계의결할 수 없다(대법 1984. 9. 25. 선고 84누299 판결).

징계의결기관은 위원 5명 이상의 출석과 출석위원 과반수의 찬성으로 의결하되 의견이 분립하여 출석위원 과반수에 달하지 못하는 때에는 출석위원 과반수에 이르기까지 징계혐의자에게 가장 불리한 의견에 차례로 유리한 의견을 더하여 그 가장 유리한 의견을 합의된 의견으로 본다(공무원징계령 12조 1항).

징계의결기관이 징계의결을 한 때에는 지체없이 징계의결서의 정본을 첨부하여 징계의결요구자에게 통보하여야 하며, 징계의결요구자와 징계처분권자가 다를 때에는 원칙적으로 징계처분권자에게도 통보하여야 한다(공무원징계령 18조, 지방공무원징계및소청규정 9조).

징계의결요구자는 징계의결기관의 의결이 경하다고 인정하는 때에는 상급기관에 설치된 징계의결기관에 심사 또는 재심사를 청구할 수 있다(국가공무원법 82조 2항, 지방공무원법 72조 2항).[1]

(마) **재징계의결 요구**　　　　처분권자(대통령이 처분권자인 경우에는 처분제청권자)는 ① 법령의 적용, 증거 및 사실조사에 명백한 흠이 있는 경우, ② 징계위원회의 구성 또는 징계의결, 그 밖에 절차상의 흠이 있는 경우, ③ 징계양정 및 징계부과금이 과다한 경우에 해당하는 사유로 소청심사위원회(심사위원회) 또는 법원에서 징계처분의 무효 또는 취소(취소명령 포함)의 결정이나 판결을 받은 경우에는 다시 징계의결을 요구하여야 한다. 다만 ③의 사유로 무효 또는 취소(취소명령 포함)의 결정이나 판결을 받은 감봉·견책처분에 대하여는 징계의결을 요구하지 아니할 수 있다(국가공무원법 78조의3 1항, 지방공무원법 69조의2 1항). 처분권자가 위 징계의결을 요구하는 경우에는 소청심사위원회(심사위원회)의 결정 또는 법원의 판결이 확정된 날부터 3개월 이내에 관할 징계위원회에 징계의결을 요구하여야 하며, 관할 징계위원회에서는 다른 징계사건에 우선하여 징계에 관한 의결을 하여야 한다(국가공무원법 78조의3 2항, 지방공무원법 69조의2 2항).

---

1) 대법 2012. 4. 13. 선고 2011두21003 판결: 국가공무원법 제82조 제1항, 제2항 규정의 취지 및 내용을 종합하여 살펴보면, 국무총리 소속으로 설치된 징계위원회 및 국회·법원·헌법재판소·선거관리위원회의 중앙인사관장기관에 설치된 상급 징계위원회의 의결에 대하여는 징계의결요구권자가 당해 징계위원회에 재심사를 청구할 수 있지만, 이와 같이 법문에 의한 재심사 청구가 인정되지 않은 기관에 설치된 징계위원회 의결에 대하여는 그 기관의 상급기관에 징계위원회가 설치되어 있지 않다고 하더라도 개별 법령에서 당해 징계위원회에 재심사를 청구할 수 있도록 규정되어 있지 않은 이상 국가공무원법 제82조 제2항에 근거하여 징계의결요구권자가 당해 징계위원회에 재심사를 청구할 수는 없다. 그런데 국가정보원의 직근 상급기관인 대통령에는 징계위원회가 설치되어 있지 않고, 국가정보원 직원에 관한 징계절차 등을 규정한 국가정보원직원법 및 같은 법 시행령에는 징계의결요구권자가 당해 징계위원회에 재심사를 청구할 수 있는 규정을 두고 있지 않다. 따라서 앞서 본 법리에 비추어 볼 때 국가정보원직원법 제30조에서 직원에 대하여 특별한 규정이 있는 경우를 제외하고 국가공무원법 중 일반직공무원에 관한 규정을 준용하도록 하고 있지만, 국가정보원 직원의 징계에 관하여는 국가공무원법 제82조 제2항에 근거하여 징계의결요구권자가 당해 징계위원회에 재심사를 청구할 수 없다고 보아야 한다.

(ㅂ) **징계의 집행**　　　　징계처분권자 또는 임용권자는 징계의결서를 받은 날로부터 15일 이내에 이를 집행하여야 하며, 이 경우 원칙적으로 피징계자에게 지체없이 징계처분 등의 사유설명서를 징계의결서 등의 사본을 첨부하여 교부하여야 한다(공무원징계령 19조 2항, 지방공무원징계및소청규정 10조 3항).

6) 징계에 대한 구제

(ㄱ) 징계처분을 받은 자가 그 처분에 불복이 있을 때에는 징계처분사유설명서를 교부를 받은 날로부터 30일 이내에 소청심사위원회에 심사를 청구할 수 있다(국가공무원법 76조 1항, 지방공무원법 67조 2항). 소청심사에 관하여는 이미 앞에서 상세히 설명한 바와 같다(→ 소청심사청구권).

(ㄴ) 소청심사위원회의 결정에 불복이 있는 자는 심사결정서 정본을 송달받은 날로부터 90일 내에 항고소송을 제기할 수 있다(행정소송법 20조).[1] 이 때의 항고소송의 대상은 원징계처분이 되며, 소청심사위원회의 결정에 고유한 위법이 있는 경우에는 소청심사위원회의 결정도 그 대상이 될 수 있다(동법 19조).[2]

　　일부인용결정이나 수정결정(변경결정 포함)에 있어서도 원처분주의의 원칙상 결정은 소송의 대상이 되지 못하고 결정에 의하여 일부 취소되고 남은 원처분이나 수정된 원처분이 소송의 대상이 됨이 원칙이라는 것은 이미 앞에서 설명한 바와 같다.

(ㄷ) 정직처분을 받은 자가, 정직기간이 경과한 이후에 제기한 항고소송이라 하더라도, 정직기간이 경과한 이후에도 일정한 기간에 걸쳐 승진임용이나 승급이 제한되는 등의 불이익 조치가 관계 법령에 별도로 규정되어 있는 경우에는, 정직처분에 대한 취소나 무효확인을 구할 법률상 이익이 있다(대법 1996. 10. 15. 선고 95누8119 판결 등). 대법원은 징계처분의 효력을 다투는 소송에는 징계사유의 추가·변경을 허용하지 아니한다(대법 1996. 6. 14. 선고 95누6410 판결 등).

(ㄹ) 위법한 징계처분으로 기본권을 침해받은 자는 위의 구제절차에 따라 침해된 기본권의 구제를 받기 위한 모든 수단을 다하였음에도 그 구제를 받지 못한 경우에 헌법재판소에 헌법소원 심판을 청구할 수 있다(헌재 1993. 12. 23. 92헌마247 결정 참조).

---

1) 대법 1993. 7. 13. 선고 92다47564 판결: 국가나 지방자치단체에 근무하는 청원경찰은 국가공무원법이나 지방공무원법상의 공무원은 아니지만, 다른 청원경찰과는 달리 그 임용권자가 행정기관의 장이고, 국가나 지방자치단체로부터 보수를 받으며, 산업재해보상보험법이나 근로기준법이 아닌 공무원연금법에 따른 재해보상과 퇴직급여를 지급받고, 직무상의 불법행위에 대하여도 민법이 아닌 국가배상법이 적용되는 등의 특질이 있으며 그 외 임용자격, 직무, 복무의무 내용 등을 종합하여 볼 때, 그 근무관계를 사법상의 고용계약관계로 보기는 어려우므로 그에 대한 징계처분의 시정을 구하는 소는 행정소송의 대상이지 민사소송의 대상이 아니다.

2) 대법 2018. 4. 12. 선고 2017두74702 판결: 성희롱을 사유로 한 징계처분의 당부를 다투는 행정소송에서 징계사유에 대한 증명책임은 그 처분의 적법성을 주장하는 피고에게 있다.

7) 징계시효

(가) 징계시효란 공무원에게 징계사유에 해당하는 비위가 있더라도 그에 따른 징계절차를 진행하지 않았거나 못한 경우 그 사실상태가 일정기간 계속되면 그것의 적법·타당성 등 진실된 법률관계를 묻지 아니하고 그 상태를 존중함으로써 공직의 안정성을 보장하려는 제도를 말한다.[1]

(나) 징계의결의 요구는 징계사유가 발생한 날로부터 2년을 경과한 때에는 행하지 못한다. 다만 금품 및 향응수수, 공금의 횡령·유용의 경우에는 5년으로 한다(국가공무원법 83조의2 1항, 지방공무원법 73조의2 1항). 징계사유의 발생기산점은 비위행위가 종료된 때이며, 2년을 경과한 때의 계산은 징계의결요구서가 관할 징계의결기관에 도달(접수)된 때를 기준으로 한다. 일단 징계의결요구서가 접수되면 시효는 중단되나, 시효가 완성된 비위사실에 대하여는 징계의결요구권을 행사할 수 없으므로 이에 대한 징계처분은 위법이다.

(다) 감사원이나 수사기관에서의 조사 또는 수사를 이유로 징계절차를 진행하지 못하여 징계시효가 도과되거나 잔여기간이 1월 미만으로서 징계의결요구서 작성 등에 필요한 시간이 촉박한 경우에는 조사나 수사종료 통보일로부터 1월이 경과한 날에 만료되는 것으로 하여(국가공무원법 83조의2 2항, 지방공무원법 73조의2 2항) 최소한 1월의 준비기간을 여유로 확보하고 있다.

(라) 징계의결기관의 구성·징계의결, 그 밖에 절차상의 흠이나 징계양정의 과다를 이유로 소청심사위원회 또는 법원에서 징계처분의 무효 또는 취소의 결정이나 판결을 한 경우 징계시효가 경과되거나 잔여기간이 3월 미만이라도 그 결정이나 판결이 확정된 날로부터 3월 이내에 다시 징계의결 또는 징계부가금 부과 의결을 요구할 수 있다(국가공무원법 83조의2 3항, 지방공무원법 73조의2 3항).

(2) 변상책임

1) 변상책임의 의의

변상책임이란 공무원이 국가 또는 지방자치단체에 대하여 직무상 손해를 발생하게 한 경우 그 손해에 대하여 지는 공무원의 국가 또는 지방자치단체에 대한 배상책임을 말한다. 이에는 국가배상법상의 변상책임과 회계관계직원 등의 변상책임이 있다.

---

1) 대법 2007. 7. 12. 선고 2006도1390 판결: 징계사유의 시효를 정한 지방공무원법 제73조의2 제1항의 규정은 공무원에게 징계사유에 해당하는 비위가 있더라도 그에 따른 징계절차를 진행하지 않았거나 못한 경우 그 사실상태가 일정 기간 계속되면 그 적법·타당성 등을 묻지 아니하고 그 상태를 존중함으로써 공직의 안정성을 보장하려는 취지이지, 임용권자가 징계시효 기간 내에서만 징계의결요구를 하면 된다는 취지로는 해석되지 아니하고, 오히려 임용권자는 징계사유가 발생하면 이에 대한 충분한 조사를 한 다음, 특별한 사정이 없는 한 지체없이 징계의결요구를 할 직무상 의무가 있다.

2) 국가배상법상의 변상책임

㈎ 국가배상법 제2조 제2항의 경우　　공무원이 직무상 불법행위로 타인에게 손해를 발생하게 한 때에는 피해자는 국가 또는 지방자치단체에 대하여 손해배상을 청구할 수 있고, 공무원에게 고의 또는 중대한 과실이 있는 때에는 직접 가해 공무원에 대하여도 손해배상을 청구할 수 있다(대법 1996. 2. 15. 선고 95다38677 전원합의체 판결). 이 경우에 피해자가 국가 또는 지방자치단체에 손해배상을 청구하고, 국가 또는 지방자치단체가 그 손해를 배상한 때에는 국가 또는 지방자치단체는, 공무원에게 고의 또는 중대한 과실이 있는 때에 한하여, 그 공무원에게 구상할 수 있다(국가배상법 2조 2항). 공무원은 이 구상에 따라 변상책임을 진다.

㈏ 국가배상법 제5조 제2항의 경우　　영조물의 설치 또는 관리에 흠(하자)이 있기 때문에 타인에게 발생한 손해를 국가 또는 지방자치단체가 배상한 경우에 공무원에게 그 원인에 대한 책임이 있을 때에는 국가 또는 지방자치단체는 그 공무원에게 구상할 수 있다(동법 5조 2항). 이 경우「국가배상법」제2조 제2항과의 균형상 당해 공무원에게 고의 또는 중과실이 있을 때에만 구상이 가능하다고 보아야 한다. 공무원은 이 구상에 따라 변상책임을 진다.

3) 회계관계직원 등의 변상책임

㈎ 회계관계직원의 의의　　회계관계직원이란「국가재정법」·「국가회계법」·「국고금관리법」·「지방재정법」·「지방회계법」등 국가 또는 지방자치단체의 예산 및 회계에 관계되는 사항을 정한 법령의 규정에 의하여 국가 또는 지방자치단체의 회계사무를 집행하는 자,「감사원법」에 따라 감사원의 감사를 받는 단체 등의 회계사무를 집행하는 자 중 법정 해당자 및 이들의 보조자로서 그 회계사무의 일부를 처리하는 자를 말한다(회계관계직원 등의 책임에 관한 법률 2조).

㈏ 회계관계직원의 변상책임

㈀ 회계관계직원은 고의 또는 중과실로 법령, 그 밖의 관계규정 및 예산에 정하여진 바에 위반하여 국가·지방자치단체 등의 재산에 손해를 끼친 때에는 변상책임이 있다(동법 4조 1항).[1]

㈁ 현금 또는 물품을 출납 보관하는 회계관계직원은 선량한 관리자로서의 주의를 게을리하여 그가 보관하는 현금 또는 물품이 망실되거나 훼손된 때에는 변상책임이 있다(동조 2항). 망실에는 분실·도난 등 당사자의 의사에 의하지 아니하고 그 점유를 상실한 경우뿐만 아

---

1) 이 변상책임은 회계사무를 집행하는 회계관계직원에 대하여서는 다른 공무원과는 달리 그 책임을 엄중히 하기 위한 것으로서 국가배상법에 의한 공무원의 구상책임과는 그 성립의 기초를 달리하므로 그 제한에 관한 원리를 유추적용하여 변상금액을 감액할 수는 없다(대법 2002. 10. 11. 선고 2001두3297 판결).

니라 편취 등 당사자의 흠 있는 의사에 의하여 그 점유를 상실한 경우까지를 포함한다(대법 2002. 10. 11. 선고 2001두3297 판결). 이 경우 현금 또는 물품을 출납 보관하는 회계관계직원은 스스로 사무를 집행하지 아니한 것을 사유로 그 책임을 면할 수 없다(동조 3항).

(ㄷ) 손해가 2인 이상의 회계관계직원의 행위로 인하여 발생하였을 때에는 각자의 행위가 손해 발생에 미친 정도에 따라 각각 변상책임을 진다. 그 손해 발생에 미친 정도가 분명하지 아니한 때에는 그 정도가 동일한 것으로 본다(동조 4항).

(ㄹ) 회계관계직원의 상급자가 회계관계직원에게 위법한 회계관계행위를 지시 또는 요구한 경우 그에 따른 회계관계행위로 인하여 변상의 책임이 있는 손해가 발생한 때에는 당해 상급자도 연대하여 변상책임을 진다(동법 8조 1항).

(대) 변상책임의 판정

(ㄱ) 행정기관의 장의 변상명령　　　중앙관서의 장,[1] 지방자치단체의 장, 감독기관[2]의 장 또는 당해 기관[3]의 장은 회계관계직원이 변상책임이 있다고 인정되는 때에는 감사원이 판정하기 전이라도 당해 회계관계직원에 대하여 변상을 명할 수 있다(동법 6조 1항). 변상명령을 받은 회계관계직원은 이의가 있는 때에는 감사원장이 정하는 판정청구서에 의하여 감사원에 판정을 청구할 수 있다(동조 3항).

위의 변상명령서가 당해 회계관계직원에게 송달된 때에는 시효중단의 효력이 있다(동조 5항).

(ㄴ) 감사원의 판정　　　공무원에 대한 변상책임의 유무는 감사원이 판정한다(감사원법 31조 1항). 감사원은 변상책임이 있다고 판정하였을 때에는 변상판정서를 소속 장관 또는 감독기관의 장 등을 경유하여 변상책임자에게 교부하여야 한다(동조 2항·3항). 변상책임자는 감사원이 정한 기한 내에 변상하여야 하며(동조 3항), 기한 내에 변상의 책임을 이행하지 아니하는 때에는 소속 장관 또는 감독기관의 장은 관계세무서장에게 위탁하여 「국세징수법」 또는 「지방세징수법」 중 체납처분의 규정을 준용하여 이를 집행한다(동조 5항).

(ㄷ) 재심의와 행정소송　　　변상책임자는 감사원의 변상판정이 위법·부당하다고 인정할 때에는 변상판정서가 도달한 날로부터 3월 이내에 감사원에 재심의를 청구할 수 있고(동법 36조 1항), 감사원의 재심의판정에 대하여는 감사원을 당사자로 행정소송을 제기할 수 있다(동법 40조 2항).

---

1) 「국가재정법」 제6조의 규정에 의한 중앙관서의 장을 말한다.
2) 국가기관이나 지방자치단체의 기관이 아닌 경우에 한한다.
3) 국가기관이나 지방자치단체의 기관이 아닌 경우로서 감독기관이 없거나 분명하지 아니한 경우에 한한다.

2. 형사책임

공무원의 형사책임, 즉 공무원의 행위가 공무원으로서의 의무위반에 그치지 아니하고 더 나아가 일반 법익을 침해함으로써 형벌 등의 제재를 받지 않으면 아니 될 책임에는 형사벌과 행정벌이 있다.

(1) 형 사 벌

형사벌에는 직무행위 자체가 범죄를 구성하는 직무범죄로 인한 책임과 공무원이라는 신분상 또는 그 행위가 직무와 관련되기 때문에 범죄를 구성하는 준직무범죄로 인한 책임의 두 가지가 있다. 직무유기죄(형법 122조), 직권남용죄(동법 123조), 불법체포·불법감금죄(동법 124조), 폭행·가혹행위죄(동법 125조), 피의사실공표죄(동법 126조), 공무상비밀누설죄(동법 127조) 및 선거방해죄(동법 128조) 등은 전자의 예이며, 수뢰·사전수뢰죄(동법 129조), 제3자뇌물제공죄(동법 130조), 수뢰후부정처사·사후수뢰죄(동법 131조), 알선수뢰죄(동법 132조) 및 뇌물공여등죄(동법 133조) 등은 후자의 예이다.

뿐만 아니라 「특정범죄가중처벌 등에 관한 법률」은 공무원의 일정한 형사벌에 대하여 가중처벌하고 있다(2조 내지 5조).

(2) 행 정 벌

공무원법을 비롯한 개별행정법규에는 공무원의 형사책임을 규정하고 있는 경우가 적지 않다(예: 국가공무원법 84조, 지방공무원법 82조, 공직선거법 241조 2항 등). 이에는 행정벌에 관한 일반이론이 적용된다.

3. 민사책임

공무원이 직무상 불법행위로 타인에게 손해를 발생하게 한 때에는 피해자는 국가 또는 지방자치단체에 대하여 손해배상을 청구할 수 있다(국가배상법 2조 1항). 문제는 피해자가 직접 가해공무원에 대하여 손해배상을 청구할 수 있는가에 있다. 이에 대하여는 견해가 나뉜다(→ 선택적 청구권 문제(공무원 개인의 불법행위책임)). 판례는 공무원에게 고의 또는 중과실이 있는 때에는 이를 긍정한다(대법 1996. 2. 15. 선고 95다38677 전원합의체 판결). 이 전원합의체 판결에 의하면 공무원에게 고의 또는 중과실이 있는 때에는 공무원은 피해자에게 직접 배상책임을 진다.

제9편 공물법론과 공용부담법론

제 1 장 공물법론

제 1 절 공물의 의의와 성질

1. 공물의 의의

행정주체가 행정목적을 달성하기 위하여는 물적 수단의 존재가 불가피하다. 이 물적 수단을 지칭하는 개념으로 공물이라는 포괄적 개념이 사용되고 있다.

공물의 개념은 우리 실정법상 사용되고 있는 개념이 아니다. 공물의 개념은 이론상의 개념이다.[1] 따라서 여러 가지 뜻으로 사용된다. 현재 우리나라에서 공물의 이론상 개념은 크게 다음의 둘로 나누어진다.

(1) 광 의 설

이 견해는 공물을 "행정주체에 의하여 직접 공적 목적에 제공된 유체물과 무체물 및 집합체"로 정의한다.[2]

(2) 협 의 설

이 견해는 공물을 "행정주체에 의하여 직접 공적 목적에 제공된 유체물"로 정의한다.[3] 무체물이 제외되어 있다는 점에서 광의설보다 좁다.

(3) 검 토

공물은 이론상의 개념이기 때문에 위의 어느 견해든 성립할 수 있다.[4] 공물의 외연은 무한히 확대될 수 있다. 종래의 통설은 공물을 유체물에 한정하여 공물론을 전개하여 왔다. 그러나 민법

---

1) 공물에 대하여는 통일적인 법전이 없다. 공물에 관한 실정법인 「도로법」, 「하천법」, 「국유재산법」, 「공유재산 및 물품관리법」 등에도 공물이란 개념을 사용하고 있지 않다. 「도로법」과 「공유재산 및 물품관리법」의 관계에 관하여는 도로의 점용에 관하여는 「도로법」이 우선적으로 적용되고 구 공유재산 및 물품관리법 제13조는 적용되지 않는다(대법 2019. 10. 17. 선고 2018두104 판결)는 판결이 있다.

2) 金南辰・金連泰, 행정법 Ⅱ, 359쪽; 柳至泰, 행정법신론, 850쪽; 洪井善, 행정법원론(하), 491쪽; 洪準亨, 행정법, 1336쪽.

3) 李尙圭, 신행정법론(하), 430쪽; 金東熙, 행정법 Ⅱ, 258쪽. 金 교수는 광의설로 견해를 변경하였다(제21판, 261쪽 이하).

4) 광의설을 취하는가 협의설을 취하는가에 따라, 전자에 의하면 주파수의 법적 성질에 관하여 공물성을 긍정하게 되지만, 후자에 의하면 주파수의 공물성이 부정된다. 주파수는 공공용물과 다른 특성을 갖기 때문에 사용에 관한 법적 규율도 공물법과 다르다. 다만 주파수의 사용이 특정인에 의한 지배를 배제하여 공중에 직접적 또는 간접적으로 개방되어 있어야 한다는 점에 유사점이 있다. 광의설이 독일의 통설이다.

제98조는 물건을 "전기 기타 관리할 수 있는 자연력"으로 규정하고 있으므로, 이 책에서는 공물을 유체물 및 관리할 수 있는 자연력을 포함하는 개념으로 보기로 한다.[1]

2. 공물의 요소

공물의 개념은 다음과 같은 요소로 구성된다.

(1) 주　체

공물은 국가·지방자치단체 등 행정주체에 의하여 공적 목적에 제공된 유체물 및 관리할 수 있는 자연력이다. 이처럼 공적 목적에 제공한 주체가 행정주체일 때만 공물이 된다. 따라서 사도(私道)[2]는 일반 공중의 자유로운 교통에 제공되고 있지만 토지의 소유자가 제공한 것이므로 공물이 아니다. 이와 같이 사도는 공물의 일종으로서의 도로가 아니라는 것이지, 그 사도를 통행하는 자동차나 사람이 「도로교통법」의 규제의 대상이 되는가는(사도가 도로교통법상의 도로의 개념에 해당하는가는) 별개의 문제이다.

(2) 직 접 성

공물은 직접 공적 목적에 제공된 유체물 및 관리할 수 있는 자연력이다. 즉 공물은 물건의 사용가치를 통하여 직접 공적 목적에 제공된 행정재산(Verwaltungsvermögen)이며, 이 점에서 물건의 자본가치를 통하여 간접적으로 공적 목적에 기여하는 행정주체의 사물인 재정재산(Finanz-vermögen)과 구별된다.

(3) 공적 목적

공물은 공적 목적에 제공된 유체물 및 관리할 수 있는 자연력이다. 공물은 그것을 제공하고 있는 공적 목적과 분리하여 생각할 수가 없다. 예컨대 공물로서의 도로는 도로로서 구축되어 있는 토지를 지칭하는 것이 아니라 일반교통에 제공되고 있는 도로 그 자체를 지칭하는 것이다. 이처럼 공물은 물건이 직접 공적 목적에 제공되어 있다는 것에 착안하여 만들어진 개념이므로 그 물건의 소유권이 누구의 것인가, 즉 국유인가 공유인가 사유인가를 묻지 아니한다. 즉 행정주체는 물건을 공적 목적에 제공하기 위하여는 물건에 대한 지배권, 즉 권원(Rechtstitel)(행위를 정당화하는 법률상의 원인)이 필요하지만 그것이 소유권일 필요는 없다.

---

1) 공물 속에 대기도 포함시키며, 공물로서의 물건 개념은 민법 제98조의 물건 개념인 "유체물 및 전기 기타 관리할 수 있는 자연력"의 개념과 반드시 일치하지 않으므로 관리가 가능하지 아니하는 것도 공물에 해당한다는 견해(洪井善, 앞 책, 같은 곳)가 있다. 공물 개념은 사물(私物)과 더불어 발전되어 왔으며, 공물 개념은 공물법론 및 그 체계와 함수관계에 있다. 공물 개념의 외연을 확대하는 것은 이론상·학문상 가능하지만, 그 개념은 지금까지의 공물법론 및 그 체계와 불합치하게 된다.

2) 사도에 관하여는 朴鍾或, 「사도의 법률관계」, 사법논집(법원행정처) 제20집, 61쪽 이하 참조.

(4) 유체물 및 관리할 수 있는 자연력

공물은 유체물 및 관리할 수 있는 자연력이다. 유체물인 한 동산이든 부동산이든, 개개의 유체물이든 집합체이든 불문한다. 전파는 공물에 포함되지 아니한다는 것이 일반적이었으나 관리할 수 있는 자연력으로 공물로 보려는 견해가 유력하게 주장되고 있다.

3. 타개념과의 구별

(1) 공물과 영조물

공물은 행정주체에 의하여 직접 공적 목적에 제공된 유체물 및 관리할 수 있는 자연력을 지칭하는 개념이라는 점에서 인적 수단과 물적 시설이 일체가 되어 특정한 공적 목적에 제공된 영조물(예:학교 등)과 구별된다[1]. 그러나 이론상의 공물에 해당하는 것을 실정법에서는 영조물이라는 용어를 사용하는 경우(예: 국가배상법 5조와 6조, 광업법 44조 1항)가 있다.

(2) 공물과 공공시설

공공시설을 학문상의 개념으로 사용하여 영조물과 동일한 개념으로 보는 견해[2]도 있고, 공물·영조물·공기업을 포괄하는 유개념(類概念)으로 보는 견해[3]도 있다. 공공시설과 영조물을 동일한 개념으로 파악하는 견해에 의하면 공물과 공공시설의 구별은 위에서 본 공물과 영조물의 구별과 같게 된다. 그러나 공공시설의 용어는 이론상의 개념이라기보다는 실정법상의 개념(예: 지방자치법 144조, 국토의 계획 및 이용에 관한 법률 2조 13호)으로 물적 시설에 중점을 둔 개념으로서 유체물의 집합체로서 이론상·학문상의 개념인 공공용공물과 공영조물[4]을 포함하는 개념으로 사용하는 것이 보통이며, 공공시설의 개념 속에는 이론상·학문상의 개념인 공용물은 제외되는 것이 원칙이다.

---

1) 철도자산 중 시설자산을 공물로 보면서 李義俊 판사는 "철도도 교통수단 중 주요한 부분을 차지하고 있고 일반 국민이 쉽게 이용할 수 있으므로 철도 등 사설자산뿐만 아니라 기차 중 차량을 합쳐서 '집합물'로서 직접 일반 공중의 사용에 제공되었다고 할 수 있다. 따라서 그 '집합물' 중 하나인 시설자산도 공물에 해당한다고 할 수 있을 것이다. 물론 이에 대하여는 철도시설 및 그 자체를 인적 요소없이 이용하는 것은 불가능하므로 행정주체에 의하여 공적 목적에 제공된 인적·물적 종합시설인 영조물로 보아야 한다는 지적도 있을 수 있다. 그러나 철도산업의 구조개혁으로 철도시설 부분과 철도운영 부분이 분리되면서 그 인적요소는 철도운영 부분으로 분리되었고, 향후 민영화 등으로 경쟁논리가 도입될 예정이므로(철도산업발전기본법 21조 1항), 결국 국가 등 행정주체가 보장책임으로서 기간시설책임(Infrastrukturverantwortung)을 부담하는 부분은 결국 물적 시설뿐이며 이를 인적 요소가 가미된 영조물이라고 보기는 어렵다"라고 기술하고 있다(同人,「철도에 대한 공물관리권과 점유 개념―대법 2014. 7. 24. 선고 2011두10348 판결―」, 한국행정판례연구회 제314차 월례발표회 발표문 11쪽).

2) 李尙圭, 신행정법론(하), 379쪽. 주로 일본학자들이 영조물, 특히 공공용 영조물 대신에 공공시설이라는 개념을 사용하는 경향이 있다. 金世圭 교수는 공공시설을 공물의 개념에 포함시키는 것이 국가배상법 제5조 제1항에 규정된 '공공의 영조물'의 해석과 부합되는 것이라고 한다(同人,「공물법에 관한 소고」, 토지공법연구(한국토지공법학회) 제30집, 264쪽 이하).

3) 洪井善, 행정법원론(하), 489쪽 이하; 朴均省, 행정법론(하), 314쪽 이하.

4) 공영조물은 국가 등이 법주체인 영조물을 말하며, 사인이 법주체인 영조물(예:사립학교)에 대칭되는 개념이다.

(3) 공물과 국유재산·공유재산

「국유재산법」과「공유재산 및 물품관리법」은 각각 국유재산과 공유재산을 행정재산과 일반 재산으로 나누고 있다(국유재산법 6조 1항, 공유재산및물품관리법 5조 1항). 공물이라는 개념은 그 물 건의 소유권이 누구에게 있느냐와는 관계없이 그 물건이 직접 공적 목적에 제공되어 있다는 것 에 착안하여 만들어진 이론상·학문상의 개념이다. 이에 대하여 국유재산과 공유재산은 그 재산 의 소유권이 국가에게 있느냐 지방자치단체에 있느냐에 따라 각기 재산관리의 관점에서 세워진 실정법상의 개념이다. 따라서 국유재산·공유재산도 공물이 될 수 있다.

제 2 절 공물의 종류

1. 이용목적을 기준으로 한 분류

공물은 그 이용목적을 기준으로 하여 공공용물·공용물·공적 보존물(보존공물)로 나눌 수 있 다. 이들 공물의 분류 실익은 그 법적 성질, 성립 절차 등에 차이가 있다는 점이다.

(1) 공공용물

공공용물이란 직접 일반 공중의 공동사용에 제공된 공물을 말한다. 예컨대, 도로·광장·공 원·하천·호소(湖沼)·운하·제방·교량·바닷가·항만·영해와 이들의 부속 물건이 그것이다.「국 유재산법」과「공유재산 및 물품관리법」에서 말하는 공공용재산은 여기서 말하는 공공용물에 해 당한다.

(2) 공 용 물

공용물이란 직접 행정주체 자신의 사용에 제공된 공물을 말한다. 예컨대, 관공서의 청사·등 대·공무원의 숙사·병기(兵器)·요새·군용견·집기·비품이 그것이다.「국유재산법」과「공유재 산 및 물품관리법」에서 말하는 공용재산은 여기서 말하는 공용물에 해당한다.

(3) 공적 보존물(보존공물)

공적 보존물(보존공물)이란 직접 일반 공중의 공동사용에 제공된 공물이나 행정주체 자신의 사용에 제공된 공물이 아니라 오로지 공적 목적을 위하여 그 물건 자체의 보존을 주안으로 그 소 유권에 공법적 제한이 가하여지고 있는 공물을 말한다. 예컨대, 보물·국보 등 중요 문화재, 향교 재산, 보안림이 그것이다.「국유재산법」과「공유재산 및 물품관리법」에서 말하는 행정재산 중 보존용재산은 여기서 말하는 공적 보존물(보존공물)에 해당한다.

이상 공공용물·공용물·공적 보존물은 이용목적상에 차이가 있을 뿐만 아니라 법적 성질상에도 차이가 있다. 즉 공공용물은 일반 공중의 공동사용에 제공되는 까닭에 공공적 성격이 특히 강하고, 공용물은 일반 공중에 의해 사용되는 일이 없지는 않으나 원래는 행정주체 자신의 사용에 제공된다는 의미에서 공용적 성격이 공공용물보다 약하며, 공적 보존물은 공공용 또는 공용에 제공된 것이 아니라 공익적 견지에서 그 물건 자체의 보존을 목적으로 하므로 공공적 성격이 약하다.

2. 실체의 성립과정의 차이를 기준으로 한 분류

공물은 그 실체의 성립과정의 차이를 기준으로 하여 자연공물과 인공공물로 나눌 수 있다. 이들 공물의 분류의 실익도 그 성립 절차 등에 차이가 있다는 점이다.

(1) 자연공물

자연공물이란 자연의 상태 그대로 이미 공공의 목적에 제공될 수 있는 실체를 갖추고 있는 공물을 말한다. 예컨대 하천·호수·늪·바닷가·영해 등이 그것이다.

(2) 인공(人工)공물

인공공물이란 행정주체가 인공을 가하여 공공의 목적에 제공함으로써 비로소 공물이 되는 공물을 말한다. 예컨대 운하·도로·공원 등이 그것이다.

3. 공물인 물건의 소유권의 귀속을 기준으로 한 분류

공물은 공물인 물건의 소유권의 귀속을 기준으로 하여 국유공물·공유공물·사유공물로 나눌 수 있다.

(1) 국유공물

국유공물이란 공물인 물건의 소유권이 국가에 있는 공물을 말한다. 국유재산 중의 공물은 모두 국유공물이다.

(2) 공유공물

공유공물이란 공물인 물건의 소유권이 지방자치단체에 있는 공물을 말한다. 「공유재산 및 물품관리법」상의 공유재산 중의 공물은 모두 공유공물이다.

(3) 사유공물

사유공물이란 공물인 물건의 소유권이 사인에 있는 공물을 말한다. 예컨대 사유지를 도로에 제공한 경우, 사유의 회화·조각을 국립박물관에 진열한 경우 등이 그것이다.

4. 공물의 관리주체와 소유권의 귀속이 일치하는가의 여부를 기준으로 한 분류

공물은 공물의 관리주체와 소유권의 귀속이 일치하는가의 여부를 기준으로 하여 자유공물과 타유공물로 나눌 수 있다.

(1) 자유공물

자유(自有)공물이란 공물의 관리주체와 소유권의 귀속이 일치하는 공물을 말한다. 예컨대 국유지에 있는 국도는 국가의 자유공물이며, 시유지에 있는 시의 공원은 시의 자유공물이다.

(2) 타유공물

타유공물이란 공물의 관리주체와 소유권의 귀속이 일치하지 아니하는 공물을 말한다. 예컨대 시가 사유지를 도로로 사용하고 있는 경우 이 도로는 지방자치단체인 시의 타유공물이다.

5. 기타의 분류

그 밖에도 공물이 동산인가 부동산인가를 기준으로 하여 동산공물과 부동산공물로 분류하기도 하는 등 여러 가지 기준에 따라 분류된다.

제 3 절 공물의 성립과 소멸

1. 공물의 성립

공물이 공물로서의 성질을 취득하는 것을 공물의 성립이라고 한다. 일정한 물건이 공물이 되기 위하여는 일정한 상태라든가 행위 등이 필요하다.
공물의 성립요건은 공물의 종류에 따라 다르다.

(1) 공공용물의 성립

공공용물의 성립은 그것이 인공공물인가 자연공물인가에 따라 다르다.

1) 인공공물

인공공물이 성립하기 위하여는 그 물건이 일반 공중의 사용에 제공될 수 있는 실체, 즉 형체적 요소(실체적 요소)와 그것을 공물로서 공적 목적에 제공하려는 행정주체의 의사표시, 즉 의사적 요소를 필요로 한다는 것이 통설이다.

(가) 형체적 요소　　　인공공물이 성립하기 위하여는 인공에 의하여 그 물건이 공물로서 일반 공중의 이용에 제공될 수 있도록 형태를 구비하여야 한다. 이러한 형태를 구비하지 못한 물건은 공물로 결정되어도 공물이 되지 않으며, 후술하는 예정공물에 불과하다.[1]

　　　형태적 요소를 구비하기 전에 밟아야 할 절차(예: 환경영향평가)가 있으면 그 절차를 거쳐야 한다.

(나) 의사적 요소

(ㄱ) 공용개시행위　　　인공공물이 공공용물로서 성립하기 위하여는 형체적 요소의 구비 외에 그것을 공적 목적에 제공하려는 행정주체의 의사적 행위를 필요로 한다. 이러한 행정주체의 의사적 행위를 공용개시행위라고 한다.[2] 공용개시행위를 공용지정이라고도 부른다. 이와 같이 인공공물이 공공용물로서 성립하기 위하여는 공용개시행위를 필요로 하므로, 설령 사인이 사실상 자기의 사유지를 도로로서 일반 공중의 자유로운 통행에 제공하고 또는 유원지로서 공중의 자유로운 이용에 개방하고 있다 하더라도 그것만으로 곧 공물의 성질을 취득하게 되는 것은 아니다.

(ㄴ) 공용개시행위의 성질　　　공용개시행위의 성질에 관하여는 견해가 나뉜다. 그 하나는 공용개시행위는 행정행위라는 견해이다. 즉 공용개시행위는 과거 사실행위에 지나지 아니한다고 한 견해도 있었지만 오늘날에는 특정한 물건을 공물로 설정하고 일정한 공법적 제한을 받게 하는 행위이므로 법적 행위이며 그 중에도 행정행위라고 한다.[3] 다른 하나는 공용개시행위는 행정행위뿐만 아니라 법률·법규명령·조례·관습법 등의 형식으로 행하여지므로 그 성질을 일률적으로 행정행위라고 할 수 없다는 견해[4]이다. 그러나 인공공

---

1) 柳至泰 교수는 형체적 요소는 의사적 요소에 의하여 발생한 법적효과를 일반인의 이용에 제공되도록 하기 위한 실제로 필요한 요소이긴 하지만 그 자체로서 어떤 독자적 의미를 갖는 것은 아니라고 한다(同人,「공물법체계의 재검토」, 고시계 2001년 10월호, 26쪽).

2) 공용개시행위가 어느 시기에 있었다고 볼 것인가는 각 실정법에 따라 판단되어야 한다. 공원의 공용개시는 "공원 지정의 고시"(자연공원법 6조)가 있을 때로 보는 데 별 문제가 없다. 그러나 도로의 공용개시 시기에 관하여는 문제가 있다. 판례는 "도로는 도로로서의 형태를 갖추어야 하고, 도로법에 따른 노선의 지정 또는 인정의 공고 및 도로구역의 결정·고시가 있는 때부터 또는 도시계획법 소정의 절차를 거쳐 도로를 설치하였을 때부터 공공용물로서 공용개시행위가 있는 것이며, 토지에 대하여 도로로서의 도시계획시설결정 및 지적승인만 있었을 뿐 그 도시계획사업이 실시되었거나 그 토지가 자연공로로 이용된 적이 없는 경우에는 도시계획결정 및 지적승인의 고시만으로는 아직 공용개시행위가 있었다고 할 수 없어 그 토지가 행정재산이 되었다고 할 수 없다"고 판시하고 있다(대법 2000. 4. 25. 선고 2000다348 판결). 구 도로법 제3조의 규정에 의한 사권제한의 효력발생시기에 관한 상세한 판례분석은 白春基,「도시계획법상의 도로에 관한 몇 가지 문제」, 특별법연구(특별소송실무연구회) 제6권, 49쪽 이하 참조.

3) 金道昶, 일반행정법론(하), 409쪽; 李尙圭, 신행정법론(하), 437쪽; 朴鈗炘, 최신행정법강의(하), 462쪽; 金東熙, 행정법 Ⅱ, 266쪽.

4) 金南辰·金連泰, 행정법 Ⅱ, 365쪽.

물의 경우 우리나라 실정법 아래에서는 법률·법규명령·조례·관습법 등의 형식으로 공용개시행위가 행하여지는 경우는 예외일 것이므로 공용개시행위를 행정행위로 보아도 무방할 것으로 보인다.

(ㄷ) 공용개시행위의 형식　　공공용물의 공용개시는 이를 일반 공중에게 알릴 필요가 있다. 이를 위하여 법령은 일정한 형식에 의하여 공용개시행위를 하도록 법정하고 있는 경우가 있다(예: 자연공원법 6조). 그러나 이와 같은 특별한 규정이 없는 경우에도 공용개시행위는 그 성질상 고시 또는 공고의 형식을 필요로 한다고 새겨야 한다.[1]

(ㄹ) 공용개시의 전제요건　　행정주체가 공용개시를 함에는 그 전제요건으로서 그 물건 위에 일정한 권원(Rechtstitel)을 가져야 한다. 즉 행정주체는 자기가 소유하고 있는 물건에 대하여는 임의로 공용개시를 할 수 있지만, 타인이 소유하고 있는 물건을 공적 목적에 제공하기 위하여는 행정주체가 매수·공용수용 등에 의하여 소유권을 취득하거나 지상권·임차권, 기타의 지배권을 취득하거나 또는 그 물건의 소유권자의 동의(임의적 공용부담)를 얻어야 한다.

권원 없이 행한 공용개시행위의 효과에 관하여는 견해가 나뉜다. 무효사유라는 견해[2]와 취소사유라는 견해[3]가 그것이다. 무효인 행정행위와 취소할 수 있는 행정행위의 구별기준에 관하여 중대 또는 명백설을 취하는 경우에는 권원 없이 행한 공용개시행위가 무효인 행정행위임에 대하여 다툼의 여지가 없다. 통설인 중대명백설에 의하는 경우에는 명백성이 문제될 수 있지만, 그렇다고 해서 권원 없이 행한 공용개시행위를 일률적으로 취소사유로 볼 것은 아니다. 판례도 도로가 문제된 사건에서는 소유권에 기한 인도청구(원상회복)에 응하지 아니하였지만(대법 1969. 3. 25. 선고 68다2081 판결), 상수도관의 매설을 위한 권원 없는 점용이 문제된 사건에서는 인도청구를 긍정하고 있다(대법 1987. 7. 7. 선고 85다카1383 판결). 권원 없이 행한 공용개시행위로 권익을 침해당한 자가 부당이익반환·손해배상을 청구할 수 있음은 말할 나위가 없다.

공물주체가 적법하게 권원을 취득한 후에 등기하지 않고 있는 사이에 원 소유자로부터 소유권을 취득하여 등기를 마친 제3자가 있는 경우는 어떻게 되는가의 문제가 있다. 공용개시행위에 의하여 발생한 공용제한은 권원의 취득·상실과는 관계없이 존속한다. 즉 소유권을 취득한 제3자는 공물로 인한 제한을 받는다.

---

1) 묵시적 의사표시에 의한 공용개시행위(공용지정)도 가능하다는 견해가 있다(金南辰, 행정법 II(제7판), 361쪽). 柳至泰 교수는 묵시적인 공용개시행위를 인정하지 아니한다(앞의 논문 20쪽). 공용개시행위를 사인의 이해관계와 관련이 있는 것인데 묵시적 공용개시행위의 인정은 일방적으로 행정청의 사정만을 강조하고 있기 때문이라는 이유에서이다(앞의 논문 24쪽).

2) 金道昶, 일반행정법론(하), 411쪽; 李尙圭, 신행정법론(하), 438쪽. 白春基 부장판사는 원칙적으로 무효사유이나 무효조치가 공공의 복리에 적합하지 아니하다고 인정되는 경우에는 예외적으로 유효한 행위로 취급되어야 한다는 견해이다(앞의 논문, 56쪽).

3) 金東熙, 앞 책 같은 곳; 朴均省, 행정법론(하), 325쪽.

2) 자연공물

자연공물의 성립에 관하여는 견해가 나뉜다. 그 하나는 자연공물인 공공용물은 자연적 상태에 의하여 당연히 공물로서의 성질을 취득하는 것이므로 그 성립에는 행정주체의 의사적 행위를 필요로 하지 아니한다는 견해이다.[1] 이 견해가 종래의 통설이었고 현재의 다수설이다. 다른 하나는 자연공물의 성립에도 행정주체의 의사적 행위를 필요로 한다는 견해이다.[2] 소수설인 이 견해에 의하면 자연공물의 성립은 형태적 요소 외에 공용개시행위(공용지정)가 필요한데, 공용지정의 형식은 법률에 의한 공용지정, 법규명령에 의한 공용지정, 관습법에 의한 공용지정(예: 해변의 사용) 등이며, 이들 공용지정은 창설적 행위라고 한다. 문제는 하천이다. 현행 「하천법」은 하천을 "지표면에 내린 빗물 등이 모여 흐르는 물길로서 공공의 이해에 밀접한 관계가 있어 제7조 제2항 및 제3항에 따라 국가하천 또는 지방하천으로 지정된 것을 말하며, 하천구역과 하천시설을 포함한다"라고 정의하고 있다(2조 1호).

판례는 자연공물은 별도의 공용개시행위가 없더라도 행정재산이 된다고 판시하고 있다(대법 2007. 6. 1. 선고 2005도7523 판결, 대법 2013. 6. 13. 선고 2012두2764 판결).

(2) 공용물의 성립

공용물은 행정주체가 자신의 사용에 제공하고 있는 공물인 것이므로 그 성립에는 별다른 의사적 행위를 필요로 하지 않으며, 행정주체가 일정한 물건이 공적 목적에 제공될 수 있도록 형태를 갖추어 사실상 사용함으로써 공용물은 공물로서 성립한다는 것이 통설이다. 이러한 통설에 대하여는 공용물의 경우에도 명시적이거나 묵시적인 공용개시행위(공용지정)가 필요하다는 견해[3]도 있다.

생각건대, 공용물은 행정주체가 자신의 사용에 제공하고 있는 것이므로 그 공용물을 언제부터 사용할 것인가를 정하는 일은 행정주체의 내부적인 규율로서 족하다고 생각하므로 통설이 타당하며, 이것이 판례의 입장인 것으로 보인다(예: 대법 1997. 3. 14. 선고 96다43508 판결).

(3) 공적 보존물(보존공물)의 성립

공적 보존물의 성립에는 공적 보존물로 할 만한 일정한 형태적 요소, 즉 실체의 존재 외에 특정한 물건을 공적 보존물로 지정하는 의사적 행위가 필요하다(문화재보호법 23조 내지 26조). 다만 공적 보존물은 공공용물과 달리 공적 목적을 위하여 특정한 물건 그 자체의 보존을 주안으로 하

---

1) 金道昶, 일반행정법론(하), 408쪽; 李尙圭, 신행정법론(하), 439쪽; 朴鈗炘, 최신행정법강의(하), 464쪽; 朴均省, 행정법론(하), 329쪽.

2) 金南辰·金連泰, 행정법 Ⅱ, 365쪽 이하; 洪井善, 행정법원론(하), 496쪽. 柳至泰 교수는 하천에 대하여는 공용지정의 요건이 필요하나, 공유수면·해변에 대하여는 공용지정이 불필요하다는 입장이다(앞의 논문, 31쪽 이하).

3) 洪井善, 행정법원론(하), 495쪽.

는 공물이기 때문에 그 물건에 대한 권리의 본질까지는 침해하지 아니하는 것이므로 공용개시행위인 공적 보존물의 지정을 함에 있어서는 권리의 본질을 침해하지 아니하는 한 법규의 근거만 있으면 행정주체는 반드시 그 물건 위에 권원을 가진다거나 소유자의 동의를 얻을 필요가 없다. 그러나 특정한 물건이 공적 보존물로 되면 그 물건의 소유권에 공법적 제한이 가하여지는 것이므로 공적 보존물의 지정은 이를 일정한 자에게 알리지 않으면 안 된다. 「문화재보호법」은 지정의 취지를 관보에 고시함과 동시에 소유자 등에게 알리도록 규정하고 있다(동법 28조).

공적 보존물의 지정의 효력은 그 문화재의 소유자·점유자·관리자에 대하여는 관보에 고시한 날로부터 발생한다(동법 30조).

2. 예정공물

예정공물이란 아직 일반 공중의 이용에 제공될 수 있는 형태를 구비하고 있지 아니하나 형태의 구비를 기다려 행정주체가 장차 공적목적에 제공하기로 결정한 물건을 말한다. 예컨대 도로예정지 등이 그것이다.

3. 공물의 소멸

공물이 공물로서의 성질을 상실하는 것을 공물의 소멸이라 한다. 공물의 소멸원인도 공물의 성립요건에 있어서와 같이 공물의 종류에 따라 다르다.

(1) 공공용물의 소멸

1) 인공공물

행정주체의 의사적 행위가 인공공물의 소멸원인이 된다는 데 대하여는 대체로 의견의 일치를 보고 있다.[1] 그러나 형체적 요소의 멸실이 인공공물의 소멸원인이 되는가에 관하여는 견해가 나뉜다.

㈎ **형체적 요소의 멸실**   인공공물이 자연력에 의거하든 인위에 의거하든 그 형체적 요소가 멸실되어 그 회복이 사회관념상 불가능하다고 인정된 경우에 그것이 인공공물의 소멸원인이 되는가에 관하여는 긍정설[2]과 부정설[3]이 나뉜다. 부정설은 공물의 구조가 영구 확정적으로 변화·멸실하여 그 회복이 사회관념상 불가능하게 되었다고 하더라도 그것은 공용폐지 원인이 되지만 공물소멸 원인은 되지 아니한다고 하나, 형체적 요소와 의사

---

1) 柳至泰 교수는 의사적 요소와 형체적 요소가 모두 충족된 경우에 소멸된다는 견해를 취하고 있다(앞의 논문, 27쪽).
2) 李尙圭, 신행정법론(하), 441·442쪽; 洪井善, 행정법원론(하), 501쪽; 金南辰·金連泰, 행정법 Ⅱ, 371쪽; 朴均省, 행정법론(하), 332쪽.
3) 朴鈗炘, 최신행정법강의(하), 469쪽.

적 요소가 인공공물의 성립요건인 이상 형체적 요소의 완전한 멸실은 인공공물의 소멸원인으로 보는 것이 논리상 타당하다.

(나) 의사적 요소의 소멸

(ㄱ) 공용폐지행위   인공공물은 행정주체가 공물을 직접 공적 목적에 제공하는 것을 폐지하려는 의사적 행위에 의하여 소멸한다. 이와 같은 행정주체의 의사적 행위를 공용폐지행위라고 한다.

(ㄴ) 공용폐지행위는 반드시 명시적임을 요하는가의 여부문제   공용폐지행위는 명시적인 의사표시에 의하여 행하여지는 것이 보통이다. 법규에 따라서는 이를 명문화한 규정을 두고 있는 경우도 있다(예: 자연공원법 8조). 문제는 이와 같은 법규의 명문의 규정이 없는 경우에도 공용폐지행위는 반드시 명시적인 의사표시에 의하여 행하여야 하는가의 여부이다. 공용폐지행위는 명시적이든 묵시적이든 상관없다는 것이 통설[1]이고 판례(대법 1990. 11. 27. 선고 90다5948 판결 등)이다.

(ㄷ) 공용폐지행위와 사권의 회복   공용폐지가 된 때에는 그 효과는 그 물건이 공물로서의 성격을 상실하고 그것에 대한 공법상의 제한이 해제되어 사권이 완전히 회복된다는 데에 있다. 이 경우에 소유권의 귀속은 공용폐지로 인하여 변경되지 아니하는 것이 원칙이다.

2) 자연공물

자연공물의 소멸에 관하여는 견해가 나뉜다. 그 하나는 자연공물은 그 자연적 상태의 영구 확정적 멸실에 의하여 당연히 공물로서의 성질을 상실하며 별도로 행정주체의 의사적 행위를 필요로 하지 아니한다는 견해이다.[2] 이 견해가 다수설이다. 다른 하나는 자연공물의 소멸에도 행정주체의 의사적 행위를 필요로 한다는 견해이며,[3] 소수설이다.

생각건대, 자연공물의 성립에 형태적 요소 외에 의사적 요소가 필요 없다는 견해이든 형태적 요소와 의사적 요소가 필요하다고 보는 견해이든 형태적 요소의 영구 확정적 멸실에 의하여 자연공물이 공물로서의 성질을 상실한다고 보는 것이 논리적이다.

판례는 "하천부지가 하류의 변경으로 사실상 하천부지로서의 성질을 상실한 경우에도 용도폐지처분이 없는 한 당연히 잡종재산이 되는 것이 아니다"(예: 대법 1969. 6. 24. 선고 68다2165 판결 등), "빈지(濱地)('바닷가')는 만조수위선으로부터 지적공부에 등록된 지역까지의 사이를 말하는 것으로서(구 공유수면관리법 2조 2호) 자연의 상태 그대로 공공용에 제공될 수 있는 실체를 갖추고 있는 이른바 자연공물이고, 성토 등을 통하여 사실상 빈지로서의 성질을 상실하였더라도 국유재산

---

1) 柳至泰 교수는 묵시적 공용폐지를 인정하지 아니한다(앞의 논문, 24쪽).

2) 金道昶, 일반행정법론(하), 412·413쪽; 李尙圭, 신행정법론(하), 442쪽; 朴鈗炘, 최신행정법강의(하), 469쪽; 柳至泰, 행정법신론, 855쪽 이하; 朴均省, 행정법론(하), 333쪽 이하; 洪井善, 행정법원론(하), 501쪽 이하.

3) 金南辰·金連泰, 행정법 Ⅱ, 371쪽 이하.

법령에 의한 용도폐지를 하지 않는 이상 당연히 시효취득의 대상인 잡종재산으로 된다고 할 수 없는 것이다"(대법 1999. 4. 9. 선고 98다34003 판결)라고 판시하고 있다.

(2) 공용물의 소멸

공용물은 그 성립에 별도의 공용개시행위를 필요로 하지 않으므로 그 소멸에 있어서도 별도의 공용폐지행위를 필요로 하지 아니하며, 사실상 그 사용을 폐지함으로써 공물의 성질을 상실하게 된다는 것이 다수설이다. 그러나 공용물의 소멸에도 묵시적인 공용폐지를 전제로 하는 것이라는 견해[1]도 있다.

판례는 공용폐지행위가 필요하다는 입장이다(대법 1997. 3. 14. 선고 96다43508 판결).

(3) 공적 보존물(보존공물)의 소멸

공적 보존물은 행정주체의 지정해제의 의사표시(예: 문화재보호법 31조)에 의하여 소멸한다는 데 대하여 이견이 없다. 문제는 형체적 요소의 소멸이 공적 보존물의 소멸원인이 되는가에 있다. 이에 대하여는 소멸원인이라는 긍정설[2]과 소멸원인이 아니라는 부정설[3]로 나뉜다. 긍정설은 공적 보존물이 그가 갖는 문화적 가치·특수한 형태 등의 보존에 주된 목적이 있는 공물이므로 당해 공물이 영구히 소멸되어 회복할 수 없게 된 때에는 소멸원인이 되며 그 경우에 행하여지는 지정해제는 공적 보존물의 소멸의 확인행위에 불과한 것이라고 주장한다.

이에 대하여 부정설은 공적 보존물의 소멸원인은 오직 행정주체의 지정해제의 의사표시이며, 형체적 요소의 소멸도 지정해제의 원인이 됨에 불과한 것이라고 주장한다. 공적 보존물의 성립요건은 그 형체적 요소와 의사적 요소이므로 형체적 요소의 소멸을 공적 보존물의 소멸원인으로 보는 것이 원칙적으로 타당하다.

제 4 절 공물의 법률적 특색

공물은 행정주체에 의하여 직접적으로 공적 목적에 제공된 유체물 및 관리할 수 있는 자연력인 까닭에 사물과는 달리 공적 목적을 달성하기 위하여 필요한 범위 안에서 여러 가지 공법상의 특수한 규율을 받는다. 문제는 구체적으로 어떤 범위 안에서 공법상의 특수한 규율을 받는가에 있다. 이 문제는 행정주체가 가지는 공물상의 권리의 성질에 관한 논의와 공물에 대한 구체적인 사법규정의 적용 범위로 나누어 고찰해 볼 수 있다.

---

1) 洪井善, 행정법원론(하)(제12판), 425쪽.
2) 李尙圭, 신행정법론(하), 443쪽; 金南辰·金連泰, 행정법 Ⅱ, 373쪽; 石琮顯, 행정법강의 Ⅱ, 329쪽.
3) 朴鈗炘, 최신행정법강의(하), 471쪽.

1. 공물상의 권리의 성질

공물은 공적 목적을 달성하기 위하여 필요한 범위 안에서 그 물건 위의 사권이 부정 또는 제한되는 등 공법적 규율이 가하여지기 때문에 공물 위에 존재하는 권리가 어떤 성질을 가지는가가 문제된다.

이에 대하여는 견해가 나뉜다.

(1) 공소유권설

이 설은 공물을 사적 소유권의 대상에서 배제하여 오로지 공법의 적용을 받는 공소유권의 대상으로 보려는 견해이다. 이 견해는 오토 마이어에 의하여 대표된다. 이 설의 실익은 바다나 하천의 유수와 같이 전적으로 사유재산제와는 관계가 없는 공물에 대한 행정주체의 지배권의 근거, 국유공물·공유공물에 대한 사적 소유권과 다른 지배권의 특질, 사유공물에 대한 공법적 규율 및 그 물권적 지배권의 근거 등을 이끌어 내려는 데에 있다.

(2) 사소유권설

이 설은 공물이 그 목적을 달성하기 위하여 필요한 범위 안에서 사법규정의 적용이 배제되거나 공법적 규율이 가하여짐을 인정하면서도 그 목적이 방해받지 아니하는 한 사법규정의 적용을 긍정하고 사권의 대상이 될 수 있다는 견해이다. 이 견해가 종래의 통설이었다. 이 설은 자유공물 위에 존재하는 국가·지방자치단체의 소유권을 사인의 소유권과 마찬가지로 사권으로 이해하는 데 특히 의미가 있다.

(3) 검　토

위의 두 가지 견해는 일반적으로 지적되고 있는 바와 같이 공물의 법률적 구조의 가능한 유형을 제시한 것으로서 실정법상 어느 견해이든 채택가능한 견해이며 결국 어느 견해에 입각하고 있는가는 입법정책의 문제이다. 예컨대 「하천법」이나 「도로법」은 모두 사소유권설에 입각하고 있다고 볼 수 있다. 「하천법」 제4조는 하천을 구성하는 토지와 그 밖의 하천시설에 대하여, 「도로법」 제4조는 도로를 구성하는 부지, 옹벽 그 밖의 물건에 대하여 "사권을 행사할 수 없다. 다만, 소유권을 이전하거나 저당권을 설정함은 그러하지 아니하다"라고 규정하고 있어서 양자 모두 공물주체의 사소유권의 대상이 됨을 전제로 하여 처분의 제한 등 하천·도로의 목적을 달성하기 위하여 필요한 범위 안에서 일정한 공법적 규율이 가하여지고 있는 것이라고 해석될 수 있기 때문이다.

2. 실정법상의 공물의 법률적 특색

공물은 직접으로 공적 목적에 제공되어 있으므로 그 목적을 달성하기 위하여 필요한 범위 안에서 공법상의 특수한 규율을 받게 되며 그 한도 안에서 사법상의 사물과 다른 특색을 갖는다. 공물이 구체적으로 어떠한 범위에서 공법상의 특수한 규율을 받게 되는가는 공물에 관한 개개의 실정법이 정하는 바에 따라 판단할 문제이다.

공물의 법률적 특색으로서 일반적으로 들고 있는 것은 다음과 같다.

(1) 융통성의 제한

공물의 법률적 특색의 하나로 융통성의 제한(부정 포함)을 들 수 있다. 그러나 공물은 공물이기 때문에 당연히 융통성이 제한되는 것은 아니다. 융통성의 제한 여부 및 제한의 정도 여부는 개별 실정법규에 의하여 결정된다. 예컨대 ① 원칙적으로 사권의 행사를 금지하되 공물의 용도 또는 목적에 지장이 없는 범위 안에서 사용·수익을 허가할 수 있는 경우로서 국유·공유의 행정재산을 들 수 있다(국유재산법 11조 2항, 27조 1항, 30조, 공유재산및물품관리법 19조, 20조). ② 공물을 구성하는 물건의 사권행사를 전제로 하되 공물의 목적달성에 지장을 줄 우려가 있는 사권행사를 제한하는 경우로서 하천·도로를 들 수 있다(하천법 4조, 도로법 4조). ③ 사권행사의 자유를 인정하면서 소유권자 등의 변동을 신고하도록 하는 경우로서 국가지정문화재를 들 수 있다(문화재보호법 40조).

(2) 강제집행의 제한

공물의 법률적 특색으로 강제집행의 제한을 들 수 있다. 공물에 대하여 「민사집행법」에 의한 강제집행이 인정되느냐의 여부에 관하여 종래 견해의 대립이 있었다. 즉 공물에 대한 강제집행은 공물목적을 저해할 우려가 있으므로 인정될 수 없다는 부정설과 융통성이 인정되는 한도 안에서 공물에 대한 강제집행도 인정된다는 긍정설이 그것이다. 그러나 우리나라에는 현재 부정설은 존재하지 아니한다.

오히려 우리나라에 있어서는 ① 공물에 대한 강제집행의 인정은 사유공물에 한한다는 견해[1]와 ② 공물에 대한 강제집행은 사유공물뿐만 아니라 공유공물에도 인정된다는 견해[2]의 대립이 있다. 국유공물에 대하여는 「민사집행법」 제192조가 "국가에 대한 강제집행은 국고금을 압류함으로써 한다"라고 규정함으로써 국고금을 제외한 국가의 소유에 속하는 물건에 대한 강제집행을 금지하고 있기 때문에, 강제집행의 대상이 되지 아니한다는 데 대하여는 이견이 없다. 공유공물은 이와 같은 규정이 없기 때문에, 강제집행의 대상이 되느냐의 여부에 대하여 견해의 대립이 발생한

---

1) 朴鈗炘, 최신행정법강의(하), 482쪽; 金南辰·金連泰, 행정법 Ⅱ, 377쪽; 金東熙, 행정법 Ⅱ, 272쪽; 柳至泰, 행정법신론, 857쪽.
2) 金道昶, 일반행정법론(하), 434·435쪽; 李尙圭, 신행정법론(하), 449쪽.

것이다. 생각건대 공물에 대한 강제집행의 제한은 공물의 융통성의 제한에서 결과하는 것이므로 공물에 대한 강제집행의 제한 정도는 공물의 융통성을 제한하는 개개 실정법규에 달려 있다. 따라서 국유공물에 있어서와 같이 강제집행이 불가능한 경우를 제외하고는 공유공물이든 사유공물이든, 융통성이 인정되는 한, 강제집행의 대상이 된다고 보아야 한다. 다만 공유공물의 융통성은 극히 제한되어 있으므로(공유재산및물품관리법 19조 1항) 그 범위 내에서 강제집행도 극히 제한될 것임은 부인할 수 없다.

어떻든 강제집행에 의하여 소유권을 취득하더라도 공물로서의 제한은 여전히 존속한다.

(3) 시효취득의 제한

공물의 법률적 특색으로 시효취득의 제한을 들 수 있다. 사물의 경우, 부동산 또는 동산을 일정한 기간(부동산은 원칙적으로 20년, 동산은 원칙적으로 10년) 소유의 의사로 평온·공연하게 점유한 자는 그 소유권을 취득하는 것이 원칙이다(민법 245조, 246조). 공물의 경우에도「민법」에 의한 시효취득의 대상이 되느냐에 관하여는 학설상 견해가 나뉜다.

1) 학 설

학설은 크게 부정설과 긍정설로 나뉘며, 긍정설은 다시 제한시효취득설과 완전시효취득설로 나누인다.

(가) **부 정 설**　　　이 설은 공적 목적에 제공되고 있는 물건을「민법」이 정하는 일정한 기간 소유의 의사로 평온·공연하게 점유한다는 것은 공물의 목적과 양립할 수 없으므로, 공물은 공물인 한 취득시효의 대상이 될 수 없다는 견해이다. 다만, 이 설은 묵시적 공용폐지를 인정하여 만일 어떠한 공물에 대하여 취득시효의 요건사실이 존재한다고 하면 그 물건에 대하여는 이미 묵시적 공용폐지가 있은 것으로 보아 시효취득을 인정한다.[1]

(나) **제한시효취득설**　　　이 설은 공물 중에서 사법상의 소유권이 인정되는 공물(사권의 목적이 될 수 있는 공물)은 공물로서 공적 목적의 제공에 방해되지 아니하는 한, 공법적 제한이 붙은 채로, 시효취득의 대상이 될 수 있다는 견해이다.[2]

(다) **완전시효취득설**　　　이 설은 공물의 평온·공연한 점유가 계속되고 관리자도 그대로 방치한 경우에는 공물에 대한 묵시적 공용폐지가 있었던 것으로 보아 완전한 시효취득이 된다는 견해이다.[3]

(라) **검 토**　　　「국유재산법」제7조 제2항은 "행정재산은 민법 제245조의 규정에 불구

---

1) 李尙圭, 신행정법론(하), 450쪽; 柳至泰, 행정법신론, 857쪽 이하.
2) 金道昶, 일반행정법론(하), 436쪽.
3) 朴鈗炘, 최신행정법강의(하), 483쪽; 朴均省, 행정법론(하), 341쪽.

하고 시효취득의 대상이 되지 아니한다"라고 규정하고,「공유재산 및 물품관리법」제6조 제2항도 "행정재산은 민법 제245조의 규정에 불구하고 시효취득의 대상이 되지 아니한다" 라고 규정하고 있다. 따라서 국유공물과 공유공물은 명문의 규정에 의하여 원칙적으로 시효취득의 대상이 되지 아니하며, 사유공물의 경우에는 명문의 규정이 없으므로 원칙적으로 여기에서의 논의의 대상이 된다고 보아야 한다. 주의하여야 할 점은 공물의 시효취득이 문제되는 경우란 공물이 행정주체에 의하여 공용폐지행위는 없었지만 공물이 공물로서 관리되지 아니하고 방치되어 있는 경우라는 점이다. 이러한 경우를 전제로 위의 학설을 검토하여 보면 공물에 대한 시효취득을 인정하면서 공물로서 공법적 제한을 받는다는 제한적 시효취득설은 시효취득을 한편에서 인정하면서 이와 양립하지 않는 공용부담만의 존속을 다른 한편에서 인정한다는 점에서 시효취득제도의 취지[1]에 맞지 않는 점이 있다. 부정설과 완전시효취득설은 묵시적 공용폐지가 있었느냐 없었느냐가 문제이지 결과는 다름이 없다. 따라서 어느 쪽으로도 이론구성이 가능하다. 그렇다면 묵시적 공용폐지가 없는 한 시효취득의 대상이 되지 아니한다는, 지나치게 "공물," "공공성"에 치중하는 감을 주는 부정설로 이론구성하는 것보다, 거래의 안정성이라는 시각에서 시효취득을 전제로 구체적인 시효취득의 성립은 공물이 갖는 공공성과 시효제도에 의하여 보호되는 사적 이익을 비교형량하여 결정한다는 이론구성이 오늘날의 법감정에 더 적합하지 않을까 생각된다.

2) 판 례

헌법재판소는 구 국유재산법 아래에서 "잡종재산에 대해서까지 시효취득의 대상이 되지 아니한다고 규정한 것은 사권을 규율하는 법률관계에 있어서는 그가 누구냐에 따라 차별대우가 있어서는 아니 되며 비록 국가라 할지라도 국고작용으로 인한 민사관계에 있어서는 사경제적 주체로서 대등하게 다루어져야 한다는 헌법의 기본원리에 반한다"(헌재 1992. 10. 1. 92헌가 6, 7 결정)고 하였다. 대법원이 시효취득을 인정한 예로 학교교장이 학교 밖에 위치한 관사를 용도폐지한 후 재무부(지금의 기획재정부)로 귀속시키라는 국가의 지시를 어기고 사친회 이사회의 의결을 거쳐 개인에게 매각한 경우, 이와 같이 교장이 국가의 지시대로 위 부동산을 용도폐지한 다음 비록 재무부에 귀속시키지 않고 바로 매각하였다고 하더라도 위 용도폐지 자체는 국가의 지시에 의한 것으로 유효하다고 아니할 수 없고, 그 후 오랫동안 국가가 위 매각절차상의 문제를 제기하지도 않고 위 부동산이 관사 등 공공의 용도에 전혀 사용된 바가 없다면, 이로써 위 부동산은 적어도 묵시적으로 공용폐지되어 시효취득의 대상이 되었다고 본 판결례(대법 1999. 7. 23. 선고 99다15924 판결)가 있다.

---

[1] 시효취득은 원시취득이라는 것이 전제가 되어 있다.

(4) 공용수용의 제한

공물의 법률적 특색으로 공용수용의 제한을 드는 것이 다수설이다.[1] 즉 수용은 수용의 대상이 되는 물건을 공적 목적에 제공하는 것을 목적으로 하므로 공물의 수용은 이미 공적 목적에 제공되고 있는 공물의 목적에 반하기 때문이라는 것이 그 이유이다. 그러나 판례는 보존공물에 대하여 공용수용의 대상이 된다고 판시한 바 있다(대법 1996. 4. 26. 선고 95누13241 판결).[2] 이와 관련하여 「공익사업을 위한 토지 등의 취득 및 보상에 관한 법률」 제19조 제2항 "공익사업에 수용 되거나 사용되고 있는 토지 등은 특별히 필요한 경우가 아니면 다른 공익사업을 위하여 수용 하거나 사용할 수 없다"는 규정이다. 이 규정의 해석에 관하여 두 가지 견해가 대립되어 있다. 그 하나는 「공익사업을 위한 토지 등의 취득 및 보상에 관한 법률」 제19조 제2항은 공물에 대한 공용수용은 원칙적으로 허용되지 아니한다는 것이고, 보다 더 큰 공익을 위하여 특정한 공물의 수용이 필요한 경우에는 먼저 당해 공물에 대한 공용폐지를 행한 연후에 공용수용을 하여야 한다는 뜻으로 새기는 견해이다. 이 견해가 우리나라의 다수설이다.[3] 다른 하나의 견해는 「공익사업을 위한 토지 등의 취득 및 보상에 관한 법률」 제19조 제2항은 공물에 대한 공용수용은 원칙으로 허용되지 아니하나 특별한 필요, 즉 현재의 용도보다 공익상 한층 중요한 용도를 위하여는 예외로 이를 허용할 수 있다는 견해[4]이다. 다수설에 의하면 공물의 주체가 달라 공용폐지의 의사합치를 이룰 수 없는 경우에는 공물에 대한 공용수용이 불가능하게 된다는 문제점이 있다.

(5) 공물의 범위결정

공물의 법률적 특색으로 공물관리자의 일방적 행정행위에 의한 공물의 범위결정을 들 수 있다. 사유토지의 경계획정은 소유권의 한계를 확인하는 행위로서 성질상 민사사건이므로 법원의 판결에 의하여 확정된다. 그러나 공물에 있어서는 공물의 관리자인 행정청이 일방적으로 공물의 범위를 결정하는 처분을 할 수 있게 하고 있다. 예컨대 도로구역의 결정·고시(도로법 25조 3항), 하천구역의 지정(하천법 7조 2항), 공원구역의 지정·고시(자연공원법 4조 내지 6조) 등이 그것이다.[5]

이 경우의 범위결정은 공물의 소유권 범위를 결정하는 것이 아니라 공공목적에 제공될 공물

---

1) 金南辰·金連泰, 행정법 Ⅱ, 379쪽; 朴均省, 행정법론(하), 344쪽.

2) 대법원은 2018. 11. 29. 선고 2018두51904 판결에서 "공익사업의 시행자가 요존국유림(要存國有林)을 철도사업 등 공익사업을 위한 토지 등의 취득 및 보상에 관한 법률(이하 토지보상법이라 한다)에 의한 공익사업에 필요한 경우에 국유림의 경영 및 관리에 관한 법률에서 정한 절차와 방법에 따르지 아니한 채, 토지보상법에 따른 재결을 통해 요존국유림의 소유권이나 사용권을 취득할 수 없다"고 판시하고 있다.

3) 李尙圭, 신행정법론(하), 451쪽; 金南辰·金連泰, 위의 책, 같은 곳; 洪井善, 행정법원론(하), 506쪽; 柳至泰, 행정법신론, 859쪽; 朴均省. 위의 책, 346쪽.

4) 金鐵容, 「공물의 법률적 특색」, 고시계 1970년 2월호, 41쪽; 朴鈗炘, 최신행정법강의(하), 486쪽; 鄭夏重, 행정법개론, 1109쪽; 洪準亨, 행정법, 1346쪽.

5) 공물관리자는 공물의 범위 결정을 통하여 공물을 철거할 수 있다.

의 범위를 구체적으로 확정하는 행위로서, 공물관리권의 발동인 확인적 행정행위이다. 따라서 이에 대하여 불복하는 자는 행정쟁송(행정심판·행정소송)의 방법에 의하여 다투어야 한다.

(6) 공물과 상린관계

공물에 관하여는 공물의 목적달성을 위하여 공물 그 자체에 여러 가지 공법상 제한을 두는 외에 공물에 인접하는 토지·물건에 대하여도 여러 가지 제한을 가하는 특별한 규정을 두고 있는 경우가 있다. 예컨대 「도로법」상의 접도구역(동법 40조) 등에 있어서의 일정한 행위제한 등이 그것이다. 그러나 이러한 특별한 규정이 없는 경우에는 「민법」의 상린관계에 관한 규정(동법 216조 이하)이 유추적용된다고 보는 것이 통설이다.

(7) 공물의 설치·관리의 흠(하자)으로 인한 손해배상

공물의 설치 또는 관리에 흠이 있기 때문에 타인에게 손해를 가하였을 때에는 「민법」 제758조에 의해서가 아니라 「국가배상법」 제5조 제1항에 의하여 국가 또는 지방자치단체가 그 손해를 배상할 책임을 진다.[1]

(8) 적법한 공물의 설치·관리로 인한 손실보상

적법한 공물의 설치·관리작용으로 인하여 손실을 받은 자는 법률이 정하는 바에 따라 손실보상을 청구할 수 있다(대법 2006. 4. 28. 선고 2004두12278 판결).[2]

---

[1] 대법원은 고속도로 관리상 하자로 인한 손해배상 사건에서 "강설에 대처하기 위하여 완벽한 방법으로 도로 자체에 융설 설비를 갖추는 것이 현대의 과학기술 수준이나 재정사정에 비추어 사실상 불가능하다고 하더라도, 최저 속도의 제한이 있는 고속도로의 경우에 있어서는 도로관리자가 도로의 구조, 기상예보 등을 고려하여 사전에 충분한 인적·물적 설비를 갖추어 강설시 신속한 제설작업을 하고 나아가 필요한 경우 제때에 교통통제 조치를 취함으로써 고속도로로서의 기본적인 기능을 유지하거나 신속히 회복할 수 있도록 하는 관리 의무가 있다"라고 판시하였다(대법 2008. 3. 13. 선고 2007다29287, 29295(병합)판결). 이 소송의 피고가 한국도로공사이어서 고속도로 관리하자소송이 민사소송이라는 견해와 국가배상소송이라는 견해로 나눠진다는 것, 원래 고속도로의 관리청은 국토교통부장관인데 권한의 일부를 한국도로공사에게 대행케 하는 것으로서 일종의 공무의 위탁에 해당하는 것으로 보기 때문에 고속도로상의 하자로 인하여 발생되는 손해관계는 공법상 법률관계로서 국가배상법의 적용을 받는 것이 당연하다는 주장의 근거를 포함하여, 이 판결에 대한 평석으로 黃彰根, 「고속도로의 관리상 하자의 판단기준」, 행정판례연구(한국행정판례연구회) XIII, 219쪽 이하가 있다.

[2] 대법 2016. 6. 9. 선고 2014두1369 판결 : 국가가 토지를 20년간 점유하여 취득시효가 완성된 경우, 토지의 소유자는 국가에 이를 원인으로 하여 소유권이전등기절차를 이행하여 줄 의무를 부담하므로 국가에 대하여 소유권을 행사할 지위에 있다고 보기 어려우나, 한편 보상청구권의 소멸시효 만료로 보상 받지 못한 하천편입토지 소유자에 대한 보상을 목적으로 제정된 하천편입토지 보상 등에 관한 특별조치법의 입법 취지 등에 비추어 보면, 점유취득시효기간이 경과하였다는 사정은 토지소유자가 국가를 상대로 소유권에 기초한 물권적 청구권을 행사하는데에 지장이 될 수는 있으나, 토지 소유자가 소유권의 상실을 전제로 하여 특별조치법에 터 잡은 금전적인 손실의 보상을 청구하는데에 장애로 작용하지는 않는다.

제 5 절 공물관리권

1. 의   의

공물에는 공물의 존립을 유지한다든가 그 목적을 증진시킨다든가 또는 목적을 저해하는 행위를 금지한다든가 하는 공물의 관리작용이 필요하다. 관리작용의 필요성은 그 존재 자체가 이미 공공의 목적에 제공되는 자연공물에도 마찬가지이다. 예컨대 제방을 축조한다든가 준설을 행한다든가 하는 하천공사는 물론 하천구역 안에서의 하천점용허가 등이 모두 관리작용이다. 이와 같은 관리작용을 행할 수 있는 행정주체의 권한을 공물관리권이라 한다.

공물관리의 특색은 사물의 관리처럼 물건을 단순히 재산적 가치의 객체로서 관리하는 데에 있지 않고, 오로지 공적 목적을 달성하기 위하여 관리한다는 데에 있다. 즉, 공물관리는 직접적 권리자인 이용자의 이용권을 최대한 보장하기 위함을 목적으로 하는 관리이며, 이 점에서 재산의 효율적 운용을 목적으로 하는 재산관리와 구별된다.

2. 성   질

공물관리권의 성질에 관하여는 견해가 나뉜다.

(1) 공소유권설

이 설은 공물관리권의 성질을 공소유권에 근거하여 행하여지는 행정적 지배권으로 이해하는 견해이다. 이 설은 공물관리권의 법적 근거를 공소유권에 구하는 견해에서 나온다.

(2) 공법상 물권적 지배권설

이 설은 공물관리권의 성질을 행정목적을 위하여 소유권의 효과를 제한함을 내용으로 하는 일종의 공법상의 물권적 지배권으로 이해하는 견해[1]이다. 이 설은 공물관리권과 소유권과는 별개의 권리임을 강조한다. 이 설에 의하면 공물관리권의 성질은 공물의 소유권의 귀속 여하에 따라 다르다. 즉 자유공물인 경우에는 공법상의 견지에서 그 소유권을 제한함으로써 구성된 특수한 물권적 지배권으로 보게 되며, 타유공물인 경우에는 타인의 소유에 속하는 물건에 대하여 공적 목적을 위하여 그 소유권의 행사를 제한함을 내용으로 하는 일종의 공법상의 제한물권으로 본다.

(3) 포괄적 관리권능설

이 설은 공물관리권의 성질을 공법상의 지배권과는 별개의 관리권으로서 법률에 의하여 부

---

1) 金道昶, 일반행정법론(하), 416쪽; 李尙圭, 신행정법론(하), 453·454쪽; 朴鈗炘, 최신행정법강의(하), 488쪽.

여된 특수한 포괄적 권능으로 이해하는 견해[1]이다. 이 설은 공물관리권의 법적 근거를 소유권과는 별개인 공물에 대한 포괄적 관리권능에서 구하는 견해이며, 물권적 지배권뿐만 아니라 비권력적 관리권능이 포함된다는 점에서 공법상 물권적 지배권설과 다르다.

(4) 검 토

공물관리권의 본체는 공물을 공물로서 공적 목적에 제공하기 위하여 관리하는 데에 있는 것이므로 공물관리권의 본질을 지배권으로 보는 데에는 문제가 있다. 공법상 물권적 지배권설이 공물관리권과 소유권과는 별개의 권리임을 강조하지만 지배권으로 보는 데에는 공소유권설과 근본적인 차이점이 없다. 문제는 공물에 관한 개별 실정법에서 공물의 관리권능을 규정하고 있을 때에는 포괄적 관리권능설로 충분하지만, 법적 규정이 없을 때에는 법적 설명을 어떻게 하느냐 이다.[2] 공물의 이론상의 개념이 대체로 설명개념이나 도구개념일 수도 있다는 이론이 등장하는 이유이다.

3. 주 체

공물관리권의 주체는 관리권을 가진 행정주체가 되는 것이 원칙이다. 즉 국가의 공물은 국가가, 지방자치단체의 공물은 지방자치단체가 공물관리권의 주체가 된다.

4. 형 식

공물관리권의 작용은 그 발현의 형식으로 보면 ① 추상적 규칙(공물관리규칙)의 정립일 때도 있고, ② 구체적인 처분(예: 공물사용의 특허)일 때도 있으며, 사실행위(예: 도로공사·하천공사)일 때도 있다.

5. 내 용

공물관리권의 내용은 법령 또는 자치입법으로 정하여지는 것이 원칙이다. 그 구체적인 내용은 각 공물에 따라 다르나, 대체로 각 공물에 공통되는 것을 들면 다음과 같다.

---

1) 朴均省, 행정법론(하), 351쪽.

2) 대법원은 2005. 11. 25. 선고 2003두7194 판결에서 "변상금부과권한은 적정한 도리관리를 위하여 도로의 관리청에게 부여된 권한이라 할 것이지 도로부지의 소유권에 기한 권한이라고 할 수 없으므로, 도로의 관리청은 도로부지에 대한 소유권을 취득하였는지 여부와는 관계없이 도로를 무단점용하는 자에 대하여 변상금을 부과할 수 있다고 할 것이다"라고 판시한 바 있었다. 이 판결에 대하여 洪井善 교수는 판시가 공법상 물권적 지배권설을 따른 것이라고 평가하고 있다(同人, 행정법원론(하)(제23판), 532쪽). 이에 대하여는 "공물관리권이 사법상 소유권에서 나온 것이 아니라는 점만 확인한 것이고 포괄적 관리권능설을 배척한 것은 아닌 것으로 보인다"는 반론이 있다(李義俊, 「철도에 대한 공물관리권과 점유개념 —대법 2014. 7. 24. 선고 2011두10348 판결—」, 한국행정판례연구회 제314차 월례발표회 발표문 12쪽).

(1) 공물의 범위 결정

이에 관하여는 실정법상의 공물의 법률적 특색에서 이미 설명하였다.

(2) 공물의 신설·개축·유지·수선·보관

공물의 신설·개축·유지·수선·보관은 공물관리권의 가장 중요한 작용이다. 도로의 신설·개축·수선·유지(도로법 31조), 하천부속물의 유지·보수(하천법 13조), 도로대장·하천대장의 작성·보관(도로법 56조, 하천법 15조) 등이 이에 속한다.

(3) 공용부담의 부과

공물을 위하여 필요한 토지의 수용, 도로에 관한 공사·조사·측량 또는 도로의 유지를 위하여 필요한 경우에 타인의 토지에의 출입 및 사용(도로법 81조), 재해로 인한 도로의 구조 또는 교통에 대한 위험을 방지하기 위하여 특히 필요한 경우에 그 도로의 부근에 거주하는 자에 대한 노무제공요청 및 공작물 또는 기타 물건의 일시사용(동법 83조) 등이 이에 속한다.

(4) 공물의 목적에 대한 장해의 방지·제거

도로에 관한 금지행위(동법 75조), 도로에 관한 공사로 인하여 부득이한 경우 또는 도로의 손궤(損潰), 그 밖의 사유로 인하여 통행이 위험하다고 인정될 경우의 도로의 통행금지 및 제한(동법 76조) 등이 이에 속한다.

(5) 공물의 공적 목적에의 제공

공물의 공적 목적에의 제공도 공물관리권의 중요한 내용이다. 도로의 일반공중에의 사용제공, 도로점용허가(동법 61조) 등이 이에 속한다.

(6) 변상금의 부과·징수

도로점용허가를 받지 아니하고 도로를 점용한 자[1](동법 72조), 사용허가나 대부계약없이 국·공유재산을 사용·수익하거나 무단점유한 자(예:국유재산법 72조) 등에게 변상금을 부과한다.[2]

---

1) 대법 2005. 11. 25. 선고 2003두7194 판결: 도로법의 제반규정에 비추어 보면, 같은 법 제80조의2의 규정에 의한 변상금 부과권한은 적정한 도로관리를 위하여 도로의 관리청에게 부여된 권한이라 할 것이지 도로부지의 소유권에 기한 권한이라 할 수 없으므로, 도로의 관리청은 도로부지에 대한 소유권을 취득하였는지 여부와는 관계없이 도로를 무단점용하는 자에 대하여 변상금을 부과할 수 있다.

2) 변상금부과처분은 부당이득의 환수로서의 성격(대법 2014. 9. 4. 선고 2012두5688 판결 참조)과 행정법상 의무위반에 대한 제재로서의 성격(대법 1992. 4. 14. 선고 91다42197 판결 참조)을 동시에 갖는다.

(7) 환경에 대한 배려

최근 공물을 자원으로 보고 공물관리를 자원의 합리적 이용으로 보는 시각에서는 공물도 주위의 환경과 밀접한 상호 의존관계에 있으므로 환경에 대한 배려도 공물관리권의 하나의 내용으로 든다.

6. 공물관리권과 비용부담

공물관리에 필요한 비용은 공물관리권의 주체가 부담하는 것이 원칙이다. 그러나 이에 대하여는 법률상 특례(예: 도로법 86조 이하)가 인정된다.

7. 공물관리권과 공물경찰권

(1) 공물경찰권

공물은 공물이기 때문에 반드시 경찰권의 대상이 되는 것은 아니지만, 공물의 안전을 해하거나 사회공공의 질서에 영향을 미치는 경우 또는 공물의 사용이 사회공공의 질서에 장해를 발생하게 하는 경우에 사회공공의 질서를 유지하고 그 장해를 제거하기 위하여 필요한 한도에서 공물 위에 경찰권이 발동되는 경우[1]가 있다.[2] 이와 같이 공물의 안전을 유지하고 공물의 사용관계의 질서를 유지하기 위하여 공물상에 행하여지는 일반 경찰권을 공물경찰권이라 한다.

(2) 공물관리권과 공물경찰권의 구별

공물관리권과 공물경찰권은 그 대상이 모두 공물이라는 점에서 같다. 그러나 양자는 목적, 주관기관, 발동의 범위, 위반에 대한 제재 및 강제방법 등에 있어서 차이가 있다.

(개) **목 적**　　　　공물관리권과 공물경찰권은 그 목적에 차이가 있다. 즉 공물관리권은 적극적으로 공물 본래의 목적을 달성함을 목적으로 함에 반하여, 공물경찰권은 소극적으로 공물의 안전을 유지하고 공물의 사용과 관련하여 발생하는 사회공공의 질서에 대한 위해를 예방 또는 제거함을 목적으로 한다.

(내) **주관기관**　　　　공물관리권과 공물경찰권은 그 주관기관에 차이가 있다. 즉 공물관리권은 당해 공물관리청의 소관에 속하는 데 반하여, 공물경찰권은 일반경찰기관의 권한에 속한다.

---

1) 예: 도로에서의 위험을 방지하고 도로교통의 안전을 꾀하기 위하여 도로의 통행, 기타 사용을 제한하거나 금지하는 것 및 하천질서유지를 위하여 모터보트의 위험한 항행을 금지하는 것.

2) 대법원은 지방경찰청장이 횡단보도를 설치하여 보행자의 통행방법을 규제하는 것은 행정청이 특정사항에 대하여 의무의 부담을 명하는 행위이고 이는 국민의 권리의무에 직접 관계가 있는 행위로서 행정처분이라고 하였다. 그러나 횡단보도가 설치된 도로인근에서 영업활동을 하는 자에게 횡단보도의 설치에 관하여 특정한 권리나 법령에 의하여 보호되는 이익이 부여되어 있지 않다는 이유로 횡단보도의 설치행위를 다툴 법률상 이익이 없다고 하였다(대법 2000. 10. 27. 선고 98두8964 판결).

㈐ **발동의 범위**　　　　공물관리권과 공물경찰권은 그 발동의 범위에 차이가 있다. 즉 공물관리권에 의거하여서는 공물을 계속적으로 사용할 특별한 권리를 설정할 수 있음에 반하여, 공물경찰권에 의거하여서는 그와 같은 공물의 계속적인 특별한 사용권을 설정할 수 없음은 물론이고 공물의 안전과 공공의 질서유지라는 견지에서 공물상에서의 일정한 행위(예: 도로교통에 방해될 물건을 도로에 방치하는 행위 등)를 금지하는 데 그치는 것이 보통이다.

㈑ **위반에 대한 제재 및 강제방법**　　　　공물관리권과 공물경찰권은 그 위반에 대한 제재 및 강제방법에 차이가 있다. 즉 공물관리권의 작용에 의해서는 그 의무위반자에 대하여 법률에 규정이 있는 경우에 제재나 강제집행의 발동이 가능하지만(예: 도로법 100조, 하천법 67조) 일반적으로는 위반자를 그 이용관계에서 배제함에 그치는 데 반하여, 공물경찰권의 작용에 의해서는 그 의무위반자에 대하여 제재를 과하거나 경찰상의 강제집행을 할 수 있다.

⑶ 공물관리권과 공물경찰권의 관계

공물관리권과 공물경찰권은 위와 같이 다르나, 동일한 공물에 대하여 양 권한이 경합하는 경우가 있다. 그러한 경우는 도로·하천 등의 공물에서 볼 수 있다. 예컨대 「도로법」 제77조 제1항 본문에는 "도로관리청은 도로 구조를 보전하고 운행의 위험을 방지하기 위하여 필요하다고 인정하면 대통령령으로 정하는 바에 따라 차량의 운행을 제한할 수 있다"라고 규정하고 있으며, 「도로교통법」에서도 도로에서의 위험을 방지하고 교통의 안전과 원활한 소통을 확보하기 위하여 일정한 구간을 정하여 차마의 통행을 금지·제한할 수 있도록 규정하고 있다(동법 6조 등).

이와 같이 공물관리권의 작용과 공물경찰권의 작용이 동일한 공물 위에서 경합하는 경우에 양자는 각각 독립된 효력을 가지므로 상호간에 그 권한을 존중하지 않으면 아니 된다. 동시에 양자는 조정을 필요로 한다. 「도로교통법」 제6조 제2항이 경찰서장으로 하여금 도로에서의 위험을 방지하고 교통의 안전과 원활한 소통을 확보하기 위하여 필요하다고 인정하는 때에는 우선 보행자나 차마의 통행을 금지하거나 제한한 후 그 도로관리자와 협의하여 금지 또는 제한의 대상과 구간 및 기간을 정하여 도로의 통행을 금지하거나 제한할 수 있게 한 것은 그러한 취지의 표현이다.

공물관리권과 공물경찰권의 관계에 관한 문제는 공공용물뿐만 아니라 공용물에 대하여도 발생한다.[1]

---

1) 예컨대, 외부인이 관공서를 점거하고 있는 경우를 생각해 보라.

제 6 절 공물의 사용관계

1. 공물사용관계의 의의

공물의 사용관계란 공물의 사용에 관하여 공물관리자와 사용자와의 사이에 발생하는 법률관계를 말한다. 공물의 사용관계는 공공용물과 공용물에 따라 다르다. 공공용물은 본래 일반 공중의 사용에 제공함을 목적으로 하는 공물이므로 당연히 그 사용의 법률관계가 문제되는 데 대하여, 공용물은 본래 행정주체가 자기의 공동사용에 제공함을 직접의 목적으로 하는 공물이므로 일반 공중의 사용관계의 문제는 발생하지 않는 것이 원칙이고, 다만 자기의 공동사용에 지장이 없는 범위 안에서 예외적으로 일반 공중의 사용관계가 문제될 뿐이다.

2. 공물사용관계의 형태

공물의 사용관계는 그 사용방법을 기준으로 하여 일반사용과 특별사용으로 나누고, 특별사용은 다시 그 사용의 법률상의 성질을 기준으로 하여 허가사용·특허사용·관습법에 의한 특별사용·행정재산의 목적외사용으로 나누는 것이 일반적이다.

이들 공물사용관계의 구체적인 내용과 특색은 다음과 같다. 오늘날 일반사용·허가사용·특허사용의 내용과 특색이 점차 상대화되고 있음에 유의할 필요가 있다.

(1) 일반사용

일반사용은 자유사용 또는 보통사용이라고도 한다.

이는 공공용물의 일반사용과 공용물의 일반사용으로 나누어 볼 필요가 있다.[1]

1) 공공용물의 일반사용

(개) **의 의**   공공용물의 일반사용이란 공공용물의 본래의 목적에 따라 타인의 공동사용을 방해하지 아니하는 범위 안에서 일반 공중이 허가나 특허 등을 따로 받지 아니하고 자유로이 공공용물을 사용하는 것을 말한다. 예컨대 도로의 통행, 공원에서의 산책, 해수욕을 위한 바닷가의 사용, 하천에서의 수영·세탁 등이 그것이다.

(내) **성 질**   공공용물의 일반사용의 법적 성질에 관하여는 견해가 나뉜다. 반사적 이익설과 공권설이 그것이다.

(ㄱ) 반사적 이익설   이 설은 일반 공중이 자유로이 공공용물을 사용할 수 있는 것은 행정주체가 그것을 공물로서 공적 목적에 제공해 준 결과 그 반사적 이익으로서 그것을 사용할 수 있을 뿐이며, 일반 공중 각 개인에게 공물을 사용할 법적 권리를 부여한 것이 아

---

1) 공물의 일반사용은 공공용물에만 인정된다는 견해도 있다. 金東熙, 행정법 Ⅱ(제14판), 276쪽.

니라는 견해이다.[1] 이 견해가 지금은 소수설이지만 종래의 통설이었다. 이 견해는 공물행정에 있어서 공물사용자의 지위를 법적으로 무력화시킨 반면에 공물관리에 관한 행정주체의 자유를 지탱해 주는 이론적 근거가 되었다.

(ㄴ) 공 권 설　　　이 설은 공공용물의 일반사용을 단순한 반사적 이익이 아니라 법률상 이익 또는 공법상 권리로 보는 견해이다. 그 논거는 ① 「헌법」이 환경권을 기본권의 하나로 제도화하고 있다는 데에서 구하기도 하고,[2] ② 환경권 외에 국민의 생활배려작용이 국가의 의무가 된 현대복지국가성에서 구하기도 하며,[3] ③ 행복추구권과 신체의 자유(행동의 자유) 등에서 구하기도 하며,[4] ④ 헌법상의 환경권이나 복지국가성은 직접적인 근거가 될 수 없다고 비판하고 공물법의 목적에서 직접 공법상의 권리를 구하기도 한다.[5] 공권설이 다수설이다.

　　어떻든 다수설에 의하면, 일반 공중 각 개인은, 다른 개인이 공공용물에 대하여 가지는 이익 내지 자유를 침해하지 아니하는 범위 안에서, 행정주체에 대하여 당해 공공용물을 자유로이 사용할 수 있는 공권을 갖는다. 그러나 이 공권은 적극적 권리, 즉 공물의 사용청구권이 아니라 소극적·방어적 권리, 즉 사용의 자유가 침해된 경우의 구제청구권이다. 그러므로 행정주체의 공공용물의 자유사용권에 대한 침해가 있는 경우에는 일반공중 각 개인은 그 침해에 대한 배제청구권 또는 그로 인한 손해에 대한 행정상 손해배상청구권을 가지나, 행정주체가 공공용물을 폐지하거나 구조 변경 등을 행한 경우에는 행정주체에 대하여 그 시정을 구할 수 없다.

(ㄷ) 고양된 일반사용의 문제　　　공물과의 지리적 밀접성으로 인하여 일반공중에 비하여 고양된 권리보호 또는 일반공중의 일반사용을 넘어서는 공공용물의 사용을 인접 주민의 고양된 일반사용(gesteigerter Gemeingebrauch der Anlieger)이라 한다. 학자들은 대체로 고양된 일반사용을 '일반공중의 일반사용을 넘어서는 공공용물의 사용'이라는 측면을 강조한다. 이에 의하면, 인접 주민이 건물을 건축·수리하기 위하여 일시적으로 도로의 일부에 건축자재를 쌓아 놓거나 건축장비를 설치하는 것, 연도의 상점주인이 도로 공간으로 돌출하여 영업간판을 설치하거나 물건을 싣고 내리기 위하여 도로의 일부를 일시 사용하는 것 등이 '일반공중의 일반사용을 넘어서는 공공용물의 사용'에 해당한다고 한다.[6] 이와 같이 고양된 일반사용을 '일반공중의 일반사용을 넘어서는 공공용물의 사용'으로 이해

1) 尹世昌, 행정법(하), 270·271쪽.

2) 金道昶, 일반행정법론(하), 421·422쪽.

3) 李尙圭, 신행정법론(하), 460쪽.

4) 洪井善, 행정법원론(하), 512쪽.

5) 金東熙, 행정법 Ⅱ, 282쪽 이하.

6) 金南辰·金連泰, 행정법 Ⅱ, 387쪽.

하는 한 타인의 일반사용과 질적으로 다른 것이 아니라는 반론이 나오게 된다.[1] 그러나 학자에 따라서는 '일반공중의 일반사용을 넘어서는 공공용물의 사용'이라는 측면과 고양된 일반사용의 침해에 대하여 항고소송의 원고적격을 인정함으로써 인접주민의 고양된 권리보호의 측면을 동시에 강조하기도 한다.[2] 이 견해는 인접 주민의 범위를 밝히고 있지 않다. 이에 대하여는 "자신의 토지 등의 적절한 이용을 위하여 도로의 사용에 불가결하게 (erforderlich)의존하고 있는 인접 주민"의 기준을 제시할 수 있다.[3] 그러나 이에 해당하는 인접주민이냐의 여부는 개별적·구체적으로 판단할 수밖에 없게 된다.

(ㄹ) 판   례   판례는 원칙적으로 반사적 이익설에 입각하고 있는 것으로 보인다. 대법원은 "일반적으로 도로는 국가나 지방자치단체가 직접 공중의 통행에 제공하는 것으로서 일반 국민은 이를 자유로이 이용할 수 있는 것이기는 하나, 그렇다고 하여 이용관계로부터 당연히 그 도로에 관하여 특정한 권리나 법령에 의하여 보호되는 이익이 개인에게 부여되는 것이라고 까지는 말할 수 없으므로, 일반적인 시민생활에 있어 도로를 이용만 하는 사람은 그 용도폐지를 다툴 법률상의 이익이 있다고 말할 수는 없다. 다만, 공공용재산이라고 하여도 당해 공공용재산의 성질상 특정 개인의 생활에 개별성이 강한 직접적이고 구체적인 이익을 부여하고 있어서 그에게 그로 인한 이익을 가지게 하는 것이 법률적인 관점으로도 이유가 있다고 인정되는 특별한 사정이 있는 경우에는 그와 같은 이익은 법률상 보호되어야 할 것이고, 따라서 도로의 용도폐지처분에 관하여 이러한 직접적인 이해관계를 가지는 사람이 그와 같은 이익을 현실적으로 침해당한 경우에는 그 취소를 구할 법률상의 이익이 있다"(대법 1992. 9. 22. 선고 91누13212 판결)고 판시한 바 있다. 원칙인 일반사용과 예외인 고양된 일반사용의 구별에 관하여 대법원은 "특정인에게 어느 범위에서 이른바 고양된 일반사용권으로서의 권리가 인정될 수 있는지의 여부는 당해 공물의 목적과 효용, 일반사용관계, 고양된 일반사용권을 주장하는 자의 법률상의 지위와 당해 공물의 사용관계의 인접성, 특수성 등을 종합적으로 고려하여 판단하여야 한다"는 기준을 제시하고 있다(대법 2006. 12. 22. 선고 2004다68311, 68328 판결).

(ㅁ) 검   토   반사적 이익설은 주권이 국민에게 있는 현행 헌법 아래에서는 이해할 수 없는 견해이다. 오늘날과 같이 국민생활이 압도적으로 도로·공원 등 공공용물의 일반사용에 의존하고 있는 도시문명사회에 있어서는 기존의 도로 등이 평등하게 사용될 수 있다는 것만으로는 부족하고, 이들 공공용물이 국민생활에 유용하게 쓰일 수 있도록 적절히

---

1) 朴鈗炘, 최신행정법강의(하), 494쪽: 金東熙, 앞 책, 282쪽.

2) 朴均省, 행정법론(하), 362쪽 이하.

3) 李日世,「공물의 사용관계에 관한 연구—도로의 사용관계를 중심으로—」(1991년 8월 고려대학교박사학위청구논문), 92쪽 이하.

배치되고 관리되어 있지 아니하면 국민의 인격의 발전과 인간다운 생활이 유지되기 어렵다. 따라서 자신의 토지 등의 적절한 이용을 위하여 도로의 사용에 불가결하게 의존하고 있는 인접 주민을 좁게 인정하는 것은 「헌법」이 보장하고 있는 국민의 인격신장의 기본권을 침해할 수 있으므로 최소한의 교통을 유지하는 도로망의 확보는 행정주체의 의무로 보아야 한다.

이러한 시각은 비단 그 대상을 도로에 한정할 필요가 없으며, 도시환경정비에 최소한 필요한 공원, 인간생존의 기초로서 최소한 보장할 필요가 있는 하천·바닷가 등으로 그 대상을 기타의 공공용물로 확대할 수 있다.

일반 공중의 일반사용의 법적 지위를 보장하기 위하여는, 일반사용의 실체권으로서의 권리성 승인 못지않게, 공물관리행정에 주민참가의 절차를 보장하는 것도 매우 중요함은 말할 나위가 없다.

㈃ **범위와 한계**　　공공용물의 일반사용의 범위와 방법은 각 공공용물의 성질에 따라 반드시 동일한 것은 아니지만, 다른 개인의 자유이용과 국가 또는 지방자치단체 등의 공공목적을 위한 개발 또는 관리·보존행위를 방해하지 않는 범위 내에서만 허용된다(대법 2002. 2. 26. 선고 99다35300 판결).

① 공공용물의 일반사용의 범위와 방법은 법령(조례포함)에 의하여 정하여지거나, 법령에 의거하여 공물관리자가 정하는 것(예: 도로법 76조·77조 등)이 보통이다.

② 공물관리권에 의하여 허용된 범위 안에서도 그것이 사회공공의 질서에 영향을 미칠 우려가 있는 경우에는 경찰상의 필요에 의거하여 공공용물의 일반사용이 제한되거나 금지될 수 있다(예: 도로교통법 6조·63조).

③ 법령에 특별한 규정이 있거나 공물관리권·공물경찰권에 의한 제한·금지가 없는 경우에 공공용물의 일반사용의 구체적인 범위와 방법은 일반사회통념과 지방적 관습에 의하여 결정된다.

㈄ **사용료**　　공공용물의 일반사용의 경우에는 사용료를 징수하지 아니하는 것이 원칙이다. 그러나 법령이나 조례에 근거하여 사용료를 징수하는 경우가 있다(예: 지방자치법 136조, 지방재정법 31조). 이와 같이 공공용물의 일반사용에 사용료를 징수하는 경우에도 사용료의 징수는 일반사용의 성질과 모순되지 아니한다는 것이 통설이다.

2) 공용물의 일반사용

공용물은 직접 행정주체 자신의 사용에 제공된 공물이므로 공공용물과 달리 일반사용이 당연히 예정되어 있는 것은 아니다. 그러나 공용물의 본래의 목적에 방해되지 아니하는 범위 안에서 일정한 조건 아래서 일반사용이 허용될 경우가 있다(예: 국·공립학교 구내의 자유통행).

(2) 허가사용

허가사용도 공공용물의 허가사용과 공용물의 허가사용으로 나눌 수 있다.

1) 공공용물의 허가사용

(가) 의 의 　공물의 사용이 일반사용의 범위를 넘어서 타인의 공동사용을 방해하거나 혹은 사회공공의 질서에 장해를 미칠 우려가 있는 경우에 이것을 방지하거나 또는 그 사용관계를 조정하기 위하여, 일반적으로는 그것의 자유로운 사용을 제한하고 특정한 경우에 그 제한을 해제하여 그것의 사용을 허용하는 때가 있다. 이것을 허가사용 또는 특별사용의 허가라고 한다.

(나) 성 질 　① 공공용물의 허가사용은 일반사용의 범위를 넘어서 특별한 사용을 허용한다는 점에서 공공용물의 본래의 목적에 따라 사용하는 일반사용과 다르다. 공공용물의 본래의 목적에 따른 사용인가, 일반사용의 범위를 넘어선 사용인가의 구별은 용이한 일이 아니다. 이러한 어려움은 공공용물의 사용이 기업적인 대규모 사용이라는 사회경제기구의 진화에 의하여 가중되고 있다. 특히 위에서 본 고양된 일반사용을 인정하는 경우에는 양자의 구별은 더욱 어렵게 된다.

② 공공용물의 허가사용은 공물사용의 일반적 금지를 해제하는 것에 그치며, 또한 공물의 본래의 목적인 공공의 사용을 방해하지 않을 정도의 일시적 사용에 한한다는 점에서 공물사용의 권리를 설정받아 공물을 계속적으로 사용하는 후술의 특허사용과 다르다.

③ 허가사용의 전제가 되는 일반적 금지는 타인의 공동사용을 방해하거나 혹은 사회공공의 질서에 장해를 미칠 우려가 있는 경우에 이것을 방지하기 위한 것이므로, 허가사용의 신청이 있을 경우에 위와 같은 우려가 없는 때에는 반드시 허가하여야 하는 기속행위[1] 내지 기속재량행위[2]라는 것이 다수설이다. 그러나 일반적 금지는 사용관계를 조정하기 위한 것도 있으므로 원칙적으로 그렇다는 것이지 일률적으로 단정할 수는 없다.

④ 허가사용에 의하여 사용자가 받는 이익도 반사적 이익이라고 보는 견해가 있다. 즉 공공용물의 사용허가는 공공용물의 사용에 관한 일반적인 제한을 해제하여 제한이 없는 상태로 만듦으로써 일반사용의 경우와 같은 법률상태를 회복하는 것이라고 한다.[3] 그러나 공물관리자는 공물을 그 목적달성을 위하여 적정하게 관리하여야 할 의무를 지고 있으므로 「헌법」에서 보장하고 있는 표현의 자유나 집회의 자유를 필요 이상으로 규제하거나 평등원칙에 위반하여 불허가처분을 할 수 없으며, 만일 그러한 불허가처분이 행하여진 경우

---

1) 金東熙, 행정법 Ⅱ, 285쪽.

2) 朴鈗炘, 최신행정법강의(하), 498쪽.

3) 李尙圭, 신행정법론(하), 462쪽.

에는 이해당사자가 이를 다툴 수 있는 법적 지위에 있다는 의미에서 공권성이 인정된다.[1]

(대) **형　태**　　공공용물의 허가사용은 공물관리권에 의한 경우와 공물경찰권에 의한 경우가 있다. 전자가 원칙이고, 후자가 예외이다.

(ㄱ) 공물관리권에 의한 허가사용　　공공용물의 사용이 공물의 관리에 지장을 초래할 우려가 있는 경우에 이를 방지하기 위하여 또는 타인의 공동사용을 방해할 우려가 있는 경우에 다수인의 사용관계를 조정하기 위하여 공물관리권에 의거하여 일반적으로 그 자유로운 사용을 제한·금지하고 특정한 경우에 그 제한을 해제하여 적법하게 사용하게 하는 경우이다.

(ㄴ) 공물경찰권에 의한 허가사용　　공공용물의 사용이 사회공공의 질서에 장해를 미칠 우려가 있는 경우에 장해를 방지·제거하기 위하여 공물경찰권에 의거하여 일반적으로 그 자유로운 사용을 제한·금지하고 특정한 경우에 그 제한을 해제하여 적법하게 사용하게 하는 경우(예:도로교통법 28조 2항)이다.

2) 공용물의 허가사용

공용물의 허가사용은 원칙적으로 인정되지 아니하지만, 예외적으로 그의 목적에 반하지 아니하는 범위 안에서 공물관리권에 의거하여 그 사용이 허가될 경우가 있다(→ 행정재산의 목적외 사용).

(3) 특허사용

1) 의　의

공물의 사용이 일반사용의 범위를 넘어서 공물을 계속적으로 사용할 특별한 권리를 공물관리권에 의하여 특정인을 위하여 설정하는 경우, 이것을 공물사용권의 특허라고 하며, 특허에 의한 사용관계를 특허사용이라고 한다. 예컨대 도로에 전주를 세운다든가 수도관·가스관 등을 매설한다든가 궤도를 부설한다든가, 수력발전을 위하여 하천에 댐을 건설한다든가 또는 공원에 노외주차장을 건설한다든가, 비관리청이 항만시설을 무상으로 사용한다든가(대법 2001. 8. 24. 선고 2001두2485 판결)하는 것이 그것이다.

2) 성　질

① 공공용물의 특허사용도 일반사용의 범위를 넘어서 특별한 사용을 허용한다는 점(특별사용)에서 공공용물의 본래의 목적에 따라 사용하는 일반사용과 구별된다. 공공용물의 본래의 목적에 따른 사용인가와 일반사용의 범위를 넘어선 사용인가의 구별이 어려운 것은 일반사용과 특허사용의 구별에 있어서도 마찬가지이다. 예컨대 건물 앞 차도와 인도 사이의

---

1) 柳至泰, 행정법신론, 865쪽; 洪井善, 행정법원론(하), 515쪽.

경계턱을 없애고 인도부분을 차도에서부터 완만한 오르막 경사를 이루도록 시공하는 방법으로 건물 앞 인도에 차량들을 위한 진출입통로를 개설하여 사용하는 경우, 그 사용이 일반사용인가 특허사용인가가 그것이다.[1] 이러한 어려움은 공공용물의 사용이 기업적인 대규모 사용이라는 사회경제기구의 진화에 의하여 가중되고 있으며, 특히 고양된 일반사용을 인정하는 경우에는 양자의 구별은 더욱 어렵게 된다는 것은 공공용물의 허가사용에서 이미 설명한 바와 같다.[2]

② 공공용물의 특허사용은 특정인에게 공물을 계속적으로 사용할 특별한 권리를 설정한다는 점(설권행위)에서 공물사용의 일반적 금지를 해제하는 것에 그치며, 또한 공물의 본래의 목적인 공공의 사용을 방해하지 않을 정도의 일시적 사용에 한정되는 공공용물의 허가사용과 구별된다. 다만 실정법에서는 이론상 허가사용에 해당하는 것과 특허사용에 해당하는 것을 구별하지 아니하고 함께 규정하고 있는 경우(예: 하천법 33조)가 있다.

③ 공물사용권의 특허의 성질에 관하여는 공법상 계약설과 쌍방적 행정행위설(협력을 요하는 행위행위설)로 나뉜다는 것이 모든 학자들의 한결같은 설명이다. 즉 전자는 특허행위를 공물사용권을 얻으려는 자와 공물관리청과의 사이의 합의에 의하여 이루어지는 계약으로 보아야 한다는 견해이고, 후자는 특허행위를 공물사용권을 얻으려는 자의 신청에 의하여 공물관리청이 공물사용권을 설정하여 주는 행정행위로 보아야 한다는 견해라고 한다. 그러면서 공물사용관계의 내용이 법령·조례·특허명령서 등에 의하여 일방적으로 정형화되어 거기에는 사용자의 자유의사가 개입할 여지가 거의 없다는 점, 사용자는 다만 일정한 정형에 따라 그 이익을 향수할 수 있음에 지나지 않으므로 공법상 계약의 관념으로써 설명할 실익을 인정할 수 없다는 점, 공물법 전체의 구조에서 보아 공법상 계약설이 성립할 여지가 없다는 점을 들어 후설이 타당하다고 설명한다. 그러나 우리나라에서 공법상 계약설을 취하는 이가 없다.[3] 따라서 이와 같은 설명은 우리나라에서는 무익하다.

④ 공물사용권의 특허의 성질에 관하여 그 재량행위성 여부가 논의의 대상이 된다. 특허행위는 공물법규에서 달리 규정하고 있지 아니하는 한 원칙적으로 재량행위라는 것이 현재

---

1) 대법 1999. 5. 14. 선고 98두17906 판결은 진출입통로가 도로법 제40조(현행법 61조) 제1항 소정의 '공작물, 물건 기타 시설'에 해당함이 명백하다고 하여 이 경우의 사용을 특허사용으로 보고 있다.

2) 대법 1995. 2. 14. 선고 94누5830 판결은 도로의 일반사용과 특허사용의 구별을 그 도로점용의 주된 용도와 기능이 무엇인지에 따라 가려야 한다고 판시하고 있다.

3) 金鍾甫 교수는 "도로점용허가와 같이 전형적으로 고권적 행정처분은 자치단체의 위법한 공금지출, 공과금 부과징수의 해태 등 재량행위에 속하기 어렵지만, 형식과 실질을 구분하여 실질에 주목하면 재정적 행위로 분류하는 것이 가능해진다. 일정한 도로점용허가는 형식적으로 고권적 처분이지만, 실질적으로는 재정행위의 성질을 띨 수 있다. 도로점용허가를 통해 교통기능과 무관한 도로의 지하부분에 사용권이 설정되었다고 해도 그 본질은 일반재산의 대부에 더 가까운 것이기 때문이다. 대법원(2016. 5. 27. 선고 2014두8490 판결)이 도로점용허가를 주민소송의 대상으로 본 것은, 형식상 도로점용허가를 받는 경우에도 실질적으로 일반재산의 대부에 가까운 것이라면 재정행위성이 인정될 수 있다는 판단에 따른 것이다"라고 기술하고 있다(「도로의 설치와 관리 그리고 점용허가」, 행정법연구(행정법이론실무학회) 제54호, 215쪽·216쪽).

의 통설로 보이고 또한 판례이다.[1]

생각건대, 공물이용자 간의 조정이라는 공물의 기능관리에서 보나, 환경의 보전 및 공물의 특허사용에 의하여 영향을 받게 될 제3자의 이익과의 조정 등을 고려하여 보면, 특허행위를 재량행위로 하여 공물이 처해 있는 사정을 고려하여 판단하게 하는 것이 바람직할는지 모른다. 그러나 특허행위는 행정법규에서 그 기준을 규정하고 있는 경우에는 물론, 규정하고 있지 아니한 경우에도 「행정절차법」에 의하여 처분청이 처분기준을 구체적으로 설정하여 공표하여야 할 의무를 지고 있으므로, 특허행위의 성질을 개별·구체적으로 판단하여야 하는 것이지, 원칙적으로 재량행위라고 단정할 것은 아니다.

⑤ 특허행위는 권리설정행위이고, 특허행위로 상대방이 향수하는 이익은 권리로서의 이익이며 반사적 이익이 아니다.

3) 특허사용관계의 내용

공물사용권의 특허를 받는 자는 특허의 내용에 따라 공공용물을 사용할 권리를 취득함과 동시에 법령·조례 등의 정하는 바에 따라 일정한 의무를 부담한다.

(가) 공공용물사용권

(ㄱ) **공공용물사용권의 성질**　　　첫째로, 공공용물사용권의 성질은 공권이냐 사권이냐에 관하여 견해가 나뉜다.

ㄱ) **공 권 설**　　　이 설은 공공용물사용권을 공권의 성질을 가진 것으로 보는 견해이다. 이 견해의 논거는 첫째로, 공공용물사용권이 특허라는 행정행위에 의하여 성립된다는 점, 둘째로 공공용물사용권이 직접으로 공공의 이익을 위하여 유지·관리되는 공물의 사용에 관한 것이라는 점을 든다. 이 견해에 의하면 공공용물사용권은 공권이기 때문에 사권과 같이 절대적·배타적인 것이 아니라 다른 공익을 위한 제한을 받으며(예: 도로법 97조, 하천법 70조), 행정주체에 의하여 사용권이 침해된 경우에는 행정쟁송의 방법에 의하여 다투어야 한다. 다만 공권설도 후술하는 바와 같이 공공용물사용권의 재산권성을 인정하고 있음을 유의하여야 한다. 공권설은 주로 행정법학자들이 주장한다.

ㄴ) **사 권 설**　　　이 설은 공공용물사용권, 특히 유수사용권을 사권의 성질을 가진 것으로 보는 견해이다. 이 견해의 논거는 첫째로, 「하천법」이 유수를 사권의 대상으로 규정하고 있지 않으나 그렇다고 해서 사권의 대상이 되지 않는다는 직접적인 규정도 없다는 점, 공공용물사용권이 일반사권과 내용이 다를 것이 없다는 점, 어업권과 광업권

---

1) 대법 2002. 10. 25. 선고 2002두5795 판결: 도로법 제40조(현행법 제61조) 제1항에 의한 도로점용은 일반공중의 교통에 사용되는 도로에 대하여 이러한 일반사용과는 별도로 도로의 특정부분을 유형적·고정적으로 특정한 목적을 위하여 사용하는 이른바 특별사용을 뜻하는 것이고, 이러한 도로점용의 허가는 특정인에게 일정한 내용의 공물사용권을 설정하는 설권행위로서, 공물관리자가 신청인의 적격성, 사용목적 및 공익상의 영향 등을 참작하여 허가를 할 것인지의 여부를 결정하는 재량행위이다.

이 물권으로 규정되어 사권으로서의 성질을 가지고 있는 것을 보더라도 특허라는 행정 행위에 의하여 설정되는 공공용물사용권 역시 사권으로 보는 데 무리가 없다는 점을 든다.[1] 사권설은 주로 민법학자들이 주장한다.

ㄷ) 검 토　　공권설과 사권설은 커다란 차이가 있는 것처럼 보이나, 실제로는 양자는 접근되어 있다. 공권설도 공공용물사용권을 그 실질에 있어서는 사법상의 재산권과 동일한 성질을 가진다고 보고 있고, 사권설도 공공용물사용권을 절대적·배타적인 것이 아니라 그 사용권의 범위를 사용의 목적을 달성하기 위하여 필요한 한도로 한정함으로써 사용권의 한계를 인정하고 있다는 점에서 공권설과 결론을 같이하고 있다. 요 컨대 공공용물사용권을 그 성립의 과정에서 보면 공물관리자에 대한 관계에서는 공권의 성질을 가진다. 그러나 권리의 실체에서 보면 특별한 규정이 없는 한 사법상의 재산 권으로서의 성질을 가진다.

둘째로, 공공용물사용권의 성질은 채권이냐 물권이냐에 관하여 견해가 나뉜다.

ㄱ) 채 권 설　　이 설은 공공용물사용권을 채권의 성질을 가진 것으로 보는 견해이다. 이 견해는 공권설의 주장이다. 이 견해에 의하면 공공용물사용권자는 공공용물사용권을 이유로 공물의 폐지를 거부할 수 없으며, 공물의 공용폐지가 있으면 공공용물사용권자는 자기의 사용권에 의하여 제3취득자에게 대항할 수 없다고 한다. 판례도 "하천의 점용허가권은 특허에 의한 공물사용권의 일종으로서 하천의 관리주체에 대하여 일정한 특별사용을 청구할 수 있는 채권에 지나지 아니하고 대세적 효력이 있는 물권이라고 할 수 없다"고 판시한 바 있다(대법 1990. 2. 13. 선고 89다카23022 판결).

ㄴ) 물 권 설　　이 설은 공공용물사용권을 물권의 성질을 가진 것으로 보는 견해이다. 이 견해는 주로 사권설의 주장이다.

ㄷ) 검 토　　공공용물사용권은 채권으로서의 성질과 물권으로서의 성질을 아울러 갖는다. 즉 공공용물사용권을 그 성립의 과정에서 보면 공물관리자에 대한 관계에서는 채권의 성질을 가진다. 그러나 특허에 의하여 성립된 권리의 실체에서 보면 제3자와의 관계에서는 사법상의 재산권적 성질을 가지며, 제3자의 침해에 대한 방해배제청구권·원상회복청구권이 인정된다는 점 등 일종의 물권적 성질을 가진다.[2]

(ㄴ) 공공용물사용권의 한계　　공공용물은 직접 일반 공중의 공동사용에 제공되어 국민 또는 주민의 복리를 적극적으로 향상·증진시켜야 하는 것이므로 특정인이 공공용물에 대하여 완전히 배타적·독점적 사용권을 갖는다는 것은 공공용물로서의 성질에 반한

---

1) 郭潤直, 물권법, 254쪽.

2) 실정법규 중에서는 공공용물사용권은 물권으로 명시하고 있는 경우가 있다(예컨대, 댐건설및주변지역지원등에관한법률 제29조).

다.[1] 따라서 ① 공공용물사용권의 범위는 그 사용의 목적을 달성하기 위하여 필요한 한도에 한정되며, ② 타인의 권리를 해하지 아니하는 정도로 사용권이 행사되어야 한다.

(내) **공공용물사용권자의 의무**　　　공물사용권의 특허를 받은 자는 법령·조례 또는 특허에 부가된 부관 등의 정하는 바에 따라 행정주체(공물관리자)에게 여러 가지 공법상의 의무를 진다. 그 중 중요한 것은 다음과 같다.

(ㄱ) 사용료납부의무　　　현행 실정법에는 공공용물의 특허사용의 경우에 상대방으로부터 사용료를 징수할 수 있는 규정을 두고 있는 경우가 있다. 「지방자치법」은 공물사용에 대한 지방자치단체의 사용료징수의 일반규정을 두고 있다(136조). 국가의 공물사용에 대하여는 이러한 일반규정은 없으나, 개별법에서 규정하고 있다(예: 도로법 66조 1항, 하천법 37조 1항). 동시에 상대방이 사용료를 납부하지 아니하는 경우에 대비하여 행정상의 강제징수를 규정하고 있다(예: 도로법 69조, 하천법 67조). 우리나라의 다수설은 사용료징수에 관한 개별법의 근거가 없는 경우에도 당연히 징수할 수 있다고 본다. 그 논거는 ① 사용료는 공물의 특별한 사용으로부터 받는 이익에 대한 대가이고, ② 특허사용관계는 상대방의 신청 또는 동의를 전제로 하여 성립된다는 데 있다.[2] 그러나 이익의 대가라는 점과 신청을 전제로 특허사용관계가 성립된다는 이유만으로 법률의 근거 없이도 사용료를 징수할 수 있다는 논거는 설득력이 없다.

(ㄴ) 원상회복의무　　　공물사용권의 특허를 받은 자는 그 특허사용기간이 만료되거나 특허가 실효된 경우 또는 공물사용권을 포기한 경우에는 원상회복의무를 진다. 예컨대 도로를 점용하는 자는 그 점용기간이 만료되거나 점용을 폐지하였을 경우, 원상회복을 할 수 없거나 원상회복을 하는 것이 부적당한 경우를 제외하고는, 도로를 원상회복하여야 한다. 이 경우에 도로점용자가 도로의 굴착 그 밖의 형질변경이 수반되는 공사를 한 때에는 관리청의 확인을 받아야 한다(도로법 73조). 하천을 점용하는 자도 특허가 실효되거나 점용을 폐지하였을 때에는, 원상회복의무가 면제되지 아니하는 한, 하천을 원상으로 회복시켜야 한다. 관리청은 원상회복의 의무이행을 보증하기 위하여 필요하다고 인정되는 때에는 원상회복에 소요되는 비용에 상당하는 금액을 관리청에 예치하게 할 수 있다(하천법 48조 4항).

4) 특허사용관계의 소멸
특허사용관계의 소멸사유(원인) 중 중요한 것은 다음과 같다.

(개) **공물의 소멸**　　　공공용물의 특허사용관계는 공물의 소멸로 소멸한다.

---

1) 도로의 특별사용은 반드시 독점적, 배타적인 것이 아니라 그 사용목적에 따라서는 도로의 일반사용과 병존이 가능한 경우도 있고, 이러한 경우에는 도로점용 부분이 동시에 일반공중의 교통에 공용되어 있다고 하여 도로점용이 아니라고 말할 수 없는 것이다(대법 1995. 2. 14. 선고 94누5830 판결).

2) 李尙圭, 신행정법론(하), 467쪽; 朴鈗炘, 최신행정법강의(하), 504쪽.

(내) **특허사용(점용)기간의 만료**　　　　공공용물의 특허사용관계는 특허사용(점용)기간의 만료로 소멸한다.

(대) **공물사용권의 포기**　　　　공공용물의 특허사용관계는 공물사용권의 특허를 받은 자가 공물사용권을 포기함으로써 소멸한다. 공물사용권은 그 재산권적 성질 때문에 포기가 가능하다는 것이 통설이다.

(래) **종기의 도래 또는 해제조건의 성취**　　　　공물관리청이 특허를 행하면서 부관으로서 종기나 해제조건을 부가한 경우에는 그 종기의 도래 또는 해제조건의 성취로 공공용물의 특허사용관계는 소멸한다.

(매) **특허의 철회**　　　　공공용물의 특허사용관계는 특허의 철회에 의하여 소멸한다. 특허의 철회는 법령에서 명시적으로 철회권을 유보하고 있는 경우(예: 도로법 63조, 하천법 69조·70조)도 있고, 행정주체가 특허를 행하면서 특허의 부관으로서 철회권을 유보하고 있는 경우도 있다.

　　　　특허의 철회에는 청문의 실시를 요한다(도로법 101조, 하천법 91조).

(4) 관습법에 의한 특별사용

1) 의　의

　공공용물사용권은 행정주체의 특허행위에 의하여 성립하는 것이 보통이나 드물게는 특허행위에 의하지 아니하고 관습법에 의하여 성립하는 경우도 있다. 이와 같이 관습법에 의하여 성립된 공공용물사용권에 의한 공공용물사용을 관습법에 의한 특별사용이라고 한다. 이러한 예는 하천·호수·늪·바닷가 등의 자연공물의 관리 및 사용관계에서 발견하게 된다. 판례는 "공유하천으로부터 용수를 함에 있어서 하천법 제25조(현행법 33조)에 의하여 하천관리청으로부터 허가를 얻어야 한다고 하더라도 그 허가를 필요로 하는 법규의 공포·시행 전에 원고가 화덕상보에 의하여 용수할 수 있는 권리를 관습에 의하여 취득하였음이 뚜렷하므로 위 하천법의 규정에 불구하고 그 기득권이 있는 것이다"(대법 1972. 3. 31. 선고 72다78 판결)라고 하여 관습법에 의한 특별사용을 인정한 바 있다.

2) 관습법상 공공용물사용권의 성립요건

　관습법상 공공용물사용권이 성립하기 위하여는 ① 그 사용이 다년간의 관습에 의하여 특정인이나 특정한 주민 또는 단체 등 한정된 범위의 사람 사이에 특별한 이익으로서 성립하고, ② 동시에 그 사용이 장기간에 걸쳐 계속하여 평온·공연하게 행하여져서 일반적으로 정당한 사용으로서 사회적으로 승인되기에 이를 것을 요한다. 이와 같은 요건이 필요한 이유는 공공용물은 직접 일반 공중의 공동사용에 제공함을 목적으로 하는 것이므로 일정한 범위 안에서는 일반 공중이 평등하고 자유롭게 사용할 수 있는 것이 보통이다. 따라서 공공용물이 사회일반에 개방되어 누구든지 자유로이 향유할 수 있는 이익에 그치는 한 단순히 공물의 일반사용에 그치기 때문이다.

3) 관습법에 의한 특별사용관계의 내용

관습법에 의하여 그 특별사용이 승인된 자는 그 관습법에 따라 공공용물을 사용할 권리를 취득함과 동시에 이에 따른 일정한 의무를 부담한다.

관습법에 의하여 성립한 공공용물사용권의 성질 및 한계는 특허에 의한 공공용물사용권의 성질 및 한계에서 설명한 바와 같다.

⑸ 행정재산의 목적외사용

1) 의   의

국·공유재산 중 일반재산은 직접 행정상의 목적에 제공된 재산이 아니고 그 경제적 가치에 터잡아 재정적 수익목적에 제공됨으로써 간접적으로 행정목적에 기여하는 재산이므로 원칙적으로 사법의 적용을 받고, 대부·매각·교환·양여·신탁하거나 사권을 설정할 수 있으며, 법령이나 조례로 정하는 경우에는 현물출자 또는 대물변제를 할 수 있다(국유재산법 11조·46조 이하, 공유재산및물품관리법 28조 1항). 이에 대하여 행정재산은 그 사용가치를 통하여 그 자체가 직접적으로 행정상의 목적에 제공된 재산이므로 이를 대부·매각·교환·양여·신탁 또는 대물변제하거나 출자의 목적으로 하지 못하며 이에 사권을 설정하지 못함이 원칙이다(국유재산법 11조, 공유재산및물품관리법 19조 1항). 그러나 행정재산이라도, 예컨대 관공청사에 식당이나 기타 매점을 위하여 사인에게 사용하게 하는 것과 같이 반드시 그 사용이 행정재산의 용도 또는 목적에 반하지 아니하는 경우도 있다. 그래서 법률도 그 용도 또는 목적에 장해가 되지 아니하는 범위 안에서 행정재산의 사용 또는 수익을 허가할 수 있는 규정을 두고 있다(국유재산법 30조 1항, 공유재산및물품관리법 20조). 행정재산의 용도 또는 목적에 장해가 되지 아니하는 범위 안에서의 사용을 행정재산의 목적외사용이라고 한다.

행정재산의 목적외사용이 주로 문제가 되는 것은 공용물의 목적외사용이다.

2) 성   질

행정재산의 목적외사용의 성질에 관하여는 견해가 나뉜다.

⑺ **공법관계설**   이 설은 행정재산의 목적외사용의 법률관계를 공법관계로 보는 견해이다. 이 견해의 논거는 ① 현행 「국유재산법」 및 「공유재산 및 물품관리법」이 행정재산의 목적외사용의 법률관계의 발생을 허가라는 행정처분의 형식에 의하도록 하고 있다는 점(국유재산법 30조 1항, 공유재산및물품관리법 20조 1항), ② 허가에 의한 사용료의 징수에 관하여 행정상 강제징수를 인정하고 있다는 점(법개정으로 삭제된 공유재산및물품관리법 22조

4항(현행법 제81조)), 행정재산의 목적외사용의 법률관계의 소멸을 허가의 취소·철회라는 행정처분의 형식에 의하도록 하고 있다(국유재산법 36조, 공유재산및물품관리법 25조)는 점을 든다.[1] 이 설이 우리나라의 다수설이다.

(나) 사법관계설　　　　이 설은 행정재산의 목적외사용의 법률관계를 사법관계로 보는 견해이다. 이 견해의 논거는 ① 사용의 허가에 의하여 행정재산을 사용하는 내용은 오로지 사용자의 사적 이익을 도모하는 데에 있다는 점, ② 행정상 강제징수에 의한 사용료징수가 가능하다는 것이 반드시 법률관계를 공법관계로 보아야 한다는 것이 아니라는 점, ③ 사용허가는 승낙으로, 사용허가의 취소·철회는 계약의 해제로 볼 수 있다는 점 등을 든다.[2] 이 설은 사법상의 계약에 의한 공물사용권의 설정가능성을 전제로 하고 있다.

(다) 이원적 법률관계설　　　　이 설은 행정재산의 목적외사용의 법률관계 중 발생·소멸과 사용료의 징수관계를 공법관계로 보는 반면 특수한 공법적 규율이 없는 그 외의 법률관계를 사법관계로 보는 견해이다.[3]

(라) 판　례　　　　판례의 태도는 1976년 12월 31일 법률 제2950호로 전면개정되기 전의 국유재산법 아래에서의 태도와 개정된 후의 태도가 다르다. 행정재산의 사용허가에 대하여 잡종재산의 대부에 관한 규정을 준용하고 있었던 구 국유재산법 아래에서는 "국유재산 중 행정재산이라 할지라도 그 용도 또는 목적에 장해가 없는 한도에서 사용 또는 수익을 허가하는 행위는 그 목적이 사권의 설정에 있고 그 효과도 이에 따르는 것으로서 관리청은 이와 같은 사권의 설정행위에 있어서는 개인보다 우월적인 지위에 있어서 국가권력의 담당자로서 행동한다는 것보다는 개인과 대등한 위치에 있어서 사권설정의 법률행위를

---

1) 金鐵容,「행정재산사용허가의 법률관계」, 사법행정 1981년 5월호, 41쪽 ; 金道昶, 일반행정법론(하), 431쪽 ; 柳至泰, 행정법신론, 869쪽 ; 朴均省, 행정법론(하), 367쪽.

2) 李尙圭, 신행정법론(하), 471·472쪽 ; 洪井善, 행정법원론(하)(13판), 457쪽. 洪 교수는 구 지방재정법이 공유재산인 행정재산·보존재산의 사용·수익의 허가에 잡종재산에 관한 규정을 적용한다고 규정하여 허가가 사법상 계약임을 보다 분명히 하고 있었고, 구 지방재정법의 전면개정으로 허가에 관하여「국유재산법」제24조를 따랐다고 설명한다(14판 461쪽, 16판 509쪽). 구 지방재정법이 행정재산·보존재산의 사용·수익의 허가를 사법상 계약으로 규정하고 있었는지 여부는 차치하고서도 洪 교수는「국유재산법」상의 허가와 구 지방재정법상의 허가를 나누어 전자는 공법관계이고 후자의 경우만이 사법관계로 보아야 한다는 주장을 한 바 없었다. 저자의 의견으로는 원래의 사법관계설의 배후에는「국유재산법」이나 구 지방재정법(현행의 공유재산 및 물품관리법)이 국가·지방자치단체의 공물관리에 관한 일반법이 아니라 재산관리에 관한 일반법이라는 생각이 있었던 것이 아닌가 추측하고 있다.

3) 朴鈗炘, 최신행정법강의(하), 510쪽. 朴 교수는 행정재산의 사용관계를 공법관계로 구성하려는 주된 목적의 하나가 사용허가를 취소 또는 철회한 경우 상대방이 행정재산의 점유를 이전하지 아니할 때에 행정대집행으로 신속하게 점유를 이전시킬 수 있게 하기 위한 것인데 현행 국유재산법상으로는 허가취소·철회된 경우 점유이전의 무를 정한 규정도 없고 그것을 명할 수 있는 근거규정도 두지 않고 있으므로 사용허가의 취소·철회를 행정처분으로 본다고 하더라도 그것이 취소·철회된 경우 점유이전을 대집행으로 강제실현하기 어렵다고 함으로써 불법 국유재산점유 등에 행정대집행법을 준용하도록 한 국유재산법 제74조의 규정이 사용허가취소의 경우에 적용되지 않는 것으로 보는 입장을 취하고 있다.

하는 것으로 볼 것이니 이러한 행위는 국가통치기관으로서 권력관계에 기초하는 의사표시로서의 행정처분으로는 볼 수 없다"(대법 1964. 9. 30. 선고 64누102 판결)고 판시하였다. 그러나 현행「국유재산법」아래에서는 "공유재산의 관리청이 행하는 행정재산의 사용·수익에 대한 허가는 순전히 사경제주체로서 행하는 사법상의 행위가 아니라 관리청이 공권력을 가진 우월한 지위에서 행하는 행정처분으로서 특정인에게 행정재산을 사용할 수 있는 권리를 설정해 주는 강학상의 특허에 해당하고 이러한 행정재산의 사용·수익허가처분의 성질에 비추어 국민에게는 행정재산의 사용·수익허가를 신청할 법규상 또는 조리상의 권리가 있다고 할 것이므로 공유재산의 관리청이 이러한 신청을 거부한 행위 역시 행정처분에 해당한다"(대법 1998. 2. 27. 선고 97누1105 판결)고 판시하고 있다.

⒨ **검   토**   공법과 사법, 공법관계와 사법관계의 구별에 관하여는 견해가 나뉜다. 현재 우리나라의 다수설인 개별결정설(복수기준설)에 의하면 실정법이 공법관계 또는 사법관계임을 명시하고 있을 때에는 문제가 없지만, 실정법이 명시하고 있지 아니한 때에는 공법과 사법을 구별하는 제도적 의의 및 당해 행정법규가 규율하는 취지 등에 따라 개별적·구체적으로 판단하여야 한다는 것이다. 이와 같은 입장에서 보면 구 국유재산법·지방재정법과는 달리 현행「국유재산법」·「공유재산 및 물품관리법」의 취지는 행정재산의 목적외사용의 법률관계를 공법적으로 규율하려는 의도가 분명하므로 사법관계설은 타당하지 않다. 문제는 이원적 법률관계설이다. 이 설은 행정재산의 목적외사용의 법률관계의 발생·소멸과 사용료의 징수관계를 공법관계로 보는 점은 공법관계설과 같다. 그러나 이 설은 행정재산의 사용·수익의 관계를 개별적으로 판단하는 것이 아니라 당연히 사법관계라고 전제로 하고 있다는 점에 문제가 있다. 한편 현행「국유재산법」의 행정재산의 사용·수익에 관한 규정이 지나치게 경직되어 있어서(예: 허가기간의 만기 등) 국·공유지의 효율적 개발에 장애사유가 될 수 있으며, 사권설정을 허용하여도 행정재산의 용도나 목적에 거의 방해가 되지 않는 경우에는 사권설정을 허용하여야 되는데 현행법상으로는 사용·수익허가의 형식에 의할 수밖에 없다는 입법론상의 문제점이 지적되고 있다.[1] 그러나 그것은 입법론이며, 현행법상 행정재산의 사용·수익은 허가사용의 형식만에 의하도록 한 입법취지에서 보면 공법관계설이 타당하다.

3) 허가기간

행정재산의 사용·수익의 허가기간은 5년 이내로 한다. 다만 행정재산으로 할 목적으로 기부를 채납한 재산에 대하여 기부자 또는 그 상속인 그 밖의 포괄승계인에게 사용·수익을 허가한 때에는 사용료의 총액이 기부를 채납한 재산의 총액에 달하는 기간 이내로 한다(국유재산법 35조 1항, 공유재산및물품관리법 21조 1항).

---

1) 郭宗勳,「국유재산의 대부」, 사법논집 제26집, 346쪽 이하.

허가기간이 종료된 재산에 대하여 종전의 허가기간을 갱신할 수 있다. 이 경우 갱신기간은 5년의 기간을 초과할 수 없다(국유재산법 35조 2항, 공유재산및물품관리법 21조 2항).

4) 허가취소 · 철회와 청문 및 손실보상

관리청이 행정재산의 사용 · 수익허가를 취소 또는 철회하고자 하는 경우에는 청문을 실시하여야 한다(국유재산법 37조, 공유재산및물품관리법 26조). 또한 위 철회로 인하여 당해 허가를 받은 자에게 손실이 발생한 때에는 그 재산을 사용할 기관은 대통령령이 정하는 바에 의하여 이를 보상한다(국유재산법 36조 3항, 공유재산및물품관리법 25조 3항).

5) 허가취소 · 철회와 항고소송

지방자치단체의 장이 공유재산및물품관리법에 근거하여 기부채납 및 사용 · 수익 허가 방식으로 민간투자사업을 추진하는 과정에서 사업시행자를 지정하기 위한 전 단계에서 공모제안을 받아 일정한 심사를 거쳐 우수협상대상자를 선정하는 행위와 이미 선정된 우선협상대상자를 그 지위에서 배제하는 행위는 민간투자사업의 세부내용에 관한 협상을 거쳐 공유재산법에 따른 공유재산의 사용 · 수익허가를 우선적으로 부여받을 수 있는 지위를 설정하거나 또는 이미 설정한 지위를 박탈하는 조치이므로 모두 항고소송의 대상이 되는 행정처분으로 보아야 한다(대법 2020. 4. 29. 선고 2017두31064 판결).

제 2 장 공용부담법론

제 1 절 공용부담의 개념과 종류

1. 현대행정과 공용부담

현대 국가의 행정이 고도 산업사회를 배경으로 종래의 사회질서의 유지라는 행정영역에 그치지 아니하고 적극적으로 국민 또는 주민의 사회적·경제적·문화적 생활조건의 질적 향상, 즉 국민 또는 주민의 복리증진을 도모하기 위한 행정영역까지 날이 갈수록 더욱 확대되고 있다는 것은 모두 알고 있는 바와 같다. 이와 같은 행정영역의 확대·강화는 자본주의 경제 질서를 전제로 사유재산제도를 헌법상 보장하고 있는 현행 제도 아래에서는 국민 또는 주민의 사적 권리를 규제 내지 제약하지 아니하고서는 실현하기 어렵다. 예컨대 공급행정, 토지행정, 환경행정 등의 목적을 달성하기 위해서는 토지라는 사유재산의 취득이 불가피한데 이들 사유재산 모두를 계약 등의 임의적 수단에 의하여 취득한다는 것은 불가능하다는 것을 생각해 보면 쉽게 이해할 수 있다. 따라서 국민 또는 주민의 복리증진을 위한 행정영역의 확대·강화는 국민 또는 주민에 대한 규제적·권력적 수단에 의한 사적 권리의 제약 또는 경제적 부담의 증가를 수반하게 된다.

2. 공용부담의 의의 및 성질

공용부담이란 공익상 필요한 특정한 공익사업, 그 밖의 복리행정의 증진을 위하여 국민이나 주민에게 강제적으로 부과되는 경제적 부담을 말한다.

(1) 목 적

공용부담의 첫째 성질(특색)은 그 목적에 있다. 즉 공용부담은 공익상 필요한 특정한 공익사업 등 복리행정을 위하여 부과하는 부담이다. 따라서 공용부담은 입법 또는 사법(司法)을 위하여 부과하는 부담(예: 국정조사를 위하여 증인이 될 부담 또는 재판상의 증언을 위하여 증인이 될 부담), 국가 또는 지방자치단체의 조직을 위하여 부과하는 부담(예: 국가 또는 지방자치단체의 기관이 될 의무 또는 기관으로서 근무할 의무), 재정을 위하여 부과하는 부담(예: 조세납부의무 또는 조세부과를 위한 신고의무 등 각종 재정목적을 위한 의무부과), 군정(軍政)을 위하여 부과하는 부담(예: 병역의무, 기타 군사부담), 경찰을 위하여 부과하는 부담(예: 경찰의무부담) 등과 구별된다.

(2) 의 무 자

공용부담의 둘째 성질은 그 의무자에 있다. 즉 공용부담은 사인(국민 또는 주민)에게 일반 사인으로서 부과하는 부담이다. 따라서 국가가 지는 부담(예: 지방재정법에 의하여 국가가 지는 부담금·교부금 부담), 지방자치단체가 지는 부담(예: 지방재정법에 의하여 상급지방자체단체가 지는 경비부담 등), 사인이 지는 부담이지만 일반 사인으로서 지는 부담이 아닌 부담(예: 사인이 국가로부터 특허기업경영권을 설정받아 특허기업의 경영자로서 지는 의무)은 공용부담이 아니다.

(3) 수 단

공용부담의 셋째 성질은 그 수단에 있다. 즉 공용부담은 사인에게 강제적으로 부과하는 부담이다. 따라서 부담의무자의 자유의사에 의거하여 지는 부담인 이른바 임의부담은 공용부담이 아니다.

(4) 내 용

공용부담의 넷째 성질은 그 내용에 있다. 즉 공용부담은 경제적 부담이다. 여기서 말하는 경제적 부담이란 경제적 가치를 내용으로 하는 부담을 말한다.

3. 공용부담의 법적 근거

공용부담은 사인에게 강제적으로 부과하는 부담이므로 법률상의 근거를 필요로 한다(헌법 23조 등 참조). 현재 이러한 근거법률로 「공익사업을 위한 토지 등의 취득 및 보상에 관한 법률」을 비롯하여 「국토의 계획 및 이용에 관한 법률」·「지방자치법」·「도로법」·「하천법」·「사방사업법」·「자연공원법」·「수상에서의 수색·구조 등에 관한 법률」·「광업법」·「도시개발법」·「도시 및 주거환경정비법」·「농어촌정비법」 등 수많은 법률이 있다.

문제는 지방자치단체의 조례에 의거하여 공용부담을 부과할 수 있는가에 있다. 「지방자치법」은 주민의 권리 제한 또는 의무 부과에 관한 사항을 정할 때에는 법률의 위임이 있어야 한다고 규정하고 있으므로(22조 단서), 현행법상으로는 법률의 위임에 의한 조례만이 공용부담의 법적 근거가 될 수 있다고 보아야 할 것이다.[1]

4. 공용부담의 종류

공용부담은 여러가지 기준에 따라 여러 가지로 나눌 수 있다. 목적에 의한 분류, 주체에 의한 분류, 발생원인에 의한 분류, 내용에 의한 분류 등이 그것이다. 발생원인에 의한 분류는 공용부담을 발생원인에 따라 강제적 부담과 임의적 부담으로 나누며 후자의 예로 「국유재산법」에 의

---

1) 權寧星 교수는 조례가 법률의 하위규범이지만 주민의 대표에 의하여 의결의 형식으로 제정된 법률에 준하는 법규범이므로 공공필요로 말미암아 부득이한 경우에는 재산권의 사용권만을 일정한 범위 내에서 일시적으로 제한하는 것이 허용된다고 보고 있다(헌법학원론, 565쪽).

한 기부채납을 든다. 그러나 임의적 부담은 공용부담이 아니라는 것은 공용부담의 성질에서 이미 설명한 바와 같다. 목적에 의한 분류는 법률상 분류로서 의미가 없다. 아래에서는 주체에 의한 부류와 내용에 의한 분류만을 보기로 한다.

(1) 주체(권리자)에 의한 분류

공용부담은 그 주체(권리자)를 기준으로 하여 국가에 의한 공용부담, 지방자치단체 등 공공단체에 의한 공용부담, 사인에 의한 공용부담으로 나뉜다. 공용부담은 원래 국가에 전속하는 국가적 공권으로 이해하여 왔다. 국가는 스스로 국가적 공권을 행사하기도 하지만, 법률의 규정에 의하여 그 권한을 지방자치단체, 공공단체나 사인에게 부여할 수 있다. 이 수권에 의거하여 지방자치단체, 공공단체나 사인이 공용부담을 부과할 수 있는 권리를 공용부담특권이라고 부른다.

(2) 내용에 의한 분류

공용부담은 그 내용을 기준으로 하여 크게 인적 공용부담과 물적 공용부담으로 나뉜다.

인적 공용부담은 공익상 필요한 특정한 공익사업 등 복리행정을 위하여 특정인에게 부과되는 작위·부작위 또는 급부의무의 부담이다.

물적 공용부담은 공익상 필요한 특정한 공익사업 등 복리행정을 위하여 필요한 특정한 재산권에 부과되는 부담이다. 물상부담이라고도 부른다. 물적 공용부담은 어떠한 물권적 변동을 수반하는 변동인가의 성질에 따라 다시 공용제한, 공용수용, 공용환지, 공용환권으로 나누어진다.

인적 공용부담과 물적 공용부담의 다른 점은, 전자가 특정인에 대하여 작위·부작위·급부의 의무를 부담시키는 법률관계, 즉 행정법상의 채권채무관계를 설정함에 그침(직접적으로 특정한 재산에 물권적 변동을 발생시키는 일은 없다)에 반하여, 후자는 특정한 재산권에 대하여 부과되는 부담이며, 따라서 직접적으로 특정한 재산에 물권적 변동을 발생시키는 점에 있다. 그러므로 인적 공용부담에 있어서는 별도의 규정이 없는 이상 그 의무는 타인에게 이전될 수 없는 것이 원칙임에 반하여, 물적 공용부담에 있어서는 그 의무는 재산권의 변동과 더불어 타인에게 이전되는 것이 원칙이다.

제 2 절 인적 공용부담

Ⅰ. 인적 공용부담의 의의 및 성질

인적 공용부담은 앞에서 설명한 바와 같이 공익상 필요한 특정한 공익사업 등 복리행정을 위하여 특정인에게 부과되는 작위·부작위 또는 급부의무의 부담을 말한다. 수난구호를 위하여 사람에게 수난구호업무에 종사할 의무를 지우는 것(수상에서의 수색·구조 등에 관한 법률 29조)들이 그 예이다.

인적 공용부담이 물적 공용부담과 다른 점에 대해서는 앞에서 설명한 바와 같다.

인적 공용부담은 국가 및 공용부담특권이 부여된 지방자치단체, 공공단체나 사인이 법률에 의거하여 부과한다. 의무자가 의무를 이행하지 아니할 경우에는 법률이 행정상 강제집행을 규정하고 있는 경우가 있다. 또한 의무위반에 대하여는 제재로서 행정벌이 규정되어 있는 경우가 있다.

Ⅱ. 인적 공용부담의 법적 근거

인적 공용부담도 공용부담의 일종으로서 법률의 근거를 필요로 함은 물론이다. 근거법률로는 「도로법」, 「수상에서의 수색·구조 등에 관한 법률」, 「사방사업법」, 「농어업재해대책법」, 「지방자치법」 등이 있다. 그리고 인적 공용부담의 부담방법·비율 등 기본적인 사항은 법률에서 구체적이고 명확하게 규정되어야 한다(헌재 1999. 1. 28. 97헌가8 결정).

Ⅲ. 인적 공용부담의 종류

인적 공용부담은 여러 가지 기준에 의하여 여러 가지로 나누어진다.

1. 부과근거에 의한 분류

인적 공용부담은 그것을 부과하는 근거를 기준으로 하여 일반부담, 특별부담 및 우발부담으로 나눌 수 있다.

(1) 일반부담

일반부담이란 부담을 부과하는 근거가 일반 사인에 있기 때문에 일반 사인 전원에 대하여 그 능력에 따라 부과되는 인적 공용부담을 말한다. 일반부담은 일반 사인 전원에 대하여 그 능력에 따라 부과된다는 점에서 병역·납세 의무와 같으나, 양자는 그 목적과 내용에 있어서 차이가 있다.[1] 또한 일반부담은 인적 공용부담이라는 점에서 특별부담·우발부담과 같으나, 일반 사인 전원에 대하여 그 능력에 따라 부과된다는 점에서 공익사업 등과 특별한 관계가 있는 자 또는 우연히 공익사업 등의 수요를 충족시킬 수 있는 자에게 관계의 정도 또는 수요의 정도에 따라 부과되는 특별부담·우발부담과 구별된다.

---

1) 예: 병역의무는 병력의 취득 관리를 목적으로 하며, 국가기관인 지위에서 지는 공적인 근무의무를 내용으로 한다.

일반부담의 예는 아주 드물다. 왜냐하면 부담의 내용이 금전인 경우에는 조세의 방법에 의하여,[1] 부담의 내용이 금전 이외인 경우에는 사법(私法)상의 방법에 의하여 마련할 수 있기 때문이다.

(2) 특별부담

특별부담이란 특정 공익사업 등과 특별한 관계가 있는 자에 대하여 그 관계에 따라 부과되는 인적 공용부담을 말한다. 특별부담과 일반부담의 다른 점은 위에서 본 바와 같다. 특별부담은 금전지급의무인 것이 보통이다.

특정 공익사업 등과 특별한 관계가 있는 자로는 ① 공익사업 등에 의하여 특별한 이익을 받는 자(수익자부담), ② 공익사업 등을 필요로 하게 한 원인인 행위를 행한 자(원인자부담), ③ 공익사업 등에 속하는 시설을 손상한 행위를 한 자(손상자부담) 등을 들 수 있다.

특별부담은 특정 공익사업 등과 특별한 관계가 있는 자에 대하여 그 관계에 따라 부과되는 것이므로 평등부담이며, 일반부담에 있어서와 마찬가지로 손실보상의 문제를 야기하지 아니한다.

(3) 우발부담

우발부담이란 우연히 특정 공익사업 등의 수요에 충족할 수 있는 지위에 있는 자에 대하여 그 수요에 따라 부과되는 인적 공용부담을 말한다. 우발부담과 일반부담의 다른 점은 위에서 본 바와 같다. 우발부담은 그 내용이 금전급부의무 이외의 의무[2]이며, 또한 그 성질상 원칙적으로 긴급의무이다.

우발부담은 공익상 필요로 인한 불평등한 부담인 것이므로 일반부담이나 특별부담과는 달리 손실보상의 문제가 발생할 수 있다.

2. 내용에 의한 분류

인적 공용부담은 그 내용을 기준으로 하여 부담금, 부역·현품, 노역·물품, 부작위부담 등으로 나눌 수 있다.

(1) 부 담 금

1) 의   의

부담금이란 특정 공익사업 등과 특별한 이해관계가 있는 자에 대하여 부과되는 금전급부의

---

1) 조세는 처음부터 특정 공익사업을 위하여 부과하는 것은 아니지만 국가 또는 지방자치단체의 일반 수입을 위하여 부과·징수하여 특정 공익사업 등을 위하여 사용할 수 있다.

2) 예: 수상에서의 수색·구조 등에 관한 법률·농어업재해대책법에 의한 응급조치에 종사하게 하는 것.

무인 인적 공용부담을 말한다. 「부담금관리 기본법」은 부담금을 "중앙행정기관의 장, 지방자치단체의 장, 행정권한을 위탁받은 공공단체 또는 법인의 장 등 법률에 따라 금전적 부담의 부과권한을 부여받은 자가 분담금, 부과금, 기여금 그 밖의 명칭에 불구하고 재화 또는 용역의 제공과 관계없이 특정 공익사업과 관련하여 법률이 정하는 바에 따라 부과하는 조세 외의 금전지급의무"로 정의하고 있다(2조). 부담금은 특별부담에 한하는 것이 원칙이다. 실정법상 사용되고 있는 부담금은 여러 가지 성격의 것이 있어 학문상의 개념과 일치하지 아니한다. 「부담금관리 기본법」은 동법의 별표에 규정된 법률의 규정에 의하지 아니하고는 부담금을 설치할 수 없도록 하고, 신설하는 경우 ① 해당 법률안 입법예고 전에 기획재정부장관에게의 타당성 심사요청, ② 부담금운용심의위원회의 심의, ③ 기획재정부장관의 계획서 재검토 및 수정 요청 등 심사절차를 규정함으로써 부담금의 신설을 엄격히 제한하고 있다(3조, 6조).

2) 성 질

(개) 조세와의 구별

부담금은 특정 공익사업 등과 특별한 관계가 있는 자에 대하여 부과되는 금전급부의무라는 점에서 국가 또는 지방자치단체가 일반 국민 또는 주민에게 일반적 재정충당을 위하여 부과하는 강제적 금전급부의무인 조세와 구별된다. 조세 중 목적세는 특정 사업의 경비충당이라는 점에서 부담금과 그 성질이 유사하나, 일반 국민 또는 주민의 조세부담능력을 표준으로 부과된다는 점에서 특정 사업과의 특별이해관계에 따라 부과되는 부담금과 구별된다.

(내) 사용료·수수료와의 구별

부담금은 또한 특정 공익사업 등과 특별한 관계에 있는 모든 자에 대하여 부과되는 금전급부의무라는 점에서 공공시설의 이용 또는 재산의 사용에 대한 대가 및 역무에 대한 대가로 이용자에게 부과·징수되는 요금인 사용료·수수료와 구별된다.

(대) 사회보험료와의 구별

부담금은 또한 특정 공익사업 등과 특별한 관계에 있는 자에 대하여 부과되는 금전급부의무라는 점에서 국민에게 발생하는 사회적 위험을 보험방식에 의하여 대처함으로써 국민건강과 소득을 보장하기 위하여 부과되는 금전급부의무인 사회보험료와 구별된다.

3) 종 류

부담금은 여러 기준에 의하여 여러 가지로 나눌 수 있으나, 이해관계의 성질 및 사업의 내용을 기준으로 분류하는 것이 일반적이다. 최근에는 독일법적 개념인 특별부담금이 널리 사용되고 있다.

(개) 이해관계의 성질에 의한 분류

부담금은 특별한 이해관계의 성질에 의하여 수익자부담금, 원인자부담금, 손상자부담금(손괴자부담금)으로 나뉜다.

(ㄱ) 수익자부담금　　　수익자부담금이란 특정 공익사업 등에 의하여 특별한 이익을 받는 자에 대하여 부과되는 부담금을 말한다.[1] 수익자부담금은 원칙적으로 사업 등을 위하여 필요한 비용의 일부에 한하며, 또한 부담의무자가 받은 특별한 이익의 한도 내이다.

(ㄴ) 원인자부담금　　　원인자부담금이란 특정 공익사업 등을 필요로 하게 만든 원인을 부여한 자에 대하여 부과되는 부담금을 말한다(예: 도로법 91조, 수도법 71조, 하수도법 61조).[2] 원인자부담금은 원인을 부여한 자의 행위에 의하여 필요로 하게 된 금액을 초과할 수 없다.

(ㄷ) 손상자부담금(손괴자부담금)　　　손상자부담금이란 특정 공익사업 등의 시설을 손상하는 자에 대하여 부과되는 부담금을 말한다. 손상자부담금은 손상이 시설의 이용에서 생긴 경우에는 부담의무자만이 시설을 손상한 유일한 자라고 볼 수 없으므로 비용의 일부에 한하여야 한다.

(나) **특별부담금**　　　특별부담금은 여러 가지 공익정책적 문제의 해결을 위하여 부과된 금전급부의무 중 전통적인 공과금으로서의 조세·수수료·부담금으로 편입하기 어려운 특별한 공과금에 대하여 부르는 개념이다. 지금까지 특별부담금에 대한 명확한 개념규정은 없다. 독일 연방헌법재판소는 특별부담금의 4가지 부과요건으로, 첫째 부담금의 의무자는 사회적으로 동질성을 가질 것, 둘째 의무자는 부담금의 부과를 통하여 추구되는 목적에 대하여 여타의 사회집단 혹은 일반 납세자보다 객관적으로 근접한 위치에 있을 것, 셋째 이와 같은 객관적 밀접성으로 인하여 의무자는 부담금의 부과를 통하여 수행되는 과제에 대하여 특별한 집단적 책임을 질 것, 넷째 부담금의 수입은 의무자들의 집단적 이익을 위해서만 사용될 것 등을 들고 있다(BVerfGE 57, 139). 우리 헌법재판소도 특별부담금의 부과요건으로 이와 같은 4가지를 들고 있다(헌재 2003. 1. 30. 2002헌바5 결정).[3] 한편 헌법재

---

1) 金容燮 교수는 텔레비전 방송 수신료의 법적 성격을, 비록 수익이 구체적으로 현실화되어 있지 않고 잠재적이지만, 수익자부담금으로 본다. 同人,「텔레비전 방송 수신료와 관련된 행정법적 검토」, 한국행정판례연구회 제210차 발표논문 6쪽 및 20쪽 이하 참조.

2) 대법 2007. 7. 26. 선고 2005두2612 판결: 조세나 부담금의 부과요건과 징수절차를 법률로 규정하였다고 하더라도 그 규정 내용이 지나치게 추상적이고 불명확하면 부과관청의 자의적인 해석과 집행을 초래할 염려가 있으므로 법률 또는 그 위임에 따른 명령·규칙의 규정은 일의적이고 명확해야 할 것이나, 법률규정은 일반성, 추상성을 가지는 것이어서 법관의 법 보충작용으로서의 해석을 통하여 그 의미가 구체화, 명확화될 수 있으므로, 조세나 부담금에 관한 규정이 관련 법령의 입법 취지와 전체적 체계 및 내용 등에 비추어 그 의미가 분명해질 수 있다면 이러한 경우에도 명확성을 결여하였다고 하여 위헌이라고 할 수는 없다. 이 판결에 대한 평석으로는 劉慶才,「하수도법상 원인자부담금―대법 2007. 7. 26. 선고 2005두2612 판결―」, 한국행정판례연구회 제236차 월례발표회 발표논문이 있다. 劉 변호사는 이 글에서 수권법률 명확성원칙 위반 여부 판단에 있어서 원인자부담금과 특별부담금 간에 예측가능성에 차이가 있음을 지적하고 있다(위 논문 12쪽).

3) 헌법재판소는 특별부담금의 유형으로 재정조달목적부담금(헌재 2008. 11. 27. 2007헌마860 결정)과 정책실현목적부담금(헌재 2003. 7. 24. 2001헌바96 결정)으로 구분한다.

판소는 수신료는 공영방송사업이라는 특정한 공익사업의 소요경비를 충당하기 위한 것으로서 일반 재정수입을 목적으로 하는 조세와 다르고, 실제 방송시청 여부와 관계없이 부과된다는 점 및 수신정도와 관계없이 정액으로 정해져 있는 점 등에서 수익자부담금과 다르다고 본다(헌재 1999. 5. 27. 98헌바70 결정). 대법원도 같은 입장이다(대법 2000. 2. 25. 선고 98다47184 판결). 이에 대하여는 오늘날 텔레비전 보급 확산에 따라 거의 전국민이 이를 시청할 수 있다는 점, 수상기를 소지하지 않더라도 시청이 가능하다는 점 등의 이유로 이에 반대하는 견해[1]도 있다.

(2) 부역·현품

부역·현품이란 노역 또는 물품의 행정법상의 급부의무를 행하든지 그것에 갈음하는 금전급부의무를 행하든지 그 어느 하나를 선택하여 급부할 것을 내용으로 하는 인적 공용부담을 말한다. 노역과 금전 중에서 선택적 급부의무를 부담하면 부역이고, 물품과 금전 중에서 선택적 급부의무를 부담하면 현품이다. 구 지방자치법에서 지방자치단체가 비상재해 등의 복구를 위해 부역·현품을 규정하고 있었다.

(3) 노역·물품

1) 의의 및 성질

노역·물품이란 노역의 제공, 물품의 급부 그 자체를 행하여야 할 행정법상의 의무를 내용으로 하는 인적 공용부담을 말한다.

노역·물품은 노역 및 물품 그 자체의 제공 및 급부의무를 지며 금전에 의한 대체가 인정되지 않는다는 점에서 노역 또는 물품과 금전의 선택적 급부의무인 부역·현품부담과 구별된다.

2) 내　용

(가) **노역부담**　　　원래 특정 공익사업 등을 위하여 필요한 노역은 사법(私法)상의 방법에 의하여 취득되는 것이 원칙이다. 노역부담은 비상재해의 복구 등 목전에 급박한 필요가 있는 경우에 사법상의 방법에 의하여서는 그 수요를 충족시킬 수 없을 때 예외적으로 인정된다(수상에서의 수색·구조 등에 관한 법률 29조 1항, 농어업재해대책법 7조 1항).

(나) **물품부담**　　　특정 공익사업 등을 위하여 필요한 물품도 사법상의 방법에 의하여 취득되는 것이 원칙이다. 물품부담은 이와 같은 사법상의 방법에 의해서는 그 수요를 충족할 수 없는 급박한 필요가 있는 경우에 예외적으로 인정된다(예: 수도법 제41조 1항).

---

1) 金容燮, 앞 논문, 19쪽 이하 참조.

(4) 부작위부담

부작위부담이란 특정 공익사업 등을 위하여 그 공익사업 등의 수행에 지장을 줄 우려가 있는 행위를 하지 아니할 부작위의무를 내용으로 하는 인적 공용부담을 말한다. 우편전용 물건에 손상을 주거나 그 밖에 우편에 장애가 될 행위를 하여서는 아니 되는 것(우편법 49조 1항) 등이 그 예이다.

부작위부담은 사인에 대하여 일정한 행위를 하지 아니할 의무를 부과한다는 점에서 경찰상 금지 또는 재정상 금지 등과 그 성질을 같이하나, 특정 공익사업 등을 위한 것이라는 목적의 점에 있어서 구별된다.

제 3 절 공용제한

I . 공용제한의 의의 및 성질

공용제한이란 공익상 필요한 특정한 공익사업 등 복리행정을 위하여 사인의 재산권에 가하여지는 행정법상의 제한을 말한다.

(1) 공용제한은 국가·지방자치단체 등 행정주체가 행하는 작용이다. 사인도 국가 등으로부터 특정 공익사업 등의 수행을 위탁받아 행정주체로서 공용제한을 행할 수 있다.

(2) 공용제한은 특정 공익사업 등을 위하여 가하여지는 제한이다. 이 점에서 같은 행정법상의 제한이라도 경찰행정의 목적을 위하여 가하여지는 제한(예: 도로교통상의 제한), 재정행정의 목적을 위하여 가하여지는 제한(예: 강제징수절차로서의 재산압류) 등과 구별된다.

(3) 공용제한은 재산권에 가하여지는 물권적 제한인 물적 공용부담이다. 이 점에서 특정인에 대하여 작위·부작위·급부의 의무를 부담시키는 법률관계, 즉 행정법상의 채권·채무관계를 설정함에 그치는 인적 공용부담과 구별된다.

(4) 공용제한은 재산권에 가하여지는 행정법상의 제한이다. 이 점에서 재산권에 대한 순수 사법상의 제한(예: 민법상의 상린관계나 계약에 의한 제한)과 구별된다. 공용제한이 행정법적인 성질을 가진 것인 결과 그에 대한 위반은 행정벌 또는 행정상 강제집행의 원인이 된다.

(5) 공용제한은 재산권에 가하여지는 단순한 제한에 그친다. 이 점에서는 후술하는 재산권을 강제적으로 취득하는 공용수용 및 강제적으로 교환·분합하는 공용환지·공용환권과 구별된다.

(6) 공용제한의 대상으로서 제한되는 재산권에는 부동산(토지·건물), 동산(예: 중요문화재), 무체재산권(예: 특허권)이 있다. 이 중 부동산, 특히 토지에 대한 공용제한이 가장 많다. 이를 특히 공용지역이라고 부르기도 한다.

Ⅱ. 공용제한의 법적 근거

공용제한은 공공필요에 의한 재산권의 제한이므로 반드시 법률의 근거가 있어야 한다(헌법 23조 3항).

Ⅲ. 공용제한의 종류

공용제한은 그 제한의 내용을 기준으로 하여 작위의 공용제한, 부작위의 공용제한, 수인의 공용제한으로 나누기도 하나, 제한을 필요로 하는 공익상 수요의 종류를 기준으로 하여 계획제한, 보전제한, 사업제한, 공물제한, 사용제한으로 나누는 것이 일반적이다.

1. 계획제한

계획제한이란 행정계획에 따라 그 목적달성을 위하여 재산권에 가하여지는 공용제한을 말한다. 토지에 대한 계획제한의 대표적인 것이 「국토의 계획 및 이용에 관한 법률」에 의한 토지거래계약허가구역의 지정, 도시관리계획(예: 용도지역·용도지구·용도구역의 지정)에 따른 제한 등이다.

2. 보전제한

보전제한이란 자연·자원·문화재 등의 보전을 위하여 사권에 가하여지는 공용제한을 말한다. 이러한 종류의 제한으로 다음의 것들을 들 수 있다.

(1) 지역·지구 지정제한

「국토의 계획 및 이용에 관한 법률」상의 용도지역·지구·구역의 지정 등 각종 지역·지구 등의 지정에 의하여 토지에 가하여지는 행위제한이다.

(2) 자연보전제한

순수한 자연보전목적의 견지에서 토지에 가하여지는 행위제한이다(예: 자연공원법 27조에 의한 공원구역 안에서의 행위제한).

(3) 문화재보호제한

문화재 보호의 견지에서 재산권에 가하여지는 행위제한이다(예: 문화재보호법 35조·39조에 의한 소유권에 대한 제한, 전통사찰의 보존 및 지원에 관한 법률 6조 및 향교재산법 8조에 의한 행위제한).

(4) 농지전용제한

농지로서의 효율을 보전하기 위한 제한이다(농지법 36조 내지 제43조).

3. 사업제한

사업제한이란 공익사업 등(예: 도시계획사업·사방사업·도로·하천·철도)을 성공적으로 수행하기 위하여 그 사업과 관계가 있는 타인의 재산권에 가하여지는 공용제한을 말한다. 이러한 종류의 제한으로 다음의 것을 들 수 있다.

(1) 부작위의무

사업시행에 장해가 될 일정한 행위를 제한하거나 금지하는 의무를 과하는 것을 말한다. 예컨대 접도구역·연안구역·도시지역 등에 있어서의 건축·토지형질변경·식수(植樹) 등 행위를 제한하거나 금지하는 것(도로법 40조, 하천법 46·47조 등)이 그것이다.

(2) 작위의무

장애물 제거, 방지시설 설치 등 작위의무를 과하는 것(도로법 40조 4항 등)을 말한다.

(3) 수인의무

사업자의 토지출입 및 장애물 변경·제거 등 재산권 침해행위를 수인할 의무를 과하는 것(전기사업법 87조 등)을 말한다.

4. 공물제한

공물제한이란 사유재산인 특정한 토지·물건 그 자체가 공공목적에 제공되기 때문에 그 목적에 필요한 한도 내에서 그 토지·물건의 소유권에 대하여 가하여지는 공용제한을 말한다.

5. 사용제한(공용사용)

사용제한이란 공익사업 등을 위하여 사업주체가 타인 소유인 토지·물건에 대하여 행정법상의 사용권을 취득하고, 토지·물건의 소유자, 기타 권리자는 공익사업 등을 위하여 그 사용을 수인하여야 할 행정법상의 의무를 부담하는 것을 내용으로 하는 공용제한을 말한다. 공용사용이라고도 한다. 사용제한은 사용기간을 기준으로 하여 일시적 사용과 계속적 사용으로 나누어진다.

(1) 일시적 사용

일시적 사용이란 사업주체가 일시적으로 타인의 토지·건물, 기타 재산을 사용하는 경우를 말한다. 이처럼 일시적 사용은 비교적 짧은 기간의 사용이며, 권리에 대한 제한도 비교적 경미하다. 측량·실지조사·공사 등을 위하여 일시 타인의 토지에 출입하여 사용하는 경우(도로법 81조,

자연공원법 72조 등), 재료적시장 또는 임시 통로 용도로 한시적으로 특정 토지를 이용하는 경우(국토의 계획 및 이용에 관한 법률 130조 등)[1], 비상재해의 경우에 그 방지 또는 구호를 위하여 응급부담으로 토지, 그 밖의 물건을 사용하는 경우(도로법 83조, 광업법 68조 등) 등이 그것이다.

(2) 계속적 사용

계속적 사용이란 사업주체가 장기간 계속적으로 타인의 토지 등을 사용하는 경우를 말한다. 계속적 사용은 권리에 대한 중대한 제한이기 때문에 법률에 근거를 두어야 함은 물론 권리자를 보호하기 위하여 일정한 절차를 거쳐 사용권이 설정된다.[2]

Ⅳ. 공용제한과 손실보상

1. 계획제한

계획제한으로 인한 손실에 대하여 행정상 손실보상을 규정하고 있는 법률은 흔하지 않다. 「개발제한구역의 지정 및 관리에 관한 특별조치법」 제17조는 개발제한구역의 지정으로 인하여 개발제한구역 안의 토지를 종래의 용도로 사용할 수 없어 그 효용이 현저히 감소된 토지 또는 당해 토지의 사용 및 수익이 사실상 불가능한 토지의 소유자로서 ① 개발제한구역의 지정 당시부터 해당 토지를 계속 소유한 자, ② 토지의 사용·수익이 사실상 불가능하게 되기 전에 해당 토지를 취득하여 계속 소유한 자, ③ ① 또는 ②의 자로부터 해당 토지를 상속받아 계속 소유한 자는 국토교통부장관에게 해당 토지의 매수를 청구할 수 있도록 하여 토지매수청구권제를 규정하고 있다.

2. 보전제한

보전제한으로 인한 손실에 대하여는 손실보상을 규정하지 않는 것이 보통이다.

3. 사업제한

사업제한으로 인한 손실에 대하여도 한정된 일부에만 보상규정을 두고 있다. 도로접도구역·연도구역 인접지역에서의 행위제한이나 사방사업과 같은 인위적인 사업으로 인한 제한에는 보

---

1) 「국토의 계획 및 이용에 관한 법률」 제130조 제3항에서 정한 토지 소유자 등이 사업시행자의 일시사용에 대하여 정당한 사유 없이 동의를 거부하는 경우, 사업시행자가 토지소유자 등을 상대로 동의의 의사표시를 구하는 소를 제기할 수 있고, 의사표시를 할 존부에 관한 소송은 사인을 피고로 한 행정소송법상 당사자소송이며, 현저한 손해를 피하기 위해 필요한 경우 사업시행자가 행정소송법 제8조 제2항, 민사집행법 제300조 제2항에 따라 '임시의 지위를 정하기 위한 가처분'을 신청할 수 있다(대법 2019. 9. 9. 선고 2016다262550 판결).

2) 「공익사업을 위한 토지 등의 취득 및 보상에 관한 법률」은 토지사용도 토지취득과 동일한 절차를 거쳐 행하도록 규정하고 있다.

상규정을 두고 있다(예: 도로법 99조, 사방사업법 10조). 그러나 하천 안에서의 행위제한과 같이 당해 토지의 자연적 조건에서 보아 당연히 수인되어야 할 것으로 인한 제한에는 보상규정을 두지 않고 있다.

4. 공물제한

공물제한으로 인한 손실에 대하여는 손실보상을 규정하고 있는 것이 보통이다(예: 도로법 99조, 하천법 76조, 문화재보호법 46조).

5. 사용제한

사용제한 중 일시적 사용으로 인하여 손실이 발생하는 경우, 통상 발생하는 손실에 대하여 손실보상을 규정하고 있는 법률이 많다(예: 광업법 69조, 전기사업법 90조).

계속적 사용으로 인하여 손실이 발생하는 경우에는 손실보상을 규정하고 있는 것이 원칙이다(예: 공익사업을 위한 토지 등의 취득 및 보상에 관한 법률 제71조 등). 「도시철도법」은 도시철도건설을 위하여 타인토지의 지하부분을 사용하는 경우에도 당해 토지의 이용가치, 지하의 깊이 및 토지 이용이 방해되는 정도 등을 참작하여 보상하도록 규정하고 있다(9조).

제 4 절 공용수용

제 1 관 공용수용의 의의 및 법적 근거

Ⅰ. 공용수용의 의의 및 성질

공용수용이란 특정한 공익사업을 위하여 사인의 특정 재산권을 강제적으로 취득하는 물적 공용부담을 말한다. 공용징수라고 할 때도 있다(민법 187조).

본래 공익사업을 수행하기 위하여 필요로 하는 재산권의 취득은 당해 공익사업의 주체가 그 재산권의 권리자로부터 매매계약, 그 밖에 「민법」상의 수단에 의하여 취득하는 것이 원칙이다. 그러나 실제로는 재산의 권리자가 매도를 원하지 않는다든가 하는 이유로 「민법」상의 수단으로 재산권을 취득하지 못하게 되는 경우가 있다. 당해 공익사업의 목적을 달성하기 위해서는 권리자의 의사 여하에 불구하고 공익사업의 주체로 하여금 당해 재산권을 강제적으로 취득하게 하여야 하는데, 이를 위한 제도가 공용수용제도이다.

공용수용의 개념을 나누어 보면 다음과 같다.

1. 목   적

공용수용은 특정 재산권을 특정한 공익사업에 제공함을 목적으로 한다. 이 점에서 경찰목적을 위한 재산권의 취득(예: 경찰상의 몰수)이나 군사목적을 위한 재산권의 취득(예: 징발) 등과 구별된다.

무엇이 특정한 공익사업이냐 하는 것은 「공익사업을 위한 토지 등의 취득 및 보상에 관한 법률」 제4조를 비롯하여 기타 개별법률에 구체적으로 정해져 있다. 원래 공익사업은 사권보호의 견지에서 제한적으로만 인정되었으나 오늘날에는 공익사업이라고 할 때의 공익의 개념이 비교적 넓게 인정되고 있을 뿐만 아니라[1] 공익사업 자체가 대규모화되고 있다.[2]

2. 목 적 물

공용수용의 대상인 목적물은 특정한 재산권이다. 공용수용의 목적물은 토지소유권인 경우가 가장 일반적이다. ① 토지 및 이에 관한 소유권 외의 권리, 즉 지상권·지역권·전세권·저당권·사용대차 또는 임대차에 의한 권리 등, ② 토지와 함께 공익사업을 위하여 필요한 입목(立木), 건물, 그 밖에 토지에 정착한 물건 및 이에 관한 소유권 외의 권리, ③ 광업권·어업권·양식업권 또는 물의 사용에 관한 권리, ④ 토지에 속한 흙·돌·모래 또는 자갈에 관한 권리도 그 대상이 될 수 있다(공익사업을 위한 토지 등의 취득 및 보상에 관한 법률 3조).[3] 공용수용은 토지 및 토지의 정착물 그리고 이에 관한 권리를 주된 목적물로 한다는 점에서 금전의 지급을 내용으로 하는 부담금이나 인적 노역의 제공을 내용으로 하는 부역과 구별된다.

종래 공용수용은 공익사업을 위하여 필요로 하는 재산권을 개별적으로 수용하는 개별취득주의가 그 바탕을 이루고 있었다. 그러나 오늘날 대규모 개발사업이나 토지이용계획과 관련된 수

---

1) 헌법 제23조 제3항에서 규정하고 있는 '공공필요'의 개념은 헌법 제37조의 '공공복리'보다 넓은 개념이라는 것이 우리 헌법학자들의 지배적 견해이다. 이에 대하여는 '공공필요'는 단순한 공익 또는 공적 목적이라는 개념보다는 더 높은 강도가 요구되고, 토지소유자의 '소유권이라는 사적 이익을 압도할 수 있는 공동체의 절박한 필요'로 해석되어야 한다는 견해(金鐘甫,「택지개발사업과 환매권의 헌법문제」, 행정법연구(행정법이론실무학회) 17호, 299쪽)도 있다. 현재 '공공필요'개념이 문제가 되고 있는 법률은 주로 사기업을 위한 공공수용을 정하고 있는 법률이다. 민간기업은 경제활동의 근본적인 목적이 이윤을 추구하는 일에 있으므로, 이윤의 추구라는 사익에 매몰되어 민간기업의 활동으로부터 획득될 수 있는 공익이 현저히 훼손된다거나 소실되는 경우라면, 그와 같은 입법은 헌법 제23조 제3항에 위반될 소지가 있기 때문이다(헌재 2009. 9. 24. 2007헌바114 전원재판부 결정 참조).

2) 예:「산업입지 및 개발에 관한 법률」제22조에 의한 산업단지 개발사업을 위한 대단위 토지수용 등.

3) 공익사업시행지구내의 토지에 정착한 건축물·공작물·시설·입목·죽목 및 농작물 그 밖의 물건 중에서 당해 공익사업의 수행을 위하여 직접 필요하지 아니한 물건을 지장물(支障物)이라 말한다(공익사업을 위한 토지 등의 취득 및 보상에 관한 법률 시행규칙 제2조 제3호). 대법원은 사업시행자가 지장물에 관하여 가격 보상을 지급하였더라도 소유권 취득을 목적으로 하는 별도의 수용재결을 받지 아니한 경우에는 지장물의 소유권을 취득하지 못하지만, 이를 인도받아 자신의 비용으로 철거할 수 있고, 지장물의 소유자 또는 관계인은 이를 수인하여야 한다는 입장이다(대법 2012. 4. 13. 선고 2010다94960 판결 등). 지장물인 건축물의 소유권 취득문제를 다룬 논문으로 박건우,「공용수용절차에서 지장물의 보상과 소유권 취득」, 행정법연구(행정법이론실무학회 편) 제65호, 65쪽 이하가 있다.

용이 늘어나면서 수용대상이 확대·종합화되고, 이러한 현상이 개개의 재산권의 개성을 무시하는 방향으로 객관화·획일화되고 있다.

3. 주   체

공용수용의 주체는 당해 공익사업의 주체이다. 공익사업의 주체는 국가일 때도 있고, 지방자치단체나 공공단체 또는 사인[1]일 때도 있다. 공익사업의 주체가 국가일 때에는 수용권의 주체가 국가임에 대하여는 이견이 없으나 공익사업의 주체가 지방자치단체나 공공단체 또는 사인일 때에는 수용권의 주체가 누구인가에 관하여 견해가 나뉜다. 이에 관해서는 후술한다.

4. 수   단

공용수용의 수단은 사인의 재산권의 강제적인 취득이다.

(1) 공용수용은 사인의 재산권의 강제적인 취득이다. 강제적으로 취득한다 함은 첫째로, 권리자의 의사에 상관없이 공권력의 일방적 행사에 의하여 재산권을 취득한다는 것을 의미한다. 둘째로, 종전의 재산권자에게 재산권을 제공할 의무를 부담시키고 그 이행의 결과

---

1) 헌재 2009. 9. 24. 2007헌바114 결정은 헌법 제23조 제3항은 재산권 수용의 주체를 한정하지 않고 있고, 국가 등의 공적 기관이 직접 수용의 주체가 되는 것이든 그러한 공적 기관의 최종적인 허부 판단과 승인결정하에 민간기업이 수용의 주체가 되는 것이든, 양자 사이에 공공필요성에 대한 판단과 수용의 범위에 있어서 본질적인 차이를 가져올 것으로 보이지 않는다고 하여 수용 등의 주체를 국가 등의 공적 기관에 한정하여 해석할 이유가 없고, 따라서 민간기업을 수용의 주체로 규정한 법률 규정은 헌법에 위반되지 않는다고 하였다. 이 결정에는 민간기업에 의한 수용이 정당화되기 위해서는 당해 수용의 공공필요성을 보장하고 수용을 통한 이익을 공공적으로 귀속시킬 수 있는 더욱 심화된 입법적 조치가 수반되어야 하며, 그렇지 않는 한 민간기업에 의한 수용은 우리 헌법상 재산권보장의 가치와 부합되기 어렵다는 반대의견이 있었다. 이 결정은 사기업이 공용수용의 주체가 되어 수용권을 행사할 수 있는가가 쟁점이 되어 판단을 받게 된 최초의 헌법재판소의 결정이다. 이 결정에 대한 평석으로 崔桂暎, 「민간기업에 의한 수용(헌법재판소 2009. 9. 24. 선고 2007헌바114결정)」, 행정판례연구(한국행정판례연구회) XVI-1, 229쪽 이하가 있다. 이후 헌법재판소는 몇 차례 합헌결정을 하였다(헌재 2011. 6. 30. 2008헌바166 등 결정, 2011. 11. 24. 2010헌가95 등 결정, 2013. 3. 2. 2011헌바250 결정 등). 그러나 헌재 2014. 10. 30. 2011헌바172 등 결정(지역균형개발 및 중소기업 육성에 관한 법률 제18조 제1항 등 위헌소원 등)은 위헌 판단을 하였다. 그 요지는 "이 사건에서 문제된 지구개발사업은 그 자체로 공공필요성이 충족되기 어려운 사업도 포함하고 있다. '관광휴양지 조성사업' 중에는 대규모 놀이공원 사업과 같이 입법목적에 대한 기여도가 높은 뿐만 아니라 사업시설에 대한 대중의 이용·접근가능성이 작아 공익성이 낮은 사업도 있다. 고급골프장 등 사업의 특성상 사업 운영 과정에서 발생하는 지방세수 확보와 지역경제 활성화는 부수적인 공익뿐이고, 이 정도의 공익이 그 사업으로 인하여 강제수용 당하는 주민들이 받는 기본권침해를 정당화할 정도로 우월하다고 볼 수는 없다. 따라서 이 사건 법률조항은 공익적 필요성이 인정되기 어려운 민간개발자의 지구개발사업을 위해서까지 공용수용에 허용될 수 있는 가능성을 열어두고 있어 헌법 제23조 제3항에 위배된다"는 것이다. 이 결정에는 이 사건 법률조항은 이와 같이 공익목적을 위해 개발사업을 시행함에 있어 민간기업이 사업시행에 필요한 경우 토지를 수용할 수 있도록 규정할 필요가 있다는 점, 수용에 요구되는 공공의 필요성 등에 대한 최종적인 판단권한이 국가와 같은 공적기관에 유보되어 있는 점, 공익성이 해태되지 않도록 보장하려는 제도적 장치를 갖추고 있다는 점에서 헌법 제23조 제3항이 요구하는 공공의 필요성을 갖추고 있다는 취지의 재판관 3인의 반대의견이 있다. 이 결정에 대한 평석으로 박준희 헌법연구관의 한국행정판례연구회 제306차 월례발표회 발표논문이 있다.

로서 재산권을 승계취득하는 것이 아니라, 수용권자가 직접 권리 그 자체를 원시취득하는 것을 의미한다.

(2) 공용수용은 재산권의 완전한 취득이다. 이 점에서 공용수용은 재산권의 제한에 불과한 공용제한과 구별된다. 다만, 공용제한의 한 형태로서의 공용사용권의 설정은 그 일반적 절차로서 공용수용의 절차에 의하므로 공용수용은 넓은 의미로는 공용사용(사용제한)을 포함하여 사용하는 경우가 많다.

5. 손실보상

공용수용은 사인의 특정 재산권을 공익사업을 위하여 완전 취득함으로써, 재산권자에게 특별한 희생을 가하는 것이므로 이에 대하여는 정당한 보상을 지급하여야 한다(헌법 23조 3항). 손실보상은 반드시 금전보상일 필요는 없다. 실제로 공용수용의 근거 법률은 빠짐 없이 손실보상을 규정하고 있다.

Ⅱ. 공용수용의 법적 근거

공용수용은 사인의 재산권을 강제적으로 취득하는 것이므로 반드시 법률의 근거가 있어야 한다(동법 23조 3항). 공용수용의 근거법률로는 일반법인 「공익사업을 위한 토지 등의 취득 및 보상에 관한 법률」과 많은 특별법이 있다.[1]

제 2 관 공용수용의 대상사업·당사자·목적물
Ⅰ. 공용수용의 대상사업

공용수용을 할 수 있는 대상인 사업은 「공익사업을 위한 토지 등의 취득 및 보상에 관한 법률」 제4조가 열거하고 있는 공익사업과 동법 별표[2]에 규정된 법률에 따른 공익사업이다.

어떤 사업이 수용적격을 갖는 공익사업인가의 판단은 일차적으로는 입법자에게 맡겨지고 있다. 입법자가 특정사업이 공익사업인가의 여부를 판단하는 기준은 사업의 공공성·공익성이다. 공

---

1) 체육시설을 대통령령으로 정하도록 한 기반시설의 하나로 규정하고 있는 구 국토의 계획 및 이용에 관한 법률 제2조 제6호의 정의조항, 사인도 지정을 받으면 도시계획시설사업의 시행자가 될 수 있게 한 동법 제86조 제7항, 토지 등의 수용 및 사용 권한을 부여하고 있는 동법 제95조 제1항의 위헌 여부가 다투어진 사건에서, 헌재 2001. 6. 30. 2008헌바166, 2011헌바35(병합) 결정은 "이 사건 정의조항은 개별 체육시설의 성격과 공익성을 고려하지 않은 채 구체적으로 범위를 한정하지 않고 포괄적으로 대통령령에 입법을 위임하고 있으므로, 이는 헌법상 위임 입법의 한계를 일탈한 것으로서 포괄위임금지원칙에 위배된다"고 하였다.

2) 별표는 「공익사업을 위한 토지 등의 취득 및 보상에 관한 법률」외의 다른 법률로 개정할 수 없다.

공성·공익성도 법 개념인 한 사법(司法)적 통제의 대상이 된다고 보아야 할 것이다.[1] 헌법재판소는 공공의 필요성을 판단함에 있어서 비례원칙에 의거하고 있다(헌재 1998. 3. 26. 93헌바12 결정 참조).

Ⅱ. 공용수용의 당사자

공용수용의 당사자는 수용권의 주체인 수용권자와 수용목적물인 재산권의 주체인 피수용자이다. 「공익사업을 위한 토지 등의 취득 및 보상에 관한 법률」은 전자를 사업시행자라 하고, 후자를 토지소유자 또는 관계인이라 부른다.

1. 수용권자

수용권자란 그 사업을 위하여 공용수용을 할 수 있는 공익사업의 주체를 말한다. 수용권자는 공익사업의 주체로서 수용목적물을 취득할 권리와 이에 부수되는 권리(예: 수용예정지에 들어가서 측량조사를 할 권리, 수용절차상의 권리, 수용목적물의 확장청구권 등)를 가짐과 동시에 의무(예: 손실보상의무, 비용부담 의무 등)를 부담한다. 이 권리 또는 의무는 당해 공익사업의 주체로서 가지는 것이므로 사업이 이전되면 사업과 함께 승계인에게 이전된다(공익사업을 위한 토지 등의 취득 및 보상에 관한 법률 5조).

문제는 누가 수용권자인가에 있다. 사업시행자가 국가인 경우에는 문제가 없다. 그러나 지방자치단체나 공공단체 또는 사인이 사업시행자인 경우에는 누가 수용권자인가에 관하여 견해가 대립된다. 국가수용권설, 사업시행자수용권설, 국가위탁권설이 그것이다.

(1) 국가수용권설

이 설에 의하면 공용수용권은 원래 국가에 귀속되는 것으로 국가주권 중의 수용고권이라고 한다. 그러므로 국가만이 수용권자가 될 수 있고, 사업시행자는 수용의 효과로 재산권을 취득하게 되는 것이라고 한다. 즉 사업시행자는 국가에 대하여 사업을 위하여 공용수용하여 줄 것을 청구할 수 있을 뿐이라고 한다.[2]

(2) 사업시행자수용권설

이 설은 공용수용의 본질이 자기 이익을 위하여 재산권을 강제적으로 취득하는 데에 있는 것이므로 그 강제취득의 효과를 받는 사업시행자만이 수용권자라는 견해이다. 이 견해가 현재 우리나라의 다수설이다.

---

1) 鄭然宙, 「공익사업을 위한 토지 등의 취득 및 보상에 관한 법률에 대한 헌법적 검토」, 토지공법연구(한국토지공법학회) 제16집 제2호, 7쪽 참조.

2) 尹世昌, 행정법(하), 343쪽; 朴源永, 「토지수용권의 주체」, 공법연구(한국공법학회) 제8집, 78쪽.

(3) 국가위탁권설

이 설은 수용권이 국가에 귀속되는 국가적 공권이며 국가는 사업인정(수용권 설정)을 통하여 이를 사업시행자에게 위탁한 것이라는 견해[1]이다.

(4) 검 토

누가 수용권자인가에 관한 위의 견해의 대립은 「공익사업을 위한 토지 등의 취득 및 보상에 관한 법률」이 자기의 행위에 의하여 수용의 효과를 야기시킬 수 있는 자와 자기를 위하여 그 행위를 행할 것을 요구하거나 그 행위에 의하여 야기된 수용의 효과를 향유할 수 있는 자를 달리 규정하고 있는 수용절차의 특이성에 그 원인이 있다. 따라서 수용권의 본질을 어떻게 보느냐에 따라 결론이 달라지게 된다. 즉 수용권의 본질을 수용의 효과를 야기할 수 있는 능력으로 보면 수용권의 주체는 국가가 되는 것이고, 수용권의 본질을 수용의 효과를 향유할 수 있는 능력으로 보면 수용권의 주체는 사업시행자가 된다. 수용의 실체는 그 효과로서의 재산권의 취득에 있는 것이므로 다수설인 사업시행자수용권설이 타당하다. 국가위탁권설은 일종의 절충설이지만, 국가수용권설에 가깝다. 학설의 구별의 실익은 「공익사업을 위한 토지 등의 취득 및 보상에 관한 법률」이 정하고 있는 수용절차의 이해 등에 차이가 발생한다는 점에 있다.

2. 사업시행자

(1) 의 의

사업시행자란 공익사업을 수행하는 자를 말한다(동법 2조 3호). 사업시행자는 국가·지방자치단체 기타 공공단체일 경우도 있고, 사인일 경우도 있다.

(2) 사업시행자의 권리

사업시행자는 특정 공익사업을 위하여 목적물인 재산권을 취득할 권리를 가진다. 또한 이와 관련하여 수용목적 달성을 위하여 필요한 여러 권리를 가진다. 「공익사업을 위한 토지 등의 취득 및 보상에 관한 법률」이 정하고 있는 사업시행자의 권리로는 ① 사업준비를 위한 출입권(동법 9조 내지 11조), ② 장해물제거권(동법 12조), ③ 사업인정신청권(동법 20조), ④ 토지물건조사권(동법 27조), ⑤ 재결신청권(동법 28조) 등이 있다.

(3) 사업시행자의 의무

사업시행자는 권리를 가짐과 동시에 여러 가지 의무를 진다. 「공익사업을 위한 토지 등의 취득 및 보상에 관한 법률」이 정하고 있는 사업시행자의 의무로는 재결신청의무(동법 30조 2항), 손

---

1) 金道昶, 일반행정법론(하), 602·603쪽; 洪井善, 행정법원론(하)(2000년판), 420쪽.

실보상의무(동법 40조 1항) 등이 있다.

⑷ 사업시행자의 변경

사업시행자가 변경되는 경우에는 사업시행자의 권리·의무는 사업을 승계한 자에게 포괄적으로 승계된다(동법 5조). 이와 같은 포괄승계의 인정은 공익사업의 원활한 수행과 피수용자의 이익을 보호하기 위함에 있다.

3. 피수용자

⑴ 의   의

피수용자란 수용의 목적물인 재산권의 주체를 말한다. 「공익사업을 위한 토지 등의 취득 및 보상에 관한 법률」은 이를 토지소유자 또는 관계인이라 한다(동법 2조 4호·5호). 토지소유자란 공익사업에 필요한 토지의 소유자를 말한다(동조 4호). 여기서 말하는 토지소유자는 진실한 토지소유자이어야 하지만, 사업시행자가 과실 없이 진정한 토지소유자임을 알지 못할 때는 형식상 권리자인 등기부상 소유명의자를 그 피수용자로 확정하더라도 적법하다(대법 1995. 12. 22. 선고 94다40765 판결).

관계인이란 사업시행자가 취득 하거나 사용할 토지에 관하여 지상권·지역권·전세권·저당권·사용대차 또는 임대차에 따른 권리 또는 그 밖에 토지에 관한 소유권 외의 권리를 가진 자[1]나 그 토지에 있는 물건에 관하여 소유권이나 그 밖의 권리를 가진 자를 말한다(동조 5호 본문). 다만 사업인정의 고시가 있은 후 새로이 권리를 취득한 자는 기존 권리를 승계한 자를 제외하고는 관계인에 포함되지 아니하며(동조 동호 단서), 따라서 수용절차에 참가할 수 없다.

⑵ 피수용자의 권리·의무

피수용자는 수용의 결과 발생하는 재산상의 손실에 대한 보상을 청구할 권리를 갖는 외에 이와 관련한 여러 가지 절차상의 권리와 의무를 가진다. 「공익사업을 위한 토지 등의 취득 및 보상에 관한 법률」이 정하고 있는 피수용자의 권리로는 손실보상청구권 외에 의견개진권(동법 21조), 재결신청청구권(동법 30조 1항), 잔여지 등의 매수 또는 수용청구권(동법 74조), 토지정착물이전비·수용청구권(동법 75조), 환매권(동법 91조), 이의신청권(동법 83조), 행정소송제기권(동법 85조) 등이 있고, 피수용자의 의무로는 토지출입 수인의무(동법 11조), 수용목적물 인도·이전의무(동법 43조) 등이 있다.

---

1) 대법 2009. 2. 12. 선고 2008다76112 판결 : 공익사업을 위한 토지 등의 취득 및 보상에 관한 법률의 보상대상이되는 '기타 토지에 정착한 물건에 대한 소유권 그 밖의 권리를 가진 관계인'에는 독립하여 거래의 객체가 되는 정착물에 대한 소유권 등을 가진 자뿐 아니라, 당해 토지와 일체를 이루는 토지의 구성부분이 되었다고 보기 어렵고 거래 관념상 토지와 별도로 취득 또는 사용의 대상이 되는 정착물에 대한 소유권이나 수거·철거권 등 실질적 처분권을 가진 자도 포함된다.

Ⅲ. 공용수용의 목적물

1. 목적물의 의의와 종류

공용수용의 목적물이란 공용수용의 대상, 즉 사업시행자에게 강제적으로 취득시켜 줄 대상을 말한다.

공용수용의 목적물은 「공익사업을 위한 토지 등의 취득 및 보상에 관한 법률」과 개별법에서 이를 정하고 있다. 「공익사업을 위한 토지 등의 취득 및 보상에 관한 법률」이 정한 수용의 목적물은 ① 토지 및 이에 관한 소유권 외의 권리, ② 토지와 함께 공익사업을 위하여 필요로 하는 입목(立木), 건물, 그 밖에 토지에 정착한 물건 및 이에 관한 소유권 외의 권리, ③ 광업권·어업권·양식업권 또는 물의 사용에 관한 권리,[1] ④ 토지에 속한 흙·돌·모래 또는 자갈에 관한 권리이다 (3조).

2. 목적물의 제한

공용수용의 목적물이 된다고 하더라도 그 목적물에 대해 무제한적인 공용수용이 허용되는 것은 아니다. 공용수용은 공익사업을 위하여 특정한 토지가 필요한 경우에 그 토지를 당해 사업에 이용하게 함이 적당한 경우에 한하며, 그 이외의 권리에 대해서도 그러한 권리를 수용(또는 사용)하는 것이 필요하고 상당한 경우에 한한다. 또한 공용수용은 공익사업을 위하여 필요한 최소한도에 그쳐야 한다(대법 1987. 9. 8. 선고 87누395 판결).

이와 같은 목적물에 대한 일반적인 제한 외에 목적물 자체의 성질상 공용수용의 목적물이 될 수 없거나 제한되는 경우가 있다.

(1) 사업시행자 자신의 토지는 원칙적으로 수용의 목적물이 되지 아니한다. 사업시행자가 자기의 소유토지를 수용하는 것은 관념상 모순이기 때문이다.

(2) 치외법권이 있는 외국대사관·공사관 등의 부지·건물도 수용의 목적물이 되지 아니한다 (외교관계에관한비엔나조약 22조 3항).

(3) 토지를 수용(또는 사용)할 수 있는 사업에 이용되고 있는 토지는 수용이 제한된다. 이 경우는 이른바 수용권의 충돌(Kollision zweier Enteignungsrechte)의 문제인데, 공익사업에 제공되고 있는 토지는 현재의 용도를 유지하기 위해 원칙적으로 수용의 목적물에서 제외된다. 그러나 이러한 토지도 다른 공익사업을 위하여 특별히 필요한 경우에는 예외적으로 수용의 목적물이 될 수 있다(공익사업을 위한 토지 등의 취득 및 보상에 관한 법률 19조 2항). 다른 공익사업을 위하여 특별히 필요한 경우인가의 여부는 개별적·구체적으로 공익성을 비교형량하여 결정된다.

---

1) 대법원은 먹는샘물(생수)제조에 사용되던 지하수에 대한 이용권이 수용대상으로 규정한 '물의 사용에 관한 권리'에 해당하지 않는다고 하였다(대법 2005. 7. 29. 선고 2003두2311 판결).

(4) 공물(행정재산)도 수용의 목적물이 되지 아니한다는 것이 우리나라의 다수설이다. 이 다수설에 대하여는「공익사업을 위한 토지 등의 취득 및 보상에 관한 법률」제19조 제2항은 공물에 대한 공용수용은 원칙적으로 허용되지 아니하나 특별한 필요,[1] 즉 현재의 용도보다 공익상 한층 중요한 용도를 위하여는 예외로 이를 허용하고 있다는 견해가 있으며 이 견해가 판례의 지지를 받고 있다는 것은 이미 앞에서 설명하였다(→ 공물의 법률적 특색 중 공용수용의 제한).

3. 목적물의 확장

원래 공용수용은 공익사업을 위해 피수용자의 의사에 반하여 권리를 취득하는 것으로 앞에서 본 바와 같이 목적물의 범위는 원칙적으로 공익사업을 위해 필요한 한도 안에서만 인정된다. 그러나 경우에 따라서는 예외적으로 공익사업에 필요한 범위를 넘는 수용을 인정하는 것이 수용권자와 피수용자 간의 이해관계를 합리적으로 조정하고 피수용자에 대한 손실보상과 사업목적의 효율적 달성에 필요할 때가 있다. 이와 같은 예외로서 확장수용과 지대수용의 두 가지를 들 수 있다.

(1) 확장수용

확장수용은 다음의 세 가지 경우에 인정된다.

1) 잔여지 등의 매수 또는 수용청구(전부수용)

잔여지 등의 매수 또는 수용청구란 동일한 소유자에 속하는 일단의 토지의 일부가 협의에 의하여 매수되거나 수용됨으로 인하여 잔여지를 종래의 목적에 사용하는 것이 현저히 곤란하게 된 경우[2]에, 그 토지소유자(피수용자)의 청구에 의하여 그 잔여지까지를 합하여 매수하거나 수용하는 것(동법 74조 1항)을 말한다. 이를 전부수용이라고도 한다. 잔여지 등의 매수 또는 수용청구권[3]은 오로지 당해 토지의 소유자만이 가지는 것이며, 사업시행자나 관계인은 잔여지 등의 매수 또는 수용청구권이 없다. 그러므로 토지소유자가 잔여지 등의 매수 또는 수용을 청구하지 아니하는 경우에 사업시행자는 잔여지의 가격감소 등에 대한 손실을 보상하여야 한다(동법 73조 참조). 토지소유자는 사업시행자에게 잔여지의 매수를 청구하며 사업인정 이후에는 관할 토지수용위원

---

1) 특별히 필요한 경우라 함은 법령에 명문의 규정이 있는 경우를 말한다는 견해도 있다(朴均省, 행정법론(하), 346쪽).

2) '종래의 목적'이란 수용재결 당시에 당해 잔여지가 현실적으로 사용되고 있는 구체적인 용도를 의미하고, 사용하는 것이 현저히 곤란한 때란 물리적으로 사용하는 거이 곤란하게 된 경우는 물론 사회적·경제적으로 사용하는 것이 곤란하게 된 경우, 즉 절대적으로 이용 불가능한 경우만이 아니라 이용은 가능하나 많은 비용이 소요되는 경우를 포함한다(대법 2005. 1. 28. 선고 2002두4679 판결).

3) 잔여지수용청구권은 그 요건을 구비한 때에는 토지수용위원회의 특별한 조치를 기다릴 것 없이 청구에 의하여 수용의 효과가 발생하는 형성권적 성질을 가진다(대법 2006. 1. 27. 선고 2004두7290 판결 등).

회에 수용을 청구한다.[1] 이 경우 수용의 청구는 매수에 관한 협의가 성립되지 아니하는 경우에 한하되, 그 사업의 공사완료일까지 하여야 한다[2]. 매수 또는 수용의 청구가 있는 잔여지 및 잔여지에 있는 물건에 관하여 권리를 가진 자(예: 임차인·저당권자)는 사업시행자 또는 관할 토지수용위원회에 권리의 존속을 청구할 수 있다(동법 74조 2항).

2) 사용에 갈음하는 수용(완전수용)

사용에 갈음하는 수용이란 사업인정고시가 있은 후 토지를 사용하는 기간이 3년 이상이거나 사용으로 인하여 토지의 형질이 변경되는 때, 또는 사용하고자 하는 토지에 토지소유자의 건축물이 있는 경우에 그 토지소유자의 청구에 의하여 당해 토지의 사용에 갈음하여 그 토지를 매수하거나 수용하는 것(동법 72조 전단)을 말한다. 완전수용이라고도 한다. 토지의 매수청구는 사업시행자에게 행하며, 수용청구는 관할 토지수용위원회에 행한다. 관계인은 토지소유자가 사용에 갈음하는 수용을 청구한 경우에는 관할 토지수용위원회에 대하여 그 권리의 존속을 청구할 수 있음(동조 후단)은 잔여지 등의 매수 또는 수용청구에 있어서와 같다.

3) 물건의 이전이 현저히 곤란한 경우 등의 수용(이전수용)

건축물·입목·공작물 그 밖에 토지에 정착한 물건은 이전료를 보상하고 이전시키는 것(동법 75조 1항 본문)이 원칙이다. 그러나 그 이전을 강행하는 것이 소유자나 사업시행자에게 부당하게 과중한 손실을 가져올 우려가 있는 경우 또는 물건이 사업시행자에게 필요한 경우에는 예외적으로 그 물건을 아울러 수용할 수 있다. 이는 물건의 이전이 현저히 곤란한 경우 등의 수용으로 이전수용 또는 이전에 갈음하는 수용이라고도 한다.

이전수용에 해당하는 경우로는 다음 세 가지가 있다. 즉 ① 건축물 등의 이전이 어렵거나 그 이전으로 인하여 건축물 등을 종래의 목적대로 사용할 수 없게 된 경우, ② 건축물 등의 이전비가 그 물건의 가격을 넘는 경우, ③ 사업시행자가 공익사업에 직접 사용할 목적으로 취득하는 경우이다(동조 동항 단서).

(2) 지대수용

지대수용이란 본래 공익사업을 위해 직접 필요한 토지 이외에, 공익사업을 위한 건축, 토지

---

1) 잔여지 수용청구를 받아들이지 아니한 토지수용위원회의 재결에 대하여 토지소유자가 불복하여 제기하는 소송은 공익사업을 위한 토지 등의 취득 및 보상에 관한 법률 제85조 제2항에 규정되어 있는 보상금의 증감에 관한 소송에 해당하여 사업시행자를 피고로 하여야 한다(대법 2010. 8. 19. 선고 2007다63089 판결). 이 판결에 대한 평석으로 김용하, 「잔여지 수용청구권의 행사방법 및 불복수단」, 한국행정판례연구회 제265차 월례발표회 발표논문이 있다.

2) 잔여지 또는 잔여 건축물 가격감소 등으로 인한 손실보상을 받기 위해서는 공익사업법 제34조, 제50조 등에 규정된 재결절차를 거친 다음에 그 재결에 대하여 불복할 때 비로소 공익사업법 제83조 내지 제85조에 따라 권리구제를 받을 수 있을 뿐이며, 특별한 사정이 없는 한 이러한 재결절차를 거치지 않은 채 곧바로 사업시행자를 상대로 손실보상을 청구하는 것은 허용되지 않는 다 할 것이고, 이는 잔여지 또는 잔여 건축물 수용청구에 대한 재결절차를 거친 경우라고 하여 달리 볼 것은 아니다(대법 2014. 9. 25. 선고 2012두24092 판결).

의 조성·정리 등 사업의 시행을 위하여 부수적으로 필요한 인접부근 일대의 토지를 수용할 수 있는 경우를 말한다. 지대수용에 의해 수용한 토지는 그 토지의 조성·정리가 완성된 후에 타인에게 매각·대여하여 조성·정리에 소요된 비용의 일부에 충당함이 보통이다.

우리나라에 있어서는 지대수용에 관한 규정이 없다.

제 3 관 사전절차

I. 사업의 준비

1. 의의 및 성질

사업의 준비란 공익사업을 위하여 행하는 준비행위로서 측량·조사·장해물 제거 등에 관한 일련의 행위를 말한다. 「공익사업을 위한 토지 등의 취득 및 보상에 관한 법률」은 제2장에서 이를 규정하고 있다. 그렇기 때문에 사업의 준비를 공용수용절차의 한 단계로 설명하는 것이 일반적이다. 그러나 이들은 널리 사업의 준비를 위하여 인정된 것이지, 반드시 수용의 준비를 위하여 인정된 것은 아니므로 엄밀하게 말하면 수용절차의 일부가 아니라, 그것과는 독립된 보통의 공용사용의 하나이다.

2. 타인토지 출입권

공익사업의 준비를 위하여 타인이 점유하고 있는 토지에 출입하여 측량 또는 조사를 할 필요가 있을 때에는 사업시행자는 사업의 종류와 출입할 토지의 구역 및 기간을 정하여 특별자치도지사, 시장·군수 또는 구청장(자치구의 구청장을 말한다)의 허가를 받아야 한다. 다만, 사업시행자가 국가인 때에는 그 사업을 시행할 관계 중앙행정기관의 장이 특별자치도지사, 시장·군수 또는 구청장에게, 사업시행자가 특별시·광역시 또는 도인 때에는 특별시장·광역시장 또는 도지사가 시장·군수 또는 구청장에게 각각 통지하여 이를 행한다(동법 9조 2항).

특별자치도지사, 시장·군수 또는 구청장이 출입의 허가를 하였거나 통지를 받았을 때 또는 자신이 사업시행인인 경우로서 타인이 점유하는 토지에 출입하여 측량 또는 조사를 하려는 때에는 사업시행자, 사업의 종류 및 출입할 토지의 구역과 기간을 공고하고 이를 토지점유자에게 통지하여야 한다(동법 9조 3항).

사업시행자는 타인이 점유하는 토지에 출입하여 측량·조사함으로써 발생하는 손실을 보상하여야 한다(동조 4항).

3. 장해물의 제거 등

사업시행자는 타인이 점유하는 토지에 출입하여 측량 또는 조사를 함에 있어서 장해물의 제거 또는 토지의 시굴(이하 장해물의 제거 등이라 한다)을 하여야 할 부득이한 사유가 있는 경우에는 그 소유자 및 점유자의 동의를 얻어야 한다. 다만, 그 소유자 및 점유자의 동의를 얻지 못한 때에는 특별자치도지사, 시장·군수 또는 구청장의 허가를 얻어 장해물의 제거 등을 할 수 있으며, 특별자치도, 시·군 또는 구가 사업시행자인 경우에는 특별자치도지사, 시장·군수 또는 구청장은 허가 없이 장해물의 제거 등을 할 수 있다(동법 12조 1항). 소유자 및 점유자의 동의를 얻게 한 것은 장해물의 제거·시굴 등의 행위가 점유권의 침해 정도가 아니라 본권의 침해에 이르기 때문이다.

특별자치도지사, 시장·군수 또는 구청장이 허가를 하고자 할 때에는 미리 그 장해물의 소유자 및 점유자의 의견을 들어야 한다(동법 12조 2항).

사업시행자는 장해물의 제거 등을 함으로써 발생하는 손실을 보상하여야 한다(동조 4항).

Ⅱ. 사전협의에 의한 취득

1. 사전협의의 존재의의

「공익사업을 위한 토지 등의 취득 및 보상에 관한 법률」은 제3장에서 수용에 의한 취득을 위한 첫 절차인 사업인정 이전에 공익사업에 필요한 토지 등의 협의에 의한 취득(또는 사용)을 규정하고 있다.

공익사업에 필요한 토지 등은 대부분 계약에 의한 임의매수의 방식에 의하여 취득된다. 임의매수의 방식이 강제수용의 방식보다 바람직함은 말할 나위도 없다. 그러나 임의매수의 방식에 의하는 경우 임의매수의 성질상 일정한 기준이 있을 수 없으므로 매수가격이 수용에 의한 보상기준보다 낮아질 수 있다. 실제로 1960년대 후반부터 경부고속도로 건설 등 공익사업이 활발해지면서 임의매수를 할 때의 가격과 수용보상을 할 때의 가격에 차이가 발생하였고 민원의 대상이 되기에 이르렀다. 이것이 1975년 12월 31일 법률 제2847호로 공공용지의 취득 및 손실보상에 관한 특례법이 제정된 이유이다.

「공익사업을 위한 토지 등의 취득 및 보상에 관한 법률」은 이 법률을 폐지함과 동시에 공익사업에 필요한 토지 등의 취득 속에 협의에 의한 취득과 수용에 의한 취득을 포함하여 보상액의 산정뿐만 아니라 절차 등을 동일하게 하고 있다.

2. 사전협의의 성질

사업인정 이전의 사전협의에 의한 취득의 법적 성질은 사법상 계약으로 보고 있다(헌재 1992. 11. 12. 90헌마160 결정, 대법 1994. 12. 13. 선고 94다25209 판결 등). 그러나 여기서 말하는 사전협의에 의한 취득은 형식은 사법상 계약이지만 그 실질은 공익사업의 효율적인 수행을 위한 복리행정의 일환이라는 점에서 순수사법관계에 있어서의 사법상 계약과 구별하여 행정사법상 계약으로 보는 것이 본서의 입장이다.

3. 사전협의의 절차

(개) 사업시행자는 공익사업의 수행을 위하여 사업인정 전에 협의에 의한 토지 등의 취득 또는 사용이 필요한 때에는 토지조서 및 물건조서를 작성하여 서명 또는 날인을 하고 토지소유자 및 관계인의 서명 또는 날인을 받아야 한다(동법 14조 1항 본문).

(내) 사업시행자가 토지조서 및 물건조서를 작성한 때에는 공익사업의 개요, 토지조서 및 물건조서의 내용과 보상의 시기·방법 및 절차 등을 기재한 보상계획을 전국을 보급지역으로 하는 일간신문에 공고하고, 토지소유자 및 관계인에게 각각 통지하여야 하며, 특별자치도지사, 시장·군수 또는 구청장에게도 통지하여야 한다(동법 15조 1항 본문). 이 경우에 사업시행자는 공고·통지의 내용을 14일 이상 일반인이 열람할 수 있도록 하여야 한다(동조 2항 본문).

(대) 공고 또는 통지된 토지조서 및 물건조서의 내용에 대하여 이의가 있는 토지소유자 또는 관계인은 위 열람기간 이내에 사업시행자에게 서면으로 이의를 제기할 수 있다(동조 3항). 사업시행자는 토지조서 및 물건조서에 제기된 이의를 부기하고 그 이의가 이유 있다고 인정하는 때에는 적절한 조치를 하여야 한다(동조 4항).

(래) 사업시행자는 토지 등에 대한 보상에 관하여 토지소유자 및 관계인과 성실하게 협의하여야 한다(동법 16조 전단).

4. 계약의 체결

사업시행자는 협의가 성립된 때에는 토지소유자 및 관계인과 계약을 체결하여야 한다(동법 17조). 이 계약의 성질이 행정사법상 계약이라는 것은 앞에서 보았다.

5. 효　과

사업시행자와 토지소유자 등간에 계약이 체결되면 양자간에 권리·의무가 발생한다. 중요한 것은 사업시행자의 권리취득이고, 토지소유자 등의 손실보상청구권이다.

(1) 사업시행자의 권리취득

사업시행자는 권리를 취득한다. 사업시행자의 권리취득은 승계취득이다.

(2) 토지소유자 등의 손실보상청구권

토지소유자 등은 손실보상청구권을 취득한다. 손실보상의 산정기준 등은 「공익사업을 위한 토지 등의 취득 및 보상에 관한 법률」이 정하는 바에 의한다(동법 70조 참조). 「공익사업을 위한 토지 등의 취득 및 보상에 관한 법률」은 손실보상의 내용에 관하여 제3장 협의에 의한 취득 또는 사용과 제4장 수용에 의한 취득 또는 사용 사이에 차이를 두고 있지 않다(제6장 참조).

제 4 관 공용수용의 절차

Ⅰ. 절차의 구분

공용수용의 절차는 크게 두 가지 유형으로 구분된다. 그 하나는 공용수용권이 직접 법률에 의하여 설정되는 경우이며, 다른 하나는 공용수용권이 법률에 정한 일련의 절차를 거쳐 별도의 행정처분에 의하여 설정되는 경우이다. 전자는 원칙적으로 국가 또는 지방자치단체나 공공단체가 수용권자인 경우에 한하고 또한 긴급한 필요가 존재할 때 예외적으로 인정되는 경우이다. 이러한 경우에는 수용권자의 통지가 있음으로써 혹은 보상금액의 결정을 조건으로 즉시 수용의 효과가 발생하는 것이 원칙이다. 후자는 공용수용의 일반원칙으로서 여러 개의 절차적 행위를 거쳐 비로소 수용의 효과가 완성되게 된다. 이에는 다시 소정의 절차를 다 거치는 보통절차와 특별한 경우에 일련의 절차적 행위 중 일부를 생략하는 약식절차로 나누어진다.

아래에서는 이들 중 보통절차와 약식절차에 대하여 살펴보기로 한다.

Ⅱ. 공용수용의 보통절차

공용수용은 공익사업을 위해 특정인의 재산권을 강제적으로 취득하는 제도이므로 수용자와 피수용자간의 이해조정을 위한 적절한 절차가 필요하다. 이 때문에 수용은 법률에 의한 절차에 따라 행하여지는 것이 원칙이다. 이 절차가 수용의 보통절차이다. 「공익사업을 위한 토지 등의 취득 및 보상에 관한 법률」이 정하고 있는 수용의 보통절차는 ① 사업인정, ② 토지조서·물건조서의 작성, ③ 협의, ④ 재결·화해로 나뉜다.

1. 사업인정

공용수용절차 중에서 먼저 반드시 거쳐야 할 주요한 절차가 사업인정 절차이다.

(1) 사업인정의 의의

사업인정이란 개별적·구체적인 경우에 특정한 사업이 법률이 정하고 있는 토지 등을 수용(또는 사용)할 수 있는 사업, 즉 공익사업임을 결정하는 행정활동을 말한다. 「공익사업을 위한 토지 등의 취득 및 보상에 관한 법률」도 사업인정이라 함은 공익사업을 토지 등을 수용 또는 사용할 사업으로 결정함을 말한다라고 정의하고 있다(동법 2조 7호).

공용수용제도가 사인의 재산권을 강제적으로 취득하는 제도인 이상, 그 공권력을 발동함에 있어서는 신중한 배려가 필요한 것임은 말할 나위가 없다.

(2) 사업인정의 법적 성질

1) 사업인정은 행정행위이다. 즉 사업인정은 행정청이 구체적 사실에 대한 법집행으로서 외

부에 대하여 직접적인 법적효과를 발생시키는 권력적 행위인 공법행위이다.

2) 사업인정은 행정행위 중에서 설권적 형성행위라는 것이 다수설이다. 사업인정이 어떤 성질의 행정행위인가에 관하여는 설권적 형성행위설과 확인행위설로 나뉜다. 설권적 형성행위설은 사업인정이란 소정의 사업이 법정 공익사업에 해당함을 인정하여 국가가 사업시행자를 위하여 그 후의 일정한 절차를 거칠 것을 조건으로 하여 일정한 내용의 수용권을 설정해 주는 행위라고 보는 견해이다. 이 견해에 의하면 사업인정 이후의 절차는 사업인정에 의하여 설정된 수용권의 효과실현과정에 불과하게 된다. 확인행위설은 사업인정이란 국가가 특정사업이 공용수용을 할 수 있는 공익사업에 해당되는가의 여부를 판단·결정해 주는 확인행위에 지나지 않는다고 보는 견해이다. 이 견해에 의하면 사업시행자는 법이 정한 제 권리를 행사할 수 있는 지위를 차지하게 되지만, 이 법적 지위는 사업인정에 의하여 부여되는 것이 아니라 법률의 규정에 의하여 당연히 발생하는 것이라고 한다.[1] 설권적 형성행위설이 다수설[2]일 뿐만 아니라, 판례도 "사업인정이란 공익사업을 토지 등을 수용 또는 사용할 사업으로 결정하는 것으로서 공익사업의 시행자에게 그 후 일정한 절차를 거칠 것을 조건으로 일정한 내용의 수용권을 설정하여 주는 형성행위이므로, 해당 사업이 외형상 토지 등을 수용 또는 사용할 수 있는 사업에 해당한다고 하더라도 사업인정기관으로서는 그 사업이 공용수용을 할 만한 공익성이 있는지의 여부와 공익성이 있는 경우에도 그 사업의 내용과 방법에 관하여 사업인정에 관련된 자들의 이익을 공익과 사익 사이에서는 물론, 공익 상호간 및 사익 상호간에도 정당하게 비교·교량하여야 하고, 그 비교·교량은 비례의 원칙에 적합하도록 하여야 한다. 그 뿐만 아니라 해당 공익사업을 수행하여 공익을 실현할 의사나 능력이 없는 자에게 타인의 재산권을 공권력적·강제적으로 박탈할 수 있는 수용권을 설정하여 줄 수는 없으므로, 사업시행자에게 해당 공익사업을 수행할 의사와 능력이 있어야 한다는 것도 사업인정의 한 요건이라고 보아야 한다."(대법 2011. 1. 27. 선고 2009두1051 판결)라고 하여 이 입장을 취하고 있다.

3) 사업인정은 재량행위라는 것이 다수설이다. 앞에서 설명한 설권적 형성행위설에 의하면 사업인정은 사업시행자에게 일정한 내용의 수용권을 부여하는 행위이므로 재량행위라고

---

1) 尹世昌, 행정법(하), 350쪽; 朴源永, 앞의 논문, 75쪽; 金海龍, 「토지보상법에서의 사업인정의 의의, 법적 성격 및 권리구제」, 고시계 2005년 2월호, 24쪽. 金 교수는 사업인정과 수용재결절차가 단계 행정절차의 관계에 있는 것으로 보고, 사업인정은 잠정적인 행정결정으로, 재결은 토지의 수용·사용을 위한 법적 권한을 종국적으로 형성하는 것으로 본다.

2) 金光洙 교수는 현행 법령의 구조상 형성행위설이 비교적 강점이 있다고 평가한다. 현행 법령을 종합하여 보면 사업인정을 받기 위해서는 ① 당해 사업의 공익성, ② 사업자의 사업수행능력, ③ 당해 토지의 공공필요성 등을 종합적으로 판단하여야 하는데, ①의 측면에서는 확인적인 성격이 강하나, ②③의 측면에서는 단순 확인의 정도를 넘어서 이를 바탕으로 당해 신청자에게 공익사업자로서의 지위를 설정하는 성격이 더 크다고 보고 있다 (同人, 「토지비축사업의 사업인정 방안」, 토지공법연구(한국토지공법학회) 제41집, 108쪽 이하).

하고, 확인행위설에 의하면 사업인정은 기속행위라고 한다.[1] 그러나 사업인정이 설권적 형성행위냐 확인행위냐에 의하여 논리 필연적으로 재량행위인가 기속행위인가의 결론이 나오는 것이 아니라 법규정 내지 법취지에 의하여 밝혀져야 한다. 우리 「공익사업을 위한 토지 등의 취득 및 보상에 관한 법률」은 사업인정의 요건으로 공익의 필요 외에 별다른 규정을 두고 있지 않으므로 재량행위로 보는 것이 타당하다.[2] 판례도 "당해 사업이 비록 토지를 수용할 수 있는 사업에 해당된다 하더라도 행정청으로서는 과연 그 사업이 공용수용을 할 만한 공익성이 있는지의 여부를 모든 사정을 참작하여 구체적으로 판단하여야 하는 것이므로 사업인정의 여부는 행정청의 재량에 속한다"(대법 1992. 11. 13. 선고 92누596 판결)라고 하여 이 입장을 취한다.

(3) 사업인정권자

「공익사업을 위한 토지 등의 취득 및 보상에 관한 법률」상의 사업인정권자는 국토교통부장관이다(20조 1항). 개별법상의 사업인정권자는 국토교통부장관이 아닌 다른 행정청인 경우도 있다(예: 광업법 72조). 또한 「국토의 계획 및 이용에 관한 법률」의 예에서 보는 바와 같이(96조 1항) 감독청이 실시계획을 인가·고시하면 사업인정 및 고시가 의제되기 때문에, 특별시장·광역시장·도지사 등 지방행정기관이 사업인정권자인 경우도 적지 않다.

(4) 사업인정의 기준

「공익사업을 위한 토지 등의 취득 및 보상에 관한 법률」에는 사업인정의 기준을 명시하고 있지는 않다. 그러나 법이 사업인정의 대상을 공익사업에 한정하고 있으므로, 사업인정의 기준은 공익성이 인정되느냐의 여부 및 비례원칙에 적합하느냐의 여부이다. 판례도 "공익사업을 위한 토지 등의 취득 및 보상에 관한 법률의 규정에 의한 사업인정처분이라 함은 공익사업을 토지 등을 수용 또는 사용할 사업으로 결정하는 것으로서(같은 법 2조 7호) 단순한 확인행위가 아니라 형성행위이므로, 당해 사업이 외형상 토지 등을 수용 또는 사용할 수 있는 사업에 해당된다 하더라도 행정주체로서는 그 사업이 공용수용을 할 만한 공익성이 있는지의 여부와 공익성이 있는 경우에도 그 사업의 내용과 방법에 대하여 사업인정처분에 관련된 자들의 이익을 공익과 사익간에서는 물론, 공익 상호간 및 사익 상호간에도 정당하게 비교·교량하여야 하고, 그 비교·교량은 비례의 원칙에 적합하도록 하여야 한다"(대법 2005. 4. 29. 선고 2004두14670 판결)라고 하여 이를 밝히고 있다.

---

1) 사업인정을 설권적 형성행위설이라고 보면서도 기속행위라고 하는 견해(金南辰, 행정법 Ⅱ, 525쪽)도 있다. 이유는 명백하지 않다.

2) 崔正一 교수는 사업인정이 토지수용권을 부여하는 특허에 해당하는 처분인 점, 수익적 행정처분인 점과 공익사업의 수행의 필요성 및 그 효과에 관한 기술적·전문적 판단을 요하는 분야로서 공익실현과 합목적성을 추구하기 위해 보다 구체적 타당성에 적합한 기준에 의해야 하는 점을 근거로 재량행위로 본다(同人, 「위법성의 승계, 재량행위에 대한 사법심사의 방식, 집행정지, 금지소송, 사정판결」, 고시계 2011년 5월호, 10쪽).

(5) 사업인정의 절차

1) 신　청

사업인정을 받고자 하는 자는 소정의 사업인정신청서를 법정 사업계획서 등을 첨부하여 시·도지사를 거쳐 국토교통부장관에게 제출하여야 한다. 다만, 사업시행자가 국가인 때에는 당해 사업을 시행할 중앙행정기관의 장이 직접 이를 국토교통부장관에게 제출할 수 있다(동법 시행령 10조 1항).

2) 협의 및 의견청취

국토교통부장관이 사업인정을 하고자 하는 때에는 관계 중앙행정기관의 장 및 시·도지사와 협의하여야 한다(동법 21조 전단). 또한 국토교통부장관이 사업인정을 하고자 할 때에는 미리 중앙토지수용위원회 및 사업인정에 관하여 이해관계가 있는 자의 의견을 들어야 한다(동법 21조 후단).

(6) 사업인정의 고시

국토교통부장관이 사업인정을 한 때에는 지체없이 그 뜻을 사업시행자·토지소유자 및 관계인, 관계 시·도지사에게 통지하고 사업시행자의 성명 또는 명칭·사업의 종류·사업지역 및 수용(또는 사용)할 토지의 세목을 관보에 고시[1]하여야 한다(동법 22조 1항). 판례는 위 통지와 고시의 절차를 누락하는 경우 사업인정의 흠이 취소사유에 해당하지만 무효사유는 아니라는 입장이다(대법 2000. 10. 13. 선고 2000두5142 판결).

(7) 사업인정의 효력발생시기

사업인정은 국토교통부장관이 이를 고시한 날로부터 그 효력을 발생한다(동조 3항).

(8) 사업인정의 효과

사업인정이 고시되면 여러 가지 실체적 효과, 절차적 효과 및 부수적 효과가 발생한다. 그 중 중요한 것은 다음과 같다.

1) 목적물의 범위확정

사업인정을 받게 되면 수용할 목적물의 범위가 확정되고 수용권으로 하여금 목적물에 관한 현재 및 장래의 권리자에게 대항할 수 있는 일종의 공법상의 권리로서의 효력을 발생시킨다(대법 2019. 12. 12. 선고 2019두47629 판결 등).

---

1) 동법 제22조 제1항의 통지의 성질에 관하여는 이를 준법률행위적 행정행위로 보는 견해(朴鈗炘, 최신행정법강의(상), 248쪽 주 2)도 있고, 사실행위로 보는 견해(金重權, 「조문형식을 띤 고시의 처분성 인정에 따른 문제점에 대한 소고」, 한국행정판례연구회 제216차 발표논문, 10쪽 이하)도 있다.

2) 관계인의 범위 한정

관계인의 범위는 사업인정 고시 시점을 기준으로 하여 한정된다. 따라서 사업인정의 고시가 있은 후 새로이 권리를 취득한 자는 기존의 권리를 승계한 자를 제외하고는 관계인에 포함되지 아니한다(동법 2조 5호 단서).

3) 토지보전의무의 발생

사업인정의 고시가 있은 후에는 누구든지 고시된 토지에 대하여 사업에 지장을 초래할 우려가 있는 형질의 변경이나 토지에 정착된 물건 등의 손괴 또는 수거를 하지 못하며, 고시된 토지에 건축물의 건축·대수선, 공작물의 설치 또는 물건의 부가·증치(增置)를 하고자 하는 자는 미리 특별자치도지사, 시장·군수 또는 구청장의 허가를 얻어야 한다(동법 25조 1항·2항).

4) 토지물건조사권의 발생

사업인정의 고시가 있은 후에는 사업시행자 또는 감정평가를 의뢰받은 감정평가업자는 행정청의 허가를 받을 필요 없이 사업의 준비나 토지 및 물건조서를 작성하기 위하여 또는 감정평가를 위하여 그 토지 또는 공작물에 출입하여 이를 측량 또는 조사할 수 있다(동법 27조 1항). 「공익사업을 위한 토지 등의 취득 및 보상에 관한 법률」 제9조 이하에서 사업준비를 하기 위한 출입 등을 규정하고 있음에도 불구하고 같은 법 제27조 제1항에서 토지·물건 조서작성을 위한 출입을 규정하고 있는 것은 ① 사업인정의 고시 후의 단계에서도 사업준비를 위하여 다시 구체적으로 수용·사용 대상물에 대하여 조사할 필요성이 실제로 발생하며, ② 사업인정의 고시 후에는 제9조 이하에서 규정된 것과는 달리 출입·조사를 위한 절차를 간략하게 할 필요가 있기 때문이다.

사업시행자는 타인이 점유하는 토지에 출입하여 측량·조사함으로써 발생하는 손실을 보상하여야 한다(동조 3항).

(9) 사업인정의 실효

사업인정은 다음의 경우에 그 효력을 상실한다.

1) 재결의 미신청으로 인한 실효

사업시행자가 사업인정의 고시가 있은 날부터 1년 이내에 재결신청을 하지 아니한 때에는 사업인정은 사업인정의 고시가 있은 날부터 1년이 되는 날의 다음날부터 그 효력을 상실한다(동법 23조 1항). 재결을 거쳤다 하더라도 사업시행자가 수용(또는 사용)의 시기까지 재결한 보상금을 지급 또는 공탁하지 아니하거나 무효인 공탁인 경우에도 재결의 미신청과 같은 상태가 된다(대법 1996. 9. 20. 선고 95다17373 판결).

사업시행자는 사업인정이 실효됨으로 인하여 토지소유자 또는 관계인이 입은 손실을 보상하여야 한다(동조 2항).

2) 사업의 폐지·변경으로 인한 실효

사업인정의 고시가 있은 후 사업의 전부 또는 일부를 폐지하거나 변경함으로 인하여 토지 등의 전부 또는 일부를 수용(또는 사용)할 필요가 없게 된 때, 시·도지사는 사업시행자의 신고 또는 직권으로 사업의 전부 또는 일부의 폐지나 변경이 있는 것을 관보에 고시하여야 하는데, 고시가 있은 날부터 그 고시된 내용에 따라 사업인정의 전부 또는 일부는 그 효력을 상실한다(동법 24조 1항 내지 5항).

사업시행자는 사업의 전부 또는 일부를 폐지·변경함으로 인하여 토지소유자 또는 관계인이 입은 손실을 보상하여야 한다(동조 6항).

(10) 사업인정에 대한 불복

사업인정에 흠이 있는 경우(예:이해관계인의 의견을 청취하지 아니한 경우)에는 이에 불복하는 자는 행정쟁송으로(취소쟁송 또는 무효등확인쟁송으로) 다툴 수 있다.[1] 사업인정이 재량행위라고 해서 다툴 수 없는 것은 아니다.

2. 토지·물건조서의 작성

(1) 의 의

토지·물건조서란 공익사업을 위하여 수용 또는 사용을 필요로 하는 토지와 그 토지 위에 있는 물건의 내용을 법정 절차를 거쳐 사업시행자가 작성하는 문서를 말한다.

사업인정의 고시가 있으면 사업시행자는 토지·물건조사권을 가지는 한편, 재결절차가 개시되기 전에 토지·물건조서를 작성할 의무를 지게 된다.

(2) 필 요 성

사업시행자로 하여금 토지·물건조서를 작성케 하는 이유는 재결절차가 개시되기 전에 수용(또는 사용)할 토지·물건의 내용을 확정함으로써, ① 당사자간의 분쟁의 소지를 미리 예방하고, ② 다음 절차, 특히 토지수용위원회에서의 심리를 원활·신속하게 하기 위함이다(대법 1993. 9. 10. 선고 93누5543 판결 참조).

---

1) 울산지법 2007. 6. 27. 선고 2007구합447 판결: 사업인정상의 수용대상 토지에 자기 소유의 토지가 포함되어 있는 사람이 그 토지를 수용대상에서 제척시키기 위하여는 사업인정 단계에서 쟁송하여야 하고, 그 쟁송기간이 도과하여 불가쟁력이 발생한 경우에는 사업인정이 중대하고도 명백한 하자로 인하여 당연무효라고 볼 특별한 사정이 없는 한 사업인정의 위법을 이유로 당해 토지에 관한 수용재결의 취소를 구할 수는 없다.

(3) 토지·물건조서의 작성절차

(ㄱ) 사업시행자는 사업인정고시가 있은 후 사업의 준비나 토지조서 및 물건조서(토지·물건조서)를 작성하기 위하여 필요한 경우 해당 토지 또는 물건에 출입하여 이를 측량하거나 조사할 수 있다(동법 27조 1항).

(ㄴ) 사업시행자는 사업인정의 고시가 있은 후 자신이 행한 토지·물건조사의 결과를 토대로 토지조서 및 물건조서를 작성한다(동법 26조 1항). 토지·물건조서는 일정한 서식에 의해 작성되며, 사업시행자가 서명날인하고, 토지소유자와 관계인의 서명 또는 날인을 받아야 한다(동법 14조 1항).[1)]

(ㄷ) 사업인정고시가 있은 후에는 토지소유자·관계인이 토지·물건조서의 내용에 대하여 열람기간 이내에 이의를 제기하는 경우를 제외하고는 작성된 토지·물건조서의 내용에 대하여 이의를 제기할 수 없음이 원칙이다(동법 27조 3항 본문).

(ㄹ) 사업시행자는 토지·물건조서를 작성한 때에는 공익사업의 개요, 토지·물건조서의 내용과 보상의 시기·방법 및 절차 등을 기재한 보상계획을 전국을 보급지역으로 하는 일간신문에 공고하고, 토지소유자 및 관계인에게 각각 통지하여야 한다(동법 26조 1항, 15조 1항). 사업시행자는 공고 또는 통지의 내용을 14일 이상 일반인이 열람할 수 있도록 하여야 한다(15조 2항). 공고 또는 통지된 토지조서 및 물건조서의 내용에 대하여 이의가 있는 토지소유자 또는 관계인은 열람기간 이내에 사업시행자에게 서면으로 이의를 제기할 수 있으며, 사업시행자는 해당 토지조서 및 물건조서에 제기된 이의를 부기하고 그 이의가 이유있다고 인정하는 때에는 적절한 조치를 하여야 한다(동조 3항·4항).

(4) 토지·물건조서의 효력

사업시행자가 소정의 절차를 거쳐 작성한 토지·물건조서는 일단 진실성을 추정받는 효력이 있다. 다만 토지조서 및 물건조서의 내용이 진실에 반하는 것을 입증할 때에는 예외로 한다(동법 27조 2항 단서).

3. 협 의

(1) 존재 의의

사업시행자는 사업인정의 고시가 있은 후에 토지소유자 및 관계인과 수용할 토지 등에 대한 권리의 취득·소멸에 관하여 협의하여야 하며, 협의가 성립되면 그것으로 수용절차는 종결된다. 「공익사업을 위한 토지 등의 취득 및 보상에 관한 법률」 제26조 제1항은 사업인정을 받은 사업

---

1) 대법 1990. 1. 23. 선고 87누947 판결: 기업자(현행법상의 사업시행자)가 토지조서나 물건조서를 작성함에 있어 소유자들의 입회와 서명날인이 있었는지의 여부는 그 기재의 증명력에 관한 문제이어서 입회나 서명날인이 없었다는 사유만으로는 중앙토지수용위원회의 이의재결이 위법하다 하여 그 취소의 사유로 삼을 수는 없다.

시행자는 토지소유자 및 관계인과의 협의의 절차를 거쳐야 한다라고 하여 협의를 토지수용의 필수적 절차로 규정하고 있다.

이 규정의 입법취지는 ① 피수용자에 대하여 수용의 취지·절차 및 그에 따른 손실보상제도를 설명하고 이해시키며, ② 가능한 한 공권력발동에 의하지 않고 원만하게 토지 취득의 목적을 달성하려는 데에 있다. 그러나 수용절차의 신속성과 효율성의 요청에 반하는 측면도 있다.

⑵ 협의의 법적 성질

「공익사업을 위한 토지 등의 취득 및 보상에 관한 법률」 제26조 제1항의 협의의 법적 성질에 관하여는 공법상 계약설과 사법상 계약설로 나누어진다.

⑺ **공법상 계약설**　　이 설은 「공익사업을 위한 토지 등의 취득 및 보상에 관한 법률」 제26조 제1항의 협의를 공법상 계약으로 이해하는 견해이다. 이 견해의 논거는 협의라는 것이 사업시행자가 국가적 공권의 주체로서 토지소유자 및 관계인에 대하여 기득의 수용권을 실행하는 방법에 불과하고, 협의가 성립되지 않으면 재결에 의하게 된다는 점에서 찾는다.[1] 이 설이 우리나라의 다수설이다. 이 설의 단점은 다음에서 보는 협의성립확인제도와의 관계에 있다. 즉 협의를 공법상 계약으로 이해하게 되면 협의성립확인과 같은 효과를 인정하게 되기 때문이다.

⑼ **사법상 계약설**　　이 설은 「공익사업을 위한 토지 등의 취득 및 보상에 관한 법률」 제26조 제1항의 협의를 행정사법상 계약으로 이해하는 견해이다. 이 견해의 논거는 협의에 있어서의 당사자의 관계는 대등한 사인으로서의 관계라는 데에 있다.[2] 이 설은 우리 판례가 취하고 있다(대법 1979. 7. 24. 선고 79다655 판결 등).[3] 이 설의 장점은 보상의 내용·방법 등에 융통성이 인정된다는 점 등에 있다. 반면 이 설의 단점은 토지의 원시취득이 아니기 때문에 흠을 승계할 가능성이 있는 등 그 확정성에 문제가 생긴다는 점 등에 있다.

⑶ 협의의 요건

⑺ 사업시행자는 사업인정 고시일로부터 1년 이내에 협의를 행하여야 한다. 사업인정 고시일로부터 1년 이내에 재결신청을 하지 아니하면 사업인정 고시가 있는 날부터 1년이 되는 날의 다음날로부터 사업인정의 효력이 상실되기 때문이다(동법 23조 1항).

⑼ 사업시행자는 피수용자 전원을 상대로 하여 협의를 행하여야 한다.

---

1) 金道昶, 일반행정법론(하), 609·610쪽.

2) 金鐵容, 「토지수용의 협의의 성질」, 법정 1966년 4월호, 94쪽.

3) 따라서 판례에 의하면 협의성립 후 보상금을 지급하지 아니할 경우에 제기하는 보상금지급청구의 소송은 민사소송이 된다(대법 1969. 5. 19. 선고 67다2038 판결).

㈐ 사업시행자는 토지조서·물건조서에서 작성한 목적물을 대상으로 그 범위 내에서 취득 또는 소멸될 권리의 종류 및 내용, 권리의 취득·소멸의 시기 및 명도기한, 대가 등에 대하여 협의를 행한다.

㈑ 사업시행자는 협의를 하고자 하는 때에는 국토교통부령이 정하는 보상협의요청서에 필요한 법정 사항을 기재하여 토지소유자 및 관계인에게 통지하여야 한다(동법 시행령 8조 1항).

⑷ 협의의 효과

협의가 성립되면 그 협의의 내용에 따라 사업시행자는 목적물을 취득하게 된다. 다수설에 의하면 수용의 절차는 이로써 종결되고 수용의 효과가 발생한다. 즉 사업시행자는 수용의 개시일까지 보상금을 지급 또는 공탁하고(동법 40조), 피수용자는 그 시기까지 토지·물건을 사업시행자에게 인도 또는 이전함으로써(동법 43조), 사업시행자는 목적물에 대한 권리를 취득하고, 피수용자는 그 권리를 상실하게 된다고 한다. 그러나 판례는 이 경우에 의한 목적물의 취득은 재결에 의한 수용의 경우와는 달리 원시취득이 아니라 승계취득이라고 보고 있다(대법 1978. 11. 14. 선고 78다1528 판결).

협의취득 당시의 토지소유자(또는 그 포괄승계인)는 후술하는 바와 같이 환매권을 갖는다(동법 91조).

⑸ 협의성립확인

1) 협의성립확인의 취지

「공익사업을 위한 토지 등의 취득 및 보상에 관한 법률」 제29조는 협의 외에 협의성립확인제도를 두고 있다. 「공익사업을 위한 토지 등의 취득 및 보상에 관한 법률」이 이 규정을 둔 취지는 협의에 의한 당사자간의 합의만으로는 「공익사업을 위한 토지 등의 취득 및 보상에 관한 법률」에 의한 권리취득으로 볼 수 없다는 전제 아래서(대법 1992. 9. 14. 선고 92다21319 판결), 관계 당사자간의 합의에 수용재결과 같은 효과를 부여함으로써 수용재결절차에 의하지 아니하고 수용의 목적을 달성하게 하려는 데에 있다.

2) 협의성립확인의 2가지 형태

협의성립확인에는 일반협의성립확인과 공증협의성립확인의 두 가지 형태가 있다.

㈎ **일반협의성립확인**　　　일반협의성립확인이란 재결절차에 관한 사항의 준용에 의한 협의성립확인을 말한다(동법 29조 2항). 즉 협의성립확인신청이 있게 되면 그 신청의 열람 및 의견진술 기회 부여(동법 31조), 심리의 개시 및 기일·장소의 통지(동법 32조), 재결(동법 34조), 재결기간(동법 35조), 토지수용위원회위원의 제척(동법 57조), 심리조사상의 권한(동법

58조) 등 재결절차에 있어서와 같은 방법에 의하여 확인을 하게 되는 경우를 말한다.

(내) **공증협의성립확인**　　　공증협의성립확인이란 사업시행자가 협의가 성립된 토지의 소재지·지번·지목 및 면적 등 대통령령이 정하는 사항에 대하여 「공증인법」에 의한 공증을 받아 협의성립확인신청서에 법정 서류를 첨부하여 관할 토지수용위원회에 협의성립확인을 신청하고 관할 토지수용위원회가 이를 수리함으로써 협의성립확인으로 보는 경우를 말한다(동법 29조 3항). 따라서 공증을 받아 제출된 확인신청에 대하여는 열람·심의 또는 재결서의 작성과 같은 절차를 필요로 하지 아니하며, 협의성립확인을 조속히 하고자 하는 경우에 이 방법이 필요하다.

3) 협의성립확인신청의 요건

협의성립확인을 신청하기 위해서는 ① 당사자 사이에 협의가 성립하였을 것, ② 수용재결신청기간 내일 것, ③ 당해 토지소유자 및 관계인의 동의를 얻었을 것[1], ④ 사업시행자가 신청할 것, ⑤ 협의성립확인신청서에 토지소유자 및 관계인의 동의서·계약서·토지조서 및 물건조서·사업계획서를 첨부하여 관할 토지수용위원회에 신청할 것 등의 요건을 갖추어야 한다(동법 29조, 동법 시행령 13조 2항).

4) 확　인

토지수용위원회는 협의성립확인신청이 형식적 요건을 구비하고 협의의 내용이 재결의 효과를 부여하기 적합한 경우에는 확인을 행하여야 하며, 공증협의성립확인신청의 경우에는 이를 수리하여야 한다.

토지수용위원회가 행하는 협의성립의 확인은 「공익사업을 위한 토지 등의 취득 및 보상에 관한 법률」에 의한 재결로 보며, 사업시행자·토지소유자 및 관계인은 그 확인된 협의의 성립이나 내용을 다툴 수 없다(동법 29조 4항).

이와 같이 확인은 재결로 보기 때문에 확인의 효과는 후술하는 재결의 효과가 된다.

5) 확인에 대한 불복

확인도 일종의 처분이므로 이에 불복하는 자는 중앙토지수용위원회에 이의의 신청을 할 수 있고, 행정소송으로 다툴 수 있다.

---

1) 대법 2018. 12. 13. 선고 2016두51719 판결: 공익사업을 위한 토지 등의 취득 및 보상에 관한 법률 제29조 제3항에 따른 협의 성립의 확인 신청에 필요한 동의의 주체인 토지소유자는 협의의 대상이 되는 '토지의 진정한 소유자'를 의미한다. 따라서 사업시행자가 진정한 토지소유자의 동의를 받지 못한 채 단순히 등기부상 소유명의자의 동의만을 얻은 후 관련 사항에 대한 공증을 받아 동법 제29조 제3항에 따라 협의 성립의 확인을 신청하였음에도 토지수용위원회가 신청을 수리하였다면, 수리 행위는 다른 특별한 사정이 없는 한 동법이 정한 소유자가 동의 요건을 갖추지 못한 것으로서 위법하다.

4. 재 결

(1) 재결의 의의 및 법적 성질

재결은 수용의 최종절차이다. 재결이 무엇인가는 재결의 법적 성질을 어떻게 보느냐에 따라 달라진다.

국가수용권설에 의하면 수용권의 주체는 국가이므로, 국가는 사업인정을 통해 사업시행자에게 수용청구권을 부여하고, 사업시행자는 재결신청을 통해 수용청구권을 행사하며, 국가는 재결을 통하여 수용권을 행사하게 된다고 설명한다.

사업시행자수용권설에 의하면 수용권의 주체는 사업시행자이므로, 국가는 사업인정을 통해 사업시행자에게 수용권을 부여하고, 사업시행자는 재결신청을 통해 자신이 갖고 있는 수용권에 의거하여 그 내용의 확정을 구하며, 국가는 재결을 통하여 제3자의 입장에서 사업시행자가 갖고 있는 수용권의 내용을 확정하고 사업시행자와 피수용자간의 권리의 취득·상실을 결정하는 형성적 행위를 하게 된다고 설명한다.

사업시행자수용권설이 다수설이므로, 다수설에 의하면 재결이란 사업시행자에게 부여된 수용권의 구체적 내용을 결정하고, 그 실행을 완성시키는 형성적 행정행위가 된다.

(2) 재결신청과 재결신청의 청구

1) 재결신청

협의가 성립되지 아니하거나 협의를 할 수 없을 때(법 26조 2항 단서의 규정에 의한 협의의 요구가 없는 때를 포함)에는 사업시행자는 사업인정의 고시가 있은 날부터 1년 이내에 관할 토지수용위원회에 재결을 신청할 수 있다(동법 28조 1항)[1]. 여기서 말하는 협의를 할 수 없을 때란 예컨대 피수용자가 행방불명인 경우, 피수용자가 외국에 체류 중에 있거나 장기간 여행중인 경우, 피수용자가 중병으로 입원 중인 경우, 사업시행자의 과실 없이 피수용자를 알 수 없는 경우, 목적물에 관하여 계쟁 중에 있어 누가 피수용자인지 판단이 곤란한 경우 등이다.

2) 재결신청의 청구

사업인정고시가 있은 후 협의가 성립되지 아니한 때[2]에는 토지소유자 및 관계인은 사업시행

---

1) 대법 2019. 8. 29. 선고 2018두57865 판결은 공익사업으로 농업손실을 입게 된 자가 사업시행자로부터 공익사업을 위한 토지 등의 취지 및 보상에 관한 제77조 제2항에 따라 농업손실을 받기 위해서는 법 제34조, 제50조 등에 규정된 재결절차를 거친다음 그 재결에 대하여 불복이 있을 때 비로소 법 제34조, 제50조 등에 규정된 재결절차를 그친 다음 그 재결에 대하여 불복이 있을 때에 비로소 법 제83조 내지 제85조에 따라 권리구제를 받을 수 있을 뿐, 이러한 재결절차를 거치지 않은 채 곧바로 사업시행자를 상대로 손실보상을 청구하는 것은 허용되지 않는다고 판시하고 있다.

2) 대법 2011. 7. 14. 선고 2011두2309 판결은 법 제30조 제1항이 규정하고 있는 '협의가 성립되지 아니한 때'에는 사업시행자 등과 법 제26조에서 정한 협의절차를 거쳤으나 보상액 등에 관하여 협의가 성립하지 아니한 경우는 물론 토지소유자 등이 손실보상 대상에 해당한다고 주장하며 보상을 요구하는데도 사업시행자가 손실보상 대상

자에 대하여 서면으로 재결 신청을 할 것을 청구할 수 있다(동법 30조 1항).

이와 같은 재결신청의 청구제도를 둔 취지는 사업시행자는 사업인정의 고시 후 1년 이내에는 언제든지 재결을 신청할 수 있는 반면에 토지소유자 및 관계인은 재결신청권이 없으므로 수용을 둘러싼 법률관계의 조속한 확정을 바라는 토지소유자 및 관계인의 이익을 보호하고 수용당사자 간의 공평을 기하기 위한 것이다(대법 1997. 10. 24. 선고 97다31175 판결).

재결신청의 청구를 받은 사업시행자는 그 청구가 있은 날부터 60일 이내[1]에 관할 토지수용위원회에 재결을 신청하여야 한다(동조 2항). 그럼에도 불구하고 사업시행자가 60일 기간을 넘겨서 재결을 신청하였을 때에는 그 지연된 기간에 대하여 「소송촉진 등에 관한 특례법」 제3조에 따른 법정이율을 적용하여 산정한 금액을 관할 토지수용위원회에서 재결한 보상금에 가산(加算)하여 지급하여야 한다(동조 3항). 지연가산금은 사업시행자로 하여금 기간 내에 재결신청을 하도록 간접강제함과 동시에 재결신청이 지연된 데에 따른 토지소유자 및 관계인의 손해를 보전하는 성격을 갖는 금원으로 재결보상금에 부수하여 법에 의하여 인정된 공법상 청구권이다.[2]

(3) 재결기관

재결기관은 토지수용위원회이다. 「공익사업을 위한 토지 등의 취득 및 보상에 관한 법률」은 재결기관으로 국토교통부에 중앙토지수용위원회를, 시·도에 지방토지수용위원회를 두고 있다(동법 49조).

중앙토지수용위원회는 ① 국가 또는 시·도가 사업시행자인 사업과, ② 수용(또는 사용)할 토지가 2 이상의 시·도에 걸치는 사업에 관한 사항을 관장하고, 지방토지수용위원회는 위에 열거한 이외의 사업에 관한 것을 관장한다(동법 51조).

중앙토지수용위원회는 위원장 1인을 포함한 20인 이내의 위원, 지방토지수용위원회는 위원장 1인을 포함한 위원 9인으로 구성되는 합의제 행정기관이며(동법 52조·53조), 재결신청에 대한 재결(동법 34조) 외에도 협의성립확인(동법 29조), 화해권고 및 화해성립시의 화해조서작성(동법 33조) 등의 권한을 갖는다.

에 해당하지 아니한다며 보상대상에서 이를 제외한 채 협의를 하지 않아 결국 협의가 성립하지 않은 경우도 포함된다고 하였다.

1) 사업시행자가 보상협의요청서에 기재한 협의기간을 토지소유자 및 관계인에게 통지하고 토지소유자 및 관계인이 그 협의기간이 종료하기 전에 재결신청의 청구를 한 경우에는 사업시행자가 협의기간이 종료하기 전에 협의기간을 연장하였다고 하더라도, 구 공익사업법 제30조 제2항 소정의 60일 기간은 당초 협의기간 만료일부터 기산하여야 한다고 봄이 타당하다는 것이 판례(대법 2012. 12. 27. 선고 2010두9457 판결)이다.

2) 그러므로 제소기간 내에 재결보상금의 증감에 대한 소송을 제기한 이상 지연가산금은 구 공익사업법 제85조에서 정한 제소기간에 구애받지 않고 그 소송절차에서 청구취지 변경 등을 통해 청구할 수 있다고 봄이 타당하다(대법 2012. 12. 27. 선고 2010두9457판결).

(4) 재결의 절차

1) 열람 등

토지수용위원회는 재결신청을 접수한 때에는 지체없이 이를 공고하고, 공고한 날부터 14일 이상 관계 서류의 사본을 일반에게 열람하게 하여야 한다(동법 31조 1항). 토지수용위원회가 공고를 하였을 때에는 관계 서류의 열람기간 중에 토지소유자 또는 관계인은 의견을 제시할 수 있다(동조 2항).

2) 심 리

(가) 토지수용위원회는 열람기간이 경과한 때에는 지체 없이 당해 신청에 대한 조사 및 심리를 하여야 한다(동법 32조 1항).

(나) 토지수용위원회는 심리를 함에 있어서 필요하다고 인정하는 때에는 사업시행자·토지소유자 및 관계인을 출석시켜 그 의견을 진술하게 할 수 있다(동조 2항).

3) 재결기간

토지수용위원회는 심리를 개시한 날로부터 14일 이내에 재결을 하여야 한다. 다만, 특별한 사유가 있을 때에는 1차에 한하여 14일의 범위 안에서 이를 연장할 수 있다(동법 35조).

4) 재결의 내용

토지수용위원회가 재결할 사항은 ① 수용(또는 사용)할 토지의 구역 및 사용방법, ② 손실의 보상, ③ 수용(또는 사용)의 개시일과 기간, ④ 그 밖에 「공익사업을 위한 토지 등의 취득 및 보상에 관한 법률」 및 다른 법률에서 규정한 사항이다(동법 50조 1항).[1]

5) 재결의 범위

토지수용위원회는 사업시행자·토지소유자 또는 관계인이 신청한 범위 안에서 재결하여야 하지만, 다만 손실의 보상에 있어서는 증액재결을 할 수 있다(동조 2항). 즉 「공익사업을 위한 토지 등의 취득 및 보상에 관한 법률」은 재결의 범위에 대해서 사업시행자·토지소유자 또는 관계인이 신청한 범위 내로 제한함으로써 처분권주의를 취하면서, 손실의 보상에 관해서만은 당사자가 신청한 액수 이상으로 재결할 수 있게 함으로써 직권주의를 취하고 있다.

6) 재결의 형식

재결은 서면으로 한다(동법 34조 1항).[2] 재결서에는 주문 및 그 이유와 재결일을 적고 위원장

---

1) 대법 2007. 1. 11. 선고 2004두8538 판결: 구 토지수용법은 수용·사용의 일차 단계인 사업인정에 속하는 부분은 사업의 공익성 판단으로 사업인정기관에 일임하고 그 이후의 구체적인 수용·사용의 결정은 토지수용위원회에 맡기고 있는바, 이와 같은 토지수용절차의 2분화 및 사업인정의 성격과 토지수용위원회의 재결사항을 열거하고 있는 같은 법 제29조 제2항(현행 공익사업을 위한 토지 등의 취득 및 보상에 관한 법률 제50조 제1항)의 규정 내용에 비추어 볼 때, 토지수용위원회는 행정쟁송에 의하여 사업인정이 취소되지 않는 한 그 기능상 사업인정 자체를 무의미하게 하는, 즉 사업의 시행이 불가능하게 되는 것과 같은 재결을 행할 수 없다.

2) 대법 2019. 6. 13. 선고 2018두42641 판결: 공익사업을 위한 토지 등의 취득 및 보상에 관한 법령이 재결을 서면으로 하도록 하고, '사용할 토지의 구역, 사용의 방법과 기간'을 재결사항의 하나로 규정한 취지는, 재결에 의하

및 회의에 참석한 위원이 이에 기명날인한다(동조 2항).

7) 재결서의 송달

토지수용위원회는 재결서의 정본(正本)을 사업시행자·토지소유자 및 관계인에게 송달하여야 한다(동조 2항).

8) 재결의 경정

재결에 계산상 또는 기재상의 잘못 그 밖에 이와 비슷한 잘못이 있는 것이 명백한 때에는 토지수용위원회는 직권 또는 당사자의 신청에 의하여 경정재결을 할 수 있다(동법 36조 1항).

9) 재결의 유탈

토지수용위원회가 신청의 일부에 대하여 재결을 빠뜨린 때에는 그 빠뜨린 부분의 신청은 계속하여 당해 토지수용위원회에 계속된다(동법 37조). 이 경우 토지수용위원회는 다시 그 유탈된 부분에 대하여 재결하여야 한다. 이 재결을 추가재결이라 한다. 먼저 행한 재결과 추가재결은 각각 별개의 재결이며, 이의신청기간도 개별적으로 진행된다.

10) 재결의 실효

사업시행자가 수용(또는 사용)의 개시일까지 관할 토지수용위원회가 재결한 보상금을 지급 또는 공탁하지 아니하였을 때에는 당해 토지수용위원회의 재결은 그 효력을 상실한다(동법 42조 1항).

사업시행자는 재결의 효력이 상실됨으로 인하여 토지소유자 또는 관계인이 입은 손실을 보상하여야 한다(동조 2항).[1]

(5) 재결의 효과

재결이 행하여지면 법률관계의 당사자인 수용권자와 피수용자(때로는 제 3자)간에 권리·의무가 발생한다. 이를 재결의 효과라고 한다.

여 설정되는 사용권의 내용을 구체적으로 특정함으로써 재결의 내용의 명확성을 확보하고 재결로 인하여 제한 받는 권리의 구체적인 내용이나 범위 등에 관한 다툼을 방지하기 위한 것이다. 따라서 관할 토지수용위원회가 토지에 관하여 사용재결을 하는 경우에는 재결서에 사용할 토지의 위치와 면적, 권리자, 손실보상액, 사용 개시 일 외에도 사용방법, 사용기간을 구체적으로 특정하여야 한다.

1) 대법 2017. 4. 7. 2016두63361 판결: 공익사업을 위한 토지 등의 취득 및 보상에 관한 법률은 재결이 실효됨으로 인하여 토지소유자 등이 입은 손실을 보상하는 규정(제42조 제2항, 제3항)을 지연가산금 규정과 별도로 두고 있는데, 지연가산금은 사업시행자가 정해진 기간내에 재결신청을 하지 않고 지연한데 대한 제재와 토지소유자 등의 손해에 대한 보전이라는 성격을 아울러 가지고 있다. 위와 같이 재결이 실효된 이후 사업시행자가 다시 재결을 신청할 경우에는 원칙적으로 다시 보상협의절차를 거칠 필요가 없으므로, 재결실효일로부터는 60일이 지난 다음에는 지연가산금이 발생하는 것이 원칙이다.

1) 사업시행자의 권리취득

　사업시행자는 수용의 개시일에 토지나 물건의 소유권을 취득하며 그 토지나 물건에 관한 다른 권리는 이와 동시에 소멸한다(동법 45조 1항).

　　(가) **권리취득소멸(수용)의 효력발생시기**　　사업시행자가 권리를 취득하고 토지나 물건에 관한 다른 권리가 소멸되는 효과는 토지 또는 물건을 수용한 날에 발생한다. 즉 수용의 절차는 재결로 완성되지만 권리의 취득과 소멸의 효과는 재결에 의하여 즉시 발생하는 것이 아니고 재결에서 정해진 시기(수용의 개시일)에 발생한다. 이것은 재결한 날로부터 수용의 개시일까지 사업시행자에 의한 보상금의 지급·공탁과 피수용자에 의한 목적물의 인도·이전을 완료하게 하려는 데에 있다. 사업시행자가 보상금을 지급·공탁하기만 하면 비록 피수용자가 목적물을 인도·이전하지 아니하더라도 수용의 개시일에 권리의 취득과 소멸의 효과가 발생한다.

　　(나) **권리의 원시취득**　　사업시행자의 권리취득은 승계취득이 아니라 원시취득이다. 즉 사업시행자의 권리취득은 원소유자의 소유권이 사업시행자에게 이전한다거나 또는 종래의 소유권과 기타의 권리가 모두 사업시행자에게 이전함으로써 소유권 이외의 권리가 혼동(민법 191조)에 의하여 소멸하고 소유권만이 사업시행자에게 남는 것이 아니라, 수용의 개시일이 도래함으로써 소유권 등 종래부터 그 토지상에 존재하던 권리(그것이 사법상의 권리이든 공법상의 권리이든)가 모두 소멸하고(이를 수용의 대물적 효과라 부른다) 그것에 대신하여 새로운 소유권이 사업시행자에게 발생한다. 따라서 사업시행자가 취득하는 소유권은 항상 아무런 부담이나 하자(흠)가 없는 완전한 소유권이며, 「민법」상의 매매에 있어서와 같은 담보책임(동법 569조 이하)이나 하자담보책임(동법 580조 이하)의 문제는 발생하지 아니한다.[1] 그러나 예외로 토지수용위원회가 재결로써 인정한 권리는 토지수용에 의하여 소멸되거나 그 행사가 정지되지 아니한다(공익사업을 위한 토지 등의 취득 및 보상에 관한 법률 45조 3항).

　　(다) **등　　기**　　사업시행자가 취득하는 소유권은 사법상의 권리이다. 그러나 사업시행자는 등기하지 아니하여도 수용한 날에 소유권을 취득한다. 왜냐하면 민법의 형식주의

---

1) 대법 2001. 1. 16. 선고 98다58511 판결: 토지수용법에 의한 수용재결의 효과로서 수용에 의한 기업자(현행법상의 사업시행자)의 토지소유권취득은 토지소유자와 수용자와의 법률행위에 의하여 승계취득하는 것이 아니라, 법률의 규정에 의하여 원시취득하는 것이므로, 토지소유자가 토지수용법 제63조의 규정에 의하여 부담하는 토지의 인도의무에는 수용목적물에 숨은 하자가 있는 경우에도 하자담보책임이 포함되지 아니하여 토지소유자는 수용시기까지 수용대상토지를 현존 상태 그대로 기업자에게 인도할 의무가 있을 뿐이다. 수용재결이 있은 후에 수용대상토지에 숨은 하자가 발견되는 때에는 불복기간이 경과되지 아니한 경우라면 공평의 견지에서 기업자는 그 하자를 이유로 재결에 대한 이의를 거쳐 손실보상금의 감액을 내세워 행정소송을 제기할 수 있다고 봄이 상당하나, 이러한 불복절차를 취하지 않음으로써 그 재결에 대하여 더 이상 다툴 수 없게 된 경우에는 기업자는 그 재결이 당연무효이거나 취소되지 않는 한 재결에서 정한 손실보상금의 산정에 있어서 위 하자가 반영되지 않았다는 이유로 민사소송절차로써 토지소유자에게 부당이득의 반환을 구할 수는 없다.

(민법 186조)는 법률의 규정(예: 공익사업을위한토지등의취득및보상에관한법률 45조 1항)에 의한 부동산에 관한 물권의 취득에는 적용되지 않기 때문이다(민법 187조 참조). 그러나 일단 취득한 소유권을 처분하기 위하여는 등기하여야 한다(동조 단서).

2) 토지·물건의 인도·이전의무

피수용자, 즉 토지소유자 및 관계인 그 밖에 토지소유자나 관계인에 포함되지 않는 자(피수용자가 아닌 제3자)로서 수용(또는 사용)할 토지나 그 토지에 있는 물건에 관하여 권리를 가진 자는 수용(또는 사용)의 개시일까지 사업시행자에게 토지나 물건을 인도하거나 이전하여야 한다(공익사업을 위한 토지 등의 취득 및 보상에 관한 법률 43조). 인도란 토지나 물건의 점유를 풀어서 다른 사람에게 옮기는 것을 말하며, 이전이란 물건이 있는 장소를 다른 곳으로 옮기는 것을 말한다.

(가) 인도의무는 권리취득소멸(수용)의 효과발생의 조건이 아니다. 비록 피수용자가 그 의무를 이행하지 아니하는 경우에도 수용의 개시일이 도래하면 권리취득소멸(수용)의 효과가 발생한다.

(나) 인도의무는 사업시행자의 보상금지급과 동시이행의 관계에 있지 않다. 그러므로 피수용자가 인도의 의무를 이행하지 않을 경우에도 사업시행자는 수용의 개시일까지 보상금을 지급하여야 하며 만일 지급하지 아니하면 재결의 효력이 상실된다.

(다) 사업시행자가 당해 토지의 소유권을 취득하게 되는 시기는 수용의 개시일이므로 사업시행자가 토지를 인도받을 권리는 소유권에 기한 권리라고 볼 수 없고 재결의 효과로서 법률이 직접 부여한 권리라고 보아야 한다.

(라) ① 토지나 물건을 인도 또는 이전할 자가 고의나 과실 없이 그 의무를 이행할 수 없을 때, ② 사업시행자가 과실 없이 토지나 물건을 인도 또는 이전할 자를 알 수 없을 때에는 특별자치도지사, 시장·군수 또는 구청장은 사업시행자의 청구에 의하여 토지 또는 물건의 인도나 이전을 대행하여야 한다(동법 44조 1항). 이 때 대행의 비용은 그 의무자의 부담으로 한다(동조 2항).

(마) (라)의 경우 외에 의무자가 그 정하여진 기간 이내에 의무를 이행하지 아니하거나 기간 내에 완료하기 어려운 경우 또는 의무자로 하여금 이를 이행하게 하는 것이 현저히 공익을 해한다고 인정되는 사유가 있는 경우에는 관할 시·도지사나 시장·군수 또는 구청장은 사업시행자의 신청에 의하여 「행정대집행법」이 정하는 바에 의하여 대집행할 수 있으며,[1]

---

[1] 대법원은 행정대집행법상 대집행의 대상이 되는 대체적 작위의무는 공법상 의무이어야 한다고 하고, 구 공공용지의 취득 및 손실보상에 관한 특례법에 의한 협의취득시 건물소유자가 협의취득대상 건물에 대하여 약정한 철거의무는 공법상 의무가 아닐 뿐만 아니라, 공익사업을 위한 토지 등의 취득 및 보상에 관한 법률 제89조에서 정한 행정대집행법의 대상이 되는 '이 법 또는 이 법에 의한 처분으로 인한 의무'에도 해당하지 아니하므로 위 철거의무에 대한 강제력 이행은 행정대집행법상 대집행의 방법으로 실현할 수 없다고 하였다(대법 2006. 10. 13. 선고 2006두7096 판결).

신청을 받은 시·도지사나 시장·군수 또는 구청장은 정당한 사유가 없는 한 이에 응하여야 한다(동법 89조 1항). 사업시행자가 국가 또는 지방자치단체인 경우에는 「행정대집행법」이 정하는 바에 따라 직접 대집행을 할 수 있다(동조 2항). 사업시행자가 동조 제1항에 따라 대집행을 신청하거나 제2항에 따라 직접 대집행을 하려는 경우에는 국가나 지방자치단체는 의무를 이행하여야 할 자를 보호하기 위하여 노력하여야 한다(동조 3항).

(ⅱ) 토지·물건의 인도의무의 불이행의 경우에 과연 대집행이 가능한가에 관하여는 견해가 나뉜다. ① 토지·물건의 인도의무는 대체적 작위의무가 아니므로 「공익사업을 위한 토지 등의 취득 및 보상에 관한 법률」제89조의 규정에도 불구하고 대집행을 할 수 없다는 견해,[1] ② 인도의 대상인 토지·물건을 신체로써 점유하고 있는가, 존치물건만으로 점유하고 있는가를 기준으로 전자의 경우에는 대집행을 할 수 없지만 후자의 경우에는 대집행을 할 수 있다는 견해,[2] ③ 대집행의 대상이 된다는 견해[3] 등이 그것이다. 판례는 "인도에는 명도도 포함되는 것으로 보아야 하고, 이러한 명도의무는 그것을 강제적으로 실현하면서 직접적인 실력행사가 필요한 것이지 대체적 작위의무라고 볼 수 없으므로 특별한 사정이 없는 한 행정대집행법에 의한 대집행의 대상이 될 수 있는 것이 아니다"라고 판시하고 있다(대법 2005. 8. 19. 선고 2004다2809 판결 등).

(ⅲ) 토지 등의 인도의무의 불이행의 경우에 토지 또는 그 지장물의 명도의무를 피보전권리로 하는 명도단행 가처분이 허용되는가의 여부에 관하여 다툼이 있을 수 있다. 대법원은 "피수용자 등이 사업시행자에 대하여 부담하는 수용대상 토지의 인도 또는 그 지장물의 명도의무 등이 비록 공법상의 법률관계라고 하더라도, 그 권리를 피보전권리로 하는 명도단행 가처분은 그 권리에 끼칠 현저한 손해를 피하거나 급박한 위험을 방지하기 위하여 또는 그 밖의 필요한 이유가 있을 경우에는 허용될 수 있다"(대법 2005. 8. 19. 선고 2004다2809 판결)고 판시하고 있다.

3) 피수용자의 손실보상청구권

피수용자는 손실보상청구권을 갖는다.[4] 손실보상의 기준과 내용은 후술한다.

---

1) 朴圭河, 「대집행의 요건·절차·불복」, 고시연구 1994년 1월호, 100쪽 이하.

2) 朴鈗炘, 최신행정법강의(상), 602쪽 이하; 姜求哲, 강의행정법Ⅰ, 563·564쪽.

3) 金容燮, 「대집행에 관한 법적 고찰」, 행정법연구(행정법이론실무학회) 제4호, 132쪽.

4) 대법 2013. 8. 22. 선고 2012다3517 판결 : 공익사업을 위한 토지 등의 취득 및 보상에 관한 법률(이하 '공익사업법'이라고 한다)에 의한 보상합의는 공공기관이 사경제주체로서 행하는 사법상 계약의 실질을 가지는 것으로서, 당사자 간의 합의로 같은 법 소정의 손실보상의 기준에 의하지 아니한 손실보상금을 정할 수 있으며, 이와 같이 같은 법이 정하는 기준에 따르지 아니하고 손실보상액에 관한 합의를 하였다고 하더라도 그 합의가 착오 등을 이유로 적법하게 취소되지 않는 한 유효하다. 따라서 공익사업법에 의한 보상을 하면서 손실보상금에 관한 당사자 간의 합의가 성립하면 그 합의 내용대로 구속력이 있고, 손실보상금에 관한 합의 내용이 토지 등의 취득 및 보상에 관한 법률에서 정하는 손실보상 기준에 맞지 않는다고 하더라도 합의가 적법하게 취소되는 등의 특별한 사정이 없는 한 추가로 공익사업을 위한 토지 등의 취득 및 보상에 관한 법률상 기준에 따른 손실보상금을 청구를

4) 사업시행자의 보상금지급의무

사업시행자는 천재·지변시의 토지의 사용(동법 38조) 또는 시급을 요하는 토지의 사용(동법 39조)의 경우를 제외하고는 수용(또는 사용)의 개시일까지 관할 토지수용위원회가 재결한 보상금을 지급하여야 한다(동법 40조 1항). 그러나 ① 보상금을 받을 자가 그 수령을 거부하거나 보상금을 수령할 수 없을 때, ② 사업시행자의 과실 없이 보상금을 받을 자를 알 수 없을 때, ③ 관할 토지수용위원회가 재결한 보상금액에 대하여 사업시행자의 불복이 있을 때, ④ 압류 또는 가압류에 의하여 보상금의 지급이 금지되었을 때에는 사업시행자는 수용(또는 사용)의 개시일까지 수용(또는 사용)하고자 하는 토지 등의 소재지의 공탁소에 보상금을 공탁할 수 있다(동조 2항). 다만 ③의 경우에는 사업시행자는 보상금을 받을 자에게 자기의 예정금액을 지급하고 재결에 의한 보상금액과의 차액을 공탁하여야 한다(동법 4항).

5) 위험부담의 이전

토지수용위원회의 재결이 있은 후 수용(또는 사용)할 토지나 물건이 토지소유자 또는 관계인의 고의나 과실 없이 멸실 또는 훼손되었을 때에는 그로 인한 손실은 사업시행자의 부담으로 한다(동법 46조).

6) 담보물권자의 물상대위

담보물권의 목적물이 수용(또는 사용)된 경우 당해 담보물권은 그 목적물의 수용(또는 사용)으로 인하여 채무자가 받을 보상금에 대하여 행사할 수 있다. 다만 그 지급 전에 이를 압류하여야 한다(동법 47조).

7) 환 매 권

피수용자(수용 당시의 토지소유자 또는 그 포괄승계인)는 환매권을 갖는다(동법 91조). 이에 관해서는 후술한다.

(6) 재결에 대한 불복

토지수용위원회의 재결에 대해 불복하는 자는 이의신청과 행정소송으로 다툴 수 있다.

1) 이의신청

(개) **의 의**　　「공익사업을 위한 토지 등의 취득 및 보상에 관한 법률」상의 이의신청이란 중앙 또는 지방토지수용위원회의 위법·부당한 재결처분으로 인하여 권리 또는 이익을 침해당한 자가 복심적 재결기관인 중앙토지수용위원회에 대하여 그 재결의 취소 또는 변경을 구하는 것을 말한다.

할 수는 없다. 대법 2017. 4. 13. 선고 2016두64241 판결도 "토지수용위원회의 수용재결이 있은 후라고 하더라도 토지소유자 등과 사업시행자가 다시 협의하여 토지 등의 취득이나 사용 및 그에 대한 보상에 관하여 임의로 계약을 체결할 수 있다"고 하였다.

토지수용위원회의 수용재결에 대한 이의절차는 행정심판의 성질을 갖는 것이므로 「공익사업을 위한 토지 등의 취득 및 보상에 관한 법률」에 특별한 규정이 있는 것을 제외하고는 「행정심판법」의 규정이 적용된다(대법 1992. 6. 9. 선고 92누565 판결).

(내) **절   차**

(ㄱ) 신   청   중앙토지수용위원회의 재결에 대하여 이의가 있는 자는 그 재결서의 정본을 받은 날로부터 30일 이내에 중앙토지수용위원회에 이의를 신청할 수 있으며(동법 83조 1항·3항), 지방토지수용위원회의 재결에 대하여 이의가 있는 자는 그 재결서의 정본을 받은 날부터 30일 이내에 당해 지방토지수용위원회를 거쳐 중앙토지수용위원회에 이의를 신청할 수 있다(동조 2항·3항).

(ㄴ) 신청의 효과   이의신청이 있으면 재결기관인 중앙토지수용위원회는 이의신청에 대해 심리·재결해야 할 의무를 진다.

이의신청은 사업의 진행 및 토지의 수용(또는 사용)을 정지시키지 아니한다(처분효력의 부정지)(동법 88조).

(ㄷ) 처리 및 심리

ㄱ) 지방토지수용위원회가 이의신청서를 접수한 때에는 소정의 서류를 첨부하여 지체없이 중앙토지수용위원회에 제출하여야 한다(동법 시행령 45조 2항).

ㄴ) 중앙토지수용위원회는 이의신청서를 접수한 때에는 신청인의 상대방에게 그 신청의 요지를 통지하여야 한다. 다만, 통지를 받을 자를 알 수 없거나 통지를 받을 자의 주소·거소 그 밖에 통지할 장소를 알 수 없을 때에는 예외로 한다(동조 3항).

(ㄹ) 재   결(이의재결)

ㄱ) 이의신청을 받은 중앙토지수용위원회는 재결이 위법 또는 부당하다고 인정할 때에는 그 재결의 전부 또는 일부를 취소하거나 손실보상액을 변경할 수 있다(동법 84조 1항). 재결의 취소 또는 변경으로 인하여 보상금이 증액된 때에는 사업시행자는 재결의 취소 또는 변경의 재결서정본을 송달받은 날로부터 30일 이내에 보상금을 받을 자에게 그 증액된 보상금을 지급하거나 공탁하여야 하되, ① 보상금을 받을 자가 그 수령을 거부하거나 보상금을 수령할 수 없는 때, ② 사업시행자의 과실 없이 보상금을 받을 자를 알 수 없는 때, ③ 압류 또는 가압류에 의하여 보상금의 지급이 금지된 때에는 이를 공탁할 수 있다(동조 2항).

ㄴ) 후술하는 제소기간 이내에 소송이 제기되지 아니하거나 그 밖의 사유로 이의신청에 대한 재결(이의재결)이 확정되었을 때에는 「민사소송법」상의 확정판결이 있은 것으로 보며 재결서 정본은 집행력 있는 판결의 정본과 동일한 효력을 가진다(동법 86조 1항).

ㄷ) 중앙토지수용위원회가 위와 같이 인용재결을 하지 않을 경우에는 이의신청을 각하 또는 기각하는 이의재결을 행한다.

2) 행정소송

토지수용위원회의 재결에 불복하는 행정소송에는 3가지가 있다.

⑺ 재결의 무효등확인소송　　토지수용위원회의 재결에 불복하는 자가 재결의 효력 유무 또는 존재 여부를 다투는 경우에는 중앙토지수용위원회의 이의재결을 거칠 필요 없이 재결의 무효등확인소송을 제기할 수 있다.

⑻ 재결의 취소소송　　토지수용위원회의 재결에 불복하는 자가 재결의 취소를 구하는 행정소송을 제기할 수 있다.[1] 즉,

㈀ 사업시행자·토지소유자 또는 관계인은 토지수용위원회의 재결에 대하여 불복이 있는 때에는 재결서를 받은 날부터 60일 이내에, 이의신청을 거친 때에는 이의신청에 대한 재결서를 받은 날부터 30일 이내에 각각 행정소송을 제기할 수 있다.[2] 이 경우 사업시행자는 행정소송을 제기하기 전에 이의재결에 의하여 증액된 보상금을 공탁[3]하여야 하며, 보상금을 받을 자는 공탁된 보상금을 소송종결시까지 수령할 수 없다(동법 85조 1항).

㈁ 판례는 사업인정과 재결처분간에 흠의 승계를 부정한다(대법 1987. 9. 8. 선고 87누395 판결 등). 그러나 이에 대하여는 반론이 있다.[4]

---

1) 토지수용재결이 헌법상 정교분리원칙의 위반 여부가 다투어진 사건에서 제1심법원은 재결을 위법한 것으로 판시하였으나(춘천지법 2007. 11. 1. 선고 2006구합1058 판결), 대법원은 재결을 적법한 것으로 판시하였다 (2009. 5. 28. 선고 2008두16933 판결). 이 판결에 대한 평석으로 金聲培, 「수용재결과 헌법상 정교분리원칙」, 행정판례연구(한국행정판례연구회) XV-1, 223쪽 이하가 있다.

2) 대법 2010. 1. 28. 선고 2008두1504 판결: 수용재결에 불복하여 취소소송을 제기하는 때에는 이의신청을 거친 경우에도 수용재결을 한 중앙토지수용위원회 또는 지방토지수용위원회를 피고로 하여 수용재결의 취소를 구하여야 하고, 다만 이의신청에 대한 재결 자체에 고유한 위법이 있음을 이유로 하는 경우에는 그 이의재결을 한 중앙토지수용위원회를 피고로 하여 이의재결의 취소를 구할 수 있다고 보아야 한다.

3) 대법 2008. 2. 15. 선고 2006두9832 판결: 공익사업을 위한 토지 등의 취득 및 보상에 관한 법률 제85조 제1항의 규정 및 관련 규정들의 내용, 사업시행자가 행정소송 제기시 증액된 보상금을 공탁하도록 한 위 제85조 제1항 단서 규정의 입법 취지, 그 규정에 의해 보호되는 보상금을 받을 자의 이익과 그로 인해 제한받게 되는 사업시행자의 재판청구권과의 균형 등을 종합적으로 고려하여 보면, 사업시행자가 재결에 불복하여 이의신청을 거쳐 행정소송을 제기하는 경우에는 원칙적으로 행정소송 제기 전에 이의재결에서 증액된 보상금을 공탁하여야 하지만, 제소 당시 그와 같은 요건을 구비하지 못하였다 하여도 사실심 변론종결 당시까지 그 요건을 갖추었다면 그 흠결의 하자는 치유되었다고 볼 것이다.

4) 金海龍, 「토지보상법에서의 사업인정의 의의, 법적 성격 및 권리구제」, 고시계 2005년 2월호, 34쪽 이하; 朴均省, 행정법론(하), 448쪽. 金 교수는 사업인정이 토지수용결정에 관한 다단계 행정절차상의 잠정적 결정으로 보고, 흠의 승계를 긍정한다. 구체적인 경우를 나누어 흠의 승계 여부를 판단하려는 견해도 있다(柳海雄, 신수용 보상법론, 288쪽 이하 참조).

㈐ **보상금의 증감에 관한 소송**　　　　재결에 불복이 있어서 제기하고자 하는 행정소송이 보상금의 증감에 관한 소송인 경우에는 당해 소송을 제기하는 자가 토지소유자 또는 관계인인 때에는 사업시행자를, 사업시행자인 때에는 토지소유자 또는 관계인을 각각 피고로 한다(동법 85조 2항). 즉 형식적 당사자소송을 인정한 것이다. 이 보상금의 증감에 관한 소송을 재결의 취소소송 외에 별도로 둔 취지는 보상액을 정하는 재결을 취소소송으로 다투는 경우 재결이 취소되어 토지수용위원회가 재재결하여도 보상액이 만족스러울 때까지 불복을 계속할 것이므로 경우에 따라서는 토지수용에 관한 분쟁이 끝없이 공전될 수 있기 때문에 법원에서 정당보상액을 심리확정하여 보상문제를 종결짓도록 하기 위한 것이다.[1]

　　보상금의 증감에 관한 소송의 성질에 관하여는 형성소송설과 확인·급부소송설로 나뉜다. 전자의 견해는 재결의 처분성이나 공정력을 강조하여 보상금의 증감에 관한 소송이 실질은 재결에서 정한 보상액의 취소·변경을 구하는 것으로서, 구체적인 손실보상청구권은 법원이 재결을 취소하여 정당보상액을 확정함으로써 비로소 형성되는 것이라고 본다. 이에 대하여 후자의 견해는 보상금의 증감에 관한 소송을 법규에 의하여 객관적으로 발생하여 확정되어 있는 보상금 지급의무의 이행 또는 그 확인을 구하는 소송으로 본다.[2] 종래에는 구 토지수용법 제75조의 2가 재결청도 피고로 하도록 규정되어 있었기 때문에 전자의 견해 또는 전자의 견해를 중심으로 한 절충설이 유력하였으나, 현행법 제85조 제2항은 재결청을 피고에서 제외하고 있으므로 후자의 견해가 유력하게 되었다.

㈑ **소송의 변경**　　　　토지수용위원회의 재결에 불복하는 자가 보상금 증감이 아닌 사유로 수용재결의 취소를 다투다가 사업시행자를 상대로 손실보상금 증액을 구하는 것으로 변경할 수 있다. 이는 이른바 소의 종류의 변경이다.

5. 화　해

⑴ 의　의

　　화해란 당사자가 서로 양보하여 당사자 사이의 분쟁을 종결할 것을 약정함으로써 성립하는 계약(민법 731조·732조)인데, 「공익사업을 위한 토지 등의 취득 및 보상에 관한 법률」은 재결신청 후의 화해에 대하여 일정한 요건 아래 「공익사업을 위한 토지 등의 취득 및 보상에 관한 법률」상의 효과를 부여하고 있다(공익사업을 위한 토지 등의 취득 및 보상에 관한 법률 33조).

---

1) 재결의 기초가 된 각 감정기관의 감정평가와 법원감정인의 감정평가가 평가방법에 있어 위법사유가 없고 품등비교를 제외한 나머지 가격산정요인의 참작에 있어서는 서로 견해가 일치하나 품등비교에 관하여만 평가를 다소 달리 한 관계로 감정결과(수용대상토지의 보상평가액)에 차이가 생기게 된 경우 그 중 어느 감정평가의 품등비교 내용에 오류가 있음을 인정할 자료가 없는 이상 각 감정평가 중 어느 것을 취신하는가 하는 것은 사실심법원의 재량에 속한다(대법 1993. 6. 29. 선고 92누14779 판결 참조).

2) 金成昱, 「공익사업을 위한 토지 등의 취득 및 보상에 관한 법률에 기한 보상금의 증감에 관한 소송의 성질」, 법조 2002년 10월호, 39쪽 이하 참조.

(2) 취 지

「공익사업을 위한 토지 등의 취득 및 보상에 관한 법률」에 화해의 규정을 둔 취지는 ① 가급적 당사자간의 원만한 합의에 의하여 토지를 취득하는 것이 바람직하다는 점, ② 화해에 확정력을 부여하여 화해의 성립·내용이 나중에 다투어짐으로써 공익사업의 시행에 지장을 줄 위험성을 미리 예방해 둘 필요가 있다는 점에 있다.

(3) 절 차

1) 화해의 권고

토지수용위원회는 재결이 있기 전에는 언제든지 그 위원 3인으로 구성되는 소위원회로 하여금 사업시행자·토지소유자 또는 관계인에게 화해를 권고할 수 있다(동조 1항). 화해의 권고는 반드시 거쳐야 하는 필요적인 절차가 아니라 토지수용위원회의 재량에 따른 임의적인 절차이다(대법 1986. 6. 24. 선고 84누554 판결).

2) 화해조서의 작성

토지수용위원회의 권고에 의하여 화해가 성립된 때에는 당해 토지수용위원회는 화해조서를 작성하고, 화해에 참여한 위원·사업시행자·토지소유자 및 관계인이 서명 또는 날인하여야 한다(동조 2항).

(4) 효 과

화해조서가 작성된 때에는 그 내용에 따라 「공익사업을 위한 토지 등의 취득 및 보상에 관한 법률」상의 수용(또는 사용)의 효과가 발생한다.

Ⅲ. 공용수용의 약식절차

「공익사업을 위한 토지 등의 취득 및 보상에 관한 법률」은 토지·물건의 사용에 관하여 다음과 같이 특별히 간략한 절차를 규정하고 있다.

1. 천재·지변시의 토지의 사용

천재·지변 그 밖의 사변으로 인하여 공공의 안전을 유지하기 위한 공익사업을 긴급히 시행할 필요가 있을 때에는 사업시행자는 특별자치도지사, 시장·군수 또는 구청장의 허가를 받아 즉시 타인의 토지를 사용할 수 있다. 다만 사업시행자가 국가인 때에는 당해사업을 시행할 관계 중앙행정기관의 장이, 사업시행자가 시·도인 때에는 시·도지사가 시장·군수 또는 구청장에게 통지하고 이를 사용한다(동법 38조 1항).

특별자치도지사, 시장·군수 또는 구청장이 토지사용을 허가하거나 통지를 받은 때 또는 특별자치도지사, 시장·군수 또는 구청장이 타인의 토지를 사용하려는 때에는 공익사업의 종류 및 명칭, 사용하고자 하는 토지의 구역과 사용의 방법 및 기간을 정하여 즉시 토지의 소유자 및 점유자에게 통지하여야 한다(동조 2항, 동법 시행령 18조 1항). 이와 같은 절차에 의한 토지의 사용기간은 6월을 넘지 못한다(동법 38조 3항).

사업시행자는 타인의 토지를 사용함으로써 발생하는 손실을 보상하여야 한다(동조 4항).

2. 시급을 요하는 토지의 사용

재결의 신청을 받은 토지수용위원회는 그 재결을 기다려서는 재해를 방지하기 곤란하거나 그 밖에 공공의 이익에 현저한 지장을 초래할 우려가 있다고 인정하는 때에는 사업시행자의 신청에 의하여 담보를 제공하게 한 후, 즉시 당해 토지의 사용을 허가할 수 있다. 다만 국가나 지방자치단체가 사업시행자일 경우에는 담보를 제공하지 아니할 수 있다(동법 39조 1항).

이 경우의 토지의 사용기간은 6월을 넘지 못한다(동조 2항). 토지수용위원회가 위의 토지사용을 허가한 경우에는 사업의 종류 및 명칭, 사용하고자 하는 토지의 구역, 사용의 방법 및 기간을 정하여 즉시 토지소유자 및 점유자에게 통지하여야 한다(동조 3항).

제 5 관 손실보상

공용수용은 공익사업을 위한 재산권의 강제적 취득이고 피수용자에게는 특별한 희생이므로, 피수용자에게 법률로써 정당한 손실보상이 지급되어야 한다(헌법 23조 3항). 「공익사업을 위한 토지 등의 취득 및 보상에 관한 법률」은 「헌법」의 규정에 의거하여 그 제6장에서 토지 등의 취득 (또는 사용)으로 인한 손실보상에 관하여 근거규정을 마련하고 있다.

손실보상에 관한 원론적 설명은 이미 행정상 손실보상에서 다루었으므로, 여기서는 「공익사업을 위한 토지 등의 취득 및 보상에 관한 법률」이 규정하고 있는 손실보상의 원칙·산정기준 및 내용을 설명하기로 한다.

Ⅰ. 손실보상의 원칙

「공익사업을 위한 토지 등의 취득 및 보상에 관한 법률」이 손실보상에 관하여 정하고 있는 원칙은 사업시행자보상의 원칙(동법 61조), 사전보상의 원칙(동법 62조), 적정보상의 원칙, 현금보상의 원칙(동법 63조), 개인별보상의 원칙(동법 64조), 일괄보상의 원칙(동법 65조), 사업시행 이익과의 상계금지의 원칙(동법 66조)이다. 이 중 사전보상의 원칙, 현금보상의 원칙, 개인별보상의 원칙, 일괄보상의 원칙은 행정상 손실보상에서 보았다(→ 손실보상의 지급).

1. 사업시행자보상의 원칙

토지를 수용(또는 사용)함으로 인하여 토지소유자 또는 관계인이 입을 손실은 사업시행자가 이를 보상하여야 한다(동법 61조). 수용권의 주체가 누구인가에 따라 이론상의 설명이 달라진다. 국가수용권설에 의하면 원래 손실보상의 의무를 지는 것은 수용권의 주체인 국가이며, 국가는 사업시행자를 위하여 토지수용을 한 것이므로 국가 자신이 사업시행자로부터 보상금을 징수하여 피수용자에게 지급하는 것이 이론상 당연한 일이나, 절차상의 편의를 위하여 직접 사업시행자로 하여금 보상하게 한 것에 불과하다. 이에 반하여 사업시행자수용권설에 의하면 보상할 손실의 원인행위를 한 자는 사업시행자이므로 성질상 당연히 사업시행자가 손실보상을 하여야 하는 것이다.

2. 적정보상의 원칙

협의 또는 재결에 의하여 취득하거나 사용하는 토지 등에 대하여는 적정가격으로 보상하여야 한다(동법 70조, 71조, 76조). 어떠한 보상이 적정한 보상인가는 법령이 정하는 평가·보상기준·방법 및 절차에 따라 결정되는 것이지만, 주관적 가치가 배제된 객관적 가치로 평가된 가격이어야 한다.

3. 사업시행 이익과의 상계금지의 원칙

사업시행자는 동일한 토지소유자에 속하는 일단의 토지의 일부를 취득(또는 사용)하는 경우 당해 공익사업의 시행으로 인하여 잔여지의 가격이 증가하거나 그 밖의 이익이 발생한 때에도 그 이익을 취득(또는 사용)으로 인한 손실과 상계할 수 없다(동법 66조).

II. 손실보상의 산정기준과 내용

1. 손실보상의 산정기준

(1) 보상액의 산정은 협의에 의한 경우에는 사업시행자가 협의성립 당시의 가격을 기준으로 하고, 재결의 경우에는 수용(또는 사용)의 재결 당시의 가격을 기준으로 한다(동법 67조 1항). 보상액의 산정에 있어서 당해 공익사업으로 인하여 토지 등의 가격에 변동이 있는 때(즉 개발이익이 발생한 때)에는 이를 고려하지 아니한다(동조 2항).[1]

(2) 사업시행자는 토지 등에 대한 보상액을 산정하고자 하는 경우에는 감정평가업자 3인을 선정하여 토지 등의 평가를 의뢰하여야 하는 것이 원칙이다. 감정평가업자를 선정할 때 해당 토지를 관할하는 시·도지사와 토지소유자는 대통령령으로 정하는 바에 따라 감정평

---

1) 대법 2014. 2. 27. 선고 2013두21182 판결: 해당 공익사업과는 관계 없는 다른 사업의 시행으로 인한 개발이익은 이를 포함한 가격으로 평가하여야 하고, 개발이익이 해당 공익사업의 사업인정고시일 후에 발생한 경우에도 마찬가지이다.

가업자를 각1인씩 추천할 수 있다. 평가의뢰의 절차 및 방법, 보상액의 산정기준 등에 관하여 필요한 사항은 국토교통부령으로 정한다(동법 68조 1항 내지 3항).

2. 손실보상의 내용

(1) 취득 또는 사용하는 토지의 보상

취득 또는 사용하는 토지의 보상에 관하여는 행정상 손실보상을 설명할 때 토지보상에서 언급하였다.

(2) 잔여지 등 보상

1) 잔여지의 손실과 공사비보상 및 매수

사업시행자는 동일한 토지소유자에 속하는 일단의 토지의 일부가 취득(또는 사용)됨으로 인하여 잔여지의 가격이 감소하거나 그 밖의 손실이 있는 때 또는 잔여지에 통로, 도랑, 담장 등의 신설 그 밖의 공사가 필요한 때에는 국토교통부령이 정하는 바에 따라 그 손실이나 공사의 비용을 보상하여야 한다. 다만, 잔여지의 가격 감소분과 잔여지에 대한 공사의 비용을 합한 금액이 잔여지의 가격보다 큰 경우에는 사업시행자는 그 잔여지를 매수할 수 있다(동법 73조 1항). 손실 또는 비용의 보상은 해당 사업의 공사완료일부터 1년이 지난 후에는 청구할 수 없다(동조 2항). 사업인정고시가 있은 후 사업시행자가 잔여지를 매수하는 경우 그 잔여지에 대하여는 사업인정 및 사업인정 고시가 있는 것으로 본다(동조 3항).

2) 잔여지 등 수용보상

동일한 토지소유자에게 속하는 일단의 토지의 일부가 협의에 의하여 매수되거나 수용됨으로 인하여 잔여지를 종래의 목적에 사용하는 것이 현저히 곤란한 때에는 당해 토지소유자는 사업시행자에게 잔여지를 매수하여 줄 것을 청구할 수 있으며, 사업인정 이후에는 관할 토지수용위원회에 수용을 청구할 수 있다(동법 74조 1항 전문). 여기서 말하는 "종래의 목적"이란 수용재결 당시에 당해 잔여지가 현실적으로 사용되고 있는 구체적인 용도를 의미하고, "사용하는 것이 현저히 곤란한 때"란 물리적으로 사용하는 것이 곤란하게 된 경우는 물론 사회적·경제적으로 사용하는 것이 곤란하게 된 경우, 즉 절대적으로 이용 불가능한 경우만이 아니라 이용은 가능하나 많은 비용이 소용되는 경우(대법 2005. 1. 28. 선고 2002두4679 판결), 또는 공익사업에 영업시설 일부가 편입됨으로써 잔여 영업시설의 운영에 일정한 지장이 초래되고, 이에 따라 종전처럼 정상적인 영업을 계속하기 위해서는 잔여 영업시설에 시설을 새로 설치하거나 잔여 영업시설을 보수할 필요가 있는 경우(대법 2018. 7. 20. 선고 2015두4044 판결)등을 포함한다. 이 경우 수용의 청구는 매수에 관한 협의가 성립되지 아니한 경우에 한하되 그 사업의 공사완료일까지 하여야 한다(동항 후문). 잔여지 수용청구권은 손실보상의 일환으로 토지소유자에게 부여된 권리이며 그 요건을 구비한 때에는 잔여지를 수용하는 토지수용위원회의 재결이 없더라도 그 청구에 의하여 수용의 효과가 발생하는 형성권적 성질을 가진다. 토지수용위원회가 잔여지 수용청구를 받아들이지 않은 재결을 행한 경우 토지소유자는 법 제85조 제2항에 규정된 보상금의 증감에 관한 소송으로 그 재결에 대하여 불복할 수 있다(대법 2010. 8. 19. 선고 2008두822 판결 참조). 매수 또는 수용의 청구가 있는 잔여지 및 잔여지에 있는 물건에 관하여 권리를 가진 자는 사업시행자 또는 관할 토지수용위원회에 그 권리의 존속을 청구할 수 있다(동조 2항). 사업인정고시가 있은 후 사업시행자가 잔여지를 취득하는 경우 그 잔여지에 대하여는 사업인정 및 사업인정 고시가 있는 것으로 본다(동조 3항). 잔여지가 공유인 경우, 각 공유자는 그 소유지분에 대하여 각 별로 잔여지수용청구를 할 수 있다(대법 2001. 6. 1. 선고 2001다16333 판결).

(3) 건축물 등 물건 및 권리에 대한 보상

건축물[1] 등 물건 및 권리에 대한 보상에 관하여는 행정상 손실보상을 설명할 때 토지 이외의 재산권보상에서 언급하였다.

(4) 잔여 건축물의 손실에 대한 보상 등

사업시행자는 동일한 건축물소유자에 속하는 일단의 건축물의 일부가 취득 또는 사용됨으로 인하여 잔여 건축물의 가격이 감소되거나 그 밖의 손실이 있는 때에는 국토교통부령으로 정하는 바에 따라 그 손실을 보상하여야 한다. 다만, 잔여 건축물의 가격 감소분과 보수비를 합한 금액이 잔여 건축물의 가격보다 큰 경우에는 사업시행자는 그 잔여 건축물을 매수할 수 있다(동법 75조의2 1항).

동일한 건축물소유자에 속하는 일단의 건축물의 일부가 협의에 의하여 매수되거나 수용됨으로 인하여 잔여 건축물을 종래의 목적에 사용하는 것이 현저히 곤란한 때에는 그 건축물소유자는 사업시행자에게 잔여 건축물을 매수하여 줄 것을 청구할 수 있으며, 사업인정 이후에는 관할 토지수용위원회에 수용을 청구할 수 있다. 이 경우 수용의 청구는 매수에 관한 협의가 성립되지 아니한 경우에 한하되, 그 사업의 공사완료일까지 하여야 한다(동조 2항).

(5) 영업의 손실 등에 대한 보상

(개) 영업을 폐지하거나 휴업함에 따른 영업손실에 대하여는 영업이익과 시설의 이전비용 등을 참작하여 보상하여야 한다(동법 77조 1항).

(내) 농업의 손실에 대하여는 농지의 단위면적당 소득 등을 참작하여 실제 경작자에게 보상하여야 함이 원칙이다(동법 77조 2항 본문).

---

1) 건축물이 적법한 건축허가를 받아 건축된 것인지 여부에 관계없이 사업인정의 고시 이전에 건축된 건물이기만 하면 손실보상의 대상이 된다(대법 2000. 3. 10. 선고 99두10896 판결).

(대) 휴직 또는 실직하는 근로자의 임금손실에 대하여는 「근로기준법」에 의한 평균임금 등을 참작하여 보상하여야 한다(동조 3항).

(6) 이주대책[1][2]의 수립 등

(가) 사업시행자는 공익사업의 시행으로 인하여 주거용 건축물[3]을 제공함에 따라 생활의 근거를 상실하게 되는 자(이주대책대상자)를 위하여 대통령령이 정하는 바에 따라 이주대책을 수립·실시하거나 이주정착금을 지급하여야 한다(동법 78조 1항).[4][5]

(나) 이주대책의 내용에는 이주정착지에 대한 도로·급수시설·배수시설 그 밖의 공공시설 등 통상적인 수준의 생활기본시설이 포함되어야 하며, 이에 필요한 비용은 사업시행자의 부담으로 함을 원칙으로 한다(동조 4항).

---

1) 헌재 2006. 2. 23. 2004헌마19 결정 : 이주대책은 헌법 제23조 제3항에 규정된 정당한 보상에 포함되는 것이라기보다는 이에 부가하여 이주자들에게 종전의 생활상태를 회복시키기 위한 생활보상의 일환으로서 국가의 정책적인 배려에 의하여 마련된 제도라고 볼 것이다. 따라서 이주대택의 실시 여부는 입법자의 입법정책적 재량의 영역에 속하므로 공익사업을 위한 토지 등의 취득 및 보상에 관한 법률 시행령 제40조 제3항 제3호가 이주대책의 대상자에서 세입자를 제외하고 있는 것이 세입자의 재산권을 침해하는 것이라 볼 수 없다.

2) 이주대책의 연혁, 개념요소, 이주대책을 갈음하는 제도로 등장한 특별공급, 이주대책과 특별공급의 관계 및 양자에 관한 현행법의 비체계성에 관하여 金鐘甫, 「이주대책의 개념과 특별공급의 적용법조」, 행정법연구(행정법이론실무학회) 제28호, 163쪽 이하 참조. 金 교수는 이 논문에서 이주대책은 거의 활용되지 않고, 특별공급이 이주대상자에 대한 생활보상으로 확고하게 자리 잡고 있다는 점을 지적하고 있다.

3) 대법원은 법 제78조 제1항에 정한 이주대책의 대상이 되는 주거용 건축물이란 동 시행령 제40조 제3항 제2호의 '공익사업을 위한 관계 법령에 의한 고시 등이 있는 날' 당시 건축물의 용도가 주거용인 건물을 의미하고, 시행령 제40조 제3항 제2호의 '공익사업을 위한 관계 법령에 의한 고시 등이 있는 날'에는 토지수용 절차에 공익사업을 위한 토지 등의 취득 및 보상에 관한 법률을 준용하도록 한 관계 법률에서 사업인정의 고시 외에 주민 등에 대한 공람공고를 예정하고 있는 경우에는 사업인정의 고시일 뿐만 아니라 공람공고일도 포함될 수 있다고 하였다(대법 2009. 2. 26. 선고 2007두13340, 대법 2009. 2. 26. 선고 2008두5124 판결). 이 판결에 대한 평석으로 金鐘必, 「이주대책대상자 선정기준과 제외 요건의 구체적 의미」, 행정판례연구(한국행정판례연구회) XV-1, 411쪽 이하가 있다.

4) 이 규정에 의하여 이주대책대상자에게 사업시행자가 수립한 이주대책상의 택지분양권이나 아파트입주권 등을 받을 수 있는 구체적인 권리가 직접 발생하는 것이 아니라, 사업시행자가 이주대책에 관한 구체적인 계획을 수립하여 이를 해당자에게 통지 내지 공고한 후 해당자가 수분양권 취득을 희망하여 이주대책에 정한 절차에 따라 사업시행자에게 이주대책대상자 선정신청을 하고 사업시행자가 이를 받아들여 이주대책대상자로 확인·결정하여야만 비로소 구체적인 수분양권이 발생하게 된다(대법 1994. 5. 24. 선고 92다35783 전원합의체 판결, 대법 1995. 10. 12. 선고 94누11279 판결 등). 따라서 이주대책대상자의 선정 신청에 대하여 사업시행자가 확인·결정을 거부한 경우에는 이주대책대상자는 사업시행자를 상대로 거부처분취소소송을 제기하여야 하고, 곧바로 민사소송이나 공법상 당사자소송으로 수분양권의 확인 등을 구하는 것은 허용되지 아니한다.

5) 사업시행자 스스로 공익사업의 원활한 시행을 위하여 필요하다고 인정함으로써 생활대책을 수립·실시할 수 있도록 하는 내부규정을 두고 내부규정에 따라 생활대책대상자 선정기준을 마련하여 생활대책을 수립·실시하는 경우에는 헌법 제23조 제3항에 따른 정당한 보상에 포함되는 것으로 보아야 하며, 이러한 생활대책대상자 선정기준에 해당하는 자는 사업시행자에게 생활대책대상자 선정 여부의 확인·결정을 신청할 수 있는 권리를 가진다(대법 2011. 10. 13. 선고 2008두17905).

㈐ 주거용 건물[1]의 거주자에 대하여는 주거이전에 필요한 비용[2]과 가재도구 등 동산의 운반에 필요한 비용을 산정하여 보상하여야 한다(동조 5항).

㈑ 공익사업의 시행으로 인하여 영위하던 농·어업을 계속할 수 없게 되어 다른 지역으로 이주하는 농·어민이 지급받을 보상금이 없거나 그 총액이 국토교통부령이 정하는 금액에 미달하는 경우에는 그 금액 또는 그 차액을 보상하여야 한다(동조 6항).

(7) 공장에 대한 이주대책의 수립 등

사업시행자는 대통령령으로 정하는 공익사업의 시행으로 인하여 공장부지가 협의 양도되거나 수용됨에 따라 더 이상 해당 지역에서 공장(산업집적활성화 및 공장설립에 관한 법률 2조 1호에 따른 공장)을 가동할 수 없게 된 자가 희망하는 경우 「산업입지 및 개발에 관한 법률」에 따라 지정·개발된 인근 산업단지에의 입주 등 대통령령으로 정하는 이주대책에 관한 계획을 수립하여야 한다(동법 78조의2).

(8) 기타 토지에 관한 비용보상 등

사업시행자는 공익사업의 시행으로 인하여 취득 또는 사용하는 토지(잔여지를 포함) 외의 토지에 통로·도랑·담장 등의 신설 그 밖의 공사가 필요한 때에는 그 비용의 전부 또는 일부를 보상하여야 한다(동법 79조 1항 본문). 다만, 해당 토지에 대한 공사의 비용이 그 토지의 가격보다 큰 경우에는 사업시행자는 그 토지를 매수할 수 있다(동항 단서). 공익사업이 시행되는 지역 밖에 있는 토지 등이 공익사업의 시행으로 인하여 본래의 기능을 다할 수 없게 되는 경우에는 국토교통부령으로 정하는 바에 따라 그 손실을 보상하여야 한다(동조 2항).[3] 비용 또는 손실의 보상은 당해 사업의 공사완료일부터 1년이 지난 후에는 이를 청구할 수 없다(동조 5항).

---

1) 대구지법 2009. 10. 28. 선고 2009구합1183 판결: 공익사업을 위한 토지 등의 취득 및 보상에 관한 법률 제78조, 같은 법 시행규칙 제54조 등 관계 법령에서 정한 이주대책은 이주자들에 대하여 종전의 생활상태를 원상회복시키는 등 생활보상의 일환으로 국가의 적극적이고 정책적인 배려에 의하여 마련된 제도라는 점, 이와 같은 이주대책을 마련한 본래의 취지가 생활의 근거지는 그 이전이 용이하지 않고 생활의 근거지를 상실하게 되는 거주자가 종전의 생활상태를 원상으로 회복하기 위하여는 상당한 비용이 필요하므로 생활보장의 측면에서 이를 보상해 주어야 한다는 점 등에 비추어 보면, 위 관계 법령상 '주거용 건축물'을 판단할 때에는 실제 그 건축물의 공부상 용도와 관계없이 실제 주거용으로 사용되는지 여부에 따라 결정하여야 하고, 그 사용목적, 건물의 구조와 형태 및 이용관계 그리고 그 곳에서 일상생활을 영위하는지 여부 등을 아울러 고려하여 합목적적으로 결정하여야 한다.

2) 대법 2011. 7. 14. 선고 2011두3685 판결은 도시 및 주거환경정비법에 따라 사업시행자에게서 임시 수용시설을 제공받는 세입자라 하더라도 공익사업을 위한 토지 등의 취득 및 보상에 관한 법률 제78조 제5항, 동법 시행규칙 제54조 제2항에 따른 주거이전비를 별도로 청구할 수 있으며, 시행규칙 제54조 제2항은 당사자 합의 또는 사업시행자 재량에 의하여 적용을 배제할 수 없는 강행규정이라고 하였다.

3) 「공익사업을 위한 토지 등의 취득 및 보상에 관한 법률」 제79조 제2항은 포괄적 위임으로 위헌으로 볼 여지가 있다는 견해가 있다. 朴均省, 「간접손실보상의 재검토」, 토지보상법연구(한국토지보상법연구회) 제8집, 12쪽 참고.

그 밖에 세입자에 대한 주거이전비,[1] 등 국토교통부령이 정한 기준에 따른 보상이 있다(동조 4항).

제 6 관 환 매 권

「공익사업을 위한 토지 등의 취득 및 보상에 관한 법률」은 환매권에 관한 규정(91조·92조)을 두고 있다. 환매권은 반드시 개별 법률의 근거가 있어야만 허용되는가 아니면 개별법률의 근거 없이도 「헌법」의 재산권보장규정에 근거해서 허용되는 것인가가 문제가 될 수 있다. 대법원은 법률의 명문의 근거 없이는 이를 허용하지 아니한다(대법 1993. 6. 29. 선고 91다43480 판결). 환매권에 관하여 명문의 근거를 두고 있는 법률은 「공익사업을 위한 토지 등의 취득 및 보상에 관한 법률」외에 「택지개발촉진법」(13조) 등이 있다.

여기에는 「공익사업을 위한 토지 등의 취득 및 보상에 관한 법률」이 규정하고 있는 환매권을 보기로 한다.

1. 환매권의 의의

환매권이란 공익사업을 위한 토지의 취득 후 취득의 목적물인 토지 등이 당해 공익사업의 폐지·변경 그 밖의 사유로 인하여 불필요하게 되거나 또는 오랫동안 당해 공익사업에 현실적으로 이용되지 아니하였을 때 취득일 당시의 토지소유자 또는 그 포괄승계인이 원칙적으로 보상금에 상당하는 금액을 지급하고 그 소유권을 다시 취득할 수 있는 권리를 말한다.

2. 환매권의 근거

(1) 이론적 근거

종래 공용수용은 특정한 공익사업을 위하여 토지소유자의 의사에 반하여 강제적으로 소유권을 취득하는 것이므로, 사업의 폐지나 변경 그 밖의 사유로 토지의 전부 또는 일부가 불필요하게 된 경우에는 그 소유권을 원래의 소유자에게 회복시켜 주는 것이 피수용자의 감정을 존중해 주는 것(대법 2001. 5. 29. 선고 2001다11567 판결 등 참조)일 뿐만 아니라 공평의 원칙에도 부합하는 것

---

1) 대법 2008. 5. 29. 선고 2007다8129 판결: 구 공익사업을 위한 토지 등의 취득 및 보상에 관한 법률 제2조, 제78조에 의하면, 세입자는 사업시행자가 취득 또는 사용할 토지에 관하여 임대차 등에 의한 권리를 가진 관계인으로서, 같은 법 시행규칙 제54조 제2항 본문에 해당하는 경우에는 주거이전에 필요한 비용을 보상받을 권리가 있다. 그런데 이러한 주거이전비는 당해 공익사업 시행지구 안에 거주하는 세입자들의 조기이주를 장려하여 사업 추진을 원활하게 하려는 정책적인 목적과 주거이전으로 인하여 특별한 어려움을 겪게 될 세입자들을 대상으로 하는 사회보장적인 차원에서 지급되는 금원의 성격을 가지므로, 적법하게 시행된 공익사업으로 인하여 이주하게 된 주거용 건축물 세입자의 주거이전비 보상청구권은 공법상의 권리이고, 따라서 그 보상을 둘러싼 쟁송을 민사소송이 아니라 공법상의 법률관계를 대상으로 하는 행정소송에 의하여야 한다.

(대법 1993. 12. 28. 선고 93다34701 판결 등 참조)이라고 설명하여 왔다.[1] 그러나 오늘날에는 재산권보장의 맥락에서의 공평의 원칙, 즉 재산권의 존속보장에서 그 이론적 근거를 찾는 견해가 유력하다.[2] 헌법재판소는 환매권을 헌법이 보장하는 재산권의 내용에 포함된 권리로 보고 있다(헌재 1994. 2. 24. 92헌가15 내지 17, 20 내지 24 결정 등). 대법원도 헌법 제23조 제1항, 제3항의 근본취지에서 찾고 있다(대법 1998. 4. 10. 선고 96다52359 판결 등).

(2) 실정법적 근거

환매권은 헌법의 재산권보장에서 직접 도출될 수가 있는 것인지, 아니면 실정법적 근거가 있어야 하는지에 관하여 견해가 나뉜다.[3] 앞에서 본 바와 같이 대법원은 환매권을 행사하기 위해서는 법률의 근거가 필요하다는 입장이다(대법 1993. 6. 29. 선고 91다43480 판결 등). 그러나 헌법재판소는 환매권을 헌법이 보장하는 재산권의 내용에 포함된 권리로 보고 있으므로, 헌법재판소의 견해에 의하면, 법률이 사업의 폐지나 변경 기타의 사유로 토지의 전부 또는 일부가 불필요하게 된 경우 환매권을 인정하지 않고 있다면 위헌의 법률이 된다(헌재 2005. 5. 26. 2004헌가10 결정 참조). 「공익사업을 위한 토지 등의 취득 및 보상에 관한 법률」 등에는 환매권의 실정법적 근거를 두고 있다.

3. 환매권의 법적 성질

(1) 공권인가 사권인가의 문제

환매권의 법적 성질에 관하여는 공권설과 사권설로 나뉜다.

1) 공 권 설

이 설은 환매권을 수용해제청구권, 즉 수용을 해제하여 원상으로 회복시킬 것을 요구하는 권리로서 공권의 성질을 갖는 것이라고 하는 견해[4]이다. 이 설이 우리나라의 다수설이다.

2) 사 권 설

이 설은 환매권을 권리이전요구권, 즉 수용의 해제를 요구하는 것이 아니라 개인이 전적으로

---

1) 대법원은 이와 같은 판시를 여전히 계속하고 있다(대법 2021. 4. 29. 선고 2020다280890 판결 참조).

2) 金裕煥, 「환매권의 법리 : 판례이론의 분석과 검토」, 행정상 손실보상의 주요문제(박윤흔박사 화갑기념논문집), 1997, 583쪽 이하 참조.

3) 실정법적 근거가 필요하다는 견해로는 朴鈗炘, 최신행정법강의(하), 631쪽; 裵柄皓, 「공법상 환매제도에 관한 연구」(2000년 2월 서울대학교박사학위청구논문), 34쪽 등이 있고, 실정법적 근거가 필요없다는 견해로는 鄭然宙, 「공익사업을 위한 토지 등의 취득 및 보상에 관한 법률에 대한 헌법적 검토」, 토지공법연구(한국토지공법학회) 제16집 제2호, 37쪽 이하 등이 있다.

4) 환매권은 공법에 해당하는 공익사업을 위한 토지 등의 취득 및 보상에 관한 법률에 의해 구체화된 제도라는 점을 들어 공권이라는 견해(金炳坼, 「공익사업을 위한 토지 등의 취득 및 보상에 관한 법률상 환매권의 법적 성질과 환매기간규정의 위헌 여부」, 행정법연구(행정법이론실무학회) 제26호, 113쪽)도 있다.

그의 이익을 위하여 일방적으로 이미 불용(不用)으로 되거나 또는 이용되지 않고 있는 수용의 목적물을 다시 취득할 수 있는 권리로서 사권의 성질을 갖는 것이라고 하는 견해이다.[1]

3) 판 례

판례는 사권설을 취하고 있다. 대법원은 「징발재산정리에 관한 특별조치법」 제20조에 규정된 환매권행사로 인한 매수의 성질을 사법상의 매매와 같다고 보았다(대법 1989. 12. 12. 선고 89다카9675 판결 등). 헌법재판소도 피청구인이 청구인의 환매권행사를 부인하는 어떤 의사표시를 하였더라도 이는 환매권의 발생 여부 또는 그 행사의 가부에 관한 사법관계의 다툼을 둘러싸고 사전에 피청구인의 의견을 밝히고, 그 다툼의 연장인 민사소송절차에서 상대방의 주장을 부인한 것에 불과하므로 그것을 가리켜 헌법소원심판의 대상이 되는 공권력의 행사로 볼 수 없다고 하였다(헌재 1994. 2. 24. 92헌마283 결정 등).

대법 2013. 2. 28. 선고 2010두22368 판결은 환매권의 존부에 관한 확인을 구하는 소송 및 환매금액의 증감을 구하는 소송을 민사소송에 해당한다고 보면서도 "민사소송인 이 사건 소가 서울행정법원에 제기되었는데도 피고는 제1심 법원에서 관할위반이라고 항변하지 아니하고 본안에 대하여 변론을 한 사실을 알 수 있는 바, 공법상의 당사자소송 사건인지 민사사건인지 여부는 이를 구별하기가 어려운 경우가 많고 행정사건의 심리절차에 있어서는 행정소송의 특수성을 감안하여 행정소송법이 정하고 있는 특칙이 적용될 수 있는 점을 제외하면 심리절차면에서 민사소송절차와 큰 차이가 없는 점 등에 비추어 보면, 행정소송법 제8조 제2항, 민사소송법 제30조에 의하여 제1심법원에 변론관할[2]이 생겼다고 봄이 상당하다"고 하였다.

(2) 형 성 권

환매권은 환매할 토지가 생긴 경우 환매권자가 당해 토지에 대하여 지급받은 보상금에 상당한 금액을 사업시행자에게 지급하고 일방적으로 환매의 의사를 표시함으로써 수용의 목적물을 취득하는 권리이다. 따라서 환매권은 형성권의 성질을 갖는다. 판례도 형성권으로 보고 있다(대법 1995. 2. 10. 선고 94다31310 판결, 헌재 1995. 3. 23. 91헌마143 결정).

4. 환매권의 요건

(1) 환매권자

---

1) 朴鈗炘, 최신행정법강의(하), 630쪽; 韓堅愚, 「환매권의 행사」, 고시연구 2006년 5월호, 34쪽.

2) 변론관할이란 원고가 관할권이 없는 법원에 소를 제기하였는데, 피고가 이의 없이 본안변론을 함으로써 생기는 관할을 말한다. 다만, 민사소송법 제31조에 의하여 전속관할인 경우에는 변론관할을 제외하고 있으므로, 2010두22368 사건과 같이 행정법원이 민사소송을 처리할 경우 민사법원의 민사소송에 대한 전속관할권을 인정할 것인지가 문제된다. 이에 관하여는 文俊弼, 「환매대금증감(대상판결: 대법원 2013. 2. 28. 선고 2010두22368 판결)」, 한국행정판례연구회 제298차 월례발표회 발표문, 16쪽 이하 참조.

환매권자는 취득일 당시의 토지소유자 또는 그 포괄승계인이다(공익사업을 위한 토지 등의 취득 및 보상에 관한 법률 91조 1항). 환매권은 양도의 대상이 될 수 없다. 즉 환매권을 양도하여 그 양수인이 사업시행자로부터 환매의 목적물을 환매받을 수 없다. 환매권자가 환매의 목적물을 환매받는 것을 조건으로 목적물인 토지를 양도하는 계약의 체결은 가능하다.

환매권은 「부동산등기법」의 정하는 바에 의하여 공익사업에 필요한 토지의 협의취득 또는 수용의 등기가 된 때에는 제3자에게 대항할 수 있다(동조 5항).[1]

(2) 환매권행사의 상대방

환매권행사의 상대방은 사업시행자이다.

(3) 환매의 목적물

환매의 목적물은 토지의 소유권이다.
  1) 토지의 일부가 당해 사업에 대하여 불필요하게 된 경우에는 비록 그것이 취득된 토지의 전부가 아니라 할지라도 환매권자는 그 일부에 대하여 환매할 수 있다.
  2) 환매할 수 있는 토지가 취득된 토지의 전부일 때에는 환매권자는 그 전부에 대하여 환매하여야 한다는 견해가 우리나라의 다수설이다. 그러나 전부를 요구할 수 있는 권리는 일부를 요구할 수 있는 권리를 포함한다 할 것이므로 반드시 전부를 환매해야 할 실질적인 이유는 없다.[2]
  3) 법 제74조 제1항의 규정에 따라 매수 또는 수용된 잔여지는 그 잔여지에 접한 일단의 토지가 필요 없게 된 경우에만 환매의 목적물이 된다(동법 91조 3항).

(4) 환매권행사의 요건

환매권을 행사하게 되는 요건은 다음 1)과 2) 두 가지이다.

1) 토지의 협의취득일 또는 수용의 개시일부터 10년 이내에 해당 사업의 폐지·변경 그 밖의 사유로 취득한 토지의 전부 또는 일부가 필요 없게 된 경우(동조 제1항)

여기서 말하는 해당 사업이란 토지의 협의취득 또는 수용의 목적이 된 구체적인 특정 공익사업을 말한다(대법 2010. 5. 13. 선고 2010다12043, 12050 판결). 사업의 폐지·변경이란 「공익사업을 위한 토지 등의 취득 및 보상에 관한 법률」 제24조 제1항에 규정된 사업의 폐지·변경 또는 개

---

1) 법 제91조 제5항의 의미는 "협의취득 또는 수용의 목적물이 제3자에게 이전되더라도 협의취득 또는 수용의 등기가 되어 있으면 환매권자의 지위가 그대로 유지되어 환매권자는 환매권을 행사할 수 있고, 제3자에 대해서도 이를 주장할 수 있다는 의미이다"(대법 2017. 3. 15. 선고 2015다238963 판결).

2) 金鐵容, 감정평가 및 보상법론, 117·118쪽; 裵柄皓, 앞 논문, 189·190쪽. 이에 대하여는 반대의견이 있다(朴鈗炘, 최신행정법강의(하), 633쪽).

별법에 의한 사업인정에 갈음하는 행위의 철회·변경을 말하는 것으로서 당해 사업의 시행을 아예 그만두는 것뿐만 아니라 다른 사업으로 바꾸는 것을 포함한다(대법 1994. 1. 25. 선고 93다11760 판결). 필요 없게 된 경우란 그 토지가 취득의 목적이 된 특정 공익사업의 폐지·변경 그 밖의 사유로 인하여 그 사업에 이용할 필요가 없어진 경우를 말한다(대법 2010. 5. 13. 선고 2010다12043, 12050 판결). 필요 없게 되었는지 여부는 사업시행자의 주관적 의사를 표준으로 할 것이 아니라 당해 사업의 목적과 내용, 협의취득·수용의 경위와 범위, 당해 토지와 사업과의 관계, 용도 등 제반 사정에 비추어 객관적·합리적으로 판단하여야 한다(대법 1998. 3. 27. 선고 97다39766 판결, 대법 2010. 9. 30. 선고 2010다30782 판결 등).[1]

2) 취득일부터 5년 이내에 취득한 토지의 전부를 해당 사업에 이용하지 아니하였을 때(동조 제2항)

여기서 말하는 사업에 이용하지 아니하였을 때란 현실적으로 이용되지 않았던 것을 말하는 바, 사업이 폐지·변경된 것을 요하지 아니하며 단순히 시행이 지연되어 사업에 이용되지 아니한 경우를 포함한다.

이와 같은 요건에 대하여는 이를 환매권의 성립 또는 취득의 요건이라는 견해와 단지 행사의 요건에 불과하다는 견해로 나뉘지만, 환매권은 취득의 완성과 동시에 법률상 당연히 성립되어 있는 것이라고 보아야 할 것이므로 후설이 타당하다. 후설이 다수설이며, 판례(대법 1989. 12. 12. 선고 89다카9675 판결)이다.

3) 공익사업의 변환과 환매권 행사 기간

국가·지방자치단체 또는 「공공기관의 운영에 관한 법률」 제4조에 따른 공공기관이 사업인정을 받아 공익사업에 필요한 토지를 협의취득 또는 수용한 후 당해 공익사업이 본법 제4조 제1호 내지 제6호에 규정된 다른 공익사업으로 변경된 경우[2]에는 당해 토지에 대한 위 환매권 행

---

[1] 대법 2021. 4. 29. 선고 2020다280890 판결: 도시계획시설사업의 시행자로 지정되어 그 도시계획시설사업의 수행을 위하여 필요한 토지를 협의취득하였다고 하더라도, 시행자 지정이 처음부터 효력이 없거나 토지의 취득 당시 해당 도시계획시설사업의 법적 근거가 없었던 것으로 볼 수 있는 등 협의취득이 당연무효인 경우, 협의취득일 당시의 토지소유자가 소유권에 근거하여 등기 명의를 회복하는 방식 등으로 권리를 구제받는 것은 별론으로 하더라도 토지보상법 제91조 제1항에서 정하고 있는 환매권을 행사할 수는 없다고 봄이 타당하다.

[2] 원래의 공익사업의 폐지·변경 등을 이유로 원소유자가 환매권을 행사할 수 없도록 제한한 공익사업의 변환에 관하여 헌재 1997. 6. 26. 96헌바94 결정은 "공공복리를 위한 공익사업의 시행과정에서 이미 수용되어 있는 토지에 대하여 당초의 사업이 폐지·변경되었다는 사유만으로 다른 공익사업을 위한 필요에도 불구하고 예외 없이 일률적으로 원소유자 등에게 당해 토지를 반환하게 한 후 다시 재수용절차를 밟도록 한다는 것은 공익의 관점에서 볼 때 과도한 시간과 노력 및 비용의 낭비이며 원활한 사업시행에 장애가 되는 것이다. 따라서 공공복리를 위하여 필요한 경우 예외적으로 공익사업의 변경을 인정하고 환매권행사를 제한함으로써 공익사업의 원활한 시행을 확보하여 줄 필요가 있는 것이며, 그러한 점에서 이 사건 심판대상조항(구 토지수용법 71조 7항, 현행 공익사업을 위한 토지 등의 취득 및 보상에 관한 법률 91조 6항)의 입법목적은 정당하다 할 것이다"라고 판시하였다. 이 결정에 대하여는 "일단 협의취득 또는 수용된 토지를 본래의 목적공익사업 이외의 다른 법정공익사업을 위하여 재심사·불복절차 등 아무런 적법절차 없이 전용함을 허용하고 있어서 그 입법목적의 정당성·입법수단의 적

사기간은 당해 공익사업의 변경을 관보에 고시한 날로부터 기산한다(대법 2010. 9. 30. 선고 2010 다30782 판결). 이 경우 국가·지방자치단체 또는 공공기관은 공익사업의 변경사실을 원칙적으로 환매권자에게 통지하여야 한다(동조 6항).[1]

(5) 환매가격

환매권을 행사하기 위해서는 환매권자가 환매가격을 사업시행자에게 지급하여야 한다. 환매 가격은 원칙적으로 당해 토지 및 토지에 관한 소유권 이외의 권리에 대하여 지급받은 보상금에 상당한 금액이다.[2] 그러나 토지의 가격이 취득일 당시에 비하여 현저히 변경된 경우 사업시행 자 또는 환매권자는 환매금액에 대하여 서로 협의하되, 협의가 성립되지 아니한 때에는 그 금액 의 증감을 법원에 청구할 수 있다(동조 4항). 금액의 증감의 소가 행정소송에 의하여야 하는지, 민 사소송에 의하여야 하는지에 관하여는 견해가 나뉜다. 환매권의 법적 성질을 공권으로 보는 견 해는 행정소송에 의하여야 한다는 견해이고, 반면에 사권으로 보는 견해는 민사소송에 의하여야 한다는 견해이다. "현저히 변경된 경우"란 환매권 행사 당시의 토지가격이 지급한 보상금에 환 매 당시까지의 당해 사업과 관계없는 인근 유사토지의 지가변동률을 곱한 금액보다 높은 경우를 말한다(동법 시행령 48조).

(6) 환매권의 행사기간

환매권의 행사에는 제척기간이 있어서 일정한 기간 내에 행사하여야 한다. 제척기간은 ① 토 지의 협의취득일 또는 수용의 개시일부터 10년 이내에 해당 사업의 폐지·변경 그 밖의 사유로 취득한 토지의 전부 또는 일부가 필요 없게 된 경우에는 필요 없게 된 때로부터 1년, 또는 그 취 득일부터 10년 이내,[3] ② 취득일부터 5년 이내에 취득한 토지의 전부를 해당 사업에 이용하지

정성이 있다고 보기 어렵고, 전시나 준전시에 적용되는 징발법의 관련조항과 비교할 때 피해의 최소성을 도모하 였다고 인정할 수도 없다"는 점, 이 사건 심판대상조항을 종전의 수용토지에 대하여 수삼 차에 걸쳐 계속 적용한 다면 원소유자들은 환매권을 취득할 기회를 영원히 상실하게 되는 결과가 초래되는 것이며 이는 환매권의 단순 한 제한이 아니라 그 본질적 내용을 침해하는 것을 이유로 한 반대견해(재판관 조승형)가 있었다.

1) 구 토지수용법 제71조 제7항(현행 공익사업을 위한 토지 등의 취득 및 보상에 관한 법률 91조 6항)이 공익사업의 주 체가 변경된 경우를 포함하는가에 관하여 판례는 이를 긍정한다(대법 1994. 1. 25. 선고 93다11760 판결).

2) 대법원은 보상금의 상당금액이란 협의취득 당시 토지소유자가 사업시행자로부터 지급받은 보상금을 의미하며 여기에 환매권 행사 당시까지의 법정이자를 가산한 금액을 말하는 것은 아니라고 한다(대법 1994. 5. 24. 선고 93누17225 판결).

3) 대법 2010. 9. 30. 선고 2010다30782 판결: "당해 토지의 전부 또는 일부가 필요 없게 된 때로부터 1년 또는 그 취득일로부터 10년 이내에 그 토지를 환매할 수 있다"라는 규정의 의미는 취득일로부터 10년 이내에 그 토지가 필요없게 된 경우에는 그때로부터 1년 이내에 환매권을 행사할 수 있으며, 또 필요없게 된 때로부터 1년이 지났 더라도 취득일로부터 10년이 지나지 않았다면 환매권자는 적법하게 환매권을 행사할 수 있다는 의미로 해석함 이 옳다. 원심의 판단은 "환매권은 일종의 형성권으로써 협의취득일 또는 수용의 개시일로부터 10년 이내에 이 를 행사하여야 하고, 그 기간을 지난 때에는 제척기간의 경과로 소멸한다"고 하였었다.

아니하였을 때에는 취득일부터 6년 이내이다(동법 91조 1항·2항).

①의 기간과 ②의 기간이 경합되는 경우에는 환매권자에게 유리한 기간으로 결정한다.

환매권의 행사기간의 준수 여부는 법원의 직권조사사항이다.

(7) 환매권의 행사방법

환매권의 행사는 환매권자의 사업시행자에 대한 의사표시에 의하여 행한다.[1] 환매권은 상대방에 대한 의사표시를 요하는 형성권의 일종으로서 환매의 의사표시가 상대방에게 도달한 때에 비로소 환매권행사의 효력이 발생함이 원칙이다(대법 1999. 4. 9. 선고 98다46945 판결).

5. 환매의 절차

환매할 토지가 생겼을 때에는 사업시행자는 지체없이 이를 환매권자에게 통지하여야 하며, 과실 없이 환매권자를 알 수 없을 때에는 공고하여야 한다(동법 92조 1항). 이 통지·공고의 취지는 공익목적에 필요 없게 된 토지가 있을 때에는 먼저 원소유자에게 그 사실을 알려주어 환매할 것인지의 여부를 최고하도록 하고 그러한 기회를 부여한 후에도 환매의 의사가 없을 때에 비로소 원소유자 아닌 제3자에게 전매할 가능성을 가지도록 한다는 것으로서 이는 법률상 당연히 인정되는 환매권행사의 실효성을 확보하기 위한 것이다. 따라서 「공익사업을 위한 토지 등의 취득 및 보상에 관한 법률」 제92조의 규정은 단순한 선언적인 것이 아니라 사업시행자의 법적 의무를 정한 것이다(대법 1993. 5. 27. 선고 92다34667 판결).

6. 환매권의 소멸

환매권은 제척기간의 경과로 소멸하는 외에, 위의 통지를 받은 날 또는 공고를 한 날로부터 6월을 경과한 후에는 행사하지 못하게 된다(동조 2항).

---

1) 대법 2006. 12. 21. 선고 2006다49277 판결: 공익사업을 위한 토지 등의 취득 및 보상에 관한 법률 제91조에 의한 환매는 환매기간 내에 환매의 요건이 발생하면 환매권자가 지급받은 보상금에 상당한 금액을 사업시행자에게 미리 지급하고 일방적으로 의사표시를 함으로써 사업시행자의 의사와 관계없이 환매가 성립하고, 토지 등의 가격이 취득 당시에 비하여 현저히 변경되었더라도 같은 법 제91조 제4항에 의하여 당사자간에 금액에 관하여 협의가 성립하거나 사업시행자 또는 환매권자가 그 금액의 증감을 법원에 청구하여 법원에서 그 금액이 확정되지 않는 한, 그 가격이 현저히 등귀한 경우이거나 하락한 경우이거나를 묻지 않고 환매권을 행사하기 위하여는 지급받은 보상금 상당액을 미리 지급하여야 하고 또한 이로써 족한 것이며, 사업시행자는 소로써 법원에 환매대금의 증액을 청구할 수 있을 뿐 환매권 행사로 인한 소유권이전등기 청구소송에서 환매대금 증액청구권을 내세워 증액된 환매대금과 보상금 상당액의 차액을 지급할 것을 선이행 또는 동시이행의 항변으로 주장할 수 없다.

제 5 절 공용환지 · 공용환권

Ⅰ. 의의 및 법적 근거

1. 의 의

공용환지란 토지의 구획·형질의 변경, 공공시설의 정비 등에 의한 토지의 이용가치를 증진시키기 위하여 일정한 지역 안에 있어서의 토지의 소유권 또는 그 밖의 권리(예: 지상권·지역권·임차권)를 권리자의 의사 여하에 불구하고 강제적으로 교환·분합하는 것을 말한다. 예컨대 도시개발사업을 시행한 후에 종전의 토지소유권 대신에 별도의 토지소유권을 강제적으로 교환하는 것이 그것이다. 종전의 토지에 있어서의 권리관계는 그대로 새로운 환지에로 이전된다.

공용환권이란 토지의 효용을 증진시키기 위하여 일정한 지역 안의 토지의 구획·형질을 변경하여 권리자의 의사 여하에 불구하고 종전의 토지·건축물에 관한 권리에 대응하여 사업시행 후 새로이 토지·건축물에 관한 권리를 부여함으로써 강제로 권리를 변환시키는 것을 말한다.[1] 예컨대 「도시 및 주거환경정비법」상의 정비사업 후에 종전의 토지소유권 대신에 새로이 건축된 건축물소유권을 강제적으로 부여하는 것이 그것이다. 공용환지가 평면적인 변환방식이라면, 공용환권은 입체적인 변환방식이라 할 수 있다.

2. 성 질

공용환지·공용환권은 공익상 필요한 특정한 공익사업 등을 위하여 권리자의 의사 여하에 불구하고 직접 토지 등에 관한 권리에 대하여 강제적으로 물권적 변동을 가한다는 점에서 물적 공용부담의 일종이다. 그러나 공용환지·공용환권은 종전의 토지 등에 관한 권리에 대신하여 별도의 토지 등에 관한 권리를 강제적으로 취득시키게 한다는 점(현물보상을 할 때가 있으나 그것은 예외로 속한다)에서 토지의 수용과 그에 대한 대가로 금전보상을 원칙으로 하는 공용수용과 구별되며, 단순한 토지 등의 권리에 대한 제한이 아닌 점에서 공용제한과도 구별된다.

공용환지와 공용환권은 공익상 필요한 특정한 공익사업 등을 위하여 권리자의 의사 여하에 불구하고 직접 토지 등에 관한 권리에 대하여 강제적으로 물권적 변동을 가한다는 점이 같다. 그러나 양자는 공용환권이 ① 변환되는 권리가 토지에 관한 권리에 한정되지 아니한다는 점, ② 새로이 별도로 취득되는 권리가 종전의 권리의 내용과 동질적인 것이 아닐 수 있다는 점에서 차이가 있다.

---

[1] 사업시행자가 개발사업의 과정에서 사업대상자의 소유권을 모두 취득하였다가 다시 배분하는 사업방식을 취득·배분방식이라고 이름 붙이고, 이는 공용환권과 다르다는 전제에서 현행법상의 정비사업을 모두 공용환권으로 설명할 수 없다는 견해가 있다(金鐘甫, 「공용환권의 개념과 법적 효과」, 행정법연구(행정법이론실무학회), 제31권, 23쪽 이하).

3. 법적 근거

공용환지에 관한 근거법률로는 「농어촌정비법」, 「도시개발법」 등이 있다. 「농어촌정비법」은 농어촌 토지 등의 효율적 정비를 위하여 환지방식에 의한 사업시행을 규정하고 있다. 「도시개발법」은 계획적이고 체계적인 도시개발을 도모하고 쾌적한 도시환경을 조성하기 위해서 행하는 도시개발사업의 전부 또는 일부를 환지방식에 의하여 시행할 수 있도록 규정하고 있다.

공용환권에 관한 근거법률로는 「도시 및 주거환경정비법」 등이 있다. 「도시 및 주거환경정비법」은 도시 및 주거환경정비사업의 시행을 공용환권에 의할 수 있도록 규정하고 있다.

Ⅱ. 공용환지

1. 도시개발사업

(1) 도시개발사업의 의의

「도시개발법」에서 말하는 도시개발사업이란 도시개발구역에서 거주·상업·산업·유통·정보통신·생태·문화·보건 및 복지 등의 기능을 가지는 단지 또는 시가지를 조성하기 위하여 시행하는 사업을 말한다(2조 1항 2호).

도시개발사업은 시행자가 도시개발구역 안의 토지 등을 수용 또는 사용하는 방식이나 환지방식 또는 이를 혼용하는 방식으로 시행할 수 있다(동법 21조 1항).

아래에서는 환지방식에 의한 도시개발사업에 대하여 보기로 한다.

(2) 도시개발구역의 지정

1) 환지방식에 의한 도시개발사업을 시행하기 위하여는 먼저 도시개발구역이 지정되어야 한다. 도시개발구역을 지정하는 자(지정권자)는 시·도지사, 서울특별시와 광역시를 제외한 인구 50만 이상의 대도시의 시장이다(동법 3조 1항). 법정 사항에 해당하는 경우 국토교통부장관도 지정권자가 될 수 있다(동조 3항). 도시개발구역을 지정하고자 할 때에는 지정권자는 도시개발사업의 계획(개발계획)을 수립하여야 한다(동법 4조 1항). 도시개발사업을 환지방식으로 시행하고자 하는 경우 지정권자가 개발계획을 수립하는 때에는 환지방식이 적용되는 지역의 토지면적의 3분의 2 이상에 해당하는 토지소유자와 그 지역의 토지소유자 총수의 2분의 1 이상의 동의를 얻어야 한다(동조 4항 전단).

2) 지정권자가 도시개발구역을 지정하고자 할 때에는 공람 또는 공청회를 통하여 주민 및 관계 전문가 등으로부터 의견을 청취하여야 하고(동법 7조), 도시계획위원회의 심의를 거쳐야 하며(동법 8조), 이를 관보 또는 공보에 고시하여야 한다(동법 9조 1항).

3) 도시개발구역이 지정·고시된 경우 당해 도시개발구역은 「국토의 계획 및 이용에 관한 법률」에 의한 도시지역 및 대통령령이 정하는 지구단위계획구역으로 결정·고시된 것으

로 본다(동조 2항 본문).

4) 지정의 법적 성질은 행정소송의 대상이 되는 처분으로 보아야 한다.

(3) 시 행 자

1) 도시개발사업의 시행자는 ① 국가 또는 지방자치단체, ② 대통령령이 정하는 공공기관, ③ 대통령령이 정하는 정부출연기관, ④「지방공기업법」에 의하여 설립된 지방공사, ⑤ 도시개발구역의 토지소유자, ⑥ 이들이 도시개발을 위하여 설립한 조합,[1] ⑦「수도권정비계획법」에 의한 과밀억제권역에서 수도권 외의 지역으로 이전하는 법인 중 과밀억제권역의 사업기간 등 대통령령이 정하는 요건에 해당하는 법인, ⑧「주택법」제9조의 규정에 따라 등록한 자 중 도시개발사업을 시행할 능력이 있다고 인정되는 자로서 대통령령이 정하는 요건에 해당하는 자, ⑨「건설산업기본법」에 의한 토목공사업 또는 토목건축공사업의 면허를 받는 등 개발계획에 적합하게 도시개발사업을 시행할 능력이 있다고 인정되는 자로서 대통령령이 정하는 요건에 해당하는 자, ⑩「부동산개발업의 관리 및 육성에 관한 법률」제4조 제1항에 따라 등록한 부동산개발업자로서 대통령령으로 정하는 요건에 해당하는 자, ⑪「부동산투자회사법」에 따라 설립된 자기관리부동산투자회사 또는 위탁관리부동산투자회사로서 대통령령이 정하는 요건에 해당하는 자, ⑫ ①부터 ⑤까지 또는 ⑦부터 ⑪까지에 해당하는 자가 도시개발사업을 시행할 목적으로 출자에 참여하여 설립한 법인으로서 대통령령으로 정하는 요건에 해당하는 법인(동법 11조 1항 본문)이다.[2] 다만, 도시개발구역의 전부를 환지방식으로 시행하는 경우에는 위 ⑤의 토지소유자 또는 ⑥의 조합을 시행자로 지정한다(동항 단서).

2) 조합을 설립하고자 하는 때에는 도시개발구역 안의 토지소유자 7인 이상이 대통령령이 정하는 사항을 기재한 정관을 작성하여 지정권자에게 조합설립의 인가를 받아야 한다(동법 13조 1항). 이 경우의 인가신청에는 당해 도시개발구역 안의 토지면적의 3분의 2 이상에 해당하는 토지소유자와 그 구역안의 토지소유자 총수의 2분의 1 이상의 동의를 얻어야 한다(동조 3항).

---

1) 판례는 조합의 조합원에 대한 경비부과 징수를 행정처분으로 본다(대법 2002. 5. 28. 선고 2000다5817 판결).

2) 대법 2006. 10. 12. 선고 2006두8075 판결: 도시개발법 시행령 제15조 제1항의 규정 형식과 내용으로 볼 때 위 조항은 시행자로 지정받고자 하는 자에 대하여 시행자지정신청서의 제출의무를 부과하고 있는 것으로 해석할 수 있을 뿐이고, 도시개발법 제11조 제1항 본문이 "시행자는 같은 조 제1항 각 호의 자 중에서 지정권자가 이를 지정한다"라고 규정하고 있는 외에 달리 같은 법이나 같은 법 시행령에서 지정권자에 대하여 제1항 각 호의 자들 중에서 시행자지정신청을 하지 않는 자는 시행자로 지정할 수 없다고 정하는 취지의 규정이 없는 이상, 도시개발구역 지정권자로서는 시행자지정신청서의 제출 여부와 상관없이 자신의 판단에 의하여 같은 법 제11조 제1항 각 호의 자 중에서 시행자를 지정할 수 있다.

⑷ 환지방식에 의한 사업시행의 절차

1) 환지계획의 작성

㈎ 도시개발사업의 시행자는 도시개발사업의 전부 또는 일부를 환지방식에 의하여 시행하고자 하는 경우에는 환지계획을 작성하여야 한다. 그 중요내용은 환지설계, 필지별로 된 환지명세, 필지별과 권리별로 된 청산 대상 토지 명세, 체비지 또는 보류지의 명세 등이다(동법 28조 1항).

㈏ 환지계획은 종전의 토지 및 환지의 위치·지목·면적·토질·수리·이용상황·환경 그 밖의 사항을 종합적으로 고려하여 합리적으로 정하여야 한다(동법 2항). 이에 위반한 때에는 그것에 의한 환지예정지의 지정 또는 환지처분은 위법하게 된다(대법 1971. 6. 27. 선고 66누179 판결).

㈐ 토지소유자의 신청 또는 동의가 있는 때에는 당해 토지의 전부 또는 일부에 대하여 환지를 정하지 아니할 수 있고(동법 30조 1항), 도시개발사업에 필요한 경비에 충당하거나 규약·정관·시행규정 또는 실시계획이 정하는 목적을 위하여 일정한 토지를 환지로 정하지 아니하고 체비지 또는 보류지로 정할 수 있다(동법 34조 1항).

시행자는 토지면적의 규모를 조정할 특별한 필요가 있을 때에는 면적이 작은 토지에 대하여는 과소(過小)토지가 되지 아니하도록 면적을 증가하여 환지를 정하거나 환지대상에서 제외할 수 있고, 면적이 넓은 토지에 대하여는 그 면적을 감소하여 환지를 정할 수 있다(동법 31조 1항). 도시개발사업의 원활한 시행을 위하여 특히 필요한 때에는 토지소유자의 동의를 얻어 환지의 목적인 토지에 갈음하여 시행자에게 처분할 권한이 있는 건축물의 일부와 당해 건축물이 있는 토지의 공유지분을 부여할 수 있다(동법 32조 1항). 이를 입체환지라고 부르고 있으나, 이 입체환지는 토지소유자의 동의를 요한다는 점에서 권리자의 의사 여하에 불구하고 행하여지는 공용환권과 다르다.

㈑ 판례는 환지계획의 처분성을 부인하고 있다(대법 1999. 8. 20. 선고 97누6889 판결).

2) 환지계획의 인가 등

행정청이 아닌 시행자가 환지계획을 작성한 때에는 특별자치도지사·시장·군수 또는 구청장의 인가를 받아야 한다(동법 29조 1항). 행정청이 아닌 시행자가 환지계획의 인가를 신청하거나 행정청인 시행자가 환지계획을 정하고자 하는 때에는 토지소유자와 당해 토지에 대하여 임차권·지상권 그 밖에 사용 또는 수익할 권리를 가진 자에게 환지계획의 기준 및 내용을 통지하고 관계 서류의 사본을 일반에게 공람시켜야 한다(동조 3항).[1] 토지소유자 등은 공람기간 내에 시행자에게 의견서를 제출할 수 있으며, 시행자는 그 의견이 타당하다고 인정하는 때에는 환지계획에 이를 반영하여야 한다(동조 4항).

---

1) 공람절차를 거치지 않고 인가받은 환지계획 및 이러한 환지계획에 따라 이루어진 환지예정지 지정처분은 위법하다(대법 2001. 10. 30. 선고 99두11110 판결).

3) 환지예정지의 지정

(가) 시행자는 도시개발사업의 시행을 위하여 필요한 때에는 도시개발구역 안의 토지에 대하여 환지예정지를 지정할 수 있다. 이 경우 종전의 토지에 대한 임차권자 등이 있는 경우에는 당해 환지예정지에 대하여 당해 권리의 목적인 토지 또는 그 부분을 아울러 지정하여야 한다(동법 35조 1항).

(나) 환지예정지 지정의 취지는, 종전의 토지상의 권리관계에 변동을 가져오게 하는 환지처분은 도시개발사업이 완료된 후 관계 토지의 전부에 대하여 단번에 행하여지는바, 사업이 완료되기까지는 상당한 시일이 소요되는 것이므로, 그 동안 종전의 토지와 환지에 관하여 생길 수 있는 법률적 분쟁을 예방하고 토지상의 권리관계를 조속히 안정시키려는 데에 있다.

(다) 시행자가 환지예정지를 지정하고자 하는 때에는 토지소유자와 임차권자 등에게 통보하여 의견서를 제출할 기회를 주어야 하고, 환지예정지의 위치·면적과 환지예정지 지정의 효력발생시기를 통지하여야 하며, 관계서류의 사본을 일반에게 열람시켜야 한다(동조 2항·3항).

(라) 환지예정지지정의 효과로는 환지예정지가 지정되면 종전의 토지에 관한 토지소유자 및 임차권자 등은 환지예정지의 지정의 효력발생일부터 환지처분의 공고가 있는 날까지 환지예정지 또는 당해 부문에 대하여 종전과 동일한 내용의 권리를 행사할 수 있으며 종전의 토지에 대하여는 이를 사용하거나 수익할 수 없게 된다. 이처럼 환지예정지 지정이 있어도 종전의 토지소유자는 종전의 토지에 대하여 사용·수익할 수 없을 뿐이고 그것으로 곧 소유권에 변동을 발생하는 것은 아니므로 종전의 토지를 처분할 수 있다(대법 1963. 5. 21. 선고 63누21 판결, 대법 2018. 3. 29. 선고 2017두70946 판결 등 참조).

(마) 환지예정지 지정은 행정쟁송의 대상이 되는 처분이다(대법 1962. 5. 17. 선고 62누10 판결 등). 그러나 환지처분이 일단 공고되어 효력을 발생하게 되면 환지예정지지정처분은 그 효력이 소멸되는 것이므로 환지처분이 공고된 후에는 환지예정지지정처분에 대하여 그 취소를 구할 법률상 이익이 없게 된다(대법 1990. 9. 25. 선고 88누2557 판결 등).

(바) 환지예정지지정처분은, 후술하는 환지처분이 공고되어 효력을 가지게 되면, 그 효력을 상실한다(대법 2002. 4. 23. 선고 2000두2495 판결).

4) 환지처분

(가) **환지처분의 의의 및 성질**　　환지처분이란 도시개발사업에 관한 공사를 완료한 결과 그 토지 위에 존재하는 종래의 소유권 또는 그 밖의 권리에 변환을 가할 필요가 있을 때에, 권리의 목적물인 종래의 토지와 동 가치의 토지로 교환하고, 동 가치의 토지를 얻기 어려울 때에는 금전으로 청산하는 행정행위를 말한다는 것이 다수설이다.

환지처분의 성질에 관하여도 형성적 행정행위로 보는 것이 다수설이다.

이에 대하여는 환지처분이란 원칙적으로 객관적으로 정해져 있는 환지의 위치·범위를 시행자가 확인하는 것에 불과하고(확인행위설), 다만 시행자가 새로이 권리관계를 창설하는 경우(예: 환지부지정(不指定)처분·보유지처분)에만 형성적 행정행위로 보는 견해도 있을 수 있다. 이러한 견해에 의하면 후술하는 환지처분의 효과는 환지처분 자체의 효과가 아니라 시행자의 환지처분을 전제로 직접 법률이 부여하는 것으로 이해하게 된다.

(나) 환지처분의 절차

㈀ 환지처분은 시행자가 도시개발사업에 관한 공사를 완료한 후에 행한다. 따라서 도시개발사업의 공사가 완료하기 전에 행한 환지처분은 위법하다(대법 1982. 11. 23. 선고 81다카215 판결 참조).

㈁ 시행자는 도시개발사업에 관한 공사를 완료한 때에는 지체없이 이를 공고하고 공사관계 서류를 일반인에게 공람시켜야 한다(동법 40조 1항). 도시개발구역 안의 토지소유자 또는 이해관계인은 위 공람기간 내에 시행자에게 의견서를 제출할 수 있다(동조 2항).

㈂ 시행자는 지정권자에게 준공검사를 신청하여, 준공검사를 받은 때(지정권자가 시행자인 경우에는 공사완료공고가 있는 때)에는 대통령령이 정하는 기간 내에 환지처분을 하여야 한다(동조 4항). 시행자가 환지처분을 하고자 하는 때에는 환지계획에서 정한 사항을 토지소유자에게 통지하고 이를 공고하여야 한다(동법 5항). 환지처분에 대한 행정쟁송의 불복기간의 기산점은 개별적인 통지를 기준으로 하며, 환지처분의 실체법상의 효과발생의 시점은 공고를 기준으로 한다(대법 1990. 10. 10. 선고 89누4673 판결).

(다) 청 산 금

환지를 정하거나 그 대상에서 제외한 경우에 그 과·부족이 있으면 그 과·부족분에 대하여는 종전의 토지 및 환지의 위치·지목·면적·토질·수리·이용상황·환경, 그 밖의 사항을 종합적으로 고려하여 금전으로 청산한다(동법 41조 1항). 청산금은 환지처분을 하는 때에 결정하는 것이 원칙이다. 그러나 토지소유자의 신청 등에 의하여 환지에서 제외한 토지 또는 토지면적을 고려하여 시행자가 환지대상에서 제외한 토지 등에 대하여는 청산금을 교부하는 때에 이를 결정할 수 있다(동조 2항).

(라) 환지처분의 효과

환지처분의 성질에 관하여 다수설인 형성적 행정행위설에 의하면 다음의 효과는 환지처분에 의하여 부여되는 효과가 된다. 따라서 다수설은 효과를 환지교부와 환지청산으로 나누어 설명한다. 그러나 확인행위설에 의하면 다음의 효과는 직접 법률에 의하여 부여되는 효과가 된다는 점은 이미 앞에서 설명한 바와 같다.

㈀ 환지계획에서 정하여진 환지는 그 환지처분의 공고가 있은 날의 다음날부터 종전의 토지로 보며, 환지계획에서 환지를 정하지 아니하는 종전의 토지에 존재하던 권리는 그 환지처분의 공고가 있은 날이 종료하는 때에 소멸한다(동법 42조 1항). 그러나 행정상 또는 재

판상의 처분으로서 종전의 토지에 전속하는 것은 영향을 받지 아니하며, 지역권도 종전의 토지에 존속하는 것이 원칙이다(동조 2항·3항). 앞에서 본 이른바 입체환지의 경우, 환지계획에 따라 환지처분을 받은 자는 환지처분이 공고된 날의 다음날에 환지계획에서 정하는 바에 따라 건축물의 일부와 당해 건축물이 있는 토지의 공유지분을 취득한다(동조 4항). 체비지는 시행자가, 보류지는 환지계획에서 정한 자가 각각 환지처분의 공고가 있는 날의 다음날에 당해 소유권을 취득하는 것이 원칙이다(동조 5항 본문).

(ㄴ) 청산금은 환지처분의 공고가 있은 날의 다음날에 확정된다(동조 6항). 시행자는 환지처분의 공고가 있은 후에 확정된 청산금을 징수하거나 교부하는 것이 원칙이다(동법 46조 1항 본문). 청산금을 납부할 자가 이를 불이행하면 행정상 강제징수절차에 의한다(동조 3항).[1]

㈐ **환지처분에 대한 불복**　　　환지처분이 위법·부당한 경우 행정쟁송으로 다툴 수 있음은 말할 나위가 없다. 판례는 환지처분이 일단 확정되면 환지전체의 절차를 처음부터 다시 밟지 않는 한 그 일부만을 떼어 변경할 길이 없으므로 그 환지처분의 일부에 위법이 있다면 민사상의 손해배상청구를 할 수 있을 뿐이고 행정소송으로써 그 취소를 구할 수는 없다는 입장이다(대법 1985. 4. 23. 선고 84누446 판결 등).

2. 농어촌정비사업

(1) 농어촌정비사업의 의의

「농어촌정비법」에서 말하는 농어촌정비사업이란 농업생산기반을 조성·확충하기 위한 농업생산기반정비, 생활환경개선을 위한 농어촌생활환경 정비, 농어촌산업 육성, 농어촌 관광휴양자원 개발사업, 한계농지 등의 정비사업을 말한다(동법 2조 4호).

「농어촌정비법」은 농업생산기반정비사업을 위하여 필요한 경우에 환지를 행할 수 있도록 규정하고(25조 이하), 이를 한계농지 등의 정비사업에 준용하고 있다(97조).

(2) 환지계획의 수립

1) 농업생산기반 정비사업 시행자는 농업생산기반 정비사업 시행을 위하여 필요한 경우에는 사업시행 전의 토지에 대신하여 사업시행 후의 토지를 정하고, 이로 인한 이해관계인의 불균형을 금전으로 청산하기 위한 환지계획을 세워야 한다(농어촌정비법 25조 1항). 그 중요내용은 토지소유자별 환지계획 및 청산금 내용, 종전 토지 및 시행 후 토지 필지별 내용, 환지를 정하지 아니하는 토지 및 그 밖에 특별한 취급을 하는 토지의 내용 등이다(동조 1항·4항).

---

1) 대법 2017. 4. 28. 선고 2013다1211 판결: 도시개발법 제46조 제3항에 따라 도시개발사업조합이 관할 지방자치단체의 장에게 도시개발법에 따른 청산금의 징수를 위탁할 수 있다 하더라도, 지방자치단체의 장이 징수위탁에 응하지 아니하는 등의 특별한 사정이 있는 때에는 도시개발사업조합은 직접 공법상 당사자소송으로 청산금의 지급을 구할 수 있다.

2) 환지는 종전의 토지와 상응하여야 하되, 농업생산기반 정비사업 시행에 따른 환지는 농업경영의 합리화에 기여할 수 있도록 집단 지정하여야 하며, 농경지 지정을 원칙으로 한다(동조 2항·5항). 환지로 지정되는 면적은 대통령령이 정하는 바에 의하여 산정한 면적과 비교하여 증감이 토지소유자별로 100분의 20 이내로 하여야 함이 원칙이다(동조 6항). 환지를 받을 수 있는 자는 등기부상의 토지소유자로 하여야 한다(동조 3항). 국공유재산 또는 한국농어촌공사소유토지 외의 토지 중 지목이 구거(도랑)·도로·하천·제방(둑)·유지(溜池, 웅덩이)인 토지로서 실제 경작하지 아니한 경우와 환지계획구역 안에 1천 제곱미터 이하의 토지소유자가 있는 경우에는 환지를 지정하지 아니하고 금전으로 청산함이 원칙이다(동조 7항). 또한 종전의 토지의 전부 또는 일부에 소유권 외의 권리 또는 처분 제한이 있는 경우 종전 토지와 교환될 토지에 그 소유권 외의 권리 또는 처분 제한의 목적이 되는 부분을 지정하여야 한다(동조 8항).

(3) 환지계획의 인가

농업생산기반 정비사업 시행자는 농업생산기반 정비사업의 공사를 준공한 후 그 사업의 성질상 필요한 경우에는 지체없이 그 농업생산기반 정비사업을 시행하는 지역에 대한 환지계획을 세워 시·도지사의 인가(수혜면적이 3천만 제곱미터 이상인 사업은 농림축산식품부장관의 인가)를 받아야 한다(동법 26조 1항). 시행자가 환지계획의 인가를 받고자 할 때에는 환지계획의 개요 그 밖에 필요한 사항을 14일 이상 공고하고 그 구역의 토지 등 소유자에 개별통지하여야 하며, 토지 등 소유자의 3분 2 이상의 동의를 얻어야 한다(동조 2항). 공고된 환지계획에 이의가 있는 이해관계인은 공고가 만료된 날부터 15일 이내에 시행자에게 이의신청을 할 수 있고 이의신청을 받은 시행자는 이의신청기간이 끝나는 날로부터 15일 이내에 적법성에 관한 의견을 첨부하여 시·도지사 등에게 재정을 신청한다(국가 또는 시·도지사가 시행하거나 농림축산식품부장관이 인가하는 사업은 농림축산식품부장관에게)(동조 3항·4항). 이의신청이 없거나 재정이 행하여진 때에 시행자는 필요한 서류를 첨부하여 환지계획인가신청을 하게 된다(동조 5항).

농림축산식품부장관 또는 시·도지사가 인가를 행한 때에는 지체 없이 그 사실을 고시하고 이를 시장·군수·구청장과 등기소에 통지하여야 한다(동조 6항).

(4) 창설환지

환지는 종전 토지에 대신하여 정하는 것이다. 그러나 「농어촌정비법」은 예외적으로 시행자로 하여금 종전 토지에 대신하여 정하는 것이 아니라 당해 사업시행상의 필요에 의하여 새로이 조성된 농업생산기반시설의 용지 등을 환지로 정할 수 있게 하고 있다(동법 34조 1항 내지 5항). 이를 창설환지라 한다.

(5) 입체환지

시행자는 토지소유자의 신청 또는 동의가 있을 경우에는 종전 토지에 대신하여 사업시행으로 조성된 부지를 포함하는 건축물의 일부 또는 전부를 환지로 정할 수 있다(동조 6항). 이 입체환지는 토지소유자의 동의를 요한다는 점에서 권리자의 의사 여하에 불구하고 행하여지는 공용환권과 다르다는 것은 이미 앞에서 설명한 바와 같다.

(6) 일시이용지의 지정

시행자는 사업에 관한 공사가 준공되기 전이라도 필요한 경우에는 당해 사업시행지역 안의 토지에 대하여 종전의 토지에 대신할 일시이용지를 지정할 수 있다(동법 38조 1항 전단). 이것은 도시개발사업의 환지예정지의 지정에 상응한다.

(7) 환지처분

1) 환지처분은 시행자가 공사를 완료한 후에 행한다.
2) 환지처분의 고시가 있으면 환지계획에 의하여 교부될 환지는 환지계획을 고시한 날의 다음날부터 이를 종전 토지로 보며, 그 환지계획에 의하여 환지를 정하지 아니할 종전 토지에 존재하는 권리는 그 고시가 있은 날에 소멸된 것으로 본다(동법 37조 1항). 환지계획에서 정하여진 창설환지와 입체환지는 환지계획인가가 고시된 날의 다음날에 환지를 교부받은 자가 취득한 것으로 본다(동조 2항).
3) 환지계획인가의 고시가 있으면 그 고시된 환지계획에 의하여 청산금을 지불하거나 징수하여야 하는데, 이 경우 청산금은 환지 인가가 있는 날부터 90일 안에 청산하여야 한다. 환지처분에 따른 청산금징수에는 행정상 강제징수에 의할 수 있다(동조 5항·7항).

(8) 교환·분합

「농어촌정비법」은 공용환지에서의 통상적인 교환·분합이 아닌 특별한 내용의 교환·분합을 규정하고 있다. 즉 이 교환·분합은 농지에 관한 권리, 그 농지의 이용에 필요한 토지에 관한 권리 및 농업생산기반시설과 농어촌용수의 사용에 관한 권리의 교환·분할·합병을 시행할 수 있도록 하고 있다(동법 43조 내지 51조).

이와 같은 교환·분합은 ① 시장·군수·구청장 또는 한국농어촌공사가 농지소유자 2인 이상의 신청이나 또는 동의를 얻고 교환·분합계획의 인가를 시·도지사로부터 얻어 시행하는 경우와, ② 2인 이상의 토지소유자가 농지의 집단화를 위하여 필요한 경우 상호 협의에 의하여 행하는 경우가 있다(동법 43조 1항·2항).

Ⅲ. 공용환권

1. 정비사업의 의의

「도시 및 주거환경정비법」에서 말하는 정비사업이란 이 법에서 정한 절차에 따라 도시기능을 회복하기 위하여 정비구역에서 정비기반시설을 정비하거나 주택 등 건축물을 개량 또는 건설하는 주거환경개선사업, 도시환경을 개선하기 위한 재개발사업, 주거환경을 개선하기 위한 재건축사업을 말한다(2조 2호). 아래에서는 환권방식에 의한 정비사업에 대하여 보기로 한다.

2. 도시·주거환경정비기본계획의 수립

(1) 특별시장·광역시장·특별자치시장·특별자치도지사 또는 시장은 관할 구역에 대하여 도시·주거환경기본계획을 10년 단위로 수립하여야 한다(동법 4조 1항).

(2) 특별시장·광역시장·특별자치시장·특별자치도지사 또는 시장이 기본계획을 수립(또는 변경)하고자 하는 때에는 14일 이상 주민에게 공람하여 의견을 들어야 하며 지방의회의 의견을 들은 후 관계 행정기관의 장과의 협의를 거쳐 「국토의 계획 및 이용에 관한 법률」 제113조 제1항 및 제2항에 따른 지방도시계획위원회의 심의를 거쳐야 함이 원칙이다(동법 6조 1항·7조 1항). 시장이 기본계획을 수립(또는 변경)한 때에는 도지사의 승인을 얻어야 하며, 도지사가 이를 승인함에는 관계 행정기관의 장과의 협의 및 지방도시계획위원회의 심의를 거침이 원칙이다(동법 7조 2항). 특별시장·광역시장·특별자치시장·특별자치도지사 또는 시장은 기본계획이 수립된 때에는 지체없이 공보에 고시하고 일반인이 열람할 수 있도록 하여야 한다(동조 3항).

3. 정비계획의 수립 및 정비구역의 지정

(1) 정비계획의 입안권자는 정비계획을 입안하거나 변경하려면, 주민에게 서면으로 통보한 후 주민설명회 및 30일 이상 주민에게 공람하여 의견을 들어야 하며(동법 15조 1항), 지방도시계획위원회의 심의를 거쳐야 함이 원칙이다(동법 16조 1항). 정비구역의 지정권자는 정비구역 지정(변경 지정)하거나 정비계획을 결정(변경 결정)한 때에는 정비계획을 포함한 정비구역 지정의 내용을 해당 지방자치단체의 공보에 고시하여야 한다(동조 2항).

(2) 정비구역의 지정권자는 정비계획을 포함한 정비구역을 지정 고시한 때에는 국토교통부령으로 정하는 방법과 절차에 따라 국토교통부장관에게 그 지정의 내용을 보고하여야 하며, 관계 서류를 일반인이 열람할 수 있도록 하여야 한다(동조 3항). 정비구역의 지정·고시가 있는 경우 해당 정비구역 및 정비계획 중 「국토의 계획 및 이용에 관한 법률」 제52조 제1항 각 호의 어느 하나에 해당하는 사항은 같은 법 제50조에 따라 지구단위계획구역 및 지구단위계획으로 결정·고시된 것으로 본다(동법 17조 1항).

(3) 정비구역에서는 건축물의 건축, 공작물의 설치, 토지의 형질변경, 토석의 채취, 토지분할, 물건을 쌓아 놓은 행위 등이 원칙적으로 제한된다(동법 19조 1항).

4. 정비사업의 시행

(1) 시 행 자

1) 주거환경개선사업의 시행자

주거환경개선사업은 시장·군수가 직접 시행하거나 법 제15조 제1항에 따른 공람공고일 현재 토지 등 소유자의 과반수의 동의를 얻어 토지주택공사 등을 사업시행자로 지정하여 시행하게 할 수 있음이 원칙이다(동법 24조 2항).

2) 재개발사업·재건축사업의 시행자

재개발사업·재건축사업은 조합이 이를 시행하거나, 조합원 과반수의 동의를 얻어 시장·군수·토지주택공사 등과 공동으로 이를 시행하거나, 토지등소유자가 20인 미만인 경우에는 토지 등 소유자가 시행할 수도 있고 토지 등 소유자가 토지 등 소유자의 과반수의 동의를 얻어 시장·군수 등 토지주택공사 등과 공동으로 시행할 수 있다(동법 25조).

3) 사업대행자의 지정

시장·군수는 조합 또는 토지 등 소유자가 시행하는 정비사업을 해당 조합 또는 토지 등 소유자가 계속 추진하기 어려워 정비사업의 목적을 달성할 수 없다고 인정하는 때에는 해당 조합 또는 토지 등 소유자를 대신하여 직접 정비사업을 시행하거나 토지주택공사 등 또는 지정개발자로 하여금 해당 조합 또는 토지 등 소유자를 대신하여 정비사업을 시행하게 할 수 있다(동법 28조 1항).

(2) 정비사업조합의 설립

1) 조합설립의 절차

시장·군수 등, 토지주택공사 등 또는 지정개발자가 아닌 자가 정비사업을 시행하고자 하는 경우에는 토지 등 소유자로 구성된 조합을 설립하여야 한다(동법 35조 1항). 조합을 설립하고자 하는 경우에는 먼저 정비구역지정·고시 후[1] 토지 등 소유자의 과반수의 동의 등을 얻어 조합설립을 위한 추진위원회를 구성하여 국토교통부령으로 정하는 방법과 절차에 따라 시장·군수의 승인을 얻어야 한다(동법 31조 1항). 추진위원회는 조합의 설립인가를 받기 위한 준비업무 등을 행한다(동법 32조 1항). 추진위원회가 조합을 설립하고자 하는 때에는, 재개발사업의 경우에는 토지 등 소유자의 4분의 3 이상 및 토지면적의 2분의 1 이상의 토지소유자의 동의를 얻어, 시장·군수의

---

1) 대법 2009. 10. 29. 선고 2009두12297 판결: 정비구역의 지정 및 고시 없이 행하여지는 시장·군수의 조합설립추진위원회 설립승인은 도시및주거환경정비법의 규정 및 조합설립추진위원회제도의 취지에 반하여 허용될 수 없고, 그와 같은 하자는 중대할 뿐만 아니라 객관적으로 명백하다고 할 것이다.

인가를 받아야 한다(동법 35조 2항). 조합은 시장·군수의 인가를 받은 후 등기함으로써 법인으로 성립된다(동법 38조 2항).

2) 조합설립인가의 법적 성질

조합설립인가의 법적 성질에 대하여는 견해가 나뉜다. 보충행위(강학상 인가)로 보는 견해와 설권행위(강학상 특허)로 보는 견해[1]가 그것이다. 전자의 견해가 종래의 다수설이고 판례(대법 2002. 3. 11. 자 2002그12 결정)였다. 후자의 견해가 구 주택건설촉진법과는 그 사업의 성격을 달리 규정하고 있는 현행 「도시 및 주거환경정비법」의 체계에 부합되는 것으로 보인다. 대법원은 후자의 입장으로 변경하였다(대법 2009. 9. 17. 선고 2007다2438 전원합의체 판결, 대법 2009. 9. 24. 선고 2008다60568 판결 등).

(3) 서류·자료 공개 의무 및 열람·복사 요청에 응할 의무

추진위원장 또는 사업시행자(조합의 경우 청산인을 포함한 조합임원, 토지등소유자가 단독으로 시행하는 재개발사업의 경우에는 그 대표자를 말한다)는 정비사업의 시행에 관련한 서류 및 자료를 공개하여야 할 의무를 지며, 이에 위반하면 처벌을 받게 된다(동법 124조 1항·4항, 138조 7호). 이들 규정의 취지는, 예컨대 조합이 정비사업을 시행하는 경우, 조합임원은 조합을 대표하면서 막대한 사업자금을 운영하는 등 각종 권한을 가지고 있기 때문에 조합임원과 건설사 간 유착으로 인한 비리가 발생할 소지가 크고, 정비사업과 관련된 비리는 그 조합과 조합원의 피해로 직결되어 지역사회와 국가 전체에 미치는 병폐도 크므로, 이를 개선하기 위한 방안으로서 정비사업의 시행과 관련된 서류와 자료를 공개하도록 하여 정비사업의 투명성·공공성을 확보하고 조합원의 알권리를 충족시키기 위한 것이다. 이와 같은 입법 취지에 비추어 대법원은 조합원의 전화번호도 위 법 제124조 제4항의 의무조항에 따른 열람·복사의 대상이라고 보아야 한다고 하고, 조합원별 신축건물 동 호수 배정 결과도 의무조항에 따른 열람·복사의 대상이라고 판시하고 있다(2021. 2. 10. 선고 2019도18700 판결).

(4) 사업시행계획인가 등

1) 사업시행자(사업시행자가 시장·군수인 경우 제외)는 정비사업을 시행하고자 하는 경우에는, 사업시행계획서에 정관 등 법이 정하는 서류를 첨부하여 시장·군수에게 제출하고 사업시행인가를 받아야 한다(동법 50조 1항).

---

1) 金鍾甫, 「강학상 인가와 정비조합 설립인가」, 행정법연구(행정법이론실무학회) 제10호, 339쪽 이하, 金重權, 행정법기본연구 I, 311쪽 이하. 宋時康 교수는 "조합설립인가는 부분적으로 강학상 인가로서 성격도 가지고 있다. 아울러, 조합설립인가를 종래와 같이 전적인 강학상 인가로 보더라도 조합설립행위가 무효인 사정을 들어 조합설립인가의 효력을 다투는 항고소송을 허용할 필요가 있다는 생각이다"(「도시정비사업 조합설립인가 및 그 변경인가의 법적 성질」, 고시계 2011년 4월호, 35쪽)라는 견해를 피력하고 있다.

2) 시장·군수가 사업시행계획인가를 하거나 사업시행계획서를 작성하고자 하는 경우에는 관계서류의 사본을 14일 이상 일반인이 공람하게 하여야 하며(동법 56조 1항), 사업시행인가를 한 경우에는 그 내용을 공보에 고시하여야 한다(동법 50조 7항).

3) 주택재개발정비사업조합이 수립한 사업시행계획은 관할 행정청의 인가·고시가 이루어지면 이해관계인들에게 구속력이 발생하는 독립된 행정처분에 해당하고, 관할 행정청의 사업시행계획 인가처분은 사업시행계획의 법률상 효력을 완성시키는 보충행위에 해당한다. 따라서 기본행위인 사업시행계획에는 하자(흠)가 없는데 보충행위인 인가처분에 고유한 하자(흠)가 있다면 그 인가처분의 무효확인이나 취소를 구하여야 할 것이지만, 인가처분에는 고유한 하자(흠)가 없는데 사업시행계획에 하자가 있다면 사업시행계획의 무효확인이나 취소를 구하여야 할 것이지 사업시행계획의 무효를 주장하면서 곧바로 그에 대한 인가처분의 무효확인이나 취소를 구하여서는 아니 된다(대법 2021. 2. 10. 선고 2020두48031 판결).

5. 환권절차

(1) 분양공고 및 분양신청

사업시행자는 사업시행계획인가의 고시가 있은 날로부터 120일 이내에 분양대상자별 종전의 토지 또는 건축물의 명세 및 사업시행계획인가의 고시가 있은 날을 기준으로 한 가격 등 내역 및 분양신청기간 등을 토지 등 소유자에게 통지하고 분양의 대상이 되는 대지 또는 건축물의 내역 등을 해당 지역에서 발간하는 일간신문에 공고하여야 한다(동법 72조 1항). 분양신청기간은 위 통지를 한 날로부터 30일 이상 60일 이내로 함이 원칙이다(동조 2항). 대지 또는 건축물에 대한 분양을 받고자 하는 토지 등 소유자는 분양신청기간 이내에 사업시행자에게 대지 또는 건축물에 대한 분양신청을 하여야 한다(동조 3항).

(2) 관리처분계획

관리처분계획이란 정비사업이 완료된 후에 행할 이전고시의 계획을 말한다. 이전고시의 내용은 관리처분계획으로 정하여진다. 관리처분계획은 재개발 사업의 결과에 이해관계를 가지는 조합원 기타 이해관계인의 권리 배분에 관한 사항을 구속적으로 확정하는 행정작용이다. 판례는 관리처분계획을 처분으로 보고 있다(대법 2002. 12. 10. 선고 2001두6333 판결, 대법 1996. 3. 22. 선고 94다23937 전원합의체 판결).[1]

---

1) 관리처분계획취소소송 제소기간의 기산점에 관하여 대법원은 "통상 고시 또는 공고에 의하여 행정처분을 하는 경우에는 그 처분의 상대방이 불특정다수인이고, 그 처분의 효력이 불특정다수인에게 일률적으로 똑같이 적용됨으로 인하여 고시일 또는 공고일에 그 행정처분이 있음을 알았던 것으로 의제하여 행정심판청구기간을 기산하는 것이므로, 관리처분계획에 이해관계를 갖는 자는 고시가 있었다는 사실을 현실적으로 알았는지 여부에 관

1) 관리처분계획의 인가

(가) 사업시행자는 위의 분양신청기간이 종료된 때에는 기존의 건축물을 철거하기 전에 분양신청의 현황을 기초로 원칙적으로 관리처분계획을 수립하여 시장·군수의 인가를 받아야 함이 원칙이다(동법 74조 1항). 판례는 여기서의 인가를 강학상의 인가로 보고 있다(대법 1994. 10. 14. 선고 93누22753 판결, 대법 2001. 12. 11. 선고 2001두7541 판결).[1] 관리처분계획에는 분양설계 등 법정 사항을 포함하여야 한다(동조 단서).

(나) 사업시행자는 관리처분계획의 인가를 받기 전에 관계서류의 사본을 30일 이상 토지 등 소유자에게 공람하게 하고 의견을 들어야 한다(동법 78조 1항). 시장·군수는 사업시행자의 관리처분계획 인가신청이 있은 날부터 30일 이내에 인가 여부를 결정하여 사업시행자에게 통보하여야 한다(동조 2항). 시장·군수가 관리처분계획을 인가하는 때에는 그 내용을 공보에 고시하여야 한다(동조 4항). 위의 고시가 있은 때에는 사업시행자는 토지 등 소유자 또는 분양신청을 한 자에게 공람계획 또는 관리처분계획의 인가내용을 통지하여야 한다(동조 5항).

2) 관리처분계획 내용의 기준

관리처분계획의 내용은 다음의 기준에 의한다(동법 76조 1항).

(가) 종전의 토지 또는 건축물의 면적·이용상황·환경 그 밖의 사항을 종합적으로 고려하여 대지 또는 건축물이 균형 있게 분양신청자에게 배분되고 합리적으로 이용되도록 한다.

(나) 지나치게 좁거나 넓은 토지 또는 건축물을 넓히거나 좁혀 대지 또는 건축물이 적정 규모가 되도록 한다.

(다) 너무 좁은 토지 또는 건축물이나 정비구역 지정 후 분할된 토지를 취득한 자에 대하여는 현금으로 청산할 수 있다.

(라) 재해 또는 위생상의 위해를 방지하기 위하여 토지의 규모를 조정할 특별한 필요가 있는 때에는 너무 좁은 토지를 넓혀 토지에 갈음하여 보상을 하거나 건축물의 일부와 그 건축물이 있는 대지의 공유지분을 교부할 수 있다.

(마) 분양설계에 관한 계획은 분양신청기간이 만료되는 날을 기준으로 하여 수립한다.

(바) 1세대가 또는 1명이 하나 이상의 주택 또는 토지를 소유한 경우 1주택을 공급하고, 같은

계없이 고시가 효력을 발생하는 날인 고시가 있은 후 5일이 경과한 날에 이 사건처분이 있음을 알았다고 보아야 할 것이다"라고 판시한 바 있다(대법 1995. 8. 22. 선고 94누5694 판결).

1) 이에 대하여는 여기서의 인가는 강학상의 인가가 아니라 관리처분계획이라는 행정계획이 수립되기 위한 절차의 최종지점에 존재하는 행정계획의 확정행위로 이해하는 견해(金鍾甫, 「관리처분계획의 처분성과 그 공정력의 범위—관리처분계획을 둘러싼 분쟁의 소송형식—」, 행정판례연구(한국행정판례연구회) Ⅶ, 338쪽)가 있다. 판례의 태도와 같이 관리처분계획을 행정처분으로 보면서 이에 대한 인가를 보충적 인가로 보는 것은 문제가 있지만, "관리처분계획의 인가는 행정처분으로서의 효력이 발생한 관리처분계획에 대한 인가가 아니라 관리처분계획이 아직 내부적 단계에 있는 총회결의에 대한 인가"로 설명될 수 있다는 견해(安哲相, 「행정소송과 민사소송의 관계」, 법조 2008년 1월호, 327쪽)도 있다.

세대에 속하지 아니한 2명 이상이 1주택 1토지를 공유한 경우에는 1주택만 공급한다. 그러나 2인 이상이 1토지를 공유한 경우로서 시·도조례로 주택공급에 관하여 따로 정하고 있는 경우에는 시·도조례로 정하는 바에 따라 주택을 공급할 수 있고, ① 과밀억제권역에 위치하지 아니하는 재건축사업의 토지 등 소유자, ② 근로자 숙소·기숙사 용도로 주택을 소유하고 있는 토지 등 소유자, ③ 국가, 지방자치단체 및 토지주택공사 등 어느 하나에 해당하는 토지 등 소유자에 대하여는 소유한 주택수만큼 공급할 수 있다.

(3) 이전고시

1) 이전고시의 의의 및 성질

이전고시란 정비사업의 공사를 완료한 결과 종전의 토지 또는 건축물에 관한 소유권 등의 권리를 강제적으로 변환시킬 필요가 있는 경우에 정비구역 안의 종전의 토지 또는 건축물에 대하여 정비사업에 의하여 조성되거나 축조되는 대지 또는 건축시설의 위치 및 범위 등을 정하고, 그것이 어려울 때에는 금전으로 청산하는 행정행위를 말한다는 것이 다수설이다. 즉, 다수설은 이전고시를 공용환권을 전제로 환권처분으로 이해한다.[1]

첫째로, 다수설에 의하면 환권처분인 이전고시는 환권계획에 따라 분양처분 및 청산을 행하는 형성적 행정행위이다.[2]

둘째로, 환권처분인 이전고시는 그러나 그 자체로는 권리의 귀속에 관하여 아무런 득상·변동을 생기게 하는 것이 아니고, 종전의 토지 또는 건축물에 대신하여 대지 또는 건축시설이 정하여진 경우에는 분양처분의 고시가 있은 다음날에 종전의 토지 또는 건축물에 관하여 존재하던 권리관계는 분양받는 대지 또는 건축시설에 그 동일성을 유지하면서 이행되는바, 이와 같은 경우의 분양처분은 대인적 처분이 아닌 대물적 처분이라는 것이 판례이다(대법 1995. 6. 30. 선고 95다10570 판결). 따라서, 예컨대 정비사업시행자가 소유자를 오인하여 종전의 토지 또는 건축물의 소유자가 아닌 다른 사람에게 분양처분을 한 경우 그러한 분양처분이 있었다고 하여 그 다른 사람이 권리를 취득하게 되는 것이 아니며, 종전의 토지 또는 건축물의 진정한 소유자가 분양된 대지 또는 건축시설의 소유권을 취득하고 이를 행사할 수 있게 된다.[3]

---

1) 이에 대하여는 현행법상의 정비사업은 사업시행자가 토지 등 소유자의 소유권을 취득한 후 관리처분계획을 통해 다시 이를 분배하는 방식 즉 환권방식이 아닌 매수방식으로 설계되어 있어 환권방식을 전제로 하는 공용환권이라는 용어를 사용하는 것은 타당하지 않다는 견해(金鐘甫,「공용환권의 개념과 필수요소」, 토지보상법연구 (한국토지보상법연구회) 제12집, 114쪽 이하)가 있다.

2) 이에 대하여는 환지는 환지처분을 기다릴 필요없이 환지계획 기준에 의해 관념적·객관적으로 당연히 사업시행지구내의 어떤 부분에 정해져 있는 것이고 환지처분은 단순히 그 환지의 위치와 범위를 확인·선언하는 것에 불과하다는 확인적 행정행위로 보는 견해(대법 1999. 8. 20. 선고 97누6889 판결 이전의 대법원 판결)가 있다.

3) 이에 대하여는 이전고시의 대물적 처분으로서의 성격을 부정하지 않으면서도, 현행법상의 정비사업에는 토지 등 소유자(조합원)의 분양신청절차가 존재하여 토지 등 소유자(조합원)가 분양을 받고자 하는 대상을 스스로 선택하여야 하며, 분양신청을 하지 않는 토지 등 소유자는 분양받을 지위를 상실한다는 점, 이전고시가 입체환

2) 이전고시의 절차

(가) 시장·군수가 아닌 사업시행자는 정비사업에 관한 공사를 완료한 때에는 대통령으로 정하는 방법 및 절차에 따라 시장·군수의 준공인가를 받아야 한다(동법 83조 1항). 시장·군수는 준공검사의 실시결과 정비사업이 인가받은 사업시행계획대로 완료되었다고 인정하는 때에는 준공인가를 하고 공사의 완료를 당해 지방자치단체의 공보에 고시하여야 한다(동조 3항).

(나) 사업시행자는 위 고시가 있은 때에는 지체없이 대지확정측량을 하고 토지의 분할절차를 거쳐 관리처분계획에 정한 사항을 분양을 받을 자에게 통지하고 대지 또는 건축물의 소유권을 이전하여야 함이 원칙이다(동법 86조 1항).

3) 이전고시의 효과

(가) 이전고시 등을 거쳐 대지 또는 건축물을 분양한 경우에는 고시가 있는 날의 다음 날에 수분양자는 그 대지 또는 건축물에 대한 소유권을 취득한다(동조 2항)(대법 2009. 6. 23. 선고 2008다1132 판결).[1]

(나) 대지 또는 건축물을 분양받을 자에게 소유권을 이전한 경우 종전의 토지 또는 건축물에 설정된 지상권·전세권·저당권·임차권·가등기담보권·가압류 등 등기된 권리 및 「주택임대차보호법」 제3조 제1항의 요건을 갖춘 임차권은 소유권을 이전받은 대지 또는 건축물에 설정된 것으로 본다(동법 87조 1항).

(다) 위에 의하여 취득하는 대지 또는 건축물 중 토지 등 소유자에게 분양되는 대지 또는 건축물은 「도시개발법」 제40조에 따라 행하여진 환지로 본다(동조 2항).

(라) 대지 또는 건축물을 분양받은 자가 종전에 소유하고 있던 토지 또는 건축물의 가격과 분양받은 대지 또는 건축물의 가격 사이에 차이가 있는 경우에는 사업시행자는 대지 및 건축물 소유권의 이전의 고시가 있은 후에 그 차액에 상당하는 금액(청산금)을 분양받은 자로부터 징수하거나 분양받은 자에게 지급하여야 한다(동법 89조 1항).[2]

지적 성격을 갖고 있어서 창설적 실권효를 갖는다고 볼 수 있다는 점, 관리처분계획에는 분양대상자를 명시하여야 하고 이는 행정처분으로서 공정력을 갖는다는 점 등을 이유로 대인적 요소도 포함된 혼합적 처분으로 보아야 한다는 견해(魯絅泌 「이전고시에 관한 소고 —기존판례 입장에 대한 비판적 검토를 겸해서—」, 사법(사법발전재단) 제23호, 115쪽 이하)가 있다.

1) 대법 2009. 6. 23. 선고 2008다1132 판결: 도시 및 주거환경정비법상의 관리처분계획 인가 및 이에 따른 이전고시 등의 절차를 거쳐 신 주택이나 대지를 조합원에게 분양한 경우에는 구 주택이나 대지에 대한 권리가 권리자의 의사에 관계없이 신 주택이나 대지에 관한 권리로 강제적으로 교환·변경되어 공용환권된 것으로 볼 수 있다.

2) 대법 2017. 4. 28. 선고 2016두39498 판결: 도시 및 주거환경정비법 제57조(현행법 89조) 제1항에 규정된 청산금의 징수에 관하여는 지방세체납처분의 예에 의한 징수 또는 징수 위탁과 같은 간이하고 경제적인 특별구제절차가 마련되어 있으므로, 시장·군수가 사업시행자의 청산금 징수 위탁에 응하지 아니하였다는 등의 특별한 사정이 없는 한 시장·군수가 아닌 사업시행자가 이와 별개로 공법상 당사자소송의 방법으로 청산금 청구를 할 수는 없다.

4) 이전고시에 대한 불복

이전고시가 위법·부당한 경우 행정쟁송으로 다툴 수 있다.[1] 이전고시에 일부의 위법사유가 있는 경우 이를 이유로 이전고시 전체의 취소를 구할 수 있는가의 문제, 또는 이전고시 일부의 취소나 무효확인을 구할 수 있는가의 문제에 대하여 이를 부정하여 온 것이 다수설과 판례(대법 2014. 9. 25. 선고 2011두20680 판결, 대법 2017. 3. 16. 선고 2013두11536 판결 등)이다.[2] 또한 이전고시가 효력을 발생한 이후에는 관리처분계획의 취소 또는 무효확인을 구할 법률상 이익이 없다는 것이 다수설과 판례이다.

---

1) 대법 2012. 3. 22. 선고 2011두6400 전원합의체 판결: 도시 및 주거환경정비법상 이전고시가 효력을 발생한 이후에는 조합원 등이 관리처분계획의 취소 또는 무효확인을 구할 법률상 이익이 없다(다수의견). 또한 대법 2012. 5. 24. 선고 2009두22140 판결도 "도시 및 주거환경정비법상 이전고시가 효력을 발생한 후에는 조합원 등이 관리처분계획에 대한 인가처분의 취소 또는 무효확인을 구할 법률상 이익이 없다"고 하였다.
2) 이에 대하여는 이전고시의 가분적 성격을 전제로 이를 긍정하는 견해가 있다(魯坰泌, 앞 논문 127쪽 이하).

색 인

사 항 색 인

판 례 색 인

[헌법재판소 결정]

저자 약력

- 서울대학교 법과대학 졸업
- 서울대학교 대학원 수료
- 건국대학교 법과대학 교수
- 독일 자유Berlin대학 및 Speyer대학 객원교수
- 법무부 법무자문위원회 공법연구 특별분과
  (행정심판법·행정소송법 제정)위원회 위원
- 총무처 제1차 행정절차법안 심의위원회 위원
- 법무부 법무자문위원회 민사특별법제정특별분과위원회 위원
- 한국공법학회 회장
- 한국환경법학회 회장
- 총무처 제2차 행정절차법안 심의위원회 위원
- 국무총리 행정심판위원회 위원
- 행정자치부 자문위원회 행정절차분과위원회 위원장
- 한국행정판례연구회 회장
- 행정자치부 자문위원회 행정절차정보공개분과위원회 위원장
- 행정자치부 정책자문위원회 위원장
- 한국행정판례연구회 명예회장
- 한국행정법학회 이사장
- 사법시험·행정고등고시·외무고등고시·입법고등고시·
  법원행정고시 등 각종 시험위원

저 서

- 行政法 Ⅰ(박영사)
- 行政法 Ⅱ(박영사)
- 判例教材 行政法(共著)(법문사)
- 鑑定評價 및 補償法論(범론사)
- 註釋 地方自治法(共著)(한국행정사법학회)
- 註釋 行政訴訟法(編輯代表)(박영사)
- 행정법입문(고시계사)
- 행정법(고시계사)
- 행정절차와 행정소송(피앤씨미디어)

전면개정 제11판 행 정 법

초 판 발 행	2012년 2월 29일
전면개정제2판발행	2013년 2월 1일
전면개정제3판발행	2014년 2월 1일
전면개정제4판발행	2015년 2월 2일
전면개정제5판발행	2016년 1월 20일
전면개정제6판발행	2017년 2월 24일
전면개정제7판발행	2018년 1월 25일
전면개정제8판발행	2019년 2월 8일
전면개정제9판발행	2020년 1월 15일
전면개정제10판발행	2021년 2월 26일
전면개정제11판발행	2022년 2월 25일

저 자 김 철 용
발 행 인 정 상 훈
발 행 처 고시계사

서울특별시 관악구 봉천로 472
코업레지던스 B1층 102호 고시계사

대 표 817-2400 팩 스 817-8998
考試界 · 고시계사 · 미디어북 817-0418~9
www.gosi-law.com
E-mail : goshigye@chollian.net

정가 52,000원   ISBN 978-89-5822-613-0   93360

법치주의의 길잡이 67년 月刊 考試 界